〔宋〕薛居正等 撰

舊五代史

中華書局

二十四史

宋　薛居正等撰

舊五代史

第　一　册

卷一至卷二四（梁書）

中　華　書　局

出版説明

舊五代史原稱五代史，或梁唐晉漢周書，共一百五十卷，修於宋太祖開寶六年（公元九七三年）四月至七年閏十月，由薛居正監修，盧多遜、張澹、李昉等同修。後歐陽修五代史記出，稱爲新五代史，薛史則稱爲舊五代史。原書已佚，現行本是清乾隆四十年時的輯本。

舊五代史所敍述的歷史時期，是我國封建社會中最後一次大規模分裂割據的時期。從公元九〇七年朱温稱帝起，到九六〇年北宋建立，五十多年間，中原地區有後梁、後唐、後晉、後漢、後周五個王朝前後相繼，中原以外有吴、南唐、吴越、楚、閩、南漢、前蜀、後蜀、南平、北漢等十個獨立王國，史稱「五代十國」，其中還没有包括當時我國境内契丹等少數民族建立的政權。這個時期，在全國各地，特别是中原地區的分裂割據政權之間，充滿了激烈的軍閥混戰，造成了頻繁的王朝更迭。五代大地主軍閥集團的割據政權是極端殘暴、極端腐朽的，舊五代史在一定程度上揭露了這些政權的反動統治。他們「徵搜輿賦，竭萬姓之脂膏」。〔一〕他們「峻法以剥下，厚斂以奉上」。〔二〕他們急徵暴斂，明搶暗奪，或使「數州之

〔一〕舊五代史　卷三四　唐莊宗紀八　〔二〕舊五代史　卷一四六　食貨志

〔一〕舊五代史　卷三四　唐莊宗紀八　〔二〕舊五代史　卷一四六　食貨志

民，屠啖殆盡，荆棘蔽野，煙火斷絶，凡十餘年」，〔二〕或使「一方之民，若據爐炭」。〔三〕他們甚至用泥土製錢，因楊柳吐絮而徵税，把山中的野草當茶賣！他們「賣官鬻獄，割剥蒸民，率有貪猥之名」。〔三〕更有甚者，後晉石敬瑭不惜匍匐於契丹軍事集團脚下，甘當「兒皇帝」。舊五代史揭露的軍閥割據勢力的種種罪惡行徑，對於我們認識歷史上分裂割據的危害性和維護全國統一的重要意義，無疑是有益處的。

舊五代史在編撰上存在着嚴重的缺點，它基本上取材於五代時人所修的各種實録。這些實録「皆無識者所爲，不但爲尊者諱，即臣子亦多諱飾」。〔四〕舊五代史在轉述時，不可避免地會帶上它們固有的缺陷。石敬瑭這樣的無恥之尤，獲得了「旰食宵衣，禮賢從諫」，「能保其社稷」〔五〕的美名。桑維翰是首先提倡投靠契丹軍事貴族集團的，舊五代史編撰者却爲之開脱，説「和戎之策，固非誤計」，〔六〕讚美桑維翰是「効忠」後晉的「社稷臣」。〔七〕馮道毫無骨氣，一生投靠過許多搞分裂割據的軍閥，舊五代史的作者却説：「道之履行，鬱有古人之風；道之宇量，深得大臣之體。」〔八〕這些論述，完全違反了歷史事實，不能不説

〔一〕舊五代史　卷一五　李罕之傳　〔二〕舊五代史　卷一三五　僭僞列傳　二　劉陟傳　〔三〕舊五代史　卷九八　安重榮傳　〔四〕十七史商榷　卷九三　〔五〕舊五代史　卷八〇　晉高祖紀六　〔六〕〔七〕舊五代史　卷八九　桑維翰傳　〔八〕舊五代史　卷一二六　馮道傳

中華書局

是舊五代史的重大缺陷。此外，舊五代史還有其他許多缺點，如材料蕪雜，概括力差，觀點不統一，大多數文章寫得很不高明，等等。

就史料價值而言，由於舊五代史編撰者大都親身經歷過五代的歷史場面，見聞較近，因而保存了比較豐富的原始資料。相反，歐陽修的新五代史删去了許多應當保留的重要史料。因此，兩者還是可以互相補充的。

北宋時期，新舊兩史並行。金章宗泰和七年（公元一二〇七年）規定「削去薛居正五代史，止用歐陽修所撰」。〔一〕到了元代，舊五代史就逐漸不行于世。清乾隆中開四庫館時，未能找到原本。館臣邵晉涵等就永樂大典中輯録排纂，再用册府元龜、資治通鑑考異等書引用的舊五代史材料作補充，大致恢復了原來面貌的十分之七八。同時還從其他史籍、類書、宋人説部、文集、五代碑碣等數十種典籍中輯録了有關的資料，作爲考異附注，與今輯本舊五代史正文相互補充印證，在不少方面豐富了原本的内容。今輯本舊五代史作爲四庫全書之一，于乾隆四十年（公元一七七五年）編成繕寫進呈，標明原文輯録出處，補充和考證史實的注文附在有關正文之下，部分文字考訂則另附黄色粘籤。一九二一年南昌熊氏曾影印出版（簡稱「影庫本」）。後來又有乾隆四十九年（公元一七八四

〔一〕金史　卷一二　章宗紀

年）繕寫的文津閣四庫全書本和武英殿刊本（簡稱「殿本」），補充史實的注文仍附於正文之下，文字、史實考訂則作爲「考證」附于卷末，文字頗有改動，内容也有不少增删，並删去了輯文的出處。現存的舊五代史一般刊本及石印本都是根據殿本翻印的。此外，還有乾隆時期孔葒谷的校抄本（簡稱「孔本」），現僅看到近人章鈺過録本）、彭元瑞校抄本（簡稱「彭本」）及抱經樓盧氏抄本（簡稱「盧本」），它們都以保存輯文出處爲貴，内容大致和影庫本相同。其中孔本是根據較早的輯録稿本抄寫的，未改的清朝忌諱字較多，並保存了後來編定本删去的數十條注文。至于一九二五年的嘉業堂刊本（簡稱「劉本」），則以盧本爲底本，再根據殿本作了大量校補，體例比較蕪雜。商務印書館百衲本二十四史中的舊五代史，就是根據劉本影印的。

我們這次整理校點舊五代史時以影庫本爲底本，同時用殿本、劉本及其他三種抄本參校，並適當吸收了邵晉涵的批校及孔葒谷、彭元瑞等人的校勘成果。對史文輯録所據和注文引用的史料出處，除根據原書通行本進行必要的校勘外，還參校了殘宋本册府元龜影印底樣、復旦大學藏舊抄本五代會要、周星詒過録的顧廣圻校五代史補五代史闕文、永樂大典殘卷膠卷及照片。凡有增删或重要異文可備參考的，一律作爲校記附于卷末。輯本因避諱而改動的文字，除影響文義的外，一般不再改回。有些古代少數民族的人名等，輯本曾按照當時官定的遼史索倫國語解的譯名作了改動。這種譯名後來並不通行，今均恢復原文，于譯名第一次出現處出校。輯本原注永樂大典、册府元龜的卷數頗有錯誤和脱漏，今有原本可查對的逕予改正增補。關于注文，除保留影庫本原有的外，還在避免重複的原則下，根據邵晉涵舊五代史考異、殿本、孔本等作了增補，並注明來源，以求成爲比較完備的本子。由于舊五代史的版本流傳問題比較複雜，現把一些重要版本的序跋附録書後，以供參考。

本書先在陳垣同志的指導下，由劉迺龢同志點校，「文革」前已經完成大部分工作。一九七一年，舊五代史和舊唐書、新唐書、新五代史、宋史等五史決定由上海人民出版社古籍編輯室組織力量在上海繼續進行工作。本書的點校由復旦大學完成。參加點校的有朱東潤、陳守實、胡裕樹、蘇乾英、顧易生、徐鵬、周斌武、陳允吉、張萬起、周維德、葉盼雲同志，其中參加定稿的有朱東潤、胡裕樹、蘇乾英、徐鵬、周斌武、陳允吉同志。參加本書編輯整理工作的有陸楓、葉亞廉、馮菊年、劉德權、周琪生、萬愛珍同志。（以上名單及排列順序均由各單位提供）

這次重印，就已經發現的問題和可能條件做了少量的修正。

中華書局編輯部

舊五代史目錄

卷一　梁書一
太祖朱溫本紀一……一
卷二　梁書二
太祖本紀二……二三
卷三　梁書三
太祖本紀三……四五
卷四　梁書四
太祖本紀四……五九
卷五　梁書五
太祖本紀五……七七
卷六　梁書六
太祖本紀六……九一
卷七　梁書七
太祖本紀七……一〇三
卷八　梁書八
末帝朱友貞本紀上……一一五
卷九　梁書九
末帝本紀中……一二九
卷十　梁書十
末帝本紀下……一四一
卷十一　梁書十一
后妃列傳一
文惠皇太后……一五五
元貞張皇后……一五六

張德妃……一五七
卷十二　梁書十二
宗室列傳二
廣王全昱……一五九
友諒……一六〇
惠王友能……一六〇
邵王友誨……一六一
安王友寧……一六一
密王友倫……一六二
郴王友裕……一六三
博王友文……一六五
庶人友珪……一六五
福王友璋……一六五
賀王友雍……一六六
建王友徽……一六六
康王友孜……一六六
卷十三　梁書十三
列傳三
朱瑄……一六九
朱瑾……一七一
時溥……一七四
王師範……一七五
劉知俊……一七八
楊崇本……一八一
蔣殷……一八二
張萬進……一八三
卷十四　梁書十四
列傳四
羅紹威……一八七
趙犨……一九二

弟昶……一九五
珝……一九七
王珂……一九八
從兄珙……二〇〇
卷十五　梁書十五
列傳五
韓建……二〇三
李罕之……二〇六
馮行襲……二〇九
孫德昭……二一一
趙克裕……二一三
張愼思……二一四
卷十六　梁書十六
列傳六
葛從周……二一七
謝彥章……二二一
胡眞……二二二
張歸霸……二二三
張歸厚……二二五
張歸弁……二二七
卷十七　梁書十七
列傳七
成汭……二二九
杜洪……二三一
鍾傳……二三一
田頵……二三二
朱延壽……二三三
趙匡凝……二三四
張佶……二三六
雷滿……二三六

卷十八　梁書十八
列傳八
張文蔚……二四一
薛貽矩……二四二
張策……二四三
杜曉……二四五
敬翔……二四六
李振……二五一
卷十九　梁書十九
列傳九
氏叔琮……二五五
朱友恭……二五七
王重師……二五七
朱珍……二五九
李思安……二六一
鄧季筠……二六二
黃文靖……二六三
胡規……二六四
李讜……二六四
李重胤……二六五
范居實……二六六
卷二十　梁書二十
列傳十
謝曈……二六九
司馬鄴……二七〇
劉捍……二七一
王敬蕘……二七二
高劭……二七三
馬嗣勳……二七四
張存敬……二七五

寇彥卿……二七七

卷二十一 梁書二十一

列傳十一

龐師古……二八一

霍存……二八二

符道昭……二八四

徐懷玉……二八五

郭言……二八六

李唐賓……二八七

王虔裕……二八八

劉康乂……二八九

王彥章……二八九

賀德倫……二九三

卷二十二 梁書二十二

列傳十二

楊師厚……二九五

牛存節……二九八

王檀……三〇二

卷二十三 梁書二十三

列傳十三

劉鄩……三〇七

賀瓌……三一三

康懷英……三一五

王景仁……三一七

卷二十四 梁書二十四

列傳十四

李珽……三二一

盧曾……三二三

孫隲……三二四

張儁……三二五

張衍……三二五

杜荀鶴……三二五

羅隱……三二六

仇殷……三二八

段深……三二九

卷二十五 唐書一

武皇 李克用 本紀上……三三一

卷二十六 唐書二

武皇本紀下……三四七

卷二十七 唐書三

莊宗 李存勗 本紀一……三六五

卷二十八 唐書四

莊宗本紀二……三七九

卷二十九 唐書五

莊宗本紀三……三九五

卷三十 唐書六

莊宗本紀四……四一一

卷三十一 唐書七

莊宗本紀五……四二五

卷三十二 唐書八

莊宗本紀六……四三五

卷三十三 唐書九

莊宗本紀七……四五三

卷三十四 唐書十

莊宗本紀八……四六七

卷三十五 唐書十一

明宗 李嗣源 本紀一……四八一

卷三十六 唐書十二

明宗本紀二……四九五

卷三十七 唐書十三

明宗本紀三……五〇七

卷三十八 唐書十四

明宗本紀四……五一七

卷三十九 唐書十五

明宗本紀五……五三三

卷四十 唐書十六

明宗本紀六……五四七

卷四十一 唐書十七

明宗本紀七……五五九

卷四十二 唐書十八

明宗本紀八……五七五

卷四十三 唐書十九

明宗本紀九……五八七

卷四十四 唐書二十

明宗本紀十……六〇一

卷四十五 唐書二十一

閔帝 李從厚 本紀……六一三

卷四十六 唐書二十二

末帝 李從珂 本紀上……六二五

卷四十七 唐書二十三

末帝本紀中……六四三

卷四十八 唐書二十四

末帝本紀下……六五七

卷四十九 唐書二十五

后妃列傳一

貞簡曹太后……六七一

劉太妃……六七二

魏國夫人陳氏……六七三

神閔劉皇后……六七四

韓淑妃……六七五

伊德妃……六七五

昭懿夏皇后……六七六

和武曹皇后……六七六

宣憲魏太后……六七六

孔皇后……六七七

劉皇后……六七八

卷五十 唐書二十六

宗室列傳二

克讓……六八一

克修……六八二

子 嗣肱……六八三

克恭……六八四

克寧……六八五

卷五十一 唐書二十七

宗室列傳三

永王存霸……六八九

邕王存美……六九〇

薛王存禮……六九〇

申王存渥……六九〇

睦王存乂……六九〇

通王存確……六九一

雅王存紀……六九一

魏王繼岌……六九一

弟 繼潼等……六九二

從璟……六九二

秦王從榮……六九三

從璨……六九五

許王從益……六九六

重吉……六九七

雍王重美……六九七

卷五十二　唐書二十八
列傳四
李嗣昭……七〇一
子繼韜……七〇六
裴約……七〇九
李嗣本……七〇九
李嗣恩……七一〇
卷五十三　唐書二十九
列傳五
李存信……七一三
李存孝……七一四
李存進……七一七
子漢韶……七一九
李存璋……七二〇
李存賢……七二一
卷五十四　唐書三十
列傳六
王鎔……七二五
子昭誨……七三〇
王處直……七三一
子都……七三一
卷五十五　唐書三十一
列傳七
康君立……七三七
薛志勤……七三九
史建瑭……七四〇
李承嗣……七四二
史儼……七四三
蓋寓……七四四
伊廣……七四六

李承勳……七四六
史敬鎔……七四七
卷五十六　唐書三十二
列傳八
周德威……七四九
符存審……七五五
子彥超……七五九
卷五十七　唐書三十三
列傳九
郭崇韜……七六三
卷五十八　唐書三十四
列傳十
趙光逢……七七五
弟光胤……七七七
鄭珏……七七八
崔協……七七九
李琪……七八一
蕭頃……七八七
卷五十九　唐書三十五
列傳十一
丁會……七八九
閻寶……七九〇
符習……七九二
烏震……七九三
王瓚……七九四
袁象先……七九六
張溫……七九八
李紹文……七九九
卷六十　唐書三十六
列傳十二

李襲吉……八〇一
王緘……八〇五
李敬義……八〇六
盧汝弼……八〇九
李德休……八〇九
蘇循……八一〇
子楷……八一二
卷六十一　唐書三十七
列傳十三
安金全……八一五
從子審通……八一六
安元信……八一六
安重霸……八一八
劉訓……八二〇
張敬詢……八二一
劉彥琮……八二二
袁建豐……八二二
西方鄴……八二三
張遵誨……八二四
孫璋……八二五
卷六十二　唐書三十八
列傳十四
孟方立……八二七
張文禮……八二九
董璋……八三一
卷六十三　唐書三十九
列傳十五
張全義……八三七
朱友謙……八四四
卷六十四　唐書四十

列傳十六
霍彥威……八五一
王晏球……八五三
戴思遠……八五五
朱漢賓……八五六
孔勍……八五八
劉玘……八五八
周知裕……八五九
卷六十五　唐書四十一
列傳十七
李建及……八六三
石君立……八六五
高行珪……八六六
張廷裕……八六七
王思同……八六八
索自通……八七一
卷六十六　唐書四十二
列傳十八
安重誨……八七三
朱弘昭……八七六
朱洪實……八七八
康義誠……八七九
藥彥稠……八八〇
宋令詢……八八〇
卷六十七　唐書四十三
列傳十九
豆盧革……八八三
韋說……八八五
盧程……八八六
趙鳳……八八九

李愚……八九〇
任圜……八九四

卷六十八 唐書四十四

列傳二十
薛廷珪……八九九
崔沂……九〇〇
劉岳……九〇一
封舜卿……九〇二
竇夢徵……九〇三
李保殷……九〇四
歸藹……九〇五
孔邈……九〇五
張文寶……九〇五
陳乂……九〇六
劉贊……九〇七

卷六十九 唐書四十五

列傳二十一
張憲……九一一
王正言……九一四
胡裝……九一六
崔貽孫……九一七
孟鵠……九一七
孫岳……九一八
張延朗……九一九
劉延皓……九二一
劉延朗……九二二

卷七十 唐書四十六

列傳二十二
元行欽……九二五
夏魯奇……九二七

姚洪……九二九
李嚴……九二九
李仁矩……九三一
康思立……九三二
張敬達……九三三

卷七十一 唐書四十七

列傳二十三
馬郁……九三七
司空頲……九三八
曹廷隱……九三九
蕭希甫……九四〇
藥縱之……九四一
賈馥……九四一
馬縞……九四二
羅貫……九四二
淳于晏……九四三
張格……九四四
許寂……九四四
周玄豹……九四五

卷七十二 唐書四十八

列傳二十四
張承業……九四九
張居翰……九五三
馬紹宏……九五五
孟漢瓊……九五五

卷七十三 唐書四十九

列傳二十五
毛璋……九五九
聶嶼……九六〇
溫韜……九六一

段凝……九六二
孔謙……九六三
李鄴……九六五

卷七十四 唐書五十

列傳二十六
康延孝……九六七
朱守殷……九七一
楊立……九七二
竇廷琬……九七二
張虔釗……九七三
楊彥溫……九七四

卷七十五 晉書一

高祖石敬瑭本紀一……九七七

卷七十六 晉書二

高祖本紀二……九九一

卷七十七 晉書三

高祖本紀三……一〇一三

卷七十八 晉書四

高祖本紀四……一〇二五

卷七十九 晉書五

高祖本紀五……一〇三七

卷八十 晉書六

高祖本紀六……一〇五一

卷八十一 晉書七

少帝石重貴本紀一……一〇六七

卷八十二 晉書八

少帝本紀二……一〇八一

卷八十三 晉書九

少帝本紀三……一〇九三

卷八十四 晉書十

少帝本紀四……一一〇七

卷八十五 晉書十一

少帝本紀五……一一二一

卷八十六 晉書十二

后妃列傳一
李皇后……一一三一
安太妃……一一三三
張皇后……一一三三
馮皇后……一一三三

卷八十七 晉書十三

宗室列傳二
廣王敬威……一一三七
弟贇……一一三八
韓王暉……一一三八
剡王重胤……一一三九
虢王重英……一一三九
楚王重信……一一三九
壽王重乂……一一四〇
夔王重進……一一四一
陳王重杲……一一四一
重睿……一一四一
延煦……一一四一
延寶……一一四二

卷八十八 晉書十四

列傳三
景延廣……一一四三
李彥韜……一一四六
張希崇……一一四七
王庭胤……一一五〇
史匡翰……一一五〇

梁漢顒……一二五二
楊思權……一二五三
尹暉……一二五四
李從璋……一二五四
子重俊……一二五六
李從溫……一二五六
張萬進……一二五七

卷八十九　晉書十五
列傳四
桑維翰……一二六一
趙瑩……一二六九
劉昫……一二七一
馮玉……一二七三
殷鵬……一二七四

卷九十　晉書十六
列傳五
趙在禮……一二七七
馬全節……一二七九
張筠……一二八一
弟籛……一二八三
華溫琪……一二八四
安崇阮……一二八六
楊彥詢……一二八六
李承約……一二八八
陸思鐸……一二八九
安元信……一二八九
張朗……一二九〇
李德珫……一二九一
田武……一二九二
李承福……一二九二

相里金……一二九三

卷九十一　晉書十七
列傳六
房知溫……一二九五
王建立……一二九八
康福……一二九九
安彥威……一三〇三
李周……一三〇三
張從訓……一三〇四
李繼忠……一三〇五
李頃……一三〇六
周光輔……一三〇七
符彥饒……一三〇八
羅周敬……一三〇八
鄭琮……一三〇九

卷九十二　晉書十八
列傳七
姚顗……一三一三
呂琦……一三一五
梁文矩……一三一六
史圭……一三一七
裴皞……一三一八
吳承範……一三一九
盧導……一三二〇
鄭韜光……一三二一
王權……一三二二
韓惲……一三二三
李懌……一三二三

卷九十三　晉書十九
列傳八

盧質……一三二七
李專美……一三二九
盧詹……一三三一
崔棁……一三三一
薛融……一三三二
曹國珍……一三三四
張仁愿……一三三四
趙熙……一三三五
李遐……一三三六
尹玉羽……一三三六
鄭雲叟……一三三七

卷九十四　晉書二十
列傳九
萇從簡……一三四一
潘環……一三四三
方太……一三四四
何建……一三四五
張廷蘊……一三四六
郭延魯……一三四七
郭金海……一三四八
劉處讓……一三四九
李瓊……一三五一
高漢筠……一三五三
孫彥韜……一三五四
王傅拯……一三五五
祕瓊……一三五五
李彥珣……一三五六

卷九十五　晉書二十一
列傳十
皇甫遇……一三五九

王清……一三六一
梁漢璋……一三六二
白奉進……一三六三
盧順密……一三六四
周環……一三六五
沈贇……一三六六
吳巒……一三六七
翟璋……一三六八
程福贇……一三六九
郭璘……一三六九

卷九十六　晉書二十二
列傳十一
孔崇弼……一三七一
陳保極……一三七二
王瑜……一三七三
張繼祚……一三七四
鄭阮……一三七四
胡饒……一三七五
劉遂清……一三七六
房暠……一三七七
孟承誨……一三七七
劉繼勳……一三七八
鄭受益……一三七九
程遜……一三七九
李郁……一三八〇
鄭玄素……一三八〇
馬重績……一三八一
陳玄……一三八二

卷九十七　晉書二十三
列傳十二

范延光……一二八五
張從賓……一二八八
張延播……一二八九
楊光遠……一二九〇
子承勳……一二九三
盧文進……一二九四
李金全……一二九六
卷九十八　晉書二十四
列傳十三
安重榮……一三〇一
安從進……一三〇五
張彥澤……一三〇五
趙德鈞……一三〇八
子延壽……一三一一
張礪……一三一三
蕭翰……一三一六
劉晞……一三一七
崔廷勳……一三一七
卷九十九　漢書一
高祖劉知遠本紀上……一三二一
卷一百　漢書二
高祖本紀下……一三三一
卷一百一　漢書三
隱帝劉承祐本紀上……一三四三
卷一百二　漢書四
隱帝本紀中……一三五五
卷一百三　漢書五
隱帝本紀下……一三六五
卷一百四　漢書六
后妃列傳一

李皇后……一三八一
卷一百五　漢書七
宗室列傳二
魏王承訓……一三八五
陳王承勳……一三八五
蔡王信……一三八六
湘陰公贇……一三八七
卷一百六　漢書八
列傳三
王周……一三九一
劉審交……一三九二
武漢球……一三九四
張瓘……一三九五
李殷……一三九五
劉在明……一三九六
馬萬……一三九七
李彥從……一三九七
郭謹……一三九八
皇甫立……一三九八
白再榮……一三九九
張鵬……一四〇〇
卷一百七　漢書九
列傳四
史弘肇……一四〇三
楊邠……一四〇八
王章……一四〇九
李洪建……一四一一
弟業……一四一一
閻晉卿……一四一二
聶文進……一四一三

後贊……一四一五
郭允明……一四一四
劉銖……一四一四
卷一百八　漢書十
列傳五
李崧……一四一九
蘇逢吉……一四二三
李鏻……一四二六
龍敏……一四二七
劉鼎……一四二九
張允……一四二九
任延皓……一四三一
卷一百九　漢書十一
列傳六
杜重威……一四三三
李守貞……一四三七
趙思綰……一四四一
卷一百一十　周書一
太祖郭威本紀一……一四四七
卷一百一十一　周書二
太祖本紀二……一四六七
卷一百一十二　周書三
太祖本紀三……一四七七
卷一百一十三　周書四
太祖本紀四……一四九五
卷一百一十四　周書五
世宗柴榮本紀一……一五〇九
卷一百一十五　周書六
世宗本紀二……一五二五
卷一百一十六　周書七

世宗本紀三……一五三九
卷一百一十七　周書八
世宗本紀四……一五五五
卷一百一十八　周書九
世宗本紀五……一五六七
卷一百一十九　周書十
世宗本紀六……一五七九
卷一百二十　周書十一
恭帝柴宗訓本紀……一五九一
卷一百二十一　周書十二
后妃列傳一
聖穆柴皇后……一五九九
楊淑妃……一六〇〇
張貴妃……一六〇一
董德妃……一六〇二
貞惠劉皇后……一六〇三
宣懿符皇后……一六〇三
卷一百二十二　周書十三
宗室列傳二
剡王侗……一六〇七
杞王信……一六〇七
越王宗誼……一六〇八
曹王宗讓……一六〇八
紀王熙謹……一六〇八
蘄王熙誨……一六〇八
卷一百二十三　周書十四
列傳三
高行周……一六一一
安審琦……一六一四
安審暉……一六一六

安審信……一六一七
李從敏……一六一八
鄭仁誨……一六二〇
張彥成……一六二一
安叔千……一六二二
宋彥筠……一六二三
卷一百二十四　周書十五
列傳四
王殷……一六二五
何福進……一六二七
劉詞……一六二八
王進……一六三〇
史彥超……一六三〇
史懿……一六三一
王令溫……一六三二
周密……一六三三
李懷忠……一六三三
白文珂……一六三三
白延遇……一六三四
唐景思……一六三五
卷一百二十五　周書十六
列傳五
趙暉……一六三九
王守恩……一六四〇
孔知濬……一六四二
王繼弘……一六四三
馮暉……一六四四
高允權……一六四六
折從阮……一六四七
王饒……一六四八

孫方諫……一六四九
卷一百二十六　周書十七
列傳六
馮道……一六五五
卷一百二十七　周書十八
列傳七
盧文紀……一六六七
馬裔孫……一六六九
和凝……一六七一
蘇禹珪……一六七四
景範……一六七四
卷一百二十八　周書十九
列傳八
王朴……一六七九
楊凝式……一六八二
薛仁謙……一六八七
蕭愿……一六八八
盧損……一六八八
王仁裕……一六八九
裴羽……一六九〇
段希堯……一六九〇
司徒詡……一六九一
邊蔚……一六九二
王敏……一六九三
卷一百二十九　周書二十
列傳九
常思……一六九七
翟光鄴……一六九八
曹英……一六九九
李彥頵……一七〇〇

李暉……一七〇一
李建崇……一七〇一
王重裔……一七〇二
孫漢英……一七〇三
許遷……一七〇三
趙鳳……一七〇四
齊藏珍……一七〇五
王環……一七〇六
張彥超……一七〇六
張穎……一七〇七
劉仁贍……一七〇七
卷一百三十　周書二十一
列傳十
王峻……一七一一
慕容彥超……一七一六
閻弘魯……一七一八
崔周度……一七一八
卷一百三十一　周書二十二
列傳十一
劉皞……一七二一
張沆……一七二三
張可復……一七二四
于德辰……一七二五
王延……一七二五
申文炳……一七二六
扈載……一七二六
劉衮……一七二七
賈緯……一七二七
趙延義……一七二九
沈遘……一七三一

李知損……一七三二
孫晟……一七三三
卷一百三十二
世襲列傳一
李茂貞……一七三七
從曮……一七四一
從昶……一七四二
茂勳……一七四三
高萬興……一七四四
允韜……一七四五
韓遜……一七四五
洙……一七四五
李仁福……一七四六
彝超……一七四七
彝興……一七四九
卷一百三十三
世襲列傳二
高季興……一七五一
從誨……一七五二
保勗……一七五四
馬殷……一七五六
希範等……一七五八
劉言……一七六五
錢鏐……一七六六
元瓘……一七七二
佐……一七七三
倧……一七七四
俶……一七七四
卷一百三十四
僭僞列傳一

楊行密……一七七九
渥……一七八三
渭……一七八三
溥……一七八三
李昪……一七八四
景……一七八七
王審知……一七九一
延鈞……一七九三
昶……一七九三
延羲……一七九三
卷一百三十五
僭僞列傳二
劉守光……一七九九
劉陟……一八〇七
玢……一八〇九
晟……一八〇九
鋹……一八一〇
劉崇……一八一〇
卷一百三十六
僭僞列傳三
王建……一八一五
衍……一八一九
孟知祥……一八二三
昶……一八二三
卷一百三十七
外國列傳一
契丹……一八二七
卷一百三十八
外國列傳二
吐蕃……一八三九

回鶻……一八四一
高麗……一八四三
渤海靺鞨……一八四四
黑水靺鞨……一八四四
新羅……一八四五
党項……一八四五
昆明部落……一八四六
于闐……一八四六
占城……一八四六
牂牁蠻……一八四六
卷一百三十九
志一
天文……一八四七
卷一百四十
志二
曆……一八六一
卷一百四十一
志三
五行……一八八一
卷一百四十二
志四
禮上……一八九三
卷一百四十三
志五
禮下……一九〇九
卷一百四十四
志六
樂上……一九二三
卷一百四十五
志七

樂下……一九三五
卷一百四十六
志八
食貨……一九四五
卷一百四十七
志九
刑法……一九六一
卷一百四十八
志十
選舉……一九七七
卷一百四十九
志十一
職官……一九八九
卷一百五十
志十二
郡縣……二〇一一
進舊五代史表……二〇二五
編定舊五代史凡例……二〇二七
請照殿版各史例刊刻舊五代史
奏章……二〇三一
舊五代史鈔本題跋……二〇三三
孔葒谷校薛居正五代史跋……二〇三四
影庫本舊五代史熊跋……二〇三七
影印內鈔舊五代史緣起……二〇三九

舊五代史卷一

梁書一

太祖紀第一

案：薛史本紀，永樂大典所載俱全，獨梁太祖紀原帙已佚，其散見於各韻者，僅得六十八條，參以通鑑考異、通鑑注所徵引者，又得二十一條，本末不具，未能綴輯成篇。考册府元龜閏位部所錄朱梁事蹟，皆本之薛史原文，首尾頗詳，按條採掇，尚可彙萃。謹依前人取魏澹書、高氏小史補北魏書闕篇之例，采册府元龜梁太祖事，編年系日，次第編排，以補其闕，庶幾略還薛史之舊。仍於各條下注明原書卷第，以備參核焉。

太祖神武元聖孝皇帝，姓朱氏，諱晃，本名温，永樂大典卷八千六百八十七。宋州碭山人。其先舜司徒虎之後，高祖黯，曾祖茂琳，祖信，父誠。帝即誠之第三子，母曰文惠王皇后。册府元龜卷一百八十二。案五代會要：梁肅祖宣元皇帝諱黯，舜司徒虎四十二代孫，開平元年七月，追尊宣元皇帝，廟號肅祖，葬興極陵。敬祖光獻皇帝諱茂琳，宣元皇帝長子，母曰宣僖皇后范氏，開平元年七月，追尊光獻皇帝，廟號敬祖，葬永安陵。憲祖昭武皇帝諱信，光獻皇帝長子，母曰光孝皇后楊氏，開平元年七月，追尊昭武皇帝，廟號憲祖，葬光天陵。烈祖文穆皇帝諱誠，昭武皇帝長子，母曰昭懿皇后劉氏，開平元年七月，追尊文穆皇帝，廟號烈祖，葬咸寧陵。以唐大中六年歲在壬申，十月二十一日夜，生於碭山縣午溝里。是夕，所居廬舍之上有赤氣上騰，里人望之，皆驚奔而來，曰：「朱家火發矣。」及至，則廬舍儼然。既入，隣人以誕孩告，衆咸異之。永樂大典卷一萬六千一十九。案：以上亦見册府元龜卷一百八十二。以此推之，知册府元龜引五代事蹟多本薛史。昆仲三人，俱未冠而孤，母案：册府元龜引此條「母」字下有「王氏」二字。攜養寄於蕭縣人劉崇之家。帝既壯，不事生業，以雄勇自負，里人多厭之。崇以其慵惰，每加譴杖。唯崇母自幼憐之，親爲櫛髮，嘗誡家人曰：「朱三非常人也，汝輩當善待之。」家人問其故，答曰：「我嘗見其熟寐之次，化爲一赤蛇。」然衆亦未之信也。永樂大典卷五千九百四十九。

唐僖宗乾符中，關東荐饑，羣賊嘯聚。黄巢因之起於曹、濮，饑民願附者凡數萬。帝乃辭崇家，與仲兄存俱入巢軍，以力戰屢捷，得補爲隊長。

唐廣明元年十二月甲申，黄巢陷長安，遣帝領兵屯於東渭橋。是時，夏州節度使諸葛爽率所部屯於櫟陽，巢命帝招諭爽，爽遂降於巢。

中和元年二月，巢以帝爲東南面行營先鋒使，令攻南陽，下之。六月，帝歸長安，巢親勞於灞上。七月，巢遣帝西拒邠、岐、鄜、夏之師於興平，所至皆立功。

二年二月，巢以帝爲同州防禦使，使自攻取。帝乃自丹州南行，以擊左馮翊，左馮翊，原本缺「翊」字，今據通鑑增入。（影庫本粘籤）拔之，遂據其郡。時河中節度使王重榮屯兵數萬，糾合諸侯〔一〕，以圖興復。帝時與之鄰封，屢爲重榮所敗，遂請濟師於巢。表章十上，爲僞左軍使孟楷所蔽，不達。又聞巢軍勢蹙，諸校離心，帝知其必敗。九月，帝遂與左右定計，斬僞監軍使嚴實，監軍使嚴實，原本作「嚴賓」，考歐陽史及通鑑俱作嚴實，疑原本傳寫之訛，今改正。（影庫本粘籤）舉郡降於重榮。案舊唐書僖宗紀：八月庚子，賊同州防禦使朱温殺其監軍嚴實，與大將胡眞、謝瞳等來降。薛史作九月，與舊唐書異。考新唐書：九月丙戌，黄巢將朱温以同州降。通鑑亦作九月丙戌，朱温殺其監軍嚴實，舉州降。皆與薛史同。是朱温之降，實在九月，舊唐書誤。重榮即日飛章上奏，時僖宗在蜀，覽表而喜曰：「是天賜予也。」乃詔授帝左金吾衞大將軍，充河中行營副招討使，案歐陽史云：王鐸承制拜温金吾衞大將軍、河中行營招討副使。薛史以爲僖宗詔授，與歐陽史異。考舊唐書：王鐸承制拜温爲華州刺史、潼關防禦鎭國軍等使。通鑑作王鐸承制以温爲同華節度使。是王鐸承制所拜之官，非如歐陽史所載也，至謝瞳奉表行在，乃詔授金吾衞大將軍、河中行營招討副使耳。當以薛史爲得其實。仍賜名全忠。案：是書及舊唐書、通鑑皆作僖宗賜名，惟鑑戒錄云：朱太祖統四鎭，除中令日，名温。與崔相國連攜大事，崔每奏太祖忠赤，委之關東，國無患矣〔二〕。昭宗遽敕太祖改名全忠，議者謂「全」字人王也，又在「中心」，甚不可也，上方悔焉。其說與諸史異，蓋傳聞之不同爾。（舊五代史考異）自是率所部與河中兵士偕行，所向無不克捷。

三年三月，僖宗制授帝宣武軍節度使，依前充河中行營副招討使，仍令候收復京闕，即得赴鎭。案舊唐書：中和三年五月，以檢校尚書右僕射、華州刺史、潼關防禦等使朱温檢校司空，兼汴州刺史，充宣武節度、觀察等使，仍賜名全忠。據薛史則全忠授宣武節度在三月，非五月也；由河中行營招討副使遷授，非由潼關防禦等使也；賜名全忠在二年九月，亦非三年五月也。通鑑所敘年月、官爵、名號，皆以薛史爲據。四月，巢軍自藍關南走，帝與諸侯之師俱收長安，乃率部下一旅之衆，仗節東下。七月丁卯，入於梁苑。是時帝年三十有二。時蔡州刺史秦宗權與黄巢餘孽合從肆虐，共圍陳州，久之，僖宗乃命帝爲東北面都招討使。時汴、宋連年阻饑，公私俱困，帑廩皆虛，外爲大敵所攻，內則驕軍難制，交鋒接戰，日甚一日。人皆危之，惟帝銳氣益振。是歲十二月，帝領兵於鹿邑，與巢衆相遇，縱兵擊之，斬首二千餘級，乃引兵入亳州，因是兼有譙郡之地。

四年春，帝與許州田從異諸軍同收瓦子寨，案：瓦子寨，原本作「瓦于寨」，考通鑑注，黄巢撤民居以爲寨屋，謂之瓦子寨，則「于」字形近刊訛耳，今改正。（舊五代史考異）殺賊數萬衆。是時，陳州四面，賊寨相望，驅擄編氓，殺以充食，號爲「舂磨寨」。帝分兵翦撲，大小凡四十戰。四月丁巳，收西華寨，賊將黄鄴單騎奔陳。帝乘勝追之，鼓噪而進。會黄巢遁去，遂入陳州，刺史趙犨迎於馬前。俄聞巢黨尚在陳北故陽壘，帝遂逕歸大梁。是時，河東節度使李克用奉僖宗詔，統騎軍數千同謀破賊，與帝合勢於中牟北邀擊之，賊衆大敗於王滿渡，王滿渡，原本作「王浦」，今據通鑑改正。

（影庫本粘籤）多東手來降。時賊將霍存、葛從周、張歸厚、張歸霸皆匍匐於馬前，悉宥而納之，遂逐殘寇，東至於寃句。

五月甲戌，帝與晉軍振旅歸汴，館克用於上源驛。既而備犒宴之禮，克用乘醉任氣，帝不平之。是夜，命甲士圍而攻之。案：自「五月甲戌」至此，又見通鑑考異所引薛史梁紀，與册府元龜所引符合。會大雨雷電，克用因得於電光中踰垣遁去，惟殺其部下數百人而已。

六月，陳人感解圍之惠，爲帝建生祠堂於其郡。是歲，黃巢雖殁，而蔡州秦宗權繼爲巨孽，有衆數萬，攻陷鄰郡，殺掠吏民，屠害之酷，更甚巢賊，帝患之。七月，遂與陳人共攻蔡賊於溵水，殺數千人。九月己未，僖宗就加帝檢校司徒、同平章事，封沛郡侯，食邑千戶。

光啓元年春，蔡賊掠亳、潁二郡，帝帥師以救之，遂東至於焦夷，敗賊衆數千，生擒賊將殷鐵林，梟首以徇軍而還。三月，僖宗自蜀還長安，改元光啓。四月戊辰，就加帝檢校太保，增食邑千五百戶。十二月，河中、太原之師逼長安，觀軍容使田令孜奉僖宗出幸鳳翔。

二年春，蔡賊益熾。時唐室微弱，諸道州兵不爲王室所用，故宗權得以縱毒，連陷汝、洛、懷、孟、唐、鄧、許、鄭，圜幅數千里，殆絕人煙，惟宋、亳、滑、潁僅能閉壘而已。帝累出兵與之交戰，然或勝或負，人甚危之。

三月庚辰，僖宗降制就封帝爲沛郡王。案舊唐書：光啓元年三月，以汴州刺史朱全忠爲沛郡王，充蔡州西北面行營都統。據薛史則元年惟增食邑，至二年三月乃進封爲王也，與舊唐書異。歐陽史從薛史。是月，僖宗移幸興元。

五月，嗣襄王熅僭即帝位於長安，改元爲建貞。遣使賫僞詔至汴，帝命焚之於庭。未幾，襄王果敗。

七月，蔡人逼許州，節度使鹿宴弘使來求救〔三〕，帝遣葛從周等率師赴援。師未至而城陷，宴弘爲蔡賊所害。

十一月，滑州節度使安師儒以怠於軍政，爲部下所殺。案舊唐書云：十月壬子朔，滑州軍亂，逐其帥安師儒，推衙將張驍主留後軍務，師儒奔汴，朱全忠殺之。新唐書云：十月，朱全忠陷滑州，執義成軍節度使安師儒。歐陽史從舊唐書作奔汴，通鑑從新唐書作被擒，據薛史則師儒自爲部下所殺，與新、舊唐書異。又新、舊唐書俱作十月，而薛史作十一月，通鑑仍從薛史。帝聞之，乃遣朱珍、李唐賓襲而取之，由是遂有滑臺之地。案舊唐書云：朝廷以汴帥朱全忠兼領義成軍節度使。據薛史胡眞傳云：眞以奇兵襲取滑州，乃署爲滑州節度留後。蓋全忠雖嘗兼領義成，而不之鎮，故署其將胡眞爲留後〔四〕。十二月，僖宗降制就加帝檢校太傅，改封吳興郡王，食邑三千戶。

是歲，鄭州爲蔡賊所陷，刺史李璠單騎來奔，帝宥而納之，以爲行軍司馬。宗權既得鄭，益驕，帝遣裨將邏於金隄驛，與賊相遇，因擊之，賊衆大敗，追至武陽橋〔五〕，斬首千餘級。帝每與蔡人戰於四郊，既以少擊衆，常出奇以制之，但患師少，未快其旨。宗權又以己衆十倍於帝，恥於頻敗，乃誓衆堅決以攻夷門。既而獲蔡之諜者，備知其事，遂謀濟師焉。

三年春二月乙巳，承制以朱珍爲淄州刺史，俾募兵於東道，且慮蔡人暴其麥苗，期以夏首回歸。案：自「募兵於東道」至此，亦見通鑑注，與册府元龜同。珍既至淄、棣，旬日之內，應募者萬餘人。又潛襲青州，獲馬千匹，鎧甲稱是，乃鼓行而歸。四月辛亥，達於夷門，帝喜曰：「吾事濟矣。」是時，賊將張晊屯於北郊，秦賢屯於版橋，各有衆數萬，樹柵相連二十餘里，其勢甚盛。帝謂諸將曰：「此賊方今息師蓄銳以俟時，必來攻我。況宗權度我兵少，又未知珍來，謂吾畏懼，止於堅守而已。今出不意，不如先擊之。」乃親引兵攻秦賢寨，將士踴躍爭先，賊果不備，連拔四寨，斬首萬餘級，時賊衆以爲神助。庚午，案通鑑考異云：長曆，四月甲辰朔，無庚午，薛史誤。今考舊唐書，光啓三年四月正作甲辰朔，以日數計之，庚午乃四月二十七日也。此非薛史之誤，乃通鑑考異之誤耳。賊將盧瑭領萬餘人於圃田北萬勝戍夾汴水爲營，跨河爲梁，以扼運路。案通鑑注引薛史梁紀曰：盧瑭於圃田北夾汴爲梁，以扼運路。視册府元龜所引稍有刪節。帝擇精銳以襲之。是日昏霧四合，兵及賊壘方覺，遂突入掩殺，赴水死者甚衆，盧瑭自投於河。河南諸賊連敗，不敢復駐，皆

併在張晊寨。自是蔡寇皆懷震讋，往往軍中自相驚亂。帝旋師休息，大行犒賞，繇是軍士各懷憤激，每遇敵無不奮勇。

五月丙子，出酸棗門，自卯至未，短兵相接，賊衆大敗，追斬二十餘里，僵仆相枕〔六〕。宗權恥敗，益縱其虐，乃自鄭州親領突將數人，遁入張晊寨。册府元龜卷一百八十七。其日晚，大星隕於賊壘，有聲如雷。永樂大典卷三千二百七十一。辛巳，兗、鄆、滑軍士皆來赴援，乃陳兵於汴水之上，旌旗器甲甚盛。蔡人望之，不敢出寨。翌日，分布諸軍，齊攻賊寨，自寅至申，斬首二萬餘級。會夜收軍，獲牛馬、輜重、生口、器甲不可勝計。是夜宗權、晊遁去，遲明追之，至陽武橋而還。宗權至鄭州，乃盡焚其廬舍，屠其郡人而去。始蔡人分兵寇陝、雒、孟、懷、許、汝，皆先據之，因是敗也，賊衆恐懼，咸棄之而遁。帝乃愼選將佐，俾完葺壁壘，爲戰守之備，於是遠近流亡復歸者衆矣。是時，揚州節度使高駢爲裨將畢師鐸所害，復有孫儒、楊行密互相攻伐，朝廷不能制，乃就加帝檢校太尉，兼領淮南節度使。案舊唐書：光啓三年十一月〔七〕，楊行密遣使求援於朱全忠，制授全忠檢校太尉、侍中，兼揚州大都督府長史，充淮南節度觀察使、行營兵馬都統。歐陽史作十二月，通鑑作閏十一月，據薛史則全忠兼領淮南自在九月以前，與諸書異。又，薛史下文作閏十二月，而通鑑作閏十一月〔八〕，亦有互異。

九月，亳州裨將謝殷逐刺史宋袞，自據其郡，帝親領軍屯於太淸宮，遣霍存討平之。梁

新唐書云：光啓三年六月壬戌，亳州將謝殷逐其刺史宋袞。八月壬寅，謝殷伏誅。通鑑從新唐書，薛史作九月，與新唐書異。帝之禦蔡寇也，鄆州朱瑄、案：歐陽史作朱宣，薛史前後皆作「瑄」，舊唐書、通鑑並同薛史。朱瑄，歐陽史作朱宣。曾三異云：流俗本「宣」傍加「玉」，非也。今考舊唐書及通鑑皆作「瑄」，蓋朱瑾、朱瑄兄弟命名皆從「玉」，今仍從薛史原文，加案聲明。（影庫本粘籤）兗州朱瑾皆領兵來援。及宗權既敗，帝以瑄、瑾宗人也，又有力於己，皆厚禮以歸之。瑄、瑾以帝軍士勇悍，私心愛之，乃密於曹、濮界上懸金帛以誘之，帝軍利其貨而赴者甚衆，帝乃移檄以讓之。朱瑄來詞不遜，案通鑑考異引高若拙後史補曰：梁太祖皇帝到梁園，深有大志，然兵力不足，常欲外掠，又慮四境之難，每有鬱然之狀。時有薦敬秀才於門下，乃白梁祖曰：「明公方欲圖大事，輜重必爲四境所侵，但令麾下將士詐爲叛者而逃，卽明公奏於主上及告四隣，以自襲叛徒爲名。」梁祖曰：「天降奇人，以佐於吾。」初從其議，一出而致衆十倍。今案高若拙所紀，深得敬翔與梁祖陰謀情狀。薛史止據梁實錄原辭，未及改正。歐史作移檄兗、鄆，誣其誘汴亡卒以東，亦未詳考。乃命朱珍侵曹伐濮，以懲其姦。未幾，珍伐曹州，執刺史丘禮以獻，遂移兵圍濮。兗、鄆之釁，自茲而始矣。

十月，僖宗命水部郎中王贊撰紀功碑以賜帝。是月，帝親騎數千巡師於濮上〔九〕，帝親騎數千，以文義求之，「親」字上疑脫「師」字，今無別本可校，姑仍其舊，附識於此。（影庫本粘籤）因破朱瑄援師於范縣。丁未，攻陷濮州，刺史朱裕單騎奔鄆。尋爲鄆人所敗，踰月乃還。

十二月，僖宗遣使賜帝鐵券，又命翰林承旨劉崇望撰德政碑以賜帝。

閏月甲寅，帝請行軍司馬李璠權知淮南留後〔一〇〕，乃遣大將郭言領兵援送以赴揚州。文德元年正月，帝率師東赴淮海，行次宋州，聞楊行密已拔揚州，遂還。是時，李璠、郭言行至淮上，爲徐戎所扼，不克進而還。案歐陽史云：璠之揚州，行密不納。據通鑑云：李璠至泗州，時溥以兵襲之，郭言力戰得免而還。是李璠未嘗得至揚州也，當以薛史爲實錄。帝怒，遂謀伐徐。

二月丙戌，僖宗制以帝爲蔡州四面行營都統，繇是諸鎮之師，皆受帝之節制。案新唐書：正月癸亥，朱全忠爲蔡州四面行營都統。舊唐書作五月，與薛史異。通鑑從新唐書。

三月庚子，昭宗卽位。是月，蔡人石璠領萬衆以剽陳、亳，帝遣朱珍率精騎數千擒璠以獻。

四月戊辰，魏博樂彥禎失律，其子從訓出奔相州，使來乞師。帝遣朱珍領大軍濟河，連收黎陽、臨河二邑。既而魏軍推小校羅弘信爲帥。弘信既立，遣使送款於汴，帝優而納之，遂命班師。是月，河南尹張全義襲李罕之於河陽，克之。罕之單騎出奔，因乞師於太原，李克用爲發萬騎以援之。罕之遂收其衆，偕晉軍合勢，急攻河陽。全義危急，遣使求救於汴，帝遣丁會、牛存節、葛從周領兵赴之，大戰於溫縣，晉人與罕之俱敗。於是河橋解圍，全義歸於河陽，因以丁會爲河陽留後。

五月己亥，昭宗制以帝檢校侍中，增食邑三千戶。戊辰，詔改帝鄉曰衣錦鄉，里曰沛王

里〔一一〕。是月，帝以兼有洛、孟之地，無西顧之患，將大整師徒，畢力誅蔡。會蔡人趙德諲舉漢南之地以歸於朝廷，案新唐書昭宗紀：五月壬寅，趙德諲以襄州降。舊唐書及通鑑皆作五月，與薛史同。歐陽史敘其事於三月以前，疑有舛誤。且遣使送款於帝，仍誓戮力同討宗權。帝表其事，朝廷因以德諲爲蔡州四面副都統。又以河陽、保義、義昌三節度爲帝行軍司馬，兼糧料應接使〔一二〕。册府元龜卷一百八十七。至是，帝領諸侯之師會德諲以伐蔡賊於汝水之上，遂薄其城。五日之內，樹二十八寨以環之，蓋象列宿之數也。永樂大典卷一萬五千一百二十。時帝親臨矢石，一日，飛矢中其左腋，血漬單衣，顧謂左右曰：「勿洩。」永樂大典卷二萬七百十二。

九月，以糧運不繼，遂班師。是時，帝知宗權殘孽不足爲患，遂移兵以伐徐。

十月，先遣朱珍領兵與時溥戰於吳康鎮，徐人大敗，連收豐、蕭二邑，溥攜散騎馳入彭門。帝命分兵以攻宿州，刺史張友攜符印以降。既而徐人閉壁堅守，遂命龐師古屯兵守之而還。是月，蔡賊孫儒攻陷揚州，自稱淮南節度使。

龍紀元年正月，龐師古攻下宿遷縣，進軍於呂梁。時溥領軍二萬，晨壓師古之軍而陣，師古促戰，敗之，斬首二千餘級，溥復入於彭門。

二月，蔡將申叢遣使來告，縛秦宗權於帳下，折其足而囚之矣。案舊唐書：文德元年十二月甲子朔〔一三〕，蔡州牙將申叢執秦宗權。新唐書作十一月辛酉〔一四〕，與舊唐書月日互異。薛史作龍紀元年二月，蓋卽其遣使

來告之月而書之也。歐陽史作正月，誤。帝卽日承制以叢爲淮西留後。未幾，叢復爲都將郭璠所殺。是月，璠執宗權來獻，帝遣行軍司馬李璠、牙校朱克讓檻進於長安。既至，昭宗御延喜樓受俘，卽斬宗權於獨柳樹下。蔡州平。昭宗詔加帝食實封一百戶，賜莊宅各一區。三月，又加帝檢校太尉、兼中書令，進封東平王，賞平蔡之功也。案舊唐書：四月壬戌朔，以宣武淮南等節度副大使、知節度事、管內營田觀察處置等使、開府儀同三司、檢校太傅、兼侍中、揚州大都督府長史、汴州刺史、充蔡州四面行營都統、上柱國、沛郡王、食邑四千戶朱全忠爲檢校太尉、中書令，進封東平王，仍賜賞軍錢十萬貫。薛史及歐陽史俱作三月，與舊唐書異。

大順元年四月丙辰，宿州小將張筠逐刺史張紹光，擁衆以附時溥。帝率親軍討之，殺千餘人，筠遂堅守。乙卯，時溥出兵暴碭山縣，帝遣朱友裕以兵襲之，敗徐軍三千餘衆，獲沙陁援軍石君和等三十人，斬於宿州城下。

六月辛酉，淮南孫儒遣使修好於帝，帝表其事，請以淮南節度授於儒焉。辛未，昭宗命帝爲宣義軍節度使，充河東東面行營招討使，案舊唐書：五月，以宣武軍節度使朱全忠爲太原東南面招討使。歐陽史從舊唐書作東南面，通鑑作南面，與舊唐書異。考新唐書云：五月，以朱全忠爲南面招討使。六月辛未，朱全忠爲河東東面行營招討使。蓋先爲南面招討使，後改東面也。又，六月，全忠兼領宣義軍，新、舊唐書皆不載，通鑑用薛史。時朝廷宰臣張濬將兵討太原故也。

八月甲寅，昭義都將馮霸殺沙陁所署節度使李克恭來降，帝請河陽節度使朱崇節爲潞州留後。戊辰，李克用自率蕃漢步騎數萬以圍潞州，帝遣葛從周率驍勇之士，夜中銜枚犯圍而入於潞。案舊唐書：五月，潞州軍亂，殺其帥李克恭。七月，朱全忠遣大將葛從周率千騎入潞州。薛史統作八月，蓋據入潞之月而追言之也。

九月壬寅，帝至河陽，遣都將李讜引軍趨澤、潞，行至馬牢川，爲晉人所敗。帝又遣朱友裕、張全義率精兵至澤州北以爲應援〔二五〕。既而崇節、從周棄潞來歸。戊申，帝廷責諸將敗軍之罪，斬李讜、李重胤以狥，遂班師焉。案：自「九月壬寅」至此，又見通鑑考異，與册府元龜同。

十月乙酉，帝自河陽赴滑臺。時奉詔將討太原，先遣使假道於魏，魏人不從。先是，帝遣行人雷鄴告糴於魏，既而爲牙軍所殺。羅弘信懼，故不敢從命，遂通好於太原。

十二月辛丑，帝遣丁會、葛從周率衆渡河取黎陽、臨河，又令龐師古、霍存下淇門、衞縣，帝徐以大軍繼其後。

二年春正月，魏軍屯於內黃。丙辰，帝與之接戰，自內黃至永定橋，魏軍五敗，斬首萬餘級。羅弘信懼，遣使持厚幣請和。帝命止其焚掠而歸其俘，弘信繇是感悅而聽命焉。乃收軍屯於河上。

八月己丑，帝遣丁會急攻宿州，刺史張筠堅守其壁，會乃率衆於州東築堰，壅汴水以浸其城。十月壬午，筠遂降，宿州平。案：舊唐書作十一月，汴軍陷宿州，與薛史異。歐陽史及新唐書、通鑑俱從薛史作十月。

十一月丁未，曹州裨將郭紹賓殺刺史郭饒，舉郡來降。案新唐書：十一月己未，曹州將郭銖殺其刺史郭詞，叛附於全忠。通鑑從新唐書，與薛史異。歐陽史仍從薛史。是月，徐將劉知俊率衆二千來降，自是徐軍不振。

十二月，兗州朱瑾領軍三萬寇單父，帝遣丁會領大軍襲之，敗於金鄉界〔二六〕，殺二萬餘衆，瑾單馬遁去。

景福元年正月，遣丁會於兗州界徙其民數千戶於許州。

二月戊寅，帝親征鄆，先遣朱友裕屯軍於斗門。甲申，次衞南，有飛鳥止於峻堞之上，鳴噪甚厲，副使李璠曰：「將有不如意之事。」是夜，鄆州朱瑄率步騎萬人襲朱友裕於斗門，友裕拔軍南去。乙酉，帝晨救斗門，不知友裕之退，前至斗門者皆爲鄆人所殺。帝追襲鄆人至瓠河，不及，遂頓兵於村落間〔二七〕。時朱瑄尚在濮州。丁亥，遇朱瑄率兵將歸於鄆，遂來衝擊。帝策馬南馳，爲賊所追甚急，前有浚溝〔二八〕，躍馬而過，張歸厚援矟力戰於其後，乃免。時李璠與都將數人皆爲鄆軍所殺。

五月丙午，遣朱克讓率衆暴兗、鄆之麥。

十一月，遣朱友裕率兵攻濮州，下之，擒刺史邵儒以獻，濮州平。遂命移軍伐徐州。册府元龜卷一百八十七。

二年四月丁亥〔二九〕，師古下彭門，臯溥首以獻。通鑑考異引薛史梁紀。案：册府元龜引薛史，於景福二年事多所删節。考是年春有石佛山之戰，今不載。通鑑注引薛史云：「石佛山在彭門南。」疑即此處闕文也。

八月，帝遣龐師古移兵攻兗，駐於曲阜，與朱瑾屢戰，皆敗之。

十二月，帥古遣先鋒葛從周引軍以攻齊州，刺史朱威告急於兗、鄆。既而朱瑄以援兵至，遂固其壘。册府元龜卷一百八十七。

乾寧元年二月，帝親領大軍由鄆州東路北次於魚山。歐陽史作漁山，考通鑑亦作魚山，今仍其舊。（舊五代史考異）朱瑄覘知，即以兵逕至，且圖速戰。帝整軍出寨，時瑄、瑾已陣於前。須臾，東南風大起，我軍旌旗失次，甚有懼色，即令騎士揚鞭呼嘯。俄而西北風驟發，時兩軍皆在草莽中，帝因令縱火。既而煙焰亙天，乘勢以攻賊陣，瑄、瑾大敗。永樂大典卷一萬五千一百二十。殺萬餘人，餘衆擁入清河，因築京觀於魚山之下，駐軍數日而還。

二年正月癸亥，遣朱友恭帥師復伐兗，遂塹而圍之。未幾，朱瑄自鄆率步騎援糧欲入於兗，友恭設伏以敗之，盡奪其餉於高㕦，案：通鑑作高梧，考薛史前後俱作高㕦，今仍其舊。（舊五代史考異）因擒蕃將安福順、安福慶。

二月己酉，帝領親軍屯於單父，以爲友恭之援。

四月，濠、壽二州復爲楊行密所陷。是時，太原遣將史儼兒、李承嗣以萬騎馳入於鄆。此據薛史梁紀原文，惟史儼兒作史儼爲微異耳。下案通鑑：乾寧二年四月，河東遣其將史儼、李承嗣以萬人馳入於鄆。又云：七月，克用遣史儼將三千騎詣石門侍衞。十二月，李克用遣大將史儼、李承嗣假道於魏以救之。前後複互，且其時汴、鄆日有戰爭，道路阻隔，史儼既於四月入鄆，不應七月已在石門，十二月又過魏也。考舊唐書云：初，兗、鄆求援於太原，克用令蕃將史完府、何懷寶等千騎赴之。不言其赴鄆爲何時。據此篇下云：八月，獲蕃將史完府。十一月〔三〇〕，擒何懷寶。然則四月馳入於鄆者，當是史完府、何懷寶，非史儼、李承嗣也。參考薛史唐武皇紀及李承嗣傳，承嗣等入鄆定在二年之冬，梁紀似有舛誤。通鑑並采梁、唐帝紀，亦未能考定畫一。朱友恭遂歸於汴。

八月，帝領親軍伐鄆，至大仇，遣前軍挑戰，設伏於梁山以待之。既而獲蕃將史完府，奪馬數百匹。朱瑄脫身遁去，復入於鄆。案通鑑：九月辛未，朱全忠自將擊朱瑄，戰於梁山，瑄敗走還鄆。與薛史異。歐陽史仍從薛史作八月。

十月，帝駐軍於鄆，齊州刺史朱瓊遣使請降，瓊即瑾之從父兄也。案新唐書昭宗紀：十一月壬申，齊州刺史朱瓊叛降於朱全忠。據薛史則朱瓊自請降至見殺皆在十月，與新唐書異。通鑑從新唐書。帝因移軍至兗，瓊果來降。未幾，瓊爲朱瑾所紿，掠而殺之，帝即以其弟玭爲齊州防禦使。

十一月，朱瑄復遣將賀瓌、柳存及蕃將何懷寶等萬餘人以襲曹州，案：通鑑作薛懷寶，考舊唐書亦作何懷寶，今仍之。（舊五代史考異）庶解兗州之圍也。帝知之，自兗領軍策馬先路至鉅野南，追而敗之，殺戮將盡，生擒賀瓌、柳存、何懷寶及賊黨三千餘人。是日申時，狂風暴起，沙塵沸湧，帝曰：「此乃殺人未足耳。」遂下令盡殺所獲囚俘，風亦止焉。翼日，縶賀瓌等以示於兗，帝素知瓌名，乃釋之，惟斬何懷寶於兗城之下，乃班師。

十二月，葛從周領兵復伐兗。案通鑑云：朱全忠之去兗州也，留葛從周將兵守之。與薛史梁紀異。又，薛史葛從周傳作十月事。既至，與朱瑾戰於壘下，殺千餘衆，擒其將孫漢筠已下二十人，遂旋師。

三年正月，河東李克用既破邢州，欲謀爭霸，乃遣蕃將張汚落以萬騎寨於河北之莘縣，聲言欲救兗、鄆。魏博節度使羅弘信患之，使來求援。冊府元龜卷一百八十七。

二月〔二二〕，帝領親軍屯於單父，會寒食，帝乃親拜文穆皇帝陵於碭山縣午溝里。冊府元龜卷一百八十九。

四月辛酉，河東泛漲〔二三〕，將壞滑城，帝令決隄岸以分其勢爲二河，夾滑城而東，爲害滋甚。是月，帝遣許州刺史朱友恭領兵萬人渡淮，以便宜從事。時洪、鄂二州累遣使求援，故有是行。

五月，命葛從周統軍屯於洹水，以備蕃軍。

六月，李克用帥蕃漢諸軍營於斥丘，遣其男落落將鐵林小兒三千騎薄於洹水。從周與戰，大敗之，生擒落落以獻。克用悲駭，請修舊好以贖其子，帝不許，遂執落落送於羅弘信，斬之。越七日，我軍還屯陽留以伐鄆。

八月，復壁於洹水。是時，昭宗幸華州，遣使就加帝檢校太師，守中書令。

四年正月，帝以洹水之師大舉伐鄆。辛卯，營於濟水之次，案胡三省云：漢以後無濟水，此濟水蓋即鄆城清河水也。（舊五代史考異）龐師古令諸將撤木爲橋。乙未夜，師古以中軍先濟，聲振於鄆，朱瑄聞之，棄壁夜走。葛從周逐之至中都北，擒瑄并其妻男以獻，案：自「辛卯營於濟水之次」至此，又見通鑑考異，惟中少數字，蓋引書間有刪節也。尋斬汴橋下。鄆州平。己亥〔二四〕，帝入於鄆，以朱友裕爲鄆州兵馬留後。案通鑑：正月，以龐師古爲天平軍留後。三月，表朱友裕爲天平軍留後。據薛史郴王友裕傳，四年，帝下東平，即爲天平留後。與通鑑異。時帝聞朱瑾與史儼兒在豐沛間搜索糧饋，豐沛，原本作「澧沛」，今據文改正。（影庫本粘籤）惟留康懷英以守兗州，帝因乘勝遣葛從周以大軍襲兗。懷英聞鄆失守，俄又我軍大至，乃出降。朱瑾、史儼兒遂奔淮南。兗、海、沂、密等州平。案新唐書昭宗紀：四年正月丙申，朱全忠陷鄆州，天平軍節度使朱宣死之。二月，朱全忠寇兗州，泰寧軍節度使朱瑾奔於淮南。舊唐書：正月癸未，汴將龐師古陷鄆州。二月戊申，汴將葛從周陷兗州。與薛史月日前後不同，詳見通鑑考異。乃以葛從周爲兗州留後。冊府元龜卷一百八十七。

五月丁丑，朱友恭遣使上言，大破淮寇於武昌，收復黃、鄂二州。通鑑考異引薛史梁紀。

八月，陝州節度使王珙遣使來乞師。是時，珙弟珂實爲蒲帥，案：珂，原本訛作「琦」，今據新唐書王重榮傳改正。（舊五代史考異）迭相憤怒，日尋干戈，而珙兵寡，故來求援。帝遣張存敬、楊師厚等領兵赴陝，既而與蒲人戰於猗氏，大敗之。

九月，帝以兗、鄆既平，將士雄勇，遂大舉南征。案舊唐書昭宗紀，師古渡淮在十月，而清口之敗在十一月，薛史繫於九月，蓋舉南征之議實始於九月，其後遂終言之耳。歐陽史改作九月，攻淮南。則清口之役，乃因雨雪而敗，有九國志可據，斷非九月事也。命龐師古以徐、宿、宋、滑之師直趨清口，葛從周以兗、鄆、曹、濮之衆徑赴安豐。淮人遣朱瑾領兵以拒師古，因決水以浸軍，遂爲淮人所敗，師古歿焉。葛從周行及濠梁，聞師古之敗，亦命班師。冊府元龜卷一百八十七。

校勘記

〔一〕糾合諸侯　「合」原作「兵」，據冊府元龜（以下簡稱冊府）卷一八七改。

〔二〕委之關東國無患矣　原作「還之關無患矣」，據鑑誡錄卷二改。殿本考證作「還之關東，國無患矣」。

〔三〕蔡人逼許州節度使鹿宴弘使來求救　許州原作「司州」，明本冊府卷一八七同。殘宋本冊府、

舊唐書卷一九僖宗紀、新唐書卷九僖宗紀、資治通鑑（以下簡稱通鑑）卷二五六均作許州。通鑑注：「中和四年，晏弘據許州，至是敗亡。」據改。「鹿宴弘」，殿本、劉本、彭本、明本冊府卷一八七同。殘宋本冊府、歐陽史卷四〇韓建傳、舊唐書卷一九僖宗紀、新唐書卷九僖宗紀、通鑑卷二五四、本書卷一三六王建傳作鹿晏弘。

〔四〕蓋全忠雖嘗兼領義成而不之鎮故署其將胡眞爲留後　孔本作「是全忠未嘗兼領義成軍也」。歐陽史亦作以胡眞爲留後」。

〔五〕武陽橋　殿本、劉本同。本卷下文有陽武橋。冊府卷一八七亦此處作武陽橋，下文作陽武橋。通鑑卷二五七注：「陽武橋在鄭州陽武縣，縣在汴州西北九十里。」

〔六〕僵仆相枕　「相」原作「就」，據冊府卷一八七改。

〔七〕光啓　原作「光化」，據殿本考證、舊唐書卷一九僖宗紀改。按光啓爲唐僖宗年號，光化爲唐昭宗年號。

〔八〕通鑑作閏十一月　「閏十一月」原作「閏十二月」，據殿本考證、劉本、舊五代史考異、通鑑卷二五七考異改。通鑑本文作十二月，無「閏」字。

〔九〕帝親騎數千　孔本、彭本、盧本、明本冊府卷一八七同。殿本、劉本作「帝親帥騎數千」，彭校作「帝親率騎數千」，殘宋本冊府作「帝賜親騎數千」。

〔一〇〕行軍司馬　「軍」原作「營」，據冊府卷一八七、通鑑卷二五七、本卷下文改。

〔一一〕詔改帝鄉曰衣錦鄉里曰沛王里　原作「詔改帝鄉錦衣里曰沛王里」，據冊府卷一八七改。

〔一二〕應接使　「使」字原無，據冊府卷一八七補。

〔一三〕文德元年十二月甲子朔　「十二月」原作「十一月」，據殿本考證、舊唐書卷二〇昭宗紀改。

〔一四〕新唐書作十一月辛酉　「十一月」原作「十二月」，據殿本考證、新唐書卷一〇昭宗紀改。

〔一五〕澤州　原作「渾州」，明本冊府卷一八七同。殿本、劉本作鄆州，殘宋本冊府、通鑑卷二五八考異引薛史作澤州。按此次戰役在山西澤、潞，當作澤州，據改。

〔一六〕褒之敗於金鄉界　劉本、冊府卷一八七同。殿本作「襲敗之於金鄉界」。

〔一七〕頓兵於村落間　「頓」原作「領」，冊府卷一八七同，殿本作「頓」。舊五代史考異云：「案『領』字考文義應是『頓』字之譌。」據改。

〔一八〕前有浚溝　「有」原作「後」，據冊府卷一八七改。

〔一九〕丁亥　原作「丁丑」，據通鑑卷二五九考異引薛史改。按二十史朔閏表，景福二年四月己巳朔，丁丑爲初九日，丁亥爲十九日。通鑑卷二五九云：「戊子，龐師古拔彭城，時溥舉族登燕子樓自焚死。」戊子爲四月二十日，則此當作丁亥。

〔二〇〕十一月　原作「十月」，據殿本考證、本卷下文改。

〔二一〕二月　殿本、劉本同。冊府卷一八九作乾寧二年二月，本書誤繫在三年。

〔二二〕河東泛漲　殿本、彭本、冊府卷一八七同。劉本作「河東水泛漲」，盧本作「河水泛漲」，通鑑卷二六〇作「河漲」。

〔二三〕己亥　原作「乙亥」，明本冊府卷一八七同，據殘宋本冊府改。按二十史朔閏表，乾化四年正月丁丑朔，無乙亥，己亥爲二十三日。通鑑卷二六一記朱溫入鄆亦在己亥。

舊五代史卷二

梁書二

太祖紀第二

光化元年正月，帝遣葛從周統諸將略地於山東，遂次于邢、洺。

三月，昭宗以帝兼領天平軍節度使，餘如故。案舊唐書：光化元年正月，朱全忠遣判官韋震奏事，求兼領鄆州。薛史作三月事，蓋奏事在正月，制下在三月也。歐陽史及通鑑俱從薛史。

四月，滄州節度使盧廷彥爲燕軍所攻〔一〕，棄城奔於魏，魏人送於汴。是月，帝以大軍至鉅鹿，屯於城下，敗晉軍萬餘衆於青山口，俘馬千餘匹。丁卯，遣從周分兵攻洺州，斬刺史邢善益，擒將五十餘人。

五月己巳　邢州刺史馬師素棄城遁去。辛未，磁州刺史袁奉滔自刭而死。磁州，原本作「惠州」，今從新唐書及通鑑改正。（影庫本粘籤）五日之內，連下三州。案通鑑，朱全忠陷洺州在四月，陷邢州、磁

州在五月，俱以薛史爲據。新、舊唐書總繫於五月，歐陽史總繫於四月，皆非實錄。因以葛從周兼邢州昭義軍節度使留後，帝遂班師。是時，襄州節度使趙匡凝案：趙匡凝，原本避宋諱作趙凝，今從新、舊唐書及歐陽史增「匡」字，後倣此。聞帝軍有淸口之敗，密附於淮夷。

七月，帝遣氏叔琮率師伐之。未幾，其泌州刺史趙璠越墉來降，隨州刺史趙琳臨陣就擒〔二〕。案新唐書：七月丙申，朱全忠陷唐州，又陷隨州，執刺史趙匡璘。八月戊午，陷鄧州，執刺史國湘。通鑑從新唐書，與薛史詳略不同。舊唐書俱作七月。歐陽史以唐州爲泌州，尙仍薛史之舊。

二年正月，淮南楊行密舉全吳之衆，精甲五萬，以伐徐州，帝領大軍禦之。行密聞帝親征，乃收軍而退。時幽州節度使劉仁恭大舉蕃漢兵號十萬以伐魏，遂攻陷貝州，州民萬餘戶，無少長悉屠之。進攻魏州，魏人來乞師，帝遣朱友倫、張存敬、李思安等先屯於內黃，案：舊唐書及通鑑俱以屯內黃爲三月事，與薛史異。帝遂親征。

三月，與燕軍戰於內黃北，燕軍大敗，殺二萬餘衆，奪馬二千餘匹，擒都將單無敵已下七十餘人。案通鑑：單可及，幽州驍將，號單無敵。舊唐書作生擒單可及，薛史梁紀作單無敵，蓋仍當時軍檄之文也。是月，葛從周自山東領其部衆，馳以救魏。翼日乘勝，諸將張存敬以下連破八寨，遂逐燕軍，北至於臨淸，擁其殘寇於御河，溺死者甚衆。仁恭奔於滄州。

六月，帝表丁會爲潞州節度使，以李罕之疾亟故也。又遣葛從周由固鎭路入於潞州，

以援丁會。案：自「六月帝表丁會」至此，又見通鑑考異。

七月壬辰朔，海州陳漢賓擁所部三千奔於淮南。戊戌，晉人陷澤州。帝遣召葛從周於潞，留賀德倫以守之。未幾，德倫爲晉人所逼，遂棄潞而歸，繇是潞州復爲晉人所有。案新唐書：八月，李克用陷澤、潞、懷三州。與薛史異。通鑑從新唐書作八月，歐陽史從薛史作七月。

十一月，陝州都將朱簡殺留後李璠，自稱留後，送欵於帝。

三年四月，遣葛從周以兗、鄆、滑、魏之師伐滄州。

五月庚寅，攻德州，拔之，梟刺史傅公和於城上。己亥，進攻浮陽。

六月，燕帥劉仁恭大舉來援，從周與諸將逆戰於乾寧軍老鵶隄，大破之，殺萬餘衆，俘其將佐馬愼交已下百餘人。既而以連雨，遂班師。

八月，河東遣李進通襲陷洺州，執刺史朱紹宗。帝遣葛從周自鄴縣渡漳水，屯于黃龍鎭，親領中軍涉洺而寨。晉人懼而宵遁，洺州復平。案：收復洺州，通鑑作九月，舊唐書及歐陽史俱作八月。

九月，帝以仁恭、進通之入寇也，皆繇鎭、定爲其囊槖，卽以葛從周爲上將以伐鎭州。遂攻下臨城，渡滹沱以環其城。帝領親軍繼至，鎭帥王鎔懼，納質請盟，仍獻文繒二十萬以犒戎士，帝許之。

十月，晉人以帝宿兵於趙，遂南下大行，急攻河陽，留後侯言與都將閻寶力戰固守，僅而獲全。

十一月，以張存敬爲上將，自甘陵發軍，北侵幽、薊，連拔瀛、莫二郡，案新唐書昭宗紀：九月甲寅，朱全忠陷瀛州。十月丙寅，陷景州。辛酉，陷莫州。辛巳，陷祁州。通鑑與新唐書同，舊唐書俱作九月事，薛史又俱作十一月事，前後互異。遂移軍以攻中山。定帥王郜以精甲二萬戰於懷德亭，盡殪之。郜懼，奔於太原。遲明，大軍集於城下，郜季父處直持印鑰乞降，亦以繒帛三十萬爲獻，帝卽以處直代郜領其鎭焉。是月，燕人劉守光赴援中山，寨於易水之上，繼爲康懷英、張存敬等所敗，斬獲甚衆。繇是河朔知懼，皆弭伏焉。

是歲，唐左軍中尉劉季述幽昭宗於東宮內，立皇子德王裕爲帝，仍遣其養子希度來言，願以唐之神器輸於帝。帝時方在河朔，聞之，遽還於汴，人計未決。案：通鑑考異引唐補紀，謂全忠初與季述通謀，後乃改計。今考新、舊唐書皆不載此事，薛史亦不取。會李振自長安使迴，因言於帝曰：「夫豎刁、伊戾之亂，所以資霸者之事也。今閹豎幽辱天子，王不能討，無以令諸侯。」帝悟，因請振復使於長安，與時宰潛謀反正。案：自「季述幽昭宗」至此，亦見通鑑考異，惟字句稍有刪節。

天復元年正月乙酉朔，案：天復元年正月，當從舊唐書作甲申朔。考光化三年十二月爲乙卯朔，天復元年二月爲甲寅朔。舊唐書作癸未夜，孫德昭等以兵攻劉季述、王仲先。通鑑作德昭等謀以除夜伏兵俟之。以癸未爲除夜，則正朔斷爲甲申也。通鑑從薛史作乙酉朔，疑誤。唐宰相崔胤潛使人以帝密旨告於侍衞軍將孫德昭已下，令誅左右中尉劉季述、王仲先等，卽時迎昭宗於東內，御樓反正。癸巳，降制進封帝爲梁王，酬反正之功也。案舊唐書：二月，制以全忠檢校太師、守中書令，進封梁王。新唐書：二月辛未，封全忠爲梁王。與薛史月日先後不同，詳見通鑑考異。昭宗之廢也，汴之邸吏程巖率昭宗衣下殿。帝聞之，召巖至汴，折其足，送於長安，杖殺之。是時，河中節度使王珂結援於太原，帝怒，遣大將張存敬率將涉河，繇含山路鼓行而進。戊申，攻下絳州。壬子，晉州刺史張漢瑜舉郡來降，帝卽以大將侯言權領晉州，何絪權領絳州，晉、絳平。己未〔三〕，大軍至河中，存敬命繚其垣而攻之。壬戌，蒲人颺素幡以請降。庚午，帝至河中，以張存敬權領河中軍府事，河中平，帝乃東還。是月，李克用遣牙將張特來聘，請尋舊好，帝亦遣使報命。

三月癸未朔，帝歸自河中。是月，遣大將賀德倫、氏叔琮領大軍以伐太原，氏叔琮，原本作「氏叔琮」，今據列傳改正。（影庫本粘籤）叔琮等自太行路入，魏博都將張文恭自磁州新口入，葛從周以兗、鄆之衆自土門路入，洺州刺史張歸厚以本軍自馬嶺入，定州刺史王處直以本軍自飛狐入，案：原本闕「王處直」三字，今據通鑑增入。晉州侯言自陰地入。澤州刺史李存璋棄郡奔歸太原。叔琮引軍過潞州，節度使孟遷乞降。河東屯將李審建、王周領步軍一萬、騎二千詣叔琮歸命，乃進軍趨太原。

四月乙卯，大軍出石會關，營於洞渦驛。都將白奉國自井陘入，收承天軍。張歸厚引兵至遼州，刺史張鄂迎降。氏叔琮卽日與諸軍至晉陽城下〔四〕，城中雖時出精騎來戰，然危蹙已甚，將謀遁矣。會叔琮以芻糧不給，遂班師。案舊唐書：四月癸丑朔，汴軍大舉攻太原。據薛史，則汴人伐太原自在三月也。新唐書云：三月辛亥，昭義軍節度使孟遷叛附於朱全忠。四月壬子，全忠陷沁、澤二州。丁巳，儀州刺史張鄂叛附於全忠。大略與薛史同，惟旋師之期，薛史梁紀作四月，唐紀作五月，微有互異。歐陽史作三月旋師，誤。

五月癸卯，昭宗以帝兼領護國軍節度使、河中尹。

六月庚申，帝發自大梁。冊府元龜卷一百八十七。丁卯，視事於河中，以素服出郊，拜故節度使王重榮墓。尋辟其子瓚爲節度判官，請故相張濬爲重榮撰碑。帝自中和初歸唐，首依重榮，至是思其舊德，故恩禮若是。永樂大典卷二千七百九十五。

七月甲寅，帝東還梁邸。

十月戊戌，奉密詔赴長安。是時，朝廷既誅劉季述，以韓全誨、張弘彥爲兩軍中尉，袁易簡、周敬容爲樞密使。是時軍國大政，專委宰相崔胤，每事裁抑宦官，宦官側目。胤一日於便殿奏，欲盡去之，全誨等屬垣聞之，嘗於昭宗前祈哀自訴。自是昭宗勅胤，每有密奏，令進囊封。全誨等乃訪京城美婦人十數以進，使求宮中陰事，昭宗不悟，胤謀漸泄。中官視胤皆裂，以重賂甘言誘藩臣以爲城社，時因讌聚，則相向流涕。時胤掌三司貨泉，全誨等教禁兵伺胤出，聚而呼譟，訴以冬衣減損，又於昭宗前訴之，昭宗不得已罷胤知政事。案舊唐書：十一月壬子，出幸鳳翔。甲戌，崔胤責授朝散大夫、守工部尚書。新唐書亦作十一月甲戌，崔胤罷。是未幸鳳翔以前，崔胤未罷知政事也，與薛史異。胤怒，急召帝請以兵入輔，故有是行。戊申，行次河中。同州留後司馬鄴，華之幕吏也，舉郡來降。

辛亥〔五〕，駐軍於渭濱，華帥韓建遣使奉牋納款，華帥，原本作「華師」，今據文改正。（影庫本粘籤）又以銀三萬兩助軍。是日行次零口。癸丑，聞長安亂，昭宗爲閹官韓全誨等刼還，西幸鳳翔，蓋避帝之兵鋒也。翼日，遂命旋師，夕次于赤水。乙卯，大軍集于華州城下，韓建惶駭失措，卽以城降。丙辰，帝表建權知忠武軍事，促令赴任。案：自「丙辰」至「促令赴任」，又見通鑑考異，與冊府元龜同。同、華二州平。是時，唐太子太師盧知猷等二百六十三人列狀請帝速請迎奉。己未，遂帥諸軍發自赤水。壬戌，次于咸陽。偵者云：「天子昨暮至岐山，且曰宋文通扈蹕入其闉矣。」是時，岐人遣大將符道昭領兵萬人屯於武功以拒帝，帝遣康懷英敗之，擄甲士六千餘衆。乙丑，次于岐山，文通遣使奉書自陳其失，文通，原本作「文帝」，今據文改正。（影庫本粘籤）丙辰〔六〕，及岐闉，文通渝約，閉壁不獲通，復次于岐山。是時，昭宗累遣使齎朱書御札賜帝，遣帝收軍還本道，帝諗之曰：「此必文通、全誨之謀也。」皆不奉詔。癸酉，飛章

奉辭，且移軍北伐。乙亥，至邠州，節度使李繼徽舉城降。繼徽因請去文通所賜李姓，復本宗楊氏，又請納其孥以爲質，帝皆從之，仍易其名曰崇本。邠州平。

己丑〔七〕，唐丞相崔胤、京兆尹鄭元規至華州，以速迎奉爲請，許之。案舊唐書：十二月己卯，崔胤至三原砦，與全忠謀攻鳳翔。通鑑作癸未，至三原。薛史又作己丑，與舊唐書異。

二年正月，帝復次于武功，岐人堅壁不下，乃迴軍於河中。

二月，聞晉軍大舉南下，聲言來援鳳翔，帝遣朱友寧帥師會晉州刺史氏叔琮以禦之，帝以大軍繼其後。

三月，友寧、叔琮與晉軍戰於晉州之北，大敗之，生擒克用男廷鸞。帝喜，謂左右曰：「此岐人之所恃也，今既如此，岐之變不久矣。」

四月，岐人遣符道昭領大軍屯於虢縣，康懷英帥驍騎敗之。康懷英，原本脫「英」字，今據文增入。（影庫本粘籤）丁酉，唐丞相崔胤自華來謁帝，屢述艱運危急，事不可緩，又慮羣閹擁昭宗幸蜀，且告帝，帝爲動容。胤將辭，啓宴於府署，帝舉酒，胤情激於衷〔八〕，因自持樂板，聲曲以侑酒。帝甚悅。座中以良馬珍玩之物賚，既行，命諸將繕戎具。

五月丁巳，帝復西征。

六月丁丑，次于虢縣。癸未，與岐軍大戰，自辰至午，殺萬餘衆，擒其將校數百人，乘勝

遂逼其壘。案舊唐書：五月，岐軍出戰，大敗於武功南之漠谷。新唐書：五月丙申，李茂貞及朱全忠戰於武功，敗績。與薛史異。

七月丙午，岐軍復出求戰，帝軍不利。是月，遣孔勍帥師取鳳、隴、成三州，皆下之。是時，岐人相率結寨於諸山，以避帝軍，帝分兵以討，浹旬之內，幷平之。冊府元龜卷一百八十七。

九月甲戌，帝以岐軍諸寨連結稍盛，因親統千騎登高諗之。時秋空澄霽，煙靄四絕，忽有紫雲如繖蓋，凝於龍旌之上，久之方散，覩者咸訝之。永樂大典卷三千二百八。是時，帝以岐人堅壁不戰，且慮師老，思欲旋旆以歸河中，因密召上將數人語其事。時親從指揮使高季昌獨前出抗言曰：「天下雄傑，窺此舉者一歲矣，今岐人已困，願少俟之。」帝嘉其言，因曰：「兵法貴以正理，以奇勝者詐也〔九〕，乘機集事，必由是乎。」乃命季昌密募人入岐以紿之。尋有騎士馬景堅願應命，且曰：「是行也，必無生理，願錄其孥。」願錄其孥，原本作「願戮其孥」，今參考通鑑及北夢瑣言，據文改正。（影庫本粘籤）帝悽然止其行，景固請，乃許之。明日軍出，案北夢瑣言：時因朱友倫總騎軍且至，將大出兵逐之。諸寨屏匿如無人，景因躍馬西走，直叩岐闉，詐以軍怨東遁爲告，且言列寨尚留萬餘人，俟夕將遁矣，宜速掩之。李茂貞信其言，案：李茂貞卽宋文通，此紀前後互異，蓋仍當時軍檄之文，未及改從畫一。（舊五代史考異）遽啓二扉，悉衆來寇。時諸軍以介馬待之，中軍一鼓，百營俱進，又分遣數騎以據其闉〔一〇〕。岐人進不能駐其趾，退不能入其壘，殺戮蹂

踐，不知其數。茂貞繇是喪膽，但閉壁而已。

十一月癸卯，鄜帥李周彝統兵萬餘人屯于岐之北原，與城中舉烽以相應。翼日，帝以周彝既離本部，鄜時必無守備，因命孔勍乘虛襲下之。甲寅，鄜州平。周彝聞之，收軍而遁。案舊唐書：十二月癸酉，汴將孔勍乘虛襲下鄜州，獲周彝妻子，周彝卽以兵士來降。新唐書：十二月己亥，朱全忠陷鄜州，保大軍節度李茂勳叛附於全忠。考茂勳卽周彝也。薛史統作十一月事，與新、舊唐書異。茂貞既失鄜州之援，愕然有瓦解之懼，繇是議還警蹕，誅閹寺以自贖焉。冊府元龜卷一百八十七。

三年正月甲寅，岐人啓壁，唐昭宗降使宣問慰勞，兼傳密旨。尋又命翰林學士韓渥、趙國夫人寵顏趙國夫人寵顏，原本作「龍顏」，考舊唐書作寵顏，舊唐書又有內夫人可證，蓋寵顏、可證皆其名也，今改正。（影庫本粘籤）齎詔押賜帝紫金酒器、御衣玉帶。（舊五代史考異）永樂大典卷一萬四千四百七。丙辰，華州留後李存審案：「李存審」三字疑有舛誤，考王師範傳作崔允在華州。遣飛騎來告，青州節度使王師範遣牙將張厚輦甲冑弓槊，詐言來獻，欲盜據州城，事覺，已擒之矣。是日，師範又遣其將劉鄩盜據兗州。案：劉鄩陷兗州，新、舊唐書俱作丙午，薛史作丙辰，與唐書異。丁巳，昭宗遣中使押送軍容使韓全誨已下三十餘人首級以示帝〔一一〕。甲子，昭宗發離鳳翔，幸左劍寨，權駐蹕帝營。帝素服待罪，昭宗命學士傳宣免之，帝卽入見稱罪，拜伏者數四。冊府元龜卷一百八十七。既而促召升殿，密邇御座，且曰：「宗廟社稷是卿再造，朕與戚屬是卿再生。」因解所御玉帶面以

賜帝，帝亦以玉鞍勒馬、金銀器、紋錦、御饌酒菓等躬自拜進焉。永樂大典卷一萬五千一十六。及翠華東行，帝匹馬前導十餘里。宣令止之。己巳，昭宗至長安，謁太廟，御長樂樓。禮畢，謂帝曰：「朕生入舊京，是卿之力也。自古救君之危，曾無有如是者。況今日再及清廟，得親奉觴酒，奠於先皇帝室前，卿之德，朕知不能報矣。」即召帝執手，聲淚俱發者久之。翼日，誅宦官第五可範等五百餘人於內侍省。

二月庚辰〔三〕，制以帝爲守太尉、兼中書令、宣武宣義天平護國等軍節度使、諸道兵馬副元帥，加食邑三千戶，實封四百戶，仍賜回天再造竭忠守正功臣。戊戌，帝建旆東還，昭宗御延喜樓送之，案：喜，原本訛「熹」，今據通鑑改正。（舊五代史考異）既醉，遣內臣賜帝御製楊柳詞五首。

三月戊午，至大梁。時以青州未平，命軍士休澣以俟東征。

四月丙子，巡師於臨朐，亟命逼其城，與青州兵戰於城下，大敗之。是夕，淮將王景仁以所部援軍宵遁，帝遣楊師厚追及輔唐，殺千人，乘勝攻下密州。

八月戊辰，以伐叛之柄委於楊師厚，帝乃東還。

九月癸卯，師厚率大軍與王師範戰于臨朐，青軍大敗，殺萬餘人，并擒師範弟師克，卯時徙寨以逼其城。辛亥，偏將劉重霸擒棣州刺史邵播來獻。播，師範之謀主也，帝命斃之。

戊午，師範舉城請降。案：王師範之降，舊唐書作十一月丁酉朔，新唐書從薛史作九月戊午〔四〕。青州平。翼日，分命將校略地於登、萊、淄、棣等州，皆下之，繇是東漸至海，皆爲梁土也。帝復命師範權知青州軍州事，師範乃請以錢二十萬貫犒軍，帝許之。

十月辛巳，護駕都指揮使朱友倫因擊鞠墮馬，卒於長安。訃至，帝大怒，以爲唐室大臣欲謀叛己，致友倫暴死。案九國志趙庭隱傳云：庭隱始事梁祖子友亮，因擊鞠墜馬死，庭隱、董璋等十數人皆追赴汴州，知其無過，竟釋不問。考歐陽史及通鑑並作友倫，而九國志以爲友亮，蓋傳聞之訛。

十一月丁酉，青將劉鄩舉兗州來降。案：劉鄩降于全忠，新唐書作十一月丁丑，與薛史異。（舊五代史考異）鄩，王師範之將也，師範令竊據兗州久之，及聞師範降，鄩乃歸命。帝以鄩善事其主，待之甚優，尋署爲元帥府都押牙，權知鄜州留後。

天祐元年正月己酉，帝發自大梁，西赴河中，京師聞之，爲之震懼。是時，將議迎駕東幸洛陽，慮唐室大臣異議，帝乃密令護駕都指揮使朱友諒矯昭宗命，收宰相崔胤、京兆尹鄭元規等殺之。案歐陽史云：遣朱友諒殺胤於京師，其與友倫擊鞠者皆殺之。據薛史則殺崔胤者乃友諒，非友謙也。歐陽史家人傳亦作友諒，與梁本紀不同，曾三異嘗校正其誤。又，邠、岐兵士侵逼京畿，帝因是上表堅請昭宗幸洛，昭宗不得已而從之。帝乃率諸道丁匠財力，同構洛陽宮，不數月而成。

二月乙亥，昭宗駐蹕於陝，帝自河中來覲，謁見行營，因灑涕而言曰：「李茂貞等竊謀禍亂，將迫乘輿，老臣無狀，請陛下東遷，爲社稷大計也。」昭宗命延於寢室，見何皇后，面賜酒器及衣物。何后謂帝曰：「此後大家夫婦委身於全忠矣。」因欷歔泣下。後數日，帝開宴於陝之私第，請駕臨幸。翼日，帝辭歸洛陽，昭宗開內宴，時有宮人與昭宗附耳而語，韓建躡帝之足，帝遽出，以爲圖己，因連上章請車駕幸洛。案十國春秋吳世家：二月丁酉，唐帝遣閒使以絹詔告難于我及西川、河東等，令糾率藩鎮，以圖匡復。詔有云：「朕至洛陽，則爲全忠所幽閉，詔敕皆出其手，朕意不得復通矣。」（舊五代史考異）

三月丁未，昭宗制以帝兼判左右神策及六軍諸衞事。是時，昭宗累遣中使及內夫人傳宣，謂帝曰：「皇后方在草蓐，未任就路，欲以十月幸洛。」帝以陝州小藩，非萬乘久留之地，期以四月內東幸。

閏月丁酉，昭宗發自陝郡。壬寅，次于穀水。是時昭宗左右唯小黃門及打毬供奉、內園小兒二百餘人，帝猶忌之。是日密令醫官許昭遠告變，乃設饌於別幄，召而盡殺之，皆坑於幕下。先是選二百餘人，形貌大小一如內園人物之狀，至是使一人擒二人，縊於坑所，即蒙其衣及戎具自飾。昭宗初不能辨，久而方察。自是昭宗左右前後皆梁人矣。甲辰，車駕至洛都，帝與宰相百官導駕入宮。乙卯，昭宗以帝爲宣武、宣義、護國、忠武四鎮節度使。時帝請以鄆州授張全義，故有此命。案洛陽縉紳舊聞記：梁祖之初兼四鎮也，英威剛狠，視之若乳虎，左右少忤

其旨，立殺之。梁之職吏，每日先與家人辭訣而入，歸必相賀。（舊五代史考異）

五月丙寅，昭宗宴羣臣，曰：「昨來御樓前一夜亡失赦書，賴梁王收得副本，不然誤事，宰執不得無過矣。」是日宴次，昭宗入內，召帝於內殿曲宴，帝不測其事，不敢奉詔。又曰：「卿不欲來，即令敬翔入來。」帝密遣翔出，乃止。己巳，奉辭東歸。乙亥，至大梁。

六月，帝遣都將朱友裕率師討邠州，節度使楊崇本叛故也。癸丑，帝西征，遂朝於洛陽。

七月甲子，昭宗宴帝於文思鞠場。乙丑，帝發東都。壬申，至河中。

八月壬寅，昭宗遇弒於大內，遺制以輝王柷爲嗣。乙巳，帝自河中引軍而西。癸丑，次于永壽，邠軍不出。

九月辛未，班師。

十月癸巳，至洛陽，詣西內，臨於梓宮前，祗見於嗣君。辛丑，制以 案：原本有闕文。帝至自西征。

十一月辛酉，光州遣使來求援，時光州歸欵於帝，尋爲淮人所攻，故來乞師。戊寅，帝南征渡淮，次于霍丘，大掠廬、壽之境，淮人乃棄光州而去。

二年正月庚申，進攻壽州，壽人堅壁不出。丁亥，帝自霍丘班師。

二月辛卯，帝至自南征。甲午，青州節度使王師範至大梁，帝待以賓禮，尋表授河陽節度使。

七月辛酉，天子賜帝迎鑾紀功碑，樹於洛陽。庚午，遣大將軍楊師厚率前軍討趙匡凝於襄州。辛未，帝南征。表趙匡凝罪狀，削奪官爵。案舊唐書：八月丁未，制削奪荆襄節度使趙匡凝在身官爵。十一月，削奪荆南留後趙匡明官爵〔四〕。蓋匡凝官爵因全忠表奏而削奪，匡明官爵至奔蜀後始追奪也。

八月，楊師厚進收唐、鄧、復、郢、隨、均、房等七州。帝駐軍漢江北，自循江干，經度濟師之所。

九月甲子，師厚於陰谷江口造梁以濟師，趙匡凝率兵二萬振於江濱〔五〕。師厚麾兵進擊，襄人大敗，殺萬餘衆。乙丑，趙匡凝焚其州，率親軍載輕舸沿漢而遁。丙寅，帝濟江，至中流，舟壞，將沒者數四，比及岸，舟沉。是日入襄城，帝因周視府署，其帑藏悉空。惟於西廡下有一亭，窗戶儼然，扃鎖甚密，遂令破鎖啓扉，中有一大匱，緘鐍甚至，又令破其匱，內有金銀數百鋌。帝因歎曰：「亂兵既入，公私財貨固無孑遺矣。此帑當有陰物主之，不令常人所得，俟我以有之邪！」遂以百餘鋌賜楊師厚。襲荆州，留後趙匡明棄城上峽奔蜀。棄城上峽，原本作「并城」，今據文改正。（影庫本粘簽）荆、襄二州平。帝以都將賀瓌權領荆州，楊師厚權領襄州，卽表其事。

十月丙戌朔，天子以帝爲諸道兵馬元帥。辛卯，帝自襄州引軍由光州路趨淮南，將發，敬翔切諫，請班師以全軍勢，帝不聽。壬辰，次於棗陽，遇大雨，頗阻師行之勢。軍至壽春，壽春人堅壁清野以待帝，帝乃還，舍於正陽。

十一月丙辰，大軍北濟。案十國春秋：柴再用抄其後軍，斬首三千級，獲輜重萬計。（舊五代史考異）帝至汝陰，深悔淮南之行，躁煩尤甚。案師友雜志：朱全忠嘗與僚佐及遊客坐于大柳之下，全忠獨言曰：「此樹宜爲車轂。」衆莫應。有遊客數人起應曰：「宜爲車轂。」全忠勃然厲聲曰：「書生輩好順口玩人，皆此類也。車須用夾轂，柳木豈可爲之！」顧左右曰：「尙何待！」左右數十人捽言爲車轂者，悉撲殺之。（舊五代史考異）丁卯，帝至自南征。辛巳，天子命帝爲相國，總百揆。以宣武、宣義、天平、護國、天雄、武順、佑國、河陽、義武、昭義、保義、武昭、武定、泰寧、平盧、匡國、武寧、忠義、荆南等二十一道爲魏國，案：以二十一道爲魏國，薛史止載十九道，據舊唐書尙有忠武、鎭國二道，薛史闕載。武昭，原本脫「武」字，匡國，原本作「章國」，今俱從歐陽史增改。（影庫本粘簽）進封帝爲魏王，入朝不趨，劍履上殿，讚拜不名，兼備九錫之命。癸未，唐中書門下奏：「中書印已送相國，中書公事權用中書省印。」甲申，中書門下奏：「天下州縣名與相國魏王家諱同者，請易之。」

十二月乙酉朔，帝讓相國、魏王、九錫之命。丙戌，京百司各差官齎本司須知孔目並印赴魏國送納。甲午，天子以帝堅讓九錫之命，乃命宰相柳璨來使，且述揖讓之意焉。丁酉，帝又讓九錫之命，詔略曰：「但以鴻名難掩，懿實須彰，宜且徇於奏陳，未便行於典冊。」又改諸道兵馬元帥爲天下兵馬元帥。是時，帝以唐朝百官服飾多闕，乃製造逐色衣服，請朝廷等第賜之。其所給俸錢，仍請自來年正月全支。

三年正月，幽、滄稱兵，將寇於魏。魏人來乞師，且以牙軍驕悍，謀欲誅之，遣親吏臧延範密告於帝，帝陰許之。乙丑，北征。先是，帝之愛女適羅氏，是月卒於鄴城，因以兵仗數千事實於橐中，遣客將馬嗣勳領長直軍千人，雜以工匠、丁夫，肩其橐而入於魏，聲言爲帝女設祭，魏人信而不疑。庚午夜，嗣勳率其衆與羅紹威親軍數百人同攻牙軍，遲明盡殺之，死者七千餘人，洎于嬰孺，亦無留者。是日〔六〕，帝次于內黃，聞之，馳騎至魏。時魏之大軍方與帝軍同伐滄州，聞牙軍之死，卽時奔還。帝之軍追及歷亭，殺賊幾千，餘衆乃擁大將史仁遇保於高唐，帝遣兵圍之。是月，天子詔河南尹張全義部署修制相國魏王法物。

三月甲寅，天子命帝總判鹽鐵、度支、戶部等三司事，帝再上章切讓之，乃止。

四月癸未，攻下高唐，軍民無少長皆殺之，生擒逆首史仁遇以獻，帝命支解之。未幾，又攻下澶、博、貝、衞等州，皆爲魏軍殘黨所據故也。是時晉人圍邢州，刺史牛存節堅壁固守，帝遣符道昭帥師救之，晉人乃遁去。

五月，帝略地於洺州，既而復入於魏。

七月己未，自魏班師。案：通鑑考異引編遺錄作七月癸未，上起兵離魏都。七月壬子朔，無癸未，編遺錄誤也。今考癸未乃己未傳寫之誤。是日，收復相州。自是魏境悉平。壬申，帝歸自魏。

八月甲辰，以滄州未平，復命北征。冊府元龜卷一百八十七。

九月丁卯，營于長蘆。一夕，帝夢白龍附於兩肩，左右瞻顧可畏，悅然驚寤。永樂大典卷一萬五千二百七。

十月辛巳，邠州楊崇本以鳳翔、邠、寧、涇、鄜、秦、隴之衆合五六萬來寇，屯於美原，列十五寨，其勢甚盛，帝命同州節度使劉知俊、都將康懷英帥師禦之。知俊等大破邠寇，殺二萬餘衆，奪馬三千餘匹，擒其列校百餘人，楊崇本、胡章僅以身免。案新唐書：九月乙亥，匡國軍節度使劉知俊陷坊州。十月辛巳，楊崇本戰于美原，敗績。與薛史互有詳略。

十一月庚戌，懷英乘勝進軍，遂收鄜州。

十二月乙丑，帝以文武常參官每月一、五、九日赴朝，奏請備廊飡，詔從之。

閏月，晉人、燕人同攻潞帥，丁會舉城降于太原，帝聞之〔七〕，遂自長蘆班師。案：以上疑有闕文。據舊唐書哀帝紀：戊辰，李克用與幽州之衆同攻潞州，全忠守將丁會以澤、潞降太原，克用以其子嗣昭爲留後。甲戌，全忠燒長蘆營旋軍，聞潞州陷故也。以寨內糗糧山積，帝命焚之。滄帥劉守文以城中絕食，因致書於帝，乞留餘糧以救饑民，帝爲留十餘囷以與之。冊府元龜卷一百八十七。案容齋續筆：滄

州遺師，悉焚諸營資糧，在舟中者鑿而沉之。劉守文遺全忠書曰：「城中數萬口，不食數月矣，與其焚之爲燼，沉之爲泥，
願乞其所餘以救之。」全忠爲之留數囷，滄人賴以濟。洪氏所述與册府元龜略同，惟「留十餘囷」與「留數囷」微異。

校勘記

〔一〕盧廷彥　殿本、劉本、册府卷一八七同。舊唐書卷二〇昭宗紀、新唐書卷一〇昭宗紀、通鑑卷二六一作盧彥威。

〔二〕趙琳　明本册府卷一八七同。殿本、劉本作趙匡琳。殿本考證云：「趙匡琳，原本沿宋諱作趙琳，今據新唐書增『匡』字。」按殘宋本册府作趙璘，新唐書卷一〇昭宗紀、通鑑卷二六一、本書卷一七趙匡凝傳均作趙匡璘。

〔三〕己未　殿本、劉本、册府卷一八七同。按「己未」前當有「二月」二字。據二十史朔閏表，天復元年二月甲寅朔，己未爲二月初六。通鑑卷二六二記本條事亦在二月。

〔四〕晉陽　「晉」字原無，册府卷一八七同，據劉本、彭校及本書卷一六葛從周傳、通鑑卷二六二補。按晉陽屬太原府，見新唐書卷三九地理志。

〔五〕辛亥　殿本、劉本、册府卷一八七同。按「辛亥」前當有「十一月」三字。據二十史朔閏表，天復元年十一月己酉朔，辛亥爲十一月初三。舊唐書卷二〇昭宗紀、通鑑卷二六二記本條事皆在十一月。

〔六〕丙辰　殿本、劉本、册府卷一八七同。通鑑卷二六二、新唐書卷一〇昭宗紀作戊辰。

〔七〕己丑　殿本、劉本、册府卷一八七同。按「己丑」前當有「十二月」三字。據二十史朔閏表，天復元年十二月己卯朔，己丑爲十二月十一日。通鑑卷二六二、舊唐書卷二〇昭宗紀記本條事皆在十二月。

〔八〕情激於衷　「衷」原作「哀」，明本册府卷一八七同，據殘宋本册府改。

〔九〕兵法貴以正理以奇勝者詐也　殿本、劉本同。册府卷一八七作「兵法以正理，以奇勝，奇者詐也」。

〔一〇〕又分遣數騎以據其闉　「數騎」，殿本、劉本、册府卷一八七同。通鑑卷二六三作「數百騎」。

〔一一〕三十餘人　原作「三千餘人」，據劉本、明本册府卷一八七改。殘宋本册府、通鑑卷二六二作「二十餘人」。

〔一二〕二月庚辰　「二月」原作「三月」，明本册府卷一八七同，據劉本、殘宋本册府、通鑑卷二六四改。

〔一三〕九月戊午　「九月」原作「十月」，據本卷上文、新唐書卷一〇昭宗紀改。

〔一四〕十一月削奪荆南留後趙匡明官爵　「趙匡明」，劉本作趙匡凝。按舊唐書卷二〇哀帝紀：十月丙戌，制削奪荆南留後趙匡凝官爵。舊唐書校勘記卷一〇引張宗泰云：「削奪荆襄節度使趙匡凝官，前已書於八月，且其官節度，非留後也。據匡凝傳，成汭敗匡凝，表匡明爲荆南節度留後，當爲匡明。」本書「十一月」或爲「十月」之訛，舊唐書及劉本則誤「明」爲「凝」。

〔一五〕振於江濱　殿本、劉本、册府卷一八七同。彭校作「陳於江濱」。

〔一六〕是日　原作「是月」，據劉本、册府卷一八七改。

〔一七〕閏月……帝聞之　二十一字原無，據册府卷一八七補。下文「遂自長蘆班師」句下注文謂「案：以上疑有闕文」，彭校云：「册府元龜原文不闕，此案應删。」

舊五代史卷三

梁書三

太祖紀第三

開平元年正月丁亥，帝迴自長蘆，次于魏州。節度使羅紹威以帝迴軍，羅紹威，原本作「昭威」，今據歐陽史改正。（影庫本粘籤）慮有不測之患，由是供億甚至，因密以天人之望切陳之。帝雖拒而不納，然心德之。冊府元龜卷一百八十七。壬寅，帝至自長蘆。是日有慶雲覆於府署之上。冊府元龜卷二百三。甲辰，天子遣御史大夫薛貽矩來傳禪代之意。永樂大典卷五千一百四十九。貽矩請帝，陳北面之禮，帝揖之升階，貽矩曰：「殿下功德及人，三靈所卜已定。皇帝方議裁詔，行舜、禹之事，臣安敢違。」既而拜伏於砌下，帝側躬以避之。冊府元龜卷一百八十七。

二月戊申，帝之家廟棟間有五色芝生焉，狀若芙蓉，紫煙蒙護，數日不散。又，是月，家廟第一室神主上，有五色衣自然而生，識者知梁運之興矣。永樂大典卷一萬七千一百六十七。唐

乾符中，木星入南斗，數夕不退，諸道都統晉國公王鐸觀之，問諸知星者吉凶安在，咸曰：「金火土犯斗卽爲災，唯木當爲福耳。」或亦然之。時有術士邊岡者，洞曉天文，博通陰陽曆數之妙，窮天下之奇祕，有先見之明，雖京房、管輅不能過也。鐸召而質之，岡曰：「惟木爲福神，當以帝王占之。然則非福於今，必當有驗於後，未敢言之。」請他日證其所驗。」一日，又密召岡，因堅請語其詳，至於三四，岡辭不獲。鐸乃屛去左右，岡曰：「木星入斗，帝王之兆也。木在斗中，『朱』字也。以此觀之，將來當有朱氏爲君者也，天戒之矣。且木之數三，其禎也應在三紀之內乎。」鐸聞之，不復有言。冊府元龜卷二百三。天后朝有讖辭云：「首尾三鱗六十年，兩角犢子自狂顚，龍蛇相鬭血成川。」當時好事者解云：「兩角犢子，牛也，必有牛姓干唐祚。」故周子諒彈牛仙客，李德裕謗牛僧孺，皆以應圖讖爲辭。然「朱」字「牛」下安「八」，「牛」下安「八」，原本作「牛不安八」，今據文改正。（影庫本粘籤）八卽角之象也，故朱滔、朱泚構喪亂之禍，冀無妄之福，豈知應之帝也。永樂大典卷一萬九千三百九十六。

四月，唐帝御札勅宰臣張文蔚等備法駕奉迎梁朝。通鑑考異引薛史。宋州刺史王皐進赤烏一雙。又，宰臣張文蔚正押傳國寶、玉冊、金寶及文武羣官、諸司儀仗法物及金吾左右二軍離鄭州。丙辰，達上源驛。是日，慶雲見。冊府元龜卷二百三。令曰：「王者創業興邦，立名傳世，必難知而示訓，從易避以便人。案：原本有闕文。或稽其符命，應彼開基之義，垂諸象德之言。爰考簡書，求於往代，周王昌、發之號，漢帝詢、衎之文〔一〕，或從一德以徽稱，或爲二名而更易。先王令典，布在縑緗。寡人本名，兼于二字，且異帝王之號，仍兼避易之難，郡職縣官，多須改換。況宗廟不遷之業，憲章百世之規，事叶典儀，豈憚革易。寡人今改名晃，是以天意雅符於明德，日光顯契於瑞文，昭融萬邦，理斯在是。庶順玄穹之意，永臻康濟之期。宜令有司分告天地宗廟，其舊名，中外章疏不得更有迴避。」冊府元龜卷一百八十二。時將受禪，下教以本名二字異帝王之稱，故改名。通鑑注引薛史。己未，賜文武百官一百六十人本色衣一副。

戊辰，卽位〔二〕。冊府元龜卷一百九十七。制曰：

王者受命於天，光宅四海，祗事上帝，寵綏下民。革故鼎新，諒曆數而先定；創業垂統，知圖籙以無差。神器所歸，祥符合應。是以三正互用，五運相生，前朝道消，中原政散，瞻烏莫定，失鹿難追。朕經緯風雷，沐浴霜露，四征七伐，垂三十年，糾合齊盟，翼戴唐室。隨山刊木，罔憚胼胝；投袂揮戈，不遑寢處。洎玄穹之所贊，知唐運之不興，莫諧輔漢之謀，徒罄事殷之禮。事殷，原本作「事般」，今據文改正。（影庫本粘籤）唐主知英華已竭，算祀有終，釋龜鼎以如遺，推劍紱而相授。朕懼德弗嗣，執謙允恭，避駿命於南河，眷清風於潁水。而乃列嶽羣后，盈廷庶官，東西南北之人，斑白緇黃之衆，謂朕

功蓋上下，澤被幽深，宜應天以順時，俾化家而爲國。拒彼億兆，至於再三。且曰七政已齊，萬幾難曠。萬幾，原本作「萬機」，今據文改正。（影庫本粘籤）勉遵令典，爰正鴻名，告天地神祇，建宗廟社稷。

顧惟涼德，曷副樂推，慄若履冰，懍如馭朽。金行啓祚，玉曆建元，方弘經始之規，宜布惟新之令。可改唐天祐四年爲開平元年，國號大梁。書載虞賓，斯爲令範；詩稱周客，蓋有明文。是用先封，以禮後嗣，宜以曹州濟陰之邑奉唐主，封爲濟陰王。凡曰軌儀〔三〕，並遵故實。姬庭多士，比是殷臣；楚國羣材，終爲晉用。歷觀前載，自有通規，但遵故事之文，勿替在公之効。應是唐朝中外文武舊臣，見任前資官爵，一切仍舊。凡百有位，無易厥章，陳力濟時，盡瘁事我。古者興王之地，受命之邦，集大勳有異庶方，霑慶澤所宜加等。故豐沛著啓祚之美，穰鄧有建都之榮，用壯鴻基，且旌故里，爰遵令典，先示殊恩。宜升汴州爲開封府，建名東都。其東都改爲西都，仍廢京兆府爲雍州佑國軍節度使。案五代會要：四月，改京兆府爲大安府，長安縣爲大安縣〔四〕，萬年縣爲大年縣，仍置佑國軍節度使額。始命韓建爲佑國軍節度使。（舊五代史考異）

是日大酺，賞賜有差。永樂大典卷五千一百四十九。案通鑑：甲辰，唐昭宣帝降御札禪位於梁。以攝中書令張文蔚爲册禮使，禮部尚書蘇循副之；攝侍中楊涉爲押傳國寶使，翰林院學士張策副之；御史大夫薛貽矩爲押金寶使，

尚書左丞趙光逢副之。帥百官備法駕詣大梁。甲子，張文蔚、楊涉乘輅自上源驛至，從册寶諸司各備儀衛鹵簿前導，百官從其後，至金祥殿前陳之。王被袞冕，即皇帝位。張文蔚、蘇循奉册升殿進讀，楊涉、張策、薛貽矩、趙光逢以次奉寶升殿，讀已，降，帥百官舞蹈稱賀。帝遂與文蔚等宴於玄德殿。帝舉酒曰：「朕輔政未久，此皆諸公推戴之力。」文蔚等慚懼，俯伏不能對，獨蘇循、薛貽矩及刑部尚書張禕盛稱帝功德，宜應天順人。案：朱梁篡位之事，薛史應爲詳載，今全篇不可得見，謹附錄通鑑於此。 宋州刺史王皐進兩歧麥，陳州袁象先進白兔一，付史館編錄，並示百官。册府元龜卷二百二。 詔在京百司及諸軍州縣印一例鑄換〔五〕，其篆文則各如舊。册府元龜卷一百九十一。 辛未，武安軍節度使馬殷進封楚王。册府元龜卷一百九十六。 以太府卿敬翔知崇政院，翔與帷幄之謀，故首擢焉。永樂大典卷一萬二千一百十三。 追尊四代廟號：高祖嬀州府君上諡曰宣元皇帝，廟號肅祖，太廟第一室，陵號興極陵；祖妣高平縣君范氏追諡宣僖皇后。皇曾祖宣惠王上諡曰光獻皇帝，廟號敬祖，第二室，陵號永安；祖妣秦國夫人楊氏追諡光孝皇后。皇祖武元王上諡曰昭武皇帝，廟號憲祖，第三室，陵號光天；祖妣吳國夫人劉氏追諡昭懿皇后。皇考文明王上諡曰文穆皇帝，廟號烈祖，第四室，陵號咸寧；皇妣晉國太夫人王氏追諡文惠皇后。册府元龜卷一百八十九。 以宣武節度副使皇子友文爲開封尹，判建昌院事。判建昌院事，原本缺「昌」字，今據文增入。（影庫本粘籤） 友文，本康氏子也，帝養以爲子。永樂大典卷一萬二千一百十三。

是月，制宮殿門及都門名額：正殿爲崇元殿，東殿爲玄德殿，內殿爲金祥殿，萬歲堂爲萬歲殿，門如殿名。册府元龜卷一百九十六。 帝自謂以金德王，又以福建上獻鸚鵡，諸州相繼上白烏、白兔洎白蓮之合蔕者，以爲金行應運之兆，故名殿曰金祥。通鑑注引薛史。 以大內正門爲元化門，皇牆南門爲建國門，滴漏門爲啓運門，下馬門爲升龍門，玄德殿前門爲崇明門，正殿東門爲金烏門，西門爲玉兔門，正衙東門爲崇禮門，東偏門爲銀臺門，宴堂門爲德陽門，天王門爲賓天門，皇牆東門爲寬仁門，浚儀門爲厚載門，皇牆西門爲神獸門，望京門爲金鳳門，宋門爲觀化門，尉氏門爲高明門，鄭門爲開明門，梁門爲乾象門，酸棗門爲興和門，封丘門爲含耀門，曹門爲建陽門。 升開封、浚儀爲赤縣，尉氏、封丘、雍丘、陳留爲畿縣。永樂大典卷三千五百二十。 案五代會要：四月，改左右長直爲左右龍虎軍，左右內衙爲左右羽林軍，左右堅銳夾馬突將爲左右神武軍，左右親隨軍將馬軍爲左右龍驤軍。（舊五代史考異）

五月，以唐朝宰臣張文蔚、楊涉並爲門下侍郎、平章事，以御史大夫薛貽矩爲中書侍郎、平章事。册府元龜卷一百九十九。 帝初受禪，求理尤切，委宰臣搜訪賢良。或有在下位抱負器業久不得伸者，特加擢用。有明政理得失之道規救時病者，可陳章疏，當親鑒擇利害施行，然後賞以爵秩。有晦跡丘園不求聞達者，令彼長吏備禮邀致，冀無遺逸之恨。册府元龜卷二百一十三。 進封河南尹兼河陽節度使張全義爲魏王，兩浙節度使錢鏐進封吳越王。册府元龜卷一百九十六。 辛巳，有司奏，以降誕之日爲大明節，休假前後各一日。永樂大典卷一萬六千一百八十七。 壬午，保義軍節度使朱友謙進百官衣二百副。册府元龜卷一百九十七。 乙酉，立皇兄全昱爲廣王，皇子友文爲博王，友珪爲郢王，友璋爲福王，友雍爲賀王，友徽爲建王。永樂大典卷一萬六千六百二十八。 案歐陽史：封姪友諒衡王，友能惠王，友誨邵王。 辛卯，以東都舊第爲建昌宮，改判建昌院事爲建昌宮使〔六〕。永樂大典卷一萬二千一百十三。 初，帝創業之時，以四鎭兵馬倉庫籍繁，因總置建昌院以領之，至是改爲宮，蓋重其事也。通鑑注引薛史。 甲午，詔天下管屬及州縣官名犯廟諱者，各宜改換：城門郎改爲門局郎，茂州改爲汝州，桂州慕化縣改爲歸化縣，潘州茂名縣改爲越裳縣。册府元龜卷一百八十九。 案魏泰東軒筆錄：京師呼城外爲州東、州西、州南、州北，而韋城、相城、胙城等縣，但呼韋縣、相縣、胙縣，蓋沿梁時避諱之舊也。 詔樞密院宜改爲崇政院〔七〕，以知院事敬翔爲院使。永樂大典卷一萬二千一百十三。 改文思院爲乾文院，同和院改爲佐鑾院〔八〕。 案五代會要：五月，改御食使爲司膳使，小馬坊使爲天驥使。（舊五代史考異） 以西都水北宅爲大昌宮，册府元龜卷一百九十六。 廢雍州太清宮，改西都太微宮、亳州太清宮皆爲觀，諸州紫極宮皆爲老君廟。册府元龜卷一百九十四。 泉州僧智宣自西域回，進辟支佛骨及梵夾經律。永樂大典卷二萬一千一百七十五。 丙申，御玄德殿，宴犒諸軍使劉捍、符道昭已下，賜物有差。

是月，青州、許州、定州三鎭節度使請開內宴，各賜方物。永樂大典卷一萬六千七百四十六。

以青州節度使韓建守司徒、青州，原本誤作「清州」，今據文改正。（影庫本粘籤） 平章事。帝以建有文武材，且詳於稼穡利害，軍旅之事、籌度經費，欲盡詢焉，恩澤特異於時，罕有比者，隨拜爲上相，賜賚甚厚。册府元龜卷一百九十九。 宿州刺史王儒進白兔一。 濮州刺史圖嘉禾瑞麥以進。册府元龜卷二百二。 廣州進奇寶名藥〔九〕，品類甚多。 河南尹張全義進開平元年已前羨餘錢十萬貫、紬六千疋、綿三十萬兩，仍請每年上供定額每歲貢絹三萬疋，以爲常式。 荆南高季昌進瑞橘數十顆，質狀百味，「百味」二字，以文義求之當作「甘味」，五代會要亦作「百味」，今姑仍其舊。（影庫本粘籤） 倍勝常貢。且橘當冬熟，今方仲夏，時人咸異其事，因稱爲瑞。册府元龜卷一百九十七。 案五代春秋：五月，李思安及晉人戰于潞城，思安師敗績。册府元龜引薛史，八月始命李思安代帥，而五代春秋于五月已書李思安敗績，疑有舛誤。今仍錄五代春秋于六月以前，以備參考。（影庫本粘籤）

六月，幸乾元院，宴召宰臣、學士及諸道入貢陪臣。永樂大典卷一萬六千七百四十六。 己亥，帝御崇元殿，內出追尊四廟上諡號玉册寶共八副，宰臣文武百官儀仗鼓吹導引至太廟行事。 癸卯〔一〇〕，司天監奏：「日辰內有『戊』字，請改爲『武』。」從之。册府元龜卷一百八十九。 案：容齋續筆以爲「戊」類「成」字〔一一〕，故司天諱之。殊不知「戊」字乃避梁祖曾祖茂琳諱，非以其類「成」字也。雲谷雜記嘗辨正之。今崇福侯廟碑立於開平二年，正作武辰〔一二〕，可見當時避諱之體。 癸亥，詔以前朝官僚，譴逐南荒，積年未經昭雪，其間有懷抱材器爲時所嫉者，深負冤抑。仍令錄其名姓，盡復官資，兼告論諸道令津致赴闕。如已亡沒，並許歸葬，以明恩蕩。冊府元龜卷一百九十一。以西都徽安門北路逼近大內宮垣，兼非民便，令移自榆林直趣端門之南。冊府元龜卷一百九十六。改耀州報恩禪院爲興國寺。冊府元龜卷一百九十四。馬殷奏破淮寇。靜海軍節度使曲裕卒。

七月丙申，以靜海軍行營司馬權知留後曲顥起復爲安南都護〔一三〕，充節度使。通鑑考異引薛史。案五代會要：七月，敕云：「建國遷都，俾新其制，況山河之險，表裏爲防。今二京俱在關東以內，仍以潼關隸陝州，復置河潼軍使，命虢州刺史兼領之。」其月，敕改虎牢關爲軍，仍置虎牢關軍使。（舊五代史考異）己亥，案長曆，七月不得有己亥，今考通鑑亦作七月己亥，當是引薛史原文，今仍之。（舊五代史考異）追尊皇妣爲皇太后。永樂大典卷一萬七千二百九十六。

八月，以潞州軍前屯師旅，壁壘未收，乃別議戎帥〔一四〕，於是以亳州刺史李思安充潞州行營都統。冊府元龜卷一百九十九。勅：「朝廷之儀，封冊爲重，用報勳烈，以隆恩榮，固合親臨，式光典禮。舊章久缺，自我復行。今後每封冊大臣，宜令有司備臨軒之禮。」永樂大典卷一萬六千七百五十一。案五代會要：八月，敕云：「諸道所有軍事申奏，令直至右銀臺門，委客省使晝時引進，尋常公事依前四方館收接。」（舊五代史考異）甲子平明前，老人星見於南極。壬申，密州進嘉禾，又有合歡榆樹，並圖形以獻。是月，隰州奏，大寧縣至固鎭上下二百里，案前後多作李固鎭，疑原本有脫字，考通鑑亦間作固鎭，蓋當時奏牘省文也，今仍之。（舊五代史考異）今月八日，黃河清，至十月如故。冊府元龜卷二百二。

梁書三　太祖紀第三　五三

舊五代史卷三　五四

九月辛丑，西京大內放出兩宮內人及前朝宮人，任其所適。冊府元龜卷一百九十五。勅以近年文武官諸道奉使，皆於所在分外停住，踰年涉歲，未聞歸闕。非唯勞費州郡，抑且侮慢國經。臣節既虧，憲章安在。自今後兩浙、福建、廣州、安南〔一五〕、邕、容等道使到發許往一月〔一六〕，湖南、洪、鄂、黔、桂許往二十日，荊、襄、同、雍、鎭、定、靑、滄許往十日，其餘側近不過三五日。凡往來道路，據遠近里數，日行兩驛。如遇疾患及江河阻隔，委所在長吏具事由奏聞。如或有違，當行朝典，命御史點檢糾察，以儆慢官。冊府元龜卷一百九十一。魏博羅紹威二男廷望、廷矩，年在幼稚，皆有材器，帝以其藩屏勳臣之胄，宜受非次之用，皆擢爲郎。冊府元龜卷二百一十。浙西奏〔一七〕，道門威儀鄭章、道士夏隱言，焚修精志，妙達希夷，推諸輩流，實有道業。鄭章宜賜號貞一大師，仍名玄章；隱言賜紫衣。冊府元龜卷一百九十四。案五代會要：九月，置左右天興、左右廣勝軍，仍以親王爲軍使。（舊五代史考異）

十月，帝以用軍，未暇西幸，文武百官等久居東京，漸及疑訝，令就便各許歸安，只留韓建、薛貽矩，翰林學士張策、韋郊、杜曉，中書舍人封舜卿、張袞幷左右御史、司天監、宗正寺，兼要當諸司節級外，其宰臣張文蔚已下文武百官，並先於西京祗候。冊府元龜卷二百五。庚午，大明節〔一八〕，內外臣僚各以奇貨良馬上壽。故事，內殿開宴，召釋、道二教對御談論，宣旨罷之。命閤門使以香合賜宰臣佛寺行香。永樂大典卷一萬六千四百八十七。駕幸繁臺講武。永樂大典卷一萬六千八百三。癸酉，御史司憲薛廷珪奏請文武百官仍舊朝參。先是，帝欲親征河東，命朝臣先赴雒都，至是緩其期，乃允所奏。宰臣請每月初入閤，望日延英聽政，永爲常式。冊府元龜卷一百九十七。山南東道節度使楊師厚進納趙匡凝東第書籍。先是，收復襄、漢，帝閱其圖書，至是命師厚進焉。冊府元龜卷一百九十四。廣州進獻助軍錢二十萬，又進龍腦、腰帶、珍珠枕、玳瑁、香藥等。冊府元龜卷一百九十七。

十一月壬寅，帝以征討未罷，調補爲先，遂命盡赦逃亡背役髡黥之人，各許歸鄉里。冊府元龜卷一百九十五。廣州進龍形通犀腰帶、金托裏含稜玳瑁器百餘副，香藥珍巧甚多。冊府元龜卷一百九十七。廣南管內獲白鹿，並圖形來獻，耳有兩缺。按符瑞圖，鹿壽千歲變白，耳一缺。今驗此鹿耳有二缺，其獸與色皆應金行，實表嘉瑞。冊府元龜卷二百二。

十二月辛亥，詔曰：「潞寇未平，王師在野。攻戰之勢，難緩於寇圍；飛輓之勤，實勞於人力。永言輟耒，深用軫懷。宜令長吏，丁寧布告，期以兵罷之日，給復賦租。」於是人戶聞之，皆忘其倦。冊府元龜卷一百九十五。詔故荊南節度使、守中書令、上谷王周汭贈太師，故武昌軍節度使、兼中書令、西平王杜洪贈太傅。先是，鄂渚再爲淮夷所侵，攻圍甚急，杜洪以兵食將盡，繼來乞師。帝料其隔越大江，難以赴援，兼以荊州據上游，多戰艦，去江夏甚邇，因

梁書三　太祖紀第三　校勘記　五五

舊五代史卷三　五六

命周汭舉舟師沿流以救之。薛史本紀仍當時詔誥之文，稱成汭爲周汭，列傳仍作成汭，謹附識于此。（影庫本粘籤）汭於是引兵東下，纔及鄂界，遇朗州背盟作亂，乘江陵之虛，縱兵襲破之，俘掠且盡。既而汭士卒知之，皆顧其家，咸無鬭志，遂爲淮寇所敗，將卒潰散，汭忿恚自投於江。汭之本姓犯文穆皇帝廟諱，至是因追贈，以其系出周文，故賜姓周氏。案：薛史本傳仍作成汭。（舊五代史考異）及汭兵敗之後，武昌以重圍經年，糧盡力困，救援不至，訖爲淮寇所陷，執洪以送淮師，淮師，原本作「淮賜」，今據文改正。（影庫本粘籤）遂殺之。此二鎭也，皆以忠貞歿於王事。帝每言諸藩屏翰經綸之業，必首痛汭、洪之薨，至是追贈之，深加軫悼，各以其子孫宗屬錄用焉。冊府元龜卷二百一十。棣州蒲臺縣百姓王知嚴妹，以亂離併失怙恃，因舉哀追感，自截兩指以祭父母。帝以遺體之重，不合毀傷，言念村閭，何知禮教。自今後所在郡縣，如有截指割股，不用奏聞。

是年，諸道多奏軍人百姓割股，青、齊、河朔尤多。帝曰：「此若因心，亦足爲孝。但苟免徭役，自殘肌膚，欲以庇身，何能療疾。並宜止絕。」冊府元龜卷一百九十一。案五代會要：十二月，于輝州碭山縣置崇德軍。太祖榆社在碭山，置使以領之，始命朱彥讓爲軍使。（舊五代史考異）

校勘記

〔一〕漢帝詢衎之文　「衎」原作「衍」，明本冊府卷一八二同，據殘宋本冊府、漢書卷一二平帝紀注改。

〔二〕戊辰即位　殿本、劉本同。新唐書卷一〇昭宗紀、歐陽史卷二梁本紀、通鑑卷二六六均作「甲子，即位」。沈鑟、朱福泰校本五代會要（以下簡稱會要）卷一作四月十八日，按該日即甲子。歐陽史、通鑑又云：「戊辰，大赦。」

〔三〕凡曰軌儀　殿本、劉本同。彭校作「凡百軌儀」。

〔四〕長安縣爲大安縣　「爲大安縣」四字原無，據殿本、劉本、會要卷一九補。

〔五〕在京百司　「百」字原無，據冊府卷一九一補。

〔六〕建昌院　原作「建昌宮」，據殿本、本書卷一四九職官志、會要卷二四、通鑑卷二六六改。

〔七〕改爲崇政院　「改」原作「加」，據殿本、本書卷一四九職官志、會要卷二四改。

〔八〕佐鑾院　孔本、彭本、盧本、冊府卷一九六同。殿本、劉本、會要卷二四、舊五代史考異作「儀鑾院」。

〔九〕名藥　原作「名樂」，明本冊府卷一九七同，據殿本、殘宋本冊府改。按本卷下文亦有廣州進藥事，並屢見于冊府卷一九七其他條。

〔一〇〕六月……癸卯　殿本、劉本同。冊府卷一八九此條繫于五月。按二十史朔閏表，開平元年六月丙午朔，無癸卯，五月丁丑朔，癸卯爲二十七日。

〔一一〕容齋續筆　原作「容齋三筆」。按此事見容齋續筆卷六「戊爲武」條，據改。

〔一二〕武辰　原作「武寅」。按二十史朔閏表，開平二年爲戊辰，金石萃編卷一一九崇福侯廟碑文有

「開平二年，歲在武辰」句，據改。

〔一三〕六月……癸亥……靜海軍節度使曲裕卒七月丙申以靜海軍行營司馬權知留後曲顥起復爲安南都護　殿本、劉本同。按通鑑卷二六六考異引薛史：「六月丙辰，裕卒。七月丙申，以靜海行營司馬權知留後曲顥起復爲安南都護。」並謂「行營」當作「行軍」。

〔一四〕別議戎帥　「帥」原作「師」，冊府卷一九九同，殿本、劉本、彭校作「帥」，據改。影庫本批校云：「別議戎師之『師』，疑『帥』字之訛。」

〔一五〕安南　原作「南安」，冊府卷一九一同，據殿本、會要卷二四改。按南安屬福建，安南屬廣府，舊唐書卷四一地理志：永徽後，以廣、桂、容、邕、安南府皆隸廣府都督統攝。

〔一六〕許住一月　「住」原作「任」，冊府卷一九一同。影庫本批校云：「許任之『任』疑『住』字之訛。」殿本、劉本、彭校作「住」，據改。本卷下文「許住二十日」、「許住十日」中「住」字同。

〔一七〕浙西奏　殿本、劉本句上有「封鎮東軍神祠爲崇福侯」十字，盧本、冊府卷一九四均無，係殿本增補者，事見會要卷一一。

〔一八〕庚午大明節　殿本、劉本同。按本書卷一、會要卷一皆云朱晃生於十月二十一日，會要注：「以其日爲大明節。」本卷上文開平元年五月辛巳，有司奏以降誕之日爲大明節。據二十史朔閏表，是年十月乙巳朔，庚午爲二十六日，二十一日當爲乙丑。

舊五代史卷四

梁書四

太祖紀第四

開平二年正月癸酉，帝御金祥殿，受宰臣文武百官及諸藩屏陪臣稱賀。諸道貢舉一百五十七人，見于崇元門〔一〕。幽州劉守光進海東鷹鶻〔二〕、蕃馬、氈罽、方物。冊府元龜卷一百九十七。案五代春秋：正月，晉王克用薨。

二月，自去冬少雪，春深農事方興，久無時雨，兼慮有災疾，帝深軫下民，遂命庶官徧祀於羣望，掩瘞暴露，令近鎮案古法以禳祈，旬日乃雨。永樂大典卷二千六百三十。案通鑑：二月癸亥，酖殺濟陰王於曹州。新唐書昭宣帝紀亦云二月遇弒。歐陽史作正月己亥，卜郊于西都，弒濟陰王，與諸書異。帝以上黨未收，因議撫巡，便往西都赴郊禋之禮。乃下令曉告中外，取三月一日離東京，以宰臣韓建權判建昌宮事，案五代會要：十月，以尚書兵部侍郎李皎爲建昌宮副使。（舊五代史考異）兵部侍郎姚

洎爲鹵簿使〔三〕，開封尹、博王友文爲東都留守〔四〕。

三月壬申，帝親統六軍，巡幸澤、潞。是日寅時，車駕西幸，宰臣并要切司局皆扈從，晚次中牟。冊府元龜卷一百九十五。下詔，以去年六月後，昭義行營陣歿都將吏卒死于王事，追念忠赤，乃錄其名氏，各下本軍，令給養妻孥，三年內官給糧賜。冊府元龜卷一百九十五。丁丑，幸澤州。辛巳，案：辛巳，歐陽史、通鑑俱作壬午。（舊五代史考異）以同州節度使劉知俊爲潞州行營招討使。壬午，宴扈駕羣臣并勞知俊，賜以金帶、戰袍、寶劍、茶藥。永樂大典卷一萬六千七百四十六。丙申，招討使劉知俊上章請車駕還東京，蓋小郡湫隘，非久駐蹕之所。達覽，帝俞其請。冊府元龜卷二百一十四。以鴻臚卿李從唐室宗屬，封萊國公，爲二王後。有司奏：「萊國公李從合留三廟，於西都選地位建立廟宇，以備四仲祀祭，命度支供給，以遵彝典。」冊府元龜卷二百五。

四月，以吏部侍郎于兢爲中書侍郎、平章事，以翰林奉旨學士張策爲刑部侍郎、平章事。冊府元龜卷二百一十一。時帝在澤州，拜二相於行在。冊府元龜卷一百九十九。案通鑑：癸巳，門下侍郎、同平章事張文蔚卒。癸卯，門下侍郎、同平章事楊涉罷爲右僕射。是拜二相於行在，所以代張文蔚、楊涉也。梁代避諱，改「承旨」爲「奉旨」，通鑑誤作「承旨」。四月丙午，車駕離澤州。丁未，駐蹕於懷州，宴宰臣文武百官。辛亥，至鄭州。壬子，幸東京。案：五代春秋作丙午，帝還東都。歐陽史作壬子，至澤州。惟通鑑與薛史同。（舊五代史考

異）丙寅，車駕幸繁臺觀稼。冊府元龜卷二百五。鄢陵居人程震以兩歧麥穗幷畫圖來進。冊府元龜卷二百二。甲寅，淮寇侵軼侵軼，原本作「侵釞」，今據文改正。（影庫本粘籤）潭、岳邊境，欲援朗州，以戰艦百餘艘揚帆西上，泊鼎口。湖南馬殷遣水軍都將黃璠率樓船遮擊之，賊衆沿流宵遁，追至鹿角鎭。冊府元龜卷二百一十七。詔以戶部尚書致仕裴迪復爲右僕射。迪敏事慎言，達吏治，明籌算。帝初建節旄於夷門，迪一謁見如故知，乃辟爲從事。自是之後，歷三十年，委四鎭租賦、兵籍、帑廩、官吏、獄訟、賞罰、經費、運漕，事無巨細，皆得專之。帝每出師，卽知軍州事，逮于二紀，不出梁之闉闍，甚有裨贊之道。禪代之歲，命爲太常卿，屬年已耆耄，視聽昏塞，不任朝謁，遂請老，許之。期月復起，師長庶官焉。冊府元龜卷二百一十一。

五月丁丑，王師圍潞州將及二年，李進通危在旦夕，不俟攻擊，當自降。太原李存勗以厚幣誘結北蕃諸部，並其境內丁壯，悉驅南征決戰，以救上黨之急。部落帳族，馳馬勵兵〔五〕，數路齊進，於銅鞮樹寨，旗壘相望。冊府元龜卷二百一十七。王師敗於潞州。永樂大典卷一萬四千二百一十二。案：潞州之敗，歐陽史作五月己丑，通鑑作壬申。（舊五代史考異）己丑，令下諸州，去年有蝗蟲下子處，蓋前冬無雪，至今春亢陽，致爲災沴，實傷隴畝。必慮今秋重困稼穡，自知多在荒陂榛蕪之內，所在長吏各須分配地界，精加翦撲，以絕根本。壬辰夜，火星犯月，太史奏，災合在荆楚。乃令設武備，寬刑罰，恤人禁暴以禳之。永樂大典卷二千六百三十。軍前行營

都將康懷英、孫海金以下主將四十三人，於右銀臺門進狀待罪。帝以去年發軍之日不利，有違兵法，並釋放，兼各賜分物酒食勞問。永樂大典卷一萬四千二百一十二。制〔六〕：義昌軍節度使劉守文加中書令，封大彭王；盧龍軍節度使劉守光封河間郡王。河間，原本作「河潤」，今據文改正。（影庫本粘籤）冊府元龜卷一百九十六。是月癸未，淮賊寇荆州石首縣，襄陽舉舟師沿澨港襲敗之。冊府元龜卷二百一十七。

六月辛亥，以亢陽，慮時政之闕，乃詔曰：「邇者下民喪禮，法吏舞文，銓衡既失於選求，州鎭又無其舉刺，風俗未厚，獄訟實繁，職此之由，上遭天譴。」至是，決遣囚徒及戒勵中外。丙寅，月犯角宿，帝以其分野在兗州，乃令長吏治戎事，設武備，省獄訟，恤疲病，祈福禳災，以順天戒。永樂大典卷二千六百三十。丙辰，邠、岐來寇，雍西編戶困于逃避，且妨害禾稼，結營自固。踰月，同州劉知俊領所部兵擊退，襲至幕谷，案：歐陽史作漠谷，五代春秋仍作幕谷。大破之，俘斬千計，收其器甲，宋文通僅以身免。冊府元龜卷二百一十七。詔曰：「敦尚儉素，抑有前聞，斥去浮華，期臻至理。如聞近日貢奉，競務奢淫，或奇巧蕩心，或雕鐫溢目，徒殫資用，有費工庸。此後應諸道進獻，不得以金寶裝飾戈甲劍戟，至於鞍勒，不用塗金及雕刻龍鳳。如有此色，所司不得引進。」永樂大典卷一萬九千五百九十九。邕州奏，鎭鄉山僧法通、道璘有道行，各賜紫衣　冊府元龜卷一百九十四。是月壬戌，岳州爲淮賊所據，帝以此郡此郡，原本作「北郡」，今據文改正。（影庫本粘籤）五嶺、三湘水陸會合之地，委輸商賈，靡不由斯，遂令荆湘湖南北舉舟師同力致討〔七〕。王師集，淮夷毀壁焚郛郭而遁。冊府元龜卷二百一十七。

秋七月甲戌，大霖雨，陂澤泛溢，頗傷稼穡，帝幸右天武軍河亭觀水。冊府元龜卷二百五。幸高僧臺閱禁衞六軍。冊府元龜卷二百一十四。詔曰：「車服以庸，古之制也；貴賤無別，罪莫大焉。應內外將相，許以銀飾鞍勒，其刺史都將內諸司使以降，祇許用銅〔八〕，冀定尊卑，永爲條制。仍令執法官糾察之。」冊府元龜卷一百九十一。案五代會要載七月敕曰：祭祀之儀，有國大事，如聞官吏慢于恪恭，牲具禮容有異精審，宜令御史臺疏其條件奏聞。（舊五代史考異）癸巳，以禪代已來，思求賢哲，乃下令搜訪牢籠之，期以好爵，待以優榮，各隨其材，咸使登用。宜令所在長吏，切加搜訪，每得其人，則疏姓名以聞。如在下位不能自振者，有司薦導之；如任使後顯立功勞，別加遷陟。冊府元龜卷二百一十三。勅禁屠宰兩月。冊府元龜卷一百九十五。甲午，以高明門外繁臺爲講武臺。是臺西漢梁孝王之時，嘗按歌閱樂於此，當時因名曰吹臺。其後有繁氏居於其側，里人乃以姓呼之，時代綿寖，案：綿寖，原作「綿浸」，今據通鑑注改正。（舊五代史考異）雖官吏亦從俗焉。帝每登眺，蒐乘訓戎，宰臣以是事奏而名之。冊府元龜卷一百九十六。案：以上又見通鑑注所引薛史，與冊府元龜相符，惟字句稍有異同。

八月辛亥，勅應有暴露骸骨，各委差人埋瘞。冊府元龜卷一百九十五。兩浙錢鏐奏，請重鑄

換諸州新印。冊府元龜卷一百九十一。詔禁戢諸軍節級兵士及供奉官受旨殿直以下各脩禮敬。冊府元龜卷一百九十一。甲寅，太史奏，壽星見於南方。冊府元龜卷二百二。兩浙錢鏐奏，改管內紫極宮爲眞聖觀，冊府元龜卷一百九十四。改臨安縣廣義鄉爲衣錦鄉。通鑑注引薛史。案十國春秋吳越世家：八月，梁敕改唐山縣爲吳昌縣〔九〕，唐興縣爲天台縣。又敕升杭、越等州爲大都督府。復改新城縣曰新登，長城縣曰長興，樂成縣曰樂清，避梁諱也。（舊五代史考異）甲子夜，東方有大流星，光明燭地，有聲如裂帛。永樂大典卷七千八百六十六。廣州上言〔一〇〕，白龍見，圖形以進。永樂大典卷五百二十。

九月丙子，太原軍出陰地關南牧，寇掠郡縣，晉、絳有備。帝慮諸將翫寇，乃下詔親議巡幸，命有司備行。丁丑，翠華西狩，宰臣、翰林學士、崇政院使、金吾仗及諸司要切官皆扈從，餘文武百官並在東京。壬午，達雒陽。帝御文思殿受朝參，許、汝、孟、懷牧守來朝。孟、懷，原本作「盂懷」，今據文改正。（影庫本粘籤）澤州刺史劉重霸面陳破敵之策。癸未，西幸，宿新安。丙戌，至陝州駐蹕〔一一〕，案：通鑑作乙酉。（舊五代史考異）蒲、雍、同、華牧守皆進鎧甲、騎馬、戈戟、食味、方物。冊府元龜卷二百五。幽州都將康君紹等十人自蕃賊寨內來投，又幽州騎將高彥章八十人騎先在幷州，乃於晉州軍前來降。至是到行在，皆賜分物衣服，放歸本道，以示懷服。冊府元龜卷二百一十五。丁亥，至陝州，賜宴扈從官〔一二〕。永樂大典卷一萬六千七百四十六。戊子，延州賊軍寇上平關，又太原軍攻平陽，烽火羽書，晝夜繼至。乙丑，六軍統軍牛存節、黃文

靖各領所部將士赴行在。甲午，太原步騎數萬攻逼晉、絳，踰旬不克，知大軍至，乃自焚其寨，至夕而遁。冊府元龜卷二百五。至夕而遁，原本作「至久」，今參考通鑑改正。（影庫本粘籤）福州貢玳瑁琉璃犀象器，并珍玩、香藥、奇品、海味，色類良多，價累千萬。冊府元龜卷一百九十七。

十月己亥，上在陝。兩浙節度使奏，於常州東州鎮殺淮賊萬餘人，獲戰船一百二隻。冊府元龜卷二百一十七。以行營左廂步軍指揮使賀瓌爲左龍虎統軍，以左天武軍夾馬指揮使尹皓爲輝州刺史，以右天武都頭韓瑭爲神捷指揮使，左天武第三都頭胡賞爲右神捷指揮使，仍賜帛有差，以解晉州圍之功也。冊府元龜卷二百一十。以尹皓部下五百人爲神捷軍。通鑑注引薛史。乙巳，御內殿，宴宰臣扈從官共四十五人。丙午，御毬場殿，宣夾馬都指揮使尹皓、韓瑭以下將士五百人，賜酒食。庚戌，至西都，御文思殿（一三）。辛亥，宰臣百僚起居於殿前，遂宣赴內宴，賜方物有差。丁巳，至東都。永樂大典卷一萬六千七百四十六。案：通鑑考異引編遺錄作乙卯，實錄作丁巳。今考五代春秋作丁巳，與薛史同。歐陽史作丁未，與薛史異。（舊五代史考異）己未，大明節，諸道節度刺史各進獻鞍馬、銀器、綾帛以祝壽，宰臣百官設齋相國寺。永樂大典卷一萬六千四百八十七。壬戌，御宣和殿，宴宰臣文武百官。

十一月辛未，御宣和殿，宴宰臣文武百官，以大駕還京故也。庚辰，御宣和殿，宴宰臣文武百官。永樂大典卷一萬六千七百四十六。出開明門，登高僧臺閱兵。冊府元龜卷二百一十四。諸道

節度使、刺史各進賀冬田器、鞍馬、綾羅等。戊子，賜文武百官帛。冊府元龜卷一百九十七。乙未（一四），又宴宰臣文武百官於宣和殿。永樂大典卷一萬六千七百四十六。案歐陽史：癸巳，張策罷，左僕射楊涉同中書門下平章事。

十二月，立二王三恪。南郊禮儀使狀：「伏以詩稱有客，書載虞賓，實因禪代之初，必行興繼之命。俾之助祭，式表推恩，兼垂恪敬之文，別示優崇之典。徵於歷代，襲用舊章。謹按唐朝以後魏元氏子孫韓國公爲三恪，以周宇文氏子孫爲介國公，隋朝楊氏子孫爲酅國公，爲二王後。今伏以國家受禪，封唐朝子孫李嵸爲萊國公。今參詳合以介國公爲三恪，酅國公、萊國公爲二王後。」冊府元龜卷二百一十一。案五代會要：十二月，改左右天武爲龍虎軍，左右龍虎爲天武軍，左右天威爲羽林軍，左右羽林爲天威軍，左右英武爲神武軍，左右神武爲英武軍。前朝置龍虎六軍謂之衞士，至是以天武、神武、英武等六軍易其軍號而任勳舊焉。（舊五代史考異）癸丑，獵畋于含耀門外。冊府元龜卷二百五。

開平三年正月戊辰朔，帝御金祥殿，受宰臣、翰林學士稱賀，文武百官拜表於東上閤門。冊府元龜卷一百九十七。己巳，奉遷太廟四室神主赴西京，太常儀仗鼓吹導引齋車，文武百官奉辭於開明門外。冊府元龜卷一百八十九。甲戌，發東都，百官扈從，次中牟縣。乙亥，次鄭州。丙

子，次汜水縣，河南尹張宗奭、河陽節度使張歸霸並來朝。戊寅，次偃師縣。己卯，備法駕六軍儀仗入西都。是日，御文明殿受朝賀。冊府元龜卷二百五。詔曰：「近年以來，風俗未泰，兵革且繁，正月燃燈，廢停已久。今屬創開鴻業，初建洛陽，方在上春，務達陽氣，宜以正月十四、十五、十六日夜，開坊市門，一任公私燃燈祈福。」永樂大典卷六千六百六十六。庚寅，親享太廟。冊府元龜卷一百八十九（一五）。辛卯，祀昊天上帝於圜丘。是日，降雪盈尺，帝昇壇而雪霽。禮畢，御五鳳樓，五鳳樓下原本衍一「于」字，今據文删去。（影庫本粘籤）宣制大赦天下。永樂大典卷四千三百七十六。賜南郊行事官禮儀使趙光逢以下分物。甲午，上御文思殿宴羣臣，賜金帛有差。丙申，賜文武官帛有差。命宣徽使王殷押絹一萬匹并茵褥圖帟二百六十件賜張宗奭（一六）。永樂大典卷一萬三千七百一十九。案歐陽史：丙申，羣臣上尊號曰睿文聖武廣孝皇帝。改西京貞觀殿爲文明殿，含元殿爲朝元殿。

二月，改思政殿爲金鑾殿（一七）。勅東都曰：「自昇州作府，建邑爲都，未廣邦畿，頗虧國體。其以滑州酸棗縣長垣縣、鄭州中牟縣陽武縣、宋州襄邑縣、曹州戴邑縣、許州扶溝縣鄢陵縣（一八）、陳州太康縣等九縣，宜並割屬開封府，仍昇爲畿縣。」冊府元龜卷一百九十六。案輿地廣記：朱梁時，楊氏據江、淮，于是吳越錢氏上言，以淮寇未平，恥聞逆姓，請改松陽縣爲長松。（舊五代史考異）丁酉，宴羣臣於崇勳殿。甲辰，又宴羣臣於崇勳殿，蓋藩臣進賀，勉而從之。永樂大典卷一萬六千七百

四十八（一九）。丙午，宗正寺請修興極、永安、光天、咸寧諸陵，並令添修上下宮殿，栽植松栢。制可。癸亥，勅：「豐沛之基，寢園所在，悽愴動關於情理，充奉自繫於國章。宜設陵臺，兼升縣望。其輝州碭山縣宜爲赤縣，仍以本縣令兼四陵臺令。」冊府元龜卷一百八十九。同州節度使劉知俊奏，延州都指揮使高萬興部領節級家累三十八人來降。

三月，以萬興檢校司徒，爲丹、延等州安撫、招誘等使。冊府元龜卷二百一十五。辛未，詔曰：「同州邊隅，繼有士衆歸化，暫思巡撫，兼要指揮，今幸蒲、陝，今幸蒲、陝，原本作「今宰」，今據文改正。（影庫本粘籤）取九日進發。」甲戌，車駕發西都，百官奉辭于師子門外。丁丑，次陝州。己卯，次解縣，河中節度使、冀王友謙來奉迎。庚辰，至河中府。冊府元龜卷二百五。幸右軍舊杏園講武。冊府元龜卷二百一十四。丙戌，以朔方節度使、兼中書令韓遜爲潁川王。遜本靈州牙校，唐末據本鎮，朝廷因而授以節鉞。永樂大典卷一萬九千八百一十七。

四月丙申朔，駐蹕河中。壬寅辰時，駕巡于朝邑縣界焦黎店，冀王友謙及崇政內諸司使扈從，至申時迴。冊府元龜卷二百五。己亥，御前殿，宴宰臣及冀王友謙扈從官。甲寅，宴宰臣及扈從官於內殿。永樂大典卷一萬六千七百四十八。制：易定節度使王處直進封北平王，福建節度使王審知封閩王，廣州節度使劉隱封南平王，案：甲寅，通鑑作庚子，與薛史異。（舊五代史考異）同州節度使劉知俊封大彭郡王，山南東道節度使楊師厚封弘農郡王。冊府元龜卷一百九

十六。

五月乙丑朔，朝，遂命宰臣及文武百官宴於內殿。己卯，車駕至西京〔一〇〕。癸未，御崇勳殿，宴宰臣及文武官四品以上。己丑，復御崇勳殿，宴宰臣文武官四品以上。永樂大典卷一萬六千七百四十八。升宋州爲宣武軍節鎮，仍以亳、輝、潁爲屬郡。通鑑注引薛史。

六月庚戌，同州節度使劉知俊據本郡反，制令削奪劉知俊在身官爵，仍徵發諸軍，速令進討。如有軍前將士，懷忠烈以知機，賊內朋徒，憤脅從而識變，便能梟夷逆豎，擒獲凶渠，務立殊功，當行厚賞。活捉得劉知俊者，賞錢一萬貫文，便授忠武軍節度使，並賜莊宅各一所。如活捉得劉知浣者，賞錢一千貫文，案：一千，原作「一萬」，今據通鑑長編引梁代賞功之典改正。（舊五代史考異）便與除刺史，有官者超轉三階，無官者特授兵部尚書。如活捉得劉知俊骨肉及近上都將並梟送闕廷者，賞賜有差。冊府元龜卷二百一十六。辛亥，駕至蒲、陝，案：通鑑作癸丑，帝至陝，與薛史前後異。（舊五代史考異）文武百官於新安縣奉迎。冊府元龜卷二百五。劉知俊弟內直右保勝指揮使知浣自雒奔至潼關，右龍虎軍十將張温以上二十二人於潼關擒獲劉知浣，送至行在。勅：「劉知浣，逆黨之中最爲頭角；龍虎軍，親兵之內實冠爪牙。昨者攻取潼關，率先用命；尋則擒獲知浣，最上立功。頗壯軍威，將除國難。所懸賞格，便可支分；許賜官階，固須除授。但昨捉獲劉知浣是張温等二十二人，一時向前，共立功效，其賞錢一千貫文數

內，一百貫文與最先打倒劉知浣衙官李稠，四十三貫文與十將張温，二十人各與錢四十二貫八百五十文。立功勅命便授郡府，亦緣同時立功人數不少，所除刺史，難議偏頗。宜令逐月共支給正刺史料錢二百貫文數內，十將張温一人每月與十貫文，餘二十一人每月每人各分九貫文，仍起七月一日以後支給。人與轉官職，仍勘名銜，分析申奏，當與施行。」冊府元龜卷二百一十。是月，知俊奔鳳翔，同州平。永樂大典卷三千五百一十三。

七月乙丑，勅行營將士陣歿者〔一一〕，咸令所在給槥櫝，津置歸鄉里。戰卒聞之悉感涕。冊府元龜卷一百九十五。丙寅，命宰臣楊涉赴西都，以孟秋享太廟。冊府元龜卷一百八十九。改章善門爲左、右銀臺門，其左、右銀臺門却改爲左、右興善門。冊府元龜卷一百九十六。勅：「大內皇牆使諸門，素來未得嚴謹，將令整肅，須示條章。宜令控鶴指揮，應於諸門各添差控鶴官兩人，守帖把門。其諸司使并諸司諸色人，並勒於左、右銀臺門外下馬，不得將領行官一人輒入門裏。其逐日諸道奉進，客省使於千秋門外排當訖〔一二〕，勒控鶴官舁擡至內門前，準例令黃門殿直以下舁進，輒不得令諸色一人到千秋門內。其興善門仍令長官關鎖，案：興善原作「章善」，今據上文及五代會要改正。（舊五代史考異）不用逐日開閉。」是日，又勅：「皇牆大內，本尚深嚴，宮禁諸門，豈宜輕易。未當條制，交下因循，苟出入之無常，且公私之不便。須加鈐轄，用戒門閭。宜令宣徽院使等切准此處分。」冊府元龜卷一百九十一。進封幽州節度使河間郡王劉守光爲燕王。冊府元龜卷一百九十六。案通鑑：七月癸酉，帝發陝州。乙亥，至洛陽，寢疾。（舊五代史考異）

己丑夕，寢殿棟折，詰旦，召近臣諸王視棟折之迹，帝慘然曰：「幾與卿等不相見。」君臣對泣久之。遂詔有司釋放禁人，從八月朔日後減膳，進素食，禁屠宰，避正殿，修佛事，以禳其咎。永樂大典卷一萬六千五百七十一。商州刺史李稠棄郡西奔，本州將吏以都牙校李玫權知州事。通鑑注引薛史。

八月甲午，以秋稼將登，霖雨特甚，命宰臣以下禱於社稷諸祠。永樂大典卷二千六百三十。詔曰：「封嶽告功，前王重事；祭天肆覲，有國恆規。朕以眇身，恭臨大寶，既功德未敷於天下，而災祥互降於域中〔一三〕。慮於告謝之儀，有缺齋虔之禮，爰修昭報，用契幽通。宜令中書侍郎、平章事于兢往東嶽祭拜禱祀訖聞奏。」于兢，原本作「於兢」，今據歐陽史改正。（影庫本粘籤）永樂大典卷一萬六千九百五十八。又勅：「朕以干戈尚熾，華夏未寧，宜循卑菲之言，用致雍熙之化。起八月一日，常朝不御金鑾、崇勳兩殿，只於便殿聽政。」冊府元龜卷一百九十七。辛亥，制：諸郡如有陣歿將士，仰逐都安存家屬，如有弟兄兒姪，便給與衣糧充役。冊府元龜卷一百九十五。贈故山南東道節度使留後王班太保〔一四〕，贈故同州觀察判官盧匪躬工部尚書。班，故河陽將，累以軍功爲郡守，主留事於襄陽，爲小將王求所殺。匪躬嘗爲劉知俊判官，知俊反，不偕行，爲亂兵所害。冊府元龜卷二百一十。勅：「建國之初，用兵未罷，未罷，原本作「之罷」，今據五代

會要改正。（影庫本粘籤）諸道章表，皆繫軍機，不欲滯留，用防緩急。其諸道所有軍事申奏，宜令至右銀臺門委客省晝時引進。諸道公事，卽依前四方館准例收接。」冊府元龜卷一百九十一。司天臺奏：「今月二十七日平明前，東南丙上去山高三尺以來 老人星見，測在井宿十一度，其色光明闊大。」冊府元龜卷二百二。勅：「所在長吏放雜差役，兩稅外不得妄有科配。自今後州縣府鎮，凡使命經過，若不執勅文券，並不得妄差人驢及取索一物已上。又，今歲秋田，皆期大稔，仰所在切如條流本分納稅及加耗外，勿令更有科索。切戒所繇人更不得於鄉村乞託擾人。」冊府元龜卷一百九十一。

閏八月，襄陽叛將李洪差小將進表，帝示以含弘，特賜勅書慰諭。又制：「左馮背叛，左馮，原本作「左憑」，今據文改正。（影庫本粘籤）元惡遁逃，如聞相濟之徒，多是脅從之輩，若能迴心向國，轉禍全身，當與加恩，必不問罪。仍令同、華、雍等州切加招諭，如能梟斬渠魁，或以鎮寨歸化，必加厚賞，仍獎官班，兼委本界招復人戶，切加安存。」冊府元龜卷二百一十五。己卯，幸西苑觀稼。冊府元龜卷二百五。

校勘記

〔一〕見于崇元門　殿本、劉本句下有「封從子友寧爲安王，友倫爲密王」十三字，盧本、冊府卷一九七

均無，係殿本增補者。

〔二〕幽州劉守光　「劉守光」原作劉守文，冊府卷一九七同，據劉本、本書卷一三五劉守光傳改。按天祐四年四月，守光自爲幽州節度，其兄守文在滄州。

〔三〕姚洎　原作「姚泊」，冊府卷二〇五同，據殿本、劉本、本書卷八梁末帝紀改。

〔四〕東都留守　殿本、劉本句下有「辛未，契丹主安巴堅遣使貢良馬」十三字，殿本考證云：「安巴堅舊作阿保機，今改。」盧本、冊府卷二〇五均無，係殿本增補者。以後影庫本正文中出現「安巴堅」，均係輯錄舊五代史時據遼史索倫國語解所改，今恢復爲「阿保機」，不另出校。

〔五〕馳馬勵兵　殿本同。劉本「勵」作「厲」，冊府卷二一七作「馳馬甲兵」。

〔六〕制　原作「封」，冊府卷一九六同，據殿本改。

〔七〕遂令荆湘湖南北舉舟師同力致討　殿本、劉本、冊府卷二一七同。冊府卷二一六作「遂令荆襄、湖南皆舉舟師，同力攻討」。

〔八〕祇許用鋼　「許」原作「取」，據冊府卷一九一、會要卷六改。

〔九〕敕改　原作「敕封」，據十國春秋卷七八吳越武肅王世家改。

〔一〇〕廣州　原作「唐州」，據冊府卷二〇二改。按新唐書卷四〇地理志，唐州已於天祐三年朱全忠表請更名泌州。

〔一一〕駐蹕　「蹕」字原無，據冊府卷二〇五補。

〔一二〕丁亥至陳州賜宴扈從官　殿本、劉本同。冊府卷一九七作「丁亥，西幸陳州，錫宴扈從官」，卷二〇五僅作「丁亥，錫宴扈從官」。按上文有「丙戌，至陝州駐蹕」，由陝州至陳州，非一日可達，下文又有「十月己亥，上在陝」，疑此「至陳州」三字衍文。

〔一三〕文思殿　原作「文明殿」，據冊府卷一九七改。影庫本粘籤云：「文明殿，原本脱『明』字，今據五代會要增入。」按冊府卷一九六謂開平三年正月，始改西京貞觀殿爲文明殿。則此時尚無「文明殿」之名。

〔一四〕乙未　原作「己未」，據殿本、冊府卷一九七改。按二十史朔閏表，開平二年十一月己巳朔，無己未。

〔一五〕庚寅親享太廟　本條原在上條「詔曰」前，據殿本移此。按上文云：「開平三年正月戊辰朔」，庚寅爲二十三日，詔中既有「直以正月十四、十五、十六日夜」之語，自應在「庚寅」之前。

〔一六〕茵褥圖帟　「圖帟」原作「圖𢂵」，明本冊府卷一九七同。殿本作「幃帟」，劉本作「闈帟」，殘宋本冊府作「圖帟」。據改「𢂵」作「帟」。按：𢂵，帶也；帟，幕之小者，所以承塵。「圖帟」當爲有圖之帟，與「茵褥」相對成文。

〔一七〕金鑾殿　原作「金鑾殿」，據殿本、冊府卷一九六、會要卷一三改，下同。本書卷一四九職官志云：「前朝因金鑾坡以爲門名……梁氏因之以爲殿名。仍改『鑾』爲『鑾』，從美名也。」

〔一八〕扶溝縣　「縣」字原無，冊府卷一九六同，據殿本、劉本補。殿本考證云：「案『扶溝』下脱『縣』字，今據文增入。」

〔一九〕丁酉……從之　本條原在下文「丙午」條後，據殿本移此。按二十史朔閏表，開平三年二月丁酉朔，甲辰爲初八日，丙午爲初十日。

〔二〇〕車駕至西京　「車駕」原作「車馬」，據殿本、劉本、彭校改。

〔二一〕勅行營將士陣歿者　「營」原作「官」，明本冊府卷一九五同，據劉本、殘宋本冊府改。

〔二二〕排當訖　「訖」原作「抗」，據會要卷二四改。

〔二三〕災祥互降於域中　「互」原作「訝」，據殿本、冊府卷一九三、會要卷三改。「域」原作「城」，據冊府卷一九三改。

〔二四〕山南東道節度使留後王班　「南」字原無，冊府卷二一〇同，據彭校及通鑑卷二六七補。「王班」，孔本、彭本同，殿本、劉本作王珏。通鑑卷二六七作王班，通鑑考異云：「薛史作王珏，今從實錄。」

舊五代史卷五

梁書五

太祖紀第五

開平三年九月[一]，御崇勳殿，宴羣臣文武百官。賜張宗奭、楊師厚白綾各三百疋，銀鞍轡馬。丁酉，上幸崇政院宴內臣，賜院使敬翔、直學士李珽等繒綵有差[二]。永樂大典卷一萬六千七百四十六。案通鑑：丁未，以保義節度使王檀爲潞州東面行營招討使。辛亥，侍中韓建罷守太保，左僕射、平章事楊涉罷守本官。太常卿趙光逢爲中書侍郎、平章事，翰林學士奉旨、工部侍郎、知制誥杜曉爲尚書戶部侍郎、平章事。冊府元龜卷一百九十九。制：「內外使臣復命未見便歸私第者。朝廷命使，臣下奉行，唯於辭見之儀，合守敬恭之道。近者凡差出使，往復皆越常規。或已辭而尚在本家，或未見而先歸私第，但從已便，莫稟王程。在禮敬而殊乖，置典章而私舉。宜令御史臺別具條流事件具黜罰等奏聞。」冊府元龜卷一百九十一。庚子，殿直王唐福自襄城走馬，

以天軍勝捷逆將李洪歸降事上聞。賜唐福絹銀有加，宰臣百官上表稱賀。壬寅，開封府虞候李繼業齎襄州都指揮使程暉奏狀[三]，案：歐陽史作行營招討使、左衞上將軍陳暉。（舊五代史考異）以今月五日，殺戮逆黨千人，并生擒都指揮使傅霸以下節級共五百人，收復襄州人戶歸業事。案歐陽史：九月壬寅，陳暉克襄州。據薛史則陳暉以壬寅奏捷，非以是日克城。考通鑑克城繫九月丁酉，與薛史今月五日正合。歐陽史蓋據奏捷之日而書之耳。（舊五代史考異）通鑑：八月，陳暉軍至襄州，李洪逆戰，大敗，王求死[四]。九月丁酉，拔其城，斬叛兵千人，執李洪、楊虔等送洛陽，斬之。（殿本）癸卯，帝御文明殿，以收復襄漢，襄漢下原本衍「收」字，今據文刪去。（影庫本粘籤）受宰臣以下稱賀。冊府元龜卷四百三十五。詔曰[五]：「秋冬之際，陰雨相仍，所司擇日拜郊，或慮臨時妨事，宜令別更擇日奏聞。」是月，禮儀使奏：「今據所司申奏，十一月二日冬至[六]，祀昊天上帝于圜丘。今參詳十月十七日以後入十一月節，十一月二日冬至一陽生之辰，宜行親告之禮。」從之。冊府元龜卷一百九十三。河中奏，准宣，詔使有銅牌者，所至即易騎以遣。冊府元龜卷一百九十一。

十月癸未，大明節，帝御文明殿，設齋僧道，召宰臣、翰林學士預之，諸道節度、刺史及內外諸司使咸有進獻。永樂大典卷一萬六千四百八十七。詔以寇盜未平，凡諸給過所，並令司門郎中、案：司門，原本作「司關」，考五代會要有司門郎中，今改正。（舊五代史考異）員外郎出給，以杜姦詐。永樂大典卷六千九百二十。

十一月癸巳朔，帝齋於內殿，不視朝。甲午，日長至，五更一點自大內出，於文明殿受宰臣以下起居，自五鳳樓出南郊，左右金吾、太常、兵部等司儀仗法駕鹵簿及左右內直控鶴等引從赴壇，文武百官太保韓建以下班以候，帝升壇告謝。冊府元龜卷一百九十三。司天臺奏：「冬至日，自夜半後，祥風微扇，帝座澄明；至曉，黃雲捧日。」冊府元龜卷二百二。丙申，畋于上東門外。冊府元龜卷二百五。戊戌，制曰：

夫嚴親報本，所以通神明；流澤覃休，所以惠黎庶。斯蓋邦家不易之道，皇王自昔之規，敢黷大猷，茲唯古義。粵朕受命，于今三年，何曾不寅畏晨興，焦勞夕惕。帥唐、虞之典，上則於乾功；挹殷、夏之源，下涵於民極。欲使萬方有裕，六辨無愆。然而志有所未孚，理有所未達，致奸宄作孽，旱霾爲災。驕將守邊，擁牙旗而背義；積陰敗氣，陵玉燭以干和。載考休徵，式昭至警。朕是以仰高俯厚，靡惜於責躬；履薄臨淵，冀昭于玄覽。兢兢慄慄，夙夜匪寧。及夫動干戈而必契靈誅，陳犧齋而克章善應，苟非天垂丕佑，神贊殊休，則安可致夷兇渠，「致」字疑有脫誤，蓋冊府元龜引薛史原文偶有舛誤也。今無別本可校，姑仍其舊。（影庫本粘籤）就不戰之功，變沴戾氣，作有年之慶。況靈旗北指，喪犬羊于亂轍之間；飛騎西臨，下鄜、翟若走丸之易。息一隅之煙燧，復千里之封疆。而又掃蕩左馮，討除峴首。故得外戎內夏，內夏，原本作「內憂」，今據文改正。（影庫本粘籤）益知天

命之攸歸；喙息蚑行，共識皇基之永固。仰懷昭應，欲報無階。爰因南至之辰，親展圜丘之禮。茲惟大慶，必及下民，乃弘渙汗之私，以錫疲羸之幸。所冀漸臻蘇息[七]，亟致和平。噫！朕自臨御以來，歲時尚邇，氛昏未殄，討伐猶頻。甲兵須議於餽糧，飛輓頻勞於編戶，事非獲已，慮若納隍。宜所在長吏，倍切撫綏，明加勉諭，每官中抽差徭役，禁猾吏廣斂貪求。免至流散靡依，凋弊不濟。宜令河南府、開封府及諸道觀察使切加鈐轄，刺史、縣令不得因緣賦斂，分外擾人。凡關庶獄，每望輕刑。只候纔罷用軍，必當便議優給。德音節文內有未該者，宜令所司類例條件奏聞。冊府元龜卷一百九十一。

己亥，以司門郎中羅廷規充魏博節度副使，知府事，仍改名周翰[八]。時鄴王紹威病日甚，慮以後事，故奏請焉。通鑑考異引薛史[九]。辛丑，幸穀水。冊府元龜卷二百五。戊午，御文明殿，冊太傅張宗奭爲太保韓建受冊畢[一〇]，按：原本疑有脫訛。金吾仗引昇輅車，儀仗導謁太廟訖，赴尚書省上。冊府元龜卷一百九十九。幸榆林坡閱兵，教諸都馬步兵。冊府元龜卷二百十四。勅改乾文院爲文思院，行從殿爲興安殿，毬場爲興安毬場，又改弓箭庫殿爲宣威殿[一一]。冊府元龜卷一百九十六。靈州奏，鳳翔賊將劉知俊率邠、岐、秦、涇之師侵迫州城。帝遣陝州康懷英、華州寇彥卿率兵攻迫邠、寧，以緩朔方之寇。冊府元龜卷二百十六。案五代春秋：十一月[一二]，秦人

來侵靈州。陝州康懷英侵秦，克寧、慶、衍三州。秦人來襲，懷英師敗于昇平。

十二月乙丑臘，畋獵于甘泉驛。冊府元龜卷二百五。以蒲州肇迹之地，且因經略鄜、延，於是巡幸數月。暇日游豫至焦梨店，頗述前事，念王重榮舊功，下詔褒獎而封崇之。冊府元龜卷二百十一。國子監奏：「創造文宣王廟，仍請率在朝及天下現任官僚俸錢，每貫每月尅一十五文，充土木之值。」允之。是歲，以所率官僚俸錢修文宣王廟。冊府元龜卷一百九十四。福建節度使王審知奏，捨錢造寺一所，請賜寺額。勅名大梁萬歲之寺，仍許度僧四十九人。冊府元龜卷一百九十四。贈牢牆使王仁嗣司空，故同州押衙史肇右僕射，押衙王彥洪、高漢詮、丘奉言、仇瓊並刑部尚書，王筠御史司憲。初，知俊將叛，謀會諸將詢所宜，仁嗣等持正不撓，悉罹其酷，至是褒贈之。冊府元龜卷二百一十。劉守光上言，于薊州西與兄守文戰，生擒守文。通鑑注引薛史。

開平四年正月壬辰朔，帝御朝元殿，受百官稱賀，用禮樂也〔三〕。冊府元龜卷一百九十七。勅：「公事難於稽遲，居處悉皆遙遠。其逐日當直中書舍人及吏部司封知印郎官、少府監及篆印文兼書寫告身人吏等，並宜輪次于中書側近宿止。」冊府元龜卷一百九十一。帝出師子門〔四〕，至榆林坡下閱教。冊府元龜卷二百十四。壬寅，幸保寧毬場，錫宴宰臣及文武百官。賜

梁書五　太祖紀第五　八一

舊五代史卷五　八二

宰臣張宗奭已下分物有加，賜廣王分物。永樂大典卷一萬六千七百四十六。賜湖南開元寺禪長老可復號惠光大師，仍賜紫衣。冊府元龜卷一百九十四。案五代春秋：正月，燕王守光克滄州。通鑑引薛史劉守光生擒守文在三年十二月，五代春秋作正月克滄州，與薛史前後互異。今附錄五代春秋于正月末，以備參考。（影庫本粘籤）

二月乙丑，幸甘水亭。冊府元龜卷二百五。帝出師子門，幸榆林東北坡，教諸軍兵事。冊府元龜卷二百十四。賜潞州投歸軍使張行恭錦服銀帶幷食。冊府元龜卷二百十五。己丑，出光政門，至穀水觀麥〔五〕。冊府元龜卷一百九十八。戊辰，宴於金鑾殿。甲戌，以春時無事，頻命宰臣及勳戚宴於河南府池亭。辛巳，楊師厚赴鎮于陝。寒食假，諸道節度使、郡守、勳臣競以春服賀。又連清明宴，以鞍轡馬及金銀器、羅錦進者迨千萬，乃御宣威殿，宴宰臣及文武官四品已上。

三月壬辰，幸崇政院宴勳臣。己亥，幸天驥院宴侍臣。壬寅，幸甘水亭宴宰臣、宴宰臣，原本脫「宴」字，今據文增入。（影庫本粘籤）勳戚、翰林學士。辛亥，宴宰臣於內殿。丙辰，於興安毬場大饗六軍，樂春時也。永樂大典卷一萬六千七百四十六。

四月壬戌，詔曰：「追養以祿，王者推歸厚之恩；欲靜而風，人子抱終身之感。其以刑部尚書致仕張策及三品、四品常參官二十二人先世，先世，原本作「先正」，今據文改正。（影庫本粘籤）各追贈一等。」冊府元龜卷二百十。乙丑，宴崇政院。帝在藩及踐阼，勵精求理，深戒逸樂，未嘗命堂上歌舞。是日止令內妓升階，擊鼓弄曲甚懽，至午而罷。冊府元龜卷一百九十七。丁卯，宋州節度使、衡王友諒進瑞麥，一莖三穗。冊府元龜卷二百二。案通鑑云：友諒獻瑞麥，帝曰：「豐年爲上瑞，今宋州大水，安用此爲！」詔除本縣令名，遣使詰責友諒。容齋續筆亦載此事，疑皆采薛史原文，而冊府元龜復引梁書有所刪節也，謹附載于此。丙戌，幸建春門閱新樓，至七里屯觀麥，召從官食于樓。河南張昌孫及蒲、同主事吏賜物各有差。冊府元龜卷二百五。帝過朝邑，見鎮將位在縣令上，問左右，或對曰：「宿官秩高。」帝曰：「令長字人也，鎮使捕盜耳。且鎮將多是邑民，奈何得居民父母上，是無禮也。」至是，勅天下鎮使，官秩無高卑，位在邑令下。冊府元龜卷一百九十一。葉縣鎮遏使馮德武於蔡州西平縣界殺劉山賊，擒首領張濆等七人以獻。冊府元龜卷四百三十五。鎮海軍節度使錢鏐擊高澧於湖州，大敗之，案九國志：高澧以三年十月叛〔六〕，四年二月奔吳。薛史繫于四月，蓋以奏聞之日爲據。（舊五代史考異）梟夷擒殺萬人，拔其郡，湖州平。先是，澧以州叛入淮南，故詔鏐討之也。冊府元龜卷二百十六。

五月己丑朔，以連雨不止，至壬辰，御文明殿，命宰臣分拜祠廟。永樂大典卷二千六百三十二。自朔且至癸巳，內外以午日奉獻巨萬，計馬三千蹄，餘稱是，復相率助修內壘。冊府元龜卷一百九十七。甲辰，詔曰：「奇邪亂正，假僞奪眞，既刑典之不容，宜犯違而勿赦。應東、西兩

梁書五　太祖紀第五　八三

舊五代史卷五　八四

京及諸道州府，制造假犀玉眞珠腰帶、璧珥幷諸色售用等，一切禁斷，不得輒更造作。如公私人家先已有者，所在送納長吏，對面毀棄。如行勅後有人故違，必當極法。仍委所在州府差人檢察收捕，明行處斷。」冊府元龜卷一百九十一。魏博節度使、守太師、兼中書令、鄴王羅紹威薨，帝哀慟曰：「天不使我一海內，何奪忠臣之速也！」詔贈尚書令。冊府元龜卷二百四。

六月己未朔，詔軍鎮勿起土功。冊府元龜卷一百九十一。

七月壬子，宴宰臣、河南尹、翰林學士、兩街使于甘水亭。丙辰，宴羣臣於宣威殿，賜物有差。冊府元龜卷一百九十七。劉知俊攻逼夏州。案通鑑：七月，岐王與邠〔七〕、涇二帥各遣使告晉，請合兵攻定難節度使李仁福，晉王遣振武節度使周德威將兵會之，合五萬衆，圍夏州。案五代春秋：八月，晉人、秦人侵夏州，與薛史及通鑑異。（舊五代史考異）以宣化軍留後李思安爲東北面行營都指揮使，陝州節度使楊師厚爲西路行營招討使。冊府元龜卷二百十六。西路行營，原本作「兩路」，今從通鑑改正。（影庫本粘籤）福州貢方物，獻桐皮扇；廣州貢犀玉，獻舶上薔薇水。冊府元龜卷一百九十七。時陳、許、汝、蔡、潁五州境內有蝝爲災，俄而許州上言，有野禽羣飛蔽空，旬日之間，食蝝皆盡，是歲乃大有秋。永樂大典卷五千一百九。

八月，車駕西征。己巳，次陝府。是時愵雨，且命宰臣從官分禱靈迹，日中而雨，翌日止，帝大悅。永樂大典卷二千六百三十二。案五代春秋：八月，晉人、秦人來侵夏州。庚午，次陝府。辛

未，老人星見。是日，宴本府節度使楊師厚及扈從官于行宮，賜師厚帛千匹，仍授西路行營招討使。丙子，宴文武從官軍使已下，設龜茲樂〔一八〕，賜物有差。冊府元龜卷一百九十七。

九月丁亥朔，命宰臣于兢赴西都，祀昊天上帝於圜丘。冊府元龜卷一百九十三。甲午，至西京。案：五代春秋作九月己丑，帝還西都，歐陽史同。通鑑作己丑，上發陝。甲午，至洛陽。（舊五代史考異）下詔曰：

朕聞歷代帝王，首推堯、舜；爲人父母，孰比禹、湯。睿謀高出於古先，聖德普聞於天下，尙或卑躬待士，屈己求賢。俯仰星雲，慮一民之遺逸；網羅巖穴，恐片善之韜藏。延爵祿以徵求，設丹青而訪召，使其爲政，樂在進賢。蓋緣國有萬幾，朝稱百揆，非才不治，得士則昌。自朕光宅中區，迄今三載，宵分輟寐，日旰忘餐，思共力於廟謀，庶永清於王道。而乃朝廷之內，或未盡於昌言；軍旅之間，亦罕聞於奇策。眷言方岳，下及山林，豈無英奇，副我延佇。諸道都督、觀察防禦使等，或勳高翊世，或才號知人，必於塗巷之賢，備察芻蕘之士。詔到，可精搜郡邑，博訪賢良，喻之以千載一時，約之以高官美秩，諒無求備，唯在得人。如有卓犖不羈，沉潛自負，通霸王之上略，達文武之大綱，究古今刑政之源，識禮樂質文之變，朕則待之不次，委以非常，用佐經綸，豈勞階級。如或一言拔俗，一事出羣，亦當舍短從長，隨才授任。大小方圓之器，寧限九

流，溫良恭儉之人，難誣十室。勉思薦舉，勿至因循，俟爾發揚，慰予翹渴。仍從別勅處分。冊府元龜卷二百十三。

辛丑，以久雨，命宰臣薛貽矩禜定鼎門，趙光逢祠嵩岳。永樂大典卷一千五百二十一。勑：「魏博管內刺史，比來州務，並委督郵。遂使胥官擅其威權，州牧同于閑冗，俾循通制，宜塞異端。並依河南諸州例，刺史得以專達。」壬寅，頒奪馬令。先是，王師擊賊，獲馬多上獻，至是盡止之，蓋欲邀其奮擊之功也。冊府元龜卷一百九十一。乙巳，王師敗蕃寇於夏州。初，劉知俊誘沙陁振武賊帥周德威、涇原賊帥李繼鸞合步騎五萬大舉，欲俯拾夏臺，節度使李仁福兵力俱乏，以急來告。先是，供奉官張漢玫宣諭在壁，國禮使杜廷隱賜幣于夏，案：廷隱，原本作「定隱」，下仍作廷隱，今據九國志改正。（舊五代史考異）及石堡寨，聞賊至，以防卒三百人馳入州。既而大兵圍合，廷隱、漢玫與指揮使張初、李君用率州民防卒，與仁福部分固守，晝夜戮力踰月。及鄜、延援至，大軍奮擊，敗之。河東、邠、岐賊分路逃遁，夏州圍解。案通鑑：甲申，遣夾馬指揮使李遇、劉綰自鄜、延趣銀、夏。李遇等至夏州，岐、晉兵皆解去。（舊五代史考異）丙午，詔曰：「劉知俊貴爲方伯，尊極郡王，而乃背誕朝恩，竄投賊壘，固神人之共怒，諒天地所不容。雖命討除，倘稽擒戮，宜懸爵賞，以大功名，必有忠貞，咸思憤發。有生擒劉知俊者，賞錢千萬，授節度使，首級次之，得孟審登者，錢百萬，除刺史，得將孫坑、卓瓌、劉儒、張鄰等，賞有差。」冊府元龜卷二百十六。乙卯，宴會羣臣於宣威殿。冊府元龜卷一百九十七。

校勘記

〔一〕九月　劉本同。殿本作九月癸巳朔，冊府卷一九七作九月甲午。

〔二〕賜院使敬翔直學士李班等繒綵有差　殿本句下有「以門下侍郎、平章事薛貽矩判建昌宮事，兼延資庫使」二十一字。按該條史實參見冊府卷三二九、會要卷一五延資庫使條及卷二四建昌宮使條。

〔三〕程暉　劉本、冊府卷四三五同。殿本、舊五代史考異、歐陽史卷二、通鑑卷二六七均作陳暉。

〔四〕王求　原作「士求」，劉本作「士□」，據通鑑卷二六七改。

〔五〕詔曰　殿本句上有「辛亥，侍中韓建罷守太保，左僕射、同平章事楊涉罷守本官。以太常卿趙光逢爲中書侍郎、平章事，翰林學士奉旨、工部侍郎、知制誥杜曉爲尙書戶部侍郎、平章事」六十三字。按「太常卿趙光逢……平章事」三十九字，影庫本及劉本在本卷上文。

〔六〕十一月二日冬至　「十一月」原作「十月」，據冊府卷一九三、通鑑卷二六七、本卷下文補。冊府「十一月」上有「晝日內」三字。

〔七〕漸臻蘇息　「臻」原作「增」，據冊府卷一九一改。

〔八〕以司門郎中羅廷規充魏博節度副使知府事仍改名周翰　劉本同。按本書卷一四、歐陽史卷三九羅紹威傳、通鑑卷二六七考異引梁功臣列傳均作紹威三子：廷規、周翰、周敬。與本書所云廷規改名周翰不符。通鑑考異云：「廷規更名周翰，亦恐實錄之誤。」殿本作「以羅周翰爲天雄軍節度副使，知府事，從鄴王紹威請也。」

〔九〕通鑑考異引薛史　劉本同。按本條見通鑑卷二六七考異引實錄。

〔一〇〕冊太傅張宗奭爲太保韓建　劉本同。冊府卷一九九「太保」與「韓建」間有空闕，殿本作「冊太傅張宗奭、太保韓建」，無「爲」字。按本書卷一五韓建傳謂韓建「九月冊拜太保」。此處疑有脫誤。

〔一一〕行從殿爲興安殿毬場爲興安毬場又改弓箭庫殿爲宣威殿　「興安殿」、「興安毬場」原作「興宅殿」、「安毬場」，冊府卷一九六同，據殿本、會要卷五改。「宣威殿」原作「宣武殿」，明本冊府卷一九六同，據殘宋本冊府、會要卷五改。

〔一二〕十一月　殿本、劉本同。五代春秋卷上作十月。

〔一三〕用禮樂也　劉本、冊府卷一九七同，殿本作「始用禮樂也」。按歐陽史卷二梁紀：「壬辰朔，始用樂。」疑脫「始」字。

〔一四〕帝出師子門　劉本同。殿本句上有「乙未」二字，冊府卷二一四有「四年正月」四字。

〔一五〕己丑出光政門至穀水觀麥　「己丑」原作「丁卯」，據殿本、冊府卷一九八、冊府卷二〇五、歐陽史卷二梁紀改。殿本本條在下文「三月壬辰」上。

〔一六〕高澧　原作「高灃」，殿本考證同，據本卷正文、劉本考證、冊府卷二一六、九國志卷二高澧傳改。

〔一七〕邪　原作「汾」，據通鑑卷二六七改。

〔一八〕辛未老人星見是日宴本府節度使楊師厚……設龜茲樂　殿本、劉本同。按「辛未，老人星見」，輯自冊府卷二〇二。下文「是日……設龜茲樂」，輯自冊府卷一九七，「是日」，冊府作「辛未」。

舊五代史卷六

梁書六

太祖紀第六

開平四年十月乙亥，東京博王友文入覲，召之也。冊府元龜卷二百六十八。己卯，以新修天驥院開宴落成，內外幷獻馬，而魏博進絹四萬匹爲翺價。冊府元龜卷一百九十七。壬午，以冬設禁軍，幸興安鞠場，召文武百官宴。冊府元龜卷一百九十七。幸開化，大閱軍實。冊府元龜卷二百十四。

十一月丁亥朔，幸廣王第作樂。冊府元龜卷二百五。幸廣王第，原本「幸」作「辛」，今據文改正。（影庫本粘籤）辛卯，宴文武四品已上於宣威殿。庚戌，幸左龍虎軍宴羣臣。甲寅，幸右龍虎軍宴羣臣。冊府元龜卷一百九十七。戊戌，詔曰：「自朔至今，暴風未息，諒惟不德，致此咎徵。皇天動威，罔敢不懼。宜徧命祈禱，副朕意焉。」差官分往祠所止風。永樂大典卷二千六百三十二。

己亥，日南至，帝被衮冕御朝元殿，列細仗，奏樂於庭，羣臣稱賀。冊府元龜卷一百九十七。帝畋於伊水。冊府元龜卷二百五。乙巳，詔曰：「關防者，所以譏異服、察異言也。況天下未息，兵民多姦，改形易衣，覘我戎事。比者有諜皆以詐敗，而未嘗罪所過地；叛將逃卒竊其妻孥而影附使者，亦未嘗詰其所經。今海內未同，而緩法弛禁，非所以息姦詐、止奔亡也。應在京諸司，不得擅給公驗。如有出外須執憑繇者，其司門過所，先須經中書門下點檢，宜委宰臣趙光逢專判出給，俾繇顯重，冀絕姦源。仍下兩京、河陽及六軍諸衞、御史臺，各加鈐轄。公私行李，復不得帶挾家口向西。其襄、鄧、鄜、延等道，並同處分。」冊府元龜卷一百九十一。鄜、延，原本作「鹿延」，今據文改正。（影庫本粘籤）以寧國軍節度使王景仁充北面行營都招討使，潞州副招討使韓勍爲副，相州刺史李思安爲先鋒使。案：原本訛「湘州」，今據通鑑改正。（舊五代史考異）時鎭州王鎔、定州王處直叛，結連晉人，故遣將討之。冊府元龜卷二百十六。案五代會要：十一月十四日，司天奏：「月蝕，不宜用兵。」時王景仁方總大軍北伐，追之不及。至五年正月二日，果爲後唐莊宗大敗于柏鄉。（舊五代史考異）

十二月辛酉，宴文武四品已上於宣威殿。親閱禁軍，命格鬬於教馬亭。冊府元龜卷二百十四。己巳，詔曰：「滑、宋、輝、亳等州，水潦敗傷，人戶愁嘆，朕爲民父母，良用痛心。其令本州分等級賑貸，所在長吏監臨周給，務令存濟。」壬辰，賑貸東都畿內〔一〕，如宋、滑制。冊府元龜卷一百九十五。

乾化元年正月丙戌朔，日有蝕之，帝素服避殿，百官守司以恭天事，明復而止。永樂大典卷二千六百三十二。制曰：「兩漢以來，日蝕地震，百官各上封事，指陳得失。蓋欲周知時病，盡達物情，用緝國章，以奉天誡。朕每思逆耳，罔忌觸鱗，將洽政經，庶開言路。況茲譴見，當有咎徵。其在列辟羣臣，危言正諫，極萬邦之利害，致六合之殷昌。毗予一人，永建皇極。」永樂大典卷一萬六千三百七十八。二日，日旁有祲氣，向背若環耳，案：原本訛「環爾」，今據五代會要改正。是日，果爲晉軍及鎮、定之師所敗，都將十餘人被擒，餘衆奔潰。（舊五代史考異）崇政使敬翔望之曰：「兵可憂矣。」帝爲之旰食。永樂大典卷九千三百二十四。庚寅，制曰：「扈氏不恭，固難去戰；鬼方未服，尚或勞師。其蟻聚餘妖，狐鳴醜類，棄天常而拒命，據地險以偷生，言事討除，將期戡定。問罪止誅於元惡，挺災可憫於遺黎，每念傷痍，良深愧歎。應天兵所至之地，宜令將帥節級嚴戒軍伍，不得焚燒廬舍，開發丘壠，毁廢農桑，驅掠士女。使其背叛之俗，知予弔伐之心。」又制曰：「戎機方切，國用未殷，養兵須藉於賦租，稅粟尚煩於力役〔二〕。所在長吏，不得因緣徵發，自務貪求，苟有故違，必行重典。立法垂制，詳刑定科，傳之無窮，守而勿失。中書門下所奏新定格式律令，已頒下中外，各委所在長吏，切務遵行。盡革

煩苛，皆除枉濫，用副哀矜之旨，無違欽恤之言。」册府元龜卷一百九十一。詔徵陝州鎮國軍節度使楊師厚至京，見於崇勳殿，帝指授方略，依前充北面都招討使，恩賚甚厚，使督軍進發。册府元龜卷一百九十九。案五代春秋：二月，晉師侵魏州，楊師厚帥師援邢州，晉人還師。

二月丙辰朔，帝御文明殿，羣臣入閤。册府元龜卷一百九十七。以蔡州順化軍指揮使王存儼權知軍州事。蔡人久習叛逆，刺史張慎思又哀斂無狀，帝追慎思至京，而久未命代。右廂指揮使劉行琮乘虛作亂，行琮，原本作「行踪」，今據通鑑改正。（影庫本粘籤）因縱火驅擁，爲渡淮計。存儼誅行琮而撫遏其衆，都將鄭遵與其下奉存儼爲主〔三〕，而以衆情馳奏。時東京留守博王友文不先請，遂討其亂，兵至鄢陵，上聞之曰：「誅行琮功也，然存儼方懼，若臨之以兵，蔡必速飛矣。」遂馳使還軍，而擢授存儼，蔡人安之。册府元龜卷二百十四。壬戌，詔曰：「東京舊邦，久不巡幸，宜以今月九日幸東都，扈從文武官委中書門下量閑劇處分。」宰臣上言曰：「龍興天府，久望法駕，但陛下始康愈，未宜涉寒，願少留淸蹕。」從之。案五代會要：二月，敕：「食人之食者憂人之事，況丞相聳位，參決大政，而堂封未給，且無餐錢，朕甚愧之。宜令日食萬錢之半〔四〕。」（舊五代史考異）甲子，幸曜村民舍閱農事。庚午，幸白馬坡〔五〕。册府元龜卷二百五。詔金吾大將軍、待制官各奏事。册府元龜卷一百九十一。武安軍節度使馬殷進呈虔州刺史盧延昌牋表。虔州本支郡也，兵甚銳，自得韶州益強大，升爲百勝軍使。始洪州之陷，盧光稠願收復使府，立功自

效，上因兼授江西觀察留後。光稠卒，復命延昌領州事，方伯亦頗慰薦。楊渭遣人僞署爵秩，延昌佯受官牒，禮遣其使，因湖南自表其事曰：「郡小寇迫，欲緩其奸謀，且開導貢路，非敢貳也。」以其僞制來自陳，案：原本「僞」訛「爲」，今改正。（舊五代史考異）上覽奏曰：「我方有北事，不可不甚加撫卹。」尋兼授鎭南將軍節度使觀察留後，命使慰勞。册府元龜卷二百十五。案九國志：盧延昌歸命于吳，僞乞命于梁。（舊五代史考異）

三月辛卯，以久旱，令宰臣分禱靈迹，翌日大澍雨。永樂大典卷一千五百二十一。丙申，幸甘水亭，召宰臣、翰林學士、尚書侍郎孔續已下八人扈從，宴樂甚歡。戊戌，幸右龍虎軍，召文武官四品已上宴於新殿。甲辰，幸左龍虎軍新殿，宴文武官四品已上。

四月丁卯，幸龍虎門〔六〕，召宰臣、學士、金吾上將軍、大將軍侍宴廣化寺〔七〕。丁丑，幸宣威殿，宴文武官四品已上及軍使、蕃客。己卯，又幸左龍虎軍宴羣臣。册府元龜卷一百九十七。詔曰：「邠、岐未滅，關、隴多虞，宜擇親賢，總茲戎任。應關西同、雍、華、鄜、延、夏等六道兵馬，并委冀王收管指揮。凡有抽差，先申西面都招討使，仍別奏聞，庶合機權，以寧邊鄙。」册府元龜卷二百六十九。

五月甲申朔，帝被冕旒御朝元殿視朝，仗衞如式。制改開平五年爲乾化元年，大赦天下。永樂大典卷五千一百四十九。詔方伯州牧，近未加恩者并遷爵秩。復大賚軍旅，普宴於宣威

殿，賜帛各有差。册府元龜卷一百九十七。制封延州節度使高萬興爲渤海郡王。册府元龜卷一百九十六。諸道節度使錢鏐、張宗奭、馬殷、王審知、劉隱各賜一子六品正員官，高季昌賜一子八品正員官，賀德倫賜一子九品正員官。册府元龜卷二百一十。癸巳，觀稼於伊水，登建春門，幸會節坊張宗奭私第，臨亭皐視物色，賞賜甚厚。册府元龜卷二百五。詔左、右銀臺門〔八〕，朝參諸司使庫使已下，不得帶從人入城，親王許一二人執條床手簡，餘悉止門外，闌入者抵律。閽守不禁，與所犯同。先時門通內無門籍，且多勳戚，車騎衆者，尤不敢呵察。至是有以客星凌犯上言者，遂令止隔。册府元龜卷一百九十一。淸海軍節度使、守侍中、兼中書令劉隱薨，案：劉隱卒，五代會要、五代春秋俱作五月，惟通鑑作三月，與薛史異。（舊五代史考異）輟朝三日，百僚詣閤門奉慰〔九〕。

六月乙卯，命北面都招討使、鎭國軍節度使楊師厚出屯邢、洺。丁巳，鎭、定鈔我湯陰，案：原本作「蕩陰」，今從通鑑及歐陽史改正。（舊五代史考異）詔曰：「常山背義，易水效尤，誘其蕃戎，動我邊鄙，南侵相、魏，東出邢、洺。是用遣將徂征，爲人除害。但初頒赦令，不欲食言，宥而伐之，諒非獲已。況聞謀始，不自帥臣，致此厲階，並由姦佞。密通人使，潛結沙陁，既懼罪誅，乃生離叛。今雖行討伐，已舉師徒，亦開詔諭之門，不阻歸降之路。矧又王鎔、處直未曾削爵除名，若翻然改圖，不遠而復，必仍舊貫，當保前功〔一〇〕。如有率衆向明，拔州效順，

亦行殊賞，冀狥來情，免令受獘於疲民，用示惟新於汚俗。宜令行營都招討使及陳暉軍前，准此敕文，散加招諭，將安衆懼，特舉明恩。鎮州只罪李弘規一人，其餘一切不問。」冊府元龜卷二百十五。詔修天宮佛寺。又，湖南奏：「潭州僧法思、桂州僧歸眞並乞賜紫衣。」從之。冊府元龜卷一百九十四。

七月，帝不豫，稍厭秋暑。自辛丑幸會節坊張宗奭私第，宰臣視事於歸仁亭子，崇政使、內諸司及翰林院並止於河南令廨署，至甲辰，復歸大內。冊府元龜卷二百五。

八月庚申，幸保寧殿，閱天興控鶴兵事，軍使將校各有賜。冊府元龜卷二百十四。癸亥，老人星見。冊府元龜卷二百二。戊辰，幸故上陽宮，至於榆林觀稼。冊府元龜卷二百五。丙子，閱四蕃將軍、屯衞兵士於天津橋，南至龍門廣化寺。冊府元龜卷二百十四。戊寅，幸興安鞠場大敎閱，帝自指麾，無不踴抃，坐作進退，聲振宮掖。右神武統軍丁審衢對御，右神武統軍，原本「右」作「立」，今據通鑑改正。（影庫本粘籤）以紅帛囊劍擬乘輿物，帝曰：「宿將也。」恕之，以劉重霸代其任。冊府元龜卷二百九。

九月辛巳朔，帝御文明殿，羣臣入閤，刑法待制官各奏事。己丑，宴羣臣於興安殿。冊府元龜卷一百九十七。庚子，親御六師，次於河陽。甲辰，至於衞州。乙巳，至於宜溝，幸民劉達墅。丙午，至相州，賞左親騎指揮使張仙、右雲騎指揮使宋鐸，嘗身先陷陣，各賜帛。冊府元

龜卷二百一十。

十月辛亥朔，駐蹕於相州，相州，原本作「湘州」，今據歐陽史改正。（影庫本粘籤）宰臣洎文武從官並詣行宮起居。戶部郎中孔昌序齎留都百官冬朔起居表至自西京，諸道節度使、刺史、諸藩府留後，各以冬朔起居表來上。制以郢王友珪充控鶴指揮使，諸軍都虞候閻寶爲御營使。冊府元龜卷二百五。有司以立冬太廟薦享上言，詔丞相杜曉赴西都攝祭行事。冊府元龜卷一百八十九。癸丑，閱武於州闉之南樓。冊府元龜卷二百十四。左龍驤都教練使鄧季筠、魏博馬軍都指揮使何令稠、右廂馬軍都指揮使陳令勳，以部下馬瘦，並腰斬於軍門。通鑑注引薛史。甲寅，將以其夕幸魏縣，命閤門使李郁報宰臣，案：原本李郁下衍「寶」，今據列傳刪正。（舊五代史考異）兼敕內外。是夜〔二〕，車駕發軔於都署。乙卯，次洹水。丙辰，至魏縣。冊府元龜卷二百五。先鋒將黃文靖伏誅。通鑑注引薛史。己未，帝御朝元門，以回鶻、吐蕃二大國首領入覲故也。案：己未，歐陽史作乙未。（舊五代史考異）癸亥，令諸軍指揮使及四蕃將軍賜食於行宮之外廡。冊府元龜卷一百九十七。戊辰，幸邑西之白龍潭以觀魚焉。既而漁人獲巨魚以獻，帝命放之中流，從臣以帝有仁惻之心，皆相顧欣然，是日名其潭曰萬歲潭。永樂大典卷一千六百十二。丙子，帝御城東教場閱兵，諸軍都指揮、北面招討使、太尉楊師厚總領鐵馬步甲十萬，廣亘十數里陳焉。士卒之雄銳，部隊之嚴肅，旌旗之雜遝，戈甲之照耀，屹若山岳，勢動天地，帝甚悅焉。卽命丞相洎文武從臣列侍賜食，逮晚方歸。冊府元龜卷二百十四。

十一月辛巳朔，上駐蹕魏縣，從官自丞相而下並詣行宮起居，留都文武百官及諸道節度使、防禦使、刺史、諸藩府留後，各奉表起居。壬午，帝以邊事稍息，宣命還京師。案通鑑：帝以夾寨、柏鄉屢失利，故力疾北巡，思一雪其恥，意鬱鬱，多躁忿，功臣宿將往往以小過被誅，衆心益懼。既而晉、趙兵不出。十一月壬午，帝南還。（舊五代史考異）車駕發自行闕，夕次洹水縣。癸未，至內黃縣。甲申，至黎陽縣。乙酉，命從官丞相而下宴於行次。丁亥，次衞州。戊子晨，次新鄉，夕止獲嘉。己丑，次武陟。庚寅，次溫縣。冊府元龜卷二百五。延州節度使高萬興奏，當軍都指揮使高萬金統領兵士，今月五日收鹽州，僞刺史高行存泥首來降。丞相及文武百官各上表稱賀。冊府元龜卷四百三十五。辛卯，次孟州，命散騎常侍孫騭、右諫議大夫張衍、光祿卿李翼各齎香合〔三〕、祝版，告祭於孟津之望祠。冊府元龜卷一百九十三。留都文武官左僕射楊涉洎孟州守李周彝等皆匍匐東郊迎拜，其文武官並令先還。壬辰，詰旦離孟州，晚至都。冊府元龜卷二百五。宣宰臣各赴望祠禱雨。望祠，原本作「望詞」，今據文改正。（影庫本粘籤）故事，皆以兩省無功職事爲之，帝憂民重農，尤以足食足兵爲念，爰自御極，每愆陽積陰，多命丞相躬其事。辛丑，大雨雪，宰臣及文武師長各奉表賀焉。

十二月，詔以時雪稍愆，命丞相及三省官各詣望祠祈禱。永樂大典卷二千六百三十二。癸酉，

臘假，詔諸王與河南尹、左右金吾、六統軍等較獵於近苑。冊府元龜卷二百五。命大理卿王鄯使於安南，左散騎常侍吳藹使於朗州，皆以旌節官誥錫之也。又命將作少監姜宏道爲朗州旌節官告使副〔四〕。冊府元龜卷二百十三。案五代會要：舊制，巡撫、黜陟、冊命、弔贈、入蕃等使，選朝臣爲之，其宣慰、加官、送旌節，卽以中官爲之，今以三品送旌節，新例也。（舊五代史考異）延州節度使高萬興奏〔五〕，領軍於邠州界蒿子谷韋家寨，殺戮寧、慶兩州賊軍約二千餘人，並生擒都頭指揮使及奪馬器甲等事。其入奏軍將使宣召赴內殿賜對，以銀器綵物錫之，宰臣及文武官各奉表賀〔六〕。是月，魏博節度上言，於涇縣北戮殺鎭州王鎔兵士七千餘人，奪馬二千餘匹，戈甲未知其數，幷擒都將以下四十餘人。冊府元龜卷四百三十五。兩浙進大方茶二萬斤，琢畫宮衣五百副。廣州貢犀象奇珍及金銀等，其估數千萬。安南兩使留後曲美，案通鑑：十二月戊午，以靜海留後曲美爲節度使〔七〕。（舊五代史考異）進筒中蕉五百匹，龍腦、鬱金各五瓶，他海貨等有差。又進南蠻通好金器六物、銀器十二幷乾陁綾花緝越毦等雜織奇巧者各三十件。福建進戶部所支榷課葛三萬五千匹。冊府元龜卷一百九十七。

校勘記

〔一〕東都 原作「東郡」，據劉本、冊府卷一九五改。

〔二〕稅粟偏於力役　殿本、劉本同，冊府卷一九一「稅」作「輓」。

〔三〕都將鄭遵　「都將」原作「諸將」，據殿本、冊府卷二一四改。

〔四〕宜令日食萬錢之半　「日」字原無，據會要卷一三補。

〔五〕白馬坡　殿本、劉本、冊府卷二〇五同。本書卷三八唐明宗紀作白司馬陂。通鑑卷一八二作白司馬坂，注云：「白司馬坂在邙山北，邙山在洛城北，坂音反。」十七史商榷卷九八云：「坡當作坂，唐酷吏侯思止傳：思止鞫訊告人反者，輒云急承白司馬。此因洛有白司馬坂，故用歇後語誘令承反也。」

〔六〕龍虎門　殿本、劉本同。明本冊府卷一九七宴會門作龍虎門，慶賜門作龍門。殘宋本冊府兩處均作龍門。

〔七〕廣化寺　殿本此下有「壬申，契丹遣使來貢」八字。按該事見冊府卷九七二，文異。

〔八〕左右銀臺門　「右」字原無，據冊府卷一九一、會要卷五補。

〔九〕清海軍節度使……百僚詣閤門奉慰　二十七字原無，據殿本補。按冊府卷二一五無此條。

〔一〇〕當保前功　「前」原作「全」，據冊府卷二一五改。

〔一一〕是夜　原作「丙寅夜」，冊府卷二〇五同，據殿本改。按本卷上文十月辛亥朔，甲寅爲初四日，丙寅爲十六日，不應在乙卯初五日之前。上文云「甲寅，將以其夕幸魏縣」，則此當卽是日之夜。

〔一二〕各齋香合　「合」字原無，據冊府卷一九三補。

〔一三〕旌節官告使副　「告」字原無，據冊府卷二一三補。

〔一四〕高萬興　「興」原作「行」，冊府卷四三五同，據殿本、劉本、本卷上文、本書卷一三二高萬興傳改。

〔一五〕各奉表賀　「奉」原作「奏」，據殿本、冊府卷四三五改。

〔一六〕以靜海留後曲美爲節度使　「留後」二字原無，據通鑑卷二六八補。

舊五代史卷七

梁書七

太祖紀第七

乾化二年正月，宣：「上元夜，任諸寺及坊市各點彩燈〔一〕，金吾不用禁夜。」近年以來，以都下聚兵太廣，未嘗令坊市點燈故也。冊府元龜卷一百九十一。甲申，以時雪久愆，命丞相及三省官羣望祈禱。永樂大典卷二千六百三十二。三省，原本作「五有」，今改正。（影庫本粘籤）詔曰：「誘木求規，集囊貢事，將裨理道，豈限側言。應內外文武百官及草澤，並許上封事，極言得失。」冊府元龜卷二百十二。以丁審衢爲陳州，而審衢厚以鞍馬、金帛爲謝恩之獻，帝慮其漁民，復其獻而停之。冊府元龜卷二百十五。封保義節度使王檀爲琅琊郡王。冊府元龜卷一百九十六。命供奉官朱嶠於河南府宣取先收禁定州進奉官崔騰並傔從一十四人，並釋放，仍命押領送至貝。案：原本「貝」訛「具」，今據通鑑改正。（舊五代史考異）騰，唐戶部侍郎潔之子也。廣明喪亂，客於

北諸侯，爲定州節度使王處存所辟，去載領貢獻至闕。未幾，其帥稱兵，其帥，原本作「其師」，今據文改正。（影庫本粘籤）遂縶之。至是，帝念賓介之來，又已出境，特命縱而歸焉。冊府元龜卷二百九。丙戌，有司以孟春太廟薦享上言，命丞相杜曉攝祭行事。冊府元龜卷一百八十九。丙申夕，熒惑犯房第二星。永樂大典卷二萬二千五百十六。

二月庚戌，中和節，御崇勳殿，召丞相、大學士、河南尹，略對訖〔二〕，於萬春門外廡賜以酒食。冊府元龜卷一百九十七。案五代會要：二月，追封故魏博節度使羅弘信爲趙王。（舊五代史考異）癸丑，勅曰：「今載春寒頗甚，雨澤仍愆，司天監占以夏秋必多霖潦，宜令所在郡縣告喻百姓，備淫雨之患。」永樂大典卷二千六百三十二。案歐陽史：丁巳，光祿卿盧玭使於蜀。庚申，御宣威殿開宴，丞相洎文武官屬咸被召列侍，竟日而罷。冊府元龜卷一百九十七。壬戌，帝將巡按北境，中外戒嚴，詔以河南尹、守中書令、判六軍事張宗奭爲大內留守。中書門下奏，差定文武官領務尤切宜扈駕者三十八人。詔工部尚書李皎、左散騎常侍孫騭、右諫議大夫張衍〔三〕、兵部侍郎劉邈、兵部郎中張儁、光祿少卿盧秉彝並令扈蹕。案通鑑云：至白馬頓，賜從官食，多未至，遣騎趣之於路。左散騎常侍孫騭、右諫議大夫張衍、兵部郎中張儁最後至，帝命撲殺之。甲子，發自雒師，夕次河陽。乙丑，次温縣。丙寅，次武陟。懷州刺史段明遠迎拜於境上，其內外所備，咸豐霈焉。丁卯，次獲嘉。戊辰，次衞州之新鄉。己巳，晨發衞州，案：原本脫「發」字，今據文增入。（舊五代史考異）夕

止淇門，內衙十將使以十指揮兵士至於行在。辛未，駐蹕黎陽。癸酉，發自黎陽，夕次內黃。甲戌，次昌樂縣。丁丑，次于永濟縣。青州節度使賀德倫奏，統領兵士赴歷亭軍前。戊寅，至貝州，命四丞相及學士李琪盧文度、知制誥竇賞等十五人扈從，其左常侍韋戩等二十三人止焉。己卯，發自貝州，夕駐蹕於野落。

三月庚辰朔，次于棗強縣之西城〔四〕。案通鑑：辛巳，至下博南，登觀津冢。趙將符習引數百騎巡邏，不知是帝，遽前逼之。或告曰：「晉兵大至矣！」帝棄行幄，亟引兵趣棗強，與楊師厚軍合。（舊五代史考異）丙戌，鎮、定諸軍招討使楊師厚奏下棗強縣，車駕即日疾馳南還。丁亥，復至貝州。案通鑑：帝以蓨縣未下，引兵攻之。丁亥，始至縣西。戊子，至冀州。與薛史異地。又案五代春秋：二月，侵趙，克棗強，與薛史異月。（舊五代史考異）庚寅，楊師厚與副招討李周彝等准詔來朝。冊府元龜卷二百五。案五代春秋：二月，侵趙，克棗強，進次蓨縣，圍之。晉人救蓨，帝還師。滄州張萬進以地來歸。辛卯，詔丞相、翰林大學士、文武從官、都招討使及諸軍統指揮使等，賜食於行殿。冊府元龜卷一百九十七。甲午，幸貝州之東闉閱武。乙未，帝復幸東闉閱騎軍。冊府元龜卷二百十四。勅以攻下棗強縣有功將校杜暉等一十一人，並超加檢校官，衙官宋彥等二十五人並超授軍職。冊府元龜卷二百一十。丙午，次濟源縣。詔曰：「淑律將還，亢陽頗甚，宜令魏州差官祈禱龍潭。」戊申，詔曰：「雨澤愆期，祈禱未應，宜令宰臣各於魏州靈祠精加祈禱。」永樂大典卷二千六百三十

二。案五代會要：三月，詔曰：「夫隆興邦國，必本于人民；惠養疲羸，尤資于令長〔五〕。苟選求之踰濫，固撫理之乖違。如聞吏部擬官，中書除授〔六〕，或緣親舊所請，或爲勢要所干，姑徇私情，靡求才實，念茲蠹弊〔七〕，宜舉條章。今後應中書用人及吏部注擬，並宜省審身之才業，驗爲政之否臧，必有可觀，方可任用。如或尙行請託，猶假貨財，其所司人吏，必當推窮，重加懲斷。」（舊五代史考異）

四月己酉，幸魏州案通鑑：乙巳，帝發貝州。丁未，至魏州。俱在三月，與薛史異。（舊五代史考異）金波亭，賜宴宰臣、文武官及六學士。冊府元龜卷二百五。甲寅夕，月掩心大星。丙辰，敕：「近者星辰違度，式在修禳，宜令兩京及宋州、魏州取此月至五月禁斷屠宰。仍各於佛寺開建道場，以迎福應。」永樂大典卷二千六百三十二。己未，次黎陽縣。案通鑑：乙卯，博王友文來朝，請帝還東都。丁巳，發魏州。己未，至黎陽，以疾淹留。（舊五代史考異）東都留守官吏奉表起居，賜丞相、從官酒食有差。己巳，至東都，博王友文以新創食殿上言，并進准備內宴錢三千貫、內宴，原本作「內安」，今據文改正。（影庫本粘籤）銀器一千五百兩。冊府元龜卷一百九十七。辛未，宴於食殿，召丞相、文武從官等侍焉。永樂大典卷一千五十二。帝泛九曲池，御舟傾，帝墮溺於池中，宮女侍官扶持登岸，驚悸久之。制加建昌宮使、金紫光祿大夫、檢校司徒、開封尹、博王友文爲特進、檢校太保，兼開封尹，依前建昌宮使，充東都留守。冊府元龜卷二百六十九。戊寅，車駕發自東京，夕次中牟縣。

五月己卯朔，從官文武自丞相而下並詣行殿起居，親王及諸道藩帥咸奉表來上。庚辰，發自鄭州，發自鄭州，原本「發」作「鄧」，今據文改正。（影庫本粘籤）至滎陽，河南尹魏王宗奭望塵迎拜，河陽留後邵贊、懷州刺史段明遠等邐迤來迎。夕次汜水縣，帝召魏王宗奭入對，便於御前賜食，數刻乃退。壬午，駐蹕於汜水，宰臣、河南尹、大學士並於內殿起居，勅以建昌宮事委宰臣于兢領之。案五代會要：其年六月，廢建昌宮，以河南尹、魏王張宗奭爲國計使，凡天下金穀兵戎舊隸建昌宮者，悉主之。（舊五代史考異）癸未，帝發自汜水，宣令邵贊、段明遠各歸所理。午憩任村頓，夕次孝義宮。留都文武禮部尙書孔續而下道左迎拜。次偃師。甲申，至都，文武臣奉迎於東郊〔八〕。冊府元龜卷二百五。宰臣薛貽矩抱恙在假，不克扈從，宣問旁午，仍命且駐東京以俟良愈。及薨，帝震悼頗久，命雒苑使曹守瓚往弔祭之，又命輟六日、七日、八日朝參，丞相、文武並詣上閤門進名奉慰。冊府元龜卷三百一十九。丁亥，以彗星謫見，詔兩京見禁囚徒大辟罪以下，遞減一等，限三日內疏理訖聞奏。永樂大典卷二千六百三十二。案五代會要：彗星見于靈臺之西，至五月始降赦宥罪，以答天譴。又云：五月壬戌夜，熒惑犯心大星，去心四度，順行。司天奏：「大星爲帝王之星，宜修省以答天譴。」（舊五代史考異）詔曰：「生育之人，爰當暑月，乳哺之愛，方及薰風。儻肆意於刲屠，豈推恩於長養，俾無殄暴，以助發生。宜令兩京及諸州府，夏季內禁斷屠宰及採捕。天民之窮，諒由賦分，國章所在，亦務興仁。所在鰥寡孤獨、廢疾不濟者，委長吏量加賑卹。史載

葬枯，用彰軫卹；禮稱掩骼，將致和平。應兵戈之地，有暴露骸骨，委所在長吏差人專功收瘞。國癘之文，尙標七祀；良藥之市，亦載三醫。用憐無告之人，宜徵有喜之術。案：原本「有喜」訛「有嘉」，今改正。（舊五代史考異）凡有疫之處，委長吏檢尋醫方，於要路曉示。如有家無骨肉兼困窮不濟者，即仰長吏差醫給藥救療之。冊府元龜卷一百九十五。辛卯，詔曰：「亢陽滋甚，農事已傷，宜令宰臣于兢赴中嶽，杜曉赴西嶽，精切祈禱。其近京靈廟，宜委河南尹，五帝壇、風師雨師、九宮貴神，案：原本「貴神」訛「降神」，今據通典及新唐書禮志改正。（舊五代史考異）委中書各差官祈之。」永樂大典卷二千六百三十二。通鑑：閏月壬戌，帝疾甚，謂近臣曰：「我經營天下三十年，不意太原餘孽更昌熾如此，吾觀其志不小，天復奪我年，我死，諸兒非彼敵也，吾無葬地矣！」因哽咽，絕而復蘇。帝長子郴王友裕早卒。次假子友文，帝特愛之，常留守東都，兼建昌宮使。次郢王友珪，其母亳州營倡也，爲左右控鶴都指揮使。次均王友貞，爲東都馬步都指揮使。（殿本）案通鑑：初，元貞張皇后嚴整多智，帝敬憚之。后殂，帝縱意聲色，諸子雖在外，常徵其婦入侍〔九〕，帝往往亂之。友文婦王氏色美，帝尤寵之，雖未以友文爲太子，帝意常屬之。友珪心不平。友珪嘗有過，帝撻之，友珪益不自安。帝疾甚，命王氏召友文于東都，欲與之訣，且付以後事。友珪婦張氏亦朝夕侍帝側，知之，密告友珪曰：「大家以傳國寶付王氏懷往東都，吾屬死無日矣。」夫婦相泣。左右或說之曰：「事急計生，何不改圖，時不可失。」六月丁丑朔，帝命敬翔出友珪爲萊州刺史，即令之官。已宣旨，未行勅。時左遷者多追賜死，友珪益恐。戊寅，友珪易服微行入左龍虎軍，見統軍韓勍，以情告之。勍亦見功臣宿將多以小過被誅，懼不自保，遂相與合謀。勍以牙兵五百

人從友珪雜控鶴士入，伏於禁中，中夜斬關入，至寢殿，侍疾者皆散走。帝驚起，問：「反者爲誰？」友珪曰：「非他人也。」帝曰：「我固疑此賊，恨不早殺之。汝悖逆如此，天地豈容汝乎！」友珪曰：「老賊萬段！」友珪僕夫馮廷諤刺帝腹，刃出於背。友珪自以敗氈裹之，瘞于寢殿，祕不發喪。遣供奉官丁昭溥馳詣東都，命均王友貞殺友文。己卯，矯詔稱：「博王友文謀逆，遣兵突入殿中，賴郢王友珪忠孝，將兵誅之，保全朕躬。然疾因震驚，彌致危殆，宜令友珪權主軍國之務。」韓勍爲友珪謀，多出府庫金帛，賜諸軍及百官以取悅。辛巳，丁昭溥還，聞友文已死，乃發喪，宣遺制，友珪卽皇帝位。今考友珪弒逆之事，薛史原文永樂大典已佚，冊府元龜亦無所徵引，謹附錄通鑑於此。友珪葬太祖於伊闕縣，號宣陵。永樂大典卷一萬八千三百十四。案五代會要：太祖崩年六十一。中書侍郎、平章事杜曉撰哀册文，門下侍郎、平章事趙光逢撰謚册文，太常卿李燕撰謚議。又案：友珪篡位後諸僞政，考薛史之體，應附見太祖紀後。今原本已佚，而其事散見諸臣列傳者猶可考見，今不復援引他書補載於後焉。五代史補：太祖朱全忠，黃巢之先鋒。巢入長安，以刺史王鐸圍同州，太祖遂降，鐸承制拜同州刺史。黃巢滅，淮、蔡間秦宗權復盛，朝廷以淮、蔡與汴州相接，太祖汴人，必究其能否，遂移授宣武軍節度使以討宗權，未幾滅之。自是威福由己，朝廷不能制，遂有天下。先是，民間傳讖曰「五公符」，又謂之「李淳風轉天歌」，其字有「八牛之年」，識者以「八牛」乃「朱」字，則太祖革命之應焉。太祖之用兵也，法令嚴峻，每戰，逐隊主帥或有沒而不反者，其餘皆斬之，謂之「跋隊斬」。自是戰無不勝。然健兒且多竄匿州郡，疲於追捕，因下令文面，健兒文面自此始也。宋陶岳撰五代史補，多述瑣事以補薛史所未備。其事有關係者，通鑑及歐陽史亦間爲采取。並識小之流，于史學固不無裨益也。今每條分綴紀、傳之後，以備參考。（影庫本粘籤）五代史闕文：世傳梁太

祖迎昭宗於鳳翔，素服待罪，昭宗佯爲鞵系脫，呼梁祖曰：「全忠爲吾繫鞵。」梁祖不得已，跪而結之，汗流浹背。時天子扈蹕尚有衞兵，昭宗意謂左右擒梁祖以殺之，其如無敢動者。自是梁祖被召多不至，盡去昭宗禁衞，皆用汴人矣。臣謹案：梁祖以天復三年迎唐昭宗於岐下，歲在甲子，其年改天祐，至國初建隆庚申歲，纔五十六年矣，然則乾德七十歲人皆目睹其事。蓋唐室自懿宗失政，天下亂離，故武宗以下實錄，不傳於世。昭宗一朝，全無記注。梁祖在位止及六年，均王朝詔史臣修梁祖實錄，岐下繫鞵之事，恥而不書。晉天福中，史臣張昭重修唐史，始有昭宗本紀，但云卽位之始，有會昌之風，岐陽事迹，不能追補。此亦明唐昭宗有英睿之氣，而衰運不振，又明左右無忠義奮發之臣，致梁祖得行其志。有所警戒，不可不書。宋王禹偁撰五代史闕文，多舉軼事，兼駁正舊史之失，議論多可取。今每條附見紀、傳之末，後倣此。（影庫本粘籤）

校勘記

〔一〕諸寺 原作「諸市」，據冊府卷一九一改。

〔二〕略對訖 「對」原作「封」，明本冊府卷一九七同。舊五代史考異云：「案：此下疑有闕文，今無可校，姑仍之。」今據彭校及殘宋本冊府改。

〔三〕右諫議大夫張衍 「右」原作「左」，冊府卷二〇五同，據殿本、通鑑卷二六八、本書卷二四張衍傳改。

〔四〕西城 孔本、彭本、盧本同。殿本、劉本、舊五代史考異引薛史作「西原」。冊府卷二〇五作「西縣」。

〔五〕尤賫于令長 「尤」原作「凡」，據會要卷一九改。

〔六〕中書除授 「除」原作「降」，據會要卷一九改。

〔七〕念茲蠹弊 「念茲」原作「茲念」，據會要卷一九改。

〔八〕東郊 殿本此下有「渤海遣使朝貢」六字，按劉本、冊府卷二〇五均無此六字，該事見冊府卷九七二，文異。

〔九〕常徽其婦入侍 「常」原作「帝」，據通鑑卷二六八改。

舊五代史卷八

梁書八

末帝紀上

末帝諱瑱，案：永樂大典原本誤作「頊」，册府元龜誤作「頊」，今從歐陽史校正。初名友貞，及即位，改名鍠，貞明中又改今諱。太祖第四子也。案：歐陽史作第三子，五代會要與薛史同，蓋幷假子博王友文而數之也。（舊五代史考異）母曰元貞皇后張氏。以唐文德元年戊申歲九月十二日生於東京。帝美容儀，性沉厚寡言，沉厚，原本作「沉原」，今據文改正。（影庫本粘籤）雅好儒士。唐光化三年，授河南府參軍。太祖受禪，封均王。時太祖初置天興軍，最爲親衞，以帝爲左天興軍使。案：原本脫「使」字，今據歐陽史增入。（舊五代史考異）開平四年夏，進位檢校司空，依前天興軍使，充東京馬步軍都指揮使。

乾化二年六月三日，庶人友珪弒逆，矯太祖詔，遣供奉官丁昭浦馳至東京〔一〕，密令帝

害博王友文。友珪即位，以帝爲東京留守，行開封府尹，檢校司徒。友珪以篡逆居位，羣情不附。會趙巖至東京，從帝私讌，從帝私讌，原本作「從常」，今從通鑑改正。（影庫本粘籤）因言及社稷事，帝以誠款謀之，巖曰：「此事易如反掌，成敗在招討楊令公之手，但得一言諭禁軍，其事立辦。」巖時典禁軍，洎還洛，以謀告侍衞親軍袁象先。帝令腹心馬慎交之魏州見師厚，且言成事之日，賜勞軍錢五十萬緡，仍許兼鎮。慎交，燕人也，素有膽辨，乃說師厚曰：乃說師厚，原本衍「既」字，今據文删去。（影庫本粘籤）「郢王殺君害父，篡居大位，宮中荒淫，靡所不至。洛下人情已去，東京物望所歸，公若因而成之，則有輔立之功，討賊之效。」師厚猶豫未決，謂從事曰：「吾於郢王，君臣之分已定，無故改圖，人謂我何！」慎交曰：「郢王以子弒父，是曰元凶。均王爲君爲親，正名仗義。彼若一朝事成，令公何情自處！」師厚驚曰：「幾悞計耳！」乃令小校王舜賢至洛，密與趙巖、袁象先圖議。時有左右龍驤都在東京，帝僞作友珪詔，遣還洛下。先是，劉重遇部下龍驤一指揮於懷州叛，經年搜捕其黨，帝因遣人激怒其衆曰：「郢王以龍驤軍嘗叛，追汝等洛下，將盡坑之。」翌日，乃以僞詔示之，案通鑑考異云：梁太祖實錄：「丙戌，東京言龍驤軍准詔追赴西京，軍情不肯進發。」實友珪徵之，非友貞僞作，但激怒言坑之耳。諸軍憂恐，將校垂泣告帝，乞指生路。帝諭之曰：「先帝三十餘年，經營社稷，千征萬戰，爾等皆曾從行。今日先帝尚落人奸計，爾等安所逃避。」因出梁祖御像以示諸將，帝歔欷而泣曰：「郢王賊害

君父，違天逆地，復欲屠滅親軍，爾等苟能自趨洛陽，擒取逆豎，告謝先帝，即轉禍爲福矣。」衆踊躍曰：「王言是也。」皆呼萬歲，請帝爲主，時友珪改元之二月十五日也。

帝乃遣人告趙巖、袁象先、傅暉、案：原本脫「暉」字，今據通鑑增入。（舊五代史考異）朱珪等。十七日，象先引禁軍千人突入宮城，遂誅友珪。事定，象先遣趙巖齎傳國寶至東京，請帝即位於洛陽。帝報之曰：「夷門，太祖創業之地，居天下之衝，北拒幷、汾，東至淮海，國家藩鎮，多在厥東，命將出師，利於便近，若都洛下，非良圖也。公等如堅推戴，册禮宜在東京，賊平之日，即謁洛陽陵廟。」

是月，帝即位於東京，乃去友珪僞號，稱乾化三年。詔曰：

我國家賞功罰罪，必叶朝章；報德伸冤，敢欺天道。苟顯違于法制，雖暫滯於歲時，終振大綱，須歸至理。重念太祖皇帝，嘗開霸府，有事四方。迨建皇朝，載遷都邑，每以主留重務，居守難才，愼擇親賢，方膺寄任。寄任，原本作「奇任」，今據文改正。（影庫本粘籤）故博王友文，才兼文武，識達古今，俾分憂於在浚之郊，亦共理於興王之地。一心無易，二紀于茲。嘗施惠於士民，實有勞於家國。去歲郢王友珪，常懷逆節，已露凶鋒，將不利於君親，欲竊窺於神器。此際值先皇寢疾，大漸日臻，博王乃密上封章，請嚴宮禁，因以萊州刺史授於郢王友珪，纔覩宣頭，俄行大逆。豈有自縱兵於內殿，却翻事於東

都，又矯詔書，枉加刑戮，仍奪博王封爵，又改姓名，冤恥兩深，欺誑何極。伏賴上玄垂祐，宗社降靈，俾中外以叶謀，致遐邇之共怒，尋平內難，獲勦元凶，既雪恥於同天，且免譏於共國。朕方期遁世，敢竊臨人，遽迫推崇，爰膺纘嗣。冤憤既伸於幽顯，霈澤宜及於下泉。博王宜復官爵，仍令有司擇日歸葬云。

三月丁未，制曰：「朕仰膺天睠，近雪家讎，案：原本脫「家」字，今據册府元龜增入。（舊五代史考異）旋聞將相之謀，請紹祖宗之業。羣情見迫，三讓莫從，祗受推崇，懼不負荷。方欲烝嘗寢廟，禋類郊丘，合徵文體之辭，用表事神之敬。其或於文尚淺，在理未周，亦冀隨時，別圖制義。雖臣子行孝，重更名於已孤；而君父稱尊，貴難知而易避。今則虔遵古典，詳考前聞，允諧龜筮之占，庶合帝王之道。載惟涼德，尤愧嘉名，中外羣僚，當體朕意。宜改名鍠。」庚戌，以天雄軍節度使、充潞州行營都招討使、開府儀同三司、檢校太尉、兼侍中、弘農郡王楊師厚爲檢校太師、兼中書令，進封鄴王。壬戌，以夏州節度使、檢校太尉、同平章事李仁福爲檢校太師，進封隴西郡王。戊辰，以邢州保義軍留後、檢校太保戴思遠爲檢校太傅，充邢州節度使。庚午，以鎭東軍節度副使、充兩浙西面都指揮使、行睦州刺史馬綽爲檢校太傅、同平章事，領秦州雄武軍節度使，進封開國侯。是月，文武百官上言，請以九月十二日帝降誕日爲明聖節，休假三日。從之。

中華書局

夏四月癸未，以西京內外諸軍馬步軍都指揮使、檢校司徒、左龍虎統軍、濮陽開國侯袁象先案：原本濮陽作「博陽」，今據象先本傳改正。（舊五代史考異）爲特進、檢校太保、同平章事，充鎮南軍節度、江南西道觀察處置等使、開封尹、判在京馬步諸軍事，進封開國公，增食邑一千戶。丁酉，宣義軍節度副大使、知節度事、鄭滑濮等州觀察使、檢校太傅、長沙郡開國公羅周翰加特進、駙馬都尉。

五月乙巳，天雄軍節度使楊師厚及劉守奇率魏、博、邢、洺、徐、兗、鄆、滑之衆十萬討鎮州。庚戌，營於鎮之南門外。壬子，晉將史建瑭自趙州領騎五百入于鎮州，師厚知其有備，自九門移軍於下博。劉守奇以一軍自貝州掠冀州衡水、阜城，陷下博。師厚自弓高渡御河，迫滄州，張萬進懼，案：原本滄州作「涼州」，考歐陽史劉守光傳，張萬進乃滄州守將，今改。（舊五代史考異）送款，師厚表請以萬進爲青州節度使，以劉守奇爲滄州節度使。詔曰：「太祖皇帝六月二日大忌。朕聞姬周已還，並用通喪之禮；炎漢之後，方行易月之儀。歷代相沿，萬幾斯重，遂爲故實，難遽改更。朕頃遘家寃，近平內難，倏臨祥制，俯迫忌辰，吾容永遠而莫追，號感彌深而難抑。將欲表宅憂於中禁，是宜輟聽政於外朝，雖異常儀，願申罔極。宜輟五月二十二日至六月二十九日朝參，軍機急切公事，卽不得留滯，並仰畫時聞奏施行。」宰臣文武百官三上表，以國忌廢務多日，請依舊制。詔報曰：「朕聞禮非天降，固可酌於人情；事繫孝思，

諒無妨於國體。今以甫臨忌日，暫輟視朝，冀全哀感之情，用表始終之節。宰臣等累陳章表，備述古今，慮以萬幾之繁，議以五月之請〔二〕。雖兹懇切，難盡允俞。況保身方荷於洪基，敢言過毀；而權制獲申於至性，必在得中。宜自今月二十九日輟至六月七日，無煩抑請，深體朕懷。」

六月戊子，以滄州順化軍節度使、幷潞鎮定副招討使、檢校太傅、同平章事張萬進爲青州節度使。案：原本順化作「順俟」，今據通鑑注滄州爲順化軍改正。又青州，通鑑作平盧，考後文是時賀德倫爲平盧節度使，當從薛史作青州爲是。（舊五代史考異）

秋九月甲辰，以光祿大夫、守御史大夫、吳興郡開國侯姚洎爲中書侍郎、平章事。

十二月庚午，以前鄆州節度、檢校司徒、食邑二千戶、福王友璋爲許州節度使、檢校太保。是月，晉王收幽州，執僞燕主劉守光及其父仁恭歸晉陽。

乾化四年春正月壬寅，以青州節度使張萬進爲兗州節度使、檢校太尉。

二月甲戌，以感化軍節度使、華商等州觀察使、檢校太傅、同平章事、太原郡開國公康懷英爲大安尹，充永平軍節度使，大安金棣等州觀察處置使。

夏四月丁丑，以守司空、平章事于兢爲工部侍郎，尋貶萊州司馬，以其挾私與軍校遷改故也。是日，以行營左先鋒馬軍使、濮州刺史王彥章爲澶州刺史，充行營先鋒步軍都指揮使，加光祿大夫、檢校太保，封開國伯。以永平軍節度使、檢校太傅、同平章事劉鄩爲開封尹，遙領鎮南軍節度使。

五月癸丑，朔方軍留後、檢校司徒韓洙起復，授朔方軍節度使、檢校太保。

秋七月，晉王率師自黃澤嶺東下，寇邢、洺，案：原本「邢」作「鄆」，今據五代春秋「七月來侵邢州」改正。（舊五代史考異）魏博節度使楊師厚軍於漳水之東。晉將曹進金來奔，晉軍遂退。

九月，徐州節度使王殷反。時朝廷以福王友璋鎮徐方，殷不受代，乃下詔削奪殷在身官爵，仍令却還本姓蔣，便委友璋及天平軍節度使牛存節、開封尹劉鄩等進軍攻討。是時，蔣殷求救於淮南，楊溥遣大將朱瑾率衆來援，存節等逆擊，敗之。

貞明元年春，牛存節、劉鄩拔徐州，案：牛存節等克徐州，薛史本紀及蔣殷傳俱不書月，五代春秋及歐陽史皆作正月，通鑑作二月，據通鑑考異引朱友貞傳又作乾化四年十一月，疑皆屬傳聞之辭，當以薛史爲正。逆賊蔣殷舉族自燔而死，於火中得其屍，梟首以獻。詔福王友璋赴鎮。

閏二月甲午，延州節度使、太原西面招討應接使、檢校太師、兼中書令、渤海郡王高萬興進封渤海王。

三月辛酉朔，以天平軍節度副大使、知節度事、兼淮南西北面行營招討應接等使、檢校太傅、同平章事牛存節爲檢校太尉，加食邑一千戶，賞平徐之功也。丁卯，以右僕射兼門下侍郎、同平章事、監修國史、判度支趙光逢案：原本「逢」作「逆」，今據唐書列傳改正。（舊五代史考異）爲太子太保致仕。魏博節度使楊師厚薨，輟視朝三日。

初，師厚握強兵，據重鎮，每邀朝廷姑息，及薨，輟視朝三日，或者以爲天意。租庸使趙巖、租庸判官邵贊獻議於帝曰：「魏博六州，精兵數萬，蠹害唐室百有餘年。羅紹威前恭後倨，太祖每深含怒。太祖尸未屬纊，師厚卽肆陰謀。蓋以地廣兵強，得肆其志，不如分削，使如身使臂，卽無不從也。陛下不以此時制之，寧知後人之不爲楊師厚耶！若分割相、魏爲兩鎮，則朝廷無北顧之患矣。」案通鑑考異引莊宗列傳，宰相敬翔與趙巖、邵贊同議。薛史無敬翔名，通鑑從薛史。帝曰：「善。」卽以平盧軍節度使賀德倫爲天雄軍節度使，遣劉鄩率兵六萬屯河朔。詔曰：「分疆裂土，雖賞勳勞；建節屯師，亦從機便。比者魏博一鎮，巡屬六州，爲河朔之大藩，實國家之巨鎮。所分憂寄，允謂重難；將叶事機，須期通濟。但緣鎮、定賊境，最爲魏、博親鄰；其次相、衞兩州，皆控澤、潞山口。兩道並連於晉土，分頭常寇於魏封。既須日有戰爭，案：原本脫「戰爭」二字，今據册府元龜增入。（舊五代史考異）未若俱分節制。免勞兵力，因奔命於兩途；稍泰人心，俾安居於終日。其相州宜建節度爲昭德軍〔三〕，以澶、衞兩州爲屬郡，以

張鑄爲相州節度使。」

己丑，魏博軍亂，囚節度使賀德倫。是時，朝廷既分魏博六州爲兩鎮，命劉鄩統大軍屯于南樂，以討王鎔爲名，遣澶州刺史、行營先鋒步軍都指揮使王彥章領龍驤五百騎先入於魏州，屯於金波亭。詔以魏州軍兵之半隸于相州，幷徙其家焉。又遣主者檢察魏之帑廩。既而德倫促諸軍上路，姻族辭決，哭聲盈巷。其徒乃相聚而謀曰：「朝廷以我軍府強盛，故設法殘破。況我六州，歷代藩府，軍門父子，姻族相連，未嘗遠出河門，離親去族，一旦遷於外郡，生不如死。」三月二十九日夜，魏軍乃作亂，放火大掠，首攻龍驤軍，王彥章斬關而遁。遲明，殺德倫親軍五百餘人於牙城，執德倫置之樓上。有効節軍校張彥者，最爲粗暴，膽氣伏人，乃率無賴輩數百，止其剽掠。是日，魏之士庶被屠戮者不可勝紀。

帝聞之，遣使齎詔安撫，案：通鑑：夏四月，帝遣供奉官扈異撫諭魏軍。仍許張彥除郡厚賜，將士優賞。彥等不遜，投詔於地，侮罵詔使，因迫德倫飛奏，請却復相、衞，抽退劉鄩軍。帝復遣諭曰：「制置已定，不可改易。」如是者三。彥等奮臂南向而罵曰：「傭保兒，敢如是也！」復迫德倫列其事。時有文吏司空頲者，甚有筆才，彥召見，謂曰：「爲我更草一狀，詞宜抵突，如更敢違，則渡河擄之。」乃奏曰：「臣累拜封章，上聞天聽，在軍衆無非共切，何朝廷皆以爲閑。半月三軍切切，而戈矛未息；一城生聚皇皇，而控告無門。惟希俯鑒丹衷，苟從衆欲，

須垂聖允，斷在不疑。如或四向取謀，但慮六州俱失。言非意外，事在目前。」張彥又以楊師厚先兼招討使，請朝廷依例授之，故復逼德倫奏曰：「臣當道兵甲素精，貔貅極銳，下視幷、汾之敵，平吞鎮、定之人。特乞委臣招討之權，試臣湯火之節，苟無顯効，任賜明誅。」詔報曰：「魏、博寇敵接連，封疆懸遠，凡於應赴，須在師徒。是以別建節旄，各令捍禦，幷、鎮則委魏、博控制，澤、潞則遣相、衞枝梧。咸逐便安，貴均勞逸，已定不移之制，宜從畫一之規。至於征伐事權，亦無定例。且臨清王領鎮之日，臨清王，原本作「臨清生」，考舊唐書：魏博節度使羅宏信封臨清王，今改正。（影庫本粘籤）羅紹威守藩以來，所領事銜，本無招討。祇自楊師厚先除陝、滑二帥，皆以招討兼權，因茲帶過鄴中，原本不曾落下，苟循事體，寧吝施行。況今劉鄩指鎮、定出征，康懷英往邠、岐進討，祇令統帥師旅，亦無招討使銜。切宜徧諭羣情，勿興浮議，倚注之意，卿宜體之。」詔至，張彥壞裂，抵之於地，謂德倫曰：「梁主不達時機，聽人穿鼻，城中擾攘，未有所依。我甲兵雖多，須資勢援，河東晉王統兵十萬，匡復唐朝，世與大梁仇讎。若與我同力，事無不濟，請相公改圖，以求多福。」德倫不得已而從之，乃遣牙將曹廷隱廷隱，原本作「延隱」，今據曹廷隱本傳改正。（影庫本粘籤）奉書求援於太原。彥使德倫告諭軍城曰：「可依河東稱天祐十二年〔四〕，此後如有人將文字於河南往來，便仰所在處置。」

是月〔五〕，邢州留後李保衡以城歸順。案：通鑑考異引蜀書劉知俊傳，保衡作彥康，蓋保衡爲楊崇本養子，故名彥康，追殺其子彥魯而降梁，始復其本姓名也。五代春秋、歐陽史、通鑑俱從薛史作保衡。保衡，楊崇本養子也。崇本乃李茂貞養子，任邠州二十餘年，去歲爲其子彥魯所毒。彥魯領知州事五十餘日，保衡殺彥魯送款於帝，即以保衡爲華州節度使，以河陽留後霍彥威爲邠州節度使。

五月，晉王率師赴魏州。節度使牛存節薨。是月，鳳翔李茂貞遣僞署涇州節度使劉知俊率師攻邠州，以李保衡歸順故也。自是凡攻圍十四月，節度使霍彥威、諸軍都指揮使黃貴堅守捍寇，會救軍至，岐人乃退。

六月庚寅，晉王入魏州，以賀德倫爲大同軍節度使，舉族遷於晉陽。是月，晉人陷德州。

秋七月，又陷澶州，刺史王彥章棄城來奔。案通鑑：晉人夜襲澶州，刺史王彥章在劉鄩營，晉人獲其妻子。薛史王彥章傳亦云：晉人攻陷澶州，彥章舉家陷沒。是澶州陷時，彥章未嘗在城也。是月，劉鄩自洹水潛師由黃澤路西趨晉陽，至樂平縣，值霖雨積旬，乃班師還。次宗城，遂至貝州，軍於堂邑。遇晉軍，轉鬬數十里，晉軍稍退。翌日，鄩移軍于莘。

八月，賀瓌收復澶州。

九月，以行營先鋒步軍都指揮使、行澶州刺史、檢校太保王彥章爲汝州防禦使，案：原本「汝州」作「許州」，今據通鑑改正。（舊五代史考異）依前行營先鋒步軍都指揮使。壬午，正衙命使册德妃張氏。是夕，妃薨。

冬十月辛亥，康王友孜謀反，案：通鑑友孜作友敬，與薛史異。（舊五代史考異）伏誅。是夕，帝於寢殿熟寐，忽聞御榻上寶劍有聲，帝遽起視之，而友孜之黨已入於宮中，帝揮之獲免。案清異錄：末帝夜于寢間擒刺客，乃康王友孜所遣，帝自戮之。造雲母匣貯所用劍，名匣曰「護聖將軍之館」。（舊五代史考異）壬子〔六〕，葬德妃張氏。

十一月乙丑，改乾化五年爲貞明元年。案：吳越備史作正月壬辰朔，改元大赦。歐陽史、五代春秋及通鑑俱從薛史作十一月。（舊五代史考異）

十二月乙未，詔昇華原縣爲崇州靜勝軍，以美原縣爲裕州，以爲屬郡。以僞命義勝軍節度使、鼎耀等州觀察使、特進、檢校太保、同平章事李彥韜爲特進、檢校太傅、同平章事，充靜勝軍節度使、崇裕等州觀察使、河內郡開國侯，仍復本姓溫，名昭圖。昭圖，華原賊帥也。李茂貞以爲養子，以華原爲耀州，美原爲鼎州，僞命昭圖爲節度使。至是歸款，故有是命。

貞明二年春正月庚申，以皇伯父宋州節度使、開府儀同三司、檢校太師、兼中書令、廣王全昱爲守中書令，餘如故。案通鑑：二年春正月，宣武節度使、守中書令、廣德靖王全昱卒。（舊五代史考異）

二月丙申，右僕射、門下侍郎、平章事、諸道鹽鐵轉運等使楊涉罷相，守左僕射。涉累

上章以疾辭位，故有是命。是月，命許州節度使王檀、河陽節度使謝彥章、汝州防禦使王彥章率師自陰地關抵晉陽〔七〕，急攻其壘，不克而旋。

三月，劉鄩率師與晉王大戰於故元城〔八〕，鄩軍敗績。先是，鄩駐於莘，帝以河朔危急，師老於外，餉饋不充，遣使賜鄩詔，微有責讓。鄩奏以寇勢方盛，未可輕動。帝又問鄩決勝之策，鄩奏曰：「但人給糧十斛，盡則破敵。」帝不悅，復遣促戰。鄩召諸將會議，諸將欲戰，鄩默然。一日，引軍攻鎮定之營，彼衆大駭，上下騰亂，俘斬甚衆。時帝遣偏將楊延直領軍萬餘人屯澶州以應鄩，楊延直，原本作「延直」，今據歐陽史改正。（影庫本粘籤）既而晉王詐言歸太原，劉鄩以爲信。是月，召楊延直會于魏城下，鄩自莘率軍亦至，與延直會。既而晉王自貝州至，鄩引軍漸退，至故元城西，與晉人決戰，大爲其所敗。追襲至河上，軍士赴水死者甚衆，鄩自黎陽濟河奔滑州。己巳，制以鄩爲滑州宣義軍節度副大使，知節度事。晉人攻衞州，陷之，又陷惠州。

夏四月乙酉朔，威武軍節度使、守太傅、兼中書令、閩王王審知賜號忠勤保安興國功臣，餘如故。晉人陷洺州。癸卯夜，捉生都將李霸作亂，龍驤都將杜晏球討平之。時遣捉生軍千人戍楊劉，軍出宋門外。是夜，由水門復入，二鼓大譟，火發燭城，李霸與其徒燔建國門，不克。龍驤都將杜晏球屯鞠場，聞亂兵至，率騎擊之，亂軍退，走馬登建國門。晏球奏

曰：「亂者惟李霸一軍，但守宮城，遲明臣必破之。」未明，晏球誅霸及其同惡，京師方定。是月，以行營先鋒步軍都指揮使、汝州防禦使王彥章爲鄭州防禦使，依前先鋒步軍都指揮使。

五月，晉軍還太原。

六月，晉人急攻邢州，帝遣捉生都將張溫率步騎五百人入于邢州，張溫，原本作「章溫」，今據歐陽史及通鑑改正。（影庫本粘籤）至內黃，溫率衆降於晉人。

秋七月甲寅朔，晉王自太原至魏州，節度使張筠棄城奔京師，邢州節度使閻寶以城降於晉王。壬戌，以淮南鎮海鎮東等軍節度使、充淮南宣潤等道四面行營都統、開府儀同三司、尚父、守尚書令、吳越王錢鏐爲諸道兵馬元帥，餘如故。以左僕射楊涉爲太子太傅致仕。

八月丁酉，以開府儀同三司、太子太保致仕趙光逢爲司空兼門下侍郎、平章事、弘文館大學士、延資庫使，延資庫使，原本作「延貨」，考五代會要，五代承唐制，多以宰相兼領延資庫使，今改正。（影庫本粘籤）充諸道鹽鐵轉運使。

九月，晉王還太原。滄州節度使戴思遠棄城來奔。晉人陷貝州。案：歐陽史作晉人克貝州，守將張源德死之。又，死事傳云：貝人勸源德出降，源德不從，遂見殺。通鑑考異引莊宗實錄：源德聞河北皆平，有翻然之志，謀於衆，衆懼其歸罪，因殺源德。是源德之死，傳聞異詞，故薛史不取。（舊五代史考異）歐陽史本紀：二年九月，晉人克貝州，守將張源德死之。又，死事傳略云：太祖時，源德自金吾衞將軍爲蔡州刺史。貞明元年，魏博節度使楊師厚卒，末帝分魏、相等六州爲兩鎮，遣劉鄩將兵萬人屯于魏。魏軍叛降晉，源德爲鄩守貝州。晉王入魏，諸將欲先擊貝州，晉王曰：「貝城小而堅，攻之難卒下。」乃先襲破德州，然後以兵五千攻源德，源德堅守不下，晉軍塹而圍之。已而劉鄩大敗于故元城，南走黎陽，六鎮數十州之地皆歸晉，獨貝一州，圍之踰年不可下。源德守既堅，而貝人聞晉已盡有河北，城中食且盡，乃勸源德出降，源德不從，遂見殺。（殿本）通鑑考異引莊宗實錄云：賊將張源德固守貝州，既聞河北皆平，而有翻然之志，詢謀於衆。蔡賊皆河南人，懼其歸罪，不從，因殺源德，啗人爲糧，因守其城。王師歷年攻圍，賊既食竭，呼我大將曰：「今欲請罪，懼晉王不我赦，請衿甲持兵而見，已即解之，如何？」報曰：「無便於此者。」賊衆三千，衿甲出降。我將甘言喻之，俱釋兵解甲。既而四面陳兵殺之。與歐陽史異。今考歐陽史，多前後互異。如魏博軍亂，本紀作元年，傳作三年；張源德死，紀作二年，據傳當在四年。紀、傳自相矛盾，恐不足據。薛史不載張源德事，附識於此。（孔本）己卯，天平軍節度副大使、知節度事、檢校太師、兼中書令、琅琊郡王王檀薨。案：五代春秋作盜殺鄆州王檀。（舊五代史考異）

十月丁酉〔九〕，以開府儀同三司、中書侍郎兼吏部尚書、同平章事、集賢殿大學士、判戶部敬翔爲右僕射兼門下侍郎、平章事、監修國史，判度支。以光祿大夫、中書侍郎、同平章事鄭珏爲特進、兼刑部尚書、平章事、集賢殿大學士，判戶部。十月，晉王自太原至魏州。是月，前昭義軍節度使、檢校太師、兼侍中、陳留郡王葛從周薨。

是歲，河北諸州悉入於晉。永樂大典卷六千六百五。

校勘記

〔一〕丁昭浦　殿本、通鑑卷二六八作丁昭溥。

〔二〕五月　彭本、盧本同。殿本、劉本作「五日」。

〔三〕昭德軍　「軍」字原無，據殿本及彭校補。

〔四〕天祐十二年　「二」原作「三」，據劉本改。按唐天祐四年爲梁所代，後唐沿用天祐年號，至此時當爲天祐十二年。

〔五〕是月　殿本、劉本同。冊府卷二一七作「四月」。按本卷上文「帝聞之，遣使齎詔安撫」，據注文已是夏四月間事，則此「是月」當爲「四月」。

〔六〕壬子　原作「壬午」，據殿本改。按二十史朔閏表，十月戊子朔，無壬午。壬子爲二十五日。

〔七〕汝州防禦使王彥章　「汝州」原作「鄭州」，據殿本改。按王彥章改鄭州防禦使在二年四月，見本卷下文及本書卷二一王彥章傳。

〔八〕故元城　「故」字原無，據殿本、冊府卷四四三補。

〔九〕十月　原作「八月」，據冊府卷一九九、通鑑卷二六九考異引薛史改。

中華書局

舊五代史卷九

梁書九

末帝紀中

貞明三年春正月戊午，以前淄州刺史高允奇爲右羽林統軍。癸亥，以前天平軍馬步軍都指揮使、檢校太保朱勍爲懷州刺史。癸酉，以右天武軍使石釗爲密州刺史。戊寅，以前懷州刺史李建爲安州刺史，仍賜名知節。己卯，以宣義軍節度副大使、知節度事、案：原本脫「副」字，考新唐書百官志及五代會要，副大使爲藩鎭官爵，今增入。（舊五代史考異）北面行營副招討等使、特進、檢校太傅霍彥威爲天平軍節度副大使，知節度事。

二月甲申，晉王攻我黎陽，劉鄩拒之而退。乙酉，前蔡州刺史董璋權知宣義軍軍州事。丁亥，以前右羽林軍統軍梁繼業爲左衞上將軍。壬辰，以租庸判官、檢校司徒張紹珪爲光祿卿，依前充租庸判官。癸巳，以權知平盧軍軍州事、客省使、知銀臺事元湘爲檢校司空。

甲午，以飛龍使婁繼英爲左武衞大將軍。

三月庚申，以前平戎軍使、檢校司徒郭紹賓爲禧州刺史。辛酉，以前天平軍節度副使裴彥爲隨州刺史。戊寅，湖州刺史錢傳璟、蘇州刺史錢傳璙、案：原本作「傳珏」，今據十國春秋改正。（舊五代史考異）鎭海軍節度副使錢傳瓘、溫州刺史錢傳璲、睦州刺史錢傳懿〔一〕、寶州刺史錢傳璟〔二〕、明州刺史錢傳球、義州刺史錢傳琇、峯州刺史錢傳珦、案：歐陽史職方志有封州而無峯州，薛史前後俱作峯州，未知何據，今仍其舊。（舊五代史考異）衢州刺史錢傳琰、鎭海軍都知兵馬使錢傳璛等凡一十一人，並加官勳階爵，從吳越王錢鏐之請也。案：吳越備史載錢鏐諸子所加官勳階爵，失載傳璟，故十一人僅存其十。又其名間有異同，當以薛史爲得實。（舊五代史考異）

夏四月庚辰，以前行左武衞大將軍蔡敬思爲右武衞上將軍。辛巳，以前安州刺史劉玘權知晉州軍州事。以前密州刺史張實爲潁州刺史，充本州團練使。癸未，以六軍押牙、充左天武軍使劉彥珪爲澶州刺史。辛卯，以右千牛衞大將軍劉璩充契丹宣諭使。詔諸道兵馬元帥開幕除吏，一同天策上將府故事。辛丑，以清海軍元從都押牙、隴州刺史吳鍔爲檢校司空。癸卯，以兩浙衙內先鋒指揮使、守峯州刺史錢傳珦爲泗州刺史。

六月庚辰，以前東京馬步都指揮使兼左天武軍使甯景從爲汝州刺史，充本州防禦使。辛卯，以租庸判官、光祿大夫、檢校司徒、行光祿卿張紹珪爲申州刺史。壬辰，以權知晉州建寧軍軍州事、前安州刺史劉玘爲建寧軍節度觀察留後。

秋七月丁巳，以淄州刺史陳洪爲棣州刺史。乙丑，以刑部員外郎封翹爲翰林學士。封翹，原本作「封堯」，今據封舜卿傳改正。（影庫本粘籤）丙寅，以汝州刺史楊延直爲左衞大將軍，以前左衞上將軍劉重霸爲起復雲麾將軍、右驍衞上將軍。庚午，以六軍諸衞副使、起復雲麾將軍、檢校太保張業爲淄州刺史。

八月辛巳，以左神武軍統軍周武爲寧州刺史，以左崇安指揮使、前申州刺史劉仁鐸爲衍州刺史。戊子，泰寧軍節度使張萬進賜名守進〔三〕。

九月庚申，以遙領常州刺史張昌孫遙領壽州刺史，充本州團練使。

冬十月壬午，以權西面行營都監、右武衞上將軍張筠權知商州軍州事〔四〕。戊子，詔曰：「太子太傅李戩，多因釋教，誑惑羣情，此後不得出入無恆。」癸巳，以前崇德軍使張思綰爲左武衞上將軍。己亥，以啓聖匡運同德功臣、諸道兵馬元帥、淮南鎭海鎭東等軍節度使、充淮南宣潤等四面行營都統、開府儀同三司、尚書令、吳越王錢鏐爲天下兵馬元帥。壬寅，以尚書左丞吳藹爲工部尚書，充兩浙官告使。官告使不見于五代會要，疑有舛誤。考册府元龜亦作官告，今姑仍其舊。（影庫本粘籤）是月，晉王自魏州還太原。

閏十月丁卯，以前商州刺史徐瑺爲左驍衞上將軍，充西都大內皇牆使。

十一月壬午，以中書侍郎、平章事鄭珏權判戶部事。戊子，以寧州刺史周武爲武靜軍防禦使，守慶州刺史。以河潼軍使寶廷琬爲寧州刺史。

十二月，晉王自太原復至魏州。庚申，以左金吾衞大將軍、充街使華溫琪爲右龍虎軍統軍，以右龍虎軍統軍張彥勳爲商州刺史，以前西京大內皇牆使李頊爲右威衞上將軍，以左金吾衞上將軍李周彝權兼左街使。壬戌，以守太尉、兼中書令、河南尹、判六軍諸衞事、魏王張宗奭爲天下兵馬副元帥。丙寅，以西面行營馬軍都指揮使、檢校太保、鄜州刺史、充本州防禦使王彥章爲檢校太傅、同中書門下平章事，充宣義軍節度使、鄭滑濮等州觀察處置等使。案通鑑：時論平慶州功，故賀瓌進秩。丁卯，以西面行營馬步都指揮使〔五〕、左龍虎軍統軍賀瓌爲檢校太傅。己巳，帝幸洛陽，爲來年有事於南郊也。遂幸伊闕，親拜宣陵。時租庸使趙巖勸帝郊天，且言：「帝王受命，須行此禮，願陛下力行之。」宰臣敬翔奏曰：「國家自劉鄩失律已來，府藏殫竭，箕斂百姓，供軍不暇，郊祀之禮，頒行賞賚，所謂取虛名而受實弊也。況晉人壓境，車駕未可輕動。」帝不聽，遂行。是月，晉人陷楊劉城，帝聞之懼，遂停郊禮，車駕急歸東京。案通鑑云：道路訛言晉軍已入大梁，扼汜水矣。從官皆憂其家，相顧涕泣，帝惶駭失圖，遂罷郊祀。癸酉，詔文武兩班，除元隨駕人數外，其餘並令御史司憲張袞部署，候車駕離京後一兩日，發赴東京。甲戌，以天下兵馬副元帥、太尉、兼中書令、河南尹、魏王張宗奭爲西都留守。

貞明四年春正月，晉人寇鄆、濮之境。車駕至自洛陽。案：五代春秋作己卯，帝還東都。（舊五代史考異）庚辰，以蔡州刺史姚勍權知感化軍節度觀察留後。乙酉，以前靜難軍馬步軍都指揮使黃貴爲蔡州刺史。甲午，以右領軍衞上將軍齊奉國爲左金吾衞大將軍，充街使。

二月，遣將謝彥章帥衆數萬迫楊劉城。甲子，晉王來援楊劉城，彥章之軍不利而退。

三月壬午，以前右武衞上將軍張筠爲左衞上將軍。癸巳，以鎮國軍節度押衙、充本道馬步軍都指揮使江可復爲衍州刺史。壬寅，鎭海鎭東等軍節度行軍司馬、秦州節度使、檢校太傅、同平章事馬綽加檢校太尉、同平章事，依前鎭海、鎭東等軍節度行軍司馬，餘如故，從錢鏐之請也。

夏四月丁未，以宣徽院使、右衞上將軍趙縠權知青州軍州事，以宣徽院副使韋堅權知本院事。宣徽院，原本作「宣獄院」，考五代會要，宣徽院次丁樞密院，今改正。（影庫本粘籤）己酉，以銀青光祿大夫、行中書侍郎、同中書門下平章事、權判戶部鄭珏爲金紫光祿大夫、中書侍郎、兼刑部尚書、平章事、集賢殿大學士、判戶部、上柱國，仍進封滎陽郡開國侯，加食邑五百戶。以金紫光祿大夫、行尚書吏部侍郎、上柱國、蘭陵縣開國男、食邑三百戶蕭頃爲中書門下平

章事，仍進封蘭陵縣開國伯，加食邑四百戶。庚戌，以前崇德軍使、前右武衞大將軍杜存爲右領軍衞上將軍。甲寅，以刑部郎中、充史館修撰竇專爲翰林學士。案：專，同州白水人，貞固之父也。貞固，宋史有傳。（舊五代史考異）初，學士竇夢徵草錢鏐麻，貶蓬萊尉，帝召專入翰林，遣崇政使李振問宰相云：「專是宰臣蕭頃女婿，令中書商量可否？」中書奏曰：「宰柏親情，不居清顯，避嫌之道，雖著舊規，若蒙特恩，亦有近例，固不妨事。」帝乃可之。己未，靈武節度使韓洙案：原本作「韓殊」，考韓遜傳，洙即遜之子，歐陽史雜傳亦作「洙」，今改正。（舊五代史考異）落起復，授開府儀同三司，依前檢校太傅、同平章事。癸亥，以延州忠義軍節度使、太原西面招討應接使、檢校太師、兼中書令、渤海王高萬興兼鄜、延兩道都制置使，餘如故。時萬興弟鄜州節度使萬金卒，故有是命。己巳，以開府儀同三司、守司空兼門下侍郎、同平章事趙光逢爲司徒致仕，兼加食邑五百戶，以光逢累上章請老故也。辛未，詔宰臣敬翔權判諸道鹽鐵使務。壬申，以太子賓客趙光胤爲吏部侍郎。

五月甲戌，以荆南衙內馬步軍都指揮使、檢校司徒高從誨領濠州刺史。乙亥，以特進、檢校太傅、前潁州團練使張實爲起復雲麾將軍，依前潁州團練使。庚辰，以工部尚書致仕孔拯爲國子祭酒。己丑，以太常少卿韋彖爲右諫議大夫。

六月甲辰，以金紫光祿大夫、檢校司徒、歙州刺史朱令德爲忠武軍節度觀察留後。己

酉，以權知感化軍兩使留後、特進、檢校太保姚勍爲感化軍節度觀察留後。庚戌，上以祕書少監王翹爲將作監，以其父名祕故也。丙辰，以左監門衞將軍康贊美爲商州刺史，以左衞上將軍張筠爲權知永平軍節度觀察留後，兼判大安府事。戊午，以前景州刺史衞審符爲右衞大將軍。庚申，以河陽節度、充北面行營排陣、兩京馬軍都軍節度等使、光祿大夫、檢校太保謝彥章爲匡國軍節度、陳許蔡等州觀察處置等使，以宣徽院副使韋堅權知河陽軍州事。

秋七月庚辰，以商州刺史康贊美爲起復雲麾將軍，依前商州刺史。辛卯，以前左驍衞上將軍楊韶爲右武衞上將軍。戊戌，以前匡國軍節度使、檢校尚書左僕射羅周敬案：原本作「用敬」，考薛史晉列傳作周敬，歐陽史羅紹威傳亦作子周敬，今改正。（舊五代史考異）爲檢校司空、守殿中監、駙馬都尉。

八月丙午，以右廣勝軍使劉君鐸爲虢州刺史。戊申，以武寧軍節度副使李存權知宿州事。辛亥，涇原節度使杜建徽加檢校太傅、同平章事。建徽，案：原本訛作「達徽」，今據十國春秋改正。（舊五代史考異）吳越王錢鏐之將也，遙領涇原節制，至是以其上請加恩，故有是命。乙卯，以蔡州刺史黃貴爲絳州刺史。辛酉，以絳州刺史尹皓爲感化軍節度觀察留後。癸亥，以前永平軍節度副使張正己爲房州刺史。乙丑，以宿州團練使趙麓權知河陽節度觀察留後，以

左驍衞將軍劉去非爲郢州刺史。戊辰，以權知永平軍節度觀察留後、兼判大安府事張筠爲永平軍節度觀察留後，依前兼判大安府事。是月，晉王率師次楊劉口，遂軍於麻家渡，北面招討使賀瓌以兵屯濮州北行臺村，對壘百餘日。晉王以輕騎來覘，許州節度使謝彥章發伏兵掩擊，圍之數重，會救軍至，晉王僅以身免。

九月丁丑，靜勝軍節度、崇裕等州觀察處置等使、特進、檢校太傅、同平章事溫昭圖加檢校太尉。甲午，崇政院副使張希逸加金紫光祿大夫，行祕書少監。乙未，起復雲麾將軍、檢校太保、壽州團練使張昌孫落起復，授光祿大夫、檢校太傅。

冬十月辛丑朔，以前感化軍節度觀察留後、特進、檢校太保姚勍爲左龍虎統軍，充西都內外馬步軍都指揮使。以洛苑使、金紫光祿大夫、檢校司徒、守左威衞大將軍董璋爲右龍虎統軍。己酉，以安南靜海節度使、檢校司徒曲美爲檢校太保、同平章事。庚戌，以商州刺史康贊美爲蔡州刺史。

十一月壬辰，前懷州刺史朱勍授起復雲麾將軍，依前懷州刺史。

十二月庚子朔，晉王領軍迫行臺寨，距寨十里結營而止。北面招討使賀瓌殺許州節度使謝彥章、濮州刺史孟審澄、別將侯溫裕等於軍，以謀叛聞，爲行營馬步都虞候朱珪搆之也。晉王聞之，喜曰：「彼將帥不和，亡無日矣。」案通鑑：賀瓌密譖謝彥章于帝，因與朱珪伏甲以殺彥章。

蓋賀瓌密奉帝旨也。五代春秋、歐陽史皆以賀瓌專殺爲文，恐非事實。丁未，以行營諸軍馬步都虞候、光祿大夫、檢校太保、曹州刺史朱珪爲檢校太傅，充匡國軍節度觀察留後，依前行營諸軍馬步都虞候。癸丑，詔曰：「行營諸軍馬步都虞候、匡國軍節度觀察留後朱珪，昨以寇戎未滅，兵革方嚴，所期朝夕之間，克弭烟塵之患，每於將帥，別注憂勞。而謝彥章、孟審澄、侯温裕忽搆異圖，將萌逆節，賴朱珪挺施貞節，密運沈機，果致梟擒，免貽讎敵。特加異殊之命，用旌忠孝之謀，便委雄藩，俾荷隆渥。可檢校太傅，充平盧軍節度、淄青登萊等州觀察處置、押新羅渤海兩番等使兼行營諸軍馬步軍副都指揮使，仍進封沛國郡開國侯。」乙巳，起復雲麾將軍、檢校太保、陳州刺史、惠王友能，惠王，原本作「忠王」，今據歐陽史改正。（影庫本粘籤）鎮國軍節度、陝虢等州觀察處置等使、起復雲麾將軍、檢校太保、邵王友誨，並落起復，加檢校太傅。以前房州刺史牛知業爲右羽林軍統軍。癸亥，北面招討使賀瓌率大軍與晉人戰於胡柳陂，晉人敗績。是日既晡，復爲晉人所敗。初，晉人起軍將襲東京，乃下令軍中老弱悉歸於鄴。是月二十二日，晉王次臨濮，賀瓌、王彥章自行臺寨率軍躡之。二十四日，至胡柳陂，晉王領軍出戰，瓌軍已成列，晉王以騎突之，王彥章一軍先敗，彥章走濮陽。晉人輜重在陣西，瓌領軍薄之，晉人大奔，自相蹈籍，死者不可勝紀，晉大將周德威歿於陣。瓌軍乃登土山，列陣於山之下，晉王復領兵來戰，瓌軍遂敗。翌日，晉人攻濮陽，陷之，京師戒嚴。

貞明五年春正月，晉人城德勝，夾河爲柵。

二月乙巳，以宣徽院副使韋堅權知徐州軍事。

三月己卯，以華州感化軍留後尹皓爲華州節度使，加檢校太保、同平章事。癸未，制削奪兗州節度使張守進在身官爵，以其叛故也。仍命劉鄩爲兗州管內安撫制置使，領兵以攻之。案：張守進歸晉，本紀繫於五年三月，張萬進傳作四年七月，劉鄩傳仍作五年。通鑑考異嘗並舉紀、傳之互文以明薛史之難據，因定從莊宗實錄作四年八月。今以當日事勢考之，藩鎮反覆，向背無常，陰謀詭祕，姑示含容，討罪遣師，須有顯迹。蓋守進潛附于晉，自在四年秋，至削奪官爵，聲罪致討，則五年春事也。薛史采用舊聞，不加修飾，故語必徵實。若五代春秋以守進叛爲五年事，歐陽史又以劉鄩討之爲四年事，皆刪改成文，自爲臆斷，不如薛史之存其實也。

夏四月壬寅，以永平軍留後兼判大安府事張鎬爲永平軍節度使、檢校太保，行大安尹。庚戌，以鎮海軍北面水陸都指揮使、湖州刺史、檢校太傅錢傳璟遙領宣州寧國軍節度使，加同平章事。是月，賀瓌攻德勝南城，以艨艟戰艦横於河，以扼津濟之路。晉人斷其艨艟，濟軍以援南城，瓌等退軍。

五月己巳，山南東道節度使、檢校太傅孔勍加同平章事。丁亥，以延州節度使、鄜延兩道都制置、太原西面招討應接等使、渤海郡王高萬興爲檢校太師、兼中書令，充保大忠義等

軍節度、鄜延管內觀察等使。是月，以行營諸軍左廂馬軍都指揮使、鄭州防禦使王彥章爲許州匡國軍節度觀察留後，依前行營諸軍左廂馬軍都指揮使。

六月壬戌，以天驥院使李隨權知登州軍州事。

秋七月，晉王自魏州還太原。

八月乙未朔，滑州節度使賀瓌卒，輟視朝三日，詔贈侍中。是月，命開封尹王瓚爲北面行營招討使。瓚乃與許州留後王彥章等率大軍自黎陽濟，營於楊村，造浮梁以通津路。

九月丙寅，制削奪廣州節度使、南平王劉巖在身官爵，以其將謀僭號故也。仍詔天下兵馬元帥錢鏐指揮攻討。

冬十月，晉王復至魏州。是月，劉鄩攻下兗州，擒張守進，夷其族。

十一月丁丑，以兗州安撫制置使、特進、檢校太傅、大彭郡開國公劉鄩爲兗州節度使、開府儀同三司、檢校太尉、同平章事，賞平兗之功也。辛卯，王瓚帥師至戚城，遇晉軍，交綏而退。

十二月戊戌，晉王領軍迫河南寨，王瓚率師禦之，獲晉將石家才。案：通鑑石家才作石君立。考薛史列傳，君立一名家財。既而瓚軍不利，瓚退保楊村寨，晉人陷濮陽。永樂大典卷六千六百五。案：上文四年十二月已云晉人攻濮陽，陷之，至此復云晉人陷濮陽，前後重複。通鑑考異歷引薛史閻寶、李嗣昭傳及莊宗實錄而斷之曰：去冬唐雖得濮陽，棄而不守，今年復攻拔之也。參考事勢，當得其實。

校勘記

〔一〕錢傳懿　原作「錢傳琇」，據吳越備史卷一、十國春秋卷七八吳越世家及卷八三金華郡王元懿傳改。按元懿傳云：「元懿，字秉徽，初名傳璹，已又名傳懿，後更今名。」

〔二〕寶州　殿本、劉本同。吳越備史卷一、十國春秋卷七八吳越世家及卷八三餘姚侯傳璀傳均作賓州。

〔三〕張萬進賜名守進　影庫本批校云：「案：歐陽史不載賜名守進，吳縝纂誤云：『紀作張守進，劉鄩、劉處讓傳作張萬進，紀傳不同，未知孰是。』蓋吳氏亦未詳考薛史也。」批校並謂「此條照副本訂正，補注『賜名守進』句下。」案影庫本原有粘籤云：「案吳縝纂誤云：『末帝本紀前作張萬進，後作守進，必有一誤。』」其所述與五代史纂誤原文不符，應從批校。

〔四〕右武衞上將軍　「右」原作「左」，據劉本、彭本改。按本卷下文：貞明四年三月壬午，以前右武衞上將軍張鎬爲左衞上將軍。此處當作「右」。

〔五〕西面行營馬步都指揮使　「西」原作「東」，據殿本、本書卷二三賀瓌傳、通鑑卷二六九改。

舊五代史卷十

梁書十

末帝紀下

貞明六年春正月戊子，以曹州刺史朱漢賓爲安州宣威軍節度使。以許州匡國軍節度觀察留後、充散指揮都軍使、檢校太傅王彥章爲匡國軍節度使，進封開國侯，軍職如故。

二月癸丑，宣州節度使錢傳璟案：原本宣州訛作「亘州」，今據十國春秋改正。（舊五代史考異）起復，依前檢校太傅、同平章事、宣州節度使，以其丁內艱故也。

三月丁亥，以前申州刺史張紹珪爲大理卿。

夏四月己亥〔一〕，制曰：

王者愛育萬方，慈養百姓，恨不驅之仁壽，撫以淳和。而炎、黃有戰伐之師，堯、舜有干戈之用，諒不獲已，其猶病諸。然則去害除妖，興兵動衆，殺黑龍而濟中土，刑白馬

而誓諸侯。終能永逸暫勞，以至同文共軌，古今無異，方册具存。朕以眇末之身，託億兆之上，四海未乂，八年于茲，業業兢兢，日慎一日。雖踰山越海，肅愼方來；而召雨徵風，蚩尤尚在。「蚩」字下原本脫「尤」字，今據文增入。（影庫本粘籤）顧茲殘孽，勞我大邦，將士久於戰征，黎庶疲於力役。木牛暫息，則師人有乏爨之憂，流馬盡行，則丁壯有無聊之苦。況青春告謝，朱夏已臨，妨我農時，迫我戎事。永言大計，思致小康，宜覃在宥之恩，稍示殷憂之旨。用兵之地，賦役實煩，不有蠲除，何使存濟。除兩京已放免外，應宋、亳、輝〔二〕、潁、鄆、齊、魏、案：原本脫「魏」字，今據册府元龜增入〔三〕。（舊五代史考異）滑、鄭、濮、沂、密、青、登、萊、淄、陳、許、均、房、襄、鄧、泌〔四〕、隨、陝、華、雍、晉、絳、懷、汝、商等三十二州，應欠貞明四年終已前夏秋兩稅，并鄆、齊、滑、濮、襄、晉、輝等七州，兼欠貞明四年已前營田課利物色等，並委租庸使逐州據其名額數目矜放。所在官吏，不得淹停制命，徵督下民，致恩澤不及於鄉閭，租稅虛捐於賬籍。其有私放遠年債負，生利過倍，自違格條，所在州縣，不在更與徵理之限。兗州城內，自張守進違背朝廷，結連蕃寇，久勞攻討，頗困生靈，言念傷殘，尋加給復。應天下見禁罪人，如犯大辟合抵極刑者，宜示好生，特令減死。除準格律常赦不原外，徒流已下，遞減一等。除降官未經量移者與量移，已量移者便與復資云。

庚子，宗正卿朱守素上言：「請依前朝置匭院，令諫議大夫專判。」從之，乃以右諫議大夫鄭韜光充知匭使。案：原本「知匭」作「知匱」，考通典唐三省官有知匭使，今改正。（舊五代史考異）乙巳，以右僕射兼門下侍郎、同平章事、監修國史、判度支、開國公敬翔爲弘文館大學士、延資庫使、諸道鹽鐵轉運等使，餘如故。以中書侍郎兼刑部尚書、平章事、集賢殿大學士、判戶部事鄭珏爲監修國史、判度支。以中書侍郎、平章事蕭頃爲集賢殿大學士、判戶部事。以尚書左丞李琪爲中書侍郎、平章事。丙午，吏部侍郎趙光胤爲尚書左丞。己酉，以河中護國軍節度副大使、知節度事、制置度支解縣池場等使、開府儀同三司、守太保、兼中書令、冀王友謙依前守太保、兼中書令，兼同州節度使，餘如故。癸丑，鄜延節度使兼西面招討接應等使、檢校太保、兼中書令、渤海郡王高萬興進封延安王，賜號匡時定節功臣。前衡州長史劉鷟進所撰地理手鏡十卷。己未，以租庸判官、尚書工部郎中張銳爲戶部郎中，充崇政院學士。辛酉，以前吏部侍郎盧協爲吏部侍郎。

五月乙丑，故左衞上將軍齊奉國贈太傅。詔曰：「應文武朝官，或有替罷多年，漂流在外者，宜令中書門下量才除授，勿使棲遲。或有進士策名，累年未釋褐者，與初任一官，已釋褐者，依前資敍用。」乙酉，升宋州爲大都督府，其餘廢大都督府額。

六月，遣兗州節度使劉鄩、華州節度使尹皓、崇州節度使溫昭圖、莊宅使段凝領軍攻同

州。先是，河中朱友謙襲陷同州，節度使程全暉單騎奔京師。案歐陽史本紀：河中節度使朱友謙襲同州，殺其節度程全暉。據薛史則程全暉奔還京師，未嘗見殺也。歐陽史列傳仍同薛史。五代春秋又作六年春事。友謙以其子令德爲同州留後，表求節旄，不允。既而帝慮友謙怨望，遂命兼鎮同州。制命將下而友謙已叛，遣使求援於晉，故命將討之。

九月庚寅，以供奉官郎公遠充契丹歡好使。案遼史：神册五年九月，梁遣郎公遠來聘。即是年事也。遼史載神册元年，梁遣郎公遠來賀，薛史失載。（舊五代史考異）案遼史：神册五年九月己丑朔，梁遣郎公遠來聘。與薛史合。又天贊二年四月，梁遣使來聘，即龍德三年也，薛史不載。（孔本）晉王遣都將李嗣昭、李存審、王建及率師來援同州，戰于城下。我師敗績，諸將以餘衆退保華州羅文寨。

冬十月，陳州妖賊毋乙、董乙伏誅。陳州里俗之人，喜習左道，依浮圖氏之教，自立一宗，號曰「上乘」。不食葷茹，誘化庸民，揉雜淫穢，宵聚晝散。州縣因循，遂致滋蔓。時刺史惠王友能恃戚藩之寵，動多不法，故奸慝之徒，望風影附。毋乙數輩，漸及千人，攻掠鄉社，長吏不能詰。是歲秋，其衆益盛，南通淮夷，朝廷累發州兵討捕，反爲賊所敗，陳、潁、蔡潁、蔡，原本訛作「潁蔡」，今據文改正。（影庫本粘籤）三州大被其毒。羣賊乃立毋乙爲天子，其餘豪首，各有樹置。至是發禁軍及數郡兵合勢追擊，賊潰，生擒毋乙等首領八十餘人，械送闕下，並斬於都市。

中華書局

龍德元年春正月癸巳，詔諸道入奏判官，宜令御史臺點檢，合從正衙退後，便於中書門下公參辭謝。如有違越，具名銜聞奏。應面賜章服，仍令閤門使取本官狀申中書門下，受勅牒後，方可結入新銜。甲辰，以河東道行營西面應接使、前靜勝軍節度、崇裕等州觀察處置等使、特進、檢校太尉、同平章事溫昭圖爲匡國軍節度、陳許蔡等州觀察處置等使。以北面行營副招討使、匡國軍節度、陳許蔡等州觀察處置等使、光祿大夫、檢校太傅王彥章爲宣義軍節度副大使，知節度事，鄭、滑、濮等州觀察處置等使，依前北面副招討使。

二月己未，以權知靜勝軍節度觀察留後、前汝州防禦使華溫琪爲靜勝軍節度觀察留後，案：通鑑作貞明六年事，與薛史繫龍德元年異。（舊五代史考異）依前檢校太傅。丙寅，以荆南節度使、檢校太師、兼中書令、渤海郡王高季昌季昌，原本訛作「杳昌」，今據十國春秋改正。（影庫本粘籤）爲守中書令，依前荆南節度使。庚午，以晉州建寧軍節度觀察留後劉玘爲晉州節度使、檢校太保。壬申，史館上言：「伏見北齊文士魏收著後魏書，于時自魏太武之初，至于北齊，書不獲就，乃大徵百官家傳，刊總斟酌，隨條甄舉，搜訪遺亡，數年之間，勒爲一代典籍，編在北史，固非虛言。臣今請明下制，勑內外百官及前資士子、帝戚勳家，並各納家傳，具述父祖事行源流及才術德業灼然可考者，並纂述送史館。如記得前朝會昌已後公私，亦任抄錄送官，

皆須直書，不用文藻。兼以兵火之後，簡牘罕存，應內外臣僚，曾有奏行公事，關涉制置，或討論沿革，或章疏文詞，有可採者，並許編錄送納。候史館修撰之日，考其所上公事，與中書門下文案事相符會，或格言正辭詢訪不謬者，並與編載。所冀忠臣名士，共流家國之耿光；孝子順孫，獲記祖先之丕烈。而且周德見乎殷紀，舜典存乎禹功，非唯十世可知，庶成一朝大典。臣叨肅委任，獲領監修，將曠素飡，輒干玄覽。」詔從之。鹽鐵轉運使敬翔奏：「請於雍州、河陽、徐州三處重置場院稅茶。」從之。己卯，禮部尙書、充西都副留守兼判尙書省事崔沂奏：「西京都省，凡有公事奏聞，常須借印施行，伏請鑄尙書省分司印一面。」從之。是月，鎭州大將王德明殺其帥王鎔，案五代春秋：三月，趙人張文禮弒其君鎔。薛史及通鑑作二月。（舊五代史考異）自稱留後，遣使來求援。宰臣敬翔請許之，租庸使趙巖等以爲不可，乃止。

三月丁亥朔，祠部員外郎李樞上言：「請禁天下私度僧尼，及不許妄求師號紫衣。如願出家受戒者，皆須赴闕比試藝業施行，願歸俗者一聽自便。」自便，原本作「自使」，今據文改正。（影庫本粘籤）詔曰：「兩都左右街賜紫衣及師號僧，委功德使具名聞奏。今後有闕，方得奏薦，仍須道行精至，夏臘高深，方得補塡。每遇明聖節，兩街各許官壇度七人。諸道如要度僧，亦仰就京官壇，仍令祠部給牒。今後只兩街置僧錄，道錄僧正並廢〔五〕。」己丑，以前兵部郎中杜光乂爲左諫議大夫致仕。壬寅，改襄州鄀縣爲沿夏縣，亳州焦夷縣爲夷父縣，密州漢諸縣爲膠源縣，從中書舍人馬縞請也。

夏四月，陳州刺史惠王友能反，案：歐陽史作三月，與薛史異。（舊五代史考異）舉兵向闕，帝命將出師逆擊，敗之。友能走保陳州。詔張漢傑率兵進討。案：原本「漢傑」作「衡傑」，今據通鑑改正。（舊五代史考異）勑開封府太康、襄邑、雍丘三縣，遭陳州賊軍奔衝，其夏稅只據見苗輸納。

五月丙戌朔，制曰：

朕聞惟辟動天，惟聖時憲，故君爲善則天降之以福，爲不善則降之以灾。朕以眇末之身，託於王公之上，不能荷先帝艱難之運，所以致蒼生塗炭之危。兵革薦興，灾害仍集，內省厥咎，蓋由朕躬。故北有犬戎猾夏之師，西有蒲、同亂常之旅，連年戰伐，積歲轉輸，虔劉我士民，侵據我郡邑。師無宿飽之饋，家無擔石之儲。而又水潦爲灾，蟲蝗作沴〔六〕，戒譴作於上，怨咨聞於下。而況骨肉之內，竊弄干戈，畿甸之中，輒爲陵暴。但責躬而罪己，敢怨天以尤人。蓋朕無德以事上玄，無功以及兆庶，不便於時者未能去，有益於民者未能行，處事昧於酌中，發令乖於至當，招致灾患，引翼禍殃。罪在朕躬，不敢自赦。夙夜是懼，寢食靡寧，將勵己以息灾，爰布澤而從欲。今以薰風方扇，方扇，原本作「方羽」，今據文改正。（影庫本粘籤）旭日初昇，朔既視於正陽，歷宜更於嘉號。庶惟新之令，敷華夏以同歡；期克念之心，與皇王而合道。其貞明七年，宜改爲龍德元

年。應天下見禁罪人，除大辟罪外，遞減一等。德音到後，三日內疏理訖奏。應欠貞明三年、四年諸色殘欠，五年、六年夏稅殘稅〔七〕，並放。侍衞親軍及諸道行營將士等第頒賜優賞，已從別勑處分。左降官與量移，已經量移者與復資。長流人各移近地，已經移者許歸鄉里。前資朝官，寄寓遠方，仰長吏津置赴闕。內外文武常參官、節度使、留後、刺史，父母亡歿者並與封贈。公私債負，納利及一倍已上者，不得利上生利。先經陣歿將校，各與追贈云。

丁亥，詔曰：「郊禋大禮，舊有渥恩；御殿改元，比無賞給。今則不循舊例，別示特恩。其行營將士賞賚已給付本家，宜令招討使霍彥威、副招討使王彥章、陳州行營都指揮使張漢傑曉示諸軍知委。」

是月，兗州節度使、充河東道行營都招討使劉鄩卒。

六月己亥，以都點檢諸司法物使、檢校司徒、行左驍衞大將軍李肅爲右威衞上將軍。

秋七月，陳州朱友能降。庚子，詔曰：「朕君臨四海，子育兆民，唯持不黨之心，庶叶無私之運。其有齒予戚屬，雖深敦敍之情；干我國經，難固含弘之旨。須遵常憲，以示至公。特進、檢校太傅、使持節陳州刺史、兼御史大夫、上柱國、食邑三千戶惠王友能，列爵爲王，頒條治郡，受元戎之寄任，處千里之封疆。就進官資，已登崇貴，時加錫賚，以表優隆。宜

切知恩，合思盡節，撫俗當申於仁政，佐時期効於忠規。而狎彼小人，納其邪說，忽稱兵而向闕，敢越境以殘民，侵犯郊畿，驚撓輦轂；遠邇咸嫉，謀畫交陳。及興問罪之師，旋驗知非之狀，瀝懇繼陳於章表，束身願赴於闕庭，備述艱危，覬加寬恕。朕得不自爲屈己，姑務安仁，特施貸法之恩，蓋舉議親之律。詢於事體，抑有朝章，止行退責之文，用塞衆多之論。可降封房陵侯。於戲！君臣之體，彼有不恭；伯仲之恩，予垂立愛。顧茲輕典，豈稱羣情，凡在臣僚，當體朕意。」甲辰，制以特進、檢校太傅、衡王友諒可封嗣廣王。

冬十月，北面招討使戴思遠攻德勝寨之北城，晉人來援，思遠敗於戚城。

龍德二年春正月，戴思遠率師襲魏州。時晉王方攻鎮州，故思遠乘虛以襲之，陷成安，而思遠遂急攻德勝北城〔八〕，晉將李存審 李存審，原本脫「存」字，今據文增入。（影庫本粘籤） 極力拒守。

二月，晉王以兵至，思遠收軍而退，復保楊村。

八月，段凝、張朗攻衞州，下之，獲刺史李存儒以獻。戴思遠又下淇門、共城、新鄉等三縣。自是澶州之西、相州之南，皆爲梁有，晉人失軍儲三分之一焉。

龍德三年春三月，晉潞州節度留後李繼韜遣使以城歸順。先是，繼韜父嗣昭爲潞州節度使，戰歿於鎮州城下，晉王欲以嗣昭長子繼儔襲父位。繼韜在潞州，即執繼儔囚之，遣使來送款，仍以二幼子爲質。澤州刺史裴約不從繼韜之謀，帝命董璋爲澤州刺史，令將兵攻之。

夏四月己巳，晉王即唐帝位於魏州，改天祐二十年爲同光元年。

閏月壬寅，唐軍襲鄆州，陷之，巡檢使前陳州刺史劉遂嚴、本州都指揮使燕顒奔歸京師，皆斬於都市。

五月，以滑州節度使王彥章爲北面行營招討使。辛酉，王彥章率舟師 案：原本「舟師」訛「州師」，今據通鑑改正。（舊五代史考異） 自楊村寨浮河而下，斷德勝之浮梁，攻南城，下之，殺數千人。唐帝棄德勝之北城，併軍保楊劉。己巳，王彥章、段凝圍楊劉城。

六月乙亥，唐帝引軍援楊劉，潛軍至博州，築壘於河東岸。戊子，王彥章、杜晏球率兵急攻博州之新壘，不克，遂退保于鄒口。

秋七月丁未，唐帝引軍沿河而南，王彥章棄鄒口復至楊劉。己未，自楊劉拔營退保楊村寨。

八月，以段凝代王彥章爲北面行營招討使。戊子，段凝營於王村，引軍自高陵渡河，復臨河而還〔九〕。董璋攻澤州，下之。庚寅，唐帝軍於朝城〔一〇〕，先鋒將康延孝率百騎奔於唐，盡洩其軍機。命滑州節度使王彥章率兵屯守鄆之東境。

九月戊辰，彥章以衆渡汶，與唐軍遇於遞防鎮，彥章不利，退保中都。

冬十月辛未朔，日有食之。甲戌，唐帝引師襲中都，王彥章兵潰，於是彥章與監軍張漢傑及趙廷隱、劉嗣彬、李知節、康文通、王山興等皆爲唐人所獲。翌日，彥章死于任城。帝聞中都之敗，唐軍長驅將至，遣張漢倫馳驛召段凝於河上，漢倫墜馬傷足，復限水潦，不能進。時禁軍尚有四千人，朱珪請以拒唐軍，帝不從，登建國門召開封尹王瓚，謂之曰：「段凝未至，社稷繫卿方略。」瓚即驅軍民登城爲備。或勸帝西奔洛陽，趙巖曰：「勢已如是，一下此樓，誰心可保。」乃止。俄報曰：「晉軍過曹州矣。」帝置傳國寶於臥內，俄失其所在，已爲左右所竊迎唐帝矣。帝召控鶴都將皇甫麟，案：通鑑考異引莊宗實錄作皇甫鏻，歐陽史從薛史作「麟」。謂之曰：「吾與晉人世讎，不可俟彼刀鋸。卿可盡我命，無令落讎人之手。」麟不忍，帝曰：「卿不忍，將賣我耶！」麟舉刀將自剄，帝持之，因相對大慟。戊寅夕，麟進刃於建國樓之廊下，帝崩。案五代會要：末帝年三十六。（舊五代史考異） 麟即時自剄。遲明，唐軍攻封丘門，王瓚迎降。唐帝入宮，妃郭氏號泣迎拜。初，許州獻綠毛龜，宮中造室以蓄之，命曰「龜堂」。帝嘗市珠於市，既而曰：「珠數足矣。」衆皆以爲不祥之言。帝末年改名「瑱」字：一十一，十月一八

日，案：此句疑有脫衍，蓋當時傅會者析「王」字爲「一十一」，析「眞」字爲「十月一八」也。册府元龜作或解云：「瑱」字「一十一〔一一〕，十月一八」，知此句「日」字因下文有「日」字而衍，今姑仍其舊。果以一十一年至十月九日亡。唐帝初入東京，聞帝殂，憮然歎曰：「敵惠敵怨，不在後嗣。朕與梁主十年對壘，恨不生見其面。」尋詔河南尹張全義收葬之，其首藏於太社。案通鑑後唐紀：辛巳，詔王瓚收朱友貞尸，殯于佛寺，漆其首函之，藏于太社。薛史作張全義，當別有據。晉天福二年五月，詔太社先藏唐朝罪人首級，許親屬及舊僚收葬。時右衞上將軍婁繼英請之，會繼英得罪，乃詔左衞上將軍安崇阮收葬焉。永樂大典卷六千六百五。

史臣曰：末帝仁而無武，明不照姦，上無積德之基可乘，下有弄權之臣爲輔，卒使勁敵奄至，大運俄終。雖天命之有歸，亦人謀之所誤也。惜哉！永樂大典卷六千六百五。

校勘記

〔一〕己亥　原作「丁亥」，據册府卷二〇八、四九一及歐陽史卷三梁本紀改。按二十史朔閏表，貞明六年四月癸巳朔，無丁亥，己亥爲初七日。

〔二〕宋亳輝　「輝」字原無，據册府卷四九一補。

〔三〕原本脫魏字今據冊府元龜增入　「魏」，殘宋本冊府卷四九一作「棣」。明本冊府誤作「揀」。

〔四〕泌　原作「沁」，殘宋本冊府卷四九一同，據劉本、明本冊府改。按泌州即唐州，與上文襄州、鄧州下文隨州同屬山南道，見本書卷二梁太祖紀、卷一五〇郡縣志及太平寰宇記卷一四二。

〔五〕道錄僧正並廢　殿本、劉本同。彭校及冊府卷一九四作「諸道僧正並廢」。

〔六〕蟲蝗作沴　「沴」原作「殄」，據殿本改。

〔七〕夏稅殘稅　殿本同。劉本、彭本作「夏秋殘稅」。

〔八〕陷成安而思遠遂急攻德勝北城　劉本同，殿本無「而」字。按冊府卷二一七作「陷城安而還，遂急攻德勝北城」。通鑑卷二七一作「拔成安，大掠而還，又將兵五萬攻德勝北城」。

〔九〕復臨河而還　殿本、劉本同。冊府卷二一七「復」作「略」。

〔一〇〕朝城　原作「胡城」，據本書卷二九唐莊宗紀、通鑑卷二七二、冊府卷五七、一二六改。按朝城屬河北道魏州，見新唐書卷三九地理志。

〔一一〕瑱　原作「瑣」，明本冊府卷一八二同，據殿本、劉本及本卷正文改。殘宋本冊府本條前作「瑱」，後作「瑱」。

舊五代史卷十一

梁書十一

后妃列傳第一

案：梁后妃傳，永樂大典闕全篇，其散見者僅得四條。今采北夢瑣言、五代會要諸書分註於下，以存當日之事蹟。

文惠皇太后王氏，開平初追謚。永樂大典卷一萬三千三百五十二。太祖性孝愿，奉太后未嘗小失色，朝夕視膳，爲士君子之規範。帝嚴察用法，無纖毫假貸，太后言之，帝頗爲省刑。永樂大典卷一萬七千一百七十。　案北夢瑣言云：梁祖父誠蚤卒，有三子俱幼。母王氏，攜養寄於同縣人劉崇家。昆弟之中，唯溫狡猾無行，崇母撫養之，崇兄弟嘗加譴杖。一日，偷崇家釜而竄，爲崇追回，崇母遮護，以免扑責。善逐走鹿，往往及而獲之。又，崇母常見其有龍蛇之異。他日與仲兄存入黃巢軍作賊，伯兄昱與母王氏尚依劉家。溫既辭去，不知存亡。及溫領鎭於汴，盛飾輿馬，使人迎母於崇家。王氏惶恐，辭避深藏，不之信，謂人曰：「朱三落拓無行，何處作賊送

死，焉能自致富貴？汴帥非吾子也。」使者具陳離鄉去里之由，歸國立功之事，王氏方泣而信。是日，與崇母並迎歸汴。溫盛禮郊迎，人士改觀。崇以舊恩，位至列卿，爲商州刺史。王氏以溫貴，封晉國太夫人。仲兄存，於賊中爲矢石所中而卒。溫置酒於母，歡甚，語及家事，謂母曰：「朱五經辛苦業儒，不登一命，今有子爲節度使，無忝前人矣。」母不懌，良久謂溫曰：「汝致身及此，信爲英特，行義未必如先人。朱二與汝同入賊軍，身死蠻徼，孤男稚女，艱食無告。汝未有恤孤之心，英特即有，諸無取也。」溫垂涕謝罪，即令召諸兄子皆至汴。友寧、友倫皆立軍功，位至方鎭。

元貞皇后張氏，乾化中追謚。永樂大典卷一萬三千三百五十二。　案五代會要：太祖皇后張氏早崩，開平二年，追封賢妃，至乾化二年十一月二十三日，追册曰元貞皇后。又，北夢瑣言云：梁祖魏國夫人張氏，碭山富室女，父蕤，曾爲宋州刺史。張賢明有禮，溫雖虎狼其心，亦所景伏。每軍謀國計，必先延訪。或已出師，中途有所不可，張氏一介請旋，如期而至，其信重如此。初收兗、鄆，得朱瑾妻，溫告之曰：「彼既無依，寓於輜車。」張氏遣人召之，瑾妻再拜，張氏答拜泣下，謂之曰：「兗、鄆與司空同姓之國，昆仲之間，以小故尋戈，致吾姒如此。設不幸汴州失守，妾亦似吾姒之今日也。」又泣下，乃度爲尼，張恆給其費。張既卒，繼寵者非人，及僭號後，大縱朋淫，骨肉聚麀，帷薄荒穢，以致友珪之禍，起於婦人。始能以柔婉之德，制豺虎之心，如張氏者，不亦賢乎！　又，案五代會要所載，內職有梁太祖昭儀陳氏、昭

容李氏，歐陽史並見家人傳。

末帝德妃張氏。永樂大典卷一千二百六十六。　案五代會要：少帝妃張氏，乾化五年九月二十四日，册爲德妃，其夕薨。　又案歐陽史次妃郭氏傳云：晉天福三年，詔太社先藏罪人首級，許親屬收葬，乃出末帝首，遣右衞將軍安崇阮與妃同葬之。妃卒洛陽。　羅元英文昌雜錄云：梁均王，晉天福中始葬，故妃張氏獨存。考功員外商鵬爲誌文曰：「七月有期，不見望陵之妾；九嶷無色，空餘泣竹之妃。」今案：末帝德妃張氏早薨，後與末帝同葬，而次妃郭氏，天福中尚存。歐陽史不明晉同葬者爲何妃，文昌雜錄誤以尚存者爲故妃張氏，薛傳闕之失實也。今薛史梁后妃傳雖闕，參考梁末帝紀及晉高祖紀，定爲德妃張氏同葬云。　又案：五代史無外戚傳。五代會要云：梁太祖長女安陽公主，降羅廷規〔一〕，開平二年八月追封。長樂公主，降趙巖，開平元年五月十一日封。普寧公主，降昭祚王氏，開平元年五月十一日封。金華公主，開平二年十月封。眞寧公主，乾化三年十月五日封。少帝長女壽春公主，乾化三年四月五日封。第二女壽昌公主，貞明元年九月二十三日封。今考通鑑考異引梁功臣列傳云：羅廷規尙安陽公主，又尙金華公主。薛史羅紹威傳亦載開平四年，詔金華公主出家爲尼。是金華公主實歸羅氏，而五代會要不載，亦闕文也。

校勘記

〔一〕羅廷規　「廷」原作「延」，據本書卷一四羅紹威傳、歐陽史卷三九羅紹威傳、舊唐書卷一八一羅

弘信傳、通鑑卷二六五改。下同。

舊五代史卷十二

梁書十二

宗室列傳第二

案：梁宗室傳，永樂大典唯友寧、友倫、友裕三傳有全篇，餘多殘闕。今彙其散見者十五條，通鑑注引一條，其見册府元龜者又得六條，謹考其事蹟前後，敍次如左。

廣王全昱，太祖長兄，受禪後封。永樂大典卷一萬六千六百二十八。　案通鑑：天祐二年二月戊戌，以安南節度使、同平章事朱全昱爲太師，致仕。全昱，全忠之兄也，戇樸無能，先領安南，全忠自請罷之。歐陽史作領嶺南西道節度使。（舊五代史考異）乾化元年，還睢陽，命內臣拜餞都外。王出宿至於偃師，仍詔其子衡王友諒侍從以歸。册府元龜卷二百七十七。庶人篡位，授宋州節度使。册府元龜卷二百八十一。貞明二年，卒。永樂大典卷一萬六千六百二十八。　案五代會要：全昱，贈尙書令，謚德靖。　五代史闕文：全昱，梁祖之兄也。既受禪，宮中開宴，惟親王得與。因爲博戲，全昱酒酣，忽起取骰子擊盆迸散，大呼梁祖曰：「朱三，汝碭

山一民，因天下饑荒，入黃巢作賊，天子用汝爲四鎭節度使，富貴足矣，何故滅他李家三百年社稷，稱王稱朕，吾不忍見血吾族矣，安用博爲！」梁祖不悅而罷。臣謹按梁史廣王全昱傳曰：昱樸野，常呼帝爲「三」。宮中博戲之事諱之。夫梁祖弒二君，弒一皇后，名臣被害者不可勝紀。及莊宗卽位，盡誅朱氏，惟全昱先令終。至道初，知單州有稱廣王之後與尼訟田者，豈以一言之善，獨存其嗣耶！　案通鑑考異引王仁裕玉堂閑話曰：骰子數匝，廣王全昱忽駐不擲，顧而向梁祖再呼朱三，梁祖動容。廣王曰：「你受乞爾許大官職，久遠家族得安否！」於是大怒，擲戲具於階下，抵其盆而碎之，喑嗚詬睢，數日不止。與王禹偁所述微異。（舊五代史考異）

友諒，全昱子，初封衡王，後嗣廣王。永樂大典卷一萬六千六百二十八。繼歷藩郡，多行不法。永樂大典卷册府元龜卷二百九十九。坐弟友能反，廢囚京師。唐師入汴，與友能、友誨同日遇害。永樂大典卷一萬六千六百二十八。

友能，全昱子，封惠王，後爲宋、滑二州留後。永樂大典卷一萬六千六百二十八。　案：友能後以叛廢，詳見末帝紀。　又，通鑑云：龍德元年夏四月〔一〕，陳州刺史惠王友能反，舉兵趣大梁，詔陝州留後霍彥威、宣義節度使王彥章、控鶴指揮使張漢傑將兵討之。友能至陳留，兵敗，走還陳州，諸軍圍之。秋七月，惠王友能降。庚子，詔赦其死，降封房陵侯。

友誨，全昱子，封邵王。乾化元年，以檢校兵部尚書充控鶴指揮使。冊府元龜卷二百六十九。坐友能反廢，後爲唐兵所殺。永樂大典卷一萬六千六百二十八。

案通鑑云：邵王友誨，全昱之子也，性穎悟，人心多向之。或言其誘致禁軍，欲爲亂，梁主召友誨，與其兄友諒、友能並幽於別第。及唐師將至，梁主疑諸兄弟乘危謀亂，并皇弟賀王友雍、建王友徽盡殺之。考異曰：薛史云，友諒、友能、友誨，莊宗入汴，同日遇害。按中都既敗，均王親弟猶疑而殺之，況其從弟嘗爲亂者，豈得獨存云云。考通鑑以友諒等爲末帝自殺，考異祇以事理度之，而不言所據何書。歐陽史仍從薛史。王禹偁五代史闕文亦云莊宗即位，盡誅朱氏。度當日事勢，梁末帝自中都告敗，救死不遑，未必遽誅兄弟，當以薛史爲得其實。通鑑所載，恐未足據也。

安王友寧，字安仁。少習詩禮，長喜兵法，有倜儻之風。太祖鎮汴，累署軍職，每因出師，多命統驍果以從。及擒秦宗權，太祖令友寧檻送宗權西獻於長安，詔加檢校右散騎常侍、行右監門衞將軍。自是繼立軍功，累官至檢校司空兼冀、柳二州刺史。太祖駐軍岐下，遣友寧領所部兵先歸梁苑，以備守禦。屬青帥王師範搆亂，以關東諸鎮兵悉在岐〔二〕、隴，岐、隴，原本作「岐寵」，今據文改正。（影庫本粘籤）欲乘虛竊發，自齊、魯至於華下，羅布姦黨，皆詐以委輸貢奉爲名，陰與淮夷、井門結好。會有青人詣裴迪言其狀，迪以事告，友寧不俟命乃率

兵萬餘人東討。師範遣其弟將兵圍齊州，友寧引兵救之，青寇大敗，奪馬四千蹄，斬首數千級。及昭宗歸長安，朝廷議迎駕功，友寧授嶺南西道節度使，加特進、檢校司徒，賜號迎鑾毅勇功臣。時青寇數千，越險潛伏，欲入兗州。友寧知之，伏兵於兗南邀之，大破賊衆，無得免者。自是兗壘危窘，友寧督諸軍進逼營丘〔三〕，首攻博昌縣，月餘未能拔。太祖怒，遣劉捍督戰。案：通鑑考異引紀年錄作朱溫自至，拔其城。據編遺錄，則劉捍自請督戰，溫未嘗親至博昌也。通鑑從薛史。（舊五代史考異）友寧乃下俘民衆十餘萬，各領負木石，牽牛驢，於城南爲土山。既至，合人畜木石排而築之，築之，原本作「業之」，今據冊府元龜改正。（影庫本粘籤）寃枉之聲，聞數十里。俄而城陷，盡屠其邑人，清河爲之不流。及進迫寇壘，與青人戰於石樓，王師小却，友寧旁自峻阜馳騎以赴敵，所乘馬蹶而仆，遂沒於陣。友寧將戰之前日，有大白蛇蟠於帳中，友寧心惡之，既而果遇禍焉。永樂大典卷一萬八千一百二十六。

密王友倫，幼聰悟，喜筆札，曉聲律。及長，好騎射，有經度之智，太祖每奇之，曰：「吾家千里駒也。」年十九，爲宣武軍校。景福初，充元從騎軍都將，尋表爲右武衞將軍，漸委戎事。太祖征兗、鄆，友倫勒所部兵收聚糧穀，以濟軍須。幽、滄軍至內黃，友倫前鋒夜渡河擊賊，奪馬千匹，擒斬甚衆。因引兵往八議關，八議關，原本作「八識」，今據通鑑改正。（影庫本粘籤）卒

逢晉軍萬餘騎，友倫乃分布兵士，多設疑軍，因聲鼓奮衆，士伍奮躍，追斬數十里。其後李罕之請以上黨來歸，爲晉軍所圍。太祖遣友倫總步騎數萬，越險救應，遂大破晉軍。唐朝加檢校司空、守藤州刺史〔四〕。天復元年，岐、隴用兵，晉人乘虛侵於北鄙。友倫率徒兵三萬，徑往礬山，晉人望塵奔逸。友倫與氏叔琮等躡其轍，追至太原，摩壘挑戰，獲牛馬萬餘。二年，領所部兵西赴鳳翔，前後累接戰。三年，昭宗歸長安，制授友倫寧遠軍節度使、檢校司徒，賜號迎鑾毅勇功臣。及太祖東歸，留友倫宿衞京師。歲餘，因會賓擊鞠，墜馬而卒。昭宗輟視朝一日，詔贈太傅，歸葬於碭山縣。

開平初，有司上言曰：「東漢受命，伯升預其始謀；西周尚親，叔虞荷其封邑。故皇兄存，凋零霜露，綿歷歲時，恩莫逮於陟岡，禮方弘於事日。皇姪故邕州節度使友寧、故容州節度使友倫，頃因締搆，俱習韜鈐，並以戰功，歿於王事，永言帶礪，合議封崇。」案五代會要：開平二年正月，追封皇從子友寧爲安王，友倫爲密王。四年四月，追封皇兄存爲朗王。是朗王之封，實在安王、密王之後，據薛史有司上言，又似一時並封，未詳孰是。又，會要載：四年六月，追封皇伯義方爲潁王，皇叔義譓爲韶王，薛史闕載。於是存追封朗王，友寧追封安王，友倫追封密王。永樂大典卷一萬八千一百二十六。

郴王友裕，字端夫，太祖長子也。幼善射御，從太祖征伐，性寬厚，頗得士心。唐中和

中，太祖會幷帥李克用攻圍華州，賊將黃鄴固守甚堅。俄有一人登陴大詈，克用令蕃騎連射，終不能中，命友裕射之，應弦而斃。大軍喜噪，聲震山谷，克用因以良弓百矢遺焉。太祖鎮汴，表爲宣武軍牙校。及蔡賊殄滅，朝廷議功，加檢校左僕射，尋爲牙內馬步都指揮使。景福元年，總大軍伐徐。時朱瑾領兗、鄆之衆，爲徐戎外援，陣於彭門南石佛山下。友裕縱兵擊之，斬獲甚衆，瑾領殘黨宵遁。案通鑑：朱友裕圍彭城，時溥數出兵，友裕閉壁不戰。朱瑾宵遁，友裕不追。據薛史則友裕擊破朱瑾援師，斬獲甚衆，未嘗閉壁，與通鑑異。歐陽史從薛史。時都虞候朱友恭羽書聞於太祖，誣友裕按兵不追賊，太祖大怒，因驛騎傳符，令裨將龐師古代友裕爲帥，仍令按劾其事。會使人誤致書於友裕，友裕懼，遂以數騎遁於山中。案：通鑑作以二千騎逃入山中，歐陽史從薛史作數騎。尋詣廣王於輝州，以訴其寃。賴元貞皇后聞而召之，令東身歸汴，力爲營救，太祖乃捨之，令權知許州。乾寧二年，加檢校司空，尋爲武寧軍節度留後。四年，太祖下東平，改天平軍留後，加檢校司徒。光化元年〔五〕，再領許州。天復初，爲奉國軍節度留後。太祖兼鎮河中，以友裕爲護國軍節度留後，尋遷華州節度使，加檢校太保、興德尹。天祐元年七月，兼行營都統，領步騎數萬，經略邠、岐。十月，友裕有疾，將校乃謀旋師，尋卒於梨園，歸葬東京。開平初，追贈郴王。乾化三年，又贈太師。永樂大典卷一萬八千一百二十六。

博王友文，本姓康，名勤，太祖養以爲子，受禪後封爲王。永樂大典卷一萬六千六百二十六。爲東京留守，嗜酒，頗怠於爲政。册府元龜卷二百九十八。友珪弒逆，並殺友文。末帝卽位，盡復官爵。永樂大典卷一萬六千六百二十八。

友珪，小字遥喜。母失其姓，本亳州營妓也。唐光啓中，帝徇地亳州，召而侍寢。月餘，將捨之而去，以娠告。是時，元貞張后賢而有寵，帝素憚之，由是不果攜歸大梁，因留亳州，以別宅貯之。及期，妓以生男來告，帝喜，故字之曰遥喜。後迎歸汴。通鑑注引薛史。受禪後封郢王。永樂大典卷一萬六千六百二十八。開平四年十月，檢校司徒，充左右控鶴都指揮使，兼管四蕃將軍。乾化元年，充諸軍都虞候。册府元龜卷二百六十九。二年，弒太祖篡位，均王以兵討之，自殺，追廢爲庶人。永樂大典卷一萬六千六百二十八。案五代會要：郢王友珪，開平元年五月九日封，至乾化二年六月三日篡位，僞改鳳曆元年。二月十七日〔六〕，京城軍亂，侍衞袁象先率兵入宫，友珪自殺。少帝卽位，追削爲庶人。又載：周廣順中〔七〕，張昭修實錄，奏云：梁末帝之上，有郢王友珪，篡弒居位，未有紀錄，請依宋書劉劭例，書爲「元凶友珪」。案梁實錄今無考。

福王友璋，太祖第五子，受禪後封。永樂大典卷一萬六千六百二十八。案洛陽縉紳舊聞記：梁祖

爲福王納齊王張全義之女。（舊五代史考異）

賀王友雍，太祖第六子，受禪後封。永樂大典卷一萬六千六百二十八。

建王友徽，太祖第七子，受禪後封。永樂大典卷一萬六千六百二十八。

康王友孜，太祖第八子，末帝卽位後封，後以反誅。永樂大典卷一萬六千六百二十八。案：友孜，通鑑及五代會要俱作友敬，歐陽史與薛史同。案：友孜，通鑑及五代會要俱作友敬。通鑑云：友敬目重瞳子，自謂當作天子，遂謀作亂。使心腹數人匿於寢殿，帝覺之，跣足踰垣而出，召宿衞兵索殿中，得而手刃之。捕友敬誅之。歐陽史作友孜，與薛史同。（舊五代史考異）

校勘記

〔一〕龍德　原作「龍紀」，據通鑑卷二七一改。按龍紀，唐昭宗年號，龍德，梁末帝年號。

〔二〕關東諸鎮兵　「鎮」字原無，據册府卷二九一補。

〔三〕營丘　原作「營兵」，據册府卷二九九改。

〔四〕藤州　原作「滕州」，據劉本、歐陽史卷一三梁家人傳改。按太平寰宇記卷一五，滕在唐時爲縣名，又該書卷一五八，藤州屬嶺南道。

〔五〕光化　原作「光啓」，據通鑑卷二六一改。按光啓爲唐僖宗年號，此敍唐昭宗時事，當作光化。

〔六〕二月十七日　「二」原作「三」，據會要卷二、通鑑卷二六八改。

〔七〕周廣順中　殿本、劉本同。按會要卷一八：「顯德四年正月，兵部尚書張昭奏：奉勅編修太祖實錄及梁、唐二末主實錄……」此云廣順中，疑誤。

舊五代史卷十三

梁書十三

列傳第三

朱瑄，宋州下邑人也。父慶，里之豪右，以攻剽販鹽爲事，吏捕之伏法。瑄坐父罪以笞免，因入王敬武軍爲小校。唐中和二年，諫議大夫張濬徵兵於青州，敬武遣將曹全晸案：新唐書及通鑑俱作曹存實，舊唐書、歐陽史與薛史同。率軍赴之，以瑄隸焉。以戰功累遷列校。賊敗出關，全晸以本軍還鎭。會鄆帥薛崇卒，部將崔君預案：舊唐書作崔君裕。據城叛，全晸攻之，殺君預自爲留後。瑄以功授濮州刺史、鄆州馬步軍都將。光啓初，魏博韓允中攻鄆，案：新唐書作中和初，魏博韓簡東窺曹、鄆，與薛史異。考舊唐書韓允忠傳，乾符元年十一月，卒，子簡起復爲節度觀察留後。新唐書本紀亦云，韓允中卒，其子簡自稱留後。是東窺曹、鄆實韓簡，非允中也。薛史似微誤。通鑑作中和二年，韓簡擊鄆，鄆將崔君裕收州，當得其實。全晸爲其所害。案舊唐書韓簡傳云：移軍攻鄆，鄆帥曹全晸出戰，爲簡所敗，死之。鄆將崔君裕收

合殘衆，保鄆州，簡進攻其城，半年不下。朱瑄傳云：崔君裕權知州事，全晸知其兵寡，襲殺君裕〔一〕。據韓簡傳，全晸死而君裕保其城，據朱瑄傳，則君裕爲全晸所殺，二傳自相矛盾。新唐書本紀作韓簡寇鄆州，天平軍節度使曹全晸死之〔二〕，部將崔用自稱留後，與舊書韓簡傳同，惟崔用之名有異耳。薛史定從舊書朱瑄傳，通鑑與薛史同。瑄據城自固〔三〕，三軍推爲留後。允中敗，案舊唐書韓簡傳云：簡以憂憤，疽發背而卒，時中和元年十一月也。諸葛爽傳云：中和元年十一月，簡擁兵八萬大敗。明年正月，簡爲牙將所殺。新唐書本紀云：中和三年二月，魏博軍亂，殺其節度使韓簡。通鑑與新唐書同，薛史誤作允中。歷考諸書，年月參差，姓名舛異，無可依據，蓋唐末典章散佚，故傳聞失實如此。朝廷以瑄爲天平軍節度使，累加官至檢校太尉、同平章事。

太祖初鎭大梁，兵威未振，連歲爲秦宗權所圍，士不解甲，危殆日數四。太祖以瑄同宗，早兄事之，乃遣使求援於瑄。光啓末，宗權急攻大梁，瑄與弟瑾率兗、鄆之師來援，大敗蔡賊，解圍而遁。太祖感其力，厚禮以歸之。先是，瑄、瑾駐於大梁，覩太祖軍士驍勇，私心愛之。及歸，厚懸金帛於界上以誘焉。諸軍貪其厚利，私遁者甚衆。太祖移牒以讓之，瑄來詞不遜，由是始搆隙焉。

及秦宗權敗，太祖移軍攻時溥於徐州。時瑄方右溥，乃遣使來告太祖曰：「巢、權巢、權，原本脫「權」字，今據通鑑注增入。（影庫本粘籤）繼爲蛇虺，毒螫中原，與君把臂同盟，輔車相依。今賊已平殄，人粗聊生，吾弟宜念遠圖，不可自相魚肉。或行人之失辭，疆吏之踰法，可以理

遣，未得便睽和好。投鼠忌器，弟幸思之。」太祖方怒時溥通於孫儒，不從其言。及龐師古攻徐州，瑄出師來援，太祖深銜之。徐既平，太祖併兵以攻鄆，自景福元年多遣朱友裕領軍渡濟，至乾寧三年宿軍齊、鄆間，大小凡數十戰，語在太祖紀中。自是野無人耕，屬城悉爲我有。瑄乃遣人求救於太原，李克用遣其將李承嗣、史儼等援之。尋爲羅弘信所扼，援路既絕，瑄、瑾竟敗。乾寧四年正月，龐師古攻陷鄆州，遁至中都北，匿於民家，爲其所箠，并妻榮氏禽之來獻，俱斬於汴橋下。永樂大典卷二千三十三。案舊唐書云：瑄與妻榮氏出奔至中都，爲野人所害，傳首汴州，榮氏至汴州爲尼。與薛史異。

朱瑾，瑄從父弟。雄武絕倫，性頗殘忍。光啓中，瑾與兗州節度使齊克讓婚，瑾自鄆盛飾車服，私藏兵甲，以赴禮會。親迎之夜，甲士竊發，擄克讓，自稱留後。及蔡賊鴟張，瑾與太祖連衡，同討宗權，前後屢捷，以功正授兗州節度使。既得士心，有兼并天下之意，太祖亦忌之。瑾以厚利招誘太祖軍士，以爲間諜。及太祖攻鄆，瑾出師來援，累與太祖接戰。

乾寧二年春，太祖令大將朱友恭攻瑾，掘塹柵以環之。朱瑄遣將賀瓌及蕃將何懷寶赴援，爲友恭所擒。十一月，瑾從兄齊州刺史瓊以州降，案：原本「齊州」作「濟州」，據通鑑及北夢瑣言改

正。（舊五代史考異）太祖令執賀瓌、懷寶及瓊以狥於城下，語曰：「卿兄已敗，早宜効順。」瑾僞遣牙將瑚兒持書幣送降〔四〕。太祖自至延壽門外，與瑾交語。瑾謂太祖曰：「欲令大將送符印，願得兄瓊來押領，所貴骨肉，盡布腹心也。」太祖遣瓊與客將劉捍取符節，瑾單馬立於橋上，揮手謂捍曰：「可令兄來，余有密款。」卽令瓊往。瑾先令騎士董懷進伏于橋下，及瓊至，懷進突出，擒瓊而入，俄而斬瓊首投於城外，太祖乃班師。

及鄆州陷，龐師古乘勝攻兗，瑾與李承嗣方出兵求芻粟於豐沛間，瑾之二子案：新唐書作子用貞。及大將康懷英、判官辛綰、小校閻寶以城降師古〔五〕。瑾無歸路〔六〕，卽與承嗣將麾下士將保沂州，刺史尹處賓案：新唐書作尹懷賓。拒關不納，乃保海州。爲師古所逼，遂擁州民渡淮依楊行密。按新唐書：刺史朱用芝以其衆與瑾奔楊行密。行密表瑾領徐州節度使。龐師古渡淮，行密令瑾率師以禦之，清口之敗，瑾有力焉。自是瑾率淮軍連歲北寇徐、宿，大爲東南之患。

及行密卒，子渭繼立，以徐溫子知訓爲行軍副使，寵遇頗深。後楊溥僭號，知訓爲樞密使，知政事，以瑾爲同平章事，仍督親軍。時徐溫父子恃寵專政，慮瑾不附己，案陳彭年江南別錄云：徐知訓初學兵法于朱瑾，瑾悉心教之。後與瑾有隙，夜遣壯士殺瑾，瑾手刃數人，埋于舍後。（舊五代史考異）貞明四年六月，出瑾爲淮寧軍節度使〔七〕。案：原本「淮寧」作「懷寧」，今據九國志改正。（舊五代史考異）知訓

設家宴以餞瑾，瑾事之逾遜。翌日，詣知訓第謝，留門久之，知訓家僮私謂瑾曰：「政事相公此夕在白牡丹妓院，侍者無得往。」瑾謂典謁曰：「吾不奈朝饑，且歸。」既而知訓聞之，愕然曰：「晚當過瑾。」瑾厚備供帳。瑾有所乘名馬，冬以錦帳貯之，夏以羅幬護之。愛妓桃氏，案：九國志作妻陶氏。五國故事作愛姬姚氏〔八〕。有絕色，善歌舞。及知訓至，奉巵酒爲壽，初以名馬奉，知訓喜而言曰：「相公出鎮，與吾暫別，離恨可知，願此盡歡。」瑾即延知訓於中堂，出桃氏。酒既醉，瑾斬知訓首，案：五國故事作以手板擊殺之。馬令南唐書云：知訓因求馬於瑾，瑾不與，遂有隙。俄出瑾爲靜淮節度使，瑾詣知訓別，且願獻前馬。知訓喜，往謁瑾家。瑾妻出拜，知訓答拜，瑾以笏擊踣〔九〕，遂斬知訓。（舊五代史考異）示其部下。因以其衆急趨衙城，知訓之黨已闔門矣，唯瑾得獨入，與衙兵戰。案九國志翟虔傳云：虔驅卒散卒共閉關，瑾以是不得出。復踰城而出，傷足，求馬不獲，遂自刎。案九國志米志誠傳：志誠被甲親從十餘騎至天興門，問瑾所向，聞瑾已死，乃歸。暴其屍於市，盛夏無蠅蛆，徐溫令投之于江，部人竊收葬之。溫疾亟，夢瑾被髮引滿將射之。溫乃爲之禮葬，立祠以祭之。永樂大典卷二千三十一。案馬令南唐書云：初，宿衞將李球、馬謙挾楊隆演登樓，取庫兵以誅知訓，陣于門橋。知訓與戰，頻卻。朱瑾適自外來，以一騎前視其陣，曰：「不足爲也。」因反顧一麾，外兵爭進，遂斬球、謙，亂兵皆潰。瑾嘗有德於知訓者也，及其凶終，吳人皆謂曲在知訓。（舊五代史考異）五代史補：瑾之奔淮南也，時行密方圖霸，其爲禮待，有加于諸將數等。瑾感行密見知，欲立奇功爲報，但恨無入陣馬，忽忽不樂。一日晝寢，夢老叟，眉髮皓然，謂瑾曰：「君長恨無

入陣馬，今馬生矣。」及寤，隸報，適退槽馬生一駒，見臥未能起。瑾驚曰：「何應之速也！」行往視之，見骨目皆非常馬〔一〇〕，大喜曰：「事辦矣。」其後破杜洪，取鍾傳，未嘗不得力焉。初，瑾之來也，徐溫覩其英烈，深忌之，故瑾不敢預政。及行密死，子渥嗣位，溫與張顥爭權〔一一〕，襲殺顥，自是事無大小，皆決于溫。既而溫復爲自安之計，乃以子知訓自代，然後引兵出居金陵，實欲控制中外。知訓尤恣橫，瑾居常嫉之。一旦知訓欲得瑾所乘馬，瑾怒，遂擊殺知訓，提其首請渥起兵誅溫。渥素怯懦，見之掩面而走。瑾曰：「老婢兒不足爲計。」亦自殺，中外大駭且懼。溫至，遽以瑾屍暴之市中。時盛暑，肌肉累日不壞，至青蠅無敢輒泊。人有病者，或于暴屍處取土煎而服之，無不愈。

時溥，徐州人。初爲州之驍將。唐中和初，秦宗權據蔡州，侵寇隣藩，節度使支詳命溥率師以討之，徐軍屢捷，軍情歸順，以節鉞授之。册府元龜卷四百一十二。案：薛史時溥傳，永樂大典原闕。今考册府元龜引梁時溥一條，當係薛史原文，謹爲補入。又考舊唐書列傳云：時溥，彭城人，徐之牙將。黃巢據長安，詔徵天下兵進討。中和二年，武寧軍節度使支詳遣溥與副將陳璠率師五千赴難，行至河陰，軍亂，剽河陰縣迴。溥招合撫諭，其衆復集，懼罪，屯于境上。詳遣人迎犒，悉恕之，溥乃移軍向徐州。既入，軍人大呼，推溥爲留後。送詳于大彭館。溥大出資裝，遣陳璠援詳歸京。詳宿七里亭，其夜爲璠所殺，舉家屠害。溥以璠爲宿州刺史，竟以違命殺詳，溥誅璠，又令別將帥軍三千赴難京師。天子還宮，授之節鉞。及黃巢攻陳州，秦宗權據蔡州，與賊連結，徐、蔡相近，溥出師討之，軍鋒益盛，每戰屢捷。黃巢之敗也，其將尚讓以數千人降溥。後林言又斬黃巢首歸徐州。時溥功居第一，詔授檢校

太尉、中書令、鉅鹿郡王。宗權未平，仍授溥徐州行營兵馬都統。蔡賊平，朱全忠與之爭功，遂相嫌怨。淮南亂，朝廷以全忠遙領淮南節度，以平孫儒、行密之亂。汴人應援，路出徐方，溥阻之。全忠怒，出師攻徐。自光啓至大順，六七年間，汴軍四集，徐、泗三郡，民無耕稼，頻歲水災，人喪十六七。溥窘蹙，求和于汴，全忠曰：「移鎮則可。」朝廷以尚書劉崇望代溥，以溥爲太子太師。溥懼出城見殺，不受代。汴將龐師古陳兵于野，溥求援于兗州，朱瑾出兵救之，值大雪，糧盡而還。城中守陴者饑甚，加之疾疫，汴將王重師、牛存節夜乘梯而入，溥與妻子登樓自焚而卒，實景福二年也。地入于汴。

王師範，青州人。父敬武，初爲平盧牙將。唐廣明元年，無棣人洪霸郎合羣盜於齊、棣間，節度使安師儒遣敬武討平之。及巢賊犯長安，諸藩擅易主帥，敬武乃逐師儒，自爲留後。王鐸承制授以節鉞，後以出師勤王功，加太尉、平章事。

龍紀中，敬武卒，師範年幼，三軍推之爲帥。棣州刺史張蟾叛於師範，案：原本作「張儋」，今據新唐書改正。（舊五代史考異）不受節度，朝廷乃以崔安潛爲平盧帥，師範拒命。張蟾迎安潛至郡，同討師範。師範遣將盧弘將兵攻蟾，盧弘，歐陽史作盧洪，蓋避宣祖諱，今仍薛史之舊。（影庫本粘籤）弘復叛，與蟾通謀，僞旋軍將襲青州。師範知之，遣重賂迎弘，謂之曰：「吾以先人之故，爲軍府所推，年方幼少，未能幹事。如公以先人之故，令不乏祀，公之仁也。如以爲難與成

事，乞保首領，以守先人墳墓，亦唯命。」弘以師範年幼，必無能爲，不爲之備。師範伏兵要路，迎而享之，預謂紀綱劉鄩曰：「翌日盧弘至，爾即斬之，酬爾以軍校。」鄩如其言，斬弘於座上，及同亂者數人。因戒厲士衆，大行頒賞，與之誓約，自率之以攻棣州，擒張蟾，斬之。安潛遁還長安。師範雅好儒術，少負縱橫之學，故安民禁暴，各有方略，當時藩翰咸稱之。

及太祖平兗、鄆，遣朱友恭攻之，師範乞盟，遂與通好。天復元年冬，李茂貞刼遷車駕幸鳳翔，韓全誨矯詔加罪於太祖，令方鎮出師赴難。詔至青州，師範承詔泣下曰：「吾輩爲天子藩籬，君父有難，略無奮力者，皆強兵自衞，縱賊如此，使上失守宗祧，危而不持，是誰之過，吾今日成敗以之！」乃發使通楊行密。案新唐書：全忠圍鳳翔，昭宗詔方鎮赴難，以師範附全忠，命楊行密部將朱瑾攻青州，且欲代爲平盧軍節度使。師範聞之，哭曰：「吾爲國守藩，君危不持，可乎！」乃與行密連盟。是師範之通行密，因其將謀見代而始遣使也〔一二〕。歐陽史作因乞兵于楊行密，殊失事實，而薛史亦未詳載。遣將劉鄩襲兗州，別將襲齊。時太祖方圍鳳翔，師範遣將張居厚部輿夫二百，言有獻於太祖。至華州城東〔一三〕，華將婁敬思疑其有異，剖輿視之，乃兵仗也。居厚等因大呼〔一四〕，殺敬思，聚衆攻西城。時崔胤在華州，遣部下閉關距之，遂遁去。是日，劉鄩下兗州，河南數十郡同日發。太祖怒，遣朱友寧率軍討之。既而友寧爲青軍所敗，臨陣被擒，傳首於淮南。

天復三年七月，太祖復令楊師厚進攻，屯於臨朐。師厚累敗青軍，遂進寨於城下。師範懼，乃令副使李嗣業詣師厚乞降。案：師範之降，薛史與新唐書異，薛史則以爲兵臨城下而始降也。新唐書云：師厚圍青州，敗師範兵于臨朐，執諸將，又獲其弟師克。是時師範衆尚十餘萬，諸將請決戰，而師範以弟故，乃請降。歐陽史云：弟師魯大敗，遂傅其城，而梁別將劉重霸下其棣州，師範乃請降。亦微有不同。太祖許之。歲餘，遣李振權典青州事，因令師範舉家徙汴。師範將至，縞素乘驢，請罪於太祖。太祖以禮待之，尋表爲河陽節度使。會韓建移鎮青州，太祖帳餞於郊，師範預焉。太祖謂建曰：「公頃在華陰，政事之暇，省覽經籍，此亦士君子之大務。今之青土，政簡務暇，可復修華陰之故事。」建撝謙而已。太祖又曰：「公讀書必須精意，勿錯用心。」太祖以師範好儒，前以青州叛，故以此言譏之。及太祖即位，徵爲金吾上將軍。

開平初，太祖封諸子爲王，友寧妻號訴於太祖曰：「陛下化家爲國，人人皆得崇封。妾夫早預艱難，粗立勞効，不幸師範反逆，亡夫橫屍疆場。寃讎尚在朝廷，受陛下恩澤，亡夫何罪！」太祖凄然泣下曰：「幾忘此賊。」即遣人族師範於洛陽。先掘坑於第側，乃告之，其弟師誨、兄師悅及兒姪二百口，咸盡戮焉。時使者宣詔訖，師範盛啓宴席令昆仲子弟列座，謂使者曰：「死者人所不能免，況有罪乎！然予懼坑屍於下，少長失序，恐有愧於先人。」行酒之次，令少長依次於坑所受戮，人士痛之。後唐同光三年三月，詔贈太尉。永樂大典卷

一萬八千一百二十七。

劉知俊，字希賢，徐州沛縣人也。姿貌雄傑，倜儻有大志。始事徐帥時溥，爲列校，溥甚器之，後以勇略見忌。唐大順二年冬，率所部二千人來降，即署爲軍校。知俊被甲上馬，輪劍入敵，勇冠諸將。太祖命左右義勝兩軍隸之，尋用爲左開道指揮使，案：原本作「關道」，今據歐陽史改正。（舊五代史考異）故當時人謂之「劉開道」。從討秦宗權及攻徐州皆有功，尋補徐州馬步軍都指揮使。攻海州下之，遂奏授刺史。天復初，歷典懷、鄭二州，從平青州，以功奏授同州節度使。天祐三年冬，以兵五千破岐軍六萬於美原。自是連克鄜、延等五州，乃加檢校太傅、平章事。開平二年春三月，命爲潞州行營招討使。知俊未至潞，夾寨已陷，晉人引軍方攻澤州，聞知俊至，乃退。尋改西路招討使。六月，大破岐軍於幕谷，俘斬千計，李茂貞僅以身免。三年五月，加檢校太尉、兼侍中，封大彭郡王。

時知俊威望益隆，太祖雄猜日甚，會佑國軍節度使王重師無罪見誅，知俊居不自安，乃據同州叛。案鑒戒錄云：彭城王劉知俊鎮同州日，因築營牆，掘得一物，重八十餘斤，狀若油囊，召賓幕將校問之。劉源曰：「此是寃氣所結，古來囹圄之地或有焉。昔王充據洛陽，修河南府獄，亦獲此物。源聞酒能忘憂，莫以醇醪，或可消釋耳。然此物之出，亦非吉徵也。」知俊命具酒饌祝酹，復瘞之。尋有叛城背主之事。（舊五代史考異）送款於李茂貞。又分兵以襲雍、華，雍州節度使劉捍被擒，送鳳翔害之，華州蔡敬思被傷獲免。太祖聞知俊叛，遣近臣諭之曰：「朕待卿甚厚，何相負耶？」知俊報曰：「臣非背德，但畏死耳！王重師不負陛下，而致族滅。」太祖復遣使謂知俊曰：「朕不料卿爲此。昨重師得罪，蓋劉捍言陰結邠、鳳，終不爲國家用。我今雖知枉濫，悔不可追，致卿如斯，我心恨恨，蓋劉捍悞予事也，捍一死固未塞責。」知俊不報，遂分兵以守潼關。太祖命劉鄩率兵進討，攻潼關，下之。時知俊弟知浣知浣，原本作「知院」，今據本紀及劉鄩傳改正。（影庫本粘籤）爲親衞指揮使，聞知俊叛，自洛奔至潼關，爲鄩所擒，害之。尋而王師繼至，知俊乃舉族奔於鳳翔，李茂貞厚待之，僞加檢校太尉、兼中書令，以土疆不廣，無藩鎮以處之，但厚給俸祿而已。尋命率兵攻圍靈武，且圖牧圉之地。靈武節度使韓遜遣使來告急，太祖令康懷英率師救之，師次邠州長城嶺，爲知俊邀擊，懷英敗歸。案九國志云：李彥琦、劉知俊自靈武班師，塗經長城嶺，梁將率精銳數萬躡其後〔二五〕，彥琦與知俊同設方略，擊敗之。（舊五代史考異）茂貞悅，署爲涇州節度使。復命率衆攻興元，進圍西縣，會蜀軍救至，乃退。案九國志王宗鐬傳云：岐將劉知俊等領大軍分路來攻，由階、成路奪固鎭栅，王宗侃、唐襲等禦之，至靑泥嶺，爲知俊所敗，退保西縣。會大雨，漢江漲，宗鐬自羅村得鄉導，緣山而行數百里，與宗播遇于鐵谷，合軍出湯頭。時知俊自斜谷山南直抵興州，圍西縣，軍人散掠巴中，宗鐬與宗播襲之。會王建亦至，遂解西縣之圍。舊五代史考異）

既而爲茂貞左右石簡顒等間之，免其軍政，寓於岐下，掩關歷年。茂貞猶子繼崇鎭秦州，因來寧覲，言知俊途窮至此，不宜以讒嫉見疑，茂貞乃誅簡顒等以安其心。繼崇又請令知俊挈家居秦州，以就豐給，茂貞從之。未幾，邠州亂，茂貞命知俊討之。時邠州都校李保衡納款于朝廷，末帝遣霍彥威率衆先入于邠，知俊遂圍其城，半載不能下。會李繼崇以秦州降于蜀，知俊妻孥皆遷於成都，遂解邠州之圍而歸岐陽。以舉家入蜀，終慮猜忌，因與親信百餘人夜斬關奔蜀。

王建待之甚至，即授僞武信軍節度使。尋命將兵伐岐，不克，班師，因圍隴州，獲其帥桑弘志以歸。桑弘志，原本「桑」作「欒」，今據十國春秋改正。（影庫本粘籤）久之，復命爲都統，再領軍伐岐。時部將皆王建舊人，多違節度，不成功而還，蜀人因而毀之。先是，王建雖加寵待，然亦忌之，嘗謂近侍曰：「吾漸衰耗，恆思身後。劉知俊非爾輩能駕馭，不如早爲之所。」又嫉其名者於里巷間作謠言云：「黑牛出圈樱繩斷。」知俊色黔而丑生，樱繩者，王氏子孫皆以「宗」、「承」爲名，故以此搆之。僞蜀天漢元年冬十二月，建遣人捕知俊，斬於成都府之炭市。及王衍嗣僞位，以其子嗣禋尙僞峨眉長公主，拜駙馬都尉。後唐同光末，隨例遷於洛，卒。

知俊族子嗣彬，幼從知俊征行，累遷爲軍校。及知俊叛，以不預其謀，得不坐。貞明末，

大軍與晉王對壘於德勝，久之，嗣彬率數騎奔于晉，具言朝廷軍機得失，又以家世讎怨，將以報之。晉王深信之，卽厚給田宅，仍賜錦衣玉帶，軍中目爲「劉二哥」。居一年，復來奔，當時晉人謂是刺客，以晉王恩澤之厚，故不竊發。竊發，原本作「竊法」，今據文改正。（影庫本粘籤）龍德三年冬，從王彥章戰于中都，軍敗，爲晉人所擒。晉王見之，笑謂嗣彬曰：「爾可還予玉帶。」嗣彬惶恐請死，遂誅之。永樂大典卷九千九十八。

楊崇本，不知何許人，幼爲李茂貞之假子，因冒姓李氏，名繼徽。唐光化中，茂貞表爲邠州節度使。天復元年冬，太祖自鳳翔移軍北伐，駐旆於邠郊，命諸軍攻其城。崇本懼，出城請降。太祖復置爲邠州節度使，仍令復其本姓名焉。及師還，遷其族於河中。案舊唐書：十一月乙亥，邠州節度使李繼徽以城降，全忠乃舍其孥于河中，以繼徽從軍。新唐書作辛未，與舊唐書異。

其後太祖因統戎往來由於蒲津，以崇本妻素有姿色，嬖之於別館。其婦素剛烈，私懷愧恥，遣侍者讓崇本曰：「丈夫擁旄仗鉞，不能庇其伉儷，我已爲朱公婦，今生無面目對卿，期於刀繩而已。」崇本聞之，但灑淚含怒。及昭宗自鳳翔回京，崇本之家得歸邠州，崇本恥其妻見辱，因茲復貳於太祖。乃遣使告茂貞曰：「朱氏兆亂，謀危唐祚，父爲國家磐石，不可坐觀其禍，宜於此時畢命興復，事苟不濟，死爲社稷可也。」茂貞乃遣使會兵於太原。時西

川王建亦令大將出師以助之，岐、蜀連兵以攻雍、華，關西大震。太祖遣郴王友裕帥師禦之，會友裕卒於行，乃班師。天祐三年冬十月，崇本復領鳳翔、邠、涇、秦、隴之師，會延州胡章之衆，合五六萬，屯于美原，列柵十五，其勢甚盛。太祖命同州節度使劉知俊及康懷英帥師拒之，崇本大敗，復歸於邠州，自是垂翅久之。乾化元年冬，案原本作「乾化四年」，今從歐史校正〔六〕。爲其子彥魯所毒而死。

彥魯自稱留後，領其軍事，凡五十餘日，爲崇本養子李保衡所殺。保衡舉其城來降，末帝命霍彥威爲邠帥，由是邠、寧復爲末帝所有。永樂大典卷一萬八千一百二十七。

蔣殷，不知何許人。幼孤，隨其母適于河中節度使王重盈之家，重盈憐之，畜爲己子。唐天復初，太祖既平蒲、陝，殷與從兄珂舉族遷于大梁。太祖感王重榮之舊恩，凡王氏諸子，皆錄用焉，殷由是繼歷內職，累遷至宣徽院使。案：蔣殷在唐末，爲宣徽副使，譖殺蔣元暉；遷宣徽使，誣害何太后。其罪與孔循等，薛史未及詳載。（舊五代史考異）殷素與庶人友珪善，友珪篡立，命爲徐州節度使。乾化四年秋，末帝以福王友璋鎭徐方，福王，原本作「福爲」，今據文改正。（影庫本粘籤）殷自以爲友珪之黨，懼不受代，遂堅壁以拒命。時華州節度使王瓚，殷之從弟也，懼其連坐，上章言殷本姓蔣，非王氏之子也。末帝乃下詔削奪殷在身官爵，仍令却還本姓，命牛存節、劉鄩等帥軍討之。是時，殷求救于淮南，楊溥遣朱瑾率衆來援，存節等逆擊，敗之。貞明元年春，存節、劉鄩攻下徐州，殷舉族自燔而死。于火中得其屍，梟首以獻之。永樂大典卷一萬八百三十一。

張萬進，雲州人。初爲本州小校，亡命投幽州，劉守光厚遇之，任爲裨將。滄州劉守文，以弟守光囚父而竊據其位，自領兵問罪，尋敗於雞蘇。守光遂兼有滄、景之地，令其子繼威主留務。繼威年幼，未能政事，以萬進佐之，凡關軍政，一皆委任。繼威兇虐類父，嘗淫亂於萬進之家，萬進怒而殺之，又遣使歸於晉。既而末帝遣楊師厚、劉守奇潛兵掠鎭、冀，因東攻滄州，萬進乞降。案通鑑云：乾化二年九月庚子，萬進遣使奉表降於梁。辛丑，以萬進爲義昌留後。甲辰，改義昌爲順化軍，以萬進爲節度使。此傳疑有闕文。（舊五代史考異）師厚表靑州節度使，俄遷兗州，仍賜名守進。案：原本作「方進」，今據本紀改正。（舊五代史考異）萬進性既輕險，專圖反側，貞明四年冬，據城叛命，遣使送款於晉王。末帝降制削其官爵，仍復其本名，遣劉鄩討之，晉人不能救。五年冬，萬進危蹙，小將邢師遇潛謀內應，開門以納王師，遂拔其城，萬進族誅。永樂大典卷六千三百五十。

史臣曰：夫雲雷搆屯，龍蛇起陸，勢均者交鬭，力敗者先亡，故瑄、瑾、時溥之流，皆梁之吞噬，斯亦理之常也。唯瑾始以竊發有土，終以竊發亡身，傳所謂「君以此始，必以此終」者乎！師範屬衰季之運，以興復爲謀，事雖不成，忠則可尚，雖貽族滅之禍，亦可以與臧洪遊於地下矣。知俊驍武有餘，奔亡不暇，六合雖大，無所容身，夫如是則豈若義以爲勇者乎！崇本而下，俱以叛滅，又何足以道哉！永樂大典卷六千三百五十。

校勘記

〔一〕襲殺君裕　「殺」字原無，據舊唐書卷一八二朱瑄傳補。

〔二〕天平軍節度使　「節度使」三字原無，據新唐書卷九僖宗紀補。

〔三〕據城自固　「固」原作「若」，據通鑑卷二五五考異引薛史朱瑄傳改。

〔四〕瑚兒　殿本、劉本同。北夢瑣言卷一六、歐陽史卷四二朱瑾傳、册府卷九四三作胡規。

〔五〕閻實　原作「閣實」，據殿本、劉本改。本書卷五九有閻寶傳。

〔六〕瑾無歸路　「路」字原無，據册府卷四三八補。

〔七〕淮寧軍　殿本、劉本同。通鑑卷二七〇、馬令南唐書卷八徐知訓傳、九國志卷二朱瑾傳「淮寧」作「靜淮」。

中華書局

〔八〕五國故事作愛姬姚氏　九字原無，據舊五代史考異補。

〔九〕以笏擊踣　「踣」原作「蹐」，據殿本、劉本、馬令南唐書卷八徐知訓傳改。

〔一〇〕骨目　殿本、劉本、顧廣圻校本五代史補（以下簡稱五代史補）卷一同。舊五代史考異作「骨月」，按「月」卽「肉」。

〔一一〕張鎬　影庫本粘籤云：「張鎬，九國志作張灝，與五代史補異，今姑仍其舊。」

〔一二〕將謀見代　「代」原作「伐」，據劉本、彭本、舊五代史考異改。

〔一三〕華州城東　殿本、劉本同。册府卷三七四「城東」作「東城」。

〔一四〕因大呼　「大」字原無，據册府卷三七四補。

〔一五〕梁將　原作「梁師」，據九國志卷七李彥琦傳改。劉本作「梁帥」。

〔一六〕原本作乾化四年今從歐史校正　按歐陽史卷四〇楊崇本傳作乾化四年，通鑑卷二六九同。

舊五代史卷十四

梁書十四

列傳第四

羅紹威，案舊唐書：紹威，字端己。魏州貴鄉人。父弘信，本名宗弁，初爲馬牧監，事節度使樂彥貞。光啓末，彥貞子從訓驕盈太橫，招聚兵甲，欲誅牙軍。牙軍怒，聚譟攻之，從訓出據相州。牙軍廢彥貞，囚於龍興寺，逼令爲僧，尋殺之，推小校趙文建爲留後。先是，弘信自言，於所居遇一白鬚翁，謂之曰：「爾當爲土地主。」如是者再，心竊異之。案：弘信遇白鬚翁，本篝火狐鳴之故智，舊唐書作隣人相告，新唐書作巫者傳言，疑皆屬傳聞之誤。薛史以爲弘信自言，當得其實。既而文建不洽軍情，牙軍聚呼曰：「孰願爲節度使者？」弘信卽應曰：「白鬚翁早以命我，可以君長爾曹。」唐文德元年四月，牙軍推弘信爲留後。朝廷聞之，卽正授節旄。

乾寧中，太祖急攻兗、鄆，朱瑄求援於太原，時李克用遣大將李存信率師赴之，假道於

魏，屯於莘縣。存信御軍無法，稍侵魏之芻牧，弘信不平之。太祖因遣使謂弘信曰：「太原志吞河朔，迴戈之日，貴道堪憂。」弘信懼，乃歸款於太祖，仍出師三萬攻李存信，敗之。案：弘信攻李存信，舊唐書與薛史同。新唐書則云：李存信侵魏芻牧，弘信已不平，旣而李瑭復壁莘，弘信厭其暴，及聞梁王遣使相告，乃迴戈攻瑭也。與薛史異。未幾，李克用領兵攻魏，營於觀音門外，屬邑多拔。太祖遣葛從周援之，戰於洹水，擒克用男落落以獻，太祖令送於弘信，斬之，晉軍乃退。是時太祖方圖兗、鄆，慮弘信離貳，每歲時賂遺，必卑辭厚禮。弘信每有答貺，太祖必對魏使北面拜而受之，曰：「六兄比予有倍年之長，兄弟之國，安得以常隣遇之。」故弘信以爲厚己。其後弘信累官至檢校太尉，封臨清王。案舊唐書：弘信先封豫章郡公，進封北平王。光化元年八月，薨於位。

紹威襲父位爲留後，案舊唐書：紹威自文德初授左散騎常侍，充天雄軍節度副使，自龍紀至乾寧，十年之中，累加官爵。朝廷因而命之，尋正授旄鉞，累加檢校太尉、兼侍中，封長沙郡王。昭宗東遷，命諸道修洛邑，紹威獨營太廟，制加守侍中，進封鄴王。

初，至德中，田承嗣盜據相、魏、澶、博、衞、貝等六州，召募軍中子弟，置之部下，號曰「牙軍」，皆豐給厚賜，不勝驕寵。年代寖遠，父子相襲，親黨膠固，其凶戾者，強買豪奪，踰法犯令，長吏不能禁。變易主帥，有同兒戲，自田氏已後，垂二百年，案吳縝歐陽史纂誤云：魏博

自田承嗣專據，至羅紹威時，共一百五十餘年，歐陽史作二百年，誤。蓋歐陽史仍薛史之誤也。（舊五代史考異）主帥廢置，出於其手，如史憲誠、何全皞、韓君雄、樂彥貞，皆爲其所立。優奬小不如意，則舉族被誅。紹威懲其往弊，雖以貨賂姑息，而心銜之。

紹威嗣世之明年正月，幽州劉仁恭擁兵十萬，謀亂河朔，進陷貝州，長驅攻魏。紹威求援於太祖，太祖遣李思安援之，屯於洹水，洹水，原本作「桓水」，今據通鑑改正。（影庫本粘籤）葛從周自邢、洺引軍入魏州。燕將劉守文、單可及與王師戰於內黃，大敗之，乘勝追蹑。會從周亦出軍掩擊，又敗燕軍，斬首三萬餘級。三年，紹威遣使會軍，同攻滄州以報之。自是紹威感太祖援助之恩，深加景附。

紹威見唐祚衰陵，羣雄交亂，太祖兵強天下，必知有禪代之志，故傾心附結，贊成其事，每慮牙軍變易，心不自安。天祐初，州城地無故自陷，俄而小校李公佺謀變，紹威愈懼，乃定計圖牙軍，遣使告太祖求爲外援。太祖許之，遣李思安會魏博軍再攻滄州。先是，安陽公主薨於魏，太祖因之遣長直軍校馬嗣勳選兵千人，伏兵仗於巨橐中，肩舁以入魏州，言助女葬事。天祐三年正月五日，太祖親率大軍濟河，聲言視行營於滄、景，牙軍頗疑其事。是月十六日，紹威率奴客數百與嗣勳同攻之，時宿於牙城者千餘人，遲明盡誅之，凡八千家，皆赤其族，州城爲之一空。翌日，太祖自內黃馳至鄴。案：原本作「至業」，今據歐陽史改正。（舊五代史

考異）時魏軍二萬，方與王師同圍滄州，聞城中有變，乃擁大將史仁遇保於高唐，六州之內，皆爲勍敵，太祖遣諸將分討之，半歲方平。自是紹威雖除其逼，然尋有自弱之悔。

不數月，復有浮陽之役〔一〕，紹威飛輓饋運，自鄴至長蘆五百里，疊跡重軌，不絕於路。又於魏州建元帥府署，沿道置亭候，供牲牢、酒備、軍幕、什器，上下數十萬人，一無闕者。及太祖迴自長蘆，復過魏州，紹威乘間謂太祖曰：「邠、岐、太原終有狂譎之志，各以興復唐室爲詞，王宜自取神器，以絕人望，天與不取，古人所非。」太祖深感之。及登極，加守太傅、兼中書令，賜號扶天啓運竭節功臣。車駕將入洛，奉詔重修五鳳樓、朝元殿，巨木良匠非當時所有，倏架於地，泝流西立於舊址之上，張設綈繡，皆有副焉。太祖甚喜，以寶帶、名馬賜之。先是，河朔三鎮司管鑰、備洒掃皆有閹人，紹威曰：「此類皆宮禁指使，豈人臣家所宜畜也。」因搜獲三十餘輩，盡以來獻，太祖嘉之。開平中，加守太師、兼中書令，邑萬戶。

紹威嘗以臨淄、海岱罷兵歲久，儲庾山積，惟京師軍民多而食益寡，願於太行伐木，下安陽、淇門，斲船三百艘，置水運自大河入洛口，歲漕百萬石，以給宿衛，太祖深然之。案通鑑考異引梁功臣傳云：紹威馳簡獻替，意互合者十得五六，太祖嘆曰：「竭忠力一人而已！」又引莊宗實錄曰：紹威陰有覆溫之志，而路溫益厚。溫怪其曲事，慮蓄奸謀而莫之察，乃賜紹威妓妾數人，未半歲召還，以此得其陰事，其紀載互異如此。竊謂紹威有謀慮，得梁主信任宜也。然以梁主雄險，而紹威又因盡誅牙軍有自弱之悔，則此時猜忌，諒亦有之，未可

偏廢其說。（殿本）會紹威遘疾革，遣使上章乞骸骨，太祖撫案動容，顧使者曰：「亟行語而主，爲我強飯，如有不可諱，當世世貴爾子孫以相報也。」仍命其子周翰監總軍府。案通鑑考異云：紹威厚奉重斂，傾府庫以奉溫，小有違忤，溫即遣人詬辱。紹威方懷愧恥，悔自弱之謀，乃潛收兵市馬，陰有覆溫之志，而路溫益厚。溫怪其曲事，慮蓄奸謀而莫之察，乃賜紹威妓妾數人，皆承嬖愛。未半歲，溫卻召還，以此得其陰事，內相矛盾。案梁祖性多猜忌，使妓妾爲間，乃作賊之故智。厥後恩禮不衰，特因紹威已死，外示包容耳。（舊五代史考異）及訃至，輟朝三日，册贈尚書令。紹威在鎮凡十七年，年三十四薨。永樂大典卷一萬八千一百二十六。

紹威形貌魁偉，有英傑氣，攻筆札，曉音律。性復精悍明敏，服膺儒術，明達吏理。好招延文士，聚書萬卷，開學館，置書樓，每歌酒宴會，與賓佐賦詩，頗有情致。案太平廣記引羅紹威傳云：當時藩牧之中，最獲文章之譽。每命幕客作四方書檄，小不稱意，壞裂抵棄，自擘牋起草，下筆成文，雖無藻麗之風，幕客多所不及。（舊五代史考異）江東人羅隱者，佐錢鏐軍幕，有詩名於天下。紹威遣使賂遺，敍南巷之敬，隱乃聚其所爲詩投寄之。紹威酷嗜其作，因目己之所爲曰偷江東集，至今鄴中人士諷詠之。紹威嘗有公讌詩云：「簾前淡泊雲頭日，座上蕭騷雨脚風。」雨脚，原本作「兩脚」，今據文改正。（影庫本粘籤）雖深於詩者，亦所歎伏。

紹威子三人：長曰廷規，位至司農卿，尚太祖女安陽公主，早卒。次曰周翰，繼爲魏博節度使，亦早卒。案通鑑考異引梁功臣傳云：周翰起復雲麾將軍、充天雄軍節度留後，尋檢校

司徒，正授魏博節度使。（舊五代史考異）季曰周敬，歷滑州節度使，別有傳。開平四年夏，詔金華公主出家爲尼，居於宋州元靜寺，蓋太祖推恩於羅氏，令終其婦節也。永樂大典卷五千六百七十八。

五代史補：羅鄴王紹威，俊邁有詞學，尤好戲判。常有人向官街中鞴驢，置鞍於地，值牛車過，急行碾破其鞍，驢主怒，毆駕車者，爲廂司所擒。紹威更不按問，遂判其狀云：「鄴城大道甚寬，何故駕車碾鞍？領鞴驢漢子科決，待駕車漢子喜歡！」詞雖俳諧，理甚切當，論者許之。

趙犨，其先天水人，案：歐陽史作其先青州人。（舊五代史考異）曾祖賓，祖英奇，父叔文，案：原本訛「叔乂」，今據新唐書改正。（舊五代史考異）皆歷故職。犨幼有奇智，齠齔之時，與隣里小兒戲於道左，恆分布行列爲部伍戰陣之狀，自爲董帥，指顧有節，如夙習焉，羣兒皆稟而從之，無敢亂其行者。其父目而異之，曰：「吾家千里駒也，必大吾門矣。」及赴鄉校，誦讀之性出於同輩。弱冠有壯節，好功名，妙於弓劍，氣義勇果。郡守聞之，擢爲牙校。唐會昌中，壺關作亂，隨父北征，收天井關。未幾，從王師征蠻，浹月方克，惟忠武將士轉戰溪洞之間，斬獲甚衆。本道錄其勳，陟爲馬步都虞候。

乾符中，王僊芝起於曹、濮，案：原本作「僊芷」，今據新、舊唐書改正。（舊五代史考異）大縱其徒，侵掠汝、鄭，犨乃率步騎數千襲之，賊黨南奔。及黃巢陷長安，天子幸蜀，中原無主，人心騷

動。於是陳州數百人相率告許州連帥，願得犨知軍州事。其帥卽以狀聞，於是天子下詔，以犨守陳州刺史。既視事，乃謂將吏曰：「賊巢之虐，徧於四方，苟不爲長安市人所誅，則必驅殘黨以東下。況與忠武久爲仇讎，淩我土疆，勢必然也。」乃遣增垣墉，濬溝洫，實倉廩，積薪芻。凡四門之外，兩舍之內，民有資糧者，悉令輓入郡中。繕甲兵，利劍矟，弓弩矢石無不畢備。又招召勁勇，置之麾下。以仲弟昶爲防遏都指揮使，以季弟珝爲親從都知兵馬使，長子麓、次子霖，皆分領銳兵。黃巢在長安，果爲王師四面扼束，食盡人饑，謀東奔之計，先遣驍將孟楷擁徒萬人，直入項縣，犨引兵擊之，賊衆大潰，斬獲略盡，生擒孟楷。

中和三年，朝廷聞其功，就加檢校兵部尚書，俄轉右僕射。不數月，加司空，進潁川縣伯。巢黨知孟楷爲陳所擒，大驚憤，乃悉衆東來，先據溵水，溵水，原本作「溵水」，今據通鑑改正。（影庫本粘籤）後與蔡州秦宗權合勢以攻宛丘，陳人懼焉。犨恐衆心攜離，乃於衆中揚言曰：「忠武素稱義勇，淮陽亦爲勁兵，是宜戮力同心，捍禦羣寇，建功立節，去危就安，諸君宜圖之。況吾家食陳祿久矣，今賊衆圍逼，衆寡不均，男子當於死中求生，又何懼也。且死於爲國，不猶愈於生而爲賊之伍耶！汝但觀吾之破賊，敢有異議者斬之！」由是衆心靡不踴躍。無何，開門與賊接戰，每戰皆捷，賊衆益怒。巢於郡北三四里起八僊營，如宮闕之狀，又修百司廨署，儲蓄山峙，蔡人濟以甲胄，軍無所闕焉。凡圍陳三百日，大小數百戰，雖兵食將盡，

然人心益固。犨因令間道奉羽書乞師於太祖，太祖素多犨之勇果，乃許之。四年四月，太祖引大軍與諸軍會於陳之西北，陳人望旗鼓出軍縱火，急攻巢寨，賊衆大潰，重圍遂解，獻捷於行在。

五年八月，除犨爲蔡州節度使。於時巢黨雖敗，宗權益熾，六七年間，屠噲中原，陷二十餘郡，唯陳去蔡百餘里，兵少力微，日與爭鋒，終不能屈。文德元年，案：原本作「大德」，今改正。（舊五代史考異）蔡州平，朝廷議勳，以犨檢校司徒，充泰寧軍節度使，又改授浙西節度使，不離宛丘，兼領二鎭。龍紀元年三月，又以平巢、蔡功，就加平章事，充忠武軍節度使，仍以陳州爲理所。由是中原塵靜，唐帝復歸長安，陳、許流亡之民，繈負歸業，犨設法招撫，人皆感之。犨兄弟三人，時稱雍睦。一日，念仲弟昶同心王事，共立軍功，乃下令盡以軍州事付於昶，遂上表乞骸。後數月，寢疾，卒於陳州官舍，年六十六，葬於宛丘縣之先域，累贈太尉。

犨雖盡忠唐室，保全陳州，然默識太祖雄傑，每降心託跡，爲子孫之計，故因解圍之後，以愛子結親。又請爲太祖立生祠於陳州，朝夕拜謁。數年之間，悉力委輸，凡所徵調，無不率先，故能保其功名。案張方平樂全集陳州祭太尉趙公文云：有唐之季，大盜移國，封豕長蛇，踐食區夏，生民塗炭，城邑邱墟。公於爾時，獨保孤壘，攻圍幾年，洛中百戰，陳之遺黎，竟脫賊口。兄弟三人，繼登將相，並有功德，著於此邦。而其像貌，晦於闇室，邦人不知，久不克享。某祗膺朝命，再來領藩，惟公忠烈，能捍大患，寫之績素，神氣凜然。乃建祠堂，式薦時事。蓋陳州故有趙犨畫像，至方平時復修之也。（孔本）

長子麓，位至列卿。

次子霖，改名巖，尙太祖女長樂公主。開平初，授衞尉卿、駙馬都尉。二年九月，權知洺州軍州事，俄轉天威軍使。十二月，授右羽林統軍，改右衞上將軍，充大內皇牆使。案原本作「皇城」，考五代會要，梁時避諱，改皇城使爲皇牆使，今改正。（舊五代史考異）三年七月，出爲宿州團練使，旋移州刺史。其後累歷近職，連典禁軍。預誅庶人友珪有功，末帝卽位，用爲租庸使、守戶部尙書。巖以勳戚自負，貨賂公行，天下之賄，半入其門。又以身尙公主，聞唐朝駙馬都尉杜悰位極將相，以服御飲饌自奉，務極華侈，巖恥其不及。由是豐其飲膳，嘉羞法饌，動費萬錢，僦斂網商，其徒如市〔二〕，權勢熏灼，人皆阿附。及唐莊宗滅梁室，巖踰垣而逸。素與徐州温韜相善，巖往依之。既至，韜斬巖首送京師。永樂大典卷一萬六千九百九十。

昶，字大東，犨仲弟也。弱冠習兵機，沈默大度，神形灑落，臨事有通變之才。及兄犨爲陳州刺史，以昶爲防禦都指揮使。未幾，巢將孟楷擁衆萬餘據項城縣，昶與兄犨領兵擊破之，擒楷以歸。不數月，巢黨悉衆攻陳，以報孟楷之役，又與蔡寇合從〔三〕，凶醜百萬，棲於

陳郊，陳人大恐。一夕，昶因巡警，假寐於闉闍，闉闍，原本作「閭闍」，今據文改正。（影庫本粘籤）恍惚間如有陰助，昶異而待之。遲明，開門決戰，人心兵勢，勇不可遏，若有陰兵前導。是日，擒賊將數人，斬首千餘級，羣凶氣沮。其後連日交戰，無不應機俘斬，未嘗小衄，以至重圍數月，士心如一。及賊敗圍解，朝廷紀勳，昶一門之中，疊加爵秩。當時方鎭之內，言忠勇者、言守禦者、言功勳者、言政事者，皆以犨、昶爲首焉。及犨遙領泰寧軍節度，以昶爲本州刺史、檢校右僕射。俄而犨有疾，遂以軍州盡付於昶。詔授兵馬留後，旋遷忠武軍節度使，亦以陳州爲理所。

時宗權未滅，中原方受其毒。陳、蔡封疆相接，昶每選精銳，深入蔡境。蔡賊雖衆，終不能抗，以至宗權敗焉。案上篇趙犨傳云：蔡州平，以犨爲忠武軍節度使。據此傳，則昶爲忠武節度使，宗權未滅，二傳自相矛盾。見通鑑考異。朝廷賞勳，加檢校司徒。昶以大寇削平之後，益留心於政事，勸課農桑，大布恩惠。景福元年秋，陳、許將吏耆老錄其功，詣闕以聞，天子嘉之，命文臣撰德政碑植於通衢，以旌其功。俄加同平章事。昶自圍解之後，恆曰：「梁王之恩，不敢忘也。」是後太祖每有征伐，昶訓練兵甲，饋輓供億，無有不至。乾寧二年寢疾，薨於鎭，年五十三。追贈太尉。永樂大典卷一萬六千九百九十。

珝，字有節，犨季弟也。案：新唐書以珝爲犨子，據歐陽史及通鑑皆以珝爲犨弟，與薛史同，新唐書誤。幼而剛毅，器宇深沉。既冠，好書籍。及壯，工騎射，尤精三略。及犨爲陳州刺史，以珝爲親從都知兵馬使。時巢黨東出商、鄧，與蔡賊會，衆至百餘萬，掘長壕五百道攻陳，陳人大懼。珝與二兄堅心誓衆，激勵將校，約以死節。珝以祖先松楸，去郭數里，慮爲羣盜穿發，乃夜縱心膂之士，遷柩入城。府庫舊有巨弩數百枝，機牙皆缺，工人咸謂不可用，珝卽創意制度，自調弦筈，置之雉堞間，矢激五百餘步，凡中人馬，皆洞達胸腋，羣賊畏之，不敢逼近。自仲秋至於首夏，軍食將竭，士雖不飽，而堅拒之志不移。會太祖率大軍解其圍，珝兄弟抆泣感謝。其後朝廷議功，加檢校右僕射，遙領處州刺史。犨薨，昶爲忠武軍節度使，珝遷爲行軍司馬、檢校司空。昶薨，珝知忠武軍留後。

珝公幹之才，播於遠邇，至於符籍虛實，財穀耗登，備閱其根本，民之利病，無不洞知。庶事簡廉，公私俱濟，太祖深加慰薦。尋加特進、檢校司徒，充忠武軍節度使。陳州土壤卑疎，每歲壁壘摧圮，工役不暇，珝遂營度力用，俾以甓周砌四墉，自是無霖潦之虞。光化二年，加檢校太保、平章事。明年，檢校侍中，進封天水郡公。珝博通前古，以陳州本伏羲所都，南頓乃光武舊地，遂稽考古制，崇飾廟貌，爲四民祈福之所。又詢鄧艾故址，鄧艾，原本作「鄧義」，今據歐陽史改正。（影庫本粘籤）決翟王河以溉稻粱，大實倉廩，民獲其利。珝兄弟節制陳、

許，繼擁旌鉞，共二十餘年，陳人愛戴，風化大行。

天復元年冬，韓建爲忠武軍節度使，乃徵珝知同州匡國軍節度留後。時太祖統軍岐下，珝輸輓調發，旁午道途。俄而昭宗還長安，詔徵入覲，錫迎鑾功臣之號，珝因堅辭藩鎭，遂加檢校太傅、右金吾衞上將軍。及扈從東遷，歲餘，以痼疾免官，遂歸淮陽。未幾，薨於私第，年五十五。詔贈侍中，陳人爲之罷市。

子縠，仕至左驍衞大將軍、宣徽北院使。唐莊宗入汴，與從兄巖皆族誅。永樂大典卷一萬六千九百九十。

王珂，河中人。祖縱，鹽州刺史。父重榮，河東節度使，破黃巢有大功，封瑯琊郡王。珂本重榮兄重簡之子，出繼重榮。唐僖宗光啓三年，重榮爲部將常行儒所害，推重榮弟重盈爲蒲帥，以珂爲行軍司馬。及重盈卒，軍府推珂爲留後。時重盈子珙爲陝州節度使，瑤爲絳州刺史，由是爭爲蒲帥，瑤、珙連上章論列，又與太祖書云：「珂非吾兄弟，蓋余家之蒼頭也，小字忠兒，案：舊唐書「忠」作「蟲」。安得繼嗣！」珂亦上章云：「亡父有興復之功。」又遣使求援於太原，李克用爲保薦於朝，昭宗可之。既而珙厚結王行瑜、李茂貞、韓建爲援，三鎭互相表薦，昭宗詔諭之曰：「吾以太原與重榮有再造之功，已俞其奏矣。」乾寧二年五月，三鎭率兵入覲，賊害時政，請以河中授珙，瑤、又連兵以攻河中。克用聞之，出師以討三鎭，瑤、珙兵退，晉師拔絳州，擒瑤斬之。及克用駐軍於渭北，昭宗以珂爲河中節度使，正授旄鉞，克用因以女妻珂。珂至太原謝婚成禮，克用令李嗣昭將兵助珂，攻珙於陝焉。

光化末，太祖謂張存敬曰：「珂恃太原之勢，侮慢隣封，爾爲我持一繩以縛之。」天復元年春，存敬兵下晉、絳，令何絪案：原本作「何緈」，今據通鑑改正。（舊五代史考異）守晉州以扼太原援師。二月，大軍逼河中，珂妻書告太原曰：「敵勢攻逼，朝夕爲俘囚，乞食於大梁矣，大人安忍不救！」克用曰：「前途既阻，衆寡不敵，救則與爾兩亡。可與王郎歸朝廷。」珂復求救於李茂貞，茂貞不答。珂勢窮蹙，卽登城謂存敬曰：「吾與汴王有家世事分，公宜退舍，俟汴王至，吾自聽命。」存敬卽日退舍。三月，太祖自洛陽至，先哭於重榮之墓，案新唐書：全忠，王出也，始背賊事重榮，約爲甥舅，德其全己，指日月曰：「我得志，凡氏王者皆事之。」至是忘誓言，過重榮墓，僞哭而祭〔四〕。（舊五代史考異）蒲人聞之感悅。珂欲面縛牽羊以見，太祖曰：「太師阿舅之恩，何時可忘，郎君若以亡國之禮相見，黃泉其謂我何！」案歐陽史云：梁太祖自同州降唐，卽依重榮，以母王氏，故事重榮爲舅。及珂出迎於路，握手歔欷，聯轡而入。乃以存敬守河中〔五〕，珂舉家徙於汴。後入覲，被殺於華州傳舍。永樂大典卷六千八百四十九。

珙，少有俊氣，才兼文武，性甚驕虐。屬世多故，遂代伯父重霸爲陝州節度使。爲政苛暴，且多猜忌，殘忍好殺，不以生命爲意，內至妻孥宗屬，外則賓幕將吏，一言不合，則五毒幷施〔六〕，鞭笞刳斮，無日無之。奢縱聚斂，民不堪命，由是左右惕懼，憂在不測。唐光化二年夏六月，爲部將李璠所殺。璠自稱留後，因是陝州不復爲王氏所有。永樂大典卷六千八百四十九。

史臣曰：紹威始爲唐雄，據魏地，當土德之季運，倡梁祖以強禪，在梁則爲佐命也，在唐則豈得爲忠臣乎！趙犨以淮揚咫尺之地，抗黃巢百萬之衆，功成事立，有足多者。巖、縠非賢，遽泯其嗣，惜哉！王珂奕世山河，勢危被擄，乃魏豹之徒與！永樂大典卷六千八百四十九。

校勘記

〔一〕浮陽　原作「孚陽」，據殿本、劉本改。按太平寰宇記卷六五河北道一四滄州清池縣條云：本漢浮陽縣，以在浮水之陽，故名。隋改爲清水縣。

〔三〕僦斂綱商其徒如市　「綱商」原作「網商」，據劉本及彭校改。「徒」原作「徙」，據殿本、劉本、冊府卷三〇七改。

〔三〕又與蔡寇合從　「與」字原無，據冊府卷三六〇補。

〔四〕至是忘誓言過重榮墓僞哭而祭　「忘」原作「念」，「僞」原作「爲」，據劉本、新唐書卷一八七王重榮傳改。

〔五〕存敬　原作「居敬」，據本卷上文及舊唐書卷一八二王重榮傳、新唐書卷一八七王重榮傳改。

〔六〕五毒並施　「並」原作「將」，據劉本改。

舊五代史卷十五

梁書十五

列傳第五

韓建，字佐時，許州長社人。父叔豐，世爲牙校。初，秦宗權之據蔡州，招合亡命，建隸爲軍士，累轉至小校。唐中和初，忠武監軍楊復光起兵於蔡，宗權遣其將鹿宴弘赴之，建與里人王建俱隸宴弘軍，入援京師。賊平，復光暴卒。時僖宗在蜀，宴弘率所部赴行在，路出南山，因攻剽郡邑，據有興元，興元，原本作「興亦」，今據通鑑改正。（影庫本粘籤）宴弘自爲留後，以建爲蜀郡刺史〔一〕。唐軍容使田令孜密遣人誘建，啗以厚利，建時懼爲宴弘所併，乃率所部歸行在，令孜補爲神策都校、金吾將軍，出爲潼關防禦使兼華州刺史。河、潼經大寇之後，戶口流散，建披荆棘，闢污萊，勸課農事，樹植蔬果，出入閭里，親問疾苦，不數年，流亡畢復，軍民充實。建比不知書，治郡之暇，日課學習，遣人於器皿、牀榻之上各題其名，建視之既

熟，乃漸通文字。俄遷華商節度、潼關守捉等使，累加檢校太尉、平章事。

乾寧二年，建與鳳翔李茂貞、邠州王行瑜舉兵赴闕，迫昭宗請以王珙爲河中帥，害大臣於都下。河中王珂召晉軍以爲援，及晉軍渡河，昭宗幸石門。三年四月，昭宗遣延王、通王率禁兵討李茂貞，爲茂貞所敗，車駕幸渭橋，翊日，次富平。將幸河中，建奉表迎駕，俄自至渭北，懇乞東幸，許之。七月十五日，昭宗至華下，百官士庶相繼而至。建尋加兼中書令，充京畿安撫制置等使，又兼京兆尹、京城把截使。昭宗久在華州，思還宮掖，每花朝月夕，遊宴西谿，與羣臣屬詠歌詩，歔欷流涕。建每從容奏曰：「臣爲陛下修營大內，結信諸侯，一二年間，必期興復。」乃以建兼領修創京城使，建自華督役輦運工作，復治大明宮。

四年二月，有詔建告睦王已下八王謀殺建，案：通鑑作防城將張行思等來告，建惡諸王典兵，故使行思等告之。建囚八王於別宅，放散隨駕殿後軍二萬人，殺捧日都頭李筠，自是天子益微，宿衞之士盡矣。八月，建以兵圍十六宅，通王以下十一王並遇害於石堤谷，以謀逆聞。案新唐書昭宗紀：正月乙酉，韓建以兵圍行宮，殺扈蹕都將李筠。二月，韓建殺太子詹事馬道殷、將作監許巖士。八月，韓建殺通王滋、沂王禋、韶王、彭王、嗣韓王、嗣陳王、嗣覃王嗣周〔二〕、嗣延王戒丕、嗣丹王允。通鑑與新唐書同。薛史以殺李筠爲二月事〔三〕，以殺馬道殷、許巖士爲八月事，蓋本於舊唐書昭宗紀，宜可徵信云。又害太子詹事馬道殷、將作監許巖士，貶宰相朱朴，皆昭宗寵昵者也。

建尋兼同州節度使。光化元年，升華州爲興德

府，以建爲尹。八月，車駕還京。九月，册拜太傅，進封許國公，幷賜鐵券。

天復元年十一月，宦官韓全誨迫天子幸鳳翔，建亦預其謀。太祖聞之，自河中引軍而西。前鋒至同州，建判官司馬鄴以城降，遂移軍迫華州，建懼乞降。太祖責以脅君之罪，建拜伏稱從事李巨川之謀也，太祖卽誅巨川。案北夢瑣言：韓建曰：「某不識字，凡朝廷章奏、鄰封書檄，皆巨川爲之。」因斬之。通鑑所采卽本於北夢瑣言，與薛史同。新唐書李巨川傳云：巨川詣軍門納款，因言當世利害。全忠屬官敬翔以文翰事左右，疑巨川用則全忠待己或衰，乃詭說曰：「巨川誠奇才，顧不利主人，若何！」是日，全忠殺之。是巨川之死，亦由于敬翔之譖，不僅爲韓建所賣也。太祖與建素有軍中昆弟之契，及見，其怒驟息，尋表建爲許州節度使。昭宗東遷，以建爲佑國軍節度使、京兆尹。車駕至陝，召太祖與建侍宴，宮妓奏樂，何皇后舉觴以賜太祖，建躡足，太祖遽起曰：「臣醉不任。」僞若顚仆卽去。建私謂太祖曰：「上與宮人附耳而語，幕下有兵仗聲，恐圖王爾。」天祐三年，改青州節度使。

及受禪，徵爲司徒、平章事，充諸道鹽鐵轉運使。開平二年，加侍中，充建昌宮使。三年，郊祀于洛，以建爲大禮使。建爲上宰，每謁見，時有直言。太祖爲性剛嚴，羣下將迎不暇，待建稍異，故優容之。九月，册拜太保，罷知政事。案五代會要：開平三年十月，詔曰：太保韓建，每月旦、十五日入閤稱賀，卽令赴朝參，餘時弗入見。示優禮也。四年三月，除匡國軍節度使、陳許蔡觀察使，仍令中書不議除替。案五代會要：乾化元年正月，敕：許昌雄鎭，太保韓建，朕用以布政，民耕盜止，久居其位，庶

可勝殘矣。宜令中書門下不計年月，勿議替。乾化二年六月，朝廷新有內難，人心動搖，部將張厚因作亂，害建于衙署，案通鑑考異引莊宗實錄：九月，建遇害。通鑑從薛史。時年五十八。

子從訓，昭宗在華時授太子侍學，賜名文禮，尋拜屯田員外郞。國初爲都官郞中，賜紫，年未弱冠。時朝廷命從訓告國哀于陳、許，至二日軍亂，與建併命。

乾化三年，追贈太師。永樂大典卷三千六百七十五。

李罕之，陳州項城人。父文，世田家。罕之拳勇趫捷，力兼數人。少學爲儒，不成，又落髮爲僧，以其無賴，所至不容。曾乞食於酸棗縣，自旦至晡，無與之者，乃擲鉢于地，毁棄僧衣，亡命爲盜。案北夢瑣言云：罕之卽其僧名。會黃巢起曹、濮，罕之因合徒作剽，漸至魁首。及賊巢渡江，罕之因以兵將背賊歸于唐，高駢錄其功，表爲光州刺史。歲餘，爲蔡賊秦宗權寇迫，不能守，乃棄郡歸項城，收合餘衆，依河陽諸葛爽，爽署爲懷州刺史。光啓初，僖宗以爽爲東南面招討，以擊宗權，爽乃表罕之爲副，令將兵屯宋州，蔡寇兇燄日熾，兵鋒不敵。中和四年，爽表罕之爲河南尹、東都留守。

是歲，李克用脫上源之難，斂軍西歸，路由洛陽，罕之迎謁，供帳館待甚優，因與克用厚相結託。時罕之有衆三千，以聖善寺爲府。聖善寺，原本作「聖喜」，今據新唐書改正。（影庫本粘籤）光啓

元年，蔡賊秦宗權遣將孫儒來攻，罕之對壘數月，以兵少備竭，委城而遁，西保于澠池。蔡賊據京城月餘，焚燒宮闕，剽剝居民。賊既退去，鞠爲灰燼，寂無雞犬之音，罕之復引其衆，築壘於市西。

明年冬，諸葛爽死，其將劉經推爽子仲方爲帥，經懼罕之難制，自引兵鎭洛陽。罕之部曲有李瑭、郭璆者，情不相叶，欲相圖害。罕之怒，誅璆，軍情由是不睦。劉經因其有間，掩擊罕之於澠池，軍亂，保乾壕。經急攻之，爲罕之所敗，罕之乘勝追至洛陽。時經保敬愛寺，罕之保苑中飛龍廐，罕之激勵其衆攻敬愛寺，數日，因風縱火，盡燔之，經衆奔竄，追斬殆盡。罕之進逼河陽，營於鞏縣，陳舟于汜水，將渡，諸葛仲方遣將張言案：張言後名全義。率師拒于河上。時仲方年幼，政在劉經，諸將心多不附。張言密與罕之修好，經知其謀，言懼，引衆渡河歸罕之，因合勢攻河陽，爲經所敗，罕之與言退保懷州。冬，蔡將孫儒陷河陽。仲方汎輕舟來奔，孫儒遂自稱節度使。俄而蔡賊爲我軍所敗，孫儒棄河陽歸蔡。罕之與言收合其衆，求援于太原，李克用遣澤州刺史安金俊率騎助之，遂收河陽。克用表罕之爲節度、同平章事，又表言爲河南尹、東都留守。

罕之既與言患難交契，刻臂爲盟，永同休戚，如張耳、陳餘之義也。罕之雖有膽決，雄猜翻覆，而撫民御衆無方略，率多苛暴，性復貪冒，不得士心。既得河陽，出兵攻晉、絳。時

大亂之後，野無耕稼，罕之部下以俘剽爲資，啖人作食。絳州刺史王友遇以城降，罕之乃進攻晉州，河中王重盈遣使求援於太祖。時張言治軍有法，善積聚，勤於播植，軍儲不乏。言輸粟於罕之，以給其軍，罕之求索無限，言頗苦之，力不能應，罕之則錄河南府吏笞責之。東諸侯修貢行在，多爲罕之邀留，王重盈苦其侵削，密結張言請圖之。

文德元年春，會罕之盡出其衆攻平陽，言夜出師掩擊河陽，罕之無備，單步僅免，舉族爲言所俘。罕之奔于太原，李克用表爲澤州刺史，仍領河陽節度使。三月，克用遣其將李存孝率師三萬助之，來攻懷、孟。城中食盡，備禦皆竭，張言遣其孥入質，且求救於太祖。太祖遣葛從周、牛存節赴之，逆戰於流河店〔四〕。會晉將安休休以一軍奔于蔡，存孝引軍而退，罕之保于澤州。自是罕之日以兵寇鈔懷、孟、晉、絳，數百里內，郡邑無長吏，閭里無居民。河內百姓，相結屯寨，或出樵汲，卽爲俘馘。雖奇峯絕磴，梯危架險，亦爲罕之部衆攻取。先是，蒲、絳之間有山曰摩雲，邑人立柵於上以避寇亂，罕之以百餘人攻下之，軍中因號罕之爲李摩雲。案洛陽縉紳舊聞記云：罕之亦嘗置寨於洛城中，至今民呼其寨地爲李摩雲寨。（舊五代史考異）自是數州之民，屠啖殆盡，荆棘蔽野，烟火斷絕，凡十餘年。

乾寧二年，李克用出師以拒邠、鳳，營于渭北，天子以克用爲邠州行營四面都統，克用乃表罕之爲副。及誅王行瑜，罕之以功授檢校太尉，食邑千戶。按新唐書：克用討王行瑜，表罕之

副都統、檢校侍中，行琮誅，封隴西郡王、檢校太尉、兼侍中。所載爵位，較薛史爲詳。歐陽史仍薛史之舊。罕之自以功多，私謂晉將蓋寓曰：「余自河陽失守，來依巨廕，歲月滋久，功效未施。比年以來，倦於師旅，所謂老夫耄矣，無能爲也。望吾王仁愍，太傅哀憐，與一小鎭，休兵養疾，一二年間卽歸老菟裘，幸也。」寓爲言之，克用不對。每藩鎭缺帥，議所不及，罕之私心鬱鬱，蓋寓懼其佗圖，亟爲論之。克用曰：「吾於罕之，豈惜一鎭，吾有罕之，亦如董卓之有呂布，雄則雄矣，鷹鳥之性，飽則颺去，實懼翻覆毒余也。」毒余，原本作「毒餘」，今據文改正。（影庫本粘籤）

光化元年十二月，晉之潞帥薛志勤卒，罕之乘其喪，自澤州率衆徑入潞州，自稱留後，以狀聞於克用曰：「聞志勤之喪，新帥未至，慮爲佗盜所窺，不俟命已屯于潞矣。」克用怒，遣李嗣昭討之，罕之執其守將馬溉、伊鐸、何萬友，案：伊鐸，歐陽史作伊鐔。沁州刺史傅瑤等，遣其子顥案：歐陽史作遣子頎。拘送于太祖以求援焉。案新唐書：全忠表罕之昭義軍節度使。會罕之暴病，不能視事。明年六月，病篤，太祖令丁會代之，移罕之爲河陽節度使，行至懷州，卒於傳舍，時年五十八。其子顥以舟載柩，歸葬河陰縣。開平二年春，詔贈中書令。永樂大典卷一萬三百八十七。

馮行襲，字正臣，武當人也。歷職爲本郡都校。中和中，僖宗在蜀，有賊首孫喜者，聚

徒數千人欲入武當，刺史呂曄惶駭無策略。行襲伏勇士於江南，乘小舟逆喜　謂喜曰：「郡人得良牧，衆心歸矣，但緣兵多，民懼擄掠。若駐軍江北，領肘腋以赴之，使某前導，以慰安士民，可立定也。」喜然之。既渡江，軍吏迎謁，伏甲奮起，行襲擊喜仆地，仗劍斬之，其黨盡殪，賊衆在江北者悉奔潰。案新唐書本紀：光啓元年四月，武當賊馮行襲陷均州，逐其刺史呂曄〔五〕。蓋行襲既殪孫喜，遂自據其郡也。薛史作中和間事，與唐書異。歐陽史仍從薛史。山南節度使劉巨容以功上言，尋授均州刺史。

州西有長山，當襄、漢、蜀路，羣賊屯據，以邀劫貢奉，行襲又破之。洋州節度使葛佐奏辟爲行軍司馬，請將兵鎭谷口，通秦、蜀道，由是益知名。李茂貞遣養子繼臻竊據金州，行襲攻下之，因授金州防禦使。時興元楊守亮將襲京師，道出金、商，行襲逆擊，大破之。詔升金州爲節鎭，以戎昭軍爲額，卽以行襲爲節度使。案舊唐書哀帝紀：天祐二年，金州馮行襲奏，當道昭信軍額內一字與元帥全忠諱字同，乃賜號戎昭軍。是金州初賜軍額本名昭信，至哀帝時，避朱全忠祖諱，乃改稱戎昭也。薛史於金州初賜軍額卽作戎昭，蓋仍梁實錄之舊，未及考正。

及太祖義旗西征，行襲遣副使魯崇矩稟受制令。會唐昭宗幸鳳翔，太祖帥師奉迎，久之未出。中尉韓全誨遣中官郄文晏等二十餘人分命矯詔，欲徵江、淮兵屯於金州，以脅太祖之軍，行襲定策盡殺之，收其詔勅送於太祖。天祐元年，兼領洋州節度使。太祖之伐荆、

襄，行襲令其子勗以舟師會於均、房，預收復功，案新唐書昭宣帝紀：二年五月，王建陷金州，戎昭軍節度使馮行襲奔於均州。六月，行襲克金州。舊唐書哀帝紀：二年十二月，戎昭軍奏，收復金州，兵火之後，井邑殘破，請移理所於均州。從之，仍改爲武定軍。是行襲因金州嘗被陷，乃改治均州也。薛史不載。遷匡國軍節度使。案舊唐書哀帝紀：三年四月丙申，勅曰：天祐二年九月二十日，於金州置戎昭軍，割均、房二州爲屬郡。比因馮行襲叶贊元勳，克宣丕績，用獎濟師之效，遂行割地之權。今命帥得人，酬庸有秩，其戎昭軍額宜停，其均、房二州却還山南東道收管。據此則戎昭軍額廢于天祐三年，故行襲改鎭許州也。到任，誅大吏張澄，暴其罪，州人莫不惴慴。在許三年，上供外，別進助軍羨糧二十萬石。及太祖郊禋，行襲請入覲，貢獻巨萬，恩禮殊厚。殊厚，原本作「殊學」，今據文改正。（影庫本粘籤）尋詔翰林學士杜曉撰德政碑以賜之，累官至兼中書令，册拜司空。開平中卒，輟朝一日，贈太傅，謚曰忠敬。

行襲性嚴烈，爲政深刻，然所至有天幸，境內嘗大蝗，尋有羣烏啄食，不爲害；民或艱食，必有穭穀穭穀，原本作「魯穀」，據廣韻云：穭，禾自生也。今改正。（影庫本粘籤）出於壠畝。雖威福在己，而恆竭力以奉於王室，故能保其功名。行襲魁岸雄壯，面有青誌，當時目爲「馮青面」。

長子勗，歷蘄、沁二州刺史。次子德晏，仕至金吾將軍。永樂大典卷四百三。

孫德昭，鹽州五原縣人，世爲州校。父惟晟，案：歐陽史作惟勗，考新唐書亦作惟晟，今仍其舊。（舊

五代史考異）有功於唐朝，遂領荆南節度，分判右神策軍事。德昭藉父蔭，累職爲右神策軍都指揮使。案通鑑：德昭由雄毅軍使爲左神策指揮使。光化三年，唐昭宗爲閹官所廢，矯立德王，時中外以權在禁闥，莫能致討，近藩朋附，章表繼有至者。丞相崔胤，外與太祖申結輔佐之好，內遣心腹密購忠義。有以事諭德昭者，案通鑑云：德昭常憤惋不平，崔胤聞之，遣判官石戩與之遊。德昭每酒酣必泣，戩知其誠，乃密以胤意說之。德昭感慨，乃與本軍孫承誨、董從實三人，案：新、舊唐書俱作周承誨、董彥弼，據薛史則承誨自姓孫，彥弼乃從實後改之名也。通鑑從唐書，歐陽史從薛史。奮發應命，誓圖返正，崔又割衣手筆以通其志。天復元年正月一日未旦，逆豎左軍容劉季述早入，德昭伏甲要路以俟，追其前騶，邀而斬之，孫承誨等分捕右軍容王仲先黨伍。唐昭宗方幽辱東內，聞外喧，大恐。德昭馳至，扣閤曰：「逆賊劉季述伏誅矣，請上皇開鑰復皇帝位。」皇后何氏呼曰：「汝可進逆人首，門乃可開。」俄而承誨、從實俱以馘獻，昭宗悲而嘉之。於是丞相崔胤奉迎御丹鳳樓，率百辟待罪，泣且奏曰：「臣居大位，不能討姦，賴東平王全忠首奮忠貞，誅殺邸吏，遂致德昭等擒戮妖逆，再清禁闈。」卽日議功，以德昭爲檢校太保、靜海軍節度使，承誨邕州節度使，從實容州節度使，並同平章事，錫姓李，賜號扶傾濟難忠烈功臣，圖形凌煙閣，俱留京師。錫賚宴賞之厚，恩寵權倖之勢，近代罕比。

其年十一月，閹官韓全誨縱火脅昭宗西幸鳳翔，承誨、從實並變節，爲中官所誘，始欲

驅擁百僚，將圖出令。而德昭獨按兵，與太祖親吏婁敬思叶力衞丞相及文武百官，與長安吏民保於街東，免爲所劫。太祖遣從事相繼勞問，遺以龍鳳劍、鬬雞紗，委令制轄。於是百官次華州，連狀請太祖迎奉。及大旆入關，德昭以軍禮上謁，立道左，太祖命左右扶騎控至長安，賜與甚厚，署權知同州節度留後。將赴任，復徇民請，留充兩街制置使，賜錢百萬。德昭以本部兵八千人獻于太祖，由是愈見賞重，又賜甲第一區，俾先還洛陽。及昭宗東遷，奏授左威衞上將軍，以疾免，歸於別墅。太祖受禪，以左領衞上將軍徵赴闕。開平四年，拜左金吾大將軍，充街使。末帝即位，俾將命于兩浙，對見失儀，不果行。尋改授右武衞上將軍，俄復左金吾大將軍。卒於官。詔贈太傅，輟視朝一日。

天復初，德昭與孫承誨、董從實以返正功，時人呼爲「三使相」，恩澤俱冠世。及承誨至鳳翔，易名繼誨，從實改名彥弼，皆爲李茂貞所養，後閹官之敗，俱戮于京師。唯德昭克全終始，有所稱云。永樂大典卷一萬八千一百二十六。

趙克裕，河陽人也。祖、父皆爲軍吏。克裕少爲牙將，好讀書，謹儀範，牧伯皆奇待之。累居右職，擢爲虎牢關使。光啓中，蔡寇陷河陽，克裕率所部歸於太祖，隸于宣義軍。太祖東征徐、鄆，克裕屢受指顧，無不如意。數年之內，繼領亳、鄭二州刺史。時關東藩鎮方爲

蔡寇所毒，黎元流散，不能相保，克裕妙有農戰之備，復善於綏懷，民賴而獲安者衆。太祖表爲河陽節度使、檢校右僕射，尋移理許田，案新唐書本紀：景福元年己未，朱全忠陷孟州，逐河陽節度使趙克裕。據通鑑則克裕之移鎮，因梁祖欲以張全義領河陽也。新唐書所紀，疑非事實。入爲金吾衞大將軍、檢校司空。及太祖爲元帥，以克裕爲元帥府左都押衙，復統六軍。兗州平，命權知泰寧軍留後。數月，暴疾而卒。開平初，追贈太保。永樂大典卷一萬八千一百二十六。

張愼思，清河人。自黃巢軍來歸，累授軍職，歷諸軍都指揮使。從平巢、蔡、兗、鄆，皆著功，表授檢校工部尚書兼宋州長史。光化中，加檢校右僕射，權知亳州。天復三年，昭宗還長安，以從太祖迎駕功，賜號迎鑾毅勇功臣，尋除汝州防禦使。天祐元年，授左龍武統軍。其冬，除許州匡國軍節度使。明年十一月，權知徐州武寧軍兩使留後。太祖受禪，入爲左金吾大將軍。開平二年，除宋州刺史，未幾，復拜左金吾大將軍。三年冬，除蔡州刺史，蔡州，原本作「蘖州」，今據通鑑改正。（影庫本粘籤）以貪貨大失民情，詔追赴闕。未幾，扈從北征還，以疾臥洛陽之私第。毆家不肅，爲其子所弒。永樂大典卷六千三百五十。

史臣曰：偉建遇唐朝之衰運，據潼關之要地，不能藩屛王室，翦務斷喪宗枝，雖有卓俗之能，何補不臣之咎。罕之負驍雄之氣，蓄嚮背之謀，武皇比之呂布，斯知人矣。行襲勵納忠之節，德昭立反正之功，俱善其終，固其宜矣。克裕而下，無譏可也。永樂大典卷六千三百五十。

校勘記

〔一〕以建爲蜀郡刺史　「蜀郡」，殿本同，劉本作「屬郡」。按通鑑卷二五六謂鹿晏弘據興元，以建等爲巡內刺史。

〔二〕嗣覃王嗣周　「嗣周」下原有「王」字，據彭校及新唐書卷一〇昭宗紀、通鑑卷二六一考異刪。

〔三〕以殺李筠爲二月事　「二月」原作「正月」，據本卷正文、殿本考證、舊唐書卷二〇昭宗紀改。

〔四〕流河店　殿本同，劉本作沇河店。按本書卷五五康君立傳謂：「與汴將丁會、牛存節戰於沇河。」歐陽史卷二一葛從周傳作「敗晉兵於沇河」。

〔五〕呂曅　原作「李曅」，據本卷正文改。殿本、劉本正文及舊五代史考異作呂煜，劉本注文誤作「李曅」，新唐書卷九僖宗紀、通鑑卷二五六作呂燁。

舊五代史卷十六

梁書十六

列傳第六

葛從周，案：玉堂閑話作葛周。（舊五代史考異）字通美，濮州鄄城人也。曾祖阮，祖遇賢，父簡，累贈兵部尚書。從周少豁達，有智略，初入黃巢軍，漸至軍校。唐中和四年三月，太祖大破巢軍於王滿渡，從周與霍存、張歸霸昆弟相率來降。七月，從太祖屯兵於西華，破蔡賊王夏寨。案：原本作「五夏」，今據通鑑改正。（舊五代史考異）太祖臨陣馬踣，賊衆來追甚急，從周扶太祖上馬，與賊軍格鬭，傷面，矢中於肱，身被數槍，奮命以衞太祖。賴張延壽迴馬轉鬭，從周與太祖俱免，退軍溵水。諸將並削職，唯擢從周、延壽爲大校。其從入長葛、靈井，大敗蔡賊，至斤溝、淝河，殺鐵林三千人，獲九寨都虞候王涓。

太祖遣郭言募兵於陝州，有黃花子賊據於温谷，從周擊破之。又破秦賢之衆於滎陽，

尋佐朱珍收兵於淄、靑間。時兗州齊克讓軍於任城，從周敗之，擒其將呂全眞。淄人不受制，復與之戰，獲其驍將鞏約。會靑州以步騎萬餘人列三寨于金嶺，以阨要害，從周與朱珍大殲其衆，擄其將楊昭範五人而還。至大梁，不解甲，徑至板橋擊蔡賊，破盧瑭寨，瑭自溺而死，又於赤堈赤堈，通鑑作赤岡，考薛史前後皆「堈」，今仍其舊。（影庫本粘籤）殺蔡軍二萬餘人。從討謝殷於亳州，擒之。迴襲曹州，擄刺史丘弘禮以歸。與兗、鄆軍遇於臨濮之劉橋，殺數萬人，朱瑄、朱瑾僅以身免，擒都將鄒務卿已下五十人。從太祖至范縣，復與朱瑄戰，擄尹萬榮等三人，遂平濮州。未幾，與朱珍擊蔡賊於陳、亳間，獲都將石璠。

文德元年，魏博軍亂，樂從訓來告急，從太祖渡河，拔黎陽、李固、臨河等鎭，至內黃，破魏軍萬餘衆，獲其將周儒等十人。案：梁祖本紀作帝遣朱珍領大軍渡河，此傳作從周從太祖濟河，與本紀異。（孔本）李罕之引幷人圍張全義於河陽，從周與丁會、張存敬、牛存節率兵赴援，大破幷軍，殺蕃漢二萬人，解河陽之圍，以功以功，原本作「以助」，今據文改正。（影庫本粘籤）表授檢校刑部尚書。從朱珍討徐州，拔豐縣，敗時溥於吳康，得其輜重，加檢校工部尚書。佐龐師古討孫儒於淮南，略地至廬、壽、滁等州，下天長、高郵，破邵伯堰。迴軍攻濠州，殺刺史魏勳，得餉船十艘。

大順元年八月，幷帥圍潞州，太祖遣從周率敢死之士，夜銜枚犯圍而入，會王師不利於馬牢川，卽棄上黨而歸。其年十二月，與丁會諸將討魏州，連收十邑。明年正月，大破魏軍於永定橋，魏軍五敗，斬首萬餘級。十月，佐丁會攻宿州，從周壅水灌其城，刺史張筠以郡降。從討兗州，破朱瑾之軍於馬溝。景福二年二月，與諸將大破徐、兗之兵於石佛山。八月，與龐師古同攻兗州。

乾寧元年三月，軍至新太縣，朱瑾令都將張約、李胡椒率三千人來拒戰，師古遣從周、張存敬掩襲，生擒張約、李胡椒等都將數十人。二年十月，圍兗州，兗人不出，從周詐揚言幷人、鄆人來救，案通鑑：十二月，朱瑄、朱瑾告急於河東，李克用遣大將史儼、李承嗣將數千騎假道於魏以救之。是河東實遣師來援〔一〕，非從周詐言也。此蓋覘知兗人告急，乘幷師尚未至，乃揚言已至，多方以誤之耳。又，本紀作十二月，此作十月，辨正見本紀。卽引軍趨高吳，夜半卻潛歸寨。朱瑾果出兵攻外壕，我軍士突出，掩殺千餘人，生擒都將孫漢筠。從周累立戰功，自懷州刺史歷曹、宿二州刺史，累遷檢校左僕射。

三年五月，幷帥以大軍侵魏，遣其子落落率二千騎屯洹水，洹水，原本作「亘水」，今據歐陽史改正。（影庫本粘籤）從周以馬步二千人擊之，殺戮殆盡，擒落落於陣，幷帥號泣而去。遂自洹水與龐師古渡河擊鄆。四年正月，下之。從周乘勝伐兗，會朱瑾出師在徐境，其將康懷英以城降，以功授兗州留後、檢校司空。復領兵萬餘人渡淮討楊行密，至濠州，聞龐師古淸口之

敗，遽班師。案九國志侯瓚傳云：破葛從周於壽陽，沉其卒萬餘人於淠河。與薛史異。歐陽史兼采九國志。光化元年四月，率師經略山東，時幷帥以大軍屯邢、洺，從周至鉅鹿與幷軍遇，大破之，幷帥遁走。我軍追襲至青山口，數日之內，邢、洺、磁三州連下，斬首二萬級，獲將吏一百五十人，卽以從周兼領邢州留後。十月，復破幷軍五千騎於張公橋。晉將李嗣昭急攻邢州，陣於城門外，從周大破之，擒蕃將賁金鐵、慕容騰百餘人。

二年春，幽州劉仁恭率軍十萬寇魏州，屠貝郡。從周自邢臺馳入魏州，燕軍突上水關，攻館陶門。館陶，原本作「館姚」，今據通鑑改正。（影庫本粘籤）從周與賀德倫率五百騎出戰，謂門者曰：「前有敵，不可返顧！」命闔其門。從周等極力死戰，大敗燕人，擒都將薛突厥、王鄶郎等。翊日，破其八寨，追擊至臨淸，劉仁恭走滄州，從周授宣義軍行軍司馬。五月，幷人討李罕之於潞州，太祖以丁會代罕之，令從周馳入上黨。七月，幷人陷澤州，太祖召從周，令賀德倫守潞州，德倫等尋棄城而歸。三年四月，領軍討滄州，先攻德州，下之。及進攻浮陽〔二〕，幽州劉仁恭大舉來援，時都監蔣玄暉謂諸將曰：「吾王命我護軍，志在攻取，今燕帥來赴，不可外戰，當縱其入壘，聚食困廩，力屈糧盡，必可取也。」從周對曰：「兵在機，機在上將，非督護所言也。」乃令張存敬、氏叔琮守其寨。從周逆戰於乾寧軍老鴉堤，大破燕軍，斬首三萬，獲將佐馬愼交已下百餘人，奪馬三千匹。八月，幷人攻邢、洺，從太祖破之，從周追

襲至青山口，斬首五千級，案玉堂閒話云：葛公威名著于敵中〔三〕，河北諺云「山東一條葛，無事莫撩撥」云。（舊五代史考異）獲其將王郃郎、楊師悅等，得馬千匹，表授檢校太保兼徐州兩使留後，尋爲兗州節度使。

天復元年三月，與氏叔琮討太原，從周以兗、鄆之衆，自土門路入，與諸軍會於晉陽城下，以糧運不給，班師。頃之，從周染疾，會青州將劉鄩陷兗州，太祖命討之，遂力疾臨戎。三年十一月，鄩舉城降，以功授檢校太傅。太祖以從周抱疾既久，命康懷英代之，授左金吾上將軍，以風恙不任朝謁，改右衞上將軍致仕，養疾偃師縣亳邑鄉之別墅。案：原本作「別埜」，今改正。（舊五代史考異）頃之，授太子太師，依前致仕。末帝即位，制授潞州節度使，令坐食其俸，加開府儀同三司、檢校太師、兼侍中，封陳留郡王，累食邑至七千戶，命近臣齎旌節就別墅以賜之。貞明初，卒於家。案：偃師縣有葛從周神道碑云：十月三日，歸葬於偃師縣亳邑鄉。碑以貞明二年十一月十二日建。（舊五代史考異）册贈太尉。永樂大典卷二萬一千二百九。

謝彥章，許州人。幼事從周爲養父，從周憐其敏慧，教以兵法，常以千錢於大盤中，布其行陣偏伍之狀，示以出沒進退之節，彥章盡得其訣。及壯，事太祖爲騎將。末帝嗣位，用爲兩京馬軍都軍使，累與晉軍接戰有功，尋領河陽節度使。及從周卒，臨喪行服，躬預葬

事，時人義之。彥章後爲許州節度使、檢校太傅。貞明四年冬，滑州節度使賀瓌賀瓌，原本作「賀懷」，今據歐陽史改正。（影庫本粘籤）爲北面招討使，彥章爲排陣使，同領大軍，駐於行臺寨，與晉人對壘。彥章時領騎軍與之挑戰，晉人或望我軍行陣整肅，則相謂曰：「必兩京太傅在此也。」案：原本作「西京」，今據通鑑改正。（舊五代史考異）不敢以名呼，其爲敵人所憚如此。

是時咸謂賀瓌能將步軍，彥章能領騎士，既名聲相軋，故瓌心忌之。一日，與瓌同設伏於郊外，瓌指一方地謂彥章曰：「此地岡阜隆起，中央坦夷，好列栅之所。」尋而晉人舍之，故瓌疑彥章與晉人通。又瓌欲速戰，彥章欲持重以老敵人，瓌益疑之。會爲行營馬步都虞候朱珪所誣，瓌遂與珪協謀，因享士伏甲以殺彥章及濮州刺史孟審澄、別將侯温裕等於軍，以謀叛聞。晉王聞之喜曰：「彼將帥如是，亡無日矣。」

審澄、温裕亦善將騎軍，然所領不過三千騎；多而益辦，唯彥章有焉。將略之外，好優禮儒士。與晉人對壘於河上，恆褒衣博帶，動皆由禮，或臨敵御衆，則肅然有上將之威。每敦陣整旅，左旋右抽，雖風馳雨驟，亦無以喻其迅捷也，故當時騎士咸樂爲用。及其遇害，人皆惜之。永樂大典卷一萬八千一百二十六。

胡眞，江陵人也。體貌洪壯，長七尺，善騎射，少爲縣吏。及在巢寇中，寇推爲名將，隨巢涉淮、浙，陷許、洛，入長安。及太祖以衆歸唐，眞時爲元從都將，案舊唐書：中和二年，朱温與大將胡眞、謝瞳來降。通鑑云：温見巢兵勢日蹙，知其將亡，親將胡眞、謝瞳勸温歸國。薛史謝瞳傳載瞳說温之辭，胡眞傳不言其勸温歸國，與通鑑異。從至梁苑，表授檢校刑部尚書，頻從破巢、蔡於陳、鄭間。尋以奇兵襲取滑州，乃署爲滑州節度留後，復表爲鄭滑節度使、檢校右僕射。數年，徵爲右金吾衞大將軍，俄拜寧遠軍節度使、容州刺史、檢校太保。卒贈太傅。永樂大典卷一萬八千一百二十六。

張歸霸，字正臣，清河人。祖進言，陽穀令。父實，亦有官緒。少倜儻，好兵術。唐乾符中，寇盜蜂起，歸霸率昆弟三人棄家投黃巢，頗以勇略聞。巢陷長安，遂署爲左番功臣。中和中，巢領徒走宛丘，時太祖在汴，奉詔南討，巢黨日窘，歸霸昆仲與葛從周、李讜等相率來降，尋補宣武軍劇職。

光啓二年，與蔡將張存戰于廬氏。三年夏，又與蔡將盧瑭戰於雙丘，復與秦宗賢戰于萬勝，皆敗而殲之。翌日，宗權遣將張晊來寇，列寨于赤堈。一日，出騎將較勝，歸霸爲飛戈所中，案：飛戈，歐陽史作飛矢。即拔馬却逸，控弦一發，賊洞頸而墜，遂兼騎而還。太祖時於高丘下瞰，備見其狀，面加賞激，厚以金帛及所獲馬錫之。又嘗被命以控弦之士五百人伏於壕內，太祖統數百騎稍逼其寨，蔡人果以銳士摩壘來追，歸霸發伏兵，掩殺千餘人，奪馬數

十四，尋奏授檢校左散騎常侍。其後從太祖伐鄆，副李唐賓渡淮，咸著奇績。

文德初，大軍臨蔡州，賊將蕭顥來斫寨，歸霸與徐懷玉各以所領兵自東南二扉分出，合勢殺賊，蔡人大敗。及太祖整衆離營，寇塵已息。太祖召至，賞之曰：「昔耿弇不俟光武擊張步，言不以賊遺君父，弇之功，爾其二焉。」大順中，郭紹賓拔曹州，歸霸率兵數千守之。俄而朱瑾統大軍自至，歸霸與丁會逆擊之於金鄉，瑾大敗，擒賊將宗江等七十餘人，曹州以寧。明年，破濮州，生擒刺史邵儒。又佐葛從周與晉軍戰於洹水，生獲克用愛子落落。復與燕人戰於內黃，殺仁恭兵三萬餘衆。戎績超特，居諸將之右，累官至檢校左僕射。

光化二年，權知邢州事。明年春，李嗣昭以蕃漢五萬來寇，歸霸堅壁設備，晉軍不敢顧其城，遂移軍攻洺州，陷焉。時太祖在滑，頗慮邢之失守。及葛從周復洺，嗣昭北遁，歸霸出兵襲之，殺二萬餘衆。捷至，賞錫殊等，旋以功奏加檢校司空。天祐初，遷萊州刺史，秩滿授左衞上將軍，又除曹州刺史。其秋，加檢校司徒，副劉知俊禦邠、鳳之寇，邠、鳳，原本作「汾鳳」，今據通鑑改正。（影庫本粘籤）敗之。太祖受禪，拜右龍虎統軍，改左驍衞上將軍，充河陽諸軍都指揮使。明年夏六月，就除河陽節度使、檢校太保，尋加同平章事。二年秋七月，卒於位。詔贈太傅。

梁末帝德妃張氏，即歸霸女也。末帝嗣位，以歸霸子漢鼎、漢傑並爲近職。漢鼎早亡，

漢傑貞明中爲控鶴指揮使，領兵討惠王於陳州，擒之。當貞明、龍德之際，漢傑昆仲分掌權要，藩鎮除拜多出其門，段凝因之遂竊兵柄。及莊宗入汴，漢傑與兄漢倫、弟漢融同日族誅於汴橋下。永樂大典卷六千三百五十。

張歸厚，字德坤，案通鑑考異引梁功臣列傳云：歸厚祖興，父處讓。薛史歸厚傳不言其父、祖名號，當是歸霸從弟。少驍勇，有機略，尤長於弓槊之用。中和末，與兄歸霸自巢軍相率來降，太祖署爲軍校。時淮西兵力方壯，太祖之師尚寡，歸厚以少擊衆，往無不捷。光啓三年春，與秦宗賢戰于萬勝，大破之。其夏，蔡將張晊以數萬衆屯於赤堈，歸厚嘗與晊單騎鬬於陣，晊不能支而奔，師徒乘此大捷。太祖大悅，立署爲騎軍長，仍以鞍馬器幣錫之。及佐朱珍討時溥，寨于豐、蕭之間，歸厚乘徐壘如行坦途，甚爲諸將歎伏。龍紀初，奏遷檢校工部尚書。其年冬，復伐徐，歸厚以偏師徑進，至九里山下與徐兵遇。時我之叛將陳璠在賊陣中，歸厚忽見之，因瞋目大罵，單馬直往，期于必取，會飛矢中左目而退，徐戎甚衆，莫敢追之。

大順元年，奏加檢校兵部尚書，又命統親軍。是歲，郴王還寨(四)，未知所往，忽逢兗、鄆賊寇甚衆，太祖亟登道左高阜以觀之，命歸厚領所部廳子馬 案：原本作「厲子馬」，考通鑑注，廳子都係當時軍旅之名，今改正。（舊五代史考異）直突之，出沒二十餘合，賊大敗將北，而救軍雲至，歸厚卽綴賊苦戰，請太祖以數十騎先還。時歸厚所乘馬中流矢而踣，乃持槊步鬬漸退，賊不敢逼。太祖至寨，亟命張筠、劉儒飛騎來迎，然謂已歿矣。歸厚體被二十餘箭，尚復拒戰，筠等既至，賊解乃歸。太祖見之，撫背泣下曰：「得歸厚身全，縱廣喪戎馬，何足計乎！」便令肩舁歸汴，日降問賚，恩旨甚厚，尋遷中軍指揮使。

景福初，從太祖伐鄆，帝軍不利，太祖爲寇所逼，歸厚殿馬翼衞，左右馳射，矢發如雨，賊騎千百，披靡而退。明年，與葛從周 案：原本作「郭從周」，今據通鑑改正。（舊五代史考異）禦晉軍 晉軍，原本作「晉君」，今據通鑑改正。（影庫本粘籤）於洹水，殊績尤著。詔加檢校右僕射。其後討滄州，復洛州，咸以功聞，太祖錄其勳，命權知洛州事。是郡嘗兩爲晉人所陷，井邑蕭條，歸厚撫之，數月之內，民庶翕然。太祖自鎮、定還，覩其緝理之政，大喜，賞之。

天復元年冬，眞拜洛州刺史，加檢校左僕射，尋授絳州刺史。三年秋，改晉州刺史，仍檢校司空。唐帝遷都洛陽，除右神武統軍。天祐二年，改左羽林統軍，與徐懷玉同守澤州，時晉軍五萬來攻，郡中戎士甚寡，歸厚極力拒守，并軍乃還。太祖受禪，加檢校司空。開平二年夏，劉知俊以同州叛，歸厚副楊師厚、劉鄩等討平之。秋，軍還，授亳州團練使。乾化元年，拜鎮國軍節度使、陝虢等州觀察處置等使。明年夏，以疾卒於位。詔贈太師。子漢卿。永樂大典卷一萬八千一百二十六。

張歸弁，字從晃。始與兄歸霸、歸厚同歸於太祖，得署爲牙校。時太祖初鎮宣武，屢命歸弁結好於近境，頗得行人之儀。乾寧中，以偏師佐葛從周禦并軍於洹水。光啓中，又佐張存敬與燕人戰於內黃，積前後功，表授檢校工部尚書。大順初，攻討兗、鄆，命歸弁佐衡王友諒屯單父(五)，軍聲甚振，尋爲齊州指揮使。屬青帥王師範叛，遣將詐爲賈人，挽車數十乘，匿兵器於其中，將謀竊發，歸弁察而擒之，州城以寧。明年春，青寇大舉來伐，州兵既寡，民意頗搖，有本郡都將 都將，原本作「郁將」，今據文改正。（影庫本粘籤）康文爽等三人欲謀外應，卽時擒獲誅之，人心遂定。歸弁又罄發私帑，賞給士伍，青人遂遁。青州平，超加檢校右僕射，遂領爰州刺史。從征荆、襄迴，轉檢校左僕射。

天祐三年春，太祖入魏誅牙軍，魏之郡邑多叛，歸弁與諸將等分布攻討，封境悉平。而歸弁於高唐 高唐，原本作「高堂」，今據通鑑改正。（影庫本粘籤）攻賊太猛，飛矢中於臆，太祖嘉之，命賜銀鞍勒馬一疋(六)、金帶一條。夏五月，命權知晉州。冬十一月，眞授晉州刺史，加檢校司空。太祖受禪，改滑州長劍指揮使。開平二年秋九月，并軍圍平陽，詔歸弁統兵救之。軍至，解其圍，加檢校司徒。三年春三月，寢疾，卒於滑州之私第。子漢融。永樂大典卷六千三百五十。

史臣曰：從周以驍武之才，事雄猜之主，而能取功名於馬上，啓手足於牖下，靜而言之，斯爲賢矣。彥章蔚有將才，死於讒口，身既歿矣，國亦隨之，惜哉！歸霸昆仲，皆脫身於巨盜之流，宣力於興王之運，由介胄而析珪爵，可不謂壯夫歟！永樂大典卷六千三百五十。

校勘記

(一) 河東實遣師來援　原作「河東實遣救河東」，據殿本考證改。

(二) 浮陽　原作「孚陽」，據殿本、劉本、彭校改。

(三) 葛公威名著于敵中　殿本、劉本作「葛侍中鎮兗之日，威名著于敵中」。

(四) 是歲郴王還寨　殿本、劉本同。冊府卷三六〇作「是歲，郴王友裕領諸軍屯於濮州之境。十一月，太祖率親從騎士將合大軍，會郴王還寨」。

(五) 衡王友諒　「友諒」原作「友謙」，據劉本、冊府卷三六〇改。按本書卷一二宗室傳云：「友諒，全昱子，初封衡王，後嗣廣王。」

(六) 賜銀鞍勒馬　「銀」字原無，據冊府卷三六〇補。

舊五代史卷十七

梁書十七

列傳第七

成汭，淮西人。少年任俠，乘醉殺人，爲讎家所捕，因落髮爲僧，冒姓郭氏，案新唐書云：入蔡賊中，爲賊帥假子，更姓名爲郭禹。亡匿久之，及貴，方復本姓。永樂大典卷一萬八千八百二十。唐僖宗朝，爲蔡州軍校，領本郡兵戍荊南，帥以其凶暴，欲害之，遂棄本軍奔於秭歸。一夕，巨蛇繞其身，幾至於殞，乃祝曰：「苟有所負，死生唯命。」逡巡，蛇亦解去。後據歸州，招輯流亡，練士伍，得兵千餘人，沿流以襲荊南，遂據其地，朝廷即以旄鉞授之。永樂大典卷五千九百四十。是時荊州經巨盜之後，居民才一十七家，汭撫輯凋殘，勵精爲理，通商訓農，勤於惠養，比及末年，僅及萬戶。永樂大典卷一萬一千八百二十七。汭性豪暴，事皆意斷，又好自矜伐，騁辯凌人，深爲識者所鄙。永樂大典卷二千九百九十八。

初，澧、朗二州，本屬荊南，乾寧中，爲土豪雷滿所據。汭奏請割隸，唐宰相徐彥若執而不行，汭由是銜之。及彥若出鎮南海，路過江陵，汭雖加延接，而猶怏怏。嘗因對酒，語及其事，彥若曰：「令公位尊方面〔一〕，自比桓、文，雷滿者，偏州一草賊爾，令公何不加兵，而反怨朝廷乎！」汭赧然而屈〔二〕。永樂大典卷二萬一千一百二十八。累官至檢校太尉，封上谷郡王。楊行密以兵圍鄂州，汭出師以援鄂，淮寇乘之，以火焚其艦，汭投江而死。天祐三年夏，太祖以汭沒於王事，上表於唐帝，請爲汭立廟於荊門，優詔可之。永樂大典卷一萬一千八百三十七。

案：成汭傳，永樂大典闕全篇，今就散見六條，編次如右。五代史補：鄭準，不知何許人，性諒直，能爲文章，長于箋奏。成汭鎭荊南，辟爲推官。汭嘗讎殺人，懼爲吏所捕，改姓郭氏，及爲荊南節度使，命準爲表乞歸本姓，準援筆而成。其略云：「臣門非冠蓋，家本軍戎。親朋之內，盱睢爲人報怨；昆弟之間，點染無處求生。背故國以狐疑，望鄰封而鼠竄。名非霸越，乘舟雖效于陶朱；志切投秦，出境遂稱于張祿。」又云：「成爲本姓〔三〕，郭乃冒稱。本避犯禁之辜，敢歸司寇；別族受封之典，誠愧諸侯。伏乞聖慈，許歸本姓」云云。其表甚爲朝廷所重。後因汭生辰，淮南楊行密遣使致禮幣之外，仍貺初學記一部，準忿然以爲不可，謂汭曰：「夫初學記，蓋訓童之書爾，今敵國交聘，以此書爲貺，得非相輕之甚耶！宜書責讓。」汭不納，準自嘆曰：「若然，見輕敵國，足彰幕府之無人也。參佐無狀，安可久！」遽請解職。汭怒其去，潛使人于途中殺之。

杜洪者，江夏伶人。案新唐書：洪，鄂州人。鍾傳者，豫章小校。案新唐書：傳，洪州高安人。唐光啓中，秦宗權凶焰飈起，屢擾江、淮，郡將不能城守。洪、傳各爲部校，因戰立威，逐其廉使，自稱留後，朝廷因而命之。案新唐書：光啓二年，洪乘虛入鄂，自爲節度留後，僖宗即拜本軍節度使。中和三年，傳逐江西觀察使高茂卿，遂有洪州，僖宗擢傳江西團練使，俄拜鎭南節度使。及爲楊行密所攻，洪、傳首尾相應，皆遣求援於太祖，太祖遣朱友恭赴之，大破淮寇于武昌，二鎭稍寧。及行密乘勝急攻洪、鄂，洪復乞師于太祖，太祖命荊南成汭率荊、襄舟師以赴之。未至夏口，汭敗溺死，淮人遂陷鄂州，洪爲其所擒，被害于廣陵市，時唐天復二年也。案九國志劉存傳：存急焚鄂州城樓，梁援兵將突圍而出，諸將欲急擊之，存曰：「擊之賊必復入，復入則城愈固矣，不若聽其遁去。」諸將皆曰：「善。」是日城陷，擒杜洪父子，斬于廣陵市。天祐三年夏，太祖表請爲洪立廟于其鎭，優詔可之。太祖即位，詔贈太傅。先是鍾傳卒於江西，其子繼之，案九國志秦裴傳：天祐三年，洪州鍾傳卒，州人立其子匡時。江州刺史延規，傳之養子，忿不得立，以其郡納款，因授裴西南面行營招討，使攻匡時，城陷，擒匡時以獻。歐陽史采用九國志，新唐書延規作匡範，與九國志異。尋爲楊行密所敗，其地亦入于淮夷。永樂大典卷四百九十一。五代史補：鍾傳雖起于商販，尤好學重士，時江西士流有名第者，多因傳薦，四遠騰然，謂之曰英明。諸葛浩素有詞學，嘗爲泗州管驛巡官，仰傳之風，因擇其所行事赫赫可稱者十條，列于啓事以投之。十啓凡五千字，皆文理典贍，傳覽之驚嘆，謂賓佐曰：「此啓事每一字可以千錢酬之。」遂以五千貫贈，仍辟在幕下，其激勸如此。上藍和尚，失其名，居于洪州上藍院，精究術數，大爲鍾傳所禮。一旦疾篤，往省之，且曰：「老夫于和尚可謂無間矣，和尚或不諱，得無一言相付耶！」上藍強起，索筆作偈以授，其末云：「但看來年二三月，柳條堪作打鍾槌。」偈終而卒。傳得之，不能測。洎明年春，淮帥引兵奄至，洪州陷，江南遂爲楊氏有。「打鍾」之偈，人始悟焉。

田頵，本揚府之大校也。案九國志：頵字德臣，廬州合肥人。朱延壽，不知何許人。案九國志：延壽，廬州舒城人，與新唐書同。唐天祐初，楊行密雄據淮海，時頵爲宣州節度使，延壽爲壽州刺史。頵以行密專恣跋扈，嘗移書諷之曰：「侯王守方，以奉天子，古之制也。其或踰越者，譬如百川不朝于海，雖狂奔猛注，澶漫遐廣，終爲涸土；不若恬然順流，淼茫無窮也。況東南之鎭，揚爲大，塵賤刀布，阜積金玉，願公上恆賦，頵將悉儲峙，具單車從。」行密怒曰：「今財賦之行，必由於汴，適足以資于敵也。」不從。時延壽方守壽春，案九國志：天復初，北司擁駕西幸，昭宗聞延壽有武幹，遣李儼間道齎詔授延壽蔡州節度使。直頵之事，密遣人告于頵曰：「公有所欲爲者，願爲公執鞭。」頵聞之，頗會其志，乃召進士杜荀鶴具述其意，復語曰：「昌本朝，奉盟主，在斯一舉矣。」即遣荀鶴具述密議，自間道至大梁。太祖大悅，遽屯兵于宿州以會其變。不數月，事微洩，行密乃先以公牒徵延壽，案新唐書：行密妻，延壽姊也，遣辯士召延壽。疑不肯赴，姊遣婢報，故延壽疾走揚州。次悉兵攻宣城，頵戎力寡薄，棄壁走，不能越境，爲行密軍所得。案九國志：行密別遣臺濛、王茂章率步騎以往，頵委舟師于汪建、王壇，自出廣德迎戰，大爲濛所敗，遂率殘衆遁保宛陵。壇、建聞其敗，因盡以舟師歸款于行密。十二月，頵出外州柵疾戰，橋陷馬墜，爲外軍所殺。延壽飛騎赴命，遲揚州一舍，行密使人殺之。案五國故事云：延壽既至，行密處正廳，潛兵以見之。俄而開目曰：「數年不見舅，今日果相覩！」延壽惶駭。遂叱壯士執而殺之。（舊五代史考異）　案九國志：行密迎至寢門，使人刺殺之。新唐書從九國志，當得其實。薛史以爲遲揚州一舍而見殺，五代史補又以爲行密自奮鐵槌殺之，疑皆屬傳聞之誤。

其後延壽部曲有逸境至者，具言其事。又云：延壽之將行也，其室王氏勉延壽曰：「今若得兵柄，果成大志，是吉凶繫乎時，非繫於吾家也。然願日致一介，以寧所懷。」一日，介不至，王氏曰：「事可知矣。」乃部分家僕，悉授兵器，遽闔中扉，而捕騎已至，不得入。遂集家屬〔四〕，阜私帑，發百燎，合州廨焚之。既而稽首上告曰：「妾誓不以皎然之軀，爲讎者所辱。」乃投火而死。永樂大典卷四千八百五。　五代史補：楊行密據淮南，以妻弟朱氏衆謂之朱三郎者，行密署爲泗州防禦使。泗州素屯軍，朱氏驍勇，到任恃衆自負，行密雖悔，度力未能制，但姑息之，時議以謂行密事勢去矣。居無何，行密得目疾，雖癒，且詐稱失明，其出入皆以人扶策，不爾則觸牆抵柱，至於流血，姬妾僕隸以爲實然，往往無禮，首尾僅三年。朱氏聞之，信而少懈弛，行密度其計必中，謂妻曰：「吾不幸臨老兩目如此，男女輩幼小〔五〕，苟不諱，則國家爲他人所有。今晝夜思忖，不如召泗州三舅來，使管勾軍府事，則吾雖死無恨。」妻以爲然，遽發使述其意而召之，朱氏大喜，倍道而至〔六〕。及入謁，行密恐其覺，坐于中堂，以家人禮見。朱氏頗有德色，方設拜，行密奮袖中鐵槌以擊之，正中

其首，然猶宛轉號叫，久而方斃。行密內外不測，卽時升堂廳，召將吏等謂之曰：「吾所以稱兩目失明者〔七〕，蓋爲朱三。此賊今已擊殺，兩目無事矣，諸公知之否！」於是軍府大駭，其僕妾嘗所無禮者皆自殺。初，行密之在民間也，嘗爲合肥縣手力，有過，縣令將鞭之，行密懼且拜。會有客自外入，見行密每拜，則廳之前簷皆卬地，而令不之覺。客知其非常，乃遽升廳揖令于他處，告以所見，令驚，遂恕之，且勸率郡以自奮。行密度本郡不足依，乃投高駢。駢死，秦彥、孫儒等作亂，行密連誅之，遂有淮南之地。

趙匡凝，案新唐書：匡凝字光儀。蔡州人也。父德諲，初事秦宗權爲列校，當宗權強暴時，表爲襄州留後。唐光啓四年夏六月，德諲審宗權必敗，乃舉漢南之地以歸唐朝，仍遣使投分于太祖，兼誓戮力，同討宗權。時太祖爲蔡州四面行營都統使，乃表德諲爲副，仍領襄州節度使。蔡州平，以功累加官爵，封淮安王。

匡凝以父功爲唐州刺史兼七州馬步軍都校。及德諲卒，匡凝自爲襄州留後，朝廷卽以旄鉞授之。作鎮數年，甚有威惠，累官至檢校太尉、兼中書令。匡凝氣貌甚偉，好自修飾，每整衣冠，必使人持巨鑑前後照之。對客之際，烏巾 烏巾，原本作「烏中」，今據文改正。（影庫本粘籤） 上微覺有塵，卽令侍妓持紅拂以去之。人有誤犯其家諱者，往往遭其檟楚，其方嚴也如是。

光化初，匡凝以太祖有清口之敗，密附于淮夷，太祖遣氏叔琮率師伐之。未幾，其泌州刺史

趙璠越墉來降〔八〕，隋州刺史趙匡璘臨陣就擒。俄而康懷英攻下鄧州，匡凝懼，遣使乞盟，太祖許之，自是附庸于太祖。及成汭敗于鄂州，匡凝表其弟匡明爲荊南留後。是時唐室微弱，諸道常賦多不上供，唯匡凝昆仲雖強據江山，然盡忠帝室，貢賦不絕。

太祖將期受禪，以匡凝兄弟並據藩鎮，乃遣使先諭旨焉。匡凝對使者流涕，答以受國恩深，豈敢隨時妄有他志。使者復命，太祖大怒。天祐二年秋七月，遣楊師厚率師討之。八月，太祖親領大軍南征，仍請削匡凝在身官爵。及師厚濟江，匡凝以兵數萬逆戰，大爲師厚所敗，匡凝乃燔其舟，單舸急棹，沿漢而遁于金陵。後卒於淮南。案新唐書云：師厚緣陰谷伐木爲梁，匡凝以兵二萬瀕江戰，大敗，乃燔州〔九〕，單舸夜奔揚州。行密見之，曰：「君在鎮，輕車重馬輸于賊，今敗乃歸我邪！」匡明亦謀奔淮南，子承規諫曰：「昔諸葛兄弟分仕二國，若適揚州，是自取疑也。」匡明謂然，乃趣成都。歐陽史云：行密厚遇匡凝，其後行密死，楊渥稍不禮之，渥方宴食青梅，匡凝顧渥曰：「勿多食，發小兒熱。」諸將以爲慢，渥遣匡凝海陵，後爲徐溫所殺。初，匡凝好聚書，及敗，楊師厚獲數千卷于第，悉以來獻。

匡凝弟匡明，字贊堯，幼以父貴，一子出身，爲江陵府文學。及壯，以軍功歷繡、峽二州刺史。成汭之敗，其兄匡凝表爲荊南留後，未至鎮，而朗、陵之兵先據其城矣。匡明領兵逐之，遂鎮于渚宮。天祐二年秋，太祖既平襄州，遣楊師厚乘勝以趨荊門。匡明懼，乃舉族上峽奔蜀，王建待以賓禮。及建稱帝，用爲大理卿、工部尚書。久之，卒于蜀。永樂大典卷一萬六

千九百九十一。

張佶，不知何郡人也。案九國志：佶，京兆長安人。乾寧初，以明經中第，累遷宣州從事，復爲秦宗權行軍司馬。後與劉建峯據湖南，推建峯爲帥。唐乾寧初，劉建峯據湖南，獨邵州不賓，命都將馬殷討之，期歲未尅，而建峯爲部下所殺，軍亂，鄰寇且至。是時，佶爲行軍司馬，屬潭人謀帥，曰：「張行軍卽所奉也。」佶不得已而視事，旬日之間，威聲大振，寇亦解去。案九國志：建峯將吏推佶爲帥，佶將入府，常所乘馬忽蹶踶齧不止，正中佶髀。佶謂將吏曰：「吾非汝主，當迎馬公爲之。」與薛史異。新唐書劉建峯傳從九國志。乃謂將吏曰：「佶才能不如馬公，況朝廷重藩，非其人不可。」因以牘召，殷亦不疑，稟命而至。佶受拜謁禮畢，命升階讓殷爲帥，佶卽趨下率衆抃賀。乃自請率師代殷攻邵州，下之。復爲行軍司馬，垂二十年。殷果立大勳，甚德佶。開平初，殷表佶爲朗州永順軍節度使，累加檢校太傅、同平章事。乾化元年夏四月，卒于位。案九國志：乾化初，移鎮桂林，卒于治所。詔贈侍中。永樂大典卷六千二百五十。

雷滿，按新唐書：滿字秉仁。武陵洞蠻也。始爲朗州小校，唐廣明初，王仙芝焚劫江陵，是時朝廷以高駢爲節度使，駢擢滿爲裨將，以領蠻軍。駢移鎮淮南，復隸部曲，以悍獷趫健知

名。中和初，擅率部兵自廣陵逃歸于朗，沿江恣殘暴，始爲荆人大患矣。率一歲中三四移，兵入其郛，焚蕩驅掠而去。唐朝姑務息兵，即以澧朗節度使授之。案歐陽史云：滿殺刺史崔翥，遂據朗州，請命于唐，昭宗以澧、朗爲武貞軍，拜滿節度使。新唐書則云：詔授朗州兵馬留後，俄進武貞軍節度使。與薛史微有互異。累官至檢校太傅、案：新唐書作檢校太尉。同平章事。滿貪穢慘毒，蓋非人類。又嘗於府署濬一深潭，構大亭於其上，每隣道使車經由，必召讌於中，且言：「此水府也，中有蛟龍，奇怪萬態，唯余能游焉。」或酒酣對客，即取筵中寶器亂擲於潭中，因自褫其衣，裸露其文身，遽躍入水底，徧取所擲寶器，戲弄於水面，久之方出，復整衣就座，其詭誕如此。及死，子彥恭繼之，案新唐書：滿以天復元年卒，子彥威自立，弟彥恭結忠義節度使趙匡凝以逐彥威。蠻蜑狡獪，深有父風，燼墟落，榜舟楫，上下於南郡、武昌之間，殆無人矣。又與淮、蜀結連，阻絕王命。太祖詔湖南節度使馬殷、荆南節度使高季昌練精兵五千，遣將倪可福統之，下澧州，與潭兵合。先是，滿塹沅江，以周其壘，門臨長橋，勢不可入。殷極其兵力，攻圍周歲，彥恭食盡兵敗，間使求救於淮夷。及淮軍來援，高季昌逆戰於沿津馬頭岸，大破之，俄而攻陷朗州，彥恭單棹遁去。案通鑑考異引梁太祖實錄云：彥恭汲溺于江。通鑑從紀年錄作奔廣陵。歐陽史與通鑑同。馬殷擒其弟彥雄及逆黨七人，械送至闕，皆斬於汴橋下，時開平二年十一月也。永樂大典卷二千七百三十一。

史臣曰：成汭、鍾、杜、田、朱之流，皆因否運，雄據大藩，雖無濟代之勞，且有勤王之節，功雖不就，志亦可嘉，若較其誠明，則田頵、延壽斯爲優矣。匡凝一門昆仲，千里江山，失守藩垣，不克負荷，斯乃劉景升之子之徒歟！張佶有讓帥之賢，雷滿辱俾侯之寄，優劣可知矣。永樂大典卷二千七百三十一。

校勘記

〔一〕令公 原作「今公」，册府卷九三九同。據殿本、劉本、彭校改。下文「令公何不加兵」同。

〔二〕汭赧然而屈 殿本此下注云：「案以下有闕文。」據册府卷九三九，其下云：「因思嶺外有黄茅瘴，患者皆落髮，乃謂彥若曰：『黄茅瘴，望相公保重。』彥若應聲答曰：『南海黄茅瘴，不死成和尚。』蓋譏汭曾爲僧也。汭終席慚恥。」

〔三〕本姓 「姓」原作「性」，據殿本、劉本、舊五代史考異、五代史補卷二改。

〔四〕遂集家屬 「家」原作「愛」，據殿本、劉本改。

〔五〕男女輩幼小 原作「男女卑幼」，據五代史補卷一改。

〔六〕倍道而至 「至」原作「去」，殿本作「行」，據五代史補卷一改。

〔七〕吾所以稱兩目失明者 「稱」字原無，據五代史補卷一補。

〔八〕泌州 原作「沁州」，據劉本、本書卷二梁太祖紀改。按：新唐書卷四〇地理志，泌州與襄、唐、隋、鄧諸州均屬山南道；新唐書卷三九地理志，沁州屬河東道。

〔九〕燔州 新唐書卷一八六趙德諲傳同。殿本、劉本、舊五代史考異作「燔舟」。

舊五代史卷十八

梁書十八

列傳第八

張文蔚，字右華，河間人也。父裼，案：裼，原本作「錫」。考舊唐書張裼傳云，字公表，當以從「衣」爲是，今改正。唐僖宗朝，累爲顯官。文蔚幼礪文行，求知取友，藹然有佳士之稱。唐乾符初，登進士第，時丞相裴坦兼判鹽鐵，解裼署巡官。未幾，以畿尉直館。丁家艱，以孝聞。中和歲，僖宗在蜀，大寇未滅，大寇，原本作「大憝」，今據文改正。（影庫本粘籤）急於軍費，移鹽鐵於揚州，命李都就判之，奏爲轉運巡官。駕還長安，除監察御史，遷左補闕侍御史、起居舍人、司勳吏部員外郎，拜司勳郎中、知制誥，歲滿授中書舍人。丁母憂，退居東畿，哀毀過禮。服闋，復拜中書舍人，俄召入翰林，爲承旨學士。屬昭宗初還京闕，皇綱寖微，文蔚所發詔令，靡失厥中，論者多之。轉戶部侍郎，仍依前充職，尋出爲禮部侍郎。天祐元年夏，拜中書侍郎、平

章事，兼判戶部。

時柳璨在相位，擅權縱暴，傾陷賢儁，宰相裴樞等五家及三省而下三十餘人，咸抱冤就死，搢紳以目，不敢竊語其是非，餘怒所注，亦不啻十許輩。文蔚殫其力解之，乃止，士人賴焉。璨敗死，文蔚兼度支鹽鐵使。天祐四年，天子以土運將革，天命有歸，四月，命文蔚與楊涉等總率百僚，奉禪位詔至大梁。太祖受命，文蔚等不易其位。開平二年春，暴卒於位，詔贈右僕射。

文蔚沈邃重厚，有大臣之風，居家孝且悌，雖位至淸顯，與仲季相雜，在太夫人膝下，一不異布素。弟濟美，早得心恙，案舊唐書云：文蔚弟濟美、貽憲，相繼以進士登第。北夢瑣言云：張裼尚書有五子：文蔚、彝憲、濟美、仁龜，皆有名第，至宰輔丞郎。內一子，忘其名，少年聞壁魚食神仙字，身有五色，吞之可得仙，因欲試之，遂致心疾。是得疾者別自一人，非濟美也。文蔚撫視殆三十年，士君子稱之。永樂大典卷六千三百五十一。

子鑄，周顯德中，位至祕書監。

薛貽矩，字熙用，河東聞喜人。祖存，父廷望，咸有令名。貽矩風儀秀聳，其與游者皆一時英妙，藉甚於文場間。唐乾符中，登進士第，歷度支巡官、集賢校理、拾遺、殿中、起居舍人，召拜翰林學士，加禮部員外郎、知制誥，轉司勳郎中，其職如故。乾寧中，天子幸石門，貽矩以私屬相失，不及於行在，罷之。旋除中書舍人，再踐內署，內署，原本作「內書署」，以文義求之，「書」字當係衍文，今刪去。（影庫本粘籤）歷戶部兵部侍郎、學士承旨。及昭宗自鳳翔還京，大翦閹寺，貽矩嘗爲韓全誨等作畫讚，悉紀于內侍省屋壁間，坐是謫官。天祐初，除吏部侍郎，不至。太祖素重之，嘗言之于朝，卽日拜吏部尚書，俄遷御史大夫。四年春，唐帝命貽矩持詔赴大梁，議禪代之事。貽矩至，盛稱太祖功德，請就北面之禮，太祖雖謙抑不納，待之甚厚。受禪之歲夏五月，拜中書侍郎、平章事，兼判戶部。明年夏，進拜門下侍郎、監修國史、判度支，又遷弘文館大學士，充鹽鐵轉運使，累官自僕射至守司空。在任綿五載，案歐史梁本紀：貽矩以開平元年同平章事，至乾化二年薨，統計貽矩居相位共六年。歐史唐六臣傳：貽矩爲梁相五年，卒。尙仍薛史之誤。然亦無顯赫事跡可紀。扈從貝州還，染時癘，旬日卒于東京。詔贈侍中。永樂大典卷二萬一千三百六十七。

張策，字少逸，燉煌人。父同，父同，唐摭言作父同文，薛史與歐陽史合，今存其舊。（影庫本粘籤）仕唐，官至容管經略使。策少聰警好學，尤樂章句。居洛陽敦化里，嘗浚甘泉井，得古鼎，耳有篆字曰「魏黃初元年春二月，匠吉千」，吉千，原本作「吉大」，今據歐陽史改正。（影庫本粘籤）且又製作奇巧，同甚寶之。策時在父傍，徐言曰：「建安二十五年，曹公薨，改年爲延康，其年十月，

文帝受漢禪，始號黃初，則是黃初元年無二月明矣。鼎文何謬歟！」同大驚，亟遣啓書室，取魏志展讀，一不失所啓，宗族奇之，時年十三。然而妙通因果，酷奉空教，未弱冠，落髮爲僧，居雍之慈恩精廬，頗有高致。唐廣明末，大盜犯闕，策遂返初服，奉父母逃難，君子多之。及丁家艱，以孝聞。服滿，自屛郊藪，一無干進意，若是者十餘載。案唐摭言云：張策自少從學浮圖，法號藏機，發名內道場爲大德。廣明庚子之亂，趙少師崇凝主文，策謂時事更變，求就貢籍。崇凝庭譴之。策不得已，復舉博學鴻詞。崇凝職受天官，復黜之；仍顯揚其過。又，北夢瑣言載趙崇凝之辭曰：「張策衣冠子弟，無故出家，不能參禪訪道，抗跡塵外，乃于御簾前進詩，希望恩澤，如此行止，豈掩人口。某十度知舉，十度斥之。」薛史以爲自屛郊藪，無仕進意，與摭言諸書異。（孔本）方出爲廣文博士，改祕書郎。

王行瑜帥邠州，辟爲觀察支使，帶水曹員外郎，賜緋。及行瑜反，太原節度使李克用奉詔討伐，行瑜敗死，邠州平。策與婢肩輿其親，南出邠境，屬邊寨積雪，爲行者所哀。太祖聞而嘉之，奏爲鄭滑支使，尋以內憂去職。制闋，除國子博士，遷膳部員外郎。不一歲，華帥韓建辟爲判官，及建領許州，又爲掌記。

天復中，策奉其主書幣來聘，太祖見而喜曰：「張夫子且至矣。」卽奏爲掌記，兼賜金紫。案北夢瑣言云：朱令公軍次于華，用張濬計，先取韓建。其幕客張策攜印率副使李巨川同詣轅門請降。張策本與張濬有分，攜印而降，協濬之謀。是梁祖之喜張策，由張濬有先入之言也。天祐初，表其才，拜職方郎中，兼史館修

撰，俄召入爲翰林學士，案唐摭言云：策後爲梁太祖從事。天祐中，在翰林，太祖頗倚之爲謀府〔一〕。策極力媒孽崇凝，竟罹冤酷。（孔本）轉兵部郎中、知制誥，依前修史。未幾，遷中書舍人，職如故。太祖受禪，改工部侍郎，加承旨。其年冬，轉禮部侍郎。明年，從征至澤州，拜刑部侍郎、平章事，仍判戶部，尋遷中書侍郎，以風恙拜章乞骸，改刑部尚書致仕。即日肩輿歸洛，居於福善里，修篁嘉木，圖書琴酒，以自適焉。乾化二年秋，卒。所著典議三卷、制詞歌詩二十卷、牋表三十卷，存於其家。永樂大典卷六千三百五十一。

杜曉，字明遠，京兆杜陵人。祖審權，審權，原本作「省權」，今據新、舊唐書改正。（影庫本粘籤）仕唐，位至宰相。父讓能，官至守太尉、平章事。乾寧中，邠、鳳二鎮舉兵犯王畿，讓能被其誣陷，天子不得已，賜死於臨皐驛。曉居喪柴立，幾至滅性。憂滿，服幅巾七升，沈跡自廢者將十餘載。案：歐陽史作自廢十餘年，吳縝纂誤據景福二年讓能死，乾寧四年崔遠判戶部，光化三年崔遠罷相，相隔止八年。曉爲崔遠判戶部所舉，不得云自廢十餘年。（舊五代史考異）光化中，宰相崔胤判鹽鐵，奏爲巡官兼校書郎，尋除畿尉，直弘文館，皆不起。及昭宗東遷，宰相崔遠判戶部，又奏爲巡官兼殿中丞。或語之曰：「嵇中散死，子紹埋沒不自顯，山濤以物理勉之，乃仕。吾子忍令杜氏歲時以鋪席 鋪席，原本作「補席」，今據歐陽史改正。（影庫本粘籤）

祭其先人，同匹庶乎！」曉乃就官。未幾，拜左拾遺，尋召爲翰林學士，轉膳部員外郎，依前充職。及崔遠得罪，出守本官，居數月，以本官知制誥，俄又召爲學士，遷郎中充職。太祖受禪，拜中書舍人，職如故。開平三年，轉工部侍郎，充承旨。承旨，應作「奉旨」。五代會要：梁時避諱，改承旨爲奉旨。至後唐，始復爲承旨。薛史梁書承旨與奉旨前後互見，通鑑亦然。蓋當時雜採諸書，未及改從畫一也。今姑仍其舊。（影庫本粘籤）明年秋，拜中書侍郎、平章事，案：杜曉入相之歲，歐陽史紀作三年，傳作二年，吳縝已辨其誤。（舊五代史考異）仍判戶部。庶人友珪篡位，遷禮部尚書、平章事、集賢殿大學士，依前判戶部。及袁象先之討友珪，禁兵大縱，曉中重創而卒。末帝即位，詔贈右僕射。

曉博贍有詞藻，時論稱之。兄光乂，案新唐書表：光乂，字啓之。有心疹，厥疾每作，或溢喙縱詬，或揮梃追撲，曉事之愈恭，未嘗一日少怠。居兩制之重，祖述前載，甚得王言之體。案北夢瑣言云：曉貌如削玉，有制誥之才。及典秩尚書，志氣甚遠，一旦非分而沒，咸寃惜焉。豈三世爲相，道忌太盛歟！永樂大典卷一萬四千七百三十。

敬翔，字子振，同州馮翊人。唐神龍中平陽王暉之後也。曾祖琬，綏州刺史。祖忻，同州掾。父衮，集州刺史。翔好讀書，尤長刀筆，應用敏捷。乾符中，舉進士不第。及黃巢陷

長安，乃東出關。時太祖初鎮大梁，有觀察支使王發者，翔里人也，翔往依焉，發以故人遇之，然無由薦達。翔久之計窘，乃與人爲牋刺，往往有警句，傳於軍中。太祖比不知書，章檄喜淺近語，聞翔所作，愛之，謂發曰：「知公鄉人有才，可與俱來。」及見，應對稱旨，即補右職，每令從軍。翔不喜武職，求補文吏，即署館驛巡官，俾專掌檄奏。太祖與蔡賊相拒累歲，城門之外，戰聲相聞，機略之間，翔頗預之，太祖大悅，恨得翔之晚，故軍謀政術，一以諮之。案通鑑考異引張昭遠莊宗列傳：溫狡譎多謀，人不測其際。唯翔覘彼舉錯，即揣知其心，或有所不備，因爲之助。溫大悅，自以爲得翔之晚，故軍謀政術，一切諮之。（舊五代史考異）蔡賊平，奏授太子中允，賜緋。從平兗、鄆，改檢校水部郎中。太祖兼鎮淮南，授揚府左司馬，揚府，原本作「陽府」，考歐陽史作揚府，蓋即揚州都督府之省文，今改正。（影庫本粘籤）賜金紫。乾寧中，改光祿少卿充職。天復中，授檢校禮部尚書，遙領蘇州刺史。昭宗自岐下還長安，御延喜樓，召翔與李振登樓勞問，翔授檢校右僕射、太府卿，賜號迎鑾叶贊功臣。

太祖受禪，自宣武軍掌書記、前太府卿，授檢校司空，依前太府卿勾當宣徽院事。尋改樞密院爲崇政院，以翔知院事。開平三年夏四月，太祖以邠、岐侵擾，遣劉知俊西討鄜、延，深憂不濟，因宴顧翔，以問西事。翔剖析山川郡邑虛實，軍糧多少，悉以條奏，如素講習，左右莫不驚異，太祖嘆賞久之。乾化元年，進位光祿大夫，行兵部尚書、金鑾殿大學士，知崇

政院事、平陽郡侯。前朝因金巒坡 金巒，歐陽史、通鑑俱作「鑾」，唯五代會要與薛史同，今仍從原文，附識于此。（影庫本粘籤）以爲門名，與翰林院相接，故得爲學士者稱「金巒」以美之，今殿名「金鑾」，從嘉名也。案：原本脫「名」字，今從職官志增入。（舊五代史考異）置大學士，始以翔爲之。案五代會要云：以「金鑾」爲名，非典也。大學士與三館大學士同。

翔自釋褐東下，遭遇霸王，懷抱深沉，有經濟之略，起中和歲，至鼎革大運，其間三十餘年，案：歐陽史作從太祖用兵三十餘年，蓋仍薛史之文。吳縝纂誤云：朱全忠以中和三年癸卯歲爲汴州節度使，至建國受禪，迄于乾化二年壬申遇弒，正三十年，不得云三十餘年也。（舊五代史考異）扈從征伐，出入帷幄，庶務叢委，恆達旦不寢，唯在馬上稍得晏息。每有所裨贊，亦未嘗顯諫，上俛仰顧步間微示持疑爾，而太祖意已察，必改行之，故裨佐之迹，人莫得知。及太祖大漸，召至御床前受顧託之命，且深以幷寇爲恨，翔嗚咽不忍，受命而退。案通鑑：乾化二年六月丁丑朔，帝命敬翔出友珪爲萊州刺史，即令之官。已宣旨，未行勅。蓋即敬翔所受之命。戊寅，太祖被弒，命未及行，故薛史亦不爲詳載。庶人友珪之篡位也，以天下之望，命翔爲宰相。友珪以翔先朝舊臣，有所畏忌，翔亦多稱病，不綜政事。

末帝即位，趙、張之族皆處權要，翔愈不得志。及劉鄩失河朔，安彥之喪楊劉，翔奏曰：「國家連年遣將出征，封疆日削，不獨兵驕將怯，亦制置未得其術。陛下處深宮之中，與之

計事者皆左右近習，豈能量敵之勝負哉！先皇時，河朔半在，親御虎臣驍將，猶不得志於敵人。今寇馬已至鄆州，陛下不留聖念，臣所未諭一也。臣聞李亞子自墨縗統衆，於今十年，每攻城臨陣，無不親當矢石，昨聞攻楊劉，率先負薪渡水，一鼓登城。陛下儒雅守文，未嘗如此，俾賀瓌 賀瓌，原本作「瓌」，冊府元龜引薛史亦作「瓌」，新、舊唐書、歐陽史及通鑑皆作「瓌」，今改正。（影庫本粘籤）輩與之較力，而望攘逐寇戎，臣所未諭二也。陛下所宜詢於黎老，別運沉謀，不然，則憂未艾也。臣雖駑怯，受國恩深，陛下必若乏材，乞於邊陲効試。」

末帝雖知其懇惻，竟以趙、張輩言翔怨望，不之聽。及王彥章敗於中都，晉人長驅而南，末帝急召翔，謂之曰：「朕居常忽卿所奏，果至今日。事急矣，勿以爲懟，且使朕安歸？」翔泣奏曰：「臣受國恩，僅將三紀，從微至著，皆先朝所遇，雖名宰相，實朱氏老奴耳。事陛下如郎君，以臣愚誠，敢有所隱！陛下初任段凝爲將，臣已極言，小人朋附，致有今日。晉軍即至，段凝限水。欲請陛下出居避狄，陛下必不聽從；欲請陛下出奇應敵，陛下必不果決。縱良、平復生，難以轉禍爲福，請先死，不忍見宗廟隕墜。」言訖，君臣相向慟哭。

及晉主陷都城，有詔赦梁氏臣僚，李振謂翔曰：「有制洗滌，將朝新君。」翔曰：「新君若問，其將何辭以對！」是夜，翔在高頭里第，宿於車坊。案：原本作「中」，今據歐陽史及通鑑改正。（舊五代史考異）欲曙，左右報曰：「崇政李太保已入朝。」翔返室嘆曰：「李振謬爲丈夫耳！朱氏與

晉仇讎，我等始同謀畫，致君無狀，今少主伏劍于國門，縱新朝赦罪，何面目入建國門也。」乃自經而卒。數日，并其族被誅。

初，貞明中，史臣李琪、張袞、郄殷象、馮錫嘉奉詔修撰太祖實錄三十卷，敍述非工，事多漏略。復詔翔補緝其闕，翔乃別纂成三十卷，目之曰大梁編遺錄，與實錄偕行。案：編遺錄，通鑑考異引之。書錄解題云：朱梁興，創遺編二十卷，梁宰相敬翔子振撰。自廣明巢賊之亂，朱溫事迹，迄於天祐弒逆，大書特書，不以爲愧也。其辭亦鄙俚。（舊五代史考異）

翔妻劉氏，父爲藍田令。廣明之亂，劉爲巢將尚讓所得，巢敗，讓攜劉降於時溥，及讓誅，時溥納劉於妓室。太祖平徐，得劉氏嬖之，屬翔喪妻，因以劉氏賜之。及翔漸貴，劉猶出入太祖臥內，翔情禮稍薄，劉於曲室讓翔曰：「卿鄙余曾失身於賊耶，以成敗言之，尚讓巢之宰輔，時溥國之忠臣，論卿門第，辱我何甚，請從此辭！」翔謝而止之。劉恃太祖之勢，案：原本下有缺文。太祖四鎮時，劉已得「國夫人」之號。車服驕侈，婢媵皆珥珠翠，其下別置爪牙典謁，書幣聘使，交結藩鎮，近代婦人之盛，無出其右，權貴皆相附麗，寵信言事，不下於翔。當時貴達之家，從而效之，敗俗之甚也。永樂大典卷一萬八千四百二十四。五代史補：敬翔應三傳，數舉不第，發憤投太祖，願備行陣。太祖問曰：「足下通春秋久矣，今吾主盟，共爲戰欲效春秋時可乎？」翔曰：「不可。夫禮樂猶不相沿襲，況兵者詭道，宜其變化無窮。若復如春秋時，則所謂務虛名而喪其實效，大王之事去矣。」太祖大悅，以爲知兵，遽延之幕府，委以軍事，竟至作相。

李振，字興緒，唐潞州節度使抱眞之曾孫也。祖、父皆至郡守。振仕唐，自金吾將軍改台州刺史，會盜據浙東，不克之任，因西歸過汴，以策略干太祖，太祖奇之，辟爲從事。太祖兼領鄆州，署天平軍節度副使。湖南馬殷爲朗州雷滿所逼，振奉命馳往和解，殷、滿皆稟命。

光化三年十一月〔三〕，太祖遣振入奏於長安，舍於州邸，邸吏程巖白振曰：「劉中尉命其姪希貞來計大事，案：原本作「希直」，今據通鑑改正。（舊五代史考異）欲上謁，願許之。」既至，巖乃先啓曰：「主上嚴急，內官憂恐，左中尉欲行廢黜之事，巖等協力以定中外，敢以事告。」振顧希貞曰：「百歲奴事三歲主，亂國不義，廢君不祥，非敢聞也。況梁王以百萬之師，匡輔天子，禮樂尊戴，猶恐不及，幸熟計之。」希貞大沮而去。案：通鑑考異疑李振之拒希貞爲誤，謂李振若已立異，豈敢復入長安與崔胤謀反正乎！今考梁祖紀亦云「李振自長安使迴」，當時季述懼汴梁兵力，固不能阻李振之往來。薛史所書，宜可徵信。及振復命，劉季述等果作亂，程巖率諸道邸吏牽帝下殿，以立幼主，奉昭宗爲太上皇。振至陝，陝已賀矣。護軍韓彝範言其事，振曰：「懿皇初昇遐，韓中尉殺長立幼，以利其權，遂亂天下，今將軍復欲爾耶！」彝範即文約孫也，由是不敢言。

振東歸，太祖方在邢、洺，遽還于汴，大計未決，季述遣養子希度以唐之社稷欲輸于太

祖，又遣供奉官李奉本、案：原本脫「奉本」二字，據本傳增入。（舊五代史考異）副介支彥勳詐齎上皇誥諭至，皆季述黨也。太祖未及迎命，振又言曰：「夫豎刁、伊戾之亂，所以資霸者之事也。今閹豎幽辱天子，王不能討〔三〕，無以令諸侯。」時監軍使劉重楚，季述兄也，舊相張濬，寓於河南緱氏，亦來謂太祖曰：「同中官則事易濟，且得所欲。」唯振堅執不改，獨曰：「行正道則大勳可立。」太祖英悟，忽厲色曰：「張公勸我同勅使，欲傾附自求宰相耶！」案舊唐書昭宗紀：崔胤與前左僕射張濬告難于全忠。張濬傳亦云：德王廢立之際，濬致書諸藩，請圖匡復。薛史作張濬黨于季述，爲梁祖所拒，與舊唐書異。乃定策縶僞使李奉本、支彥勳與希度等，即日請振將命于京師，與宰相謀返正。未幾，劉季述伏誅，昭宗復帝位，太祖聞之喜，召振，執其手謂之曰：「卿所謀是吾本志，穹蒼其知之矣！」自是益重之。

天祐二年春正月，太祖召振謂曰：「王師範來降，易歲尚處故藩，今將奏請徙授方面，其爲我馳騎，以茲意達之。」振至青州，師範即日出公府，以節度、觀察二印及文簿管鑰授於振。師範雖已受代，而疑撓特甚，屢揮泣求貸其族，振因以切理諭之曰：「公不念張繡事耶！漢末繡屢與曹公立敵，豈德之耶，及袁紹遣使招繡，賈詡曰：『袁家父子自不相容，何能主天下英士，曹公挾天子令諸侯，其志大，不以私讎爲意，不宜疑之。』今梁王亦豈以私怨 私怨，原本作「私恕」，今據文改正。（影庫本粘籤）害忠賢耶！」師範洒然大悟，翌日以其族遷。太祖乃表

振爲青州留後，未幾，徵還。

唐自昭宗遷都之後，王室微弱，朝廷班行，備員而已。振皆頤指氣使，旁若無人，朋附者非次獎升〔四〕，私惡者沈棄。振每自汴入洛，朝中必有貶竄，故唐朝人士目爲「鴟梟」。天祐中，唐宰相柳璨希太祖旨〔五〕，譖殺大臣裴樞、陸扆等七人於滑州白馬驛。時振自以咸通、乾符中嘗應進士舉，累上不第，尤憤憤，乃謂太祖曰：「此輩自謂清流，宜投於黃河，永爲濁流。」太祖笑而從之。洎太祖受禪，自宣義軍節度副使、檢校司徒授殿中監，累遷戶部尚書。庶人友珪篡立，代敬翔爲崇政院使。末帝即位，趙、張二族用事，遂爲所間，謀猷獻替，多不見從，振每稱疾避事。龍德末，閑居私第將期矣，晉主入汴，振謁見首罪，郭崇韜指振謂人曰：「人言李振乃一代奇才，吾今見之，乃常人耳！」會段凝等疏梁氏權要之臣，振與敬翔等同日族誅。永樂大典卷一萬三百八十六。

史臣曰：文蔚、貽矩，皆唐朝之舊臣，遇梁室之強禪，奉君命以來使，狎神器以授之，逢時若斯，亦爲臣者之不幸也。抑不爲其相，不亦善乎！杜曉著文雅之稱，張策有沖淡之量，咸登台席，無忝士林。敬翔、李振，始輔霸圖，終成帝業。及國之亡也，一則殞命以明節，一則視息以偷生，以此較之，翔爲優矣。振始有濁流之言，終取赤族之禍，報應之事，固以昭然。永樂大典卷一萬三百八十八。

校勘記

〔一〕太祖頗倚之　「倚」原作「奇」，據唐摭言卷一一改。

〔二〕光化　原作「光啓」，據通鑑卷二六二改。按劉季述廢昭宗事，在光化年間，光啓，唐僖宗年號。

〔三〕王不能討　「王」字原無，據彭校及本書卷二太祖紀補。

〔四〕朋附者　「朋」原作「明」，據殿本、劉本改。

〔五〕柳璨　原作「柳燦」，據殿本改。舊唐書卷一七九，新唐書卷二二三皆有柳璨傳。

舊五代史卷十九

梁書十九

列傳第九

氏叔琮，尉氏人也。唐中和末，應募爲騎軍，初隸於龐師古爲伍長。叔琮壯勇沈毅，膽力過人。太祖討巢、蔡於陳、許間，叔琮奮擊，首出諸校，太祖壯之，自行伍間擢爲後院馬軍都將。時東伐徐、鄆，多歷年所，叔琮身當矢石，奮不顧命，觀者許焉。累遷爲指揮使，尋奏授宿州刺史、檢校右僕射。太祖伐襄陽，叔琮失利，案舊唐書：光化元年七月，汴將氏叔琮陷趙匡凝之隨、唐、鄧等州。考薛史康懷英傳云：從氏叔琮伐襄、漢，懷英以一軍攻下鄧州。趙匡凝傳云：太祖遣氏叔琮伐之，匡凝懼，乞盟。是役也，實以勝歸，而薛史言其失利，疑別有據。歐陽史作攻襄陽戰數敗，因薛史原文而增益其辭，與舊唐書異。降爲陽翟鎮遏使，尋又捍禦晉軍於洹水有功，遷曹州刺史。天復元年春，領大軍攻拔澤、潞，叔琮遂引兵北掠太原。師還，除晉州節度使。明年，

太祖屯軍於岐下，晉軍潛襲絳州，前軍不利。晉軍恃勝攻臨汾，叔琮嚴設備禦。乃於軍中選壯士二人，深目虬鬚，貌如沙陀者，令就襄陵縣牧馬於道間。案：原本作「襄陽」，今據歐陽史改正。（舊五代史考異）蕃寇見之不疑，二人因雜其行間，俄而伺隙各擒一人而來，晉軍大驚，且疑有伏兵，遂退據蒲縣。時太祖遣朱友寧將兵數萬赴應，悉委叔琮節制。既至，諸將皆欲休軍，叔琮曰：「若然，則賊必遁矣，遁則何功焉！」因夜出，潛師截其歸路，遇晉軍遊騎數百，盡殺之，遂攻其壘，拔之，斬獲萬餘衆，奪馬三百匹。太祖聞之，喜謂左右曰：「殺蕃賊，破太原，非氏老不可。」叔琮乃長驅收汾州，與晉人轉戰，直抵并壘。軍迴，以其功奏加檢校司空。自後累年，晉軍不敢侵軼。

叔琮養士愛民，甚有能政。天復三年，爲鄜州留後，尋眞領保大軍節度使、檢校司徒。及昭宗東遷，徵爲右龍虎統軍，以衞洛陽。天祐元年八月，與朱友恭同受太祖密旨，弒昭宗於大內。既而責以軍政不理，貶白州司戶。案舊唐書哀帝紀：叔琮貶貝州司戶。歐陽史作流嶺南，不言其地。考當時賜叔琮等死，其勅云：「謫掾遐方，安能塞責？」若貝州近在河北，不得云遐方也。當從薛史作白州爲是。尋賜自盡。叔琮將死，呼曰：「賣我性命，欲塞天下之謗，其如神理何！」乾化二年，詔許歸葬。永樂大典卷一萬八千一百二十六。

朱友恭，壽春人，本姓李，名彥威。丱角事太祖，性穎利，善體太祖意，太祖憐之，因畜爲己子，賜姓，初名克讓，後改之。案通鑑云：友恭幼爲全忠家僮，全忠養以爲子。時初建左長劍都，以友恭董之。從太祖四征，稍立軍功，累遷諸軍都指揮使、檢校左僕射。乾寧中，授汝州刺史，加檢校司空。光化初，淮夷侵鄂渚，武昌帥杜洪來乞師，太祖遣友恭將兵萬餘，濟江應援，引兵至龍沙、九江而還，軍聲大振。時淮寇據黃州，友恭攻陷其壁，獲賊將瞿章，俘斬萬計。途經安陸，因襲殺刺史武瑜，盡收其衆，以功爲潁州刺史，加檢校司徒。天復中，爲武寧軍留後。天祐初，昭宗東遷洛邑，徵拜左龍虎統軍，以衞宮闕。尋與氏叔琮同受太祖密旨，弒昭宗於洛陽宮。既而太祖自河中至，責以慢於軍政，貶崖州司戶，案北夢瑣言云：朱全忠以朱友諒、氏叔琮扇動軍情，請誅朱友諒、氏叔琮，以成濟之罪歸之。友諒臨刑訴天曰：「天若有知，他日亦當如我。」後全忠即位，爲子友珪所弒，竟如其言。考歐陽史、通鑑俱作友恭，而北夢瑣言作友諒，殊誤。仍復其本姓名，與氏叔琮同日賜死。永樂大典卷二千三十一。

王重師，潁州長社人也。案：歐史潁州作許州。材力兼人，沈嘿大度，臨事有權變，劍矟之妙，冠絕於一時。唐中和末，蔡寇陷許昌，重師脫身而來，太祖異其狀貌，乃隸於拔山都。案：原本作「技山」，歐陽史作「拔山」。當時軍旅皆以都名，如黑雲都、銀鎗都、效節都、横衝都之類。今從歐陽史改正，并

增入「都」字。（舊五代史考異）拔山都，原本作「技山」，歐陽史作「拔山」。考當時軍旅以都名者，如黑雲都、銀槍都，則取衣服器用爲號；如效節都、横衝都，則取古人嘉名爲號。拔山都，當是取史記拔山蓋世之義。原本疑有脫誤，今從歐陽史改正。（影庫本粘籤）每於軍前効用，頗出儕類。文德中，令董左右長劍軍。太祖伐上蔡，重師枕戈擐甲，五六年，於齊、魯間凡經百餘戰，由是威震敵人。尋授檢校司空，爲潁州刺史。乾寧中，太祖攻濮州，縱兵壞其墉，濮人因屯火塞其壞壘，煙焰亙空，人莫敢越。重師方苦金瘡，臥於軍次，諸將或勉之，乃躍起，命壯士悉取軍中氊罽投水中，擲於火上，重師然後率精銳，持短兵突入，諸軍踵之，濮州乃陷。重師爲劍槊所傷，身被八九創，丁壯荷之還營，且將斃矣。太祖驚惜尤甚，曰：「雖得濮壘，而失重師，奈何！」亟命以奇藥療之，彌月始愈。尋知平盧軍留後，加檢校司徒。其後北伐幽、滄、鎭、定，屢與晉軍接戰，頗得士心，故多勝捷。天祐中，授雍州節度使，加同平章事。數年治戎卹民，頗有威惠。開平中，爲劉捍所搆，太祖深疑之，然未有以發其事。案通鑑：佑國軍節度使王重師鎭長安數年，帝怒其貢奉不時，召重師入朝。是重師之得罪，由貢奉不時，與薛史異。無何，擅遣裨將張君練縱兵深入邠、鳳，君練敗北。太祖聞之，怒其專擅，因追而斬之。永樂大典卷一萬八千一百二十六。案：通鑑不載張君練縱兵之事，惟云劉捍至長安，王重師不爲禮，捍譖之帝，曰：「重師潛與邠、岐通。」甲申，貶溪州刺史，尋賜自盡，夷其族。此傳未經詳載。據劉知俊傳，太祖云：「王重師得

罪，劉捍誤予事也。」與通鑑合。此傳不載，蓋史家前後省文。

朱珍，徐州豐縣雍鳳里人也。太祖初起兵，珍與龐師古、許唐、李暉、丁會、氏叔琮、鄧季筠、王武等八十餘人，以中涓從，摧堅陷陣，所向盪決。及太祖鎭汴，兼領招討使，署珍爲宣武右職，以總腹心。於是簡練軍伍，裁制綱紀，平巢破蔡，多珍之力也。

始尙讓以驍騎五千人至繁臺，珍與龐師古、齊奉國等擊退之。及黃巢敗，珍與幷帥李克用追至冤句而還。尋從太祖以汴、宋、亳之師入西華，破王夏寨，勇冠軍鋒，以功加秩。光啓元年，署諸軍都指揮使，始爲上將。於是軍焦夷，敗蔡師鐵林三千人，盡俘其將。復西至汝、鄭，南過陳、潁，繚宋、亳、滑、濮間，與蔡賊交戰，屢伏襲殺，不知其數。會滑州節度使安師儒戎政不治，太祖命珍與李唐賓率步騎以經略之。始入境，遇大雪，令軍士無得休息，一夕馳至壁下，百梯並升，遂乘其墉，滑州平。滑州下原本衍「刺史」二字，今據文删去。（影庫本粘籤）時太祖方謀濟師，乃遣珍往淄州募兵，行次任縣，東面都統齊克讓伏兵於孫師陂以邀珍，珍大破之。進軍至牙山，都虞候張仁遇白珍曰：「軍有不齊者，當先斬本都將，後以狀聞，願許之。」珍怒其專，乃斬仁遇以徇軍，由是諸將感懼。兵至乾封，與淄人戰於白草口，敗之。青人以步騎二萬，列三寨于金嶺驛，珍與戰，連破之，殲其師，盡獲軍器戎馬。是夕，攻博昌，

大獲兵衆。其後破盧瑭、張晊及朱瑄、朱瑾之衆，平定曹、濮，未嘗不在戰中。

梁山之役，始與李唐賓不協。珍在軍嘗私迎其室於汴，而不先請，太祖疑之，案：通鑑作全忠怒，追還其妻，殺守門者。（舊五代史考異）案通鑑云：全忠怒，追還其妻，殺守門者。使親吏蔣玄暉召珍，以唐賓代總其衆。館驛巡官敬翔曰：「朱珍未可輕取，恐其猜懼生變。」全忠懼，使人追止之。與薛史異。（孔本）密令唐賓察之，二將不相下，因而交諍。唐賓夜斬關還汴以訴，珍亦棄軍單騎而至，太祖兩惜之，故不罪，俾還於師。復以踏白騎士入陳、亳間，以邀蔡人，遂南至斤溝，破淮西石璠之師二萬，擄璠以獻。珍旋師自亳北趣靜戎，濟舟于滑，破黎陽、臨河、李固三鎭。軍於內黃，敗樂從訓萬餘人，案通鑑考異云：珍往救從訓，而云敗從訓，誤也。（舊五代史考異）案：通鑑作樂從訓來告急，遣都指揮使朱珍等分兵救從訓，與此傳異。（殿本）分命聶金、范居實略澶州，與魏師遇於臨黃，魏軍有豹子軍二千人，戮之無噍類，威振河朔。復攻淮西，至蔡，夾河而寨，敗賊將蕭皓之衆，皆擁於河溺死之。進軍蔡州，營其西南，既破羊馬垣，遇雨班師。珍以兵援劉瓚，赴楚州，至襄山南，遇徐戎扼其路，珍乃攻豐，下之。時溥乃以全師會戰於豐南吳康里，珍乃收豐，破其三萬餘衆。及蔡賊平，珍比諸將功居多。

龍紀初，與諸將屯於蕭縣，以禦時溥，珍慮太祖自至，令諸軍葺馬廄以候巡撫，李唐賓之裨將嚴郊獨慢焉，軍候范權恃珍以督之。唐賓素與珍不協，果怒，乃見以訴其事，珍亦怒

曰：「唐賓無禮！」遂拔劍斬之，珍命騎列狀陳其事。太祖初聞唐賓之死，驚駭，與敬翔謀，詐令有司收捕唐賓妻子下獄，以安珍心。太祖遂徑往蕭縣，距蕭一舍，珍率將校迎謁，梁祖令武士執之，責其專殺，命丁會行戮。案：歐陽史作珍自縊死。都將霍存等數十人叩頭以救，太祖怒，以坐床擲之，乃退。永樂大典卷二千三十一。

李思安，陳留張亭里人也。初事汴將楊彥洪爲騎士。好拳勇，未弱冠，長七尺，超然有乘時自奮之意。唐中和三年，太祖鎮汴，嘗大閱戎旅，覩其材，甚偉之，因錫名思安，字貞臣。思安善飛矟，所向披靡，每從太祖征伐，常馳馬出敵陣之後，測其厚薄而還。或敵人有恃猛自衒者，多命取之，必鷹揚飇卷，擒馘於萬衆之中，出入自若，如蹈無人之地。太祖甚惜之，命副王虔裕爲踏白將。

時巢、蔡合從，太祖每遣偵邏，必率先獨往。巢敗走，思安領所部百餘人追賊，殺戮掩奪，衆莫敢當。尋領軍襲蔡寇於鄭，都將李唐賓馬躓而墜，思安援槊刺追者，唐賓復其騎而還。又嘗與蔡人鬭，當陣生擒賊將柳行實。其後渡長淮，下天長、高郵二邑，又拒孫儒，迫濠州，皆有奇績。累遷爲諸軍都指揮使，奏官至檢校左僕射，尋拜亳州刺史。練兵禦寇，邊境肅然。思安爲性勇悍，每統戎臨敵，不大勝，必大敗。

開平元年春，率兵伐幽州，營於桑乾河，擄獲甚衆，燕人大懼。及軍迴，率諸軍伐潞，累月不克，師人多逸。太祖怒甚，詔疏其罪，盡奪其官爵，委本郡以民戶係焉。踰歲起之，復令領兵，亦無亙績可紀。太祖嘗因命將授鉞，謂左右曰：「李思安當敵果敢，無出其右者，然每遇藩方擇材，吾將用之，則敗聞必至，如是者二三矣，則知飛將數奇，前史豈虛言哉！」乾化元年秋，又以爲相州刺史。思安自謂當擁旄仗鉞，及是殊不快意，但日循晏安，無意爲政。及太祖北征，以候騎之誤，落然無所具，而復壁壘荒圮，帑廩空竭，太祖怒，貶柳州司戶，尋賜死於相州。永樂大典卷一萬三百八十八。案通鑑：乾化元年九月丙午〔一〕，至相州，刺史李思安不意帝猝至，落然無具，坐削官爵。二年正月丁卯，帝至獲嘉，追思李思安去歲供饋有闕，貶柳州司戶，尋長流思安于崖州，賜死。據薛史，則思安賜死卽在相州，未嘗至貶所，與通鑑異。

鄧季筠，宋州下邑人也。少入黃巢軍，隸於太祖麾下。及太祖鎮汴，首署爲牙將，主騎軍。伐鄆之役，生擒排陣將劉矯以獻。唐大順初，唐帝命丞相張濬伐太原，太祖奉詔出師，西至高平，與晉人接戰，軍既不利，季筠爲晉人所擒。克用見之甚喜，釋縛，待以賓禮，俄典戎事。季筠在并門凡四稔。案：通鑑考異引唐餘錄，謂季筠與李存孝並賜死，蓋傳聞之誤。景福二年，晉軍攻邢臺，季筠領偏師預其役，將及邢，邢人陣於郊，兩軍酣戰之際，季筠出陣，飛馬來歸，太祖大加獎歎，賞賚甚厚。時初置廳子都，最爲親軍，命季筠主之，旋改統親騎，又遷將中軍。天祐三年，奏授登州刺史，下車稱理。登州舊無羅城，及季筠至郡，率丁壯以築之，民甚安之，因相與立碑以頌其績。太祖受禪，改鄭州刺史，尋主兵於河中，爲都指揮使。時并人寇平陽，季筠接戰於洪洞，大克，拜華州防禦使。又繼領龍驤等諸軍騎士，累官至檢校司空。栢鄉之役，季筠臨陣前却，太祖亦未之罪。乾化二年春，太祖親伐鎭、定，駐於相州，因閱馬，怒其馬瘦，與魏博軍校何令稠、陳令勳同斬於纛下。永樂大典卷一萬八千一百二十六。

黃文靖，金鄉人。少附於黃巢黨中，巢敗，歸於太祖，累署牙職，繼遷諸軍指揮使，從太祖南平巢、蔡，北定兗、鄆，皆有功。唐大順中，佐葛從周送朱崇節入潞。會晉軍十餘萬近逼垣寨，文靖慮孤軍難守，乃與葛從周啓關出師，文靖爲殿，命矢刃皆外向，持重而還，晉人不敢逼。其年冬，與康懷英渡淮，入壽春之境，下安豐、霍丘，至光州光州，原本作「先州」，今據十國春秋改正。（影庫本粘籤）而還。光化初，晉將李嗣昭、周德威寇於山東，文靖佐葛從周統大軍禦之。至沙河，敗晉軍五千餘騎，遂逐之，越張公橋乃止。後旬日，復與晉人戰於邢州之北，擒蕃將賁金鐵、慕容藤、李存建等百餘人，奪馬數千匹，尋以功表授檢校左僕射、絳州刺史。天祐二年春，命佐楊師厚深入淮甸，越壽春，侵廬江，軍至大獨山，遇淮夷，殺五千餘衆，振

旅而還。改蔡州刺史，加檢校司空，又遷潁州刺史。太祖受禪，復爲蔡州刺史，入爲左神武統軍，又改左龍驤使。乾化元年，從太祖北征，因閱馬得罪，命斬之。文靖驍果善戰，諸將皆惜之。永樂大典卷一萬八千一百二十六。

胡規，兗州人。初事朱瑾爲中軍都校。兗州平，署爲宣武軍都虞候。佐葛從周伐鎭、定，從張存敬收晉、絳，皆有功，署爲河中都虞候，權鹽務。天復中，太祖迎駕在岐下，以規權知洽州〔二〕。昭宗還長安，詔授皇城使。及東遷，以爲御營使。駕至洛，授內園莊宅使。天祐三年，佐李周彝討相州，獨當州之一面，頗以功聞，軍還，權知耀州事。明年，討滄州，爲諸軍壕寨使。太祖受禪，除右羽林統軍，尋佐劉鄩統兵收潼關，擒劉知浣獻之，乃以爲右龍虎統軍兼侍衞指揮使。乾化元年，詔修洛河堤堰，軍士因之斬伐百姓園林太甚，河南尹張宗奭奏之，規得罪，賜死。永樂大典卷一萬八千一百二十七。

李讜，河中臨晉人。少時遊秦、雍間，爲人勇悍多力，甚有氣誼。唐廣明初，黃巢陷長安，讜遂得仕於其間，巢以讜爲內樞密使，案：新唐書黃巢傳及通鑑皆言巢以費傳古爲樞密使，不載李讜，疑與傳古先後授僞官也。蓋讜嘗委質於宦者，出入於宮禁間，巢以此用焉。其後巢軍既敗，讜

乃東身歸於太祖，署爲左德勝騎軍都將。從太祖討蔡賊，頗立軍功。及東伐兗、鄆，以所部士伍俘獲甚衆，改元從騎將，表授檢校右僕射。郴王友裕領兵攻澤州，時太祖駐大軍於盟津，乃令讓將兵越太行，授以籌謀。讓頗違節度，久而無功，案唐書李存孝傳云：李讓收軍而遁，存孝擊至馬牢川，俘斬萬計。此傳不載，蓋前後省文。太祖遣追還，廷責其罪，戮之於河橋。永樂大典一萬三百八十八。

李重胤，案：重胤，原本作「重裔」，蓋薛史沿避諱舊例，今改畫一。宋州下邑人。狀貌雄武，初在黃巢黨中，推爲剛鷙。唐中和四年五月，同尙讓、李讜等率衆至繁臺，與太祖之軍相拒。及巢寇漸衰，乃率衆來降。太祖素識之，拔用不次，署爲先鋒步軍都頭。與胡眞援河陽，逼懷州。重胤以部下兵突之，射中蕃將安休休。又令與李讜率騎軍至陝，應接郭言，迴次澠池，破賊帥黃花子之衆，改滑州夾馬指揮使。蔡賊圍汴，重胤以步兵攻下三寨，擄獲甚多。太祖大舉伐宗權，俾重胤以滑兵爲先鋒。及東討徐州，下豐、蕭二邑，轉右廂馬步軍指揮使。大順元年秋，從郴王友裕收澤州，與晉軍戰於馬牢川，王師敗績，迴守河陽。太祖謂諸將曰：「李讜、重胤違我節度，不能立功，頗辜任使。」於是與李讜於是與李讜，原本脫「與」字，今據文增入。（影庫本粘籤）並戮於河橋。永樂大典卷一萬三百八十八。

范居實，絳州翼城人。事太祖，初爲隊將，從討巢、蔡有功。又從朱珍收滑州，改左廂都虞候。預破兗、鄆功，遷感義都頭、鄭州馬軍指揮使。幽州劉仁恭舉衆南下，寇魏郡北鄙，居實與葛從周、葛從周，原本脫「從」字，今據文增入。（影庫本粘籤）張存敬率兵救魏，大破幽、滄之衆於內黃。太祖迎昭宗於岐下，以居實爲河中馬軍都指揮使。及昭宗還京，賜迎鑾毅勇功臣，遙領錦州刺史，又遷左龍驤馬軍都指揮使。從征淮南迴，改登州刺史，轉左神勇軍使。開平元年，用軍於潞州，命居實統軍以解澤州之圍，授耀州刺史，令以郡兵屯固鎭，尋除澤州刺史。居實拳勇善戰，頗立軍功，在郡以戎備不理，詔追赴闕，暴其翫寇之罪而斬之。永樂大典卷一萬六千五百十七。

史臣曰：叔琮而下，咸以鷹犬之才，適遇雲龍之會，勤勞王室，踐履將壇，然俱不得其死，豈不惜哉。得非鳥盡弓藏，理當如是耶？將梁祖之雄猜，無漢高之大度歟？乃知自古帝王，能保全功臣者，唯光武一人而已矣。語曰「弑父與君，亦不從也」，而叔琮、友恭從之，何也？旣爲盜跖所嗾，豈免成濟之誅，臨終之言，益彰其醜也。永樂大典卷一萬六千五百十七。

校勘記

〔一〕乾化元年九月丙午　原作「開化元年丙午」，據通鑑卷二六八改。

〔二〕洺州　殿本同，劉本作洛州。

舊五代史卷二十

梁書二十

列傳第十

謝瞳，字子明，福州人。唐咸通末舉進士，因留長安，三歲不中第。廣明初，黃巢陷長安，遂投跡於太祖，洎居門下，未嘗一日不在左右。及太祖據同州，遂署右職。其年秋，太祖與河中交戰，再不利，連上章請兵於巢，僞右軍都尉孟楷抑而不進。瞳揣太祖有擇福意，擇福，原本作「澤輻」，今據文改正。（影庫本粘籤）乃進說曰：「黃家以數十萬之師，値唐朝久安，人不習戰，因利乘便，遂下兩京。然始竊僞號，任用已失其所。今將軍勇冠三軍，力戰于外，而孟楷專務壅蔽，奏章不達，下爲庸才所制，無獨斷之明，破亡之兆必矣。況土德未厭，外兵四集，漕運波注，日以收復爲名，惟將軍察之。」太祖曰：「我意素決，爾又如是，復何疑哉！」翌日遂定策，戮僞監軍使，僞監軍使，夏文莊集作魏監軍使。考黃巢僞號爲齊，不當爲魏。蓋因「僞」字聲轉而

訛，今仍從原文。（影庫本粘籤）悉衆歸順於河中。王重榮表瞳爲檢校屯田員外郎，賜緋，令奉表于蜀。唐僖宗大悅，召入顧問，錫賚甚厚，以功授朝散大夫、太子率更令，賜紫，爲陵州刺史。治郡一歲，改檢校右散騎常侍、通州刺史〔一〕。在任四考，頗有政績。秋罷，詣蜀行在，太祖遣人迎之。龍紀二年，至東京，勞徠彌厚，賜第墅各一區，錢千緡，表爲亳州團練使兼太清宮副使，加檢校工部尚書。是年冬，太祖征淮南，過郡，因求侍府幕，表爲宣義軍節度副使，充兩使留後。瞳在滑十三年，部內增戶約五萬，益兵數千人，累遷至大中大夫、檢校右僕射，卒于滑。開平初，追贈司徒。永樂大典卷一萬八千一百二十八。

司馬鄴，案：通鑑考異引實錄作司馬鄴，通鑑從薛史。（舊五代史考異）字表仁，其先河內溫人也。祖德璋，仕唐爲杞王傅。父邅，左武衛大將軍。鄴資蔭出身，頗知書，累官至大列。唐天復初，韓建用爲同州節度留後。案：韓建傳作判官司馬鄴。昭宗之幸鳳翔也，太祖引兵入關，前鋒至左馮翊，鄴持印鑰迎謁道左。太祖以兵圍華州，命入城招諭韓建，建果出降。及大軍在岐下，遣奏事於昭宗，再入復出。又使于金州，說其帥馮行襲，俾堅攀附。後歷宣武、天平等軍從事。開平元年，拜右武衛上將軍。三年，使于兩浙。時淮路不通，乘馹者迂迴萬里，陸行則出荊、襄、潭、桂入嶺，自番禺泛海至閩中，達于杭、越。復命則備舟楫，出東海，至於登、萊。而揚州諸步多賊船，案：原本作「諸走」，考容齋隨筆云：步者，水旁之名。今改正。（舊五代史考異）過者不敢循岸，必高帆遠引海中，謂之「入陽」，以故多損敗。鄴在海逾年，漂至躭羅國，一行俱溺。後詔贈司徒。永樂大典卷一萬八千一百二十八。

劉捍，開封人。父行仙，宣武軍大將〔二〕。捍少爲牙職，太祖初鎮夷門，以捍聰敏，擢副典客。唐中和四年夏，太祖以朱珍爲淄州刺史，令收兵於淄、青間，命捍監其兵，路逢大敵，皆破之。入博昌，獲精兵三萬以歸。四月，合大軍敗蔡賊秦宗賢數萬衆於汴西。文德元年十一月，蔡將申叢折宗權足，納款於太祖，使捍奏其事，加兼御史大夫。光化三年六月，太祖北伐鎮、定，至常山，而王鎔危懾，送款於太祖，命捍入壁門傳諭。時兩軍未整，守門者戈戟千匹，捍馳騎而入，竟達其命。又移師以攻中山，至懷德驛，大破定人五萬衆，王處直乞降，捍復單馬入州，安撫而迴。案：梁祖下鎮、定，服中山，舊唐書作光化三年九月，新唐書作十月，薛史又總繫于六月以後。據通鑑自六月舉兵，至九月始定中山也。太祖迎昭宗於岐下，以捍爲親軍指揮。天復三年正旦，宋文通令客將郭啓奇使於太祖，命捍復命。昭宗聞其至，卽召見，詢東兵之事，仍以錦服、銀鞍勒馬賜之。翌日，授光祿大夫、檢校司空、登州刺史。昭宗還京，改常州刺史，賜號迎鑾毅勇功臣。四月，太祖伐王師

範於青州，改左右長直都指揮使。天祐三年正月，授宋州刺史。四月，加檢校司徒。太祖受禪，授左龍虎統軍兼元從親軍馬步都虞候。及上黨纏兵，太祖親往巡撫，以捍爲御營使。大軍次昂車，昂車，原本作「昂中」，考通鑑注云：昂車，懷州地名。今改正。（影庫本粘籤）斥候來告蕃戎逼澤州，命捍以兵千人赴之，丼軍遂遁，車駕還京，授捍侍衞親軍都指揮使。晉人侵晉州，從幸陝迴，加檢校太保。及從駕幸河中，詔追王重師赴行在，以捍爲雍州節度觀察留後。纔踰月，劉知俊據同州反，潛使人以厚利啗捍將校，遂爲部下所執，送於知俊。知俊縶捍歸於鳳翔，爲李茂貞所害。開平四年，贈太傅。末帝卽位，又贈太尉。捍便習賓贊，善於將迎，自司賓局及征討四出，必預其間，雖無決戰爭鋒之績，而承命奔走，敷揚命令，勤幹泣職，以至崇顯焉。永樂大典卷九千九十八。

王敬蕘，潁州汝陰人。世爲郡武吏。唐乾符初，敬蕘爲本州都知兵馬使。中和初，寇難益熾，郡守庸怯，不能自固，敬蕘遂代之監郡，俄眞拜刺史，加檢校右散騎常侍。時州境荒饉，大寇繼至，黃巢數十萬衆寨于州南，敬蕘極力抗禦，踰旬而退。俄又宗權之衆，凌暴益甚，合圍攻壘，皆力屈而去。蔡賊復遣將刁君務以萬衆來逼，敬蕘列陣當之，身先馳突，殺敵甚多，由是竟全郡壘，遠近歸附。

及淮人不恭，太祖屢以軍南渡，路由州境，敬蕘悉心供億，太祖甚嘉之。乾寧二年，署爲沿淮上下都指揮使。四年冬，龐師古敗于清口，敗軍逃歸者甚衆，路出于潁。時雨雪連旬，軍士凍餒，敬蕘自淮燎薪，相屬於道，郡中設糜粥餅餌以待之，全活者甚衆，由是表知武寧軍節度、徐宿觀察留後。數月，眞拜武寧軍節度使。蓋因清口之役而加秩也。案：文苑英華載授敬蕘武寧軍節度制有云：襲淮流之積寇，挺濟山之雄姿，勇實兼人，智能周物。天復二年，入爲右龍武統軍。天祐三年，轉左衞上將軍。開平元年八月，以疾致仕，尋卒於其第。

敬蕘魁傑沈勇，多力善戰，所用槍矢，皆以純鐵鍛就，槍重三十餘斤，摧鋒突陣，率以此勝。雖非太祖舊臣，而遠輸懇款，保境合兵，以輔興王之運，有足稱者。永樂大典卷一萬八千一百二十六。

高劭，字子將，淮南節度使駢之從子也。父泰，黔中觀察使。唐僖宗避敵在蜀，駢鎭淮南爲都統，兼諸道鹽鐵使，兵賦在己，朝廷優假之，以故劭幸而早官，年十四遙領華州刺史。光啓中，以駢命遏晉公王鐸于鄭〔三〕。俄而州陷於蔡，劭爲賊所得，使人守之，戒四門曰：「無出高大夫。」劭伺守者稍惰，稍惰，原本作「稍隋」，今據文改正。（影庫本粘籤）佯爲乞食者，過危垣，取殍者衣，坌身易服，得佗兒抱之行，出東郊門。人以爲丐者，不之止。及稍遠，棄所抱兒，

疾趨至中牟，遂達于汴。太祖以客禮遇之，尋表爲亳州兩練副使，知州事。又數年，辟爲宣武軍節度判官，在幕下頗以氣直自許。後監鄭州事，復權知徐州留後。唐昭宗之鳳翔，太祖迎奉未出，劭有疑謀，遂令赴華州，詣丞相府以議其事，行至高陵，爲盜所害。永樂大典卷五千五百三十八。

馬嗣勳，濠州鍾離縣人。世爲軍吏。嗣勳有口辯，習武藝，初爲州客將。唐景福元年三月，太祖以壽州刺史江儒反下蔡鎭使，李立率兵攻濠梁，刺史張遂俾嗣勳持州印籍戶口以歸於太祖。乾寧二年三月，楊行密復攻濠州，張遂遣嗣勳求援于太祖。俄而郡陷，案九國志李簡傳：乾寧二年，從攻濠州，濠水深闊，簡手搴重甲，口銜大刀，先渡踰壘，破其關鍵，擒刺史張遂以獻。新唐書楊行密傳與九國志略同，惟「遂」字新唐書作「璲」。嗣勳無所歸，即署爲元從押牙、副典客，頗稱任使。

光化元年三月，太祖令往光州說刺史劉存背淮賊以向國，案新唐書本紀：乾寧三年，楊行密陷光州，劉存死之。九國志柴再用傳：乾寧中，從朱延壽平劉存于弋陽，授知光州軍事。梁兵寇光州，再用擊走之，以功遷光州刺史。與薛史異。又，九國志：吳有兩劉存，其一即光州刺史，其一陳州人，後爲馬殷所害。又從李彥威復黃州及武昌縣，獲刺史瞿章。案新唐書本紀：乾寧四年五月壬午，朱全忠陷黃州，刺史瞿章死之。九國志馬珣傳：三年，梁將朱友恭圍瞿章于黃州，命珣率兵援之，黃州陷，戰不利而退。薛史作光化元年，與諸書互異。瞿章，原本作「翟章」，今從新唐書、九國志改正。（影庫本粘籤）俄復使光州，持幣馬以賜劉存。會淮賊急攻光州，存與嗣勳率兵大戰，敗而走之。又遣使於蜀，及歸，得其助軍貲貨甚多。

天復中，太祖迎昭宗于岐下，軍至華之西闉，使嗣勳入見，韓建即時同出迎謁。及羅紹威將殺牙軍，遣使告於太祖，求爲外援。時安陽公主初卒於魏，太祖乃遣嗣勳率長直官千人，實兵仗于槖中，肩舁以入於魏，聲言來致祭會葬，牙軍不之覺。天祐三年正月十六日夜，嗣勳與紹威親軍同攻牙軍，至曙，盡殪之。嗣勳重傷，旬日而卒。開平中，累贈太保。永樂大典卷一萬八千一百二十八。

張存敬，譙郡人也。性剛直，有膽勇，臨危無所畏憚。唐中和中，從太祖赴汴，以其折節，頗見親昵，首爲右騎都將。從討巢、蔡，凡歷百戰，多于危蹙之間，顯有奇略，由是頻立殊効。光啓中，李罕之會晉軍圍張宗奭于盟津，太祖遣丁會、葛從周、存敬同往馳救。存敬引騎軍先犯敵將，諸軍翼之，敵騎大敗，乃解河橋之圍。河橋，原本作「何橋」，今據通鑑改正。（影庫本粘籤）

大順二年，爲諸軍都虞候，佐霍存董大軍收宿州，以功奏加檢校兵部尚書。太祖東征徐、兗，存敬屢有俘斬之功，凡受指顧，皆與機會，矢石所及，必以身先，太祖尤加優異，以爲

行營都指揮使、檢校右僕射。乾寧三年，充武寧軍留後，行潁州刺史。光化二年夏四月，幽滄侵凌魏郡，復以存敬爲都指揮使。三年，大舉，與葛從周連統諸軍攻浮陽，樹數十栅，圍劉守文累月。時幽州劉仁恭舉兵來援，存敬潛軍擊之於乾寧軍南老鴉堤。是日，燕人大敗，斬首五萬級，生擒馬愼交已下一百餘人，獲馬萬餘蹄。案舊唐書：光化二年三月，張存敬率師援魏州，大敗燕軍，仁恭父子僅免。薛史作三年事，與舊唐書異。

其年秋九月，引軍收鎭州，存敬勒衆涉滹沲河，師人鼓行而進，逢鎭之遊兵數千，因逐之，直入鎭之雍門，收鞍馬牛驢萬計。翌日，鎭人納質而旋。尋爲宋州刺史，踰年，甚有能政。復擁衆伐薊門，數旬間連下瀛、莫、祁、景四州，擒俘不可勝紀。自懷德驛與中山兵接戰，枕屍數十里，中山開壁請降。

天復元年春，太祖以河中節度使王珂與太原結親，憑恃驕恣，命存敬統大軍討之。即日收絳州，擒刺史陶建釗，陶建釗，原本作「建鉦」，今從通鑑改正。（影庫本粘籤）降晉州刺史張漢瑜，二郡平。進圍河中，王珂請降。太祖嘉之，乃以存敬爲護國軍留後。未幾，檢校司空，尋移宋州刺史。將之任所，寢疾，踰旬卒于河中。太祖聞之，痛惜移晷。開平初，追贈太保，乾化三年，又追贈太傅。

子仁愿，晉天福中，仕至大理。永樂大典卷六千三百五十。

寇彥卿，字俊臣，大梁人也。祖瑄，父裔，皆宣武軍牙校。太祖鎭汴，以彥卿將家子，擢在左右。弱冠，選爲通贊官。太祖爲元帥，補元帥府押牙，充四鎭通贊官行首兼右長直都指揮使，累奏授檢校司徒，領洛州刺史。羅紹威將殺牙軍，遣使告於太祖，太祖命彥卿使于魏，密與紹威謀之，竟成其事，彥卿之力也。

彥卿身長八尺，隆準方面，語音如鐘。善騎射，好書史，復善伺太祖之旨，凡所作爲，動皆云合。太祖每言曰：「敬翔、劉捍、寇彥卿，蓋爲我而生。」其見重如此。太祖有所乘烏馬，號「一丈烏」，嘗以賜彥卿。天復中，太祖迎昭宗於鳳翔，累與岐軍對陣。時彥卿爲諸道馬步軍都排陣使，嘗躬擐甲冑，乘其所賜烏馬，馳騁於陣前，太祖目之曰：「眞神王也〔四〕！」神王，原本作「神仝」，考歐陽史作神王，册府元龜引薛史與歐陽史同，今改正。（影庫本粘籤）昭宗還京，賜迎鑾毅勇功臣，改邢州刺史，尋遷亳州團練使。案通鑑：開平二年，帝從吳越王錢鏐之請，以亳州團練使寇彥卿爲東南面行營都指揮使，使擊淮南。十一月，彥卿帥衆二千襲霍丘，爲土豪朱景所敗，又攻廬、壽二州，皆不勝。淮南遣滁州刺史李儼拒之〔五〕。九國志朱景傳：梁祖聞景名，命寇彥卿率勁騎三千襲霍丘，圖取景，且諭梁祖之意令降，景率其徒戰於丘墟林澤中，射死者無數，彥卿兵折力殫而去。此事薛史及歐陽史皆不載。

太祖受禪，爲華州節度使，加檢校太保。歲餘，入爲左金吾衞大將軍，充街使。一日，

過天津橋，有老人案：歐陽史作民梁現。案：崔沂傳作市民梁現。（舊五代史考異）悞衝其騶道者，排之，落橋而斃，爲御史府所彈，太祖不得已，責授左衞中郎將。案：通鑑作遊擊將軍、左衞中郎將。不數月，除相州防禦使，案：相州，歐陽史作襄州。依前行營諸軍排陣使。未幾，授河陽節度使，加檢校太傅。及太祖遇弒，彥卿追感舊恩，圖御容以奠之。每因對客言及先朝舊事，即涕泗交流。

末帝嗣位，遙領興元節度使、東南面行營都招討使，以拒淮寇，尋改右金吾衞上將軍。貞明初，授鄧州節度使。會淮人圍安陸，彥卿奉詔領兵解圍，大破淮賊而迴。四年，卒于鎭，時年五十七。詔贈侍中。彥卿貞幹明敏，善事人主，然怙寵作威，多忌好殺，雖顯立功名，而猶爲識者之所鄙焉。永樂大典卷一萬九千三百三十。

史臣曰：案：原本有闕文。存敬有提鼓之勞，彥卿偶攀鱗之會，俱爲藩后，亦其宜哉！永樂大典卷一萬九千三百三十。

校勘記

〔一〕通州刺史　「州」字原無。按舊唐書卷三九地理志，通州屬山南西道，天寶元年改爲通川郡，乾元元年復爲通州。新唐書卷四〇地理志：「通州，通川郡。」據補「州」字。

〔二〕宣武軍大將　殿本同。劉本、彭本作「大將軍」。

〔三〕以駢命遏晉公王鐸于鄭　殿本同。劉本、彭本「遏」作「謁」。

〔四〕眞神王也　殿本、劉本同。永樂大典卷一八二〇七作「眞神將也」。

〔五〕李儼　殿本、劉本同。通鑑卷二六七作史儼。

舊五代史卷二十一

梁書二十一

列傳第十一

龐師古，曹州南華人，初名從。以中涓從太祖，性端愿，未嘗離左右。及太祖鎮汴，樹置戎伍，始得馬五百匹，即以師古爲偏將，援陳破蔡，累有戰功。及朱珍以罪誅，遂用師古爲都指揮使。乃渡淮，餉軍于廬壽，攻滁州，破天長，下高郵，沿淮轉戰，所至克捷。尋代朱友裕領軍，攻下徐州，斬時溥首以獻。遂移軍伐兗州，入中都，寨于梁山，敗朱瑄之衆，襲至壘下，又破朱瑾于清河。從討汝陽，與朱瑄、朱瑾及晉將史儼兒史儼兒，通鑑作史儼，此傳作儼兒，與本紀同，今仍其舊。（影庫本粘籤）戰于故樂亭，大捷而迴。乾寧四年正月，復統諸軍伐鄆，拔之，擒其帥朱瑄以獻，始表爲天平軍節度留後，尋授徐州節度使，案：文苑英華有授龐從武寧平南節度改名師古制，張玄晏之辭也。中云：「自委之留事，頒我詔條，惠愛行於鄉閭，威望揚于士伍。是宜錫以旗幢，進其官秩，奄有

徐夷之四境，爰撫大彭之故都。」是師古先爲留後，繼授節度也。通鑑止作留後，誤。官至檢校司徒。乾寧四年八月，與葛從周分統大軍，渡淮以伐楊行密。十一月，師古寨於清口，寨地卑下，案玉堂閒話云：龐從會軍五萬于清口，所屯之地，蓋兵書謂之絕地，人不駕肩，行一舍方至夷坦之處。（舊五代史考異）或請遷移，弗聽。俄有告淮人決上流者，曰：「水至矣。」師古怒其惑衆，斬之。案九國志侯瓚傳：時兵起倉卒，加以陰寒，士皆飲冰餐雪而行。甫及梁營，則豎戈植足，鬬志未決。朱瑾與瓚率五十騎潛濟淮〔一〕，入自壘北，舞槊而馳，囂聲雷沸，梁兵皆殞眩不能舉，遂斬龐從，大將繼之，死者大半。是清口之戰，因霧夜不備而敗也。薛史以爲決淮上流，與九國志異，新唐書楊行密傳兼用之。須臾，我軍在淖中，莫能戰，而吳人襲焉，故及於敗，師古沒於陣。永樂大典卷一萬八千一百二十六。

霍存，洛州曲周縣人。性驍勇，善騎射，在黃巢中已爲將領。唐中和四年，太祖大破巢軍於王滿渡，時存與葛從周、張歸霸皆自巢軍來降，太祖宥而納之。其後破王夏寨，擊殷鐵林，並在戰中。尋佐朱珍取滑臺，攻淄州，取博昌，皆預戰立功。

時蔡賊張晊在汴北，存以三千人夕犯其營，破之。用本部騎兵敗秦賢軍，案：王虔裕傳作秦宗賢。（舊五代史考異）殺五千人，連破四寨，盡得其輜重。從討盧瑭、張晊，殪萬餘人，存功居多。我軍之圍濮州也，有賊升眺樓大詬。案：原本作「昭樓」，今據歐陽史改正。（舊五代史考異）太祖怒

甚，召存射之，矢一發而屍隕其下，賞賚甚厚。復佐朱珍擒石璠，破魏師，敗徐戎。又佐龐師古至呂梁，敗時溥二千餘衆，以是累遷官。初，王師渡淮乏食，不甚利，唯存軍戰有功，淮賊乃引退。太祖之討宿州也，葛從周以水壞其垣，丁會以師乘其墉，存戰壘外，敗其軍，宿人乃降。明年，佐郴王友裕擊時溥于碭山，破之，獲舊將石君和石君和，原本作「軍和」，今從通鑑改正。（影庫本粘籤）等五十人。案歐陽史云：存代李唐賓攻時溥，溥敗碭山，存獲其將石君和等五十人。梁攻宿州，葛從周引水浸之，丁會與存戰城下，遂下之。（舊五代史考異）是歲，復與晉軍戰于馬牢川，始入爲前鋒，出則後拒，晉不敢逼，乃渡河襲淇門，殺三千餘人。曹州刺史郭紹賓之來歸也，存以師援之，遂代其任。始，朱友裕以大軍伐鄆，臨其壁，既而師陷圍中，以急來告，存領二百騎馳赴，擊退之。太祖喜，拔爲諸軍都指揮使。

景福二年春，太祖親至曹州，留騎軍數千，令存將之，且曰：「有急則倍道兼行以赴之。」俄聞朱瑾領兵二萬入援彭門，存乃領騎軍馳赴之，與徐、兗之衆合戰於石佛山下，大敗之；存亦中流矢而卒，時人稱其忠勇。

初，朱珍、李唐賓之歿，龐師古代珍，存代唐賓，戰伐功績，多與師古同。始遙領詔州牧，又改賀州，後用爲權知曹州刺史，官至檢校右僕射。及太祖登極，屢有征討，因起猛士之歎。一日，幸講武臺閱兵，謂諸將曰：「霍存在，朕安有此勞苦耶！諸君共思之。」他日語

又如是。累贈官至太保。

子彥威，後唐明宗朝爲青州節度使。永樂大典卷一萬八千一百二十六。

符道昭，淮西人。案：歐陽史作蔡州人。（舊五代史考異）性強敏，有武略，秦宗權用爲心膂，使監督諸軍。後爲騎將，尤能布陣，勇聞於時。然剛而無操，善迎人意，一見若盡肺腑，必甚愛其才，而道昭之心腹颺矣。秦宗權之將敗也，有薛潛者，薛潛，原本作「霅潛」，今從歐陽史改正。（影庫本粘籤）支壁隊伍，道昭謂所私曰：「蔡弱矣。」乃歸潛。潛欲敗，復奔洋州依葛佐。佐攻興元軍不利，復奔於岐。宋文通愛之，養爲己子，名繼遠，遂易其宗。及得軍職，悉超儕伍。後爲巴州刺史，又奏爲隴州防禦使兼中軍都指揮使。太祖迎奉昭宗，駐軍於岐下，道昭頻領騎士敢鬬戰，屢爲王師所敗，遂來降。太祖素聞其名，待之甚厚。案通鑑：李繼昭出降於全忠，復姓符，名道昭。據薛史則道昭在岐，自名繼遠，非繼昭也。通鑑蓋傳寫之訛。（舊五代史考異）昭宗反正，奏授秦州節度使、同平章事，遣兵援送〔二〕，不克而還。

先是，李周彝棄鄜州自投歸國，署爲元帥府行軍左司馬，寵冠霸府。及道昭至，以爲右司馬，使與周彝同領寇彥卿、南大豐、閻寶已下大軍伐滄州。及太祖幸魏州，討牙軍，中軍前有魏博將山河營山河營，原本作「山阿」，今從通鑑改正。（影庫本粘籤）指揮使左行遷，聞府中有變，

引軍還屯歷亭，自稱留後，從亂者數萬人。道昭佐周彝與彥卿已下大破之，殺四萬餘人，擒左行遷，斬之。有史仁遇亦聚徒數萬據高唐，又破之，擒仁遇以獻。乘勝取澶、博二州，平之，復殺萬餘人。

道昭性勇果，多率先犯陣，屢有摧失，而周彝、彥卿犄角繼進，連以捷告，護兵者上功不實，皆以道昭爲首，太祖陰知之，俱不議賞。及滄州之圍也，不用騎士，令道昭牧馬於堂陽〔三〕。太祖受禪後，委兵柄，與康懷英等攻潞州，以「蚰蜒塹」繚之，飛鳥不度。既踰歲，晉人援至，王師大敗，道昭爲晉軍所殺。永樂大典卷一萬八千一百二十七。

徐懷玉，本名琮，亳州焦夷縣人。少以雄傑自任，隨太祖起軍。唐中和末，從至大梁。光啓初，蔡寇屯金堤驛，懷玉將輕騎連破之，由是累遷親從副將，改左長劍都虞候。又從破蔡賊於板橋，收秦宗權八寨，奏加檢校右散騎常侍。文德初，同諸軍解河陽之圍，復從破徐、宿。乾寧中，奏加檢校刑部尚書，太祖賜名懷玉。破朱瑾於金鄉南，擒宗江以獻，表授金紫光祿大夫、檢校右僕射。

乾寧四年，龐師古失利於淸口，懷玉獨完軍以退。光化初，轉滑州右都押牙兼右步軍指揮使，俄奏授沂州刺史。沂州，原本作「忻州」，今從歐陽史改正。（影庫本粘籤）頃之，王師範以青州

叛，屢出兵侵軼，懷玉擊退之。天復四年，轉齊州防禦使，加檢校司空，從大軍迎駕於岐下。歸署華州觀察留後。一年，復領所部兵戍雍州，尋召赴河中，補晉、絳、同、華五州馬步都指揮使。天祐三年，授左羽林統軍，案：歐陽史作右羽林統軍。（舊五代史考異）轉右龍虎統軍，領六軍之士赴澤州。尋爲晉軍所攻，晝夜衝擊，穴地而入，懷玉率親兵逆殺於隧中，晉軍遂退。開平元年，授曹州刺史，加檢校司徒。明年，除晉州刺史。其秋，晉軍大至，已乘其墉，懷玉選親兵五十餘人，擁殺下城。晉軍既退，出家財以賞戰士。歲中，晉軍又至，懷玉領兵敗之於洪洞。三年，制授鄜坊節度使、特進、檢校太保，練兵繕壁，人頗安之，加檢校太傅。

乾化二年，庶人友珪既簒立，河中朱友謙拒命，遣兵襲鄜州，懷玉無備，尋爲河中所擄，囚於公館。及友珪遣康懷英率師圍河中，友謙慮懷玉有變，遂害之。懷玉材氣剛勇，臨陣未嘗折退，平生金瘡被體，有戰將之名焉。永樂大典卷一萬八千一百二十七。

郭言，太原人也。家於南陽新野，少以力穡養親，鄉里稱之。唐廣明中，黃巢擁衆西犯秦、雍，言爲巢黨所執。後從太祖赴汴，初爲騎軍，纔有戰功，後擢爲裨校。

言性剛直，有權略，勤於戎事，或以家財分給將士之貧者，由是頗得士心。屢將兵與蔡寇戰於浚郊，每以少擊衆，出必勝歸。太祖嘉其勇果，謂賓佐曰：「言乃吾之虎侯也。」時宗

權支黨數十萬，太祖兵不過數十旅，每恨其寡，與之不敵。一日，命言董數千人，越河、洛，趨陝、虢，招召丁壯，以實部伍。言夏往冬旋，得銳士萬餘，遂遷步軍都將。自是隨太祖掩襲蔡寇，斬獲掠奪，不可勝紀，宗權以茲敗北，太祖盡收其地。因命言將兵導達貢奉，以安鄆傳，自汴、鄭迄於潼關，去奸恤弱，甚得其所。

光啓中，唐天子以太祖兵威日振，命兼揚州節度使。太祖遣幕吏李璠領兵赴維揚以制置爲名，時言爲李璠前鋒，深入淮甸，破盱眙而還。案通鑑云：時溥以師襲之，言力戰得免。梁祖紀亦作不克進而還，與傳異。梁祖東伐徐、鄆，言將偏師，略地千里，頻逢寇敵，言出奇決戰，所向皆捷，大挫東人之銳。太祖錄其績，以「排陣斬斫」之號委之，尋表爲宿州刺史、檢校右僕射。于時徐、宿兵鋒日夕相接，控扼偵邏，以言爲首。景福初，時溥大舉來攻宿州，言勇於野戰，喜逢大敵，自引銳兵擊溥，殺傷甚衆，徐戎乃退。言爲流矢所中，一夕而卒。永樂大典卷二萬二千一百六十。

李唐賓，陝州陝縣人也。中和四年二月，尚讓之寇繁臺也，唐賓與李讜、霍存並爲巢將，與太祖之軍戰于尉氏門外。三月，太祖破瓦子寨，唐賓與王虔裕來降。時黃巢壁于陳郊，乃命唐賓摩其西鬭校焉。王滿之師，王夏之陣，唐賓悉在戰中。後與朱珍趣淄州，所向

摧敵。及取滑平蔡，前後破鄆、淮、徐之衆，功與朱珍略等，而驍勇絕倫，善用矛，未嘗不率先陷陣，其善於治軍行師之道，亦與珍齊名。珍之擒石璠也，唐賓亦沿淮與郭言犄角下盱眙，其後渡河破黎陽、李固等鎭，攻澶州，下內黃，敗魏師，未嘗不與珍同。暨攻蔡之役，珍自西南破其外垣，唐賓亦堙壕坎墉，摧其東北隅。及伐徐取豐，時溥軍於吳康，案：原本訛「吳唐」，今據歐陽史改正。（舊五代史考異）珍亟遇之，未能却，唐賓引本軍擊敗之，珍遂大勝。每興師必與珍偕用，故往無不利，然而剛中用壯，遂爲珍所害，以謀叛聞。太祖聞之，痛惜累日。及誅朱珍後，令其妻孥至軍收葬，而加弔祭焉。永樂大典卷一萬三百八十八。

王虔裕，瑯琊臨沂人也，家於楚丘。少有膽勇，多力善射，以弋獵爲事。唐乾符中，諸葛爽聚徒於靑、棣間，攻剽郡縣，虔裕依其衆。及爽歸順，乃以虔裕及其衆隸於宣武軍。太祖鎭汴，四郊多事，始議選將征討，首以虔裕綰騎兵，恆爲前鋒。及太祖擊巢、蔡於陳州，虔裕連拔數寨，擒獲萬計。巢孽既遁，虔裕躡其迹，追至萬勝戍，賊衆饑乏，短兵纔接而潰。太祖以其勞，表授義州刺史。蔡人日縱侵掠，陳、鄭、許、亳之郊頻年大戰，虔裕掩襲攻拒，凡百餘陣，勦戮生擒，不知紀極。秦宗賢寇汴南鄙，太祖令虔裕逆擊於尉氏，不利而還。太祖怒，命削職，拘於別部。踰年，邢州孟遷請降。未幾，晉人伐邢，孟遷遣使來乞師，太祖先

遣虔裕選勇士百餘人徑往赴之，伺夜突入邢州，明日，循堞樹立旗幟，晉人不測，乃退。數月，復來圍邢，時太祖大軍方討兗、鄆，未及救援，案通鑑考異云：是時全忠方攻時溥，未討兗、鄆也。傳誤。未及救援，原本作「未幾」，今從通鑑考異所引薛史改正。（影庫本粘籤）邢人困而攜貳，遂乃縶虔裕送於太原，尋爲所害。永樂大典卷一萬八千一百二十七。

劉康乂，壽州安豐縣人也。以農桑爲業。唐乾符中，關東羣盜並起，江、淮間偏罹其苦，因爲巢黨所掠。康乂沉默有膂力，善用矛槊，然不樂爲暴。中和三年，從太祖赴鎮，委以心腹，康乂枕戈擐甲，夷險無憚。其後累典親軍，襲巢破蔡，斬獲尤多，累以戰功遷元從都將。從太祖連年攻討徐、兗、鄆，所向多捷，尤善於營壘，充諸軍壕寨使。及太祖盡下三鎮，議其功，奏加檢校右僕射，兼領軍衞，尋遷密州刺史，案：原本訛「宣州」，今據新唐書昭宗紀改正。（舊五代史考異）政甚簡靜。時王師範叛據青州，乞師於淮夷，淮人遂攻密州。密兵素少，執銳者不滿千夫，而淮賊踰萬，康乂率老弱守陴，自別領少壯，日與接戰於密之四郊，俘擒千計。賊知密州虛弱，援兵未至，晝夜急攻，遂陷，康乂爲賊所害。永樂大典卷九千九十八。

王彥章，字賢明，案：歐陽史作字子明。鄆州壽張縣人也。案：歐陽史作鄆州壽昌人。通鑑從薛史作壽

張〔四〕。祖秀，父慶宗，俱不仕，以彥章貴，秀贈左散騎常侍，慶宗贈右武衞將軍。彥章少從軍，隸太祖帳下，以驍勇聞。稍遷軍職，累典禁兵。從太祖征討，所至有功，常持鐵鎗衝堅陷陣。開平二年十月，自開封府押牙、左親從指揮使授左龍驤軍使。三年，轉左監門衞上將軍，依前左龍驤軍使。乾化元年，改行營左先鋒馬軍使，又加金紫光祿大夫、檢校司空，依前左監門衞上將軍。二年，庶人友珪篡位，加檢校司徒。三年正月，授濮州刺史、本州馬步軍都指揮使，依前左先鋒馬軍使。未幾，改先鋒步軍都指揮使。四年，爲澶州刺史，進封開國伯。

五年三月，朝廷議割魏州爲兩鎮，慮魏人不從，遣彥章率精騎五百屯鄴城，駐於金波亭，以備非常。是月二十九日夜，魏軍作亂，首攻彥章於館舍，彥章南奔。七月，晉人攻陷澶州，彥章舉家陷沒。案通鑑：晉人夜襲澶州，陷之。刺史王彥章在劉鄩營，晉人獲其妻子。是當時澶州之陷，因刺史他出而掩其不備，非彥章力不能守也。歐陽史極推重彥章，而載澶州事不詳，蓋未博考。晉王遷其家於晉陽，待之甚厚，遣細人間行誘之，彥章即斬其使以絕之。後數年，其家被害。九月，授汝州防禦使、檢校太保，依前行營先鋒步軍都指揮使。貞明二年四月，改鄭州防禦使。三年十二月，授西面行營馬軍都指揮使，加檢校太傅，依前鄭州防禦使。頃之，授行營諸軍左廂馬軍都指揮使。五年五月，遷許州兩使留後，軍職如故。六年正月，正授許州匡國軍節度使，充散指揮都頭都軍使，進封開國侯。未幾，授北面行營副招討使。七年正月，移領滑州。

龍德三年四月晦〔五〕，晉師陷鄆州，中外大恐。五月，以彥章代戴思遠爲北面招討使。拜命之日，促裝以赴滑臺，遂自楊村砦浮河而下，水陸俱進，斷晉人德勝之浮梁，攻南城，拔之，晉人遂棄北城，併軍保楊劉。北城，原本作「博城」，今據歐陽史改正。（影庫本粘籤）彥章以舟師沿流而下，晉人盡徹北城，析屋木編栰，置步軍於其上，與彥章各行一岸，每遇轉灘水匯，即中流交鬬，流矢雨集，或舟栰覆沒，比及楊劉，凡百餘戰。彥章急攻楊劉，晝夜不息，晉人極力固守，垂陷者數四。六月，晉王親援其城，彥章之軍，重壕複壘，晉人不能入。晉王乃於博州東岸築壘，以應鄆州。彥章聞之，馳軍而至，急攻其柵，自旦及午，其城將拔，會晉王以大軍來援，彥章乃退。七月，晉王至楊劉，彥章軍不利，遂罷彥章兵權，詔令歸闕，以段凝爲招討使。

先是，趙、張二族撓亂朝政，彥章深惡之，性復剛直，不能緘忍。及授招討之命，因謂所親曰：「待我立功之後，回軍之日，當盡誅姦臣，以謝天下。」趙、張聞之，私相謂曰：「我輩寧死於沙陀之手，不當爲彥章所殺。」因協力以傾之。時段凝以賄賂交結，自求兵柄，素與彥章不協，潛害其功，陰行逗撓，遂至王師不利，竟退彥章而用段凝，未及十旬，國以之亡矣。

是歲秋九月，朝廷聞晉人將自兗州路出師，末帝急遣彥章領保鑾騎士數千於東路守捉，案：歐陽史從家傳作保鑾士五百人，又作畫像記，極辨舊史領數千人以往之非。今考通鑑云：梁主命王彥章將保鑾

士及他兵合萬人，屯兗、鄆之境。是彥章所將且不止薛史所云數千矣。又考通鑑，李嗣源敗彥章于遞坊鎮，獲將士三百人，斬首二百級。使彥章所將止於五百，是師徒盡喪，單騎遁還，不應尚能再戰也。彥章忠于所事，百折不回，不幸爲監軍張漢傑所制，力竭而亡，非戰之罪。歐陽史必欲減其兵數，恐轉非實錄。且以鄆州爲敵人所據，因圖進取，令張漢傑爲監軍。一日，彥章渡汶，以略鄆境，至遞坊鎮，爲晉人所襲，彥章退保中都。十月四日，晉王以大軍至，彥章以衆拒戰，兵敗，爲晉將夏魯奇所擒。魯奇嘗事太祖，與彥章素善，及彥章敗，識其語音，曰：「此王鐵槍也。」揮矟刺之，彥章重傷，馬踣，遂就擒。

晉王見彥章，謂之曰：「爾常以孺子待我，今日服未？」又問：「我素聞爾善將，何不保守兗州？此邑素無城壘，何以自固？」彥章對曰：「大事已去，非臣智力所及。」晉王惻然，親賜藥以封其創。晉王素聞其勇悍，欲全活之，令中使慰撫，以誘其意。彥章曰：「比是匹夫，本朝擢居方面，與皇帝十五年抗衡，今日兵敗力窮，死有常分，皇帝縱垂矜宥，何面目見人！豈有爲臣爲將，朝事梁而暮事晉乎！得死幸矣。」晉王又謂李嗣源曰：「爾宜親往諭之，庶可全活。」時彥章以重傷不能興，嗣源至臥內以見之，謂嗣源曰：「汝非邈佶烈乎？」邈佶烈，蓋嗣源小字也，彥章素輕嗣源，故以小字呼之。既而晉王命肩輿隨軍至任城，彥章以所傷痛楚，堅乞遲留，遂遇害，時年六十一。

彥章性忠勇，有膂力，臨陣對敵，奮不顧身。居嘗謂人曰：「李亞子鬬鷄小兒，何足顧

畏！」初，晉王聞彥章授招討使，自魏州急赴河上，以備衝突，至則德勝南城已爲所拔。晉王嘗曰：「此人可畏，當避其鋒。」一日，晉王領兵迫潘張寨。大軍隔河，未能赴援，彥章援槍登船，叱舟人解纜，招討使賀瓌止之，不可。晉王聞彥章至，抽軍而退，其驍勇如此。及晉高祖遷都夷門，嘉彥章之忠款，詔贈太師，太師，原本作「太尉」，歐陽史作太師，考薛史晉高祖紀亦作太師，今改正。（影庫本粘籤）搜訪子孫錄用。永樂大典卷一萬八千一百二十七。五代史補：王彥章之應募也，同時有數百人，而彥章誓求爲長。衆皆怒曰：「彥章何人，一旦自草野中出，便欲居我輩之上，是不自量之甚也。」彥章聞之，乃對主將指數百人曰：「我天與壯氣，自度汝等不及，故求作長耳。汝等咄咄，得非勝負將分之際耶！且大凡健兒開口便言死，死則未暇，且共汝輩赤脚入棘針地走三五遭，汝等能乎？」衆初以爲戲，既而彥章果然。衆皆失色，無敢效之者。太祖聞之，以爲神人，遽擢用之。

賀德倫，其先河西部落人也。父懷慶，隸滑州軍爲小校。德倫少爲滑之牙將。太祖領四鎮，德倫以本軍從，繼立軍功，累歷刺史留後，遷平盧軍節度使。及魏博楊師厚卒，朝廷以德倫代其任。貞明元年三月二十九日夜，魏軍作亂，執德倫，囚於別館，盡殺其部衆，爲亂首張彥所迫，遣使歸款于太原。晉王自黃澤嶺東下，至臨清，德倫遣從事司空頲密啓晉王，訴以張彥凌辱之事。晉王至永濟，斬彥等八人，然後入于魏，德倫卽以符印上晉王。案

通鑑：晉王既入，德倫上印節，請王兼領天雄軍。王固辭，曰：「比聞汴寇侵逼貴道，故親董師徒，遠來相救；又聞城中新罹塗炭，故暫入存撫。明公不垂鑒信，乃以印節見推，誠非素懷。」德倫再拜曰：「今寇敵密邇，軍城新有大變，人心未安，德倫心腹紀綱爲張彥所殺殆盡，形孤勢弱，安能統軍！一旦生事，恐負大恩。」王乃受之。（舊五代史考異）尋授雲州節度使，行次河東，監軍張承業留之不遣。頃之，王檀以急兵襲太原，德倫部下多奔逸，承業懼其爲變，遂誅德倫，并其部曲盡殺之。永樂大典卷一萬七千四百六十七。

校勘記

〔一〕率五十騎濟淮　「五十」，殿本、劉本、舊五代史考異同。九國志卷一侯瓚傳、通鑑卷二六一作「五千」。

〔二〕遣兵援送　殿本、彭本同，劉本作「遣兵援宋」。

〔三〕堂陽　原作「唐陽」，據劉本改。按堂陽屬河北道冀州，見新唐書卷三九地理志。漢書卷二八地理志注引應劭曰：「在堂水之陽。」

〔四〕通鑑從薛史作壽張　八字原無，據舊五代史考異補。

〔五〕龍德三年　「龍德」二字原無，據本書卷一〇末帝紀補。

舊五代史卷二十二

梁書二十二

列傳第十二

楊師厚，潁州斤溝人也。爲李罕之部將，以猛決聞，尤善騎射。及罕之敗，退保澤州，師厚與李鐸、何絪等來降，何絪，原本作「何細」，考歐陽史作何絪，今改正。（影庫本粘籤）太祖署爲忠武軍牙將，繼歷軍職，累遷檢校右僕射，表授曹州刺史。

唐天復三年，從太祖迎昭宗於岐下，李茂貞以勁兵出戰，爲師厚所敗。及王師範以青州叛，太祖遣師厚率兵東討，時淮賊王景仁以衆二萬來援師範，師厚逆擊，破之，追至輔唐縣，斬數百級，授齊州刺史。將之任，太祖急召見於鄆西境，遣師厚率步騎屯於臨朐，而聲言欲東援密州，留輜重於臨朐。師範果出兵來擊，師厚設伏於野，追擊至望王山，殺萬餘衆，擒都將八十人。未幾，萊州刺史王師誨以兵救師範，又大敗之。自是師範不復敢戰。

師厚移軍寨于城下，師範力屈，竟降。天復四年三月，加檢校司徒、徐州節度使。天祐元年，加諸軍行營馬步都指揮使。

二年八月，太祖討趙匡凝於襄陽，命師厚統前軍以進，趙匡凝嚴兵以備。師厚至穀城西童山，刊材造浮橋，引軍過漢水，一戰，趙匡凝敗散，攜妻子沿漢遁去。翌日，表師厚爲山南東道節度留後，案舊唐書：天祐三年六月甲申，勅：「襄州近因趙匡凝作帥，請別立忠義軍額，既非往制，固是從權，忠義軍額宜停廢，依舊爲山南東道節度使。」是山南東道復置于天祐三年，而薛史于二年八月已云表師厚爲山南東道節度留後，蓋史家追書之。卽令南討荊州，留後趙匡明亦棄軍上峽，不浹旬，併下兩鎮，乃正授襄州節度使。先是，漢南無羅城，師厚始興板築，周十餘里，郛郭完壯。開平元年，加檢校太保、同平章事。明年，又加檢校太傅。三年三月，入朝，詔兼潞州行營都招討使。無何，劉知俊據同州叛，師厚與劉鄩率軍西討，至潼關，擒知俊弟知浣以獻。知俊聞師厚至，卽西走鳳翔，師厚進攻，至長安。時知俊已引岐寇據其城，師厚以奇兵傍南山急行，自西門而入，賊將王建驚愕，不知所爲，遽出降。制加師厚檢校太尉。頃之，晉王與周德威、丁會、符存審等以大衆攻晉州甚急，太祖遣師厚帥兵援之，軍至絳州，晉軍扼蒙阬之險，案原本「阬」作「斻」，考通鑑注云：蒙阬在汾水之東，東西三百餘里，蹊徑不通。卽此處也，今改正。（舊五代史考異）師厚整衆而前，晉人乃徹圍而遁。案通鑑考異引梁實錄云：生擒賊將蕭萬通等，賊由是棄寨而

逭。莊宗實錄云：汴軍至蒙阬，周德威逆戰，敗之，斬首二百級。二軍各言勝捷，其互異如此。通鑑定從薛史及梁實錄。

四年二月，移授陝州節度使。

五年正月，王景仁敗於柏鄉，晉人乘勝圍邢州，掠魏博，南至黎陽。師厚受詔以兵屯衞州〔二〕，晉軍攻魏州，不克而退，師厚追襲，過漳河，解邢州之圍，改授滑州節度使。明年，太祖北征，令師厚以大軍攻棗強，踰旬不能克，太祖屢加督責，師厚晝夜奮擊，乃破之，盡屠其城。車駕還，師厚屯魏州。

及庶人友珪篡位，魏州衙內都指揮使潘晏與大將臧延範、趙訓謀變，有密告者，師厚布兵擒捕，斬之。案歐陽史云：師厚乘間殺魏牙將潘晏、臧延範等，逐出節度使羅周翰。與薛史異。越二日，又有指揮使趙賓夜率部軍擐甲，俟旦爲亂。師厚以衙兵圍捕，賓不能起，乃越城而遁，師厚遣騎追至肥鄉，擒其黨百餘人，歸斬于府門。友珪卽以師厚爲魏博節度使、檢校侍中。未幾，鎭人、晉人侵魏之北鄙，師厚率軍至唐店，破之，斬首五千級，擒其都將三十餘人。是時師厚握河朔兵，威望振主，友珪患之，詔師厚赴闕。師厚乃率精甲萬人至洛陽，嚴兵於都外，自以十餘人入謁，友珪懼，厚禮而遣之。

及末帝將圖友珪，遣使謀於師厚，深陳款効，且馳書于侍衞軍使袁象先及主軍大將，又遣都指揮使朱漢賓率兵至滑州以應禁旅。友珪既誅，末帝卽位於東京，首封師厚爲鄴王，

加檢校太師、中書令，每下詔不名，以官呼之，事無巨細，必先謀於師厚，師厚頗亦驕誕。先是，鎭人以我柏鄉不利之後，屢擾邊境，師厚總大軍直抵鎭州城下，焚蕩閭舍，移軍掠藁城、束鹿，至深州而歸。乾化五年三月，卒于鎭。廢朝三日，贈太師。然而末年矜功恃衆，驟萌不軌之意，於是專割財賦，置銀槍効節軍凡數千人，案清異錄云：槍材難得十全，魏州石屋材多可用，楊師厚時，銀槍效節都皆采於此。（舊五代史考異）皆選摘驍銳，縱恣豢養，復故時牙軍之態，時人病之。向時河朔之俗，上元比無夜遊，及師厚作鎭，乃課魏人戶立燈竿，千釭萬炬，洞照一城，縱士女嬉遊。復彩畫舟舫，令女妓櫂歌於御河，縱酒彌日。又於黎陽採巨石，將紀德政，以鐵車負載，驅牛數百以拽之，所至之處，丘墓廬舍悉皆毀壞，百姓望之，皆曰「碑來」。及碑石纔至，而師厚卒，魏人以爲「悲來」之應。末帝聞其卒也，於私庭受賀，乃議裂魏州爲兩鎭。既而所樹親軍，果爲叛亂，以招外寇，致使河朔淪陷，宗社覆滅，由師厚兆之也。永樂大典卷一萬八千一百二十六。

牛存節，字贊貞，案：原本作「替貞」，夏文莊集引薛史又作「潛眞」，今據歐陽史改正。（舊五代史考異）青州博昌人也。本名禮，太祖改而字之。少以雄勇自負。唐乾符末，鄉人諸葛爽爲河陽節度

使，存節往從之。爽卒，存節謂同輩曰：「天下洶洶，當擇英主事之，以圖富貴。」遂歸於太祖。初授宣義軍小將。屬蔡寇至金堤驛，犯酸棗、靈昌，存節日與之鬭，凡二十餘往，每往必執俘而還，前後斬首二十餘級，獲孳畜甚衆。太祖擊蔡賊於板橋、赤堈、酸棗門、封禪寺、枯河北，存節皆預其行。與諸將於濮州南劉橋、范縣大破鄆衆，自此深爲太祖獎遇。

文德元年夏，李罕之以幷軍圍張宗奭於河陽，太祖遣存節率軍赴之。屬歲歉，饟餽不至，村民有儲乾椹者，存節以器用、錢帛易之，以給軍食。大破賊於湨河，案：原本訛「𣲖河」，今據歐陽史及通鑑改正。（舊五代史考異）罕之引衆北走。又預討徐、宿有功。及討河北，存節前鋒下黎陽，收臨河，至內黃西，以兵千餘人當魏人萬二千衆，大破其陣，殭仆蔽野。太祖深所歎激，謂有神兵之助。

大順元年，改滑州左右廂牢城使。與諸將討時溥，累破賊軍。景福元年秋，改遏後都指揮使。攻濮之役，領軍先登，遂拔其壘。二年四月，下徐州，梟時溥，存節力戰，其功居多。乾寧二年，授檢校工部尚書。三年夏，太祖東討鄆州，存節領軍次故樂亭，扼其要路，都指揮使龐師古屯馬頰，存節密與都將王言謀入鄆壘。十二月，存節遣王言夜伏勇士於州西北，以船踰濠，舉梯登陴。既而王言不克入，存節獨率伏軍負梯䡴破其西甕城，奪其濠橋，諸軍俱進。四年四月，陷其城，尋與葛從周降下兗州，加檢校右僕射。

其年秋，大舉以伐淮南，至濠州東，聞前軍失利於淸口，諸軍退至渒河，無復隊伍。存節遏其後，諸將釋騎步鬭，諸軍稍得濟，收合所部並敗兵共八千餘人，至于淮涘，時不食已四日矣。存節訓勵部分，以禦追寇，遂得旋師。案舊唐書昭宗紀：葛從周自霍丘渡淮，至濠州，聞師古敗，乃退軍，信宿至渒河，方渡，而朱瑾至。是日殺傷溺死殆盡，還者不滿千人，唯牛存節一軍先渡獲免。比至潁州，大雪寒凍，死者十五六。據舊唐書，存節以先渡得免，而薛史以爲存節遏其後，蓋傳聞之異。五年，除亳州刺史，俄遷宣武軍都指揮使，改宿州刺史。明年，淮賊大至彭城，存節乃以部下兵夜發，直趣彭門，淮人訝其神速，震恐而退，諸將服其智識。

光化二年，罷歸，復爲左衙都將兼馬步教練使。天復元年，授潞州馬步都指揮使，法令嚴整，士庶安之。及追赴行在，士卒泣送者不絕於道。加金紫光祿大夫、檢校司空，改滑州左衙步軍指揮使，知邢州軍州事。天祐元年，授邢州團練使。時州兵纔及二百人，晉人知之，以大軍來寇，七日不能克而去。太祖召至，勞慰久之，厚賚金帛鞍馬，加檢校司徒。冬，罷軍，署爲元帥府左都押衙。四年，太祖受禪，除右千牛衞上將軍。其秋，攻潞州，以存節爲行營馬步軍都排陣使。

開平二年二月，自右監門衞上將軍轉右龍虎統軍，駐留洛下。是歲，王師敗於上黨，晉

人乘勝進迫澤州，州城將陷。河南留守張全義召存節謀，遂以本軍及右龍虎、羽林等軍往應接上黨。師至天井關，存節謂諸將曰：「是行也，雖不奉詔旨，然要害之地，不可致失。」時晉人新勝，其鋒甚盛，存節引衆而前，銜枚夜至澤州，適遇守埤者已縱火鼓噪，以應外軍，刺史保衙城，不知所爲。存節纔入，晉軍已至矣，乃分布守禦。晉軍四面攻劚，開地道以入城，存節亦以隧道應之，逆戰于地中，晉軍不能進。又以勁弩射之，中者人馬皆洞，經十三日，晉軍死傷者甚衆，焚營而退，郡以獲全，案：存節自潞州行營入爲統軍，留駐洛下，其後夾城之敗，存節未嘗在軍中也。歐陽史迺云：晉兵已破夾城，存節以餘兵歸，行至天井關，還救澤州。通鑑考異已辨其誤。（舊五代史考異）太祖屢歎賞之。五月，遷左龍虎統軍，充六軍馬步都指揮使。十月，授絳州刺史。

三年四月，除鄜州留後。六月，劉知俊以同州叛，尋授同州留後，未幾，加檢校太保、同州節度使。乾化二年，加檢校太傅，進封開國公。存節戒嚴軍旅，常若敵至。先是，州中井水鹹苦，人不可飲，及幷人、岐人來迫州城，或以爲兵士渴乏，陷在旦夕。存節乃肅拜虔祝，擇地鑿八十餘井，其味皆甘淡，由是人馬汲濯有餘，案：夏竦集引薛史作存節鑿八十餘井，味皆甘淡，病渴具消。蓋引薛史而稍有移易也。衆以爲至誠之感。自八月至三年春末，人馬未嘗釋甲，以至寇退。尋加同平章事，詔赴闕，末帝召慰勉，賞賜甚厚。十一月，加開府儀同三司，食邑一千戶，授鄆州節度使。四年，加淮南西北面行營招討使，控扼淮濆，邊境安之。

其冬，蔣殷據徐州逆命，存節方以大衆戍潁州，得殷逆謀，密以上聞，遽奉詔與劉鄩同討之，頓於埇上。淮賊朱瑾以兵救殷，距宿之兩舍，聞存節兵大至，卽委糧棄甲而遁，竟平徐州。詔加太尉。夏中病渴且瘠，屬河北用軍，末帝令率軍屯陽留案：陽留卽楊劉，見通鑑考異。又考李重進碑作楊留，蓋地名通用。以張劉鄩之勢。存節忠憤彌篤，未嘗言病，料敵治戎，旦夕愈厲。病革，詔歸汝陽，翌日而卒。將終，戒其子知業、知讓等以忠孝，言不及他。册贈太師。存節武勇慷慨，有大節，野戰壁守，皆其所長，威名聞於境外，深爲末帝所重，而木強忠厚，有賈復之風焉。永樂大典卷八千八百六十一。

王檀，字衆美，京兆人也。曾祖泚，唐左金吾衛將軍、隴州防禦使。祖曜，定難功臣、渭橋鎭遏使。父環，鴻臚卿，以檀貴，累贈左僕射。檀少英悟，美形儀，好讀兵書，洞曉韜略。唐中和中，太祖鎭大梁，檀爲小將。四年，汴將楊彥洪破巢將尙讓、李讜於尉氏門外，檀在戰中，摧鋒陷陣，遂爲太祖所知，稍蒙擢用。預破蔡賊於斤溝、淝河、八角，遷踏白都副將。

光啓二年，從胡眞擊淮西之衆，解河陽之圍。蔡賊張存敢乘亂據洛陽，檀與勇士數十人潛入賊柵，邀其輜重，存敢遁走。胡眞至陝州，開通貢路，遣檀攻玉山寨，降賊帥石令殷。從擊秦宗賢於鄭州西北河灘之上，於太祖馬前射賊將孫安，應弦而斃。三年，佐都指揮使朱珍敗徐戎於孫師陂，獲其將孫用和、東詡以獻。從擊蔡賊於板橋，偏將李重胤追賊馬蹟，爲蔡人所擒，檀奪取而旋，獲賊將薛注。太祖破朱瑾於劉橋，檀盡收其軍實。

文德元年三月，討羅弘信，敗魏人於內黃，檀獲其將周儒、邵神劍以歸，補衛山都虞候。案：原本作「衡山」，今從歐陽史改正。是歲，與諸軍平蔡州。明年，佐朱珍大破時溥之衆，檀獲賊將何肱，改左踏白馬軍副將。預征兗、鄆，累立戰功。大順元年，從龐師古渡淮深入，討孫儒之亂，奪邵伯堰，破高郵軍，檀奮命擊賊，刃傷左臂。未幾，遷順義都將。天復中，從太祖率四鎭之師衛鳳翔，以迎昭宗，屢立戎效，遷左踏白指揮使。從攻王師範於青州，檀以偏師收復密郡，案永陽志云：張訓守密州刺史，朱全忠至青州，訓謂諸將曰：「汴人將至，何以禦之？」諸將請焚城大掠而歸。訓曰：「不可。」乃封府庫，植旗幟於城上，遣羸弱居前，自以精兵殿其後而去。全忠遣王檀攻密州，數日乃敢入城。（舊五代史考異）遂權知軍州事，充本州馬步軍都指揮使，尋表授檢校右僕射〔二〕，守密州刺史。郡接淮戎，舊無壁壘，乃率丁夫修築羅城〔三〕，六旬而畢，居民賴之，加檢校司空。

開平二年六月，授邢州保義軍節度使、檢校司徒。三年，加檢校太保，充潞州東北面行營招討使。乾化元年正月，王景仁與晉人戰於柏鄉，王師敗績，河朔大震。景仁餘衆爲敵騎所追，檀嚴設備，應接敗軍，叻以資裝，獲濟者甚衆。俄而晉軍大至，重圍四合，土山地

穴，晝夜攻擊，太祖憂之。檀密上表〔四〕，請駕不親征，而悉力枝梧，竟全城壘。三月，以功就加檢校太傅、同平章事。七月，又加開府儀同三司、檢校太尉，進封瑯琊郡王，命宣徽使趙殷衡齎詔慰諭，賜絹千疋、銀千兩，賞守禦邢州之功也。庶人友珪僭位，授鄧州宣化軍節度使、檢校太尉、兼侍中。

末帝卽位，移授許州匡國軍節度使，加檢校太師。五年，蔡州刺史王彥温作亂，檀受詔討平之，加兼中書令。貞明元年三月，魏博軍亂。六月，晉王入魏州，分兵收下屬郡，河北大擾，檀受詔與開封尹劉鄩犄角進師，以援河北。檀攻澶州魏縣，下之，擒賊將李巖、案：通鑑考異引莊宗實錄作李嚴。（舊五代史考異）王開闢以獻。開闢，原本作「門闢」，今從歐陽史改正。（影庫本粘籤）頃之，檀密疏請以奇兵西趣河中，自陰地關襲取晉陽，末帝許之，卽馳兵而去。二年二月，師至晉陽，晝夜急攻其壘，幷州幾陷。既而蕃將石家才自潞州以援兵至，檀引軍大掠而還。尋授天平軍副大使，知節度使事，充鄆、齊、曹等州觀察等使。

先是，檀招誘羣盜，選其勁悍者置於帳下，以爲爪牙。至是數輩竊發，突入府第，檀素不爲備，遂爲所害，時年五十一。案：歐陽史作五十八。（舊五代史考異）節度副使裴彥聞變，率府兵盡擒諸賊，州城帖然。尋册贈太師，謚曰忠毅。忠毅，原本作「思毅」，今從册府元龜改正。（影庫本粘籤）葬於開封縣之臯門原。有子六人，皆升朝列。永樂大典卷六千八百五十。

史臣曰：夫大都偶國，春秋所非。當師厚之據鄴城也，綰數萬之甲兵，擅六州之輿賦，名既震主，勢亦滔天。逮其喪亡，須議分割，由茲以失河朔，因是以啓晉人，詩所謂「誰生厲階」者，師厚之謂歟！存節、王檀俱出身事主，底力圖功，觀其方略，皆將帥之良者也。永樂大典卷六千八百五十。

校勘記

〔一〕師厚受詔以兵屯衞州　「衞州」，劉本、彭本同。殿本作魏州。

〔二〕檢校右僕射　「右僕射」，殿本、劉本同。永樂大典（膠卷）卷六八五〇作「左僕射」。

〔三〕乃率丁夫　「丁」字原無，據永樂大典（膠卷）卷六八五〇補。

〔四〕檀密上表　殿本、劉本同。永樂大典（膠卷）卷六八五〇無「密」字。

舊五代史卷二十三

梁書二十三

列傳第十三

劉鄩，密州安丘縣人也。祖綬，密州戶掾，累贈左散騎常侍。父融，安丘令，累贈工部尚書。鄩幼有大志，好兵略，涉獵史傳。唐中和中，事青州節度使王敬武爲小校。敬武卒，三軍推其子師範爲留後，朝廷命崔安潛崔安潛，原本作「守潛」，今從新唐書改正。（影庫本粘籤）鎮青州，州人拒命。棣州刺史張蟾將襲師範，師範遣都指揮使盧弘攻棣州，弘反與蟾通，僞旋軍以襲師範。師範知之，設伏兵以迎弘，既而享之，先誡鄩曰：「弘至即斬之。」鄩如約，斬弘於座上，同亂者皆誅之。師範以鄩爲馬步軍副都指揮使，攻下棣州，殺張蟾，朝廷因授師範平盧軍節度使。光化初，師範表鄩爲登州刺史，歲餘，移刺淄州，署行軍司馬。天復元年，昭宗幸鳳翔，太祖率四鎭之師奉迎於岐下。李茂貞與內官韓全誨矯詔徵天

下兵入援，師範覽詔，慷慨泣下，遣腹心乘虛襲取太祖管內州郡。所在同日竊發，其事多泄，唯鄩以偏師陷兗州，遂據其郡。初，鄩遣細人詐爲鬻油者，覘兗城內虛實及出入之所，視羅城下一水竇可以引衆而入，遂誌之。鄩乃告師範，請步兵五百，宵自水竇銜枚而入，一夕而定，軍城晏然，市民無擾。案金華子云：鄩入據子城，甲兵精銳，城內人皆束手，莫敢旅拒。加以州將悍，人情不附，鄩因而撫治，民皆安堵。（舊五代史考異）太祖命大將葛從周攻之。案：金華子作兗帥張姓，疑傳聞之誤。時從周爲節度使，領兵在外，州城爲鄩所據，家屬悉在城中。鄩善撫其家，移就外第，供給有禮，升堂拜從周之母。及從周攻城，鄩以板輿請母登城，母告從周曰：「劉將軍待我甚至，不異於兒，新婦已下，並不失所。劉將軍與爾各爲其主，爾其察之。」從周歔欷而退。鄩料簡城中老疾及婦人浮食百姓不足與守者，悉出之於外，與將士同甘苦，分衣食，以抗外軍，戢兵禁暴，居人泰然。從周攻圍既久，鄩無外援，人情稍有去就之意。一日，節度副使王彥溫踰城而奔，守陴者從之而逸，鄩之守兵禁之不可，鄩即遣人從容告彥温曰：「請副使少將人出，非素遣者請勿帶行。」又揚言於衆曰：「素遣從副使行者即勿禁，其擅去者族之。」守民聞之皆惑，奔逸者乃止。外軍聞之，果疑彥温有姦，即戮之於城下，自是軍城遂固。及王師範兵力漸窘，從周以禍福諭鄩，俾之革面，革面，原本作「薰面」，今據文改正。（影庫本粘籤）鄩報曰：「俟青州本使歸降，即以城池還納。」天復三年十一

月，師範告降，且言先差行軍司馬劉鄩領兵入兗州，請釋其罪，亦以告鄩，鄩卽出城聽命。案：劉鄩叛附于梁，新唐書昭宗紀作十月丁丑，與薛史作十一月異。（舊五代史考異）太祖嘉其節槩，以爲有李英公之風。案：原本訛「殷公」，考新唐書李勣封英國公，今改正。（舊五代史考異）

鄩既降〔一〕，從周具行裝服馬，請鄩歸大梁。鄩曰：「未受梁王捨釋之旨，乘肥衣裘，非敢聞命。」卽素服跨驢而發。及將謁見，太祖令賜冠帶，鄩曰：「纍囚負罪，請就縶而入。」太祖不許。及見，慰撫移時，且飲之酒，鄩以量小告太祖。太祖曰：「取兗州，量何大耶！」旋授元從都押牙。太祖牙下諸將，皆四鎭舊人，鄩一旦以羈旅之臣，驟居衆人之右，及與諸將相見，並用階庭之禮，太祖尤奇重之。未幾，表爲鄜州留後。

是時，邠、岐之衆，屢寇其境，鄩禦捍備至，太祖以其地遠，慮失鄩，卽令棄郡引軍屯於同州。天祐二年二月，授右金吾衞大將軍，充街使。三年正月，太祖授元帥之任，以鄩爲元帥府都押牙，執金吾如故。開平元年，授右金吾上將軍，充諸軍馬步都指揮使。其年秋，與諸將征潞州，遷檢校司徒。三年二月，轉右威衞上將軍，依前諸軍馬步都虞候。五月，改左龍武統軍，充侍衞親軍馬步軍都指揮使。

其年夏，同州劉知俊反，引岐人襲據長安，分兵扼河、潼。太祖幸陝，命鄩西討，卽奮取潼關，擒知俊弟知浣以獻，遂引兵收復長安，知俊棄郡奔鳳翔。太祖以鄩爲佑國、同州軍兩

使留後，尋改佑國軍爲永平軍，以鄩爲節度使、檢校司徒，行大安尹、金州管內觀察使。是時，西鄙未寧，密邇寇境，鄩練兵撫衆，獨當一面。四年，加檢校太保、同平章事。庶人友珪篡位，加檢校太傅。乾化三年正月，丁內艱，友珪命起復視事。末帝卽位，尤深倚重。明年夏，詔鄩歸闕，授開封尹，遙領鎭南軍節度使。旋屬晉人寇河朔，鄩奉詔與魏博節度使楊師厚禦之而退。

九月，徐州節度使蔣殷據城叛。時朝廷以福王友璋鎭徐方，殷不受代，末帝遣鄩與鄆帥牛存節率兵攻之。殷求援於淮夷，僞吳楊溥遣大將朱瑾領衆赴援，鄩逆擊破之。貞明元年春，城陷，殷舉族自燔，於火中得其尸，梟首以獻，詔加檢校太尉。

三月，魏博楊師厚卒，朝廷分相、魏爲兩鎭，遣鄩率大軍屯南樂，以討王鎔爲名。既而魏軍果亂，囚節度使賀德倫送款於太原。六月，晉王入魏州，鄩以精兵萬人自洹水移軍魏縣，晉王來覘，鄩設伏於河曲叢木間，俟晉王至，大譟而進，圍之數匝，殺獲甚衆，晉王僅以身免。案：通鑑作晉王帥騎馳突，所向披靡，自午至申乃得出，亡其七騎。而薛史以爲殺獲甚衆，晉王僅以身免。蓋當時梁、唐二史，各有夸張掩飾，故所紀互異如此。通鑑所載，當是據唐實錄。是月，鄩潛師由黃澤西趨太原，將行，慮爲晉軍所追，乃結芻爲人，縛旗於上，以驢負之，循堞而行，數日，晉人方覺。軍至樂平，會霖雨積旬，師不克進，鄩卽整衆而旋。魏之臨清，積粟之所，鄩引軍將據之，遇晉將周

陽五自幽州率兵至，鄩乃取貝州，與晉軍遇於堂邑，鄩邀擊却之，追北五十餘里，遂軍於莘縣。增城壘，浚池隍，自莘及河，築甬道以通餉路。

八月，末帝賜鄩詔曰：「閫外之事，全付將軍。河朔諸州，一旦淪沒，勞師弊旅，患難日滋，退保河壖，久無鬬志。昨東面諸侯，奏章來上，皆言倉儲已竭，飛輓不充，于役之人，每遭擒擄，夙宵軫念，惕懼盈懷。將軍與國同休，當思良畫，如聞寇敵兵數不多，宜設機權，以時剪撲，則予之負荷，無累先人。」鄩奏曰：「臣受國深恩，忝茲閫政，敢不枕戈假寐，罄節輸忠。昨者，比欲西取太原，斷其歸路，然後東收鎭、冀，解彼連雞，止於旬時，再淸河朔。豈期天方稔亂，國難未平，纔出師徒，積旬霖潦，資糧殫竭，軍士札瘥，切慮蒼黃，乖於統攝，乃詢部伍，皆欲旋歸。凡次舍經行，每張犄角，又欲絕其餉道，且據臨淸。纔及宗城，纔及宗城，原本脫「城」字，今據通鑑增入。（影庫本粘籤）周陽五奄至，騎軍馳突，變化如神。臣遂領大軍，保於莘縣，深溝高壘，享士訓兵，日夜戒嚴，伺其進取。偵覘營壘，兵數極多。樓煩之人〔二〕，皆能騎射，最爲勍敵，未可輕謀。臣若苟得機宜，焉敢坐滋患難，臣心體國，天鑒具明。」末帝又遣使問鄩決勝之策，鄩曰：「臣無奇術，但人給糧十斛，盡則破敵。」末帝大怒，讓鄩曰：「將軍蓄米，將療饑耶？將破賊耶？」乃遣中使督戰。鄩集諸校而謀曰：「主上深居宮禁，未曉兵機，與白面兒共謀，終敗人事。大將出征，君命有所不受，臨機制變，安可預謀。今揣敵人，

未可輕動，諸君更籌之。」時諸將皆欲戰，鄩默然。他日，復召諸將列坐軍門，人具河水一器，因命飲之，衆未測其旨，或飲或辭。鄩曰：「一器而難若是，滔滔河流，可勝旣乎！」衆皆失色。居數日，鄩率萬餘人薄鎭、定之營，時鄩軍奄至，上下騰亂，殺獲甚衆。少頃，晉軍繼至，乃退。

二年三月，鄩自莘引軍襲魏州，與晉王戰於故元城，王師敗績，鄩脫身南奔，自黎陽濟河至滑州。尋授滑州節度使，詔屯黎陽。三年二月，晉王悉衆來攻黎陽，鄩拒之而退。及鄩歸闕，再授開封尹，領鎭南軍節度使。其年，河朔失守，朝廷歸咎於鄩，鄩亦不自安，上表避位。九月，落平章事，授亳州團練使。亳州，原本作「高州」，今據歐陽史改正。（影庫本粘籤）屬淮人寇蔡、潁、亳三郡，鄩奉命渡淮，至霍丘，大殲賊黨。五年，兗州節度使張萬進反，北結晉人爲援，末帝遣鄩攻之，鄩爲兗州安撫制置使。是冬，萬進危蹙，小將邢師遇潛應王師，遂拔其城，梟萬進首以獻。十一月，制授泰寧軍節度使、檢校太尉、同平章事。

六年六月，授河東道招討使，與華州尹皓攻取同州。先是，河中朱友謙襲取同州，以其子令德爲留後，表請旄鉞，末帝怒，命鄩討之。其年九月，晉將李嗣昭率師來援，戰於城下，王師不利，敗兵走河南，橋梁陷，溺死者甚衆，鄩以餘衆退保華州羅文寨。先是，鄩與河北朱友謙爲婚家，及王師西討，行次陝州，鄩遣使齎檄與友謙，諭以禍福大計，誘令歸國，友謙不

中華書局

從，如是停留月餘。尹皓、段凝輩素忌鄩，遂搆其罪，言鄩逗留養寇，俾侯援兵，末帝以爲然。及兵敗，詔歸洛，河南尹張宗奭承朝廷密旨，逼令飲酖而卒。案：通鑑考異引莊宗實錄云：鄩素發病卒。通鑑從薛史。時年六十四，詔贈中書令。

子遂凝、遂雍別有傳。永樂大典卷一萬八千一百二十六。

賀瓌，字光遠，濮陽人也。曾祖延，以瓌貴，贈左監門上將軍。祖華，贈左散騎常侍。父仲元，贈刑部尚書。瓌少倜儻，負雄勇之志，遇世亂入軍。朱瑄爲濮州刺史兼鄆州馬步軍都指揮使，拔爲小將。唐光啓初，鄆州三軍推瑄爲留後，以瓌爲馬步軍都指揮使，表授檢校工部尚書。及瑄與太祖搆隙，瓌受瑄命，數領軍於境上。

乾寧二年十月，太祖親征兗、鄆。十一月，瑄遣瓌與太原將何懷寶率兵萬餘人以援朱瑾，師次待賓館，待賓館，原本作「待實館」，今據通鑑改正。（影庫本粘籤）斷我糧運。太祖偵知之，自中都引軍夜馳百餘里，遲明至鉅野東，與瓌等接戰，兗人大敗。瓌竄於棘塚之上，大呼曰：「我是鄆州都將賀瓌，願就擒，幸勿傷也。」太祖聞之，馳騎至塚前，遂擒之。幷獲何懷寶及將吏數十人，徇於兗壁之下，悉命戮之，唯留瓌一人，釋縛，置之麾下，尋署爲教練使，奏授檢校左僕射。瓌感太祖全宥之恩，私誓以身報國。

天復中，預平青州王師範，以功授曹州刺史兼先鋒都指揮使，加檢校司空。天祐二年，與楊師厚從太祖平荆、襄，授荆南兩使留後，未幾，徵還，爲行營左廂步軍都指揮使。開平二年十月，授左龍虎軍馬步都指揮使。十二月，改左衞上將軍，充六軍馬步都虞候。三年五月，轉右龍虎統軍，未幾，加檢校司徒、邢州團練使。四年二月，改澤州刺史，充昭義軍節度留後、檢校太保，進封開國侯。乾化二年七月，授相州刺史，尋加檢校太傅，有頃，轉左龍虎統軍。案歐陽史：太祖即位，累遷相州刺史。末帝時，遷左龍虎統軍。據薛史，瓌遷統軍不繫年月，歐陽史特以太祖時左龍虎統軍有袁象先而揣度言之耳。

貞明二年，慶州叛，爲李繼陟所據，瓌以本官充西面行營馬步軍都指揮使兼諸軍都虞候，與張筠案：原本訛「張節」，今據通鑑考異改正。（舊五代史考異）破涇、鳳之衆三萬，下寧、衍二州。三年秋，慶州平。十二月，瓌以功授滑州宣義軍節度使，依前檢校太傅，加同平章事，尋授北面行營招討使。四年春，晉人取楊劉城據之。八月，瓌與許州節度使謝彥章領大軍營於濮州之行臺村，對壘數月。一日，晉王以輕騎挑戰，瓌與彥章發伏兵奮擊，晉王僅以身免。先是，瓌與彥章不協，是歲冬十二月，復爲諸軍都虞候朱珪所搆，瓌乃伏甲士，殺彥章及濮州刺史孟審澄、別將侯溫裕等於軍，案：玉堂閒話作侯溫，蓋傳聞之訛。（舊五代史考異）案玉堂閒話：梁朝與河北相持之際，有偏將侯溫者，軍中號爲驍勇，賀瓌爲統率，專制忌克，以事殺之。考侯溫裕作侯溫，蓋傳聞之誤。（孔本）以謀叛聞。是月，瓌與晉人大戰於胡柳陂，晉人敗績，臨陣斬晉將周陽五。既晡，瓌軍亦敗。案歐陽史：瓌陣無石山，日暮，晉軍攻之，瓌軍下山擊晉軍，瓌大敗。據薛史莊宗紀與王建及傳，乃是山爲晉軍所奪，晉軍下山擊瓌軍，瓌大敗，與歐陽史異。五年春正月，晉人城德勝，夾河爲柵。四月，瓌率大軍攻其南柵，以艨艟戰艦阨其中流，晉人斷我艨艟，濟軍以援南柵，瓌退軍於行臺。尋以疾卒，時年六十二。詔贈侍中。

長子光圖，仕後唐，爲供奉官。永樂大典卷一萬八千一百二十七。

康懷英，兗州人也。本名懷貞，避末帝御名，故改之。始以驍勇事朱瑾爲列校。唐乾寧四年春，太祖既平鄆，命葛從周乘勝急攻兗州，時朱瑾在豐沛間搜索糧餉，留懷英守其城，及從周軍至，懷英聞鄆失守，乃出降。太祖素聞其名，得之甚喜，尋署爲軍校。

光化元年秋，從氏叔琮伐襄、漢，懷英以一軍攻下鄧州。三年，從征河朔，佐張存敬敗燕軍於易水之上。天復元年冬，太祖率師迎昭宗於鳳翔。時李茂貞遣大將符道昭領兵萬餘屯武功以拒，太祖命諸軍擊之，以懷英爲前鋒，領衆先登，一鼓而大破之，擄甲士六千餘人，奪馬二千匹。翌日，太祖方至，顧左右曰：「邑名武功，今首盪逆黨，眞武功也。」乃召懷英，大加獎激，仍以駿馬、珍器賜之。

二年四月，符道昭復領大軍屯於虢縣之漠谷〔三〕。其建寨之所，前臨巨澗，後倚峻阜，險不可升，太祖遣懷英提騎數千急擊之。道昭以懷英兵寡，有俯視之意，乃率甲士萬人，絕澗以挑戰。懷英始以千騎夜鬭，戰酣，發伏以擊之，岐軍大敗。秋八月，鄜帥李周彝屯軍於三原，以援鳳翔，太祖命懷英討之，周彝拔軍而遁，追至梨園，因攻下翟州，擒其守來獻。俄而岐軍屯奉天，太祖令懷英寨於岐軍之東北，以備敵人。一夕，岐軍大至，急攻其營，懷英以夜中不可驚動諸軍，獨以二千餘人抗數萬之衆，自乙夜至四鼓，身被十餘創，岐軍不勝而退。昭宗還京，賜迎鑾毅勇功臣。

是歲，淮人聞青、兗之叛，遣兵數萬以寇宿州，太祖命懷英馳騎以救之，淮人遁去，即以懷英爲權知宿州刺史。天祐三年冬，佐劉知俊破邠、鳳之衆五萬於美原，收五十餘寨，乘勝引軍攻下鄜州，以功授陝州節度使。太祖受禪，加檢校太保。

開平元年夏，命將大軍以伐潞州。將行，太祖謂懷英曰：「卿位居上將，勇冠三軍，向來破敵摧鋒，動無遺悔，至於高爵重祿，我亦無負於卿。夫忠臣事君，有死無二，韓信所謂『漢王載我以車，衣我以衣，食我以食，食人之祿，死人之憂』，我每思韓信此言，眞忠烈丈夫耳！如丁會受我待遇之恩，不謂不至，懷黃拖紫，裂土分茅，設令木石偶人，須感恩義，一朝反噬，倒戈授人，苟有天道明神，安能容此。大凡辜恩負理，忠良不爲。我今掃境內委卿，

中華書局

卿當勉思竭盡。况晉人新得上黨，衆心未協和，以十萬之師，一舉可克，予當置酒高會，望卿歌舞凱旋。」懷英惶恐而退。六月，懷英領大軍至潞，率衆晝夜攻城，半月之間，機巧百變。懷英懼太祖之言，期於必取，乃築壘環城，濬鑿池塹，然而屢爲晉將周德威騎軍所撓，懷英不敢卽戰。太祖乃以李思安代之，降爲行營都虞候。夏五月，晉王率蕃漢大軍攻下夾城，懷英逃歸，詣銀臺門待罪，太祖宥之，改授右衞上將軍。三年夏，命爲侍衞諸軍都指揮使，尋出爲陝州節度使兼西路行營副招討使。

及劉知俊奔鳳翔，引岐軍以圖靈武，太祖遣懷英率兵救之，師次長城嶺，爲知俊邀擊，懷英敗歸。案歐陽史云：還至昇平，知俊掩擊之，懷英大敗。據通鑑：懷貞等還，至三水，知俊遣兵據險邀之，左龍驤軍使壽張王彥章力戰，懷貞等乃得過。懷貞與裨將李德遇、許從實、王審權分道而行，皆與援兵不相值，至昇平，劉知俊伏兵山口，懷貞大敗，僅以身免，德遇等軍皆沒。蓋懷英過長城嶺之險，已爲邀擊，後又敗於昇平也。四年春，移華州節度使。乾化二年秋，命爲河中行營都招討使，與晉軍戰於白徑嶺，敗歸於陝。末帝嗣位，以岐軍屢犯秦、雍，命懷英爲永平軍節度使、大安尹，累加官至中書令。貞明中，卒於鎭。永樂大典卷一萬八千一百二十六。

王景仁，案：景仁本名茂章，避梁諱改焉。詳見通鑑注。廬州合淝人。材質魁偉，性暴率，無威儀，

善用槊，頗推驍悍。在淮南累職爲都指揮使，楊行密僞署宣州節度使。行密死，子渥自立，忌其勇悍，且有私憾，欲害之。案新唐書楊行密傳：渥求茂章親兵不得，實鞶帷帟以行，茂章嫚罵不與。踰年，遣兵五千襲之，茂章奔杭州。與薛史異。景仁棄宛陵，以腹心百人歸吳越王錢鏐，鏐辟爲兩府行軍司馬，具以狀聞。太祖復命遙領宣州節度使、檢校太傅、同平章事。案舊唐書：天祐三年十二月，詔淮南僞署宣歙觀察使、檢校司徒王茂章，可金紫光祿大夫、檢校太保，從錢鏐請也。所載官爵，與薛史異。吳越備史作景仁領寧國軍節度使，與薛史同。（舊五代史考異）鏐以淮寇終爲巨患，欲速平之，命景仁奉表至闕，面陳水陸之計，請合禁旅。太祖異禮待之，頒賜殊厚，顧曰：「待我平代北寇，當盡以王師付汝南討。」於是留京師，每預丞相行列。

劉知俊之叛也，從駕至陝，始佐楊師厚西入關，兵未交，知俊棄馮翊走，進尅雍、華，降王建、張君練，頗預戰有功，太祖嘉之。時鎭、定作逆，朋附蕃醜，遂擢爲上將，付步騎十萬，爲北面行營都招討使。開平二年正月二日，與晉軍戰於柏鄉，王師敗績，太祖怒甚，拘之私第。然以兩浙元勳所薦，且欲收其後効，止落平章事、罷兵柄而已。案歐陽史：景仁及晉人戰，大敗於柏鄉。景仁歸訴於太祖，太祖曰：「吾亦知之，蓋韓勍、李思安輕汝爲客，而不從節度爾。」與薛史異。數月，復其官爵。

末帝卽位，復用爲南面北面行營招討應接使，以兵萬餘人伐壽州，至霍丘接戰，案：歐陽史作戰於霍山。通鑑從薛史。（舊五代史考異）擒賊將袁虔、王彥威、王璠等送京師。俄而朱瑾以大軍至，景仁力戰不屈，常以數騎身先奮擊，寇不敢逼，乃引兵還。及濟淮，復爲殿軍，故不甚衄，瑾亦不敢北渡。案九國志朱景傳：王茂章來寇，度淮水可涉處立表識之，景易置於深潭水中立表浮木之上。茂章軍敗，望表而涉，溺死者大半，積其尸爲京觀。是景仁實以敗歸，傳云師不甚衄，蓋梁史爲景仁諱言也。及歸，病痟而卒。詔贈太尉。永樂大典卷六千八百五十。

史臣曰：劉鄩以機略自負，賀瓌以忠毅見稱，懷英以驍勇佐時，景仁以貞純許國，較其器業，皆名將也。然雖有善戰之勞，亦有敗軍之咎，則知兵無常勝，豈虛言哉！然鄩之據兗州也，盡誠於師範，比跡於英公，方之數侯，加一等矣。永樂大典卷六千八百五十。

校勘記

〔一〕鄩旣降　「旣」原作「卽」，據殿本改。

〔二〕樓煩　原作「婁煩」，據殿本、劉本、彭校改。

〔三〕漠谷　原作「漢谷」，據劉本、本書卷二梁太祖紀注文改。通鑑卷二六三作莫谷，注云：「莫谷卽漠谷，在奉天城北。」

舊五代史卷二十四

梁書二十四

列傳第十四

李珽，字公度，隴西燉煌人。五世祖忠懿公憕，有大節，見唐史，父穀，仕懿、僖朝，官至右諫議大夫。珽聰悟，有才學，尤工詞賦。僖宗朝，晉公王鐸提兵柄，鎮滑臺，滑臺，原本作「體臺」，今據文改正。（影庫本粘籤）穀居賓席，鐸見珽，大賞歎之。年二十四登進士第，解褐授校書郎，拜監察御史，俄丁內艱。先是，父旅殯在遠，家貧無以襄事，與弟珙當臘雪以單縗扶杖，銜哀告人，由是兩克遷祔。而珽日不過食一溢，恆羸臥喪廬中不能興，大爲時賢所歎。憂閱，再徵爲御史，以瘠不起。成汭之鎮荆州，辟爲掌書記，踰時乃就。

天復中，淮寇大舉圍夏口，逼巴陵，太祖患之，飛命成汭率水軍十萬援于鄂。珽入言曰：「今舳艫容介士千人，載稻倍之，緩急不可動。吳人剽輕，若爲所絆，則武陵、武安皆我之讎

也，將有後慮。不如遣驍將屯巴陵，大軍對岸，一月不與戰，則吳寇糧絕，而鄂州圍解矣。」汭性剛決，不聽。淮人果乘風縱火，舟盡焚，兵盡溺，汭亦自沈於江，朗人、潭人遂入荆渚，一如所料。未幾，襄帥趙匡凝復奏爲掌記，入爲左補闕。又明年，太祖爲元帥，以襄陽貳於己，率兵擊破之，趙匡凝奔揚州，太祖復署珽爲天平軍掌書記。天平，原本作「天中」，今據新唐書改正。（影庫本粘籤）一日，大會將佐，指珽曰：「此眞書記也。」

滄州節度使劉守文拒命，太祖引兵十餘萬圍之，久而未下，乃召珽草檄。珽即就外次，筆不停綴，登時而成，大爲太祖嗟賞。受禪之歲，宰臣除爲考功員外郎、知制誥，珽揣太祖未欲首以舊僚超拜清顯，三上章固辭，優詔褒允，尋以本官監曹州事。曹去京數舍，吏民豪猾，前後十餘政，未有善罷者，珽在任期歲，衆庶以寧。入爲兵部郎中、崇政院學士。

未幾，以許帥馮行襲疾甚，出爲許州留後。先是，行襲有牙兵二千，皆蔡人也，太祖深以爲憂〔一〕，乃遣珽馳往，以伺察之。珽至傳舍，召將吏親加撫慰。行襲欲使人代受詔，珽曰：「東首加朝服，禮也。」乃於臥內宣詔，令善自補養，苟有不諱，子孫俱保後福。行襲泣謝，遂解二印以授珽，代掌軍府事。太祖覽奏曰：「予固知珽必辦吾事，行襲門戶不朽矣。」乃以珽爲匡國軍留後，尋徵爲左諫議大夫兼宣徽副使。從征至魏縣，過內黃，因侍立於行廄，太祖顧曰：「此何故名內黃？」珽曰：「河南有外黃、小黃，案：歐陽史改小黃爲「下黃」。困學紀聞引漢書地

理志，陳留有外黃、小黃縣，以五代史記爲誤改也。（舊五代史考異）小黃，歐陽史作「下黃」。考困學紀聞云：五代通錄李珽曰：「河南有外黃、小黃。」漢地理志，陳留有外黃、小黃縣，五代史記改小黃爲「下黃」，誤也。當從通錄。（殿本）故此有內黃。」又曰：「在何處？」對曰：「秦有外黃都尉，案：原本作「郡尉」，今據漢書地理志及歐陽史改正。（舊五代史考異）理外黃，有故墉，今在雍丘。小黃爲高齊所廢，其故墉今在陳留。」太祖稱獎數四。

及庶人友珪篡位，除右散騎常侍，充侍講學士。案：歐陽史作侍講。（舊五代史考異）內討之日，軍士大擾，珽其夕爲亂兵所傷，卒於洛陽〔二〕。珽性孝友，與弟珙有敦睦之愛，爲搢紳所稱。永樂大典卷一萬三百八十八。案：歐陽史有裴迪、韋震傳，今原文已佚，無可采補。（殿本）

盧曾，字孝伯，其先范陽人也。頗好書，有所執守。始爲齊州防禦使朱瓊從事，案：新唐書、通鑑與薛史梁紀皆稱朱瓊爲齊州刺史，惟盧曾傳作防禦使，疑有舛誤。瓊降，預其謀，與之皆來。瓊歿，太祖辟爲宣義幕職。曾性忠狷，好貢直，又不能取容於衆，每動府讌語稍洽，曾率然糾正，輒又忤旨。左長直軍使劉捍委任方重，曾亦不能平。冀王友謙初定陝府，命曾往議事，有使院小將從行，嗜酒，荒逸過度。曾復命，欲發其罪，致疏於袖中，累日未果言。小將恐事洩，先誣告曾使酒，幾敗軍事，劉捍因證之，由是罷職，歸於齊之別墅。俄而王師範起兵叛，

太祖促召曾謂之曰：「子能緩頰說青州使無背盟，吾不負子矣。」曾持檄以往。既至青，師範囚之，送於淮南，遇害。後太祖暴師範之罪曰：「喪我骨肉，殺我賓僚。」遂族誅之。因召曾二子，皆授以官。永樂大典卷二千二百十二。

孫隲，滑臺人。嗜學知書，微有辭筆。唐光啓中，魏博從事公乘億以女妻之，因教以牋奏程式。時中原多難，文章之士，縮影竄跡不自顯。億既死，魏帥以章表牋疏淹積，兼月不能發一字，或以隲爲言，卽署本職，主奏記事。累遷職自支使、掌記至節度判官；奏官自校書、御史、郎官、中丞、檢校常侍至兵部尚書。太祖御天下，念潛龍時，隲奉其主，好問往來數十返，甚錄之。開平三年，除右諫議大夫，滿歲，遷左散騎常侍。隲雅好聚書，有六經漢史洎百家之言，凡數千卷，皆簡翰精至，披勘詳定，得暇卽朝夕躭翫，曾無少怠。乾化二年春，太祖將議北巡，選朝士三十餘人扈從，二月甲子，車駕發自洛陽。禺中，次白馬頓，召文武官就食，以從臣未集，駐蹕以俟之，命飛騎促於道，而隲與諫議大夫張衍、兵部郎中張儁等累刻方至，太祖性本卞急，因茲大怒，並格殺於前墀。永樂大典卷三千五百六十。案通鑑考異引梁祖實錄云：賜自盡。通鑑從莊宗實錄作撲殺之。（舊五代史考異）

張儁，字彥臣。祖、父咸有聞於時。儁少孤，自修飾，善爲五言詩，其警句頗爲人所稱。唐廣明中，黃巢犯京師，天子幸蜀，士皆竄伏窟穴，以保其生。儁亦晦跡浮泛，不失其道。及僖宗還京師，由校書郎、西畿尉登朝爲御史、補闕、起居郎，起居郎，原本脫「郎」字，今據文增入。（影庫本粘籤）司勳員外、萬年縣令，以事黜官峽中，將十年。太祖卽位，用宰臣薛貽矩爲鹽鐵使，儁與貽矩同年登第，甚知其才，卽奏爲鹽鐵判官，遷職爲禮部郎中，兼職如故。乾元二年二月，扈從後至，與孫隲、張衍同日遇禍於白馬頓。永樂大典卷六千三百五十。

張衍，字元用，河南尹魏王宗奭之猶子也。其父死於兵間。衍樂讀書爲儒，始以經學就舉，不中選。時諫議大夫鄭徽退居洛陽，以女妻之，遂令應辭科，不數上登第。唐昭宗東遷，以宗奭勳力隆峻，衍由校書郎拜左拾遺，旋召爲翰林學士。太祖卽位罷之，特拜考功郎中，俄遷右諫議大夫。衍巧生業，樂積聚，太祖將北伐，頗以扈從間糜耗力用繫意，屢干託宰執求免是行，太祖微聞之，又屬應召稽晚，與孫隲等同日遇禍。永樂大典卷六千三百五十。

杜荀鶴，池州人。案辛文房唐才子傳：荀鶴，字彥之，牧之微子也。善爲詩，辭句切理，爲時所許。既擢第，復還舊山。案唐才子傳：荀鶴嘗謁梁王朱全忠，與之坐，忽無雲而雨，王以爲天泣不祥，命作詩，稱意，王

喜之。荀鶴寒進，連敗文場，甚苦，至是遂登科。大順二年，裴贄侍郎放第八人登科，正月十日放榜，正荀鶴生朝也。王希羽獻詩曰：「金榜曉懸生世日，玉書潛記上昇時。九華山色高千尺，未必高於第八枝。」又，唐新纂云：荀鶴舉進士及第，東歸，過夷門，獻梁太祖詩句云：「四海九州空第一，不同諸鎭府封王。」是則荀鶴之受知於梁祖舊矣，不待田頵之箋問而始被遇也。時田頵在宣州，甚重之。頵將起兵，乃陰令以箋問至，太祖遇之頗厚。及頵遇禍，太祖以其才表之，尋授翰林學士、主客員外郎。既而恃太祖之勢，凡搢紳間已所不悅者，日屈指怒數，將謀盡殺之。苞蓄未及泄，丁重疾，旬日而卒。永樂大典卷一萬五千七百三十。案唐才子傳：荀鶴以天祐元年卒。北夢瑣言又作梁受禪後，拜翰林學士，五日而卒。未詳孰是。

羅隱，案唐才子傳：隱字昭諫。（舊五代史考異）餘杭人。案：澗泉日記作新城人。詩名於天下，尤長於詠史，然多所譏諷，以故不中第，大爲唐宰相鄭畋、李蔚所知。隱雖負文稱，然貌古而陋。畋女幼有文性，嘗覽隱詩卷，諷誦不已，畋疑其女有慕才之意。一日，隱至第，鄭女垂簾而窺之，自是絕不詠其詩。唐廣明中，因亂歸鄉里，節度使錢鏐辟爲從事。案唐新纂：羅隱初爲吳令，後以羅紹威薦，爲錢鏐所辟。據薛史，則隱自歸里卽爲鏐從事，後復爲紹威薦也。與新纂異。開平初，太祖以右諫議大夫徵，不至，魏博節度使羅紹威密表推薦，乃授給事中。年八十餘，終於錢塘。案澗泉日記云，唐光啓三年，吳越王表奏爲錢塘令，遷著作郎，辟掌書記。天祐三年，充判官。梁開平二年，授給事中。三年，遷發運使。是年卒，葬於定山鄉。金部郎中沈崧銘其墓。（舊五代史考異）有文集數卷行於世。永樂大典卷五千六百七十八。案唐才子傳云：隱所著讒書、讒本、淮海寓言、湘南應用集、甲乙集、外集啓事等，並行于世。（舊五代史考異）五代史補：羅隱在科場，恃才傲物，尤爲公卿所惡，故六舉不第。時長安有羅尊師者，深於相術，隱以貌陋，恐爲相術所棄，每與尊師接談，常自大以沮之。及其累遭黜落，不得已始往問焉。尊師笑曰：「貧道知之久矣，但以吾子決在一第，未可與語。今日之事，貧道敢有所隱乎！且吾子之於一第也，貧道觀之，雖首冠羣英，亦不過簿尉爾。若能罷舉，東歸霸國以求用，則必富且貴矣。兩途吾子宜自擇之。」隱懵然不知所措者數日。鄰居有賣飯媼，見隱驚曰：「何辭色之沮喪如此，莫有不決之事否？」隱謂知之，因盡以尊師之言告之。媼歎曰：「秀才何自迷甚焉，且天下皆知羅隱，何須一第然後爲得哉！不如急取富貴，則老婆之願也。」隱聞之釋然，遂歸錢塘。時錢鏐方得兩浙，置之幕府，使典軍中書檄，其後官給事中。初，隱罷上中書之日，費窘，因抵魏謁鄴王羅紹威，將入其境，先貽書敍其家世，鄴王爲姪。幕府僚吏見其書，皆怒曰：「羅隱一布衣爾，而姪視大王，其可乎！」紹威素重士，且曰：「羅隱名振天下，王公大夫多爲所薄，今悤然肯顧，其何以勝！得在姪行，爲幸多矣，敢不致恭，諸公愼勿言。」於是擁旆郊迎，一見卽拜，隱亦不讓。及將行，紹威贈以百萬，他物稱是，仍致書於鏐謂叔父，鏐首用之。曹唐，郴州人。少好道，爲大小遊仙詩各百篇，又著紫府玄珠一卷，皆敍三清、十極紀勝之事。其遊仙之句，則有漢武帝宴西王母詩云：「花影暗回三殿月，樹聲深鎖九門霜。」又云：「樹底有天春寂寂，人間無路月茫茫。」皆爲士林所稱。其後遊信州，館於開元寺三學院，一旦臥疾，衆僧忽見二青衣緩步而至，且四向顧視，相謂曰：「只此便是『樹底有天春寂寂，人間無路月茫茫』。」言訖，直入唐之臥室。衆僧驚異，亦隨之而

入，踰閾，而青衣不復見，但見唐已殂矣。先是，唐與羅隱相遇，隱有題牡丹詩云：「若教解語應傾國，任是無情亦動人。」唐因戲隱曰：「此非賦牡丹，乃題女子障耳。」隱應聲曰：「猶勝足下鬼詩。」唐曰：「其詞安在？」隱曰：「只『樹底有天春寂寂，人間無路月茫茫』，得非鬼詩？」唐無言以對。至是青衣亦援引此句，而唐尋卒，則隱之言，豈偶然哉！

仇殷，不知何郡人也。開平中，仕至欽天監，明於象緯曆數，藝術精密，近無其比。光化中，太祖在滑，遣密王友倫以兵三萬禦幽州之師十餘萬，深慮其不敵，召殷問曰：「陣可行乎？」曰：「其十四日過禺中乎！」又問之，曰：「賊敗塗地。」又曰：「既望，當見捷書。」果如其言，不失晷刻。太祖之在長蘆也，諸將請攻壁，號令軍中，人負藁二圍，置千積，俄而雲集。殷曰：「何用？」或以所謀告之，殷曰：「我占矣，不見攻壁象，無乃自退乎！」翌日，有騎馳報丁會以潞州叛，太祖令盡焚其藁而還，不克攻。開平中，殷一日朝罷，過崇政院，使敬翔直閤，翔問之曰：「月犯房次星，其逼若綴，是何祥也？」曰：「常度耳。」殷欲不言，既過數步，自度不可默，乃反言曰：「三兩日當有不順語至，無或驟恐，宜先白上知。」既二日，陝府奏同州劉知俊閉關作叛。初，王景仁之出師也，殷上言：「太陰虧，不利深入。」太祖遽遣使止之，已敗於柏鄉矣。案北夢瑣言云：柏鄉狼狽，梁祖亦自咎曰：「違犯天道，不取仇殷之言也。」薛史以爲太祖遽遣使止之，與北夢瑣言異。殷所見觸類如是，不可備錄。然而畏愼特甚，居常寢默，未嘗敢顯言。縱言

事跡。唯其語音，不可盡曉，以故屢貽責罰。後卒於官。（永樂大典卷一萬四千八百四。）

段深，不知何許人。開平中，以善醫待詔於翰林。時太祖抱疾久之，其溲甚濁，僧曉微侍藥有徵，賜紫衣師號，錫賚甚厚。頃之疾發，曉微剝服色，去師號。因召深問曰：「疾愈復作，草藥不足恃也。我左右粒石而効者衆矣，服之如何？」深對曰：「臣嘗奉詔診切，陛下積憂勤，失調護，脈代芤而心益虛。臣以爲宜先治心，心和平而溲變清，當進飲劑，而不當粒石也。臣謹案，太倉公傳曰：『中熱不溲者不可服石，石性精悍，有大毒。』凡餌毒藥如甲兵，不得已而用之，非有危殆，不可服也。」太祖善之，令進飲劑，疾稍愈，乃以幣帛賜之。（永樂大典卷二萬一千六百九。）

校勘記

〔一〕深以爲憂　「以」字原無，據彭校補。

〔二〕斑其夕爲亂兵所傷卒於洛陽　劉本同。影庫本批校云：「『斑其夕爲亂兵所傷』句，與原本異。」殿本作「斑爲亂兵所傷，其夕卒于洛陽」。

宋　薛居正等撰

舊五代史

第二冊

卷二五至卷四八（唐書）

中華書局

二十四史
中華書局

舊五代史卷二十五

唐書一

武皇紀上

太祖武皇帝，諱克用，本姓朱耶氏，其先隴右金城人也。始祖拔野，唐貞觀中爲墨離軍使，墨離，原本作「纍維」，今從新、舊唐書改正。（影庫本粘籤）從太宗討高麗、薛延陁有功，爲金方道副都護，因家於瓜州。太宗平薛延陁諸部，於安西、北庭置都護屬之，分同羅、僕骨之人，置沙陁都督府。蓋北庭有磧曰沙陁，故因以爲名焉。永徽中，以拔野爲都督，其後子孫五世相承。曾祖盡忠，貞元中，繼爲沙陁府都督。既而爲吐蕃所陷，乃舉其族七千帳徙於甘州。盡忠尋率部衆三萬東奔，俄而吐蕃追兵大至，盡忠戰歿。祖執宜，即盡忠之長子也，收合餘衆，至於靈州，德宗命爲陰山府都督。元和初，入爲金吾將軍，遷蔚州刺史、代北行營招撫使。案新唐書沙陁傳：元和三年，盡忠款靈州塞，詔處其部鹽州，置陰山府，以執宜爲府兵馬使。朝長安，授特進、金吾

衞將軍。從攻鎭州，進蔚州刺史。破吳元濟，授檢校刑部尚書。長慶初，破賊深州，入朝留宿衞，拜金吾衞將軍。太和中，授陰山府都督、代北行營招撫使。所載官爵詳略先後，與薛史異。莊宗即位，追謚爲昭烈皇帝，廟號懿祖。烈考國昌，本名赤心，唐朔州刺史。咸通中，討龐勛有功，入爲金吾上將軍，賜姓李氏，名國昌，案：代州有唐故龍武軍統軍檢校司徒贈太保隴西李公神道碑云：公諱國昌，字德興。仍係鄭王房。出爲振武節度使，尋爲吐渾所襲，退保於神武川。及武皇鎭太原，表爲代北軍節度使。中和三年薨。案新唐書沙陁傳：光啓三年，國昌卒。與薛史異。考舊唐書僖宗紀：中和三年十月，國昌卒，與薛史同。歐陽史亦從薛史。莊宗即位，追謚爲文皇，廟號獻祖[一]。

武皇即獻祖之第三子也。母秦氏，以大中十年丙子歲九月二十二日，生於神武川之新城。在娠十三月，載誕之際，母艱危者竟夕，族人憂駭，市藥於鴈門，遇神叟告曰：「非巫醫所及，可馳歸，盡率部人，被甲持旄，擊鉦鼓，擊鉦，原本作「擊缸」，今從册府元龜所引薛史改正。（影庫本粘籤）躍馬大譟，環所居三周而止。」族人如其教，果無恙而生。是時，虹光燭室，白氣充庭，井水暴溢。武皇始言，喜軍中語，齠齔善騎射，與儕類馳騁嬉戲，必出其右。年十三，見雙鳬翔於空，射之連中，衆皆臣伏。新城北有毗沙天王祠，祠前井一日沸溢，武皇因持卮酒而奠曰：「予有尊主濟民之志，無何井溢，故未察其禍福，惟天王若有神奇，可與僕交談。」奠酒未已，有神人被金甲持戈，有神人被金甲持戈，北夢瑣言作有龍形出于壁間。蓋傳聞之異，今附識于此。（影庫本粘籤）隱然出於壁間，見者大驚走，唯武皇從容而退，繇是益自負。

獻祖之討龐勛也，武皇年十五，從征，摧鋒陷陣，出諸將之右，軍中目爲「飛虎子」。賊平，獻祖授振武節度使，武皇爲雲中牙將。嘗在雲中，宿於別館，擁妓醉寢，有俠兒持刃欲害武皇，及突入曲室，但見烈火熾赫於帳中，俠兒駭異而退。又嘗與達靼部人角勝，達靼指雙鵰於空曰：「公能一發中否？」武皇即彎弧發矢，連貫雙鵰，邊人拜伏。及壯，爲雲中守捉使，事防禦使支謨，支謨，原本作「友模」，今從通鑑改正。（影庫本粘籤）與同列晨集廨舍，因戲升郡閣，踞謨之座，謨亦不敢詰。

乾符三年，朝廷以段文楚爲代北水陸發運、雲州防禦使。時歲荐饑，文楚稍削軍食，諸軍咸怨。武皇爲雲中防邊督將，部下爭訴以軍食不充，邊校程懷素[二]、王行審、蓋寓、李存璋、薛鐵山、康君立等，即擁武皇入雲州，衆且萬人，營於鬭雞臺，城中械文楚出，以應於外。諸將列狀以聞，請授武皇旄鉞，朝廷不允，徵諸道兵以討之。案舊唐書懿宗紀：咸通十三年十二月，李國昌小男克用殺雲中防禦使段文楚，據雲州，自稱防禦留後。新唐書僖宗紀[三]：乾符五年二月癸酉，雲中守捉使李克用殺大同防禦使段文楚。歐陽史從舊唐書，通鑑從新唐書[四]。薛史作乾符三年，與諸書異。據通鑑考異引趙鳳後唐太祖紀年錄正作乾符三年。趙鳳爲唐宰相，去武皇時不遠，見聞較確，宜可徵信云。

乾符五年，黃巢渡江，其勢滋蔓，天子乃悟其事，以武皇爲大同軍節度使、案：歐陽史作拜

克用爲大同軍防禦使，新唐書作以國昌爲大同軍防禦使，通鑑作以國昌爲大同節度使，俱與薛史異。檢校工部尚書。

冬，獻祖出師討党項，吐渾赫連鐸乘虛陷振武，舉族爲吐渾所擄。武皇至定邊軍迎獻祖歸雲州，雲州守將拒關不納。武皇略蔚、朔之地，得三千人，屯神武川之新城。赫連鐸晝夜攻圍，武皇昆弟三人四面應賊，俄而獻祖自蔚州引軍至，吐渾退走，自是軍勢復振。天子以赫連鐸爲大同軍節度使，仍命進軍以討武皇。

乾符六年春，朝廷以昭義節度使李鈞充北面招討使，將上黨、太原之師過石嶺關[五]，屯於代州，與幽州李可舉會赫連鐸同攻蔚州。獻祖以一軍禦之，武皇以一軍南抵遮虜城以拒李鈞。是冬大雪，弓弩弦折，南軍苦寒，臨戰大敗，奔歸代州，李鈞中流矢而卒。

廣明元年春，天子復命元帥李涿案：歐陽史作招討使李琢[六]，通鑑亦作「琢」，與薛史異。（舊五代史考異）率兵數萬屯代州。武皇令軍使傅文達起兵於蔚州，朔州刺史高文集與薛葛、安慶等部將案新唐書作薩葛首領米海萬、安慶[七]。（舊五代史考異）薛葛、安慶，原本作「薛曷、女度」，今考册府元龜所引薛史及新唐書、通鑑諸書俱作薛葛、安慶，今改正。（影庫本粘籤）縛文達送於李涿。六月，李涿引大軍攻蔚州，獻祖戰不利，乃率其族奔於達靼部。居數月，吐渾赫連鐸密遣人賂達靼以離間獻祖，既而漸生猜阻。武皇知之，每召其豪右射獵於野，或與之百步馳射馬鞭，或以懸針樹葉

爲的，中之如神，由是部人心伏，不敢竊發。俄而黃巢自江、淮北渡，武皇椎牛釃酒，饗其酋首，酒酣，喻之曰：「予父子爲賊臣讒間，報國無由。今聞黃巢北犯江、淮，必爲中原之患。一日天子赦宥，有詔徵兵，僕與公等南向而定天下，是予心也。人生世間，光景幾何，曷能終老沙堆中哉！公等勉之。」達靼知無留意，皆釋然無間。

是歲十一月，黃巢寇潼關，天子令河東監軍陳景思爲代北起軍使，收兵破賊。十二月，黃巢犯長安，僖宗幸蜀，陳景思與李友金發沙陀諸部五千騎南赴京師。友金卽武皇之族父也。案通鑑，友金初與高文集並降於李琢，故得與陳景思南赴京師。薛史不載。

中和元年二月，友金軍至絳州，將渡河，刺史瞿正謂陳景思曰〔九〕：「巢賊方盛，不如且還代北，徐圖利害。」四月，友金旋軍鴈門，瞿正至代州，半月之間，募兵三萬，營於崞縣之西。其軍皆北邊五部之衆，不閑軍法，瞿正、李友金不能制。友金謂景思曰：「興大衆，成大事，當威名素著，則可以伏人。今軍雖數萬，苟無善帥，進亦無功。吾兄李司徒父子，去歲獲罪於國家，今寄北部，雄武之略，爲衆所推。若驟騎急奏召還，代北之人一麾響應，則妖賊不足平也。」景思然之，促奏行在。天子乃以武皇爲鴈門節度使，案新唐書表：中和二年，以河東忻、代二州隸鴈門節度。更大同節度爲鴈門節度，治代州。是中和二年以前，鴈門非鎭名也。據舊唐書：初，赦克用，拜代州刺史、忻代兵馬留後。二年，擢鴈門節度、神策天寧軍鎭遏、忻代觀察使。是克用爲鴈門節度實在二年，薛史疑誤。

仍令以本軍討賊。案新唐書王重榮傳：重榮懼黃巢復振，憂之，與復光計，復光曰：「我世與李克用共憂患，其人忠不顧難，死義如己，若乞師焉，事蔑不濟。」乃遣使者約連和。（舊五代史考異）李友金發五百騎齎詔召武皇於達靼，武皇卽率達靼諸部萬人趨鴈門。五月，整兵二萬，南嚮京師。太原鄭從讜以兵守石嶺關，武皇乃引軍出他道，至太原城下，會大雨，班師於鴈門。

中和二年八月，獻祖自達靼部率其族歸代州。十月，武皇率忻、代、蔚、朔、達靼之軍三萬五千騎蔚、朔，原本脫「朔」字，今據册府元龜所引薛史增入。（影庫本粘籤）赴難於京師。先移檄太原，鄭從讜拒關不納，武皇以兵擊之，進軍至城下，遣人齎幣馬遺從讜，從讜亦遣人饋武皇貨幣、饔餼、軍器。武皇南去，自陰地趨晉、絳。十二月，武皇至河中。

中和三年正月，晉國公王鐸承制授武皇東北面行營都統。武皇令其弟克修領前鋒五百騎渡河視賊，黃巢遣將米重威齎重賂及僞詔以賜武皇，武皇納其賂以給諸將，燔其僞詔。是時，諸道勤王之師雲集京畿，然以賊勢尚熾，未敢爭鋒。及武皇將至，賊帥相謂曰：「鴉兒軍至，當避其鋒。」武皇以兵自夏陽濟河。二月，營於乾坑店。黃巢大將尚讓、林言、王璠、趙璋等引軍十五萬屯於梁田陂。梁田陂，舊唐書作良天陂，新唐書及歐陽史俱作良田陂，蓋地名多用對音字，故諸本不同。惟通鑑從薛史作梁田陂，今仍其舊。（影庫本粘籤）翌日，大軍合戰，自午及晡，巢賊大敗。是夜，賊衆遁據華州。武皇進軍圍之，巢弟黃鄴、黃揆固守。三月，尚讓引大軍赴援，武皇

率兵萬餘逆戰於零口，零口，原本作「陵口」，考新、舊唐書及通鑑俱作零口。胡三省云：零口在京兆昭應縣。今改正。（影庫本粘籤）巢軍大敗，武皇進軍渭橋。翌日，黃揆棄華州而遁。王鐸承制授武皇鴈門節度使、檢校尚書左僕射。四月，黃巢燔長安，收其餘衆，東走藍關。武皇進收京師。七月，天子授武皇金紫光祿大夫、檢校左僕射、河東節度使。案舊唐書僖宗紀：五月，制以鴈門以北行營節度、忻代蔚朔等州觀察處置等使、檢校尚書左僕射、代州刺史、上柱國、食邑七百戶李克用檢校司空、同平章事兼太原尹、北京留守，充河東節度、管內觀察處置等使。新唐書沙陀傳云：收京師功第一，進同中書門下平章事、隴西郡公。未幾，以克用領河東節度。所載官爵與薛史詳略互異。又，武皇領河東，薛史作七月，舊唐書作五月，通鑑從薛史。

是時，武皇既收長安，軍勢甚雄，諸侯之師皆畏之。武皇一目微眇，故其時號爲「獨眼龍」。是月，武皇仗節赴鎭，遣使報鄭從讜，請治裝歸朝。武皇次於郊外，因往赴鴈門寧覲獻祖。八月，自鴈門赴鎭河東，時年二十有八。案舊唐書：八月，李克用赴鎭太原，制以前振武節度、檢校司空兼單于都護、御史大夫李國昌爲檢校司徒、代州刺史、鴈門以北行營節度、蔚朔等州觀察使。薛史作七月仗節赴鎭，八月赴鎭河東。蓋七月始離京師，八月乃歸河東也。通鑑統繫於七月，似未詳考。十一月，平潞州，表其弟克修爲昭義節度使。案通鑑，克用表克修爲昭義軍節度使在四年八月，與薛史異。潞帥孟方立退保於邢州。

十二月，許帥田從異、汴帥朱温、徐帥時溥、陳州刺史趙犨各遣使來告，以巢、蔡合從，

凶鋒尚熾，請武皇共力討賊。

中和四年春，武皇率蕃漢之師五萬，自澤、潞將下天井關，河陽節度使諸葛爽辭以河橋不完，乃屯兵於萬善。數日，移軍自河中南渡，趨汝、洛。案舊唐書：四年二月，河東節度使李克用將出師援陳、許，河陽節度使諸葛爽以兵屯澤州拒之。三月甲戌，克用移軍自河中南渡，東下洛陽。通鑑統作二月，似未詳考。四月，武皇合徐、汴之師破尚讓於太康，斬獲萬計，進攻賊於西華，賊將黃鄴棄營而遁。是夜大雨，巢營中驚亂，乃棄西華之壘，退營陳州北故陽里。五月癸亥，大雨震電，平地水深數尺，賊營爲水所漂而潰。戊辰，武皇引軍營於中牟，大破賊於王滿渡。庚午，巢賊大至，濟汴而北。是夜復大雨，賊黨驚潰。武皇營於鄭州，賊衆分寇汴境。武皇渡汴，遇賊將渡而南，半濟擊之，大敗之，臨陣斬賊將李周、王濟安、陽景彪等。陽景彪，原本作「易景俿」，考册府元龜所引薛史及通鑑註俱作陽景彪，今改正。（影庫本粘籤）是夜，賊大敗，殘衆保於胙縣、寃句。大軍躡之，黃巢乃攜妻子兄弟千餘人東走，武皇追賊至於曹州。

是月，班師過汴，汴帥迎勞於封禪寺，請武皇休於府第，乃以從官三百人及監軍使陳景思館於上源驛。是夜，張樂陳宴席，汴帥自佐饗，出珍幣侑勸。武皇酒酣，戲諸侍妓，與汴帥握手，敍破賊事以爲樂。汴帥素忌武皇，案：梁紀作克用乘醉任氣，帝不平之。通鑑從梁紀。今考新唐書沙陀傳，亦作全忠忌克用桀邁難制，與唐紀合。蓋全忠之攻上源驛，實忌其威名而欲害之，非徒以其乘醉任氣也。宜

從唐紀。乃與其將楊彥洪密謀竊發，彥洪於巷陌連車樹柵，以扼奔竄之路。時武皇之從官皆醉，俄而伏兵竊發，來攻傳舍。武皇方大醉，譟聲動地，從官十餘人捍賊。侍人郭景銖滅燭扶武皇，以茵幕裹之，匿於牀下，以水洒面，徐曰：「汴帥謀害司空！」武皇方張目而起，引弓抗賊。有頃，烟火四合，復大雨震電，武皇得從者薛鐵山、賀回鶻等數人而去。雨水如澍，不辨人物，隨電光登尉氏門，縋城而出，得還本營。監軍陳景思、大將史敬思並遇害。武皇既還營，與劉夫人相向慟哭。詰旦，欲勒軍攻汴，夫人曰：「司空比爲國家討賊，赴東諸侯之急，雖汴人謀害，自有朝廷論列。若反戈攻城，則曲在我也，人得以爲辭。」乃收軍而去，馳檄於汴帥。汴帥報曰：「竊發之夜，非僕本心，是朝廷遣天使與牙將楊彥洪同謀也。」武皇自武牢關西趨蒲、陝而旋。秋七月，至太原。武皇自以累立大功，爲汴帥怨圖，陷沒諸將，乃上章申理。及武皇表至，朝廷大恐，遣內臣宣諭，尋加守太傅、同平章事、隴西郡王。

光啓元年三月，幽州李可舉、鎮州王景崇 案：新唐書沙陀傳作王景崇，與舊唐書作王鎔，與薛史異。考藩鎮傳，景崇以中和二年卒，子鎔繼立。是光啓初寇定州者當爲王鎔，非景崇也。通鑑從舊唐書。 連兵寇定州，節度使王處存求援於武皇，武皇遣大將康君立、安老、薛可、安老、薛可，原本作「安考薛丁」，今從册府元龜改正。（影庫本粘籤） 郭啜率兵赴之。五月，鎮人攻無極，武皇親領兵救之。案曲陽天安廟李克用題名碑云：李克用以幽、鎮侵擾中山，領蕃漢步騎五十萬親來救援，時中和五年二月二十一日也。至三月

十七日，以幽州請就和斷，遂却班師。考舊唐書，中和五年三月丙辰朔，丁卯，駕至京師。己巳，御宣正殿，大赦改元。是三月之十四日已改光啓，曲陽去京師遠，故未知耳。又，克用親援處存，與通鑑遣將康君立異。今考薛史，武皇先遣康君立等，與通鑑合，繼乃親領兵救之，與題名碑合。惟薛史作五月，碑作三月，微有互異耳。（舊五代史考異） 鎮人退保新城，武皇攻之，斬首萬餘級，獲馬千匹。王處存亦敗燕軍於易州。

十一月，河中王重榮遣使來乞師，且言邠州朱玫、鳳翔李昌符將加兵於己。初，武皇與汴人搆怨，前後八表，請削奪汴帥官爵，自以本軍進討。天子累遣內臣楊復恭宣旨，令且全大體，武皇不時奉詔，天子頗右汴帥。時觀軍容使田令孜君側擅權，惡王重榮與武皇膠固，將離其勢，乃移重榮於定州。案歐陽史作徙重榮于兗州。考新唐書王重榮傳亦云令孜徙重榮兗海節度使，與薛史異。（舊五代史考異） 重榮告於武皇，武皇上章言：「李符、朱玫挾邪忌正，案：歐陽史作李昌符，蓋唐實錄避獻祖諱，故去「昌」字。（舊五代史考異） 黨庇朱温。臣已點檢蕃漢軍五萬，取來年渡河，先斬朱玫、李昌符，然後平盪朱温。」案新唐書王重榮傳：詔克用將兵援河中，重榮貽克用書，且言：「奉密詔，須公到，使我圖公，此令孜、朱全忠、朱玫之惑上也。」因示僞詔，克用方與全忠有隙，信之，請討全忠及玫。（舊五代史考異） 天子覽表，遣使譬喻百端，詔傳相望。既而朱玫引邠、鳳之師攻河中，王重榮出師拒戰。朱玫軍於沙苑，沙苑，原本作「河苑」，今從通鑑改正。（影庫本粘籤） 對壘月餘。十二月，武皇引軍渡河，與朱玫決戰，玫大敗，收軍夜遁，入于京師。時京城大駭，天子幸鳳翔，武皇退軍於河中。

光啓二年正月，僖宗駐蹕於寶雞，武皇自河中遣使上章，請車駕還京，且言大軍止誅凶黨。時田令孜請僖宗南幸興元，武皇遂班師。朱玫於鳳翔立嗣襄王熅爲帝，以僞詔賜武皇，武皇燔之，械其使，馳檄諸方鎮，遣使奉表於行在〔九〕。案舊唐書僖宗紀：楊復恭兄弟於河中、太原有破賊連衡之舊，乃奏遣諫議大夫劉崇望齎詔宣諭，達復恭之旨。王重榮、李克用欣然聽命，尋遣使貢奉，獻縑十萬匹，願殺朱玫自贖。是克用之奉僖宗，因詔使宣諭而改圖也。與薛史異。新唐書沙陀傳云：僞詔至太原，克用燔之，執其使，間道奉表興元，與薛史同。歐陽史從舊唐書，通鑑從薛史。

九月，武皇遣昭義節度使李克修討孟方立於邢州，大敗方立之衆於焦崗，斬首數千級。以大將安金俊爲邢州刺史，以撫其降人。十月，進攻邢州，邢人出戰，又敗之。孟方立求援於鎮州，鎮人出兵三萬以援方立。克修班師。

光啓三年六月，河中節度使王重榮爲部將常行儒所殺，武皇表重榮兄重盈爲帥。七月，武皇以安金俊爲澤州刺史。時張全義自河陽據澤州，及李罕之收復河陽，召全義令守洛陽，全義乃棄澤州而去，故以金俊守之。

文德元年二月，僖宗自興元還京。三月，僖宗崩，昭宗卽位，以武皇爲開府儀同三司、檢校太師、兼侍中、隴西郡王，食邑七千戶，食實封二百戶。河南尹張全義潛兵夜襲李罕之於河陽，城陷，舉族爲全義所擄，罕之踰垣獲免，來歸於武皇。遣李存孝、薛阿檀、史儼兒、

安金俊、安休休將七千騎送罕之至河陽。汴將丁會、牛存節、葛從周將兵赴援，牛存節，原本脫「節」字，今據通鑑增入。（影庫本粘籤） 李存孝率精騎逆戰於温縣。汴人既扼太行之路，存孝殿軍而退。騎將安休休以戰不利，奔於蔡。武皇以罕之爲澤州刺史，遙領河陽節度使。

十月，邢州孟方立遣大將奚忠信將兵三萬寇遼州，武皇大破之，斬首萬級，生擒奚忠信。

龍紀元年五月，遣李罕之、李存孝攻邢州。六月，下磁州。邢將馬溉率兵數萬來拒戰，罕之敗之於琉璃陂，生擒馬溉，狗於城下。孟方立恚恨，飲酖而死。三軍立其姪遷爲留後。案：舊唐書昭宗紀、歐陽史莊宗紀，皆以孟遷爲方立之弟，新唐書孟方立傳作方立之子，薛史武皇紀又作方立之姪，未詳孰是。使求援於汴。汴將王虔裕率精甲數百入於邢州，罕之等班師。

大順元年，遣李存孝攻邢州，孟遷以邢、洺、磁三州降，執汴將王虔裕三百人以獻。武皇徙孟遷於太原，以安金俊爲邢洺團練使。

三月，昭義軍節度使李克修卒，以李克恭爲潞州節度使。是月，武皇攻雲州，拔其東城。赫連鐸求援於燕，燕帥李匡威將兵三萬以赴之，戰於城下，燕軍大敗。時徐州時溥爲汴軍所攻，遣使來求援，武皇命石君和由兗、鄆以赴之。

五月，潞州軍亂，殺節度使李克恭，州人推牙將安居受爲留後，南結汴將。時潞之小將

馮霸擁叛徒三千騎駐於沁水，居受使人召之，馮霸不至。居受懼，出奔至長子，長子，原本作「長干」，今從通鑑改正。（影庫本粘籤）爲村胥所殺，傳首於霸，霸遂入潞州，自爲留後。武皇遣大將康君立、李存孝等攻之，汴將朱崇節、葛從周率兵入潞州以固之。是時，幽州李匡威、雲州赫連鐸與汴帥協謀，連上表請加兵於太原，宰相張濬、孔緯贊成其事。六月，天子削奪武皇官爵，案：新唐書作五月。（舊五代史考異）以張濬爲招討使，案：新唐書本紀作張濬爲河東行營都招討宣慰使，張濬傳作河東行營兵馬招討制置使，歐陽史作太原四面行營兵馬都統。（舊五代史考異）以京兆尹孫揆爲副，華州韓建爲行營都虞候，案：歐陽史作韓建爲副使，新唐書張濬傳作韓建爲供軍使。（舊五代史考異）以汴帥爲河東南面招討使，幽州李匡威爲河東北面招討使，雲州赫連鐸爲副。汴將朱友裕將兵屯晉、絳，時汴軍已據潞州，又遣大將李讜等率軍數萬，急攻澤州，武皇遣李存孝自潞州將三千騎以援之。汴將鄧季筠以一軍犯陣，存孝追擊，擒其都將十數人，獲馬千餘匹。是夜，李讜收軍而退，大軍掩擊至馬牢關，斬首萬餘級，追襲至懷州而還。存孝復引軍攻潞州。

八月，存孝擒新授昭義節度使孫揆。案：新唐書作七月戊申，李克用執昭義節度使孫揆。通鑑從薛史作八月。（舊五代史考異）初，朝廷授揆節鉞，以本軍取刀黃嶺路赴任，刀黃嶺，原本作「力黃嶺」，今從新、舊唐書改正。（影庫本粘籤）存孝偵知之，引騎三百伏于長子縣崖谷間。揆建牙持節，褒衣大蓋，擁衆而行，存孝突出谷口，遂擒揆及中使韓歸範，并將校五百人。存孝械揆等，以組

練繫之，環于潞州，遂獻于武皇。武皇謂揆曰：「公搢紳之士，安言徐步可至達官，何用如是！」揆無以對，令繫於晉陽獄。武皇將用爲副使，使人誘之，揆言不遜，遂殺之。

九月，汴將葛從周棄潞州而遁，武皇以康君立爲潞州節度使，以李存孝爲汾州刺史。十月，張濬之師入晉州，遊軍至汾、隰。武皇遣薛鐵山、李承嗣將騎三千出陰地關，營於洪洞，遣李存孝將兵五千，營於趙城。華州韓建以壯士三百人冒犯存孝之營，存孝追擊，直壓晉州西門，張濬之師出戰，爲存孝所敗，案：新唐書昭帝紀作十一月，張濬及李克用戰于陰地，敗績。歐陽史亦作十一月，與薛史先後互異。（舊五代史考異）自是閉壁不出。存孝引軍攻絳州。絳州，原本作「鋒州」，今從通鑑改正。（影庫本粘籤）十二月，晉州刺史張行恭棄城而奔，韓建、張濬由含山路遁去。

大順二年春正月，武皇上章申理，其略曰：「臣今身無官爵，名是罪人，不敢歸陛下藩方，且欲於河中寄寓，進退行止，伏候聖裁。」天子尋就加守中書令。案歐陽史：二月，復拜克用河東節度使、隴西郡王，加檢校太師、兼中書令。（舊五代史考異）是月，魏博爲汴將葛從周所寇，節度使羅弘信遣使來求援，武皇出師以赴之。

三月，邢州節度使安知建叛，奔青州。天子以知建爲神武統軍，自棣州泝河歸朝。鄆州朱瑄邀斬於河上，傳首晉陽。以李存孝爲邢州節度使。

四月，武皇大舉兵討赫連鐸於雲州，遣騎將薛阿檀率前軍以進攻，武皇設伏兵於御河

之上，大破之，因塹守其城。七月，武皇進軍柳會，赫連鐸力屈食盡，奔於吐渾部，遂歸幽州，雲州平。武皇表石善友爲大同軍防禦使。

邢州節度使李存孝以鎭州王鎔託附汴人，謀亂河朔，北連燕寇，請乘雲、代之捷，平定燕、趙，武皇然之。八月，大蒐於晉陽，遂南巡澤、潞，略地懷、孟，河陽趙克裕望風送款，趙克裕，原本作「兎裕」，今從薛史梁書改正。（影庫本粘籤）請修隣好。九月，蒐於邢州。十月，李存孝董前軍攻臨城，鎭人五萬營於臨城西北龍尾崗，武皇令李存審、李存賢以步軍攻之，鎭人大敗，殺獲萬計，拔臨城，進攻元氏。幽州李匡威以步騎五萬營於鄗邑，以援鎭州，武皇分兵大掠，旋軍邢州。永樂大典卷一萬八千一百五十五。

校勘記

〔一〕廟號獻祖　「廟」字原無，據殿本補。

〔二〕程懷素　本書卷五五康君立傳、通鑑卷二五三考異引薛史作程懷信。

〔三〕新唐書僖宗紀　「僖」原作「懿」，據新唐書卷九僖宗紀改。

〔四〕通鑑從新唐書　據通鑑卷二五三考異，通鑑所從爲唐末三朝見聞錄，非新唐書。

〔五〕將上黨太原之師　「上黨」二字原無，據通鑑卷二五三考異引薛史、冊府卷七補。

〔六〕歐陽史作招討使李琢　「琢」原作「涿」，據殿本、劉本考證及歐陽史卷四唐本紀改。本卷下文注文同。

〔七〕薩葛首領米海萬安慶　按新唐書卷二一八沙陀傳云：「薩葛首領米海萬、安慶都督史敬存屯感義軍。」通鑑卷二五三「沙陀酋長安慶、薩葛酋長米海萬」句下注云：「參考新、舊書：安慶、薩葛，皆部落之名。」薩葛，殿本與本書正文作薛葛。

〔八〕瞿正　殿本、通鑑卷二五四及考異引薛史作瞿穡。

〔九〕遣使奉表於行在　「使」上原有「來」字，據彭校刪。

舊五代史卷二十六

唐書二

武皇紀下

景福元年正月，鎮州王鎔恃燕人之援，率兵十餘萬攻邢州之堯山。案通鑑云：景福元年正月，王鎔、李匡威合兵十餘萬攻堯山。與薛史同。舊唐書作大順二年，王鎔援邢州，屯於堯山。考此時邢州未叛於晉，不得有王鎔之援師，蓋即景福元年事，誤移於前一年耳。歐陽史從薛史。武皇遣李存信將兵應援，李存孝素與存信不協，遞相猜貳，留兵不進。武皇又遣李嗣勳、李存審將兵援之，大破燕、趙之衆，斬首三萬，收其軍實。三月，武皇進軍渡滹沱，攻欒城，下鼓城、稾城。四月，燕軍寇雲、代，武皇班師。案舊唐書云：景福元年二月庚寅，太原、易、定之兵合勢攻鎮州，王鎔復告難於幽州，李匡威率步騎三萬赴之。時太原之衆軍於常山，易、定之衆堅守固鎮，燕、趙之卒分拒之。三月，克用、處存斂軍而退。是興師以二月，至三月始旋師也。通鑑云：三月，李克用、王處存合兵攻王鎔。癸丑，拔天長鎮。戊午，鎔與戰於新市，大破之，殺獲三萬餘人。辛酉，克用退屯欒城。是進師退師皆在三月也。薛史作三月進軍，四月班師，與諸書異。

八月，赫連鐸誘幽州李匡威之衆八萬，寇天成軍，遂攻雲州，營於州北，連亙數里。武皇潛軍入於雲州，詰旦，出騎軍以擊之，斬獲數萬，李匡威燒營而遁。十月，邢州李存孝叛，納款於梁，李存信構之也。案舊唐書云：大順元年十一月癸丑朔，太原將邢州刺史李存孝自恃擒孫揆功，合為昭義帥，怨克用授康君立。存孝自晉州率行營兵歸邢州，據城，上表歸朝，仍致書張濬、王鎔求援。今考薛史，大順二年，存孝始為邢州節度，無由於元年冬得據邢州也。舊唐書特因存孝攻澤、潞而牽連書之，其年月則誤耳。新唐書、歐陽史、通鑑並從薛史作景福元年十月。

景福二年春，大舉以伐王鎔，以其通好於李存孝也。二月，攻天長鎮，旬日不下。王鎔出師三萬來援，武皇逆戰於叱日嶺下，鎮人敗，斬首萬餘級。時歲饑，軍乏食，脯屍肉而食之。進軍下井陘，李存孝將兵夜入鎮州，鎮人乞師於汴，汴帥方攻時溥，不暇應之。乃求援於幽州，李匡威率兵赴之，武皇乃班師。七月，武皇討李存孝於邢州，遂攻平山，渡滹水，攻鎮州。王鎔懼，以帛五十萬犒軍，請修舊好，仍以鎮、冀之師助擊存孝，許之。武皇進圍邢州。十二月，武皇狩於近郊，獲白兔，有角長三寸。

乾寧元年三月，邢州李存孝出城首罪，縶歸太原，轘於市。邢、洺、磁三州平。武皇表馬師素為邢州節度使。案：舊唐書作克用以大將馬師素權知邢、洺團練事，與薛史異。

五月，鄆州節度使朱瑄為汴軍所攻，遣使來乞師，武皇遣騎將安福順、安福應、安福遷督精騎五百，假道於魏州以應之。案舊唐書云：乾寧元年正月〔一〕，瑄、瑾勢蹙，求救於太原，李克用出師援之。薛史作五月，與舊唐書異。考朱瑄、朱瑾自魚山之敗，其勢始蹙，當由正月遣使乞援，至援師之出，自在五月耳。

九月，潞州節度使康君立以酖死。

十月，武皇自晉陽率師伐幽州。初，李匡儔奪據兄位，燕人多不義之，安塞軍戍將劉仁恭挈族歸於武皇，武皇遇之甚厚。仁恭數進畫於蓋寓，言幽州可取之狀，願得兵一萬，指期平定。武皇方討李存孝於邢州，輟兵數千，欲納仁恭，不利而還。匡儔由是驕怠，數犯邊境，武皇怒，故率軍以討之。是時，雲州吐渾赫連鐸、白義誠並來歸，命皆笞而釋之。案舊唐書昭宗紀：六月，赫連鐸與李克用戰於雲州，死之。通鑑從新唐書作李克用大破吐谷渾，殺赫連鐸，擒白義誠，俱與薛史異。考雲州諸部因討李匡儔而來歸，自當在十月，而諸書皆作六月，恐未足據。

十一月，進攻武州。甲寅，案：甲寅字誤。下文十二月有辛亥、壬子、甲寅，則十一月不得有甲寅也。據通鑑考異，蓋薛史仍紀年錄之誤。攻新州。十二月，李匡儔命大將率步騎六萬救新州，武皇選精甲逆戰，燕軍大敗，斬首萬餘級，生獲將領百餘人，曳練徇於新州城下。是夜，新州降。辛亥，進攻嬀州。嬀州，原本作「僞州」，今從通鑑改正。（影庫本粘籤）壬子，燕兵復合於居庸關拒戰，武皇命

精騎以疲之，令步將李存審由他道擊之，自午至晡，燕軍復敗。甲寅，李匡儔擕其族棄城而遁，將之滄州，隨行輜車、臧獲、妓妾甚衆。滄帥盧彥威利其貨，以兵攻匡儔於景城，殺之，盡擄其衆。丙辰，進軍幽州，其守城大將請降，武皇令李存審與劉仁恭入城撫勞，居人如故，市不改肆，封府庫以迎武皇。

乾寧二年正月，武皇在幽州，命李存審、劉仁恭徇諸屬郡。二月，以仁恭為權幽州留後，從燕人之請也。案舊唐書：乾寧元年十二月〔二〕，以李匡威故將劉仁恭為幽州兵馬留後。歐陽史亦作元年冬事，皆因平幽州而終言之，未嘗核其年月也。通鑑從薛史作二年二月。留腹心燕留德等十餘人分典軍政，武皇遂班師，凡駐幽州四十日。

六月，武皇率蕃漢之師自晉陽趨三輔，討鳳翔李茂貞、邠州王行瑜、華州韓建之亂。先是，三帥稱兵向闕，同弱王室，殺害宰輔。時河中節度使王重盈卒，重榮之子珂，即武皇之子壻也，權典軍政。其兄珙為陝州節度使，瑤為絳州刺史，與珂爭河中，遂訴於岐、邠、華三鎮，言珂本蒼頭，蒼頭，原本作「莊頭」，考舊唐書王重榮傳云：王珙上言，珂本家之蒼頭，小字忠兒。則「莊頭」確為訛字，今改正。（影庫本粘籤）不當襲位。珂亦訴於武皇，武皇上表保薦珂，乞授河中旄鉞，詔可之。三帥遂以兵入覲，大掠京師，請授王珂同州節度使，王瑤河中節度使，天子亦許之。武皇遂舉兵表三帥之罪，復移檄三鎮，三鎮大懼。是月，次絳州，刺史王瑤登陴拒命，武皇攻

中華書局

之，旬日而拔，斬王瑤於軍門，誅其黨千餘人。七月，次河中，王珂迎謁於路。

己未，同州節度使王行約棄城奔京師，與左軍兵士刼掠西市，都民大擾。行約，即行瑜弟也。庚申，樞密使駱全瓘以武皇之軍將至，請天子幸〔三〕。右軍指揮使李繼鵬，茂貞假子也，本姓閻，名珪，與全瓘謀刼天子幸鳳翔。左軍指揮使王行實，亦行瑜之弟也，與劉景宣欲刼天子幸邠州。兩軍相攻，縱火燒內門，煙火蔽天。天子急詔鹽州六都兵士，令追殺亂兵，左右軍退走。王行瑜、李茂貞聲言自來迎駕，天子懼，出幸南山，駐蹕於莎城。是夜，熒惑犯心。壬戌，武皇進收同州，聞天子幸石門，遣判官王瓌奉表奔問，天子遣使賜詔，令與王珂同討邠、鳳。時武皇方攻華州，俄聞李茂貞領兵士三萬至盩厔，王行瑜領兵至興平，欲往石門迎駕，乃解華州之圍，進營渭橋。天子遣延王戒丕、丹王允齎詔，促武皇兵直抵邠、鳳。八月乙酉，供奉官張承業齎詔告諭。案舊唐書：七月丁卯，上遣內官張承業傳詔克用軍，便令監太原行營兵馬，發赴新平。薛史作八月乙酉，與舊唐書月日互異，相隔殊遠。舊唐書又作八月乙酉朔，延王至河中，疑承業與延王同行。據通鑑作壬午，遣張承業詣克用軍，蓋壬午遣使，乙酉始至軍耳。涇帥張鐇已領步騎三萬於京西北，扼邠、岐之路。武皇進營渭北，遣史儼將三千騎往石門扈駕，遣李存信、李存審會鄜延之兵攻行瑜之梨園寨。天子削奪行瑜官爵，以武皇爲天下兵馬都招討使，以鄜州李思孝爲北面招討使，以涇州張鐇爲西南面招討使。天子又遣延王、丹王賜武皇御衣及大將荼

酒、弓矢，命二王兄事武皇。延王傳天子密旨云：「一昨非卿至此，已爲賊庭行酒之人矣。所慮者二凶締合，卒難翦除，且欲姑息茂貞，令與卿修好，俟梟斬行瑜，更與卿商量。」武皇上表，請駕還京。案：舊唐書作壬寅，李克用遣子存貞奉表行在，請車駕還京。考當時奉表者，即後唐莊宗也。莊宗未嘗名存貞，舊唐書誤。令李存節領二千騎於京西北，以防邠賊奔突。辛亥，天子還宮，加武皇守太師、中書令，邠寧四面行營都統。

時王行瑜弟兄固守梨園寨，我師攻之甚急。李茂貞遣兵萬餘來援行瑜，營於龍泉鎮，茂貞自率兵三萬迫咸陽。武皇奏請詔茂貞罷兵，兼請削奪茂貞官爵，詔曰：「茂貞勒兵，蓋備非常，尋已發遣歸鎮。」又言：「茂貞已誅李繼鵬、李繼晸，卿可切戒兵甲，無犯土疆。」武皇請賜河中王珂旌節，三表許之。又表李罕之爲副都統。

十月丙戌，李存信於梨園寨北遇賊軍，斬首千餘級，自是賊閉壁不出。戊子，天子賜武皇內弟子四人，又降朱書御札，賜魏國夫人陳氏。是月，王行瑜因敗衄之後，閉壁自固，武皇令李罕之晝夜急攻，賊軍乏食，拔營而去。李存信與罕之等先伏軍於阨路，俟賊軍之至，縱兵擊之，殺戮萬計。是日，收梨園等三寨，生擒行瑜之子知進，並母丘氏、大將李元福等二百人，送赴闕庭。庚寅，王行約、王行實燒刼寧州遁走，寧州守將徐景乞降。武皇表蘇文建爲邠州節度使，且於寧州爲治所。十一月丁巳，案：舊唐書作十一月癸未朔，疑十一月不當有丁

巳。據薛史上文，十月有丙戌、戊子，則十一月斷非癸未朔矣。通鑑所定月日皆從薛史。收龍泉寨。時行瑜以精甲五千守之，李茂貞出兵來援，爲李罕之所敗，邠賊遂棄龍泉寨而去。行瑜復入邠州，大軍進逼其城，行瑜登城號哭曰：「行瑜無罪，昨殺南北司大臣，是岐帥將兵脅制主上，請治岐州，行瑜乞束身歸朝。」武皇報曰：「王尙父何恭之甚耶！僕受命討三賊臣，公其一也。如能束身歸闕，老夫未敢專命，爲公奏取進止。」行瑜懼，棄城而遁。武皇收其城，封府庫，遽以捷聞。既而慶州奏，王行瑜將家屬五百人到州界，爲部下所殺，傳首闕下。武皇既平行瑜，還軍渭北。

十二月，武皇營於雲陽，案歐陽史：晉軍渭北，遇雨六十日。考通鑑：十二月乙酉，李克用軍於雲陽。辛亥，引兵東歸。無緣得有六十日也，歐陽史誤。候討鳳翔進止。乙未，天子賜武皇爲忠貞平難功臣，進封晉王，加實封二百戶。武皇復上表請討李茂貞，天子不允。武皇私謂詔使曰：「觀主上意，疑僕別有他腸，復何言哉！但禍不去胎，憂患未已。」又奏：「臣統領大軍，不敢徑赴朝覲。」遂班師。

乾寧三年正月，汴人大舉以攻兗、鄆，朱瑄、朱瑾再乞師於武皇，假道於魏州，羅弘信許之。乃令都指揮使李存信將步騎三萬與李承嗣、史儼會軍，以拒汴人。存信軍於莘，與朱瑾合勢，頻挫汴軍，汴帥患之，乃間魏人。存信御兵無法，稍侵魏之芻牧者，弘信乃與汴帥通，

出師三萬攻存信軍。存信揭營而退，保於洺州。三月，武皇大掠相、魏諸邑，攻李固、洹水，殺魏兵萬餘人，進攻魏州。案舊唐書：六月庚戌，李克用率沙陀并、汾之衆五萬攻魏州，及其郛，大掠於其六郡，陷城安、洹水、臨漳十餘邑，報莘之怒也。薛史作三月事，蓋自三月興師，至十月始退耳。五月，汴將葛從周、氏叔琮引兵赴援。

六月，李茂貞舉兵犯京師。七月，車駕幸華州。是月，武皇與汴軍戰於洹水之上，鐵林指揮使落落被擒。落落，武皇之長子也。既戰，馬踣於坎，武皇馳騎以救之，其馬亦踣，汴之追兵將及，武皇背射一發而斃，乃退。

九月，李存信攻魏之臨淸，汴將葛從周等引軍來援，大敗於宗城北。存信進攻魏州。十月，武皇敗魏軍於白龍潭，追擊至觀音門，汴軍救至，乃退。十一月，武皇徵兵於幽、鎭、定三州，將迎駕於華下，幽州劉仁恭託以契丹入寇，俟敵退聽命。

乾寧四年正月，汴軍陷兗、鄆，騎將李承嗣、史儼與朱瑾同奔於淮南。三月，陝帥王珙攻河中，王珂來告難，武皇遣李嗣昭率二千騎赴之，破陝軍於猗氏，乃解河中之圍。至是，天子遣延王戒丕至晉陽，傳宣旨於武皇：「朕不取卿言，以及於此，苟非英賢竭力，朕何由再謁廟庭！在卿表率，予所望也。」

七月，武皇復徵兵於幽州，劉仁恭辭旨不遜，武皇以書讓之，仁恭捧書謾罵，捧書，疑當作

「持書」，考冊府元龜所引薛史亦作「捧書」，今姑仍其舊。（影庫本粘籤）抵之於地，仍囚武皇之行人。八月，大舉以伐仁恭。九月，師次蔚州。戊寅，晨霧晦暝，占者云不利深入。辛巳，攻安塞〔四〕，俄報「燕將單可及領騎軍至矣」。武皇方置酒高會，前鋒又報「賊至矣」！武皇曰：「仁恭何在？」曰：「但見可及輩。」武皇張目怒曰：「可及輩何足爲敵！」仍促令出師。燕軍已擊武皇軍寨，武皇乘醉擊賊，燕軍披靡。時步兵望賊而退，爲燕軍所乘，大敗於木瓜澗，俄而大風雨震電，燕軍解去，武皇方醒。甲午，師次代州，劉仁恭遣使謝罪於武皇，武皇亦以書報之，自此有檄十餘返。

光化元年春正月，鳳翔李茂貞、華州韓建皆致書於武皇，乞修和好，同獎王室，兼乞助丁匠修繕秦宮，武皇許之。

四月，汴將葛從周寇邢、洺、磁等州，旬日之內，三州連陷。汴人以葛從周爲邢州節度使。大將李存信收軍，自馬嶺而旋。

八月壬戌，天子自華還宮。是時，車駕初復，而欲諸侯輯睦，賜武皇詔，令與汴帥通好。武皇不欲先下汴帥，乃致書於鎮州王鎔，令導其意。明年，汴帥遣使奉書幣來修好，武皇亦報之。自是使車交馳，朝野相賀。

九月，武皇遣周德威、李嗣昭率兵三萬出青山口，以迫邢、洺。十月，遇汴將葛從周於

張公橋，張公橋，原本作「張恭」，考舊唐書、通鑑俱作「張公」，今改正。（影庫本粘籤）既戰，我軍大敗。是月，河中王珂來告急，言王珙引汴軍來寇，武皇遣李嗣昭將兵三千以援之，屯於胡壁堡。汴軍萬餘人來拒戰，嗣昭擊退之。

十二月，潞州節度使薛志勤卒，澤州刺史李罕之以本軍夜入潞州，據城以叛。罕之報武皇曰：「薛鐵山新死，潞民無主，慮軍城有變，輒專命鎮撫。」武皇令人讓之，罕之乃歸於汴。武皇遣李嗣昭將兵討之，下澤州，收罕之家屬，拘送晉陽。

光化二年春正月，李罕之陷沁州。三月，汴將葛從周、氏叔琮自土門陷承天軍，又陷遼州，進軍榆次。武皇令周德威擊之，敗汴軍於洞渦驛，叔琮棄營而遁，德威追擊，出石會關，石會關，原本作「名會」，考歐陽史、通鑑俱作「石會」，今改正。（影庫本粘籤）殺千餘人。汴人復陷澤州。五月，武皇令都指揮使李君慶將兵收澤、潞，爲汴軍所敗而還。以李嗣昭爲都指揮使，進攻潞州。八月，嗣昭營於潞州城下，前鋒下澤州。時汴將賀德倫、張歸厚等守潞州。是月，德倫等棄城而遁，潞州平。九月，武皇表汾州刺史孟遷爲潞州節度使。

光化三年，汴軍大寇河朔，幽州劉仁恭乞師，武皇遣周德威帥五千騎以援之。七月，李嗣昭攻堯山，至內丘，敗汴軍於沙河，進攻洺州，下之。九月，汴帥自將兵三萬圍洺州，嗣昭棄城而歸，葛從周設伏於青山口，嗣昭之軍不利。十月，汴人乘勝寇鎮、定，鎮、定懼，皆納賂於汴。是時，周德威與燕軍劉守光敗汴人二萬於望都，聞定州王郜來奔，乃班師。是月，天子加武皇實封一百戶。遣李嗣昭率步騎三萬攻懷州，下之。進攻河陽，汴將閻寶率軍來援，嗣昭退保懷州。

天復元年正月，汴將張存敬攻陷晉、絳二州，以兵二萬屯絳州，以扼援路。二月，張存敬迫河中，王珂告急於武皇，使者相望於路。珂妻邠國夫人，武皇愛女也，亦以書至，懇切求援。武皇報曰：「賊阻道路，衆寡不敵，救爾即與爾兩亡，可與王郎棄城歸朝。」珂遂送款於張存敬。三月，汴帥自大梁至河中，王珂遂出迎，尋徙於汴。天子以汴帥兼鎮河中。武皇自是不復能援京師，霸業由是中否。

四月，汴將氏叔琮率兵五萬自太行路寇澤、潞，魏博大將張文恭領軍自新口入，葛從周領兗、鄆之衆自土門入，張歸厚以邢、洺之衆自馬嶺入，定州王處直之衆自飛狐入，侯言以晉、絳之兵自陰地入。氏叔琮、康懷英營於澤州之昂車。昂車，原本作「昴車」，考通鑑及冊府元龜俱作昂車，今改正。（影庫本粘籤）武皇令李嗣昭將三千騎赴澤州援李存璋，而歸賀德倫。氏叔琮軍至潞州，孟遷開門迎，沁州刺史蔡訓亦以城降於汴，氏叔琮悉其衆趨石會關。是時，偏將李審建先統兵三千在潞州，亦與孟遷降於汴，及叔琮之入寇也，審建爲其鄉導。汴人營於洞渦，別將白奉國與鎮州大將石公立自井陘入，自井陘入，原本脫「自」字，今據通鑑增入。（影庫本粘籤）

陷承天軍。及攻壽陽，遼州刺史張鄂以城降於汴，都人大恐。時霖雨積旬，汴軍屯聚既衆，芻糧不給，復多痢瘧，師人多死。時大將李嗣昭、李嗣源每夜率驍騎突營掩殺，敵衆恐懼。

五月，汴軍皆退。氏叔琮軍出石會，周德威、李嗣昭以精騎五千躡之，殺戮萬計。初，汴軍之將入寇也，汾州刺史李瑭據城叛，以連汴人，至是武皇令李嗣昭、李存審將兵討之。是歲，并、汾饑，粟暴貴，人多附瑭爲亂，嗣昭悉力攻城，三日而拔，擒李瑭等斬於晉陽市。氏叔琮既旋軍，過潞州，擄孟遷以歸。汴帥以丁會爲潞州節度使。

六月，遣李嗣昭、周德威將兵出陰地，攻慈、隰二郡，隰州刺史唐禮、慈州刺史張瓌並以城來降。武皇以汴寇方盛，難以兵服，佯降心以緩其謀，乃遣牙將張特持幣馬書檄以諭之，陳當時利害，請復舊好。十一月壬子，汴帥營於渭濱。甲寅，天子出幸鳳翔。案新唐書：帝如鳳翔，李茂貞、韓全誨請召克用入衞，克用聞道遣使者奔問，並詒書全忠，勸還汴，全忠不答。（舊五代史考異）武皇遣李嗣昭率兵三千自沁州趨平陽，遇汴軍於晉州北，斬首五百級。

天復二年二月，李嗣昭、周德威領大軍自慈、隰進攻晉、絳，營於蒲縣。乙未，汴將朱友寧、氏叔琮將兵十萬，營於蒲縣之南。乙巳，汴帥自領軍至晉州，德威之軍大恐。三月丁巳，有虹貫德威之營。戊午，氏叔琮率軍來戰，德威逆擊，爲汴人所敗，兵仗、輜車委棄殆盡。

朱友寧長驅至汾州，慈、隰二州復爲汴人所據。辛酉，汴軍營於晉陽之西北，攻城西門，周德威、李嗣昭緣山保其餘衆而旋。武皇驅丁壯登陴拒守，汴軍攻城日急，武皇召李嗣昭、周德威等謀將出奔雲州，嗣昭以爲不可。李存信堅請且入北蕃，續圖進取，嗣昭等固爭之，太妃劉氏亦極言於內，乃止。居數日，亡散之士復集，軍城稍安。李嗣昭與李嗣源夜入汴軍，斬將搴旗，敵人扞禦不暇，自相驚擾。丁卯，朱友寧燒營而遁，周德威追至白壁關，白壁關，原本作「向許」，今從歐陽史改正。（影庫本粘籤）俘斬萬計，因收復慈、隰、汾等三州。

天復三年正月，天子自鳳翔歸京。五月，雲州都將王敬暉殺刺史劉再立，以城歸於劉仁恭。武皇遣李嗣昭討之，仁恭遣將以兵五萬來援雲州，嗣昭退保樂安，燕人擄敬暉，棄城而去。武皇怒，笞嗣昭及李存審而削其官。是時，親軍萬衆皆邊部人，動違紀律，人甚苦之，左右或以爲言，武皇曰：「此輩膽略過人，數十年從吾征伐，比年以來，國藏空竭，諸軍之家賣馬自給。今四方諸侯皆懸重賞以募勇士，吾若束之以法，急則棄吾，吾安能獨保此乎！俟時開運泰，吾固自能處置矣。」

天祐元年閏四月，汴帥迫天子遷都於洛陽。案新唐書：帝東遷，詔至太原，克用泣謂其下曰：「乘輿不復西矣！」遣使者奔問行在。（舊五代史考異）五月乙丑，天子制授武皇叶盟同力功臣，加食邑三千戶，實封三百戶。八月，汴帥遣朱友恭弒昭宗於洛陽宮，輝王卽位。告哀使至晉陽，武皇南向慟哭，三軍縞素。

天祐二年春，契丹阿保機始盛，武皇召之，阿保機領部族三十萬至雲州，與武皇會於雲州之東，握手甚歡，結爲兄弟，旬日而去，留馬千匹，牛羊萬計，案：武皇會契丹於雲州，通鑑作開平元年，新唐書作天祐元年，與薛史異。歐陽史與薛史同。又，契丹國志作晉王存勗與契丹連和，會於東城，殊誤〔五〕。東都事略：契丹與晉王會在天祐三年。遼史太祖紀與薛史同。期以冬初大舉渡河。

天祐三年正月，魏博旣殺牙軍，魏將史仁遇據高唐以叛，遣人乞師於武皇，武皇遣李嗣昭率三千騎攻邢州以應之，遇汴將牛存節、張筠於青山口，嗣昭不利而還。九月，汴帥親率兵攻滄州，幽州劉仁恭遣使來乞師，武皇乃徵兵於仁恭，將攻潞州，以解滄州之圍。仁恭遣掌書記馬郁、都指揮使李溥等將兵三萬，李溥，原本作「李傭」，考册府元龜及通鑑俱作「溥」，今改正。（影庫本粘籤）會於晉陽，武皇遣周德威、李嗣昭合燕軍以攻澤、潞。十二月，潞州節度使丁會開門迎降，命李嗣昭爲潞州節度使，以丁會歸於晉陽。

天祐四年正月甲申，汴帥聞潞州失守，自滄州燒營而遁。四月，天子禪位於汴帥，奉天子爲濟陰王，改元爲開平，國號大梁。是歲，四川王建遣使至，勸武皇各王一方，俟破賊之後，訪唐朝宗室以嗣帝位，然後各歸藩守。武皇不從，以書報之曰：

竊念本朝屯否，巨業淪胥，攀鼎駕以長違，撫彤弓而自咎。默默終古，悠悠彼蒼，生此厲階，永爲痛毒，視橫流而莫救，徒誓檝以興言。別捧函題，過垂獎諭，省覽周旣，駭惕異常。淚下霑衿，倍鬱申胥之素；汗流浹背，如聞蔣濟之言。蔣濟，原本作「蔣沇」，今從册府元龜改正。（影庫本粘籤）

僕經事兩朝，受恩三代，位叨將相，籍係宗枝，賜鈇鉞以專征，徵苞茅而問罪。鏖兵校戰，二十餘年，竟未能斬新莽之頭顱，斷蚩尤之肩髀，以至廟朝顚覆，豺虎縱橫。且授任分憂，叨榮冒寵〔六〕，龜玉毀櫝，誰之咎歟！俯閱指陳，不勝慚恧。然則君臣無常位，陵谷有變遷，或箠塞長河，泥封函谷，時移事改，理有萬殊。卽如周末虎爭，魏初鼎據。孫權父子，不顯授於漢恩；劉備君臣，自微興於涿郡。得之不謝於家世，失之無損於功名，適當逐鹿之秋，何惜華蟲之服。唯僕累朝席寵，席寵，原本作「膺寵」，今從册府元龜改正。（影庫本粘籤）奕世輸忠，忝佩訓詞，粗存家法。善博奕者唯先守道，治蹊田者不可奪牛。誓於此生，靡敢失節，仰憑廟勝，早殄寇讎。如其事與願違，則共臧洪遊於地下，亦無恨矣。

唯公社稷元勳，嵩、衡降祉，鎭九州之上地，負一代之弘才，合於此時，自求多福。所承良訊，非僕深心，天下其謂我何，有國非吾節也。悽悽孤懇，此不盡陳。

五月，梁祖遣其將康懷英率兵十萬圍潞州，懷英驅率士衆，築壘環城，城中音信斷絕。武皇遣周德威將兵赴援，德威軍於余吾，率先鋒挑戰，日有俘獲，懷英不敢卽戰。梁祖以懷英無功，乃以李思安代之。案：李思安之代懷英，通鑑作七月事，與薛史繫五月異。（舊五代史考異）思安引軍將營於潞城，潞城，原本作「澤城」，考通鑑、歐陽史、五代春秋俱作李思安圍潞城，今改正。（影庫本粘籤）周德威以五千騎搏之，梁軍大敗，斬首千餘級。思安退保堅壁，別築外壘，謂之「夾寨」，以抗我之援軍。梁祖調發山東之民以供饋運，德威日以輕騎掩之，運路艱阻，衆心益恐。李思安乃自東南山口築夾道，連接夾寨，以通饋運，自是梁軍堅保夾寨。

冬十月，武皇有疾。是時晉陽城無故自壞，占者惡之。天祐五年正月戊子朔，武皇疾革。辛卯，崩於晉陽，年五十三。遺令薄葬，發喪後二十七日除服。莊宗卽位，追謚武皇帝，廟號太祖，陵在鴈門。永樂大典卷七千一百五十四。五代史補：太祖武皇，本朱耶赤心之後，沙陀部人也。其先生于雕窠中，酋長以其異生，諸族傳養之，遂以「諸爺」爲氏，言非一父所養也。其後言訛，以「諸」爲「朱」，以「爺」爲「耶」。至太祖生，眇一目，長而驍勇，善騎射，所向無敵，時謂之「獨眼龍」，大爲部落所疾。太祖恐禍及，遂舉族歸唐，授雲州刺史，賜姓李，名克用。黃巢犯長安，自北引兵赴難，功成，遂拜太原節度使，封晉王。武皇之有河東也，威聲大振，淮南楊行密常恨不識其狀貌，因使畫工詐爲商賈，往河東寫之。畫工到，未幾，人有知其謀者，擒之。武皇初甚怒，既而謂所親曰〔七〕：「且吾素眇一目，試召之使寫，觀其所爲如何。」及至，武皇按滕厲聲曰〔八〕：「淮南使汝來寫吾眞，必畫工之尤也，寫吾不及十分，卽階下便是死汝之所矣。」畫工再拜下筆。時方盛暑，武皇執八角扇，因寫扇角半遮其面。武皇曰：「汝諂吾也。」遽使別寫之，又應聲下筆，畫其臂弓撚箭之狀，仍微合一目以觀箭之曲直。武皇大喜，因厚賂金帛遣之。五代史闕文：世傳武皇臨薨，以三矢付莊宗曰：「一矢討劉仁恭，汝不先下幽州，河南未可圖也。一矢擊契丹，且曰阿保機與吾把臂而盟，結爲兄弟，誓復唐家社稷，今背約附賊，汝必伐之。一矢滅朱溫，汝能成吾志，死無憾矣。」莊宗藏三矢於武皇廟庭。及討劉仁恭，命幕吏以少牢告廟，請一矢，盛以錦囊，使親將負之以爲前驅。凱旋之日，隨俘馘納矢於太廟。伐契丹，滅朱氏亦如之。又，武皇眇一目，謂之「獨眼龍」。性喜殺，左右有小過失，必置於死。初諱眇，人無敢犯者，嘗令寫眞，畫工卽爲撚箭之狀，微瞑一目，圖成而進，武皇大悅，賜予甚厚。

史臣曰：武皇肇跡陰山，赴難唐室，逐豺狼於魏闕，殄氛祲於秦川，賜姓受封，奄有汾、晉，可謂有功矣。然雖茂勤王之績，而非無震主之威。及朱旗屯渭曲之師，俾翠輦有石門之幸，比夫桓、文之輔周室，無乃有所愧乎！洎失援於蒲、絳，久垂翅於并、汾，若非嗣子之英才，豈有興王之茂業。矧累功積德，未比於周文；創業開基，尚虧於魏祖。追諡爲「武」，斯亦幸焉。永樂大典卷七千一百五十四。

校勘記

〔一〕正月　劉本、舊五代史考異同。舊唐書卷二〇昭宗紀作「二月」。

〔二〕乾寧元年　「乾寧」二字原無，據舊五代史考異、殿本考證補。

〔三〕樞密使駱全瓘……請天子幸　「幸」下疑有脫誤。通鑑卷二六〇記此事作「樞密使駱全瓘奏請車駕幸鳳翔」。

〔四〕安塞　原作「安寨」，據殿本、劉本改。通鑑卷二六一注：「安塞軍在蔚州之東，嬀州之西。」

〔五〕武皇會契丹於雲州……殊誤　五十五字原無，據舊五代史考異補。

〔六〕叨榮冒寵　「榮」原作「策」，據彭校及冊府卷七改。

〔七〕既而謂所親曰　原作「既而親謂曰」，據五代史補卷二改。

〔八〕按滕　原作「接滕」，據殿本、劉本、五代史補卷二改。

舊五代史卷二十七

唐書三

莊宗紀第一

莊宗光聖神閔孝皇帝，諱存勗，武皇帝之長子也。母曰貞簡皇后曹氏，以唐光啓元年歲在乙巳，冬十月二十二日癸亥，癸亥，原本作「癸巳」，五代會要作癸亥。考舊唐書，光啓元年十月壬寅朔，無癸巳，今從五代會要改正。（影庫本粘籤）生帝於晉陽宮。妊時，曹后嘗夢神人，黑衣擁扇，夾侍左右。載誕之辰，紫氣出於牕戶。及爲嬰兒，體貌奇特，沈厚不羣，武皇特所鍾愛。及武皇之討王行瑜，帝時年十一，案：歐陽史從薛史作十一。吳縝纂誤據徐無黨注，莊宗年四十三，逆推之，當以甲辰年生，乾寧二年破王行瑜時當云年十二。今考五代會要，莊宗以光啓元年生，年四十二。北夢瑣言載莊宗獻王行瑜年十一，薛、歐陽二史俱同，徐注作年四十三，誤。（舊五代史考異）從行。初令入覲獻捷，迎駕還宮，昭宗一見駭之，曰：「此兒有奇表。」因撫其背曰：「兒將來之國棟也，勿忘忠孝于予家。」因賜鸂鶒酒卮、翡翠盤。案北夢瑣言云：昭宗曰：「此子可亞其父。」時人號曰「亞子」。賊平，授檢校司空、隰州刺史，改汾、晉二郡，皆遙領之。帝洞曉音律，常令歌舞于前〔一〕。十三習春秋，手自繕寫，略通大義。及壯，便射騎，膽略絕人，其心豁如也。

武皇起義雲中，部下皆北邊勁兵，及破賊迎鑾，功居第一，由是稍優寵士伍，優寵，原本作「擾寵」，今據文改正。（影庫本粘籤）因多不法，或陵侮官吏，豪奪士民，白晝剽攘，酒博喧競。武皇緩於禁制，唯帝不平之，因從容啓於武皇，武皇依違之。及安塞不利之後，安塞，原作「安寨」，今據通鑑改正。（影庫本粘籤）時事多難，梁將氏叔琮、康懷英頻犯郊圻，案：懷英本名懷貞，後因避梁末帝諱，始改名懷英。薛史前後統作懷英，今仍其舊。（舊五代史考異）土疆日蹙，城門之外，鞠爲戰場，武皇憂形于色。帝因啓曰：「夫盛衰有常理，禍福繫神道。家世三代，盡忠王室，勢窮力屈，無所愧心。物不極則不反，惡不極則不亡。今朱氏攻逼乘輿，窺伺神器，陷害良善，誣誑神祇。以臣觀之，殆其極矣。大人當遵養時晦，以待其衰，何事輕爲沮喪！」太祖釋然，因奉觴作樂而罷。

及滄州劉守文爲梁朝所攻，其父仁恭遣使乞師，武皇恨其翻覆，不時許之，帝白曰：「此吾復振之道也，不得以嫌怨介懷。且九分天下，朱氏今有六七，趙、魏、中山在他廡下，賊所憚者，唯我與仁恭爾，我之興衰，繫此一舉，不可失也。」太祖乃徵兵於燕，攻取潞州，既而丁會果以城來降。

天祐五年春正月，武皇疾篤，召監軍張承業、大將吳珙謂曰：「吾常愛此子志氣遠大，可付後事，唯卿等所教。」及武皇厭代，帝乃嗣王位于晉陽，時年二十有四。

汴人方寇潞州，周德威宿兵於亂柳，案：原本作「亂楊」，考歐陽史作亂柳。胡三省通鑑注云：亂柳在潞州屯留縣界。今改正。（舊五代史考異）以軍城易帥，竊議恟恟，訛言播於行路。帝方居喪，將吏不得謁見，監軍使張承業排闥至廬所，言曰：「夫孝在不墜家業，不同匹夫之孝。且君父厭世，嗣主未立，竊慮兇猾不逞之徒，有懷覬望。又汴寇壓境，利我凶衰，苟或搖動，則倍張賊勢，訛言不息，懼有變生。請依顧命，墨縗聽政，保家安親，此惟大孝。」帝於是始聽斷大事。

時振武節度使克寧，即帝之季父也，爲管內蕃漢馬步都知兵馬使，典握兵柄。帝以軍府事讓季父，曰：「兒年幼稚，未通庶政，雖承遺命，恐未能彈壓。季父勳德俱高，衆情推伏，且請制置軍府，俟兒有立，聽季父處分。」克寧曰：「亡兄遺命，屬在我兒，孰敢異議！」因率先拜賀。初，武皇獎勵戎功，多畜庶孽，衣服禮秩如嫡者六七輩，比之嗣王，年齒又長，部下各綰強兵，朝夕聚議，欲謀爲亂。及帝紹統，或強項不拜，鬱鬱憤惋，託疾廢事。會李存顥以陰計干克寧曰：「兄亡弟立，古今舊事，季父拜姪，理所未安。」克寧妻素剛狠，因激怒克寧，陰圖禍亂。存顥欲於克寧之第謀害張承業、李存璋等，以并、汾九州歸附於梁，案：并、汾九州，通鑑作河東九州。胡三省注云：河東領并、遼、沁、汾、石、忻、代、嵐、憲九州。附識于此。（舊五代史考異）送貞簡太后爲質。克寧意將激發，乃擅殺大將李存質，請授己雲州節度使，割蔚、朔、應三州爲屬郡，帝悉俞允，然知其陰禍有日矣。克寧俟帝過其第則圖竊發。時幸臣史敬鎔者，亦爲克寧所誘，盡得其情，乃來告帝。帝謂張承業曰：「季父所爲如此，無猶子之情，骨肉不可自相魚肉，予當避路，則禍亂不作矣。」承業曰：「臣受命先王〔二〕，言猶在耳。存顥輩欲以太原降賊，王欲何路求生？不即誅除，亡無日矣。」因召吳珙、李存璋、李存敬、朱守殷諭其謀，衆咸憤怒。

二月壬戌，案：原本作「丙戌」，今據通鑑改正。（舊五代史考異）命存璋伏甲以誅克寧，遂靖其難。

是月，唐少帝崩於曹州，梁祖使人酖之也。帝聞之，舉哀號慟。

三月，周德威尚在亂柳，梁將李思安屢爲德威所敗，閉壁不出。是時，梁祖自將兵至澤州，以劉知俊爲招討使以代思安，以范君寔、劉重霸爲先鋒，牛存節爲撫遏，統大軍營於長子。

四月，帝召德威軍歸晉陽。汴人既見班師，知我國禍，以爲潞州必取，援軍無俟再舉，遂停斥候。梁祖亦自澤州歸洛。帝知其無備，乃謂將佐曰〔三〕：「汴人聞我有喪，必謂不能興師；又以我少年嗣位，未習戎事，必有驕怠之心。若簡練兵甲，倍道兼行，出其不意，以吾憤激之衆，擊彼驕惰之師，拉朽摧枯，未云其易，解圍定霸，在此一役。」甲子，軍發自太原。己巳，至潞州北黃碾下營。案：原本作「黃碾」，通鑑作黃碾。胡三省注云：黃碾村在潞州潞城縣。今改正。（舊五代史考異）

五月辛未朔，晨霧晦暝，帝率親軍伏三垂岡下，詰旦，天復昏霧，進軍直抵夾城。時李嗣源總帳下親軍攻東北隅，李存璋、王霸率丁夫燒寨，斸夾城爲二道，周德威、李存審各分道進攻，軍士鼓譟，三道齊進。李嗣源壞夾城東北隅，率先掩擊，梁軍大恐，南向而奔，投戈委甲，噎塞行路，斬萬餘級，獲其將副招討使符道昭洎大將三百人，芻粟百萬。梁招討使康懷英得百餘騎，出天井關而遁。梁祖聞其敗也，既懼而歎曰：「生子當如是，李氏不亡矣！吾家諸子乃豚犬爾。」初，唐龍紀元年，帝纔五歲，案歐陽史：克用破孟方立于邢州，還軍上黨，置酒三垂岡。時莊宗在側，方五歲。考克用邢州之役在文德元年，今以莊宗生年計之，當從薛史作龍紀元年。（舊五代史考異）從武皇校獵於三垂岡，岡上有玄宗原廟在焉。武皇於祠前置酒，樂作，伶人奏百年歌者，陳其衰老之狀，聲調悽苦。武皇引滿，捋鬚指帝曰：「老夫壯心未已，二十年後，此子必戰於此。」及是役也，果符其言焉。

是月，周德威乘勝攻澤州，刺史王班登城拒守，王班，原本作「玉辨」，今據通鑑及歐陽史改正。（影庫本粘籤）梁將劉知俊自晉、絳將兵赴援，德威退保高平。案：澤州因牛存節之救得全。通鑑考異引莊宗實錄云：李存璋進攻澤州，刺史王班棄城而去，澤、潞悉平。殊失事實。通鑑從薛史。（舊五代史考異）帝遂班師於晉陽，告廟飲至，賞勞有差。乃下令於國中，禁賊盜，恤孤寡，徵隱逸，止貪暴，峻隄防，寬獄訟，朞月之間，其俗丕變。帝每出，於路遇饑寒者，必駐馬而臨問之，由是人情大悅，王霸之業，自茲而基矣。

六月，鳳翔李茂貞、邠州楊崇本合西川王建之師五萬，以攻長安，遣使會兵於帝，帝遣張承業率師赴之。

九月，邠、岐、蜀三鎮復大舉攻長安，遣李嗣昭、周德威將兵三萬攻晉州以應之。德威與梁將尹皓戰于神山北，梁人大敗。是時，晉之騎將夏侯敬受以一軍奔于梁，德威乃退保隰州。案歐陽史：九月丁丑，如懷州。通鑑作周德威等聞梁帝將至，乙未，退保隰州。是德威之退師，因梁祖之親至也，薛史唐紀不載。

天祐六年秋七月，邠、岐二帥及梁之叛將劉知俊俱遣使來告，叛將，原本作「判將」，今據文改正。（影庫本粘籤）將大舉以伐靈、夏，兼收關輔，請出兵晉、絳，以張兵勢。

八月，帝御軍南征，先遣周德威、李存審、丁會統大軍出陰地關，攻晉州，爲地道，壞城二十餘步，城中血戰拒守。梁祖遣楊師厚領兵赴援，德威乃收軍而退。案通鑑引莊宗實錄云：汴軍至蒙阬，周德威逆戰，敗之，斬首三百級，楊師厚退保絳州。是役也，小將蕭萬通戰歿，師厚進營平陽，德威收軍而退。（舊五代史考異）

天祐七年秋七月，鳳翔李茂貞、邠州楊崇本皆遣師來會兵，同討靈、夏。且言劉知俊三敗汴軍於寧州，靈、夏危蹙，岐、隴之師大舉，決取河西。帝令周德威將兵萬人，西渡河以應之。是役也，劉知俊爲岐人所搆，乃自退。

九月，德威班師。

冬十月，梁祖遣大將李思安、楊師厚率師營於澤州，以攻上黨。

十一月，鎭州王鎔遣使來求援。是時，梁祖以羅紹威初卒，全有魏博之地，因欲兼并鎭、定，兼并，原本作「兼兵」，今據文改正。（影庫本粘籤）遣供奉官杜廷隱、丁延徽督魏軍三千人入于深、冀，鎭人懼，故來告難。帝集軍吏議之，咸欲按甲治兵，徐觀勝負，唯帝獨斷，堅欲救之，乃遣周德威率軍屯于趙州。是月，行營都招討使丁會卒。

十二月丁巳朔，梁祖聞帝軍屯趙州，命寧國軍節度使王景仁爲北面行營招討使，韓勍爲副，相州刺史李思安爲前鋒，會魏州之兵以討王鎔。又令閻寶、王彥章率二千騎，會景仁於邢、洺。丁丑，景仁營於柏鄉，帝遂親征，自贊皇縣東下。辛巳，至趙州，與周德威兵合。

帝令史建瑭以輕騎嘗寇，獲芻牧者二百人，問其兵數，精兵七萬。是日，帝觀兵於石橋南，詰旦進軍，距柏鄉一舍，周德威、史建瑭率蕃落勁騎以挑戰，四面馳射，梁軍閉壁不出，乃退。翌日進軍，距柏鄉五里，案：原本作「七里」，今據歐陽史及通鑑改正。（舊五代史考異）遣騎軍逼其營。梁將韓勍、李思安率步騎三萬，鎧甲炫曜，其勢甚盛，分道以薄帝軍。德威且戰且退，距河而止。既而德威偵知梁人造浮橋，乃退保高邑。乙酉，致師於柏鄉，帝禱戰於光武廟。柏鄉無芻粟之備，梁軍以樵采爲給，爲帝之遊軍所獲，由是堅壁不出，剉屋茅坐席以秣其馬，衆心益恐。

天祐八年正月丁亥，周德威、史建瑭帥三千騎致師於柏鄉，設伏於村塢間，遣三百騎直壓其營。梁將怒，悉其軍結陣而來，德威與之轉戰至高邑南，梁軍列陣，橫亙六七里。時帝軍未成列，李存璋引諸軍陣於野河之上，梁軍以五百人爭橋，案：通鑑作梁軍橫亙數里，競前奪橋，鎭、定步兵禦之，勢不能支。與此微異。（舊五代史考異）鎭、定之師與血戰，梁軍敗而復整者數四。帝與張承業登高觀望，梁人戈矛如束，申令之後，囂聲若雷，王師進退有序，王師，原本作「王追」，今據文改正。（影庫本粘籤）步騎嚴整，寂然無聲。帝臨陣誓衆，人百其勇，短兵既接，無不奮力。梁有龍驤、神威、拱宸等軍，皆武勇之士也，每一人鎧仗，費數十萬，裝以組繡，飾以金銀，人望而畏之。自巳及午，騎軍接戰，至晡，梁軍欲抽退，塵埃漲天，德威周麾而呼曰：「汴人走矣！」帝軍齊譟以進，魏人收軍漸退。李嗣源率親軍與史建瑭、安金全兼北部吐渾諸軍衝陣夾攻，梁軍大敗，棄鎧投仗之聲，震動天地，龍驤、神威、神捷諸軍，殺戮殆盡，通鑑云：趙人以深、冀之憾，不顧剽掠，但奮白刃追之，梁之龍驤、神捷精兵皆盡。與薛史互有詳略，今附識于此。（影庫本粘籤）自陣至柏鄉數十里，殭屍枕籍，敗旗折戟，所在蔽地。夜漏一鼓，帝軍入柏鄉，梁軍輜重、帳幄、資財、奴僕，皆爲帝軍所有。梁將王景仁、韓勍、李思安等以數十騎夜遁。是役也，斬首二萬級，獲馬三千匹，鎧甲兵仗七萬，輜車鍋幕不可勝計。擒梁將陳思權以下二百八十五人。帝號令收軍於趙州。既而梁人棄深、冀二州而遁。初，杜廷隱之襲深、冀也，聲言分兵就食。時王鎔將石公立戍深州，欲杜關不納，鎔遽令啓關，命公立移軍於外，廷隱遂據其城。公立既出，指城闉而言曰：「開門納盜，後悔何追，此城數萬生靈，生爲俘馘矣！」因投刃泣下。數日，廷隱閉城殺鎭兵數千人，遂登陴拒守，王鎔方命公立攻之，即有備矣。及柏鄉之敗，兩州之人悉爲奴擄，老弱者皆坑之。己亥，遣史建瑭、周德威徇地于邢、魏，先馳檄以諭之。案：冊府元龜載晉王諭邢〔四〕、洺、魏、博、衞、滑諸郡縣檄。天祐八年正月，周德威等破賊，徇地邢、洺，先馳檄諭邢、洺、魏、博、衞、滑諸郡縣曰：「王室遇屯，七廟被陵夷之酷；昊天不弔，萬民罹塗炭之災。必有英主奮庸，忠臣仗順，斬長鯨而清四海，靖祆祲以泰三靈。予位忝維城，任當分閫，念茲顚覆，詎可宴安。故仗威、文輔合之規，問羿、浞凶狂之

罪。逆溫碭山庸隸，巢孽餘凶，當僖宗奔播之初，我太祖掃平之際，束身泥首，請命牙門，苞藏姦詐之心，惟示婦人之態。我太祖俯憐窮鳥，曲爲開懷，特發表章，請帥梁汴，纔出萑蒲之澤，便居茅社之尊，殊不感恩，遽行猜忍。我國家祚隆周、漢，迹盛伊、唐，二十聖之鎡基，三百年之文物。外則五侯九伯，內則百辟千官，或代襲簪纓，或門傳忠孝，皆遭陷害，永抱沉冤。且鎭、定兩藩，國家巨鎭，冀安民而保族，咸屈節以稱藩。逆溫唯仗陰謀〔五〕，專行不義，欲全吞噬，先據屬州。趙州特發使車，來求援助。予情惟盪寇，義切親仁，躬率賦輿，赴茲盟約。賊將王景仁將兵十萬，屯據柏鄉，遂驅三鎭之師，授以七擒之略。鸛鵝纔列，梟獍大奔，易如走坂之丸，勢若燎原之火。僵尸仆地，流血成川。組甲雕戈，皆投草莽；謀夫猛將，盡作俘囚。羣凶既快於天誅，大憝須垂於鬼錄。今則選蒐兵甲，簡練車徒，乘勝長驅，翦除元惡。凡爾魏、博、邢、洺之衆，感恩懷義之人，乃祖乃孫，爲聖唐赤子，豈狗虎狼之黨，遂忘覆載之恩。蓋以封豕長蛇，憑陵荐食，無方逃難，遂被脅從。空嘗膽以銜冤，竟無門而雪憤，既聞告捷，想所慰懷。今義旅徂征，止于招撫。昔耿純焚廬而向順，蕭何舉族以從軍，皆審料興亡，能圖富貴，殊勳茂業，翼子貽孫，轉禍見機，決在今日。若能詣轅門而效順，開城堡以迎降，長官則改補官資，百姓則優加賞賜，所經詿誤，更不推窮。三鎭諸軍，已申嚴令，不得焚燒廬舍，剽掠馬牛，但仰所在生靈，各安耕織。予恭行天罰，罪止元凶，已外歸明，一切不問，凡爾士衆，咸諒予懷。」帝御親軍南征。庚子，至洺州，梁祖令其將徐仁浦將兵五百，徐仁浦，通鑑作「仁溥」，考薛史前後俱作「浦」，今姑仍其舊。（影庫本粘籤）夜入邢州。張承業、李存璋以三鎭步兵攻邢州，遣周德威、史建瑭將三千騎，長驅至澶、魏，帝與李嗣源率親軍繼進。

二月戊午，師次洹水，周德威進至臨河。己未，魏帥羅周翰出兵五千，寨石灰窰口，周德威以騎掩擊，迫入觀音門。是日，王師迫魏州，帝舍於狄公祠西。周翰閉壁自固，帝軍攻之，其城幾陷。帝歎曰：「予爲兒童時，從先王渡河，今其忘矣。方春桃花水滿，思一觀之，誰從予者？」癸亥，帝觀河於黎陽。是時，梁祖發兵萬餘將渡河，聞王師至，棄舟而退。黎陽都將張從楚、曹儒以部下兵三千人來降，立其軍爲左右匡霸使。乙丑，周德威自臨清狥地貝郡，攻博州，下東武、朝城。時澶州刺史張可臻棄城而遁，遂攻黎陽〔六〕，下臨河、淇門。庚午，梁祖在洛，聞王師將攻河陽，率親軍屯白馬坡。案：通鑑作白馬阪。（舊五代史考異）壬申，帝下令班師。帝至趙州，王鎔迎謁。翌日，大饗諸軍。壬午，帝發趙州，歸晉陽，留周德威戍趙州。

三月己丑，鎭、定州各遣使言幽州劉守光凶僭之狀，請推爲尚父，以稔其惡。乙未，帝至晉陽宮，召監軍張承業諸將等議幽州之事，乃遣牙將戴漢超齎墨制幷六鎭書，案：原本作「大鎭」，今據通鑑改正。（舊五代史考異）六鎭，原本作「大鎭」，據通鑑：晉王與王鎔及義武王處直、昭義李嗣昭、振武周德威、天德宋瑤六節度使共奉册于守光。胡三省云：五鎭幷河東而六。知原本「大」字係傳寫之訛，今改正。（影庫本粘籤）推劉守光爲尚書令、尚父，守光由是凶熾日甚，遂邀六鎭奉册。

五月，六鎭使至幽，梁使亦集。案通鑑考異引莊宗實錄云：三月己丑，鎭州遣押衙劉光業至，言劉守光凶

淫縱毒〔七〕，欲自尊大，請稔其惡以咎之，推爲尚父。乙未，上至晉陽宮，召張承業諸將等議討燕之謀，諸將亦云宜稔其惡。上令押衙戴漢超持墨制及六鎭書如幽州，其辭曰：「天祐八年三月二十七日，天德軍節度使宋瑤、振武節度使周德威、昭義節度使李嗣昭、易定節度使王處直、鎭州節度使王鎔、河東節度使尚書令晉王謹奉册進盧龍橫海等軍節度、檢校太尉、中書令、燕王爲尚書令、尚父。」五月，六鎭使至，汴使亦集。六月，守光令有司定尚父、採訪使儀則〔八〕。（舊五代史考異）是月，梁祖遣都招討使楊師厚將兵三萬屯邢州，帝令李嗣昭出師掠相、衞而還。

秋七月，帝會王鎔於承天軍。鎔，武皇之友也，帝奉之盡敬，捧巵酒爲壽，鎔亦捧酒醻帝。鎔幼子昭誨從行，因許爲婚。

八月甲子，幽州劉守光僭稱大燕皇帝，年號應天。

九月庚子，梁祖將親軍自洛渡河而北，至相州，聞帝軍未出，乃止。

十月，幽州劉守光殺帝之行人李承勳，忿其不行朝禮也。

十一月辛丑，燕人侵易、定，案：通鑑作戊申，燕主守光將兵二萬寇易、定。薛史作辛丑，與通鑑異。（舊五代史考異）王處直來告難。

十二月甲子，帝遣周德威、劉光濬、李嗣源及諸將率蕃漢之兵發晉陽，伐劉守光於幽州。永樂大典卷七千一百五十五。

校勘記

〔一〕常令歌舞于前 殘宋本冊府卷四三「常」上有「武皇」二字，明本冊府作「武皇帝令歌舞于前」。

〔二〕先王 原作「先帝」，據殿本改。舊五代史考異云：「案原本作『先帝』，考晉王嗣位之初，武皇尚未追稱爲帝，今改正。」

〔三〕乃謂將佐曰 「佐」字原無，據彭本補。

〔四〕晉王諭邢 「邢」字原無，據殿本、劉本、冊府卷八補。

〔五〕逆濫唯仗陰謀 「仗」原作「伏」，據劉本、舊五代史考異、冊府卷八改。

〔六〕遂攻黎陽 「攻」原作「入」，據殿本改。影庫本批校云：「『入』字應作『攻』字。」

〔七〕鎭州遣押衙劉光業至言劉 十一字原無，據殿本、劉本補。

〔八〕採訪使儀則 「儀則」二字原作「議」，據通鑑卷二六八考異改。

舊五代史卷二十八

唐書四

莊宗紀第二

天祐九年春正月庚辰朔，周德威等自飛狐東下。丙戌，會鎮、定之師進營祁溝。祁溝，原本作「禮溝」，據胡三省通鑑注云：祁溝關在涿州南，易州巨馬河之北。今改正。（影庫本粘籤）庚子，次涿州，刺史劉知温以城歸順。德威進迫幽州，守光出兵拒戰，燕將王行方等以部下四百人來奔。

二月庚戌朔，梁祖大舉河南之衆以援守光，以陝州節度使楊師厚爲招討使，河陽李周彝爲副；青州賀德倫爲應接使，鄆州袁象先爲副。甲子，梁祖自洛陽趨魏州，遣楊師厚、李周彝攻鎮州之棗強，命賀德倫攻蓨縣。

三月壬午，梁祖自督軍攻棗強。甲申，城陷，屠之。案：通鑑作丙戌。（舊五代史考異）時李存審與史建瑭以三千騎屯趙州，相與謀曰：「梁軍若不攻蓨城，必西攻深、冀。吾王方北伐，以

南鄙之事付我輩，豈可坐觀其弊。」乃以八百騎趨冀州，扼下博橋，令史建瑭、李都督分道擒生。翌日，諸軍皆至，獲芻牧者數百人，盡殺之，縱數人逸去，且告：「晉王至矣。」建瑭與李都督各領百餘騎，旗幟軍號類梁軍，與芻牧者雜行，暮及賀德倫營門，殺守門者，縱火大呼，俘斬而旋。又執芻牧者，斷其手令迴，梁軍乃夜遁。蓨人持鉏耰白梃追擊之，悉獲其輜重。案通鑑後梁紀云：帝燒營夜遁，迷失道，委曲行百五十里。戊子旦，乃至冀州。蓨之耕者皆荷鉏奮挺逐之，委棄軍資器械不可勝計。（舊五代史考異）梁祖聞之大駭，自棗強馳歸貝州，殺其將張正言、許從實、朱彥柔，以其亡師於蓨故也。梁祖先抱痼疾，因是愈甚。辛丑，滄州都將張萬進殺留後劉繼威，自爲滄帥，遣人送款于梁，亦乞降于帝。戊申，周德威遣李存暉攻瓦橋關，下之。

四月丁巳，梁祖自魏南歸，疾篤故也。戊申，李嗣源攻瀛州，拔之。

五月乙卯朔，周德威大破燕軍於羊頭岡，案：通鑑作龍頭岡，考異引莊宗實錄作羊頭岡。（舊五代史考異）擒大將單廷珪，斬首五千餘級。德威自涿州進軍于幽州，營于城下。

閏月己酉，攻其西門，燕人出戰，敗之。

六月戊寅，梁祖爲其子友珪所弒，友珪僭卽帝位于洛陽。

秋八月，朱友珪遣其將韓勍、康懷英、牛存節率兵五萬，急攻河中。朱友謙遣使來求援，帝命李存審率師救之。

十月癸未，帝自澤州路赴河中，遇梁將康懷英於平陽，破之，斬首千餘級，追至白徑嶺，白徑嶺，原本作「百徑」，據胡三省通鑑注云：白徑嶺在河中安邑縣東。今改正。（影庫本粘籤）朱友謙會帝於猗氏，梁軍解圍而去。庚申，周德威報劉守光三遣使乞和，不報。丁卯，燕將趙行實來奔。

天祐十年春正月丁巳，周德威攻下順州，獲刺史王在思。

二月甲戌朔，攻下安遠軍，獲燕將一十八人。庚寅，梁朱友珪爲其將袁象先所殺，均王友貞卽位於汴州。丙申，周德威報檀州刺史陳確以城降。

三月甲辰朔，收盧臺軍。乙丑，收古北口。時居庸關使胡令珪等與諸戍將相繼挈族來奔。丙寅〔一〕，武州刺史高行珪遣使乞降。時劉守光遣愛將元行欽牧馬於山北，聞行珪有變，率戍兵攻行珪，行珪遣其弟行温爲質，且乞應援。周德威遣李嗣源、李嗣本、安金全率兵救武州，降元行欽以歸。

四月甲申，燕將李暉等二十餘人舉族來奔。德威攻幽州南門。壬辰，劉守光遣使王遵化致書哀祈於德威，德威戲遵化曰：「大燕皇帝尚未郊天，何怯劣如是耶！」怯劣，原本作「惟劣」，今據文改正。（影庫本粘籤）守光再遣哀祈，德威乃以狀聞。己亥，劉光濬攻下平州，獲刺史張在吉。

五月壬寅朔，光濬進迫營州，刺史楊靖以城降。乙巳，梁將楊師厚會劉守奇率大軍侵鎮州，時帝之先鋒將史建瑭自趙州率五百騎入眞定，師厚大掠鎮、冀之屬邑。王鎔告急於周德威，德威分兵赴援，師厚移軍寇滄州，張萬進懼，遂降于梁。遂降於梁，原本作「遂師」，今據文改正。（影庫本粘籤）

六月壬申朔，帝遣監軍張承業至幽州，與周德威會議軍事。

秋七月，承業與德威率千騎至幽州西，守光遣人持信箭一隻，乞修和好。承業曰：「燕帥當令子弟一人爲質則可〔二〕。」是日，燕將司全爽等十一人並舉族來奔。辛亥，德威進攻諸城門。壬子，賊將楊師貴等五十人來降。甲子，五院軍使李信攻下莫州。時守光繼遣人乞降，將緩帝軍，陰令其將孟脩、阮通謀於滄州節度使劉守奇，及求援於楊師厚，帝之游騎擒其使以獻。是月，帝會王鎔於天長。

九月，劉守光率衆夜出，遂陷順州。

冬十月己巳朔，守光帥七百騎、步軍五千夜入檀州。庚午，周德威自涿州將兵躡之。壬申，守光自檀州南山而遁，德威追及，大敗之，獲大將李劉、張景紹及將吏八百五十人，馬一百五十匹。守光得百餘騎遁入山谷，德威急馳，扼其城門，守光惟與親將李小喜等七騎奔入燕城。己丑，守光遣牙將劉化脩、周遵業等以書幣哀祈德威。庚寅，守光乘城以病告，復

令人獻自乘馬玉鞍勒易德威所乘馬而去。俄而劉光濬擒送守光偽殿直二十五人於軍門，守光又乘城謂德威曰：「予俟晉王至，卽泥首俟命。」祈德威卽馳驛以聞。

十一月己亥朔，帝下令親征幽州。甲辰，發晉陽。案：歐陽史作十月，劉守光請降，王如幽州。據薛史則帝發晉陽在十一月甲辰，非十月也。通鑑從薛史。己未，至范陽。辛酉，守光奉禮幣歸款於帝，帝單騎臨城邀守光，辭以佗日，蓋爲其親將李小喜所扼也。是夕，小喜來奔，帝下令諸軍，詰旦攻城。壬戌，梯衝並進，軍士畢登，帝登燕丹塚以觀之。有頃，擒劉仁恭以獻。癸亥，帝入燕城，諸將畢賀。

十二月庚午，墨制授周德威幽州節度使。癸酉，檀州燕樂縣人執劉守光幷妻李氏祝氏、子繼祚以獻。己卯，帝下令班師，自雲、代而旋。時鎭州王鎔、定州王處直遣使請帝由井陘而西，許之。庚辰，帝發幽州，擄仁恭父子以行。甲申，次定州，舍於關城。翌日，次曲陽，曲陽，原本作「田陽」，今據文改正。（影庫本粘籤）與王處直謁北嶽祠。是日，次行唐〔三〕，鎭州王鎔迎謁於路。

天祐十一年春正月戊戌朔，王鎔以履新之日，與其子昭祚、昭誨奉觴上壽置宴。鎔啓曰：「燕主劉太師頃爲隣國，今欲挹其風儀，可乎？」帝卽命主者破械，引仁恭、守光至，與之同宴，鎔饋以衣被飲食。己亥，帝發鎭州，因與王鎔畋於行唐之西。壬子，至晉陽，以組繫仁恭、守光，號令而入。是日，誅守光。遣大將李存霸拘送仁恭于代州，刺其心血奠告于武皇陵，然後斬之。案遼史太祖紀：七年正月，晉王李存勗拔幽州，擒劉守光。考遼太祖七年卽天祐十年，莊宗以天祐十年冬始拔幽州，十一年正月乃凱旋也。遼史誤以次年事先一年書之。是月，鎭州王鎔、定州王處直遣使推帝爲尙書令。案通鑑考異引唐實錄云：天祐八年，晉王已稱尙書令。薛史作天祐十一年，與唐實錄異。（舊五代史考異）初，王鎔稱藩於梁，梁以鎔爲尙書令，至是鎭、定以帝南破梁軍，北定幽、薊，乃共推崇焉。使三至，帝讓乃從之，遂選日受册，開霸府，建行臺，如武德故事。

秋七月，帝親將自黃沙嶺東下會鎭人〔四〕，進軍邢、洺。梁將楊師厚軍於漳東，帝軍次張公橋，旣而裨將曹進金奔於梁，帝軍不利而退。

八月，還晉陽。

天祐十二年三月，梁魏博節度使賀德倫遣使奉幣乞盟。時楊師厚卒於魏州，梁主乃割相、衞、澶三州別爲一鎭，以德倫爲魏博節度使，以張筠爲相州節度使，張筠，原本作「張均」，今從薛史梁紀改正。（影庫本粘籤）魏人不從。是月二十九日夜，案：通鑑考異引莊宗實錄作二十七日，今考薛史賀德倫傳作二十九日，與此紀合。（舊五代史考異）魏軍作亂，囚德倫於牙署，三軍大掠。軍士有張彥者，素實凶暴，爲亂軍之首，迫德倫上章請却復六州之地，梁主不從，遂迫德倫歸於帝，且乞師爲援。帝命馬步副總管李存審自趙州帥師屯臨清，帝自晉陽東下，與存審會。案通鑑：晉王引大軍自黃澤嶺東下，與存審會于臨清，猶疑魏人之詐，按兵不進。（舊五代史考異）賀德倫遣從事司空頲至軍，密啓張彥狂勃之狀，且曰：「若不翦此亂階，恐貽後悔。」帝默然，遂進軍永濟。張彥謁見，以銀槍効節五百人從，皆被甲持兵以自衞。帝登樓諭之曰：「汝等在城，濫殺平人，奪其妻女，數日以來，迎訴者甚衆，當斬汝等，以謝鄴人。」遽令斬彥及同惡者七人，軍士股慄，帝親加慰撫而退。翌日，帝輕裘緩策而進，令張彥部下軍士被甲持兵，環馬而從，命爲帳前銀槍，衆心大服。梁將劉鄩聞帝至，以精兵萬人自洹水趣魏縣，洹水，原作「桓水」，今據通鑑改正。（影庫本粘籤）帝命李存審帥師禦之，帝率親軍於魏縣西北，夾河爲栅。

六月庚寅朔，帝入魏州，賀德倫上符印，請帝兼領魏州，帝從之。墨制授德倫大同軍節度，令取便路赴任。帝下令撫諭鄴人，軍城畏肅，民心大服。是時，以貝州張源德據壘拒命〔五〕，南通劉鄩，又與滄州首尾相應，聞德州無備，遣別將襲之，遂拔其城。命遼州牙將馬通爲德州刺史，以扼滄、貝之路。滄、貝，原本作「滄貝」，今據文改正。（影庫本粘籤）

秋七月，梁澶州刺史王彥章棄城而遁，畏帝軍之逼也。以故將李巖爲澶州刺史。案：通鑑考異引莊宗實錄作李嚴。（舊五代史考異）帝至魏縣，因率百餘騎覘梁軍之營。是日陰晦，劉鄩伏

兵五千於河曲叢木間，帝至，伏兵忽起，大譟而來，圍帝數十重。帝以百騎馳突奮擊，梁軍辟易，決圍而出，案：通鑑作自午至申，乃得出，亡其七騎。（舊五代史考異）有頃援軍至，乃解。帝顧謂軍士曰：「幾爲賊所笑。」

是月，劉鄩潛師由黃澤西趨晉陽，至樂平而還，遂軍於宗城。宗城，原本作「宋城」，今據歐陽史劉鄩傳改正。（影庫本粘籤）初，鄩在洹水，數日不出，寂無聲迹，帝遣騎覘之，無斥候者，城中亦無煙火之狀，但有鳥止於壘上，時見旗幟循堞往來。帝曰：「我聞劉鄩用兵，一步百變，必以詭計誤我。」使覘城中，乃縛旗於芻偶之上，使驢負之，循堞而行。得城中羸老者詰之，云軍去已二日矣。旣而有人自鄩軍至者，言兵已趨黃澤，帝遽發騎追之。時霖雨積旬，鄩軍倍道兼行，皆腹疾足腫，加以山路險阻，崖谷泥滑，緣蘿引葛，方得少進。顚墜巖坂，陷於泥淖而死者十二三。前軍至樂平，糗糧將竭，聞帝軍追躡於後，太原之衆在前，羣情大駭。鄩收合其衆還，自邢州陳宋口渡漳水而東，駐於宗城。時魏之軍儲已乏，軍儲，原本作「申諸」，今據文改正。（影庫本粘籤）臨清積粟所在，鄩欲引軍據之。周德威初聞鄩軍之西，自幽州率千騎至土門。及鄩軍東下，急趨南宮，知鄩軍在宗城，遣十餘騎迫其營，擒斥候者，斷其腕令還。德威至臨清，鄩起軍駐貝州。帝率親騎次博州，鄩軍於堂邑，周德威自臨清率五百騎躡之。是日，鄩軍於莘縣，帝營於莘西一舍，城壘相望，日夕交鬬。

八月，梁將賀瓌襲取澶州，帝遣李存審率兵五千攻貝州，因塹而圍之。

冬十月，有軍士自鄩軍來奔，帝善待之，乃劉鄩密令齎酖賂帝膳夫，欲置毒於食中，會有告者，索其黨誅之。

天祐十三年春二月，帝知劉鄩將謀速戰，乃聲言歸晉陽以誘之，實勞軍於貝州也，令李存審守其營。鄩謂帝已臨晉陽，將乘虛襲鄴。

三月，鄩遣其將楊延直自澶州率兵萬人，楊延直，原本作「延值」，今據通鑑及歐陽史改正。（影庫本粘籤）會於城下〔六〕，夜半至於南門之外。城中潛出壯士五百人，突入延直之軍，譟聲動地，梁軍自亂。遲明，鄩自莘引軍至城東，與延直兵會。鄩之來也，李存審率兵踵其後，李嗣源自魏城出戰。俄而帝自貝州至，鄩卒見帝，驚曰：「晉王耶！」因引軍漸却，至故元城西〔七〕，李存審大軍已成列矣。軍前後爲方陣，梁軍於其間爲圓陣，四面受敵。兩軍初合，梁軍稍衄，再合，鄩引騎軍突西南而走。帝以騎軍追擊之，梁步軍合戰，短兵既接，帝軍鼓譟，圍之數重，埃塵漲天。李嗣源以千騎突入其間，衆皆披靡，相蹈如積。帝軍四面斬擊，棄甲之聲，聞數十里。衆既奔潰，帝之騎軍追及于河上，十百爲羣，赴水而死，梁步兵七萬殲亡殆盡。劉鄩自黎陽濟，奔滑州。是月，梁主遣別將王檀率兵五萬，自陰地關趨晉陽，急攻其城，昭

義李嗣昭遣將石嘉才案：梁紀作家才，唐列傳作家財。（舊五代史考異）率騎三百赴援。時安金全、張承業堅守於內，嘉才救援於外，檀懼，乃燒營而遁，追擊至陰地關。時劉鄩敗於莘縣，王檀遁於晉陽，梁主聞之曰：「吾事去矣！」三月乙卯朔，分兵以攻衞州。壬戌，刺史米昭以城降。

夏四月，攻洺州，下之。

五月，帝還晉陽。

六月，命偏師攻閻寶於邢州，梁主遣捉生都將張溫率步騎五百爲援，至內黃，溫率衆來奔。

秋七月甲寅朔，帝自晉陽至魏州。

八月，大閱師徒，進攻邢州。相州節度使張筠棄城遁去，以袁建豐爲相州刺史，依舊隸魏州。案：通鑑作四月，晉人拔洺州，以魏州都巡檢使袁建豐爲洺州刺史。八月，晉人復以相州隸天雄軍，以李嗣源爲刺史。與薛史異。（舊五代史考異）邢州節度使閻寶請以城降，以忻州刺史、蕃漢副總管李存審爲邢州節度使，以閻寶爲西南面招討使，遙領天平軍節度使。是月，契丹入蔚州，案：歐陽史及通鑑俱從薛史作蔚州。遼史太祖紀：神册元年八月，拔朔州，擒節度使李嗣本。與薛史異。振武節度使李嗣本陷於契丹。

九月，帝還晉陽。梁滄州節度使戴思遠棄城遁去，舊將毛璋入據其城，毛璋，原本作「毛章」，今據列傳改正。（影庫本粘籤）李嗣源帥師招撫，璋以城降。乃以李存審爲滄州節度使，以李嗣源爲邢州節度使。時契丹犯塞，帝領親軍北征，至代州北，聞蔚州陷，乃班師。案遼史太祖紀：十一月，攻蔚、新、武、嬀、儒五州，自代北至河曲，踰陰山，盡有其地。其圍蔚州，敵樓無故自壞，衆軍大譟，乘之，不踰時而破。蓋由朔州進破蔚州也。通鑑作晉王自將兵救雲州，契丹聞之，引去。與遼史異。是月，貝州平，以滄州降將毛璋爲貝州刺史。自是河朔悉爲帝所有。帝自晉陽復至於魏州。魏州，原本作「媿州」，今據通鑑改正。（影庫本粘籤）

天祐十四年二月，帝聞劉鄩復收殘兵保守黎陽，遂率師以攻之，不克而還。是月甲午，新州將盧文進殺節度使李存矩，叛入契丹，遂引契丹之衆寇新州。存矩，帝之諸弟也，治民失政，御下無恩，故及於禍。帝以契丹王阿保機與武皇屢盟於雲中，約爲兄弟，急難相救，至是容納叛將，違盟犯塞，乃馳書以讓之。契丹攻新州甚急，刺史安金全棄城而遁，契丹以文進部將劉殷爲刺史。帝命周德威率兵三萬攻之，營於城東。俄而文進引契丹大至，德威拔營而歸，因爲契丹追躡，師徒多喪。契丹乘勝寇幽州。是時言契丹者，或云五十萬，或云百萬，漁陽以北，山谷之間，氈車毳幕，羊馬瀰漫。盧文進招誘幽州亡命之人，教契丹爲攻

城之具，飛梯、衝車之類，畢陳於城下。鑿地道，起土山，四面攻城，半月之間，機變百端。城中隨機以應之，僅得保全，軍民困弊，上下恐懼。德威間道馳使以聞，帝憂形於色，召諸將會議。時李存審請急救燕、薊，且曰：「我若猶豫未行，但恐城中生事。」李嗣源曰：「願假臣突騎五千，以破契丹。」閻寶曰：「但當蒐選銳兵，控制山險，強弓勁弩，設伏待之。」帝曰：「吾有三將，無復憂矣！」

夏四月，命李嗣源率師赴援，次於淶水，淶水，原本作「涑水」，今據歐陽史改正。（影庫本粘籤）又遣閻寶率師夜過祁溝，俘擒而還。周德威遣人告李嗣源曰：「契丹三十萬，馬牛不知其數，近日所食羊馬過半，阿保機責讓盧文進，深悔其來。契丹勝兵散布射獵，阿保機帳前不滿萬人，宜夜出奇兵，掩其不備。」嗣源具以事聞。案遼史太祖紀：四月，圍幽州，不克。六月乙巳，望城中有氣如烟火狀，上曰：「未可攻也。」以大暑霖潦，班師，留盧國用守之。是契丹主已於六月退師矣，薛史及通鑑皆不載。

秋七月辛未，帝遣李存審領軍與嗣源會於易州，步騎凡七萬。於是三將同謀，銜枚束甲，尋澗谷而行，直抵幽州。

八月甲午，自易州北循山而行，李嗣源率三千騎爲前鋒。庚子，循大房嶺而東，距幽州六十里。契丹萬騎遽至，存審、嗣源極力以拒之，契丹大敗，委棄毳幕、氈廬、弓矢、羊馬不可勝紀，進軍追討，俘斬萬計。辛丑，大軍入幽州，德威見諸將，握手流涕。翌日，獻捷於鄴。

九月，班師，帝授存審檢校太傅，嗣源檢校太保，閻寶加同平章事。

十月，帝自魏州還晉陽。

十一月，復至魏州。

十二月，帝觀兵於河上。時梁人據楊劉城，列栅相望，帝率軍履河冰而渡，盡平諸栅，進攻楊劉城。城中守兵三千人，帝率騎軍環城馳射，又令步兵持斧斬其鹿角，負葭葦以堙塹，帝自負一圍而進，諸軍鼓譟而登，遂拔其壘，獲守將安彥之。是夕，帝宿楊劉。

天祐十五年春正月，帝軍徇地至鄆、濮。時梁主在洛，將修郊禮，郊禮，原本作「校禮」，今以薛史梁末帝紀參考改正。（影庫本粘籤）聞楊劉失守，狼狽而還。

二月，梁將謝彥章帥衆數萬來迫楊劉，築壘以自固，又決河水，瀰漫數里，以限帝軍。俄六月壬戌，帝自魏州復至楊劉。甲子，率諸軍涉水而進，梁人臨水拒戰，帝軍小却。俄而鼓譟復進，梁軍漸退，因乘勢而擊之，交鬬於中流，梁軍大敗，殺傷甚衆，河水如絳，謝彥章僅得免去。是月，淮南楊溥遣使來會兵，將致討於梁也。案：十國春秋吳世家作七月，晉王李存勗遣間使持帛書會兵伐梁，王辭以虔州之難。與薛史異。（舊五代史考異）

秋八月辛丑朔，大閱於魏郊，河東、魏博、幽、滄、鎭定、邢洺、麟、勝、雲、朔十鎭之師，及

奚、契丹、室韋、吐渾之衆十餘萬，部陣嚴肅，旌甲照曜，師旅之盛，近代爲最。己酉，梁兗州節度使張萬進遣使歸款。帝自魏州率師次於楊劉，略地至鄆、濮而還，遂營於麻家渡，諸鎭列營十數。梁將賀瓌、謝彥章以軍屯濮州行臺村，行臺村，原本作「待臺村」，今據通鑑改正〔八〕。（影庫本粘籤）結壘相持百餘日。帝嘗以數百騎摩壘求戰，謝彥章帥精兵五千伏於堤下，帝以十餘騎登堤，伏兵發，圍帝十數重。俄而帝之騎軍繼至，攻於圍外，帝於圍中躍馬奮擊，决圍而出。李存審兵至，梁軍方退。是時，帝銳於接戰，每馳騎出營，存審必扣馬進諫，帝伺存審有間，卽策馬而出，顧左右曰：「老子妨吾戲耳！」至是幾危，方以存審之言爲忠也。

十二月庚子朔，帝進軍，距梁軍栅十里而止。時梁將賀瓌殺騎將謝彥章於軍，帝聞之曰：「賊帥自相魚肉，安得不亡。」戊午，下令軍中老幼，令歸魏州，悉兵以趣汴。庚申，大軍毁營而進。辛酉，次於臨濮，梁軍捨營踵於後。癸亥，次胡柳陂。遲明，梁軍亦至，帝率親軍出視，諸軍從之。梁軍已成陣，橫亙數十里，帝亦以橫陣抗之。時帝與李存審總河東、魏博之衆居其中，周德威以幽、薊之師當其西，鎭、定之師當其東。梁將賀瓌、王彥章全軍接戰，帝以銀槍突入梁軍陣中，斬擊十餘里，賀瓌、王彥章單騎走濮陽。帝軍輜重在陣西，望見梁軍旗幟，皆驚走，因自相蹈籍，不能禁止。帝一軍先敗，周德威戰歿。是時，陂中有土山，梁軍數萬先據之，帝帥中軍至山下。梁軍嚴整不動，旗幟甚盛。帝呼諸軍曰：「今日之

戰，得山者勝，賊已據山，吾與爾等各馳一騎以奪之！」帝率軍先登，銀槍步兵繼進，遂奪其山。梁軍紛紜而下，復於土山西結陣數里。時日已晡矣，或曰：「諸軍未齊，不如還營，詰朝可圖再戰。」閻寶曰：「深入賊境，逢其大敵，期於盡銳，以決雌雄。況賊帥奔亡，衆心方恐，今乘高擊下，勢如破竹矣。」銀槍都將王建及被甲橫槊進曰：「賊將先已奔亡，王之騎軍一無所損，賊衆晡晚，大半思歸，擊之必破。王但登山縱觀，責臣以破賊之效。」於是李嗣昭領騎軍自土山北以逼梁軍，王建及呼士衆曰：「今日所失輜重，並在山下。」乃大呼以奮擊，諸軍繼之，梁軍大敗。時元城令吳瓊、貴鄉令胡裝各部役徒萬人，貴鄉，原本作「責鄉」，今據胡裝本傳改正。（影庫本粘籤）於山下曳柴揚塵，鼓譟助其勢。梁軍不之測，自相騰藉，棄甲山積。甲子，命行戰場，收獲鎧仗不知其數。時帝之軍士有先入大梁問其次舍者，梁人大恐，驅市人以守。其殘衆奔歸汴者不滿千人，帝軍遂拔濮陽。永樂大典卷七千一百五十六。

校勘記

〔一〕丙寅　原作「丙戌」，據殿本改。影庫本批校云：「『寅』訛『戌』。」按上文「三月甲辰朔」，是月無丙戌，丙寅爲十三日。

〔二〕燕帥　原作「燕師」，據殿本、彭校改。

〔三〕行唐　原作「衡唐」，劉本、通鑑卷二六九作行唐。按太平寰宇記卷六一，鎭州有行唐縣。據改。本卷下文「敗於行唐之西」及下卷「餘衆保行唐」句中「行唐」同。

〔四〕黃沙嶺　本書卷八梁末帝紀作黃澤嶺。通鑑卷二六九注云：「魏收志，樂平郡遼陽縣有黃澤嶺。」

〔五〕張源德　原作「張原德」，據殿本、劉本、通鑑卷二六九、歐陽史卷三三張源德傳改。

〔六〕三月鄆遣其將楊延直自澶州率兵萬人會於城下　殿本無「三月鄆」三字。通鑑卷二六九繫此事於二月。

〔七〕至故元城西　「元」字原無，據殿本、册府卷四五、通鑑卷二六九補。影庫本批校云：「『故』下原本有『元』字。」

〔八〕今據通鑑改正　影庫本附舊五代史卷二八考證作「今據梁書賀瓌傳改正」。

舊五代史卷二十九

唐書五

莊宗紀第三

天祐十六年春正月，李存審城德勝，夾河爲柵。帝還魏州，命昭義軍節度使李嗣昭權知幽州軍府事。

三月，帝兼領幽州，遣近臣李紹宏提舉府事。

夏四月，梁將賀瓌圍德勝南城，百道攻擊，復以艨艟扼斷津渡。帝馳而往，陣於北岸。南城守將氏延賞告急，氏延賞，原本作「民廷賞」，今據歐陽史改正。（影庫本粘籤）且言矢石將盡。帝以重賄召募能破賊艦者，於是獻技者數十，或言能吐火焚舟，或言能禁呪兵刃，悉命試之，無驗。帝憂形於色，親從都將王建及進曰：「臣請效命。」乃以巨索連舟十艘，選效節勇士三百人，持斧被鎧，鼓枻而進，至中流。梁樓船三層，蒙以牛革，懸板爲楯。建及率持斧者入艨

艟間，斬其竹笮，破其懸楯。又於上流取甕數百，用竹笮維之，積薪於上，灌以脂膏，火發亙空。又以巨艦載甲士，令乘煙鼓譟。梁之樓船斷紲而下，沈溺者殆半。軍既得渡，梁軍乃退，命騎軍追襲至濮陽，俘斬千計。賀瓌由此飲氣遘疾而卒。

秋七月，帝歸晉陽。

八月，梁將王瓚帥衆數萬自黎陽渡河，營於楊村，造舟爲梁，以通津路。

冬十月，帝自晉陽至魏州，發徒數萬，以廣德勝北城，自是，日與梁軍接戰。

十二月戊戌，帝軍於河南，夜伏步兵於潘張村梁軍寨下，以騎軍掠其餉運，餉運，原本作「餉軍」，今據文改正。（影庫本粘籤）擒其斥候。梁王瓚結陣以待，帝軍以鐵騎突之，諸軍繼進，梁軍大奔，赴水死者甚衆，瓚走保北城。

天祐十七年春，幽州民於田中得金印，文曰「關中龜印」，李紹宏獻於行臺。

秋七月，梁將劉鄩、尹皓寇同州。先是，河中節度使朱友謙取同州，以其子令德主留務，請梁主降節。梁主怒，不與，遂請旄節於帝。梁主乃遣劉鄩與華州節度使尹皓帥兵圍同州，尹皓，原作「伊告」，今據薛史梁紀改正。（影庫本粘籤）友謙來告難，帝遣蕃漢總管李存審、昭義節度使李嗣昭、代州刺史王建及率師赴援。

九月，師至河中，朝至夕濟，梁人不意王師之至，望之大駭。明日約戰〔一〕，與朱友謙謀，遲明，進軍距梁壘，梁人悉衆以出，蒲人在南，王師在北。騎軍既接，蒲人小却，李嗣昭以輕騎抗之，梁軍奔潰，追斬二千餘級。是夜，劉鄩收餘衆保營，自是閉壁不出。數日，鄩遂宵遁。王師追及於渭河，所棄兵仗輜重不可勝計，劉鄩、尹皓單騎獲免。未幾，鄩憂恚發病而卒。案：梁書劉鄩傳作遇酖而卒。與唐紀異。王師略地至奉先，嗣昭因謁唐帝諸陵而還。

天祐十八年春正月，魏州開元寺僧傳眞獲傳國寶，獻於行臺。驗其文，卽「受命於天，子孫寶之」八字也，羣僚稱賀。案：自「開元寺」至此三十三字，原本闕佚，今從册府元龜增入。傳眞師於廣明中，遇京師喪亂得之，秘藏已四十年矣。篆文古體，人不之識，至是獻之。時淮南楊溥、西川王衍皆遣使致書，西川，原本作「西州」，今據文改正。（影庫本粘籤）勸帝嗣唐帝位，帝不從。

二月，代州刺史王建及卒。是月，鎮州大將張文禮殺其帥王鎔。案：歐陽史作正月，趙將張文禮弑其君鎔。五代春秋作三月，趙人張文禮殺其君鎔。與薛史繫二月前後互異。（舊五代史考異）時帝方與諸將宴，酒酣樂作，聞鎔遇弑，遽投觶而泣曰：「趙王與吾把臂同盟，分如金石，何負於人，覆宗絕祀，冤哉！」先是，滹沱暴漲，漂關城之半，溺死者千計。是歲，天西北有赤祲如血，占者言趙分之災，至是果驗。時張文禮遣使請旄節於帝，帝曰：「文禮之罪，期於無赦，敢邀予旄

節！」左右曰：「方今事繁，不欲與人生事。」帝不得已而從之，乃承制授文禮鎮州兵馬留後。

三月，河中節度使朱友謙、昭義節度使李嗣昭、滄州節度使李存審、定州節度使王處直、邢州節度使李嗣源、成德軍兵馬留後張文禮、遙領天平軍節度使閻寶、大同軍節度使李存璋、新州節度使王郁、振武節度使李存進、李存進，原本脫「存」字，今據列傳增入。（影庫本粘籤）同州節度使朱令德，各遣使勸進，請帝紹唐帝位，帝報書不允。自是，諸鎮凡三上章勸進，各獻貨幣數十萬，以助卽位之費，帝左右亦勸帝早副人望，帝撝挹久之。案九國志趙季良傳：季良嘗夢手扶御座，自謂輔佐之象，由是頗述天時人事以諷，莊宗深納其言。（舊五代史考異）

秋七月，河東節度副使盧汝弼卒。

八月庚申，令天平節度使閻寶、成德兵馬留後符習率兵討張文禮于鎮州。初，王鎔令偏將符習以本部兵從帝屯於德勝。文禮既行弑逆，忌鎔故將，多被誅戮，因遣使聞於帝，欲以佗兵代習歸鎮，習等懼，請留。帝令傳旨於習及別將趙仁貞、烏震等，明正文禮弑逆之罪，且言：「爾等荷戟從征，蓋君父之故，銜冤報恩，誰人無心。吾當給爾資糧，助爾兵甲，當試思之！」於是習等率諸將三十餘人，慟哭於牙門，請討文禮。帝因授習成德軍兵馬留後，以部下鎮、冀兵致討於文禮，又遣閻寶以助之，以史建瑭爲前鋒。甲子，攻趙州，刺史王鋋

送符印以迎，閻寶遂引軍至鎭州城下，營於西北隅。是月，張文禮病疽而卒，其子處瑾代掌軍事。

九月，前鋒將史建瑭與鎭人戰於城下，爲流矢所中而卒。

冬十月己未，梁將戴思遠攻德勝北城，帝命李嗣源設伏於戚城，（戚城，原本作「威城」，今據薛史梁紀及五代春秋改正。（影庫本粘籤））令騎軍挑戰，梁軍大至，帝御中軍以禦之。時李從珂僞爲梁幟，奔入梁壘，斧其眺樓，持級而還。梁軍愈恐，步兵漸至，李嗣源以鐵騎三千乘之，梁軍大敗，俘斬二萬計。辛酉，閻寶上言，定州節度使王處直爲其子都幽於別室，都自稱留後。（案歐陽史：王處直叛附于契丹，其子都幽處直以來附。（舊五代史考異））

十一月，帝至鎭州城下，張處瑾遣弟處琪、幕客齊儉等候帝乞降，言猶不遜，帝命囚之。時王師築土山以攻其壘，城中亦起土山以拒之，旬日之間，機巧百變。張處瑾令韓正時以千騎夜突圍，將入定州與王處直議事，爲我游軍追擊，破之，餘衆保行唐，賊將彭贇斬正時以降。

十二月辛未，王郁誘契丹阿保機寇幽州，（案契丹國志：王處直在定州，以鎭、定爲脣齒，恐鎭亡而定孤，乃潛使人語其子王郁，使賂契丹，令犯塞以救鎭州之圍。王郁說太祖曰：「鎭州美女如雲，金帛似山，天皇速往，則皆爲己物也，不然，則爲晉王所有矣。」太祖以爲然，率衆而南。（舊五代史考異））遂引軍涿州，陷之。（案：契丹陷涿州在天祐十八年，李嗣弼傳作天祐十九年，紀傳互異。）又寇定州，王都遣使告急，帝自鎭州率五千騎赴之。

天祐十九年春正月甲午，帝至新城，契丹前鋒三千騎至新樂。是時，梁將戴思遠乘虛以寇魏州，軍至魏店，李嗣源自領兵馳入魏州。梁人知其有備，乃西渡洹水，陷成安而去。時契丹渡沙河口，諸將相顧失色，又聞梁人內侵，鄴城危急，皆請旋師，唯帝謂不可，乃率親騎至新城。契丹萬餘騎，遽見帝軍，惶駭而退。帝分軍爲二廣，（二廣，原本作「二黃」，案薛史前後多作二廣，當是用左傳「左廣」「右廣」之名，今改正。（影庫本粘籤））追躡數十里，獲阿保機之子。時沙河冰薄〔二〕，橋梁隘狹，敵爭踐而過，陷溺者甚衆。是夜宿於開元寺。翌日，引軍至望都，契丹逆戰，帝身先士伍，馳擊數四，敵退而結陣，帝之徒兵亦陣於水次。李嗣昭躍馬奮擊，敵衆大潰，俘斬數千，追擊至易水〔三〕，獲氊裘、毳幕、羊馬不可勝紀。時歲且北至，大雪平地五尺，敵乏芻糧，人馬斃踣道路，纍纍不絕，帝乘勝追襲至幽州。（案契丹國志：晉王趨望都，爲契丹所圍，力戰，出入數四，不解。李嗣昭引三百騎橫擊之，晉王始得出，因縱兵奮擊，太祖兵敗，遂北至易州。會大雪彌旬，平地數尺，人馬死者相屬，太祖乃歸。（舊五代史考異））是月，梁將戴思遠寇德勝北城，築壘穿塹，地道雲梯，晝夜攻擊，李存審極力拒守，城中

危急。帝自幽州聞之，倍道兼行以赴，梁人聞帝至，燒營而遁。

三月丙午，王師敗於鎭州城下，閻寶退保趙州。時鎭州累月受圍，城中艱食，王師築壘環之，又決滹沱水以絕城中出路。是日，城中軍出，攻其長圍，皆奮力死戰，王師不能拒，引師而退。鎭人壞其營壘，取其芻糧者累日。帝聞失律，即以昭義節度使李嗣昭爲北面招討使，進攻鎭州。

夏四月，嗣昭爲流矢所中，卒於師。己卯，天平節度使閻寶卒。以振武節度使李存進爲北面招討使。是月，大同軍節度使李存璋卒。

五月乙酉，李存進圍鎭州，營於東垣渡〔四〕。

八月，梁將段凝陷衞州，（衞州，原本作「魏州」，考五代春秋：八月，段凝攻衞州，克之。歐陽史及通鑑並作衞州，今改正。（影庫本粘籤））刺史李存儒被擒。存儒，本俳優也，帝以其有膂力，故用爲衞州刺史，既而誅斂無度，人皆怨之，故爲梁人所虜。（案九國志趙季良傳：莊宗入鄴，時兵革屢興，屬邑租賦逋久。一日，莊宗召季良切責之，季良對曰：「殿下何時平河南？」莊宗正色曰：「爾掌輿賦而稽緩，安問我勝負乎！」季良曰：「殿下方謀攻守，復務急徵，一旦衆心有變，恐河南非殿下所有。」莊宗斂容前席曰：「微君之言，幾失吾大計！」（舊五代史考異））梁將戴思遠又陷共城、新鄉等邑，自是澶淵之西，相州之南，皆爲梁人所據。

九月戊寅朔，張處球悉城中兵奄至東垣渡，急攻我之壘門。時騎軍已臨賊城，不覺其出，李存進惶駭，引十餘人鬬於橋上，賊退，我之騎軍前後夾擊之，賊衆大敗，步兵數千，殆無還者。是役也，李存進戰歿於師，以蕃漢馬步總管李存審爲北面招討使，以攻鎭州。丙午夜，趙將李再豐之子冲投縋以接王師，諸軍登城，遲明畢入，鎭州平。獲處球、處瑾、處琪并其母，及同惡高濛、李翥、齊儉等，皆折足送行臺，鎭人請醢而食之，發張文禮尸，磔於市。（考五代春秋作李存審克鎭州，誅張文禮。據薛史則文禮先已病沒，後乃追戮也。五代春秋所書未爲核實，今附識於此。（影庫本粘籤））帝以符習爲鎭州節度使，烏震爲趙州刺史，趙仁貞爲深州刺史，李再豐爲冀州刺史。鎭人請帝兼領本鎭，從之，乃以符習遙領天平軍節度使。

十一月，河東監軍張承業卒。

十二月，以魏州觀察判官張憲權知鎭州軍州事。

同光元年春正月丙子，五臺山僧獻銅鼎三，言於山中石崖間得之。

二月，新州團練使李嗣肱卒。是時，以諸藩鎭相繼上牋勸進，乃命有司制置百官省寺仗衞法物，（省寺，原本作「省待」，今據文改正。（影庫本粘籤））期以四月行即位之禮，以河東節度判官盧質爲大禮使。

三月己卯，以橫海軍節度使、內外蕃漢馬步總管李存審爲幽州節度使。潞州留後李繼

錉叛，送款於梁。是月，築卽位壇於魏州牙城之南。

夏四月己巳，帝升壇，祭告昊天上帝，遂卽皇帝位，文武臣僚稱賀。禮畢，御應天門宣制：改天祐二十年爲同光元年。大赦天下，自四月二十五日昧爽以前，除十惡五逆、放火行劫、持杖殺人、官典犯贓、屠牛鑄錢、合造毒藥外，罪無輕重，咸赦除之。應蕃漢馬步將校並賜功臣名號，超授檢校官，已高者與一子六品正員官，兵士並賜等第優給。其戰歿功臣各加追贈，仍定諡號。民年八十已上，與免一子役。內外文武職官，並可直言極諫，無有隱諱。貢、選二司宜令有司速商量施行。雲、應、蔚、朔、易、定、幽、燕及山後八軍，易、定，原本作「易宜」，今據文改正。（影庫本粘籤）秋夏稅率量與蠲減。民有三世已上不分居者，與免雜徭。諸道應有祥瑞，不用聞奏。赦書有所未該，委所司條奏以聞云。是歲自正月不雨，人心憂恐，宣赦之日，澍雨溥降。初，唐咸通中，金、水、土、火四星聚于畢、昴，太史奏：「畢、昴，趙、魏之分，其下將有王者。」懿宗乃詔令鎭州王景崇被袞冕攝朝三日，遣臣下備儀注、軍府稱臣以厭之。其後四十九年，帝破梁軍於柏鄉，平定趙、魏，至是卽位於鄴宮。

是月，以行臺左丞相豆盧革爲門下侍郎、同中書門下平章事、太淸宮使；以行臺右丞相盧澄〔五〕案：原本作「盧登」，今從通鑑攷異改正。歐陽史作盧程。爲中書侍郎平章事、監修國史；以前定州掌書記李德休爲御史中丞；李德休，原本作「德林」，據薛史唐列傳云：德休，字戒逸。知原「林」字爲誤；

今改正。（影庫本粘籤）以河東節度判官盧質爲兵部尚書，充翰林學士承旨；以河東掌書記馮道爲戶部侍郎，充翰林學士；以魏博、鎭冀觀察判官張憲爲工部侍郎，充租庸使；以中門使郭崇韜、昭義監軍使張居翰並爲樞密使；以權知幽州軍府事李紹宏爲宣徽使；以魏博節度判官王正言爲禮部尚書，行興唐尹；以河東軍城都虞候孟知祥爲太原尹，充西京副留守；以澤潞節度判官任圜爲工部尚書兼眞定尹，充北京副留守。詔升魏州爲東京興唐府，改元城縣爲興唐縣，貴鄉縣爲廣晉縣，以太原爲西京，以鎭州爲北都。是時所管節度一十三，州五十。

閏月丁丑，以李嗣源爲檢校侍中，依前橫海軍節度使、內外蕃漢副總管；以幽州節度使李存審爲檢校太師、兼中書令，依前蕃漢馬步總管；以河中節度使朱友謙爲檢校太師、兼尙書令〔六〕。安國軍節度使符習加同平章事，定州節度使王都加檢校侍中。是月，追尊曾祖蔚州太保爲昭烈皇帝，廟號懿祖；懿祖，原本作「謚祖」，今據五代會要及歐陽史改正。（影庫本粘籤）夫人崔氏曰昭烈皇后。追尊皇祖代州太保爲文景皇帝，廟號獻祖；夫人秦氏曰文景皇后。追尊皇考河東節度使、太師、中書令、晉王爲武皇帝，廟號太祖。詔於晉陽立宗廟，以高祖神堯皇帝、太宗文皇帝、懿宗昭聖皇帝、昭宗聖穆皇帝及懿祖以下爲七廟。甲午，契丹寇幽州，至易、定而還。時有自鄆來者，言節度使戴思遠領兵在河上，州城無守兵，可襲而取之。

帝召李嗣源謀曰：「昭義阻命，梁將董璋攻迫澤州，梁志在澤、潞，不慮別有事生，汶陽無備，汶陽，原本作「濟陽」，今據通鑑改正。（影庫本粘籤）不可失也。」嗣源以爲然。壬寅，命嗣源率步騎五千，銜枚自河趨鄆。是夜陰雨，我師至城下，鄆人不覺，遂乘城而入，鄆州平。制以李嗣源爲天平軍節度使。梁主聞鄆州陷〔七〕，大恐，乃遣王彥章代戴思遠總兵以來拒。時朱守殷守德勝南城，帝懼彥章奔衝，遂幸澶州。

五月辛酉，彥章夜率舟師自楊村浮河而下，斷德勝之浮橋，攻南城，陷之。帝令中書焦彥賓馳至楊劉，固守其城，案：通鑑作帝令宦者焦延賓急趨楊劉，與鎭使李周固守其城。（舊五代史考異）令朱守殷徹德勝北城屋木攻具，浮河而下，以助楊劉。是時，德勝軍食芻茭薪炭數十萬計，至是令人輂負入澶州，輂負，原本作「替負」，今據文改正。（影庫本粘籤）事旣倉卒，耗失殆半。朱守殷以所毀屋木編栰，置步軍於其上。王彥章以舟師沿流而下，各行一岸，每遇轉灘水匯，卽中流交鬬，流矢雨集，或全舟覆沒，一彼一此，終日百戰，比及楊劉，殆亡其半。己巳，王彥章、段凝率大軍攻楊劉南城，焦彥賓與守城將李周極力固守。梁軍晝夜攻擊，百道齊進，竟不能下，遂結營於楊劉之南，東西延袤十數柵。

六月己亥，案：通鑑作乙亥。（舊五代史考異）帝親御軍至楊劉，登城望見梁軍，重壕複壘，以絕其路，帝乃選勇士持短兵出戰。梁軍於城門外，連延屈曲，穿掘小壕，伏甲士於中，候帝

軍至，則弓弩齊發，師人多傷矢，不得進。帝患之，問計於郭崇韜，崇韜請於下流據河築壘，以救鄆州。又請帝日令勇士挑戰，旬日之內，寇若不至，營壘必成。帝善之，卽令崇韜與毛璋率數千人中夜往博州濟河東，博州，原本作「溥州」，今據文改正。（影庫本粘籤）晝夜督役，居六日，營壘將成。戊子，梁將王彥章、杜晏球領徒數萬，晨壓帝之新壘。時板築雖畢，牆仞低庳，戰具未備，沙城散惡，王彥章列騎環城，虐用其人，使步軍堙壕登堞。又於上流下巨艦十餘艘，扼斷濟路，自旦至午，攻擊百端，城中危急。帝自楊劉引軍陣于西岸，城中望之，大呼，帝艤舟將渡，梁軍遂解圍，案：歐陽史作六月，及王彥章戰于新壘，敗之。據薛史則王彥章因救至而解圍，未嘗敗績也。（舊五代史考異）退保鄒家口。

秋七月丁未，帝御軍沿河而南，梁軍棄鄒家口夜遁，委棄鍋甲芻糧千計。戊午，遣騎將李紹貽案：通鑑作李紹榮。（舊五代史考異）直抵梁軍壘，梁益恐。又聞李嗣源自鄆州引大軍將至，己未夜，梁軍拔營而遁〔八〕，復保於楊村。帝軍屯於德勝。甲子，帝幸楊劉城，巡視梁軍故壘。

八月壬申朔，帝遣李紹斌以甲士五千援澤州。初，李繼韜之叛也，潞之舊將裴約以兵戍澤州，不狥繼韜之逆。既而梁遣董璋率衆攻其城，約拒守久之，告急於帝，故遣紹斌救之。未至而城已陷，裴約被害，帝聞之，嗟痛不已。甲戌，帝自楊劉歸鄴。梁以段凝代王彥

章爲帥。戊子，凝帥衆五萬結營於王村，自高陵渡河。帝軍遇之，生擒梁前鋒軍士二百人，戮于都市。庚寅，帝御軍至朝城。戊戌，梁左右先鋒指揮使康延孝領百騎來奔，帝虛懷引見，賜御衣玉帶，屏人問之。對曰：「臣竊觀汴人兵衆不少，論其君臣將校，則終見敗亡。趙巖、趙鵠、張漢傑居中專政，張漢傑，原本作「漢磔」，今據薛史梁列傳改正。（影庫本粘籤）締結宮掖，賄賂公行。段凝素無武略，一朝便見大用，霍彥威、王彥章皆宿將有名，翻出其下。自彥章獲德勝南城，梁主亦稍獎使。彥章立性剛暴，不耐凌制，梁主每一發軍，即令近臣監護，進止可否，悉取監軍處分，彥章悒悒，形於顏色。自河津失利，段凝、彥章又獻謀，欲數道舉軍，令董璋以陝虢、澤潞之衆，趨石會關以寇太原。霍彥威統關西、汝、洛之衆自相衞以寇鎮定，段凝、杜晏球領大軍以當陛下，令王彥章、張漢傑統禁軍以攻鄆州，決取十月內大舉。又自滑州南決破河堤，使水東注，曹、濮之間至於汝陽，瀰漫不絕，以陷北軍。臣在軍側聞此議。臣惟汴人兵力，聚則不少，分則無餘。陛下但待分兵，領鐵騎五千，自鄆州兼程直抵于汴，不旬日，天下事定矣。」帝懌然壯之。

九月壬寅朔，帝在朝城，凝兵至臨河南，與帝之騎軍接戰。是時澤潞叛，衞州、黎陽爲梁人所據，州以西、州以西，通鑑作衞州以西，疑原本有脫字。詳薛史文義，承上言衞州、黎陽爲梁人所據，蓋史家省文也，今姑仍其舊。（影庫本粘籤）相以南，寇鈔日至，編戶流亡，計其軍賦，不支半年。又王郁、

盧文進召契丹南侵瀛、涿。及聞梁人將圖大舉，帝深憂之，召將吏謀其大計，或曰：「自我得汶陽以來，須大將固守，城門之外，元是賊疆，細而料之，得不如失。今若馳檄告諭梁人，却衞州、黎陽以易鄆州，指河爲界，約且休兵。我國力稍集，則議改圖。」帝曰：「嘻，行此謀則無葬地矣！」時郭崇韜勸帝親御六軍，直趨汴州，半月之間，天下可定。帝曰：「正合朕意。大丈夫得則爲王，失則爲寇，予行計決矣。」又問司天監，對曰：「今歲時不利，深入必無成功。」帝弗聽。戊辰，梁將王彥章率衆至汶河，李嗣源遣騎軍偵視，至遞公鎮，案：永樂大典原本作遽公鎮，今從通鑑考異所引薛史作遞公鎮，通鑑從莊宗實錄作遞坊鎮。梁軍來挑戰，嗣源以精騎擊而敗之，生擒梁將任釗、田章等三百人，俘斬二百級，彥章引衆保於中都。嗣源飛驛告捷，帝置酒大悅，曰：「是當決行渡河之策。」己巳，下令軍中將士家屬並令歸鄴。永樂大典卷七千一百五十六。

校勘記

〔一〕明日約戰　影庫本批校云：「原本『約戰』二字係『次朝』二字，按下文『帝至朝城』，疑原本『朝』下脫『城』字。」

〔二〕沙河冰薄　「冰」原作「水」，據冊府卷九八七、通鑑卷二七一改。

〔三〕易水　殿本、冊府卷九八七、通鑑卷二七一作易州。

〔四〕東垣渡　原作「東渡」，據本書卷五三李存進傳、冊府卷三六〇、通鑑卷二七一、本卷下文改。

〔五〕盧澄　冊府卷七四、通鑑卷二七二作盧程。通鑑考異云：「薛史唐紀作盧澄，今從實錄、莊宗列傳。」殿本考證云：「盧澄，歐陽史作盧程。考北夢瑣言亦作『澄』，今仍其舊。」

〔六〕河中　原作「河東」，據本卷上文、本書卷六三朱友謙傳改。

〔七〕梁主　原作「梁王」，據殿本、本卷下文改。按朱梁稱帝已二代，此當云「梁主」。

〔八〕梁軍拔營而遁　「拔」原作「投」，據殿本、劉本改。

舊五代史卷三十

唐書六

莊宗紀第四

同光元年冬十月辛未朔，日有蝕之。是日，皇后劉氏、皇子繼岌歸鄴宮，帝送於離亭，歔欷而別。詔宣徽使李紹宏、宰相豆盧革、租庸使張憲、興唐尹王正言同守鄴城。壬申，帝御大軍自楊劉濟河。癸酉，至鄆州。是夜三鼓，渡汶。時王彥章守中都。中都，原本作「巾都」，今據歐陽史改正。（影庫本粘籤）甲戌，帝攻之，中都素無城守，師既雲合，梁衆自潰。是日，擒梁將王彥章及都監張漢傑、趙廷隱、劉嗣彬、李知節、康文通、王山興等將吏二百餘人，斬馘二萬，奪馬千匹。時既獲中都之捷，帝召諸將謀其所向，或言且狥兗州，徐圖進取，唯李嗣源曰：「宜急趨汴州。段凝方領大軍駐於河上，假如便來赴援，直路又阻決河，須自滑州濟渡，十萬之衆，舟檝焉能卒辦？此去汴城咫尺，若晝夜兼程，晝夜兼程，原本作「晝兼星」，今據文改正。（影

庫本粘籤）信宿即至，段凝未起河壖，夷門已爲我有矣。臣請以千騎前驅，陛下御軍徐進，鮮不克矣。」帝嘉之。是夜，嗣源率前軍先進。翌日，車駕即路。丁丑，次曹州，郡將出降。

己卯遲明，前軍至汴城，嗣源令左右捉生攻封丘門，梁開封尹王瓚請以城降。俄而帝與大軍繼至，王瓚迎帝自大梁門入。梁朝文武官屬於馬前謁見，陳敍世代唐臣陷在僞廷，今日再覩中興，雖死無恨。帝諭之曰：「朕二十年血戰，蓋爲卿等家門無足憂矣，各復乃位。」時梁末帝朱鍠已爲其將皇甫麟所殺，獲其首，函之以獻。是日，賜樂工周匝幣帛。賜樂工周匝，原本脫「工」字，今據歐陽史增入。（影庫本粘籤）周匝者，帝之寵伶也，胡柳之役陷于梁，帝每思之，至是謁見，欣然慰接。周匝因言梁教坊使陳俊保庇之恩，教坊使，原本作「孝防使」，考五代會要，梁雖使有教坊使，歐陽史及通鑑並作教坊，今改正。（影庫本粘籤）垂泣推薦，請除郡守，帝亦許之。

庚辰，帝御元德殿，梁百官於朝堂待罪，詔釋之。壬午，段凝所部馬步軍五萬解甲於封丘。凝等率大將先至請死，詔各賜錦袍、御馬、金幣。帝幸北郊，撫勞降軍，各令還本營。丙戌，詔曰：「懲惡勸善，務振紀綱；激濁揚清，須明眞僞。蓋前王之令典，爲歷代之通規，必按舊章，以令多士。而有志萌僭竊〔一〕，位忝崇高，累世官而皆受唐恩，貪爵祿而但從僞命，或居台鉉，或處權衡，或列近職而預機謀，或當峻秩而掌刑憲，事分逆順，理合去留。僞宰相鄭珏等一十一人，皆本朝簪組，儒苑品流。雖博識多聞，備明今古；而修身愼行，頗負祖先。昧忠貞而不度安危，專利祿而全虧名節，合當大辟，無恕近親。無恕，原本作「無恐」，今據文改正。（影庫本粘籤）朕以纘嗣丕基，初平巨慭，方務好生之道，在行含垢之恩。湯網垂仁〔二〕，既矜全族〔三〕；舜刑投裔，兼貸一身。爾宜自新，我全大體，其爲顯列，不並庶僚。餘外應在周行，悉仍舊貫，凡居中外，咸體朕懷。」乃貶梁宰相鄭珏爲萊州司戶，蕭頃爲登州司戶，翰林學士劉岳爲均州司馬，任贊房州司馬，姚顗復州司馬，封翹唐州司馬，李懌懷州司馬，竇夢徵沂州司馬，竇夢徵，原本作「夢徵」，今據唐列傳改正。（影庫本粘籤）崇政院學士劉光素密州司戶，陸崇安州司戶，御史中丞王權隨州司戶，並員外寘同正員。

是日，以梁將段凝上疏奏：「梁朝權臣趙巖等，並助成虐政，結怨於人，聖政惟新，宜誅首惡。」乃下詔曰：

朕既殄僞庭，顯平國患。好生之令，含弘雖切於予懷；懲惡之規，決斷難違於衆請。況趙巖、趙鵠等，自朕收城數日，布惠四方，尙匿迹以潛形，罔悛心而革面〔四〕，須行赤族，以謝衆心。其張漢傑昨於中都與王彥章同時俘獲，此際未詳行止，行止，原本作「行孜」，今據文改正。（影庫本粘籤）偶示哀矜。今既上將陳詞，羣情激怒，往日既彰於僭濫，此時難漏於網羅，宜寘國刑，以塞羣論。除妻兒骨肉外，其他疏屬僕使，並從釋放。敬翔、李振，首佐朱温，共傾唐祚，屠害宗屬，殺戮朝臣，既寰宇以皆知，在人神而共怒。

敬翔雖聞自盡，未豁幽冤，宜與李振並族於市。疏屬僕使，並從原宥。朱珪素聞狡蠹，唯務讒邪，鬭惑人情，枉害良善，將清內外，須切去除，況衆狀指陳，亦宜誅戮。契丹撒剌阿撥〔五〕，既棄其母，又背其兄。朕比重懷來，厚加恩渥，看同骨肉，錫以姓名，兼分符竹之榮，疊被頒宣之渥。而乃輒辜重惠，復背明廷，罔顧欺違，竄歸僞室，既同梟獍，難貸刑章，可幷妻子同戮於市。其朱氏近親，趙鵠正身，趙巖家屬，仰嚴加擒捕。其餘文武職員將校，一切不問。

是日，趙巖、張希逸、張漢傑、張漢倫、張漢融、朱珪、敬翔、李振及契丹撒剌阿撥等，幷其妻孥，皆斬於汴橋下。又詔除毀朱氏宗廟神主，僞梁二主幷降爲庶人。天下官名府號及寺觀門額，曾經改易者，並復舊名。時帝欲發梁祖之墓，斲棺燔柩，河南尹張全義上章申理，乞存聖恩〔六〕，案通鑑：張全義上言：「朱溫雖國之深讎，然其人已死，刑無可加，屠滅其家，足以爲報，乞免焚斲，以存聖恩。」（舊五代史考異）帝乃止，令剗去闕室而已。丁亥，梁百官以誅凶族，於崇元殿立班待罪，詔各復其位。洛陽搢紳舊聞記載張全義表云：「伏念臣誤棲惡木，曾飮盜泉，實有瑕疵，未蒙昭雪。」因下詔雪之。（殿本）以樞密使、樞密使，原本作「驅察使」，考歐陽史郭崇韜傳，崇韜由樞密使知中書事，今改正。（影庫本粘籤）檢校太保、守兵部尙書郭崇韜權行中書公事。

己丑，御崇元殿。制曰：

仗順討逆，少康所以誅有窮；纘業承基，光武所以滅新莽。咸以中興景命，再造王猷，經綸於草昧之中，式遏於亂略之際。朕以欽承大寶，顯荷鴻休，雖繼前修，固慚涼德，誓平元惡，期復本朝，屬四海之阽危，允萬邦之推戴。近者親提組練，徑掃氛祆，振已墜之皇綱，殄偷安之寇孽。國讎方雪，帝道爰開，拯編甿覆溺之艱，救率土倒懸之苦。粤自朱溫搆逆，友貞嗣凶，篡殺二君，隳殘九廟，虺毒久傷於宇宙，狼貪肆噬於華夷。剝喪元良，淩辱神主，帝里動黍離之嘆，朝廷多棟橈之危。棄德崇奸，窮兵黷武，戰士疲勞於力役，烝民耗竭其膏腴，言念於斯，軫傷彌切。

今則已梟逆豎，大豁羣情，覩曆數之有歸，實神靈之匪昧。得不臨深表誡，馭朽爲懷，將弘濟於艱難，宜特行於赦宥。應僞命流貶責授官等，已經量移者，並可復資，徒流人放歸鄉里。京畿及諸道見禁囚徒，大辟罪降從流，已下咸赦除之。其鄭珏等一十一人，未在移復之限。應扈從征討將校，及諸官員、職掌節級、馬步兵士及河北諸處屯駐守戍兵士等，皆情堅破敵，業茂平淮，平淮，原本作「平準」，今考薛史原文係用唐憲宗平淮、蔡事，「準」字訛誤，今改正。（影庫本粘籤）副予戡定之謀，顯爾忠勤之節，並據等第，續議獎酬。其有歿於王事未經追贈者，各與贈官；如有子孫堪任使者，並量材錄任。應僞庭節度、觀察、防禦、團練等使及刺史、監押、行營將校等，並頒恩詔，不議改更，仍許且稱舊銜，

當俟別加新命。

理國之道，莫若安民；勸課之規，宜從薄賦。庶遂息肩之望，冀諧鼓腹之謠。應諸道戶口，並宜罷其差役，各務營農。所係殘欠賦稅，及諸務懸欠積年課利，及公私債負等，其汴州城內，自收復日已前，並不在徵理之限；其諸道，自壬午年十二月已前，並放。北京及河北先以秋稼未平，配買征馬，如有未請却官本錢，及買馬不迨者，可放免。應有本朝宗屬及內外文武臣僚，被朱氏無辜屠害者，並可追贈。如有子孫及本身逃難於諸處漂寓者，並令所在尋訪，津置赴闕。義夫節婦，孝子順孫，旌表門閭，量加賑給。或鰥寡惸獨，無所告者，仰所在各議拯救。民年過八十者，免一子從征。其有先投過僞庭將校官吏等，一切不問云。

甲午，以樞密使、檢校太保、守兵部尚書、太原縣男郭崇韜爲開府儀同三司、守侍中、監修國史、兼眞定尹、成德軍節度使，依前樞密使、太原郡侯，仍賜鐵券。乙未，詔宰相豆盧革權判吏部上銓，御史中丞李德休權判東西銓事。丙申，滑州留後、檢校太保段凝可依前滑州留後，仍賜姓，名紹欽。紹欽，原本作「紹鑾」，今考通鑑及歐陽史皆作「欽」，今改正。（影庫本粘籤）以金紫光祿大夫、檢校司空、守輝州刺史杜晏球爲檢校司徒，依前輝州刺史，仍賜姓，名紹虔。詔處斬隨駕兵馬都監夏彥朗於和景門外〔七〕。時宦官怙寵，廣侵占居人第舍，郭崇韜奏其事，

乃斬彥朗以徇。

丁酉，賜百官絹二千匹、錢二百萬，職事絹一千匹、錢百萬。戊戌，以竭忠啓運匡國功臣、匡國，原本避宋諱作「章國」，今據歐陽史改正。（影庫本粘籤）天平軍節度使、開府儀同三司、檢校太傅、兼侍中、蕃漢馬步總管副使、隴西郡侯李嗣源爲依前檢校太傅、兼中書令、天平軍節度使、特進，封開國公，加食邑實封，餘如故。以開府儀同三司、檢校太傅、北都留守、興聖宮使、判六軍諸衞事李繼岌爲檢校太尉、同平章事，充東京留守。詔御史臺，班行內有欲求外職，或要分司，各許於中書投狀奏聞。

己亥，宴勳臣於崇元殿，梁室故將咸預焉。帝酒酣，謂李嗣源曰：「今日宴客，皆吾前日之勍敵，一旦同會，皆卿前鋒之力也。」梁將霍彥威、戴思遠等皆伏陛叩頭，帝因賜御衣、酒器，盡歡而罷。齊州刺史孟璆上章請死，詔原之。璆初事帝爲騎將，天祐十三年，帝與劉鄩莘縣對壘，璆領七百騎奔梁，至是來請罪，帝報之曰：「爾當吾急，引七百騎投賊，何面目相見！」璆惶恐請死，帝恕之。未幾，移貝州刺史。貝州，原本作「月州」，今據文改正。（影庫本粘籤）庚子，帝畋於汴水之陽。

十一月辛丑朔，有司奏：「河南州縣見使僞印，望追毀改鑄。」從之。以光祿大夫、檢校太傅、左金吾上將軍兼領左龍武軍事、汾州刺史李存渥爲滑州節度使，加特進、同平章事；

以雜指揮散員都部署、特進、檢校太傅、忻州刺史李紹榮爲徐州節度使；以滑州兵馬留後、檢校太保李紹欽爲兗州節度使。壬寅，鳳翔節度使、秦王李茂貞遣使賀收復天下。癸卯，河中節度使、西平王朱友謙來朝。西平王，原本作「西來」，考歐陽史朱友謙傳，友謙封西平王，今改正。（影庫本粘籤）乙巳，賜友謙姓，改名繼麟，帝令皇子繼岌兄事之。以捧日都指揮使、博州刺史康延孝爲鄭州防禦使、檢校太保，賜姓，名紹琛〔八〕。以宋州節度使、檢校太尉、平章事袁象先依前爲宋州節度使，仍賜姓，名紹安。以許州匡國軍節度使、檢校太尉、同平章事溫韜依前許州節度使，仍賜姓，名紹沖。

丁未，日南至，帝不受朝賀。戊申，中書門下上言：「以朝廷兵革雖寧，支費猶闕，應諸寺監各請置卿、少卿監、祭酒、司業各一員，博士兩員，餘官並停。唯太常寺事關大禮，大理寺事關刑法，除太常博士外，許更置丞一員。其王府及東宮官、司天五官正、奉御之屬，凡關不急司存，凡關不急司存，疑有舛誤，考五代會要及薛史職官志並與莊宗紀同，今無可校正，姑仍其舊。（影庫本粘籤）並請未議除授。其諸司郎中、員外應有雙曹者，且置一員。左右常侍、諫議大夫、給事中、起居郎、起居舍人、補闕、拾遺，各置一半。三院御史仍委御史中丞條理申奏。其停罷朝官，仍各錄名銜，具罷任時日，留在中書，候見任官滿二十五箇月，並據資品，却與除官。其西班上將軍已下，仍望宣示樞密院斟酌施行。從之。時議者以中興之朝，事宜恢

廓，驟茲自弱，頓失物情。己酉，詔：「應隨處官吏、務局員僚、諸軍將校等，如聞前例，各有進獻，直貢章奏，不唯褻黷於朝廷，實且傍滋於誅斂，並宜止絕，以肅化風。」又詔：「左降均州司馬劉岳，有母年踰八十，近聞身故，準故事許歸，候三年喪服闋，如未量移，即却赴貶州。」

壬子，詔取今月二十四日幸洛京，以十二月二十三日朝獻太微宮，二十四日朝獻太廟，二十五日有事於南郊。癸未，中書門下奏：「應隨駕及在京有帶兼官者，並望落下，只守本官。」從之。

乙卯，以特進、特進，原本作「恃進」，今據文改正。（影庫本粘籤）檢校太傅、開封尹、判六軍諸衞事、充功德使王瓚為宣武軍節度副使，權知軍州事。丁巳，以銀青光祿大夫、尚書左丞趙光胤為中書侍郎、平章事、集賢殿大學士；案：歐陽史作趙光允為中書侍郎，不載大學士銜，與薛史詳略異。（舊五代史考異）以朝散大夫、禮部侍郎韋說守本官、同平章事；以吏部侍郎、史館修撰、判館事盧文度為兵部侍郎，充翰林學士；以右散騎常侍、充弘文館學士、判館事馮錫嘉為戶部侍郎、知制誥，充翰林學士；以翰林學士、守尚書膳部員外郎劉昫為比部郎中、知制誥，依前充職；以扆鑾書制學士、扆鑾書制學士，考歐陽史作扆鑾學士，通鑑作扆鑾書學士，疑皆引薛史而有所刪節，惟五代會要作扆鑾書制學士，與薛史莊宗紀同，今仍其舊。（影庫本粘籤）行尚書倉部員外郎趙鳳為倉部郎中、知制誥，充翰林學士；以左拾遺于嶠守本官，充翰林學士。戊午，以中書侍郎、平

章事豆盧革判租庸使，兼諸道鹽鐵、轉運等使。新羅王金朴英遣使貢方物。

己未，以洛京留守、判六軍諸衞事、守太尉、兼中書令、河南尹、魏王張全義為檢校太師、守中書令，餘如故；以荊南節度使、檢校太師、守中書令、渤海王高季興為依前檢校太師、守中書令，餘如故。庚申，以工部尚書、眞定尹、北都副留守、知留守事任圜為檢校吏部尚書、兼御史大夫，充成德軍節度使行軍司馬，知軍府事。安義軍節度使李繼韜入見待罪，詔釋之。辛酉，以宣化軍留後、檢校太傅戴思遠權知青州軍州事，檢校司空、左監門上將軍安崇阮並檢校舊官，却復本任。以鎮國軍留後、檢校太傅霍彥威為保義軍節度留後；以權知威化軍留後、檢校司徒高允貞權知鎮國軍留後；以權知河陽留後、檢校太保張繼業依前權知河陽留後；以鄜延兩鎮節度使、檢校太師、兼中書令、北平王高萬興依前鄜〔九〕、延節度使，仍封北平王；襄州節度使、檢校太傅、平章事孔勍依前襄州節度使，餘如故。以永平軍節度使、行大安尹、檢校太保張筠為西都留守、行京兆尹。以晉州節度使、檢校太保劉玘，邠州節度使、檢校太保韓恭，安州節度使、檢校太保朱漢賓，並檢校舊官，却復本任。壬戌，以左金吾衞大將軍史敬鎔為左街使，史敬鎔，原本作「敬容」，今據薛史列傳改正。（影庫本粘籤）右金吾衞大將軍李存確為右街使。

甲子，車駕發汴州。

十二月庚午朔，車駕至西京。案：歐陽史作甲子如洛京，庚午至自汴州。薛史作西京，蓋其時未改永平軍為西京，故尚仍梁制，稱洛陽為西京也。或者以永平為西京時，即改梁西京為洛京，而史脫其文也。又，通鑑考異云：諸書但謂之洛京，未嘗詔改西京為洛京，至同光三年，始詔依舊以洛京為東都。歐陽史于元年冬即書洛京，未審所據。（舊五代史考異）是日，有司自石橋具儀仗法物，迎引入于大內。辛未，以百官初到，放三日朝參。壬申，以租庸使、刑部侍郎、太淸宮副使張憲為檢校吏部尚書、充北京副留守、知留守事、太原尹。詔改取來年二月一日行郊禮。戊寅，詔德勝寨、莘縣、楊劉口、楊劉，原本作「柳劉」，今據文改正。（影庫本粘籤）通津鎮、胡柳陂皆戰陣之所，宜令逐處差人收掩戰士骸骨，量備祭奠，以慰勞魂。詔改僞梁永平軍大安府復為西京京兆府；案：歐陽史作十一月辛酉，復永平軍為西都，與薛史日月互異。（舊五代史考異）改宋州宣武軍為歸德軍，汴州開封府復為宣武軍，華州感化軍為鎮國軍，許州匡國軍復為忠武軍，滑州宣義軍復為義成軍，陝府鎮國軍復為保義軍，耀州靜勝軍復為順義軍，潞州匡義軍復為安義軍，朗州武順軍復為武貞軍，延州為彰武軍，鄧州為威勝軍，晉州為建雄軍，安州為安遠軍。淮南楊溥遣使賀登極，稱「大吳國主書上大唐皇帝」。十國春秋吳世家云：唐以滅梁來告，始稱詔，我國不受，唐主隨易書，用敵國禮，曰「大唐皇帝致書于吳國主」，王遣司農卿盧蘋獻金器二百兩、銀器三千兩、羅錦一千二百疋、龍腦香五斤、龍鳳絲鞵一百事于唐。又遣使張景報聘，稱「大吳國主上書大唐皇帝」，辭禮如牋表。（殿本）己卯，禁屠牛馬。

庚辰，御史臺上言：「請行用本朝律令格式，今訪聞唯定州有本朝法書，望下本州寫副本進納。」從之。辛巳，詔貶安義軍節度使李繼韜為登州長史，尋斬於天津橋下，再謀叛故也。甲申，淮南楊溥、奚首領李紹威並遣使朝貢。乙酉，以翰林學士承旨盧質權知汴州軍府事，以禮部尚書崔沂為尚書左丞、崔沂，原本作「崔忻」，今據薛史列傳改正。（影庫本粘籤）判吏部尚書銓事，以兵部侍郎崔協為吏部侍郎，以刑部侍郎、充集賢殿學士、判院事盧文紀為尚書兵部侍郎，依前充集賢殿學士、判院事。

丁亥，澤州刺史董璋上言：潞州軍變，李繼達領兵出城，自刎而死，節度副使李繼珂已安撫軍城。己丑，有司上言：「上辛祈穀於上帝，請奉高祖神堯皇帝配；孟夏雩祀，請奉太宗文皇帝配；季秋大享於明堂，請奉太祖武皇帝配；冬至日祀圜丘，請奉獻祖文皇帝配；孟冬祭神州地祇，請奉懿祖昭聖皇帝配。」從之。

辛卯，亳州太淸宮道士上言，聖祖玄元皇帝殿前枯檜再生一枝，圖畫以進。詔曰：「當聖祖舊殿生枯檜新枝，應皇家再造之期，顯大國中興之運。同上林仆柳，祥既叶於漢宣；比南頓嘉禾，瑞更超於光武。宜標史册，以示寰瀛」云。案五代會要云：唐高祖神堯皇帝武德二年，枯檜重華，至安祿山僭號萎瘁。玄宗自蜀歸京，枝葉復盛。至是再生一枝，長二尺餘。蓋一時誇詡之言也。壬辰，幸伊闕。己巳，以中書舍人崔居儉為刑部侍郎，充史館修撰、判館事。甲午，以租庸副使、光祿

大夫、檢校司徒、守衞尉卿孔謙爲鹽鐵轉運副使。永樂大典卷七千一百五十六。

校勘記

〔一〕志萌僭竊　「萌」原作「朋」，據殿本改。

〔二〕湯網垂仁　「網」原作「綱」，據殿本、劉本改。

〔三〕既矜全族　「矜」原作「務」，據彭校改。

〔四〕罔悛心而革面　「罔」原作「岡」，據殿本、劉本、冊府卷一五四改。

〔五〕撒剌阿撥　原作「沙喇鄂博」，注云：「舊作撒剌阿撥，今改正。」殿本作實喇鄂博。按此係輯錄舊五代史時據遼史索倫國語解所改，今恢復原文。

〔六〕乞存聖恩　四字原無，據殿本、劉本補。

〔七〕詔處斬隨駕兵馬都監夏彥朗　「詔」原作「紹」，據殿本、劉本改。

〔八〕紹琛　原作「繼琛」，據本書卷七四康延孝傳、歐陽史卷四四康延孝傳、通鑑卷二七二改。本書下卷亦作李紹琛。

〔九〕北平王　原作「西平王」，按本書卷一三二高萬興傳載，萬興於梁祖時封北平王，後唐莊宗復以爵授之。冊府卷一二九作「制：忠義太保等軍節度、延鄜管內觀察處置等使、檢校太師、兼中書

令、北平王高萬興復封北平王」。據改。

舊五代史卷三十一

唐書七

莊宗紀第五

同光二年春正月庚子朔，帝御明堂殿受朝賀，仗衞如式。壬寅，南郊禮儀使、太常卿李燕進太廟登歌酌獻樂舞名，懿祖室曰昭德之舞，昭德，原本作「紹德」，考五代會要及薛史樂志並作昭德，今改正。（影庫本粘籤）獻祖室曰文明之舞，太祖室曰應天之舞，昭宗室曰永平之舞。甲辰，幽州上言，契丹入寇至瓦橋。案契丹國志：時契丹日益強盛，遣使就唐求幽州，以處盧文進。（舊五代史考異）以天平軍節度使李嗣源爲北面行營都招討使，陝州留後霍彥威爲副，率軍援幽州。己巳，故宣武軍節度副使、權知軍州事、檢校太傅王瓚贈太子太師。丁未，詔改朝元殿復爲明堂殿，又改崇勳殿爲中興殿。戊申，以振武軍節度使、檢校太傅、同平章事李存霸權知潞州留後。以知保大軍軍州事高允韜爲檢校太保。庚戌，以涇原節度使、涇原，原本作「經源」，今據歐陽史職方考

改正。（影庫本粘籤）充秦王府諸道行軍司馬、開府儀同三司、檢校太尉、兼侍中李從曮爲檢校太尉、兼中書令，依前涇原軍節度使，充秦王府諸道行軍司馬。詔改應順門爲永曜門，太平門爲萬春門，通政門爲廣政門，鳳明門爲韶和門〔一〕，萬春門爲中興門，解鈿殿爲端明殿〔二〕。

是日，詔曰：「皇綱已正，紫禁方嚴，凡事內官，不合更居外地。詔諸道應有內官，不計高低，並仰逐處并家口發遣赴闕，不得輒有停滯。」帝龍潛時，寺人數已及五百，至是合諸道赴闕者，約千餘人，皆給賜優贍，服玩華侈，委之事務，付以腹心。唐時宦官爲內諸司使務、諸鎭監軍，出納王命，造作威福，昭宗以此亡國。及帝奄有天下，當知戒彼前車，前車，原本作「前卑」，今據文改正。（影庫本粘籤）以爲殷鑒，一朝復興玆弊，議者惜之。新羅王金朴英遣使朝貢。

辛亥，中書門下奏：「準本朝故事，諸王、內命婦、宰臣、學士、中書舍人，諸道節度、防禦、團練使、留後官告，即中書帖官告院索綾紙標軸，下所司書寫印署畢，進入宣賜。其文武兩班及諸道官員幷奏薦將校〔三〕，並合於所司送納朱膠綾紙價錢。伏自僞梁，不分輕重，並從官給，今後如非前件事例，請官中不給告敕，其內司大官侍衞將校轉官，即不在此限。」從之。壬子，蜀主王衍致書於帝，稱有詐爲天使，馳報收復汴州者，詔捕之，不獲。癸丑，有司奏：郊祀前二日，迎祔高祖、太宗、懿祖、獻祖、太祖神主於太廟。議者以中興唐祚，不宜

以追封之祖雖有國之君以爲昭穆，自懿祖已下，宜別立廟於代州，如後漢南陽故事可也。南陽，原本作「南洋」，今據後漢書光武紀改正。（影庫本粘籤）幽州北面軍前奏，契丹還塞，詔李嗣源班師。鳳翔節度使、秦王李茂貞上表，請行藩臣之禮，帝優報之。甲寅，帝於中興殿面賜郭崇韜鐵券。有司上言：「皇太后到闕，皇帝合於銀臺門內奉迎。」詔親至懷州奉迎。中書奏：「自二十三日後散齋內，車駕不合遠出。」詔改至河陽奉迎。以禮部尚書、興唐尹王正言依前禮部尚書，充租庸使。

乙卯，渤海國遣使貢方物。幽州奏，嬀州山後十三寨百姓却復新州。戊午，以前太子少師薛廷珪爲檢校戶部尚書、太子少師致仕，以前太子賓客封舜卿爲太子少保致仕，封舜卿，原本作「舜鄉」，今據册府元龜改正。（影庫本粘籤）以前太子賓客李文規爲戶部侍郎致仕。詔鹽鐵、度支、戶部並委租庸使管轄。庚申，四方館上言：「請今後除隨駕將校、及外方進奉專使文武班三品以上官，可以內殿對見，其餘並詣正衙，以申常禮。」從之。車駕幸河陽，奉迎皇太后。辛酉，帝侍皇太后至，文武百僚迎於上東門。是日，河中府上言，稷山縣割隸絳州。以太僕卿李紓爲宗正卿，宗正卿，原本作「宗景卿」，考新唐書百官志作宗正卿，今改正。（影庫本粘籤）以衞尉卿楊遘爲太僕卿。西京昭應縣華清宮道士張冲虛上言，天尊院枯檜重生枝葉。

乙丑，有司上言：「南郊朝享太廟，舊例親王充亞獻、終獻行事。」乃以皇子繼岌爲亞獻，

皇弟存紀爲終獻。丙寅，帝赴明堂殿致齋。丁卯，朝饗於太微宮。戊辰，饗太廟，是日赴南郊。

二月己巳朔，親祀昊天上帝於圜丘，禮畢，宰臣率百官就次稱賀，還御五鳳樓。宣制：「大赦天下，應同光二年二月一日昧爽已前，所犯罪無輕重常赦所不原者，咸赦除之。十惡五逆、屠牛鑄錢、故意殺人〔四〕、合造毒藥、持杖行劫、官典犯贓，不在此限。應自來立功將校，各與轉官，仍加賞給。文武常參官、節度、觀察、防禦、刺史、軍主、都虞候、指揮使，父母亡歿者，並與追贈，在者各與加爵增封。諸藩鎮各賜一子出身，仍封功臣名號。留後、刺史，官高者加階爵一級，官卑者加官一資。應本朝內外臣僚，被朱氏殺害者，特與追贈。應諸州府不得令富室分外收貯見錢，禁工人鎔錢爲銅器，勿令商人載錢出境。近年已來，婦女服飾，異常寬博，倍費縑綾。有力之家，不計卑賤，悉衣錦繡，悉衣錦繡，原本作「悉依綿繡」，今據文改正。（影庫本粘籤）宜令所在糾察。應有百姓婦女，曾經俘擄他處爲婢妾者，一任骨肉識認。男子曾被刺面者，給與憑據，放逐營生。召天下有能以書籍進納者，各等第酬獎。仰有司速檢勘天下戶口正額，墾田實數，待憑條理，以息煩苛。」是日，風景和暢，人胥悅服。議者云，五十年來無此盛禮。然自此權臣愎戾，伶官用事，吏人孔謙酷加賦斂，赦文之所原放，謙復刻剝不行，大失人心，始於此矣。

庚午，租庸使孔謙奏：「諸道綱運客旅，多於私路苟免商稅，請令所在關防嚴加捉搦。」

從之。癸酉，宰臣豆盧革率百官上尊號曰昭文睿武至德光孝皇帝〔五〕，凡三上表，從之。甲戌，詔曰：「汴州元管開封、浚儀、封丘、雍丘、尉氏、陳留六縣，僞庭割許州鄢陵、扶溝，陳州太康，鄭州陽武、中牟，曹州考城等縣屬焉。其陽武、匡城、扶溝、考城四縣，宜令且隸汴州，餘還本部。」丙子，以隨駕參謀耿瑗爲司天監。丁丑，以光祿大夫、檢校司徒李鎬爲右騎衞上將軍。

戊寅，幸李嗣源第，作樂，盡歡而罷。己卯，以河中節度使、冀王李繼麟兼安邑、解縣兩池榷鹽使。解縣，原本作「諧縣」，今據册府元龜所引薛史改正。（影庫本粘籤）辛巳，以檢校太師、守尚書令、河南尹、判六軍諸衞事、魏王張全義爲守太尉、兼中書令、河陽節度使、河南尹，改封齊王。以開府儀同三司、守尚書令、秦王李茂貞案：通鑑作岐王。（舊五代史考異）依前封秦王，餘如故，仍賜不拜、不名。案五代會要：太常禮院奏：「李茂貞封册之命，宜準故襄州節度使趙匡凝之例施行。秦王受册，自備革輅一乘，載册犢車一乘，并本品鹵簿鼓吹如儀。」從之。是日，帝幸左龍武軍。癸未，宰臣豆盧革率百官上表，請立中宮。制以魏國夫人劉氏爲皇后，仍令所司擇日備禮册命。

丁亥，以天平軍節度使、蕃漢總管副使、開府儀同三司、開府，原本作「開封」，今據文改正。（影庫本粘籤）檢校太傅、兼中書令李嗣源爲檢校太尉，依前天平軍節度使，加實封百戶，兼賜鐵券；以前安國軍節度副使、檢校太保、左衞上將軍李存乂爲晉州節度使、檢校太傅；以北

京皇城留守、檢校太保、左威衞上將軍李存紀爲邢州節度使，加檢校太傅；以蕃漢馬步都虞候兼東京馬步軍都指揮使、檢校太保朱守殷爲振武節度使，加檢校太傅。戊子，以前右龍武軍都虞候、守左龍武大將軍李紹奇爲鄭州防禦使，以楚州防禦使張繼孫爲汝州防禦使。汝州，原本作「濟州」，今據册府元龜改正。（影庫本粘籤）己丑，以振武軍節度使、權安義留後、檢校太傅、平章事李存霸爲潞州節度使，以捧日都指揮使、鄭州防禦使李紹琛爲陝州節度使，以成德軍馬步軍都指揮使、右監門衞大將軍毛璋爲華州節度使。壬辰，樞密使郭崇韜再上表，請退樞密之職，優詔不允。

癸巳，詔曰：「皇太后母儀天下，子視羣生，當別建宮闈，顯標名號，冀因稱謂，益表尊嚴，宜以長壽宮爲名。」樞密使郭崇韜奏時務利便一十五件，優詔褒美。甲午，奚王李紹威、吐渾李紹魯皆貢駝馬。丁酉，以武安軍衙內馬步軍都指揮使、昭州刺史馬希範爲永州刺史、檢校太保。癸卯，以光祿大夫、檢校左僕射、行太常卿李燕爲特進、檢校司空，依前太常卿；以御史中丞李德休爲兵部侍郎；以吏部侍郎崔協爲御史中丞。

三月甲辰，故河陽節度使王師範贈太尉。乙巳，以滄州節度使、檢校太傅、同平章事符習爲青州節度使，以北京衙內馬步軍都指揮使、右領軍衞大將軍李紹斌爲滄州節度使。鎭州奏，契丹犯塞，詔李嗣源率師屯邢州。案通鑑：詔橫海節度使李紹斌、北京指揮使李從珂帥騎兵分道備

之。與薛史異。（舊五代史考異）丙午，以荆南節度使、守中書令、渤海王高季興依前檢校太師、兼尚書令，封南平王；以幽州節度行軍司馬李存賢依前檢校太保，爲幽州節度使。中書門下上言：「近以諸州奏薦令錄，頗亂規程，請今後節度使管三州已上，每年許奏管內官三人，如管三州已下，只奏兩人，仍須課績尤異，方得上聞。防禦使止許奏一人，刺史無奏薦之例。」從之。己酉，以太子少保李琪爲刑部尚書。

庚戌，幽州奏，契丹寇新城。是日，詔：「諸軍將校，自檢校司空以下，宜賜叶謀定亂匡國功臣。自檢校僕射、尚書、常侍及諫議大夫，諫議，原本作「兼義」，今據新唐書百官志改正。（影庫本粘籤）並賜忠果拱衛功臣。初帶憲銜者，並賜忠烈功臣。節級長行，並賜扈蹕功臣。」中書門下上言：「州縣官在任考滿，即具關申送吏部格式〔六〕，本道不得差攝官替正官。」從之。案五代會要：同光二年，中書門下奏：「刺史、縣令有政績尤異，爲衆所知；或招復戶口，能增加賦税者；或辨雪冤獄，能拯人命者；或去害物之積弊，立利世之新規，有益時政，爲衆所推者，即仰本處逐件分明聞奏，當議獎擢。或在任貪猥，誅斂生靈，公事不治，爲政怠惰，亦加懲罰。其州縣官任滿三考，即具關申送吏部格式，候敕除銓注，其本道不得差攝官替正授者。」從之。（舊五代史考異）有司上言：「皇帝四月一日御文明殿，受册徽號，合服袞冕，御殿前一日，散齋於內殿。」從之。是日，李嗣源上表乞退兵權，詔不允。是時伶人景進用事，閹官競進，故重臣憂懼，拜章請退。癸丑，左諫議大夫竇專上言：「請廢租庸使名目，事歸三司。」

疏奏不報。唐州奏，木連理。詔：「先省員官，除已別授官外，其左散騎常侍李文矩等三十人却復舊官，太子詹事石戬等五人宜以本官致仕，將作少監岑保嗣等十四人續勅處分。」丙辰，責授萊州司戶鄭珏等一十一人並量移近地。尚書戶部侍郎、知貢舉趙頎卒，以中書舍人裴皥權知貢舉。禁用鉛錫錢。

丁巳，中書門下奏：「懿祖陵請以永興爲名，獻祖陵請以長寧爲名，長寧，原本作「長應」，考五代會要唐獻祖陵名長寧，今改正。（影庫本粘籤）太祖陵請以建極爲名。」從之。淮南楊溥遣使貢賀郊天禮物。案十國春秋吳世家：王遣右衛上將軍許確進賀郊天銀二千兩、錦綺羅一千二百疋、細茶五百斤、象牙四株、犀角十株于唐。（舊五代史考異）戊午，詔應南郊行事官，並付三銓磨勘，優與處分。己未，以大理卿張紹珪充制置安邑、解縣兩池榷鹽使。幸左龍武軍，以皇子繼岌代張全義判六軍諸衞事故也。癸亥，以彰武、保大等軍節度使、北平王高萬興可依前延州鄜州節度使、檢校太保、兼中書令、北平王。甲子，幸東宅。

夏四月己巳朔，帝御文明殿，具袞冕，受册尊號曰昭文睿武至德光孝皇帝。壬申，以成德軍節度行軍司馬、權知府事任圜爲檢校右僕射、權北面水陸轉運制置使。甲戌，以順義軍留後華温琪依前檢校太保，充留後。乙亥，以天策上將軍、武安等軍節度使、守太師、中書令、楚王馬殷可依前守太師，兼尚書令。詔在京諸道節度使、刺史，令各歸本任。丁丑，以前幽州節度使、幽州，原本作「邠州」，考薛史李存審傳，存審係幽州節度使，歐陽史與薛史同，今改正。（影庫本粘籤）內外蕃漢馬步總管、檢校太師、兼中書令李存審爲宣武軍節度使，餘如故。

己卯，帝御文明殿，册魏國夫人劉氏爲皇后。庚辰，賜霍彥威姓，名曰紹眞〔七〕。癸未，以宋州節度使李紹安依前檢校太尉、同平章事、宋州節度使〔八〕；以許州節度使李紹冲依前檢校太尉、同平章事、許州節度使〔九〕；以襄州節度使孔勍依前檢校太傅、同平章事、襄州節度使。甲申，以樞密副使、通議大夫、行內侍省內侍宋唐玉爲左監門衞將軍同正，宋唐玉，原本作「宋康王」，今據册府元龜所引薛史改正。（影庫本粘籤）依前樞密副使；以內客省使、通議大夫、行內侍省內侍楊希朗爲右監門衞將軍同正，楊希朗，原本作「巾郎」，今據册府元龜改正。（影庫本粘籤）依前內客省使：並賜推忠匡佐功臣。車駕幸龍門。丙戌，迴鶻遣使貢方物。己丑，以夏州節度使李仁福依前檢校太師、兼中書令、夏州節度使，封朔方王；以朔方、河西等軍節度使韓洙依前檢校太傅、兼侍中，充朔方、河西等軍節度使，靈、鹽、威、警、雄、凉、甘、肅等州觀察使。案：威、警疑當作威、涇。考通鑑注云：警州在涇原西。今仍其舊。（舊五代史考異）辛卯，以宣徽南院使、判內侍省、兼內局、特進、左監門將軍同正李紹宏爲右領軍衞上將軍。癸巳，以靜江軍節度使、扶風郡王馬賨爲檢校太師、兼中書令，依前靜江軍節度使；以朗州節度使馬希振爲檢校太傅、兼侍中，依前朗州節度使。鳳翔節度使、秦王李茂貞薨。

丙申，潞州小校楊立據城叛，案：歐陽史作三月，潞州將楊立反，與薛史異。五代春秋作四月，盜據潞州，與薛史同。以李嗣源爲招討使，陝州留後李紹眞爲副，率師以討之。永樂大典卷七千一百五十六。

校勘記

〔一〕鳳明門　彭本及册府卷一四、會要卷五作鳳鳴門。

〔二〕解卸殿　影庫本粘籤云：「解卸殿，原本作『解㐌』，今據五代會要改正。」按五代會要（復旦藏抄本）卷五作解卸殿，沈校本、殿本會要作解愠殿。

〔三〕將校　原作「將枝」，據殿本、劉本改。

〔四〕故意殺人　「意」字原無，據册府卷九二補。

〔五〕上尊號　「上」原作「止」，據殿本、劉本、通鑑卷二七三改。

〔六〕具關申送　「關」原作「闕」，據殿本、劉本改。影庫本批校云：「『闕』應作『關』。」

〔七〕賜霍彥威姓名曰紹眞　「霍」原作「郭」，據本書卷六四霍彥威傳、通鑑卷二七三改。本書卷三六明宗紀：「李紹眞復曰霍彥威。」

〔八〕李紹安　「紹」原作「繼」，據劉本、本書卷三〇莊宗紀、卷五九袁象先傳改。

〔九〕李紹冲　「紹」原作「繼」，據本書卷三〇莊宗紀、卷七三溫韜傳改。

舊五代史卷三十二

唐書八

莊宗紀第六

同光二年夏五月己亥，帝御文明殿，册齊王張全義爲太尉。禮畢，全義赴尚書省領事，左諫議大夫竇專不降階，爲御史所劾，專援引舊典，宰相不能詰，寢而不行。庚子，太常卿李燕卒。壬寅，以教坊使陳俊爲景州刺史，內園使案：歐陽史作內園栽接使。考五代會要，內園栽接使係梁時雜使創置之官。儲德源爲憲州刺史，皆梁之伶人也。初，帝平梁，俊與德源皆爲寵伶周匝所薦，帝因許除郡，郭崇韜以爲不可，伶官言之者衆，案淸異錄：同光旣即位，猶襲故態，身預俳優，尚方進御巾裹，名品日新。今伶人所頂，尚有傳其遺製者。（舊五代史考異）帝密召崇韜謂之曰：「予已許除郡，經年未行，我慚見二人，卿當屈意行之。」故有是命。

甲辰，以兗州節度使李紹欽依前檢校太保、兗州節度使，進封開國侯；以邢州節度使

韓恭依前檢校太保、邢州節度使，進封開國伯。開國，原作「閑國」，今據册府元龜改正。（影庫本粘籤）丙午，以福建節度使、閩王王審知依前檢校太師、守中書令、福建節度使。戊申，幸郭崇韜第。己酉，詔天下收拆防城之具，不得修濬池隍。以西都留守、京兆尹張筠依前檢校太保，充西都留守。甲寅，以滄州節度使李紹斌充東北面招討使，以兗州節度李紹欽爲副招討使，招討使，原本作「招詔」，今據文改正。（影庫本粘籤）以宣徽使李紹宏爲招討都監，率大軍渡河而北，時幽州上言契丹將寇河朔故也。

乙卯，潞州叛將楊立遣使健步奉表乞行赦宥，帝令樞密副使宋唐玉齎勅書招撫〔一〕。幽州上言，契丹營於州東南。丙辰，渤海國王大諲撰遣使貢方物。以澶州刺史李審益爲幽州行軍司馬〔二〕、蕃漢內外都知兵馬使。辛酉，故澤潞節度使丁會贈太師。詔割復州爲荆南屬郡。壬戌，以權知鳳翔軍府事、涇州節度使李曮爲起復雲麾將軍、右金吾大將軍同正，依前檢校太尉、兼中書令，充鳳翔節度使。乙丑，以權知歸義軍留後曹義金爲歸義軍節度使、沙州刺史、檢校司空。丙寅，李嗣源奏收復潞州。幽州上言，新授宣武軍節度使李存審卒。

六月甲戌，中書侍郎兼吏部尚書、平章事、弘文館大學士豆盧革加右僕射，餘如故；侍中、監修國史、兼樞密使、鎮州節度使郭崇韜進爵邑，加功臣號；中書侍郎、平章事〔三〕、集賢殿大學士趙光裔加兼戶部尚書；禮部侍郎、平章事韋說加中書侍郎。宋州奏，節度使李紹安卒。丙子，李嗣源遣使部送潞州叛將楊立等到闕，並磔於市。潞州城峻而隍深，隍深，原本作「王深」，今據文改正。（影庫本粘籤）至是帝命剗平之，因詔諸方鎮撤防城之備焉。丁丑，有司上言：「洛陽已建宗廟，其北京太廟請停。」從之。

甲申，以衞國夫人韓氏爲淑妃，燕國夫人伊氏爲德妃，仍令所司擇日册命。故河東節度副使、守左諫議大夫李襲吉贈禮部尚書，李襲吉，原本作「襲古」，今據歐陽史列傳改正。（影庫本粘籤）故河東節度副使、禮部尚書蘇循贈左僕射，故河東觀察判官、檢校右僕射司馬揆贈司空，故河東留守判官、工部尚書李敬義贈右僕射。丙戌，以順義軍節度使李令錫爲許州節度使，以前保義軍留後李紹眞爲徐州節度使，以徐州節度使李紹榮爲宋州節度使。戊子，汝州防禦使張繼孫賜死於本郡。繼孫即齊王張全義之假子也，本姓郝氏，爲兄繼業等訟其陰事，故誅之。案册府元龜載：張繼業爲河陽兩使留後。莊宗同光二年六月，繼業上疏稱：「弟繼孫，本姓郝，有母尚在，父全義養爲假子，令管衙內兵士。自皇帝到京，繼孫私藏兵甲，招置部曲，欲圖不軌，兼私家淫縱，無別無義。臣若不自陳，恐累家族。」勅曰：「有善必賞，所以勸忠孝之方；有惡必誅，所以絕姦邪之迹。其或罪狀騰於衆口，醜行布於近親，須舉朝章，冀明國法。汝州防禦使張繼孫，本非張氏子孫，自小丐養，以至成立，備極顯榮，而不能酬撫育之恩，履謙恭之道，擅行威福，常恣姦兇，侵奪父權，惑亂家事，縱鳥獸之行，畜梟獍之心，有識者所不忍言，無賴者實爲其黨。而又橫征

暴斂，虐法峻刑，藏兵器於私家，殺平人於廣陌。罔思悛改，難議矜容，宜竄逐於遐方，仍歸還於姓氏，俾我勳賢之族，永除汚穢之風。凡百臣僚，宜體朕命。可貶房州司戶參軍同正，兼勒復本姓。」尋賜自盡，仍籍沒資產。

己丑，以迴鶻可汗仁美爲英義可汗。詔改輝州爲單州。庚寅，故左僕射裴樞，右僕射裴贄、崔遠並贈司徒；故靜海軍節度使獨孤損贈司空；故吏部尚書陸扆贈右僕射；故工部尚書王溥贈右僕射。裴樞等六人皆前朝宰輔，爲梁祖所害於白馬驛，至是追贈焉。壬辰，以天平軍節度使、蕃漢總管副使、開府儀同三司、檢校太尉、兼中書令李嗣源爲宣武軍節度使、蕃漢馬步總管，餘如故。甲午，以樞密使、特進、左領軍衞上將軍、知內侍省事張居翰爲驃騎大將軍、守左驍衞上將軍，進封開國伯，賜功臣號。

秋七月戊戌朔，故宣武軍節度使李存審男彥超進其父牙兵八千七百人。己亥，中書門下奏：「每年南郊壇四祠祭，太微宮五薦獻，並宰臣攝太尉行事，惟太廟遣庶僚行事，此後太廟祠祭，亦望差宰臣行事。」從之。乙巳，汴州雍丘縣大風，拔木傷稼。曹州大雨，平地水三尺。丙午，以襄州節度使孔勍爲潞州節度使，李存霸爲鄆州節度使。鄆州，原本作「軍州」，今據册府元龜改正。（影庫本粘籤）乙酉〔四〕，幸龍門之雷山，祭天神，從北俗之舊事也。辛亥，以鄆州副使李紹珙爲襄州留後，以前澤州刺史董璋爲邠州留後。戊午，西川王衍遣僞署戶部侍郎歐陽彬來朝貢，稱「大蜀皇帝上書大唐皇帝」。庚申，以應州爲雲州屬郡，升新州爲威塞軍節度

使，以嬀、儒、武等州爲屬郡。壬戌，皇子繼岌妻王氏封魏國夫人。幽州奏，契丹阿保機東攻渤海。案遼史太祖紀：天贊三年五月，渤海殺其刺史張秀實而掠其民。於東攻渤海之事，闕而不載。考五代會要，同光二年七月，契丹東攻渤海國，與薛史同。

八月己巳，詔洛京應有隙地，任人請射修造，有主者限半年，令本主自修蓋，如過限不見屋宇，許他人占射。案五代會要載此詔云：藩方侯伯，內外臣僚，于京邑之中，無安居之所，亦可請射，各自修營。（舊五代史考異）辛未，北京副留守、太原尹孟知祥加檢校太傅、增邑，賜功臣號。帝畋於西苑。癸酉，以租庸副使、守衞尉卿孔謙爲租庸使，以右威衞上將軍孔循爲租庸副使。甲戌，以權知汴州軍州事、翰林學士承旨、戶部尚書盧質爲兵部尚書，依前翰林學士承旨，仍賜論思匡佐功臣。丙子，以雲州刺史、鴈門以北都知兵馬使安元信爲大同軍節度留後，以隰州刺史張廷裕爲新州威塞軍節度留後。丁丑，樞密使郭崇韜上表請退，不允。戊寅，租庸使、守禮部尚書王正言罷使，守本官。辛巳，詔諸道節度、觀察、防禦、團練使、團練，原本作「團簡」，今據文改正。（影庫本粘籤）刺史，並於洛陽修宅一區。中書門下上言：「請今後諸道除節度副使、兩使判官外，其餘職員并諸州軍事判官，各任本處奏辟。」從之。案五代會要：同光二年八月八日，中書門下奏：「諸道除節度副使及兩使判官除授外〔五〕，其餘職員并軍事判官，伏以翹車著詠，戔帛垂文，式重弓旌，以光尊俎。由是副知己之薦，成接士之榮〔六〕，必當備悉行藏，習知才行，允奉幕中之畫，以稱席上之珍。爰自僞

梁，頗乖斯義，皆從除授，以佐藩宣。因緣多事之秋，盧爽得人之選，將期推擇，式示更張。今後諸道，除節度副使、兩使判官除授外〔七〕，其餘職員并諸州軍事判官等，並任本道本州，各當辟舉，其軍事判官〔八〕，仍不在奏官之限。」（舊五代史考異）汴州奏，大水損稼。癸未，租庸使孔謙進封會稽縣男，仍賜豐財贍國功臣。淮南楊溥遣使貢方物。宋州大水，鄆、曹等州大風雨，損稼。丁亥，中書門下侍郎奏：「請差左丞崔沂、吏部尚書崔貽孫、給事中鄭韜光李光序、吏部員外郎盧損等，同詳定選司長定格、循資格、十道圖。」從之。案五代會要：同光二年八月，中書門下奏：「吏部三銓、門下省〔九〕、南曹、廢置、甲庫、格式、流外銓等司公事，並繫長定格、循資格、十道圖等，前件格文，本朝創立，檢制姦濫，倫敍官資，頗謂精詳，久同遵守。自亂離之後，巧僞滋多，兼同光元年八月〔一〇〕，車駕在東京，權判工部員外郎盧重本司起請一卷〔一一〕，並以興復之始，務切懷來，凡有條流，多失根本，以至多集赴選人，並南郊行事官，及陪位宗子共一千三百餘人，銓曹檢勘之時，互有援引，去留之際，不絕爭論，若又依違，必長訛濫。望差權判尚書省銓左丞崔沂、吏部侍郎崔貽孫、給事中鄭韜光李光序、吏部員外郎盧損等，同詳定舊長定格、循資格、十道圖，務令簡要，可久施行。」從之。（舊五代史考異）癸巳，放朝參三日，以霖雨故也。陝州奏，河水溢岸。乙未，中書門下上言：「諸陵臺令丞請停，以本縣令知陵臺事。」從之。

九月癸卯，畋於西北郊。幽州上言，契丹阿保機自渤海國迴軍。內園新殿成，名曰長春殿。戊申，以中書舍人、權知貢舉裴皥爲禮部侍郎，以前鄭州防禦副使姜弘道爲太僕卿。侍中郭崇韜奏：「應三銓注授官員等，三銓，原本作「正千」，今據五代會要改正。（影庫本粘籤）內有自無出身入仕，買覓鬼名告勑；今將骨肉文書，揩改姓名〔一二〕；或歷任不足，妄稱失墜；或假人蔭緒，託形勢論屬，安排參選，所司隨例注官。如有人陳告，特議超獎；其所犯人，檢格處分；若同保人內有僞濫者，並當駮放。應有人身死之處，今後並須申報本州，於告身上批書身死月日，分明付子孫。今後銓司公事，至春末並須了畢。」從之。銓綜之司，僞濫日久，及崇韜條奏之後，澄汰甚嚴，放棄者十有七八，放棄，原本作「坊弃」，今據五代會要改正。（影庫本粘籤）衆情亦怨之。己酉，司天臺請禁私曆日，從之。

庚戌，有司自契丹至者，言女眞、迴鶻、黃頭室韋合勢侵契丹。壬子，有司上言：「八月二十二日夜，熒惑犯星二度，星周分也，請依法禳之。於京城四門懸東流水一罌，兼令都市嚴備盜火，止絕夜行。」從之。甲寅，幸郭崇韜第，置酒作樂。乙卯，以前振武節度使、安北都護馬存可依前檢校太尉、兼侍中，充寧遠軍節度、容管觀察使。存，湖南馬殷之弟也。丙辰，黑水國遣使朝貢。契丹寇幽州。戊午，宣宰臣於中書，磨勘吏部選人，謬濫者焚毀告勑。

冬十月戊辰，帝畋於西北郊。己巳，故安義節度使、贈太尉、隴西郡王李嗣昭贈太師。庚午，正衙命使冊淑妃韓氏、德妃伊氏，以宰臣豆盧革、韋說充冊使。辛未，詔：「今後支郡

公事，須申本道騰狀奏聞。騰狀，原本作「滕將」，今據冊府元龜改正。（影庫本粘籤）租庸使各有徵催祗牒，觀察使貴全理體。」契丹寇易、定北鄙。壬申，故大同軍防禦使李存璋贈太尉。鄆州奏，清河泛溢，壞廬舍。癸未，畋於石橋。甲戌，河南尹張全義上言：「萬壽節日，請於嵩山開瑠璃戒壇，度僧百人。」從之。乙亥，故守太師、尚書令、秦王李茂貞追封秦王，賜謚曰忠敬。丁丑，皇后差使賜兗州節度使李紹欽湯藥。時皇太后行誥命，皇后劉氏行教命，互遣使人宣達藩后，紊亂之弊，人不敢言。己卯，汴、鄆二州奏，大水。

庚辰，以前太僕卿楊遘爲大理卿。党項進白驢，奚王李紹威進駞馬。幽州奏，契丹入寇，至近郊。辛巳，故天雄軍節度副使王緘贈司空。故天雄軍，原本脫「天」字，今據冊府元龜增入。（影庫本粘籤）壬午，以天下兵馬都元帥、尚父、守尚書令、吳越國王錢鏐可依前天下兵馬都元帥、尚父、守尚書令，封吳越國王。癸未，幸小馬坊閱馬。甲申，以兩浙兵馬留後、清海軍節度、嶺南東道觀察等使、守太尉、兼侍中、廣州刺史錢元瓘爲檢校太師、兼中書令，充兩浙節度觀察留後，餘如故；以鎭東軍節度副大使、江南管內都招討使、建武軍節度、嶺南西道觀察等使、檢校太傅、守侍中、知蘇州中吳軍軍州事、行邕州刺史錢元璙爲檢校太尉、兼中書令，餘如故。辛卯，天平軍監軍使柴重厚可特進、右領衞將軍同正，充鳳翔監軍使。甲午，以宣武軍節度押牙李從溫、李從璋、李從榮、李從厚、李從璨並銀青光祿大夫、檢校右散騎

常侍兼御史大夫，宣武軍節度押牙李從臻可檢校國子祭酒兼御史中丞。自從温而下，皆李嗣源諸子也。

十一月丙申，靈武奏，甘州迴鶻可汗仁美卒，其弟狄銀權主國事。吐渾白都督族帳移於代州東南。己亥，幸六宅宴諸弟。壬寅，尚書左丞、判吏部尚書銓事崔沂貶麟州司馬，吏部侍郎崔貽孫貶朔州司馬，給事中鄭韜光貶寧州司馬，吏部員外盧損貶府州司戶。時有選人吳延皓取亡叔告身故舊名求仕，事發，延皓付河南府處死，崔沂已下貶官。宰相豆盧革、趙光裔、韋說詣閤門待罪，詔釋之。

癸卯，帝畋於伊闕，侍衞金槍馬萬餘騎從，帝一發中大鹿。是日，命從官拜梁祖之陵，物議非之。其夕，宿於張全義之別墅。甲辰，宿伊闕縣。乙巳，宿椹礀。時騎士圍山，會夜，顛墜崖谷，死傷甚衆。丙午，復命衞兵分獵，殺獲萬計。是夜方歸京城，六街火炬如晝。丁未，賜羣臣鹿肉有差。

庚戌，制改節將一十一人功臣號。辛亥，以兵部侍郎李德休爲吏部侍郎。壬子，日南至，百官拜表稱賀。以昭儀侯氏爲汧國夫人，昭容夏氏爲虢國夫人，昭媛白氏爲沛國夫人，出使美宣鄧氏爲魏國夫人，御正楚眞張氏爲涼國夫人，司簿德美周氏爲宋國夫人，侍眞吳氏爲渤海郡夫人，其餘並封郡夫人。丁巳，河中節度使、守太師、兼尚書令〔三〕、西平王李繼

麟可依前守太師、兼尚書令、河中護國軍節度使、西平王，仍賜鐵券。戊午，幸李嗣源、李紹榮之第，縱酒作樂。是日，鎭州地震。契丹寇蔚州。

十二月戊辰，幸西苑校獵。己巳，詔汴州節度使李嗣源歸鎭。案：通鑑作己巳，命宣武軍節度使李嗣源將宿衞兵三萬七千人赴汴州，遂如幽州禦契丹。是嗣源因出師而歸鎭也。庚午，帝與皇后劉氏幸張全義第，酒酣，帝命皇后拜全義爲養父，全義惶恐致謝，復出珍貨貢獻。翌日，皇后傳制，命學士草謝全義書，學士趙鳳密疏，陳國后無拜人臣爲父之禮，帝雖嘉之，竟不能已其事。壬申，以教坊使王承顔爲興州刺史。丙子，詔取來年正月七日幸魏州。庚辰，畋於近郊，至夕還宮。壬午，契丹寇嵐州。党項遣使貢方物。乙酉，幸龍門佛寺祈雪。丙戌，以徐州節度使李紹眞爲北面行營副招討使。戊子，李嗣源奏，部署大軍自宣武軍北征。淮南楊溥遣使貢獻。己丑，幸龍門。庚寅，詔河南尹張全義爲洛京留守，判在京諸軍事。是日，日傍有背氣，背氣，原本作「會氣」，今據歐陽史司天考改正。（影庫本粘籤）凡十二。

同光三年春正月甲午朔，帝御明堂殿受朝賀，仗衞如式。丙申，詔以昭宗、少帝山陵未備，昭宗、少帝，原本作「詔宗大帝」，今據舊唐書改正。（影庫本粘籤）宜令有司別選園陵改葬，尋以年饑財匱而止。契丹寇幽州。戊戌，詔：「起今後特恩授官及侍衞諸軍將校、內諸司等官，其告身官給，舊例朱膠錢、臺省禮錢並停，其餘合徵臺省禮錢，比舊數五分中許徵一分，特恩者不徵。兵、吏部兩司逐月各支錢四十貫文，充吏人食直。少府監鑄錢造印文，今後不得徵納銅炭價直，其料物官給。」庚子，車駕發京師幸鄴。以前許州節度使李紹沖爲太子少保；以前邠州節度使韓恭爲右金吾大將軍，充兩街使；以前安州節度使朱漢賓爲左龍武統軍。庚戌，車駕至鄴。命青州節度使符習修酸棗河堤。先是，梁末帝決河隄〔四〕，引水東注至鄆、濮，以限我軍，至是方修之。丙辰，幽州上言，節度使李存賢卒。

二月甲子朔，詔：「興唐府管內有百姓隨絲鹽錢，每兩與減五十文。案：五代會要作每兩與減放五文。逐年所俵蠶鹽，每斗與減五十文。小菉豆稅，每畝與減放三升。都城內所徵稅絲，永與除放。」丙寅，定州節度使王都來朝。丁卯，畋於近郊。己巳，召從臣擊球於鞠場。辛未，許州上言：「襄城、葉縣準勅割隸汝州，其扶溝等縣請卻隸當州。」卻隸當州，原本作「卻顯」，今據文改正。（影庫本粘籤）從之。甲戌，以滄州節度使李紹斌爲幽州節度使，依前檢校太保；以大同軍留後安元信爲滄州節度使。乙亥，幸王莽河射鴈。丙子，李嗣源奏，涿州東南殺敗契丹，生擒首領三十人。符習奏，修隄役夫遇雪寒逃散。樞密使郭崇韜上表辭兼鎭。時帝命李紹斌鎭幽州，以其時望未重，欲以李嗣源爲鎭帥，且爲紹斌聲援，移郭崇韜兼領汴州。召崇韜議之，崇韜奏以爲當，因懇辭兼領〔五〕。庚辰，以宣武軍節度使李嗣源爲鎭州節度

使。辛巳，以皇子繼潼、繼嵩、繼蟾、繼蟾，原本脫「繼」字，今據歐陽史增入。（影庫本粘籤）繼嶢並檢校司徒，皆沖幼，未出閤。突厥、渤海國皆遣使貢方物。帝幸近郊射鴈。甲申，以樞密使郭崇韜爲依前守侍中、監修國史、兼樞密使，加食邑實封。廣南劉巖遣使奉書於帝，稱「大漢國王致書上大唐皇帝」。乙酉，帝射鴨於郭泊。郭泊，原本作「郭伯」，今據册府元龜改正。（影庫本粘籤）丙戌，定州節度使、檢校太尉、兼侍中王都進封開國公，加食邑實封。戊子，幸近郊射鴈。工部尚書崔梲卒，贈右僕射。

三月癸巳朔，賜扈從諸軍將士優給，自二十千至一千。甲午，振武軍節度使、洛京內外蕃漢馬步使朱守殷奏，修月陂堤，至德宮南獲玉璽一紐〔六〕，獻之。詔示百官，驗其文曰「皇帝行寶」四字，方圓八寸，厚二寸，背紐交龍，光瑩精妙。守殷又於役所得古文錢四百六十六，內二十六文曰「得一元寶」，四百四十曰「順天元寶」，上之。案龐元英文昌雜錄云：同光三年，洛京積善坊得古文錢，曰「得一元寶」「順天元寶」，史不載何代鑄錢。近見錢氏錢譜云：史思明再陷洛陽，鑄「得一錢」，賊黨以爲「得一」非佳號，乃改「順天」。蓋史思明所鑄錢也。丙申，寒食節，帝與皇后出近郊，遙饗代州親廟。庚子，詔取三月十七日車駕歸洛京。壬寅，符習奏，修河隄畢功。

戊申，帝召郭崇韜謂曰：「朕思在德勝寨時，霍彥威、段凝皆予之勍敵，終日格鬭，戰聲相聞，安知二年之間，在吾廡下。吾無少康、光武之才，一旦重興基構者，良由二三勳德同

心輔翼故也。朕有時夢寐，如在戚城，思念曩時挑戰鏖兵，勞則勞矣，然而揚旌伐鼓，差慰人心，殘壘荒溝，依然在目。予欲按德勝故寨，與卿再陳舊事。」崇韜曰：「此去澶州不遠，陛下再觀戰地，益知王業之艱難，豈不韙哉！」己酉，車駕發鄴宮。辛亥，至德勝城。案：五代春秋作庚子，帝幸鄴都，遂幸德勝故城。據薛史，則己酉發鄴宮，辛亥至德勝城，與五代春秋異。蓋五代春秋祗以下詔之日爲據也。登城四望，指戰陣之處以諭宰臣。渡河南觀廢柵舊阯，至楊村寨，沿河至戚城，置酒作樂而罷。壬子，淮南楊溥遣使朝貢。東京副留守張憲奏，諸營家口一千二百人逃亡，以艱食故也。時宮苑使王允平、伶人景進爲帝廣采宮人，不擇良家委巷，殆千餘人，車駕不給，載以牛車，纍纍於路焉。庚辰，車駕至自鄴。案：原本作庚辰，歐陽史作庚申，疑永樂大典傳寫之訛。考通鑑及五代春秋皆作庚辰，又疑原本不誤。據上文，正月甲午朔，二月甲子朔，三月癸巳朔，則三月不得有庚辰也。蓋其誤始於薛史，而通鑑、五代春秋皆襲其訛耳。今姑從原本，仍爲辨正於此。辛酉，詔本朝以雍州爲西京，洛州爲東都，并州爲北都。近以魏州爲東京，宜依舊以洛京爲東都，魏州改爲鄴都，與北都並爲次府。

夏四月癸亥朔，案：五代春秋作辛亥朔，通鑑從薛史。日有蝕之。以租庸副使孔循權知汴州軍州事。丙寅，淮南楊溥遣使貢方物。壬申，幸甘泉亭。癸酉，詔翰林學士承旨盧質覆試新及第進士。案五代會要：時以新及第進士符蒙正等尙干浮議，故命盧質覆試。租庸使奏：「時雨久愆，請下諸道州府，依法祈禱。」從之。乙亥，帝與皇后幸郭崇韜第，又幸左龍武統軍朱漢賓之第。戊

寅，以耀州爲團練州，其順義軍額宜停。庚辰，帝侍皇太后幸會節園，遂幸李紹榮之第。辛巳，以旱甚，詔河南府徙市，造五方龍，集巫禱祭。癸未，以兗州節度使李紹欽爲鄧州節度使。丁亥，以鎮州節度使李嗣源兼北面水陸轉運使，以徐州節度使李紹眞爲副。禮部貢院新及第進士四人，其王澈改爲第一，桑維翰第二，符蒙正第三，成僚第四。禮部侍郎裴皞既無黜落，特議寬容。今後新及第人，候過堂日委中書門下精加詳覆。陝州奏，木連理。庚寅，中書侍郎兼工部尙書、平章事趙光胤卒，案薛史：二年六月，光允加兼戶部尙書，此處作工部，前後互異，未知孰是。（舊五代史考異）廢朝三日。

五月壬辰朔，淮南楊溥貢端午節物。丁酉，皇太妃劉氏薨於晉陽，廢朝五日，帝於興安殿行服。時皇太后欲奔喪於晉陽，百官上表請留，乃止。戊戌，以鎮州行軍司馬、知軍府事任圜爲工部尙書。戊申，幸龍門廣化寺祈雨。己酉，黑水、女眞皆遣使朝貢。戊午，以鳳州衙內馬步軍都指揮使李繼昶爲涇州節度使、李繼昶，原本作「繼永」，今從歐陽史改正。（影庫本粘籤）檢校太傅。己未，詔天下見禁罪人，如無大過，速令疎放。幸玄元廟禱雨。

六月癸亥，雲州上言，去年契丹從磧北歸帳，達靼因相掩擊，其首領于越族帳自磧北以部族羊馬三萬來降〔一七〕，已到南界，今差使人來赴闕奏事。甲子，太白晝見。丁卯，以滄州節度使安元信充北面行營馬步軍都排陣使。辛未，以宗正卿李紓充昭宗、少帝改卜園陵使。壬申，京師雨足。自是大雨，至於九月，晝夜陰晦，未嘗澄霽，江河漂溢，隄防壞決，天下皆訴水災。丁丑，詔吳越王錢鏐將行册禮，準禮文合用竹册，宜令所司修製玉册。時郭崇韜秉政，以爲不可，樞密承旨段徊贊其事，故有是命。癸丑，以天德軍節度使、管內蕃漢都知兵馬使劉承訓爲天德軍節度觀察留後。丙戌，詔曰：「關內諸陵，頃因喪亂，例遭穿穴，多未掩修。其下宮殿宇法物等，各令奉陵州府據所管陵園修製，仍四時各依舊例薦饗。每陵仰差近陵百姓二十戶充陵戶，以備灑掃。其壽陵等一十陵，亦一例修掩，量置陵戶。」戊子，以刑部尙書李琪充昭宗、少帝改卜園陵禮儀使。己丑，以工部郎中李途爲京兆少尹，充修奉諸陵使。辛卯，詔括天下私馬，案五代會要：詔下河南、河北諸州，和市戰馬，官吏除一匹外，匿者坐罪。蓋當時私馬之禁如此。將收蜀故也。永樂大典卷七千一百五十七。案三楚新錄：莊宗謂高季興曰：「今天下負固不服者，惟吳、蜀耳。朕欲先有事于蜀，而蜀地險阻尤難，江南才隔荊南一水，朕欲先之，卿以爲何如？」季興對曰：「臣聞蜀地富民饒，獲之可建大利；江南國貧，地狹民少，得之恐無益。臣願陛下釋吳先蜀。」時莊宗意亦欲伐蜀，及聞季興之言，果大悅。（舊五代史考異）

校勘記

〔一〕齋勅書　「齋」原作「賚」，據殿本、劉本改。

〔二〕行軍司馬　「軍」原作「馬」，據殿本、劉本改。

〔三〕平章事　原作「平事事」，據殿本、劉本改。

〔四〕乙酉　册府卷三四、歐陽史卷五唐本紀作己酉。按同光二年七月戊戌朔，無乙酉，在丙午與辛亥之間，當是己酉。

〔五〕節度副使　「副」字原無，據會要卷二五補。

〔六〕由是副知己之薦成接士之榮　「知己」原作「己知」，據會要卷二五改。「成」原作「或」，據殿本、劉本、會要卷二五改。

〔七〕兩使判官　原作「判官兩使」，據會要卷二五、册府卷六一及本注上文改。

〔八〕其軍事判官　「事」原作「州」，據殿本、劉本、會要卷二五改。

〔九〕門下省　「門」字原無，册府卷六三二作「門下省」，據補。

〔一〇〕同光元年八月　「元年」原作「二年」，據會要卷二〇、册府卷六三二改。

〔一一〕盧重　原作「盧從」，據殿本、劉本、會要卷二〇改。

〔一二〕揩改姓名　「揩」原作「楷」，據殿本、劉本改。

〔一三〕兼尙書令　「兼」字原無，據殿本補。

〔一四〕梁末帝決河隄　「決」原作「次」，據劉本、册府卷四九七、通鑑卷二七三改。

〔五〕因懇辭彙領　懇原作「貇」，據殿本、劉本、彭本改。

〔六〕至德宮南　殿本、劉本同。冊府卷二五、會要卷五並作「至立德坊南古岸」。

〔七〕于越　原作裕悅，注云：「舊作于越，今改正。」按此係輯錄舊五代史時據遼史索倫國語解所改，今恢復原文。

舊五代史卷三十三

唐書九

莊宗紀第七

同光三年秋七月丁酉，以久雨，詔河南府依法祈晴。滑州上言，黃河決。壬寅，皇太后崩於長壽宮，帝執喪於內，出遺令以示於外。癸卯，帝於長壽宮成服，百官於長壽宮幕次成服後，於殿前立班奉慰。乙巳，宰臣上表請聽政，不允；表再上，勅旨宜廢朝七日。丁未，弘文館上言：「請依六典，改弘文館爲崇文館。」從之。時樞密使郭崇韜亡父名弘，崇韜指，奏而改之。案五代會要載同光三年勅云：崇文館比與弘文館並置，今請改稱，頗協舊典。蓋豆盧革曲爲豆盧革希之說也。洛水泛漲，壞天津橋，以舟濟渡，日有覆溺者。己酉，宰臣百官上表請聽政，又請復常膳，表凡三上。以刑部尚書李琪充大行皇太后山陵禮儀使，河南尹張全義充山陵橋道排頓使，孔謙充監護使。壬子，河陽、陝州上言，河溢岸。以禮部尚書王正言案：原本作「直言」，今

據歐陽史改正。（舊五代史考異）爲戶部尚書，以御史中丞崔協爲禮部尚書，以刑部侍郎、史館修撰、判館事崔居儉爲御史中丞，以尚書左丞歸藹爲刑部侍郎〔一〕。陝州上言，河漲二丈二尺，壞浮橋，入城門，居人有溺死者。乙卯，汴州上言，汴水泛漲，恐漂沒城池，於州城東西權開壕口，引水入古河。澤潞上言，自今月一日雨，至十九日未止。戊午，以刑部尚書、判太常卿兼判吏部尚書銓事李琪爲吏部尚書，依前判太常卿；以兵部侍郎、集賢殿學士、判院事盧文紀爲吏部侍郎；以給事中李光序爲尚書右丞。許州、滑州奏，大水。

八月壬戌，詔諸司人吏，不許諸處奏薦，如有勞績，只許本司奏聞。詔有司，吳越王印宜以黃金鑄成，其文曰「吳越國王之印」。丁卯，帝釋服，百官奉慰於長壽宮。戊辰，客省使李嚴使蜀回。初，帝令往市蜀中珍玩，蜀法嚴峻，不許奇貨東出，其許市者謂之「入草物」。案：原本「入草」訛「全草」，今據通鑑及冊府元龜所引薛史改正。（舊五代史考異）嚴不獲珍貨，歸而奏之，帝大怒曰：「物歸中夏者命之曰『入草』，王衍寧免爲入草之人耶！」由是伐蜀之意銳矣。庚辰，幸壽安山陵作所。鄴都大水，御河泛溢。癸未，河南縣令羅貫長流崖州，尋委河南府決痛杖一頓，處死，坐部內橋道不修故也。及死，人皆寃之。甲申，山陵禮儀使奏：「山陵封域之內，先有丘墳，合令子孫改卜。舊例給其所費，無子孫者官爲瘞藏。如是五品以上官〔二〕，

所司仍以禮致祭。」從之。鳳翔奏，大水。己酉，中書門下上言：「據禮儀使狀，準故事，太常少卿定大行太后謚議，太常卿署定訖，告天地宗廟。伏準禮文：賤不得誄貴，子不得爵母，后必謚於廟者，受成於祖宗。今大行太后謚，請太常卿署定後，集百官連署謚狀訖，讀於太廟太祖皇帝室，然後差丞郎一人撰册文，別定日，命太尉上謚册於西宮靈座，同日差官告天地、太微宮、宗廟，如常告之儀。」從之。青州大水、蝗。己丑，以襄州留後李紹珙爲襄州節度使，以邠州留後董璋爲邠州節度使。

九月辛卯朔，河陽奏，黃河漲一丈五尺。癸巳，中書上言：「大行皇太后謚議合讀於太廟太祖室，其日，集兩省御史臺五品已上、尚書省四品已上、諸司三品已上官，於太廟序立。」從之。鎭州、衞州奏，案：原本脫「鎭州」二字，今據册府元龜所引薛史增入。（舊五代史考異）水入城，壞廬舍。乙未，制封第三子鄴都留守、興聖宮使、檢校太尉、同平章事、判六軍諸衞事繼岌爲魏王。幸壽安陵。庚子，襄州奏，漢江漲溢，漂溺廬舍。是日，命大舉伐蜀，詔曰：

朕夙荷丕基，乍平僞室，非不欲寵綏四海，寵綏，原本作「寵維」，今據文改正。（影庫本粘籤）協和萬邦，庶正朔以遐同，俾人倫之有序。其或地居陬裔，位極驕奢，殊乖事大之規，但蘊倫安之計，則必徵諸典訓，振以皇威，爰興伐罪之師，冀遏亂常之黨。蠢茲蜀主，世負唐恩，間者父總藩宣，任居統制〔三〕，屬朱温東離汴水，致昭皇西幸岐陽，不務扶持，

反懷顧望，盜據劍南之土宇，全虧閫外之忳誠。先皇帝早在并門，將興霸業，彼既曾馳書幣〔四〕，此亦復展謝儀。後又特發使人，專持聘禮，彼則更不迴一介之使，答咫尺之書，星歲俄移，歡盟頓阻。朕頃遵遺訓，嗣統列藩，追昔日之來誠，繼先皇之舊好，累馳信幣，皆絕酬還，背惠食言，棄同即異。今覩孽豎，紹據山河，委閹宦以持權，憑阻修而僭號。早者，曾上秦王緘札，張皇蜀地聲塵，形侮黷之言辭，謗親賢之勳德。昨朕風驅銳旅，電掃兇渠，復已墜之宗祧，纘中興之曆數。捷音旋報，復命仍稽，使來而倘抗書題，倘抗書題，原本作「倘挽」，考通鑑：蜀主遣歐陽彬聘于唐，書題稱大蜀皇帝奉書大唐皇帝。知原本「挽」字殊誤，據册府元龜所引薛史作「倘抗」，今改正。（影庫本粘籤）情動而先誇險固。加以宋光葆輒陳狂計，別啓奸謀，將欲北顧秦川，東窺荊渚，人而無禮，罪莫大焉。

昨客省使李嚴奉使銅梁，近歸金闕，凡於奏對，備述端由。其宋光嗣相見之時，於坐上便有言說，先問契丹強弱，次數秦王是非，度此包藏，可見情狀。加以疏遠忠直，朋比奸雄。內則縱恣輕華，競貪寵位；競貪，原本作「竟食」，今據册府元龜改正。（影庫本粘籤）外則滋彰法令，蠹耗生靈。既德力以不量，在神祇之共憤。今命興聖宮使、魏王繼岌充西川四面行營都統，命侍中、樞密使郭崇韜充西川東北面行營都招討制置等使，荊南節度使高季興充西川東南面行營都招討使，鳳翔節度使李曮充供軍轉運應接等使，同州節度使李令德充行營招討副使，陝府節度使李紹琛充行營蕃漢馬步軍都排陣斬斫使，西京留守張筠充西川管內安撫應接使，華州節度使毛璋充行營左廂馬步都虞候，邠州節度使董璋充行營右廂馬步都虞候，客省使李嚴充西川管內招撫使，總領關下諸軍，兼四面諸道馬步兵事，取九月十八日進發。凡爾中外，宜體朕懷。

辛丑，授魏王繼岌諸道行營都統，餘如故。繼岌既受都統之命，以梁漢顒充中軍馬步都虞候兼馬步軍都指揮使，張廷蘊爲中軍步軍都指揮使，牛景章充中軍左廂馬軍都指揮使，沈斌充中軍右廂馬軍都指揮使，卓瓌充中軍左廂步軍都指揮使，王贇充中軍右廂步軍都指揮使，中軍右廂，原本脫「廂」字，今據册府元龜增入。（影庫本粘籤）供奉官李從襲充中軍馬步軍都監，高品李廷安、呂知柔充魏王衙通謁。充魏王衙通謁，原本作「王衞」，今據册府元龜改正。（影庫本粘籤）詔工部尚書任圜、翰林學士李愚參魏王軍事。丁未夕，偏天陰雲，北方有聲如雷，野雉皆鳴，俗所謂「天狗落」。戊申，魏王繼岌、樞密使侍中郭崇韜進發西征。案：原本衍「辛巳幸壽安陵甲寅」八字，今刪去。太子少師致仕薛廷珪卒，案：原本作「少保」，今據列傳改正。（舊五代史考異）贈右僕射。甲寅，幸壽安陵。司天上言：「自七月三日大雨，至九月十八日後方晴，三辰行度不見。」丁巳，幸尖山射鴈。

冬十月庚申朔，宰臣及文武三品以上官赴長壽宮，上大行皇太后謚曰貞簡皇太后。辛

酉，幸甘泉，遂幸壽安陵。壬戌，魏王繼岌率師至鳳翔，先遣使馳檄以諭蜀部。丁卯，奉皇太后尊謚寶册赴西宮靈座〔五〕，宰臣豆盧革攝太尉讀册文，吏部尚書李琪讀寶文，百官素服班於長壽宮門外奉慰。淮南楊溥遣使進慰禮。己巳，中書上言：「貞簡太后陵請以坤陵爲名。」從之。初卜山陵，帝欲祔於代州武皇陵，奏議：「天子以四海爲家，不當分其南北。」乃於壽安縣界別卜是陵。案五代會要載中書門下奏議云：「人君以四海爲家，不當分其南北。洛陽是帝王之宅，四時朝拜，禮須便近，不能遠幸代州。今漢朝諸陵，皆近秦雍，國朝陵寢，布列京畿。後魏文帝自代遷洛之後，園陵皆在河南，兼勅功臣之家，不許北葬，今魏氏諸陵尚在京畿。祔葬代州，理未爲允。」從之。

丙子，以前翰林學士、戶部侍郎馮道依前本官充職。戊寅，西征之師入大散關，案九國志趙廷隱傳云：自入敵境，即禁兵士焚廬舍，剽財物，蜀人德之。（舊五代史考異）僞命鳳州節度使王承捷、故鎭屯駐指揮使唐景思次第迎降，得兵一萬二千、軍儲四十萬。又下三泉，得軍儲三十餘萬。自是師無匱乏，軍聲大振。辛巳，僞興州刺史王承鑒、成州刺史王承朴棄城遁去，康延孝大破蜀軍於三泉。時王衍將幸秦州，以其軍五萬屯於利州。聞我師至，遣步騎三萬逆戰於三泉，延孝與李嚴以勁騎三千擊之，蜀軍大敗，斬首五千級，餘衆奔潰。王衍聞敗，自利州奔歸成都，斷吉柏津案：通鑑作桔柏，考歐陽史亦作吉柏，今仍其舊。（舊五代史考異）浮梁而去。丁亥，文武百官上表，以貞簡皇太后靈駕發引，請車駕不至山陵所。戊子，葬貞簡太后於坤陵。己丑，

魏王繼岌至興州，僞東川節度使宋光葆以梓、綿、劍、龍、普五州來降，武定軍使王承肇以洋、蓬、壁三州來降(六)，興元節度使王宗威以梁、開、通、渠、麟五州來降，階州刺史王承岳納符印請命，秦州節度使王承休王承休，原本作「成休」，今據通鑑及十國春秋改正。（影庫本粘籤）棄城自扶州路奔於西川。案太平廣記引王氏見聞記云：王承休握銳兵於天水，兵刃不衊。既知東軍入蜀，遂擁麾下之師及婦女孩幼萬餘口、金銀繒帛，於西蕃買路歸蜀。沿路爲西蕃擄奪，凍餓相踐而死，迨至蜀，存者百餘人，唯與田宗汭等脫身而至。魏王使人問之曰：「親握重兵，何得不戰？」曰：「畏大王神武，不敢當其鋒。」曰：「何不早降？」曰：「蓋緣王師不入封部，無門納款。」曰：「初入蕃部幾許人？」曰：「萬餘口。」「今存者幾何？」曰：「纔及百數。」魏王曰：「汝可償萬人之命。」遂斬之。（舊五代史考異）

十一月庚寅朔，帝幸壽安，號慟於坤陵。戊戌，以振武節度使朱守殷爲兗州節度使。徐州、鄴都上言，十月二十五日夜，地大震。康延孝至利州，修吉柏津浮梁。僞昭武軍節度使林思諤來降。案：原本作「世諤」，今據通鑑、十國春秋改正。（舊五代史考異）辛丑，魏王過利州，帝賜王衍詔，諭以禍福。甲辰，魏王至劍州，僞武信軍節度使王宗壽以遂、合、渝、瀘、忠五州來降(七)。案九國志王宗壽傳：王衍時爲武信軍節度使，唐師入境，郭崇韜遣使遺宗壽書，宗壽不納，聞衍降，乃治裝赴闕(八)。據薛史則王衍未送款宗壽已降矣，與九國志異。丁未，高麗國遣使貢方物。康延孝、李嚴至漢州，王衍遣人送牛酒請降，李嚴遂先入成都。戊申，祔貞簡皇太后神主於太廟。

己酉，魏王至綿州，王衍遣使上牋歸命。庚戌，皇弟鄆州節度使存霸、滑州節度使存渥、左金吾大將軍晉州節度使存乂、邢州節度使存紀，並授起復雲麾將軍、右金吾大將軍同正。荆南節度使高季興奏，收復歸、夔、忠等州。辛亥，魏王至德陽。僞六軍使王宗弼報，王衍舉家遷於西宅，宗弼權稱西川兵馬留後；又報僞樞密使宋光嗣景潤澄、宣徽使李周輅歐陽晃同有異謀，宣徽使，原本作「宣崇」，今據十國春秋改正。（影庫本粘籤）惑亂蜀主，已梟斬訖。案九國志王宗弼傳：唐師陷鳳州，衍遣三招討屯三泉以拒唐師，未戰，三招討俱遁走，因令宗弼守綿谷而誅三招討，宗弼遂與三招討同送款於魏王。乃還成都，斬宋光嗣等，函首送於魏王，遷衍及母妻於西宮。通鑑作李嚴至成都，宗弼猶乘城爲守備，與九國志異。壬子，王衍遣使上表請降。癸丑，以吳越國馬步統軍使、檢校太傅錢元球爲檢校太尉、守侍中，充靜海軍節度使。乙卯，魏王至西川城北。丙辰，蜀主王衍出降，語在衍傳。案：王衍出降在十一月丙辰，通鑑與薛史同，歐陽史作己酉，蓋據其上牋歸命之日而先書之，其實己酉唐師尚在綿州，未入成都也。五代春秋作十二月，蜀王衍降，尤誤。丁巳，大軍入成都，法令嚴峻，市不易肆。自興師凡七十五日蜀平，得兵士三萬、兵仗七百萬、糧三百五十三萬、錢一百九十二萬貫、金銀共二十二萬兩、珠玉犀象二萬、紋錦綾羅五十萬，得節度州十、郡六十四、縣二百四十九。己丑，禮儀使奏：「貞簡皇太后升祔禮畢，一應宗廟伎樂及諸祀並請仍舊。」從之。

十二月壬戌，以前雲州節度使李存敬爲同州節度使；以同州節度使、檢校太保、同平

章事李令德爲遂州節度使，以邠州節度使、檢校太保董璋爲劍南東川節度副大使、知節度事；以華州節度使毛璋爲邠州節度使，以左金吾大將軍史敬鎔爲華州節度使。丁卯，以武寧軍節度副使李紹文爲兗州觀察留後。庚午，宴諸王武臣於長春殿，始用樂。始用樂，原本作「紹用」，今據文改正。（影庫本粘籤）丙子，以北京副留守、太原尹孟知祥爲檢校太傅(九)、同平章事、成都尹、劍南西川節度副大使、知節度事、西山八國雲南都招撫等使；以戶部尚書王正言爲檢校吏部尚書、守興唐尹，充鄴都副留守；以鄴都副留守、興唐尹張憲檢校吏部尚書、太原尹，充北京副留守、知留守事。

己卯，以臘辰狩於白沙，皇后、皇子、宮人畢從。庚辰，次伊闕。辛巳，次潭泊。壬午(一〇)，次龕澗。案：原本「潭泊」訛「覃泊」，「龕澗」訛「龍澗」，今並從通鑑改正。（舊五代史考異）癸未，還宮。是時大雪苦寒，吏士有凍踣於路者。伊、汝之民，飢乏尤甚，衞兵所至，責其供餉，既不能給，因壞其什器，撤其廬舍而焚之，甚於剽劫。縣吏畏恐，竄避於山谷間。甲申，出御札示中書門下，以今歲水災異常，所在人戶流徙，以避徵賦，關市之征，抽納繁碎，宜令宰臣商量條奏。丙戌，第三姑宋氏封義寧大長公主，長姊孟氏封瓊華長公主，案：通鑑以瓊華爲克讓女，則莊宗之從姊也(一一)。隆平集、東都事略孟昶傳並云：父知祥，尚唐莊宗妹。俱與薛史異。（舊五代史考異）第十一妹張氏封瑤英長公主。

閏十二月甲午(一二)，賜中書門下詔曰：

朕聞古先哲王，臨御天下，上則以無偏無黨爲至治，次則以足食足兵爲遠謀，緬惟前修，誠可師範。朕纂承鳳曆，嗣守鴻圖，三載於茲，萬機是總，非不知五兵未弭，兆庶多艱，蓋賴卿等寅亮居懷，康濟爲務，冀盡賦輿之理(一三)，洞詢盍徹之規。今則潛按方區，備聆謠俗，或力役罕均其勞逸，或賦租莫辨於後先，但以督促爲名，煩苛不已。被甲冑者何嘗充給，趨朝省者轉困支持，州閭之貨殖全疎，天地之災祥屢應。以至星辰越度，越度，原本作「越展」，今據文改正。（影庫本粘籤）旱澇不時，農桑失業於丘園，道殣相望於郊野，生靈及此，寢食寧遑，豈非朕德政未孚，焦勞自拙者耶！

朕昨親援毫翰，軫念瘡痍，一則詢爾謀猷，一則表予宵旰，未披來奏，轉撓於懷，敢不翼翼罪躬，乾乾軫慮。咨爾四岳，弼予一人，何不舉賢才，裨寡昧。百辟之內，羣后之間，莫不有盡忠者被掩其能，抱器者艱陳其力。或草澤有遺逸之士，山林多屈滯之人，爾所不知，吾將安訪！卿等位尊調鼎，名顯代天，既逢不諱之朝，何吝由衷之說(一四)，當宜歷告中外，急訪英髦。應在仕及前資文武官已下，至草澤之士，有濟國治民、除姦革弊者，並宜各獻封章，朕當選擇施行。其近宣御札，亦告諭內外，體朕意焉。

是時，兩河大水，戶口流亡者十四五，都下供饋不充，軍士乏食，乃有鬻子去妻，老弱採拾於野，殍踣於行路者。州郡飛輓，旋給京師，租庸使孔謙日於上東門外伫望其來，案：原本作「尙東門」，據通鑑注云：洛城東面三門，中曰建春，左曰上東，右曰永春。今改正。（舊五代史考異）算而給之。加以所在泥潦，輦運艱難，愁歎之聲，盈於道路，四方地震，天象乖越。帝深憂之，問所司濟贍之術。孔謙比以吏進，故無保邦濟民之要務，唯以急刻賦斂爲事。樞密承旨段徊奏曰：「臣見本朝時或遇歲時災歉，國費不足，天子將求經濟之要，則內出朱書御札，以訪宰臣，請陛下依此故事行之。」卽命學士草詞，帝親札以訪宰臣，非帝憂民之實也。時宰相豆盧革等依阿狥旨，竟無所陳，但云：「陛下威德冠天下，今西蜀平定，珍寶甚多，可以給軍。水旱作沴，天之常道，不足以貽聖憂。」中官李紹宏奏曰：「俟魏王旋軍之後，俟魏王，原本脫「王」字，今據文增入。（影庫本粘籤）若兵額漸多，饋輓難給，請且幸汴州，以便漕輓。」時羣臣獻議者亦多，大較詞理迂闊，不中時病。唯吏部尙書李琪引古田租之法，從權救弊之道，上疏言之，帝優詔以獎之。

丁酉，詔僞蜀私署官員等：「惟名與器，不可假人，況是遐僻偏方，僭竊僞署，因時亂而濫稱名位，歸國體而悉合削除。但恐當本朝屯否之時，有歷代簪纓之士，旣陷彼土，遂授僞官。又慮有會受本朝渥恩，當時已居班秩，須爲升降，不可通同。應僞署官至太師、太傅及

三少，幷太尉、司徒、司空、侍中、中書令、左右僕射已上，並宜降至六尙書，臨時更約僞署高低爲六行次第。階至開府、特進、金紫者，宜令文班降至朝散大夫，武班降至銀青。爵僞署將相已上與開國男〔五〕，餘並不得更稱封爵，其有功臣者削去。案：此句疑有脫誤，據五代會要作其有功臣名號，並宜削去。如是僞署節鎭，伐罪之初，率先向化及立功效者，宜委繼岌、崇韜臨時奬任。其刺史但許稱使君，不得更有檢校官。其僞署班行正四品已上，酌此降黜，五品已下，如不曾經本朝授官，若材智有聞，卽許於府縣中量材任使；如無材智可錄，如無材智可錄，原本脫「無」字，今據五代會要增入。（影庫本粘籤）止是蜀地土人，並宜放歸田里。如是西班有稱統軍上將軍者，案：原本作「兩班」，今據五代會要改正。（舊五代史考異）若是本朝功臣子孫及將相之嗣，並據人材高下，與諸衞小將軍、府率、中郎將，次第授任。如是小將軍已下，據人材堪任使者，宜委西川節度使衙前補押衙；不堪任使者，亦宜放歸田里。應已前降官，除軍前量事迹任使外，餘並稱前銜，候朝廷續據才行任使。」

庚子，彰武、保大等節度使高萬興卒。甲辰，淮南楊溥遣使朝貢。乙巳，以晉州節度使李存乂爲鄜州節度使，以相州刺史李存確爲晉州節度使。丙午，兩省諫官上疏，請車駕不巡幸汴州，凡三上章，乃允。庚戌，魏王繼岌奏，遣秦州副史徐謫齎書招諭南詔蠻。又奏，點到兩川馬九千五百三十四。案淸異錄：莊宗滅梁平蜀，志頗自逸，命蜀匠織十幅無縫錦爲被材，被成，賜名

「六合被」。（舊五代史考異）辛亥，制皇第二弟存霸可封永王，第三弟存美可封邕王，第四弟存渥可封申王，第五弟存乂可封睦王，第六弟存確可封通王，第七弟存紀可封雅王。案：原本作「睢王」，考通鑑及歐陽史皆作雅王，薛史宗室傳亦作雅王，今改正。（舊五代史考異）是歲，日傍有背氣，凡十三。永樂大典卷七千一百五十七。

校勘記

〔一〕尙書左丞歸靄　「歸靄」，殿本、劉本作「歸藹」。影庫本粘籤云：「歸藹，原本作『歸譪』，今據通鑑改正。」

〔二〕五品以上官　「官」原作「品」，據殿本、劉本改。

〔三〕任居統制　「居」原作「君」，據劉本、彭本、冊府卷一二三改。

〔四〕彼旣曾馳書幣　「曾」原作「會」，據冊府卷一二三改。

〔五〕西宮　原作「西京」，據劉本、本卷上文改。

〔六〕王承肇以洋蓬壁三州來降　「洋」原作「達」，據本書卷五一魏王繼岌傳、冊府卷二九一、通鑑卷二七三改。按太平寰宇記卷一三七：「達州，唐爲通州，宋乾德二年始改爲達州。」

〔七〕王宗壽以遂合渝瀘忠五州來降　通鑑卷二七四「忠」作「昌」。

〔八〕乃治裝赴闕　殿本考證此句下有「歐陽史蜀世家亦言，宗壽獨不降，聞衍已銜璧，大慟，從衍東遷」二十四字。

〔九〕以北京副留守太原尹孟知祥爲檢校太傅　「守」下原有「事」字，據殿本刪。

〔一〇〕壬午　原作「壬寅」，據殿本、通鑑卷二七四改。按二十史朔閏表，同光三年十二月庚申朔，無壬寅，在辛巳和癸未間，當是壬午。

〔一一〕莊宗　原作「莊公」，據殿本考證改。

〔一二〕閏十二月甲午　「閏」字原無，據殿本補。按二十史朔閏表，同光三年十二月庚申朔，無甲午，閏十二月己丑朔，甲午爲初六日。冊府卷一〇三載此詔亦在閏十二月。

〔一三〕冀盡賦輿之理　「賦」原作「數」，劉本作「敷」，據冊府卷一〇三改。

〔一四〕何吝由衷之說　「吝」原作「怯」，據殿本、劉本、冊府卷一〇三改。影庫本批校云：「『怯』應作『吝』。」

〔一五〕爵僞署將相已上與開國男　「上」原作「下」，據會要卷一七改。

舊五代史卷三十四

唐書十

莊宗紀第八

同光四年春正月戊午朔，帝不受朝賀。契丹寇渤海。壬戌，壬戌，原本作「丙戌」，據上文爲戊午朔，下文有癸亥、甲子，不得先敍丙戌。歐陽史作壬戌，降死罪以下囚。今改正。（影庫本粘籤）詔以去歲災沴，物價騰踊，自今月三日後避正殿，減膳撤樂，以答天譴。應去年遭水災州縣，秋夏稅賦並與放免。自壬午年已前所欠殘稅，及諸色課利，已有勑命放免者，倘聞所在却有徵收，宜令租庸司切準前勑處分。應京畿內人戶，有停貯斛斗者，並令減價出糶，如不遵行，當令檢括。西川王衍父子及僞署將相官吏，除已行刑憲外，一切釋放。天下禁囚，除十惡五逆、官典犯贓、屠牛毁錢、放火劫舍、持刃殺人，準律常赦不原外，應合抵極刑者，遞降一等。其餘罪犯悉與減降。逃背軍健，並放逐便。

癸亥，河中節度使李繼麟來朝。諸州上言，準宣爲去年十月地震，集僧道起消災道場。甲子，魏王繼岌殺樞密使郭崇韜於西川，夷其族。丙寅，百官上表，請復常膳〔一〕，凡三上表，乃允之。西川行營都監李廷安進西川樂官進西川樂官，原本脫「西」字，今據文增入。（影庫本粘籤）二百九十八人。契丹寇女眞、渤海。戊寅，契丹阿保機遣使貢良馬。庚辰，帝異母弟鄆州節度使存乂伏誅。存乂，郭崇韜之子壻也，故亦及於禍。是日，以河中節度使、守太師、兼尚書令、西平王李繼麟爲滑州節度使，尋令朱守殷以兵圍其第，案：歐陽史作圍其館，胡三省云：歐陽史蓋謂朱友謙無私第在洛陽也。據雲谷雜記，唐末藩鎭入朝，館舍皆稱邸第，似無庸更易其字，通鑑仍從薛史作第。（舊五代史考異）誅之，夷其族。辛巳，吐渾、奚各遣使貢馬。鎭州上言，部民凍死者七千二百六十人。又奏，準宣進花果樹栽及抽樂人梅審鐸赴京。甲申，以鄆州節度使、永王存霸爲河中節度使，以滑州節度使、申王存渥爲鄆州節度使。乙酉，內人景姹上言：「昭宗遇難之時，皇屬千餘人同時遇害，爲三穴瘞於宮城西古龍興寺北，請改葬。」從之，仍詔河南府監護其事。丙戌，迴鶻可汗阿咄欲遣使貢良馬〔二〕。鎭州上言，平棘等四縣部民，餓死者二千五十人。丁亥，詔朱友謙同惡人史武等七人，已當國法，並籍沒家產。武等友謙舊將，時皆爲刺史，並以無罪族誅。案通鑑云：友謙舊將史武等七人，時爲刺史，皆坐族誅。蓋以薛史爲據，於七人姓名不爲全載。考歐陽史，丁亥，殺李繼麟之將史武、薛敬容、周唐殷、楊師太、王景、來仁、白奉國，可補薛史所未備。

二月己丑，以宣徽南院使、南院，原本作「北院」，考歐陽史及通鑑俱作南院，今改正。（影庫本粘籤）知內侍省兼內勾、特進、右領軍衞上將軍李紹宏爲驃騎大將軍、守左武衞上將軍、知內侍省，充樞密使。甲午，以鄭州刺史李紹奇爲河陽節度使，以樂人景進爲銀青光祿大夫、檢校右散騎常侍、守御史大夫。進以俳優嬖幸，善采訪閭巷鄙細事以啓奏，復密求妓媵以進，恩寵特厚。魏州錢穀諸務，及招兵市馬，悉委進監臨。孔謙附之以希寵，常呼爲「八哥」。諸軍左右無不托附，至於士人，亦有因之而求仕進者。每入言事，左右紛然屏退，惟以陷害熒惑爲意焉。是日，帝幸冷泉校獵。乙未，宰臣豆盧革上言，請支州縣官實俸，以責課效。

丙申，武德使史彥瓊自鄴馳報稱：「今月六日，貝州屯駐兵士突入都城，剽劫坊市。」初，帝令魏博指揮使楊仁晸率兵戍瓦橋，至是代歸，有詔令駐於貝州。上歲天下大水，十月鄴地大震，自是居人或有亡去他郡者，每日族談巷語云：「城將亂矣！」人人恐悚，皆不自安。十二月，以戶部尙書王正言爲興唐尹、爲興唐尹，原本脫「唐」字，今據列傳增入。（影庫本粘籤）知留守事。正言年耄風病，事多忽忘，比無經治之才。武德使史彥瓊者，以伶官得幸，帝待以腹心之任，都府之中，威福自我，正言以下，皆脅肩低首，曲事不暇。由是政無統攝，姦人得以窺圖。洎郭崇韜伏誅，人未測其禍始，皆云：「崇韜已殺繼岌，自王西川，故盡誅郭氏。」先是，有密詔令史彥瓊殺朱友謙之子澶州刺史建徽。史彥瓊夜半出城，不言所往。詰旦，闔報正

言曰：「史武德夜半馳馬而去，不知何往。」是日人情震駭，訛言云：「劉皇后以繼岌死於蜀，已行弒逆，帝已晏駕，故急徵彥瓊。」其言播於鄴市，貝州軍士有私寧親於都下者，掠此言傳於貝州。軍士皇甫暉等因夜聚蒱博不勝，遂作亂，劫都將楊仁晸曰：「我輩十有餘年，爲國家効命，甲不離體，已至吞併天下，主上未垂恩澤，翻有猜嫌。防戍邊遠，經年離阻鄉國，及得代歸，去家咫尺，不令與家屬相見。今聞皇后弒逆，京邑已亂，將士各欲歸府寧親，請公同行。」仁晸曰：「汝等何謀之過耶！今英主在上，天下一家，從駕精兵不下百萬，西平巴、蜀，威振華夷，公等各有家族，何事如此！」軍人乃抽戈露刃環仁晸曰：「三軍怨怒，咸欲謀反，苟不聽從，須至無禮。」仁晸曰：「吾非不知此，但丈夫舉事，須計萬全。」軍人卽斬仁晸。裨將趙在禮聞軍亂，衣不及帶，將踰垣而遁，亂兵追及，白刃環之曰：「公能爲帥否？否則頭隨刃落！」在禮懼，卽曰：「吾能爲之。」衆遂呼譟，中夜燔劫貝郡。詰旦，擁在禮趣臨清，剽永濟、館陶。永濟，原本作「求齊」，今據通鑑改正。（影庫本粘籤）五日晚，有自貝州來者，言亂兵將犯都城，都巡檢使孫鐸等急趨史彥瓊之第，告曰：「賊將至矣，請給鎧仗，登陴拒守。」彥瓊曰：「今日賊至臨清，計程六日方至，爲備未晚。」孫鐸曰：「賊來寇我，必倍道兼行，一朝失機，悔將何及！請僕射率衆登陴，鐸以勁兵千人伏於王莽河逆擊之，賊既挫勢，須至離潰，然後可以剪除。如俟其凶徒薄於城下，必慮奸人內應，則事未可測也。」彥瓊曰：「但訓士守城，何須

即戰。」時彥瓊疑孫鐸等有他志，故拒之。是夜三更，賊果攻北門，彥瓊時以部衆在北門樓，聞賊呼譟，即時驚潰。彥瓊單騎奔京師。遲明，亂軍入城，孫鐸與之巷戰，不勝，攜其母自水門而出，獲免。晡晚，趙在禮引諸軍據宮城，宮城，原本作「官城」，通鑑作宮城，胡三省註云：帝即位于魏州，以牙城爲宮城。今改正。（影庫本粘籤）署皇甫暉、趙進等爲都虞候、斬斫使，案九國志趙進傳云：莊宗入洛，猶行遣屯，廩祿既薄，又不時給，士卒多怨憤，思亂者十七。同光末，進與本軍皇甫暉等共推趙在禮相率夜犯鄴城，鄴中士卒莫有鬭志，進等因陷其城。未踰旬，兵數萬。在禮署進銜內都虞候、三城巡檢使。通鑑作趙在禮據宮城，署皇甫暉及軍校趙進爲馬步都指揮使。與九國志異。諸軍大掠。興唐尹王正言謁在禮，望塵再拜。是日，衆推在禮爲兵馬留後，草奏以聞。帝怒，命宋州節度使元行欽率騎三千赴鄴都招撫，詔徵諸道之師進討。

丁酉，淮南楊溥遣使賀平蜀。己亥，魏王繼岌奏，康延孝擁衆反，迴寇西川。遣副招討使任圜率兵追討之〔三〕。庚子，福建節度副使王延翰奏，節度使王審知委權知軍府事。邢州左右步直軍四百人據城叛，步直，原本作「徒直」，通鑑作步直，胡三省註云：步直，謂步兵長直者也。今改正。（影庫本粘籤）推軍校趙太爲留後，詔東北面副招討使李紹眞率兵討之。辛丑，元行欽至鄴都，進攻南門，以詔書招諭城中，趙在禮獻羊酒勞軍，登城遙拜行欽曰：「將士經年離隔父母，不取勑旨歸寧，上貽聖憂，追悔何及！儻公善爲敷奏，俾從渙汗，某等亦不敢不改過自

新。」行欽曰：「上以汝輩有社稷功，必行赦宥。」因以詔書諭之。皇甫暉聚衆大詬，即壞詔。行欽以聞，帝怒曰：「收城之日，勿遺噍類！」壬寅，行欽自鄴退軍，保澶州。甲辰，從馬直宿衞軍士王溫等五人夜半謀亂，殺本軍使，爲衞兵所擒，磔於本軍之門。丙辰，以右散騎常侍韓彥惲爲戶部侍郎。丁未，鄴都行營招撫使元行欽率諸道之師再攻鄴都。戊申，以洋州留後李紹文爲夔州節度使。詔河中節度使、永王存霸歸藩。己酉，以樞密使宋唐玉爲特進、左威衞上將軍，充宣徽南院使。

庚戌，諸軍大集於鄴都，進攻其城，不克。行欽又大治攻具。城中知其無赦，晝夜爲備。朝廷聞之益恐，連發中使促繼岌西征之師。繼岌以康延孝據漢州，中軍之士從任圜進討，繼岌端居利州，利州，原本作「則州」，今據十國春秋改正。（影庫本粘籤）不獲東歸。是日，飛龍使顏思威部署西川宮人至。辛亥，淮南楊溥遣使貢方物。西京上言，客省使李嚴押蜀主王衍至本府。壬子，以守太尉、中書令、河南尹兼河陽節度使、齊王張全義爲檢校太師、兼尚書令，充許州節度使。東川董璋奏，準詔誅遂州節度使李令德於本州，夷其族。癸丑，湖南馬殷奏，湖南馬殷，原本脫「馬」字，今據文增入。（影庫本粘籤）福建節度使王審知疾甚，副使王延翰已權知軍府事，請降旄節。司天監上言：自二月上旬後，晝夜陰雲，不見天象，自二十六日方晴，至月終，星辰無變。以右衞上將軍朱漢賓知河南府事。

甲辰〔四〕，命蕃漢總管李嗣源統親軍赴鄴都，以討趙在禮。帝素倚愛元行欽，鄴城軍亂，即命爲行營招討使，久而無功。時趙太據邢州，王景戡據滄州，自爲留後，河朔郡邑多殺長吏。帝欲親征，樞密使與宰臣奏言〔五〕：「京師者，天下根本，雖四方有變，陛下宜居中以制之，但命將出征，無煩躬御士伍。」帝曰：「紹榮討亂未有成功，繼岌之軍尙留巴、漢，餘無可將者，斷在自行。」樞密使李紹宏等奏曰：「陛下以謀臣猛將取天下，今一州之亂而云無可將者，何也？總管李嗣源是陛下宗臣，創業已來，艱難百戰，何城不下，何賊不平，威略之名，振於夷夏，以臣等籌之，若委以專征，鄴城之寇不足平也。」帝素寬大容納，無疑於物，自誅郭崇韜、朱友謙之後，閹官伶官交相讒諂，邦國大事皆聽其謀，繇是漸多猜惑，不欲大臣典兵，既聞奏議，乃曰：「予恃嗣源侍衞，卿當擇其次者。」又奏曰：「以臣等料之，非嗣源不可。」河南尹張全義亦奏云：「河朔多事，久則患生，宜令總管進兵。如倚李紹榮輩，未見其功。」帝乃命嗣源行營。是日，延州知州白彥琛奏，綏、銀兵士剽州城謀叛。綏、銀，原本作「經銀」，據通鑑注云：綏、銀爲夏州所屬。今改正。（影庫本粘籤）魏王繼岌傳送郭崇韜父子首函至闕下〔六〕，詔張全義收瘞之。乙巳，以右武衞上將軍李肅爲安邑、解縣兩池榷鹽使，以吏部尙書李琪爲國計使。

三月丁未朔，案：通鑑作丁巳朔，與薛史異。李紹眞奏，收復邢州，擒賊首趙太等二十一人，

徇於鄴都城下，皆磔於軍門。庚戌，李紹眞自邢州赴鄴都城下。案：通鑑作庚申，李紹眞引兵至鄴都，營於城西北，以太等徇於鄴城下而殺之。與薛史異。辛亥〔七〕，以威武軍節度副使、福建管內都指揮使、檢校太傅、守江州刺史王延翰爲福建節度使，依前檢校太傅。壬子，李嗣源領軍至鄴都，營於西南隅。甲寅，進營於觀音門外，下令諸軍，詰旦攻城。是夜，城下軍亂，案：通鑑作壬戌，李嗣源至鄴都，甲子夜，軍亂。考異引莊宗實錄作壬戌，至鄴都，癸亥夜，軍士張破敗作亂。與薛史異日，通鑑從薛史。（舊五代史考異）迫嗣源爲帝。遲明，亂軍擁嗣源及霍彥威入於鄴城，復爲皇甫暉等所脅，嗣源以詭詞得出，詭詞，原本作「詭記」，今據文改正。（影庫本粘籤）夜分至魏縣。時嗣源遙領鎮州，詰旦，議欲歸藩，上章請罪，安重誨以爲不可，語在明宗紀中。翌日，遂次於相州。元行欽部下兵退保衞州，以飛語上奏，嗣源一日之中遣使上章申理者數四。帝遣嗣源子從審案：從審，歐陽史作從璟。考通鑑，從審自衞州歸莊宗，賜名繼璟，與歐陽史異。與中使白從訓齎詔以諭嗣源〔八〕，行至衞州，從審爲元行欽所械，不得達。是日，西面行營副招討使任圜奏，收復漢州，擒逆賊康延孝。

丙辰〔九〕，荊南高季興上言，請割峽內夔、忠、萬等三州却歸當道，依舊管係，又請雲安監。初，將議伐蜀，詔高季興令率本軍上峽，自收元管屬郡。軍未進，夔、忠、萬三州已降，季興數請之，因賂劉皇后及宰臣樞密使，內外叶附，乃俞其請。戊午，詔河南府預借今年秋夏租稅。時年飢民困，百姓不勝其酷，京畿之民，多號泣於路，議者以爲劉盆子復生矣。庚

申，詔路州節度使孔勍赴闕，以右龍虎統軍安崇阮權知潞州。是日，忠武軍節度使、齊王張全義薨。壬戌，宰臣豆盧革率百官上表，以魏博軍變，請出內府金帛優給將士。不報。時知星者上言：「客星犯天庫，宜散府藏。」又云：「流星犯天棓，主御前有急兵。」帝召宰臣於便殿，皇后出宮中粧奩銀盆各二，并皇子滿哥三人，滿哥，原本作「蒲哥」，今據歐陽史家人傳改正。（影庫本粘籤） 謂宰臣曰：「外人謂內府金寶無數，向者諸侯貢獻旋供賜與，今宮中有者，粧奩、嬰孺而已，可鬻之給軍。」革等惶恐而退。癸亥，以僞蜀昭武軍節度使林思諤爲閬州刺史。是日，出錢帛給賜諸軍，兩樞密使及宋唐玉、景進等各貢助軍錢幣。是時，軍士之家乏食，婦女掇蔬於野，及優給軍人，皆負物而詬曰：「吾妻子已殍矣，用此奚爲！」甲子〔一〇〕，元行欽自衞州率部下兵士歸，帝幸耀店以勞之。案：通鑑作鷂店，胡三省注云：薛史作耀店。今仍其舊。（舊五代史考異） 元行欽請車駕幸汴州，帝將發京師，遣中官向延嗣馳詔所在誅蜀主王衍，仍夷其族。

乙丑，車駕發京師。戊辰，遣元行欽將騎軍沿河東向。壬申，帝至滎澤〔一一〕，以龍驤馬軍八百騎爲前軍，遣姚彥溫董之，彥溫行至中牟，率所部奔於汴州。時潘環守王村寨，有積粟數萬，亦奔汴州。是時，李嗣源已入於汴，帝聞諸軍離散，精神沮喪，至萬勝鎮卽命旋師。登路旁荒塚，置酒視諸將流涕。俄有野人進雉，因問塚名，對曰：「里人相傳爲愁臺。」帝彌

不悅，罷酒而去。是夜次汜水。初，帝東出關，從駕兵二萬五千，及復至汜水，已失萬餘騎。乃留秦州都指揮使張塘以步騎三千守關。帝過甖子谷，甖子谷，原本作「罌子谷」，考舊唐書甖子谷在成皋，通鑑亦作「甖」，今改。（影庫本粘籤） 道路險狹，每遇衞士執兵仗者，皆善言撫之曰：「適報魏王繼岌又進納西川金銀五十萬，到京當盡給爾等。」軍士對曰：「陛下賜與太晚，人亦不感聖恩。」帝流涕而已。又索袍帶賜從官，內庫使張容哥對曰：「頒給已盡。」衞士叱容哥曰：「致吾君社稷不保，是此閹豎！」抽刀逐之，或救而獲免。容哥謂同黨曰：「皇后惜物不散，軍人歸罪於吾輩，事若不測，吾輩萬段，願不見此禍。」因投河而死。案隆平集：內臣李承進逮事唐莊宗，太祖嘗問莊宗時事，對曰：「莊宗好畋獵，每次近郊，衞士必控馬首曰：『兒郎輩寒冷，望陛下與救接。』莊宗隨所欲給之，如此者非一。晚年蕭牆之禍，由賞賚無節，威令不行也。」太祖歎曰：「二十年夾河戰爭，不能以軍法約束此輩，誠兒戲。」（舊五代史考異）

甲戌，次石橋，案：通鑑作甲申，次石橋西，與薛史異。歐陽史作甲戌，至自萬勝，與薛史合。 帝置酒野次，悲啼不樂，謂元行欽等諸將曰：「鄴下亂離，寇盜蜂起，總管迫於亂軍，存亡未測，今訛言紛擾，朕實無聊。卿等事余已來，富貴急難，無不共之，今茲危蹙，賴爾籌謀，而竟默默無言，坐觀成敗。予在滎澤之日，欲單騎渡河，訪求總管，面爲方略，招撫亂軍，卿等各吐胸襟，共陳利害，今日俾余至此，卿等如何！」元行欽等百餘人垂泣而奏曰：「臣本小人，蒙陛

下撫養，位極將相，危難之時，不能立功報主，雖死無以塞責，乞申後効，以報國恩。」於是百餘人皆援刀截髮，置髻於地〔一二〕，以斷首自誓，上下無不悲號，識者以爲不祥。是日，西京留守張籛部署西征兵士到京，見於上東門外，晡晚，帝還宮。初，帝在汜水，衞兵散走，京師恐駭不寧，及帝至，人情稍安。乙亥，百官進名起居。安義節度使孔勍奏，點校兵士防城，準詔運糧萬石，進發次。時勍已殺監軍使據城，詭奏也。丙子〔一三〕，樞密使李紹宏與宰相豆盧革、韋說會於中興殿之廊下，商議軍機，因奏：「魏王西征兵士將至，車駕且宜控汜水，宜控汜水，原本作「宜撫汜水」，今從通鑑改正。（影庫本粘籤） 以俟魏王。」從之。午時，帝出上東門親閱騎軍，誡以詰旦東幸，申時還宮。

四月丁丑朔，案：歐陽史及通鑑、五代春秋俱作四月丁亥朔。考遼史，天顯元年卽同光四年，亦作四月丁亥朔。唯薛史作丁丑，與諸書異。案：是年正月係戊午朔，三月係丁未朔，則四月朔日自當爲丁丑。薛史據當時實錄，其月日有可徵信也〔一四〕。 以永王存霸爲北都留守，申王存渥爲河中節度使。是日，車駕將發京師，從駕馬軍陳於宣仁門外〔一五〕，步兵陳於五鳳門外。帝內殿食次，從馬直指揮使郭從謙自本營率所部抽戈露刃，至興教門大呼，與黃甲兩軍引弓射興教門。帝聞其變，自宮中率諸王近衞禦之，逐亂兵出門。既而焚興教門，緣城而入，登宮牆讙譟，帝御親軍格鬬，殺亂兵數百。俄而帝爲流矢所中，亭午，崩於絳霄殿之廡下，時年四十三〔一六〕。琬琰集載宋實錄王全斌傳

云：同光末，蕭牆有變，亂兵逼宮城，近臣宿將，皆釋甲潛遁，惟全斌與符彥卿等十數人居中拒戰。莊宗中流矢，扶掖歸絳霄殿，全斌慟哭而去。東都事略符彥卿傳云：郭從謙之亂，莊宗左右皆引去，惟彥卿力戰，殺十餘人。莊宗崩，彥卿慟哭而去。參考薛史何福進傳，時莊宗親軍，惟彥卿、福進數十而已〔一七〕。 是時，帝之左右例皆奔散，唯五坊人善友 案：通鑑作鷹坊人善友，胡三省注云：鷹坊，唐時五坊之一也。善，姓也。（舊五代史考異） 斂廡下樂器簇於帝尸之上，發火焚之。及明宗入洛，止得其燼骨而已。天成元年七月丁卯，有司上諡曰光聖神閔孝皇帝，廟號莊宗。是月丙子，葬於雍陵。永樂大典卷七千一百五十八。

五代史補：莊宗之嗣位也，志在渡河，但恨河東地狹兵少，思欲百練其衆，以取必勝於天下，乃下令曰：「凡出師，騎軍不見賊不許騎馬，或步騎前後已定，不得越軍分以避險惡。其分路並進，期會有處，不得違晷刻。并在路敢言病者，皆斬之。」故三軍懼法而戮力，皆一以當百，故朱梁舉天下而不能禦，卒爲所滅，良有以也。初，莊宗爲公子，雅好音律，又能自撰曲子詞。其後凡用軍，前後隊伍皆以所撰詞授之，使揭聲而唱，謂之「御製」。至於入陣，不論勝負，馬頭纔轉，則衆歌齊作。故凡所鬬戰，人忘其死，斯亦用軍之一奇也。 莊宗好獵，每出，未有不蹂踐苗稼。一旦至中牟，圍合，忽有縣令，忘其姓名，犯圍諫曰：「大凡有國家者，當視民如赤子，性命所繫。陛下以一時之娛，恣其蹂踐，使比屋囂然動溝壑之慮，爲民父母，豈其若是耶！」莊宗大怒，以爲遭縣令所辱，遂叱退，將斬之。伶官鏡新磨者，知其不可，乃與羣伶齊進，挽住令，佯爲詬責曰：「汝爲縣令，可以指麾百姓爲兒，旣天子好獵，卽合多留閑地，安得縱百姓耕鋤皆徧，妨天子鷹犬飛走耶！而又不能自責，更敢咄咄，吾知汝當死罪。」諸伶亦皆嘻笑繼和，於是莊宗默然，其怒少霽，頃之，恕縣令罪。 五代史闕文：莊宗嘗因搏

戲，覩俳子朵有暗箭輪者，心悅之，乃自置暗箭格，凡博戲並認朵之在下者。及同光末，鄴都兵亂，從謙以兵犯興教門，莊宗斃之，中流矢而崩。識者以爲暗箭之應。

史臣曰：莊宗以雄圖而起河、汾，以力戰而平汴、洛，家讎既雪，國祚中興，雖少康之嗣夏配天，光武之膺圖受命，亦無以加也。然得之孔勞，失之何速？豈不以驕於驟勝，逸於居安，忘櫛沐之艱難，狥色禽之荒樂。外則伶人亂政，內則牝雞司晨。靳吝貨財，激六師之憤怨；徵搜輿賦，竭萬姓之脂膏。大臣無罪以獲誅，衆口吞聲而避禍。夫有一於此，未或不亡，矧咸有之，不亡何待！靜而思之，足以爲萬代之炯誡也。永樂大典卷七千一百五十八。

校勘記

〔一〕請復常膳　「常」原作「帝」，據彭校改。

〔二〕阿咄欲　殿本作阿都欲，殿本考證云：「阿都欲，舊作阿咄欲，今改。」

〔三〕率兵追討之　「之」原作「次」，據殿本、劉本改。

〔四〕甲辰　通鑑卷二七四作甲寅。按本卷中干支與通鑑所紀多有差異，凡注文未涉及者，出校以備參考。

〔五〕樞密使　「使」原作「史」，據殿本、劉本改。

〔六〕至闕下　「闕」原作「關」，據殿本、劉本改。

〔七〕辛亥　通鑑卷二七四作辛酉。

〔八〕齋詔　「齋」原作「賫」，據殿本、劉本改。

〔九〕丙辰　通鑑卷二七五注引莊宗實錄，高季興請割三州事在三月丙寅。下文戊午，通鑑作戊辰。

〔一〇〕甲子　通鑑卷二七四作甲戌，下文乙丑、戊辰、壬申通鑑作乙亥、戊寅、壬午。

〔一一〕榮澤　原作「滎澤」，據殿本、劉本、通鑑卷二七四改。

〔一二〕置髻於地　「髻」原作「鬢」，據劉本改。

〔一三〕丙子　通鑑卷二七四作丙戌。

〔一四〕蓋薛史據當時實錄其月日有可徵信也　舊五代史考異作「然薛史明宗紀亦作四月丁亥朔。蓋各據莊宗實錄、明宗實錄，未及合考」。

〔一五〕宣仁門　原作「寬仁門」，據通鑑卷二七五、歐陽史卷三七伶官傳改。通鑑注云：「唐昭宗天祐二年，敕改東都延喜門爲宣仁門。」又，唐六典：東都東城在皇城之東，東曰宣仁門，南曰承福門。」

〔一六〕時年四十三　殿本、劉本、通鑑卷二七五、會要卷一「三」作「二」。

〔一七〕參考薛史何福進傳……而已　二十二字原無，據孔本補。

舊五代史卷三十五

唐書十一

明宗紀第一

明宗聖德和武欽孝皇帝，諱亶，初名嗣源，及即位，改今諱，代北人也。世事武皇，及其錫姓也，遂編於屬籍。四代祖諱聿，皇贈麟州刺史，天成初，追尊爲孝恭皇帝，廟號惠祖，陵曰遂陵；高祖妣衞國夫人崔氏，追諡爲孝恭昭皇后。三代祖諱教，案：原本作「諱敖」，今從五代會要改正。皇贈朔州刺史，追尊爲孝質皇帝，廟號毅祖，陵曰衍陵；曾祖妣趙國夫人張氏，追諡爲孝質順皇后。皇祖諱琰，皇贈尉州刺史，追尊爲孝靖皇帝，廟號烈祖，陵曰奕陵；皇祖妣秦國夫人何氏，追諡爲孝靖穆皇后。皇考諱霓，案歐陽史云：父霓，未知孰是。（舊五代史考異）皇贈汾州刺史，追尊爲孝成皇帝，廟號德祖，陵曰慶陵；皇妣宋國夫人劉氏，追諡爲孝成懿皇后。帝即孝成之元子也。以唐咸通丁亥歲九月九日，懿后生帝於應州之金城縣。

初，孝成事唐獻祖爲愛將，獻祖之失振武，爲吐渾所攻，部下離散，孝成獨奮忠義，解蔚州之圍。武皇之鎮鴈門也，孝成厭代，帝年甫十三，善騎射，獻祖見而撫之曰：「英氣如父，可侍吾左右。」每從圍獵，仰射飛鳥，控弦必中，尋隸武皇帳下。武皇遇上源之難，武皇，原本作「武后」，今據文改正。（影庫本粘籤）將佐罹害者甚衆，帝時年十七，翼武皇踰垣脫難，於亂兵流矢之內，獨無所傷。武皇鎮河東，以帝掌親騎。時李存信爲蕃漢大將，每總兵征討，師多不利，武皇遂選帝副之，所向克捷。

帝嘗宿於鴈門逆旅，媪方娠，不時具饌，媪聞腹中兒語云：「大家至矣，速宜進食。」媪異之，遽起，親奉庖爨甚恭，帝詰之，媪告其故。案北夢瑣言云：帝以媪前倨後恭，詰之，曰：「公貴不可言也。」問其故，具道娠子腹語事，帝曰：「老媪遜言，懼吾辱耳。」後果如其言。（舊五代史考異）帝既壯，雄武獨斷，謙和下士。每有戰功，未嘗自伐。居常唯治兵仗，持廉處靜，晏如也。武皇常試之，召於泉府，命恣其所取，帝唯持束帛數緡而出。凡所賜與，分給部下。常與諸將會，諸將矜衒武勇，帝徐曰：「公輩以口擊賊，吾以手擊賊。」衆慚而止。景福初，黑山戍將王弁據振武叛，帝率其屬攻之，擒弁以獻。

乾寧三年，梁人急攻兗、鄆，鄆帥朱瑄求救於武皇。武皇先遣騎將李承嗣、史儼援之，復遣李存信將兵三萬屯於莘縣。聞汴軍益盛，攻兗甚急，存信遣帝率三百騎而往，敗汴軍於任城，遂解兗州之圍。朱瑾見帝，執手涕謝。其年，魏帥羅弘信背盟，襲破李存信於莘縣，案：原本作「華縣」，今據新唐書藩鎮傳改正。（舊五代史考異）帝奮命殿軍而還，武皇嘉其功，即以所屬五百騎號曰「橫衝都」，侍於帳下，故兩河間目帝爲李橫衝。

明年，武皇遣大將軍李嗣昭率師下馬嶺關，馬嶺關，原本作「爲嶺」，今從通鑑改正。（影庫本粘籤）將復邢、洺，梁將葛從周以兵應援。嗣昭兵敗，退入青山口，梁軍扼其路，步兵不戰自潰，嗣昭不能制。會帝本軍至，謂嗣昭曰：「步兵雖散，若吾輩空迴，大事去矣。爲公試決一戰，不捷而死，差勝被囚。」嗣昭曰：「吾爲卿副。」帝率其屬，解鞍礪鏃，憑高列陣，左右指畫，梁人莫之測，因呼曰：「吾王命我取葛司徒，他士可無併命。」即徑犯其陣，奮擊如神。嗣昭繼進，梁軍即時退去，帝與嗣昭收兵入關。帝四中流矢，血流被股，武皇解衣授藥，手賜卮酒，撫其背曰：「吾兒神人也，微吾兒幾爲從周所笑。」自青山之戰，名聞天下。

天復中，梁祖遣氏叔琮將兵五萬，營於洞渦。是時，諸道之師畢萃於太原，郡縣多陷於梁，晉陽城外，營壘相望。武皇登陣號令，不遑飲食。屬大雨彌旬，城壘多壞，武皇令帝與李嗣昭分兵四出，突入諸營，梁軍由是引退，帝率偏師追襲，復諸郡邑。昭宗之幸鳳翔也，梁祖率衆攻圍岐下，武皇奉詔應援，遣李嗣昭、周德威出師晉、絳，營於蒲縣。嗣昭等軍，大爲梁將朱友寧、朱友寧，原本作「勿寧」，今從歐陽史家人傳改正。（影庫本粘籤）氏叔琮所敗，梁之追兵直

抵晉陽，營於晉祠，日以步騎環城。武皇登城督衆，憂形於色。攻城既急，武皇與大將謀，欲出奔雲中，帝曰：「攻守之謀，據城百倍，但兒等在，必能固守。」乃止。居數日，潰軍稍集，率敢死之士，日夜分出諸門掩襲梁軍，擒其驍將游崑崙等。梁軍失勢，乃燒營而退。

天祐五年五月，莊宗親將兵以救潞州之圍，帝時領突騎左右軍與周德威分爲二廣。帝晨至夾城東北隅，命斧其鹿角，負芻塡塹，下馬乘城大譟。時德威登西北隅，亦譟以應之。帝先入夾城，大破梁軍，是日解圍，其功居最。柏鄉之役，案：原本訛「松鄉」，今據通鑑改正。（舊五代史考異）兩軍既成列，莊宗以梁軍甚盛，慮師人之怯，欲激壯之，手持白金巨鍾賜帝酒，謂之曰：「卿見南軍白馬、赤馬都否？覩之令人膽破。」帝曰：「彼虛有其表耳，翌日當歸吾廄中。」莊宗拊髀大笑曰：「卿已氣吞之矣。」帝引鍾盡釂，即屬鞬揮弭，躍馬挺身，與其部下百人直犯白馬都，奮檛舞矟，生挾二騎校而迴，飛矢麗帝甲如蝟毛焉。由是三軍增氣，自辰及未，騎軍百戰，帝往來衝擊，執訊獲醜，不可勝計。是日，梁軍大敗。以功授代州刺史。莊宗遣周德威伐幽州，帝分兵略定山後八軍，八軍，原本作「八年」，今據通鑑改正。（影庫本粘籤）與劉守光愛將元行欽戰於廣邊軍，凡八戰，帝控弦發矢七中。行欽酣戰不解，矢亦中帝股，拔矢復戰。行欽窮蹙，面縛乞降，帝酌酒飲之，拊其背曰：「吾子壯士也！」因厚遇之。

十三年二月，莊宗與梁將劉鄩大戰於故元城北，帝以三千騎環之，鼓譟奮擊，內外合勢，鄩軍殆盡。帝徇地慈、洺。四月，相州張筠遁走，乃以帝爲相州刺史。九月，滄州節度使戴思遠棄城歸汴，滄州，原本作「涓州」，今據薛史梁紀改正。（影庫本粘籤）小將毛璋據州納款，莊宗命帝率兵慰撫。既入城，以軍府乂安報莊宗〔一〕，書吏誤云：「已至滄州，禮上畢。」莊宗省狀，怒曰：「嗣源反耶！」帝聞之懼，歸罪於書吏，斬之。未幾，承制授邢州節度使。

十四年四月，契丹阿保機率衆攻幽州，周德威間使告急，莊宗召諸將議進取之計，諸將咸言：「敵勢不能持久，持久，原本作「持文」，今據文改正。（影庫本粘籤）野無所掠，食盡自還，然後踵而擊之可也。」帝奏曰：「德威盡忠於家國，孤城被攻，危亡在即，不宜更待敵衰。願假臣突騎五千爲前鋒以援之。」莊宗曰：「公言是也。」即命帝與李存審、閻寶率軍赴援，帝爲前鋒，會軍於易州。帝謂諸將曰：「敵騎以馬上爲生，不須營壘，況彼衆我寡，所宜銜枚箝馬，潛行溪澗，襲其不備也。」

八月，師發上谷，陰晦而雨，帝仰天祈祝，即時晴霽，師循大房嶺，緣澗而進。翌日，敵騎大至，每遇谷口，敵騎扼其前，帝與長子從珂奮命血戰，敵即解去，我軍方得前進。距幽州兩舍，敵騎復當谷口而陣，我軍失色，帝曰：「爲將者受命忘家，臨敵忘身，以身徇國，正在今日。諸君觀吾父子與敵周旋！」因挺身入於敵陣，以邊語諭之曰：「爾輩非吾敵，吾當與天皇較力耳。」案：原本作「人皇」，考遼史太祖稱爲天皇，讓宗追稱人皇。莊宗初年侵幽州者，乃太祖，非讓宗也。

今改正。（舊五代史考異）舞檛奮擊，萬衆披靡，俄挾其酋帥而還。我軍呼躍奮擊，敵衆大敗，勢如席捲，委棄鎧仗羊馬殆不勝紀。是日，解圍，大軍入幽州，周德威迎帝，執手歔欷。九月，班師於魏州，莊宗親出郊勞，進位檢校太保。

十八年十月，從莊宗大破梁將戴思遠於戚城，斬首二萬級。莊宗以帝爲蕃漢副總管，加同平章事。

二十年，代李存審爲滄州節度使。四月，莊宗即位於鄴宮，帝進位檢校太傅、兼侍中。尋命帝率步騎五千襲鄆州，下之，授天平軍節度使。

五月，梁人陷德勝南城，圍楊劉，以扼出師之路，帝孤守汶陽，四面拒寇，久之，莊宗方解楊劉之圍。九月，梁將王彥章以步騎萬人迫鄆州，自中都渡汶，帝遣長子從珂率騎逆戰於遞坊鎮，獲梁將任釗等三百人，彥章退保中都。莊宗聞其捷，自楊劉引軍至鄆，以帝爲前鋒，大破梁軍於中都，生擒王彥章等。是日，諸將稱賀，莊宗以酒屬帝曰：「昨朕在朝城，諸君多勸朕棄鄆州，以河爲界，賴副總管禦侮於前，崇韜畫謀於內，若信李紹宏輩，大事已掃地矣。」莊宗與諸將議兵所向，諸將多云：「青、齊、徐、兗皆空城耳，王師一臨，不戰自下。」唯帝勸莊宗徑取汴州，語在莊宗紀中，莊宗嘉之。帝即時前進，莊宗繼發中都。十月己卯，遲明，帝先至汴州，攻封丘門，汴將王瓚開門迎降。帝至建國門，建國，原本作「逮國」，今據通鑑改

正。（影庫本粘籤）聞梁主已殂，乃號令安撫，迴軍於封禪寺。辰時，莊宗至，帝迎謁路側。莊宗大悅，手引帝衣，以首觸帝曰：「吾有天下，由公之血戰也，當與公共之。」尋進位兼中書令。

同光二年正月〔三〕，契丹犯塞，帝受命北征。二月，莊宗以郊天禮畢，賜帝鐵券。四月，潞州小將楊立叛，帝受詔討之。五月，擒楊立以獻。六月，進位太尉，移鎮汴州，代李存審爲蕃漢總管。十二月，契丹入塞。

三年正月，帝領兵破契丹於涿州，案歐陽史云：冬，契丹侵漁陽，嗣源敗之于涿州。入寇破敵皆作多間事，蓋順文併敘之耳。當以薛史爲徵實。（舊五代史考異）移授鎮州節度使。案清異錄：明宗在藩不妄費，嘗召幕屬論事，各設法乳湯半盞，蓋甖中粟所煎者。（孔本）先是，帝領兵過鄴，鄴庫素有御甲，帝取五百聯以行。是歲，莊宗幸鄴，知之，怒甚〔三〕。無何，帝奏請以長子從珂爲北京內衙都指揮使，莊宗愈不悅，曰：「軍政在吾，安得爲子奏請！吾之細鎧，不奉詔旨強取，其意何也？」令留守張憲自往取之，左右說諭，乃止。帝憂恐不自安，上表申理，方解。

十二月，帝朝於洛陽。是時，莊宗失政，四方饑饉，軍士匱乏，有賣兒貼婦者，道路怨咨。帝在京師，頗爲謠言所屬，洎朱友謙、郭崇韜無名被戮，中外大臣皆懷憂懾。諸軍馬步都虞候朱守殷奉密旨伺帝起居，朱守殷，原本作「安殷」，今據歐陽史改正。（影庫本粘籤）守殷陰謂帝曰：

「德業振主者身危，功蓋天下者不賞，公可謂振主矣，宜自圖之，無與禍會。」帝曰：「吾心不負天地，禍福之來，吾無所避，付之於天，卿勿多談也。」

四年二月六日，趙在禮據魏州反，莊宗遣元行欽將兵攻之，行欽不利，退保衞州。初，帝善遇樞密使李紹宏，及帝在洛陽，羣小多以飛語謗毀，紹宏每爲庇護。會行欽兵退，河南尹張全義密奏，請委帝北伐，紹宏贊成之，遂遣帝將兵渡河。

三月六日，帝至鄴都，趙在禮等登城謝罪，出牲餼以勞師，帝亦慰納之，營於鄴城之西南，下令以九日攻城。八日夜，軍亂。從馬直軍士有張破敗者，號令諸軍，各殺都將，縱火焚營，讙譟雷動。至五鼓，亂兵逼帝營，親軍搏戰，搏戰，原本作「振戰」，今據文改正。（影庫本粘籤）傷痍者殆半，亂兵益盛。帝叱之，責其狂逆之狀，亂兵對曰：「昨貝州戍兵，主上不垂厚宥；又聞鄴城平定之後，欲盡坑全軍。某等初無叛志，直畏死耳。已共諸軍商量，與城中合勢，擊退諸道之師，欲主上帝河南，請令公帝河北。」案：原本作「河中」，今據通鑑改正。（舊五代史考異）帝泣而拒之，亂兵呼曰：「令公欲何之？不帝河北，則爲他人所有。苟不見幾，事當不測！」抽戈露刃，環帝左右。安重誨、霍彥威躡帝足，請詭隨之，因爲亂兵迫入鄴城。懸橋已發，共扶帝越濠而入，趙在禮等歡泣奉迎。案通鑑：亂兵擁嗣源及李紹眞等入城，城中不受外兵。皇甫暉逆擊張破敗，斬之，外兵皆潰。趙在禮等率諸校迎拜嗣源。（舊五代史考異）是日，饗將士於行宮，在禮等不納外兵，軍衆流散，無所歸向。帝登南樓，南樓，通鑑作城樓，考册府元龜引薛史亦作南樓，今仍其舊。（影庫本粘籤）謂在禮曰：「欲建大計，非兵不能集事，吾自於城外招撫諸軍。」帝乃得出。夜至魏縣，部下不滿百人，時霍彥威所將鎭州兵五千人獨不亂，聞帝既出，相率歸帝。詰朝，帝登城掩泣曰：「國家患難，一至於此！來日歸藩上章，徐圖再舉。」安重誨、霍彥威等曰：「此言非便也。國家付以閫外之事，不幸師徒逗橈，爲賊驚奔。元行欽狂妄小人，彼在城南，未聞戰聲，無故棄甲；如朝天之日，信其奏陳，何所不至！若歸藩聽命，便是強據要君，正墮讒慝之口也。正當星行歸闕，面叩玉階，讒間沮謀，庶全功業，無便於此者也。」帝從之。十一日，發魏縣，至相州，獲官馬二千匹，案：歐陽史作掠小坊馬三千匹〔四〕。（舊五代史考異）始得成軍。

元行欽退保衞州，果以飛語上奏，帝上章申理，莊宗遣帝子從審及內官白從訓齎詔諭帝。白從訓，原本作「向從訓」，考通鑑及歐陽史俱作「白」，今改正。（影庫本粘籤）從審至衞州，爲行欽所械，帝奏章亦不達。帝乃趨白皐渡，駐軍於河上，會山東上供綱載絹數船適至，乃取以賞軍，軍士以之增氣。及將濟，以渡船甚少，帝方憂之。忽有木栰數隻，沿流而至，即用以濟師，故無留滯焉。二十六日至汴州，莊宗領兵至滎澤，遣龍驤都校姚彥温爲前鋒。是日，彥温率部下八百騎歸於帝，具言：「主上爲行欽所惑，事勢已離，難與共事。」帝曰：「卿自不忠，言何悖也！」乃奪其兵，仍下令曰：「主上未諒吾心，遂致軍情至此，宜速赴京師。」既而房知温、

杜晏球自北面相繼而至。杜晏球，原本作「燕球」，今從通鑑及歐陽史改正。（影庫本粘籤）

四月丁亥朔，案：丁亥朔，與莊宗紀異。據莊宗紀，三月丁未朔，則四月當作丁丑。據此紀下文有己丑、甲午，則當作丁亥。前後參差，未詳孰是。（舊五代史考異）至甖子谷，聞蕭牆釁作，莊宗晏駕，帝慟哭不自勝。詰旦，朱守殷遣人馳報：「京城大亂，燔剽不息，請速至京師。」己丑，案：通鑑作乙丑，疑傳寫之訛，歐陽史從薛史作己丑。（舊五代史考異）帝至洛陽，止於舊宅，分命諸將止其焚掠。百官弊衣旅見，帝謝之，斂袵泣涕。時魏王繼岌征蜀未還，帝謂朱守殷曰：「公善巡撫，以待魏王。吾當奉大行梓宮山陵禮畢，即歸藩矣。」是日，羣臣諸將上牋勸進，帝面諭止之。樞密使李紹宏張居翰、宰相豆盧革韋說、六軍馬步都虞候朱守殷、青州節度使符習、徐州節度使霍彥威、宋州節度使杜晏球、兗州節度使房知温等頓首言曰：「帝王應運，蓋有天命，三靈所屬，當協冥符〔五〕。福之所鍾，福之所鍾，原本脫「福」字，今據册府元龜增入（影庫本粘籤）不可以謙遜免；道之已喪，不可以智力求。前代因敗爲功，殷憂啓聖，少康重興於有夏，平王再復於宗周，其命惟新，不失舊物。今日廟社無依，人神乏主，天命所屬，人何能爭！光武所謂『使成帝再生，無以讓天下』。願殿下俯徇樂推，時哉無失，軍國大事，望以教令施行。」帝優答不從。

壬辰，文武百僚三拜牋請行監國之儀，以安宗社，答旨從之。既而有司上監國儀注。甲午，幸大內興聖宮，始受百僚班見之儀。所司議卽位儀注，霍彥威、孔循等言：「唐之運數已

衰，不如自創新號。」因請改國號，不從土德。帝問藩邸侍臣，左右奏曰：「先帝以錫姓宗屬，爲唐雪冤，以繼唐祚。今梁朝舊人，不願殿下稱唐，請更名號。」帝曰：「予年十三事獻祖，以予宗屬，愛幸不異所生。事武皇三十年，排難解紛，櫛風沐雨，冒刃血戰，體無完膚，何艱險之不歷！武皇功業卽予功業，先帝天下卽予天下也。兄亡弟紹，於義何嫌。且同宗異號，出何典禮？運之衰隆，吾自當之，衆之莠言，吾無取也。」時羣臣集議，依違不定，唯吏部尚書李琪議曰：「殿下宗室勳賢，立大功於三世，一朝雨泣赴難，安定宗社，撫事因心，不失舊物。若別新統制，則先朝便是路人，煢煢梓宮，何所歸往！不唯殿下追感舊君之義，羣臣何安！請以本朝言之，則睿宗、睿宗，原本作「瑞宗」，今據新、舊唐書改正。（影庫本粘籤）文宗、武宗皆以弟兄相繼，卽位柩前，如儲后之儀可也。」於是羣議始定。河中軍校王舜賢奏，節度使李存霸以今月三日出奔，不知所在。乙未，敕曰：「寡人允副羣情，方監國事，外安黎庶，內睦宗親，庶諧敦敍之規，永保隆平之運。昨京師變起，禍難薦臻，至於戚屬之間，不測驚奔之所，慮因藏竄，濫被傷痍，言念於玆，自然流涕。宜令河南府及諸道，應諸王眷屬等，昨因驚擾出奔，所至之處，卽時津送赴闕。如不幸物故者，量事收瘞以聞。」案北夢瑣言：莊宗諸弟存紀、存確匿于南山民家，人有以報安重誨者，重誨曰：「主上以下詔尋訪，帝之仁德，必不加害，不如密令殺之。」果併命于民家。後明宗聞之，切讓重誨，傷惜久之。（舊五代史考異）以中門使安重誨爲樞密使，以鎭州別駕張延朗爲樞

密副使，以客將范延光爲宣徽使，進奏官馮贇爲內客省使。

丙申，下敕：「今年夏苗，委人戶自供，通頃畝五家爲保，本州具帳送省，州縣不得差人檢括。如人戶隱欺，許人陳告，其田倍徵。」己亥，命石敬瑭權知陝州兵馬留後，皇子從珂權知河南府兵馬留後。庚子，淮南楊溥進新茶。以權知汴州軍州事孔循爲樞密副使，以陳州刺史劉仲殷爲鄧州留後，以鄭州防禦使王思同爲同州留後。敕曰：「租庸使孔謙，濫承委寄，專掌重權，重權，原本作「重難」，今據册府元龜改正。（影庫本粘籤）侵剝萬端，姦欺百變。遂使生靈塗炭，軍士飢寒，成天下之瘡痍，極人間之疲弊。載詳衆狀，側聽輿辭，難私降黜之文，合正殛誅之典。宜削奪在身官爵，按軍令處分。雖犯衆怒，特貸全家，所有田宅，並從籍沒。」是日，謙伏誅。敕停租庸名額，依舊爲鹽鐵、戶部、度支三司，委宰臣豆盧革專判。

中書門下上言：「請停廢諸道監軍使、內勾司、租庸院大程官，出放猪羊柴炭戶。括田竿尺，一依朱梁制度，仍委節度、刺史通申三司，不得差使量檢。州使公廨錢物，先被租庸院管繫，今據數卻還州府〔六〕，州府不得科率百姓。百姓合散蠶鹽，每年祇二月內一度俵散，依夏稅限納錢。夏秋苗稅子，除元徵石斗及地頭錢，餘外不得紐配。先遇赦所放逋稅，租庸違制徵收，並與除放。今欲曉告河南府及諸道準此施行。」從之。是日，宋州節度使元行欽伏誅。壬寅，以樞密副使孔循爲樞密使。永樂大典卷七千一百六十四。案：歐陽史作左驍衞大將軍孔循爲樞密使。吳縝纂誤云：孔循傳作左衞大將軍爲樞密使。俱與薛史異。（舊五代史考異）

校勘記

〔一〕軍府乂安 「乂」原作「人」，據殿本、劉本改。

〔二〕同光二年正月 「同光」二字原無，據本書卷三一莊宗紀、通鑑卷二七三補。

〔三〕怒甚 原作「怒曰」，據殿本、劉本改。

〔四〕三千匹 按：歐陽史卷六唐本紀作二千匹。

〔五〕當協冥符 「冥」原作「宴」，據殿本、劉本改。

〔六〕今據數卻還州府 「數」字原無，據册府卷一六〇補。

舊五代史卷三十六

唐書十二

明宗紀第二

天成元年夏四月丙午，帝自興聖宮赴西宮，文武百僚縞素于位，帝服斬衰，親奉攢，塗設奠，哭盡哀，乃於柩前卽皇帝位。百官易吉服班于位，帝御衮冕受册訖，百僚稱賀。丁未，羣官縞素赴西宮臨。以樞密使安重誨爲檢校司空，守左領軍大將軍，依前充樞密使。宰臣豆盧革等三上表請聽政，從之。遣使往諸道及淮南告哀。辛亥，帝始聽政于中興殿。壬子，西南面副招討使、工部尚書任圜率步騎二萬六千人入見。甲寅，帝御文明殿受朝。制改同光四年爲天成元年，大赦天下。後宮內職量留一百人，內官三十人，教坊一百人，鷹坊二十人，御廚五十人，其餘任從所適。諸司使務有名無實者並停。分遣諸軍就食近畿，以減饋送之勞。秋夏稅子，稅子，原本作「悅于」，今從五代會要及文獻通考改正。（影庫本粘籤）每斗先有省耗

一升，今後祇納正數，其省耗宜停。天下節度、防禦使，除正、至、端午、降誕四節量事進奉，達情而已，自於州府圓融，不得科斂百姓。其刺史雖遇四節，不在貢奉。諸州雜稅，宜定合稅物色名目，物色，原本作「恤邑」，今從文獻通考改正。（影庫本粘籤）不得邀難商旅。租庸司先將係省錢物，與人迴圖，宜令盡底收納，以塞倖門云。乙卯，渤海國王大諲譔遣使朝貢。是月，北京副留守、知留守事張憲賜死，以其失守故也。

五月丙辰朔，帝不視朝，臨於西宮。宰相豆盧革進位左僕射，韋說進位門下侍郎兼戶部尚書、監修國史，並依舊平章事。兗州節度使、檢校太傅朱守殷加同平章事，充河南尹，判六軍諸衞事；滄州節度使、檢校太傅安元信加同平章事，移鎮徐州；邠州節度使、檢校太保毛璋加同平章事。以太子賓客鄭珏爲中書侍郎兼刑部尚書、同中書門下平章事；以工部尚書任圜爲中書侍郎兼工部尚書、同中書門下平章事、判三司。徐州節度使李紹眞、貝州刺史李紹英、齊州防禦使李紹虔、河陽節度使李紹奇、洺州刺史李紹能等上言，前朝寵賜姓名，今乞還舊。內李紹虔上言：「臣本姓王，後移杜氏，蒙前朝賜今姓名，乞復本姓。」詔並可之。李紹眞復曰霍彥威，李紹英復曰房知溫，李紹虔復曰王晏球，李紹奇復曰夏魯奇，李紹能復曰米君立。青州節度使、檢校太傅、同平章事符習加兼侍中，徐州節度使、檢校太傅霍彥威加兼侍中，移鎮鄆州。丁巳，初詔文武百僚正衙常參外，五日一度內殿起居。案五

代會要載天成元年五月三日勑：今後宰臣文武百官〔一〕，除常朝外，每五日一度入內起居。其中書非時有急切公事請開延英，不在此限。麟州奏，指揮使張延寵作亂，焚剽市民，已殺戮訖。

戊午，河陽節度使夏魯奇加檢校太傅，以洺州刺史米君立爲邢州節度使。己未，以齊州防禦使王晏球爲宋州節度使，以貝州刺史房知溫爲兗州節度使。賜文武百官各一馬一驢。西都知府張籛案：原本作「張鏐」，今據通鑑改正。（舊五代史考異）進魏王繼岌打毬馬七十二疋。北京馬步都指揮使李從溫奏，準詔誅宦官。初，莊宗遇內難，宦者數百人竄匿山谷，落髮爲僧，奔至太原七十餘人，至是盡誅於都亭驛。辛酉，詔華州放散西川宮人各歸骨肉。壬戌，以前相州刺史、北京左右廂都指揮使安金全爲安北都護、振武節度使、同平章事。甲子，前西都留守、京兆尹張筠加檢校太傅，充山南西道節度使；以夔州節度使李紹文爲遂州節度使；李紹文，原本作「昭文」，今從列傳改正。（影庫本粘籤）以前鄧州留後戴思遠爲洋州節度使。丁卯，以金吾將軍張實爲金州防禦使。戊辰，以金紫光祿大夫、檢校司空趙在禮爲滑州節度使，加檢校太保。制下，在禮以軍情不順爲辭，不之任。以許州留後陶玘爲鄧州留後，以諸道馬步副都指揮使安審通爲齊州防禦使。庚午，以權知北京軍府事、汾州刺史符彥超爲晉州留後，以前陳州刺史劉仲殷爲陝州留後。癸酉，以前磁州刺史劉彥琮爲同州留後。甲戌，福州節度使、福州，原本脫「州」字，今據册府元龜增入。（影庫本粘籤）檢校太傅王延翰加檢校太尉、同平章事。

乙亥，翰林學士、戶部侍郎、知制誥馮道，翰林學士、中書舍人趙鳳，俱以本官充端明殿學士。端明之職，自此始也。案五代會要云：明宗初登位，四方書奏，多令樞密使安重誨讀之，不曉文義。於是孔循獻議，因唐室侍讀之號，卽創端明學士之名，命馮道等爲之。丙子，詔：「故西道行營都招討制置等使、守侍中、監修國史、兼樞密使郭崇韜宜許歸葬，其世業田宅並還與骨肉。故萬州司戶朱友謙案：原本作「萬州」，今據歐陽史改正。（舊五代史考異）可復護國軍節度使、守太師、兼尚書令、河中尹、西平王，所有田宅財產，並還與骨肉。」丁丑，西都衙內指揮使張籛進納僞蜀主王衍犀玉帶各二條、馬一百五十匹。初，莊宗遣中官向延嗣就長安之殺王衍也，旋屬蕭牆之禍，延嗣藏竄，不知所之，而衍之資裝妓樂並爲籛所有，復懼事泄，故聊有此獻。

戊寅，以樞密使安重誨兼領襄州節度使。制下，重誨之黨謂重誨曰：「襄州地控要津，不可乏帥，無宜兼領。」重誨卽自陳退，許之。以左金吾大將軍張遵誨爲西京副留守、知留守事。辛巳，以衞尉卿李懌爲中書舍人，充翰林學士。壬午，以前蔚州刺史張溫爲振武留後，以左右廂突陣指揮使康義誠爲汾州刺史，以左右廂馬軍都指揮使索自通爲忻州刺史。初，同光季年，吳越國王錢鏐遣使進金器五百兩、銀萬兩、綾萬疋謝恩，賜玉册、金印。郭崇韜進議以爲不可，而樞密承旨段徊受其重賂，案：九國志作「段

懷」，考歐陽史及通鑑並作段佪，今仍其舊。（舊五代史考異）贊成其事，莊宗卽允其請，至是故有貢謝。甲申，幽州節度使、檢校太保李紹斌加檢校太傅、同平章事，復姓名爲趙德鈞。乙酉，詔百官朔望入閤，賜廊下食。自亂離已前，常參官每日朝退賜食於廊下，謂之「廊餐」。乾符之後，百司經費不足，無每日之賜，至是遇入閤卽賜之。案五代會要云：明宗初卽位，命百官五日一起居，李琪以爲非故事，請罷之，惟每月朔望日合入閤賜食。至是宣旨，朔望入閤外，仍五日一起居，遂爲定式。

六月戊子，前襄州節度使李紹珙起復，依前襄州節度使，仍復本姓名曰劉訓。以皇子河中留後從珂爲河中節度使，百僚表賀。以翰林承旨、兵部尚書、知制誥盧質爲檢校司空，充同州節度使。己丑，以吏部尚書、判太常卿事李琪爲御史大夫；以禮部尚書崔協爲太常卿、判吏部尚書銓事；以御史中丞崔居儉爲兵部侍郎；以太子賓客蕭頃爲禮部尚書。蕭頃，原本作「肅項」，今據歐陽史改正。（影庫本粘籤）中書奏：「請以九月九日皇帝降誕日爲應聖節，休假三日。」從之。故忠武軍節度使、檢校太師、兼尚書令、齊王張全義贈太師，以前尚書右丞崔沂爲尚書左丞。丙申，新州留後張庭裕、雲州留後高行珪並正授本軍節度使。丁酉，詔曰：「四夷來王，歷代故事，前後各因強弱，撫制互有典儀。大蕃須示於威容，卽於正衙引對；小蕃但推於恩澤，仍於便殿撫懷。憲府奏論，禮院詳酌，皆徵故實，咸有明文。正衙威容，案：原本「正衙」訛「王衙」，今據册府元龜改正。（舊五代史考異）未可全廢；內殿恩澤，且可常行。若遇大蕃

入朝，卽准舊儀，於正殿排比鋪陳立仗，百官排班，於正門引入對見。」時百僚入閤班退後，卻引對朝貢蕃客，御史大夫李琪奏論之，下禮院檢討，而降是命焉。

戊戌，樞密使安重誨加檢校太保，行兵部尚書事如故。以太子詹事劉岳爲兵部侍郎，以太子右庶子王權爲戶部侍郎，以太子左庶子任贊爲工部侍郎。庚子，荊南節度使、檢校太師、兼尚書令、南平王高季興加守太尉、兼尚書令，澤潞節度使、檢校太傅、同平章事孔勍加兼侍中。汴州屯駐控鶴指揮使張諫等謀叛伏誅，以樞密使孔循權知汴州軍州事。甲辰，樞密使孔循加檢校太保、守秘書監，依前充使。己巳，秘書少監姚顗爲左散騎常侍，以太子左諭德陸崇爲右散騎常侍，以兵部郎中蕭希甫爲左諫議大夫，前幽州節度判官呂夢奇爲右諫議大夫，以鄴都副留守孫岳爲潁州團練使。詔曰：「古者酌禮以制名，懼廢於物；取其難犯而易避，貴便於時。「貴便」，原本作「貴使」；「徵在」，原本作「徵彼」，今並從五代會要改正。（影庫本粘籤）抑有前例。以太宗文皇帝自登寶位，不改舊稱，時卽臣有世南，官有民部，況『徵』『在』二名，靡聞曲避，止禁連呼。朕猥以眇躬，託於人上，止遵聖範，非敢自尊。應文書內所有二字，但不連稱，不得迴避。如是臣下之名，不欲與君親同字者，任自改更。」丁未，中書門下奏：「京城潛龍舊宅，望以至德宮爲名。」從之。

戊申，夏州節度使、開府儀同三司、檢校太師、兼中書令、朔方王李仁福加食邑一千戶。

以延州留後高允韜爲延州節度使，以利州節度觀察留後張敬詢爲利州節度使。劍南西川節度副大使、知節度使事孟知祥加檢校太傅、兼侍中，劍南東川節度副大使、知節度事董璋加檢校太傅。壬子，鳳翔節度使、檢校太尉、兼中書令李從曮加檢校太師、兼中書令。汴州知州孔循奏，召集謀亂指揮使趙虔已下三千人並族誅訖。甲寅，以晉州留後符彥超爲北京留守，以鎮州副使王建立爲鎮州留後，王建立，原本作「建及」，考建及卒於莊宗未卽位以前，明宗時爲鎮州留後者，乃建立也，今改正。（影庫本粘籤）以右龍武統軍安崇阮爲晉州留後。荊南節度使高季興上言：「夔、忠、萬三州，舊是當道屬郡，先被西川侵據，今乞卻割隸本管。」詔可之，案通鑑考異引十國紀年荊南史：天成元年二月壬辰，請忠、夔、萬州及雲安監隸本道，莊宗許之。詔命未下，莊宗遇弑。六月壬辰，王表求三州，明宗許之。（舊五代史考異）其夔州，僞蜀先曾建節，宜依舊除刺史。

秋七月乙卯朔，以太原舊宅爲積慶宮。庚申，契丹、渤海國俱遣使朝貢。甲子，詔割韓城、郃陽兩縣屬同州〔三〕。誅滑州左右崇牙及長劍等軍士數百人，夷其族，作亂故也。其都校于可洪等相次到闕〔三〕，亦斬於都市。丁卯，以僞蜀守司空、門下侍郎、平章事、晉國公王諧爲檢校司空、守陵州刺史，以虢州刺史石潭爲耀州團練使。辛未，詔：「諸道節度、刺史、文武將吏，舊進月旦起居表，今後除節度、留後、團練、防禦使，惟正、至進賀表，其四孟月並且止絕。」甲戌，中書門下上言：「宣旨令進納新授諸道判官、州縣官官告敕牒，祗應宣

賜。準往例，除將相外，並不賜官告〔四〕，卽因梁氏起例，凡宣授官，並特恩賜。臣等商量，自兩使判官令錄在京除授者，卽於內殿謝恩，便辭赴任，不更進納官誥，判司主簿，不合更許朝對。敕下後，望準舊例處分。」從之。

乙亥，莊宗皇帝梓宮發引，帝縗服臨送於樓前。是日，葬莊宗於雍陵。案：原本作「永陵」，考徐無黨五代史注，莊宗陵名雍陵，石晉時避諱稱伊陵。原本「永」字誤，今改正。又，莊宗葬日，通鑑從哀詔册文作丙子。薛史從實錄作乙亥。（舊五代史考異）鎮州留後王建立奏，涿州刺史劉殷肇不受代，謀叛，昨發兵收掩，擒劉殷肇及其黨一十三人，見折足勘詰。己卯，以比部郎中、知制誥楊凝式爲給事中，充史館修撰、判館事；以僞蜀吏部尚書楊玢爲給事中，充集賢殿學士、判院事。升應州爲彰國軍節度〔五〕，仍以興唐軍爲寰州，隸彰國軍。宰相豆盧革貶辰州刺史，韋說貶溆州刺史，仍令所在馳驛發遣，爲諫議大夫蕭希甫疏奏故也。制略曰：「革則縱田客以殺人，說則侵鄰家而奪井，選元亨之上第，改王參之本名。案：王參疑有舛誤，據册府元龜引薛史亦作王參，今無可考，姑仍其舊。（舊五代史考異）或主掌三司，委元隨之務局；或陶鎔百里，受長吏之桑田。咸屈塞於平人，互阿私於愛子。任官匪當，黷貨無厭，謀人之國若斯，致主之方安在！既迷理亂，又昧卷舒。而府司案牘爰來，諫署奏章疊至，備彰醜迹，深汚明庭。是宜約以三章，投之四裔。其河南府文案及蕭希甫論疏，並宜宣示百僚。」庚辰，賜蕭希甫衣段二十疋、銀器五十

兩，賞疏革、說之罪也。宰相鄭珏、任圜再見安重誨，救解革、說，請不復追行後命，又三上表救解，俱留中不報。

辛巳，以捧聖嚴衞左廂馬步軍都指揮使李從璋領饒州刺史，充大內皇城使。中書門下奏：「條制，檢校官各納尚書省禮錢，舊例太師、太尉納四十千，後減落至二十千；太傅、太保元納三十千，減至十五千；司徒、司空元納二十千，減至一十千；僕射、尚書元納一十五千，減至七千；員外、郎中元納一十千，今納三千四百者。」詔曰：「會府華資，皇朝寵秩，凡霑新命，各納禮錢。爰自近年，多隳舊制，遂致紀綱之地，遽成廢墜之司。況累條流，就從減省，方當提舉，宜振規繩。但緣其間，翊衞勳庸，藩宣將佐，自軍功而遷陟，示恩澤以獎酬，須議從權，不在其例。其餘自不帶平章事節度使及防禦、團練、刺史、使府副使、行軍已下，三司職掌監務官，州縣官，凡關此例，並可徵納。其檢校官自員外郎至僕射，祇初轉一任納錢，若不改呼，不在徵納。仍委尚書省部司專切檢舉，置曆逐月具數申中書門下。」中書門下，原本脫「書」字，今據文增入。（影庫本粘籤）

癸未，詔辰州刺史豆盧革可責授費州司戶參軍，溆州刺史韋說可責授夷州司戶參軍，皆員外置同正員，仍令馳驛發遣。甲申，又詔曰：「責授費州司戶參軍豆盧革、夷州司戶參軍韋說等，自居台輔，累換歲華，負先皇倚注之恩，失大國燮調之理。朕自登宸極，常委鈞

衡，略無謙遜之辭，但縱貪饕之意。除官受賂，樹黨徇私，每虧敬於朕前，徒自尊於人上。道路之諠騰不已，諫臣之條疏頗多，罪狀顯彰，典刑斯舉，合從極法，以塞羣情。尚緣臨御之初，舍弘是務，特軫鑒泉之慮，爰施解網之仁，曲示優恩，俯寬後命。革可陵州長流百姓，說可合州長流百姓，合州，原本作「白州」，今從歐陽史改正。（影庫本粘籤）仍委逐處長知所在。同州長春宮判官、朝請大夫、檢校尚書、禮部郎中、賜紫金魚袋豆盧昇，將仕郎、守尚書屯田員外郎、崇文館學士、賜緋魚袋韋濤等，各因權勢，驟列班行，無才業以可稱，竊寵榮而斯久。比行貶謫，以塞尤違。朕以纂襲之初，含容是務，父既寬於後命，子宜示於特恩，並停見任。」昇、濤即革、說之子也。永樂大典卷七千一百六十三。

校勘記

〔一〕今後　原作「令後」，據殿本、舊五代史考異、會要卷五改。

〔二〕詔割韓城郃陽兩縣屬同州　「郃陽」原作「郤陽」，據殿本、劉本改。按太平寰宇記卷二八，同州有郃陽縣，並云：「梁割河中府，後唐天成元年復舊。」

〔三〕相次到闕　「闕」原作「關」，據劉本、彭本改。

〔四〕官告　原作「誥告」，據殿本、會要卷一四、冊府卷六三二改。劉本作「官誥」。

〔五〕升應州爲彰國軍節度　「彰國軍」原作「彰德軍」，按歐陽史卷六〇職方考：「應州故屬大同軍節度。唐明宗卽位，以其應州人也，乃置彰國軍。」會要卷二四、冊府卷一七二、通鑑卷二七五皆云應州置彰國軍。據改。

舊五代史卷三十七

唐書十三

明宗紀第三

天成元年秋八月乙酉朔，日有食之。有司上言：「莊宗廟室酌獻，請奏武成之舞。」從之。鄆州節度使霍彥威移鎮青州。丁亥，莊宗神主祔廟，有司請祧懿祖室，從之。詔：「陵州、合州長流百姓豆盧革、韋說等，可並自長流後，長流，原本作「長沙」，今據文改正。（影庫本粘籤）縱逢恩赦，不在原宥之限。豆盧昇、韋濤仍削除自前所受官秩。」壬辰，以久雨，放百僚朝參。詔天下疏理繫囚。甲午，汴州奏，舊管曹州乞卻歸當道，從之。是日，詔曰：「承前使府奏請判官，率皆隨府除移停罷。近年流例，有異前規，使府雖已除移，判官元安舊職。起今後若是朝廷除授者，即不計使府除移，如是使府奏請，即皆隨府移罷。舊例藩侯帶平章事者〔一〕，所奏請判官，殿中已上許奏緋，中丞已上許奏紫，今不帶平章事亦許同帶平章事例

處分。如防禦、團練使奏請判官，員外郎已下不在奏緋之限。其所奏判官、州縣官，並須將歷任告身隨奏至京。如未有官，假稱試攝，亦奏狀內分明署出。如藩鎮留後、權知軍州事，並不在奏請判官之限。如刺史要奏州縣官，須申本道，請發表章，不得自奏。近日州使奏請從事，本無官緒，妄結虛銜，不計職位高卑，多是請兼朱紫，不唯紊亂，實啓撓求。宜令諸道州府，切準敕命處分。」

丁酉，內出象笏三十四面，案：歐陽史作三十二。（舊五代史考異）賜百官之無笏者。己亥，帝御文明殿，百官入閤，月望如月朔之儀，從新例也。荊南高季興上言，峽內三州，請朝廷不除刺史。幽州奏，契丹寇邊，詔齊州防禦使安審通率師禦之。安審通，原本作「番道」，據通鑑云：安審通，金全之猶子也。今改正。（影庫本粘籤）辛丑，以前青州節度使符習爲鄆州節度使，以前華州節度使史敬鎔爲安州節度使。乙巳，禁鎔錢爲器，仍估定生銅器價斤二百，熟銅器斤四百，如違省價買賣者，以盜鑄錢論。丁未，樞密使院條奏：「諸道節度使、刺史內，有不守詔條，公行科斂，須行止絕。州使所納軍糧，不得更邀加耗。節度使、刺史所置牙隊，許於軍都內抽取，便給省司衣糧，況人數已多，訪問尚有招致。諸色人多有抵罪亡命，便於州府投名爲使下元隨，邀求職務，凌壓平人；及有力戶人，於諸處行賂，希求事務。亦有州使妄稱修葺城池廨宇，科賦於人，及營私宅、諸縣鎮所受州使文符，如涉科斂人戶，不得稟受。州府不得賒買行人物色，兼行科率。已前條件，州使如敢犯違，許人陳告，勘詰不虛，量行獎賞。宜令三京、諸道州府，準此處分。」

新授青州節度使霍彥威奏，處斬新登州刺史王公儼，登州，原本作「曾州」，今從通鑑改正。（影庫本粘籤）及同謀拒命指揮使李謹、王居厚等八人訖。初，同光中，符習爲青州節度使，宦官楊希望爲監軍，專制軍政。趙在禮之據魏州，習奉詔以本軍進討，俄而帝爲亂軍所劫，習即罷歸。希望遣兵邀之，習懼而還。至滑州，帝遣人招之，習至，乃從帝入汴。希望聞魏軍亂，遣兵圍守習家，欲盡殺之。公儼素受希望獎愛，謂希望曰：「內侍宜分腹心之兵，監四面守陴者，則誰敢異圖。」希望從之。公儼乘其無備，圍希望之第，擒而殺之。公儼遂與州將李謹等謀據州城，以邀符節，即令軍府飛章留己，兼揚言符習在鎮，人不便其政，帝乃除公儼爲登州刺史。公儼不時赴任，不時赴任，當云因其不如期赴任，考冊府元龜與薛史同，今姑仍其舊。（影庫本粘籤）即以霍彥威代符習，聚兵淄州，以圖進取。彥威至淄州，會詔使至青州告諭，公儼即赴所任。彥威懲其初心，遣人擒公儼於北海縣，與同黨斬於州東。案通鑑：彥威聚兵淄州，以圖進取，公儼懼。乙未，始之官。丁酉，彥威至青州，追擒之。（舊五代史考異）有司上言：「莊宗祔廟，懿祖祧遷，準例舍故而諱新，懿祖例不諱，忌日不行香。」從之。壬子，襄州節度使劉訓加檢校太傅，以僞蜀右僕射、中書侍郎、平章事、趙國公張格案：原本作「張裕」，考舊唐書張濬傳：濬次子格，仕蜀爲平章

事。今改正。（舊五代史考異）爲太子賓客，充三司副使，從任圜請也。

九月乙卯朔，詔汴州扶溝縣復隸許州。以前絳州刺史婁繼英爲冀州刺史，充北面水陸轉運制置使。己未，幸至德宮，遂幸前隰州刺史袁建豐之第。隰州，原本作「顯州」，今據歐陽史袁建豐傳改正。（影庫本粘籤）帝嘗爲太原內牙親將，建豐爲副，至是建豐風疾沈廢，故親幸其第以撫之。庚申，以都官郎中庾傳美充三川搜訪圖籍使〔二〕。傳美爲蜀王衍之舊僚，家在成都，便於歸計，且言成都具有本朝實錄，及傳美使迴，所得纔九朝實錄及殘缺雜書而已。癸亥，應聖節，百僚於敬愛寺設齋，召緇黃之衆於中興殿講論，從近例也。戊辰，以僞蜀檢校太師、兼中書令、右金吾街使張貽範爲兵部尚書致仕。都官員外郎于鄴奏請指揮不得書契券輒賣良人〔三〕，從之。癸酉，天策上將軍、湖南節度使、開府儀同三司、守太師、兼尚書令、楚王馬殷可檢校太師、守尚書令。兩浙節度留後、靜海軍節度、嶺南西道觀察處置等使、檢校太尉、兼中書令錢元瓘加食邑。中吳建武等軍節度、嶺南東道觀察處置等使、檢校太尉、兼中書令錢元璙加開府階，錢元璙，原本作「遼」，今從十國春秋改正。（影庫本粘籤）進食邑。甲戌，以前代州刺史馬漑爲左衞上將軍致仕。己卯，以光祿卿羅周敬爲右金吾衞大將軍，充街使。辛巳，以前復州刺史袁義爲唐州刺史。詔曰：「鳳翔節度使李曮，世聯宗屬，任重藩宣，慶善有稱，忠勤顯著。既在維城之列〔四〕，宜新定體之文。是降寵光，以隆敦敍，俾煥成家之美，貴

崇獪子之親。宜於本名上加『從』字。」癸未，文武百僚至張全義私第柩前立班辭，以來月二日葬故也。

冬十月甲申朔，詔賜文武百僚冬服緜帛有差。近例，十月初寒之始，天子賜近侍執政大臣冬服。帝顧謂判三司任圜曰：「百僚散未？」圜奏曰：「臣聞本朝給春冬服，徧及百僚，喪亂已來，急於軍旅，人君所賜，未能周給。今止近臣而已，外臣無所賜。」帝曰：「外臣亦吾臣也，卿宜計度。」圜遂與安重誨據品秩之差，以定春冬之賜，其後遂以爲常。右拾遺曹琮上疏，內一件：「百僚朔望入閤，及五日內殿起居，請許三署寺監官輪次轉對奏事。」從之。刑部員外郎孔莊上言：「自兵興以來，法制不一，諸道州縣常行枷杖，多不依格律，請以舊制曉諭，改而正之。」丙戌，吏部侍郎盧文紀上言：「請內外文武臣僚，每歲有司明定考校，將相乞迴御筆，以行黜陟，疏下中書門下商量，宰臣奏請施行。」從之。丁亥，雲南嶲州山後兩林百蠻都鬼主、右武衞大將軍李卑晚李卑晚，原本作「卑兔」，今從歐陽史及通鑑改正。（影庫本粘籤）遣大鬼主傳能、阿花等來朝貢〔五〕，帝御文明殿對之，百僚稱賀。庚寅，以客省使李嚴領泗州防禦使，以河中節度副使李鏻爲太子賓客。壬辰，邠州節度使毛璋移鎮潞州。巴州進嘉禾合穗。甲午，以前隰州刺史袁建豐遙領洪州節度使。

庚子，幽州奏，契丹平州守將僞署幽州節度使盧文進案：遼史作盧國用，蓋文進在遼改名國用

耳。（舊五代史考異）率戶口歸明，百僚稱賀。辛丑，契丹遣使來告哀，言國主阿保機以今年七月二十七日卒。案：遼史太祖紀作七月辛巳，上崩。（舊五代史考異）詔曰：「朕近纘皇圖，恭修帝道，務安夷夏，貴洽雍熙。契丹王世預歡盟，禮交聘問，遽聞凶訃，倍軫悲懷，可輟今月十九日朝參。」案：歐陽史作廢朝三日。（舊五代史考異）丙午，以嶲州山後兩林、百蠻都鬼主李卑晚爲寧遠將軍，大渡河山前邛川六姓都鬼主〔六〕、懷安郡王勿鄧摽莎爲定遠將軍。丁未，幽州奏，盧文進所率降戶孳畜人口在平州西，首尾約七十里。庚戌，以吏部侍郎盧文紀爲御史中丞，時御史大夫李琪三上表求解任故也。以兵部侍郎劉岳爲吏部侍郎，以戶部侍郎、充端明殿學士馮道爲兵部侍郎，以中書舍人、充端明殿學士趙鳳爲戶部侍郎，並依前充職。壬子，靜江軍節度使、桂州管內觀察使、檢校太師、兼中書令、扶風郡王馬賨加食邑實封〔七〕，澧朗觀察使、檢校太傅、兼侍中馬希振加檢校太尉。盧文進至幽州，遣軍吏奉表來上。

十一月戊午，以滄州留後王景戡爲邢州節度使。青州奏，得登州狀申，契丹先攻逼渤海國，自阿保機身死，雖已抽退，尚留兵馬在渤海扶餘城，今渤海王弟領兵馬攻圍扶餘城內契丹次。案：契丹次，蓋言契丹方即次也。薛史前後如攻城次、鎮州次，多單用「次」字，疑即當時案牘之文，今仍其舊，附識于此。（舊五代史考異）己未，以翰林學士、尚書、戶部郎中、知制誥劉昫爲中書舍人充職。辛酉，以前秘書少監溫輦爲太子詹事。壬戌，以前房州刺史朱罕爲潁州團練使。是日，詔曰：「應今日已前修蓋得寺院，無令毀廢，自此已後不得輒有建造。如要願在僧門，並須官壇受戒，不得衷私剃度。」癸丑〔八〕，日南至，帝御文明殿受朝賀，仗衞如式。禮部侍郎裴皞上言：「諸州刺史經三考方請替移。」詔曰：「有政聲者就加恩澤，無課最者即便替移。」課最，原本作「課再」，今據五代會要改正。（影庫本粘籤）密州獻芝草。庚午，河陽節度使夏魯奇移鎮許州，留後梁漢顒爲邠州節度使〔九〕。淮南楊溥遣使貢獻，賀登極。乙亥，以前振武留後張溫爲利州昭武軍留後，以果州刺史孫鐸爲漢州刺史，果州，原本作「昇州」，今據册府元龜改正。（影庫本粘籤）充西川馬步軍都指揮使。壬午，靜海軍節度、安南管內觀察等使、檢校太尉、兼侍中錢元球加開府階，進食邑。癸未，鎮州奏，準詔盧文進所率歸業戶口，蠲放租稅三年，仍每口給糧五斗。

十二月戊子，盧文進及將吏四百人見，賜鞍馬、玉帶、衣被、器玩、錢帛有差。詔曰：「朕中興寶祚〔一〇〕，復正皇綱。萬國駢羅，俱在照臨之內；八紘遼夐，咸居覆載之間。矧彼雲南，素歸正朔，洎平僞蜀，思錫舊恩，於乃眺以雖深，欲霈覃而未暇。百蠻都首領李卑晚、六姓蠻都首領勿鄧摽莎等，天資智勇，世稟忠勤，梯航之道路纔通，琛贐之貢輸已至。率其種落，竭乃悃誠，備傾向化之心，深獎來庭之意。來庭，原本作「果庭」，今據文改正。（影庫本粘籤）今則各頒國寵，別進王封。其嶲州刺史李及、大鬼主離吠等，或遙貢表函，或躬趨朝闕，亦宜特

授官資，各遷階秩。勉敦信義，無隳册書，示爾金石之堅，保我山河之誓。欽承休命，永保厥終。」壬辰，帝狩於近郊，臘故也〔一一〕。甲午，以契丹盧龍軍節度使盧文進爲檢校太尉、同平章事，充滑州節度使。戊戌，詔嚴禁鑞錢。案洪遵泉志引宋白續通典云：天成元年十二月，敕中外所使銅錢內鐵鑞錢即宜毀棄，不得行使。（舊五代史考異）庚子，皇第二子金紫光祿大夫、檢校司徒從榮可檢校太保、同平章事、天雄軍節度使、鄴都留守。以武安軍馬步軍都指揮使馬希範爲澧州刺史，鐵林都知事馬希杲爲衡州刺史。壬寅，潁州刺史孫岳加檢校太保，孫岳，原本作「孫崇」，今據歐陽史改正。（影庫本粘籤）獎能政也。

丙午，中書門下奏：「故事，藩鎮節度、觀察使帶平章事，於都堂上事刊石記壁，合納禮錢三千貫，以充中書及兩省公使。今欲各納禮錢五百千，於中書立石亭子，鐫勒宰臣使相官氏、授上年月，餘充修葺中書及兩省公署部堂什物。」從之。

庚戌，御史臺奏：「京城坊市士庶工商之家，有婢僕自經投井，非理物故者。近者已來，凡是死亡，皆是臺司左右巡舉勘檢，施行已久，仍恐所差人吏及街市胥徒，同於民家，因事邀脅。邀脅，原本作「邀頡」，今從册府元龜改正。（影庫本粘籤）臣詢訪故事，凡京城民庶之家，死喪委府縣檢舉，軍家委軍巡，商旅委戶部。然諸司檢舉後，具事由申臺，其間或枉濫情故，臺司訪聞，即行舉勘。如是文武兩班官吏之家，即是臺司檢舉。臣請自今已後，並準故事施行

者。」詔曰：「今後文武兩班及諸道商旅，凡有喪亡，卽準臺司所奏施行。其坊市民庶軍士之家，凡死喪及婢僕非理物故，依臺司奏，委府縣、軍巡同檢舉，仍不得縱其吏卒，於物故之家妄有邀脅。或恐暑月屍柩難停，若待中聞檢舉，縱無邀脅，亦須經時日。今後仰本家喚四鄰檢察，若無佗故，逐便葬埋。如後別聞枉濫，妄有保證，官中訪知，勘詰不虛，本戶鄰保並行科罪。如聞諸道州府，坊市死喪，取分巡院檢舉，頗致淹停，人多流怨，亦仰約京城事例處分。」永樂大典卷七千一百六十四。

校勘記

〔一〕藩侯　原作「蕃侯」，據殿本、冊府卷六一改。

〔二〕三川　原作「三州」，據會要卷二四改。

〔三〕于鄴　原作「於鄴」，據殿本、劉本改。本書卷三九明宗紀亦作于鄴。

〔四〕旣在維城之列　「在」原作「任」，據殿本改。影庫本批校云：「『任』字當是『在』字之訛。」

〔五〕傳能阿花　殿本、歐陽史卷六明宗紀作傳能、何華，會要卷三〇作傅能、阿花。

〔六〕邛川　原作「卬川」，據彭本、會要卷三〇改。

〔七〕馬賨　原作「馬賓」，影庫本粘籤云：「馬賓，原本作『馬賓』，今從九國志改正。」按劉本、冊府卷一

七八、歐陽史卷六六楚世家、新唐書卷一九〇劉建鋒傳、本書卷三一莊宗紀等書均作馬賓，據改。

〔八〕癸丑　彭校作「癸亥」。按二十史朔閏表，天成元年十一月甲寅朔，無癸丑，癸亥爲初十日。

〔九〕留後梁漢顒爲邠州節度使　本書卷八八梁漢顒傳：「天成初，授許州兵馬留後、檢校太保，尋爲邠州節度使。」此處「留後」當爲「許州留後」。

〔一〇〕中興實祚　「中」原作「自」，據殿本、劉本改。

〔一一〕臘故也　「臘」原作「獵」，據殿本、劉本改。

舊五代史卷三十八

唐書十四

明宗紀第四

天成二年春正月癸丑朔，帝御明堂殿受朝賀，仗衞如常儀。制曰：「王者祗敬宗祧，統臨寰宇，必順體元之典，特新制義之文。朕以眇躬，獲承丕構，襲三百年之休運，繼二十聖之耿光。馭朽納隍，夕惕之心罔怠；法天師古，日躋之道惟勤。今則載戢干戈，渾同書軌，渾同，原本作「溫同」，今據冊府元龜改正。（影庫本粘籤）荷玄穹之睠祐，契兆庶之樂推。檢玉泥金，非敢期於薄德；耕田鑿井，誠有慕於前王。將陳享謁之儀，卽備郊丘之禮，宜更稱謂，永耀簡編。今改名爲亶，凡在中外，宜體朕懷。」宜制誥，百僚稱賀，有司告郊廟社稷。案楊文公談苑云：唐時避諱最重，人君卽位多更名，後唐尙沿其例。明宗初名嗣源，後改名亶，於是楊檀改稱光遠，其金壇及檀州諸州縣皆從改更，則并偏旁字而亦改之。當時明宗在御，臣下避諱之嚴如此。今考薛史楊光遠傳云：初名檀，唐天成中，以明

宗改御名爲亶，始改名光遠。與談苑合。然閔帝紀尙稱安北都護楊檀，是檀在天成中未嘗改名〔一〕。又，明宗紀前後皆稱檀州，則地名亦不改，疑談苑所紀不能無誤。薛史紀、傳異文，亦未畫一。丙辰，詔：「端明殿學士班位宜在翰林學士之上，今後如有轉改，只於翰林學士內選任。」先是，端明殿學士班在翰林學士之下，又如三館例，三館，原本作「玉館」，考新唐書百官志，唐以集賢殿、弘文館、國史館爲三館，今改正。（影庫本粘籤）官在職上，趙鳳轉侍郎日，諷宰相府移之。旣而禁林序列有不可之言，安重誨奏行此敕，時論便之。癸亥，宰臣鄭珏加特進、門下侍郎兼太微宮使，崇文館大學士任圜加光祿大夫、門下侍郎、監修國史，以端明殿學士、尙書、兵部侍郎馮道爲中書侍郎〔二〕、平章事，集賢殿大學士，以太常卿崔協爲中書侍郎、平章事。戊辰，以前鄧州節度使劉玘卒，廢朝。左拾遺李同上言：「天下繫囚，請委長吏逐旬親自引問，質其罪狀眞虛，然後論之以法，庶無枉濫。」從之。

辛未，皇子河中節度使從珂加同平章事。河中，原本作「河平」，今據文改正。（影庫本粘籤）以鎭州留後、檢校司徒王建立爲鎭州節度使、檢校太傅。癸酉，第三子金紫光祿大夫、檢校司徒從厚加檢校太保、同平章事、河南尹，判六軍諸衞事。北面副招討房知溫奏，營州界奚俺羅支內附。乙亥，以監門衞大將軍傅璉爲右武衞上將軍。丙子，詔曰：「頃自本朝多難，雅道中微，皆尙浮華，罕持廉讓。其有除官蘭省，蘭省，原本作「蘭有」，今據文改正。（影庫本粘籤）命秩柏

臺，或以人事相疎，或以私讎見訐，稍乖敬奉，遽至棄捐，蓋司長之振威，處君恩而何地。今後應新授官朝謝後，可準例上事，司長不得輒以私事阻滯。其本官亦不得因遭抑挫，託故請假。」

戊寅，皇子從厚領事於河南府，宰相鄭珏已下會送，非例也。己卯，樞密使、光祿大夫、檢校太保、行兵部尚書安重誨加開府儀同三司、檢校太傅、兼侍中，樞密使、檢校太保、守祕書監孔循加檢校太傅、同平章事。詔崇文館依舊爲弘文館。初，同光中，宰相豆盧革以同列郭崇韜父名弘，希其意奏改之，今乃復焉。辛巳，詔曰：「亂離斯久，法制多隳，不有舉明，從何禁止。起今後三京及州使職員名目，是押衙兵馬使，騎馬得有暖坐。諸都軍將衙官使下係名糧者，只得衣紫皂，庶人商旅，只著白衣，此後不得參雜。兼有富戶，或投名於勢要，以求影庇；或希假于播貴，播貴，原本脫「播」字，今從册府元龜增入。（影庫本粘籤）以免丁徭。仰所在禁勘，以肅奸欺。」

二月壬午朔，新羅遣使朝貢。丁亥，以北京皇城使李繼朗爲龍武大將軍，北京都指揮使李從臻爲左衞大將軍，捧聖都指揮使李從璨爲右監門衞大將軍。戊子，以前北面水陸轉運招撫使、守冀州刺史烏震領宣州節度使。庚寅，陝州節度使、檢校司徒石敬瑭加檢校太傅兼六軍諸衞副使。壬辰，西川節度使孟知祥奏，泗州防禦使、泗州，原本作「瓊州」，考歐陽史及

通鑑、十國春秋並作泗州，今改正。（影庫本粘籤）充西川兵馬都監李嚴，扇搖軍衆，尋已處斬。以潁州刺史孫岳爲耀州團練使。丙申，以從馬直指揮使郭從謙爲景州刺史，尋令中使誅之，夷其族，以其首謀大逆以弑莊宗也。以尚書左丞崔沂爲太子少保致仕。壬寅，制曰：荆南節度使、開府儀同三司、守太尉、兼尚書令、南平王高季興可削奪官爵，仍令襄州節度使劉訓充南面招討使、知荆南行府事，許州節度使夏魯奇爲副招討使，統蕃漢馬步四萬人進討，以其叛故也。又命湖南節度使馬殷以湖南全軍會合。以東川節度使董璋充東南面招討使〔三〕，案通鑑考異：梓、夔皆在荆南之西南，而云東南面者，蓋據夔、梓所向言之。（舊五代史考異）新授夔州刺史西方鄴爲副招討使，共領川軍下峽州，三面齊進。

甲辰，兖州節度使房知溫加同平章事，宋州節度使王晏球加檢校太傅。丁未，以禮部尚書蕭頃爲太常卿。戊申，以御史大夫李琪爲右僕射，以太子賓客李鏻爲戶部尚書〔四〕，以吏部侍郎李德休爲禮部尚書，以前吏部侍郎崔貽孫爲吏部侍郎，以端明殿學士、戶部侍郎趙鳳爲兵部侍郎，依前充職。庚戌，詔諸道節度使男及親嫡骨肉未沾恩命者，特許上聞。辛亥，以刑部侍郎歸藹爲戶部侍郎。幸會節園，宰相、樞密使及在京節度使共進錢絹，請開宴。

三月壬子朔，以中書舍人馬縞爲刑部侍郎。癸丑，遣供奉官賈俊使淮南。案：九國志作賈進，考册府元龜所引薛史亦作「俊」，今

仍其舊。（舊五代史考異）甲寅，以西川節度副使李敬周爲遂州武信軍留後。乙卯，開府儀同三司、司徒致仕趙光逢可太保致仕，仍封齊國公。以武信軍節度使李紹文卒廢朝。丙辰，宰臣判三司任圜奏：「諸道藩府，請依天復三年已前許貢綾絹金銀，隨其土產折進馬之直。又請選孳生馬，分置監牧。」並從之。案五代會要：任圜奏：三京留守、諸道節度觀察、諸州防禦使、刺史，每年應聖節及正、至等節貢奉，或討伐勝捷，各進獻馬。伏見本朝舊事，雖以獻馬爲名，多將綾絹金銀折充馬價，蓋跋涉之際，護養稍難，因此羣方俱爲定制。自今後伏乞除蕃部進駝馬外，諸州所進馬，許依天復三年已前事例，隨其土產折進價直，冀貢輸之稍易，又誠敬之獲申。兼欲于諸處揀孳生馬，準舊制分置監牧，仍委三司使別具制置奏聞。（舊五代史考異）太常丞段顒請國學五經博士各講本經，以申橫經齒冑之義，從之。庚申，以前澤潞節度使、檢校太傅、兼侍中孔勍爲河陽節度使。壬戌，幸甘水亭。甲子，青州節度使霍彥威加檢校太尉、兼中書令，以大內皇城使、守饒州刺史李從璋爲應州節度使。丁卯，詔：「所在府縣糾察殺牛賣肉，犯者準條科斷。其自死牛卽許貨賣，肉斤不得過五錢，鄉村民家死牛，但報本村所由，準例輸皮入官。」癸酉，以戶部郎中、知制誥盧詹爲中書舍人。盧詹，原本作「盧處」，今據列傳改正。（影庫本粘籤）

夏四月辛巳朔，房知溫奏：「前月二十一日，盧臺戍軍亂，害副招討寧國軍節度使烏震，尋與安審通斬殺亂兵訖。」案五代春秋：盧臺戍軍亂，房知溫討平之。據薛史房知溫傳及通鑑，知溫初誘戍軍

爲亂，繼恐事不濟，乃與安審通謀討亂兵也。五代春秋所書殊非事實。（舊五代史考異）帝聞之，廢朝一日，贈震太傅。新羅國遣使貢方物。丁亥，以華州留後劉彥琮爲本州節度使〔五〕。是日，幸會節園宴近臣。己丑，以兵部侍郎崔居儉權知尚書左丞，以戶部侍郎王權爲兵部侍郎，以禮部侍郎裴皡爲戶部侍郎，以翰林承旨、守中書舍人李愚爲禮部侍郎充職。庚寅，御史臺奏：「今月三日廊下食，百官坐定，兩省官方來，自五品下輒起〔六〕。」詔曰：「每赴廊餐，如對御宴，若行私禮，是失朝儀，各罰半月俸。」案五代會要：長興三年五月詔：文武兩班，每遇入閤賜食，從前御史臺官及諸朝官皆在敷政門外兩廊食，惟北省官于敷政門內別坐，既爲隔門，各不相見，致行坐不齊，難于肅整。今後每遇入閤賜食，北省官亦宜于敷政門外東廊下設席，以北首爲上，待班齊一時就坐。（舊五代史考異）

詔：「盧臺亂軍龍晊所部鄴都奉節等九指揮三千五百人龍晊，原本作「龍晵」，今據通鑑改正。（影庫本粘籤）在營家口骨肉，並可全家處斬。」龍晊所部之衆，卽梁故魏博節度使楊師厚之所招置也，皆天下雄勇之士，目其都爲銀槍效節，僅八千人。師厚卒，賀德倫不能制。西迎莊宗入魏，從征河上，所向有功。莊宗一統之後，雖數頒賚，而驕縱無厭。同光末，自貝州劫趙在禮，據有魏博。及帝纘位，在禮冀脫其禍，潛奏願赴朝覲，遂除皇子從榮爲帥，乃令北禦契丹。是行也，不支甲冑，惟幟於長竿表隊伍而已〔七〕，故俛首遄征。在途聞李嚴爲孟知祥所害，以爲劍南阻絕，互相煽動。及屯於盧臺，會烏震代房知溫爲帥，轉增浮說。震

與房知温博於東寨，日亭午，大譟於營外，知温上馬出門，爲甲士所擁，且曰：「不與兒郎爲主，更何處去？」知温紿之曰：「馬軍皆在河西，步卒獨何爲也！」遂得躍馬登舟，濟於西岸。叛安審通戢騎軍不動，知温與審通謀伺便攻之，令亂兵卷甲南行。騎軍徐進，部伍嚴整。叛者相顧失色，列炬宵行，疲於荒澤。遲明，潛令外州軍別行，知温等遂擊亂軍，橫尸於野，餘衆復趨舊寨，至則已焚之矣。翌日，盡戮之，脫於叢草溝塍者十無二三，迨夜竄於山谷，稍奔於定州。及王都之敗，乃無噍類矣。癸巳，兗州節度使房知温加侍中，齊州防禦使安審通加檢校太傅，並賞盧臺之功也。

丁酉，僞吳楊溥遣移署右威衛將軍雷現貢端午禮幣。雷現，九國志作雷觀，十國春秋仍作「現」，今仍其舊。（影庫本粘籤）辛丑，以前利州節度使張敬詢爲雲州節度使。遣樞密使孔循赴荆南城下，時招討使劉訓有疾故也。甲辰，以戶部侍郎韓彥惲爲祕書監。是日，幸石敬瑭、安重誨第。丙午，故振武節度使李嗣恩贈太尉，以司封郎中、充樞密院直學士閻至爲左諫議大夫充職。右諫議大夫梁文矩上言，平蜀已來，軍人剽略到西川人口甚多，骨肉阻隔，恐傷和氣，請許收認。帝仁慈素深，因文矩之奏，詔河南、河北舊因兵火擄隔者，並從識認。是日，鄆州進白鵲。

五月癸丑，以福建留後、檢校太傅、舒州刺史王延鈞爲檢校太師、守中書令，充福建節

度使、瑯琊郡王，以太常卿蕭頃爲吏部尚書。是日，懷州進白鵲。戊午，以三司副使、守太子賓客張格卒廢朝。以翰林學士、駕部郎中、知制誥竇夢徵爲中書舍人充職。癸亥，遣宣徽使張延朗調發郡縣糧運赴荆南城下，仍以軍法從事。以右龍武統軍崔公實爲左龍武統軍，以前復州刺史高行周爲右龍武統軍。割果州屬郡。乙丑，僞吳楊溥貢新茶。滄州進白鵲。庚午，詔罷荆南之師，既而令軍士散掠居民而迴。詔：「文武臣僚及諸道節度使、刺史，有父母在者，各與恩澤。」宰臣任圜表辭三司事，乃以樞密院承旨孟鵠充三司副使權判。

六月壬午，華州、邢州進兩岐麥，兗州進三足烏。丙戌，宰相任圜落平章事，守太子少保。丁亥，詔天下除併無名額寺院。以宣徽北院使張延朗爲右武衛大將軍、判三司，宣徽北院使，原本脫「徽」字，今據文增入。（影庫本粘籤）依前宣徽使、檢校司徒。辛卯，大理少卿王鬱上言：「凡決極刑，準敕合三覆奏，近年已來，全隳此法，伏乞今後決前一日許一覆奏。」從之。壬辰，南面招討使、知荆南行府事（八）、襄州節度使、檢校太傅劉訓責授檢校右僕射、守檀州刺史。訓南征無功，故有是譴。詔喪葬之家，送終之禮不得過度。乙未，戶部尚書李鏻上言：「請朝班自四品已上官各許薦令錄兩人，五品官各薦簿尉兩人，案：五代會要作五品、六品官各許薦簿尉兩人，原本疑脫「六品」二字。功過賞罰，與舉者同之。」詔從之。其所舉人，仍於官告內標所舉姓名，或有不公，案：原本脫「公」字，今從五代會要增。連坐舉主。仍令三品已上各舉堪任兩使判官者。丙申，以天策上將軍、湖南節度使、開府儀同三司、檢校太師、守尚書令、楚王馬殷爲守太師、尚書令，封楚國王。庚子，幸白司馬陂，祭突厥神，從北俗之禮也。

秋七月庚戌朔，以宋州節度使王晏球充北面行營副招討使。癸丑，以左金吾將軍烏昭遠爲左衞上將軍，充入蠻國信使。中書奏：「馬殷封楚國王，禮文不載國王之制，請約三公之儀，用竹册。」從之。壬戌，西川節度副大使、知節度事孟知祥加檢校太尉、兼侍中，東川董璋加爵邑。以左効義指揮使元習爲資州刺史，右効義指揮使盧密爲雅州刺史。癸亥，幸冷泉宮。甲子，以檢校工部尚書謝洪爲宿州團練使。夔州刺史西方鄴奏，殺敗荆南賊軍，收峽內三州。案通鑑：六月，西方鄴敗荆南水軍于峽中，復取夔、忠、萬三州。薛史繫七月甲子，蓋以奏聞之日爲據。歐陽史與薛史同。（舊五代史考異）丙寅，升夔州爲寧江軍，以鄴爲節度使。戊辰，詔曰：「頃因本朝親王，遙領方鎮，遂有副大使知節度事，副大使，原本作「正使」，今據新唐書百官志改正。（影庫本粘籤）年代已深，相沿未改。其東川、西川今後落副大使，只云節度使。」庚午，遂州留後李敬周、鄜州留後劉仲殷並正授本州節度使。壬申，兗州節度使房知温移鎮徐州，徐州節度使安元信移鎮襄州，滄州節度使趙在禮移鎮兗州。以齊州防禦使安審通爲滄州節度使。是日，詔陵州、合州長流百姓豆盧革、韋說等，宜令逐處刺史監賜自盡，案：五代春秋作元年七月，殺豆盧革、韋說。考歐陽史，元年七月，貶豆盧革爲辰州刺史，韋說溆州刺史。甲申，流革于陵州，說于合州。二年七月，殺

豆盧革、韋說。與薛史同（九）。五代春秋繫于元年，誤也。（舊五代史考異）其骨肉並放逐便。是日，逐段凝於遼州，劉訓於濮州，温韜於德州。甲戌，太子少保任圜上表乞致仕，仍於外地尋醫，詔從之。丁丑，以左金吾大將軍曹廷隱爲齊州防禦使。

八月己卯朔，日有食之。辛巳，以右諫議大夫孔昭序爲給事中，以祕書少監崔憓爲右諫議大夫。壬午，以右驍衛大將軍劉衡爲左領衛上將軍；以鄴都副留守趙敬怡爲右衛上將軍，判興唐府事。乙酉，昆明大鬼主羅殿王、普露靜王九部落，各差使隨牂牁、清州八郡刺史宋朝化等一百五十三人來朝，進方物，各賜官告、繒綵、銀器放還蕃。丙戌，以御史中丞盧文紀爲工部尚書，以右諫議大夫梁文矩爲御史中丞（一〇）。鄧州留後陶玘貶嵐州司馬，以其爲內鄉縣令盛歸仁所訟，稅外科率故也。仍賜歸仁緋袍魚袋。癸巳，幸皇子從榮第，宣禁中伎樂觀宴，從榮進馬及器幣，帝因以伎樂賜之。華州上言，渭河泛濫害稼。丁酉，以吏部郎中、襲文宣公孔邈爲左諫議大夫。史館修撰趙熙上言：「應內中公事及詔書奏對，應不到中書者，請委內臣一人抄錄，月終送史館。」詔差樞密直學士錄送。青州進芝草。青州，原本作「星州」，今據册府元龜改正。（影庫本粘籤）新州奏，契丹乞置互市。癸卯，汴州節度使朱守殷加兼侍中，鄆州節度使符習加檢校太尉。甲辰，皇子從榮娶鄜州節度使劉仲殷女，是夕禮會，百僚表賀。

九月辛亥，義武軍節度使、檢校太尉、兼中書令王都加食邑實封。幽州節度使趙德鈞加檢校太尉，鎭州節度使王建立加同平章事。僞吳楊溥遣使以應聖節貢獻。己未，以前雲州節度使高行珪爲鄧州節度使。是日，出御扎曰：「歷代帝王，以時巡狩，一則遵於禮制，一則按察方區。「按察」下原空一字，今據册府元龜增「方」字。（影庫本粘籤）矧彼夷門，控茲東夏，當先帝戡平之始，爲眇躬殿守之邦，俗尚貞純，兵懷忠勇。自元臣鎭靜，庶事康和，兆民咸樂於有年，闔境彌堅於望幸，事雖違衆，議在省方。朕取十月七日親幸汴州。」庚申，以衞尉卿李延光爲大理卿。北京留守李彥超上言：「先父存審，本姓符氏，蒙武皇賜姓，乞卻還本姓。」從之。乙丑，夏州節度使李仁福、鳳翔節度使李從曮、李從曮作「逢曮」，據上文李曮賜名從曮，「逢」字當係「從」字之訛，今改正。（影庫本粘籤）朔方節度使韓洙，並加食邑，改賜功臣。以汝州防禦使趙延壽爲河陽節度使，以比部郎中、知制誥劉贊爲中書舍人，以河陽掌書記程遜爲比部員外郎、知制誥，以代州刺史李德琉爲蔚州刺史。

丙寅，樞密使孔循兼東都留守。襄州夏魯奇上言，荆南高季興遣使持書乞修貢奉，詔魯奇不納。詔諸州錄事參軍，不得兼使府賓職。己巳，鄧州節度使史敬鎔加檢校太保，同州節度使盧質加檢校司徒。御史臺奏：「每遇入閤，舊例只一員侍御史在龍墀邊祗候，彈奏公事，或有南班失儀，點檢不及。今欲依常朝例，差殿中侍御史二員，押鐘鼓樓位，仍各

綴供奉班出入。」從之。以靑州節度副使淳于晏爲亳州團練使。契丹遣使梅老沒骨已下朝貢〔一〕。戊寅，西川奏：據黎州狀，雲南使趙和於大渡河南起舍一間〔二〕，留信物十五籠，并雜牋詩一卷，遞至闕下。

冬十月己卯朔，帝御文明殿視朝。癸未，亳州刺史李鄴貶郴州司戶，又貶崖州長流百姓，所在賜自盡。判官樂文紀配祁州，責其違法黷貨也。乙酉，鴐發西京，詔留宰相崔協以奉祠祭。丁亥，帝宿於滎陽。汴州朱守殷奏，都指揮使馬彥超謀亂〔三〕，已處斬訖。戊子，次京水，知朱守殷反，帝親統禁軍倍程前進。翌日，至汴州，攻其城，拔之，守殷伏誅。丙申，磁州刺史藥縱之上言，藥縱之，原本作「縱正」，今據列傳改正。（影庫本粘籤）今月十二日，供奉官王仁鎬至，稱制殺太子少保致仕任圜。案：安重誨害任圜，五代春秋及通鑑俱不書日。歐陽史作乙未，殺太子少保致仕任圜。據薛史作十二日，是年十月爲己卯朔，十二日乃庚寅也，與歐陽史異日。（舊五代史考異）契丹遣使持書求碑石，欲爲其父表其葬所。戊戌，詔曰：「諸道州府，自同光三年已前所欠秋夏稅租，并主持務局敗闕課利，并沿河舟船折欠，天成元年殘欠夏稅，並特與除放。」時重誨既搆任圜之禍，恐人非之，思沛恩於衆以掩己過，乃奏曰：「三司積欠約二百萬貫，虛繫帳額，請並蠲放。」帝重違其意，故有是詔。時議者以蠲隔年之賦，猶或惠民，場院課利一槪除之，得不啓奸倖之門乎！

己亥，詔曰：「太子少保致仕任圜，早推勳舊，曾委重難，既退免於劇權，俾優閑於外地。而乃不遵禮分，潛附守殷，緘題罔避於嫌疑，情旨頗彰於怨望。自收汴壘，備見蹤由，若務含弘，是孤典憲。尙全大體，止罪一身，已令本州私第自盡，其骨肉親情僕使等並皆放罪。」辛丑，詔曰：「后來其蘇，動必從於人欲；天監厥德，靜宜布於國恩。近者言幸浚郊，暫離洛邑，蓋逢歲稔，共樂時康。不謂奸臣，遽彰逆狀，爲厲之階既甚，覆宗之禍自貽。以致近輔生靈，遘此多端紛擾，永言軫惻，無輟寤興。宜覃雨露之恩，式表雲雷之澤，應汴州城內百姓，既經驚劫，宜放二年屋稅；諸處有曾受逆人文字者，隨處焚毀。應天下見禁囚徒，除十惡五逆、殺人放火、劫盜、合造毒藥、官典犯贓、僞行印信、屠牛外，罪無輕重，並從釋放。應有民年八十已上及家長者有廢疾者，免一丁差役」云。以山南西道節度使張筠爲西京留守，張筠，原本作「張漢筠」，今考張筠傳，筠未嘗名漢筠，當係傳寫衍文，今刪去。（影庫本粘籤）行京兆尹。靑州節度使霍彥威差人走馬進箭一對，賀誅朱守殷，帝卻賜彥威箭一對。傳箭，番家之符信也，起軍令衆則使之，彥威本非蕃將，以臣傳箭於君，非禮也。癸卯，以權知汴州事、陝州節度使石敬瑭爲汴州節度使、兼六軍諸衞副使、侍衞親軍馬步都指揮使。鳳翔奏，地震。丙午，威武軍節度副使、檢校太尉、守建州刺史王延稟可同平章事〔四〕、守建州刺史，充奉國軍節度副使、兼威武軍節度副使。詔割施州卻屬黔南。

十一月己酉，帝祭蕃神於郊外。庚戌，以皇城使、行袁州刺史李從敏爲陝州節度使。乙卯，靑州霍彥威、鄆州符習來朝。以太子詹事溫輦爲吏部侍郎。徐州房知溫來朝。戊午，黔南節度使李紹義加檢校太保。庚申，皇子河中節度使、檢校太保、同平章事從珂，鄴都留守、檢校太保、同平章事從榮，河南尹、判六軍諸衞事、檢校太保、同平章事從厚，並加檢校太傅，進爵邑。貝州刺史竇廷琬上言：請制置慶州靑白兩池，逐年出絹十萬匹，米萬石。詔升慶州爲防禦所，以廷琬爲使。壬申，詔霍彥威等歸藩。詔太宗朝左僕射李靖可册贈太保，鄭州僕射陂可改爲太保陂。時議者以僕射陂者，後魏孝文帝賜僕射李冲，李冲，原本作「李种」，今據魏書改正。（影庫本粘籤）故因以爲名，及是命之降以爲李靖，蓋誤也。契丹遣使梅老等來乞通和〔五〕。

十二月戊寅朔，以前鳳翔留後高允貞爲右監門上將軍。詔以施州爲夔州屬郡，以其便近故也。遣飛勝指揮使於契丹〔六〕，賜契丹王錦綺、銀器等，兼賜其母繡被纓絡。己卯，蔚州刺史周令武得代歸闕，帝問北州事，令武奏曰：「山北甚安，諸蕃不相侵擾。鴈門已北，東西數千里，斗粟不過十錢。」帝悅，顧謂左右曰：「須行善事，以副天道。」居數日，帝延宰臣於元德殿，言及民事，馮道奏曰：「莊宗末年，不撫軍民，惑於聲樂，遂致人怨國亂。陛下自膺人望，歲時豐稔，亦淳化所致也。更願居安思危。」帝然之。許州地震。庚辰，皇子鄴都留守

從榮移鎭太原。以北京留守符彥超爲潞州節度使。乙酉，以彰國軍節度使李從璋昧於政理，詔歸闕。敕新及第進士有聞喜宴，逐年賜錢四十萬。己丑，兗州節度使趙在禮來朝。詔出潛龍宅米以賑百官。壬辰，以太傅致仕齊國公趙光逢卒輟朝。丙申，許州節度使夏魯奇移鎭遂州。庚子，幸石敬瑭公署及康義誠私第。甲辰，狩於東郊，臘也〔一七〕。丙午，追尊四廟，以應州舊宅爲廟。永樂大典卷七千一百六十四。

校勘記

〔一〕然閔帝紀尙稱安北都護楊檀是檀在天成中未嘗改名 「安」字原無，據孔本、本書卷四五閔帝紀補。「是檀」二字原無，據孔本補。

〔二〕馮道爲中書侍郎 「侍郎」原作「門下」，據殿本、劉本、通鑑卷二七五改。

〔三〕充東南面招討使 「東」字原無，據殿本、劉本、通鑑卷二七五補。

〔四〕李鏻 原作「李璘」，本書卷三七明宗紀作李鏻，本書卷一〇八、歐陽史卷五七有李鏻傳，據改。本卷下文同。

〔五〕華州留後劉彥琮 「劉」字原無，據殿本、劉本、本書卷六一劉彥琮傳補。

〔六〕自五品下輒起 「起」原作「取」，據殿本、劉本、冊府卷五一七改。

〔七〕惟幟於長竿表隊伍而已 「竿」原作「行」。歐陽史卷四六房知溫傳作「惟以長竿繫旗幟以表隊伍」，通鑑卷二七五作「但繫幟於長竿以別隊伍」。據改。

〔八〕知荆南行府事 「荆」下原有「州」字，本卷上文作「知荆南行府事」，本書卷六一劉訓傳同。據刪。

〔九〕與薛史同 「同」原作「異」，據殿本考證改。

〔一〇〕右諫議大夫梁文矩 「右」原作「左」，據本卷上文、本書卷九二梁文矩傳改。

〔一一〕梅老沒骨 原作「靡琳孟袞」，注云：「舊作梅老沒骨，今改正。」殿本作美稜瑪古。按此係輯錄舊五代史時據遼史索倫國語解所改，今恢復原文。

〔一二〕雲南 原作「雲州」，據劉本、彭本、冊府卷九八〇改。

〔一三〕馬彥超謀亂 「謀」原作「等」，據殿本、劉本改。

〔一四〕王延亶 孔校云：「明宗旣改名亶，似應避諱，疑原本有誤。」

〔一五〕梅老 原作「靡琳」，注云：「舊作梅老，今改正。」按此係輯錄舊五代史時據遼史索倫國語解所改，今恢復原文。

〔一六〕遣飛勝指揮使於契丹 孔校云：「飛勝指揮下似脫人名。」按冊府卷九七六作「宣飛勝指揮使安念德使於契丹」。

〔一七〕臘也 「臘」原作「獵」，據殿本、冊府卷一一五改。

舊五代史卷三十九

唐書十五

明宗紀第五

天成三年春正月戊申朔，帝御崇元殿受朝賀，仗衛如式。辛亥，前河陽節度使、檢校太傅、兼侍中孔勍以太子太師致仕。癸丑，詔取今月十七日幸鄴都。甲寅，以國子祭酒朱守素卒廢朝。丙辰，以鎭南軍節度使袁建豐卒廢朝，鎭南，原本作「鎭方」，今據歐陽史改正。（影庫本粘籤）詔贈太尉。

丁巳，詔曰：「朕聞堯、舜有恤刑之典，貴務好生；禹、湯申罪己之言，庶明知過。今月七日〔一〕，據巡檢軍使渾公兒口奏稱，有百姓二人，以竹竿習戰鬭之事。朕初聞奏報，實所不容，率爾傳宣，令付石敬瑭處置。今且重誨敷奏，今且重誨敷奏，原本作「令且」，今從冊府元龜改正。（影庫本粘籤）方知悉是幼童爲戲，載聆讜議，方覺失刑，循揣再三，愧惕非一。亦以渾公兒

誑誣頗甚，石敬瑭詳覆稍乖，致人枉法而殂，處朕有過之地。今減常膳十日，以謝幽冤。其石敬瑭是朕懿親，合施極諫，旣茲錯誤，宜示省循，可罰一月俸。渾公兒決脊杖二十，仍銷在身職銜，配流登州。小兒骨肉，賜絹五十匹、粟麥各百石，便令如法埋葬。兼此後在朝及諸道州府，凡有極刑，並須子細裁遣，不得因循。」百僚進表稱賀。

己未，中書門下奏，國子祭酒，望令宰相兼判。案五代會要載原奏云：祭酒之資，歷朝所貴，爰從近代，不重此官。況屬聖朝，方勤庶政，須宏雅道，以振時風。望令宰臣一員，兼判國子祭酒。（舊五代史考異）乃詔崔協判之。辛酉，以前潞州節度使毛璋爲右金吾上將軍，以左驍衛上將軍華温琪爲右金吾大將軍，以春州刺史張虔釗爲鄭州防禦使。契丹陷平州。案：契丹陷平州，歐陽史作丁巳，通鑑不書日。宋人考平州自梁開平中劉守光以賂契丹，天成元年盧文進舉其地以歸於唐，至三年復爲遼人所取，自是平州遂屬於遼。宋人論石晉賂遼故地，兼及平州，蓋未詳考，今附識于此。（舊五代史考異）詔應廟諱文字〔二〕，只避正文，其偏旁文字，不用虧缺點畫。契丹遣使禿汭悲梅老等貢獻〔三〕，帝遣指揮使奔托山押國信賜契丹王妻。奔托山，原本作「賁托山」，考通鑑作「奔」，胡三省云：奔，姓也。今改正。（影庫本粘籤）戊辰，以隨駕馬軍都指揮使、富州刺史康義誠兼領鎭南軍節度使，以隨駕步軍都指揮使、湖州刺史楊漢章遙領寧國軍節度使。中書上言：「舊制遇二月十五日玄元皇帝降聖節，休假三日。準會昌元年二月勅，休假一日，請準近勅。」從之。吐蕃野利延孫等六人〔四〕、迴鶻米里都督等四人，

並授歸德、懷遠將軍，放還蕃。庚午，册贈故瀛州刺史李嗣顒爲太尉。壬申，册贈故皇子檢校司空從譓爲太保。甲戌，制以楚國夫人曹氏爲淑妃，以韓國夫人王氏爲德妃，仍令所司擇日册命。

二月丁丑朔，有司上言，太陽合虧，既而有雲不見，羣官表賀。詔巡幸鄴都事宜停〔五〕。庚辰，僞吳楊溥遣使貢獻，賀誅朱守殷。帝以荆南拒命，通連淮夷，不納其使，遣還。壬午，以光祿卿韋寂卒廢朝，贈禮部尚書。癸未，工部尚書盧文紀貶石州司馬，員外安置。文紀私諱「業」，文紀私諱「業」，原本作「諱葉」，今從册府元龜改正。（影庫本粘籤）時新除于鄴爲工部郎中，舊例，僚屬名與長官諱同，或改其任。文紀素與宰相崔協有隙，故中書未議改官。于鄴授官之後，文紀自請連假。鄴尋就位，及差延州官告使副未行，文紀參告，且言候鄴迴日終請換曹，鄴其夕自經而死，故文紀貶官。以倉部郎中何澤爲吏部郎中，獎伏閤諫巡幸鄴都也。丁亥，天德軍節度使郭承豐加檢校司徒〔六〕。辛卯，以山南西道節度使張筠爲左驍衞上將軍。案：通鑑作左衞上將軍，歐陽史從薛史作左驍衞。（舊五代史考異）詔中外羣臣父母亡沒者，並與追封贈。癸巳，以禮部尚書崔貽孫卒輟朝。甲午，以吐渾寧朔、奉化兩府都知兵馬使李紹魯爲吐渾寧朔府都督。乙未，以樞密使兼東都留守孔循爲許州節度使兼東都留守，鄧州節度使高行珪移鎮安州，應州節度使李從璋移鎮滑州，滑州節度使盧文進移鎮鄧州。鄧州，原本作「甄州」，今

據歐陽史盧文進傳改正。（影庫本粘籤）丁酉，以責授檀州刺史劉訓爲右龍武大將軍。己亥，迴鶻可汗仁喻遣都督李阿山等貢獻〔七〕。案：歐陽史作戊戌。（舊五代史考異）壬寅，以左金吾大將軍羅周敬爲同州節度使。甲辰，以威塞軍節度使張廷裕卒廢朝，詔贈太保。以耀州團練使孫岳爲閬州團練使，以左監門上將軍高允貞爲右金吾衞大將軍，以右金吾衞大將軍華溫琪爲左金吾衞大將軍。

三月丁未朔，以久雨，詔文武百辟極言時政得失。丁巳，以邢州節度使王景戡爲華州節度使，邢州，原本作「汧州」，今從册府元龜改正。（影庫本粘籤）以前北京副留守李從溫爲邢州節度使。己未，以宰臣鄭珏爲開府儀同三司、左僕射致仕，加食邑五百戶。庚申，以前復州刺史翟章爲新州威塞軍留後。中書奏：「孟夏薦饗，合宰相行事，在朝只有宰相二員，今東都留守孔循帶平章事，宜令攝太尉行事。」孔循稱：「使相有戎機，不司祠祭重事。」癸亥，以前鎮州節度使王建立爲右僕射兼中書侍郎、平章事、集賢殿大學士、判三司。西方鄴上言，收復歸州。以前鄭州刺史楊漢賓爲洋州武定軍留後。戊辰，以前彰國軍節度副使陳皐爲鳳州武興軍留後，以前蔡州刺史孫漢韶爲應州彰國軍留後，以宣徽南院使范延光爲樞密使，以宣徽北院使、判三司張延朗爲宣徽南院使，以前冀州刺史婁繼英爲耀州團練使，以懷州刺史張廷蘊爲金州防禦使。己巳，命范延光權知鎮州軍府事。西方鄴奏，於歸州殺敗荆南賊

軍。太白山道士解元龜自西川至，對於便殿，稱年一百一歲。既而上表乞西都留守兼西川制置使，要修西京宮闕。帝謂侍臣曰：「此人老耄，自遠來朝，方期別有異見，反爲身名，甚可笑也。」賜號知白先生，賜紫，放歸山。甲戌，册迴鶻可汗仁喻爲順化可汗。

夏四月戊寅，以汴州節度使石敬瑭爲鄴都留守，充天雄軍節度使，加同平章事；以樞密使、權知鎮州軍府事、檢校太保范延光爲鎮州節度使兼北面水陸轉運使；范延光，原本作「廷光」，今據歐陽史改正。（影庫本粘籤）以司農卿鄭續爲太僕卿。壬午，夔州節度使、東南面副招討使西方鄴加檢校太保。甲申，皇第三女石氏封永寧公主，永寧，原本作「求寧」，今從五代會要改正。（影庫本粘籤）第十三女趙氏封興平公主，仍令所司擇日册命。幽州上言，契丹有書求樂器。乙酉，達靼遣使朝貢。以隨駕馬軍都指揮使康義誠爲侍衞親軍馬步軍都指揮使。丙戌，樞密使安重誨兼河南尹；以皇子河南尹、判六軍諸衞事從厚爲汴州節度使，判六軍如故。丁亥，復州奏，湖南大破淮賊於道人磯。以西川馬步軍都指揮使趙廷隱兼漢州刺史，從孟知祥之請也。案九國志趙廷隱傳：知祥至蜀，康延孝陷漢州，遣廷隱率兵擊破之，擒延孝，檻送闕下。知祥奏加檢校司空、漢州刺史，遂留屯成都。（舊五代史考異）洋州上言，重開入蜀舊路三百餘里，比今官路較二十五程而近。癸巳，殿中少監石知訥貶憲州司戶〔八〕，坐扇惑軍鎮也。北面副招討、宋州節度使王晏球以定州節度使王都反狀聞。案：遼史作三月，王都以定州來歸。五代春秋及通鑑並從薛史作四月。

庚子，制義武軍節度使、檢校太尉、兼中書令、太原王王都削奪官爵。壬寅，以王晏球爲北面行營招討使，知定州行軍州事；以滄州節度使兼北面行營馬軍都指揮使安審通爲副招討使兼諸道馬軍都指揮使；以左散騎常侍蕭希甫兼判大理卿事。西京奏，前樞密使張居翰卒。

五月乙巳朔，迴鶻可汗仁喻封順化可汗。丁未，鄴都留守、天雄軍節度使石敬瑭，河陽節度使趙延壽並加駙馬都尉。以右僕射李琪爲太子少傅。辛亥，沙州節度使曹義金加爵邑。王晏球上言，收奪得定州北西二關城。北西二關，原本作「比三關」，今從通鑑增改。（影庫本粘籤）癸丑，湖南馬殷奏，二月中，大破淮寇二萬，生擒將士五百人。中書上言：「諸道薦人，宜酌定員數。今後節度使每年許薦二人，帶使相者許薦三人，團練、防禦使各一人，節度、觀察判官並聽旨授，書記已下即許隨府。」從之。以六軍判官、尚書司封郎中史圭爲右諫議大夫，充樞密直學士。詔州縣官以三十月爲考限，刺史以二十五月爲限，以到任日爲始。己未，幽州奏，契丹禿餒領二千騎西南趨定州〔九〕。以前同州節度使盧質行兵部尚書，判太常卿事。辛酉，以天雄軍節度副使、判興唐府事趙敬怡爲樞密使。詔曰：「上柱國，勳之極也。近代已來，文臣官階稍高，便授柱國，歲月未深，便轉上柱國。武資初官，便授上柱國。今後凡加勳，先自武騎尉，十二轉方授上柱國，十二轉，原本作「二輔」，今據新唐書百官志改正。（影庫本粘籤）

永作成規，不令踰越。」丁卯，鎮州奏，今月十八日，王師不利於新樂。壬申，王晏球奏，今月二十一日，大破定州賊軍及契丹於曲陽，斬獲數千人，王都與禿餒以數十騎復入於定州。六月己卯，以右金吾上將軍毛璋爲左金吾上將軍，以前安州節度使史敬鎔爲右金吾上將軍，以前華州節度使劉彥琮爲左武衞上將軍。壬午，放內園鹿七頭於深山。乙酉，皇子故金槍指揮使、檢校左僕射從璟贈太保。己丑，幽州趙德鈞奏，殺契丹千餘人於幽州東，獲馬六百匹。壬辰，宰臣馮道率百僚上表，請上尊號曰聖明神武文德恭孝皇帝，詔報不允。丙申，馮道等再上尊號，不允。戊戌，以西京副留守、知留守事張遵誨行京兆尹。

秋七月乙巳，詔故僞蜀主王衍追封順正公，以諸侯禮葬。丙午，以前武信軍節度使李敬周爲邠州節度使。丁未，以滄州節度使安審通卒於師輟朝。壬子，以朔方節度使韓洙卒廢朝。甲寅，王晏球奏，六月二十二日進攻逆城，將士傷者三千人。時晏球知城中有備，未欲急攻，朱宏昭、張虔釗切於立功，促攻賊壘，晏球不得已而進兵，遂致傷痍者衆。乙卯，以太子少保李茂勳卒輟朝。己未，己未，原本作「丁未」。考通鑑云：東都民有犯私麴者，留守孔循族之。或請聽民造麴，而于秋稅畝收五錢。己未，敕從之。今改正。（影庫本粘籤）詔弛麴禁，許民間自造，於秋苗上納徵麴價，畝出五錢。時孔循以麴法殺一家於洛陽，或獻此議，以爲愛其人，便於國，故行之。宗正卿李紓除名，刑部侍郎馬縞貶綏州司馬，刑部員外郎李慎儀貶階州司戶。初，李紓差攝

陵臺令張保嗣等各虛稱試銜，爲奉先令王延朗所訟，大理寺斷以詐假官論，刑部詳覆，稱非詐假。大理執之，召兩司廷議，刑部理屈，故有是貶。紓續勑配隴州，徒一年。未幾，詔曰：「天下州府，例是攝官，皆結試銜，試銜，原本作「私銜」，今據五代會要改正。（影庫本粘籤）或因勘窮，便歸詐假。已前或有稱試銜，一切不問，此後並宜禁止。」曹州刺史成景宏貶綏州司戶參軍，續勑長流宥州，尋賜自盡，坐受本州倉吏錢百緡也。壬戌，齊州防禦使曹廷隱以奏舉失實，配流永州，續勑賜自盡。案：歐陽史作己未，殺齊州防禦使曹廷隱。己未在壬戌前三日，不應發配在後，賜死轉在前也，歐陽史疑譌。（舊五代史考異）甲子，王晏球奏，今月十九日契丹七千騎來援定州，王師逆戰於唐河北，唐河，原本作「康河」，今據通鑑改正。（影庫本粘籤）大破之〔一〇〕。案通鑑：壬戌，王晏球破契丹于唐河北。甲子，追至易州。所推長曆與薛史合。戊辰，詔福建節度使王延鈞可依前檢校太師〔一一〕、守中書令，進封閩王。己巳，王晏球奏，此月二十一日，追契丹至易州，掩殺四十里，擒獲甚衆。故朔方節度使韓洙贈太尉。以兵部侍郎王權、御史中丞梁文矩並爲吏部侍郎，以左諫議大夫呂夢奇爲御史中丞。

八月癸酉朔，以翰林學士守中書舍人李懌、劉昫並爲戶部侍郎充職，以吏部侍郎劉岳守祕書監，以吏部侍郎韓彥惲守禮部尚書，以戶部侍郎歸藹守太子賓客，以戶部侍郎裴皞守兵部侍郎，以中書舍人張文寶守刑部侍郎。詔凡有姓犯廟諱者，以本望爲姓。丁丑，以

檢校尚書右僕射、守龍武大將軍劉訓爲晉州節度使、檢校太傅。壬午，幽州趙德鈞奏，於府西邀殺契丹敗黨數千人，生擒首領惕隱等五十餘人〔一二〕。是時，官軍襲殺契丹，屬秋雨繼降，泥濘莫進，人饑馬乏，散投村落，所在村民持白梃毆殺之。德鈞出兵接於要路，幾無噍類〔一三〕。帝致書喻其本國。案：通鑑作八月壬戌，趙德鈞邀擊契丹。據薛史，八月係癸酉朔，不得有壬戌，疑通鑑誤。辛卯，以朔方軍留後韓璞爲朔方軍節度使、靈武雄警甘肅等州觀察使、檢校司徒。雄警，疑當作「雄邠」。考五代會要及册府元龜俱作警。又，通鑑注云：警州在涇原西。今仍其舊。（影庫本粘籤）帝聞隨、鄧、復、郢、均、房之民，父母骨肉有疾，以長竿遙致粥食而餉之，出嫁女，夫家不遣來省疾，乃下詔委長吏嚴加禁察。房州奏，新開山路四百里，南通夔州，畫圖以獻。以前洋州節度使戴思遠爲太子太保致仕。庚子，詔：「今後翰林學士入院，以先後爲班次，承旨一員，不計官資先後，在學士之上。」

閏月丁未，兩浙節度觀察留後、清海軍節度使、檢校太師、兼中書令錢元瓘可杭州、越州大都督府長史，充鎮東、鎮海等軍節度使。戊申，趙德鈞獻戎俘於闕下，其蕃將惕隱等五十人留於親衞，餘契丹六百人皆斬之。乙卯，升楚州爲順化軍。以明州刺史錢元珦爲本州節度使，以吏部尚書蕭頃爲太子少保。契丹遣使來貢獻。契丹平州刺史張希崇上表歸順。乙丑，陝州節度使李從敏移鎮滄州。以宣徽南院使張延朗爲陝州節度使。詔：「在京遇行

極法日，宜不舉樂，兼減常膳。諸州遇行極法日，禁聲樂。」己巳，滑州掌書記孟昇匿母服，大理寺斷處流，特勑孟昇賜自盡。觀察使、觀察判官、錄事參軍失其糾察，各行殿罰。襄邑縣民閻威，父爲人所殺，不雪父寃，有狀和解，特勑處死。是月二十七，大水，河水溢。絳州地震。

九月乙亥，以捧聖左右廂副都指揮使索自通爲雲州節度使。丁丑，以太府卿、判四方館事李郁爲宗正卿。壬午，以晉州節度使安崇阮爲左驍衞上將軍。甲申，吐蕃、迴紇各遣使貢獻。壬辰，宰臣王建立進玉杯，上有文曰「傳國萬歲盃」。乙未，詔德州流人溫韜、遼州流人段凝、嵐州司戶陶玘、憲州司戶石知訥、原州司馬聶嶼，並宜賜死於本處，暴其宿惡而誅之也。丙申，以邠州節度使梁漢顒爲右威衞上將軍。威衞，原本作「威武」，今從五代會要改正。（影庫本粘籤）丁酉，河陽節度使、駙馬都尉趙延壽爲檢校司徒。己亥，詔徐州節度使房知溫兼荆南行營招討使，知荆南行府事。

冬十月甲辰，制瓊華長公主孟氏可册爲福慶長公主。丙午，以滄州節度使李從敏兼北面招討使。戊申，帝臨軒，命禮部尚書韓彥惲、工部侍郎任贊往應州奉册四廟。詔邠州節度使李敬周攻慶州，案：通鑑作李敬通，薛史前後並作敬周，歐陽史亦作敬周，疑通鑑傳刻之訛。（舊五代史考異）以刺史竇廷琬拒命故也。案：竇廷琬反，通鑑從薛史作十月，歐陽史繫于十月以前，與薛史異。（舊五代史考異）

〔兵〕戊午，契丹平州刺史張希崇已下八十餘人見於元德殿，頒賜有差。突厥首領張慕進等來朝貢。案：歐陽史作慕晉。（舊五代史考異）案：張慕進來朝，歐陽史作丁巳。（孔本）甲子，安州節度使高行珪奏，屯駐左神捷、左懷順軍士作亂，已逐殺出城。詔升壽州爲忠正軍。戊辰，以雲州節度使索自通領壽州節度使，以前雲州節度使張温復爲雲州節度使。庚午夜，西南有彗星長丈餘，在牛星五度。

十一月癸酉，日南至，帝御崇元殿受朝賀。甲戌，捧聖指揮使何福進招收到安州作亂兵士五百人，自指揮使已下至節級四十餘人並斬，餘衆釋之。壬午，房知温奏，荆南高季興卒。案：高季興卒，通鑑作十二月丙辰，詳見通鑑考異。（舊五代史考異）中書舍人劉贊奏：「請節度使及文班三品已上謝見通喚。」從之。是日，以契丹所署平州刺史、光祿大夫、檢校太保張希崇爲汝州刺史，案：歐陽史作汝州防禦使，通鑑從薛史作刺史。（舊五代史考異）加檢校太傅。己丑，中書奏：「今後或有封册，請御正衙。」從之。青州奏，節度使霍彦威卒，輟朝三日。詔宰臣王建立權知青州軍州事。庚寅，禮部員外郎和凝奏：「應補齋郎並須引驗正身，以防僞濫。舊例，使蔭一任官補一人，今後改官須轉品即可，如無子，許以親姪繼限〔一四〕，念書十卷，試可則補。」從之。甲午，以尚書左僕射、同平章事、集賢殿大學士、判三司王建立爲青州節度使、檢校太尉、同平章事。丙申，帝謂侍臣曰：「古鐵券如何？」趙鳳對曰：「帝王誓文，許其子子

孫長享爵祿。」帝曰：「先朝所賜，唯朕與郭崇韜、李繼麟三人爾，崇韜、繼麟尋已族滅，朕之危疑，慮在旦夕。」於是嗟嘆久之。趙鳳曰：「帝王執信，故不必銘金鏤石矣。」吏部郎中何澤奏：「流外官請不試書判之類。」何澤，原本作「何譯」，今據歐陽史改正。（影庫本粘籤）從之。吐蕃遣使朝貢。戊戌，前安州節度副使范延榮并男皆斬於軍巡獄，爲高行珪誣奏故也。

十二月壬寅朔，詔眞定府屬縣宜準河中、鳳翔例升爲次畿，眞定縣升爲次赤。甲辰，邠州節度使李敬周奏，收下慶州，刺史竇廷琬族誅。永樂大典卷七千一百六十四。

校勘記

〔一〕今月七日　「七日」原作「十七日」，據册府卷一五一改。按此詔下於丁巳，該月戊申朔，丁巳爲初十日。詔中敍已發生之事，不應爲十七日。

〔二〕詔應廟諱文字　殿本句上有「癸亥」二字。

〔三〕秃汭悲梅老　原作「特蘇巴靡琳」。注云：「舊作秃汭悲梅老，今改正。」殿本作托諾巴靡哩。按此係輯錄舊五代史時據遼史索倫國語解所改，今恢復原文。

〔四〕野利延孫　殿本作伊埒雅遜。殿本考證云：「伊埒雅遜舊作野利延孫，今改。」

〔五〕詔巡幸鄴都事宜停　「鄴都」原作「汴京」，據殿本、通鑑卷二七六改。

〔六〕郭承豐　殿本同，劉本作郭彦豐。

〔七〕李阿山　劉本作李阿三，殿本作李阿爾珊。殿本考證云：「阿爾珊舊作阿山，今改。」

〔八〕石知訥　原作「石知納」，據殿本、本卷下文改。

〔九〕秃餒　原作「塔納」，注云：「舊作秃餒，今改正。」殿本作「託諾」。按此係輯錄舊五代史時據遼史索倫國語解所改，今恢復原文。

〔一〇〕大破之　劉本同。殿本句下有「追至滿城，又破之，斬二千級，獲馬千匹」十五字。册府卷四三五「滿城」作「蒲城」，餘文略同。

〔一一〕詔福建節度使王延鈞　「詔」字原無，據殿本補。

〔一二〕惕隱　原作「特哩衮」，注云：「舊作惕隱，今改正。」按此係輯錄舊五代史時據遼史索倫國語解所改，今恢復原文。

〔一三〕幾無噍類　劉本同。殿本作「惟奇峯嶺北有馬潛遁脱者數十，餘無噍類。」册府卷四三五「有馬」作「有棄馬」，餘同。

〔一四〕如無子許以親姪繼限　殿本、劉本同。册府卷六三二作「如無嫡子，即許以親姪繼院。」會要卷一六載和凝奏云：「以姪繼院者，即初補時狀內言某無子，今以姪某繼院爲子使蔭。」

舊五代史卷四十

唐書十六

明宗紀第六

天成四年春正月壬申朔，帝御崇元殿受朝賀，仗衛如儀。幽州節度使趙德鈞奏：「臣孫贊，年五歲，默念論語、孝經，案：宋史作贊七歲，誦書二十七卷。（舊五代史考異）舉童子，於汴州取解就試。」幽州，原本作「邠州」；論語，原本作「何論」，今從册府元龜改正。（影庫本粘籤）詔曰：「都尉之子，太尉之孫，能念儒書，備彰家訓，不勞就試，特與成名。宜賜別勑及第，附今年春牓。」案宋史云：特賜童子及第，附長興三年禮部春牓。薛史作天成四年春牓，與宋史異。（舊五代史考異）戊子，放元年應欠秋稅。以左衞上將軍安崇阮爲黔南節度使。壬辰，迴鶻入朝使摯撥等五人各授懷化司戈放還〔一〕。以北京副留守馮贇爲宣徽使、判三司。戊戌，禁天下虛稱試攝銜。西川孟知祥奏：「支屬刺史乞臣本道自署。」

二月乙巳，王晏球奏，此月三日收復定州，案：歐陽史作二月癸卯，王晏球克定州，與薛史合〔二〕。通鑑作癸丑，考癸丑非二月三日也，疑傳寫之訛。（舊五代史考異）獲王都首級，生擒契丹禿餒等二千餘人。百僚稱賀。詔取今月二十四日車駕還東京。辛亥，以北面行營招討使、宋州節度使王晏球爲鄆州節度使，加兼侍中；以北面行營副招討使、滄州節度使李從敏爲定州節度使；以北面行營兵馬都監、鄭州防禦使張虔釗爲滄州節度使；幽州節度使趙德鈞加兼侍中。乙卯，以樞密使趙敬怡權知汴州軍州事。趙敬怡，原本作「敬貽」，今從歐陽史改正。（影庫本粘籤）丙辰，邢州奏，定州送到僞太子李繼陶，已處置訖。辛酉，帝御咸安樓受定州俘馘，百官就列，宣露布於樓前，禮畢，以王都首級獻於太社。王都男四人、弟一人，禿餒父子二人，並磔於市。案五代會要：尚書兵部宣露布于樓前，宣訖，尚書刑部侍郎張文寶奏曰：「逆賊王都首級請付所司。」大理卿蕭希甫受之以出，獻于郊社，其王都男幷蕃將等磔于開封橋。（舊五代史考異）時露布之文，類制勑之體，蓋執筆者悞，頗爲識者所嗤。樞密使趙敬怡卒，贈太傅。以端明殿學士趙鳳權知汴州軍州事。甲子，車駕發汴州。丙寅，至鄭州。賜左僕射致仕鄭珏錢二十萬。丁卯，宰相崔協卒，詔贈尚書右僕射。東都留守、太子少傅李琪等奏，至偃師縣奉迎。時琪奏章中有「敗契丹之凶黨，破眞定之逆城」之言。詔曰：「契丹即爲凶黨，眞定不是逆城，李琪罰一月俸。」庚午，車駕至自汴州。

三月甲戌，馮道進表乞命相。丙戌，詔皇城使李從璨貶授房州司戶參軍，仍令盡命。從璨，帝之諸子也。先是，帝巡幸汴州，留從璨以警大內，從璨因遊會節園，會節，原本作「曾節」，考通鑑注云：會節園在洛陽城中，張全義鎭洛歲久，私第在會節坊，室宇園池，爲一時瓦麗，輸之官，以爲會節園。今改正。（影庫本粘籤）酒酣，戲登御榻。安重誨奏之，故置於法焉。壬辰，中書奏：「今後羣臣內有乞假覲省者，請量賜茶藥。」從之。乙未，以前鄆州節度使符習爲汴州節度使。丙申，詔鄴都、幽、鎭、滄、邢、易、定等州管內百姓，除正稅外，放免諸色差配，以討王都之役，有輓運之勞也。

夏四月庚子朔，禁鐵鑞錢。案：通鑑作鐵錫錢。胡三省注云：馬殷得湖南，鑄錫爲錢，本用之境內，其後遂流入中國。疑原本「鑞」字誤。考册府元龜亦作鐵鑞錢，今仍其舊。（舊五代史考異）壬寅，重修廣壽殿成，有司請以丹漆金碧飾之，帝曰：「此殿經焚，不可不修，但務宏壯，不勞華侈。」湖南奏，敗荊南賊軍於石首鎭。詔沿邊置場買馬，不許蕃部直至闕下。先是，党項諸蕃凡將到馬，無駑良並云上進，國家雖約其價以給之，及計其館穀錫賚，所費不可勝紀。計司以爲耗蠹中華，遂止之。壬子，以皇子北京留守、河東節度使從榮爲河南尹，判六軍諸衞事；以皇子河南尹、判六軍諸衞事從厚爲北京留守；以河陽節度使趙延壽爲宋州節度使；以侍衞親軍都指揮使、鎭南軍節度使康義誠爲河陽節度使。契丹寇雲州。癸丑，契丹遣捺括梅里等來朝

貢〔三〕，稱取禿餒等骸骨，並斬於北市。甲寅，以端明殿學士趙鳳爲門下侍郎兼工部尙書、平章事。案：歐陽史本紀作端明殿學士、尙書兵部侍郎趙鳳爲門下侍郎兼工部尙書、同平章事，趙鳳傳作禮部侍郎，與本紀異，見吳縝纂誤。（舊五代史考異）丙辰，諫議大夫致仕、襲文宣公孔邈卒。庚申，以王建立、孔循帶中書直省吏歸藩，並追迴。壬戌，幽州節度使趙德鈞兼北面行營招討使，鎭州節度使范延光加檢校太傅。戊辰，中書奏：「五月一日，應在京九品已上官，及諸道進奏使，請準貞元七年勑，就位起居，永爲恆式。」從之。

五月己巳朔，帝御文明殿受朝。丙子，以夔州節度使西方鄴卒輟朝。丁丑，大理卿李保殷卒。己卯，以忠武軍節度使索自通爲京兆尹，充西京留守；以左威衞上將軍朱漢賓爲潞州節度使。乙酉，以黔州節度使安崇阮爲夔州節度使，以左驍衞上將軍張溫爲洋州節度使，以黔州留後楊漢賓爲本州節度使。中書奏：「太常寺定少帝謚昭宣光烈孝皇帝，廟號景宗。伏以少帝今不入廟，難以言宗，只云昭宣光烈孝皇帝。」從之。案舊唐書哀帝紀云：中書奏，少帝行事，不合稱宗。今考五代會要，天成三年，博士呂朋龜議〔四〕，引「君不逾年，不入宗廟」之禮，請別立廟於園陵，故不稱景宗，非議其行事有失也。舊唐書誤。丁亥，以鳳州武興軍留後陳皐爲武興軍節度使，以新州威塞軍留後翟璋爲威塞軍節度使。壬辰，以權知尙書右丞崔居儉爲尙書右丞。詔葺天下廨宇。丙申，襄州奏，荊南高從誨乞歸順。雲州奏，契丹犯塞。

中華書局

六月辛丑，以左散騎常侍姚顗爲兵部侍郎。壬寅，夔州節度使楊漢章移鎮雲州，以北京馬步軍都指揮使兼欽州刺史張敬達爲鳳州節度使。癸卯，以前西京副留守事張遵誨行衞尉事，充客省使。國子博士田敏請葺四郊祠祭齋室。丙午，以沂州刺史張萬進爲安北都護，充振武軍節度使。戊申，以宿州團練使康思立爲利州節度使。登州刺史孫元停任，坐在任無名科率故也。詔鄴都仍舊爲魏府。鄴都仍舊爲魏府，考通鑑注云：莊宗同光元年卽位于魏州，以魏州爲興唐府，建東京。旣遷洛，同光三年復唐之舊，以洛陽爲東都，改魏州之東京爲鄴都，至是復以爲魏州。今附識于此。（影庫本粘籤）應魏府、汴州、益州宮殿悉去鴟尾，賜節度使爲衙署。辛亥，以權知朔方軍留後、定難軍都知兵馬使韓澄爲朔方留後。癸丑，以前潞州節度使符彥超爲左驍衞上將軍。詔：「諸道節度使行軍司馬，名位雖高，或帥臣不在，其州事宜委節度副使權知。」又詔：「藩郡所請賓幕及主事親從者，悉以名聞。」丙辰，案：通鑑作庚申〔五〕。（舊五代史考異）權知荆南軍府事高從誨上章首罪，乞修職貢，仍進銀三千兩贖罪。案通鑑：庚申，高從誨自稱前荆南行軍司馬、歸州刺史，上表求內附。薛史作丙辰，與通鑑異。（孔本）壬戌，幸至德宮。詔：「京城空地，課人蓋造。如無力者，許人請射營構。」

秋七月庚午，以前西京留守判官張鑄爲司農卿。壬申，貶前左金吾上將軍毛璋爲儒州長流百姓，尋賜自盡，以其在藩鎮陰蓄奸謀故也。甲戌，御史中丞呂夢奇責授太子右贊善

大夫，坐曾借毛璋馬故也。己卯，以工部侍郎任贊爲左散騎常侍，以樞密直學士、左諫議大夫、充匭使閻至爲工部侍郎充職。遂州進嘉禾，一莖九穗。壬午，以給事中、判大理卿事許光義爲御史中丞。史館上言：「所編修莊宗一朝事迹，欲名爲實錄，太祖、獻祖、懿祖名爲紀年錄。」紀年錄，原本作「繫年錄」，考通鑑注、玉海、文獻通考並作紀年錄，今改正。（影庫本粘籤）從之。案五代會要：天成三年十二月，史館奏：「據左補闕張昭遠狀：『嘗讀國書，伏見懿祖昭烈皇帝自元和之初，獻祖文皇帝于太和之際，立功王室，陳力國朝。太祖武皇帝自咸通後來，勤王戮力，翦平多難，頻立大功，三換節旄，再安京國。莊宗皇帝終平大憝，奄有中原，倘闕編修，遂成湮墜。伏請與當館修撰，參序條綱，撰太祖、莊宗實錄者。』伏見前代史館，歸于著作，國初分撰五代史，方委大臣監修。自大曆後來，始奏兩員修撰，當時選任，皆取良能，一代之書，便成于手。其後源流失緒，波蕩不還，冒當修撰之名，曷揚褒貶之職。及乎編修六典，卽云別訪通才，況當館職在編修，合行撰述。」敕：宜依〔六〕。四年七月，監修國史趙鳳奏：「奉勑修懿祖、獻祖、太祖、莊宗四帝實錄，自今年六月一日起手，旋具進呈。伏以凡關纂述，務合品題。承乾御宇之君，行事方云實錄；追尊册號之帝，約文祇可紀年。所修前件史書，今欲自莊宗一朝名爲實錄，其太祖以上並目爲紀年錄。」從之。考當時史館能審名實如此。薛史列武皇于本紀，識者譏之，歐陽史始改莊宗紀〔七〕。（舊五代史考異）甲申，以前荆南行軍司馬、檢校太傅高從誨起復，授檢校太傅、兼侍中，充荆南節度使。丙戌，涇州節度使李從昶移鎮華州，以冀州刺史李金全爲涇州節度使。戊子，中書奏：「今後新及第舉人，有曾授正官及御署者，欲約前任資序〔八〕，與除一官。」從之。壬辰，

詔取來年二月二十一日有事於南郊。

八月丁酉朔，大理正路阮奏：「切見春秋釋奠於文宣王，而武成王廟久曠時祭，請復常祀。」常祀，原本作「嘗祈」，今據五代會要改正。（影庫本粘籤）從之。戊戌，中書奏：「太子少傅李琪所撰進霍彥威神道碑文，不分眞僞，是混功名，望令改撰。」從之。琪，梁之故相，私懷感遇，敍彥威在梁歷任，不欲言僞梁故也。辛丑，詔：「亂離已來，天下諸軍所掠生口，有主識認，卽勒還之。」以前淸河縣令、襲鄴國公、食邑三千戶楊仁矩爲祕書丞。御史臺奏：「主簿朱穎是前中丞奏請，合隨廳罷任。」詔曰：「主簿既爲正秩，況入選門，顯自朝恩，合終考限，宜令仍舊守官。」甲辰，以宰臣馮道爲南郊大禮使，兵部尚書盧質爲禮儀使，御史中丞許光義爲儀仗使，兵部侍郎姚顗爲鹵簿使，河南尹從榮爲橋道頓遞使，客省使、衞尉卿張遵誨爲修裝法物使。乙巳，黑水朝貢使骨至來朝〔九〕，授歸德司戈，放還蕃。丁未，以翰林學士承旨、禮部侍郎、知制誥李愚爲兵部侍郎，職如故。以中書舍人盧詹爲禮部侍郎，以兵部侍郎裴皥爲太子賓客。吐渾首領念公山來朝貢。戊申，帝服衮冕，御文明殿，追册昭宣光烈孝皇帝。庚戌，以宰臣、監修國史趙鳳兼判集賢院事，以左散騎常侍任贊判大理卿事。己未，高麗王王建遣使貢方物。辛酉，詔：「準往例〔一〇〕，節度使帶平章事、侍中、中書令，並列銜於勑牒，側書『使』字。今錢鏐是元帥、尙父，與使相名殊，馬殷守太師、尙書令〔一一〕，是南省官資，不合署

勑尾，今後勑牒內並落下。」乙卯，党項首領朝貢。甲子，幸金眞觀，改賜建法大師賜紫尼智願爲圓惠大師，卽武皇夫人陳氏也。丙寅〔一二〕，達靼來朝貢。京城內有南州、北州，乃張全義光啓中所築。案：洛陽縉紳舊聞記引薛史此文而辨之云：言光啓中築乃再葺而已，非始築也，其城壕今尙有遺跡焉。（舊五代史考異）至是，詔許人依街巷請射城濠，任使平塡，蓋造屋宇。

九月丁卯〔一三〕，中書奏：「據宗正寺申，懿祖永興陵、獻祖長寧陵、太祖建極陵並在代州鴈門縣，長寧，原本作「去寧」；建極，原本作「述極」，今據五代會要改正。（影庫本粘籤）皇帝追尊四廟在應州金城縣。」詔：「應州升爲望州，金城、鴈門並升爲望縣。」辛酉〔一四〕、太常博士段顒奏：「切見大祠則差宰相行事，中祠則卿監行事，小祠則委太祝、奉禮，並不差官，今後請差五品官行事。」從之。癸巳，制天下兵馬元帥、尙父、吳越國王錢鏐可落元帥、尙父、吳越國王，授太師致仕，責無禮也。先是，上將軍烏昭遇使於兩浙，以朝廷事私於吳人，仍目鏐爲殿下，自稱臣，謁鏐行拜蹈之禮。及迴，使副劉玫案：通鑑作韓玫。（舊五代史考異）具述其事，故停削鏐官爵，令致仕。烏昭遇下御史臺，尋賜自盡。後有自浙中使還者，言昭遇無臣鏐之事，爲玫所誣，人頗以爲冤。乙未，詔諸道通勘兩浙綱運進奉使，並下巡獄。

冬十月丙申朔，併吏部三銓爲一銓，宜令本司官員同商量注擬，連署申奏，仍不得於私第注官。戊戌，以襄州兵馬都監、守磁州刺史康福爲朔方、河西等節度使，朔方，原本作「朔

方」，今據通鑑改正。（影庫本粘籤）靈、威、雄、警、凉等州觀察使。時朔方將吏請帥於朝廷，故命福往鎮之。庚子，以右金吾上將軍史敬鎔爲左金吾上將軍，以左驍衛上將軍符彥超爲右金吾上將軍，以前黔州節度使李承約爲右驍衛上將軍〔五〕，以雲州節度使張敬詢爲左驍衛上將軍〔六〕，以前華州節度使王景戡爲右驍衛上將軍。癸卯，太常少卿蕭愿責授太子洗馬，奪緋。愿南郊行事，與祠官同飲，詰日猶醉不能行禮，爲御史所劾也。詔新授朔方節度使康福將兵萬人赴鎮。己酉，制復故荆南節度使高季興官爵。辛亥，升閬州爲保寧軍。壬子，以內客省使〔七〕、左衛大將軍李仁矩爲閬州節度使。幸七星亭。丙辰，夏州進白鷹，重誨奏曰：「夏州違詔進貢，臣已止約。」帝曰：「善。」朝退，帝密令左右進焉。是日，幸龍門。

十一月丁卯，洛州水暴漲，壞居人垣舍。戊辰，以刑部侍郎張文寶爲右散騎常侍。己巳，以尚書右丞李光序爲刑部侍郎。癸酉，升曹州濟陰縣爲次赤，以昭宣光烈孝皇帝温陵所在故也。甲戌，奉國軍節度使王延稟加兼侍中，從福建節度使王延鈞請也。車駕出近郊，試夏州所進白鷹，戒左右勿令重誨知。己卯，日南至，帝御文明殿受朝賀。癸未，祕書少監于嶠配振武長流百姓，永不齒任，爲宰臣趙鳳評奏也。史官張昭遠等以新修獻祖、懿祖、太祖紀年錄共二十卷、懿祖，原本脫「懿」字，今從五代會要改正。（影庫本粘籤）莊宗實錄三十卷上之，賜器帛有差。案五代會要：監修趙鳳、修撰張昭遠、呂咸休各賜繒綵、銀器等。（舊五代史考異）

十二月丁酉，靈武康福奏：「破野利、大蟲兩族三百餘帳於方渠，獲牛羊三萬。」戊戌，詔：「應授官及封贈官誥、舉人冬集等所費用物，一切官破。」壬戌，中書奏：「今後宰臣致齋內，不押班，不知印，不赴內殿起居。或遇國忌，行事官已受誓戒，宜不赴行香，并不奏刑殺公事。大祠致齋內，請不開宴。每遇大忌前一日，請不坐朝。」從之。永樂大典卷七千一百六十五。

校勘記

〔一〕掣撥　劉本同，殿本作徹伯爾。殿本考證云：「徹伯爾，舊作掣撥，今改。」

〔二〕與薛史合　「合」原作「異」，據孔本、殿本考證改。按二十史朔閏表，天成四年二月辛丑朔，癸卯爲初三日。

〔三〕捺括梅里　原作「紐赫美稜」，注云：「舊作捺括梅里，今改正。」按此係輯錄舊五代史時據遼史索倫國語解所改，今恢復原文。

〔四〕天成三年博士呂朋龜議　「三年」原作「二年」，「呂朋龜」原作「呂明龜」，會要卷三、冊府卷五九三敍此事均作天成三年十一月，「呂明龜」作「呂朋龜」，據改。

〔五〕通鑑作庚申　「庚申」原作「庚戌」，據殿本考證、通鑑卷二七六改。

〔六〕者伏見前代史館……敕宜依　九十八字原無，據孔本補。

〔七〕考當時史館……歐陽史始改莊宗紀　三十字原無，據孔本補。

〔八〕欲約前任資序　殿本、劉本同。會要卷二三、冊府卷六四一作「仍約前任資序」。

〔九〕骨至　劉本同，殿本作郭濟。殿本考證云：「郭濟舊作骨至，今改。」

〔一〇〕準往例　「往」原作「待」，據殿本、劉本改。

〔一一〕尚書令　「令」原作「今」，據殿本、彭本改。

〔一二〕丙寅　原作「丙戌」，據殿本、劉本改。按二十史朔閏表，天成四年八月丁酉朔，無丙戌，丙寅爲三十日。

〔一三〕丁卯　原作「丁亥」，據殿本改。影庫本粘籤云：「以長曆推之，當作丁卯。」影庫本批校云：「丁亥，應作丁卯。」

〔一四〕辛酉　影庫本粘籤云：「辛酉，以長曆推之，當作辛巳。」影庫本批校云：「辛酉，應作辛未。」殿本作辛未。

〔一五〕李承約爲右驍衛上將軍　「右」原作「左」，據殿本、本書卷九〇李承約傳、歐陽史卷四七李承約傳改。

〔一六〕張敬詢爲左驍衛上將軍　「左」原作「右」，據殿本、本書卷六一張敬詢傳改。

〔一七〕內客省使　「客」字原無，據殿本、通鑑卷二七六補。

舊五代史卷四十一

唐書十七

明宗紀第七

長興元年春正月丙寅朔，帝御明堂殿受朝賀，仗衞如常儀。乙亥，國子監請以監學生束脩及光學錢備監中修葺公用，光學錢，原本作「充學」，今從册府元龜、五代會要改正。（影庫本粘籤）從之。丙子，帝謂宰臣曰：「時雪未降，如何？」馮道曰：「陛下恭行儉德，憂及烝民，上合天心，必有春澤。」是夜降雪。其夕，右散騎常侍蕭希甫封狀申樞密稱，得河堰衙官狀，告本都將校二十餘人欲謀不軌，至旦追問無狀，斬所告人。是日，幸至德宫。辛卯，中書奏，郊天有日，合差大內留守。詔以宣徽南院使朱宏昭充。

二月戊戌，幸稻田莊。己亥，黑水國主兀兒遣使貢方物。翰林學士劉昫奏：「新學士入院，舊試五題，請今後停試詩賦，祇試麻制、答蕃書、批答共三道。仍請內賜題目，定字數，

付本院召試。」從之。案五代會要載劉昫原奏云：「舊例學士入院，除中書舍人不試，餘官皆先試麻制、答蕃〔一〕、批答各一道，詩賦各一道，號曰五題，並于當日呈納。從前每遇召試，多預出五題，潛令宿搆，其無黨援者，即日起草，罕能成功。今請權停詩賦，祇試三道，仍內賜題目，兼定字數。」從之。有司奏：「皇帝致齋於明堂，按舊服通天冠、絳紗袍，文武五品已上著袴褶，近例祇著朝服。」從之。乙巳，中書奏：「皇帝朝獻太微宫、太廟，祭天地於圜丘，準禮例親王爲亞獻行事，受誓戒。」從之。以天雄軍節度使石敬瑭爲御營使。壬子，帝宿齋於明堂殿。癸丑，朝獻太微宫。是日，宿齋於太廟，詰旦請行饗禮。甲寅，赴南郊齋宫。是夜微雨，三鼓後晴明如晝。乙卯，祀昊天上帝於圜丘，柴燎禮畢，郊宫受賀。是日，御五鳳樓，宣制：改天成五年爲長興元年，長興元年，原本脫「年」字，今據文增入。（影庫本粘籤）大赦天下，除十惡五逆、放火劫舍、屠牛、官典犯贓、僞行印信、合造毒藥外，罪無輕重，咸赦除之。天成四年終諸道所欠殘稅及場院欠折，並特放免。羣臣職位帶平章事、侍中、中書令，並與改鄉名里號。朝臣及蕃侯郡守亡父母，及父母在幷妻室未沾恩命者，並與恩澤。應私債出利已經倍者，祇許徵本，已經兩倍者，本利並放。河陽管內人戶，每畝舊徵橋道錢五文，今後不徵。諸道州府每畝先徵麴錢五文，今特放二文云。商州吏民以刺史郭知瓊善政聞，詔褒之。

三月丁卯，幸會節園，遂幸河南府。靈武奏，殺戮蕃賊二千人。壬申，鳳翔節度使李從曮進封岐國公，移鎮汴州。李從曮移鎮汴州，據通鑑云：從曮因入朝陪祀，徙爲宣武節度使。薛史未及詳載，今附識于此。（影庫本粘籤）甲戌，延州節度使高允韜移鎮邢州。丙子，以宣徽使朱弘昭爲鳳翔節度使；潞州節度使朱漢賓加檢校太傅〔二〕，移鎮晉州；徐州節度使房知温移鎮鄆州；鄆州節度使王晏球移鎮靑州。宰臣馮道率百僚拜表，請上尊號曰聖明神武文德恭孝皇帝，詔報不允。壬午，許州節度使孔循移鎮滄州；陝州節度使張廷朗移鎮許州，加檢校太傅；滄州節度使張虔釗移鎮徐州，加檢校太保。癸未，詔貶右散騎常侍、集賢殿學士、判院事蕭希甫爲嵐州司戶參軍，仍馳驛發遣，坐誣告之罪也。宰臣馮道等再請上尊號，詔允之。丙戌，以侍衞親軍馬步軍都指揮使、河陽節度使康義誠爲襄州節度使、檢校太傅，以左武衞上將軍劉彥琮爲陝州節度使、檢校太保。庚寅，制淑妃曹氏可立爲皇后，仍令擇日册命。

夏四月甲午朔，國子司業張溥奏，請復八館，以廣生徒。按六典，監有六學，國子、太學、四門、律學、書學、算學是也，書學，原本作「署學」，今據新唐書百官志改正。（影庫本粘籤）而溥云八館，謬矣。丁酉，前汴州節度使、檢校太尉、兼侍中符習可太子太師致仕，進封衞國公。戊戌，遂州節度使夏魯奇加同平章事，皇子河中節度使從珂進位檢校太尉，封開國公。自是諸道節鎮皆次第加恩，以郊禋覃慶澤故也。己亥，幸會節園。壬寅，以樞密使安重誨爲留守、太尉、兼中書令，使如故。靑州節度使王建立加侍中，移鎮潞州。皇子河中節度使從珂

奏：「臣今月五日，閱馬於黃龍莊，衙內指揮使楊彥温據城叛，臣尋時詰問，稱奉宣命。案胡三省通鑑注云：樞密院用宣，三省用堂帖。（舊五代史考異）臣見在虞鄉縣。」帝遣西京留守索自通、侍衞步軍都指揮使藥彥稠等攻之，仍授彥温絳州刺史，冀誘而擒之也。詔從珂赴闕。丁未，以戶部尚書李鏻爲兗州行軍司馬，坐引淮南覘人貽安重誨寶帶也。戊申，宰臣馮道加右僕射，趙鳳加吏部尚書。乙酉，以左龍武統軍劉君鐸卒廢朝。

癸丑，索自通、藥彥稠等奏，收復河中，斬楊彥温，傳首來獻。案：通鑑作辛亥，索自通拔河中，斬楊彥温。癸丑，傳首來獻。歐陽史亦作辛亥，自通執彥温殺之。較薛史爲詳審。（舊五代史考異）初，彥稠出師，帝戒之曰：「與朕生致彥温，吾將自訊之。」及收城，斬首傳送，帝怒彥稠等。時議皆以爲安重誨方弄國權，從榮諸王敬事不暇，獨忌從珂威名，每於帝前屢言其短，巧作窺圖，冀能傾陷。彥温旣誅，從珂歸淸化里第。重誨謂馮道等曰：「蒲帥失守，責帥之義，法當如何？」翌日，道等奏：「合行朝典。」帝不悅，趙鳳堅奏：「故事有責帥之義，所以激勵藩守。」帝曰：「皆非公等意也。」後數日，帝於中興殿見宰臣，趙鳳承重誨意，又再論列，帝默然。翌日，重誨復自論奏，帝極言以拒之，語在末帝紀中。帝又曰：「卿欲如何制置？」重誨曰：「於陛下父子之間，臣不合言，一稟聖旨。」帝曰：「從佗私第閑坐，何煩奏也！」乃止。以前邢州節度使、檢校司徒李從温爲左武衞上將軍。邢州，原本作「涇州」，今從歐陽史家人傳改正。（影庫本粘籤）丙

辰，以西京留守、檢校司徒索自通爲河中節度使。丁巳，雲州奏：掩襲契丹，獲頭口萬計。

戊午，帝御文明殿受册徽號，册曰：「維長興元年，歲次庚寅，四月甲午朔，二十五日戊午，金紫光祿大夫、守尚書左僕射兼門下侍郎、同中書門下平章事、充太微宮使、弘文館大學士、上柱國、始平郡開國侯、（始平，原本作「始興」，今據册府元龜改正。（影庫本粘籤））食邑一千五百戶、食實封一百戶臣馮道，銀青光祿大夫、門下侍郎兼吏部尚書、同中書門下平章事、監修國史、判集賢院事、上柱國、天水郡開國伯、食邑七百戶臣趙鳳，及文武百官特進、太子少傅、上柱國、酒泉郡開國侯、食邑一千戶臣李琪等五千八百九十七人言：

臣聞天不稱高而體尊，地不矜厚而形大，厚無不載，高無不覆。四時行於內，萬物生其間，總神祇之靈，叶帝王之運。日出而星辰自戢，龍飛而雷雨皆行，元氣和而天下和，庶事正而天下正。

伏惟皇帝陛下，天授一德，時歷多艱。翊太祖以興邦，佐先皇而定難，拯嗣昭於潞困，救德威於燕危，遏思遠而全鄴都，誅彥章而下梁苑。成再造之業，由四征之功。洎纂鴻圖，每敷皇化。去內庫而省庖膳，出宮人而減伶官，輕寶玉之珍，却鷹鸇之貢。淳風既洽，嘉瑞自臻。故登極之前，人皆不足；改元之後，時便有年。遐荒旋斃於戎王，

重譯徑來於蠻子，東巡而守殷殪，北討而王都殲，破契丹而燕、趙無虞，控靈武而瓜、沙並復。（瓜、沙，原本作「爪分」，考通鑑：天成四年，康福大破吐蕃，進至靈州，自是朔方始受代。「分」字當係「沙」字之誤，今改正。（影庫本粘籤））

近以饗上元而薦太廟，就吉土而配昊天，輅已降而雨霽，事欲行而月見。燔柴禮畢，作解恩覃，帝命咸均，人情普悅。非陛下有道有德，至聖至明，動不疑人，靜惟恭己，常敦孝禮，每納忠言，則何以臨御五年，澄清四海！時久纏於災害，民驟見於和平。休徵備載於簡編，徽號過持於謙讓。三年不允，衆志皆堅。天不以上帝自崇，日不以大明自貴，於烝民有惠，於元后同符，列聖皆然，舊章斯在。今以明庭百辟，列土諸侯，中外同辭，再三瀝懇。臣等不勝大願，謹奉玉寶玉册，上號曰聖明神武文德恭孝皇帝。

伏惟皇帝陛下，體堯、舜之至道，法日月於太虛，威於夷狄，恩及蟲魚。奉國者繼加榮寵，違天者咸就誅鋤。典禮當告成之後，夙夜思即位之初，千秋萬歲，永混車書。

宰臣馮道之辭也。庚申，以左金吾上將軍史敬鎔爲鄧州節度使，以右金吾上將軍符彥超爲兗州節度使，以驍衛上將軍張敬詢爲滑州節度使，以閬州防禦使孫岳爲鳳州節度使〔三〕。詔改鳳翔管內應州爲匡州，（匡州，原本「匡」字分注「御名」二字，蓋薛史原書之體，今改正。（影庫本粘籤））信州爲晏州，改新州管內武州爲毅州。

五月乙丑，鄜州防禦使張進、副使咸繼威並停任，以盜掠城中居人故也。丙寅，以少府監韋肅爲洺州刺史，以潞州節度使王建立爲太傅致仕。建立素與安重誨不協，因其入朝，乃言建立自鎭歸朝過鄴都，日有扇搖之言，（扇搖，通鑑作「搖衆」，考册府元龜亦作扇搖，今仍其舊。（影庫本粘籤））以是罪之，故令致仕。丁卯，以前興元節度使劉仲殷權知潞州軍州事。戊辰，以安州節度使高行珪卒輟朝。有司上言：「皇后受册，內外命婦並合奉賀。今未有命婦準例上表稱賀。」中書門下奏〔四〕：「諸道節度使但進表上言皇帝，外命婦上皇后賀牋表，進呈訖，無報。應皇親或有慶賀及起居章表，內中進呈後，祇宣示來使，並不合答復。」從之。壬申，以權知昭義軍軍州事劉仲殷爲潞州節度使、檢校太傅。丁丑，帝臨軒，命使册淑妃曹氏爲皇后。禮院上言，百官上疏於皇后曰「皇后殿下」，及六宮及率土婦人慶賀祇呼「殿下」，不言「皇后」。中書覆奏，若祇呼「殿下」，恐與皇太子無所分別，凡上中宮表章呼「皇后殿下」，若不形文字，尋常祇呼「皇后」。從之。癸未，太子少傅蕭頃卒，廢朝。甲申，迴鶻可汗仁裕遣使貢方物。辛卯，以翰林承旨、兵部侍郎李愚爲太常卿。壬辰，以前滑州節度使李從璋爲右驍衛上將軍。

六月丁酉，以護駕馬軍都指揮使、貴州刺史安從進爲宣州節度使，充護駕馬軍都指揮使；以護駕步軍都指揮使、澄州刺史藥彥稠爲壽州節度使兼護駕步軍都指揮使〔五〕。甲辰，以皇城使安崇緒爲河陽留後，重誨子也。鳳翔奏：「所管良、晏、匡三州並無屬縣，請却改爲縣。」從之，仍舊爲軍鎭。前振武節度使安金全卒。壬子，中書門下奏：「詳覆到禮部院今年及第進士李飛、樊吉、夏侯珙、吳泗、王德柔、李轂等六人，望放及第。其盧價等七人及賓貢鄭朴，望許令將來就試。知貢舉張文寶試士不得精當，（張文寶，原本作「人寶」，今據五代會要改正。（影庫本粘籤））望罰一季俸。」從之。丁巳，皇子北京留守、河東節度使從厚移領鎭州，以左武衛上將軍李從溫爲許州節度使。

秋七月甲子，以宣徽南院使、行右衛上將軍、判三司馮贇爲北京留守、太原尹。己巳，以鄧州節度使史敬鎔卒廢朝。甲戌，以左威衛上將軍梁漢顒爲鄧州節度使，前兗州節度使趙在禮爲左驍衛上將軍。庚辰〔六〕，奉國軍節度使兼威武軍節度副使、檢校太尉、兼侍中王延稟加兼中書令。詔：「諸州得替防禦、團練使、刺史並宜於班行比擬，如未有員闕，可隨常參官逐日立班。」新例也。辛巳，詔揀年少宮人及西川宮人並還其家，無家可歸者，任從所適。甲申，以前齊州防禦使孫璋爲鄜州節度使。戊子，以右散騎常侍陸崇卒廢朝。崇爲福建册使，卒於明州，贈兵部尚書。宿州進白兎，安重誨謂其使曰：「豐年爲上瑞；（豐年，原本作

「豐止」，今據歐陽史改正。（影庫本粘籤）兒懷狡性，雖白何爲！」命退歸。

八月甲午，以前鄧州節度使盧文進爲左衞上將軍。北京奏，吐渾千餘帳內附，於天池川安置。禁在京百司影射州縣稅戶。乙未，捧聖軍使李行德、捧聖軍使，原本作「章使」，考歐陽史作捧聖都軍使，通鑑作軍使，今從通鑑改正。（影庫本粘籤）十將張儉、告密人邊彥温並族誅，案：李行德等族誅，歐陽史作壬寅，與薛史異。（舊五代史考異）以其誣告安重誨私市兵仗故也。以前許州節度使張延朗爲檢校太傅、行兵部尙書，充三司使。三司之有使額，自延朗始也。初，中書覆奏，授延朗諸道鹽鐵轉運等使，兼判戶部度支事。奏入，宣旨曰：「會計之司，國朝重事，將總成其事額，俾專委於近臣，貴便一時，何循往例，兼移內職，可示新規。張延朗可充三司使，班在宣徽使下。」案宋史職官志：三司使在宣徽使後，蓋仍後唐之制。（舊五代史考異）癸卯，北京奏，生吐渾內附，欲於嵐州安族帳。都官員外郎、知制誥張昭遠奏：「請依國朝舊例，選郎官、御史分行天下，宣問風俗，興利除害。」不報。壬寅，皇子河南尹、判六軍諸衞事從榮封秦王，仍令所司擇日册命。案五代會要：長興元年九月，太常禮院奏，草定册秦王儀注〔七〕。博士段顒議曰：據開元禮，臨軒册命諸王大臣〔八〕，其日受册者，朝服從第鹵簿，與百官俱集朝堂，就次受册訖，通事舍人引，不載謁朝還第之儀〔九〕。自開元以後，册拜諸王皆正衙命使，詣延英進册，皇帝御內殿，高品引王入立于位，高品宣制讀册，王受册訖，歸院，亦無乘輅謁朝之禮〔一〇〕。臣按五禮精義云：「古者皆因禘嘗而頒爵祿，所以示無自專，稟之于祖宗也。」今雖册命，不在禘嘗〔一一〕，然

拜大官、封大邑，必至殿廷，敬愼之道也。今當司欲準開元禮，其日秦王服朝服，自理所乘輅車、備鹵簿，與羣臣俱集朝堂，就次受册訖，至應天門外，奉册置于載册之車，秦王升輅，出謁太廟訖，歸理所，儀仗鹵簿如來時之儀。從之。（舊五代史考異）戊申，兗州奏：「淮南海州都指揮使王傳拯案：歐陽史作「傳極」，考薛史列傳及通鑑並作傳拯，疑歐陽史傳刻之訛。（舊五代史考異）殺本州刺史陳宣，焚燒州城，以所部兵士及家口五千人歸國，至沂州。」帝遣使慰納之。庚戌，正衙命使册福慶長公主孟氏。以前雄武軍節度使王思同爲左武衞上將軍，以前鳳州節度使陳皐爲右威衞上將軍。壬子，正衙命使赴太原，册永寧公主石氏。乙卯，以左監門衞上將軍陳延福卒廢朝。丙辰，皇子鎭州節度使從厚封宋王，仍令擇日册命。

九月乙丑，階州刺史王弘贄上言：「一州主客戶纔及千數，並無縣局，臣今檢括得新舊主客已及三千二百，欲依舊額立將利、福津二縣，請置令佐。」從之。丁丑，詔天下諸州府，不得奏薦著紫衣官員爲州縣官。戊寅，升尙書右丞爲正四品。癸未，利、閬、遂三州奏，利、閬、遂三州，通鑑作三鎭，考利帥爲李彥琦，閬帥爲李仁矩，遂州爲夏魯奇，今附識于此。（影庫本粘籤）東川節度使董璋謀叛，結連西川孟知祥。甲申，以鎭州節度使范延光爲檢校太傅、守刑部尙書，充樞密使。利州、閬州進納東川檄書，言將兵擊利、閬，責以間諜朝廷爲名。乙酉，以左驍衞上將軍趙在禮爲同州節度使兼四面行營馬步軍都指揮使。樞密院直學士、守工部侍郎閻至、樞密院直學士、守尙書右丞史圭，並轉戶部侍郎，依前充職。以翰林學士、守戶部侍郎李懌爲尙書右丞，以翰林學士、戶部侍郎劉昫爲兵部侍郎，以翰林學士、中書舍人竇夢徵爲工部侍郎，依前充職。以中書舍人劉贊爲御史中丞，以御史中丞許光義爲兵部侍郎，以兵部侍郎姚顗爲吏部侍郎。丙戌，詔東川節度使董璋可削奪在身官爵，仍徵兵進討。丁亥，以西川節度使孟知祥兼西南面供饋使，天雄軍節度使石敬瑭兼東川行營都招討使，以遂州節度使夏魯奇兼東川行營招討副使。庚寅，以右衞上將軍王思同爲京兆尹，充西京留守兼西南行營馬步都虞候。

冬十月壬辰，以太子少傅李琪卒廢朝。癸巳，以鄜州節度使米君立卒廢朝。詔：「凡賻贈布帛，言段不言端匹，段者二丈也，宜令三司依此給付。」甲午，正衙命使册興平公主於宋州節度使、駙馬都尉趙延壽之私第。己亥，以左驍衞上將軍李從璋爲陝州節度使，陝州節度使劉彥琮移鎭邠州。尙書博士田敏請依舊典藏冰、頒冰，考歐陽史作十月丁酉始藏冰，薛史繫于己亥之後，與歐陽史先後殊異，今附識于此。（影庫本粘籤）以銷陰陽愆伏之沴，詔從之。案五代會要載原敕云：藏冰之制，載在前經，獻廟之儀，廢于近代，既朝臣之特舉，案典禮以宜行。田敏所奏祭司寒獻羔事宜依。其桃弧棘矢，事久不行，理難備創。其諸侯亦宜準往制藏冰。（舊五代史考異）乙巳，供奉官張仁暉自利州迴，奏董璋攻陷閬州，案：董璋陷閬州，通鑑作九月庚辰，歐陽史作十月乙巳，蓋以奏聞之日爲據也。（舊五代史考異）節度使

李仁矩舉家遇害。丁未，宮苑使董光業并妻子並斬於都市，璋之子也。辛亥，以武安軍節度副使、洪鄂道行營副都統、檢校太尉馬希聲爲武安軍節度使，加兼侍中。時湖南馬殷奏，久病不任軍政，乞以男希聲爲帥，故有是命。中書奏：「吏部流內銓諳色選人，所試判兩節，欲委定其等第〔一二〕，文優者超一資，其次者次資，又次者以同類，道理全疏者於同類中少人戶處注擬。」從之。

十一月庚申朔，帝御文明殿，册皇子秦王，仗衞樂懸如儀。甲子，正衙命使册皇子宋王於鎭州。是日，幸龍門。翌日，馮道奏曰：「陛下宮中無事，遊幸近郊則可矣，若涉歷山險，萬一馬足蹉跌，則貽臣下之憂。臣聞千金之子，坐不垂堂；百金之子，立不倚衡。況貴爲天子，豈可自輕哉！」帝斂容謝之。退令小黃門至中書問道垂堂、倚衡之義，道因注解以聞，帝深納之。己巳，故太子少保致仕封舜卿贈太子少傅。庚午，應州節度使張敬達移雲州，以捧聖都指揮使、守恩州刺史沙彥詢爲應州節度使；以潁州團練使高行周爲安北都護，充振武節度使。壬申，黔南節度使楊漢章棄城奔忠州，楊漢章，原本脫「章」字，今據通鑑增入。（影庫本粘籤）爲董璋所攻也。乙亥，制西川節度使孟知祥削奪官爵，以其同董璋叛也。丙子，以前同州節度使羅周敬爲左監門上將軍。丁丑，故兵部侍郎許光義贈禮部尙書。辛巳，西面軍前奏，今月十三日，階州刺史王弘贄、瀘州刺史馮暉，自利州取山路出劍門關外倒

下，殺敗董璋守關兵士三千人，收復劍州。案：通鑑考異引唐實錄作今月十三日，大軍進攻入劍門次。十七日，收下劍州。薛史統繫于十三日，疑有舛誤。（舊五代史考異）據通鑑考異引唐實錄云：軍前奏：「今月十三日，王弘贄、馮暉，自利州入山路出劍門關外倒下，殺董璋把關兵士約三千人，獲都指揮使齊彥溫，大軍進攻入劍門次。」又，丙戌奏：「今月十七日，收下劍州，破賊千餘人，獲指揮使劉太。」是進攻劍門，收復劍州，先後殊日。薛史統繫於十三日，疑有舛誤，今附識于此。（影庫本粘籤）甲申，日南至，帝御文明殿受朝賀。丙戌，以給事中鄭韜光爲左散騎常侍。青州奏，得登州狀，契丹阿保機男東丹王突欲越海來歸國〔一三〕。案遼史太宗紀：十一月戊寅，東丹奏：「人皇王浮海適唐。」又義宗傳：「太宗既立，見疑。唐明宗聞之，遣人跨海持書密召倍，倍因畋海上。使再至，倍立木海上，刻詩曰：『小山壓大山，大山全無力；羞見故鄉人，從此投外國。』攜高美人載書浮海而去。」薛史不載明宗密召之事，當日人皇王自以見疑出奔，當不待明宗之召也。（舊五代史考異）契丹國志：時東丹王失職怨望，因率其部四十餘人越海歸唐。（殿本）

十二月乙未，荆南奏，湖南節度使、楚國王馬殷薨，案五代春秋：十二月，楚王殷薨。據通鑑，殷卒于十一月己巳，至十二月始奏聞耳。（舊五代史考異）廢朝三日。庚子，以前襄州節度使安元信爲宋州節度使。辛丑，幸苑中。丁未，以二王後祕書丞、酅國公楊仁矩卒輟朝，贈工部郎中。庚戌，湖南節度使馬希聲起復，加兼中書令。壬子，以樞密院直學士、戶部侍郎閻至爲澤州刺史，樞密院直學士、戶部侍郎史圭爲貝州刺史。甲寅，遣樞密使安重誨赴西面軍前。時帝

以蜀路險阻，進兵艱難，潼關已西，物價甚賤，百姓輓運至利州，率一斛不得一斗，謂侍臣曰：「關西勞擾，未有成功，誰能辦吾事者〔一四〕！朕須自行。」安重誨曰：「此臣之責也，臣請行。」帝許之。言訖而辭，翌日遂行。甲寅，故西川兵馬都監、泗州防禦使李嚴贈太傅。丙辰，車駕畋於西山，臘也〔一五〕。丁巳，迴鶻遣使來朝貢。戊午，故荆南節度使、檢校太尉、兼尚書令、南平王高季興贈太尉。永樂大典卷七千一百六十五。

校勘記

〔一〕答蕃　「答」原作「各」，據本卷正文、會要卷一三改。

〔二〕潞州節度使朱漢賓　「潞州節度使」五字原無，據殿本補。

〔三〕閬州　原作「閬中」，據殿本改。按閬中爲縣，不設防禦使。

〔四〕中書門下奏　「門下奏」三字原無，據會要卷四補。

〔五〕護駕步軍都指揮使　「駕」字原無，據殿本補。

〔六〕庚辰　原作「庚寅」，據殿本、劉本改。影庫本粘籤云：「庚寅，以長曆推之，當作庚辰。」按二十史朔閏表，長興元年七月壬戌朔，庚寅爲二十九日，在甲戌十三日和辛巳二十日間，當是庚辰十九日。

〔七〕草定冊秦王儀注　「冊」字原無，據會要卷二、冊府卷五九三補。

〔八〕臨軒冊命　「冊」下原有「禮」字，據會要卷二、冊府卷五九三刪。

〔九〕通事舍人引不載謁朝還第之儀　殿本、劉本、會要卷二同。冊府卷五九三作「通事舍人引出，不載謁廟還第之儀。」

〔一〇〕亦無乘輅謁朝之禮　殿本、劉本、會要卷二同。冊府卷五九三「朝」作「廟」。

〔一一〕不在禘嘗　「禘」原作「烝」，據會要卷二、冊府卷五九三改。

〔一二〕所試判兩節欲委定其等第　「節」下原有「度」字，據會要卷二二、冊府卷六三三刪。

〔一三〕突欲　原作托允，注云：「舊作突欲，今改正。」殿本作托雲。按此係輯錄舊五代史時據遼史索倫國語解所改，今恢復原文。

〔一四〕誰能辦吾事者　「誰」字原無，據殿本、劉本補。

〔一五〕臘也　「臘」原作「獵」，據殿本改。

舊五代史卷四十二

唐書十八

明宗紀第八

長興二年春正月庚申朔，帝御明堂殿受朝賀，仗衛如儀。乙丑，詔曰：「故天策上將軍、守太師、尙書令、楚國王馬殷，品位俱高，封崇已極，無官可贈，宜賜謚及神道碑文，仍以王禮葬。」壬申，契丹東丹王突欲自渤海國率衆到闕〔一〕，案：托雲歸唐，五代春秋作二年正月，蓋以到闕之日爲據；歐陽史作四年十一月丙戌，蓋以奏聞之日爲據。（舊五代史考異）帝慰勞久之，錫賚加等，百僚稱賀。丙子，以沙州節度使曹義金兼中書令。案：原本作「汝州」，今據通鑑改正。（舊五代史考異）丁丑，東丹王突欲進本國印三紐。庚辰，以靜江軍節度使馬賓〔二〕卒廢朝，贈尙書令。丙戌，荆南節度使高從誨落起復，加兼中書令。

二月己丑朔，以宋州節度使趙延壽爲左武衛上將軍，充宣徽北院使。癸巳，詔貢院舊例

夜試進士，今後晝試，排門齊入，即日試畢。丁酉，幸至德宮，又幸安元信、東丹王突欲之第。辛丑，以鴻臚卿致仕賈馥卒廢朝。以樞密院使、守太尉、兼中書令安重誨爲檢校太師、兼中書令，充河中節度使，進封沂國公。己酉〔三〕，以右威衛上將軍陳皐爲洋州節度使。詔諸府少尹上任，上任，原本作「尙佐」，今從五代會要改正。（影庫本粘籤）以二十五日爲限。諸州刺史、諸道行軍司馬、副使、兩使判官已下賓職，團防軍事判官、推官、府縣官等，並以三十日爲限。幕職隨府者不在此例。癸丑，邠州節度使李敬周移鎭徐州。詔禁天下開發無主墳墓。

三月辛酉，詔渤海國人皇王突欲宜賜姓東丹，名慕華，仍授檢校太保、安東都護，充懷化軍節度、瑞愼等州觀察等使〔四〕。其從慕華歸國部校，各授懷化、歸德將軍中郎將。先於定州擒獲蕃將，惕隱宜賜姓狄，名懷惠，則骨宜賜姓列〔五〕，名知恩，並授檢校右散騎常侍。舍利則刺宜賜姓原〔六〕，名知感，械骨宜賜姓服〔七〕，名懷造，奚王副使竭失訖宜賜姓乙〔八〕，名懷宥，三人並授檢校太子賓客。甲子，以前鴻臚卿王瓊爲太僕卿。丙寅，以皇子從珂爲左衛大將軍。從珂自河中失守，歸清化里第，清化，原本作「情化」，今從通鑑注所引薛史改正。（影庫本粘籤）至是安重誨出鎭河中，帝召見，泣而謂之曰：「如重誨意，爾安得更相見耶！」因有是命。壬申，以滄州節度使孔循卒廢朝。乙亥，以西京留守、權知興元軍府事王思同爲山南西道節度使，充西面行營馬步軍都虞候。庚辰，以少府監聶延祚爲殿中監，以前雲州節度

使楊漢章爲安州節度使。楊漢章，原本作「漢童」，今從通鑑改正。（影庫本粘籤）乙酉，太師致仕錢鏐復授天下兵馬都元帥、尙父、吳越國王，以其子兩浙節度使元瓘等上表首罪，故有是命。丁亥，以太常卿李愚爲中書侍郎、平章事、集賢殿大學士。

夏四月辛卯，制德妃王氏進位淑妃。詔錢鏐依舊賜不名。誅內官安希倫，以其受安重誨密指，令於內中伺帝起居故也。丁酉，幸會節園宴羣臣，因幸河南府。詔罷州縣官到任後率斂爲地圖。又禁人毁廢所在碑碣〔九〕。戊戌，詔今年四月禘饗太廟。故昭義節度使李嗣昭、故幽州節度使周德威、故汴州節度使符存審，並配饗莊宗廟庭。己亥，以前徐州節度使張虔釗爲鳳翔節度使。癸卯，以汴州節度副使欒縱之爲戶部侍郎，前宗正卿李諝爲將作監。甲辰，以宣徽北院使、左衛上將軍趙延壽爲檢校太傅、行禮部尙書，充樞密使。乙巳，潞州節度使劉仲殷移鎭秦州。帝幸龍門佛寺祈雨。己酉〔一〇〕，天雄軍節度使石敬瑭兼六軍諸衛副使。辛亥〔一一〕，以前鳳翔節度使朱弘昭爲左武衛上將軍，充宣徽南院使。壬子，以兵部尙書盧質爲河陽節度使。甲寅，以遂州節度使夏魯奇沒於王事廢朝。案通鑑：正月庚午，李仁罕陷遂州，夏魯奇自殺。歐陽史作四月甲寅，董璋陷遂州，武信軍節度使夏魯奇死之，與通鑑異。以薛史考之，歐陽史蓋誤以奏聞之日爲城陷之日〔一二〕，宜從薛史。詔曰：「久愆時雨，深疚予心。宜委諸州府長吏親問刑獄，省察寃濫，見禁囚徒，除死罪外，並放〔一三〕。」案：歐陽史作乙卯，以旱赦流罪以下囚。與薛史作壬子異。（舊

五代史考異）

五月戊午朔，帝御文明殿受朝。庚申，以三司使、行工部尙書張延朗爲兗州節度使。辛酉，詔：「近聞百執事等，或親居內職，或貴列廷臣，或宣達君恩，或勾當公事，經由列鎭，干撓諸侯，指射職員，安排親昵，或潛示意旨，或顯發書題。自今後一切止絕，有所犯者，發薦人貶官，求薦人流配。如逐處長吏自徇人情，只仰被替人詣闕上訴，被替，原本作「被贊」，今從五代會要改正。（影庫本粘籤）長吏罰兩月俸，發薦人更加一等，被替人却令依舊。」甲子，都官郎中、知制誥崔棁上言，請搜訪宣宗已來野史，以備編修。從之。丁卯，詔：「諸州府城郭內依舊禁麴，其麴官中自造，減舊價之半貨賣。應田畝上所徵麴錢並放，鄉村人戶一任私造。」時甚便之。戊辰，中書奏，應朝臣丁憂者，望加頒賚。從之。丁丑，以祕書監劉岳爲太常卿。己卯，以武德使孟漢瓊爲右衛大將軍、知內侍省，充宣徽北院使。辛巳，以前相州刺史孟鵠爲左驍衛大將軍，相州刺史，原本脫「刺史」二字，今從册府元龜增入。（影庫本粘籤）充三司使。甲申，以權知朗州軍州事、守永州刺史馬希範爲洪州節度使、檢校太傅，以權知桂州軍府事、富州刺史馬希彝爲鄂州節度使、檢校司徒。乙酉，以左金吾大將軍薄文爲晉州留後。鴻臚卿柳膺將齋郎文書賣與同姓人柳居則，伏罪，大理寺斷當大辟，緣經赦減死，追奪見任官，終身不齒。詔：「應見任前資守選官等，所有本朝及梁朝出身歷任告身，並仰送納，委所在磨勘，換

給公憑，只以中興已來官告，及近受文書敍理。其諸色蔭補子孫，如非虛假，不計庶嫡，並宜敍錄；如實無子孫，別立人繼嗣，已補得身名者，只許敍蔭一人。敍蔭，原本作「緒蔭」，今從五代會要改正。（影庫本粘籤）其不合敍使文書，限百日內焚毀須絕。此後更敢將合焚文書參選求仕，其所犯之人並傳者，並當極法。應合得資蔭出身人，並須依格依令施行。」

閏月庚寅，制河中節度使、檢校太師、兼中書令安重誨可太子太師致仕。是日，重誨男崇緒等潛歸河中。崇緒，原本作「宗諸」，今從通鑑改正。又，下文兼言崇贊、崇緒，疑此處有脫文，考冊府元龜所引薛史亦作崇緒等，今仍其舊。（影庫本粘籤）以右散騎常侍張文寶爲兵部侍郎。夔州節度使安崇阮棄城歸闕，待罪於閤門，詔釋之。時董璋寇峽內諸州，崇阮望風遁走。壬辰，陝州節度使李從璋移鎭河中。癸丑，升盧州爲昭順軍〔四〕。甲午，以衡州刺史姚彥章爲昭順軍節度使。丁酉，安重誨奏：「男崇贊、崇緒等到州，臣已拘送赴闕。」崇緒至陝州，詔令下獄。己亥，詔安重誨宜削奪在身官爵，並妻阿張、男崇贊崇緒等並賜死，案：五代春秋作五月，誅安重誨，歐陽史作閏五月丁酉，與薛史異。（舊五代史考異）其餘親不問。壬寅，以尚書左丞崔居儉爲工部尚書，以吏部侍郎王權爲尚書左丞。丙午，以隨駕馬軍都指揮使、宣州節度使安從進爲陝州節度使。丁未，以前中書舍人楊凝式爲左散騎常侍。戊申，以右龍武統軍王景戡爲新州節度使。己酉，以右領軍上將軍李肅爲左金吾大將軍。壬子，以隨駕步軍都指揮使藥彥稠爲邠州節度使。

癸丑，以邠州節度使劉行琮卒廢朝，贈太傅。詔有司及天下州縣，於律令、格式、六典中錄本局公事，書於廳壁，令其遵行。

六月丁巳朔，復置明法科，同開元禮。乙丑，以皇子左衞大將軍從珂依前檢校太傅，加同平章事、行京兆尹，充西都留守。庚午，以邠州節度使張溫爲右龍武統軍。甲戌，以魏徵八代孫韶爲安定縣主簿。乙亥，以鎭州節度使、宋王從厚爲興唐尹，以石敬瑭爲河陽天雄軍節度使，以天雄軍節度使石敬班爲河陽節度使，以天雄軍節度使石敬班爲河陽節度使，與上文複互，疑有舛錯。考冊府元龜所引薛史與永樂大典同，今姑仍其舊，附識于此。（影庫本粘籤）依前六軍諸衞副使。丙子，詔諸道觀察使均補苗稅，將有力人戶出剩田苗，補貧下不迨頃畝，有嗣者排改檢括，有嗣，原本作「有祠」，今從五代會要改正。（影庫本粘籤）自今年起爲定額。乙卯，定州節度使李從敏移鎭州節度使，盧質爲滄州節度使。庚辰，皇孫太子舍人重美授司勳員外郎，重眞已下六人並授同正將軍及檢校官。壬午，以前秦州節度使李德珫爲定州節度使兼北面行營副招討使。太原地震。詔天下州府斷獄，先於案牘之上坐所該律令、格式及新勑，然後區分。乙酉，以前黔州節度使楊漢賓爲羽林統軍。案：原本作「漢章」，考上文有雲州節度使楊漢章，不應黔州節度使與之同名，今據通鑑改正。（舊五代史考異）詔止絕諸射係省店宅莊園。

秋七月庚寅，以權侍衞馬軍都指揮使、登州刺史張從賓爲壽州節度使兼侍衞步軍都指

揮使。壬辰，福建王延鈞上言：「當境廟七所，乞封王號。」敕：「無諸史傳有名〔五〕，宜封爲閩越富義王，其餘任自於境內祭享。」乙未，詔：「諸道奏薦州縣官，使相先許一年薦三人，今許薦五人；不帶使相先許薦二人，今許薦三人；直屬京防禦、團練使先許薦一人，今許薦二人。」詔：「應州縣官內，有曾在朝行及曾佐幕府，罷任後，準前資朝官賓從例處分〔六〕。其帶省銜，幷內供奉裏行及諸色出選門者〔七〕，或降授令錄，罷任日，並依出選門例處分，便與除官，更不在赴常調。州縣官其間書得十六考者，準格敍加朝散階，亦準出選門例處分。」三司奏：「先許百姓造麴，不來官場收買。伏恐課額不逮，請復已前麴法，鄉戶與在城條法一例指揮，仍據已造到麴納官，量支還麥本。」從之。甲辰，前晉州節度使朱漢賓授太子少保致仕。庚戌，大理正劇可久責授登州司戶，刑部員外郎裴選責授衞尉寺丞，刑部侍郎李光序、判大理卿事任贊各降一官，罰一季俸，坐斷罪失入也。

八月丙寅，詔天下州府商稅務，並委逐處差人依省司年額勾當納官。以故鎭州節度使、趙王王鎔男昭誨爲朝議大夫、司農少卿，賜紫金魚袋，繼絕也。辛丑，升虔州爲昭信軍。癸亥，以太常少卿盧文紀爲祕書監，以祕書監馬縞爲太子賓客，左監門上將軍羅周敬爲右領軍上將軍，前懷州刺史婁繼英爲左監門上將軍。乙丑，詔：「大理寺官員，宜同臺省官例升進，法直官比禮直官任使。仍於諸道贓罰錢內，每月支錢一百貫文，賜刑部、大理兩司，其

刑部於所賜錢三分與一分。」丙寅，以武平軍節度使馬希振依前檢校太尉、兼侍中，充虔州昭信軍節度使。詔：「百官職吏，應選授外官者，考滿日，並委本州申奏，追還本司，依舊執行公事〔八〕。」己巳，太傅致仕王建立、太子少保致仕朱漢賓皆上章求歸鄉里。詔內外致仕官，凡要出入，不在拘束之限。辛未，以翰林學士、兵部侍郎劉昫守本官，充端明殿學士；以左拾遺、直樞密院李崧充樞密直學士。壬申，以左龍武統軍李承約爲潞州節度使。統軍，原本作「統車」；承約，原本作「丞約」，今從薛史列傳改正。（影庫本粘籤）癸酉，詔：「文武百官，五日內殿起居仍舊，其輪次轉對宜停〔九〕。若有封事，許非時上表，朔望入閤，待制候對，一依舊制。」乙亥，翰林學士、工部侍郎竇夢徵卒。丁丑，以前西京副留守梁文矩爲兵部尚書。己卯〔一〇〕，詔不得薦銀青階爲州縣官。壬午，詔應有朝臣、藩侯、郡守，凡欲營葬，未曾封贈，許追封贈。禮部尚書致仕李德休卒。

九月丙戌，以前兗州節度使符彥超爲左龍武統軍。己亥，懷化軍節度使東丹慕華賜姓名李贊華，改封隴西縣開國公。應有先配諸軍契丹並賜姓名。詔天下營田務，只許耕無主荒田及召浮客〔一一〕，不得留占屬縣編戶。辛丑，樞密使、檢校太傅、刑部尚書范延光加同平章事，使如故。壬寅，以中書舍人封翹爲禮部侍郎，禮部侍郎盧澹爲戶部侍郎。癸卯，許州節度使李從溫移鎭河東。詔天下州縣官，不得與部內富民於公廳同坐。辛亥，詔五坊見在

鷹隼之類，並可就山林解放，案：歐陽史作丁亥，通鑑從薛史。（舊五代史考異）今後不許進獻。

冬十月戊午，以前北京留守、太原尹馮贇爲許州節度使。辛酉，左補闕李詳上疏：「以北京地震多日，請遣使臣往彼慰撫，祭問疾苦，祭祀山川。」從之。先是，太原留後密奏，無敢言者，及詳有是奏，帝甚嘉之，改賜章服。丙寅，詔：「應在朝臣僚、藩侯、郡守，準例合得追贈者，新授命後，便於所司投狀，旋與施行。封妻蔭子，準格合得者，亦與施行。外官曾任朝班，據在朝品秩格例，合得封贈敍封者，並與施行。其補蔭，據資蔭合得者，先受官者先與收補，後受官者據月日次第施行。」從之。

十一月甲申朔，日有蝕之。己丑，日南至，帝御文明殿受賀。丁酉，以翰林學士、起居郎張礪爲兵部員外郎、知制誥充職，以汝州防禦使張希崇爲靈州兩使留後。庚子，以左威衞上將軍華温琪爲華州節度使。福州節度使王延鈞奏，誅建州節度使王延稟及其子繼雄。壬寅，詔今後諸道兩使判官罷任一年與比擬，書記、支使、防禦團練判官二年，推巡、軍事判官並三年後與比擬。仍每遇除授，量與改轉官資或階勳、職次云。以御史中丞劉贊爲刑部侍郎，以鳳州節度使孫岳充西面閣道使。壬子，鄆州奏，黃河暴漲，漂溺四千餘戶。癸丑，以給事中崔衍爲御史中丞。

十二月甲寅朔，詔開鐵禁，許百姓自鑄農器、什器之屬，於秋夏田畝上，每畝輸農器錢

一文五分〔二二〕。乙卯，畋於西郊。丁巳，以彰武軍節度使劉訓卒廢朝。庚午，以前利州節度使康思立爲陝州節度使。秦州地震。丁丑，詔三司，所過西川兵士家屬，常令贍給。永樂大典卷七千一百六十五。

校勘記

〔一〕東丹王突欲 「王」字原無，據殿本、通鑑卷二七七、會要卷二九補，下同。突欲，舊五代史考異作托雲。

〔二〕馬賨 原作「馬賓」，據彭校及冊府卷一七八、歐陽史卷六六楚世家、新唐書卷一九〇劉建鋒傳、本書卷三一莊宗紀改。

〔三〕己酉 原作「己丑」，據殿本、劉本改。影庫本粘籤云：「己丑，以長曆推之，當作己酉。」按本卷上文，二月己丑朔，在辛丑十三日和癸丑二十五日間，當是己酉二十一日。

〔四〕瑞慎等州觀察等使 「慎」原作「鎮」，據會要卷二九、冊府卷一七〇、歐陽史卷七二四夷附錄、通鑑卷二七七改。通鑑注云：「時置懷化軍於慎州。瑞州領遼來一縣，慎州領逢龍一縣，蓋皆後唐所置。薛史：瑞、慎二州本遼東之地，唐末爲懷化節度。」

〔五〕則胥 原作「哲爾格」，殿本作札古。殿本考證云：「扎古舊作則胥。」今恢復原文。

〔六〕舍利則剌 原作「錫里扎拉」，殿本考證云：「錫里扎拉舊作舍利則剌。」今恢復原文。

〔七〕械骨 原作「英格」，殿本作裕勒古。殿本考證云：「裕勒古舊作械骨。」今恢復原文。

〔八〕竭失訖 劉本、彭本同，殿本作格斯齊。殿本考證云：「格斯齊舊作竭失訖，今改。」

〔九〕又禁人毀廢所在碑碣 劉本同，殿本句下有「恐名賢遺行失所考也」九字。

〔一〇〕己酉 原作「乙酉」，據殿本、劉本改。影庫本粘籤云：「以長曆推之，乙酉當作己酉。」按二十史朔閏表，長興二年四月己丑朔，無乙酉，在乙巳十七日和辛亥二十三日間，當是己酉二十一日。

〔一一〕辛亥 原作「己亥」，據殿本、劉本改。影庫本粘籤云：「以長曆推之，己亥當作辛亥。」按二十史朔閏表，長興二年四月己丑朔，己亥爲十一日，在己酉二十一日和壬子二十四日間，當是辛亥二十三日。

〔一二〕以奏聞之日爲城陷之日 下「日」字原作「月」，據彭校改。按此言薛史四月甲寅爲奏聞之日，歐陽史誤以爲城陷之日，據文義「月」當作「日」。

〔一三〕詔曰久德……並放 三十五字原無，據殿本補。

〔一四〕廬州 原作「盧州」，按本書卷四四明宗紀：「以廬州節度使兼武安軍副使姚彥暋爲檢校太尉、同平章事。」太平寰宇記卷一二六云：廬州，「後唐爲昭順軍節度」。據改。

〔一五〕無諸史傳有名 「無諸」原作「如諸」，據冊府卷三四改。按無諸，史記卷一一四東越列傳有傳。

〔一六〕準前資朝官賓從例處分 「例」原作「別」，據會要卷二二、冊府卷六三三改。

〔一七〕諸色出選門者 「色」原作「己」，據劉本、會要卷二二改。

〔一八〕依舊執行公事 「執」，盧本同，殿本、劉本作「職」。影庫本批校云：「『職』訛『執』，應改。」按會要卷一七、冊府卷六三三仍作「執」。

〔一九〕其輪次轉對宜停 「宜停」二字原無，據會要卷五、冊府卷一〇八補。

〔二〇〕己卯 原作「乙卯」，據殿本改。影庫本粘籤云：「乙卯，以前後干支推之，當作己卯。」按二十史朔閏表，長興二年八月丙辰朔，無乙卯，在丁丑二十二日和壬午二十七日間，當是己卯二十四日。

〔二一〕及召浮客 「及」原作「各」，會要卷一五、冊府卷四九五載長興二年九月敕文均作「及召浮客」，據改。

〔二二〕一文五分 劉本同，殿本「文」作「錢」。影庫本批校云：「『錢』訛『文』，應改。」按會要卷二六仍作「文」。

舊五代史卷四十三

唐書十九

明宗紀第九

長興三年春正月癸未朔，帝御明堂殿受朝賀，仗衛如式。丁亥，陝州節度使安從進移鎮延州。延州，原本作「遠州」，今據通鑑改正。（影庫本粘籤）己丑，遣邠州節度使藥彥稠、案：歐陽史作靜難軍。（舊五代史考異）靈武節度使康福率步騎七千往方渠討党項之叛者。庚寅，以前北京副留守呂夢奇爲戶部侍郎。辛卯，以前彰國軍留後孫漢韶爲利州節度使，充西面行營副部署兼步軍都指揮使。庚子，契丹遣使朝貢。辛丑，秦王從榮加開府儀同三司、兼中書令。戊申，詔選人文解不合式樣，罪在發解官吏，舉人落第，次年免取文解。中書門下奏：「請親王官至兼侍中、中書令，則與見任宰臣分班定位，宰臣居左，諸親王居右。如親王及諸使守侍中、中書令，亦分行居右，其餘使相依舊。」從之。渤海、迴鶻、吐蕃遣使朝貢。大理正張居

琰上言：「所頒諸州新定格式、律令，請委逐處各差法直官一人，專掌檢討。」從之。

二月乙卯，制晉國夫人夏氏追册爲皇后。丙辰，幸龍門。詔故皇城使李從璨可贈太保。詔出選門官，罷任後周年方許擬議〔一〕，自於所司投狀磨勘送中書。又詔罷城南稻田務，以其所費多而所收少，欲復其水利，資於民間碾磑故也。秦州奏：「州界三縣之外，別有一十一鎮人戶，係鎮將徵科，欲隨其便，宜復置隴城、天水二縣以隸之。」詔從之。甲子，幸至德宮。以右衛大將軍高居貞爲右監門衛上將軍。庚午，以前華州節度使李從昶爲左驍衛大將軍，以前夔州節度使安崇阮爲右驍衛上將軍，原本脫「夔州」二字，今據册府元龜增入。（影庫本粘籤）以前新州節度使翟璋爲右領軍上將軍，以右領軍上將軍羅周敬爲右威衛上將軍。辛未，中書奏：「請依石經文字刻九經印板。」從之。案五代會要：長興三年二月，中書門下奏：「請依石經文字刻九經印板，敕令國子監集博士儒徒，將西京石經本，各以所業本經，廣爲抄寫，仔細看讀，然後僱召能雕字匠人，各部隨帙刻印板，廣頒天下。如諸色人要寫經書，並請依所印刻本，不得更使雜本交錯。」蓋刻板之流行，實始於此。愛日齋叢鈔云：通鑑載：「後唐長興三年二月辛未，初令國子監校定九經，雕印賣之。」又曰：自唐末以來，所在學校廢絕，蜀毋昭裔出私財百萬營學館，且請板刻九經，蜀主從之。由是蜀中文學復盛。又曰：唐明宗之世，宰相馮道、李愚請令判國子監田敏校定九經，刻板印賣，從之。後周廣順三年六月丁巳，板成，獻之。由是雖亂世，九經傳布甚廣。王仲言揮麈錄云：毋昭裔貧賤時，嘗借文選于交遊間，其人有難色，發憤，異日若貴，當板以鏤之遺學者。後仕王蜀爲宰相，遂踐其言，刊之，印行書籍，創見于此。事載陶岳五代史補。後唐平蜀，明宗命太學博士李鍔書五經，仿其製作，刊板于國子監，爲監中刻書之始。猗覺寮雜記云：雕印文字，唐以前無之，唐末，益州始有墨板，後唐方鏤九經，悉收人間所有經史，以鏤板爲正。見兩朝國史。此則印書已始自唐末矣。案柳氏家訓序：中和三年癸卯夏，鑾輿在蜀之三年也，余爲中書舍人，旬休，閱書于重城之東南，其書多陰陽雜記、占夢相宅、九宮五緯之流。又有字書小學，率雕板，印紙浸染，不可盡曉。葉氏燕語正以此證刻書不始于馮道，而沈存中又謂板印書籍，唐人尚未盛行爲之，自馮瀛王始印五經，自後典籍皆爲板本。大概唐末漸有印書，特未盛行，後人遂以爲始于蜀也。當五季亂離之際，經籍方有託而流布于四方，天之不絕斯文，信矣。（舊五代史考異）甲戌，靈武奏，都指揮使許審環等謀亂伏誅。藥彥稠奏，誅党項阿埋等十族，案歐陽史：二月己卯，靜難軍節度使藥彥稠及党項戰于牛兒谷，敗之。據薛史則甲戌已奏捷，非己卯也。（舊五代史考異）與康福入白魚谷追襲叛黨〔二〕，獲大首領六人、諸羌二千餘人、孳畜數千，及先劫掠到迴鶻物貨。詔彥稠軍士，所獲並令自收，勿得箕斂。己卯，以前河中節度使索自通爲鄜州節度使。懷化軍節度使李贊華進契丹地圖。詔司天臺，除密奏留中外，應奏曆象、雲物、水旱，及十曜細行、諸州災祥，宜並報史館，以備編修。壬午，藥彥稠進迴鶻可汗先送秦王金裝胡䩮，爲党項所掠，至是得之以獻。帝曰：「先詔所獲令軍士自收，今何進也？」令彥稠却與獲者。

三月甲申，契丹遣使朝貢。靈武軍將裴昭隱等二人與進奏官阮順之隱官馬一匹，有司

論罪合抵法，帝曰：「不可以一馬殺三人命。」笞而釋之。丙申，西京奏，百姓侯可洪於楊廣城內掘得宿藏玉四團進納。賜可洪二百縑、絹二百匹。庚子，以前鄜州節度使孫璋卒廢朝。癸卯，帝顧謂宰臣曰：「春雨稍多，久未晴霽，何也？」馮道對曰：「水旱作沴，雖是天之常道，然季春行秋令，臣之罪也。更望陛下廣敷恩宥，久雨無妨於聖政也。」丁未，以神捷、神威、雄武〔三〕、廣捷已下指揮改爲左右羽林軍，置四十指揮，每十指揮立爲一軍，軍置都指揮使一人。庚戌，帝觀稼於近郊。民有父子三人同挽犂耕者，帝閔之，賜耕牛三頭。高麗國遣使朝貢。以右領軍上將軍翟璋爲右羽林統軍，以前安州留後周知裕爲左神武統軍。

夏四月甲寅，詔諸道節度使未帶使相及防禦、團練使、刺史，班位居檢校官高者爲上，如檢校官同〔四〕，以先授者爲上，前資在見任之下。新羅王金溥遣使貢方物。戊午，中書奏：「準勅重定三京、諸道州府地望次第者〔五〕。舊制以王者所都之地爲上，今都洛陽，請以河南道爲上，河南，原本作「河內」，今從五代會要改正。（影庫本粘籤）關內道爲第二，河東道爲第三，餘依舊制。其五府，按十道圖，以鳳翔爲首，河中、成都、江陵、興元爲次。中興初，升魏州爲興唐府，鎮州爲眞定府，望升二府在五府之上，合爲七州，餘依舊制。又天下舊有八大都督府，以靈州爲首，陝、幽、魏、揚〔六〕、潞、鎮、徐爲次，其魏、鎮已升爲七府兼具員內，相次升越、杭、福、潭等州爲都督，望以十大都督府爲額，仍據升降次第，以陝爲首，餘依舊制。十道

圖有大都護，請以安東大都護爲首。防禦、團練等使，自來升降極多，今具見在，其員依新定十道圖以次第爲定。」從之。契丹累遣使求歸則剌、惕隱等〔七〕，幽州趙德鈞奏請不俞允。帝顧問侍臣，亦以爲不可與。帝意欲歸之，會冀州刺史楊檀罷郡至闕〔八〕，帝問其事，奏曰：「此輩來援王都，謀危社稷，陛下寬慈，貸其生命。苟若歸之，必復向南放箭，既知中國事情，爲患深矣。」帝然之。既而只遣則骨舍利隨來使歸蕃〔九〕，不欲全拒其請也。詔贈皇后曹氏曾祖父母已下爲太傅〔一〇〕、太尉、太師、國夫人，淑妃王氏曾祖父母已下爲太子太保〔一一〕、太傅、太師、國夫人。壬戌，前樞密使、驃騎大將軍馬紹宏卒。癸亥，以懷化軍節度使李贊華爲滑州節度使。初，帝欲以贊華爲藩鎭，范延光等奏，以爲不可。帝曰：「吾與其先人約爲兄弟，故贊華來附。吾老矣，儻後世有守文之主，則此輩招之亦不來矣。」由是近臣不能抗議。甲子，以太子賓客蕭蘧爲戶部尙書致仕。乙丑，以天雄軍節度使、宋王從厚兼中書令。辛未，以幽州節度使趙德鈞兼中書令。

五月壬午朔，帝御文明殿受朝。詔禁網羅、彈射、弋獵。丁亥，以二王後前詹事府司直楊延紹爲右贊善大夫，仍襲封酅國公，食邑二千戶。丁酉，以太子太師致仕孔勍卒廢朝。興元奏，東、西兩川各舉兵相持。甲辰，以文宣王四十三代孫曲阜縣主簿孔仁玉爲兗州龔邱令，襲文宣公。戊申，襄州奏，漢江大漲，水入州城，壞民廬舍。樞密使奏：「近知兩川交

惡，如令一賊兼有兩川，撫衆守險，恐難討除，欲令王思同以興元之師伺便進取。」詔從之。

六月壬子朔，幽州趙德鈞奏：「新開東南河，自王馬口至淤口，長一百六十五里，闊六十五步，深一丈二尺，以通漕運，舟勝千石，畫圖以獻。」甲寅，以權知高麗國事王建爲檢校太保，封高麗國王。丁巳，衞州奏，河水壞堤，東北流入御河。戊午，荊南奏：「東川董璋領兵至漢州，西川孟知祥出兵逆戰，璋大敗，案通鑑：孟知祥克東川在五月，五代春秋、歐陽史俱作六月，蓋以薛史奏聞之日爲據。（舊五代史考異）得部下人二十餘，走入東川城，尋爲前陵州刺史王暉所殺，孟知祥已入梓州。」辛酉，范延光奏曰：「孟知祥兼有兩川，彼之軍衆皆我之將士，料其外假朝廷形勢以制之，然陛下苟不能屈意招攜，彼亦無由革面。」帝曰：「知祥予故人也，以賊臣間諜，故茲阻隔，今因而撫之，何屈意之有！」由是遣供奉官李瓌案：通鑑作李存瓌，唐人避莊宗諱，故去「存」字。（舊五代史考異）使西川，齎詔以賜知祥。詔以霖雨積旬，久未晴霽，京城諸司繫囚，並宜釋放。甲子，以大雨未止，放朝參兩日。洛水漲泛二丈，廬舍居民有溺死者。以前濮州刺史武延翰爲右領軍上將軍，前階州刺史王宏贇爲左千牛上將軍。金、徐、安、潁等州大水〔一二〕，鎭州旱。詔應水旱州郡，各遣使人存問。

秋七月辛巳朔，以天下兵馬元帥、尙父、吳越國王錢鏐薨，廢朝三日。案五代春秋：七月，吳越王錢鏐薨，蓋祇以薛史廢朝之日爲據也。通鑑作三月庚戌，與九國志異〔一三〕。（舊五代史考異）丙戌，詔賜諸軍救接錢有差。案：「救接錢」，疑有舛誤，考册府元龜亦作「救接」，今仍其舊。（舊五代史考異）戊子，正衙命使册高麗國王王建。靈武奏，夏州界党項七百騎侵擾，當道出師擊破之，生擒五十騎，追至賀蘭山下。賀蘭，原本作「賀闌」，今從歐陽史改正。（影庫本粘籤）己丑，兩浙節度使錢元瓘起復，加守尙書令。青州節度使王晏球加兼中書令。秦、鳳、兗、宋、亳、潁、鄧大水，漂邑屋，損苗稼。夔州赤甲山崩。壬辰，以前太僕卿鄭續爲鴻臚卿，以前兗州行軍司馬李鏻爲戶部尙書。乙未，福建節度使王延鈞進絹表云：「吳越王錢鏐薨，乞封臣爲吳越王。湖南馬殷官是尙書令，殷薨，請授臣尙書令。」不報。戊戌，太子賓客李光憲以禮部尙書致仕。己亥〔一四〕，以前靈武節度使康福爲涇州節度使。幽州衙將潘杲上言，知故使劉仁恭於大安山藏錢之所，樞密院差人監往發之，竟無所得。以皇子西京留守、京兆尹從珂爲鳳翔節度使。廢鳳州武興軍節制爲防禦使，并所管興、文二州並依舊隸興元府。丁未，以門下侍郎兼吏部尙書、同平章事、監修國史趙鳳爲檢校太傅、同平章事，充邢州節度使。詔諸州府遭水人戶各支借麥種及等第賑貸。

八月辛亥，青州節度使王晏球卒，廢朝二日。以利州節度使孫漢韶兼西面行營招討使。甲寅，以前振武節度使張萬進爲鄧州節度使。己未，以鄆州節度使房知溫兼中書令，

移鎭青州。丙寅，以宰臣李愚爲門下侍郎、平章事、監修國史。乙亥，以湖南節度使馬希聲卒廢朝。案通鑑：馬希聲卒在七月辛卯，五代春秋從薛史作八月。（舊五代史考異）己卯〔一五〕，吐蕃遣使朝貢。

九月壬午，以鎭南軍節度使、檢校太傅馬希範爲湖南節度使、檢校太尉、兼侍中。甲申，荊南節度使、檢校太傅、兼中書令高從誨加檢校太尉、兼中書令。壬辰，供奉官李瓌自西川迴，節度使孟知祥附表陳敘隔絕之由，并進物，先賜金器等。瓌，知祥甥也，母在蜀，故令瓌往焉。瓌至蜀，具述朝廷厚待之意，知祥稱藩如初，奏福慶長公主以今年正月十二日薨。又奏五月三日，大破東川董璋之衆於漢州，收下東川。又表立功將校趙季良等五人，乞授節鉞；部內刺史令錄已下官，乞許墨制補授。帝遣閤門使劉政恩充西川宣諭使。乙巳，契丹遣使自幽州進馬。秦州地震。

冬十月己酉朔，再遣供奉官李瓌使西川，兼押賜故福慶長公主祭贈絹三千匹，并賜知祥玉帶。先是，兩川隔遠〔一六〕，朝廷兵士不下三萬人，至是，知祥上表乞發遣兵士家屬入川，詔報不允。知祥所奏兩川部內文武將吏，乞許權行墨制除補訖奏，詔許之。知祥所奏立功大將趙季良等五人正授節鉞，續有處分。襄州奏，漢水溢，壞民廬舍。癸丑，以太常卿劉岳卒廢朝。己未〔一七〕，以兵部侍郎張文寶爲吏部侍郎，以戶部侍郎藥縱之爲兵部侍郎。庚申，

幸至德宮，因幸石敬瑭、李從昶、李從敏之第。壬申，大理少卿康澄上疏曰：「臣聞安危得失，治亂興亡，誠不繫於天時，固非由於地利，童謠非禍福之本，妖祥豈隆替之源！故雊雉升鼎而桑穀生朝，不能止殷宗之盛；神馬長嘶而玉龜告兆，不能延晉祚之長。是知國家有不足懼者五，有深可畏者六。陰陽不調不足懼，三辰失行不足懼，小人訛言不足懼，山崩川涸不足懼，蟊賊傷稼不足懼，此不足懼者五也。賢人藏匿深可畏，四民遷業深可畏，上下相徇深可畏，廉恥道消深可畏，毀譽亂眞深可畏，直言蔑聞深可畏，此深可畏者六也。伏惟陛下尊臨萬國，奄有八紘，蕩三季之澆風，振百王之舊典，設四科而羅俊彥，提二柄而御英雄。所以不軌不物之徒，咸思革面；無禮無儀之輩，相率悛心。然而不足懼者，願陛下存而勿論；深可畏者，願陛下修而靡忒。加以崇三綱五常之教，敷六府三事之歌，則鴻基與五岳爭高，盛業共磐石永固。」優詔獎之。澄言可畏六事，實中當時之病，識者許之。癸酉，湖南馬希範、荊南高從誨並進銀及茶〔一八〕，乞賜戰馬，帝還其直，各賜馬有差。丁丑，帝謂范延光曰：「如聞禁軍戍守，多不稟藩臣之命，緩急如何驅使？」延光曰：「承前禁軍出戍，便令逐處守臣管轄斷決，近似簡易。」帝曰：「速以宣命條舉之。」

十一月辛巳，以三司使、左武衞大將軍孟鵠爲許州節度使，以前許州節度使馮贇爲宣徽使、判三司，以宣徽北院使孟漢瓊判院事。壬午，史館奏：「宣宗已下四廟未有實錄，請下

兩浙、荊湖購募野史及除目報狀。」除目，原本作「際自」，今據五代會要改正。（影庫本粘籤）從之。案：五代會要載十一月四日，史館奏：當館昨爲大中以來，迄于天祐，四朝實錄，尚未纂修，尋具奏聞，謹行購募。勑命雖頒于數月，圖書未貢于一編。蓋以北土州城，久罹兵火，遂成滅絕，難可訪求。切恐歲月漸深，耳目不接，長爲闕典，過在攸司。伏念江表列藩，湖南奧壤，至于閩、越，方屬勳賢。戈鋋自擾于中原，屏翰悉全于外府，固多奇士，富有羣書。其兩浙、福建、湖廣伏乞詔旨，委各于本道采訪宣宗、懿宗、僖宗、昭宗以上四朝野史，及逐朝日曆、銀臺事宜、內外制詞、百司沿革簿籍，不限卷數，據有者抄錄上進。若民間收得，或隱士撰成，即令各列姓名，請議爵賞。（舊五代史考異）癸未，以左僕射致仕鄭珏卒廢朝。丁亥，以河陽節度使兼六軍諸衞副使石敬瑭爲河東節度使，兼大同、彰國、振武、威塞等軍蕃漢馬步總管。時契丹帳族在雲州境上，與羣臣議擇威望大臣以制北方，故有是命。己丑〔一九〕，樞密使趙延壽加同平章事。詔在京臣僚，不得進奉賀長至馬及諸物。甲午，日南至，帝御文明殿受朝賀。己亥，河中節度使李從璋加檢校太傅，以右散騎常侍楊凝式爲工部侍郎。庚子，以祕書監盧文紀爲工部尚書，以工部尚書崔居儉爲太常卿，以工部侍郎鄭韜光爲禮部侍郎。乙巳，雲州奏，契丹主在黑榆林南捺剌泊造攻城之具〔二〇〕。帝遣使賜契丹主銀器綵帛。

十二月戊申朔，供奉官丁延徽、倉官田繼勳並棄市，坐擅出倉粟數百斛故也。教坊伶官敬新磨受賄，爲人告，帝令御史臺徵還其錢而後撻之。癸丑，幸龍門，觀修伊水石堰，賜丁夫酒食。後數日，有司奏：「丁夫役限十五日已滿，工未畢，請更役五日。」帝曰：「不唯時寒，且不可失信於小民。」即止其役。甲寅，以太子賓客歸藹卒廢朝。戊午，以前宣徽使朱弘昭爲襄州節度使；康義誠爲河陽節度使，充侍衞親軍馬步軍都指揮使。壬戌，以吏部侍郎姚顗爲尚書左丞，以尚書左丞王權爲禮部尚書，以兵部侍郎藥縱之爲吏部侍郎，以翰林學士、中書舍人程遜爲戶部侍郎，依前充職。戊辰，帝畋於近郊，射中奔鹿。是冬無雪。永樂大典卷七千一百六十六。

校勘記

〔一〕方許擬議　「許」原作「詳」，據彭校及冊府卷六三三改。

〔二〕與康福入白魚谷　「與」原作「輿」，「福」原作「復」，據殿本、劉本改。影庫本批校云：「與康福入白魚谷，『與』訛『輿』，應改。」

〔三〕雄武　殿本、劉本同。會要卷一二、通鑑卷二七八注引薛史均作「雄威」。

〔四〕如檢校官同　「如」原作「加」，據冊府卷六一一改。

〔五〕諸道州府地望次第者　「道」字原無，據冊府卷一一四補。

〔六〕陝幽魏揚　「揚」原作「楊」，據殿本、劉本改。

〔七〕則剌惕隱　原作「扎剌特哩袞」，注云「舊作則剌、惕隱，今改正。」按此係輯錄舊五代史時據遼史索倫國語解所改，今恢復原文。

〔八〕冀州　原作「翼州」，據劉本、本書卷九七楊光遠傳、冊府卷九九四改。

〔九〕則骨舍利　原作「哲爾格錫里」，注云：「舊作則骨舍利，今改正。」按此係輯錄舊五代史時據遼史索倫國語解所改，今恢復原文。

〔一〇〕皇后曹氏曾祖父母已下　「已下」二字原無，據殿本補。

〔一一〕淑妃王氏曾祖父母已下　「父」下原有「祖父」二字，據殿本刪。「已下」二字原無，據殿本補。

〔一二〕金徐安潁等州　「潁」原作「穎」，據殿本、劉本改。

〔一三〕通鑑作三月庚戌與九國志異　「與九國志異」，孔本作「與九國志同」。按九國志卷五吳越世家自注作「三月庚戌」。

〔一四〕己亥　原作「乙亥」，據殿本改。按二十史朔閏表，長興三年七月辛巳朔，無乙亥。影庫本粘籤云：「乙亥，以長曆推之，當是己亥。」

〔一五〕己卯　原作「乙卯」，據殿本、歐陽史卷六唐本紀改。影庫本粘籤云：「乙卯，以長曆推之，當作己卯。」

〔一六〕兩川陽遼　「遼」原作「過」，據殿本、劉本改。

〔三七〕己未　原作「乙未」，據殿本改。按二十史朔閏表，長興三年十月己酉朔，無乙未。影庫本粘籤云：「乙未，以長曆推之，當是己未。」

〔三八〕高從誨　原作「高重誨」，據本卷上文、本書卷一三三世襲列傳、歐陽史卷六九南平世家改。

〔三九〕己丑　原作「乙丑」，據殿本改。按二十史朔閏表，長興三年十一月己卯朔，無乙丑。影庫本粘籤云：「乙丑，以長曆推之，當作己丑。」

〔四〇〕契丹主在黑榆林南捺剌泊造攻城之具　「主」原作「王」，據殿本、通鑑卷二七八注引薛史改，下句中「主」字同。「捺剌泊」三字原無，據通鑑卷二七八注引薛史補。殿本作納喇伯。

舊五代史卷四十四

唐書二十

明宗紀第十

長興四年春正月戊寅朔，帝御明堂殿受朝賀，仗衞如式。是日雪盈尺。戊子，秦王從榮加守尚書令、兼侍中，依前河南尹，判六軍諸衞事。庚寅，以端明殿學士、尚書兵部侍郎劉昫爲中書侍郎、平章事。案：歐陽史劉昫傳作三年，本紀仍從薛史作四年。（舊五代史考異）案：歐陽史劉昫傳作長興三年，拜中書侍郎兼刑部尚書、同中書門下平章事，與本紀繫年，先後互異，見吳縝纂誤。（殿本）甲午，正衙命使册故福慶長公主孟氏爲晉國雍順長公主，遣太常卿崔居儉赴西川行册禮。突厥內附。庚子，以前河東節度使李從温爲鄆州節度使。

二月癸丑朔〔一〕，案：上文正月爲戊寅朔，則二月不得爲癸丑朔，原文疑有舛誤。（舊五代史考異）帝於便殿問范延光內外見管馬數，案：錦繡萬花谷引薛史作范延慶，疑傳寫之誤。（舊五代史考異）對曰：「三萬五

千匹。」帝歎曰：「太祖在太原，騎軍不過七千，先皇自始至終馬纔及萬。今有鐵馬如是，而不能使九州混一，是吾養士練將之不至也。吾老矣，馬將奈何！」延光奏曰：「臣每思之，國家養馬太多，試計一騎士之費，可贍步軍五人，三萬五千騎抵十五萬步軍，既無所施，虛耗國力，臣恐日久難繼。」帝曰：「誠如卿言，肥騎士而瘠吾民，何益哉！」案五代會要：上問見管馬數，樞密使范延光奏：「天下常支草粟者近五萬匹。見今西北諸道蕃賣馬者往來如市，其郵傳之費、中估之直，日以四十五貫〔二〕，以臣計之，國力十耗其七，馬無所使，財賦漸消，朝廷甚非所利。」上善之。十月，敕沿邊藩鎮，或有蕃部賣馬，可擇其良壯給券，具數奏聞。（舊五代史考異）丁巳，以虔州節度使、檢校太尉、兼侍中馬希振爲洪州節度使；以鄂州節度使馬希廣爲檢校太尉、同平章事，充桂州節度使；以廬州節度使兼武安軍副使姚彥章爲檢校太尉、同平章事；以靜江節度副使馬希範爲鄂州節度使。故潞州節度使、檢校太保康君立贈太傅。康君立，原本作「軍立」，今據歐陽史改正。（影庫本粘籤）己未，宋州節度使安元信加兼侍中。濮州進重修河堤圖，沿河地名，歷歷可數。帝覽之，愀然曰：「吾佐先朝定天下，於此堤塢間小大數百戰。」又指一邱曰：「此吾擐甲臺也。時事如昨，奄忽一紀，令人悲歎耳！」癸亥，以西川節度使孟知祥爲劍南東、西兩川節度使，封蜀王。三司奏：「當省有諸道鹽鐵轉運使衙職員都押衙、正押衙、同押衙、通引、衙前虞候、子弟，今欲列爲三司職名。」從之。庚午，以御史中丞崔衍爲兵部侍郎，以右諫議大夫龍敏爲御史中丞。

三月己卯，幸龍門。延州節度使安從進奏，夏州節度使李仁福卒，其子彝超自稱留後。甲申，鎮州奏，行軍司馬趙瓌、節度判官陸浣、元從押衙高知柔等並棄市，坐受賂枉法殺人也。節度使李從敏罰一季俸。乙酉，以西川節度副使、知武泰軍節度兵馬留後趙季良爲檢校太保、黔南節度使，以西川諸軍馬步都指揮使、知武信軍節度兵馬留後李仁罕爲檢校太傅、遂州節度使，以西川左廂馬步指揮使、知保寧軍節度兵馬留後趙廷隱爲檢校太保、閬州節度使，以西川右廂馬步都指揮使、知寧江軍兵馬留後張知業爲檢校司徒、夔州節度使，以西川衙內馬步都指揮使、知昭武軍兵馬留後李肇爲檢校太保、利州節度使，從孟知祥之請也。丙戌，賜宰相李愚絹百匹、錢十萬、鋪陳物一十三件。時愚病，帝令近臣翟光鄴宣問，所居寢室，蕭然四壁，病榻弊氈而已。光鄴具言其事，故有是賜。戊子，以延州節度使安從進爲夏州留後，以夏州左都押衙、四州防遏使李彝超爲延州留後，仍命邠州節度使藥彥稠、宮苑使安重益帥師援送從進赴鎮。以左衞上將軍盧文進爲潞州節度使，以右龍武統軍張溫爲雲州節度使。庚寅，以鳳翔行軍司馬李彥琮爲鹽州防禦使。時范延光等奏，請因夏州之師制置鹽州，故有是命。癸巳，以右威衞上將軍安重霸爲同州節度使。己亥，以左龍武統軍符彥超爲安州節度使。詔除放京兆、秦、岐、邠、涇、延、慶、同、華、興元十州長興元年二年係欠夏秋稅物，及營田莊宅務課利，以其曾輦運供軍糧料也。甲辰，故晉國夫人夏氏追册皇后，有司上謚曰昭懿，從之。

夏四月戊申，李彝超奏：「奉詔除延州留後，已受恩命訖，三軍百姓擁隔，未遂赴任。」帝遣閤門使蘇繼顏齎詔促彝超赴任。癸丑，以刑部侍郎劉贊爲祕書監、秦王傅。案通鑑作兵部侍郎，歐陽史從薛史[三]。五代會要：長興四年四月，以祕書監劉贊爲秦王傅，前忠武軍節度判官蘇瓚爲秦王友，前襄州觀察使魚崇遠爲秦王府記室參軍。時言事者請爲秦王置師傅，上顧問近臣，皆以秦王名勢隆盛，不敢置議，請自選擇，乃降是命。甲寅，前鄧州節度使梁漢顒以太子少師致仕，太子賓客裴皞以兵部尚書致仕。戊午，追册昭宗皇后何氏爲宣穆皇后，祔饗太廟，百僚進名奉慰，廢朝三日。己巳，以左散騎常侍任贊爲戶部侍郎，以吏部侍郎藥縱之爲曹州刺史。癸酉，延州奏，蕃部劫掠餉運及攻城之具，守蘆關兵士退守金明鎮。

五月丙子朔，帝御文明殿受朝。戊寅，皇子鳳翔節度使從珂封潞王。新授戶部侍郎任贊改刑部侍郎，贊訴以所授官是丁憂闕，故改焉。皇子從益封許王，鄆州節度使李從溫封兗王，河中節度使李從璋封洋王，鎮州節度使李從敏封涇王。案：從溫等皆明宗從子，故書其姓，薛史書法如此。（孔本）甲申，帝避暑於九曲池，既而登樓，風毒暴作，聖體不豫，翌日而愈。案北夢瑣言云：上聖體乖和，馮道對寢膳之間，勸思調衞，因指御前果實曰：「如食桃不康，翼日見李而思戒可也。」初，上因御李，暴得風虛之疾，馮道不敢斥言，因奏事諷悟上意。（舊五代史考異）丙戌，契丹遣使朝貢。丁酉，安從進奏，

大軍已至夏州[四]，攻外城，以其不受命也。庚子，以靈武留後張希崇爲本州節度使。辛丑，故夏州節度使、朔方郡王李仁福追封虢王。壬寅，以前晉州留後薄文爲本州節度使。

六月丙午朔，文武百僚、宰臣馮道等拜章，請於尊號內加「廣運法天」四字，凡拜三章，詔允之。詔宮西新園宜名永芳園，其間新殿宜名和慶殿。丙辰，秦王從榮加食邑至萬戶，實封二千戶。丁巳[五]，以右驍衞上將軍李從昶爲左龍武統軍，以前邢州節度使高允韜爲右龍武統軍，以右驍衞上將軍羅周敬爲左羽林統軍，以右監門上將軍婁繼英爲金州刺史。戊午，宋王從厚加食邑至萬戶，實封一千戶。壬戌，以前涇州節度使李金全爲滄州節度使。癸亥，詔御史中丞龍敏等詳定大中統類。甲子，第十四女封壽安公主，第十五女封永樂公主。戊辰，以前利州節度使孫漢韶爲洋州節度使。壬申，永寧軍節度使、容州管內觀察使、檢校太尉、兼侍中馬存加食邑實封。甲戌，帝復不豫。

秋七月丁丑，以著作佐郎尹拙爲左拾遺[六]，直史館。案五代會要：尹拙爲左拾遺，王愼徽爲右拾遺，並直史館，薛史闕載王愼徽。（舊五代史考異）國朝舊制，皆以畿赤尉直史館，今用諫官自拙始，從監修李愚奏也。己卯，東岳三郎神贈威雄大將軍。初，帝不豫，前淄州刺史劉遂清薦泰山僧一人，劉遂清，原本作「隊請」，今從册府元龜改正。（影庫本粘籤）云善醫，及召見，乃庸僧耳。問方藥，僧曰：「不工醫，嘗於泰山中親覩嶽神，謂僧曰：『吾第三子威靈可愛，而未有爵秩，師爲我

請之。』」宮中神其事，故有是命，識者嫉遂清之妖佞焉。詔應臺官出行，須令人訶引，使軍巡職掌等規避。壬午，詔安從進班師，時王師攻夏州無功故也。乙酉，以許州節度使孟鵠卒廢朝，贈太傅。詔賜在京諸軍將校優給有差。時帝疾未痊，軍士有流言故也。丁亥，兩浙節度使、檢校太傅、守中書令錢元瓘封吳王。

八月戊申，帝被袞冕，御明堂殿受册，徽號曰聖明神武廣運法天文德恭孝皇帝[七]。禮畢，制大赦天下，常赦所不原者咸赦除之。己酉，賜侍衞諸軍優給有差，時月內再有頒給，自茲府藏無餘積矣。辛亥，以晉州節度使薄文卒廢朝。丁巳，以右龍武統軍李從昶爲許州節度使。戊午，以祕書監高輅卒廢朝。辛酉，以太子太師致仕符習卒廢朝，贈太師。辛未，秦王從榮以本官充天下兵馬大元帥，加食邑萬戶、實封三千戶；以右羽林統軍翟璋爲晉州節度使；以太子賓客馬縞爲戶部侍郎。壬申，幸至德宮。

九月甲戌，以戶部尚書李鏻爲兵部尚書[八]，以前戶部尚書韓彥惲爲戶部尚書。丙子，幸至德宮。戊寅，樞密使范延光、趙延壽並加兼侍中，依前充使。中書奏：「元帥儀注，諸道節度使以下帶兵權者，階下具軍禮參見；其帶使相者，初見亦展一度公禮。天下軍務公事，元帥府行帖指揮，其判六軍諸衞事則公牒往來，其官屬軍職，委元帥府奏請。」從之。癸未，以兵部侍郎盧詹爲吏部侍郎。丙戌，宰臣馮道加左僕射，李愚加吏部尚書，劉昫加刑部尚

書。戊子，河陽節度使兼侍衞親軍都指揮使康義誠、山南西道節度使檢校太傅張虔釗並加同平章事。宣徽南院使、判三司馮贇依前檢校太傅、同中書門下二品〔九〕，充三司使。贇亡父名章，故改平章事爲同二品。壬戌，永寧公主石氏進封魏國公主，興平公主趙氏進封齊國公主。皇孫重光、重哲並授銀青光祿大夫、檢校工部尙書，秦王、宋王子也。前洋州節度使梁漢顒以太子少傅致仕。丁酉，以右龍武統軍高允韜爲滑州節度使，以韶州刺史、檢校司空王萬榮爲華州節度使，萬榮，王妃之父也。戊戌，以樞密使趙延壽爲汴州節度使，以襄州節度使朱弘昭爲檢校太尉、同平章事，充樞密使。時范延光、趙延壽相繼辭退樞密務，及朱弘昭有樞密之命，又面辭訴，帝叱之曰：「爾輩皆欲離朕左右，怕在眼前，素養爾輩，將何用也！」弘昭退謝，不復敢言。吏部侍郎張文寶卒。庚子，淸海軍節度使錢元璹加檢校太傅、同平章事，中吳、建武等軍節度使錢元璙加檢校太師、兼中書令。以前滑州節度使李贊華遙領虔州節度使。辛丑，詔天下兵馬大元帥、秦王從榮班宜在宰臣之上。案五代會要：秦王從榮加兼中書令，與宰臣分班左右定位，及爲天下兵馬元帥，勑曰：「秦王位隆將相，望重磐維，委任既崇，等威合異，班位宜在宰臣之上。」壬寅，以北面行營都指揮使、易州刺史楊檀爲振武軍節度使。

冬十月丙午，以前同州節度使趙在禮爲襄州節度使。丁未，以前滑州節度使張敬詢卒廢朝。以刑部侍郎任贊爲兵部侍郞，充元帥府判官。戊午，以前鳳翔節度使孫岳爲三司

使。庚申，以樞密使范延光爲鎭州節度使，以三司使馮贇爲樞密使。辛酉，以前潞州節度使李承約爲左龍武統軍，以前威塞軍節度使王景戡爲右龍武統軍，以左驍衞上將軍安崇阮爲左神武統軍，以右監門上將軍高允貞爲右神武統軍。壬戌，以權知夏州事、檢校司空李彝超爲夏州節度使、檢校司徒。丙寅，詔在朝文武臣僚並與加恩，以受册尊號也。戊辰，以前安州節度使楊漢章爲兗州節度使，以前雲州節度使張敬達爲徐州節度使。庚午，以前兗州節度使張延朗爲秦州節度使。壬申，秦州節度使劉仲殷移鎭宋州。

十一月丙子，以前滄州節度使盧質爲右僕射。庚辰，改愼州懷化軍爲昭化軍，升洮州爲保順軍。辛巳，以保大軍節度使、檢校太尉鮑君福爲保順軍節度、洮鄯等州觀察等使，以彰義軍節度使、檢校太尉、同平章事杜建徽爲昭化軍節度、愼瑞司等州觀察使。乙酉，以前汴州節度使李從曮爲鄆州節度使，以鄆州節度使李從溫爲定州節度使。丙戌，新授右僕射盧質奏：「臣忝除官，合赴省上事，若準舊例，左右僕射上事儀注所費極多，欲從權務簡，只取尙書丞、郎上事例，止集南省屬僚及兩省官送上，亦不敢輒援往例，有費官用，自量力排比；兼不敢自臣隳廢前規，他時任行舊制。」從之。戊子，帝不豫。案：歐陽史本紀作十月壬申，幸士和亭得疾。秦王從榮傳作十一月戊子，雩，明宗幸宮西士和亭得傷寒疾〔一〇〕，紀傳互異。五代春秋從薛史作戊子，帝不豫。（舊五代史考異）己丑，大漸，自廣壽殿移居雍和殿。是夜四鼓後，帝自御榻蹶然而興，顧謂知漏宮女曰：「今夜漏幾何？」對曰：「四更。」因奏曰：「官家省事否？」帝曰：「省。」因唾出肉片如肺者數片，便溺升餘。六宮皆至，慶躍而奏曰：「官家今日實還魂也。」已食粥一器，侍醫進湯膳。至曙，帝小康。壬辰，天下大元帥、守尙書令、兼侍中、秦王從榮領兵陣於天津橋，內出禁軍拒之。從榮敗奔河南府，遇害。案：五代春秋作壬午，誅從榮。蓋傳寫之訛，歐陽史及通鑑俱從薛史作壬辰。（舊五代史考異）帝聞之悲駭，幾落御榻，氣絕而蘇者再，由是不豫有加。癸巳，馮道率百僚見帝於雍和殿，帝雨泣哽噎，曰：「吾家事若此，慚見卿等！」百僚皆泣下霑襟。甲午，賜宰臣、樞密使御衣玉帶，康義誠已下錦帛鞍馬有差。遣宣徽使孟漢瓊召宋王於鄴都。乙未，以三司使孫岳爲亂兵所害廢朝。案：孫岳被害，通鑑繫於壬辰，蓋與從榮之死同日。歐陽史作乙未，康義誠殺孫岳，是以廢朝之日爲專殺之日也。（舊五代史考異）丁酉，勑秦王府官屬，除諮議參軍高輦已處斬外，元帥府判官、兵部侍郎任贊配武州，祕書監兼秦王傅劉贊配嵐州，河南少尹劉陟配均州，並爲長流百姓，縱逢恩赦，不在放還。河南少尹李蕘配石州，河南府判官司徒詡配寧州，秦王友蘇瓚配萊州，記室參軍魚崇遠配慶州，河南府推官王說配隨州，並爲長流百姓。河南府推官尹譔，六軍巡官董裔、張九思，河南府巡官張沆、李瀚、江文蔚並勒歸田里。應長流人並除名。六軍判官、殿中監王居敏責授復州司馬，六軍推官郭晙責授坊州司戶，並員外置，所在馳驛發遣。時宰相、樞密使共議任贊等已下罪，馮道等曰：「任贊前在班行，比與從

榮無舊，除官未及月餘，便逢此禍。王居敏、司徒詡疾病請假，將近半年，近日之事，計不同謀。從榮所款昵者高輦、劉陟、王說三人，昨從榮稱兵指闕之際，沿路只與劉陟、高輦並轡耳語，至天津橋南，指日影謂諸判官曰：『明日如今，已誅王居敏矣。』則知其冗泛之徒，不可一例從坐。」朱弘昭意欲盡誅任贊已下，馮贇力爭之乃已。戊戌，帝崩於大內之雍和殿，壽六十七。

十二月癸卯朔，遷梓宮於二儀殿，宋王從厚自鄴都至。是日發哀，百僚縞素於位，中書侍郎、平章事劉昫宣遺制，宋王從厚於柩前卽皇帝位，服紀以日易月，一如舊制云。明年四月，太常卿盧文紀上諡議曰聖智仁德欽孝皇帝，廟號明宗，宰臣馮道議請改「聖智仁德」四字，爲聖德和武欽孝皇帝。宰臣劉昫撰諡册文，宰臣李愚撰哀册文，是月二十七日葬于徽陵。永樂大典卷七千一百六十六。五代史補：明宗之在位也，一日幸倉場觀納，時主者以車駕親臨，懼得罪，其較量甚輕〔一一〕。明宗因謂之曰：「且朕自省事以來，倉場給散，動經一二十年未畢，今輕量如此，其後銷折將何以償之？」對曰：「竭盡家產，不足則繼之以身命。」明宗愴然曰：「只聞百姓養一家，未聞一家養百姓。今後每石加二斗耗，以備鼠雀侵蠹，謂之鼠雀耗。」倉糧加耗，自此始也〔一二〕。五代史闕文：明宗出自邊地，老于戰陳，卽位之歲，年已六旬，純厚仁慈，本乎天性。每夕宮中焚香仰天禱祝云：「某蕃人也，遇世亂爲衆推戴，事不獲已，願上天早生聖人，與百姓爲主。」故天成、長興間，比歲豐登，中原無事，言於五代，粗爲小康。

史臣曰：明宗戰伐之勳，雖高佐命，潛躍之事，本不經心。會王室之多艱，屬神器之自至，諒由天贊，匪出人謀。及應運以君臨，能力行於王化，政皆中道，時亦小康，近代已來，亦可宗也。儻使重誨得房、杜之術，從榮有啓、誦之賢，則宗祧未至於危亡，載祀或期於綿遠矣。惜乎！君親可輔，臣子非才，遽泯烝嘗，良可深歎矣。永樂大典卷七千一百六十六。

校勘記

〔一〕二月癸丑朔　殿本、劉本同。冊府卷四八四無「朔」字。按二十史朔閏表，長興四年二月丁未朔，則「癸丑」下不當有「朔」字。

〔二〕中估之直日以四十五貫　殿本、劉本同。會要卷一二作「市估之直，日以四五十貫」。

〔三〕通鑑……薛史　十三字原無，據舊五代史考異補。

〔四〕夏州　原作「頁州」，據殿本、劉本改。

〔五〕丁巳　原作「丁未」，據殿本、劉本改。影庫本粘籤云：「丁未，以長曆推之，當是丁巳。」按二十史朔閏表，長興四年六月丙午朔，在丙辰十一日和戊午十三日間，當是丁巳十二日。

〔六〕著作佐郎　「佐」原作「左」，據殿本、劉本改。

〔七〕聖明神武廣運法天文德恭孝皇帝　「運」原作「道」，據殿本、劉本改。影庫本批校云：「廣道法天，『道』應作『運』。」

〔八〕李鏻　原作「李璘」，據本書卷一〇八李鏻傳、歐陽史五七李鏻傳改。

〔九〕同中書門下二品　原作「同平章事中書門下同二品」，據通鑑卷二七八、本書卷四五閔帝紀改。

〔一〇〕辛士和亭得疾……明宗幸宮西士和亭得傷寒疾　「士和亭」原均作「上和亭」，據歐陽史卷六唐本紀、卷一五唐明宗家人傳改。

〔一一〕懼得罪其較量甚輕　原作「懼得其罪較量甚輕」，據五代史補卷二改。

〔一二〕倉糧加耗自此始也　原作「倉糧起自此也」，據五代史補卷二改。

舊五代史卷四十五

唐書二十一

閔帝紀

閔帝，諱從厚，小字菩薩奴，明宗第三子也。案：歐陽史作明宗第五子，吳縝嘗辨其誤。今考五代會要亦作第三子，與薛史同。母昭懿皇后夏氏，以天祐十一年歲在甲戌，十一月二十八日庚申，生帝於晉陽舊第。帝髫齔好讀春秋，略通大義，貌類明宗，尤鍾愛。天成元年，授金紫光祿大夫、檢校司徒。二年四月〔一〕，加檢校太保、同平章事、河南尹，判六軍諸衞事。十一月，加檢校太傅。三年三月〔二〕，授汴州節度使。四年，移鎭河東。長興元年，改授鎭州節度使，尋封宋王。二年，加檢校太尉、兼侍中，移鎭鄴都。三年，加中書令。秦王從榮，帝同母兄也，以帝有德望，深所猜忌。帝在鄴宮，恒憂其禍，然善於承順，竟免閒隙，閒隙，原本作「閑隨」，今據文改正。（影庫本粘籤）

四年十一月二十日，秦王誅，翌日，明宗遣宣徽使孟漢瓊馳驛召帝，二十六日，明宗崩，二十九日，帝至自鄴。案歐陽史云：明宗崩，秘其喪六日。考長興四年十一月癸酉朔，二十日壬辰，誅從榮，二十六日戊戌，明宗崩，二十九日辛丑，閔帝已至自鄴矣，不得云秘喪六日也。（舊五代史考異）十二月癸卯朔，案：五代春秋作癸亥朔，蓋傳寫之訛，歐陽史、通鑑俱從薛史作癸卯。（舊五代史考異）發喪於西宮，帝於柩前即位。丁未，羣臣上表請聽政，表再上，詔允。己酉，中外將士給賜有差。庚戌，帝縗服見羣臣於廣壽門之東廡下，宰臣馮道進曰：「陛下久居哀毀，臣等咸願一覩聖顏。」朱弘昭前舉帽，羣臣再拜而退。御光政樓存問軍民。辛亥，賜司衣王氏死，坐秦王事也。癸丑，以前鎭州節度使、涇王從敏權知河南府事，尋以盧質代之。乙卯，賜司儀康氏死，事連王氏也。丙辰，以天雄軍節度判官唐汭爲諫議大夫，掌書記趙彖爲起居郎，元從都押衙宋令詢爲磁州刺史。丁巳，以左僕射、平章事馮道爲山陵使，戶部尚書韓彥惲爲副，中書舍人王延爲判官，禮部尙書王權爲禮儀使，兵部尙書李鏻爲鹵簿使，御史中丞龍敏爲儀仗使，右僕射、權知河南府盧質爲橋道頓遞使。庚申，以前相州刺史郝瓊爲右驍衞大將軍，充宣徽北院使；以光祿卿、充三司副使王玫爲三司使。癸亥，故檢校太尉、右衞上將軍、充三司使孫岳贈太尉、齊國公。孫岳，原本作「孜兵」，今據通鑑改正。（影庫本粘籤）丁卯，帝釋縗服，羣臣三上表，請復常膳，御正殿，從之。辛未，帝御中興殿，羣臣列位，馮道升階進酒，帝曰：「比於此物無愛，除賓友之會，不近臠辠。況在沉痛之中，安事歡啖！」命徹之。

應順元年春正月壬申朔，壬申，原本作「甲申」，據下文有乙亥、丁丑等日，「甲」字當係「壬」字之訛，今改正。（影庫本粘籤）帝御廣壽殿視朝，百僚詣閤門奉慰。時議者云，月首以朝服臨〔三〕，不視朝可也。乙亥，契丹遣使朝貢。案遼史太宗紀：天顯九年閏月戊午，唐遣使來告哀，即日遣使祭弔。（舊五代史考異）丁丑，以太常卿崔居儉爲祕書監，以前蔡州刺史張繼祚爲左武衞上將軍，充山陵橋道頓遞副使。戊寅，御明堂殿，仗衞如儀，宮懸樂作，羣臣朝服就位，宣制大赦天下，改長興五年爲應順元年。時議者以梓宮在殯，宮懸樂作，非禮也，懸而不作可也。迴鶻可汗仁裕進遺留馬。是日，命中使三十五人以先帝鞍馬衣帶分賜藩位。庚辰，宰臣馮道加司空，李愚加右僕射，劉昫加吏部尚書，餘並如故。壬午，侍衞親軍馬步軍都指揮使、河陽節度使康義誠加檢校太尉、兼侍中，判六軍諸衞事。康義誠，原本作「節誠」，今據通鑑改正。（影庫本粘籤）甲申，以侍衞馬軍都指揮使、寧國軍節度使安彥威爲河中節度使；以侍衞步軍都指揮使、忠正軍節度使張從賓爲涇州節度使，並加檢校太傅；以捧聖左右廂都指揮使、欽州刺史朱洪實爲寧國軍節度使，加檢校太保，充侍衞馬軍都指揮使；以嚴衞左右廂都指揮使、嚴州刺史皇甫遇爲忠正軍節度使〔四〕、檢校太保，充侍衞步軍都指揮

使。戊子，樞密使、檢校太尉、同平章事朱弘昭，樞密使、檢校太尉、同中書門下二品馮贇，並加兼中書令。北京留守、河東節度使兼大同彰國振武威塞等軍蕃漢馬步總管石敬瑭加兼中書令，幽州節度使、檢校太尉、兼中書令趙德鈞加檢校太師、兼中書令。樞密使馮贇表堅讓中書令，制改兼侍中，封邠國公。庚寅，鳳翔節度使、潞王從珂加兼侍中，青州節度使、檢校太尉、兼中書令房知溫加檢校太師。辛卯，以翰林學士承旨、尚書右丞李懌爲工部尚書，以祕書監盧文紀爲太常卿，充山陵禮儀使。壬辰，荊南節度使、檢校太尉、兼中書令高從誨封南平王，南平，原本作「面平」，今據十國春秋改正。（影庫本粘籤）湖南節度使、檢校太尉、兼中書令馬希範封楚王。甲午，兩浙節度使、檢校太師、守中書令、吳王錢元瓘進封吳越王；前洺州團練使皇甫立加檢校太保，充鄜州節度使；前彰義軍節度使康福加檢校太傅，充邠州節度使；劍南東、西兩川節度使、檢校太尉、兼中書令、蜀王孟知祥加檢校太師。制下，知祥辭不受命。丙申，鎭州節度使、檢校太尉、兼侍中范延光，汴州節度使、檢校太尉、兼侍中趙延壽，並加檢校太師。戊戌，山南西道節度使、檢校太傅、同平章事張虔釗，襄州節度使趙在禮，並加檢校太尉。辛丑，以振武軍節度使、安北都護楊檀兼大同、彰國、振武、威塞等軍都虞候，充北面馬軍都指揮使。

閏月壬寅朔，羣臣赴西宮臨。癸卯，御文明殿入閤。以前右僕射、權知河南府事盧質

爲太子少傅兼河南尹。以諫議大夫唐汭、膳部郎中知制誥陳乂並爲給事中，充樞密院直學士。案通鑑：汭以文學從帝，歷三鎭在幕府。及即位，將佐之有才者，朱、馮皆斥逐之。汭性迂疏，朱、馮恐帝含怒有時而發，乃引汭于密近，以其黨陳乂監之。（舊五代史考異）宣徽南院使、驃騎大將軍、左衞上將軍、知內侍省孟漢瓊加開府儀同三司，賜忠貞扶運保泰功臣。保泰，原本作「衞泰」，今據册府元龜改正。（影庫本粘籤）丙午，正衙命使册皇太后曹氏。戊申，以前雄武軍節度使劉仲殷爲右衞上將軍，邢州節度使趙鳳加爵邑。自是諸藩鎭文武臣僚皆次第加恩，帝嗣位覃恩澤也。以翰林學士、中書舍人崔棁爲工部侍郎〔五〕，依前充職。以給事中張鵬爲御史中丞，以御史中丞龍敏爲兵部侍郎，以太僕少卿竇維爲大理卿。甲寅，正衙命使册皇太妃王氏。集賢院上言：「準敕書修創凌煙閣〔六〕，尋奉詔問閣高下等級。謹按凌煙閣，都長安時在西內三清殿側，畫像皆北面，閣有中隔，隔內面北寫功高宰輔，隔內面，原本作「內回」，今據五代會要改正。（影庫本粘籤）南面寫功高諸侯王，隔外面次第圖畫功臣題贊。自西京板蕩，四十餘年，舊日主掌官吏及畫像工人，並已淪喪，集賢院所管寫眞官、畫眞官人數不少，都洛後廢職。今將起閣，望先定佐命功臣人數，請下翰林院預令寫眞本，及下將作監興功，次序間架修建。」乃詔集賢御書院復置寫眞官、畫眞官各一員，餘依所奏。丁巳，安州奏，此月七日夜，節度使符彥超爲部曲王希全所害，案：彥超被害，通鑑從薛史作閏月，五代春秋繫于正月，殊異。（舊五代史考異）廢朝一

日。戊午，以前振武軍節度使、安北都護高行周爲彰武節度使。辛酉，以前鄆州使范政爲少府監。丙寅，幸至德宮。車駕至興教門，有飛鳶自空而墜，殭於御前。是日大風晦冥。

二月乙亥，以前鎭州節度使、涇王從敏爲宋州節度使。從敏，原本作「使敏」，今從歐陽史家人傳改正。（影庫本粘籤）己卯，以前徐州節度使、檢校太傅李敬周爲安州節度使。是日，宣授鳳翔節度使、潞王從珂爲權北京留守，以北京留守石敬瑭權知鎭州軍州事，以鎭州范延光權知鄴都留守事，以前河中節度使、洋王從璋權知鳳翔軍府事。庚寅，幸山陵工作所。是日，西京留守王思同奏，鳳翔節度使、潞王從珂拒命。丁酉，王思同加同平章事，充西面行營都部署；以前邠州節度使藥彥稠爲副部署。案歐陽史：辛卯，西京留守王思同爲西面行營都部署，靜難軍節度使藥彥稠爲副。薛史作丁酉，與歐陽史異。據通鑑則思同以辛卯充都部署，丁酉加同平章事也。蓋采薛史、歐陽史而兼用之。（舊五代史考異）以河中節度使安彥威爲西面兵馬都監，以前定州節度使李德珫爲權北京留守。山陵使奏：「伏覩御札，皇帝親奉靈駕至園陵。伏見累朝故事，人君無親送葬之儀，請車駕不行。」不從。乙未，樞密使馮贇起復視事，時贇丁母憂也。己亥，以司農卿張鑄爲殿中監。庚子，殿直楚匡祚上言，案：原本避宋諱作楚祚，今從通鑑增「匡」字。監取亳州團練使李重吉至宋州，繫於軍院。重吉，潞王之長子，及幽於宋州，帝猶以金帛賜之，及聞西師咸叛，方

遣使殺之。

三月甲辰，以前太僕少卿魏仁鐸爲太僕卿。興元節度使張虔釗奏，會合討鳳翔。丙午，以右領衞上將軍武延翰爲鄧州刺史。丁未，洋州孫漢韶奏，至興元與張虔釗同議進軍。己酉，以鎮州節度使范延光依前檢校太師、兼侍中，行興唐尹，充天雄軍節度使、北面水陸轉運制置使。以北京留守、河東節度使石敬瑭依前檢校太尉、兼中書令，其眞定尹、充鎮州節度使、大同彰國振武威塞等軍蕃漢馬步總管如故。辛亥，以前定州節度使李德珫爲北京留守，充河東節度使。許王從益加檢校太保，前河中節度使、洋王從璋加檢校太傅。詔：「藩侯帶平章事以上薨(七)，許立神道碑，差官撰文。未帶平章事及刺史，準令式合立碑者，其文任自製撰，不在奏聞。」乙卯，興元張虔釗奏，自鎮將兵赴鳳翔，收大散關。大散，原本作「大役」，今據通鑑改正。(影庫本粘籤) 宗正寺奏：「準故事，諸陵有令、丞各一員，近例更委本縣令兼之。緣河南洛陽是京邑，兼令、丞不便。」詔特置陵臺令、丞各一員。己未，以前金吾大將軍李肅爲左衞上將軍，充山陵修奉上下宮都部署。

庚申，西面步軍都監王景從等自軍前至，奏：「今月十五日，大軍進攻鳳翔。十六日，嚴衞右廂都指揮使尹暉引軍東面入城，右羽林都指揮使楊思權引軍西面入城，思權，原本作「世權」，今從歐陽史改正。(影庫本粘籤) 山南軍潰。」帝聞之，謂康義誠等曰：「朕幼年嗣位，委政大臣，

兄弟之間，必無榛梗。諸公大計見告，朕獨難違，事至於此，何方轉禍？朕當與左右自往鳳翔，迎兄主社稷，朕自歸藩，於理爲便。」朱弘昭、馮贇不對，義誠曰：「西師驚潰，蓋由主將失策。今駕下兵甲尚多，臣請自往關西，振其兵威，扼其衝要。」義誠又累奏請行，帝召侍衞都將以下宣曰：「先皇帝棄萬國，朕於兄弟之中，無心爭立，一旦被召主喪，便委社稷，岐陽兄長，果致猜嫌。卿等頃從先朝千征萬戰，今日之事，寧不痛心！今據府庫，悉以頒賜，卿等勉之。」乃出銀絹錢厚賜於諸軍。是時方事山陵，復有此賜，府藏爲之一空，軍士猶負賞物揚言于路曰：「到鳳翔更請一分。」其驕誕無畏如是。辛酉，幸左藏庫，視給將士金帛。是日，誅馬軍都指揮使朱洪實，坐與康義誠忿爭故也。

癸亥，以康義誠爲鳳翔行營都招討使，餘如故。以王思同爲副招討使；以安從進爲順化軍節度使，充侍衞馬軍都指揮使。詔左右羽林軍四十指揮改爲嚴衞，左右龍武、神武軍改爲捧聖。甲子，陝州奏，潞王至潼關，害西面都部署王思同。案：歐陽史作思同奔歸于京師，死之。與薛史異。(舊五代史考異) 乙亥(八)，宣諭西面行營將士，俟平鳳翔日，人賞二百千，府庫不足，以宮闈服翫增給。詔侍衞馬軍都指揮使安從進京城巡檢。是日，從進已得潞王書檄，潛布腹心矣。丁卯，潞王至陝州。戊辰，帝急召孟漢瓊，不至；召朱弘昭，弘昭懼，投于井。安從進尋殺馮贇于其第(九)。案通鑑考異云：張昭閔帝實錄：「帝召宏昭，不至，俄聞自殺，乃令從進殺贇。」案從

進傳贇首於陝。則贇死非閔帝之命明矣。(孔本) 是夜，帝以百騎出玄武門，案契丹國志：愍帝領五十騎自隨，出奔衞州。與薛史異。宋史李洪信傳又作少帝東奔，捧聖軍數百騎從行。與是書異，據下文王弘贄曰：「今以五十餘騎奔竄。」則作五十騎者是也。(殿本) 謂控鶴指揮使慕容遷曰：「爾誠有馬，控鶴從予。」控鶴從予，原本作「縱鶴空子」，今從通鑑改正。(影庫本粘籤) 及駕出，卽闔門不行。遷乃帝素親信者也，臨危如是，人皆惡之。

是月二十九日夜，帝至衞州東七八里，遇騎從自東來不避，左右叱之，乃曰：「鎮州節度使石敬瑭也。」案歐陽史愍帝紀：戊辰，如衞州。廢帝紀：己巳，愍帝出居于衞州。通鑑考異引閔帝實錄云：庚午朔四鼓，帝至衞州東七八里，遇敬瑭。蓋是月二十九日爲己巳，故次日卽爲庚午朔。(舊五代史考異) 帝喜，敬瑭拜舞於路，帝下馬慟哭，諭以「潞王危社稷，康義誠以下叛我，無以自庇，長公主見教，逆爾於路，謀社稷大計」。敬瑭曰：「衞州王弘贄宿舊諳事，衞州，原本作「衘州」。今從通鑑改正。(影庫本粘籤) 且就弘贄圖之。」敬瑭卽馳騎而前，見弘贄曰：「主上播遷，至此危迫，吾戚屬也，何以圖全？」弘贄曰：「天子避寇，古亦有之，然於奔迫之中，亦有將相、國寶、法物，所以軍長瞻奉，不覺其亡也。今宰執近臣從乎？寶玉、法物從乎？」詢之無有。弘贄曰：「大樹將顚，非一繩所維。今以五十騎奔竄，無將相一人擁從，安能興復大計！所謂蛟龍失雲雨者也。今六軍將士總在潞邸矣，公縱以戚藩念舊，無奈之何！」案通鑑考異引南唐烈祖實錄：弘贄曰：「今京國阽危，百官

無主，必相率攜神器西向，公何不囚少帝西迎潞王，此萬全之計。」敬瑭然其言。(舊五代史考異) 考薛史采五代實錄，多爲晉帝諱言，當以南唐實錄爲得其實。(孔本) 遂與弘贄同謁於驛亭，宣坐謀之。敬瑭以弘贄所陳以聞，弓箭庫使沙守榮、賁洪進前謂敬瑭曰(一〇)：「主上卽明宗愛子，公卽明宗愛壻，富貴既同受，休戚合共之。今謀於戚藩，欲期安復，翻索從臣、國寶，欲以此爲辭，爲賊算天子耶！」乃抽佩刀刺敬瑭，敬瑭親將陳暉扞之，陳暉，原本作「陳運」，今從歐陽史改正。(影庫本粘籤) 守榮與暉單戰而死，洪進亦自刎。是日，敬瑭盡誅帝之從騎五十餘輩，獨留帝於驛，乃馳騎趨洛。

四月三日，潞王入洛。五日，卽位。七日，廢帝爲鄂王。遣弘贄子殿直王巒之衞州，時弘贄已奉帝幸州廨。九日，巒至，帝遇鴆而崩(一一)，時年二十一。案契丹國志：王巒至衞州，進鴆于愍帝，愍帝不飲，巒縊殺之。與薛史異，歐陽史同薛史。是日辰時，白虹貫日。皇后孔氏在宮中，及王巒迴，卽日與其四子並遇害(一二)。案遼史太宗紀云：九年夏四月，唐從珂殺其主自立，人皇王倍上書請討。又義宗列傳云：明宗養子從珂，弑其君自立。倍密報太宗曰：「從珂弑君，盍討之。」薛史及通鑑均不載。(孔本) 晉高祖卽位，諡曰閔，與秦王及末帝子重吉並葬於徽陵域中，封纔數尺，路人觀者悲之。永樂大典卷七千一百七十四。

史臣曰：閔帝爰自沖年，素有令問，及徵從代邸，入踐堯階，屬軒皇之弓劍初遺，吳王之

几杖未賜，吳王，原本作「辰王」，今據前漢書改正。（影庫本粘籤）遽生猜間，遂至奔亡。蓋輔臣無安國之謀，非少主有不君之咎。以至越在草莽，失守宗祧，斯蓋天命之難諶，土德之將謝故也。永樂大典卷七千一百七十四。

校勘記

〔一〕四月　殿本、劉本同，通鑑卷二七五、本書卷三八明宗紀作正月。

〔二〕三月　殿本、劉本同，通鑑卷二七六、本書卷三九明宗紀作四月。

〔三〕月首以朝服臨　彭本、盧本同，殿本、劉本作「常服」。影庫本批校云：「朝服，原本係『常服』。」

〔四〕忠正軍　「忠」原作「中」，據劉本改。按本卷上文亦有「忠正軍」。

〔五〕崔梲　原作「崔稅」，據殿本、劉本、本書卷九三崔梲傳改。

〔六〕準敕書修創凌煙閣　「敕」原作「赦」，據殿本、會要卷一八改。

〔七〕藩侯　原作「蕃侯」，據殿本、劉本、會要卷九改。

〔八〕乙亥　殿本、劉本同。按二十史朔閏表，應順元年三月辛丑朔，無乙亥。通鑑卷二七九云：「丙寅，康義誠引侍衛兵發洛陽，詔以侍衛馬軍指揮使安從進爲京城巡檢。」

〔九〕安從進尋殺馮贇于其第　十字原無，盧本同，據殿本、劉本補。影庫本批校云：「投于井下原木

有『安從進尋殺馮贇于其第』十字，應增入。」

〔一〇〕賁洪進　劉本同，殿本、通鑑卷二七九「賁」作「奔」。影庫本批校云：「『賁』，原本係『奔』，誤改『賁』。」按通鑑注引史炤曰：「奔，姓也。古有賁姓，音奔，又音肥，後遂爲奔。」

〔一一〕帝遇鴆而崩　永樂大典（膠卷）卷六八五一有五代薛史王弘贄傳文一條云：「帝崩，殯於郡齋東閣，覆以黄帕。弘贄嗟嘆之，徐謂方大曰：『吾前於秦川，見魏王死渭南驛，殯於東閣，黄帕覆之，正如今日之事，吾未明其理也。』」今輯本舊五代史無王弘贄傳，附錄於此。

〔一二〕是日辰時白虹貫日皇后孔氏在宫中及王巒迴卽日與其四子並遇害　「是日辰時白虹貫日」與「在宫中及王巒迴卽日」十七字原無，據殿本補。影庫本批校云：「時年二十一句下有『是日辰時白虹貫日』八字，皇后孔氏下有『在宫中及王巒迴卽日』九字，應照原本增入。」

舊五代史卷四十六

唐書二十二

末帝紀上

末帝，諱從珂，本姓王氏，鎭州人也。母宣憲皇后魏氏，以光啓元年歲在乙巳〔一〕，正月二十三日，生帝於平山。景福中，明宗爲武皇騎將，略地至平山，遇魏氏，擄之，帝時年十餘歲，明宗養爲己子。案通鑑考異引唐廢帝實錄云：廢帝，諱從珂，明宗之元子也。母曰宣憲皇后魏氏，鎭州平山人。中和末，明宗徇地山東，留戍平山，得魏后。帝以光啓元年正月二十三日生於外舍，屬用兵不息，音問阻絕，帝甫十歲，方得歸宗。今考五代會要、歐陽史諸書，皆作養子，惟實錄作元子，疑因太后令稱爲「皇長子」而傅會也。通鑑仍從薛史。小字二十三。帝幼謹重寡言，及壯，長七尺餘，方頤大體，材貌雄偉，以驍果稱，明宗甚愛之。在太原，嘗與石敬瑭因擊毬同入于趙襄子之廟，見其塑像，屹然起立，帝祕之，私心自負。及從明宗征討，以力戰知名，莊宗嘗曰：「阿三不惟與我同齒，敢戰亦相類。」莊宗

與梁軍戰於胡柳陂，兩軍俱撓，帝衞莊宗奪土山，摧驍陣，其軍復振。時明宗先渡河，莊宗不悦，謂明宗曰：「公當爲吾死，渡河安往？」明宗待罪，莊宗以帝從戰有功，由是解慍。

天祐十八年，莊宗營於河上，議討鎭州。留守符存審在德勝砦未行，梁人謂莊宗已北，乃悉衆攻德勝，德勝，原本作「得勝」，今從通鑑改正。（影庫本粘籤）莊宗命明宗、存審爲兩翼以抗之，自以中軍前進。梁軍退卻，帝以十數騎雜梁軍而退，至壘門大呼，斬首數級，斧其望櫓而還。莊宗大噱曰：「壯哉，阿三！」賜酒一器。

同光元年四月，從明宗襲破鄆州。九月，莊宗敗梁將王彥章於中都，急趨汴州。明宗將前軍，帝率勁騎以從，晝夜兼行，率先下汴城。莊宗勞明宗曰：「復唐社稷，卿父子之功也。」

二年，以帝爲衞州刺史。時有王安節者，昭宗朝相杜讓能之宅吏也。杜讓能，原本作「社讓能」，今從新唐書改正。（影庫本粘籤）安節少善賈，得相術於奇士，因事見帝於私邸，退謂人曰：「眞北方天王相也，位當爲天子，終則我莫知也。」

三年，明宗奉詔北禦契丹，以家在太原，表帝爲北京內衙指揮使，莊宗不悦，以帝爲突騎都指揮使，遣戍石門。

四年，魏州軍亂，明宗赴洛，時帝在横水，率部下軍士由曲陽、盂縣趨常山〔二〕，與王建

立會，倍道兼行，渡河而南，由是明宗軍聲大振。天成初，以帝爲河中節度使。明年二月，加檢校太保、同平章事。十一月，加檢校太傅。

長興元年，加檢校太尉。先是，帝與樞密使安重誨在常山，因杯盤失意，帝以拳擊重誨腦，中其櫛，走而獲免。帝雖悔謝，然重誨終銜之。及帝鎮河中，重誨知其出入不時，因矯宣中旨，令牙將楊彥温遇出郭則閉門勿納。是歲四月五日，帝閱馬於黄龍莊，閱馬，原本作「問軍」，今從通鑑改正。（影庫本粘籤）彥温閉城拒帝，帝聞難遽還，遣問其故，彥温曰：「但請相公入朝，此城不可入也。」帝止虞鄉以聞，明宗詔帝歸闕。遣藥彥稠將兵討彥温，令生致之，面要鞫問。十一月收城〔三〕，彥温已死，明宗以彥稠不能生致彥温，甚怒之。後數日，安重誨以帝失守，諷宰相論奏行法，明宗不悅。重誨又自論奏，明宗曰：「朕爲小將校時，家徒衣食不足，賴此兒荷石灰、收馬糞存養，以至今貴爲天子，而不能庇一兒！卿欲行朝典，朕未曉其義，卿等可速退，從他私第閑坐。」遂詔歸清化里第，清化里，原本脫「清」字，今從通鑑注所引薛史增入。（影庫本粘籤）不預朝請。帝尙懼重誨多方危陷，但日諷佛書陰禱而已。

二年，安重誨得罪，帝卽授左衞大將軍。未幾，復檢校太傅、同平章事、行京兆尹，充西京留守。三年，進位太尉，移鳳翔節度使。四年五月，封潞王。

閔帝卽位，加兼侍中。既而帝子重吉出刺亳州，女尼入宫，帝方憂不測。應順元年二月，移帝鎮太原，是時不降制書，唯以宣授而已。帝聞之，召賓佐將吏以謀之，皆曰：「主上年幼，未親庶事，軍國大政悉委朱弘昭等，王必無保全之理。」判官馬裔孫曰：「君命召，不俟駕行焉。諸君凶言，非令圖也。」是夜，帝令李專美草檄求援諸道，李專美，原本作「專養」，今從薛史李專美傳改正。（影庫本粘籤）欲誅君側之罪。朝廷命王思同率師來討。三月十五日，外兵大集，案通鑑考異：是年三月辛丑朔，是十五爲乙卯也。九國志李彥琦傳：潞王守岐下，諸道將急攻其壘，彥琦時在圍中，罄家財以給軍用。（舊五代史考異）十六日，大將督衆攻城，帝登城垂泣，諭於外曰：「我年未二十從先帝征伐，出生入死，金瘡滿身，樹立得社稷，軍士從我登陣者多矣。今朝廷信任賊臣，殘害骨肉，且我有何罪！」因慟哭，聞者哀之。時羽林都指揮使楊思權謂衆曰：「大相公，吾主也。」遂引軍自西門入，嚴衞都指揮使尹暉亦引軍自東門而入，外軍悉潰。十七日，率居民家財以賞軍士。是日，帝整衆而東。二十日，次長安，副留守劉遂雍以城降，率京兆居民家財犒軍。二十三日，次靈口，案：通鑑唐紀作零口，考册府元龜亦作靈口，今仍其舊。（舊五代史考異）誅王思同。二十四日，次華州，收藥彥稠繫獄。二十五日，次閿鄉，王仲皐父子迎謁，命誅之。二十六日，次靈寶，河中節度使安彥威來降，待罪，宥之，遣歸鎮。陝州節度使康思立奉迎。二十七日，次陝州，案：歐陽史作己巳，次陝州，薛史閔帝紀作丁卯，通鑑從薛史。（舊五代史考異）下令告諭京城。二十八日，康義誠軍前兵士相繼來降，義誠詣軍門請罪，帝宥之。麾下諸軍畢至，誅宣徽南院使孟漢瓊於路左。是夜，閔帝與帳下親騎百餘出玄武門而去。

夏四月壬申，帝至蔣橋，文武百官立班奉迎，案通鑑：四月庚午朔，太后令內諸司至乾壕迎潞王。考異引廢帝實錄作三月三十日。（舊五代史考異）教旨以未拜梓宫，未可相見，俟會於至德宫，時六軍勳臣及節將內職已累表勸進。是日，帝入謁太后、太妃，至西宫，伏梓宫慟哭，宰相與百僚班見致拜，帝答拜。馮道等上牋勸進，馮道，原本作「焉道」，考契丹國志云：百官班見，潞王答拜，馮道等上牋勸進。知「焉」字係「馮」字之訛，今改正。（影庫本粘籤）帝立謂羣臣曰：「予之此行，事非獲已，當俟主上歸闕，園陵禮終，退守藩服。諸公言遽及此，信無謂也。」衞州刺史王弘贄奏，閔帝以前月二十九日至州。癸酉，皇太后下令降閔帝爲鄂王。案通鑑引閔帝實錄：七日〔四〕，廢帝爲鄂王。廢帝實錄作癸酉，薛、歐陽二史從廢帝實錄。（舊五代史考異）又太后令曰：「先皇帝誕膺天睠，光紹帝圖，明誠動於三靈，德澤被於四海，方期偃革，遽歎遺弓。自少主之承祧，爲奸臣之擅命，離間骨肉，猜忌磐維，既輒易於藩垣，復驟興於兵甲。遂致輕離社稷，大撓軍民，萬世鴻基，將墜於地。皇長子潞王從珂，位居冢嗣，德茂冲年，乃武乃文，惟忠惟孝。前朝廓清多難，有戰伐之大功；纘紹丕圖，有夾輔之盛業。今以宗祧乏祀，園寢有期，須委親賢，俾居監撫，免萬機之壅滯，慰兆庶之推崇。可起今月四日知軍國事，權以書詔印施行。」是日，監國在至德

宫，至德宫，原本作「直德」，今從通鑑改正。（影庫本粘籤）宰臣馮道等率百官班於宫門待罪，帝出於庭曰：「相公諸人何罪，請復位。」乃退。甲戌，太后令曰：「先皇帝櫛風沐雨，平定華夷，嗣洪業於艱難，致蒼生於富庶。鄂王嗣位，奸臣弄權，作福作威，不誠不信，離間骨肉，猜忌磐維。鄂王輕捨宗祧，不克負荷，洪基大寶，危若綴旒，須立長君，以紹丕搆。皇長子潞王從珂，日躋孝敬，天縱聰明，有神武之英姿，有寬仁之偉略。先朝經綸草昧，廓靜寰區，辛勤有百戰之勞，忠貞贊一統之運，臣誠子道，冠古超今。而又克己化民，推心撫士，率土之謳歌有屬，上蒼之睠命攸臨。一日萬機，不可以暫曠；九州四海，不可以無歸。況因山有期，同軌斯至，永言嗣守，屬任元良，宜卽皇帝位。」

乙亥，監國赴西宫，柩前告奠卽位。攝中書令李愚宣册書曰：

維應順元年歲次甲午，四月庚午朔，六日乙亥，文武百僚，特進、守司空兼門下侍郎、同中書門下平章事、充太微宫使、太微，原本作「大徵」，今從新唐書改正。（影庫本粘籤）弘文館大學士、上柱國、始平郡公、食邑二千五百戸臣馮道等九千五百九十三人上言：帝王興運，天地同符，河出圖而洛出書，雲從龍而風從虎。莫不恢張八表，覆育兆民，立大定之基，保無疆之祚。人謠再洽，天命顯歸，須登宸極之尊，以奉祖宗之祀。伏惟皇帝陛下，天資仁智，神助機權，奉莊宗於多難之時，從先帝於四征之際，凡當決勝，無不成

功。洎正皇綱，每嚴師律，爲國家之志大，守臣子之道全。自泣遺弓，常悲易月，欲期同軌，親赴因山。而自鄂王承祧，奸臣擅命，致神祇之乏饗，激朝野以歸心。使屈者伸，令否者泰，人情大順，天象至明。聚東井以呈祥，拱北辰而應運〔五〕。由是文武百辟，岳牧羣賢，至於比屋之倫，盡祝當陽之位。今則承太后慈旨，守先朝遠圖，撫四海九州，享千齡萬祀。臣等不勝大願，謹上寶册，稟太后令，奉皇帝踐祚。臣等誠慶誠忭，謹言。

帝就殿之東楹受羣臣稱賀。

先是，帝在鳳翔日，有瞽者張濛自言知術數，張濛，原本作「張濛」，考歐陽史及册府元龜並作「濛」，今改正。（影庫本粘籤）事太白山神，其神祠卽元魏時崔浩廟也。時之否泰，人之休咎，濛告於神，卽傳吉凶之言，帝親校房暠酷信之。一日，濛至府，聞帝語聲，駭然曰：「非人臣也。」暠詢其事，卽傳神語曰：「三珠併一珠，驢馬沒人驅，歲月甲庚午，中興戊己土。」暠請解釋，曰：「神言予不知也。」長興四年五月，府廨諸門無故自動，人頗駭異。遣暠問濛，濛曰〔六〕：「術署小異勿怪，不出三日，當有恩命。」是夜報至，封潞王。及帝移鎭河東，甚懼，問濛，濛曰：「王保無患。」王思同兵至，又詰之，濛曰：「王有天下，不能獨力，朝廷兵來迎王也。王若疑臣，臣唯一子，請王致之麾下，以質臣心。」帝乃以濛攝館驛巡官。至是，帝受册，册曰：「維

應順元年歲次甲午，四月庚午朔。」帝回視房暠曰：「張濛神言甲庚午，不亦異乎！」帝令暠共術士解三珠一珠事，言：「三珠，三帝也；驢馬沒人驅，失位也。」帝卽位之後，以濛爲將作少監同正，仍賜金紫以酬之。帝初封潞王，言事者云：「潞字一足已入洛矣。」案：原本作一足已入潞矣，今據册府元龜改正。又，帝在鳳翔日，有何叟者，年踰七十，暴卒，見陰官凭几告叟曰：「爲我言於潞王，來年三月當爲天子，二十三年。」叟既蘇，懼不敢言。逾月復卒，陰官見而叱之曰：「安得違吾旨，不達其事，再放汝還。」退見廊廡下簿書，以問主者，曰：「朝代將易，此卽昇降人爵之籍也。」及蘇，詣帝親校劉延朗告之。帝召而問之，叟曰：「請質之，此言無徵，戮之可也。」後人云：「二十三，蓋帝之小字也。」案：太平廣記引王氏見聞錄作馬步判官何某，卽位後，擢爲天興縣令。（孔本）又，石壕人胡杲通善天文，帝召問之，曰：「王貴不可言，若舉動，宜以乙未年。」及舉兵，又問之，杲通曰：「今歲蔀首，王者不宜建功立事，若俟來歲入朝，則福祚永遠矣。」其後皆驗。夫如是，則大寶之位，必有冥數，可輕道哉！

丙子，詔河南府率京城居民之財以助賞軍。丁丑，又詔預借居民五箇月房課，不問士庶，一概施行。帝素輕財好施，自岐下爲諸軍推戴，告軍士曰：「俟入洛，人賞百千。」至是，以府藏空匱，於是有配率之令，京城庶士自絕者相繼。己卯，衞州奏，此月九日鄂王薨。庚辰，以宰臣劉昫判三司。案夢溪筆談載：應順元年案檢一通，乃除宰相劉昫兼判三司堂檢，前有擬狀云：「具官劉昫，右，經國才高，正君志切，方屬體元之運，實資謀始之規。宜注宸衷，委司判計，漸期富庶，永贊聖明。臣等商量，望授依前中書侍郎、兼吏部尚書、同中書門下平章事，充集賢殿大學士，兼判三司，散官勳封如故，未審可否？如蒙允許，望付翰林降制處分，謹錄奏聞。」其後有制書曰：「宰臣劉昫，右，可兼判三司公事，宜令中書門下依此施行。付中書門下，准此。四月十日。」用御前新鑄之印，押檢二人，乃馮道、李愚也。案此條可考見五代時案檢之式，今附錄於此。（孔本）辛巳，邢州奏，磁州刺史宋令詢自經而卒。令詢，鄂王在藩時都押牙也，故至於是。甲申，案：下文有癸未，疑當作壬午。（舊五代史考異）帝以鄂王薨，行服於內園，羣臣奉慰。癸未，太后、太妃出宮中衣服器用以助賞軍。

乙酉，帝服袞冕御明堂殿，文武百僚朝服就位，宣制改應順元年爲清泰元年，大赦天下，常赦不原者咸赦除之。丁亥，以宣徽北院使郝瓊爲宣徽南院使，權判樞密院；以前三司使王玫爲宣徽北院使。以隨駕牙將宋審虔爲皇城使，劉延朗爲莊宅使。鳳翔節度判官韓昭裔爲左諫議大夫，充端明殿學士；觀察判官馬裔孫爲翰林學士；掌書記李專美爲樞密院直學士。戊子，侍衞親軍都指揮使康義誠伏誅。案五代春秋：乙酉，誅康義誠、朱弘昭、馮贇。然弘昭投井死，贇爲安從進所殺，俱在三月，未嘗與義誠同日伏誅也。歐陽史作戊子，殺康義誠及藥彥稠。通鑑作己丑，殺彥稠。（舊五代史考異）是日，詔曰：樞密使朱弘昭、馮贇、宣徽南院使孟漢瓊、西京留守王思同、前邠州節度使藥彥稠，共相朋煽，妄舉干戈，互興離間之謀，幾構傾亡之禍，宜行顯

戮，以快羣情，仍削奪官爵云。

庚寅，鳳翔奏，西川孟知祥僭稱大蜀，年號明德。有司上言：「皇帝以五月朔日御明堂殿受朝，三日夏至，祀皇地祇，前二日奏告獻祖室，不坐。比正旦多至，是日有祀事，則次日受朝。今祀在五鼓前，質明行禮畢，御殿在旦後，請比例行之。」詔曰：「日出御殿，舉祀事無妨，宜依常年例。」史館奏：「凡書詔及處分公事，臣下奏議，望令近臣錄付當館。」詔端明殿學士韓昭裔、樞密直學士李專美錄送。辛卯，以左諫議大夫盧損爲右散騎常侍。壬辰，詔賜禁軍及鳳翔城下歸明將校錢帛各有差。案通鑑云：禁軍在鳳翔歸命者，自楊思權、尹暉等各賜二馬一駝，錢七十緡，下至軍人錢二十緡，其在京者各十緡。（舊五代史考異）初，帝離岐下，諸軍皆望以不次之賞，及從至京師，不滿所望，相與謠曰：「去却生菩薩，扶起一條鐵。」其無厭如此。案：通鑑作除去菩薩，扶立生鐵。胡三省注云：閔帝小字菩薩。丙申，葬明宗皇帝於徽陵。丁酉，奉神主於太廟。戊戌，山陵使、司空兼門下侍郎、平章事馮道上表納政，不允。

五月庚子朔，御文明殿受朝賀。乙巳，以左龍武指揮使安審琦爲左右捧聖都指揮使，以右千牛上將軍苻彥饒爲左右嚴衞都指揮使。丙午，以端明殿學士韓昭裔爲樞密使；以莊宅使劉延朗爲樞密副使；以權知樞密事房暠爲宣徽北院使；以成德軍節度使、大同彰國振武威塞等軍蕃漢馬步都部署、檢校太尉、兼中書令、駙馬都尉石敬瑭爲北京留守、河東

節度使，加檢校太師、兼中書令，都部署如故。汴州節度使、檢校太師、兼侍中、駙馬都尉趙延壽進封魯國公。

戊申，中書門下奏，太常禮院狀，明宗以此月二十日祔廟，宰臣攝太尉行事。緣馮道在假，李愚十八日私忌，在致齋內，劉昫又奏判三司免祀事，案五代會要：清泰元年五月，宰臣劉昫奏：「中書以近敕祠祭行事官致齋內，唯祀事得行，其餘悉斷。又，宰臣行事致齋內，不押班，不赴內殿起居，不知印。臣緣判三司公事，其祀事、國忌、行香，伏乞特免。」從之。（舊五代史考異）詔禮官參酌。有司上言：「李愚私忌，在致齋內。諸私忌日，遇大朝會入閤宣召，皆赴朝參。今祔廟事大，忌日屬私，請比大朝會宣召例。」案：五代會要載此奏，下有「差李愚從事」五字，薛史刪去。從之。以陝府節度使康思立爲邢州節度使，以同州節度使安重霸爲西京留守，以羽林右第一軍都指揮使、春州刺史楊思權爲邠州節度使。己酉，左監門衞將軍孔知鄴、右驍衞將軍華光裔並勒停見任。時差知鄴應州告廟，稱疾辭命，改差光裔，復稱馬墜傷足，故俱罷之。

庚戌，以司空兼門下侍郎、平章事馮道爲檢校太尉、同平章事，充同州節度使；以天雄軍節度使范延光爲樞密使，封齊國公；鄆州節度使李從曮爲鳳翔節度使。辛亥，以嚴衞都指揮使尹暉爲齊州防禦使。甲寅，以侍衞馬軍都指揮、順化軍節度使安從進爲河陽節度使，典軍如故。太常卿盧文紀奏：「明宗一室，酌獻舞曲，請名雍熙之舞。」從之。丁巳，以皇

子銀青光祿大夫、檢校工部尚書重美爲檢校司徒、守左衞上將軍。自是，諸道節度使、刺史、文武臣僚，相繼加檢校官，或階爵封邑，以帝登位覃慶也。戊午，以隴州防禦使相里金爲陝州節度使。陝州，原本作「隰州」，今從通鑑及歐陽史改正。（影庫本粘籤）初，帝以檄書告藩隣，唯金遣判官薛文遇往來計事，故以節鎮獎之。宣徽北院使、檢校工部尚書房暠加檢校司空，行左威衞大將軍，使如故。以樞密使、左諫議大夫韓昭胤爲刑部尚書，使如故。

己未，太白晝見。以樞密副使劉延朗爲左領軍大將軍，職如故。庚申，左僕射、門下侍郎、平章事、監修國史李愚加特進，充太微宮使〔七〕、弘文館大學士，餘如故。中書侍郎、兼吏部尚書、同平章事、集賢院大學士、判三司劉昫加門下侍郎、兼吏部尚書、平章事、監修國史、判三司。癸亥，秦州奏，西川孟知祥出軍迫陷成州。以宣徽南院使、右驍衞大將軍郝瓊爲左驍衞上將軍，職如故。以前義州刺史張承祐爲武勝軍留後。戊辰，以前右龍武統軍王景戡爲右驍衞上將軍。

六月庚午朔，改侍衞捧聖軍爲彰聖，改嚴衞軍爲寧衞。壬申，封吳岳成德公爲靈應王，禮秩同五岳。帝初起，遣使祭岳以求祐，及登阼，故有是報。案五代會要載中書門下奏：天寶十載正月，封吳山成德公〔八〕，與沂山、會稽、醫巫閭同封。至德二載十二月，改吳山爲岳，祠享官屬一同五岳。今國家欲祈禱靈應，宜示殊禮，臣等商量，請加封爲靈應王。從之。（舊五代史考異）幽州節度使趙德鈞進封北平王，青

州節度使房知温進封東平王。癸酉，以前鄜州節度使索自通爲右龍武統軍。甲戌，皇子左衞上將軍重美加檢校太保、同平章事，充鎭州節度使兼河南尹，判六軍諸衞事。丁丑，詔天下見禁罪人，委所在長吏躬親慮問，疾速疏決。庚辰，幸至德宮，因幸房知温、安元信、范延光、索自通、李從敏第。壬午，以檢校太子太傅致仕王建立爲檢校太尉、兼侍中、鄆州節度使，以前宋州節度使安元信爲檢校太尉、兼侍中、潞州節度使。

癸未，三司使劉昫奏：「天下戶民，自天成二年括定秋夏田稅，迨今八年。近者相次有百姓詣闕訴田不均，累行蠲放，漸失稅額，望差朝臣一概檢視。」不報。甲申，帝爲故皇子亳州刺史重吉、皇長女尼惠明大師幼澄舉哀行服，羣臣詣閤門奉慰。帝起兵之始，重吉、幼澄俱爲閔帝所害。乙酉，以戶部侍郎韓彥惲爲絳州刺史，以左武衞上將軍李肅爲單州刺史。丙戌，襄州節度使趙在禮加同平章事。甲午，以武勝軍留後張承祐爲華州節度使〔九〕，以皇城使宋審虔爲壽州節度使，充侍衞步軍都指揮使；以右衞上將軍劉仲殷爲宋州節度使；以侍衞步軍都指揮使、壽州節度使皇甫遇爲鄧州節度使；以前華州節度使華温琪爲太子太傅致仕。丁酉，左神武統軍周知裕卒，贈太傅。

是月，京師大旱，熱甚，暍死者百餘人。

秋七月庚子，太子少保致仕崔沂卒。癸卯，鳳翔進僞蜀孟知祥來書，稱「大蜀皇帝獻書

于大唐皇帝」，且言「見迫羣情，以今年四月十二日即皇帝位」云，帝不答。以前武州刺史鄭琮爲右衞上將軍。甲辰，幸龍門佛寺禱雨。乙巳，皇子故亳州團練使重吉贈太尉，仍於宋州置廟。丁未，鳳翔節度使李從曮封西平王。是日，宰臣李愚、劉昫因論公事，於政事堂相詬，辭甚鄙惡，帝令樞密副使劉延朗宣諭曰：「卿等輔弼之臣，不宜如是，今後不得更然。」辛亥，以太常卿盧文紀爲中書侍郎、平章事。是日，中書門下三上章請立中宮，從之。丁巳，制立沛國夫人劉氏爲皇后。庚申，太子少傅陳皐卒。乙丑，史官張昭遠以所撰莊宗朝列傳三十卷上之。

八月庚午，詔蠲放長興四年十二月以前天下所欠殘稅。辛未，以前尚書左丞姚顗爲中書侍郎、平章事。詔應曾受御署官逐攝同一任正官，依期限赴選。案徐無黨五代史注云：御署官，疑是廢帝初舉兵時所置之官，以其非吏部正授，故須有旨方得選。荊南奏，僞蜀孟知祥卒，其子昶嗣僞位。壬申，以尚書禮部侍郎鄭韜光爲刑部侍郎，以前工部侍郎楊凝式爲禮部侍郎。甲戌，以前金州防禦使婁繼英爲右神武統軍，以右神武統軍高允貞爲左神武統軍。乙亥，以翰林學士承旨、工部尚書、知制誥李懌爲太常卿，以翰林學士、戶部侍郎、知制誥程遜爲學士承旨。甲申，以兵部侍郎龍敏爲吏部侍郎，以祕書監崔居儉爲工部尚書。乙酉，以右武衞上將軍張繼祚爲右衞上將軍；以右驍衞上將軍王景戡爲左衞上將軍；以右領衞上將軍劉衞爲左

武衛上將軍；以右千牛上將軍王晈爲右領軍上將軍。以司農卿兼通事舍人、判四方館事王景崇爲鴻臚卿，依前通事舍人、判四方館。丁亥，右龍武統軍索自通卒。辛卯，禮部尚書致仕李光憲卒。甲午，以太子少傅盧質爲太子少師。乙未，以前邢州節度使趙鳳爲太子太保。詔：「文武百官差使，宜令依倫次，中書置簿，不得重疊。若當使者自緣有事，或不欲行者，注簿便當一使。自長興三年正月後已曾奉使者，便爲簿首；已後差者，次第注之。」有司上言：「皇后受册，內外命婦上牋無答敎。」從之。丙申，御文明殿册皇后，命使攝太尉、宰臣盧文紀，使副攝司徒、右諫議大夫盧損詣皇后宮，行禮畢，恩賜有差。

九月己亥，以久雨，分命朝臣禜都城門〔一〇〕，告宗廟社稷。辛丑，夜有星如五斗器，西南流，尾迹長數丈，屈曲如龍形。又衆星亂流，不可勝數。京師大雨，雹如彈丸。曹州刺史藥縱之卒。甲辰，以霖霪甚，詔都下諸獄委御史臺憲錄問，諸州縣差判官令錄親自錄問，晝時疏理。「晝時」二字原本疑有舛誤，考五代會要亦作「晝」，今姑仍其舊。（影庫本粘籤）壬子，中書門下舉行長興三年敕，常年薦送舉人，州郡行鄉飲酒之時，帖太常草定儀注奏聞。甲寅，以前潞州節度使、檢校太尉、同平章事盧文進爲安州節度使。己未，雲州奏，契丹寇境。案遼史太宗紀：李從珂弒其主自立，人皇王倍自唐上書請討。八月，自將南伐，九月乙卯，次雲州。自太宗之伐唐，人皇王召之也。（舊五代史考異）

冬十月辛未，有雉金色，止於中書政事堂。中書門下奏：「請以正月二十三日皇帝誕慶日爲千春節。」從之。戊寅，宰臣李愚、劉昫罷相，以愚守左僕射，昫守右僕射。契丹寇雲、應州，詔河東節度使石敬瑭率兵屯代州。戊子，宰臣姚顗奏：「吏部三銓，近年併爲一司，望令依舊分銓。」從之。辛卯，以左衞上將軍李宏元卒廢朝，贈司徒。癸巳，以禮部郎中、知制誥呂琦守本官，充樞密院直學士。

十一月辛丑，以刑部侍郎鄭韜光爲尚書右丞，以光祿少卿烏昭遠爲少府監。秦州節度使張延朗奏，率師伐蜀。中書門下奏：「二十六日明宗忌，陛下初遇忌辰，不同常歲，請於忌辰前後各一日不坐朝。」從之。御史臺奏：「前任節度使、刺史、行軍副使，雖每日於便殿起居，每遇五日起居，亦合綴班。」從之。丙午，以前興州刺史馮暉配同州衙前安置。暉爲興州刺史，屯乾渠，蜀人來侵，暉自屯所奔歸鳳翔，故有是責。丁未，詔振武、新州、河東西北邊經契丹蹂踐處，放免三年兩稅差配，時契丹初退故也。癸丑，以前華州節度使王萬榮爲左驍衞上將軍致仕。甲寅，以振武節度使楊光遠充大同、彰國、振武、威塞等軍兵馬都虞候，以前右金吾大將軍穆延暉爲右武衞上將軍。壬戌，以禮部侍郎楊凝式爲戶部侍郎。甲子，以中書舍人盧導爲禮部侍郎。

十二月丁卯朔，詔修奉本朝諸帝陵寢。己巳，以北面馬軍都指揮使、易州刺史安叔千

爲安北都護、振武節度使，以齊州防禦使尹暉爲彰國軍節度使。庚午，詔葬庶人從榮。有司上言：「依貞觀中庶人承乾，以公禮葬。」從之。乙亥，以秦州節度使張延朗爲中書侍郎、同平章事、判三司，案五代會要：二年三月，宰臣張延朗奏：「臣判三司公事，每日內殿祗候，其合綴前班押班，伏乞特免。」從之。（舊五代史考異）以中書侍郎、平章事盧文紀爲門下侍郎、平章事、監修國史；以前邠州節度使康福爲秦州節度使。丙戌，夜有白氣，東西亙天。庚寅，幸龍門祈雪，自九月至是無雨雪故也。永樂大典卷一千七百七十四。

校勘記

〔一〕乙巳　原作「己巳」，按通鑑卷二五六，光啓元年爲乙巳年，據改。

〔二〕盂縣　原作「孟縣」，據劉本、歐陽史卷七廢帝紀、通鑑卷二七四改。

〔三〕十一月收城　殿本、劉本同。按本書卷四一明宗紀：四月「癸丑，索自通、藥彥稠等奏收復河中」。通鑑卷二七七：四月「辛亥，索自通等拔河中」。此云「十一月收城」，疑誤。

〔四〕七日　原作「七月」，據殿本考證、通鑑卷二七九改。

〔五〕北辰　原作「北宸」，據殿本改。

〔六〕濛曰　「濛」字原無，據殿本、册府卷二一補。

〔七〕太微宮　原作「太徽宮」，據殿本、劉本改。影庫本批校云：「太徽，應作『太微』。」

〔八〕吳山　原作「吳岳」，據殿本、會要卷一一改。

〔九〕張承祐　原作「張承遷」，據殿本、劉本改。

〔一〇〕分命朝臣禜都城門　「禜」原作「營」，據劉本改。

舊五代史卷四十七

唐書二十三

末帝紀中

清泰二年春正月丙申朔，帝御明堂殿受朝賀，仗衞如式。乙巳，中書門下奏：「遇千春節，凡刑獄公事奏覆，候次月施行。今後請重繫者即候次月，輕繫者即節前奏覆決遣。」從之。戊申，宗正寺奏：「北京、應州、曹州諸陵，望差本州府長官朝拜。案五代會要載宗正寺原奏云：北京永興、長寧、建極三陵，應州遂、衍、奕三陵，准曹州温陵例，下本州府官朝拜。是曹州先以府官朝拜，北京、應州後從其例也。薛史刪併原文，似未分晰。雍、坤、和、徽四陵，差太常宗正卿朝拜。」從之。己酉，北京奏，光祿卿致仕周元豹卒。庚申，鄴都進天王甲。帝在藩時，有相士言帝如毗沙天王，帝知之，竊喜。及即位，選軍士之魁偉者，被以天王甲，俾居宿衞〔一〕，因詔諸道造此甲而進之。三司奏，添徵蠶鹽錢及增麴價。先是麴斤八十文，增至一百五十文。乙丑，雲州節度使張

温移鎮晉州，以西京留守安重霸爲雲州節度使。

二月庚午，定州節度使、兗王從温移鎮兗州〔二〕；振武軍節度使楊檀移鎮定州，兼北面行營馬步都虞候。甲戌，以安州節度使李周爲京兆尹，充西京留守；以樞密使、天雄軍節度使范延光爲檢校太師、兼中書令，充汴州節度使；皇子鎮州節度使兼河南尹、判六軍諸衞事、左右街坊使重美加檢校太尉、同平章事，充天雄軍節度使，餘如故。辛巳，以右諫議大夫盧損爲御史中丞，以御史中丞張鵬爲刑部侍郎。壬午，寧遠軍節度使馬存加兼侍中，鎮南軍節度使馬希振加兼中書令。詔順義軍節度使姚彥璋加兼侍中。己丑，宰臣盧文紀等上皇妣魯國太夫人尊謚曰宣憲皇太后，請擇日册命。從之。

三月戊戌，故太子太保趙鳳贈太傅。辛丑，以前汴州節度使趙延壽爲許州節度使兼樞密使，以夏州行軍司馬李彝殷爲本州節度使，本州，原本闕「本」字，今從歐陽史增入。（影庫本粘籤）兄彝超卒故也。癸卯，以靜海軍節度使、檢校太師、兼中書令、安南都護錢元球爲留守太保〔三〕，餘如故。丙午，以給事中趙光輔爲右散騎常侍。戊申，皇妹魏國公主石氏封晉國長公主〔四〕，齊國公主趙氏封燕國長公主。己酉，有司上言：「宣憲皇后未及山陵，權於舊陵所建廟。」從之。辛亥，功德使奏：「每年誕節，諸州府奏薦僧道，其僧尼欲立講論科、講經科、表白科、文章應制科、持念科、禪科、聲贊科，道士欲立經法科、講論科、文章應制科、應制，原

本脫「制」字，今據册府元龜增入。（影庫本粘籤）表白科、聲贊科、焚修科，以試其能否。」從之。丙辰，以右龍武統軍李德琉爲涇州節度使。庚申，以鎮州節度使、知軍府事董温琪爲鎮州節度使、檢校太保。壬戌，以左右彰聖都指揮使、富州刺史安審琦領楚州順化軍節度使，軍職如故。審琦受閔帝命西征，至鳳翔而降，故有是命。

是月，太常丞史在德上疏言事，其略曰：「朝廷任人，率多濫進。稱武士者，不閑計策，雖被堅執鋭，戰則棄甲，窮則背軍。稱文士者，鮮有藝能，多無士行，問策謀則杜口，作文字則倩人。所謂虚設具員，枉耗國力。案：通鑑注引薛史作「枉費」，考册府元龜亦作「枉耗」，今仍其舊。（舊五代史考異）逢陛下惟新之運，是文明革弊之秋。臣請應內外所管軍人，凡勝衣甲者，請宣下本部大將一一考試武藝短長，權謀深淺。居下位有將才者便拔爲大將，居上位無將略者移之下軍。其東班臣僚，請內出策題，請內出策題，原本脫「請」字，今從通鑑注所引薛史增入。（影庫本粘籤）下中書令宰臣面試。如下位有大才者便拔居大位，處大位無大才者即移之下僚。」其疏大約如此。盧文紀等見其奏不悅，班行亦多憤悱，故諫官劉濤、楊昭儉等上疏，請出在德疏，辨可否宣行，中書覆奏亦駁其錯誤。帝召學士馬裔孫謂曰：「史在德語太凶，其實難容。朕初臨天下，須開言路，若朝士以言獲罪，誰敢言者！爾代朕作詔，勿加在德之罪。」詔曰：

左補闕劉濤等奏，太常丞史在德所上章疏，中書門下駁奏，未奉宣諭，乞特施行，

分明黜陟。

朕常覽貞觀故事，見太宗之治理，以貞觀昇平之運，太宗明聖之君，野無遺賢，朝無闕政，盡善盡美，無得而名。而陝縣丞皇甫德參輒上封章，恣行訕謗，人臣無禮，罪不容誅，賴文貞之彌縫，恕德參之狂瞽。魏徵奏太宗曰：「陛下思聞得失，只可恣其所陳，若所言不中，亦何損於國家。」朕每思之，誠要言也。遂得下情上達，德盛業隆，太宗之道彌光，文貞之節斯著。朕惟寡昧，獲奉宗祧，業業兢兢，懼不克荷，思欲率循古道，簡拔時材。懷忠抱直之人，虚心渴見；便佞詭隨之說，杜耳惡聞。史在德近所獻陳，誠無避忌，中書以文字紕繆，比類僭差，改易人名，觸犯廟諱，請歸憲法，以示戒懲。蓋以中書既委參詳，合盡事理，朕纘承前緒，誘勸將來。多言數窮，雖聖祖之所戒；千慮一得，冀愚者之可從。因覽文貞之言，遂寬在德之罪，已令停寢，不遣宣行。

劉濤等官列諫垣〔五〕，宜陳讜議，請定短長之理，以行黜陟之文。昔魏徵則請賞德參，今濤等請黜在德，事同言異，何相遠哉！將議允俞，恐虧開納。方朝廷粗理，俊乂畢臻，留一在德不足爲多，去一在德未足爲少，苟可懲勸，朕何憂焉！但緣情在傾輸，傾輸，原本作「頃輸」，據通鑑作「傾輸」。胡三省注云：謂傾其胸臆而輸忠于上也。今改正。（影庫本粘籤）理難

黜責，濤等數奏，朕亦優容，宜體含弘，勉思竭盡，凡百在下，悉聽朕言。」

夏四月辛巳，宰臣判三司張延朗奏：「州縣官徵科條格，其令錄在任徵科，依限了絕，一年加階，兩年與試銜，三年皆及限了絕，與服色。攝任者一年內了絕，仍攝〔六〕，二年三年內皆及限，與眞命。其主簿同縣令條。本判官一年加階，二年改試銜，三年轉官。本曹官省限內了絕，與試銜。諸節級三年內並了絕者，與賞錢三十貫。其責罰依天成四年五月五日敕施行。」從之。癸未，御史中丞盧損等進清泰元年以前十一年制敕，堪悠久施行者三百九十四道，編爲三十卷。其不中選者，各令所司封閉，不得行用。詔其新編敕如可施行，付御史臺頒行。以宰相盧文紀兼太微宮使，弘文館大學士姚顗加門下侍郎，監修國史張延朗兼集賢殿大學士。張延朗，原本作「正朗」，今據薛史列傳改正。（影庫本粘籤）以樞密使韓昭胤爲中書侍郎兼兵部尚書、平章事〔七〕。乙酉，以前武勝軍節度使張萬進爲鄜州節度使。辛卯，案歐陽史作夏五月辛卯，通鑑從薛史作四月。（舊五代史考異）以宣徽南院使劉延皓爲刑部尚書，充樞密使；以司天監耿瑗爲太府卿；以僞蜀右衛上將軍胡杲通爲司天監；以宣徽北院使房暠爲左衛上將軍，充宣徽南院使；以樞密副使劉延朗爲左領軍上將軍，充宣徽北院使兼樞密副使。

五月丙申，新州、振武奏，契丹寇境。乙巳，詔：「天下見禁囚徒，自五月十二日以前，除十惡五逆、放火燒舍、持仗殺人、官典犯贓、僞行印信、合造毒藥幷見欠省錢外，罪無輕重，

一切釋放。」

庚戌，詔不得貢奉裝龍鳳雕鏤刺作組織之物。庚戌，庚戌，與上文複見，疑是衍文，或有舛誤。今無別本可考，姑仍其舊，附識于此。（影庫本粘籤）中書奏：「準敕，凡廟諱但迴避正文，其偏旁文字不在減少點畫。今定州節度使楊檀、檀州、金壇等名，酌情制宜，並請改之。其表章文案偏旁字闕點畫，凡臣僚名涉偏旁，亦請改名。」詔曰：「偏旁文字，音韻懸殊，止避正呼，不宜全改。楊檀賜名光遠，餘依舊。」甲寅，以戶部侍郎楊凝式爲祕書監，以尚書禮部侍郎盧導爲尚書右丞，以尚書右丞鄭韜光爲尚書左丞。丙辰，以端明殿學士李專美爲兵部侍郎〔八〕，以端明殿學士李崧爲戶部侍郎，以翰林學士馬裔孫爲禮部侍郎，以禮部郎中、充樞密院直學士呂琦爲給事中，並充職如故。太子少保致仕任圜贈尚書右僕射，以順化軍節度使兼彰聖都指揮使、北面行營排陣使安審琦爲邢州節度使。邢州，原本作「鄧州」，今從歐陽史改正。（影庫本粘籤）庚申，以兵部尚書李鏻爲太常卿，以禮部尚書王權爲戶部尚書，以太常卿李懌爲禮部尚書。癸亥，以六軍諸衞判官、給事中張允爲右散騎常侍。

六月甲子朔，新州上言，契丹入寇。乙丑，有司上言，宣憲皇太后陵請以順爲名〔九〕，從之。振武奏，契丹二萬騎在黑榆林。丁卯，以太子少保致仕朱漢賓卒廢朝。壬申，命史官修撰明宗實錄。契丹寇應州。以新州節度使楊漢賓爲同州節度使，以前晉州節度使翟璋爲新州節度使。庚辰，北面招討使趙德鈞奏，行營馬步軍都虞候、定州節度使楊光遠，行營排陣使、邢州節度使安審琦帥本軍至易州，見進軍追襲契丹次。河東節度使石敬瑭奏，邊軍乏芻糧，其安重榮巡邊兵士欲移振武就糧。從之。尋又奏，懷、孟租稅，懷、孟，原本作「環孟」，今從冊府元龜改正。（影庫本粘籤）請指揮於忻、代州輸納。朝廷以邊儲不給，詔河東戶民積粟處，量事抄借，仍於鎮州支絹五萬匹，送河東充博采之直。是月，北面轉運副使劉福配鎮州百姓車子一千五百乘，運糧至代州。時水旱民飢，河北諸州困於飛輓，逃潰者甚衆，軍前使者繼至，督促糧運，由是生靈咨怨。辛巳，詔諸州府署醫博士。丙戌，以前許州節度使李從昶爲右龍武統軍，以前彰國軍節度使沙彥珣爲右神武統軍。

秋七月丙申，石敬瑭奏，斬挾馬都指揮使李暉等三十六人，以謀亂故也。時敬瑭以兵屯忻州，一日，軍士喧譟，遽呼萬歲，乃斬暉等以止之。案契丹國志：契丹屢攻北邊，時石敬瑭將大兵屯忻州，潞王遣使賜軍士夏衣，傳詔撫諭，軍士呼萬歲者數四。敬瑭懼，幕僚段希堯請誅其倡者，敬瑭命劉知遠斬三十六人以狥。潞王聞，益疑之。（舊五代史考異）御史中丞盧損奏：「準天成二年七月敕，每月首、十五日入閤，罷五日起居。臣以爲中旬排仗，有勞聖躬，請只以月首入閤，五日起居依舊。又準天成三年五月、長興二年七月敕，許諸州節度使帶使相歲薦僚屬五人，餘薦三人，防禦、團練使薦二人，今乞行釐革。又長興二年八月敕，州縣佐官差充馬步判官，仍同一任，乞行止絕，依舊銜前選補。」詔曰：「今後藩臣帶使相許薦三人，餘薦二人，直屬京防禦、團練使薦一人，

餘並從之。」丁酉，迴紇可汗仁美遣使貢方物。西京弓弩指揮使任漢權奏，六月二十一日與川軍戰於金州之漢陰，王師不利，其部下兵士除傷痍外，已至鳳翔。先是，盩厔鎮將劉饗引軍入川界，爲蜀將全師郁所敗，金州都監崔處訥重傷，諸州屯兵潰散。金州防禦使馬全節收合州兵，金州，原本作「全川」，今從歐陽史改正。（影庫本粘籤）固守獲全。以樞密使劉延皓爲天雄軍節度使。甲辰，以右神武統軍沙彥珣權知雲州。乙巳，以徐州節度使張敬達充北面行營副總管。時契丹入邊，石敬瑭屢請益兵，朝廷軍士多在北鄙，俄聞忻州諸軍呼譟，帝不悅，乃命敬達爲北軍之副，以減敬瑭之權也。丁巳，宰臣盧文紀等上疏，其略曰：

臣近蒙召對，面奉天旨：「凡軍國庶事，利害可否，卿等合盡言者。」臣等謬處台衡，奉行制敕，但緣事理，互有區分，軍戎不在於職司，錢穀非關於局分，苟陳異見，即類侵官。況才不濟時，識非經遠，因五日起居之例，於兩班旅見之時，略獲對敭，兼承顧問，衞士周環於階陛，庶臣羅列於殿庭，四面聚觀，十手所指，臣等苟欲各伸愚短，此時安敢敷陳。韓非昔懼於說難，孟子亦憂於言責。臣竊奉本朝政事，肅宗初平寇難，再復寰瀛，頗經涉於艱難，尤勤勞於委任。每正衙奏事，則泛咨訪於羣臣；及便殿詢謀，則獨對敭於四輔。自上元年後，於長安東內置延英殿，宰臣如有奏議，聖旨或有特宜，或有特宜，原本作「或特有宜」，今據冊府元龜改正。（影庫本粘籤）皆於前一日上聞。對御之時，祇奉

冕旒，旁無侍衞。獻可替否，得曲盡於討論；捨短從長，故無虞於漏洩。君臣之際，情理坦然。伏望聖慈，俯循故事，或有事關軍國，謀繫否臧，未果決於聖懷，要詢訪於臣輩，則請依延英故事，前一日傳宣。或臣等有所聽聞，切關利害，難形文字，須面敷敭，臣等亦依故事，前一日請開延英。當君臣奏議之時，祇請機要臣僚侍立左右。兼乞稍霽威嚴，恕臣荒拙，雖乏鷹鸇之効，庶盡葵藿之心。」

詔曰：「卿等濟代英才，鎮時碩德，或締搆於興王之日，或經綸於纘聖之時，鹽梅之任俱崇，藥石之言並切，請復延英之制，以伸議政之規。而況列聖遺芳，皇朝盛事，載詳徵引，良切歎嘉。恭惟五日起居，先皇垂範，俟百僚之俱退，召四輔以獨昇，接以溫顏，詢其理道，計此時作事之意，亦昔日延英之流。延英，原本脫「英」字，今從冊府元龜增入。（影庫本粘籤）朕叨獲嗣承，切思遵守，將成其美，不爽兼行。其五日起居，仍令仍舊，尋常公事，亦可便舉奏聞。或事屬機宜，理當祕密，量事緊慢，不限隔日，及當日便可於閤門祗候，具牓子奏聞。請面敷敭，卽當盡屏侍臣，端居便殿，佇聞高議，以慰虛懷。朕或要見卿時，亦令當時宣召，但能務致理之實，何必拘延英之名。有事足可以討論，有言足可以陳述，陳述，原本作「陳迹」，今據冊府元龜改正。（影庫本粘籤）宜以沃心爲務，勿以逆耳爲虞。勉罄謀猷，以裨寡昧。」帝性仁恕，聽納不倦，嘗因朝會謂盧文紀等曰：「朕在藩時，人說唐代爲人主端拱而天下治，蓋以外恃將校，內倚

謀臣，故端拱而事辦。朕荷先朝鴻業，卿等先朝舊臣，每一相見，除承奉外，略無社稷大計一言相救，坐視朕之寡昧，其如宗社何！」文紀等引咎致謝，因奏延英故事，故有是詔。

八月庚午，滑州節度使高允韜卒。壬申，以右衞上將軍王景戡爲左衞上將軍，以右神武統軍婁繼英爲右衞上將軍。己卯，以西上閤門使、行少府少監兼通事舍人蘇繼顏爲司農卿，職如故。辛巳，以權知雲州、右神武統軍沙彥珣爲雲州節度使。鄴都殺人賊陳延嗣并母、妹、妻等並棄市。延嗣父子相承，與其妹、妻於諸州郡誘人殺之，而奪其財，前後被殺者數百人，至是事泄而誅之。癸未，以前潞州行軍司馬陳元爲將作監，以元善醫，故有是命。丁亥，以洺州團練使李彥舜爲義武軍節度使、檢校太傅。太原奏，達靼部族於靈邱安置。己丑，以太子少保致仕戴思遠卒廢朝。庚寅，以前兗州節度使楊漢章爲左神武統軍，以前邢州節度使康思立爲右神武統軍。潞州奏，前雲州節度使安重霸卒。

九月己亥，以河陽節度使、侍衞馬軍都指揮使安從進爲襄州節度使，以襄州節度使趙在禮爲宋州節度使。癸卯，以忠正軍節度使、侍衞步軍都指揮使宋審虔爲河陽節度使，案：原本脫「虔」字，今據通鑑增入。（舊五代史考異）典軍如故。己酉，禮部貢院奏：「進士請夜試，童子依舊表薦，重置明算道舉。舉人落第後，別取文解。五科試紙，不用中書印，用本司印。」並從之。以宣徽南院使房暠爲刑部尚書，充樞密使；案：歐陽史作刑部尚書房暠爲樞密使。據薛史，暠由宣徽南院使遷授，非先爲刑部尚書也。（舊五代史考異）以宣徽北院使、充樞密副使劉延朗爲宣徽南院使，充樞密副使。丙辰，以左僕射李愚卒廢朝。

冬十月丁卯，幸崇道宮、甘泉亭。己巳，以左衞上將軍李頃爲左領軍上將軍。北面行營總管石敬瑭奏自代州歸鎮。庚午，以晉州節度使張溫卒廢朝。甲戌，幸趙延壽、張延朗第。丁丑，以端明殿學士、兵部侍郎李專美爲祕書監，充宣徽北院使。庚寅，以左諫議大夫唐汭爲左散騎常侍。

十一月庚子，以左驍衞上將軍郝瓊爲左金吾上將軍，以光祿卿王玫爲太子賓客。以涂州節度使張敬達爲晉州節度使，依前充大同、振武、威塞、彰國等軍兵馬副總管。丁未，以祕書少監丁濟爲太子詹事。乙卯，以前金州防禦使馬全節爲滄州留後。案通鑑：劉延朗欲除全節絳州刺史〔一〇〕，羣議沸騰。帝聞之，以爲橫海留後。（舊五代史考異）渤海國遣使朝貢。案：歐陽史渤海遣使者來繫於九月之後，據薛史則事在十一月，非九月也。（舊五代史考異）案：歐陽史作九月乙卯，渤海遣使者來。五代會要作十二月，渤海遣使列周卿等入朝貢方物。俱與是書作十一月異。（殿本）

十二月戊辰，禁用鉛錢。壬申〔一一〕，以中書侍郎兼兵部尚書、充樞密使韓昭裔爲檢校司空、同平章事，充河中節度使。甲戌，以宗正少卿李延祚爲將作監致仕。丁丑，故武安軍州節度使、累贈太傅劉建峯贈太尉，劉建峯，原本作「逑崇」，今從新唐書改正。（影庫本粘籤）從湖南之請

也。戊寅，太常奏：「來年正月一日上辛，祀昊天上帝於圜丘，依禮大祠不朝。」詔曰：「祀事在質明前，儀仗在日出後，事不相妨，宜依常年受朝。」壬午，以翰林學士承旨、戶部侍郎程遜爲兵部侍郎，翰林學士、工部侍郎崔梲爲戶部侍郎，案：原本訛「崔稽」，今據歐陽史改正。（舊五代史考異）翰林學士、中書舍人和凝爲工部侍郎，並依前充職。乙酉，以前祕書監楊凝式爲兵部侍郎。己丑，以前同州節度使馬道爲司空，以尚書右僕射劉昫爲左僕射，以太子少師盧質爲右僕射〔一二〕，以兵部侍郎馬縞兼國子祭酒。永樂大典卷七千一百七十四。

校勘記

〔一〕俾居宿衞　「衞」原作「位」，據殿本、劉本改。

〔二〕兗王從溫　「兗」字原無，據劉本、本書卷四八末帝紀補。

〔三〕錢元球　「球」原作「錄」，據殿本、本書卷三三莊宗紀、卷三七明宗紀改。

〔四〕魏國公主　「公主」原作「夫人」，據本書卷四四明宗紀、會要卷二改。

〔五〕劉濤　原作「劉清」，據殿本、彭本、本卷上下文改。

〔六〕攝任者一年內了絕仍攝　「仍」原作「及」，據冊府卷六三三、卷六三六改。

〔七〕以樞密使韓昭裔爲中書侍郎兼兵部尚書平章事　「平章事」下原有「充樞密使」四字，據殿本

刪。影庫本批校云：「充樞密使，四字疑衍，以韓昭裔本樞密使也，今刪。」

〔八〕李尋美 「尋」原作「潯」，據殿本、劉本改。

〔九〕宣憲皇太后陵請以順爲名 「順」下原有「從」字，據冊府卷三一刪。

〔一〇〕劉延朗欲除全節絳州刺史 「除」原作「誅」，據殿本、劉本、通鑑卷二七九改。

〔一一〕壬申 原作「壬辰」，據殿本、劉本改。影庫本粘籤云：「壬辰，以前後干支推之，當作壬申。」按二十史朔閏表，清泰二年十二月壬戌朔，無壬辰，在戊辰初七日和甲戌十三日間，當是壬申十一日。

〔一二〕以太子少師盧質爲右僕射 「右」原作「左」，據殿本、本書卷九三盧質傳改。

舊五代史卷四十八

唐書二十四

末帝紀下

清泰三年春正月辛卯朔，帝御文明殿受朝賀，仗衞如式。乙未，百濟遣使獻方物。戊戌，幸龍門佛寺祈雪。癸卯，以給事中、充樞密院直學士呂琦爲端明殿學士，以六軍諸衞判官、尚書工部郎中薛文遇爲樞密院直學士。乙巳，以上元夜京城張燈，帝微行，置酒於趙延壽之第。丁未，皇子河南尹、判六軍諸衞事重美封雍王。雍王，原本作「壅王」，今從歐陽史改正。（影庫本粘籤）己未，以前司農卿王彥鎔爲太僕卿。

二月戊辰，吐渾寧朔、奉化兩府留後李可久加檢校司徒〔一〕。可久本姓白氏，前朝賜姓。庚午，監修國史姚顗，史官張昭遠、李祥、吳承範等修撰明宗實錄三十卷上之。案五代會要：同修撰官中書舍人張昭遠、李祥，直館左拾遺吳承範，右拾遺楊昭儉等各頒賚有差。（舊五代史考異）以大理卿

竇維爲光祿卿，以前許州節度判官張登爲大理卿。丁丑，以太常卿李鏻爲兵部尚書，以兵部尚書梁文矩爲太常卿。庚辰，以前鄜州節度使皇甫立爲潞州節度使。辛巳，以前均州刺史仇暉爲左威衞上將軍，保順軍節度使鮑君福加檢校太尉、保順，原本作「任順」；君福，原本作「居福」。今俱從十國春秋改正。（影庫本粘籤）同平章事。丁亥，以昭義節度使安元信卒廢朝。

三月庚子〔二〕，中書門下奏：「準閤門分析內外官辭見謝規例：諸州判官、軍將進奉到闕，舊例門見門辭；今後只令朝見，依舊門辭。新除諸道判官、書記以下無例中謝，並放謝放辭，得替到京無例見；今後兩使判官許中謝，赴任卽門辭，其書記以下並依舊例。朝臣文五品、武四品以上舊例中謝，其以下無例對謝；今請依天成四年正月敕，凡升朝官並許中謝。諸道都押衙、馬步都指揮、虞候、鎭將、諸色場院，無例謝辭，並進牓子放謝放辭，得替到闕，無例入見。在京鹽麴稅官、兩官巡卽許中謝〔三〕，新除令、錄並中謝，次日門辭，兼有口敕誡勵。文武兩班所差弔祭使及告廟祠祭，只正衙辭，不赴內殿。諸道進奏官到闕，見，得假，進牓子門辭〔四〕。」從之。辛丑，權知福建節度使王昶奏，節度使王延鈞以去年十月十四日卒。是時延鈞父子雖僭竊於閩嶺，猶稱藩於朝廷，故有是奏。甲辰，以右神武統軍楊漢章爲彰武軍節度使。丙午，以翰林學士、禮部侍郎馬裔孫爲中書侍郎、同平章事。丁巳，以端明殿學士呂琦爲御史中丞。案通鑑：呂琦與李崧建和親契丹之策，爲薛文遇所沮，改爲御史中丞，蓋

陳之也。（舊五代史考異）戊午，御史中丞盧損責授右贊善大夫，知雜侍御史韋棁責授太僕寺丞，侍御史魏遜責授太府寺主簿，侍御史王岳責授司農寺主簿。初，延州保安鎮將白文審聞兵興岐下，專殺郡人趙思謙等十餘人，已伏其罪，復下臺追繫推鞫，未竟。會去年五月十二日德音，除十惡五逆、放火殺人外並放。盧損輕易即破械釋文審，帝大怒，收文審誅之。臺司稱奉德音釋放，不得追領祗證。中書詰云，德音言「不在追窮枝蔓」，無「不得追領祗證」六字，擅改敕語。大理斷以失出罪人論，故有是命。

夏四月己未朔，以左衞上將軍王景戡爲左神武統軍，以右領軍上將軍李頃爲華清宮使。領軍，原本作「衞軍」，今從薛史列傳改正。（影庫本粘籤）戊辰，以太子詹事盧演爲工部尚書致仕。辛未，以中書舍人、史館修撰張昭遠爲禮部侍郎，以前滄州節度使李金全爲右領軍上將軍。是月，有熊入京城搏人。

五月辛卯，以河東節度使、兼大同彰國振武威塞等軍蕃漢馬步總管、檢校太師、兼中書令、駙馬都尉石敬瑭爲鄆州節度使，進封趙國公。案：歐陽史廢帝紀于五月以前即書石敬瑭反，與晉本紀自相矛盾。據薛史，五月辛卯始移敬瑭于鄆州，戊戌始閧拒命也。五代春秋、通鑑俱與薛史同。（舊五代史考異）以河陽節度使、充侍衞馬步軍都指揮使宋審虔爲河東節度使。甲午，以前晉州節度使、大同彰國振武威塞等軍蕃漢副總管張敬達充西北面蕃漢馬步都部署，落副總管。乙未，詔：「諸

州兩使判官、畿赤令有闕，取省郎、遺補、丞博、少列宮僚，選擇擢任。」案：以上疑有脫誤。以忠正軍節度使、侍衞步軍都指揮使張彥琪爲河陽節度使，充侍衞馬軍都指揮使；以彰聖都指揮使、饒州刺史符彥饒爲忠正軍節度使，充侍衞步軍都指揮使。丙申，以雍王重美與汴州節度使范延光結婚，詔兗王從温主之。丁酉，以國子祭酒馬縞卒廢朝。

戊戌，昭義奏，昭義，原本作「達義」，今從通鑑增入。（影庫本粘籤）河東節度使石敬瑭叛。案：通鑑作昭義節度使皇甫立奏，石敬瑭叛。（舊五代史考異）以鴻臚卿兼通事舍人、判四方館王景崇爲衞尉卿，充引進使。壬寅，削奪石敬瑭官爵，便令張敬達進軍攻討。乙卯〔五〕，以晉州節度使張敬達爲太原四面兵馬都部署，尋改爲招討使；案通鑑：乙巳，以張敬達兼太原四面排陣使。丙午，以爲太原四面都部署。丁未，又知太原行府事，不言其爲招討使。歐陽史又作都招討使，與薛史微異。（舊五代史考異）以河陽節度使、侍衞馬軍都指揮使張彥琪爲太原四面馬步軍都指揮使；以邢州節度使安審琦爲太原四面馬軍都指揮使；以陝州節度使相里金爲太原四面步軍都指揮使；以右監門上將軍武廷翰爲壕寨使。丙辰〔六〕，以定州節度使楊光遠爲太原四面兵馬副部署、兼馬步都虞候，尋改爲太原四面副招討使，都虞候如故。以前彰武軍節度使高行周爲太原四面招撫兼排陣使。初，帝疑河東有異志，與近臣語及其事，帝曰：「石郎與朕近親，在不疑之地，流言毀譽，朕心自明，萬一失歡，如何和解？」左右皆不對。翌日，欲移石敬瑭於鄆州，房暠等堅

言不可，司天監趙延義亦言星辰失度，尤宜安靜，由是稍緩其事。會薛文遇獨宿於禁中，帝召之，諭以太原之事。文遇奏曰：「臣聞作舍於道，三年不成，國家利害，斷自宸旨。以臣料之，石敬瑭除亦叛，不除亦叛，不如先事圖之。」帝喜曰：「聞卿此言，豁吾憤氣。」先是，有人言國家明年合得一賢佐主謀，平定天下，帝意亦疑賢佐者屬在文遇，即令手書除目，子夜下學士院草制。翌日，宣制之際，兩班失色。居六七日，敬瑭上章云：「明宗社稷，陛下纂承，未契輿情，宜推令辟。許王先朝血緒，養德皇闈，儻循當璧之言，免負閱牆之議。」帝覽奏不悅，手攘抵地，召馬裔孫草詔報曰：「父有社稷，傳之於子；君有禍難，倚之於親。卿於鄂王，故非疎遠。往歲衞州之事，天下皆知；今朝許王之言，人誰肯信！英賢立事，安肯如斯」云。

戊申，張敬達奏，西北面先鋒都指揮使安審信率雄義左第二指揮二百二十七騎，并部下共五百騎，剽劫百井，叛入太原。又奏，大軍已至太原城下。詔安審信及雄義兵士妻男並處斬，家產沒官。先是，雄義都在代州屯戍〔七〕，其指揮使安元信謀殺代州刺史張朗，事洩，戍兵自潰，奔安審信軍，審信與之入太原。太常奏，於河南府東權立宣憲太后寢宮，宣憲，原本作「令憲」，今據五代會要改正。（影庫本粘籤）從之。己酉，振武節度使安叔千奏，西北界巡檢使安重榮驅掠戍兵五百騎叛入太原。以新授河東節度使宋審虔爲宣州節度使，充侍衞馬軍都指揮使。壬子，鄴都屯駐捧聖都虞候張令昭逐節度使劉延皓，據城叛。翌日，令昭召

副使邊仁嗣已下逼令奏請節旄。

六月辛酉，天雄軍節度使劉延皓削奪官爵，勒歸私第。癸亥，以天雄軍守禦、右捧聖第二軍都虞候張令昭爲檢校司空，行右千牛將軍、權知天雄軍府事。丙寅，御敷政殿，遣工部尚書崔居儉奉宣憲皇太后寶册於寢宮。時陵園在河東，適會兵興，故權於京城修奉寢宮上謚焉。己巳，以西上閤門副使、少府監兼通事舍人劉頎爲鴻臚卿，職如故。庚午，詔曰：「時雨稍愆，頗傷農稼，分命朝臣祈禱。」辛未，工部尚書致仕許寂卒。以權知魏府事、右千牛將軍張令昭爲齊州防禦使，以捧聖右第三指揮使邢立爲德州刺史，以捧聖第五指揮使康福進爲鄭州刺史。案：康福進，疑當作康福。據册府元龜引薛史亦作康福進，今姑存其舊。（舊五代史考異）甲戌，以汴州節度使范延光爲天雄軍四面招討使，知行府事。丙子，以西京留守李周爲天雄軍四面副招討使兼兵馬都監。詔河東將佐節度判官趙瑩以下十四人並籍沒家產。

秋七月戊子，范延光奏，領軍至鄴都攻城。己丑，誅右衞上將軍石重英、皇城副使石重裔，皆敬瑭之子也。案：重英，通鑑作重殷，又通鑑考異引廢帝實錄作姪男尚食使重乂、供奉官重英。並與薛史不同。（舊五代史考異）時重英等匿於民家井中，獲而誅之，并族所匿之家。奚首領達剌干遣通事介老奏〔八〕，奚王李素姑謀叛入契丹，已處斬訖，達剌千權知本部落事。辛卯，沂州奏，誅都指揮使石敬德，并族其家，敬瑭之弟也。乙未，以前彰武軍節度使高行周爲潞州節度使，充

太原四面招撫排陣使；招撫排陣，原本脫「招」字，今據通鑑增入。（影庫本粘籤）以潞州節度使皇甫立爲華州節度使。丁酉，雲州節度使沙彥珣奏，此月二日夜，步軍指揮使桑遷作亂，以兵圍子城，彥珣突圍出城，就西山據雷公口。三日，招集兵士入城誅亂軍，軍城如故。辛丑，以將作監丞、介國公宇文頡爲汝州襄城令。乙巳，以衞尉卿聶延祚爲太子賓客。戊申，范延光奏，此月二十一日收復鄴都，羣臣稱賀。己酉，以禮部侍郎張昭遠爲御史中丞；以御史中丞呂琦爲禮部侍郎，充端明殿學士。庚戌，中書奏：「劉延皓賓佐等，帥臣既已削奪，其行軍司馬李延筠、副使邊仁嗣以下，望命放歸田里。」望命，原本作「望名」，今從册府元龜改正。（影庫本粘籤）奏入，帝大怒，詔大理曰：「帥臣失守，已行削奪，其僚佐合當何罪？」既而竟依中書所奏。壬子，詔范延光誅張令昭部下五指揮及忠銳、忠肅兩指揮。繼范延光奏，追兵遣襲張令昭部下敗兵至邢州沙河，斬首三百級，并獻張令昭、邢立、李貴等首級。又奏，獲張令昭同惡捧聖指揮使米全以下諸指揮使都頭凡十三人，并磔於府門。癸丑，左衞上將軍仇暉卒。洺州奏擒獲魏府作亂捧聖指揮使馬彥柔以下五十八人。邢、磁州相次擒獲亂兵，並送京師。彰聖指揮使張萬迪以部下五百騎叛入太原，詔誅家屬於懷州本營。

八月戊午，契丹遣使梅里入朝〔九〕。己未，以汴州節度使范延光爲天雄軍節度使、守太傅、兼中書令，以西京留守李周爲汴州節度使、檢校太尉、同平章事。癸亥，應州奏，契丹

三千騎迫城。詔端明殿學士呂琦往河東忻、代諸屯戍所犒軍。以左龍武大將軍袁義爲右監門上將軍，以振武軍節度使安叔千充代北兵馬都部署。己巳，雲州沙彥珣奏，供奉官李讓勳送夏衣到州，縱酒凌轢軍都行，拗殺兵馬都監張思愍、都指揮使黨行進，其李讓勳已處斬訖。張敬達奏，造五龍橋攻太原城次。戊寅，以鎮州節度使董溫琪充東北面副招討使。己卯，洺州獻野繭二十斤。辛巳，張敬達奏，賊城內出騎軍三十隊、步卒三千人衝長連城，高行周襲殺入壕，溺死者大半，擒賊將安小喜以下百餘人，甲馬一百八十匹。

九月甲辰，張敬達奏，此月十五日，與契丹戰於太原城下，案：張敬達與契丹戰于太原，薛史晉紀作辛丑，舊辛丑日戰，越四日甲辰乃奏到也。通鑑亦作辛丑，遼史作庚午，與薛史異。歐陽史作甲辰，戰于太原，殊誤。（舊五代史考異）王師敗績。時契丹主自率部族來援太原〔一〇〕，高行周、符彥卿率左右廂騎軍出鬭，蕃軍引退。巳時後，蕃軍復成列，張敬達、楊光遠、安審琦等陣於賊城西北，倚山橫陣，諸將奮擊，蕃軍屢却。至晡，我騎軍將移陣，蕃軍如山而進，王師大敗，投兵仗相藉而死者山積。是夕，收合餘衆，保於晉祠南晉安寨，晉祠，原本作「普祠」，今從遼史改正。（影庫本粘籤）蕃軍塹而圍之，自是音聞阻絕。朝廷大恐。案遼史太宗紀云：己亥，次太原。庚子，遣使諭敬瑭曰：「朕興師遠來，當即與卿破賊。」會唐將高行周、符彥卿以兵來拒，遂勒兵陣於太原，及戰，佯爲之却。唐將張敬達、楊光遠又陣于西，未成列，以兵薄之，而行周、彥卿爲伏兵所斷，首尾不相救。敬達、光遠大敗，棄仗如山，斬首數萬，敬達走保晉安寨。與薛史大略相同。高模翰傳云：九月，徵兵出太原，模翰與敬達軍接戰，敗之，太原圍解。翌日復戰，又敗之，張敬達鼠竄晉安寨。通鑑及契丹國志皆不言翌日復戰。遼史紀傳互異，疑傳文誤也。（孔本）是日，遣使侍衞步軍都指揮使符彥饒率兵屯河陽，詔范延光率兵由青山路趨榆次，案：遼史避太宗諱作范延廣。（舊五代史考異）以援張敬達〔一一〕。以詔幽州趙德鈞由飛狐路出敵軍後，耀州防禦使潘環合防戍軍出慈、隰以援張敬達〔一二〕。以前絳州刺史韓彥惲爲太子賓客。契丹主移帳於柳林。乙巳，詔取二十二日幸北面軍前。戊申，帝發京師，路經徽陵，帝親行謁奠。夕次河陽，召羣臣議進取，盧文紀勸帝駐河橋。庚戌，樞密使趙延壽先赴潞州。辛亥，幸懷州。召吏部侍郎龍敏訪以機事，敏勸帝立東丹王贊華爲契丹主，以兵援送入蕃，則契丹主有後顧之患，不能久駐漢地矣。帝深以爲然，竟不行其謀。案遼史義宗傳云：倍雖在異國，常思其親，問安之使不絕。後明宗養子從珂弒其君自立，倍密報太宗曰：「從珂弒君，盍討之！」是東丹王實啓兵端，唐君臣或知其陰謀，故龍敏之說不行。（舊五代史考異）帝自是酣飲悲歌，形神慘沮。臣下勸其親征，則曰：「卿輩勿說石郎，使我心膽墮地。」其怯懦也如此。

冬十月丁巳夜，彗星出虛危，長尺餘。壬戌，詔天下括馬，又詔民十戶出兵一人，器甲自備。案契丹國志云：唐發民爲兵，每七戶出征夫一人，自備鎧仗，謂之「義軍」，凡得馬二千餘匹，征夫五千人，民間大擾。與薛史互有詳略，今附錄于此。戊辰，代州刺史張朗超授檢校太保，以其屢殺敵衆，故以是命獎之〔一三〕。癸酉，幽州趙德鈞以本軍二千騎與鎮州董溫琪由吳兒谷趨潞州〔一三〕。

十一月戊子，以趙德鈞爲諸道行營都統，以趙延壽爲河東道南面行營招討使，以劉延朗副之。庚寅，以范延光爲河東道東南面行營招討使，以李周副之。帝以呂琦嘗佐幽州幕，乃命齎都統官告以賜德鈞，兼犒軍士。琦至，從容宣帝委任之意，德鈞曰：「既以兵相委，焉敢惜死！」德鈞志在併范延光軍，奏請與延光會合。帝以詔諭延光，延光不從。丁酉，延州上言，節度使楊漢章爲部衆所殺，以前坊州刺史劉景巖爲延州留後〔一四〕。庚子，趙德鈞奏，大軍至團柏谷，前鋒殺蕃軍五百騎。范延光奏，軍至榆次，蕃軍退入河東川界。潘環奏，隰州逐退蕃軍。壬寅，趙德鈞奏，軍出谷口，蕃軍漸退，契丹主見駐柳林砦。案遼史：初圍晉安，分遣精兵守其要害，以絕援兵之路。而李從珂遣趙延壽以兵二萬屯團柏谷，范延廣以兵二萬屯遼州，幽州趙德鈞以所部兵萬餘由上黨趨延壽軍，合勢進擊。知此有備，皆逗遛不進。通鑑云：契丹主雖軍柳林，其輜重老弱皆在虎北口，每日冥，結束以備倉卒遁逃。所敍契丹軍勢，彼此互異。（孔本）時德鈞累奏乞授延壽鎮州節制，帝怒曰：「德鈞父子堅要鎮州，苟能逐退蕃戎，要代予位，亦甘心矣。若翫寇要君，但恐犬兔俱斃。」德鈞聞之不悅。

閏月丙辰，日南至，羣臣稱賀於行宮，帝曰：「晉安寨內將士，應思家國矣。」因泣下久之。丁巳，以嵩嵐軍爲勝州。辛酉，以右龍武統軍李從昶爲左龍武統軍，以前邠州節度使楊思權爲右龍武統軍。壬戌，丹州刺史康承詢停任，配流鄧州。時承詢奉詔率義軍赴延州，義軍亂，承詢奔鄜州，故有是責。甲子，太原行營副招討使楊光遠殺招討使張敬達於晉

二十四史

中華書局

安寨，以兵降契丹。案：歐陽史、通鑑俱作閏十一月甲子，五代春秋作十一月，誤。（舊五代史考異）時契丹圍寨，自十一月以後芻糧乏絕，軍士毁居屋茅、淘馬糞、削松梯以供秣飼，松梯，原本作「松肺」，今據歐陽史改正。（影庫本粘籤）馬尾鬣相食俱盡。楊光遠謂敬達曰：「少時人馬俱盡，不如奮命血戰，十得三四，猶勝坐受其弊。」敬達曰：「更少待之。」一日，光遠伺敬達無備，遂殺之，與諸將同降契丹。時馬猶有五千匹，戎王並以漢軍與石敬瑭，其馬及甲仗即齎驅出塞。案遼史云：所降軍士及馬五千匹以賜晉帝。與薛史異。通鑑從薛史。（舊五代史考異）丁卯，戎王立石敬瑭爲大晉皇帝，約爲父子之國，改元爲天福。案：歐陽史作十一月丁酉，契丹立晉。通鑑考異引廢帝實錄作閏月丁卯，薛史蓋據實錄也。通鑑從歐陽史。（舊五代史考異）案：契丹立晉，是書晉高祖紀作十一月丁酉，此紀作閏月丁卯，前後互異。據通鑑考異引廢帝實錄亦作閏月丁卯，蓋契丹立晉在十一月丁酉，唐人至閏十一月丁卯始奏聞也。實錄誤以奏聞之日爲立晉之日，是書唐紀亦仍其誤。（殿本）戎王與晉高祖南行，趙德鈞父子與諸將自團柏谷南奔，王師爲蕃騎所蹙，投戈棄甲，自相騰踐，擠於巖谷者不可勝紀。案通鑑：丁卯，至團柏，與唐兵戰，趙德鈞、趙延壽先遁，符彥饒、張彥琦、劉延朗、劉在明繼之。蓋繫日以薛史爲據。遼史作庚申，聞德鈞等援兵將遁，詔夜發兵追擊。與薛史異。（孔本）己巳，帝聞晉安寨爲敵所陷，詔移幸河陽，時議以魏府軍尚全，戎王必憚山東，未敢南下，車駕可幸鄴城。帝以李崧與范延光相善，召入謀之。薛文遇不知而繼至，帝變色，崧躡文遇足，乃出。帝曰：「我見此物肉顫，適擬抽刀刺之。」崧曰：「文遇小人，

致誤大事，刺之益醜。」益醜，原本作「益魏」，今從通鑑改正。（影庫本粘籤）崧因請帝歸京。壬申，車駕至河陽。甲戌，晉高祖與戎王至潞州，戎王遣蕃將大相温率五千騎送晉高祖南行〔一五〕。丁丑，車駕至自河陽。時左右勸帝固守河陽。居數日，符彥饒、張彥琪至，奏帝不可城守。是日晚，至東上門，小黃門鳴鞘於路，索然無聲。己卯，帝遣馬軍都指揮使宋審虔率千餘騎至白馬坡，案胡三省注通鑑云：白司馬阪在洛陽北，史遺「司」字。（孔本）言踏陣地，時諸將謂審虔曰：「何地不堪交戰，誰人肯立於此？」審虔乃請帝還宮。庚辰，晉高祖至河陽。辛巳辰時，帝舉族與皇太后曹氏自燔於玄武樓。晉高祖入洛，得帝燼骨於火中，來年三月，詔葬於徽陵之封中。帝在位共二年，年五十三〔一六〕。永樂大典卷七千一百七十四。五代史闕文：晉高祖引契丹圍晉安寨，降楊光遠。清泰帝至自覃懷，京師父老迎帝於上東門外，帝垂泣不止。父老奏曰：「臣等伏聞前唐時中國有難，帝王多幸蜀以圖進取。陛下何不且入西川？」帝曰：「本朝兩川節度使皆用文臣，所以玄宗、僖宗避寇幸蜀。今孟氏已稱尊矣，吾何歸乎！」因慟哭入內，舉族自焚。

史臣曰：末帝負神武之才，有人君之量。由尋戈而踐阼，慚德應深；及當宁以居尊，政經未失。屬天命不祐，人謀匪臧，坐俟焚如，良可悲矣！稽夫衽金甲於河壖之際，斧眺樓於梁壘之時，出沒如神，何其勇也！及乎駐革輅於覃懷之日，絕羽書於汾晉之辰，涕淚霑襟，

何其怯也！是知時之來也，雖虎可以生風；運之去也，應龍不免爲醢。則項籍悲歌於帳下，信不虛矣。永樂大典卷七千一百七十四。

校勘記

〔一〕吐渾寧朔奉化兩府　「奉化」二字原無，據冊府卷九七六、會要卷二八補。

〔二〕三月庚子　「月」原作「日」，據殿本改。

〔三〕兩官巡　殿本、劉本同。冊府卷一〇八作「兩軍巡」，會要卷六作「兩軍巡使」。

〔四〕諸道進奏官到闕見得假進牓子門辭　殿本、劉本同。冊府卷一〇八作「諸道差進奏官到闕，得見以後，請假得替，進牓子，放門辭。」會要卷六同。

〔五〕乙卯　殿本、劉本同。通鑑卷二八〇作乙巳。據二十史朔閏表，清泰三年五月己丑朔，乙巳爲十七日，乙卯爲二十七日。

〔六〕丙辰　殿本、劉本同。通鑑卷二八〇作丙午。據二十史朔閏表，清泰三年五月己丑朔，丙午爲十八日，丙辰爲二十八日。

〔七〕代州　原作「伏州」，據劉本、通鑑卷二八〇改。下句同。

〔八〕達剌干　殿本作達喇罕。殿本考證云：「達喇罕舊作達剌干，今改。」

〔九〕梅里　原作「美稜」，注云：「舊作『梅里』，今改正。」殿本作「摩哩」。按此係輯錄舊五代史時據遼史索倫國語解所改，今恢復原文。

〔一〇〕契丹主　「主」原作「王」，據殿本、劉本、冊府卷九八七、通鑑卷二八〇改。下同。

〔一一〕耀州防禦使潘環合防戍軍出慈隰以援張敬達　「耀州」原作「輝州」，據冊府卷九八七、通鑑卷二八〇改。按本書卷九四潘環傳亦云：「清泰中，移耀州。」「慈」原作「磁」，明本冊府卷九八七同，據殘宋本冊府、通鑑卷二八〇改。按本書卷一五〇郡縣志，慈州、隰州屬河東道，磁州屬河北道。此次戰役在河東道。

〔一二〕戊辰代州刺史張朗超授檢校太保以其屢殺敵衆故以是命獎之　二十六字原無，盧本同，據殿本、劉本補。

〔一三〕二千騎　盧本同，殿本、劉本、通鑑卷二八〇作「三千騎」。

〔一四〕劉景巖　「巖」原作「嚴」，據通鑑卷二八〇、冊府卷一七九、本書卷七六晉高祖紀及卷一〇一漢隱帝紀改。

〔一五〕大相温　原作「大詳袞」，注云：「舊作『相温』，今改正。」殿本考證云：「舊作『大相温』，今改正。」按此係輯錄舊五代史時據遼史索倫國語解所改，今恢復原文。

〔一六〕年五十三　劉本同，殿本作年「五十二」，歐陽史卷七廢帝紀、通鑑卷二八〇均作「年五十一」。

舊五代史

宋　薛居正等撰

第三册

卷四九至卷七四（唐書）

中華書局

舊五代史卷四十九

唐書二十五

后妃列傳第一

武皇帝貞簡皇后曹氏，莊宗之母也。太原人，以良家子嬪於武皇。姿質閑麗，性謙退而明辨，雅爲秦國夫人所重。常從容謂武皇曰：「妾觀曹姬非常婦人，王其厚待之。」武皇多內寵，乾寧初，平燕薊，得李匡儔妻張氏，案：原本避宋諱作李儔，今據新唐書藩鎭傳增入。（舊五代史考異）姿色絕代，嬖幸無雙。時姬侍盈室，罕得進御，唯太后恩顧不衰。武皇性嚴急，左右有過，必峻於譴罰，無敢言者，唯太后從容救諫，卽爲解顏。及莊宗載誕，體貌奇傑，武皇異而憐之，太后益寵貴，諸夫人咸出其下，后亦恭勤內助，左右稱之。

武皇薨，莊宗嗣晉王位，時李克寧、李存顥謀變，人情危懼。太后召監軍張承業，指莊宗謂之曰：「先人把臂授公此兒，如聞外謀，欲孤付託，公等但置予母子有地，毋令乞食于

汴，幸矣。」承業因誅存顥、克寧，以淸內難。莊宗善音律，喜伶人諢浪，太后嘗提耳誨之。天祐七年，鎭、定求援，莊宗促命治兵，太后曰：「予齒漸衰，兒但不墜先人之業爲幸矣，何事櫛風沐雨，離我晨昏！」莊宗曰：「稟先王遺旨，須滅仇讎。山東之事，機不可失。」及發，太后餞于汾橋，案：原本作「渭橋」，今據通鑑注改正。（舊五代史考異）悲不自勝。莊宗平定趙、魏，駐于鄴城，每一歲之內，馳駕歸寧者數四，民士服其仁孝。

太后初封晉國夫人，莊宗卽位，命宰臣盧損奉册書上皇太后尊號。其年平定河南，西幸洛陽，令皇弟存渥、皇子繼岌就太原迎奉。莊宗親至懷州，迎歸長壽宮。太后素與劉太妃善，分訣之後，悒然不樂。俄聞太妃寢疾，倘醫中使，問訊結轍。既而謂莊宗曰：「吾與太妃恩如伯仲，彼經年抱疾，但見吾面，差足慰心，吾暫至晉陽，旬朔與之俱來。」莊宗曰：「時方暑毒，山路崎嶇，無煩往復，可令存渥輩迎侍太妃。」乃止。及凶問至，太后慟哭累旬，由是不豫，尋崩于長壽宮。同光三年冬十月，上謚曰貞簡皇太后，葬于壽安陵。永樂大典卷一萬九千三百四。

太妃劉氏，武皇之正室也。永樂大典卷一千二百六十六。案：劉太妃傳，永樂大典闕全篇。考北夢瑣言云：晉王李克用妻劉夫人，常隨軍行，至于軍機，多所弘益。先是，汴州上源驛有變，晉王憤恨，欲回軍攻之。夫人

中華書局

曰：「公爲國討賊，而以杯酒私忿，必若攻城，即曲在於我。不如回師，自有朝廷可以論列。」於是班退。天復中，周德威爲汴軍所敗，三軍潰散，汴軍乘我，晉王危懼，與李存信議，欲出保雲州。夫人曰：「存信本北方牧羊兒也，焉顧成敗！王常笑王行瑜棄城失勢，被人屠割，今復欲效之，何也？王頃歲避難塞外，幾遭陷害，賴遇朝廷多事，方得復歸。今一旦出城，便有不測之變，焉能遠及！」晉王止行。居數日，亡散之士復集，軍城安定，夫人之力也。五代會要云：同光元年四月，册爲皇太妃。歐陽史云：莊宗即位，册尊曹氏爲皇太后，而以嫡母劉氏爲皇太妃。太妃往謝太后，太后有慚色。太妃曰：「願吾兒享國無窮，使吾獲沒于地以從先君幸矣，復何言哉！」莊宗滅梁入洛，使人迎太后歸洛，居長壽宮，而太妃獨留晉陽。同光三年五月，太妃薨。

魏國夫人陳氏，襄州人，本昭宗之宮嬪也。乾寧二年，武皇奉詔討王行瑜，駐軍于渭北，昭宗降朱書御札，朱書御札，原本作「宋書御禮」，今據通鑑所引薛史改正。（影庫本粘籤）出陳氏及內妓四人以賜武皇。陳氏素知書，有才貌，武皇深加寵重。及光化之後，時事多艱，武皇常獨居深念，嬪媵鮮得侍謁，唯陳氏得召見。陳氏性既靜退，不以寵侍自侈，武皇常呼爲阿婿。及武皇大漸之際，陳氏侍醫藥，垂泣言：「妾爲王執掃除之役，十有四年矣，王萬一不幸，妾將何託！既不能以身爲殉，願落髮爲尼，爲王讀一藏佛經，以報平昔。」武皇爲之流涕。及武皇薨，陳氏果落髮持經，法名智願。後居於洛陽佛寺，莊宗賜號建法大師。天成中，明宗幸

其院，改賜圓惠大師。晉天福中，卒於太原。追謚光國大師，塔以惠寂爲名也。永樂大典卷二千九百六十九。

莊宗神閔敬皇后劉氏。永樂大典卷一萬三千三百五十二。案：劉后傳，永樂大典原闕。考北夢瑣言云：莊宗劉皇后，魏州成安人，家世寒微。太祖攻魏州，取成安，得后，時年五六歲。歸晉陽宮，爲太后侍者，教吹笙。及笄，姿色絕衆，聲伎亦所長。太后賜莊宗，爲韓國夫人侍者。後誕皇子繼岌，寵待日隆。他日，成安人劉叟詣鄴宮見上，稱夫人之父。有內臣劉建豐認之，即昔日黃鬚丈人，后之父也。劉氏方與嫡夫人爭寵，皆以門族誇尚，劉氏恥爲寒家，白莊宗曰：「妾去鄉之時，妾父死於亂兵，是時環屍而哭。妾固無父，是何田舍翁詐僞及此！」乃於宮門笞之，其實后即叟之長女也。莊宗好俳優，宮中暇日，自負蓍囊藥篋，令繼岌相隨，以后父劉叟以醫卜爲業也。后方晝眠，及造其臥內，自稱劉衙推訪女，后大恚，笞繼岌。然爲太后不禮，復以韓夫人居正，無以發明。大臣希旨請册劉氏爲皇后，議者以后出於寒賤，好興利聚財，初在鄴都，令人設法稗販，所鬻樵蘇果茹亦以皇后爲名。正位之後，凡貢奉先入後宮，惟寫佛經施尼師，他無所賜。闕下諸軍困乏，以至妻子饑殍，宰相請出內庫俵給，后將出粧具銀盆兩口、皇子滿喜等三人，令鬻以贍軍。一旦作亂，亡國滅族，與夫褒姒、妲己無異也。先是，莊宗自爲俳優，名曰李天下，雜於塗粉優雜之間〔一〕，時爲諸優扑抶摑搭，竟爲嚚婦恩倫之傾玷，有國者得不以爲前鑒！劉后以囊盛金合犀帶四，欲於太原造寺爲尼，沿路復通皇弟存渥，同竇而寢，明宗聞其穢，即令自殺。案：歐陽史作稗將袁建豐得后，納之晉宮，而北夢瑣言作內臣劉建豐，亦傳聞之異

辭也。

淑妃韓氏，莊宗正室。永樂大典卷一千二百六十六。案：韓淑妃傳，永樂大典原闕。考五代會要云：同光二年十二月册，以宰臣豆盧革、韋說爲册使，出應天門，登路車，鹵簿鼓吹前導，至于永福門降車，入右銀臺門，至淑妃宮，受册于內，文武百官立班稱賀。

德妃伊氏，莊宗次室。永樂大典卷一千二百六十六。案：伊德妃傳，永樂大典原闕。考北夢瑣言云：莊宗皇帝嫡夫人韓氏，後爲淑妃，伊氏爲德妃。契丹入中原，石氏乞降，宰相馮道奉尊册，契丹主大張宴席，其國母后妃列坐同宴，王嬙、蔡姬之比也。夫人夏氏，最承恩寵，後嫁李贊華，所謂東丹王，即阿保機長子，先歸朝，後除滑州節度使。性酷毒，侍婢微過，即以刀刲火灼。夏氏少長宮掖，不忍其凶，求離婚，歸河陽節度使夏魯奇家，後爲尼也。案歐陽史家人傳：夏氏在天成初，以先朝宮人出歸夏魯奇家，後賜李贊華。與北夢瑣言微異。遼史又以夏氏爲莊宗皇后，疑誤〔二〕。又案五代會要：莊宗朝內職，又有昭儀侯氏封汧國夫人，昭媛白氏封沂國夫人，出使美宣鄧氏封魏國夫人，御正楚眞張氏封涼國夫人，司簿德美周氏封宋國夫人，侍眞吳氏封延陵郡夫人，懿才王氏封太原郡夫人，咸一韓氏封昌黎郡夫人，瑤芳張氏封淸河郡夫人，懿德王氏封瑯琊郡夫人，宣一馬氏封扶風郡夫人，並同光二年十一月勑。

明宗昭懿皇后夏氏，生秦王從榮及閔帝。同光初，后以疾崩。明宗即位，追封爲晉國夫人。長興中，明宗以秦、宋二王位望既隆，因思從貴之義，乃下制曰：「故晉國夫人夏氏，素推仁德，久睦宗親，嘗施內助之方，不見中興之盛。予當御極，子並爲王，有鵲巢之高，無翬衣之貴，貞魂永逝，懿範常存。考本朝之文，沿追册之制，將慰懷於九族，冀叶慶於四星。宜追册爲皇后，兼定懿號。」既而有司上謚曰昭懿。永樂大典卷一萬三千五百五十二。

和武顯皇后曹氏。永樂大典卷一萬三千五百五十五。案：曹后傳，永樂大典原闕。考五代會要云：天成三年正月，册爲淑妃，長興元年五月十四日，册爲皇后〔三〕，應順元年閏正月，册爲皇太后〔四〕。至淸泰三年閏十一月，隨末帝崩于後樓，晉高祖使人護葬。至天福五年正月二十八日，追册曰和武顯皇后。

宣憲皇后魏氏。永樂大典卷一萬三千五百五十五。案通鑑考異引唐廢帝實錄云：宣憲皇后魏氏，鎭州平山人。中和末，明宗徇地山東，留戍平山，得魏后。又云：明宗爲裨將，性闊達，不能治生，曹后亦疏于畫略，生計所資，惟宣憲而已。五代會要云：初封魯國太夫人，淸泰二年二月，中書門下奏：「臣聞漢昭帝承祚御曆，奉尊謚于雲陽；魏明帝纘體守文，思外家于甄館。而皆追崇徽號〔五〕，祔饗廟庭，克隆敬本之文，式叶愛親之道。臣等又覽國史，竊見玄宗皇帝母曰昭成皇后竇氏，代宗皇帝母曰章敬太后吳氏，始嬪朱邸，俄閟玄宮，鴻圖既屬于明君，尊號咸追于聖母。伏以魯國

夫人發祥沙麓，貽慶河洲。三后最賢，周母允成于天統；四妃有子，唐后先啓于帝基〔六〕。仰惟當宁之情，彌軫寒泉之思，久虛殷薦，慮損皇猷。臣等謹上尊謚曰宣憲皇太后，請依昭成皇太后故事，擇日備禮册命。又，臣等伏聞先太后舊陵未祔先祠〔七〕，則都下難崇別廟，旣追尊謚，合創閟宮。按漢朝故事，園寢不在王畿，或就陵所便立寢祠。今商量上謚後，權立同廟，以申告獻，配祠之禮，請俟他年。」從之。據歐陽史云：議建陵寢，而太原石敬瑭反，乃于京師河南府東立寢宮。　又案：五代會要所載明宗時內職，德妃王氏，天成三年正月册立，長興二年四月進號淑妃，應順元年閏正月十三日册爲太妃〔八〕，至周廣順元年四月追謚賢妃。昭儀王氏封齊國夫人，昭容葛氏封周國夫人，昭媛劉氏封趙國夫人、孫氏封楚國夫人，御正張氏封曹國夫人，司贊郭氏封魏國夫人，司贊于氏封鄭國夫人，尙服王氏封衞國夫人，司記崔氏封蔡國夫人，司膳翟氏封滕國夫人，司醞吳氏封莒國夫人，婕妤高氏封渤海郡夫人，美人沈氏封太原郡夫人，順御朱氏封吳郡夫人，司飾聊氏封潁川郡夫人，司衣劉氏封彭城郡夫人，司藥孟氏封咸陽郡夫人，梳篦張氏封清河郡夫人，司服王氏封太原郡夫人，櫛篦傅氏封潁川郡夫人，知客張氏賜號尙書，故江氏追封齊陽郡夫人。以上皆長興三年九月勅。其名號皆中書門下按六典內職仿而行之。內人李氏封隴西縣君，崔氏封清河縣君，李氏封成紀縣君，田氏封咸陽縣君，白氏封南陽縣君，並長興四年二月勅。前代內職，皆無封君之體，此一時之制。

閔帝哀皇后孔氏。永樂大典卷一萬三千五百五十五。　案：孔后傳，永樂大典原闕。據通鑑云：孔循陰遣人結王德妃，求納其女，德妃請娶循女爲從厚妃，帝許之。庚寅，皇子從厚納孔循女爲妃。五代會要云：初封魯國夫

唐書二十五　后妃列傳第一　六七七

人，應順元年四月，爲末帝所害。晉天福五年正月二十八日，追謚爲哀皇后。

舊五代史卷四十九　六七八

末帝劉皇后，應州人也。天成中，封爲沛國夫人。淸泰初，百官三上表請立中宮，遂立爲皇后。后性強戾，末帝甚憚之，故其弟延皓，自鳳翔牙校環歲之間歷樞密使，出爲鄴都留守，皆由后內政之力也。及延皓爲張令昭所逐，張令昭，原本脫「張」字，今據通鑑增入。（影庫本粘籤）執政請行朝典，后力制之，止從罷免而已。晉高祖入洛，后與末帝俱就燔焉。永樂大典卷一萬九千三百四。

史臣曰：昔三代之興亡，雖由於帝王，亦繫於妃后。故夏之興也以塗山，及其亡也以妺嬉；商之興也以簡狄，及其亡也以妲己；周之興也以文母，及其亡也以褒姒。觀夫貞簡之爲人也，雖未偕於前代，亦無虧於懿範。而劉后以牝雞之晨，皇業斯墜，則與夫三代之興亡同矣。餘無進賢輔佐之德，又何足以道哉！永樂大典卷一萬九千三百四。　案：五代史無外戚傳。據五代會要，武皇長女瓊華長公主，降孟知祥，同光三年十二月封〔九〕。第二女瑤英長公主，降張延釗，同光三年十二月封〔一〇〕。明宗長女永寧公主，降晉高祖。第十三女興平公主，降趙延壽，天成三年四月封，至長興四年九月改封齊國公主，至淸泰二年三月進封燕國長公主〔一一〕。第十四女壽安公主，長興四年六月封。第十五女永樂公主，長興四年六月封。今考會要所載，亦多舛互。如瓊華公主，十國春秋諸書作太祖弟克讓之女，會要以爲武皇長女，此傳聞之異辭也。莊宗女義寧公主，降宋廷浩。廷浩仕至房州刺史，晉初爲汜水關使，張從賓之叛，戰死。見東都事略及宋史。又，王禹偁小畜集有宋渥神道碑云：母義寧公主，天福中，晉祖以嘗事莊宗，有舊君之禮，每貴主入見，聽其不拜。時兵戎方熾，經費不充，惟公主之家，賜予甚厚，盡而復取，亦無倦色。一日，晉祖從容謂貴主曰：「朕于主家無所愛惜，但朝廷多事，府庫甚虛，主所知矣。今輦轂之下，桂玉爲憂，可命渥分司西京，以豐就養。」因厚遺之，且勅留使具晨昏伏臘之用，至于醯醢，率有備焉。會要不載莊宗女，是其闕略也〔一二〕。歐陽史云：延壽所尙公主已死，耶律德光乃爲延壽娶從益妹，是爲永安公主。薛史趙延壽傳亦言其娶明宗小女爲繼室，而五代會要不載，疑有闕文。

校勘記

〔一〕優雜　殿本、劉本同。影庫本粘籤云：「優雜，疑當作『優劇』，考北夢瑣言諸刻本俱作『雜』字，今姑仍其舊。」

〔二〕遼史又以夏氏爲莊宗皇后疑誤　十三字原無，據殿本補。

〔三〕五月　原作「正月」，據會要卷一改。

〔四〕閏正月　「閏」字原無，據會要卷一補。

〔五〕追崇徽號　「崇」原作「從」，據會要卷一改。

唐書二十五　校勘記　六七九

〔六〕唐后　原作「唐宮」，據會要卷一改。

〔七〕未祔　原作「永祔」，據會要卷一改。

〔八〕閏正月　「閏」字原無，據會要卷一、通鑑卷二七八補。

〔九〕三年　原作「二年」，據會要卷二改。

〔一〇〕十二月　原作「二月」，據會要卷二改。

〔一一〕二年三月　原作「三年二月」，據會要卷二改。

〔一二〕今考會要所載……是其闕略也　二百四十字原無，據舊五代史考異補。殿本、劉本文略異。

舊五代史卷四十九　六八〇

舊五代史卷五十

唐書二十六

宗室列傳第二

克讓，武皇之仲弟也。少善騎射，以勇悍聞。咸通中，從討龐勛，以功爲振武都校。乾符中，王仙芝陷荊、襄，朝廷徵兵，克讓率師奉詔，賊平，以功授金吾將軍，留宿衞。初，懿祖歸朝，憲宗賜宅於親仁坊，自長慶以來，相次一人典衞兵。武皇之起雲中，殺段文楚，朝議罪之，命加兵于我，懼，將逃歸，天子詔巡使王處存夜圍親仁坊捕克讓。詰旦兵合，克讓與紀綱何相溫〔一〕、安文寬、石的歷十餘騎彎弧躍馬，突圍而出，官軍數千人追之，比至渭橋，案：歐陽史作滑橋，疑傳刻之訛。據通鑑考異引薛史亦作渭橋，今仍其舊。（舊五代史考異）死者數百。克讓自夏陽掠船而濟，歸於鴈門。明年，武皇昭雪，克讓復入宿衞。黃巢犯闕，僖宗幸蜀，克讓時守潼關，爲賊所敗，案：僖宗幸蜀以前，武皇未嘗昭雪，克讓無由復入宿衞，出守潼關。通鑑考異嘗

辨其誤。今考新唐書黃巢傳，巢攻潼關，齊克讓以其軍戰關外，時士飢甚，潛燒克讓營，克讓走入關。疑當時因齊克讓之名與李克讓同，遂致傳聞輾轉失實耳。歐陽史祇據薛史原文，不爲辨正，今無可復考，姑附識于此。以部下六七騎伏於南山佛寺，夜爲山僧所害。

克讓既死，紀綱渾進通冒刃獲免，歸於黃巢。中和二年冬，武皇入關討賊，屯沙苑。黃巢遣使米重威齎賂修好，因送渾進通至，兼擒送害克讓僧十人。武皇燔僞詔，還其使，盡誅諸僧，爲克讓發哀行服，悲慟久之。永樂大典卷一萬三百八十八。

克修，字崇遠，武皇從父弟也。案歐陽史家人傳云：太祖四弟，曰克讓、克修、克恭、克寧，皆不知其父母名號。據薛史，則克修父名德成，未嘗無名號也。父德成，初爲天寧軍使，從獻祖討龐勛，以功授朔州刺史。克修少便弓馬，從父征討，所至立功。武皇節制鴈門，以克修爲奉誠軍使，從入關爲前鋒，破黃揆於華陰，敗尚讓於梁田坡，蹙黃巢於光順門，每戰皆捷，勇懾諸軍。賊平，以功檢校刑部尚書、左營軍使。其年十月，潞州牙將安居受來乞師，請復昭義軍，武皇遣大將賀公雅、李筠、安金俊等以兵從。安金俊，原本作「全俊」，今據通鑑改正。（影庫本粘籤）與孟方立戰於銅鞮，不利，武皇乃令克修將兵繼進。是月，平潞州，斬其刺史李殷銳，乃表克修爲昭義節度使。案新唐書僖宗紀：中和三年十月，李克用陷潞州，刺史李殷銳死之。與薛史李克修傳同。薛史武皇紀又作十一月平潞州，紀、傳自相矛盾。通鑑從克修傳作十月，歐陽史從武皇紀作十一月。

光啓二年九月，克修出師山東，收復邢、洺。十一月，拔故鎭。孟方立遣將呂臻來援，戰於焦崗，大敗之，擒呂臻，俘斬萬計，進拔武安、臨洺諸屬縣，乘勝進圍邢州。方立求援於鎭州，王鎔出師三萬援之，克修軍退。及李罕之來歸，武皇授以澤州刺史，與克修合勢進攻河陽，連歲出師，以苦懷、孟。文德元年十月〔二〕，孟方立遣將奚忠信將兵三萬襲我遼州，奚忠信，原本作「思信」，今從通鑑改正。（影庫本粘籤）克修設伏於遼之東山，大敗賊軍，擒忠信以獻。龍紀元年，武皇大舉以伐邢、洺，及班師，因撫封於上黨。克修性儉嗇，不事華靡，供帳饔膳，品數簡陋。武皇怒其非薄，笞而詬之，克修慚憤發疾，明年三月，卒於潞之府第，時年三十一。莊宗即位，追贈太師。

克修子二人，長曰嗣弼，次曰嗣肱。嗣弼初授澤州刺史，歷昭義、橫海節度副使，改海州刺史。天祐十九年，案：歐陽史作十一年。（舊五代史考異）契丹犯燕、趙，陷涿郡，案遼史太祖紀：十二月癸亥，圍涿州，有白兔緣壘而上，是日破其郛。嗣弼舉家被俘，遷于幕庭。永樂大典卷一萬三百八十八。

嗣肱，少有膽略，屢立戰功。夾城之役，從周德威爲前鋒。時兄嗣弼爲昭義副使，與嗣昭守城，兄弟內外奮戰，忠力威壯，感動三軍。潞圍既解，以功授檢校左僕射，入爲三城巡

檢，知衙內事。天祐七年，周德威援靈、夏，党項阻道，音驛不通。嗣肱奉命自麟州渡河，應接德威，與党項轉戰數十里，合德威軍。柏鄉之戰，嗣肱爲馬步都虞候。明年，從莊宗會朱友謙於猗氏，改教練使，與存審援河中，敗汴軍於胡壁堡，獲將龐讓。十年，與存審屯趙州，擊汴人於觀津。時梁祖新膺寢疾，其將賀德倫急攻蓨縣，蓨縣，原本作「蓧縣」，今據五代春秋改正。（影庫本粘籤）率師五萬合勢營於蓨之西。嗣肱自下博率騎三百，薄晚與梁之樵芻者相雜，日既晡，入梁軍營門，諸騎相合，大譟，弧矢星發，埃噉馳突。汴人不知所爲，營中擾，既瞑，斂騎而退。是夜，梁祖燒營而遁，解蓨縣之圍。以功特授蔚州刺史、鴈門以北都知兵馬使。十二年，改應州刺史，累遷澤、代二州刺史、石嶺以北都知兵馬使。十九年，從平劉守光。十二年，新州刺史王郁叛入契丹，嗣肱進兵定嬀、儒、武等三州，授山北都團練使。二十年春，卒於新州，時年四十五。永樂大典卷一萬八千一百二十八。

克恭，武皇之諸弟也。案：薛史不言克恭父爲何人，然明著其爲諸弟，所以別於母弟也。歐陽史與克讓、克寧率連而書，疑未詳考。龍紀中，爲決勝軍使。大順初，潞帥李克修卒，克恭代爲昭義節度使。性驕橫不法，未閑軍政。潞人素便克修之簡正，惡克恭之恣縱，又以克修非罪暴卒，人士離心。時武皇初定邢、洺三州，將有事於河朔，大蒐軍實。潞州有後院軍，兵之雄勁者，克恭

選其五百人獻於武皇，軍使安居受惜其兵，安居受，原本作「安建受」，今據通鑑改正。（影庫本粘籤）不悅。克恭令裨校李元審、安建、紀綱馮霸部送太原，行次銅鞮縣，馮霸刼衆謀叛，殺都將劉杲、縣令戴勞謙，循山而南，北及沁水，有衆三千。武皇令李元審將兵擊之，與霸戰於沁水，不利，元審戰傷，收軍於潞。五月十五日，克恭視元審於孔目吏劉崇之第。是日，州將安居受引兵攻克恭，因風縱火，克恭、元審並遇害，州民推居受爲留後。初，孟方立之亂，居受以澤、潞歸於武皇，至是孟遷以邢、洺納降，復任爲牙將，居受懼其圖己，乃叛，殺克恭以結汴人。居受遣人召馮霸於沁水，霸不受命。居受懼，將奔歸朝廷，至長子，爲野人所殺，傳首馮霸軍。霸乃引軍據潞州，自稱留後，求援於汴。武皇令康君立討之，汴將葛從周來援霸。九月，李存孝急攻潞州，汴軍夜遁，獲霸等誅之，武皇乃以康君立爲昭義節度使。永樂大典卷一萬三百八十八。

克寧，武皇之季弟也。初從起雲中，爲奉誠軍使。赫連鐸之攻黃花城也，克寧奉武皇及諸弟登城，血戰三日，力盡備竭，殺賊萬計。燕軍之攻蔚州，克寧昆仲嬰城拒敵，晝夜輟寢食者旬餘。後從達靼入關，逐黃寇。凡征行無不衞從，於昆弟之間，最推仁孝，小心恭謹，武皇尤友愛之。及鎮太原，授遼州刺史，累至雲州防禦使。乾寧初，改忻州刺史，忻州，原

本作「惟州」，今據歐陽史改正。（影庫本粘籤）從入關討王行瑜，充馬步軍都將，以功授檢校司徒。天祐初，授內外都制置、管內蕃漢都知兵馬使、檢校太保，充振武節度使，凡軍政皆決於克寧。

五年正月，武皇疾篤，克寧等侍疾，垂泣辭訣，克寧曰：「王萬一不諱，後事何屬？」因召莊宗侍側，謂克寧、張承業曰：「亞子累公等。」言終棄代。將發哀，克寧紀綱軍府，中外無譁。

初，武皇獎勵軍戎，多畜庶孽，衣服禮秩如嫡者六七輩，比之嗣王，年齒又長，各有部曲，朝夕聚謀，皆欲爲亂。莊宗英察，懼及於禍，將嗣位，讓克寧曰：「兒年孤稚，未通庶政，雖承遺命，恐未能彈壓大事。季父勳德俱高，衆情推伏，且請制置軍府，俟兒有立，有立，原本作「有位」，今從通鑑改正。（影庫本粘籤）聽季父處分。」克寧曰：「亡兄遺命，屬在我兒，孰敢異議者！兒但嗣世，中外之事，何憂不辦。」視事之日，率先拜賀。莊宗嗣位，軍民政事，一切委之，權柄既重，趣向者多附之。李存顥者，案：歐陽史作養子存顥、存實。以陰計干克寧曰：「兄亡弟及，古今舊事，季父拜姪，理所未安。富貴功名，當宜自立，天與不取，後悔無及。」克寧曰：「公毋得不祥之言！我家世立功三代，父慈子孝，天下知名，苟吾兄山河有託，我亦何求！公無復言，必斬爾首以徇。」克寧雖慈愛因心，而日爲凶徒

惑亂。羣凶之妻復以此言干克寧妻孟夫人，說激百端，夫人懼事泄及禍，屢讓克寧，由是愈惑。

會克寧因事殺都虞候李存質，又請兼領大同節度，以蔚、朔爲屬郡，又數怒監軍張承業、李存璋，繇是知其有貳。近臣史敬鎔素與存顥善，盡知其事，敬鎔告貞簡太后曰：「存顥與管內太保陰圖叛亂，俟嗣王過其第卽擒之，幷太后子母，欲送於汴州，竊發有日矣。」莊宗召張承業、李存璋謂曰：「季父所爲如此，無猶子之情，骨肉不可自相魚肉，吾卽避路，則禍亂不作矣。」承業曰：「老夫親承遺託，言猶在耳。存顥輩欲以太原降賊，王乃何路求生？不卽討除，亡無日矣。」因令吳珙、吳珙，原本作「吳琪」，今從通鑑及歐陽史改正。（影庫本粘籤）存璋爲之備。二月二十日，會諸將於府第，擒存顥、克寧於坐，莊宗垂泣數之曰：「兒初以軍府讓季父，季父不忍棄先人遺命。今已事定，復欲以兒子母投畀豺虎，季父何忍此心！」克寧泣對曰：「蓋讒夫交構，吾復何言！」是日，與存顥俱伏法。克寧仁而無斷，故及於禍。永樂大典卷一萬三百八十八。案新唐書宰相世系表：國昌有子四人：克恭、克儉、克用、克柔〔三〕。薛史李嗣昭傳云：武皇母弟代州刺史克柔之假子也。是克柔爲武皇母弟。新唐書沙陀傳：武皇有弟克勤，通鑑注引紀年錄又有兄克儉〔四〕，而薛史俱無傳，疑有闕文。

史臣曰：昔武皇發跡於陰山，莊宗肇基於河朔，雖奄有天下，而享國日淺，眷言枝屬，空秀棣華，固未及推帝堯敦敍之恩，廣成王封建之義。自克讓而下，不獲就魯、衞之封，懋閒、平之德也，案：原本作「開平」，繹其文義，當是用漢時河間獻王、東平憲王，今改正。（舊五代史考異）況夭橫相繼，亦良可悲哉！永樂大典卷一萬三百八十八。

校勘記

〔一〕紀綱　原作「紀網」，據殿本、劉本改。影庫本批校云：「『綱』訛『網』。」

〔二〕文德元年　四字原無，據本書卷二五武皇紀、通鑑卷二五七、歐陽史卷四二、新唐書卷一八七孟方立傳補。

〔三〕新唐書……克柔　二十二字原無，據殿本補。

〔四〕通鑑注引紀年錄　「注」字原無，據舊五代史考異補。

舊五代史卷五十一

唐書二十七

宗室列傳第三

案：薛史唐宗室傳，武皇諸子、莊宗諸子、末帝諸子，永樂大典中僅存數語，其全篇已佚。明宗子唯許王從益有全傳，秦王從榮傳尚存一百一十二字。蓋永樂大典割裁以歸各韻，其全篇當即在失去諸卷之中，今無可復考，謹據册府元龜所載以補其闕。復考五代會要、通鑑諸書分註于下，用備後唐諸王之始末焉。

永王存霸，武皇子，莊宗第二弟，同光三年封。莊宗敗，爲軍卒所殺。永樂大典卷一萬六千六百二十八。案歐陽史云：存霸歷昭義、天平、河中三軍節度使，居京師食俸祿而已。趙在禮反，乃遣存霸于河中，莊宗再幸汜水，徙存霸北京留守。通鑑云：李紹榮欲奔河中就永王存霸，從兵稍散，存霸亦帥衆千人棄鎮奔晉陽。又云：存霸至晉陽，從兵逃散俱盡，存霸削髮僧服謁李彥超：「願爲山僧，幸垂庇護。」軍士爭欲殺之，彥超曰：「六相公來，當奏取進止。」軍士不聽，殺之於府門之碑下。

邕王存美，武皇子，莊宗第三弟，同光三年封。莊宗敗，不知所終。永樂大典卷一萬六千六百二十八。案通鑑云：存美以病風偏枯得免，居於晉陽。

薛王存禮，武皇子，案：薛史不言存禮爲武皇第幾子，據五代會要，太祖第二子存美，第三子存霸，第四子存禮，第五子存渥，第六子存乂，第七子存確，第八子存紀。與薛史所敍微有異同。同光三年封。莊宗敗，不知所終。永樂大典卷一萬六千六百二十八。

申王存渥，莊宗第四弟，案歐陽史，存渥與存霸、存紀皆莊宗同母弟。同光三年封。莊宗敗，與劉皇后同奔太原，爲部下所殺。永樂大典卷一萬六千六百二十八。案通鑑云：存渥至晉陽，李彥超不納，走至風谷，爲其下所殺。

睦王存乂，莊宗第五弟，同光三年封。永樂大典卷一萬六千六百二十八。歷鄜州節度使〔一〕，册府元龜卷二百八十一。後以郭崇韜壻爲莊宗所殺。永樂大典卷一萬六千六百二十八。案北夢瑣言云：莊宗異母弟存乂，以郭崇韜女壻伏誅。先是，郭崇韜既誅之後，朝野駭惋，羣議紛然。莊宗令閹人察訪外事，言存乂於諸將坐上訴郭氏之無罪，其言怨望。又於妖術人楊千郎家飲酒聚會，攘臂而泣。楊千郎者，魏州賤民，自言得墨子術于婦翁，能役使陰物，帽下召食物果實之類。又捕博必勝，人有拳握之物，以法必取。又說煉丹乾汞，易人形，破扃鐍。貴要間神奇之，官至尚書郎，賜紫，其妻出入宮禁，承恩用事。皇弟存乂常朋淫於其家，至是與存乂並罹其禍。

通王存確，莊宗第六弟，雅王存紀，莊宗第七弟，同光三年封。莊宗敗，並爲霍彥威所殺。永樂大典卷一萬六千六百二十八。案：薛史及五代會要皆止言莊宗有六弟〔二〕。考梁紀，太祖有子廷鸞、落落；盧文進傳，莊宗又有弟存矩。薛史宗室傳皆不載。

魏王繼岌，莊宗子也。案：莊宗紀稱繼岌爲第三子，然莊宗長子、次子之名，薛史與五代會要皆不載。莊宗即位於魏州，以繼岌充北都留守，及以鎮州爲北都，又命爲留守。册府元龜卷二百八十一。案五代會要：三年九月二十三日，封爲魏王。三年，伐蜀，以繼岌爲都統，郭崇韜爲招討使。十月戊寅，至鳳州，武興軍節度使王承捷以鳳、興、文、扶四州降。甲申，至故鎮，康延孝收興州。時僞蜀主王衍率親軍五萬在利州，令步騎親軍三萬逆戰於三泉，康延孝、李嚴以勁騎三千犯之，蜀軍大敗，斬首五千級，餘各奔潰。王衍聞其敗也，棄利州奔歸西川，斷吉柏津浮梁而去。己丑，繼岌至興州，僞蜀東川節度使宋光葆以梓、綿、劍、龍、普等州來降〔三〕；武定軍節度

使王承肇以洋、蓬、壁三州符印降；興元節度使王宗威以梁、開、通、渠、麟等五州符印送降；階州王承岳納符印；秦州節度使王承休棄城而遁。辛丑，繼岌過利州。戊申，至劍州。己酉，至綿州，王衍遣使上牋乞降。丁巳，入成都。自興師出洛至定蜀，計七十五日，走丸之勢，前代所無。册府元龜卷二百九十一。師回，至渭南，聞莊宗敗，師徒潰散，自縊死。案太平廣記引王氏見聞錄云〔四〕：後唐莊宗世子魏王繼岌伐蜀，迴軍在道〔五〕，而有鄴都之變。莊宗與劉后命內臣張漢賓齎急詔，所在催魏王歸闕。張漢賓乘驛倍道急行，至興元西縣逢魏王〔六〕，宣傳詔旨。王以本軍方討漢州，康延孝相次繼來，欲候之出山，以陳凱歌，漢賓督之。有軍謀陳岷，比事梁，與漢賓熟，密問張曰：「天子改換，且是何人？」張色莊曰：「我皆面奉宣詔魏王〔七〕，況大軍在行，談何容易。」陳岷曰：「久忝知聞，故敢諮問，兩日來有一信風，新人已即位矣，復何形迹。」張乃說：「來時聞李嗣源過河，未知近事。」岷曰：「魏王且請盤桓，以覩其勢，未可前邁。」張以莊宗命嚴，不敢遷延，督令進發，魏王至渭南遇害。（舊五代史考異）

繼潼、繼嵩、繼蟾、繼嶢並莊宗子〔八〕，同光三年拜光祿大夫、檢校司徒，未封。莊宗敗，並不知所終。永樂大典卷一萬六千六百二十八。案清異錄：唐福慶公主下降孟知祥。長興四年，明宗晏駕，唐室亂，莊宗諸兒削髮爲苾芻，間道走蜀。時知祥新稱帝，爲公主厚待猶子，賜予千計〔九〕。（舊五代史考異）

從璟，明宗長子，性忠勇沈厚，摧堅陷陣，人罕儔焉。册府元龜卷二百七十一。從莊宗于河

上，果有戰功，莊宗器賞之，用爲金鎗指揮使。冊府元龜卷二百九十一。明宗在魏府爲軍士所逼，莊宗詔從璟曰：「爾父于國有大功，忠孝之心，朕自明信，今爲亂兵所刼，爾宜自去宣朕旨，無令有疑。」從璟行至中途〔一〇〕，爲元行欽所制，復與歸洛下。莊宗改其名爲繼璟，以爲己子，命再往，從璟固執不行，願死于御前，以明丹赤。從莊宗赴汴州，明宗之親舊多策馬而去，左右或勸從璟令自脫，終無行意，尋爲元行欽所殺。天成初，贈太保。冊府元龜卷二百八十六。

秦王從榮，明宗第二子也。明宗踐阼，天成初，授鄴都留守、天雄軍節度使。三年，移北京留守，充河東節度使。四年，入爲河南尹。冊府元龜卷二百八十一。一日，明宗謂安重誨曰：「近聞從榮左右有詐宣朕旨，令勿接儒生，儒生多懦，恐鈍志相染。朕方知之，頗駭其事。余比以從榮方幼，出臨大藩，故選儒雅，賴其裨佐。今聞此姦憸之言，豈朕之所望也。」鞫其言者將戮之，重誨曰：「若遽行刑，又慮賓從難處，且望嚴誡。」遂止。永樂大典卷六千七百六十。

從榮爲詩，與從事高輦等更相唱和，自謂章句獨步於一時，有詩千餘首，號曰紫府集。冊府元龜卷二百七十。

唐書二十七　宗室列傳第三　六九三

舊五代史卷五十一　六九四

長興中，以本官充天下兵馬大元帥。冊府元龜卷二百六十九。從榮乃請以嚴衛、捧聖步騎兩指揮爲秦府衙兵，每入朝，以數百騎從行，出則張弓挾矢，馳騁盈巷。既受元帥之命，即令其府屬僚佐及四方遊士，各試檄淮南書一道，陳己將廓清宇內之意。初，言事者請爲親王置師傅，明宗顧問近臣，執政以從榮名勢既隆，不敢忤旨，即奏云：「王官宜委。」從榮乃奏刑部侍郎劉贊爲王傅，又奏翰林學士崔棁爲元帥府判官。明宗曰：「學士代予詔令，不可擬議。」從榮不悅，退謂左右曰：「既付以元帥之任，而阻予請僚佐，又未諭制旨也。」復奏刑部侍郎任贊，從之。冊府元龜卷二百九十九。案宋史趙上交傳：秦王從榮開府兼判軍衞，以上交爲虞部員外郎，充六軍諸衞推官。李澣、張沆、魚崇遠皆白衣在秦府，悉與上交友善。累遷司封郎中，充判官。從榮素豪邁，不遵禮法，好昵羣小，上交從容言曰：「王位尊嚴，當修令德以慰民望。王忍爲此，獨不見恭世子、戾太子之事乎？」從榮怒，出之。歷涇、秦二鎭節度判官。從榮及禍，僚屬皆坐斥。上交由是知名。（舊五代史考異）後舉兵犯宮室，敗死，廢爲庶人。永樂大典卷一萬六千六百二十八。案通鑑明宗紀云：己丑，大漸，秦王從榮入問疾，帝俛首不能擧。王淑妃曰：「從榮在此。」帝不應。從榮出，聞宮中皆哭，從榮意帝已殂，明旦，稱疾不入。是夕，帝實小愈，而從榮不知。從榮自知不爲時論所與，恐不得爲嗣，與其黨謀，欲以兵入侍，先制權臣。壬辰，從榮自河南府常服將步騎千人陳於天津橋。孟漢瓊被甲乘馬，召馬軍都指揮使朱洪實，使將五百騎討從榮。從榮方據胡床，坐橋上，遣左右召康義誠。端門已閉，叩左掖門，從門隙窺之，見朱洪實引騎兵北來，走白從榮，從榮大驚，命取鐵掩心擐之，坐調弓矢。俄而騎兵大至，從榮走歸府，僚佐皆竄匿，牙兵掠嘉善坊潰去。從榮與妃劉氏匿床下，皇城使安從益就斬之，以其首獻。丙申，追廢從榮爲庶人。五代會要云：清泰元年十二月勑：「故庶人從榮〔一一〕，獲罪先帝，貽禍厥身，已歷歲時，未營宅兆。雖軫在原之念，宜從有國之規，且令中書門下商量葬禮。」尋據太常禮院狀奏：「請准唐貞觀中庶人承乾流死黔州，仍葬以公禮。」從之。五代史補：秦王從榮，明宗之愛子。好爲詩，判河南府，辟高輦爲推官。輦尤能爲詩，賓主相遇甚歡。自是出入門下者，當時名士有若張杭、高文蔚、何仲擧之徒，莫不分廷抗禮，更唱迭和。時干戈之後，武夫用事，睹從榮所爲，皆不悅。于是康知訓等竊議曰：「秦王好文，交遊者多詞客，此子若一旦南面，則我等轉死溝壑，不如早圖之。」高輦知其謀，因勸秦王托疾：「此輩以所戲之間〔一二〕，須來問候，請大王伏壯士，出其不意皆斬之，庶幾免禍矣。」從榮曰：「至尊在上，一旦如此，得無危乎？」輦曰：「子弄父兵，罪當笞爾，不然則悔無及矣。」從榮猶豫不決，未幾及禍，高輦棄市。初，從榮之敗也，高輦竄于民家，且落髮爲僧。既擒獲，知訓以其毀形難認，復使巾幘著緋，驗其眞僞，然後用刑。輦神色自若，厲聲曰：「朱衣纔脫，白刃難逃。」觀者笑之〔一三〕。

從璨，明宗諸子。案：五代會要以從璨爲明宗第四子。冊府元龜作諸子，與明宗紀同。今仍其舊。性剛直，好客疏財，意豁如也。天成中，爲右衞大將軍，時安重誨方秉事權，從璨亦不之屈，重誨常以此忌之。明宗幸汴，留從璨爲大內皇城使。一日，召賓友於會節園，酒酣之後，戲登於御榻。安重誨奏請誅之〔一四〕。詔曰：「皇城使從璨，朕巡幸汴州，使警大內。乃全乖委任，但恣遨遊，於予行從之園，頻恣歌歡之會，仍施峻法，驅辱平人，致彼喧譁，達於聞聽。方當立法，固不黨親，宜貶授房州司戶參軍，仍令盡命。」長興中，重誨之得罪也，命復舊官，仍贈太保。冊府元龜卷二百九十五。

唐書二十七　宗室列傳第三　六九五

舊五代史卷五十一　六九六

許王從益，明宗之幼子也。宮嬪所生，明宗命王淑妃母之，嘗謂左右曰：「唯此兒生於皇宮，故尤所鍾愛。」長興末，封許王。晉高祖即位，以皇后即其姊也，乃養從益於宮中。晉天福中，以從益爲二王後，改封郇國公，郇國，原本作「鄅國」，考歐陽史及通鑑並作郇國，薛史晉高祖紀亦作「郇」，今改正。（影庫本粘籤）食邑三千戶。其後與母歸洛陽守陵。開運末，契丹主至汴，以從益遙領曹州節度使，復封許王，與王妃尋歸西京。會契丹主死，其汴州節度使蕭翰謀歸北地，慮中原無主，軍民大亂，則已亦不能按轡徐歸矣〔一五〕，乃詐稱契丹主命，遣人迎從益於洛陽，令知南朝軍國事。從益與王妃逃於徽陵以避之，使者至，不得已而赴焉。從益於崇元殿見羣官，蕭翰率部衆列拜於殿上，羣官趨拜於殿下，乃僞署王松爲左丞相，趙上交爲右丞相，李式、翟光鄴爲樞密使，王景崇爲宣徽使，餘官各有署置。又以北來燕將劉祚爲權侍衞使，充在京巡檢。翰北歸，從益餞於北郊。及漢高祖將離太原，從益召高行周、武行德欲拒漢高祖，案：薛史但載從益拒漢事，考宋史趙上交傳云：漢祖將至，從益遣上交馳表獻款。蓋獻款乃淑妃、從益本意也。歐陽史兩存之，其事始備。（舊五代史考異）行周等不從，且奏其事。漢高祖怒，車駕將至闕，從益與王妃俱賜死於私第，時年十七，時人哀之。永樂大典卷六千七百六十。五代史闕文：漢高祖自太原起軍建號，至洛陽，命郭從義先入京師，受密旨殺王淑妃與許王從益。淑妃臨刑號泣曰：「吾家子母何罪，吾兒爲契丹所立〔一六〕，非敢與人爭國，何不且留吾兒，每年寒食，使持一盂飯灑明宗陵寢。」聞者無不泣下。臣謹按，隱帝朝，詔史臣修漢祖實錄，敍淑妃、從益傳，但云「臨刑之日，焚香俟命」，蓋諱之耳。

重吉，末帝長子，爲控鶴都指揮使。閔帝嗣位，出爲亳州團練使。末帝兵起，爲閔帝所害。永樂大典卷一萬六千六百二十八。案通鑑云：詔遣殿直楚匡祚執亳州李重吉，幽于宋州。又云：遣楚匡祚殺李重吉于宋州，匡祚榜捶重吉，責其家財。淸泰元年，詔贈太尉，仍令宋州選隙地置廟。册府元龜卷二百七十七。案：閔帝有子重哲，授銀靑光祿大夫、檢校工部尙書，見明宗紀。歐陽史家人傳闕而不載，今附識于此。

雍王重美，末帝第二子，淸泰三年封。晉兵入，與末帝俱自焚死。永樂大典卷一萬六千六百二十八。案通鑑云：洛陽自聞兵敗，衆心大震，居人四出，逃竄山谷。門者請禁之，雍王重美曰：「國家多難，未能爲百姓主，又禁其求生〔一七〕，徒增惡名耳。不若聽其自便，事寧自還。」乃出令任從所適，衆心差安。又云：皇后積薪欲燒宮室，重美諫曰：「新天子至，必不露居，他日重勞民力，死而遺怨，將安用之。」乃止。案：重美傳，永樂大典原本有闕佚，今附錄通鑑于此，疑通鑑所用卽本薛史原文也。

史臣曰：繼岌以童騃之歲，當統帥之任，雖成功於劍外，尋求死於渭濱，蓋運盡天亡，非孺子之咎也。從璟感厚遇之恩，無苟免之意，死於君側，得不謂之忠乎！從榮以狂躁之謀，賈覆亡之禍，謂爲大逆，則近厚誣。從璨爲權臣所忌，從益爲強敵所脅，俱不得其死，亦良可傷哉！重美聽洛民之奔亡，止母后之燔爇，身雖燼於紅燄，言則耀乎靑編。童年若斯，可謂賢矣！永樂大典卷六千七百六十。

校勘記

〔一〕歷鄜州節度使　「節度使」原作「刺史」，據册府卷二八一改。

〔二〕案薛史及五代會要皆止言莊宗有六弟　劉本同。按會要卷二云：「後唐太祖有八子。」本卷正文云：「通王存確，莊宗第六弟，雅王存紀，莊宗第七弟。」此作「六弟」，誤。

〔三〕梓綿劍龍普　「綿」原作「潼」，據劉本、册府卷二九一、通鑑卷二七三、本書卷三三莊宗紀改。

〔四〕王氏見聞錄　「錄」字原無，據殿本、太平廣記卷八〇補。

〔五〕迴車　原作「迴軍」，據殿本、劉本、太平廣記卷八〇改。

〔六〕與元西縣　「西」字原無，據殿本、劉本、太平廣記卷八〇補。

〔七〕我嘗面奉宣詔魏王　殿本、劉本、太平廣記卷八〇「嘗」作「當」。

〔八〕繼潼　原作「繼通」，據殿本、通鑑卷二七五、歐陽史卷一四唐太祖家人傳、會要卷二改。

〔九〕賜予千計　殿本、劉本同。孔本此下有：「考淸異錄記載多舛，惟莊宗諸子入蜀宜可信云」十九字。

〔一〇〕從璟　原作「行璟」，據劉本改。殿本作從審。

〔一一〕從榮　原作「重榮」，據本卷正文、歐陽史卷一五唐明宗家人傳、會要卷二改。

〔一二〕以所就之間　劉本同。影庫本粘籤云：「以所就之間，原本似有脫誤，今無別本可校，姑仍其舊。」殿本無此五字。

〔一三〕觀者笑之　殿本、劉本同。五代史補卷二「笑」作「壯」。

〔一四〕安重誨　「重」原作「從」，據殿本、册府卷二九五改。

〔一五〕按轡　原作「按轡」，據殿本、劉本改。影庫本批校云：「『轡』訛『轡』。」

〔一六〕吾兒爲契丹所立　「兒」原作「旣」，據顧廣圻校本五代史闕文（以下簡稱五代史闕文）改。

〔一七〕又禁其求生　五字原無，據通鑑卷二八〇補。

舊五代史卷五十二

唐書二十八

列傳第四

李嗣昭，字益光，武皇母弟代州刺史克柔之假子也。小字進通，案：原本作「通進」，今從歐陽史改正。不知族姓所出。案：歐陽史作本姓韓氏，汾州大谷縣民家子。少事克柔，頗謹愿，雖形貌眇小，而精悍有膽略，沈毅不羣。初嗜酒好樂，案：歐陽史作初喜嗜酒，吳縝纂誤云：喜即嗜也，疑賸「喜」字。（舊五代史考異）武皇微伸儆戒，乃終身不飲。少從征伐，精練軍機。乾寧初，王珂、王珙爭帥河中，珙引陝州之軍攻珂，珂求救於武皇，乃令嗣昭將兵援之，敗珙軍於猗氏，獲賊將李璠等。四年，改衙內都將，復援河中，敗汴軍於胡壁堡，擒汴將滑禮，以功加檢校僕射。及王珂請婚武皇，武皇以女妻之，珂赴禮於太原，以嗣昭權典河中留後事。

李罕之襲我潞州也，嗣昭率師攻潞州，與汴將丁會戰於含口〔一〕，含口，原本作「合口」。考通鑑注云：含口在潞州城東。今改正。（影庫本粘籤）俘獲三千，執其將蔡延恭，代李君慶爲蕃漢馬步行營都將。進攻潞州，遣李存質、李嗣本以兵扼天井關。汴將澤州刺史劉玘棄城而遁，乃以李存璋爲刺史。梁祖聞嗣昭之師大至，召葛從周謂曰：「幷人若在高平，當圍而取之，先須野戰，勿以潞州爲敵。」及聞嗣昭軍韓店，梁祖曰：「進通扼八議路，八議路，原本作「入義」，今據通鑑改正。（影庫本粘籤）此賊決與我關〔二〕，公等臨事制機，勿落姦便。」賀德倫閉壁不出，嗣昭日以鐵騎環城，汴人不敢芻牧，援路斷絕。八月，德倫、張歸厚棄城遁去，我復取潞州。

光化三年〔三〕，汴人攻滄州，劉仁恭求救，遣嗣昭出師邢、洺以應之。嗣昭遇汴軍於沙河，擊敗之，獲其將胡禮。進攻洺州，下之，獲其郡將朱紹宗。九月，梁祖自率軍三萬至臨洺，葛從周設伏於青山口。嗣昭聞梁祖至，斂軍而退，從周伏兵發，爲其所敗，偏將王郃郎、楊師悅等被擒。十月，汴人大寇鎮、定，王郜告急於武皇，乃遣嗣昭出師，下太行，擊懷、孟。汴將侯信守河陽，不意嗣昭之師至，既無守備，驅市人登城，嗣昭攻其北門，破其外垣，俄而汴將閻寶救軍至，乃退。

天復元年，河中王珂爲汴人所擄，河中晉、絳諸郡皆陷。四月，汾州刺史李瑭謀叛，納款於汴，嗣昭討之，三日而拔，斬瑭。是月，汴人初得蒲、絳，乃大舉諸道之師來逼太原。汴將葛從周陷承天軍，氏叔琮營洞渦驛。太原四面，汴軍雲合，武皇憂迫，計無從出。嗣昭朝夕選精騎分出諸門，掩擊汴營，左俘右斬，或燔或擊，汴軍疲於奔命，又屬霖雨，軍多足腫腹疾，糧運不繼。五月，氏叔琮引退，嗣昭以精騎追之，汴軍委棄輜重兵仗萬計。六月，嗣昭出師陰地，陰地，原本作「陰陀」，考薛史前後皆作陰地，胡三省云：陰地關在晉州東北。（影庫本粘籤）攻慈、隰，降其刺史唐禮、張瓌。是時，天子在鳳翔，汴人攻圍，有密詔徵兵。十一月，嗣昭出師晉、絳，屯吉上堡，遇汴將王友通於平陽，一戰擒之。

明年正月，嗣昭進兵蒲縣。十八日，汴將朱友寧、氏叔琮將兵十萬來拒。二十八日，梁祖自率大軍至平陽，嗣昭之師大恐。三月十一日，有白虹貫周德威之營，候者云不利，宜班師。翌日，氏叔琮犯德威之營，汴軍十餘萬，列陣四合，德威、嗣昭血戰解之，乃保軍而退，汴軍因乘之。時諸將潰散，無復部伍，德威引騎軍循西山而遁，朱友寧乘勝陷慈、隰、汾等州。武皇聞其敗也，遣李存信率牙兵至清源應接，復爲汴軍所擊。汴軍營於晉祠，嗣昭、德威收合餘衆，登城拒守，汴人治攻具於西北隅，四面營柵相望。時鎮州、河中皆爲梁有，孤城無援，師旅敗亡。武皇晝夜登城，憂不遑食，召諸將欲出保雲州，嗣昭曰：「王勿爲此謀，兒等苟存，必能城守。」李存信曰：「事勢危急，不如且入北蕃，別圖進取。朱温兵師百萬，天下無敵，關東、河北受他指揮，今獨守危城，兵亡地蹙，儻彼築室反耕，環塹深固，則亡無日矣！」武皇將從之，嗣昭亟爭不可，猶豫未決，賴劉太妃極言於內，武皇且止。數日，亡散之衆復集。嗣昭晝夜分兵四出，斬將搴旗，汴軍保守不暇。二十一日，朱友寧燒營退去，嗣昭追擊，復收汾、慈、隰等州。五月，雲州都將王敬暉據城叛，振武石善友亦爲部將契苾讓所逐，嗣昭皆討平之。

天祐三年，汴人攻滄、景，劉仁恭遣使求援。十一月〔四〕，嗣昭合燕軍三萬進攻潞州，降丁會，武皇乃以嗣昭爲昭義節度使。案舊唐書：天祐三年十二月戊辰，李克用與幽州之衆同攻潞州，全忠守將丁會以澤、潞降太原，克用以其子嗣昭爲留後。甲戌，全忠燒長蘆營旋軍，聞潞州陷故也。考嗣昭本克柔養子，舊唐書以爲武皇子，殊誤。始嗣昭未到之前，上黨有占者，見一人家舍上常有氣如車蓋，覘之，但一貧媪而已。占者謂媪：「有子乎？」曰：「有，見爲軍士，出戍於外。」占者心異之，以爲其子將來有土地之兆也。未幾，丁會既降，嗣昭領兵入潞，以媪家四面空缺，乃駐於是舍。丁會既歸太原，武皇遣使命嗣昭爲帥，乃自媪舍而入理所，其氣尋息，聞者異之。

四年六月，汴將李思安將兵十萬攻潞州，乃築夾城，深溝高壘，內外重複，飛走路絕。嗣昭撫循士衆，登城拒守。梁祖馳書說誘百端，嗣昭焚其僞詔，斬其使者，城中固守經年，軍民乏絕，感鹽炭自生〔五〕，以濟貧民。嗣昭嘗享諸將，登城張樂，賊矢中足，嗣昭密拔之，密拔，原本作「蜜跋」，今從册府元龜改正。（影庫本粘籤）坐客不之覺，酣飲如故，以安衆心。五年五月，莊宗敗汴軍，破夾城。嗣昭知武皇棄世，哀慟幾絕。時大兵攻圍歷年，城中士民飢死大半，鄜里蕭條。嗣昭緩法寬租，勸農務穡，一二年間，軍城完集，三面鄰於敵境，寇鈔縱橫，設法枝梧，邊鄙不聳。

胡柳之戰，周德威戰沒，師無行列，至晚方集。汴人四五萬登無石山，我軍懼形於色。或請收軍保營，詰旦復戰。嗣昭曰：「賊無營壘，去臨濮地遠，日已晡晚，皆有歸心，但以精騎逗撓，無令返旆，晡後追擊，破之必矣。我若收軍拔寨，賊人入臨濮，俟彼整齊復來，即勝負未決。」莊宗曰：「非兄言，幾敗吾事！」軍校王建及又陳方略，嗣昭與建及分兵於土山南北爲掎角，汴軍懼，下山，因縱軍擊之，俘斬三萬級，由是莊宗之軍復振。

十六年，嗣昭代周德威權幽州軍府事。九月，以李紹宏代，嗣昭出薊門，百姓號泣請留，截鞍惜別，嗣昭夜遁而歸。

十七年六月，嗣昭自德勝歸藩，莊宗帳餞於戚城。莊宗酒酣，泣而言曰：「河朔生靈，十年饋輓，引領鶴望，俟破汴軍。今兵賦不充，寇孽猶在，坐食軍賦，有愧蒸民。」嗣昭曰：「臣忝急難之地，每一念此，寢不安席。大王且持重謹守，惠養士民。臣歸本藩，簡料兵賦，歲末春首，即舉衆復來。」莊宗離席拜送，如家人禮。是月，汴將劉鄩攻同州，朱友謙告急，嗣昭與李存審援之。九月，破汴軍於馮翊，乃班師。

十九年，莊宗親征張文禮於鎭州。冬，契丹三十萬奄至，嗣昭從莊宗擊之，敵騎圍之數

十重，良久不解。嗣昭號泣赴之，引三百騎橫擊重圍，馳突出沒者數十合，契丹退，翼莊宗而還。是時，閻寶爲鎭人所敗，退保趙州，莊宗命嗣昭代寶攻眞定。七月二十四日，王處球之兵出至九門，九門，原本作「丸門」，今據通鑑及遼史改正。（影庫本粘籤）嗣昭設伏於故營，賊至，發伏擊之殆盡，餘三人匿於牆墟間，嗣昭環馬而射之，爲賊矢中腦，嗣昭箙中矢盡，拔賊矢於腦射賊，一發而殪之。嗣昭日暮還營，所傷血流不止，是夜卒。

嗣昭節制澤、潞，官自司徒、太保至侍中、中書令。莊宗即位，贈太師、隴西郡王。長興中，詔配饗莊宗廟庭。

嗣昭有子七人，長曰繼儔，澤州刺史；次繼韜、繼忠、繼能、繼襲、繼遠，皆夫人楊氏所生。案：嗣昭有子七人，薛史僅言其六。歐陽史仍薛史之舊。據繼韜附傳，有弟繼達，合數之恰得七人也。楊氏治家善積聚，設法販鬻，致家財百萬。永樂大典卷一萬三百八十九。

繼韜，小字留得，少驕獪無賴。嗣昭既卒，莊宗詔諸子扶喪歸太原襄事（七），諸子違詔，以父牙兵數千擁喪歸潞。莊宗令李存渥馳騎追諭，兄弟俱忿，欲害存渥，存渥遁而獲免。繼韜兄繼儔，嗣昭長嫡也，當襲父爵，然柔而不武。方在苫廬，繼韜詐令三軍刼己爲留後，囚繼儔於別室，以事奏聞。莊宗不得已，命爲安義軍兵馬留後。案通鑑注云：後唐改昭義爲安義，

蓋爲嗣昭避諱也。歐陽史仍作昭義。（舊五代史考異）

時軍前糧餉不充，租庸計度請潞州轉米五萬貯於相州，繼韜辭以經費不足，請轉三萬。有幕客魏琢、牙將申蒙者，申蒙，原本作「車蒙」，今據通鑑改正。（影庫本粘籤）因入奏公事，每摭陰事報繼韜云：「朝廷無人，終爲河南吞噬，止遲速間耳。」由是陰謀叛計。內官張居翰時爲昭義監軍，莊宗將即位，詔赴鄴都。潞州節度判官任圜時在鎭州，亦奉詔赴鄴。魏琢、申蒙謂繼韜曰：「國家急召此二人，情可知矣。」弟繼遠，年十五六，謂繼韜曰：「兄有家財百萬，倉儲十年，宜自爲謀，莫受人所制。」繼韜曰：「定哥以爲何如？」曰：「申蒙之言是也。河北不勝河南，不如與大梁通盟，國家方事之殷，焉能討我？無如此算。」乃令繼遠將百餘騎詐云於晉、絳擒生，遂至汴。梁主見之喜，因令董璋將兵應接，營於潞州之南，加繼韜同平章事，改昭義軍爲匡義軍。繼韜令其愛子二人入質於汴。

及莊宗平河南，繼韜惶恐，計無所出，將脫身於契丹，會有詔赦之，乃齎銀數十萬兩，隨其母楊氏詣闕，冀以路免。將行，其弟繼遠曰：「兄往與不往，利害一也。以反爲名，何面更見天下！不如深溝峻壁，坐食積粟，尚可苟延歲月，往則亡無日矣。」或曰：「君先世有大功於國，主上季父也，弘農夫人無恙，保獲萬全。」及繼韜至，厚賂宦官、伶人，言事者翕然稱：「留後本無惡意，姦人惑之故也。嗣昭親賢，不可無嗣。」楊夫人亦於宮中哀祈劉皇后，后每

於莊宗前泣言先人之功，以動聖情，由是原之。在京月餘，屢從畋遊，寵待如故。李存渥深訶詆之，繼韜心不自安，復賂伶閹，求歸本鎭，莊宗不聽。繼韜潛令紀綱書諭繼遠，欲軍城更變，望天子遣己安撫。事泄，斬於天津橋南。天津橋，原本脫「津」字，今從歐陽史增入。（影庫本粘籤）

未幾，詔繼儔赴闕，時繼儔以繼韜所畜婢僕玩好之類悉爲已有，每日料選算校，不時上路。繼達怒謂人曰：「吾仲兄被罪，父子誅死，大兄不仁，略無動懷，而便蒸淫妻妾，詰責貨財，慚恥見人，生不如死。」繼達服縗麻，引數百騎坐於戟門，呼曰：「爲我反乎！」即令人斬繼儔首，投於戟門之內。副使李繼珂聞其亂也，繼珂，原本作「繼琛」，今從通鑑改正。（影庫本粘籤）募市人千餘攻於城門。繼達登城樓，知事不濟，啓子城東門，至其第，盡殺其孥，得百餘騎，出潞城門，將奔契丹。行不十里，麾下奔潰，自剄於路隅。

天成初，繼能爲相州刺史，母楊氏卒於太原，繼能、繼襲奔喪行服。繼能笞掠母主藏婢，責金銀數，因笞至死。家人告變，言聚甲爲亂，繼能、繼襲皆伏誅。嗣昭諸子自相屠害，幾於流盡，唯繼忠一人僅保其首領焉。永樂大典卷一萬三百八十九。

裴約，潞州之舊將也。初事李嗣昭爲親信，及繼韜之叛，約方戍澤州〔七〕，因召民泣而諭之曰：「余事故使，已餘二紀，每見分財享士，志在平讎，不幸薨歿。今郎君父喪未葬，郎君，原本作「郎書」，今據歐陽史改正。（影庫本粘籤）即背君親，余可傳刃自殺，不能送死與人。」衆皆感泣。既而梁以董璋爲澤州刺史，率衆攻城，約拒久之，告急於莊宗。莊宗知其忠懇，謂諸將曰：「朕於繼韜何薄，於裴約何厚？裴約能分逆順，不附賊黨，先兄一何不幸，生此鴟梟！」乃顧李紹斌曰：「爾識機便，爲我取裴約來，朕不藉澤州彈丸之地。」卽遣紹斌率五千騎以赴之。案：歐陽史作李存審。據薛史莊宗紀亦作李紹斌，疑歐陽史誤。紹斌自遼州進軍，未至，城已陷，約被害，時同光元年六月也。帝聞之，嗟痛不已。永樂大典卷一萬八千一百二十八。

李嗣本，鴈門人，本姓張。父準，銅冶鎭將。嗣本少事武皇，爲帳中紀綱，漸立戰功，得補軍校。乾寧中，從征李匡儔爲前鋒，與燕人戰，得居庸關，以功爲義兒軍使，因賜姓名。從討王行瑜，授檢校刑部尙書，改威遠、寧塞等軍使。五年，討羅弘信於魏州，嗣本爲前鋒，師還，改馬軍都將。從李嗣昭討王暉於雲州，論功加檢校司空。汴將李思安之圍潞州也，從周德威軍於余吾，嗣本率騎軍日與汴人轉鬭，前後獻俘千計，遷代州刺史。六年，從攻晉、絳，爲蕃漢副使都校。及武皇喪事有日，嗣本監護其事，改雲中防禦使、雲蔚應朔等州

都知兵馬使，加特進、檢校太保。九年，周德威討劉守光，嗣本率代北諸軍、生熟吐渾，收山後八軍，得納降軍使盧文進、武州刺史高行珪以獻。幽州平，論功授振武節度使，振武，原本作「正武」，今從歐陽史改正。（影庫本粘籤）號「威信可汗」。十二年，莊宗定魏博，劉鄩據莘縣，命嗣本入太原巡守都城。十三年，從破劉鄩於故元城，收洺、磁、衞三郡〔八〕。六月，還鎭振武。八月，契丹阿保機傾塞犯邊，其衆三十萬攻振武，嗣本嬰城拒戰者累日。契丹爲火車地道，晝夜急攻，城中兵少，禦備罄竭，城陷，嗣本舉族入契丹。有子八人，四人陷於幕庭。嗣本性剛烈，有節義，善戰多謀，然治郡民，頗傷苛急，人以此少之也。永樂大典卷一萬三百八十九。

李嗣恩，本姓駱。案歐陽史：嗣恩本吐谷渾部人，而薛史不載，疑有闕文。年十五，能騎射，侍武皇於振武，及鎭太原，補鐵林軍小校。從征王行瑜，奉表獻捷，加檢校散騎常侍，漸轉突陣指揮使，賜姓名。天祐四年，逐康懷英於河西，解汾州之圍，加檢校司空，充左廂馬軍都將。戰王景仁有功，加檢校司徒。救河中府，與梁人接戰，應弦斃者甚衆，而矟中其口。及退，莊宗親視其傷，深加慰勉，轉內衙馬步都將、遼州刺史。十二年，從莊宗入魏，擊劉鄩有功，轉天雄軍都指揮使。劉鄩之北趨樂平也，嗣恩襲之，倍程先入晉陽。時城中無備，得嗣恩兵至，人百其勇。鄩聞其先過，乃遁。莘之戰，以功轉代州刺史，充石嶺關以北都知兵馬使，

稍遷振武節度使。十五年，追赴行在，卒於太原。天成初，明宗敦念舊勳，詔贈太尉。

有子二人，長曰武八，騎射推於軍中。嘗有時輩臂飢鷹〔九〕，矜其搏擊，武八持鳴鏑一隻，睹其狩獲，暮乃多之。戰契丹於新州，歿焉。案遼史太祖紀：二年三月，合戰於新州東，殺李嗣本之子武八。考武八本嗣恩子，而遼史以爲嗣本子，蓋傳聞之誤。幼曰從郎，累爲行軍司馬。永樂大典卷一萬三百八十九。

史臣曰：嗣昭以精悍勤劳，佐經綸之業，終沒王事，得以爲忠，然其後嗣皆不免於刑戮者，何也？蓋殖貨無窮，多財累愚故也。抑苟能以淸白遺子孫，安有斯禍哉！裴約以偏裨而效忠烈，尤可貴也。嗣本、嗣恩皆以中涓之効，參再造之功，故可附於兹也。永樂大典卷一萬三百八十九。

校勘記

〔一〕與汴將丁會戰於含口　「與」字原無，據殿本、冊府卷三四七補。

〔二〕此賊決與我鬭　「與」原作「於」，據彭校及冊府卷三四七、卷三六九改。

〔三〕光化三年　「光化」二字原無，據殿本補。

〔四〕十一月　殿本、劉本同。本書卷二六武皇紀、冊府卷七作十二月。本條注文引舊唐書亦作十二月。

〔五〕感鹽炭自生　孔本、盧本同。影庫本粘籤云：「感鹽炭自生，原本疑有脫誤。考通鑑與薛史同，王幼學云：『謂精誠所感，鹽炭不求而自致也。』今仍其舊。」殿本、劉本「感」作「含」。

〔六〕歸太原襄事　「襄」原作「纕」，據殿本、劉本改。

〔七〕澤州　原作「潞州」，據劉本、冊府卷三四七、通鑑卷二七二改。

〔八〕洺磁衞三郡　「磁」原作「慈」，據殿本、劉本、冊府卷三四七改。

〔九〕嘗有時輩臂飢鷹　「輩」原作「輋」，彭本同，據殿本、劉本、冊府卷八四六改。影庫本粘籤云：「時輋，疑是人名，今無別本可考，姑仍其舊。」

舊五代史卷五十三

唐書二十九

列傳第五

李存信，本姓張，案：梁紀作張污落，蓋本名污落，賜名存信。（舊五代史考異）父君政，迴鶻部人也。大中初，隨懷化郡王李思忠內附，因家雲中之合羅川。存信通黠多數，會四夷語，別六蕃書，善戰，識兵勢。初爲獻祖親信，從武皇入關平賊，始補軍職，賜姓名。大順中，累遷至馬步都校，與李存孝擊張濬軍於平陽。時存孝驍勇冠絕，軍中皆下之，唯存信與爭功，由是相惡，有同水火。及平定潞州，存孝以功望領節度〔一〕，既而康君立授旄鉞，康君立，原本作「軍位」，今從歐陽史改正。（影庫本粘籤）存孝怒，大剽潞民，燒邑屋，言發涕流，疑存信擯己故也。明年，存孝得邢、洺，武皇與之節鉞。存孝慮存信離間，欲立大功以勝之，屢請兵於武皇，請兼幷鎭、冀，存信間之，不時許。大順二年，武皇大舉略地山東，以存信爲蕃漢馬步都校，存孝聞

之怒，武皇令存質代之，存孝乃謀叛。既誅，以存信爲蕃漢都校。從討李匡儔，降赫連鐸、白義誠，以功檢校右僕射。從入關討王行瑜，加檢校司空，領郴州刺史。

乾寧三年，兗、鄆乞師於武皇，武皇遣存信營於莘縣，莘縣，原本作「華縣」，今從新唐書藩鎭傳改正。（影庫本粘籤）與朱瑄合勢以抗梁人。梁祖患之，遣使諜羅弘信曰〔二〕：「河東志在吞食河朔，迴軍之日，貴道堪憂。」而存信戢兵無法，稍侵魏之芻牧，弘信怒，翻然結於梁祖，乃出兵三萬以攻存信。存信斂衆而退，爲魏人所薄，委棄輜重，退保洺州，軍士喪失者十二三。武皇怒，大出師攻魏博，屠陷諸邑。五月，存信軍於洹水。汴將葛從周、氏叔琮來援魏人，存信與鐵林都將落落遇汴人於洹水南，汴人爲陷馬坎以待之，存信戰敗，落落被擒。九月，存信敗葛從周於宗城，乘勝至魏州之北門。明年，聞兗、鄆皆陷，乃班師。八月，從討劉仁恭，師次安塞，爲燕軍所敗。武皇怒謂存信曰：「昨日吾醉，不悟賊至，公不辨耶！古人三敗，公姑二矣。」存信懼，泥首謝罪，幾至不測。自光化已後，存信多稱病，武皇以兵柄授李嗣昭，以存信爲右校而已。天復二年十月，以疾卒於晉陽，時年四十一。永樂大典卷一萬二百八十九。

李存孝，本姓安，名敬思。案新唐書：存孝，飛狐人。與歐陽史同，薛史闕載。少於俘囚中得隸紀綱，給事帳中。及壯，便騎射，驍勇冠絕，常將騎爲先鋒，未嘗挫敗。從武皇救陳、許，逐黃

寇，及遇難上源，每戰無不剋捷。

張濬之加兵於太原也，潞州小校馮霸殺其帥李克恭以城叛，時汴將朱崇節入潞州，梁祖令張全義攻澤州。李罕之告急於武皇，武皇遣存孝率騎五千援之。初，汴人攻澤州，呼罕之曰：「相公常恃太原，輕絕大國，今張相公圍太原，葛司空已入潞府，旬日之內，沙陀無穴自處，無穴，原本作「無窔」，今據新唐書改正。（影庫本粘籤）相公何路求生耶！」存孝聞其言不遜，選精騎五百，繞汴營呼曰：「我，沙陀求穴者，俟爾肉餵軍，可令肥者出鬬！」汴將有鄧季筠者，亦以驍勇聞，乃引軍出戰，存孝激勵部衆，舞矟先登，一戰敗之，獲馬千匹，生擒季筠於軍中。是夜，汴將李讜收軍而遁，存孝追擊至馬牢山，俘斬萬計，遂退攻潞州。

時朝廷命京兆尹孫揆爲昭義節度使，令供奉官韓歸範送旌節至平陽，揆乃仗節之潞，梁祖與揆牙兵三千爲紀綱。時揆爲張濬副招討，所部萬人。八月〔三〕，自晉、絳踰刀黃嶺趨上黨。存孝引三百騎伏於長子西崖間。揆褒衣大蓋，擁衆而行，俟其軍前後不屬，存孝出騎橫擊之，擒揆與歸範及俘囚五百，獻於太原。存孝乃急攻潞州。九月，葛從周棄城夜遁，存孝收城，武皇乃表康君立爲潞帥，存孝怒，不食者累日。十月，存孝引收潞州之師，圍張濬於平陽，平陽，原本作「申陽」，今據歐陽史改正。（影庫本粘籤）營於趙城。華州韓建遣壯士三百夜犯其營，存孝諜知，設伏以擊之，盡殪，進壓晉州西門，獲賊三千，自是閉壁不出。存孝引軍

攻絳州。十一月，刺史張行恭棄城而去，張濬、韓建亦由含口而遁，存孝收晉、絳，以功授汾州刺史。

大順二年三月，邢州節度使安知建叛入汴軍，武皇令存孝定邢、洺，因授之節鉞。時幽州李匡威與鎭州王鎔屢弱中山，將中分其疆土。定州王處存求援於武皇。武皇命存孝侵鎭、趙之南鄙，又令李存信、李存審率師出井陘以會之，併軍攻臨城、柏鄉。李匡威救至，且議旋師。李存信與存孝不協，因搆於武皇，言存孝望風退衄，無心擊賊，恐有私盟也。存孝知之，自恃戰功，鬱鬱不平，因致書通王鎔，又歸款於汴。案：舊唐書以存孝據邢州爲大順元年事。考存孝至大順二年始領邢州節鉞，在元年無由得據邢州也。舊唐書蓋因平潞州事而牽連書之耳。新唐書與歐陽史並從薛史。

明年，武皇自出井陘，將逼眞定，存孝面見王鎔陳軍機。武皇暴怒，誅先獲汴將安康八方旋師。七月，復出師討存孝，自縛馬關東下，攻平山，渡滹水，擊鎭州四關城。王鎔懼，遣使乞平，請以兵三萬助擊存孝，許之。案新唐書：王鎔失幽州助，因乞盟，進幣五十萬，歸糧二十萬，請出兵助討存孝。（舊五代史考異）武皇蒐於欒城，李存信屯琉璃陂。九月，存孝夜犯存信營，奉誠軍使孫考老被獲，存信軍亂。武皇進攻邢州，深溝高壘以環之，旋爲存孝衝突，溝塹不成。有軍校袁奉韜者，袁奉韜，原本作「寠韜」，今從歐陽史改正。（影庫本粘籤）密令人謂存孝曰：「大王俟塹成卽

歸太原，如塹壘未成，恐無歸志。尚書所畏唯大王耳，料諸將孰出尚書右。王若西歸，雖限以黃河，亦可浮渡，況咫尺之洫，安能阻尚書鋒銳哉！」存孝然之，縱兵成塹。居旬日，深溝高壘，飛走不能及，由是存孝至敗，城中食盡。

乾寧元年三月，存孝登城首罪，泣訴於武皇曰：「兒蒙王深恩，位至將帥，案：歐陽史作位至將相。吳縝纂誤云：存孝本傳止爲邢州留後，未嘗爲平章事，何故云『位至將相』耶！（舊五代史考異）苟非讒慝離間，曷欲捨父子之恩，轉附仇讎之黨！兒雖褊狹設計，實存信搆陷至此，若得生見王面，一言而死，誠所甘心。」武皇愍之，遣劉太妃入城慰勞。太妃引來謁見，存孝泥首請罪曰：「兒立微勞，本無顯過，但被人中傷，申明無路，迷昧至此！」武皇叱之曰：「爾與王鎔書狀，罪我萬端，亦存信教耶！」縶歸太原，車裂於市。然武皇深惜其才。存孝每臨大敵，被重鎧櫜弓坐槊〔四〕，僕人以二騎從，陣中易騎，輕捷如飛，獨舞鐵檛，挺身陷陣，萬人辟易，蓋古張遼、甘寧之比也。存孝死，武皇不視事旬日，私憾諸將久之。永樂大典卷一萬三百八十九。

李存進，振武人，本姓孫，名重進。案：歐陽史：太祖破朔州得之，賜以姓名，養爲子。父佺，世吏單于府。案九國志孫漢韶傳云：祖昉，嵐州刺史。父存進，振武軍節度使。據薛史則存進父自名佺，未嘗爲刺史，與九國志異。重進初仕嵐州刺史湯羣爲部校，獻祖誅羣，乃事武皇，從入關，還鎮太原，署牙職。景

福中，爲義兒軍使，賜姓名。從討王行瑜，以功授檢校常侍，與李嗣昭同破王珙於河中。光化三年，契丹犯塞，寇雲中，改永安軍使〔五〕，鴈門以北都知兵馬使。天復初，破氏叔琮前軍於洞渦。三年，授石州刺史。莊宗初嗣位，入爲步軍右都檢校司空，師出井陘，授行營馬步軍都虞候〔六〕，破汴軍於柏鄉，論功授邢州刺史，轉檢校司徒，俄兼西南面行營招討使，出師收慈州，授慈、沁二州刺史。十二年〔七〕，定魏博，授天雄軍都巡按使。時魏人初附，有銀槍効節都，强傑難制，效節，原本作「數節」，今從通鑑改正。（影庫本粘籤）專謀騷動。存進沉厚果斷，犯令者梟首屍於市，諸軍無不惕息，靡然向風。十四年，擢蕃漢馬步副總管，從攻楊劉，戰胡柳。

十六年，以本職兼領振武節度使。時王師據德勝渡，汴軍據楊村渡在上流。汴人運洛陽竹木，造浮橋以濟軍。王師以船渡，緩急難濟，存進率意欲造浮橋。軍吏曰：「河橋須竹笮大縆，兩岸石倉鐵牛以爲固，今無竹石，竊慮難成。」存進曰：「吾成算在心，必有所立。」乃課軍造葦笮，維大艦數十艘，作土山，植巨木於岸以纜之。初，軍中以爲戲，月餘橋成，制度條上，人皆服其勤智。莊宗舉酒曰：「存進，吾之杜預也。」賜寶馬御衣，進檢校太保、兼魏博馬步都將。與李存審固守德勝〔八〕。

十九年，汴將王瓚率衆逼北城，爲地穴火車，百道進攻。存進隨機拒應，或經日不得食。汴軍退，加檢校太傅。王師討張文禮於鎮州，閻寶、李嗣昭相次不利而歿。七月，存進代嗣昭爲招討，進營東垣渡，夾滹沲爲壘，沙土散惡，垣壘難成。存進斬伐林樹，版築旬日而就，賊不能寇。九月，王處球盡率其衆，乘其無備，奄至壘門。存進聞之，得部下數人出鬭，騶賊於橋下。俄而賊大至，後軍不繼，血戰而歿，時年六十六。同光時，贈太尉。存進行軍出師，雖無奇迹，然能以法繩其驕放，營壘守戰之備，特推精力，議者稱之。

有子四人，長曰漢韶。永樂大典卷一萬三百八十九。

漢韶，字享天，享天，原本作「亨天」。考冊府元龜作享天，九國志與冊府元龜同，今改正。（影庫本粘籤）幼有器局，風儀峻整。初事莊宗，爲定安軍使，遷河東牢城指揮使。時孟知祥權知太原軍府事，會契丹侵北部，表令漢韶率師進討，既而大破契丹，以功加檢校右僕射。同光中，爲蔡州刺史。天成初，復姓孫氏，尋授彰國軍留後，累加檢校太保。長興中，爲洋州節度使。末帝之起於鳳翔也，漢韶與興元張虔釗各帥部兵會王師於岐山下，及西師俱叛，漢韶逃歸本鎮。案九國志：閔帝嗣位，加特進。漢韶以其父名上表讓之，改檢校左僕射。制曰：「改會稽之字，抑有前聞；換瓌寶之文，非無故事。」聞末帝即位，心不自安，乃與張虔釗各舉其城送款於蜀。洎至成都，孟知祥以漢韶舊人，尤善待之，案九國志：漢韶與知祥敍汾上舊事，及洛中更變，相對感泣。知祥曰：「豐沛故人，相遇於此，何樂

如之！」於是賜第宅金帛，供帳什物，悉官給之。僞命永平軍節度使。孟昶嗣僞位，歷興元、遂州兩鎮連帥，累僞官至中書令，封樂安郡王。年七十餘，卒於蜀。永樂大典卷一萬八千一百二十八。

李存璋，字德璜，雲中人。武皇初起雲中，存璋與康君立、薛志勤等爲奔走交，從入關，以功授國子祭酒，累管萬勝、雄威等軍。從討李匡儔，改義兒軍使。光化二年，授澤州刺史，入爲牢城使。從李嗣昭討雲州叛將王暉，平之，改教練使、檢校司空。五年〔九〕，武皇疾篤，召張承業與存璋授遺顧，存璋爰立莊宗，夷內難，頗有力焉，改河東馬步都虞候，兼領鹽鐵。初，武皇稍寵軍士，藩部人多干擾鄽市，肆其豪奪，法司不能禁。莊宗初嗣位，銳於求理。存璋得行其志，抑強扶弱，誅其豪首，期月之間，紀綱大振，弭羣盜，務耕稼，去姦宄，息倖門，當時稱其材幹。從破汴軍於夾城，轉檢校司徒。柏鄉之役，爲三鎮排陣使。十一年，從盟朱友謙於猗氏，授汾州刺史。汴將尹皓攻慈州，逆戰敗之。十三年，王檀逼太原，存璋率汾州之軍入城固守，授大同防禦使、應蔚朔等州都知兵馬使。秋，契丹攻蔚州〔一〇〕，阿保機遣使馳木書求賂，存璋斬其使。契丹逼雲州，存璋拒守，城中有古鐵車，乃鎔爲兵仗，以給軍士。敵退，以功加檢校太傅、大同軍節度使、應蔚等州觀察使。十九年四月，以疾卒於雲州府第。同光初，追贈太保、平章事。晉天福初，追贈太師。

有子三人，彥球爲裨校，戰歿於鎭州。永樂大典卷一萬三百八十九。

李存賢，字子良，本姓王，名賢，許州人。祖啓忠，父惲。案九國志李奉虔傳：奉虔，太原人，本姓王氏。祖欽，唐嵐州刺史。父存賢，佐唐武皇，累著功，賜姓李氏。考薛史作許州人，又作父惲，不載其官爵，與九國志異。（舊五代史考異）賢少遇亂，入黃巢軍，武皇破賊陳、許，存賢來歸。景福中，典義兒軍，爲副兵馬使，因賜姓名。天祐三年，從周德威赴援上黨，營於交口。五年，權知蔚州刺史，以禦吐渾。六年，權沁州刺史。先是州當賊境，不能保守，乃於州南五十里據險立栅爲治所，已歷十餘年矣。存賢至郡，乃移復舊郡，剗闢荆棘，特立廨舍，州民完集。莊宗嘉之，轉檢校司空，眞拜刺史。九年，汴人乘其無備，來攻其城，存賢擊退之。十一年，授武州刺史、山北團練使。十二年，移刺慈州。七月，汴將尹皓攻州城，存賢督軍拒戰，汴軍攻擊百端，月餘遁去。十八年，河中朱友謙來求援，案：吳縝纂誤據梁末帝紀及莊宗本紀當作十七年。（舊五代史考異）命存賢率師赴之〔一一〕。十九年，汴將段凝軍五萬營臨晉，蒲人大恐，咸欲歸汴。或問於存賢曰：「河中將士欲拘公降於汴。」存賢曰：「吾奉命援河中〔一二〕，死王事固其所也。」汴軍退，案：歐陽史作擊退梁兵。吳縝纂誤云：朱友謙、符存審、劉鄩傳載鄩討友謙，存審救之，而鄩敗，其事始末甚明，無存賢擊走梁兵之事。況大將自是存審，安得隱其姓，而存賢獨有功乎！今考薛史止作汴軍退，不言存賢擊退，較歐陽史爲得其實。（舊五代史考異）以功加檢校司徒。

同光初，授右武衞上將軍。十一月，入覲洛陽。二年三月，幽州李存審疾篤，求入覲，議擇帥代之，方內宴，莊宗曰：「吾披榛故人，零落殆盡，所殘者存審耳。今復衰疾，北門之事，北門，原本作「北北」，今從歐陽史改正。（影庫本粘籤）知付何人！」因目存賢曰：「無易於卿。」卽日授特進、檢校太保，充幽州盧龍節度使。案九國志：梁人攻上黨，莊宗親總大軍以援之，存賢先登陷敵，以功授盧龍軍節度使。與薛史異。（舊五代史考異）五月，到鎭。時契丹強盛，城門之外，烽塵交警，一日數戰。存賢性忠謹周愼，晝夜戒嚴，不遑寢食〔一三〕，以至憂勞成疾，卒於幽州，時年六十五。詔贈太傅。

存賢少有材力，善角觝。初，莊宗在藩邸，每宴，私與王郁角觝鬬勝，郁頻不勝。莊宗自矜其能，謂存賢曰：「與爾一博，如勝，賞爾一郡。」卽時角觝，存賢勝，得蔚州刺史。永樂大典卷一萬三百八十九。按：存賢爲蔚州刺史在天祐五年，蓋因角觝而得郡也。歐陽史改薛史「賞爾一郡」爲「與爾一鎭」，以爲盧龍節度使，殊非事實。

史臣曰：昔武皇之起幷、汾也，會鹿走於中原，期龍戰於大澤，蓄驍果之士，以備鷹犬之用。故自存信而下，皆錫姓以結其心，授任以責其效。與夫董卓之畜呂布，亦何殊哉！唯

存孝之勇，足以冠三軍而長萬夫，苟不爲叛臣，則可謂良將矣。永樂大典卷一萬三百八十九。

校勘記

〔一〕以功望領節度 原作「以功領節度使」，據殿本改。影庫本批校云：「以功領節度使，原本係『以功望領節度』，殆云以功而希冀領節度也。未經得授，觀下句授康君立可見，當從原本。」

〔二〕遣使諜羅弘信 殿本同，劉本「諜」作「謂」。

〔三〕八月 殿本、劉本同，按通鑑卷二五八記此事在大順元年八月。

〔四〕櫜弓坐矟 「櫜」原作「槖」，據殿本改。

〔五〕永安軍 原作「永州軍」，據册府卷三四七、卷三八七改。

〔六〕授行營馬步軍都虞候 「步」字原無，據册府卷三四七、卷三八七、歐陽史卷三六李存進傳補。

〔七〕十二年 殿本、劉本同。據通鑑卷二六九，李存進爲天雄巡按使在梁貞明元年，卽唐天祐十二年。

〔八〕固守德勝 原作「圍德勝」，據明本册府卷四〇〇改，殘宋本册府作「固德勝」。影庫本粘籤云：「圍德勝，原本脫『德』字，今據文增入。」

〔九〕五年 殿本、劉本同。據通鑑卷二六六，李克用召張承業、李存璋授遺顧事在梁開平二年，卽唐

天祐五年。

〔一〇〕契丹攻蔚州 劉本同，殿本「攻」作「陷」。按册府卷四〇〇云：「時契丹陷蔚州，營於魚池。阿保機遣人馳木書賂於存璋，存璋斬其使者不報。」

〔一一〕命存賢率師赴之 「率」字原無，據册府卷四一四補。

〔一二〕吾奉命援河中 「援」字原無，據册府卷四一四補。

〔一三〕不遑寢食 「寢」原作「寑」，據殿本、劉本改。

舊五代史卷五十四

唐書三十

列傳第六

王鎔，其先迴鶻部人也。遠祖沒諾干，唐至德中，事鎭州節度使王武俊爲騎將。武俊嘉其勇幹，畜爲假子，號王五哥，其後子孫以王爲氏。四代祖廷湊，事鎭帥王承宗爲牙將。長慶初，承宗卒，穆宗命田弘正爲成德軍節度使。既而鎭人殺弘正，推廷湊爲留後，朝廷不能制，因以旄鉞授之。廷湊卒，子元逵尙文宗女壽安公主。元逵卒，子紹鼎立。紹鼎卒，子景崇立。案新唐書藩鎭傳：紹鼎卒，子幼，未能事，以元逵次子紹懿爲留後。紹懿卒，乃復授紹鼎子景崇。與薛史異。皆世襲鎭州節度使，並前史有傳。景崇位至太尉、中書令，封常山王，中和二年卒。鎔即景崇之子也，年十歲，三軍推襲父位。大順中，武皇將李存孝既平邢、洺，因獻謀於武皇，欲兼幷鎭、定，乃連年出師以擾鎭之屬邑。鎔苦之，遣使求救於幽州。案舊唐書云：時

天子蒙塵，九州鼎沸，河東節度使李克用虎視山東，方謀吞據。鎔以重賂結納，請以修和好。晉軍討孟方立于邢州，鎔常奉以芻糧。及方立平，晉將李存孝侵鎔于南部，鎔求援于幽州。（舊五代史考異）自是燕帥李匡威頻歲出軍，以爲鎔援。案太平廣記引劉氏耳目記：趙王鎔方在幼沖，而燕軍寇北鄙，王選將拒之。有勇士陳力、劉幹，投刺軍門，願以五百人營寇。翼日，力卒于鋒刃之下，幹唱凱而還。據薛史，鎔方以燕帥爲援，未嘗與燕軍戰，疑耳目記傳聞之誤。（舊五代史考異）案太平廣記引耳目記云：趙王鎔方在幼沖，而燕軍寇北鄙，王方選將拒之。有勇士陳立、劉幹投刺于軍門，願以五百人營寇，必面縛戎首，王壯而許之。翌日，二夫率師而出，夜襲燕壘，大振捷音，燕人駭而奔退。立卒于鋒刃之下，幹即凱唱而還。王悅，賜上廐馬數匹，金帛稱是。俄爲閽人所譖曰：「此皆陳立之功，非幹之功。」王母何夫人閉之曰：「不必身死爲君，未若全身爲國。」即賜錦衣銀帶，加錢二十萬，擢爲中堅尉。考王鎔初襲位，未嘗與燕軍戰，疑耳目記係傳聞之誤。（孔本）時匡威兵勢方盛，以鎔沖弱，將有窺圖之志。

景福二年春，匡威帥精騎數萬，再來赴援，會匡威弟匡儔奪據兄位〔一〕，匡威退無歸路，鎔乃延入府第，館於寶壽佛寺。案：歐陽史作館于梅子園。（舊五代史考異）鎔以匡威因己而失國，又感其援助之力，事之如父。五月，鎔謁匡威於其館，匡威陰遣部下伏甲劫鎔，抱持之。鎔曰：「公戒部人勿造次。吾國爲晉人所侵，垂將覆滅，賴公濟援之力，幸而獲存。今日之事，本所甘心。」即並轡歸府舍，鎔軍拒之，竟殺匡威。鎔本疏瘦，時年始十七，當與匡威並轡之時，雷雨驟作，屋瓦皆飛。有一人於缺垣中望見鎔，鎔就之，遽挾於馬上，肩之而去。翌日，

鎔但覺項痛頭偏，蓋因爲有力者所挾，不勝其苦故也。既而訪之，則曰墨君和，墨君和，原本作「君私」。考通鑑及北夢瑣言諸書俱作君和，今改正。（影庫本粘籤）乃鼓刀之士也，遂厚賞之。案太平廣記引劉氏耳目記云：眞定墨君和，幼名三旺。眉目稜岸，肌膚若鐵，年十五六，趙王鎔初即位，曾見之，悅而問曰：「此中何得崑崙兒也？」問其姓，與形質相應，即呼爲墨崑崙，因以皂衣賜之。是時，常山縣邑屢爲幷州中軍所侵掠，趙之將卒疲于戰敵，告急于燕王，李匡威率師五萬來救之。幷人攻陷數城，燕王聞之，躬領五萬騎徑與晉師戰于元氏，晉師敗績。趙王感燕王之德，椎牛釃酒，大犒于槀城，輦金二十萬以謝之。燕王歸國，比及境上，爲其弟匡儔所拒，趙人以其有德于我，遂營東圃以居之。燕王自以失國，又見趙王之幼，乃圖之，遂伏甲俟趙王，且至，即使擒之。趙王請曰：「某承先代基構，主此山河，每被鄰寇侵漁，困于守備，賴大王武略，累挫戎鋒，獲保宗祧，實資恩力。顧惟幼懦，夙有卑誠，望不匆匆，可伸交讓。顧與大王同歸衙署，即軍府必不拒違。」燕王以爲然，遂與趙王並轡而進。俄有大風幷黑雲起于城上，大雨雷電，至東角門內，有勇夫袒臂旁來，拳毆燕之介士，即挾負趙王踰垣而走，遂得歸公府。問其姓名，君和恐其難記，但言曰：「硯中之物。」王心志之。左右軍士既見主免難，遂逐燕王。燕王退走于東圃，趙人圍而殺之〔二〕。趙王既免燕王之難，召墨生以千金賞之，兼賜上第一區，良田萬畝，仍恕其十死〔三〕，奏授光祿大夫。（舊五代史考異）

鎔既失燕軍之援，會武皇出師以逼眞定，鎔遣使謝罪，出絹二十萬匹，及具牛酒犒軍，自是與鎔修好如初。洎梁祖兼有山東，虎視天下，鎔卑辭厚禮，以通和好。案新唐書：羅紹威諷鎔絕太原，共尊全忠，鎔依違，全忠不悅。（舊五代史考異）光化三年秋，梁祖將吞河朔，乃親征鎭、定，縱

其軍燔鎭之關城。鎔謂賓佐曰：「事急矣，謀其所向。」判官周式者，周式，原本作「周成」，今據新唐書改正。（影庫本粘籤）有口辯，出見梁祖。案新唐書：李嗣昭攻洺州，全忠自將擊走之，得鎔與嗣昭書，全忠怒，引軍攻鎔。周式請見全忠，全忠即出書示式曰：「嗣昭在者，宜速遣。」式曰：「王公所與和者，息人鋒鏑間耳，況繼奉天子詔和解，能無一番紙墜北路乎〔四〕？太原與趙本無恩，嗣昭庸肯入耶！」（舊五代史考異）梁祖盛怒，逆謂式曰：「王令公朋附幷汾，違盟爽信，敝賦業已及此，期於無捨！」式曰：「公爲唐室之桓、文，當以禮義而成霸業，反欲窮兵黷武，天下其謂公何！」梁祖喜，引式袂而慰之曰：「前言戲之耳。」即送牛酒貨幣以犒軍。式請鎔子昭祚昭祚，原本作「昭胙」，今據五代會要改正。（影庫本粘籤）及大將梁公儒、李弘規子各一人往質於汴。梁祖以女妻昭祚。及梁祖稱帝，鎔不得已行其正朔。

其後梁祖常慮河朔悠久難制，會羅紹威卒，因欲除移鎭、定。先遣親軍三千，分據鎔深、冀二郡，以鎭守爲名。又遣大將王景仁、李思安率師七萬，營於柏鄉。鎔遣使告急莊宗，莊宗命周德威率兵應之，鎔復奉唐朝正朔，稱天祐七年。及破梁軍於高邑，我軍大振，自是遣大將王德明率三十七都從莊宗征伐，收燕降魏，皆預其功。然鎔未嘗親軍遠出。八年七月，鎔至承天軍，與莊宗合宴同盟，奉觴獻壽，以申感慨。莊宗以鎔父友，曲加敬異，爲之聲歌，鎔亦報之，謂莊宗爲四十六舅。中飲，莊宗抽佩刀斷衿爲盟，許女妻鎔子昭誨，因茲堅

附於莊宗矣。

鎔自幼聰悟，然仁而不武，征伐出於下，特以作藩數世，專制四州，高屏塵務，不親軍政，多以閹人秉權，出納決斷，悉聽所爲。皆雕靡第舍，崇飾園池，植奇花異木，遞相誇尚。人士皆褒衣博帶，高車大蓋，以事嬉遊，藩府之中，當時爲盛。案：新唐書云：鎔母何，有婦德，訓鎔嚴，至母亡，鎔始驕貨財。此事薛史不載。鎔宴安既久，惑於左道，專求長生之要，常聚緇黃，合鍊仙丹，或講說佛經，親受符籙〔五〕。西山多佛寺，又有王母觀，鎔增置館宇，雕飾土木。道士王若訥者，誘鎔登山臨水，訪求仙迹，每一出，數月方歸，百姓勞弊。王母觀石路既峻，不通輿馬，每登行，命僕妾數十人維錦繡牽持而上。有閹人石希蒙者，姦寵用事，爲鎔所嬖，恆與之臥起。

天祐八年冬十二月，鎔自西山迴，宿於鶻營莊，鶻營莊，原本作「體榮莊」，今從通鑑改正。（影庫本粘籤）將歸府第，希蒙勸之佗所。宦者李弘規謂鎔曰：「方今晉王親當矢石，櫛沐風雨，王殫供軍之租賦，爲不急之遊盤，世道未夷，人心多梗，久虛府第，遠出遊從，如樂禍之徒，翻然起變，拒門不納，則王欲何歸！」鎔懼，促歸。希蒙譖弘規專作威福，多蓄猜防，鎔由是復無歸志。弘規聞之怒，使親事偏將蘇漢衡率兵擐甲遽至鎔前，抽戈露刃謂鎔曰：「軍人在外已久，願從王歸。」弘規進曰：「石希蒙說王遊從，勞弊士庶，又結構陰邪，將爲大逆。臣已偵視

情狀不虛，請王殺之，以除禍本。」鎔不聽。弘規因命軍士聚譟，斬希蒙首抵於前。鎔大恐，遂歸。是日，令其子昭祚與張文禮以兵圍李弘規及行軍司馬李藹宅，並族誅之，詿誤者凡數十家。又殺蘇漢衡，收部下偏將下獄，窮其反狀，親軍皆恐，復不時給賜，衆益懼。文禮因其反側，密諭之曰：「王此夕將坑爾曹，宜自圖之。」衆皆掩泣相謂曰：「王待我如是，我等焉能効忠？」是夜，親事軍十餘人，自子城西門踰垣而入，鎔方焚香受籙，軍士二人突入，斷其首，袖之而出，遂焚其府第，煙燄亙天，兵士大亂。鎔姬妾數百，皆赴水投火而死。軍校有張友順者，張友順，原本作「文順」，今從通鑑改正。（影庫本粘籤）率軍人至張文禮之第，請爲留後，遂盡殺王氏之族。鎔於昭宗朝賜號敦睦保定久大功臣，位至成德軍節度使、守太師、中書令、趙王，梁祖加尚書令。初，鎔之遇害，不獲其屍，及莊宗攻下鎮州，鎔之舊人於所焚府第灰間方得鎔之殘骸。莊宗命幕客致祭，葬於王氏故塋。

鎔長子昭祚，亂之翌日，張文禮索之，斬於軍門。

次子昭誨，當鎔被禍之夕，昭誨爲軍人攜出府第，置之地穴十餘日，乃髡其髮，被以僧衣。屬湖南綱官李震南還，軍士以昭誨託於震，震置之茶褚中。既至湖湘，乃令依南嶽寺僧習業，歲給其費。昭誨年長思歸，震即齎送而還。時鎔故將符習爲汴州節度使，會昭誨來投，即表其事曰：「故趙王王鎔小男昭誨，年十餘歲遇禍，爲人所匿免，今尚爲僧，名崇隱，

謹令赴闕。」明宗賜衣一襲，令脫僧服。頃之，昭誨稱前成德軍中軍使、檢校太傅，詣中書陳狀，特授朝議大夫、檢校考功郎中、司農少卿，賜金紫。符習因以女妻之。其後，累歷少列，周顯德中，遷少府監。永樂大典卷一萬八千一百二十八。

王處直。案：薛史王處直傳，永樂大典止存王都廢立之事，而處直事闕佚。今考舊唐書列傳云：處直，字允明，處存母弟也。初爲定州後院軍都知兵馬使，汴人入寇，處直拒戰〔六〕，不利而退，三軍大譟，推處直爲帥，乃權知留後事。汴將張存敬攻城，梯衝雲合，處直登城呼曰：「敝邑於朝廷未嘗不忠，於藩鄰未嘗失禮，不虞君之涉吾地，何也？」朱溫使人報之曰：「何以附太原而弱鄰道？」處直報曰：「吾兄與太原同時立勳王室，地又親鄰，修好往來，常道也。請從此改圖。」溫許之，仍歸罪於孔目吏梁問，出絹十萬匹，牛酒以犒汴軍，存敬修盟而退，溫因表授旄鉞、檢校左僕射。天祐元年，加太保，封太原王，後仕僞梁，授北平王、檢校太尉，不數歲復歸於莊宗。後十餘年，爲其子都廢歸私第，尋卒，年六十一。

王都〔七〕，本姓劉，小字雲郎，中山陘邑人也〔八〕。初，有妖人李應之得於村落間，李應之，原本作「鷹之」，今從通鑑改正。（影庫本粘籤）養爲己子。及處直有疾，應之以左道醫之，不久病間，處直神之，待爲羽人。始假幕職，出入無間，漸署爲行軍司馬，軍府之事，咸取決焉。處直時

未有子，應之以都遺於處直曰：「此子生而有異。」因是都得爲處直之子。其後應之閱白丁於管內，別置新軍，起第於博陵坊，面開一門，動皆鬼道。處直信重日隆，將校相慮，變在朝夕，欲先事爲難。會燕師假道，伏甲於外城，以備不虞，昧旦入郛，諸校因引軍以圍其第，應之死於亂兵，咸云不見其屍，衆不解甲。乃逼牙帳請殺都，處直堅靳之，久乃得免。翌日賞勞，籍其兵於臥內，自隊長已上記於別簿，漸以佗事孥戮，迨二十年，別簿之記，略無孑遺。都既成長，總其兵柄，姦詐巧佞，生而知之。處直愛養，漸有付託之意，時處直諸子尚幼，乃以都爲節度副大使。

王郁者，亦處直之孽子也。案：以下有闕文。

天祐十八年十二月〔九〕，莊宗親征鎮州，敗契丹於沙河。明年正月，乘勝追敵，過定州，都馬前奉迎，莊宗幸其府第曲宴〔一〇〕。都有愛女，十餘歲，莊宗與之論婚，許爲皇子繼岌妻之，自是恩寵特異，奏請無不從。同光三年，莊宗幸鄴都，都來朝覲，留宴旬日，錫賚鉅萬，遷太尉、侍中。時周玄豹見之曰：「形若鯉魚，難免刀机〔一一〕。」及明宗嗣位，加中書令，然以其奪據父位，深心惡之。

初，同光中，祁、易二州刺史，都奏部下將校爲之，不進戶口，租賦自贍本軍，天成初仍舊。既而安重誨用事，稍以朝政釐之。時契丹犯塞，諸軍多屯幽、易間，大將往來，都陰爲

之備，屢廢迎送，漸成猜間。和昭訓爲都籌畫曰：案：宋史趙上交傳作和少微。（舊五代史考異）「主上新有四海，其勢易離，可圖自安之計。」會朱守殷據汴州反，鎮州節度使王建立與安重誨不協，心懷怨嫉。都陰知之，乃遣人說建立謀叛，建立僞許之，密以狀聞。都又與青、徐、岐、潞、梓五帥蠟書以離間之。案：通鑑作青、徐、潞、益、梓五帥。胡三省注云：是時，青帥霍彥威，徐帥房知溫，潞帥毛璋，益帥孟知祥，梓帥董璋。薛史有岐帥而無益帥，與通鑑異。歐陽史從薛史。（舊五代史考異）三年四月，制削都在身官爵，遣宋州節度使王晏球率師討之〔一二〕。都急與王郁謀，引契丹爲援。洎王師攻城，契丹將秃餒率騎萬人來援，都與契丹合兵大戰於嘉山，爲王師所敗，唯秃餒以二千騎奔入定州。都仗之守城，呼爲餒王〔一三〕，屈身瀝懇，冀其盡力，孤壘周年，亦甚有備。諸校或思歸嚮，以其訪察嚴密，殺人相繼，人無宿謀，故數構不就。

都好聚圖書，自常山始破，梁國初平，令人廣將金帛收市，以得爲務，不責貴賤，書至三萬卷，名畫樂器各數百，皆四方之精妙者，萃於其府。四年三月，晏球拔定州，時都校馬讓能降於曲陽門，都巷戰而敗，奔馬歸於府第，縱火焚之，府庫妻孥，一夕俱燼，唯擒秃餒并其男四人、弟一人獻於行在。

李繼陶者，繼陶，原本作「繼陳」，今從北夢瑣言改正。（影庫本粘籤）莊宗初略地河朔，俘而得之，收養於宮中，故名曰得得。天成初，安重誨知其本末，付段佪養之爲兒，佪知其不稱，許其就

便。王都素蓄異志，潛取以歸，呼爲莊宗太子。及都叛，遂僭其服裝，時俾乘墉，欲惑軍士，人咸知其僞，競詬辱之。城陷，晏球獲之，拘送於闕下，行至邢州，遣使戮焉。永樂大典卷六千八百五十。

史臣曰：王鎔據鎮，冀以稱王，治將數世；處直分易、定以爲帥，亦既重侯。一則惑佞臣而覆其宗，一則孽子而失其國，其故何哉？蓋富貴斯久，仁義不修，目眩於妖妍，耳惑於絲竹，故不能防姦於未兆，察禍於未萌，相繼敗亡，又誰咎也。永樂大典卷六千八百五十。

校勘記

〔一〕匡儔　原作「彥儔」，據殿本、劉本、舊唐書卷一八〇、新唐書卷二一二李全忠傳改。

〔二〕是時……趙人圍而殺之　三百二十五字原無，據殿本、劉本、太平廣記卷一九二補。

〔三〕怨其十死　「十」原作「一」，據殿本、劉本、太平廣記卷一九二改。

〔四〕能無一番紙壓北路乎　「無」字原無，據新唐書卷二一一王鎔傳補。

〔五〕親受符籙　「受」原作「授」，「籙」原作「錄」，據殿本、通鑑卷二七一改。下文「鎔方焚香受籙」句「受」字同。

〔六〕處直　原作「處存」，據舊唐書卷一八二王處存傳改。

〔七〕王都　「王」字原無，據殿本補。

〔八〕陘邑　原作「徑邑」，據殿本、劉本、通鑑卷二七一改。

〔九〕天祐十八年十二月　原作「天祐十三年」，據殿本、永樂大典（膠卷）卷六八五〇改。

〔一〇〕曲宴　原作「曲晏」，據殿本、劉本改。影庫本批校云：「曲晏之『晏』應作『宴』。」下文「留宴旬日」句中「宴」字同。

〔一一〕雞兔刀杌　「杌」原作「機」，殿本、劉本作「匕」，明本册府卷八六〇作「几」，殘宋本册府作「杌」，據孔本改。

〔一二〕王晏球率師討之　「率」字原無，據殿本、劉本補。

〔一三〕呼爲餒王　「餒」字原無，據永樂大典（膠卷）卷六八五〇補。殿本、劉本作「呼爲諾王」。影庫本批校云：「呼爲納王，脫『納』字。」按：輯錄舊五代史時，據遼史索倫國語解改秃餒爲塔納，故此云「呼爲納王」；殿本改秃餒爲托諾，劉本改爲伊托諾，故作「呼爲諾王」。

舊五代史卷五十五

唐書三十一

列傳第七

康君立，蔚州興唐人，世爲邊豪。乾符中，爲雲州牙校，事防禦使段文楚。時羣盜起河南，天下將亂，代北仍歲阻饑，諸部豪傑，咸有嘯聚邀功之志。會文楚稍削軍人儲給，戍兵咨怨。君立與薛鐵山、程懷信、王行審、李存璋等謀曰：「段公懦人〔一〕，難與共事。方今四方雲擾，武威不振，丈夫不能於此時立功立事，非人豪也。吾等雖權係部衆，權係部衆，原本脫「係」字，今從通鑑考異所引薛史增入。（影庫本粘籤）然以雄勁聞於時者，莫若沙陁部，復又李振武父子勇冠諸軍，吾等合勢推之，則代北之地，旬月可定，功名富貴，事無不濟也。」君立等乃夜謁武皇言曰：「方今天下大亂，天子付將臣以邊事，歲偶饑荒，便削儲給，我等邊人，焉能守死！公家父子，素以威惠及五部，當共除虐帥，以謝邊人，孰敢異議者！」武皇曰：「明天子

在上，舉事當有朝典，公等勿輕議。予家尊遠在振武，萬一相迫，俟予稟命。」君立等曰：「事機已泄，遲則變生，曷俟千里咨稟！」案通鑑考異引趙鳳紀年錄云：邊校程懷信、康君立等十餘帳，日譁於太祖之門。疑非事實。新唐書作夜謁克用，通鑑作灒詣蔚州說克用，皆以薛史爲據。衆因聚譟，擁武皇，比及雲州，衆且萬人，師營鬭雞臺，城中械文楚以應武皇之軍。既收城，推武皇爲大同軍防禦留後。衆狀以聞，朝廷不悅，詔徵兵來討。俄而獻祖失振武，武皇失雲州，朝廷命招討使李鈞、幽州李可舉加兵於武皇，攻武皇於蔚州，君立從擊可舉之師屢捷。及獻祖入達靼，君立保感義軍。武皇授鴈門節度，以君立爲左都押牙，從入關，逐黃孽，黃孽，原本作「黃辟」，考薛史前後多稱黃巢餘黨爲黃孽，今改正。（影庫本粘籤）收長安。武皇還鎭太原，授檢校工部尚書、先鋒軍使。

文德初，李罕之既失河陽，來歸於武皇，且求援焉。乃以君立充南面招討使，李存孝副之，帥師二萬，助罕之攻取河陽。三月，與汴將丁會、牛存節戰於沇河，臨陣之次，騎將安休休叛入汴軍，君立引退。八月，授汾州刺史。大順元年，潞州小校安居受反，武皇遣君立討平之，授檢校左僕射、昭義節度使。自武皇之師連歲略地於邢、洺，攻孟方立，君立常率澤潞之師以爲掎角。

景福初，檢校司徒，食邑千戶。二年，李存孝據邢州叛，武皇命君立討之，以功加檢校太保。乾寧初，存孝平，班師。存孝既死，武皇深惜之，怒諸將無解愠者。初，李存信與存孝不叶，屢相傾奪，而君立素與存信善。九月，君立至太原，武皇會諸將酒博，因語及存孝事，流涕不已。時君立以一言忤旨，武皇賜酖而殂，案：通鑑考異引唐遺錄作君立被杖死，與薛史異。時年四十八。明宗卽位，以念舊之故，詔贈太傅。永樂大典卷一萬八千一百一十八。

薛志勤，蔚州奉誠人，小字鐵山。初爲獻祖帳中親信，乾符中，與康君立共推武皇定雲中，以功授右牙都校，從入達靼。武皇授節鴈門，志勤領代北軍使，從入關，收京城，以功授檢校工部尚書、河東右都押牙、先鋒右軍使。從武皇救陳、許，平黃巢。武皇遇難於上源驛，汴將楊彥洪連車樹柵，遮絕巷陌，時騎從皆醉，宴席既闌，汴軍四面攻傳舍。志勤彪勇冠絕，復酒膽激壯，因獨登驛樓大呼曰：「朱僕射負恩無行，邀我司空圖之，吾三百人足以濟事！」因彎弧發射，矢無虛發，汴人斃者數十。志勤私謂武皇曰：「事急矣，如至五鼓，吾屬無遺類矣，無遺類矣，原本脫「遺」字，今從册府元龜增入。（影庫本粘籤）可速行！」因扶武皇而去。雷雨暴猛，汴人扼橋，志勤以其屬血戰擊敗之，得侍武皇還營，由是恩顧益厚。

大順初，張濬以天子之師來侵太原。十月，大軍入陰地，志勤與李承嗣率騎三千抗之，

敗韓建之軍於蒙坑，進收晉、絳，以功授忻州刺史。二年，從討鎭州，收天長、臨城，志勤皆先登陷陣，勇敢無前。王暉據雲州叛，討平之，以志勤爲大同軍防禦使、檢校司空。乾寧初，代康君立爲昭義節度使。光化元年十二月，以疾卒於潞，時年六十二。永樂大典卷二萬一千三百六十六。

史建瑭，字國寶。父敬思，鴈門人，仕郡至牙校。武皇節制鴈門，敬思爲九府都督，九府，原本作「凡府」，考新唐書，唐官制有九府都督，歐陽史亦作九府，今改正。（影庫本粘籤）從入關，定京師。及鎭太原，爲裨將。中和四年，從援陳、許，爲前鋒，敗黃巢於汴上，追賊至徐、兗，常將騎挺身酣戰，勇冠諸軍。是時，天下之師雲集，軍中無不推伏。六月，衞從武皇入汴州，舍於上源驛。是夕爲汴人所攻，敬思方大醉，因蹶然而興，操弓與汴人鬭，矢不虛發，汴人死者數百。夜分冒雨方達汴橋，左右扶武皇決圍而去，敬思後拒，血戰而歿。武皇還營，知失敬思，流涕久之。

建瑭以父廕少仕軍門。光化中，典昭德軍。與李嗣昭攻汾州，率先登城，擒叛將李瑭以獻，授檢校工部尚書。李思安之圍上黨也，建瑭爲前鋒，與總管周德威赴援。時汴人夾城深固，援路斷絕，建瑭日引精騎，設伏擒生，夜犯汴營，驅斬千計，敵人不敢芻牧。汴將王

景仁營於柏鄉，建瑭與周德威先出井陘。井陘，原本作「井陰」，今從通鑑改正。（影庫本粘籤）高邑之戰，日已晡晚，汴軍有歸志，建瑭督部落精騎先陷其陣，夾攻魏、滑之間，遂長驅追擊，夜入柏鄉，俘斬數千計，論功加檢校左僕射。師旋，留戍趙州。汴將氏延賞數犯趙之南鄙，建瑭設伏柏鄉，獲延賞，獻之。

九年，梁祖親攻蓨縣，時王師併攻幽州，聲言汴軍五十萬，將寇鎮、定。都將符存審謂建瑭曰：「梁軍倘以五十萬來，我等何以待之？」裨將趙行實曰：「走入土門爲上策。」存審曰：「事未可知，但老賊在東，別將西來，尚可徐圖。」不旬日，楊師厚圍棗彊，賀德倫圍蓨縣〔三〕，梁祖自至，攻城甚急。存審曰：「吾王方事北面，南鄙之事，付我等數人。今西道無兵，坐滋賊勢，何以爲謀。老賊若不下蓨、阜，必西攻深、冀，與公等料閱騎軍，偵視賊勢。」乃選精騎八百趨信都，存審扼下博橋，建瑭與李嗣肱分道擒生。建瑭乃分麾下三百騎爲五軍，案歐史：建瑭分其麾下五百騎爲五隊，一之衡水，一之南宮，一之信都，一之阜城，而自將其一。薛史作三百騎，史異文也。自將一軍深入，各命俘掠梁軍之芻牧者還，會下博橋。翌日，諸軍皆至，獲芻牧者數百人，聚而殺之，緩數十人，令其逸去，各曰：「沙陀軍大至矣！」梁軍震恐。明日，建瑭、嗣肱爲梁軍服色，與芻牧者相雜，晡晚，及賀德倫寨門〔三〕，殺守門者，縱火大譟，俘斬而去。是夜，梁祖燒營而遁，北至貝州，迷失道路，委棄兵仗，不可勝計。

十二年，魏博歸款，歸款，原本作「歸隸」，今據文改正。（影庫本粘籤）建瑭與符存審前軍屯魏縣。十三年，敗劉鄩於元城，收澶州，以建瑭爲刺史、檢校司空、外衙騎軍都將，尋歷貝、相二州刺史，屯於德勝。十八年，與閻寶討張文禮，爲馬軍都將。八月，收趙州，獲刺史王鋋。進逼鎮州，爲流矢所中〔四〕，卒於軍，時年四十六。案：歐陽史作四十二。永樂大典卷一萬一百八十三。

李承嗣，代州鴈門人。父佐方。承嗣少仕郡，補右職。中和二年，從武皇討賊關輔，爲前鋒。王師之攻華陰，黃巢令僞客省使王汀會軍機於黃揆，承嗣擒之以獻。賊平，以功授汾州司馬，改榆次鎮將。光啓初，從討蔡賊於陳、許。上源之難，遣承嗣奉表行在，陳訴其事，觀軍容田令孜館而慰諭，令達情於武皇，姑務叶和，仍授以左散騎常侍。朱玫之亂，遣承嗣率軍萬人援鄜州，至渭橋迎扈車駕。王行瑜既殺朱玫，承嗣會鄜、夏之師入定京城，獲僞相裴徹、鄭昌圖，鄭昌圖，原本作「易圖」，今從新唐書改正。（影庫本粘籤）函送朱玫、襄王首獻於行在。駕還宮，賜號迎鑾功臣、檢校工部尙書、守嵐州刺史，賜犒軍錢二萬貫。

時車駕初還，三輔多盜，承嗣按兵警衆，輦轂乂安。及還屯於鄜，留別將馬嘉福五百騎宿衞。孟方立之襲遼州也，武皇遣承嗣設伏於榆社以待之，邢人既至，承嗣發伏，擊其歸兵，大敗之，獲其將奚忠信，以功授洺州刺史。及張濬之加兵於太原也，時鳳翔軍營霍邑，承嗣帥一軍攻之，岐人夜遁，追擊至趙城，合大軍攻平陽，旬有三日而拔。師旋，改教練使、檢校司徒。

乾寧二年，兗、鄆爲汴人所攻，勢漸危蹙，遣使乞師於武皇，武皇遣承嗣帥三千騎假道於魏〔五〕，渡河援之。時李存信屯於莘縣，既而羅弘信背盟，掩擊王師，因茲隔絕。及瑄、瑾失守，承嗣與朱瑾、史儼同入淮南。案十國春秋吳列傳：太祖署爲淮南行軍副使。（舊五代史考異）承嗣、史儼皆驍將也，淮人得之，軍聲大振。武皇深惜之，如失左右手，乃遣趙岳間道使於淮南，請歸承嗣等，楊行密許之，遣使陳令存請修好於武皇。其年九月，汴將龐師古、葛從周出師，將收淮南，朱瑾率淮南軍三萬，與承嗣設伏於淸口，淸口，原本作「請口」，今從十國春秋改正。（影庫本粘籤）大敗汴人，生獲龐師古。行密嘉其雄才，留而不遣，仍奏授檢校太尉，領鎭海軍節度使。天祐九年，淮人聞莊宗有柏鄉之捷，乃以承嗣爲楚州節度使，以張掎角。十七年七月，卒於楚州，時年五十五。永樂大典卷二萬三百五十。

史儼，代州鴈門人。以便騎射給事於武皇，爲帳中親將，驍果絕衆，善擒生設伏，望塵揣敵，所向皆捷。自武皇入定三輔，誅黃巢，每出師皆從。乾寧中，從討王行瑜，師次渭北，遣儼率五百騎護駕石門。時京城大擾，士庶多散布南山，儼分騎警衞，比駕還京，盜賊不

作，以功檢校右散騎常侍，屯於三橋者累月，昭宗寵錫優異。明年，與李承嗣率騎渡河援兗、鄆。時汴軍雄盛，自青、徐、兗、鄆，柵壘相望，儼與騎將安福順等，案：史儼援兗、鄆在乾寧二年冬。薛史梁太祖紀：正月，擒蕃將安福順。然則安福順不當與史儼同行，疑傳文有訛字。每以數千騎直犯營壘，左俘右斬，汴軍爲之披靡。及朱瑾失守，與李承嗣等奔淮南。淮人比善水軍，不閑騎射，既得儼等，軍聲大振。尋挫汴軍於淸口。其後併鍾傳，擒杜洪，杜洪，原本作「社珙」，今從新唐書改正。（影庫本粘籤）削錢鏐，成行密之霸迹者，皆儼與承嗣之力也。案十國春秋云：儼累官滁州刺史。（舊五代史考異）淮人館遇甚厚，妻孥第舍必推其甲，故儼等盡其死力。天祐十三年，卒於廣陵。永樂大典卷一萬一百八十三。

蓋寓，蔚州人。祖祚，父慶，世爲州之牙將。武皇起雲中，寓與康君立等推轂佐佑之，因爲腹心。武皇節制鴈門，署職爲都押牙，領嵐州刺史。洎移鎭太原，改左都押牙、檢校左僕射。武皇與之決事，言無不從，凡出征伐，靡不衞從。案通鑑：光啓二年，朱玫作亂？

用曰：「鑾輿播遷，天下皆歸咎於我，今不誅朱玫，黜李熅，無以自湔洗。」克用從之。又，通鑑考異引紀年錄云：僞使至太原，太祖詰其事狀，曰：「皆朱玫所爲。」將斬之以徇，大將蓋寓等嘗云云。太祖燔僞詔，械其使，馳檄喻諸鎭曰：「今月二十日，得襄王僞詔及朱玫文字，云：『田令孜脅遷鑾駕，播越梁、洋，行至半途，六軍變擾，遂至蒼黃而晏駕，不知弒逆者何

人。永念丕基不可無主，昨四鎮藩后推朕纂承，已於正殿受册畢，改元大赦者。』李煴出自贅疣，名汙藩邸，智昏菽麥，識昧機權。李符據之以塞辭，朱玫賣之以爲利。呂不韋之奇貨，可見姦邪；蕭世誠之土囊，期於匪夕。近者，當道徑差健步，奉表起居，行朝現住巴、梁，宿衛比無騷動。而朱玫脅其孤賤，自號台衡，敢首亂階，明言晏駕，熒惑藩鎮，凌弱廟朝」云云。案：此事甚有關係，不知薛史何以不載，今附錄於此。乾寧二年，從入關討王行瑜，特授檢校太保、開國侯，食邑一千戶，領容管觀察經略使。光化初，車駕還京，授檢校太傅，封成陽郡公。

寓性通黠，多智數，善揣人主情。武皇性嚴急，左右難事，無委遇者，小有違忤，即置於法，唯寓承顏希旨，規其趣向，婉辭順意，以盡參裨。武皇或暴怒將吏，事將不測，寓欲救止，必佯佐其怒以責之，武皇怡然釋之。有所諫諍，必徵近事以爲喩。自武皇鎮撫太原，最推親信，中外將吏，無不景附，朝廷藩隣，信使結託，先及武皇，次入寓門。既總軍中大柄，其名振主，梁祖亦使姦人離間，暴揚於天下，言蓋寓已代李，聞者寒心，武皇略無疑間。

初，武皇既平王行瑜，旋師渭北，暴雨六十日，諸將或請入覲，且云：「天顏咫尺，安得不行覲禮。」武皇意未決，寓白曰：「車駕自石門還京，石門，原本作「右門」，今從通鑑改正。（影庫本粘籤）寢未安席，比爲行瑜兄弟驚駭乘輿〔六〕，今京師未寧，姦宄流議，大王移兵渡渭，必恐復動宸情。君臣始終，不必朝覲，但歸藩守，姑務勤王，是忠臣之道也。」武皇笑曰：「蓋寓尚阻

唐書三十一　列傳第七　七四五

舊五代史卷五十五　七四六

吾入覲，況天下人哉！」即日班師。

天祐二年三月，寓病篤，武皇日幸其第，手賜藥餌。初，寓家每事珍膳，窮極海陸，精於府饌，武皇非寓家所獻不食，每幸寓第，其往如歸，恩寵之洽，時無與比。及其卒也，哭之彌慟。莊宗即位，追贈太師。永樂大典卷一萬八千一百二十八。

伊廣，字言，案：原本闕一字。元和中右僕射愼之後。廣，中和末除授忻州刺史，遇天下大亂，乃委質於武皇。廣襟情灑落，善占對，累歷右職，授汾州刺史。時武皇主盟，諸侯景附，軍機締結，聘遺旁午，廣奉使稱旨，累遷至檢校司徒。乾寧四年，從征劉仁恭，武皇之師不利於成安寨，廣歿於賊。

有女爲莊宗淑妃。子承俊，歷貝、遼二州刺史。永樂大典卷一萬八千一百二十八。

李承勳者，與廣同爲牙將，善於奉使，名聞軍中。承勳累遷至太原少尹。劉守光之僭號也，莊宗遣承勳往使，問其釁端。承勳至幽州，見守光，如藩方聘問之禮。謁者曰：「燕王爲帝矣，可行朝禮。」朝禮，原本作「廟禮」，考通鑑作朝禮，契丹國志亦云：李承勳使于燕，燕人請以朝禮見。今改正。（影庫本粘籤）承勳曰：「吾大國使人，太原亞尹，是唐帝除授，燕主自可臣其部人，安可臣我哉！」守光聞之不悅，拘留於獄，數日而出，詰之曰：「臣我乎？」承勳曰：「燕君能臣我王，則我臣之，吾有死而已，安敢辱命！」會王師討守光，承勳竟歿於燕。永樂大典卷一萬八千一百二十八。

史敬鎔，太原人。事武皇爲帳中綱紀，甚親任之。莊宗初嗣晉王位，李克寧陰搆異圖，將害莊宗，事發有日矣。克寧密引敬鎔，以邪謀告，既而敬鎔上白，貞簡太后惶駭，召張承業、李存璋等圖之。克寧等伏誅，以功累歷州郡。同光初，爲華州節度使，移鎮安州。天成中，入爲金吾上將軍。期年，復授鄧州，至鎮數月卒。贈太尉。永樂大典卷一萬一百八十三。

校勘記

〔一〕段公儒人　殿本、劉本同。通鑑考異引張昭遠莊宗功臣列傳作「段公儒者」，册府卷七六六作「段公儒人」。

〔二〕賀德倫　「賀」原作「貨」，據殿本、劉本改。

〔三〕寨門　「寨」原作「塞」，據殿本、劉本改。影庫本批校云：「『寨』訛『塞』。」

〔四〕爲流矢所中　「所」字原無，據殿本補。影庫本批校云：「爲流矢所中，脫『所』字。」

唐書三十一　校勘記　七四七

舊五代史卷五十五　七四八

〔五〕遣使乞師於武皇武皇遣承嗣　「使」上原無「遣」字，「遣承嗣」上原無「武皇」二字，據册府卷三四七、卷四四四補。

〔六〕驚駭乘輿　「驚」原作「警」，據殿本、册府卷三四七改。

舊五代史卷五十六

唐書三十二

列傳第八

周德威，字鎭遠，小字陽五，案：葛從周碑作楊五。（舊五代史考異）朔州馬邑人也。初事武皇爲帳中騎督，驍勇便騎射，膽氣智數皆過人，久在雲中，諳熟邊事，望烟塵之警，懸知兵勢。乾寧中，爲鐵林軍使，從武皇討王行瑜，以功加檢校左僕射，移內衙軍副。光化二年三月，光化，原本作「先作」，今從新唐書改正。（影庫本粘籤）汴將氏叔琮率衆逼太原，有陳章者，以虓勇知名，衆謂之「夜叉」，言於叔琮曰：「晉人所恃者周陽五，願擒之，請賞以郡。」案：歐陽史作梁軍圍太原，令軍中曰：「能生得周陽五者爲刺史。」與薛史微異。（舊五代史考異）陳章嘗乘驄馬朱甲以自異。武皇戒德威曰：「我聞陳夜叉欲取爾求郡，宜善備之。」德威曰：「陳章大言，未知鹿死誰手。」他日致師，戒部下曰：「如陣上見陳夜叉，爾等但走。」德威微服挑戰，部下僞退，陳章縱馬追之〔一〕，

德威背揮鐵檛擊墮馬，生獲以獻，案：通鑑作以戟擒之，與薛史異。由是知名。天復中，我師不利於蒲縣〔二〕，汴將朱友寧、氏叔琮來逼晉陽。時諸軍未集，城中大恐；德威與李嗣昭選募銳兵出諸門，攻其壘，擒生斬馘，汴人枝梧不暇，乃退。天祐三年，與李嗣昭合燕軍攻潞州，降丁會，以功加檢校太保、代州刺史，代嗣昭爲蕃漢都將。李思安之寇潞州也，德威軍於余吾。時汴軍十萬築夾城，圍潞州，內外斷絕，德威以精騎薄之，屢敗汴人，進營高河，令遊騎邀其芻牧。汴軍閉壁不出，乃自東南山口築甬道樹柵以通夾城〔三〕，德威之騎軍，倒牆堙塹，日數十戰，前後俘馘，不可勝紀。梁有驍將黃角鷹、方骨崙，皆生致之。

五年正月，武皇疾篤，德威退營亂柳。武皇厭代，四月，命德威班師。時莊宗初立，德威外握兵柄，頗有浮議，內外憂之。德威既至，單騎入謁，伏靈柩哭，哀不自勝，由是羣情釋然。是月二十四日，從莊宗再援潞州。二十九日，德威前軍營橫碾，案：莊宗紀作黃展〔四〕。（舊五代史考異）橫碾，通鑑作黃展，今考册府元龜引薛史亦作橫碾，姑仍其舊。（影庫本粘籤）距潞四十五里。五月朔，晨霧晦暝，王師伏於三垂崗下，翌日，直趣夾城，斬關破壘，梁人大敗，解潞州之圍。初，德威與李嗣昭有私憾，武皇臨終顧謂莊宗曰：「進通忠孝不負我，重圍累年，似與德威有隙，以吾命諭之，若不解重圍，歿有遺恨。」莊宗達遺旨，德威感泣，由是勵力堅戰，竟破強

敵，與嗣昭歡愛如初。以功加檢校太保、同平章事、振武節度使。

六年〔五〕，岐人攻靈夏，遣使來求助，德威渡河以應之，師還，授蕃漢馬步總管。七年十一月，汴人據深、冀，汴將王景仁軍八萬次柏鄉，鎭州節度使王鎔來告難，帝遣德威率前軍出井陘，屯於趙州。十二月，帝親征，二十五日，進薄汴營，距柏鄉五里，五里，原本作「互里」，考通鑑及歐陽史俱作五里，今改正。（影庫本粘籤）營於野河上。汴將韓勍率精兵三萬，鎧甲皆被繒綺，金銀炫曜，望之森然，我軍懼形於色。德威謂李存璋曰：「賊結陣而來，觀其形勢，志不在戰，欲以兵甲燿威耳。我軍人乍見其來，謂其鋒不可當，此時不挫其銳，吾軍不振矣！」乃遣存璋諭諸軍曰：「爾見此賊軍否？是汴州天武健兒，天武，原本作「太武」，考薛史前後俱作天武，今改正。（影庫本粘籤）皆屠沽傭販，虛有表耳，縱被精甲，十不當一，擒獲足以爲資。」德威自率精騎擊其兩偏，左馳右決，出沒數四。是日，獲賊百餘人，賊渡河而退。德威謂莊宗曰：「賊驕氣充盛，宜按兵以待其衰。」案：歐陽史祇載德威勉諭其衆，即告莊宗曰：「賊兵甚銳，未可與爭。」不載精騎擊退賊兵之事。考下文有「去賊咫尺，限此一渠水」云云，則賊渡河而退一節，紀載殊不可闕。（舊五代史考異）莊宗曰：「我提孤軍，救難解紛，三鎭烏合之衆，利在速戰，卿欲持重，吾懼其不可使也。」德威曰：「鎭、定之士，長於守城，列陣野戰，素非便習。我師破賊，唯恃騎軍，平田廣野，易爲施功。今壓賊營，令彼見我虛實，則勝負未可必也。」莊宗不悅，退臥帳中。德威患之，謂監軍張承

業曰：「王欲速戰，將烏合之徒，欲當劇賊，所謂不量力也。去賊咫尺，限此一渠水，彼若早夜以略彴渡之，吾族其爲俘矣。若退軍鄗邑，引賊離營，彼出則歸，復以輕騎掠其芻餉，不踰月，敗賊必矣。」承業入言，莊宗乃釋然。德威得降人問之，曰「景仁下令造浮橋數日」〔六〕，果如德威所料。二十七日，乃退軍保鄗邑。

八年正月二日，德威率騎軍致師於柏鄉，設伏於村塢間，令三百騎以壓汴營。三百騎，原本作七百，考通鑑及歐陽史俱作三百，今改正。（影庫本粘籤）王景仁悉其衆結陣而來，德威轉戰而退，汴軍因而乘之，至於鄗邑南。時步軍未成列，德威陣騎河上以抗之。亭午，兩軍皆陣，莊宗問戰時，德威曰：「汴軍氣盛，可以勞逸制之，造次較力〔七〕，殆難與敵。古者師行不踰一舍，蓋慮糧餉不給，士有饑色。今賊遠來決戰，縱挾糗糒，亦不遑食。晡晚之後，饑渴內侵，戰陣外迫，士心既倦，將必求退。乘其勞弊，以生兵制之，縱不大敗，偏師必喪。以臣所籌，利在晡晚。」諸將皆然之。時汴軍以魏、博之人爲右廣，宋、汴之人爲左廣，自未至申，陣勢稍却，德威麾軍呼曰：「汴軍走矣！」塵埃漲天，魏人收軍漸退，莊宗與史建瑭、安金全等因衝其陣，夾攻之，大敗汴軍，殺戮殆盡，王景仁、李思安僅以身免，獲將校二百八十人。

八月，劉守光僭稱大燕皇帝。十二月，遣德威率步騎三萬出飛狐，與鎭州將王德明、定州將程嚴等軍進討。九年正月，收涿州，降刺史劉知温。五月七日，劉守光令驍將單廷珪

督精甲萬人出戰，單廷珪，薛史唐本紀作單無敵，前後異名，辨證在唐紀。（影庫本粘籤）德威遇於龍頭崗。初，廷珪謂左右曰：「今日擒周陽五。」既臨陣，見德威，廷珪單騎持槍躬追德威，垂及，德威側身避之，廷珪少退，德威奮檛擊墜其馬，生獲廷珪，賊黨大敗，斬首三千級，獲大將李山海等五十二人。十二日，德威自涿州進軍良鄉、良鄉，原本作「宜鄉」，今從通鑑改正。（影庫本粘籤）大城。守光既失廷珪，自是奪氣。德威之師，屢收諸郡，降者相繼。十年十一月，擒守光父子，幽州平。十二月，授德威檢校侍中、幽州盧龍等軍節度使。

德威性忠孝，感武皇獎遇，嘗思臨難忘身。案遼史：周德威初至鎭，盧文進引遼師攻之，城幾陷，以救得免。此事薛史列傳不載。十二年〔八〕，汴將劉鄩自洹水乘虛將寇太原，德威在幽州聞之，徑以五百騎馳入土門，聞鄩軍至樂平不進，德威徑至南宮以候汴軍。初，劉鄩欲據臨清以扼鎭、定轉餉之路〔九〕，行次陳宋口，德威遣將擒數十人，皆傳刃於背，縶而遣之。案：通鑑從莊宗實錄作擒其斥候者數十人，斷腕而縱之。（舊五代史考異）既至，謂劉鄩曰：「周侍中已據宗城矣！」案：通鑑作臨清，考異曰：「劉鄩見在宗城，薛史云周侍中據宗城，蓋臨清字誤耳。」（舊五代史考異）德威其夜急騎扼臨清，劉鄩乃入貝州。是時德威若不至，則勝負未可知也。

十四年三月，契丹寇新州，德威不利，退保范陽。案遼史太祖紀：神冊二年三月辛亥，攻幽州，節度使周德威以幽、并、鎭、定、魏五州兵拒戰于居庸關之西，戰于新州東〔一〇〕，大破之，斬首三萬級。又，通鑑：契丹主帥衆三

十萬，德威衆寡不敵，大爲契丹所敗。（舊五代史考異）敵衆攻城僅二百日〔一一〕，外援未至，德威撫循士衆，晝夜乘城，竟獲保守。十五年，我師營麻口渡，將大舉以定汴州。德威自幽州率本軍至。十二月二十三日，軍次胡柳陂。詰旦，騎報曰：「汴軍至矣！」莊宗使問戰備，德威奏曰：「賊倍道而來，未成營壘，我營栅已固，守備有餘，既深入賊疆，須決萬全之策。此去大梁信宿，賊之家屬，盡在其間，人之常情，孰不以家國爲念？以我深入之衆，抗彼激憤之軍，不以方略制之，恐難必勝。王但按軍保栅，臣以騎軍疲之，使彼不得下營，際晚，糧餉不給，進退無據，因以乘之，破賊之道也。」莊宗曰：「河上終日挑戰，恨不遇賊，今款門不戰，非壯夫也。」乃率親軍成列而出，德威不獲已，從之。謂其子曰：「吾不知其死所矣！」莊宗與汴將王彥章接戰，大敗之。德威之軍在東偏，汴之游軍入我輜重，輜重，原本作「輜重」，今從通鑑改正。（影庫本粘籤）衆駭，奔入德威軍，因紛擾無行列。德威兵少，不能解，父子俱戰歿。先是，鎭星犯上將，星占者云，不利大將。是夜收軍，德威不至，莊宗慟哭謂諸將曰：「喪我良將，吾之咎也。」

德威身長面黑，笑不改容，凡對敵列陣，凛凛然有肅殺之風，中興之朝，號爲名將。及其歿也，人皆惜之。同光初，追贈太師。天成中，詔與李嗣昭、符存審配饗莊宗廟廷。晉高祖即位，追封燕王。

子光輔，歷汾、汝州刺史。永樂大典卷九千九百九十七。

符存審，字德詳，陳州宛邱人，案：歐陽史義兒傳，唯符存審不在其列，別自爲傳。蓋存審子彥卿有女爲宋太宗后，故存其本姓也。舊名存。父楚，本州牙將。存審少豪俠，多智算，言兵家事。乾符末，河南盜起，存審鳩率豪右，庇捍州里。會郡人李罕之起自羣盜，授光州刺史，因往依之。中和末，罕之爲蔡寇所逼，棄郡投諸葛爽，存審從至河陽，爲小校，屢戰蔡賊有功。諸葛爽卒，罕之爲其部將所逼，出保懷州，懷州，原本作「淮州」，今從新唐書改正。（影庫本粘籤）部下分散，存審乃歸於武皇。武皇署右職，令典義兒軍，賜姓名。

存審性謹厚，寵遇日隆，自是武皇西征，存審常從，所至立功。從討赫連鐸，冒刃死戰，血流盈袖，武皇手自封瘡，日夕臨問。乾寧初，討李匡儔，存審前軍拔居庸關。明年，從討邠州，時邠之勁兵屯龍泉寨，四面懸崖，石壁險固，存審奮力拔之。師旋，授檢校左僕射。副李嗣昭討李瑭於汾州〔一二〕，擒之，以功改左右廂步軍都指揮使。天祐三年，授蕃漢馬步副指揮使，與李嗣昭降丁會於上黨，從周德威破賊於夾城，加檢校司徒，授忻州刺史，領蕃漢馬步都指揮使。七年，加檢校太保，充蕃漢副總管〔一三〕。莊宗擊汴人於柏鄉，留存審守太原。三月，代李存璋戍趙州。九年，梁祖攻蓨縣，存審與史建瑭、李嗣肱赴援，嗣肱，原本作「嗣膧」，考通鑑及歐陽史俱作「肱」，今改正。（影庫本粘籤）屯下博橋，汴人驚亂，燒營而遁，以功遙領邢、洺、磁

團練使。案：歐陽史作遷領邢州團練使。（舊五代史考異）

十二年，魏博歸款於莊宗。遣存審率前鋒據臨清，以俟進取。莊宗入魏，存審屯魏縣以抗劉鄩。六月，鄩營莘縣，存審與鎭、定之師營莘西三十里〔一四〕，一日數戰。八月，率師攻張源德於貝州。十三年二月，劉鄩自莘悉衆來襲我魏州，存審以大軍踵其後，戰於故元城，大敗汴人，從收澶、衞、磁、洺等州。秋，邢州閻寶降，授存審安國軍節度、案五代會要，同光元年始改邢州爲安國軍，據薛史此傳，則晉人得邢州即改軍額，疑會要誤也。詳見通鑑考異。（舊五代史考異）邢洺磁等州觀察使。十月，戴思遠棄滄州，毛璋以城降，授存審檢校太傅、橫海軍節度使，兼領魏博馬步軍都指揮使。明年，就加平章事。

十四年八月，將兵援周德威於幽州，敗契丹之衆。冬，破汴將安彥之於楊劉，諸軍進營麻口。時梁將謝彥章營行臺村，莊宗勇於接戰，每以輕騎當之，遇窘者數四。存審每俟其出，必叩馬諫曰：「王將復唐宗社，宜爲天下自愛，搴旗挑戰，一劍之任，無益聖德，請責効於臣。古人不以賊遺君父，臣雖不武，敢不代君之憂。」莊宗即時迴駕。十二月，戰於胡柳，晡晚之後，存審引所部銀槍効節軍，銀鎗，原本作「行鎗」，考通鑑：唐莊宗初得魏博，以其降卒置銀槍效節都。歐陽史亦作銀槍，今改正。（影庫本粘籤）敗梁軍於土山下。是日辰巳間，周德威戰歿，一軍逗撓，梁軍四集，存審與其子彥圖冒刃血戰，出沒賊陣，與莊宗軍合。午後，師復集，擊敗汴人。

十六年春，代周德威爲內外蕃漢馬步總管，於德勝口築南北城以據之。七月，汴將王瓚自黎陽渡河寇澶州，存審拒戰，瓚退，營於楊村渡，控我上游。自是日與交鋒，對壘經年，大小凡百餘戰。

十七年，汴將劉鄩攻同州，朱友謙求援於我，遣存審與李嗣昭將兵赴之。九月，次河中，進營朝邑。時河中久臣於梁，衆持兩端，及諸軍大集，芻粟暴貴，嗣昭懼其翻覆，將急戰以定勝負。居旬日，梁軍逼我營。會望氣者言，西南黑氣如鬭雞之狀，當有戰陣。存審曰：「我方欲決戰，而形於氣象，得非天贊歟！」是夜，閱其衆，詰旦進軍。梁軍來逆戰，大敗之，追斬二千餘級。自是梁軍保壘不出。存審謂嗣昭曰：「吾初懼劉鄩據渭河，偏師既敗，彼若退歸，懼我躡之，獸窮搏人，勿謂無事。可開其歸路，然後追奔。」乃令王建及牧馬於沙苑，劉鄩、尹皓知之，保衆退去，遂解同州之圍。案歐陽史：鄩以爲晉軍且憊，乃夜遁去。存審追擊于渭河，又大敗之。（舊五代史考異）存審略地至奉先，謁諸帝陵，乃班師。

十八年，王師討張文禮於鎭州，李嗣昭、李存進相次戰歿。十九年，遣存審率師進攻叛帥於城下，文禮之將李再豐陰送款於存審，李再豐，原本作「稱豐」，今據歐陽史改正。（影庫本粘籤）我師中夜登城，擒文禮之子處球等，露布以獻，鎭州平，以功加檢校太傅、兼侍中。

二十年正月，師旋於魏州，莊宗出城迎勞，就第宴樂。無何，契丹犯燕薊，郭崇韜奏

曰：「汴寇未平，繼韜背叛，北邊捍禦，非存審不可。」上遣中使諭之，存審臥病羸瘠，附奏曰：「臣効忠稟命，靡敢爲辭，但痼恙纏綿，未堪祗役。」既而詔存審以本官充幽州盧龍節度使，自鎭州之任。同光初，加開府儀同三司、檢校太師、中書令，食邑千戶，賜號忠烈扶天啓運功臣。

十月，平梁，遷都洛陽。存審以身爲大將，不得預收復中原之功，舊疾愈作，堅求入覲尋醫，以情告郭崇韜。時崇韜自負一時，佐命之功，無出己右，功名事望，素在存審之下，權勢既隆，人士輻湊，不欲存審加於己上，每有章奏求覲，卽陰沮之。存審妻郭氏泣訴於崇韜曰：「吾夫於國，粗効驅馳，與公鄉里親舊，公忍令死棄北荒，何無情之如是！」崇韜益慚懟。明年春，疾甚，上章懇切，乞生覲天顏，不許。存審伏枕而歎曰：「老夫歷事二主，垂四十年，幸而遇今日天下一家，遠夷極塞，皆得面覲彤墀，射鉤斬袪之人，孰不奉觴丹陛，獨予壅隔，豈非命哉！」漸增危篤，崇韜奏請許存審入覲。四月，制授存審宣武軍節度使、宣武，原本脫「武」字，今據歐陽史增入。（影庫本粘籤）諸道蕃漢馬步總管，詔未至，五月十五日卒於幽州官舍，時年六十三，遺命葬太原。存審遺奏陳敍不得面覲，詞旨悽惋。莊宗震悼久之，廢朝三日，贈尚書令。

存審少在軍中，識機知變，行軍出師，法令嚴明，決策制勝，從無遺悔，功名與周德威相四，皆近代之良將也〔一五〕。常戒諸子曰：「予本寒家，少小攜一劍而違鄉里，四十年間，位極將相。其間屯危患難，履鋒冒刃，入萬死而無一生，身方及此，前後中矢僅百餘〔一六〕。」乃出鏃以示諸子，因以奢侈爲戒。

存審微時，嘗爲俘囚，將就戮於郊外，臨刑指危垣謂主者曰：「請就戮於此下，冀得壞垣覆尸，旅魂之幸也。」主者哀之，爲移次焉。遷延之際，主將擁妓而飲，思得歌者以助歡。妓曰：「俘囚有符存審者，妾之舊識，每令擊節，以贊歌令。」主將欣然，馳騎而捨之，豈非命也！永樂大典卷一萬八千一百二十八。

彥超，存審之長子也。少事武皇，累歷牙職。存審卒，莊宗以彥超爲汾州刺史。同光末，魏州軍亂，詔彥超赴北京巡檢。先是，朝廷令內官呂、鄭二人在太原，一監兵，一監倉庫。及明宗入洛，皇弟存霸單騎奔河東，與呂、鄭謀殺彥超與留守張憲〔一七〕。案：歐陽史作張憲欲納存霸，薛史作存霸謀殺張憲、彥超，兩史紀載微異。（舊五代史考異）通鑑考異云：薛史張憲傳作張憲謀奉存霸爲主，符彥超傳又作存霸謀殺彥超，前後互異，今附識于此。（影庫本粘籤）彥超覺之，密與憲謀，未決，部下大譟，州兵畢集，張憲出奔。是夕，軍士殺呂、鄭、存霸於衙城。詰旦，聞洛城禍變，彥超告諭三軍。案宋史張昭傳云：昭爲張憲推官，莊宗及難，聞鄴中兵士推戴明宗，憲部將符彥超合戍將應之。憲死，有害昭

者，執之以送彥超，彥超曰：「推官正人，無得害之。」又逼昭爲榜，安撫軍民。（舊五代史考異）明宗又令其弟龍武都虞候彥卿馳騎安撫。六月，彥超入覲，明宗召見撫諭，尋授晉州留後。未行，會其弟前曹州刺史彥饒平宣武亂軍，明宗喜，召彥超謂之曰：「吾得爾兄弟力，餘更何憂，爾爲我往河東撫育耆舊。」卽授北京留守、太原尹。明年冬，移授昭義節度使。四年，授驍衞上將軍，改金吾上將軍。長興元年，授泰寧軍節度使，尋移鎭安州。

彥超廝養中有王希全者，小字佛留，粗知書計，委主貨財，歲久耗失甚多，彥超止於訶譴而已。應順元年正月，佛留聞朝廷多事，因與任貨兒等謀亂。一夕，扣門言朝廷有急遞至，彥超出至廳事，佛留挾刃害之。詰旦，本州節度副使李端召州兵攻佛留等殺之，餘衆奔淮南，擒彥超部將趙溫等二十六人誅之。彥超贈太尉。

存審次子彥饒，晉史有傳。次彥卿，歷官鳳翔節度使、守太師、中書令，封魏王，今居於洛陽。次彥能，終於楚州防禦使。次彥琳，仕皇朝爲金吾上將軍，卒於任。永樂大典卷一萬八千一百二十八。

校勘記

〔一〕縱馬追之 「馬」字原無，據冊府卷三九三、殘宋本冊府卷三九六補。

〔二〕蒲縣　原作「潘縣」，據劉本、冊府卷三四七、通鑑卷二六三、本書卷二六武皇紀改。

〔三〕東南山口　「南」原作「門」，據冊府卷三四七、通鑑卷二六六改。

〔四〕黃展　殿本、劉本同。按本書卷二七莊宗紀、通鑑卷二六六均作黃碾。

〔五〕六年　劉本同，殿本，冊府卷三四七、本書卷二七莊宗紀作七年。

〔六〕曰景仁下令造浮橋數日　「曰」字原無，據冊府卷三四七、卷四二八、通鑑卷二六七補。

〔七〕造次較力　「較」原作「輕」，據冊府卷三四七、卷三六七改。

〔八〕十二年　原作「十二月」，按本書卷二八莊宗紀，劉鄩潛師由黃澤西趨晉陽等事，在天祐十二年，據改。

〔九〕以扼鎮定　「鎮」原作「眞」，據殿本、冊府卷三四七、卷三六七改。

〔一〇〕新州　原作「西州」，據殿本、劉本、遼史卷一太祖紀改。

〔一一〕敵衆攻城　「城」字原無，據冊府卷四〇〇補。

〔一二〕副李嗣昭討李瑭於汾州　「李瑭」原作「李康」，據殿本、劉本、本書卷五二李嗣昭傳改。

〔一三〕加檢校太保充蕃漢副總管　「加」字、「副」字原無，據冊府卷三八七補。

〔一四〕鎮定之師　「鎮」原作「眞」，據殿本、冊府卷三四七改。影庫本批校云：「眞定，原本係鎮、定。」

〔一五〕皆近代之良將也　「將」字原無，據冊府卷三九三補。

〔一六〕前後中矢僅百餘　「中」字原無，據冊府卷八一七補。劉本作前後矢傷百餘。

〔一七〕與呂鄭謀殺彥超　「呂」字原無，據殿本、劉本補。影庫本批校云：「與呂、鄭謀殺彥超，脫『呂』字，應增。」

舊五代史卷五十七

唐書三十三

列傳第九

郭崇韜，字安時，代州鴈門人也。父弘正。崇韜初爲李克脩帳下親信，克脩鎮昭義，崇韜累典事務，以廉幹稱。克脩卒，武皇用爲典謁，奉使鳳翔稱旨，署教練使。教練使，原本作「教諫」，今從陽歐史改正。（影庫本粘籤）崇韜臨事機警，應對可觀，莊宗嗣位，尤器重之。天祐十四年，用爲中門副使，與孟知祥、李紹宏俱參機要。俄而紹宏出典幽州留事，幽州，原本作「曲州」，今從通鑑改正。（影庫本粘籤）知祥懇辭要職。先是，中門使吳珙、張虔厚忠而獲罪。知祥懼，求爲外任，妻瓊華公主泣請於貞簡太后。莊宗謂知祥曰：「公欲避路，當舉其代。」知祥因舉崇韜。乃署知祥爲太原軍在城都虞候。自是崇韜專典機務，艱難戰伐，靡所不從。

十八年，從征張文禮於鎮州。契丹引衆至新樂，王師大恐，諸將咸請退還魏州，莊宗猶

豫未決，崇韜曰：「阿保機祇爲王都所誘〔一〕，本利貨財，非敦鄰好，苟前鋒小衄，遁走必矣。況我新破汴寇〔二〕，威振北地，乘此驅攘，焉往不捷！且事之濟否，亦有天命。」莊宗從之，王師果捷。明年，李存審收鎮州〔三〕，遣崇韜閱其府庫，或以珍貨賂遺，一無所取，但市書籍而已。莊宗即位於魏州，崇韜加檢校太保、守兵部尚書，充樞密使。是時，衞州陷於梁，陷于梁，原本作「韜于梁」，今據文改正。（影庫本粘籤）澶、相之間，寇鈔日至，民流地削，軍儲不給，羣情恟恟，以爲霸業終不能就，崇韜寢不安席。俄而王彥章陷德勝南城，敵勢滋蔓，汴人急攻楊劉城，明宗在鄆，音驛斷絕。莊宗登城四望，計無所出。崇韜啓曰：「段凝阻絕津路，苟王師不南，鄆州安能保守！臣請於博州東岸立柵，以固通津，請于博州，原本作「諸於傳州」，今據冊府元龜改正。（影庫本粘籤）但慮汴人偵知，徑來薄我，請陛下募敢死之士，日以挑戰，如三四日間案：歐陽史作十日。（舊五代史考異）賊軍未至，則柵壘成矣。」崇韜率毛璋等萬人夜趨博州，視矛戟之端有光，崇韜曰：「吾聞火出兵刃，破賊之兆也。」至博州，渡河版築，晝夜不息。崇韜於葭葦間據胡床假寢，覺袴中冷，左右視之，乃蛇也，其忘疲勵力也如是。居三日，梁軍果至，案：歐陽史作六日壘成，彥章果引兵急攻之。（舊五代史考異）城壘低庳，沙土散惡，戰具不完，汴將王彥章、杜晏球率衆攻擊，軍不得休息。崇韜身先督衆，四面拒戰，有急卽應。城垂陷，俄報莊宗領親軍次西岸，梁軍聞之退走，因解楊劉之圍。

未幾，汴將康延孝來奔，崇韜延於臥內，訊其軍機。延孝曰：「汴人將四道齊舉，以困我軍。」莊宗憂之，召諸將謀進取之策。宣徽使李紹宏請棄鄆州，與汴人盟，以河爲界，無相侵寇。案：歐陽史作諸將皆言隔河難守，據薛史則請以河爲界者，李紹宏一人耳，與歐陽史異。莊宗不悅，獨臥帳中，召崇韜謂曰：「計將安出？」對曰：「臣不知書，不能徵比前古，請以時事言之。且陛下十五年起義圖霸，爲雪家讎國恥，甲冑生蟣虱，黎人困輸輓。輸輓，原本作「輪輓」，今據文改正。（影庫本粘籤）今纂崇大號，河朔士庶，日望蕩平，纔得汶陽尺寸之地，不能保守，況盡有中原乎！將來歲賦不充，物議咨怨，設若劃河爲界，誰爲陛下守之？臣自延孝言事以來，晝夜籌度，料我兵力，算賊事機，不出今年，雌雄必決(四)。聞汴人決河，自滑至鄆，非舟檝不能濟。又聞精兵盡在段凝麾下，王彥章日寇鄆境，彼既以大軍臨我南鄙，又憑恃決河，謂我不能南渡，志在收復汶陽，此汴人之謀也。臣謂段凝保據河壖，苟欲持我，臣但請留兵守鄆，保固楊劉，陛下親御六軍，長驅倍道，直指大梁，汴城無兵，望風自潰。若使僞主授首，賊將自然倒戈，半月之間，天下必定。如不決此計，傍採浮譚，臣恐不能濟也。今歲秋稼不登，軍糧纔支數月，決則成敗未知，不決則坐見不濟。臣聞作舍道邊，三年不成，帝王應運，必有天命，成敗天也，在陛下獨斷。」莊宗蹶然而興曰：「正合吾意，丈夫得則爲王，失則爲擄，行計決矣！」即日下令軍中，家口並還魏州。莊宗送劉皇后與興聖宮使繼岌至朝城西野亭泣別，

興聖宮使，原本脫「興」字，今據歐陽史增入。（影庫本粘籤）曰：「事勢危蹙，今須一決，事苟不濟，無復相見。」乃留李紹宏及租庸使張憲守魏州，大軍自楊劉濟河。是歲，擒王彥章，誅梁氏，降段凝，皆崇韜贊成其謀也。

莊宗至汴州，宰相豆盧革在魏州，令崇韜權行中書事，俄拜侍中兼樞密使，及郊禮畢，以崇韜兼領鎭、冀州節度使，進封趙郡公，邑二千戶，賜鐵券，恕十死。崇韜既位極人臣，權傾內外，謀猷獻納，必盡忠規，士族朝倫，頗亦收獎人物，內外翕然稱之。初收汴、洛，稍通賂遺，親友或規之，崇韜曰：「余備位將相，祿賜巨萬，但僞梁之日，賂遺成風，今方面藩侯，多梁之舊將，皆吾君射鉤斬袪之人也，一旦革面，化爲吾人，堅拒其請，得無懼乎！藏余私室，無異公帑。」及郊禋，崇韜悉獻家財，以助賞給。

時近臣勸莊宗以貢奉物爲內庫，珍貨山積，公府賞軍不足。崇韜奏請出內庫之財以助，莊宗沉吟有靳惜之意。是時天下已定，寇讎外息，莊宗漸務華侈，以逞己欲。洛陽大內宏敞，宮宇深邃，宦官阿意順旨，以希恩寵，聲言宮中夜見鬼物，不謀同辭。莊宗駭異其事，且問其故。宦者曰：「見本朝長安大內，六宮嬪御，殆及萬人，椒房蘭室，無不充牣。今宮室大半空閑，鬼神尚幽，尚幽，原本作「倘幽」，今從册府元龜改正。（影庫本粘籤）亦無所怪。」繇是景進、王允平等於諸道採擇宮人，不擇良賤，內之宮掖。

三年夏，雨，河大水，壞天津橋。是時酷暑尤甚。莊宗常擇高樓避暑，皆不稱旨。宦官曰：「今大內樓觀，不及舊時長安卿相之家，舊日大明、興慶兩宮，樓觀百數，皆雕楹畫栱(五)，干雲蔽日，今官家納涼無可御者。」莊宗曰：「余富有天下，豈不能辦一樓！」即令宮苑使經營之，猶慮崇韜有所諫止，使謂崇韜曰：「今年惡熱，朕頃在河上，五六月中，與賊對壘，行宮卑濕，介馬戰賊，恆若清涼。今晏然深宮，不耐暑毒(六)，何也？」崇韜奏：「陛下頃在河上，汴寇未平，廢寢忘食，心在戰陣，祁寒溽暑，不介聖懷。今寇既平，中原無事，縱耳目之玩，不憂戰陣，雖層臺百尺，廣殿九筵，未能忘熱於今日也。願陛下思艱難創業之際，則今日之暑，坐變清涼。」莊宗默然。王允平等竟加營造，崇韜復奏曰：「內中營造，日有縻費，屬當災儉，且乞權停。」不聽。

初，崇韜與李紹宏同爲內職，內職，原本作「納職」，考五代會要云：五代承唐制，樞密使爲內職。原本「納」字誤，今改正。（影庫本粘籤）及莊宗即位，崇韜以紹宏素在己上，舊人難制，即奏澤潞監軍張居翰同掌樞密，以紹宏爲宣徽使。紹宏大失所望，泣涕憤鬱。崇韜乃置內勾使，應三司財賦，皆令勾覆，令紹宏領之，冀塞其心，紹宏快悵不已。崇韜自以有大功，河、洛平定之後，權位熏灼，恐爲人所傾奪，乃謂諸子曰：「吾佐主上，大事了矣，今爲羣邪排毀，吾欲避之，歸鎭常山，爲菟裘之計。」其子廷說等曰(七)：「大人功名及此，一失其勢，便是神龍去水，爲螻

蟻所制，尤宜深察。」門人故吏又謂崇韜曰：「侍中勳業第一，雖羣官側目，必未能離間。宜於此時堅辭機務，上必不聽，是有辭避之名，塞其讒慝之口。魏國夫人劉氏有寵，魏國，原本作「衞國」，今據歐陽史改正。（影庫本粘籤）中宮未正，宜贊成册禮，上心必悅。內得劉氏之助，羣閹其如余何！」崇韜然之，於是三上章堅辭樞密之位，優詔不從。崇韜乃密奏請立魏國夫人爲皇后，復奏時務利害二十五條，皆便於時，取悅人心，又請罷樞密院事，各歸本司，以輕其權，然宦官造謗不已。三年，堅乞罷兼領節鉞，許之。案册府元龜云：同光中，崇韜再表辭鎭，批答曰：「朕以卿久司樞要，常處重難。或遲疑未決之機，詢諸先見；或憂撓不定之事，訪自必成。至於贊朕丕基，登茲大寶，衆興異論，卿獨堅言，天命不可違，唐祚必須復，請納家族，明設誓文。及其密取汶陽，興師入不測之地；潛通河口，貢謀占必濟之津。人所不知，卿惟合意。迨中都嘯聚，羣黨窺凌，朕決議平妖，兼收汶水，雖云先定，更審前籌，果盡贊成，悉諧沈算，斯即何須冒刃，始顯殊庸。況常山陸梁，正虜未復，卿能撫衆，共定羣心，惟朕知卿，他人寧表。所以賞卿之寵，實異等倫；沃朕之心，非虛渥澤。今卿再三謙遜，重疊退辭，始納常陽，請歸上將，又稱梁苑，不可兼權(八)。如此周身，貴全名節，古人操守，未可比方，既覽堅辭，難沮來表。其再讓汴州，所宜依允。」

會客省使李嚴使西川迴，言王衍可圖之狀，莊宗與崇韜議討伐之謀，方擇大將。時明宗爲諸道兵馬總管當行，崇韜自以宦者相傾，欲立大功以制之，乃奏曰：「契丹犯邊，北面須藉大臣，全倚總管鎭禦。臣伏念興聖宮使繼岌，德望日隆，大功未著，宜依故事，以親王爲

元帥，付以討伐之權，俾成其威望。」莊宗方愛繼岌，卽曰：「小兒幼稚，安能獨行，卿當擇其副。」崇韜未奏，莊宗曰：「無踰於卿者。」乃以繼岌爲都統，崇韜爲招討使。是歲九月十八日，率親軍六萬，進討蜀川。崇韜將發，奏曰：「臣以非才，謬當戎事，仗將士之忠力，憑陛下之威靈，庶幾克捷。若西川平定，陛下擇帥，如信厚善謀，事君有節，則孟知祥有焉，望以蜀帥授之。如宰輔闕人，張憲有披榛之勞，爲人謹重而多識。其次李琪、崔居儉，中朝士族，富有文學，可擇而任之。」莊宗御嘉慶殿，置酒宴征西諸將，征西，原本脫「征」字，今據册府元龜增入。（影庫本粘籤）舉酒屬崇韜曰：「繼岌未習軍政，卿久從吾戰伐，西面之事，屬之於卿。」

軍發，十月十九日入大散關，崇韜以馬箠指山險謂魏王曰：「朝廷興師十萬，已入此中，儻不成功，安有歸路？今岐下飛輓，才支旬日，必須先取鳳州，收其儲積，方濟吾事。」乃令李嚴、康延孝先馳書檄，以諭僞鳳州節度使王承捷。王承捷，原本作「丞捷」，今據九國志改正。（影庫本粘籤）及大軍至，承捷果以城降，得兵八千，軍儲四十萬。次至故鎭，僞命屯駐指揮使唐景思亦以城降，得兵四千。又下三泉，得軍儲三十餘萬。自是師無匱乏，軍聲大振。其招懷制置，官吏補置，師行籌畫，軍書告諭，皆出於崇韜，繼岌承命而已。莊宗令內官李廷安、李從襲、呂知柔爲都統府紀綱，見崇韜幕府繁重，將吏輻輳，降人爭先賂遺，都統府唯大將省謁，牙門索然，繇是大爲詬恥。及六軍使王宗弼歸款，六軍，原本作「大軍」，今據九國志改正。（影庫本粘

籤）行路先招討府。王衍以成都降，崇韜居王宗弼之第，宗弼選王衍之妓妾珍玩以奉崇韜，求爲蜀帥，案九國志王宗弼傳：宗弼送款于魏王，乃還成都，盡輦內藏之寶貨，歸于其家。魏王遣使徵犒軍錢數千萬，宗弼輒靳之，魏王甚怒。及王師至，令其子承班齎衍玩用直百萬，獻于魏王，并賂郭崇韜，請以己爲西川節度使。魏王曰：「此吾家之物，焉用獻爲！」魏王入城，翼日，數其不忠之罪，並其子斬之于市。（舊五代史考異）崇韜許之〔九〕。案：通鑑作崇韜陽許之。（舊五代史考異）又與崇韜子廷誨謀，令蜀人列狀見魏王，請奏崇韜爲蜀帥。李從襲等謂繼岌曰：「郭公收蜀部人情，意在難測，王宜自備。」由是兩相猜察。

莊宗令中官向延嗣齎詔至蜀，向延嗣，原本作「延嗣」，今據通鑑改正。（影庫本粘籤）促班師，詔使至，崇韜不郊迎，延嗣憤憤。從襲謂之曰：「魏王，貴太子也，主上萬福，郭公專弄威柄，旁若無人。昨令蜀人請己爲帥，郭廷誨擁徒出入，貴擬王者，所與狎遊，無非軍中驍果，蜀中凶豪，晝夜妓樂歡宴，指天畫地，父子如此，可見其心。今諸軍將校，無非郭氏之黨，魏王懸軍孤弱，一朝班師，必恐紛亂，吾屬莫知暴骨之所！」因相向垂涕。延嗣使還具奏，皇后泣告莊宗，乞保全繼岌。莊宗復閱蜀簿曰：「人言蜀中珠玉金銀，不知其數，何如是之微也！」延嗣奏曰：「臣問蜀人，知蜀中寶貨皆入崇韜之門，言崇韜得金萬兩，銀四十萬，名馬千匹，王衍愛妓六十，樂工百，犀玉帶百。廷誨自有金銀十萬兩，犀玉帶五十，藝色絕妓七十，樂工七十，他財稱是。魏王府，蜀人賂遺不過匹馬而已。」莊宗初聞崇韜欲留蜀，心已不平，又聞全有蜀之妓樂珍玩，怒見顏色。卽令中官馬彥珪馳入蜀視崇韜去就，如班師則已，如實遲留，則與繼岌圖之。彥珪見皇后曰：「禍機之發，間不容髮，何能數千里外復稟聖旨哉！」皇后再言之，莊宗曰：「未知事之實否，詎可便令果決？」皇后乃自爲教與繼岌，令殺崇韜。時蜀土初平，山林多盜，孟知祥未至，崇韜令任圜、張筠分道招撫，慮師還後，部曲不寧，故歸期稍緩。

四年正月六日，馬彥珪至軍，決取十二日發成都赴闕，令任圜權知留事，以俟知祥。諸軍部署已定，彥珪出皇后教以示繼岌，繼岌曰：「大軍將發，他無釁端，安得爲此負心事！公輩勿復言。」從襲等泣曰：「聖上既有口敕，王若不行，苟中途事泄，爲患轉深。」繼岌曰：「上無詔書，徒以皇后教令，安得殺招討使！」從襲等巧造事端以間之，繼岌既無英斷，僶俛從之。詰旦，從襲以繼岌之命召崇韜計事，繼岌登樓避之，崇韜入，左右檛殺之。崇韜有子五人，廷信、廷誨隨父死於蜀，廷說誅於洛陽，廷讓誅於魏州，廷讓，原本作「承誼」，今據歐陽史改正。（影庫本粘籤）廷議誅於太原，家產籍沒。明宗卽位，詔令歸葬，仍賜太原舊宅。廷誨、廷讓各有幼子一人，姻族保之獲免，崇韜妻周氏，攜養於太原。

崇韜服勤盡節，佐佑王家，草昧艱難，功無與比，西平巴蜀，宣暢皇威，身死之日，夷夏

冤之。然議者以崇韜功烈雖多，事權太重，不能處身量力，而聽小人誤計，欲取太山之安，如急行避跡，其禍愈速。性復剛戾，遇事便發，既不知前代之成敗，又未體當時之物情，以天下爲己任，孟浪之甚也。及權傾四海，車騎盈門，士人諂奉，漸別流品。同列豆盧革謂崇韜案：自「漸別流品」至此十二字，原本闕佚，今從册府元龜增入。曰：「汾陽王代北人，徙家華陰，侍中世在鴈門，得非祖德歟？」崇韜應曰：「經亂失譜諜，先人常云去汾陽王四世。」革曰：「故祖德也。」因是旌別流品，援引薄徒，委之心腹；佐命勳舊，一切鄙棄。舊僚有干進者，崇韜謂之曰：「公雖代邸之舊，然家無門閥，深知公才技，不敢驟進者，慮名流嗤余故也。」及征蜀之行，於興平拜尚父子儀之墓。嘗從容白繼岌曰：「蜀平之後，王爲太子，待千秋萬歲〔一〇〕，神器在手，宜盡去宦官，優禮士族，不唯疏斥閹寺，騸馬不可復乘。」案：通鑑作「扇馬」，考胡三省注引薛史亦作騸馬，今仍其舊。（舊五代史考異）內則伶官巷伯，怒目切齒；外則舊僚宿將，戟手痛心。掇其族滅之禍，有自來矣。復以諸子驕縱不法，既定蜀川，輦運珍貨，實於洛陽之第，籍沒之日，泥封尚濕。雖莊宗季年爲羣小所惑，致功臣不保其終，亦崇韜自貽其災禍也。永樂大典卷二萬二千一百六十。

史臣曰：夫出身事主，得位遭時，功不可以不圖，名不可以不立。洎功成而名遂，則望

重而身危，貝錦於是成文，良玉以之先折，故崇韜之誅，蓋爲此也。是知強吳滅而范蠡去，全齊下而樂生奔，苟非其賢，孰免於禍，明哲之士，當鑒於斯！永樂大典卷二萬二千一百六十。

校勘記

〔一〕王都　殿本、劉本同。冊府卷三四七、本書卷一三七外國列傳、歐陽史卷七二四夷附錄第一、通鑑卷二七一均作王郁。

〔二〕汴寇　「寇」原作「冠」，據殿本、劉本改。

〔三〕李存審收鎭州　「收」原作「牧」，據殿本、劉本改。

〔四〕雌雄必決　「必決」原作「不並決」，據殿本、冊府卷三四七改。

〔五〕雕楹畫栱　「栱」原作「拱」，據殿本、劉本改。

〔六〕不耐暑毒　「耐」原作「奈」，據殿本改。

〔七〕廷說　原作「延說」，按通鑑卷二七四云：「乃下詔暴郭崇韜之罪，幷殺其子廷說、廷讓、廷議。」本卷下文亦云：崇韜有子五人，廷說誅於洛陽。據改。

〔八〕梁苑　原作「梁范」，據劉本、冊府卷四〇九改。

〔九〕崇韜許之　四字原無，據殿本補。

〔一〇〕待千秋萬歲　殿本、劉本同。明本冊府卷九四二作「候主上千秋萬歲」，殘宋本冊府作「俟千秋萬歲」。

舊五代史卷五十八

唐書三十四

列傳第十

趙光逢，字延吉。曾祖植，嶺南節度使。祖存約，興元府推官。父隱，右僕射。案舊唐書趙隱傳云：隱，字大隱，京兆奉天人也。大中三年，應進士登第，累加尚書左僕射，廣明中卒。考薛史作右僕射，與舊唐書異。光逢與弟光裔，皆以文學德行知名。案舊唐書：光裔，光啓三年進士擢第，累遷司勳郎中、弘文館學士，改膳部郎中、知制誥。季述廢立之後，旅遊江表以避患，嶺南劉隱深禮之，奏爲副使，因家嶺外。光逢幼嗜墳典，動守規檢，議者目之爲「玉界尺」。案歐陽史：時人稱其方直溫潤，謂之「玉界尺」。僖宗朝，登進士第。案：原本作昭宗朝，登進士第。據舊唐書，光逢係乾符五年進士，當作僖宗，今改正。踰月，辟度支巡官，歷官臺省，內外兩制，俱有能名，轉尚書左丞、翰林承旨。案舊唐書云：釋褐鳳翔推官，入朝爲監察御史，丁父憂免。僖宗還京，授太常博士，歷禮部、司勳、吏部三員外郎，集賢殿學士，轉禮部郎中。景福

中，以祠部郎中知制誥，尋召充翰林學士，正拜中書舍人、戶部侍郎、學士承旨，改兵部侍郎、尚書左丞，學士如故。舊唐書所載光逢爵秩較薛史爲詳，今備錄之。昭宗幸石門，光逢不從，昭宗遣內養戴知權詔赴行在，稱疾解官。駕在華州，拜御史中丞。時有道士許巖士、案：原本脫「士」字，今據新唐書及通鑑增入。（舊五代史考異）瞽者馬道殷出入禁庭，驟至列卿宮相，因此以左道求進者衆，光逢持憲紀治之，皆伏法，自是其徒頗息。改禮部侍郎、知貢舉。光化中，王道寖衰，南北司爲黨，光逢素惟愼靜，慮禍及己，因挂冠伊洛，屛絕交遊，凡五六年。門人柳璨登庸，案歐陽史：柳璨與光逢有舊恩。案唐摭言云：光化二年，趙光逢放柳璨及第，光逢後三年不遷，時璨自內庭大拜，光逢始以左丞徵入。未幾，璨坐罪誅死，光逢膺大用。與薛史微異。（舊五代史考異）除吏部侍郎、太常卿。入梁爲中書侍郎、平章事，累轉左僕射兼租庸使，左僕射，原本脫「左」字，今據歐陽史增入。（影庫本粘籤）上章求退，以太子太保致仕。梁末帝愛其才，徵拜司空、平章事。無幾以疾辭，授司徒致仕。唐摭言云：光逢膺大用，居重地十餘歲，七表乞骸，守司空致仕。居二年，復徵拜上相。（殿本）同光初，弟光胤爲平章事，時謁問於私第，嘗語及政事，他日，光逢署其戶曰「請不言中書事」，其清淨寡慾端默如此。嘗有女冠寄黃金一鎰於其室家，時屬亂離〔一〕，女冠委化於他土。後二十年，金無所歸，納於河南尹張全義，請付諸宮觀，其舊封尚在。兩登廊廟，

四退邱園，百行五常，（五常，原本作「五諦」，今據錦繡萬花谷所引薛史改正。（影庫本粘籤））不欺闇室，搢紳咸仰以爲名教主。天成初，遷太保致仕，封齊國公，卒於洛陽。詔贈太傅。（永樂大典卷一萬八千九百九十一。）

趙光胤，光逢之弟也，（案新、舊唐書俱云：趙隱子三人，光逢、光裔、光胤。爲後唐相者，光胤也。薛史原本避宋諱，宋諱稱光胤爲光裔，似混二人爲一，今改正。）俱以詞藝知名，亦登進士第。（案舊唐書云：大順二年，進士登第。天祐初，累官至駕部郎中。）光胤仕梁，歷清顯，伯仲之間，咸以方雅自高，北人聞其名者，皆望風欽重。

及莊宗平定汴、洛，時盧程以狂妄免，郭崇韜自勳臣拜，議者以爲國朝典禮故實，須訪前代名家，咸曰光胤有宰相器。薛廷珪、李琪當武皇爲晉王時，嘗因爲册使至太原，故皆有宿望，當時咸謂宜處台司。郭崇韜採言事者云，廷珪朽老，浮華無相業；琪雖文學高，傾險無士風，皆不可相，乃止。同光元年十一月，光胤與韋說並拜平章事。

光胤生於季末，漸染時風，雖欲躍鱗振翮，仰希前輩，然才力無餘，未能恢遠，朝廷每有禮樂制度、沿革擬議，以爲己任，同列旣匪博通，見其浮譚橫議，莫之測也。豆盧革雖憑門地，在本朝時，仕進尙微，久從使府，朝章典禮，未能深悉，光胤每有發論，革但唯唯而已。後

革奏議或當，光胤謂羣官曰：「昨有所議，前座一言粗當，近日差進，學者其可已乎！」其自負如此。

先是，條制：「權豪強買人田宅，或陷害籍沒，顯有屈塞者，許人自理。」內官楊希朗者，故觀軍容使復恭從孫也〔三〕，援例理復恭舊業。事下中書，光胤謂崇韜曰：「復恭與山南謀逆，顯當國法，本朝未經昭雪，安得論理？」崇韜私抑宦者，因具奏聞。希朗泣訴於莊宗，莊宗令自見光胤言之。希朗陳訴：「叔祖復光有大功於王室，（復光，原本作「復充」，今據新唐書改正。（影庫本粘籤））伯祖復恭爲張濬所搆，得罪前朝，當時強臣掣肘，國命不行。及王行瑜伏誅，德音昭洗，制書尙在。相公本朝氏族，諳練故事，安得謂之未雪耶！若言未雪，吾伯氏彥博，洎諸昆仲，監護諸鎭，何途得進！」漸至聲色俱厲。光胤方恃名德，爲其所折，悒然不樂。又以希朗幸臣，慮撫他事危己，心不自安。三年夏四月，病疽卒。贈左僕射。（永樂大典卷一萬六千九百九十一。）

鄭珏，昭宗朝宰相綮之姪孫。父徽，河南尹張全義判官。光化中，登進士第，（案歐陽史云：珏少依全義，居河南，舉進士數不中，全義以珏屬有司，乃得及第。）歷弘文館校書、集賢校理、監察御史。入梁爲補闕、起居郎，召入翰林，累遷禮部侍郎充職。珏文章美麗，旨趣雍容，自策名登朝，張全義皆有力焉。（案歐陽史云：梁諸大臣以全義故，數薦之。）貞明中，拜平章事。（案通鑑考異引唐餘錄云：貞明二年十月丁酉，禮部侍郎鄭珏爲中書侍郎、平章事。（舊五代史考異））莊宗入汴，責授萊州司戶，未幾，量移曹州司馬。〕張全義言於郭崇韜，將復相之，尋入為太子賓客。明宗卽位，任圜自蜀至，安重誨不欲圜獨拜宰輔，共議朝望一人共之。孔循言珏貞明時久在中書，性畏愼而長者，美詞翰，好人物，重誨卽奏與任圜並命爲相。有頃，珏以老病耳疾，不任中書事，四上章請，明宗惜之，久而方允，乃授開府儀同三司，行尙書左僕射致仕，仍賜鄭州莊一區。明宗自汴還洛陽，遣中使撫問，賜錢二十萬，食羊百口。長興初卒。贈司空。

初，珏應進士，十九年方登第，名姓爲第十九人，自登第凡十九年爲宰相，又昆仲之次第十九，時亦異之。（案古今事類云：鄭珏當唐昭宗時作相，文章理道，典贍華美。小字十九郎，應舉十九年方及第，又第十九人，至相亦十九年，時皆異之。考珏以光化中登第，歷相梁、唐，而古今事類以爲唐昭宗時作相，誤也。）子遘，太平興國中任正郎。（永樂大典卷一萬八千八百八十一。）

崔協，字思化。遠祖清河太守第二子寅，仕後魏爲太子洗馬，因爲清河小房，至唐朝盛爲流品。曾祖邠，太常卿。祖瓘，吏部尙書。父彥融，楚州刺史。彥融素與崔蕘善，（崔蕘，原

本作「崔堯」，今據北夢瑣言改正。（影庫本粘籤））嘗爲萬年令，蕘謁於縣，彥融未出，見案上有尺題，皆路遺中貴人，蕘知其由徑，始惡其爲人。及除司勳郎中，蕘爲左丞，通刺不見，蕘謂曰：「郎中行止鄙雜，故未見。」宰相知之，改楚州刺史，卒於任，誡其子曰：「世世無忘蕘。」故其子弟常云「崔讎」。

協卽彥融之子也。幼有孝行，登進士第，釋褐爲度支巡官、渭南尉，直史館，歷三署。入梁爲左司郎中、萬年令、給事中，累官至兵部侍郎。與中書舍人崔居儉相遇於幕次，協厲聲而言曰：「崔蕘之子，何敢相見！」居儉亦報之。左降太子詹事，俄拜吏部侍郎。同光初，改御史中丞，憲司舉奏，多以文字錯誤，屢受責罰。協器宇宏爽，高談虛論，多不近理，時人以爲虛有其表。天成初，遷禮部尙書、太常卿，因樞密使孔循保薦，拜平章事。

初，豆盧革、韋說得罪，執政議命相，樞密使孔循意不欲河朔人居相位，任圜欲相李琪，而鄭珏素與琪不協，孔循亦惡琪，謂安重誨曰：「李琪非無藝學，但不廉耳。朝論莫若崔協。」重誨然之，因奏擇相，明宗曰：「誰可？」乃以協對。任圜奏曰：「重誨被人欺賣，如崔協者，少識文字，時人謂之『沒字碑』。臣比不知書，無才而進，已爲天下笑，何容中書之內，更有笑端！」明宗曰：「易州刺史韋肅，人言名家，待我嘗厚，置於此位何如？肅苟未可，則馮書記（馮書記，原本作「筆記」，今據通鑑改正。（影庫本粘籤））是先朝判官，稱爲長者，與物無競，可以相矣。」

道嘗爲莊宗霸府書記，故明宗呼之。朝退，宰臣樞密使休於中興殿之廡下，孔循拂衣而去，曰：「天下事一則任圜，二則任圜，崔協暴死則已，不死會居此位。」重誨私謂圜曰：「今相位缺人，協且可乎？」圜曰：「朝廷有李琪者，學際天人，奕葉軒冕，論才校藝，可敵時輩百人。而讒夫巧沮，忌害其能，必捨琪而相協，如棄蘇合之丸，蘇合，原本作「蘇全」，今據通鑑及歐陽史改正。（影庫本粘籤）取蛣蜣之轉也。」重誨笑而止。然重誨與循同職，循日言琪之短、協之長，故重誨竟從之。而協登庸之後，廟堂代筆〔三〕，假手於人。朝廷以國庠事重，命協兼判祭酒事，協上奏每歲補監生二百爲定，物議非之。案北夢瑣言：明宗問宰相馮道：「盧質近日喫酒否？」對曰：「質曾到臣居，亦飲數爵，臣勸不令過度，事亦如酒，過則患生。」崔協強言于坐曰：「臣聞食醫心鏡，酒極好，不加藥餌，足以安心神。」左右見其膚淺，不覺哂之。（舊五代史考異）四年春，駕自夷門還京，從至須水驛，中風暴卒。詔贈尚書左僕射，謚曰恭靖。子顗、頌、壽貞，惟顗仕皇朝，官至左諫議大夫，終於鄆州行軍司馬。〔永樂大典卷二千七百四十。

李琪，字台秀。五代祖憕，天寶末，禮部尚書、東都留守。安祿山陷東都，遇害，累贈太尉，謚曰忠懿。憕孫寀，元和朝，位至給事中。寀子敬方，文宗朝，諫議大夫。敬方子㲄，廣

明中，爲晉公王鐸都統判官，案：太平廣記引李琪集序作父敬，佐王鐸滑州幕。考李琪祖名敬方，其父不得名敬，疑太平廣記傳寫之訛。（舊五代史考異）以收復功爲諫議大夫。

琪即㲄之子也，年十三，詞賦詩頌，大爲王鐸所知，然亦疑其假手。一日，鐸召㲄讌於公署，召㲄，原本作「茗㲄」，今據文改正。（影庫本粘籤）密遣人以漢祖得三傑賦題就其第試之，琪援筆立成。賦尾云：「得士則昌，非賢罔共。龍頭之友斯貴，鼎足之臣可重，宜哉項氏之敗亡，一范增而不能用。」鐸覽而駭之，曰：「此兒大器也，將擅文價。」案太平廣記：琪總角謁鐸，鐸顧曰：「適蜀中詔到，用夏州拓跋思恭爲收復都統，可作一詩否？」即秉筆立製，云：「飛騎經巴棧，洪恩及夏臺。將從天上去，人自日邊來。此處金門遠，何時玉壘迴。早平關右賊，莫待詔書催。」鐸益奇之，因執琪手曰：「此眞鳳毛也。」時年十四。明年，丁母憂，因流寓齊、魯〔四〕。然糠照薪，俾夜作晝，覽書數千卷，間爲詩賦。唐僖宗再幸梁、洋，竊賦云：「哀痛不下詔，登封誰上書。」（舊五代史考異）

昭宗時，李谿父子以文學知名。琪年十八，袖賦一軸謁谿。谿覽賦驚異，倒屣迎門，出琪調啞鐘、捧日等賦，調啞鐘、捧日等賦，疑有脫字，考夏文莊集所引薛史與永樂大典同，今姑仍其舊。（影庫本粘籤）謂琪曰：「余嘗患近年文士辭賦，皆數句之後，未見賦題，吾子入句見題，偶屬典麗，吁！可畏也。」琪由是益知名，舉進士第。天復初〔五〕，應博學宏詞，居第四等，授武功縣尉，辟轉運巡官，遷左拾遺、殿中侍御史。自琪爲諫官憲職，凡時政有所不便，必封章論列，文章秀

麗，覽之者忘倦。

琪兄珽，亦登進士第，才藻富贍〔六〕，兄弟齊名，而尤爲梁祖所知，以珽爲崇政學士。琪自左補闕入爲翰林學士，案北夢瑣言云：梁李相國琪，唐末以文學策名，仕至御史。昭宗播遷，衣冠蕩析，琪滅跡於荆、楚間，自晦其迹，號華原李長官。其堂兄光符宰宜都，嘗厭薄之。琪寂寞，每臨流踞石，摘樹葉而試草制詞，吁嗟怏悵，而投葉水中。梁祖受禪，徵入，拜翰林學士。今考梁書李珽傳，珽歷爲成汭、趙匡凝掌書記，蓋昭宗末年，珽、琪兄弟皆客荆、楚，後乃受知於梁祖也。累遷戶部侍郎、翰林承旨。梁祖西抗邠、岐，北攻澤、潞，出師燕、趙，經略四方，暫無寧歲，而琪以學士居帳中，專掌文翰，下筆稱旨，寵遇踰倫。是時，琪之名播於海內。琪重然諾，憐才獎善，家門雍睦。貞明、龍德中，龍德，原本脫「德」字，今據梁末帝紀增入。（影庫本粘籤）歷兵、禮、吏侍郎，受命與馮錫嘉、張充、郄殷象同撰梁太祖實錄三十卷〔七〕，遷御史中丞，累擢尚書左丞、中書門下平章事。時琪與蕭頃同爲宰相，頃性畏慎深密，琪倜儻負氣，不拘小節，中書奏覆，多行其志，而頃專掎摭其咎。會琪除吏，是試攝名銜，改「攝」爲「守」，爲頃所奏，梁帝大怒，將投諸荒裔，而爲趙巖輩所援，罷相，爲太子少保。

莊宗入汴，素聞琪名，累欲大任。同光初，歷太常卿、吏部尚書。三年秋，天下大水，國計不充，莊宗詔百僚許上封事，陳經國之要。琪因上疏曰：

臣聞王者富有兆民，深居九重，所重患者，百姓凋耗而不知，四海困窮而莫救，下

情不得上達，羣臣不敢指言。今陛下以水潦之災，軍食乏闕，焦勞罪己，迫切疚懷，避正殿以責躬，訪多士而求理，則何思而不獲，何議而不臧？止在改而行之，足以擇其善者。

臣聞古人有言曰：穀者，人之司命也；地者，穀之所生也；人者，君之所理也。有其穀則國力備，定其地則人食足，察其人則徭役均，知此三者，爲國之急務也。軒黃已前，不可詳記。自堯湮洪水，禹作司空，於時辨九等之田，收什一之稅，其時戶一千三百餘萬，定墾地約九百二十萬頃，約九百，原本作「綠八百」，今據文獻通考改正。（影庫本粘籤）最爲太平之盛。及商革夏命，重立田制，每私田十畝，種公田一畝，水旱同之，亦什一之義也。洎乎周室，立井田之法，大約百里之國，提封萬井，出車百乘，戎馬四百匹〔八〕。畿內兵車萬乘，馬四萬匹，以田法論之，亦什一之制也。故當成、康之世，比堯、舜之朝，戶口更增二十餘萬，非他術也，蓋三代以前，皆量入以爲出，計農以立軍，雖逢水旱之災，而有凶荒之備。

降及秦、漢，重稅工商，急關市之征，倍舟車之算，人戶既以減耗，古制猶以兼行，按此時戶口，尚有千二百餘萬，墾田亦八百萬頃。至乎三國並興，兩晉之後，則農夫少於軍衆，戰馬多於耕牛，供軍須奪於農糧，秣馬必侵於牛草，秣馬，原本作「積馬」，今據文獻通

考改正。（影庫本粘籤）於是天下戶口，只有二百四十餘萬。洎隋文之代，兩漢比隆，及煬帝之年，又三分去一。

我唐太宗文皇帝，以四夷初定，百姓未豐，延訪羣臣，各陳所見，惟魏徵獨勸文皇力行王道，由是輕徭薄賦，不奪農時，進賢良，悅忠直，天下粟價，斗直兩錢。自貞觀至於開元，將及一千九百萬戶，五千三百萬口，墾田一千四百萬頃，比之堯、舜，又極增加。是知救人瘼者，以重斂爲病源；料兵食者，以惠農爲軍政。仲尼云：「百姓足，君孰與不足。」臣之此言，是魏徵所以勸文皇也，伏惟深留宸鑒。如以六軍方闕，不可輕徭，兩稅之餘，猶須重斂，則但不以折納爲事，一切以本色輸官，又不以紐配爲名，止以正耗加納，猶應感悅，未至流亡。況今東作是時，羸牛將駕，「是時」二字疑有舛誤，考五代會要亦作「是時」，今姑仍其舊。（影庫本粘籤）數州之地，千里運糧，有此差徭，必妨春種，今秋若無糧草，何以贍軍。

臣伏思漢文帝時，欲人務農，乃募人入粟，得拜爵及贖罪，景帝亦如之。後漢安帝時，水旱不足，三公奏請，富人入粟，得關內侯及公卿以下散官。本朝乾元中，亦曾如此。今陛下縱不欲入粟授官，願明降制旨下諸道，合差百姓轉倉之處，有能出力運官物到京師，五百石以上，白身授一初任州縣官，有官者依資遷授，欠選者便與放選。

放選，原本作「於選」，今據文獻通考改正。（影庫本粘籤）千石以上至萬石，不拘文武，明示賞酬。免令方春農人流散，斯亦救民轉倉贍軍之一術也。

莊宗深重之，尋命爲國計使，垂爲輔相，俄遇蕭牆之難而止。

及明宗即位，豆盧革、韋說得罪，任圜陳奏，請命琪爲相，爲孔循、鄭珏排沮，乃相崔協。琪時爲御史大夫，安重誨於臺門前專殺殿直馬延。馬延，原本作「馬廷」，考歐陽史及通鑑俱作馬延，今改正。（影庫本粘籤）雖曾彈奏，而依違詞旨，不敢正言其罪，以是託疾，三上章請老，朝旨不允，除授尚書左僕射。自是之後，尤爲宰執所忌，凡有奏陳，靡不望風橫沮。天成末，明宗自汴州還洛，琪爲東都留司官班首，奏請至偃師奉迎。時琪奏中有「敗契丹之凶黨，破眞定之逆城」之言，詔曰：「契丹即爲凶黨，眞定不是逆城，李琪罰一月俸。」又嘗奉敕撰霍彥威神道碑文。琪，梁之故相也，敍彥威仕梁歷任，不言其僞。中書奏曰：「不分眞僞，是混功名，望令改撰。」詔從之。多此類也。

琪雖博學多才，拙於遵養時晦，知時不可爲，然猶多岐取進，動而見排，由己不能鎭靜也。以太子太傅致仕。案：歐陽史作少傅。（舊五代史考異）長興中，卒於福善里第，時年六十。子貞，官至邑宰。琪以在內署時所爲制詔，編爲十卷，目曰金門集，大行於世。永樂大典卷一萬三百八十九。

蕭頃，字子澄，京兆萬年人。故相倣之孫，京兆尹廩之子。頃聰悟善屬文，昭宗朝擢進士第，歷度支巡官、太常博士、右補闕。時國步艱難，連帥倔強，率多奏請，欲立家廟於本鎭，頃上章論奏，乃止。累遷吏部員外郎。先是，張濬自中書出爲右僕射，梁祖判官高劭使梁祖蔭求一子出身官，省寺皆稱無例，濬曲爲行之，指揮甚急，吏徒惶恐。頃判云：「僕射未集郎官，赴省上指揮公事，且非南宮舊儀。」濬聞之，慚悚致謝，頃由是知名，梁祖亦獎之。頃入梁，歷給諫、御史中丞、禮部侍郎、知貢舉，咸有能名。自吏部侍郎拜中書門下平章事，與李琪同輔梁室，同輔，原本作「同轉」，今據文改正。（影庫本粘籤）事多矛盾。莊宗入汴，頃坐貶登州司戶，量移濮州司馬，數年，遷太子賓客。天成初，爲禮部尚書、太常卿、太子少保致仕。卒時年六十九。輟朝一日，贈太子少師。永樂大典卷五千二百二十五。

史臣曰：夫相輔之才，從古難得，蓋文學政事，履行謀猷，不可缺一故也。如數君子者，皆互有所長，亦近代之良相也。如齊公之明節，李琪之文章，足以圭表搢紳，笙簧典誥，陟之廊廟，宜無愧焉。永樂大典卷二千七百四十。

校勘記

〔一〕時屬亂離　「時」原作「併」，據殿本、劉本改。

〔二〕復恭從孫　「從孫」原作「從子」，據殿本改。按本卷下文楊希朗稱復恭爲伯祖，則「從子」當作「從孫」。

〔三〕廟堂代筆　「代筆」原作「化筆」，據劉本改。殿本作「秉筆」。影庫本粘籤云：「化筆，疑有誤字，考册府元龜亦作化筆，今姑仍其舊。」

〔四〕流寓齊魯　殿本、劉本、太平廣記卷一七五「齊魯」作「青齊」。

〔五〕天復　原作「天福」，據殿本、劉本改。

〔六〕才藻富贍　「贍」原作「瞻」，據殿本、劉本改。

〔七〕張充鄧殷象同撰梁太祖實錄三十卷　殿本、劉本同。按宋史卷二〇三藝文志：「五代梁太祖實錄三十卷，張衮、郄象撰。」

〔八〕戎馬四百匹　「四百」原作「四千」，據殿本、劉本改。舊五代史考異云：「案：原本作『四千』，今據漢書改正。」

舊五代史卷五十九

唐書三十五

列傳第十一

丁會，字道隱，壽州壽春人。父季。會幼放蕩縱横，不治農產，恆隨哀挽者學紼謳，尤嗜其聲。既長，遇亂，合雄兒爲盜，雄兒，原本作「維兒」，今據册府元龜改正。（影庫本粘籤）有志功名。黄巢渡淮，會從梁祖爲部曲，梁祖鎭汴，會歷都押衙。自梁祖誅宗權，併時溥，屠朱瑄，走朱瑾，會恆以兵從，多立奇功。文德中，表授懷州刺史，歷滑州留後、河陽節度使、檢校司徒。自河陽以疾致政於洛陽。梁祖季年猜忌，故將功大者多遭族滅，會陰有避禍之志，稱疾者累年。案：通鑑考異謂梁祖季年無誅戮大臣之事。考朱珍、李讜諸人先後爲梁祖所殺，丁會蓋懲於前事也。天復元年，梁祖奄有河中、晉、絳，乃起會爲昭義節度使。昭宗幸洛陽，加同平章事。其年昭宗遇弒，哀問至，會三軍縞素，流涕久之。時梁祖親討劉守文於滄州，駐軍於長蘆。三

年十二月〔一〕，王師攻會，居旬日，會以潞州歸於武皇。案北夢瑣言云：梁祖雄猜，嫉忌功臣，忽謂敬翔曰：「吾夢丁會在前祗候，吾將乘馬欲出，圉人以馬就臺，忽爲丁會跨之以出，時夢中怒，叱喝數聲，因驚覺，甚惡之。」是月，丁會舉潞州軍民歸河東矣。（舊五代史考異）引見，會泣曰：「臣非不能守潞，但以汴王篡弱唐祚，猜嫌舊將，臣雖蒙保薦之恩，而不忍相從，原本脫「相從」二字，今據册府元龜增入。（影庫本粘籤）今所謂吐盜父之食以見王也。」武皇納之，賜甲第於太原，位在諸將上。五年，汴將李思安圍潞州，以會爲都招討使、檢校太尉。莊宗嗣王位，與會決謀，破汴軍於夾城。七年十一月，卒於太原。莊宗卽位，追贈太師。

有子七人，知沆爲梁祖所誅，餘皆歷內職。永樂大典卷一萬八千一百八十九。

閻寶，字瓊美，鄆州人。父佐，海州刺史。寶少事朱瑾爲牙將，瑾之失守於兖也，寶與瑾將胡規、康懷英歸汴梁，皆擢任之。自梁祖陳師河朔，爭霸關西，寶與葛從周、丁會、賀德倫、李思安各爲大將，統兵四出，所至立功，歷洛、隨、宿、鄭四州刺史。天祐六年，梁祖以寶爲邢洛節度使、檢校太傅。案歐陽史：太祖時爲諸軍都虞候，末帝時，以寶爲保義軍節度使。與薛史詳略先後互異。（舊五代史考異）莊宗定魏博，十三年，攻相、衞、洺、磁，下之，寶獨保邢州，城孤援絕。八

月，寶以邢州降，莊宗嘉之，進位檢校太尉、同平章事，遙領天平軍節度使、東南面招討等使，待以賓禮，位在諸將上，每有謀畫，與之參決。

契丹之寇幽州也，周德威危急，寶與李存審從明宗擊契丹於幽州西北，解圍而還。胡柳之役，諸軍逗撓，汴軍登無石山，其勢甚盛。莊宗望之，畏其不敵，且欲保營。寶進曰：「王深入敵境，偏師不利，王彥章騎軍已入濮州，山下唯列步兵，向晚皆有歸志，我盡銳擊之，敗走必矣。今若引退，必爲所乘，我軍未集，更聞賊勝，卽不戰而自潰也。凡決勝料勢，決戰料情〔二〕，情勢已得，斷在不疑。今王之成敗，在此一戰，若不決勝，設使餘衆渡河，河朔非王有也，王其勉之。」莊宗聞之聳聽，曰：「微公幾失計。」卽引騎大譟，奮犄登山，大敗汴人。

十八年，張文禮殺王鎔叛，張文禮，原本作「大禮」，今據歐陽史改正。（影庫本粘籤）寶帥師進討。八月，收趙州，進渡滹水，擒賊黨張友順以獻。九月，進逼眞定，結營西南隅，掘塹栅以環之，決大悲寺漕渠以浸其郛。十九年正月，契丹三十萬來援鎭州，前鋒至新樂，衆心憂之。寶見莊宗，指陳方略，軍情乃安。敵退，加檢校侍中。三月，城中饑，王處球之衆出城求食，寶縱其出，伏兵截擊之。饑賊大至，諸軍未集，爲賊所乘，寶乃收軍退保趙州，因慚憤成疾，疽發背而卒，時年六十。同光初，追贈太師，晉天福中，追封太原郡王。

有子八人，宏倫、宏儒皆位至郡守。永樂大典卷九千八百二。

符習，趙州昭慶縣人。少從軍，事節度使王鎔，積功至列校。自莊宗經略河朔，與鎔連衡，常令習率師從莊宗征討。鎔爲張文禮所害，時習在德勝寨，文禮上書請習等歸鎭。習雨泣訴於莊宗曰：「臣本趙人，家世事王氏，故使嘗授臣一劍，俾臣平蕩凶寇。自聞變故，徒懷冤憤，欲以自剄，無益於營魂。且張文禮乃幽、滄叛將，趙王知人不盡，過意任使，致被反噬。臣雖不武，願在霸府血戰而死，不能委身於凶首。」莊宗曰：「爾旣懷舊君之愛，可復讎乎？吾當助爾。」習等舉身投地，號慟感激，謝曰：「王必以故使輔翼之勞，雪其冤恥，臣不敢期師旅爲助，但悉本軍可以誅其逆豎。」莊宗卽令閻寶、史建瑭助習討文禮，史建瑭，原本作「遠塘」，今據通鑑改正。（影庫本粘籤）乃以習爲成德軍兵馬留後。及文禮誅，將正授節鉞，習不敢當其任，辭曰：「臣緣故使未葬，又無嗣息，臣合服斬縗，候臣禮制畢聽命。」及莊宗兼領鎭州，乃割相、衞二州置義寧軍，以習爲節度使。習奏曰：「魏博六州，見係霸府，不宜遽有割隸。但授臣河南一鎭，臣自攻取。」乃授天平軍節度、東南面招討使。

習有器度，性忠壯，自莊宗十年沿河戰守，習常以本軍從，心無顧望，諸將服其爲人。同光初，以習爲邢州節度，明年，移鎭青州。四年二月，趙在禮盜據魏州，習受詔以淄、青之

師進討，至則會軍亂，習乃退軍渡河。明宗自鄴赴洛，遣使召之，習不時而至。既至，謁明宗於胙縣。霍彥威謂習曰：「主上所知者十人，公在其四，何猶豫乎！」習乃從明宗入汴。明宗即位，加兼侍中，令歸本鎮。屬青州守將王公儼拒命，復授天平軍節度使。案宋史顏衎傳：天成初，爲鄆平令。符習初鎮天平，習武臣之廉慎者，以書告屬邑，毋聚斂爲獻賀。衎未領書，以故規行之，尋爲吏所訟，習遽召衎笞之，幕客軍吏咸以爲辱及正人，習甚悔焉，即表爲觀察判官，且塞前事。（舊五代史考異）

四年，移汴州節度使。安重誨素不悅習，會汴人言習厚賦民錢，以代納藁，及納軍租，多收加耗，由是罷歸京師。案通鑑：習自恃宿將，議論多抗安重誨，故重誨求其過，奏之。（舊五代史考異）授太子太師致仕，求歸故里，許之，乃歸昭慶縣。明宗以其子令謙爲趙州刺史。習飛揚痛飲，案：原本作「飛騰」，今考杜詩「痛飲狂歌空度日，飛揚跋扈爲誰雄」，「騰」字蓋「揚」字之訛，今改正。（舊五代史考異）周遊田里，不集朋徒，不過郡邑，如此累年，中風而卒。贈太師。

子蒙嗣，位至禮部侍郎。永樂大典卷一萬八千一百二十九。

烏震，冀州信都人也。少孤，自勤於鄉校。弱冠從軍，初爲鎮州隊長，以功漸升部將，與符習從征於河上，頗得士心。聞張文禮弑王鎔，志復主讎，雪泣請行。兵及恆陽，文禮執其母妻洎兒女十口誘之，不迴，攻城日急。文禮忿之，咸割鼻斷腕，不絕於膚，放至軍門，觀

者皆不忍正視。震一慟而止，憤激奮命，身先矢石。鎮州平，以功授震深、趙二州刺史。其性純質，以清直御下，在河北獨有政聲，移易州刺史，案歐陽史作冀州。（舊五代史考異）兼北面水陸轉運〔三〕、招撫等使。契丹犯塞，漁陽路梗，震率師運糧，三入薊門，擢爲河北道副招討，遙領宣州節度使，代房知温軍於盧臺。及至軍，會戍兵龍晊所部鄴都奉節等軍數千人作亂，龍晊，原本作「龍娙」，今據歐陽史改正。（影庫本粘籤）未及交印而遇害。明宗聞之，廢朝一日，詔贈太傅。案：歐陽史作太師。（舊五代史考異）震略涉書史，尤嗜左氏傳，好爲詩，善筆札，凡郵亭佛寺，多有留題之跡。及其遇禍，燕、趙之士皆歎惜之。永樂大典卷一萬八千一百二十九。

王瓚，故河中節度使重盈之諸子也。天復初，梁祖既平河中，追念王氏舊恩，辟瓚爲賓佐。梁祖即位，歷諸衞大將軍、兗華兩鎮節度使、開封尹。貞明五年，代賀瓌統軍駐於河上。時李存審築壘於德勝渡。秋八月，瓚率汴軍五萬，自黎陽渡河，將掩擊魏州，明宗出師拒之。瓚至頓丘而旋，於楊村夾河築壘，架浮航，自滑饋運相繼。瓚嚴於軍法，令行禁止，然機略應變，則非所長。十一月，瓚率其衆觀兵於戚城，明宗以前鋒擊之，獲其將李立。十二月，邏騎報汴之饋糧千計，沿河而下，可掩而取之。莊宗遣徒兵五千，設伏以待之，使騎軍循河南岸西上，俘獲饋役數千。瓚結陣河曲，以待王師，既而兵合，一戰敗之，瓚衆走保

南城，瓚以小舟北渡僅免。是日，獲馬千餘匹，俘斬萬級，王師乘勝狥地曹、濮。梁主以瓚失律，令戴思遠代還。

及王師襲汴，時瓚爲開封府尹。開封，原本脫「封」字，今據通鑑增入。（影庫本粘籤）梁主聞王師將至，自登建國門樓，日夜垂泣，時持國寶謂瓚曰：「吾終保有此者，繫卿耳。」令瓚閱市人散徒，登城爲備。洎明宗至封丘門，瓚開門迎降。翌日，莊宗御玄德殿，瓚與百官待罪及進幣馬，詔釋之，仍令收梁主屍，備櫬櫝權厝於佛寺，漆首函送於郊社。

居數日，段凝上疏奏：「梁朝掌事權者趙巖等，並助成虐政，結怨於人，聖政維新，宜誅首惡，以謝天下。」於是張漢傑、張漢融、張漢倫、張希逸、趙縠、朱珪等並族誅，家財籍沒。瓚聞諸族當法，憂悸失次，每出則與妻子訣別。郭崇韜遣人慰譬之，詔授宣武軍節度副使，知府事，檢校太傅如故。案歐陽史云：瓚伏地請死，莊宗勞而起之，曰：「朕與卿家世婚姻，然人臣各爲主耳，復何罪邪！」因以爲開封尹，還宣武軍節度使。據薛史則瓚以宣武軍節度副使知府事，未嘗遷秩也。瓚心憂疑成疾，十二月卒。贈太子太師。

瓚雖爲治嚴肅，而慘酷有家世風。自歷守藩鎮，頗能除盜，而明不能照下。及尹政京邑，委政於愛壻牙將辛廷蔚，曲法納賄，因緣爲奸。初，汴人駐軍於河上，軍計不足，瓚請率汴之富戶，出助軍錢，賦取不均，人靡控訴，至有雉經者，又有富室致賂幸而免率者。及明宗

即位，素知廷蔚之奸，乃勒歸田里。然瓚能優禮搢紳，抑挫豪猾，故當時士流皆稱仰焉。永樂大典卷六千六百八十。

袁象先，宋州下邑人也。自稱唐中宗朝中書令、南陽郡王恕己之後。曾祖進朝，成都少尹，梁以象先貴，累贈左僕射。祖忠義，忠武軍節度判官，累贈司空。父敬初，太府卿，累贈司徒、駙馬都尉。敬初娶梁祖之妹，初封沛郡太君。開平中，追封長公主。貞明中，追封萬安大長公主。

象先即梁祖之甥也。性寬厚，不忤於物，幼遇亂，慨然有憂時之意。象先嘗射一水鳥，不中，箭落水中，下貫雙鯉，見者異之。梁祖鎮夷門，象先起家授銀青光祿大夫、檢校太子賓客、兼御史中丞。景福元年，自檢校左省常侍，遷檢校工部尚書，充元從馬軍指揮使兼左靜邊都指揮使。乾寧五年，再遷檢校右僕射、左領軍衞將軍同正，充宣武軍內外馬步軍都指揮使。光化二年，權知宿州軍州事。

天復元年，表授刺史，充本州團練、埇橋鎮遏都知兵馬使。會淮寇大至，圍迫州城，象先殫力禦備，時援兵未至，頗懷憂沮。一日，登北城，憩其樓堞之上，怳然若寐，夢人告曰：「我陳璠也，陳璠，原本作「揀璠」，今據册府元龜改正。（影庫本粘籤）嘗板築是城，舊第猶在，今爲軍舍，

可爲我立廟，卽助公陰兵。」象先納之。翌日，淮寇急攻其壘，梯衝角進，是日州城幾陷。頃之，有大風雨，居民望見城上兵甲無算，寇不能進，卽時退去。象先方信鬼神之助，乃爲之立祠，至今里人禱祝不輟。三年，權知洛州軍州事。洛州，原本作「洺州」，今從歐陽史改正。（影庫本粘籤）

天祐三年，授陳州刺史、檢校司空。是歲，陳州大水，民饑，有物生於野，形類蒲萄，其實可食，貧民賴焉。梁開平二年，授左英武軍使，再遷左神武、右羽林統軍。三年，轉右衞上將軍，封汝南縣男。四年，權知宋州留後，到任五月，改天平軍兩使留後。時鄆境再饑，戶民流散，象先卽開倉賑卹，蒙賴者甚衆。五年，梁祖北征，以象先爲鎭定東南行營都招討應接副使，進封開國伯。領兵攻蓨縣，不克而還。俄奉詔自鄆赴闕，鄆人遮留，毀石橋而不得進，乃自他門而逸。尋授左龍武統軍兼侍衞親軍都指揮使。

乾化三年，與魏博節度使楊師厚合謀，誅朱友珪於洛陽。梁末帝卽位，以功授檢校太保、同平章事，遙領洪州節度使、行開封尹、判在京馬步諸軍，進封開國公。四年，授靑州節度使，加檢校太傅。未幾，移鎭宋州，加檢校太尉。象先在宋凡十年。

初，梁祖領四鎭，統兵十萬，威震天下，關東藩守，皆其將吏，方面補授，由其保薦，四方輿金輦璧，駿奔結轍，納路於其庭。如是者十餘年，寖成風俗，藩侯牧守，下逮羣吏，罕有廉

白者，率皆掊斂刻下，以事權門。象先恃甥舅之勢，所至藩府，侵刻誅求尤甚，以此家財鉅萬。莊宗初定河南，象先率先入覲，輦珍幣數十萬，遍賂權貴及劉皇后、伶官巷伯，居旬日，內外翕然稱之。

初，梁將未復官資者，凡上章奏姓名而已。郭崇韜奏曰：「河南征鎭將吏，昭洗之後，未有新官，每上表章，但書名姓，未頒綸制，必負憂疑。」卽日，復以象先爲宋、亳、輝、潁節度使，依前檢校太尉、平章事，仍賜姓，名紹安，尋令歸鎭。明年，以郊禮，象先復來朝。是時，制改宋州宣武軍爲歸德軍，宋州，原本作「宗州」，今從通鑑改正。（影庫本粘籤）因侍宴，莊宗謂象先曰：「歸德之名，無乃著題否？」象先拜謝而退，卽命歸鎭。其年夏，以疾卒於治所，年六十一。册贈太師，周廣順中，贈中書令，追封楚國公。

象先二子，長曰正辭，歷衢、雄二州刺史。次曰羲〔四〕，至周顯德中，終於滄州節度使。永樂大典卷五千一百十四。

張温，字德潤，魏州魏縣人也。案：温于滄闕擒劉浣，見梁紀，此傳不載。（舊五代史考異）始仕梁祖爲步直小將，改崇明都校。貞明初，貞明，原本作「貞宗」，今據薛史梁書改正。（影庫本粘籤）蔣殷以徐州叛，從劉鄩討平之，改左右捉生都指揮使。莊宗伐邢臺，獲之，用爲永淸都校，歷武州刺史、山後八軍都將。從莊宗襲契丹於幽州，收新州，歷銀槍効義都指揮使，再任武州刺史。同光初，契丹陷嬀、儒、檀、順、平、薊六州，武州獨全，改授蔚州刺史。天成初，歷振武、昭武留後，尋授利州節度使，入爲右衞上將軍。無幾，授洋州節度使、右龍武統軍，改雲州節制。淸泰初，屯兵鴈門，逐契丹出塞，移鎭晉州，嬰疾而卒。詔贈太尉。永樂大典卷六千六百六十。

李紹文，鄆州人，本姓張，名從楚。少事朱瑄爲帳下，瑄敗，歸於梁祖，爲四鎭牙校，累典諸軍。天祐八年，從王景仁戰，敗於柏鄉，紹文與別將曹儒收殘衆，退保相州。王師之攻魏州也，紹文率衆自黎陽將渡河。時汴人大恐，河無舟檝，紹文懼爲王師所逼，乃剽黎陽、臨河、內黃至魏州，歸於莊宗。莊宗嘉納之，賜姓名，分其兩將三千人爲左右匡霸軍旅，仍令紹文、曹儒分將之。從周德威討劉守光，進檢校司空，移將匡衞軍。十二年，授博州刺史，預破劉鄩於故元城，歷貝、隰、代三郡刺史，領天雄軍馬步副都將，屯於德勝，從閻寶討張文禮，爲馬步軍都虞候。明宗收鄆州，以紹文爲右都押衙、馬步軍都將，從破王彥章於中都。同光中，歷徐、滑二鎭副使，知府事。三年，從郭崇韜討西川，爲洋州節度留後，領鎭江軍節度。天成初，爲武信軍節度使，尋卒於鎭。永樂大典卷一萬一百八十九。

史臣曰：昔丁會之事梁祖也，功旣隆矣，禍將及矣，挺身北首，故亦宜然，然食人之祿，豈合如是哉！閻寶再降於人，夫何足貴焉。符習雪故主之沉冤，享通侯之貴位，乃趙之奇士也。奇士，原本脫「士」字，今考夏文莊集所引薛史作「奇士」，今改正。（影庫本粘籤）烏震不憫其親，仁斯鮮矣，雖慕樂羊之跡，豈事文侯之宜。瓚洎象先而下，皆降將也，又何足以譏焉。永樂大典卷一萬一百八十九。

校勘記

〔一〕三年　殿本、劉本同，據舊唐書卷二〇哀帝紀、本書卷二六武皇紀當作天祐三年。

〔二〕凡決勝料勢決戰料情　原作「凡決勝料情」，據册府卷三六七、歐陽史卷四四閻寶傳改。

〔三〕北面水陸轉運　「北」上原有「南」字，據册府卷四八三、歐陽史卷二六烏震傳删。

〔四〕次曰羲　殿本、劉本同。孔本「羲」作「正義」。按袁象先長子名正辭，其次子名疑當作「正義」。

舊五代史卷六十

唐書三十六

列傳第十二

李襲吉，案：北夢瑣言作李習吉。自言左相林甫之後，父圖，爲洛陽令，因家焉。襲吉，乾符末，應進士舉，案：唐新纂作應廣文舉，不第。（舊五代史考異）遇亂，避地河中，依節度使李都，擢爲鹽鐵判官〔一〕。及王重榮代，不喜文士。時喪亂之後，衣冠多逃難汾、晉間，襲吉訪舊至太原，武皇署爲府掾，出宰榆社。案：北夢瑣言作攝榆次令。光啓初，武皇遇難上源，記室殁焉，既歸鎮，辟掌奏者，多不如指。或有薦襲吉能文，召試稱指，卽署爲掌書記。襲吉博學多通，尤諳悉國朝近事，爲文精意練實〔二〕，動據典故，無所放縱，羽檄軍書，辭理宏健。自武皇上源之難，與梁祖不協。乾寧末，劉仁恭負恩，其間論列是非，交相聘答者數百篇，警策之句，播在人口，文士稱之。

三年，遷節度副使，從討王行瑜，拜右諫議大夫。及師還渭北，武皇不獲入覲，爲武皇作違離表，中有警句云：「穴禽有翼〔三〕，聽舜樂以猶來；猶來，原本作「獨來」，今從文昌雜錄改正。（影庫本粘籤）天路無梯，望堯雲而不到。」昭宗覽之嘉歎。洎襲吉入奏，面詔諭之，優賜特異。案北夢瑣言云：習吉從李克用至渭南，令其入奏，帝重其文章，授諫議大夫，使上事北省以榮之。據薛史，則襲吉先授諫議，非至入奏時始授也，當由先經奏授，至入奏時復于本省上事耳。北夢瑣言多傳聞之辭，故有互異。其年十二月，師還太原，王珂爲浮梁於夏陽渡，襲吉從軍。時笮斷航破，武皇僅免，襲吉墜河，得大冰承足，沿流七八里，還岸而止，救之獲免。

天復中，武皇議欲脩好於梁，命襲吉爲書以貽梁祖，書曰：

一別清德，十五餘年，失意杯盤，爭鋒劍戟。山高水闊，難追二國之歡；鴈逝魚沉，久絕八行之賜。

比者，僕與公實聯宗姓，原忝恩知，投分深情，將期棲托，論交馬上，薦美朝端，傾嚮仁賢，未省疏闕。豈謂運由奇特，謗起奸邪。毒手尊拳，交相於暮夜；交相，原本作「相交」，歐陽史作「交相」。據集韻云「相，持也」，當以歐陽史爲是，今改正。（影庫本粘籤）金戈鐵馬，蹂踐於明時。狂藥致其失歡，陳事止於堪笑。今則皆登貴位，盡及中年〔四〕，蘧公亦要知非，君子何勞用壯。今公貴先列辟，名過古人。合縱連衡，本務家邦之計；拓地守境，要存

子孫之基。文王貴奔走之交，仲尼譚損益之友，僕顧慚虛薄，舊忝眷私，一言許心，萬死不悔，壯懷忠力，猶勝他人，盟於三光，願赴湯火。公又何必終年立敵，懇意相窺，徇一時之襟靈，取四郊之倦弊〔五〕，今日得其小衆，明日下其危牆，弊師無遺鏃之憂，鄰壤抱剝牀之痛。又慮悠悠之黨，妄瀆聽聞，見僕韜勇枕威，戢兵守境，不量本末，誤致窺覦。

且僕自壯歲已前，業經陷敵，以殺戮爲東作，號兼并爲永謀。及其首陟師壇，躬被公衮，天子命我爲羣后，明公許我以下交，所以斂迹愛人，蓄兵務德，收燕薊則還其故將，入蒲坂而不負前言。況五載休兵，三邊校士，鐵騎犀甲，雲屯谷量。馬邑兒童，皆爲銳將；鷲峯宮闕，咸作京坻。問年猶少於仁明，語地幸依於險阻，有何覘覦，便誤英聰。

況僕臨戎握兵，粗有操斷，屈伸進退，久貯心期。勝則撫三晉之民，敗則徵五部之衆，長驅席卷，反首提戈。但慮隳突中原，爲公後患，四海羣謗，盡歸仁明，終不能見僕一夫，得僕一馬。銳師儻失，則難整齊，請防後艱，願存前好。矧復陰山部落，是僕懿親；迴紇師徒，累從外舍。文靖求始畢之衆，元海徵五部之師，寬言虛詞，猶或得志。今僕散積財而募勇輩，輦寶貨以誘義戎，徵其密親，啗以美利，控弦跨馬，寧有數乎。但

緣荷位天朝，惻心疲瘵，峨峨亭障，未忍起戎。亦望公深識鄙懷，洞迴英鑒，論交釋憾，慮禍革心，不聽浮譚，以傷霸業。夫易惟忌滿，道貴持盈，儻恃勇以喪師，如擊盤而失水，爲蛇刻鵠，幸賜徊翔。

僕少負褊心，天與直氣，間謀詭論，誓不爲之。唯將藥石之譚，願托金蘭之分。儻愚衷未豁，彼抱猶迷，假令罄三朝之威，窮九流之辯，遣迴肝膈，如俟河清。今者執簡吐誠，願垂保鑒。

僕自眷私睽阻，翰墨往來，或有鄙詞，稍侵英聽〔六〕，亦承嘉論，每賜罵言。敍歡既罷於尋戈，尋戈，原本作「尋伐」，今據册府元龜改正。（影庫本粘籤）焚謗幸蠲其載筆，窮因尙口，樂貴和心，願祛沉閼之嫌，以復塤篪之好。今者卜於曩分，不欲因人，專遣使乎，直詣鈴閤。古者兵交兩地，使在其間，致命受辭，幸存前志。昔賢貴於投分，義士難於屈讎，若非仰戀恩私，安可輒露肝膈。悽悽丹愫〔七〕，炳炳血情，臨紙嚮風，千萬難述。

梁祖覽之，至「毒手尊拳」之句，怡然謂敬翔曰：「李公斗絕一隅，安得此文士，如吾之智算，得襲吉之筆才，虎傅翼矣。」又讀至「馬邑兒童」、「陰山部落」之句，梁祖怒謂敬翔曰：「李太原喘喘餘息，猶氣吞宇宙，可詬罵之。」及翔爲報書，詞理非勝，由是襲吉之名愈重。案通鑑考異引唐末見聞錄載全忠回書云：前年洹水，曾獲賢郎；去歲青山〔八〕，又擒列將。蓋梁之書檄，皆此類也。

自廣明大亂之後，諸侯割據方面，競延名士，以掌書檄。是時梁有敬翔，燕有馬郁，華州有李巨川，荆南有鄭準，案唐新纂云：鄭準，士族，未第時，佐荆門上谷連幕。飛書走檄，不讓古人，秉直去邪，無慚往哲。考準爲成汭書記，汭封上谷郡王。鳳翔有王超，案北夢瑣言云：唐末，鳳翔判官王超，推奉李茂貞，挾曹、馬之勢，牋奏文檄，恣意翺翔。後爲興元留後，遇害，有鳳鳴集三十卷行於世。錢塘有羅隱，魏博有李山甫，皆有文稱，與襲吉齊名於時。

襲吉在武皇幕府垂十五年，視事之暇，唯讀書業文，手不釋卷。性恬於榮利，奬誘後進，不以己能格物。參決府事，務在公平，不交賂遺，綽綽有士大夫之風概焉。天祐三年六月，以風病卒於太原。同光二年，追贈禮部尚書。永樂大典卷一萬三百八十。

王緘，幽州劉仁恭故吏也。少以刀筆直記室，仁恭假以幕職，令使鳳翔。還經太原，屬仁恭阻命，武皇留之。緘堅辭復命，書詞稍抗，武皇怒，下獄詰之，謝罪聽命，乃署爲推官，歷掌書記。案契丹國志韓延徽傳：延徽自契丹奔晉，晉王欲置之幕府掌書記，王緘嫉之。延徽不自安，求東歸省母，遂復入契丹，寓書于晉王，敍所以北去之意。且曰：「非不戀英主，非不思故鄉，所以不留，正懼王緘之讒耳。」（舊五代史考異）從莊宗經略山東，承制授檢校司空、魏博節度副使。緘博學善屬文，燕薊多文士，緘後生，未知名。及在太原，名位驟達。燕人馬郁，有盛名於鄉里，而緘素以吏職事郁。及郁在

太原，謂緘曰：「公在此作文士，所謂避風之鳥，避風，原本作「避凰」，今據莊子改正。（影庫本粘籤）受賜於魯人也。」每於公宴，但呼王緘而已。十年，從征幽州，既獲仁恭父子，莊宗命緘爲露布，觀其旨趣。緘起草無所辭避，義士以此少之。胡柳之役，緘隨輜重前行，歿於亂兵。際晚，盧質還營，莊宗問副使所在，曰：「某醉不之知也。」既而緘凶問至，莊宗流涕久之，得其喪，歸葬太原。永樂大典卷六千八百五十。

李敬義，本名延古，太尉衞公德裕之孫。初隨父燁貶連州，遇赦得還。嘗從事浙東，自言遇涿道士，謂之曰：「子方厄運，不宜仕進。」敬義悚然對曰：「吾終老賤哉？」涿曰：「自此四十三年，必遇聖王大任，子其志之。」敬義以爲然，乃無心仕宦，退歸洛南平泉舊業。爲河南尹張全義所知，歲時給遺特厚，出入其門，欲署幕職，堅辭不就。

初，德裕之爲將相也，大有勳於王室，出藩入輔，綿歷累朝。及留守洛陽，有終焉之志，於平泉置別墅，採天下奇花異竹、珍木怪石，爲園池之玩。自爲家戒序錄，志其草木之得處，刊於石，云：「移吾片石，案：原本脫「移」字，今據册府元龜增入。（舊五代史考異）折樹一枝，非子孫也。」洎巢、蔡之亂，洛都灰燼，全義披榛而創都邑，李氏花木，多爲都下移掘，樵人鬻賣，園亭掃地矣。有醒酒石，德裕醉卽踞之，最保惜者。光化初，中使有監全義軍得此石，置於家

園，敬義知之，泣謂全義曰：「平泉別業，吾祖戒約甚嚴，子孫不肖，動違先旨。」因托全義請石於監軍。他日宴會，全義謂監軍曰：「李員外泣告，言內侍得衞公醒酒石，其祖戒堪哀，內侍能迴遺否？」監軍忿然厲聲曰：「黃巢敗後，誰家園池完復，豈獨平泉有石哉！」全義始受黃巢僞命，以爲詬己，大怒曰：「吾今爲唐臣，非巢賊也。」卽署奏笞斃之。

昭宗遷都洛陽，以敬義爲司勳員外郎。柳璨之陷裴、趙諸族，希梁祖旨奏云：「近年浮薄相扇，趨競成風，乃有臥邀軒冕，視王爵如土梗者。司空圖、李敬義三度除官，養望不至，咸宜屛黜，以勸事君者。」翌日，詔曰：「司勳員外郎李延古，世荷國恩，兩葉相位，幸從筮仕，累忝寵榮，多歷歲時，不趨班列。而自遷都卜洛，紀律載張，去明庭而非遙，處別墅而無懼，罔思報效，姑務便安，爲臣之節如斯，貽厥之謀何在！須加懲責，以肅朝倫，九寺勾稽，尙謂寬典，可責授衞尉寺主簿。」司空圖亦追停前詔，任從閑適。圖，唐史有傳。案舊唐書哀帝紀：六月戊申，勅前司勳員外郎、賜緋魚袋李延古責授衞尉寺主簿。八月壬寅〔九〕，勅前大中大夫、尙書兵部侍郎、賜紫金魚袋司空圖放還中條山。蓋延古與司空圖同時被劾，其降勅則有先後也。時全義既不能庇護，乃密託楊師厚，令敬義潛往依之，因挈族客居衞州者累年，師厚給遺周厚。

十二年，莊宗定河朔，史建瑭收新鄉，敬義謁見。是歲，上遣使迎至魏州，署北京留守判官，承制拜工部尙書，奉使王鎔。敬義以遠祖趙郡，見鎔展維桑之敬，鎔遣判官李翥送贊

皇集三卷，令謁前代碑壠，使還，歸職太原。監軍張承業尤不悅本朝宰輔子孫，待敬義甚薄，或面折於公宴，或指言德裕過惡，敬義不得志，鬱憤而卒。同光二年，贈右僕射。永樂大典卷一萬三百八十九。

五代史闕文：司空圖，字表聖，自言泗州人。少有俊才，咸通中，一舉登進士第。雅好爲文，躁於進取，頗自矜伐，端士鄙之。初，從事使府，及登朝，驟歷淸要。巢賊之亂，車駕播遷，圖有先人舊業在中條山，極林泉之美，圖自禮部員外郎，因避地焉，日以詩酒自娛。屬天下板蕩，士多往依之，互相推奬，由是聲名藉甚。昭宗反正，以戶部侍郎徵至京師。圖既負才慢世，謂己當爲宰輔，時要惡之，稍抑其銳，圖憤憤謝病，復歸中條。與人書疏，不名官位，但稱知非子，又稱耐辱居士。其所居曰禎貽谿，谿上結茅屋，命曰休休亭，常自爲記云〔一〇〕。臣謹按：圖，河中虞鄉人，少有文彩，未爲鄉里所稱。會王凝自尙書郎出爲絳州刺史，圖以文謁之，大爲凝所賞歎，由是知名。未幾，凝入知制誥，遷中書舍人、知貢舉，擢圖上第。頃之，凝出爲宣州觀察使，辟圖爲從事。既渡江，御史府奏圖監察，下詔追之。圖感知己之恩，不忍輕離幕府，滿百日不赴闕，爲臺司所劾，遂以本官分司。久之，徵拜禮部員外郎，俄知制誥，故集中有文曰「戀恩稽命，黜繫洛師，于今十年，方忝綸閣」，此豈躁於進取者耶！舊史不詳，一至于此。圖見唐政多僻，中官用事，知天下必亂，卽棄官歸中條山。尋以中書舍人徵，又拜禮部、戶部侍郎〔一一〕，皆不起。及昭宗播遷華下，圖以密邇乘輿，卽時奔問，復辭還山，故詩曰「多病形容五十三，誰憐借笏趂朝參」，此豈有意於相位耶！河中節度使王重榮請圖撰碑，得絹數千匹，圖致於虞鄉市心，恣鄉人所取，一日而盡。是時盜賊充斥，獨不入王官谷，河中士人依圖避難，全者甚衆。昭宗東遷，又以兵部侍郎召至洛下，爲柳璨所阻，一謝而退。梁祖受禪，以禮部尙書徵，辭以老疾，卒時年八十餘。臣又按：梁室

大臣，如敬翔〔一二〕、李振、杜曉、楊涉等，皆唐朝舊族，本當忠義立身，重侯累將，三百餘年，一旦委質朱梁，其甚者贊成弑逆。惟圖以清直避世，終身不事梁祖，故梁史揭圖小瑕以泯大節者，良有以也。

盧汝弼，案通鑑：汝弼，范陽人。案宣和書譜云：弼字子諧，祖綸，唐貞元年有詩名。父簡求，爲河東節度使。汝弼少力學，不喜爲世胄，篤志科舉，登進士第，文彩秀麗，一時士大夫稱之。（舊五代史考異）唐昭宗景福中，擢進士第，歷臺省。昭宗自秦遷洛，時爲祠部郎中、知制誥。時梁祖凌弱唐室，殄滅衣冠，懼禍渡河，由上黨歸於晉陽。永樂大典卷一萬六千四百九十五。盧汝弼傳，永樂大典闕全篇，今據散見諸韻者僅得三條，今考其前後敍次成篇，以存梗概。（影庫本粘籤）初，武皇平王行瑜，天子許承制授將吏官秩。是時藩侯偭強者，多僞行墨制，武皇恥而不行，長吏皆表授。及莊宗嗣晉王位，承制置吏，又得汝弼，有若符契，由是除補之命，皆出汝弼之手。既而畿內官吏，考課議擬，奔走盈門，頗以賄賂聞，士論少之。永樂大典卷二千五百三十二。洎帝平定趙、魏，汝弼每請謁迎勞，必陳說天命，顒俟中興，帝亦以宰輔期之。建國前，卒於晉〔一三〕。冊府元龜卷八百九十五。案宣和書譜：贈兵部尚書。（舊五代史考異）

李德休，字表逸，案：原本作「德林」，今考其字表逸，「林」字蓋「休」字之訛，今改正。（舊五代史考異）趙郡

贊皇人也。祖絳，山南西道節度使，唐史有傳。父璋，宣州觀察使。德休登進士第，歷鹽鐵官、渭南尉、右補闕、侍御史。天祐初，兩京喪亂，乃寓跡河朔，定州節度使王處直辟爲從事。莊宗即位於魏州，徵爲御史中丞，轉兵部、吏部侍郎，權知左丞，以禮部尚書致仕。卒時年七十四。贈太子少保。永樂大典卷一萬三百八十九。

蘇循，父特，陳州刺史。循，咸通中登進士第，累歷臺閣，昭宗朝，再至禮部尚書。循性阿諛，善承順苟容，以希進取。昭宗自遷洛之後，梁祖凶勢日滋，唐室舊臣，陰懷主辱之憤，名族之冑，往往有違禍不仕者，唯循希旨附會。及梁祖失律於淮南，西屯於壽春，要少帝欲授九錫。朝臣或議是非，循揚言云：「梁王功業顯大，歷數有歸，朝廷速宜揖讓。」當時朝士畏梁祖如虎，罔敢違其言者。明年，梁祖逼禪，循爲册禮副使。梁祖既受命，宴於玄德殿，舉酒曰：「朕夾輔日淺，代德未隆，置朕及此者，羣公推崇之意也。」楊涉、張文蔚慚懼失對，致謝而已。循與張禕、張禕，原本作「張偉」，今據通鑑改正。（影庫本粘籤）薛貽矩因盛陳梁祖之德業，應天順人之美。循自以奉册之勞，且夕望居宰輔，而敬翔惡其爲人，謂梁祖曰：「聖祚維新，宜選端士，以鎮風俗。如循等輩，俱無士行，實唐家之鴟梟，當今之狐魅，彼專賣國以取利，不可立維新之朝。」

初，循子楷，乾寧二年登進士第，中使有奏御者云：「今年進士二十餘人，僥倖者半，物論以爲不可。」昭宗命學士陸扆、馮渥重試於雲韶殿，及格者一十四人。詔云：「蘇楷、盧賡等四人，詩句最卑，蕪累頗甚，曾無學業，敢竊科名，浼我至公，難從濫進，宜付所司落下，不得再赴舉場。」楷以此慚恨，常幸國家之災〔一四〕。昭宗遇弑，輝王嗣位，國命出於朱氏，楷始得爲起居郎。

柳璨陷害朝臣，衣冠惕息，無敢言者。初，梁祖欲以張廷範爲太常卿，裴樞以爲不可。裴樞，原本作「裴驅」，今據唐書改正。（影庫本粘籤）柳璨懼梁祖之毒，乃歸過於樞，故裴、趙罹白馬之禍。楷因附璨，復依廷範。時有司初定昭宗謚號，楷謂廷範曰：「謚者所以表行實，前有司之謚先帝爲昭宗，所謂名實不副。司空爲樂卿，余忝史職，典章有失，安得不言。」乃上疏曰：「帝王御宇，祭理亂以審汚隆；祀享配天，資謚號以定升降。故臣下君上，皆不得而私也。先帝睿哲居尊，恭儉垂化，其於善美，孰敢蔽虧。然而否運莫興，至理猶鬱，遂致四方多事，萬乘播遷。始則宦豎凶狂，受幽辱於東內；終則嬪嬙悖亂，罹夭閼於中闈。其於易名，宜循考行。有司先定尊謚曰聖穆景文孝皇帝，廟號昭宗，敢言溢美，似異直書。今郊禋有日，禘祭惟時，將期允愜列聖之心，更在詳議新廟之稱，庶使叶先朝罪己之德，表聖上無私之明。」案舊唐書云：蘇楷目不知書，僅能執筆，其文羅袞作也。太常卿張廷範奏議曰：「昭宗初實彰於聖德，後

漸減於休明，致季述幽辱於前，茂貞刼幸於後，雖數拘厄運，亦道失始終。違陵寢於西京，徙兆民於東洛，輒韡輅未踰於寒暑，行大事俄起於宮闈。謹聞執事堅固之謂恭，亂而不損之謂靈，武而不遂之謂莊，在國逢難之謂閔，因事有功之謂襄。今請改謚曰恭靈莊閔皇帝，廟號襄宗。」輝王答詔曰：「勉依所奏，哀咽良深。」楷附會幸災也如是。

及梁祖即位於汴，楷自以遭遇千載一時，敬翔深鄙其行。尋有詔云：「蘇楷、高貽休、蕭聞禮等，人才寢陋，不可塵穢班行，並勒歸田里。」循、楷既失所望，懼以前過獲罪，乃退歸河中依朱友謙。莊宗將即位於魏州，時百家多缺，乃求訪本朝衣冠，友謙令赴行臺。時張承業未欲莊宗即尊位，諸將賓僚無敢贊成者。及循至，入衙城見府廨即拜，謂之拜殿。時將吏未行蹈舞禮，及循朝謁，即呼萬歲舞抃，泣而稱臣，莊宗大悅。翌日，又獻大筆三十管，曰「畫日筆」，莊宗益喜。承業聞之怒，會盧汝弼卒，即令循守本官，代爲副使。明年春，循因食蜜雪，傷寒而卒。同光二年，贈左僕射，以楷爲員外郎。天成中，累歷使幕，會執政欲糾其駁謚之罪，竟以憂慚而卒。永樂大典卷二千三百九十。

史臣曰：昔武皇之樹霸基，莊宗之開帝業，皆旁求多士，用佐丕圖。故數君子者，或以書檄敏才，或以搢紳舊族，咸登貴仕，諒亦宜哉！唯蘇循贊梁祖之強禪，蘇楷駁昭宗之舊

諡，士風臣節，豈若是乎！斯蓋文苑之豺狼，儒林之荆棘也。永樂大典卷二千三百九十。

校勘記

〔一〕擢爲鹽鐵判官　「擢爲」原作「爲擢」，據殿本、劉本改。

〔二〕精意鍊實　「精」原作「積」，據殿本、劉本改。影庫本批校云：「『積』當作『精』。」

〔三〕穴禽有翼　「翼」原作「異」，據彭校改。

〔四〕盡及中年　「及」原作「反」，據殿本、劉本改。影庫本批校云：「『反』字應是『及』字之訛。」

〔五〕四郊之倦弊　「四郊」原作「西郊」，據殿本、劉本改。

〔六〕稍促英聽　「英聽」原作「英德」，據殿本改。

〔七〕悽悽丹懍　「懍」原作「慊」，據殿本改。

〔八〕去歲青山　「歲」原作「年」，據通鑑卷二六二考異改。

〔九〕八月壬寅　「八月」原作「九月」，據舊唐書卷二〇哀帝紀改。

〔一〇〕常自爲記云　殿本、劉本同。五代史闕文此句下有注云：「已上梁史舊文。」

〔一一〕又拜禮部戶部侍郎　原作「又徵拜戶部侍郎」，據五代史闕文改。殿本作「又拜禮、戶部侍郎」。

〔一二〕敬翔　原作「恭翔」，五代史闕文同，該書「恭」字下原注云：「本字犯廟諱。」影庫本粘籤云：「五代

史闕文避宋諱稱敬翔爲『恭翔』，今姑存其舊。」今據殿本、劉本改。

〔一三〕卒於晉　殿本、劉本、冊府卷八九五同。彭校作「卒于晉陽」。

〔一四〕常幸國家之災　「常」原作「長」，據彭校改。

舊五代史卷六十一

唐書三十七

列傳第十三

安金全，代北人。世爲邊將，少驍果，便騎射。武皇時爲騎將，屢從征討。莊宗之救潞州及平河朔，皆有戰功，累爲刺史，以老病退居太原。案遼史，安金全以幽州戰敗，故退廢不用，此事薛史不載。天祐中，汴將王檀率師三萬，乘莊宗在鄴，來襲幷州。時城無備兵，敵軍奄至，監軍張承業大恐，計無所出，閱諸司丁匠，登陴禦捍。外攻甚急，金全遽出謂承業曰：「老夫退居抱病，不任軍事，然吾王家屬在此，王業本根之地，如一旦爲敵所有，大事去矣。請以庫甲見授，爲公備寇。」承業即時授之。金全被甲跨馬，召率子弟及退閑諸將，得數百人，夜出北門，擊賊於羊馬城內。梁人驚潰，由是退却。俄而石君立自潞州至，汴軍退走。微金全之奮命，城幾危矣。莊宗性矜伐，凡大將立功，不時行賞，故金全終莊宗世，名位不進。明

宗與之有舊，及登極，授金全同平章事，充振武軍節度使。在任二年，治民爲政非所長，詔赴闕，俄而病卒。廢視朝二日。初，南北對壘，汴之游騎每出，必爲金全所獲，故梁之偵邏者咸懼，目之爲「安五道」，蓋比鬼將有五道之名也。

子審琦等皆位至方鎭，別有傳。永樂大典卷一萬八千一百二十九。

審通，金全之猶子也。幼事莊宗，累有戰功，轉先鋒指揮使。同光初，爲北京右廂馬軍都指揮使，屯奉化軍。四年春，赴明宗急詔，軍趨夷門，爲前鋒。天成初，授單州刺史，單州，原本作「禪州」，今據通鑑改正。（影庫本粘籤）改齊州防禦使，兼諸道先鋒馬軍都指揮使。奉詔北征，從房知溫營於蘆臺。會龍晊部下兵亂，審通脫身酒筵，奪船以濟，促騎士介馬，及亂兵南行，盡戮之，以功授檢校太傅、滄州節度使。國王都於中山，躬冒矢石，爲飛石所中而卒。贈太尉。永樂大典卷一萬二千五十四。

安元信，字子言，案：五代時唐、晉俱有安元信，薛史並爲立傳，今附識于此。（舊五代史考異）代北人。父順琳，爲降野軍使。元信以將家子，便騎射，幼事武皇，從平巢、蔡。光啓中，吐渾赫連鐸寇雲中，武皇使元信拒之，元信兵敗於居庸關。武皇性嚴急，元信不敢還，遂奔定州，王處存

待之甚厚，用爲突騎都校。乾寧中，處存子郜嗣位。時梁軍攻河朔三鎮，奔命不暇，梁將張存敬軍奄至城下，既無宿備，郜懼，挈其族奔太原，元信從之，武皇待之如初，用爲鐵林軍使。

梁將氏叔琮之攻河東也，別將葛從周自馬嶺入，元信伏于榆次，挫其前鋒。梁將李思安之攻上黨也，王師將壁高河，爲梁軍所逼。別將秦武者，尤爲難敵，元信與鬬，斃之，繇是梁軍解去，城壘得立。武皇賜所乘馬及細鎧仗，遷突陣都將。

莊宗嗣晉王位，元信從救上黨，破夾寨，復澤、潞，以功授檢校司空、遼州刺史，賜玉鞭名馬。柏鄉之役，日晚戰酣，元信重傷，莊宗自臨傅藥。其年，改檢校司徒、武州刺史，充內衙副都指揮使、山北諸州都團練副使。從莊宗定魏博，移爲博州刺史。與梁對壘得勝渡，元信爲右廂排陣使，未幾，爲大同軍節度使。莊宗平定河南，移授橫海軍節度使。時契丹犯邊，元信與霍彥威從明宗屯常山，元信恃功，每對明宗以成敗勇怯戲侮彥威，彥威不敢答。明宗曰：「成由天地，不由於人。當氏叔琮圍太原，公有何勇！今國家運興，致我等富貴，勿以小勝小捷掛於口吻，取笑於長者〔一〕。」乃起謝，元信不復以彥威爲戲〔二〕。

明宗即位，以元信嘗爲內衙都校〔三〕，尤厚待之，加同中書門下平章事。明年，移鎮徐州。王師之討高季興，襄帥劉訓逗撓軍期，移授元信山南東道節度使以代訓，歲餘，改歸德

軍節度使，就加兼侍中。明宗不豫，求入。末帝即位，授潞州節度使，加檢校太尉。清泰三年二月，以疾卒於鎮，時年七十四。贈太師。晉高祖即位，以元信宿望，令禮官定謚曰忠懿。

有子六人，長曰友權，歷諸衞大將軍。次曰友親，爲滁州刺史，卒於任。永樂大典卷一萬八千一百二十九。

安重霸，雲州人也。性狡譎，多智算。初，自代北與明宗俱事武皇，因負罪奔梁，在梁復以罪奔蜀，蜀以蕃人善騎射，因爲親將。蜀後主王衍，幼年襲位，其政多僻。宦官王承休居中用事，與成都尹韓昭內外相結，專採擇聲色，以固寵幸。武臣宿將，居常切齒。重霸諂事承休，特見委信。案北夢瑣言：重霸爲簡州刺史，瀆貨無厭。（舊五代史考異）

梁末，岐下削弱，蜀人獨取秦、成、階等州，重霸說承休求鎮秦州。仍於軍中選山東驍果，得數千人，號龍武都，以承休爲軍帥，重霸副焉，俱在天水。歲餘，承休欲求旄鉞，乃以隴西花木入獻，又稱秦州山水之美，人物之盛，請後主臨幸，而韓昭贊成之。案太平廣記引王氏見聞錄云：承休請從諸軍揀選官健，得驍勇數千，號龍武軍，承休自爲統帥，並特加衣糧，日有優給。因乞秦州節度使，且云：「願與陛下于秦州採擾美麗。」且說秦州風土，多出國色，仍請幸天水。少主甚悅，即遣仗節赴鎮，應所選龍武精銳，並允衙隊從行。（舊五代史考異）

同光二年十月，蜀主率衆數萬，由劍閣將出興、鳳，以遊秦州。至興州，遇魏王繼岌軍至，狼狽而旋。案：九國志作王衍將之秦州，以王宗弼力諫而止，與薛史異。承休遽聞東師入討，大恐，計無從出，問於重霸。對曰：「開府何患？蜀中精兵，不下十萬，咫尺之險，安有不濟，縱東軍盡如狼虎，豈能入劍門！然國家有患，開府特受主知，不得失於奔赴，此州制置事定，無虞得失，重霸願從開府赴闕。」承休素信以爲忠赤。重霸出秦州金帛以賂羣羌〔四〕，買由文山路歸蜀。案：九國志作取路以歸蜀，文義較爲明晰。承休擁龍武軍及招置僅萬人從行，令重霸權握部署，州人祖送，秦州軍亦列部隊。承休登乘，重霸馬前辭曰：「國家費盡事力，收獲隴西，若從開府南行，隴州即時疏失，請開府自行，重霸且爲國守藩。」承休既去，重霸在秦州，聞明宗起河北，即時遣使以秦、成等州來降。

天成初，用爲閬州團練使，未幾，召還爲左衞大將軍，常以姦佞揣人主意，明宗尤愛之。長興末，明宗謂侍臣曰：「安重霸朕之故人，以秦州歸國，其功不細，酬以團練防禦，恐非懷來之道。」范延光曰：「將校內有自河東、河北從陛下龍飛故人，尚有未及團防者，今若遽授重霸方鎮，恐爲人竊議。」明宗不悅。未幾，竟以同州節鉞授之。清泰初，移授西京留守、京兆尹。先是，秦、雍之間，令長設酒食，私丐於部民者，俗謂之「擣蒜」。及重霸之鎮長安，亦

爲之，故秦人目重霸爲「擣蒜老」。其年冬，改雲州節度，居無何，以病求代，時家寄上黨，及歸而卒。重霸善悅人，好賂遺，時人目之爲佞〔五〕。

弟重進，重進，原本作「道進」，今從册府元龜改正。（影庫本粘籤）案：玉堂閒話作「季弟道進」。（舊五代史考異）尤兇惡，事莊宗，以試劍殺人，奔淮南。案玉堂閒話云：安重進，性兇險，莊宗潛龍時爲小校，常佩劍列于翊衞。後攜劍南馳，投于梁祖，梁祖壯之，俾隸淮之鎮戍。復以射殺掌庾吏，逃竄江湖，淮帥得之，擢爲裨將。（舊五代史考異）重霸在蜀，聞之蜀主，取之於吳，用爲裨將，隨重霸爲龍武小將，戍長道，又殺人，奔歸洛陽。案玉堂閒話云：蜀破，道進東歸〔六〕，明宗補爲諸州馬步軍都指揮使。後有過，鞭背卒。（舊五代史考異）

重霸之子曰懷浦，晉天福中，爲禁軍指揮使。契丹寇澶州，以臨陣忸怩，爲景延廣所誅。永樂大典卷一萬八千一百二十九。

劉訓，字遵範，隰州永和人也。出身行間，初事武皇爲馬軍隊長，漸至散將。屬河中王氏昆仲有尋戈之役，訓從史儼攻陝州。武皇討王行瑜，以訓爲前鋒，後隸河中，爲隰州防禦都將。居無何，殺陝州刺史，以郡歸莊宗，歷瀛州刺史。同光初，拜左監衞大將軍。三年，授襄州節度使。四年四月，洛陽有變，訓以私忿害節度副使胡裝，族其家，聞者寃之。天成中，

荆南高季興叛，詔訓爲南面行營招討使，知荆南行府事。是時湖南馬殷請以舟師會，及王師至荆渚，殷軍方到岳州，案通鑑：劉訓至荆南，楚王殷遣都指揮使許德勳等將水軍屯岳州。高季興堅壁不戰，求救于吳，吳人遣水軍援之。（舊五代史考異）仍傳意於訓，許助軍儲弓甲之類，久之，略無至者。荆渚地氣卑濕，漸及霖潦，糧運不繼，人多疾疫。訓本無將略，人咸苦之。及孔循至，得襄之小校獻竹龍之術，獻竹龍之術，原本脫「獻」字，今據册府元龜增入。（影庫本粘籤）及造竹龍二道，傅於城下，竟無所濟，遂罷兵，令將士散略居民而迴。詔訓赴闕，尋責授檀州刺史，續勅濮州安置。未幾，起爲龍武大將軍，尋授建雄軍節度使，移鎭延平。卒贈太尉。永樂大典卷九千九十八。

張敬詢，勝州金河縣人，世爲振武軍牙校。祖仲阮，歷勝州刺史。父漢環，事武皇爲牙將。敬詢當武皇時，專掌甲坊十五年，以稱職聞。復以女爲武皇子存霸妻，益見親信。莊宗卽位，以爲沁州刺史，秩滿，復用爲甲坊使。莊宗經略山東，敬詢從軍，歷博、澤、慈、隰四州刺史。同光末，授耀州團練使。郭崇韜之征蜀也，以敬詢善督租賦，乃表爲利州留後。明宗卽位，正授昭武軍節度使。天成二年，詔還京師，復授大同節度使，至鎭，招撫室韋萬餘帳。四年，徵爲左驍衞上將軍。明年，授滑州節度使。以河水連年溢堤，乃自酸棗縣界至濮州，廣隄防一丈五尺，東西二百里，民甚賴之。三年，秩滿歸京，卒。輟視朝一日。永樂

大典卷六千三百五十。

劉彥琮，字比德，雲中人也。事武皇，累從征役。先是，絳州刺史王瓘叛，絳州，原本作「維州」，今據通鑑改正。（影庫本粘籤）武皇言於彥琮，意欲致之。無幾，從獵於汾、晉之郊，彥琮奔絳，瓘以爲附己，待之甚厚，因命爲騎將。會瓘出獵，於馳驅之際，彥琮刃瓘之首來獻，武皇甚奇之。從莊宗解上黨之圍。同光初，稍遷至鐵林指揮使、磁州刺史。後明宗赴難京師，授華州留後，尋正授節旄。天成三年，改左武衞上將軍。未幾，改陝州節度使，尋移鎭邢州，卒於鎭，時年六十四。贈太傅。永樂大典卷六千二十。

袁建豐，武皇破巢時得於華陰，年方九歲，愛其精神爽俊，俾收養之。漸長，列於左右，復習騎射，補鐵林都虞候。從破邢州王行瑜，以功遷左親騎軍使，轉突騎指揮使。案：歐史作突陣指揮使。從莊宗解圍上黨，破柏鄉陣，累功遷右僕射、左廂馬軍指揮使。明宗爲內衙指揮使，建豐爲副。北討劉守光，常身先士伍，轉都教練使，權蕃漢副總管。莊宗入鄴，以心腹幹能，選爲魏府都巡檢使。從征劉鄩〔七〕，下衞、磁、洺三郡有功，加檢校司空，授洺州刺史。於臨洺西敗梁將王遷數千人，生獲將領七十餘人，俄拜相州刺史，徵赴河上，預戰於胡柳陂。建豐領相州軍士，行營在外，委州事於小人，失於撫馭，指揮使孟守謙據城以叛，案：歐陽史作孟謙。（舊五代史考異）建豐引兵討平之。改隰州刺史，染風痺於任。明宗嗣位，念及平昔副貳之舊，詔赴洛下，親幸其第，撫問隆厚，加檢校太傅，案：歐陽史作太尉。（舊五代史考異）遙授鎭南節度使，俾請俸自給。後卒於洛陽，年五十六。廢朝一日，贈太尉。

子可鈞，仕皇朝，位至諸衞大將軍。永樂大典卷一萬八千一百二十九。

西方鄴，定州滿城人也。父再遇，爲州軍校。案：歐史作汴州軍校，疑原本脫一字〔八〕。鄴居軍中，以勇力聞。年二十，南渡河遊梁，不見用，復歸。莊宗以爲孝義軍指揮使〔九〕，累從征伐有功。同光中，爲曹州刺史，以州兵屯汴州。明宗自魏反兵，南渡河，而莊宗東幸汴州。汴州節度使孔循懷二志，使北門迎明宗，西門迎莊宗，所以供帳委積如一，曰：「先至者入之。」鄴因責循曰：「主上破梁而得公，有不殺之恩，奈何欲納總管而負國？」循不答。鄴度循不可爭，而石敬瑭妻，明宗女也，時方在汴，鄴欲殺之以堅人心。循知其謀，取之藏其家，鄴無如之何。而明宗已及汴，乃將麾下兵五百騎西迎莊宗，見於汜水，嗚咽泣下，莊宗亦爲之噓唏，乃使以兵爲先鋒。莊宗至汴西，不得入，還洛陽，遇弒。明宗入洛，鄴請死於馬前，明宗嘉歎久之。

明年，荆南高季興叛，明宗遣襄州節度使劉訓等招討，而以東川董璋爲西南招討使，乃拜鄴夔州刺史，副璋，以兵出三峽。已而訓等無功見黜，諸將皆罷，璋未嘗出兵，惟鄴獨取三州〔10〕，乃以夔州爲寧江軍，拜鄴節度使。已而又取歸州，案：通鑑不載取歸州事，歐陽史與薛史同。近人撰十國春秋者，謂他書不載取歸州之事，疑歐陽史有誤。蓋薛史世久失傳，十國春秋所引悉本通鑑考異，殊不知歐陽史西方鄴傳本于薛史，有可徵信也。（舊五代史考異）數敗季興之兵。鄴，武人，所爲多不中法度，判官譚善達數以諫鄴，鄴怒，遣人告善達受人金，下獄。善達素剛，辭益不遜，遂死于獄中。鄴病，見善達爲祟，卒于鎭。永樂大典卷一萬八千一百二十九。

張遵誨，魏州人也。父爲宗城令，羅紹威殺牙軍之歲，爲梁軍所害。遵誨奔太原，武皇以爲牙門將。莊宗定山東，遵誨以典客從，歷幽、鎭二府馬步都虞候。幽、鎭，原本作「幽鏤」，今據五代時盧龍軍稱幽州、魏博軍稱鎭州，「鏤」字係「鎭」字之訛，今改正。（影庫本粘籤）同光中，爲金吾大將軍。明宗卽位，任圜保薦，授西都副留守知留守事、京兆尹。天成四年，入爲客省使、守衞尉卿。及將有事於南郊，爲修儀仗法物使。初，遵誨自以歷位尹正，與安重誨素亦相款，衷心有望於節鉞，及郊禋畢，止爲絳州刺史，鬱鬱不樂。離京之日，白衣乘馬於隼旟之下，至郡無疾，翌日而卒。永樂大典卷六千三百五十。

孫璋，齊州歷城人。出身行間，隸梁將楊師厚麾下，稍補奉化軍使。莊宗入鄴，累遷澶州都指揮使。明宗鎮常山，擢爲裨校，鄴兵之變，從明宗赴難京師。天成初，歷趙、登二州刺史、齊州防禦使。王都之據中山，璋爲定州行營都虞候，賊平，加檢校太保。長興初，授鄆州節度使，罷鎮，卒於洛陽，年六十一。贈太尉。永樂大典卷三千四百六十一。

史臣曰：夫天地斯晦，則帝王於是龍飛；雲雷搆屯，則王侯以之蟬蛻。良以適遭亂世，得奮雄圖，故金全而下，咸以軍旅之功，坐登藩閫之位，垂名簡册，亦可貴焉。惟重霸以姦險而仗旄鉞，蓋非數子之儔也。永樂大典卷三千四百六十一。

校勘記

〔一〕勿以小勝小捷挂於口吻取笑於長者　十五字原無，據册府卷四五一補。

〔二〕乃起謝元信不復以彥威爲戲　劉本同。殿本作「元信乃起謝，不復以彥威爲戲」。册府卷四五一作「彥威起謝，元信不復以彥威爲戲」。

〔三〕內衙都校　「衙」原作「衞」，據殿本、劉本改。

〔四〕重霸出秦州金帛以路羣羌　原作「重霸出秦州以金帛賂羣羌」，據殿本改。影庫本批校云：「重霸出秦州金帛以賂羣羌，繕本改作『以金帛』，文氣不順。」

〔五〕時人目之爲俊　殿本、劉本同。册府卷九三九作「人目之爲傀胡」。

〔六〕案玉堂閒話云蜀破道進東歸　「玉堂閒話」，殿本、劉本作太平廣記。「道進」，殿本、劉本作重進。

〔七〕從征劉鄩　「從征」二字原無，據殿本、劉本補。

〔八〕原本脫一字　劉本同。舊五代史考異「一」作「汴」。

〔九〕孝義軍指揮使　「軍」字原無，據殿本補。影庫本批校云：「孝義軍指揮使，脫『軍』字。」

〔10〕惟鄆獨取三州　劉本同。殿本作「惟鄆獨取夔、忠、萬三州」。

舊五代史卷六十二

唐書三十八

列傳第十四

孟方立，案：歐陽史作邢州人，通鑑作洺州人。中和二年，爲澤州天井關戍將。時黃巢犯關輔，州郡易帥，有同博奕。先是，沈詢、高湜相繼爲昭義節度，怠於軍政。及有歸秦、劉廣之亂，方立見潞帥交代之際，乘其無備，率戍兵徑入潞州，自稱留後。案舊唐書僖宗紀：九月，高潯牙將劉廣擅還潞州。是月，潯天井關戍將攻廣，殺之，自稱留後。與薛史異。以邢爲府，以審誨知潞州。案：此二句上下有脫文，今無可復考。六月，李存孝下洺、磁兩郡，方立遣馬溉、袁奉韜盡率其衆，逆戰于琉璃陂，存孝擊之盡殪，生獲馬溉、奉韜。初，方立性苛急，恩不逮下，攻圍累旬，夜自巡城慰諭，守陴者皆倨。方立知其不可用，乃飲酖而卒。

其從弟洺州刺史遷，素得士心，衆乃推爲留後，求援于汴。時梁祖方攻時溥，援兵不

出。案通鑑云：全忠遣大將王虔裕將精甲數百，間道入邢州共守。大順元年，遷執王虔裕等乞降，武皇令安金俊代之。通鑑考異引薛史。案：薛史孟方立傳，永樂大典闕佚，今就通鑑考異所引用者錄之，僅存梗概。考新唐書列傳云：孟方立，邢州人。始爲澤州天井戍將，稍遷游奕使。中和元年，昭義節度使高潯擊黃巢，戰石橋，不勝，保華州，爲裨將成鄰所殺。還據潞州，衆怒，方立率兵攻鄰，斬之，自稱留後，擅裂邢、洺、磁爲鎮，治邢爲府，號昭義軍。潞人請監軍使吳全勗知兵馬留後。時王鐸領諸道行營都統，以潞未定，墨制假方立檢校左散騎常侍、兼御史大夫，知邢州事，方立不受，囚全勗，以書請鐸，願得儒臣守潞。鐸使參謀、中書舍人鄭昌圖知昭義留事，欲遂爲帥。僖宗自用舊宰相王徽領節度。時天子在西，河、關雲擾，方立擅地，而李克用窺潞州，徽度朝廷未能制，乃固讓昌圖。昌圖治不三月輒去。方立更表李殷銳爲刺史，謂潞險而人悍，數賊大帥爲亂，欲銷懦之，乃徙治龍岡州，豪傑重遷，有懟言。會克用爲河東節度使，昭義監軍祁審誨乞師求復昭義軍，克用遣賀公雅、李筠、安金俊三部將擊潞州，爲方立所破。又使李克修攻取之，殺殷銳，遂幷潞州，表克修爲節度留後。初，昭義有潞、邢、洺、磁四州。至是，方立自以山東三州爲昭義，朝廷亦命克修，以潞州舊軍畀之，昭義有兩節自此始。克修，字崇遠，克用從父弟。精馳射，常從征伐，自左營軍使擢留後，進檢校司空。方立倚朱全忠爲助，故克用擊邢、洺、磁無虛歲〔一〕，地爲斷場，人不能稼。光啓二年，克修擊邢州，取故鎮，進攻武安，方立將呂臻、馬爽戰焦岡，爲克修所破，斬首萬級，執臻等，拔武安、臨洺、邯鄲、沙河。克用以安金俊爲邢州刺史招撫之。方立丐兵于王鎔，鎔以兵三萬赴之，克修還。後二年，方立督部將奚忠信兵三萬攻遼州，以金啖赫連鐸與連和。會契丹攻鐸師失期，忠信三分其兵，鼓而行，克用伏兵於險，忠信前軍沒，既戰，大敗，執忠信，餘衆走脫，歸者纔

十二。龍紀元年，克用使李罕之、李存孝擊邢，攻磁、洺，方立戰琉璃陂，大敗，禽其二將，被斧鑕，徇邢壘，呼曰：「孟公速降，有能斬其首者，假三州節度使。」方立力屈，又屬州殘蹙，人心恐，性剛急，待下少恩，夜自行陴，兵皆倨告勞〔二〕，自顧不可復振，乃還，引酖自殺。從弟遷，素得士心，衆推爲節度留後，請援於全忠。全忠方攻時溥，不即至，命王虔裕以精甲數百赴之，假道羅弘信，不許，乃趨間入邢州。大順元年，存孝復攻邢，遷挈邢、洺、磁三州降，執王虔裕三百人獻之，遂還太原，表安金俊爲邢、洺、磁團練使，以遷爲汾州刺史。歐陽史云：天復元年，梁遣氏叔琮攻晉，出天井關，遷開門降，爲梁兵鄉道以攻太原，不克。叔琮軍還過潞，以遷歸于梁，梁太祖惡其反覆，殺之。

張文禮，燕人也。初爲劉仁恭裨將，性凶險，多姦謀，辭氣庸下，與人交言，癖於不遜，自少及長，專蓄異謀。及從劉守文之滄州，委將偏師。守文省父燕薊，據城爲亂，及敗，奔於王鎔。察鎔不親政事，遂曲事當權者，以求銜達。每對鎔自言有將才，孫、吳、韓、白，莫己若也。鎔賞其言，給遺甚厚，因錄爲義男，賜姓，名德明，由是每令將兵。自柏鄉戰勝之後，柏鄉，原本作「桓鄉」，今從通鑑改正。（影庫本粘籤）常從莊宗行營。素不知書，亦無方略，唯於懦兵之中妻非上將，言甲不知進退，乙不識軍機，以此軍人推爲良將。

初，梁將楊師厚在魏州，文禮領趙兵三萬夜掠經、宗，因侵貝郡。師厚先率步騎數千人，設伏於唐店。文禮大掠而旋，士皆卷甲束兵，夜凱歌，行至唐店，師厚伏兵四面圍合，殺

戮殆盡，文禮單騎僅免。自爾猶對諸將大言，或譏之曰：「唐店之功，不須多伐。」文禮大慚。在鎮州既久，見其政荒人僻，常蓄異圖，酒酣之後，對左右每泄惡言，聞者莫不寒心。唯王鎔略無猜間，漸爲腹心，乃以符習代其行營，以文禮爲防城使，自此專伺間隙。及鎔殺李弘規，委政於其子昭祚。昭祚，原本作「昭福」，今從歐陽史改正。（影庫本粘籤）昭祚性偪戾〔三〕，未識人間情僞，素養名持重，坐作貴人，既事權在手〔四〕，朝夕欲代其父，向來附勢之徒，無不族滅。

初，李弘規、李藹持權用事，樹立親舊，分董要職，故奸宄之心不能搖動，文禮頗深畏憚。及弘規見殺，其部下五百人懼罪，將欲奔竄，聚泣偶語，未有所之。文禮因其離心，密以姦辭激之曰：「令公命我盡坑爾曹，我念爾十餘年荷戈隨我，爲家爲國，我若不卽殺汝，則得罪於令公，我若不言，又負爾輩。」衆軍皆泣。是夜作亂，殺王鎔父子，舉族灰滅，唯留王昭祚妻朱氏通梁人，尋間道告於梁曰：「王氏喪於亂軍，普寧公主無恙。」文禮徇賊帥張友順所請，因爲留後，於潭城視事。以事上聞，兼要節旄，尋亦奉牋勸進，莊宗姑示含容，乃可其請。

文禮比廝役小人，驟居人上，行步動息，皆不自安。出則千餘人露刃相隨，日殺不辜，道路以目，常慮我師問罪，姦心百端。南通朱氏，北結契丹，往往擒獲其使，莊宗遣人送還，文禮由是愈恐。是歲八月，莊宗遣閻寶、史建瑭及趙將符習等率王鎔本軍進討。師興，文

禮病疽腹，及聞史建瑭攻下趙州，驚悸而卒。案：文禮之卒，遼史太祖紀作五月丁未，與是書作八月異。（殿本）其子處瑾、處球祕不發喪，軍府內外，皆不知之，每日於寢宮問安。處瑾與其腹心韓正時參決大事，同謀姦惡。案遼史太祖紀：天贊元年四月癸亥，張文禮求援。五月丁未，張文禮卒，其子處瑾遣人奉表來謝。所紀月日與薛史異。初，文禮疽未發時，舉家咸見鬼物，昏暝之後，或歌或哭，又野河色變如血，游魚多死，浮於水上，識者知其必敗。

十九年三月，閻寶爲處瑾所敗，莊宗以李嗣昭代之。四月，嗣昭爲流矢所中，尋卒於師，命李存進繼之。存進亦以戰歿，乃以符存審爲北面招討使〔五〕，攻鎮州。是時，處瑾危蹙日甚，昭義軍節度判官任圜馳至城下，諭以禍福，處瑾登陴以誠告，乃遣牙將張彭送款于行臺。俄而李存審師至城下。是夜，趙將李再豐之子冲投縋以接王師，李再豐，原本作「稱豐」，今從通鑑改正。（影庫本粘籤）故諸軍登城，遲明畢入，獲處瑾、處球、處琪，并其母及同惡人等，皆折足送行臺，鎮人請臨而食之。又發文禮之尸，磔之於市。永樂大典卷六千三百五十。

董璋，本梁之驍將也。幼與高季興、孔循俱事豪士李七郎爲童僕。李初名讓，嘗以厚賂奉梁祖，梁祖寵之，因畜爲假子，賜姓朱，名友讓。璋既壯，得隸於梁祖帳下，後以軍功遷爲列校。

梁龍德末，潞州李繼韜送款於梁。時潞將裴約方領兵戍澤州，裴約，原本作「裴維」，今從歐陽史改正。（影庫本粘籤）不徇繼韜之命，據城以自固。梁末帝遣璋攻陷澤州，遂授澤州刺史。是歲，莊宗入汴，璋來朝，莊宗素聞其名，優以待之，尋令却赴舊任，歲餘代歸。時郭崇韜當國，待璋尤厚。同光三年夏，命爲邠州留後，三年秋，正授旄鉞。九月，大舉伐蜀，以璋爲行營右廂馬步都虞候。馬步，原本作「馬部」，今從通鑑改正。（影庫本粘籤）時郭崇韜爲招討使，凡有軍機，皆召璋參決。是冬，蜀平，以璋爲劍南東川節度副大使，知節度事。天成初，加檢校太傅。二年，加同平章事。

是時安重誨當國，採人邪謀，言孟知祥必不爲國家使，唯董璋性忠義，可特寵任，令圖知祥。又璋之子光業爲宮苑使，在朝結託勢援，爭言璋之善，知祥之惡。恩寵既優，故璋益恣其暴戾。初，奉使東川者，皆言璋不恭於朝廷。四年夏，時明宗將議郊天，遣客省使李仁矩齎詔諭兩川，又遣安重誨馳書於璋，以徵貢奉，約以五十萬爲數，既而璋訴以地狹民貧，許貢十萬而已。翌日，璋於衙署設宴以召仁矩，設宴，原本作「敵宴」，今從歐陽史改正。（影庫本粘籤）日既中而不至，璋使人偵之，仁矩方擁倡婦與賓友酣飲於驛亭。璋大怒，遽領數百人，執持戈戟，驟入驛中，令洞開其門，仁矩惶駭，走入閤中，良久引出。璋坐，立仁矩於階下，戟手罵曰：「當我作魏博都監，爾爲通引小將，其時去就，已有等威。今日我爲藩侯，爾銜君命，宿

張筵席，比爲使臣，何敢至午不來，自共風塵躭酗，豈於王事如此不恭。祇如西川解斬客省使李嚴，謂我不能斬公耶！」因目肘腋，欲令執拽仁矩，仁矩涕淚拜告，僅而獲免。璋乃馳騎入衙，竟徹饌而不召。洎仁矩復命，益言璋不法。未幾，重誨奏以仁矩爲閬州團練使，尋升爲節鎮。

長興元年夏，明宗以郊禋禮畢，加璋檢校太尉。時兩川刺史嘗以兵爲牙軍，小郡不下五百人，璋已疑間，及聞除仁矩鎮閬州，璋由是謀反乃決。仍先與其子光業書曰：「朝廷割吾支郡爲節制，屯兵三千，是殺我必矣。爾見樞要道吾言，如朝廷更發一騎入斜谷，則吾必反，與汝訣矣。」光業以書呈樞密承旨李虔徽。會朝廷再發中使荀咸乂將兵赴閬州，光業謂虔徽曰：「咸乂未至，吾父必反。吾身不足惜，慮勞朝廷徵發。請停咸乂之行，吾父必保常日。」重誨不從。咸乂未至，璋已擅追綿州刺史武虔裕，囚於衙署。武虔裕，原本作「虛裕」，今從歐陽史改正。（影庫本粘籤）虔裕，安重誨之心腹也，故先囚之。五月，璋傳檄於利、閬、遂等州，責以間諜朝廷。尋率其兵陷閬州，擒節度使李仁矩、軍校姚洪等害之。先是，璋欲謀叛，先遣使持厚幣於孟知祥，求爲婚家。且言爲朝廷猜忌，將有替移，去則喪家，住亦致討，地狹兵少，獨力不任，願以小兒結婚愛女。時知祥亦貳於朝廷，因許以爲援。既而知祥出師以圍遂州，故璋攻閬州得恣其毒焉。

其年秋，詔削奪璋在身官爵，命天雄軍節度使石敬瑭爲東川行營招討使，率師以討之。璋之子宮苑使光業并其族，並斬於洛陽。及石敬瑭率師進討，以糧運不接，班師。明宗方務懷柔，乃放西川進奏官蘇愿、東川軍將劉澄各歸本道，別無詔旨，祇云「兩務求安」。時孟知祥其骨肉在京師者俱無恙焉，因遣使報璋，欲連表稱謝。璋怒曰：「西川存得弟姪，遂欲再通朝廷，璋之兒孫已入黃泉，何謝之有！」自是璋疑知祥背己，始搆隙矣。三年四月，璋率所部兵萬餘人以襲知祥。案九國志趙季良傳云〔六〕：季良嘗與知祥從容語曰：「璋性狼戾，若堅守一城，攻之難克。」及聞璋起兵，知祥憂形於色。季良曰：「璋不守巢穴，此天以授公也。」既而璋果敗。知祥與諸將率師拒之，戰於漢州之彌牟鎮。璋軍大敗，得數十騎，復奔於東川。案九國志趙廷隱傳：董璋襲廣漢，將攻成都，時東川廩藏充實，部下多敢死之士，其來也，衆皆畏之。知祥親督諸將，與璋戰雞蹤橋前，頗爲所挫。廷隱僞遁，璋逐之，知祥與張公鐸繼進，璋軍亂不成列，廷隱整陣，與知祥合擊之，璋軍大敗。先是，前陵州刺史王暉爲璋所邀，寓於東川。至是因璋之敗，率衆以害之，傳其首於西川。永樂大典卷一萬八千一百三十。

校勘記

〔一〕克用擊邢洺磁無虛歲　「磁」字原無，據殿本、新唐書卷一八八孟方立傳補。影庫本批校云：「擊邢、洺無虛歲，新唐書『邢洺』下尚有『磁』字。」

〔二〕兵皆倨告勞　「倨」原作「居」，據殿本、劉本改。影庫本批校云：「陴兵皆倨，『倨』訛『居』。」

〔三〕昭祚性褊戾　「昭祚」二字原無，據冊府卷九四三、通鑑卷二七一補。

〔四〕事權在手　「手」原作「於」，據劉本、冊府卷九四三改。

〔五〕符存審　殿本、劉本同。冊府卷九四二作李存審。按本書卷五六符存審傳及注，符存審歸李克用時賜姓李，後其孫女爲宋太宗后，故史又存其本姓。

〔六〕趙季良傳　原作「李良傳」，據殿本、九國志卷七改。下文「季良嘗與知祥從容語曰」、「季良曰」句中「季」字原均無，據殿本、九國志卷七補。影庫本批校云：「『李良傳』應作趙季良傳，下文『良曰』應作『季良曰』。」

舊五代史卷六十三

唐書三十九

列傳第十五

張全義，字國維，濮州臨濮人。初名居言，案：新、舊唐書作張言，薛史李罕之傳亦作張言，與此傳異。賜名全義，梁祖改爲宗奭，莊宗定河南，復名全義。祖璉，父誠，世爲田農。全義爲縣嗇夫，嘗爲令所辱。

乾符末，黃巢起冤句，全義亡命入巢軍。巢入長安，以全義爲吏部尚書，充水運使。巢敗，依諸葛爽於河陽，累遷至裨校，屢有戰功，爽表爲澤州刺史。案洛陽搢紳舊聞記齊王張令公外傳云：王在巢軍中，知其必敗，遂翻身歸國，唐授王澤州刺史。考是書則全義因巢敗始歸諸葛爽，乃表爲澤州刺史也。舊聞記殊失事實。（殿本）

光啓初，爽卒，其子仲方爲留後。部將劉經與李罕之爭據洛陽，罕之敗經於聖善寺，

聖善寺，原本作「聖喜」，今從新唐書改正。（影庫本粘籤）乘勝欲攻河陽，營於洛口。經遣全義拒之，全義乃與罕之同盟結義，返攻經於河陽，爲經所敗，收合餘衆，與罕之據懷州，乞師於武皇。武皇遣澤州刺史安金俊助之，進攻河陽，劉經、仲方委城奔汴，罕之遂自領河陽，表全義爲河南尹。案張齊賢撰齊王張令公外傳云：初過三城，謁節度使諸葛爽。爽有人倫之鑒，覩王之狀貌，待之殊厚，謂王曰：「他時名位在某之上，勉之！」爽既沒，王漸貴，追思疇昔見知之恩未嘗報，乃圖其形像於其私第，日焚香供養之，至于終身。案：諸葛爽死，全義親逐其子而據其地，乃復懸像事之，以明其不背本，此劇賊欺人之術耳。（舊五代史考異）

全義性勤儉，善撫軍民，雖賊寇充斥，而勸耕務農，由是倉儲殷積。案洛陽搢紳舊聞記：王每喜民力耕織者，某家今年蠶麥善，去都城一舍之內，必馬足及之，悉召其家老幼，親慰勞之，賜以酒食茶綵，丈夫遺之布袴，婦人裙衫，時民間尚衣青，婦人皆青絹爲之。取其新麥新繭，對之喜動顏色，民間有竊言者曰：「大王見好聲妓，等閒不笑，惟見好蠶麥即笑爾。」其真朴皆此類。每觀秋稼，見田中無草者，必下馬命賓客觀之，召田主慰勞之，賜之衣物。若見禾中有草，地耕不熟，立召田主集衆決責之。若苗荒地生，詰之，民訴以牛疲或闕人耕鋤，則田邊下馬，立召其鄰仵責之曰：「此少人牛，何不衆助之。」鄰仵皆伏罪，即赦之。自是洛陽之民無遠近，民之少牛者相率助之，少人者亦然。田夫田婦，相勸以耕桑爲務，是以家有蓄積，水旱無飢民。王誠信，每水旱祈祭，必具湯沐，素食別寢，至祠祭所，儼然若對至尊，容如不足。遇旱，祈禱未雨，左右必曰「王可開塔」，即無畏師塔也，在龍門廣化寺。王即依言而開塔，未嘗不澍雨，故當時俚諺云：「王禱雨，買雨具。」（舊五代史考異）罕之貪暴不法，軍中乏食，每取給於全義。二人

初相得甚歡，而至是求取無厭，動加凌轢，全義苦之。案新唐書李罕之傳云：張言善積聚，罕之食乏，士仰以給，求之無涯，言不能厭，罕之拘河南官笞督之。又東方貢輸行在者，多爲罕之所邀。與薛史互有異同。齊王外傳云：罕之鎮三城，知王專以教民耕織爲務，常宣言于衆曰：「田舍翁何足憚。」王聞之，蔑如也。每飛尺書于王，求軍食及縑帛，王曰：「李太傅所要，不得不奉之。」左右及賓席咸以爲不可與，王曰：「第與之。」似若畏之者，左右不曉。罕之謂王畏己，不設備。因罕之舉兵收懷、澤，王乃密召屯兵，潛師夜發，遲明入三城。罕之乃逃遁投河東，朝廷即授王兼鎮三城〔一〕。文德元年四月，罕之出軍寇晉、絳，全義乘其無備，潛兵襲取河陽，會汴人救至而退。梁祖以丁會守河陽，全義復爲河南尹、檢校司空。全義感梁祖援助之恩，自是依附，皆從其制。

初，蔡賊孫儒、諸葛爽爭據洛陽〔二〕，迭相攻伐，七八年間，都城灰燼，滿目荊榛。全義初至，唯與部下聚居故市，井邑窮民，不滿百戶。全義善於撫納，課部人披榛種藝，披榛，原本作「被蓁」，今據歐陽史改正。（影庫本粘籤）且耕且戰，以粟易牛，歲滋墾闢，招復流散，待之如子。每農祥勸耕之始，全義必自立畎畝，餉以酒食，政寬事簡，吏不敢欺。數年之間，京畿無閑田，編戶五六萬，案齊王外傳云：王始至洛，於麾下百人中，選可使者一十八人，命之曰屯將。每人給旗一口，牓一道，於舊十八縣中，令招農戶，令自耕種，流民漸歸。王於百人中，又選可使者十八人，命之曰屯副，民之來者撫綏之，除殺人者死，餘但加杖而已，無重刑，無租稅，流民之歸漸衆。王又麾下選書計一十八人，命之曰屯判官。不一二年，十八

屯申每屯戶至數千〔三〕。王命農隙，每選丁夫教以弓矢槍劍，爲起坐進退之法。行之一二年，每屯增戶，大者六七千，次者四千，下之三二千，共得丁夫閑弓矢者、槍劍者二萬餘人。有賊盜即時擒捕之，關市人賦幾于無籍。刑寬事簡，遠近歸之如市，五年之內，號爲富庶，於是奏每縣除令簿主之。（舊五代史考異）乃築壘於故市，建置府署，以防外寇。

梁祖迫昭宗東遷，命全義繕治洛陽宮城，累年方集。昭宗至洛陽，梁祖將圖禪代，慮全義心有異同，乃以判官韋震爲河南尹，移全義爲天平軍節度使、守中書令、東平王。案齊王外傳云：梁祖兼四鎮，王累表讓兼鎮，蓋潛識梁祖姦雄，避其權位，欲圖自全之計爾。（舊五代史考異）洛陽搢紳舊聞記：齊王與梁祖互爲中書令、尚書令，及梁祖兼四鎮，齊王累表讓兼鎮，蓋潛識梁祖姦雄，避其權位，欲圖自全之計。梁祖經營霸業，外則干戈屢動，內則帑庾俱虛，齊王悉心盡力，傾竭財資助之。（殿本）其年八月，昭宗遇弒，輝王即位。十月，復以全義爲河南尹，兼忠武軍節度使、判六軍諸衞事。梁祖建號，以全義兼河陽節度使，封魏王。開平二年，册拜太保，兼陝虢節度使、河陽尹〔四〕。四年，册拜太傅、河南尹、判六軍，兼鄭、滑等州節度使。乾化元年，册拜太師。二年，朱友珪簒逆，以全義爲守太尉、河南尹、宋亳節度使兼國計使。國計使，原本作「圖計使」，考五代會要云：梁以建昌宮使治財賦，後改爲國計使。今改正。（影庫本粘籤）梁末帝嗣位於汴，以全義爲洛京留守，兼鎮河陽。未幾，授天下兵馬副元帥。

梁帝季年，趙、張用事，段凝爲北面招討使，驟居諸將之右。全義知其不可，遣使啓梁末帝曰：「老臣受先朝重顧，蒙陛下委以副元帥之名，臣雖遲暮，尙可董軍，請付北面兵柄，庶分宵旰。段凝晚進，德未服人，恐人情不和，敗亂國政。」不聽。全義託朱氏垂三十年，梁祖末年，猜忌宿將，欲害全義者數四，全義卑身曲事〔五〕，悉以家財貢奉。洎梁祖河朔喪師之後，月獻鎧馬，以補其軍，又以服勤盡瘁，無以加諸，故竟免於禍。全義妻儲氏，明敏有才略。梁祖自柏鄉失律後，連年親征河朔，心疑全義，或左右讒間，儲氏每入宮，委曲伸理。有時怒不可測，急召全義，儲氏謁見梁祖，厲聲言曰：「宗奭種田叟耳，三十餘年，洛城四面，開荒斸棘，招聚軍賦，資陛下創業。今年齒衰朽，指景待盡，而大家疑之，何也？」梁祖遽笑而謂曰：「我無惡心，嫗勿多言。」案齊王外傳云：梁祖猜忌王，慮爲後患，前後欲殺之者數四，夫人儲氏面請梁祖得免，梁祖遂以其子福王納齊王之女。（舊五代史考異）莊宗平梁，全義自洛赴覲，泥首待罪。莊宗撫慰久之，案齊王外傳云：再上表敍述，屢爲朱梁窺圖，僅脫虎口，逼爲親，且非素志。乞雪表數句云〔六〕：「伏念臣曾棲惡木，曾飲盜泉，實有瑕疵，未蒙昭雪。」復下昭雪之令。亦見洛陽搢紳舊聞記。（舊五代史考異）以其年老，令人掖而昇殿，宴賜盡歡，詔皇子繼岌、皇弟存紀等皆兄事之。案通鑑：全義獻幣馬千計，帝命皇子繼岌、皇弟存紀等兄事之。是全義之得幸於莊宗，由幣馬也。洛陽搢紳舊聞記：齊王上表待罪，莊宗降詔釋之。及召見，大喜，開懷慰納，若見平生故人，盡魚水之契焉。此蓋黨

于全義者虛譽之辭。（殿本）先是，天祐十五年，梁末帝自汴趨洛，將祀於圜丘。時王師攻下楊劉，徇地曹、濮，梁末帝懼，急歸於汴，其禮不遂，然其法物咸在。至是，全義乃奏曰：「請陛下便幸洛陽，臣已有郊禮之備。」翌日，制以全義復爲尙書令、魏王、河南尹。明年二月，郊禋禮畢，案：歐陽史作全義再朝京師，吳縝纂誤書辨正之。以全義爲守太尉、中書令、河南尹，改封齊王〔七〕，兼領河陽。先是，朱梁時供御所費，皆出河南府，其後孔謙侵削其權，中官各領內司使務，或豪奪其田園居第，全義乃悉錄進納。四年，落河南尹，授忠武軍節度使、檢校太師、尙書令。會趙在禮據魏州，都軍進討無功。時明宗已爲羣小間諜，端居私第。全義以臥疾聞變，憂懼不食，案通鑑：全義力請明宗出師，及聞明宗兵變，故憂懼。與此微異。薨於洛陽私第，時年七十五。天成初，册贈太師，謚曰忠肅。

全義歷守太師、太傅、太尉、中書令，封王，邑萬三千戶。凡領方鎭洛、鄆、陝、滑、宋，三涖河陽，再領許州，內外官歷二十九任，尹正河、洛，凡四十年，位極人臣，善保終吉者，蓋一人而已。全義朴厚大度，敦本務實，起戰士而忘功名，尊儒業而樂善道。家非士族，而奬愛衣冠，開幕府辟士，必求望實，屬邑補奏，不任吏人。位極王公，不衣羅綺，心奉釋、老，而不溺左道〔八〕。如是數者〔九〕，人以爲難。自莊宗至洛陽，趨向者皆由徑以希恩寵，全義不改素履，盡誠而已。言事者以梁祖爲我世讎，宜斲棺燔柩，全義獨上章申理，議者嘉之。劉

皇后嘗從莊宗幸其第，奏云：「妾孩幼遇亂，失父母，欲拜全義爲義父。」許之。全義稽首奏曰：「皇后萬國之母儀，古今未有此事，臣無地自處。」莊宗敦逼再三，不獲已，乃受劉后之拜。既非所願，君子不以爲非。然全義少長軍中，立性朴滯，凡百姓有詞訟，以先訴者爲得理，以是人多枉濫，爲時所非。又嘗怒河南縣令羅貫，因憑劉后譖於莊宗，俾貫非罪而死，露屍於府門，冤枉之聲，聞於遠近，斯亦良玉之微瑕也。永樂大典卷六千三百五十。五代史闕文：梁乾化元年七月辛丑，梁祖幸全義私第。甲辰，歸大內。梁史稱：「上不豫，厭秋暑，幸宗奭私第數日，宰臣視事於仁政亭，崇政諸司並止於河南府廨署。」世傳梁祖亂全義之家，婦女悉皆進御，其子繼祚不勝憤耻，欲剚刃於梁祖。全義止之曰：「吾頃在河陽，遭李罕之之難，引太原軍圍閉經年，啗木屑以度朝夕，死在頃刻，得他救援，以至今日，此恩不可負也。」其子迺止。梁史云云者，諱國惡也。臣謹案，春秋莊二年，經曰：「十有二月，夫人姜氏會齊侯于禚。」傳曰：「書姦也。」夫經書會者，諱惡，禮也，傳書姦者，暴其罪以垂誡也。又莊二十二年，傳書：陳完飲桓公酒，公曰：「以火繼之。」辭曰：「臣卜其晝，未卜其夜。」豈有天子幸人臣之家，留止數日，姦亂萌矣。況全義本出巢賊，敗依河陽節度使諸葛爽，爽用爲澤州刺史，及爽死，全義事爽子仲方，即與李罕之同逐仲方，罕之帥河陽，全義爲河南尹，未幾，又逐罕之，自據河陽，其翻覆也如此。自是托迹朱梁，斲喪唐室，惟勸課勸，其實斂民附賊，以固恩寵。梁時，月進鬥馬，以補軍實。及梁祖爲友珪所弒，首進鏹一百萬，以助山陵。莊宗平中原，全義合與敬翔、李振等族誅，又通賂於劉皇后，乘莊宗幸洛，言臣已有郊天費用。夫全義匹夫也，豈能自殖財賦，其剝下奉上也又如此。晚年保證明宗，欲爲子孫之福，師方渡河，鄴都兵亂，全

義憂恨不食，終以餓死。未死前，其子繼業訟弟汝州防禦使繼孫，莊宗貶房州司戶，賜自盡。其制略曰：「侵奪父權，惑亂家事，縱鳥獸之行〔一〇〕，畜梟獍之心。」其御家無法也又如此。河南令羅貫，方正文章之士，事全義稍慢，全義怒告劉皇后，斃貫於枯木之下，朝野冤之。洛陽監軍使嘗收得李太尉平泉莊醒酒石，全義求之，監軍不與，全義立殺之，其附勢作威也又如此。蓋亂世賊臣耳，得保首領，爲幸已多。晉天福中，其子繼祚謀反伏誅，識者知餘殃在其子孫也。臣讀莊宗實錄，見史官敍全義傳，虛美尤甚，至今負俗無識之士，尙以全義爲名臣，故因補闕文，粗論事迹云。

朱友謙，字德光，許州人，本名簡。祖巖，父琮，世爲陳、許小校。廣明之亂，簡去鄉里，事澠池鎭將栢夔爲部隸，嘗爲盜於石壕、石壕，原本作「古壕」，今從通鑑改正。（影庫本粘籤）三鄉之間，剽掠行旅。後事陝州節度使王珙，積勞至軍校。珙性嚴急，御下無恩，牙將李璠者，珙深所倚愛，小有違忤，暴加箠擊，璠陰銜之。光化元年，珙與弟河中節度使珂相持，干戈日尋，珙兵屢敗，部伍離心。二年六月，璠殺珙歸附汴人，梁祖表璠爲陝州節度使。璠亦苛慘，軍情不叶，簡復攻璠，璠冒刃獲免，逃歸於汴。案新唐書王重榮傳：李璠爲節度使凡五月，爲部將朱簡所殺。據薛史則璠逃歸於汴，未嘗見殺也。通鑑從薛史。

三年，梁祖表簡爲陝州留後。九月，天子授以旄鉞。車駕在鳳翔，梁祖往來，簡事之益謹，奏授平章事。天復末，昭宗遷都洛陽，駐蹕於陝。時朝士經亂，簪裳不備，簡獻裳百副，

請給百官，朝容稍備。以迎奉功，遷檢校侍中。簡與梁祖同宗，乃陳情於梁祖曰：「僕位崇將相，比無勳勞，皆元帥令公生成之造也。願以微生灰粉爲効，乞以姓名，肩隨宗室。」梁祖深賞其心，乃名之爲友謙，編入屬籍，待遇同於己子。案：歐陽史作錄以爲子。（舊五代史考異）友謙亦盡心叶贊，功烈居多。梁祖建號，移授河中節度使、檢校太尉，累拜中書令，封冀王。冀王，原本作「翼王」，今從通鑑改正。（影庫本粘籤） 案太平廣記：路德延，天祐中爲左拾遺，會河中節度使領鎭，辟掌書記。友謙初頗禮待之，然德延性浮薄驕慢，動多忤物，友謙稍稍解體，德延乃作孩兒詩五十韻以刺友謙。友謙聞而大怒，有以搆禍，乃因醉沈之黃河。（孔本）

及朱友珪弑逆，友謙意不懌，雖勉奉僞命，中懷怏怏。案：歐陽史作友珪立，加友謙侍中。吳縝已辨其誤。（舊五代史考異）友珪徵之，友謙辭以北面侵軼，謂賓友曰：「友珪是先帝假子，敢行大逆，余位列維城，恩踰父子，論功校德，何讓伊人，詎以平生附托之恩，屈身於逆豎之手！」遂不奉命。其年八月，友珪遣大將牛存節、康懷英、韓勍攻之，案歐陽史：友珪遣招討使韓勍將康懷英等擊友謙。通鑑作九月丁未，以感化節度使康懷貞爲都招討使〔二〕，更以韓勍副之。懷貞等與忠武節度使牛存節合兵五萬屯河中。三書所載，俱有異同。（殿本）友謙乞師於莊宗，莊宗親總軍赴援，與汴軍遇於平陽，大破之，案歐陽史：晉王出澤潞以救之，追懷英于解州，大敗之。追至白逕嶺，夜秉炬擊之，懷英又敗。（舊五代史考異）因與友謙會於猗氏，友謙盛陳感慨，願敦盟約，莊宗歡甚。友謙乘醉鼾寢於帳中，莊宗

熟視之，謂左右曰：「冀王眞貴人也，但恨其臂短耳。」及梁末帝嗣位，以恩禮結其心，友謙亦遜辭稱藩，行其正朔。

天祐十七年，友謙襲取同州，以其子令德爲帥，請節鉞於梁，不獲，案歐陽史：末帝初不許，已而許之，制命未至，友謙復叛。通鑑從歐陽史。（舊五代史考異）友謙即請之於莊宗，令幕客王正言以節旄賜之。梁將劉鄩、尹皓攻同州，尹皓，原本作「伊皓」，今從通鑑改正。（影庫本粘籤）友謙來告急，莊宗遣李嗣昭、李存審將兵赴之，敗汴軍於滑北，解圍而還。初，劉鄩兵至蒲中，倉儲匱乏，人心離貳，軍民將校，咸欲歸梁。友謙諸子令錫等亦說其父曰：「晉王雖推心於我，然懸兵赴援，急難相應，寧我負人，擇福宜重。請納款於梁，候劉鄩兵退後，與晉王修好。」友謙曰：「晉王親赴予急，夜半秉燭戰賊，面爲盟誓，不負初心。昨聞吾告難，命將星行，助我資糧，分我衣屨，而欲翻覆背惠，所謂鄧祁侯云『人將不食吾餘』也。」及破梁軍，加守太尉、西平王。

同光元年，莊宗滅梁，友謙覲於洛陽，莊宗置宴饗勞，寵錫無算，親酌觴屬友謙曰：「成吾大業者，公之力也。」既歸藩，請割慈、隰二郡，依舊隸河中，不許，詔以絳州隸之。又請安邑、解縣兩池榷鹽〔三〕，每額輸省課，許之。及郊禮畢，以友謙爲守太師、尙書令，進食邑至萬八千戶。三年，賜姓，名繼麟，編入屬籍，賜之鐵劵，恕死罪。以其子令德爲遂州節度使，令錫爲許州節度使。一門三鎭，諸子爲刺史者六七人，將校剖竹者又五六人，恩寵之盛，時

無與比。

莊宗季年，稍怠庶政，巷伯伶官，干預國事。時方面諸侯皆行賂遺，或求賂於繼麟，雖僶俛應奉，不滿其請。且曰：「河中土薄民貧，河中，原本作「倘平」，今從歐陽史改正。（影庫本粘籤）厚貺難辦。」由是羣小咸怨，遂加誣搆。郭崇韜討巴、蜀，徵師於河中，繼麟令其子令德率師赴之，伶官景進與其黨搆曰：「昨王師初起，繼麟以爲討己，頗有拒命之意，若不除移，如國家有急，必爲後患。」郭崇韜既誅〔三〕，宦官愈盛，遂搆成其罪，謂莊宗曰：「崇韜強項於蜀，蓋與河中響應。」繼麟聞之懼，將赴京師，面訴其事。其部將曰：「王有大功於國，密邇京城，羣小流言，何足介意。端居奉職，讒邪自銷，不可輕行。」繼麟曰：「郭公功倍於我，尙爲人搆陷，吾若得面天顏，自陳肝膈，則流言者獲罪矣。」四年正月，繼麟入覲。景進謂莊宗曰：「河中人有告變者，言繼麟與崇韜謀叛，聞崇韜死，又與李存乂搆逆，當斷不斷，禍不旋踵。」羣閹異口同辭，莊宗駭惑不能決。是月二十三日，授繼麟滑州節度使，是夜，令朱守殷以兵圍其第，擒之，誅於徽安門外。詔繼岌誅令德於遂州，遂州，原本作「還州」，今從歐陽史改正。（影庫本粘籤）王思同誅令錫於許州〔四〕，案吳縝纂誤云：史彥瓊傳，友謙有子建徽被殺。傳止述二子，亦闕文也。（舊五代史考異）命夏魯奇誅其族於河中。初，魯奇至，友謙妻張氏率其家屬二百餘口見魯奇曰：「請疏骨肉名字，無致他人橫死。」將刑，張氏持先賜鐵劵授魯奇曰：「皇帝所賜也。」是時，百

口塗地，寃酷之聲，行路流涕。

先是，河中衙城閽者夜見婦人數十，袨服靚粧〔五〕，僕馬炫耀，自外馳騁，笑語趨衙城。閽者不知其故，不敢詰，至門排騎而入，既而扃鎖如故，復無人迹，乃知妖鬼也。又繼麟登逍遙樓，聞哭聲四合，詰日訊之，巷無喪者。隔歲乃族誅。及明宗卽位，始下詔昭雪焉。永樂大典卷二千三十一。

史臣曰：全義一逢亂世，十領名藩，而能免梁祖之雄猜，受莊宗之厚遇，雖由恭順，亦繫貨財。傳所謂「貨以藩身」者，全義得之矣。友謙嚮背爲謀，二三其德，考其行事，亦匪純臣。然全族之誅，禍斯酷矣，得非鬼神害盈，而天道惡滿乎！永樂大典卷二千三十一。

校勘記

〔一〕齊王外傳云……鎭三城　一百三十六字原無，「齊王外傳云……不設備」九十六字，據舊五代史考異補。「因罕之舉兵……鎭三城」四十字，據殿本補。

〔二〕諸葛爽　原作「諸葛奭」，據殿本、劉本改。

〔三〕十八屯申每屯戶至數千　「申每屯」三字原無，據殿本、洛陽搢紳舊聞記補。

〔四〕河陽尹　殿本同，劉本作「河南尹」。

〔五〕卑身曲事　「卑」原作「單」，據冊府卷七九〇改。

〔六〕乞雪表　「表」字原無，據洛陽搢紳舊聞記補。

〔七〕改封齊王　「齊」原作「濟」，據殿本、劉本改。

〔八〕不溺左道　「左」原作「枉」，據殿本、劉本、冊府卷三一〇改。影庫本批校云：「『枉道』之『枉』，原本作『在』字，誤。按文義，似作『左』字理較長，刊本改。」

〔九〕如是數者　「是」字原無，據冊府卷三一〇補。

〔一〇〕縱鳥獸之行　「縱」原作「繼」，據五代史闕文改。

〔一一〕康懷貞爲都招討使　「都」原作「副」，據通鑑卷二六八改。

〔一二〕又請安邑解縣兩池榷鹽　「安邑」二字原無，據冊府卷一六六補。

〔一三〕郭崇韜旣誅　「旣」原作「卽」，據殿本改。

〔一四〕誅令錫於許州　「州」字原無，據殿本、劉本補。

〔一五〕袨服靚粧　「袨」原作「祇」，據殿本、劉本改。

舊五代史卷六十四

唐書四十

列傳第十六

霍彥威，字子重，洺州曲周人也。梁將霍存得之於村落間，年十四，從征討。存憐其爽邁，養爲己子。按：通鑑注以彥威爲霍存之子，與薛史異。存，梁史有傳。彥威未弱冠，爲梁祖所知，擢在左右，漸升戎秩，亟立戰功。嘗中流矢，眇其一目。開平二年，自開封府押衙、右親從指揮使、檢校司空授右龍驤軍使。三年，自右監門衞將軍授左天武軍使，遷右監門上將軍。乾化三年，與袁象先同誅朱友珪，梁末帝授洺州刺史，轉河陽留後。乾化末，邠州留後李保衡背李茂貞以城歸梁，梁以彥威爲邠州節度使。其年五月，茂貞遣將劉知俊率大軍攻之，彥威固守踰年，竟不能下，或得其俘，悉令放之，秦人懷其惠，遂無侵擾。轉滑州節度使，移鎮鄆州，兼北面行營招討，總大軍於河上。師徒屢敗，降授陝州留後。

莊宗入汴，彥威自陝馳至請罪，詔釋之。一日，莊宗於崇元殿宴諸將，彥威與段凝、袁象先等預會。酒酣，莊宗舉酒屬明宗曰：「此席宴客，皆吾前歲之勁敵也，一旦與吾同宴，蓋卿前鋒之効也。」彥威等伏陛謝罪，莊宗曰：「與卿話舊，無足畏也。」因賜御衣、器幣，盡歡而罷。尋放歸藩。

明年，從明宗平潞州，授徐州節度使。契丹犯塞，莊宗以明宗爲北面招討使，命彥威爲副。彥威善言論，頗能接奉，明宗尤重之。趙太叛於邢州，趙太，原本作「趙木」，今從歐陽史改正。（影庫本粘籤）奉詔討平之。時趙在禮據魏州，與明宗會兵於鄴下，大軍夕亂，明宗爲其所逼，彥威從入魏州，案歐陽史：明宗擁兵入城，彥威獨不入，與薛史異。（舊五代史考異）皇甫暉等尤忌彥威，欲殺之，彥威機辯開說，竟免。及出，彥威部下兵士獨全，衞護明宗至魏縣。時明宗欲北趨常山，彥威與安重誨懇請赴闕，從至洛陽，彥威首率卿相勸進於至德宮，旬日之間，內外機事，皆決於彥威。擅收段凝、溫韜下獄，將置於法，安重誨曰：「溫、段罪惡，負於梁室，衆所知矣。今主上克平內艱，冀安萬國，豈爲公報仇耶！」至天成初，除鄆州節度使，值青州王公儼拒命，改平盧軍節度，至鎮，擒公儼，斬之。案歐陽史：彥威徙鎮平盧，朱守殷反，伏誅。考朱守殷反，明宗遣范延光馳兵斬之，非由彥威之力，宜以薛史所載爲得其實。（舊五代史考異）明年冬，肆覲於汴州，明宗接遇甚厚，累官至檢校太尉、兼中書令。三年冬，卒於理所，年五十七。奏至之日，明宗方出近郊，

中華書局

忽聞奏訃，掩泣歸宮，輟朝三日，至月終不舉樂。案五代會要：天成四年六月敕：「故平盧軍節度使霍彥威，勳名顯著，宅兆已營，爰遵定謚之規〔一〕，俾議送終之制，宜以三公禮葬。」（舊五代史考異）册贈太師、晉國公，謚曰忠武。子承訓，弟彥珂，累歷刺史。皇朝乾德中，立明宗廟於洛州〔二〕，詔以彥威配饗廟庭。永樂大典卷一萬八千一百二十九。

王晏球，字瑩之，自言洛都人。少遇亂，爲蔡賊所掠，汴人杜氏畜之爲子，因冒姓杜氏。晏球少沉勇有斷，倜儻不羣。梁祖之鎮汴也，選富家子有材力者，置之帳下，號曰「廳子都」。案清異錄：宣武廳子都，尤勇悍，其弩張一大機，則十二小機皆發，用連珠大箭，無遠不及，晉人極畏此。（舊五代史考異）廳子都，原本作「聽子都」，今從通鑑注所引薛史改正。（影庫本粘籤）晏球預選，從梁祖征伐，所至立功，累遷廳子都指揮使。梁開平三年，自開封府押衙充直左耀武指揮使，授右千牛衞將軍，軍職如故。朱友珪之簒位也，懷州龍驤守禦軍作亂，欲入京城，已至河陽，友珪命晏球出騎迎戰擊亂軍，獲軍使劉重遇，以功轉左龍驤第一指揮使。梁末帝嗣位，以晏球爲龍驤四軍都指揮使。

貞明二年四月十九日夜，汴州捉生都將李霸等作亂，縱火焚剽，攻建國門，梁末帝登樓拒戰。晏球聞亂，先得龍驤馬五百屯於鞠場，俄而亂兵以竿竪麻布沃油焚建國樓，勢將危

急。晏球隔門窺亂兵〔三〕，見無甲胄，即出騎擊之，奮力血戰，俄而羣賊散走。梁末帝見騎軍討賊，呼曰：「非吾龍驤之士乎？」晏球奏曰：「亂者惟李霸一都，陛下但守宮城，宮城，原本作「官城」，今從通鑑改正。（影庫本粘籤）遲明臣必破之。」既而晏球盡戮亂軍，全營族誅。以功授單州刺史，尋領軍於河上，爲行營馬軍都指揮兼諸軍排陣使。

莊宗入汴，晏球率騎軍入援，至封丘，聞梁末帝殂，即解甲降於莊宗。明年，與霍彥威北捍契丹，授齊州防禦使、北面行營馬軍都指揮使，仍賜姓氏，名紹虔。鄴之亂，明宗入赴內難，晏球時在瓦橋，遣人招之。明宗至汴，晏球率騎從至京師，以平定功授宋州節度使，上章求還本姓名。

天成二年，授北面行營副招討，以兵戍滿城。是歲，王都據定州，案通鑑：遣人說北面副招討王晏球，晏球不從，乃以金遺晏球帳下，使圖之，不克。癸巳，晏球以都反狀聞。壬寅，以王晏球爲北面招討使，權知定州行州事。（舊五代史考異）契丹遣禿餒率騎千餘來援都〔四〕，突入定州，晏球引軍保曲陽。王都、禿餒出軍拒戰，晏球督厲軍士，令短兵擊賊，戒之曰：「迴首者死。」符彥卿以龍武左軍攻其左，高行周以龍武右軍攻其右，案：歐陽史作高行珪。（舊五代史考異）奮劍揮檛，應手首落，賊軍大敗於嘉山之下，追襲至於城門。俄而契丹首領惕隱率勇騎五千至唐河。案：歐陽史作七千騎。（舊五代史考異）是時大雨，晏球出師逆戰，惕隱復敗，追至易州，河水暴漲，所在陷沒，俘

獲二千騎而還。惕隱以餘衆北走幽州，趙德鈞令牙將武從諫以騎邀擊，德鈞分扼諸要路，旬日之內，盡獲惕隱已下酋長七百餘人，契丹遂弱。帝遣使督攻城，晏球曰：「賊壘堅峻，但食三州租稅，撫恤黎民，愛養軍士，彼自當魚潰。」帝然其言。晏球能與將士同其甘苦，所得祿賜私財，盡以饗士，日具飲饌，與將校筵宴，待軍士有禮，軍中無不敬伏。其年冬，平賊。自初戰至於城拔，不戮一士，上下歡心，物議以爲有將帥之略。以功授天平軍節度使，未幾，移鎮青州，就加兼中書令。長興三年，卒於鎮，時年六十。案：歐陽史作年六十二。（舊五代史考異）贈太尉。

子徹，位至懷州刺史。永樂大典卷一萬八千一百二十九。

戴思遠，本梁之故將也。初事梁祖，以武幹知名。開平元年，自右羽林統軍加檢校司徒，出爲晉州刺史。二年，授右監門上將軍，尋改華州防禦使。三年，自左天武使復授右羽林統軍。郢王友珪簒位，授洛州團練使。洛州，原本作「洛州」，今從歐陽史改正。（影庫本粘籤）貞明中，爲邢州留後，遷本州節度使。屬燕將張萬進殺滄州留後劉繼威，以城歸梁，末帝命思遠鎮之。莊宗平定魏博，以兵臨滄、德，思遠棄鎮渡河歸汴，累遷天平軍節度使兼北面招討使，將兵與莊宗對壘。久之，莊宗討張文禮於鎮州，契丹來援，莊宗追襲契丹至幽州。思遠聞

之，總兵以襲魏州，以襲，原本作「以寵」，今據文改正。（影庫本粘籤）至魏店，遇明宗騎軍適至，思遠乃涉洹水，陷成安，復歸楊村砦，盡率其衆，攻德勝北城。城中危急，符存審晝夜乘城以拒之，莊宗自薊五日馳至魏州，思遠聞之解去。及明宗襲下鄆州，思遠罷軍權，降授宣化軍留後。其年，莊宗入汴，思遠自鄧州入朝，復令歸鎮。明宗即位，移授洋州節度使。及西川俱叛，思遠以董璋故人，避嫌請代，徵入朝宿衞，以年告老，授太子少保致仕。清泰二年八月，卒於家。永樂大典卷一萬五千二十二。

朱漢賓，字績臣，亳州譙縣人也。父元禮，始爲郡將，梁太祖聞其名，擢爲軍校，從龐師古渡淮，戰沒於淮南。漢賓少有膂力，形神壯偉，膽氣過人，梁祖以其父死王事，選置帳下，編入屬籍。梁祖之攻兗、鄆也，朱瑾募驍勇數百人，黥雙雁於其額，號爲「鴈子都」。案：此追敘梁祖攻兗、鄆事。歐陽史作是時梁方東攻兗、鄆，則失其事之前後矣〔五〕。歐陽史誤以鴈子都爲梁軍名，吳縝嘗辨其誤。梁祖聞之，亦選數百人，別爲一軍，號爲「落鴈都」。署漢賓爲軍使，當時目爲「朱落鴈」。後與諸將破蔡賊有功，天復中〔六〕，授右羽林統軍。入梁，歷天威軍使、左羽林統軍，出爲磁州刺史、滑宋二州留後、亳曹二州刺史、安州節度使。

莊宗至洛陽，漢賓自鎮入覲，復令還鎮。明年，授左龍武統軍。莊宗嘗幸漢賓之第，漢

賓妻進酒上食，奏家樂以娛之，自是漢賓頗蒙寵待。同光四年正月，冀王朱友謙入朝，明宗居洛陽，以友謙故人，置酒於第。莊宗諸弟在席，友謙坐在永王存霸之上。酒酣，漢賓以大觴奉友謙曰：「公雖名位高，坐於皇弟之上，非宜也。僕與公俱在梁朝，以宗盟相厚，自公入朝，三發單函候問，略無報復，忽余卑位，不亦甚乎！」元行欽恐其紛然，爲解之方止。不數日，友謙赤族。趙在禮據魏州，元行欽率軍進討，詔漢賓權知河南府事。明宗以漢賓爲右衞上將軍，樞密使安重誨方當委重，漢賓密令結托，得爲婚家。天成末，爲潞州節度使，移鎭晉州。重誨既誅，漢賓復爲上將軍。明年秋，漢賓告老，授太子少保致仕。清泰二年六月卒，時年六十四。

漢賓少勇健，及晚歲飲啖過人，其狀貌偉如也。凡所履歷，不聞踰法。梁時，嘗領軍屯魏州莘縣，莘縣，原本作「華縣」，考新唐書地理志魏州有莘縣，無「華縣」，今改正。（影庫本粘籤） 適値連帥去郡，諸軍咸以利見誘，請自爲留後，漢賓則斬其言者，拒而不從，聞者賞焉。在曹日，飛蝗去境，父老歌之。臨平陽遇旱，親齋潔禱龍子祠，踰日雨足，四封大稔，咸以爲善政之所致也。及致仕，東還亳郡，見鄉舊親戚淪沒者，有塋兆未辦，則給以棺斂，有婚嫁未畢，則助以資幣，受其惠者數百家，郡人義之。尋還洛陽，有第在懷仁里，北限洛水，南枕通衢，層屋連甍，修木交幹，笙歌羅綺，日以自娛，養彼天和，保其餘齒，此乃近朝知止之良將也。晉高祖卽

位，贈太子少傅，諡曰貞惠。案：五代會要作正懿，引太常博士林鄢議曰：「漢賓散己俸以代荒逋，濟疲俗而臻富庶，所涖之地，綽有政聲，知進退存亡之理，得善始令終之道。謹案諡法，中道不撓、保節揚名曰正；愛民好學、寬裕慈仁曰懿，請諡曰正懿。」從之。薛史及歐陽史俱作「貞惠」，未知何據。（舊五代史考異） 有子四人，長曰崇勳，官至左武衞將軍。永樂大典卷二千三十一。

孔勍，字鼎文，兗州人，後徙家宿州。少便騎射，爲軍中小校，事梁祖漸至郡守，累遷齊州防禦使、唐鄧節度使。梁貞明中，王球據襄州叛，勍討平之，因授山南東道節度使。莊宗至洛陽，勍自鎭來朝，復令歸鎭，尋移昭義節度使。同光季年，監軍楊繼源與都將謀據潞州，事泄，勍誅之。明宗卽位之歲，詔還京師，授河陽節度使。未幾，以太子太師致仕，卒年七十九。贈太尉。永樂大典卷一萬八千一百二十九。

劉玘，汴州雍邱人也。世爲宣武軍牙校。玘少負壯節，梁祖鎭汴州，玘求自試，補隊長。從梁祖征伐，所至有功，遷爲牙將，歷滑、徐、襄三州都指揮使。開平中，襄帥王班爲帳下所害，王班，原本作「王斌」，今從册府元龜改正。（影庫本粘籤） 亂軍推玘爲留後，玘詭從之，翌日受賀，衙庭享士，伏甲幕下，盡斬其亂將。案通鑑考異引梁祖實錄：八月丁酉，賜劉玘、王延順物，以其違亂將之命來歸。編遺錄斬李洪勅云：「始扶劉玘，旣奔竄以歸朝。」若使玘翌日便斬亂將，則襄州何以至九月始收復。蓋玘脫身歸朝，及梁亡入唐，妄云斬亂以自誇大耳。（舊五代史考異） 以功歷復、亳二州刺史，徵爲侍衞都將，出爲安州刺史。貞明中，爲晉州留後。莊宗至汴，玘來朝。玘在晉州八年，日與上黨、太原之師交鬭於境上，莊宗見而勞之曰：「劉侯無恙，控我晉陽之南鄙，歲時久矣，不早相見。」玘頓首謝罪。復命歸鎭，正授節旄，移鎭安州。明宗卽位，遷鄧州節度使。天成末，以史敬鎔代之，玘還京師，卒。贈侍中。

有子師道，仕皇朝，爲右贊善大夫，卒。永樂大典卷九千九十八。

周知裕，字好問，幽州人也。少事燕帥劉仁恭爲騎將，表爲嬀州刺史，久之，移刺德州。天祐四年，劉守光既平滄州，乃以其幼子繼威爲留後，大將張萬進與知裕佐之。繼威沖幼，宣淫於萬進之家，萬進殺之。詰旦，召知裕告其故，萬進自稱留後，署知裕爲景州刺史。會萬進納款於梁，知裕先奔於汴，梁主厚待之，特置歸化軍，歸化，原本作「歸比」，今從通鑑改正。（影庫本粘籤） 以知裕爲指揮使，凡軍士自河朔歸梁者，皆隸於部下。梁與莊宗交戰於河，摧堅挫鋭，惟恃歸化一軍，然歲將一紀，位不及郡守。

同光初，莊宗入汴，知裕隨段凝軍解甲封丘。明宗時爲總管，受降於郊外，見知裕甚

喜，遙相謂曰：「周歸化今爲吾人，何樂如之！」因令諸子以兄事之。莊宗撫憐尤異，而諸校心妬之。有壯士唐從益者，因獵射之，知裕遁而獲免。莊宗遂誅從益，出知裕爲房州刺史。魏王繼岌伐蜀，召爲前鋒騎將。明宗卽位，移刺絳州，改淄州刺史、宿州團練使。知裕老於軍旅，勤於稼穡，凡爲郡勸課，皆有政聲，朝廷喜之，遷安州留後。

淮上之風惡病者，至於父母有疾，不親省視，甚者避於他室，或時問訊，卽以食物揭於長竿之首，委之而去。知裕心惡之，召鄉之頑狠者訶詰敎導，俾知父子骨肉之恩，繇是弊風稍革。長興末，入爲右神武統軍。清泰初，卒於官。案：歐陽史作應順中，卒。（舊五代史考異） 贈太傅。永樂大典卷八千九百九十九。

史臣曰：夫才之良者，在秦亦良也，在虞亦良也。故彥威而下，昔爲梁臣，不虧亮節，洎歸唐祚，亦無醜聲，蓋松貞不變於四時，玉粹寧虞其烈餤故也。況彥威之輔明宗也，有翊戴之績；晏球之伐中山也，著戡定之功。方之數公，尤爲優矣。永樂大典卷八千九百九十七。

校勘記

〔一〕爰遵定諡之規　「爰」原作「度」，據會要卷一一改。

〔三〕洛州　原作「洛川」，據殿本、劉本改。

〔四〕隔門窺亂兵　「亂兵」原作「兵亂」，據殿本、彭本改。影庫本批校云：「『亂兵』訛『兵亂』。」

〔五〕契丹遣禿餒率騎千餘來援都　「契丹」二字原無，據殿本、劉本補。

〔六〕此追敍……前後矣　二十九字原無，據舊五代史考異補。

〔七〕天復　原作「天福」，據册府卷三六〇改。按此敍唐末事，當作天復。

舊五代史卷六十五

唐書四十一

列傳第十七

李建及，許州人。本姓王，父質。建及少事李罕之爲紀綱，光啓中，罕之謁武皇於晉陽，因選部下驍勇者百人以獻，建及在籍中。後以功署牙職，典義兒軍，及賜姓名。天祐七年，改匡衞軍都校。（案：歐陽史作匡衞指揮使。）柏鄉之役，汴將韓勍追周德威至高邑南野河上，鎮、定兵扼橋道，韓勍選精兵先奪之。莊宗登高而望，鎮、定兵將衄，謂建及曰：「如賊過橋，則勢不可遏，卿計若何？」建及於部選士二百，挺槍大譟，禦汴軍，却之於橋下。二月，王師攻魏，魏人夜出犯我營，建及設伏待之，扼其歸路，盡殪之。劉鄩之營莘縣，月餘不出，忽一旦縱兵攻鎮、定之營，軍中騰亂，建及率銀槍勁兵千人赴之，擊敗汴軍，追奔至其壘。元城之戰，建及首陷其陣，授天雄軍教練使。八月，遷遼州刺史。

十四年，從擊契丹於幽州，破之。十二月，從攻楊劉，自寅至午，汴軍嬰城拒守，建及自負葭葦堙塹，率先登梯，遂拔之。胡柳之役，前軍逗撓，際晚，汴軍登土山，建及一戰奪之。莊宗欲收軍，詰朝合戰。建及橫矟當前，曰：「賊大將已亡，乘此易擊，王但登山，觀臣破賊！」卽引銀槍效節軍大呼奮擊〔一〕，三軍增氣，由是王師復振，以功授檢校司空〔二〕、魏博內外衙都將。

十六年，汴將賀瓌攻德勝南城，以戰船十餘艘，竹笮維之，扼斷津路，王師不得渡。城中矢石將盡，守城將氏延賞危急，（氏延賞，原本作「士延賞」，今從通鑑改正。（影庫本粘籤））莊宗令積帛軍門，召能破賊船者。津人有馬破龍者，能水游，乃令往見延賞，延賞言：「危窘極矣，所爭晷刻。」時棹船滿河，流矢雨集，建及被重鎧，執矟呼曰：「豈有一衣帶水，縱賊如此！」乃以二船實甲士，皆短兵持斧，徑抵梁之戰艦，斧其笮，又令上流具瓮，積薪其上，順流縱火，以攻其艦。（案：通鑑作木罌載薪，沃油然火，于上流縱之，與薛史異。歐陽史作以大甕積薪，自上流縱火，與薛史同。（舊五代史考異））須臾，烟焰騰熾，梁軍斷纜而遁，建及乃入南城，賀瓌解圍而去〔三〕。其年十二月，與汴將王瓚戰於戚城，建及傷手，莊宗解御衣金帶賜之。

建及有膽氣，慷慨不羣，臨陣鞠旅，意氣橫壯。自莊宗至魏州，建及都總內外衙銀槍效節帳前親軍，（效節，原本作「郊節」，考通鑑注云：效節都係唐時軍名。今改正。（影庫本粘籤））善於撫御，所得賞賜，皆分給部下，絕甘分少，頗洽軍情。又累立戰功，雄勇冠絕，雌劣者忌讒之。時宦官韋令圖監建及軍，每於莊宗前言：「建及以家財驟施，其趣向志意不小，不可令典衙兵。」莊宗因猜之。建及性既忠藎，雖知讒搆，不改其操。不改，原本作「不敢」，今據文改正。（影庫本粘籤）

十七年三月，授代州刺史。八月，與李存審赴河中，解同州之圍。建及少遇禍亂，久從戰陣，矢石所中，肌無完膚，復有功見疑，私心憤鬱。是歲，卒於太原，時年五十七。永樂大典卷一萬八千二十九。

石君立，趙州昭慶人也，亦謂之石家財。初事代州刺史李克柔，後隸李嗣昭為牙校，歷典諸軍。夾城之役，君立每出挑戰，壞汴軍栅壘，俘擒而還。八年，與汴軍戰於龍化園，敗之，獲其大將卜渥以獻。卜渥，原本作「卞渥」，今據册府元龜改正。（影庫本粘籤）嗣昭每出征，俾君立為前鋒，敵人畏之。

王檀之逼晉陽也，城中無備，安金全驅市人以登陴，保聚不完。時莊宗在魏博，救應不暇，人心危懼，嗣昭遣君立率五百騎，自上黨朝發暮至。王檀游軍扼汾橋，君立一戰敗之，徑至城下，馳突斬擊，出入如神，大呼曰：「昭義侍中大軍至矣。」昭義，原本作「紹義」，考薛史前後多稱李嗣昭為昭義侍中，今改正。（影庫本粘籤）是夜入城，與安金全等分出諸門擊殺於外，遲明，梁軍

敗走。

十七年，將兵屯德勝。時汴軍自滑州轉餉以給楊村砦，莊宗親率騎軍於河外，循岸而上，邀擊之。汴人拒楊村五十里，於河曲潘張村築壘以貯軍儲，莊宗令諸軍攻之。汴人設伏於要路，逆戰偽敗，王師乘之，蹴入壘門，梁伏兵起，因與血戰。君立與鎮州大將王釗隔入賊壘，時諸將部校陷賊者十餘人，君立被執，送於汴。梁主素知其驍勇，欲用之為將，械而下獄。久之，梁主遣人誘之，君立曰：「敗軍之將，難與議勇，如欲將我，我雖貢誠效命，能信我乎？人皆有君，吾何忍反為仇人哉！」既而諸將被戮，尚惜君立不之害。同光元年，莊宗至汴前一日，梁主始令殺之。永樂大典卷一萬八千二十九。

高行珪，燕人也。家世勇悍，與弟行周俱有武藝，初仕燕為騎將，驍果出諸將之右。燕帥劉守光僭逆不道，莊宗令周德威征之，守光大懼，以行珪為武州刺史，令張掎角之勢。時明宗將兵助德威平燕，俄聞行珪至，率騎以禦之，明宗諭以逆順之理，行珪乃降。通鑑考異云：據唐實錄，高行珪降在劉守光既平之後，與薛史異，今附識于此。（影庫本粘籤）守光將元行欽在山北，聞行珪有變，卽率部下軍衆以攻行珪。行珪遣弟行周告急於周德威，案歐陽史：行珪夜縋行周馳入晉，見莊宗，莊宗因遣明宗救武州。比至，行欽已解去，行珪乃降。是行珪先求救于晉而後降也。薛史作降晉後告急，微有異同。（舊五代史考異）德威命明宗、李嗣本、安金全將兵援之。明宗破行欽於廣邊軍，行欽亦降。尋以行珪為朔州刺史，歷忻、嵐二郡，遷雲州留後。天成初，授鄧州節度使，尋移鎮安州。

行珪性貪鄙，短於為政，在安州日，行事多不法。副使范延策者，幽州人也，性剛直，累為賓職，及佐行珪，覩其貪猥，因強諫之，行珪不從。後延策因入奏，獻封章於闕下，事有三條：一請不禁過淮猪羊，而禁絲綿匹帛，以實中國；一請於山林要害置軍鎮，以絕寇盜；一述藩侯之弊，請勅從事明諫諍之，不從，令諸軍校列班廷諍。行珪聞之，深銜之。後因戍兵作亂，誣奏延策與之同謀，父子俱戮於汴，聞者冤之。未幾，行珪以疾卒。詔贈太尉。永樂大典卷一萬八千二十九。

張廷裕，代北人也。幼事武皇於雲中，從平黃巢，討王行瑜，自行間漸升為小將。莊宗定魏，補天雄軍左廂馬步都虞候，歷蔚、慈、隰三州刺史。同光三年，除新州節度使。塞上多事，廷裕無控制之術，邊鄙常聳。天成三年，卒於治所。詔贈太保。永樂大典卷五千三百六十。

王思同，幽州人也。父敬柔，歷瀛、平、儒、檀、營五州刺史。思同母卽劉仁恭之女也，故思同初事仁恭為帳下軍校。案：歐陽史作銀胡簶指揮使。（舊五代史考異）會劉守光攻仁恭於大安山，思同以部下兵歸太原，時年十六，武皇命為飛騰指揮使。案：歐陽史作飛勝指揮使〔四〕。（舊五代史考異）飛騰指揮使，疑有舛誤。考册府元龜亦作「飛騰」，今無可復考，姑仍其舊。（影庫本粘籤）從莊宗平定山東，累典諸軍。

思同性疏俊，粗有文，性喜為詩什，與人唱和，自稱薊門戰客。魏王繼岌待之若子。時內養呂知柔侍興聖宮，頗用事，思同不平之。呂為終南山詩〔五〕，末句有「頭」字，思同和曰：「料伊直擬衝霄漢，賴有青天壓着頭。」其所為詩句，皆此類也。每從征，必在興聖帳下，然同光朝，位止鄭州刺史。案：歐陽史作以功遷神武十軍都指揮使，累遷鄭州防禦使。（舊五代史考異）明宗在軍時，素知之，卽位後，用為同州節度使，未幾，移鎮隴右。

思同好文士，無賢不肖，必館接賄遺，歲費數十萬。在秦州累年，邊民懷惠，華戎寧息。長興元年，入朝，見於中興殿。明宗問秦州邊事，對曰：「秦州與吐蕃接境，蕃部多違法度。臣設法招懷，沿邊置寨四十餘所，控其要害。每蕃人互市，互市，原本作「五市」，今據册府元龜改正。（影庫本粘籤）飲食之界上，令納器械。」因手指畫秦州山川要害控扼處。明宗曰：「人言思同不管事，豈及此耶！」時兩川叛，欲用之，且留左右，故授右武衛將軍。八月，授西南面行

營馬步都虞候。九月，遷京兆尹〔六〕、西京留守。伐蜀之役，爲先鋒指揮使。石敬瑭入大散關，思同恃勇先入劍門〔七〕，大軍未相繼，復被董璋兵逐出之。及敬塘班師，思同以曾獲劍門之功，移鎮山南西道。三年，兩川交兵，明宗慮併在一人，則朝廷難制，密詔思同相度形勢，即乘間用軍，事未行而董璋敗。八月，復爲京兆尹兼西京留守。

時潞王鎮鳳翔，與之鄰境，及潞王不稟朝旨，致書於秦、涇、雍、梁、邠諸帥，言：「賊臣亂政，屬先帝疾篤，謀害秦王，迎立嗣君，自擅權柄，以致殘害骨肉，搖動藩垣。懼先人基業，忽焉墜地，故誓心入朝，以除君側，事濟之後，謝病歸藩。然藩邸素貧，兵力俱困，欲希國士，共濟急難。」乃令小伶安十十以五弦妓見思同〔八〕，因歡諷動。又令軍校宋審温者〔九〕，請使於雍，若不從命，即獨圖之。又令推官郝昭、案：歐陽史作郝詡，通鑑從歐陽史。（舊五代史考異）府吏朱延乂以書檄起兵。會副部署藥彥稠至，方宴，而妓、使適至，乃繫之於獄。彥稠請誅審温，拘送昭赴闕。時思同已遣其子入朝言事，朝廷嘉之，乃以思同爲鳳翔行營都部署，起軍營於扶風。

三月十四日，與張虔釗會於岐下，梯衝大集。十五日，進收東西關城，城中戰備不完，然死力禦扞，外兵傷夷者十二三。十六日，復進攻其城，潞王登陴泣諭於外，聞者悲之。張虔釗性褊，詰旦，西南用軍，與都監皆血刃以督軍士，軍士齊詬，反攻虔釗，虔釗躍馬避之。

時羽林指揮使楊思權引軍自西門先入，思同未之知，猶督士登城。俄而嚴衞指揮使尹暉呼曰：「西城軍已入城受賞矣，軍士可解甲！」棄仗之聲，振動天地〔一〇〕。日午，亂軍畢集，涇州張從賓、邠州康福、河中安彥威皆遁去。十七日，思同與藥彥稠、萇從諫俱至長安〔一一〕，劉遂雍閉關不內，乃奔潼關。

二十二日，潞王至昭應，前鋒執思同來獻。王謂左右曰：「思同計乖於事，然盡心於所奉，亦可嘉也。」顧謂趙守鈞曰：趙守鈞，原本作「字鈞」，今從通鑑改正。（影庫本粘籤）「思同爾之故人，可行迓之於路，達予撫慰之意。」思同至，潞王讓之曰：「賊臣傾我國家，殘害骨肉，非予弟之過。我起兵岐山，蓋誅一二賊臣耳，爾何首鼠兩端，多方悞我，今日之罪，其可逃乎！」思同曰：「臣起自行間，受先朝爵命，秉旄仗鉞，累歷重藩，終無顯效以答殊遇。臣非不知攀龍附鳳則福多，扶衰救弱則禍速，但恐瞑目之後，無面見先帝。釁鼓膏原，縲囚之常分也。」潞王爲之改容，徐謂之曰：「且憩歇。」潞王欲用之，而楊思權之徒恥見其面，屢啓劉延朗，言「思同不可留，慮失士心」。又，潞王入長安時，尹暉盡得思同家財及諸妓女，故尤惡思同，與劉延朗亟言之。屬王醉，不待報，殺思同并其子德勝。潞王醒，召思同，左右報已誅之矣。潞王怒延朗，累日嗟惜之。及漢高祖即位，詔贈侍中。永樂大典卷六千六百七十一。

索自通，字得之，太原清源人也。父繼昭，以自通貴，授國子監祭酒致仕。自通少能騎射，嘗於山墅射獵，莊宗鎮太原時，遇之於野，訊其姓名，即補右番廳直軍使。後因從獵，射中走鹿，轉指揮使。佐周德威攻燕軍於涿州，擒燕將郭在鈞。從莊宗定魏博，改突騎指揮使。明宗即位，自隨駕左右廂馬軍都指揮授忻州刺史。歲餘召還，復典禁兵，領韶州刺史，出爲大同軍節度使，累歲移鎮忠武，改京兆尹、西京留守。楊彥温據河中作亂，自通率師討平之，授河中節度使，尋自鄜州入爲右龍武統軍。初，自通既平楊彥温，楊彥温，原本作「湯彥温」，考通鑑、歐陽史俱作楊彥温，今改正。（影庫本粘籤）代末帝鎮河中，臨事失於周旋，末帝深銜之。案通鑑：自通至鎮，承安重誨指，籍軍府甲仗數上之，以爲從珂私造，賴王德妃居中保護，從珂由是得免。（舊五代史考異）及末帝即位，自通憂悸求死。清泰元年七月，因朝退涉洛，自溺而卒。

子萬進，周顯德中，歷任方鎮。永樂大典卷一萬八千一百二十九。

校勘記

〔一〕銀槍效節軍　「軍」字原無，據永樂大典（膠卷）卷六八五〇、冊府卷三九六補。

〔二〕以功授檢校司空　「授」字原無，據殿本補。

〔三〕賀瓌解圍而去　「圍」字原無，據永樂大典（膠卷）卷六八五〇、冊府卷四一四補。殿本作「賀瓌解軍去」。

〔四〕飛勝指揮使　原作「飛騰都揮使」，據歐陽史卷三三王思同傳改。

〔五〕終南山　原作「中南山」，據殿本、劉本、永樂大典（膠卷）卷六八五〇改。

〔六〕遷京兆尹　「遷」字原無，據殿本、劉本補。

〔七〕劍門　原作「劍關」，據冊府卷一三四、通鑑卷二七七改。

〔八〕小伶安十十以五弦妓見思同　原作「小伶女十人以五弦技見思同」，據冊府卷六八六改。舊五代史考異云：「案：歐陽史作『遣伶奴安十十以五絃謁思同』。」影庫本粘籤云：「歐陽史作『潞王五弦妓見思同』，原本『技』字疑誤，據薛史上文有『小伶女十人』，則下文不應復稱爲『五弦妓』，蓋歐、薛二史語有繁簡，各自成文也，今附識于此。」案：「技」，永樂大典（膠卷）卷六八五〇作「妓」。

〔九〕又令軍校宋審温者　「令」字原無，據冊府卷三七四補。

〔一〇〕軍士可解甲棄仗之聲振動天地　殿本、劉本、殘宋本冊府卷三七四同。明本冊府此處作「尹暉呼曰：『城西軍已入城受賞矣，何用戰邪！』軍士解甲棄仗之聲，振動天地。」

〔一一〕萇從諫　劉本、殘宋本冊府卷三七四同。殿本、明本冊府作萇從簡。本書卷九四有萇從簡傳。

舊五代史卷六十六

唐書四十二

列傳第十八

安重誨，安重誨傳，永樂大典全篇已佚，今就其散見各韻者共得五條，册府元龜所引薛史共得三條，通鑑注所引薛史一條，排比先後，以存梗概。（影庫本粘籤）其先本北部豪長。父福遷，爲河東將〔一〕，救兗、鄆而沒。通鑑注引薛史。重誨自明宗龍潛時得給事左右，及鎭邢州，以重誨爲中門使，隨從征討，凡十餘年，委信無間，勤勞亦至，洎鄴城之變，佐命之功，獨居其右。明宗踐祚，領樞密使，俄遷左領軍衞大將軍充職。册府元龜卷三百九。案：以下有闕文。（殿本）明宗遣回鶻侯三馳傳至其國，侯三至醴泉縣，縣素僻，無驛馬，其令劉知章出獵，不時給馬，侯三遽以聞。明宗大怒，械知章至京師，將殺之，賴重誨從容爲言，乃得不死。永樂大典卷一萬一千六百五十四。明宗幸汴州，重誨建議欲因以伐吳，而明宗難之。其後，戶部尚書李鏻得吳諜者言：「徐知誥欲

奉吳國以稱藩，願得安公一言以爲信。」鏻卽引諜者見重誨。重誨大喜，以爲然，乃以玉帶與諜者，使遺知誥爲信，其直千緡。永樂大典一萬五千五百三十。

重誨爲樞密使，四五年間，獨綰大任，臧否自若，環衞、酋長、貴戚、近習，無敢干政者。弟牧鄭州，子鎭懷、孟，身爲中令，任過其才，議者謂必有覆餗之禍。無何，有吏人李虔徽弟揚言于衆云：案：歐陽史作樞密承旨李虔徽語其客邊彥溫云〔二〕。所載異詞。（舊五代史考異）「聞相者言其貴不可言，今將統軍征淮南。」時有軍將密以是聞，頗駭上聽。册府元龜卷九百四十二。明宗謂重誨曰：「聞卿樹心腹，私市兵仗，欲自討淮南，有之否？」重誨惶恐，奏曰：「興師命將，出自宸衷，必是奸人結搆，臣願陛下窮詰所言者。」翌日，帝召侍衞指揮使安從進、藥彥稠等，謂之曰：「有人告安重誨私置兵仗，將不利於社稷，其若之何？」從進等奏曰：「此是奸人結搆，離間陛下勳舊。且重誨事陛下三十年，從微至著，無不盡心，今日何苦乃圖不軌！臣等以家屬保明，家屬，原本作「家浸」，今據文改正。（影庫本粘籤）必無此事。」帝意乃解。永樂大典卷四百六十一。重誨三上表乞解機務，詔不允。復面奏：「乞與臣一鎭，以息謗議。」明宗不悅，重誨奏不已，明宗怒，謂曰：「放卿出，朕自有人！」卽令武德使孟漢瓊至中書，與宰臣商量重誨事。馮道言曰：「諸人苟惜安令公，解樞務爲便。」趙鳳曰：「大臣豈可輕動，公失言也。」道等因附漢瓊奏曰：「此斷自宸旨，然重臣不可輕議移改。」由是兼命范延光爲樞密使，重誨如故。永樂大典卷一萬一百一十三。

時以東川帥董璋恃險難制，乃以武虔裕爲綿州刺史，董璋益懷疑忌，遂縶虔裕以叛。及石敬瑭領王師伐蜀，峽路艱阻，糧運不繼，明宗憂之，而重誨請行。翌日，領數騎而出，日馳數百里，西諸侯聞之，莫不惶駭。所在錢帛糧料，星夜輦運，人乘斃踣於山路者不可勝紀，百姓苦之。永樂大典卷一萬八千一百二十九。重誨至鳳翔，節度使朱弘昭延于寢室，令妻子奉食器，敬事尤謹。重誨坐中言及：「昨有人讒搆，幾不保全，賴聖上保鑒，苟獲全族。」因泣下。重誨既辭，弘昭遣人具奏：「重誨怨望出惡言，不可令至行營，恐奪石敬瑭兵柄。」而宣徽使孟漢瓊自西迴，亦奏重誨過惡〔三〕。重誨已至三泉，復令歸闕。再過鳳翔，朱弘昭拒而不納，重誨懼，急騎奔程，未至京師，制授河中帥。既至鎭，心不自安，遂請致仕。制初下，其子崇贊、崇緒走歸河中。二子初至，重誨駭然曰：「渠安得來？」家人欲問故，原本作「家人欲問故里」，今以文義求之，「里」字當係衍文，今刪去。（影庫本粘籤）重誨曰：「吾知之矣，此非渠意，是他人教來。吾但以一死報國家，餘復何言！」翌日，中使至，見重誨，號泣久之。重誨曰：「公但言其故，勿過相愍。」中使曰：「人言令公據城異志矣。」重誨曰：「吾一死未塞責，已負君親，安敢輒懷異志，遽勞朝廷興師，增聖上宵旰，則僕之罪更萬萬矣。」

時遣翟光鄴使河中，如察重誨有異志，則誅之。既至，李從璋自率甲士圍其第，仍拜重

誨于其庭，重誨下階迎拜曰：「太傅過禮。」俛首方拜，從璋以檛擊其首，其妻驚走抱之，曰：「令公死亦不遲，太傅何遽如此！」幷擊重誨妻首碎，並剝其衣服，夫妻裸形踣于廊下，血流盈庭。翌日，副使判官白從璋，願以衣服覆其屍，堅請方許。及從璋疏重誨家財，不及數千緡，議者以重誨有經綸社稷之大功，然志大才短，不能迴避權寵，親禮士大夫，求周身輔國之遠圖，而悉自恣胸襟，果貽顚覆。册府元龜卷九百四十二。案：安重誨傳，永樂大典中全篇已佚，今采册府元龜補之，以存大概。五代史補：初，知祥將據蜀也，且上表乞般家屬。時樞密使安重誨用事，拒其請，知祥曰：「吾知之矣。」因使密以金百兩爲賂，重誨喜而爲敷奏，詔許之。及家屬至，知祥對僚吏笑曰：「天下聞知樞密，將謂天地間未有此，誰知只銷此百金耶，亦不足畏也。」遂守險拒命。五代史闕文：明宗令翟光鄴、李從璋誅重誨於河中私第，從璋奮檛擊重誨於地，重誨曰：「某死無恨，但恨不與官家誅得潞王，他日必爲朝廷之患。」言終而絕。臣謹案：明宗實錄是淸泰帝朝修撰，潞王卽淸泰帝也。史臣避諱，不敢直書。嗚呼，重誨之志節泯矣！

朱弘昭，太原人也。祖玫，父叔宗，皆爲本府牙將。弘昭事明宗，在藩方爲典客。天成元年，爲文思使，歷東川副使，二年餘，除左衞大將軍，充內客省使。三年，轉宣徽南院使。明宗親祀南郊，弘昭爲大內留守，加檢校太傅，出鎭鳳翔。會朝廷命石敬瑭帥師伐蜀，久未成功，安重誨自請西行。至鳳翔，弘昭迎謁馬首，請館於府署，妻子羅拜，捧巵爲壽。弘昭

密遣人謂敬瑭曰：「安公親來勞軍，覩其舉措孟浪，儻令得至，恐士心迎合，迎合，原本作「逆合」，今據文改正。（影庫本粘籤）則不戰而自潰也。可速拒之，必不敢前，則師徒萬全也。」敬瑭聞其言大懼，卽日燒營遁還。重誨聞之，不敢西行，案歐陽史：敬瑭以糧餉不繼，遽燒營還軍，重誨亦以被譏召還。（舊五代史考異）因反旆東還。復過鳳翔，弘昭拒而不納。及重誨得罪，其年弘昭入朝，授左武衞上將軍，充宣徽南院使。

長興三年十二月，代康義誠爲襄州節度使。四年，秦王從榮爲元帥，屢宣惡言，執政大臣皆懼，謀出避之。樞密使范延光、趙延壽日夕更見，涕泣求去，明宗怒而不許。延壽使其妻興平公主入言於中，延光亦因孟漢瓊、王淑妃進說，故皆得免。未幾，趙延壽出鎭汴州，召弘昭於襄陽，代爲樞密使，加同平章事。十月，范延光出鎭常山，以三司使馮贇與弘昭對掌樞務，馮贇，原本作「爲贇」，今從通鑑改正。（影庫本粘籤）與康義誠、孟漢瓊同謀以殺秦王。

閔帝卽位，弘昭以爲由己得立，故於庶事高下在心，及赦後覃恩，弘昭首自平章事超加中書令。素猜忌潞王，致其釁隙，以致禍敗。潞王至陝，閔帝懼，欲奔，馳手詔召弘昭圖之。時將軍穆延輝在弘昭第，曰：「急召，罪我也，其如之何？吾兒婦，君之女也，可速迎歸，無令受禍。」中使繼至，弘昭援劍大哭，至後庭欲自裁，家人力止之。使促之急，弘昭曰：「窮至此耶！」乃自投於井。安從進旣殺馮贇，斷弘昭首，俱傳於陝州。及漢高祖卽位，贈尚書令。

永樂大典卷二千三十二。

朱洪實，案：歐陽史作朱宏實。（舊五代史考異）不知何許人。以武勇累歷軍校，長興中，爲馬軍都指揮使。秦王爲元帥，以洪實驍果，尤寵待之，歲時曲遺，頗厚於諸將。及朱弘昭爲樞密使，勢燄尤甚，洪實以宗兄事之，意頗相協。弘昭將殺秦王，以謀告之，洪實不以爲辭。時康義誠以其子事於秦府，故恆持兩端。及秦王兵扣端門，洪實爲孟漢瓊所使，率先領騎軍自左掖門出逐秦王，自是義誠陰銜之。陰銜，原本作「陰衞」，今據文改正。（影庫本粘籤）

閔帝嗣位，洪實自恃領軍之功，義誠每言，不爲之下。應順元年三月辛酉，義誠將出征，閔帝幸左藏庫，親給軍士錢帛。是時，義誠與洪實同於庫中面論用兵利害，案歐陽史云：洪實見軍士無鬬志，而義誠盡將以西，疑其二心。（舊五代史考異）洪實言：「出軍討逆，累發兵師，今聞小衄，無一人一騎來者。不如以禁軍據門自固，彼安敢徑來，然後徐圖進取，全策也。」義誠怒曰：「若如此言，洪實反也。」洪實曰：「公自反，誰反！」其聲漸厲。帝聞，召而訊之，洪實猶理前謀，又曰：「義誠言臣圖反，據發兵計，義誠反必矣。」閔帝不能明辨，遂命誅洪實。既而義誠果以禁軍迎降潞王，故洪實之死，後人皆以爲寃。永樂大典卷二千三十二。

康義誠，字信臣，代北三部落人也。少以騎射事武皇，從莊宗入魏博，補突騎使，累遷本軍都指揮使。同光末，從明宗討鄴城，軍亂，迫明宗爲主，明宗不然。義誠進曰：「主上不慮社稷阽危，不思戰士勞苦，荒躭禽色，溺於酒樂。今從衆則有歸，守節則將死。」明宗納其言，由是委之心膂。明宗卽位，加檢校司空，領富州刺史，總突騎如故。尋轉捧聖都指揮使，鎭邠州刺史。案：歐陽史作汾州。（舊五代史考異）明宗幸汴，平朱守殷，改侍衞馬軍都指揮使，領江西節度使。車駕歸洛，授侍衞馬步軍都指揮使、河陽節度使。長興末，加同平章事。案玉堂閒話云：長興中，侍衞使康義誠，常軍中差人于私宅充院子，亦曾小有笞責。忽一日，憐其老而詢其姓氏，則曰：「姓康。」別詰其鄉土、親族、息嗣，方知是父，遂相持而泣，聞者莫不驚異。（舊五代史考異）

秦王爲天下兵馬元帥，氣焰燻灼，大臣皆懼，求爲外任。義誠以明宗委遇，無以解退，乃令其子以弓馬事秦王以自結。明宗不豫，秦王諷義誠爲助，諷義誠，原本作「捀義誠」，今據册府元龜改正。（影庫本粘籤）義誠曲意承奉，亦非眞誠。及朱弘昭、馮贇等懼禍，謀於義誠，義誠但云（四）：「僕爲將校，不敢預議，但相公所使耳。」及秦王旣誅，明宗晏駕，閔帝卽位，加檢校太尉、兼侍中，判六軍諸衞事。未幾，鳳翔變起，西軍不利，義誠懼，乃請行，蓋欲盡率駕下諸軍送降於潞王求免也。會與朱洪實議事不叶，洪實因厲聲言義誠苞藏之志，閔帝曖昧，不能明辨，而誅洪實。及義誠率軍至新安，諸軍爭先趨陝，解甲迎降，義誠以部下數十人見潞王

請罪，潞王雖罪其奸回，未欲行法。淸泰元年四月，斬於興教門外，夷其族。永樂大典卷一萬八千二十九。

藥彥稠，沙陀三部落人。幼以騎射事明宗，累遷至列校。明宗踐阼，領澄州刺史（五）、河陽馬步都將。從王晏球討王都於定州，平之，領壽州節度使、侍衞步軍都虞候。屬河中指揮使楊彥温作亂，彥稠改侍衞步軍都指揮使，充河中副招討使，案：歐陽史作招討使。（舊五代史考異）將兵討平之。無幾，党項刼迴鶻入朝使，詔彥稠屯朔方，就討党項之叛命者，搜索盜賊，盡獲迴鶻所貢駞馬、寶玉，擒首領而還。尋授邠州節度使。遣會兵制置鹽州，蕃戎逃遁，獲陷蕃士庶千餘人，遣復鄉里。受詔與延州節度使，案：原本有闕文，歐陽史作靈武康福。進攻夏州，累月不克，兵罷歸鎭。閔帝嗣位，與王思同攻鳳翔，爲副招討使。禁軍之潰，彥稠欲沿流而遁，爲軍士所擒而獻之。時末帝已至華州，令拘於獄，誅之。漢高祖卽位，與王思同並制贈侍中。永樂大典卷一萬八千一百二十九。

宋令詢，不知何許人也。閔帝在藩時，補爲客將。知書樂善，動皆由禮。長興中，閔帝連殿大藩，遷爲都押衙，都押衙，原本作「挾衙」，考契丹國志云：「宋王舊押衙宋令詢聞變，自經卒。」原本「挾」字

保傳寫之訛，今改正。（影庫本粘籤）參軸闡政，甚有時譽，閔帝深委之。及閔帝嗣位，朱、馮用事，不欲閔帝之舊臣在於左右，乃出爲磁州刺史。閔帝蒙塵於衞，令詢日令人奔問。及聞帝遇害，大慟半日，自經而卒。永樂大典卷一萬三千四十四。

史臣曰：夫代大臣斲者，猶傷其手，況代天子執賞罰之柄者乎！是以古之賢人，當大任、秉大政者，莫不卑以自牧，推之不有，廓自公之道，絕利己之欲，然後能保其身而脫其禍也。而重誨何人，安所逃死，古語云：「無爲權首，反受其咎。」重誨之謂歟！自弘昭而下，力不能衞社稷，謀不能安國家，相踵而亡，又誰咎也。唯令詢感故君之舊恩，由大慟而自絕，以茲隕命，足以垂名〔六〕。永樂大典卷一萬三千四十四。

校勘記

〔一〕爲河東將　「爲」原作「於」，據殿本、劉本、通鑑卷二六九胡注改。

〔二〕李虔徽　原作「李虔徵」，據殿本、劉本、歐陽史卷二四安重誨傳改。

〔三〕亦奏重誨過惡　「重誨過惡」四字原無，據殿本補。

〔四〕義誠但云　「義誠」二字原無，據冊府卷四四六補。

〔五〕澄州　殿本、劉本、殘宋本冊府卷三六〇同，明本冊府作鄧州。

〔六〕足以垂名　「足」原作「定」，據殿本、劉本改。影庫本批校云：「足以垂名，『足』訛『定』。」

舊五代史卷六十七

唐書四十三

列傳第十九

豆盧革，祖籍，同州刺史。父瓚，舒州刺史。宣和書譜云：失其世系。（殿本）革少値亂離，避地鄜、延，轉入中山，王處直禮之，王處直，原本作「處眞」，今據新唐書改正。（影庫本粘籤）辟于幕下，有奏記之譽。因牡丹會賦詩，諷處直以桑柘爲意，言甚古雅，漸加器仰，轉節度判官。而理家無法，獨請謁見處直，處直慮布政有缺，有所規諫，斂板出迎，乃爲嬖人所輕，畢竟職矣。

天祐末，莊宗將卽位，講求輔相，盧質以名家子舉之，徵拜行臺左丞相。同光初，拜平章事。及登廊廟，事多錯亂，至于官階擬議，前後倒置，屢爲省郎蕭希甫駮正，革改之，無難色。莊宗初定汴、洛，革引薦韋說，冀諳事體，與已同功。說既登庸，復事流品，舉止輕脫，怨歸於革。又革、說之子俱授拾遺〔一〕，父子同官，爲人所刺，遂改授員外郎。革請說之子濤

爲弘文館學士，說請革之子昇爲集賢學士，交易市恩，有同市井，識者醜之。革自作相之後，不以進賢勸能爲務，唯事修鍊，求長生之術，嘗服丹砂，嘔血數日，垂死而愈。

天成初，將葬莊宗，以革爲山陵使。及木主歸廟，不出私第，專候旄鉞，數日無耗，爲親友促令入朝。安重誨對衆辱之曰：「山陵使名銜尚在，不候新命，便履公朝，意謂邊人可欺也。」側目者聞之，思有所中。所中，原本作「所衆」，今據文改正。（影庫本粘籤）初，蕭希甫有正諫之望，革嘗阻之，遂上疏論革與說苟且自容，致君無狀。復誣其縱田客殺人，冒元亨上第。冒元亨上第，疑有舛誤。考冊府元龜所引薛史與永樂大典同。今無可復考，姑仍其舊。（影庫本粘籤）遂貶爲辰州刺史，仍令所在馳驛發遣。後鄭珏、任圜等連上三章，請不行後命，乃下制曰：「豆盧革、韋說等，身爲輔相，手握權衡，或端坐稱臣，或半笑奏事，於君無禮，舉世寧容。革則暫委利權，便私俸祿，文武百辟皆從五月起支，父子二人偏自正初給遣。說則自居重位，全紊大綱。敍蔭貪榮，亂兒孫於昭穆；賣官潤屋，換令錄之身名。醜行疊彰，羣情共怒，雖居牧守，未塞非尤。革可責授費州司戶參軍，說可夷州司戶參軍，皆員外置同正員，並所在馳驛發遣。」尋貶陵州長流百姓，委長吏常知所在。天成二年夏，詔令逐處刺史監賜自盡，其骨肉並放逐便〔二〕。

子昇，官至檢校正郎，服金紫，尋亦削奪。永樂大典卷二千二百一十四。案寶眞齋法書贊載豆

盧革田園帖云〔三〕：大德欲要一居處，畿甸閒舊無田園，鄭州雖有三兩處莊子，緣百姓租佃多年，累有令公大王書請，卻給還人戶，蓋不欲侵奪疲民，兼慮無知之輩，妄有影庇包役云云。岳珂曰：此帖乃與僧往還書，其畏強藩避罪咎，蓋懍懍淵冰，然其後卒以故縱田客貶夜郎，正坐所畏，信乎亂邦之不可居也。是時據鄭乃高萬興，官檢校太師、中書令，封北平王，即革所謂「令公大王」者。官故梁授，唐命維新，而顯面正朝者，不能致櫬盤之誅，而反竊貢秉旄之佞，唐之不競，有自來矣。（舊五代史考異）

韋說，福建觀察使岫之子也。案：以下疑有闕文。莊宗定汴、洛，說與趙光胤同制拜平章事。說性謹重，奉職常不造事端。時郭崇韜秉政，說等承順而已，政事得失，無所措言。初，或有言于崇韜，銓選踰濫，選人或取他人出身銜，或取父兄資緒，與令史囊橐罔冒，崇韜乃條奏其事。其後郊天，行事官數千人，多有告勑僞濫，因定去留，塗毀告身者甚衆，選人號哭都門之外。議者亦以爲積弊累年，一旦澄汰太細，懼失維新含垢之意。時說與郭崇韜同列，不能執而止之，頗遭物議。說之親黨告之，說曰：「此郭漢子之意也。」及崇韜得罪，說懼流言所鍾，乃令門人左拾遺王松、吏部員外郎李慎義等上疏，云：「崇韜往日專權，不閑故實，塞仕進之門，非獎善之道。」疏下中書，說等覆奏，深詆崇韜，識者非之。又有王修者，能以多岐取事，納賂於說，說以其名犯祖諱，遂改之爲「操」，擬官于近甸。及明宗即

位，說常慮身危，每求庇于任圜，常保護之。說居有井，昔與鄰家共之，因嫌鄙雜，築垣于外。鄰人訟之，爲希甫疏論，以爲井有貨財，及案之本人，惟稱有破釜一所，反招虛妄。初貶敘州刺史〔四〕，尋責授夷州司戶參軍。

初，說在江陵，與高季興相知，及入中書，亦常通信幣。自討西蜀，季興請攻峽內，莊宗許之：「如能得三州，俾爲屬郡。」西川既定，季興無尺寸之功。洎明宗纘承，季興頻請三郡，朝廷不得已而與之。革、說方在中書，亦預其議，及季興占據，獨歸其罪，流于合州。合州，原本作「白州」，今據五代春秋改正。（影庫本粘籤）明年夏，詔曰：「陵州、合州長流百姓豆盧革、韋說，頃在先朝，擢居重任，欺公害物，黷貨賣官。靜惟肇亂之端，更有難容之事，且夔、忠、萬三州，地連巴蜀，路扼荆蠻，接皇都弭難之初〔五〕，徇逆帥僭求之勢，罔予視聽，率意割移。將千里之土疆，開通狡穴，動兩川之兵賦，禦捍經年。致朕莫遂偃戈，猶煩運策。近者西方鄴雖復要害，高季興尚固窠巢，增吾旰食之憂，職爾朋姦之計。而又自居貶所，繼出流言。苟刑戮之稽時，處忠良于何地？宜令逐處刺史監賜自盡。」永樂大典卷一萬七千九百一十。歐陽史：說子濤，晉天福初，爲尙書膳部員外郎，卒。（殿本）

盧程，唐朝右族。祖懿，父蘊，案：歐陽史作不知其世家何人也，似誤。（舊五代史考異）歷仕通顯。

程，天復末登進士第，崔魏公領鹽鐵，署爲巡官。昭宗遷洛陽，柳璨陷右族，程避地河朔，客遊燕、趙，或衣道士服，干謁藩伯，人未知之。豆盧革客遊中山，依王處直，盧汝弼來太原，程與革、弼皆朝族知舊，因往來依革，處直禮遇未優，故投于太原，汝弼因爲延譽，莊宗署爲推官，尋改支使。程褊淺無他才，惟矜恃門地〔六〕，口多是非，篤厚君子尤薄之。

初，判官王緘從軍掌文翰，胡柳之役，緘歿於軍〔七〕。莊宗歸寧太原，置酒公宴，舉酒謂張承業曰：「予今於此會取一書記〔八〕，先以卮酒辟之。」即舉酒屬巡官馮道，道以所舉非次，抗酒辭避，莊宗曰：「勿謙挹，無踰於卿也。」時以職列序遷，則程當爲書記，汝弼亦左右之。程既失職，私懷憤惋，謂人曰：「主上不重人物，使田里兒居余上。」先是，莊宗嘗於帳中召程草奏，程曰：「叨忝成名，不閑筆硯。」由是文翰之選，不及於程。時張承業專制河東留守事，人皆敬憚。舊例支使監諸廩出納，程訴于承業曰：「此事非僕所長，請擇能者。」承業叱之曰：「公稱文士，即合飛文染翰，染翰，原本作「梁翰」，今據文改正。（影庫本粘籤）以濟霸國，嘗命草辭，自陳短拙，及留職務，又以爲辭，公所能者何也？」程垂泣謝之。後歷觀察判官。

莊宗將即位，求四鎮判官可爲宰輔者。時盧汝弼、蘇循相次淪沒，當用判官盧質。質性疏放，不願重位，求留太原，乃舉定州判官豆盧革，次舉程，即詔徵之，並命爲平章事。平章，原本作「平張」，今據文改正。（影庫本粘籤）程本非重器，驟歷顯位，舉止不恆。時朝廷草創，庶

物未備，班列蕭然，寺署多缺。程、革受命之日，即乘肩輿，騶導喧沸。莊宗聞訶導之聲，詢於左右，曰：「宰相擔子入門。」莊宗駭異，登樓視之，笑曰：「所謂似是而非者也。」頃之，遣程使晉陽宮冊皇太后，山路險阻，往復綿邈，程安坐肩輿，所至州縣，驅率丁夫，長吏迎謁，拜伏輿前，少有忤意，因加笞辱。

及汴將王彥章陷德勝南城，急攻楊劉，莊宗御軍苦戰，臣下憂之，咸白宰臣，欲連章規諫，請不躬御士伍。豆盧革言及漢高臨廣武事〔九〕，矢及於胸，給云中足。程曰：「此劉季失策。」衆皆縮頸。嘗論近世士族，或曰：「員外郎孔明龜，善和宰相之令緒，宣聖之系孫，得非盛歟！」程曰：「止於孔子之後，盛則吾不知也〔一〇〕。」親黨有假驢夫於程者，程帖府給之，府吏訴云無例，程怒鞭吏背。時任圜爲興唐少尹，莊宗從姊壻也，案：歐陽史誤作莊宗姊婿也。（舊五代史考異）憑其寵戚，因詣程。程方衣鶴氅、華陽巾，憑几決事，見圜怒詈曰：「是何蟲豸，恃婦力耶！宰相取給於府縣，得不識舊體！」圜不言而退，是夜，馳至博平，面訴於莊宗。莊宗怒，謂郭崇韜曰：「朕誤相此癡物，敢辱予九卿。」促令自盡，崇韜亦怒，事幾不測，賴盧質橫身解之，遂降爲右庶子。莊宗既定河南，程隨百官從幸洛陽，沿路墜馬，因病風而卒。贈禮部尙書。永樂大典卷二千二百一十二。

趙鳳，幽州人也。少爲儒。唐天祐中，燕帥劉守光盡率部內丁夫爲軍伍，而黥其面，爲儒者患之，多爲僧以避之，鳳亦落髮至太原。頃之，從劉守奇奔梁，梁用守奇爲博州刺史，表鳳爲判官。永樂大典卷一萬六千四百六十五。案：下有闕文。（殿本）案歐陽史云：守奇卒，鳳去，爲鄆州節度判官。爲鄆州節度判官。

唐莊宗聞鳳名，得之甚喜，以爲護鑾學士。後莊宗卽位，拜鳳中書舍人。永樂大典卷一萬三千四百二十四。案：五代會要作護鑾書制學士。歐陽史云：莊宗卽位，拜中書舍人、翰林學士。時皇后及羣小用事，鳳言皆不見納。及入汴，改授禮部員外郎。莊宗及劉皇后幸張全義第，后奏曰：「妾五六歲失父母，每見老者，思念尊親泣下，以全義年德，妾欲父事之，以慰孤女之心。」莊宗許之，命鳳作牋上全義，定往來儀注。鳳上書極諫，不納〔二〕。天成初，置端明殿學士，鳳與馮道俱任其職。時任圜爲宰相，爲安重誨所傾，以至罷相歸磁州。及朱守殷以汴州叛，馳驛賜圜自盡。既而鳳哭謂安重誨曰：「任圜義士也，肯造逆謀以讎君父乎？如此濫刑，何以安國！」重誨笑而不責。是冬，權知貢舉。

明年春，有僧自西國取經回，得佛牙大如拳，褐漬皴裂，進於明宗。鳳揚言曰：「曾聞佛牙鎚鍛不壞，請試之。」隨斧而碎。時宮中所施已逾數千緡，聞毀乃止。及車駕還洛，留知汴州事，尋授中書侍郎、平章事。案李之儀姑溪居士集云：鳳爲莊宗實錄，將何挺論劉昫疏不載，昫旣相，遂引

鳳共政事。（舊五代史考異）長興中，安重誨出鎮河中，人無敢言者，惟鳳極言於上前曰：「重誨是陛下家臣，其心終不背主，五年秉權，賢豪俯伏，但不周防，自貽浸潤。」明宗以爲朋黨，不悅其奏。重誨獲罪，乃出爲邢州節度使。及閔帝蒙塵于衞州，鳳集賓佐軍校，垂涕曰：「主上播遷，渡河而北，吾輩安坐不赴奔問，于禮可乎？」軍校曰：「唯公所使。」將行，聞閔帝遇弒而止〔三〕。清泰初，召還，授太保。既而病足，不能朝謁。疾篤，自爲蓍筮，卦成，投蓍而嘆曰：「吾家世無五十者，而復窮賤，吾年已五十，又爲將相，豈有遐壽哉！」清泰二年三月卒。

鳳性豁達，輕財重義，凡士友以窮厄告者，必傾其資而餉之，人士以此多之也。永樂大典卷一萬七千九百一十。案：趙鳳傳，永樂大典中闕全篇，今存其舊。

李愚，字子晦。自稱趙郡平棘西祖之後，家世爲儒。父瞻業，應進士不第，遇亂，徙家渤海之無棣，以詩書訓子孫。愚童齔時，謹重有異常兒，年長方志學，徧閱經史。慕晏嬰之爲人，初名晏平。晏平，原本作「晏來」，今據册府元龜改正。（影庫本粘籤）爲文尚氣格，有韓、柳體。厲志端莊，風神峻整，非禮不言，行不苟且。愚初以艱貧，求爲假官，滄州盧彥威署安陵簿。丁憂服闋，隨計之長安，屬關輔亂離，頻年罷舉，客於蒲、華之間。

光化中，軍容劉季述、王奉先廢昭宗，立裕王，月餘〔三〕，諸侯無奔問者。愚時在華陰，致書於華帥韓建，其略曰：「僕關東一布衣爾，幸讀書爲文，每見君臣父子之際，有傷教害義之事，常痛心切齒，恨不得抽腸蹀血，肆之市朝。明公居近關重鎮，君父幽辱月餘，坐視凶逆，而忘勤王之舉，僕所未諭也。僕竊計中朝輔弼，雖有志而無權；外鎮諸侯，外鎮，原本作「外鈔」，今從通鑑改正。（影庫本粘籤）雖有權而無志。惟明公忠義，社稷是依。往年車輅播遷，號泣奉迎，累歲供饋，再復朝廟，義感人心，至今歌詠。此時事勢，尤異於前，明公地處要衝，位兼將相，自宮闈變故，已涉旬時，若不號令率先，以圖反正，遲疑未決，一朝山東侯伯唱義連衡，鼓行而西，明公求欲自安，如何決策！此必然之勢也。不如馳檄四方，諭以逆順，軍聲一振，則元兇破膽，浹旬之間，二豎之首傳於天下，計無便於此者。」建深禮遇之，堅辭還山。天復初〔四〕，駕在鳳翔，汴軍攻蒲、華，愚避難東歸洛陽。時衞公李德裕孫延古在平泉舊墅〔五〕，愚往依焉。子弟親採梠負薪，以給朝夕，未嘗干人。故少師薛廷珪掌貢籍之歲，登進士第，又登宏詞科，授河南府參軍，遂卜居洛表白沙之別墅。

梁有禪代之謀，柳璨希旨殺害朝士〔六〕，愚以衣冠自相殘害，乃避地河朔，與宗人李延光客於山東。梁末帝嗣位，雅好儒士，延光素相款奉，得侍講禁中，屢言愚之行高學贍，有史魚、蘧瑗之風。召見，嗟賞久之，擢爲左拾遺，俄充崇政院直學士，或預咨謀，而儼然正

色，不畏強禦。衡王入朝，衡王，原本作「衞王」，今據歐陽史家人傳改正。（影庫本粘籤）重臣李振輩皆致拜，惟愚長揖。末帝讓之曰：「衡王朕之兄，朕猶致拜，崇政使李振等皆拜，爾何傲耶！」對曰：「陛下以家人禮兄，振等私臣也。臣居朝列，與王無素，安敢諂事。」其剛毅如此。晉州節度使華溫琪在任違法，籍民家財，其家訟於朝，制使劾之，伏罪。梁末帝以先朝草昧之臣，不忍加法，愚堅按其罪。梁末帝詔曰：「朕若不與鞫窮，謂予不念赤子；若或遂行典憲，謂余不念功臣。爲爾君者，不亦難乎！其華溫琪所受贓，宜官給代還所訟之家。」貞明中，通事舍人李霄傭夫毆傚舍人致死，法司按律，罪在李霄。愚白：「李霄手不鬬毆，傭夫致死，安得坐其主耶！」以是忤旨。愚自拾遺再遷膳部員外郎，賜緋，改司勳員外郎，賜紫，至是罷職，歷許、鄧觀察判官。案：歐陽史作罷爲鄧州觀察判官。（舊五代史考異）

初在內職，慈州舉子張礪依焉〔七〕。貞明中，礪自河陽北歸莊宗，補授太原府掾，出入崇闥之間，揄揚愚之節概，及言愚之所爲文仲尼遇、顏回壽、顏回壽，原本作「顏回儔」，今據夏文莊集所引薛史改正。（影庫本粘籤）夷齊非餓人等篇，北人望風稱之。洎莊宗都洛陽，鄧帥俾奏章入朝，諸貴見之，禮接如舊，尋爲主客郎中，數月，召爲翰林學士。三年，魏王繼岌征蜀，請爲都統判官，仍帶本職從軍。時物議以蜀險阻，未可長驅，郭崇韜問計於愚，愚曰：「如聞蜀人厭其主荒恣，倉卒必不爲用。宜乘其人二三，風馳電擊，彼必破膽，安能守險。」及前軍至固

鎭，收軍食十五萬斛，崇韜喜，謂愚曰：「公能料事，吾軍濟矣。」招討判官陳乂至寶雞，寶雞，原本作「實鷄」，今據通鑑改正。（影庫本粘籤）稱疾乞留在後，愚厲聲曰：「陳乂見利則進，懼難則止。今大軍涉險，人心易惑，正可斬之以徇。」由是軍人無遲留者。是時，軍書羽檄，皆出其手。蜀平，就拜中書舍人。師還，明宗卽位，時西征副招討使任圜爲宰相，雅相欽重，屢言於安重誨，請引爲同列，屬孔循用事，援引崔協以塞其請。俄以本職權知貢舉，改兵部侍郎，充翰林承旨。長興初，除太常卿，屬趙鳳出鎭邢臺，乃拜中書侍郎、平章事，案：歐陽史作任圜罷相，乃拜愚中書侍郎、同平章事，吳縝嘗辨其誤。據薛史，愚代趙鳳爲相，非繼任圜也。（舊五代史考異）案歐陽史：任圜罷相，乃拜愚中書侍郎、同平章事。吳縝纂誤云：明宗紀天成二年六月，任圜罷，長興二年，李愚爲平章事。自任圜罷至此已五年矣，與愚入相年月太遠。蓋史之所書，本謂趙鳳而誤爲任圜也。（殿本）轉集賢殿大學士。長興季年，秦王恣橫，權要之臣，避禍不暇，邦之存亡，無敢言者。愚性剛介，往往形言，然人無唱和者。後轉門下侍郎，監修國史，兼吏部尚書，與諸儒修成創業功臣傳三十卷。愚初不治第，旣命爲相，官借延賓館居之。嘗有疾，詔近臣宣諭，延之中堂，設席惟莞秸，使人言之，明宗特賜帷帳茵褥（二八）。案職官分紀云：長興四年，愚病，明宗遣中使宣問。愚所居寢室，蕭然四壁，病榻弊氈而已。中使具言其事，帝曰：「宰相月俸幾何？而委頓如此。」詔賜絹百匹、錢百千、帷帳什物一十二事。所載較薛史爲詳，今錄以備參考。

閔帝嗣位，志修德政，易月之制纔除，便延訪學士讀貞觀政要、太宗實錄，有意於致理。愚私謂同列曰：「吾君延訪，少及吾輩，位高責重，事亦堪憂，奈宗社何。」皆惕息而不敢言。以恩例進位左僕射。清泰初，徽陵禮畢，馮道出鎭同州，愚加特進、太微宮使、弘文館大學士。宰相劉昫與馮道婚嫁，道旣出鎭，兩人在中書，或舊事不便要釐革者，對論不定。愚性太峻，因曰：「此事賢家翁所爲，賢家翁，通鑑作「賢親家」，疑原本有誤。然册府元龜所引薛史亦作「賢家翁」，今仍其舊。（影庫本粘籤）更之不亦便乎。」昫憾其言切，於是每言必相折難，或至喧呼。無幾，兩人俱罷相守本官。案錦繡萬花谷云：愚爲相迂闊，廢帝謂愚等無所事，常目爲「粥飯僧」，以爲飲食終日，無所用心。清泰二年秋，愚已嬰疾，牽多請告，累表乞骸，不允，卒於位。永樂大典卷一萬三百八十九。

任圜，京兆三原人。祖清，成都少尹。父茂弘，避地太原，奏授西河令，有子五人，曰圖、回、圜、團、罔，風彩俱異，武皇愛之，以宗女妻圜（二九），歷代、憲二郡刺史。李嗣昭典兵於晉陽，與圜遊處甚洽，及鎭澤潞，請爲觀察支使，解褐，賜朱紱。圜美姿容，有口辯，嗣昭爲人間搆於莊宗，方有微隙，圜奉使往來，常申理之，克成友于之道，圜之力也。及丁母憂，莊宗承制起復潞州觀察判官，賜紫。常山之役，嗣昭爲帥，卒於軍（三〇），圜代總其事，案：歐陽史作嗣昭戰歿，圜代將其事。（舊五代史考異）號令如一，敵人不知。莊宗聞之，倍加獎賞。是秋，復以上黨之師攻常山，城中萬人突出，大將孫文進死之，賊逼我軍，圜麾騎士擊之，頗有殺獲。嘗以禍福諭其城中，鎭人信之，使乞降。及城潰，誅元惡之外，官吏咸保其家屬，亦圜所庇護焉。莊宗改鎭州爲北京，以圜爲工部尚書兼眞定尹、眞定，原本作「眞實」，今據歐陽史改正。（影庫本粘籤）北京副留守，知留守事。明年，郭崇韜兼鎭，改行軍司馬，充北面水陸轉運使，仍知府事。同光三年，歸朝，守工部尚書。

崇韜伐蜀，奏令從征，西蜀平，署圜黔南節度使，懇辭遂止。魏王班師，行及利州，康延孝叛，以勁兵八千迴劫西川。繼岌聞之，夜半命中使李廷安召圜，圜方寢，廷安登其床以告之，圜衣不及帶，遽見繼岌。繼岌泣而言曰：「紹琛負恩，紹琛，原本作「昭深」，考歐陽史雜傳，康延孝賜名紹琛，今改正。（影庫本粘籤）非尚書不能制。」卽署圜爲招討副使，與都指揮使梁漢顒等率兵攻延孝於漢州，擒之。旋至渭南，繼岌遇害，圜代總全師，朝於洛陽。明宗嘉其功，拜平章事，判三司。

圜揀拔賢俊，杜絶倖門，百官俸入爲孔謙減折，圜以廷臣爲國家羽儀，故優假班行，禁其虛估，期月之內，府庫充贍，朝廷修葺，軍民咸足。雖憂國如家，而切於功名，故爲安重誨所忌。嘗與重誨會於私第，有妓善歌，重誨求之不得，嫌隙自茲而深矣。先是，使人食券，

案：通鑑作館券。（舊五代史考異）皆出於戶部，重誨止之，俾須內出，爭於御前，往復數四，竟爲所沮，案通鑑：安重誨與圜爭于上前，往復數四，聲色俱厲。上退朝，宮人問上：「適與重誨論事爲誰？」上曰：「宰相。」宮人曰：「妾在長安宮中，未嘗見宰相、樞密奏事敢如是者，蓋輕大家耳！」上愈不悅。（舊五代史考異）因求罷三司。天成二年，除太子少保致仕，出居磁州。及朱守殷叛，重誨乘間誣其結搆，立遣人稱制就害之，乃下詔曰：「太子少保致仕任圜，早推勳舊，曾委重難，旣退免於劇權，俾優閑於外地，而乃不遵禮分，潛附守殷，緘題罔避於嫌疑，情旨頗彰於怨望。自收汴壘，備見蹤由，若務含弘，是孤典憲，尙全大體，止罪一身。宜令本州於私第賜自盡。」圜受命之日，聚族酣飮，神情不撓。清泰中，制贈太傅。案：歐陽史作愍帝卽位，贈圜太傅，薛史作廢帝清泰中，未知孰是。（舊五代史考異）

子徹，仕皇朝，位至度支郎中，卒。永樂大典卷九千三百五十二。

史臣曰：革、說承舊族之冑，佐新造之邦，業雖謝于財成，罪未聞于昭著，而乃爲權臣之所忌，顧後命以無逃，靜而言之，亦可憫也。盧程器狹如是，形渥攸宜。趙鳳、李愚，咸以文學之名，俱踐巖廊之位，校其貞節，愚復優焉。任圜有縱橫濟物之才，無明哲保身之道，退猶不免，獻可悲哉！永樂大典卷一萬七千九百一十。

校勘記

〔一〕革說之子俱授拾遺　「革」字原無，據册府卷三三七補。歐陽史卷二八豆盧革傳作「二人各以其子爲拾遺」。

〔二〕其骨肉並放逐便　「逐」原作「遂」，據殿本、劉本改。影庫本批校云：「放逐便，『逐』訛『遂』。」

〔三〕寶眞齋法書贊　「眞」原作「晉」，據寶眞齋法書贊改。

〔四〕初貶敍州刺史　「敍州」，劉本、彭本同，殿本、通鑑卷二七五作溆州。

〔五〕接皇都弭難之初　彭本、盧本同。殿本、劉本作「藉皇都弭難之功」。

〔六〕矜恃門地　「矜」原作「務」，據册府卷九一七改。

〔七〕緘歿於軍　「歿」原作「役」，據殿本、劉本改。影庫本批校云：「緘沒於軍，『沒』訛『役』。」

〔八〕予今於此會取一書記　「予」原作「子」，據殿本、劉本改。影庫本批校云：「予於此會，『予』訛『子』。」

〔九〕漢高臨廣武事　「臨」字原無，據殿本、册府卷三三六補。

〔一〇〕盛則吾不知也　「吾不」原作「不吾」，據殿本、册府卷三三六改。

〔一一〕及入汴……不納　八十字原無，盧本同，據殿本、劉本補。

〔一二〕及閔帝……而止　五十三字原無，據殿本補。

〔一三〕月餘　原作「五月餘」，據册府卷七六二改。按通鑑卷二六二，昭宗被廢在光化三年十一月，次年正月初復位，其間僅三月。通鑑記李愚上韓建書事未說明日期，據上下文推之，當在十一月、十二月間。

〔一四〕天復初　「天復」原作「天福」，據劉本改。按此記昭宗事，天復爲昭宗年號。

〔一五〕李德裕孫延古　「延古」原作「道古」，據本書卷六〇李敬義傳、舊唐書卷一七四李德裕傳改。

〔一六〕殺害朝士　「殺」原作「敎」，據劉本改。

〔一七〕慈州舉子張礪　「慈州」，殿本、彭本同。劉本、册府卷八四一作磁州。按本書卷九八張礪傳：「張礪，字夢臣，磁州滏陽人」。

〔一八〕明宗特賜帷帳茵褥　「特」原作「時」，據殿本、劉本、彭校改。

〔一九〕以宗女妻圜　彭本、册府卷三〇〇、卷八五三同。殿本圜作圓。影庫本批校云：「宗女妻圓，『圓』訛『圜』。」按本卷上文云任圜爲「莊宗從姊婿」，通鑑卷二七二則謂任圜「帝之從姊婿也」，今各仍其舊。劉本作「園」，誤。

〔二〇〕嗣昭爲帥卒於軍　「卒」字原無，據册府卷七一七補。

舊五代史卷六十八

唐書四十四

列傳第二十

薛廷珪，其先河東人也。父逢，咸通中爲祕書監，以才名著于時。廷珪，中和年在西川登進士第，累歷臺省。案舊唐書：大順初，累遷司勳員外郎、知制誥。（舊五代史考異）乾寧中，爲中書舍人。駕在華州，改散騎常侍，尋請致仕，客遊蜀川。昭宗遷洛陽，徵爲禮部侍郎。案舊唐書：光化中，復爲中書舍人，遷刑部、吏部二侍郎，權知禮部貢舉，拜尚書左丞。（舊五代史考異）時柳璨屠害朝士，衣冠畢罹其毒，廷珪以居常退讓獲全。案新唐書：朱全忠兼四鎮，廷珪以官告使至汴，客將先見，諷其拜。廷珪佯不曉，曰：「吾何德，敢受令公拜乎！」及見，卒不肯加禮。（舊五代史考異）入梁爲禮部尚書。莊宗平定河南，以廷珪年老，除太子少師致仕。案通鑑：廷珪與李琪嘗爲太祖册禮使。（舊五代史考異）同光三年九月卒。贈右僕射。所著鳳閣詞書十卷、克家志五卷，並行于世。初，廷珪父逢，著鑿混沌、眞珠

簾等賦，珠簾，原本作「殊廉」，今據文苑英華改正。（影庫本粘籤）大爲時人所稱。廷珪既壯，亦著賦數

十篇，同爲一集，故目曰克家志。永樂大典卷二萬一千三百六十七。

崔沂，案新唐書宰相世系表：沂，字德潤。（舊五代史考異）大中時宰相魏公鉉之幼子也。兄沆，廣明初亦爲宰輔。沂舉進士第，歷監察、補闕。昭宗時，累遷至員外郎〔一〕、知制誥。性抗厲守道，而文藻非優，嘗與同舍顏蕘、錢珝俱秉筆，同舍，原本作「周舍」，今據文改正。（影庫本粘籤）見蕘、珝贍速，草制數十，無妨譚笑，而沂自愧。翌日，謁國相訴曰：「沂疏淺，不足以供詞翰之職。」相輔然之，移爲諫議大夫。入梁，爲御史司憲，糾繆繩違，不避豪右。開平中，金吾街使寇彥卿入朝，過天津橋，市民梁現者不時迴避，梁現，册府元龜作梁覰，考通鑑注亦作覰，今仍其舊。（影庫本粘籤）前導伍伯捽之，投石欄以致斃。彥卿自前白於梁祖，梁祖命通事舍人趙可封宣諭，令出私財與死者之家，以贖其罪。沂奏劾曰：「彥卿位是人臣，無專殺之理。況天津橋御路之要，正對端門，當車駕出入之途，非街使震怒之所。況梁現不時迴避，其過止於鞭笞，捽首投軀，深乖朝憲，請論之以法。」梁祖惜彥卿，令沂以過失論，沂引鬬競律，以怙勢力爲罪首，下手者減一等。又鬬毆條，不鬬故毆傷人者，加傷罪一等。沂剛正守法，人士多之。遷左司侍郎，改太常卿，

轉禮部尚書。

貞明中，帶本官充西京副留守。時張全義留守、天下兵馬副元帥、河南尹、判六軍諸衞事、守太尉、中書令、魏王，名位之重，冠絕中外。沂至府，客將白以副留守合行廷禮，沂曰：「張公官位至重，然尚帶府尹之名，不知副留守見尹之儀何如？」全義知之，遽引見沂，勞曰：「彼此有禮，俱老矣，勿相勞煩。」莊宗興復唐室，復用爲左丞，判吏部尚書銓選司，坐累謫石州司馬。明宗卽位，召還，復爲左丞。以衰疾告老，授太子少保致仕。卒於龍門之別墅，時年七十餘。贈太子少傅。永樂大典卷二千七百四十。

劉岳，字昭輔。其先遼東襄平人，元魏平定遼東，徙家于代，隨孝文遷洛，遂爲洛陽人。八代祖民部尚書渝國公政會，渝國公，原本作「諭國公」，今據新唐書劉政會傳改正。（影庫本粘籤）武德時功臣。祖符，蔡州刺史。父珪，洪洞縣令。符有子八人，皆登進士第，珪之母弟瓌、玕，異母弟崇夷、崇龜、崇望、崇望，原本作「崇梁」，考新、舊唐書及北夢瑣言俱作「崇望」，知原本「梁」字係傳寫之誤，今改正。（影庫本粘籤）崇魯、崇謩。崇龜，乾寧中廣南節度使；崇望，乾寧中宰相；崇魯、崇謩、崇夷並歷朝省。

岳少孤，亦進士擢第，歷戶部巡官、鄠縣簿、直史館，轉左拾遺、侍御史。梁貞明初，召

入翰林爲學士。岳爲文敏速，尤善談諧，在職累遷戶部侍郎，在翰林十二年。莊宗入汴，隨例貶均州司馬，尋丁母憂，許自貶所奔喪，服闋，授太子詹事。明宗卽位，歷兵部吏部侍郎、祕書監、太常卿。卒年五十六。贈吏部尚書。岳文學之外，通於典禮。天成中，奉詔撰新書儀一部，文約而理當，案：歐陽史謂其事出鄙俚，兩史褒貶，微有異同。（舊五代史考異）今行於世。

子溫叟，仕至御史中丞。永樂大典卷九千九十八。　案東都事略：溫叟以父名岳，終身不聽樂。宋史云：晉少帝時，溫叟充翰林學士。初，岳仕後唐，嘗居內署，至是溫叟復居斯任，時人榮之。溫叟旣受命，歸爲母壽，候立堂下，須臾，聞樂聲，兩青衣舉箱出庭，奉紫袍兼衣。母命捲簾，見溫叟曰：「此卽爾父在禁中日內庫所賜者。」溫叟拜受泣下。案：岳仕梁已爲翰林學士，宋史作仕後唐，歷內署，微異。（舊五代史考異）　案國老談苑云：劉溫叟方正守道，以名教爲己任。幼孤，事母以孝聞。其母甚賢。初爲翰林學士，私庭拜母，母卽命二婢箱擎公服、金帶，置于階下，謂溫叟曰：「此汝父長興中入翰林時所賜也。自先君子薨背以來，嘗懼家門替墜，今汝能自致青雲，繼父之職，可服之無愧矣。」因欷歔掩泣。溫叟伏地號慟，退就別寢，素衣蔬食，追慕數日，然後服之。士大夫以爲得禮。（殿本）　考劉岳在貞明中已爲翰林學士，至唐長興中復爲學士，薛史未及詳載。（孔本）

封舜卿，案：原本有闕文。據新唐書宰相世系表，封氏世居渤海蓨縣。舜卿，字贊聖。父敖，字碩夫，戶部尚書〔二〕、渤海縣男。唐書有傳。（舊五代史考異）仕梁，爲禮部侍郎，知貢舉。案太平廣記引王氏見聞錄云：封舜

卿文詞特異，才地兼優。梁使聘於蜀，時岐、梁眦睚，關路不通，遂泝漢江而上。考薛史本紀及通鑑俱不載封舜卿使蜀事。（孔本）開平三年，奉使幽州，以門生鄭致雍從行，復命之日，又與致雍同受命入翰林爲學士。致雍有俊才，舜卿雖有文辭，才思拙澀，及試五題，不勝困弊，因託致雍秉筆，當時識者以爲座主辱門生。冊府元龜卷九百三十九。　案：以下有闕文。（殿本）莊宗同光已來，累歷清顯。封氏自太和以來，世居兩制，以文筆稱于時。舜卿從子渭，案世系表：渭，字希叟。（舊五代史考異）昭宗遷雒時，爲翰林學士，舜卿爲中書舍人，叔姪對掌內外制。

從子翹，於梁貞明中亦爲翰林學士。冊府元龜卷七百七十一。天成中，爲給事中，因轉對上言，以星辰合度，風雨應時，請御前香一合，帝親爇一炷，餘令於塔廟中焚之，貴表精至。議者以翹時推名族，出朝苑，登瑣闥，甚有巖廊之望，而忽有此請，乃近諸妖佞耳，物望由是減之。永樂大典卷六千三十四。　案：封舜卿傳，永樂大典中僅存一條，今採冊府元龜以存梗概。

竇夢徵，同州人。案：通鑑作棣州人。（舊五代史考異）少苦心爲文，登進士第，歷校書郎，自拾遺召入翰林，充學士。梁貞明中，加兩浙錢鏐元帥之命，夢徵以鏐無功於中原，兵柄不宜虛授，其言切直。梁末帝以觸時忌，左授外任。案玉堂閒話：夢徵抱麻哭於朝，翌日謫掾于東州。通鑑采用之。據梁末帝紀，夢徵貶蓬萊尉。（舊五代史考異）　玉堂閒話：竇以錢公無功于本朝，僻在一方，坐邀恩澤，不稱是

命，乃抱麻哭于朝。翌日，竇謫掾于東州。（殿本）有頃，復召爲學士。及莊宗入汴，夢徵以例貶沂州，沂州，原本作「忻州」，今據莊宗本紀改正。（影庫本粘籤）居嘗感梁末帝舊恩，因爲祭故君文云：「嗚呼！四海九州，天迴眷命，一女二夫，人之不幸。當革故以鼎新，若金銷而火盛，必然之理，夫何足競」云。秉筆者皆許之，尋量移宿州。天成初，遷中書舍人，復入爲翰林學士、工部侍郎。卒，贈禮部尚書。案玉堂閒話云：竇失意被謫，嘗鬱鬱不樂，曾夢有人謂曰：「君無自苦，不久當復故職。然將來愼勿爲丞相，苟有是命，當萬計避之。」其後竇復居禁職。有頃，遷工部侍郎。竇忽憶夢中所言，深惡其事，然已受命，不能遜避，未幾果卒。（舊五代史考異）夢徵隨計之秋，文稱甚高，尤長於牋啓，編爲十卷，目曰東堂集，行於世。永樂大典卷一萬九千三百五十四。

李保殷，河南洛陽人也。昭宗朝，自處士除太子正字，改錢塘縣尉。浙東帥董昌辟爲推官，調補河府兵曹參軍，歷長水令、毛詩博士，累官至太常少卿、端王傅，入爲大理卿。撰刑律總要十二卷。與兵部侍郎郗殷象論刑法事，左降房州司馬。同光初，授殿中監。以其素有明法律之譽，拜大理卿，未滿秩，屬爲人所制。保殷曰：「人之多辟，無自立辟。」乃謝病以歸，卒於洛陽。永樂大典卷一萬三百八十九。

歸藹，字文彥，吳郡人也。曾祖登，祖融，父仁澤，位皆至列曹尚書、觀察使。藹登進士第，及升朝，遍歷三署。案：以下疑有闕文。據舊唐書昭宗紀：天祐元年七月，宴于文思殿。朱全忠入，百官或坐于廊下，全忠怒，笞通引官何凝。丙寅，制金紫光祿大夫、行御史中丞、上柱國韓儀責授棣州司馬，侍御史歸藹責授登州司戶，坐百官傲全忠也。此事應見薛史，今無可考。同光初，爲尚書右丞，遷刑、戶二部侍郎，以太子賓客致仕，卒年七十六。永樂大典卷二千七百二。

孔邈〔三〕，文宣王四十一代孫。身長七尺餘，神氣溫厚。登進士第，歷校書郎、萬年尉，充集賢校理，永樂大典卷二千九百二十五。爲諫議大夫，以年老致仕。冊府元龜卷八百九十九。案：孔邈傳，永樂大典中僅存一條。考冊府元龜云：乾寧五年，登進士第，除校書郎。崔遠在中書，奏萬年尉，充集賢校理，以親舅獨孤損方在廊廟，避嫌不赴職。蓋冊府元龜兼采後唐實錄之文，與薛史異。孔邈在後唐不應一無表見，今無可復考，謹錄原本如右。

張文寶，昭宗朝諫議大夫顗之子也。文寶初依河中朱友謙爲從事，莊宗即位於魏州，以文寶知制誥，歷中書舍人、刑部侍郎、左散騎常侍、知貢舉，遷吏部侍郎。文寶性雅淡稽古。長興初，奉使浙中，泛海船壞，水工以小舟救，文寶與副使吏部郎中張絢信風至淮南

界，案：通鑑作風飄至天長。胡三省注，疑天長地不通海。薛史作淮南界爲得其實。（舊五代史考異）案：通鑑作風飄至天長，從者二百人〔四〕，所存者五人。胡三省云：天長縣在揚州西一百一十里，其地北不至淮，東不至海，豈小舟隨風所能至。通州海門縣崇明鎮東海中有大洲，謂之天賜鹽場，舟人揚帆遇順東南可以徑至明州定海〔五〕，西南可以至許浦、達蘇州，恐是此處。（孔本）僞吳楊溥禮待甚至，兼厚遺錢幣、食物。文寶受其食物，反其錢幣，吳人善之，送文寶等復至杭州宣國命，還青州，卒。

子吉，嗣位邑宰。永樂大典卷六千三百九十。

陳乂，薊門人也。薊門，原本作「蓟門」，今據文改正。（影庫本粘籤）少好學，善屬文。因避亂，客於滏陽，轉徙於大梁，梁將張漢傑延於私邸，表授太子舍人。莊宗平梁，郭崇韜遙領常山，召居賓榻，崇韜從魏王繼岌伐蜀，署爲招討判官。崇韜死，明宗即位，隨任圜歸闕，圜薦之於朝，除膳部員外郎、知制誥，累遷中書舍人。案：通鑑作閏月，以膳部郎中、知制誥陳乂爲給事中，充樞密直學士，與此傳互有詳略。（舊五代史考異）乂性陰僻，寡與人合，不爲當路所與，尋移左散騎常侍，由是忿以成疾，踰月而卒。

乂微有才術，嘗自恃其能。爲判官日，人有造者，垂帷深處，罕見其面。及居西掖，而委態愈倨，位竟不至公卿，蓋器度促狹者也。然乂性孤執，尤廉於財。長興中，嘗自舍人銜命冊晉國公主石氏於太原，晉高祖善待之，但訝其高岸。人或有獻可於乂，宜陳一謳頌以稱晉高祖之美，可邀其厚賄耳。乂曰：「人生貧富，咸有定分，未有持天子命違禮以求利，既損國綱，且虧士行，乂今生所不爲也。」聞者嘉之。晉高祖卽位，贈禮部尚書。永樂大典卷三千一百三十五。

劉贊，案：通鑑作劉瓚。（舊五代史考異）魏州人也。幼有文性。父玭，爲令錄，誨以詩書，夏月令服青襦單衫。玭每肉食，別置蔬食以飯贊，謂之曰：「肉食，君之祿也。爾欲食肉，當苦心文藝，自可致之，吾祿不可分也。」繇是贊及冠有文辭，年三十餘登進士第。

魏州節度使羅紹威署巡官，罷歸京師，依開封尹劉鄩，久之，租庸使趙巖表爲巡官，累遷至金部員外郎，職如故。莊宗入汴，租庸副使孔謙以贊里人，表爲鹽鐵判官。天成中，歷知制誥、中書舍人。與學士竇夢徵同年登第，鄰居友善，夢徵卒，贊與同年楊凝式緦麻爲位而哭，其家無嫡長，與視喪事，卹其孀稚，人士稱之。改御史中丞、刑部侍郎。案：通鑑作兵部侍郎。（舊五代史考異）

贊性雍和，與物無忤，居官畏愼，人若以私干之，雖權豪不能移其操。未幾，改秘書監，兼秦王傅。案冊府元龜：秦王爲元帥，秦王府判官、太子詹事王居敏與贊鄉曲之舊，以秦王盛年自恣，須朝中選端士

納誨，冀其稟畏，乃奏薦贊焉。（舊五代史考異）贊節概貞素，忽聞其命，掩泣固辭，竟不能止。案通鑑：瓚自以左遷，泣訴，不得免。胡三省注云：唐制，六部侍郎除吏部之外，餘皆從四品下；王傅從三品。然六部侍郎爲擢用，王傅爲左遷，以職事有閑劇之不同也。當是時，從榮地居儲副，則秦王傅不可以閑官言。蓋以從榮輕佻峻急，恐豫其禍，故求脫耳。（舊五代史考異）時秦王參佐，皆新進小生，動多輕脫，每稱頌秦王功德，阿意順旨，祇奉談笑，惟贊從容諷議，必獻嘉言。秦王常接見賓僚及遊客，於酒筵之中，悉令秉筆賦詩。案冊府元龜：時從榮溺于篇章，凡門客及通謁遊士，必坐于客次，自出題目，令賦一章，然後接見。（舊五代史考異）贊爲師傅，亦與諸客混，然容狀不悅。秦王知其意，自是戒典客，贊至勿通，令每月一度至衙。案言行龜鑑載：劉贊諫秦王曰：「殿下宜以孝敬爲職，浮華非所尙也。」秦王不悅，戒閽者後弗引進。（舊五代史考異）贊既官係王府，不敢朝參，不通慶弔，但閉關喑嗚而已。及秦王得罪，或言贊止於朝降，「朝降」二字疑有舛誤，考冊府元龜所引薛史亦作「朝降」，詳其文義，當爲降爲京朝官不至外謫也，今仍其舊。（影庫本粘籤）而贊已服麻衣備驢乘在門矣〔六〕。聞其言曰：「豈有國君之嗣，一旦舉室塗地，而賓佐朝降，得免死，幸也。」俄而臺史示勅，長流嵐州，卽時赴貶所。在嵐州踰年，淸泰二年春，詔歸田里。妻紇干氏塗中卒，贊比羸瘠，慟哭殆絕，因之亦病，行及石會關而卒，時年六十餘。永樂大典卷九千九十九。

史臣曰：自唐祚横流，衣冠掃地，苟無端士，孰恢素風。如延珪之文學，崔沂之剛正，劉岳之典禮，舜卿之掌誥，洎夢徵而下，皆蔚有貞規，無虧懿範，固可以爲搢紳之圭表，黌朝廷之羽儀，以之垂名，夫何不韙。永樂大典卷二千七百四十。

校勘記

〔一〕累遷至員外郎　「郎」字原無，據殘宋本冊府卷五五三補。明本冊府作「累遷員外郎」。

〔二〕舜卿字贊聖父敖字碩夫戶部尚書　「聖父敖字碩夫戶部」八字原缺，據殿本、劉本補。

〔三〕孔邈　殿本、劉本同。冊府卷八〇八、卷八八三此下有「兗州曲阜人」五字，下文「神氣溫厚」下冊府卷八八三有「綽有素風」四字。

〔四〕從者二百人　「二」原作「五」，據通鑑卷二七八改。

〔五〕東南可以徑至明州　原作「東寄往明州」，據通鑑卷二七八注改。

〔六〕贄已服麻衣備驢乘在門矣　「贄」字原無，據冊府卷七一九、卷七三〇補。

舊五代史卷六十九

唐書四十五

列傳第二十一

張憲，字允中，晉陽人，世以軍功爲牙校。憲始童丱，喜儒學，勵志横經，不捨晝夜。太原地雄邊服，人多尚武，恥于學業，惟憲與里人藥縱之精力遊學，弱冠盡通諸經，尤精左傳。嘗袖行所業，謁判官李襲吉，一見欣歎。既辭，謂憲曰：「子勉之，將來必成佳器。」石州刺史楊守業喜聚書，以家書示之，聞見日博。

莊宗爲行軍司馬，廣延髦俊，素知憲名，令朱守殷齎書幣延之，歲餘釋褐交城令，交城，原本作「友城」，今據歐陽史改正。（影庫本粘籤）秩滿，莊宗嗣世，補太原府司錄參軍。時霸府初開，幕客馬郁、王緘，燕中名士，盡與之遊。十二年，莊宗平河朔，念藩邸之舊，徵赴行臺。十三年，授監察，賜緋，署魏博推官，自是恆簪筆扈從。十五年，王師戰胡柳，周德威軍不利，憲與同列奔馬北渡，梁軍急追，殆將不濟。至晚渡河，人皆陷水而沒，憲與從子朗履冰而行，將及岸，冰陷，朗泣，以馬箠引之，憲曰：「吾兒去矣，勿使俱陷。」朗曰：「忍季父如此，俱死無恨。」朗偃伏引箠，憲躍身而出。是夜，莊宗令于軍中求憲，或曰：「與王緘俱歿矣。」莊宗垂涕求尸，數日，聞其免也，遣使慰勞。尋改掌書記、水部郎中，賜金紫，歷魏博觀察判官。從討張文禮，鎭州平，授魏、博、鎭、冀十郡觀察判官，改考功郎中，兼御史中丞，權鎭州留事。莊宗郎位，詔還魏都，授尚書工部侍郎，充租庸使。八月，改刑部侍郎，判吏部銓，兼太淸宮副使。莊宗遷洛陽，以憲檢校吏部尙書、興唐尹、東京副留守，知留守事。憲學識優深，尤精吏道，剖析聽斷，人不敢欺。

三年春，車駕幸鄴，時易定王都來朝，宴于行宮，將擊鞠。初，莊宗行郎位之禮，卜鞠場吉，因築壇于其間，至是詔毀之。通鑑作莊宗議毀郎位壇，張憲請拓其旁地，仍留壇基。與薛史微異，今附識于此。（影庫本粘籤）憲奏曰：「郎位壇是陛下祭接天神受命之所，自風燥雨濡之外，不可輒毀，亦不可修。魏繁陽之壇，漢汜水之壇，到今猶有兆象。存而不毀，古之道也。」郎命治之于宮西。數日，未成。會憲以公事獲譴，閤門待罪，上怒，戒有司速治行宮之庭，礙事者畢去，竟毀郎位壇。案：歐陽史作場未成，莊宗怒，命兩虞候亟毀壇以爲場，與薛史異。通鑑從歐陽史。（舊五代史考異）憲私謂郭崇韜曰：「不祥之甚，忽其本也。」

秋，崇韜將兵征蜀，以手書告憲曰：「允中避事久矣，余受命西征，已奏還公黃閣。」憲報曰：「庖人之代尸祝，所謂非吾事也。」時樞密承旨樞密承旨，原本脫「密」字，今據文增入。（影庫本粘籤）段佪當權任事，以憲從龍舊望，不欲憲在朝廷。會孟知祥鎮蜀川，選北京留守，佪揚言曰：「北門，國家根本，非重德不可輕授，今之取才，非憲不可。」趨時者因附佪勢，巧中傷之。又曰：「憲有相業，然國祚中興，宰相在天子面前，得失可以改作，一方之事，制在一人，惟北面事重。」十一月，授憲銀青光祿大夫、檢校吏部尚書、太原尹、北京留守，知府事。

四年二月，趙在禮入魏州，時憲家屬在魏，關東俶擾，在禮善待其家，遣人齎書至太原誘憲。憲斬其使，書不發函而奏。既而明宗爲兵衆所刼，諸軍離散，地遠不知事實，或謂憲曰：「蜀軍未至，洛陽窘急，總管又失兵權，制在諸軍之手，又聞河朔推戴，事若實然，或可濟否？」憲曰：「治亂之機，間不容髮，以愚所斷，事未可知。愚聞桑縱之言，總管德量仁厚，素得士心，餘勿多言，志此而已。」四月五日，李存渥自洛陽至，存渥，原本作「存治」，今據通鑑改正。（影庫本粘籤）案：歐陽史作永王存霸。考唐家人傳，存渥與劉皇后同奔至風谷，爲部下所殺，是存渥未至太原，其至太原者，存霸也。是傳作存渥，疑誤。（舊五代史考異）口傳莊宗命，並無書詔，惟云天子授以隻箭，傳之爲信。衆心惑之，時事莫測。左右獻畫曰：「存渥所乘馬，已戢其飾，復召人謀事，必行陰禍，因欲據城。寧我負人，宜早爲之所，但戮呂、鄭二宦，呂、鄭二宦，原文似有脫誤。據通鑑注云：莊宗先

遣宦者呂、鄭二人使於晉陽，及存渥逃至，呂、鄭欲與之謀變，後爲符彥超所殺。較薛史爲明晰，今附識于此。（影庫本粘籤）且縶存渥，徐觀其變，事萬全矣。」憲良久曰：「吾本書生，無軍功而致身及此，一旦自布衣而紆金紫，向來仕宦非出他門，此畫非吾心也。事苟不濟，以身徇義。」案東都事略張昭傳：昭勸憲奉表明宗以勸進，憲曰：「吾書生也，天子委以保釐之任，吾豈苟生者乎！」昭曰：「此古之大節，公能行之，忠臣也。」憲既死，論者以昭能成憲之節〔一〕。（舊五代史考異）翌日，符彥超誅呂、鄭，軍城大亂，燔剽達曙。憲初聞有變，出奔沂州〔二〕。既而有司糾其委城之罪，四月二十四日，賜死于晉陽之千佛院。東都事略張昭傳云：張憲聞莊宗之變，昭勸其盡節，憲遂自經。薛史作賜死于晉陽。與東都事略互異，今附識于此。（影庫本粘籤）幼子凝隨父走，亦爲收者加害。明宗郊禮大赦，有司請昭雪，從之。憲沈靜寡欲，喜聚圖書，家書五千卷，視事之餘，手自刊校。善彈琴，不飲酒，賓僚宴語，但論文嘯詠而已，士友重之。

憲長子守素，仕晉，位至尚書郎。永樂大典卷六千二百五十。

王正言，鄆州人。父志，濟陰令。正言早孤貧，從沙門學，工詩，密州刺史賀德倫令歸俗，署郡職。德倫鎮青州，表爲推官，移鎮魏州，改觀察判官。莊宗平定魏博，正言仍舊職任，小心端慎，與物無競。嘗爲同職司空頲所凌，正言降心下之，頲誅，代爲節度判官。同光初，守戶部尚書、興唐尹。

時孔謙爲租庸副使，常畏張憲挺特，不欲其領使，乃白郭崇韜留憲于魏州，請宰相豆盧革判租庸。未幾，復以盧質代之。孔謙白云：「錢穀重務，宰相事多，簿籍留滯。」又云：「盧質判二日，便借官錢，皆不可任。」意謂崇韜必令己代其任，時物議未允而止，謙沮喪久之。李紹宏曰：「邦計國本，時號怨府，非張憲不稱職。」即日徵之。孔謙、段佪白崇韜曰：「邦計雖重，在侍中眼前，但得一人爲使即可。魏博六州戶口，天下之半，王正言操守有餘，智力不足，若朝廷任使，庶幾與人共事，若專制方隅，未見其可。張憲才器兼濟，宜以委之。」崇韜即奏憲留守魏州，徵王正言爲租庸使。正言在職，主諾而已，權柄出于孔謙。正言不耐繁浩，簿領縱橫，觸事遺忘，物論以爲不可，即以孔謙代之，正言守禮部尚書。

三年冬，代張憲爲興唐尹，留守鄴都。時武德使史彥瓊監守鄴都，武德，原本作「務德」，今從通鑑改正。（影庫本粘籤）廩給出納，兵馬制置，皆出彥瓊，將佐官吏，頤指氣使，正言不能以道御之，但趑趄聽命。至是，貝州戍兵亂，入魏州，彥瓊望風敗走，亂兵剽刼坊市。正言促召書吏寫奏章，家人曰：「賊已殺人縱火，都城已陷，何奏之有。」是日，正言引諸僚佐謁趙在禮，案通鑑：正言索馬，不能得，乃帥僚佐步出府門謁在禮。（舊五代史考異）望塵再拜請罪。在禮曰：「尚書重德，勿自卑屈，余受國恩，與尚書共事，但思歸之衆，倉卒見迫耳。」因拜正言，厚加慰撫。

明宗即位，正言求爲平盧軍行軍司馬，因以授之，竟卒于任。永樂大典卷六千八百五十。

胡裝，禮部尚書曾之孫。汴將楊師厚之鎮魏州，裝與副使李嗣業有舊，因往依之，薦授貴鄉令。及張彥之亂，嗣業遇害，裝罷秩，客于魏州。莊宗初至，裝謁見，求假官，司空頲以其居官貪濁，不得調者久之。

十三年，莊宗還太原，裝候于離亭，謁者不內，乃排闥而入，曰：「臣本朝公卿子孫，從兵至此。殿下比興唐祚，勤求英俊，以壯霸圖。臣雖不才，比于進九九，納豎刁、豎刁，原本作「豎刀」，今據文改正。（影庫本粘籤）頭須，亦所庶幾，而羈旅累年，執事者不垂顧錄，臣不能赴海觸樹，走胡適越，今日歸死于殿下也。」莊宗愕然曰：「孤未之知，何至如是！」賜酒食慰遣之，謂郭崇韜曰：「便與擬議。」是歲，署館驛巡官，未幾，授監察御史裏行，遷節度巡官，賜緋魚袋，尋歷推官、檢校員外郎。裝學書無師法，工詩非作者，僻于題壁，所至宮亭寺觀，必書爵里，人或譏之，不以爲愧。時四鎮幕賓皆金紫，裝獨恥銀艾。十七年，莊宗自魏州之德勝，與賓僚城樓餞別，既而羣僚離席，裝獨留，獻詩三篇，意在章服。莊宗舉大鍾屬裝曰：「員外能釂此乎？」裝飲酒素少，略無難色，爲之一舉而釂，莊宗即解紫袍賜之。

同光初，以裝爲給事中，從幸洛陽。時連年大水，百官多窘，裝求爲襄州副使。四年，

洛陽變擾，節度使劉訓以私忿族裴，誣奏云裴欲謀亂，人士冤之。永樂大典卷二千二百四十二。

崔貽孫，案：新唐書宰相世系表：貽孫字伯垂。（舊五代史考異）祖元亮，案世系表：元亮字晦叔〔三〕，虢州刺史。（舊五代史考異）左散騎常侍。父朅言，潞州判官。貽孫以門族登進士第，以監察升朝，歷清資美職。及爲省郎，使于江南迴〔四〕，以橐裝營別墅于漢上之穀城，退居自奉。淸江之上，綠竹遍野，狹徑深密，維舟曲岸，人莫造焉，時人甚高之。及李振貶均州，均州，原本作「珣州」，今從歐陽史改正。（影庫本粘籤）貽孫曲奉之。振入朝，貽孫累遷丞郎。同光初，除吏部侍郎，銓選疎謬，貶官塞地，馳驛至潞州，致書于府帥孔勍曰：「十五年穀城山裏，自謂逸人；二千里沙塞途中，今爲逐客。」勍以其年八十，奏留府下。明年，量移澤州司馬，遇赦還京。宰相鄭珏以姻戚之分，復擬吏部侍郎，天官任重，昏耄罔知，後遷禮部尙書致仕而卒。案北夢瑣言：崔貽孫年過八十，求進不休，囊橐之資，素有貯積，性好干人，喜得小惠。（舊五代史考異）有子三人，自貽孫左降之後，各于舊業爭分其利，甘旨醫藥，莫有奉者。貽孫以書責之云：「生有明君宰相，死有天曹地府，吾雖考終，豈放汝耶！」永樂大典卷二千七百四十。

孟鵠，魏州人。莊宗初定魏博，選幹吏以計兵賦，以鵠爲度支孔目官。明宗時，爲邢洺

節度使，每曲意承迎，明宗甚德之。及孔謙專典軍賦，徵督苛急，明宗嘗切齒。及卽位，鵠自租庸勾官擢爲客省副使、案：北夢瑣言作三司勾押官。（舊五代史考異）樞密承旨，遷三司副使，出爲相州刺史。會范延光再遷樞密，乃徵鵠爲三司使。初，鵠有計畫之能，及專掌邦賦，操刺依違，名譽頓減。期年發疾，求外任，仍授許州節度使，謝恩退。帝目送之，顧謂侍臣曰：「孟鵠掌三司幾年，得至方鎭？」范延光奏曰：「鵠于同光世已爲三司勾官，天成初爲三司副使，出刺相州，入判三司又二年。」帝曰：「鵠以幹事，遽至方鎭，爭不勉旃。」鵠與延光俱魏人，厚相結託，暨延光掌樞務，援引判三司，又致節鉞，明宗知之，故以此言譏之。到任未周歲卒。贈太傅。永樂大典卷一萬三千一百六十。

孫岳，冀州人也〔五〕。強幹有才用，歷府衞右職。天成中，爲潁耀二州刺史、閬州團練使，所至稱治，遷鳳州節度使。受代歸京，秦王從榮欲以岳爲元帥府都押衙，事未行，馮贇舉爲三司使，時預密謀。朱、馮患從榮之恣橫，岳曾極言其禍之端，康義誠聞之不悅。及從榮敗，義誠召岳同至河南府檢閱府藏，時紛擾未定，義誠密遣騎士射之，岳走至通利坊，爲騎士所害，識與不識皆痛之。

子𨉌，歷諸衞將軍、藩閫節度副使。永樂大典卷三千五百九十一。

張延朗，張延朗傳，永樂大典原本有删節，今就散見各韻者得二條，排比前後，以存梗概。（影庫本粘籤）汴州開封人也。事梁，以租庸吏爲鄆州糧料使。明宗克鄆州，得延朗，復以爲糧料使，後徙鎭宣武、成德，以爲元從孔目官。長興元年，始置三司使，拜延朗特進、工部尙書，充諸道鹽鐵轉運等使，兼判戶部度支事，詔以延朗充三司使。永樂大典卷六千三百五十一。

末帝卽位，授禮部尙書，兼中書侍郎、平章事、判三司。延朗再上表辭曰：

臣濫承雨露，擢處鈞衡，兼叨選部之銜，仍掌計司之重。況中省文章之地，洪鑪陶鑄之門，臣自揣量，何以當處。是以繼陳章表，疊貢情誠，乞請睿恩，免貽朝論。豈謂御批累降，聖旨不移，決以此官，委臣非器，所以強收涕泗，勉遏怔忪，重思事上之門，細料盡忠之路。竊以位高則危至，寵極則謗生，君臣莫保于初終，分義難防于毀譽。臣若保玆重任，忘彼至公，徇情而以免是非，偷安而以固富貴，則內欺心腑，外負聖朝，何以報君父之大恩，望子孫之延慶。臣若但行王道，唯守國章，任人必取當才，決事須依正理，確違形勢，堅塞倖門，則可以振舉弘綱，彌縫大化，助陛下含容之澤，彰國家至理之風，然而讒邪者必起憾詞，憎嫉者寧無謗議。或慮至尊未悉，羣謗難明，不更拔本尋源，便佞甘瑕受玷，臣心可忍，臣恥可消。只恐山林草澤之人，稱量聖制；冠履軒裳之

士，輕慢朝廷。

臣又以國計一司，掌其經費，利權二務，職在招收。將欲養四海之貧民，無過薄賦；贍六軍之勁士，又藉豐儲。利害相隨，取與難酌，若使罄山採木，竭澤求魚，竭澤，原本作「渴懌」，今據册府元龜改正。（影庫本粘籤）則地官之教化不行，國本之傷殘益甚，取怨黔首，是黷皇風。況諸道所徵賦租，雖多數額，時逢水旱，或遇蟲霜，其間則有減無添，所在又申逃係欠。乃至軍儲官俸，常汲汲于供須；夏稅秋租，每懸懸于繼續。況今內外倉庫，多是罄空；遠近生民，或聞饑歉。伏見朝廷尙添軍額，更益師徒，非時之博糴難爲，異日之區分轉大。竊慮年支有闕，國計可憂。望陛下節例外之破除，放諸項以儉省，不添冗食，且止新兵，務急去繁，以寬經費，減奢從儉，漸俟豐盈，則屈者知恩，叛者從化，弭兵有日，富俗可期。

臣又聞治民尙淸，爲政務易，易則煩苛並去，淸則偏黨無施，若擇其良牧，委在正人，則境內蒸黎，必獲蘇息，官中倉庫，亦絕侵欺。伏望誠見在之處官，無乖撫俗；擇將來之蒞事，更審求賢。儻一一得人，則農無所苦；人人致理，則國復何憂。但奉公善政者，不惜重酬，昧理無功者，勿頒厚俸，益彰有道，兼絕徇情。伏望陛下，念臣布露之前言，閔臣驚憂于後患，察臣愚直，杜彼讒邪，臣卽但副天心，不防人口，庶幾萬一，

仰答聖明。末帝優詔答之，召于便殿，謂之曰：「卿所論奏，深中時病，形之切言，頗救朕失。國計事重，日得商量，無勞過慮也。」延朗不得已而承命。延朗有心計，善理繁劇。晉高祖在太原，朝廷猜忌，不欲令有積聚，係官財貨留使之外，延朗悉遣取之，晉高祖深銜其事。及晉陽起兵，末帝議親征，然亦采浮論，不能果決，延朗獨排衆議，請末帝北行，識者韙之。晉高祖入洛，送臺獄以誅之。其後以選求計使，難得其人，甚追悔焉。永樂大典卷一萬七千九百一十。

劉延皓，應州渾元人。祖建立，父茂成，案：歐陽史作茂威。（舊五代史考異）皆以軍功推爲邊將。延皓即劉后之弟也。案通鑑攷異引廢帝實錄，延皓，皇后之姪，與薛史異。歐陽史與薛史同。（舊五代史考異）末帝鎮鳳翔，署延皓元隨都校，奏加檢校戶部尚書。淸泰元年，除宮苑使，宮苑，原本作「宮院使」，今據五代會要改正。（影庫本粘籤）加檢校司空，俄改宣徽南院使、檢校司徒。二年，遷樞密使、太保，出爲鄴都留守、案：歐陽史作天雄軍節度使。（舊五代史考異）檢校太傅。延皓御軍失政，爲屯將張令昭所逐，出奔相州，尋詔停所任。及晉高祖入洛，延皓逃匿龍門廣化寺，數日，自經而死。延皓始以后戚自藩邸出入左右，甚以溫厚見稱，故末帝嗣位之後，委居近

密。及出鎮大名，而所執一變，掠人財賄，納人園宅，聚歌僮爲長夜之飲，而三軍所給不時，內外怨之，因爲令昭所逐。時執政以延皓失守，請舉舊章，末帝以劉后內政之故，止從罷免而已，由是淸泰之政弊矣。永樂大典卷九千九十九。

劉延朗，宋州虞城人也。末帝鎮河中時，爲軍城馬步都虞候〔六〕，後納爲腹心。及鎮鳳翔，鳳翔，原本作「鳳翊」，今從通鑑改正。（影庫本粘籤）署爲孔目吏。末帝將圖起義，爲捍禦之備，延朗計公私粟帛，以贍其急。及西師納降，末帝赴洛，皆無所闕焉，末帝甚賞之。淸泰初，除宣徽北院使，案歐陽史：廢帝既立，以延朗爲莊宅使。（舊五代史考異）俄以劉延皓守鄴，改副樞密使，累官至檢校太傅。時房暠爲樞密使，但高枕閑眠，啓奏除授，一歸延朗，由是得志。凡藩侯郡牧，自外入者，必先賂延朗，後議進貢，賂厚者先居內地，賂薄者晚出邊藩，故諸將屢有怨讟，末帝不能察之。及晉高祖入洛，延朗將竄于南山，與從者數輩，過其私第，指而歎曰：「我有錢三十萬貫聚于此，不知爲何人所得。」其愚暗如此。尋捕而殺之。永樂大典卷九千九十九。

校勘記

〔一〕憲既死論者以昭能成憲之節　十二字原無，據殿本補。

〔二〕出奔沂州　殿本、劉本同。通鑑卷二七五作「出奔忻州」。注云：「九城志：太原府東北至忻州二百里。此以宋氏徙府後言也。」

〔三〕晦叔　原作「晦孫」，據新唐書卷七二宰相世系表改。

〔四〕使于江南迴　「使」字原無，據册府卷八一三、卷九一七補。

〔五〕冀州　原作「稷州」，據殿本改。

〔六〕軍城　劉本同。殿本作鄆城。

舊五代史卷七十

唐書四十六

列傳第二十二

元行欽，本幽州劉守光之愛將。守光之奪父位也，令行欽攻大恩山，案：歐陽史作大安山，考通鑑注引薛史亦作大恩。（舊五代史考異）又令殺諸兄弟。天祐九年，周德威攻圍幽州，守光困蹙，令行欽於山北募兵，以應契丹。時明宗爲將，攻行欽於山北，與之接戰，矢及明宗馬鞍，既而以勢迫來降。案通鑑考異引周太祖實錄云：燕城危蹙，甲士亡散，劉守光召元行欽。行欽部下諸將以守光必敗，赴召無益，乃請行欽爲燕帥，稱留後，行欽無如之何。據薛史，行欽未嘗自稱留後，實錄誤也。（舊五代史考異）明宗憐其有勇，奏隸爲假子，後因從征討，恩禮特隆。常臨敵擒生，必有所獲，名聞軍中。莊宗東定趙、魏，選驍健置之麾下，因索行欽，明宗不得已而遣之。時有散指揮都頭，名爲散員，命行欽爲都部署，賜姓，名紹榮。莊宗好戰，勇于大敵，或臨陣有急兵，行欽必橫

身解鬬翼衞之。莊宗營於德勝也，與汴軍戰于潘張，王師不利，諸軍奔亂。莊宗得三四騎而旋，中野爲汴軍數百騎攢矟攻之，事將不測，行欽識其幟，急馳一騎，奮劍斷二矛，斬一級，汴軍乃解圍，翼莊宗還宮。莊宗因流涕言曰：「富貴與卿共之。」自是寵冠諸將，官至檢校太傅、忻州刺史。及莊宗平梁，授武寧軍節度使。嘗因內宴羣臣，使相預會，行欽官爲保傅，當地褥下坐。酒酣樂作，莊宗敍生平戰陣之事，因左右顧視，曰：「紹榮安在？」所司奏云：「有勅，使相預會，紹榮散官，殿上無位。」莊宗徹會不懌。翌日，以行欽爲同平章事，由是不宴百官於內殿，但宴武臣而已。

三年，行欽喪婦。莊宗有所愛宮人生皇子者，劉皇后心忌之，會行欽入侍，莊宗勞之曰：「紹榮喪婦復娶耶？吾給爾婚財。」皇后指所忌宮人謂莊宗曰：「皇帝憐紹榮，可使爲婦。」莊宗難違所請，微許之。皇后即命紹榮謝之，未退，肩輿已出。莊宗心不懌，佯不豫者累日，業已遣去，無如之何。

及貝州軍亂，趙在禮入魏州，莊宗方擇將，皇后曰：「小事不勞大將，促紹榮指揮可也。」乃以行欽爲鄴都行營招撫使，招撫，原本作「詔拊」，今從通鑑改正。（影庫本粘籤）領騎二千進討。洎至鄴城，攻之不能下，退保於澶州。未幾，諸道之師稍集，復進軍於鄴城之南。及明宗爲帥，領軍至鄴，行欽來謁於軍中，拜起之際，誤呼萬歲者再，明宗驚駭，遏之方止。既而明宗營於城西，行欽營於城南。三月八日夜，明宗爲亂軍所迫，唯行欽之軍不動，按甲以自固。明宗密令張虔釗至行欽營，戒之曰：「且堅壁勿動，計會同殺亂軍，莫錯疑誤。」行欽不聽，將步騎萬人棄甲而退。自知失策，且保衞州，因誣奏明宗曰：「鎮帥已入賊軍，終不爲國使。」明宗既劫出鄴城，令人走馬上章，申理其事，言：「臣且於近郡聽進止。」莊宗覽奏釋然曰：「吾知紹榮妄矣。」因令白從訓與明宗子繼璟至軍前，欲令見明宗，行欽縶繼璟於路。明宗凡奏軍機，拘留不達，故旬日之間，音驛斷絕。及莊宗出成皐，知明宗在黎陽，復令繼璟渡河召明宗，行欽即殺之，仍勸班師。

四月一日，莊宗既崩，行欽引皇后、存渥，得七百騎出師子門，將之河中就存霸，存霸，原本脫「存」字，今據通鑑增入。（影庫本粘籤）沿路部下解散，從者數騎而已。四日，至平陸縣界，爲百姓所擒，縣令裴進折其足，案：歐陽史作虢州刺史石潭折其足。（舊五代史考異）檻車以獻。明宗即位，詔削奪行欽在身官爵，斬於洛陽。永樂大典卷一萬八千一百八十九。

夏魯奇，字邦傑，青州人也。初事宣武軍爲軍校，與主將不協，遂歸于莊宗，以爲護衞指揮使。從周德威攻幽州，燕將有單廷珪、元行欽，時稱驍勇，魯奇與之鬬，兩不能解，將士皆釋兵縱觀。幽州平，魯奇功居多。梁將劉鄩在洹水，洹水，原本作「桓水」，今從歐陽史改正。（影庫本粘籤）莊宗深入致師，鄩設伏於魏縣西南葭蘆中。莊宗不滿千騎，案：歐陽史作莊宗以百騎覘敵，通鑑作百餘騎。（舊五代史考異）汴人伏兵萬餘，案：通鑑作伏兵五千。（舊五代史考異）大譟而起，圍莊宗數重。魯奇與王門關、烏德兒等奮命決戰，自午至申，俄而李存審兵至方解。魯奇持槍攜劍，獨衞莊宗，手殺百餘人。烏德兒等被擒，魯奇傷痍徧體，自是莊宗尤憐之，歷磁州刺史。中都之戰，汴人大敗，魯奇見王彥章，識之，單馬追及，槍擬其頸，彥章顧曰：「爾非余故人乎？」即擒之以獻。莊宗壯之，賞絹千疋。案九國志趙庭隱傳：王彥章守中都，庭隱在其軍中。及彥章敗，庭隱爲莊宗所獲，將以就戮，大將夏魯奇奏曰：「此雄也，其材可用。」遂釋之。（舊五代史考異）梁平，授鄭州防禦使。四年，授河陽節度使。天成初，移鎭許州，加同平章事。

魯奇性忠義，尤通吏道，撫民有術。及移鎭許田，孟州之民，萬衆遮道，斷鐙臥轍，五日不發。父老詣闕請留，明宗令中使諭之，方得離州。明宗討荆南，魯奇爲副招討使，頃之〔二〕，移鎭遂州。案九國志李仁罕傳云：夏魯奇稟朝廷之命，繕治甲兵，將圖蜀，孟知祥與董璋謀先取魯奇，令仁罕攻遂州。董璋之叛，與孟知祥攻遂州，援路斷絕，兵盡食窮，案九國志李肇傳：蜀師圍夏魯奇于遂州，唐師來援，劍門不守，肇領兵赴普安以拒之，唐師不得進。魯奇自刎而卒，時年四十九。帝聞其死也，慟哭之，厚給其家，贈太師、齊國公。永樂大典卷一萬八千一百二十九。

姚洪，本梁之小校也。在梁時，經事董璋，長興初，率兵千人戍閬州。璋叛，領衆攻閬州，璋密令人誘洪，洪以大義拒之。及璋攻城，洪悉力拒守者三日，禦備既竭，城陷被擒。璋謂洪曰：「爾頃爲健兒，由吾獎拔至此，吾書誘諭，投之於側，何相負耶？」洪大罵曰：「老賊，爾爲天子鎮帥，何苦反耶！爾既辜恩背主，吾與爾何恩，而云相負。爾爲李七郎奴，掃馬糞，得一臠殘炙，感恩無盡。今明天子付與茅土，貴爲諸侯，而驅徒結黨，圖爲反噬。爾本奴才，則無恥，吾忠義之士，不忍爲也。吾可爲天子死，不能與人奴苟生。」璋怒，令軍士十人，持刀刲割其膚，燃鑊於前，自取啗食，洪至死大罵不已。明宗聞之泣下，置洪二子於近衞，給賜甚厚。永樂大典卷一萬八千一百八十九。

李嚴，幽州人，本名讓坤。初仕燕，爲刺史，涉獵書傳，便弓馬，有口辯，多遊藝，以功名自許。同光中，爲客省使，奉使於蜀，及與王衍相見，陳使者之禮，因於笏記中具述莊宗興復之功，其警句云：「纔過汶水，汶水，原本作「濟水」，今從册府元龜改正。（影庫本粘籤）縛王彥章於馬前；旋及夷門，斬朱友貞於樓上。」嚴復聲韻清亮，蜀人聽之愕然。時蜀僞樞密使宋光嗣召嚴曲宴，因以近事訊於嚴。嚴對曰：「吾皇前年四月卽位於鄴宮，當月下鄆州，十月四日，親統萬騎破賊中都，乘勝鼓行，遂誅汴孽，僞梁尙有兵三十萬，

謀臣猛將，解甲倒戈。西盡甘、涼，東漸海外，南踰閩、浙，北極幽陵。牧伯侯王，稱藩不暇，家財入貢，府實上供。吳國本朝舊臣，岐下先皇元老，遣子入侍，述職稱藩。淮、海之君，卑辭厚貢，湖湘、荊楚，杭越、甌閩，異貨奇珍，府無虛月。吾皇以德懷來，以威款附。順則涵之以恩澤，逆則問之以干戈，四海車書，大同非晚。」光嗣曰：「余所未知，唯岐下宋公，我之姻好，洞見其心，反覆多端，專謀跋扈，大不足信也。似聞契丹部族，近日稍強，大國可無慮乎？」嚴曰：「子言契丹之強盛，孰若僞梁？」曰：「比梁差劣也。」嚴曰：「吾國視契丹如蚤蝨耳，以其無害，不足爬搔。吾良將勁兵布天下，彼不勞一郡之兵，一校之衆，則懸首槀街，盡爲奴擄。但以天生四夷，當置度外，不在九州之本，未欲窮兵黷武也。」光嗣聞辯對，畏而奇之。時王衍失政，嚴知其可取，使還具奏，故平蜀之謀，始於嚴。

郭崇韜起軍之日，以嚴爲三川招撫使，案：歐陽史作招討使。（舊五代史考異）嚴與先鋒使康延孝將兵五千，先驅閣道，閣道，原本作「闕道」，今從通鑑改正。（影庫本粘籤）或馳以詞說，或威以兵鋒，大軍未及，所在降下。延孝在漢州，王衍與書曰：「可請李司空先來，余卽舉城納款。」衆咸以討蜀之謀始於嚴，衍以甘言，將誘而殺之，欲不令往。嚴聞之喜，卽馳騎入益州，案：歐陽史仍薛史作益州。吳縝纂誤云：成都，唐初雖嘗有益州之名，尋卽改爲蜀都，後遂升爲府。自唐末歷五代，不復謂之益州，而古益州實不在此。（舊五代史考異）衍見嚴於母前，以母、妻爲託。卽日，引蜀使歐陽彬迎謁魏

王繼岌。蜀平班師，會明宗卽位，遷泗州防禦使兼客省使。長興初，安重誨謀欲控制兩川，嚴乃求爲西川兵馬都監，庶効方略。孟知祥覺之，既至，執而害之。案九國志王彥銖傳：李嚴之爲監軍也，密懷異謀，知祥數其過，命彥銖擒斬之，嚴之左右無敢動者。（舊五代史考異）贈太保。

嚴之母，賢明婦人。初，嚴將赴蜀，母曰：「汝前啓破蜀之謀，今又入蜀，將死報蜀人矣！與汝永訣。」既而果如其言。永樂大典卷一萬三百八十九。

李仁矩，本明宗在藩鎮時客將也。明宗卽位，錄其趨走之勞，擢居內職，復爲安重誨所庇，故數年之間，遷爲客省使、左衞大將軍。天成中，因奉使東川，董璋張筵以召之，仁矩貪於館舍，與倡妓酣飲，日既中而不至，大爲璋所詬辱，自是深銜之。長興初，璋既跋扈於東川，重誨奏以仁矩爲閬州節度使，俾伺璋之反狀，時物議以爲不可〔三〕。及仁矩至鎮，偵璋所爲，曲形奏報，地里遐僻，朝廷莫知事實，激成璋之逆節，由仁矩也。

長興元年冬十月，璋自率凶黨，以攻其城。案九國志趙季良傳云〔三〕：朝廷以夏魯奇、李仁矩分鎮遂、閬，季良言於孟知祥曰：「朝廷增兵二鎮，張犄角之勢，將有不測之變也。公處親賢之地，以忠信見疑，儻失先機，則禍不旋踵矣。」知祥曰：「計將安出？」季良曰：「我甲兵雖衆，而勢孤易動，請與東川董璋合從，先平遂、閬，則朝廷兵至，我無內顧之憂矣。」知祥從之。蓋董璋之攻閬州，其謀皆由于知祥也。仁矩召軍校謀守戰利害，皆曰：「璋久圖反

計，以賂誘士心，凶氣方盛，未可與戰，宜堅壁以守之。儻旬浹之間，大軍東至，卽賊必退。」仁矩曰：「蜀兵懦，安能當我精甲。」卽驅之出戰，兵未交，爲賊所敗。既而城陷，仁矩被擒，舉族爲璋所害。永樂大典卷一萬三百八十九。

康思立，晉陽人也。少善騎射，事武皇爲爪牙，署河東親騎軍使。莊宗嗣位，從解圍於上黨，敗梁人於柏鄉，及平薊丘〔四〕，後戰於河上，皆有功，累承制加檢校戶部尙書，右突騎指揮使。莊宗卽位，繼改軍帥，賜忠勇拱衞功臣，加檢校尙書右僕射。天成元年，授應州刺史，尋移嵐州，充北面諸蕃部族都監。三年，遷宿州團練使。四年，領昭武軍節度、利巴集等州觀察處置等使，改賜耀忠保節功臣。長興初，朝廷舉兵討東川董璋，詔兼西面行營軍馬都指揮使。二年，移鎮陝州。案通鑑：潞王至靈寶，思立謀固守陝城以俟康義誠。先是，捧聖五百騎戍陝，爲潞王前鋒，至城下，呼城上人曰：「禁軍十萬已奉新帝，爾輩數人奚爲！徒累一城人塗地耳。」于是捧聖卒爭出迎，思立不能禁，亦出迎。（舊五代史考異）清泰初，改授邢臺，累官至檢校太傅，封會稽郡開國侯。二年，入爲右神武統軍。三年，充北面行營馬軍都指揮使。是歲閏十一月，卒於軍，年六十三。

思立本出陰山諸部，性純厚，善撫將士，明宗素重之，故卽位之始，以應州所生之地授

焉。其後歷三郡三鎭，皆得百姓之譽。末帝以其年高，徵居環衞。及出幸懷州，以北師不利，乃命思立統駕下騎軍赴團柏谷以益軍勢。俄而楊光遠以大軍降於太原，思立因憤激，疾作而卒焉。晉高祖卽位，追其宿舊，爲輟朝一日，贈太子少師。永樂大典卷一萬八千一百二十九。案：歐陽史作太子少傅。（舊五代史考異）

張敬達，字志通，代州人，小字生鐵。父審，素有勇，事武皇爲列校，歷廳直軍使，同光初，卒於軍。敬達少以騎射著名，莊宗知之，召令繼父職，平河南有功，繼加檢校工部尙書。明宗卽位，歷捧聖指揮使、檢校尙書左僕射。長興中，改河東馬步軍都指揮使，超授檢校司徒，領欽州刺史。三年，加檢校太保、應州節度使。四年，遷雲州。時以契丹率族帳自黑榆林捺剌泊至沒越泊〔五〕，云借漢界水草，敬達每聚兵塞下，以遏其衝，契丹竟不敢南牧，邊人賴之。

清泰中，自彭門移鎭平陽，加檢校太傅，從石敬瑭爲北面兵馬副總管，仍屯兵鴈門。未幾，晉高祖建義，末帝詔以敬達爲北面行營都招討使，案：歐陽史作太原四面招討使。（舊五代史考異）仍使悉引部下兵圍太原，以定州節度使楊光遠副焉。尋統兵三萬，營于晉安鄕。末帝自六月繼有詔促令攻取，敬達設長城連栅、雲梯飛礮，使工者運其巧思，窮土木之力。時督布者

每有所構，則暴風大雨，平地水深數尺，而城栅崩墮，竟不能合其圍。九月，契丹至，敬達大敗，尋爲所圍。原本脫「所圍」二字，今據册府元龜增入。（影庫本粘籤）晉高祖及蕃衆自晉安寨南門外，長百餘里，闊五十里，布以氊帳，用毛索鈴，而部伍多犬，以備警急。營中嘗有夜遁者，出則犬吠鈴動，跬步不能行焉。自是敬達與麾下部曲五萬人，馬萬疋，無由四奔，但見穹廬如崗阜相屬，諸軍相顧失色。始則削木篩糞，以飼其馬，日望朝廷救軍，及漸羸死，則與將士分食之，馬盡食殫。副將楊光遠、次將安審琦知不濟，勸敬達宜早降以求自安。敬達曰：「吾受恩於明宗，位歷方鎭，主上授我大柄，而失律如此，已有愧於心也。今救軍在近，且暮雪恥有期，諸公何相迫耶。待勢窮，則請殺吾，攜首以降，亦未爲晚。」光遠、審琦知敬達意未決，恐坐成魚肉，遂斬敬達以降。案契丹國志：楊光遠謀害張敬達，諸將高行周陰爲之備，敬達疎于防禦，推遣行周等。清晨，光遠上謁，見敬達左右無人，遂殺之。（舊五代史考異）

末帝聞其歿也，愴慟久之。時戎王告其部曲及漢之降者曰：「爲臣當如此人。」令部人收葬之。晉高祖卽位後，所有田宅，咸賜其妻子焉。時議者以敬達嘗事數帝，亟立軍功，及領藩郡，不聞其濫，繼屯守塞垣，復能撫下，而臨難固執，不求苟免，乃近代之忠臣也。晉有天下，不能追懋官封，賞其事蹟，非激忠之道也。永樂大典卷六千六百五十一。

校勘記

〔一〕頃之　原作「領之」，據殿本、劉本改。

〔二〕物議以爲不可　「可」字原無，據劉本、册府卷四四七補。

〔三〕趙季良傳　原作「李良傳」，據九國志卷七趙季良傳改。下文「季良言於孟知祥曰」句中「季良」原作「李良」、「季良曰」句中「季良」原作「良」，均據九國志卷七趙季良傳增改。

〔四〕薊丘　原作「薊兵」，據册府卷三六〇、卷三八七改。

〔五〕自黑榆林捺剌泊至沒越泊　原作「自黑榆林至」，據通鑑卷二七八考異引薛史改。

舊五代史卷七十一

唐書四十七

列傳第二十三

馬郁，其先范陽人。案：尹洙河南集韓重華誌銘作燕客馬彧，韓琦安陽集重修五代祖塋域記亦作幕吏馬彧〔一〕。考宋人說部載韓定辭唱和詩俱作馬彧，與薛史異。惟雲谷雜記從通鑑作郁，與薛史同。（舊五代史考異）郁少警悟，有俊才智數，言辯縱橫，下筆成文。乾寧末，爲幽州府刀筆小吏〔二〕。李匡威爲王鎔所殺，鎔書報其弟匡儔。匡儔遣使於鎔，問謀亂本末，幕客爲書，多不如旨。郁時直記室〔三〕，即起草，爲之條列事狀，云可疑者十，詞理俊贍，以此知名。永樂大典卷三千三百九十四。案太平廣記：匡儔忿其兄之見殺，即舉全師伐趙之東鄙，將釋其憤氣，而致十疑之書。趙王遣記室張澤以事實答之，其略曰：「營中將士，或可追呼；天上雷霆，何人計會。」詞多不載。（孔本）嘗聘王鎔於鎭州，官妓有轉轉者〔四〕，美麗善歌舞，因宴席，郁累挑之。幕客張澤亦以文章名，謂郁曰：「子能座上成賦，座上，原本作「産上」，今據文改正。（影庫本粘籤）可以此妓奉酬。」案：太平廣記作韓定辭請馬彧爲賦，與薛史異。（舊五代史考異）郁抽筆操紙，即時成賦，擁妓而去。永樂大典卷一萬四千八百二十八。

郁在武皇幕，累官至檢校司空、祕書監。武皇與莊宗禮遇俱厚，給賜優異。監軍張承業，本朝舊人，權貴任事，人士脅肩低首候之。郁以滑稽侮狎，其往如歸，有時直造臥內。每賓僚宴集，承業出珍果陳列于前，食之必盡。案：太平御覽引後唐書作陳列于前，客無敢先嘗者，常郁前者，食之必盡。（舊五代史考異）承業私戒主膳者曰：「他日馬監至，唯以乾藕子置前而已。」郁至，窺其不可啖，異日，韡中出一鐵檛，碎而食之，承業大笑曰：「爲公設異饌，勿敗余食案。」其俊率如此。册府元龜卷八百五十五。

郁在莊宗幕，寄寓他土，年老思鄉，每對莊宗欷歔，言家在范陽，乞骸歸國，以葬舊山。莊宗謂之曰：「自卿去國已來，同舍孰在？守光尚不能容父，能容卿乎！孤不惜卿行〔五〕，但卿不得死爾。」郁既無歸路，衷懷嗚咽，竟卒于太原。册府元龜卷九百五十三。案：馬郁傳，永樂大典僅存二條，今采册府元龜以補其闕。

司空頲，貝州人。貝州人，歐陽史作博陽，今附識于此。（影庫本粘籤）唐僖宗時，舉進士不中，屬天子播遷，三輔大亂，乃還鄉里。羅紹威爲節度副大使，頲以所業干之，幕客公乘億爲延譽〔六〕，羅弘信署爲府參軍，辟館驛巡官。張彥之亂，命判官王正言草奏，正言素不能文，不能下筆，彥怒詬曰：「鈍漢乃辱我！」推之下榻。問孰可草奏者，有言頲，羅王時書記，乃馳騎召之。頲揮筆成文，詆斥梁君臣，彥甚喜，以爲判官。及張彥復脅賀德倫降於唐，德倫遣頲先奉狀太原。案：北夢瑣言載其狀詞云：「屈原哀郢，本非怨望之人；樂毅歸燕，且異傾邪之行。」莊宗仍以頲爲判官，後以頲權軍府事。頲有姪在梁，遣家奴以書召之，都虞候張裕擒其家奴，以謂通于梁，遂見殺。永樂大典卷三千三百九十四。案通鑑：晉王責頲曰：「自吾得魏博，庶事悉以委公，公何得見欺如是，獨不可先相示耶！」揖令歸第，是日族誅于軍門。（舊五代史考異）

曹廷隱，魏州人也，爲本州典謁虞候。賀德倫使西迎莊宗於晉陽，莊宗既得鄴城，擢爲馬步都虞候，以其稱職，自是遷拜日隆。天成初，除齊州防禦使，下車嚴整，頗有淸白之譽。時有孔目吏范弼者，爲人剛愎，視廷隱蔑如也。弼監軍廩，麛空乏以取貲，麛空乏以取貲，原本疑有舛誤。册府元龜所引薛史與永樂大典同，今無可復考，姑仍其舊。（影庫本粘籤）又私貨官鹽，廷隱按之，遂奏其事。弼家人訴於執政，並下御史府劾之。弼雖伏法，廷隱以所奏不實，亦流永州，續勑賜自盡，時人寃之。永樂大典卷四千二百十三。

蕭希甫，宋州人也。少舉進士，爲梁開封尹袁象先書記。象先爲青州節度使，以希甫爲巡官，希甫不樂，乃棄其母妻，變姓名，亡之鎭州，自稱靑州掌書記，進謁王鎔。鎔以希甫爲參軍，尤不樂，居歲餘，又亡之易州，削髮爲僧，居百丈山。莊宗將建國，置百官，李紹宏薦爲魏州推官。

同光初，有詔定內宴儀，問希甫樞密使得坐否，希甫以爲不可。樞密使張居翰聞之怒，謂希甫曰：「老夫歷事三朝天子，見內宴數百，子本田舍兒，安知宮禁事！」希甫不能對。初，莊宗欲以希甫知制誥，宰相豆盧革等附居翰，共排斥之，以爲駕部郎中，希甫失志，尤怏怏。莊宗滅梁室，遣希甫宣慰靑、齊，希甫始知其母已死，妻袁氏亦改嫁。希甫乃發哀服喪，居于魏州。人有引漢李陵書以譏之曰：「老母終堂，生妻去室。」

天成初，欲召爲諫議，豆盧革、韋說沮之。明宗卒以希甫爲諫議大夫，復爲匭函使。其後革、說爲安重誨所惡，希甫希旨，誣奏革縱田客殺人，而說與鄰人爭井，井有寶貨。有司推勘井中，惟破釜而已，破釜，原本作「破斧」，今從歐陽史改正。（影庫本粘籤）革、說卒皆貶死。希甫拜左散騎常侍，躁進尤甚，引告變人李筠夜扣內門，通變書云：「修堤兵士，欲取郊天日舉火爲叛。」安重誨不信之，斬告變者，軍人訴屈，請希甫啖之。既而詔曰：「左散騎常侍〔七〕、集賢殿學士判院事蕭希甫，身處班行，職非警察，輒引凶狂之輩，上陳誣戲之詞，逼近郊禋，扇搖軍衆。

李鏻既當誅戮，希甫寧免謫遷，可貶嵐州司戶參軍，仍馳驛發遣。」長興中，卒于貶所。

子士明，仕周，終于邑宰。永樂大典卷五千二百二十五。

棄縱之，太原人，少爲儒。明宗刺代州，署爲軍事衙推。從明宗鎭邢州，爲掌書記，歷天平、宣武兩鎭節度副使。明宗鎭常山，被病不從，及卽位，縱之見于洛邑，安重誨怒其覬望，久無所授。明宗曰：「德勝用兵時，德勝，原本作「得勝」，考薛史梁、唐帝紀皆作德勝，今改正。（影庫本粘籤）縱之饑寒相伴〔八〕，不離我左右。今有天下，何人不富貴，何爲獨棄縱之！」浹旬，授磁州刺史，歲餘，自戶部侍郎遷吏部侍郎，銓綜之法，惘然莫知。長興初，爲曹州刺史。淸泰元年九月，以疾受代而卒。永樂大典卷二萬一千六百十七。

賈馥，故鎭州節度使王鎔判官也。家聚書三千卷，手自刊校。張文禮殺王鎔，時莊宗未卽尊位，文禮遣馥至鄴都勸進，因留鄴下，棲遲郵舍。莊宗卽位，授鴻臚少卿。後以鴻臚卿致仕，復歸鎭州，結茅於別墅，自課兒孫耕牧爲事。馥初累爲鎭、冀屬邑令，所莅有能政，性恬澹，與物無競，乃鎭州士人之秀者也。永樂大典卷一萬一千七百十四。

馬縞，少嗜學儒，以明經及第，登拔萃之科。仕梁爲太常修撰，累歷尚書郎，參知禮院事，遷太常少卿。梁代諸王納嬪，公主下嫁，皆於宮殿門庭行揖讓之禮，縞以爲非禮，上疏止之，物議以爲然。永樂大典卷二萬二千六百五。案：以下有闕文。（殿本）長興四年，爲戶部侍郎。縞時年已八十，及爲國子祭酒，八十餘矣，案：馬縞傳，原本殘闕。歐陽史云：卒年八十，贈兵部尚書。據薛史，縞爲國子祭酒已八十餘矣，與歐陽史異。又直齋書錄解題云：中華古今注，後唐太學博士馬縞撰。考歐陽史雜傳亦不載馬縞爲太學博士。（舊五代史考異）形氣不衰。于事多遺忘，言元稹不應進士，以父元魯山名進故也，多如此類。又上疏：「古者無嫂叔服，文皇創意，以兄弟之親，不宜無服，乃議服小功。今令文省服制條爲兄弟之妻大功，不知何人議改，而置於令文。」諸博士駮云：「律令，國之大經。馬縞知禮院時，不曾論定，今遽上疏駮令式，罪人也。」册府元龜卷九百五十四。案：馬縞傳，原本殘闕，今僅存梗概。

羅貫，不知何許人。進士及第，累歷臺省官，自禮部員外郎爲河南令。貫爲人強直，正身奉法，不避權豪。時宦官伶人用事，凡請託於貫者，其書盈閣，一無所報，皆以示郭崇韜，因奏其事，由是左右每言貫之失。先是，梁時張全義專制京畿，河南、洛陽僚佐，皆由其門下，事全義如廝僕。及貫授命，持本朝事體，奉全義稍慢，部民爲府司庇護者，必奏正之。全義怒，因令女使告劉皇后從容白於莊宗，宦官又言其短，莊宗深怒之。會莊宗幸壽安山陵，壽安，原本作「壽奄」，考五代會要，貞簡太后陵名壽安，今改正。（影庫本粘籤）道路泥濘，莊宗訪其主者，宦官曰：「屬河南縣。」促令召貫至，奏曰：「臣初不奉命，請詰稟命者。」帝曰：「卿之所部，反問他人，何也？」命下府獄，府吏榜笞，促令伏款。翌日，傳詔殺之。郭崇韜奏曰：「貫別無贓狀，橋道不修，法未當死。」莊宗怒曰：「母后靈駕將發，天子車輿往來，橋道不修，是誰之過也？」崇韜奏曰：「貫縱有死罪，俟款狀上奏，所司議讞，以朝典行之，死當未晚。今以萬乘之尊，怒一縣令，俾天下人言陛下使法不公矣！」莊宗曰：「既卿所愛，任卿裁決。」因投袂入宮。崇韜從而論列，莊宗自闔殿門，不得入。卽令伏法，曝屍於府門，寃痛之聲，聞於遠邇。永樂大典卷五千六百七十八。

淳于晏，案：以下有闕文。以明經登第，自霍彥威爲小校，晏寄食于門下。彥威嘗因兵敗，獨脫其身，左右莫有從者，惟晏杖劍從之，徒步草莽，自是彥威高其義，相得甚歡。及歷數鎭，皆爲從事，軍府之事，至于私門，事無巨細，皆取決于晏，雖爲幕賓，有若家宰。爾後公侯門客，往往效之，時謂之「效淳」。故彥威所至稱治，由晏之力也〔九〕。

張格，字承之，故宰相濬之子也。濬爲梁祖所忌，潛遣人害於長水，格易姓名，流轉入蜀。案舊唐書張濬傳云：永寧縣吏葉彥者，張氏待之素厚，告格曰：「相公之禍不可免，郎君宜自爲計。」濬曰：「留則併命，去或可免，冀存後嗣。」格拜辭而去，葉彥率義士三十人送渡漢江而旋。格由荆江上峽入蜀。王建僭號，以格爲宰相。格所生母，當濬之遇害，潛匿於民間，落髮爲尼，流浪於函、洛。王建聞之，潛使人迎之入蜀，賜紫，加號慈福大師。及建卒，蜀人以格爲山陵使，格有難色，未幾得罪，出爲茂州刺史，僞制責詞云：「送往辭命，不忠也；喪母匿喪，非孝也。」王衍嗣僞位後數年，復用爲宰相。同光末，蜀平，格至洛陽，案舊唐書云：任圜攜格還洛，格感葉彥之惠，訪之，身已歿，厚卹其家。又考張濬第三子仕俁，改名李儼，見九國志。授太子賓客。任圜愛其才，奏爲三司副使，尋卒於位。格有文章，明吏事，時頗稱之。永樂大典卷六千三百五十。

許寂，字閑閑。祖祕，名聞會稽。寂少有山水之好，汎覽經史，窮三式，三式，疑有舛誤。考册府元龜亦作「三式」，今姑仍其舊，附識於此。（影庫本粘籤）尤明易象。案太平廣記云：寂學易于晉徵君。（舊五代史考異）久棲四明山，不干時譽。昭宗聞其名，徵赴闕，召對於內殿。會昭宗方與伶人調品篳篥，事訖，方命坐賜果，問易義。既退，寂謂人曰：「君淫在聲，不在政矣。寂聞君人者，將昭德塞違，以臨照百官，百官或象之。今不厭賤事，自求其工，君道替矣。」尋請還山，寓居於江陵，以茹芝絕粒，自適其性。天祐末，節度使趙匡凝昆季深禮遇之，師授保養之道。唐末，除諫官，不起，漢南謂之徵君。梁攻襄陽，匡凝兄弟棄鎭奔蜀，寂偕行。歲餘，蜀主王建待以師禮，位至蜀相。同光末，平蜀，與王衍俱從于東，授工部尚書致仕，卜居于洛。時寂已年高，精彩猶健，沖漠寡言，時蜀語云「可怪可怪」〔一〇〕，人莫知其際。淸泰三年六月卒，時年八十餘。子孫位至省郎。

同光時，以方術著者，又有僧誠惠。永樂大典卷一萬六百二十五。誠惠，係許寂附傳，永樂大典割截分載，今仍爲連綴，以仍其舊。（影庫本粘籤）誠惠初於五臺山出家，能修戒律，稱通皮、骨、肉三命，人初歸向，聲名漸遠，四方供饋，不遠千里而至者衆矣。自云能役使毒龍，可致風雨，其徒號曰降龍大師。京師旱，莊宗迎至洛下，親拜之，六宮參禮，士庶瞻仰，謂朝夕可致甘澤。禱祝數旬，略無徵應。或謂官以祈雨無驗，將加焚燎，誠惠懼而遁去。及卒，賜號法雨大師，塔曰慈雲之塔。永樂大典卷九百二十五。

周玄豹者，周玄豹，錦繡萬花谷作「崔玄豹」，係傳寫之訛。考歐陽史、通鑑俱作「周」，今仍其舊。（影庫本粘籤）本燕人，世爲從事。玄豹少爲僧，其師有知人之鑒，從遊十年餘，苦辛無憚，師知其可敎，遂以袁、許之術授之。大略狀人形貌，比諸龜魚禽獸，目視臆斷，咸造其理。及還鄉，遂

歸俗。初，盧程寄褐遊燕，與同志二人謁焉。玄豹謂鄉人張殷衮曰：「適二君子，明年花發，俱爲故人，唯彼道士，佗年甚貴。」至來歲，二子果卒。又二十年，盧程登庸於鄴下。玄豹歸晉陽，張承業信重之，言事數中。承業俾明宗易衣列於諸校之下，以佗人詐之，而玄豹指明宗於末綴言曰：「骨法非內衙太保歟！」案：以上疑有脫誤。北夢瑣言作骨法非常，此爲內衙太保乎！咸伏其異。或問明宗之福壽，惟云末後爲鎭州節度使，時明宗爲內衙都校，纔兼州牧而已。昭懿皇后夏氏方侍巾櫛，偶忤旨，大爲明宗檟楚。玄豹見之曰：「此人有藩侯夫人之位，當生貴子。」明宗赫怒因解，後其言果驗。太原判官司馬揆謁玄豹，謂揆曰：「公五日之中，奉使萬里，未見迴期。」揆數日後，因酒酣，爲衣領扼之而卒。莊宗署玄豹北京巡官。明宗即位之明年，一日謂侍臣曰：「方士周玄豹，昔曾言朕諸事有徵，可詔北京津置赴闕。」趙鳳奏曰：「袁、許之事，玄豹所長者，以陛下貴不可言，今既驗矣，餘無可問。若詔赴闕下，則奔競之徒，爭問吉凶，恐近於妖惑。」乃止。令以金帛厚賜之，授光祿卿致仕。尋卒於太原，年八十餘。永樂大典卷八千九百九十七。

校勘記

〔一〕馬彧　原作「馬郁」，據殿本、韓琦安陽集卷四六重修五代祖塋域記改。下引太平廣記注文同。

〔二〕爲幽州府刀筆小吏　「幽州」二字原無，據册府卷七一八補。

〔三〕郁時直記室　「時」原作「將」，據殿本、劉本、册府卷七一八改。

〔四〕嘗聘王鎔於鎭州官妓有轉轉者　原作「嘗侍於王鎔鎭州中官妓有轉轉者」，據殿本改。册府卷七三〇作「嘗使於鎭州王鎔，官妓有轉轉者」。

〔五〕孤不惜卿行　「行」字原無，據殿本、册府卷九五三補。

〔六〕幕客公乘億　「幕客」原作「慕容」，影庫本粘籤云：「『慕容』二字，疑『幕客』之訛。今考册府元龜亦作『幕容』，今姑仍其舊，附識于此。」今據殿本、劉本改。

〔七〕左散騎常侍　「左」原作「右」，據殿本改。按本卷上文云：「希甫拜左散騎常侍。」

〔八〕饑寒相伴　「伴」原作「牛」，據殿本、劉本改。

〔九〕淳于晏……由晏之力也　淳于晏傳原無，據殿本、劉本補。影庫本批校云：「張格傳前尚有淳于晏傳一篇，脫落未寫。」殿本當係據大典原文增補，劉本則依據殿本增補。册府卷七二五、卷八〇四淳于晏下有「登州人」三字。

〔一〇〕時蜀語云　殿本、劉本、册府卷七八四「蜀」作「獨」。

舊五代史卷七十二

唐書四十八

列傳第二十四

張承業，字繼元，本姓康，同州人。咸通中，內常侍張泰畜爲假子。光啓中，主郃陽軍事，賜紫，入爲內供奉。武皇之討王行瑜，承業累奉使渭北，因留監武皇軍事，賊平，改酒坊使。三年，昭宗將幸太原，以承業與武皇善，乃除爲河東監軍，密令迎駕。既而昭宗幸華州，就加左監門衞將軍。駕在鳳翔，承業屢請出師晉、絳，以爲岐人掎角。崔魏公之誅宦官也，宋初修五代史避太祖御名，于唐宰相崔胤或稱爲崔裔，此傳又稱爲崔魏公，前後異稱，殊失史家紀實之體。今存其舊，仍附識于此。（影庫本粘籤）武皇僞戮罪人首級以奉詔，匿承業於斛律寺，昭宗遇弑，乃復請爲監軍。

夾城之役，遣承業求援於鳳翔。時河中阻絕，自離石渡河，春冰方泮，凌澌奔蹴，纔舟

不得渡，因禱河神，是夜夢神人謂曰：「子但渡，流冰無患。」既寤，津吏報曰：「河冰合矣。」凌晨，躡冰而濟，旋踵冰解。使還，武皇病篤，啓手之夕，召承業屬之曰：「吾兒孤弱，羣臣縱橫，後事公善籌之。」承業奉遺顧，爰立嗣王，平內難，策略居多。既終易月之制，卽請出師救潞，破賊夾城。莊宗深感其意，兄事之，親幸承業私第，升堂拜母，賜遺優厚。時莊宗初行墨制，墨制，原本作「里制」，今從通鑑改正。（影庫本粘籤）凡除拜之命，皆成於盧汝弼之手。汝弼既自爲戶部侍郎，乃請與承業改官及開國邑，承業拒而不受。其後但稱本朝舊官而已。

天祐中，幽州劉守光敗，其府掾馮道歸太原，承業辟爲本院巡官，承業重其文章履行，甚見待遇。時有周玄豹者，善人倫鑒，與道不合，謂承業曰：「馮生無前程，公不可過用。」管書記盧質聞之曰：「我曾見杜黃裳司空寫眞圖，道之狀貌酷類焉，將來必副大用，玄豹之言，不足信也。」承業薦爲霸府從事焉。

柏鄉之役，王師既逼汴營，周德威慮其奔衝，堅請退舍〔一〕。莊宗怒其懦，不聽，垂帳而寢，諸將不敢言事，咸詣監軍請白。承業遽至牙門，褰帳而入，撫莊宗曰：「此非王安寢時，周德威老將，洞識兵勢，姑務萬全，言不可忽。」莊宗蹶然而興曰：「予方思之。」其夕，收軍保鄗邑。德威討劉守光，令承業往視賊勢，因請莊宗自行，果成大捷。承業感武皇厚遇，自莊宗在魏州垂十年，太原軍國政事，一委承業，而積聚庾帑，收兵市馬，招懷流散，勸課農桑，

成是霸基者，承業之忠力也。

時貞簡太后、韓德妃、伊淑妃、諸宅王之貴，諸宅王之貴，原本疑有舛誤，今無可復考，姑仍其舊。（影庫本粘籤）洎王之介弟在晉陽宮，或不以其道干於承業，悉不聽，踰法禁者必懲，繇是貴戚斂手，民俗丕變。或有中傷承業於莊宗者，言專弄威柄，廣納賂遺。莊宗歲時還晉陽宮省太后，須錢蒱博、給伶官，嘗置酒於泉府，莊宗酣飲，命興聖宮使李繼岌爲承業起舞，既竟，承業出寶帶幣馬奉之。莊宗指錢積謂承業曰：「和哥無錢使，七哥與此一積〔二〕，寶馬非殊惠也。」承業謝曰：「郎君歌舞〔三〕，承業自出己俸錢。此錢是大王庫物，准擬支贍三軍，不敢以公物爲私禮也。」莊宗不悅，使酒侵承業。承業曰：「臣老敕使，非爲子孫之謀，惜錢爲大王基業，惜錢，原本作「借錢」，今從通鑑改正。（影庫本粘籤）王若自要散施，何妨老夫，何妨老夫，原本疑有訛字。考册府元龜所引薛史與永樂大典同，今仍其舊。（影庫本粘籤）不過財盡兵散，一事無成。」案：通鑑作王自取用之，何問僕爲！（舊五代史考異）莊宗怒，顧元行欽曰：「取劍來！」承業引莊宗衣，泣而言曰：「僕荷先王遺顧，誓爲本朝誅汴賊，爲王惜庫物，斬承業首，死亦無愧於先王，今日請死！」閻寶解承業手，令退。承業詬寶曰：「黨朱溫逆賊，未嘗有一言效忠，而敢依阿諂附〔四〕。」揮拳踣之。太后聞莊宗酒失，急召入。莊宗性至孝，聞太后召，叩頭謝承業曰：「吾杯酒之間，忤於七哥，太后必怪吾。七哥爲吾痛飲兩卮分謗，可乎？」莊宗連飲四鍾，勸承

業，竟不飲。莊宗歸宮，太后使人謂承業曰：「小兒忤特進，已笞矣，可歸第。」翌日，太后與莊宗俱幸其第，慰勞之。自是私謁幾絕。

十四年，承制授開府儀同三司、左衞上將軍、左衞，原本作「右衞」，今從册府元龜改正。（影庫本粘籤）燕國公，固辭不受。是時，盧質在莊宗幕下，嗜酒輕傲，嘗呼莊宗諸弟爲豚犬，莊宗深銜之。承業慮質被禍，因乘間謂莊宗曰：「盧質多行無禮，臣請爲大王殺之，可乎？」莊宗曰：「予方招禮賢士，以開霸業，七哥何言之過也。」承業因聳立而言曰：「大王若能如此，何憂不得天下。」其後，盧質雖或縱誕〔五〕，莊宗終能容之，蓋承業爲之藻藉也。

十八年，莊宗受諸道勸進，將纂帝位，承業以爲晉王三代有功於國，先人怒朱氏弑逆，將復舊邦，讎既未平，不宜輕受推戴。方疾作，肩輿之鄴宮，見莊宗曰：「王父子血戰三十餘年，蓋言報國仇讎，復唐宗社。今元凶未滅，民賦已殫，而遽先大號，蠹耗財力，臣以爲不可一也。臣自咸通已來，咸通，原本作「成通」，今從唐書改正。（影庫本粘籤）伏事宮掖，每見國家册命大禮，儀仗法物，百司庶務，經年草定，臨事猶有不可。王若化家爲國，新立廟朝，不可乖於制度，制禮作樂，未見其人，臣以爲不可二也。舉事量力而行，不可信於游譚也。」案通鑑考異引秦再思洛中記異云：承業諫帝曰：「大王何不待誅克梁孽，更平吳、蜀，俾天下一家，且先求唐氏子孫立之，後更以天下讓有功者，何人輒敢當之！讓一月卽一月牢，讓一年卽一年牢。設使高祖再生，太宗復出，又胡爲哉！今大王一旦自立，頓

失從前仗義征伐之旨，人情怠矣。老夫是閹官，不愛大王官職富貴〔六〕，直以受先王付屬之重，欲爲大王立萬年之基爾。」（舊五代史考異）莊宗曰：「奈諸將何！」承業知莊宗不從，因號泣而言之。十九年十一月二日，以疾卒于晉陽之第，案：歐陽史作不食而卒。通鑑作邑邑成疾，不復起。（舊五代史考異）時年七十七。貞簡太后聞喪，遽至其第盡哀，爲之行服，如兒姪禮。同光初，贈左武衞上將軍，謚曰貞憲。永樂大典卷一萬六千四百五十。案：歐陽史作正憲。（舊五代史考異）五代史闕文：莊宗將即位於魏州，承業自太原至，謂莊宗曰：「吾王世奉唐家，最爲忠孝，自貞觀以來，王室有難，未嘗不從。所以老奴三十餘年爲吾王捃拾財賦、召補軍馬者，誓滅逆賊朱溫，復本朝宗社耳。今河朔甫定，朱氏尙存，吾王遽卽大位，可乎？」云云。莊宗曰：「奈諸將意何！」承業知不可諫止，乃慟哭曰：「諸侯血戰者，本爲李家，今吾王自取之，誤老奴矣！」卽歸太原，不食而死。臣謹按：莊宗實錄敍承業諫卽位事甚詳，惟「吾王自取」之言不書，史官諱之也。

張居翰，字德卿。咸通初，掖廷令張從玫養之爲子，以廕入仕。中和三年，自容管監軍判官入爲學士院判官，遷樞密承旨、內府令，賜緋。昭宗在華下，華下，原本作「華夏」，今據文改正。（影庫本粘籤）超授內常侍，出監幽州軍事，秩滿詔歸，節度使劉仁恭表留之。天復中，天復，原本誤作「天福」，今從唐書改正。（影庫本粘籤）詔誅宦官，仁恭紿奏殺之，匿於大安山之北谿。天祐三年，汴人攻滄州，仁恭求援於武皇，乃遣居翰與書記馬郁等率兵助武皇同攻潞

州，武皇因留之不遣。李嗣昭節制昭義，以居翰監其軍，監其軍，原本作「其事」，今據文改正。（影庫本粘籤）以燕軍三千爲部下。俄而汴將李思安築夾城以圍潞州，居翰與嗣昭登城保守，以至解圍。自是嗣昭每出征，令居翰知留後事。同光元年夏四月，召爲樞密使，加特進，與郭崇韜對掌機務。十月，莊宗將渡河，留居翰與李紹宏同守魏州。莊宗入汴，加驃騎大將軍，知內侍省事，依前充樞密使。同光時，宦官干政，邦家之務皆出於郭崇韜。居翰自以羇旅乘時，擢居重地，每於宣授，不敢有所是非，承顏免過而已，以此脫季年之禍。四年三月，僞蜀王衍既降，詔遷其族於洛陽，行及秦川，時關東已亂，莊宗慮衍爲變，遣中官向延嗣馳騎齎詔殺之〔七〕。詔云：「王衍一行，並宜殺戮。」其詔已經印畫，時居翰在密地，覆視其詔，卽就殿柱揩去「行」字，改書「家」字。及衍就戮於秦川驛，止族其近屬而已，其僞官及從行者尙千餘人，皆免其枉濫，居翰之力也。

明宗入洛，居翰謁見於至德宮，待罪雪涕，乞歸田里，詔許之，乃辭歸長安。仍以其子延貴爲西京職事，以供侍養。天成三年四月，以疾卒於長安，時年七十一。居翰性和而靜，諳悉舊事。在潞州累年，每春課人育蔬種樹，敦本惠農，有仁者之心焉。永樂大典卷一萬六千四百五十。

馬紹宏，馬紹宏傳，永樂大典疑有删節，今無可復考，姑存其舊。（影庫本粘籤）閹官也。案：莊宗實錄作李紹宏，蓋嘗賜姓。（舊五代史考異）初與孟知祥同爲中門使，及周德威薨，莊宗兼領幽州，令紹宏權知州事。卽位之初，郭崇韜勳望高，舊在紹宏之下，時徵潞州監軍張居翰與崇韜並爲樞密使，紹宏失望，乃以爲宣徽使。紹宏以己合當樞密任〔八〕，案宋史趙上交傳：南遊洛陽，與中官驃騎大將軍馬紹宏善，紹宏領北面轉運制置大使，表爲判官。考紹宏爲北面轉運制置大使，薛史不載。（舊五代史考異）常鬱鬱側目於崇韜。崇韜知其慊也，乃置內勾之目，令天下錢穀簿書，悉委裁遣。旣而州郡供報，輒滋煩費，議者以爲十羊九牧，深所不可，內勾之目，人以爲是妖言。永樂大典卷一萬九千六百四十四。案：下有闕文。據通鑑，李嗣源爲謠言所屬，危殆者數四，賴宣徽使李紹宏左右營護，以是得全。天成元年二月己丑朔，以宣徽南院使李紹宏爲樞密使。（舊五代史考異）

孟漢瓊，本鎭州王鎔之小豎也。明宗鎭常山，得侍左右，明宗卽位，自諸司使累遷宣徽南院使。漢瓊性通黠，善交構。初見秦王權重，及挾王淑妃勢，傾心事之，及朱、馮用事，朱、馮用事，原本作「朱憑」，下文又有「朱馮」。考通鑑，明宗，朱弘昭、馮贇並掌財賦，故稱朱、馮，原本「憑」字誤，今改正。（影庫本粘籤）又與之締結。秦王領兵至天津橋，時漢瓊與朱、馮及康義誠方會議於內庭，謀猶未決，漢瓊獨出死力，先入殿門，奏於明宗，語在秦王傳。漢瓊卽自介馬以召禁軍。秦

王既誅，翌日，令漢瓊馳騎召閔帝於鄴。案通鑑：遣漢瓊徵從厚，且權知天雄軍府事。（舊五代史考異）閔帝嗣位，尤恃恩寵，期月之內，累加開府儀同三司、驃騎大將軍。西軍既叛，閔帝急召漢瓊，欲令先入于鄴，漢瓊藏匿不見。潞王行及陝州，乃悉召諸妓妾訣別，欲手刃之，衆知其心，率皆藏竄。初，潞王失守於河中，勒歸於淸化里第，時王淑妃恆令漢瓊傳敎旨於潞王，王善待之，故漢瓊自謂潞王於己有恩。至是，乃單騎至澠池謁見潞王，因自慟哭，欲有所陳。潞王曰：「諸事不言可知。」漢瓊卽自預從臣之列，尋戮於路左。永樂大典卷一萬三千一百六十。

史臣曰：承業感武皇之大惠，佐莊宗之中興，既義且忠，何以階也。夫如是，則晉之勃貂，秦之景監，去之遠矣。居翰改一字於詔書，救千人之濫死，可不謂之仁人矣乎！如紹宏之爭權，漢瓊之搆禍，乃宦者之常態也，又何足以道哉！永樂大典卷一萬三千一百六十。

校勘記

〔一〕堅請退舍　「退」原作「過」，據冊府卷六六八改。

〔二〕和哥無錢使七哥與此一積　殿本、劉本同。冊府卷六六六「和哥」下注云：「繼岌小字和哥。」「七哥」下注云：「七哥謂承業也。」

〔三〕郎君歌舞　「歌舞」原作「哥勞」，據冊府卷六六六改。彭校作「過勞」。

〔四〕依阿諂附　「阿」字原無，據冊府卷六六六補。

〔五〕雖或縱誕　「或」原作「成」，據冊府卷六六六改。

〔六〕不愛大王官職富貴　「愛」原作「受」，據通鑑卷二七一考異改。

〔七〕遣中官向延嗣　「遣」字原無，據冊府卷六六六、通鑑卷二七四補。

〔八〕乃以爲宣徽使紹宏以己合當樞密任　上「以」字及「紹宏」、「密」字原無，據殿本補。影庫本批校云：「己合當樞密任，脫『密』字。」

舊五代史卷七十三

唐書四十九

列傳第二十五

毛璋，本滄州小校。梁將戴思遠帥滄州，時莊宗已定魏博，思遠勢蹙，棄州遁去，璋據城歸莊宗，案玉堂閒話云：戴思遠任浮陽日，有部曲毛璋，爲性輕悍。嘗與數十卒追捕盜賊，還宿于逆旅，毛枕劍而寢。夜分，其劍忽大吼，躍出鞘外，從卒聞者愕然驚異，毛亦神之。乃持劍祝曰：「某若異日有此山河，爾當更鳴躍，否則已。」毛復寢，未熟，劍吼躍如初，毛深自負。其後戴離鎮，毛請留，戴從之。未幾，毛以州歸命于唐莊宗，莊宗以毛爲其州刺史，後竟帥滄海。（舊五代史考異）歷貝州、遼州刺史。璋性凶悖，有膽略，從征河上，屢有戰功。梁平，授華州節度使〔一〕。王師討蜀，以璋爲行營右廂馬軍都指揮使，行營，原本脫「行」字，今據莊宗本紀增入。（影庫本粘籤）蜀平，璋功居多。明年，蕭牆禍起，繼岌自西川至渭南，部下散亡，其川貨妓樂，爲璋所掠。明宗嗣位，錄平蜀功，授邠州節度使。

璋既家富於財，有蜀之妓樂，驕僭自大，動多不法，招致部下，繕理兵仗。朝廷移授昭義節度使，璋謀欲不奉詔，判官邊蔚密言規責，乃僶俛承命。洎至潞州，狂妄不悛，每擁川妓於山亭院，服赭黃，縱酒，令爲王衍在蜀之戲。事聞於朝，徵爲金吾上將軍。其年秋，東川節度使董璋上言：「毛璋男廷贇齎父書往西川，慮有陰事。」因追廷贇及同行人趙延祚，與璋俱下御史臺獄。廷贇乃璋之假姪，稱有叔在蜀，欲往省之，亦無私書，詔停任，令歸私第。初，延祚在獄，多言璋陰事，璋許重賂，以塞其口。及免，延祚徵其賂，璋拒而不與，以至延祚詣臺訴璋翻覆，復下御史臺訊鞫。中丞呂夢奇以璋前蒙昭雪，今延祚以責賂之故，復加織羅，故稍佑璋。及款狀上聞，或云夢奇受璋賂，所以獄不盡情，執之，移於軍巡。璋具狀會許延祚賂未與，又云曾借馬與夢奇，別無行賂之事。朝廷懲其宿惡，長流儒州，賜死於路。永樂大典卷一萬八千一百三十。

聶嶼，聶嶼傳，永樂大典僅存一條，今錄冊府元龜以補其闕。（影庫本粘籤）鄴中人。少爲僧，漸學吟詠。鄭珏之再主禮闈也，鄭珏之再主禮闈也，刻本作知貢舉。（劉本）嶼與鄉人趙都俱赴鄉薦，都納賄於珏，人報翌日登第，嶼聞不捷，詬來人以嚇之，珏懼，俾俱成名。永樂大典卷二萬一千一百六十一。漸爲拾遺，依郭崇韜爲鎮州書記。明宗時，爲起居舍人。雙眸若懸，性氣乖僻，人多忌之。天成初，除鄴都留守判官，與趙敬怡、呂夢奇不足。又改河東節度，及至，常鄙其土風，薄其人士。或達于重誨，會敬怡入爲樞密使，與夢奇同搆殺之〔二〕。嶼早依郭崇韜門庭，致身朱紫，名登兩史，浙江使迴，生涯巨萬。嶼爲河東節判時，郭氏次子之婦，孀居于家，嶼喪偶未久，復忍而納幣，人皆罪之。明宗在藩邸時，素聞其醜聲，天成中，與温韜等同詔賜死。册府元龜卷九百四十三。

温韜，華原人。少爲盜，據華原，事李茂貞，名彥韜，後降于梁，更名昭圖。爲耀州節度，唐諸陵在境者悉發之，取所藏金寶，而昭陵最固，悉藏前世圖書，鍾、王紙墨，筆迹如新。案：以下有闕文。（殿本） 永樂大典卷一萬一千五百七十六。移許州節度使，累遷至檢校太尉、平章事。韜素善趙巖，每依附之。莊宗入汴，巖恃韜與己素厚，遂奔許州，韜延之于第，斬首傳送闕下。册府元龜卷九百四十三。同光初，韜來朝，郭崇韜曰：「此劫陵賊，罪不可赦。」韜納賂劉后，賜姓，名紹冲，遽遣還鎮。永樂大典卷一萬一千五百七十六。明宗即位，流于德州，俄賜死。

長子延濬，淸泰中爲泥水關使；次延沼〔三〕，爲父牙帳都校；次延衮，鄧州指揮使；咸聚居許下。晉天福初，聞張從賓作亂于河陽，咸往依之。從賓慮其難制，悉斬于帳下。册府元龜卷九百四十二。案：温韜傳，永樂大典闕全篇，今采册府元龜增補。

段凝，開封人也。本名明遠，少穎悟，多智數。初爲澠池簿，脫荷衣以事梁祖，梁祖漸器之。開平三年十月，自東頭供奉官授右威衞大將軍，威衞，原本作「威軍」，今據五代會要改正。（影庫本粘籤） 充左軍巡使兼水北巡檢使。凝妹爲梁祖美人，故稍委心腹。四年五月，授懷州刺史。

乾化元年十二月，梁祖北征迴，過郡，凝貢獻加等，梁祖大悅。梁祖復北〔四〕，凝迎奉進貢，有加於前。梁祖次相州，刺史李思安迎奉疏怠，梁祖怒，貶思安。制云：「懷州刺史段明遠，少年治郡，庶事惟公，兩度祗奉行鑾，數程宿食本界，動無遺闕，舉必周豐，蓋能罄竭於家財，務在顯酬夫明奬。覩明遠之忠勤若此，見思安之悖慢何如！」悖慢何如，原本作「悖曼如何」，今從通鑑改正。（影庫本粘籤） 其見賞如此。其後，遷鄭州刺史，監大軍於河上。案歐陽史：遷凝鄭州刺史，使監兵于河上，李振亟請罷之，太祖曰：「凝未有罪。」振曰：「待其有罪，則社稷亡矣。」然終不罷也。據此，則凝監河上軍爲梁祖時事。通鑑考異云：晉人取魏博，然後與梁以河爲境，故常以大兵守之，太祖時未也。就使當時屯兵河上，亦未繫社稷之安危，此必均王時事也。（舊五代史考異） 梁末帝以戴思遠爲北面招討使，行師不利，用王彥章代之，受任之翌日，取德勝之南城，軍聲大振。張漢倫等推功於凝，凝掎摭彥章之失以間之。案通鑑：彥章棄鄆家口，復趣楊劉。遊奕將李紹興敗梁遊兵于淸邱縣南，段凝以爲唐兵已自上流渡，驚駭失色，面數彥章，尤其深入。（舊五代史考異） 梁末帝怒，罷彥章兵權。凝納賂於趙、張二族，求爲招討使，敬翔、李振極言不可，竟不能止。凝以衆五萬營於高陵津，裨將康延孝叛歸莊宗，延孝具陳梁軍虛實，莊宗遂決長驅之計。

未幾，莊宗入汴，凝自滑率兵而南，前鋒杜晏球至封丘，解甲聽命。翌日，凝率大軍乞降於汴郊，莊宗釋之，復以凝爲滑州兵馬留後，賜姓，名紹欽。有頃，正授節度，改兗州節度使。凝初見莊宗，因伶人景進通貨於宮掖。凝天性姦佞，巧言飾智，善候人意。其年，契丹寇幽州，命宣徽使李紹宏監護諸軍，以禦契丹，凝與董璋戍瓦橋關。凝巧事紹宏，紹宏嘗乘間奏凝蓋世奇才〔五〕，可以大任，屢請以兵柄委之。郭崇韜曰：「段凝亡國敗軍之將，姦諂難狀，不可信也。」凝在藩鎭，私用庫物數萬計，有司促償，中旨貰其負〔六〕。同光三年四月，移授鄧州節度使。四年二月，趙在禮據鄴城，李紹宏請用凝爲大將，莊宗許之，令具方略條奏。凝所請偏裨皆取其己黨，莊宗疑之，乃止。明宗至洛陽，霍彥威怒其前事，與温韜同收下獄，詔釋之，放歸田里。明年，竄於遼州，竟與温韜同制賜死。永樂大典卷一萬八千一百三十。

孔謙，案：通鑑作魏州人。（舊五代史考異） 莊宗同光初，爲租庸副使。謙本州之幹吏，上自天祐十二年，帝平定魏博，會計皆委制置。謙能曲事權要，效其才力，帝委以泉貨之務，設法箕斂，七八年間，軍儲獲濟。及帝即位于鄴城，謙已當爲租庸使，物議以謙雖有經營濟贍之勞，然人地尙卑，不欲驟總重任。樞密使郭崇韜擧魏博觀察判官張憲爲租庸使，「判官」下，原本有闕文，考歐陽史係「判官張憲」，今增入。（影庫本粘籤） 以謙爲副，謙悒然不樂者久之。

帝既平梁汴，謙徑自魏州馳之行在，因謂崇韜曰：「魏都重地，須大臣彈壓，以謙籌之，非張憲不可。」崇韜以爲忠告，即奏憲爲鄴都副留守，乃命宰臣豆盧革專判租庸。謙彌失望，乃尋革過失。時革以手書便省庫錢數十萬，謙以手書示崇韜，微諷聞於革。革懼，上表請崇韜專其事，崇韜亦辭避〔七〕。帝問：「當委何人爲可？」崇韜曰：「孔謙雖久掌貨泉，然物議未當居大任，以臣所見，却委張憲爲便。」帝促徵之。憲性精辨，爲趨時者所忌，人不祐之。謙乘間訴于豆盧革曰：「租庸錢穀，悉在眼前，委一小吏可辦。鄴都本根之地，不可輕付于人。興唐尹王正言無裨益之才，徒有獨行，詔書既徵張憲，復以何人爲代？」豆盧革言于崇韜，崇韜曰：「鄴都分司列職，皆主上舊人，委王正言何慮不辦？」革曰：「俱是失也，設不獲已，以正言掌租庸，取書于大臣〔八〕，或可辦矣，若付之方面，必敗人事。」謙以正言非德非勳，懦而易制，曰：「此議爲便。」然非己志。尋掎正言之失，泣訴于崇韜，厚賂閹伶，以求進用，人知奸諂，沮之，乃上章請退。帝怒其規避，將置于法，樂人景進于帝前解喩而止。王正言風病恍惚，不能綜三司事，景進屢言于帝，乃以正言守禮部尙書，以謙爲租庸使。册府元龜卷九百二十四。

謙以國用不足，奏：「諸道判官員數過多，請只置節度、觀察、判官、書記、支使、推官各一員，留守置判官各一員，三京府置判官、推官，餘並罷俸錢。」又奏：「百官俸錢雖多，折支非實，請減半數，皆支實錢。」並從之。未幾，半年俸復從虛折。永樂大典卷四千六百七十九。

案：孔謙傳，永樂大典僅存一條，今錄册府元龜以存梗概。案以下原闕。北夢瑣言云：明宗即位，誅租庸使孔謙等。孔謙者，魏州孔目，莊宗圖霸，以供饋兵食，謙有力焉。既爲租庸使，曲事嬖倖，奪宰相權，專以聚斂爲意，剝削爲端。以犯衆怒伏誅。（舊五代史考異）

李鄴，魏州人也。幼事楊師厚，及莊宗入魏，漸轉裨將，歷數郡刺史，後遷亳州。爲政貪穢，有奴爲人持金以賂鄴，奴隱其金，鄴殺之。其家上訴，因訐其陰事，詔貶郴州司戶參軍，又貶崖州長流百姓，所在賜自盡。永樂大典卷一萬三百八十九。

史臣曰：易云：「積不善之家，必有餘殃。」又曰：「惡不積不足以滅身。」如毛璋之儔，可謂積惡而滅其身矣，況溫韜之發陵寢，段凝之敗國家，罪不容誅，死猶差晚。餘皆瑣瑣，何足議焉。永樂大典卷一萬三百八十九。

校勘記

〔一〕華州　劉本同。殿本作滄州。舊五代史考異云：「案：歐陽史作華州。」

〔二〕漸爲拾遺……同搆殺之　「漸爲拾遺……鎮州書記」十三字及「雙眸若懸……同搆殺之」六十八字原無，册府卷九四三同，據殿本補。影庫本批校云：「毳嶼傳較原本稍節删。」殿本所補當係據大典原文。

〔三〕延沼　原作「延招」，據劉本、册府卷九四二改。

〔四〕梁祖復北　殿本、劉本同，册府卷六九七作「梁祖北征」。

〔五〕紹宏嘗乘間奏凝蓋世奇才　「紹宏」二字原無，據册府卷九三八補。

〔六〕中旨貰其負　「旨」字原無，舊五代史考異云：「案：此句原本疑有脫誤，考册府元龜與薛史同，今仍其舊。」今據明本册府卷九三八補，殘宋本册府此卷缺。

〔七〕徼諷聞於革……崇韜　十七字原無，據册府卷九二四補。

〔八〕取書于大臣　殿本、册府卷九二四同，劉本「書」作「晝」。

舊五代史卷七十四

唐書五十

列傳第二十六

康延孝，塞北部落人也。初隸太原，因得罪，亡命于汴梁。開平、乾化中，自隊長積勞至部校，梁末帝時，頻立軍功。同光元年八月，段凝率衆五萬營於王村，時延孝爲右先鋒指揮使，率百騎來奔。莊宗得之喜，解御衣金帶以賜之。翌日，賜田宅於鄴，以爲捧日軍使兼南面招討指揮使、招討，原本作「招收」，今據通鑑改正。（影庫本粘籤）檢校司空，守博州刺史。莊宗屏入問梁兵機，延孝備陳利害，語在莊宗紀中。莊宗平汴，延孝頗有力焉，以功授檢校太保、鄭州防禦使，賜姓，名紹琛。明年，郊禮畢，授保義軍節度使。

三年，討蜀，以延孝爲西南行營馬步軍先鋒、排陣斬斫等使。延孝性驍健，狗利奮不顧身。以前鋒下鳳州，收固鎮，降興州，敗王衍軍於三泉，所俘蜀軍皆諭而釋之，自是晝夜

兼行。王衍自利州奔歸成都，斷吉柏津浮梁，以絕諸軍，延孝復造浮梁以渡，進收綿州，王衍復斷綿江浮梁而去。水深無舟檝可渡，延孝謂招撫使李嚴曰：「吾懸軍深入，利在急兵。乘王衍破膽之時，人心離沮，但得百騎過鹿頭關，鹿頭，原本作「虎頭」，下文又作「鹿頭」，考通鑑及九國志俱作「鹿」，今改正。（影庫本粘籤）彼即迎降不暇。如俟修繕津梁，便留數日，若王衍堅閉近關，折吾兵勢，儻延旬浹，則勝負莫可知也，宜促騎渡江。」因與李嚴乘馬浮江，於是得濟者僅千人，步軍溺死者亦千餘人。延孝既濟，長驅過鹿頭，進據漢州。居三日，部下後軍方至。僞蜀六軍使王宗弼令人持牛酒幣馬歸款。旬日，兩川平定，延孝止漢州以俟繼岌。平蜀之功，延孝居最。

時邠州節度使董璋爲行營右廂馬步使，華州節度使毛璋爲行營左廂馬步使，以軍禮當事延孝。郭崇韜以私愛董璋，及西川平定之後，崇韜每有兵機，必召璋參決，延孝不平。時延孝軍於城西，毛璋軍於城東，董璋軍於城中。閏十二月，延孝因酒酣謂董璋曰：「吾有平蜀之功，公等僕遬相從，反首鼠於侍中之門，謀相傾陷。吾爲都將，公乃裨校，力能斬首。」璋惶恐，謝之而退。酒罷，璋訴于郭崇韜，崇韜陰銜之〔一〕，乃署董璋爲東川節度使，落軍職。延孝怒，謂毛璋曰：「吾冒白刃，犯險阻，平定兩川，董璋何功，遽有其地！」二人因謁見崇韜，曰：「東川重地，宜擇良帥，工部任尚書有文武才幹，「工部」下原脫「任」字，今據通鑑增入。（影

庫本粘籤）甚洽衆心，請表爲東川帥。」崇韜怒曰：「紹琛反耶？敢違吾節度！」延孝等惶恐而退。未幾，崇韜爲繼岌所害，二人因責董璋曰：「公復首鼠何門？」璋俛首祈哀而已。

四年正月甲申，大軍發成都，繼岌令延孝以一萬二千人爲後軍。二月癸巳，中軍次武連，中使詔至，諭以西平王朱友謙有罪伏誅〔二〕，命繼岌殺其子遂州節度使令德，延孝大驚。俄而董璋率兵之遂州，遇延孝不謁，延孝怒，謂諸校曰：「南平梁汴，西定巴邛，畫策之謀，始於郭公，而汗馬之勞，力摧強敵，即吾也。若以背僞歸國，犄角而成霸業，即西平王之功第一。西平與郭公皆以無罪赤族，歸朝之後，次當及我矣。」丙申，延孝次劍州。時延孝部下皆鄜、延、河中舊將，焦武等知西平王被禍，兼誅令德，號哭軍門，訴於延孝曰：「西平無罪，二百口伏誅，河中舊將，無不從坐，某等必死矣。」時魏王繼岌到泥溪，延孝報繼岌云：「河中兵士號哭，欲爲亂。」丁酉，延孝至劍州，遂擁衆迴，自稱西川節度、三川制置等使，以檄招諭蜀人〔三〕，三日間，衆及五萬。

己亥，繼岌至利州。是夜，守吉柏津使案：原本疑有闕文。密告魏王曰：「得紹琛文字，令斷吉柏浮梁。」繼岌懼，乃令梁漢顒以兵控吉柏津。延孝已擁衆急趨西川，繼岌遣人馳書諭之。夜半，令監軍使李廷安召任圜，因署爲副招討使，令圜率兵七千騎，與都指揮使梁漢顒、監軍李廷安討之。辛丑，先令都將何建崇擊劍門，下之。甲寅，圜以大軍至漢州，延孝

來逆戰，圜令董璋以東川懦卒當其鋒，伏精兵於其後，延孝擊退東川之兵，急追之，遇伏兵起，延孝敗，馳入漢州，閉壁不出。西川孟知祥以兵二萬，與圜合勢攻之。案九國志李延厚傳：康延孝入漢州，知祥遣延厚率兵二千會李仁罕討之，將行，誓士卒曰：「今出師不三旬必破賊，乃立功圖賞之日也。士卒忠奮者立東廂〔四〕，衰疾者立西廂，無自苦也。」得請行者七百人，逐延孝西寨，斬首百餘級，竟拔其城。漢州四面樹竹木爲柵。三月乙丑，圜陣於金鴈橋，即率諸軍鼓譟而進，四面縱火，風焰亙空。於是延孝危急，引騎出戰，遇陣於金鴈橋，金鴈，原本作「京鴈」，今從通鑑改正。（影庫本粘籤）又敗之，以十數騎奔綿州，何建崇追及，擒之，任圜命載以檻車。時孟知祥與任圜、董璋置酒高會，因引令延孝檻車至會，知祥問曰：「明公頃自梁朝脫身歸命，纔平汴水，節制陝郊，近領前鋒，克平劍外，歸朝之後，授爵册勳，亘鎮尊官，誰與爲競！奈何躁憤，自毀功庸，入此檻車，還爲鄧艾，深可痛惜，誰肯愍之！」知祥因手自注盃以飲之。延孝曰：「自知富貴難消，官職已足。然郭崇韜佐命元勳，輔成大業，不動干戈，收獲兩川，自古殊功，但恐不及，一旦何罪，闔門被誅，延孝之徒，何保首領。以此思慮，不敢歸朝，天道相違，一旦至此，亦其命也，夫復何言！」及圜班師，行次鳳翔，中使向延嗣齎詔至，遂誅之。部下懷其首級，瘞於昭應縣民陳暉地。天成初，其子發之攜去。永樂大典卷一萬八千一百三十。

朱守殷，小字會兒。莊宗就學，以廝養之役給事左右。及莊宗即位，爲長直軍使，雖列戎行，不聞戰攻。每搆人之短長，中於莊宗，漸以心腹受委。河上對壘，稍遷蕃漢馬步都虞候。守殷守德勝寨，爲梁將王彥章所攻，守殷無備，遂陷南寨。莊宗聞之曰：「駑才大悞予事！」因撤北寨，駑才，原本作「駑木」；北寨，原本作「此塞」，今俱從通鑑改正。（影庫本粘籤）往固楊劉。明宗在鄆州，密請以覆軍之罪罪之，莊宗私於腹心，忍而不問。同光二年，爲振武節度使，不之任，仍兼領蕃漢馬步軍。京城初定，內外警巡，恃憑主恩，蔑視勳舊，與景進互相表裏，又強作宿德之態，言語遲緩，自謂沉厚。案：以下疑有闕文。據歐陽史，莊宗東討，守殷將騎軍。

及郭從謙犯興教門，步軍始亂，中使急召騎士，守殷按甲不進，莊宗獨領宦官斫射，屢退，而騎軍終不至。莊宗既崩，守殷擁衆方在北邙，憩於茂林之下。迨聞凶問，乃入內，選嬪御及珍寶以歸，恣軍士劫掠京都，翌日方定，率諸校迎明宗於東郊。天成初，授河南尹，判六軍諸衞事，加侍中，移汴州節度使。車駕將巡幸，外議諠然，初以爲平吳，又云制置東諸侯。守殷乃生雲夢之疑，遂殺都校馬彥超、副使宋敬。案歐陽史云：守殷將叛，召都指揮使馬彥超與計事，彥超不從，守殷殺之。明宗憐彥超之死，以其子承祚爲洺州長史。守殷驅市人閉壁以叛，明宗途次京水，京水，原本作「涼水」，今從通鑑改正。（影庫本粘籤）聞之，親統禁軍，倍程直抵其壘，長圍夾攻，縋城甚衆。守殷力屈，盡殺其族，引頸令左右盡其命。案儒林公議云：朱守殷與霍彥威同立明宗，尋判

諸軍事兼河南尹，旋敍宣武軍節度使。時樞密使安重誨用事，汴之財利，遣中人舵榷之。守殷軍用不給，累表抗論，重誨既而復奪之，守殷不平，頗出怨言。重誨奏其反狀，明宗親率師討之。車駕至汴京，守殷自以本無不臣之意，爲權臣誣奏，登城門望明宗叩頭，號哭稱冤。明宗思其功，許以開門自新，重誨已麾軍登陴，勢不可遏，城陷誅之。考守殷之叛，歐陽史、通鑑與薛史無異辭，而儒林公議以爲守殷本無反心，爲重誨所陷，蓋傳聞之互異也。（舊五代史考異）。王師入城，索其黨，盡誅之。詔鞭守殷尸，梟首懸於都市，滿七日，傳送洛陽。永樂大典卷二千三十一。

楊立者，潞州之小校。初事李嗣昭及李繼韜，皆畜養甚厚，繼韜被誅，憤憤失志。同光二年四月，有詔以潞兵三萬人戍涿州，案：通鑑作發安義兵三千戍涿州。（舊五代史考異）將發，其衆謀曰：「我輩事故使二十年，衣食豐足，未嘗邊塞征行，苟於邊上差跌，白骨何歸？不如據城自固，事成則富貴耳。」因聚徒百餘輩，攻子城東門，城中大擾。副使李繼珂及監軍張機祚出奔〔五〕。立自稱留後，率軍民上表請旄節。莊宗怒，命明宗與李紹眞攻討，案：通鑑作李紹榮。（舊五代史考異）一月拔之，生擒立及其同惡十餘人，送於闕下，皆磔於市。潞州城峻而隍深，故立輒敢據之，莊宗因茲詔諸道撤防城之備焉。永樂大典卷六千五十二。

竇廷琬者，世爲青州牙將，梁祖擢置左右。同光初，爲復州遊奕使，姦盜屏跡，歷貝州

刺史。未幾，請制置慶州鹽池，逐年出絹十萬疋，米十萬斛，遂以廷琬爲慶州防禦使，俾制置之，由是嚴刑峻法，屢撓邊人。課利不集，詔移任於金州，廷琬據慶州叛，詔邠州節度使李敬周率兵討平之，夷其族。永樂大典卷一萬九千三百五十四。

張虔釗，遼州人也。案九國志云：虔釗，遼州榆社人。父簡，唐檢校尚書左僕射。初爲太原牙校，以武勇聞於流輩，武皇、莊宗之世，累補左右突騎軍使。案九國志云：莊宗嘗以偏師取鎭陽，命虔釗率騎爲先鋒，屢挫賊鋭，遂陷其城。明宗素聞虔釗有將帥才，及卽位，擢爲護駕親軍都指揮使，領春州刺史。天成中，與諸將圍王都於中山，大敗契丹於嘉山之下，及定州平，以功授滄州節度使。案北夢瑣言云：虔釗鎭滄州日，因亢旱民饑，發廩賑之，方上聞，帝甚嘉獎。他日秋成，倍斗徵斂，朝論鄙之。移鎭徐州。長興中，爲山南西道節度使兼西面馬步軍都部署。及末帝起于鳳翔，閔帝詔令虔釗帥部兵會王師於岐下。洎西師俱變，虔釗憤惋，退歸興元，因與洋州節度使孫漢韶俱送款於蜀。孟知祥待之尤厚，僞授本鎭節度使，俾知祥坐獲山南之地，由虔釗之故也。案北夢瑣言云：入蜀，取人產業，黷貨無厭，蜀民怨之。孟昶嗣僞位，加檢校太師、兼中書令。晉開運末，蜀人聞契丹入洛，令虔釗率衆數萬，將寇秦、雍，俄聞漢高祖已定中原，虔釗無功而退。案九國志云：歷左右匡聖馬步軍都指揮使，出爲昭武軍節度使。及漢祖卽位，乃移鎭梁州，以觀朝廷之釁。會晉昌軍節度使趙匡

贊、鳳翔節度使侯益俱謀歸蜀，遂以虔釗爲北面行營招討使，應接經營。俄而趙匡贊、侯益請昶出師，掠定三秦，因命虔釗與韓保貞等總師五萬出散關，雄武軍節度使何重建出隴右，奉鑾肅衞都虞候李廷珪出子午谷，會于雍州。廷珪始出子午谷，聞匡贊爲王景崇所逼，棄城自拔東去，遂先退師。時虔釗、福誠、保貞師次陳倉，謀不相叶，而侯益聞匡贊已去，廷珪班師，亦誠款中變，閉壘不出。司天監趙廷樞累以雲氣不利爲諷，保貞乃與福誠率所部取隴州道，會重建歸蜀。虔釗留寶雞，以勢孤不可深入，遂班師。行至興州，感憤而卒。永樂大典卷六千三百五十。

楊彥温，汴州人，本梁朝之小校也。莊宗朝，累遷裨將。天成中，爲河中副指揮使，及末帝鎭河中，尤善待之，因奏爲衙內都指揮使。長興元年四月，乘末帝閱馬於黃龍莊，據城謀叛。末帝遣人詰之曰：「吾善待汝，何苦爲叛？」彥温報曰：「某非敢負恩，緣奉樞密院宣頭，宣頭，原本作「宜頭」，通鑑作「宣頭」。胡三省注云：中書用劄，樞密院用宣，今改正。（影庫本粘籤）令某拒命，請相公但歸朝廷。」數日，詔末帝歸朝。明宗疑其詐，不欲興兵，授彥温絳州刺史。安重誨堅請出師，卽命西京留守索自通、侍衞步軍指揮使藥彥稠等帥兵攻之，五日而拔。自閉門及敗，凡十三日。初，彥稠出師，明宗戒之曰：「與朕生致彥温，吾將自訊之。」及收城，斬首傳送，明宗深怒彥稠等。時議者以當時四海恬然，五兵載戢，蒲非邊郡，近在國門，而彥温安敢狂悖。皆以爲安重誨方弄國權，尤忌末帝之名，故巧作窺圖，究莫能傾陷也。彥温愚昧，爲人所嗾，故滅其族焉。永樂大典卷六千三百五十一。

史臣曰：春秋傳云：「大不令之臣，天下之所惡也。」故不復較其優劣焉。唯虔釗因避地以偷生，彥温乃爲人之所嗾，比諸叛臣，亦可矜也。永樂大典卷六千三百五十一。

校勘記

〔一〕崇韜陰銜之　「崇韜」二字原無，據冊府卷四五六補。

〔二〕朱友謙　原作「朱友麟」，據殿本、劉本改。

〔三〕三川制置等使以檄招諭蜀人　「三川」原作「三州」，「蜀」字原無，據通鑑卷二七四增改。

〔四〕士卒忠奮者立東廂　「忠奮者」原作「有誓忠」，據殿本、劉本、舊五代史考異改。九國志卷七李延厚傳本句作「士卒有誓報國恩不以家爲慮者立東廂」。

〔五〕張機祚　殿本、劉本同。影庫本粘籤云：「張機祚，原本作『飢祚』，今從通鑑改正。」按：通鑑卷二七三作張弘祚。

舊五代史

宋　薛居正等撰

第四册

卷七五至卷九八（晉書）

中華書局

中華書局

舊五代史卷七十五

晉書一

高祖紀第一

高祖聖文章武明德孝皇帝，姓石氏，諱敬瑭，太原人也。本衞大夫碏、漢丞相奮之後，漢衰，關輔亂，子孫流泬西裔，故有居甘州者焉。案：歐陽史作其姓石氏，不知其得姓之始。（舊五代史考異）四代祖璟，以唐元和中與沙陀軍都督朱耶氏自靈武入附，靈武，原本作「靈戊」，據新唐書沙陀傳：朱耶氏自沙州入居靈武。今改正。（影庫本粘籤）憲宗嘉之，隸爲河東陰山府裨校，以邊功累官至朔州刺史。天福二年，追尊爲孝安皇帝，廟號靖祖，陵曰義陵；祖妣秦氏，追諡爲孝安元皇后。三代祖郴，早薨，贈左散騎常侍，追尊爲孝簡皇帝，廟號肅祖，陵曰惠陵；祖妣安氏，追諡孝簡恭皇后。皇祖諱翌，任振武防禦使，贈尙書右僕射，追尊孝平皇帝，廟號睿祖，陵曰康陵；祖妣米氏，追諡孝平獻皇后。皇考諱紹雍案：原本作「詔雍」，今從五代會要改正。番字臬捩

鷄〔一〕，善騎射，有經遠大略，事後唐武皇及莊宗，累立戰功，與周德威相亞，歷平、洺二州刺史，薨於任，贈太傅，追尊爲孝元皇帝，廟號憲祖，陵曰昌陵；皇妣何氏，追諡孝元懿皇后。

帝卽孝元之第二子也，以唐景福元年二月二十八日生於太原汾陽里〔二〕，時有白氣充庭，人甚異焉。及長，性沈澹，寡言笑，讀兵法，重李牧、周亞夫行事。唐明宗爲代州刺史，每深心器之，因妻以愛女。唐莊宗聞其善射，擢居左右，明宗請隸大軍，從之。後明宗從莊宗征行，命帝領親騎，號「三討軍」，案：歐陽史作左射軍。倚以心腹。

天祐十二年，莊宗併有河北之地，開府於鄴，梁遣上將劉鄩以兵五萬營於莘。十三年二月，鄩引兵突至清平，薄於城下，莊宗至自甘陵，兵未陣，多爲鄩所掩。帝領十餘騎，橫槊深入，東西馳突，無敢當者，卒全部伍而旋。莊宗壯之，拊其背曰：「將門出將，言不謬爾。」因頒以器帛，復親爲啗酥，當時以爲異恩，由是知名。明年，鄩兵陣於莘之西北，明宗從莊宗酣戰。久之，塵埃四合，帝與明宗俱陷陣內，帝挺身躍劍，反復轉鬪，行數十里，逐鄩於故元城之東。是日，鄩軍殺傷過半。

十五年，唐軍拔楊劉鎭，梁將賀瓌設伏於無石山，明宗爲瓌所迫，帝爲後殿，破梁軍五百餘騎，按轡而還。十二月，莊宗與梁軍大戰於胡柳陂，衆號十萬，總管周德威將左軍，雜

以燕人，前鋒不利，德威死之。莊宗率步衆五千，固守高陵，以避敵之銳。明宗獨完右廣，右廣，原本作「右黃」，據冊府元龜作「右廣」，薛史莊宗紀亦作「廣」，今改正。（影庫本粘籤） 伏於土山之下，顧謂帝曰：「梁人首獲其利，旌旂甚整，何計可以挫之？」帝曰：「臘後寒如此，出手墮指，彼多步衆，易進難退，莫若啜糒飲水，徐而困之。且超乘徒行，其勢不等，一擊而破，期在必勝。」明宗曰：「是吾心也。」會日暮，梁軍列於平野，五六萬人爲一方陣，麾游騎以迫唐軍，帝曰：「敵將遁矣！」乃請明宗令士整冑寬而羅之，命左射軍三百人鳴矢馳轉，漸束其勢，以數千騎合之。迨夜，旌旗皆靡，而一角先潰，三面踵之，其牙竿相擊，若火爆之聲，橫屍積甲，不可勝計。由是梁人勢削，莊宗進營德勝渡。

十八年十月，又從明宗戰梁人於德勝渡，敗其將戴思遠，殺二萬餘人。十九年，戰胡盧套，唐軍稍却，帝睹其敵銳，拔劍闢道，肩護明宗而退，敵人望之，無敢襲者。

二十年十月，從明宗觀梁人之楊村寨，部曲皆不擐甲，俄而敵出不意，以兵掩明宗，刃將及背，帝挾戰戟而進，一擊而凶酋落馬者數輩，明宗遂解其難。是歲，莊宗即位於鄴，改元同光，遣明宗越河，懸軍深入以取鄆。鄆人始不之覺，帝以五十騎從明宗涉濟，突東門而入，鄆兵來拒，帝中刃，翼明宗，羅兵通衢，嶷然不動，會後騎繼至，遂拔中城以據之。既而平汴水，滅梁室，成莊宗一統，集明宗大勳，帝與唐末帝功居最，莊宗朝官未顯者，以帝不好

矜伐故也，唯明宗心知之。

同光四年二月，趙在禮據鄴爲亂，朝廷遣元行欽招之不下，招之，原本作「詔之」，今據冊府元龜改正。（影庫本粘籤） 羣議紛然，以爲非明宗不可，莊宗乃以明宗爲統帥。時帝從行，至魏，諸軍有變，叩馬請明宗帝河北。明宗受霍彥威勸，將自訴於天子，遂佯諾，諸軍亦恐事不果而散者甚衆，明宗所全者，唯常山一軍而已。西次魏縣，帝密言於明宗曰：「猶豫者兵家大忌，必若求訴，宜決其行。某願率三百騎先趨汴水，以探虎口，如遂其志，請大軍速進。夷門者，天下之要害也，據之可以自雪。安有上將與三軍言變，他日有平手乎！危在頃刻，不宜恬然。」明宗至相州，遂分驍騎三百付之，遣帝由黎陽濟河，自汴西門而入，因據其城。及明宗入汴，莊宗親統師亦至城之西北五里，登高歎曰：「吾不濟矣！」由此莊宗從兵大潰，來歸明宗。明宗尋遣帝令率兵爲前鋒，趨汜水關，汜水，原本作「汎水」，今從通鑑改正。（影庫本粘籤） 俄而莊宗遇內難而崩。

是月，明宗入洛，嘉帝之功，自總管府都校署陝府兵馬留後。明宗即位，改元天成，五月，加帝光祿大夫、檢校司徒，充陝州保義軍節度使，歲未期而軍民之政大治焉。二年二月，加檢校太傅兼六軍諸衞副使，進封開國伯，增食邑四百戶。是月，帝赴闕，以倅六軍諸衞事故也。八月，加食邑八百戶，實封一百戶，旌爲政之效也。十月，明宗幸汴，以帝爲御營

使。御營使，原作「御榮」，今從五代會要改正。（影庫本粘籤） 車駕次京水，飛報汴州節度使朱守殷叛，明宗命帝董親軍倍道星行，信宿及浚城，一戰而拔之。尋以帝爲宣武軍節度使、侍衞親軍馬步軍都指揮使兼六軍諸衞副使〔三〕，進封開國公，加食邑五百戶，賜耀忠匡定保節功臣。

三年四月〔四〕，車駕還洛，制加檢校太傅、同中書門下平章事、興唐尹、鄴都留守、天雄軍節度使。五月丁未，加駙馬都尉。長興元年二月，明宗南郊禮畢，加檢校太尉，增食邑五百戶，尋詔歸任。時鄴都繁富爲天下之冠，而土俗獷悍，民多爭訟，帝令投函府門，一一覽之，及踰年，盈積几案，滯於獄者甚衆，時論以此減之。九月，東川董璋叛，朝廷命帝爲東川行營都招討使，兼知東川行府事。十月，至自魏博，董衆西征。二年春，以川路險艱，糧運不繼，詔班師。四月，復兼六軍諸衞副使。六月，改河陽節度使，仍兼兵柄。

是時，秦王從榮奏：「伏見北面頻奏報，契丹族移帳近塞〔五〕，吐渾、突厥已侵邊地，戍兵雖多，未有統帥，早宜命大將一人，以安雲、朔。」明宗曰：「卿等商量。」從榮與諸大臣奏曰：「將校之中，唯石敬瑭、康義誠二人可行。」帝素不欲爲禁軍之副，即奏曰：「臣願北行。」明宗曰：「卿爲吾行，事無不濟。」及受詔，不落六軍副使，帝復遷延辭避。十一月乙酉，明宗復謂侍臣曰：「雲州奏，契丹自幽州移帳，言就放牧，終冬不退，其患深矣。」樞密使范延光奏曰：「已議石敬瑭與康義誠北行，然其定奪，即在宸旨。」帝奏曰：「臣雖不才，爭敢避事，但進退

惟命。」明宗曰：「卿爲吾行，甚叶衆議。」由是遂定。丁亥，加兼侍中、太原尹、北京留守、河東節度使，兼大同、振武、彰國、威塞等軍蕃漢馬步軍總管，改賜竭忠匡運寧國功臣。翌日，宴於中興殿，帝捧觴上壽，因奏曰：「臣雖微怯，惟邊事敢不盡其忠力，但臣遠違玉階，無以時申補報。」帝因再拜告辭，明宗泣下霑衿，左右怪其過傷，果與帝因此爲訣，不復相見矣。十二月，明宗晏駕，帝聞之，長慟若喪考妣。應順元年正月，閔帝即位，加中書令，及增食邑。

帝性簡儉，未嘗以聲色滋味輒自宴樂，每公退，必召幕客論民間利害及刑政得失，明而難犯，事多親決。有店婦與軍士訟，云「曝粟於門，爲馬所食」。而軍士懇訴，無以自明。帝謂鞫吏曰：「兩訟未分，何以爲斷，可殺馬刳腸而視其粟，有則軍士誅，無則婦人死。」遂殺馬，馬腸無粟，因戮其婦人。境內肅然，莫敢以欺事言者。三月，移鎭常山，移鎭，原本作「以鎭」，今據文改正。（影庫本粘籤） 所歷方鎭，以孝治爲急，見民間父母在昆弟分索者，必繩而殺之。勤於吏事，廷無滯訟。常山屬邑曰九門，有人鬻地與異居兄，議價不定，乃移於他人。他人須兄立券，兄固抑之，因訴於令。令以弟兄俱不義，送府。帝監之曰：「人之不義，由牧長新至，教化所未能及，吾甚愧焉。若以至理言之，兄利良田，弟求善價，順之則是，沮之則非，其兄不義之甚也，宜重笞焉。市田以高價者取之。」上下服其明。

及岐陽兵亂，岐陽，原本作「伎陽」，今從通鑑改正。（影庫本粘籤） 推潞王爲天子，閔帝急詔帝赴闕，欲以社稷爲託。閔帝自洛陽出奔於衞，相遇於途，遂與閔帝迴入衞州。時閔帝左右將不利於帝，帝覺之，因擒其從騎百餘人。閔帝知事不濟，與帝長慟而別，帝遣刺史王弘贄安置閔帝於公舍而去，尋爲潞王所害，帝後長以此愧心焉。

清泰元年五月，復授太原節度使、北京留守，充大同、振武、彰國、威塞等軍蕃漢馬步總管。二年夏，帝屯軍於忻州，朝廷遣使送夏衣，傳詔撫諭，後軍人遽呼萬歲者數四，帝懼，斬挾馬將李暉以下三十餘人以狥，乃止。

三年五月，移授鄆州節度使，進封趙國公，仍改扶天啓運中正功臣。尋降詔促帝赴任，帝心疑之，乃召僚佐議曰：「孤再受太原之日，主上面宣云：『與卿北門，一生無議除改。』今忽降此命，莫是以去年忻州亂兵見迫，忻州，原本作「沂州」，今據通鑑改正。（影庫本粘籤） 過相猜乎？又今年千春節，公主入覲，當辭時，謂公主曰：『爾歸心甚急，欲與石郎反耶？』此疑我之狀，固且明矣。今天子用后族，委邪臣，沈湎荒惑，萬機停壅，失刑失賞，不亡何待！吾自應順中少主出奔之日，覩人情大去，不能扶危持顚，憤憤於方寸者三年矣。今我無異志，朝廷自啓禍機，不可安然死於道路。況太原險固之地，積粟甚多，若且寬我，我當奉之。必若加兵，我則外告鄰方，北搆強敵，興亡之數，皎皎在天。今欲發表稱疾，以俟其意，諸公以爲何

如？」案玉堂閒話云：「晉祖在幷部，嘗從容謂賓佐云：『近因晝寢，忽夢若頃年在洛京時，與天子連鑣于路，過舊第，天子請某入其第，某遜讓者數四，不得已即促轡而入，至廳事下馬，升自阼階，西向而坐，天子已馳車去矣。』其夢如此。」羣僚莫敢有所答。是年冬，果有鼎革之事。蓋晉祖懷不軌之心久矣，故托夢以惑衆也。（舊五代史考異） 掌書記桑維翰、都押衙劉知遠贊成密計，遂拒末帝之命。朝廷以帝不奉詔，降旨削奪官爵，即詔晉州刺史〔六〕、北面副招討使張敬達領兵圍帝於晉陽。張敬達，原本作「敬遠」，今從歐陽史改正。（影庫本粘籤） 帝尋命桑維翰詣諸道求援，契丹遣人復書諾之，約以中秋赴義。案遼史太宗紀云：七月丙申，唐河東節度使石敬瑭爲其主所討，遣趙瑩求救，時趙德鈞亦遣使至，河東復遣桑維翰來告急，遂許興師。八月庚午，自將以援敬瑭。（舊五代史考異）

六月，北面招收指揮使安重榮以部曲數千人入城。七月，代州屯將安元信率一軍，與西北面先鋒指揮使安審信引五百騎俱至。八月，懷州彰德軍使張萬迪等各率千餘騎來降〔七〕。是月，外衆攻我甚急，帝親當矢石，人心雖固，廩食漸困。

九月辛丑，契丹主率衆自雁門而南，案遼史：九月丁酉，入雁門。戊戌，次忻州。己亥，次太原。（舊五代史考異） 旌騎不絕五十里餘。先使人報帝云：「吾欲今日便破賊，可乎？」帝使人馳告曰：「皇帝赴難，比要成功，賊勢至厚，可明旦穩審議戰，未爲晚也。」使未達，契丹已與南軍騎將高行周、符彥卿等合戰。時張敬達、楊光遠列陣西山下，士未及成伍，而行周、彥卿爲伏兵

所斷，捨軍而退，敬達等步兵大敗，死者萬人。是夜，帝出北門與戎王相見，戎王執帝手曰：「恨會面之晚。」因論父子之義。案遼史：敬瑭率官屬來見，帝執手撫慰之。契丹國志云：敬瑭見契丹帝，問曰：「皇帝遠來，士馬疲倦，遽與唐大戰而勝，何也？」帝曰：「始我謂唐必斷雁門諸路，伏兵險要，不可得進，使人偵視皆無之，是以長驅而深入。我氣方銳，乘此擊之，是以勝之。」敬瑭歎服。（舊五代史考異） 明日，帝與契丹圍敬達營寨，南軍不復出矣。帝與契丹本無結好，自末帝見迫之後，遣心腹何福，以刀錯爲信，刀錯，原本作「刀錫」，今從册府元龜改正。（影庫本粘籤） 一言親赴其難，迅若流電，信天意耶！己酉，唐末帝率親軍步騎三萬出次河橋。辛亥，末帝詔樞密使趙延壽分衆二萬爲北面招討使，又詔魏博節度使范延光統本軍二萬人屯遼州。十月，幽州節度使趙德鈞領所部萬餘人自上黨吳兒谷合延壽兵屯團谷口〔八〕，與敬達寨相去百里，彌月竟不能相通。案遼史：初圍晉安，分遣精兵守其要害，以絕援兵之路，趙延壽等皆逗留不進。

十一月，戎王會帝於營，謂帝曰：「我三千里赴義，事須必成。觀爾體貌恢廓，識量深遠，眞國主也。天命有屬，時不可失，欲徇蕃漢羣議，册爾爲天子。」帝飾讓久之。既而諸軍勸請相繼，乃命築壇於晉陽城南，案：通鑑作築壇于柳林，遼史亦作設壇晉陽。（舊五代史考異） 册立爲大晉皇帝，戎王自解衣冠授焉。案遼史太宗紀：十一年冬十月甲子，封敬瑭爲晉王。十一月丁酉，册敬瑭爲大晉皇帝。薛史及通鑑、歐陽史俱不載先封晉王事。案遼史：十月甲子，封敬瑭爲晉王，幸其府，敬瑭與妻李氏率其親

屬捧觴上壽。考通鑑及契丹國志俱不載先封晉王。（孔本） 文曰：

維天顯九年〔九〕，歲次丙申，十一月丙戌朔，十二日丁酉，大契丹皇帝若曰：於戲！元氣肇開，樹之以君；天命不恆，人輔以德。故商政衰而周道盛，秦德亂而漢圖昌，人事天心，古今靡異。

咨爾子晉王，神鍾睿哲，天贊英雄，叶夢日以儲祥，應澄河而啓運。迨事數帝，歷試諸艱。武略文經，迺由天縱；忠規孝節，固自生知。猥以眇躬，奄有北土，暨明宗之享國也，與我先哲王保奉明契，所期子孫順承，患難相濟，丹書未泯，白日難欺，顧予纂承，匪敢失墜。爾惟近戚，實系本枝，所以余視爾若子，爾待予猶父也。

朕昨以獨夫從珂，本非公族，竊據寶圖，棄義忘恩，逆天暴物，誅剪骨肉，離間忠良，聽任矯諛，威虐黎獻，華夷震悚，內外崩離。知爾無辜，爲彼致害，敢徵衆旅，來逼嚴城，雖併吞之志甚堅，而幽顯之情何負，達於聞聽，深激憤驚。乃命興師，爲爾除患，親提萬旅，遠殄羣凶，但赴急難，罔辭艱險。果見神祇助順，卿士叶謀，旗一麾而棄甲平山，鼓三作而殭屍徧野。雖以遂予本志，快彼羣心，將期稅駕金河，班師玉塞。

矧今中原無主，四海未寧，茫茫生民，若墜塗炭。況萬幾不可以暫廢，大寶不可以久虛，拯溺救焚，當在此日。爾有庇民之德，格于上下；爾有戡難之勳，戡難，原本作「甚

艱」，今從契丹國志改正。（影庫本粘籤）光于區宇；爾有無私之行，通乎神明；爾有不言之信，彰乎兆庶。予懋乃德，嘉乃不績，天之曆數在爾躬，是用命爾，當踐皇極。仍以爾自茲并土，首建義旂，宜以國號曰晉，朕永與爲父子之邦，保山河之誓。於戲！補百王之闕禮，行茲盛典；成千載之大義，遂我初心。爾其永保兆民，勉持一德，愼乃有位，允執厥中，亦惟無疆之休，其誡之哉！

禮畢，帝鼓吹導從而歸。案通鑑考異引廢帝實錄：契丹立晉，在閏月丁卯。歐陽史及通鑑幷從薛史，作十一月丁酉。

始梁開國之歲，卽前唐天祐四年也，潞州行營使李思安奏：「壺關縣庶穰鄉鄉人伐樹，樹倒自分兩片，內有六字如左書，云『天十四載石進』。」梁祖令藏於武庫，然莫詳其義。至帝卽位，識者曰：「『天』字取『四』字中兩畫加之於傍，則『丙』字也，『四』字去中之兩畫，案：原本作「中去之兩畫」，今從册府元龜改正。加十字，則『申』字也。」帝卽位之年乃丙申也。又，易云：「晉者，進也。」國號大晉，皆符契焉。又，帝卽位之前一年，年在乙未，鄴西有栅曰李固，淸、淇合流在其側。栅有橋，橋下大鼠與蛇鬭，鬭及日之申，蛇不勝而死，行人觀者數百，識者志之。後唐末帝果滅於申。又，末帝，眞定常山人也，有先人舊廬，其側有古佛刹，刹有石像，忽搖動不已，人皆異之。及重圍晉陽，帝遣心腹案：原本闕「帝遣心腹」四字，今從册府元龜增入。何福

徑騎求援北蕃〔一〇〕，蕃主自將諸部赴之，不以繒帛，不以珠金，若響應聲，謂福曰：「吾已兆於夢，皆上帝命我，非我意也。」案契丹國志引紀異錄云：契丹主德光常晝寢，夢一神人花冠美姿容，輜軿甚盛，忽自天而下，衣白衣，佩金帶，執舒鍒，有異人十二隨其後，內一黑兔入德光懷而失之。神人語德光曰：「石郎使人喚汝，汝須去。」覺告其母，母忽之，不以爲異。後復夢，卽前神人也，衣冠儀貌，儼然如故，曰：「石郎已使人來喚汝。」既覺而驚，復以告母。母曰：「可命筮。」乃召巫筮，言：「太祖從西樓來，言中國將立天王，要爾爲助，爾須去。」未浹旬，唐石敬瑭反於河東，爲後唐張敬達所敗，亟遣趙瑩持表重賂，許割燕雲，求兵爲援，契丹主曰：「我非爲石郎興師，乃奉天帝敕使也。」（舊五代史考異）時援兵未至，僞將張敬達引軍逼城設栅〔一一〕，栅將成，必有大風暴雨〔一二〕，栅無以立。後築長城，城就，又爲水潦所壞，城終不能合。晉陽有北宮，宮城之上有祠曰毗沙門天王，帝曾焚修默而禱之。經數日，城西北闉正受敵處，軍候報稱，夜來有一人長丈餘，介金執殳，行於城上，久方不見，帝心異之。又，牙城有僧坊曰崇福，崇福，原本作「從福」，今從册府元龜改正。（影庫本粘籤）坊之廡下西北隅有泥神，神之首忽一日有煙生，其騰郁如曲突之狀。坊僧奔赴，以爲人火所延，及俯而視之，無所有焉。事尋達帝，帝召僧之臘高者問焉，僧曰：「貧道見莊宗將得天下，曾有此煙，覩此噴湧，甚於當時，兆可知矣。」自此，日旁多有五色雲氣，如蓮芰之狀。帝召占者視之，謂曰：「此驗應誰？」占者曰：「見處爲瑞，更應何人！」又，帝每詰旦使慰撫守陴者，率以爲常，忽一夕已暝，城上有號令之聲，聲不絕者三，帝使人問

之，將吏云：「從上傳來者。」皆知神助。時城中復有數家井泉，暴溢不止。及蕃軍大至，合勢破之，末帝之衆，似拉朽焉，斯天運使然，非人力也。

是日，帝言於戎王，願以鴈門已北及幽州之地爲戎王壽，仍約歲輸帛三十萬，戎王許之。永樂大典卷一萬五千六百四十三。

校勘記

〔一〕梟捩鷄　「捩」原作「捩」，據殿本、劉本、册府卷一改。

〔二〕汾陽里　「汾」原作「派」，據彭校及册府卷二、會要卷一改。

〔三〕侍衞親軍馬步軍都指揮使　「馬」字原無，據册府卷八、通鑑卷二七六補。

〔四〕三年四月　「三年」二字原無，據册府卷八、歐陽史卷八晉本紀、通鑑卷二七六、本書卷三九明宗紀補。

〔五〕契丹族移帳近塞　「移」原作「旋」，據殿本改。劉本本句作「契丹族帳近塞」。

〔六〕晉州刺史　殿本、劉本同。册府卷八作晉州節度使，通鑑卷二八〇作建雄節度使。

〔七〕彰德軍　劉本、彭本同。殿本、册府卷八、通鑑卷二八〇作彰聖軍。

〔八〕團谷口　劉本、彭本同。殿本、歐陽史卷三三張敬達傳、册府卷八作團柏谷，通鑑卷二八〇作團柏谷口。

〔九〕維天顯九年　殿本、劉本同。據遼史卷三太宗紀，當爲天顯十一年。

〔一〇〕何福徑騎求援北蕃　盧本同。影庫本批校云：「『徑騎』，疑當作『輕騎』。」殿本、劉本作「輕騎」，彭校作「單騎」。

〔一一〕逼城設栅　「設」原作「投」，據殿本、劉本改。

〔一二〕必有大風暴雨　劉本、彭本同。影庫本批校云：「『必有』，按文氣應作『忽有』。」殿本、册府卷二一一作「忽有」。

舊五代史卷七十六

晉書二

高祖紀第二

天福元年十一月已亥，帝御北京崇元殿，降制：「改長興七年爲天福元年，大赦天下。十一月九日昧爽已前，應在京及諸州諸色罪犯，及曾授僞命職掌官吏，并見禁囚徒，已結正未結正，已發覺未發覺，罪無輕重，常赦不原者，咸赦除之。應明宗朝所行勑命法制，仰所在遵行，不得改易。其在京鹽貨，元是官場出糶，自今後並不禁斷，一任人戶取便糴易，仍下太原府，更不得開場糶貨。其麴 其麴，原本作「其麵」，今從文獻通考改正。（影庫本粘籤） 每斤與減價錢三十文。」以節度判官趙瑩爲翰林學士承旨、守尚書戶部侍郎、知河東軍府事，以節度掌書記桑維翰爲翰林學士、守尚書禮部侍郎、知樞密院事，以觀察判官薛融爲吏部郎中兼侍御史、知雜事，太原縣令羅周岳爲左諫議大夫，節度推官竇貞固爲翰林學士，軍城都巡檢使劉

知遠爲侍衞馬軍都指揮使，客將景延廣爲步軍都指揮使，太原少尹李玘爲尚書工部侍郎。李玘，原本作「李玑」，今從通鑑改正。（影庫本粘籤）

閏十一月甲子，晉安寨副招討使楊光遠等殺上將張敬達，以諸軍來降。丙寅，制以翰林學士承旨、知河東軍府、戶部侍郎、知制誥趙瑩爲門下侍郎、同中書門下平章事、監修國史。以翰林學士、權知樞密事、禮部侍郎、知制誥桑維翰爲中書侍郎、同中書門下平章事、集賢殿大學士，依前知樞密院事，並賜推忠興運致理功臣。甲戌，車駕至昭義，案：歐陽史及通鑑並從薛史作甲戌至潞州。遼史作辛未，與薛史異。（舊五代史考異） 受趙德鈞、延壽降。是日，戎王舉酒言於帝曰：「予遠來赴義，大事已成，皇帝須赴京都，今令太相温勸兵相送至河梁，要過河者，任意多少，予亦且在此州，俟京、洛平定，便當北轅。」執手相泣，久不能別。脫白貂裘以衣帝，贈細馬二十匹，細馬，通鑑作「良馬」，疑原本有誤，考契丹國志亦作「細馬」，今仍其舊。（影庫本粘籤） 戰馬一千二百匹，仍誡曰：「子子孫孫，各無相忘。」己卯，至河陽北，案：薛史唐紀作庚辰，晉帝至河陽，遼史又作辛巳，並與此紀異。通鑑作己卯，與此紀同。（舊五代史考異） 節度使萇從簡來降，舟楫已具。庚辰，望見洛陽煙火相次，有將校飛狀請進。辛巳，唐末帝聚其族，與親將宋審虔等登玄武樓，縱火自焚而死。至晚，車駕入洛。唐兵解甲待罪，皆慰而舍之。帝止潛龍舊第，百官稍稍見焉。詔御史府促朝官入見，詔文武兩班臣僚應事僞庭者並釋罪。是日，百辟謝恩於宮門之外。甲申，車駕入內，御文明殿受朝賀，用唐禮樂。制：「大赦天下，應中外諸色職掌官吏內曾有受僞命者，一切不問。僞庭賊臣張延朗、劉延皓、劉延朗等，原本脫「劉延朗」三字，今從册府元龜增入。（影庫本粘籤） 並姦邪害物，貪猥弄權，罪既滿盈，理難容貸。除此三人已行勑命指揮外，其有宰臣馬裔孫、樞密使房暠、宣徽使李專美、河府節度使韓昭胤等四人，並令釋放。少帝宜令中書門下追尊定謚，擇日禮葬；妃孔氏，宜行追册祔葬。應天下節度使、刺史下賓席郡職及將校等，委中書門下各與改轉官資。其北京管內鹽鐺戶，合納逐年鹽利，昨者僞命指揮，每斗須令人戶折納白米一斗五升，極知百姓艱苦，自今後宜令人戶以元納食鹽石斗數目，每斗依時價計定錢數，取人戶便穩，折納斛斗。其洛京管內逐年所配人戶食鹽，起來年每斤特與減價錢十文。應諸道商稅，仰逐處將省司合收稅條例，牓於本院前，牓內該設名目者，即得收稅。」

十二月乙酉朔，幸河陽，餞送太相温、蕃部兵士歸國，詔降末帝爲庶人。丁亥，制以司空馮道守本官兼門下侍郎平章事、弘文館大學士，以步軍都指揮使符彥饒爲滑州節度使，以河陽節度使萇從簡爲許州節度使，以澤州刺史劉凝爲華州節度使，以皇子重乂爲河南尹。庚寅，以滑州節度判官石光贊爲宗正卿。辛卯，以舊相姚顗爲刑部尚書。姚顗，原本作「姚覬」，今從歐陽史改正。（影庫本粘籤） 時自秋不雨，經冬無雪，命羣官徧加祈禱。癸巳，以邢州節

度使張希崇爲靈武節度使，鄜州節度使皇甫遇爲定州節度使。詔國朝文物制度、起居入閤，宜依唐明宗朝事例施行。鎮州衙內都虞候祕瓊作亂，逐副使李彥琦，殺都指揮使胡章。同州小校門鐸殺節度使楊漢賓，燒劫州城。丙申，帝爲明宗皇后曹氏舉哀於長春殿，輟朝三日。詔封故東丹王李贊華爲燕王，遣前單州刺史李肅部署歸葬本國。以右拾遺吳涓爲左補闕，充樞密院學士。己亥，以汴州節度使李周充西京留守，以前河中節度使李從璋爲鄧州節度使。慈州奏，草寇攻城，三日而退。庚子，帝爲皇弟故彰聖指揮使敬殷、沂州指揮使敬德、檢校太子賓客敬友舉哀於長春殿。以舊相盧文紀爲吏部尚書；以皇城使周環爲大將軍〔一〕，充三司使；以左贊善大夫馬重績爲司天監。青州奏，節度使房知温卒，詔鄆州王建立以所部牙兵往青州安撫。中書門下奏：「請以來年二月二十八日帝慶誕日爲天和節。」從之。

天福二年春正月甲寅朔，帝御文明殿受朝賀，仗衞如式。乙卯，日有蝕之。案：五代春秋作正月乙卯朔，日食。據通鑑考異引十國紀年，蜀人亦以乙卯爲朔。蓋晉人避正朝日食，故改甲寅朔耳。是夜，有赤白氣相間，如耕壟竹林之狀，自亥至丑，生北濁，過中天，明滅不定，徧二十八宿，徹曙方散。丁巳，故皇弟敬德、敬殷並贈太傅，皇子重裔、重進、重英並贈太保。右神武統軍康思立卒，

輟視朝，贈太子少師。是日，詔曰：「唐莊宗陵名與國諱同，宜改爲伊陵。應京畿及諸州縣，舊有唐朝諸帝陵，并眞源等縣，並不爲次赤，却以畿甸緊望爲定。其逐處縣令，不得以陵臺結銜，考滿日，依出選門官例指揮，隔任後準格例施行。其宋州亳州節度使、刺史，落太清宮使副名額。」太清，原本作「大靖」，今從五代會要改正。（影庫本粘籤）

庚申，以前吏部郎中兼侍御史、知雜事王松爲左諫議大夫，水部郎中王易簡本官知制誥。定州奏，契丹改幽州爲南京。案：歐陽史作燕京，通鑑、遼史、契丹國志並作南京。（舊五代史考異）中書奏，請立宗廟，從之。以翰林學士、工部侍郎和凝爲禮部侍郎，依前充職。詔內外文武臣僚並與加恩，皇基初造，示普恩也。太子少保致仕華溫琪卒，贈太子太保。是日，詔：「應朝臣中有藉才特除外任者，秩滿無遺闕，將來擬官之時，在外一任同在朝一任升進。其就便自求外職及不是特達選任者，不在此限。」安州上言，節度使盧文進殺行軍副使，率部下親兵過淮。案：盧文進棄鎭奔吳，通鑑作元年十二月，五代春秋、歐陽史作二年正月，與薛史同。（舊五代史考異）以前天平軍節度使、檢校太尉、兼侍中王建立爲平盧軍節度使，以守司空門下侍郎、平章事、弘文館大學士馮道兼諸道鹽鐵轉運等使。天雄軍節度使、兼中書令范延光改封秦國公，加食邑實封；鳳翔節度使、兼中書令、西平王李從曮加食邑實封。

乙丑，以端明殿學士、禮部侍郎呂琦爲檢校工部尚書、祕書監。丙寅，改中興殿爲天福

殿，門名從之。湖南節度使、楚王馬希範加食邑實封，改賜功臣名號。前昭義節度使、檢校太傅、同平章事高行周起復右金吾衞大將軍，依前昭義軍節度使。泰寧軍節度使李從溫、荊南節度使南平王高從誨、歸德軍節度使趙在禮，並加食邑實封，改功臣名號。以端明殿學士、戶部侍郎李崧爲兵部侍郎、判戶部，以左諫議大夫王松判度支。魏府范延光奏：「當管夏津鎭捕賊兵士，誤殺却新齊州防禦使祕瓊。」初，延光將萌異志，使人潛結於瓊，諾之。及是，以瓊背其謀，密使精騎殺之，由是延光反狀明矣。以工部侍郎李玘檢校右僕射，爲汾州刺史，以前彰國軍節度使尹暉爲左千牛衞上將軍。是日，詔曰：「西天中印土摩竭陀舍衞國大菩提寺三藏阿闍梨沙門室利縛羅，宜賜號弘梵大師。」庚午，涇州節度使李德珫、徐州節度使安彥威、秦州節度使康福、延州節度使劉景巖、襄州節度使安從進、夏州節度使李彝殷，並加食邑實封。壬申，正衙備禮册贈故皇弟、皇子等。丙子，故契丹人皇王歸葬，人皇王，原本作「天皇王」，考契丹國志，東丹王稱人皇王，今改正。（影庫本粘籤）輟視朝一日。改汴州雍丘縣爲杞縣，避廟諱也。戊寅，以兵部侍郎、判戶部李崧爲中書侍郎、同中書門下平章事，充樞密使，以權知樞密使事、中書侍郎、同中書門下平章事、集賢殿學士桑維翰爲樞密使。是日，詔曰：「應天開國，恭己臨人，宜覃繼絕之恩，以廣延洪之道。宜於唐朝宗屬中取一人封公世襲，案：五代會要載原敕云：其唐朝宗屬中，曾在朝及諸道爲官者，各據資歷，考限滿日，從品秩序遷。已有出身，任令

參選。（舊五代史考異）兼隋之酅公爲二王後，以後周介公備三恪，主其祭祀，及赴大朝會。」以前鎭國軍節度使皇甫立爲神武統軍，以前宗正卿李郁爲太子賓客。庚辰，以吏部侍郎龍敏判戶部。

二月丙戌，以尚食使安友規充葬明宗皇后監護使，以河陽節度使安審暉爲鄜州節度使。癸巳，詔停北京西北面計度司事。吳越國王錢元瓘加食邑實封，改賜功臣名號。己亥，詔：「應諸道行軍副使等得替後，且就私家取便安止，限一年後方得赴闕，當便與比擬。」壬寅，詔：「應諸道馬步都虞候，自今後朝廷更不差補，委自藩方，於本州衙前大將中，愼選久歷事任、曉會刑獄者充，以三年爲限〔二〕，仍不得於元隨職員內差補。」以左散騎常侍孔昭序爲太子賓客，尚書左僕射劉昫、右僕射盧質並加食邑實封〔三〕。甲辰，以滄州留後馬全節爲橫海軍節度使，以太子賓客韓惲爲貝州刺史，左羽林統軍羅周敬爲右金吾衞上將軍。丙午，以皇子左驍衞上將軍重信爲檢校太保、河陽三城節度使，以權知河陽軍州事周瓌爲安州節度使。詔：「中外臣僚，或因差使出入，並不得薦屬人於藩鎭，希求事任。如有犯者，並準唐長興二年勅條處分。」戊申，中書舍人陳乂改左散騎常侍。應在朝文武百僚及見任刺史，先代未封贈者，與加封贈；母、妻未敍封者，並與敍封。辛亥，天和節，天和，原本作「天河」，今從五代會要改正。（影庫本粘籤）帝御長春殿，召左右街僧錄威儀殿內譚經，循舊式也。

三月甲寅，制北京留守、太原尹、皇子重貴封食邑三百戶，刑部侍郎張鵬改兵部侍郎。己未，御史臺奏：「唐朝定令式，南衙常參文武百僚，每日朝退，於廊下賜食，謂之常食。自唐末亂離，常食漸廢，仍於入閤起居日賜食，每入閤禮畢，閤門宣放仗，羣官俱拜，謂之謝食。至僞主淸泰年中，入閤禮畢，更差中使至正衙門口宣賜食，百官立班重謝，此則交失唐朝賜食之意，於禮實爲太煩。臣恐因循，漸失根本，起今後入閤賜食，望不差中使口宣，準唐明宗朝事例處分。」從之。案五代會要載：其年四月，御史臺奏：「文武百官，每月朔望入閤禮畢，賜廊下食。在京時祇於朝堂幕次兩廊下〔四〕，今在行朝，于正衙門外權爲幕次，房廊隘狹，伏恐五月一日朝會禮畢，准例賜食于幕次，難爲排比。伏見唐明宗時，兩省官于文明殿前廊下賜食，今未審入閤日權于正衙門內兩廊下排比賜食，爲復別有處分？」敕：宜依唐明宗時舊規，廊下賜食。（舊五代史考異）中書奏：「準勅，故庶人三月七日以王禮葬，其妻男等並以禮葬，請輟其日朝參一日。」從之。以宣徽南院使楊彥詢爲左監門衞上將軍，依前充宣徽使。兗州李從溫奏，節度副使王謙搆軍士作亂，尋已處置。

丙寅，詔：「王者省方設教，靡憚於勤勞；養士撫民，必從其宜便。顧惟凉德，肇啓丕圖，常務去於煩苛，冀漸臻於富庶。念京城俶擾之後，屬舟船焚爇之餘，饋運頓虧，支費殊闕。今以夷門重地，梁苑雄藩，梁苑，原本作「梁莊」，今從册府元龜改正。（影庫本粘籤）水陸交通，舟車必集，爰資經度，須議按巡，寧免暫勞，

所期克濟，取今月二十六日巡幸汴州」云。案通鑑：范延光聚卒繕兵，悉召巡內刺史集魏州，將作亂。會帝謀徙都大梁，桑維翰曰：「大梁北控燕、趙，南通江、淮，水陸都會，資用富饒。今延光反形已露，大梁距魏不過十驛，彼若有變，大軍尋至，所謂疾雷不及掩耳也。」丙寅，下詔，託以洛陽漕運有闕，東巡汴州。（舊五代史考異）以前貝州刺史史圭爲刑部侍郎，充諸道鹽鐵轉運副使；前澤州刺史閻至爲戶部侍郎。詔：「車駕經過州府管界，所有名山大川、帝王陵廟、名臣祠墓，去路十里者（五），宜令本州排比祗候，駕經過日，以酒脯祭告。」左僕射劉昫等議立宗廟，以立高祖已下四親廟，其始祖一廟，伏候聖裁。御史中丞張昭遠議，請依隋、唐之制，立四廟，推四世之中名位高者爲太祖。詔下百官定議，百官請依唐制，追尊四廟爲定，從之。

甲戌，以右龍武統軍楊思權爲左衞上將軍。乙亥，前鄜州節度使張萬進加檢校太傅，前宋州節度使李從敏加檢校太尉，以吏部郎中兼侍御史、知雜事薛融爲左諫議大夫，以兵部郎中段希堯爲右諫議大夫。戊寅，以戶部尚書王權爲兵部尚書，工部尚書崔居儉爲戶部尚書，兵部尚書李鏻爲太子少保，李鏻，原本作「李鄰」，今從歐陽史改正。（影庫本粘籤）兵部尚書致仕裴皞爲工部尚書，東上閤門使李守貞爲右龍武將軍充職。庚辰，車駕離京。

四月癸未朔，至鄭州，防禦使白景友進牲餼器皿，帝曰：「不出民力否？」景友曰：「臣畏陛下法，皆辦於己俸。」命收之。甲申，駕入汴州。丁亥，制：「應天福二年四月五日昧爽已

前，諸道州府見禁囚徒，大辟已下，罪無輕重，並釋放。天福元年已前，諸道州府應係殘欠租稅，並特除免。諸道係徵諸色人欠負省司錢物，宜令自僞清泰元年終已前所欠者，據所通納到物業外，並與除放。昨者，行至鄭州滎陽縣界，路旁見有蟲食及旱損桑麥處，桑麥，原本作「乘麥」，今據五代會要改正。（影庫本粘籤）委所司差人檢覆，量與蠲免租稅。河陽管內酒戶百姓，應欠天福元年閏十一月二十五日已前，不數年額麴錢，並放。其諸處應經兵火者，亦與指揮。當罪卽誅，式明常典；既往可憫，宜示深仁。僞清泰中，臣僚內有從誅戮者，並許收葬。天下百姓，有年八十已上者，與免一子差徭，仍逐處簡署上佐官。梁故滑州節度使王彥章，効命當時，致身所事，稟千年之生氣，流百代之令名，宜令超贈太師，子孫量才敘錄。應諸道州府管界，有自僞命抽點鄉兵之時，多是結集劫盜，因此畏懼刑章，藏隱山谷，宜令逐處曉諭招攜，各令復業。自今年四月五日已前爲非者，一切不問。如兩月不歸業者，復罪如初。」丁酉，宣武軍節度使、侍衞親軍使楊光遠加兼侍中。己亥，陝州節度使、侍衞都虞候劉知遠加檢校太保。庚子，北京、鄴都、徐兗二州並奏旱。詔：「今後立妃，及拜免三公宰相，及命將、封親王公主，宜令並降制命，餘從令式處分。」

夏五月壬子朔，帝御崇元殿受朝賀，仗衞如式。詔洛京、魏府管內所徵今年夏苗稅麥等（六），宜放五分之一，以微旱故也。丙辰，御史中丞張昭遠奏：「汴州在梁室朱氏稱制之

年，有京都之號，及唐莊宗平定河南，復廢爲宣武軍。至明宗行幸之時，掌事者因緣修葺衙城，遂挂梁室時宮殿門牌額，當時識者或竊非之。一昨車駕省方，暫居梁苑，臣觀衙城內齋閣牌額，一如明宗行幸之時，無都號而有殿名，恐非典據。臣竊尋秦、漢已來，寰海之內，鑾輿所至，多立宮名。近代隋室於揚州立江都宮，太原立汾陽宮，岐州立仁壽宮。岐州，原本作「岐周」，今據五代會要改正。（影庫本粘籤）唐朝於太原立晉陽宮，同州立長春宮，岐州立九成宮。宮中殿閣，皆題署牌額（七），以類皇居。請準故事，於汴州衙城門權挂一宮門牌額，則其餘齋閣，並可取便爲名（八）。」勅：行闕宜以大寧宮爲名。湖南靑草廟舊封安流侯，進封廣利公；洞庭廟進封靈濟公（九）；案：洞庭廟不載舊封，疑有脫文，考五代會要、十國春秋並與薛史同。（舊五代史考異）磊石廟舊封昭靈侯，進封威顯公；案五代會要作賁利威顯公（一〇）。（舊五代史考異）黃陵二妃廟舊封懿節廟，改封昭烈廟，從馬希範之請也。戊午，以前成德軍節度判官張彭爲太府卿。壬戌，詔在朝文武臣僚，每人各進封事一件，仍須實封通進，務裨闕政，用副虛懷。甲子，以虞部郎中、知制誥于嶠爲中書舍人，以戶部郎中于遘爲虞部郎中、知制誥，故太子少保致仕朱漢賓贈司空。乙丑，六宅使王繼弘送義州衙前收管，前洺州團練使高信送復州收管，二人於崇禮門內喧爭，爲臺司所劾故也。戊辰，翰林學士、戶部員外郎、知制誥竇貞固改工部郎中、知制誥；翰林學士、都官郎中、知制誥李愼儀改中書舍人，仍賜金紫，並依舊充職。庚

午，制封皇第二十一女爲長安公主，封皇第十一妹烏氏爲壽安長公主，皇第十二妹史氏爲永壽長公主，皇第十三妹杜氏爲樂平長公主。壬申，天雄軍節度使、守太傅、兼中書令、興唐尹范延光進封臨淸王，加食邑三千戶；鳳翔節度使、檢校太師、兼中書令、西平王李從曮進封岐王。丙子，平盧軍節度使、兼中書令王建立進封臨淄王；昭信軍節度使、侍衞馬軍都指揮使景延廣改寧江軍節度使，典軍如故。太常卿梁文矩梁文矩，原本作「文舉」，今從歐陽史改正。（影庫本粘籤）奏定四廟謚號、廟號、陵號，太常少卿裴坦奏定四廟皇后追尊謚號，從之。戊寅，以中書舍人、權知貢舉王延爲御史中丞，以翰林學士、戶部侍郎、知制誥崔梲爲兵部侍郎充承旨，以翰林學士承旨、兵部侍郎程遜爲檢校禮部尚書、太常卿，以檢校吏部尚書、太常卿梁文矩爲吏部尚書，以御史中丞張昭遠爲戶部侍郎，以吏部尚書盧文紀爲太子少傅。己卯，詔大社內先收掌唐朝罪人首級等，宜令骨肉或先舊僚屬收葬，其喪葬儀注不得過制。案：改葬梁末帝，因裴繼英之請也。事未及行而繼英誅死，至九月甲寅，始命安崇阮改葬，詳見通鑑。

六月壬午朔，制：「宗正卿石光贊奏：滎陽道左有萬石君石奮之廟，德行懿美，宜示封崇，用光遠祖之徽猷，益茂我朝之盛典。贈奮太傅。」癸未，契丹使夷離畢來聘（一一），致馬二百匹，及人參、貂鼠皮、走馬、木椀等物。乙酉，翰林學士、司封員外郎、知制誥王仁裕改都官郎中，右贊善大夫盧損改右散騎常侍，前有朝貶故也。以祕書少監致仕劉頎爲鴻臚卿致仕，

前光祿少卿尹玉羽以少府監致仕。丙戌，宰臣李崧上表讓樞密使於趙瑩，以瑩佐命之元臣也。詔不允。以前義成軍節度使李彥舜爲左武衛大將軍，以左散騎常侍唐汭爲檢校禮部尚書、國子祭酒，以前左龍武統軍李承約爲左驍衛上將軍。戊子，宰臣趙瑩自契丹使回。案：薛史不載趙瑩出使之月日，五代春秋作三月，趙瑩使契丹，歐陽史作四月。（舊五代史考異）癸巳，東都奏，瀍、澗河溢，壞金沙灘內舍屋。幽州趙思温奏：「瀛、莫兩州，元係當道，其刺史常行周、白彥球乞發遣至臣本府。」詔遣行周等赴闕。

甲午，六宅使張言自魏府迴，奏范延光叛命。滑州符彥饒飛奏，有兵士自北來，傳范延光到黎陽，乞發兵屯禦。宣遣客省使客省使，原本作「安省」，今從五代會要改正。（影庫本粘籤）李守貞往延光所問罪。尋命護聖都指揮使白奉進領騎士一千五百赴白馬渡巡檢。乙未，魏府范延光男閑廄使守圖送御史臺。攝荆南節度行軍司馬、檢校太保、歸州刺史王保義王保義，原本作「倞義」，今從十國春秋改正。（影庫本粘籤）加檢校太傅，知武泰軍節度觀察留後，充荆南行軍司馬兼沿淮巡檢使。襄州奏，江水漲一丈二尺。丁酉，遣內班史進能押信箭一對，往滑州賜符彥饒。以前磁州刺史劉審交爲魏府計度使，以東都巡檢使張從賓充魏府西南面都部署。遣侍衛使楊光遠領步騎一萬赴滑州。以東都副留守張延播充洛京都巡檢使。白奉進奏：「捉得賊卒張柔，稱范延光差澶州刺史馮暉充一行都部署，元從都押衙孫銳充一行兵馬都

監。」帝覽奏，謂侍臣曰：「朕雖寡德寡謀，自謂不居延光之下，而馮暉、孫銳過於兒戲，朝夕就擒，安能抗拒大軍爲我之患乎！」天平軍節度使安審琦起復舊任，翰林學士、禮部侍郎和凝改端明殿學士。乙巳，范延光差牙將王知新齎表到闕，不令朝見，收付武德司。丁未，詔侍衛使楊光遠充魏府四面都部署〔三〕；以張從賓充副，兼諸軍都虞候；昭義節度使高行周充魏府西面都部署。是日，張從賓亦叛，與范延光叶謀，害皇子河陽節度使重信、皇子東都留守重乂。己酉，以奉國都指揮使侯益、護聖都指揮使杜重威領步騎五千往屯汜水關，備從賓之亂也。案通鑑：七月，張從賓攻汜水關，殺巡檢使宋廷浩。帝戎服，嚴整輕騎，將奔晉陽以避之，桑維翰叩頭苦諫曰：「賊鋒雖盛，勢不能久，請少待之，不可輕動。」帝乃止。（舊五代史考異）

七月辛亥，兩浙錢元瓘奏：「弟吳越土客馬步諸軍都指揮使〔三〕、靜海軍節度使元球，非時入府，欲謀爲亂，腰下搜得匕首，已誅戮訖。」詔削元球在身官爵。甲寅，奉國都指揮使馬萬奏，滑州節度使符彥饒作亂，屠害侍衛馬軍都指揮使白奉進，尋以所部兵擒到彥饒，差立功都虞候方太押送赴闕。尋賜死於路。是日，削奪范延光在身官爵。以馬萬爲滑州節度使；以昭義節度使高行周爲河南尹、東都留守，充西面行營諸軍都部署；以護聖左右廂都指揮使杜重威爲昭義軍節度使兼侍衛馬軍都指揮使，案：原本脫「馬軍都」三字，今從通鑑增入。充西面行營副部署；以奉國都指揮使侯益爲河陽節度使；案宋史侯益傳：晉祖召益謂曰：「宗社危若綴旒，

卿能爲朕死耶？」益曰：「願假銳卒五千人，破賊必矣。」以益爲西面行營副都部署。據薛史，高行周爲都部署，杜重威爲副部署，不言侯益爲副都部署，與宋史異。（舊五代史考異）以右神武統軍王周充魏府行營步軍都指揮使；以滑州節度使馬萬充魏府行營馬軍都指揮使；案：原本脫「馬軍都」三字，今從通鑑增入。（舊五代史考異）以左僕射劉昫充東都留守，兼判河南府事。杜重威等奏：「收下汜水關，破賊千人，張從賓及其殘黨奔投入河，案宋史侯益傳：益率禁兵數千人，次虎牢，從賓軍萬餘人，夾汜水而陣。益親鼓士乘之，大敗其衆，擊殺殆盡，汜水爲之不流，從賓乘馬入河溺死。據薛史，祗言破賊千人，與宋史異。（舊五代史考異）兼收到護聖指揮使曹再晟一百人騎，稱背賊投來，並送赴行闕。」升貝州爲防禦使額。皇子故東都留守重乂贈太傅，皇子故河陽節度使重信贈太尉。敕：「朋助張從賓逆人張延播、張繼祚等十人，宜令收捕，親的骨肉並處斬。」

丁卯，以唐開府儀同三司、守太尉、兼中書令、西平王李晟五代孫瓛爲耀州司戶參軍，示勸忠之義也。壬申，帝御崇元殿，備禮册四廟，親授寶册於使攝太尉、守司空、門下侍郎平章事馮道，使副攝司徒、守工部尚書裴皞，赴洛京行禮。甲戌，以宰臣趙瑩判戶部，以吏部侍郎判戶部龍敏爲東都副留守。詔洛京留司百官並赴闕。安州軍亂，指揮使王暉害節度使周環周環，原本作「周瓘」，今從通鑑改正。（影庫本粘籤）於理所，案：王暉害周環，五代春秋、通鑑俱不書日，歐陽史作丙子，薛史作甲戌，諸史所載俱異。（舊五代史考異）遣右衛上將軍李金全領千騎赴安州。

八月辛巳，以許州節度使萇從簡爲徐州節度使，以陝州節度使、侍衛馬步軍都虞候劉知遠爲許州節度使，以權北京留守、徐州節度使安彥威爲太原尹、北京留守、河東節度使。宰臣監修國史趙瑩奏：「請循近例，依唐明宗朝，凡有內庭公事及言動之間，委端明殿學士或樞密院學士侍立晃旒，繫日編錄，逐季送當館。其百司公事，亦望逐季送當館，旋要編修日曆。」從之。丁亥，以前宋州宋州，原本作「家州」，今從歐陽史改正。（影庫本粘籤）節度使李從敏爲陝州節度使。戊子，以尚書左丞鄭韜光爲戶部尚書致仕。改元德殿爲廣政殿，門名從之。庚子，華州渭河泛溢，害稼。宰臣馮道加開府儀同三司，食邑實封；左僕射劉昫加特進，兼鹽鐵轉運等使。故東京留守判官李遐可贈右諫議大夫，其母田氏封京兆郡太君，子孫量才敍錄，仍加賻贈，長給遐在身祿俸，終母之世。先是，遐監左藏庫於洛陽，會張從賓叛，令強取錢帛，遐拒而不與，因而遇害，故有是命。乙巳，詔：「天下見禁囚徒，除十惡五逆、放火劫舍、持杖殺人、合造毒藥、官典犯贓、欠負官錢外，其餘不問輕重、已發覺未發覺、已結正未結正，並從釋放。應自張從賓作亂以來，有曾被張從賓及張延播脅從染汚者，及符彥饒下隨身軍將等，兼安州王暉徒黨，除已誅戮外，並從釋放，一切不問。張繼祚在喪紀之中，承逆豎之意，顯從叛亂，難貸刑章。乃睠先臣，實有遺德，遽茲乏祀，深所軫懷。其一房家業，準法雖已籍沒，所有先臣并祖父母墳莊祠堂，並可交付骨肉主張。應自梁朝、後唐以來，前

後奉使及北京沿邊管界擄掠往向北人口，宜令官給錢物，差使齎持，往彼收贖，放歸本家」云。繼祚，故齊王全義之子也，齊王，原本作「濟王」，今從歐陽史改正。（影庫本粘籤）故有是詔。丙午，詔：「天下刑獄繫囚染疾者，宜差醫工治療，官中量給藥價。事輕者仍許家人看候，合杖者俟損日決遣。」

九月庚戌朔，以前太府卿兼通事舍人陳瓚爲衞尉卿兼通事舍人。壬子，故安遠軍節度使周環贈太傅。甲寅，皇子北京留守、知河東軍府事、太原尹重貴加檢校太保，爲右金吾衞上將軍。以右龍武統軍安崇阮爲右衞上將軍，以前保太軍節度使、檢校太尉張萬進爲右龍衞軍統軍，以右領軍衞上將軍、權知安州軍州事李金全爲安遠軍節度使。魏府招討使楊光遠進攻城圖。戊午，以太子賓客孔昭序爲工部尚書致仕。將作少監高鴻漸上言：「伏覩近年已來，士庶之家，死喪之苦，當殯葬之日，被諸色音聲伎藝人等作樂攪擾，求覓錢物，請行止絕。」從之。庚申，靜江軍節度使、檢校太尉、同平章事馬希杲加階爵及功臣名號，希杲，原本作「希皋」，今從十國春秋改正。（影庫本粘籤）以前兵部侍郎楊凝式爲檢校兵部尚書、太子賓客，故右金吾衞上將軍羅周敬贈太傅。乙丑，鄧州節度使李從璋卒，贈太師。改興唐府爲廣晉府，興唐縣爲廣晉縣。癸酉，以左諫議大夫、判度支王松爲尚書工部侍郎。甲戌，貝、衞兩州奏，河溢害稼。乙亥，以將作監王伾爲太子賓客。

十月壬午，以宣徽南院使、左監門衞上將軍楊彥詢爲鄧州威勝軍節度使。詔選人試判兩道。以左司郎中張瑑爲右諫議大夫；以刑部侍郎、鹽鐵轉運副使史圭爲吏部侍郎；以曹州刺史宋光業爲宣徽北院使；以左金吾衞大將軍高漢筠爲左驍衞大將軍，充內客省使；以宣徽北院使、左驍衞大將軍劉處讓爲左監門衞上將軍，充宣徽南院使。丙戌，遣使祀五嶽四瀆。故天平軍節度使閻寶追封太原郡王，故大同軍節度使李存璋贈太師，故瀛州刺史李嗣穎贈太尉，故相州刺史史建瑭、故代州刺史王建及並贈太保，故幽州節度使周德威追封燕王。燕王，原本作「兖王」，今從薛史、唐書改正。（影庫本粘籤）

十一月庚戌，賜楊光遠空名官告〔一四〕，自司空至常侍凡四十道，將士立功者，得補之而後奏。中書上言：「準唐貞元二年九月五日敕，文官充翰林學士及皇太子諸王侍讀，武官充禁軍職事，並不常朝參，其在三館等諸職事者，並朝參訖各歸所務。自累朝以來，文武在內廷充職兼判三司，或帶職額及六軍判官等，例不赴常朝，元無正敕。準近敕，文武職事官未升朝者，按舊制並赴朔望朝參。其翰林學士、侍讀、三館職事，望準元敕處分。其諸在內廷諸司使等，每受正官之時，來赴正衙，謝後不赴常朝，大朝會不離禁廷位次。三司職官免常朝，唯赴大朝會。其京師未升朝官員，祇赴朔望朝參，帶諸司職掌者不在此例。文官除翰林端明殿學士、樞密院學士、中書省知制誥外，有兼官兼職者，仍各發遣本司公事。」從之。

丙辰〔一五〕，太子賓客王伾卒。改洛京潛龍宅爲廣德宮〔一六〕，北京潛龍宅爲興義宮。戊午，中書奏：「準雜令，車駕巡幸所祗承者，賜贈並同京官。」從之。戊辰，鎮海鎮東節度使、吳越王錢元瓘元瓘，原本作「元權」，今從十國春秋改正。（影庫本粘籤）加天下兵馬副元帥，封吳越國王。庚午，以右拾遺李澣充翰林學士。甲戌，命太常卿程遜、兵部員外郎韋棁充吳越國王加恩使。丙子〔一七〕，以戶部侍郎張昭遠守本官，充翰林學士，仍知制誥。丁丑，湖南馬希範貢寶裝龍鳳器用、結銀花果子等物，帝覽之，謂侍臣曰：「奇巧蕩心，斯何用耳！但以來遠之道，不欲阻其意。」聞者服之。壬午，安州李金全上言：「奉詔抽臣元隨左都押衙胡漢筠，其人染重病，候損日赴闕。」漢筠本滑吏也，從金全歷數鎮，而濫聲喧聞，帝知之，欲授以他職，免陷功臣。漢筠懼其罪，遂託疾，由是勸金全貳於朝廷，自此始也。

十二月，以監察御史徐台符爲尚書膳部員外郎、知制誥，以右補闕史官修撰吳承範爲尚書屯田員外郎、知制誥。左諫議大夫薛融改中書舍人，辭而不拜。尚書水部郎中、知制誥王易簡改中書舍人，故隴西郡王李嗣昭追封韓王，故橫海軍節度使安審通贈太師。辛丑，湖南節度使、兼中書令楚王馬希範加食邑實封，改賜扶天佐運同德致理功臣。甲辰，車駕幸相國寺祈雪。永樂大典卷一萬五千六百四十三。

校勘記

〔一〕周環　殿本、彭本同。劉本、通鑑卷二八〇作周瓌，按本卷下文有作「瓌」，有作「環」，殿本亦不一致，今各從原文。

〔二〕以三年爲限　「爲」字原無，據會要卷二四補。

〔三〕右僕射盧質　「右」原作「左」，據殿本及本書卷九三盧質傳改。

〔四〕朝堂幕次　「朝」原作「廟」，據會要卷六改。

〔五〕名臣祠墓　「祠墓」原作「等」，據殿本、劉本改。

〔六〕所徵今年夏苗稅麥等　「稅麥」，彭本同。劉本作「麥稅」，殿本及冊府卷四九二作「稅物」。

〔七〕題署牌額　「額」字原無，據會要卷五、冊府卷一四、通鑑卷二八一補。

〔八〕則其餘齋閤並可取便爲名　「其」字原無，據會要卷五、冊府卷一四、通鑑卷二八一補。

〔九〕洞庭廟進封靈濟公　復旦大學藏抄本五代會要（以下簡稱抄本會要）卷一一作「洞庭湖廟改封靈濟公」，沈校本、殿本會要作「洞庭湖廟利涉侯改封靈濟公」，冊府卷三四作「洞庭廟利涉侯進封靈濟公」。

〔一〇〕廣利威顯公　抄本會要卷一一同，沈校本、殿本會要仍作威顯公。

〔一一〕夷離畢　原作「伊勒希巴」，注云：「舊作夷離畢，今改正。」按此係輯錄舊五代史時據遼史索倫國語解所改，今恢復原文。

〔三〕楊光遠充魏府四面都部署　「都」字原無，據殿本及歐陽史卷八晉本紀、通鑑卷二八一補。

〔三〕吳越土客馬步諸軍都指揮使　「土」原作「士」，殿本、劉本同。據彭校及十國春秋卷八三錢傳瓘傳錢元球傳、通鑑卷二八一改。

〔四〕賜楊光遠空名官告　「楊」字原無，據殿本補。

〔五〕丙辰　原作「丙申」，影庫本粘籤云：「丙申，以長曆推之，當作丙辰。今無別本可校，姑仍其舊，附識於此。」今據殿本改。

〔六〕洛京　原作「潞京」，據彭校及會要卷五、冊府卷一四改。

〔七〕丙子　原作「甲子」，下文「丁丑」、「壬午」原作「乙丑」、「壬申」，影庫本粘籤云：「甲子，以長曆推之，當作丙子，下文乙丑當作丁丑，今姑仍其舊，附識於此。」「壬申，以長曆推之，當作十二月壬午，原文似有脫誤，今無別本可校，姑仍其舊。」今據殿本改。

舊五代史卷七十七

晉書三

高祖紀第三

天福三年正月戊申朔，帝御崇元殿受朝賀，仗衞如式。己酉，百官守司，以太史先奏日蝕故也。至是不虧，內外稱賀。壬戌，是夜以上元張燈於京城，縱都人遊樂，帝御大寧宮門樓觀之。丙寅，端明殿學士、禮部侍郎和凝兼判度支；工部郎中、判度支王松工部郎中，原本脫「中」字，今據通鑑增入。（影庫本粘籤）改尙書刑部侍郎；戶部郎中高延賞改左諫議大夫，充諸道鹽鐵轉運副使。壬申，以前右諫議大夫薛融爲左諫議大夫。前興元節度使張筠卒於西京，輟視朝一日。案五代會要：太常禮院申：「准故事，前節度使無例輟朝。」勅：「宜特輟一日朝參。」（舊五代史考異）

二月庚辰，左散騎常侍張允進駮赦論，帝覽而嘉之，降詔獎飾，仍付史館。甲申，荊南節度使高從誨加食邑實封。戊子，翰林學士李澣賜緋魚袋。以尙書屯田員外郎、知制誥吳

承範爲庫部員外郎，充樞密院直學士。乙未，御札曰：「曾有宣示百官，令進封事，今據到者未及十人。朕雖無德，自行敕後已是數月，至於假手於人，也合各有一件事敷奏，食祿於朝，豈當如是！言而不用，朕所甘心；用而不言，誰之責也。」丙申，制武淸軍節度使馬希蕚改威武軍節度使。威武軍，原本脫「威」字，今據十國春秋增入。（影庫本粘籤）辛丑，中書上言：「禮經云：『禮不諱嫌名，二名不偏諱。』注云：『嫌名，謂音聲相近，若禹與宇、邱與區也。二名不偏諱，謂孔子之母名徵在，言在不稱徵，言徵不稱在。』此古禮也。唐太宗二名並諱，玄宗二名亦同，人姓與國諱音聲相近是嫌名者，亦改姓氏，與古禮有異。廟諱平聲字，即不諱餘三聲；諱側聲，即不諱平聲字。所諱字正文及偏旁闕點畫，望依令式施行。」詔曰：「朝廷之制，今古相沿，道在人弘，禮非天降。方開曆數，虔奉祖宗，雖踰孔子之文，未爽周公之訓。所爲二名及嫌名事，宜依唐禮施行。」案：太原縣有史匡翰碑，立於天福八年。匡翰，建瑭之子也。碑於「瑭」字空文以避諱，而建瑭父敬思，仍書「敬」字，蓋當時避諱之體如此。乙巳，天和節，宴近臣於廣政殿。

三月戊午，鴻臚卿劉頎卒，贈太子賓客。壬戌，東上閤門使、前司農卿蘇繼顏改鴻臚卿充職。迴鶻可汗王仁美進野馬、獨峯駞、玉團、玉團，原本作「玉圍」，今從歐陽史改正。（影庫本粘籤）硇砂等方物。甲戌，永壽長公主薨，輟朝一日。故涇州節度觀察留後盧順密贈右驍衞上將軍。丁丑，詔禁止私下打造鑄瀉銅器。

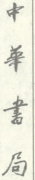

四月丁亥，以尚書吏部侍郎盧詹爲尚書左丞。中書舍人李詳上疏：李詳，原本作「李祥」，今從册府元龜改正。（影庫本粘籤）「請沙汰在朝文武臣僚，以減冗食，仍條貫藩侯郡守，凡遇溥恩，不得多奏衙前職員，妄邀恩澤。」疏奏，嘉之。戊子，宣武軍節度、侍衞親軍馬步軍都指揮使、廣晉府行營都招討使楊光遠加兼中書令。昭義節度使、侍衞馬軍都指揮使、廣晉府行營都排陣使杜重威，河陽節度使兼奉國左右廂都指揮使、廣晉府行營馬步都虞候侯益，並加檢校太傅。鳳翔節度使、檢校太師、兼中書令、岐王李從曮進封秦王，平盧軍節度使、檢校太尉、兼中書令、臨淄王王建立進封東平王。甲午，泰寧軍節度使李從温、西京留守京兆尹李周、歸德軍節度使趙在禮，並加兼侍中。是月，諸道藩侯郡守皆等第加恩。改雍熙樓爲章和樓，避廟諱也。

五月丁未朔，帝御崇元殿受朝，仗衞如式。丁巳，詔應諸州縣名犯廟諱者並改之。庚申，以楊光遠男承祚爲檢校工部尚書、左威衞將軍、駙馬都尉。丁卯，魏府行營步軍都指揮使、檢校司徒、右神武統軍王周加檢校太保。戊辰，故振武節度使李嗣本贈太尉。己巳，詔：「中外臣僚，帶平章事、侍中、中書令及諸道節度使，並許私門立戟，仍並官給及據官品依令式處分。」

六月丁丑，右監門衞上將軍王彥璘卒。甲申，以太子詹事王居敏制置安邑、王居敏，原本

作「君敏」，今據通鑑改正。（影庫本粘籤）解縣兩池榷鹽事。左諫議大夫薛融上疏，請罷修洛京大內，優詔褒之，尋罷營造。庚寅，翰林學士、尚書工部郎中、知制誥竇貞固改中書舍人充職。戶部尚書致仕蕭蘧卒，贈右僕射。詔貢舉宜權停一年，以員闕少而選人多，常調有淹滯故也。丁酉，詔：「尚書省司門應管諸關令丞等，宜準唐天成四年四月四日勅，本司不得差補，祇委關鎮使鈐轄（一），見差補者，並畫時勒停訖奏聞。應常帶使相節度使，自楊光遠已下凡七人，並改鄉里名號。」

七月丙午朔，差左諫議大夫薛融、祕書監呂琦、駕部員外郎兼侍御史知雜事劉皞、刑部郎中司徒詡、大理正張仁瑑，同共詳定唐明宗朝編勅。庚戌，御史中丞王延改尚書右丞，尚書右丞盧導改尚書吏部侍郎，以左諫議大夫薛融爲御史中丞。辛酉，製皇帝受命寶，以「受天明命，惟德允昌」爲文。案五代會要：天福三年六月，中書門下奏：「准勅，製皇帝受命寶。今按唐貞觀十六年，太宗文皇帝所刻之璽，白玉爲螭首，其文曰『皇帝景命，有德者昌』。」勅：「宜以『受天明命，惟德允昌』爲文刻之。」（舊五代史考異）據六典，受命寶者，天子修封禪、禮神祇則用之，其始皆破皇業錢以製之。皇業者，藩邸主事之所有也。壬戌，虞部郎中、知制誥于邁改中書舍人。宰臣趙瑩、桑維翰、李崧各改鄉里名號。荆南節度使高從誨本貫汴州浚儀縣王畿鄉表節東坊，改爲擁旌鄉浴鳳里。

八月戊寅，以左僕射劉昫爲契丹册禮使，左散騎常侍韋勳副之，給事中盧重爲契丹皇太后册禮使。案歐陽史：八月戊寅，馮道及左僕射劉昫爲契丹册禮使。通鑑：戊寅，以馮道爲太后册禮使，左僕射劉昫爲契丹主册禮使。據薛史，則爲太后册禮使者乃盧重，非馮道也。壬午，魏府軍前奏，前澶州刺史馮暉自逆城來歸。定州奏，境內旱，民多流散。詔曰：「朕自臨寰宇，每念生民，務切撫綏，期於富庶，屬干戈之未戢，慮徭役之或煩。惟彼中山，偶經夏旱，因玆疾苦，遽至流移，達我聽聞，深懷惻惻。應定州所差軍前夫役逃戶夏秋稅並放。」甲申，襄州奏，漢江水漲一丈一尺。己丑，以前澶州刺史馮暉爲檢校太保（二），充義成軍節度使。詔：「河府（三）、同州、絳州等三處災旱，逃移人戶下所欠累年殘稅，并今年夏稅差科，及麥苗子沿徵諸色錢物等並放。其逃戶下秋苗，據見檢到數不計是元額及出剩頃畝，並放一半。委觀察使散行曉諭，專切招攜（四），應歸業戶人，仍指揮逐縣切加安撫。」丙申（五），翰林學士、中書舍人竇貞固上言：「請令文武百僚，逐司之內，各奏舉一人，述其人有某能，堪爲某官某職，據所薦否臧，定舉主黜陟。」案：宋史竇貞固傳載此疏，略云：「爲國之要，進賢是先。陛下方樹丕基，宜求多士，乞降詔百僚，令各司議定一人，有何能識，堪何職官，朝廷依奏用之。若能符薦引，果謂當才，所奏之官，望加獎賞。如乖其舉，或涉徇私，所奏之官，宜加黜罰。自然官由德序，位以才升。三人同行，尚聞擇善；十目所視，必不濫知。臣職在論思，敢陳狂狷。」（舊五代史考異）疏奏，嘉之，仍令文武百官於搢紳之內、草澤之中，知灼然有才器者，列名以奏。宴

契丹册禮使於廣政殿。戊戌，鄆州奏，陽穀縣界河決。青州王建立奏，王建立，原本作「建位」，今從通鑑改正。（影庫本粘籤）高麗國宿衞質子王仁翟乞放歸鄉里，從之。辛丑，鎮、邢、定三州奏，奉詔共差樂官六十七人往契丹。詔：「魏府城下，自屯軍已來，墳墓多經劚掘，雖已差人收掩，今更遣太僕卿邢德昭往伸祭奠。」

九月己酉，宮苑使焦繼勳自軍前押范延光牙將馬謂齋歸命請罪表到闕。壬子，延光領部下將士素服於本府門俟命（六），案：歐陽史作九月己酉，赦范延光，蓋併書于奉表請罪之日也。（舊五代史考異）有詔釋罪。乙卯，詔司空兼門下侍郎、平章事馮道官一品，給門戟十六枝，中書侍郎平章事桑維翰、李崧給門戟十二枝。己未，宣遣靜鞭官劉守威、左金吾仗勘契官王英、案：歐史作王殷。司天臺鷄叫學生商暉等，案：歐史作殷暉。宋避「殷」作「商」。（劉本）並赴契丹。庚申，契丹使人往洛京般取趙氏公主。案宋史趙贊傳：德鈞父子降晉，契丹盡錮之北去，贊獨與母公主留西洛。天福三年，晉祖命贊奉母歸薊門。（舊五代史考異）襄州奏，漢江水漲三丈，出岸害稼。東都奏，洛陽水漲一丈五尺，壞下浮橋。乙丑，于闐國王楊仁美遣使貢方物。迴鶻可汗遣使貢駞馬。丙寅，趙延壽進馬謝恩，放燕國長公主歸幽州。案：通鑑不載趙延壽進馬之事。胡三省云：延壽妻，唐明宗女也。延壽在北用事，故來取之。范延光差節度副使李式到闕，奉表首罪，兼進玉帶一條。遣宣徽南院使劉處讓權知魏府軍府事。己巳，復范延光官爵，其制略曰：「頃朕始登大寶，未靜中原，六飛

纔及於京師，千里未通於懷抱。楚王求舊，方在遺簪；曾子傳疑，忽成投杼。尋聞悛悔，遽戮奸回，干戈俄至於經時，雷雨因思於作解。果馳賓介，疊貢表章，向丹闕以傾心，瀝衷誠而効順。而況保全黎庶，完整甲兵，納款斯來，其功非細。得不特頒鐵契，重建牙章，封本郡之土茅，移樂郊之旌鉞。至於將吏，咸降絲綸。於戲！上玄之運四時，不忒者信；大道之崇三寶，所重者慈。活萬戶之傷夷，息六師之勞瘁，遂予仁惻，旌爾變通。永貽子孫，長守富貴，敬佩光寵，可不美歟！可復推誠奉義佐運致理功臣、天雄軍節度、管內觀察處置等使、開府儀同三司、守太傅、兼中書令〔七〕、廣晉尹、上柱國、臨清王，食邑一萬戶，食實封一千戶，改授鄆州刺史、天平軍節度、鄆齊 案：原本有缺文。等州觀察處置等使，賜鐵券，改封高平郡王，仍令擇日備禮册命。」以天雄軍節度副使、檢校刑部尚書李式檢校尚書右僕射，充亳州團練使；以貝州刺史孫漢威檢校太保、隴州防禦使；以天雄軍三城都巡檢使薛霸爲檢校司空、衞州刺史；以天雄軍馬步軍都指揮使王建爲檢校司空、虢州刺史；以天雄軍內外馬軍都指揮使藥元福爲檢校司空、深州刺史；以天雄軍內外步軍都指揮使安元霸爲檢校司空、隨州刺史；以天雄軍都監、前河陽行軍司馬李彥珣爲檢校司空、坊州刺史。李式，延光之舊僚也，其餘皆延光之將佐也，故有是命。庚午，遣客省使李守貞押器幣賜魏府立功將校。辛未，以魏府招討使楊光遠檢校太師、兼中書令，行廣晉尹，充天雄軍節度使。

天雄，原本作「天榮」，今從通鑑改正。（影庫本粘籤）

十月乙亥，福建節度使王繼恭遣使貢方物。戊寅，契丹命使以寶册上帝徽號曰英武明義皇帝。案：歐陽史作契丹使中書令韓頻來奉册。（舊五代史考異）是日，左右金吾、六軍儀仗、太常鼓吹等並出城 迎引至崇元殿前，陳列如儀。鄆州范延光奏到任內。庚辰〔八〕，御札曰：「爲國之規，在於敏政；建都之法，務要利民。歷考前經，朗然通論，顧惟涼德，獲啓丕基。當數朝戰伐之餘，是兆庶傷殘之後，車徒既廣，帑廩咸虛。經年之輓粟飛芻，繼日而勞民動衆，常煩漕運，不給供須。今汴州水陸要衝，山河形勝，乃萬庾千箱之地，是四通八達之郊。爰自按巡，益觀宜便，俾升都邑，以利兵民。汴州宜升爲東京，置開封府，仍升開封、浚儀兩縣爲赤縣，其餘升爲畿縣。應舊置開封府時所管屬縣，並可仍舊割屬收管，亦升爲畿縣。其洛京改爲西京，其雍京改爲晉昌軍，留守改爲節度觀察使，依舊爲京兆府，列在七府之上，其曹州改爲防禦州。其餘制置，並委中書門下商量施行。」丙戌，以護聖左廂都指揮使、曹州刺史張彥澤爲鎮國軍節度使，以工部尚書裴皥爲尚書右僕射致仕。是日，詔改大寧宮門爲明德門，又改京城諸門名額，南門尉氏以薰風爲名，西二門鄭門、梁門以金義、乾明爲名，北二門酸棗門、封丘門以玄化、宣陽爲名，東二門曹門、宋門以迎春、仁和爲名。戊子，以右金吾大將軍馬從斌爲契丹國信使，考功郎中劉知新副之。案：馬從斌使契丹，以報其加尊號也。考通鑑則始以命王權，權辭以老疾，乃改命從斌耳。歐陽史止書從斌，不載劉知新。五代春秋作十月，馮道使於契丹。以前天平軍節度使、檢校太尉、同平章事安審琦爲晉昌軍節度使，行京兆尹。襄州奏，江水漲害稼。壬辰，以樞密使、中書侍郎平章事、集賢殿大學士桑維翰兼兵部尚書，皆罷樞密使。案：以上疑有闕文。據通鑑考異引晉高祖實錄，維翰與李崧並罷樞密使。戊戌，大赦天下，以魏府初平故也。庚子，楊光遠朝覲到闕，對於便殿，錫賚甚厚。于闐國王李聖天册封爲大寶于闐國王〔九〕。以杭州嘉興縣爲秀州，從錢元瓘之奏也。

十一月甲辰，樞密直學士、祠部員外郎吳涓可金部郎中、知制誥，樞密直學士、庫部員外郎吳承範可祠部郎中、知制誥。乙巳，鄆州范延光來朝。丙午，封閩王昶爲閩國王，加食邑一萬五千戶。又以中吳 建武等軍節度使、檢校太師、兼中書令、蘇州誠州刺史錢元璙爲太傅，以清海軍節度使、廣州刺史錢元璹爲檢校太尉、兼中書令，仍改名元懿。應付魏府行營將校及六軍諸道〔一〇〕、本城將校等，並與加恩。戊申，以門下侍郎平章事、監修國史、判戶部趙瑩兼吏部尚書。以威武軍節度、福建管內觀察處置等使王繼恭爲特進、檢校太傅，仍封臨海郡王。以魏博節度使楊光遠爲守太尉、洛京留守，兼河陽節度使，判六軍諸衞事。端明殿學士、尚書禮部侍郎、判度支和凝改尚書戶部侍郎充職。庚戌，鄆州范延光上表乞休退，詔不允。辛亥，升廣晉府爲鄴都，置留守。升廣晉、元城兩縣爲赤縣，屬府諸縣升爲畿縣。升相州爲彰德軍，置節度觀察使，以澶、衞二州爲屬郡，其澶州仍升爲防禦州，移於德勝口爲治所。升貝州爲永清軍，置節度觀察使，以博、冀二州爲屬郡。以西京留守高行周爲廣晉尹〔一一〕、鄴都留守；廣晉府行營中軍使、貝州防禦使王庭胤加檢校太傅，充相州彰德軍節度使；廣晉府行營步軍都指揮使、右神武統軍王周爲貝州永清軍節度使。甲寅，以范延光爲太子太師致仕。丙辰，以祕書監呂琦爲禮部侍郎，歸德軍節度使趙在禮改天平軍節度使，昭義軍節度使兼侍衞親軍馬步軍都虞候杜重威改忠武軍節度使，杜重威，原本作「仲威」，考重威至少帝時始避諱改名仲威，不應于高祖紀先避「重」字，今改正。（影庫本粘籤）忠武軍節度使、侍衞親軍馬步軍都指揮使劉知遠改歸德軍節度使，前河陽節度使兼奉國左右廂都指揮使侯益改昭義軍節度使。癸亥，割濮州濮陽縣隸澶州。詔許天下私鑄錢，以「天福元寶」爲文。案：洪遵泉志引宋白續通典云：天福三年十一月，詔三京、鄴都、諸道州府，無問公私，應有銅者，並許鑄錢，仍以「天福元寶」爲文，左環讀之。委鹽鐵使鑄樣，頒下諸道。（舊五代史考異）丙寅冬至，帝御崇元殿受朝賀，仗衞如式。

十二月甲戌朔，以前兵部尚書梁文矩爲太子少師，以鎭州節度副使符蒙爲右諫議大夫，以吏部郎中曹國珍爲左諫議大夫。丙子，以前涇州彰義軍節度使李德珫爲晉州建雄軍節度使，加同平章事。以皇太子右金吾衞上將軍重貴爲檢校太傅、開封尹，封鄭王，加食邑三千戶。戊寅，制以大寶于闐國進奉使、檢校太尉馬繼榮可鎭國大將軍〔一二〕，使副黃門將軍、國子少監張再通可試衛尉卿，監使殿頭承旨、通事舍人吳順規可試將作少監。迴鶻使都督李萬金可歸義大將軍，監使雷福德可順化將軍。是日，詔：「宜令天下無問公私，應有銅欲鑄錢者，一任取便酌量輕重鑄造。」案泉志云：天福元寶錢，徑七分，重二銖四參。銅質薄小，字文昏昧，蓋以私鑄不精也。（舊五代史考異）戊子，以河陽潛龍舊宅爲開晉禪院，邢州潛龍舊宅爲廣法禪院。龍武統軍李從昶卒，輟朝一日，贈太尉。永樂大典卷一萬五千六百四十三。

校勘記

〔一〕委闕鎮使鈐轄　「鈐」原作「鈴」，據殿本、劉本改。影庫本批校云：「鈐轄，『鈐』訛『鈴』，今改。」

〔二〕檢校太保　「校」原作「討」，據殿本、劉本改。影庫本批校云：「檢校太保，『校』訛『討』。」

〔三〕河府　殿本同。劉本作河中府，冊府卷四九二作河南。

〔四〕專切招攜　「招」字原無，據冊府卷四九二補。

〔五〕丙申　二字原無，據冊府卷六八補。

〔六〕部下將士　原作「部下部士」，據劉本改。殿本作「部下士」。

〔七〕守太傅兼中書令　「守」字原無，據殿本及本書卷七六晉高祖紀補。

〔八〕庚辰　原作「丙辰」，影庫本粘籤云：「丙辰，以長曆推之，當作庚辰，今無別本可校，姑仍其舊。」

今據殿本及歐陽史卷八晉本紀改。

〔九〕于闐國王李聖天冊封爲大寶于闐國王　「爲」字原無，據殿本及冊府卷九六五補。

〔一〇〕應付魏府行營將校　劉本同，殿本「付」作「有」。

〔一一〕以西京留守高行周爲廣晉尹　「尹」字原無，據通鑑卷二八一補。

〔一二〕戊寅制以大寶于闐國進奉使檢校太尉馬繼榮可鎮國大將軍　「制以」二字原無，據殿本、劉本補。殿本本句及下文四句中「可」均作「爲」。

舊五代史卷七十八

晉書四

高祖紀第四

天福四年春正月癸卯，帝御崇元殿受朝賀，仗衞如式。丙午，召太子太師致仕范延光宴于便殿，以延光歸命之後，慮懷疑懼，故休假之內，錫以款密。帝謂之曰：「無忿疾以傷厥神，無憂思以勞厥衷，朕方示信於四方，豈食言於汝也。」延光俯伏拜謝，其心遂安。丁未，以西京副留守龍敏爲吏部侍郎。戊申，盜發唐閔帝陵。己酉，朔方軍節度使張希崇卒，贈太師。以澶州防禦使張從恩爲樞密副使〔一〕。希崇，原本作「希宗」；「防禦」，原本作「防御」，今從通鑑改正。（影庫本粘籤）甲寅，以侍衞步軍都指揮使、寧江軍節度使景延廣爲義成軍節度使馮暉爲朔方軍節度使。乙卯，左諫議大夫曹國珍上言：「請於內外臣僚之中，選才略之士，聚唐六典、前後會要、禮閣新儀、大中統類、律令格式等，精詳纂集，俾無漏落，別爲

書一部，目爲大晉政統。」從之。其詳議官，宜差太子少師梁文矩〔二〕、左散騎常侍張允、大理卿張澄、國子祭酒唐汭、大理少卿高鴻漸、國子司業田敏、禮部郎中呂咸休、司勳員外郎劉濤、刑部員外郎李知損、監察御史郭延升等一十九人充。文矩等咸曰：「改前代禮樂刑憲爲大晉政統，則堯典、舜典當以晉典革名。」列狀駁之曰：

作者之謂聖，述者之謂明，苟非聖明，焉能述作。若運因革故，則事乃維新，或改正朔而變犧牲，或易服色而殊徽號。是以五帝殊時，不相沿樂；三王異世，不相襲禮。至於近代，率由舊章；比及前朝，日滋條目。條目，原本作「眞目」，今從冊府元龜改正。（影庫本粘籤）多因行事之失，改爲立制之初，或臣奏條章，君行可否，皆表其年月，紀以姓名，聚類分門，成文作則。莫不悉稽前典，垂範後昆，述自聖賢，歷於朝代，得金科玉條之號，設亂言破律之防，守而行之，其來尚矣。皇帝陛下，運齊七政，歷契千年，爰從創業開基，莫不積功累德。所宜直筆，具載鴻猷，若備錄前代之編年，目作聖朝之政統，此則是名不正也。夫名不正則言不順，而媚時掠美，非其實矣。若翦截其辭，此則是文不備也。夫文不備則啓爭端，而禮樂刑政，於斯亂矣。若改舊條而爲新制，則未審何門可以刊削，何事可以編聯，既當革故從新，又須廢彼行此，則未知國朝能守而不失乎〔三〕？臣等同共參詳，未見其可。

疏奏，嘉之，其事遂寢。辛酉，以前晉昌軍節度使李周爲靜難軍節度使。是日，封皇第十一妹安定郡主爲延慶長公主，皇第十二妹廣平郡主爲淸平長公主。

二月辛卯，改東京玉華殿爲永福殿。中書上言：「太原潛龍莊望建爲慶昌宮，使相鄉望改爲龍飛鄉，都尉里望改爲神光里。」從之。丁酉，宰臣馮道、左散騎常侍韋勳、禮部員外郎楊昭儉自契丹使迴。案：馮道出使之期，當從五代春秋作三年九月，至四年二月始得歸也。帝慰勞備至，錫賚豐厚。庚子，以天和節宴羣官於廣政殿，賜物有差。

三月癸卯朔，三月癸卯朔，原本作「癸亥」，以前後干支考之，當作「癸卯」，今改正。（影庫本粘籤）左僕射劉昫、給事中盧重自契丹使迴，頒賜器幣如馮道等。乙巳，迴鶻可汗仁美遣使貢方物，中有玉狻猊，實奇貨也。丙午，涇州節度使張萬進卒，贈太師。己未，皇子開封尹鄭王重貴、歸德軍節度使兼侍衞親軍馬步軍都指揮使劉知遠、忠武軍節度使杜重威，並加同中書門下平章事。天平軍節度使趙在禮封衞國公。庚申，遣內臣趙處玭以版詔徵華山隱者前右拾遺鄭雲叟、案：歐陽史作左拾遺，考薛史前後俱作右拾遺，今仍其舊。（舊五代史考異）玉笥山道士羅隱之。靈州戍將王彥忠據懷遠城作叛，帝遣供奉官齊延祚乘驛而往，彥忠率衆出降，延祚矯制殺之。詔：「齊延祚辜我誓言，擅行屠戮，彰殺降之罪，隳示信之文，宜除名決重杖一頓配流。」王彥忠贈官收葬。辛酉，封迴鶻可汗仁美爲奉化可汗。癸亥，以左龍武統軍皇甫遇爲鎭國軍節度使，張彥澤爲彰義軍節度使。

夏四月壬申朔，以河中節度副使薛仁謙爲衞尉卿。丙子，以汝州防禦使宋彥筠爲同州節度使；以護聖左右軍都指揮使李懷忠爲侍衞親軍馬軍都指揮使，領壽州忠正軍節度使；以奉國左右廂都指揮使郭謹爲侍衞親軍步軍都指揮使、夔州寧江軍節度使。戊寅，詔廢長春宮使額。案：五代會要載原勅云：同州長春宮使額宜停，沿宮職務，委州司制置。（舊五代史考異）己卯，改明德殿爲滋德殿，宮城南門同名故也。以華州節度使劉遂凝爲右龍武統軍，以右龍武統軍張廷蘊爲絳州刺史〔四〕。絳州，原本作「降州」，今從通鑑改正。（影庫本粘籤）庚辰，徵前右拾遺鄭雲叟爲右諫議大夫，玉笥山道士羅隱之賜號希夷先生。甲申，以翰林學士承旨、兵部侍郎崔棁權判太常卿，以端明殿學士、戶部侍郎和凝爲翰林學士承旨。樞密院學士、尙書倉部郎中司徒詡，樞密院學士、尙書工部郎中顏衎並落職守本官。樞密副使張從恩改宣徽使：初廢樞密院故也。先是，桑維翰免樞密之務，以劉處讓代之，奏議多不稱旨，及處讓丁母憂，遂以密院印付中書，故密院廢焉。丙戌，以韓昭胤爲兵部尙書致仕，馬裔孫爲太子賓客致仕，房暠爲右驍衞大將軍致仕，皆唐末帝之舊臣也。戊子，升永、岳二州爲團練使額，改湘川縣爲全州，從馬希範之奏也。

五月壬寅朔，帝御崇元殿受朝，仗衞如式。癸卯，以左僕射劉昫兼太子太保，封譙國公。乙巳，昭順軍節度使姚彥章卒。升靈州方渠鎭爲威州，隸於靈武，改舊威州爲淸邊軍。戊申，湖南節度使馬希範加天策上將軍。以前邠州節度使安叔千爲滄州節度使。庚戌，虞部郎中楊昭儉可本官知制誥。辛亥，置靜海軍於溫州，靜海，原本作「淸海」，今從十國春秋改正。（影庫本粘籤）從錢元瓘之請也。壬子，以侍御史盧價爲戶部員外郎、知制誥。戶部尙書崔居儉卒〔五〕。甲寅，詔止絕朝臣，不得外州府求覓表狀，奏薦交親。乙卯，升金州爲節鎭，以懷德軍爲使額。以齊州防禦使潘環爲懷德軍節度使。右諫議大夫致仕鄭雲叟賜號逍遙先生，仍給致仕官俸。丁巳，以刑部尙書姚顗爲戶部尙書，以兵部侍郎、權判太常卿事崔棁爲尙書左丞，以工部侍郎任贊爲兵部侍郎，以禮部尙書李懌爲刑部尙書，以左丞盧詹爲禮部尙書，以左散騎常侍韋勳爲工部侍郎。庚申，廢華淸宮爲靈泉觀。辛酉，御史臺奏：「省郎知雜之時，赴臺禮上，軍巡邸吏之輩，咸集公參，赤縣府司，悉呈杖印。今後年深御史判雜上事，欲依前例。」從之。丙寅，以鎭海軍衙內統軍、上直馬步軍都監、檢校太傅、睦州刺史陸仁章爲同平章事，遙領遂州武信軍節度使；以鎭海軍興武左右開道都指揮使、明州刺史仰仁銓爲檢校太傅、仰仁銓，原本作「任銓」，今從十國春秋改正。（影庫本粘籤）同平章事，領宣州寧國軍節度使；從錢元瓘之請也。

六月辛未朔，陳郡民王武穿地得黃金數餠，州牧取而貢之，帝曰：「宿藏之物，既非符

寶，不合入官。」命付所獲之家。庚辰，西京大風雨，應天福門屋瓦皆飛，鴟吻俱折。辛卯，詔禮部貢舉宜權停一年。

秋七月庚子朔，日有蝕之。西京大水，伊、洛、瀍、澗盡溢，壞天津橋。癸卯，以華淸宮使李頃爲右領軍衞上將軍。甲辰，以定州節度使皇甫遇爲潞州節度使、檢校太尉，以潞州節度使侯益爲徐州節度使。案宋史侯益傳：天福四年，晉祖追念虎牢之功，遷武寧軍節度、同平章事。薛史不載同平章事。五代會要所載天福中使相有侯益，與宋史同。（舊五代史考異）戊申，御史中丞薛融等上詳定編勅三百六十八道，分爲三十一卷。是日，詔：「先令天下州郡公私鑄錢，近多鉛錫相兼，缺薄小弱，有違條制。今後私鑄錢下禁依舊法。」案歐陽史：七月丙辰，復禁鑄錢。薛史作七月戊申。（舊五代史考異）壬戌，以太子少師梁文矩爲太子太保致仕〔六〕。

閏七月庚午朔，百官不入閤，雨霑服故也。壬申，以中書侍郎平章事、集賢殿大學士桑維翰爲檢校司空、兼侍中、相州彰德軍節度使，以彰德軍節度使王庭胤爲義武軍節度使〔七〕。尙書戶部奏：「李自倫義居七世，準勅旌表門閭。義居七世，據歐陽史云：李自倫高祖訓，訓生粲，粲生則，則生忠，忠生自倫，自倫生光厚，六世同居。薛史作「七世」，未詳孰是。（影庫本粘籤）案歐陽史作六世。又旌表門閭，歐陽史作正月，與薛史作閏七月異。（舊五代史考異）先有鄧州義門王仲昭六代同居，案：王仲昭，歐陽史作登州人。（舊五代史考異）其旌表有廳事步欄，前列屛樹烏頭，正門閥閱一丈二尺，二柱

相去一丈，柱端安瓦桷墨染，號爲烏頭，築雙闕一丈，在烏頭之南三丈七尺，烏頭之南，原本作「之內」，今從歐陽史改正。（影庫本粘籤）夾街十有五步，槐柳成列。今舉此爲例，則令式不該。」詔：「王仲昭正廳烏頭門等制，不載令文，又無勅命，既非故事，難顯大倫，案五代會要作既非故實，恐紊彝章。（孔本）宜從令式，祇表門閭。於李自倫所居之前，量地之宜，高其外門，門外綽楔，綽楔，原本作「掉楔」，今從歐陽史改正。（影庫本粘籤）門外左右各建一臺，高一丈二尺，廣狹方正，稱臺之形，圬以白泥，四隅漆赤。其行列樹植，隨其事力，其同籍課役，一準令文。」壬午，濮州刺史武從諫勒歸私第，受贓十五萬故也。丁酉，故皇子河南尹重乂妻虢國夫人李氏落髮爲尼，賜名悟因，仍錫紫衣、法號及夏臘二十。

八月己亥朔，河決博平，甘陵大水。辛丑，以守司空兼門下侍郎平章事、弘文館大學士馮道爲守司徒、兼侍中，封魯國公。壬寅，詔曰：「皇圖革故，庶政惟新，宜設規程，以諧公共。其中書印祇委上位宰臣一人知當。」戊申，前兵部尚書王權授太子少傅致仕。己酉，以天下兵馬副元帥、鎮海鎮東等軍節度使、檢校太師、行中書令、吳越王錢元瓘爲天下兵馬元帥。壬子，升亳州爲防禦使額，依舊隸宋州。丙辰，司天監馬重績等進所撰新曆，馬重績，原本作「崇績」，今從五代會要改正。（影庫本粘籤）降詔褒之，詔翰林學士承旨和凝制序，命之曰調元曆。

九月辛未，以右羽林統軍周密爲鄜州節度使。癸酉，升婺州爲武勝軍額。丁丑，宴羣臣於永福殿。契丹使粘木孤來聘〔八〕，案遼史：會同二年正月戊申，晉遣金吾衛大將軍馬從斌、考功郎中劉知新來貢珍幣。丙辰，晉遣使謝免沿邊四州錢幣。七月戊申，晉遣使進犀帶。閏月乙酉，遣使賜晉良馬。八月己丑，晉遣使貢歲幣，奏輸戊、亥二歲金幣于燕京。（舊五代史考異）致牛馬等物〔九〕。己卯，遙領洮州保順軍節度使鮑君福加檢校太師、兼侍中，判湖州諸軍事。辛巳，相州節度使桑維翰上言：「管內所獲賊人，從來籍沒財產，請止之。」詔：「今後凡有賊人，準格律定罪，不得沒納家資，天下諸州準此。」癸未，封唐許王李從益爲郇國公，案五代會要：九月，勅：「周受龍圖，立夏、殷之祀；唐膺鳳曆，開酅、介之封。乃睠前朝，載稽舊典，宜封土宇，俾奉宗祧。宜以郇國三千戶封唐許王李從益爲郇國公」云。（舊五代史考異）奉唐之祀，服色旌旗一依舊制。仍以西京至德宮爲廟，牲幣器服悉從官給。丙戌，高麗王王建遣使貢方物。己丑，以中書侍郎、平章事李崧權判集賢殿事。庚寅，詔停寒食、七夕、重陽及十月暖帳內外郡官貢獻。丙申，以威勝軍節度副使羅周岳爲給事中，中書舍人李詳改禮部侍郎，禮部侍郎呂琦改刑部侍郎，刑部侍郎王松改戶部侍郎，戶部侍郎閻至改兵部侍郎，中書舍人王易簡充史館修撰，判館事。

冬十月戊戌朔，故昭信軍節度使白奉進贈太尉。丙午，以太常卿程遜沒于海，廢朝一日，贈右僕射。庚戌，閩王王昶、威武軍節度使王繼恭遣僚佐林思〔一〇〕、鄭元弼等朝貢，致書

於宰執，致書，原本作「致聿」，今據文改正。（影庫本粘籤）無人臣之禮。帝怒，詔令不受所貢，應諸州綱運，並令林思、鄭元弼等押歸本道。既而兵部員外郎李知損上疏，請禁錮使人，籍沒綱運，可之，收林思等下獄。丙辰，谿州刺史彭士愁，以錦、獎之兵與蠻部萬人掠辰〔一一〕、澧二境，湖南節度使馬希範遣牙兵拒之而退。金州山賊度從讜等寇洵陽，遣兵討平之。

十一月甲戌，以太子賓客李延範爲司農卿。乙亥，詔立唐高祖、太宗及莊宗、明宗、閔帝五廟於洛陽。案：立唐廟於西京，歐陽史作十二月，與薛史作十一月異。（舊五代史考異）丁丑，祠部郎中、知制誥吳承範改中書舍人，充翰林學士；翰林學士、中書舍人竇貞固改御史中丞；御史中丞薛融改尚書左丞〔一二〕；尚書右丞王延改吏部侍郎；尚書左丞崔棁改太常卿。戊寅，史館奏：「請令宰臣一人撰錄時政記，案五代會要：史館奏：「唐長壽二年，右丞姚璹奏，帝王謨訓，不可闕文，其仗下所言軍國政事，令宰臣一人撰錄，號『時政記』。唐明宗朝，又委端明殿學士撰錄，逐季送付史館，依之遵行者。宜令宰臣一人撰述。」（舊五代史考異）逐時以備撰述。」從之。己卯，吏部侍郎龍敏改尚書左丞。己丑，以太子賓客楊凝式爲禮部尚書致仕。詔建錢鑪於欒川。丙申，諫議大夫致仕逍遙先生鄭雲叟卒。

十二月丁酉朔，百官不入閤，大雪故也。己亥，故皇子重英妻張氏落髮爲尼，賜名悟愼，并夏臘二十。庚戌，禮官奏：「來歲正旦，王公上壽，皇帝舉酒，奏玄同之樂；再飲，奏文

同之樂；三飲，奏同前。」從之，歌辭不錄。丙辰，詔今後城郭村坊，不得創造僧尼院舍。丁巳，帝謂宰臣曰：「大雪害民，五旬未止，京城祠廟，悉令祈禱，了無其驗，豈非涼德不儲，神休未洽者乎？」因令出薪炭米粟給軍士貧民等。壬戌，禮官奏：「正旦上壽，宮懸歌舞未全，且請雜用九部雅樂，歌教坊法曲。」從之。永樂大典卷一萬五千六百四十四。

校勘記

〔一〕張從恩爲樞密副使　「副」字原無，據殿本及本卷下文、歐陽史卷八晉本紀、宋史卷二五四張從恩傳、通鑑卷二八二補。舊五代史考異云：「案：原本作樞密使，考下文亦作樞密副使，今從歐陽史及宋史張從恩傳改正。」

〔二〕太子少師梁文矩　「師」原作「卿」，據本書卷七七高祖紀、本書卷九二梁文矩傳改。

〔三〕能守而不失乎　「失」原作「守」，據冊府卷六〇七改。殿本本句作「能守不能守乎」。

〔四〕張廷蘊　「廷」原作「延」，據本書卷九四張廷蘊傳改。

〔五〕崔居儉　原作「崔檢」，據本書卷七六高祖紀、歐陽史卷五五崔居儉傳改。

〔六〕太子少師梁文矩　「少師」原作「少保」，據本書卷七七高祖紀、本書卷九二梁文矩傳改。

〔七〕王庭胤　「庭」原作「延」，據本書卷八八王庭胤傳改。通鑑卷二八二、歐陽史卷三九王處直傳

「庭」作「廷」。

〔八〕粘木孤　原作默納庫，注云：「舊作粘木孤，今改正。」按此係輯錄舊五代史時據遼史索倫國語解所改，今恢復原文。殿本、劉本作納默庫。

〔九〕致牛馬等物　殿本、劉本作「致牛馬犬腊顛䮧十四」。

〔一〇〕林恩　殿本、劉本同。冊府卷二三三、通鑑卷二八一、卷二八二作林恩。下同。

〔一一〕錦奬之兵　「奬」原作「蔣」，據歐陽史卷六六馬希範傳改。通鑑卷二八二前作「蔣」，後作「奬」，注云：「『蔣』當作『奬』。唐長安四年，以沅州之夜郎、渭溪二縣置舞州……大曆五年，又更名奬州。」

〔一二〕薛融改尚書左丞　殿本、劉本同。按本書卷九三薛融傳云：「俄轉御史中丞，秩滿，改尚書右丞。」

舊五代史卷七十九

晉書五

高祖紀第五

天福五年春正月丁卯朔，帝御崇元殿受朝賀，仗衛如式。降德音：「應天福三年終，公私債欠，一切除放。」壬申，蜀人寇西鄙，羣盜張達、任康等劫淸水德鐵之城以應之。德鐵之城，原本作「得鐵」，考通鑑注云：德鐵在淸水砦，今改正。（影庫本粘籤）癸酉，湖南奏，閩人殺王昶，夷其族，王延羲因民之欲而定之。甲戌，遣宣徽使楊彥詢使於契丹。辛巳，皇子開封尹、鄭王重貴加檢校太尉。己丑，迴鶻可汗仁美遣使貢良馬白玉，謝册命也。庚寅，以二王後前右贊善大夫、襲酅國公楊延壽爲太子左諭德，三恪汝州襄城縣令、襲介國公宇文頡加食邑三千戶。辛卯，升絳州爲防禦州。癸巳，以左神武統軍陸思鐸爲右羽林統軍，以隴州防禦使何福進爲右神武統軍。甲午，太常少卿裴羽奏：「請追謚唐莊宗皇后劉氏爲神閔敬皇后〔一〕，明宗

皇后曹氏請追謚爲和武憲皇后，閔帝魯國夫人孔氏請追謚爲閔哀皇后。」從之。丙申，河中節度使安審信奏：「軍校康從受、李崇、孫大裕、張崇、于千等以所部兵爲亂，尋平之，死者五百人。」

二月丁酉朔，沙州歸義軍節度使曹義金卒，義金，原本作「議金」，今從歐陽史改正。（影庫本粘籤）贈太師，以其子元德襲其位。乙巳，御史中丞竇貞固奏：「國忌日，宰臣跪爐焚香，文武百僚列坐。案：五代會要作宰臣跪爐，僧人表讚，文武百官，儼然列坐。（孔本）竊惟禮例，有所未安。今欲請宰臣仍舊跪爐，百僚依班序立。」詔可之，仍令行香之後飯僧百人〔二〕，永爲定制。庚戌，北京留守安彥威來朝，帝慰接甚厚，賜上樽酒。壬子，升中書門下平章事爲正二品。丁巳，青州節度使、東平王王建立來朝。己未，以中書門下侍郎爲淸望正三品，諫議大夫、御史中丞爲淸望正四品。

三月丁卯朔，左散騎常侍張允改禮部侍郎〔三〕。辛未，宋州歸德軍節度使、侍衛親軍馬步軍都指揮使劉知遠加特進，改鄴都留守、廣晉尹，典軍如故。以兗州節度使李從溫爲徐州節度使，以北京留守安彥威爲宋州節度使。壬申，詔朝臣覲省父母，依天成例頒賜茶藥。癸酉，以青州節度使王建立爲昭義軍節度使，進封韓王，仍割遼、沁二州爲昭義屬郡，以建立本遼州人，用成其衣錦之美也。以晉州節度使李德珫爲北京留守，以潞州節度使皇甫遇

爲晉州節度使。是日，容州節度使馬存卒。甲戌，以給事中李光廷爲左散騎常侍，亳州團練使李式爲給事中。乙亥，相州節度使桑維翰加檢校司徒，改兗州節度使。許州節度使杜重威改鄆州節度使，河中節度使安審信改許州節度使。丁丑，長安公主出降駙馬都尉楊承祚。戊寅，詔：「中書門下五品已上官於兩省上事，宰臣押角之禮；押角，舊唐書裴坦傳作「壓角」，文昌雜錄引宋次道云：舍人上事，必設紫褥於庭，面北拜廳閤，立褥之東北隅，謂之「壓角」。疑原本「押」字有誤，據五代會要仍作「押角」。又，文昌雜錄引李涪刊誤云：兩省官上事日，宰臣臨焉，上事者設牀几面南而坐，判三道案。宰相別施一牀，連上事官坐於四隅，謂之「押角」。則「壓」「押」二字，可以通用，今仍其舊。（影庫本粘籤）及第舉人與主司選勝筵宴，及中書舍人靸鞋接見舉人；兼兵部、禮部引人過堂之日幕次酒食會客，悉宜廢之。」己卯，以前樞密使劉處讓爲相州節度使。辛巳，湖南遣牙將劉勍領兵大破溪峒羣蠻，收溪、錦、獎三州〔四〕。丁亥，以秦州節度使康福爲河中節度使，以徐州節度使侯益爲秦州節度使。庚寅，御明德樓，餞送昭義軍節度使王建立，賜玉斧、蜀馬。甲午，詔吏部三銓，聽四時選擬官旋奏，不在團甲之限。

夏四月丙申朔，宴羣臣於永福殿。戊戌，曹州防禦使石暉卒，帝之從弟也。禮官奏：「天子爲五服之內親本服周者，三哭而止。」從之。己亥，罷洛陽、京兆進苑囿瓜菓，憫勞人也。壬寅，右僕射致仕裴皞卒，贈太子太保。丙午，詔曰：「承旨者，承時君之旨，非近侍重臣，無

以稟朕旨，宣予言，是以大朝會宰臣承旨，草制詔學士承旨，若無區別，何表等威。除翰林承旨外，殿前承旨宜改爲殿直，密院承旨宜改爲承宣，御史臺、三司、閤門、客省所有承旨，並令別定其名。」庚戌，以滄州節度使馬全節爲安州節度使。禮部侍郎張允奏，請廢明經、童子科，童子科，原本闕「科」字，今據五代會要增入。（影庫本粘籤）從之。因詔宏詞、拔萃、明算、道舉、百篇等科並停之。

五月癸酉，宋州貢瑞麥兩岐。甲申，以前徐州節度使萇從簡爲右金吾衞上將軍。丙戌，安州節度使李金全叛，詔新授安州節度使馬全節以洛、汴、汝、鄭、單、宋、陳、蔡、曹、濮十州之兵討之，案五代春秋：五月，李金全叛附于吳，馬全節帥師討安州，吳人救安州，全節敗吳師，克安州，金全奔吳。六月，放吳俘還。歐陽史作五月，李金全叛。六月，克安州。馬令南唐書作六月，安州節度使李金全來降，遣鄂州屯營使李承裕帥師迎之。紀年互異。（舊五代史考異）以前鄜州節度使安審暉爲副，以內客省使李守貞爲都監，仍遣供奉官劉彥瑤奉詔以諭金全。命麾下齊謙以詔送於淮夷〔五〕，雲夢人齊峴斬謙，歸其詔於闕。辛卯，昭義節度使韓王王建立薨，輟朝二日，冊贈尚書令。

壬寅，案：壬寅上疑脫「六月」兩字。（舊五代史考異）少府監致仕尹玉羽卒。癸卯，淮南使李承裕代李金全，金全南走，承裕以淮兵二千守其城。甲辰，馬全節自應山縣進軍於大化鎭。戊申，與鄂州賊軍陣於安陸之南，三戰而後克之，斬首三千級，生擒千餘人。供奉官安友謙登

鋒力戰，奮不顧身，全節賞其忠勇，使馳獻捷書，暍死於路。是日，削奪李金全官爵。丁巳，淮夷僞校李承裕率衆掠城中資貨而遁，馬全節入城撫其遺民，遣安審暉率兵以逐承裕，擒而斬之。執其僞都監杜光鄴，案：馬令南唐書作監軍通事舍人。（舊五代史考異）杜光鄴，通鑑作「光業」，十國春秋仍作「鄴」，今從其舊。（影庫本粘籤）及淮南軍五百餘人，露布獻於闕下。帝曰：「此輩何罪。」皆厚給放還。癸亥，道士崇眞大師張薦明賜號通玄先生。是時帝好道德經，嘗召薦明講說其義，帝悅，故有是命。尋令薦明以道、德二經雕上印板，命學士和凝別撰新序，冠于卷首，俾頒行天下。

秋七月甲子朔，降安州爲防禦使額，以申州隸許州。丙寅，安州節度使馬全節加檢校太尉，改昭義軍節度使。前鄜州節度使安審暉加檢校太傅，爲威勝軍節度使。丁卯，湖南奏：遣天策府步騎將張少敵領兵五萬，樓船百艘，次於岳陽，將進討淮夷也。甲戌，宣徽使楊彥詢加檢校太傅，充安國軍節度使。乙亥，戶部尚書致仕鄭韜光卒，贈右僕射。戊寅，福州王延羲遣商人間路貢表自述。戊子，宿州奏，淮東鎭移牒云：本國奏書於上國皇帝，曰：「久增景慕，莫會光塵，但循戰國之規，敢預睦鄰之道。一昨安州有故，脫難相歸，邊校貪功，乘便據壘，據壘，原本作「居壘」，今從通鑑改正。（影庫本粘籤）矧機宜之執在，顧茫昧以難申。否臧皆凶，乃大易之明義；進取不止，亦聖人之厚顏。適屬暑雨稍頻，江波甚漲，指揮未到，

事實已違。今者猥沐咨咨，曲形宸旨，歸其俘獲，示以英仁。其如軍法朝章，彼此不可；揚名建德，曲直相懸。雖詔好生，匪敢聞命。其杜光鄴等五百七人，已令却過淮北。」帝復書曰：「昨者災生安陸，釁接漢陽，當三伏之炎蒸，動兩朝之師旅。豈期邊帥，不稟上謀，洎復城池，備知本末。尋已捨諸俘執，還彼鄉閭，不唯念效命之人，兼亦敦善鄰之道。今承來旨，將正朝章，希循有罪之文，用廣崇仁之美。其杜光鄴等再令歸復。」尋遣使押光鄴等於桐墟渡淮，案：原本作「桐廬」。據通鑑注引九域志云：宿州蘄縣有桐墟鎭，自桐墟而南，至渦口則濟淮矣。今改正。（舊五代史考異）淮中有棹船，甲士拒之，南去不果。詔光鄴等歸京師，授以職秩，其戎士五百人，立爲顯義都。顯義都，原本脫「義」字，今考通鑑云：帝悉授唐諸官，以其士卒爲顯義都，命舊將劉康領之。今增入。（影庫本粘籤）

八月丁酉，帝觀稼於西郊。己亥，詳定院以先奉詔詳定冬正朝會禮節、樂章、二舞行列等事上之，事具樂志。庚子，以前金州防禦使田武爲金州懷德軍節度使。辛丑，升復、郢二郡爲防禦使額。戊午，左龍武統軍相里金卒，廢朝一日，贈太師。己未，太子太師致仕范延光卒於河陽，廢朝二日，案：歐陽史作西京留守楊光遠殺太子太師范延光。考本傳，延光本爲楊光遠推墮溺水死，爲之輟朝，諱之也。（舊五代史考異）贈太師。

丁卯，案：歐陽史作九月丁卯，原本疑有脫字。（舊五代史考異）宰臣李崧加集賢殿大學士，以翰林學

士承旨、戶部侍郎和凝爲中書侍郎平章事。丙子，廢翰林學士院，其公事並歸中書舍人。丁丑，以翰林學士、中書舍人李愼儀爲右散騎常侍，以翰林學士、左右補闕李澣爲吏部員外郎，以右散騎常侍趙元輔爲太子賓客，以太子賓客韓惲爲兵部尙書，以右諫議大夫段希堯爲萊州刺史。甲申，西京留守楊光遠加守太尉、兼中書令，充平盧軍節度使，封東平王。戊子，改東京上源驛爲都亭驛。

冬十月丁酉，制：天下兵馬元帥、鎭海鎭東浙江東西等道節度使、中書令、吳越王錢元瓘加守尙書令，充天下兵馬都元帥。戊戌，戶部尙書姚顗卒，廢朝一日，贈右僕射。癸卯，湖南上言：福建王延羲與弟延政互起干戈，內相侵伐。甲辰，升萊州爲防禦使額，以汝州防禦使楊承貴領之。以新授萊州刺史段希堯爲懷州刺史。丁未，契丹使舍利來聘〔六〕，案遼史：會同三年三月戊辰，遣使使晉，乙未，晉遣使來覲。四月壬寅，遣人使晉，丙午，晉遣宣徽使楊端、王眺等來問起居，丙辰，晉遣使進茶藥，癸亥，晉遣使賀端午。五月庚辰，晉遣使進弓矢，甲申，遣皇子天德及檢校司徒郎用和使晉。六月庚子，晉遣使來見。九月丙戌，晉遣使貢名馬，庚申，晉遣使貢布。十二月丙申，遣使使晉。（舊五代史考異）致馬百疋及玉鞍、狐裘等。己酉，宴羣臣於永福殿，賜帛有差。癸丑，詔：「今後竊盜贓滿五匹者處死〔七〕，三匹已上者決杖配流，以盜論者准律文處分。」又詔：「過格選人等，許赴吏部南曹召保，委正身者降一資注官。」

十一月壬戌，遙領遂州武信軍節度使、鎭海軍衙內統軍、檢校太傅、同平章事陸仁璋卒，贈太子太傅。甲子，滑州節度使景延廣加檢校太傅，改陝州保義軍節度使。以鄭州防禦使、駙馬都尉史匡翰爲義成軍節度使。戊辰，曹州防禦使石贇加檢校太保，充河陽三城節度使。庚午，以翰林學士、戶部侍郎張昭遠爲兵部侍郎。丙子，冬至，帝御崇元殿受朝賀，始用二舞。帝舉觴，奏玄同之樂；登歌，奏文同之樂；舉食，文舞歌昭德之舞，武舞歌成功之舞。典禮久廢，原本脫「典禮」二字，今據歐陽史增入。（影庫本粘籤）至是復興，觀者悅之。丁丑，吳越國進奉使陳元亮進冬日觀仗詩一首，帝覽之稱善，賜服馬器幣。癸未，移德州長河縣，大水故也。甲申，制授閩國王延羲檢校太師、兼中書令、福州威武軍節度使，封閩國王。以兩浙西南面安撫使錢元懿爲檢校太尉、兼中書令，遙領廣州淸海軍節度使。又以恩州團練使錢鐸爲檢校太尉〔八〕、同平章事，遙領楚州順化軍節度使。丁亥，割衞州黎陽縣隸滑州。

十二月壬辰朔，遙領洮州保順軍節度使、檢校太尉、兼侍中、判湖州軍州事鮑君福卒，贈太傅。丙申，詔：故靜海軍兼東南面安撫制置使、檢校太傅、溫州刺史錢弘巽贈太子太傅、故吳越兩軍節度副使、檢校太尉錢弘僔贈太子太師。

天福六年春正月辛酉朔，帝御崇元殿受朝賀，仗衞如式。刑部員外郎李象上二舞賦，帝覽而嘉之，命編諸史册。甲子，同州指揮使成殷謀亂事洩，伏誅。時節度使宋彥筠御下無恩，旣貪且鄙，故殷與子彥璋陰搆部下爲亂，會有告者，遂滅其黨。乙丑，靑州奏，海東百餘里。丙寅，遣供奉官張澄等領兵二千，發幷、鎭、幷、鎭，原本作「幷、眞」，今從通鑑改正。（影庫本粘籤）忻、代四州山谷吐渾，令還舊地。案：晉逐吐谷渾在天福六年，通鑑與薛史同。考天福六年即遼會同四年也。遼史作會同三年，晉以幷、鎭、忻、代之吐谷渾來歸，與薛史異。（舊五代史考異）先是，吐渾苦契丹之虐，受鎭州安重榮誘召，叛而南遷，入常山、太原二境，帝以契丹歡好之國，故遣歸之。戊辰，詔：「應諸州無屬州錢處，今後冬至、寒食、端午、天和節及諸色謝賀，不得進貢。」壬申，以左司郎中趙上交爲諫議大夫。戊寅，封唐叔虞爲興安王，臺駘神爲昌寧公，差給事中張琢、戶部郎中張守素就行册禮。又詔：嶽鎭海瀆等廟宇，並令崇飾，案：五代會要作官各令修葺。（孔本）仍禁樵採。丙戌，故皇第二叔檢校司徒萬友贈太師，皇第三叔檢校司空萬銓贈太尉，皇兄故檢校左僕射敬儒贈太傅。

二月辛卯，詔：「天下郡縣，不得以天和節禁屠宰，輒滯刑獄。」壬辰，置浮橋於德勝口。甲午，詔：「諸衞上將軍月俸舊三十千，令增至五十千。」戊戌，以三恪汝州襄城縣令、襲介國公宇文頲爲太子率更令。率更，原本作「率吏」，今從唐書百官志改正。（影庫本粘籤）己亥，詔戶部侍郎張昭遠、起居郎賈緯、秘書少監趙熙、吏部郎中鄭受益、左司員外郎李爲光等同修唐史，仍

以宰臣趙瑩監修。壬寅，以三白渠制置使張琢爲給事中。戊申，詔侯伯來朝，君臣相見，賞宴貢奉，今後宜停。起居郎賈緯以所撰唐年補錄六十五卷上之，案五代會要：起居郎賈緯奏曰：「伏以唐高祖至代宗已有紀傳，德宗亦存實錄，武宗至濟陰廢帝凡六代，惟有武宗實錄一卷，餘皆闕略。臣今搜訪遺聞及耆舊傳說，編成六十五卷，目爲唐朝補遺錄，以備將來史館修述。」（舊五代史考異）帝覽之嘉歎，賜以器幣，仍付史館。癸丑，長安公主薨，帝之長女也，笄年降於駙馬楊承祚，帝悼惜之甚，輟視朝二日，追贈秦國公主。

三月甲子，河中節度使康福進封許國公。乙丑，左驍衞上將軍李承約卒〔九〕。癸酉，詔天福四年終已前，百姓所欠夏秋租稅，一切除放。

夏四月庚寅朔，湖南奏，溪州刺史彭士愁、五溪酋長等乞降，已立銅柱於溪州，鑄誓狀於其上，以五溪銅柱圖上之。丙申，詔顯義指揮使劉康部下兵五百人放還淮海，卽安州所俘也。己亥，虞部郎中、知制誥楊昭儉遷中書舍人，戶部侍郎王松改御史中丞，禮部郎中馮玉改司門郎中、知制誥。辛丑，宰臣監修國史趙瑩奏：「奉詔差張昭遠等五人同修唐史，內起居郎賈緯丁憂去官，請以刑部侍郎呂琦、侍御史尹拙同與編修。」又奏：「史館所闕唐朝實錄，請下敕購求。」並從之〔一〇〕。案五代會要云：監修國史趙瑩奏：「自李朝喪亂，迨五十年，四海沸騰，兩都淪覆，今之書府，百無二三。臣等近奉綸言，俾令撰述，褒貶或從於新意，纂修須案于舊章，旣闕簡編，先虞漏略。今據史館所闕

唐書實錄，請下勑命購求。況咸通中宰臣韋保衡與蔣伸、皇甫煥撰武宗、宣宗兩朝實錄，皆遇多事，或值播遷，雖聞撰述，未見流傳。其韋保衡、裴贄合有子孫，見居職任，或門生故吏，曾記纂修，聞此討論，諒多欣慨。請下三京諸道及內外臣僚，凡有將此數朝實錄詣闕進納，量其文武才能，不拘資地，除授一官。如卷帙不足，據數進納，亦請不次獎酬，以勸來者。自會昌至天祐垂六十年，其初李德裕平上黨，著武宗伐叛之書；其後康承訓定徐方，有武寧本末之傳。如此事類，記述頗多。請下中外臣僚及名儒宿學，有于此六十年內撰述得傳記及中書、銀臺、史館日曆、制勑册書等，不限年月多少，並許詣闕進納。如年月稍多，記錄詳備，請特行簡拔，不限資序。臣與張昭遠等所撰唐史，敘本紀以綱帝業，列傳以述功臣，十志以書刑政。所陳條例，請下所司。」從之。（舊五代史考異）壬寅，以戶部員外郎、知制誥盧價爲虞部郎中、知制誥，以昭義節度副使陳玄爲光祿卿致仕。乙巳，齊、魯民饑，詔兗、鄆、青三州發廩賑貸。

五月庚申朔，以前邢州節度使丁審琪爲延州節度使，延州節度使劉景巖爲邠州節度使。故皇子杲册贈太尉〔一一〕，進封陳王。庚午，涇州奏，雨雹，川水大溢，壞州郡鎮戍二十四城。甲戌，北京遣牙將劉從以吐渾大首領白承福、念龐里、赫連功德來朝。案通鑑：四月辛巳，北京留守李德琉遣牙校以吐谷渾酋長白承福入朝。薛史作五月甲戌，與通鑑異。歐陽史從薛史。（舊五代史考異）邢州上言，吐渾移族帳於鎮州封部。

六月丙申，以前衞尉卿趙延乂爲司天監。丁酉，詔：「今後藩侯郡守，凡有善政，委倅貳

官條件聞奏，百姓官吏等不得遠詣京闕。」壬寅，右領衞上將軍李頃卒，贈太師。甲辰，迦葉彌陁國僧嗟哩以佛牙泛海而至。丙午，高麗國王王建加開府儀同三司、檢校太師，食邑一萬戶。戊午，鎮州節度使安重榮執契丹使拽剌〔一二〕，案：遼史作二月，晉安從榮執使者伊喇。薛史作六月，先後互異。（舊五代史考異）遣輕騎掠幽州南境之民，處於博野，仍貢表及馳書天下，述契丹援天子父事之禮，貪傲無厭，困耗中國，已繕治甲兵，將與決戰。帝發所諭而止之，重榮跋扈愈甚，由是與襄州節度使安從進潛相搆謀爲不軌。永樂大典卷一萬五千六百四十四。

校勘記

〔一〕追謚唐莊宗皇后劉氏爲神閔敬皇后　「唐」字原無，據殿本補。

〔二〕仍令行香之後　「令」字原無，據殿本、册府卷三一、會要卷四補。

〔三〕左散騎常侍張允　「左」原作「右」，據本書卷七七晉高祖紀、卷一〇八張允傳改。

〔四〕收溪錦奬三州　「奬」原作「蔣」，據通鑑卷二八二改。

〔五〕以諭金全命麾下齊謙以詔送於淮夷　殿本、劉本同。按「命麾下」句上疑有脫文，册府卷一二三作「……以諭金全，彥瑤既至，金全麾下齊謙以詔送於淮南」。

〔六〕舍利　原作「錫利」，注云：「舊作『舍利』，今改正。」按此係輯錄舊五代史時據遼史索倫國語解所改，今恢復原文。

〔七〕贓滿五匹者處死　「五匹」二字原無，據册府卷六一三、會要卷九補。

〔八〕錢鐸　原作「錢驛」，據劉本、本書卷八四少帝紀、十國春秋卷八三改。

〔九〕左驍衞上將軍李承約卒　「左」字原作「右」，據殿本、本書卷九〇李承約傳改。

〔一〇〕並從之　「並」字原無，據殿本、舊五代史考異補。

〔一一〕故皇子杲　殿本、劉本同。按歐陽史卷一七晉家人傳云：「陳王重杲，高祖幼子也。小字馮六，未名而卒，贈太傅，追封陳王，賜名重杲。」

〔一二〕拽剌　原作伊嗽，注云：「舊作拽剌，今改正。」按此係輯錄舊五代史時據遼史索倫國語解所改，今恢復原文。殿本、劉本作伊喇。

舊五代史卷八十

晉書六

高祖紀第六

天福六年秋七月己未朔，帝御崇元殿視朝。崇元殿，原本作「崇班」，考薛史前後俱作崇元，今改正。（影庫本粘籤）庚申，升陳州爲防禦使額。辛酉，以前鄧州節度使焦方爲貝州節度使。壬戌，涇州奏，西涼府留後李文謙，今年二月四日閉宅門自焚，遣元入西涼府譯語官與來人齎三部族蕃書進之。以三司使劉審交爲陳州防禦使。癸亥，以前鄆州節度使趙在禮爲許州節度使，以前鄴都留守、廣晉尹高行周爲河南尹、西都留守。詔改拱辰、威和、內直等軍並爲興順。甲子，以宣徽使、權西京留守張從恩判三司。己巳，以鄴都留守兼侍衞親軍馬步軍都指揮使、廣晉尹劉知遠爲太原尹，充北京留守、河東節度使，仍割遼、沁二州却隸河東。以北京留守李德琉爲廣晉尹，充鄴都留守；以昭義節度使馬全節爲邢州節度使，加同平章

事。甲戌，詔：「今後諸道行軍副使，不得奏薦骨肉爲殿直供奉官。」己卯，以前陝州節度使李從敏爲昭義軍節度使，以陝州節度使景延廣爲河陽三城節度使兼侍衞親軍馬步軍都虞候，以河陽節度使石贇爲陝州節度使。壬午，突厥遣使朝貢。以遙領壽州忠正軍節度使兼侍衞馬軍都指揮使李懷忠爲同州節度使，以宣徽北院使李守貞遙領忠正軍節度使、侍衞馬軍指揮使。甲申，降御札，取八月五日暫幸鄴都，沿路供頓，並委所司以官物排比，州縣不得科率人戶。丙戌，以右諫議大夫趙遠爲中書舍人，吏部郎中鄭受益爲右諫議大夫，刑部郎中殷鵬爲水部郎中、知制誥。殷鵬，原本作「殷鶚」，今從歐陽史改正。（影庫本粘籤）

八月戊子朔，以皇子開封尹、鄭王重貴爲東京留守，以天平軍節度使兼侍衞親軍馬步軍副都指揮使杜重威爲侍衞親軍馬步軍都指揮使，以宣徽南院使張從恩爲東京內外兵馬都監。改奉德馬軍爲護聖。放文武百官朝參，取便先赴鄴都。壬辰，車駕發東京。己亥，至鄴，左右金吾六軍儀仗排列如儀，迎引入內。改舊澶州爲德清軍。以內客省使劉遂清爲宣徽北院使，判三司。壬寅，制：「應天福六年八月十五日昧爽已前，諸色罪犯，常赦所不原者，咸赦除之；其持仗行劫及殺人賊〔一〕，並免罪移鄉，配逐處軍都收管；犯枉法贓者，雖免罪不得再任用；諸徒流人並放還；貶降官未量移與量移者，約資敍用〔二〕。天福五年終已前殘稅並放。應河東起義之初及收復鄴都、汜水立功將校，並與加恩；亡歿者與追贈。

自東京至鄴都緣路，昨因行幸，有損踐田苗處，據頃畝與放今年租稅。鄴都管內，有潛龍時在職者，並與加恩。耆年八十已上者，版授上佐官。天下農器，並許百姓自鑄造。亡命山澤者，招喚歸業；百日不出者，復罪如初。唐梁國公狄仁傑宜追贈官秩。應天福三年已前，敗闕場院官無家業者，並與除放，其人免罪，永不任使。私下債負徵利及一倍者並放，主持者不在此限。」丁未，以客省使、將作監丁知浚爲內客省使，丁知浚，原本作「知汶」，今從册府元龜改正。（影庫本粘籤）引進使、鴻臚卿王景崇爲客省使，殿中監、判四方館事劉政恩爲引進使。壬子，改鄴都皇城南門應天門爲乾明門，大明館爲都亭驛。甲寅，遣光祿卿張澄、國子博士謝攀使高麗行册禮。

九月己未，以兵部侍郎閻至爲吏部侍郎。辛酉，滑州河決，一溉東流，一溉東流，原本疑有誤字。考薛史五行志亦作一溉東流，今姑存其舊。（影庫本粘籤）鄉村戶民攜老幼登丘冢，爲水所隔，餓死者甚衆。壬申，忠武建武等軍節度使、守太傅、兼中書令、行蘇州睦州刺史錢元璙進封彭城郡王，遙領廣州清海軍節度使、判婺州軍州事錢元懿爲檢校太師。乙亥，遣前邢州節度使楊彥詢使于契丹，錫賚甚厚。案：歐陽史、通鑑俱從薛史作九月。遼史作二月己未，晉遣楊彥詢來貢，且言鎮州安重榮跋扈狀，遂留不遣，與薛史異。（舊五代史考異）通鑑云：帝以安重榮殺其使者，恐其犯塞，故遣彥詢使於契丹〔三〕。今附識於此。（影庫本粘籤）丁丑，吐渾遣使朝貢。壬午夜，有彗星出於西方，長二丈餘，在房一

度，尾跡穿天市垣東行，踰月而滅。丙戌，兗州上言，水自西來，漂沒秋稼。

冬十月丁亥朔，遣鴻臚少卿魏玭等四人，分往滑、濮、鄆、澶視水害苗稼。己丑，詔以胡梁度月城爲大通軍，浮橋爲大通橋。壬寅，詔唐梁國公狄仁傑可贈太師。

十一月丁未，鄭王夫人張氏薨。福州王延羲遣使貢方物。甲寅，遣太子賓客聶延祚、吏部郎中盧撰持節册天下兵馬元帥、守尚書令、吳越國王錢元瓘。甲子，以御史中丞王松爲尚書右丞，中書舍人、史館修撰判館事王易簡爲御史中丞，戶部侍郎張昭遠爲兵部侍郎，國子祭酒田敏以本官兼戶部侍郎。辛未，太妃、皇后至自東京。壬申，遣給事中李式、考功郎中張鑄持節册閩國王王延羲。甲戌，太子少傅致仕王權卒〔四〕，贈左僕射。丁丑，襄州安從進舉兵叛，案：歐陽史、五代春秋俱作十月，通鑑從薛史作十一月。遼史作十二月戊子，晉遣使來告山南節度使安從進反，則因其赴告之月而書之也。（舊五代史考異）以西京留守高行周爲南面行營都部署，率兵討之；以前同州節度使宋彥筠爲副，以宣徽南院使張從恩監護焉。

十二月丙戌朔，以東京留守、開封尹、鄭王重貴爲廣晉尹，進封齊王；以鄴都留守、廣晉尹李德琉爲開封尹，充東京留守。南面軍前奏，十一月二十七日，武德使焦繼勳、先鋒都指揮使郭金海等於唐州南遇安從進賊軍一萬餘人，大破之，案宋史陳思讓傳：思讓爲先鋒右廂都監，從武德焦繼勳領兵進討，遇從進之師于唐州花山下，急擊，大破之。（舊五代史考異）生擒衙內都指揮使安宏

義，案：宋史焦繼勳傳作擒其牙將安洪義、鮑洪等五十餘人。（舊五代史考異）獲山南東道之印，其安從進單騎奔逸。安從進單騎奔逸，通鑑作從進以數十騎奔還襄州，與薛史微異，今附識於此。（影庫本粘籤）案焦繼勳等破安從進于唐州，歐陽史作十二月，通鑑作十一月。（孔本）丁亥，詔襄州行營都部署高行周權知襄州軍州事。是日，鎮州節度使安重榮稱兵向闕，案：安重榮反在十二月丁亥，五代春秋誤繫于十月。歐陽史、通鑑俱從薛史，遼史作十一月丙寅，晉以討安重榮來告，與薛史異（五）。以侍衞親軍馬步軍都指揮使杜重威爲北面行營招討使，率兵擊之，以邢州節度使馬全節爲副，以前貝州節度使王周爲馬步軍都虞候。癸巳，武德使焦繼勳奏，安從進遣弟從貴領兵千人，取接均州刺史蔡行遇，尋領所部兵掩殺賊軍七百餘人，生擒安從貴，截其雙腕，却放入城。戊戌，以皇子重睿爲銀青光祿大夫、檢校尚書左僕射。己亥，北面軍前奏，十三日未時，於宗城縣西南大破鎮州賊軍，宗城，原本作「宋城」，據通鑑注云：宗城縣在魏州西北。今改正。（影庫本粘籤）殺一萬五千人，餘黨走保宗城縣。是夜三更，破縣城，前深州刺史史虔武自縛歸降，獲馬三千疋，絹三萬餘疋，餘物稱是。安重榮脫身遁走。是日，百官稱賀。癸卯，削奪安從進、安重榮在身官爵。右金吾上將軍萇從簡卒，廢朝，贈太師。乙巳，天下兵馬都元帥、守尚書令、吳越國王錢元瓘薨，廢朝三日，謚曰文穆。是日，帝習射於後苑，諸軍都指揮使已上悉預焉，賜物有差。丁未，南面行營都部署高行周奏，今月十三日，部領大軍至襄州城下，相次降賊軍二千人。其降兵馬軍詔以

「彰聖」爲號，步軍以「歸順」爲號。庚戌，以權知吳越國事錢弘佐爲起復鎮軍大將軍、檢校太師、兼中書令、杭州越州大都督、鎮海鎮東等軍節度使（六），封吳越國王。壬子，杜重威部領大軍至鎮州城下。

天福七年春正月丙辰朔，不受朝賀，用兵故也。戊午，以前將作監李鍇爲少府監。北面招討使杜重威奏，今月已收復鎮州，斬安重榮，傳首闕下。案遼史云：戊辰，晉函安重榮首來獻，上數欲親討重榮，至是乃止。（舊五代史考異）帝御乾明樓，乾明樓，原本作「韓明」。薛史前後皆作「乾明」，五代會要亦作「乾」，今改正。（影庫本粘籤）宣露布訖，大理卿受馘，付市徇之，百官稱賀。曲赦廣晉府禁囚。辛酉，追贈皇弟三人：故沂州馬步軍都指揮使、贈太傅德再贈太尉，追封福王；故檢校太子賓客、贈太傅殷再贈太尉，追封通王；故彰聖右第三軍都指揮使長州刺史（七）、贈太傅威再贈太尉，追封廣王。壬戌，追贈皇子五人：故右衞將軍、贈太保重英再贈太傅，追封虢王；故權東京留守、河南尹、贈太傅重乂再贈太尉，追封壽王；故皇城副使、贈太保重裔再贈太傅，追封郯王；故河陽節度使、贈太尉重信再贈太師，追封沂王；故左金吾衞將軍、贈太保重進再贈太傅，追封夔王。癸亥，改鎮州爲恆州，成德軍爲順國軍。丙寅，以門下侍郎平章事、監修國史趙瑩爲侍中；青州節度使楊光遠加食邑，改賜功臣名號；兗州節度使

桑維翰加檢校太保；河東節度使劉知遠加兼侍中；以鄆州節度使、北面行營招討使、侍衞親軍都指揮使杜重威爲恆州順國軍節度使，加兼侍中；皇子廣晉尹兼功德使、齊王重貴加兼侍中；秦州節度使侯益加特進，增食邑。丁卯，以判四方館事孟承誨爲太府卿充職。戊辰，以滄州節度使安叔千爲邢州節度使，以北面行營副招討使、邢州節度使馬全節爲定州節度使，馬全節，原本作「王節」，今從歐陽史改正。（影庫本粘籤）以定州節度使王庭胤爲滄州節度使（八），以前邢州節度使楊彥詢爲華州節度使。恆州立功將校王溫以降等第除郡。庚午，契丹遣使來聘。是日上元節，六街諸寺燃燈，御乾明門觀之，夜半還宮。壬申，延州節度使丁審琦加爵邑，鄧州節度使安審徽加檢校太傅，陝州節度使石贇加檢校太傅。乙亥，契丹遣使來聘。河陽節度使兼侍衞馬步軍都虞候景延廣加檢校太尉，改鄆州節度使，典軍如故。以前貝州節度使、北面行營馬步軍都虞候王周爲河陽節度使，加檢校太保。丁丑，以刑部侍郎竇貞固爲門下侍郎，以禮部郎中邊歸讜爲比部郎中、比部郎中，原本脫「郎」字，今據文增入。（影庫本粘籤）知制誥。壬午，以河陽節度使王周爲涇州節度使，以恆州節度副使王欽祚爲殿中監。

二月丁亥，皇妹淸平公主進封衞國長公主。契丹遣使來聘。己丑，宴於武德殿，新恆州節度使杜重威已下、諸軍副兵馬使已上悉預焉（九），賜物有差。己亥，以曹州防禦使何建

爲延州留後。涇州奏，差押牙陳延暉齎勑書往西涼府，本府都指揮使等請以陳延暉爲節度使。辛丑，宰臣李崧丁母憂，起復舊任。延州蕃寇作亂，同州、鄜州各起牙兵討平之。丙午，詔：「鄧、唐、隨、郢諸州，多有曠土，宜令人戶取便開耕，與免五年差稅。」

三月己未，兵部尚書韓惲卒。庚申，遣前齊州防禦使宋光鄴、案：遼史避諱作宋暉業。（舊五代史考異）翰林茶酒使張言使于契丹。壬戌，分命朝臣諸寺觀禱雨。丙寅，皇后爲妹契丹樞密使趙延壽妻燕國長公主卒於幽州，舉哀於外次。辛未，滑州節度使、駙馬都尉史匡翰卒，輟朝，贈太保。詔唐州湖陽縣蓼山神祠宜賜號爲「蓼山顯順之神」。乙亥，以晉昌軍節度使安審琦爲河中節度使，以前亳州防禦使王令溫爲貝州節度使。丙子，賜宰臣李崧白藤肩輿，以起復故也。丁丑，以晉州節度使皇甫遇爲河陽節度使，以壽州節度使兼侍衞馬步軍都指揮使李守貞爲滑州節度使（一〇），以夔州節度使兼侍衞步軍都指揮使郭謹爲相州節度使（一一），皆典軍如故。宰臣於寺觀禱雨。

閏月丙戌，以兵部郎中司徒詡爲右諫議大夫。戊子，兗州節度使桑維翰加特進，封開國公。庚寅，以延州留後何建爲延州節度使，以引進使兼殿中監劉政恩爲太子詹事。壬辰，宋州節度使安彥威奏，修滑州黃河功畢，案：修河事，薛史紀于閏月壬辰，歐陽史作三月，歸德軍節度使安彥威塞決河于滑州，蓋以奉使之月言，薛史以奏功之日言也。（舊五代史考異）詔於河決之地建碑立廟。丙

申，以鄜州節度使周密爲晉州節度使，以左羽林統軍符彥卿爲鄜州節度使。壬寅，詔百官五日一度起居，日輪定兩員，具所見以封事奏聞。案：五代會要作實封以聞。（孔本） 詔改鄴都宣明門爲朱鳳門，案：五代會要作來鳳門。（舊五代史考異） 武德殿爲視政殿，文思殿爲崇德殿，崇德殿，原本作「從德」，今據五代會要改正。（影庫本粘籤） 晝堂爲天清殿，寢殿爲乾福殿，其門悉從殿名。皇城南門爲乾明門，北門爲玄德門，東門爲萬春門，西門爲千秋門。案五代會要：晉改皇城四門爲乾明、玄德、萬春、千秋，在天福六年，薛史統繫于七年，與會要異。（舊五代史考異） 羅城南塼門爲廣運門〔二二〕，觀音門爲金明門，橙槽門爲清景門，寇氏門爲永芳門〔二三〕，朝臣門爲景風門〔二四〕。大城南門爲昭明門，觀音門爲廣義門，北河門爲靜安門，魏縣門爲應福門，寇氏門爲迎春門〔二五〕，朝城門爲興仁門〔二六〕，上斗門爲延清門，下斗門爲通遠門。戊申，宋州節度使安彥威封邢國公，賞修河之勞也。癸丑，涇州節度使王周奏，前節度使張彥澤在任日不法事二十六條，已改正停廢，詔褒之。是春，鄴都、鳳翔、兗、陝、汝、恆、陳等州旱，鄆、曹、澶、博、相、洺諸州蝗。

夏四月甲寅朔，避正殿不視朝，日蝕故也。是日，太陽不虧，百官上表稱賀。詔沿河藩郡節度使、刺史並兼管內河堤使。己未，右諫議大夫鄭受益兩疏論張彥澤在涇州之日，右諫議，原本脫「諫」字，今從通鑑增入。（影庫本粘籤） 違法虐民，支解掌書記張式、部曲楊洪等，請下所司，明申其罪，皆留中不出。庚申，刑部郎中李濤、張麟，員外郎龐麟、王禧，同詣閤門上疏，論

張彥澤罪犯，詞甚懇切。案宋史李濤傳：涇帥張彥澤殺記室張式，奪其妻，式家人詣闕上訴，晉祖以彥澤有軍功，釋其罪。濤伏閤抗疏，請置于法〔二七〕。晉祖召見諭之，濤植笏叩階，聲色俱厲，晉祖怒叱之，濤執笏如初。晉祖曰：「吾與彥澤有誓約，恕其死。」濤厲聲曰：「彥澤私誓，陛下不忍食其言；范延光嘗賜鐵券，今復安在？」晉祖不能答，即拂衣起。（舊五代史考異） 辛酉，詔：「張彥澤刳剔賓從，誅剝生聚，寃聲穢跡，流聞四方，章表繼來，指陳甚切。尚以曾施微功，特示寬恩，深懷曲法之慚，貴徇議勞之典。其張彥澤宜削一階，仍降爵一級〔二八〕。其張式宜贈官，張式父鐸、弟守貞、男希範並與除官。仍於涇州賜錢十萬，差人津置張式靈柩幷骨肉歸鄉，所有先收納却張式家財物畜，並令却還。其涇州新歸業戶，量與蠲減稅賦。」翌日，以前涇州節度使張彥澤爲左龍武大將軍。案宋史楊昭儉傳：昭儉與李濤論張彥澤不報，會有詔命朝臣轉對，或有封事，亦許以不時條奏。昭儉復上疏曰：「天子君臨四海，日有萬幾，懋建諍臣，彌縫其闕。今則諫臣雖設，言路不通，藥石之論，不達于聖聰，而邪佞之徒，取容于左右。御史臺紀綱之府，彈糾之司，銜寃者固當昭雪，爲蠹者難免放流。陛下臨御以來，寬仁太甚，徒置兩司，殆如虛器。遂令節使慢侮朝章，屠害幕吏，始訴寃于丹闕，反執送于本藩，苟安跋扈之心，莫恤寃抑之苦，願回宸斷，誅彥澤以謝軍吏。」（舊五代史考異） 左龍武，原本「左」作「右」，今從歐陽史及通鑑改正。（影庫本粘籤） 戊辰，廢雄州爲昌化軍，警州爲威肅軍，其軍使委本道差補。故涇州節度掌書記張式贈尚書虞部郎中，以式父鐸爲沁州司馬致仕，弟守貞爲貝州清河縣主簿，男希範爲興元府文學。甲戌，詔皇子齊王就前河中府節

度使康福第〔二九〕，以教坊樂宴會前、見任節度使。戊寅，前慶州刺史米廷訓追奪在身官爵，配流麟州，坐姦妻兄之女也。是月，州郡十六處蝗。

五月己亥，中書門下奏：「時屬炎蒸，事宜簡省，應五日百官起居，望令押班宰臣一員押百官班，其轉對官兩員封付閤門使引進〔三〇〕，本官隨百僚退，不用別出謝恩。其文武內外官僚乞假、寧覲、搬家、婚葬、病損並門見門辭。諸道進奉物等，不用殿前排列，引進使引至殿前奏云『某等進奉』，奏訖，其進奉使出〔三一〕。其進奉專使朝見日，班首一人致詞，都附起居。刺史并行軍副使、諸道馬步軍都指揮使已下，差人到闕，並門見門辭。州縣官謝恩日，甲頭一人都致詞，不用逐人告官。其供奉官、殿直等，如是當直及合於殿前排立者，即入起居；如不當直排立者，不用每日起居。委宣徽使點檢，常須整齊。」從之。時帝不豫，難於視朝故也。案遼史：二月甲午，遣使使晉，索吐谷渾叛者。契丹國志云：遼以晉招納吐谷渾，遣使責讓，晉高祖憂悒成疾。（舊五代史考異） 左威衞上將軍衞審餘卒，贈太子少保。乙巳，尊皇太妃劉氏爲皇太后。案徐無黨五代史記注云：高祖所生母也。（舊五代史考異） 丁未，工部侍郎韋勳改刑部侍郎。壬子，以左散騎常侍李光廷爲祕書監，給事中蕭愿爲右散騎常侍，蕭愿，原本作「蕭原」，今據列傳改正。（影庫本粘籤） 左諫議大夫曹國珍爲給事中，太常卿裴坦爲左諫議大夫。是月〔三二〕，州郡五奏大水，十八奏旱蝗。

六月丁巳，以兗州節度使桑維翰爲晉昌軍節度使，以前許州節度使安審琦爲兗州節度使〔三三〕。襄州都部署高行周奏，安從進觀察判官李光鬬出城請援，送赴闕。乙丑，帝崩於保昌殿，案通鑑考異云：漢高祖實錄：晉高祖大漸，召近臣屬之曰：「此天下，明宗之天下，寡人竊而取之久矣。寡人既謝，當歸許王，寡人之願也。」此說難信。（舊五代史考異） 壽五十一，遺制齊王重貴於柩前即皇帝位，喪紀並依舊制，山陵務從節儉，馬步諸軍優給並從嗣君處分〔三四〕。

八月，太常卿崔梲上諡曰聖文章武明德孝皇帝，廟號高祖，以其年十一月十日庚寅葬於顯陵，宰臣和凝撰諡册哀册文。永樂大典卷一萬五千六百四十四。 五代史補：高祖尙明宗女，宮中謂之石郎。及將起兵于太原，京師夜間狼皆羣走，往往入宮中，愍帝患之，命諸班能射者分投捕逐，謂之「射狼」。或遇諸塗，問曰：「汝何從而來？」對曰：「看射狼。」未幾，高祖至。蓋「射」音與「石」相近也。 五代史闕文：梁開平初，潞州行營使李思安奏：壺關縣庶穰鄉民伐樹，樹仆，自分爲二，中有六字如左書，云「天十四載石進」，梁帝藏於武庫，時莫詳其義。至帝即位，識者曰：「天」字取「四」字兩畫加之于傍，即「丙」字也，「四」字去中之兩畫加「十」字，即「申」字也。帝即位之年，適「丙申」也。進者晉也，石者姓也。臣謹按，天祐二十年，歲在癸未，其年莊宗建號，改同光元年，至淸泰三年，歲丙申，其年晉祖即位，改元天福元年，自未至申，凡十四載矣，故讖書云「天十四載石進」者，言自天祐滅後十四載石氏興於晉也，豈不明乎！而拆字解讖以就丙申，非也。

史臣曰：晉祖潛躍之前，沈毅而已。及其爲君也，旰食宵衣，禮賢從諫，慕黃、老之教，樂清淨之風，以絁爲衣，以麻爲履，故能保其社稷，高朗令終。然而圖事之初，召戎爲援，獫狁自兹而孔熾，黔黎由是以罹殃。迨至嗣君，兵連禍結，卒使都城失守，舉族爲俘。亦猶決鯨海以救焚，何逃沒溺；飲鴆漿而止渴，終取喪亡。謀之不臧，何至於是！儻使非由外援之力，自副皇天之命，以兹睿德，惠彼蒸民，雖未足以方駕前王，亦可謂仁慈恭儉之主也。永樂大典卷一萬五千六百四十四。

校勘記

〔一〕持仗行劫　「劫」原作「劍」，據殿本、劉本改。

〔二〕貶降官未量移與量移者約資敍用　殿本、劉本同。冊府卷九四作「貶降官等未量移者與量移，已量移者約資敍進用」。

〔三〕故遣彥詢使於契丹　「契丹」原作「蜀」，據通鑑卷二八二改。

〔四〕王權　原作「王瓘」，據本書卷九二王權傳改。

〔五〕歐陽史通鑑俱從薛史……與薛史異　二十九字原無，據舊五代史考異補。

〔六〕鎭海鎭東等軍　「鎭東」原作「東」，據殿本、通鑑卷二八二補。

〔七〕長州刺史　殿本、劉本同。按本書卷八七廣王敬威傳作「常州刺史」。

〔八〕王庭胤　「庭」原作「延」，據本書卷八八王庭胤傳改。

〔九〕諸軍副兵馬使已上　「上」原作「下」，據殿本改。

〔一〇〕馬步軍指揮使李守貞　「馬步軍」，劉本同。殿本作「馬軍」。

〔一一〕郭謹　殿本同。劉本作「郭達」，注云：「『郭達』，刻本作『郭謹』。」

〔一二〕南塼門爲廣運門　「南塼門」，殿本、劉本同，冊府卷一四作「南博門」。

〔一三〕寇氏門爲永芳門　「寇氏門」，殿本、冊府卷一四同，劉本作「冠氏門」。

〔一四〕朝臣門爲景風門　「朝臣門」，殿本、劉本同，彭校及冊府卷一四作「朝城門」。

〔一五〕寇氏門爲迎春門　「寇氏門」，殿本同，劉本作「冠氏門」，冊府卷一四作「尉氏門」。

〔一六〕朝城門爲興仁門　「朝城門」，殿本、劉本同，彭校及冊府卷一四作「朝臣門」。

〔一七〕案宋史……請置于法　「涇帥張彥澤……釋其罪」三十一字及「請置于法」四字原無，據殿本及宋史卷二六二李濤傳補。

〔一八〕降爵一紀　殿本、劉本同。彭校作「降爵一級」。

〔一九〕河中府　「中」字原無，據劉本及本書卷九一康福傳補。

〔二〇〕其轉對官兩員封付閤門使引進　殿本、劉本同。冊府卷一〇八「封」字下有「事」字。

〔二一〕其進奉使出　盧本同。殿本作「令進奉使便出」，劉本作「令進奉使出」。

〔二二〕是月　原作「是日」，據殿本、劉本改。

〔二三〕以前許州節度使安審琦爲兗州節度使　殿本、劉本同。張森楷云：「『琦』當作『信』。安審信、審琦傳並有自許州還兗州之文。而審琦爲許、兗在出帝世，是時方爲晉昌，未鎭許州。唯本紀天福五年有審信爲許州之文，六年趙在禮代之，故稱前許州，決知此爲審信，非審琦也。」

〔二四〕馬步諸軍優紀　殿本、劉本同。彭校「紀」作「給」。

舊五代史卷八十一

晉書七

少帝紀第一

少帝，名重貴，高祖之從子也。考諱敬儒，母安氏，以唐天祐十一年六月二十七日生帝於太原汾陽里。敬儒嘗爲後唐莊宗騎將，早薨，高祖以帝爲子。帝少而謹厚，高祖愛之，洎歷方鎮，嘗遣從行，委以庶事，但性好馳射，有祖禰之風。高祖鎮太原，「鎮太原」上原本脫「高祖」二字，今從册府元龜增入。（影庫本粘籤）命鄆邸王震案：歐陽史作博士王震。（舊五代史考異）以禮記教帝，不能領其大義，謂震曰：「非我家事業也。」及高祖受圍於太原，親冒矢石，數獻可於左右，高祖愈重焉。高祖受契丹册，將入洛，欲留一子撫晉陽，先謀於戎王，戎王曰：「使諸子盡出，吾當擇之。」乃於行中指帝謂高祖曰：「此眼大者可矣。」遂以帝爲北京留守，授金紫光祿大夫、檢校司徒，行太原尹，知河東管內節度觀察事。天福二年九月，徵赴闕，授光祿大夫、

檢校太保、右金吾衛上將軍。三年十二月，授開封尹，加檢校太傅，封鄭王，增食邑三千戶，俄加檢校太尉、同中書門下平章事。六年，高祖幸鄴，改廣晉尹，進封齊王。案：以下疑脫「七年正月，加兼侍中」八字。（舊五代史考異）

是歲案：此歲爲天福七年，此承上六年爲言，于中當有脫文。（劉本）六月十三日乙丑，高祖崩，承遺制命柩前卽皇帝位。帝在并州未著人望，及保釐浚郊，大有寬裕之稱。從幸鄴都，是歲遇旱，高祖遣祈雨於白龍潭，有白龍見於潭心，是夜澍雨尺餘，人皆異之，至是果登大位焉。丁卯，賜侍衛諸軍將校錢一百貫下至五貫，以初卽位示賚也。戊辰，宰臣馮道等率百僚請聽政，凡三上表，允之。庚午，始聽政於崇德殿門偏廊，分命廷臣以嗣位奏告天地宗廟社稷。遣右驍衛將軍石德超等押先皇御馬二匹，往相州西山撲祭，用北俗禮也。丙子，以司徒、兼侍中馮道爲大行皇帝山陵使，門下侍郎竇貞固副之，太常卿崔棁爲禮儀使，戶部侍郎呂琦爲鹵簿使，御史中丞王易簡爲儀仗使。案徐無黨五代史記注云：舊史實錄無橋道頓遞使，疑不置或闕書，漢高祖亦然。（舊五代史考異）己卯，遣判四方館事朱崇節、案：歐陽史作館使宋崇節。右金吾大將軍梁言持國信物使於契丹。是時，河南、河北、關西並奏蝗害稼。

秋七月癸未朔，百官素服臨於天清殿。戊子，詔應宮殿、州縣及官名、府號、人姓名，與先帝諱同音者改之。改西京明堂殿爲宣德殿，中書政事堂爲政事廳，堂後官房頭爲錄事，餘爲主事。案東都事略陶穀傳：穀本姓唐，避晉祖諱改姓陶，蓋當時避諱之體如此。（殿本）己丑，大行皇帝大祥，帝釋縗服，百官衣縿。辛卯，帝除禫服，百官吉服。壬辰，太皇太后劉氏崩，高祖之庶母也。遺詔服紀園陵毋用后禮，皇帝不得廢軍國機務。既而禮官奏：「準令式，爲祖父母齊縗周，又準喪葬令，皇帝本服周者，三哭而止。請準後唐同光三年，皇太妃北京薨，莊宗於洛京西內發哀素服，不視事三日。」從之。從之，原本作「存之」，今據文改正。（影庫本粘籤）仍遣國子祭酒兼戶部侍郎田敏奏告高祖靈座。癸巳，右諫議大夫鄭受益、中書舍人楊昭儉並停見任，以請假在外，不赴國哀故也。丁酉，宰臣馮道等率文武百僚詣崇德殿門拜表，請御正殿，凡三上表，允之。安州奏，水平地深七尺。庚子，帝御正殿，宣制：「大赦天下，諸道州府諸色罪犯，除十惡五逆、殺人強盜、官典犯贓、合作毒藥、屠牛鑄錢外，其餘罪犯，咸赦除之。襄州安從進如能果決輸誠，並從釋放。其中外臣僚將校，並與加恩。天下有蟲蝗處，並與除放租稅。」

辛丑，恆州順國軍節度使杜威、案杜重威避少帝諱去「重」字，至漢始復，故少帝紀皆作杜威。河東節度使劉知遠，並加檢校太師，仍增爵邑。青州平盧軍節度使楊光遠加守太師。癸卯，鄆州天平軍節度使兼侍衛馬步都虞候景延廣加特進、同中書門下平章事，充侍衛親軍都指揮使。滑州義成軍節度使兼侍衛馬軍都指揮使李守貞，相州彰德軍節度使、侍衛步軍都指揮

使郭謹，並加檢校太傅，仍增爵邑。宰臣馮道等上表，請依舊置樞密使，略曰：「竊以樞密使創自前朝，置諸近侍，其來已久，所便尤多。頃歲樞密使劉處讓偶屬家艱，爰拘喪制，既從罷免，暫議改更，不曾顯降敕文，永停使額。所願各歸職分，豈敢苟避繁難，伏請依舊置樞密使。」初，高祖事後唐明宗，覩樞密使安重誨秉政擅權，賞罰由己，常惡之，及登極，故斷意廢罷，一委中書。至是馮道等厭其事繁，故復請置之，庶分其權。表凡三上，不允。

乙巳，徐州節度使李從溫、宋州節度使安彥威並加兼中書令，西都留守、充襄州行營都部署高行周加兼侍中，鳳翔節度使李從曮加守太保。遣中使就中書賜宰臣馮道生辰器幣，道以幼屬亂離，早喪父母，不記生日，堅辭不受。丙午，以給事中羅周岳爲左散騎常侍，以右諫議大夫符蒙爲給事中，以祕書少監兼廣晉少尹邊蔚爲右散騎常侍，以廣晉少尹張煦爲右諫議大夫，以廣晉府判官、光祿少卿邊光範爲右諫議大夫。丁未，荆南節度使、南平王高從誨加兼尚書令，湖南節度使、楚王馬希範加守太傅。自是藩侯郡守，皆第加官封，示溥恩也。

是月，州郡十七蝗。

八月壬子朔，百官素服臨於天清殿。乙卯，以左散騎常侍羅周岳爲東京副留守。庚申，以山陵禮儀使、太常卿崔棁爲太子賓客，分司西都，病故也。壬戌，晉昌軍節度使桑維翰加檢校太傅。甲子，宰臣馮道加守太尉，趙瑩加中書令，李崧加左僕射兼門下侍郎，和凝加右

僕射。契丹遣使致慰禮馬二十匹及羅綃等物。是日，襄州行營都部署高行周奏，收復襄州，安從進自焚而死，生擒男弘贊斬之。案：高行周克襄州，五代春秋及通鑑俱不書日，遼史作甲子，晉復襄州，蓋以奏聞之日爲收城之日也。歐陽史作八月戊午，高行周克襄州，當得其實。（孔本）前河東節度使康福卒，贈太師，謚曰武安。戊辰，以太子太保兼尚書左僕射劉昫爲太子太傅。詔賜襄州城內百姓粟〔一〕，大戶二斛，小戶一斛，以久困重圍也。己巳，以太子賓客趙元輔權判太常卿事，充山陵禮儀使。庚午，葬太皇太后於魏縣秦固村。癸酉，契丹遣使致祭於高祖，賻禮御馬二匹、羊千口、絹千匹。契丹主母亦遣使來慰。詔免襄州城內人戶今年夏秋來屋稅，其城外下營處與放二年租稅。應被安從進脅從者，一切不問。是月，河中、河東、河西、徐、晉、商、汝等州蝗。

九月丁丑朔，百官素服臨於天清殿。己卯，分命朝臣詣寺觀禱雨。辛巳，兩浙節度使吳越國王錢弘佐、福建節度使王延羲，並加食邑，仍改賜功臣名號。癸未，帝御乾明門，觀襄州行營都部署高行周、都監張從恩等獻俘馘，有司宣露布訖，以安從進男弘受等四十四人狥於市，皆斬之。曲赦京城禁囚。甲申，宴班師將校於崇德殿，賜物有差。乙酉，宰臣和凝上迴河頌，賜鞍馬器帛。丁亥，以宋州歸德軍節度使安彥威爲西京留守兼河南尹；以襄州行營都部署、西京留守高行周爲宋州節度使，加檢校太師。戊子，降襄州爲防禦使額，均、房二州割屬鄧州，升泌州爲團練使額。己丑，以東京留守兼開封尹李德珫爲廣晉尹；以宣

徽南院使、襄州行營都監張從恩爲東京留守兼開封尹，加檢校太尉；以前同州節度使、襄州行營副部署宋彥筠爲鄧州威勝軍節度使，加檢校太尉。山陵禮儀使撰高祖祔饗太廟酌獻樂章，上之。庚寅，詔今後除授留守，宜降麻制。癸巳，樂平公主史氏進封魯國大長公主，壽安長公主烏氏進封衞國大長公主，鄭國長公主杜氏進封宋國大長公主。荆南高從誨累表讓尚書令之命。己亥，追封故秦國長公主爲梁國長公主，故永壽長公主爲岐國大長公主，故延慶長公主爲邠國大長公主。辛丑，以義成軍節度使兼侍衞馬軍都指揮使李守貞充大行皇帝山陵一行都部署。壬寅，以宣徽北院使、判三司劉遂清爲鄭州防禦使，以澶州防禦使李承福爲宣徽北院使。癸卯，詔大行皇帝十一月十日山陵，宜自十月一日至十一月二十日不坐，放文武百官朝參。甲辰，上大行皇帝尊謚寶册，案五代會要：天福七年，中書門下奏：山陵禮儀使狀：「高祖尊謚號及廟號，伏准故事，將啓殯宮前，擇日命太尉率百僚奉謚册，告天于圜丘畢〔二〕，奉謚册跪讀于靈前。」此累朝之制，蓋以天命尊極，不可稽留。今所上高祖聖文章武明德孝皇帝尊謚寶册，伏緣去洛京地遠，寶册難以往來，當司詳酌，伏請祗差官往洛京，奏告南郊太廟。其日，中書門下文武百官立班，中書令、侍中升靈座前讀寶册，行告謚之禮。（舊五代史考異）百官素服班於天清殿。禮儀使撰進高祖祔饗太廟酌獻樂章舞名，禮儀使，原本作「禮俊使」，據上文云：山陵禮儀使撰高祖祔饗太廟樂章上之，蓋先進樂章，至此乃請定舞名也。原本「俊」字誤，今改正。（影庫本粘籤）請以咸和之舞爲名。從之。

冬十月辛亥朔，百官素服臨於天清殿。襄州利市廟封爲順正王，仍令本州修崇廟宇。癸亥，啓攢宮，百官衣初喪服入臨。甲子，靈駕進發，帝於朱鳳門外行遣奠之祭，辭畢還宮。丁丑，太保盧質卒，贈太子太師，謚曰文忠。己卯，宰臣李崧母喪，歸葬深州，遣使弔祭之。庚辰，契丹遣使致祭於高祖，賻馬三匹、衣三襲。

十一月庚寅，葬高祖皇帝於顯陵。壬辰，湖南奏，前洪州節度使馬希振卒。戊戌，詔宰臣等分詣寺廟祈雪。庚子，祔高祖神主於太廟。辛丑，以右金吾衞大將軍、權判三司董遇爲三司使。詔：「州郡稅鹽，過稅斤七錢，住稅斤十錢〔三〕，州府鹽院並省司差人勾當。」先是，諸州府除蠶鹽外，每年海鹽界分約收鹽價錢一千七萬貫〔四〕，高祖以所在禁法，抵犯者衆，遂開鹽禁，許通商，令州郡配徵人戶食鹽錢，上戶千文，下戶二百，分爲五等，時亦便之。至是掌賦者欲增財利，難於驟變前法，乃重其關市之征，蓋欲絕其興販歸利於官也。其後鹽禁如故，鹽錢亦徵，至今爲弊焉。是日，詔：「天地宗廟社稷及諸祠祭等，訪聞所司承管，多不精潔。宜令三司預支一年禮料物色，於太廟置庫收貯，差宗正丞主掌，委監察使監當，祭器祭服等未備者修製。案五代會要：敕差宗正丞石載仁專主掌，監察御史宋彥昇監庫，兼差供奉官陳審璘往洛京，于太廟內隱便處修蓋庫屋五間，俟畢日，催促所支物色，監送入庫交付訖，取收領文狀歸閣。每有祠祭，諸司各請禮料。至時委監庫御史宋彥昇、宗正丞石載仁旋行給付。其大祠、中祠兼令監察御史檢點，小祠即令行事官檢點。如致

慢易，本司准格科罪。其祭器未有者修製，已有者更仰整飭。（舊五代史考異）

十二月辛酉，以威武軍節度副使、充福建管內諸軍都指揮使王亞澄爲威武軍副大使、知節度事。詔：「諸道州府，每遇大祭祀、冬正、寒食、立春、立夏，雨雪未晴，不得行極刑，如有已斷下文案，可取次日及雨雪定後施行。」乙丑，以前鄧州節度使安審暉爲左羽林統軍，以前延州節度使丁審琪爲右羽林統軍，以前金州節度使潘環爲左神武統軍，以前華州節度使皇甫立爲左金吾衞上將軍，以右龍武統軍劉遂凝爲左驍衞上將軍，以前貝州節度使馬萬爲右驍衞上將軍，以左龍武大將軍張彥澤爲右武衞上將軍。丙寅，宰臣馮道、滑州節度使兼侍衞馬軍都指揮使李守貞、河陽節度使皇甫遇、西京留守安彥威、廣晉尹李德珫，並加爵邑，以山陵充奉之勞也。己巳，迴鶻進奉使密里等各授懷化歸德大將軍、將軍郎將，放還蕃。庚午，故洪州節度使馬希振追封齊國公。辛未，故中吳建武等軍節度使、彭城郡王錢元璙追封廣陵郡王。丙子，于闐、迴鶻皆遣使貢方物。

天福八年春正月辛巳，盜發唐坤陵，莊宗母曹太后之陵也。河南府上言：「逃戶凡五千三百八十七，餓死者兼之。」詔：「諸道以廩粟賑饑民，民有積粟者，均分借便，以濟貧民。」時州郡蝗旱，百姓流亡，餓死者千萬計，東都人士僧道、請車駕復幸東京。後唐莊宗德妃伊氏

自契丹遣使貢馬。德妃，原本作「得妃」，今從歐陽史改正。（影庫本粘籤）庚寅，沙州留後曹元深加檢校太傅，充沙州歸義軍節度使。癸巳，發禁軍萬人幷家口赴東京。乙巳，于闐、迴鶻入朝使劉再成等並授懷化大將軍、將軍郎將，放還蕃。

二月庚戌，御札取今月十一日車駕還東京，沿路州府，不用修飾行宮；食宿頓遞，並以官物供給，文武臣僚除有公事合隨駕外，並先次進發。以侍衞親軍使景延廣充御營使。癸丑，以廣晉尹李德珫權鄴都留守。己未，車駕發鄴都，曲赦都下禁囚。甲子，次封丘，文武百官見於行宮。乙丑，至東京。案：遼史作丁未，晉主至汴，與薛史異。五代春秋、歐陽史、通鑑並從薛史。（舊五代史考異）甲戌，以東京留守張從恩爲權鄴都留守，以皇弟檢校司徒重睿爲檢校太保、開封尹，年幼未出閤，差左散騎常侍邊蔚知府事。丁丑，以前太僕卿薛仁謙爲衞尉卿。河中逃戶凡七千七百五十九。是時天下饑，穀價翔踴，人多餓殍。右金吾衞上將軍劉處讓卒，贈太尉。

三月己卯朔，以中書令、監修國史趙瑩爲晉昌軍節度使；以晉昌軍節度使桑維翰爲侍中、監修國史。案：通鑑作晉昌節度使、兼侍中桑維翰爲侍中。胡三省注云：桑維翰始居藩鎭而兼侍中，今入朝，正爲門下省長官。（舊五代史考異）辛巳，以左散騎常侍盧重爲祕書監，以東京副留守羅周岳爲右散騎常侍。癸未，青州節度使、東平王楊光遠進封壽王，北京留守劉知遠、恆州節度使杜威並

加兼中書令。乙酉，以鄜州節度使符彥卿爲河陽節度使；以權鄴都留守、前開封尹張從恩爲鄴都留守、廣晉尹；以右羽林統軍丁審琪爲鄜州節度使。丁亥，天策上將軍、湖南節度使、楚王馬希範加守尙書令、兼中書令。己丑，桂州節度使馬希杲依前檢校太尉、兼侍中，兼知朗州軍州事；朗州武平軍節度使馬希萼加檢校太尉，進封爵邑。以武平軍節度副使〔五〕、岳州團練使馬希瞻爲檢校太尉〔六〕，領盧州昭信軍節度使；以武安軍節度副使、永州團練使馬希廣爲檢校太尉，領洪州鎭南軍節度使〔七〕；皆楚王馬希範之弟也。庚寅，以宣徽北院使李承福爲右武衞大將軍，充宣徽南院使；以前鄭州防禦使劉繼勳爲左千牛衞大將軍，充宣徽北院使。國子祭酒兼戶部侍郎田敏以印本五經書上進，以印本五經書上進，考唐天成二年已開雕，至此始得印本書也。今附識於此。（影庫本粘籤）賜帛五十段。甲午，有白烏棲作坊桐樹，作坊使周務掠捕而進之。辛丑，引進使、太府卿孟承誨使契丹。詔京百司攝官親公事及五年，與授初官。癸卯，以左諫議大夫司徒詡爲給事中，左司郎中王仁裕爲右諫議大夫，前鴻臚卿王均爲少府監。

夏四月戊申朔，日有蝕之。庚戌，以許州節度使趙在禮爲徐州節度使，以徐州節度使李從溫爲許州節度使。己巳，中書門下奏：「請以六月二十七日降誕日爲啓聖節。」從之。是月，河南、河北、關西諸州旱蝗，分命使臣捕之。案：歐陽史作供奉官張福率威順軍捕蝗于陳州。（舊五代史考異）

五月己卯，追封皇故長姊爲吳國長公主。癸未，皇姪女永福縣主薨，輟朝三日，追封平昌郡主。丁亥，皇第二叔祖贈太師萬友追封秦王，皇第三叔祖贈太尉萬銓案：原本作「詮」，今從歐陽史改。贈太師，追封趙王。皇伯贈太傅敬儒贈太師，追封宋王；皇叔贈太尉福王德贈太師，追封如故；皇叔贈太傅暉贈太師，追封韓王；皇叔贈太尉通王殷、皇叔贈太尉廣王威、皇兄贈太傅鄭王重裔並贈太師，追封如故。皇兄贈太師沂王重信追封楚王；皇兄贈太傅虢王重乂〔八〕、皇兄贈太師夔王重進〔九〕、皇弟贈太尉陳王重杲等並贈太師，追封如故。仍令所司擇日册命。辛卯，以御史中丞王易簡爲尙書左丞，以禮部侍郎張允爲御史中丞，以中書舍人吳承範爲禮部侍郎，以吏部侍郎王延爲尙書右丞〔一〇〕，以尙書右丞王松爲吏部侍郎，以兵部侍郎張昭遠爲吏部侍郎，以戶部侍郎呂琦爲兵部侍郎，以刑部侍郎韋勳爲戶部侍郎，以工部侍郎李詳爲刑部侍郎。癸巳，命宰臣等分詣寺觀禱雨。己亥，飛蝗自北翳天而南。太子賓客李梲卒。甲辰，詔：「諸道州府見禁罪人，除十惡五逆、行劫殺人、僞行印信、合造毒藥、官典犯贓各減一等外，餘並放〔一一〕。」是時所在旱蝗，故有是詔。乙巳，幸相國寺祈雨。

六月庚戌，以螟蝗爲害，詔侍衞馬步軍都指揮使李守貞往皐門祭告，仍遣諸司使梁進

超等七人分往開封府界捕之。案：歐陽史作癸亥，供奉官七人帥奉國軍捕蝗于京畿〔一二〕，與薛史異。（舊五代史考異）乙卯，以左羽林統軍安審暉爲潞州節度使。宿州奏，飛蝗抱草乾死。丙辰，貝州奏，逃戶凡三千七百。遣供奉官衞延韜詣嵩山投龍祈雨。戊午，以西京留守馬從斌爲左監門衞上將軍。開封府界飛蝗自死。庚申，河南府奏，飛蝗大下，徧滿山野，草苗木葉食之皆盡，人多餓死。禮部侍郎吳承範卒。丙寅，以將册皇太后，遣尙書左丞王易簡奏告天地。陝州奏，蝗飛入界，傷食五稼及竹木之葉，逃戶凡八千一百。丁卯，以給事中符蒙爲禮部侍郎，以左諫議大夫裴坦爲給事中。辛未，遣內外臣僚二十八人分往諸道州府率借粟麥。案通鑑：七月己丑，詔以年饑，國用不足，遣使者六十餘人于諸道括民穀。與薛史異。（舊五代史考異）時使臣希旨，立法甚峻，民間碓磑泥封之，隱其數者皆斃之，由是人不聊生，物情胥怨。是月，諸州郡大蝗，所至草木皆盡。永樂大典卷一萬五千六百四十九。

校勘記

〔一〕百姓　原作「百官」，據殿本、册府卷一〇六改。

〔二〕告天于圜丘　「于」原作「子」，據殿本、劉本、會要卷一改。

〔三〕過稅斤七錢住稅斤十錢　殿本、劉本、殘宋本册府卷四九四同，明本册府兩「錢」字均作「分」。

〔四〕一千七萬貫　殿本、劉本同。冊府卷四九四作「一十七萬貫」。

〔五〕武平軍　原作「平武軍」，據殿本、劉本改。

〔六〕馬希曎　殿本、劉本作「馬希瞻」。

〔七〕鎮南軍　「軍」原作「州」，據劉本改。

〔八〕皇兄贈太傅虢王重乂　殿本、劉本同。張森楷云：「案宗室傳作虢王重英、壽王重乂，新家人傳同上。高祖紀天福七年，重英再贈太傅，追封虢王；重乂再贈太尉，追封壽王。則是贈太傅虢王者重英，非重乂也。虢王下蓋脫『重英、皇兄贈太尉壽王』九字，各本並譌。」

〔九〕皇兄贈太師夔王重進　殿本、劉本同。本書卷八〇高祖紀謂重進「再贈太傅，追封夔王」。

〔一〇〕王延爲尚書右丞　「右丞」原作「左丞」，據殿本、劉本改。按上文王易簡已作左丞，此處王延當爲右丞。

〔一一〕除十惡五逆行劫殺人僞行印信合造毒藥官典犯贓各減一等外餘並放　殿本、劉本同。冊府卷九四作：「除十惡行劫諸殺人者及僞行印信、合造毒藥、官典犯贓外，人犯死罪者減一等，餘並放。」

〔一二〕帥奉國軍捕蝗于京畿　原作「分往開封府界及京畿」，據殿本、劉本、歐陽史卷九晉本紀改。

舊五代史卷八十二

晉書八

少帝紀第二

天福八年秋七月丁丑朔，京師雨水深三尺。辛巳，許州節度使李從溫來朝，進封楚國公。壬午，以前河陽節度使皇甫遇爲右龍武統軍。丁亥，以宣徽南院使李承福爲同州節度使。癸巳，改陝州甘棠驛爲通津驛，避廟諱也。案東都事略陶穀傳：穀本姓唐，避晉祖諱改姓陶，蓋當時避諱及偏旁字及同音字也。甲午，正衙命册皇太后，以宰臣李崧充使，右散騎常侍李慎儀爲副。丁酉，幸南莊，召從駕臣僚習射，路左農人各賜布衫麻屨。

八月戊申，右衞上將軍楊思權卒，贈太傅。辛亥，分命朝臣一十三人分檢諸州旱苗。涇、青、磁、鄴都共奏逃戶凡五千八百九十。諸縣令佐以天災民餓，攜牌印納者五。癸酉，以前昭義節度使李從敏爲左龍武統軍。

九月戊寅，尊秦國夫人安氏爲皇太妃，帝所生母也。丁亥，追册故魏國夫人張氏爲皇后，帝之元妃也。是日，以金部郎中、知制誥馮玉爲檢校尚書右僕射，充潁州團練使。戊子，前潁州團練使田令方追奪在身官爵，勒歸私第，坐前任耀州日，額外配民麴錢納歸私室故也。延州奏，綏州刺史李彝敏拋棄郡城，與弟彝俊等五人將骨肉二百七十口來投，當州押送赴闕，稱與兄夏州節度使彝殷偶起猜嫌，互相攻伐故也。辛卯，夏州奏，差宥州刺史李仁立權知綏州。癸巳，故絳州刺史張從訓贈太尉，絳州，原本作「鋒州」；刺史，原本脫「史」字，今從册府元龜增改。（影庫本粘籤）追册皇后之父也。甲午，夏州李彝殷奏：「衙內都指揮使拓拔崇斌等五人作亂，當時收擒處斬訖。相次綏州刺史李彝敏擅將兵士，直抵城門，尋差人掩殺，彝敏知事不濟，與弟五人將家南走。」詔：「李彝敏潛結凶黨，顯恣逆謀，骨肉之間，尚興屠害，照臨之內，難以含容，送夏州處斬。」丙申，幸大年莊，遂幸侍衞使景延廣第，延廣進金玉器玩、賜延廣玉帶名馬，母妻、賓佐、部曲、僮僕錫賚咸及之。庚子，以右諫議大夫邊光範爲給事中，以吏部郎中劉知新爲右諫議大夫。是月，諸州郡括借到軍食，以籍來上，吏民有隱落者，並處極法。州郡二十七蝗，餓死者數十萬。

冬十月戊申，制以吳國夫人馮氏爲皇后，仍令所司擇日備禮册命。庚戌，封皇第十一妹爲嘉興長公主，第十二妹爲永泰長公主。是夕五更，有彗見於東方，在角，旬日而滅。壬子，以權知延州軍州事、前鳳州防禦使杜威爲延州留後。甲寅，以國子祭酒兼戶部侍郎田敏充弘文館學士，判館事；以吏部侍郎張昭遠充史館修撰，判館事；以給事中司徒詡充集賢殿學士，判院事。西京奏，百姓馬知饒殺男吳九不死，以其侵母食也。詔赦之。甲子，以前延州節度使何建爲涇州節度使。丙寅，以涇州節度使王周爲陝府節度使。己巳，以左散騎常侍、權知開封府事邊蔚爲工部侍郎，依前知府事。壬申，以前兵部侍郎李玘爲吏部侍郎。癸酉，命使攝太尉、右僕射平章事和凝，使副攝司徒、給事中邊光範追册故魏國夫人張氏爲皇后，奉寶册至西莊影殿行禮，鹵簿儀仗如式。

十一月丁丑，以鄧州節度使宋彥筠爲晉州節度使，以涇州節度使何建爲鄧州節度使。己卯，以前鄴都留守、廣晉尹李德珫爲涇州節度使。丙申，所司奏議，故天下兵馬都元帥、吳越國王錢元瓘謚曰莊穆，詔改爲文穆。戊戌，遣前復州防禦使吳巒權知貝州軍事，詔節度使王令溫赴闕。庚子，單州軍事判官趙岳奏，刺史楊承祚初夜開門出城，稱爲母病，往青州寧親，於孔目官齊琪處留下牌印，臣已行用權知州事。辛丑，高麗遣使朝貢。昭化軍節度使、瑞慎等州觀察等使杜建徽進封郇國公。遣侍衞步軍都指揮使郭謹領兵赴鄆州。

十二月乙巳朔，遣左領軍衞將軍蔡行遇押兵士屯於鄆州，仍遣供奉官殿直二十六人，自河陰至海口，分擘地分巡檢，以青州節度使楊光遠謀叛故也。庚戌，前左御正齊國夫人

吳氏已降二十一人前左御正，原本脫「左」字，今從五代會要增入。（影庫本粘籤）並進封郡國夫人，太后宮、皇后宮知客夫人等亦如之。太子太保致仕梁文矩卒，贈太子太傅。癸丑，詔河陽節度使符彥卿、宋州節度使高行周、貝州節度使王令溫、同州節度使李承福、陳州梁漢璋、亳州李蕘、懷州薛懷讓並赴闕，分命使臣諸州郡巡檢，以契丹入寇故也。遣給事中邊光範、前登州刺史案：歐陽史作登州刺史。（舊五代史考異）郭彥威使於契丹，行至恆州，敵已犯境，不能進，留於公館數月，不達其命而回。案遼史：天福八年二月乙卯，晉遣使進先帝遺物。辛酉，晉遣使請居汴，從之。三月丁未，晉主至汴，遣使來謝。五月己亥，遣使如晉，致生辰禮。六月辛酉，晉遣使貢金。秋八月丁未朔，晉復貢金。己未，如奉聖州，晉遣其子延煦來朝。（舊五代史考異）甲寅，以單州刺史楊承祚爲登州刺史，從其便也。華州陝府奏，逃戶凡一萬二千三百。乙丑，臘，車駕不出。詔前陝州節度使石贇率諸節度使畋於近郊。太子賓客聶延祚卒。丁卯，詔宣徽使劉繼勳就杜威園亭會節度使統軍等習射。淄州奏，青州節度使楊光遠反，案：光遠叛，五代春秋作十一月，歐陽史作十二月。（舊五代史考異）遣兵士取淄州，刺史翟進宗入青州。是冬大飢，河南諸州餓死者二萬六千餘口。

開運元年春正月甲戌朔，是夕陣雲掩北斗之魁星。乙亥，滄、恆、貝、鄴馳告，契丹前鋒趙延壽、趙延昭引五萬騎入寇，將及甘陵，案：歐陽史作甲戌朔，契丹寇滄州。據遼史云：甲戌朔，趙延壽、延昭率前鋒五萬騎次任邱，與歐陽史合。（舊五代史考異）青州楊光遠召之也。己卯，契丹陷貝州，知州

吳巒死之。庚辰，以宋州節度使高行周爲北面行營都部署，以河陽節度使符彥卿爲馬軍左廂排陣使，以右神武統軍皇甫遇爲馬軍右廂排陣使，以陝州節度使王周爲步軍左廂排陣使，以左羽林統軍潘環爲步軍右廂排陣使。太原奏，契丹入鴈門，圍忻、代二州。案通鑑，契丹入鴈門不書日，遼史作丙子，入鴈門，圍忻、代。（舊五代史考異）恆、滄、邢三州上言，契丹大至。是歲，天下餓死者數十萬人，詔逐處長吏瘞之。壬午，詔取此月十三日車駕北征，以前邠州節度使李周爲權東京留守。乙酉，車駕發東京。丁亥，敵騎至黎陽，案：歐陽史作丙戌，契丹寇黎陽。（舊五代史考異）通鑑作丁亥，滑州奏，契丹至黎陽。（孔本）以侍衞馬軍都指揮使李守貞爲前軍都虞候。河北危蹙，諸州求救者人使相望。戊子，車駕至澶州。以貝州節度使王令溫爲鄧州節度使，時令溫弟令崇自契丹至，訴以舉族陷於甘陵，故有是命。辛卯，鄴都留守張從恩遣人夜縋城間行，奏契丹主以鐵騎三四萬建牙帳於元城，以趙延壽爲魏博節度使，改封魏王，延壽日率騎軍摩壘而退。案遼史太宗紀：正月己丑，次元城，授延壽魏博等州節度使，封魏王，率所部屯南樂。蓋遼人封延壽自在己丑，晉人至辛卯始得奏聞也。歐陽史作辛卯，契丹屯于元城，趙延壽寇南樂，殊誤〔一〕。甲午，以北京留守劉知遠爲幽州道行營招討使，以恆州節度使杜威副之，定州節度使馬全節爲都虞候，其職員將校委招討使便宜署置。乙未，大霧中有白虹相偶，占者曰：「斯爲海浮，其下必將有戰。」詔率天下公私之馬以資騎軍。丙申，契丹攻黎陽，遣右武衞上將軍張彥澤等率勁

騎三千以禦之。己亥，遣譯語官孟守忠致書於契丹主，求修舊好。守忠自敵帳迴，契丹主復書曰：「已成之勢，不可改也。」案遼史云：辛丑，晉遣使來修舊好，詔割河北諸州及遣桑維翰、景延廣來議。與薛史微異。辛丑，太原奏，與契丹戰於秀谷，斬首三千級，生擒五百人，獲敵將一十七人，賊軍散入鴉鳴谷，已進軍追襲。

二月甲辰朔，遣石贇守麻家口，何建守楊劉鎮，白再榮守馬家渡，安彥威守河陽。鄆州奏，博州刺史周儒以城降契丹，案五代春秋：正月，契丹陷博州。歐陽史作正月辛丑，薛史及遼史作二月。（舊五代史考異）案：博州刺史周儒降于契丹，歐陽史、通鑑、契丹國志俱作正月，是書及遼史作二月。（殿本）又與楊光遠潛約，光遠引契丹於馬家渡濟河。時郭謹在汶陽，遣左武衞將軍蔡行遇率數百騎赴之，遇伏兵於葭葦中，突然而出，轉鬬數合，部下皆遁，行遇爲賊所執，鋒鏑重傷，不能乘馬，坐畚中舁至幕帳。遣李守貞等水陸進兵而下，以救汶陽。丙午，先鋒指揮使石公霸與契丹遇於戚城之北，爲契丹所圍。高行周、符彥卿方息於林下，聞賊至駭愕，督軍而進，契丹衆甚盛，被圍數重，遣人馳告景延廣，請益師。延廣遲留，候帝進止，行周等大譟，瞋目奮擊賊衆，傷死者甚多，案宋史符彥卿傳：契丹騎兵數萬，圍高行周于鐵邱，諸將莫敢當其鋒，彥卿獨引數百騎擊之，遼人遁去，行周得免。高懷德傳：至戚城，被圍數重，援兵不至，危甚，懷德左右射，縱橫馳突，衆皆披靡，挾父而出。（舊五代史考異）帝自御親兵救之方解。登戚城古臺，置酒以勞三將，咸咎延廣不遣兵赴難，相對泣下。

戊申，契丹築壘於馬家渡東岸，以騎軍列於外，以禦王師，李守貞以師搏之，遂破其衆。賊騎散走，赴河溺死者數千，遂拔其壘。初，西岸敵軍數萬，鼓譟揚旗以助其勢，及見東岸兵敗，號哭而去。獲馬八百匹，生擒賊將七十八人，部衆五百人，送行在，悉斬之。辛亥，夏州節度使李彝殷合蕃漢之兵四萬抵麟州，濟河，侵契丹之境，以牽脅之。壬子，以彝殷爲契丹西南面招討使。易州刺史安審約奏，戰契丹於北平，賊退保祁溝關，斷其橋梁而還。癸丑，博州殘兵至自賊中。周儒之降也，賊執其軍士，將獻於幕帳，行次中途，守者夜寢，其中軍士一人自解桎梏，爲諸兵釋縛，取賊戈矛，盡殺援者二百餘人，南走而歸，至河無舟，浮水而過，溺死之餘，所存者六十七人。是日，日有黃白暈，二白虹夾日而行。己未，滄州奏，賊衆三千人援送所掠人口寶貨等，由長蘆入蕃，以輕騎邀之，斬獲千餘人，人口輜重悉委之而走。庚申，宰臣馮道等再上表請聽樂，皆不允。時帝自期年之後，於宮中間舉細聲女樂，及親征以來，日於左右召淺蕃軍校，奏三絃胡琴，和以羌笛，擊節鳴鼓，更舞迭歌，以爲娛樂。常謂侍臣曰：「此非音樂也。」故馮道等奏請舉樂，詔旨未允而止。壬戌，楊光遠率兵圍冀州〔三〕，刺史李瓊以州兵擊之，棄營而遁。冀州奏，敗賊軍於城下，見舁棺者，訊其降者，曰：「戚城之戰，上將金頭王中流矢而死，此其櫬也。」癸亥，以前鄧州節度使何建爲東南面馬步軍都部署，率師屯汝陽。甲子，蜀人寇我階州。

三月癸酉朔，契丹主領兵十餘萬來戰。時契丹僞棄元城寨已旬日矣，伏精騎於頓丘故城，以待王師。案通鑑：鄴都留守張從恩屢奏敵已遁去，大軍欲進追之，會霖雨而止。（舊五代史考異）設伏累日，人馬饑頓，趙延壽謀曰：「晉軍悉在河上，畏我鋒銳，不敢前進，不如徑造城下，四面而進，攻奪其橋梁，天下定矣。」契丹主然之。是日，前軍高行周在戚城之南，賊將趙延壽、趙延昭以數萬騎出王師之西，契丹主自擁精騎出王師之東，兩軍接戰，交相勝負。至晡時，契丹主以勁兵中央出而來，帝御親軍列爲後陣，東西濟河，爲偃月之勢，旗幟鮮盛，士馬嚴整。契丹主望之，謂左右曰：「楊光遠言晉朝兵馬半已餓死，今日觀之，何其壯耶！」敵騎往來馳突，王師植立不動，萬弩齊發，飛矢蔽空，賊軍稍却。會有亡者告契丹主曰：「南軍東面人少，沿河城柵不固，可以攻之。」契丹乃率精騎以攻東邊，王師敗走，敵騎追之。時有夾馬軍士千餘人在堤間治水寨，旗幟之末出於堰埭，敵望見之，以爲伏兵所起，追騎乃止。久之復戰，王師又退，李守超以數百騎短兵直進擊之，敵稍却。戰場之地，人馬死者無算，斷箭殘鏃，橫厚數寸。遇夜，賊擊鉦抽軍而退，夜行三十里而舍焉。案：歐陽史作癸酉，及契丹戰於戚城，契丹去。蓋戚城之戰，兩軍互有勝負，歐陽史以薛史爲據也。五代春秋作三月，及契丹戰於戚城，王師敗績。疑未詳考。（孔本）護聖指揮使協霸案：「協霸」二字上疑有脫文。亡入賊中，夷其族。護聖第二軍都指揮使安重懷、指揮使烏韓七、監軍何彥超等臨陣畏怯，手失兵仗，悉斬之。乙亥，契丹主帳內小校竊其主所乘馬來奔，云：「契丹已傳木書，收軍北去。」案契丹國志云：景延廣疑有詐，閉壁不敢追。遂帝北歸，所過焚掠民物殆盡。（舊五代史考異）齊州奏，青州賊軍寇明水鎮。壬午，禮部尚書盧詹卒，贈太子少保。甲申，契丹車帳已過貝州，以趙延昭守貝州。案遼史：三月壬午，留趙延昭守貝州〔三〕，徙所俘戶於內地。四月癸丑，還次南京。辛卯，定州馬全節攻泰州，拔之，俘其兵士二千人，雜畜戎仗稱是。癸巳〔四〕，北京留守、兼中書令劉知遠封太原王，餘如故。是日，詔天下抽點鄉兵，凡七戶出一士，六戶資之，仍自具兵仗，以「武」爲號〔五〕。太常丞王緒棄市。緒家於青州，常致書於楊光遠，緒有妾之兄慊緒不爲賙給，遂告與光遠連謀，密書述朝廷機事，遂收捕斬之。

夏四月，車駕在澶州。滄州奏，契丹陷德州，刺史尹居璠爲敵所執。甲辰，鄴都留守張從恩來朝。丁未，加從恩平章事，還鄴。己酉，詔取今月八日車駕還京，令高行周、王周留鎮澶淵，近地兵馬委便宜制置。甲寅，至自澶州，曲赦京城大辟以下罪人。丁巳，升冀州爲防禦使額。同、華奏，人民相食。己未，以右武衞上將軍張彥澤爲右神武統軍。辛酉，以鄆州節度使、侍衞親軍都指揮使景延廣爲西京留守；以宋州節度使高行周爲侍衞親軍都指揮使；以侍衞親軍都虞候、義成軍節度使李守貞爲兗州節度使，典軍如故。是日，分命文武臣僚三十六人往諸道州府括率錢帛，以次軍門〔六〕。癸亥，以西京留守安彥威爲晉昌軍

節度使，以晉昌軍節度使趙瑩爲華州節度使，以左龍武統軍皇甫遇爲滑州節度使。是日，置酒宮中，召景延廣謂之曰：「卿有佐命之功，命保釐伊、洛，非酬勳之地也。」因解御衣、寶帶以賜之。丙寅，隴州奏，餓死者五萬六千口。

五月壬申朔，太原劉知遠奏，邊境未寧，軍用甚廣，所封王爵，乞未行册命。戊寅，遣侍衞親軍都虞候李守貞率步騎二萬，討楊光遠於青州。丁亥，以鄴都留守張從恩爲貝州行營都部署，案通鑑：張從恩上言：「趙延昭雖據貝州，麾下將士久客思歸，宜速進軍攻擊。」詔以從恩爲貝州行營都部署。（舊五代史考異）以滑州節度使皇甫遇爲行營都虞候，以左神武統軍潘環掌騎兵，右神武統軍張彥澤掌步兵。辛卯，張從恩奏，貝州賊將趙延昭縱火大掠，棄城而遁。案通鑑：延昭屯于瀛、莫，阻水自固。（舊五代史考異）以李守貞爲青州行營都部署，以河陽節度使符彥卿副之。戊戌，以鄧州節度使何建爲貝州永清軍節度使。是月，澤潞上言，餓死者凡五千餘人。

六月辛丑朔，王師拔淄州，斬楊光遠僞署刺史劉翰。癸卯〔七〕，以太尉、兼侍中馮道爲檢校太師、兼侍中，充同州節度使。丙午，詔復置樞密院。丁未，以侍中桑維翰爲中書令，充樞密使。權開封府尹李周卒，輟朝，贈太師。辛亥，以邢州節度使安叔千爲晉州節度使，加同平章事；以晉州節度使宋彥筠爲陝州節度使；以吏部郎中李穀充樞密直學士。丙辰，滑州河決，漂注曹、單、曹、單，原本作「曹鄆」，今從五代會要改正。（影庫本粘籤）濮、鄆等州之境，案宋史

楊昭儉傳：「河決數郡，大發丁夫，以本部帥董其役，既而塞之。晉少帝喜，詔立碑紀其事。昭儉表諫曰：『陛下刻石紀功，不若降哀痛之詔；搞華頌美，不若頒罪己之文。』言甚切至，少主嗟賞之，卒寢其事。」（舊五代史考異）環梁山合於汶、濟。戊午，升府州為團練使額。庚申，襄州獻白鵲。甲子，復置翰林學士。乙丑，宰臣等三上表請聽樂，詔允之。戊辰，以門下侍郎王松為左丞；以右丞王易簡為吏部侍郎；以右散騎常侍蕭愿為祕書監；以右諫議大夫王仁裕為給事中；以給事中李式為左散騎常侍；以金部郎中、知制誥徐台符為翰林學士；以禮部郎中李澣本官知制誥，充翰林學士；以刑部郎中劉溫叟改都官郎中，充翰林學士；以主客員外郎范質充翰林學士；御史張宜改倉部員外郎、知制誥。庚午，以前晉州節度使周密為左龍武統軍，以同州節度使李懷忠為左羽林統軍。永樂大典卷一萬五千六百四十九。

校勘記

〔一〕歐陽史作辛卯……殊誤　二十字原無，據舊五代史考異補。

〔二〕楊光遠率兵圍冀州　「冀州」，殿本、劉本作棣州。

〔三〕趙延昭　「延」原作「德」，據本卷正文、殿本及遼史卷四太宗紀改。

〔四〕癸巳　原作「己亥」，據殿本改。影庫本批校云：「『癸巳』訛『己亥』。」

〔五〕以武為號　彭本、盧本同。殿本、劉本作「以『武定』為號」。

〔六〕以攴軍門　彭本、盧本同。殿本、劉本作「以資軍用」。

〔七〕癸卯　原作「辛卯」，按本卷上文「六月辛丑朔」，是月無辛卯。影庫本粘籤云：「辛卯，以前後干支計之，當作『癸卯』，今無別本可校，姑仍其舊，附識于此。」今據通鑑卷二八四改。

舊五代史卷八十三

晉書九

少帝紀第三

開運元年秋七月辛未朔，帝御崇元殿，大赦天下，改天福九年為開運元年。河北諸州，曾經契丹蹂踐處，與免今年秋稅。諸軍將士等第各賜優給。諸州率借錢帛，赦書到日，盡時罷徵，出一千貫已上者與免科徭，一萬貫已上者與授本州上佐云。是日宣赦未畢，會大雷雨，匆遽而罷。時都下震死者數百人，明德門內震落石龍之首，識者以為石乃國姓，蓋不祥之甚也。癸酉，以定州節度使馬全節為鄴都留守，加兼侍中；以昭義節度使安審暉為邢州節度使，加檢校太師。乙亥，前陝州節度使王周加檢校太尉，改定州節度使；鄴都留守張從恩改鄆州節度使。禮官奏：「天子三年喪畢，祫享於太廟，高祖聖文章武明德孝皇帝今年八月喪終畢，明德，原本缺「德」字，今從歐陽史增入。（影庫本粘籤）合以十月行大祫之禮，冬季祠

祭，改薦為祫。」從之。丁丑，虞部員外郎、知制誥陶穀改倉部郎中、知制誥，大理卿吳德謙改祕書監致仕。辛巳，以左龍武統軍李從敏為潞州節度使，天策府都護軍、桂州節度使、知朗州軍事馬希杲加檢校太師。壬午，降金州為防禦州，降萊州為刺史州。戶部侍郎田敏改兵部侍郎；刑部侍郎李祥改尚書右丞；以潁州團練使馮玉為戶部侍郎，充端明殿學士；中書舍人趙上交改刑部侍郎。己丑，以樞密使、中書令桑維翰充弘文館大學士，太子太傅、譙國公劉昫為守司空兼門下侍郎平章事、監修國史、判三司，宰臣李崧、和凝進封爵邑。庚寅，宣徽北院使劉繼勳改宣徽南院使，劉繼勳，原本作「斷勳」，今從通鑑改正。（影庫本粘籤）三司使董遇改宣徽北院使。辛卯，以前陝州節度使石贇為鄧州節度使。同州節度使李承福卒，贈太傅。

八月辛丑，命十五將以禦契丹，案東都事略范質傳：晉出帝命十五將出征。是夕，質宿直，出帝命諸學士分草制，質曰：「宮城已閉，慮泄機事。」遂獨為之。歐陽史云：劉知遠為北面行營都統，杜威為都招討使，蓋略之也。（舊五代史考異）北京留守劉知遠充北面行營都統，鎮州節度使杜威充北面行營都招討使，鄆州節度使張從恩充馬步軍都監，西京留守景延廣充馬步軍都排陣使，徐州節度使趙在禮充馬步軍都虞候，晉州節度使安叔千充馬步軍左廂排陣使，前兗州節度使安審信充馬步軍右廂排陣使，河中節度使安審琦充馬步軍都指揮使，河陽節度使符彥卿充馬軍左廂都指揮使，

滑州節度使皇甫遇充馬步軍右廂都指揮使〔一〕，右神武統軍張彥澤充馬軍排陣使，滄州節度使王廷胤充步軍左廂都指揮使，陝州節度使宋彥筠充馬軍右廂都指揮使〔二〕，前金州節度使田武充步軍左廂排陣使，左神武統軍潘環充步軍右廂排陣使。案遼史：七月辛卯，晉遣張暉奉表乞和，留暉不遣。蓋其時桑維翰爲相，乞和于契丹，旣不見許，遂分命十五將以禦之也。（孔本）壬寅，閩王王延羲爲其下連重遇、朱文進所害，衆推文進知留後事，稱天福年號，間道以聞。甲辰，太子少傅盧文紀改太子太傅，太子少保李鱗改太子太保〔三〕，刑部尚書李懌改戶部尚書，給事中司徒詡改右散騎常侍，以府州刺史折從阮爲安北都護，充振武節度使。是夜，熒惑入南斗。乙巳，詔復置明經、童子二科。己酉，以鄧州節度使王令溫爲延州節度使。癸丑，以威武軍兵馬留後、權知閩國事朱文進爲檢校太傅、福州威武軍節度使，知閩國事。癸亥，升澶州爲節鎭，以鎭寧爲軍額，割濮州爲屬郡。甲子，以延州節度使史威爲澶州節度使。

九月庚午朔，日有蝕之。乙酉，以戶部侍郞韋勳爲太子賓客〔四〕，以前棣州刺史段希堯爲戶部侍郞〔五〕，以光祿卿張仁愿爲大理卿。己丑，禮部侍郞符蒙卒。壬辰，太原奏，代州刺史白文珂破契丹於七里烽，案：通鑑作丙子，契丹寇遂城、樂壽，深州刺史康彥進擊却之，與薛史異。歐陽史契丹國志並與薛史同。（舊五代史考異）斬首千餘級，生擒將校七十餘人。癸巳，以前隴州防禦使翟光鄴爲宣徽北院使。己亥，以滄州節度使王廷胤卒輟朝，贈中書令。

冬十月壬寅，兩浙節度使、吳越國王錢弘佐加守太尉。吳越國王，原本脫「吳」字，今據歐陽史增入。（影庫本粘籤）庚戌，以徐州節度使、北面行營馬步都虞候趙在禮爲北面行營副都統，鄴都留守馬全節爲北面行營副招討使。甲寅，以起居郞、知制誥賈緯爲戶部郞中、知制誥。戊午，詔曰：

朕虔承顧命，獲嗣丕基，常懼顚危，不克負荷，宵分日昃，罔敢怠寧，夕惕晨興，每懷祗畏。但以恩信未著，德教未敷，理道不明，咎徵斯至。

向者，頻年災沴，稼穡不登，萬姓飢荒，道殣相望，上天垂譴，涼德所招。仍屬干戈尙興，邊陲多事。倉廩不足，則輟人之饌食；帑藏不足，則率人之資財；兵士不足，則取人之丁中；戰騎不足，則假人之乘馬。雖事不獲已，而理將若何！訪聞差去使臣，殊乖體認，不能敦於勉諭，而乃臨以威刑，自有所聞，益深愧悼。旋屬守臣叛命，敵騎入邊，致使甲兵不暇休息，軍旅有征戰之苦，人民有飛輓之勞，疲瘵未蘇，科徭尙急，言念於茲，寢食何安！得不省過興懷，側身罪己，載深減損，思召和平。所宜去無用之資，罷不急之務，棄華取實，惜費省功，一則符先帝慈儉之規，一則慕前王朴素之德〔六〕。

向者，造作軍器，破用稍多，但取堅剛，不須華楚，今後作坊製器械，不得更用金銀裝飾。比於遊畋，素非所好，凡諸服御，尤欲去奢，應天下府州不得以珍寶玩好及鷹犬爲貢。在昔聖帝明君，無非惡衣菲食，況於薄德，所合恭行，今後大官尙膳，減去多品；衣服帷帳，務去華飾，在禦寒温而已。峻宇雕牆，昔人所誡，玉杯象箸，前代攸非，今後凡有營繕之處，丹雘雕鏤，不得過度，宮闈之內，有非理費用，一切禁止。

於戲！繼聖承祧，握樞臨極，昧於至道，若履春冰。屬以天災流行，國步多梗，因時致懼，引咎推誠，期於將來，庶幾有補。更賴王公、將相，貴戚、豪宗，各啓乃心，率由茲道，共臻富庶，以致康寧。凡百臣僚，宜體朕意。

十一月壬申，詔曰：「蕃寇未平，邊陲多事，卽日雖無侵軼，亦須廣設隄防。朕將親率虎貔，躬擐甲冑，候聞南牧，卽便北征，不須先定日辰，別行告諭。所有供億，宜令三司預行計度，合隨從諸司職員，並宜常備行計」云。己卯，以陳州刺史梁漢璋充侍衞馬軍都指揮使。壬午，以貝州節度使何建爲澶州節度使兼北面行營馬軍右廂排陣使，以澶州節度使史威爲貝州節度使。丙戌，以前金州節度使田武爲滄州節度使兼北面行營步軍右廂都指揮使〔七〕，以前相州節度使郭謹爲鄜州節度使。

十二月己亥朔，幸皐門，射中白兔。癸丑，福州節度使朱文進加同平章事，封閩國王。丁巳，青州楊光遠降。光遠子承勳等斬觀察判官邱濤，牙將白延祚、楊贍、杜延壽等首級，

送於招討使李守貞，乃縱火大譟，劫其父處於私第，以城納款，遣卽墨縣令王德柔貢表待罪。楊光遠亦遣節度判官楊麟奉表請死。詔釋之。

閏月庚午，以楊承信爲右羽林將軍，承祚爲右驍騎衞將軍，皆光遠之子，先詣闕請罪，故特授是官。癸酉，李守貞奏，楊光遠卒。初，光遠旣上表送降，帝以光遠頃歲太原歸命，欲曲全之，議者曰：「豈有反狀滔天而赦之也！」乃命守貞便宜處置，守貞遣人拉殺之，以病卒聞。乙酉，前登州刺史張萬迪削奪官爵處斬，青州節度判官楊麟配流威州，掌書記任邈配流原州，支使徐晏配流武州，縱逢恩赦，不在放還之限，並以楊光遠叛故也。工部尙書、權知貢舉竇貞固奏：「試進士諸科舉人入策，舊例夜試，以三條燭盡爲限，天成二年改令晝試，今欲依舊夜試。」從之。曲赦青州管內罪人，立功將士各賜優給，青州吏民爲楊光遠詿誤者，一切不問。青州行營招討使、兗州節度使兼侍衞都虞候李守貞加同平章事，副招討使、河陽節度使符彥卿改許州節度使。丙戌，降青州爲防禦使額，以萊州刺史楊承勳爲汝州防禦使。己丑，以工部尙書竇貞固爲禮部尙書，太常卿王延爲工部尙書，左丞王松爲太常卿，以前尙書右丞龍敏爲尙書左丞。癸巳，以前安州防禦使李建崇爲河陽兵馬留後〔八〕，以宣徽使翟光鄴爲青州防禦使，以內客省使李彥韜爲宣徽北院使。甲午，以給事中邊光範爲左散騎常侍，以樞密直學士、吏部郞中李穀爲給事中，依前充職。是月，契丹耶律德光與

趙延壽領全軍入寇，圍恆州，分兵陷鼓城、槀城、元氏、高邑、昭慶、寧晉、蒲澤、欒城、柏鄉等縣，案遼史：己卯，圍恆州，下其九縣。歐陽史繫於乙酉之後，疑誤。前鋒至邢州，河北諸州告急。詔張從恩、馬全節、安審琦率師屯邢州，趙在禮屯鄴都。

開運二年春正月戊戌朔，帝不受朝賀，不豫故也。己亥，張從恩部領兵士自邢州退至相州，人情震恐。趙在禮還屯澶州，馬全節歸鄴都，遣右神武統軍張彥澤屯黎陽，詔西京留守景延廣將兵守胡梁渡。契丹寇邢州。侍衞馬軍都指揮使梁漢璋改鄭州防禦使，典軍如故。以齊州防禦使劉在明為相州留後。癸卯，以客省使孟承誨為內客省使。滑州奏，今月二日至四日，相州路烽火不至。甲辰，以前汝州防禦使宋光鄴為左驍衞大將軍。詔青州行營將校，自副兵馬使以上，各賜功臣名號。乙巳，帝復常膳。以左威衞上將軍袁義為客省使，上將軍如故。詔滑州節度使皇甫遇率兵赴邢州，馬全節赴相州。契丹寇洺、磁，犯鄴都西北界，所在告急。壬子，王師與契丹相拒於相州北安陽河上，皇甫遇、慕容彥超率前鋒與敵騎戰於榆林店，遇馬中流矢，僅而獲免。案遼史云：皇甫遇與濮州刺史慕容彥超將兵千騎，來覘遼軍。至鄴都，遇遼軍數萬，且戰且卻，至榆林店，遼軍繼至，遇與彥超力戰百餘合，遇馬斃步戰，安審琦引騎兵踰水以救，遼軍乃還。與薛史所載，互有詳略。是夜，張從恩引軍退保黎陽，唯留五百人守安陽河橋。既而知州符

彥倫與軍校謀曰：「此夜紛紜，人無固志，五百疲兵，安能守橋！」卽抽入相州，嬰城為備。至曙，賊軍萬餘騎已陣於安陽河北，彥倫令城上揚旗鼓譟，賊不之測。至辰時，渡河而南，悉陳甲騎於城下，如攻城之狀。彥倫曰：「此敵將走矣。」乃出甲士五百於城北，張弓弩以待之，契丹果引去。當皇甫遇榆林戰時，至晚敵衆自相驚曰：「晉軍悉至矣。」戎王在邯鄲聞之，卽時北遁，官軍亦南保黎陽。甲寅，以河陽留後李建崇為邢州留後，以鳳州防禦使案：原本下有闕文〔九〕。為河陽留後。詔李守貞領兵屯滑州，以宣徽北院使李彥韜權侍衞馬步都虞候。改諸道武定軍為天威軍。己未，以前許州節度使李從溫為北面行營都招撫使，以鄆州節度使張從恩權東京留守。辛酉，相州奏，契丹抽退，其鄉村避寇百姓，已發遣各歸本家營種。初，帝以不豫初平，未任親御軍旅，既而張從恩、馬全節相次奏賊軍充斥，恆州杜威告事勢危急，帝曰：「此賊未平，固難安寢，當悉衆一戰，以救朔方生靈，若晏安遲疑，則大河以北，淪為寇壤矣。」卽日命諸將點閱，以定行計。辛酉，下詔親征。誅楊光遠部下指揮使張迴等五人，以戎事方興，慮其扇搖故也。癸亥，以樞密直學士李穀為三司副使，判留司三司公事。乙丑，車駕發離京師。是月，京城北壕春冰之上有文，若大樹花葉，凡數十株，宛若圖畫，觀者如堵。

二月戊辰朔，車駕次滑州。己巳，渡浮橋，幸黎陽勞軍，至晚還滑州。以滄州節度使田

武充東北面行營都部署。甲戌，幸澶州，以景延廣為隨駕馬步軍都鈐轄。丙子，大閱諸軍于戚城，帝親臨之。戊寅，北面行營副招討使馬全節、行營都監李守貞、右神武統軍張彥澤等以前軍先發。己卯，以許州節度使符彥卿為北面行營馬軍都指揮使，以左神武統軍潘環為北面行營步軍都指揮使。辛巳，幸楊村故壘。符彥卿、皇甫遇、李殷率諸軍進發。以左散騎常侍邊光範為樞密直學士。詔河北諸州，應蕃寇經由之地，吏民遭殺害者，委所在收瘞，量事祭奠。詔恆州杜威與馬全節等會合進軍。丙戌，幸鐵丘閱馬，因幸趙在禮、李從溫軍。是日大雪。戊子，安審琦、梁漢璋領兵北征。府州防禦使折從阮奏，部領兵士攻圍契丹勝州，降之，見進兵趨朔州。甲午，以河中節度使安審琦為北面行營馬步軍都虞候；許州節度使符彥卿充馬步軍左廂都指揮使，滑州節度使皇甫遇充馬步軍右廂都指揮使；侍衞馬軍都指揮使梁漢璋充馬軍左右廂都指揮使，侍衞步軍都指揮使李殷充步軍左右廂都指揮使；左神武統軍張彥澤充馬軍左右廂都排陣使，右神武統軍潘環充步軍左右廂排陣使。丙申，以端明殿學士、尚書戶部侍郎馮玉為戶部尚書，充樞密使。

三月戊戌，契丹陷祁州，祁州，原本作「沂」，今從五代春秋改正。（影庫本粘籤）刺史沈斌死之。乙巳，左補闕袁範先陷契丹，自賊中逃歸。杜威奏，與李守貞、馬全節、安審琦、皇甫遇部領大軍赴定州。易州刺史安審約奏，二月三夜，差壯丁斫敵營，殺賊千餘人。是日，以符彥卿為

北面行營馬步軍左右廂都排陣使，以皇甫遇為北面行營馬步軍左廂排陣使，以王周為馬步軍右廂排陣使。丁未，畋於戚城，還幸景延廣、安審信軍。庚戌，王師攻泰州，刺史晉廷謙以城降。易州奏，郎山塞將孫方簡破契丹千餘人，案：歐陽史作孫方諫。（舊五代史考異）郎山，宋史作狼山，東都事略仍作郎山，蓋地名多用對音字，今仍其舊。（影庫本粘籤）斬蕃將諸里相公〔一〇〕，擄其妻以獻。甲寅，杜威奏，收復滿城，獲契丹首領沒剌相公〔一一〕，并蕃漢兵士二千人。以前戶部尚書李懌為兵部尚書。乙卯，杜威奏，收復遂城。丙辰奏，大軍自遂城却退至滿城。時賊將趙延壽部曲來降，言：「契丹主昨至古北口，幽州走報，漢軍大下，收却泰州，尋下令諸部，令輜重入塞，輕騎却迴。戎王率五萬餘騎，來勢極盛，明日前鋒必至，請為之備。」杜威、李守貞謀曰：「我師糧運不繼，深入賊疆，而逢大敵，亡之道也。不如退還泰州，觀其兵勢強弱而禦之。」軍士皆以為然。是日，還滿城。丁巳，至泰州。戊午，契丹前鋒已至。己未，大軍發泰州而南，契丹踵其後。是日，次陽城。庚申，賊騎如牆而來，我步軍為方陣以禦之，選勁騎擊賊，鬭二十餘合，南行十餘里，賊勢稍却，渡白溝而去。案通鑑：庚申，契丹大至，晉軍與戰，逐北十餘里，契丹踰白溝而去。歐陽史：庚申，杜威及契丹戰于陽城，敗之。俱與薛史同。惟遼史云：己未，重威、守貞引兵南遁，追至陽城，大敗之。復以步卒為方陣來拒，與戰二十餘合。是遼師未嘗言敗也。蓋當時南北軍俱有掩飾，故紀載不同如此。（舊五代史考異）辛酉，杜威召諸將議曰：「戎首自來，實為勍敵，若不血戰，吾輩何以求

免。」諸將然之。是日，敵騎還逼官軍，相去數里。明日，我軍成列而行，蕃漢轉鬭，殺聲震地，纔行十餘里，軍中人馬飢乏。癸亥，大軍至白團衞村下營，案：歐陽史作衞村，通鑑考異引漢高祖實錄作白檀，遼史從薛史。（舊五代史考異）人馬俱渴，營中掘井，及水輒壞，兵士取其泥絞汁而飲，敵衆圍繞，漸束其營。案宋史藥元福傳：晉師列方陣，設拒馬爲行砦，契丹以奇兵出陣後，斷糧道。（舊五代史考異）是日，東北風猛，揚塵折樹，契丹主坐車中謂衆曰：「漢軍盡來，祇有此耳，今日並可生擒，然後平定天下。」令下馬拔鹿角，飛矢雨集。軍士大呼曰：「招討使何不用軍，而令士卒虛死！」諸將咸請擊之，杜威曰：「俟風勢稍慢，觀其進退。」守貞曰：「此風助我也，彼衆我寡，黑風之內，莫測多少，若俟風止，我輩無噍類矣。」卽呼諸軍齊力擊賊，張彥澤、符彥卿、皇甫遇等率騎奮擊，風勢尤猛，沙塵如夜，敵遂大敗。案宋史符彥卿傳：時晉師居下風，將戰，弓弩莫施。彥卿謂張彥澤、皇甫遇曰：「與其束手就擒，曷若死戰，然未必死。」彥澤然之，遂潛兵尾其後，順風擊之，契丹大敗。又，藥元福傳：守貞與元福謀曰：「軍中饑渴已甚，若俟風反出戰，吾屬爲虜矣。彼謂我不能逆風以戰，宜出其不意以擊之，此兵家之奇也。」元福乃率麾下開拒馬出戰，諸將繼至，契丹大敗。（舊五代史考異）時步騎齊進，追襲二十餘里，至陽城東，賊軍稍稍成列，我騎復擊之，乃渡河而去。按：晉師敗契丹于陽城在三月癸亥，遼史與薛史同，歐陽史作庚申，誤。守貞曰：「今日危急極矣，幸諸君奮命，吾事獲濟。兩日以來，人馬渴乏，今喫水之後，脚重難行，速宜收軍定州，保全而還，上策也。」由是諸將整衆而還。是時，

契丹主坐車中，及敗走，車行十餘里，追兵既急，獲一橐駝，乘之而走。乙丑，杜威等大軍自定州班師入恆州。

夏四月丙子，以車駕將還京，差官往西京告天地宗廟社稷。辛巳，駕發澶州。甲申，至京師，曲赦在京禁囚。己亥，己亥，以前後干支推之，當作「丁亥」，今無別本可考，姑仍其舊。（影庫本粘籤）詔鄴都依舊爲天雄軍。庚寅，河東節度使劉知遠封北平王；恆州節度使杜威加守太傅；徐州趙在禮移鎭兗州；宋州節度使兼侍衞親軍馬步都指揮使高行周移鎭鄆州，侍衞如故；鄴都留守馬全節改天雄軍節度使；兗州節度使兼侍衞都虞候李守貞移鎭宋州，加檢校太師兼侍衞親軍副指揮使；河中節度使安審琦加兼侍中，移鎭許州；許州節度使符彥卿加同平章事，移鎭徐州；滑州節度使皇甫遇加同平章事。壬辰，西京留守景延廣加邑封，改功臣；秦州節度使侯益移鎭河中〔一二〕；定州節度使王周加檢校太師。永樂大典卷一萬五千六百四十九。

校勘記

〔一〕皇甫遇充馬步軍右廂都指揮使　「馬步軍右廂都指揮使」，殿本作馬軍右廂都指揮使。劉本作馬步軍左廂都指揮使。冊府卷一二〇作馬軍右都指揮使。

〔二〕宋彥筠充馬軍右廂都指揮使　劉本同，殿本及冊府卷一二〇「馬軍」作「步軍」。

〔三〕太子少保李麟　「李麟」，殿本同，劉本及本書卷一〇八李鏻傳作李鏻。

〔四〕以戶部侍郎韋勳爲太子賓客　「以」字原無，據殿本補。

〔五〕以前棣州刺史段希堯爲戶部侍郎　「棣」字原無，「前」字下有注云：「按原本闕一字。」孔本、盧本同。今據殿本、劉本補。注删。

〔六〕一則慕前王朴素之德　「一則」二字原無，據冊府卷一四五補。

〔七〕金州　原作「金吾」，據殿本、劉本改。

〔八〕李建崇　「崇」原作「業」，據本書卷一二九李建崇傳改。本卷下文開運二年正月甲寅亦云：「以河陽留後李建崇爲邢州留後。」

〔九〕案原本下有闕文　劉本同，殿本作「案此下有闕文」。案本書卷八四：開運二年十月「以前河陽留後方太爲邢州留後」，此處闕文當爲「方太」二字。

〔一〇〕諸里　原作「轄里」，注云：「舊作諸里，今改正。」按此係輯錄舊五代史時據遼史索倫國語解所改，今恢復原文。殿本作嘉哩。

〔一一〕沒剌　原作「默埒」，注云：「舊作沒剌，今改正。」按此係輯錄舊五代史時據遼史索倫國語解所改，今恢復原文。

〔一二〕秦州節度使侯益　「秦州」，劉本同，殿本作泰州。

舊五代史卷八十四

晉書十

少帝紀第四

開運二年夏五月丙申朔，帝御崇元殿受朝，大赦天下。丁酉，以右衞上將軍馬萬爲左金吾上將軍致仕。馬萬，原本誤衍「行」字，今從通鑑删去。（影庫本粘籤）戊戌，陝州節度使宋彥筠移鎭鄧州〔一〕，澶州節度使何建移鎭河陽。以左神武統軍潘環爲澶州節度使，以宣徽北院使李彥韜遙領壽州節度使兼侍衞馬軍都指揮使，以滄州節度使田武遙領夔州節度使兼侍衞步軍都指揮使。辛亥，白虹貫日。壬子，宰臣桑維翰、劉昫、李崧、和凝並加階爵。禮部尚書竇貞固改刑部尚書，太常寺卿王松改工部尚書。以尚書左丞龍敏爲太常卿；以翰林學士承旨、兵部侍郎李慎儀爲尚書左丞；以御史中丞張允爲兵部侍郎、知制誥，充翰林學士承旨；以左諫議大夫顏衎爲御史中丞；案宋史顏衎傳：喪亂之後，朝綱不振，衎執憲頗有風采，嘗上言：「總除

御史者旋授外藩賓佐，復有以私故細事求假外拜，州郡無參謁之儀，出入失風憲之體，漸恐四方得以輕易，百辟無所準繩。請自今藩鎭幕僚，勿得任臺官；雖親王宰相出鎭，亦不得奏充賓佐；非奉制勘事，勿得出京；自餘不令釐雜務。」詔惟辟召入幕，餘從其請。（舊五代史考異）以兵部侍郎、弘文館學士、判館事田敏爲國子祭酒；以戶部侍郎段希堯爲兵部侍郎；以工部侍郎邊蔚爲戶部侍郎，依前權知開封府事；以左散騎常侍李式爲工部侍郎；以給事中王仁裕爲左散騎常侍。甲寅，以華州節度使趙瑩爲開封尹，以皇弟開封尹重睿爲秦州節度使，以宣徽南院使劉繼勳爲華州節度使，以前鄆州節度使張從恩爲晉州節度使。丙辰，杜威來朝。定州奏，大風雹，北岳廟殿宇樹木悉摧拔之。

六月乙丑朔，帝御崇元殿，百官入閤。監修國史劉昫、史官張昭遠張昭遠，原本作「張昭」。考宋史張昭傳：昭初名昭遠，漢避高祖諱去「遠」字。薛史晉紀不宜預稱爲「張昭」，當傳寫脫落，今增入。（影庫本粘籤）等以新修唐書紀、志、列傳幷目錄凡二百三卷上之，案：郡齋讀書志、直齋書錄解題並作二百卷，五代會要作二百二卷，目錄一卷。（舊五代史考異）賜器帛有差。癸酉，以恆州節度使杜威爲天雄軍節度使，充鄴都留守；以鄴都留守馬全節爲恆州節度使。以翰林學士、金部郎中、知制誥徐台符爲中書舍人；以翰林學士、禮部郎中、知制誥李瀚爲中書舍人〔二〕；翰林學士、都官郎中劉温叟加知制誥；翰林學士、主客員外郎范質改比部郎中、知制誥，並依舊充職。祠部員外郎、知制誥張沆本官充學士，以太常少卿陶穀爲中書舍人。案宋史陶穀傳：穀性急率，嘗與兗帥安審信集會，杯酒相失，爲審信所奏，時方姑息武臣，穀坐責授太常少卿。嘗上言：「頃涖西臺，每見臺司詳斷刑獄，少有即時決者。至于閭閻夫婦，小有爭訟，淹滯即時；坊市死亡喪葬，必候臺司判狀；奴婢病亡，亦須檢驗。吏因緣爲姦，而邀求不已，經旬不獲埋瘞，望申條約，以革其弊。」從之。俄拜中書舍人。（舊五代史考異）己亥，己亥，以前後干支推之，當作「乙亥」，今無別本可校，姑仍其舊。（影庫本粘籤）以邢州節度使劉景巖爲陝州節度使。己卯，新授恆州節度使馬全節卒，輟朝，贈中書令。壬午，大理卿張仁愿卒，贈祕書監。遣刑部尚書竇貞固等分詣寺觀禱雨。己丑，以定州節度使王周爲恆州節度使，以前易州刺史安審約爲定州留後。是月，兩京及州郡十五並奏旱。

秋七月乙未朔，以侍衞步軍都指揮使、領夔州節度使田武爲昭義軍節度使。甲寅，左諫議大夫李元龜奏，請禁止天下僧尼典買院舍，從之。丙辰，前少府監李鍇貶坊州司戶，坐冒請逃死吏人衣糧入己故也。庚申，以前齊州防禦使薛可言爲延州兵馬留後。案遼史云：七月，晉遣孟守中奉表請和，通鑑作張暉，與遼史人名互異。今以遼史前後考之，則張暉請和在開運元年，至二年復遣孟守中也。薛史闕而不載，蓋當時實錄爲之諱耆。（孔本）

八月甲子朔，日有蝕之。中書舍人陶穀奏，請權廢太常寺二舞郎，從之。丙寅，宰臣和凝罷相，守右僕射。以樞密使馮玉爲中書侍郎、平章事，使如故。乙亥，詔：「諸御史今後除準式請假外，不得以細故小事請假離京；除奉制命差推事及按察外，不得以諸雜細務差

出。」丙子，以靈州節度使馮暉爲邠州節度使，加檢校太尉；以前鄜州節度使丁審琪爲左羽林統軍；以前鄧州節度使郭謹爲左神武統軍。西京留司御史臺奏：「新授鄧州節度使宋彥筠於銀沙灘斬廳頭鄭温。」詔鞫之，款云：「彥筠出身軍旅，不知事體，不合專擅行法。」詔釋其罪。以工部尚書王松權知貢舉。丁丑，以前晉州節度使安叔千爲右金吾上將軍；以三司副使、給事中李穀爲磁州刺史，充北面水陸轉運使。分遣使臣於諸道率馬。戊寅，以左金吾上將軍皇甫立爲左衞上將軍，以右羽林統軍李懷忠爲左武衞上將軍。庚辰，新授潞州節度使田武卒，輟朝，贈太尉。戊子〔三〕，湖南奏，靜江軍節度使馬希杲卒。

九月丙申，以西京留守、北面馬步軍都排陣使景延廣爲北面行營副招討使。丁酉，以刑部侍郎趙遠爲戶部侍郎，以工部侍郎李式爲刑部侍郎，以中書舍人盧價爲工部侍郎。價久次綸閣，舊例合轉禮部侍郎或御史中丞，宰臣馮玉擬此官，桑維翰以爲資望淺，不署狀。無何，維翰休沐數日，玉獨奏行之，維翰由是不樂，與玉有間矣。己亥，幸繁臺觀馬，案：歐陽史作閱馬于萬龍岡。（舊五代史考異）遂幸李守貞第。庚子，以晉州節度使張從恩爲潞州節度使。吏部侍郎張昭遠加階爵，案宋史張昭遠傳：加金紫階，進爵邑。（舊五代史考異）酬修唐史之勞也。戊申，升曹州爲節鎭，以威信軍爲軍額。詔李守貞率兵屯澶州。己酉，月掩昴宿。以宣徽北院使焦繼勳爲宣徽南院使，以內客省使孟承誨爲宣徽北院使。壬子，以前太子詹事王居敏爲鴻

臚卿，李專美爲大理卿，以太子賓客致仕馬裔孫爲太子詹事。甲寅，移泰州理所於滿城縣。乙卯，詔相州節度使張彥澤率兵屯恆州。

冬十月戊寅，戊寅，以長曆推之，當作「戊辰」，今無別本可校，姑仍其舊。（影庫本粘籤）以河陽節度使何建爲涇州節度使，以許州節度使李從溫爲河陽節度使，以前鄭州節度使石贇爲曹州節度使〔四〕。庚午，遣使太子賓客羅周岳、使副太子右庶子王延濟册兩浙節度使錢弘佐爲守太尉。辛未，右金吾衞上將軍楊彥詢卒，贈太子太師。丁丑，高麗遣使貢方物。庚辰，以前延州節度使王令溫爲靈州節度使。庚寅，以邢州兵馬留後劉在明爲晉州兵馬留後，以前河陽留後方太爲邢州留後。癸巳，升陳州爲節鎮，以鎮安軍爲軍額。

十一月戊戌，以邢州節度使馮暉兼侍衞步軍都指揮使，充北面行營先鋒馬步軍都指揮使；以權知高麗國事王武爲檢校太保、使持節、玄菟州都督，充大義軍使，封高麗國王。癸卯，日南至，帝御崇元殿受朝賀。戊申，兩浙奏，順化軍節度使錢鐸卒。甲申，甲申，以長曆推之，當作「甲寅」，今無別本可校，姑仍其舊。（影庫本粘籤）以壽州節度使、侍衞馬軍都指揮使李彥韜爲陳州節度使，典軍如故。丙申，前商州刺史李俊除名，李俊，歐陽史作重俊，蓋少帝時避御名，故去「重」字，今仍其舊。又丙申，以長曆推之，當作丙辰，今亦仍其舊。（影庫本粘籤）坐受財枉法也。

十二月乙丑，以兩浙節度使、吳越國王錢弘佐兼東南面兵馬都元帥。丙寅，以吳越國

金馬左廂都指揮使、湖州刺史胡思進遙領虔州昭信軍節度使，胡思進，十國春秋作進思，據九國志與薛史同，今仍其舊。（影庫本粘籤）以吳越國金馬右廂都指揮使、明州刺史闞璠遙領宣州寧國軍節度使，並典軍如故。左羽林統軍丁審琪卒，贈太尉。辛未，以工部侍郎盧價爲禮部侍郎，以右散騎常侍、集賢殿學士、判院事司徒詡爲工部侍郎，依前充職。以前中書舍人殷鵬爲給事中，充樞密直學士；以給事中劉知新爲右散騎常侍。乙亥，陝府節度使劉景巖來朝。丁丑，狩於近郊，臘也〔五〕。己卯，光祿卿致仕陳玄卒於太原〔六〕。庚辰，命使册高麗國王王武。癸未，以前兗州節度使安審信爲華州節度使。丁亥，以樞密使、中書令桑維翰爲開封尹；以司空、門下侍郎、平章事劉昫判三司；以左僕射、門下侍郎、平章事李崧爲守侍中，充樞密使；以開封尹趙瑩爲中書令、弘文館大學士；以宣徽南院使焦繼勳知陝州軍州事。案宋史焦繼勳傳：西人寇邊，朝議發師致討，繼勳抗疏請行，拜秦州觀察使兼諸蕃水陸轉運使。既至，推恩信，設方略，招誘諸部，相率奉玉帛牛酒乞盟，邊境以安。俄徙知陝州。（舊五代史考異）己丑，邢州節度使馮暉準詔來朝。

是歲，帝每遇四方進獻器皿，多以銀於外府易金而入，案宋史劉濤傳：少帝奢侈，常以銀易金，廣其器皿。李崧判三司，令上庫金之數。及崧以原簿校之，少數千鎰。崧責曰：「帑庫通式，一日不受虛數，毫釐則有重典。」濤曰：「帑司常有報不盡數，以備宣索。」崧令有司劾濤，濤事迫，以情告樞密使桑維翰，乃止罰一月俸。（舊五代史考異）謂左右曰：「金者貴而且輕，便於人力。」識者以爲北遷之兆也。

開運三年春正月癸巳朔，帝御崇元殿受朝賀，仗衞如式。詔改鑄天下合同印、書詔印、御前印〔七〕，並以黃金爲之。己亥，貝州梁漢璋奏，蕃寇屯聚，將謀入寇。詔符彥卿屯荆州口。案宋史符彥卿傳：再出河朔，彥卿不與，易其行伍，配以羸師數千戍荆州口。（舊五代史考異）癸卯，以前華州節度使劉繼勳爲同州節度使，以陝州節度使劉景巖爲鄧州節度使。丙午，以宣徽南院使、知陝州事焦繼勳爲陝州留後。丁未，刑部員外王涓賜私家自盡，坐私用官錢經營求利故也〔八〕。右司郎中李知損貶均州司戶，員外置，馳驛發遣，坐前任度支判官日與解縣榷鹽使王景遇交游借貸故也。己酉，詔侍衞親軍副都指揮使李守貞率師巡撫北邊。辛亥，以皇弟秦州節度使重睿爲許州節度使，以許州節度使安審琦爲兗州節度使，以兗州節度使趙在禮爲晉昌軍節度使。癸丑，以涇州節度使何建爲秦州節度使，以前貝州節度使史威爲涇州節度使。乙卯，定州奏，契丹入寇。己未，二王後守太僕少卿、襲酅國公楊延壽除名配流威州，終身勿齒。延壽奉命於磁州檢苗，受贓二百餘匹，準律當絞，有司以二王後入議，故貸其死。

二月壬戌朔，日有蝕之。詔滑州皇甫遇率兵援糧入易、定等州。甲子，以滄州留後王景爲本州節度使。右僕射和凝逐月別給錢五萬、傔糧芻粟等，優舊相也。辛未，魯國大長

公主史氏薨，輟朝三日。丙子，光祿卿致仕王弘贇卒，贈太常卿。迴鶻遣使貢方物。升桂州全義縣爲溥州，仍隸桂州，其全義縣改爲德昌縣，從湖南馬希範所請也。壬午，以前晉昌軍節度使安彥威充北面行營副都統，以宣徽北院使兼太府卿孟承誨爲右武衞大將軍充職。是日幸南莊，命臣僚泛舟飲酒，因幸杜威園，醉方歸內。甲申，河陽節度使李從溫薨，輟朝，贈太師。

三月壬辰朔，以權知河西節度事張遵古爲河西留後。乙未，以御史中丞顏衎爲戶部侍郎，以戶部侍郎趙遠爲御史中丞。丙申，以邢州節度使兼侍衞步軍都指揮使馮暉爲河陽節度使，以前涇州節度使李德珫爲邠州節度使。李守貞奏，大軍至衡水。己亥，奏獲鄭州刺史趙思恭〔九〕。癸卯，奏大軍迴至冀州。戶部侍郎顏衎上表，以母老乞解官就養，從之。戊申，以皇子齊州防禦使延煦爲澶州節度使。辛亥，密州上言，飢民殍者一千五百。庚申，以瓜州刺史曹元忠爲沙州留後。

夏四月辛酉朔，李守貞自北班師到闕〔一〇〕。太原奏，吐渾白可久奔歸契丹，諸侯咸有異志。乙亥〔一一〕，宰臣詣寺觀禱雨。曹州奏，部民相次餓死凡三千人。時河南、河北大飢，殍殕甚衆，沂、密、兗、鄆寇盜羣起，所在屯聚，剽劫縣邑，吏不能禁。兗州節度使安審琦出兵捕逐，爲賊所敗。戊寅，幸相國寺禱雨。皇子延煦與晉昌軍節度使趙在禮結婚，案：皇子延

煦娶趙在禮女，通鑑作三月庚申，與薛史作四月戊寅異。（舊五代史考異）命宗正卿石光贊主之。

五月庚寅朔，以兵部郎中劉皡爲太府卿。戊戌，以前同州節度使馮道爲鄧州節度使。定州奏，部民相次擄殺流移，約五千餘戶。青州奏，全家殍死者一百一十二戶。沂州奏，淮南遣海州刺史領兵一千五百人，應接賊頭常知及，詔兗州安審琦領兵捕逐。甲辰，以前太子賓客韋勳爲太子賓客。兗州安審琦奏，淮賊抽退，賊頭常知及與其次首領武約等並乞歸命。丁未〔一二〕，幸大年莊，游船習射。帝醉甚，賜羣官器帛過差〔一三〕，夜分方歸內。戊申，以鄜州留後李殷爲定州節度使。辛亥，詔皇甫遇爲北面行營都部署，張彥澤爲副，李殷爲都監，領兵赴易、定等州，尋止其行。甲寅，以貝州留後梁漢璋爲貝州節度使，以左神武統軍郭謹爲鄜州節度使。

六月庚申朔，登州奏，文登縣部內有銅佛像四、瓷佛像十，自地踊出。狼山招收指揮使孫方簡叛，據狼山歸契丹。案遼史：五月庚戌，晉易州戍將孫方簡請內附。蓋方簡歸契丹自在五月，至六月晉人始奏聞也。歐陽史從薛史作六月。乙丑，詔諸道不得橫薦官僚，如本處幕府有闕，即得奏薦。丙寅，以前昭義軍節度使李從敏爲河陽節度使，以河陽節度使兼侍衞步軍都指揮使馮暉爲靈州節度使。壬午，以鄆州節度使兼侍衞親軍都指揮使高行周爲宋州節度使，加兼中書令，充北面行營副都統；以宋州節度使、侍衞親軍都指揮使。案：以下原本有闕文〔一四〕。定州奏，蕃

寇壓境。詔李守貞爲北面行營都部署，滑州皇甫遇爲副，相州張彥澤充馬軍都指揮使，定州李殷充步軍都指揮使。

七月壬辰，以禮部尚書王延爲刑部尚書，以工部尚書王松爲禮部尚書，以太常卿龍敏爲工部尚書，以左丞李愼儀爲太常卿，以吏部侍郎張昭遠爲左丞，以右丞李詳爲吏部侍郎，以前義州刺史李玘爲右丞。前晉昌軍節度使安彥威薨，輟朝，贈太師。丙申，兩浙節度使、吳越國王錢弘佐加守太師，北京留守、河東節度使、北平王劉知遠加守太尉。滄州奏，蕃寇攻饒安縣。楊劉口河決西岸，水闊四十里。以前鄧州節度使劉景巖爲太子太師致仕。辛亥，宋州穀熟縣河水雨水一概東流，漂沒秋稼。丁巳，大理卿李專美卒。戊午，詔僞清泰朝經削奪官爵朱弘昭、馮贇、康義誠、王思同、藥彥稠等，並復其官爵。自夏初至是，河南、河北諸州郡餓死者數萬人，羣盜蜂起，剽略縣鎭，霖雨不止，川澤汎漲，損害秋稼。

八月己未朔，以左諫議大夫裴羽爲給事中。庚申，李守貞、皇甫遇駐軍定州。辛酉，幸南莊，召從臣宴樂，至暮還宮。詔潞州運糧十三萬赴恆州。癸亥，以右散騎常侍張煦爲青州刺史。李守貞奏，大軍至望都縣，相次至長城北，遇敵千餘騎，轉鬬四十里，斬蕃將解里相公〔一五〕。丁卯，詔班師。庚午，以前亳州防禦使邊蔚爲戶部侍郎；以刑部侍郎李式爲戶部侍郎，充三司副使；以禮部侍郎盧價爲刑部侍郎；以樞密直學士、左散騎常侍邊光範爲禮部侍郎充職。案宋史邊光範傳：少帝以光範藩邸舊僚，待遇尤厚。因遊宴，見光範位翰林學士下，即日拜尙書禮部侍郎、知制誥，充翰林學士，仍直樞密院。（舊五代史考異）辛未，以右龍武統軍周密爲延州節度使。癸酉，河東節度使劉知遠奏，誅吐渾大首領白承福、白鐵匱、赫連海龍等，幷夷其族凡四百口，蓋利其孳畜財寶也，人皆寃之。甲戌，以大理少卿劇可久爲大理卿。棣州刺史慕容彥超削奪在身官爵，房州安置，坐前任濮州擅出省倉麥及私賣官麴，準法處死，太原節度使劉知遠上表救之，故貸其死。丙戌，靈州馮暉奏，與威州刺史藥元福於威州土橋西一百里遇吐蕃七千餘人，藥元福，原本作「元補」，今從錦繡萬花谷所引薛史改正。（影庫本粘籤）大破之，斬首千餘級。是月，秦州雨，兩旬不止，鄴都雨水一丈，洛京、鄭州、貝州大水，鄴都、夏津臨清兩縣，餓死民凡三千三百。盜入臨濮、費縣。

秋九月壬辰，鄆州節度使、侍衞親軍都指揮使李守貞加兼侍中，滑州節度使皇甫遇進封邠國公，相州節度使張彥澤加檢校太尉。甲午，以權知威武軍節度使李弘達爲檢校太尉、同平章事，充福建節度使，知閩國事。乙未，前商州刺史李俊賜自盡，坐與親妹姦及行劍斫殺女使，又殺部曲孫漢榮，強姦其妻，準法棄市，詔死於家。己亥，張彥澤奏，破蕃賊於定州界，案：歐陽史作辛丑，張彥澤及契丹戰于新興，敗之。（舊五代史考異）斬首二千餘級，追襲百餘里，生擒蕃將四人，摘得金耳環二副進呈。案遼史云：八月，趙延壽與晉張彥澤戰於定州，敗之。與薛史異。通

鑑作張彥澤奏：敗契丹於定州北，又敗之於泰州，斬首二千級。與薛史符合。（孔本）癸卯，太原奏，破契丹楊武谷〔一六〕，殺七千餘人。甲辰，以天策上將軍、江南諸道都統、楚王馬希範兼諸道兵馬都元帥。乙巳，詔安審琦率兵赴鄴都，皇甫遇赴相州。丙午，以太子少保楊凝式爲太子少傅，以刑部尚書王延爲太子少保，前潁州團練使竇貞固爲刑部尚書。是月，河南、河北、關西諸州奏，大水霖雨不止，溝河泛濫，水入城郭及損害秋稼。是月，契丹瀛州刺史詐爲書與樂壽將軍王巒〔一七〕，願以本城歸順，案：瀛州刺史下疑脫「劉延祚」三字。通鑑考異云：歐陽史作高牟翰。案陷蕃記前云：「延祚詐輸誠款」，後云「大軍至瀛州，偵知蕃將高牟翰潛師而出」，蓋延祚爲刺史，牟翰乃戍將耳。（舊五代史考異）且言城中蕃軍不滿千人，請朝廷發軍襲取之，已爲內應。又云：「今秋苦雨，川澤漲溢，自瓦橋已北，水勢無際。戎王已歸本國，若聞南夏有變，地遠阻水，雖欲奔命，無能及也。」又，巒繼有密奏，苦言瀛、鄚可取之狀。先是，前歲中車駕駐於河上，曾遣邊將遺書於幽州趙延壽，勸令歸國，延壽尋有報命，依違而已。是歲三月，復遣鄴都杜威致書於延壽，且述朝旨，啖以厚利，仍遣洺州軍將趙行實齎書而往，潛申款密。行實曾事延壽，故遣之。案：遼史作晉主遣延壽族人趙延實以書來招。（孔本）七月，行實自燕迴，得延壽書，且言：「久陷邊廷，願歸中國，乞發大軍應接，即拔身南去。」敍致懇切，辭旨綿密，時朝廷欣然信之，復遣趙行實計會延壽大軍應接之所。有瀛州大將遣所親齎

中華書局

蠻書至闕下，告云欲謀翻變，以本城歸命。未幾，會彼有告變者，事不果就。至是，瀛州守將劉延祚受戎王之命，詐輸誠款，以誘我軍，國家深以爲信，遂有出師之議。永樂大典卷一萬五千六百四十九。

校勘記

〔一〕宋彥筠移鎭鄧州　「鄧州」原作「鄭州」，據本卷開運二年八月史文及本書卷一二三宋彥筠傳改。

〔二〕李瀚　殿本、劉本作「李澣」。

〔三〕戊子　「戊子」下原有「朔」字。按本卷上文「八月甲子朔」，戊子爲二十五日。影庫本粘籤云：「戊子朔，疑衍『朔』字，或上下有脫文，今無別本可校，姑仍其舊。」今據殿本刪。

〔四〕鄭州節度使石贇　殿本、劉本同。據本書卷八三開運元年七月史文及歐陽史卷一七石敬贇傳，「鄭州」應作「鄧州」。

〔五〕臘也　「臘」原作「獵」，影庫本批校云：「『獵』應作『臘』。」據改。

〔六〕陳玄　「玄」原作「元」，據孔本、本書卷九六陳玄傳改。

〔七〕御前印　「印」字原無，據册府卷六一補。

〔八〕坐私用官錢經營求利故也　「故」字原無，據殿本、劉本補。

〔九〕鄭州刺史趙思恭　「鄭州」，殿本、劉本作鄭州。

〔一〇〕班師到闕　「闕」原作「關」，據殿本、劉本改。

〔一一〕乙亥　原作「乙未」，按本卷上文「四月辛酉朔」，是月無乙未。影庫本粘籤云：「乙未，以長曆推之，當作『乙亥』，今無別本可校，姑仍其舊。」今據殿本改。

〔一二〕丁未　原作「辛未」，按本卷上文「五月庚寅朔」，是月無辛未。影庫本粘籤云：「辛未，以長曆推之，當作『丁未』，今無別本可校，姑仍其舊。」今據殿本改。

〔一三〕賜璋官器帛過差　「過」，殿本、劉本作「有」。

〔一四〕案以下原本有闕文　殿本、劉本同。按本書卷八三少帝紀，開運二年四月，「兗州節度使兼侍衞都虞候李守貞移鎭宋州」，又本書卷一〇九李守貞傳，「代高行周爲侍衞親軍指揮使，移鎭鄆州」，此處疑闕「李守貞爲鄆州節度使」九字。

〔一五〕解里　原作「嘉哩」，注云：「舊作解里，今改正。」按此係輯錄舊五代史時據遼史索倫國語解所改，今恢復原文。

〔一六〕楊武谷　「谷」原作「穀」，據殿本、劉本改。

〔一七〕樂壽將軍　「將軍」，殿本同，劉本作「軍監」，册府卷九九八、通鑑卷二八五作「監軍」。

舊五代史卷八十五

晉書十一

少帝紀第五

開運三年冬十月甲子，正衙命使册皇太妃安氏。乙丑，以樞密直學士、禮部侍郎邊光範爲翰林學士，以給事中邊歸讜爲左散騎常侍，以翰林學士、祠部員外郎、知制誥張沆爲右諫議大夫。辛未，以鄴都留守杜威爲北面行營都招討使，案：通鑑載當時勅牓曰：先取瀛、鄚，安定關南；次復幽、燕，蕩平塞北。蓋狃於陽城之役而驕驕也。（舊五代史考異）以侍衞親軍都指揮使、鄆州節度使李守貞爲兵馬都監，兗州安審琦爲左右廂都指揮使，徐州符彥卿爲馬軍左廂都指揮使，滑州皇甫遇爲馬軍右廂都指揮使，貝州梁漢璋爲馬軍都排陣使，前鄧州案：原本有闕文〔一〕。宋彥筠爲步軍左廂都指揮使，奉國左廂都指揮使王饒爲步軍右廂都指揮使，洺州團練使薛懷讓爲先鋒都指揮使。癸酉，册吳國夫人馮氏爲皇后。乙亥，以侍衞馬軍都指揮使李彥韜權

知侍衞司事。丙戌，鳳翔節度使秦王李從曮薨，輟朝，贈尚書令。丁亥，邠州節度使李德珫卒，輟朝，贈太尉。

十一月戊子朔，以給事中盧撰爲右散騎常侍，以尚書兵部郎中兼侍御史、知雜事陳觀爲左諫議大夫。觀以祖諱「義」，乞改官，尋授給事中。庚寅，樞密使、中書侍郎兼戶部尚書、平章事馮玉加尚書右僕射，以皇子鎭寧軍節度使延煦爲陝州節度使，以陝州留後焦繼勳爲鳳翔留後，以前定州留後安審琦爲邠州留後〔二〕，以右僕射和凝爲左僕射。甲午，兩浙節度使吳越國王錢弘佐起復舊任。丁酉，詔李守貞知幽州行府事。戊申，日南至，御崇元殿受朝賀。是月，北面行營招討使杜威率諸將領大軍自鄴北征，師次瀛州城下，貝州節度使梁漢璋戰死。杜威等以漢璋之敗，遂收軍而退。行次武強，聞戎王入寇，欲取直路，自冀、貝而南。會張彥澤領騎自鎭定至，且言契丹可破之狀，於是大軍西趨鎭州。

十二月丁巳朔，案：以下有闕文。據通鑑云：丁巳朔，李穀自書密奏，且言大軍危急之勢，請車駕幸滑州，遣高行周、符彥卿扈從，及發兵守澶州、河陽，以備敵之奔衝。遣軍將關勳走馬上之。（舊五代史考異）己未，杜威奏，駐軍於中渡橋。案通鑑云：甲寅，杜威等至中渡橋。十二月己未，帝始聞大軍屯中渡。胡三省注云：強寇深入，諸軍孤危，而驛報七日始達，晉之爲兵可知矣。歐陽史作己未，杜威軍于中渡，蓋以奏聞之日爲駐軍之日。（舊五代史考異）庚申，以前司農卿儲延英爲太子賓客。詔徐州符彥卿屯澶州。辛酉，詔澤潞、鄴都、邢

洛、河陽運糧赴中渡，杜威遣人口奏軍前事宜，勢迫故也。壬戌，又遣高行周屯澶州，景延廣守河陽。博野縣都監張鵬入奏蕃軍事勢。丙寅，定州李殷奏，前月二十八日夜，領捉生四百人往曲陽嘉山下，逢賊軍車帳，殺千餘人，獲馬二百匹。詔宋州高行周充北面行營都部署，符彥卿充副，邢州方太充都虞候，領後軍駐於河上，以備敵騎之奔衝也。時契丹游騎涉滹水而南〔三〕，至欒城縣。自是中渡寨爲蕃軍隔絕，探報不通，朝廷大恐，故委行周等繼領大師守扼津要，且以張其勢也。己巳，邢州方太奏，此月六日，契丹與王師戰於中渡，王師不利，奉國都指揮使王淸戰死。案遼史云：杜威、張彥澤引兵據中渡橋，趙延壽以步兵前擊，高彥溫以騎兵乘之，追奔逐北。殭屍數萬，斬其將王淸，宋彥筠墮水死，重威等退保中渡寨，義武軍節度使李殷以城降。遂進兵，夾滹沱而營，去中渡寨三里，分兵圍之，夜則列騎環守，晝則出兵抄掠。復命趙延壽分兵圍守，自將騎卒夜渡河出其後，攻下欒城，降騎卒數千，分遣將士據其要害。下令軍中預備軍食，三日不得舉煙火，但獲晉人即黥面縱之，諸饋運見者皆棄而走。於是晉兵內外隔絕，食盡勢窮。考遼史所載與通鑑大略相同，惟宋彥筠墮水死，通鑑作彥筠浮水抵岸得免。自將騎卒，通鑑作潛遣其將蕭翰、通事劉重進將百騎及羸卒並西山，出晉州之後。稍有異同，可資互證云。（孔本）庚午，幸沙臺射兎。壬申，始聞杜威、李守貞等以此月十日率諸軍降於契丹。案遼史：杜重威等降於遼，在十二月丙寅〔四〕，與薛史同。歐陽史作壬戌，疑誤。考歐紀，壬戌之日，自紀滹沱戰敗，而杜威等之降上不係日，觀杜重威傳明著十二月丙寅，于歐史未嘗不合也。（劉本）是夜，相州節度使張彥澤受契丹命，率先鋒二千人，自

封丘門斬關而入。癸酉旦，張彥澤頓兵於明德門外，京城大擾。前曹州節度使石贇死，帝之堂叔也。時自中渡寨隔絕之後，帝與大臣端坐憂危，國之衛兵，悉在北面，計無所出。十六日聞滹水之降，是夜，偵知張彥澤已至滑州，召李崧、馮玉、李彥韜入內計事，方議詔河東劉知遠起兵赴難，至五鼓初，張彥澤引蕃騎入京。宮中相次火起，帝自攜劍驅擁后妃已下十數人，將同赴火，爲親校薛超所持，俄自寬仁門遞入契丹主與皇太后書，帝乃止，旋令撲滅煙火。大內都點檢康福全在寬仁門宿衛，登樓覘賊，彥澤呼而下之。癸酉，帝奉表於戎主曰：

孫臣某言：今月十七日寅時，相州節度使張彥澤、都監傅住兒部領大軍入京〔五〕，齎到翁皇帝賜太后書示，於滹沱河降下杜重威一行馬步兵士，見領蕃漢步騎來幸汴州者。

往者，唐運告終，中原失馭，數窮否極，天缺地傾。先人有田一成，有衆一旅，兵連禍結，力屈勢孤。翁皇帝救患摧剛，興利除害，躬擐甲胄，深入寇場。犯露蒙霜，度鴈門之險；馳風掣電〔六〕，行中冀之誅。黃鉞一麾，天下大定，勢凌宇宙，義感神明，功成不居，遂興晉祚，則翁皇帝有大造於石氏也。

旋屬天降鞠凶，先君即世，臣遵承遺旨，纘紹前基，諒闇之初，荒迷失次，凡有軍國重事，皆委將相大臣。至於擅繼宗祧，既非稟命；輕發文字，輒敢抗尊。自啓釁端，果貽赫怒，禍至神惑，運盡天亡。十萬師徒，皆望風而束手；億兆黎庶，悉延頸以歸心。臣負義包羞，貪生忍恥，自貽顚覆，上累祖宗，偷度朝昏，苟存視息。翁皇帝若惠顧疇昔，稍霽雷霆，未賜靈誅，不絕先祀，則百口荷更生之德，一門銜無報之恩，雖所願焉，非敢望也。臣與太后幷妻馮氏及舉家戚屬，見於郊野面縛俟罪次。所有國寶一面、金印三面，今遣長子陝府節度使延煦、次子曹州節度使延寶管押進納，幷奉表請罪，陳謝以聞。

甲戌，張彥澤遷帝與太后及諸宮屬於開封府〔七〕，遣控鶴指揮使李榮將兵監守。是夜，開封尹桑維翰、宣徽使孟承誨皆遇害。帝以契丹主將至，欲與太后出迎，彥澤先表之，稟契丹主之旨報云：「比欲許爾朝覲上國，臣僚奏言，豈有兩箇天子道路相見！今賜所佩刀子，以慰爾心。」己卯，皇子延煦、延寶自帳中迴，得僞詔慰撫，帝表謝之。時契丹主以所送傳國寶製造非工，與載籍所述者異，使人來問。帝進狀曰：「頃以僞主王從珂於洛京大內自焚之後，其眞傳國寶不知所在，必是當時焚之。先帝受命，旋製此寶，在位臣僚，備知其事，臣至今日，敢有隱藏」云。時移內庫至府，帝使人取帛數段，主者不與，謂使者曰：「此非我所有也。」又使人詣李崧求酒，崧曰：「臣有酒非敢愛惜，慮陛下杯酌之後憂躁，所作別有不測之

事，臣以此不敢奉進。」丙戌晦，百官宿封禪寺。

明年正月朔，契丹主次東京城北，百官列班，遙辭帝于寺，詣北郊以迎契丹主。帝舉族出封丘門〔八〕，肩轝至野，契丹主不與之見，遣泊封禪寺。文武百官素服紗帽，迎謁契丹主於郊次，俯伏俟罪，契丹主命起之，親自慰撫。契丹主遂入大內，至昏出宮，是夜宿於赤岡。僞詔應晉朝臣僚一切仍舊，朝廷儀制並用漢禮。戊子，殺鄭州防禦使楊承勳，案遼史云：以其弟承信爲平盧軍節度使，襲父爵。（舊五代史考異）責以背父之罪，令左右臠割而死。己丑，斬張彥澤於市，以其剽劫京城，恣行屠害也。案遼史云：以張彥澤擅徙重貴開封，殺桑維翰，縱兵大掠，不道，斬于市。（舊五代史考異）庚寅，洛京留守景延廣自扼吭而死。辛卯，契丹制，降帝爲光祿大夫、案：遼史避諱作崇祿。（舊五代史考異）檢校太尉，封負義侯，黃龍府安置，其地在渤海國界。癸巳，遷帝於封禪寺，遣蕃大將崔廷勳將兵守之。癸卯，帝與皇太后李氏、皇太妃安氏、皇后馮氏、皇弟重睿、皇子延煦延寶俱北行，以宮嬪五十人、內官三十人、案：遼史作內官三人。（舊五代史考異）東西班五十人、醫官一人、控鶴官四人、御廚七人、茶酒三人、儀鸞司三人、軍健二十人從行。案：遼史作健卒十人。（舊五代史考異）宰臣趙瑩、樞密使馮玉、侍衛馬軍都指揮使李彥韜隨帝入蕃，契丹主遣三百騎援送而去。所經州郡，長吏迎奉，皆爲契丹主阻絕，案宋史李穀傳：少帝蒙塵而

北，舊臣無敢候謁者，獨拜迎于路，君臣相對泣下。穀曰：「臣無狀，負陛下。」因傾囊以獻。（舊五代史考異）有所供饋亦不通。嘗一日，帝與太后不能得食，乃殺畜而啖之。帝過中渡橋，閱杜重威營寨之迹，慨然憤歎，謂左右曰：「我家何負，爲此賊所破，天乎！天乎！」於是號慟而去。至幽州，傾城士庶迎看於路，案宣政雜錄云：徽宗北狩，經薊縣梁魚務，有還鄉橋，石少帝所命名也，土人至今呼之。（舊五代史考異）見帝慘沮，無不嗟嘆。駐留旬餘，州將承契丹命，犒帝於府署，趙延壽母以食饌來獻。自范陽行數十程，過薊州、平州，至榆關沙塞之地，略無供給，每至宿頓，無非路次，一行乏食，宮女、從官但採木實野蔬，以救飢弊。又行七八日至錦州，契丹迫帝與妃后往拜阿保機遺像，帝不勝屈辱，泣曰：「薛超誤我，不令我死，以至今日也。」又行數十程，渡遼水，至黃龍府，此即戎王所命安置之地也。

六月，契丹國母召帝一行往懷密州，州在黃龍府西北千餘里。行至遼陽，皇后馮氏以帝陷蕃，過受艱苦，令內官潛求毒藥，將自飲之，并以進帝，不果而止。又行二百里，會國母爲永康王所執，永康王請帝却往遼陽城駐泊，帝遣使奉表於永康，且賀克捷，自是帝一行稍得供給。

漢乾祐元年四月，永康王至遼陽，帝與太后並詣帳中，帝御白衣紗帽，永康止之，以常服謁見。帝伏地雨泣，自陳過咎，永康使左右扶帝上殿，慰勞久之，因命設樂行酒，從容而

罷。永康帳下從官及教坊內人望見故主，不勝悲咽，內人皆以衣帛藥餌獻遺於帝。及永康發離遼陽，取內官十五人、東西班十五人及皇子延煦，並令隨帳上陘，陘即蕃王避暑之地也。有禪奴舍利者〔九〕，即永康之妻兄也，知帝有小公主在室，詣帝求之，帝辭以年幼不可。又有東西班數輩善於歌唱，禪奴又請之，帝乃與之。後數日，永康王馳取帝幼女而去，以賜禪奴。至八月，永康王下陘，太后馳至霸州，詣永康，求於漢兒城寨側近賜養種之地，永康許諾，令太后於建州住泊。

漢乾祐二年二月，帝自遼陽城發赴建州。行至中路，太妃安氏得疾而薨，乃焚之，載其燼骨而行。帝自遼陽行十數日，過儀州、灞州，遂至建州。節度使趙延暉盡禮奉迎，館帝於衙署中。其後割寨地五十餘頃，其地至建州數十里，帝乃令一行人員於寨地內築室分耕，給食於帝。是歲，述律王子遣契丹數騎詣帝〔一〇〕，取內人趙氏、聶氏疾馳而去，趙、聶者，帝之寵姬也，及其被奪，不勝悲憤。

漢乾祐三年八月，太后薨。周顯德初，有漢人自寨北而至者，言帝與后及諸子俱無恙，猶在建州，案郡齋讀書志云：晉朝陷蕃記，范質撰。質，石晉末在翰林，爲出帝草降表，知其事爲詳。記少帝初遷于黃龍府，後居于建州，凡十八年而卒。案：契丹丙午歲入汴，順數至甲子歲爲十八年，實太祖乾德二年也。（舊五代史考異）其隨從職官役使人輩，自蕃中亡歸，物故者大半矣。永樂大典卷一萬五千六百四十九。五代史補：少主之嗣位也，契丹以不俟命而擅立；又，景延廣辱其使，契丹怒，舉國南侵。以駙馬都尉杜重威等領駕下精兵甲禦之于中渡河橋。既而契丹之衆已深入，而重威等奏報未到朝廷。時桑維翰罷相，爲開封府尹，謂僚佐曰：「事急矣，非大臣鉗口之時。」乃叩內閤求見，欲請車駕親征，以固將士之心。而少主方在後苑調鷹，至暮竟不召。維翰退而歎曰：「國家阽危如此，草澤遊客亦宜下問，況大臣求見而不召耶！事亦可知矣。」未幾，杜重威之徒降于契丹，少主遂北遷。

史臣曰：少帝以中人之才，嗣將墜之業，屬上天不祐，仍歲大飢，尙或絕強敵之歡盟，鄙輔臣之謀略。奢淫自縱，謂有泰山之安；委託非人，坐受平陽之辱。族行萬里，身老窮荒，自古亡國之醜者，無如帝之甚也。千載之後，其如恥何，傷哉！永樂大典卷一萬五千六百四十九。

校勘記

〔一〕案原本有闕文　劉本同。據本書卷八四開運二年夏五月「陝州節度使宋彥筠移鎮鄧州」之文，此處疑闕「節度使」三字。

〔二〕以前定州留後安審琦爲邠州留後　殿本、劉本同。據本書卷八四開運二年六月「以前易州刺史安審約爲定州留後」之文，「琦」當作「約」。

〔三〕時契丹遊騎涉滹水而南　「涉」原作「步」，據殿本改。影庫本批校云：「涉滹水而南，『涉』訛『步』。」

〔四〕十二月　原作「四月」，據本卷正文及遼史卷四太宗紀改。

〔五〕傅住兒　原作「富珠哩」，注云：「舊作傅住兒，今改正。」按此係輯錄舊五代史時據遼史索倫國語解所改，今恢復原文。

〔六〕馳風掣電　「掣」原作「擊」，據殿本改。

〔七〕帝與太后及諸宮屬　「宮」字原無，據殿本補。

〔八〕帝舉族出封丘門　「舉」字原無，據殿本補。影庫本批校云：「帝舉族出封丘門，脫『舉』字。」

〔九〕禪奴舍利　原作「綽諾錫里」，注云：「舊作禪奴舍利，今改正。」按此係輯錄舊五代史時據遼史索倫國語解所改，今恢復原文。

〔一〇〕述律　原作「舒嚕」，注云：「舊作述律，今改正。」按此係輯錄舊五代史時據遼史索倫國語解所改，今恢復原文。

中華書局

舊五代史卷八十六

晉書十二

后妃列傳第一

案：薛史晉后妃傳，永樂大典已佚，今取歐陽史晉家人傳與五代會要諸書互校，則事多舛誤。如李太后在長興中進封魏國公主，清泰二年改封晉國長公主，而歐陽史則云清泰二年封魏國長公主。少帝冊故妃張氏爲皇后，而歐陽史不載其姓氏。蓋歐陽史以文章自負，祇取薛史原文任意刪削，未嘗考其事之本末也。今采五代會要、通鑑、契丹國志、文獻通考所載晉后妃事，分註互綴，以補薛史之闕，且以備歐陽史之考證焉。

高祖皇后李氏。案五代會要云：高祖皇后李氏，唐明宗第三女，天成三年四月，封永寧公主，長興四年九月，進封魏國公主，清泰二年九月，改封晉國長公主〔一〕，至天福六年十一月，尊爲皇后，七年六月，尊爲皇太后，開運四年三月，與少帝同遷于契丹之黃龍府，漢乾祐三年八月二十五日，崩於蕃中之建丘〔二〕。文獻通考云：天福二年，有司請立皇

后，帝以宗廟未立，謙抑未遑。帝崩，出帝即位，乃尊爲皇太后。契丹國志載晉出帝降表云：「孫男臣重貴言：頃者，唐運告終，中原失柄，數窮否極，天降地傾。先人有田一成，有衆一旅，兵連禍結，力屈勢孤。翁皇帝救難摧鋒，興利除害，躬擐甲冑，深入寇場。犯露蒙霜，度鴈門之險；馳風掣電，行中冀之誅。黃鉞一麾，天下大定，勢凌宇宙，義感神明，功成不居，遂興晉祚，則翁皇帝大有造于石氏也。旋屬天降鞠凶，先君即世，臣仰承遺旨，得紹前基，諒闇之初，荒迷失次，凡有軍國重事，皆委將相大臣。至於擅繼宗祧，既非稟命；輕發文字，輒敢抗尊。自起釁端，果貽赫怒，禍至神惑，運盡天亡。十萬兵徒，望風束手；億兆黎庶，延頸歸心。臣負義包羞，貪生忍恥，自貽顛覆，上累祖宗，偷度晨昏，苟存視息。翁皇帝若惠顧疇昔，稍霽雷霆，未賜顯誅，不絕先祀，則百口荷更生之德，一門銜罔極之恩，雖所願焉，非敢望也。臣與太后、妻馮氏於郊野面縛俟命。」皇太后降表云：「晉室皇太后媳婦李氏妾言：張彥澤、傅住兒等至，伏蒙皇帝阿翁降書安撫者。妾伏念先皇帝頃在并、汾，適逢屯難，危同累卵，急若倒懸，智勇俱窮，朝夕不保。皇帝阿翁發自冀北，親抵河東，跋履山川，踰越險阻，立平巨孽，遂定中原，救石氏之覆亡，立晉朝之社稷。不幸先帝厭代，嗣子承祧，不能繼好息民，而反虧恩辜義，兵戈屢動，駟馬難追，戚實自貽，咎將誰執。今穹旻震怒，中外攜離，上將牽羊，六師解甲。妾舉宗負釁，視景偷生，惶惑之中，撫問斯至，明宣恩旨，曲賜含容，慰諭丁寧，神爽飛越，豈謂已垂之命，忽蒙更生之恩，省罪責躬，九死未報。今遣孫男延煦、延寶奉表請罪，陳謝以聞。」又，帝紀云：會同十一年正月朔，出帝、太后迎遼帝于封丘門外，帝辭不見，館於封禪寺，遣其將崔廷勳以兵守之。是時雨雪連旬，外無供億，上下凍餒。太后使人謂寺僧曰：「吾嘗於此飯僧數萬，今日豈不相憫耶？」僧辭以遼帝之意難測，不敢獻食。少帝陰祈守者，乃稍得食。遼降少帝爲光祿大夫、檢校太尉，封負義侯，遷于黃龍府，即慕容氏和龍城也。帝使人謂太后曰：「吾聞爾子重貴不從母教而至於此，可求自便，勿與俱行。」太后答曰：「重貴事妾謹慎，所失者違先君之志，絕兩國之歡。然重貴此去，幸蒙大惠，全身保家，母不隨子，欲何所歸？」于是太后與馮后、皇弟重睿、子延煦延寶，舉族從晉侯而北。天祿元年四月，帝至遼陽，晉侯白衣紗帽與太后、皇后上謁于帳中。五月，帝上陘，取晉侯所從官者十五人、東西班十五人及皇子延煦而去。八月，帝下陘，太后自馳至霸州謁帝，求于漢兒城側賜地耕牧以爲生，許之。帝以太后自行十餘日，遣與延煦俱還遼陽。二年，徙晉侯、太后于建州。三年秋八月，晉李太后病，無醫藥，仰天號泣，戟手罵杜重威、李守貞曰：「吾死，不置汝。」病亟，謂晉侯曰：「吾死，焚其骨送范陽佛寺，無使吾爲邊地鬼也。」

太妃安氏。案文獻通考云：安太妃，代北人，不知其世家。生出帝，帝立，尊爲皇太妃。契丹國志云：天祿二年春二月，從晉侯、太后于建州，中途安太妃卒，遺命晉侯曰：「焚骨爲灰，南向颺之，庶幾遺魂得返中國也。」

少帝皇后張氏。案五代會要云：天福八年十月追冊。考薛史少帝紀云：追冊故妃張氏爲皇后。張從訓傳亦云〔三〕，高祖鎮太原，爲少帝娶從訓長女爲妃。是薛史當有張皇后傳，歐陽史削而不書，殊爲疏矣。

皇后馮氏。案五代會要云：開運三年十月冊。通鑑云：天福八年冬十月戊申，立吳國夫人馮氏爲皇后。初，高

祖愛少弟重胤，養以爲子。及留守鄴都，娶副留守馮濛女爲其婦。重胤早卒，馮夫人寡居，有美色，帝見而悅之；高祖崩，梓宮在殯，帝遂納之。羣臣皆賀，帝謂馮道等曰：「皇太后之命，與卿等不任大慶。」羣臣出，帝與夫人酣飲，過梓宮前，醊而告曰：「皇太后之命，與先帝不任大慶。」左右失笑，帝亦自笑，謂左右曰：「我今日作新婿何如？」夫人與左右皆大笑。太后雖恚，而無如之何。既正位中宮，頗預政事。后兄玉，時爲禮部郎中、鹽鐵判官，帝驟擢用至端明殿學士、戶部侍郎，與議政事。文獻通考云：契丹入京師，后隨帝北遷，不知所終。又，案五代會要載晉內職云：高祖潁川郡夫人蔡氏，天福三年八月勑。少帝寶省李氏封隴西郡夫人；張氏封春宮夫人，充皇后宮尚宮，並天福八年十二月二日勑。前左御正齊國夫人吳氏進封燕國夫人，書省魏國夫人崔氏進封梁國夫人，前右御正天水郡夫人趙氏封衞國夫人，司籌孟氏封汧國夫人，前司籌李氏封隴西郡夫人，弟子院使齊氏、大使郭氏、副使賈氏，並封本縣君，太后宮尚宮東留郡夫人何氏進封鄭國夫人，河南郡夫人元氏進封齊國夫人，知客出使夫人石氏封武威郡夫人，春宮姚氏、常氏、焦氏、王氏、陶氏、魏氏、趙氏七人，並超封郡夫人，寶省婉美趙氏封天水郡夫人，武氏以下十一人，並授春宮，天福八年十一月勑。清河郡夫人張氏、彭城郡夫人劉氏，並充太后宮司寶，南陽郡夫人路氏、出使夫人趙氏白氏，並充皇后宮司賓〔四〕，開運二年八月勑。又，按薛史不載外戚傳，據五代會要云：晉高祖長女長安公主降楊承祚，天福二年五月封，至六年五月卒，追封秦國公主，至七年九月，又追封梁國長公主。從長女高平縣主、第二女新平縣主、第三女千乘縣主、孫女永慶縣主，並天福七年五月封，今附識于此。

校勘記

〔一〕改封晉國長公主　殿本考證云：「案五代會要：后在長興中進封魏國公主，淸泰二年改封晉國長公主。歐陽史作『淸泰二年，封魏國長公主』，誤。」

〔二〕建丘　彰本、盧本及抄本會要卷一同。殿本、劉本、舊五代史考異、殿本會要、沈校本會要作「建州」。

〔三〕張從訓　「從」原作「知」，據殿本、舊五代史考異、本卷下文、本書卷九一張從訓傳改。

〔四〕皇后宮司賓　殿本同。劉本、彰校「司賓」作「司寶」。

舊五代史卷八十七

晉書十三

宗室列傳第二

案：晉宗室列傳，永樂大典僅存四篇，餘多殘闕。（舊五代史考異）

廣王敬威，字奉信，高祖之從父弟也。父萬詮，贈太尉，追封趙王。敬威少善騎射，事後唐莊宗，以從戰有功，累歷軍職。明宗卽位，擢爲奉聖指揮使。奉聖，原本作「奏聖」，今從歐陽史改正。（影庫本粘籤）天成、應順中，凡十改軍額，累官至檢校工部尙書，賜忠順保義功臣〔一〕。淸泰中，加兵部尙書、彰聖都指揮使，遙領常州刺史。及高祖建義於太原，敬威時在洛下，知禍必及，召所親謂曰：「夫人生而有死，理之常也。我兄方圖大舉，余固不可偸生待辱，取笑一時。」乃自殺於私邸，人甚壯之。天福二年，册贈太傅，葬於河南縣。六年，追封廣王。案歐陽史：高祖有兄敬儒，弟子訓嗣，官至左武衞將軍。敬威弟贇。永樂大典卷六千七百六十。

敬德、敬殷，薛史不爲立傳，疑有闕文。又，贇歐陽史作敬贇。（舊五代史考異）

贇，字德和，案：以下有闕文。爲陝州節度使。少帝卽位，加同平章事。贇性驕慢，每使者至，必問曰：「小姪安否？」恣爲暴虐，陝人苦之〔二〕。案：以下闕。薛史少帝紀：開運三年十二月，前曹州節度使石贇死，帝之堂叔也。歐陽史作墮沙濠溺死。（舊五代史考異）

韓王暉，案：歐陽史作敬暉。（舊五代史考異）字德昭，睿祖孝平皇帝之孫，高祖之從兄也。父萬友，追封秦王。暉生而龐厚，剛毅雄直，有器局，行不由徑，臨事多智，故高祖於宗族之中，獨厚遇之。初，張敬達之圍晉陽也，高祖署暉爲突騎都將，常引所部，出敵之不意，深入力戰，雖夷傷流血，矢鏃貫骨，而辭氣益厲，高祖壯之。天福二年，遙授濠州刺史，充皇城都部署。四年，加檢校司徒，授曹州防禦使，加檢校太保。其涖任也，涖任，原本作「釐仕」，今據文改正。（影庫本粘籤）廉愛恤下，不營財利，不好伎樂，部人安之。歲餘，以疾終於官，歸葬太原。八年，册贈太師，案：歐陽史作贈太傅，加贈太師。（舊五代史考異）追封韓王。子曦嗣。永樂大典卷六千七百六十。案宋史石曦傳：天福中，以曦爲右神武將軍，歷漢至周，爲右武衞、左神武二將軍。恭帝卽位，初爲左衞將軍，會高麗王昭加恩，命曦副左驍衞將軍戴交充使。淳化四年卒。（舊五代史考異）

剡王重胤〔三〕。案：郯王以下諸王傳，永樂大典原闕。歐陽史云：重胤，高祖弟也，亦不知其爲親疏，然高祖愛之，養以爲子，故于名加「重」而下齒諸子。通鑑齊王紀同。重胤婦馮氏，後爲少帝后，歐陽史載：契丹入京師，暴少帝之惡于天下，曰：「納叔母于宮中，亂人倫之大典。」是重胤實爲高祖弟也。五代會要作高祖第三子重胤，天福七年四月，追封郯王。考郯王，歐陽史作剡王，封爵亦異。又，案薛史唐紀，清泰三年，誅皇城副使石重裔，敬瑭之子也。考會要載高祖諸子，無別名重裔者，重裔疑卽重胤，史氏避宋太祖諱故作裔，然通鑑高祖紀作敬瑭之子重胤，齊王紀又作高祖少弟重胤早卒，似兩紀實有兩人，姑存之以備考。（舊五代史考異）

虢王重英〔四〕。案：虢王傳，永樂大典原闕。考五代會要云：重英，高祖長子，天福四年四月追封。是書唐紀，清泰三年七月己丑，誅右衞上將軍石重英。（殿本）案五代會要云：重英，高祖長子，天福四年四月追封。薛史唐紀，清泰三年七月己丑，誅右衞上將軍石重英。通鑑考異引廢帝實錄作姪男供奉官重英。又，廣本「英」作「殷」。（舊五代史考異）

楚王重信，字守孚，高祖第二子，案：五代會要作第四子。（舊五代史考異）後唐明宗之外孫也。少敏悟，有智思。天成中，始授銀青光祿大夫，檢校左散騎常侍，俄加檢校刑部尚書，守相

州長史，未幾，遷金紫光祿大夫，超拜檢校司徒，守左金吾衞大將軍。重信歷事唐明宗及閔帝、末帝，不恃貴戚，能克己復禮，常恂恂如也，甚爲時論所稱。高祖卽位，出鎭孟津，到任踰月，去民病十餘事，朝廷有詔褒之。是歲，范延光叛命於鄴，詔遣前靈武節度使張從賓發河橋屯兵數千人，東討延光。既而從賓與延光合謀爲亂，遂害重信於理所，時年二十，遠近聞者，爲之嘆惜。詔贈太尉。時執事奏曰：「兩漢子弟，生死無歷三公位者。」高祖曰：「此兒爲善被禍，予甚愍之，自我作古，寧有例乎。」遂行册命。以其年十月，葬河南萬安山。天福七年，追封沂王，少帝嗣位，改封楚王。妃南陽白氏，昭信軍節度使奉進之女也。重信有子二人，皆幼，長於公宮，及少帝北遷，不知其所終。永樂大典卷六千七百六十。

壽王重乂，字宏理，高祖第三子也。案：五代會要作第二子，通鑑考異作姪男。（舊五代史考異）幼岐嶷，好儒書，亦通兵法。高祖素所鍾愛，及卽位，自北京皇城使拜左驍衞大將軍。車駕幸浚郊，浚郊，原本作「浚效」，今據册府元龜改正。（影庫本粘籤）加檢校司空，權東都留守。未幾，鄴都范延光叛，朝廷遣楊光遠討之〔五〕，詔前靈武節度使、洛都巡檢使張從賓發盟津屯兵赴鄴下。會從賓密通延光，與婁繼英等先劫河橋，次亂洛邑，因害重乂於河南府，時年十九。從賓敗，高祖發哀於便殿，輟視朝三日，詔贈太傅。是歲冬十月，詔遣莊宅使張穎監護喪事，葬於河

南府萬安山。天福中，追封壽王。妃李氏，汾州刺史玘之女也。重乂無子，妃後落髮爲尼，開運中，卒於京師。永樂大典卷六千七百六十。案：晉宗室傳，原本多闕佚，今姑仍原文。

夔王重進〔六〕。案五代會要云：重進，高祖第五子，天福七年四月追封。（舊五代史考異）

陳王重杲〔七〕。案歐陽史云：高祖少子曰馮六，未名而卒，贈太傅，追封陳王，賜名重杲，舊說以重睿爲幼子，非也。今考五代會要作高祖第六子重杲，第七子重睿，與歐陽史異。（舊五代史考異）

重睿〔八〕。案契丹國志云：高祖憂悒成疾，一旦馮道獨對，高祖命幼子重睿出拜之，又令宦者抱置道懷中，蓋欲馮道輔立之。高祖崩，道與侍衞馬步都虞候景延廣議，以國家多難，宜立長君，乃奉齊王重貴爲嗣。五代會要云：重睿，高祖第七子，許州節度使，未封王。歐陽史云：從出帝北遷，不知其所終。（舊五代史考異）

延煦〔九〕。按五代會要云：延煦，少帝長子，遙領陝西節度使。通鑑云：趙在禮家貲爲諸帥之最，帝利其富，爲皇子鎭寧節度使延煦娶其女，在禮自費緡錢十萬，縣官之費，數倍過之。（舊五代史考異）

延寶〔一〇〕。案五代會要云：延寶，少帝次子，遙領魯州節度使。通鑑云：延煦及弟延寶皆高祖諸孫，帝養以爲子。會要引實錄亦云皆帝之從子，養以爲子。歐陽史云：延煦等從帝北遷，後不知其所終。（舊五代史考異）

校勘記

〔一〕忠順保義功臣　「忠」原作「中」，據殿本、劉本改。

〔二〕賓字德和……陝人苦之　四十二字及注文原無，據殿本補。其下注文「墮沙濠溺死」句中「濠」字原缺，據殿本補。

〔三〕剡王重胤　四字原無，據殿本、劉本補。舊五代史考異「剡王」作「郯王」。

〔四〕虢王重英　四字原無，據殿本補。劉本「虢王」作「越王」。

〔五〕朝廷遣楊光遠討之　「楊」字原無，據殿本、劉本補。

〔六〕夔王重進　四字原無，據殿本、劉本補。

〔七〕陳王重杲　四字原無，據殿本、劉本補。

〔八〕重睿　二字原無，據殿本、劉本補。

〔九〕延煦　二字原無，據殿本、劉本補。

〔一〇〕延寶　二字原無，據殿本、劉本補。

舊五代史卷八十八

晉書十四

列傳第三

景延廣，字航川〔一〕，陝州人也。父建，累贈太尉。延廣少習射，以挽強見稱。梁開平中，邵王朱友誨節制於陝，邵王朱友誨，原本作「郡王諸友謀」，今從歐陽史改正。（影庫本粘籤）召置麾下，友誨坐謀亂，延廣竄而獲免。後事華州連帥尹皓，皓引薦列校，隸于汴軍，從王彥章拒莊宗於河上。及中都之敗，彥章見擒，而延廣被數創，歸於汴。

唐天成中，明宗幸夷門，會朱守殷拒命，尋平之，延廣以軍校連坐，將棄市。高祖時爲六軍副使，掌其事，見而惜之，乃密遣遁去，尋收爲客將。及張敬達之圍晉陽，高祖付以戎事，甚有干城之功。高祖即位，授侍衞步軍都指揮使、檢校司徒，遙領果州團練使，轉檢校太保，領夔州節度使。四年，出鎮滑臺。五年，加檢校太傅，移鎮陝府。六年，召爲侍衞馬

步都虞候，移鎮河陽。七年，轉侍衞親軍都指揮使、檢校太尉。

其年夏，高祖晏駕，延廣與宰臣馮道等承顧命，以少帝爲嗣。既發喪，都人不得偶語，百官赴臨，未及內門，皆令下馬，由是有驕暴之失。少帝既嗣位，延廣獨以爲己功，尋加同平章事，彌有矜伐之色。朝廷遣使告哀契丹，無表致書，去臣稱孫，契丹怒，遣使來讓，延廣乃奏令契丹迴圖使〔二〕喬榮案：歐陽史作喬瑩，遼史同薛史。契丹國志云：先是，河陽牙將喬榮從趙延壽入遼，遼帝以爲回國使，置邸大梁。至是，景延廣說帝囚榮于獄，凡遼國販易在晉境者，皆殺之，奪其貨。大臣皆言遼國不可負，乃釋榮，慰賜而遣之〔三〕。告戎王曰：「先帝則北朝所立，今上則中國自策，爲鄰爲孫則可，無臣之理。」且言：「晉朝有十萬口橫磨劍，翁若要戰則早來，他日不禁孫子，則取笑天下，當成後悔矣。」由是與契丹立敵，干戈日尋。初，高祖在位時，宣借楊光遠騎兵數百，延廣請下詔遣還，光遠由此忿延廣，怨朝廷，遣使汎海搆釁。

天福八年十二月，契丹乃南牧。九年正月，陷甘陵，河北儲蓄悉在其郡。少帝大駭，親率六師，進駐澶淵，延廣爲上將，凡六師進退，皆出胸臆，少帝亦不能制，衆咸憚而忌之。契丹既至城下，使人宣言曰：「景延廣喚我來相殺，何不急戰！」一日，高行周與蕃軍相遇於近郊，以衆寡不敵，急請濟師，延廣勒兵不出，是日行周幸而獲免。及契丹退，延廣猶閉柵自固，士大夫曰：「昔與契丹絕好，言何勇也；今契丹至若是，氣何憊也。」案：契丹國志云：遼帝帳

中有小校亡去，云：「遼帝已傳木書，收軍北去。」景延廣疑有詐，閉壁不敢追。遼帝北歸，所過焚掠，民物殆盡。（孔本）時延廣在軍，母凶問至，自澶淵津北移於津南，不信宿而復涖戎事，曾無戚容，下里之士亦聞而惡之。時有太常丞王緒者，因使德州迴，與延廣有隙，因誣奏與楊光遠通謀，遣吏縶於麾下，鍛成其事。判官盧億累勸解不從，尋有詔棄市，時甚冤之。少帝還京，嘗幸其第，進獻錫賚，有如酬酢〔四〕，權寵恩渥，爲一朝之冠。俄與宰臣桑維翰不協，少帝亦憚其難制，遂罷兵權，出爲洛都留守、兼侍中。由是鬱鬱不得志，亦意契丹強盛，國家不濟，身將危矣，但縱長夜飲，無復以夾輔爲意。案宋史盧多遜傳：父億。景延廣鎮天平，表億掌書記，留守西洛，又爲判官。時國用窘乏，取民財以助軍，河南府計出二十萬緡，延廣欲並緣以圖羨利，增爲三十七萬緡。億諫曰：「公位兼將相，既富且貴，今國帑空竭，不得已而取資於民，公何忍利之乎！」延廣慚而止。（舊五代史考異）

開運三年冬，契丹渡滹水，詔遣屯孟津，將戒途，由府署正門而出，所乘馬騰立不進，幾隧於地，乃易乘而行，時以爲不祥之甚。及王師降契丹，延廣狼狽而還。時契丹主至安陽，便遣別部隊長率騎士數千，與晉兵相雜，趨河橋入洛，以取延廣。戒曰：「如延廣奔吳走蜀，便當追而致之。」時延廣顧慮其家，未能引決。案東都事略昝居潤傳：昝居潤嘗爲樞密院小吏〔五〕，景延廣留守西京，補爲右職。契丹犯京師，以兵圍延廣家，故吏悉避去，居潤爲全護其家。時論稱之。（舊五代史考異）案宋史昝居潤傳：晉室將亡，景延廣委其族，自洛赴難，與是書異。（殿本）契丹既奄至，乃與從事閻丕輕騎謁契丹

主於封丘，與丕俱見縶焉。案遼史：將軍康祥執景延廣來獻。（舊五代史考異）延廣曰：「丕，臣之從事也，以職相隨，何罪而亦爲縲囚？」契丹釋之。因責延廣曰：「致南北失歡，良由爾也。」乃召喬榮質證前事，凡有十焉。始榮將入蕃時，給延廣云：「某恐忽忘所達之語，請紀於翰墨。」延廣信之，乃命吏備記其事。榮亦儉巧善事人者也，慮他日見詰，則執之以取信，因匿其文於衣中。至是，延廣始以他語抗對，榮乃出其文以質之，延廣頓爲所屈。每服一事，則受牙籌一莖，此契丹法也。延廣受至八莖，但以面伏地，契丹遂叱之，命鎖延廣臂，將送之北土。是日，至於陳橋民家草舍，延廣懼燔灼之害，至夜分伺守者怠，則引手自扼其吭，尋卒焉。雖事已窮頓，人亦壯之，時年五十六。漢高祖登極，詔贈中書令。案：歐陽史作贈侍中。據薛史，延廣出爲洛都留守，已兼侍中矣，贈官當是中書令〔六〕。

延廣少時，嘗泛洞庭湖，中流阻風，帆裂桅折，衆大恐。頃之，舟人指波中曰：「賢聖來護，此必有貴人矣。」尋獲濟焉，竟位至將相，非偶然也。永樂大典卷一萬八千一百三十一。

李彥韜，太原人也。少事邢州節度使閻寶爲皁隸，寶卒，高祖收於帳下。及起義，以少帝留守北京，因留彥韜爲腹心，歷客將、牙門都校，以纖巧故，厚承委用。及少帝嗣位，授蔡州刺史，入爲內客省使、宣徽南院使。未幾，遙領壽州節度，充侍衞馬軍都指揮使、檢校太

中華書局

保，俄改陳州節度使，典軍如故。每在帝側，升除將相，但與宦官近臣締結，致外情不通，陷君於危亡之地。嘗謂人曰：「朝廷所設文官將何用也。」且欲澄汰而除廢之，則可知其輔弼之道也。及契丹犯闕，遷少帝於開封府。一日，少帝遣人急召彥韜，將與計事，彥韜辭不赴命，少帝怏恨久之，其負國辜君也如是。及少帝北遷，戎王遣彥韜從行，洎至蕃中，隸於國母帳下。永康王舉兵攻國母，以偉王爲前鋒，國母發兵拒之，以彥韜爲排陣使，彥韜降於偉王，偉王置之帳下，其後卒於幽州。永樂大典卷一萬三百八十九。

張希崇，字德峯，幽州薊縣人也。父行簡，假薊州玉田令。希崇少通左氏春秋，復癖於吟詠。天祐中，劉守光爲燕帥，性慘酷，不喜儒士，希崇乃擲筆以自效，守光納之，漸升爲裨將。俄而守光敗，唐莊宗命周德威鎭其地，希崇以舊籍列於麾下，尋遣率偏師守平州。案：歐陽史作劉守光不喜儒士，希崇因事軍中爲偏將，將兵守平州。是守光未敗即守平州，非爲德威所遣也，與薛史異。（舊五代史考異）

阿保機南攻，陷其城，掠希崇而去。阿保機詢希崇，乃知其儒人也，因授元帥府判官，後遷盧龍軍行軍司馬，繼改蕃漢都提舉使。天成初，僞平州節度使盧文進南歸，契丹以希崇繼其任，遣腹心總邊騎三百以監之。希崇涖事數歲，契丹主漸加寵信。一日，登郡樓私

自計曰：「昔班仲升西戍，不敢擅還，以承詔故也。我今入關，斷在胸臆，何恬安於不測之地而自滯耶！」乃召漢人部曲之翹楚者，謂曰：「我陷身此地，飲酪被毛，生不見其所親，死爲窮荒之鬼，南望山川，度日如歲，爾輩得無思鄉者乎！」部曲皆泣下沾衣，且曰：「明公欲全部曲南去，善則善矣，如敵衆何？」案：歐陽史作麾下皆言兵多不可俱亡，因勸希崇獨去。（舊五代史考異）希崇曰：「俟明日首領至牙帳，則先擒之，契丹無統領，其黨必散。且平州去王帳千餘里，待報至徵兵，踰旬方及此，則我等已入漢界深矣，何用以衆少爲病！」衆大喜。是日，希崇於郡齋之側，坎隙地，貯石灰。明旦，首領與羣從至，希崇飲以醇酎數鍾，既醉，悉投於灰穽中斃焉。其徒營於北郭，遣人攻之，皆潰圍奔去，希崇遂以管內生口二萬餘南歸。案遼史：天顯元年七月，盧龍行軍司馬張崇叛奔唐，疑希崇在遼祇名崇，歸唐後始加「希」字也。然希崇歸唐在遼太宗時，而遼史繫于太祖紀，又希崇本繼盧文勝，而遼史書其降在盧國用歸唐之前，年月皆舛誤。（舊五代史考異）唐明宗嘉之，授汝州防禦使。

希崇既之任，遣人迎母赴郡，母及境，希崇親肩板輿行三十里，觀者無不稱歎。歷二年，遷靈州兩使留後。先是，靈州戍兵歲運糧經五百里（七），有剽攘之患。希崇乃告諭邊士，廣務屯田，歲餘，軍食大濟。璽書褒之，因正授旄節。清泰中，希崇厭其雜俗，頻表請覲，詔許之。至闕未久，朝廷以安邊有聞，議內地處之，改邠州節度使。及高祖入洛，與契丹方有要

盟，慮其爲所取，乃復除靈武。案通鑑：帝與契丹修好，慮其復取靈武。（舊五代史考異）希崇歎曰：「我應老於邊城，賦分無所逃也。」因鬱鬱不得志，久而成疾，卒於任，時年五十二。希崇自小校累官至開府儀同三司、檢校太尉，三歷方面，封清河郡公，食邑二千戶，賜清邊奉國忠義功臣，亦人生之榮盛者也。案：歐陽史作贈太師。

希崇素樸厚，尤嗜書，涖事之餘，手不釋卷，不好酒樂，不蓄姬僕，祁寒盛暑，必儼其衣冠，廝養之輩，未嘗聞褻慢之言。事母至謹，每食必侍立，俟盥漱畢方退，物議高之。性雖仁恕，或遇姦惡，則嫉之若仇。在邠州日，有民與郭氏爲義子，自孩提以至成人，因乖戾不受訓，遣之。郭氏夫婦相次俱死。郭氏有嫡子，已長，時郭氏諸親與義子相約，云是親子，欲分其財物，助而訟之，前後數政不能理，遂成疑獄。希崇覽其訴，判云：「父在已離，母死不至。止稱假子，孤二十年撫養之恩；儻曰親兒，犯三千條悖逆之罪。頗爲傷害名教，安敢理認田園！其生涯並付親子，所訟人與朋姦者，委法官以律定刑。」聞者服其明。希崇亦善觀象，在靈州日，見月掩畢口大星，經月復爾，乃歎曰：「畢口大星，邊將也，月再掩之，吾其終歟！」果卒於郡。

子仁謙爲嗣，歷引進副使。永樂大典卷六千三百五十一。

王庭胤，字紹基，其先安人也。案：「安」字上有脫文。歐陽史王處直傳作京兆萬年人，疑是長安。祖處存，定州節度使。父鄴，晉州節度使。庭胤，唐莊宗之內表也。性勇剽狡捷，鷹瞬隼視，喑嗚眦睚，則挺劍而不顧。少爲晉陽軍校，以攻城野戰爲務，暑不息嘉樹之陰，寒不處密室之下，與軍伍食不異味，居不異適（八），故莊宗於親族之中，獨加禮遇。莊宗、明宗朝，累歷貝、忻、密、澶、隰、相六州刺史。案：歐陽史不載相州。國初，范延光據鄴稱亂，高祖以庭胤累朝宿將，詔爲魏府行營中軍使兼貝州防禦使。城降賞勞，授相州節度使，尋移鎭定州。先是，契丹欲以王處直之子威爲定州節度使，處直則庭胤之叔祖也。處直爲養子都所篡，時威北走契丹，契丹納之。至是契丹遣使諭高祖云：「欲使王威襲先人土地，如我蕃中之制。」高祖答以：「中國將校自刺史、團練、防禦使序遷，方授旄節，請遣威至此任用，漸令升進，乃合中土舊規。」戎王深怒其見拒，使人復報曰：「爾自諸侯爲天子，有何階級耶？」高祖畏其滋蔓，則厚賂力拒其命，契丹怒稍息，遂連升庭胤，俾鎭中山，且欲塞其意也。少帝嗣位，改滄州節度使，累官至檢校太尉。開運元年秋，卒於位，年五十四。贈中書令。

有子五人，長曰昭敏，仕至金吾將軍卒。永樂大典卷一萬八千一百三十一。

史匡翰，字元輔，鴈門人也。父建瑭，事莊宗爲先鋒將，敵人畏之，謂之「史先鋒」，累立

戰功，唐書有傳。匡翰起家襲九府都督，歷代州遂州副使、檢校太子賓客。同光初，爲嵐、憲、朔等州都游奕使，改天雄軍牢城都指揮使，再加檢校戶部尚書，領潯州刺史。天成中，授天雄軍步軍都指揮使，歲餘，遷侍衞彰聖馬軍都指揮使。高祖有天下也，授檢校司空、懷州刺史。其妻魯國長公主，卽高祖之妹也。尋轉控鶴都指揮使兼和州刺史、駙馬都尉，俄授檢校司徒、鄭州防禦使，未幾，遷義成軍節度、滑濮等州觀察處置、管內河隄等使。丁母憂，尋起復本鎭。案：陶穀撰匡翰碑文云：「圃田待理，漢殿掄才，功臣旌佐國之名，出守委專城之寄。」蓋鄭州卽在義成軍管內，匡翰雖遷官，不離本鎭也。

匡翰剛毅有謀略，御軍嚴整，接下以禮，與部曲語，未嘗稱名，歷數郡皆有政聲。案：陶穀撰碑文云：「嶽增峻而金鼓嚴，麻案宣而油幢出。控梁苑之西郊，殷乎威望；撫圃霧之遺俗，綽有政聲。」與薛史合。尤好春秋左氏傳，每視政之暇，延學者講說，躬自執卷受業焉，時發難問，窮於隱奧，流輩或戲爲「史三傳」。戲爲，原本作「覷爲」，今從册府元龜改正。（影庫本粘籤）既自端謹，不喜人辟。幕客有關徹者，狂率酣醟，一日使酒，怒謂匡翰曰：「明公昔刺覃懷，與徹主客道至，「道至」二字原文疑有舛誤。考册府元龜所引薛史與永樂大典同，今姑仍其舊。（影庫本粘籤）事無不可，今領節鉞，數不相容。且書記趙礪，險詖之人也，脅肩諂笑，黷貨無厭，而明公待之甚厚，徹今請死。近聞張彥澤臠張式，未聞史匡翰斬關徹，恐天下談者未有比類〔九〕。」匡翰不怒，引滿自罰而慰勉之，其寬厚

如此。天福六年，白馬河決，匡翰祭之，見一犬有角，浮於水心，甚惡之，後數月遘疾而卒于鎭，年四十。詔贈太保。

子彥容，歷宮苑使、濮單宿三州刺史〔一〇〕。永樂大典卷一萬一百八十三。

梁漢顒，太原人也。少事後唐武皇，初爲軍中小校，善騎射，勇於格戰。莊宗之破劉仁恭、王德明，及與梁軍對壘於德勝，皆預其戰，累功至龍武指揮使、檢校司空。梁平，授檢校司徒、濮州刺史。同光三年，魏王繼岌統軍伐蜀，以漢顒爲魏王中軍馬步都虞候。天成初，授許州兵馬留後、檢校太保，尋爲邠州節度使，歲餘加檢校太傅，充威勝軍節度、唐鄧等州觀察處置等使，在鎭二年，移鎭許州。許州，原本作「詳州」，今從通鑑改正。（影庫本粘籤）長興四年夏，以眼疾授太子少師致仕。高祖素與漢顒有舊，及卽位之初，漢顒進謁，再希任使，除左威衞上將軍。天福七年冬，以疾卒於洛陽，年七十餘。贈太子太保。永樂大典卷六千六百十四。

楊思權，邠州新平人也。梁乾化初爲軍校，貞明二年，轉弓箭指揮使、檢校左僕射，累遷控鶴右第一軍使。唐莊宗平梁，補右廂夾馬都指揮使。天成初，遷右威衞將軍〔一一〕，加檢校司空。

會秦王從榮鎭太原，明宗乃以馮贇爲副留守、以思權爲北京步軍都指揮使以佐佑之。從榮幼驕狠，不親公務，明宗乃遣紀綱一人素善從榮者，與之游處，俾從容諷導之。嘗私謂從榮曰：「河南相公恭謹好善，親禮端士，有老成之風，相公處長，更宜自勵，勿致聲問在河南之下。」從榮不悅，因告思權曰：「朝廷人皆推從厚，共非短我，吾將廢棄矣。」思權曰：「請相公勿憂，萬一有變，但思權在處有兵甲，足以濟事。」乃勸從榮招置部曲，調弓礪矢，陰爲之備。思權又謂使者曰：「朝廷教君伴相公，終日言弟賢兄弱何也？吾輩苟在，豈不能與相公爲主耶？」使者懼，告馮贇，乃密奏之，明宗乃詔思權赴京師，以秦王之故，亦弗之罪也。長興末，爲右羽林都指揮使，遣戍興元。閔帝嗣位，奉詔從張虔釗討鳳翔，洎至岐下，思權首倡倒戈以攻虔釗。尋領部下軍率先入城，謂唐末帝曰：「臣既赤心奉殿下，俟京城平定，與臣一鎭，勿置在防禦團練使內。」乃懷中出紙一幅，謂末帝曰：「願殿下親書臣姓名以志之。」末帝命筆，書「可邠寧節度使」。及卽位，授推誠奉國保乂功臣、靜難軍節度、邠寧慶衍等州觀察處置等使、檢校太保。淸泰三年，入爲右龍武軍統軍。高祖卽位，除左衞上將軍，進封開國公。天福八年，以疾卒，年六十九。贈太傅。永樂大典卷六千五十二。

尹暉，魏州人也。少以勇健事魏帥楊師厚爲軍士，唐莊宗入魏，擢爲小校，從征河上，每於馬前步鬭有功。莊宗卽位，連改諸軍指揮使。天成、長興中，領數郡刺史，累遷嚴衞都指揮使。唐應順中，王師討末帝於岐下，暉與楊思權首歸，末帝約以鄴都授之。末帝卽位，高祖入洛，嘗遇暉於通衢，暉馬上橫鞭以揖高祖。高祖忿之，後因謁謂末帝曰：「尹暉常才，以歸命稱先，陛下欲令出鎭名藩，外論皆云不當。」末帝乃授暉應州節度使。高祖卽位，改右衞大將軍。時范延光據鄴謀叛，以暉失意，密使人齎蠟彈〔一二〕，以榮利啖之。暉得延光文字，懼而思竄，欲沿汴水奔於淮南。高祖聞之，尋降詔招喚，未出王畿，爲人所殺。

子勳，事皇朝，累歷軍職，遷內外馬步都軍頭，見爲郢州防禦使。永樂大典卷一萬八千一百三十一。

李從璋，字子良，後唐明宗皇帝之猶子也。少善騎射，從明宗歷戰河上，有平梁之功。唐同光末，魏之亂軍迎明宗爲帝，從璋時引軍自常山過邢，邢人以從璋爲留後。踰月，明宗卽位，受詔領捧聖左廂都指揮使，時天成元年五月也。八月，改大內皇城使，加檢校司徒、彰國軍節度使，賜竭忠建策興復功臣。旋以達靼諸部入寇，從璋率麾下出討，一鼓而破，有詔褒之。

三年四月，移鎮滑臺。滑臺，原本作「體臺」，今從通鑑改正。（影庫本粘籤）時明宗駐蹕於大梁，從璋嘗召幕客謀曰：「車駕省方，藩臣咸有進獻，吾爲臣爲子，安得後焉。欲取倉廩羨餘，以助其用，諸君以爲何如？」內有賓介白曰：「聖上寬而難犯，行宮在近，忽致上達，則一幕俱罹其罪。」從璋怒，翌日，欲引弓射所言者，朝廷知之，改授右驍衞上將軍。

長興元年十月，出鎮陝州。二年五月，遷河中節度使。三年，就加檢校太傅，案：從璋爲河中節度，以代安重誨也。五代史闕文：從璋見重誨，拜于庭下，重誨驚曰：「太傅過禮。」據此傳，從璋至三年始加檢校太傅，從鎮河中時，不應先稱爲太傅。（舊五代史考異）賜忠勤靜理崇義功臣。四年五月，制封洋王。是歲，明宗厭代，閔帝嗣位，尋受命代潞王於岐下，會潞王舉兵入洛，事遂寢。高祖即位之元年十二月，授威勝軍節度使，降封隴西郡公。二年九月，終於任，年五十一。鄧人爲之罷市，思遺愛也。詔贈太師。

從璋性貪黷，懼明宗嚴正，自滑帥入居環衞之後，以除拜差跌，心稍悛悟，後歷數鎮，與故時幕客不足者相遇，無所憾焉。蒲、陝之日，政有善譽，改賜「忠勤靜理」之號，良以此也。及高祖在位，愈畏其法，故歿於南陽，人甚惜之，亦明宗宗室之白眉也。子重俊。永樂大典卷一萬八千一百二十。

重俊，唐長興、清泰中，歷諸衞將軍；高祖即位，遙領池州刺史；少帝嗣位，授虢州刺史。性貪鄙，常爲郡人所訟，下御史臺，抵贓至重，太后以猶子之故救之，乃歸罪於判官高獻，止罷其郡。未幾，復居環列，出典商州。商民素貧，重俊臨之，割剝幾盡。復御家不法，其奴僕若履湯蹈火，忤其意者，或鞭之，或刃之。又殺從人孫漢榮，掠其妻，及受代歸洛，漢榮母燕氏獲其子婦，以訴於府尹景延廣。牙將張守英謂燕曰：「重俊前朝枝葉，今上中表，河南尹其何以理。不若邀其金帛，私自和解，策之上也。」燕從其言，授三百緡而止。後以青衣趙滿師因不勝楚毒，踰垣訴景延廣，云重俊與妹私姦及前後不法事，延廣奏之。詔遣刑部郎中王瑜鞫之，王瑜，原本作「王踰」，今從通鑑改正。（影庫本粘籤）盡得其實，併以穢跡彰露，而賜死於家。永樂大典卷一萬三百八十九。

李從溫，字德基，代州崞縣人，後唐明宗之猶子也。明宗微時，從溫執僕御之役，後養爲己子，及歷諸藩，署爲牙校，命典廐庫。唐同光中，奏授銀青光祿大夫、檢校右散騎常侍，累加檢校司空，充北京副留守。明宗即位，授安國節度使、檢校司徒。長興元年四月，入爲右武衞上將軍。是歲，復出鎮許田。明年，移北京留守，加太傅。四年正月，改太平軍節度使〔三〕。五月，制封兗王。十一月，移鎮定州，兼北面行營副招討使，尋又移鎮常山。清泰中，加同平章事，改鎮彭門。高祖即位之明年，就加侍中。七年，加兼中書令。八年，再爲許州節度使、開府儀同三司，封趙國公，累加食邑一萬戶，實食封一千二百戶。開運二年，改河陽三城節度使。三年二月，卒于任，年六十三。贈太師，追封隴西郡王。

從溫始以明宗本枝，歷居藩翰，無文武才略資濟代之用，凡臨民以貨利爲急。在常山日，覩牙署池潭凡十餘頃，皆立木爲岸，而以脩篁環之，從溫曰：「此何用爲？」悉命伐竹取木，鬻於列肆，獲其直以實用帑焉。高祖即位，從溫時在兗州，多創乘輿器服，爲宗族切戒，從溫弗聽。其妻關氏，素耿介，一日厲聲於牙門云：「李從溫欲爲亂，擅造天子法物。」從溫敬謝，悉命焚之，家無敗累，關氏之力也。後以多畜駝馬，縱牧近郊，民有訴其害稼者，從溫曰：「若從爾之意，則我產畜何歸乎？」其昏愚多此類也。高祖性至察，知而不問。少帝嗣位，太后教曰：「吾只有此兄，愼勿繩之。」故愈加姑息，以致年逾耳順，終于牖下，乃天幸也。永樂大典卷一萬三百八十九。

張萬進，突厥南鄙人也。祖拔斤，父臘。萬進白皙美髯，少而無賴。事唐武皇，以騎射著名，攻城野戰，奮不顧命。嘗與梁軍對陣，持銳首短刀，躍馬獨進，及兵刃既刓，則易以大鎚，左右奮擊，出沒進退，無敢當者。唐莊宗、明宗素憐其雄勇，復獎其戰功，故累典大郡。

天成、長興中，歷威勝、保大兩鎮節制。

高祖有天下，命爲彰義軍節度使，所至不治，政由羣下。洎至涇原日，涇原，原本作「陘厚」，今從册府元龜改正。（影庫本粘籤）凶恣彌甚，每日於公庭列大鼎，烹肥羜，割截方寸以啗賓佐，皆流淚不能大嚼，俟其他顧，則致袂中。又命巨觶行酒，訴則辱之，乃有持杯僞飲，褰領裱而納之者。既沉湎無節，唯婦言是用，其妻與幕吏張光載干預公政，納錢數萬，補一豪民爲捕賊將，領兵數百人入新平郡境。邠帥以其事上奏，有詔詰之，光載坐流罪，配于登州。

天福四年三月，萬進疾篤，月餘，州兵將亂，乃詔副使萬庭圭委其符印。記室李昇素憾凌虐，知其將亡，謂庭圭曰：「氣息將奄，不保晨暮，促移就第，豈不宜乎！」庭圭從之，萬進尋卒，遂以藍轝祕屍而出，即馳騎而奏之，詔命既至，而後發喪。其妻素狠戾，謂長子彥球曰：「萬庭圭逼迫危病，驚擾而死，不手戮之，奚爲生也！」庭圭聞之，不敢往弔。萬進假殯於精舍之下，至轜車東轅，凡數月之間，郡民數萬，無一饋奠者。爲不善者，衆必棄之，信矣夫！永樂大典卷六千三百五十一。

史臣曰：延廣功扶二帝，任掌六師，亦可謂晉之勳臣矣。然而昧經國之遠圖，肆狂言於強敵，卒使邦家蕩覆，宇縣丘墟，書所謂「唯口起羞」者，其斯人之謂歟！彥韜既負且乘，任重才徵，盜斯奪之，固其宜矣。希崇蔚有雄幹，老於塞垣，未盡其才，良亦可惜。楊、尹二將，因倒戈而仗鉞，豈義士之所爲。其餘蓋以勳以親，咸分屏翰，唯萬進之醜德，又何暇於譏焉！永樂大典卷六千三百五十一。

校勘記

〔一〕字航川　三字原無，彭本、盧本同，據殿本、劉本補。

〔二〕迴圖使　原作「回國使」，殿本、劉本同。彭校作「迴圖使」。殿本考證云：「迴國使，通鑑作迴圖，契丹國志仍從是書作迴國。」按通鑑卷二八三：「初，河陽牙將喬榮從趙延壽入契丹，契丹以爲回圖使。」胡三省注：「凡外國與中國貿易者，置回圖務，猶今之回易場也。」據改。

〔三〕契丹國志……而遣之　七十三字原無，據舊五代史考異補。

〔四〕有如酬酢　「有如」原作「如有」，據殿本及册府卷四五四改。

〔五〕昝居潤嘗爲樞密院小吏　十字原無，據殿本、劉本補。

〔六〕據薛史……當是中書令　二十三字原無，據舊五代史考異補。

〔七〕歲運糧經五百里　「運」原作「軍」，劉本同。據殿本、彭校及册府卷五〇三改。

〔八〕居不異適　殿本同，劉本「適」作「室」。

〔九〕未聞史匡翰斷闕徹恐天下談者未有比類　「史匡翰」原作「匡翰」，殿本同，據劉本補。「類」字原無，劉本同，據殿本、彭校及册府卷四三一補。影庫本批校云：「未有比類，脫『類』字。」

〔一〇〕濮單宿三州　「濮」原作「湊」，據殿本、劉本改。

〔一一〕右威衞將軍　「將軍」原作「軍將」，據殿本、劉本改。

〔一二〕蠟彈　原作「臘彈」，據殿本、劉本改。

〔一三〕太平軍節度使　殿本同。劉本作「天平軍節度使」。按鄆州天平軍，見歐陽史卷六〇職方考。

舊五代史卷八十九

晉書十五

列傳第四

桑維翰，字國僑，洛陽人也。父拱，事河南尹張全義爲客將。維翰身短面廣，殆非常人，既壯，每對鑑自歎曰：「七尺之身，安如一尺之面！」由是慨然有公輔之望。案三楚新錄云：馬希範入覲，途經淮上，時桑維翰旅遊楚、泗間，知其來，遽謁之曰：「僕聞楚之爲國，挾天子而令諸侯，其勢不可謂卑也；加以利盡南海，公室大富。足下之來也，非傾府庫之半，則不足以供芻粟之費。今僕貧者，敢以萬金爲請，惟足下濟之。」希範輕薄公子，覩維翰形短而腰長，語魯而且醜，不覺絕倒而笑。既而與數百縑，維翰大怒，拂衣而去。（舊五代史考異）性明惠，善詞賦。案春渚記聞云：桑維翰試進士，有司嫌其姓，黜之。或勸勿試，維翰持鐵硯示人曰：「鐵硯穿，乃改業。」著日出扶桑賦以見志。（舊五代史考異）唐同光中，登進士第。案張齊賢張齊王全義外傳云：桑魏公將應舉，父乘閒告王云：「某男粗有文性，今被

同人相率取解，俟王旨。」齊王曰：「有男應舉，好事，將卷軸來，可令秀才來。」桑相之父趨下再拜。既歸，令子侵早投書啓，獻文字數軸。王令請桑秀才，其父教之趨階，王曰：「不可，既應舉便是貢士。」以客禮見，王一見奇之，禮待頗厚。是年王力言于當時儒臣，且推薦之，由是擢上第。（舊五代史考異）高祖領河陽，辟爲掌書記，歷數鎭皆從，及建義太原，首預其謀。復遣爲書求援於契丹，果應之，俄以趙德鈞發使聘契丹，趙德鈞，原本作「得均」，今從歐陽史改正。（影庫本粘籤）高祖懼其改謀，命維翰詣幕帳，述其始終利害之義，其約乃定。案通鑑云：趙德鈞以金帛賂契丹主，云：「若立己爲帝，請即以見兵南平洛陽，與契丹爲兄弟之國；仍許石氏常鎭河東。」契丹主自以深入敵境，晉安未下，德鈞兵尚強，范延光在其東，又恐山北諸州邀其歸路，欲許德鈞之請。帝聞之大懼，亟使維翰見契丹主，說之曰：「大國舉義兵以救孤危，一戰而唐兵瓦解，退守一柵，食盡力窮。趙北平父子不忠不信，畏大國之強，且素蓄異志，按兵觀變，非以死徇國之人，何足可畏，而信其誕妄之辭，貪毫末之利，棄垂成之功乎！且使晉得天下，將竭中國之財以奉大國，豈此小利之比乎！」契丹主曰：「爾見捕鼠者乎，不備之，猶或齧傷其手，況大敵乎！」對曰：「今大國已扼其喉，安能齧人乎！」契丹主曰：「吾非有渝前約也，但兵家權謀，不得不爾。」對曰：「皇帝以信義救人之急，四海之人俱屬耳目，奈何二三其命，使大義不終，臣竊爲皇帝不取也。」跪于帳前，自旦之暮，涕泣爭之。契丹乃從之，指帳前石謂德鈞使者曰：「我已許石郎，此石爛，可改矣。」（舊五代史考異）及高祖建號，制授翰林學士、禮部侍郎，知樞密院事，尋改中書侍郎平章事、集賢殿大學士，充樞密院使。高祖幸夷門，范延光據鄴叛，張從賓復自河、洛舉兵向闕，人心恟恟。時有人候於維翰者，維翰從容

談論，怡怡如也，時皆服其度量。

及楊光遠平鄴，朝廷慮兵驕難制，維翰請速散其衆，尋移光遠鎭洛陽，光遠由是怏怏，上疏論維翰去公徇私，除改不當，復營邸肆於兩都之下，與民爭利。高祖方姑息外將，事不獲已，因授維翰檢校司空、兼侍中，出爲相州節度使，時天福四年七月也。先是，相州管內所獲盜賊，皆籍沒其財產，云是河朔舊例。及維翰作鎭，以律無明文，具事以奏之。詔曰：「桑維翰佐命功全，臨戎寄重，舉一方之往事，合四海之通規，況賊盜之徒，律令具載。比爲撫萬姓而安萬國，豈忍罪一夫而破一家，聞將相之善言，成國家之美事，既資王道，實契人心。今後凡有賊人准格律定罪，不得沒納家貲，天下諸州皆准此處分。」自是劫賊之家，皆免籍沒，維翰之力也。歲餘，移鎭兗州。

時吐渾都督白承福爲契丹所迫，舉衆內附，高祖方通好於契丹，拒而不納。鎭州節度使安重榮患契丹之強，欲謀攻襲，戎師往返路出於眞定者，皆潛害之，密與吐渾深相結，至是納焉，而致於朝。既而安重榮抗表請討契丹，且言吐渾之請。是時安重榮握強兵，據重鎭，恃其驍勇，有飛揚跋扈之志。晉祖覽表，猶豫未決。維翰知重榮已畜奸謀，且懼朝廷違其意，乃密上疏曰：

竊以防未萌之禍亂，立不拔之基扃，上繫聖謀，動符天意，非臣淺陋，所可窺圖。

然臣逢世休明，致位通顯，無功報國，省己愧心，其或事繫安危，理關家國，苟猶緘默，實負君親，是以區區之心，不能自已。

近者，相次得進奏院狀報：吐渾首領白承福已下舉衆內附，鎭州節度使安重榮上表請討契丹。臣方遙隔朝闕〔一〕，未測端倪。竊思陛下頃在幷、汾，初罹屯難，師少糧匱，援絕計窮，勢若綴旒，困同懸磬。契丹控弦玉塞，躍馬龍城，直度陰山，徑絕大漠，萬里赴難，一戰夷凶，救陛下累卵之危，成陛下覆盂之業。覆盂，原本作「復于」，今從通鑑改正。（影庫本粘籤）皇朝受命，於此六年，彼此通歡，亭障無事。雖卑辭降節，屈萬乘之尊，而庇國息民，實數世之利。今者，安重榮表契丹之罪，方恃勇以請行；白承福畏契丹之強，將假手以報怨。恐非遠慮，有惑聖聽。

方今契丹未可與爭者，有其七焉：契丹數年來最強盛，侵伐鄰國，吞滅諸蕃，救援河東，功成師克，山後之名藩大郡，盡入封疆；中華之精甲利兵，悉歸廬帳。即今土地廣而人民衆，戎器備而戰馬多。此未可與爭一也。契丹自告捷之後，鋒銳氣雄；南軍因敗衄已來，心沮膽怯。況今秋夏雖稔，而帑廩無餘；黎庶雖安，而貧弊益甚；戈甲雖備，而鍛礪未精；士馬雖多，而訓練未至。此未可與爭者二也。契丹與國家，恩義非輕，信誓甚篤，雖多求取，未至侵凌，豈可先發釁端，自爲戎首。縱使因茲大克，則後患仍存；其或偶失沈機，則追悔何及。兵者凶器也，戰者危事也，苟議輕舉，安得萬全。此未可與爭者三也〔二〕。王者用兵，觀釁而動。是以漢宣帝得志於匈奴，因單于之爭立；唐太宗立功於突厥，由頡利之不道。方今契丹主抱雄武之量〔三〕，有戰伐之機，部族輯睦，蕃國畏伏，土地無災，孳畜繁庶，蕃漢雜用，國無釁隙。此未可與爭者四也。引弓之民，遷徙鳥舉，行逐水草，軍無饋運，居無竈幕，往無營栅〔四〕，便苦澀，任勞役，不畏風霜，不顧饑渴，皆華人之所不能。此未可與爭者五也。戎人皆騎士，利在坦途；中國用徒兵，喜於隘險。趙、魏之北，燕、薊之南，千里之間，地平如砥，步騎之便，較然可知。國家若與契丹相持，則必屯兵邊上。少則懼強敵之衆，固須堅壁以自全；多則患飛輓之勞，必須逐寇而速返。我歸而彼至，我出而彼迴，則禁衞之驍雄，疲於奔命，鎭、定之封境，略無遺民。此未可與爭者六也。議者以陛下於契丹有所供億，謂之耗蠹，有所卑遜，謂之屈辱，微臣所見，則曰不然。且以漢祖英雄，猶輸貨於冒頓；神堯武略，尚稱臣於可汗。此謂達於權變，善於屈伸，所損者微，所利者大。必若因茲交構，遂成釁隙，自此則歲歲徵發，日日轉輸，困天下之生靈，空國家之府藏，此謂耗蠹，不亦甚乎！兵戈既起，將帥擅權，武吏功臣，過求姑息，邊藩遠郡，得以驕矜，外剛內柔，上凌下僭，此爲屈辱，又非多乎！此未可與爭者七也。

願陛下思社稷之大計，采將相之善謀，勿聽樊噲之空言，宜納婁敬之逆耳。然後訓撫士卒，養育黔黎，積穀聚人，勸農習戰，以俟國有九年之積，兵有十倍之強，主無內憂，民有餘力〔五〕，便可以觀彼之變，待彼之衰，用己之長，攻彼之短，舉無不克，動必成功。此計之上者也，惟陛下熟思之。

臣又以鄴都襟帶山河，表裏形勝，原田沃衍，戶賦殷繁，乃河朔之名藩，實國家之巨屏。即今主帥赴闕，軍府無人，臣竊思慢藏誨盜之言，恐非勇夫重閉之意，願迴深慮，免起奸謀。欲希陛下暫整和鑾，略謀巡幸。雖櫛風沐雨，上勞於聖躬；而杜漸防微，實資於睿略。省方展義，今也其時。臣受主恩深，憂國情切，智小謀大，理淺詞繁，俯伏惟懼於僭踰，裨補或希於萬一，謹冒死以聞。

疏奏，留中不出。高祖召使人於內寢，傳密旨於維翰曰：「朕比以北面事之，煩懣不快，今省所奏，釋然如醒，朕計已決，卿可無憂。」

七年夏，高祖駕在鄴都，維翰自鎭來朝，改授晉昌軍節度使。少帝嗣位，徵拜侍中，監修國史，頻上言請與契丹和，爲上將景延廣所否。明年，楊光遠搆契丹，有澶淵之役，凡制敵下令，皆出於延廣，維翰與諸相無所與之。及契丹退，維翰使親黨受寵於少帝者，密致自薦，曰：「陛下欲制北戎以安天下，非維翰不可。」案：歐陽史作維翰陰使人說帝，與薛史同。通鑑作或謂帝曰：「欲安天下，非桑維翰不可。」與薛史異。（舊五代史考異）少帝乃出延廣守洛，以維翰守中書令，再爲樞密使、弘文館大學士，繼封魏國公。事無巨細，一以委之，數月之間，百度寖理。然權位既重，而四方賂遺，咸湊其門，故仍歲之間，積貨鉅萬，由是澆競輩得以興謗。未幾，內客省使李彥韜、端明殿學士馮玉皆以親舊用事，與維翰不協，間言稍入，維翰漸見疏忌，將加黜退，賴宰相劉昫、李崧奏云：「維翰元勳，且無顯過，不宜輕有進退。」少帝乃止。尋以馮玉爲樞密使，以分維翰之權。

後因少帝微有不豫，維翰曾密遣中使達意於太后，請爲皇弟重睿擇師傅以教道之，少帝以此疑其有他。俄而馮玉作相，與維翰同在中書，會舍人盧價秩滿，盧價，原本作「盧侍」，今從歐陽史改正。（影庫本粘籤）玉乃下筆除價爲工部侍郎，維翰曰：「詞臣除此官稍慢，恐外有所議。」因不署名，屬維翰休假，玉竟除之，自此維翰與玉尤不相協。俄因少帝以重睿擇師傅言於玉，玉遂以詞激帝，帝尋出維翰爲開封府尹，維翰稱足疾，罕預朝謁，不接賓客。是歲，秋霖經月不歇。一日，維翰出府門由西街入內，至國子門，馬忽驚逸，御者不能制，維翰落水，久而方蘇。或言私邸亦多怪異，親黨咸憂之。及戎王至中渡橋，維翰以國家安危繫在朝夕，迺詣執政異其議，又求見帝，復不得對。維翰退而謂所親曰：「若以社稷之靈，天命未改，非所能知也；若以人事言之，晉氏將不血食矣。」

開運三年十二月十日，王師既降契丹，十六日，張彥澤以前鋒騎軍陷都城，戎王遣使遺太后書云：「可先使桑維翰、景延廣遠來相接，甚是好事。」是日凌旦，都下軍亂，宮中火發。維翰時在府署，左右勸使逃避，維翰曰：「吾國家大臣，何所逃乎？」即坐以俟命。時少帝已受戎王撫慰之命，乃謀自全之計，因思維翰在相時，累貢謀畫，請與契丹和，慮戎王到京窮究其事，則顯彰己過，故欲殺維翰以滅其口，因令圖之。張彥澤既受少帝密旨，案通鑑考異云：彥澤既降契丹，豈肯復受少帝之命，當係彥澤自以私怨殺維翰，非受命于少帝也。（舊五代史考異）復利維翰家財，乃稱少帝命召維翰。維翰束帶乘馬，行及天街，與李崧相遇，交談之次，有軍吏於馬前揖維翰赴侍衞司，維翰知其不可，顧謂崧曰：「侍中當國，今日國亡，翻令維翰死之，何也？」崧甚有愧色。是日，彥澤遣兵守之，十八日夜，爲彥澤所害，時年四十九。即以衣帶加頸，報戎王云，維翰自經而死。戎王報曰：「我本無心害維翰，維翰不合自剄。」戎王至闕，使人驗其狀，令殯於私第，厚撫其家，所有田園邸第，並令賜之。案：歐陽史作以尸賜其家，而貲財悉爲彥澤所掠。（舊五代史考異）及漢高祖登極，詔贈尙書令。

維翰少時所居，恆有魑魅，家人咸畏之，維翰往往被竊其衣，攝其巾櫛，而未嘗改容。當兩朝秉政，出上將楊光遠、景延廣俱爲洛川守；又嘗一制除節將十五人，各領軍職，無不屈而服之。理安陽除民弊二十餘事，在兗、海擒豪賊過千人，亦寇恂、尹翁歸之流也。

開運中，朝廷以長子坦爲屯田員外郎，次子塤爲祕書郎。維翰謂同列曰：「漢代三公之子爲郎，廢已久矣，近或行之，甚諠外議。」乃抗表固讓不受，尋改坦爲大理司直，塤爲祕書省正字，議者美之。

初，高祖在位時，詔廢翰林學士院，由是併內外制皆歸閣下，命舍人直內廷，數年之間，尤重其選。及維翰再居宥密，不信宿，奏復置學士院，凡署職者，皆其親舊。時議者以維翰相業素高，公望所屬，雖除授或黨，亦弗之咎也。永樂大典卷七千三百三十九。五代史補：桑維翰形貌甚怪，往往見之者失次。張彥澤素以驍勇稱，每謁候，雖冬月未嘗不雨汗。及中渡變生，彥澤引蕃部至，欲逞其威，乃領衆突入開封府，弓矢亂發，且問：「桑維翰安在？」維翰聞之，乃厲聲曰：「吾爲大臣，使國家如此，其死宜矣。張彥澤安得無禮！」乃升廳安坐數之曰：「汝有何功，帶使相已臨方面，當國家危急，不能盡犬馬之力以爲報効，一旦背叛，助契丹作威爲賊，汝心安乎？」彥澤覩其詞氣慨然，股慄不敢仰視，退曰：「吾不知桑維翰何人，今日之下，威稜猶如此，其再可見耶！」是夜，令壯士就府縊殺之。當維翰之縊也，猶瞋目直視，噓其氣再三，每一噓皆有火出，其光赫然，三噓之外，火盡滅，就視則奄然矣。

趙瑩，字玄輝，華陰人也。華陰，原本作「華夏」，今從歐陽史改正。（影庫本粘籤）曾祖溥，江陵縣丞。祖孺，祕書正字。父居晦，爲農。瑩風儀美秀，性復純謹。梁龍德中，始解褐爲康延

孝從事。後唐同光中，延孝鎭陝州，會莊宗伐蜀，命延孝爲騎將。將行，留瑩監修金天神祠。功既集，忽夢神召於前亭，待以優禮，謂瑩曰：「公富有前程，所宜自愛。」因遺一劍一笏，覺而駭異。明宗即位，以高祖爲陝府兩使留後，瑩時在郡，以前官謁之，一見如舊相識，即奏署管記。高祖歷諸鎭皆從之，累使闕下，官至御史大夫，賜金紫。高祖再鎭并州，位至節度判官，高祖建號，授瑩翰林學士承旨、金紫光祿大夫、戶部侍郎，知太原府事，尋遷門下侍郎、同平章事、監修國史。車駕入洛，使持聘謝契丹，及還，加光祿大夫兼吏部尙書，判戶部。

初，瑩爲從事，丁母憂，高祖不許歸華下，以麤縗隨幕，人或短之。及入相，以敦讓汲引爲務。監修國史日，以唐代故事殘缺，署能者居職，纂補實錄及修正史二百卷行於時，瑩首有力焉。少帝嗣位，拜守中書令。明年，檢校太尉本官，出爲晉昌軍節度使。是時，天下大蝗，境內捕蝗者獲蝗一斗，給粟一斗，使飢者獲濟，遠近嘉之。未幾，移鎭華州，歲餘入爲開封尹。

開運末，馮玉、李彥韜用事，以桑維翰才望素重，而瑩柔而可制，因共稱之，乃出維翰，復瑩相位，加弘文館大學士。及李崧、馮玉議出兵應接趙延壽，而以杜重威爲都督部署，瑩私謂馮、李曰：「杜中令國之懿親，所求未愜，心恆怏怏，安可更與兵權？若有事邊陲，只李

守貞將之可也。」

及契丹陷京城，契丹主遷少帝於北塞，瑩與馮玉、李彥韜俱從。李彥韜，原本脫「彥」字，今從通鑑增入。（影庫本粘籤） 契丹永康王代立，授瑩太子太保。案：遼史作太子太傅。（舊五代史考異） 周廣順初，遣尚書左丞田敏報命於契丹，遇瑩於幽州。瑩得見華人，悲悵不已，謂田敏曰：「老身漂零寄於此，近聞室家喪逝，弱子無恙，蒙中朝皇帝倍加存恤，東京舊第本屬公家，亦聞優恩特給善價，老夫至死無以報效。」於是南望稽首，涕泗橫流。先是，漢高祖以入蕃將相第宅偏賜隨駕大臣，故以瑩第賜周太祖。太祖時爲樞密副使，召瑩子前刑部郎中易則告之曰：「所賜第，除素屬版籍外，如有別契券爲已所置者，可歸本直。」卽以千餘緡遺易則。易則惶恐辭讓，周太祖堅與之方受，故瑩言及之。未幾，瑩卒於幽州，時年六十七。

瑩初被疾，遣人祈告於契丹主，願歸骨於南朝，使羈魂幸復鄉里，契丹主閔而許之。及卒，遣其子易從、家人數輩護喪而還，仍遣大將送至京師。周太祖感歎久之，詔贈太傅，仍賜其子絹五百疋，以備喪事，令歸葬於華陰故里。永樂大典卷一萬六千九百九十一。

劉昫，字耀遠，涿州歸義人也。祖乘，幽府左司馬；父因，幽州巡官。昫神彩秀拔，文學優贍，與兄暄、弟皞，俱有鄉曲之譽。唐天祐中，契丹陷其郡，昫被俘至新州，逃而獲免。

後居上國大寧山，與呂夢奇、張麟結庵共處，以吟誦自娛。

會定州連帥王處直以其子都爲易州刺史，署昫爲軍事衙推。及都去任，乞假還鄉，都招昫至中山。會其兄暄自本郡至，都薦於其父，尋署爲節度衙推，不踰歲，命爲觀察推官。歷二年，都篡父位。時都有客和少微素嫉暄，搆而殺之，昫越境而去，寓居滏陽，節度使李存審辟爲從事。莊宗卽位，授太常博士，尋擢爲翰林學士，繼改膳部員外郎，賜緋；比部郎中，賜紫。丁母憂，服闋，授庫部郎中，依舊充職。明宗卽位，拜中書舍人，歷戶部侍郎、案：歐陽史作兵部侍郎。案：薛史唐明宗紀作兵部侍郎，與此傳異。歐陽史從薛史本紀。（舊五代史考異） 端明殿學士。明宗重其風儀，愛其溫厚，長興中，拜中書侍郎兼刑部尚書、平章事。時昫入謝，遇大祠，明宗不御中興殿，閤門白：「舊禮，宰相謝恩，須正殿通喚，請候來日。」樞密使趙延壽曰：「命相之制，下已數日，中謝無宜後時。」因卽奏之，遂謝於端明殿。昫自端明殿學士拜相，而謝於本殿，士子榮之。

清泰初，兼判三司，加吏部尚書、門下侍郎，監修國史。時與同列李愚不協，動至忿爭，時論非之。未幾，俱罷知政事，昫守右僕射，以張延朗代判三司。初，唐末帝自鳳翔至，切於軍用，時王玫判三司，詔問錢穀，玫具奏其數，及命賞軍，甚愆於素。案通鑑云：帝問王玫以府庫之實，對有數百萬在。既而閱實，金帛不過三萬兩匹。（舊五代史考異） 末帝怒，用昫代玫，昫乃搜索簿書，命判官高延賞計窮詰勾，及積年殘租，或場務販負，皆虛係賬籍，條奏其事，請可徵者急督之，無以償官者蠲除之。案通鑑清泰元年八月〔六〕，免諸道逋租三百三十八萬。（舊五代史考異） 吏民相與歌詠，唯主典怨沮。及罷相之日，羣吏相賀，昫歸，無一人從之者，蓋憎其太察故也。

天福初，張從賓作亂於洛陽，害皇子重乂，詔爲東都留守，判河南府事，尋以本官判鹽鐵。未幾，奉使入契丹，還遷太子太保兼左僕射，封譙國公，俄改太子太傅。開運初，授司空、平章事，監修國史，復判三司。契丹主至，不改其職。昫以眼疾乞休致，契丹主降僞命授昫守太保。案：歐陽史作罷爲太保。（舊五代史考異） 契丹主北去，留於東京。其年夏，以病卒，年六十。漢高祖登極，贈太保。

初，昫避難河朔，匿於北山蘭若，有賈少瑜者爲僧，輟衾袍以溫燠之。及昫官達，致少瑜進士及第，拜監察御史，聞者義之。永樂大典卷九千九十八。

馮玉。案：以下有闕文。歐陽史云：字景臣，定州人。（舊五代史考異） 馮玉傳，永樂大典闕全篇。其散見各韻者，尙存三條，今排比前後，以存大概。（影庫本粘籤） 少帝嗣位，納馮后於中宮，后卽玉之妹也。玉旣聯戚里，恩寵彌厚，俄自知制誥、中書舍人出爲潁州團練使，還端明殿學士、戶部侍郎，尋加右僕射，軍國大政，一以委之。永樂大典卷一萬三百三十。案：以下有闕文。通鑑云：玉每喜承迎帝意，由

是益有寵。嘗有疾在家，帝謂諸宰相曰：「自刺史而上，俟馮玉出，乃得除。」其倚任如此。玉乘勢弄權，四方賂遺，輻輳其門，由是朝政日壞。（舊五代史考異） 張彥澤陷京城，軍士爭湊其第，家財巨萬，一夕罄空。翌日，玉假蓋而出，猶繞指以諂彥澤，且請令引送玉璽於契丹主，將利其復用。永樂大典卷一萬三百三十。 玉從少帝北遷，契丹命爲太子少保。至周太祖廣順二年，其子傑自幽州不告父而亡歸〔七〕，玉懼譴責，尋以憂恚卒於蕃中。永樂大典卷一萬七千一百九十五。 五代史補：馮玉嘗爲樞密使，有朝使馬承翰素有口辯，一旦持刺來謁玉，玉覽刺輒戲曰：「馬既有汗，宜卸下鞍。」承翰應聲曰：「明公姓馮，可謂死囚逢獄。」玉自以言失，遽延而謝之。

殷鵬，字大舉，大名人也。以儁秀爲鄉曲所稱，弱冠擢進士第。唐閔帝之鎭魏州，聞其名，辟爲從事。及卽位，命爲右拾遺，歷左補闕、考功員外郎，充史館修撰，遷刑部郎中。鵬姿顏若婦人，而性巧媚。天福中，擢拜中書舍人，與馮玉同職。玉本非代言之才，所得除目〔八〕，多託鵬爲之。玉嘗以「姑息」字問於人，人則以「辜負」字教之，玉乃然之，當時以爲笑端。鵬之才比玉雖優，其纖佞過之。後玉出郡，借第以處之，分祿食之。及玉爲樞密使，擢爲本院學士，每有庶僚秉鞹謁玉，故事，宰臣以屣見之，鵬多在玉所，見客亦然。有丞郎王易簡退而有言，鵬銜之。及契丹入汴，有人獲玉與鵬有籤記字，皆朝廷上列有不得志欲左

授者，則易簡是其首焉。玉既北行，鵬亦尋以病卒。永樂大典卷二千二百六。

史臣曰：維翰之輔晉室也，罄弼諧之志，參締搆之功，觀其効忠，亦可謂社稷臣矣。況和戎之策，固非誤計，及國之亡也，彼以滅口爲謀，此豈歿身之禍，則畫策之難也，豈期如是哉！是以韓非慨慷而著說難者，當爲此也，悲夫！趙瑩際會風雲，優游藩輔，雖易簀於絕域，終歸柩於故園，蓋仁信之行通於遐邇故也。劉昫有貞相之才，克全嘉譽，馮玉乘君子之器，終歿窮荒，其優劣可知矣。永樂大典卷三千二百六。

校勘記

〔一〕臣方遙隔朝闕　「隔」字原無，據冊府卷九九四補。

〔二〕此未可與爭者三也　「此」字原無，據殿本及冊府卷九九四補。

〔三〕契丹主　「主」原作「王」，據殿本、劉本改。

〔四〕往無營柵　殿本、劉本、冊府卷九九四「往」作「住」。

〔五〕民有餘力　「有」原作「無」，據殿本、劉本改。

〔六〕清泰元年　「元」原作「二」，據通鑑卷二七九改。

〔七〕其子傑自幽州不告父而亡歸　「其子」二字原無。影庫本粘籤云：「『二年』下，以文義推之，當有『其子』二字，今原文脫落，未敢以意增補，姑仍其舊，附識于此。」今據殿本、劉本補。

〔八〕所得除目　劉本同，殿本「除目」作「詞目」。影庫本批校云：「『除目』二字疑訛。」按奉帝命手書，由學士院草制者，稱爲「除目」，見歐陽史卷二七劉延朗傳，批校誤。

舊五代史卷九十

晉書十六

列傳第五

趙在禮，字幹臣，涿州人也。曾祖景裕，祖士廉，皆不仕。父元德，盧臺軍使。在禮始事燕帥劉仁恭爲小校，唐光化末，仁恭遣其子守文逐浮陽節度使盧彥威，據其城，升在禮爲軍使，以佐守文。及守文死，事其子。延祚爲守光所害，守光子繼威復爲部將張萬進所殺，在禮遂事萬進。萬進奔梁，在禮乃與滄州留後毛璋歸太原。同光末，爲效節指揮使，屯於貝州。會軍士皇甫暉等作亂，推指揮使楊晸爲帥，按：歐陽史作楊仁晸。晸不從，爲衆所害，擒晸首以脅在禮。在禮知其不可拒，遂從之，以四年二月六日引衆入鄴，在禮自稱留後。案宋史張錫傳：趙在禮擧兵于鄴，瀕河諸州多搆亂，錫權知棣州事，即出省錢賞軍，皆大悅，一郡獨全，棣人賴之。（舊五代史考異）唐莊宗遣明宗率師討之，會城下軍亂，在禮迎明宗入城，事具唐書。

天成元年五月，授滑州節度使、檢校太保。制下，在禮密奏軍情，未欲除移，且乞更伺少頃，尋就改天雄軍兵馬留後、鄴都留守、興唐尹。既而在禮將皇甫暉、趙進等相次除郡赴任，案歐陽史皇甫暉傳：明宗即位，暉自軍卒擢拜陳州刺史。九國志趙進傳：天成初，除貝州刺史、鄴都衙內指揮使。（舊五代史考異）在禮乃上表乞移旄節。十二月，授滄州節度使。二年七月，移鎭兗州。長興元年，入爲左驍衞上將軍，俄改同州節度使。四年，移鎭襄州。會高祖受明宗命統大軍伐蜀，以在禮充西川行營步軍都指揮使，收劍州而還。高祖登極，移鎭鄆州，加檢校太師、兼侍中，封衞國公。清泰三年，授宋州節度使，加檢校太尉、同平章事。天福六年七月，授許州節度使。八年四月，移鎭徐州，進封楚國公。

開運元年，以契丹爲患，少帝議北征。八月朔，降制命一十五將，以在禮爲北面行營馬步都虞候。十一月，改行營副都統，都虞候如故。受詔屯澶州，再除兗州節度使，依前副都統。三年正月，授晉昌軍節度使。五月，進封秦國公，累食邑至一萬三千戶，實封一千五百戶。時少帝爲其子延煦娶在禮女爲妻，禮會之日，其儀甚盛，京師以爲榮觀。

在禮歷十餘鎭，善治生殖貨，積財鉅萬，兩京及所蒞藩鎭，皆邸店羅列。在宋州日，値天下飛蝗爲害，在禮使比戶張幡幟，鳴鼙鼓，蝗皆越境而去，人亦服其智焉。凡聚斂所得，唯以奉權豪、崇釋氏而已。及契丹入汴，自鎭赴闕，時契丹首領、奚王拽剌等在洛下，在禮望塵致敬，首領等倨受其禮，加之淩辱，邀索貨財，在禮不勝其憤。行至鄭州，泊於逆旅，聞同州劉繼勳爲契丹所鎖，大驚。丁未歲正月二十五日夜，以衣帶就馬櫪自絞而卒，年六十六。案：歐陽史作六十二。漢高祖即位，贈中書令。

在禮凡四子，雖歷內職，皆早卒。孫延勳，仕皇朝，歷岳、蜀二州刺史。永樂大典卷一萬八千一百三十。

五代史補：趙在禮之在宋州也，所爲不法，百姓苦之。一旦下制移鎮永興，百姓欣然相賀，曰：「此人若去，可爲眼中拔釘子，何快哉！」在禮聞之怒，欲報「拔釘」之謗，遽上表更求宋州一年，時朝廷姑息勳臣，詔許之。在禮於是命吏籍管內戶口，不論主客，每歲一千，納之於家，號曰「拔釘錢」，莫不公行督責，有不如約，則加之鞭朴，雖租賦之不若也。是歲獲錢百萬。

馬全節，字大雅，魏郡元城人也。父文操，本府軍校，官至檢校尚書左僕射，以全節之貴，累贈太師。全節少從軍旅，同光末，爲捉生指揮使，趙在禮之據魏州也，爲鄴都馬步軍都指揮使。唐明宗即位，授檢校司空，歷博、單二州刺史。天成三年，賜竭忠建策興復功臣，移刺郢州。長興初，就加檢校司徒，在郡有政聲，俄授河西節度使。時明宗命高祖伐蜀，師次岐山，全節赴任及之，具軍容謁於轅門，高祖以地理隔越，乃奏還焉，移沂州刺史。

清泰初，爲金州防禦使。案：歐陽史作明宗時，爲金州防禦使，與薛史先後互異。（舊五代史考異）會蜀軍攻其城，州兵纔及千人，案：歐陽史作州兵纔數百。（舊五代史考異）兵馬都監陳隱懼〔二〕，託以他事出城，領二百人順流而逸，賊既盛，人情憂沮。全節悉家財以給士，復出奇拒戰，以死繼之。賊退，朝廷嘉其功，詔赴闕，將議賞典。時劉延朗爲樞密副使，邀其厚賂，全節無以賂之，謂全節曰：「絳州闕人，請事行計。」全節不樂，告其同輩，由是衆口諠然，以爲不當，皇子重美爲河南尹，聞而奏焉。清泰帝召全節謂曰：「滄州乏帥，欲命卿制置。」翼日，授橫海軍兩使留後。

高祖即位，加檢校太保，正授旌節。天福五年，授檢校太傅，移鎮安州。時李金全據州叛，引淮軍爲援，因命全節將兵討平之，以功加檢校太尉，改昭義軍節度、澤潞遼沁等州觀察處置等使。六年秋，移鎮邢州，加同中書門下平章事。安重榮之叛也，授鎮州行營副招討兼排陣使，與重榮戰於宗城，大敗之。鎮州平，加開府儀同三司，充義武軍節度、易定祁等州觀察處置、北平軍等使。八年秋，丁母憂，尋起復焉。屬契丹侵寇，加之蝗旱，國家有所徵發，全節朝受命而夕行，治生餘財，必充貢奉。

開運元年秋，授鄴都留守、檢校太師、兼侍中、廣晉尹、幽州道行營馬步軍都虞候，尋加天雄軍北面行營副招討使，陽城之戰，甚有力焉。全節始拜鄴都，以元城是桑梓之邑，具白欄詣縣庭謁拜，縣令沈遘逡巡避之，不敢當禮。全節曰：「父母之鄉，自合致敬，勿讓之也。」州里榮之。二年，授順國軍節度使，未赴鎮卒，年五十五。贈中書令。

全節事母王氏至孝，位歷方鎮，溫凊面告，畢盡其敬。政事動與幕客謀議，故鮮有敗事。鎮中山日，杜重威爲恆州，奏括境內民家粟，時軍吏引重威例，堅請行之，全節曰：「邊民遇蝗旱，而家食方困，官司復擾之，則不堪其命矣。我爲廉察，安忍效尤。」百姓稱其德。

先是，全節自上黨攜歌妓一人之中山，館於外舍，有人以讒言中之，全節害之。及詔除恆陽，遇疾，數見其妓，厭之復來。妓曰：「我已得請，要公俱行。」全節具告家人，數日而卒。

子令威，歷隰、陳、懷三州刺史，卒。永樂大典卷一萬八千一百三十。

張筠，海州人也。父傳古，世爲郡之大商，唐乾符末，屬江淮俶擾，遂徙家彭門。時彭門連帥時溥爲東南面招討使，據有數郡之地，擢筠爲偏將，累有軍功，奏授宿州刺史。後溥與梁祖不協，梁人進攻宿州，下之，獲筠以歸。梁方圖霸業，以筠言貌辨秀，命爲四鎮客將，久之，轉長直軍使。梁革唐命，遷右龍武統軍，歷客省使、宣徽使，出爲復、商二州刺史，復爲宣徽使。梁室劄相、衞爲昭德軍，案：梁劄相、澶、衞三州爲昭德軍，原本作相、衞，疑有脫誤。命筠爲兩使留後。

唐莊宗入魏，筠委城南歸，授右衞上將軍。會雍州康懷英以病告，詔筠往代之，比至，懷英已卒，因除筠爲永平軍節度使、大安尹。懷英在長安日，家財甚厚，筠盡奪之，復於大內掘地，繼獲金玉。時有涇陽鎮將侯莫威，案：歐陽史作侯莫陳威。前與溫韜同劚唐氏諸陵，大貯瓌異之物，筠乃殺威而籍其家，遂蓄積巨萬。然性好施，每出遇貧民於路，則給與口食衣物，境內除省賦外，未嘗聚斂，遂致百姓不撓，十年小康，秦民懷惠，呼爲「佛子」。

同光中，從郭崇韜爲劍南安撫使，蜀平歸洛，權領河南尹，俄鎮興元，所治之地，上下安之。筠時有疾，軍州官吏久不得見，副使符彥琳等面請問疾，筠又不諾，彥琳等疑其已死，慮左右有謀，遂請權交牌印，筠命左右收彥琳下獄，以叛聞。詔取彥琳等至洛，釋而不問。因授筠西京留守，誘離興元。及至長安，守兵閉門不內，筠東朝於洛，詔遣歸第。案：歐陽史作以爲左驍衞上將軍。

筠前爲京兆尹，奉詔殺僞蜀主王衍，衍之妓樂寶貨，悉私藏於家。及罷歸之後，第宅宏敞，花竹深邃，聲樂飲饍，恣其所欲，十年之內，人謂「地仙」。天福二年，上表乞歸長安，俄而洛下張從賓之亂，筠獨免其難，人咸謂筠有五福之具美焉。是歲，卒於家。贈太子太師。案：歐陽史作贈少師。弟籛。永樂大典卷六千三百五十。

錢，字慕彭，少嗜酒無節，爲鄉里所鄙。唐天復中，兄鎬爲大梁四鎭客將，錢自海州省兄，兄薦於兗州連帥王瓚，用爲裨校。錢性桀黠，善事人，累遷軍職。後唐莊宗都洛，鎬鎭長安，自衙內指揮使授檢校司空、右千牛衞將軍同正，領饒州刺史、西京管內三白渠營田制置使。

同光末，鎬隨魏王繼岌伐蜀，奏錢權知西京留守事。蜀平，王衍挈族入朝，至秦川驛，莊宗遣中使向延嗣乘驛騎盡戮王衍之族，所有奇貨，盡歸於延嗣。俄聞莊宗遇內難，繼岌軍次興平，錢乃斷咸陽浮橋，繼岌浮渡至渭南死之，一行金寶妓樂，錢悉獲之。俄而明宗使人誅延嗣，延嗣晴遁，（案九國志：明宗即位，忿閹豎輩怙勢擅權，先敕使四方及此遁不出者，皆擒戮之，死者殆盡。（舊五代史考異））衍之行裝復爲錢有，因爲富家，積白金萬鎰，藏於窟室。明宗即位，錢進王衍犀、玉帶各二，馬一百五十匹，魏王打毬馬七十匹，旋除沂州刺史，入爲西衞將軍。

高祖即位之明年，加檢校太保，出典密州，未幾，復居環衞。時湖南馬希範與錢有舊，奏朝廷請命錢爲使，允之。錢密齎蜀之奇貨往售，又獲十餘萬緡以歸。錢出入以庖者十餘人從行，食皆水陸之珍鮮，厚自奉養，無與爲比。少帝嗣位，詔遣往西蕃，及迴，以其馬劣，爲有司所糾，復當路有不足者，遂有詔徵其舊價。錢上言請貨故京田業，許之，因憤惋成病而卒。

錢始在雍州，因春景舒和，出遊近郊，憩於大塚之上，忽有黃雀銜一銅錢置於前而去。未幾，復於衙院晝臥，見二鸗相鬭畢，各銜一錢落於錢首。前後所獲三錢，嘗秘於巾箱，識者以爲大富之徵。其後家雖厚積，性實鄙吝，未嘗與士大夫遊處。及令市馬，利在私門，不省咎以輸其直，鬱鬱致死，愚之甚耶！永樂大典卷六千三百五十。

華溫琪，字德潤，宋州下邑人也。祖楚，以農爲業。父敬忠，後以溫琪貴，官至檢校尚書。溫琪長七尺餘，唐廣明中，從黃巢爲紀綱，巢陷長安，僞署溫琪爲供奉都知，巢敗，奔至滑臺。以形貌魁岸，懼不自容，乃投白馬河下流，俄而浮至淺處，會行人救免；又登桑自經，枝折墜地不死。夜至胙縣界，有田父見溫琪非常人，遂匿於家。經歲餘，會梁將朱友裕爲濮州刺史，召募勇士，溫琪往依之，友裕署爲小校，漸升爲馬軍都將。從友裕擊秦宗權於曹南有功，奏加檢校太子賓客，梁祖擢爲開道指揮使，加檢校工部尚書，出屯鄜畤。會延州胡璋叛命，來寇郡境，溫琪擊退之。尋奉詔營長安，以功遷絳州刺史。歲餘，刺棣州。溫琪以州城每年爲河水所壞，居人不堪其苦，表請移於便地，朝廷許之。板築既畢，賜立紀功碑，仍加檢校尚書左僕射，繼遷齊州、晉州節度使。

溫琪在平陽日，唐莊宗嘗引兵攻之，踰月不下，梁人賞之，升晉州爲定昌軍，以溫琪爲節度使，加檢校太保。既而溫琪臨民失政，嘗掠人之妻，爲其夫所訴，罷，入爲金吾大將軍。時梁末帝方姑息諸侯，重難其命，故責詞云：「若便行峻典，謂予不念功勳；若全廢舊章，謂我不安黎庶。爲人君者，不亦難乎！」溫琪大有愧色。俄轉右監門衞上將軍、右龍武統軍。會河中朱友謙叛，權授溫琪汝州防禦使、河中行營排陣使，尋爲耀州觀察留後。

莊宗入洛，溫琪來覲，詔改耀州爲順義軍，復以溫琪鎭之，加推忠向義功臣。同光末，西蜀既平，命溫琪爲秦州節度使。明宗即位，因入朝，願留闕，明宗嘉而許之，除左驍衞上將軍，逐月別賜錢粟，以豐其家。踰歲，明宗謂樞密使安重誨曰：「溫琪舊人，宜選一重鎭處之。」重誨奏以天下無闕。他日又言之，重誨素強愎，對曰：「臣累奏未有闕處，可替者，唯樞密院使而已。」明宗曰：「可。」重誨不能答。溫琪聞其事，懼爲權臣所怒，幾致成疾，由是數月不出。俄拜華州節度使，依前光祿大夫、檢校太傅，進封平原郡開國公，累加食邑至三千戶。溫琪至任，以己俸補葺祠廟廨舍凡千餘間，復於郵亭創待客之具，華而且固，往來稱之。清泰中，上表乞骸骨歸宋城，制以太子少保致仕。（案：歐史作以太子太保致仕，卒贈太子太傅。）天福元年十二月，終於家，年七十五。詔贈太子太保。永樂大典卷一萬八千一百三十。

安崇阮（二），字晉臣，潞州上黨人也。少倜儻，有詞辯，善騎射。父文祐，爲牙門將。唐光啓中，潞州軍校劉廣逐節度使高潯，據其城，僖宗詔文祐平之，既殺劉廣，召赴行在，授邛州刺史。其後孟方立據邢、洺，率兵攻上黨，朝廷以文祐本潞人也，授昭義節度使，令討方立，自蜀至澤州與方立戰，敗歿於陣。昭宗朝，宰臣崔魏公以文祐歿於王事，薦崇阮於朝，自是累任諸衞將軍。

梁氏革命，以崇阮明辯，遣使吳越，迴以所獲橐裝，悉充貢奉，梁祖嘉之，故每歲乘軺於江、浙間，及迴貢獻皆如初。梁末帝嗣位，授客省使，知齊州事。時梁軍與莊宗對壘於河上，冀王友謙以河中叛，末帝使段凝領軍經略蒲、晉，詔崇阮監軍，又知華、雍軍府事。期年，授青州兵馬留後，入爲諸衞上將軍。唐天成中，授黔南節度使、檢校太保，尋移鎭夔州。以蜀寇侵逼，棄城歸闕，改晉州節度使，復爲諸衞上將軍。高祖登極之二年，詔葬梁末帝，以崇阮梁之舊臣，令主葬事。崇阮盡哀致禮，以襄其事，時人義之。五年，以老病請告，授右衞上將軍致仕。開運元年九月，卒於西京。贈太傅。永樂大典卷一萬八千三百三十一。

楊彥詢，字成章，河中寶鼎人。父規，累贈少師。彥詢年十三，事青帥王師範，有書萬卷，以彥詢聰悟，使掌之。及長，益加親信，常委監護郡兵。及梁將楊師厚降下青州，彥詢隨師範歸命。洎師範見殺，楊師厚領鄴，召置麾下，俾掌賓客。唐莊宗入魏，復事焉。同光元年冬，從平大梁，升爲引進副使，將命西川及淮南稱旨，累遷內職。明宗時，爲客省使、檢校司徒，使兩浙迴，授德州刺史。

末帝卽位，改羽林將軍。時高祖鎭太原，朝廷疑貳，以彥詢沉厚，擢充北京副留守。案：歐史作太原節度副使。淸泰末，以宋審虔爲北京留守，高祖深懷不足，以情告彥詢。彥詢恐高祖失臣節，乃曰：「不知太原兵甲芻粟幾何，可敵大國否？請明公反覆慮之。」蓋欲迴其意也。高祖曰：「我不忿小人相代，方寸決矣。」彥詢知其不可諫，遂止。左右欲害之，高祖曰：「唯副使一人我自保，明爾勿復言也。」及卽位，授齊州防禦使、檢校太保，旋改宣徽使。從高祖入洛，加左驍衞上將軍兼職。

天福二年秋，出爲鄧州節度使，歲餘，入爲宣徽使。四年，使於契丹。六年春，授邢州節度使、檢校太傅。時鎭州安重榮有不臣之狀，彥詢憂其窺伺，會車駕幸鄴，表求入覲。高祖慮契丹怒安重榮之殺行人也，移兵犯境，復命彥詢使焉，仍恐重榮要之，由滄州路以入蕃。戎王果怒重榮，彥詢具言非高祖本意，蓋如人家惡子，無如之何。尋聞重榮犯闕，乃放還。七年春，授華州節度使、檢校太尉。在任二年，屬部內蝗旱，道殣相望，彥詢以官粟假貸，州民賴之存濟者甚衆。開運初，以風痺授右金吾衞上將軍，俄卒於官，年七十四。贈太

子太師。永樂大典卷一萬八千一百三十。

李承約，字德儉，薊州人也。曾祖瓊，薊州別駕，贈工部尚書。祖安仁，檀州刺史，贈太子太保。父君操，平州刺史，贈太子少師。承約性剛健篤實，少習武事，弱冠爲幽州牙門校，遷山後八軍巡檢使。屬劉守光囚殺父兄，名儒宿將經事父兄者，多無辜被戮，自以握兵在外，心不自安。時屬唐武皇召募英豪，方開霸業，乃以所部二千歸於并州，卽補匡霸都指揮使、檢校右僕射兼領貝州刺史。從破夾寨，及與梁人戰於臨淸有功，再遷洺、汾二州。莊宗卽位，授檢校司空、慈州刺史，爲治平直，移授潁州團練使。天成中，以邠州節度使毛璋將圖不軌，乃命爲涇州節度副使，且承密旨往偵之。旣至，以善言諭之，璋乃受代。明宗賞其能，加檢校太保，拜黔南節度使。數年之間，巴、邛蠻蜑不敢犯境，外勸農桑，內興學校，凶邪盡去，民皆感之，故父老數輩重趼詣闕，言其政化。又聽留周歲，徵爲左衞上將軍，自左龍武統軍加特進、檢校太傅，充昭義軍節度使，賜推忠奉節翊戴功臣。歲餘歸朝，復爲左龍武統軍。高祖御宇之二年，授左驍衞上將軍，進封開國公，累上表請老，尋以病卒，時年七十五。贈太子太師。永樂大典卷二萬四百二十。

陸思鐸，澶州臨黃人。父再端，贈光祿卿。思鐸有武幹，梁太祖領四鎭，隸於麾下。及卽位，授廣武都指揮使，歷突陣、拱辰軍使，積前後戰勳，累官至檢校司徒、拱辰左廂都指揮使，遙領恩州刺史〔三〕。初，梁軍與莊宗對壘於河上，思鐸以善射，日預其戰。嘗於箭笴之上自鏤其姓名，一日射中莊宗之馬鞍，莊宗拔箭視之，覩思鐸姓名，因而記之。及莊宗平梁，思鐸隨衆來降，莊宗出箭以視之，思鐸伏地待罪，莊宗慰而釋之。尋授龍武右廂都指揮使，加檢校太保。天成中，爲深州刺史，改雄捷右廂馬軍都指揮使。會南伐荆門，思鐸亦預其行。時高季興以舟兵拒王師，思鐸每發矢中敵，則洞胸達掖，由是賊鋒稍挫，不敢輕進，諸軍咸壯之。高祖革命，拜陳州刺史，秩滿，歷左神武、羽林二統軍，出爲蔡州刺史，遇代歸朝。天福八年，以疾卒，時年五十四。思鐸典陳郡日，甚有惠政，常戒諸子曰：「我死則藏骨於宛丘，使我棲魂於所治之地。」及卒，乃葬於陳，從其志也。永樂大典卷一萬八千一百三十一。

安元信，朔州馬邑人也。少善騎射。後唐莊宗爲晉王時，元信詣軍門求自效。尋隸明宗麾下，累從明宗征討有功，明宗卽位，擢爲捧聖軍使，加檢校兵部尚書。淸泰三年，還雄義都指揮使，受詔屯於代州，太守張朗遇之甚厚，元信亦以兄事之。是歲五月，高祖建義於

太原，俄聞契丹有約赴難，元信入說朗曰：「張敬達雖圍太原，而兵尚未合，代郡當鴈門之衝，敵至其何以禦！僕覩石令公素長者，舉必成事，若使人道意歸款，俟其兩端，亦求全之上策也。」朗不納，元信悔以誠言之，反相猜忌。尋聞安重榮、安審信相次以騎兵赴太原，元信遂率部曲以歸高祖。案通鑑云：元信謀殺朗，不克，帥其衆奔審信，審信遂帥麾下數百騎，與元信掠百井奔晉陽。（舊五代史考異）高祖見之喜，謂元信曰：「爾覩何利害，背強歸弱？」元信曰：「某非知星識氣，唯以人事斷之。夫帝王者，出語行令，示人以信。嘗聞主上許令公河東一生，今遽改之，是自欺也。且令公國之密親，親尙不能保，肯保天下之心乎！以斯而言，見其亡也，何得爲強也。」高祖知其誠，因開懷納之，委以戎事。高祖卽位之元年，授耀州團練使，加檢校太保。四年，入爲右神武統軍，其年八月，復出牧洺州。少帝嗣位，尋遷宿州，九年，罷任來朝。開運初，授復州防禦使。三年，卒於任，年六十三。贈太傅。永樂大典卷一萬八千一百三十一。

張朗，徐州蕭縣人。父楚，贈工部尚書。朗年十八，善射，膂力過人，鄉里敬憚之，梁祖聞其名，就補蕭縣鎭使，充吾縣都案：「吾縣」二字疑有舛誤。遊奕使，時朗年纔二十三。歲餘，補宣武軍內衙都將，歷洺州步軍〔四〕、曹州開武、汴州十內衙、鄆州都指揮使。梁末，從招討

使段凝襲衞州，下之，遂授衞州刺史。事梁僅三十年，凡有征討，無不預之。同光三年，從魏王繼岌伐蜀，爲先鋒橋道使。明宗朝，歷興、忠、登三州刺史。淸泰初，以契丹犯邊，補西北面行營步軍都指揮使，從高祖屯軍於代北，俄兼代州刺史，又改行營諸軍馬步都虞候。高祖建義於太原，遣使以書諭之，朗曰：「爲人臣而有二心可乎！」乃斬其使。案通鑑云：帝以晉安已降，遣使諭諸州，代州刺史張朗斬其使。蓋晉祖初起，安元信勸朗歸順，不從，至是復斬其使也。（舊五代史考異）洎高祖入洛，領全師朝覲，授貝州防禦使，在任數載。天福五年，除左羽林統軍，六年，授光祿大夫、檢校太傅、慶州刺史。在官二年卒，年七十四。永樂大典卷六千三百五十。

李德珫，應州金城人。祖晟，父宗元，皆爲邊將。德珫少善騎射，事後唐武皇爲偏校。及從莊宗戰潞州、柏鄉、德勝渡，繼有軍功，累加檢校尚書左僕射，遙食郡俸。天成中，檢校司空，領蔚州刺史。長興元年，授雄武軍節度、秦成階觀察處置等使，加檢校司徒。二年六月，移鎭定州，充北面副招討使。高祖卽位，改鎭涇原，及受代歸闕，會高祖幸鄴，授東京留守，加同平章事。少帝嗣位，移廣晉尹，加檢校太師。開運中，再領涇州，以病卒於鎭。德珫幼與明宗俱事武皇，故後之諸將多兄事之，時謂之「李七哥」。所治之地，雖無殊政，然以寬恕及物，家無濫積，亦武將之廉者。永樂大典卷二萬四百二十。

田武，字德偉，大名元城人。父簡，累贈右僕射。武少有拳勇，初事莊宗爲小校，歷遷勝節指揮使。明宗登極，轉帳前都指揮使，領澶州刺史。天成二年，改左羽林都指揮使，遙領宜州，充襄州都巡檢使。三年，自汴州馬步軍都指揮使授曹州刺史。長興初，遷齊州防禦使，又移洺州。淸泰中，歷成、隴二州，充西面行軍副部署。天福初，授金州防禦使，及金州建節鉞，武丁母憂，乃起復爲節度使。開運元年，移鎭滄州，兼北面行營右廂都指揮使。二年，授寧江軍節度使，充侍衞步軍都指揮使。歲內改昭義軍節度、澤潞等州管內觀察處置等使、潞州大都督府長史、檢校太傅、封鴈門郡開國公。未赴任，以疾卒。武出身戎行，性鯁正，御軍治民，咸盡其善。及卒，朝廷惜之，詔贈太尉，輟視朝一日。子仁朗、案宋史云：仁朗以父任西頭供奉官。（舊五代史考異）仁遇並歷內職。永樂大典卷四千八百六。

李承福，字德華，漢陽人。少寒賤，事元行欽掌皂棧之役，後爲高祖家臣。高祖登極，歷皇城武德宣徽使、左千牛將軍，出爲澶州刺史，遷齊州防禦使、檢校太保。承福性鄙狹，無器局，好察人微事，多所詆訐，雖小過不能恕，工商之業，輿隸之情，官吏之幸，皆善知之，然自任所見，無所準的，故人多薄之。少帝嗣位，授同州節度使，尋卒於鎭。少帝以高祖佐命之臣，聞之嗟歎，賻物加等，輟視朝一日，詔贈太傅。永樂大典卷一萬三百八十九。

相里金，字奉金，案：相里金墓碑作字國寶，當得其實。歐陽史雜傳多襲薛史原文，與碑異。并州人也。性勇悍果敢，能折節下士。唐景福初，武皇始置五院兵，金首預其選。從莊宗攻下夾寨，得補爲小校，後與梁師戰於柏鄉及胡柳陂，以功授黃甲指揮使。同光中，統帳前軍拔中都，賜忠勇拱衞功臣、檢校刑部尙書。二年，自羽林都虞候出爲忻州刺史，案：歐陽史作沂州。凡部曲私屬，皆不令干預民事，但優其贍給，使分掌家事而已，故郡民安之，大有聲績。應順元年，爲隴州防禦使，會唐末帝起兵於鳳翔，傳檄於鄰道，諸侯無應者，唯金遣判官薛文遇往來計事，末帝深德之。及卽位，擢爲陝州節度使，加檢校太保。淸泰三年夏，高祖建義於太原，唐末帝發兵來攻，以金爲太原四面步軍都指揮使。高祖卽位，移鎭晉州，及受代歸闕，累爲諸衞上將軍，加開府儀同三司，官至檢校太尉，爵列開國公，案碑文云：封西河郡開國侯。薛史作開國公，未知孰是。歐陽史諸臣傳官爵多闕略，無可考證。勳登上柱國，以久居散地，優之故也。天福五年夏，卒於任。贈太師。永樂大典卷一萬三百四十一。案：碑文作贈太子太師，與傳異。考晉高祖紀，五年八月，相里金卒，贈太師。其贈與傳同，而其卒在八月，則傳中「夏」字疑誤。

史臣曰：在禮之起甘陵也，當鼎革之期，會富貴來逼，既因人成事，亦何足自多。及其仗鉞擁旄，積財敗德，貨之爲累，可不誡乎！全節之佐晉氏也，平安陸之妖，之妖，原本作「之禮」，今從夏文莊集所引薛史改正。（影庫本粘籤）預宗城之戰，功既茂矣，貴亦宜然。張筠歷事累朝，享茲介福，蓋近代之幸人也。自温琪而下，皆服冕乘軒，苴茅纛土，垂名汗簡，諒亦宜焉。永樂大典卷一萬三百四十一。

校勘記

〔一〕陳隱　盧本及冊府卷六九四同。殿本、劉本作陳知隱。

〔二〕安崇阮　「崇」原作「重」，據殿本及本卷下文改。影庫本批校云：「安崇阮，『崇』訛『重』。」

〔三〕恩州　原作「思州」，據殿本改。影庫本批校云：「『思州』應作『恩州』。」

〔四〕洺州　殿本、劉本作洛州。

舊五代史卷九十一

晉書十七

列傳第六

房知温，字伯玉，兗州瑕丘人也。少有勇力，案玉堂閒話云：知温少年，與外弟徐某爲盜于兗、鄆之境。（舊五代史考異）籍名於本軍，爲赤甲都官健。梁將葛從周鎭其地，選置麾下。時部將牛存節屯於鎭，好摴博，每求辨采者，知温以善博見推，因得侍左右，遂熟於存節。及王師範遣劉鄩據兗州，梁祖命存節將兵討之，知温夕縋出奔，存節喜而納焉。明夜，竊良馬一駟，復入城，鄩乃擢爲裨將。鄩降，隸于同州劉知俊，知俊補爲克和軍使。知俊奔岐，改隸魏州楊師厚，以爲馬步軍校，馬步，原本作「馬鬬」，今從歐陽史改正。（影庫本粘籤）漸升至親隨指揮使，繼加檢校司空。

莊宗入魏，賜姓，名紹英，改天雄軍馬步都指揮使，加檢校司徒、澶州刺史、行臺右千牛

衞大將軍。莊宗平梁，歷曹、貝州刺史，權充東北面蕃漢馬步都虞候，遣戍瓦橋關。明宗自鄴入洛，知温與王晏球首赴焉。明宗自總管府署知温滑州兩使留後。天成元年，授兗州節度使。明宗卽位，詔充北面招討，屯於盧臺軍。以盧文進來歸，加特進、同平章事，賞招討之功也。

後除烏震爲招討副使，代知温歸鎭。知温怒震遽至，有怨言，因縱博，誘牙兵殺震於席上。會次將安審通保騎軍隔河按甲不動，知温懼不濟，乃束身渡水，復結審通逐其亂軍以奏。時朝廷姑息知温，下詔於鄴盡殺軍士家口老幼凡數萬，清漳爲之變色。尋詔遣知温就使之鎭，以安反側。俄改徐州節度使，加兼侍中。會朝廷起兵伐高季興，授荆南招討使，知行府事。尋丁母憂，起復雲麾將軍，墨縗卽戎，竟無功而還。長興中，節制汶陽。越二年，除平盧軍節度使，累官至開府儀同三司、檢校太師、兼中書令，封東平王，食邑五千戶，食實封三百戶。天福元年冬十二月辛巳，卒於鎭。贈太尉，歸葬於瑕丘，詔立神道碑。

知温性麤獷，動罕由禮，每迎待王人，不改戎服，寡言笑，多縱左右排辱賓僚，他日知愧，亦無愧色。始與唐末帝嘗失意於杯盤間，以白刃相恐，及末帝卽位，知温憂甚，末帝乃封王爵以寧之也。案歐陽史：廢帝起鳳翔，愍帝出奔，知温乘間有窺覦之意，司馬李沖諷懷表而西以覘之。及沖至京師，廢帝已入立，沖卽奉表稱賀，還勸知温入朝。此事薛史不載。知温徑赴洛陽，申其宿過，且感新恩，末帝開懷以厚禮慰而遣之。及還郡，厚斂不已，積貨數百萬，治第於南城，出則以妓樂相隨，任意所之，曾不以政事爲務。有幕客顏衎者，正直之士也，委曲陳其利病，知温不能用焉。及高祖建義入洛，尙不卽進獻，耀兵於牙帳之下，衎正色謂曰：「淸泰富有天下，豈明公之比，而天運有歸，坐成灰燼。今青州遷延不貢，何以求安，千百武夫，無足爲恃，深爲大王之所憂也。」知温遂馳表稱賀，青人乃安。未幾，以沈湎成疾而卒，部曲將吏分其所聚，例爲富室。衎又勸其子彥儒進錢十萬貫，以助國用，朝廷除彥儒爲沂州刺史。案歐陽史：彥儒獻父錢三萬緡，絹、布三萬疋，金百兩，銀千兩，茶千五百斤，絲十萬兩，拜沂州刺史。不言其謀出于顏衎。據宋史顏衎傳：知温諸子不慧，衎勸令以家財十萬餘上進，晉祖嘉之，歸功于衎，知温子彥儒授沂州刺史，衎拜殿中侍御史。與薛史合。蓋薛氏去石晉未遠，猶得當時實事也。其家幸獲保全，皆衎之力也。永樂大典卷一萬八千一百三十。五代史補：房知温爲青州節度，封東平王，所爲不法，百姓苦之。一旦，有從事張澤者，素好嗜鼈，忽暴卒，但心頭微煖，家人未卽殮，經宿而活。自云爲泰山所追，行未幾，過一公宇，門庭甚壯，旣見有人衣紫據案而坐，自謂之府君，叱澤曰：「何故食鼈過差耶？」言訖，有執筆挾簿引羣鬼，皆怪狀，攜以鼎鑊刀几之具至，擒澤投于沸鼎中，移時復用鐵叉撥出，以刀支解，去骨肉，然後烹飪，大抵亦如治鼈之狀，旣熟，諸鬼分啖。凡出自鼎鑊，至于支解，又至于分啖，其于慘毒苦痛之狀，皆名狀之所不及。如此者近數十度，府君始恕之，且問曰：「汝受諸苦如何，爾其敢再犯乎？」答曰：「不敢。」于是遣去。將行，府君又于案上取一物，封之甚固，授澤曰：「爲吾將此物與房知温，不法之事宜休矣。」澤領而置于懷，遂覺。

知温聞知澤復活，遽使人肩舁入府而問之，澤備以所受之苦對，仍于懷中探取封物付温，卽錦被角也。知温大駭曰：「吾昨覺體寒如中痞，遂擁被就火，忽聞足下無疾而卒，遂驚起，不覺一角之被爲火所燒，此其是乎！」遽取被視之，不差毫釐。知温顫慄不知所措，謂澤曰：「足下之過小可耳，尙如此，老夫不知如何也。」自是知温稍稍近理。

王建立，遼州榆社人也。曾祖秋，祖嘉，父弁，累贈太保。建立少驚猛無檢。明宗領代州刺史，擢爲虞候將。莊宗鎭晉陽，以諸陵在代郡，遣女使饗祭，其下有擾於民者，建立必捕而笞之。莊宗怒，令收之，爲明宗所護而免，由是知名。明宗歷還藩鎭，皆署爲牙門都校，累奏加檢校司空。及明宗爲魏軍所迫，時皇后曹氏、淑妃王氏在常山，使建立殺其監護幷部下兵，故明宗家屬因而保全。及卽位，以功授鎭州節度副使，加檢校司徒，旋爲留後。未幾，正授節旄，繼加檢校太尉、同平章事。

會王都據中山叛，密使通弟兄之好。案通鑑云：王都陰與謀復河北故事，建立陽許而密奏之。（舊五代史考異）安重誨素與建立不協，知其事，奏之。明宗慮陷建立，尋徵赴闕，案通鑑云：建立奏重誨專權，求入朝面言其狀，帝召之。（舊五代史考異）拜右僕射兼中書侍郎、平章事、判鹽鐵戶部度支，充集賢殿大學士。天成四年，出爲青州節度使。五年，移鎭上黨，辭不赴任，請退居丘園，制以太子少保致仕，案：通鑑作以太傅致仕，歐陽史從薛史。（舊五代史考異）建立自是鬱鬱不得志。長興

中，嘗欲求見，中旨不許，皆重誨蔽之也。清泰初，末帝召赴闕，授天平軍節度使。建立少歷軍校，職當捕盜，及位居方伯，爲政嚴烈，閭里有惡跡者，必族而誅之，其刑失於入者，不可勝紀，故當時人目之爲「王垛疊」，言殺其人而積其屍也。後聞末帝失勢，殺副使李彥贇及從事一人，報其私怨，人甚鄙之。高祖即位，再爲青州節度使，累加檢校太尉、兼中書令。建立晚年，歸心釋氏，飯僧營寺，戒殺愼獄，民稍安之。

天福二年，封臨淄王。明年，封東平王。五年，入覲，高祖曰：「三紀前老兄，宜賜不拜。」仍許肩輿入朝，上殿則使二宦者掖之，論者榮之。尋表乞休致，高祖不允，乃授潞州節度使，割遼、沁二州爲上黨屬郡，加檢校太師，進封韓王，以光其故里。至鎭踰月而疾作，有大星墜于府署，建立卽召賓介竺岳草遺章〔一〕。竺岳，原本脫「竺」字，今從册府元龜增入。（影庫本粘籤）又謂其子守恩曰：「楡社之地，桑梓存焉，桑以養生，梓以送死。余生爲壽宮，刻銘石室，死當速葬，葬必從儉，違吾是言，非孝也。」旋以病篤而卒，年七十。册贈尙書令。建立先人之墳在於楡社，其崗阜重複，松檜藹然，占者云「後必出公侯」〔二〕，故建立自爲墓，恐子孫易之也。子守恩，周書有傳。永樂大典卷六千五百三十。

康福，蔚州人，世爲本州軍校。祖嗣，蕃漢都知兵馬使，累贈太子太師。父公政，歷職至

平塞軍使，累贈太傅。福便弓馬，少事後唐武皇，累補軍職，充承天軍都監。莊宗嗣位，嘗左右曰：「我本蕃人，以羊馬爲活業。彼康福者，體貌豐厚，宜領財貨，可令總轄馬牧。」由是署爲馬坊使，大有蕃息。及明宗爲亂兵所迫，將離魏縣，會福牧小馬數千匹於相州〔三〕，乃驅而歸。明宗即位，授飛龍使，俄轉磁州刺史，充襄州兵馬都監。尋以江陵叛命，朝廷舉兵伐之，以福爲荆南道行營兵馬都監，俄以王師無功而還。

福善諸蕃語，明宗視政之暇，每召入便殿，諮訪時之利病，福即以蕃語奏之。樞密使重誨惡焉，常面戒之曰：「康福但亂奏事，有日斬之！」福懼。會靈武兵馬留後韓澄案：通鑑、歐陽史俱作韓洙弟澄。（舊五代史考異）以人情不協，慮爲所圖，上表請帥，制加福光祿大夫、檢校司空，行涼州刺史，充朔方、河西等軍節度，靈威雄警甘肅等州觀察處置，管內營田，押蕃落、溫池榷稅等使〔四〕。福之是拜，蓋重誨嫉而出之，福泣而辭之。明宗宣重誨別與商議，重誨奏曰：「臣累奉聖旨，令與康福一事，今福驟升節鎭，更欲何求！況已有成命，難於改移。」明宗不得已，謂福曰：「重誨不肯，非朕意也。」福辭，明宗曰：「朕遣兵援助，勿過憂也。」因令將軍牛知柔領兵送赴鎭。行次青崗峽，會大雪，令人登山望之，見川下煙火，吐蕃數千帳在焉，寇不之覺，因分軍三道以掩之。蕃衆大駭，棄帳幕而走，殺之殆盡，獲玉璞、羊馬甚多。到鎭歲餘，西戎皆款附，改賜福耀忠匡定保節功臣，累加官爵。

福鎭靈武凡三歲，每歲大稔，倉儲盈羨，有馬千駟，因爲人所譖。安重誨奏曰：「累據使臣所言，康福大有寶貨，必負朝廷。」案：靈武受代，康福領節度在天成四年，次年爲長興元年，安重誨討蜀，二年賜死，是康福之任靈武甫匝歲而重誨已去朝，再期而賜死矣。此傳云福鎭靈武凡三歲，每歲大稔，重誨奏其必負朝廷，疑有舛誤。歐陽史仍薛史之舊。（舊五代史考異）明宗密遣人謂曰：「朕何負於卿，而有異心耶！」福奏曰：「臣受國重恩，有死無貳，豈願負於聖人，此必讒人之言也。」因表乞入覲，不允。及再上章，隨而赴闕，移授彰義軍節度使，又轉邠州，檢校太傅。清泰中，移鎭秦州，加特進、開國侯，充西面都部署。高祖受命，就加檢校太尉、開國公。未幾，又加同平章事。及移領河中，加兼侍中，以天和節入覲，改賜輸忠守正翊亮功臣，加開府儀同三司，增食邑至五千戶，實封五百戶。久之，受代歸闕。天福七年秋，卒於京師，年五十八。贈太師，謚曰武安。

福無軍功，屬明宗龍躍，有際會之幸，擢自小校，暴爲貴人，每食非羊之全髀不能飫腹，與士大夫交言，懵無所別。在天水日，嘗有疾，幕客謁問，福擁衾而坐。客有退者，謂同列曰：「錦衾爛兮！」福聞之，遽召言者，怒視曰：「吾雖生於塞下，乃唐人也，何得以爲爛奚！」因叱出之，由是諸客不敢措辭。復有末客姓駱，其先與後唐懿祖來自金山府，因公讌，福謂從事輩曰：「駱評事官則卑，門族甚高，眞沙陀也。」聞者竊笑焉。

子三人：長曰延沼，歷隨、澤二州刺史；次曰延澤、延壽，俱歷內職焉。永樂大典卷一萬八

千一百二十七。

安彥威，字國俊，代州崞縣人。少時以軍卒隸唐明宗麾下，彥威善射，頗知兵法，明宗愛之。及領諸鎭節鉞，彥威常爲牙將，以謹厚見信。明宗入立，皇子從榮鎭鄴，彥威爲護聖指揮使，以從榮判六軍，彥威入司禁衞，遙領鎭州節度使〔五〕。案：歐陽史作遷捧聖指揮使，領寧國軍指揮使。（舊五代史考異）及高祖入立，拜彥威北京留守，案通鑑云：彥威入朝，上曰：「我所重者信與義。昔契丹以義救我，我今以信報之，聞其徵求不已，公能屈節奉之，深稱朕意。」對曰：「陛下以蒼生之故，猶卑辭厚幣以事之，臣何屈節之有！」上悅。（舊五代史考異）徙鎭歸德。是時河決滑州，命彥威塞之，彥威出私錢募民治隄。還西京留守，遭歲大饑，彥威賑饑民，民有犯法，皆寬貸之，饑民愛之不忍去。旋丁母憂，哀毀過制。少帝與契丹搆患，拜彥威北面行營副都統，彥威悉以家財佐軍，後以疾卒於京師。

彥威與太妃同宗，少帝事以爲舅，彥威未嘗以爲言。及卒，太妃臨哭，人始知其爲國戚，當時益重其人焉〔六〕。永樂大典卷一萬八千一百二十七。

李周，案：薛史莊宗紀作李周，明宗紀作李敬周，蓋本名敬周，入晉後避諱去「敬」字，薛史雜采諸書，未及改歸畫

一，通鑑與薛史同。（舊五代史考異）字通理，邢州內丘人也，唐潞州節度使抱眞之後。曾祖融、祖毅、父矩，皆不仕。周年十六，爲內丘捕賊將，以任俠自負〔七〕。時河朔羣盜充斥，南北交兵，行旅無援者不敢出郡邑。有士人盧岳，家於太原，攜妻子囊橐寓於逆旅，進退無所保，唯與所親相對流涕，周憫之，請援送以歸。行經西山中，有賊夜於林麓間伺之，射盧岳，中其馬。周大呼曰：「爾爲誰耶？」賊聞其聲，相謂曰：「李君至此矣。」卽時散走。岳全其行裝，至於家。周將辭去，岳謂周曰：「岳明歷象，善知人。子有奇表，方頤隆準，眉目疏朗，身長七尺，此乃將相之材也。河東李氏將有天下，子宜事之，以求富貴。」周辭以母老而歸。

既而梁將葛從周拔邢、洺〔八〕，唐武皇麾兵南下，築壘於青山口。周向背莫決，因思盧岳之言，乃投青山寨將張汚落，武皇賞之，補萬勝黃頭軍使。武皇之平雲州，莊宗之戰柏鄉，周皆有功，遷匡霸都指揮使。匡霸，原本脫「霸」字，今從歐陽史增入。（影庫本粘籤）莊宗入魏，率兵屯臨河、楊劉，所至與士伍同甘苦。周尤善守備，一日奔母喪，以他將代之，既出，則其城將陷，莊宗卽遣追之，使墨縗從事。會莊宗北征，周與寺人焦彥賓守楊劉城，案九國志焦彥賓傳：彥賓字英服，滄州清池人。少聰敏，多智略，事武皇，尤所委信。及莊宗卽位，遷左監門衞將軍，充四方館使，出護邢州軍。（舊五代史考異）梁將王彥章以數萬衆攻之。周日夜乘城，躬當矢石，使人馳告莊宗，請百里趨程，以紓其難，莊宗曰：「李周在內，朕何憂也！」遂日行二舍，不廢畋獵，既至，士衆絕糧三日矣。及攻圍既解，莊宗謂周曰：「微卿九拒之勞，諸公等爲梁人所擄矣。」

同光中，歷相、蔡二州刺史，及蜀平，授西川節度副使。天成二年春，遷遂州兩使留後，尋正授節旄，未幾，受代歸闕。三年秋，出爲邠州節度使，會慶州刺史竇廷琬據城拒命，周奉詔討平之。長興、清泰中，歷徐、安、雍、汴四鎭，所至無苛政，人皆樂之。

高祖有天下，復鎭邠州，累官至檢校太師、兼侍中。及罷鎭赴闕，會少帝幸澶淵，以周累朝耆德，乃命爲東京留守。車駕還京，授開封尹〔九〕。及遘疾，夢焚旌旗鎧甲，因自嗟嘆，上章請退，尋卒於官，時年七十四。詔贈太師，陪葬於明宗徽陵之北。永樂大典卷一萬八千一百二十七。

徽陵，原本作「暉陵」，今從五代會要改正。（影庫本粘籤）

張從訓，字德恭。本姑臧人，其先迴鶻別派，隨沙陀徙居雲中，後從唐武皇家於太原〔一〇〕，從訓遂爲太原人。祖君政，雲州長史，識蕃字，通佛理。父存信，河東蕃漢馬步軍都指揮使，武皇賜姓名，眷同親嫡，前史有傳。天福中，贈太師、中書令，追封趙國公。

從訓讀儒書，精騎射，初爲散員大將，天祐中，轄沙陀數百人，屯壺關十餘歲，節度使李嗣昭委遇之。莊宗與梁人相拒於德勝口，徵赴軍前，補充先鋒遊奕使，俄轉雲捷指揮使、檢校司空，賜名繼鸞，從諸子之行也。明宗徵時，嘗在存信麾下爲都押牙，與從訓有舊，及卽位，授石州刺史，復舊姓名。歷憲、德二州刺史。

高祖之鎭太原也，爲少帝娶從訓長女爲妃。案宋史張從恩傳：晉祖鎭河東，爲少帝娶從恩女。今考五代會要及薛史本紀，俱作從訓，疑宋史係傳聞之訛。（舊五代史考異）從訓，清泰初授唐州刺史。三年，高祖舉義，從訓奉唐末帝詔，徵赴行在，分領鄉兵，次於團柏谷，兵敗宵遁，潛身民間。高祖入洛，有詔搜訪，月餘乃出焉，及見戚里之故，深加軫惻。尋授絳州刺史、檢校太保，在任數年，天福中，卒於官，年五十二。少帝以后父之故，超贈太尉。

弟從恩仕皇朝，爲右金吾衞上將軍，卒。永樂大典卷五千三百六十。

李繼忠，字化遠，後唐昭義軍節度使、兼中書令嗣昭之第二子。嗣昭，唐書有傳。繼忠少善騎射，從父征討有功，莊宗手制授檢校兵部尙書，充感義馬軍指揮使，改潞府司馬，加檢校尙書右僕射，充安義軍都巡檢使。天成中，自北京大內皇城使轉河東行軍司馬，入爲右驍衞將軍。未幾，授成德軍司馬，加檢校司徒。

高祖卽位，二年三月，授沂州刺史，加檢校太保，尋移棣州刺史；繼忠舊苦風痺，皆辭以地遠，乃授單州刺史，仍加輸忠奉國功臣。三年，入爲右神武統軍。四年三月，出領隰州。七年八月，移刺澤州。開運元年，復入爲右監門大將軍。三年秋，以疾卒於東京，年五十一。

始繼忠母楊氏善治產，平生積財鉅萬。及高祖建義於太原，楊已終，繼忠舉族家於晉陽。時以諸軍方困，契丹援兵又至，高祖乃使人就其第，疏其複壁，取其舊積，所獲金銀紈素甚廣，至於巾屨瑣屑之物，無不取足。高祖既濟大事，感而奇之，故車駕入洛，繼忠雖有舊恙，連領大郡，皆楊氏之力也。永樂大典卷一萬三百八十九。

李頃〔一一〕，陳州項城人，卽河陽節度使、兼侍中罕之之子也。罕之，梁書有傳。唐光啓中〔一二〕，罕之與河南張全義爲仇，交相攻擊，罕之兵敗，北投太原，武皇以澤州處之，罕之將赴任，留頃爲質焉。時莊宗未弱冠，因與頃遊處，甚相昵狎。光啓初〔一三〕，罕之自澤州襲據潞州，送款於梁，武皇以頃父叛，將殺之，莊宗密與駿騎，使逃出境，頃遂奔河南。梁祖以其父子歸己，委遇甚厚。天復中〔一四〕，梁祖自鳳翔送唐昭宗歸長安，留軍萬人，命姪友倫與頃總之，友倫，原本作「有倫」，今從歐陽史改正。（影庫本粘籤）以宿衞爲名。及梁祖逼禪，累掌禁兵，倚爲肘腋。庶人友珪立，授頃檢校尙書右僕射、右羽林統軍。梁末帝之誅友珪，頃預其謀，尋歷隨州刺史，復爲右羽林統軍。同光初，莊宗入汴，召頃見之，莊宗忻然，授衞州刺史，加光祿大夫、檢校太保。明宗朝，授衍州刺史。長興中，檢校太傅、右神武統軍。高祖卽位之二年，加特進、檢校太尉、右領軍衞上將軍。三年，進封開國伯。五年，遷左領軍衞上將軍。尋以病卒，年七十。制贈太師。頃性溫雅，不暴虐，凡刺郡統衆，頗有畏愛，及卒，人甚惜之。

子彥弼，在太原日，因頃走歸梁朝，武皇怒，下蠶室加熏腐之刑，後籍於內侍省卒焉。永樂大典卷一萬八千一百三十一。

周光輔，太原人，後唐蕃漢馬步總管、幽州節度使德威之長子也。德威，有傳在唐書。光輔年甫十歲，補幽州中軍兵馬使，有成人之志，德威以牙軍委之，麾下咸取決焉。及長，體貌魁偉，練於戎事。父卒，授嵐州刺史，從莊宗平梁，遷檢校尚書左僕射、汝州防禦使，仍賜協謀定亂功臣。天成初，移汾州。四年，入爲右監門衞大將軍。長興、清泰中，歷陳、懷、磁三郡，繼加檢校司徒。高祖卽位，授蔡州刺史，歲餘，卒於郡，時年三十五。贈太保。光輔以功臣子，歷數郡皆無濫政，竟善終於官，雖享年不永，亦可嘉也。

光輔有弟數人，光貞歷義、乾二州刺史，入爲諸衞將軍。光遜繼爲蔡州刺史。光贊任青州行軍司馬，及楊光遠叛滅，貶商州司馬，會赦徵還，尋卒於家。永樂大典卷五千四百一。

符彥饒，唐莊宗朝蕃漢總管存審之第二子也。存審，唐書有傳。彥饒少驍勇，能騎射。唐天祐十五年冬，莊宗與梁大戰於胡柳陂，彥饒與弟彥圖俱從其父血戰有功，莊宗壯之，因用爲騎將。同光中，以功授曹州刺史。明宗卽位，改刺沂州。天成中，屯守梁園，會起軍北戍寨下，時有偏校以宣武乏帥，迫彥饒爲之，彥饒紿許其請，明日，殺爲惡者奏之，時人嘉其方略。長興中，爲金州防禦使，爲政甚有民譽，其後累遷節鎭。天福初，爲滑州節度使，累官至檢校太傅。二年七月，范延光據鄴都叛，朝廷遣侍衞馬軍都指揮使白奉進率騎軍三千，屯於州之開元寺。一日，彥饒與奉進因事忿爭於牙署，事具奉進傳中。是時，奉進厲聲曰：「爾莫是與范延光同反耶？」拂衣而起，彥饒不留，帳下介士大譟，擒奉進殺之。奉進從騎散走，傳呼於外。時步軍都校馬萬、次校盧順密聞奉進被害，卽率其部衆攻滑之子城，執彥饒以出。遣裨校方太拘送闕下，行及赤岡南，高祖遣中使害於路左。永樂大典卷一萬八千一百三十二。

羅周敬，字尙素，鄴王紹威之第三子也。紹威，梁書有傳。周敬幼聰明，八歲學爲詩，往往傳於人口，起家授檢校尙書禮部員外郎。梁乾化中，以兄周翰節制滑臺，卒於官，乃以周敬繼之，命爲兩使留後，尋正授旄鉞，時年十歲。未幾，改授許州節度使，繼加檢校尙書左僕射。踰三年，徵授秘書監、檢校司空、駙馬都尉，尙梁普安公主，普安，原本作「莖安」，今從五代會要改正。（影庫本粘籤）旋移光祿卿。莊宗卽位，歷左右金吾大將軍。初，唐天祐中，紹威嘗建第於洛陽福善里，及莊宗入洛，以梁租庸使趙巖宅賜明宗。同光中，明宗在洛，以趨內稍遠，乃召周敬議易其第，周敬諾之。後明宗卽位，一日夢中見一人，儀形瓌秀，若素識者，夢中問曰：「此得非前宅主羅氏子？」及寤，訪其子孫，左右對曰：「周敬見列明廷〔三〕。」召至，果符夢中所見。明宗謂侍臣曰：「朕不欲使大勳之後久無土地。」因授同州節度使，加檢校太保。長興中，入爲左監門衞上將軍，四遷諸衞上將軍。天福二年卒，時年三十二。贈太傅。永樂大典卷五千六百七十八。

鄭琮，太原人也。始事唐武皇爲五院軍小校，屢有軍功。莊宗在河上，爲馬步都虞候。戎伍之事，一覩不忘，凡所詰問，應答如流，故所在知名。唐同光末，從明宗伐魏州，時軍情有變，明宗退守魏縣，未知趨向。安重誨將徵兵于四方，琮在帳前，歷數諸道屯軍及主將姓名，附口傳檄，相次而至。明宗卽位，嘉其功，授防州刺史，秩滿，父老請留。三年八月，授左羽林統軍。唐長興二年二月，出刺武州。高祖卽位，復居環衞，久之，以俸薄家貧，鬱鬱不得志。天福中，以疾終于官。贈司徒。永樂大典卷一萬八千八百八十一。

校勘記

〔一〕竺岳　殿本、劉本同。大典（膠卷）卷六八五〇作竹岳。

〔二〕後必出公侯　「必」字原無，據大典（膠卷）卷六八五〇補。

〔三〕小馬　殿本、劉本作「小坊馬」。

〔四〕溫池　殿本同。劉本作「鹽池」。

〔五〕彥威入司禁衞遙領鎭州節度使　原作「彥威遷捧聖指揮使，領寧國軍節度使」，據殿本、舊五代史考異引薛史正文改。下注文中「寧國軍指揮使」，歐陽史卷四七安彥威傳作「寧國軍節度使」。

〔六〕及高祖入立……當時益重其人焉　盧本同。殿本作「高祖卽位，尤倚彥威，卽拜爲北京留守，加同平章事。移鎭宋州，是時河決滑州，命彥威集丁夫塞之。彥威出私錢募民治隄。隄成，滑人賴之。遷西京留守，歲饑，彥威開倉廩賑饑，有犯法者皆寬貸。民免于流散，彥威之力也。旋丁母憂，哀毁過制。少帝與契丹搆釁，授彥威北面行營副都統。彥威悉率家財佐軍，人稱其忠。開運中，卒。贈太師。彥威與太妃爲同宗，少帝以舅事之，彥威未嘗自以爲言。及卒，太妃與少帝臨喪，人始知爲國戚，聞者益重其人焉。」劉本與殿本略同，係依殿本作若干增補。

〔七〕以任俠自負　「任俠」原作「任使」，據冊府卷八〇四改。劉本作「在使」，誤。

〔八〕拔邢洺　「洺」原作「洛」，據殿本、劉本改。

〔九〕開封尹　原作「開府尹」，據殿本改。

〔一〇〕太原　原作「太平」，據殿本、劉本改。影庫本批校云：「『太平』應作『太原』。」

〔一一〕李頊　殿本、劉本同。歐陽史卷四二李罕之傳、通鑑卷七三作李頎。

〔一二〕唐光啓中　殿本、劉本同。按本書卷一五李罕之傳、通鑑卷七三，張全義敗李罕之在懿宗文德元年。

〔一三〕光啓　殿本、劉本同。據本書卷一五李罕之傳及通鑑卷七七當作「光化」。

〔一四〕天復　原作「天福」，據劉本改。

〔一五〕周敬見列明廷　殿本同。劉本「明」作「朝」。

舊五代史卷九十二

晉書十八

列傳第七

姚顗，字伯眞，京兆萬年人。曾祖希齊，湖州司功參軍。祖宏慶，蘇州刺史。父荆，國子祭酒。顗少惷，敦厚，靡事容貌，任其自然，流輩未之重，唯兵部侍郎司空圖深器之，司空圖，原本作「司空塗」，今從冊府元龜改正。（影庫本粘籤）　案：歐陽史作中條山處士司空圖一見奇之。據新唐書卓行傳：司空圖爲戶部侍郎，以疾歸，昭宗在華，召爲兵部侍郎，辭不赴。是圖非處士也。（舊五代史考異）以女妻焉。顗性仁恕，多爲僕妾所欺，心雖察之，而不能面折，終身無喜怒。不知錢百之爲陌，黍百之爲銖，凡家人市貨百物，入增其倍，出減其半，不詢其由，無擔石之儲，心不隕穫。

唐末，隨計入洛，出游嵩山，有白衣丈夫拜于路側〔一〕，請爲童僕。顗辭不納。乃曰：「鬼神享于德，君子孚于信，余則鬼也，將以託賢者之德，通化工之信，幸無辭焉。昔余掌事

陰府，承命攝人之魂氣，名氏同而其人非，且富有壽算，復而歸之，則筋骸已敗，由是獲譴，使不得爲陽生。公中夏之相輔也，今爲謁中天之祠，若以某姓名求之〔二〕，神必許諾。」顗因爲之虔禱而還，白衣迎于山下，曰：「余免其苦矣。」拜謝而退。顗次年擢進士第。

梁貞明中，歷校書郎、登封令、右補闕、禮部員外郎，召入翰林，累遷至中書舍人。唐莊宗平梁，以例貶復州司馬，歲餘牽復，授左散騎常侍，歷兵吏部侍郎、尚書左丞。唐末帝即位，講求輔相，乃書朝中清望官十餘人姓名置於瓶中，清夜焚香而挾之，既而得盧文紀與顗，遂拜中書侍郎、平章事。制前一日，嵩山白衣來謁，謂顗曰：「公明日爲相。」其言無差，冥數固先定矣。案歐陽史本傳云：顗爲人仁恕，不知錢陌銖兩之數，御家無法，在相位齷齪無所爲。唐制，吏部分爲三銓，尚書一人曰尚書銓，侍郎二人曰中銓、東銓，每歲集以孟冬三旬，而選盡季春之月。天成中，馮道爲相，建言天下未一，選人歲纔數百，而吏部三銓分注，雖曰故事，其實徒煩而無益，始詔三銓合而爲一，而尚書侍郎共行選事。至顗與盧文紀爲相，復奏分銓爲三，而循資長定舊格，歲久多舛，因增損之，選人多不便之〔三〕，往往邀遮宰相，喧訴不遜，顗等無如之何，廢帝爲下詔書禁止。

高祖登極，罷相爲刑部尚書，俄遷戶部尚書。天福五年冬卒，年七十五。贈左僕射。子惟和嗣。顗疏于財，而御家無術，既死，斂葬之資不備，家人俟賻物及鬻第方能舉喪而去。士大夫愛其廉而笑其拙。永樂大典卷五千三百八十三。

呂琦，呂琦傳，永樂大典闕全篇，今就散見各韻者共得四條，排次前後，以存梗概。（影庫本粘籤）字輝山，幽州安次人也。祖壽，瀛州景城主簿。父兗，滄州節度判官，累至檢校右庶子。永樂大典卷一萬七百六十五。劉守光攻陷滄州，琦父兗被擒，族之。琦時年十五，案：厚德錄作琦年十四。（舊五代史考異）爲吏追攝，將就戮焉。有趙玉者，案：厚德錄作李玉。（舊五代史考異）幽、薊之義士也，久遊于兗之門下，見琦臨危，乃紿謂監者曰：「此子某之同氣也，幸無濫焉。」監者信之，卽引之俱去。行一舍，琦困于徒步，以足病告，玉負之而行，逾數百里，因變姓名，乞食于路，乃免其禍。永樂大典卷一萬四千五百八十一。案厚德錄云：李玉嘗客于滄洲呂兗門下，劉守光破滄洲，盡殺呂兗家，兗子琦年十四，玉負之以逃，匄衣食以資之。燕、趙間以玉能存呂氏之孤，推以爲義士。淸泰中，琦爲給事中、端明殿學士，時玉已卒，乃薦其子于知貢舉馬裔孫，遂擢甲第。考薛史作趙玉，厚德錄作李玉；薛史作琦年十五，厚德錄作十四。蓋傳聞之異。（孔本）年弱冠，以家門遇禍，邈無所依，乃勵志勤學，多遊於汾、晉。永樂大典卷三千八百七十一。

唐天祐中，莊宗方開霸府，翹佇賢士，墨制授琦代州軍事判官，秩滿歸太原，監軍使張承業重琦器量，禮遇尤厚。天成初，拜琦殿中侍御史、遷駕部員外郎，兼侍御史知雜事。會河陽帑吏竊財事發，詔軍巡院鞫之。時軍巡使尹訓怙勢納賂，枉直相反，俄有訴寃於闕下

者，詔琦按之，旣驗其姦，乃上言請治尹訓，沮而不行。琦連奏不已，訓知其不免，自殺於家，其獄遂明，蒙活者甚衆，自是朝廷多琦之公直。永樂大典卷二萬五百二十八。

高祖建義於太原，唐末帝幸懷州，趙德鈞駐軍于團柏谷，末帝以琦嘗在德鈞幕下，因令齎都統使官告以賜之，且犒其軍焉。及觀軍于北陲，館于忻州，會晉祖降下晉安寨，遣使告于近郡，琦適遇其使，卽斬之以聞，尋率郡兵千人間道而歸。案：通鑑作帥州兵趣鎭州。（舊五代史考異）高祖入洛，亦弗之責，止改授祕書監而已。天福中，預修唐書，權掌選部，皆有能名焉。累遷禮部、刑部、戶部、兵部侍郎，階至金紫光祿大夫，爵至開國子。

琦美丰儀，有器槩，雖以剛直聞于時，而內實仁恕。初，高祖謀求輔相，時宰臣李崧力薦琦于高祖，云可大用。高祖數召琦于便殿，言及當世事，甚奇之，方將倚以爲相，忽遇疾而逝，人皆惜之。永樂大典卷一萬七百六十五。

梁文矩，字德儀，鄆州人。父景，祕書少監。梁福王友璋好接賓客，文矩少遊其門，初試太子校書，轉祕書郎。友璋領鄆州，奏爲項城令，及移鎭徐方，辟爲從事。友璋卒，改兗州觀察判官。時莊宗遣明宗襲據鄆州，文矩以父母在鄆，一旦隔越，不知存亡，爲子之情，戀望如灼，遂間路歸鄆，尋謁莊宗。莊宗喜之，授天平軍節度掌書記，在明宗幕下，明宗歷汴、恆二鎭，皆隨府遷職。天成初，授右諫議大夫，知宣武軍軍州事，歷御史中丞、吏部侍郎、禮部尙書、西都副留守，判京兆府事，繼改兵部尙書。

文矩以嘗事霸府，每懷公輔之望。時高祖自外鎭入覲，嘗薦於明宗曰：「梁文矩早事陛下，甚有勤勞，未升相輔，外論慊之。」明宗曰：「久忘此人，吾之過也。」尋有旨降命，會丁外憂而止。淸泰初，拜太常卿。高祖卽位，授吏部尙書，改太子少師。

文矩喜淸靜之敎，聚道書數千卷，企慕赤松、留侯之事，而服食尤盡其善〔四〕。後因風痹〔五〕，上章請退，以太子太保致仕，居洛陽久之。天福八年，以疾卒，時年五十九。贈太子太傅。永樂大典卷六千六百十四。

史圭，常山人也。其先與王武俊來於塞外，王武俊，原本作「武後」，今從唐書改正。（影庫本粘籤）因家石邑。高祖曾，歷鎭陽牙校。父鈞，假安平、九門令。圭好學工詩，長于吏道。唐光化中，歷阜城、饒陽尉，改房子、寧晉、元氏、欒壽、博陸五邑令。爲寧晉日，擅給驛廩，以貸飢民，民甚感之。及爲欒壽令，里人爲之立碑。同光中，任圜爲眞定尹，擢爲本府司錄，不應命。郭崇韜領其地，辟爲從事，及明宗代崇韜，以舊職縻之。

明宗卽位，入爲文昌正郎，安重誨薦爲河南少尹，判府事，尋命爲樞密院直學士。時圭

以受知於重誨，重誨奏令圭與同列閤至俱昇殿侍立，以備顧問，明宗可之。尋自左諫議大夫拜尙書右丞，有入相之望。圭敏于吏事，重誨本不知書，爲事剛愎，每於明宗前可否重務，圭恬然終日，不能剖正其事。長興中，重誨旣誅，圭出爲貝州刺史，未幾罷免，退歸常山。由是閉門杜絕人事，雖親戚故人造者不見其面，每遊別墅，則乘婦人氈車以自蔽匿，人莫知其心。

高祖登極，徵爲刑部侍郎，判鹽鐵副使，皆宰臣馮道之奏請也。始圭在明宗時爲右丞，權判銓事，道在中書，嘗以堂判衡銓司所注官，圭怒，力爭之，道亦微有不足之色；至是圭首爲道所舉，方愧其度量遠不及也。旋改吏部侍郎，分知銓事，而圭素厲廉守節，大著公平之譽。

圭前爲河南少尹日，有嵩山術士遺圭石藥如斗，謂圭曰：「服之可以延壽，然不可中輟，輟則疾作矣。」圭後服之，神爽力健，深寶惜焉。淸泰末，圭在常山，遇祕瓊之亂，時貯於衣笥，爲賊所劫，後不復得。天福中，疾生胸臆之間，常如火灼，圭知不濟，求歸鄉里，詔許之。及涉河，竟爲藥氣所蒸，卒於路，案：歐陽史作卒于常山。（舊五代史考異）歸葬石邑，時年六十八。永樂大典卷一萬一百八十三。

裴皥，字司東，系出中眷裴氏，世居河東爲望族。皥容止端秀，性卞急，剛直而無隱，少

而好學，苦心文藝，雖遭亂離，手不釋卷。唐光化三年，擢進士第，釋褐授校書郎，歷諫職。梁初，當路推其文學，遷翰林學士、中書舍人。唐莊宗時，擢爲禮部侍郎，後以語觸當事，改太子賓客，旋授兵部尚書，以老致仕〔六〕。天福初，起爲工部尚書，復告老，以右僕射致仕。皡累知貢舉，稱得士，宰相馬裔孫、桑維翰皆其所取進士也。後裔孫知貢舉，率新進士謁皡，皡喜，爲詩曰：「詞場最重是持衡，天遣愚夫受盛名，三主禮闈年八十，門生門下見門生。」當世榮之。桑維翰嘗私見皡，皡不爲迎送，人問之，皡曰：「我見桑公于中書，庶僚也；今見我于私第，門生也〔七〕。」人以爲允。卒年八十五。贈太子太保。永樂大典卷五千三百五。

吳承範，字表微，魏州人也。父瓊，右金吾衞將軍，累贈太子少保。承範少好學，善屬文，唐閔帝之鎭鄴都也，聞其才名，署爲賓職，承範懇求隨計，閔帝許之。長興三年，擢進士第。及閔帝卽位，授左拾遺。清泰二年，以本官充史館修撰，與同職張昭等共修明宗實錄，考張昭本名昭遠，至漢初始去「遠」字。薛史晉書已作張昭，蓋從其最後之名，今姑仍其舊。（影庫本粘籤）轉右補闕，依前充職。高祖革命，遷尚書屯田員外郎、知制誥。天福三年，改樞密院直學士，未幾，自祠部郎中、知制誥召充翰林學士，正拜中書舍人，賜金紫。少帝嗣位，遷禮部侍郎，知貢舉，尋遘疾而卒，年四十二。贈工部尚書。

承範温厚寡言，善希人旨，桑維翰、李崧尤重之，嘗薦于高祖，云可大用。承範知之，持重自養，雖遇盛夏〔八〕，而猶服襦袴，加之以純綿，蓋慮有寒濕之患也。然竟不獲其志，其命也夫。永樂大典卷三千三百二十一。

盧導，字熙化，其先范陽人也。祖伯卿，案新唐書宰相世系表：卿，太原少尹伯初之子也。疑原本衍「伯」字。（舊五代史考異）唐殿中侍御史。父如晦，案：新唐書世系表作知晦。（舊五代史考異）國子監丞，贈戶部侍郎。導少而儒雅，美詞翰，善談論。唐天祐初，登進士第，釋褐除校書郎，由均州鄖鄉縣令入爲監察御史〔九〕，三遷職方員外郎，充史館修撰，改河南縣令、禮部郎中，賜紫，轉右司郎中兼侍御史知雜事。以病免，閑居於漢上，久之，天成中，以本官徵還，拜右諫議大夫。長興末，爲中書舍人，權知貢舉。明年春，潞王自鳳翔擁大軍赴闕，唐閔帝奔于衞州，宰相馮道、李愚集百官于天宮寺，李愚，原本作「李遇」，今從通鑑改正。（影庫本粘籤）將出迎潞王。時軍衆離潰，人情奔駭，百官移時未有至者。導與舍人張昭先至，馮道請導草勸進牋，導曰：「潞王入朝，郊迎可也；案：通鑑作班迎。（舊五代史考異）若勸進之事，安可造次。且潞王與主上，皆太后之子，或廢或立，當從敎令，安得不稟策母后，率爾而行！」馮道曰：「凡事要務實，勸進其可已乎？」導曰：「今主上蒙塵在外，遽以大位勸人，若潞王守道，以忠義見責，未審何

詞以對！不如率羣臣詣宮門，取太后進止，卽去就善矣。」道未及對，會京城巡檢安從進報曰：「潞王至矣，安得百僚無班〔一〇〕。」卽紛然而去。是日，潞王未至，馮道等止于上陽門外，又令導草勸進牋，案：歐陽史作潞王止于上陽門外，道又令導草牋，與薛史異。通鑑作潞王未至，三相息于上陽門外，與是書同。（舊五代史考異）導執之如初。李愚曰：「舍人之言是也，吾輩信罪人矣。」導之守正也如是。晉天福中，由禮部侍郎遷尚書右丞，判吏部尚書銓事，秩滿，拜吏部侍郎。六年秋，卒於東京，時年七十六。永樂大典卷二千二百十二。

鄭韜光，字龍府，洛京河清人也〔一一〕。曾祖絪，爲唐宰相。祖祗德，國子祭酒，案新唐書宰相世系表：祗德，兵部尚書。（舊五代史考異）贈太傅。父顥，案新唐書世系表：顥字養正，疑「顥」字是「頤」字之訛。（舊五代史考異）河南尹，贈太師。其先世居滎陽，自隋、唐三百餘年，公卿輔相，蟬聯一門。韜光，唐宣宗之外孫，萬壽公主之所出也，生三日，賜一子出身，銀章朱紱。及長，美容止，神爽氣澈，不妄喜怒，秉執名節，爲甲族所稱。自京兆府參軍歷祕書郎、集賢校理、太常博士、虞部比部員外郎、司門戶部郎中、河南京兆少尹、太常少卿、諫議大夫、給事中。梁貞明中，懇求休退，上表漏名，責授寧州司馬。莊宗平梁，遷工、禮、刑部侍郎。天成、長興中，歷尚書左右丞。國初，以戶部尚書致仕。自襁褓迨于懸車，凡事十一君，越七十載，所仕無官

謗，無私過，三持使節，不辱君命，士無賢不肖，皆恭己接納。晚年背傴，時人咸曰鄭傴不迁。平生交友之中無怨隙，親族之間無愛憎，恬和自如，性尚平簡，及致政歸洛，甚愜終焉之志。天福五年秋，寢疾而卒，年八十。贈右僕射。永樂大典卷一萬八千八百八十一。

王權，王權，太平御覽作「王權」，與原本異。通鑑、歐陽史統作王權，知「權」字係傳刻之誤，今仍其舊。（影庫本粘籤）字秀山，太原人，積世衣冠。曾祖起，官至左僕射、山南西道節度使，册贈太尉，諡曰文懿，唐史有傳。祖龜，浙東觀察使。父蕘，右司員外郎。權舉進士，解褐授祕書省校書郎、集賢校理，歷左拾遺、右補闕。梁祖革命，御史司憲崔沂表爲侍御史，遷兼職方員外郎知雜事。歲餘，召入翰林爲學士，在院加戶部郎中、知制誥，歷左諫議大夫、給事中，充集賢殿學士判院事，俄拜御史中丞。唐莊宗平梁，以例出爲隨州司馬，會赦，量移許州。月餘，入爲右庶子，遷戶兵吏三侍郎、尚書左丞、禮部尚書判銓。清泰中，權知貢舉，改戶部尚書，華資美級，罕不由之。高祖登極，轉兵部尚書。天福中，命權使於契丹，權以前世累爲將相，未嘗有奉使而稱陪臣者〔一二〕，謂人曰：「我雖不才，年今耄矣，豈能遠使於契丹乎！違詔得罪，亦所甘心。」由是停任。先是，宰相馮道使於契丹纔回，權亦自鳳翔册禮使回，案：通鑑考異引周世宗實錄馮道傳云：契丹遣使加徽號于晉祖，晉亦獻徽號于契丹。始命兵部尚書王權銜其命，權辭以老病。晉祖謂馮

道曰：「此行非卿不可。」道無難色。據此傳，馮道自契丹使回，始命王權奉使，道亦未嘗再使契丹也，與周實錄異。（舊五代史考異）故責詞略曰：「若以道路迢遙，卽鸞閣之台臣亦往；若以筋骸衰減，卽鳳翔之册使纔回。既黷憲章，須從殿黜」云。其實權不欲臣事契丹，故堅辭之，非避事以違命也。踰歲授太子少傅致仕。六年秋，以疾卒，年七十八。贈左僕射。永樂大典卷六千八百五十一。

韓惲，字子重，太原晉陽人。曾祖俊，唐龍武大將軍。祖士則，石州司馬。父逵，代州刺史。惲世仕太原，昆仲爲軍職，惟惲親狎儒士，好爲歌詩，聚書數千卷。乾寧中，後唐莊宗納其妹爲妃，初爲嫡室，故莊宗深禮其家，而惲以文學署交城、文水令，入爲太原少尹。莊宗平定趙、魏，爲魏州支使。莊宗卽位，授右散騎常侍，從駕至洛陽，轉尚書戶部侍郎。天成初，改秘書監。俄而馮道爲丞相，與惲有同幕之舊，以惲性謹厚，尤左右之，尋遷禮部尚書。丁內憂，服闋，授戶部尚書。明宗晏駕，馮道爲山陵使，引惲爲副使。淸泰初，以充奉之勞，授檢校尚書右僕射、絳州刺史〔一三〕，踰年入爲太子賓客。高祖登極，以惲先朝懿戚，深加禮遇，除授貝州刺史。時范延光有跋扈之狀，惲懼其見逼，遲留不敢赴任，高祖不悅，復授太子賓客，尋改兵部尚書。天福七年夏，車駕在鄴，惲病脚氣，卒於龍興寺，時年六十餘。永樂大典卷三千六百七十五。

李懌，京兆人也。祖褒，唐黔南觀察使。父昭，戶部尚書。懌幼而能文，進士擢第，解褐爲校書郎、集賢校理、淸河尉。入梁，歷監察御史、右補闕、殿中侍御史、起居舍人、禮部員外郎、知制誥，換都官郎中，賜緋，召入翰林爲學士，正拜舍人，賜金紫，仍舊內職。莊宗平汴、洛，責授懷州司馬，遇赦，量移孟州，入爲衞尉少卿。天成初，復拜中書舍人，充翰林學士，在職轉戶部侍郎右丞，充承旨。時常侍張文寶知貢舉，中書奏落進士數人，仍請詔翰林學士院作一詩一賦，下禮部〔一四〕，爲舉人格樣。學士竇夢徵、張礪輩撰格詩格賦各一，格詩，原本作「權詩」，今從歐陽史改正。（影庫本粘籤）送中書，宰相未以爲允。夢徵等請懌爲之，懌笑而答曰：「李懌識字有數，頃歲因人偶得及第，敢與後生髦俊爲之標格！假令今却稱進士，就春官求試，落第必矣。格賦格詩，不敢應詔。」君子多其識大體。天福中，自工部尚書轉太常卿，歷禮部、刑部二尚書，以多病留司於洛下，不交人事。開運末，遇契丹入洛，家事罄空，尋以疾卒，年七十餘。永樂大典卷一萬三百九十。

校勘記

〔一〕白衣丈夫　「丈」原作「大」，據殿本、彭校改。

〔二〕若以某姓名求之　「求」原作「救」，據殿本、劉本改。

〔三〕選人　原作「遷人」，據彭校及歐陽史卷五五姚顗傳改。

〔四〕而服食尤盡其善　「服食」二字原無，影庫本粘籤云：「『而尤盡其善』句疑有誤，今無別本可校，姑仍其舊。」今據殿本補。

〔五〕後因風痹　「後」原作「復」，據殿本、劉本改。

〔六〕歷諫職……以老致仕　五十一字原無，據殿本補。原注「案以下有闕文」六字删。

〔七〕人問之……門生也　二十四字原無，據殿本、劉本補。

〔八〕雖遇盛夏　「遇」原作「過」，據殿本、劉本改。

〔九〕鄖鄉　原作「鄖鄉」，據殿本、劉本改。

〔一〇〕安得百僚無班　「百」原作「具」，據殿本、劉本改。

〔一一〕河淸　原作「淸河」，據劉本改。

〔一二〕未嘗有奉使而稱陪臣者　殿本、劉本同。大典（膠卷）卷六八五一作「未嘗有稱臣於戎虜者」。下文「豈能遠使於契丹乎」、「權不欲臣事契丹」，殿本、劉本同，大典（膠卷）卷六八五一作「豈能稽顙於穹廬之長乎」、「權以恥拜虜廷」。

〔一三〕絳州刺史　「史」原作「使」，據殿本、劉本改。

〔一四〕下禮部　「禮」原作「工」，據殿本、劉本改。

舊五代史卷九十三

晉書十九

列傳第八

盧質，字子徵〔一〕，河南人也。曾祖偲，唐太原府祁縣尉，累贈右僕射。祖衍，唐刑部侍郎、太子賓客，累贈太保。父望，唐尚書司勳郎中，累贈太子少傅。質幼聰慧，善屬文。年十六，陝帥王重盈奏授芮城令，王重盈，原本作「從盈」，今從唐書改正。（影庫本粘籤）能以色養。又爲同州澄城令，從私便也。秩滿改祕書郎，丁母憂，歸河南故里。天祐三年，北遊太原，時李襲吉在武皇幕府，以女妻之。武皇憐其才，承制授檢校兵部郎中，充河東節度掌書記，賜緋魚袋。

武皇厭代，其弟克寧握兵柄，有嗣襲之望，質與張承業等密謀，同立莊宗爲嗣，有翊贊之功。及莊宗四征，質皆從行。十六年，轉節度判官、檢校禮部尚書。十九年，莊宗將即帝

位，命爲大禮使，累加至銀青光祿大夫、檢校右僕射。二十年，授行臺禮部尚書。莊宗既登極，欲相之，質性疏逸，不喜居高位，固辭獲免。尋以本官兼太原尹，充北京留守事，未赴任，改戶部尚書、知制誥，充翰林學士承旨。

同光元年冬，從平大梁，權判租庸事，踰月隨駕都洛，旋有詔權知汴州軍府事。時孔謙握利權，志在聚斂，累移文於汴，配民放絲，質堅論之，事雖不行，時論賞之。俄又改金紫光祿大夫、兵部尚書、知制誥、翰林學士承旨，仍賜論思匡佐功臣。會覆試進士，質以「后從諫則聖」爲賦題，以「堯、舜、禹、湯傾心求過」爲韻，舊例賦韻四平四側，質所出韻乃五平三側，由是大爲識者所誚。

天成元年，制授特進、檢校司空、同州節度使。時宰相馮道以詩餞別，其警句云：「視草北來唐學士，擁旄西去漢將軍。」儒者榮之。明年，改賜耀忠匡定保節功臣，就加檢校司徒。長興二年，入拜兵部尚書，判太僕卿事。案：歐陽史作判太常卿事。（舊五代史考異）四年，進封開國公。長興二年，授檢校太保、河陽節度使，未幾，移鎮滄州，入爲右僕射。及秦王得罪，奉詔權知河南府事。應順初，遷檢校太傅，正拜河南尹，後改太子少師。清泰末，復爲右僕射。高祖登極，質以微恙分司洛宅。少帝嗣位，拜太子太保。天福七年秋，卒於洛陽，年七十六。累贈太子太師，謚曰文忠。案五代會要：漢乾祐元年九月，其子尚書兵部員外郎盧瓊上章請謚，下太常議，謚曰文忠。（舊五代史考異）子十一人，唯第六子夏，仕至省郎〔二〕，餘歷州縣焉。永樂大典卷二千二百十二。

李專美，字翊商，京兆萬年人也。曾祖隨，光祿卿。案：新唐書宰相世系表作隨祕書監。（舊五代史考異）祖正範，尚書庫部郎中。專美少篤學，又以父樞唐昭宗時常應進士舉，爲覆試所落，不許再入，專美心愧之，由是不遊文場。僞梁貞明中，河南尹張全義以專美名族之後，奏爲陸渾尉，秩滿，改舞陽令。專美性廉謹，大著政聲。後唐天成中，安邑榷鹽使李肅辟爲推官，時唐末帝鎮河中，見其敦雅，心重之。末帝一日曾召肅讌於衙署，專美亦預坐，末帝謂肅曰：「某夜來夢主上召去，與宋王同剃却頭，何也？」坐客都無對者，專美屏人謂曰：「將來必爲嗣主。」由是愈重焉。末帝留守長安，奏爲從事，及移鎮鳳翔，鳳翔，原本作「鳳翊」，今從通鑑改正。（影庫本粘籤）遷爲記室。末帝即位，除尚書庫部郎中，案：歐陽史作比部郎中。（舊五代史考異）賜金紫，充樞密院直學士。

初，末帝起自鳳翔，大許諸軍厚賞。洎至洛陽，閱內庫金帛不過二三萬；尋又配率京城戶民，雖行捶楚〔三〕，亦所獲無幾，末帝憂之。會專美宿於禁中，末帝召而讓之曰：「卿士人子弟，常言有才術，今致我至此，不能度運以濟時事，留才術何施也！」專美惶恐待罪，良

久奏曰：「臣才力駑劣，屬當興運，陛下猥垂錄任，無以裨益聖朝，然府藏空竭，軍賞不給，非臣之罪也。臣思明宗棄代之際，是時府庫濫賞已竭，繼以鄂王臨朝，紀綱大壞，縱有無限之財賦，不能滿驕軍谿壑之心，所以陛下孤立岐陽而得天下。臣以爲國之存亡，不專在行賞，須刑政立于上，恥格行於下，賞當功，罰當罪，則近於理道也。若陛下不改覆車之轍，以賞無賴之軍，徒困蒸民，存亡未可知也。今宜取見在財賦以給之，不必踐前言而希苟悅。」末帝然之。及其行賞，雖不愜於軍士〔四〕，然洛陽戶民獲免鞭笞之苦，由專美之敷揚也。尋轉給事中，明年，遷兵部侍郎、端明殿學士，未幾，改檢校尚書右僕射、守密書監〔五〕，守密書監，疑當作「祕書監」。考封演見聞錄，唐人亦稱祕書爲密書，今仍其舊。（影庫本粘籤）充宣徽北院使。高祖入洛，以例除名。三年，復授衞尉少卿，繼遷鴻臚、大理卿。開運中，以病卒，時年六十二。

專美之遠祖本出姑臧大房，與清河小房崔氏、北祖第二房盧氏、昭國鄭氏爲四望族，皆不以才行相尚，不以軒冕爲貴，雖布衣徒步，視公卿蔑如也。男女婚嫁，不雜他姓，欲聘其族，厚贈金帛始許焉。唐太宗曾降詔以戒其弊風，終莫能改。其間有未達者，必曰：「姓崔、盧、李、鄭了，餘復何求耶！」其達者，則邈在天表，敻若千里，人罕造其門，浮溥自大，皆此類也。唯專美未嘗以氏族形於口吻，見寒素士大夫，恆恂恂如也，人以此多之。

專美職岐下，曾夢具裳簡立嵩山之頂。及爲端明殿學士，學士李崧同列而班在其上，

因以所夢告崧，且言：「某非德非勳，安可久居此位，處吾子之首乎！」因懇求他官，尋移宣徽使，崧深德之。及高祖臨朝，崧爲樞密使，與桑維翰同列，維翰與專美亦有舊，乃協力以奏之，遂復朝序，位至九卿。專美曾使閩中，遇風水漂至兩浙，踰歲無恙而還，至是善終，人以爲神道福謙之所致也〔六〕。永樂大典卷一萬三百九十。

盧詹，字楚良，京兆長安人也。唐天祐中，爲河中從事。莊宗卽位，擢爲員外郎、知制誥，遷中書舍人。天成中，拜禮部侍郎、知貢舉，歷御史中丞、兵部侍郎、尙書左丞、工部尙書。詹性剛直，議論不避權貴，執政者常惡之。天福初，拜禮部尙書，分司洛下，與右僕射盧質、散騎常侍盧重俱在西都，數相過從。三人俱嗜酒，好遊山水，塔廟林亭花竹之地，無不同往，酣飮爲樂，人無間然，洛中朝士目爲「三盧會」。常委順性命，不營財利。開運初，卒於洛陽。詹家無長物，喪具不給，少帝聞之，賜布帛百段，粟麥百斛，方能襄其葬事，贈太子少保。永樂大典卷二千二百十二。

崔梲，字子文，博陵安平人。累世冠冕。曾祖元受〔七〕，舉進士，直史館。案新唐書世系表：元受直史館、高陵尉。（舊五代史考異）祖鉥，安、濮二州刺史。父涿，刑部郎中。梲少好學，梁貞

明三年〔八〕，舉進士甲科，爲開封尹王瓚從事。梲性至孝，父涿有疾，父涿，原本作「父濠」，今從歐陽史改正。（影庫本粘籤）謂親友曰：「死生有命，無醫爲也。」梲侍之衣不解帶，有賓至，必拜泣告於門外，請方便勸其進藥，涿終莫之從。及丁憂，哀毀過制。明宗朝，授監察御史，不應命，踰年詔再下，乃就列焉。累遷都官郎中、翰林學士。

天福初，以戶部侍郎爲學士承旨。嘗草制，爲宰相桑維翰所改，梲以唐故事，學士草制有所改者，當罷職，乃引經據爭，維翰不能詰，命權知二年貢舉。時有進士孔英者，素有醜行，爲當時所惡。梲受命往見維翰，維翰語素簡，謂梲曰：「孔英來矣。」梲不諭其意，以謂維翰以孔英爲言，乃考英及第，物議大以爲非，遂罷學士，拜尙書左丞，遷太常卿。後以風痹改太子賓客，分司西京，卒年六十八。

梲平生所著文章、碑誄、制詔甚多，人有借本傳寫者，則曰：「有前賢，有來者，奚用此爲！」凡受託而作者，必親札致之，卽焚其藁，懼泄人之假手也。梲笑不至矧〔九〕，怒不至詈，接新進後生，未嘗無誨焉。羣居公會，端坐寡言，嘗云非止致人愛憎，且或干人祖禰之諱。指命僕役 亦用禮節，盛暑祁寒，不使冒犯。嘗自話於知友云：「某少時，夢二人前引行路，一人計地里，曰：『一舍矣，可以止。』一人曰：『此君當更進三十有八里。』復行如所言，二人皆止之，俄而驚覺。」梲常識是夢，以爲定命之限，故六十七請退，明年果終焉。

兄棆，案：世系表作棆。（舊五代史考異）有隱德，好釋氏，閑居滑州。嘗欲訪人於白馬津北，及臨岸，歎曰：「波勢洶湧如此，安可濟乎！」乃止。後徵拜左拾遺，辭疾不赴。永樂大典卷二千七百四十。

薛融，汾州平遙人。性純和，以儒學爲業。初從雲州帥李存璋爲幕職，唐莊宗平河南，歷鄆、徐二鎭從事。明宗初，授華州節度判官。長興四年，入爲右補闕，直弘文館，歲餘，改河東觀察判官，會高祖鎭太原，遂居于幕府。淸泰末，高祖將舉義，延賓席而歷問之，次及融，對曰：「融本儒生，祇曾讀三五卷書，至於軍旅之事，進退存亡之機，未之學也。」座中聳然。及登極，遷尙書吏部郎中兼侍御史知雜事。天福二年，自左諫議大夫遷中書舍人，自以文學非優，不敢拜命，復爲諫議。時詔修西京大內，融以鄴下用兵，國用不足，上疏復罷之，案通鑑：薛融諫曰：「今宮室雖經焚毀，猶侈于帝堯之茅茨；所費雖寡，猶多于漢文之露臺。況魏城未下，公私困窘，誠非陛下修宮館之日。俟海內平寧，修之未晚。（舊五代史考異）優詔嘉許。俄轉御史中丞，秩滿改尙書右丞，分司西都。天福六年，以疾卒，年六十餘。永樂大典卷二萬一千三百六十七。案：歐陽史作年六十。（舊五代史考異）

曹國珍，字彥輔，幽州固安人也。曾祖藹，祖蟾，父絢，代襲儒素。國珍少値燕薊亂離，因落髮被緇，客於河西延州，延州，原本作「逮州」，今從歐陽史改正。（影庫本粘籤）高萬興兄弟皆好文，辟爲從事。國珍常以文章自許，求貢禮闈，且掌書奏，期年，入爲左拾遺，累遷至尙書郎。每與人交，傾財無吝。性頗剛僻，經藝史學，非其所長，好自矜衒，多上章疏，文字差誤，數數有之，爲搢紳所誚。高祖在藩時，嘗通私謁，以兄事之。及卽位，國珍自比於嚴陵，上表敍舊，由是自吏部郎中拜左諫議大夫、給事中。案歐陽史張彥澤傳：國珍與御史中丞王易簡率三院御史詣閤門，連疏論張彥澤，不報。（舊五代史考異）又求爲御史中丞，時宰怒，不復爲請，國珍銜之。李崧之母薨，遣諸弟護喪歸葬深州。崧旣起復，乃出北郊路隅設奠，公卿大夫皆送喪而出，國珍固爭不行，衆咸推其讜直。高祖晏駕，朝廷以宰臣馮道爲山陵使，及靈轜旣發，國珍上疏言：「馮道旣爲山陵使，不得復入都城，請除外佐，以桑維翰入輔。李崧請罷相位，俾持喪制。」少帝覽奏，以所言侵越，出爲陝州行軍司馬。至任悒怏，遘疾而卒。永樂大典卷四千五百十三。

張仁愿，字善政，開封陳留人也。祖晸，唐右武衞大將軍。父存敬，梁河中節度觀察留後，累贈中書令，梁書有傳。仁愿，梁貞明初，以勳臣之子起家爲衞尉寺主簿，改著作佐郎、左贊善大夫，賜緋魚袋。唐同光初，遷大理正。天成元年，自將作少監轉大理少卿。長興

中，歷昭武、歸德兩鎮節度判官。四年，復入爲大理少卿。清泰中，除殿中監。天福五年，拜大理卿。八年，轉光祿卿。仁愿性温雅，明法書，累居詳刑之地，議讞疑獄，號爲稱職。兄仁穎，梁朝仕至諸衛將軍，中年以風恙廢於家凡十餘年，仁愿事之，出告反面，如嚴父焉，士大夫推爲孝友。仁穎善理家，勤而且約，婦女衣不曳地，什物多歷年所，如新市焉。仁愿，開運元年再爲大理卿，時隰州刺史王徹犯贓，朝廷以徹功臣之後，欲宥之，仁愿累執奏不移，竟遣伏法，議者賞之。開運二年，以疾卒，年五十一。贈祕書監。永樂大典卷六千三百五十一。

趙熙，字績巨，唐宰相齊國公光逢之猶子也。起家授祕書省校書郎，唐天成中，累遷至起居郎。數上章言事，以稱旨尋除南省正郎。天福中，承詔與張昭遠等修唐史，竟集其功。開運中，自兵部郎中授右諫議大夫，賞筆削之功也。及契丹犯闕，僞旨遣使於晉州率配豪民錢幣，以實行橐。始受命之日〔一〇〕，條制甚嚴，熙出衣冠族，性素輕急，既畏契丹峻法，乃窮理搜索，人甚苦之。及晉之三軍 及晉之三軍，原本疑有舛誤，今無別本可考，姑仍其舊。（影庫本粘籤） 殺副使駱從朗〔一一〕，案通鑑云：契丹以節度副使駱從朗知晉州事〔一二〕，大將藥可儔殺從朗。（舊五代史考異） 百姓相率持仗害熙於館舍，識者傷之。永樂大典卷一萬六千九百九十一。

李遐，兗州人也。少爲儒，有節操，歷數鎭從事，及升朝，累遷尚書庫部員外郎。高祖卽位，以皇子重乂保釐洛邑，知遐強幹有守，除爲西京留守判官，使之佐理；復重其廉勤，兼委監西京左藏庫。會張從賓作亂，張從賓，原本作「徒賓」，今從通鑑改正。（影庫本粘籤） 使人輦取緡帛以賞羣逆，遐曰：「不奉詔書，安敢承命！」遂爲其下所害。高祖聞而歎惜，賻贈加等，仍贈右諫議大夫。其母田氏，封京兆郡太君，仍給遐所食月俸，終母餘年。其子佚服闋與官。後又遣兗州節度使李從温就其舊業，賜牲幣綿帛等物，以旌其忠也。永樂大典卷一萬三百九十。

尹玉羽，京兆長安人〔一三〕。唐天復中，隨計京師，甚有文稱。會有苴杖之喪，累歲羸疾，多不釋菅屨，期不變倚廬。制闋，隱居杜門，無仕宦之意。永樂大典卷一萬六千九百九十一。梁貞明中，劉鄩辟爲保大軍節度判官，歷雍、汴、滑、兗從事〔一四〕。案：以下有闕文。考宋黎持移石經記：石經舊在務本坊，自天祐中韓建築新城，而石經委棄于野。至朱梁時，劉鄩守長安，從幕吏尹玉羽之請，輦入城中，置于此地，卽唐尚書省之西隅也。（舊五代史考異） 後唐清泰中，爲光祿少卿，退歸秦中，以林泉詩酒自樂，冊府元龜卷八百一十三。自號自然先生。永樂大典卷八千五百七十。宰臣張延朗手書而召，高臥不從，謂人曰：「庶孽代宗，不可仕也。」及高祖入雒，卽受詔而來，以所著自然經五卷貢之，且告其老。卽日璽書褒美，頒其器幣，授少府監致仕，月給俸錢及冬春二時服。冊府元龜卷八百九十九。案：尹玉羽傳，原本止存二條，今采冊府元龜以存大概。玉羽性仁恕，好靜默，與朋友交無怨棄，御僕隸不好詈辱，有過則諭而戒之，有罪則禮而遣之。家雖屢空，不渝其廉，時雖亂離，不廢其業。天福中，卒，有武庫集五十卷行于世〔一五〕。

鄭雲叟，本名遨，雲叟其字也，以唐明宗廟諱，故世傳其字焉，本南燕人也。案：歐陽史作滑州白馬人。（舊五代史考異） 少好學，耿介不屈。唐昭宗朝，嘗應進士舉，不第，因欲攜妻子隱于林壑，其妻非之，不肯行，雲叟乃薄游諸郡，獲數百緡以贍其家，辭訣而去。尋入少室山，案：歐陽史作入少室爲道士。（舊五代史考異） 著擬峯詩三十六章，以導其趣，人多傳之。後妻以書達意，勸其還家，雲叟未嘗一覽，悉投於火，其絕累如此。俄聞西嶽有五鬣松〔一六〕，淪脂千年，能去三尸，因居於華陰。與李道殷、羅隱之友善，時人目爲「三高士」。道殷有釣魚之術，鉤而不餌，又能化易金石，無所不至，雲叟恆目覩其事，信而不求。雲叟與梁室權臣李振善，振欲祿之，拒而不諾，及振南遷，雲叟千里徒步以省之，識者高焉。後妻兒繼謝，每聞凶訃，一哭而止。時唯青衿二童子、一琴、一鶴，從其遊處。好棋

塞之戲，遇同侶則以晝繼夜，雖寒風大雪，臨簷對局，手足皸裂，亦無倦焉。唐天成中，召拜左拾遺，不起，與羅隱之朝夕遊處，隱之以藥術取利，雲叟以山田自給，俱好酒能詩，善長嘯。有大瓠，云可辟寒暑，置酒於其中，經時味不壞，日攜就花木水石之間，一酌一詠。嘗因酒酣聯句，鄭曰：「一壺天上有名物，兩箇世間無事人。」羅曰：「醉却隱之、雲叟外，不知何處是天眞。」

高祖卽位，聞其名，遣使齎書致禮，徵爲右諫議大夫，雲叟稱疾不起，上表陳謝。高祖覽表嘉之，賜近臣傳觀，尋賜號逍遙先生，以諫議大夫致仕，月給俸祿。雲叟好酒，嘗爲詠酒詩千二百言，海內好名者書於縑緗，以爲贈貺。復有越千里之外，使畫工潛寫其形容列爲屏障者焉。其爲時望所重也如此。天福末，以壽終，時年七十四。有文集二十卷行于世。永樂大典卷一萬八千八百八十一。

史臣曰：自古攀龍鱗，附鳳翼，坐達於雲衢者，豈獨豐沛之士哉！苟懷才抱器，適會興王，亦可以取貴於一時，如盧質而下數君子是也。至如國珍之讜直，仁愿之友悌，趙、李二子沒于王事，皆無忝于士林矣。唯玉羽之貞退，雲叟之肥遯，足可以梲奔競之風，激高尚之節也。永樂大典卷一萬八千八百八十一。

校勘記

〔一〕子徵　殿本、歐陽史卷五六盧質傳同。盧本作「子貞」，劉本作「子微」，疑誤。

〔二〕第六子夏仕至省郎　「夏」，殿本、劉本作「瓊」。「仕」原作「任」，據殿本改。

〔三〕雖行捶楚　原作「雖行行捶楚」，據殿本、劉本刪。影庫本批校云：「『雖行捶楚』句，衍一『行』字。」

〔四〕雖不惬於軍士　「士」字原無，據殿本、劉本補。影庫本批校云：「不惬于軍士，脱『士』字。」

〔五〕守密書監　殿本、劉本「密」作「秘」。

〔六〕人以爲神道福謙之所致也　「致」原作「至」，據殿本改。

〔七〕曾祖元受　「受」原作「授」，據殿本、劉本、新唐書卷七二宰相世系表改。

〔八〕貞明　原作「正明」，據殿本、劉本改。

〔九〕笑不至矧　「矧」原作「哂」，據殿本、劉本改。按「笑不至矧，怒不至詈」，見禮記曲禮。

〔一〇〕始受命之日　「受」原作「授」，據殿本、劉本改。

〔一一〕殺副使駱從朗　「殺」原作「投」，據殿本、劉本改。影庫本批校云：「殺副使駱從朗，『殺』訛『投』。」

〔一二〕節度副使駱從朗　「副」字原無，據通鑑卷二八六補。

〔一三〕京兆長安人　五字原無，盧本同，據殿本、劉本補。

〔一四〕梁貞明中……從事　二十二字原無，據殿本補。按册府卷八一三無此文，殿本或係據大典所補。

〔一五〕玉羽……行于世　六十六字原無。「玉羽……不廢其業」五十二字據册府卷八〇六補。「天福中……行于世」十四字據殿本補。

〔一六〕五鬣松　「鬣」原作「粒」，據彭校及大典卷八八四五改。

舊五代史卷九十四

晉書二十

列傳第九

萇從簡，陳州人也。世以屠羊爲業，力敵數人，善用槊。初事後唐莊宗爲小校，每遇攻城，召人爲梯頭，梯頭，原本作「楊頭」，今從歐陽史改正。（影庫本粘籤）從簡多應募焉，莊宗爲其勇，擢領帳前親衞兼步軍都指揮使。一日，莊宗領大軍與梁軍對陣，登高丘而坐，敵人有執大幟揚其武者，莊宗指之謂左右曰：「猛士也。」從簡曰：「臣爲大王取之。」莊宗慮其不捷，不許。從簡退，乃潛領十數騎挺身而入，奪幟以歸，萬衆鼓譟，莊宗壯之，錫賚甚厚。又嘗中箭而鏃入於骨，使醫工出之，以刃鑿骨，恐其痛也，良久未能搖動。從簡嗔目謂曰：「何不沈鑿？」洎出之，左右無不惻然，從簡顏色自若，其勇壯皆此類也。從簡所爲多不法，莊宗以其戰鬬多捷，常屈法赦之，賜姓，名曰紹瓊。後加竭誠匡國功

臣，累官至金紫光祿大夫、檢校太保、景州刺史，歷洺州團練使。及梁平，典蔡州。同光四年，授許州節度使，會莊宗晏駕，未及赴鎮而止。明宗登極，例復本姓，歷鱗、汝、汾、金四州刺史。案北夢瑣言云：明宗尤惡貪貨，而戒汝州刺史萇從簡，爲其貪暴。（舊五代史考異）應順初，舉軍伐鳳翔，從簡亦預其行，會軍變，乃東還。道遇張廷蘊，爲廷蘊所執，送於末帝。末帝數之曰：「人皆歸我，爾何背我而去也？」從簡曰：「事主不敢二心，今日死生唯命。」末帝釋之。清泰二年，授潁州團練使。

高祖舉義，末帝將議親征，詔赴闕，充副招討使，隨駕至孟津，除河陽節度使。及趙延壽軍敗，斷浮橋歸洛，留從簡守河陽。高祖自北而至，從簡察軍情離散，遂渡河迎謁高祖。天福元年十二月，授許州節度使，改賜推忠佐運保國功臣。二年秋，移鎮徐州。三年，加開府儀同三司、開府，原本誤作「開封」，今據文改正。（影庫本粘籤）檢校太尉，進封開國公，食邑至一千五百戶。受代歸闕，授左金吾衞上將軍。

從簡性忌克而多疑，歷州鎮凡十餘，所在豎棘於公署，纔通人行，左右稍違忤，即加鞭笞，或至殺害，其意不可測，吏人皆側足而行〔一〕。其煩苛暴虐，爲武臣之最。六年秋，隨駕幸鄴都，遇疾請告，尋卒於鄉里，年六十五。贈太傅。永樂大典卷一萬八千一百三十一。案歐陽史作贈太師。（舊五代史考異）

潘環，字楚奇，洛陽人也。父景厚，以環貴，授左監門上將軍致仕。環少以負販爲業，始事梁邢州節度使閻寶，爲帳中親校。及莊宗定魏博，移兵攻邢，寶遣環間道馳奏於梁，梁末帝用爲左堅銳夾馬都虞候〔二〕，累遷左雄威指揮使。時梁人與莊宗對壘於河上，環每預戰，先登陷敵，金瘡徧體。案玉堂閒話云：潘環常中流矢于面，骨銜其鏃，故負重傷。醫至經年，其鏃自出，其瘡成漏，終身不痊。（舊五代史考異）莊宗知其名，及平梁，命典禁軍。同光中，從明宗北禦契丹，鄴軍之亂，從明宗入洛。天成初，授棣州刺史。會定州王都反，朝廷攻之，以環爲行營右廂步軍都指揮使。賊平，改易州刺史、北面沿邊都部署，後移刺慶州。受代歸闕，明宗召對，顧侍臣曰：「此人勇敢，少能偕者。」尋除宿州團練使。清泰中，移耀州。

天福中，預平范延光，授齊州防禦使。四年，升金州爲節鎭，以環爲節度使，久之，入爲左神武統軍。開運初，契丹入寇，王師北征，以環爲北面行營步軍左廂排陣使，預破契丹於陽城。軍迴，授澶州節度使，累官至檢校太傅。三年，罷鎭歸闕，俄受詔洛京巡檢。其年冬，戎王犯闕，僞署劉晞爲西京留守，環乞罷巡警，閑居洛陽。遇河陽軍亂，晞出奔，未幾，蕃將高牟翰以兵援晞入於洛〔三〕，慮環有變，乃害之，盡取其家財。通鑑云：晞疑環構其衆逐己，使牟翰殺之。（殿本）漢高祖至京，贈太尉。

環歷六部兩鎭，所至以聚斂爲務。在宿州時，有牙將因微過見怒，環給言啓之，牙校因託一尼嘗熟於環者，獻白金兩鋌。尼詒環白牙校餉鐵脚兩枚，兩枚，原本作「兩枝」，今從册府元龜改正。（影庫本粘籤）求免其責，環曰：「鐵本幾脚？」尼曰：「三脚。」環復曰：「今兩脚能成鐵乎？」尼則以三數致之，當時號環爲「潘鐵脚」。永樂大典卷一萬八千二百三十一。

方太，字伯宗，青州千乘人也。少隸本軍爲小校，嘗戍登州，劫海客，事洩，刺史淳于晏匿之，遇赦免。事定州節度使楊光遠，光遠領兵赴晉陽〔四〕。本州軍亂，太與馬萬、盧順密等擒之，使太縛送至闕。尋從杜重威破張從賓於汜水，以功除趙州刺史。從楊光遠平范延光於鄴，移刺萊州，遷安州防禦使。從少帝幸澶州，與契丹戰於戚城，中數創，改鳳州防禦使，行至中途，遷河陽留後，移邢州留後。契丹犯闕，僞命遙領洋州節度使，充洛京巡檢，與前洛州團練使李瓊俱至鄭州，其屯駐兵士迫請太在城巡檢，以備外盜，號爲「鄭王」。時有嵩山賊帥張遇，領衆萬餘，於僧衆得梁朝故嗣密王朱乙，遂推爲天子，取嵩山神冠冕之服以衣之。張遇以其衆攻鄭州，太與李瓊擊之，賊衆敗走，瓊中流矢而死。太乃括率郡中財物以賞軍士，因誘之欲同西去，其衆不從，太乃潛奔於洛陽。案通鑑云：戍兵既失太，反譖太于契丹，云脅我爲亂。太遣子師朗自訴于契丹，契丹殺之。（舊五代史考異）及劉晞南走許州，案：通鑑考異作劉禧。（舊五代史考異）太殺晞牙校李暉，入河南府行留守事。既而嵩山賊帥張遇殺嗣密王，傳首於太，懸於洛市。又有伊闕賊帥自稱天子，領衆萬餘，將入洛城，集郊壇之上，太率兵數百人逆擊，破之，賊衆遂潰。案通鑑考異引實錄方太傳云：劉禧走許田，復有潁陽妖巫，姓朱，號嗣密王，誓衆于洛南天壇，號萬餘人。太帥部曲與朝士輩虛張旗幟，一舉而逐之，洛師遂安。（舊五代史考異）河陽武行德遣使召太，詐言欲推之爲帥，尋爲行德所害。永樂大典卷一萬八千一百三十一。

何建，案：九國志作何重建。其先迴鶻人也，代居雲、朔間。祖慶，父懷福，俱事後唐武皇爲小校。建少以謹厚隸於高祖帳下，以掌廐爲役，及卽位，累典禁軍，案九國志云：重建初事晉祖爲奉德馬軍都指揮使。遙領驩、睦二郡。天福中，自曹州刺史遷延州兵馬留後，尋正授旄鉞。案九國志云：延州節度使丁審琪殘暴貪冒，蕃部苦之。重建以所部兵攻其城，審琪遁去，晉祖卽以重建權節度兵馬留後，下車諭以威福，邊民安堵，就加彰武軍節度使。數年之間，歷涇、鄧、貝、澶、孟五鎭節度使，案九國志云：皆以廉儉簡易稱。累官至檢校太傅。

開運三年，移鎭秦州。是冬，契丹入汴，戎王遣人齎詔以賜建，建憤然謂將吏曰：「吾事石氏二主，累擁戎旃，人臣之榮，亦已極矣。今日不能率兵赴難，豈可受制於契丹乎！」卽遣使齎表與其地送款於蜀，孟昶待之甚厚，僞加同平章事，依前秦州節度使。案九國志云：時

固鎭與鳳州未平，重建悉經略討平之。歲餘，移閬州保寧軍節度使，案九國志云：昶大舉兵北伐，遣張虔釗出大散關，以重建爲招討使，由隴州路以進師，無功而還。加僞官至中書令，後卒於蜀。永樂大典卷五千六百三十二。

張廷蘊，字德樞，開封襄邑人也。祖立，贈驍衛將軍。父及，贈光祿大夫。廷蘊少勇捷，始隸宣武軍爲伍長，唐天復中〔五〕，奔太原，武皇收於帳下爲小校。及莊宗救上黨，戰柏鄉，攻薊門，下邢、魏，皆從之。後戰於莘縣及胡柳陂，繼爲流矢所中，金瘡之痕，盈於面首。莊宗寵之，統御營黃甲軍，常在左右，累加檢校兵部尚書、帳前步軍都虞候，充諸軍濠寨使。同光初，從明宗收汶陽，加檢校尚書右僕射，充魏博三城巡檢使。時皇后劉氏在鄴，每縱其下擾人，廷蘊多斬之，聞者壯焉。

梁平，承詔入覲，改帳前都指揮使兼左右羽林都虞候。會李繼韜故將楊立叛〔六〕，詔遣明宗爲招討使，元行欽爲都部署，廷蘊爲前鋒。案歐陽史云：李繼韜叛于潞州，莊宗遣明宗爲招討使，元行欽爲部署，廷蘊爲馬步軍都指揮使，將兵爲前鋒。吳縝纂誤據梁本紀及元行欽、李繼韜傳，云並無明宗、元行欽、張廷蘊攻潞州之事。今考薛史，本書廷蘊平潞州楊立之叛，歐陽史以爲平李繼韜，殊誤。通鑑從薛史。（舊五代史考異）軍至上黨，日已暝矣，慰軍方定，廷蘊首率勁兵百餘輩，踰洫坎城而上，守陴者不能禦，尋斬關

延諸軍入焉。明宗、行欽達明而始至，其城已下，明宗甚慊之。軍還，軍還，原本作「軍遷」，今據文改正。（影庫本粘籤）改左右羽林都指揮使，加檢校司空，行申州刺史。同光末，從皇子魏王繼岌伐蜀，授行營中軍都指揮使。蜀平，明宗嗣位，遷懷州刺史，賜竭忠建策興復功臣，加檢校司徒。旋移金州防禦使，加檢校太保，繼授潁州團練使、沿淮招安使。應順中，轉隴州防禦使。清泰中，進封清河郡公。高祖即位，入爲右龍武統軍，遷絳州防禦使。少帝嗣位，領左軍衞上將軍，加特進。開運三年冬，以老病求歸於宋城，明年卒於家，時年六十九。

廷蘊所識不過數字，而性重文士。下汶陽日，首獲鄆帥戴思遠判官趙鳳，訊之曰：「爾狀貌必儒人也，勿隱其情。」鳳具言之，尋引薦於明宗，明宗令送赴行臺，尋除鳳翰林學士。及鳳入相，頗與廷蘊相洽，數言於近臣安重誨，重誨亦以廷蘊苦戰出於諸將之右，力保薦之。明宗以廷蘊取濟之日，不能讓功於己，故恆蓄宿忿，至使廷蘊位竟不至方鎮，亦命矣夫！廷蘊歷七郡，家無餘積，年老耄期，終於牖下，良可嘉也。長子光祓，歷通事舍人。永樂大典卷一萬一百三十一。

郭延魯，字德興，沁州綿上人也。父饒，後唐武皇時，以軍功嘗爲本郡守，凡九年，有遺愛焉。延魯少有勇〔七〕，善用槊，莊宗以舊將之子，擢爲保衞軍使，頻戍塞下，捍契丹有功。

晉書二十　列傳第九　一二四七

舊五代史卷九十四　一二四八

及即位，賜協謀定亂功臣，加檢校兵部尚書、右神武都指揮都知兵馬使。天成中，汴州朱守殷叛，守殷，原本作「宋殷」，今據通鑑改正。（影庫本粘籤）延魯從車駕東幸，至其地，坎壘先登。守殷平，以功授汴州步軍都指揮使，加檢校尚書左僕射。長興中，累加檢校司徒，歷天雄軍北京馬步軍都校，遙領梧州刺史。清泰中，遷復州刺史，正俸之外，未嘗斂貸，庶事就理，一郡賴焉。秩滿，百姓上章舉留，朝廷嘉之。高祖即位，遷單州刺史，加檢校太保，賜輸誠奉義忠烈功臣。到任踰月，以疾卒於理所，時年四十七〔八〕。詔贈太傅。永樂大典卷二萬二千一百六十一。

郭金海，本突厥之族。少侍昭義節度使李嗣昭，常從征伐。金海好酒，所爲不法，自潞州過山東，入邢洺界爲劫盜，嗣昭雖知之，然惜其拳勇，每優容之。天祐中，累職至昭義親騎指揮使。同光二年，遷本道馬軍都指揮使。天成初，入爲捧聖指揮使。長興三年，改護聖都虞候。天福二年，從王師討范延光於魏州，以功轉本軍都指揮使，領黃州刺史。高祖幸鄴，宣金海領部兵巡檢東京，其年十一月，安從進謀犯闕，金海爲襄州道行營先鋒都指揮使，與李建崇等同於唐州湖陽遇從進軍萬餘人，金海以一旅之衆突擊，大敗之，策勳授檢校太保、商州刺史，案洛陽縉紳舊聞記：王師攻城，金海爲飛矢所中，扶傷歸營。從進用計汙金海，以金瓶貯酒，金合盛藥，懸城上呼而勞之。金海目不知書，惟利是貪，取瓶與合歸營，且不聞於元戎。元戎等疑之，乃馳驛奏。晉祖念花山之功，不加罪。城下，就除金州團練使，併其兵放他部。金海之任，居常悒悒不樂，至於捐館。（舊五代史考異）俄移慶州。秩滿歸闕，途中遇疾而卒，年六十一。永樂大典卷二萬一千四百五十。洛陽縉紳舊聞記：從進與金海相遇于花山。金海蕃將，善用槍，時罕與敵，拳勇過人，喜戰鬬，欲立奇功。兩陣相去數里。從進素管騎兵，金海久在麾下，從進亦待之素厚。乃躍馬引數百騎乘高，去金海陣數百步，厲聲呼「郭金海」！金海獨鞭馬出于陣數十步，免胄側身，高聲自稱曰「金海」。從進又前行數十步，勞之曰：「金海安否？我素待爾厚，略不知恩，今日敢來共我相殺？」金海應聲答曰：「官家好看大王，負大王甚事，大王今日反？金海舊事大王，乞與大王一箭地，大王回去，若不去，喫取金海槍。」言訖，援槍鞭馬，疾趨其陣。從進懼，躍馬而進，師遂相接，大爲金海、焦繼勳摧敗。奏到，晉祖大喜，賞賜有差。從進自此喪氣，嬰城自固，王師爲連城重塹以守之。月餘，王師攻城，城上矢下如雨，王師被傷者衆。是日，金海爲飛矢集身，扶傷歸營。明日，從進用計汙金海，欲使朝廷疑之，以金瓶貯酒，金合盛藥，以索懸之。城上呼「郭金海」。金海知之，力疾扶創而往。城上勞金海曰：「大王知爾中箭創甚，賜爾金瓶金合酒與鳳藥。」金海目不知書，惟利是貪，取瓶與合歸營，且不聞于元戎。元戎等疑之，乃馳驛奏。晉祖以花山之功，不加罪。城下，就除金州團練，併其兵于他部。金海之任，居常悒悒不樂，至于捐館。（殿本）

劉處讓，字德謙，滄州人也。祖信，累贈太子少保。父瑜，累贈太子少師。梁貞明初，

晉書二十　列傳第九　一二四九

舊五代史卷九十四　一二五〇

張萬進帥兗州，處讓事之，爲親校。萬進據城叛，梁遣大將劉鄩討之，時唐莊宗屯軍於瓠口渡，萬進密遣處讓乞師於莊宗。莊宗未即應之。乃於軍門截耳曰：「主帥急難，使我告援，苟不得請，死亦何避。」莊宗義之，將舉兵渡河，俄聞城陷乃止，因以墨制授處讓行臺左驍衞將軍，俄改客省副使。

梁平，加檢校兵部尚書，累將命稱旨。天成初，轉檢校尚書右僕射，依前充職。歲餘遷引進使。長興三年，轉檢校司空、左威衞大將軍，其職如故。四年，西川孟知祥跋扈，不通朝貢，朝廷方議懷柔，乃遣處讓爲官告國信使，復命，轉檢校司徒。應順初，授忻州刺史、檢校太保，充西北面都計度使，備北寇也。清泰二年，入爲左驍衞大將軍。三年夏，魏博屯將張令昭逐其帥以城叛，朝廷命范延光領兵討之，以處讓爲河北都轉運使。

及高祖舉義於太原，處讓從至洛陽，乃授宣徽北院使。天福二年，轉左監門衞上將軍，充宣徽南院使。范延光之據鄴也，高祖命宣武軍節度使楊光遠領兵討之，時處讓奉詔與光遠同參議軍政。會張從賓作亂於河陽，處讓自黎陽分兵討襲，從賓平，復與楊光遠同攻鄴城。四年冬，范延光將謀納款，尚或遲留，處讓首入其城，以禍福諭之，延光乃降，以功加檢校太傅。

先是，桑維翰、李崧兼充樞密使，處讓以莊宗已來，樞密使罕有宰臣兼者，因萌心以覬其

位〔九〕。及楊光遠討伐鄴城，軍機大事，高祖每命處讓宣達。時光遠恃軍權，多有越體論奏，高祖依違而已，光遠慊之，頻與處讓宴語及之，處讓訴曰：「非聖旨也，皆出維翰等意。」及楊光遠入朝，遂於高祖前面言執政之失，高祖知其故，不得已乃罷維翰等，以處讓爲樞密使。時處讓每有數奏，高祖多不稱旨，會處讓丁繼母憂，高祖因議罷樞密使，其本院庶事並委宰臣分判。處讓居喪期年，起復，授彰德軍節度使、澶衞等州觀察處置等使。

處讓勤於公務，孜孜求理，馭吏民不至苛察，人甚便之。高祖幸鄴都，處讓竭家財貢奉，至於薪炭膏沐之細，悉供億焉。六年，除右金吾衞上將軍，處讓自以嘗經重任，又歷方鎭，謂其入朝必當要職，一旦除授金吾，有所不足。少帝卽位之初，處讓與宰臣言，有協翼之論，覃恩之際，又未擢用。一日至中書，宰臣馮道、趙瑩、李崧、和凝在列，處讓因酒酣，歷詆諸相，道笑而不答。月餘稱病。八年，從駕歸汴，寄居於封禪寺，遇疾而卒，年六十三。贈太尉，再贈太師。

子保勳，仕皇朝，位至省郎。永樂大典卷九千九百九。

李瓊，字隱光，滄州饒安人也。少籍本軍爲騎士，莊宗平河朔，隸明宗麾下，漸升爲小校。同光二年，明宗受詔，以本部兵送糧入薊門，時高祖從行，至涿州與敵相遇，高祖陷於圍中。瓊顧諸軍已退，密奉高祖鐵衣，指東而遁。至劉李河，劉李河，通鑑作琉璃河。考薛史前後作「劉李」，蓋地名多用對音，今仍其舊。（影庫本粘籤）爲敵所襲，瓊浮水先至南岸，高祖至河中，馬倒，順流而下，瓊以所執長矛援高祖出之〔一〇〕，又以所跨馬奉高祖，瓊徒步護之，奔十餘里，乃入涿州。高祖薦於明宗，明宗賞之，尋超授軍職。

同光末，明宗討趙在禮於鄴。鄴軍既變，明宗退至魏縣，遣高祖以騎士三百疾趨汴州。時莊宗遣騎將西方鄴守其城，高祖憂之，使瓊以勁兵突封丘門而入，高祖踵之，鄴尋歸命，浚郊遂定。及高祖領陝州，奏補雲騎指揮使，俄改侍衞牙隊指揮使。長興中，從高祖討東川，至劍州，使瓊以部下兵破賊軍數千，身中重創，軍還，改龍武指揮使。清泰中，屯雲州，累擒獲契丹人馬，以功改右捧聖軍指揮使。唐末帝以瓊元事高祖，乃自寨下移授單州馬步軍副指揮使。

高祖卽位，補護聖都指揮使，又念疇昔輟馬導護之力，前後所賜金帛甚厚，但未升爵位，瓊亦鬱鬱然。久之，領橫州刺史。五年，出典申州，微有政聲。少帝嗣位，入爲殿前散員都指揮使，遙領雷州，俄遷棣州刺史。遇楊光遠以青州叛，自統本部兵攻其城，且以書誘瓊，瓊因拒之，以書上進，朝廷嘉之。開運二年，改洛州團練使，累官至加檢校司空。三年，授護聖右廂都指揮使，領岳州團練使。時洛州吏民列狀保留，朝廷不允。及杜重威降敵，

改授瓊威州刺史。行及鄭州，遇羣盜攻郡，與方太禦賊，中流矢而卒，年六十五。永樂大典卷一萬三百四十。

高漢筠，字時英，齊州歷山人也。曾祖諧，嘗爲是邑令，故家焉。漢筠少好書傳，嘗詣長白山講肄，會唐末齊、魯交兵，梁氏方霸，乃擲筆謁焉。尋納於軍門，未幾，出爲衞州牙校。唐天祐中，莊宗入魏，分兵諭其屬郡，時漢筠以利病說衞之牧守，俾送款於莊宗，以漢筠爲功，尋移洺州都校〔一一〕。其後改常山爲北京，以漢筠爲皇城使，加檢校兵部尚書、左驍衞將軍同正。明宗卽位，除成德軍節度副使，俄以荆門用軍，促詔漢筠移倅襄州，權知軍州事。長興中，歷曹、亳二州刺史，秩滿，加檢校司徒，行左金吾衞大將軍。

清泰末，高祖建義於河東，唐末帝遣晉昌節度使張敬達率師圍太原，委漢筠巡撫其郡。及敬達遇害，節度副使田承肇率部兵攻漢筠於府署，漢筠乃啓關延承肇，謂曰：「僕與子俱承朝寄，而相迫何甚？」承肇曰：「我欲扶公爲節度使。」漢筠曰：「老夫耄矣，不敢首爲亂階，死生繫子籌之。」承肇目左右令前，諸軍投刃於地，曰：「高金吾累朝宿德，不可枉殺。」承肇以衆意難拒，遂謝云：「與公戲耳！」遂與連騎以還〔一二〕。高祖入洛，飛詔徵之，遇諸途，乃入覲，尋遷左驍衞大將軍、內客省使。天福三年正月，遘疾，終東京之私第，時年六十六。

漢筠性寬厚，儀容偉如也，雖歷戎職，未嘗有非法之言出於口吻，多慕士大夫所爲，復以清白自負。在襄陽，有孽吏常課外獻白金二十鎰，漢筠曰：「非多納麰䴭，則刻削闤闠，吾有正俸，此何用焉！」因戒其主者不復然，其白金皆以狀上進，有詔嘉之。及蒞濟陰，部民安之，四邑飯僧凡有萬八千人。在亳州三年，歲以己俸百千代納逋租，斯亦近代之良二千石也。

長子貞文，仕皇朝，爲開封少尹，卒。永樂大典卷五千五百三十八。

孫彥韜，字德光，汴州浚儀人也。少以勇力應募從軍。梁祖之兼領四鎭，擢彥韜於行間，歷諸軍偏校。及唐莊宗與梁軍對壘於河上，彥韜知梁運將季，乃間行渡河，北歸莊宗，莊宗嘉而納之，授親從右廂指揮使。及莊宗平梁，出爲晉州長步都校，加檢校兵部尚書。天成初，遷綿州刺史、檢校尚書左僕射，至郡踰年，以考課見稱，就加檢校司空。長興、清泰中，歷密、沂、濮三州刺史，累官至檢校太保，賜竭忠建策興復功臣。高祖卽位，復授密州刺史，尋卒於任，年六十四。彥韜出於軍旅，稟性和厚，理綿州日，甚著綏懷之譽，故有賞典旌焉。在濮陽，屬清泰末，羣寇入郡，郡人大擾，彥韜率帳下百人，一呼破之，人皆感之。但不能守廉養正，以終令譽。長興中，罷密州赴闕，苞苴甚厚。起甲第於洛陽，踰月而成，華堂

廣廡，亞王公之家，見者嗤之。故淹翔五郡，位不及廉察，抑有由也。永樂大典卷一萬八千一百三十二。

王傅拯，王傅拯，歐陽史作「傅極」，考通鑑俱作「拯」，今仍其舊。（影庫本粘籤）吳江人也。父綰，僞虔州節度使。傅拯初事楊溥，爲黑雲右廂都指揮使，領本軍戍海州。唐長興元年，傅拯殺海州刺史陳宣，焚州城，以所部兵五千人來歸。明宗喜而納之，授金紫光祿大夫、檢校司徒、曹州刺史，尋移濮州。清泰中，遷貝州防禦使，秩滿有代，會范延光叛，以兵要傅拯入魏城，疑而不用。延光降，高祖授傅拯諸衞將軍，出爲寧州刺史。境接蕃部，以前弊政滋章，民甚苦之，傅拯自下車，除去弊政數十件，百姓便之。不數月，移刺虢州。離寧州日，衙門聚數千人，拆橋遮道以留之。及赴虢略，爲理清靜，蒸民愛戴如寧州焉。開運中，歷武州刺史，受代歸洛，遇疾卒。傅拯家本多財，尤好賓客，及歷數郡，不事生產，將卽世，甚貧匱，物論惜之。永樂大典卷六千五百二十。

祕瓊，鎭州平山人也。父弘遇〔一三〕，以善射歷本軍偏校，累官至慶州刺史。瓊亦有勇，清泰中，董温琪爲鎭州節度使，擢瓊爲衙內指揮，倚以腹心。及温琪陷蕃，瓊乃害温琪

晉書二十　列傳第九　一二五五

舊五代史卷九十四　一二五六

之家，裁其屍，都以一坎瘞之。温琪在任貪暴，積鏹巨萬，瓊悉輦之，以藏其家，遂自稱留後。高祖卽位，遣安重榮代之，授瓊齊州防禦使。時重榮與蕃帥趙思温同行，部曲甚衆，瓊不敢拒命，尋橐其奇貨，由鄴中以赴任。先是，鄴帥范延光將謀叛，遣牙將范鄴持書搆瓊，瓊領書不答。使者還，具達其事，延光深忿之。及聞瓊過其境，密使精騎殺瓊於夏津，以滅其口，一行金寶侍伎，皆爲延光所有，由是延光異志益露焉。永樂大典卷一萬二千八百六十六。

李彥珣，邢州人也。少爲郡之牙吏，唐天祐中，明宗鎭其地，彥珣素無檢節，因洽於左右，明宗卽位，以爲通事舍人。嘗遣使東川，行至其境，其僕從爲董璋所收，彥珣竄還，以失敬故也。朝廷攻璋，詔授行營步軍都監。彥珣素不孝於父母，在鄉絕其供饋，同列惡其鄙惡，旋出爲外任。清泰中，遷河陽行軍司馬，遇張從賓爲亂，因朋助之，從賓敗，奔於魏州。范延光既叛，署爲步軍都監，委以守陴，招討使楊光遠以彥珣見用，欲撓延光而誘彥珣，乃遣人就邢臺訪得其母，令於城下以招之。彥珣識其母，發矢以斃之，見者傷之。及隨延光出降，授坊州刺史，近臣以彥珣之惡逆奏於高祖，高祖曰：「赦命已行，不可改也。」遂令赴郡，後不知其所終也。永樂大典卷一萬三百八十九。案歐陽史：彥珣後以坐贓誅。

史臣曰：昔從簡從莊宗戰於河上，可謂勇矣，及其爲末帝守於孟津，豈得爲忠乎？忠既無聞，勇何足貴！潘環、方太，雖咸負雄幹，而俱殁亂世，蓋方略不足以衞其身故也。何建畢秦、隴之封，附巴、卭之俗，守方之寄，其若是乎！其餘皆僭珪析爵之流也，亦可以垂名於是矣〔一四〕。祕瓊既覆董氏之族，旋爲鄴帥所屠，何報應之速也！唯彥珣忍射其親，殆非人類，晉祖宥之不戮，蓋失刑之甚也。永樂大典卷一萬三百八十九。

校勘記

〔一〕左右稍違忤……吏人皆側足而行　「足而」二字原在「稍違」下，據彭校改。

〔二〕左堅銳夾馬都虞候　「堅」原作「豎」，據殿本、劉本改。影庫本批校云：「左堅銳夾馬都虞候，『堅』訛『豎』。」

〔三〕高牟翰　「翰」原作「朝」，據殿本、劉本改。影庫本批校云：「高牟翰，『翰』訛『朝』。」

〔四〕晉陽　殿本、劉本同。按句下疑有闕文，下文所云本州軍亂事在滑州，見本書卷九五白奉進、盧順密傳，與楊光遠赴晉陽非一事。

〔五〕天復　原作「天福」，據劉本改。

〔六〕會李繼韜故將楊立叛　盧本同。殿本、劉本「李繼韜」誤作「李繼儔」。殿本「會」下有「潞州」二

晉書二十　校勘記　一二五七

舊五代史卷九十四　一二五八

字，「楊立」下有「嬰城」二字，劉本無。本條下補注文中「李繼韜」原作「李繼儔」，據殿本考證、劉本考證、歐陽史卷四七張廷蘊傳改。

〔七〕少有勇　「少」原作「小」，據殿本、劉本改。

〔八〕時年四十七　「年」字原無，據殿本補。

〔九〕萌心以覬其位　「萌」原作「盟」，據劉本改。

〔一〇〕瓊以所執長矛援高祖出之　「援」原作「授」，據劉本、彭校改。影庫本批校云：「授高祖出之，『授』當作『援』。」

〔一一〕洺州　原作「洛州」，據殿本、劉本改。

〔一二〕遂與連騎以還　劉本同。殿本作「漢筠促騎以還」。

〔一三〕弘遇　「弘」字原無，當係避清弘曆諱所刪，據册府卷八九九補。

〔一四〕其餘皆僭珪析爵之流也亦可以垂名於是矣　殿本、劉本同。按據揚雄解嘲，「僭珪析爵」應作「析珪儋爵」。彭校「是」作「世」。

舊五代史卷九十五

晉書二十一

列傳第十

皇甫遇，常山人也。案：歐陽史作常山眞定人。（舊五代史考異）父武，流寓太原，嘗爲遮虜軍使。遇少好勇，及壯，虬髯善騎射。唐明宗在藩時，隸於麾下，累從戰有功。明宗卽位，遷龍武都指揮使，遙領嚴州刺史，出討東川，爲行營左軍都指揮使。應順、清泰中，累歷團練防禦使，尋遷鄧州節度使。所至苛暴，以誅斂爲務，其幕客多私去，以避其累。高祖入洛，移領中山，俄聞與鎭州安重榮爲婚家，乃移鎭上黨，又改平陽，咸以憸人執事，政事隳紊。及鎭河陽，部內創別業，開畎水泉，以通溉灌，所經墳墓悉毁之，部民以朝廷方姑息郡帥，莫之敢訴。少帝卽位，罷歸闕下。二年，契丹南寇，從至澶州，戰於鄆州北津，契丹衆大敗，溺死者數千人，以功拜滑州節度使。

三年，契丹率衆屯邯鄲，邯鄲，原本作「邯縣」，今從通鑑改正。（影庫本粘籤）遇與安審琦、慕容彥超等禦之。遇將渡漳河，契丹前鋒大至，遇引退，轉鬬二十里至鄴南榆林店。遇謂審琦等曰：「彼衆我寡，走無生路，不如血戰。」遂自辰及未，戰百餘合，所傷甚衆。遇所乘馬中鏑而斃，遇有紀綱杜知敏以馬授遇，遇得馬復戰，久之稍解。杜知敏已爲所獲，遇謂彥超曰：「知敏蒼黃之中，以馬授我，義也，安可使陷於賊中！」遂與彥超躍馬取知敏而還，敵騎壯之。俄而生軍復合，遇不能解。時審琦已至安陽河，謂首將張從恩曰：「皇甫遇等未至，必爲敵騎所圍，若不急救，則成擒矣。」從恩曰：「敵甚盛，無以枝梧，將軍獨往何益？」審琦曰：「成敗命也，設若不濟，則與之俱死，假令失此二將，將何面目以見天子！」案：通鑑作坐失皇甫太師，吾屬何顏以見天子！胡三省注云：皇甫遇未必加官至太師也，而安審琦以太師稱之，蓋五季之亂，官賞無章，當時相稱謂，不論其品秩，就人臣極品而稱之。據薛史，遇累官至檢校太師，審琦蓋稱其檢校之官也，胡注似未詳考。（舊五代史考異）遂率鐵騎北渡赴之。契丹見塵起，謂救軍併至，乃引去。遇與彥超中數創得還，時諸軍歎曰：「此三人皆猛將也！」遇累官至檢校太師、同中書門下平章事。

四年，契丹復至，從杜重威營滹水，重威送款於契丹，遇不預其議，及降，心不平之。時戎王欲遣遇先入汴，遇辭之，因私謂人曰：「我身荷國恩，位兼將相，既不能死於軍陣，何顏以見舊主！更受命圖之，所不忍也。」明日，行及趙郡，泊其縣舍，顧從者曰：「我已信宿不食，疾甚矣，主辱臣死，無復南行。」因絕吭而殞，遠近聞而義之。漢高祖登極，詔贈中書令。周廣順三年正月，遇妻宋國夫人霍氏上言，請度爲尼，周太祖許之，仍賜紫衣，號貞範大師，法名惠圓，又賜夏臘十。永樂大典卷一萬八千三十一。

王清，案：遼史趙延壽傳作王靖。（孔本）字去瑕，洺州曲周人也。父度，世爲農。清少以勇力端厚稱於鄉里。後唐明宗領行臺，置步直軍，清預其募，漸升爲小校。同光初，從戰於河上有功，賜忠烈功臣。明宗卽位，自天成至清泰末，歷嚴衞、寧衞指揮使，加檢校右散騎常侍。天福元年，高祖建義入洛，加檢校刑部尚書，改賜扈蹕忠孝功臣。三年，從楊光遠平范延光於鄴，改奉國軍都虞候。六年，襄州安從進叛，從高行周討之，踰年不下。一日，清請先登，諸軍繼其後，會有內應者，遂拔其城。清以中重創，有詔褒慰。七年，改賜推忠保運功臣，加金紫光祿大夫，領溪州刺史。八年，詔遣以所部兵屯於鄴。九年春，契丹南牧，圍其城，清與張從恩守之，少帝飛蠟詔勉諭，錫之第宅。契丹退，以干城功，繼遷軍額。開運二年春三月，從杜重威北征，解陽城之圍，加檢校司徒。是歲秋七月，詔遣與皇甫遇援糧入易州。十一月，從杜重威收瀛州，聞契丹大至，重威率諸軍沿滹水而西，將保常山，及至中渡橋，中渡，原本作「平渡」，今從遼史改正。（影庫本粘籤）契丹已屯於北岸。自其月二十七日

至十二月五日，軍不能解。時戎王至，留騎之精者以禦我，分其弱者，自故靈都城緣其山足，涉滹沱之淺處，引衆而南，至趙郡，凡百餘里，斷我飛輓，且扼歸路。清知勢蹙，謂重威曰：「軍去常山五里〔一〕，守株於此，營孤食盡，將若之何！請以步兵二千爲前鋒，奪橋開路，公可率諸軍繼之，期入常山，必濟矣。」重威可之，遣宋彥筠俱行〔二〕。清一擊獲其橋，契丹爲之小却，重威猶豫不進，密已貳於國矣。彥筠退走，清列陣北岸，嚴戒部曲。日暮，酣戰不息。契丹以生軍繼至，我無寸刃益之，清與其下歿焉。案通鑑：清謂其衆曰：「上將握兵，坐觀吾輩困急而不救，此必有異志。吾輩當以死報國耳！」衆感其言，莫有退者，至暮，戰不息。契丹以新兵繼之，清及衆士盡死，由是諸軍皆奪氣。（舊五代史考異）時年五十三。契丹尋於所戰之地，築一京觀。及漢高祖卽位，使人平之，贈清太傅。是歲，清子守鈞於本邑義化別業，招魂以葬之也。永樂大典卷六千三百五十一。

梁漢璋，字國寶，應州人也。少以勇力事唐明宗，歷突騎、奉德指揮使。高祖卽位之二年，遙領欽州刺史。三年，加檢校司空，改護聖都指揮使。七年，遷檢校司徒，遙領閬州團練使。八年，授陳州防禦使，從少帝澶州還，改檢校太保、鄭州防禦使，充侍衞馬軍都指揮使，旋除永清軍兵馬留後，俄正授節制。是歲，詔領千騎戍冀州，尋以杜重威北討，詔以漢璋充北面馬軍都排陣使，遣收淤口關，與契丹騎五千相遇於滓陽之北界，苦戰竟日，以衆寡

不侔，爲流矢所中，歿於陣，案：遼史高模翰傳云：晉以魏府節度使杜重威領兵三十萬來拒，模翰以麾下三百人逆戰，殺其先鋒梁漢璋，餘兵敗走。與薛史異。考通鑑云：杜重威等至瀛州，聞契丹將高模翰已引兵潛出，重威遣梁漢璋將二千騎追之，遇契丹于南陽務，敗死。蓋漢璋以二千騎當敵騎五千，衆寡不侔，以致敗績，遼史恐不足據。（舊五代史考異）即是歲十一月也，時年四十九。漢璋熟於戎馬，累有軍功，及爲藩郡，所至好聚斂，無善政可紀。及鎭甘陵，甚有平契丹之志，但以所領偏師，驟逢勍敵，故有是衄焉。是月，其子海榮進漢璋所乘鞭馬及器仗，帝傷之，乃贈太尉。

漢璋有弟漢瑭，亦以善用槊有名於時。天成中，爲魏府効節軍使，攻定州王都，漢瑭督所部一軍首入其城，獲王都及蕃將禿餒名馬數駟。時范延光鎭常山，欲其駿者，漢瑭不諾。後漢瑭屯兵趙郡，因事奏而殺之，時人寃之。永樂大典卷六千六百十四。

白奉進，字德昇，雲州清塞軍人也。父曰達子，世居朔野，以弋獵爲事。奉進少善騎射，後唐武皇鎭太原，奉進謁於軍門，以求自効，武皇納於麾下。莊宗之破夾寨也，奉進挺身首犯賊鋒，莊宗覩而壯之，後從戰山東河上，繼以功遷龍武指揮使。同光中，魏王繼岌伐蜀，擢爲親軍指揮使。天成、長興中，統上軍，加檢校右散騎常侍。應順中，轉捧聖右廂都指揮使、檢校刑部尚書，賜忠順保義功臣，遙領封州刺史。淸泰中，加檢校右僕射、唐州刺史，治

郡踰年，甚有政績。

高祖即位，徵赴闕，超加檢校司徒，充護聖左廂都指揮使，遙領歙州刺史。始奉進有女嫁於皇子重信，故高祖尤所倚愛。二年，改護聖左右廂都指揮使。是歲，車駕幸夷門。五月，領昭信軍節度，充侍衞馬軍都指揮使。

六月，范延光據鄴爲亂，詔遣奉騎軍三千北屯滑臺。時符彥饒爲滑州節度使，一夕，有軍士夜掠居人，奉進捕之，凡獲五盜，三在奉進本軍，二在彥饒麾下，尋命俱斬之。彥饒怒其不先告，深銜之。明日，奉進左右勸奉進面謝，奉進然之，以從騎數人候彥饒於牙城，既入，且述其過。彥饒曰：「軍中法令，各有部分，何得將滑州兵士一例處斬，殊無主客之義乎！」奉進曰：「軍士抵法，寧有彼我，今僕以咎自陳，而公怒不息，莫是與范延光同反耶！」因拂衣而起，彥饒不留。其帳下介士大譟，擒奉進殺之。是日，步軍都校馬萬、次校盧順密聞奉進遇害，率其步衆攻滑之子城，執彥饒送於京師，戮於班荆館北。高祖以奉進倉卒遇禍，歎惜久之，詔贈太傅。永樂大典卷一萬八千一百三十一。

盧順密，汝陽人也。初事梁將戴思遠爲步校，思遠爲鄆州節度使，領部兵屯德勝渡，留順密守其城。順密覩北軍日盛，遂遁歸莊宗，且言鄆城方虛，可以襲而取之。莊宗信之，尋遣明宗率衆趨鄆，果拔之，由順密之始謀也。莊宗尋以順密列於帳下，累遷爲軍校。明宗即位，歷數郡刺史。順密性篤厚，臨諸軍，撫百姓，皆有仁愛之譽。

及高祖車駕幸夷門，范延光據鄴城叛，高祖命諸將相次領軍討之，順密亦預其行。時騎將白奉進屯於滑州，尋爲滑帥符彥饒所殺，軍衆大亂，爭荷戈拔刃，喧譟於外，時馬萬爲步軍都校，不爲遏之。案通鑑云：馬萬惶惑不知所爲，率步兵欲從亂。（舊五代史考異）順密未明其心，乃率部曲數百，趨謂諸軍及萬曰：「滑臺去行闕二百里，我等家屬在闕下，爾輩如此，不思血族乎？奉進見殺，過在彥饒，擒送天子，必立大功，順我者賞之，不順我者殺之。」萬曰：「善。」諸軍遂不敢動。案通鑑云：萬所部兵尚有呼躍者，順密殺數人，衆莫敢動。（舊五代史考異）乃引軍北攻牙城，執彥饒於樓上，使裨將方太押送赴闕〔三〕，滑城遂定。朝廷即以馬萬爲滑州節度使，時飛奏皆以萬爲首故也。後數日，高祖知功由順密，尋以順密爲涇州留後，至鎭未幾而卒。高祖甚悼之，贈驍衞上將軍。永樂大典卷二千二百十二。

周環〔四〕，晉陽人也。少端厚，善書計，自高祖時歷鎭藩翰，用爲腹心，累職至牙門都校，凡帑廩出納，咸以委環，經十餘年，未嘗以微累見譴，高祖甚重之。及即位，命權判三司事，未幾，辭曰：「臣才輕任重，懼終不濟，苟以避事，冒寵獲罪，願陛下哀其疲駑，優以散秩，

臣之幸也。」高祖可之，尋命權總河陽三城事，數月改授安州節度使。臨民有惠，御軍甚嚴，一境安之。先是，威和指揮使王暉領部下兵屯於安陸，環至鎭，待之甚厚。俄聞范延光叛於魏博，張延賓寇於汜水，暉以環高祖之元臣也，幸國朝方危，遂害環於理所，自總州事，以爲延光勝則附之，敗則渡江而遁，斯其計也。既而襄陽安從進遣行軍司馬張朏，會復州兵於要路以徼之，李金全承詔繼至，暉遂掠城中財帛士女，欲奔江南，尋爲其下所殺。案：歐陽史作王暉南走，爲從進兵所殺，與薛史異。通鑑作暉時奔吳，部將胡進殺之，與薛史同。（舊五代史考異）金全至，盡誅其黨。高祖聞環遇害，歎息久之，詔贈太傅。永樂大典卷九千九百十。

沈贇，字安時，徐州下邳人。少有膽氣，初事梁太祖爲小校。天祐三年，補同州左崇勇馬軍指揮使，入典衞兵，歷龍驤、拱宸都指揮使，累有戰功。及莊宗平梁，隨段凝等降，不改其職。同光三年，從魏王繼岌平蜀，屬康延孝叛，魏王署贇爲一行馬步都虞候，領兵從任圜襲擊延孝於漢州，擒之以獻，未及策勳，會明宗登極。天成初，授檢校司空、虢州刺史，其後歷隰、隨、石、衞、威、衍、忻、趙八州刺史，累官至檢校太保，賜輸忠宣力功臣。開運元年，爲祁州刺史。其年冬，契丹入寇，自恆州迴，以羸兵驅牛羊過其城下，贇乃出州兵以擊之，契丹以精騎劃其門邀之，州兵陷賊。案：歐陽史作贇兵多死，通鑑作契丹以精騎奪其城門，州兵不得還。（舊五代

史考異）趙延壽知其無備，與蕃賊急攻之，仍呼謂贇曰：「沈使君我故人也，擇禍莫若輕，早以城降，無自辱也。」贇登城呼曰：「侍中父子誤計，陷於契丹，忍以氈幕之衆，殘害父母之邦，不自羞慚，反有德色。沈贇寧爲國家死，必不效汝所爲也。」翌日城陷，贇自剄而卒，家屬爲賊所擄。永樂大典卷一萬八千一百三十一。

吳巒，字寶川，汶陽盧縣人也。少好學，以經業從鄉試下第。唐長興初，爲沙彥珣從事，累遷大同軍節度判官。高祖建號，契丹之援太原也，彥珣據雲中，一三顧望，及契丹還塞，彥珣出城迎謁，尋爲所擄。時巒在城中，謂其衆曰：「豈有禮義之人而臣於異姓乎！」卽與雲州將吏闔門拒守。契丹大怒，攻之，半歲不能下。高祖致書於契丹，乃解圍而去。案遼史太宗紀云：唐大同軍節度判官吳巒嬰城拒命，遣崔廷勳圍其城。庚申，上親征，至城下諭之，巒降。與薛史異。通鑑從薛史。（舊五代史考異）召巒歸闕，授徐州節度使，再遷右諫議大夫，爲復州防禦使，數年罷歸。

初，國家以甘陵水陸要衝之地，慮契丹南侵，乃飛輓芻粟，以實其郡，爲大軍累年之備。王令溫之爲帥也，有軍校邵珂者，性兇率悖慢，令溫因事使人代之，不復齒用，閑居城中。其子殺人，以重賂償之，其事方解，尋爲州吏所恐，又悉財以彌其口。自是尤蓄怨恨，因使無賴者亡入契丹，言：「州有積粟，內無勁兵，圍而攻之，克之必矣。」及令溫入朝，執政者以

巒雲中之難，有善守之功，遂令乘軺而往，權知貝州軍州事。既至，會大寒，軍士無衣者悉衣之，平生廉儉，囊無資用，以至壞帳幕以賙之，其推心撫士如此。邵珂一見，因求自效，卽聽而任之。巒素爲書生，旁無爪牙，珂慷慨自陳，願效死左右，巒遣督義兵，守城之南門。天福九年正月，契丹大至，其一日大譟環其城，明日陳攻具於四墉，三日契丹主躬率步奚及渤海夷等四面進攻〔五〕，巒衆投薪於夾城中，繼以炬火，賊之梯衝，焚爇殆盡。是日，賊復合圍，郡中丁壯皆登城守陴。俄而珂自南門引賊騎同入，巒守東門，未知其事，左右告曰：「邵珂背矣！」巒顧城中已亂，卽馳馬還公館，投井而死。契丹遂屠其城，朝野士庶，聞者咸歎惜之。永樂大典卷二千三百二十一。

翟璋，未詳何許人也。好勇多力，時目爲大蟲，卽「癡虎」之稱也〔六〕。後唐天成初〔七〕，自鄴都馬步軍都指揮使領平州刺史，尋改復州防禦使。三年三月，遷新州威塞軍兩使留後。新州，原本作「親州」，今從歐陽史改正。（影庫本粘籤）四年五月，正授旄節。長興元年二月，加檢校太保，入爲右領軍衞上將軍，轉左羽林統軍。清泰中，復領新州。高祖建義，割新州屬契丹。時契丹大軍歸國，遣璋於管內配率犒宴之資，須及十萬緡，山後地貧，民不堪命。始戎王以軟語撫璋，璋謂必得南歸，及委璋平叛奚、圍雲州皆有功，故留之不遣。璋鬱鬱不得志，遇疾，尋卒焉。永樂大典卷二萬二千三百四十

程福贇，未詳何許人也。性沉厚，有勇力，累爲軍校。天福七年冬，杜重威討鎮州，與安重榮大戰於宗城〔八〕，以功遷洺州團練使、檢校太保，未幾，入爲奉國左廂都指揮使。九年春，少帝將幸澶淵，福贇部下有軍士文榮等八人，潛謀作亂，於本營縱火，福贇尋領腹心之士撲滅之，福贇亦有所傷。福贇性本純厚，又以車駕順動，祕而不奏。同列李殷，居福贇下無名，欲危福贇以自升，遂密陳其事，云：「福贇若不爲亂，何得無言？」少帝至封丘，出福贇爲商州刺史，尋下獄鞫之。福贇終不自明，以至見殺，人甚冤之。永樂大典卷一萬八千一百二十七。

郭璘，邢州人也。初事後唐明宗，漸升爲軍校。天福中，爲奉國指揮使，歷數郡刺史。開運中，移領易州，契丹攻其郡，璘率厲士衆，同其甘苦，敵不能克。復以州兵擊賊，數獲其利，朝廷嘉之，就加檢校太保。契丹主嘗謂左右曰：「吾不畏一天下，乃爲此人抑挫！」重威降，契丹使通事耿崇美誘其民衆，璘不能制，既降，爲崇美所害。漢高祖卽位，詔贈太傅。永樂大典卷二萬二千一百六十一。

史臣曰：觀前代人臣之事跡多矣，若乃世道方泰，則席寵恃祿者實繁，世運既屯，則效死輸忠者無幾。如皇甫遇憤激而沒，王清以血戰而亡，近世以來，幾人而已。其或臨難捐軀，或守方遇害，比夫惑妖豔以喪其命，因醇酎以亡其身者，蓋相去之遠矣！唯順密遏滑臺之肇亂，救晉室之臨危，亦可謂之忠矣。永樂大典卷二萬二千一百六十一。

校勘記

〔一〕五里　原作「五百里」，據通鑑卷二八五、歐陽史卷三三王清傳、册府卷四二五改。

〔二〕宋彥筠　「宋」原作「宗」，據殿本、劉本、大典（膠卷）卷六八五〇、本書卷一二三宋彥筠傳改。

〔三〕押送赴闕　「押」原作「甲」，據殿本、劉本改。影庫本批校云：「甲送赴闕，『甲』應作『押』。」

〔四〕周環　彭本、盧本同。殿本、劉本作周瓌。

〔五〕渤海　原作「激海」，據劉本、彭校改。

〔六〕癡虎　劉本同。殿本作「虎癡」。

〔七〕天成　原作「天福」，據劉本改。

〔八〕宗城　原作「宋城」，據本書卷九八安重榮傳、卷一〇九杜重威傳及册府卷三八七改。

舊五代史卷九十六

晉書二十二

列傳第十一

孔崇弼〔一〕，案：新唐書世系表作昌弼字佐化。薛史作崇弼，蓋避後唐廟諱改。（舊五代史考異）孔崇弼傳，永樂大典僅存一條，今引册府元龜以補其闕。（影庫本粘籤）初仕後唐，自吏部郎中授給事中，時族兄昭序案：世系表作昌序，字昭舉。薛史作昭序，疑亦因避諱而改也。（舊五代史考異）繇給事中改左常侍，兄弟同居門下，時論榮之。册府元龜卷七百八十二。崇弼，天福中遷左散騎常侍。永樂大典卷一萬三千三百三十九。無他才，但能談笑，戲玩人物，揚眉抵掌，取悅於人。册府元龜卷九百四十四。五年，詔令泛海使於杭越。先是，浙中贈賄，每歲恆及萬緡，時議者曰：「孔常侍命奇薄〔二〕，何消盈數，有命卽無財，有財卽無命。」明年使還，果海中船壞，空手而歸。永樂大典卷一萬三千三百三十九。

案：此傳原本殘闕。

陳保極，閩中人也。好學，善屬文，後唐天成中擢進士第，秦王從榮聞其名，辟爲從事。從榮素急暴，後怒保極不告出遊宰相門，以馬箠鞭之，尋出爲定州推官。從榮敗，執政知其屈，擢居三署，歷禮部、倉部員外郎。

初，桑維翰登第之歲，保極時在秦王幕下，因戲謂同輩曰：「近知今歲有三箇半人及第。」蓋其年收四人，保極以維翰短陋，故謂之半人也。天福中，維翰既居相位，保極時在曹郎，慮除官差跌，心不自安，乃乞假南遊，將謀退跡。既而襄、鄧長吏以行止入奏，維翰乃奏於高祖曰：「保極閩人，多狡，恐逃入淮海。」卽以詔追赴闕，將下臺鍛成其事，同列李崧極言以解之，因令所司就所居鞫之。貶爲衞尉寺丞，仍奪金紫，尋復爲倉部員外郎，竟以銜憤而卒。

保極無時才，有傲人之名，而性復鄙吝，所得利祿，未嘗奉身，但蔬食而已。每與人奕棋，敗則以手亂其局，蓋拒所賭金錢不欲償也。及卒，室無妻兒，唯囊中貯白金十鋌，爲他人所有，時甚嗤之。永樂大典卷三千一百三十九。

王瑜，其先范陽人也。父欽祚，仕至殿中監，出爲義州刺史。瑜性兇狡，然雋辯驍果，

騎射刀筆之長，亦稱於當代。起家累爲從事，天福中，授左贊善大夫。會濮郡秋稼豐衍，稅籍不均，命乘使車，按察定計〔三〕。既至郡，謂校簿吏胡蘊、惠鶚曰：「余食貧久矣，室無增貲，爲我致意縣宰，且求假貸。」由是濮之部內五邑令長共斂錢五十萬，私獻於瑜。瑜卽以書上奏，高祖覽章歎曰：「廉直淸愼有如此者，誠良臣也。」於是二吏五宰卽時停黜，擢瑜爲太府少卿。

杜重威之鎭東平也，瑜父欽祚爲節度副使，及重威移鎭常山，瑜乃詭計干重威，使奏己爲恆州節度副使，竟代其父位。歲餘，入爲刑部郎中。丙午歲，父欽祚刺舉義州，瑜歸寧至郡。會契丹據有中夏，何建以秦州歸蜀，秦州，原本作「泰州」，今從通鑑改正。（影庫本粘籤）瑜說欽祚曰：「若不西走，當屬契丹矣！」厲色數諫，其父怒而不從。因其臥疾涉旬，瑜仗劍而脅之曰：「老懦無謀，欲趨炮烙，不卽爲計，則死於刃下。」父不得已而聽之。時隴東屯兵扼其川路，將北趣蕃部，假途而因與郡盜酋長趙徽歃血爲約〔四〕，以兄事之。謂徽曰：「西至成都，余身爲相，余父爲將，爾當領一大郡，能遂行乎？」徽曰：「諾。」瑜慮爲所賣，先致其妻孥，館於郡中。行有期矣，徽潛召其黨，伺於郊外。子夜，瑜舉族行，輜重絡繹十有餘里，徽之所親，循溝澮而遁，至馬峽路隅，舉燧相應，其黨起於伏莽，斷欽祚之首，貫諸長矛，平生聚蓄金幣萬計，皆爲賊所掠，少長百口，殺之殆盡。瑜尙獨戰千人，矢不虛發，手無射捍，其指流

血〔五〕。及窘，乃夜竄山谷，落髮爲僧。月餘，爲樵人所獲，縶送岐州，爲侯益所殺，時年三十九。

始瑜有姑寡居，來歸其家，以前夫遺腹有子，經數年不產，每因事預告人吉凶，無不驗者。時契丹來犯闕，前月餘謂瑜曰：「暴兵將至，宜速去之，苟不去，亂必及矣。」後瑜果死，此謂「天作孽，猶可違，自作孽，不可逭」也。永樂大典卷六千八百五十一。

張繼祚，故齊王全義之子也。始爲河南府衙內指揮使，全義卒，除金吾將軍，旋授蔡州刺史，累官至檢校太保。明宗郊天，充供頓使，復除西衞上將軍。唐淸泰末，丁母憂，天福初，喪制未闋，會張從賓作亂，發兵迫脅，取赴河陽，令知留守事。從賓敗，與二子詔戮於市。始繼祚與范延光有舊，嘗遣人以馬遺之。屬朝廷起兵，將討鄴城，爲巡兵所獲，奏之，高祖深忌之。及敗，宰臣桑維翰以父琪早事齊王，奏欲雪之，高祖不允，案通鑑云：史館修撰李濤上言：張全義有再造洛邑之功，乞免其族。遂止誅繼祚妻子。（舊五代史考異）遂止罪繼祚一房，不累其族。永樂大典卷六千三百五十。

鄭阮，洛州人也。少爲本郡牙將，莊宗略地山東，以阮首歸義旗，繼遷軍職。阮有子，

自幼事明宗中門使安重誨，重誨以其桀黠，愛之。及明宗即位，擢阮至鳳翔節度副使。會唐末帝鎮其地，阮稍狎之。末帝嗣位，以阮爲趙州刺史。而阮性貪濁，民間細務，皆密察而糾之[六]，令納賂以贖罪。有屬邑令，因科醵拒命，密以束素募人陰求其過，後竟停其職，人甚非之。又嘗以郡符取部內凶肆中人隸其籍者，遣於青州，舁喪至洺，郡人憚其遠，願輸直百緡以免其行，阮本無喪，卽受直放還。識者曰：「此非吉兆也。」未幾，改曹州刺史，爲政愈弊。高祖建義入洛，阮自郡來朝，旋爲本州指揮使石重立所殺[七]，舉族無孑遺。永樂大典卷一萬八千八百八十一。

胡饒，大梁人也。少事本鎮連帥爲都吏，歷馬步都虞候。會唐明宗鎮其地，與部將王建立相善，明宗卽位，建立領常山，奏饒爲眞定少尹。饒本憸人，既在府幕，無士君子之風。嘗因事趙郡，有平棘令張鵬者獻策，請建立於境內每縣所管鄉置鄉直一人，令月書縣令出入行止，饒乃導而薦焉。建立行之彌年，詞訟蜂起，四郡大擾。天成末，王都搆亂，陰使結建立爲兄弟之國。時饒又曾薦梁時右庶子張澄爲判官，建立亦狎之。澄素不知書，每座則以陰符、鬼谷爲己任。建立時密以王都之盟告之，澄與饒俱贊成其事，會王師圍中山，其事遂寢。凡饒之兇戾如此。清泰初，馮道出鎮同州，饒時爲副使，道以重臣，稀於接洽，饒忿

晉書二十二　列傳第十一　一二七五

舊五代史卷九十六　一二七六

之，每乘酒於牙門詬道，道必延入，待以酒餚，致敬而退。道謂左右曰：「此人爲不善，自當有報，吾何怒焉。」饒後閑居河陽。天福二年夏，會張從賓作亂，饒謁於麾下，請預其行。從賓敗，饒以王建立方鎮平盧，走投之，建立延入城，斬之以聞，聞者快焉。永樂大典卷二千二百四十一。

劉遂清，字得一，青州北海人，梁開封尹鄩之猶子也。父琪，以鴻臚卿致仕。遂清少敏惠，初事梁爲保鑾軍使，歷內諸司使，莊宗入汴，不改其職。明宗卽位，加檢校尙書僕射，委以西都監守。踰歲，以中山王都有不臣之跡，除遂清爲易州刺史，俾遏其寇衝，既至郡，大有禦侮之略，境內賴焉。王都平，加檢校司空，遷棣州刺史。天成、長興中，歷典淄、興、登三郡，案通鑑潞王紀：帝之起鳳翔也，召興州刺史劉遂清，遲疑不至。聞帝入洛，乃悉集三泉、西縣、金牛[八]、桑林戍兵以歸，自散關以南，城鎮悉棄之，皆爲蜀人所有。入朝，帝欲治罪，以其能自歸，乃赦之。（舊五代史考異）咸有善政。

高祖卽位之二年，授鳳州防禦使，加檢校司徒，會丁母憂，起復，授內客省使、右監門衞大將軍。六年，駕幸鄴都，轉宣徽北院使兼判三司，加檢校太保。七年，少帝嗣位，加右領軍衞上將軍，仍賜竭誠翊戴保節功臣。八年，出領鄭州，加檢校太傅。開運二年，遷安州防禦使。未幾，上表稱疾，詔許就便，迴至上蔡，終於郵舍，時三年四月也。

遂清性至孝，牧淄川日，自北海迎其母赴郡，母既及境，遂清奔馳路側，控轡行數十里，父老觀者如堵，當時榮之。遂清素不知書，但多計畫，判三司日，每給百官俸料，與判官議曰：「斯輩非盡有才能，多世祿之家，宜澄其汚而留其淸者[九]。」或對曰：「昔唐朝渾、郭、顏、段，每一敕出，以一子出身，率爲常制；且延賞垂裕，爲國美譚，未有因月給而欲沙汰，恐未當也。」羣論由此減之。永樂大典卷九千九十八。

房暠，京兆長安人也。少爲唐宰臣崔魏公家臣，後因亂，客於蒲州。天成中，唐末帝出鎮河中，暠於路左迎謁，求事軍門，末帝愛之，使治賓客。及末帝登極，歷南北院宣徽使，尋與趙延壽同爲樞密使。時薛文遇、劉延朗之徒居中用事，暠雖處密地，其聽用之言，十不得三四，但隨勢可否，不爲事先。每朝廷有大事，暠與端明學士等環坐會議，多於衆中俛首而睡，其避事也如此。高祖卽位，以暠濡足閏朝，不專與奪，故特恩原之，命爲左驍衞大將軍，留於西京。開運元年春，卒於洛陽。永樂大典卷六千一百四十九。

孟承誨，大名人也。始爲本府牙校，遇高祖臨其地，升爲客將。後奏爲宗城令，秩滿，

晉書二十二　列傳第十一　一二七七

舊五代史卷九十六　一二七八

以百姓舉留，移常山槀城令[一〇]，皆有善政。高祖有天下，擢爲閤門副使，累遷宣徽使，官至檢校司空、太府卿、右武衞大將軍。及少帝嗣位，以植性纖巧，善於希旨，復與權臣宦官密相表裏，凡朝廷恩澤美使，必承誨爲之。一歲之中，數四不已，由是居第華敞，財帛累積。及契丹入汴，張彥澤引兵逼宮城，少帝召承誨計之，承誨匿身不赴。少帝既出宮，寓於開封府舍，具以承誨背恩之事告彥澤，令捕而殺之，其妻女並配部族。漢高祖卽位，詔贈太保。永樂大典卷一萬一千一百十三。

劉繼勳，衞州人也。唐天成中，高祖鎭鄴都，繼勳時爲客將，高祖愛其端謹，籍其名於帳下，從歷數鎭。及卽位，擢爲閤門使，出爲淄州刺史，遷澶州防禦使，俄改鄭州，自宣徽北院使拜華州刺史。歲餘，鎭同州。始少帝與契丹絕好，繼勳亦預其謀，及契丹主至闕，繼勳自鎭來朝，契丹責之。時馮道在側，繼勳事急，指道曰：「少帝在鄴，道爲首相，與景延廣謀議，遂致南北失歡。臣位至卑，未嘗措言，今請問道，道細知之。」契丹主曰：「此老子不是好鬧人，無相牽引，皆爾輩爲之。」繼勳不敢復對。繼勳時有疾，契丹主因令人候其疾狀，云有風痺，契丹主曰：「北方地涼，居之此疾可愈。」乃命鎖繼勳，尋解之，以疾終於家。案通鑑云：契丹主聞趙在禮死，乃釋繼勳，繼勳憂憤而卒。（舊五代史考異）漢高祖入汴，贈太尉。永樂大典卷九千九十九。

鄭受益，案新唐書宰相世系表：字謙光。（舊五代史考異）唐宰相餘慶之曾孫也。餘慶生澣〔三〕。澣生從讜，兩爲太原節度使，再登相位。從讜兄處誨，爲汴州節度使。家襲清儉，深有士風，中朝禮法，以鄭氏爲甲。處誨生受益。受益亦以文學致身，累歷臺閣，自尚書郎遷右諫議大夫。天福七年夏，以張彥澤數爲不道，上章請行國典，旬日不報。又貢表切言，訐直無所忌，執政稍惡之。俄而以病請告，歸長安。高祖晏駕，以不赴國哀停任，會赦，拜京兆少尹。宰相趙瑩出鎮咸秦，以受益朝班舊僚，眷待甚至。屬天下率借金穀，乃謂瑩曰：「京兆戶籍登耗，民力虛實，某備知之矣，品而定之，可使平允。」瑩信之，因使與王人同掌其事。受益既經廢棄，薄於仕宦，遂阿法射利，冀爲生生之資；又素恃門望，陵轢同幕，內奸外直，羣情無相洽者。及贓汙事發，騰於衆口，瑩不得已，遂按之，其直百萬。八年冬，賜死於家。受益數世公臺，一朝自棄，士君子皆惜之。永樂大典卷一萬八千八百八十八。

程遜，程遜傳，永樂大典僅存一條，今引冊府元龜以補其闕。（影庫本粘籤）字浮休，壽春人。案：此下有闕文。（殿本）召入翰林充學士，自兵部侍郎承旨授太常卿。天福三年秋，命使吳越，十國春秋云：禮部尚書程遜爲加恩使。（殿本）母羸老雙瞽，遜未嘗白執政以辭之。將行，母以手捫其面，號泣

以送之。永樂大典卷一萬六千七百七十七。仲秋之夕，陰暝如晦，遜嘗爲詩曰：「幽室有時聞鴈叫，空庭無路見蟾光。」同僚見之，訝其詩語稍異。及使迴，遭風水而溺焉。冊府元龜卷九百五十一。案通鑑考異：晉實錄：「天福二年十一月，加錢元瓘副元帥、國王，程遜等爲加恩使。四年十月丙午，以程遜沒于海，廢朝，贈官。」程遜傳云：「天福三年秋，使吳越，使回溺死。」元瓘傳云：「天福三年，封吳越國王。」蓋二年冬制下，遜等以三年至杭州，不知溺死在何年，而晉朝以四年十月始聞之也。（舊五代史考異）

李郁，字文緯，唐之宗屬也。少歷宗寺官，天成、長興中，累遷爲宗正卿。性平允，所歷無愛憎毀譽。高祖登極，授光祿卿。一日晝寢，夢食巨棗，覺而有疾，謂其親友曰：「嘗聞『棗』字重『來』，呼魂之象也。余神氣逼抑，將不免乎！」天福五年夏卒。贈太子太保。永樂大典卷一萬三百九十。

鄭玄素，京兆人。避地鶴鳴峯下，萃古書千卷，採薇蕨而弦誦自若。善談名理，或問：「水旺冬而冬涸，泛盛乃在夏，何也？」玄素曰：「論五行者，以氣不以形。木旺春，以其氣溫；火旺夏，以其氣熱；金旺秋，以其氣清；水旺冬，以其氣冷。若以形言，則萬物皆萌於春，盛於夏，衰於秋，藏於冬，不獨水然也。」人以爲明理。後益入廬山青牛谷，高臥四十年。

初，玄素好收書，而所收鍾、王法帖，墨蹟如新，人莫知所從得。有與厚者問之，乃知玄素爲温韜甥，韜常發昭陵，盡得之，韜死，書歸玄素焉。今有書堂基存〔四〕。永樂大典卷一萬八千八百八十一。

馬重績，字洞微，少學數術，明太一、五紀、八象、三統大曆〔五〕，居於太原。仕晉，拜太子右贊善大夫，遷司天監。天福三年，重績上言：「曆象，王者所以正一氣之元，宣萬邦之命，而古今所記，考審多差。宣明氣朔正而星度不驗，崇玄五星得而歲差一日。以宣明之氣朔，合崇玄之五星，二曆相參，然後符合。自前世諸曆，皆起天正十一月爲歲首，用太古甲子爲上元，積歲愈多，差闊愈甚。臣輒合二曆，創爲新法，以唐天寶十四載乙未爲上元，雨水正月中氣爲氣首〔六〕。」詔下司天監趙仁琦、仁琦，原本作「人琦」，今從五代會要改正。（影庫本粘籤）張文皓等考覈得失，仁琦等言：「明年庚子正月朔，用重績曆考之，皆合無舛。」乃下詔班行之，號調元曆。行之數歲輒差，遂不用。重績又言：「漏刻之法，以中星考晝夜爲一百刻，八刻六十分刻之二十爲一時〔七〕，時以四刻十分爲正，此自古所用也。今失其傳，以午正爲時始，下侵未四刻十分而爲午，由是晝夜昏曉，皆失其正，請依古改正。」從之。重績卒年六十四。永樂大典卷一萬一千二百四十。

陳玄，京兆人也。家世爲醫，初事河中王重榮。乾符中，後唐武皇自太原率師攻王行瑜，路出於蒲中，時玄侍湯藥，武皇甚重之，及還太原，日侍左右。武皇性剛暴，樂殺人，無敢言者，玄深測其情，每有暴怒，則從容啓諫，免禍者不一，以是晉人深德之，勳貴賂遺盈門。性好酒樂施，隨得而無私積。明宗朝，爲太原少尹，入爲太府卿。長興中，集平生所驗方七十五首，并修合藥法百件，號曰要術，刊石置於太原府衙門之左，以示於衆，病者賴焉。天福中，以耄期上表求退，以光祿卿致仕，卒於晉陽，年八十餘。永樂大典卷三千一百三十五。

史臣曰：夫彰善癉惡，麟史之爲義也；瑜不掩瑕，虹玉之爲德也。故自崇弼而下，善者既書之，其不善者亦書之，庶使後之君子見善如不及，見惡如探湯也。至如重績之曆法，陳玄之醫道，亦不可漏其名而弗紀也。永樂大典卷三千一百三十五。

校勘記

〔一〕孔崇弼　盧本、冊府卷七八二同。殿本、劉本句下有「唐僖宗宰相緯之子也」九字。

〔二〕孔常侍命奇薄　「命」字原無，據殿本、劉本補。

中華書局

〔三〕按察定計　「定」原作「大」，據冊府卷九二四改。

〔四〕將北趣蕃部假途而因與郡盜酋長趙徽歃血爲約　殿本、劉本同。冊府卷九四二作「將北趣蕃部，假途而往，乃與羣盜酋長趙徽歃血爲約」。

〔五〕手無射捍其指流血　殿本同。劉本作「手無射具捍指流血」，冊府卷九四二作「手捍射其指流血」。

〔六〕皆密察而糾之　殿本、劉本「糾」作「紀」。

〔七〕阮自郡來朝旋爲本州指揮使石重立所殺　「阮自郡來朝旋」六字原無，劉本同。據殿本補。

〔八〕金牛　原作「金林」，據通鑑卷二七九改。

〔九〕澄其汚而留其清者　「清」原作「精」，據殿本改。影庫本批校云：「澄其汚而留其清者，『清』訛『精』。」

〔一〇〕移常山槀城令　「移」原作「於」，據冊府卷七〇二改，殿本作「爲」。「城」原作「地」，據殿本、劉本及冊府卷七〇二改。

〔一一〕餘慶生澣　「澣」原作「幹」，據殿本、新唐書卷七五宰相世系表及冊府卷七八三改。下同。

〔一二〕鄭玄素……今有書堂基存　劉本同，殿本無。影庫本批校云：「舊五代史晉書內鄭元素傳，查係永樂大典誤題薛史，實係馬令南唐書，今應删去。」按影庫本未删此傳，四部叢刊本馬令南唐書卷一五鄭元素傳與此傳文字不同。

〔一三〕三統　原作「三紀」，據殿本、劉本及歐陽史卷五七馬重績傳改。舊五代史考異云：「案：原本作『三紀』，今從歐陽史改正。」

〔一四〕雨水正月中氣爲氣首　「爲氣」二字原無，據殿本、歐陽史卷五七馬重績傳補。影庫本批校云：「雨水正月中氣爲氣首，脫『爲氣』二字。」

〔一五〕六十分　「六十」下原有「一」字，據殿本、歐陽史卷五七馬重績傳删。

舊五代史卷九十七

晉書二十三

列傳第十二

范延光，案：遼史避太宗諱作延廣。（舊五代史考異）字子環，子環，歐陽史作子瓌，考冊府元龜亦作「環」，今仍其舊。（影庫本粘籤）鄴郡臨漳人也。少隸於郡牙，唐明宗牧相州，收爲親校。同光中，明宗下鄆州，梁兵屯楊劉口以扼之，先鋒將康延孝潛使人送款於明宗。明宗欲使人達機事於莊宗，方難其選，延光請行，遂以蠟書授之。延光既至，奏莊宗曰：「楊劉渡控扼已定，未可圖也。請築壘馬家口，以通汶陽之路。」莊宗從之，復遣歸鄆州。俄而梁將王彥章攻馬家口所築新壘，明宗恐城中不備，又遣間行告莊宗，請益兵。中夜至河上，爲梁兵所獲，送夷門下獄，榜笞數百，威以白刃，終不洩其事。復爲獄吏所護，在獄半年，不復理問。及莊宗將至汴城，獄吏卽去其桎梏，拜謝而出之，乃見於路側。莊宗喜，授銀青光祿大夫、檢校工部尚書。

明宗登極，擢爲宣徽使。與霍彥威平青州王公儼，遷檢校司徒。明宗之幸夷門也，至滎陽，聞朱守殷拒命，延光曰：「若不急攻，賊堅矣，請騎兵五百，臣先赴之，則人心必駭。」明宗從其請。延光自酉時至夜央，馳二百餘里，奄至城下，與賊交鬭。翌日，守陴者望見乘輿，乃相率開門，延光乃入，與賊巷戰，至厚載門，盡殲其黨，明宗喜之。明年，遷樞密使，權知鎭州軍府事，尋正授節旄，加檢校太保。長興中，以安重誨得罪，再入爲樞密使，加同平章事。案明宗紀：長興二年九月辛丑，樞密使、檢校太傅、刑部尚書范延光加同平章事。四年九月戊寅，樞密使范延光加兼侍中。是延光爲同平章事時，已由檢校太保進加太傅，後復加侍中。今泰安縣有長興四年九月冥福院牒石刻，所列延光官銜，仍作太傅，蓋賜牒時尚未加侍中也。傳中不載，係史家前後省文。既而以秦王從榮不軌，恐及其禍，屢請外任，明宗久之方許，遂出鎭常山。淸泰中，復召爲樞密使，未幾，出爲汴州節度使。會魏府屯將張令昭逐其帥劉延皓，據城以叛，唐末帝命延光討而平之，遂授鄴都留守，加檢校太師、兼中書令。門下有術士張生者，自云妙通術數，當延光微時，言將來必爲將相，延光既貴，酷信其言，歷數鎭，嘗館於上舍。延光謂之曰：「余夢大蛇，自臍入腹，半而掣去之，是何祥也？」張生曰：「蛇者龍也，入腹爲帝主之兆明矣。」延光自是稍萌僭竊之意。

及高祖建義於太原，唐末帝遣延光以本部二萬屯遼州，與趙延壽掎角合勢，及延壽兵敗，延光促還，故心不自安。高祖入洛，尋封臨清王，以寬其反側。後延光擅殺齊州防禦使祕瓊，而聚兵部下，復收部內刺史入城，高祖甚疑之，乃東幸夷門。時延光有牙校孫銳者，與延光有鄉曲之舊，軍機民政，一以委焉。故魏博六州之賦，無半錢上供，符奏之間，有不如意者，銳即對延光毀之，其兇戾也如此。初，朝廷遣使封延光爲臨清王，因會僚屬，延光暴得疾，伏枕經旬，銳乃密惑羣小，召澶州刺史馮暉等，以不臣之謀逼於延光，延光亦惑於術者，因而聽之。

天福二年夏六月，遣銳與暉將步騎二萬，南抵黎陽。案通鑑云：延光以馮暉爲都部署，以孫銳爲兵馬都監〔一〕。（舊五代史考異）時銳以女妓十餘輩從之，擁蓋操扇，必歌吹而後食，將士煩熱，覩之解體，尋爲王師所敗，賊衆退還鄴城。高祖繼遣楊光遠討之，延光知事不濟，乃殺孫銳以歸其罪，發人齎表待罪，且邀姑息，高祖不許。及經歲受圍，城中饑窘，高祖以師老民勞，思解其役，遣謁者入謂之曰：「卿既危蹙，破在旦夕，能返掌轉規，改節歸我，我當以大藩處之；如降而殺之，則何以享國？明明白日，可質是言。」因賜鐵券，改封高平郡王，案：歐陽史作東平郡王。移鎭天平。延光謂門人李式曰：案：歐史作副使李式。「主上敦信明義，言無不踐，許以不死，則不死矣。」因撤守備，案通鑑云：延光猶遷延未決，宜徽南院使劉處讓復入諭之，延光意乃決。（舊五代史考異）素服請降。及赴汶上，踰月入覲。尋表請罷免，高祖再三答諭方允，制以延光爲

太子太師致仕。居闕下期歲，高祖每召賜飲宴，待之與羣臣無間。

一日，從容上奏，願就河陽私邸，以便頤養，高祖許之。延光攜妻子輦奇貨從焉，每過郡邑，多爲關吏所糾。時楊光遠居守洛下，兼領孟、懷，既利其財，復漸測朝廷密旨，遂奏云：「延光國之奸臣，若不羈縻，必北走胡，南入吳，請召令西都居止。」高祖允之。光遠使其子承勳以兵環其第，逼令自裁。延光曰：「明天子在上，賜金書許我不死，爾之父子何得脅制如此？」明旦，則以白刃驅之，令上馬之浮橋，排於水中。光遠給奏云：「延光投河自溺而死。」水運軍使曹千獲其屍郡東繆家灘。高祖聞之，輟朝二日，詔許歸葬於鄴，仍贈太師。案歐陽史云：歸葬相州，已葬，墓輒崩，破其棺槨，頭顱皆碎。

延光初爲近臣，及領重鎭，禮賢接士，動皆由禮，故甚獲當時之譽。洎鎭常山日，以部將梁漢唐獲王都名馬，入罪而取之；在魏州日，以齊州防禦使祕瓊獲董温琪珠金妓妾，及經其境，復害而奪之：物議由是減之。及懼罪以謀叛，復忍恥以偷生，不能引決，遂至強死，何非夫之甚也！永樂大典卷一萬六千五百一十七。

張從賓，未詳何許人也。始事唐莊宗爲小校，從戰有功。唐天成中，自捧聖指揮使領澄州刺史，遷左右羽林都校。從藥彥稠討楊彥温於河中平之。長興中，領壽州忠正軍節

度使，加檢校太保、侍衞步軍都指揮使。從賓素便佞，每進言，明宗多納之。有供奉官丁延徽者，性貪狡，時奉詔監廩，以犯贓下獄，權貴多爲救解，明宗怒，不許。從賓因奏他事，言及延徽，明宗曰：「非但爾言，蘇秦說予，亦不得也。」延徽竟就戮。長興末，從賓出鎭靈武，加檢校太傅。高祖卽位，受代入覲，會駕東幸，留從賓警巡洛下。一日，逢留司御史於天津橋，從兵百人，不分路而過，排御史於水中，從賓給奏其酒醉，其兇傲如此。及范延光據鄴城叛，詔從賓爲副部署使，從楊光遠同討延光。會延光使人誘從賓，從賓時在河陽，乃起兵以應之。先害皇子重信，及入洛，又害皇子重乂，取內庫金帛以給部伍，因東據汜水關，且欲觀望軍勢。高祖命杜重威、侯益分兵討之，從賓大敗，乘馬入河，溺水而死焉。永樂大典卷六千三百五十一。

張延播者，汝陽人也。始爲郡之牙將，唐同光初，明宗下其城，因收隸左右。天成中，累授檢校司空、兩河發運營田使、柳州刺史。長興元年，出牧蔡州，加檢校司徒，入爲左領軍衞大將軍，充客省使。伐蜀之役，命爲馬軍都監。三年，遷鳳州防禦使、西面水陸轉運使。高祖卽位，除東都副留守。車駕幸汴，遣兼洛京巡檢使。張從賓作亂，令延播知河南府事。從賓敗，伏誅。永樂大典卷六千三百五十一。

楊光遠，小字阿檀，及長，止名檀，唐天成中，以明宗改御名亶，以偏傍字犯之，始改名光遠，案薛史唐紀：清泰二年，楊檀始改名光遠，非天成中卽改名也。（舊五代史考異）字德明，其先沙陀部人也。父阿啞啜，後改名瑊，事唐武皇爲隊長。光遠事莊宗爲騎將，唐天祐中，莊宗遣振武節度使周德威討劉守光於幽州，因令光遠隸於德威麾下。後與德威拒契丹於新州，一軍以深入致敗，因傷其臂，遂廢，罷於家。莊宗卽位，思其戰功，命爲幽州馬步軍都指揮使、檢校尚書右僕射，戍瓦橋關久之。明宗朝，歷嬀、瀛、易、冀四州刺史。

光遠雖不識字，然有口辯，通於吏理，在郡有政聲，明宗頗重之。長興中，契丹有中山之敗，生擒其將李和等數十人〔二〕，送於闕下，其後契丹既通和，遣使乞歸之，明宗與大臣謀議，特放還蕃。一日，召光遠於便殿言其事，光遠曰：「李和等北土之善戰者，彼失之如喪手足；又在此累年，備諳中國事，若放還非便。」明宗曰：「蕃人重盟誓，既通歡好，必不相負。」光遠曰：「臣恐後悔不及也。」明宗遂止，深嘉其抗直。後自振武節度使移鎭中山，累加檢校太傅，將兵戍蔚州。

高祖舉義於太原，唐末帝遣光遠與張敬達屯兵於城下，俄而契丹大至，爲其所敗，圍其寨久之，軍中糧盡，光遠乃與次將安審琦等殺敬達，擁衆歸命。從高祖入洛，加檢校太尉，

充宣武軍節度使、同平章事，判六軍諸衞事。是時，光遠每對高祖，常挹然不樂，高祖慮有不足，密遣近臣訊之。光遠附奏曰：「臣貴爲將相，非有不足，但以張生鐵死得其所，臣弗如也，衷心內愧，是以不樂。」生鐵，蓋敬達之小字也。高祖聞其言，以光遠爲忠純之最者也。其實光遠故爲其言，以邀高祖之重信也。

明年，范延光據鄴城叛，高祖命光遠率師討之，將濟河，會滑州軍亂，時軍衆欲推光遠爲主〔三〕。光遠曰：「自古有折臂天子乎？且天子豈公輩販弄之物〔四〕？晉陽之降，乃勢所窮迫，今若爲之，直反賊也。」由是其下惕然，無復言者。高祖聞之，尤加寵重。光遠既圍延光，尋授魏博行府節度使。兵柄在手，以爲高祖懼己，稍干預朝政，或抗有所奏，高祖亦曲從之。復下詔以其子承祚尙長安公主，次子承信皆授美官，恩渥殊等，爲當時之冠。桑維翰爲樞密使，往往彈射其事，光遠心銜之。及延光降，光遠入朝，面奏維翰擅權，高祖以光遠方有功於國，乃出維翰鎭相州，光遠爲西京留守，案通鑑考異云：晉高祖實錄：「天福三年壬辰，維翰、崧罷樞密使。庚子，光遠始入朝，對于便殿。十一月戊申，光遠爲西京留守。天福四年閏七月壬申，維翰出爲相州節度使。」與此傳先後互異。（舊五代史考異）兼鎭河陽，因罷其兵權。光遠由此怨望，潛貯異志，多以珍玩奉契丹，訴己之屈；又私養部曲千餘人，撓法犯禁，河、洛之人，恆如備盜。尋册拜太尉、兼中書令。

時范延光致仕，輦囊裝妓妾，居於河陽，光遠利其奇貨，且慮爲子孫之讎，因奏延光不家汴、洛，出舍外藩，非南走淮夷，則北走契丹，宜早除之。高祖以許之不死，鐵券存焉，持疑未允。光遠乃遣子承勳以甲士圍其第，逼令自裁。延光曰：「天子在上，安得如此！」乃遣使者乞移居洛下，行及河橋，擠於流而溺殺之，矯奏云延光自投河，朝廷以適會其意，弗之理。後踰歲入覲，高祖爲置曲宴，教坊伶人以光遠暴斂重賦，因陳戲譏之，光遠殊無慚色。高祖謂光遠曰：「元城之役，卿左右皆立功，未曾旌賞，今各與一郡〔五〕，俾耋任以榮之。」因命爲刺史者凡數人。

時王建立自青州移鎭上黨，乃以光遠爲平盧軍節度使，封東平王。光遠面奏，請與長子同行，尋授承勳萊州防禦使。及赴任，僕從妓妾至千餘騎，滿盈僭侈，爲方岳之最。下車之後，唯以刻剝爲事。少帝嗣位，册拜太師，封壽王。案宋史馬仁鎬傳：晉天福中，青州楊光遠將圖不軌，以仁鎬爲節度副使，伺其動靜。歷二年，或譖仁鎬于朝，改護國軍行軍司馬。仁鎬至河中數月，光遠反書聞。（舊五代史考異）後因景延廣上言，請取光遠麾下所借官馬三百疋。光遠怒曰：「此馬先帝賜我，何以復取？是疑我也。」遂遣人潛召取子承祚自單州奔歸，朝廷乃就除淄州刺史，以從其便。光遠益驕，因此搆契丹，述少帝違好之短，且言大饑之後，國用空虛，此時一舉可以平定。開運元年正月，契丹南牧，陷我博陵，少帝幸澶淵。三月，契丹退，命李守貞、符彥卿率師東討。光遠素無兵衆，唯嬰城自守，守貞以長連城圍之。冬十一月，承勳與弟承信、承祚見城中人民相食將盡，知事不濟，勸光遠乞降，冀免於赤族。光遠不納，曰：「我在代北時，嘗以紙錢駝馬祭天池〔六〕，皆沉沒，人言合有天子分，宜且待時，勿輕言降也。」承勳慮禍在旦夕，與諸弟同謀，殺節度判官丘濤，親校杜延壽、楊贍、白延祚等，梟其首級，遣承祚送於守貞。因縱火大譟，劫其父幽於私第，以城納款，遣卽墨縣令王德柔貢表待罪，光遠亦上章自首。少帝以頃歲太原歸命，欲曲全之，執政曰：「豈有逆狀滔天而赦之也？」乃命守貞便宜處置。守貞遣人拉殺之，案歐陽史：守貞遣客省副使何延祚殺之於其家。（舊五代史考異）以病卒聞。漢高祖卽位，詔贈尙書令，追封齊王，仍令立碑。未幾，其碑石無故自折，案：歐陽史作碑石既立，天大雷電，擊折之。（舊五代史考異）可知其陰責也。永樂大典卷六千五十二。五代史補：楊光遠滅范延光之後，朝廷以其功高，授青州節度，封東平王，奄有登、萊、沂、密數郡。既而自負強盛，舉兵反，朝廷以宋州節度李守貞嘗與光遠有隙，乃命李討之。李受詔欣然，志在必取，莫不身先矢石。光遠見而懼之，度不能禦，遂降。初，光遠反書至，中外大震，時百官起居次，忽有朝士揚言於衆曰：「楊光遠欲謀大事，吾不信也。光遠素患禿瘡，其妻又跛，自古豈有禿頭天子、跛脚皇后耶？」於是人心頓安，未幾，光遠果降。

承勳，光遠之長子也。始名承貴，避少帝名改焉。以父廕歷光、濮州刺史，光遠兼鎭河

陽，命制置三城事。光遠移鎭青州，授萊州防禦使。在郡亦頗理，嘗憤父側之奸黨，欲殺之，每省父，父爲匿焉。及光遠搆釁，嬰城以叛，承勳赴之，敵退，爲王師所圍。踰歲糧盡，與其弟承祚背父之命，出降王師，朝廷授汝州防禦使，尋改鄭州。案宋史楊承信傳：光遠死，承信與弟承祚詣闕請死。詔釋之，以承信爲右羽林將軍，承祚爲右驍衞將軍，放歸，服喪私第，尋安置鄭州。（舊五代史考異）及戎王入汴，遣騎士自圃田召至，責其害父背己，使臠其肉而殺之。以其弟承信爲青州節度使。永樂大典卷六千五十二。

盧文進，字國用〔七〕，案遼史：文進字大用。案南唐書：文進字大用。遼史太祖紀：神册元年，晉幽州節度盧國用來降。二年，晉新州裨將盧文進殺節度李文矩來降。則國用與文進顯係二人，然天顯元年又書盧龍節度使盧國用叛奔于唐，卽文進歸唐之事也。疑文進入遼以後，遂以字行，修遼史者雜采諸書，誤作兩人耳。（舊五代史考異）范陽人也。身長七尺，飲啖過人，望之偉如也。少事劉守光爲騎將，唐莊宗攻燕，以文進首降，遂授壽州刺史。

初，莊宗得山後八軍，以愛弟存矩爲新州團練使以總領之。莊宗與劉鄩對壘於莘縣，命存矩於山後召募勁兵，又令山北居民出戰馬器仗，每鬻牛十頭易馬一匹，人心怨咨。時存矩團結五百騎，令文進將之，與存矩俱行。至祁溝關，軍士聚謀曰：「我輩邊人，棄父母妻

子，爲他血戰，千里送死，固不能也。」衆曰：「擁盧將軍却還新州，據城自守，奈我何！」因大呼揮戈，趣傳舍，害存矩於榻下，文進撫膺曰：「奴輩累我矣。」因環尸而泣曰：「此輩既害郎君，我何面目見王！」案遼史：存矩取文進女爲側室，文進心常內愧，因與亂軍殺存矩。與薛史異。因爲亂軍所擁。反攻新州，不克；案馬令南唐書云：文進攻新州，不克，夜走墜塹，一躍而出，明日視之，乃郡之黑龍潭也，絕岸數丈，深不可測。又嘗有大蛇，徑至座間，引首及膝，文進取食飼之而去。由是自負。（舊五代史考異）又攻武州，又不利。周德威命將追討，文進遂奔契丹，僞命爲幽州兵馬留後，部分漢軍，常別爲營寨。

未幾，文進引契丹寇新州。自是戎師歲至，驅擄數州士女，教其織紝工作，中國所爲者悉備，契丹所以彊盛者，得文進之故也。案遼史云：文進引契丹軍攻新州，刺史安金全不能守，棄城去。周德威援之，進攻新州，契丹衆數萬，德威不勝，大敗奔歸。文進與契丹進攻幽州，且二百日，城中危困，晉王親將兵救之，方始解去。契丹以文進爲幽州節度使，又以爲盧龍節度使。與薛史所載官階微異。同光之世，爲患尤深。文進在平州，率奚族勁騎，鳥擊獸搏，倏來忽往，燕、趙諸州，荆榛滿目。軍屯涿州，每歲運糧，自瓦橋至幽州，勁兵猛將，援遞糧車，然猶爲寇所鈔，奔命不暇，皆文進導之也。

及明宗即位之明年，文進自平州率所部十餘萬衆來奔。行及幽州，先遣使上表曰：「頃以新州團練使李存矩，提衡羣邑，掌握恩威，虐黎庶則毒甚於豺狼，聚賦斂則貪盈於溝壑，

人不堪命，士各離心，臣即拋父母之邦，入朔漠之地。幾年鴈塞，徒向日以傾心；一望家山，每銷魂而斷目。李子卿之河畔，空有怨辭；石季倫之樂中，莫陳歸引。近聞皇帝陛下，皇天眷命，清明在躬，握紀乘乾，鼎新革故，始知大幸，有路朝宗，便貯歸心，祗伺良會。臣十月十日，決計殺在城契丹，取十一日離州，押七八千車乘，領十五萬生靈，十四日已達幽州」云。

洎至洛陽，明宗寵待彌厚，授滑州節度使、檢校太尉。歲餘，移鎮鄧州，累加同平章事，入爲上將軍。長興中，復出鎮潞州，擒奸邺隱，甚獲當時之譽。清泰中，改安州節度使。及高祖即位，與契丹敦好，文進以嘗背契丹，居不自安。案馬令南唐書：文進居數鎮，頗有善政，兵民愛之。其將行也，從數騎至營中，別其裨將李藏機，告以避契丹之意，將士皆拜爲訣。（舊五代史考異）天福元年十二月，乃殺行軍司馬馮知兆、案：南唐書作姚知兆，歐陽史與薛史同。（舊五代史考異）節度副使杜重貴等，率其部衆渡淮奔於金陵。李昪待之尤重〔八〕，案馬令南唐書云：烈祖以文進爲天雄統軍。（舊五代史考異）僞命爲宣州節度使，後卒於江南。永樂大典卷二千二百十二。案金陵志：文進自潤州召還，以左衛上將軍、兼中書令、范陽郡王、奉朝請。

李金全，本唐明宗之小豎也。其先出於吐谷渾。金全驍勇，善騎射，少從明宗征伐，以

力戰有功，明宗即位，連典大郡。天成中，授涇州節度使，在鎮數年，以掊斂爲務。長興中，受代歸闕，始進馬數十匹，不數日又進之。明宗召而謂之曰：「卿患馬多耶，何進貢之數也？」又謂曰：「卿在涇州日，爲理如何，無乃以馬爲事否？」金全慚謝而退。案歐陽史：徙鎮横海〔九〕，久之，罷爲右衛上將軍。四年夏，授滄州節度使，累官至檢校太傅。清泰中，罷鎮歸闕，久留於京師。高祖即位之明年，安州屯將王暉殺節度使周環，詔遣金全以騎兵千人鎮撫其地。未及境，暉爲部下所殺。金全至，亂軍數百人皆不自安，金全說遣赴闕，密伏兵於野，盡殺之，又擒其軍校武彥和等數十人，斬之。案：歐陽史作武克和。案：歐陽史、南唐書俱作武克和，通鑑從是書。（殿本）

初，金全之將行也，高祖戒之曰：「王暉之亂，罪莫大焉，但慮封守不寧，則民受其弊。」因折矢飛詔，約以不戮一人，仍許以暉爲唐州刺史。又謂金全曰：「卿之此行，無失吾信。」及金全至，聞彥和等當爲亂之日，劫掠郡城，所獲財貨，悉在其第，遂殺而奪之。案通鑑云：彥和且死，呼曰：「王暉首惡，天子猶赦之；我輩脅從，何罪乎！」（舊五代史考異）高祖聞之，以姑息金全故，不究其事，尋授以旄節。

金全有親吏胡漢筠者，案：歐陽史作胡漢榮。胡漢筠，歐陽史及南唐書俱作胡漢榮，通鑑從是書。（殿本）勇譎眘褊，貪詐殘忍，軍府之政，一以委之。高祖聞其事，遣吏賈仁紹案：通鑑作仁沼，考異

云：薛史作仁紹，今從實錄。歐陽史、南唐書與通鑑同。（舊五代史考異）往代其職〔一〇〕，且召漢筠。漢筠內疚惶怖，金全乃列狀稱疾以聞。及仁紹至，漢筠鴆而殺之。案馬令南唐書云：胡漢榮所爲多不法，晉高祖患之，不欲因漢榮以累功臣，爲選廉吏賈仁沼代之，且召漢榮。漢榮教金全留己而不遣。金全客龐令圖諫曰：「仁沼昔事王晏球，有大功，晏球欲厚賞之，仁沼退而不言，此天下之忠臣也。及頒賜所俘物，仁沼悉以分故人親戚之貧者，此天下之廉士也。宜納仁沼而遣漢榮。」漢榮聞之，夜使人殺令圖而鴆仁沼。（舊五代史考異）

天福五年夏，高祖命馬全節爲安州節度使，以代金全。漢筠自以昔嘗拒命，復聞仁紹二子將訴置毒之事，居不自安，乃紿謂金全曰：「邸吏劉珂使健步倍道兼行，密傳其意，云受代之後，朝廷將以仁紹之事詰公之罪。」金全大駭，命從事張緯函表送款於淮夷。淮人遣僞將李承裕以代金全，金全即日南竄，其妓樂、車馬、珍奇、帑藏，皆爲承裕所奪。與其黨數百人束身夜出，曉至汊川，引領北望，泣下而去。及至金陵，李昪授以節鎮。案馬令南唐書云：烈祖以金全爲天威統軍，還潤州節度使。（舊五代史考異）後卒於江南。永樂大典卷一萬三百九十。

史臣曰：延光昔爲唐臣，綽有令譽，洎逢晉祚，顯恣狂謀，既力屈以來降〔一一〕，尙靦顏而惜死，孟津之歿，乃取笑於千載也。從賓而下，俱怙亂以滅身，亦何足與議也。文進懼強敵之威，金全爲輿臺所賣，事雖弗類，叛則攸同，咸附島夷，皆可醜也。永樂大典卷一萬三百九十。

校勘記

〔一〕孫銳　原作「孫棁」，據殿本、劉本、通鑑卷二八一、本卷正文改。

〔二〕李和　劉本同。殿本作「扎拉」，殿本考證云：「扎拉，舊作則刺，今改。」歐陽史卷五一楊光遠傳作「莿刺」。

〔三〕軍來欲推光遠爲主　「主」原作「王」，據殿本、劉本改。

〔四〕天子豈公輩販弄之物　「豈」原作「蓋」，據劉本改。

〔五〕今各與一郡　「今」原作「令」，據劉本、彭校改。

〔六〕天池　原作「天地」，據殿本、劉本及歐陽史卷五一楊光遠傳改。

〔七〕字國用　三字原無，據殿本補。

〔八〕李昪待之尤重　「李昪」原作「李弁」，據殿本、劉本改，下文李金全傳同。

〔九〕徙鎮橫海　「徙」原作「從」，據劉木、歐陽史卷四八李金全傳改。

〔一〇〕賈仁紹　「紹」原作「沼」，據殿本、舊五代史考異改。下同。

〔一一〕旣力屈以來降　「旣」原作「洎」，據殿本改。

舊五代史卷九十八

晉書二十四

列傳第十三

安重榮，朔州人。祖從義，利州刺史。父全，勝州刺史、振武蕃漢馬步軍都指揮使。重榮有膂力，善騎射。唐長興中，爲振武道巡邊指揮使，犯罪下獄。時高行周爲帥，欲殺之，其母赴闕申告，樞密使安重誨陰護之，重誨，原本作「仲誨」，今據通鑑改正。（影庫本粘籤）奏於明宗，有詔釋焉。

張敬達之圍晉陽也，高祖聞重榮在代北，使人誘之，案：歐陽史作使張潁陰招重榮。（舊五代史考異）重榮乃召邊士，得千騎赴焉。高祖大喜，誓以土地。及即位，授成德軍節度使，累加至使相。自梁、唐已來，藩侯郡牧，多以勳授，不明治道，例爲左右羣小惑亂，賣官鬻獄，割剝蒸民，率有貪猥之名，其實賄賂半歸於下。惟重榮自能鉤距，凡有爭訟，多廷辯之，至於倉

庫耗利，百姓科徭，悉入於己，諸司不敢窺覬。嘗有夫婦共訟其子不孝者，重榮面加詰責，抽劍令自殺之，其父泣曰：「不忍也。」其母詬詈，仗劍逐之。重榮疑而問之，乃其繼母也，因叱出，自後射之，一箭而斃，聞者莫不快意。由此境內以爲強明，大得民情。

重榮起於軍伍，暴獲富貴，復覩累朝自節鎭遽升大位，每謂人曰：「天子，兵彊馬壯者當爲之，寧有種耶！」又以奏請過當，爲權臣所否，心常憤憤，遂畜聚亡命，收市戰馬，有飛揚跋扈之志。案通鑑云：帝之遣重榮代祕瓊也，戒之曰：「瓊不受代，當別除汝一鎭，勿以力取，恐爲患滋深。」重榮由是以帝爲怯，謂人曰：「祕瓊匹夫耳，天子尙畏之，況我以將相之重、士民之衆乎！」（舊五代史考異）嘗因暴怒殺部校賈章，以謀叛聞。章有女一人，時欲捨之，女曰：「我家三十口，繼經兵亂，死者二十八口，今父就刑，存此身何爲？」再三請死，亦殺之。鎭人由是惡重榮之酷，而嘉賈女之烈焉。

天福中，朝廷姑息契丹，務安邊塞，重榮每見蕃使，必以箕踞慢罵。會有梅里數十騎由其境內，交言不遜，因盡殺之，契丹主大怒，責讓朝廷。朝廷隱忍，未即加罪，重榮乃密搆吐渾等諸族，以爲援助，上表論之。其略曰：

臣昨據熟吐渾節度使白承福、赫連公德等，各領本族三萬餘帳，自應州地界奔歸王化。續準生吐渾幷渾葜苾兩突厥三部落，南北將沙陀、安慶、九府等，各領部族老小，幷牛羊、車帳、甲馬，七八路慕化歸奔，俱至五臺及當府地界已來安泊。累據告勞，具

說被契丹殘害，平取生口，率略羊馬，凌害至甚。又自今年二月後來，須令點檢強壯，置辦人馬衣甲，告報上秋向南行營，諸蕃部等實恐上天不祐，殺敗後隨例不存家族，所以預先歸順，兼隨府族，各量點檢強壯人馬約十萬衆。又準沿河党項及山前、山後、逸利、越利諸族部落等首領，并差人各將契丹所授官告、職牒、旗號來送納，例皆號泣告勞，稱被契丹凌虐，憤惋不已，情願點集甲馬，會合殺戮。續又朔州節度副使趙崇與本城將校殺僞節度使劉山，尋已安撫軍城，乞歸朝廷。臣相次具奏聞。昨奉宣頭及累傳聖旨，令臣凡有往復契丹，更須承奉，當候彼生頭角，不欲自起釁端，貴守初終，不愆信誓。仰認睿旨，深惟匿瑕，其如天道人心，至務勝殘去虐，須知機不可失，時不再來。竊以諸蕃不招呼而自至，朔郡不攻伐以自歸，蓋繫人情，盡由天意。更念諸陷蕃節度使等，本自勳勞，早居富貴，沒身邊塞，遭酷虐以異常，企足朝廷，冀傾輸而不已，如聞傳檄，盡願倒戈。如臣者雖是愚蒙，粗知可否，不思忌諱，罄寫丹衷，細具敷陳，冀裨萬一。

其表數千言，大抵指斥高祖稱臣奉表，罄中國珍異，貢獻契丹，凌虐漢人，竟無厭足。又以此意爲書，遺諸朝貴及藩鎮諸侯。

高祖憂其變也，遂幸鄴都以詔諭之，凡有十焉。其略曰：「爾身爲大臣，家有老母，忿不

思難，棄君與親。吾因契丹而興基業，爾因吾而致富貴，吾不敢忘，爾可忘耶！且前代和親，只爲安邊，今吾以天下臣之，爾欲以一鎮抗之，大小不等，無自辱焉。」重榮愈恣縱不悛，雖有此奏，亦密令人與契丹幽州帥劉晞結託。蓋重榮有內顧之心，契丹幸我多事，復欲侵吞中國，契丹之怒重榮，亦非本志也。時重榮嘗與北來蕃使並轡而行，指飛鳥射之，應弦而落，觀者萬衆，無不快抃，蕃使因輟所乘馬以餞之，由是名振北方，自謂天下可以一箭而定也。又重榮素與襄州安從進連結，及聞從進將議起兵，其奸謀乃決。

天福六年冬，大集境內饑民，衆至數萬，揚旌向闕，聲言入覲。朝廷遣杜重威帥師禦之，遇於宗城。軍纔成列，有賊將趙彥之臨陣卷旗來奔，重榮方戰，聞彥之背己，大恐，退於輜重中，王師因而擊之，一鼓而潰。重榮與十餘騎北走，其下部衆，屬嚴冬寒冽，殺戮及凍死者二萬餘人。重榮至鎮，取牛馬革旋爲甲，使郡人分守夾城以待王師。案宋史解暉傳：安重榮反鎮州，因舉兵向闕，至宗城，晉師逆戰，大破之。暉募軍中壯士百餘人，夜擣賊壘，殺獲甚衆。暉頰中流矢，而督戰自若，顏色不撓，以功遷列校。（舊五代史考異）杜重威至，有部將自西郭水門引官軍入焉，殺守陴百姓萬餘人，重威尋害導者，自收其功。重榮擁吐渾數百，匿於牙城，重威使人襲而得之，斬首以進。高祖御樓閱其俘馘，宣露布訖，遣漆其頭顱，函送契丹。永樂大典卷一萬八千一百三十二。五代史補：安重榮出鎮，常懷不軌之計久矣，但未發。居無何，廄中產朱鬃白馬，黑鴉生五色雛，以爲鳳，乃欣然謂天命在己，遂舉兵反。指揮令取宗嶺路以向闕。時父老聞之，往往竊議曰：「事不諧矣，且主姓安氏，曰鞍得背而穩，何不取路貝州？若由宗嶺，是安及於鬃，得無危乎？」未幾，與王師先鋒遇，一戰而敗。

安從進，案歐陽史：從進，其先索葛部人也。初事莊宗爲護駕馬軍都指揮使，領貴州刺史，明宗時爲保義、彰武軍節度使。愍帝即位，徙領順化。清泰中，徙鎭山南東道。晉高祖即位，加同中書門下平章事。天福六年，高祖幸鄴，討安重榮。少帝以鄭王留守京師，時和凝請於高祖曰：「陛下北征，臣料安從進必反，何以制之？」高祖曰：「卿意將奈何？」凝曰：「臣聞之兵法，先人者奪人，願陛下爲空名宣敕十通授鄭王，有急則命將往。」從進聞高祖往北，遂反，少帝以空名授李建崇、郭金海討之。從進引兵攻鄧州，不克，進至湖陽，遇建崇等，大駭，以爲神速，復爲野火所燒，遂大敗，從進自焚。永樂大典卷二萬四百七十。案：薛史安從進傳殘闕，所存一條，與歐陽史大略相同。

張彥澤，其先出於突厥，後爲太原人也。祖、父世爲陰山府裨將。彥澤少有勇力，目睛黃而夜有光色，顧視若鷙獸焉。以騎射事後唐莊宗、明宗，以從戰有功，繼領郡守。高祖即位，擢爲曹州刺史。從楊光遠圍范延光於鄴，以功授華州節度使，尋移鎮涇州，累官至檢校太保。

有從事張式者，以宗人之分，受其知遇。時彥澤有子爲內職，素不叶父意，數行笞撻，懼其楚毒，逃竄外地，齊州捕送到闕，勑旨釋罪，放歸父所。彥澤上章，請行朝典，式以有傷名教，屢諫止之。彥澤怒，引弓欲射之，式懼而獲免。尋令人逐式出衙。式自爲賓從，彥澤委以庶務，左右羣小惡之久矣，因此讒搆，互來迫脅，云：「書記若不便出，斷定必遭屠害。」式乃告病尋醫，攜其妻子將奔衍州。彥澤遣指揮使李興領二十騎追之，戒曰：「張式如不從命，即斬取頭來。」式懇告刺史，遂差人援送到汾州。彥澤遣行軍司馬鄭元昭詣闕論請，面奏云：「彥澤若不得張式，恐致不測。」高祖不得已而從之。既至，決口割心，斷手足而死之。式父鐸詣闕訴冤，朝廷命王周代之。周至任，奏彥澤在郡惡跡二十六條，逃散五千餘戶。彥澤既赴闕，刑法官李濤等上章請理其罪，高祖下制，止令削奪一階一爵而已，時以爲失刑。

少帝即位，桑維翰復舉之，尋出鎮安陽。既至，折節於士大夫，境內稱理，旋命領軍北屯恒、定。時易州地孤，漕運不繼，制令邢、魏、相、衞飛輓以輸之，百姓荷擔纍纍於路，彥澤每援之以行，見羸困者，使其部衆代而助之。洎至北邊，不令百姓深入，即遣騎士以馬負糧而去，往來既速，且無邀奪之患，聞者嘉之。陽城之戰，彥澤之功出於諸將之右，其後與敵接戰，頻獻捷於闕下，咸謂其感高祖不殺之恩，補昔年之過也。

開運三年冬，契丹既南牧，杜重威兵次瀛州。彥澤爲契丹所啖，密已變矣，乃通款於戎王，請爲前導，因促騎說重威，引軍沿滹沱西援常山，既而與重威通謀。及王師降於中渡，契丹主遣彥澤統二千騎趨京師，以制少帝，且示公卿兆民以存撫之意。彥澤以是歲十二月十六日夜，自封丘門斬關而入，以兵圍宮城。翌日，遷帝於開封府舍，凡內帑奇貨，悉輦歸私邸，仍縱軍大掠，兩日方止。案東都事略李處耘傳云：居京師，遇張彥澤之暴，處耘善射，獨當里門，殺數十人，里中賴之。（舊五代史考異）時桑維翰爲開封尹，彥澤召至麾下，待之不以禮。維翰責曰：「去年拔公於罪人之中，復領大鎮，授以兵權，何負恩一至此耶？」彥澤無以對。是夜殺維翰，盡取其家財。

彥澤自謂有功於契丹，晝夜以酒樂自娛。當在京巡檢之時，出入騎從常數百人，旗幟之上題曰「赤心爲主」，觀者無不竊笑。又所居第，財貨山積。楚國夫人丁氏，即少帝弟曹州節度使延煦之母也，有容色，彥澤使人取之，太后遲迴未與，彥澤立遣人載之而去，其負國欺君也如是。數日之內，恣行殺害，或軍士擒獲罪人至前，彥澤不問所犯，但瞋目出一手豎三指而已，軍士承其意，即出外斷其腰領焉。彥澤與僞閤門使高勳不協，因乘醉至其門，害其仲父、季弟，暴屍於門外。及契丹帳泊於北郊，勳訴冤於戎王，時戎王已怒彥澤剽掠京城，遂令鎖之。仍以彥澤罪惡宣示百官及

京城士庶，且云：「彥澤之罪，合誅與否？」百官連狀具言罪在不赦，市肆百姓亦爭投狀，疏彥澤之罪，戎王知其衆怒，遂令棄市，仍令高勳監決，斷腕出鎖，然後刑之。勳使人剖其心以祭死者，市人爭其肉而食之。永樂大典卷六千三百五十。五代史補：李濤嘗忿張彥澤殺邠州幕吏張式而取其妻，濤率同列上疏，請誅彥澤以謝西土，高祖方姑息武夫，竟不從。未幾，契丹南侵，至中渡橋，彥澤首降。戎主喜，命以本軍統蕃部控弦之士，先入京師。彥澤自以功不世出，乃挾宿憾殺開封尹桑維翰。濤聞之，謂親知曰：「吾曾上疏請誅彥澤，今國家失守，彥澤所爲如此，吾之首領庸可保乎！然無可奈何，誰能伏藏溝瀆而取辱耶！」於是自寫門狀，求見彥澤。其狀云：「上疏請殺太尉人李濤，謹隨狀納命。」彥澤覽之，欣然降階迎之。然濤猶未安，復曰：「太尉果然相恕乎？」彥澤曰：「覽公門狀，見『納命』二字，使人怒氣頓息，又何憂哉！」濤素滑稽，知其必免，又戲爲伶人詞曰：「太尉既相恕，何不將壓驚絹來。」彥澤大笑，卒善待之。

趙德鈞，本名行實，幽州人也。少以騎射事滄州連帥劉守文，守文爲弟守光所害，遂事守光，署爲幽州軍校。及唐莊宗伐幽州，德鈞知其必敗，乃遁歸莊宗。莊宗善待之，賜姓，名曰紹斌，累歷郡守，從平梁，遷滄州節度使。同光三年，移鎮幽州。明宗即位，遂歸本姓，始改名德鈞。其子延壽尚明宗女興平公主，故德鈞尤承倚重。天成中，定州王都反，契丹遣惕隱領精騎五千來援都，至唐河，爲招討使王晏球所敗。

會霖雨相繼，所在泥淖，敗兵北走，人馬饑疲，德鈞於要路邀之，盡獲餘衆，擒惕隱已下首領數十人，獻於京師。明年，王都平，加兼侍中，頃之，加東北面招討使。

德鈞奏發河北數鎮丁夫，開王馬口至游口，以通水運，凡二百里。又於閻溝築壘，以戍兵守之，因名良鄉縣，以備鈔寇。又於幽州東築三河城，北接薊州，頗爲形勝之要，部民由是稍得樵牧。德鈞鎮幽州凡十餘年，案遼史：天贊六年，遣人以詔賜盧龍軍節度使趙德鈞。七年，趙德鈞遣人進時果。蓋德鈞久在邊境，嘗與契丹通好也。（舊五代史考異）甚有善政，累官至檢校太師、兼中書令，封北平王。清泰三年夏，晉高祖起義於晉陽。九月，契丹敗張敬達之軍於太原城下，唐末帝詔德鈞以本軍由飛狐路出賊後邀之。時德鈞子延壽爲樞密使，唐末帝命帥軍屯上黨，德鈞乃以所部銀鞍契丹直三千騎至鎮州，率節度使華溫琪同赴征行，自吳兒峪路趨昭義，與延壽會於西唐店。十一月，以德鈞爲諸道行營都統，以延壽爲太原南面招討使，遣端明殿學士呂琦齎賜官告，兼令犒軍。琦從容言天子委任之意，德鈞曰：「既以兵相委，焉敢惜死。」時范延光領兵二萬軍於遼州，德鈞欲併其軍，奏請與延光會合。唐末帝諭延光，疑其姦謀，不從。德鈞、延壽自潞州引軍至團柏谷，德鈞累奏乞授延壽鎮州節度，末帝不悅，謂左右曰：「趙德鈞父子堅要鎮州，苟能逐退蕃戎，要代予位，亦所甘心；若翫寇要君，但恐犬兔俱斃。」朝廷繼馳書詔，促令進軍，德鈞持疑不果，乃遣使於契丹，厚齎金幣，求立以爲帝，仍許

晉祖長鎮太原，契丹主不之許。

及楊光遠以晉安寨降於契丹，德鈞父子自團柏谷南走潞州，一行兵士，投戈棄甲，自相騰踐，死者萬計。時德鈞有愛將時賽，率輕騎東還漁陽，其部曲尙千餘人，與散亡之卒俱集於潞州。是日，潞州節度使高行周亦自北還，及至府門，見德鈞父子在城闉上，行周謂曰：「某與大王鄉人，宜以忠言相告，城中無斗粟可食，請大王速迎車駕，自圖安計，無取後悔焉。」德鈞遂與延壽出降契丹。高祖至，德鈞父子迎謁於馬前，高祖不禮之。時契丹主問德鈞曰：「汝在幽州日，所置銀鞍契丹直何在？」德鈞指示之，契丹盡殺於潞之西郊，遂鎖德鈞父子入蕃，及見國母述律氏，盡以一行財寶及幽州田宅籍而獻之，國母謂之曰：「汝父子自覓天子何耶？」德鈞俛首不能對。案通鑑云：太后問曰：「汝近者何爲在太原？」德鈞曰：「奉唐主之命。」太后曰：「汝從吾兒求爲天子，何妄語耶！」又自指其心曰：「此不可欺也。」又曰：「吾兒將行，吾戒之云：趙大王若引兵北向榆關〔一〕，亟須引歸，太原不可救也。汝欲爲天子，何不先擊退吾兒，徐圖亦未晚。汝爲人臣，既負其主，不能擊敵，又欲乘亂邀利，所爲如此，何面目復求生乎〔二〕？」德鈞俛首不能對。（舊五代史考異）又問：「田宅何在？」曰：「俱在幽州。」國母曰：「屬我矣，又何獻也？」至天福二年夏，德鈞卒於契丹。永樂大典卷一萬八千一百三十。案契丹國志云：德鈞鬱鬱不多食，踰年而死。德鈞既卒，國主釋延壽而用之。（舊五代史考異）

延壽，本姓劉氏。父曰邧，常山人也，常任蓨令。梁開平初，滄州節度使劉守文陷其邑，時德鈞爲偏將，獲延壽并其母种氏，遂養之爲子。延壽姿貌妍柔，稍涉書史，尤好賓客，亦能爲詩。案太平廣記引趙延壽傳云：延壽幼習武略，卽戎之暇，時復以篇什爲意，嘗在北庭賦詩曰：「占得高原肥草地，夜深生火折林梢〔三〕。」南人聞者傳之。（舊五代史考異）及長，尙明宗女興平公主。初爲汴州司馬，明宗卽位，授汝州刺史，歷河陽、宋州節度使，入爲上將軍，充宣徽使，遷樞密使，兼鎭徐州。及高祖起義於晉陽，唐末帝幸懷州，委延壽北伐。後高祖至潞州，延壽與父德鈞俱陷北庭。未幾，契丹主以延壽爲幽州節度使，封燕王，案遼史云：德鈞卒，以延壽爲幽州節度使，封燕王。與薛史同。契丹國志：會同六年，以延壽爲盧龍節度使。八年，南征，以延壽爲魏博節度使，封燕王。與薛史異。（舊五代史考異）尋爲樞密使兼政事令。案遼史云：天顯末，以延壽妻在晉，詔取之以歸，自是益激昂圖報。會同初，帝幸其第，加政事令。不言延壽爲樞密使。考契丹國志云：會同改元，參用蕃漢，以延壽爲樞密使兼政事令。與薛史同。（舊五代史考異）

天福末，契丹既與少帝絕好，契丹主委延壽以圖南之事，許以中原帝之。延壽乃導誘蕃戎，蠶食河朔。晉軍既降於中渡，戎王命延壽就寨安撫諸軍，仍賜龍鳳赭袍，使衣之而往。謂之曰：「漢兒兵士，皆爾有之，爾宜親自慰撫。」延壽至營，杜重威、李守貞已下皆迎謁於馬前。

及戎王入汴，時南北降軍數萬，皆野次於陳橋，戎王慮其有變，欲盡殺之。延壽聞之，遽請見於戎王，曰：「臣伏見今日已前，皇帝百戰千征，始收得晉國，不知皇帝自要治之乎？爲他人取之乎？」戎王變色曰：「爾何言之過也，朕以晉人負義，舉國南征，五年相殺，方得中原，豈不自要爲主，而爲他人耶？卿有何說，速奏朕來！」延壽曰：「皇帝嘗知吳、蜀與晉朝相殺否？」曰：「知。」延壽曰：「今中原南自安、申，西及秦、鳳，沿邊數千里，並是兩界守戍之所。將來皇帝歸國時，又漸及炎蒸，若吳、蜀二寇交侵中國，未知如許大世界，教甚兵馬禦捍？苟失隄防，豈非爲他人取也。」戎王曰：「我弗知也，爲之奈何？」延壽曰：「臣知上國之兵，當炎暑之時，沿吳、蜀之境，難爲用也。未若以陳橋所聚降軍團併，別作軍額，以備邊防。」戎王曰：「我念在壺關、陽城時〔四〕，亦曾言議，未獲區分，致五年相殺，此時入手，如何更不剷除？」延壽曰：「晉軍見在之數，如今還似從前盡在河南，誠爲不可，臣請遷其軍，幷其家口於鎭、定、雲、朔間以處之，每歲差伊分番，於河外沿邊防戍，斯上策也。」戎王忻然曰：「一取大王商量。」由是陳橋之衆獲免長平之禍焉。

延壽在汴久之，知戎王無踐言之意，乃遣李崧達語於戎王，求立以爲皇太子，崧不得已而言之。戎王曰：「我於燕王，無所愛惜，但我皮肉堪與燕王使用，亦可割也，何況他事！我聞皇太子，天子之子合作，燕王豈得爲之也！」因命與燕王加恩。時北來翰林學士承旨張礪，擬延壽爲中京留守、大丞相、錄尙書事、都督中外諸軍事，樞密使、燕王如故。案遼史云：會同七年正月己丑，授延壽魏、博等州節度使，封魏王。延壽本傳亦言其先封燕王，改封魏王，是延壽入汴時已爲魏王也。薛史始終稱爲燕王，與遼史異。（舊五代史考異）戎王覽擬狀，索筆塗却「錄尙書事、都督中外諸軍事」之字，乃付翰林院草制焉。又以其子匡贊爲河中節度使。

延壽在汴州，復娶明宗小女爲繼室。先是，延州節度使周密爲其子廣娶焉，已納財畢，親迎有日矣，至是延壽奪取之。契丹主自汴迴至邢州，命升延壽坐在契丹左右相之上。契丹主死，延壽下教於諸道，稱權知南朝軍國事。是歲六月一日，爲永康王兀欲所鎖〔五〕，籍其家財，分給諸部，尋以延壽入國，竟卒於契丹。案遼史世宗紀：天祿二年十月壬午，南京留守、魏王趙延壽薨。薛史漢高祖紀：天福十二年，起復其子贊，蓋傳聞之誤。案遼史云：世宗卽位，以翌戴功，授樞密使。天祿二年薨。考延壽謀自主，爲永康王所鎖，遼史爲之諱言，記傳皆不載。（孔本）

匡贊歷漢、周兩朝，累授節鎭及統軍使，仕皇朝，歷廬、延、邠、鄜等四鎭焉。永樂大典卷一萬六千九百九十一。

張礪，字夢臣。案契丹國志云：礪，磁州滏陽人也。（孔本）幼嗜學，有文藻，唐同光初擢進士第，

尋拜左拾遺，直史館。會郭崇韜伐蜀，奏請礪掌軍書。蜀平，崇韜爲魏王繼岌所誅，時崇韜左右親信皆懼禍奔逃，唯礪詣魏王府第，慟哭久之，時人服其高義。永樂大典卷一萬三千九百十三。天成初，明宗知其名，授翰林學士，再丁父母憂，服闋，皆復入爲學士，歷禮部、兵部員外郎、知制誥充職。未幾，父之妾卒。初，妾在世，礪以久侍先人，頗亦敬奉，諸幼子亦以祖母呼之。及卒，礪疑其事，詢於同僚，未有以對，礪卽托故歸於滏陽，閑居三年，不行其服，論情制宜，識者韙之。永樂大典卷一萬七百九十八。案：以下有闕文。礪爲戎王翰林學士。開運末，與契丹居南松門之內，軒轡交織，多繼燭接洽，無厭倦色。因密言曰：「此胡用法如此〔六〕，豈能久處京師。」及北去，道路有觴酒豆肉，必遺故客屬僚。死之日，囊裝惟酒食器皿而已，識者無不高之。册府元龜卷七百九十六。

張礪，字夢臣，磁州滏陽人也。祖慶，父寶，世爲農。礪幼嗜學，有文藻，在布衣時，或覩民間爭競，必爲親詣公府，辨其曲直，其負氣也如此。唐同光初，擢進士第，尋拜左拾遺，直史館。會郭崇韜伐蜀，奏請礪掌軍書。蜀平，崇韜爲魏王繼岌所誅，時崇韜左右親信皆懼禍奔逃，惟礪詣魏王府第，慟哭久之，時人皆服其高義。

及魏王班師，礪從副招討使任圜東歸。至利州，會康延孝叛，迴據漢州，圜奉魏王命，迴軍西討延孝。時礪獻謀于圜，請伏精兵于後，先以羸師誘之，圜深以爲然。延孝本

驍將也，任圜乃儒生也，延孝聞圜至，又覩其羸師，殊不介意，及戰酣，圜發精兵以擊之，延孝果敗，遂擒之以歸。是歲四月五日至鳳翔，內官向延嗣奉莊宗命，令誅延孝。監軍李延襲已聞洛中有變，故留延孝，且害任圜之功故也。圜未決，礪謂圜曰：「此賊構亂，遂致凱旋差晚，且明公血戰擒賊，安得違詔養禍，是破檻放虎，自貽其咎也。公若不決，余自殺此賊。」任圜不得已，遂誅延孝。

天成初，明宗知其名，召爲翰林學士，再丁父母憂，服闋，皆復入爲學士，歷禮部、兵部員外郎、知制誥充職。未幾，父之妾卒。初，妾在世，礪以久侍先人，頗亦敬奉，諸幼子亦以祖母呼之。及卒，礪疑其事，詢于同僚，未有以對，礪卽託故歸于滏陽，閑居三年，不行其服，論情制宜，識者韙之。清泰中，復授尚書比部郎中、知制誥，依前充學士。高祖起于晉陽，唐末帝命趙延壽進討，又命翰林學士和凝與延壽偕行。礪素輕凝，慮不能集事，因自請行，唐末帝慰而許之。及唐軍敗于團柏谷，與延壽俱陷于契丹，契丹以舊職縻之，累官至吏部尚書。契丹入汴，授右僕射、平章事、集賢殿大學士，隨至鎭州。

會契丹主卒，永康王北去，蕭翰自東京過常山，乃引鐵騎圍其第。時礪有疾，方伏枕，翰見礪責之曰：「爾言于先帝，云不得任蕃人作節度使，如此則社稷不永矣；又先帝來

時，令我于汴州大內安下，爾言不可；又我爲汴州節度使，爾在中書，何故行帖與我？」礪抗聲而對，辭氣不屈，翰遂鎖礪而去。案遼史云：礪抗聲曰：「此國家大體，安危所係，吾實言之，欲殺卽殺，奚以鎖爲！」（舊五代史考異）鎭州節度使麻答尋解其鎖，是夜以疾卒，家人燼其骨，歸葬于滏陽。

礪素耿直，嗜酒無檢。始陷契丹時，曾背契丹南歸，爲追騎所獲，契丹主怒曰：「爾何捨我而去？」礪曰：「礪，漢人也，衣服飲食與此不同，生不如死，請速就刃。」契丹主顧通事高唐英曰：「我常戒爾輩善待此人，致其逃去，過在爾輩。」因笞唐英一百，其爲契丹主善待也如此。礪平生抱義憐才，急于獎拔，聞人之善，必擁袂以稱之，見人之貧，亦倒篋以濟之，故死之之日，中朝士大夫亦皆嘆惜焉〔七〕。

蕭翰者，契丹諸部之酋長也。父曰阿鉢〔八〕。劉仁恭鎭幽州，阿鉢曾引衆寇平州，仁恭遣驍將劉鴈郎與其子守光率五百騎先守其州，阿鉢不知，爲郡人所給，因赴牛酒之會，爲守光所擒。契丹請贖之，仁恭許其請，尋歸。其妹爲阿保機妻，則德光之母也。翰有妹，亦嫁於德光，故國人謂翰爲國舅。契丹入東京，以翰爲宣武軍節度使。契丹比無姓氏，翰將有節度之命，乃以蕭爲姓，翰爲名，自是翰之一族皆稱姓蕭。契丹主北去，留翰以鎭河南。時漢高祖已建號於太原，翰懼，將北歸，慮京師無主，則衆皆爲亂，乃遣蕃騎至洛京迎唐明宗幼子許王從益知南朝軍國事。從益至，翰率蕃將拜於殿上。翌日，翰乃輦其寶貨鞍轡而北。漢人以許王既立，不復爲亂，果中其狡計。翰行至鎭州，遇張礪，翰以舊事致忿，就第數其失而鎖之。翰歸本國，爲永康王兀欲所鎖，尋卒於本土。永樂大典卷五千二百二十五。案遼史：翰後以謀反伏誅，與薛史異。（舊五代史考異）

劉晞者，涿州人也。父濟雍，累爲本郡諸邑令長。晞少以儒學稱於鄉里，嘗爲唐將周德威從事，後陷於契丹，契丹以漢職縻之。天福中，契丹命晞爲燕京留守，嘗於契丹三知貢舉，歷官至同平章事、兼侍中。隨契丹入汴，授洛京留守。會河陽軍亂，晞走許州，又奔東京，蕭翰遣兵送晞至洛下。契丹主死，晞自洛復至東京，隨蕭翰北歸，遂留鎭州。漢初，與麻答同奔定州，後卒於北蕃。永樂大典卷九千九十九。案契丹國志：劉珂，晞之子也，尙世宗妹燕國公主。（舊五代史考異）

崔廷勳，不知何許人也。案：通鑑注引宋白曰：廷勳本河內人。（舊五代史考異）形貌魁偉，美鬚髯。幼陷契丹，歷僞命雲州節度使，官至侍中。契丹入汴，遷少帝於封禪寺，遣廷勳以兵防守，

尋授河陽節度使，甚得民情。契丹北行，武行德率軍趨河陽，廷勳爲行德所逐，乃與奚王拽剌保懷州，尋以兵反攻行德，行德出戰，爲廷勳所敗。及契丹主死，遂歸鎭州。漢初，與麻答同奔定州，後沒於北蕃。永樂大典卷二千七百四十。

史臣曰：帝王之尊，必由天命，雖韓信、彭越之勇，吳濞、淮南之勢，猶不可以妄冀，而況二安之庸昧，相輔爲亂，固宜其自取滅亡也。後之擁強兵蒞重鎭者，得不以爲鑒乎！彥澤狠子野心，盈貫而死，晚矣！德鈞諸人，與晉事相終始，故附見于茲焉〔九〕。

校勘記

〔一〕若引兵北向楡關　「引」原作「行」，據殿本、劉本、通鑑卷二八〇改。

〔二〕何面目復求生乎　原作「復面目求生乎」，據通鑑卷二八〇改。

〔三〕夜深生火折林梢　「折」原作「拄」，據太平廣記卷二〇〇改。殿本、劉本作「拆」。

〔四〕我念在壺關陽城時　盧本同。殿本、劉本作「我念在壺關失斷陽城時」。

〔五〕兀欲　原作「鄂約」，注云：「舊作兀欲，今改正。」按此係輯錄舊五代史時據遼史索倫國語解所改，今恢復原文。殿本作烏裕。

〔六〕此胡用法如此　「胡」原作「人」，據册府卷七九六改。

〔七〕張礪……惜焉　八百三十八字原無，據殿本補，現低一格排。影庫本批校云：「張礪傳，永樂大典有全篇，校刊本補入。」傳中麻答原作滿達勒，殿本考證云：「滿達勒舊作麻答，今改。」按此係輯錄舊五代史時據遼史索倫國語解所改，今恢復原文。

〔八〕阿鉢　原作「阿巴」，注云：「舊作阿鉢，今改正。」按此係輯錄舊五代史時據遼史索倫國語解所改，今恢復原文。

〔九〕史臣曰……茲焉　九十二字原無，據殿本補。影庫本批校云：「此後尚有史臣曰一段，校刊本補入。」

舊五代史

宋　薛居正等撰

第五册

卷九九至卷一三二（漢書　周書）

中華書局

舊五代史卷九十九

漢書一

高祖紀上

高祖睿文聖武昭肅孝皇帝，姓劉氏，諱暠，本名知遠，及即位改今諱。其先本沙陁部人也。四代祖諱湍，帝有天下，追尊爲明元皇帝，廟號文祖，陵曰懿陵；案五代會要：湍爲東漢顯宗第八子，淮陽王昞之後。高祖母隴西李氏，追謚明貞皇后。曾祖諱昂，晉贈太保，追尊爲恭僖皇帝，廟號德祖，陵曰沛陵；案五代會要：懿陵、沛陵皆無陵所，遙申朝拜。曾祖母虢國太夫人楊氏，追謚恭惠皇后。祖諱僎，晉贈太傅，追尊爲昭獻皇帝，廟號翼祖，陵曰威陵；祖母魯國太夫人李氏，追謚爲昭穆皇后。皇考諱琠，事後唐武皇帝爲列校，晉贈太師，追尊爲章聖皇帝，廟號顯祖，陵曰肅陵；皇妣吳國太夫人安氏，追謚章懿皇后。后以唐乾寧二年，歲在乙卯，二月四日生帝於太原。

帝弱不好弄，嚴重寡言，及長，面紫色，目睛多白。初事唐明宗，列於麾下。明宗與梁人對柵於德勝，時晉高祖爲梁人所襲，馬甲連革斷，帝輟騎以授之，取斷革者自跨之，徐殿其後，晉高祖感而壯之。明宗踐阼，晉高祖爲北京留守，以帝前有護援之力，奏移麾下，署爲牙門都校。應順初，晉高祖鎮常山，唐明宗召赴闕，會閔帝出奔，與晉高祖相遇於途，遂俱入衞州，泊於郵舍。閔帝左右謀害晉高祖，帝密遣御士石敢袖鎚立於晉高祖後，及有變，敢擁晉高祖入一室，以巨木塞門，敢尋死焉。帝率衆盡殺閔帝左右，遂免晉高祖於難。案通鑑考異引漢高祖實錄云：是夜，偵知少帝伏甲，欲與從臣謀害晉高祖，詐屏人對語，方坐庭廡。帝密遣御士石敢袖鎚立於後，俄頃伏甲者起，敢有勇力，擁晉高祖入一室，以巨木塞門，敢力當其鋒，死之。帝解佩刀，遇夜晦，以在地葦炬未然者奮擊之。衆謂短兵也，遂散走。帝乃匿身長垣下，聞帝親將李洪信謂人曰：「石太尉死矣。」帝隔垣呼洪信曰：「太尉無恙。」乃踰垣出就洪信，共護晉高祖，殺建謀者，以少主授王弘贄。（舊五代史考異）考漢實錄多增飾之詞，閔帝方倚賴晉祖，何至伏甲謀害乎哉！薛史止載石敢事，餘不及。（孔本）

清泰元年，晉高祖復鎮河東。三年夏，移鎮汶陽。帝勸晉高祖舉義，贊成密計，經綸之始，中外賴之。晉高祖以帝爲北京馬步軍都指揮使。及契丹以全軍赴難，大破張敬達之衆於晉陽城下，宥降軍千餘人，晉高祖將置之於親衞，帝盡殺之。晉國初建，加檢校司空，充侍衞馬步都指揮使，權點檢隨駕六軍諸衞事，尋改陜州節度使，充侍衞親軍馬步都虞候。契丹主送晉高祖至上黨，指帝謂高祖曰：「此都軍甚操剌，無大故不可棄之。」晉高祖入洛，委帝巡警，都邑肅然，無敢犯令。

天福二年夏四月，加檢校太保。八月，改許州節度使，典軍如故。三年夏四月，加檢校太傅。冬十月，授侍衞親軍馬步軍都指揮使。十一月，移授宋州，加檢校太尉。十二月，加同平章事。時帝與杜重威同制加恩，帝憤然不樂，懇讓不受，杜門不出者數日。案通鑑云：知遠自以有佐命功，重威起于外戚，無大功，恥與之同制。制下數日，杜門四表辭不受。（舊五代史考異）晉高祖怒，召宰相趙瑩等議落帝兵權，任歸私第。瑩等以爲不可，乃遣端明殿學士和凝就第宣諭，帝乃承命。五年三月，改鄴都留守兼侍衞親軍馬步軍都指揮使。九月，奉詔赴闕，晉高祖幸其第。六年七月，授北京留守、河東節度使。七年正月，加侍中。時天下大蝗，惟不入河東界。六月，晉高祖崩於鄴宮，少帝即位，加帝檢校太師。八年三月，進位中書令。

開運元年正月，契丹南下，契丹主以大軍直抵澶州，遣蕃將偉王率兵入鴈門。朝廷以帝爲幽州道行營招討使，帝大破偉王於忻口。案：漢祖破偉王，薛史作開運元年正月。歐陽史漢本紀作三年五月，晉本紀又載開運元年正月辛丑，劉知遠及契丹偉王戰于秀容，敗之。兩紀年月互異，應以薛史爲據。（舊五代史考異）尋奉詔起兵至土門，軍至樂平，會契丹退，乃還。三月，封太原王。七月，兼北面行營都統。二年四月，封北平王。三年五月，加守太尉。是月，帝誅吐渾白承福等五族，案：歐陽史作八月，殺吐渾白承福等族。（舊五代史考異）凡四百人，以別部王義宗統其餘衆。九月，契丹犯塞〔一〕，帝親率牙兵至朔州南陽武谷，大破之。案東都事略郭進傳：契丹屠安陽，高祖遣進拒戰，契丹敗走，以功除刺史。（舊五代史考異）十一月，契丹主率蕃漢大軍由易、定抵鎮州，杜重威等駐軍於中渡橋以禦之。十二月十日，杜重威等以全軍降於契丹。十七日，相州節度使張彥澤受契丹命，陷京城，遷少帝於開封府。帝聞之大駭，分兵守境，以備寇患。

天福十二年春正月丁亥朔，契丹主入東京。癸巳，晉少帝蒙塵於封禪寺。癸卯，少帝北遷。二月丁巳朔，契丹主具漢法服，御崇元殿受朝，制改晉國爲大遼國，大赦天下，號會同十年。是月，帝遣牙將王峻奉表於契丹，契丹主賜詔褒美，呼帝爲兒。又賜木柺一。蕃法，貴重大臣方得此賜，亦猶漢儀賜几杖之比也。王峻持柺而歸，契丹望之皆避路。及峻至太原，帝知契丹政亂，乃議建號焉。是月，秦州節度使何建以其地入於蜀。戊辰，河東行軍司馬張彥威與文武將吏等，以中原無主，帝威望日隆，羣情所屬，上牋勸進，帝謙讓不允。自是羣官三上牋，諸軍將吏、緇黃耆耋，相次迫請，敎答允之。庚午，陜府屯駐奉國指揮使趙暉、侯章、都頭王晏殺契丹監軍及副使劉愿，暉自稱留後。契丹因授暉陜州兵馬留後，侯章爲本州馬步軍都指揮使，王晏爲副都指揮使，暉等不受僞命。案宋史王晏傳：開運末，與本軍都校趙暉、忠衞都校侯章等戍陜州。會契丹至汴，遣其將劉愿據陜，恣行暴虐。晏與暉等謀曰：「今契丹南侵，天下洶洶，英雄豪傑固當乘時自奮。且聞太原劉公，威德遠被，人心歸服，若殺愿送款河東，爲天下倡首，則取富貴如反掌耳！」暉等然之。晏乃率敢死士數人，夜踰城入府署，刼庫兵給其徒。遲明，斬愿首懸府門外。衆請暉爲帥，章爲本城副指揮使、內外巡檢使兼都虞候，乃遣其子漢倫奉表晉陽。（舊五代史考異）

辛未，帝於太原宮受册，卽皇帝位，制改晉開運四年爲天福十二年。案契丹國志云：漢祖仍稱天福年號，曰：「予未忍忘晉也。」（舊五代史考異）甲戌，帝以晉帝舉族北遷，憤惋久之。是日，率親兵趨土門路，邀迎晉帝至壽陽，聞其已過，乃還。案契丹國志：時留兵戍承天軍而還。（孔本）契丹聞帝建號，僞制削奪帝官爵。以通事耿崇美爲潞州節度使，高唐英爲相州節度使，崔廷勳爲河陽節度使，以扼要害之地。丁丑，磁州賊帥梁暉據相州。己卯，帝遣都將史弘肇率兵討代州，平之。初，代州刺史王暉叛歸契丹，弘肇一鼓而拔之，斬暉以徇。庚辰，權晉州兵馬留後張晏洪奏，軍亂，殺知州副使駱從朗及括錢使、諫議大夫趙熙，以城歸順。時晉州留後劉在明赴東京，朝於契丹，從朗知軍州事，帝方遣使張晏洪、辛處明等告諭登極，從朗囚之本城。大將藥可儔殺從朗於理所，州民相率害趙熙，三軍請晏洪爲留後，處明爲都監。辛巳，權陝州留後趙暉、權潞州留後王守恩，並上表歸順。癸未，澶州賊帥王瓊與其衆斷本州浮橋，瓊敗，死之。時契丹以族人朗五爲澶州節度使，契丹性貪虐〔二〕，吏民苦之。瓊爲水運什長，乃搆夏津賊帥張乙，得千餘人，沿河而上，中夜竊發，自南城殺守將，絕浮航，入北城，

朗五據牙城以拒之。數日，會契丹救至，瓊敗死焉。契丹主初聞其變也，懼甚，由是大河之南無久留之意，尋遣天雄軍節度使杜重威歸鎭。

三月丙戌朔，詔河東管內，自前稅外，雜色徵配一切除放。是日，契丹主坐崇元殿行入閤之禮，契丹主以舅蕭翰爲宣武軍節度使。辛卯，權延州留後高允權遣判官李彬奏：本道節度使周密爲三軍所逐，以允權知留後事，上表歸順。未幾，帝召密赴行在。壬辰，丹州都指揮使高彥珣殺僞命刺史，據城歸命。壬寅，契丹主發自東京還本國。案：遼史太宗紀作四月丙辰朔，發自汴州，與薛史異。歐陽史及通鑑俱從薛史作壬寅。是日，宿於赤崗，至晡，有大聲如雷，起於敵帳之下。契丹自黎陽濟河，遂趨相州。案：通鑑作丙午，契丹自白馬渡河。遼史作乙丑，濟黎陽渡，與通鑑異。庚戌，帝以北京馬步軍都指揮使、泗州防禦使、檢校太保劉崇爲太原尹、檢校太尉，以北京馬步軍都虞候郭從義爲鄭州防禦使、檢校太保，以北京興捷左廂都指揮使李洪信爲陳州刺史、檢校司徒，以興捷右廂都指揮使尙洪遷爲單州刺史、檢校司徒，以北京武節左廂都指揮使蓋萬爲蔡州刺史，以武節右廂都指揮使周暉爲濮州刺史，以保寧都指揮使朱奉千爲隨州刺史〔三〕。辛亥，吐渾節度使王義宗加檢校太尉，以前忻州刺史秦習爲耀州團練使。癸丑，以北京副留守、檢校司徒白文珂爲河中節度使、檢校太尉。

夏四月己未，以北京馬軍都指揮使、集州刺史劉信爲滑州節度使，充侍衞馬軍都指揮使、檢校太傅，以北京隨使、右都押衙楊邠爲權樞密使、檢校太保，案歐陽史：四月己未，右都押衙楊邠爲樞密使。據薛史，邠于閏七月辛未始眞授樞密使，四月中乃權職也。（舊五代史考異）以北京武節都指揮使、雷州刺史史弘肇爲許州節度使，充侍衞步軍都指揮使、檢校太傅，以北京牢城都指揮使、壁州刺史常思爲鄧州節度使、檢校太傅兼權北京馬步軍都指揮使、三城巡檢使，以河東行軍司馬張彥威爲同州節度使、檢校太保，以蕃漢兵馬都孔目官郭威爲權樞密使、檢校司徒，以河東左都押衙扈彥珂爲宣徽南院使、檢校司徒，以右都押衙王浩爲宣徽北院使、檢校司徒，以兩使都孔目官王章爲權三司使、檢校太保。

是日，契丹主取相州，殺留後梁暉。案宋史李穀傳：潛遣河朔酋豪梁暉入據安陽，契丹主患之，卽謀北旋。會有告契丹以城中虛弱者，契丹還攻安陽，陷其城。（舊五代史考異）暉，磁州滏陽人，少爲盜，會契丹入汴，暉收集徒黨，先入磁州，無所侵犯，遣使送款於帝。暉偵知相州頗積兵仗，且無守備，遂以三月二十一日夜與其徒踰垣而入，殺契丹數十人，案：契丹國志作殺遼兵數百。（舊五代史考異）奪器甲數萬計，遂據其城。契丹主先遣僞命相州節度使高唐英率兵討之。未幾，契丹主至城下，是月四日攻拔之，遂屠其城。翌日，契丹主北去，命高唐英鎭之，唐英閱城中遺民，得男女七百人而已。乾祐中，王繼弘鎭相州，奏於城中得髑髏十餘萬，殺人之數，從可知也。

庚申，以石州刺史易全章爲洺州團練使，以前遼州刺史安眞爲宿州團練使，以嵐州刺

史孟行超爲潁州團練使，以汾州刺史武彥弘爲曹州防禦使，以前憲州刺史慕容信爲齊州防禦使，以遼州刺史薛瓊爲亳州防禦使，以沁州刺史李漢韜爲汝州防禦使。癸亥，册魏國夫人李氏爲皇后。甲子，以皇長子承訓爲左衞上將軍，第二子承祐爲左衞大將軍，第三子承勳爲右衞大將軍，皇女彭城郡君宋氏封永寧公主，皇姪承贇爲右衞上將軍。以河東節度判官蘇逢吉爲中書侍郎、同平章事、集賢殿大學士，以河東觀察判官蘇禹珪爲中書侍郎、同平章事。升府州爲節鎭，加永安軍額，以振武節度使、府州團練使折從阮爲永安軍節度使，行府州刺史、檢校太尉；以北京隨使、左都押衙劉銖爲河陽節度使；以河東支使韓祚爲左諫議大夫，充樞密直學士。乙丑，遣史弘肇率兵一萬人趨潞州。丙寅，以權知潞州軍州事、左驍衞大將軍王守恩爲潞州節度使、檢校太保；以權點檢延州軍州事高允權爲延州節度使、檢校太保；以嵢嵐軍使鄭謙爲忻州刺史，遙領應州節度使，充忻、代二州義軍都部署。丁卯，以河東都巡館驛、沿河巡檢使閻萬進爲嵐州刺史，領朔州節度使，充嵐、憲二州義軍都制置。

戊辰，權河陽留後武行德以城來歸。初，契丹主將發東京，船載武庫兵仗，自汴浮河，欲置之於北地，遣奉國都虞候武行德部送，與軍士千餘人并家屬俱行。至河陰，軍亂，奪兵仗，殺契丹監吏，衆推行德爲帥，與河陰屯駐軍士合，乃自汜水抵河陽。河陽僞命節度使崔

廷勳率兵拒之，兵敗，行德等追躡之，廷勳棄城而遁，行德因據其城。案東都事略武行德傳：行德陷于契丹，僞請自效，因遣送將校數十人護所取倚方鎧甲還北方。至河陰，行德謂衆曰：「我與若等能爲異域鬼耶？」衆素伏其威名，皆曰：「惟命。」遂攻孟州，走其節度使崔廷勳，悉以府庫分諸校，而權領州事。遣其弟行友詣太原勸進。（舊五代史考異）薛史作軍亂，衆擁行德爲帥，與東都事略異。（孔本）僞命西京留守劉晞棄洛城，南走許州，遂奔東京，洛京巡檢使方太自署知留守事。未幾，太爲武行德所害。

是月〔四〕，蕃將耿崇美屯澤州，史弘肇遣先鋒將馬誨率兵擊之，崇美退保懷州。崔廷勳以契丹衆攻武行德於河陽，行德出戰，爲廷勳所敗。汴州蕭翰遣蕃將高牟翰將兵援送劉晞復歸於洛，牟翰至，殺前澶州節度使潘環於洛陽。

辛未，以河陽都部署武行德爲河陽節度使、檢校太尉，充一行馬步軍都部署。甲戌，潞州節度使王守恩加檢校太尉，以前棣州刺史慕容彥超爲澶州節度使、檢校太保。丙子，契丹主耶律德光卒於鎮之欒城。案遼史太宗紀：四月丁丑，崩於欒城。與薛史異。歐陽史及通鑑俱從薛史作丙子。趙延壽於鎮州自稱權知國事。辛巳，陝州節度使趙暉加檢校太尉，華州節度使兼陝州馬步軍都指揮使侯章加檢校太傅，以陝府馬步軍副都指揮使兼絳州防禦使王晏爲晉州節度使、檢校太傅，案隆平集王晏傳云：漢祖威名未振，而晏等歸之，甚喜，即授以節度使。（舊五代史考異）以丹州都指揮使、權知軍州事高彥珣爲丹州刺史。永樂大典卷一萬六千九十八。

校勘記

〔一〕九月契丹犯塞 「契丹」二字原無，「九月」下原有注云：「案以下疑有脫文。」按冊府卷八云：「九月，契丹犯塞。」據補「契丹」二字，刪去注文。通鑑卷二八五云：「九月，契丹三萬寇河東。」

〔二〕時契丹以族人朗五爲澶州節度使契丹性貪虐 「朗五」原作「朗悟」，注云：「舊作朗五，今改正。」按此係輯錄舊五代史時據遼史索倫國語解所改，今恢復原文。殿本作「朗鄂」。「契丹性貪虐」，劉本同，殿本作「朗鄂性貪殘」。

〔三〕朱奉千爲隨州刺史 「史」原作「使」，據殿本、劉本改。

〔四〕是月 劉本同。殿本作「是日」。

舊五代史卷一百

漢書二

高祖紀下

天福十二年夏五月乙酉朔，契丹所署大丞相、政事令、東京留守、燕王趙延壽爲永康王兀欲所縶，既而兀欲召蕃漢臣僚於鎮州牙署，矯戎王遺詔，命兀欲嗣位，案：遼史世宗紀作四月戊寅，即皇帝位。歐陽史、通鑑、契丹國志俱從薛史作五月，與遼史異。（舊五代史考異）於是發哀成服。辛卯，詔取五月十二日車駕南幸。甲午，以判太原府事劉崇爲北京留守，命皇子承訓、武德使李暉大內巡檢。丙申，帝發河東，取陰地關路幸東京。時星官言，太歲在午，不利南巡，故路出陰地。丁酉，史弘肇奏，澤州刺史翟令奇以郡來降。案宋史李萬超傳：史弘肇路經澤州，刺史翟令奇堅壁拒命。萬超馳至城下，諭之曰：「今契丹北遁，天下無主，并州劉公，仗大義，定中土，所向風靡，後服者族，盍早圖之。」令奇乃開門迎納，宏肇即留萬超權州事。（舊五代史考異）是日，契丹所署汴州節度使蕭翰迎郇國公李從益至東京，請從益知南朝軍國事。己亥，蕭翰發離東京北去。乙巳，契丹永康王兀欲自鎮州還蕃，行次定州，案：遼史作甲申，次定州，與薛史異。（舊五代史考異）以定州節度副使耶律忠爲定州節度使，孫方簡爲雲州節度使。方簡不受命，遂歸狼山。戊申，車駕至絳州，本州刺史李從朗以郡降。初，契丹遣偏校成霸卿、曹可璠等守其郡，帝建義之始，不時歸命，及車駕至，帝耀兵於城下，不令攻擊，從朗等遂降。

六月乙卯，契丹河中節度使趙贊起復河中節度使。案通鑑：起復趙匡贊在七月甲午以後，與薛史異。又，匡贊，薛史作趙贊。考贊即延壽之子，仕宋，歷廬、延、邠、鄜四州，蓋入宋後，避諱去「匡」字也，今仍其舊。又，案遼史世宗紀：天祿二年十月壬午，南京留守、魏王趙延壽薨。考遼天祿二年即漢乾祐二年，此時天福十二年，延壽尙未死也。此必因延壽爲永康王所鎖，而漢人傳其已死，遂起復其子贊以絕其北向之心耳〔一〕。又，考通鑑，遣使弔祭河中，因起復移鎮，在七月甲午以後。薛史繫于六月，前後五異。（孔本）是日，契丹右僕射兼中書侍郎、平章事張礪卒於鎮州。丙辰，車駕至洛，兩京文武百僚自新安相次奉迎。郇國公李從益、唐明宗淑妃王氏皆賜死於東京。甲子，車駕至東京。丙寅，以漢州就糧歸捷指揮使張建雄爲濮州刺史，以金州守禦指揮使康彥環爲金州防禦使。建雄、彥環皆因亂害本州刺史，自知州事，故有是命。以北京知進奏王從璋爲內客省使。戊辰，制：「大赦天下。應天福十二年六月十五日昧爽已前，天下見禁罪人，已結正未結正，已發覺未發覺，除十惡五逆外，罪無輕重，咸赦除之。諸州去年殘稅並放。東、西京一百里外，放今年夏稅；一百里內及京城，今年屋稅並放一半。契丹所授職任，不議改吏。諸貶降官，未量移者與量移〔二〕；已量移者與敍錄。徒流人並放還。應係欠省錢，家業抵當外並放。宜以國號爲大漢，年號依舊稱「天福」云。案歐陽史：六月戊辰，改國號漢，是戊辰以前猶未改國號也。遼史太宗紀：二月辛未，河東節度使、北平王劉知遠自立爲帝，國號漢。蓋因其自立而牽連書之，疑未詳考。已巳，詔青州、襄州、安州復爲節鎮，曹、陳二州依舊爲郡。壬申，北京留守劉崇加同平章事。以中書舍人劉繼儒爲宗正卿；翰林學士承旨、尚書兵部侍郎張允落職守本官；以尚書左丞張昭爲吏部侍郎；案東都事略張昭傳：昭舊名昭遠，避漢高祖諱，止稱昭。（舊五代史考異）以左散騎常侍邊歸讜爲禮部侍郎；以左散騎常侍王仁裕爲戶部侍郎，充翰林學士承旨；以右諫議大夫張沆爲左散騎常侍，充翰林學士；以戶部侍郎李式爲光祿卿；以翰林學士、尚書禮部侍郎邊光範爲衞尉卿。甲戌，詔：「文武臣僚，每遇內殿起居，輪次上封事。」丁丑，以湖南節度使馬希範卒輟視朝三日。是月，契丹所命相州節度使高唐英爲屯駐指揮使王繼弘、樊暉所殺。

秋七月己丑，以御史中丞趙上交爲太僕卿，案：上交本名遠，避漢祖諱，以字行，見宋史。（舊五代史考異）以戶部侍郎邊蔚爲御史中丞。甲午，武安軍節度副使、水陸諸軍副都指揮使、判內外諸司、江南西道觀察等使、檢校太尉馬希廣可檢校太師、兼中書令〔三〕，行潭州大都督、天策

上將軍，充武安軍節度、湖南管內觀察使、江南諸道都統，封楚王。丙申，以鄴都留守、天雄軍節度使、檢校太師、守太傅、兼中書令、衞國公杜重威爲宋州節度使，加守太尉；以宋州節度使、檢校太師、兼中書令高行周爲鄴都留守，加守太傅；以鄆州節度使、檢校太師、兼侍中李守貞爲河中節度使，加兼中書令；以河中節度使、檢校太尉趙贊爲晉昌軍節度使；案宋史趙贊傳：贊懼漢疑己，潛遣親吏趙儼奉表歸蜀。判官李恕者，趙延壽賓佐，深所委賴，至家事亦參之，及贊出鎮，從爲上介。至是，恕語贊曰：「燕王入遼，非所願也，漢方建國，必務懷柔。公若泥首歸朝，必保富貴，狼狽入蜀，理難萬全，儻若不容，後悔無及。公能聽納，請先入朝爲公申理。」贊即遣恕詣闕。漢祖見恕，問贊何以附蜀。恕曰：「贊家在燕薊，身受契丹之命，自懷憂恐，謂陛下終不能容，招引西軍，蓋圖苟免。臣意國家甫定，務安臣民，所以令臣乞哀求覲。」漢祖曰：「贊之父子，亦吾人也，事契丹出於不幸。今聞延壽落于陷穽，吾忍不容贊耶！」恕未還，贊已離鎮入朝，即命爲左驍衞將軍。（舊五代史考異）以晉昌軍節度使張彥超爲鄜州節度使，加檢校太師。庚子，以徐州節度使、檢校太師、同平章事、岐國公符彥卿爲兗州節度使，加兼侍中；以鄧州節度使、檢校太師王周爲徐州節度使，加同平章事；以許州節度使、檢校太保劉重進爲鄧州節度使，加檢校太傅；以兗州節度使、檢校太師、兼侍中安審琦爲襄州節度使；檢校太師、莒國公李從敏爲西京留守，加同平章事；以鳳翔節度使、檢校太師、同平章事侯益依前鳳翔節度使，加兼侍中。辛丑，故守司空兼門下侍郎、平章事、譙國公劉昫贈太保。甲辰，華州節度使侯

章、同州節度使張彥威、涇州節度使史威，並加檢校太尉。以晉昌軍節度使、檢校太保劉銖爲青州節度使，加檢校太尉、同平章事。以河中節度使、檢校太尉白文珂爲鄆州節度使，加同平章事；以青州節度使楊承信爲安州節度，加檢校太傅。滑州節度使兼侍衞馬軍都指揮使劉信、許州節度使兼侍衞步軍都指揮使史弘肇，並加檢校太尉。庚戌，以司天監任延皓爲殿中監〔四〕，以司天少監杜昇爲司天監。是月，契丹永康王兀欲囚祖母述律氏於木葉山。

閏月辛酉，以左衞上將軍皇甫立爲太子太師致仕。乙丑，禁造契丹樣鞍轡、器械、服裝。故開封尹桑維翰贈尚書令，故西京留守景延廣贈中書令，以前衞尉卿薛仁謙爲司農卿〔五〕。丙寅，唐故樞密使郭崇韜贈中書令，故河中節度使安重誨贈尚書令，故華州節度使毛璋贈侍中，故汴州節度使朱守殷贈中書令。丁卯，故青州節度使楊光遠贈尚書令，追封齊王，仍令所司追諡立碑。唐故河中節度使、西平王朱友謙追封魏王，故樞密使馮贇贈中書令，故河陽節度使、判六軍康義誠贈中書令。故西京留守、京兆尹王思同、故邠州節度使藥彥稠、故襄州節度使安重進、故鎮州節度使安重榮，並贈侍中。庚午，以前延州留後薛可言爲宣徽北院使，以監察御史王度爲樞密直學士。新授宋州節度使杜重威據鄴都叛，詔削奪重威官爵，貶爲庶人。案通鑑：杜重威之叛在七月，至閏月庚午乃削奪官爵。五代春秋、歐陽史作閏七月，杜重威

拒命。與通鑑異。（舊五代史考異）以高行周爲行營都部署，率兵進討。辛未，以權樞密使楊邠爲樞密使，加檢校太傅；以權樞密副使郭威爲副樞密使，加檢校太保；以權三司使王章爲三司使，加檢校太傅。壬申，故晉昌軍節度使趙在禮贈中書令，故曹州節度使石贇贈侍中，故滑州節度使皇甫遇贈中書令。故同州節度使劉繼勳、故貝州節度使梁漢璋，皆贈太尉；故宣徽使孟承誨贈太保。丁丑，有彗出於張，旬日而滅。己卯，陝州節度使趙暉加階爵，晉州節度使王晏加檢校太尉，河陽節度使武行德加階爵，延州節度使高允權加檢校太尉。鄧州節度使常思加檢校太尉，移鎮潞州。庚辰，追尊六廟，以太祖高皇帝、世祖光武皇帝爲不祧之廟，高曾已下四廟，追尊諡號，已載於前矣。是日，權太常卿張昭上六廟樂章舞名：太祖高皇帝室酌獻，請依舊奏武德之舞；世祖光武皇帝室酌獻，請依舊奏大武之舞；文祖明元皇帝室酌獻，請奏靈長之舞；德祖恭僖皇帝室酌獻，請奏積善之舞；翼祖昭獻皇帝室酌獻，請奏顯仁之舞；顯祖章聖皇帝室酌獻，請奏章慶之舞。其六廟歌詞，文多不錄。

八月壬午朔，鎮州駐屯護聖左廂都指揮使白再榮等〔六〕，逐契丹所命節度使麻答，復其城；麻答與河陽節度使崔廷勳、洛京留守劉晞，並奔定州。馳驛以聞。庚寅，以洺州團練使薛懷讓爲邢州節度使。辛卯，詔恆州復爲鎮州，順國軍復爲成德軍。乙未，以護聖左廂都指揮使、恩州團練使白再榮爲鎮州留後。丙申，詔天下凡關賊盜，不計贓物多少，案

驗不虛，並處死。以兩浙節度使、守太師、兼中書令吳越國王錢弘佐薨廢朝三日。丙午，以吐渾府節度使、檢校太尉王義宗爲沁州刺史，依前吐渾節度使。己酉，以刑部尚書竇貞固爲吏部尚書。是日，薛懷讓奏，收復邢州，殺僞命節度副使、知州事劉鐸。案歐陽史：丙申，安國軍節度使薛懷讓殺契丹之將劉鐸，入于邢州。薛史祇載奏聞之期，不言收復爲何日，與歐陽史異。（孔本）初，懷讓爲洺州防禦使，契丹麻答發健步督洺州糧運，懷讓殺之以聞。帝遣郭從義與懷讓攻取邢州，蕃將楊衮來援鐸，懷讓拒之，不勝，退保洺州，敵騎掠其部，民大被其苦。會鎭州逐麻答，楊衮收兵而退，鐸乃上表請命。懷讓乘其無備，遣人紿鐸云〔七〕：「奉詔襲契丹，請置頓於郡。」案宋史薛懷讓傳：懷讓遣人紿鐸云：「我奉詔爲邢州帥。」據薛史，則懷讓實紿鐸奉詔襲契丹，以庚寅授邢州節度使，非紿之也。特託言置頓于郡耳。（舊五代史考異）鐸開門迎之，卽爲懷讓所害，時人寃之。鐸初受契丹命爲邢州都指揮使，及永康王以高奉明爲節度使，麻答署鐸爲邢州副使兼都指揮使。帝至東京，奉明歸鎭州，令鐸知邢州事，至是遇害。庚戌，文武百僚上表，請以二月四日降誕日爲聖壽節，從之。前晉昌軍節度副使李肅可左驍衛上將軍致仕〔八〕。是月，遣使諸道和市戰馬。

九月甲子，宰臣蘇逢吉兼戶部尚書，蘇禹珪兼刑部尚書。丁卯，以吏部侍郎、權判太常卿事張昭爲太常卿。戊辰，故易州刺史郭璘贈太傅。甲戌，宰臣蘇逢吉加左僕射、監修國

史，蘇禹珪加右僕射、集賢殿大學士，以吏部尚書竇貞固爲守司空兼門下侍郎、平章事、弘文館大學士，案宋史竇貞固傳：初，帝與貞固同事晉祖，甚相得。時蘇逢吉、蘇禹珪自霸府僚佐躐居相位，思得舊臣冠首，以貞固持重寡言，有時望，乃拜司空、門下侍郎、平章事。（舊五代史考異）以翰林學士、行中書舍人李濤爲中書侍郎兼戶部尚書、平章事。案宋史李濤傳：杜重威叛，濤密疏請親征。高祖覽奏，以濤堪任宰輔，故有是命。（舊五代史考異）宋史李濤傳：杜重威據鄴叛，高祖命高行周、慕容彥超討之，二帥不協，濤密疏親征。高祖覽奏，以濤堪任宰輔，卽拜中書侍郎兼戶部侍郎、平章事。（殿本）是日，權太常卿張昭上疏，奏改一代樂名。戊寅，詔以杜重威叛命，取今月二十九日暫幸澶、魏。己卯，以前樞密使李崧爲太子太傅，以前左僕射和凝爲太子太保。庚辰，車駕發京師。

冬十月癸未，以太子太保李鏻爲司徒，以太子太傅盧文紀爲太子太師，以前磁州刺史李穀爲左散騎常侍。宋史李穀傳：舊制，罷外郡歸本官，至是進秩，奬之也。（殿本）甲申，車駕次韋城。詔：「河北諸州見禁罪人，自十月五日昧爽以前，常赦所不原者，咸赦除之。」壬辰，日有黑子如鷄卵。丙申，以相州留後王繼弘爲相州節度使，加檢校太傅。至鄴都城下。案：通鑑作戊戌，至鄴都城下。與薛史異。（舊五代史考異）丙午，詔都部署高行周督衆攻城，帝登高阜以觀之，時衆議未欲攻擊，副部署慕容彥超堅請攻之。是日，王師傷夷者萬餘人，不克而退。

十一月壬子，雨木冰。癸丑，日南至，從官稱賀於行宮。己未，湖南奏，荊南節度使高從誨叛。辛酉，雨木冰。壬申，杜重威上表請命。癸酉，雨木冰。雨木冰，原本作「大冰」，今從五代會要改正。（影庫本粘籤）丁丑，杜重威素服出降，待罪於宮門，詔釋其罪。鄴都留守、天雄軍節度使高行周加守太尉，封臨淸王。以杜重威爲檢校太師、守太傅、兼中書令、楚國公。己卯，以許州節度使兼侍衛步軍都指揮使史弘肇爲宋州節度使、同平章事，充侍衛親軍馬步軍都指揮使；以滑州節度使兼侍衛馬軍都指揮使劉信爲許州節度使、同平章事，充侍衛親軍馬步軍副都指揮使；以澶州節度使慕容彥超爲鄆州節度使、同平章事；以前定州節度使李殷爲貝州節度使；以鄭州防禦使郭從義爲澶州節度使。

十二月辛巳朔，以護聖左廂都指揮使、岳州防禦使李洪信爲遂州節度使，充侍衛步軍都指揮使；以護聖右廂都指揮使、永州防禦使尙洪遷爲夔州節度使〔九〕，充侍衛步軍都指揮使。丙戌，車駕發鄴都歸京。癸巳，至自鄴都。甲午，以皇子開封尹承訓薨廢朝三日，追封魏王。案通鑑云：辛卯，皇子開封尹承訓卒。乙未，追立爲魏王。與薛史紀日互異。（舊五代史考異）丁酉，帝舉哀於太平宮。庚子，司徒李鏻薨。辛丑，以前鄜州節度使郭謹爲滑州節度使，加檢校太尉。戊中，宿州奏，部民餓死者八百六十有七人。

乾祐元年正月辛亥朔，帝不受朝賀。乙卯，制：「大赦天下，改天福十三年爲乾祐元年，自正月五日昧爽已前，犯罪人除十惡五逆外，罪無輕重，咸赦除之。」己未，改御名爲暠。辛

酉，詔：「諸道行軍副使、兩使判官並不得奏薦，帶使相節度使許奏掌書記、支使、節度推官；不帶使相節度使，只許奏掌書記、節度推官。其防禦團練判官、軍事判官等聽奏。所薦州縣官，帶使相節度使許薦三人，不帶使相二人，防禦、團練、刺史一人」云。以前鄧州節度使、燕國公馮道爲守太師，進封齊國公。甲子，帝不豫。庚午，以前宗正卿石光贊爲太子賓客，以太僕卿趙上交爲祕書監。丁丑，故尙書左丞韓祚贈司徒。二十七日丁丑，帝崩於萬歲殿，時年五十四，祕不發喪。庚辰，太傅杜重威伏誅。案契丹國志云：漢祖召蘇逢吉、楊邠、史宏肇入受顧命，曰：「承祐幼弱，後事託在卿輩。」又曰：「善防杜重威。」是日殂。逢吉等祕不發喪，下詔稱：「重威父子，因朕小疾，謗議搖衆，皆斬之。」磔死于市，市人爭啖其肉。（舊五代史考異）

二月辛巳朔，內降遺制，皇子周王承祐可於柩前卽皇帝位。是日發哀。其年三月，太常卿張昭上謚曰睿文聖武昭肅孝皇帝，廟號高祖。十一月壬申，葬於睿陵，宰臣蘇禹珪撰謚册、哀册文云。永樂大典卷一萬六千九十八。五代史補：高祖嘗在晉祖麾下。晉祖旣起太原，因高祖遂有天下。先是，豫章有僧號上藍者，精於術數，自唐末著讖云：「石榴花發石榴開。」議者以「石榴」則晉、漢之謂也，再言「石榴」者，明享祚俱不過二世矣。

史臣曰：在昔皇天降禍，諸夏無君，漢高祖肇起幷、汾，遄臨汴、洛，乘虛而取神器，因亂

而有帝圖，雖曰人謀，諒由天啓。然帝昔涖戎藩，素虧物望，洎登宸極，未厭人心，徒矜拯溺之功，莫契來蘇之望。良以急於止殺，不暇崇仁。燕薊降師，既連營而受戮；鄴臺叛帥，因閉壘以偷生。蓋撫御以乖方，俾征伐之不息。及回鑾輅，尋墮烏號，故雖有應運之名，而未覩爲君之德也。永樂大典卷一萬六千九十八。

校勘記

〔一〕又按遼史世宗紀……以絕其北向之心耳　八十二字原無，據舊五代史考異補。

〔二〕未量移者與量移　「者」字原無，據彭校補。冊府卷九五作「未量移者當與量移」。

〔三〕馬希廣可檢校太師兼中書令　劉本同。殿本「可」作「加」。

〔四〕任延皓　原作「任廷浩」，據殿本、本書卷一〇八任延皓傳改。

〔五〕薛仁謙　原作「薛仁讓」，據殿本、本書卷一二八薛仁謙傳改。

〔六〕白再榮　劉本同。殿本作「白再筠」。影庫本批校云：「白再榮，『榮』應作『筠』。」按本書卷一〇六白再榮傳、歐陽史卷四八白再榮傳均作「榮」。

〔七〕遣人紿鐸　「紿」原作「詒」，據殿本、劉本改。

〔八〕李肅可左驍衞上將軍致仕　盧本同。殿本、劉本「可」作「加」。

〔九〕尙洪遷　原作「尙洪千」，據殿本、劉本改。影庫本批校云：「『尙洪千』，『千』應作『遷』。」

舊五代史卷一百一

漢書三

隱帝紀上

隱皇帝，諱承祐，高祖第二子也。母曰李太后，以唐長興二年，歲在辛卯，三月七日，生帝於鄴都之舊第。高祖鎭太原，署節院使，節院，原本作「卽院」，冊府元龜作「節院」，今改正。（影庫本粘籤）累官至檢校尙書右僕射。國初，授左衞大將軍、檢校司空，遷大內都點檢、檢校太保。

乾祐元年正月二十七日，高祖崩，祕不發喪。二月辛巳，授特進、檢校太尉、同平章事，封周王。宣制畢，有頃，召文武百僚赴萬歲殿內，降大行皇帝遺制，云：「周王承祐，可於柩前卽皇帝位。服紀日月，一依舊制。」是日，內外發哀成服。初，高祖欲改年號，中書門下進擬「乾和」二字，高祖改爲乾祐，至是與御名相符。甲申，羣臣上表請聽政，詔答不允，凡四上表，從之。丁亥，帝於萬歲殿門東廡下見羣臣，尊母后爲皇太后。己丑，徐州節度使王周卒。庚寅，以前晉州留後劉在明爲鎭州留後、幽州馬步軍都部署，加檢校太尉。是日，工部尙書龍敏卒。壬辰，右衞大將軍王景崇奏，於大散關大敗蜀軍，俘斬三千人。初，契丹犯京師，侯益、趙贊皆受其命。節制岐、蒲，聞高祖入洛，頗懷反仄。朝廷移贊於京兆，「移贊于京兆」下疑有脫文，考冊府元龜所引薛史與永樂大典同，今仍其舊。（影庫本粘籤）侯益與贊皆求援於蜀，蜀遣何建率軍出大散關以應之。至是，景崇糾合岐、雍、邠、涇之師以破之。癸巳，制：「大赦天下，自乾祐元年二月十三日昧爽已前，所犯罪人，已結正未結正，已發覺未發覺，常赦所不原者咸赦除之。中外文武臣僚並與加恩，馬步將士各賜優給。唐、晉兩朝求訪子孫，立爲二王後」云。丙午，鳳翔巡檢使王景崇，遣人送所獲僞蜀將校軍士四百三十八人至闕下，詔釋之，仍各賜衣服。以兵部侍郎張允爲吏部侍郎，以工部侍郎司徒詡爲禮部侍郎。丁未，以光祿卿李式爲尙書右丞，以禮部侍郎邊歸讜爲刑部侍郎，以刑部侍郎盧價爲兵部侍郎。

三月甲寅，帝始御廣政殿，羣臣起居。殿中少監胡崧上言：「請禁斫伐桑棗爲薪，城門所由，專加捉搦。」從之。丙辰，鄴都留守、太尉、中書令、臨淸王高行周進封鄴王，北京留守、檢校太尉、同平章事劉崇加宋州節度使兼侍衞親軍馬步軍都指揮使，檢校太尉、同平章事史弘肇並加檢校太師、兼侍中，前邢州節度使安叔千以太子太師致仕。戊午，以右諫議大夫于德辰爲兵部侍郎。庚申，河中節度使、檢校太師、兼中書令李守貞加守太傅，進封魯國公；襄州節度使、檢校太師、兼中書令魏國公安審琦加守太保，進封齊國公；兗州節度使、檢校太師、兼侍中岐國公符彥卿加兼中書令，進封魏國公；許州節度使兼侍衞親軍副都指揮使、檢校太尉、同平章事劉信加檢校太師。壬戌，以宰臣竇貞固爲山陵使，吏部侍郎段希堯爲副使，太常卿張昭爲禮儀使，兵部侍郎盧價爲鹵簿使，御史中丞邊蔚爲儀仗使。丙寅，以前鳳翔節度使兼西南面兵馬都部署、檢校太師、兼侍中侯益爲開封尹、加兼中書令；案宋史侯益傳：益率數十騎奔入朝，隱帝遣侍中問益連結蜀軍之由，益對曰：「臣欲誘之出關，掩殺之耳。」隱帝笑之，益厚賂史弘肇輩，言王景崇之橫恣，諸權貴深庇護之，乃授以開封尹、兼中書令。（舊五代史考異）西京留守、檢校太師、平章事、莒國公李從敏，夏州節度使、檢校太師、同平章事李彝殷，並加兼侍中；青州節度使、檢校太尉、同平章事劉銖，鄆州節度使、檢校太尉、同平章事慕容彥超，並加檢校太師。詔改廣晉府爲大名府，晉昌軍爲永興軍。戊辰，靈州節度使、檢校太師、同平章事馮暉加兼侍中；河陽節度使武行德、滄州節度使王景、華州節度使侯章、晉州節度使王晏，並依前檢校太尉，加同平章事。庚午，涇州節度使史懿、潞州節度使常思、同州節度使張彥威、延州節度使高允權，並依前檢校太尉，加同平章事；澶州節度使郭從義、邢州節度使薛懷讓，並自檢校太傅加檢校太尉；以前奉國右廂都指揮使王饒爲鄜州留後。甲戌，以邠州節度使、檢校太尉、同平章事王守恩爲永興軍節度使，加檢校太師；以滑州節度使、檢校太

尉郭謹爲邠州節度使；以前鎭州留後、檢校太傅白再榮爲滑州節度使，加檢校太尉；以陝州節度使、檢校太尉、同平章事趙暉爲鳳翔節度使；以前河中節度使、檢校太尉、同平章事白文珂爲陝州節度使。殿中監任延皓配流鄜州〔一〕，坐爲劉崇所奏故也。丙子，鄧州節度使劉重進、相州節度使王繼弘、安州節度使楊信，並自檢校太傅加檢校太尉；以鎭州留後兼幽州一行馬步軍都部署、檢校太傅劉在明爲鎭州節度使，加檢校太師，部署如故；貝州節度使、檢校太傅李殷加檢校太尉；定州節度使、檢校太尉孫方簡，府州節度使、檢校太傅折從阮，並加檢校太師。丁丑，中書侍郎兼戶部尚書、平章事李濤罷免，勒歸私第。時蘇逢吉等在中書，樞密使楊邠、副樞密使郭威等，權勢甚盛，中書每有除授，多爲邠等所抑。濤不平之，因上疏請出邠等，以藩鎭授之，樞密之務，宜委逢吉、禹珪。疏入，邠等知之，乃見太后泣訴其事，太后怒，濤由是獲譴。先是，中書廚釜鳴者數四，未幾，濤罷免。案宋史李濤傳：濤請出邠等藩鎭，以清朝政，隱帝不能決，白於太后。太后召邠等論之，反爲所搆，免相歸第。與薛史異。（舊五代史考異）西道諸州奏，河中李守貞謀叛，發兵據潼關。

夏四月辛巳，陝州兵馬監押王玉奏，收復潼關。定州孫方簡奏，三月二十七日，契丹棄定州遁去。壬午，以樞密使楊邠爲中書侍郎兼吏部尚書、平章事，使如故；以副樞密使郭威爲樞密使，加檢校太尉；三司使王章加檢校太尉、同平章事。鄧州刺史尹實奏，荆南起兵在境上，欲攻城。是日，以澶州節度使郭從義爲永興軍一行兵馬都部署。時供奉官時知化、王益，自鳳翔部署前永興節度使趙贊部下牙兵趙思綰等三百餘人赴闕，三月二十四日，行次永興，思綰等作亂，突入府城，據城以叛，故命從義帥師以討之。案歐陽史云：四月壬午，永興軍將趙思綰叛附于李守貞。案薛史，趙思綰據城叛，自在三月，非四月事。又思綰先據城叛，後附于李守貞。歐陽史先書李守貞反，後書思綰叛，亦誤也。通鑑從薛史。甲申，王景崇奏，趙思綰叛，見起兵攻討。丁亥，幸道宮、佛寺禱雨。戊子，東南面兵馬都元帥、天策上將軍、湖南節度使、檢校太師、兼中書令、楚王馬希廣加守中書令，以陝州節度使白文珂爲河中府城下一行都部署。庚寅，宰臣竇貞固、蘇逢吉、蘇禹珪並進封開國公。辛卯，削奪李守貞在身官爵。甲午，以翰林學士承旨、戶部侍郎王仁裕爲戶部尚書，以翰林學士、左散騎常侍張沆爲工部尚書，以翰林學士、中書舍人范質爲戶部侍郎，以樞密直學士、尚書比部員外郎王度爲祠部郎中，並依前充職。以侍衞步軍都指揮使尚洪遷充西南面行營都虞候〔二〕，案：通鑑作西面行營都虞候。（孔本）以客省使王峻爲西南面行營兵馬都監。戊戌，以宣徽南院使扈彥珂爲左金吾上將軍。庚子，以左金吾大將軍、充兩街使、檢校太傅劉承贇爲徐州節度使。甲辰，以宣徽北院使薛可言爲右金吾上將軍，以皇城使李暉爲宣徽南院使。乙巳，定州節度使孫方簡奏，復入於本州。初，方簡爲狼山寨主，叛晉歸契

丹，及契丹降中渡之師，乃以方簡爲定州節度使。契丹主死，永康王嗣位，卽以蕃將耶律忠代之，移方簡爲雲州節度使，方簡不受命，遂歸狼山。高祖至闕，方簡歸款，復以中山命之。是歲三月二十七日，契丹棄定州，隳城壁，焚室廬，盡驅人民入蕃，惟餘空城瓦礫而已。至是，方簡自狼山回保定州。是月，河決原武縣，河北諸州旱，徐州餓死民九百三十有七。

五月己酉朔，國子監奏，周禮、儀禮、公羊、穀梁四經未有印板，欲集學官考校雕造。從之。己未，回鶻遣使朝貢。丁卯，前翰林學士徐台符自幽州逃歸。乙亥，河決滑州魚池。

六月戊寅朔，日有食之。庚辰，以內客省使王峻爲宣徽北院使，依前永興城下兵馬都監。以冀州牢城指揮使張廷翰爲冀州刺史，時廷翰殺本州刺史何行通，自知州事，故有是命。甲申，以皇弟右衞大將軍承勳爲興元節度使、檢校太尉、同平章事，豐州節度使郭勳加檢校太師。辛卯，永興兵馬都部署郭從義奏，得王景崇報，有兵自隴州來，欲投河中，追襲至鄜城。荆南節度使高從誨上表歸命，從誨嘗拒朝命，至是方遣牙將劉扶詣闕請罪。丙申，鎭州奏，節度使劉在明卒。戊戌，以河陽節度使武行德爲鎭州節度使，以宣徽南院使李暉爲河陽節度使，以相州節度使王繼弘爲貝州節度使。壬寅，荆南高從誨貢奉謝恩，釋罪。丙午，以前永興軍節度使王守恩爲西京留守。是月，河北旱，青州蝗。

秋七月戊申朔，相州節度使王繼弘殺節度判官張易，以訛言聞。是時，法尙深刻，藩郡凡奏刑殺，不究其實，即順其請，故當時從事鮮賓客之禮，重足累跡而事之，猶不能免其禍焉。壬子，以工部侍郎李穀充西南面行營都轉運使。乙卯，禮儀使張昭上高祖廟尊號，獻舞名幷歌辭，舞曲請以「觀德」爲名，歌辭不錄。丙辰，以久旱，幸道宮、佛寺禱雨，是日大澍。開封府言，陽武、雍丘、襄邑三縣，蝗爲鸜鵒聚食，詔禁捕鸜鵒。庚申，樞密使郭威加同平章事。辛酉，滄州上言，自今年七月後，幽州界投來人口凡五千一百四十七，北土饑故也。乙丑，以宣徽北院使王峻爲宣徽南院使，以內客省使吳虔裕爲宣徽北院使〔三〕。戊辰，以遂州節度使兼侍衞親軍馬軍都指揮使李洪信爲澶州節度使，以澶州節度使郭從義爲永興軍節度使兼行營都部署。庚午，故兵部尙書李懌贈尙書左僕射。鎭州奏，準詔處斬節度副使張鵬訖。鵬以一言之失，爲鄴帥高行周所奏，故命誅之。乙亥，新授鳳翔節度使趙暉奏，與八作使王繼濤領部下兵同赴鳳翔，時王景崇拒命故也。

八月己卯，以華州節度使侯章爲邠州節度使，以左金吾上將軍扈彥珂爲華州節度使。壬午，命樞密使郭威赴河中府軍前，詔河府、永興、鳳翔行營諸軍，一稟威節制。時李守貞、王景崇、趙思綰連衡作叛，朝廷雖命白文珂、常思攻討河中，物議以二帥非守貞之敵，中外憂之，及是命之降，人情大愜。案通鑑云：自河中〔四〕、永興、鳳翔三鎭拒命以來，朝廷繼遣諸將討之。昭義節

度使常思屯潼關，白文珂屯同州，趙暉屯咸陽，惟郭從義、王峻置柵近長安，而二人相惡如水火，自春徂秋，皆相仗莫肯攻戰。帝患之，欲遣重臣臨督。壬午，以郭威爲西面軍前招慰安撫使〔五〕，諸軍皆受威節度。與薛史所載詳略互異。又案薛史周太祖紀云：七月，西面師徒大集，未果進取，其月十三日，制授帝同平章事，即遣西征。據此紀，則周太祖以七月庚申加同平章事，八月壬午，命赴河中府軍前，非一時事也。二紀前後自相矛盾。歐陽史漢、周本紀，亦各仍薛史之舊，未能參考畫一。通鑑定從薛史漢紀〔六〕。癸巳，以奉國左廂都指揮使、閬州防禦使劉詞爲夔州節度使，充侍衞步軍都指揮使兼河中行營都虞候；以護聖左廂都指揮使、岳州防禦使李洪義爲遂州節度使，充侍衞馬軍都指揮使。乙未，兩浙節度使、檢校太尉、兼侍中、吳越國王錢弘俶加檢校太師、兼中書令、東南面兵馬都元帥。弘俶，故吳越王元瓘之子也。先是，其兄弘倧襲父位，尋爲部下所廢，以弘俶代之，故特加是命焉。新授鳳翔節度使趙暉奏，部署兵士赴鳳翔城下。癸卯，郭威奏，今月二十三日，大軍已抵河府賊城，至二十六日，開長連塹畢，築長連城次。

九月戊申，侯益部曲王守鎢自鳳翔來奔，言益家屬盡爲王景崇所害。壬子，郭威奏，破河府賊軍於城下。甲寅，故夔州節度使兼侍衞步軍都指揮使尙洪遷贈太尉。乙丑，雩，書不時也。戊辰，鳳翔都部署趙暉奏，大破川軍於大散關，殺三千餘人，其餘棄甲而遁。案隆平集：藥元福從趙暉進討，兵衆寡數倍，他將皆爲卻，元福擁數百騎獨出，令曰：「敢回頭者斬。」衆効死以戰，遂有成功。（舊五代史考異）壬申，郭威奏，得郭從義報，今月十四日，鳳翔王景崇兵士離本城，尋遣監軍李彥從率兵襲至法門寺西，殺戮二千餘人。詔升河中府解縣爲解州。

冬十月丙子朔，山陵使竇貞固上大行皇帝陵名曰睿陵，從之。丁丑夕，歲星入太微。戊寅，趙暉奏，破王景崇賊軍於鳳翔城下。甲申，吐蕃遣使獻方物。丙戌，右羽林將軍張播停任，坐檢田受請託也。丁亥，中書舍人張誼責授房州司戶，兵部郎中馬承翰責授慶州司戶，並員外置，所在馳驛發遣。先是，誼與承翰俱銜命于兩浙，覩其驕僭之失，形於譏誚，兼乘醉有輕肆之言，錢弘俶恥之，摭其過以奏之，朝廷以方務懷柔，故有是命。甲辰，延州奏，夏州李彝殷先出兵臨州境，夏州，原本作「雅州」，今從歐陽史改正。（影庫本粘籤）欲應接李守貞，今却抽退。

十一月甲寅，誅太子太傅李崧及其弟司封員外郎嶼、國子博士嶬，夷其族，爲部曲誣告故也。詔曰：「稔惡圖危，難逃天網；虧忠負義，必速神誅。李崧頃在前朝，最居重位，略無裨益，遂至滅亡。及事契丹，又爲親密，士民俱憤，險佞可知。先皇帝含垢掩瑕，推恩念舊，擢居一品，俾列三師。不謂潛有苞藏，謀危社稷，散差人使，潛結奸兇，俯近山陵，擬爲叛亂。按其所告，咸已伏辜，宜正典章，用懲奸逆。其李崧、李嶼、李嶬一家骨肉，及同謀作亂人，並從極法」云。庚申，大行皇帝靈駕進發。辛酉，荆南奏，節度使高從誨卒。壬申，葬高

祖皇帝於睿陵。

十二月丁丑〔七〕，荆南節度副使、檢校太傅、行峽州刺史高保融起復，授荆南節度使、檢校太尉、同平章事、渤海郡侯。壬午，帝被袞冕御崇元殿，授六廟寶册，正使宰臣蘇禹珪及副使大府卿劉皡赴西京行禮。兗州奏，淮賊先於沂州界立栅，前月十七日已歸海州，爲李守貞牽制也。案南唐書：嗣主六年，李守貞遣從事朱元、李平奉表來乞師，以潤州李金全爲西面行營招撫使，壽州劉彥貞爲副，諫議大夫查文徽爲監軍使，兵部侍郎魏岑爲沿淮巡撫使，聞河中平，遂班師。又，李金全傳云：出師沭陽，諸將銳于進取，金全獨以爲遠不相及，乃止。（舊五代史考異）庚寅，奉高祖神主於西京太廟。淮南僞主李璟奉書於帝，云：「先因河府李守貞求援，又聞大國沿淮屯軍，當國亦於境上防備。昨聞大朝收軍，當國尋已徹備，其商旅請依舊日通行。」朝廷不報。辛卯，羣臣上表，請以三月九日誕聖日爲嘉慶節，從之。延州節度使高允權奏，得都頭李彥、李遇等告：「太子太師致仕劉景巖與鄉軍指揮使高志，結集草寇，欲取臘辰窺圖州城。尋請使臣與指揮使李勳，聊將兵士巡檢偵邏，劉景巖果出兵鬬敵，時即殺敗，其劉景巖尋獲斬之。」詔曰：「劉景巖年已衰暮，身處退閑，曾無止足之心，輒肆苞藏之毒，結集徒黨，窺伺藩垣。所賴上將輸忠，三軍協力，盡除醜類，克殄渠魁。其劉景巖次男前德州刺史行琮已行極法，長男渭州刺史行謙、孫男邢州馬軍指揮使崇勳特放。」是冬，多昏霧，日晏方解。永樂大典卷一萬六千二百二。

校勘記

〔一〕任延皓配流鄜州　「皓」原作「浩」，據本書卷一〇八任延皓傳改。「鄜州」，本書卷一〇八張允傳作「麟州」。

〔二〕侯洪遷　原作「侯洪千」，據殿本、劉本、本卷下文改。

〔三〕內客省使　「使」字原無，據殿本、劉本及本卷上文補。

〔四〕河中　原作「河東」，據通鑑卷二八八改。

〔五〕以郭威爲西面軍前招慰安撫使　「西面」二字原無，據通鑑卷二八八補。

〔六〕又案薛史……通鑑定從薛史漢紀　一〇六字原無，據舊五代史考異補。

〔七〕十二月丁丑　「月」字原無，據殿本、劉本補。

舊五代史卷一百二

漢書四

隱帝紀中

乾祐二年春正月乙巳朔，制曰：

朕以眇躬，獲纘洪緒，念守器承祧之重，懷臨深履薄之憂。屬以玄道猶艱，王室多故，天降重戾，國有大喪，奸臣樂禍以圖危，羣寇幸災而伺隙，力役未息，兵革方殷。朕所以嘗膽履冰，廢飧輟寐，雖居億兆之上，不以九五爲尊，漸冀承平，永安遐邇。內則稟太后之慈訓，外則仗多士之忠勳，股肱叶謀，爪牙宣力。西摧三叛，撫其背而扼其喉；北挫諸蕃，斷其臂而折其脊。次則巴、邛嘯聚，淮、海猖狂，纔聞矢接鋒交，已見山摧岸沮，寇雖少息，師徒無虧。兼以修奉園陵，崇建宗廟，右賢左戚，同寅協恭，多事之中，大禮無闕，負荷斯重，哀感良深。

今以三陽布和，四序更始，宜申兌澤，允答天休，卹獄緩刑，捨過宥罪，當萬物之孳甲，開三面之網羅，順彼發生，以召和氣。應乾祐二年正月一日昧爽已前，天下見禁罪人，除十惡五逆、官典犯贓、合造毒藥、劫家殺人正身外，其餘並放。河府李守貞、河府，原本作「何府」，册府元龜作「河中」，考薛史多稱河中府爲河府，今改正。（影庫本粘籤）鳳翔王景崇、永興趙思綰等，比與國家素無讎釁，偶因疑懼，遂至叛違。然以彼之生靈，朕之赤子，久陷孤壘，可念非辜，易子析骸，塡溝委壑，爲人父母，寧不軫傷！但以屈已愛人，先王厚德，包垢含辱，列聖美談，宜推濟物之恩，用廣好生之道。其李守貞等，宜令逐處都部署分明曉諭，若能翻然歸順，朕卽待之如初，當保始終，享其富貴，明申信誓，固無改移。其或不順推誠，堅欲拒命，便可應時攻擊，剋日盪平，候收復城池，罪止元惡，其餘詿誤，一切不問。

重念征討已來，勞役滋甚，兵猶在野，民未息肩，急賦繁徵，財殫力匱。矜卹之澤，未被於疲羸；愁嘆之聲，幾盈於道路。卽俟邊鋒少弭，國難漸除，當議優饒，冀獲蘇息。諸道蕃侯郡守等，咸分寄任，共體憂勞，更宜念彼瘡痍，倍加勤卹，究鄉閭之疾苦，去州縣之煩苛，勸課耕桑，省察冤濫，共恢庶政，用副憂勞。凡百臣僚，當體朕意。

壬子，賜前昭義軍節度使張從恩衣一襲，金帶、鞍馬、綵帛等。時有投無名文字誣告從恩者，故特有是賜，以安其心。乙卯，河府軍前奏，今月四日夜，賊軍偷斫河西寨，捕斬七百餘級。時蜀軍自大散關來援王景崇，郭威自將兵赴岐下，將行，戒白文珂、劉詞等曰：「賊之驍勇，並在城西，愼爲儆備。」既行，至華州，聞川軍敗退，且憂文珂等爲賊奔突，遂兼程而迴。賊城內偵知郭威西行，於正月四日夜，遣賊將王三鐵等，案：通鑑作王繼勳。宋史王繼勳傳：繼勳有武勇，在軍陣常用鐵鞭、鐵槊、鐵撾，軍中目爲「王三鐵」〔一〕。率驍勇千餘人，沿流南行，坎岸而登，爲三道來攻。賊軍已入王師砦中，劉詞極力拒之，短兵既接，遂敗之。

二月丙子，詔：「諸道州府，所征乾祐元年夏秋苗畝上紐征白米稈草已納外，並放。」是日旦，黑霧四塞。丁丑夕，大風。乙酉，以前房州刺史李鍇夫爲鴻臚卿。戊子，前右監門將軍喬達，及其兄契丹僞命客省使榮等皆棄市。達，李守貞之妹壻也，故皆誅之。庚寅，徐州巡檢使成德欽奏，至峒峿鎭遇淮賊〔二〕，破之，殺五百人，生擒一百二十人。戊戌，大雨霖。庚子，詔左諫議大夫賈緯等修撰高祖實錄。

三月丙辰，以北京衙內指揮使劉鈞爲汾州防禦使。

夏四月丙子，以荆南節度行軍司馬、武泰軍節度留後王保義爲檢校太尉，領武泰軍節度使，行軍如故。丁丑，潁州獻紫兔、白兔。是月，幽、定、滄、貝、深、冀等州地震。辛巳，太白經天。辛丑，幸道宮禱雨。

五月甲辰朔，故湖南節度使、檢校太尉、兼中書令、扶風郡公、贈太師馬希聲追封衡陽王。戊申，以前邠州節度使安審約爲左神武統軍，以前洛京副留守袁義爲右神武統軍。乙卯，河府軍前奏，今月九日，河中節度副使周光遜棄賊河西寨，與將士一千一百三十人來奔。己未，右監門大將軍許遷上言，奉使至博州博平縣界，覩蝝生彌亙數里，一夕並化爲蝶飛去。辛酉，兗、鄆、齊三州奏蝝生。乙丑，永興趙思綰遣牙將劉成詣闕乞降，制授趙思綰華州節度留後、檢校太保，以永興城內都指揮使常彥卿爲虢州刺史。丁卯，宋州奏，蝗抱草而死。己巳，湖南奏，蠻寇賀州，遣大將軍徐進率兵援之，戰於風陽山下，大敗蠻獠，斬首五千級。

六月癸酉朔，日有食之。兗州奏，捕蝗二萬斛，魏、博、宿三州蝗抱草而死。抱草，原本作「抱卓」，今據薛史五行志改正。（影庫本粘籤）乙亥，潁州獻白鹿。戊寅，安州節度使楊信案：楊信本名承信，在隱帝時，避御名去「承」字。薛史仍當時實錄之舊。（舊五代史考異）奏，亡父光遠，蒙賜神道碑，鐫勒畢，無故中斷。詔別令斵石鐫勒。己卯，滑、濮、澶、曹、兗、淄、青、齊、宿、懷、相、衞、博、陳等州奏蝗，分命中使致祭於所在川澤山林之神。開封府、滑、曹等州蝗甚，遣使捕之。案宋史段思恭傳：隱帝蝗詔徧祈山川。思恭上言：「赦過宥罪，議獄緩刑，苟獄訟平允〔三〕，則災害不生。望令諸州速決重刑，無致淹濫，必召和氣。」從之。（舊五代史考異）壬午，月犯心星。辛卯，回鶻遣使貢方物。丙申，改商州乾元縣爲乾祐縣，隸京兆府。是月，邠、寧、澤、潞、涇、延、鄜、坊、晉、絳等州旱。

秋七月辛亥，湖南奏，析長沙縣東界爲龍喜縣，從之。丙辰，樞密使郭威奏，收復河府羅城，李守貞退保子城。丁巳，永興都部署郭從義奏：「新除華州留後趙思綰，自今月三日授華州留後，準詔赴任，三移行期，仍要鎧甲以給牙兵，及與之，竟不遵路。至九日夕，有部曲曹彥進告，思綰欲於十一日夜與同惡五百人奔南山入蜀。是日詰旦，再促上路，云俟夜進途。臣尋與王峻入城〔四〕，分兵守四門，其趙思綰部下軍，各已執帶，遂至牙署，令趙思綰至則執之，與一行徒黨，並處置訖。」案：歐陽史作七月丁巳，郭威殺華州留後趙思綰于京兆，以郭威專殺爲文，與薛史異。（舊五代史考異）案：歐陽史作七月丁巳，郭威殺華州留後趙思綰于京兆。蓋以郭從義等請命于郭威，始誅思綰，故以郭威專殺爲文，又誤以奏聞之日爲專殺之日也。通鑑作甲辰，趙思綰釋甲出城受詔。壬子，殺思綰。與薛史合，爲得其實。（孔本）甲子，樞密使郭威奏，收復河中府，逆賊李守貞自燔而死。案通鑑：壬戌，李守貞自焚死。歐陽史作甲子，克河東。祇以奏聞之日爲據也。五代春秋繫于六月，殊誤。（舊五代史考異）丙寅，以權涼州留後折逋嘉施爲河西軍節度留後。兗州奏，捕蝗三萬斛。丁卯，前洛州團練使武漢球卒。戊辰，永興軍節度使兼兵馬都部署郭從義加同平章事，徙華州節度使〔五〕。郭從義奏，處斬前巡檢使喬守溫，供奉官王益、時知化、任繼勳等。守溫受高祖命巡檢京兆，會王益自鳳翔押送趙思綰等赴闕，行至京兆，守溫迎益於郊外，思綰等突然作亂，遂據其城。

及郭從義率兵攻討，令守溫部署役夫。守溫有愛姬陷在賊城，爲思綰所錄，及收城，從義盡得思綰之婢僕，守溫求其愛姬，從義雖與之，意有所慊，遂發前罪，密啓于郭威，請除之，與王益等併誅焉。兗州奏，捕蝗四萬斛。

壬午〔六〕，西京留臺侍御史趙礪彈奏，太子太保王延、太子洗馬張季凝等，自去年五月後來，每稱請假，俱是不任拜起。詔延等宜以本官致仕。甲申，以陝州節度使、充河中一行兵馬都部署白文珂爲西京留守，加兼侍中；潞州節度使、充河中一行副都署常思加檢校太師；以右散騎常侍盧撰爲戶部侍郎致仕。辛卯，右拾遺高守瓊上言：「仕官年未三十，請不除授縣令。」詔：「起今後諸色選人，年及七十者，宜注優散官；年少未歷資考者，不得注擬縣令。」癸巳，以翰林學士、工部尚書張沆爲禮部尚書。沆卜葬先人，以內署無例乞假，乃上章請解職，以赴葬事，遂落職以遣之。乙未，宣徽南院使、永興行營兵馬都監王峻，宣徽北院使、河府行營兵馬都監吳虔裕，並加檢校太傅。

九月乙巳，樞密使郭威檢校太師、兼侍中，宋州節度使兼侍衞親軍都指揮使史弘肇加兼中書令。初，郭威平河中回，朝廷議加恩，威奏曰：「臣出兵已來，輦轂之下，無犬吠之憂，俾臣得專一其事，軍旅所聚，貲糧不乏，此皆居中大臣鎭撫謀畫之功也，臣安敢獨擅其美乎！」帝然之，於是弘肇與宰相、樞密使、三司使，次第加恩。既而諸大臣以恩之所被，皆朝廷親近之臣，而宗室劉信及青州劉銖等皆國家元勳，青州劉銖，原本作「淸州劉殊」，今從通鑑改正。（影庫本粘籤）必有不平之意，且外慮諸侯以朝廷有私於親近也，於是議及四方侯伯，普加恩焉。丙午，西京留守判官時彥澄、推官姜蟾、少尹崔淑並免居官，坐不隨府罷職，爲留臺侍御史趙礪所彈也。己酉，以右千牛上將軍孫漢賓爲絳州刺史，禮部尙書、判吏部尙書銓事王松停見任，坐子仁寶爲李守貞從事也，尋卒於其第。辛亥，宰臣竇貞固加守司徒，案：宋史竇貞固傳作隱帝即位，加司徒。考貞固加司徒，在乾祐二年，宋史作即位所加，蓋未詳考。（舊五代史考異）蘇逢吉加守司空，蘇禹珪加左僕射，楊邠加右僕射，依前兼樞密使。太子太師致仕皇甫立卒。癸丑，三司使王章加邑封。乙卯，鄴都高行周加守太師，襄州安審琦加守太傅，兗州府符彥卿加守太保，北京劉崇加兼中書令。丁巳，澶州李洪信移鎭陝州，以侍衞馬軍都指揮使、遂州節度使李洪義爲澶州節度使。己未，許州劉信加兼侍中，開封尹侯益進封魯國公，鄆州慕容彥超、青州劉銖並加兼侍中。湖南馬希廣奏，於八月十八日大破朗州馬希蕚之衆。辛酉，靈州馮暉、夏州李彝殷並加兼中書令。右武衞將軍石懿〔七〕、左武衞將軍石訓並停任。懿等以八月中秋，享晉五廟，命倡婦宿於齋宮，鴻臚寺劾之，故有是責。癸亥，鎭州武行德、鳳翔趙暉並加檢校太師。鄴都、磁、相、邢、洺等州奏〔八〕，霖雨害稼。西京奏，洛水溢岸。乙丑，晉州王晏、同州張彥賓、邠州侯章、涇州史懿、滄州王景、延州高允權並加檢校太師。

冬十月庚午朔，契丹入寇。是日，定州孫方簡、徐州劉贇並加同平章事，以利州節度使宋延渥爲滑州節度使。案：延渥爲利州節度使，于前未見。王禹偁宋公神道碑云：「少帝嗣統，授檢校太尉，使持節利州諸軍事，行利州刺史。」蓋延渥于元年出鎭利州，二年復改鎭也。薛史未及詳載。（舊五代史考異）甲戌，皇弟興元節度使承勳加檢校太師。承勳，原本作「成熏」，今從歐陽史家人傳改正。（影庫本粘籤）丙子，相州郭謹、貝州王繼弘、邢州薛懷讓並加檢校太尉。庚辰，安州楊信、鄧州劉重進加檢校太師，河陽李暉加檢校太傅。壬午，兩浙錢弘俶加守尙書令，湖南馬希廣加守太尉。癸未，監修國史蘇逢吉、史官賈緯以所撰高祖實錄二十卷上之。丙戌，荆南高保融加檢校太師、兼侍中；以殿前都部署、江州防禦使李建爲遂州節度使，充侍衞馬軍都指揮使；以奉國左廂都指揮使、永州防禦使王殷爲夔州節度使，充侍衞步軍都指揮使。契丹陷貝州高老鎭，南至鄴都北境，又西北至南宮、堂陽，殺掠吏民。數州之地，大被其苦，藩郡守將，閉關自固。遣樞密使郭威率師巡邊，仍令宣徽使王峻參預軍事。庚寅，府州折從阮進封岐國公，豐州郭勳進封虢國公。

十一月壬寅，鄜州留後王饒加檢校太傅。癸丑，以吳越國王錢弘俶母吳氏爲順德太夫人。時議者曰：「封贈之制，婦人有國邑之號，死乃有諡，后妃公主亦然。唐則天女主，自我作古，乃生有則天之號，韋庶人有順聖之號，知禮者非之。近代梁氏，賜張宗奭妻號曰賢懿，

又改爲莊惠，今以吳氏爲順德，皆非古之道也。」乙卯，以大府卿劉皡爲宗正卿。

十二月庚午朔，湖南奏，靜江軍節度使馬希瞻以今年十月十八日卒，廢朝二日。辛未，日暈三重。戊寅，司徒、門下侍郎、平章事竇貞固奏，請修晉朝實錄，詔史官賈緯、竇儼、王伸等修撰。以禮部尙書張沆復爲翰林學士。壬午，皇帝二十一姊永寧公主進封秦國長公主。潁州奏，破淮賊於正陽〔九〕。永樂大典卷一萬六千二百二。

校勘記

〔一〕宋史王繼勳傳……軍中目爲王三鐵　二十九字原無，據舊五代史考異補。

〔二〕峒峿鎭　殿本、通鑑卷二八八同，劉本、彭校「峒」作「峒」。張元濟云：按東海郡司吾或從「山」，見前漢地理志。

〔三〕苟獄訟平允　「苟」字原無，據殿本、劉本及宋史卷二七〇段思恭傳補。

〔四〕王峻　原作「王俊」，據殿本、劉本及本卷下文改。影庫本批校云：「王俊之『俊』，據下文當作『峻』。」

〔五〕徙華州節度使　「徙」原作「以」，據殿本改。影庫本粘籤云：「以華州節度使句，『以』字按文義當作『徙』字。」

〔六〕壬午　殿本、劉本同。據通鑑卷二八八，壬午當在八月。按二十史朔閏表，乾祐二年八月壬申朔，壬午爲十一日。

〔七〕右武衞將軍石懿　「武」字原無，據劉本、彭本補。按下文有「左武衞將軍石訓」，此處當有「武」字。

〔八〕磁相邢洺等州奏　「州」字原無，據殿本補。

〔九〕破淮賊於正陽　「正陽」原作「安陽」，據殿本、通鑑卷二八八改。通鑑注云：「九域志，潁州潁上縣有正陽鎭，臨淮津。」

舊五代史卷一百三

漢書五

隱帝紀下

乾祐三年春正月己亥朔，帝不受朝賀。鳳翔行營都部署趙暉奏，前月二十四日，收復鳳翔，逆賊王景崇舉族自燔而死。案：歐陽史作正月，西面行營都部署趙暉克鳳翔。據薛史則收復鳳翔自在二年十二月，非三年春事也，歐陽史蓋誤以告捷之月爲收復之月耳。五代春秋作十二月，趙暉克鳳翔，誅王景崇，爲得其實。丁未，鳳翔節度使、充西南行營都部署趙暉加兼侍中。戊申，密州刺史王萬敢奏，奉詔領兵入海州界，至荻水鎮，俘掠焚蕩，更請益兵。詔前沂州刺史郭瓊率禁軍赴之。庚戌，前永興軍節度副使安友規除名，流登州沙門島。先是，友規權知永興軍府事，及趙思綰之奔衝，友規失守城池，至是乃正其罪焉。癸亥，癸亥，以長曆推之，當作「癸丑」，今無別本可校，姑仍其舊。（影庫本粘籤）以前邠州節度使宋彥鈞爲太子太師致仕。丙寅〔一〕，分命使臣赴永興、鳳翔、

河中，收葬用兵已來所在骸骨〔二〕，時已有僧聚髑髏二十萬矣。前沂州刺史郭瓊奏，部署兵士，深入海州賊界。是月，有狐登明德樓，主者獲之，狐毛長而腹下別有二足。

二月辛巳，青州奏，郭瓊部署兵士，自海州迴至當道。甲申，樞密使郭威巡邊迴。丁亥，汝州防禦使劉審交卒。乙未，以前安州節度使劉遂凝爲左武衛上將軍，以鄜州節度使焦繼勳爲右武衛上將軍〔三〕，以前永興軍節度使趙贊爲左驍衛上將軍。

三月己亥，徐州部送所獲淮南都將李暉等三十三人徇于市，給衫帽放還本土。是月，鄴都留守高行周、兗州符彥卿、鄆州慕容彥超、西京留守白文珂、鎮州武行德、安州楊信、潞州常思、府州折從阮皆自鎮來朝，嘉慶節故也。戊午，宴羣臣於永福殿，帝初舉樂。壬戌，鄴都高行周移鎮鄆州，兗州符彥卿移鎮青州，並加邑封。甲子，西京留守白文珂、潞州常思、鎮州武行德並進邑封，鄆州慕容彥超移鎮兗州。

夏四月戊辰朔，邢州薛懷讓移鎮同州，相州郭謹、河陽李暉並進邑封。庚午，府州折從阮移鎮鄧州。辛未，故深州刺史史萬山案遼史世宗紀，殺深州刺史史萬山在天祿三年，即漢乾祐二年。贈太傅。先是，契丹入邊，萬山城守，郭威遣索萬進率騎七百屯深州。一日，契丹數千騎迫州東門，萬山父子率兵百餘人襲之。契丹僞退十餘里〔四〕，而伏兵發，萬山血戰，急請救於萬進，萬進勒兵不出，萬山死之，契丹亦解去。時論以萬進爲罪，故加萬山贈典焉。壬申，華州劉詞移鎮邢州，安州楊信移鎮鄜州，貝州王令溫移鎮安州，並加邑封。以鄜州留後王饒爲華州節度使，以其來朝故也。丁丑，尙食奉御王紹隱除名，流沙門島，坐匿軍營女口也。辛巳，以宣徽北院使吳虔裕爲鄭州防禦使。時樞密使楊邠上章乞解樞機，帝命中使諭之曰：「樞機之職，捨卿用誰？忽有此章，莫有人離間否？」虔裕在傍颺言曰：「樞密重地，難以久處，俾後來者迭居，相公辭讓是也。」中使還具奏，帝不悅，故有是命。壬午，以樞密使郭威鄴都留守，依前樞密使。詔河北諸州，應兵甲、錢帛、糧草一稟郭威處分。癸未，府州永安軍額宜停，命降爲團練州。戊子，翰林學士承旨、戶部尙書王仁裕罷職，守兵部尙書。左千牛上將軍張瓘卒。庚寅，以西南面水陸轉運使、尙書工部侍郎李轂爲陳州刺史。左金吾上將軍致仕馬萬卒。甲午，以前華州節度使安審信爲左衛上將軍，以前潞州節度使張從恩爲右衛上將軍。

五月戊戌朔，帝御崇元殿受朝。丙午，以皇弟興元節度使承勳爲開封尹，加兼中書令，未出閤。甲子，詔：「諸道州府差置散從官，大府五百人，上州三百人，下州二百人，勒本處團集管係，立節級檢校教習，以警備州城。」

閏月癸巳，京師大風雨，壞營舍，吹鄭門扉起，十數步而墮，拔大木數十，震死者六七人，水平地尺餘，池隍皆溢。是月，宮中有怪物，投瓦石，擊窗撼扉，人不能制。

六月庚子，以國子祭酒田敏爲尙書右丞。癸卯，太僕卿致仕謝攀卒，輟視朝一日。鄭州奏，河決原武縣界。乙卯，司天臺上言，鎭星逆行，至太微左掖門外，自戊申年八月十二日，入太微西垣，犯上將屏星執法，勾己往來，至己酉年十一月十二日夜，方出左掖門順行，自今年正月十日夜，復逆行入東垣，至左掖門。

秋七月庚午，河陽奏，河漲三丈五尺。乙亥，滄州奏，積雨約一丈二尺。安州奏，溝河泛溢，州城內水深七尺。丙子，帝御崇元殿，授皇太后册，命宰臣蘇逢吉行禮。辛巳，三司使奏：「州縣令錄佐官，請據戶籍多少，量定俸戶：縣三千戶已上，令月十千，主簿八千；二千戶已上，令月八千，主簿五千；二千戶已下〔五〕，令月六千，主簿四千。每戶月出錢五百，並以管內中等戶充。錄事參軍、判司俸錢，視州界令佐，取其多者給之，其俸戶與免縣司差役。」從之。

八月辛亥，以蒙州城隍神爲靈感王，從湖南請也。時海賊攻州城，州人禱於神，城得不陷，故有是請。辛酉，給事中陶穀上言，請停五日內殿轉對，從之。壬戌，以兵部侍郎于德辰爲御史中丞，邊蔚爲兵部侍郎。

九月辛巳，朗州節度使馬希萼奏請於京師別置邸院，朗州，原本作「狼州」，今據十國春秋改正。（影庫本粘籤）不允。是時，希萼與其弟湖南節度使希廣方搆鬩牆之怨，故有是請。帝以湖

南已有邸務，不可更置，由是不允，仍命降詔和解焉。

冬十月己亥，帝狩於近郊。丙午，湖南馬希廣遣使上章，且言荆南、淮南、廣南三道結搆，欲分割湖、湘，乞聊發兵師，以爲援助。時朝廷方議起軍，會內難，不果行。丁未，兩浙錢弘俶加諸道兵馬元帥〔六〕。戊申，彰德軍節度使郭謹卒。癸丑，以前同州節度使張彥贇爲相州節度使。辛酉，月犯心大星。

十一月甲子朔，日有蝕之。乙丑，永州唐將軍祠贈太保，從湖南請也。己巳，日南至，帝御崇元殿受朝賀，仗衞如式。辛未，詔侍衞步軍都指揮使王殷將兵屯澶州。丙子，誅樞密使楊邠、侍衞都指揮使史弘肇、三司使王章，夷其族。是日平旦，甲士數十人由廣政殿出，至東廡下，害邠等於閤內，皆死於亂刃之下。又誅弘肇弟小底軍都虞候弘朗、如京使甄彥奇、內常侍辛從審、楊邠子比部員外郎廷侃、右衞將軍廷偉、左贊善大夫廷倚、王章侄右領衞將軍旻、子壻戶部員外郎張貽肅〔七〕、樞密院副承宣郭顒、控鶴都虞候高進、侍衞都承局荆南金、三司都勾官柴訓等。分兵收捕邠等家屬及部曲傔從，盡戮之。少頃，樞密承旨聶文進急召宰臣百僚，班於崇元殿，庭宣曰：「楊邠、史弘肇、王章等同謀叛逆，欲危宗社，並斬之，與卿等同慶。」班退，召諸軍將校至萬歲殿，帝親諭史弘肇等欲謀逆亂之狀，且言：「弘肇等欺朕年幼，專權擅命，使汝輩常懷憂恐，自此朕自與汝等爲主，必無橫憂也。」諸軍將校

拜謝而退。召前任節度使、刺史、統軍等上殿諭之。帝遣軍士守捉宮城諸門，比近日旰，朝臣步出宮門而去。是日晴霽無雲，而昏霧濛濛，有如微雨，人情惴恐。日將午，載楊邠等十餘尸，分暴於南北市。是日，帝遣腹心齎密詔往澶州、鄴都，令澶州節度使李洪義案宋史：洪義本名洪威，避周太祖諱改。（舊五代史考異）誅侍衞步軍都指揮使王殷，令鄴都屯駐護聖左廂都指揮使郭崇案東都事略：郭崇初名崇威，避周太祖諱，止稱崇。（舊五代史考異）奉國左廂都指揮使曹英害樞密使郭威及宣徽使王峻。急詔鄆州高行周、青州符彥卿、永興郭從義、兗州慕容彥超、同州薛懷讓、鄭州吳虔裕、陳州李穀等赴闕。以宰臣蘇逢吉權知樞密院事，前青州劉銖權知開封府事，侍衞馬軍都指揮使李洪建判侍衞司事，內客省使閻晉卿權侍衞馬軍都指揮使。

丁丑，澶州節度使李洪義受得密詔，知事不克，乃引使人見王殷。殷與洪義遣本州副使陳光穗齎所受密詔，馳至鄴都。案宋史：少帝遣供奉官孟業齎密詔，令洪義殺王殷。洪義素怯懦，慮殷覺，遷延不敢發，遽引業見殷。殷乃錮業，送密詔于周祖。（舊五代史考異）郭威得之，即召王峻、郭崇、曹英及諸軍將校，至牙署視詔，兼告楊、史諸公寃枉之狀，且曰：「汝等當奉行詔旨，斷予首以報天子，自取功名。」郭崇等與諸將校前曰：「此事必非聖意，即是李業等竊發，假如此輩便握權柄，國得安乎〔八〕！事可陳論，何須自棄，致千載之下被此惡名。崇等願從公入朝，面自洗雪。」於是將校等請威入朝，以除君側之惡，共安天下。案東都事略：漢隱帝遣使害太祖，魏仁浦

曰：「公有大功于朝廷，握強兵，臨重鎮，以讒見疑，豈可坐而待斃！」教以易其詔，云誅將士，以激怒衆心。太祖納其言。（舊五代史考異）翌日，郭威以衆南行。戊寅，鄴兵至澶州。庚辰，至滑州，節度使宋延渥開門迎降。案歐陽史：庚辰，義成軍節度使宋延渥叛附于郭威。與薛史同。通鑑作辛巳，與薛史異。是日，詔前開封尹侯益、前鄜州節度使張彥超、權侍衞馬軍都指揮使閻晉卿、鄭州防禦使吳虔裕等，率禁軍赴澶州守捉。

辛巳，帝之小豎鸗脫自北迴。守捉，原本作「字足」，今從通鑑考異所引薛史改正。又，小豎鸗脫，通鑑「鸗」字從「鳥」，歐陽史驡字從「馬」。胡三省通鑑注云：鸗，力鍾翻，又盧紅翻。歐陽史作「驡」，亦音龍。薛史隱帝紀作「鸗」，周太祖紀作「驡」，蓋亦據漢、周實錄，未及改從畫一也。今姑從其舊。（影庫本粘籤）先是，帝遣鸗脫偵鄴軍所至，爲游騎所獲，郭威即遣迴，因令附奏赴闕之意，仍以密奏置鸗脫衣領中。帝覽奏，即召李業示之，聶文進、郭允明在傍，懼形于色。初議車駕幸澶州，及聞鄴兵已至河上，乃止。帝大懼，私謂宰臣竇貞固等曰：「昨來之事，太草草耳！」李業等請帝傾府庫以給諸軍，宰相蘇禹珪以爲未可。業拜禹珪於帝前，曰：「相公且爲官家，莫惜府庫。」遂下令侍衞軍人給二十緡，下軍各給十緡，其北來將士在營子弟各齎家問，向北諭之。

壬午，鄴軍至封丘。慕容彥超自鎮馳至，帝遂以軍旅之事委之。案宋史侯益傳云：周太祖起

兵，隱帝議出師禦之。益獻計曰：「王者無敵于天下，兵不宜輕出，況大名戍卒，家屬盡在京城，不如閉關以挫其鋭〔九〕，遣其母妻發降以招之，可不戰而定。」慕容彥超以爲益衰老，作懦夫計，沮之。（舊五代史考異）彥超謂帝曰：「陛下勿憂，臣當生致其魁首。」彥超退，見聶文進，詢北來兵數及將校名氏，文進告之。彥超懼，曰：「大是劇賊，不宜輕耳！」又遣袁義、劉重進、王知則等出師，以繼前軍。慕容彥超以大軍駐於七里郊，掘塹以自衞，都下率坊市出酒食以餉軍。癸未，車駕勞軍，即日還宮。翌日，慕容彥超揚言曰：「官家宮中無事，明日再出，觀臣破賊。」甲申，車駕復出，幸七里店軍營。王師陣於劉子陂，劉子陂，東都事略宋延渥傳作留子陂。考通鑑、歐陽史俱作「劉」，蓋地名多用對音字，今仍其舊。（影庫本粘籤）與鄴軍相望。太后以帝至晚在外，遣中使謂聶文進曰：「賊軍在近，大須用意！」文進曰：「有臣在，必不失策，縱有一百箇郭威，亦當生擒之耳！」彥超輕脫，先擊北軍，郭威命何福進、王彥超、李筠等大合騎以乘之。彥超退却，死者百餘人，於是諸軍奪氣，稍稍奔於北軍。吳虔裕、張彥超等相繼而去，慕容彥超以部下十數騎奔兗州。是夜，帝與宰臣從官宿於野次，侯益、焦繼勳潛奔鄴軍。

乙酉旦，帝策馬至玄化門，劉銖在門上，問帝左右：「兵馬何在？」乃射左右。帝迴，與蘇逢吉、郭允明詣西北村舍，郭允明知事不濟，乃剸刃於帝而崩，時年二十。蘇逢吉、郭允明皆自殺。案通鑑考異引劉恕曰：允明，帝所親信，何由弑逆？蓋郭威兵殺帝，事成之日諱之，因允明自殺而歸罪

耳。今考劉恕所辨，祇以揣度言之，亦無實據，薛史蓋據當時實錄也〔10〕。是日，周太祖自迎春門入，諸軍大掠，煙火四發，翌日至晡方定。前滑州節度使白再榮爲亂兵所害，吏部侍郎張允墜屋而死。周太祖既入京城，命有司遷帝梓宮於太平宮。或曰：「可依魏高貴鄉公故事，以公禮葬之。」周祖曰：「予顛沛之中，不能護衞至尊，以至於此，若又貶降，人謂我何！」於是詔擇日舉哀，命前宗正卿劉皞主喪。丙戌，太后誥曰：

高祖皇帝翦亂除兇，變家爲國，救生靈於塗炭，創王業於艱難，甫定寰區，遽遺弓劍。樞密使郭威楊邠、侍衞使史弘肇、三司使王章親承顧命，輔立少君，協力同心，安邦定國。旋屬四方多事，三叛連衡，吳、蜀內侵，契丹啓釁，烝黎兇懼，宗社阽危。郭威授任專征，提戈進討，躬當矢石，盡掃煙塵，外寇盪平，中原寧謐。復以強敵未殄，邊塞多艱，允賴寶臣，往臨大鄴，疆場有藩籬之固，朝廷寬宵旰之憂。不謂兇豎連謀，羣小得志，密藏鋒刃，竊發殿庭，已殺害其忠良，方奏聞於少主，無辜受戮，有口稱冤。而又潛差使臣，矯齎宣命，謀害樞密使郭威、宣徽使王峻、侍衞步軍都指揮使王殷等。人知無罪，天不助奸。

今者，郭威，王峻，澶州節度使李洪義，前曹州防禦使何福進，前復州防禦使王彥超，前博州刺史李筠，北面行營馬步都指揮使郭崇，步軍都指揮使曹英，護聖都指揮使

白重贊、索萬進、田景咸、樊愛能、李萬全、史彥超，奉國都指揮使張鐸、王暉、胡立，弩手指揮使何贇等，徑領兵師，來安社稷。逆黨皇城使李業、內客省使閻晉卿、樞密都承旨聶文進、飛龍使後贊、翰林茶酒使郭允明等，脅君於大內，出戰于近郊，及至力窮，遂行弒逆，寃憤之極，今古未聞。

今則兇黨既除，羣情共悅。神器不可以無主，萬機不可以久曠，宜擇賢君，以安天下。河東節度使崇、許州節度使信，皆高祖之弟，徐州節度使贇、開封尹承勳，高祖之男，俱列磐維，皆居屏翰，宜令文武百辟，議擇嗣君，以承大統云。

樞密使郭威以蕭牆變起，宗祏無奉，率羣臣候太后，請定所立，且言：「開封尹承勳，高祖皇帝之愛子也，請立爲嗣。」太后告以承勳羸病日久，不能自舉，周太祖與諸將請視承勳起居，及視之，方信，遂議立高祖從子、徐州節度使贇爲嗣。己丑〔11〕，太后誥曰：「天未悔禍，喪亂孔多，嗣主幼沖，羣兇蔽惑，搆奸謀於造次，縱毒蠆於斯須，將相大臣，連頸受戮，股肱良佐，無罪見屠，行路咨嗟，羣心扼腕，則高祖之洪烈將墜于地。賴大臣郭威等，激揚忠義，拯濟顛危，除惡蔓以無遺，俾綴旒之不絕。宗祧事重，纘繼才難，既聞將相之謀，復考蓍龜之兆，天人協贊，社稷是依。徐州節度使贇，稟上聖之資，抱中和之德，先皇如子，鍾愛特深，固可以子育兆民，君臨萬國，宜令所司擇日備法駕奉迎即皇帝位。於戲！神器至重，天步方艱，致理保邦，不可以不敬，貽謀聽政，不可以不勤，允執厥中，祇膺景命。」是日，遣前太師馮道等往徐奉迎。

周太祖以嗣君未至，萬機不可暫曠，率羣臣請太后臨朝，誥答曰：「昨以奸邪搆釁，亂我邦家，勳德効忠，剪除兇慝，俯從人欲，已立嗣君，宗社危而再安，紀綱壞而復振。皇帝法駕未至，庶事方殷，百辟上言，請予蒞政，宜允輿議，權總萬機，止於浹旬，即復明辟」云。按前代故事，太上皇稱誥，太皇太后、皇太后曰令，今云誥，有司誤也。以宣徽南院使王峻爲樞密使，右神武統軍袁羲爲宣徽南院使，陳州刺史李穀權判三司，步軍都指揮使王殷爲侍衞親軍馬步都指揮使，護聖左廂都指揮使郭崇爲侍衞馬軍都指揮使〔12〕，奉國左廂都指揮使曹英爲侍衞步軍都指揮使。鎭州、邢州馳奏，契丹寇洺州，陷內丘縣。時契丹永康王兀欲率部族兩道入邊，內丘城小而固，契丹攻之，五日不下，敵人傷者甚衆。時有宮軍五百，在城防戍，攻急，宮軍降於敵，屠其城而去。案遼史世宗紀：十月，自將南伐，攻下安平、內丘、東鹿等城，大獲而還。與薛史所載互有詳略。

庚寅，樞密使郭威奏，左軍巡勘得飛龍使後贊款伏，與蘇逢吉、李業、閻晉卿、聶文進、郭允明等同謀，令散員都虞候奔德等下手殺害史弘肇等。權開封尹劉銖具伏，朋附李業爲亂，屠害將相家屬。其劉銖等準誥旨處置訖，并蘇逢吉、郭允明、閻晉卿、聶文進首級，並梟

於南北市，其骨肉放棄。辛卯，河北諸州馳報，契丹深入。太后誥曰：「王室多故，邊境未寧，內難雖平，外寇仍熾。據北面奏報，強敵奔衝，繼發兵師，未聞平殄，須勞上將，暫自臨戎。宜令樞密使郭威部署大軍，早謀掩擊，其軍國庶事，權委宰臣竇貞固、蘇禹珪、樞密使王峻等商量施行，在京馬步兵士，委王殷都大提舉。」

十二月甲午朔，郭威領大軍北征。丁酉，以翰林學士、尚書戶部侍郎、知制誥范質爲樞密副使。案東都事略：周太祖征李守貞，每朝廷遣使齎詔，處分軍事，皆中機會，太祖問：「誰爲此辭？」使者以范質對，太祖曰：「宰相器也。」太祖起兵入京師，遽令草太后誥及議迎湘陰公儀注〔13〕。乃白太后，以質爲兵部侍郎、樞密副使。（舊五代史考異）陝州李洪信奏，馬步都指揮使聶召、奉國指揮使楊德、護聖指揮使康審澄等，與節度使判官路濤、掌書記張洞、都押衙楊紹勍等，同情謀叛，並殺之。惟康審澄夜中放火斬關，奔歸京師。初，朝議以諸道方鎭皆是勳臣，不諳政理，其都押衙孔目官，令三司軍將內選才補之，藩帥不悅，故洪信因朝廷多故，誣奏加害焉。壬寅，湖南上言，朗州馬希萼引五谿蠻及淮南洪州軍來攻當道，望量差兵士於淮境牽引。乙巳，遣前淄州刺史陳思讓領軍入淮南界〔14〕，以便宜進取。辛亥，遣宰相蘇禹珪及朝臣十員，往宋州迎奉嗣君。壬子，樞密使郭威次澶州，何福進已下及諸軍將士，扶擁威請爲天子，即日南還。威上章于太后，言爲諸軍所迫班師。庚申，威至北郊，駐軍於皐門村。許州巡檢、前申州刺史馬鐸奏，節度

中華書局

使劉信自殺。壬戌，奉太后誥，命樞密使侍中郭威監國，中外庶事，並取監國處分。先是，樞密使王峻以湘陰公已在宋州，慮閧澶州之事，左右變生，遣侍衞馬軍指揮使郭崇率七百騎往衞之。案東都事略郭崇傳：王峻遣崇率七百騎拒贇，遇于睢陽，崇曰：「澶州兵變，遣崇來衞乘輿，非有他也。」具言軍情有屬〔一五〕，天命已定。贇執崇手而泣，崇卽送贇就館。（舊五代史考異）己未，太后誥曰：「比者，樞密使郭威，志安社稷，議立長君，以徐州節度使贇，高祖近親，立爲漢嗣，爰自藩鎮，徵赴京師。雖誥命尋行，而軍情不附，天道在北，人心靡東，適當改卜之初，俾膺分土之命。贇可降授開府儀同三司、檢校太師、上柱國，封湘陰公，食邑三千戶，食實封五百戶。」

明年正月丁卯，太后誥，奉符寶於監國，可卽皇帝位。周太祖踐阼，奉太后爲母，遷於西宮，上尊號曰昭聖太后。是月十五日，周太祖與百僚詣帝殯宮，成服親奠，不視朝七日。又詔太常定謚曰隱。以其年八月二日，復遣前宗正卿劉皞護靈輴，備儀仗，葬于許州陽翟縣之潁陵，祔神主于高祖之寢宮。帝姿貌白皙，眉目疏朗，未卽位時，目多閃掣，唾洟不止，卽位之始，遽無此態，及內難將作，復如故。帝自關西平定之後，稍生驕易，然畏憚大臣，未至縱恣。嘗因乾象差忒，宮中或有怪異，召司天監趙延乂訊其休咎，延乂對以修德卽無患。旣退，遣中使就問延乂曰：「何者爲德？」延乂勸讀貞觀政要。案東都事略張昭傳：隱帝年十九，猶有童心，昵近小人。昭上疏諫：「請近師傅，延問正人〔一六〕，以開聰明。」隱帝不省。（舊五代史考異）邇後與聶文進、

郭允明、後贊狎習，信其邪說，以至于敗。高祖之征鄴城也，一旦，帝語太祖曰：「我夜來夢爾爲驢，負我升天，旣捨爾，俄變爲龍，捨我南去，是何祥也？」周太祖撫掌而笑。冥符肸蠁，豈偶然哉！永樂大典卷一萬六千二百二。

史臣曰：隱帝以尙幼之年，嗣新造之業。受命之主，德非禹、湯；輔政之臣，復非伊、呂。將欲保延洪之運，守不拔之基，固不可得也。然西摧三叛，雖僅滅於欃槍；而內稔羣兇，俄自取於狼狽。自古覆宗絕祀之速者，未有如帝之甚也。噫！蓋人謀之弗臧，非天命之遽奪也。永樂大典卷一萬六千二百二。

校勘記

〔一〕丙寅 原作「丙辰」，據通鑑卷二八九改。按二十史朔閏表，乾祐三年正月己亥朔，丙辰爲十八日，今在癸亥二十五日後，當爲丙寅二十八日。

〔二〕收葬用兵已來所在骸骨 「來」原作「未」，據殿本、劉本及彭校改。影庫本批校云：「用兵以來，『來』訛『未』。」

〔三〕焦繼勳爲右武衞上將軍 「右武衞」原作「左衞」，據劉本、彭本改。按上文「劉遂凝爲左武衞上將軍」，此處當爲「右武衞」。

〔四〕契丹僞退十餘里 「契丹」二字原無，據殿本補。

〔五〕二千戶已上……二千戶已下 兩句中「二千」二字原無，據殿本、劉本補。

〔六〕兵馬元帥 「帥」原作「師」，據殿本、劉本改。

〔七〕張貽肅 「貽」原作「昭」，據殿本、本書卷一〇七王章傳、歐陽史卷三〇郭允明傳改。

〔八〕國得安乎 「國」原作「固」，據本書卷一一〇周太祖紀改。劉本全句作「國家安乎」。

〔九〕不如閉關以挫其銳 「閉」原作「開」，據殿本、劉本、宋史卷二五四侯益傳改。

〔一〇〕薛史蓋據當時實錄也 劉本同，舊五代史考異作「五代春秋作帝崩于師」。

〔一一〕己丑 原作「乙丑」，據殿本、通鑑卷二八九改。舊五代史考異云：「案：原本作『乙丑』，與五代春秋同。今從通鑑改作『己丑』。」

〔一二〕侍衞馬軍都指揮使 「使」字原無，據殿本、劉本補。

〔一三〕議迎湘陰公儀注 「迎」字原無，據殿本、劉本及東都事略卷一八范質傳補。

〔一四〕陳恩讓 殿本、劉本同，本書卷一〇五蔡王信傳、宋史卷二六一陳思讓傳作陳思讓。

〔一五〕具言軍情有屬 「具言」原作「至若」，據殿本、劉本及東都事略卷二一郭崇傳改。

〔一六〕延問正人 「問」原作「聞」，據東都事略卷三〇張昭傳改。

舊五代史卷一百四

漢書六

后妃列傳第一

高祖皇后李氏，晉陽人也。高祖微時，嘗牧馬於晉陽別墅，因夜入其家，劫而取之。及高祖領藩鎮，累封魏國夫人。高祖建義於太原，欲行頒賚於軍士，以公帑不足，議率井邑，助成其事。后聞而諫曰：「自晉高祖建義，及國家興運，雖出於天意，亦土地人民福力同致耳，未能惠其衆而欲奪其財，非新天子卹隱之理也。今後宮所積，宜悉以散之，設使不厚，人無怨言。」高祖改容曰：「敬聞命矣。」遂停斂貸之議，后傾內府以助之，中外聞者，無不感悅。天福十二年，册爲皇后。隱帝卽位，尊爲皇太后。永樂大典卷一萬六千三百九十。案：以下疑有闕文。據通鑑云：隱帝與李業等謀誅楊邠等。議既定，入白太后。太后曰：「茲事何可輕發，更宜與宰相議之。」業時在旁曰：「先帝嘗言，朝廷大事不可謀及書生，懦怯誤人。」太后復以爲言，帝忿曰：「國家之事，非闈門所知。」拂衣而

出。又云：南北軍遇於劉子陂〔一〕，帝欲自出勞軍，太后曰：「郭威吾家故舊，非死亡切身，何以至此！但按兵守城，飛詔諭之，觀其志趣，必有辭理，則君臣之禮尚全，愼勿輕出。」帝不從。薛史載於李業傳，當係史家前後省文。

周太祖入京，凡軍國大事，皆請后發教令以行之。是歲，議立徐州節度使贇爲帝，案通鑑考異引隱帝實錄云：初議立徐帥，太后遣中使馳諭劉崇，請崇入纘大位，崇知立其子，上章謙遜。以當日事理推之，既召湘陰，不應復召崇，疑傳聞之誤。（舊五代史考異）以迎奉未至，周太祖乃率羣臣拜章，請后權臨朝聽政，后於是稱誥焉。及周太祖爲六軍推戴，上章具述其事，且言願事后爲慈母。后下誥答曰：「侍中功烈崇高，德聲昭著，翦除禍亂，安定乾坤，謳歌有歸，歷數攸屬，所以軍民推戴，億兆同歡。老身未終殘年，屬茲多難，惟以衰朽，託於始終。載省來牋，如母見待，感念深意，涕泗橫流」云。仍出戎衣、玉帶以賜周太祖。周太祖卽位，上尊號曰德聖皇太后，居於太平宮。周顯德元年春薨。永樂大典卷一萬七千三百一十二。案：隱帝未立皇后，據薛史張彥成傳云：隱帝娶彥成女。楊邠傳云：隱帝所愛耿夫人，欲立爲后，邠以爲太速，夫人卒，隱帝欲以后禮葬，邠又止之。蓋隱帝在位三年，崩時年二十，故未及册立皇后也。又，五代會要載：漢高祖長女永寧公主，降宋延渥，天福十二年四月封，至乾祐二年十二月，追封秦國長公主。通鑑以永寧公主爲晉高祖女，蓋誤。又，王禹偁小畜集宋公神道碑云：漢高祖領侍衛軍，朝望甚重。以公名家子，又後唐之出也，風骨俊秀，異乎諸孤，命長子承訓奉書于貴主，先以襲衣名馬遺焉。承訓，卽漢之開封尹魏王也。公與貴主拒而不納。漢祖又敕其子曰：「宋氏不諧，勿復見我矣！」貴主知志不可奪，遂許之。延渥，唐義寧公主之子也。（孔本）

校勘記

〔一〕南北軍遇於劉子陂　「軍」字原無，據通鑑卷二八九補。

舊五代史卷一百五

漢書七

宗室列傳第二

魏王承訓，字德輝，高祖之長子也。少温厚，美姿儀，高祖尤鍾愛。在晉累官至檢校司空，國初授左衛上將軍。左衛，原本作「左衡」，今從歐陽史改正。（影庫本粘籤）高祖將赴洛，命承訓北京大內巡檢，未幾，詔赴闕，授開封尹、檢校太尉、同平章事。以天福十二年十二月十一日薨於府署，年二十六。高祖發哀於太平宮，哭之大慟，以至於不豫。是月，追封魏王，歸葬於太原。永樂大典卷六千七百六十。

陳王承勳，亦高祖之幼子也。國初授右衛大將軍，隱帝嗣位，加檢校太尉、同平章事，遙領興元尹，俄代侯益爲開封尹，進位檢校太師、兼侍中。乾祐三年冬十一月，蕭牆之亂，

隱帝崩，軍情欲立勳爲嗣。案：立勳爲嗣，疑脫「承」字，册府元龜引薛史亦同。蓋承勳在隱帝時避御名，故去「承」字也。薛史仍當時實錄之舊，未及改歸畫一，今姑仍其舊。（舊五代史考異）時勳已病，大臣及諸將請候勳起居。太后令左右以臥榻舁之以見，諸將就視，知勳之不能興，故議立劉贇。周廣順元年春卒。周太祖下詔封陳王。永樂大典卷六千七百六十。

蔡王信，高祖之從弟也。少從軍，漸至龍武小校。高祖鎮并州，爲興捷軍都將，興捷軍，原本作「興睫」，今從册府元龜改正。（影庫本粘籤）領龔州刺史、檢校太保。國初，爲侍衛馬軍都指揮使、檢校太傅兼義成軍節度使，尋移鎮許州，加太尉、同平章事。高祖寢疾大漸，楊邠受密旨遣信赴鎮，信即時戒路，不得奉辭，雨泣而去。隱帝即位，加檢校太師。關輔賊平，就加侍中。信性昏懦，黷貨無厭，喜行酷法。掌禁軍時，左右有犯罪者，召其妻子，對之臠割，令自食其肉；或從足支解至首，血流盈前，而命樂對酒，無仁愍之色。未嘗接延賓客。在鎮日，聚斂無度，會高祖山陵梓宮經由境上，信率掠吏民，以備迎奉，百姓苦之。初，聞殺楊邠、史弘肇，遽啓宴席，集參佐賓幕，令相致賀。曰：「我謂天無眼，令我三年不能適意。主上孤立，幾落賊手，諸公勸我一杯可也。」俄蕭牆之變，憂不能食。尋有太后令，言立湘陰公，即令其子往徐州奉迎。數日，陳思讓率馬軍經過城西，但令供頓，不敢出城。未幾，澶州軍變，王峻遣前申州刺史馬鐸領軍赴州巡檢，鐸引軍入城，信惶惑自殺。廣順初，追封蔡王。永樂大典卷六千七百六十。

湘陰公贇，爲徐州節度使。乾祐元年八月中，有雲見五色。册府元龜卷九百五十一。明年冬杪，有鳥翔集於鮮碧堂庭樹，黃質朱喙，金目靑翼，紺趾玄尾，有類於鳳。有賓佐嘆曰：「野鳥入室，主人將去。」旬浹而不知所之。永樂大典卷一萬一千四百八十五。乾祐三年冬十一月，周太祖駐軍於京師，議立嗣君，奉太后誥，立贇爲嗣。傳詔之際，馮道笏墜於地，左右惡之。永樂大典卷一萬七千三百一十一。馮道至，贇出郊迎，常所乘馬比甚馴服，至是馬蹄嚙奔逸，人不可制，乃以他馬代之，時以爲不祥。永樂大典卷一萬一千六百五十五。將離彭城，嘗一日，天有白光一道自西來，照城中如晝，有聲如雷，時人謂之天裂；又有巨星墜於徐野，殷然有聲，或謂之天狗。後贇果廢死。册府元龜卷九百五十一。案：湘陰公傳，原本殘闕，今采册府元龜補之，以存大概。

五代史補：郭忠恕，七歲童子及第，富有文學，尤工篆隸。嘗有人於龍山得鳥迹篆，忠恕一見，輒誦如宿習。乾祐中，湘陰公鎮徐州〔一〕，辟爲推官。周祖之入京師也，少主崩於北崗，周主命宰相馮道迎湘陰公，將立之，至宋州，高祖已爲三軍推戴。忠恕知事變，乃正色責道曰：「令公累朝大臣，誠信著於天下，四方談士，無賢不肖皆以爲長者，今一旦返作脫空漢，前功業並棄，令公之心安乎？」道無言對。忠恕因勸湘陰公殺道以奔河東，公猶豫未決，遂及於禍。忠恕竄迹

久之，晚年尤好輕忽，卒以此敗，坐除名配流焉。案：湘陰公傳，原本殘闕，考十國春秋湘陰公傳云：湘陰公贇，世祖子也，高祖愛之，以爲己子。乾祐元年，拜武寧軍節度使，二年，加同平章事。郭威既敗慕容彥超于北郊，隱帝遇弒，威入京師，謂諸大臣密相推戴，及見宰相馮道等，道殊無意。威不得已，見道下拜，而道猶受拜如平時，徐勞之曰：「公行良苦。」威意色皆沮，以爲大臣未有推己意，又難于自立，因與王峻入白太后，推擇漢嗣。羣臣乃共奏曰〔二〕：「武寧節度使贇，高祖愛以爲子，宜立爲嗣。」乃遣太師馮道率百官往迎，道揣威意不在贇，直前問曰：「公此舉由衷乎？」威指天爲誓。道既行，語左右曰：「吾生平不作謬語人，今謬語矣。」道見贇，傳太后意召之。贇行至宋州，威已自澶州爲兵士擁還京師。王峻慮贇左右生變，遣侍衛馬軍指揮使郭崇威以兵七百騎衛贇。崇威至宋州，贇登樓問崇威所以來之意，崇威曰：「澶州軍變，懼未察之，遣崇威護衛，非惡意也。」贇召崇威，崇威不敢進。馮道出與崇威語，崇威乃登樓見贇。時護聖指揮使張令超帥步兵爲贇宿衛，判官董裔說贇曰：「觀崇威瞻視舉措，必有異謀。道路皆言郭威已爲天子，而陛下深入不止，禍其至哉。請急召令超，諭以禍福，使夜以兵刼崇威所屬士卒，明日掠睢陽金帛，募士卒，北走太原。彼新定京邑，未暇追我，此策之上也。」贇猶豫未決。是夕，崇威密誘令超歸郭氏，盡奪贇部下兵。郭威以書召道先歸，留其副趙上交、王度奉贇入朝太后，道乃辭贇先還。贇謂道曰：「寡人此來，所恃者以公三十年舊相，是以不疑。」道默然。贇客將賈貞等數目道，欲圖之，贇曰：「勿草草，事豈出于公耶！」道已去，崇威乃幽贇于外館，殺賈貞、董裔及牙內都虞候劉福、孔目官夏昭度等。郭威已監國，太后乃下詔曰：「比者，樞密使威，志安宗社，議立長君，以徐州節度使贇，高祖親近，立爲漢嗣，乃自藩鎮，召赴京師。雖誥命已行，而軍情不附。天道在北，人心靡東，適當改卜之初，俾膺分土之命。贇可降授開府儀同三司、檢校

太師、上柱國，封湘陰公。」贇卒以殺死。（舊五代史考異）

校勘記

〔一〕湘陰公鎮徐州　「公」字原無，據五代史補卷五補。

〔二〕羣臣乃共奏曰　「羣臣」二字原無，據殿本、劉本、十國春秋卷一〇六補。

舊五代史卷一百六

漢書八

列傳第三

王周，魏州人。少勇健，從軍事唐莊宗、明宗，稍遷裨校，以戰功累歷郡守。晉天福初，天福，原本誤作「天祉」，今據文改正。（影庫本粘籤）范延光叛於魏州，周從楊光遠攻降之；安重榮以鎮州叛，從杜重威討平之，以功授貝州節度使，歲餘，移鎮涇州。先是，前帥張彥澤在任苛虐，部民逃者五千餘戶，及下車，革前弊二十餘事，逃民歸復，賜詔褒美。後歷鄧、陝二鎮。陽城之役，周時爲定州節度使，大軍往來，供饋無闕，未幾，遷鎮州節度使。周稟性寬惠，人庶便之。開運末，杜重威降於契丹，引契丹主臨城諭之。周泣曰：「受國重恩，不能死戰，而以兵降，何面南行見人主與士大夫乎？」乃痛飲欲引決，家人止之，事不獲已，及見契丹主，授鄧州節度使、檢校太師。高祖定天下，移鎮徐州，加同平章事。乾祐元年二月，以疾卒於鎮，

輟視朝二日，贈中書令。周性寬恕，不忤物情。初刺信都，州城西橋敗，復民租車。周曰：「橋梁不飭，刺史之過也。」乃還其所沈粟，出私財以修之，民庶悅焉。永樂大典卷一萬八千一百三十二。

劉審交，字求益，幽州文安人也。祖海，父師遂。審交少讀書，尤精吏道，起家署北平主簿，轉興唐令，本府召補牙職。劉守光之僭號，僞署兵部尚書，燕亡，歸於太原。莊宗知之，用爲諸府從事。同光初，趙德鈞鎮幽州，朝廷以內官馬紹宏爲北面轉運使，辟審交爲判官。王都據定州叛，朝廷命王晏球進討，以審交爲轉運供軍使，王都平，以勞授遂州刺史。遂州，原本作「遠州」，今據册府元龜改正。（影庫本粘籤）明年，復爲北面供軍轉運使，改磁州刺史，以母年高，去官就養。及丁內艱，毀瘠過禮，服闋，不出累年。案：歐陽史作不調累年〔一〕。（舊五代史考異）

晉高祖踐阼，范延光以魏州叛，命楊光遠以總兵討之，復召審交爲供饋使。鄴中平，命審交爲三司使，授右衞大將軍。六年夏，出爲陳州防禦使，歲餘，移襄州防禦使，審交治襄、漢，撫綏有術，民庶懷之。青州楊光遠平，降平盧軍爲防禦州，復用審交爲防禦使，累官至檢校太傅。時用軍之後，審交矜恤撫理，凋弊復蘇。

契丹破晉，審交以代歸，蕭翰在都，復用爲三司使。翰歸蕃，李從益在汴州，召高行周、武行德將委以軍事，皆不受命。尋聞高祖起義於太原，史弘肇在澤潞，都人大懼。時有燕軍千人守捉諸門，案：杜重威傳作千五百人。（舊五代史考異）李從益母王淑妃詢於文武臣僚曰：「予子母在洛，孤危自處，一旦爲蕭翰所逼，致令及此。但遣人迎請太原，勿以予子母爲事。」或曰：「收拾諸處守營兵士與燕軍，足以把城，把城，原本作「將城」，今從通鑑改正。（影庫本粘籤）以俟河北救應可也。」妃曰：「非謀也，我子母亡國之餘，安敢與人爭天下！」衆議籍籍，猶以把城爲詞。審交曰：「余燕人也，今城有燕軍，固合爲燕謀，然事機有所不可。此城經敵軍破除之後，民力空匱，餘衆幸存，若更謀之不臧，閉門拒守，一月之內，無復遺類。諸軍勿言，宜從太妃處分。」繇是從益遣使往太原貢奉。高祖至汴，罷使歸班。隱帝嗣位，用爲汝州防禦使，汝爲近輔，號爲難治，審交盡去煩弊，無擾於民，百姓歌之。

乾祐二年春卒，年七十四。郡人聚哭柩前所，列狀乞留葬本州界，立碑起祠，以時致祭，本州以聞。詔曰：「朝廷之制，皆有舊章，牧守之官，比無贈典。其或政能殊異，惠及蒸黎，生有令名，沒留遺愛，褒賢獎善，豈限彝章。可特贈太尉，吏民所請宜依。」故相國、太師、秦國公馮道聞之曰：「予嘗爲劉汝州僚佐，知其爲人廉平慈善，無害之良吏也。刺遼、磁，治陳、襄、靑，皆稱平允，不顯殊尤。其理汝也，又安有異哉！民之租賦不能減也，徭役不能息也，

寒者不能衣也，餒者不能食也，百姓自汲汲然，而使君何有於我哉！然身死之日，致黎民懷感如此者，誠以不行鞭朴，不行刻剝，不因公而循私，不害物以利己，確然行良吏之事，薄罰宥過，謹身節用，節用，原本脫「用」字，今從册府元龜增入。（影庫本粘籤）安俸祿、守禮分而已。凡從事於斯者，孰不能乎！但前之守土者，不能如是，是以汝民咨嗟愛慕。今天下戎馬之後，四方兇盜之餘，杼軸空而賦斂繁，人民稀而倉廩匱，謂之康泰，未易輕言。侯伯牧宰，若能哀矜之，不至聚斂，不殺無辜之民，民爲邦本，政爲民本，和平寬易，卽劉君之政安足稱耶！復何患不至於令名哉！」道仍爲著哀詞六章，鐫於墓碑之陰焉。永樂大典卷九千九十九。

武漢球，澤州人也。少拳勇，潞帥李嗣昭倚爲親信，事唐莊宗、明宗，繼爲禁軍裨校。淸泰中，會晉高祖引契丹爲援，與朝廷隔絕，遂歸晉祖。天福初，授趙州刺史，趙州，原本訛作「趙祖」，今據文改正。（影庫本粘籤）入爲奉國軍都指揮使，出刺曹州。開運初，遷耀州團練使。高祖至東京，授洛州刺史，漢球以目疾年高辭郡，帝曰：「廣平小郡，卿臥理有餘，無以疾辭。」至郡未朞，復以目疾請代而免。乾祐二年秋，卒於京師。漢球雖出自行伍，然長於撫理，常以掊斂爲戒，民懷其惠，身死之日，家無餘財。有管迴者，漢球守郡日，辟爲判官。及漢球卒於汴，迴在洺州未之知，一日，忽謂所親曰：「太保遣人召我。」遂沐浴，新衣冠，無疾瞑目而終。家人不知其故，後數日，方聞漢球卒。永樂大典卷一萬八千一百三十二。

張瓘，同州車渡村人，故太原監軍使承業之猶子也。承業，唐書有傳。唐天祐中，承業佐唐武皇、莊宗有功，甚見委遇，瓘聞之，與昆仲五人，自故里奔于太原，莊宗皆任用之。瓘，天祐十三年補麟州刺史。承業治家嚴毅，小過無所容恕，一姪爲磁州副使，以其殺河西賣羊客，承業立捕斬之。常誡瓘等曰：「汝車渡村百姓劉開道下賊，劉開道下賊，疑有脫字。據薛史劉知俊傳云，當時稱知俊爲劉開道，蓋承業謂瓘少時嘗從劉知俊作賊也，今姑仍原文。（影庫本粘籤）慣作非爲，今須改行，若故態不除，死無日矣。」故瓘所至不敢誅求。晉天福中，爲密州刺史，秩滿入居環衞。乾祐三年夏，卒於官。輟視朔一日。永樂大典卷六千三百五十。

李殷，薊州人也。自後唐莊宗、明宗、晉高祖朝，以偏校遞遷，歷官至檢校司徒，累爲郡守。性沈厚，所涖無苛暴之名。晉少帝禦契丹於澶淵，殷典禁旅，駕還，授鄜州留後，俄加檢校太保。開運中，授定州節度使，將行，啓少帝曰：「臣之此行，破敵必矣。」衆皆壯其言。及至郡，威略無聞，敵再至，首納降款。後隨契丹至常山，其將解里遣殷與契丹首領楊安同拒我師於洺水，俄而安退，殷以橐裝馳馬遺安。安旣北走，殷匿於丘墓獲免，馳以歸我。

高祖嘉其首赴朝闕，及魏州平，以甘陵乏帥，乃命殷爲貝州節度使，加檢校太傅。乾祐初，卒於鎭。詔贈太師。永樂大典卷一萬三百九十。

劉在明，幽州人。少有膽氣，本州節度使劉守光用爲親信，出爲平塞軍使。守光敗，歸於太原，唐莊宗收爲列校。明宗時，爲捧聖左廂都指揮使，領和州刺史。從幸汴州，至滎陽，聞朱守殷叛，用爲前鋒。至汴城，率先登城，賊平，授汴州馬步軍都指揮使。應順初，爲貝州刺史。明年，移趙州，兼北面行營馬軍都指揮使，以軍戍易州。淸泰末，幽州節度使趙德鈞引軍赴團柏谷，路由易州，取在明軍從。及德鈞兵敗，在明奔歸懷州，唐末帝令與萇從簡同守河陽。晉祖至，乃迎之，京都事定，出爲單州刺史。天福中，李金全以安州叛，安州，原本作「要州」，今據通鑑改正。（影庫本粘籤）在明從李守貞攻之，大破淮賊，以功授安州防禦使，明年，移絳州。楊光遠據靑州叛，召爲行營馬步軍都指揮使，領齊州防禦使。靑州平，遷相州留後，歷邢州、晉州留後。案通鑑云：契丹入汴，建雄留後劉在明朝于契丹，以節度副使駱知朗知州事。（舊五代史考異）高祖踐阼，授幽州道行營都部署，案通鑑：在明先爲成德軍留後，繼授幽州道馬步都部署。與薛史前後互異。（舊五代史考異）時契丹守中山，在明出師經略，契丹乃棄城而去，遂授鎭州留後。乾祐元年五月，正授鎭州節度使。六月，以疾卒于鎭。贈侍中。永樂大典卷九千九十九。

馬萬，澶州人也。少從軍，善水游。唐莊宗與梁軍對壘於河上，莊宗於德勝渡夾河立南北寨。會梁軍急攻南寨，立南北寨，原本脫「會梁軍急攻南寨」七字，今據册府元龜增入。（影庫本粘籤）於中流聯戰艦以絕援路，晝夜攻城者三日，寨將氏延賞告急於莊宗。莊宗隔河望敵，無如之何，乃召人能水游破賊者。時萬兄弟皆應募，遂潛行入南寨，往來者三，又助燒船艦，汴軍遂退。由此升爲水軍小校，漸典禁軍，遙領刺史，累遷奉國左廂都指揮使、泗州防禦使。晉天福二年夏，范延光叛於鄴，牙將孫銳率兵至黎陽，朝廷遣侍衞馬軍都指揮使白奉進領兵渡滑州，萬亦預其行。時滑州節度使符彥饒潛通鄴下，殺白奉進於牙署。案薛史晉列傳：符彥饒以忿爭殺白奉進，非潛通鄴下也。此傳蓋沿實錄傳聞之誤，通鑑從晉列傳。（舊五代史考異）萬領本軍兵士將助亂，會奉國右廂都指揮使盧順密亦以兵至，諭以逆順，萬不得已，與順密急趨公府，執彥饒生送闕下。朝廷卽以萬爲滑州節度使，而盧順密酬之甚淺。居無何，晉高祖稍知其事，卽以順密爲涇州兵馬留後，漸薄於萬。萬鎭鄧州，未幾罷鎭，授上將軍，以目疾致仕。乾祐三年四月卒。輟視朝一日。永樂大典卷一萬八千一百三十二。

李彥從，字士元，汾州孝義人。父德，麟州司馬。彥從少習武藝，出行伍間，高祖典禁

軍，以鄉里之舊，任爲親信。國初，用爲左飛龍使、檢校司空。鎭州逐敵之際，請兵于朝廷，高祖令彥從率軍赴之。乾祐初，領恩州刺史。趙暉討王景崇于岐下，彥從爲兵馬都監，破川軍有功，賊平，授濮州刺史，治有政能，百姓悅之。乾祐三年冬，卒於郡。永樂大典卷一萬三百九十。

郭謹，字守節，太原晉陽人。謹少從軍，能騎射，歷河中教練使。晉天福中，遷奉國右廂都指揮使，領禺州刺史。三年，轉奉國左廂都指揮、泗州防禦使，歲餘，授侍衞步軍都指揮使兼寧江軍節度使。六年，從幸鄴。七年，晉祖崩，少帝卽位，授彰德軍節度使，領軍如故。開運初，出授鄜州。二年，入爲左神武統軍。三年，復鎭鄜州〔二〕。高祖踐阼，以鄉國舊臣，加檢校太尉，移鎭滑臺。乾祐初，復授彰德軍節度使。二年，就加檢校太師。三年〔三〕，入朝，加食邑。是歲冬十月，卒於位，年六十。輟視朝二日，贈侍中。永樂大典卷二萬二千一百六十一。

皇甫立，代北人也。唐明宗之刺代州，署爲牙校，從歷藩鎭。性純謹，明宗深委信之，王建立、安重誨策名委質，皆在立後。明宗踐阼，以立爲忻州刺史。長興末，轉洺州團練使。應順初〔四〕，遷鄜州節度使，檢校太保。清泰三年春，移鎭潞州，未幾，改華州。晉天福中，授左神武統軍。少帝卽位，歷左金吾衞上將軍，累官至檢校太尉。高祖定天下，授特進、太子太師致仕。乾祐二年秋卒。永樂大典卷一萬九百七十一。

白再榮，本蕃部人也。案：歐陽史作不知其世家何人也。（舊五代史考異）少從軍，累遷護聖左廂指揮使。晉末，契丹犯闕，明年，契丹主北去，再榮從帳至眞定。其年閏七月晦，李筠、何福進相率殺契丹帥麻答，據甲仗庫，敵勢未退，筠等使人召再榮。再榮端坐本營，遲疑久之，爲軍吏所迫，乃行。翊日，逐出麻答，諸軍以再榮名次在諸校之右，乃請權知留後事。案東都事略李筠傳：筠請馮道領節度，道曰：「予主奏事而已，留後事當議功臣爲之。」以諸將之甲者爲留後。（舊五代史考異）

再榮貪昧無決，舉止多疑，出入騎從，露刃注矢，諸校不相統攝，互有猜貳。奉國廂主王饒懼爲再榮所幷，乃據東門樓，以兵自衞，僞稱足疾，不敢見再榮。司天監趙延乂俱與之善，乃來往解釋，遂無相忌之意。再榮以李崧、和凝擕家在彼，令軍士數百人環迫崧、凝，以求賞給。崧、凝各出家財與之，再榮欲害崧以利其財。前磁州刺史李穀謂再榮曰：「公與諸將爲契丹所擄，凌辱萬端，旦夕憂死。今日衆力逐出蕃戎，鎭民死者不下三千人，豈獨公等之功！纔得生路，便擬殺一宰相，他日到闕，儻有所問，何以爲辭？」再榮默然。再榮又欲

括率在城居民家財，以給軍士，李穀又讐解之，乃止。其漢人曾事麻答者盡拘之，以取其財。

高祖以再榮爲鎭州留後，爲政貪虐難狀，鎭人呼爲「白麻答」。未幾，移授滑州節度使，箕斂誅求，民不聊生，乃徵還京師。周太祖入京城，軍士攻再榮之第，迫脅再榮，盡取財貨既，軍士前啓曰：「某等軍健，常趨事麾下，一旦無禮至此，今後何顏謁見？」卽奮刃擊之，挈其首而去，後家人以帛贖葬之。永樂大典卷一萬八千一百三十三。

張鵬，鎭州鼓城人。幼爲僧，知書，有口辯，喜大言，後歸俗。唐末帝爲潞王時，鵬往依焉，及卽位，用爲供奉官，累監軍旅。晉開運中，契丹迫澶州，澶州，原本作「洹州」，今從通鑑改正。（影庫本粘籤）鵬爲前鋒監押，奮身擊敵，被創而還。其後累於邊城戍守，士伍服其勇。乾祐初，授鎭州副使，過鄴城，高行周接之甚歡，鵬因言及晉朝傾亡之事，少帝任用失人，藩輔之臣，唯務積財富家，不以國家爲意，以至宗社泯滅，非獨帝王之咎也。行周性寬和，不以鵬言爲過。鵬既退，行周左右謂行周曰：「張副使之言，蓋譏令公也。」行周因發怒，遂奏鵬怨國訕言，故朝廷降詔就誅於常山，時乾祐元年七月也。永樂大典卷六千三百五十一。

史臣曰：晉、漢之際，有以懋軍功、勤王事、取旌旄符竹者多矣，其間有及民之患者無幾焉。如王周之闓政，審交之民謩，蓋其優者也，漢球、張瓘抑又次焉。是宜紀之篇以示來者，其餘皆不足觀也已。張鵬以一言之失，遽滅其身，亦足誡後代多言橫議之徒歟！永樂大典卷六千三百五十一。

校勘記

〔一〕不調累年　「調」原作「出」，據殿本考證、歐陽史卷四八劉審交傳改。

〔二〕復鎮鄜州　「鄜州」原作「麟州」，據劉本、彭本改。按本卷上文謂郭謹「開運初，出授鄜州」，此處當作「復鎮鄜州」。

〔三〕三年　「年」原作「日」，據殿本、劉本改。

〔四〕應順　原作「廣順」，據殿本、劉本改。按後唐無「廣順」年號，明宗長興後即爲閔帝應順。

舊五代史卷一百七

漢書九

列傳第四

史弘肇，字化元，鄭州滎澤人也。父潘，本田家。弘肇少游俠無行，拳勇健步，日行二百里，走及奔馬。梁末，每七戶出一兵，弘肇在籍中，後隸本州開道都，選入禁軍。嘗在晉祖麾下，遂留爲親從，及踐阼，用爲控鶴小校。高祖鎮太原，奏請從行，升爲牙校，後置武節左右指揮，以弘肇爲都將，遙領雷州刺史。雷州，原本作「累州」，今據歐陽史改正。（影庫本粘籤）高祖建號之初，代州王暉叛，以城歸契丹，弘肇征之，一鼓而拔，尋授許州節度使，充侍衞步軍都指揮使。會王守恩以上黨求附，契丹主命大將耿崇美率衆登太行，欲取上黨，高祖命弘肇以軍應援。軍至潞州，契丹退去，翟令奇以澤州迎降。會河陽武行德遣人迎弘肇，遂率衆南下，與行德合。故高祖由蒲、陝赴洛如歸，弘肇前鋒之功也。

弘肇嚴毅寡言，部轄軍衆，有過無舍，兵士所至，秋毫不犯。部下有指揮使，嘗因指使少不從命，弘肇立撾殺之，將吏股慄，以至平定兩京，無敢干忤。從駕征鄴迴，加同平章事，充侍衞親軍都指揮使，兼鎮宋州。高祖大漸，與樞密使楊邠、周太祖、蘇逢吉等同受顧命。隱帝嗣位，加檢校太師、兼侍中。居無何，河中、永興、永興，原本作「求興」，今據通鑑改正。（影庫本粘籤）鳳翔連橫謀叛，關輔大擾，朝廷日有徵發，羣情憂惴，亦有不逞之徒，妄搆虛語，流布京師。弘肇都轄禁軍，警衞都邑，專行刑殺，略無顧避，無賴之輩，望風匿迹，路有遺棄，人不敢取。然而不問罪之輕重，理之所在，但云有犯，便處極刑，枉濫之家，莫敢上訴。巡司軍吏，因緣爲姦，嫁禍脅人，不可勝紀。案宋史邊歸讜傳：史弘肇怙權專殺，閭里告訐成風。歸讜言曰：「邇來有匿名書及言風聞事，搆害良善，有傷風化，遂使貪吏得以報復私怨，讒夫得以肆其虛誕。請明行條制，禁遏誣妄，凡顯有披論，具陳姓名。其匿名書及風聞事者，並見止絕。」論者韙之。（舊五代史考異）

時太白晝見，民有仰觀者，爲坊正所拘，立斷其腰領。又有醉民抵忤一軍士，則誣以訛言棄市。其他斷舌、決口、斮筋、折足者，僅無虛日。故相李崧爲部曲誣告，族戮於市，取其幼女爲婢。自是仕宦之家畜僕隸者，皆以姑息爲意，而舊勳故將失勢之後，爲廝養輩之所脅制者，往往有之。軍司孔目吏解暉，性狡而酷，凡有推劾，隨意鍛鍊。人有抵軍禁者，被其苦楚，無不自誣以求死所，都人遇之，莫敢仰視。有燕人何福殷者，福殷，原本作「福因」，今據通鑑改正。（影庫本粘籤） 案：歐陽史作何福進，疑訛〔一〕。（舊五代史考異） 以商販爲業，嘗以十四萬市得玉枕，遣家僮及商人李進賣於淮南，易茗而迴。家僮無行，隱福殷貨財數十萬，福殷責其償，不伏，遂杖之。未幾，家僮詣弘肇上變，言契丹主之入汴也，趙延壽遣福殷齎玉枕陰遺淮南，以致誠意。弘肇即日遣捕福殷等繫之。解暉希旨，榜掠備至，福殷自誣，連罪者數輩，並棄市。妻女爲弘肇帳下分取之，其家財籍沒。

弘肇不喜賓客，嘗言：「文人難耐，輕我輩，謂我輩爲卒，可恨，可恨！」弘肇所領睢陽，其屬府公利，委親吏楊乙就府檢校，貪戾兇橫，負勢生事，吏民畏之。副戎已下，望風展敬，聚斂刻剝，無所不至，月率萬緡，以輸弘肇，一境之內，嫉之如讎。案東都事略薛居正傳：史弘肇領侍衞親軍，威震人主，殘忍自恣，人莫敢忤其意。其部下吏告民犯鹽禁，法當死。居正疑其不實，召詰之，乃其吏以私憾而誣之也。逮捕吏鞫之，具伏，以吏抵法。宏肇雖怒甚，竟亦無以屈也。（舊五代史考異） 周太祖平河中班師，推功於衆，以弘肇有翊衞鎮重之功，言之於隱帝，即授兼中書令。隱帝自關西賊平之後，昵近小人，太后親族，頗行干託，弘肇與楊邠甚不平之。太后有故人子求補軍職，弘肇怒而斬之。帝始聽樂，賜教坊使玉帶，諸伶官錦袍，往謝弘肇，弘肇讓之曰：「健兒爲國戍邊，忍寒冒暑，未能徧有霑賜，爾輩何功，敢當此賜！」盡取袍帶還官。其兇戾如此。

周太祖有鎭鄴之命，弘肇欲其兼領機樞之任，蘇逢吉異其議，弘肇忿之。翌日，因竇貞固飲會，貴臣悉集，弘肇厲色舉爵屬周太祖曰：「昨晨廷論，一何同異！今日與弟飲此。」楊邠、蘇逢吉亦舉大爵曰：「此國家之事也，何足介意！」俱飲釂。弘肇又厲聲言曰：「安朝廷，定禍亂，直須長槍大劍，至如毛錐子，毛錐，原本作「毛鏄」，考通鑑作「毛錐」。胡三省注云：「毛錐，謂筆也。以束毛爲筆，其形如錐也。」今改正。（影庫本粘籤） 焉足用哉！」三司使王章曰：「雖有長槍大劍，若無毛錐子，贍軍財賦，自何而集？」弘肇默然，少頃而罷。

未幾，三司使王章於其第張酒樂，時弘肇與宰相、樞密使及內客省使閻晉卿等俱會。酒酣，爲手勢令，弘肇不熟其事，而閻晉卿坐次弘肇，屢教之。蘇逢吉戲弘肇曰：「近坐有姓閻人，何憂罰爵！」弘肇妻閻氏，本酒妓也，弘肇謂逢吉譏之，大怒，以醜語詬逢吉。逢吉不校，弘肇欲毆逢吉，逢吉策馬而去。弘肇遽起索劍，意欲追逢吉。楊邠曰：「蘇公是宰相，公若害之，致天子何地，公細思之。」邠泣下。弘肇索馬急馳而去，邠慮有非常，連鑣而進，送至第而還。自是將相不協如水火矣。隱帝遣王峻將酒樂於公子亭以和之，竟不能解。

其後李業、郭允明、後贊、聶文進居中用事，不悅執政。又見隱帝年漸長，厭爲大臣所制，嘗有忿言，業等乃乘間譖弘肇等，隱帝稍以爲信。業等乃言弘肇等專權震主，終必爲亂，隱帝益恐。嘗一夕，聞作坊鍛甲之聲，疑外有兵仗卒至，達旦不寐。自是與業等密謀禁中，欲誅弘肇等，議定，入白太后。太后曰：「此事豈可輕發耶！更問宰臣等。」李業在側，曰：「先皇帝言，朝廷大事，莫共措大商量。」太后又言之，隱帝怒曰：「閨門之內，焉知國家之事！」拂衣而出。內客省使閻晉卿潛知其事，乃詣弘肇私第，將欲告之，弘肇以他事拒之不見。

乾祐三年冬十一月十三日，弘肇入朝，案：歐陽史漢臣傳作十月。吳縝纂誤云：漢隱帝紀、周太祖紀俱作十一月，傳誤也。（舊五代史考異） 與樞密使楊邠、三司使王章同坐於廣政殿東廡下，廣政殿，原本作「廣徵」，今從通鑑改正。（影庫本粘籤） 俄有甲士數十人自內而出，害弘肇等於閤，夷其族。先是，弘肇第數有異，嘗一日，於階砌隙中有煙氣蓬勃而出。禍前二日昧爽，有星落於弘肇前三數步，如迸火而散，俄而被誅。周太祖踐阼，追封鄭王，以禮葬，官爲立碑。

弘肇子德珫，德珫，原本作「德玩」，今從通鑑改正。（影庫本粘籤） 乾祐中，授檢校司空，領忠州刺史。粗讀書，親儒者，常不悅父之所爲。貢院嘗錄一學科於省門叫譟，申中書門下，宰相蘇逢吉令送侍衞司，請痛笞刺面。德珫聞之，白父曰：「書生無禮，有府縣御史臺，非軍務治也。公卿如此，蓋欲彰大人之過。」弘肇深以爲然，即破械放之。後之識者尤嘉德珫之爲人焉。

弘肇弟福，比在滎陽別墅，聞禍，匿於民間。周太祖即位，累遷閑廄使。仕皇朝，歷諸衞將軍。永樂大典卷一萬一百八十三。 案宋史李崇矩傳：史弘肇爲先鋒都校，聞崇矩名，召署親吏。乾祐初，弘肇總禁兵，兼京城巡檢，多殘殺軍民，左右稍稍引去，惟崇矩事之益謹。及弘肇誅，獨得免。周祖與弘肇素厚善，即位，訪求弘肇親舊，得崇矩，謂之曰：「我與史公受漢厚恩，勠力同心，共奬王室，爲奸邪所搆，史公卒罹大禍，我亦僅免。汝史家故吏也，爲我求其近屬，我將恤之。」崇矩上其母弟福。崇矩素主其家，盡籍財產以付福，周祖嘉之。（舊五代史考異）

楊邠，魏州冠氏人也〔二〕。少以吏給事使府，後唐租庸使孔謙，即其妻之世父也。謙領度支，補勾押官，歷孟、華、鄆三州糧料使。高祖爲鄴都留守，用爲左都押衙〔三〕，案歐陽史作右都。（舊五代史考異） 高祖鎭太原，益加親委。漢國建，遷檢校太保、權樞密使。汴、洛平，正拜樞密使、檢校太傅。及高祖大漸，與蘇逢吉、史弘肇等同受顧命，輔立嗣君。隱帝即位，宰臣李濤上章，請出邠與周太祖爲藩鎭，邠等泣訴於太后，由是罷濤而相邠，加中書侍郎兼吏部尚書、同平章事，仍兼樞密使。

時中書除吏太多，訛謬者衆，及邠居相位，帝一以委之，凡南衙奏事，中書除命，先委邠斟酌。如不出邠意，至於一簿一掾，亦不聽從。邠雖長於吏事，不識大體，常言：「爲國家者，但得帑藏豐盈，甲兵強盛，至於文章禮樂，並是虛事，何足介意也。」平河中，並加右僕射〔四〕。邠既專國政，觸事苛細，條理煩碎，前資官不得於外方居止，自京師至諸州府，行人往來，並須給公憑。所由司求請公憑者，朝夕塡咽，旬日之間，民情大擾，行路擁塞，邠乃止

中華書局

其事。

時史弘肇恣行慘酷，殺戮日衆，都人士庶，相目於路，邠但稱弘肇之善。太后弟武德使李業求爲宣徽使，隱帝與太后重違之，私訪於邠。邠以朝廷內使，遷拜有序，不可超居，遂止。隱帝所愛耿夫人，欲立爲后，邠亦以爲太速。夫人卒，隱帝欲以后禮葬，邠又止之，隱帝意不悅。左右有承間進甘言者，隱帝益怒之。案：此下當有缺文。（殿本）邠繕甲兵，實帑廩，俾國用不闕，邊鄙粗寧，亦其功也。永樂大典卷六千五十二。案宣和書譜云：邠末年留意縉紳，延客門下，知經史有用，乃課吏傳寫。（舊五代史考異）

王章，大名南樂人也。少爲吏，給事使府。同光初，隸樞密院，後歸本郡，累職至都孔目官。後唐清泰末，屯駐捧聖都虞候張令昭作亂，張令昭，原本作「會昭」，今從歐陽史改正。（影庫本粘籤）逐節度使劉延皓，自稱留後，章以本職爲令昭役使。末帝遣范延光討平之，搜索叛黨甚急。章之妻即白文珂之女也，文珂與副招討李敬周善，以章爲托。及攻下逆城，敬周匿之，載于橐駞褚中，竄至洛下，匿於敬周之私第。及末帝敗，章爲省職，歷河陽糧料使。高祖典侍衛親軍，詔爲都孔目官，從至河東，專委錢穀。國初，授三司使、檢校太傅，從征杜重威於鄴下。明年，高祖崩，隱帝即位，加檢校太尉、同平章事。

居無何，蒲、雍、岐三鎮叛。是時，契丹犯闕之後，國家新造，物力未充，章與周太祖、史弘肇、楊邠等盡心王室，知無不爲，罷不急之務，惜無用之費，收聚財賦，專事西征，軍旅所資，供饋無乏。及三叛平，賜與之外，國有餘積。然以專於權利，剝下過當，斂怨歸上，物論非之。舊制，秋夏苗租，民稅一斛，別輸二升，謂之「雀鼠耗」。乾祐中，輸一斛者，別令輸二斗，目之爲「省耗」。謂之「省耗」，原本作「雀耗」，今從通鑑改正。胡三省通鑑注云：唐明宗天成元年四月赦文：「應納夏秋稅子，先有省耗，每斗一升，今後祇納正數，不量省耗。」如此，則天成以前，已有省耗，每斛更輸一斗。天成罷輸之，後至漢興，王章復令輸省耗，而又倍舊數取之也。謹附識于此。（影庫本粘籤）百姓苦之。又，官庫出納緡錢，皆以八十爲陌，至是民輸者如舊，官給者以七十七爲陌，遂爲常式。案歸田錄：用錢之法，自五代以來，以七十七爲百，謂之「省陌」。今市井交易，又剋其五，謂之「依除」。（舊五代史考異）民有訴田者，雖無十數戶，章必命全州覆視，幸其廣有苗額，以增邦賦，曾未數年，民力大困。章與楊邠不喜儒士，郡官所請月俸，皆取不堪資軍者給之，謂之「閑雜物」，命所司高估其價，估定更添，謂之「擡估」，章亦不滿其意，隨事更令更添估。章急於財賦，峻於刑法，民有犯鹽、礬、酒麴之令，雖絲毫滴瀝，盡處極刑。吏緣爲姦，民不堪命。

章與楊邠同郡，尤相親愛，其獎用進拔者，莫非鄉舊。常輕視文臣，曰：「此等若與一把算子，未知顛倒，何益於事！」後因私第開宴席，召賓客，史弘肇、蘇逢吉乘醉諠詬而罷。章

自是忽忽不樂，潛求外任，邠與弘肇深阻其意。而私第數有怪異，章愈懷憂恐。乾祐三年冬，與史弘肇、楊邠等遇害，夷其族。妻白氏，禍前數月而卒。無子，惟一女，適戶部員外郎張貽肅，羸疾踰年，扶病就戮。永樂大典卷六千八百五十。

李洪建，太后母弟也。事高祖爲牙將，高祖即位，累歷軍校，遙領防禦使。史弘肇等被誅，以洪建爲權侍衛馬步軍都虞候。及鄴兵南渡，命洪建誅王殷之族，洪建不即行之，但遣人監守其家，仍令給饌，竟免屠戮。周太祖入京城，洪建被執，王殷感洪建之恩，累祈周太祖乞免其死，不從，遂殺之。洪建弟業。永樂大典卷一萬三百九十。

業，昆仲凡六人，案昭聖弟六人，洪信、洪義，宋史有傳。歐陽史作昆弟七人。（舊五代史考異）業處其季，故太后尤憐之。高祖置之麾下，及即位，累遷武德使，出入禁中。業恃太后之親，稍至驕縱。隱帝嗣位，尤深倚愛，兼掌內帑，四方進貢二宮費委之出納。業喜趨權利，無所顧避，執政大臣不敢禁詰。會宣徽使闕，宣徽使，原本作「宣徽」，今從通鑑改正。（影庫本粘籤）業意欲之，太后亦令人微露風旨於執政。時楊邠、史弘肇等難之，業由是積怨，蕭牆之變，自此而作。楊、史既誅，業權領侍衛步軍都指揮使。北郊兵敗，業自取金寶懷之，策馬西奔。行至陝郊，

其節度使洪信，即其長兄也，不敢匿於家。業將奔太原，至絳州境，爲盜所殺，盡奪而去。永樂大典卷一萬三百九十。

閻晉卿者，忻州人也。家世富豪，少仕幷門，歷職至客將，高祖在鎮，頗見信用。乾祐中，歷閤門使，判四方館。未幾，關西亂，郭從義討趙思綰於京兆，晉卿偏師以攻賊壘。案宋史李韜傳：周祖征三叛，韜從白文珂攻河中，兵傅其城。文珂夜詣周祖議犒軍，留韜城下。時營柵未備，李守貞乘虛來襲，營中忽見火發，知賊驟至，惶怖失據。客省使閻晉卿率左右數十人，遇韜于月城側，謂韜曰：「事急矣，城中人悉被黃紙甲，爲火光所照，色俱白，此殊易辨，奈軍士無鬭志何！」韜憤怒曰：「豈有食君祿而不爲國致死耶！」即援矟而進，軍中死士十餘輩，隨韜犯賊鋒。蒲有猛將，躍馬持戈擬韜，韜刺之，洞胸而墜，又連殺數十人，蒲軍遂潰，因擊大破之。（舊五代史考異）賊平，爲內客省使，案：宋史李韜傳載晉卿討賊時已爲客省使，薛史作賊平之後始授此職，與宋史異。（舊五代史考異）丁父憂，起復前職。時宣徽使闕，晉卿以職次事望，合當其任，既而久稽拜命，晉卿頗怨執政。會李業等謀殺楊、史，詔晉卿謀之，晉卿退詣弘肇，將告其事，弘肇不見。晉卿憂事不果，夜懸高祖御容於中堂，泣禱於前，遲明戎服入朝。內難既作，以晉卿權侍衛馬軍都指揮使。北郊兵敗，晉卿乃自殺於家。永樂大典卷一萬八千一百三十二。

聶文進，聶文進傳，永樂大典已佚，今采册府元龜以補其闕。（影庫本粘籤）并州人。少給事於高祖帳下，高祖鎮太原，甚見委用，職至兵馬押司官。高祖入汴，授樞密院承旨，歷領軍、屯衞大將軍，遷領衞大將軍，仍領舊職。册府元龜卷七百六十六。遇周太祖出征，稍至驕橫，久未遷改，深所怨望，與李業輩搆成變亂。史弘肇等遇害之前夕，文進與同黨預作宣詔，制置朝廷之事，凡關文字，並出文進之手。明日難作，文進點閱兵籍〔五〕，徵發軍衆，指揮取舍，以爲己任，內外咨稟，前後塡咽。太祖在鄴被搆，初謂文進不預其事，驗其事迹，方知文進亂階之首也，大詬詈之。太祖過封丘，帝次於北郊，文進告太后曰：「臣在此，請宮中勿憂。」兵散之後，文進召同黨痛飲，歌笑自若。遲明，帝遇禍，文進奔竄，爲軍士所追，梟其首。册府元龜卷九百三十五。

後贊，案：通鑑作後匡贊，薛史避宋諱，去「匡」字。（舊五代史考異）後贊傳，永樂大典僅存一條，今引册府元龜以補其闕。（影庫本粘籤）爲飛龍使。贊母本倡家也，與父同郡，往來其家，生贊。從職四方，父未嘗離郡，贊既長，疑其所生。及爲內職，不欲父之來，寓書以致其意。父自郡至京師，直抵其第，贊不得已而奉之。永樂大典卷一萬七千一百九十五。乾祐末，宰相楊邠、侍衞親軍使史弘肇執權，贊以久次未遷，頗懷怨望，乃與樞密承旨聶文進等搆變。及難作，贊與同黨更侍帝

漢書九　列傳第四　一四一三

側，剖判戎事，且防間言。北郊兵敗，贊竄歸兗州，慕容彥超執之以獻，有司鞫贊伏罪，周太祖命誅之。册府元龜卷九百五十二。

舊五代史卷一百七　一四一四

郭允明者，小名竇十，河東人也。幼隸河東制置使范徽柔，被誅，允明遂爲高祖廝養，服勤既久，頗得高祖之歡心。高祖鎮太原，稍歷牙職，及卽位，累遷至翰林茶酒使兼鞍轡庫使。隱帝嗣位，尤見親狎，每恃寵驕縱，略無禮敬。與相州節度使郭謹以同宗之故，頗交結。謹在鎮，允明常齎御酒以遺之，不以僭上犯禁爲意。其他輕率，悉皆類此。執政大臣頗姑息之。嘗奉使荆南，車服導從，有同節度使將，州縣郵驛，奔馳畏懾，節度使高保融承迎不暇。高保融，原本作「深融」，今從通鑑改正。（影庫本粘籤）允明潛使人步度城壁之高庳，池隍之廣隘，以動荆人，冀得重賄。乾祐末，兼飛龍使。未幾，與李業輩搆變，楊邠等諸子，允明親刃之於朝堂西廡下。王章女壻戶部員外郎張貽肅，血流逆注，聞者哀之。及北郊之敗，允明迫帝就民舍，手行弑逆，尋亦自殺。永樂大典卷二萬二千一百六十一。

劉銖，陝州人也。少事梁邵王朱友誨爲牙將。晉天福中，高祖爲侍衞親軍都指揮使，與銖有舊，乃表爲內職。高祖出鎮并門，用爲左都押牙。銖性慘毒好殺，高祖以爲勇斷類己，深委遇之。國初，授永興軍節度使，從定汴、洛，移鎮靑州，加同平章事。隱帝卽位，加檢校太師、兼侍中。銖立法深峻，令行禁止，吏民有過，不問輕重，未嘗貸免。每親事，小有忤旨〔六〕，卽令倒曳而出，至數百步外方止，膚體無完者。每杖人，遣雙杖對下，謂之「合歡杖」。或杖人如其歲數，謂之「隨年杖」。在任擅行賦斂，每秋苗一畝率錢三千，夏苗一畝錢二千，以備公用。部內畏之，脅肩重迹。乾祐中，淄、靑大蝗，銖下令捕蝗，略無遺漏，田苗無害。先是，濱海郡邑，皆有兩浙迴易務，厚取民利，自置刑禁，追攝王民，前後長吏利其厚賂，不能禁止。銖卽告所部，不得與吳越徵負，擅行追攝，浙人惕息，莫敢干命。朝廷懼銖之剛戾難制，因前沂州刺史郭瓊自海州用兵還，過靑州，遂留之，卽以符彥卿代銖，符彥卿，原本作「言卿」，今據通鑑改正。（影庫本粘籤）銖卽時受代。案隆平集郭瓊傳云：劉銖守平盧，稱疾不朝，隱帝疑其叛，詔瓊領兵屯靑州。銖將害之，張宴伏兵幕下，瓊無懼色，銖亦不敢發。瓊爲言去就禍福，銖趣召。（舊五代史考異）銖離鎮之日，有私鹽數屋，雜以糞穢，塡塞諸井，以土平之。彥卿發其事以聞，銖奉朝請久之，每潛戟手於史弘肇、楊邠第。會李業輩同誅弘肇等，銖喜，謂業輩曰：「君等可謂僂儸兒矣。」尋以銖權知開封府事，周太祖親族及王峻家，並爲銖所害。周太祖入京城，執之下獄，銖謂妻曰：「我則死矣，君應與人爲婢耳！」妻曰：「明公所爲如是，雅合爲之。」周太祖遣

漢書九　列傳第四　校勘記　一四一五

舊五代史卷一百七　一四一六

人讓銖曰：「昔日與公常同事漢室，寧無故人之情！家屬屠滅，公雖奉君命，加之酷毒，一何忍哉！公家亦有妻子，還顧念否？」銖但稱死罪。遂啓太后，并一子誅之，而釋其妻。永樂大典卷六千三百五十。案：歐陽史作赦其妻子。（舊五代史考異）五代史闕文：漢隱帝朝，銖爲開封尹，周祖自鄴起兵，銖盡誅周祖之家子孫婦女十數人，極其慘毒。及隱帝遇害，周祖以漢太后令，收銖下獄，使人責之。銖對曰：「某爲漢家戮叛族耳，不知其他。」周祖怒，遂殺之。臣謹按：周世宗朝史官修漢隱帝實錄，銖之忠言，諱而不載。

史臣曰：臣觀漢之亡也，豈繫於天命哉！蓋委用不得其人，聽斷不符於理故也。且如弘肇之淫刑，楊邠之粃政，李業、晉卿之設計，文進、允明之狂且，雖使成王爲君，周公作相，亦不能保宗社之安，延歲月之命，況隱帝、逢吉之徒，其能免乎！易曰：「大君有命，開國承家，小人勿用，必亂邦也。」當乾祐之末也，何斯言之驗歟！惟劉銖之忍酷，又安能逭於一死乎！永樂大典卷二萬二千一百六十一。

校勘記

〔一〕疑訛　二字原無，據殿本、劉本考證補。

〔二〕魏州冠氏人也　「冠氏」原作「寇氏」，據劉本改。按冠氏屬河北道魏州，見新唐書卷三九地理志。

〔三〕左都押衙　「左」原作「在」，據殿本、劉本改。影庫本批校云：「左都押衙，『左』訛『在』。」

〔四〕並加右僕射　劉本同。殿本「並」作「邪」。

〔五〕文進點閱兵籍　「文」字原無，據殿本、劉本及冊府卷九三五補。

〔六〕小有忤旨　「忤」原作「忭」，據殿本、劉本改。

舊五代史卷一百八

漢書十

列傳第五

李崧，深州饒陽人。父舜卿，本州錄事參軍。崧幼而聰敏，十餘歲爲文，家人奇之。弱冠，本府署爲參軍。其父嘗謂宗人李鏻曰：「大醜生處，大醜，原本作「大魏」，考冊府元龜及歐陽史俱作「大醜」，今改正。（影庫本粘籤）形奇氣異，前途應不居徒勞之地，賴吾兒譎激之。」大醜即崧之小字也。同光初，魏王繼岌爲興聖宮使，兼領鎮州節鉞，崧以參軍從事。時推官李蕘掌書，崧見其起草不工，密謂掌事呂柔曰：「令公皇子，天下瞻望，至於尺牘往來，章表論列，稍須文理合宜，李侍御起草，未能盡善。」呂曰：「公試代爲之。」呂得崧所作，示盧質、馮道，皆稱之，繇是擢爲興聖宮巡官，獨掌奏記。莊宗入洛，授太常寺協律郎。蜀平，樞密使郭崇韜爲宦官誣搆，繼岌遂殺崇韜

父子，外尚未知。崧白繼岌曰：「王何爲作此危事，至於不容崇韜，至洛誅之未晚。今懸軍五千里，無咫尺書詔，便殺重臣，非謀也。」繼岌曰：「吾亦悔之。」崧召書吏三四人，登樓去梯，取黃紙矯寫詔書，倒使都統印發之。翌日，告諸軍，軍情稍定。及自蜀還，案歐陽史：師還，繼岌死於道，崧至京師。明宗革命，任圜以宰相判三司，用崧爲鹽鐵推官，賜緋。丁內艱，歸鄉里。服闋，鎮帥范延光奏署掌書記。延光爲樞密使，拜拾遺，直樞密院，遷補闕、起居郎、尚書郎，充職如故。長興末，改翰林學士。清泰初，拜端明殿學士、戶部侍郎。

先是，長興三年冬，契丹入雲中，朝廷欲命重將鎮太原，時晉祖爲六軍副使，以秦王從榮不軌，懇求外任，深有北門之望。而大臣以晉高祖方權兵柄〔一〕，難以議之。一日，明宗怒其未奏，范延光、趙延壽等無對，退歸本院，共議其事，方欲以康義誠爲之。時崧最在下位，聳立請曰：「朝廷重兵多在北邊，須以重臣爲帥，以某所見，非石太尉不可也。」會明宗令中使促之，衆乃從其議。翌日，晉祖既受太原之命，使心腹達意於崧云：「壘浮圖須與合却尖。」蓋感之深也。

及清泰末，晉祖入洛，崧與呂琦俱竄匿於伊闕民家。旬日，晉高祖召爲戶部侍郎，判戶部，踰月，拜中書侍郎、同平章事，與桑維翰並兼樞密使。維翰鎮相州，未幾，廢樞密院，事歸中書，加尚書右僕射。從幸鄴，丁外艱，恩制起復，崧上章數四，懇辭其命，優詔不允。復

上章，不報，崧不得已而視事。晉少帝嗣位，復用桑維翰爲樞密使，命崧兼判三司。未幾，代維翰爲樞密使，與馮玉對掌機密。開運末，崧、玉信契丹之詐，經略瀛、鄚，中渡之敗，落其姦謀。契丹入京師，趙延壽、張礪素稱崧之才，契丹主善遇之，以崧爲太子太師，充樞密使。契丹主嘗謂左右曰：「我破南朝，祇得李崧一人而已。」從契丹北行，留於鎭州。

高祖平汴、洛，乃以崧之居第賜蘇逢吉，第中宿藏之物，皆爲逢吉所有。其年秋，鎭州逐麻荅，崧與馮道、和凝十數人歸闕，授太子太傅。崧對朝之權右，謙挹承顏，未嘗忤旨。嘗以宅券獻蘇逢吉，不悅。崧二弟嶼、嶬，酣酒無識，與楊邠、蘇逢吉子弟杯酒之間，時言及奪我居第，逢吉知之。有部曲葛延遇者，逋李嶼船傭，嶼撻之，督其所負，遇有同輩李澄亦事逢吉，葛延遇夜寄宿於澄家，以嶼見督情告，案歐陽史：是時，高祖將葬睿陵，河中李守貞反，澄乃教延遇告變，言崧與其甥王凝謀因山陵放火焚京師，又以蠟丸書通守貞。遂一夕通謀告變。案東都事略王溥傳：世宗嘗問：「漢相李崧蠟彈書結契丹〔三〕，有記其辭者否？」溥曰：「使崧有此，肯示人耶？蘇逢吉輩陷之爾。」是逢吉等陷崧，又謂其通契丹也。（舊五代史考異）逢吉覽狀示史弘肇，其日逢吉遣吏召崧至第，從容語及葛延遇告變之事，崧以幼女爲託，逢吉遣吏送於侍衞獄。既行，案歐陽史：乘馬，從者去，無一人。崧恚曰：「自古未有不亡之國，不死之人。」及爲吏所鞫，乃自誣伏罪，舉家遇害，少長悉尸於市，人士冤之。案東都事略陶穀傳：穀性傾險巧詆，其進緣李崧，崧之死，穀自謂有力焉。又案宋史陶穀傳：李崧以宅券獻逢

吉，逢吉不悅，而崧子弟數出怨言，崧懼，移疾不出。族子昉，嘗往候崧，崧語昉曰：「邇來朝廷于我有何議？」昉曰：「無他，聞惟陶給事往往于稠人中厚誣叔父。」崧嘆曰：「穀自單州判官，吾取爲集賢校理，不數年擢掌誥命，吾何負于陶氏子哉！」及崧遇禍，昉嘗因公事詣穀，穀問昉：「識李侍郎否？」昉斂衽應曰：「遠從叔耳。」穀曰：「李氏之禍，穀出力焉。」昉聞之汗出。（舊五代史考異）崧與徐台符同學相善，乾祐三年秋，台符夢崧謂曰：「予之寃横，得請於帝矣。」及蘇、史之誅，並梟首於市，當崧所誅之地。未幾，葛延遇、李澄亦以戮死。永樂大典卷一萬三百九十。案宋史李昉傳：晉侍中崧，與昉同宗且同里，時人謂崧爲「東李家」，昉爲「西李」。漢末，崧被誅，至宋，其子璨自蘇州常熟縣令赴調，昉爲訟其父寃，且言周太祖已爲昭雪，贈官，還其田宅，錄璨而官之。然璨幾五十，尙淹州縣之職。詔授璨著作佐郎，後官至資善大夫。（舊五代史考異）

蘇逢吉，長安人。父悅，逢吉母早喪，而悅鰥居，旁無侍者。性嗜酒，雖所飲不多，然漱醪終日。佗人供膳，皆不稱旨，俟逢吉庖炙，方肯下筯。悅初仕蜀，官升朝列，逢吉初學爲文，嘗代父染翰。悅嘗爲高祖從事，甚見禮遇，因從容薦逢吉曰：「老夫耄矣，才器無取。男逢吉粗學援毫，性復恭恪，如公不以犬之微，願令事左右。」高祖召見，以神精爽惠，甚憐之。有頃，擢爲賓佐，凡有謀議，立侍其側。高祖素嚴毅，及鎭太原，位望崇重，從事稀得謁見，惟逢吉日侍左右。兩使文簿，堆案盈几，左右不敢輒通，逢吉置於懷袖，俟其悅色則諸

之，多見其可。

高祖建號於太原，逢吉自節度判官拜同平章事、集賢殿大學士。車駕至汴，朝廷百司庶務，逢吉以爲己任，參決處置，並出胸臆，雖有當有否，而事無留滯。會翰林學士李濤從容侍帝，言及霸府二相，官秩未崇，逢吉旋加吏部尙書，未幾，轉左僕射，監脩國史。從征杜重威於鄴下，數乘醉抵辱周太祖。及高祖大漸，與楊邠、史弘肇等臥內同受顧命。李濤與逢吉論甥舅之契，相得甚歡，濤之入相，逢吉甚有力焉。會濤上章，請出兩樞密爲方鎭，帝怒，罷濤相，勒歸私第，時論疑濤承逢吉之風旨。

先是，高祖踐祚之後，逢吉與蘇禹珪俱在中書，有所除拜，多違舊制，用捨升降，率意任情，至有自白丁而升宦路、由流外而除令錄者，不可勝數，物論紛然。高祖方倚信二相，莫敢言者。逢吉尤貪財貨，無所顧避，求進之士，稍有物力者，卽遣人微露風旨，許以美秩。及楊邠爲相，稍奪二蘇之權，自是盡斂手而已。邠每懲二蘇之失，艱於除拜，至於諸司補吏，與門胄出身，一切停罷，時論以邠之蔽，固亦由逢吉、禹珪本不能至公於物之所致也。

初，高祖至汴，以故相馮道、李崧爲契丹所俘，竚於眞定，乃以崧第賜逢吉，道第賜禹珪，崧於西洛有別業，亦爲逢吉所有。及眞定逐契丹，崧、道歸朝。崧弟嶼以逢吉占據其第，時出怨言，未幾，崧以西京宅券獻於逢吉，不悅。會崧有僕夫欲誣告謀反，逢吉誘致其狀，

卽告史弘肇，令逮捕其家。逢吉遣直省吏召崧至第，卽令監至侍衞獄。翌日，所司以獄辭上，其李嶼款招云：「與兄崧、弟嶬，與家僮二十人商議，比至山陵發引之時，同放火謀亂，其告是實。」蓋自誣之辭也。逢吉仍以筆添注「二十人」字爲「五十人」，封下有司，盡誅崧家。時人寃之，歸咎於逢吉。逢吉深文好殺，從高祖在太原時，嘗因事，高祖命逢吉靜獄，以祈福祐，逢吉盡殺禁囚以報。及執朝政，尤愛刑戮。朝廷患諸處盜賊，遣使捕逐，逢吉自草詔意云：「應有賊盜，其本家及四鄰同保人，並仰所在全族處斬。」或謂逢吉曰：「爲盜者族誅，猶非王法，鄰保同罪，不亦甚乎？」逢吉堅以爲是，竟去「全族」二字。時有鄆州捕賊使臣張令柔盡殺平陰縣十七村民，平陰，原本作「手除」，今從通鑑改正。（影庫本粘籤）良由此也。

逢吉性侈靡，好鮮衣美食，中書公膳，鄙而不食，私庖供饌，務盡甘珍，嘗於私第大張酒樂，以召權貴，所費千餘緡。其妻武氏卒，葬送甚盛，班行官及外州節制，有與逢吉相款洽者，皆令齎送綾羅絹帛，以備縞素，失禮違度，一至如此。又性不拘名教，繼母死不行服，妻死未周，其子並授官秩。有庶兄自外至，不白逢吉，便見諸子，逢吉怒，且懼他日凌弱其子息，乃密白高祖，誣以他事杖殺之。

乾祐二年秋，加守司空。周太祖之將鎭鄴也，逢吉奏請落樞密使，隱帝曰：「有前例否？」逢吉奏白：「樞密之任，方鎭帶之非便。」史弘肇曰：「兼帶樞密，所冀諸軍稟畏。」竟從

弘肇之議。弘肇怨逢吉之異己，逢吉曰：「此國家之事也，且以內制外則順，以外制內豈得便耶！」事雖不從，物議多之。居無何，王章張飲，會逢吉與史弘肇有諠言，大爲弘肇所詬，逢吉不校，幾至毆擊，逢吉馳馬而歸，自是將相失歡。逢吉欲希外任，以紓弘肇之怒，既而中輟。人問其故，逢吉曰：「苟領一方鎮，祇消得史公一處分，處分，原本作「虛分」。考通鑑云：逢吉欲求外鎮以避之，既而中止曰：「吾去朝廷，止煩史公一處分，吾齏粉矣。」今改正。（影庫本粘籤）則爲齏粉矣。」

李業輩惡弘肇、楊邠等，逢吉知之，每見業等，即微以言激怒之。及弘肇等被害，逢吉不預其謀，聞變驚駭，即受宣徽，權知樞密院事。尋令草制正授，制入，聞鄴兵至澶州乃止。事急，逢吉謂人曰：「蕭牆之變，太覺匆遽，主上若有一言見問，必不至是矣。」數夕宿於金祥殿之東，謂天官正王處訥曰：「夜來就枕未瞑，已見李崧在傍，生人與死人相接，無吉事也。」及周太祖自鄴至汴，官軍敗於劉子陂，是夕逢吉宿於七里郊，與同舍痛飲，醉將自刎，左右止之。至曙，與隱帝同抵民舍，遂自殺。周太祖定京城，與聶文進等同梟於北市，釋其家族。其梟首之所，適當李崧冤死之地。廣順初，詔就西京賜其子莊宅各一區。永樂大典卷二千三百九十二。

五代史補：高祖在河東幕府，闕書記，朝廷除前進士丘廷敏爲之，以高祖有異志，恐爲所累，辭疾不赴，遂改蘇逢吉。未幾，契丹南侵，高祖仗順而起，兵不血刃而天下定，逢吉以佐命功，自掌書記拜中書侍郎、平章事。逾年，廷敏始選授鳳翔麟遊縣令。過堂之日，逢吉戲之，且撫所坐椅子曰：「合是長官坐，何故讓與鄰夫耶？」廷敏遂慚悚而退。

李鏻，唐宗屬也。父洎，韶州刺史。伯父湯，咸通中爲給事中。懿宗除乳母楚國夫人壻爲夏州刺史，湯封還制書，詔曰：「朕少失所親，若非楚國夫人鞠養，則無朕此身，雖非朝典，望卿放下，仍今後不得援以爲例。」湯乃奉詔，其諒直如此。

鏻少舉進士，累舉不第，客游河朔，稱清海軍掌書記，謁定州王處直，不見禮。鏻即脫綠被緋，入常山謁要人李弘規，以宗姓請兄事之，由是得進。案歐陽史云：鏻爲人利口敢言。趙王鎔辟爲從事，鎔卒，復爲王德明賓客。德明使鏻聘於唐莊宗，鏻密疏德明之罪，且言可圖之狀，莊宗嘉之。及常山平，以鏻爲霸府支使。嘗從容請於莊宗曰：「鏻有四子，請誅之。」莊宗問其故，對曰：「此輩生於常山，稟勃亂之氣，不可留也。」莊宗笑而止。同光初，授宗正卿，俄兼工部侍郎。常山有唐啓運陵，鏻受富民李守恭賂，署爲陵臺令。守恭暴橫，爲長吏所訴，按之以聞，鏻左授司農少卿，削金紫，未幾，出爲河府副使。

明宗即位，歷兵部、戶部侍郎，工部、戶部尚書。長興中，以與明宗有舊，常貯入相之意，從容謂時相曰：「唐祚中興，宜敦敍宗室，才高者合居相位。僕雖不才，曾事莊宗霸府，見今上於藩邸時。家代重侯累相，靖安李氏，不在諸族之下；論才較藝，何讓衆人，久置僕於朝行，諸君安乎？」馮道、趙鳳每怒其僭。有頃，鏻因淮南細人言事，乃謂樞密使安重誨曰：「僞吳欲歸國久矣，若朝廷先遣使諭之，則旋踵而至矣。」重誨然之，以玉帶與細人，令往淮南爲信，久而不反，由是出鏻爲兗州行軍司馬。得代歸闕，復爲戶部尚書，尋轉兵部尚書，有頃兼判太常卿事。嘗權典選部，銓綜失序，物論非之。晉天福中，守太子少保；開運中，遷太子太保。高祖至闕，授守司徒，數月而卒，年八十八。詔贈太傅。永樂大典卷一萬三百九十。

龍敏，字欲訥，欲訥，原本作「慾訥」，今從太平御覽改正。（影庫本粘籤）幽州永清人。少學爲儒，仕鄉里爲假掾。劉守光不道，敏避地浮陽，會戴思遠渡河而南，乃從之。鄉人周知裕仕梁爲裨將，敏往依焉，知裕屢薦不調，敏丐游都邑累年。唐莊宗定魏博，敏聞故人馮道爲霸府記室，乃客于河中，歲歸太原，館於馮道之家，監軍使張承業即署敏爲巡官，典監軍奏記。莊宗平河、洛，徵爲司門員外郎，以家貧乏養，求爲興唐少尹。踰年，丁母喪，退居鄴下，會趙在禮據鄴城，以敏鄉人，強起令署事，又爲亂軍所迫，敏不敢拒。明年，在禮鎭浮陽，敏復居喪制，服闋，除戶部郎中，改諫議大夫、御史中丞。時敏父咸式年七十，咸式之父年九十餘，供養二尊，朝夕無懈。咸式以敏貴，得祕書監致仕。敏爲兵部侍郎，奉使幽州，鄉里耆舊留宴盡歡。馮贇爲北京留守，奏敏爲副，贇入掌樞機，敏爲吏部侍郎。

敏學術不甚長，然外柔而內剛，愛決斷大計。清泰末，從唐末帝在懷州，時趙德鈞父子有異圖，晉安砦旦夕憂陷。末帝計無從出，問計於從臣。敏奏曰：「臣有一計，請以援兵從東丹王李贊華取幽州路趨西樓，契丹主必有北顧之患。」末帝然之，而不能用。敏又謂末帝親將李懿案：通鑑作前鄭州防禦使李懿。（舊五代史考異）曰：「君連姻帝戚，社稷之危，不俟翹足，安得默默苟全耶！」懿因籌德鈞必破蕃軍之狀，敏曰：「僕燕人也，諳趙德鈞之爲人，膽小謀拙，所長者守城砦、嬰壕塹、篤勵健兒耳！若見大敵，奮不顧身，摧堅陷陣，必不能矣。況名位震主，姦以謀身乎！僕有狂策，不知濟否，苟能必行，亦救寨之一術也。」懿請言之，曰：「如聞駕前馬僅有五千匹，請於其間選擇壯馬精甲健夫千人，僕願得與郎萬金二人案通鑑云：郎萬金爲陳州刺史。胡三省云：萬金，當時勇將也。（舊五代史考異）由介休介休，原本脫「介」字，今據通鑑增入。（影庫本粘籤）路出山，夜冒敵騎，循山入大砦，千騎之內，得其半濟，則砦無虞矣。張敬達等幽閉，不知朝廷援兵近遠，若知大軍在團柏谷中，有鐵障亦可衝踏，況敵騎乎！」末帝聞之曰：「龍敏之心極壯，用之晚矣。」人亦以爲大言，然其慷慨感激，皆此類也。

晉祖受命，敏以本官判戶部，遷尚書左丞。丁父憂，服闋，復本官，遷太常卿。開運中，奉命使越。先是，朝臣將命，必拜起於浙帥，敏至，抗揖而已，識者多之。使還，改工部尚書。案：歐陽史作遷工部侍郎。（舊五代史考異）乾祐元年春，疽發於背，聞高祖晏駕，乃扶病於私第，縞素而臨，後旬日卒於家，時年六十三。隱帝嗣位，詔贈右僕射。永樂大典卷五百三十二。

劉鼎，字公度，徐州蕭縣人。祖泰，蕭縣令。父崇，梁太祖微時，常傭力崇家，及即位，召崇用之，歷殿中監、商州刺史。崇之母撫梁祖有恩，梁氏號爲「國婆」，徐、宋之民謂崇家爲「豢龍劉家」。鼎起家爲大理評事，歷尚書博士、殿中侍御史、起居郎。清泰中，自吏部員外郎出爲渾州廉判，入爲刑部郎中，充鹽鐵判官，改吏部郎中兼侍御史知雜事。乾祐初，拜諫議大夫，卒年五十五。鼎善交游，能談笑。居家仁孝，事繼母趙氏甚謹，異母昆仲凡七人，撫之如一。性若寬易，而典選曹按吏有風稜，人稱爲能。

子衮，登進士第，文彩遒雋，仕周爲左拾遺、直史館，早卒。永樂大典卷九千九十九。

張允，鎭州束鹿人。父徵。允幼學爲儒，仕本州爲參軍。張文禮之據州叛，莊宗致討，允隨文禮子處瑾請降於鄴，不許，與處瑾並繫於獄。處瑾，原本作「處謹」，今從歐陽史改正。（影庫本粘籤）鎭、冀平，宥之，留於鄴，署本府功曹。趙在禮嬰城叛，署節度推官，從歷滄、兗二鎭書記，入爲監察御史，歷右補闕、起居舍人，充弘文館直學士、水部員外郎、知制誥。清泰初，皇子重美爲河南尹，典六軍諸衞事，時朝廷選擇參佐，以允剛介，改給事中，充六軍判官。尋

罷職，轉左散騎常侍。

晉天福初，允以國朝頻有肆赦，乃進駁赦論，曰：「管子云：『凡赦者小利而大害，久而不勝其禍；無赦者小害而大利，久而不勝其福。』又，漢紀云：『吳漢疾篤，帝問所欲言。對曰：唯願陛下無爲赦耳。』如是者何？蓋行赦不以爲恩，不行赦亦不以爲無恩，爲罰有罪故也。竊覩自古帝王，皆以水旱則降德音而宥過，開狴牢以放囚，冀感天心以救其災者，非也。假有二人訟，一有罪，一無罪，若有罪者見捨，則無罪者銜冤，銜冤者彼何疏，見捨者此何親乎？如此則是致災之道，非救災之術也。自此小民遇天災則喜，皆相勸爲惡，曰國家好行赦，必赦我以救災，如此即是國家教民爲惡也。且天道福善禍淫，若以捨爲惡之人，而便變災爲福，則又是天助其惡民也。細而究之，必不然矣。儻或天降之災，蓋欲警誡人主，節嗜欲，務勤儉，恤鰥寡，正刑罰，不濫捨有罪，不僭殺無辜，使美化行於下，聖德聞於上，則雖有水旱，亦不爲沴矣〔三〕。豈以濫捨有罪，而反能救其災乎？彰其德乎？是知赦之不可行也明哉！」帝覽而嘉之，降詔獎飾，仍付史館。

五年，遷禮部侍郎，凡三典貢部，改御史中丞，轉兵部侍郎、知制誥，充翰林學士承旨。契丹入京城，落職守本官。案東都事略劉温叟傳：契丹入京師，温叟懼隨契丹北徙，與承旨張允求去職。契丹主怒，欲黜爲縣令。趙延壽曰：「學士不稱職而求解者，罷之可也。」得不黜。乾祐初，授吏部侍郎。自誅史弘肇後，京城士庶，連甍恐悚，允每朝退，即宿於相國寺僧舍。及北軍入京師，允匿於佛殿藻井之上，墜屋而卒，時年六十五。

子鸞，仕皇朝爲太常少卿。永樂大典卷六千三百五十一。

任延皓，并州人也。業術數風雲之事。晉高祖在太原重圍時，高祖最爲親要，延皓以本業請見，高祖甚加禮遇。晉天福初，延皓授太原掾，尋改交城、文水令，皆高祖慰薦之力也。高祖鎭太原，延皓多言外事，出入無間，高祖左右皆憚之。在文水聚斂財賄，民欲陳訴，延皓知之。一日，先誣告縣吏結集百姓，欲劫縣庫。高祖怒，遣騎軍併擒縣民十數，族誅之，冤枉之聲，聞於行路。高祖即位，累官至殿中監，恃寵使氣，人望而畏之，雖宰輔之重，延皓視之蔑如也。劉崇在河東，常日切齒。及魏王承訓薨，歸葬太原，令延皓擇葬地，時有山岡僧謂劉崇曰：「魏王葬地不吉，恐有重喪。」未幾，高祖崩，崇以僧言奏之，乃配流延皓於麟州。路由文水，市民擲瓦毆罵甚衆，吏人救之僅免。既至貶所，劉崇令人殺之，籍沒其家。永樂大典卷九千三百五十一。

史臣曰：李崧仕唐、晉之兩朝，聳伊、皐之重望，考其器業，無忝台衡。會多僻之朝，被

參夷之戮〔四〕，人之不幸，天亦難忱。逢吉秉蛇虺之心，竊夔、龍之位，殺人不忌，與國俱亡。李崧之冤血未銷，逢吉之梟首斯至，冥報之事，安可忽諸！自李鏻而下，凡數君子者，皆踐履朝行，彰施帝載，國華邦直，斯焉在哉！惟延皓之醜行，宜乎不得其死矣。永樂大典卷九千三百五十一。

校勘記

〔一〕方權兵柄 劉本同。殿本「權」作「握」。影庫本批校云：「權兵柄，『權』應作『握』。」

〔二〕漢相李崧 「相」原作「祖」，據殿本、劉本及東都事略卷一八王溥傳改。

〔三〕亦不爲沴矣 「沴」原作「殄」，據殿本、劉本改。

〔四〕參夷之戮 盧本同。殿本、劉本「參」作「慘」。影庫本批校云：「參夷之『參』，應作『慘』。」按漢書卷二三刑法志云：「造參夷之誅。」顏師古注云：「參夷，夷三族。」殿本、劉本及影庫本批校所云均誤。

舊五代史卷一百九

漢書十一

列傳第六

杜重威，其先朔州人，近世徙家於太原。祖興，振武牙將。父堆金，事唐武皇爲先鋒使。重威少事明宗，自護聖軍校領防州刺史。其妻卽晉高祖妹也[一]，累封宋國大長公主。天福初，命重威典禁軍，遂授舒州刺史。二年，張從賓搆亂，據汜水，汜水，原本作「汎水」，今從歐陽史改正。（影庫本粘籤）晉高祖遣重威與侯益率衆破之，以功授潞州節度使。與楊光遠降范延光於鄴城，改許州節度使，兼侍衛親軍馬步軍副指揮使，尋加同平章事。未幾，移鎮鄆州，遷侍衛親軍馬步軍都指揮使。案通鑑云：馮道、李崧屢薦重威之能，以爲都指揮使，充隨駕御營使。（舊五代史考異）及鎮州安重榮稱兵向闕，命重威禦之，敗重榮於宗城。重榮奔據常山，重威尋拔其城，斬重榮首傳於闕下，授成德軍節度使。所得重榮家財及常山公帑，悉歸於己，晉高祖知而

不問。至鎮，復重斂於民，稅外加賦，境內苦之。案通鑑云：重威所至黷貨，民多逃亡，嘗出過市，謂左右曰：「人言我驅盡百姓，何市人之多也！」（舊五代史考異）

少帝嗣位，與契丹絕好，契丹主連年伐晉，重威但閉壁自守。部內城邑相繼破陷，一境生靈受屠戮，重威任居方面，未嘗以一士一騎救之。每敵騎數十驅漢人千萬過城下，如入無人之境，重威但登陴注目，略無邀取之意。開運元年秋，加北面行營招討使。二年，領大軍下泰州、滿城、遂城。契丹主自古北口迴軍，追躡王師，重威等狼狽而旋，至陽城，陽城，原本作「險城」，今從薛史晉少帝紀改正。（影庫本粘籤）爲契丹所困。會大風狂猛，軍情憤激，符彥卿、張彥澤等引軍四出，敵衆大潰，諸將欲追之，重威曰：「逢賊得命，更望褔乎！」遂收軍馳歸常山。先是，重威於州內括借錢帛，吏民大被其苦，人情咸怨，重以境內凋弊，十室九空，重威遂無留意，連上表乞歸朝，不俟報卽時上路。朝廷以邊上重鎮，主帥擅離，苟有奔衝，慮失禦備，然亦無如之何，卽以馬全節代之，重威尋授鄴都留守。會鎮州軍食不繼，遣殿中監王欽祚就本州和市，重威私第有粟十餘萬斛，遂錄之以聞。朝廷給絹數萬匹，償其粟直。重威大忿曰：「我非反逆，安得籍沒耶！」

三年冬，晉少帝詔重威與李守貞等率師經略瀛、鄚。師至瀛州城下，晉騎將梁漢璋進與契丹接戰，漢璋死焉。重威卽時命迴軍，次武強，聞契丹主南下，乃西趨鎮州，至中渡橋，

與契丹夾滹水而營。十二月八日，宋彥筠、王清等率數千人渡滹沲，陣於北岸，爲敵所破。時契丹游軍已至欒城，道路隔絕，人情危蹙，重威密遣人詣敵帳，潛布腹心。契丹主大悅，許以中原帝之，重威庸暗，深以爲信。一日，伏甲於內，召諸將會，告以降敵之意，諸將愕然，以上將既變，乃俛首聽命，遂連署降表，令中門使高勳齎送敵帳，中門，原本作「人門」，今從通鑑改正。（影庫本粘籤）軍士解甲，舉聲慟哭。是日，有大霧起於降軍之上。契丹主使重威衣赭袍以示諸軍，尋僞加守太傅，鄴都留守如故。

契丹主南行，命重威部轄晉軍以從，既至東京，駐晉軍於陳橋，士伍飢凍，不勝其苦。重威每出入衢路，爲市民所詬，俛首而已。契丹下令括率京城錢帛，將相公私，雷同率配，重威與李守貞各萬緡。乃告契丹主曰：「臣等以十萬漢軍降於皇帝，不免配借，臣所不甘。」契丹主笑而免之。尋羣盜斷澶州浮梁，契丹乃遣重威歸藩。明年三月，契丹主北去，至相州城下，重威與妻石氏詣牙帳貢獻而迴。

高祖車駕至闕，以重威爲宋州節度使，加守太尉，重威懼，閉城拒命。詔高行周率兵攻討，重威遣其子弘遂等告急於鎮州麻荅，乞師救援，且以弘遂爲質，麻荅遣蕃將楊袞赴之。未幾，鎮州諸軍逐麻荅，楊袞至洺州而迴。十月，高祖親征，車駕至鄴城之下，遣給事中陳觀等案：歐陽史避私諱作陳同。（舊五代史考異）齎詔入城，許其歸命，重威不納。數日，高祖親率

諸軍攻其壘，不克，王師傷夷者萬餘人。案宋史杜漢徽傳云：從高行周討杜重威于鄴城，屢爲流矢所中，身被重創，猶力戰，觀者壯之。（舊五代史考異）高祖駐軍數旬，城中糧盡，屑麴餅以給軍士，吏民踰壘而出者甚衆，皆無人色。至是，重威牙將詣行宮請降，復遣節度判官王敏奉表請罪，賜優詔敦勉，許其如初。重威卽遣其子弘遂、妻石氏出候高祖，重威繼踵出降，素服俟罪，復其衣冠，賜見，卽日制授檢校太師、守太傅、兼中書令。鄴城士庶，殍殕者十之六七。

先是，契丹遣幽州指揮使張璉，以部下軍二千餘人屯鄴，時亦有燕軍一千五百人在京師。會高祖至闕，有上變者，言燕軍謀亂，盡誅於繁臺之下，咸稱其冤。有逃奔於鄴者，備言其事，故張璉等懼死，與重威膠固守城，略無叛志。高祖亦悔其前失，累令宣諭，許以不死。璉等於城上揚言曰：「繁臺之誅，燕軍何罪？既無生理，以死爲期。」璉一軍在圍中，重威推食解衣，盡力姑息。燕軍驕悍，憑陵吏民，子女金帛，公行豪奪。及重威請命，璉等邀朝廷信誓，詔許璉等却歸本土。及出降，盡誅璉等將數十人，其什長已下放歸幽州，將出漢境，剽略而去。高祖遣三司使王章、樞密副使郭威，錄重威部下將吏盡誅之，籍其財產與重威私帑，分給將士。

車駕還宮，高祖不豫，既而大漸，顧命之際，謂近臣將佐曰：「善防重威。」帝崩，遂收重威，重威子弘璋、弘璉、弘璨誅之。詔曰：「杜重威猶貯禍心，未悛逆節，梟音不改，虺性難

馹。昨朕小有不安，罷朝數日，而重威父子潛肆兇言，怨謗大朝，扇惑小輩。今則顯有陳告，備驗姦期，既負深恩，須置極法。其杜重威父子並處斬，所有晉朝公主及外親族，一切如常，仍與供給。」重威父子已誅，陳尸於通衢，案隆平集：黨進，幼爲天雄軍節度使杜重威奴，重威愛其淳謹，雖長，猶令與婢妾雜侍。重威敗，周祖得之，以爲鐵騎都虞候。重威之後寒餓，進常分俸以給，士大夫或媿焉。（舊五代史考異）都人聚觀者詬罵蹴擊，軍吏不能禁，屍首狼籍，斯須而盡。弘璉，重威之子也，累官至陳州刺史。永樂大典卷一萬四千七百三十。

李守貞，河陽人也。少桀黠落魄，事本郡爲牙將。晉高祖鎮河陽，用爲典客，後移數鎭，皆從之。及卽位，累遷至客省使。天福中，李金全以安州叛，淮夷入寇，晉高祖命馬全節討之，守貞監護其軍，賊平，以守貞爲宣徽使。少帝卽位，授滑州節度兼侍衞馬軍都指揮使，未幾，改侍衞都虞候。開運元年春，契丹犯澶、魏，少帝幸澶州，契丹遣將麻答以奇兵由鄆州馬家口濟河，立柵於東岸，守貞率師自澶州馳赴之。契丹大敗，溺死者數千人，獲馬數百匹，偏裨七十餘人。有頃，敵退。晉少帝還京，以守貞爲兗州節度使，依前侍衞都虞候。

五月，以守貞爲靑州行營都部署，率兵二萬東討楊光遠，命符彥卿爲副。十一月，光遠

子承勳等乞降，承勳，原本作「丞勳」，今從通鑑改正。（影庫本粘籤）守貞入城，害光遠於別第。光遠有孔目官宋顏者，盡以光遠財寶、名姬、善馬告於守貞，得之置於帳下。近例，官軍克復城隍，必降德音，洗滌瑕穢。時樞密使桑維翰以光遠同惡數十輩潛竄未出，搜索甚急，故制書久不下。或有告宋顏匿於守貞處者，朝廷取而殺之，守貞由是怨維翰。時行營將士所給賞賜，守貞盡以駞茶、染木、薑藥之類分給之，軍中大怒，乃以帛包所得物，如人首級，目之爲守貞頭，懸於樹以詛之。守貞班師，加同平章事，以楊光遠東京第賜之。守貞因取連宅軍營，以廣其第，大興土木，治之歲餘，爲京師之甲，行幸賜宴，恩禮無比。

開運二年春，契丹以全軍南下，前鋒至相州湯陰縣，詔守貞屯滑州。少帝再幸澶州，守貞爲北面行營都監，與招討使杜重威北伐，洎獲陽城之捷，遂收軍而還。四月，車駕還京，以守貞爲侍衞副都指揮使，移鎭宋州，加檢校太師。三年春〔二〕，詔守貞率師巡邊，至衡水，獲鄭州刺史趙思英而還。居無何，代高行周爲侍衞親軍都指揮使，移鎭鄆州，意頗觖望。會宰臣李崧加侍中，守貞謂樞密使直學士殷鵬曰〔三〕：「樞密何功，使加正相！」先是，桑維翰以元勳舊德爲樞密使，守貞位望素處其下，每憚之，與李彥韜、馮玉輩協力排斥，維翰竟罷樞務。李崧事分疏遠，守貞得以凌蔑。

其年夏，契丹寇邊，以守貞爲北面行營都部署。少帝開曲宴於內殿，以寵其行，教坊伶

人獻語云：「天子不須憂北寇，守貞面上管幽州。」既罷，守貞有自負之色，以其言誇詫於外。既而率兵至定州北，與契丹偏師遇，斬其將解里而還。九月，加兼侍中。會契丹遣瀛州刺史僞降於少帝，請發大軍應接，朝廷信之。十月，詔杜重威爲北面行營招討使，以守貞爲兵馬都監，知幽州行府事。先是，守貞領兵再由鄴都，杜重威厚加贈遺，曲意承迎，守貞悅之，每於帝前稱舉，請委征討之柄。至是，守貞、重威等會兵於鄴，遂趨瀛州，瀛州不應。貝州節度使梁漢璋爲蕃將高牟翰所敗〔四〕，梁漢璋，原本作「滌璋」，今從歐陽史改正。（影庫本粘籤）死之，王師遂還。師至深州，聞契丹大至，乃西趨鎭州，至滹沱之中渡，與敵相遇。官軍營於滹水之南，未幾，敵騎潛渡至欒城，斷我糧路，尋則王清戰死，杜重威遂與守貞歸命契丹，授守貞司徒，依前鄆州節度使，從契丹至汴。時京輦之下，契丹充斥，都人士庶，若在塗炭。二帥出入揚揚，市人詬之，略無慚色。有頃，河北及京東草寇大起，澶州浮橋爲羣賊所斷，契丹主甚恐，乃命諸帥各歸本鎭，守貞遂赴汝陽。高祖入汴，守貞懼而來朝，授守貞太保，移鎭河中。居無何，高祖晏駕，杜重威被誅，守貞愈不自安，乃潛畜異計。

乾祐元年三月，先致書於權臣，布求保證，而完城郭，繕甲兵，晝夜不息。守貞以漢室新造，嗣君纔立，自謂舉無遺策。又有僧總倫者，以占術干守貞，謂守貞有人君之位。案通鑑云：浚儀人趙修己，素善術數，自守貞鎭滑州，署司戶參軍，累從移鎭。爲守貞言：「時命不可妄動。」前後切諫非一，守

貞不聽，乃稱疾歸里。（舊五代史考異）未幾，趙思綰以京兆叛，遣使奉表送御衣於守貞，守貞自謂天時人事合符於己，乃潛給草賊，令所在竊發，遣兵據潼關。案宋史王繼勳傳：李守貞之叛，令繼勳據潼關，爲郭從義所破。（舊五代史考異）朝廷命白文珂、常思等領兵問罪，復遣樞密使郭威西征。官軍初至，守貞以諸軍多曾隸於麾下，自謂素得軍情，坐俟叩城迎己〔五〕，及軍士詬譟，大失所望。案宋史馬全義傳：李守貞鎭河中〔六〕，召置帳下。及守貞叛，周主討之，全義每率敢死士夜出攻周祖壘，多所殺傷。守貞貪而無謀，性多忌刻，全義累爲畫策，皆不能用。（舊五代史考異）俄而王景崇據岐下，與趙思綰遣使推奉，守貞乃自號秦王，思綰、景崇皆受守貞署置。又遣人齎蠟彈於吳、蜀、契丹，以求應援。案馬令南唐書朱元傳：守貞以河中反，漢命周太祖討之，元與李平奉守貞表來乞師，未復而守貞敗。（舊五代史考異）既而城中糧盡，殺人爲食，召總倫詰其休咎，總倫至曰：「王自有天分，人不能奪。然分野災變，俟磨滅將盡，存留一人一騎，卽王鵲起之際也。」守貞深以爲信。洎攻城，守貞欲發石以拒外軍，礮竿子不可得，無何，上游汎一筏至，其木悉可爲礮竿，守貞以爲神助。又嘗因宴會將佐，守貞執弧矢，遙指一虎舐掌圖曰：「我若有非常之事，當中虎舌。」引弓一發中之，左右拜賀，守貞亦自負焉。案宋史吳虔裕傳：周祖討三叛，以虔裕爲河中行營都監，率護聖諸軍五千以往。李守貞出兵五千餘，設梯橋，分五路于長連城西北以禦周祖。周祖令虔裕率大軍橫擊之，賊人敗走〔七〕，奪其梯橋，殺傷大半。（舊五代史考異）

及周光遜以西砦降，周光遜，原本作「況遜」，今從通鑑改正。（影庫本粘籤）其勢益窘，人情離散。官軍攻城愈急，守貞乃潛於衙署多積薪芻，爲自焚之計。二年七月，城陷，舉家蹈火而死。王師入城，於煙中獲其屍，斷其首函之，并獲數子二女，與其黨俱獻於闕下。隱帝御明德樓受俘馘，宣露布，百僚稱賀。禮畢，以俘馘徇於都城，守貞首級梟於南市，諸子并賊黨孫愿、劉芮、張延嗣、劉仁裕、僧總倫、靖琮、張球、王廷秀、焦文傑、安在欽等並磔於西市，餘皆斬之。永樂大典卷一萬三百九十。五代史闕文：符后先適河中節度使李守貞之子崇訓。守貞嘗得術士，善聽聲，知人貴賤，守貞舉族悉令術士聽之，獨言后大富貴，當母儀天下。守貞信之，因曰：「吾婦尚爲皇后，吾可知也。」遂謀叛。及城陷，后獨免。周祖爲世宗娶之，顯德中，册爲后。臣以謂術士之言，蓋亦有時而中，人君之位，安可無望而求，公侯其誡之。

趙思綰，魏府人也。唐同光末，趙在禮之據魏城也，思綰隸于帳下，累從之。在禮卒，趙延壽籍其部曲，盡付於其長子贊，思綰卽其首領也。高祖定河、洛，趙贊自河中移京兆尹。趙贊以久事契丹，常慮國家終不能容，乃與鳳翔侯益謀，引蜀兵爲援，又令判官李恕入朝請覲，趙贊不待報赴闕，留思綰等數百人在京兆。會高祖遣王景崇等西赴鳳翔，行次京兆，時思綰等數百人在焉。思綰等比是趙在禮御士，本不刺面，景崇、齊藏珍既至京兆，欲

令文面，以防逋逸。景崇微露風旨，思綰厲聲先請自刺，以率其下，景崇壯之。藏珍竊言曰：「思綰麤暴難制，不如殺之。」景崇不聽，但率之同赴鳳翔。

朝廷聞之，遣供奉官王益部署思綰等赴闕。思綰既發，行至途中，謂其黨常彥卿曰：「小太尉已入他手，吾輩至，則併死矣。」小太尉蓋謂趙贊也。彥卿曰：「臨機制變，子勿復言！」既行，至永興，副使安友規、巡檢使喬守溫出迎，于郊外離亭置酒。思綰前曰：「部下軍士已在城東安下，緣家屬在城，欲各將家今夜便宿城東。」守溫等然之。思綰等辭去，與部下並無兵仗，纔入西門，有州校坐門側，思綰遽奪其佩劍，卽斬之。其衆持白梃殺守門軍士十餘人，分衆守捉諸門。思綰劫庫兵以授之，遂據其城，時乾祐元年三月二十四日也。翌日，集城中丁壯得四千餘人，濬池隍，修樓櫓，旬浹之間，戰守皆備。尋遣人送款于河中，李守貞遣使齎僞詔授思綰晉昌軍節度使、檢校太尉。朝廷聞之，命郭從義、王峻帥師伐之。及攻其城，王師傷者甚衆，乃以長塹圍之，經年糧盡，遂殺人充食。思綰嘗對衆取人膽以酒吞之，告衆曰：「吞此至一千，卽膽氣無敵矣。」案太平廣記：賊臣趙思綰自倡亂至敗，凡食人肝六十六，無不面剖而膾之。（舊五代史考異）

二年夏，食既盡，思綰計無從出，時左驍衞上將軍致仕李肅寓居城中，因與判官程讓能同言于思綰曰：「太尉比與國家無嫌，但負罪懼誅，遂爲急計。今朝廷三處用兵，一城未下，太尉若翻然效順，率先歸命，以功補過，庶幾無患。若坐守窮城，端然待斃，則何貴於智也。」案洛陽搢紳舊聞記：太子少師李公肅，唐末西京留守，齊王以女妻之。趙思綰在永興時，使主赴闕。思綰主藍田副鎮，有罪已發。李公時爲環衞將兼雍燿三白渠使、雍燿莊宅使〔八〕、節度副使，權軍府事，護而脫之。來謁于李公。公歸宅，夫人詰之曰：「趙思綰庸賤人，公何與免其過？又何必見之乎？」曰：「思綰雖賤類，審觀其狀貌，真亂臣賊子，恨未有朕迹，不能除去之也。」夫人曰：「既不能除去〔九〕，何妨以小惠啖之，無使銜怨。」自後夫人密遣人令思綰之妻來參，厚以衣物賜之，前後與錢物甚多。及漢朝〔一〇〕，公以上將軍告老歸雍。未久，思綰過雍，遂閉門據城叛，衣冠之族，遭塗炭者衆，公全家獲免。終以計勸思綰納款。（舊五代史考異）思綰然之，卽令讓能爲章表，遣牙將劉成琦入朝，案：宋史郭從義傳作從義繫書矢上，射入城中，說思綰令降，與薛史異。（舊五代史考異）制授思綰華州留後、檢校太保，以常彥卿爲虢州刺史，遣內臣齎官告國信賜之。既受命，遲留未發。郭從義、王峻等籌之曰：「狼子野心，終不可用，留之必貽後悔耳！」既而從義、王峻等緩轡入城，陳列步騎至牙署，遣人召思綰曰：「太保登途，不暇出祖，對引一杯，便申別。」思綰至，則執之，遂斬于市，并族其家。案東都事略郭從義傳云：思綰困甚，從義遣人誘之，佯許以華州節鉞。思綰信之，遂開門送款。從義入城，思綰謁見，卽遣武士執之，并其黨斬于市。是思綰本以誘降而伏誅，非以其旣降復謀叛也，與薛史異。（舊五代史考異）思綰臨刑，市人爭投瓦石以擊之，軍吏不能禁。是日，并部下叛黨新授虢州刺史常彥卿等五百餘人並誅之。案：宋史郭從義傳作三百餘人。（舊五代史考異）籍思綰家財，得二十餘萬

貫，入於官。按歐陽史：思綰遲留不行，陰遣人入蜀，郭威命從義圖之。從義因入城召思綰，縛之上道，至則擒之。思綰問曰：「何以用刑？」告者曰：「立釘也。」思綰厲聲曰：「爲吾告郭公，吾死未足塞責，然釘磔之醜，壯夫所恥，幸少假之。」從義許之，父子俱斬於市。

始思綰入城，丁口僅十餘萬，及開城，惟餘萬人而已，其餓斃之數可知矣。永樂大典卷一萬六千九百九十一。

校勘記

〔一〕晉高祖 「晉」字原無，據殿本及冊府卷三〇二補。

〔二〕三年春 冊府卷一八〇有關于李守貞傳史料一段，一九五八年商務印書館重印百衲本二十四史時作爲李守貞傳佚文錄附卷末。今按本書李守貞傳輯自大典，首尾似屬完整，因將該段錄入校記，以備參考：「晉少帝開運三年，詔：『宋州節度使李守貞，近以捷，宜示頒宣。護聖、奉國、興順、宗順、興國諸軍都指揮使各絹十匹，餘自都虞候至散卒七匹至一匹，其隨行人員與諸州本城將士亦有等第賜賚。』史官曰：『昔衞青、霍去病深入虜磧，以斬首加級，用爲定規。故謂首爲級，此其義也。守貞前引大軍，往取瀛州，獲一刺史以退。此時言攻幽薊，賴張彥澤勸蕃校而回。徵師五萬，運糧千里，行扈所過，豢圉一空，將吏醉飽，百草皆除，

遂使河北生民，無措足之所。而乂軍去有賜謂之挂甲錢，來則賞之謂之卸甲錢，或徵有立功名目，皆次第優給繒帛，動計三十萬數，國力其何以濟！良可痛矣，良可駭矣！』」

〔三〕守貞謂樞密使直學士殷鵬曰　「謂」原作「爲」，據殿本、劉本、彭校改。

〔四〕高牟翰　「翰」原作「輸」，據殿本、劉本、彭校改。影庫本批校云：「『高牟輸』，『輸』字當是『翰』字之訛。」

〔五〕坐俟叩城迎己　「叩」原作「扣」，據劉本改。

〔六〕李守貞鎮河中　「河中」原作「河東」，據殿本、劉本、宋史卷二七八馬全義傳改。

〔七〕蒲人敗走　「走」原作「守」，據宋史卷二七一吳虔裕傳改。

〔八〕雍耀莊宅使　「耀」原作「輝」，據殿本、劉本及洛陽搢紳舊聞記卷二改。

〔九〕既不能除去　「除去」二字原無，據殿本、劉本及洛陽搢紳舊聞記卷二補。

〔一〇〕及漢朝　「及」原作「乞」，據殿本、劉本、洛陽搢紳舊聞記卷二改。

舊五代史卷一百一十

周書一

太祖紀第一

太祖聖神恭肅文武孝皇帝，姓郭氏，諱威，字文仲〔一〕，邢州堯山人也。或云本常氏之子，幼隨母適郭氏，故冒其姓焉。案五代會要：周虢叔之後。高祖諱璟，廣順初，追尊爲睿和皇帝，廟號信祖，陵曰溫陵；高祖妣張氏，追謚睿恭皇后。曾祖諱諶，漢贈太保，追尊爲明憲皇帝，廟號僖祖，陵曰齊陵；曾祖妣鄭國夫人申氏，追謚明孝皇后。祖諱蘊，漢贈太傅，追尊爲翼順皇帝，廟號義祖，陵曰節陵；案五代會要：溫陵、齊陵、節陵皆無陵所，遙申朝拜。祖妣陳國夫人韓氏，追謚翼敬皇后。皇考諱簡，漢贈太師，追尊爲章肅皇帝，廟號慶祖，陵曰欽陵；皇妣燕國夫人王氏，追謚爲章德皇后。后以唐天祐元年甲子歲七月二十八日，生帝於堯山之舊宅。載誕之夕，赤光照室，有聲如爐炭之裂，星火四迸。

帝生三歲，家徙太原。居無何，皇考爲燕軍所陷，歿於王事。帝未及齠齔，章德太后蚤世，姨母楚國夫人韓氏提攜鞠養。及長，形神魁壯，趣向奇崛，愛兵好勇，不事田產。天祐末，潞州節度使李嗣昭常山戰歿，子繼韜自稱留後，南結梁朝，據城阻命，乃散金以募豪傑。帝時年十八，避吏壺關，依故人常氏〔二〕，遂往應募。帝負氣用剛，好鬬多力，繼韜奇之，或踰法犯禁，亦多假借焉。嘗遊上黨市，有市屠壯健，衆所畏憚，帝以氣凌之，因醉命屠割肉，小不如意，叱之。屠者怒，坦腹謂帝曰：「爾敢刺我否？」帝即剸其腹，市人執之屬吏，繼韜惜而逸之。其年，莊宗平梁，繼韜伏誅，麾下牙兵配從馬直，帝在籍中，時年二十一。帝性聰敏，喜筆劄，及從軍旅，多閱簿書，軍志戎政，深窮綮肯，人皆服其敏。嘗省昭義李瓊〔三〕，瓊方讀閫外春秋，即取視之，曰：「論兵也，兄其教我。」即授之，深通義理。案宋史李瓊傳：唐莊宗募勇士，即應募，與周祖等十人約爲兄弟。一日會飲，瓊熟視周祖，知非常人，因舉酒祝曰：「凡我十人，龍蛇混合，異日富貴，無相忘。苟渝此言，神降之罰。」皆刺臂出血爲誓。周祖與瓊情好尤密，嘗造瓊，見其危坐讀書，因問所讀何書，瓊曰：「此閫外春秋，所謂以正守國，以奇用兵，較存亡治亂，記賢愚成敗，皆在此也。」周祖令讀之，謂瓊曰：「兄當教我。」自是周祖出入，常袖以自隨，遇暇輒讀，每問難，謂瓊爲師。（舊五代史考異）

天成初，明宗幸浚郊。時朱守殷嬰城拒命，帝從晉高祖一軍率先登城。晉祖領副侍衞，以帝長於書計，召置麾下，令掌軍籍，前後將臣，無不倚愛。初，聖穆皇后嬪于帝，帝方匱乏，而后多資從。案東都事略：柴后賫周太祖以金帛，使事漢高祖。帝常晝寢〔四〕，有小虵五色，出入顴鼻之間，后遽見愕然。在太原時，有神尼與帝同姓，見帝，謂李瓊曰：「我宗天上大仙，頂上有肉角，當爲世界主。」清泰末，晉祖起于河東〔五〕，時河陽節度使張彥琪爲侍衞步軍都指揮使，奉命北伐，帝從之，營於晉祠。是時屋壞，同處數人俱斃，唯帝獨無所傷。漢高祖爲侍衞馬步都虞候，召置左右。所居官舍之鄰吳氏，有竒衣佳娘者，爲山魈所魅，鬼能人言，而投瓦石，鄰伍無敢過吳氏之舍者。帝過之，其鬼寂然，帝去如故，如是者再。或謂鬼曰：「爾既神，向者客來，又何寂然？」鬼曰：「彼大人者。」繇是軍中異之。范延光叛于魏，命楊光遠討之，帝當行，意不願從。或謂帝曰：「楊公當朝重勳，子不欲從，何也？」帝曰：「楊公素無英雄氣，得我何用？能用我其劉公乎！」漢祖累鎭藩閫，皆從之。及鎭幷門，尤深待遇，出入帷幄，受腹心之寄，帝亦悉心竭力，知無不爲。及吐渾白可久叛入契丹，帝勸漢祖誅白承福等五族，得良馬數千匹、財貨百萬計以資軍。

開運末，契丹犯闕，晉帝北遷。帝與蘇逢吉、楊邠、史弘肇等勸漢祖建號，以副人望。漢高祖卽位晉陽，時百度草創，四方猶梗，經綸締構，帝有力焉。授權樞密副使、檢校司徒。漢高祖至汴，正授樞密副使、檢校太保。乾祐元年春，漢高祖不豫，及大漸，與蘇逢吉等同受顧命。隱帝嗣位，拜樞密使，加檢校太尉。案東都事略魏仁浦傳：仁浦少爲刀筆吏，隸樞密院，太祖問以卒

乘數，仁浦對曰：「帶甲者六萬。」太祖喜曰：「天下事不足憂也。」（舊五代史考異）舊制，樞密使未加使相者，不宣麻制，至是宣之，自帝始也。有頃，河中李守貞據城反，朝廷憂之，諸大臣共議進取之計。史弘肇曰：「守貞，河陽一客司耳，竟何能爲？」帝曰：「守貞雖不習戎行，然善接英豪，得人死力，亦勍敵，宜審料之。」乃命白文珂、常思率兵攻取。師未至，而趙思綰竊據永興，王景崇反狀亦露，朝廷遣郭從義、王峻討趙思綰。案：歐陽史作三月，河中李守貞、永興趙思綰、鳳翔王景崇相次反。薛史漢隱帝紀，思綰叛在四月，景崇叛在七月，非三月事。歐陽史因三月守貞反而牽連書之耳。（孔本）七月，西面師徒大集，未果進取。其月十三日，制授帝同平章事，卽遣西征，以安慰招撫爲名，詔西面諸軍，並取帝節度。時論以白文珂、常思非守貞之敵，聞帝西行，羣情大愜。案宋史李穀傳：周祖討河中，穀掌轉運。時周祖已有人望，潛貯異志，屢以諷穀，穀但對以人臣當盡節奉上而已。（舊五代史考異）八月六日，帝發離京師。二十日，師至河中。案：五代春秋作七月，郭威率師圍河中，據此紀則周太祖以八月六日始發京師，非七月卽圍河中也。薛史漢隱帝紀與此紀互異。宋史扈彥珂傳：周祖爲樞密使，總兵出征，時議多以先討景崇、思綰爲便，周祖意未決。彥珂曰：「三叛連衡，推守貞爲主，宜先擊河中。河中平，則永興、鳳翔失勢矣。今捨近圖遠，若景崇、思綰逆戰于前，守貞兵其後，腹背受敵，爲之奈何？」周祖從其言。（舊五代史考異）命白文珂營於河西，帝營於河東。不數日，周設長塹，復築長連城以逼之。帝在軍，居常接賓客，與大將讌語，卽褒衣博帶，或遇巡城壘，對陣敵，幅巾短後，與衆無殊。臨矢石，冒鋒刃，必以身先，與

士伍分甘共苦。稍立功効者，厚其賜與，微有傷痍者，親爲循撫，士無賢不肖，有所陳啓，温顏以接，俾盡其情，人之過忤，未嘗介意，故君子小人皆思効用。守貞聞之，深以爲憂。十二月，帝以蜀軍屯大散關，卽親率牙兵往鳳翔、永興，相度將發，謂白文珂、劉詞曰：「困獸猶鬬，當謹備之。」帝至華州，聞蜀軍退敗，遂還。

二年正月五日夜，李守貞遣將王三鐵領千餘人，夜突河西砦，河西，原本作「江西」，今從通鑑改正。（影庫本粘籤）果爲劉詞等力戰敗之。先是，軍中禁酒，帝有愛將李審犯令，斬之以徇。五月九日，攻河西砦，賊將周光遜以砦及部衆千餘人來降。十七日，下令攻城，會西北大風，揚沙晦冥，帝令禱河伯祠，奠訖而風止，自是晝夜攻之。七月十三日，帝率三砦將士奪賊羅城。二十一日，城陷，守貞舉家自焚而死。案歐陽史周本紀云：守貞與妻子自焚死，思綰、景崇相次降。今考薛史漢紀，五月乙丑，趙思綰乞降。七月甲子，郭威奏收復河中，守貞自燔死。是思綰之降在守貞自焚之前也。又云：三年正月，趙暉奏，收復鳳翔，王景崇自燔死。是景崇未嘗降也。歐陽史漢本紀亦先載趙思綰降，後書克河中。王景崇傳亦作景崇自燔死。紀傳前後自相矛盾，當以薛史爲得其實。案東都事略王溥傳：周太祖將兵討三叛，以溥爲從事〔六〕。三叛既平，朝士及藩鎭嘗以書往來，詞意涉于悖逆者，太祖籍其名，欲按之。溥諫曰：「魑魅伺夜而出，日月既照，則氛沴消矣。請焚之，以安反側。」太祖從之。（舊五代史考異）帝前夢河神告曰：「七月下旬，上帝當滅守貞之族。」至是收復賊壘。城中人言，見帝營上有紫氣，如樓閣華蓋之狀。

二年八月五日，帝自河中班師，其月二十七日入朝。漢帝命升階撫勞，酌御酒以賜之，錫賚優厚。翌日，漢帝議賞勳，欲兼方鎭，帝辭之，乃止。帝以出征時廳子都七十三人，具籍獻之。九月五日，制加檢校太師、兼侍中。十月，契丹入寇，前鋒至邢、洺、貝、魏，河北告急，帝受詔率師赴北邊，以宣徽南院使王峻爲監軍。其月十九日，帝至邢州，遣王峻前軍趨鎭、定。時契丹已退，帝大閱，欲臨寇境，詔止之。

三年二月，班師。三月十七日，制授鄴都留守，樞密使如故。時漢帝以北戎爲患，委帝以河朔之任，宰相蘇逢吉等議，藩臣無兼樞密使例。史弘肇以帝受任之重，苟不兼密務，則難以便宜從事。竟從弘肇之議，詔河北諸州，凡事一稟帝節度。一稟帝節度，原本作「一廩」，據通鑑云：壬午，詔以威爲鄴都留守、天雄節度使、樞密使如故。仍詔河北，兵甲錢穀，但見郭威文書，立皆稟應。據此則「廩」字係「稟」字之訛，今改正。（影庫本粘籤）帝將北行，啓漢帝曰：「陛下富有春秋，萬幾之事，宜審於聽斷。文武大臣，乃心王室，凡事諮詢，卽無敗失。」漢帝歛容謝之。帝至鄴，盡去煩弊之事，不數月，閫政有序，一方晏然。詔書褒美。一夕，在山亭院齋中，忽有黃氣起於前，上際於天，帝於黃氣中見星文，紫微、文昌，爛然在目。既而告之星者曰：「予於室中見天象，不其異乎？」對曰：「坐見天衢，物不能隔，至貴之祥也。」翌日，牙署中有紫氣起於幡竿龍首，凡三日。

十一月十四日，澶州節度使李洪義、侍衞步軍都指揮使王殷遣澶州副使陳光穗至鄴都，報京師有變：是月十三日旦，羣小等害史弘肇等。前一夕，李業等遣腹心齎密詔至澶州，令李洪義殺王殷，又令護聖左廂都指揮使郭崇等害帝于鄴城。十三日，洪義受得密詔，恐事不濟，乃以密詔示王殷，殷與洪義卽遣陳光穗馳報於帝。十四日，帝方與宣徽使王峻坐議邊事，忽得洪義文字，遽歸牙署，峻亦未知其事。帝初知楊、史諸公被誅，神情惘然；又見移禍及己，伸訴無所，卽集三軍將校諭之曰：「予從微至著，輔佐國家，先皇登遐，親受顧託，與楊、史諸公，彈壓經謀，忘寢與食，一旦無狀，盡已誅夷。今有詔來取予首級，爾等宜奉行詔旨，斷予首以報天子，各圖功業，且不累諸君也。」崇等與諸將校泣於前，言曰：「此事必非聖意，卽是左右小人誣罔竊發，假令此輩握重柄，國得安乎！宜得投論，以判忠佞，何事信單車之使而自棄，千載之下，空受惡名。崇等願從明公入朝，面自洗雪，除君側之惡，共安天下。」衆然之，遂請帝南行，案東都事略魏仁浦傳云：隱帝遣使害太祖，仁溥曰：「公有大功于朝廷，握強兵，臨重鎭，以讒見疑，豈可坐而待死！」教以易其語云「誅將士」，以激怒衆心，太祖納其言。與薛史異，歐陽史與事略同。（舊五代史考異）帝卽嚴駕首途。

十六日，至澶州，王殷迎謁慟哭。時隱帝遣小豎鸗脫鸗脫，與隱帝紀異文，已於卷一百三內加簽聲明。（影庫本粘籤）偵鄴軍所在，爲游騎所執，帝卽遣迴，令附奏隱帝赴闕之由，仍以密奏置

鸗脫衣領中。奏曰：「臣發迹寒賤，遭遇聖明，既富且貴，實過平生之望，唯思報國，敢有他圖！今奉詔命，忽令郭崇等殺臣，卽時俟死，而諸軍不肯行刑，逼臣赴闕，令臣請罪上前，仍言致有此事，必是陛下左右譖臣耳。今鸗脫至此，天假其便，得伸臣心，三五日當及闕朝陛下。若以臣有欺天之罪，臣豈敢惜死；若實有譖臣者，乞陛下縛送軍前，以快三軍之意，則臣雖死無恨。今託鸗脫附奏以聞。」十七日，帝至滑州，節度使宋延渥開門迎納。帝將發滑臺，召將士謂之曰：「主上爲讒邪所惑，誅殺勳臣，吾之此來，事不獲已，然以臣拒君，寧論曲直！汝等家在京師，不如奉行前詔，我以一死謝天子，實無所恨。」將校前啓曰：「國家負公，公不負國，請公速行，無遲久，安邦雪怨，正在此時。」既而王峻諭軍曰（七）：「我得公處分，俟平定京城，許爾等旬日剽掠。」衆皆踊躍。

十九日，隱帝遣左神武統軍袁義、前鄧州節度使劉重進率禁軍來拒，與前開封尹侯益等屯赤岡，是夜俱退。二十日，隱帝整陣於劉子陂。二十一日，兩陣俱列，慕容彥超率軍奮擊，帝遣何福進、王彥超、李筠等大合騎以乘之。慕容彥超退却，死者百餘人，於是南軍奪氣，稍稍奔於北軍。慕容彥超與數十騎東奔兗州。吳虔裕、張彥超等相繼來見帝，是夜侯益、焦繼勳潛至帝營，帝慰勞遣還。

二十二日旦，郭允明弒漢隱帝於北郊。初，官軍之敗，帝謂宋延渥曰：「爾國親，國親，通鑑作「近親」。胡三省注曰：「宋延渥，王壻，故云近親。」薛史前後多稱外戚爲國親，今仍其舊。（影庫本粘籤）可速往衞主上，兼附奏，請陛下得便速奔臣來，免爲左右所圖。」及延渥至，亂兵雲合，卽惶駭而還。是旦，帝望見天子旌旗於高坡之上，謂隱帝在其下，既免冑釋馬而前，左右慮有不測，請帝止。帝泣曰：「吾君在此，又何憂焉。」及至前，隱帝已去矣，帝歔欷久之。俄聞隱帝遇弒，號慟不已。帝至玄化門，劉銖雨射城外，帝迴車自迎春門入，迎春，原本作「延春」，通鑑作「迎春」。胡三省注云：迎春門，汴城東面北來第一門也。今改正。（影庫本粘籤）諸軍大掠，煙火四發，帝止於舊第，何福進以部下兵守明德門。翌日，王殷、郭崇言曰：「若不止剽掠，比夜化爲空城耳。」由是諸將部分斬其剽者，至晡乃定。帝與王峻詣太后宮起居，請立嗣君，乃以高祖姪徐州節度使贇入繼大統，語在漢紀。二十七日，帝以嗣君未至，請太后臨朝，會鎭、定州馳奏，契丹入寇，河北諸州告急，太后命帝北征。

十二月一日，帝發離京師。四日，至滑州，駐馬數日。會湘陰公遣使慰勞諸將，受宣之際，相顧不拜，皆竊言曰：「我輩陷京師，各各負罪，若劉氏復立，則無種矣。」或有以其言告帝者，帝愕然，卽時進途。十六日，至澶州。是日旭旦，日邊有紫氣來，當帝之馬首。十九日，下令諸軍進發。二十日，諸軍將士大譟趨驛，如牆而進，帝閉門拒之。軍士登牆越屋而入，請帝爲天子。亂軍山積，登階匝陛，扶抱擁迫，或有裂黃旗以被帝體，以代赭袍，山呼震

地。帝在萬衆之中，聲氣沮喪，悶絕數四，左右親衞，星散竄匿。帝卽登城樓，稍得安息，諸軍遂擁帝南行。時河冰初解，浮梁未搆。是夜北風凜烈，比且冰堅可渡，諸軍遂濟，衆謂之「凌橋」，濟竟冰泮，時人異之。時湘陰公已駐宋州，樞密使王峻在京，聞澶州之變，遣侍衞馬軍指揮使郭崇率七百騎赴宋州，以衞湘陰公。二十五日，帝至七里店，羣臣謁見，遂營於臯門村。胡三省通鑑注云：大梁城無「臯門」，舊郭門之外有村，遂呼爲臯門村耳。今附識於此。（影庫本粘籤）

二十七日，漢太后令曰：「樞密使、侍中郭威，以英武之才，兼內外之任，剪除禍亂，弘濟艱難，功業格天，人望冠世。今則軍民愛戴，朝野推崇，宜總萬幾，以允羣議，可監國，中外庶事，並取監國處分。」二十八日，監國教曰：

寡人出自軍戎，本無德望，因緣際會，叨竊寵靈。高祖皇帝甫在經綸，待之心腹，洎登大位，尋付重權。當顧命之時，受忍死之寄，與諸勳舊，輔立嗣君。旋屬三叛連衡，四郊多壘，謬膺朝旨，委以專征，兼守重藩，俾當勍敵，敢不橫身戮力，竭節盡心，冀肅靜於疆場，用保安於宗社。不謂姦邪搆亂，將相連誅，寡人偶脫鋒鋩（八），克平患難，志安劉氏，願報漢恩，推擇長君，以紹丕搆，遂奏太后，請立徐州相公，奉迎已在於道途，行李未及於都輦。尋以北面事急，敵騎深侵，遂領師徒，徑往掩襲，行次近鎭，已渡洪河。十二月二十日，將登澶州，軍情忽變，旌旗倒指，喊叫連天，引袂牽襟，迫請爲主，

環繞而逃避無所，紛紜而逼脅愈堅，頃刻之間，安危莫保，事不獲已，須至徇從，於是馬步諸軍擁至京闕。今奉太后誥旨，以時運艱危，機務難曠，俾令監國，遜避無由，僶俛遵承，夙夜憂愧云。

時文武百官、內外將帥、藩臣郡守等，相繼上表勸進。三十日夜，御營西北隅步軍將校因醉揚言：「昨澶州馬軍扶策，步軍今欲扶策。」「馬軍扶策」二句，疑有脫字。通鑑：壬戌夜，監國營有步兵將校醉，揚言嚮者澶州騎兵扶立，今步兵亦欲扶立，監國斬之。較薛史爲明晰，今附識于此。（影庫本粘籤）尋令虞候詰其姓名，昧旦擒而斬之。其一軍仍納甲仗，遣中使監送就糧所。

廣順元年春正月丁卯，漢太后誥曰〔九〕：「邃古以來，受命相繼，是不一姓，傳諸百王〔一〇〕，莫不人心順之則興，天命去之則廢，昭然事迹，著在典書。予否運所丁，遭家不造，姦邪搆亂，朋黨橫行，大臣冤枉以被誅，少主倉卒而及禍，人自作孽，天道寧論。監國威，深念漢恩，切安劉氏，既平亂略，復正頹綱，思固護於基扃，擇繼嗣於宗室。而獄訟盡歸於西伯，謳謠不在於丹朱，六師竭推戴之誠，萬國仰欽明之德，鼎革斯契，圖籙有歸，予作家賓，固以爲幸。今奉符寶授監國，可卽皇帝位。於戲！天祿在躬，神器自至，允集天命，永綏兆民，敬之哉！」是日，帝自皐門入大內，御崇元殿，卽皇帝位。制曰：

自古受命之君，興邦建統，莫不上符天意，下順人心。是以夏德既衰，爰啓有商之祚；炎風不競，肇開皇魏之基。朕早事前朝，久居重位。受遺輔政，敢忘伊、霍之忠；仗鉞臨戎，復委韓、彭之任。匪躬盡瘁，焦思勞心，討叛渙於河、潼，張聲援於岐、雍，竟平大憝，粗立微勞。纔旋旆於關西，尋統兵於河朔，訓齊師旅，固護邊陲，只將身許國家，不以賊遺君父。外憂少息，內患俄生，羣小連謀，大臣遇害，棟梁既壞，社稷將傾。朕方在藩維，以遭讒搆〔一一〕。逃一生於萬死，徑赴闕庭；梟四罪於九衢，幸安區宇。將延漢祚，擇立劉宗，徵命已行，軍情忽變。朕以衆庶所逼，逃避無由，扶擁至京，尊戴爲主。重以中外勸進，方岳推崇，僶俛雖順於羣心，臨御實慚於涼德。改元建號，祗率於舊章；革故鼎新，宜覃於霈澤。

朕本姬室之遠裔，虢叔之後昆，積慶累功，格天光表，盛德既延於百世，大命復集於眇躬，今建國宜以大周爲號，可改漢乾祐四年爲廣順元年。自正月五日昧爽已前，應天下罪人，常赦所不原者，咸赦除之。故樞密使楊邠、侍衞都指揮使史弘肇、三司使王章等，以勞定國，盡節致君，千載逢時，一旦同命，悲感行路，憤結重泉，雖尋雪於沈冤，宜更伸於渥澤，渥澤，原本作「漏澤」，今從册府元龜改正。（影庫本粘籤）並可加等追贈，備禮歸葬，葬事官給，仍訪子孫敍用。其餘同遭枉害者，亦與追贈。馬步諸軍將士等，戮力叶誠，輸忠効義，先則平持內難，後乃推戴朕躬，言念勳勞，所宜旌賞。其原屬將士等，各與等第，超加恩命，仍賜功臣名號，已帶功臣者別與改賜。應左降官，未量移者與量移，已量移者與復資，已復資者量加敍錄。亡官失爵之人，宜與齒用，配流徒役人，並許放還。諸處有犯罪逃亡之人，及山林草寇等，一切不問，如赦到後一月不歸本業者，復罪如初。內外前任、見任文武官僚致仕官，各與加恩。應在朝文武臣僚、內諸司使、諸道行軍副使、藩方馬步都指揮使，如父母在，未有恩澤者卽與恩澤，已有者更與恩澤；如亡沒，未曾追封贈者亦與封贈，已封贈者更與封贈。

應天下州縣，所欠乾祐元年、二年已前夏秋殘稅及沿徵物色，并三年夏稅諸色殘欠，並與除放。澶州已來，官路兩邊共二十里內，并乾祐三年殘稅欠稅，並與除放。應河北沿邊州縣，自去年九月後來，曾經契丹蹂踐處，其人戶應欠乾祐三年終已前積年殘欠諸色稅物，並與除放。應係三司主持錢穀敗闕場院官取乾祐元年終已前徵納外，灼然無抵當者，委三司分析聞奏。天下倉場、庫務，宜令節度使專切鈐轄，掌納官吏一依省條指揮，不得別納斗餘、秤耗，舊來所進羨餘物色，今後一切停罷。

應乘輿服御之物，不得過爲華飾，宮闈器用，務從朴素，大官常膳，一切減損。諸道所有進奉，以助軍國之費，其珍巧纖華及奇禽異獸鷹犬之類，不得輒有獻貢，諸無用

之物，不急之務，並宜停罷。帝王之道，德化爲先，崇飾虛名，朕所不取，苟致治之未洽，雖多端以奚爲〔一二〕！今後諸道所有祥瑞，不得輒有奏獻。

古者用刑，本期止辟，今茲作法，義切禁非。蓋承弊之時，非猛則姦宄難制；及知勸之後，在寬則典憲得宜。相時而行，庶臻中道。今後應犯竊盜贓及和姦者，並依晉天福元年已前條制施行。應諸犯罪人等，除反逆罪外，其罪並不得籍沒家產，誅及骨肉，一依格令處分。

天下諸侯，皆有親戚〔一三〕，自可愼擇委任，必當克効參裨。朝廷選差，理或未當，宜矯前失，庶叶通規。其先於在京諸司差軍將充諸州郡元從都押衙、孔目官、內知客等，並可停廢，仍勒却還舊處職役。近代帝王陵寢，合禁樵採。唐莊宗、明宗、晉高祖，各置守陵十戶，以近陵人戶充。漢高祖皇帝陵署職員及守宮人，時日薦饗，并守陵人戶等，一切如故。仍以晉、漢之胄爲二王後，委中書門下處分云。

司天上言：「今國家建號，以木德代水，准經法國以姓墓爲臘，請以未日爲臘。」從之。時議者曰：「昔武王勝殷，歲集于房，國家受命，金、木集于房。文王厄羑里，而卦遇明夷，帝脫于鄴，大衍之數，復得明夷，則周爲國號，符於文、武矣。」先是，丁未年夏六月，土、金、木、火四星聚于張，占者云，當有帝王興于周者。故漢祖建國，由平陽、陝服趨洛陽以應之，及

隱帝將嗣位，封周王以符其事。而帝以姬虢之胄，復繼宗周，而天人之契炳然矣。昔武王以木德王天下，宇文周亦承木德，而三朝皆以木代水，不其異乎！

戊辰，前曹州防禦使何福進受宣權許州節度使，前復州防禦使王彥超受宣權徐州節度使，前澶州節度使李洪義受宣權宋州節度使。己巳，上漢太后尊號曰昭聖皇太后。是日，詔有司擇日爲故主發哀。案五代會要載原敕云：漢高祖爲義帝發喪，魏明帝正禪陵尊號，一時達禮，千古所稱。況朕久事前朝〔一四〕，常參大政，雖遷虞事夏，見奪于羣情；而四海九州，咸知予夙志。宜令所司擇日爲故主舉哀，仍備山陵葬禮〔一五〕。（舊五代史考異）辛未，有司上言：「皇帝爲故主舉哀日，服縞素，直領深衣、腰絰等。成服畢祭奠，不視朝七日，坊市禁音樂。文武內外臣僚成服後，每日赴太平宮臨，三日止，七日釋服。至山陵啓攢塗日，服初服，輴車出城，班辭釋服。」從之。壬申，前博州刺史李筠爲受宣權滑州節度使。癸酉，樞密使、檢校太傅王峻加同平章事；以前澶州節度使李洪義爲宋州節度使，加同平章事。以滑州節度副使陳觀爲左散騎常侍，鄴都留守判官王溥爲左諫議大夫，並充樞密院直學士。以元從都押衙鄭仁誨爲客省使，知客押牙向訓爲宮苑使。北京留守劉崇遣押牙鞏廷美致書，原本脫「廷美」二字，今據册府元龜增入。（影庫本粘籤）求劉贇歸藩。帝報曰：「朕在澶州之時，軍情推戴之際，先差來直省李光美備見，必想具言，而況遐邇所聞，在後盡當知悉。湘陰公比在宋州駐泊，見令般取赴京，但勿憂疑，必令得所。惟公在彼，

固請安心，若能同力扶持，別無顧慮，卽當便封王爵，永鎭北門，鐵券丹書，必無愛惜。其諸情素，並令來人口宣。」遣千牛衞將軍朱憲充入契丹使。先是，去年契丹永康王兀欲寇邢、趙，陷內丘。及迴，兀欲遣使與漢隱帝書，案通鑑云：契丹之攻內丘也，死傷頗多，又值月食，軍中多妖異，契丹主不敢深入，引兵還，遣使請和于漢。（舊五代史考異）使至境上，會朝廷有蕭牆之變，帝定京城，迴至澶州，遇蕃使至，遂與入朝。至是，遣朱憲伴送來使歸蕃，兼致書敍革命之由，仍以金酒器一副、玉帶一遺兀欲。晉州節度使王晏殺行軍司馬徐建〔一六〕，以通河東聞。

乙亥，鄆州節度使、守太師、兼中書令、齊王高行周進位尙書令，襄州節度使、檢校太師、守太傅、兼中書令、齊國公安審琦進封南陽王，青州節度使、檢校太師、守太保、兼中書令、魏國公符彥卿進封淮陽王，夔州節度使、侍衞親軍馬步軍都指揮使、檢校太傅王殷加同平章事，充鄴都留守，典軍如故。丙子，帝赴太平宮，爲漢隱帝發喪，百官陪位如儀。是日，湘陰公元從右都押牙鞏廷美、教練使楊溫等，據徐州以拒命。帝遣新受節度使王彥超率兵馳赴之，仍賜廷美等敕書。案通鑑：帝復遺劉贇書曰：「爰念斯人，盡心於主，足以賞其忠義，何由責以悔尤。俟新節度入城，當各除刺史，公可更以委曲示之。」（舊五代史考異）丁丑，荆南高保融奏：去年十一月，朗州節度使馬希萼破潭州十二月十八日，縊殺馬希廣至十九日，希萼自稱天策上將軍、武平靜江寧遠等軍節度使、嗣楚王。戊寅，湘陰公殂。案：歐陽史作十二月，王峻遣郭崇以騎兵七百逆劉贇于宋州，殺之。通鑑作正月戊寅，殺湘陰公於宋州。（舊五代史考異）己卯，以前太師、齊國公馮道爲中書令、弘文館大學士；以司徒兼門下侍郎、同平章事、弘文館大學士竇貞固爲侍中，監修國史；以左僕射、平章事、集賢殿大學士蘇禹珪爲守司空、平章事。夏州節度使李彝興進封隴西郡王，荆南高保融進封渤海郡王，靈武馮暉進封陳留郡王，西京白文珂、兗州慕容彥超、鳳翔趙暉並加兼中書令。詔王彥超率兵攻徐州。

庚辰，故樞密使、左僕射、平章事楊邠追封恆農郡王，故宋州節度使兼侍衞親軍都指揮使史弘肇追封鄭王，故三司使、檢校太尉、平章事王章追封瑯琊郡王。是日，詔曰：

朕以眇末之身，託於王公之上，懼德弗類，撫躬靡遑，豈可化未及人而過自奉養，道未方古而不知節量。與其耗費以勞人，曷若儉約而克己。昨者所頒赦令，已述至懷。宮闈服御之所須，悉從減損；珍巧纖奇之厥貢，並使寢停。尙有未該，再宜條舉。應天下州府舊貢滋味食饌之物，所宜除減。其兩浙進細酒、海味、薑瓜，湖南枕子茶、乳糖、白沙糖、橄欖子，鎭州高公米、水梨，易、定栗子，河東白杜梨、米粉、菉豆粉、玉屑䊆子麪，白杜梨，原本作「棃」，䊆子麪，原本作「糗子」，今俱從通鑑所引薛史改正。（影庫本粘籤）永興御田紅秔米、新大麥麪，興平蘇栗子，華州麝香、羚羊角、熊膽、獺肝、朱柿、熊白，河中樹紅棗、五味子、輕餳〔一七〕，同州石鏉餅，晉、絳葡萄、黃消梨，陝府鳳栖梨，襄州紫薑、新

筍、橘子，安州折粳米、糟味，青州水梨，河陽諸雜果子，許州御李子，鄭州新筍、鵝梨，懷州寒食杏仁，申州蘘荷，亳州萆薢，沿淮州郡淮白魚，如聞此等之物，雖皆出於土產，亦有取於民家，未免勞煩，率皆糜費。加之力役負荷，馳驅道途，積於有司之中，甚爲無用之物，今後並不須進奉。諸州府更有舊例所進食味，其未該者，宜奏取進止。

又詔在朝文武臣僚，各上封事，凡有益國利民之事，速具以聞。案通鑑：詔曰：朕生長軍旅，不親學問，未知治天下之道。文武官有益國利民之術，各具封事以聞，咸宜直書其事，勿事辭藻。（舊五代史考異）

辛巳，鎭州武行德、晉州王晏、相州張彥成、潞州常思、邢州侯章並加兼侍中；以侍衞馬軍都指揮使、果州防禦使、檢校太保郭崇爲洋州節度使、檢校太傅，典軍如故；以侍衞步軍都指揮使、岳州防禦使曹英爲利州節度使、檢校太傅，典軍如故。癸未，涇州史懿、延州高允權、滄州王景、永興郭從義、定州孫方簡並加兼侍中，鄜州楊信、同州薛懷讓、貝州王繼弘並加同平章事。乙酉，華州王饒、河中扈彥珂、鄧州折從阮、邢州劉詞並加同平章事。丙戌，幸西莊。潞州奏，得石會關使王延美報，河東劉崇於正月十六日僭號。丁亥，以前澶州節度使李洪義爲宋州節度使，加同平章事；以曹州防禦使、北面行營馬步都排陣使何福進爲許州節度使，加檢校太傅；以博州刺史、北面行營右廂排陣使李筠爲滑州節度使，加檢校太保。戊子，有司上言：「准敕書，以晉、漢之胄爲二王後，其唐五廟仲祀合廢。」

從之。庚寅，宗正寺奏：「請依晉、漢故事，遷漢七廟神主入昇平宮，行仲享之禮，以漢宗子爲三獻。」從之。永樂大典卷八千九百八十。

校勘記

〔一〕文仲　殿本、劉本同。大典卷八九八〇作「仲文」。

〔二〕避吏壺關依故人常氏　「壺關」原作「故關」，據大典卷八九八〇改。按故關屬鎮州，壺關在潞州。歐陽史卷一一周本紀云：「威少孤，依潞州人常氏。」此當作壺關。

〔三〕嘗省昭義李瓊　殿本、劉本同。大典卷八九八〇「昭義」作「義兄」。按宋史卷二六一李瓊傳：「李瓊，字子玉，幽州人。」疑此當作「義兄」。

〔四〕帝常晝寢　「帝」字原無，據大典卷八九八〇補。

〔五〕晉祖起于河東　「祖」字原無，據大典卷八九八〇補。

〔六〕周太祖將兵討三叛以溥爲從事　十三字原無，據殿本、劉本補。

〔七〕既而王峻諭軍曰　「而」字原無，據大典卷八九八〇補。

〔八〕寡人偶脫鋒鋩　「寡人」二字原無，據大典卷八九八〇補。

〔九〕漢太后誥曰　「誥」字原作「詔」，據殿本、大典卷八九八〇、通鑑卷二九〇及本卷上文改。

〔一〇〕是不一姓傳諸百王　八字原無，據殿本、劉本、大典卷八九八〇補。

〔一一〕以遭讒搆　殿本、劉本、大典卷八九八〇同。彭校「以」作「亦」，冊府卷九六同。

〔一二〕雖多端以奚爲　殿本、彭本、大典卷八九八〇、冊府卷九六同。劉本「端」作「瑞」。

〔一三〕天下諸侯皆有親戚　殿本、劉本同。殘宋本冊府卷一六〇「戚」作「校」，明本冊府作「較」。大典卷八九八〇全句作「天下諸侯皆有親」，疑有脫字。

〔一四〕況朕久事前朝　「朕」原作「臣」，據殿本、劉本、會要卷八改。

〔一五〕山陵葬禮　「陵」原作「林」，據殿本、劉本、會要卷八改。

〔一六〕王晏　原作「王宴」，據殿本、劉本、大典卷八九八〇改。下同。宋史卷二五一有王晏傳。

〔一七〕輕餳　原作「輕錫」，據劉本、冊府卷一六八、通鑑卷二九〇注引薛史改。

舊五代史卷一百一十一

周書二

太祖紀第二

廣順元年春二月癸巳朔，以樞密副使、尙書戶部侍郎范質爲兵部侍郎，依前充職；以陳州刺史、判三司李穀爲戶部侍郎，判三司；以右金吾大將軍、充街使翟光鄴爲左千牛衞上將軍，充宣徽北院使；以宣徽北院使袁𪟝爲左武衞上將軍，充宣徽南院使；以左右金吾大將軍、充街使符彥琳爲右監門上將軍。丁酉，以皇子天雄軍牙內都指揮使、檢校右僕射、貴州刺史榮起復爲澶州節度使、檢校太保，以右金吾上將軍薛可言爲右龍武統軍，右金吾，原本脫「吾」字，今據文增入。（影庫本粘籤）以左神武統軍安審約爲左羽林統軍，以左驍衞上將軍趙贇爲右羽林統軍，以太子太師致仕宋彥筠爲左衞上將軍。詔移生吐渾族帳於潞州長子縣江猪嶺。己亥，以左武衞上將軍劉遂凝爲左神武統軍〔一〕，以左衞上將軍焦繼勳爲右神武統軍，以左領軍衞上將軍史佺爲右衞上將軍。

庚子，故吳國夫人張氏追贈貴妃；故皇第三女追封樂安公主；故第二子靑哥贈太保，賜名侗；第三子意哥贈司空，賜名信；故長婦劉氏追封彭城郡夫人。皇姪三人：守筠贈左領軍將軍，改名愿〔二〕；奉超贈左監門將軍；定哥贈左千牛衞將軍，賜名遜。故皇孫三人：宜哥贈左驍衞大將軍，賜名誼；喜哥贈武衞大將軍，賜名誠；三哥贈左領衞大將軍，賜名諴。辛丑，西州回鶻遣使貢方物。前開封尹、魯國公侯益進封楚國公，前西京留守、莒國公李從敏進封秦國公，前西京留守王守恩進封莒國公。癸卯，以前中書侍郎兼戶部尙書、平章事李濤爲太子賓客。詔宣徽南院使袁𪟝權知開封府事，以太子太保和凝爲太子太傅。丙午，晉州王晏奏，王晏，原本作「王旱」，今從宋史改正。（影庫本粘籤）河東劉崇遣僞招討使劉鈞、副招討使白截海，率步騎萬餘人來攻州城，以今月五日五道齊攻，率州兵拒之，賊軍傷死甚衆。案宋史王晏傳：劉崇侵晉州，晏閉關不出，設伏城上。并人以爲怯，競攀堞而登，晏麾伏兵擊之，顚死者甚衆，遂使劉承鈞（此處原文作：遂使倫遁）晏遣子漢倫追北數十里，斬首百餘級。（舊五代史考異）內出寶玉器及金銀結纓、寶裝牀几、飲食之具數十，碎之於殿庭。帝謂侍臣曰：「凡爲帝王，安用此！」仍詔所司，凡珍華悅目之物，不得入宮。先是，迴鶻間歲入貢，禁民不得與蕃人市易寶貨，至是一聽私便交易，官不禁詰。丁未，左千牛將軍朱憲使契丹迴。契丹主兀欲遣使人來獻良馬一駟〔三〕，賀登極。戊

中華書局

申，詔曰：「朕祗膺景命，奄有中區，每思順物之情，從衆之欲。將使照臨之下，咸遂寬舒；仕宦之流，自安進退。往者有司拘忌，人或滯流，所在前資，並遣赴闕。輦轂之下〔四〕，多寄食僦舍之徒；歲月之間，動懷土念家之思。宜循大體，用革前規。應諸道州府，有前資朝官居住，如未赴京，不得發遣。其行軍副使已下，幕職州縣官等，得替求官，自有月限，年月未滿，一聽外居。如非時詔徵，不在此限。」己酉，有司議立四親廟，從之。辛亥，以太子少傅楊凝式爲太子少師，以太常卿張昭爲戶部尙書，以尙書左丞王易爲禮部尙書，以兵部侍郎邊蔚爲太常卿，以翰林學士、中書舍人魚崇諒爲工部侍郎充職。以戶部侍郎韋勳爲兵部侍郎，以刑部侍郎邊歸讜爲戶部侍郎，以禮部侍郎司徒詡爲刑部侍郎，以祕書監趙上交爲禮部侍郎，以兵部尙書王仁裕爲太子少保，以翰林學士、禮部尙書張沆爲刑部尙書充職。以尙書右丞田敏爲左丞，以吏部侍郎段希堯爲工部尙書，以太子詹事馬裔孫爲太子賓客。前鄜州節度使劉重進、前滑州節度使宋延渥，並加食邑。吐渾府留後王全德加檢校太保，充憲州刺史。隰州刺史許遷奏，河東賊軍劉鈞自晉州引兵來攻州城，尋以州兵拒之，賊軍傷死者五百人，信宿遁去。丁巳，以尙書左丞田敏充契丹國信使。迴鶻遣使貢方物。己未，天德軍節度使、虢國公郭勳加同平章事，以前宗正卿劉皡爲衞尉卿〔五〕。辛酉，以衞尉卿邊光範爲祕書監，以前吏部侍郎李詳爲吏部侍郎，以前戶部侍郎顏衎爲尙書右丞。顏衎，原本

作「顏衍」，今從宋史改正。（影庫本粘籤）

三月壬戌朔，前西京留守李從敏卒。戊辰，以前左武衞上將軍李懷忠爲太子太傅致仕，以前邢州節度使安審暉爲太子太師致仕。辛未，幸南莊。壬申，詔曰：「諸州府先差散從親事官等，前朝創置，蓋出權宜，苟便一時，本非舊貫。近者遍詢羣議，兼採封章，且言前件抽差，於理不甚允當，一則礙州縣之色役，一則妨春夏之耕耘，貧乏者困於供須，豪富者幸於影庇，既爲煩擾，須至改更，況當東作之時，宜罷不急之務。其諸州所差散從親事官等，並宜放散。」詔下，公私便之。徐州行營都部署王彥超馳奏，收復徐州。「城內逆首楊溫及親近徒黨並處斬〔六〕。其餘無名目人及本城軍都將校、職掌吏民等，雖被脅從，本非同惡，並釋放。兼知自前楊溫招喚草賊，同力守把，朕以村墅小民，偶被煽誘，念其庸賤，特與含容，其招入城草賊，並放歸農，仍倍加安撫。湘陰公夫人并骨肉在彼，仰差人安撫守護，勿令驚恐。」以右散騎常侍張煦、給事中王延藹並爲左散騎常侍，以前大名府少尹李瓊爲將作監，以前彰武軍節度使周密爲太子太師致仕，以衞尉卿劉皡充漢隱帝山陵都部署。

丙子，以太子少保致仕王延爲太子少傅，以戶部尙書致仕盧損、左驍衞上將軍致仕李肅並爲太子少保，兵部尙書致仕韓昭裔爲尙書右僕射，太子太師致仕盧文紀爲司空，自延而下，並依前致仕。故散騎常侍裴羽贈戶部尙書，故太子賓客蕭愿贈禮部尙書，以司農卿

致仕薛仁謙爲鴻臚卿，以將作監致仕烏昭爲太府卿，以太常少卿致仕王禧爲少府監，以祕書少監致仕段顒爲將作監，自仁謙而下，並依前致仕。詔沿淮州縣軍鎭，今後自守疆土，不得縱一人一騎擅入淮南地分。己卯，潞州奏，涉縣所擒河東將士二百餘人，部送赴闕。詔給衫袴巾履，放歸本土。甲申，鎭州武行德移鎭許州，何福進移鎭鎭州。丙戌，以襄州節度副使郭令圖爲宗正卿。詔曰：「故蘇逢吉、劉銖，頃在漢朝，與朕同事。朕自平禍亂，不念仇讎，尋示優弘，與全家屬。尙以幼稚無託，衣食是艱，將行矜卹之恩，俾獲生存之路，報怨以德，非我負人。賜逢吉骨肉洛京莊宅各一，賜劉銖骨肉陝州莊宅各一。」己丑，幸南莊。庚寅，唐故鄅國公李從益追封許王，唐明宗淑妃王氏追贈賢妃。辛卯，詔：「諸道節度副使、行軍司馬、兩京少尹、留守判官，並許差定當直，人力不得過十五人；諸府少尹、書記、支使、防禦團練副使，不得過十人；節度推官、防禦團練軍事判官，不得過七人，逐處係帳收管。此外如敢額外影占人戶，其本官當行朝典。」先是，漢隱帝時，有人上言：「州府從事令錄，皆請料錢，自合雇人驅使，不合差遣百姓丁戶。」秉政者然之，乃下詔州府從事令錄，本處先差職役，並放歸農。自是官吏有獨行趣府縣者，帝頗知之，故有是命。

夏四月壬辰朔，詔沿淮州縣，許淮南人就淮北糴易斛糧，時淮南饑故也。甲午，以夫人董氏爲德妃，仍令所司備禮册命。己亥，改侍衞馬步軍軍額。馬軍舊稱護聖，今改爲龍捷；

步軍舊稱奉國，今改爲虎捷。壬寅，詔唐莊宗、明宗、晉高祖三處陵寢，各有守陵宮人，並放逐便。如願在陵所者，依舊供給。甲辰，相州張彥成移鎭鄧州，案：原本作彥威，今據列傳改正。（舊五代史考異）折從阮移鎭滑州，李筠移鎭相州。丙午，亳州防禦使王重裔卒。戊申，幸南莊。庚戌，皇第四女封壽安公主。辛亥，故許州節度使劉信追封蔡王。丙辰，詔曰：「牧守之任，委遇非輕，分憂之務既同，制祿之數宜等。自前有富庶之郡，請給則優；或邊遠之州，俸料素薄。以至遷除之際，擬議亦難，既論資敍之高低，又患祿秩之升降。所宜分多益寡，均利同恩，冀無黨偏，以勸勳効。今定諸防禦使料錢二百貫，祿粟一百石，食鹽五石，馬十匹草粟，元隨三十人衣糧；團練使一百五十貫，祿粟七十石，鹽五石，馬十匹，元隨三十人；刺史一百貫，祿粟五十石，鹽五石，馬五匹，元隨二十人」云。丁巳，尙書左丞田敏使契丹迴，契丹主兀欲遣使褭姑報命〔七〕，并獻碧玉金塗銀裹鞍勒各一副，弓矢、器仗、貂裘等，土產馬三十匹，土產漢馬十匹。庚申，帝爲故貴妃張氏舉哀於舊宮，輟視朝三日。辛酉，司空致仕盧文紀卒。

五月壬戌朔，帝不視朝，以漢隱帝梓宮在殯故也。戊辰，皇子澶州節度使榮起復，依前澶州節度使，以故貴妃張氏去歲薨，至是發哀故也。己巳，遣左金吾衞將軍姚漢英、前右神武將軍華光裔使于契丹。辛未，太常卿邊蔚上追尊四廟謚議。是夜，有大星如五升器，流

於東北，有聲如雷。丙子，太常卿邊蔚上太廟四室奠獻舞名。丁丑，詔京兆、鳳翔府，應諸色犯事人第宅、莊闉〔八〕、店磑已經籍沒者，並給付罪人骨肉。壬午，幸南莊。甲申，考城縣巡檢、供奉官馬彥勍棄市，坐匿赦書殺獄囚也。丙戌，宰臣馮道爲四廟冊禮使。

六月辛卯朔，不視朝，以漢隱帝梓宮在殯故也。甲午，百僚上表，請以七月二十八日皇帝降聖日爲永壽節，從之。己亥，太常少卿劉悅上漢少帝謚曰隱皇帝，陵曰潁陵，從之。邢州大雨霖。辛亥，以樞密使王峻爲尚書左僕射兼門下侍郎、同平章事，監修國史，充樞密使；以樞密副使、尚書兵部侍郎范質爲中書侍郎、同平章事，充集賢殿大學士；以戶部侍郎、判三司李穀爲中書侍郎、同平章事，判三司。司徒兼侍中、監修國史竇貞固，司空兼中書侍郎、同平章事、集賢殿大學士蘇禹珪，並罷相守本官。壬子，幸西莊。癸丑，詔宰臣范質參知樞密院事。鄴都、洺、滄、貝等州大雨霖。丙辰，西京奏，新授宗正卿郭令圖卒。丁巳，以尚書左丞顏衎爲兵部侍郎，充端明殿學士；以宣徽北院使翟光鄴兼樞密副使。

秋七月辛酉朔，帝被衮冕，御崇元殿，授太廟四室寶冊于中書令馮道等，赴西京行禮。癸亥，尚書左丞田敏兼判國子監事。戊辰，以御史中丞于德辰爲尚書右丞，以祕書監邊光範爲太子賓客。以戶部尚書張昭爲太子賓客，以其子秉爲陽翟簿，犯法抵罪，昭詣閤待罪，詔釋之，乃左授此官。壬申，史官賈緯等以所撰晉高祖實錄三十卷、少帝實錄二十卷上

之。丙子，幸宰臣王峻第。案：歐陽史作戊寅，幸王峻第。（舊五代史考異）己丑，鎮州奏，破河東賊軍於平山縣西，斬首五百級。

八月辛卯，漢隱帝梓宮發引，帝詣太平宮臨奠，詔羣臣出祖於西郊。是日，太常卿邊蔚奏，議改郊廟舞名，事具樂志。是歲，幽州饑，流人散入滄州界。詔流人至者，口給斗粟，仍給無主土田，令取便種蒔，放免差稅。癸巳，虎入西京修行寺傷人，市民殺之。乙未，幸班荊館。壬寅，契丹遣幽州牙將曹繼筠來歸故晉中書令趙瑩之喪，詔贈太傅，仍賜其子絹五百匹，以備喪事，歸葬於華陰故里。乙巳，幸西莊。壬子，晉州王晏移鎮徐州，滄州王景移鎮河中，定州孫方簡移鎮華州，永興郭從義移鎮許州，貝州王繼弘移鎮河陽，李暉移鎮滄州〔九〕。以許州節度使武行德爲西京留守，滑州折從阮移鎮陝州，河中扈彥珂移鎮滑州，陝州李洪信移鎮永興，華州王饒移鎮貝州，徐州王彥超移鎮晉州。丙辰，尚食李氏等宮官八人並封縣君，司記劉氏等六人並封郡夫人，尚宮皇甫氏等三人並封國夫人。唐制有內官、宮官，各有司存，更不加郡國之號，近代加之，非舊典也。以易州刺史孫行友爲定州留後。戊午，故夫人柴氏追立爲皇后，仍令所司定謚，備禮冊命。

九月庚申朔，帝詣太平宮起居漢太后。辛酉，故夫人楊氏追贈淑妃，仍令所司擇日備禮冊命。故皇第五女追封永寧公主。癸亥，定州奏，契丹永康王兀欲爲部下所殺。案：遼史：世宗以九月癸亥遇弒，不應定州即能于癸亥入奏，疑原文有舛誤。甲子〔一〇〕，以前耀州團練使武廷翰爲太子少保致仕。丙子，諸道兵馬都元帥、兩浙節度使、檢校太師、尚書令、中書令、吳越國王錢俶可天下兵馬都元帥。丁丑，中書舍人劉濤責授少府少監，分司西京，坐遣男頊代草制詞也。監察御史劉頊責授復州司戶，坐代父草制也。中書舍人楊昭儉解官放逐私使，以多在假告，不親其職也。永樂大典卷八千九百八十。

校勘記

〔一〕以左武衞上將軍劉遂凝爲左神武統軍　「以」字原無，據殿本補。

〔二〕守筠贈左領軍將軍改名愿　殿本、劉本、大典卷八九八〇同。按本書卷一一七世宗紀：「故皇從弟贈左領軍大將軍守愿。再贈左衞大將軍。」又，歐陽史卷一九周太祖家人傳云：「皇姪守筠，贈左領軍衞將軍，以『筠』聲近『榮』，爲世宗避，更名守愿。」

〔三〕遣使人來獻良馬　劉本同。殿本作「遣使郭濟獻良馬」，殿本考證云：「郭濟，舊作骨支，今改。」大典卷八九八〇作「遣使裊骨支獻良馬」。按：「裊骨支」，歐陽史卷一一周本紀作「褭骨支」，通鑑卷二九〇作「梟骨支」。

〔四〕咸遂寬舒……輦轂之下　三十四字原無，據大典卷八九八〇補。

〔五〕宗正卿　「正」字原無，據殿本、劉本、大典卷八九八〇補。

〔六〕城內逆首楊溫　劉本、大典卷八九八〇同。殿本「城內」二字作「詔曰」。按「城內」以下係詔文，疑其上脫「詔曰」二字。

〔七〕耨姑　原作「努瑚」，注云：「舊作耨姑，今改正。」按此係輯錄舊五代史時據遼史索倫國語解所改，今恢復原文。

〔八〕莊闉　盧本、大典卷八九八〇同。殿本、劉本作「莊園」。

〔九〕李暉移鎮滄州　殿本、劉本、大典卷八九八〇同。按本書卷一二九李暉傳：「乾祐初，拜河陽節度使、檢校太傅。太祖登極，加同平章事，尋移鎮滄州。」此處「李暉」上疑脫「河陽」二字。

〔一〇〕甲子　二字原無，據大典卷八九八〇補。

舊五代史卷一百一十二

周書三

太祖紀第三

廣順元年冬十月己丑朔，宰臣王峻獻唐張蘊古大寶箴、謝偃惟皇誠德賦二圖。惟皇，原本作「雖皇」，今從文苑英華改正。（影庫本粘籤）詔報曰：「朕生長軍戎，勤勞南北，雖用心於鈐、匱，且無暇於詩、書，世務時艱，粗經閱歷，閱歷，原本脫「閱」字，今從册府元龜增入。（影庫本粘籤）前言往行，未甚討尋。卿有佐命立國之勳，居代天調鼎之任，恆慮眇德，未及古人。於是採掇箴規，彌諳寡昧，披文閱理，懌意怡神，究爲君治國之源，審修己御人之要。帝王之道，盡在於茲，辭翰俱高，珠寶何貴！再三省覽，深用愧嘉。其所進圖，已令於行坐處張懸，所冀出入看讀，用爲鑒戒。」壬辰，潞州奏，巡檢使陳思讓、監軍向訓破河東軍於虒亭。案通鑑：陳思讓敗北漢兵在十月辛卯，蓋辛卯得捷，次日始奏聞也。又，虒亭原本作「褫亭」，今從通鑑及宋史改正。癸巳，以刑部侍郎司徒

詡爲戶部侍郎，以左散騎常侍張煦爲刑部侍郎，以給事中呂咸休爲左散騎常侍。甲午，絳州防禦使孫漢英卒。辛丑，荆南奏，湖南亂，大將軍陸孟俊執僞節度使馬希萼遷於衡州，立希萼弟希崇爲留後，將吏二千餘人，遇害者半，牙署庫藏，焚燒殆盡。乙巳，詔併吏部三銓爲一銓，委本司長官通判。丙午，晉州巡檢王萬敢奏，河東劉崇入寇，營於州北。辛亥，潞州奏，河東賊軍寇境。乙卯，荆南奏，淮南遣鄂州節度使劉仁贍〔一〕，以戰船二百艘於今月二十五日入岳州。丙辰，詔樞密使王峻率兵援晉州。丁巳，以左衞將軍申師厚爲河西軍節度使、檢校太保。師厚素與王峻善，及峻貴，師厚羈旅無依，日於峻馬前望塵而拜。會西涼請帥，帝令擇之，無欲去者，峻乃以師厚奏之，師厚亦欣然求往，尋自前鎮將授左衞將軍、檢校工部尚書。翌日，乃有涼州之命，賜旌節、駝馬、繒帛以遣之。

十一月己未朔，荆南奏，淮南大將邊鎬率兵三萬，自袁州路趨潭州，袁州，原本作「阮州」，今從通鑑改正。（影庫本粘籤）馬希崇遣從事送牌印，納器仗。鎬入城，稱武安軍節度使，馬氏諸族及將吏千餘人皆徙于金陵。甲子夜，東南白虹亙天。以新晉州節度使王彥超爲晉絳行營馬軍都虞候。乙丑，命王峻出征晉州，帝幸西莊以餞之。甲戌，日南至，羣臣拜表稱賀。甲申，葬故貴妃張氏。丁亥，詔：「唐朝五廟，舊在至德宮安置，應屬徽陵莊田園舍，宜令新除右監門將軍李重玉爲主。其緣陵緣廟法物，除合留外，所有金銀器物，充還葬故淑妃王氏及許王從益外，其餘並給與重玉及尼惠英、惠燈、惠能、惠嚴等。令重玉以時祀陵廟，務在豐潔。」重玉，故皇城使李從璨之子，皇城使，原本作「皇晟使」，今從五代會要改正。（影庫本粘籤）明宗之孫，惠英等亦明宗親屬也，故帝授重玉官秩，令主先祀，卹王者之後也。

十二月戊子朔，詔以劉崇入寇，取當月三日暫幸西京。庚寅，詔巡幸宜停。時王峻駐軍陝府，聞帝西巡，遣使馳奏，不勞車駕順動，帝乃止。乙未，幸西莊。兗州慕容彥超上言，乞朝覲，詔允之，尋稱部內草寇起，不敢離鎮。戊申，鄆州奏，慕容彥超據城反。己酉，王峻奏，劉崇逃遁，王師已入晉州。案宋史陳思讓傳：王峻援晉州，以思讓與康延昭分爲左右廂排陣使，令率軍自烏嶺至絳州，與大軍合。崇燒營遁去，思讓又與藥元福襲破之。（舊五代史考異）

廣順二年春正月戊午朔，不受朝賀，以宿兵在外故也。庚申，王峻奏，起近鎮丁夫二萬城晉州。壬戌，修東京羅城，凡役丁夫五萬五千，兩旬而罷。甲子，以侍衞步軍都指揮使曹英爲兗州行營都部署，以齊州防禦使史延韜爲副部署，以皇城使向訓爲兵馬都監，陳州防禦使藥元福爲馬步都虞候，率兵討慕容彥超。案隆平集：慕容彥超盜據兗、海，周祖命曹英爲帥，向訓副之，參用藥元福以兵從。謂元福曰：「已敕英、訓，勿以軍禮見汝。」及元福至，英、訓皆父事焉。（舊五代史考異）諸軍入兗州界，不得卜路停止村舍，犯者以軍法從事。丙寅〔二〕，徐州巡檢供給官張令彬奏，破淮賊于

沭陽〔三〕，斬首千餘級，擒賊將燕敬權。時慕容彥超求援於淮南，淮南僞主李景發兵援之，師於下邳，聞官軍至，退趨沭陽，遂破之。庚午，高麗權知國事王昭遣使貢方物。壬申，鎮州何福進差人部送先擒獲到河東賊軍二百餘人至闕下，詔給巾履衫袴以釋之。戊寅，徐州部送沭陽所獲賊將燕敬權等四人至闕下，詔賜衣服金帛，放歸本土；帝召見，謂之曰：「夫惡凶邪，獎忠順，天下一也。我之賊臣，撓亂國法，嬰城作逆，殃及生靈。不意吳人助茲凶慝，非良算也，爾歸當言之於爾君。」初，漢末遣三司軍將路昌祚於湖南市茶，屬淮南將邊鎬陷長沙，淮南，原本作「懷南」，今從通鑑改正。（影庫本粘籤）昌祚被賊送金陵。及敬權自大朝歸，具以帝言告于李景，景乃召昌祚，延坐從容久之，且稱美大朝皇帝聖德廣被，恩沾鄰土，深有依附國家之意。及罷，遣僞宰相宋齊丘宴昌祚於別館，又令訪昌祚在湖南遭變之時，亡失綱運之數，命依數償之，給茗荈萬八千斤，遣水運至江夏，仍厚給行裝，遣之歸闕。

二月庚寅，府州防禦使折德扆奏，河東賊軍寇境，率州兵破之，斬首二千級。辛卯，太白經天。癸巳，以權知高麗國事王昭爲高麗國王。庚子，府州防禦使折德扆奏，收河東界岢嵐軍。癸卯〔四〕，詔先獲河東鄉軍一百餘人，各給錢鞋放歸鄉里。壬子，太子太師致仕安審暉卒。

三月庚申，幸南莊，令從臣習射。戊辰，以樞密院直學士、左諫議大夫王溥爲中書舍人，充翰林學士；以內客省使、恩州團練使鄭仁誨爲樞密副使。詔宣徽北院使翟光鄴權知永興軍府事。甲戌，迴鶻遣使貢方物。庚辰，詔：「西京莊宅司、內侍省、宮苑司、內園等四司，所管諸巡繫稅戶二千五百並還府縣。其廣德、昇平二宮並停廢。應行從諸莊園林、亭殿、房舍、什物課利，宜令逐司依舊收管。」

夏四月丙戌朔，日有食之，帝避正殿，百官守司。丁亥，詔停蔡州鄉軍。戊子，以京師旱，分命羣臣禱雨。癸巳，制削奪慕容彥超在身官爵。甲午，高麗國册使、衞尉卿劉皡卒。乙卯，詔取來月五日，車駕赴兗州城下，慰勞將士。以樞密副使鄭仁誨爲右衞大將軍，依前充職，兼權大內都點檢；以中書侍郎、平章事、判三司李穀爲權東京留守，兼判開封府事。

五月丙辰朔，帝御崇元殿受朝，仗衞如儀。庚申，車駕發京師。案：五代春秋作庚辰，帝東征。歐陽史從薛史作庚申。戊辰，至兗州城下。乙亥，收復兗州，斬慕容彥超，夷其族。詔端明殿學士顏衎權知兗州軍州事。壬午，曲赦兗州管內罪人，取五月二十七日已前所犯罪，大辟已下，咸赦除之。慕容彥超徒黨，有逃避潛竄者，及城內將吏等並放罪。自慕容彥超違背以來，鄉城內有接便爲非者，一切不問。諸軍將士沒於王事者，各與賻贈，都頭已上與贈官。兗州城內及官軍下寨四面去州五里內，今年所徵夏秋稅及沿徵錢物並放〔五〕；十里內，

只放夏稅〔六〕；一州管界，今夏苗子三分放一分。城內百姓遭毀拆舍屋及遭燒焚者，給賜材木。諸處差到人夫內，有遭矢石死者，各給絹三匹，仍放戶下三年徭役云。癸未，詔兗州降爲防禦州，仍爲望州。

六月乙酉朔，帝幸曲阜縣，謁孔子祠。既奠，將致拜，左右曰：「仲尼，人臣也，無致拜。」帝曰：「文宣王，百代帝王師也，得無敬乎！」卽拜奠於祠前。其所奠酒器、銀鑪並留於祠所。遂幸孔林，拜孔子墓。帝謂近臣曰：「仲尼、亞聖之後，今有何人？」對曰：「前曲阜令、襲文宣公孔仁玉，是仲尼四十三代孫，有鄉貢三禮顏涉，是顏淵之後。」卽召見。仁玉賜緋，賜緋，原本作「賜排」，今從册府元龜改正。（影庫本粘籤）口授曲阜令，顏涉授主簿，便令視事。仍敕兗州修葺孔子祠宇，墓側禁樵採。丙戌，車駕還京。初，帝以五月十三日至兗州，賊尙拒守，至十七日，晝夢道士一人進書，卷首云「車駕來月二日還京」，其下文字絕多，不能盡記。旣寤，以夢告宰臣，又四日而城拔。帝至軍，凡駐蹕九日而賊平，果以六月二日發離城下，近代親征克捷，無如此之速也。是日大雨，城下行宮，水深數尺。其日晚，至中都縣，帝笑謂侍臣曰：「今日若不離城下，則當爲潦所溺矣。」戊戌，車駕至自兗州。案：歐陽史作庚子，至自兗州，五代春秋從薛史作戊戌。辛丑，以靈武節度使馮暉卒，輟朝一日。壬寅，前翰林學士李澣自契丹中上表〔七〕，陳奏機事，且言僞幽州節度使蕭海貞欲謀嚮化，帝甚嘉之。案宋史李澣傳：海貞與澣相善，澣乘間諷海貞以南歸之計，海貞納之。周廣順二年，澣因定州孫方諫密表，言契丹衰微之勢，周祖嘉焉，遣諜者田重霸齎詔慰撫，仍命澣通信。澣復表述：「契丹主幼弱多寵，好擊鞠，大臣離貳，若出師討伐，因與通好，乃其時也。」屬中原多故，不能用其言。（舊五代史考異）癸卯〔八〕，德妃董氏薨。乙巳，詔宣徽南院使袁義判開封府事。辛亥，以朔方軍衙內都虞候馮繼業復起爲朔方軍兵馬留後。甲寅，幸舊宅，爲德妃舉哀故也。

秋七月丙辰，詔：「內外臣僚，每遇永壽節，舊設齋供。今後中書門下與文武百官共設一齋，侍衞親軍都指揮使已下共設一齋，樞密使、內諸司使已下共設一齋，其餘前任職員及諸司職掌，更不得開設道場及設齋。」是日大風雨，破屋拔樹，尙書省都堂有龍穿屋壞獸角而去，西壁有爪迹存焉。襄州大水。丁卯，詔復升陳州、曹州爲節鎭。以侍衞馬軍都指揮使、洋州節度使郭崇爲陳州節度使，以侍衞步軍都指揮使曹英爲曹州節度使，並典軍如故。以陳州防禦使藥元福爲晉州節度使。辛未，詔相州節度使李筠權知潞州軍州事。丙子，以小底都指揮使、漢州刺史李重進爲大內都點檢兼馬步都軍頭，領恩州團練使；以內殿直都知、駙馬都尉張永德領和州刺史，張永德，原本作「承德」，今從宋史改正。（影庫本粘籤）充小底第一軍都指揮使。

八月甲申朔，翰林學士、刑部尙書張沆落職守本官。以中書舍人、史館修撰判館事徐

台符爲禮部尙書，充翰林學士承旨；以兵部侍郎韋勳爲尙書右丞；以尙書右丞于德辰爲吏部侍郎；以戶部侍郎邊歸讜爲兵部侍郎；以禮部侍郎趙上交爲戶部侍郎；以樞密直學士、左散騎常侍陳觀爲工部侍郎，依前充職；以刑部侍郎景範爲左司郎中，充樞密直學士。乙酉，樞密使王峻上章，請解樞衡，凡三上章，詔不允。庚寅，潁州奏，先於淮南俘獲孳畜，已准詔送還本土。甲午，詔止絕吏民詣闕舉請刺史、縣令。賜宰臣李穀白藤肩輿。時穀以今年七月，因步履傷臂，請告數旬，詔穀扶持三司，刻名印署事，仍放朝參。庚子，潞州節度使常思移鎭宋州，相州節度使李筠移鎭潞州。壬寅，鄆州節度使高行周薨。癸丑，詔改鹽麴法，鹽麴犯五斤已上處死，煎鹻鹽者犯一斤已上處死。先是，漢法不計斤兩多少，並處極刑，至是始革之。

九月庚午，以大理卿劇可久爲太僕卿，以左庶子張仁瑑爲大理卿，以司天監趙延乂，趙延乂，原本作「延義」，今從通鑑改正。（影庫本粘籤）爲太府卿兼判司天監事。詔北面沿邊州鎭，自守疆場〔九〕，不得入北界俘掠。乙亥，鎭州奏，契丹寇深、冀州，遣龍捷都指揮使劉誨、牙內都指揮使何繼鎔等率兵拒之而退。時契丹聞官軍至，掠冀部丁壯數百隨行，狼狽而北，冀部被擄者望見官軍，鼓譟不已，官軍不敢進，其丁壯盡爲蕃軍所殺而去。丁丑，以鄭州防禦使白重贇爲相州留後。戊寅，欒壽都監杜延熙奏，於瀛州南殺敗契丹，斬首三百級，獲馬四十

七四。癸未，帝姨母韓氏追封楚國夫人，故第四姊追封福慶長公主。癸未〔一〇〕，易州奏，契丹武州刺史石越來奔。

冬十月丙戌，以前晉州節度使王彥超爲河陽節度使。庚寅，詔：「諸州罷任或朝覲，並不得以器械進貢〔一一〕。」先是，諸道州府，各有作院，每月課造軍器，逐季搬送京師進納。其逐州每年占留繫省錢帛不少，謂之「甲料」，仍更於部內廣配土產物，徵斂數倍，民甚苦之。除上供軍器外，節度使、刺史又私造器甲，以進貢爲名，功費又倍，悉取之於民。帝以諸州器甲，造作不精，兼占留屬省物用過當，乃令罷之。仍選擇諸道作工，赴京作坊，以備役使。乙未，永興軍奏，宣徽北院使、知軍府事翟光鄴卒。丁酉，葬德妃，（「德妃」上疑脫「董」字，考冊府元龜亦無「董」字，蓋上文已云「癸巳，德妃董氏薨」，此處可從省文也，今仍其舊。（影庫本粘籤））廢朝。戊戌，以宣徽南院使袁羲權知永興軍府事，以樞密直學士、工部侍郎陳觀權知開封府事。己亥，升鉅野縣爲濟州。以樞密院副使鄭仁誨爲宣徽北院使兼樞密副使。庚子，幸樞密院，王峻請之也。甲辰，宰臣李穀以臂傷未愈，上表辭位，凡三上章，詔報不允。丁未，滄州奏，自十月已前，蕃歸漢戶萬九千八百戶。是時，北境饑饉，人民轉徙，襁負而歸中土者，散居河北州縣，凡數十萬口。

十一月丙辰，荊南奏，朗州大將劉言，以今年十月三日領兵趨長沙，十五日至潭州。淮南所署湖南節度使邊鎬、岳州刺史宋德權並棄城遁去。庚申，以前少府監馬從斌爲殿中監。壬戌，樞密使王峻亡妻崔氏追封趙國夫人，非故事也。乙丑，刑部尚書張沆卒。辛未，陝州折從阮移鎮邠州。以前宋州節度使李洪義爲安州節度使。癸酉，青州符彥卿移鎮鄆州。（鄆州，原本作「均州」，今從通鑑改正。（影庫本粘籤））甲戌，詔曰：「累朝已來，用兵不息，至於繕治甲胄，未免配役生靈，多取于民，助成軍器。就中皮革，尤峻科刑，稍犯嚴條，皆抵極典，鄉縣以之生事，姦猾得以侵漁，宜立所規〔一二〕，用革前弊。應天下所納牛皮，今將逐所納數〔一三〕，三分內減二分，其一分於人戶苗畝上配定。每秋夏苗共十頃納連角皮一張，其黃牛納乾筋四兩，水牛半斤，犢子皮不在納限。牛馬驢騾皮筋角，今後官中更不禁斷，只不得將出化外敵境。州縣先置巡檢牛皮節級並停。」丙子，詔曰：「應內外文武官僚幕職、州縣官舉選人等，今後有父母、祖父母亡歿未經遷葬者，其主家之長，不得輒求仕進，所由司亦不得申舉解送。如是卑幼在下者，不在此限。」己卯，日南至，帝御崇元殿受朝賀，仗衛如儀。

十二月丙戌，權武平軍留後劉言遣牙將張崇嗣入奏，於十月十三日，與節度副使王進逵〔一四〕、行軍司馬何敬貞、指揮使周行逢等，同共部領戰棹，攻收湖南。僞節度使邊鎬當夜出奔，王進逵等已入潭州。案九國志王逵傳：逵，朗州武陵人，或名進逵。邊鎬爲武安軍節度使，召劉言入覲，言不行，謀于逵曰：「江南召我，不往，必加兵於我矣，爲之奈何！」逵曰：「鎬之此來，以制置潭、朗爲名，公如速行，正入其穽。武陵負江湖之阻，帶甲百萬，乃欲拱手臣異姓乎？鎬新至長沙，經略未定，乘人心憤怒，引兵攻鎬，可一鼓而擒也。」言然之，乃遣與何景眞等同起兵于武陵，號十指揮使，以攻邊鎬。逵率舟師南上，至長沙，邊鎬大駭，以所部奔歸江南，諸州屯守皆罷之，盡復湖外之地。（舊五代史考異）癸巳，太子太師致仕安叔千卒。甲午，詔今後諸侯入朝，不得進奉買宴。丁酉，皇子澶州節度使榮落起復，加同平章事。戊戌，太子少傅致仕王延卒。壬寅，幸西莊。乙巳，以端明殿學士顏衎權知開封府事。御史臺奏：「請改左右衞復爲左右屯衞。」（「請改左右衞」當作「左右威衞」，蓋當時奏牘之文，因避御名，故去「威」字，今仍其舊。（影庫本粘籤））從之，避御名也。是冬無雪。

廣順三年春正月壬子朔，帝御崇元殿受朝賀，仗衛如儀。幸太平宮起居漢太后。甲寅，賜羣臣射於內鞠場。乙卯，武平軍兵馬留後劉言奏：「潭州兵戈之後，焚燒殆盡，乞移使府於武陵。」從之。詔升朗州爲大都督府，在潭州之上。丙辰，以武平軍節度使留後〔一五〕、檢校太尉劉言爲檢校太師、同平章事，行朗州大都督，充武平軍節度兼三司水陸轉運等使，制置武安、靜江等軍事，進封彭城郡公；武平軍節度副使、權知潭州軍州事、檢校太傅王進逵爲檢校太尉，行潭州刺史，充武安軍節度使；以武安軍行軍司馬兼衙內步軍都指揮使、檢校太傅何敬貞爲檢校太尉，行桂州刺史，充靜江軍節度使；以張倣領眉州刺史，充武平軍節度副使；以朱元琇領黃州刺史，充靜江軍節度副使；以周行逢領集州刺史，充武安軍節度行軍司馬。自進逵而下，皆劉言將校也。邠州奏，慶州略蕃部野鷄族略奪商旅，（野雞，原本作「黑雞」，今從通鑑及宋史改正。（影庫本粘籤））侵擾州界。詔遣寧州刺史張建武等率兵掩襲，仍先賜敕書安撫，如不從命，即進軍問罪。辛酉，詔賜朗州劉言應兩京及諸道舊屬湖南樓店邸第。乙丑，詔：「諸道州府繫屬戶部營田及租稅課利等，除京兆府莊宅務、贍國軍榷鹽務、兩京行從莊外，其餘並割屬州縣，所徵租稅課利，官中只管舊額〔一六〕，其職員節級一切停廢。應有客戶元佃繫省莊田、桑土、舍宇，便賜逐戶，充爲永業，仍仰縣司給與憑由。應諸處元屬營田戶部院及繫縣人戶所納租中課利，起今年後並與除放。所有見牛犢並賜本戶，官中永不收繫」云。帝在民間，素知營田之弊，至是以天下繫官莊田僅萬計，悉以分賜見佃戶充永業。是歲出戶三萬餘，百姓既得爲己業，比戶欣然，於是葺屋植樹，敢致功力。又，東南郡邑各有租牛課戶，往因梁太祖渡淮，軍士掠民牛以千萬計，梁太祖盡給與諸州民，輸租課。自是六十餘載，時移代改，牛租猶在，百姓苦之，至是特與除放。未幾，京兆府莊宅務及榷鹽務亦歸州縣，依例處分。或有上言，以天下繫官莊田，甚有可惜者，若遣貨之，當得三十萬緡，亦可資國用。帝曰：「苟利於民，與資國何異。」

丁卯，戶部侍郎、權知貢舉趙上交奏：「諸科舉人，欲等第各加對義場數〔一七〕，進士除詩賦外，別試雜文一場。」從之。兩浙弔祭使、左諫議大夫李知損責授登州司馬，員外置，登州，原本脫「登」字，今從李知損本傳增入。（影庫本粘籤）仍令所在馳驛放遣。知損銜命江、浙，所經藩郡，皆強貸於侯伯，爲青州知州張凝所奏，故有是命。己巳，幸南莊，臨水亭，見雙鳧戲於池上，帝引弓射之，一發疊貫，從臣稱賀。庚午，以前邠州節度使侯章爲鄧州節度使。前萊州刺史葉仁魯賜死，坐爲民所訟故也。辛未，詔樞密使王峻巡視河堤。峻請行，故從之。辛巳，幸南莊。

閏月甲申，朗州劉言、潭州王進逵奏，廣賊占據桂管，深入永州界俘劫，遣朗州行軍司馬何敬眞與指揮使朱全琇〔五〕、陳順等，率水陸軍五萬進擊。丙戌，迴鶻遣使貢方物。詔故梁租庸使趙巖姪崇勳，見居陳州，量賜繫官店宅，從王峻之請也。辛卯，定州奏，契丹攻義豐軍，出勁兵夜斫蕃營，斬首六十級，契丹遁去。甲午，鎮州奏，契丹寇境，遣兵追襲，至無極而還。案：契丹國志作無極山，薛史無「山」字，當係史家省文，今姑仍其舊。（影庫本粘籤）丙申，皇子澶州節度使榮來朝。壬寅，以樞密使、尚書左僕射、同平章事、監修國史王峻兼青州節度使，餘如故。延州衙內指揮使高紹基奏言：「父允權患脚膝，令臣權知軍州事。」癸卯，陳州奏：「吏民請與前刺史李穀立祠堂。」從之。時穀爲宰相，聞郡人陳請，遜讓數四，乃止。甲辰，鄴都留守王殷加檢校太尉，依前同平章事。丙午，鎮州節度使何福進、河陽節度使王彥超並加

檢校太尉，潞州節度使李筠加檢校太傅。丁未，延州節度使高允權卒。己酉，開封府奏，都城內錄到無名額僧尼寺院五十八所。詔廢之。

二月辛亥朔，以前西京留守白文珂爲太子太師致仕，進封韓國公。癸丑，安州節度使李洪義、侍衞馬軍都指揮使郭崇、侍衞步軍都指揮使曹英，並加檢校太尉。唐州方城縣令陳守愚棄市，坐剋留戶民蠶鹽一千五百斤入己也。內制國寶兩座，詔中書令馮道書寶文，其一以「皇帝承天受命之寶」爲文，其一以「皇帝神寶」爲文。按，傳國寶始自秦始皇，令李斯篆之，歷代傳授，事具前史。至唐末帝自燔之際，以寶隨身，遂俱焚焉。晉高祖受命，特制寶一座。開運末，北戎犯闕，少帝遣其子延煦送于戎王，戎王訝其非眞，少帝上表具訴其事，及戎王北歸，齎以入蕃。漢朝二帝，未暇別製，至是始創爲之。庚申，遣將作監李瓊知陝州軍州事。甲子，樞密使、平盧軍節度使、尚書左僕射、平章事、監修國史王峻責授商州司馬，員外置，所在馳驛發遣。戊辰，左監門上將軍李建崇卒。延州牙內都指揮使高紹基奏，交割軍府與副使張圖。己巳，朗州劉言奏，當道先遣行軍司馬何敬眞率兵掩擊廣賊，行及潭州，部衆奔潰。湖南王進逵以敬眞失律，已梟首訖。以樞密直學士、工部侍郎陳觀爲祕書監。陳觀，原本作「陳官」，今從宋史顏衎傳改正。（影庫本粘籤）壬申，鳳翔少尹桑能責授鄧州長史。能，晉相維翰之庶弟也，坐據維翰別第爲人所訟故也。癸酉，以戶部侍郎、知貢舉趙上交爲太子詹事。是歲，新進士中有李觀者，不當策名，物議諠然。中書門下以觀所試詩賦失韻勾落姓名，故上交移官。丁丑，幸南莊，賜從官射。命客省使向訓權知延州軍州事。永樂大典卷八千九百八十。

校勘記

〔一〕劉仁贍　殿本、劉本、本書卷一二九劉仁贍傳同，大典卷八九八〇「贍」作「瞻」。影庫本批校云：「劉仁瞻，『瞻』應作『贍』。」

〔二〕丙寅　原作「丙申」，影庫本粘籤云：「丙申，以長曆推之，當作丙寅。今無別本可校，姑仍其舊。」按二十史朔閏表，廣順二年正月戊午朔，無丙申，在甲子初七日與庚午十三日之間，應爲丙寅初九日。今據殿本改。

〔三〕沭陽　原作「沐陽」，據殿本、劉本、通鑑卷二九〇改。下同。

〔四〕癸卯　原作「癸巳」，下文「壬子」原作「壬寅」。影庫本粘籤云：「以長曆推之，癸巳當作癸卯。下文壬寅當作壬子。今無別本可校，姑仍其舊，附識于此。」按二十史朔閏表，廣順二年二月丁亥朔，本卷上文已有「癸巳」，此處在「庚子」後，當爲「癸卯」，在「癸卯」後不應有「壬寅」。今據殿本及冊府卷一六七改「癸巳」爲「癸卯」，據殿本改「壬寅」爲「壬子」。

〔五〕今年所徵夏秋稅　「稅」字原無，據殿本補。

〔六〕只放夏稅　「夏稅」二字原無，據大典卷八九八〇補。

〔七〕李澣　原作「李瀚」，據殿本、劉本、大典卷八九八〇、宋史李澣傳改。影庫本批校云：「『李瀚』，據宋史作李澣。」

〔八〕癸卯　原作「癸巳」，影庫本粘籤云：「癸巳，以長曆推之，當作癸卯。今無別本可校，姑仍其舊。」按二十史朔閏表，廣順二年六月乙酉朔，癸巳爲初九日，此處在壬寅十八日與乙巳二十一日之間，當爲癸卯十九日。今據殿本、大典卷八九八〇改。

〔九〕自守疆埸　「埸」原作「場」，據殿本、大典卷八九八〇改。劉本作「土」。

〔10〕癸未　劉本、大典卷八九八〇同，殿本無此二字。影庫本粘籤云：「『癸未』二字與上文複見，疑原本有舛誤。今無別本可校，姑仍其舊，附識于此。」

〔11〕不得以器械進貢　「得」字原無，據大典卷八九八〇補。

〔12〕宜立所規　劉本、大典卷八九八〇同。殿本、彭校、冊府卷四八八「所」作「新」。

〔13〕今將逐所納數　殿本、劉本、大典卷八九八〇同，冊府卷四八八「逐」下有「年」字。

〔14〕王進逵　「逵」原作「達」，據殿本、劉本、歐陽史卷六六楚世家改。本卷下文同。影庫本批校云：「『王進達』，據九國志應作王進逵。」舊五代史考異云：「案：原本作『進達』，後又作『王逵』，考九

國志：王逵或名進逵，今改正畫一。」

〔一五〕武平軍　「軍」字原無，據大典卷八九八〇及本卷上下文補。

〔一六〕官中只管蓓額　「官」原作「宮」，據殿本、劉本改。影庫本批校云：「宮中，據下文應作『官中』。」舊五代史考異云：「案：『官中』誤『宮中』，今據下文改正。」

〔一七〕各加對義場數　「對」原作「封」，影庫本粘籤云：「『封義』二字原本似有舛誤，考五代會要亦作『封義』，今無別本可校，姑仍其舊。」今據大典卷八九八〇、冊府卷六四二、本書卷一四八選舉志改。

〔一八〕何敬眞　大典卷八九八〇、通鑑卷二九一同。殿本、劉本、九國志及本卷上文作何敬貞。影庫本批校云：「何敬眞，前作『敬貞』，後作『敬眞』，未詳孰是。」

舊五代史卷一百一十三

周書四

太祖紀第四

廣順三年春三月庚辰朔，以相州留後白重贊爲滑州節度使，以鄭州防禦使王進爲相州節度使，以前兗州防禦使索萬進爲延州節度使，以亳州防禦使張鐸爲同州節度使。甲申，以皇子澶州節度使榮爲開封尹兼功德使，封晉王，仍令所司擇日備禮册命。丙戌，以宣徽北院使兼樞密副使鄭仁誨爲澶州節度使，以殿前都指揮使李重進領泗州防禦使，以客省使向訓爲內客省使。己丑，以棣州團練使王仁鎬爲右衛大將軍，充宣徽北院使兼樞密副使。庚寅，端明殿學士、尚書兵部侍郎顏衎落職守本官。案宋史顏衎傳云：衎權知開封府，王峻敗，衎罷職，守兵部侍郎。蓋當時以晉王爲開封尹，故衎罷職。與薛史異。以翰林學士、中書舍人王溥爲戶部侍郎充職，以左司郎中、充樞密直學士景範爲左諫議大夫充職。祕書監陳觀責授左贊善大夫，

留司西京，坐王峻黨也。癸巳，大風雨土。戊申，幸南莊。

夏四月甲寅，禁沿邊民鬻兵仗與蕃人。戊辰，河中節度使王景移鎮鳳翔〔一〕，宋州節度使常思移鎮青州〔二〕，鳳翔節度使趙暉移鎮宋州，河陽節度使王彥超移鎮河中。賜朗州劉言絹三百匹，以兵革之後匱乏故也。詔在京諸軍將士持支教接。

五月己卯朔，帝御崇元殿受朝，仗衛如儀。辛巳，前慶州刺史郭彥欽勒歸私第。州北十五里寡婦山有蕃部曰野雞族，彥欽作法擾之。蕃情獷猂，好爲不法，彥欽乃奏野雞族掠奪綱商，帝遣使齎詔撫諭，望其率化。蕃人既苦彥欽貪政，不時報命，朝廷乃詔邠州節度使折從阮、寧州刺史張建武進兵攻之。建武勇於立功，徑取野雞族帳，擊殺數百人。又，殺牛族素與野雞族有憾，案：原本作「殺牛子族」，考通鑑、五代會要、宋史、東都事略俱作殺牛族，知原本「子」字衍，今删。（舊五代史考異）且聞官軍討伐，相聚餉饋，欣然迎奉。官軍利其財貨孳畜，遂劫奪之，翻爲族所誘，至包山負險之地，官軍不利，爲蕃人迫逐，投崖墜澗而死者數百人。從阮等以兵自保，不相救應。帝怒彥欽及建武，俱罷其任，及彥欽至京師，故有是命。丁亥，新授青州節度使常思在宋州日出放得絲四萬一千四百兩，請徵入官。詔宋州給還人戶契券，其絲不徵。甲午，中書侍郎、同平章事、集賢殿大學士、權判門下省事范質，可權監脩國史。

六月壬子，滄州奏，契丹幽州榷鹽制置使兼防州刺史、知盧臺軍事張藏英，以本軍兵士及職員戶人孳畜七千頭口歸化。案：歐陽史作秋七月，張藏英來奔。（舊五代史考異）癸丑，以前開封尹、楚國公侯益爲太子太師，以前西京留守、莒國公王守恩爲左衞上將軍，案：原本作「守忠」，今據通鑑改正。（舊五代史考異）以前永興軍節度使李洪信爲左武衞上將軍。甲寅，以左衞上將軍宋彥筠爲太子少師，以太子少師楊凝式爲尙書右僕射致仕。癸亥，前河陽節度使王繼弘卒。己巳，太子太傅李懷忠卒。是月，河南、河北諸州大水，霖雨不止，川陂漲溢。襄州漢水溢入城，深一丈五尺，居民皆乘筏登樹。羣烏集潞州，河南無烏。

秋七月戊寅朔，徐州言，龍出豐縣村民井中，卽時澍雨，漂沒城邑。癸未，太子賓客馬裔孫卒。甲申，鄴都王殷奏乞朝覲，凡三上章，允之。尋以北邊奏契丹事機，詔止其行。丙戌（三），以左金吾上將軍安審信爲太子太師致仕。丁亥，以右金吾上將軍張從恩爲左金吾上將軍，以前鄧州節度使張彥成爲右金吾上將軍。己丑，以虎捷左廂都指揮使、永州防禦使韓通爲陝州留後。庚寅，太府卿、判司天監趙延乂卒。辛卯，以前西京副留守盧價爲太子賓客。乙未，以御史中丞邊光範爲禮部侍郎，以刑部侍郎張煦爲御史中丞，以翰林學士承旨、尙書禮部侍郎徐台符爲刑部侍郎充職。丙申，太子太師致仕安審信卒。丁酉，詔曰：「京兆、鳳翔府，同、華、邠、延、鄜、耀等州所管州縣軍鎭，頃因唐末藩鎭殊風，久歷歲時，未

能釐革，政途不一，何以教民。其婚田爭訟、賦稅丁徭，合是令佐之職。其擒姦捕盜、庇護部民，合是軍鎭警察之職。今後各守職分，專切提撕，如所職疏遺（四），各行按責，其州府不得差監徵軍將下縣。」戊戌，衞尉少卿李温美責授房州司戶參軍。温美奉使祭海，便道歸家，家在壽光縣，爲縣吏馮勳所訟，故黜之。供奉官武懷贇棄市，坐盜馬價入己也。壬寅，以鴻臚少卿趙脩己爲司天監。

八月己酉，幸南莊。丙辰，內衣庫使齊藏珍除名，配沙門島。藏珍奉詔脩河，不於役所部轄，私至近縣止宿，及報隄防危急，安寢不動，遂致橫流，故有是責。庚申，邢州節度使劉詞移鎭河陽。辛酉，以龍捷左廂都指揮使、閬州防禦使田景咸爲邢州留後。景咸，原本作「景成」，邢州，原本作「刑州」，今各據通鑑改正。（影庫本粘籤）丁卯，河決河陰，京師霖雨不止。給賜諸軍將士新芻有差。癸酉，以翰林學士、戶部侍郎王溥爲端明殿學士。甲戌，潭州王逵奏：「朗州劉言與淮賊通連，差指揮使鄭珓部領兵士，欲併當道。鄭珓爲軍衆所執，奔入武陵，劉言尋爲諸軍所廢，臣已至朗州安撫訖。」詔劉言勒歸私第，委王逵取便安置。是月所在州郡奏，霖雨連綿，漂沒田稼，損壞城郭廬舍。

九月己卯，太子少保盧損卒。丁酉，深州上言：「樂壽縣兵馬都監杜延熙爲戍兵所害。」先是，齊州保寧郡兵士屯於樂壽（五），都頭劉彥章等殺延熙爲亂。時鄭州開道指揮使張萬友亦屯於樂壽，然不與之同。朝廷急遣供奉官馬謖省其事，馬謖，原本作「馬曇」，今從通鑑改正。（影庫本粘籤）謖乃與萬友擒彥章等十三人斬之，餘衆奔齊州。是月多陰曀，木再華。

冬十月戊申朔，詔以來年正月一日有事於南郊，諸道州府不得以進奉南郊爲名，輒有率斂。己酉，右金吾上將軍張彥成卒。庚戌，以前同州節度使薛懷讓爲左屯衞上將軍，以尙書左丞兼判國子監田敏權判太常卿，以禮部尙書王易權兵部尙書。太常奏，郊廟社稷壇位制度，請下所司脩奉，從之。以中書令馮道爲南郊大禮使，以開封尹、晉王榮爲頓遞使，權兵部尙書王易爲鹵簿使，御史中丞張煦爲儀仗使，權判太常卿田敏爲禮儀使。以前潁州防禦使郭瓊爲權宗正卿。丙辰，幸南莊、西莊。己未，前寧州刺史張建武責授右司禦副率，以野雞族失利故也。以前翰林學士、工部侍郎魚崇諒爲禮部侍郎，充翰林學士。時崇諒解職於陝州就養，至是再除禁職，仍賜詔召之，令本州給行裝鞍馬，侍親歸朝。以太子賓客張昭爲戶部尙書，以太子賓客李濤爲刑部尙書。詔中書令馮道赴西京迎奉太廟神主。甲子，中書令馮道率百官上尊號曰聖明文武仁德皇帝，答詔不允，凡三上章，允之，仍俟郊禮畢施行。壬申，鄴都、邢、洺等州皆上言地震，鄴都尤甚。

十一月辛巳，廢共城稻田務，任人佃蒔。乙酉，日南至，帝不受朝賀。庚寅，鎭州節度

使何福進奏乞朝覲，三奏，允之。詔侍衞步軍都指揮使曹英權知鎭州軍府事。癸巳，以將作監李瓊爲濟州刺史。壬寅，詔：「重定天下縣邑，除畿赤外，其餘三千戶已上爲望縣，二千戶已上爲緊縣，一千戶已上爲上縣，五百戶以上爲中縣，不滿五百戶爲中下縣。」

十二月戊申，雨木冰。是日，四廟神主至西郊，帝郊迎奠饗，奉神主入于太廟，設奠安神而退。壬子，前單州刺史趙鳳賜死，單州，原本作「善州」，今據趙鳳本傳改正。（影庫本粘籤）坐爲民所訟故也。甲寅，詔諸道州府縣鎭城內人戶，舊請蠶鹽徵價，起今後並停。乙丑，鎭州節度使何福進來朝。乙丑，鄴都留守王殷來朝。丙寅，禮儀使奏：「皇帝郊廟行事，請以晉王榮爲亞獻，通攝終獻行事。」從之。己巳，左補闕王伸停任，坐檢田於亳州，虛憑紐配故也。辛未，鄴都留守、侍衞親軍都指揮使王殷削奪在身官爵，長流登州，尋賜死於北郊。其家人骨肉，並不問罪。癸酉，帝宿齋於崇元殿，爲來年正月一日親祀南郊也。時帝已不豫。甲戌，宿于太廟。乙亥質明，帝親饗太廟，自齋宮乘步輦至廟庭，被袞冕，令近臣翼侍陛階，陛階，原本作「陸階」，今從通鑑及契丹國志改正。（影庫本粘籤）止及一室行禮，俛首而退，餘命晉王率有司終其禮。是日，車駕赴郊宮。

顯德元年春正月丙子朔，帝親祀圜丘，禮畢，詣郊宮受賀。車駕還宮，御明德樓，宣制：

「大赦天下，改廣順四年爲顯德元年。自正月一日昧爽已前，應犯罪人，常赦所不原者，咸赦除之。內外將士各優給，文武職官並與加恩，內外命婦並與進封。寺監攝官七周年已上者，同明經出身，今後諸寺監不得以白身署攝。升朝官兩任已上，著綠十五周年與賜緋，著緋十五年與賜紫。州縣官曾經五度參選，雖未及十六考，與授朝散大夫階，年七十已上，授優散官，賜緋。應奉郊廟職掌人員，並與恩澤。今後不得以梁朝及清泰朝爲僞朝僞主，天下帝王陵廟及名臣墳墓無後，官爲檢校」云。宣赦畢，帝御崇元殿受册尊號，禮畢，羣臣稱賀。時帝郊祀，御樓受册，有司多略其禮，以帝不豫故也。先是，有占者言：「鎭星在氐、房，氐、房，原本作「互方」，今從通鑑及契丹國志改正。（影庫本粘籤）乃鄭、宋之分，當京師之地；兼氐宿主帝王露寢。若散財以致福，遷幸以避災，庶幾可以驅禳矣。」帝以遷幸煩費，不可輕議，散財可矣，故有郊禋之命。洎歲暮，帝疾增劇，郊廟之禮蓋勉而行之耳。

戊寅，詔廢鄴都依舊爲天雄軍，大名府在京兆府之下。庚辰，制皇子開封尹、晉王榮可開府儀同三司、檢校太尉、兼侍中，行開封尹、功德使，判內外兵馬事。襄州安審琦進封陳王；鄆州符彥卿進封衞王，移鎭天雄軍；荆南高保融進封南平王；夏州李彝興進封西平王。甲申，宋州趙暉進封韓國公，青州常思進封萊國公，徐州王晏進封滕國公，鄧州侯章進封申國公，西京武行德進封譙國公，許州郭從義加檢校太師，鳳翔王景進封褒國公，華州

孫方諫進封蕭國公。自趙暉已下並加開府儀同三司。乙酉，分命朝臣往諸州開倉，減價出糶，以濟饑民。詔潭州依舊爲大都督府，在朗州、桂州之上。丙戌，以澶州節度使鄭仁誨爲樞密使，加同平章事；鄜州楊信加開府儀同三司，進封杞國公；邠州折從阮加開府儀同三司，折從阮，原本作「從玩」，考從阮本名從遠，漢時避高祖御名，始改作阮，今改正。（影庫本粘籤）改封鄭國公；滄州李暉加檢校太尉；安州李洪義加檢校太師；貝州王饒加檢校太尉；以陳州節度使兼侍衞馬軍都指揮使郭崇爲澶州節度使，加同平章事；以曹州節度使兼侍衞步軍都指揮使曹英爲鎭州節度使，加同平章事；潭州王逵加特進、兼侍中；河陽劉詞加檢校太尉；河中王彥超加同平章事；以鎭州節度使何福進爲鄆州節度使，加同平章事；潞州李筠加同平章事。戊子，晉州藥元福、滑州白重贊、相州王進、同州張鐸並加檢校太傅；以延州節度使索萬進爲曹州節度使，加檢校太傅；定州留後孫行友、邢州留後田景咸、陝州留後韓通、靈武留後馮繼業並正授節度使。庚寅夜，東北有大星墜，其聲如雷。

壬辰，宰臣馮道加守太師，范質加尚書左僕射、監修國史，李穀加右僕射、集賢殿大學士。以端明殿學士、尚書戶部侍郎王溥爲中書侍郎、平章事。案東都事略王溥傳：太祖將大漸，促召學士草制，以溥爲中書侍郎、同中書門下平章事。已宣制，太祖曰：「吾無恨矣。」（舊五代史考異）司徒竇貞固進封沂國公，司空蘇禹珪進封莒國公，並加開府儀同三司。以宣徽南院使、知永興軍府事袁義

爲延州節度使；以宣徽北院使兼樞密副使王仁鎬爲永興軍節度使；以前安州節度使王令溫爲陳州節度使；以殿前都指揮使、泗州防禦使李重進爲武信軍節度使、檢校太保，典軍如故；以龍捷左廂都指揮使、睦州防禦使樊愛能爲侍衞馬軍都指揮使、樊愛能，原本作「受能」，今從通鑑改正。（影庫本粘籤）洋州節度使，加檢校太保；以虎捷左廂都指揮使、果州防禦使何徽爲侍衞步軍都指揮使、利州節度使，加檢校太保；以樞密承旨魏仁浦爲樞密副使。是日巳時，帝崩於滋德殿，聖壽五十一。祕不發喪。乙未，遷神柩於萬歲殿，召文武百官班於殿廷，宣遺制：「晉王榮可於柩前卽皇帝位，服紀月日一如舊制」云。是歲，自正月朔日後，景色昏晦，日月多暈，及嗣君卽位之日，天氣晴朗，中外肅然。

帝自郊禋後，其疾乍瘳乍劇，晉王省侍，不離左右。案東都事略：李重進，周太祖之甥，母卽福慶長公主。重進年長于世宗，及太祖寢疾，召重進受顧命，令拜世宗，以定君臣之分。（舊五代史考異）累諭晉王曰：「我若不起此疾，汝卽速治山陵，不得久留殿內。陵所務從儉素，應緣山陵役力人匠，並須和雇，不計近遠，不得差配百姓。陵寢不須用石柱，費人功，只以磚代之。用瓦棺紙衣。臨入陵之時，召近稅戶三十家爲陵戶，下事前揭開瓦棺，下事，原本作「卞是」，今從通鑑及契丹國志改正。（影庫本粘籤）遍視過陵內，切不得傷他人命。勿脩下宮，不要守陵宮人，亦不得用石人石獸，只立一石記子，鐫字云：『大周天子臨晏駕，與嗣帝約，緣平生好儉素，只令著瓦棺紙衣

葬。』若違此言，陰靈不相助。」又言：「朕攻收河府時，見李家十八帝陵園，廣費錢物人力，並遭開發。汝不聞漢文帝儉素，葬在霸陵原，至今見在。如每年寒食無事時，卽仰量事差人灑掃，如無人去，只遙祭。兼仰於河府、魏府各葬一副劍甲，澶州葬通天冠、絳紗袍，東京葬一副平天冠、衮龍服。千萬千萬，莫忘朕言。」

二月甲子，太常卿田敏上尊謚曰聖神恭肅文武孝皇帝，廟號太祖。

四月乙巳，葬於嵩陵。宰臣李穀撰謚册文，王溥撰哀册文〔六〕。永樂大典卷八千九百八十。

五代史補：高祖之爲樞密使也，每出入，常恍然覩人前導，狀若臺省人吏，其服色一緋一綠，高祖以爲不祥，深憂之。及河中、鳳翔、永興等處反，詔命高祖征之，一舉而三鎭瓦解〔七〕。自是權傾天下，論者以爲功高不賞，郭氏其危乎！高祖聞而恐懼。居無何，忽覩前導者服色，緋者改紫，綠者改緋，高祖心始安，曰：「彼二人者，但見其升，不見其降，吉兆也。」未幾，遂爲三軍所推戴。

高祖之入京師也，三軍紛擾，殺人爭物者不可勝數。時有趙童子者，知書善射，至防禦使，覩其紛擾，竊憤之，乃大呼於衆中曰：「樞密太尉，志在除君側以安國，所謂兵以義擧；鼠輩敢爾，乃賊也，豈太尉意耶！」於是持弓矢，於所居巷口據牀坐，凡軍人之來侵犯者，皆殺之，由是居人賴以保全僅數千家。其間亦有致金帛于門下，用爲報答，已堆集如丘陵焉。童子見而笑曰：「吾豈求利者耶！」於是盡歸其主。高祖聞而異之，陰謂世宗曰：「吾聞人間讖云，趙氏合當爲天子，觀此人才略度量近之矣，不早除去，吾與汝其可保乎！」使人誣告，收付御史府，劾而誅之。洎高祖厭世未十年，而皇宋有天下，趙氏之讖乃應，于斯知王者不死，信矣哉。

高祖征李守貞，軍次河上，高祖慮其爭

濟，臨岸而諭之 未及坐，忽有羣鴉噪于上，高祖退十餘步，引弓將射之。矢未及發而岸崩，其壘裂之勢，在高祖足下。高祖棄弓顧羣鴉而笑曰：「得非天使汝驚動吾耶，如此則李守貞不足破矣。」於是三軍欣然，各懷鬬志矣。五代史闕文：周太祖在漢隱帝朝爲樞密使，將兵伐河中李守貞，時馮道守太師，不與朝政，以請告，周祖謁道于私第，問伐蒲策，道辭以不在其位，不敢議國事。周祖固問之，道不得已，謂周祖曰：「相公頗知博乎？」周祖微時好蒱博，屢以此抵罪，疑道譏己，勃然變色。道曰：「是行亦猶博也。夫博，財多者氣豪而勝，財寡者心怯而輸。守貞嘗累典禁兵，自謂軍情附己，遂謀反耳。今相公誠能不惜官錢，廣施惠愛，明其賞罰，使軍心許國，則守貞不足慮也。」周祖曰：「恭聞命矣。」故伐蒲之役，周祖以便宜從事，卒成大功，然亦軍旅歸心，終移漢祚。又，周祖自鄴起兵赴闕，漢隱帝兵敗，遇害於劉子陂。周祖入京師，百官謁，周祖見道猶設拜，意道便行推戴，道受拜如平時，徐曰：「侍中此行不易。」周祖氣沮，故禪代之謀稍緩。及請道詣徐州冊湘陰公爲漢嗣，道曰：「侍中由衷乎？」周祖設誓，道曰：「莫教老夫爲謬語，令爲謬語人。」臣謹案，周世宗朝，詔御史臣修周祖實錄，故道之事，所宜諱矣。

史臣曰：周太祖昔在初潛，未聞多譽，洎西平蒲阪，北鎮鄴臺，有統御之勞，顯英偉之量。旋屬漢道斯季，天命有歸。縱虎旅以盪神京〔八〕，不無慚德；攬龍圖而登帝位，遂闡皇風。期月而弊政皆除，踰歲而羣情大服，何遷善之如是，蓋應變以無窮者也。所以魯國凶徒，望風而散；并門遺孽，引日偷生。及鼎鴐之將昇，命瓦棺而薄葬，勤儉之美，終始可稱，

雖享國之非長，亦開基之有裕矣。然而二王之誅，議者議其不能駕馭權豪，傷於猜忍，卜年斯促，抑有由焉。永樂大典卷八千九百八十。

校勘記

〔一〕河中節度使王景移鎮鳳翔 「鎮」原作「領」，據殿本、劉本改。影庫本批校云：「移領之『領』應作『鎮』。」

〔二〕宋州節度使常思移鎮青州 「常思」原作「常思進」，劉本、大典卷八九八〇同。據殿本、本書卷一一二周太祖紀、卷一二九常思傳、歐陽史卷四九常思傳改。下同。

〔三〕丙戌 二字原無，據大典卷八九八〇補。

〔四〕如所職疏遺 殿本、大典卷八九八〇同。劉本「遺」作「違」，冊府卷六一作「遺」。按本書卷一一一周世宗紀有「職業免疏遺之咎」句，疑「遺」字是。

〔五〕先是齊州保寧郡兵士屯於樂壽 「先」原作「光」，據殿本、劉本、大典卷八九八〇改。「保寧郡」，劉本作「保寧都」，通鑑卷二九一云：「契丹寇樂壽，齊州戍兵右保寧都頭劉漢章殺都監杜延熙，謀應契丹。」

〔六〕王溥撰哀冊文 「文」下原有「云」字，據殿本、大典卷八九八〇刪。

〔七〕一舉而三鎮瓦解 「三」原作「二」，據殿本、劉本、五代史補改。

〔八〕縱虎旅以盪神京 劉本、大典卷八九八〇同。殿本「縱」作「總」。影庫本批校云：「縱虎旅，『總』訛『縱』。」按郭威入汴京，曾縱兵大掠，此處作「縱」字可通。

舊五代史卷一百一十四

周書五

世宗紀第一

世宗睿武孝文皇帝，諱榮，太祖之養子，蓋聖穆皇后之姪也。本姓柴氏，父守禮，太子少保致仕。案隆平集云：柴翁者，嘗獨居室，人以爲司冥事。一日，笑不止，妻問其故，不答。翁嗜酒，妻醉之以酒，乃曰：「上帝有命，郭郎爲天子。」考柴翁即守禮之父，史佚其名。（舊五代史考異）帝以唐天祐十八年，歲在辛巳，九月二十四日丙午，生於邢州之別墅。邢州，原本作「雒州」，今據五代會要改正。（影庫本粘籤）年未童冠，因侍聖穆皇后，在太祖左右，時太祖無子，家道淪落，然以帝謹厚，故以庶事委之。帝悉心經度，貲用獲濟，太祖甚憐之，乃養爲己子。漢初，太祖以佐命功爲樞密副使，帝始授左監門衞將軍。案國老談苑云：周世宗在漢爲諸衞將軍，嘗遊畿甸，謁縣令，忘其姓名，令方聚邑客蒱博，勿得見，世宗頗銜之。及即位，令因部夫犯贓數百疋，宰相范質以具獄上奏，世宗曰：「親民之官，贓狀狼藉，法當處死。」范質奏曰：「受

所監臨財物有罪，上贓雖多，法不至死。」世宗怒，厲聲曰：「法者自古帝王之所制，本以防姦，朕立法殺贓吏，非酷刑也。」質曰：「陛下殺之則可，若付有司，臣不敢署敕。」遂貸其命〔一〕。（舊五代史考異）二年，太祖鎮鄴，改天雄軍牙內都指揮使，領貴州刺史、檢校右僕射。三年冬，太祖入平內難，留帝守鄴城。

廣順元年正月，太祖踐阼，帝懇求入覲，忽夢至河而不得渡，尋授澶州節度使、檢校太保，封太原郡侯。帝在鎮，爲政清肅，盜不犯境。先是，澶之里衖湫隘，公署毀圮，帝即廣其街肆，增其廨宇，吏民賴之。案宋史王贊傳：周世宗鎮澶淵，每旬決囚，贊引律令，辨析中理。問之，知其嘗事學問，即署右職。（舊五代史考異）二年正月，兗州慕容彥超反，帝累表請征行，太祖嘉之。及曹英等東討，數月無功，太祖欲親征，召羣臣議其事。宰臣馮道奏以方當盛夏，車駕不宜衝冒。太祖曰：「寇不可翫，如朕不可行，當使澶州兒子擊賊，方辦吾事。」時樞密王峻意不欲帝將兵，故太祖親征。六月，兗州平。十二月，加檢校太傅、同平章事。三年正月，帝入覲。三月，授開封尹兼功德使，封晉王。

顯德元年正月庚辰，加開府儀同三司、開府，原本作「開封」，今據文改正。（影庫本粘籤）檢校太尉、兼侍中，依前開封尹兼功德使，判內外兵馬事。時太祖寢疾彌留，士庶憂沮，及聞帝總內外兵柄，咸以爲愜。案隆平集：曹翰隸世宗幕下，世宗鎮澶淵，以爲牙校。及尹開封，翰猶在澶淵，聞周祖寢疾，不俟召來見世宗〔二〕，密言曰：「王爲冢嗣，不事醫藥，何以副天下望？」世宗悟，入侍禁中，以府事命翰總決。（舊五代史考異）壬辰，太祖崩，祕不發喪。丙申，內出太祖遺制：「晉王榮可於柩前即位。」羣臣奉帝即皇帝位。庚子，宰臣馮道率百僚上表請聽政，凡三上。壬寅，帝見羣臣於萬歲殿門之東廡下。

二月庚戌，潞州奏，河東劉崇與契丹大將軍楊衮，舉兵南指。壬戌，宰臣馮道率百僚上表，請御殿，凡三上，允之。丁卯，以中書令馮道充山陵使，太常卿田敏充禮儀使，兵部尚書張昭充鹵簿使，御史中丞張煦充儀仗使，開封少尹、權判府事王敏充橋道使。河東賊將張暉率前鋒自團柏谷入寇，帝召羣臣議親征。宰臣馮道等奏，以劉崇自平陽奔遁之後，勢弱氣奪，未有復振之理，竊慮聲言自來，以誤於我。陛下纂嗣之初，先帝山陵有日，人心易搖，不宜輕舉，命將禦寇，深以爲便。帝曰：「劉崇幸我大喪，聞我新立，自謂良便，必發狂謀，謂天下可取，謂神器可圖，此際必來，斷無疑耳！」馮道等以帝銳於親征，因固諍之。帝曰：「昔唐太宗之創業，靡不親征，朕何憚焉。」道曰：「陛下未可便學太宗。」帝又曰：「劉崇烏合之衆，苟遇王師，必如山壓卵耳。」道曰：「不知陛下作得山否？」作得山否，原本作「昨待山否」，今從通鑑改正。（影庫本粘籤）帝不悅而罷。詔諸道募山林亡命之徒有勇力者，送於闕下，仍目之爲強人。帝以趫捷勇猛之士，多出於羣盜中，故令所在招納，有應命者，即貸其罪，以禁衞處之，至有朝行殺奪，暮升軍籍，讎人遇之，不敢仰視。帝意亦患之，其後頗有不獲宥者。

三月丁丑，潞州奏，河東劉崇入寇，兵馬監押穆令均部下兵士爲賊軍所襲，官軍不利。詔天雄軍節度使符彥卿領兵自磁州固鎮路赴潞州，以澶州節度使郭崇副之。詔河中節度使王彥超領兵取晉州路東向邀擊，以陝府節度使韓通爲副。命宣徽使向訓、馬軍都指揮使樊愛能、步軍都指揮使何徽、滑州節度使白重贊、鄭州防禦使史彥超、前耀州團練使符彥能等，領兵先赴澤州。辛巳，制：「大赦天下，常赦所不原者，咸赦除之，諸貶降責授官，量與升陟敍用，應配流徒役人，並放逐便。諸道州府所欠去年夏秋租稅並放。內外見任文武職官並與加恩，父母在者並與恩澤，亡沒者與封贈，其母妻未敍者，特與敍封」云。前涇州節度使史懿卒。

癸未，詔以劉崇入寇，車駕取今月十一日親征。甲申，以樞密使鄭仁誨爲東京留守。乙酉，車駕發京師。壬辰，至澤州。癸巳，王師與河東劉崇、契丹楊衮大戰於高平，賊軍敗績。初，車駕行次河陽，聞劉崇自潞而南，即倍程而進。是月十八日，至澤州，既晡，帝御戎服，觀兵於東北郊，距州十五里，夜宿於村舍。十九日，前鋒與賊軍相遇，賊陣於高平縣南之高原。有賊中來者，云：「劉崇自將騎三萬，并契丹萬餘騎，嚴陣以待官軍。」帝促兵以擊之，崇東西列陣，頗亦嚴整。乃令侍衞馬步軍都虞候李重進、滑州節度使白重贊將左，居陣之西廂；侍衞馬軍都指揮使樊愛能、步軍都指揮使何徽將右，居陣之東廂；宣徽使向訓、鄭州

防禦使史彥超，以精騎當其中；殿前都指揮使張永德以禁兵衞蹕。帝介馬觀戰。兩軍交鋒，未幾，樊愛能、何徽望賊而遁，東廂騎軍亂，步軍解甲投賊，帝乃自率親騎，臨陣督戰。案隆平集馬仁瑀傳：從世宗親征劉崇，王師不利，仁瑀謂衆曰：「主辱臣死！」因躍馬大呼，引弓連斃將卒數十，士氣始振。（舊五代史考異）今上馳騎於陣前，先犯其鋒，戰士皆奮命爭先，賊軍大敗。日暮，賊萬餘人阻澗而陣。會劉詞領兵至，與大軍迫之，賊軍又潰，臨陣斬賊大將張暉張暉，通鑑考異引晉陽見聞錄作張令徽，考歐陽史、十國春秋俱同薛史作張暉，今附識於此。（影庫本粘籤）及僞樞密使王延嗣。案：九國志作張元徽乘勢復入，馬倒，爲周師所擒，殺之。與薛史異，通鑑從薛史。（舊五代史考異）案九國志張元徽傳：元徽爲前鋒，與周師遇于巴公，元徽以東師先登陷陣，擒監軍使一人，降其步卒千人而旋。劉崇大褒賞之。元徽乘勝復入，馬倒，爲周師所擒，殺之。考薛史作大將張暉戰于高平縣南，與九國志人名地名互異。通鑑從薛史。（孔本）諸將分兵追襲，殭尸棄甲，塡滿山谷。初夜，官軍至高平，降賊軍數千人，所獲輜重、兵器、駝馬、僞乘輿器服等不可勝紀。其夕，殺降軍二千餘人，我軍之降敵者亦皆就戮。初，兩軍之未整也，風自東北起，不便於我，及與賊軍相遇，風勢陡迴，人情相悅。戰之前夕，有大星如日，流行數丈，墜於賊營之上。及戰，北人望見官軍之上，有雲氣如龍虎之狀，則天之助順，豈其然乎！案九國志張元徽傳：前鋒兵將次巴公，一夕，營中刁斗皆嗄，元徽亟遣詣劉崇大營易之〔三〕，凡易數十，皆嗄而不可擊，因以白崇。崇怒曰：「故要吾金鈿耶？」遂止。是夜有大星墜元徽營中，明日果敗。（孔本）是日，危急之

勢，頃刻莫保，賴帝英武果敢，親臨寇敵，不然則社稷幾若綴旒矣。是夕，帝宿於野次。甲午，次高平縣。詔賜河東降軍二千餘人各絹二匹，并給其衣裝，鄉兵各給絹一匹，放還本部。是日大雨。戊戌，車駕至潞州。案：歐陽史作丁酉，幸潞州，與薛史異。通鑑從歐陽史，五代春秋作丙戌，誤。河南府上言，前青州節度使常思卒。

己亥，侍衞馬軍都指揮使、夔州節度使樊愛能，夔州，原本作「萱州」，今從通鑑改正。（影庫本粘籤）侍衞步軍都指揮使、壽州節度使何徽等并諸將校七十餘人，並伏誅。高平之役，兩軍既成列，賊騎來挑戰，愛能望風而退，何徽以徒兵陣於後，爲奔騎所突，即時潰亂，二將南走。帝遣近臣宣諭止遏，莫肯從命，皆揚言曰：「官軍大敗，餘衆已解甲矣。」至暮，以官軍克捷，方稍稍而迴。帝至潞州，錄其奔遁者，自軍使以上及監押使臣並斬之，由是驕將墮兵，無不知懼。帝以何徽有平陽守禦之功，欲貸其罪，竟不可，與愛能俱殺之，皆給櫘車歸葬。案東都事略：世宗謂張永德曰：「樊愛能及偏裨七十餘人，吾欲盡按軍法，何如？」對曰：「必欲開拓疆宇，威加四海，安可已也。」世宗善其言，悉誅愛能等以徇，軍聲始振。（舊五代史考異）

庚子，以侍衞馬步都虞候李重進爲許州節度使，以宣徽南院使向訓爲滑州節度使，以殿前都指揮使張永德爲武信軍節度使，職並如故。以滑州節度使白重贊爲鄜州節度使，以鄭州防禦使史彥超爲華州節度使，賞高平之功也。以晉州節度使藥元福爲同州節度使，以

宣徽北院使楊廷璋爲晉州節度使，以同州節度使張鐸爲彰義軍節度使，以客省使吳延祚爲宣徽北院使，以龍捷左廂都指揮使李千爲蔡州防禦使，以龍捷右廂都指揮使田中爲密州防禦使，以虎捷右廂都指揮使張順爲登州防禦使，以龍捷左第二軍都指揮使孫延進爲鄭州防禦使，以前耀州團練使符彥能爲澤州防禦使，以散員都指揮使李繼勳爲殿前都虞候，以殿前都虞候韓令坤爲龍捷左廂都指揮使，以鐵騎第一軍都指揮使趙弘殷案：原本注「宣祖廟諱」四字，今據宋史改作弘殷。爲龍捷右廂都指揮使，以散員都指揮使慕容延釗爲虎捷左廂都指揮使，以控鶴第一軍都指揮使趙鼎爲虎捷右廂都指揮使，並遙授團練使，其餘改轉有差。壬寅，以天雄軍節度使、衞王符彥卿爲河東行營都部署，知太原行府事；以澶州節度使郭崇爲行營副部署；以宣徽南院使向訓爲行營兵馬都監；以侍衞都虞候李重進爲行營都虞候。以華州節度使史彥超爲先鋒都指揮使，領步騎二萬，進討河東。詔河中節度使王彥超、陝府節度使韓通，率兵自陰地關討賊。以河陽節度使劉詞爲隨駕都部署，以鄜州節度使白重贊爲隨駕副部署。

夏四月乙巳，太祖靈駕發東京。乙卯，葬於嵩陵。河中節度使王彥超奏，僞汾州防禦使董希顏以城歸順。案宋史王彥超傳：彥超自陰地關與符彥卿會兵圍汾州，諸將請急攻，彥超曰：「城已危矣，且暮將降，我士卒精銳，驅以先登，必死傷者衆，少待之。」翼日，州將董希顏果降。（舊五代史考異）董希顏，原本作「革

希顏」，今從通鑑改正。（影庫本粘籤）丙辰，僞遼州刺史張漢超以城歸順。丁巳，幸柏谷寺。遣右僕射、平章事、判三司李穀赴河東城下，計度軍儲。詔河東城下諸將，招撫戶口，禁止侵掠，只令徵納當年租稅，及募民入粟五百斛、草五百圍者賜出身，千斛、千圍者授州縣官。辛酉，符彥卿奏，嵐、憲二州歸順。壬戌，制立衞國夫人符氏爲皇后，仍令有司擇日備禮册命。王彥超奏，收下石州，獲僞刺史安彥進。案宋史王彥超傳：引兵趣石州，彥超親鼓士乘城，躬冒矢石，數日下之，擒其守將安彥進獻行在。（舊五代史考異）癸亥，僞沁州刺史李廷誨以城歸順。甲子，皇妹壽安公主張氏進封晉國長公主。乙丑，東京奏，太師、中書令馮道薨。丙寅，太祖皇帝神主祔於太廟。庚午，曲赦潞州見禁罪人，除死罪外並釋放。是日，車駕發潞州，親征劉崇。癸酉，忻州僞監軍李勍殺刺史趙臯及契丹大將楊耨姑，以城歸順。詔授李勍忻州刺史。

五月乙亥，以尚書右丞邊歸讜守本官，充樞密直學士；以尚書戶部侍郎陶穀守本官，充翰林學士。案宋史陶穀傳：從征太原，時魚崇諒迎母後至，穀乘間言曰：「崇諒宿留不來，有顧望意。」世宗疑之。崇諒又表陳母病，詔許歸陝州就養，以穀爲翰林學士。（舊五代史考異）丙子，車駕至太原城下。是日，僞代州防禦使鄭處謙以城歸順。案遼史穆宗紀：四年五月乙亥，忻、代二州叛。據薛史，則忻州歸順在四月，代州歸順在五月丙子，與遼史月日互異。丁丑，觀兵於太原城下，帝親自慰勉，錫賚有差。升代州爲節鎭，以靜塞軍爲額，以鄭處謙爲節度使。戊寅，斬僞命石州刺史安彥進於太原城下，以其拒王

師也。庚辰，以前中武軍節度使郭從義爲天平軍節度使〔四〕。遣符彥卿、郭從義、向訓、白重贊、史彥超等，率步騎萬餘赴忻州。案宋史符彥卿傳：彥卿之行也，世宗以并人雖敗，朝廷饋運不繼，未議攻擊，且令觀兵城下，徐圖進取。及周師入境，汾、晉吏民，望風款接，皆以久罹虐政，願輸軍需，以資兵力。世宗從之，而連下數州。彥卿等皆以芻糧未備，欲旋軍，世宗不之省，乃調山東近郡輓軍食濟之。（舊五代史考異）是夜大風，發屋拔樹。壬午，以宰臣李穀判太原行府事。辛丑，升府州爲節鎭，以永安軍爲軍額，以本州防禦使折德扆爲節度使。

六月癸卯朔，詔班師，車駕發離太原。時大集兵賦，及徵山東、懷、孟、蒲、陝丁夫數萬，急攻其城，旦夕之間，期於必取。會大雨時行，軍士勞苦，復以忻口之師不振，帝遂決旋師之意。指麾之間，頗傷怱遽，部伍紛亂，無復嚴整，不逞之徒，訛言相恐，隨軍資用，頗有遺失者，賊城之下，糧草數十萬，悉焚棄之。案通鑑考異引晉陽見聞錄云：六月旦，周師南轅返旆，惟數百騎，間之以步卒千人，長槍赤甲，街趨捷跳梁于城隅，晡晚殺行而抽退。宋史藥元福傳：詔令班師，元福上言曰：「進軍甚易，退軍甚難。」世宗曰：「一以委卿。」遂部分卒伍爲方陣而南，元福以麾下爲後殿。崇果出兵來追，元福擊走之。（舊五代史考異）乙巳，車駕至潞州。癸丑，帝發潞州。乙丑，幸新鄭縣。丙寅，帝親拜嵩陵，祭奠而退。案五代會要云：顯德元年二月，車駕征太原回，親拜嵩陵，望陵號慟。至陵所，俯伏哀泣，感于左右，再拜訖，祭奠而退。（舊五代史考異）賜守陵將吏及近陵戶帛有差。庚午，帝至自河東。帝至自河東，原本脫「自」字，

今據五代春秋增入。（影庫本粘籤）

秋七月癸酉朔，前河西軍節度使申師厚責授右監門衞率府副率。師厚在涼州歲餘，以所部艱食，蕃情反覆，奏乞入朝，尋留其子爲留後，不俟詔離任，故責之。乙亥，天雄軍節度使、衞王符彥卿進位守太傅，改封魏王；鄆州郭從義加兼中書令；河陽劉詞移鎭永興軍，加兼侍中；潞州李筠加兼侍中；河中王彥超移鎭許州，加兼侍中；許州節度、侍衞都虞候李重進移鎭宋州〔五〕，加同平章事兼侍衞親軍都指揮使〔六〕；以武信軍節度使兼殿前都指揮使張永德爲滑州節度使，加檢校太傅，典軍如故；同州藥元福移鎭陝州，藥元福，原本作「元祉」，今從通鑑改正。（影庫本粘籤）加檢校太尉；鄜州白重贊移鎭河陽，加檢校太尉；陝州韓通移鎭曹州，加檢校太傅。帝卽位之初，覃慶於諸侯，且賞從征之功也。丙子，以前禮部侍郎邊光範爲刑部侍郎，權判開封府事。丁丑，天下兵馬元帥、吳越國王錢俶加天下兵馬都元帥；襄州節度使、陳王安審琦加守太尉。戊寅，右散騎常侍張可復卒。以前亳州防禦使李萬金爲鄜州留後。庚辰，幸南莊。辛巳，荆南節度使、南平王高保融加守中書令；夏州節度使、西平王李彝興加守太保；西京留守武行德、徐州王晏、鄧州侯章，並加兼中書令。癸未，湖南王進逵加兼中書令；天德軍節度使郭勳、邠州折從阮、安州李洪義，並加兼侍中；以前華州節度使孫方諫爲同州節度使，加兼中書令；以前永興軍節度使王仁鎬爲河中節度使，加檢校太尉。乙酉，滄州李暉、貝州王饒、鎭州曹英，並加兼侍中；涇州張鐸、相州王進、延州袁義，並加檢校太尉。壬辰，百僚上表，請以九月二十四日誕聖日爲天淸節，天淸節，原本作「本淸」，今從五代會要改正。（影庫本粘籤）從之。癸巳，以左僕射兼門下侍郎、平章事、監修國史范質爲守司徒兼門下侍郎、平章事、弘文館大學士；案國老談苑云：周太祖嘗令世宗詣范質，時爲親王，軒車高大，門不能容，世宗卽下馬步入。及嗣位，從容語質曰：「卿所居舊宅耶，門樓一何小哉。」遂爲治第。（舊五代史考異）以左僕射兼中書侍郎、平章事、集賢殿大學士、判三司李穀爲守司徒兼門下侍郎、平章事、監修國史；以中書侍郎、平章事王溥爲中書侍郎兼禮部尙書、平章事、集賢殿大學士；以樞密院學士、工部侍郎景範爲中書侍郎、平章事，判三司；樞密使、檢校太保、同平章事鄭仁誨加兼侍中；靈武馮繼業、定州孫行友、邢州田景咸，並加檢校太傅；晉州楊廷璋加檢校太保；以太子詹事趙上交爲太子賓客。乙未，以樞密副使、右監門衞大將軍魏仁浦爲樞密使、檢校太保。案東都事略云：議者以仁浦不由科第進，世宗曰：「顧才何如耳！」遂用之。（舊五代史考異）丙申，以中書舍人、史館修撰、判館事劉溫叟爲禮部侍郎，判館如故。丁酉，相州節度使王進卒。

八月壬寅朔，以宣徽北院使吳延祚爲右監門衞大將軍充職，以樞密院直學士、尙書右丞邊歸讜爲尙書左丞充職。甲辰，幸南莊，賜從臣射。乙巳，以吏部侍郎顏衎爲工部尙書

致仕。丙午，同州節度使孫方諫卒。己酉，前澤州刺史李彥崇責授右司禦副率。高平之役，帝與賊軍相遇，卽令彥崇領兵守江猪嶺，以遏寇之歸路。以遏寇之歸路，原本脫「遏」字，今據冊府元龜增入。（影庫本粘籤）彥崇初見王師已却，卽時而退，及劉崇兵敗，果由茲嶺而遁，故有是責。壬子，以金州防禦使王暉爲同州留後。癸丑，以吳越國內外都指揮使吳延福爲寧國軍節度使、檢校太尉，從錢俶之請也。以太子少師宋彥筠爲太子太師致仕。甲寅，以兵部郎中兼太常博士尹拙爲國子祭酒。丙辰，皇姑故福慶長公主追封燕國大長公主，李重進之母也〔七〕。丁巳，以戶部郎中致仕景初爲太僕卿致仕，宰臣範之父也。己巳，華州鎭國軍宜停，依舊爲郡。庚午，以給事中劉悅、康澄並爲右散騎常侍。辛未，以左散騎常侍裴巽爲御史中丞，以御史中丞張煦爲兵部侍郎，集賢殿學士、判院事司徒詡爲吏部侍郎，以左散騎常侍薛沖乂爲工部侍郎。

九月壬申朔，以東京舊宅爲皇建禪院。皇建，原本作「皇逮」，今從五代會要改正。（影庫本粘籤）甲戌，以武安軍節度副使、知潭州軍府事周行逢爲鄂州節度使，知潭州軍府事，加檢校太尉。丙戌，右屯衞將軍薛訓除名，流沙門島，坐監雍兵倉，縱吏卒掊斂也。己亥，以右僕射致仕韓昭裔、左僕射致仕楊凝式並爲太子太保致仕，以太子太傅致仕李肅爲太子太師致仕。辛丑，斬宋州巡檢供奉官、副都知竹奉璘於寧陵縣，坐盜掠商船不捕獲也。

冬十月甲辰，左羽林大將軍孟漢卿賜死，坐監納厚取耗餘也。丙午，以安州節度使李洪義爲靑州節度使，以貝州節度使王饒爲相州節度使，以徐州節度使王晏爲西京留守，以西京留守武行德爲徐州節度使。戊申，以龍捷左廂都指揮使、泗州防禦使韓令坤爲洋州節度使，充侍衞馬軍都指揮使；以虎捷右廂都指揮使、永州防禦使李繼勳爲利州節度使，充侍衞步軍都指揮使。己酉，太子太保致仕楊凝式卒。詔安、貝二州依舊爲防禦州，其軍額並停。壬子，以今上爲永州防禦使，依前殿前都虞候。戊午，監修國史李穀等上言曰：「竊以自古王者，咸建史官。君臣獻替之謀，皆須備載；家國安危之道，得以直書。歷代已來，其名不一。人君言動，則起居注創於累朝；輔相經綸，則時政記興於前代。然後採其事實，編作史書。蓋緣聞見之間，須有來處；記錄之際，得以審詳。今之左右起居郎，卽古之左右史也。唐文宗朝，命其官執筆，立於殿階螭頭之下，以紀政事。後則明宗朝，命端明殿及樞密直學士，皆輪修日曆，旋送史官，以備纂修。及近朝，此事皆廢，史官唯憑百司報狀，館司但取兩省制書，此外雖有訪聞，例非端的。伏自先皇帝創開昌運，及皇帝陛下纘嗣丕基，其聖德武功，神謀睿略，皆係萬幾宥密，丹禁深嚴，非外臣之所知，豈庶僚之可訪。此後欲望以諮詢之事，裁制之規，別命近臣，旋具抄錄，每當修撰日曆，卽令封付史臣，庶國事無漏略之文，職業免疏遺之咎。」從之。因命樞密直學士，起今後於樞密使處，逐月抄錄事件，送

付史館。己未，供奉官郝光庭棄市，坐在葉縣巡檢日，挾私斷殺平人也。是日大閱，帝親臨之。帝自高平之役，覩諸軍未甚嚴整，遂有退却。至是命今上一概簡閱，選武藝超絕者，署爲殿前諸班，因是有散員、散指揮使、內殿直、散都頭、鐵騎、控鶴之號。復命總戎者，自龍捷、虎捷以降，一一選之，老弱羸小者去之，諸軍士伍，無不精當。由是兵甲之盛，近代無比，且減冗食之費焉。案五代會要云：顯德元年，上謂侍臣曰：「侍衞兵士，老少相半，強懦不分，蓋徇人情，不能選練。今春朕在高平，與劉崇及蕃軍相遇，臨敵有指使不前者，苟非朕親當堅陣，幾至喪敗。況百戶農夫，未能贍一甲士，且兵在精不在衆，宜令一一點選，精銳者升爲上軍，怯懦者任從安便，庶期可用，又不虛費。」先是，上按於高平，觀其退縮，慨然有懲革之志。又以驍勇之士，多爲外諸侯所占，如是召募天下豪傑，不以草澤爲阻，在于闕下，躬親試閱，選武藝超絕及有身首者，分署爲殿前諸班。（舊五代史考異）

十一月戊寅，以太子賓客石光贊爲兵部尙書致仕。壬午，鎭州節度使曹英卒。乙酉，以澶州節度使郭崇爲鎭州節度使。乙未，以荆南節度副使、歸州刺史高保勗爲寧江軍節度使、檢校太尉，充荆南節度行軍司馬。戊戌，詔宰臣李穀監築河隄。先是，鄆州界河決，數州之地，洪流爲患，故命穀治之，役丁夫六萬人，三十日而罷。

十二月己酉，太子太師侯益以本官致仕。永樂大典卷八千九百八十四。

校勘記

〔一〕遂貸其命　「遂」原作「令」，據殿本、劉本、國老談苑改。

〔二〕不俟召來見世宗　「召」原作「朝」，據殿本、劉本、隆平集卷一九曹翰傳改。

〔三〕元徽亟遣詣劉崇大營易之　「亟」原作「互」，據九國志卷八張元徽傳改。

〔四〕中武軍　盧本同。殿本、劉本「中武」作「忠武」。影庫本批校云：「『中武』疑當作『忠武』。考梁時忠武軍至後唐已改額宣武，又疑原本『中』字不誤。今無別本可校，姑仍其舊。」

〔五〕侍衞都虞候　「侍」原作「使」，據殿本、宋史卷四八四李重進傳及本卷上文改。

〔六〕侍衞親軍都指揮使　「衞」字原無，據殿本、彭校補。

〔七〕李重進　「重」原作「從」，據通鑑卷二九〇、宋史卷四八四李重進傳、東都事略卷二二李重進傳改。

舊五代史卷一百一十五

周書六

世宗紀第二

顯德二年春正月辛未朔，帝不受朝賀。辛卯，詔：「在朝文班，各舉堪爲令錄者一人，雖姻族近親，亦無妨嫌。授官之日，各署舉主姓名，若在官貪濁不任，懦弱不理，並量事狀重輕，連坐舉主。」乙未，詔：「應逃戶莊田，並許人請射承佃，請射，原本作「請藉」，今從五代會要改正。（影庫本粘籤）供納稅租：如三周年內本戶來歸者，其桑田不計荒熟，並交還一半；五周年內歸業者，三分交還一分；五周年外歸業者，其莊田除本戶墳塋外，不在交付之限。其近北地諸州，應有陷蕃人戶，自蕃界來歸業者：五周年內來者，三分交還二分；十周年內來者，交還一半；十五周年來者，三分交還一分；十五周年外來者，不在交還之限。」二月戊申，遣使赴西京，賜太子太師致仕侯益、白文珂、宋彥筠等茶藥錢帛各有差，仍

降詔存問。壬戌，詔曰：

善操理者不能有全功，善處身者不能無過失，雖堯、舜、禹、湯之上聖，文、武、成、康之至明，尚猶思逆耳之言，求苦口之藥，何況後人之不逮哉！

朕承先帝之靈，居至尊之位，涉道猶淺，經事未深，常懼昏蒙，不克負荷。自臨宸極，已過周星，至於刑政取捨之間，國家措置之事，豈能盡是，須有未周，朕猶自知，人豈不察。而在位者未有一人指朕躬之過失，食祿者曾無一言論時政之是非，豈朕之寡昧不足與言邪？豈人之循默未肯盡心邪？豈左右前後有所畏忌邪？豈高卑疏近自生間別邪？

古人云：「君子大言受大祿，小言受小祿。」又云：「官箴王闕。」則是士大夫之有祿位，無不言之人。然則爲人上者，不能感其心而致其言，此朕之過也，得不求骨鯁之辭，詢正直之議，共申裨益，庶洽治平。庶洽，原本作「書詒」，今從册府元龜改正。（影庫本粘籤）朕於卿大夫，才不能盡知，面不能盡識，若不採其言而觀其行，審其意而察其忠，則何以見器略之淺深，知任用之當否？若言之不入，罪實在予，苟求之不言，咎將誰執！

應內外文武臣僚，今後或有所見所聞，並許上章論諫。若朕躬之有闕失，得以盡言；時政之有瑕疵，勿宜有隱。方求名實，豈尚虛華，苟或素不工文，但可直書其事，

辭有謬誤者，固當捨短，言涉傷忤者，必與留中，所冀盡情，免至多慮。諸有司局公事者，各宜舉職，事有不便者，革之可也，理有可行者，舉之可也，勿務因循，漸成訛謬。臣僚有出使在外迴者，苟或知黎庶之利病，聞官吏之優劣，當具敷奏，以廣聽聞。班行職位之中，遷除改轉之際，卽當考陳力之輕重，較言事之否臧，奉公切直者當議甄升，臨事蓄縮者須期抑退。翰林學士、兩省官，職居侍從，乃論思諫諍之司；御史臺官，任處憲綱，是擊搏糾彈之地；論其職分，尤異羣臣，如逐任官內，所獻替啓發彈舉者，至月限滿合遷轉時，宜令中書門下先奏取進止。

三月辛未，以李晏口爲靜安軍，其軍南距冀州百里，北距深州三十里，北距深州，原本作「恆州」，今從通鑑注所引薛史改正。（影庫本粘籤）夾胡盧河爲壘。案通鑑：浚胡盧河在正月，至三月始建軍額。（舊五代史考異）先是，貝、冀之境，密邇戎疆，居常敵騎涉河而南，馳突往來，洞無阻礙，北鄙之地，民不安居。帝乃按圖定策，遣許州節度使王彥超、曹州節度使韓通等領兵他徙，築壘於李晏口，以兵戍守，功未畢，契丹衆尋至，彥超等擊退之。及壘成，頗扼要害，自是敵騎雖至，不敢涉河，邊民稍得耕牧焉。壬辰，尚書禮部貢院進新及第進士李覃等一十六人所試詩賦、文論、策文等。詔曰：「國家設貢舉之司，求英俊之士，務詢文行，方中科名。比聞近年以來，多有濫進，或以年勞而得第，或因媒勢以出身。今歲所放舉人，試令看驗，果見紕繆，

須至去留。其李覃、何曮、楊徽之、趙鄰幾等四人，趙鄰幾，原本作「鄰其」，今從五代會要及宋史改正。（影庫本粘籤）宜放及第。其嚴說、武允成、王汾、閭丘舜卿、任惟吉、周度、張愼徽、王翥、馬文、劉選、程浩然、李震等一十二人，藝學未精，並宜勾落，且令苦學，以俟再來。禮部侍郎劉溫叟失於選士，頗屬因循，據其過尤，合行譴謫，尚視寬恕，特與矜容，劉溫叟放罪，其將來貢舉公事，仍令所司別具條理以聞。」

夏四月庚戌，以內客省使李彥頵爲延州留後。辛亥，詔：「應自外新除御史，未經朝謝，行過州府，不得受館驛供給及所在公禮。」乙卯，詔於京城四面，別築羅城，期以來春興役。戊午，以翰林學士、給事中竇儀爲禮部侍郎，依前充職；以禮部侍郎劉溫叟爲太子詹事。癸亥，以翰林學士、中書舍人楊昭儉爲御史中丞。是月，詔翰林學士承旨徐台符已下二十餘人，各撰爲君難爲臣不易論、平邊策各一首，帝親覽之。案宋史陶穀傳：世宗謂宰相曰：「朕觀歷代君臣治平之道，誠爲不易，又念唐、晉失德之後，亂臣黠將，僭竊者多。今中原甫定，吳、蜀、幽、幷尙未平附，聲教未能遠被，宜令近臣各爲論策，宣導經濟之略。」乃命承旨徐台符已下二十餘人，各撰爲君難爲臣不易論、平邊策以進。其略奉以修文德、來遠人爲意，惟穀與竇儀、楊昭儉、王朴以封疆密邇江、淮，當用師取之。世宗自克高平，常訓兵講武，思混一天下，及覽其策，欣然聽納；由是平南之意益堅矣。（舊五代史考異）

五月辛未，迴鶻遣使貢方物。鳳翔節度使王景上言：「奉詔攻收秦、鳳二州，已於今月

一日領軍由大散關路進軍次。」先是，晉末契丹入晉，秦州節度使何建何建，原本作「賀建」，今從通鑑及歐陽史改正。（影庫本粘籤）以秦、成、階三州入蜀，蜀人又取鳳州。至是，秦、鳳人戶怨蜀之苛政，相次詣闕，乞舉兵收復舊地，乃詔景與宣徽南院使向訓率師以赴焉（一）。案東都事略王溥傳：世宗將討秦、鳳，溥薦向拱，遂平之。世宗因宴，酌巵酒賜之，曰：「成吾邊功，卿擇帥之力也。」（舊五代史考異）甲戌，詔曰：

釋氏貞宗，聖人妙道，助世勸善，其利甚優。前代以來，累有條貫，近年已降，頗紊規繩。近覽諸州奏閱，繼有緇徒犯法，蓋無科禁，遂至尤違，私度僧尼，日增猥雜，創修寺院，漸至繁多，鄉村之中，其弊轉甚。漏網背軍之輩，苟剃削以逃刑；行奸爲盜之徒，託住持而隱惡。將隆教法，須辨否臧，宜舉舊章，用革前弊。

諸道州府縣鎮村坊，應有敕額寺院，一切仍舊，其無敕額者，並仰停廢，所有功德佛像及僧尼，並騰併於合留寺院內安置。天下諸縣城郭內，若無敕額寺院，祇於合停廢寺院內，選功德屋宇最多者，或寺院僧尼各留一所，若無尼住，祇留僧寺院一所。諸軍鎮坊郭及二百戶已上者，亦依諸縣例指揮。如邊遠州郡無敕額寺院處，於停廢寺院內僧尼各留兩所。今後並不得創造寺院蘭若。蘭若，原本作「蘭喏」，今從五代會要改正。（影庫本粘籤）王公戚里諸道節刺已下（二），今後不得奏請創造寺院及請開置戒壇。男子女子

如有志願出家者，並取父母、祖父母處分，已孤者取同居伯叔兄處分，候聽許方得出家。男年十五已上，念得經文一百紙，或讀得經文五百紙，女年十三已上，念得經文七十紙，或讀得經文三百紙者，經本府陳狀乞剃頭，委錄事參軍本判官試驗經文。其未剃頭間，須留髮髻，如有私剃頭者，却勒還俗，其本師主決重杖勒還俗，仍配役三年。兩京、大名府、京兆府、青州各處置戒壇，候受戒時，兩京委祠部差官引試，其大名府等三處，祇委本判官錄事參軍引試。如有私受戒者，其本人、師主、臨壇三綱、知事僧尼，並同私剃頭例科罪。應合剃頭受戒人等，逐處聞奏，候勅下，委祠部給付憑由，方得剃頭受戒。應男女有父母、祖父母在，別無兒息侍養，不聽出家。曾有罪犯，遭官司刑責之人，及棄背父母、逃亡奴婢、姦人細作、惡逆徒黨、山林亡命、未獲賊徒、負罪潛竄人等，並不得出家剃頭。如有寺院輒容受者，其本人及師主、三綱、知事僧尼、鄰房同住僧，並仰收捉禁勘，申奏取裁。

僧尼俗士，自前多有捨身、燒臂、鍊指、釘截手足、帶鈴掛燈、諸般毀壞身體、戲弄道具、符禁左道、妄稱變現還魂坐化、聖水聖燈妖幻之類，皆是聚衆眩惑流俗，今後一切止絕。如有此色人，仰所在嚴斷，遞配邊遠，仍勒歸俗，其所犯罪重者，準格律處分。

每年造僧賬兩本，其一本奏聞，一本申祠部，逐年四月十五日後，勒諸縣取索管界寺院

僧尼數目申州，州司攢賬，至五月終以前文帳到京，僧尼籍帳內無名者，並勒還俗。其巡禮行脚，出入往來，一切取便。

是歲，諸道供到帳籍，所存寺院凡二千六百九十四所，廢寺院凡三萬三百三十六，僧尼係籍者六萬一千二百人。戊寅，以刑部侍郎邊光範爲戶部侍郎，以前御史中丞裴巽爲刑部侍郎。己卯，刑部員外郎陳渥賜死，坐檢齊州臨邑縣民田失實也。渥爲人清苦，臨事有守，以徽累而當極刑，時論惜之。戊子，以沙州留後曹元忠爲沙州節度使、檢校太尉、同平章事。丙申，禮部侍郎竇儀奏，請廢童子、明經二科及條貫考試次第，從之。

六月己酉，以曹州節度使韓通充西南面行營都虞候。丙辰，以亳州防禦使陳思讓爲邢州留後。庚申，詔：「兩京及諸道州府，不得奏薦留守判官、兩使判官、少尹、防禦團練軍事判官，如是隨幕已曾任此職者聽奏。防禦團練刺史州，各置推官一員。」辛酉，廢景州爲定遠軍。癸亥，以前延州節度使袁義爲滄州節度使，以前邢州節度使田景咸爲鄧州節度使。

秋七月丁卯朔，以鳳翔節度使王景兼西南面行營都招討使，以宣徽南院使、鎮安軍節度使向訓兼西南面行營都監。戊辰，太子太傅、魯國公和凝卒。魯國，原本作「路國」，今從和凝本傳改正。（影庫本粘籤）

八月癸卯，兵部尚書張昭、太常卿田敏等奏，議減祠祭所用犧牲之數，由是圜丘、方澤及太廟卽用太牢，餘皆以羊代之。丁未，中書侍郎、平章事、判三司景範罷判三司，加銀青光祿大夫，依前中書侍郎、平章事，進封開國伯；以樞密院承旨張美權判三司。辛亥，詔：「今後應有病患老弱馬，並送同州沙苑監、衞州牧馬監，就彼水草，以盡飲齕之性。」庚子，太子太師致仕趙暉卒。乙丑，詔曰：「今後諸處祠祭，應有牲牢、香幣、饌料、供具等，仰委本司官吏躬親檢校，務在精至。行事儀式，依附禮經，大祠祭合用樂者，仍須祀前教習。凡關祀事，宜令太常博士及監察御史用心點檢，稍或因循，必行朝典。」

九月丙寅朔，詔禁天下銅器，始議立監鑄錢。案五代會要：顯德二年九月，敕云：「今采銅興冶，立監鑄錢，冀便公私（三），宜行條制。今後除朝廷法物、軍器、官物及鏡，并寺觀內鐘磬、鈸、相輪（四）、火珠、鈴鐸外，其餘銅器，一切禁斷。」（舊五代史考異）癸未，以太子賓客趙上交爲吏部侍郎，以吏部侍郎于德辰、司徒詡並爲太子賓客。乙酉，詔文武百僚，今後遇天清節，依近臣例各賜衣服。辛卯，西南面招討使王景，部送所獲西川軍校姜暉已下三百人至闕。甲午，潞州部送先擒到河東兵馬監押程交等二百人至闕（五）。詔所獲西川、河東軍校已下並釋之，各賜錢帛有差。

閏月壬子，西南面招討使王景奏，大破西川賊軍於黃花谷，黃花，原本作「黃化」，今從通鑑改正。（影庫本粘籤）擒僞命都監王巒、孫韜等一千五百餘人。案九國志李廷珪傳：周師攻秦、鳳，以廷珪爲

北路行營都統，高彥儔、呂彥珂爲招討。廷珪遣先鋒指揮使李進以兵據馬嶺，分兵出斜谷，營於白澗，將腹背以攻周師；又遣染院使王巒領兵出唐倉，與周師遇，蜀師敗走，王巒死之。而馬嶺、斜谷之兵聞之皆退奔，高彥儔與諸將謀退守青泥嶺。由是秦、鳳、階、成之地，皆陷於周矣。癸丑，秦州僞命觀察判官趙玭以本城降，詔以玭爲郢州刺史。案宋史趙玭傳：高彥儔出師救援，未至，聞軍敗，因潰歸。玭閉門不納，召官屬諭之曰：「今中朝兵甲無敵于天下，自用師西征，戰無不勝，蜀中所遣將皆武勇者，卒皆驍健者，然殺戮逋逃之外，幾無孑遺。我輩安忍坐受其禍，去危就安，當在今日。」衆皆俯伏聽命，玭遂以城歸順。世宗欲命以藩鎮，宰相范質不可，乃授郢州刺史。（舊五代史考異）先是，帝以西師久次，艱於糧運，命今上乘驛赴軍前，以觀攻戰之勢。及迴，具以事勢上奏，帝甚悅，至是果成功焉。甲子，祕書少監許遜責授蔡州別駕，坐先假竇氏圖書隱而不還也。

冬十月庚午，召近臣射於苑中，賜金器鞍馬有差。辛未，成州歸順。癸酉，以給事中王敏爲工部侍郎。戊寅，高麗國遣使朝貢。丁丑，丁丑，以長曆推之當作「丁亥」，今無別本可校，姑仍其舊。（影庫本粘籤）右散騎常侍康澄責授環州別駕，左司郎中史又玄責授商州長史〔六〕，左驍衞大將軍元霸責授均州別駕，右驍衞將軍林延禔責授登州長史。澄等奉使浙中，迴日以私便停留，逾時復命，故有是責。右諫議大夫李知損配流沙門島，沙門，原本作「河門」，今從李知損本傳改正。（影庫本粘籤）坐妄貢章疏，斥讟貴近，及求使兩浙故也。己丑，前太常卿邊蔚卒。是月始議南征。

十一月乙未朔，以宰臣李穀爲淮南道前軍行營都部署，知廬、壽等州行府事；以許州節度使王彥超爲行營副部署；命侍衞馬軍都指揮使韓令坤等一十二將，各帶征行之號以從焉。己亥，諭淮南州縣，詔曰：

朕自纘承基構，統御寰瀛，方當恭己臨朝〔七〕，誕修文德，豈欲興兵動衆，專耀武功！顧茲昏亂之邦，須舉弔伐之義。蠢爾淮甸，敢拒大邦，因唐室之陵遲，接黃寇之紛亂，飛揚跋扈，垂六十年，盜據一方，僭稱僞號。幸數朝之多事，與北境以交通，厚啓戎心，誘爲邊患。晉、漢之代，寰海未寧，而乃招納叛亡，朋助凶慝，李金全之據安陸，李守貞之叛河中，大起師徒，來爲應援，攻侵高密，殺掠吏民，迫奪閩、越之封疆，塗炭湘、潭之士庶。以至我朝啓運，東魯不庭，發兵而應接叛臣，觀釁而憑凌徐部。沭陽之役，曲直可知，尚示包荒，猶稽問罪。邇後維揚一境，連歲阻飢，我國家念彼災荒，大許糴易。前後擒獲將士，皆遣放還；自來禁戢邊兵，不令侵撓。我無所負，彼實多姦，勾誘契丹，至今未已，結連并寇，與我爲讎，罪惡難名，人神共憤。

今則推輪命將，鳴鼓出師，徵浙右之樓船，下朗陵之戈甲，東西合勢，水陸齊攻。吳孫皓之計窮，自當歸命；陳叔寶之數盡，何處偷生！應淮南將士軍人百姓等，久隔朝廷，莫聞聲教，雖從僞俗，應樂華風，必須善擇安危，早圖去就。如能投戈獻款，舉郡來降，具牛酒以犒師，納圭符而請命，車服玉帛，豈吝旌酬，土地山河，誠無愛惜。刑賞之令，信若丹青，苟或執迷，寧免後悔。王師所至，軍政甚明，不犯秋毫，有如時雨，百姓父老，各務安居，剽擄焚燒，必令禁止云。

高麗國王王昭加開府儀同三司、檢校太尉，依前使持節玄菟州都督、大義軍使，王如故。辛亥，以前滄州節度使李暉爲邢州節度使。壬子，潞州奏，破河東賊軍於祁縣。癸丑，西南面行營都部署王景奏，收復鳳州，案：歐陽史作戊申。（舊五代史考異）獲僞命節度使王環。乙卯，曲赦秦、鳳、階、成等州管內罪人，自顯德二年十一月已前，凡有罪犯，無問輕重，一切釋放。丁巳，前邢州節度使折從阮卒。己未，邢州奏，河東劉崇死。案：通鑑作顯德元年十一月，北漢主殂，遣使告於契丹。考異引王保衡見聞要錄、劉繼顒神道碑爲據，疑薛史作二年爲誤。今考遼史穆宗紀，應曆五年十一月，漢主崇殂〔八〕，應曆五年即周廣順二年也，與薛史合，蓋薛史、遼史皆以實錄爲據也。五代春秋亦作二年。壬戌，淮南前軍都部署李穀奏，先鋒都指揮使白延遇破淮賊於來遠鎮。

十二月丙寅，以左金吾大將軍蓋萬爲右監門上將軍。丁卯，淄州奏，前中書侍郎、同平章事景範卒。庚午，右金吾衞上將軍王守恩卒。辛未，安州奏，盜殺防禦使張穎。是日，翰林學士承旨徐台符卒。甲戌，李穀奏，破淮賊二千人於壽州城下。丙子，以左諫議大夫、權知開封府事王朴爲左散騎常侍，充端明殿學士，依前權知開封府事。永興軍奏，節度使劉

詞卒。己卯，李穀奏，破淮賊千餘人於山口鎮。丙戌，樞密使鄭仁誨卒。辛卯，西南面行營都部署王景，差人部送所獲僞鳳翔節度使王環至闕。詔釋之，仍賜鞍馬衣服，尋授右驍衞大將軍〔九〕。

是冬，命起居郎陶文舉徵殘租於宋州。文舉本酷吏也，宋民被其刑者凡數千，冤號之聲，聞於道路，有悼耄之輩，不勝其刑而死者數人，物議以爲不允。永樂大典卷八千九百八十四。

校勘記

〔一〕宣徽南院使　「使」字原無，據殿本及本卷下文補。

〔二〕王公戚里諸道節刺已下　「王公」原作「公王」，據殿本、會要卷一二改。「下」，殿本、劉本同，會要卷一二作「上」。

〔三〕今采銅興冶立監鑄錢冀便公私　「冶」原作「治」，「便」原作「使」，據會要卷二七改。

〔四〕和輸　原作「相輸」，據會要卷二七改。

〔五〕程交　盧本同。殿本、劉本作「程支」，冊府卷一六七作「程友」。

〔六〕責授商州長史　「授」字原無，據殿本、劉本補。

〔七〕方當恭己臨朝　「恭」原作「躬」，據殿本、冊府卷一二三改。

〔八〕漢主　原作「漢王」，據殿本、劉本及遼史卷六穆宗紀改。

〔九〕右驍衛大將軍　「大」字原無，此處原有注文云：「按原本闕一字。」按本書卷一二九王環傳作「授右驍衛大將軍」，通鑑卷二九二作「以王環爲右驍衛大將軍」，則闕文當爲「大」字，據補。

舊五代史卷一百一十六

周書七

世宗紀第三

顯德三年春正月乙未朔，帝不受朝賀。前司空蘇禹珪卒。丁酉，李穀奏，破淮賊於上窰。上窰，原本作「上黨」，其地與淮南殊遠。考通鑑作上窰，胡三省注云：「壽州南有地名上窰。」今改正。（影庫本粘籤）戊戌，發丁夫十萬城京師羅城。庚子，詔取此月八日幸淮南。殿中監馬從贇免所居官，坐乾沒外孫女霍氏之貲産，爲人所訟故也。辛丑，以宣徽南院使向訓爲權東京留守，以端明殿學士王朴爲副留守。壬寅，車駕發京師。丁未，李穀奏，自壽州引軍退守正陽。辛亥，李重進奏，大破淮賊於正陽，斬首二萬餘級，伏尸三十里，臨陣斬賊大將劉彥貞，生擒偏將咸師朗已下，獲戎甲三十萬副、馬五百匹。先是，李穀駐軍於壽春城下，以攻其城，既而淮南援軍大至，乃與將佐謀曰：「賊軍舟棹將及正陽，正陽，原本作「上陽」，考歐陽史、五代春秋、通鑑俱作正

陽，今改正。（影庫本粘籤）我師無水戰之備，萬一橋梁不守，則大軍隔絕矣。不如全師退守正陽浮橋，以俟鑾輅。」諸將皆以爲然，遂燔其糧草而退。軍迴之際，無復嚴整，公私之間，頗多亡失，淮北役夫，亦有陷於賊境者。帝聞之，急詔侍衛都指揮使李重進率師赴之。時淮賊乘李穀退軍之勢，發戰棹數百艘，沿淮而上，且張斷橋之勢，彥貞以大軍列陣而進。李重進既至正陽，聞淮軍在近，率諸將渡橋而進，與賊軍遇，重進等合勢擊之，一鼓而敗之。案南唐書劉彥貞傳：彥貞生長富貴，不練兵事，裨將武彥暉、張廷翰、咸師朗皆鬬將〔一〕，無籌畧，見周師退，以爲怯，惟恐不得速戰，士未及朝食，即督以進，遇周將李重進于正陽東。彥貞置陣，橫布拒馬，聯貫利刃，以鐵繩維之，刻木爲猛獸攫拏狀，飾以丹碧，立陣前，號揵馬牌，又以革囊貯鐵蒺藜布于地。周師望而笑其怯，銳氣已增。一戰我師大敗〔二〕，師朗等皆被擒，彥貞歿于陣。（舊五代史考異）馬令南唐書：世宗親征，行至圍鎮，聞穀軍却，意唐兵必追之，遣李重進急趨正陽，曰：「唐兵且至，宜急擊之。」彥貞等聞穀退軍，皆以爲怯，裨將咸師朗曰：「追之可大獲。」劉仁贍使人喻之曰：「君來赴援，未交戰而敵人退，不可測也，愼勿追逐。君爲大將，安危以之，脫有不利，大事去矣。」前軍張全約亦曰：「不可追。」彥貞曰：「軍容在我，汝輩何知？沮吾事者斬！」比至正陽，而重進先至，未及食而戰。彥貞施利刃于拒馬，又刻木爲獸，號揵馬牌，以皮囊布鐵蒺藜于地。周兵見而知其怯，一鼓而敗之，彥貞死于陣。（殿本）殺獲之外，降者三千餘人，皆爲我將趙晁所殺。甲寅，車駕至正陽。以侍衛都指揮使李重進爲淮南道行營都招討使，命宰臣李穀判壽州行府事。乙卯，車駕渡淮。丙辰，至壽州城下，營於州西北淝水之陽，詔

移正陽浮橋於下蔡。下蔡，原本脱「下」字，今從通鑑增入。（影庫本粘籤）庚申，耀兵於城下。案春明退朝錄云：家有范魯公雜錄，記世宗親征忠正〔三〕，駐蹕城下，中夜有白虹自淝水起，亘數丈，下貫城中，數刻方沒。（舊五代史考異）壬戌，今上奏，破淮賊萬餘衆於渦口，斬僞兵馬都監何延錫等，獲戰船五十艘。

二月丙寅，幸下蔡。斬前濟州馬軍都指揮使康儼於路左，坐橋道不謹也。朗州節度使王進逵奏，領兵入淮南界。戊辰，廬壽巡檢使司超奏，破淮賊三千於盛唐，獲都監僞吉州刺史高弼以獻。詔釋之。兵部尚書張昭奏，準詔撰集兵法，分爲十卷，凡四十二門，目之爲制旨兵法，上之。優詔褒美，仍以器幣賜之。壬申，今上奏，破淮賊萬五千人於清流山，清流，原本作「青琉」，今從歐陽史改正。（影庫本粘籤）案歐陽修豐樂亭記，太祖以周師破李景兵十五萬于清流關下，與薛史作萬五千人異。考國老談苑云：太祖提周師甚寡〔四〕，當李景兵十五萬于清流山下，臨陣親斬驍將皇甫暉。疑豐樂亭記卽本于此。第皇甫暉以傷重被擒，而談苑云臨陣親斬，小說家多傅會之詞，恐不足信。（舊五代史考異）乘勝攻下滁州，擒僞命江州節度使、充行營應援使皇甫暉，常州團練使、充應援都監姚鳳以獻。案王銍默記：李景聞世宗親至淮上，而滁州其控扼，且援壽州，命大將皇甫暉、監軍姚鳳提兵十萬扼其地。太祖以周師數千與暉遇于清流關隘路，周師大敗，暉整全師入憩滁州城下，會翊日再出。太祖兵聚關下，且虞暉兵再至，聞諸村人，云有鎭州趙學究在村中教學，多智計，村民有爭訟者，多請以決曲直。太祖往訪之，學究曰：「我有奇計，所謂因敗爲勝，轉禍爲福。今關下有徑路，人無行者，雖牌軍亦不知之，乃山之背也，可以直抵城下。方値西澗水大漲之時，彼必謂我既敗之後，無

敢躡其後者，誠能由山背小路率兵浮西澗水至城下，斬關而入，可以得志。」太祖大喜，且命學究以指其路。學究亦不辭，而遣人前導，卽下令誓師，夜從小徑行，三軍跨馬浮西澗以迫城，暉果不爲備。奪門以入，暉始聞之，率親兵擐甲與太祖巷戰，三縱而三擒之，遂下滁州。（舊五代史考異）甲戌，江南國主李景遣泗州牙將王知朗齎書一函至滁州，本州以聞，書稱唐皇帝奉書於大周皇帝，其略云：「願陳兄事，永奉鄰歡，設或俯鑒遠圖，下交小國，悉班卒乘，俾乂蒼黔，慶鷄犬之相聞，奉瓊瑤以爲好，必當歲陳山澤之利，少助軍旅之須。虔俟報章，以聽高命，道塗朝坦，禮幣夕行」云。書奏不答。乙亥，今上繫送所獲江南二將皇甫暉、姚鳳至行在，詔釋之。壬午，江南國主李景遣其臣僞翰林學士戶部侍郎鍾謨、僞工部侍郎文理院學士李德明等，李德明，原本作「德名」，今從通鑑改正。（影庫本粘籤）奉表來上，敍願依大國稱臣納貢之意，仍進金器千兩，錦綺綾羅二千匹及御衣、犀帶、茶茗、藥物等，又進犒軍牛五百頭，酒二千石。是日，賜謨等錦綺綾羅二百匹，銀器一百兩，襲衣、金帶、鞍馬等。丙戌，侍衞馬軍指揮韓令坤奏，韓令坤，原本作「全坤」，今從通鑑及宋史改正。（影庫本粘籤）收下揚州。案東都事略韓令坤傳：率兵襲揚州，將吏開門以迎之，令坤整衆而入，市不易肆，人甚悅。（舊五代史考異）丁亥，壽州城內左神衞軍使徐象等一十八人來奔。庚寅，朗州節度使王進逵上言，領兵入鄂州界，攻長山砦，殺賊軍三千餘衆。辛卯，今上表僞命天長軍制置使耿謙以本軍降，獲糧草二十餘萬。侍衞馬軍都指揮使韓令坤上言，泰州降。癸巳，荆南上言，朗州節度使王進逵爲部將潘叔嗣所殺，案九國志王逵傳：領衆逼宜春〔五〕，道出長沙，耀兵金波亭，有蜜蜂集纛蓋中，占者以爲不利，遂留長沙。令行營副使毛立領兵南下，以潘叔嗣、張文表爲前鋒。叔嗣怒，至澧陵擁衆而還。逵聞兵叛，乃乘輕舸奔歸武陵，叔嗣追殺之于朗州城外。（舊五代史考異）遣人詣潭州，請周行逢爲帥，行逢至朗州，斬叔嗣於市。

三月丙申，行光州刺史何超奏，光州僞命都監張承翰以城歸順，尋授承翰集州刺史。庚子，文武百僚再上表請聽樂，詔允之。行舒州刺史郭令圖奏，收下舒州。案隆平集王審琦傳：世宗征淮，舒州堅壁不下，以郭令圖爲刺史，命審琦、司超將兵攻城。一夕拔之。令圖入，復見逐于郡人。審琦方進軍援黄州，聞令圖被逐，乃選騎衛枚襲城，夜敗其衆而復納之。（舊五代史考異）江南國主李景表送先隔過朝廷兵士一百五十人至行在。其軍卽蜀軍也，秦、鳳之役，爲王師所擒，配隸諸軍，及渡淮，輒復南逸。帝怒其奔竄，盡戮之。丙午，江南國主李景遣其臣僞司空孫晟、僞禮部尚書王崇質等奉表來上，仍進金一千兩，銀十萬兩，羅綺二千匹，又進賞給將士茶絹金銀羅帛等。庚戌，兩浙奏，遣大將率兵攻常州。延州留後李彦頵奏，蕃衆與部民爲亂，尋與兵司都監閻縉掩殺，獲其酋帥高鬧兒等十人，磔於市。彦頵本賈人也，貪而好利，蕃漢之民怨其侵刻，故至於是。辛亥，賜江南李景書曰：

頃自有唐失御，天步方艱，巢、蔡喪亂之餘，朱、李戰爭之後，朱、李，原本作「朱子」，今

據文改正。（影庫本粘籤）中夏多故，六紀於茲，海縣瓜分，英豪鼎峙，自爲聲教，各擅烝黎，連衡而交結四夷，乘釁而憑凌上國。華風不競，否運所鍾，凡百有心，孰不興憤。

朕猥承先訓，恭荷永圖，德不迨於前王，道不方於往古。然而擅一百州之富庶，握三十萬之甲兵〔六〕，農戰交修，士卒樂用，思欲報累朝之宿怨，刷萬姓之包羞。是以踐位已來，懷安不暇，破幽、幷之巨寇，收秦、鳳之全封，兵不告疲，民有餘力。一昨迴軍隴上，問罪江干，我實有辭，咎將誰執？朕親提金鼓，尋渡淮、淝，上順天心，下符人欲，前鋒所向，彼衆無遺，棄甲僵屍，動盈川谷。收城徇地，已過滁陽，豈有落其爪牙，折其羽翼，潰其心腹，扼其吭喉而不亡者哉！

早者，泗州主將遞送到書一函；尋又使人鍾謨、李德明至，齎所上表及貢奉衣服腰帶、金銀器幣、茶藥牛酒等；今又使人孫晟等並到行朝。觀其降身聽命，引咎告窮，所謂君子見機，不俟終日，苟非達識，孰能若斯？但以奮武興戎，所以討不服；惇信明義，所以懷遠人，五帝三王，盛德大業，恆用此道，以正萬邦。

朕今躬統戎師，龔行討伐，告於郊廟社稷，詢於將相公卿，天誘其衷，國無異論。苟不能恢復內地，申畫邊疆，便議班旋，眞同戲劇，則何以光祖宗之烈，厭士庶之心，匪獨違天，兼且咈衆。但以淮南部內，已定六州，廬、壽、濠、黄，大軍悉集，指期剋日，拉朽

焚枯，其餘數城，非足介意〔七〕。必若盡淮甸之土地，爲大國之隄封，猶是遠圖，豈同迷復。「豈同迷復」下疑原本有脫誤，今無別本可校，姑仍其舊，附識于此。（影庫本粘籤）如此則江南吏卒，悉遣放還，江北軍民，並當留住，免違物類之性，俾安鄉土之情。至於削去尊稱，願輸臣禮，非無故事，實有前規。蕭詧奉周，不失附庸之道；孫權事魏，自同藩國之儀。古也雖然，今則不取，但存帝號，何爽歲寒。儻堅事大之心，終不迫人於險，事資真愨，辭匪枝游，俟諸郡之悉來，即大軍之立罷。質於天地，信若丹青，我無彼欺，爾無我詐，言盡於此，更不煩云，苟曰未然，請自茲絕。切以陽春在候，庶務縈思，願無廢於節宣，更自期於愛重。音塵非遠，風壤猶殊，翹想所深，勞於夢寐。

又賜其將佐書曰：

朕自類禡出師，麾旆問罪，絕長淮而電擊，指建業以鷹揚，建業，原本作「逮業」，今據冊府元龜改正。（影庫本粘籤）旦夕之間，克捷相繼。至若兵興之所自，釁起之所來，勝負之端倪，戎甲之次第，不勞盡諭，必想具知。

近者金陵使人，繼來行闕，追悔前事，委質大朝，非無謝咎之辭，亦有罷軍之請。但以南邦之土地，本中夏之封疆，苟失克復之期，大辜朝野之望，已興是役，固不徙

還〔八〕。必若自淮以南，畫江爲界，盡歸中國，猶是遠圖。所云願爲外臣，乞比湖、浙，彼既服義，朕豈忍人，必當別議封崇，待以殊禮。凡爾將佐，各盡乃心，善爲國家之謀，勉擇恆久之利。

初，李景遣鍾謨、李德明奉表至行闕，使人面奏云：「本國主願割壽、濠、泗、楚、光、海六州之地，歸於大朝。」帝志在盡取江北諸郡，不允其請。使人見王師急攻壽陽，李德明奏曰：「願陛下寬臣數日之誅，容臣自往江南，取本國表，盡獻江北之地。」帝許之，乃令李德明、王崇質齎此書以賜李景。

夏四月甲子，以徐州節度使武行德爲濠州城下行營都部署，以前鄧州節度使侯章爲壽州城下水砦都部署。己巳，車駕發壽春，循淮而東。辛未，揚州奏，江南大破兩浙軍於常州。初，兩浙錢俶承詔遣部將率兵攻常州，爲江南大將陸孟俊所敗，將佐陷沒者甚衆，李景亦以表聞。乙亥，駐蹕於濠州城下。丁丑，揚州韓令坤破江南賊軍於州東境，獲大將陸孟俊。今上表大破江南軍於六合，斬首五千級。時李景乘常州之捷，遣陸孟俊領兵迫泰州，王師不守，韓令坤欲棄揚州而迴。帝怒，急遣殿前都指揮使張永德帥親兵往援之，又命今上領步騎二千人屯於六合。俄而陸孟俊領其徒自海陵抵揚州，陸孟俊，原本作「孟後」，今從十國春秋改正。（影庫本粘籤）令坤迎擊，敗之，生擒孟俊。李景遣其弟齊王達率大衆由瓜步濟江，距六合一舍而設栅。居數日，乃棄栅來迫官軍，今上麾兵以擊之，賊軍大敗，餘衆赴江溺死者不可勝紀。己卯，韓令坤奏，敗楚州賊將馬在貴萬餘衆於灣頭堰，獲漣州刺史秦進崇〔九〕。丙戌，以宣徽南院使向訓爲權淮南節度使，充沿江招討使；以侍衞馬軍都指揮使韓令坤充沿江副招討使。案宋史向拱傳：揚州初平，南唐令境上出師謀收復，韓令坤有棄城之意，即驛召拱赴行在，拜淮南節度使，依前宣徽使兼沿江招討使，以令坤爲副。時周師久駐淮陽，都將趙晁、白延遇等驕恣橫暴，不相稟從，惟務貪濫，至有刼人婦女者。及拱至，戮其不法者數輩，軍中肅然。（舊五代史考異）丁亥，車駕發濠州，幸渦口。己丑，以前湖南節度使馬希崇爲左羽林統軍。

五月壬辰朔，以渦口爲鎮淮軍。戊戌，車駕還京，發渦口。案馬令南唐書：天子駐于渦口，猶欲再幸揚州，宰相范質以師老泣諫，乃班師。（舊五代史考異）乙卯，上至自淮南，詔赦都下見禁罪人。丁巳，陳州節度使王令溫卒。己未，太子賓客于德辰卒。辛酉，詔：「天下公私織造布帛及諸色匹段，幅尺斤兩，並須依向來制度，不得輕弱假僞，犯者擒捉送官。」

六月甲子，以鳳翔節度使王景爲秦州節度使，兼西面沿邊都部署；以宣徽南院使、陳州節度使向訓爲淮南節度使，依前南院宣徽使，加檢校太尉；以曹州節度使韓通爲許州節度使，加檢校太尉；以亳州防禦使王全斌爲隴州防禦使，遙領利州昭武軍兩使留後。丙寅，

許州王彥超移鎮永興軍，鄧州田景咸移鎮鄜州。御史中丞楊昭儉、知雜侍御史趙礪、侍御史張紕並停任，坐鞫獄失實也。丁卯，以翰林學士、戶部侍郎陶穀爲兵部侍郎，充翰林學士承旨；以水部員外郎知制誥扈載、度支員外郎王著，王著，原本作「王署」，今從宋史改正。（影庫本粘籤）並本官充翰林學士；以給事中高防爲右散騎常侍；以前都官郎中、知制誥薛居正爲左諫議大夫，充昭文館學士，判館事。壬申，曲赦淮南道諸州見禁罪人，自今年六月十一日已前，凡有違犯，無問輕重，並不窮問。先屬江南之時，應有非理科徭，無名配率，一切停罷云。戊寅，以右衞上將軍扈彥珂爲太子太師致仕。庚辰，以西京留守王晏爲鳳翔節度使。戊子，升瞻國軍爲濱州。淮南道招討使李重進奏，壽州賊軍攻南砦，王師不利。先是，詔步軍都指揮使李繼勳營於壽州之南，攻賊壘。是日，賊軍出城來攻我軍，破柵而入，其攻城之具並爲賊所焚，將士死者數百人。李繼勳喪失之後，軍無固志，諸將議欲退軍，賴今上自六合領兵歸闕，過其城下，因爲駐留旬日，王師復振。

秋七月辛卯朔，以武清軍節度使、知潭州軍府事周行逢爲朗州大都督，充武平軍節度使，加檢校太尉、兼侍中。丁酉，以太子賓客盧價爲禮部尚書致仕，以給事中李明爲大理卿。庚子，廬州行營都部署劉重進奏〔一〇〕，破淮賊千餘人於州界。丁未，濠州行營都部署武

行德奏，敗淮賊二千人於州界。庚戌，太子太保王仁裕卒。辛亥，皇后符氏薨。淮南節度使向訓自揚州班師，迴駐壽春。時王師攻壽春，經年未下，江、淮盜賊充斥，舒、蘄、和、泰等州復爲吳人所據，故棄揚州併力於壽春焉。案馬令南唐書：向訓請棄揚州，併力以攻壽春，乃封府庫付主者，遣淮南舊將按巡城中，秋毫不犯而去。淮人大悅，皆負糗糧以送周師。（舊五代史考異）

八月壬戌，河陽白重贊移鎮涇州，張澤移鎮河中〔一一〕。甲子，以前鄧州節度使侯章復爲鄧州節度使，以侍衛步軍都指揮使、彰信軍節度使李繼勳爲河陽節度使。乙丑，太僕卿劉可久停任，坐爲舉官累也。戊辰，端明殿學士王朴撰成新曆上之，命曰顯德欽天曆，上親爲製序，仍付司天監行用。殿前都指揮使張永德奏，破淮賊於下蔡。先是，江南李景以王師猶在壽州，遣其將林仁肇、郭廷謂率水陸軍至下蔡，欲奪浮梁，以舟實薪芻，乘風縱火，永德禦之。有頃，風勢倒指，賊衆稍却，因爲官軍所敗。己卯，工部侍郎王敏停任，坐薦子壻陳南金爲河陽記室也。南金，原本作「南僉」，今從王敏本傳改正。（影庫本粘籤）

九月丙午，以端明殿學士、左散騎常侍、權知開封府事王朴爲尚書戶部侍郎，充樞密副使；以右羽林統軍焦繼勳爲左屯衛上將軍；以左衛上將軍楊承信爲右羽林統軍〔一二〕；以左監門上將軍宋延渥爲右神武統軍。

冬十月辛酉，葬宣懿皇后於懿陵。癸亥，以右神武統軍宋延渥爲廬州行營副部署。乙

丑，舒州刺史郭令圖責授虢州教練使，坐棄郡逃歸也。丙寅，詔曰：「諸司職員，皆係奏補，當執役之際，悉藉公勤，及聽選之時，尤資幹敏，苟非慎擇，漸致因循。應諸司寺監，今後收補役人，並須人材俊利，身言可採，書札堪中，自前行止，委無訛濫，勒本司關送吏部，引驗人材，考校筆札。其中選者，連所試書跡及正身引過中書，正身引過，原本似有脫落，考冊府元龜所引薛史與永樂大典同，今仍其舊。（影庫本粘籤）餘從前後格敕處分，仍每年祇得一度奏補。」丁卯，宣懿皇后神主入廟，時有司請爲后立別廟，禮也。己巳，詔：「漳河已北郡縣〔一三〕，並許鹽貨通商，逐處有鹹鹵之地，一任人戶煎鍊。」壬申，以武平軍節度副使、知潭州軍府事宇文瓊爲武清軍節度使，知潭州軍府事。癸酉，淮南招討使李重進奏，破淮賊於盛唐，斬二千級。太子賓客致仕薛仁謙卒。丙子，襄州節度使、守太尉、兼中書令、陳王安審琦加守太師。審琦鎮漢上十餘年，至是來朝，故以命寵之。癸未，右拾遺趙守微杖一百，配沙門島。守微本村民也，形貌樸野，粗學爲文。前年徒步上書，帝以急於取士，授右拾遺，聞者駭其事。至是爲妻父所訟，彰其醜行，故逐之。案東都事略張昭傳：世宗好拔奇取俊，有自布衣上書、下僚言事者，多不次進用。昭諫曰：「昔唐初劉洎、馬周起徒步，太宗擢用爲相，其後朱朴、柳璨在下僚〔一四〕，昭宗亦以大用，然則太宗用之於前而國興，昭宗用之於後而國亡，士之難知也如此。臣願陛下存舊法而用人〔一五〕，以劉、馬爲鑑，朱、柳爲戒，則善矣。」（舊五代史考異）甲申，宣授今上同州節度使兼殿前都指揮使；宣授內外馬步軍都軍頭袁彥爲曹州節度使兼侍衛步軍都指揮使。戊子，右神武統軍張彥超卒。張彥超，原本作「彥起」，今從通鑑改正。（影庫本粘籤）

十一月己丑朔，詔廢天下無名祠廟。庚子，日南至，帝不受朝賀，以宣懿皇后遷祔日近也。乙巳，江南進奉使孫晟下獄死，江南進奉使鍾謨責授耀州司馬。戊申，放華山隱者陳摶歸山。帝素聞摶有道術，徵之赴闕，月餘放還舊隱。庚戌，殿前都指揮使張永德奏，敗濠州送糧軍二千人於下蔡，奪米船十餘艘。宰臣李穀以風痺請告十旬，三上表求解所任，不允。

十二月己未朔，以給事中張鑄爲光祿卿，訴以官名與祖諱同，尋改祕書監，判光祿寺事。辛酉，以許州節度使韓通兼侍衛馬步軍都虞候。壬戌，以右領軍大將軍、權判三司張美領三司使。壬申，以滑州節度使兼殿前都指揮使、駙馬都尉張永德爲殿前都點檢。發陳、蔡、宋、亳、潁、曹、單等州丁夫城下蔡。辛巳，故襄邑令劉居方贈右補闕，男士衡賜學究出身，獎廉吏也。癸亥，癸亥，以長曆推之，當作「癸未」，今無別本可校，姑仍其舊。（影庫本粘籤）詔兵部尚書張昭纂修太祖實錄及梁均王、唐清泰帝兩朝實錄。案五代會要云：同修撰官委張昭定名奏請，至四年正月，張昭奏請國子祭酒尹拙、太子詹事劉溫叟同編修。（舊五代史考異）又詔曰：「史館所少書籍，宜令本館諸處求訪補填。如有收得書籍之家，並許進書人據部帙多少等第，各與恩澤；如是卷帙少者，

量給賫帛。如館內已有之書，不在進納之限。仍委中書門下，於朝官內選差三十人，據見在書籍，各求真本校勘，署校官姓名，逐月具功課申報中書門下。」戊子，淮南道招討使李重進奏，破淮賊二千人陽山北。永樂大典卷八千九百八十四。「陽」字上疑脫「於」字，考冊府元龜所引薛史與永樂大典同，今仍其舊。（影庫本粘籤）

校勘記

〔一〕咸師朗 「咸」原作「成」，據本卷正文、陸游南唐書卷六劉彥貞傳改。

〔二〕我師大敗 「我」字原無，據陸游南唐書卷六劉彥貞傳改。

〔三〕記世宗親征忠正 「記」字原無，據殿本、劉本補。

〔四〕太祖提周師甚寡 「提」原作「捷」，據殿本考證、劉本考證、國老談苑改。

〔五〕領衆逼宜春 「逼」原作「適」，據殿本、劉本及九國志卷一一王逵傳改。

〔六〕三十萬 原作「三十一萬」，據殿本、劉本、彭校及冊府卷一六七改。

〔七〕非足介意 「介」原作「屆」，據殿本、劉本、彭校及冊府卷一六七改。

〔八〕固不徒還 「還」原作「遷」，據殿本、劉本、彭校及冊府卷一六七改。

〔九〕漣州 原作「連州」，據殿本、劉本、宋史卷二五一韓令坤傳、通鑑卷二九三改。

〔一〇〕廬州行營都部署　「行」字原無，據殿本、劉本、彭校及本卷下文補。

〔一一〕張澤　殿本同。劉本作張鐸。按本書卷一一四世宗紀有「以同州節度使張鐸爲彰義軍節度使」，宋史卷二六一有張鐸傳，疑當作張鐸。

〔一二〕楊承信　原作「楊信」，據殿本、劉本、宋史卷二五二楊承信傳改。參見本書卷一〇二「安州節度使楊信」下注文。

〔一三〕漳河　原作「彰河」，據劉本改。

〔一四〕柳璨　原作「柳燦」，據殿本、劉本、東都事略卷三〇張昭傳改。

〔一五〕願陛下存舊法而用人　「存」原作「在」，據殿本、劉本、東都事略卷三〇張昭傳改。

舊五代史卷一百一十七

周書八

世宗紀第四

顯德四年春正月己丑朔，帝御崇元殿受朝賀，仗衞如儀。詔天下見禁罪人，除大辟外，一切釋放。壬寅，兵部尙書張昭上言：「奉詔編修太祖實錄及梁、唐二末主實錄。伏以撰漢書者先爲項籍，編蜀記者首序劉璋，貴神器之傳授有因，歷數之推遷得序。伏緣漢隱帝君臨在太祖之前，歷試之績，並在隱帝朝內，請先修隱帝實錄，以全太祖之事功。又以唐末主之前有閔帝，在位四月，出奔於衞，亦未編紀，請修閔帝實錄。其淸泰帝實錄，請書爲廢帝實錄。」從之。案：自「唐末主」以上，原文疑有脫誤。據五代會要云：梁末主之上，有郢王友珪，篡弒居位，未有紀錄，請依宋書劉劭例，書爲「元凶友珪」，其末主請依古義書曰後梁實錄。又，唐末主之前，有應順帝，在位四月出奔，亦未編紀，請書爲前廢帝，淸泰主爲後廢帝，其書並爲實錄。（舊五代史考異）丁未，淮南道招討使李重進奏，破淮

賊五千人於壽州北。先是，李景遣其弟僞齊王達齊王，原本作「蔡王」，今從通鑑改正。（影庫本粘籤）率全軍來援壽州，達留駐濠州，遣其將許文縝、邊鎬、朱元領兵數萬，泝淮而上，至紫金山，紫金山，原本作「柴金山」，考通鑑及宋史、東都事略俱作「紫金」，今改正。（影庫本粘籤）設十餘砦，與城內烽火相應。又築夾道數里，將抵壽春，爲運糧之路，至是爲重進所敗。戊申，詔取來月幸淮南。案宋史李穀傳：師老無功，時議罷兵爲便，世宗令范質、王溥就穀謀之。穀手疏請親征，有必勝之利者三，世宗大悅，用其策。（舊五代史考異）

二月庚申，以前工部侍郎王敏爲司農卿。辛酉，詔每遇入閤日，賜百官廊下食，從舊制也。淮南道行營都監向訓奏，破淮賊二千於黃蓍砦。甲戌，以樞密副使王朴爲權東京留守兼判開封府，以三司使張美爲大內都巡檢。乙亥，車駕發京師。乙酉，次下蔡。

三月庚寅旦，帝率諸軍駐於紫金山下，命今上率親軍登山擊賊，連破數砦，斬獲數千，斷其來路，賊軍首尾不相救。是夜，賊將朱元、朱仁裕、孫璘各舉砦來降，案通鑑云：辛卯夜，朱元與先鋒壕寨使朱仁裕等舉寨萬餘人降〔一〕。據薛史，則朱元等之降卽在庚寅，與通鑑異。（舊五代史考異）降其衆萬餘人。翌日，盡陷諸砦，殺獲甚衆，擒賊大將建州節度使許文縝、前湖南節度使邊鎬，其餘黨沿流東奔，帝自率親騎沿淮北岸追賊。及晡，馳二百餘里，至鎭淮軍，殺獲數千人，奪戰艦糧船數百艘，錢帛器仗不可勝數。甲午，詔發近縣丁夫城鎭淮軍，仍搆浮梁於淮上。廬

州都部署劉重進奏，殺賊三千人於壽州東山口，皆紫金山之潰兵也。戊戌，授宣徽南院使、淮南節度使向訓爲徐州節度使，充淮南道行營都監，即命屯鎮淮上。己亥，帝自鎮淮軍復幸下蔡。壬寅，賜淮南降軍許文縝、邊鎬已下萬五百人衣服錢帛有差。丙午，壽州劉仁贍上表乞降，帝遣閤門使張保續入城慰撫。翌日，仁贍復令子崇讓上表請罪。戊申，幸壽州城北，劉仁贍與將佐已下及兵士萬餘人出降，案通鑑考異云：仁贍降書蓋其副使孫羽等爲之。歐陽史本傳亦言孫羽詐爲仁贍書以城降，與薛史異〔二〕。帝慰勞久之，恩賜有差。庚戌，詔移壽州於下蔡，以故壽州爲壽春縣。是日，曲赦壽州管內見禁罪人，自今月二十一日已前，凡有過犯，並從釋放。應歸順職員，並與加恩。壽州管界去城五十里內，放今年秋夏租稅。自來百姓，有曾受江南文字聚集山林者，並不問罪。如有曾相傷害者，今後不得更有相讎及經官論訴。自用兵已來，被擄却骨肉者，不計遠近，並許本家識認，官中給物收贖。曾經陣敵處所暴露骸骨，並仰收拾埋瘞。自前政令有不便於民者，委本州條例聞奏，當行釐革。辛亥，以僞命清淮軍節度使、檢校太尉、兼侍中劉仁贍爲特進、檢校太尉、兼中書令、鄆州節度使，以右羽林統軍楊信爲壽州節度使〔三〕。是日，劉仁贍卒。壬子，以江南僞命西北面行營都監使、舒州團練使朱元爲蔡州防禦使，舒州，原本作「抒州」，今從通鑑改正。（影庫本粘籤）以江南僞命文德殿使、壽州監軍使周延構爲衞尉卿，以江南僞命壽州營田副使孫羽爲太僕卿，以壽州節度

判官鄭牧爲鴻臚卿，賞歸順也。癸丑，追奪前許州行軍司馬韓倫在身官爵，配流沙門島。倫，侍衞馬軍都指揮使令坤之父也〔四〕。令坤領陳州，倫在州干預郡政，掊斂之暴，公私患之，爲項城民武都等所訟。帝命殿中侍御史率汀就按之，倫詐報汀云「準詔赴闕」，汀即奏之。帝愈怒，遽令追劾，盡得其實，故有是命。案宋史韓令坤傳云：倫法當棄市，令坤泣請于世宗，遂免死。（舊五代史考異）遣左諫議大夫尹日就於壽州開倉賑饑民。丙辰，車駕發下蔡還京。

夏四月己巳，車駕至自下蔡。辛未，以江南僞命西北面行營應援使、前永安軍節度使、檢校太尉許文縝爲左監門衞上將軍、檢校太尉，以僞命西北面行營應援都軍使、前武安軍節度使邊鎬爲左千牛衞上將軍、檢校太傅。丙子，宰臣李穀以風痹經年，上章請退，凡三上章，不允。案宋史李穀傳：穀扶疾入見便殿，詔令不拜，命坐御座側。以抱疾久，請辭相位，世宗怡然勉之，謂曰：「譬如家有四子，一人有疾，棄而不養，非父之道也。朕君臨萬方，卿處輔相之位，君臣之間，分義斯在，奈何以祿奉爲言。」穀愧謝而退。（舊五代史考異）丁丑，斬內供奉官孫延希於都市，御廚使董延勛、副使張皓、武德副使盧繼昇並停職。時重脩永福殿，命延希督役，上見役夫有就瓦中噉飯，以柿爲匕者，大怒，斬延希而罷延勛等。壬午，故彭城郡夫人劉氏追册爲皇后。案：歐陽史作癸未追册，與薛史異。（舊五代史考異）癸未，故皇子贈左驍衞大將軍誼再贈太尉，追封越王；故皇子贈左武衞大將軍誠再贈太傅，追封吳王；故皇子贈左屯衞大將軍諴再贈太保，追封韓王。故皇弟贈太保侗

再贈太傅，追封鄭王；故皇弟贈司空信再贈司徒，追封杞王。故皇第三妹樂安公主追册莒國長公主〔五〕，故皇第五妹永寧公主追册梁國長公主。故皇從弟贈左領軍大將軍守愿再贈左衞大將軍，故皇從弟贈左監門將軍奉超再贈右衞大將軍，故皇從弟贈左千牛衞將軍遜再贈右武衞大將軍。甲申，以先降到江南兵士，團結爲三十指揮，號懷德軍。

五月丁亥朔，帝御崇元殿受朝，仗衞如式。己丑，以新修永福殿改爲廣政殿。薛史漢隱帝紀有廣政殿，此又云改爲廣政殿，疑周太祖時宮殿之名多所更易，至世宗又從舊稱也。今無可復考，姑附識於此。（影庫本粘籤）辛卯，以端午賜文武百僚衣服，書始也。癸巳，侍衞親軍都指揮使、宋州節度使、充淮南道行營都招討李重進加檢校太傅、兼侍中；以宣徽南院使、淮南節度使向訓爲徐州節度使，加檢校太尉、同平章事。丙申，斬密州防禦副使侯希進於本郡。時太常博士張糺檢視本州夏苗，移牒希進分檢，希進以不奉朝旨，不從。糺具事以聞，帝怒，遣使斬之。丁酉，以滑州節度使兼殿前都點檢、駙馬都尉張永德爲澶州節度使，都尉，原本作「較尉」，今從宋史改正。（影庫本粘籤）加檢校太尉；以今上爲滑州節度使，加檢校太保，依前殿前都指揮使。今上以三年十月宣授同州節度使，未於正衙宣制，至是移鎭滑臺，故自永州防禦使授焉。以侍衞馬軍都指揮使、洋州節度使韓令坤爲陳州節度使，加檢校太傅；以權侍衞步軍都指揮使、岳州防禦使袁彥爲曹州節度使，加檢校太保，並典軍如故。己亥，以左神武統軍劉重進

爲鄧州節度使，以虎捷左廂都指揮使、閬州防禦使趙晁爲河陽節度使，以兗州防禦使白延遇爲同州節度使。辛丑，宰臣范質、李穀、王溥並加爵邑，改功臣。樞密使魏仁浦加檢校太傅，進封開國公。辛亥，知廬州行府事劉重進奏，相次殺敗賊，獲戰船三十艘。壬子，以宣徽北院使吳延祚爲宣徽南院使，吳延祚，原本作「廷祚」，今從東都事略改正。（影庫本粘籤）權西京留守，判河南府事。是月，詔中書門下，差官詳定格律。中書門下奏：「差侍御史知雜事張湜等一十人詳定。候畢日，委御史臺尚書省四品已上、兩省五品已上官，參詳可否，送中書門下議定，奏取進止。」從之。

六月丁巳，前濠州刺史齊藏珍以罪棄市。己未，以責授耀州司馬鍾謨爲衞尉少卿，賜紫。帝既誅孫晟，尋竄謨爲耀州，既而悔之，故有是命。辛酉，西京奏，伊陽山谷中有金屑，民淘取之，詔勿禁。乙酉，詔在朝文資官再舉堪爲令、錄、從事者各一人。

秋七月丁亥，以前徐州節度使、檢校太師、兼中書令武行德爲左衞上將軍。先是，詔行德分兵屯定遠縣，既爲淮寇所襲，王師死者數百人，帝懲其僨軍之咎，故以環衞處之。以前河陽節度使李繼勳爲右衞大將軍，責壽春南砦之敗也。壬辰，以刑部尚書王易爲太子少保致仕，以右監門衞上將軍蓋萬爲左衞上將軍致仕。己酉，己酉，以長曆推之，當作丁酉，今無別本可校，姑仍其舊。（影庫本粘籤）司農卿王敏卒。甲辰，詔曰：「準令，諸論田宅婚姻，起十一月一日至

三月三十日止者。州縣爭論，舊有釐革，每至農月，貴塞訟端。近聞官吏因循，由此成弊，凡有訴競，故作逗遛，至時而不與盡辭，入務而卽便停罷，強猾者因茲得計，孤弱者無以自伸。起今後應有人論訴陳辭狀，至二月三十日權停。若是交相侵奪、情理妨害、不可停滯者，不拘此限。」

八月乙卯朔，兵部尚書張昭上疏，望準唐朝故事，置制舉以罩英才。帝覽而善之，因命昭具制舉合行事件，條奏以聞。丙辰，以太常卿田敏爲工部尚書，以太子賓客司徒詡爲太常卿。辛未，詔在朝武班，各舉武勇膽力堪爲軍職者一人。甲戌，賜左監門上將軍許文縝、右千牛上將軍邊鎬、右衞大將軍王環、衞尉卿周延構、太府卿馮延魯、太僕卿鄭牧、鴻臚卿孫羽、衞尉少卿鍾謨、工部郎中何幼沖各冬服絹二百匹，綿五百兩。文縝已下，皆吳、蜀之士也。乙亥，宰臣李穀罷相，守司空，加食邑實封。穀抱疾周歲，累上表求退，至是方允其請。以樞密副使、戶部侍郎王朴爲樞密使、檢校太保。癸未，前濮州刺史胡立自僞蜀迴，濮州，原本作「維州」，今從十國春秋改正。（影庫本粘簽）蜀主孟昶寓書於帝，其末云：「昶昔在齠齔，卽離并都，亦承皇帝鳳起晉陽，龍興汾水，合敍鄉關之分，以陳玉帛之歡。儻蒙惠以嘉音，佇望專馳信使，謹因胡立行次，聊陳感謝披述」云。初，王師之伐秦、鳳也，以立爲排陣使，既而爲蜀所擒。及秦、鳳平，得降軍數千人，其後帝念其懷土，悉放歸蜀，至是蜀人知感，故歸立

於我。昶本生於太原，故其書意願與帝推鄉里之分，帝怒其抗禮，不答。

九月甲申朔，宰臣王溥、樞密使王朴皆丁內艱，並起復舊位。以侍衞馬步軍都指揮使、宋州節度使李重進爲鄆州節度使，典軍如故。己丑，以前翰林學士、禮部侍郎竇儼爲端明殿學士，依前禮部侍郎。

冬十月丙辰，賜京城內新修四寺額，以天清、天壽、顯靜、顯寧爲名。壬戌，左藏庫使符令光棄市。時帝再議南征，先期勑令光廣造軍士袍襦，不卽辦集，帝怒，命斬之。時宰臣等至庭救解，帝起入宮〔六〕，遂戮於都市。令光出勳閥之後，歷職內庭，以清愼自守，累總繁劇，甚有廉幹之譽。帝素重其爲人，每加委用，至是以小過見誅，人皆冤之。戊午，詔懸制科凡三：其一曰賢良方正能直言極諫科，其二曰經學優深可爲師法科，其三曰詳閑吏理達於教化科。不限前資、見任職官，黃衣草澤，並許應詔。時兵部尚書張昭條奏，請興制舉，故有是命。癸亥，河東僞命麟州刺史楊重訓以城歸順，授重訓本州防禦使、檢校太傅。戊辰，詔取月內車駕暫幸淮上。己巳，以樞密使王朴爲權東京留守，以三司使張美爲大內都點檢。壬申〔七〕，駕發京師。壬午，以前鄆州節度使郭從義爲徐州節度使，以徐州節度使向訓爲宋州節度使。

十一月癸未朔，以內客省使昝居潤爲宣徽北院使，權東京留守。案：上文以王朴爲權東京留守，不應復以命昝居潤。據東都事略昝居潤傳，世宗幸淮上，命爲副留守，疑原本脫「副」字。（舊五代史考異）丙戌，車駕至濠州城下。戊子，親破十八里灘。砦在濠州東北淮水之中，四面阻水，上令甲士數百人跨駝以濟。今上以騎軍浮水而渡，遂破其砦，擄其戰艦而迴。癸巳，帝親率諸軍攻濠州，奪關城，破水砦，賊衆大敗，焚戰艦七十餘艘，斬首二千級，進軍攻羊馬城。丙申夜，僞濠州團練使郭廷謂上表陳情，且言家在江南，欲遣人稟命於李景，從之。辛丑，帝自濠州率大軍水陸齊進，循淮而下，命今上率精騎爲前鋒。癸卯，大破淮賊於渦口，渦口，原本作「濟口」，今從通鑑改正。（影庫本粘簽）斬首五千級，收降卒二千餘人，奪戰船三百艘，遂鼓行而東，以追奔寇，晝夜不息，沿淮城柵，所至皆下。乙巳，至泗州。今上乘勢驅軍〔八〕，焚郭門，奪月城，帝親冒矢石以攻其壘。丙午，日南至，從臣拜賀於月城之上。

十二月乙卯，泗州守將范再遇以其城降，授再遇宿州團練使。戊午，帝自泗州率衆東下，命今上領兵行於南岸，與帝夾淮而進。己未，至清口，追及淮賊，軍行鼓譟之聲，聞數十里。辛酉，至楚州西北，大破賊衆，水陸俱奔，有賊船數艘，順流而逸。帝率驍騎與今上追之數十里，今上擒賊大將僞保義軍節度使、江北都應援使陳承昭以獻。收獲舟船，除焚爇外得三百餘艘，將士除殺溺外得七千餘人。初，帝之渡淮也，比無水戰之備，每遇賊之戰棹，無如之何，敵人亦以此自恃，有輕我之意。帝卽於京師大集工徒，脩成艛艦，踰歲得數

百艘，兼得江、淮舟船，遂令所獲南軍教北人習水戰出沒之勢，未幾，舟師大備。至是水陸皆捷，故江南大震。壬戌，僞命濠州團練使郭廷謂郭廷謂，原本作「廷渭」，今從宋史改正。（影庫本粘簽）以城歸順案：郭廷謂以城降，歐陽史作庚申，通鑑作辛酉，與薛史異。（舊五代史考異）乙丑，雄武軍使崔萬迪以漣水歸順。丙寅，以郭廷謂爲亳州防禦使，案：隆平集：廷謂望金陵大慟，再拜，然後以城降。世宗曰：「江南諸將，惟卿斷渦口橋，破定遠寨，足以報李景祿矣。濠上使李景自守，亦何能爲！」乃授以亳州防禦使。（舊五代史考異）以僞命濠州兵馬都監陳遷爲沂州團練使，以僞命保義軍節度使陳承昭爲右監門上將軍。江南李景遣兵驅擄揚州士庶渡江，焚其州郭而去。丙子，故同州節度使白延遇贈太尉，故濠州刺史唐景思贈武清軍節度使。丁丑，泰州平〔九〕。永樂大典卷八千九百八十四。

校勘記

〔一〕舉寨萬餘人降　「舉」原作「與」，據殿本考證、劉本考證、通鑑卷二九三改。

〔二〕歐陽史……與薛史異　二十一字原無，據舊五代史考異補。

〔三〕楊信　殿本、劉本、通鑑卷二九三同。本書卷一一六世宗紀、宋史卷二五二楊承信傳作楊承信。

〔四〕侍衞馬軍都指揮使令坤之父也　「都」字原無，據劉本、通鑑卷二九三及本卷下文補。

〔五〕故皇第三妹　「故皇」二字原無，據殿本補。

〔六〕帝起入宮　「宮」原作「營」，據殿本、劉本、彭校改。

〔七〕壬申　原作「壬辰」，據孔本、舊五代史考異改。舊五代史考異云：「案：原本作『壬辰』，考五代春秋作十月壬辰，帝南征，與薛史同。歐陽史作壬申南征，通鑑作壬申，帝發大梁，與薛史異。據下文有壬午，則十月不應有壬辰，疑原本係傳寫之誤，今從歐陽史、通鑑改正。」

〔八〕今上乘勢麾軍　「勢」字原無，據殿本、劉本補。

〔九〕秦州　原作「奏州」，據殿本、劉本、彭本、歐陽史卷一二周本紀、通鑑卷二九三改。

舊五代史卷一百一十八

周書九

世宗紀第五

顯德五年春正月癸未朔，帝在楚州城下，從臣詣行宮稱賀。案隆平集馬仁瑀傳：世宗征淮南，登楚州水寨飛樓，距城百步，城卒詬罵，左右射莫能及。召仁瑀至，應弦而斃。（舊五代史考異）乙酉，降同州爲郡。右驍衞將軍王環卒。丙戌，右龍武將軍王漢璋奏，攻海州。案：通鑑作丁亥，王漢璋奏克海州。歐陽史亦作丁亥取海州。薛史祇載丙戌攻海州，而不載取城之日，疑有闕文。（舊五代史考異）戊子，詔：「諸道幕職州縣官，並以三周年爲考限，閏月不在其內，州府不得差攝官替正官」云。己丑，詔侍衞馬軍都指揮使韓令坤權知揚州軍府事〔一〕。庚寅，發楚州管內丁壯，開鸛河　鸛河，原本作「觀河」，今從通鑑改正。（影庫本粘籤）以通運路。乙巳，帝親攻楚州。時今上在楚州城北，晝夜不解甲冑，親冒矢石，麾兵以登城。丙午，拔之，案：歐陽史、通鑑俱作丁未，克楚州，與薛史異。五代春秋從薛史作丙

午。（舊五代史考異）斬僞守將張彥卿等，六軍大掠，城內軍民死者萬餘人，廬舍焚之殆盡。案陸游南唐書張彥卿傳云：保大末，周世宗南侵，彥卿爲楚州防禦使。周師銳甚，旬日間，海、泰州、靜海軍皆破，元宗亦命焚東都宮寺民廬，徙其民渡江。世宗親御旗鼓攻楚州，自城以外皆已下，發州民濬老鸛河〔二〕，遣齊雲戰艦數百，自淮人江，勢如震霆烈焰。彥卿獨不爲動。及梯衝臨城，鑿城爲窟室，實薪而焚之，城皆摧圮〔三〕，遂陷。彥卿猶結陣城內，誓死奮擊，謂之巷鬭。日暮，轉至州廨，長短兵皆盡，彥卿猶取繩牀搏戰，及兵馬都監鄭昭業等千餘人皆死之，無一人生降者。周兵死傷亦甚衆，世宗怒，盡屠城中居民，焚其室廬，然得彥卿子光祐不殺也。又，趙鼎臣竹隱畸士集云：當城中之危也，彥卿方與諸將立城上，因泣諫以周、唐強弱，勢不足以相支，又城危甚，而外無一人援，恐旦夕徒死無益，勸彥卿趣降。彥卿頷之，因顧諸將，指曰：「視彼！」諸將方回顧，彥卿則抽劍斷其子首，擲諸地，慷慨泣謂諸將曰：「此彥卿子，勸彥卿降周，彥卿受李家厚恩，誼不降，此城吾死所也。諸軍欲降任降，第勿勸我，勸我者同此子矣。」於是諸將愕然亦泣，莫敢言降。考張彥卿死事甚烈，而九國志諸書所載甚略，今附錄諸書以備參考。又，彥卿，馬令書作彥能，與薛史異〔四〕。（舊五代史考異）

二月甲寅，僞命天長軍使易贇以城歸順。案：通鑑作易文贇。（舊五代史考異）戊午，車駕發楚州南巡。丁卯，駐蹕於廣陵，詔發揚州部內丁夫萬餘人城揚州。帝以揚州焚盪之後，居民南渡，遂於故城內就東南別築新壘。戊辰，遣使祭故淮南節度使楊行密、故昇府節度使徐温等墓。癸酉，幸揚子渡觀大江。揚子，原本作「退子」，今從歐陽史改正。（影庫本粘籤）乙亥，黄州刺

史司超奏，破淮賊三千人，擒僞舒州刺史施仁望。丙子，隰州奏，河東賊軍逃遁。時劉鈞聞帝南征，發兵圍隰州，巡檢使李謙溥以州兵拒之而退。案東都事略楊廷璋傳：隰州闕守，乃請監軍李謙溥至隰，幷人來圍其城，或請速救之，廷璋曰：「賊遽至，未必攻城。」乃募死士百餘人，潛諭謙溥相應，夜銜枚擊之，幷人大潰，逐北數十里。又，李謙溥傳云：隰州闕守，謙溥權州事，至則濬城隍，嚴兵備。未旬日而幷人至，方盛暑，謙溥服絺綌，揮羽扇，引二小吏登城徐步，幷人望之，勒兵不敢動。（舊五代史考異）

三月壬午朔，幸泰州。丁亥，復幸廣陵。辛卯，幸迎鑾江口。遣右武衞大將軍李繼勳率舟師至江島以觀寇。癸巳，帝臨江望見賊船數十艘，命今上帥戰棹以追之，賊軍退去，今上直抵南岸，焚其營栅而迴。甲午，以右武衞大將軍李繼勳爲左領軍上將軍。乙未，殿前都虞候慕容延釗奏，大破賊軍於東沛州（五）。案：通鑑作甲午，延釗奏大破唐兵于東沛州。與薛史異日。（舊五代史考異）丙申，江南李景遣其臣兵部侍郎陳覺奉表陳情，兼貢羅縠紬絹三千匹，乳茶三千斤，及香藥犀象等。丁酉，覺至行在，覩樓船戰棹已泊於江岸，以爲自天而降，愕然大駭。荆南高保融奏，本道舟師已至鄂州。

戊戌，兩浙錢俶奏，差發戰棹四百艘，水軍萬七千人，已泊江岸，請師期。己亥，今上率水軍破賊船百餘隻於瓜步。是日，李景遣其臣劉承遇奉表以廬、舒、蘄、黃等四州來獻，且請以江爲界。帝報曰：「皇帝恭問江南國主。使人至，省奏請分割舒、廬、蘄、黃等州，蘄、黃，

原本脫「黃」字，今據册府元龜增入。（影庫本粘籤）畫江爲界者。頃逢多事，莫通玉帛之歡，適自近年，遂搆干戈之役，兩地之交兵未息，蒸民之受弊斯多。一昨再辱使人，重尋前意，將敦久要，須盡縷陳。今者承遇爰來，封函復至，請割州郡，仍定封疆，猥形信誓之辭，備認始終之意，既能如是，又復何求。邊陲頓靜於煙塵，師旅便還於京闕，永言欣慰，深切誠懷。其常、潤一路及沿江兵棹，今已指揮抽退；兼兩浙、荆南、湖南水陸兵士，各令罷兵。其廬、黃、蘄三路將士，亦遣抽拔近內，候彼中起揭逐處將員及軍都家口丁畢，祗請差人勾喚在彼將校，交割州城」云。淮南平，凡得州十四、縣六十、戶二十二萬六千五百七十四。

先是，李景以江南危蹙，謀欲傳位于世子，使附庸於我，故遣陳覺上表陳敍。至是帝以既許其通好，乃降書以答之，曰：「別覩來章，備形縟旨，敍此日傳讓之意，述向來高尙之懷。仍以數歲已還，交兵不息，備論追悔之事，無非尅責之辭，雖古人有引咎責躬，因災致懼，亦無以過此也。況君血氣方剛，春秋甚富，爲一方之英主，得百姓之歡心。即今南北才通，疆埸甫定（六），是玉帛交馳之始，乃干戈載戢之初，豈可高謝君臨，輕辭世務，與其慕希夷之道，曷若行康濟之心。重念天災流行，分野常事，前代賢哲，所不能逃。苟盛德之日新，則景福之彌遠，勉修政理，勿倦經綸，保高義於初終，垂遠圖於家國，流芳貽慶，不亦美乎！」

庚子，詔曰：「比者以近年貢舉，頗是因循，頻詔有司，精加試練，所冀去留無濫，優劣昭然。昨據貢院奏，今年新及第進士等，所試文字，或有否臧，爰命辭臣，再令考覆，庶涇、渭之不雜，免玉石之相參。其劉坦、戰貽慶、戰貽慶，原本作「辭貽慶」，五代會要作「戰」。據文苑英華辨證云：戰姓出沛郡，宋初有戰弼，今改正。（影庫本粘籤）李頌、徐緯、張覲等詩賦稍優，宜放及第；王汾據其文辭，亦未精當，念以頃曾剝落，特與成名（七）；熊若谷、陳保衡皆是遠人，深可嗟念，亦放及第；郭峻、趙保雍、楊丹、安玄度、張昉、董咸則、杜思道等，未甚苦辛，並從退黜，更宜修進，以俟將來。知貢舉、右諫議大夫劉濤選士不當，有失用心，責授右贊善大夫，俾令省過，以戒當官。」先是，濤於東京放牓後，引新及第進士劉坦已下一十五人赴行在，帝命翰林學士李昉覆試，故有是命。

壬寅，復幸揚州，改廬州軍額爲保信軍。甲辰，以右龍武統軍趙贊爲廬州節度使，以殿前都虞候慕容延釗爲淮南節度使兼殿前副指揮使。延釗，原本作「廷鑑」，今從東都事略改正。（影庫本粘籤）遣鹽城監使申屠謂齎書及御馬一十匹，金銀銜全，散馬四十匹，羊千口，賜江南李景。謂先爲王師所俘，故遣之。丙午，江南李景遣所署宰相馮延巳獻犒軍銀十萬兩，絹十萬匹，錢十萬貫，茶五十萬觔，米麥二十萬石。庚戌，詔：「故淮南節度使楊行密、故昇府節度使徐溫，各給守冢戶。應江南臣僚有先代墳墓在江北者，委所在長吏差人檢校。」辛亥，李景遣所署臨汝郡公徐遼進買宴錢二百萬，幷遣伶官五十人與遼俱來獻壽觴。

夏四月癸丑，宴從臣及江南進奉使馮延巳等於行宮，徐遼代李景捧壽觴以獻，進金酒器、御衣、犀帶、金銀、錦綺、鞍馬等。乙卯，車駕發揚州還京。丙辰，太常博士、權知宿州軍州事趙礪除名，坐推劾弛慢也。先是，翰林醫官馬道玄進狀，訴壽州界被賊殺却男，獲正賊，見在宿州，本州不爲勘斷。帝大怒，遣端明殿學士竇儀乘驛往按之，及獄成，坐族死者二十四人。儀奉辭之日，帝旨甚峻，故儀之用刑傷於深刻。戊午，以前延州留後李彥頵爲滄州留後。庚申，新太廟成，遷五廟神主入於其室。壬申，至自淮南。癸酉，命宣徽北院使昝居潤判開封府事。甲戌，澶州節度使張永德準詔赴北邊，以契丹犯境故也。案遼史：應曆八年四月，南京留守蕭思溫攻下沿邊州縣。五月，周陷東城縣。東都事略郭崇傳云：世宗征淮甸，契丹萬騎掠邊境，崇帥師破之于束鹿，斬首數百級，俘人口牛羊三萬餘。薛史祇書犯境，未及詳言，歐陽史闕而不載。（孔本）丁丑，兩浙奏，四月十九日杭州火，廬舍府署延燒殆盡。

五月辛巳朔，上御崇元殿受朝，仗衞如式。詔：「侍衞諸軍及諸道將士，各賜等第優給。應行營將士歿於王事者，各與贈官，親的子孫，並量才錄用，傷夷殘廢者，別賜救接。淮南諸州及徐、宿、宋、亳、陳、潁、許、蔡等州，所欠去年秋夏稅物，並與除放」云。丙戌，命端明殿學士竇儀判河南府兼知西京留守事。辛卯，以襄州節度使安審琦爲青州節度使；以許州節度使韓通爲宋州節度使，依前兼侍衞馬步都虞候；以宋州節度使向訓爲襄州節度

使；以今上爲忠武軍節度使，依前殿前都指揮使。淮南之役，今上之功居最，及是命之降，雖云酬勳，止於移鎮而已，賞典太輕，物議不以爲允。癸巳，以左武衞上將軍武行德爲鄜州節度使，以右神武統軍宋延渥爲滑州節度使，案小畜集宋延渥神道碑云：五月，授義成軍節度使，其制略曰：「長驅下瀨之師，若涉無人之境。除凶戡難，爾既立大殊庸；礪岳盟河，予豈忘于豐報。南燕舊邦，北闕伊邇。河壖作翰，遙臨白馬之津；檇下統戎，即鎮臥龍之地。」（舊五代史考異）以前同州留後王暉爲相州留後。乙未，立東京羅城諸門名額，東二門曰寅賓、延春，南三門曰朱明、景風、畏景，畏景，原本作「思景」，五代會要作畏景，據下文北門愛景，則南門當以畏景爲是，今改正。（影庫本粘籤）西二門曰迎秋、肅政，北三門曰元德、長景、愛景。辛丑，幸懷信驛。乙巳，詔在朝文資官各再舉堪爲幕職令錄一人〔八〕。戊申，以襄州節度使向訓兼西南面水陸發運招討使。己酉，以太府卿馮延魯充江南國信使，以衞尉少卿鍾謨爲副。賜李景御衣、玉帶、錦綺羅縠帛共十萬匹，金器千兩，銀器萬兩，御馬五匹，金玉鞍轡全，散馬百匹，羊三百匹。賜江南世子李弘冀器幣鞍馬等。別賜李景書曰：「皇帝恭問江南國主。煑海之利，在彼海濱，屬疆壤之初分，慮供食之有闕。江左諸郡，素號繁饒，然於川澤之間，舊無斥鹵之地，曾承素旨，常在所懷，願均收積之餘，以助軍旅之用。已下三司，逐年支撥供軍食鹽三十萬石。」又賜李景今年曆日一軸。

六月庚午，命中書舍人竇儼參定雅樂。辛未，放先俘獲江南兵士四千七百人歸本國。

案：歐陽史作四千六百人。（舊五代史考異）壬申，有司奏御膳料，上批曰：「朕之常膳，今後減半，餘人依舊。」癸酉，禘於太廟。乙亥，兵部尚書張昭等撰太祖實錄三十卷成，上之，賜器帛有差。丁丑，以中書舍人張正爲工部侍郎，充江北諸州水陸轉運使。戊寅，詔諫議大夫宜依舊爲正五品上，仍班在給事中之下。

秋七月癸未，以右散騎常侍高防爲戶部侍郎，以左驍衞上將軍李洪信爲右龍武統軍，以左領軍上將軍李繼勳爲右羽林統軍，以工部尚書田敏爲太子少保，以刑部侍郎裴巽爲尚書左丞，以左武衞上將軍薛懷讓爲太子太師，以右羽林大將軍李萼爲右千牛衞上將軍。自敏已下皆致仕。丙戌，中書門下新進刪定大周刑統〔九〕，奉勅班行天下。丁亥，賜諸道節度使、刺史均田圖各一面。均田，原本作「匀田」，今從通鑑改正。（影庫本粘籤）唐同州刺史元稹，在郡日奏均戶民租賦，帝因覽其文集而善之，乃寫其辭爲圖，以賜藩郡。時帝將均定天下賦稅，故先以此圖徧賜之。案五代會要載原詔云：朕以寰宇雖安，蒸民未泰，當乙夜觀書之際，較前賢阜俗之方。近覽元稹長慶集，見在同州時所上均田表，較當時之利病，曲盡其情，俾一境之生靈，咸受其賜，傳于方册，可得披尋。因令製素成圖，直書其事，庶王公親覽，觸目驚心，利國便民，無亂條制，背經合道，盡繫變通〔一〇〕，但要適宜，所冀濟務，繫乃勛舊，共庇黎元。今賜元稹所奏均田圖一面，至可領也。（舊五代史考異）

閏月壬子，廢衍州爲定平縣，廢武州爲潘原縣。壬戌，河決河陰縣，溺死者四十二人。

辛丑，辛丑，以長曆推之，當作辛酉，今無別本可校，姑仍其舊。（影庫本粘籤）幸新授青州節度使安審琦第〔一一〕。癸酉，邢州留後陳思讓奏，破河東賊軍千餘人於西山下，斬首五百級。

八月庚辰，延州奏，洷溪水漲，壞州城，溺死者百餘人。己丑，太子太師致仕宋彥筠卒。辛丑，江南李景上表乞降，詔書不允。

九月丁巳，以太府卿馮延魯爲刑部侍郎，以衞尉少卿鍾謨爲給事中，並放歸江南。時延魯、鍾謨自江南復命，李景復奏欲傳位於其世子弘冀，帝亦以書答之。甲子，賜江南羊萬口，馬三百匹，槖駝三十頭；賜兩浙錢俶羊五千口，馬二百匹，槖駝二十頭。乙丑，賜宰臣、樞密使及近臣宴於玉津園。己巳，占城國王釋利因德漫遣使貢方物。壬申，天淸節，羣臣詣廣德殿上壽。江南進奉使商崇儀代李景捧壽觴以獻。案宋類苑云：湯悅，父殷舉，唐末有才名。本名崇義，建隆初，避宣祖諱改姓湯〔一二〕。初在吳爲舍人，受詔撰揚州孝先寺碑，世宗親征，駐蹕此寺，讀其文賞歎。及畫江議定，後主遣悅入貢，世宗爲之加禮。自淮上用兵，凡書詔多悅之作，特爲典贍，切于事情。世宗每覽江南文字，形於嗟歎，當時沈遇、馬士元皆不稱職，復用陶穀、李昉于舍人，其後用屬載，率由此也。（舊五代史考異）冬十月己卯，以戶部侍郎高防爲西南面水陸轉運使，將用師於巴、邛故也。案宋史高防傳：世宗謀伐蜀，以防爲西南面水陸轉運制置使，屢發芻糧赴鳳州，爲征討之備。（舊五代史考異）丙戌，邠州李暉移鎮鳳翔。戊子，幸迎春苑。己丑，太常卿司徒詡以本官致仕。壬辰，帝狩於近郊。癸巳，前相州節度使王饒卒。

甲午，左監門上將軍許文縝、右千牛上將軍邊鎬、衞尉卿周延構，並歸江南。乙未，詔淮南諸州鄉軍，並放歸農。丁酉，遣左散騎常侍艾穎等均定河南六十州稅賦。案五代會要載賜諸道均田詔曰：朕以干戈既弭，寰海漸寧，言念地征，罕臻藝極，須並行均定，所冀永適重輕。卿受任方隅，深窮治本，必須副寡昧平分之意，察鄉閭治弊之原，明示條章，用分寄任，竚令集事，尤屬推公。今差使臣往彼檢括，餘從別勅。（舊五代史考異）

十一月丁未朔，詔翰林學士竇儼，集文學之士，撰集大周通禮、大周正樂，案：歐陽史作十一月庚戌。（舊五代史考異）從儼之奏也。辛亥，日南至，帝御崇元殿受朝賀，仗衞如式。己未，昭義李筠奏，破遼州長淸砦，獲僞命磁州刺史李再興。甲子，帝狩於近郊。

十二月丁丑朔，朗州奏，醴陵縣玉仙觀山門中〔一三〕，舊有田二萬頃，久爲山石閉塞，今年七月十七日夜，暴雷劈開，其路復通。己卯，楚州兵馬都監武懷恩棄市，坐擅殺降軍四人也。丙戌，詔重定諸道州府幕職令錄佐官料錢，其州縣官俸戶宜停。己丑，楚州防禦使張順賜死，坐在任隱落榷稅錢五十萬、官絲綿二千兩也。壬辰，詔兩京及五府少尹司參軍各省一員，六曹判司六曹判司，原本脫「曹」字，今從五代會要增入。（影庫本粘籤）內祗直戶法二曹〔一四〕，餘及諸州觀察支使、兩蕃判官並省。甲午，帝狩於近郊。乙未，鄧州劉重進移鎮邠州，滑州宋延渥移鎮鄧州，以前河中節度使王仁鎬爲邢州節度使，以邢州留後陳思讓爲滑州留後。己亥，詔翰林學士，今後逐日起居，當直者仍赴晚朝。是月，江南李景殺其臣僞太傅中書令宋齊丘、僞兵部侍郎陳覺、僞鎭南軍節度副使李徵古等。初，帝之南征也，吳人大懼，覺與徵古皆齊丘門人，因進說於景，請委國事於齊丘，景繇是銜之。及吳人遣鍾謨、李德明奉表至行在，帝尋遣德明復命於金陵，德明因說李景請割江北之地求和於我，而陳覺、李徵古等以德明爲賣國，請戮之，景遂殺德明。及江南內附，帝放鍾謨南歸，謨本德明之黨也，因譖齊丘等，故齊丘等得罪。故齊丘歸九華山，覺等貶官，尋並害之。景旣誅齊丘等，令鍾謨到闕，具言其事，故書。永樂大典卷八千九百八十四。

校勘記

〔一〕權知揚州軍府事 「揚」字原無，據殿本、劉本、通鑑卷二九四補。

〔二〕老鸛河 「鸛」原作「鶴」，據殿本、劉本、陸游南唐書卷一一張彥卿傳改。

〔三〕實薪而焚之城皆摧圮 「薪」原作「城」，據陸游南唐書卷一一張彥卿傳改。「圮」原作「地」，據殿本、劉本、陸游南唐書卷一一張彥卿傳改。

〔四〕考張彥卿……與薛史異 四十字原無，據孔本補。

〔五〕大破賊軍於東汭州 「汭」原作「市」，據殿本、劉本及通鑑卷二九四改。

〔六〕疆場甫定 「場」原作「揚」，據殿本、劉本改。

〔七〕特與成名 「特」原作「將」，據彭校及會要卷二二、冊府卷六四二、卷六五一改。

〔八〕文資官 殿本同。劉本作「文武官」，彭本作「文武資官」。

〔九〕中書門下新進冊定大周刑統 殿本、劉本同。按冊府卷六一三云：「應該京百司公事，逐司各有見行條件，望令本司刪集，送中書門下詳議聞奏。」疑此處「冊」字當作「刪」字。

〔一〇〕蟲繫變通 「繫」原作「擊」，據殿本、劉本、會要卷二五改。

〔一一〕幸新授青州節度使安審琦第 「授」字原無，據殿本、劉本補。

〔一二〕改姓湯 「姓」原作「名」，據殿本、劉本改。

〔一三〕玉仙觀 「玉」原作「王」，據殿本、劉本改。

〔一四〕六曹判司內祇直戶法二曹 殿本、劉本同。按本書卷一四九職官志云：「周顯德五年十二月，詔：兩京五府少尹、司錄參軍先各置兩員，起今後只置一員，六曹判司內只置戶曹、法曹各一員，其餘及諸州支使兩蕃判官並省。」疑此處「直」字當作「置」。

舊五代史卷一百一十九

周書十

世宗紀第六

顯德六年春正月丁未朔，帝御崇元殿受朝賀，仗衞如式。壬子，高麗國王王昭遣使貢方物。己卯，己卯，以長曆推之，當作「乙卯」，今無別本可校，姑仍其舊。（影庫本粘籤）以翰林學士、中書舍人申文炳爲左散騎常侍。辛酉，女眞國遣使貢獻。壬戌，青州奏，節度使、陳王安審琦陳王，原本作「揀王」，審琦，原本作「審騎」，今從通鑑改正。（影庫本粘籤）爲部曲所殺。乙丑，賜諸將射於內鞠場。戊辰，幸迎春苑。甲戌，詔：「每年新及第進士及諸科開喜宴，宜令宣徽院指揮排比。」乙亥，詔：「禮部貢院今後及第舉人，依逐科等第定人數姓名，并所試文字奏聞，候勅下放榜」云。是月，樞密使王朴詳定雅樂十二律旋相爲宮之法，并造律準，上之。詔尚書省集百官詳議，亦以爲可。語在樂志。

二月庚辰，發徐、宿、宋、單等州丁夫數萬濬汴河。甲申，發滑、亳二州丁夫濬五丈河，東流於定陶，入於濟，以通青、鄆水運之路。又疏導蔡河，以通陳、潁水運之路。乙酉，詔諸道應差攝官各支半俸。丙戌，以翰林學士承旨、尙書兵部侍郎陶穀爲尙書吏部侍郎充職。詔升湖州爲節鎭，以宣德軍爲軍額，宣德，原本作「直德」，今從十國春秋改正。（影庫本粘籤）以湖州刺史錢偡爲本州節度使，從兩浙錢俶之請也。辛丑，幸迎春苑。甲辰，右補闕王德成責授右贊善大夫，坐舉官不當也。詔賜諸道州府供用糧草有差。

三月庚申，樞密使王朴卒。甲子，詔以北境未復，取此月內幸滄州。以宣徽南院使吳延祚爲權東京留守〔一〕，判開封府事；以宣徽北院使昝居潤爲副使；以三司使張美爲大內都部署。案東都事略張美傳：世宗北征，以美爲大內都點檢。（舊五代史考異）命諸將各領馬步諸軍及戰棹赴滄州。己巳，濠州奏，鍾離縣飢民死者五百九十有四。癸酉，詔廢諸州銅魚。案五代會要：顯德六年，勅諸道牧守，每遇除移，特降制書，何假符契，其請納銅魚，宜廢之。（舊五代史考異）甲戌，車駕發京師。

夏四月辛卯，車駕次滄州，以前左諫議大夫薛居正爲刑部侍郎。是日，帝率諸軍北征。壬辰，至乾寧軍，僞寧州刺史王洪以城降。丁酉，駕御龍舟，率舟師順流而北，首尾數十里。辛丑，至益津關。案通鑑：至益津關，契丹守將終廷暉以城降。（舊五代史考異）自此以西〔二〕，水路漸隘，舟師難進，乃捨舟登陸。壬寅，宿於野次。時帝先期而至，大軍未集，隨駕之士，不及一旅，賴今上率材官騎士以衞乘輿。癸卯，今上先至瓦橋關〔三〕，僞守將姚內斌以城降。案隆平集：姚內斌，平州人也。世宗北征，將兵至瓦橋關，內斌爲關使，開門請降，世宗以爲汝州刺史。（舊五代史考異）甲辰，鄚州刺史劉楚信以州來降〔四〕。案：鄚州之降，通鑑從薛史作四月，遼史作五月，疑誤。

五月乙巳朔，帝駐蹕於瓦橋關。侍衞親軍都指揮使李重進及諸將相繼至行在，瀛州刺史高彥暉以本城歸順。關南平，凡得州三，縣十七，戶一萬八千三百六十。是役也，王師數萬，不亡一矢，邊界城邑皆望風而下。丙午，帝與諸將議攻幽州，諸將皆以爲未可，帝不聽。是夜，帝不豫，乃止。戊申，定州節度使孫行友奏，攻下易州，擒僞命刺史李在欽來獻，斬於軍市。己酉〔五〕，以瓦橋關爲雄州，案宋史陳思讓傳：得瓦橋關爲雄州，命思讓爲都部署，率兵戍守。（舊五代史考異）以益津關爲霸州。案宋史韓令坤傳：爲霸州都部署，率所部兵戍之。（舊五代史考異）是日，先鋒都指揮使張藏英破契丹數百騎於瓦橋關北，攻下固安縣。詔發濱、棣二州丁夫城霸州。庚戌，遣侍衞都指揮使李重進率兵出土門，入河東界〔六〕。壬子，車駕發雄州，案：遼史作五月辛未，周師退，與薛史異。通鑑從薛史作壬子。還京。泉州節度使留從効遣別駕王禹錫奉貢於行在，帝以泉州比臣江南，李景方歸奉國家，不欲奪其所屬，但錫詔褒美而已。丁卯，西京奏，太常卿致仕司徒詡卒。己巳，侍衞都指揮使李重進奏，破河東賊軍於百井，斬首二千級。甲戌，上至自雄州。案掃編：周世宗既定三關，遇疾而退，至澶淵遲留不行，雖宰輔近臣問疾者皆莫得見，中外洶懼。時張永

德爲澶州節度使，永德尙周太祖之女，以親故，獨得至臥內，于是羣臣因永德言曰：「天下未定，根本空虛，四方諸侯惟幸京師之有變。今澶、汴相去甚邇，不速歸以安人情，顧憚旦夕之勞，而遲回于此，如有不可諱，奈宗廟何！」永德然之，乘間爲世宗言如羣臣旨，世宗問：「誰使汝爲此言？」永德對以羣臣之意皆願爲此，世宗熟思久之，歎曰：「吾固知汝必爲人所教，獨不喻吾意哉！然觀汝之窮薄，惡足當此！」即日趣駕歸京師。（舊五代史考異）

六月乙亥朔，潞州李筠奏，攻下遼州，獲僞刺史張丕旦〔七〕。案：通鑑作張丕。丙子，以皇女薨，輟朝三日。戊寅，鳳翔奏，節度使李暉卒。鄭州奏，河決原武，詔宣徽南院使吳延祚發近縣丁夫二萬人以塞之。庚辰，命宣徽北院使昝居潤判開封府事。晉州節度使楊廷璋奏，率兵入河東界，招降堡砦一十三所。癸未，立魏王符彥卿女爲皇后，仍令所司擇日備禮册命。以皇長子宗訓爲特進左衞上將軍〔八〕，案：恭帝宗訓，通鑑注作第四子。歐陽史周家人傳，世宗子七人，長曰宜哥，次二皆未名，次曰恭皇帝，是亦以宗訓爲第四子也。是紀作皇長子，蓋宜哥與其二皆爲漢誅，指其現存者而長之耳。（舊五代史考異）封梁王；以第二子宗讓案：歐陽史作宗誼，通鑑從薛史作宗讓〔九〕。（舊五代史考異）爲左驍衞上將軍，封燕國公。賜江南進奉使李從善錢二萬貫，絹二萬匹，銀一萬兩；賜兩浙進奉使吳延福錢三千貫，絹五千匹，銀器三千兩。丁亥，以前青州節度使李洪義爲永興軍節度使，永興軍節度使王彥超移鎭鳳翔。戊子，潞州部送所獲遼州刺史張丕旦等二百四十五人以獻，詔釋之。己丑，宰臣范質、王溥並參知樞密院事。以樞密使魏仁浦仁浦，原本作「仁補」，今從宋史改正。（影庫本粘籤）爲中書侍郎、平章事、集賢殿大學士，依前充樞密使；以宣徽南院使吳延祚爲樞密使，行左驍衞上將軍；案歐陽史：三月，吳延祚爲左驍衞上將軍、樞密使，與薛史異，通鑑從薛史作六月。（舊五代史考異）以宋州節度使、侍衞都虞候韓通爲侍衞親軍副都指揮使，加檢校太尉、同平章事；澶州澶州，原本作「洹州」，今從通鑑改正。（影庫本粘籤）節度使兼殿前都點檢、駙馬都尉張永德落軍職，加檢校太尉、同平章事；以今上爲殿前都點檢，加檢校太傅，依前忠武軍節度使。帝之北征也，凡供軍之物，皆令自京遞送行在。一日，忽於地中得一木，長二三尺，如人之揭物者，其上卦全題云「點檢做」，觀者莫測何物也。至是，今上始受點檢之命，明年春，果自此職以副人望，則「點檢做」之言乃神符也。辛卯，以宣徽北院使、判開封事昝居潤爲左領軍上將軍，充宣徽南院使；以三司使、左領衞大將軍張美爲左監門衞上將軍，充宣徽北院使，判三司。案東都事略張美傳：世宗師還，擢左領軍上將軍、宣徽北院使，與薛史微異。又云〔10〕：美少爲三司小吏、澶州糧料使，世宗鎭澶州，每有求取，美悉力應之，及即位，連歲征討，糧餽無乏，美之力也。然每思澶州所爲，終不以公忠待之。（舊五代史考異）癸巳，帝崩於萬歲殿，案：歐陽史作滋德殿，與薛史異。五代會要、五代春秋俱作萬歲殿，與薛史同。（舊五代史考異）聖壽三十九。甲午，宣遺制，梁王於柩前卽皇帝位，服紀月日，一依舊制。是日，羣臣奉梁王卽位於殿東楹，中外發哀。其年八月，翰林學士、判太常寺事竇儼上謚曰睿武孝文皇帝，廟號世宗。十一月壬寅朔〔11〕，葬於慶陵。

宰臣魏仁浦撰謚册文，王溥撰哀册文云。永樂大典卷八千九百八十四。五代史補：世宗在民間，嘗與鄴中大商頡跌氏，忘其名，往江陵販賣茶貨。至江陵，見有卜者王處士，其術如神，世宗因頡跌氏同往問焉。方布卦，忽有一蓍躍出，卓然而立，卜者大驚曰：「吾家筮法十餘世矣，常記曾祖以來遺言，凡卜筮而蓍自躍而出者，其人貴不可言，況又卓立不倒，得非爲天下之主乎！」遽起再拜。世宗雖佯爲詰責，而私心甚喜。於逆旅中夜置酒，與頡跌氏半酣，戲曰：「王處士以我當爲天子，若一旦到此，足下要何官，請言之。」頡跌氏曰：「某三十年作估來，未有不由京洛者，每見稅官坐而獲利，一日所獲，可以敵商賈數月，私心羨之。若大官爲天子，某願得京洛稅院足矣。」世宗笑曰：「何望之卑耶！」及承郭氏之後踐祚，頡跌猶在，召見，竟如初言以與之。世宗之征東也，駐蹕於高平，劉崇兼契丹之衆來迎戰。時帥多持兩端，而王師不利。親軍帥樊愛能等各退衄，世宗赫然躍馬入陣，引五十人直衝崇之牙帳。崇方張樂飲酒，以示閑暇，及其奄至，莫不驚駭失次，世宗因以奮擊，遂敗之，追奔于城下。凱旋，駐蹕潞州，且欲出其不意以誅退衄者，乃置酒高會，指樊愛能等數人責之曰：「汝輩皆累朝宿將，非不能用兵者也，然退衄者無他，誠欲將寡人作物貨賣與劉崇爾。不然，何寡人親戰而劉崇始敗耶？如此則卿等雖萬死不足以謝天下，宜其曲膝引頸以待斧誅。」言訖，命行刑壯士擒出斬之。于是立功之士以次行賞，自行伍拔于軍廂者甚衆，其恩威並著，皆此類也。初，劉崇求援于契丹，得騎數千，及覩世宗兵少，悔之，曰：「吾觀周師易與爾，契丹之衆宜勿用，但以我軍攻戰，自當萬全。如此則不惟破敵，亦足使契丹見而心服，一舉而有兩利，兵之機也。」諸將以爲然，乃使人謂契丹主將曰：「柴氏與吾，主客之勢，不煩足下鋒刃，敢請勒兵登高觀之可也。」契丹不知其謀，從之。洎世宗之陣也，三軍皆賈勇爭進，無不一當百，契丹望而畏之，故不救而崇敗，論者

曰：世宗患諸將之難制也久矣，思欲誅之，未有其釁，高平之役，可謂天假，故其斬決而無貸焉。自是姑息之政不行，朝廷始尊大，自非英主，其孰能爲之哉。世宗既下江北〔二〕，駐蹕於建安，以書召僞主。僞主惶恐，命鍾謨、李德明爲使，以見世宗。德明素有詞辯，以利害說世宗使罷兵。世宗具知之〔三〕，乃盛陳兵師，排旗幟戈戟，爲鹿項道以奏御〔四〕，然後引德明等入見。世宗謂之曰：「汝江南自以爲唐之後，衣冠禮樂世無比，何故與寡人隔一帶水，更不發一使奉書相問，惟泛海以通契丹，舍華事夷，禮將安在？今又聞汝以詞說寡人罷兵，是將寡人比六國時一羣癡漢，何不知人之甚也！汝愼勿言，當速歸報汝主，令徑來詣寡人兩拜，則無事矣。不然，則寡人須看金陵城，借府庫以犒軍，汝等得無悔乎！」於是德明等戰懼，不能措一辭，即日告歸。及見僞主，具陳世宗英烈之狀，恐非四方所能敵。僞主計無所出，遂上表服罪，且乞保江南之地，以奉宗廟，修職貢，其詞甚哀。世宗許之，因曰：「叛則征，服則懷，寡人之心也。」於是遣使者齎書安之，然後凱還。論者以世宗加兵於江南，不獨臨之以威，抑亦諭之以禮，可謂得大君之體矣。陳摶，陝西人，能爲詩，數舉不第，慨然有塵外之趣，隱居華山，自是其名大振。世宗之在位也，以四方未服，思欲牢籠英傑，且以摶曾踐場屋，不得志而隱，必有奇才遠略，於是召到闕下，拜左拾遺。摶不就，堅乞歸山，世宗許之。未幾，賜之書：「勑陳摶，朕以汝高謝人寰，栖心物外，養太浩自然之氣，應少微處士之星，既不屈於王侯，遂高隱於岩壑，樂我中和之化，慶乎下武之期。而能遠涉山涂，暫來城闕，浹旬延遇，弘益居多，白雲暫駐於帝鄉，好爵難縻於達士。昔唐堯之至聖，有巢、許爲外臣，朕雖寡薄，庶遵前鑒。恐山中所闕，已令華州刺史每事供須。乍反故山，履茲春序，緬懷高尙，當適所宜，故茲撫問，想宜知悉。」即陶穀之詞也。初，摶之被召，嘗爲詩一章云：「草澤吾皇詔，圖南摶姓陳。三峯十年客，四海一閑人。世態從來

薄，詩情自得眞。超然居物外，何必使爲臣。」好事者欣然謂之答詔詩。世宗以張昭遠好古直，甚重之，因問曰：「朕欲一賢相，卿試爲言朝廷誰可。」昭遠對曰：「以臣所見，莫若李濤。」世宗常薄濤之爲人，聞昭遠之舉甚驚，曰：「李濤本非重厚，朕以爲無大臣體，卿首舉此何也？」昭遠曰：「陛下所問止名行，曾不問才略如何耳。且濤事晉高祖，曾上疏論邠州節度使張彥澤蓄無君心，宜早圖之，不然則爲國患。晉祖不納，其後契丹南侵，彥澤果有中渡之變，晉祉殲焉。先帝潛龍時，亦上疏請解其兵權，以備非常之變，少主不納，未幾先帝遂有天下。以國家安危未兆間，濤已先見，非賢而何？臣所以首舉之者〔五〕，正爲此也。」世宗曰：「今卿言甚公，然此人終不可于中書安置。」居無何，濤亦卒。濤爲人不拘禮法，與弟澣雖甚雍睦，然聚話之際，不典之言，往往間作。澣娶禮部尙書竇寧固之女，年甲稍長，成婚之夕，竇氏出參，濤輒望塵下拜，澣驚曰：「大哥風狂耶！新婦參阿伯，豈有答禮儀。」濤應曰：「我不風，只將謂是親家母。」澣且慚且怒。既坐，竇氏復拜，濤又叉手當胸，作歇後語曰：「慚無竇建，繆作梁山，喏喏喏！」時聞者莫不絕倒。凡濤於閨門之內，不存禮法也如此，世宗以爲無大臣體，不復任用，宜哉！世宗志在四方，常恐運祚遠而功業不就，以王朴精究術數，一旦從容問之曰：「朕當得幾年？」對曰：「陛下用心，以蒼生爲念，天高聽卑，自當蒙福。臣固陋，輒以所學推之，三十年後非所知也。」世宗喜曰：「若如卿言，寡人當以十年開拓天下，十年養百姓，十年致太平足矣。」其後自瓦橋關回戈，未到闕而晏駕，計在位止及五年餘六箇月，五六乃三十之數也，蓋朴婉而言之。世宗末年，大舉以取幽州，契丹聞其親征，君臣恐懼，沿邊城壘皆望風而下，凡蕃部之在幽州者，亦遠竄遁去。車駕至瓦橋關，探邏是寔，甚喜，以爲大勳必集，登高阜，因以觀六師。頃之，有父老百餘輩持牛酒以獻，世宗問曰：「此地何名？」對曰：「歷世相傳，謂之病龍臺。」默然，遽上馬馳去。是夜，聖體

不豫，翌日病亟，有詔回戈，未到闕而晏駕。先是，世宗之在民間也〔六〕，常夢神人以大傘見遺，色如鬱金，加道經一卷，其後遂有天下。及瓦橋不豫之際，復夢向之神人來索傘與經，夢中還之而驚起，謂近侍曰：「吾夢不祥，豈非天命將去耶！」遂召大臣，戒以後事。初，幽州聞車駕將至，父老或有竊議曰：「此不足憂，且天子姓柴，幽州爲燕地〔七〕，燕者亦煙火之謂也。此柴入火不利之兆，安得成功。」卒如其言。

史臣曰：世宗頃在仄微，尤務韜晦，及天命有屬，嗣守鴻業，不日破高平之陣，逾年復秦、鳳之封，江北、燕南，取之如拾芥，神武雄略，乃一代之英主也。加以留心政事，朝夕不倦，摘伏辯姦，多得其理。臣下有過，必面折之，常言太祖養成二王之惡，以致君臣之義，不保其終，故帝駕馭豪傑，失則明言之，功則厚賞之，文武參用，莫不服其明而懷其恩也。所以仙去之日，遠近號慕。然稟性傷於太察，用刑失於太峻，及事行之後，亦多自追悔。逮至末年，漸用寬典，知用兵之頻併，憫黎民之勞苦，蓋有意於康濟矣。而降年不永，美志不就，悲夫！永樂大典卷八千九百八十四。

校勘記

〔一〕宣徽南院使　「院」原作「苑」，據本卷上下文及宋史卷二五七吳延祚傳改。

〔二〕自此以西　「此」原作「北」，據殿本、劉本改。彭校作「關」。

〔三〕今上先至瓦橋關　「先」字原無，據殿本、劉本、通鑑卷二九四補。

〔四〕鄚州刺史劉楚信以州來降　「鄚州」原作「鄭州」，下文注文同，據殿本、劉本改。按通鑑卷二九四：「甲辰，契丹莫州刺史劉楚信舉城降。」遼史卷六穆宗紀：「應曆九年五月乙巳朔，陷瀛、莫二州。」莫州即鄚州，見舊唐書卷三九地理志。

〔五〕己酉　原作「乙酉」，據通鑑卷二九四改。按二十史朔閏表，顯德六年五月乙巳朔，無乙酉，在戊申初四日、庚戌初六日間，當是己酉初五日。

〔六〕入河東界　「河東」下原有「城」字，據殿本刪。

〔七〕獲僞刺史張丕旦　「刺」原作「判」，據殿本、劉本改。

〔八〕皇長子宗訓　「皇」原作「王」，據殿本、彭校及歐陽史卷二〇周世宗家人傳改。其下注文中「歐陽史周家人傳」，「周」原作「漢」，據歐陽史卷二〇周世宗家人傳改。

〔九〕通鑑從薛史作宗讓　八字原無，據孔本補。

〔一〇〕世宗師還……又云　二十三字原無，據孔本補。

〔一一〕十一月壬寅朔　「十一月」原作「十二月」，據殿本、本書卷一二〇恭帝紀、通鑑卷二九四改。按二十史朔閏表，顯德六年十一月壬寅朔，十二月壬申朔，此處當作「十一月」。

〔一三〕世宗既下江北 「既」下原有「主」字，據殿本、劉本、五代史補卷五刪。

〔一四〕世宗具知之 「具」原作「且」，殿本同。據劉本、五代史補卷五改。

〔一五〕爲鹿項道以湊御 「鹿項道」原作「門頃道」，據五代史補卷五改。

〔一六〕臣所以首擧之者 「以」字原無，據五代史補卷五補。

〔一七〕世宗之在民間也 「也」原作「已」，據舊五代史考異、五代史補卷五改。

〔一八〕幽州爲燕地 原作「幽者爲燕」，殿本作「幽州爲燕」，今據五代史補卷五改。

舊五代史卷一百二十

周書十一

恭帝紀

恭帝，諱宗訓，世宗子也。案五代會要云：世宗後宮所生。歐陽史作不知其母爲誰氏，今附識于此。（舊五代史考異）廣順三年，歲在癸丑，八月四日，生於澶州之府第。顯德六年六月癸未，制授特進左衞上將軍，封梁王，食邑三千戶，實封五百戶。癸巳，世宗崩。甲午，內出遺制，命帝柩前卽皇帝位。是日，羣臣奉帝卽位而退。丁酉，北面兵馬都部署韓令坤奏，敗契丹五百騎於霸州北。戊戌，文武百僚、宰臣范質等上表請聽政，表三上，允之。壬寅，文武臣僚上表，請以八月四日爲天壽節，從之。癸卯，以司徒、平章事范質爲山陵使，以翰林學士、判太常寺事竇儼爲禮儀使，以兵部尚書張昭爲鹵簿使，以御史中丞邊歸讜爲儀仗使，以宣徽南院使、判開封府事昝居潤爲橋道頓遞使〔一〕。是月，州郡十六奏大雨連旬不止。

秋七月丁未，以戶部尚書李濤爲山陵副使，戶部，原本脫「部」字，今據文增入。（影庫本粘籤）以度支郎中盧億爲山陵判官。辛亥，左散騎常侍申文炳卒。乙卯，右拾遺徐雄奪三任官，坐誣奏雷澤縣令虞破戶也。丁巳，百僚釋服。尙輦奉御金彥英，本東夷人也，奉使高麗，稱臣於夷王，故及於罪。庚申，以邢州節度使王仁鎬爲襄州節度使，進封開國公；以侍衞步軍都指揮使、曹州節度使、檢校太保袁彥爲陝州節度使，加檢校太傅；以右羽林統軍、權知邢州事、檢校太保李繼勳爲邢州節度使，加檢校太傅；以滑州留後、檢校太保陳思讓爲滄州節度使；以侍衞馬軍都指揮使、陳州節度使、檢校太傅韓令坤爲侍衞馬步都虞候，依前陳州節度使，加檢校太尉；以虎捷左廂都指揮使、岳州防禦使、檢校司徒高懷德爲夔州節度使，充侍衞馬軍都指揮使、檢校太保；以虎捷左廂都指揮使、常州防禦使、檢校司空張鐸爲遂州節度使，充侍衞步軍都指揮使〔二〕、檢校太保，仍改名令鐸。案宋史張令鐸傳云：本名鐸，以與河中張鐸同姓名，故賜今名。（舊五代史考異）壬戌，以鄆州節度使、充侍衞馬步軍都指揮使、檢校太尉、兼侍中李重進爲淮南節度使、檢校太尉、兼侍中，依前侍衞馬步軍都指揮使；以襄州節度使、檢校太尉、同平章事向拱爲河南尹，充西京留守，加檢校太師、兼侍中；案通鑑：向拱卽向訓也，避恭帝名改焉。（舊五代史考異）考宋史向拱傳，拱本名訓，周恭帝時避御名改爲拱，今附識于此。（影庫本粘籤）以宋州節度使、充侍衞馬步軍副都指揮、檢校太尉、同平章事韓通爲鄆州節度使，依前侍衛親軍馬步軍副都指揮使；以澶州節度使、檢校太尉、同平章事、駙馬都尉張永德爲許州節度使，進封開國公；以今上爲宋州節度使，依前檢校太尉、殿前都點檢，進封開國侯；以淮南節度使兼殿前副都點檢、檢校太保慕容延釗爲澶州節度使、檢校太傅，依前殿前副都點檢，進封開國伯；以殿前都指揮使、江州防禦使、檢校司空石守信爲滑州節度使、檢校太保，依前殿前都指揮使。丙寅，制大赦天下。庚午，翰林學士、判太常寺竇儼撰進大行皇帝太室歌酌獻辭，舞曰定功之舞，定功，原本作「空力」，今從五代會要改正。（影庫本粘籤）歌辭不錄。是月，諸道相繼奏，大雨，所在川渠漲溢，漂溺廬舍，損害苗稼。

八月甲戌朔，以光祿卿致仕柴守禮爲太子太保致仕。乙亥，翰林學士兼判太常寺竇儼撰進大行皇帝尊謚曰睿武孝文皇帝，廟號世宗，從之。庚辰，天下兵馬都元帥、守尚書令、兼中書令、吳越國王錢俶加食邑一千戶，實封四百戶，改賜功臣；天雄軍節度使、檢校太師、守太傅、兼中書令、魏王符彥卿加守太尉；夏州節度使、檢校太師、守太保、兼中書令、西平王李彝興加守太傅；荆南節度使、檢校太師、守中書令、南平王高保融加守太保。壬午，山陵使范質撰進大行皇帝陵名曰慶陵，從之。秦州節度使、西面沿邊都部署、檢校太師、守中書令、褒國公王景進封涼國公，徐州節度使、檢校太師、兼中書令郭從義加開府儀同三司，鄜州節度使、檢校太師、兼中書令、邢國公武行德進封宋國公，永興軍節度使、檢校太師、兼

侍中李洪義加開府儀同三司，鳳翔節度使、檢校太尉、兼侍中郭崇加檢校太師，潞州節度使、檢校太傅、兼侍中李筠加檢校太尉，朗州節度使、朗州，原本作「狼州」，今從十國春秋改正。（影庫本粘籤）檢校太尉、兼侍中周行逢加檢校太師。甲申，壽州節度使、檢校太師、同平章事、韓國公楊信封魯國公；邠州節度使、檢校太師劉重進，廬州節度使、檢校太尉趙贊，鄧州節度使、檢校太尉宋延渥，並加開府儀同三司；涇州節度使、檢校太尉白重贊，河中節度使、檢校太尉張鐸，並加階爵。丙戌，易定節度使孫行友、行友，原本作「行支」，今從宋史改正。（影庫本粘籤）靈州節度使馮繼業、府州節度使折德扆，並自檢校太保加檢校太傅，進階爵。以延州留後、檢校太傅李萬全爲延州節度使，進封開國公。庚寅，皇弟特進檢校太保、左驍衞上將軍、燕國公、食邑三千戶宗讓加檢校太傅，進封曹王，改名熙讓；熙謹可光祿大夫、檢校太保、右武衞大將軍，封紀王，食邑三千戶；皇弟熙誨可金紫光祿大夫〔三〕、檢校司徒、左領衞大將軍，封蘄王，食邑三千戶。制下，卽令所司擇日備禮册命。以晉國長公主張氏爲晉國大長公主；以前陝州節度使、檢校太尉藥元福爲曹州節度使，進階爵。甲午，守司徒、同平章事、弘文館大學士、參知樞密院事范質加開府儀同三司，進封蕭國公；門下侍郎兼禮部尚書、同平章事、監修國史、參知樞密院事王溥加右僕射，進封開國公；樞密使、中書侍郎、同平章事、集賢殿大學士魏仁浦加兼刑部尚書，依前樞密使；檢校太傅、右驍衞上將軍吳延祚依前樞密

使，進封慶國公；以左武衞上將軍史佺爲左金吾上將軍致仕。乙未，以隴州防禦使王全斌爲相州留後。戊戌，宣徽南院使、判開封府事昝居潤，宣徽北院使、判三司張美，並加檢校太傅。己亥，前司空李穀加開府儀同三司、趙國公，以前太傅、少卿朱渭爲太僕卿致仕。辛丑，左金吾上將軍致仕史佺卒。壬寅，高麗國遣使朝貢，兼進別序孝經一卷、越王孝經新義一卷〔四〕、皇靈孝經一卷、孝經雌圖三卷。案文昌雜錄云：別序者，記孔子所生及弟子從學之事。新義者，以越王爲問目，釋疏文之義。皇靈者，止說延年避災之事及符文，乃道書也。雌圖者，止說日之環暈，星之彗孛，亦非奇書。又，孝經雌圖三卷，歐陽史作一卷。（舊五代史考異）考文昌雜錄云：別敍孝經者，紀孔子生卒之年月；越王孝經新義者，以越王爲問答；皇靈孝經言五德之運；孝經雌圖兼及壬遁之術。皆無當於經義，謹附識于此。（影庫本粘籤）

九月壬子，前滄州留後李彥頵卒。乙卯，高麗王王昭加檢校太師，食邑三千戶。丙辰，以三司副使王贊爲內客省使兼北面諸州水陸轉運使。癸亥，前開封縣令路延規除名，流沙門島。先是，延規有過停任，有司召延規宣勅，拒命，爲憲司所按，故有是命。甲子，以端明殿學士、禮部侍郎竇儀爲兵部侍郎充職；以尚書戶部員外郎、直樞密院杜華爲司門郎中，充樞密直學士，賜紫；以翰林學士、尚書度支員外郎王著爲金部郎中、知制誥充職，仍賜金紫。是日，翰林學士、尚書屯田郎中、知制誥李昉，都官郎中、知制誥扈蒙，水部郎中、知制誥趙逢，並加柱國，賜金紫。乙丑，兵部尚書張昭進封舒國公〔五〕，戶部尚書李濤進封莒國

公，以太子詹事劉溫叟爲工部侍郎，判國子祭酒事。是月，京師及諸州郡霖雨踰旬，所在水潦爲患，川渠泛溢。

冬十月癸酉朔，以司農卿致仕李鍇爲太僕卿致仕，太常少卿致仕姚逐爲將作監致仕。丁亥，太子太師薛懷讓封杞國公。壬辰，翰林學士、判太常寺事竇儼撰進貞惠皇后廟歌辭。貞惠，原本作「德惠」，今從歐陽史改正。（影庫本粘籤）丁酉，世宗皇帝靈駕發引。戊戌，以前相州留後王暉爲右神武統軍。辛丑，江南國主李景來告，世子弘冀卒，遣御廚使張延範充弔祭使。

十一月壬寅朔，葬世宗皇帝於慶陵，以貞惠皇后劉氏祔焉。戊申，西京奏，太子太師致仕白文珂卒。丙辰，日南至，百僚奉表稱賀。戊午，廢兗州廣利軍，依舊爲萊蕪監。壬戌，升鳳州固鎮爲雄勝軍。丙寅，左羽林統軍馬希崇。案：原本有脫誤。

十二月壬申朔，史館奏，請差官修撰世宗實錄，從之。甲戌，改萬歲殿爲紫宸殿。甲午，西京奏，左屯衞上將軍致仕李蕚卒。乙未，大霖，晝昏，凡四日而止，分命使臣賑給諸州遭水人戶。

顯德七年春正月辛丑朔，文武百僚進名奉賀，鎭、定二州馳奏，契丹入寇，河東賊軍自土門東下，與蕃寇合勢，詔今上率兵北征。癸卯，發京師，是夕宿於陳橋驛。未曙，軍變，將

士大譟呼萬歲，擐甲將刃，推戴今上升大位，扶策升馬，擁迫南行。是日，詔曰：「天生蒸民，樹之司牧，二帝推公而禪位，三王乘時以革命，其極一也。予末小子，遭家不造，人心已去，國命有歸。咨爾歸德軍節度使、殿前都點檢趙〔六〕，案：原空二字。稟上聖之姿，有神武之略，佐我高祖，格于皇天，逮事世宗，功存納麓，東征西怨，厥績懋焉。天地鬼神，享於有德，謳謠獄訟，附于至仁，應天順民，法堯禪舜，如釋重負，予其作賓，嗚呼欽哉，祗畏天命。」今上於是詣崇元殿受命，百官朝賀而退。制封周帝爲鄭王，案續通鑑長編云：建隆三年，周鄭王出居房州。（舊五代史考異）新舊錄並稱鄭王以建隆三年出居房州。王皡唐餘錄乃云，鄭王以開寶三年自西宮出居房州，恐誤。（孔本）以奉周祀，正朔服色一如舊制，奉皇太后爲周太后。皇朝開寶六年春，崩于房陵。案續通鑑長編云：開寶六年三月乙卯，房州上言，周鄭王殂，上素服發哀，輟視朝十日。（舊五代史考異）以其年十月，歸葬于世宗慶陵之側。詔有司定謚曰恭皇帝，陵曰順陵。永樂大典卷八千九百八十九。案續通鑑長編云：仁宗嘉祐四年，詔有司取柴氏譜系，於諸房中推最長一人，令歲時奉周祀。（舊五代史考異）

史臣曰：夫四序之氣，寒往則暑來；五行之數，金銷則火盛。故堯、舜之揖讓，漢、魏之傳禪，皆知其數而順乎人也。況恭帝當紈綺之沖年，會笙鏞之變響，謳歌之所屬，知命歷

之有在，能遜其位，不亦善乎。終謚爲恭，固其宜矣。永樂大典卷八千九百八十九。

校勘記

〔一〕判開封府事　「府」字原無，據彭本補。

〔二〕常州防禦使……充侍衞步軍都指揮使　二十六字原無，據殿本、劉本補。影庫本粘籤云：「『仍改名令鐸』以上原本疑有脫誤，今無別本可校，姑仍其舊，附識于此。」

〔三〕皇弟熙誨　劉本同。殿本無「皇弟」二字。影庫本粘籤云：「『熙誨』二字原本疑衍『皇弟』二字，今無別本可校，姑仍其舊。」

〔四〕越王孝經新義一卷　「一卷」，劉本同。殿本、歐陽史卷七四高麗傳作「八卷」。

〔五〕進封舒國公　「封」字原無，據殿本、劉本補。

〔六〕殿前都點檢　「殿」字原無，殿本同，據劉本補。

舊五代史卷一百二十一

周書十二

后妃列傳第一

太祖聖穆皇后柴氏，邢州龍崗人，案：龍川別志作魏成安人。（舊五代史考異）世家豪右。太祖微時，在洛陽聞后賢淑，遂聘之。案東都事略張永德傳云：周太祖柴后，本唐莊宗之嬪御也，莊宗沒，明宗遣歸其家，行至河上，父母迓之，會大風雨，止於逆旅數日。有一丈夫走過其門，衣弊不能自庇，后見之，驚曰：「此何人邪？」逆旅主人曰：「此馬步軍使郭雀兒者也。」后異其人，欲嫁之，請於父母。父母恚曰：「汝帝左右人，歸當嫁節度使，奈何欲嫁此人？」后曰：「此貴人也，不可失也。」囊中裝分半與父母，我取其半。」父母知不可奪，遂成婚於逆旅中。所謂郭雀兒，即周太祖也。此事薛史不載，蓋當時爲之諱言。太祖壯年，喜飲博，好任俠，不拘細行，后規其太過，每有內助之力焉。世宗皇帝即后之姪也，幼而謹愿，后甚憐之，故太祖養之爲己子。太祖嘗寢，后見五色小蛇入顴鼻間，心異之，知其必貴，敬奉愈厚。未及貴而厭代。太祖即位，乃

下制曰：「義之深無先於作配，禮之重莫大於追崇。朕當宁載思〔一〕，撫存懷舊。河洲令德，猶傳荇菜之詩；嬀汭大名，不及珩璜之貴。俾盛副笄之禮，以伸求劍之情。故夫人柴氏，代籍貽芳，湘靈集慶。體柔儀而陳闕翟，芬若椒蘭；持貞操以選中璫，譽光圖史。懿範尚留於閨閫，昌言有助於箴規。深唯望氣之期，望氣，原本作「望器」，今詳其文義，當是用漢武帝望氣河間事，「器」字係傳寫之訛，今改正。（影庫本粘籤）彌歎藏舟之速，將開寶祚，俄謝璧台〔二〕。宜正號於軒宮，俾潛耀於坤象，可追命爲皇后。仍令所司定謚，備禮册命。」既而有司上謚曰聖穆。顯德初，太祖神主入廟，以后祔于其室。永樂大典卷八千九百八十九。

淑妃楊氏，鎮州眞定人。父弘裕，眞定少尹。案東都事略楊廷璋傳云：父洪裕，少漁貂裘陂，有以二石鴈授之者，其翼一揜左，一揜右，曰：「吾北嶽使也。」言訖不知所之。是年生周室淑妃，明年生廷璋。當河朔全盛之時，所屬封疆，制之於守帥，故韶顏美媛，皆被選於王宮。妃幼以良家子中選，事趙王王鎔。張文禮之亂，妃流離於外。唐明宗在藩，錄其遺逸。安重誨保庇妃家，致其仕進，父母即以妃嫁于鄉人石光輔，不數年嫠居。太祖佐漢之初，屬聖穆皇后棄世，聞妃之賢，遂以禮聘之。案宋史楊廷璋傳：有姊寡居京師，周祖微時欲聘之，姊不從。令媒氏傳言恐逼，姊以告廷璋。廷璋往見周祖，歸謂姊曰：「此人姿貌異常，不可拒。」姊乃從之。（舊五代史考異）妃睦族撫孤，宜家內助，甚有力焉。晉天福

末，卒於太原，因留葬於晉郊。廣順元年九月，追册爲淑妃。太祖凡一后三妃，及嵩陵就掩，皆議陪祔。時以妃喪在賊境，未及遷窆〔三〕，世宗乃詔有司於嵩陵之側，預營一冢以虛之，俟賊平卽議襄事。顯德元年夏，世宗征河東，果成素志焉。

妃兄廷璋，案東都事略：廷璋係淑妃之第。續通鑑長編亦云：廷璋有姊爲周太祖妃。俱與薛史異。（舊五代史考異）早事太祖，卽位累歷內職，出爲晉州節度使。皇朝撫運，移鎭邢州，又改鄜州，受代歸闕，卒於私第。永樂大典卷一千二百六十六。

貴妃張氏，恆州眞定人也。祖記，成德軍節度判官、檢校兵部尚書。父同芝，本州諸呈官、檢校工部尚書，事趙王王鎔，歷職中要。諸呈官及中要，皆不見職官志，疑當時藩鎭所私設之官也。今無可復考，謹附識于此。（影庫本粘籤）天祐末，趙將張文禮殺王鎔，以鎭州歸梁，莊宗命將符存審討平之。時妃年尚幼，有幽州偏將武從諫者，駐旆於家，見妃韶令，乃爲其子聘之。武氏家在太原。太祖從漢祖鎭幷門，屬楊夫人以疾終，無何武氏子卒，太祖素聞妃之賢，遂納爲繼室。太祖貴，累封至吳國夫人。漢隱帝末，蕭牆變起，屠害大臣，太祖在鄴都被讒，妃與諸皇屬同日遇害於東京舊第。太祖踐祚，追册爲貴妃，發哀，故世宗有起復之命。世宗嗣位，以太祖舊宅卽妃遇禍之地，因施爲僧院，以皇建爲名焉。永樂大典卷八千九百八十九。

德妃董氏，常山靈壽人也。祖文廣，唐深州錄事參軍。父光嗣，趙州昭慶尉。妃孩提穎悟，始能言聽，按絲管而能辨其聲。年七歲，遇鎭州之亂，親黨羇離，與妃相失。潞州牙將得之，匿于褚中。其妻以息女不育，得妃憐之，過于所生，姆教師箴，功容克備。妃家悲念，其兄瑀諸處求訪，垂六七年，後潞將入官于朝，妃之鄉親頗有知者，瑀見潞將，欣歸之，時年十三。妃歸踰年，嫁爲里人劉進超之妻，進超爲內職，及契丹破晉之歲，陷蕃歿焉。妃嫠居洛陽。太祖楊淑妃與妃鄉親，平居恆言妃賢德。太祖從漢祖幸洛，因憶淑妃之言，尋以禮納之。鼎命初建，張貴妃遇禍，中宮虛位，乃册爲德妃。太祖自聖穆皇后早世以來，屢失邦媛，中幃內助，唯妃存焉，加以結珮脫簪，率由令範。

廣順三年夏，遇疾，醫藥之際，屬太祖兗海之征，兗海，原本作「袞海」，今據歐陽史改正。（影庫本粘籤）車駕將行，妃奏曰：「正當暑毒，勞陛下省巡，明發宵征，須人供侍，司簿已下典事者，各已處分從行。」太祖曰：「妃疾未平，數令診視，此行在近，無煩內人。」及太祖駐蹕魯中，妃志欲令內人進侍，發中使往來言之。太祖手勅鄭仁誨曰：「切慮德妃以朕至兗州行營，津置內人承侍。緣諸軍在野，不可自安，令鄭仁誨專心體候。如德妃津置內人東來，便須上聞約住，或取索鞍馬，不得供應；如意堅確，卽以手勅示之。」既而平定兗州，車駕還京，妃疾無滅，俄卒於大內，時年三十九。輟朝三日。

妃長兄瑀，以左贊善大夫致仕，仲兄玄之，季兄自明，皆累歷郡守。永樂大典卷八千九百八十九。

世宗貞惠皇后劉氏，將家女也，幼歸於世宗。漢乾祐中，世宗在西班，后始封彭城縣君。世宗隨太祖在鄴，后留居邸第。漢末李業等作亂，后與貴妃張氏及諸皇族同日遇禍。國初，追封彭城郡夫人。顯德四年夏四月，追册爲皇后，謚曰貞惠，陵曰惠陵。永樂大典卷八千九百八十九。

宣懿皇后符氏，祖存審，事後唐武皇、莊宗，位極將相，追封秦王。父彥卿，天雄軍節度使，封魏王。后初適李守貞之子崇訓。崇訓，原本作「崇酬」，今從通鑑改正。（影庫本粘籤）漢乾祐中，守貞叛於河中，太祖以兵攻之，及城陷，崇訓自刃其弟妹，次將及后，后時匿於屛處，以帷箔自蔽，崇訓倉黃求后不及，遂自刎，后因獲免。太祖入河中，令人訪而得之，卽遣女使送于其父，自是后常感太祖大惠，拜太祖爲養父。世宗鎭澶淵日，太祖爲世宗聘之。后性和惠，善候世宗之旨，世宗或暴怒於下，后必從容救解，世宗甚重之，及卽位，册爲皇后。世宗將

南征，后常諫止之，言甚切直，世宗亦爲之動容。洎車駕駐於淮甸，久冒炎暑，后因憂恚成疾。顯德三年七月二十一日，崩於滋德殿，時年二十有六。世宗甚悼之。既而有司上謚曰宣懿，葬于新鄭，陵曰懿陵。永樂大典卷八千九百八十九。案：世宗後符后，卽宣懿之女弟也，薛史不爲立傳，未免闕略。五代史補：世宗皇后符氏，卽魏王彥卿之女。時有相工視之大驚，密告魏王曰：「此女貴不可言。」李守貞素有異志，因與子崇訓娶之。禮畢，守貞甚有喜色。其後據河中叛，高祖爲樞密使，受命出征。后知高祖與其父有舊，城破之際，據堂門而坐，叱諸軍曰：「我符魏王女也，魏王與樞密太尉，兄弟之不若，汝等愼勿無禮。」於是諸軍聳然引退。頃之，高祖至，喜曰：「此女於白刃紛拏之際保全，可謂非常人也。」乃歸之魏王。至世宗卽位，納爲皇后。既免河中之難，其母欲使出家，資其福壽，后不悅曰：「死生有命，誰能髡首跣足以求苟活也！」母度不可逼，遂止。世宗素以后賢，又聞命不以出家爲念，愈賢之，所以爲天下母也。

史臣曰：周室后妃凡六人，而追册者四，故中闈內則，罕得而聞，唯董妃、符后之懿範，亦無愧於彤管矣。永樂大典卷八千九百八十九。又案：薛史無外戚傳，考五代會要云：周太祖第三女樂安公主，爲漢室所害，廣順元年二月追封，至顯德四年四月，又追封莒國長公主。第四女壽安公主，降張永德，廣順元年四月封，至顯德元年，封晉國長公主。第五女永寧公主，廣順元年九月追封，至顯德四年四月，又追封梁國長公主。（舊五代史考異）

校勘記

〔二〕朕當宁載思　「思」原作「恩」，據殿本、劉本改。

〔三〕俄謝璧台　「璧」原作「壁」，據殿本、劉本改。

〔四〕未及遷窆　「窆」原作「定」，據劉本改。

舊五代史卷一百二十二

周書十三

宗室列傳第二

剡王侗，太祖子，初名青哥，漢末遇害。太祖卽位，詔贈太尉，賜名侗。顯德四年追封。永樂大典卷一千二百六十六。

杞王信，太祖子，初名意哥，漢末遇害。太祖卽位，詔贈司空，賜名信。顯德四年追封。永樂大典卷一千二百六十六。　案：太祖諸子早歲遇害，本無事蹟。永樂大典所錄薛史過于簡略，疑有刪節，今無可考。據歐陽史家人傳云：初，帝舉兵於魏，漢以兵圍帝第，時張貴妃與諸子青哥、意哥，姪守筠、奉超、定哥皆被誅。青哥、意哥不知其母誰氏。太祖卽位，詔故第二子青哥贈太尉，賜名侗；第三子意哥贈司空，賜名信。皇姪守筠贈左領軍衞將軍，以「筠」聲近「榮」，爲世宗避，更名守愿。奉超贈左監門衞將軍。定哥贈左千牛衞將軍〔一〕，賜名遜。世宗顯德四年夏四月癸未，詔曰：「禮以緣情，恩以悼往，矧在友于之列，尤鍾惻愴之情。故皇弟贈太保侗、贈司空信，景運初啓，天

年不登，俾予終鮮，實慟予懷。侗可贈太傅，追封倓王〔二〕；信司徒，杞王。」又詔曰：「故皇從弟贈左領軍衞將軍守愿、贈左監門衞將軍奉超〔三〕、贈左千牛衞將軍遜等，頃因季世，不享遐齡，每念非辜，難忘有慟。守愿可贈左衞大將軍，奉超右衞大將軍，遜右武衞大將軍。」　案：歐陽史所載詔辭，薛史已見本紀，今仍附錄于此，以備參考。

越王宗誼，世宗子，漢末遇害。顯德四年追封。永樂大典卷一萬六千六百二十八。

曹王宗讓，世宗子，顯德六年封。永樂大典卷一萬六千六百二十八。

紀王熙謹，世宗子，顯德六年封，皇朝乾德二年卒。永樂大典卷一萬六千六百二十八。

蘄王熙誨，世宗子，顯德六年封。永樂大典卷一萬六千六百二十八。　案歐陽史家人傳云：世宗子七人，長曰宜哥，次二皆未名，次曰恭皇帝，次曰熙讓，次曰熙謹，次曰熙誨，皆不知其母爲誰氏。宜哥與其二皆爲漢誅，太祖卽位，詔賜皇孫名，誼贈左驍衞大將軍，誠左武衞大將軍，諴左屯衞大將軍。顯德三年，羣臣請封宗室，世宗以謂爲國日淺，恩信未及于人，須功德大成，慶流于世，而後議之可也。明年夏四月癸未〔四〕，先封太祖諸子。又詔曰：「父子之道，聖賢不忘，再思夭閼之端，愈動悲傷之抱。故皇子左驍衞大將軍誼、左武衞大將軍誠、左屯衞大將軍諴等，載惟往事，有足傷懷，宜增一字之封，仍贈三台之秩。誼可贈太尉，追封越王；誠太傅，吳王；諴太保，韓王。」而皇子在者皆不封。六年，北復三關，遇疾還京師。六月癸未，皇子宗訓特進左衞上將軍，封梁王，而宗讓亦拜左驍衞上將軍，封燕國公。後十日而世宗崩，梁王卽位，是爲恭皇帝。其年八月，宗讓更名熙讓，封曹王。熙謹、熙誨皆前未封爵，遂拜熙謹右武衞大將軍，封紀王；熙誨左領軍衞大將軍〔五〕，封蘄王。乾德二年十月，熙謹卒，熙讓、熙誨不知其所終。　案：薛史不

中華書局

吳王誠、韓王諴，疑有闕文。

校勘記

〔一〕定哥贈左千牛衞將軍　「衞」字原無，據本注下文、本書卷一一七周世宗紀、歐陽史卷一九周太祖家人傳補。

〔二〕郯王　殿本及本卷上文正文作剡王，劉本、本書卷一一七周世宗紀、歐陽史卷一九周太祖家人傳均作郯王。

〔三〕贈左監門衞將軍奉超　「左」原作「右」，據本注上文、本書卷一一七周世宗紀、歐陽史卷一九周太祖家人傳改。

〔四〕四月癸未　「癸未」原作「癸巳」，據本書卷一一七周世宗紀、歐陽史卷二〇周世宗家人傳改。按二十史朔閏表，顯德四年四月戊午朔，癸未爲二十六日。無癸巳。

〔五〕熙誨左領軍衞大將軍　「左」原作「右」，據本書卷一二〇恭帝紀、歐陽史卷二〇周世宗家人傳改。

舊五代史卷一百二十三

周書十四

列傳第三

高行周，字尚質，案通鑑考異引莊宗實錄：行周作「行溫」。是書唐紀尚仍實錄之舊〔一〕。（舊五代史考異）幽州人也。生于嬀州懷戎軍之鵰窠里。曾祖順厲，世戍懷戎。父思繼，昆仲三人，俱雄豪有武幹，聲馳朔方。唐武皇之平幽州也，表劉仁恭爲帥，仍留兵以戍之。以思繼兄爲先鋒都將、嬀州刺史，思繼爲中軍都將、順州刺史，案歐陽史：思繼爲李匡威戍將，先爲晉王所招，後事仁恭。與薛史異。（舊五代史考異）思繼弟爲後軍都將，昆仲分掌燕兵。部下士伍，皆山北之豪也，仁恭深憚之。武皇將歸，私謂仁恭曰：「高先鋒兄弟，勢傾州府，爲燕患者，必此族也，宜善籌之。」久之，太原戍軍恣橫，思繼兄弟制之以法，所殺者多。太祖怒，詬讓仁恭，乃訴以高氏兄弟，遂併遇害。仁恭因以先鋒子行珪爲牙將，諸子並列帳下，厚撫之以慰其心。時行周

十餘歲，亦補職，在仁恭左右。行珪別有傳，在唐書。案通鑑考異引周太祖實錄云：行珪在武州，食盡，乃夜縋其弟行周于晉軍乞兵。（舊五代史考異）

及莊宗收燕，以行周隸明宗帳下，常與唐末帝分率牙兵。明宗征燕，率兵隨行。鄉人趙德鈞謂明宗曰：「行周心甚謹厚，必享貴位。」梁將劉鄩之據莘也，與太原軍對壘，旦夕轉鬬。嘗一日，兩軍成列，元行欽爲敵軍追躡，劍中其面，血戰未解。行周以麾下精騎突陣解之，行欽獲免。莊宗方寵行欽，召行周撫諭賞勞，而欲置之帳下，又念於明宗帳下已奪行欽，更取行周，恐傷其意，密令人以利祿誘之。行周辭曰：「總管用人，亦爲國家，事總管猶事王也。余家昆仲，脫難再生，承總管之厚恩，忍背之乎！」案通鑑考異云：明宗時爲代州刺史，天祐十八年始爲副總管。蓋周太祖實錄之誤，薛史未及改正。（舊五代史考異）及兩軍屯於河上，覘知梁軍自汴入楊村寨，明宗晨至斗門，設伏將邀之，衆寡不敵，反爲所乘。時矛矟叢萃，勢甚危蹙。行周鬬之，出騎橫擊梁軍，遂得解去。明宗之襲鄆州也，行周爲前鋒。會夜分澍雨，人無進志，行周曰：「此天贊也，彼必無備。」是夜，涉河入東城，比曙平之。

莊宗平河南，累加檢校太保，領端州刺史。同光末，出守絳州。明宗卽位，特深委遇。天成中，從王晏球圍定州，敗王都，擒禿餒，皆有功。賊平，遷潁州團練使。長興初，以北邊隣契丹〔二〕，用爲振武節度使。明年，以河西用軍，移鎭延安。淸泰初，改潞州節度使。晉

祖建義於太原，唐末帝命張敬達征之，行周與符彥卿爲左右排陣使。契丹主入援太原也，行周、彥卿引騎拒之，尋爲契丹所敗，遂與敬達保晉安砦，累月救軍不至。楊光遠欲圖敬達，行周知之，引壯士護之。敬達性戇，不知其營護，謂人曰：「行周每踵余後，其意何也？」繇是不復敢然，敬達遂爲光遠所害。

晉祖入洛，令行周還藩，加同平章事。晉祖都汴，以行周爲西京留守，未幾，移鄴都。晉祖幸鄴，會安從進叛，命行周爲襄州行營都部署。明年秋，平定漢南。晉少帝嗣位，加兼侍中，移鎮睢陽。開運初，從幸澶淵，拒敵於河上。車駕還京，代景延廣爲侍衞親軍都指揮使，移鄆州節度使。時李彥韜爲侍衞都虞候，可否在己。行周雖典禁兵，每心遊事外，退朝歸第，門宇翛然，賓友過從，但引滿而已。尋改歸德軍節度使，歸德，原本作「歸順」，今從通鑑改正。（影庫本粘籤）以李守貞代掌兵柄，許行周歸藩。晉軍降於中渡也，少帝命行周與符彥卿同守澶州。戎王入汴，召赴京師，會草寇攻宋州急，遣行周歸鎮。案宋史高懷德傳：杜重威降契丹，京東諸州羣盜大起，懷德堅壁清野，敵不能入，行周率兵歸鎮，敵遂解去。（舊五代史考異）及契丹主死於欒城，契丹將蕭翰立許王李從益知南朝軍國事，遣死士召行周，辭之以疾，退謂人曰：「衰世難輔，況兒戲乎！」

漢高祖入汴，加守太傅、兼中書令，代李守貞爲天平節度使。杜重威據鄴叛，漢祖以行

周爲招討使，總兵討之。鄴平，授鄴都留守，加守太尉，進爵臨清王。臨清，原本作「監清」，今從歐陽史改正。（影庫本粘籤）乾祐中，入覲，加守太師，進封鄴王，復授天平節鉞，改封齊王。案歐陽史云：周太祖入立，封齊王。據薛史則漢末已封齊王矣。（舊五代史考異）太祖踐阼，加守尚書令，增食邑至一萬七千戶。太祖以行周耆年宿將，賜詔不名，但呼王位而已。慕容彥超據兗叛，太祖親征，奉迎輿駕，傾家載贄，奉觴進俎，率以身先，太祖待之逾厚。廣順二年秋，以疾薨於位，享年六十八。賵賻加等，册贈尚書令，追封秦王，謚曰武懿。

子懷德，皇朝駙馬都尉、宋州節度使。永樂大典卷一萬八千一百三十二。

安審琦，字國瑞，其先沙陁部人也。祖山盛，朔州牢城都校，贈太傅。父金全，安北都護、振武軍節度使，累贈太師，唐書有傳。審琦性驍果，善騎射，幼以良家子事莊宗爲義直軍使，遷本軍指揮使。天成初，唐末帝由潞邸出鎮河中，奏審琦爲牙兵都校，未幾，入爲歸化指揮使。王師伐蜀，充行營馬軍都指揮使，及凱旋，改龍武右廂都校，領富州刺史。清泰初，爲捧聖指揮使，捧聖，原本作「持聖」，今從通鑑改正。（影庫本粘籤）領順化軍節度使。其年鎮邢州，兼北面行營排陣使，從張敬達圍太原。及楊光遠舉晉安寨降於晉祖，審琦亦預焉。晉祖踐阼，加檢校太傅、同平章事，充天平軍節度使兼侍衞馬步軍都指揮使，旋以母喪起復。天福三年，就加檢校太尉，尋改晉昌軍節度使、京兆尹。七年，移鎮河中。晉少帝嗣位，加檢校太師。

開運末，朝廷以北戎入寇，以審琦爲北面行營馬軍左右廂都指揮使，與諸將會兵於洺州。俄而敵騎大至，時皇甫遇、慕容彥超亦預其行，乃率所部兵與敵戰於安陽河上。時遇馬爲流矢所中，勢已危蹙，諸將相顧，莫有敢救者。審琦謂首將張從恩曰：「皇甫遇等未至，必爲敵騎所圍，若不急救，則爲擒矣。」從恩曰：「敵勢甚盛，無以枝梧，將軍獨往何益？」審琦曰：「成敗命也，若不濟，與之俱死，假令失此二將，何面目以見天子！」遂率鐵騎北渡。敵見塵起，謂救兵至，救兵，原本作「救冰」，今據文改正。（影庫本粘籤）乃引去。遂救遇與彥超而還。晉少帝嘉之，加兼侍中，移領許州，未幾，移鎮兗海。

漢有天下，授襄州節度使、兼中書令。屬荆人叛命，潛遣舟師數千居襄、郢，審琦禦之而遁，朝廷賞功，就加守太保，進封齊國公。歲餘，又加守太傅。國初，封南陽王。顯德初，進封陳王。世宗嗣位，加守太尉。三年，拜章請覲，優詔許之，加守太師，增食邑至一萬五百戶，食實封二千三百戶。審琦鎮襄、沔僅一紀，嚴而不殘，威而不暴，故南邦之民甚懷其惠。五年，移平盧軍節度使，承詔赴鎮，因朝于京師，世宗以國之元老，禮遇甚厚，車駕親幸其第以寵之。六年正月七日夜，爲其隸人安友進、安萬合所害，時年六十三。

初，友進與審琦之愛妾私通，有年數矣。其妾常慮事泄見誅，因與友進謀害審琦，友進甚有難色。其妾曰：「爾若不從，我當反告。」友進乃許之。至是夕，審琦沈醉，寢於帳中，其妾乃取審琦所枕劍與友進，友進猶惶駭不敢剸刃，遽召其黨安萬合，使殺審琦。既而慮事泄，乃引其帳下數妓，盡殺以滅其跡。不數日，友進等竟敗，悉爲子守忠臠而戮之。世宗聞之震悼，輟視朝三日，詔贈尚書令，追封齊王。

守忠仕皇朝，累爲郡守。永樂大典卷一萬八千一百三十二。五代史補：安審琦素惡釋氏，凡居方鎮，僧凡有過，不問輕重殺之。及鎮青州也，一旦方大宴，忽有紫衣僧持錫杖直上廳事，審琦赫怒連叱，是僧安然不顧，縱步而向內室，至中門，審琦仗劍逐之，將及而滅，但聞錫杖聲鏗然，入在臥所。審琦驚懼之際，有小蒼頭報曰：「國夫人生子矣。」得非紫衣錫杖者乎？因命之曰僧哥，即安守忠也，自是審琦稍稍信重。

安審暉，字明遠，審琦之兄也。起家自長直軍使，轉外衙左廂軍使。從莊宗平幽、薊，戰山東，定河南，皆預其功。同光中，授蔚州刺史。天成初，改汝州防禦副使，歷鳳翔徐州節度副使、河東行軍司馬。晉高祖龍飛，以霸府上僚授振武兵馬留後，遷河陽節度使，不踰月移鎮鄜州。丁內艱，起復視事。五年，李金全據安州叛，詔馬全節爲都部署，領兵討之，全節，原本作「全積」，今從通鑑改正。（影庫本粘籤）以審暉爲副。安陸平，移鎮鄧州，進位檢校太傅。六

年冬，襄州安從進叛，舉漢南之衆北攻南陽。南陽素無城壁，唯守衙城，賊傅城下，審暉登陴，召賊帥以讓之，從進不克而退。襄州平，就加檢校太尉。少帝嗣位，加檢校太師，罷鎮，授右羽林統軍。歲餘，出鎮上黨，屬契丹內侵，授邢州節度使。居無何，目疾暴作，上章求代，歸於京師，養疾累年。太祖即位，召於內殿，從容顧問，尤所歎重。將以祿起之，審暉辭以暮齒，願就頤養。拜太子太師致仕，封魯國公，累食邑五千戶，實封四百戶。廣順二年春卒，年六十三。廢朝二日，詔贈侍中，謚曰靜。

子守鏻，仕皇朝爲贊善大夫。永樂大典卷一萬八千一百四十四。

安審信，字行光，審琦之從父兄也。父金祜，世爲沙陁部偏裨，名聞邊塞。審信習騎射，世父金全，天成初，爲振武節度使，補爲牙將。俄而兄審通爲滄州節度使，用爲衙內都虞候，歷同、陝、許三州馬步軍都指揮使。晉祖起義於太原，唐末帝命張敬達以兵攻之，敬達，原本作「敬遠」，今從歐陽史改正。（影庫本粘籤）而審信率先以部下兵遁入幷州，晉祖以其故人，得之甚悅。其妻與二子在京師，皆爲唐末帝所戮，但貸其老母而已。契丹旣降晉安砦，晉高祖以審信爲汾州刺史、檢校太保，充馬步軍副部署。晉祖入洛，授河中節度使〔三〕、檢校太尉、同平章事。審信性旣翻覆，率多疑忌，在蒲中時，每王人告諭，騎從稍多，必潛設備，

以防其圖己。尋歷許、兗州鎮，所至以聚斂爲務，民甚苦之。會朝廷謀大舉北伐，凡藩侯皆預將帥，以審信爲馬步軍右廂都排陣使，俄改華州節度使。漢初，移鎮同州，入爲左衞上將軍。國初，轉右金吾上將軍。三年夏四月，太祖御乾元殿入閤，審信不赴班位，爲御史所彈，詔釋之。時審信久病，神情恍惚，聞臺司奏劾，揚言曰：「趨朝偶晚，未是大過，何用彈舉，我終進奉二萬緡，盡逐此乞索兒輩。」未幾，以病請退，授太子太師致仕。是歲秋卒，年六十。贈侍中，謚曰戌穆。永樂大典卷一萬八千一百四十四。

李從敏，字叔達，唐明宗之猶子也。沈厚寡言，善騎射，多計數。初，莊宗召見，試弓馬，用爲衙內馬軍指揮使，從平汴、洛，補帳前都指揮使，遷捧聖都將。明宗移鎮眞定，表爲成德軍馬步軍都指揮使。從明宗入洛，補皇城使，出爲陝府節度使。王都據定州叛，命王晏球爲招討使，率師討之，以從敏爲副，領滄州節度使。王都平，移授定州。尋代范延光爲成德軍節度使，加檢校太尉，封涇王。涇王，原本作「渭王」，今從歐陽史改正。（影庫本粘籤）

鎭州有市人劉方遇，家富於財。方遇卒，無子。妻弟田令遵者，幼爲方遇治財，善殖貨，劉族乃共推令遵爲方遇子，親族共立劵書，以爲誓信。累年後，方遇二女取資於令遵不如意，乃訟令遵冒姓，奪父家財，從敏令判官陸浣鞫其獄，而殺令遵。案北夢瑣言云：鎭州市民劉方

遇，家財數十萬。方遇妻田氏蚤卒，田之妹爲尼，常出入方遇家，方遇使尼長髮爲繼室。有田令遵者，方遇之妻弟也，善貨殖，方遇以所積財令令遵興殖焉。方遇有子年幼，二女皆嫁。方遇疾卒，子幼不能督家業，方遇妻及二女以家財數令遵興殖，乃聚族合謀，請以令遵姓劉，爲方遇繼嗣，即令鬻劵人安美爲親族請嗣。劵書旣定，乃遣令遵服斬衰居喪。而二女初立令遵時，先邀每月供財二萬，及後求取無厭，而石、李二女夫使二女詣本府論訴，云令遵冒姓，奪父家財，令遵下獄。石、李二夫族與本府要吏親黨，上至府帥判官、行軍司馬、隨使都押衙，各受方遇二女賂錢數千緡，而以令遵與姊及書劵安美同情共盜，俱棄市，人知其寃。（舊五代史考異）令遵父詣臺訴寃，詔本州節度副使符蒙、掌書記徐台符鞫之，備明姦狀。及詰二女，伏行賂於節度使趙環、代判高知柔、觀察判官陸浣，並捕下獄，具服贓罪。事連從敏，甚懼，乃令其妻赴洛陽，入宮告王淑妃。明宗知之，怒曰：「朕用從敏爲節度使，而枉法殺人，我羞見百官，又令新婦奔赴，不須見吾面。」時王淑妃頗庇護之，趙環等三人竟棄市，從敏罪止於罰俸而已。案北夢瑣言云：從敏初欲削官，中宮哀祈，竟罰一年俸。（舊五代史考異）

長興初，移鎭宋州。唐末帝起兵於鳳翔，其子重吉爲亳州防禦使，從敏承朝廷命害之。清泰中，從敏與洋王從璋並罷歸第，待之甚薄。嘗宮中同飲，旣醉，末帝謂從璋、從敏曰：「爾等何物，處雄藩大鎭！」二人大懼，賴曹太后見之，叱曰：「官家醉，爾輩速出去！」方得解。

晉祖革命，降封莒國公，再領陝州，尋移鎭上黨，入爲右龍武統軍，出爲河陽節度使。漢祖入汴，移授西京留守，累官檢校太師、同平章事。隱帝卽位，就加兼侍中，改封秦國公。歲餘，以王守恩代還。廣順元年春，以疾卒，年五十四。詔贈中書令，謚曰恭惠。永樂大典卷一萬三百九十。

鄭仁誨，字日新，晉陽人。父霸，累贈太子太師。仁誨幼事唐驍將陳紹光，紹光，原本作「昭光」，今從册府元龜改正。（影庫本粘籤）恃勇使酒，嘗乘醉抽佩劍，將剚刃於仁誨，左右無不奔避，唯仁誨端立以俟，略無懼色。紹光因擲劍於地，謂仁誨曰：「汝有此器度，必當享人間富貴。」及紹光典郡，仁誨累爲右職。後退歸鄉里，以色養稱。

漢高祖之鎭河東也，太祖累就其第，與之燕語，每有質問，無不以正理爲答，太祖深器之。漢有天下，太祖初領樞務，卽召爲從職。及太祖西征，嘗密贊軍機，西師凱旋，累遷至檢校吏部尚書。太祖踐阼，旌佐命功，授檢校司空、客省使兼大內都點檢、案歐陽史云：漢興，周太祖爲樞密使，乃召仁誨用之，累官至內客省使。太祖入立，以仁誨爲大內都巡檢。據此傳，仁誨仕周始爲客省使，與歐陽史異。（舊五代史考異）恩州團練使，尋爲樞密副使。踰年轉宣徽北院使、右衞大將軍，出鎭澶淵，轉檢校太保，入爲樞密使，加同平章事。

世宗之北征也，以仁誨爲東京留守，調發軍須，供億無所闕，駕迴，加兼侍中。尋丁內艱，未幾起復。顯德二年冬，疾亟，世宗幸其第，親加撫問，欷歔久之。及卒，世宗親臨其喪，哭踰數舉。是時，世宗將行，近臣奏云：「歲道非便，不宜臨喪。」弗聽，然而先之以桃茢之事，時以爲得禮。

仁誨爲人端厚謙損，造次必由于禮。及居樞務，雖權位崇重，而能孜孜接物，無自矜之色，及終，故朝廷咸惜之。詔贈中書令，追封韓國公，謚曰忠正。既葬，命翰林學士陶穀撰神道碑文，官爲建立，表特恩也。

子勳，累歷內職，早卒，絕嗣。初，廣順末，王殷受詔赴闕，太祖遣仁誨赴鄴都巡檢，及殷得罪，仁誨不奉詔卽殺其子，蓋利其家財妓樂也。及仁誨卒而無後，人以爲陰責焉。永樂大典卷一萬八千八百八十。

張彥成，案通鑑考異：彥成本名彥威，避周祖諱，故改名。潞州潞城人也。曾祖靜，汾州刺史。祖述，澤州刺史。父礪，昭義行軍司馬。彥成初爲幷門牙將。天成中，自秦州鹽鐵務官改鄆州都押牙。漢祖鎭北門，表爲行軍司馬，以隱帝娶其女，特見親愛。從平汴、洛，累加特進、檢校太尉、同州節度使。隱帝卽位，就加同平章事。太祖之伐河中，彥成有饋輓之勞，河中

平，加檢校太師。乾祐三年冬，移鎭相州。廣順初，就加兼侍中，尋移鎭南陽。三年秋，代歸，授右金吾衞上將軍。其年秋，以疾卒，年六十。贈侍中。永樂大典卷六千三百五十一。案宋史楊克讓傳：乾祐中，同州節度使張彥成表授掌書記。周廣順初，彥成移鎭安陽、穰下，克讓以舊職從行。彥成入爲執金吾，病篤，奏稱其材可用。克讓以彥成死未葬，不忍就祿，退居別墅，俟張氏子外除，時論稱之。（舊五代史考異）

安叔千，沙陁三部落之種也。父懷盛，事唐武皇，以驍勇聞。叔千習騎射，從莊宗定河南，爲奉安部將。天成初，王師伐定州，命爲先鋒都指揮使。王都平，授泰州刺史〔四〕，連判涿、易二郡。清泰初，契丹寇鴈門，叔千從晉祖迎戰，敗之，進位檢校太保、振武節度使。晉祖踐阼，就加同平章事。天福中，歷邠、滄、邢、晉四鎭節度使。叔千鄙野而無文，當時謂之「安沒字」，言若碑碣之無篆籀，但虛有其表耳。開運初，朝廷將大舉北伐，授行營都排陣使，俄改左金吾衞上將軍。契丹入汴，百僚迎見于赤崗，契丹主登高崗駐馬而撫諭漢官，叔千出班效國語，契丹主曰：「爾是安沒字否？卿比在邢州日，遠輸誠款，我至此，汝管取一喫飯處。」叔千拜謝而退，俄授鎭國軍節度使。案遼史太宗紀：安叔千出班獨立，上曰：「汝邢州之請，朕所不忘。」乃加鎭國軍節度使。與薛史微異。漢初，遇代歸京，自以嘗附幕庭，居常愧惕，久之，授太子太師致仕，尋請告歸洛。廣順二年冬卒，年七十二。詔贈侍中。永樂大典卷一萬八千一百四十四。

宋彥筠，雍丘人也。初隸滑州軍，梁氏與莊宗夾河之戰，彥筠時爲戰棹都指揮使，以勞遷開封府牙校。案洛陽縉紳舊聞記：彥筠多力勇健，走及奔馬。爲小校時，欲立奇功，每見陣敵，于兜牟上闘爲雙髻，故軍中目之爲宋忙兒。後雖貴爲節將，遠近皆謂之宋忙兒。（舊五代史考異）莊宗有天下，擢領禁軍。伐蜀之役，率所部從康延孝爲前鋒，蜀平，歷維、渝二州刺史。明宗在位，連典數郡。晉初，自汝州防禦使討安從進於襄陽，以功拜鄧州節度使，累官至檢校太尉。未幾，歷晉、陝二鎭。晉少帝嗣位，再領鄧州，尋移鎭河中。漢初，授太子太師致仕。國初，拜左衞上將軍。世宗嗣位，復爲太子太師致仕。顯德四年冬，卒于西京之私第。輟視朝一日，詔贈侍中。

初，彥筠入成都，據一甲第，第中資貨鉅萬，妓女數十輩，盡爲其所有。一旦，與其主母微忿，遽擊殺之，自後常有所睹，彥筠心不自安，乃修浮屠法以禳之，因而溺志於釋氏。其後，每歲至金仙入涅之日，常衣斬縗號慟於其像前，其佞佛也如是。家有侍婢數十人，皆令削髮披緇，以侍左右，大爲當時所誚。又性好貨殖，能圖什一之利，良田甲第，相望於郡國。將終，以伊、洛之間田莊十數區上進，並籍於官焉。永樂大典卷一萬三千四十四。

史臣曰：近代領戎藩，列王爵，蔭厚而君子不議，望重而人主不疑，能自晦於飲酌之間，

保功名於始終之際，如行周之比者，幾何人哉！奕世藩翰，固亦宜然。審琦有分閫之勞，乏御家之道，峯摧玉折，蓋不幸也。其餘雖擁戎旃，未聞闓政，固不足與文、召、龔、黃爲比也〔五〕。永樂大典卷一萬三千四十四。

校勘記

〔一〕是書唐紀尙仍實錄之舊　十字原無，據殿本考證、劉本考證補。

〔二〕北邊隣契丹　劉本同，殿本「隣」作「陷」。影庫本批校云：「陷契丹，『陷』訛『隣』。」

〔三〕授河中節度使　「河中」原作「河州」，據劉本改。按下文云「在蒲中時」，蒲州卽河中府，見舊唐書卷三九地理志。

〔四〕泰州　殿本、劉本、歐陽史卷四八安叔千傳、冊府卷三八七均作「秦州」。

〔五〕不足與文召龔黃爲比　「召」原作「邵」，據殿本改。按此指文翁、召信臣、龔遂、黃霸，均見漢書卷八九循吏傳。

舊五代史卷一百二十四

周書十五

列傳第四

王殷，瀛州人。案：歐陽史作大名人。曾祖昌裔，本州別駕。祖光，滄州教練使，因家焉。唐末，幽、滄大亂，殷父咸珪，避地南遷，因投於魏軍。殷自言生於魏州之開元寺，既長從軍，漸爲偏將。唐同光末，爲華州馬步軍副指揮使〔一〕，因家于華下。天成中，移授靈武都指揮使，久之代還。清泰中，張令昭據鄴叛，殷從范延光討之，首冒矢石，率先登城，以功授祁州刺史，尋改原州。殷性謙謹好禮，事母以孝聞，每與人結交，過從皆先稟於母〔二〕，母命不從，殷必不往，雖在軍旅，交遊不雜。及爲刺史，政事小有不佳，母察之，立殷於庭，詰責而杖之。案歐陽史云：殷爲刺史，政事有小失，母責之，殷即取杖授婢僕，自笞于母前。與薛史微異。晉天福中，丁內艱，尋有詔起復，授憲州刺史，殷上章辭曰：「臣爲末將，出處無損益於

國家。臣本燕人，值鄉國離亂，少罹偏罰，因母鞠養訓導，方得成人，不忍遽釋苴麻，遠離廬墓，伏願許臣終母喪紀。」晉高祖嘉而許之。晉少帝嗣位，會殷服闋，召典禁軍，累遷奉國右廂都指揮使。

漢祖受命，從討杜重威於鄴下，殷與劉詞皆率先力戰，矢中於首，久之，出折鏃於口中，以是漢祖嘉之。乾祐末，遷侍衞步軍都指揮使，領夔州節度使，會契丹寇邊，遣殷領兵屯澶州。及李業等作亂，漢隱帝密詔澶帥李洪義遣圖殷，洪義懼不克，反以變告殷，殷與洪義同遣人至鄴，請太祖赴內難。殷從平京師，授侍衞親軍都指揮使。

太祖即位，授天雄軍節度使，加同平章事，典軍如故。殷赴鎮，以侍衞司局從，凡河北征鎮有戍兵處〔三〕，咸稟殷節制。又於民間多方聚斂，太祖聞而惡之，因使宣諭曰：「朕離鄴時，帑廩所儲不少，卿與國家同體，隨要取給，何患無財。」二年夏，太祖征兗還〔四〕，殷迎謁于路，宴賜而去。及王峻得罪，太祖遣其子飛龍使承誨往鄴〔五〕，承誨，原本作「承議」，今從通鑑改正。（影庫本粘籤）令口諭峻之過惡，以慰其心。三年秋，以永壽節上表請覲，太祖雖允其請，且慮殷之不誠，尋遣使止之。何福進在鎮州，素惡殷之太橫，福進入朝，撫其陰事以奏之，太祖遂疑之。是年冬，以郊禋有日，殷自鎮入覲，太祖令依舊內外巡警。殷出入部從不下數百人，又以儀形魁偉，觀者無不聳然。一日，遽入奏曰：「郊禮在近，兵民大集，臣城外防警，

請量給甲仗，以備非常。」太祖難之。時中外以太祖嬰疾，步履稍難，多不視朝，俯逼郊禋，殷有震主之勢，頗憂之。太祖乃力疾坐於滋德殿，殷入起居，卽命執之，尋降制流竄，及出都城，遽殺之，衆情乃安。

是歲春末，鄴城寺鐘懸絕而落〔六〕，又火光出幡竿之上。殷之入覲也，都人餞於離亭，上馬失鐙，翻墮于地，人訝其不祥，果及於禍。太祖尋令澶帥鄭仁誨赴鄴，殷次子爲衙內指揮使，不出候謁〔七〕，仁誨誅之，遷其家屬於登州。永樂大典卷六千八百五十一。

何福進，字善長，太原人。父神劍，神劍，原本作「伸劍」，册府元龜作神劍。考五代時多有名神劍者，如吳有李神劍，蜀有陳神劍，皆見九國志。此處當以「神」字爲是，今改正。（影庫本粘籤）累贈左驍衞大將軍。福進少從軍，以驍勇聞。唐同光末，郭從謙以兵圍莊宗於大內，福進時爲宿衞軍校，獨出死力拒戰於內，後明宗知而嘉之，擢爲捧聖軍校，出爲慈州刺史〔八〕，充北面行營先鋒都校。清泰中，自彰聖都虞候率本軍從范延光平鄴，以功歷鄭、隨二州防禦使。開運中，由潁州團練使入拜左驍衞大將軍。屬契丹陷中原，令中朝文武臣僚凡數十人隨帳北歸〔九〕，時福進預其行。行次鎮州，聞戎王已斃，其黨尚據鎮陽，遂與李筠、白再榮之儔合謀力戰，盡逐契丹，據有鎮陽。時漢祖已建號於河東，詔以福進爲北面行營馬步都虞候，尋拜曹州防禦使、檢

校太保。太祖出鎮於鄴，將謀北伐，奏以福進自隨。及太祖入平內難，以輔佐功拜忠武軍節度使，不數月，移領鎮州。數年之間，北鄙無事。及聞太祖將有事於南郊，拜章入覲，改天平軍節度使，加同平章事。未及之任，卒於東京之私第，年六十有六，時顯德元年正月也。累贈中書令。

子繼筠，仕皇朝，領建武軍節度使卒。永樂大典卷一萬八千一百三十二。

劉詞，字好謙，元城人。梁貞明中，事故鄴帥楊師厚，以勇悍聞。唐莊宗入魏，亦列於麾下，兩河之戰，無不預焉。同光初，爲効節軍使，轉劍直指揮使，案：歐陽史作長劍指揮使。尋以忤於權臣，出爲汝州小校，凡留滯十餘年。清泰初，詔諸道選驍果以實禁衞，繇是得入典禁軍。

晉初，從侯益收汜水關，佐楊光遠平鄴都，累遷奉國第一軍都虞候。後從馬全節伐安陸，敗淮賊萬餘衆，晉祖嘉之，授奉國都校，累加檢校司空。又從杜重威敗安重榮於宗城〔一〇〕。及圍鎮陽，詞自登雲梯，身先士伍，以功加檢校司徒、沁州刺史。時王師方討襄陽，尋命詞兼行營都虞候，襄陽平，遷本州團練使。在郡歲餘，臨事之暇，必被甲枕戈而臥，人或問之，詞曰：「我以勇敢而登貴仕，不可一日而忘本也。若信其溫飽，則筋力有怠，將來何

以報國也。」

及漢有天下，復爲奉國右廂都校，遙領閬州防禦使。從太祖平鄴，加檢校太保。乾祐初，李守貞叛於河中，太祖征之，朝廷以爲侍衞步軍都指揮使，遙領寧江軍節度使，充行營馬步都虞候，命分屯於河西。二年正月，守貞遣敢死之士數千，夜入其營，皆怖懼不知所爲，唯詞神氣自若，令於軍中曰：「此小盜耳，不足驚也。」遂免冑橫戈，叱短兵以擊之，賊衆大敗而退。自是守貞喪膽，不復有奔突之意。河中平，太祖嘉之，表其功爲華州節度使，歲餘，移鎮邢臺。太祖受命，加同平章事。三年秋，改鎮河陽。

顯德初，世宗親征劉崇，詞奉命領所部兵隨駕，行及高平南，高平，原本作「高中」，今從通鑑改正。（影庫本粘籤）遇樊愛能等自北退迴，且言官軍已敗，止詞不行，詞不聽，疾驅而北。世宗聞而嘉之，尋命爲隨駕都部署，又授河東道行營副部署。其年夏，車駕還京，授永興軍節度使，加兼侍中，行京兆尹。二年冬，以疾卒于鎮，年六十有五。贈中書令，案：歐陽史作贈侍中。據薛史則詞以兼侍中贈中書令，非贈侍中也，疑歐陽史誤。諡曰忠惠。詞發身軍校，亟歷戎事，常以忠勇自負。洎領藩鎮，能靖恭爲治，無苛政以撓民，諡以忠惠，議者韙之。

子延欽，仕皇朝爲控鶴廂主。永樂大典卷九千九十九。

王進，幽州良鄉人。少落魄，不事生業，爲人勇悍，走及奔馬，嘗聚黨爲盜，封境患之。符彥超爲河朔郡守，以賂誘置之左右。長興初，彥超鎮安州，屬部曲王希全搆亂軍州，令進齎變狀聞於朝廷，明宗賞其捷足，詔隸於軍中。洎契丹內寇，戰於膠口，進獨追擒六十七人，時漢祖總侍衞親軍，知其驍果，擢爲馬前親校。漢祖鎮河東，或邊上警急，令進齎封章達於闕下，自并至汴，不六七日復焉，繇是恩撫頗厚。繼任戎職，累遷至奉國軍都指揮使。從太祖入平內難，以功遷虎捷右廂都指揮使，歷汝、鄭防禦使，亦有政聲。俄授相州節度使，相州，原本作「桐州」，今從通鑑改正。（影庫本粘籤）爲政之道，頓減於前，議者惜之。顯德元年秋，以疾卒於任。贈檢校太師。永樂大典卷六千三百二十。

史彥超，雲州人也。性驍獷，有膽氣，累功至龍捷都指揮使。太祖之赴內難，彥超以本軍從。國初，與虎捷都指揮使何徽戍晉州，案歐陽史：彥超遷虎捷都指揮使。與薛史異。會劉崇與契丹入寇，攻圍州城月餘，是時本州無帥，知州王萬敢不協物情，彥超與何徽協力固拒，累挫賊鋒。攻擊日急，禦捍有備，軍政甚嚴，居人無擾。及朝廷遣樞密使王峻總兵爲援，寇戎宵遁。太祖嘉其善守之功，賞賜甚厚。未幾，授龍捷右廂都指揮使，尋授鄭州防禦使。劉崇之寇潞州也，車駕親征，以彥超爲先鋒都指揮使。高平之戰，先登陷陣，以功授華州節度使，先鋒如故。大軍至河東城下，契丹營於忻、代之間，遙應賊勢，詔天雄軍節度使符彥卿率諸將屯忻州以拒之。彥卿襲契丹於忻口。彥超以先鋒軍追蕃寇，離大軍稍遠，賊兵伏發，爲賊所陷。世宗痛惜久之，詔贈太師，示加等也，仍命優卹其家焉。永樂大典卷一萬一百八十三。

史懿，字繼美，代郡人也。本名犯太祖廟諱，故改焉。案「本名」二句，疑爲後人竄入。考懿名匡懿，避宋太祖御名，故去「匡」字。薛史成于開寶六年，不應豫稱爲太祖，或係宋人讀是書者附注于後，遂混入正文也。（舊五代史考異）考建瑭，事唐莊宗爲先鋒都校，唐書有傳。莊宗之伐鎮陽，時建瑭爲流矢所中而卒，懿時年甫弱冠，莊宗以其父歿於王事，召拜昭德軍使，俄遷先鋒左右廂都校，俾嗣其家聲。天成中，爲涿州刺史。晉初，由趙州刺史遷洺州團練使，尋歷亳、鳳二州防禦使。晉祖以其弟翰尚晉國長公主，故尤所注意。天福中，授彰武軍節度觀察留後。開運初，歷澶、貝二鎮節度使。三年，移鎮涇原。未幾，契丹入中原，時四方征鎮爲戎王所召者，靡不麕至，唯懿堅壁拒命，仍送款於漢祖。漢有天下，就拜檢校太尉、同平章事，及賜功臣名號。廣順初，加檢校太師、兼侍中，進封邠國公。顯德元年春，以抱病歸朝，案東都事略楊廷璋傳：周太祖常論廷璋圖涇帥史懿，廷璋屏左右，示以詔書，懿受代入朝，遂免禍。（舊五代史考異）途經洛，卒于其第，年六十二。贈中書令。永樂大典卷一萬一百八十三。

王令溫，字順之，瀛州河間人也。父迪，德州刺史，累贈太子太師。令溫少以武勇稱，初隸唐莊宗麾下，稍遷廳直軍校。明宗之爲統帥，嘗與契丹戰於上谷。明宗臨陣馬逸，爲敵所迫，令溫乃以所乘馬授明宗，而自力戰，飛矢連發，敵兵爲之稍却。及明宗卽位，歷遷神武彰聖都校。晉初，自淄州刺史遷洺州團練使。及安重榮稱兵於鎮州，晉祖以令溫爲行營馬軍都指揮使，與都帥杜重威敗賊於宗城，以功授亳州防禦使，尋拜永清軍節度使。屬契丹來寇，時令溫奉詔入朝，契丹遂陷貝州，其家屬因沒於契丹。晉少帝憫之，授武勝軍節度使。未幾，移鎮延州，又遷靈武。漢有天下，復爲永清軍節度使，尋改安州。國初，加檢校太尉、同平章事。世宗嗣位，遷鎮安軍節度使，罷鎮歸闕。顯德三年夏，以疾卒，時年六十有二。詔贈侍中。永樂大典卷一萬八千一百三十三。

周密，字德峯，應州神武川人也。初事後唐武皇爲軍職。莊宗之平常山，明宗之襲汶陽，密皆從征有功。莊宗平梁，授鎮州馬軍都指揮使。明宗卽位，累遷河東馬步軍副都指揮使。晉天福初，除冀州刺史，累官至檢校司徒，入爲右羽林統軍、檢校太保。四年秋，授保大軍節度使、檢校太傅。屬部民作亂，密討平之，尋移鎮晉州，加檢校太尉。開運中，入拜右龍武統軍。三年秋，出鎮延州。其年冬，契丹陷中原，延州軍亂，立高允權爲帥，時密據東城，允權據西城，相拒久之。會漢高祖建義於太原，遣使安撫，密乃棄其城奔於太原，隨漢祖歸汴，久居於闕下。廣順初，授太子太師致仕。顯德元年春卒，時年七十五。

長子銳，仕皇朝爲內職。次子廣，歷諸衞大將軍。永樂大典卷一萬八千一百三十三。

李懷忠，字光孝，太原晉陽人。父海，本府軍校。懷忠形質魁壯，初事唐莊宗，隸于保衞軍。夾城之役，懷忠率先登城，以功補本軍副兵馬使。莊宗平定山東，累遷保衞軍使。天成中，歷陝府、許州、滄州都指揮使，遙領辰州刺史。清泰初，以河西蕃部寇鈔，命懷忠屯方渠。晉祖受命，以懷忠故人，召典禁兵，三遷護聖左右廂都指揮使，護聖，原本作「祐聖」，今從通鑑改正。（影庫本粘籤）遙領壽州節度使、檢校太保。未幾，爲同州節度使、檢校太傅。少帝嗣位，入爲右羽林統軍，改左武衞上將軍。廣順中，以太子太傅致仕。三年夏卒，年六十六。詔贈太子太師。永樂大典卷一萬三百九十。

白文珂，字德溫，太原人也。案：洛陽縉紳舊聞記作河東遼州人。（舊五代史考異）曾祖辯。父君成，遼州刺史。文珂初事後唐武皇，補河東牙將，改遼州副使。莊宗嗣位，轉振武都指揮使。

天成中，鎮州節度使王建立表爲本州馬步軍都指揮使，遙授舒州刺史、檢校司空，歷青州、魏府都指揮使，歷瀛、蔚、忻、代四州刺史。領代州日，兼蕃漢馬步都部署。漢高祖鎮并門，表爲副留守、檢校太保。案洛陽縉紳舊聞記：白中令文珂在代州日，值漢祖授北京留守，河東節度使，代屬郡也。中令長子曰廷誨，時爲衙內指揮使，每日以事干郡政，漢祖聞之，怒其失教，遂奏之，罷郡。白以屬郡路由并州，遂詣府參謁。漢祖見之，覩其儀貌敦厚，舉止閑雅，訪以時事，對答有條，漢祖由是大喜，屢開筵宴，命賓客盡歡而罷。時漢祖已奏乞除一人北京副留守，未報，漢祖因奏公乞就除副留守，朝廷可之。（舊五代史考異）漢國初建，授河中節度使、西南面招討使、檢校太傅。漢祖定兩京，改天平軍節度使，加同平章事。未幾，鎮陝州，檢校太師。會河中李守貞叛，詔充河中府行營都部署。時文珂已老，朝議恐非守貞之敵，乃命太祖西征。河中平，案洛陽縉紳舊聞記：中令在北京日，素與周祖親洽，屢召中令諮詢戎事，三叛平，周祖德之。（舊五代史考異）文珂授西京留守、河南尹。太祖踐阼，加兼中書令，頃之，以太子太師致仕。案洛陽縉紳舊聞記：中令以年老堅請不已，遂許之，賜肩輿鳩杖，命宰臣備祖筵于板橋，餞之。（舊五代史考異）世宗卽位，封晉國公。顯德元年，卒於西京，年七十九。輟視朝一日。

子廷誨，仕皇朝，歷諸衞將軍卒。永樂大典卷二萬二千二百十六。

白延遇，字希望，太原人也。幼畜於晉之公宮，年十三，從晉祖伐蜀，以趫悍見稱。晉有天下，歷典禁軍，累遷至檢校司空。天福中，晉祖在鄴，安重榮叛於鎮州，帥衆數萬詣闕而來，晉祖命杜重威統諸將以禦之。時延遇不預其行，乃泣告晉祖，願以身先，許之。及陣于宗城，延遇率其屬先犯之，斬級數十，戰既酣，而劍亦折，諸將由是推伏。晉祖聞之，卽命中使以寶劍良馬賜之。當山平，以功授檢校司徒，充馬軍左廂都校。後出爲汾州刺史，還復州防禦使。

國初，加檢校太保，尋受代歸闕。屬太祖親征兗海，以延遇爲先鋒都校，兗州平，授齊州防禦使。歲餘，改兗州防禦使。在兗二年，爲政有聞，人甚安之，州民數百詣闕，乞立德政碑以頌其美。顯德二年冬，世宗命宰臣李穀爲淮南道軍都部署，乃詔延遇爲先鋒都校。三年春，帥其所部與韓令坤先入揚州，軍聲甚振，尋命以別部屯於盛唐，盛唐，原本作「成康」，今從通鑑改正。（影庫本粘籤）前後敗淮賊萬餘衆。四年夏，世宗迴自壽春，制以延遇爲同州節度使，未赴任，復命帥衆南征。是年冬，以疾卒於濠州城下。詔贈太尉。永樂大典卷二萬二千二百十六。

唐景思，秦州人也。幼以屠狗爲業，善角觝戲。初事僞蜀爲軍校。唐同光中，莊宗命魏王繼岌帥師伐蜀，時景思以所部戍於固鎮，首以其城降於繼岌，乃授興州刺史，爲貝州行

軍司馬。屬契丹攻其城，因陷於幕庭，趙延壽素知其名，令隸於帳下，署爲所部壕砦使。開運末，契丹據中原，以景思爲亳州防禦使。領事之日，會草寇數萬攻圍其城，景思悉力以拒之。後數日城陷，景思挺身而出，使人告於鄴都，得援軍數百，逐其草寇，復有其城，亳民賴是以濟。

漢初，改授鄧州行軍司馬，常鬱鬱不得志，後受代歸闕。乾祐中，命景思爲沿淮巡檢使，屢挫淮賊。時史弘肇淫刑黷貨，多織羅南北富商殺之，奪其財，大開告密之門。景思部下有僕夫，希求無厭，雖委曲待之，不滿其心，一日拂衣而去，見弘肇，言景思受淮南厚賂，私貯器械，欲爲內應。弘肇卽令親吏毆三十騎往收之，告者謂收吏曰：「景思多力，十夫之敵也，見便殺之，不然則無及矣。」收騎至，景思迎接。有欲擒之者，景思以兩手抱之，大呼曰：「寃哉！景思何罪？設若有罪，死亦非晚，何不容披雪？公等皆丈夫，安忍如此！」都將命釋之，引告者面證景思，言受淮南賂，景思曰：「我從人家人並在此，若有十緡貯積，亦是受賂。言我貯甲仗，除官賜外，有一事亦是私貯。」使者搜索其家，唯衣一笥，軍籍糧簿而已，乃寬之。景思曰：「使但械繫送我入京。」先是，景思別有紀綱王知權者，在京，聞景思被誣，乃見史弘肇曰：「唐景思赤心爲國，某服事三十年，孝於父母，義於朋友，被此誣罔，何以伸陳。某請先下獄，願公追勠景思，免至寃橫。」弘肇愍之，令在獄，日與酒食。景思旣桎梏就

路，潁、亳之人隨至京師，衆保證之。弘肇乃令鞫告事者，具伏誣陷，卽斬之，遂奏釋景思。

顯德初，河東劉崇帥衆來寇，世宗親總六師以禦之。及陣於高平，景思於世宗馬前距踴數四，且曰：「願賜臣堅甲一聯，以覩臣之効用。」世宗由是知其名，因以高平陣所得降軍數千人，署爲効順指揮，命景思董之，使于淮上。三年春，世宗親征淮甸，景思繼有戰功，乃命遙領饒州刺史。未幾，改授濠州行刺史，令帥衆攻圍濠州。濠州，原本作「瀕州」，今從通鑑改正。（影庫本粘籤）四年冬，因力戰，爲賊鋒所傷，數日而卒。世宗甚憫之，詔贈武清軍節度使。永樂大典卷六千三百七十一。

史臣曰：自古爲人臣者，望重則必危，功崇則難保，自非賢者，疇能免之？況王鄴帥昧明哲之規，周太祖乃雄猜之主，欲無及禍，其可得乎！自福進而下，皆將帥之英也，擁旌作翰，諒亦宜然。唯彥超以捍寇而沒，可不謂忠乎！永樂大典卷六千三百七十一。

校勘記

〔一〕華州馬步軍副指揮使　「指揮」二字原無，據大典（膠卷）卷六八五一補。

〔二〕過從皆先稟於母　「過」原作「違」，據大典（膠卷）卷六八五一、冊府卷七五六改。

〔三〕凡河北征鎮有戍兵處　「戍」原作「戎」，據大典（膠卷）卷六八五一改。

〔四〕二年夏太祖征兗還　「二年」原作「三年」，據大典（膠卷）卷六八五一改。按本書卷一一一太祖紀及通鑑卷二九〇，周太祖征兗在廣順二年五月，六月還大梁。

〔五〕承誨往鄴　「鄴」原作「謁」，據大典（膠卷）卷六八五一改。

〔六〕鄴城寺鐘懸絕而落　「寺」下原重出「寺」字，據大典（膠卷）卷六八五一、冊府卷九五一刪。

〔七〕不出候謁　「出」字原無，據大典（膠卷）卷六八五一、冊府卷九五一補。

〔八〕慈州　彭本同，殿本、劉本作磁州。

〔九〕令中朝文武臣僚凡數十人隨帳北歸　「令」原作「契丹」，「隨帳北歸」上原有「令」字，據殿本改、刪。

〔一〇〕宗城　原作「京城」，據殿本、劉本、彭校及本卷下文王令溫傳、白延遇傳、冊府卷三八七改。

舊五代史卷一百二十五

周書十六

列傳第五

趙暉，字重光，澶州人也。弱冠以驍果應募，始隸於莊宗帳前，與大梁兵經百餘戰，以功遷馬直軍使。同光中，從魏王破蜀，命暉分統所部，南戍蠻陬。明宗卽位，徵還，授禁軍指揮使。

晉有天下，參掌衞兵，從馬全節圍安陸，佐杜重威戰宗城，皆有功，改奉國指揮使。開運末，以部兵屯於陝，屬契丹入汴，慨然有憤激之意。及聞漢祖建義於并門，乃與部將王晏、侯章戮力叶謀，逐契丹所命官屬，據有陝州，卽時馳騎聞於漢祖。案通鑑：契丹主賜趙暉詔，卽以爲保義留後。暉斬契丹使者，焚其詔，遣支使河間趙矩奉表晉陽。較薛史爲詳。漢祖乃命暉爲保義軍節度、陝虢等州觀察處置等使。

漢祖之幸東京，路出于陝，暉戎服朝于路左，手控六飛達于行宮，君臣之義，如舊結焉，旋加檢校太尉。乾祐初，移鎭鳳翔，加同平章事。屬王景崇叛據岐山，及期不受代，朝廷卽命暉爲西南面行營都部署，統兵以討之。時李守貞叛於蒲，趙思綰據于雍，與景崇皆遞相爲援，又引蜀軍出自大散關，勢不可遏。暉領兵數千，數戰而勝，然後塹而圍之。暉屢使人挑戰，賊終不出，乃潛使千餘人，於城南一舍之外，擐甲執兵，僞爲蜀兵旗幟，循南山而下，詐令諸軍聲言川軍至矣。須臾，西南塵起，城中以爲信，乃令數千人潰圍而出〔一〕，以爲應援，暉設伏而待，一鼓而盡殪之。自是景崇膽破，不復敢出。明年春，拔之，加檢校太保、兼侍中。

國初，就加兼中書令。三年春，拜章請覲，詔從之，入朝授歸德軍節度使。顯德元年，受代歸闕，以疾告老，授太子太師致仕，進封秦國公。尋卒于其第，年六十七。制贈尙書令。永樂大典卷一萬六千九百九十一。

王守恩，字保信，太原人。父建立，潞州節度使，封韓王，晉書有傳。守恩以門蔭，幼爲內職，遷懷、衞二州刺史，後歷諸衞將軍。開運末，契丹陷中原，守恩時因假告歸於潞。時潞州節度使張從恩懼契丹之盛，將朝于戎王，以守恩婚家，甚倚信之，乃移牒守恩，請權爲巡檢使。從恩既去，守恩以潞城歸於漢祖，仍盡取從恩之家財。案通鑑云：從恩以副使趙行遷知留後（二），牒守恩權巡檢使，與高防佐之。高防與守恩謀，遣指揮使李萬超白晝率衆大譟（三），斬趙行遷，推守恩權知昭義留後。守恩殺契丹使者，舉鎮來降。宋史李萬超傳云：張從恩將棄城歸契丹，會前驍衞將軍王守恩服喪私第，從恩即委以後事遁去。及契丹使至，專領郡務，守恩遂無所預，萬超奮然謂其部下曰：「我輩垂餌虎口，苟延旦夕之命，今欲殺使保其城，非止逃生，亦足建勳業，汝曹能乎？」衆皆躍然喜曰：「敢不惟命。」遂率所部大譟入府署，殺其使，推守恩爲帥，列狀以聞。漢祖從其請，乃命史宏肇統兵，先渡河至潞，見萬超，語之曰：「收復此州，公之力也，吾欲殺守恩，以公爲帥，可乎？」萬超對曰：「殺契丹使以推守恩，蓋爲社稷計耳，今若賊害于人，自取其利，非宿心也。」宏肇大奇之。（舊五代史考異）漢祖即以守恩爲昭義軍節度使。漢有天下，移鎮邠寧，加同平章事。乾祐初，還永興軍節度使。時趙思綰已據長安，思綰，原本作「田綰」，今從通鑑改正。（影庫本粘籤）乃改授西京留守。

守恩性貪鄙，委任羣小，以掊斂爲務，雖病廢殘癃者，亦不免其稅率，人甚苦之。洛都嘗有豪士，爲二姓之會，守恩乃與伶人數輩夜造，自爲賀客，因獲白金數笏而退（四）。太祖迴自河中，駐軍於洛陽，詔以白文珂代之，守恩甚懼。而洛人有曾爲守恩非理割剝者，皆就其第，徵其舊物，守恩一一償之。及赴闕，止奉朝請而已。乾祐末，既殺史弘肇等，漢少帝召羣臣上殿以諭之，時守恩越班而颺言曰：「陛下今日始睡覺矣。」其出言鄙俚如此。國初，授左衞上將軍。顯德初，改右金吾衞上將軍，封許國公。二年冬，昇疾歸洛而

卒。永樂大典卷六千八百五十一。五代史補：周高祖爲樞密，鳳翔、永興、河中三鎮反，高祖帶職出討之，迴戈路由京洛。時王守恩爲留守，以使相自專，乘檐子迎高祖於郊外。高祖遥見大怒，且疾驅入於公館。久之，始令人傳旨，托以方浴。守恩不知其怒，但安坐俟久。時白文珂在高祖麾下，召而謂曰：「王守恩乘檐子俟吾，誠無禮也，安可久爲留守，汝宜亟去代之。」文珂不敢違，於是即時禮上。頃之，吏馳去報守恩曰：「白侍中受樞密命，爲留守訖。」留守大驚，奔馬而歸，但見家屬數百口皆被逐于通衢中，百姓莫不聚觀。其亦有乘便號叫索取貨錢物者。高祖使吏籍其數，立命償之，家財爲之一空。朝廷愜然，不甚爲理。

孔知濬，字秀川，徐州滕縣人。太子太師致仕勍之猶子也。父延緘，左武衞大將軍致仕，年九十餘卒。知濬仕梁爲天興軍使。同光末，勍鎮昭義，昭義，原本作「侶義」，今從通鑑改正。（影庫本粘籤）時莊宗用唐朝故事，以黃門爲監軍，皆恃恩暴横，節將不能制。明宗鄴城之變，諸鎮多殺監軍。時監潞者懼誅，欲誘鎮兵謀變，知濬伏甲於室，凌晨監軍來謁，執而殺之，軍城遂寧。明宗嘉之，洎勍罷鎮，以知濬爲澤州刺史，入爲左驍衞大將軍。長興、清泰中，歷唐、復、成三郡刺史。晉高祖即位，用爲奉國右廂都指揮使，領舒州刺史，從征范延光於鄴，遷宿州團練使，俄改隴州防禦使。開運中，移刺鳳州，累官至檢校太傅。河池據關防之要，密邇邛、蜀，兵少勢孤，知濬撫士得宜，人皆盡力，故西疆無牧圉之失。契丹主稱制，署滑州節度使。漢祖受命，自鎮入朝。隱帝嗣位，授密州防禦使，踰歲，以疾受代歸朝。廣順三年冬，卒於京師。永樂大典卷一萬八千一百三十三。

王繼弘，冀州南宫人。少嘗爲盜，攻剽閭里，爲吏所拘，械繫於鎮州獄，會赦免死，配隸本軍，時明宗作鎮，致之麾下。晉高祖爲明宗將，署爲帳中小校。天福中，爲六宅副使（五）。性負氣不遜，禁中與同列忿爭，出配義州軍。歲餘，召復内職，遷領禁軍。開運末，虜犯中原，繼弘時爲奉國指揮使（六），從契丹主至相州，遂令以本軍戍守。契丹主留高唐英爲相州節度使。唐英善待繼弘，每候其第，則升堂拜繼弘之母，贈遺甚厚，倚若親戚，又給以兵仗，略無猜忌。會契丹主死，漢祖趨洛，唐英遣使歸款，漢祖大悅，將厚待唐英。使未迴，繼弘與指揮使樊暉等共殺唐英，繼弘自稱留後，令判官張易奉表于漢祖。人或責以見利忘義，繼弘曰：「吾儕小人也，若不因利乘便，以求富貴，畢世以來，未可得志也。」及漢祖征杜重威至德清軍，繼弘來朝，乃正授節旄。是歲，就加檢校太傅。節度判官張易，每見繼弘不法，必切言之，繼弘以爲輕己。乾祐中，因事誣奏殺之，尋又害觀察推官張制。漢末，移鎮貝州，就加檢校太尉。廣順初，加同平章事。三年六月（七），移鎮河陽，會永壽節入覲，遇疾卒於京師。詔贈侍中。

子永昌，仕皇朝，歷内諸司使。永樂大典卷六千八百五十一。

馮暉，魏州人也。始爲効節軍士，拳勇騎射，行伍憚之。初事楊師厚爲隊長，唐莊宗入魏，以銀槍効節爲親軍，與梁人對壘河上，暉以犒給稍薄，因竄入南軍，梁將王彥章置之麾下。莊宗平河南，暉首罪，赦之。從明宗征潞州，誅楊立有功。又從魏王繼岌伐蜀，蜀平，授夔州刺史。時荆州高季興叛，以兵攻其城，暉拒之，屢敗荆軍。長興中，爲興州刺史，以乾渠爲治所。會兩川叛，蜀人來侵，暉以衆寡不敵，奔歸鳳翔，朝廷怒其失守，詔於同州衙職安置。

未幾，從晉高祖討蜀，蜀人守劍門，領部下兵踰越險阻，從他道出於劍門之左掩擊之，殺守兵殆盡。會晉祖班師，朝廷以暉爲澶州刺史。澶州，原本作「恒州」，今從歐陽史改正。（影庫本粘籤）晉天福初，范延光據鄴叛，以暉爲馬步都將，孫銳爲監軍，自六明鎮渡河，將襲滑臺，尋爲官軍所敗，暉退歸鄴，爲延光城守。明年秋，暉因出戰而降，授滑州節度使、檢校太傅。鄴平，移鎮靈武。

初，張希崇鎮靈州，以久在北蕃，頗究邊事，數年之間，侵盜並息。希崇卒，未有主帥，蕃部寇鈔，無復畏憚，朝廷以暉強暴之名，聞於遐徼，故以命之。及暉到鎮，大張宴席，酒殽

豐備，羣夷告醉，爭陳獻賀，暉皆以錦綵酬之，蕃情大悅。党項拓拔彥昭者，州界部族之大者，暉至來謁，厚加待遇，仍爲治第，豐其服玩，因留之不令歸部。河西羊馬，由是易爲交市。暉期年得馬五千匹，而蕃部歸心，朝議患之。案隆平集藥元福傳：西戎三族攻靈州，命元福佐朔方節度使馮暉討之。朔方距威州七百里，地無水草，謂之「旱海」。攜糧至，暉食盡，詰朝行四十里，而敵騎數萬扼要路。暉大懼，遣人致賂求成，雖許，及日中猶未決。暉曰：「奈何？」元福曰：「彼正欲困我耳，察其勢，敵雖衆，特依西山而陣者，其精兵也，請以驍銳先薄西山，彼或少怯，當舉黃旗爲識。」暉善其謀，斬馘殆盡。（舊五代史考異）

晉開運初，桑維翰輔政，欲圖大舉，以制北戎，命將佐十五人，皆列藩之帥也。唯暉不預其數，乃上章自陳，且言未老可用，而制書見遺。詔報云：「非制書忽忘，實以朔方重地，蕃部窺邊，非卿雄名，何以彈壓！比欲移卿內地，受代亦須奇才。」暉得詔甚喜，又達情乞移鎭邠州，卽以節鉞授之。行未及邠，又除陝州，暉獻馬千匹、駞五百頭。在陝未幾，除侍衞步軍都指揮使，兼領河陽，卽以王令溫爲靈武節度使。暉旣典禁兵，兼領近鎭，爲朝廷縻留，頗悔離靈武。及馮玉、李彥韜用事，暉善奉之，未幾，復以暉爲朔方節度使，加檢校太師。漢高祖革命，就加同平章事。隱帝嗣位，加兼侍中。國初，加中書令〔八〕，封陳留王。廣順三年夏，病卒，年六十。追贈衞王。子繼業，朔方衙內都虞候〔九〕。暉亡，三軍請知軍府事，因授檢校太保，充朔方兵馬留

後。皇朝乾德中，移於內地，今爲同州節度使。永樂大典卷一萬八千一百三十三。

高允權，延州人。祖懷遷，案：原本作「懷遠」，今從歐陽史改正。（舊五代史考異）本郡牙將。懷遷生二子，長曰萬興，次曰萬金〔一〇〕，梁、唐之間爲延州節度使，卒於鎭。允權卽萬金子也。「允權卽萬金子也」以上，原本疑有脫文，今無別本可校，姑仍其舊。（影庫本粘籤）雖出於將門，不閑武藝，起家爲義川主簿，歷膚施縣令，罷秩歸延州之第。

晉開運末，以周密爲延帥，延有東西二城，其中限以深澗。及契丹犯闕，一日，州兵亂，攻密，密固守東城。亂兵旣無帥，亦無敢爲帥者，或曰：「取高家西宅郎君爲帥可也。」是夜未曙，允權方寢，亂軍排闥，請知留後事，遂居於西城，與密相拒數日。河東遣供奉官陳光穗宣撫河西，允權乃遣支使李彬奉表太原，周密棄東城而去。漢祖遣使就加允權檢校太傅，仍正授旄鉞。漢祖入汴，允權屢修貢奉。隱帝卽位，加檢校太尉、同平章事。

允權與夏州李彝興不協，其年李守貞據河中叛，密搆彝興爲援，及朝廷用兵夏州，軍逼延州，允權上章論列，彝興亦紛然自訴，朝廷賜詔和解之。太子太師致仕劉景巖，允權妻之祖也，退老於州之別墅。景巖舊事高氏爲牙校，亦嘗爲延帥，甚得民心。景巖以允權婚家後輩，心輕之。允權恆忌其強，是歲冬，盡殺景巖之家，收其家財萬計，以謀叛聞，朝廷不能

辨。關西賊平，方面例覃恩命，就加允權檢校太師。

太祖卽位，加兼侍中。廣順三年春卒，其子紹基匿喪久之，又擅主軍政，欲邀承襲。觀察判官李彬以爲不可，當聽朝旨。紹基與羣小等惡其異議，乃殺彬，紿奏云：「彬結搆內外，謀殺都指揮使及行軍副使，自據城池，已誅戮訖，其妻子及諸房骨肉，尋令捕繫次。」太祖聞之，詔並釋之，仍令都送汝州安置。後朝廷令六宅使張仁謙往巡檢，六宅，原本作「大宅」，考通鑑注，唐有十六宅，五代或稱六宅使，今改正。（影庫本粘籤）紹基乃發喪以聞。輟視朝兩日。永樂大典卷五千五百三十八。

折從阮，字可久，本名從遠，避漢高祖舊名下一字，故改焉。代家雲中，父嗣倫，爲麟州刺史，累贈太子太師。從阮性溫厚，弱冠居父喪，以孝聞。唐莊宗初有河朔之地，以代北諸部屢爲邊患，起從阮爲河東牙將，領府州副使。同光中，授府州刺史。長興初，入朝，明宗以從阮洞習邊事，加檢校工部尚書，復授府州刺史。

晉高祖起義，以契丹有援立之恩，賂以雲中、河西之地，從阮由是以郡北屬。旣而契丹欲盡徙河西之民以實遼東，人心大擾，從阮因保險拒之。晉少帝嗣位，北絕邊好，乃遣使持詔諭從阮令出師。明年春，從阮率兵深入邊界，連拔十餘砦。開運初，加檢校太保，遷

本州團練使。其年，兼領朔州刺史、安北都護、振武軍節度使、契丹西南面行營馬步都虞候。

漢祖建號晉陽，引兵南下，從阮率衆歸之。尋升府州爲永安軍〔一一〕，析振武之勝州并沿河五鎭以隸焉，授從阮光祿大夫、檢校太尉、永安軍節度、府勝等州觀察處置等使，仍賜功臣名號。乾祐元年，加特進、檢校太師。明年春，從阮舉族入覲，朝廷命其子德扆爲府州團練使，授從阮武勝軍節度使。

太祖受命，加同平章事，尋移鎭滑州，又改陝州。二年冬，授靜難軍節度使。世宗卽位，就加兼侍中，以年老上章請代，優詔許之。顯德二年冬，赴闕，行次西京，以疾卒，時年六十四。制贈中書令。永樂大典卷一萬八千一百三十三。

王饒，字受益，慶州華池人也〔一二〕。父柔，以饒貴，累贈太尉。饒沉毅有才幹，始事晉高祖。天福初，授控鶴軍使，稍遷奉國軍校，累加檢校尚書左僕射。六年，從杜重威平常山，以功加檢校司空，遷本軍都校，領連州刺史〔一三〕。時安從進叛于襄陽，晉祖命高行周率兵討之，以饒爲行營步軍都指揮使，賊平，授深州刺史。逾年，復入爲奉國都校，加檢校司徒，領欽州刺史。未幾，改本軍右廂都指揮使，領閬州團練使。晉末，契丹據中原，漢祖建義于晉

陽，尋克復諸夏，唯常山郡爲契丹所據。常山，原本作「帶山」，今從通鑑改正。（影庫本粘籤） 時饒在其郡，乃與李筠、白再榮之儔承間竊發，盡逐其黨。漢祖嘉之，授鄜州觀察留後，加光祿大夫，賜爵開國侯，復移授鎭國軍節度使，加檢校太傅。國初，就加同平章事，賜推誠奉義翊戴功臣。顯德初，以郊丘禮畢，加檢校太尉，移鎭貝州。世宗嗣位，加兼侍中，改彰德軍節度使。饒滿歲受代，入奉朝請。顯德四年冬，以疾卒於京東之私第〔一四〕，年五十九。追封巢國公。饒性寬厚，體貌詳雅，所涖藩鎭，民皆便之。每接賓佐，必怡聲緩氣，恂恂如也，故士君子亦以此多之。永樂大典卷六千八百五十一。

孫方諫，鄚州清苑縣人也〔一五〕。本名方簡，廣順初，以犯廟諱，故改焉。定州西北二百里有狼山，山上有堡，邊人賴之以避剽掠之患，因中置佛舍。有尼深意者，俗姓孫氏，主其事，以香火之敎聚其徒，聲言屍不壞，因復以衣襟，瞻禮信奉，有同其生。方諫即其宗人也，嗣行其敎，率衆不食葷茹，其黨推之爲砦主。晉開運初，定帥表爲邊界遊奕使。案宋史孫行友傳云：方諫懼主帥擒逐，乃表歸朝，因署爲東北面招收指揮使，且賜院額曰勝福。每契丹軍來，必率其徒襲擊之，鎧仗畜產所得漸多，人益依以避難焉。易定帥聞于朝，因以方諫爲邊界遊奕使，行友副之。自是捍禦侵軼〔一六〕，多所殺獲，乘勝入祁溝關，平庸城，破飛狐砦〔一七〕，契丹頗畏之。求請

多端，因少不得志，潛通於契丹。戎王之入中原也，以方諫爲定州節度使，尋以其將耶律忠代之，改方諫雲州節度使。方諫恚憤，與其黨歸狼山，不受契丹命。漢初，契丹隳定州城壘，燒爇廬舍，盡驅居民而北，中山爲之一空。方諫自狼山率其部衆迴保定州，上表請命，漢祖嘉之，即授以節鉞，累官至使相。案宋史云：漢授行友易州刺史，行義泰州刺史，弟兄掎角以居，寇每入，諸軍鎭閉壘坐視，一無所得。太祖受命，加兼侍中。未幾，改華州節度使。朝廷以其弟行友爲定州留後，案宋史云：行友上言，偵得契丹離合，願得勁兵三千，乘間平定幽州。乃移方諫鎭華州，以行友爲定州留後。又以弟議案：宋史作行義。（舊五代史考異）爲德州刺史，兄弟子姪職內廷者凡數人。世宗嗣位，史彥超代之，車駕駐蹕於幷門，方諫自華覲於行在，從大駕南巡，以疾就醫於洛下。尋授同州節度使，加兼中書令，未及赴任，以疾卒於洛陽，年六十二。輟視朝兩日，詔贈太師。

其弟行友繼爲定州節度。皇朝乾德中，以其祆妄惑衆，詔毀狼山佛寺，遷其尼朽骨赴京，遺焚於北郊，以行友爲諸衞大將軍，自是祆徒遂息焉。永樂大典卷三千五百六十一。案續通鑑長編：建隆二年八月，義成節度使、同平章事孫行友，在鎭逾八年，而狼山妖尼深意黨益盛。上初即位，行友不自安，累表乞解官歸山，上不許，行友懼，乃繕治甲兵，將棄其帑，還據山寨以叛。兵馬都監藥繼能密奏其事，上遣閤門副使武懷節馳騎會鎭、趙之兵，僞稱巡邊，直入定州，行友不之覺。既而出詔示之，令舉族歸朝，行友倉皇聽命。既至，命侍御史李維岳即訊得實。己酉，制削奪行友官爵，禁錮私第，取尼深意尸，焚之都城西北隅。行友弟易州刺史方進，姪保塞軍使全暉，皆詣闕待罪，詔釋之。（舊五代史考異）

史臣曰：昔晉之季也，敵騎長驅，中原無主，漢祖雖思拯溺，未果圖南。趙暉首變陝郊，同扶義舉，漢之興也，暉有力焉，命以作藩，斯無愧矣。守恩乘時效順，雖有可觀，好利殘民，夫何足貴！允權、方諫，因版蕩之世，竊屏翰之權，比夫晝雲臺之功臣，何相去之遠也。永樂大典卷三千五百六十一。

校勘記

〔一〕數千人潰圍而出 「人」字原無，據殿本、冊府卷三六七補。影庫本批校云：「數千人潰圍而出，脫『人』字。」

〔二〕趙行遷知留後 「知留後」原作「之留守」，據殿本、劉本、通鑑卷二八六改。

〔三〕率衆大譟 「率」原作「卒」，據殿本、劉本改。

〔四〕因獲白金數笏而退 「白金」原作「百」，據大典（膠卷）卷六八五一改。劉本全句作「因獲金百數笏而退」。

〔五〕六宅副使 「宅」原作「軍」，據大典（膠卷）卷六八五一改。

〔六〕召復內職……繼宏時 十八字原無，據大典（膠卷）卷六八五一補。

〔七〕三年六月 原作「三月六日」，據大典（膠卷）卷六八五一改。

〔八〕加中書令 「加」字原無，據殿本、劉本補。

〔九〕朔方衙內都虞候 「衙」原作「衞」，據殿本、劉本改。

〔一〇〕次曰萬金 四字原無，據殿本、劉本補。影庫本批校云：「『長曰萬興』句下有『次曰萬金』四字。」

〔一一〕升府州爲永安軍 「州」字原無，據通鑑卷二八六注引薛史補。按太平寰宇記卷三八府州條云：「漢祖建號晉陽，引兵南下，從阮率衆歸之。尋升府州爲永安軍，析振武之勝州幷沿河五鎭以隸焉。」

〔一二〕慶州華池人 「華池」原作「華地」，據殿本、劉本、大典（膠卷）卷六八五一改。按新唐書卷三七地理志，慶州有華池縣。

〔一三〕連州刺史 「連州」原作「運州」，據劉本、冊府卷三八七改。殿本作「鄆州」。按歐陽史卷六〇職方考，時無「運州」。

〔一四〕京東 劉本同，殿本作「東京」，大典（膠卷）卷六八五一作「京都」。

〔一五〕鄚州清苑縣人 「鄚州」原作「鄭州」，據殿本、劉本改。按宋史卷二五三孫行友傳云：「孫行友，

莫州清苑人。」莫州即鄭州，見舊唐書卷三九地理志。

〔六〕自是捍禦侵軼　「侵軼」二字原無，據宋史卷二五三孫行友傳補。

〔七〕飛狐砦　原作「飛狐塞」，據宋史卷二五三孫行友傳改。劉本作「飛狐寨」。

舊五代史卷一百二十六

周書十七

列傳第六

馮道，字可道，瀛州景城人。其先爲農爲儒，不恆其業。道少純厚，好學能文，不恥惡衣食，負米奉親之外，唯以披誦吟諷爲事，雖大雪擁戶，凝塵滿席，湛如也。天祐中，劉守光署爲幽州掾。守光引兵伐中山，訪於僚屬，道常以利害箴之，守光怒，置於獄中，尋爲人所救免。守光敗，遁歸太原，監軍使張承業辟爲本院巡官。承業重其文章履行，甚見待遇。時有周玄豹者，善人倫鑒，與道不洽，謂承業曰：「馮生無前程，公不可過用。」時河東記室盧質聞之曰：「我曾見杜黃裳司空寫眞圖，道之狀貌酷類焉，將來必副大用，玄豹之言不足信也。」承業尋薦爲霸府從事，俄署太原掌書記，時莊宗併有河北，文翰甚繁，一以委之。

莊宗與梁軍夾河對壘，一日，郭崇韜以諸校伴食數多，主者不辦，請少罷減。莊宗怒曰：

「孤爲効命者設食都不自由，其河北三鎭，令三軍別擇一人爲帥，孤請歸太原以避賢路。」遽命道對面草詞，將示其衆。道執筆久之，莊宗正色促焉，道徐起對曰：「道所掌筆硯，敢不供職。今大王屢集大功，方平南寇，崇韜所諫，未至過當，阻拒之則可，不可以向來之言，諠動羣議，敵人若知，謂大王君臣之不和矣。幸熟而思之，則天下幸甚也。」俄而崇韜入謝，因道之解焉，人始重其膽量。莊宗卽位鄴宮，除省郎，充翰林學士，自綠衣賜紫。梁平，遷中書舍人、戶部侍郎。丁父憂，持服于景城。案談苑云：道聞父喪，卽徒步見星以行，家人從後持衣囊追及之。（舊五代史考異）遇歲儉，所得俸餘，悉賑于鄉里，道之所居，唯蓬茨而已，蓬茨，原本作「逢次」，今從册府元龜改正。（影庫本粘籤）凡牧宰饋遺，斗粟匹帛，無所受焉。時契丹方盛，素聞道名，欲掠而取之，會邊人有備，獲免。永樂大典卷四百三。

明宗入洛，遽謂近臣安重誨曰：「先帝時馮道郞中何在？」重誨曰：「近除翰林學士。」明宗曰：「此人朕素諳悉，是好宰相。」俄拜端明殿學士，端明之號，自道始也。未幾，遷中書侍郞、刑部尚書平章事。永樂大典卷一萬七千九百三十。凡孤寒士子，抱才業、素知識者，皆與引用；唐末衣冠，履行浮躁者，必抑而置之。有工部侍郎任贊，因班退，與同列戲道於後曰：「若急行，必遺下兔園册。」案：北夢瑣言以任贊語爲劉岳語。又云：北中村墅多以兔園册教童蒙，以是譏之。然兔園册乃徐、庾文體，非鄙朴之談，但家藏一本，人多賤之也。郡齋讀書志以兔園册爲虞世南所作。困學紀聞云：兔園册府三十卷，唐蔣王惲令僚佐杜嗣先仿應科目策，自設問對，引經史爲訓注。惲，太宗子，故用梁王兔園名其書。（舊五代史考異）歐陽史云：兔園策者，鄉校俚儒教田夫牧子之所誦也。北夢瑣言云：兔園策乃徐、庾文體，非鄙朴之談，但家藏一本，人多賤之。困學紀聞云：兔園册府三十卷，唐蔣王惲令僚佐杜嗣先倣應科目策，自設問對，引經史爲訓注。惲，太宗子，故用梁王兔園名其書，馮道兔園策謂此也。（殿本）道知之，召贊謂曰：「兔園册皆名儒所集，道能諷之。中朝士子止看文場秀句，便爲舉業，皆竊取公卿，何淺狹之甚耶！」贊大愧焉。復有梁朝宰臣李琪，每以文章自擅，曾進賀平中山王都表，云「復眞定之逆城」。道讓琪曰：「昨來收復定州，非眞定也。」琪昧於地理，頓至折角。其後百僚上明宗徽號凡三章，道自爲之，其文渾然，非流俗之體，舉朝服焉。道尤長於篇詠，秉筆則成，典麗之外，義含古道，必爲遠近傳寫，故漸畏其高深，由是班行肅然，無澆醨之態。繼改門下侍郎、戶部吏部尚書、集賢殿弘文館大學士，加尚書左僕射，封始平郡公。一日，道因上謁既退，明宗顧謂侍臣曰：「馮道性純儉，頃在德勝寨居一茅庵，與從人同器食，臥則芻藁一束，其心晏如也。及以父憂退歸鄉里，自耕樵採，與農夫雜處，略不以素貴介懷，眞士大夫也。」永樂大典卷四百三。

天成、長興中，天下屢稔，朝廷無事。明宗每御延英，留道訪以外事，道曰：「陛下以至德承天，天以有年表瑞，更在日愼一日，以答天心。臣每記在先皇霸府日，曾奉使中山，經井陘之險，憂馬有蹶失，不敢怠于銜轡。及至平地，則無復持控，果爲馬所顚仆，幾至于損。

臣所陳雖小，可以喻大。陛下勿以清晏豐熟，便縱逸樂，兢兢業業，臣之望也。」明宗深然之。佗日又問道曰：「天下雖熟，百姓得濟否？」道曰：「穀貴餓農，穀賤傷農，此常理也。臣憶得近代有舉子聶夷中傷田家詩云：『二月賣新絲，五月糶秋穀，醫得眼下瘡，剜却心頭肉。我願君王心，化作光明燭，不照綺羅筵，偏照逃亡屋。』」明宗曰：「此詩甚好。」遂命侍臣錄下，每自諷之。道之發言簡正，善于裨益，非常人所能及也。時以諸經舛繆，與同列李愚委學官田敏等，取西京鄭覃所刊石經，雕爲印板，流布天下，後進賴之。明宗崩，唐末帝嗣位，以道爲山陵使，禮畢，出鎭同州，同州，原本作「司川」，今從通鑑改正。（影庫本粘籤）循故事也。道爲政閑澹，獄市無撓。一日，有上介胡饒，本出軍吏，性麤獷，因事詬道于牙門，左右數報不應。道曰：「此必醉耳！」因召入，開尊設食，盡夕而起，無撓愠之色。未幾，入爲司空。

及晉祖入洛，以道爲首相。二年，契丹遣使加徽號於晉祖，晉祖亦獻徽號于契丹，謂道曰：「此行非卿不可。」道無難色。晉祖又曰：「卿官崇德重，不可深入沙漠。」道曰：「陛下受北朝恩，臣受陛下恩，何有不可！」案楊內翰談苑云：道與諸相歸中書，食訖，外廳堂吏前白道，言北使事。吏人色變手戰，道取紙一幅，署云：「道去。」即遣寫勑進，堂吏泣下。道遣人語妻子，不復歸家，即日舍都亭驛，不數日北行。晉祖餞宴，語以家國之故，煩耆德遠使，自酌巵酒賜之，泣下。及行，將達西樓，契丹主欲郊迎，其臣曰：「天子無迎宰相之禮。」因止焉，其名動殊俗也如此。案談苑云：契丹賜其臣牙笏及臘日賜牛頭者爲殊

禮，道皆得之，作詩以紀云：「牛頭偏得賜，象笏更容持。」契丹主甚喜，遂潛諭留意，道曰：「南朝爲子，北朝爲父，兩朝皆爲臣，豈有分別哉！」道在契丹，凡得所賜，悉以市薪炭，徵其意，云：「北地苦寒，老年所不堪，當爲之備。」若將久留者。契丹感其意，乃遣歸，道三上表乞留，固遣乃去，猶更住館中月餘。既行，所至留駐，凡兩月方出境，左右語道曰：「當北土得生還，恨無羽翼，公獨宿留，何也？」道曰：「縱急還，彼以筋脚馬，一夕即追及，亦何可脫，但徐緩即不能測矣。」衆乃服〔一〕。四年二月，始至京師。及還，朝廷廢樞密使，依唐朝故事，並歸中書，其院印付道，事無巨細，悉以歸之。尋加司徒、兼侍中，進封魯國公。晉祖曾以用兵事問道，道曰：「陛下歷試諸艱，創成大業，神武睿略，爲天下所知，討伐不庭，須從獨斷。臣本自書生，爲陛下在中書，守歷代成規，不敢有一毫之失也。臣在明宗朝，曾以戎事問臣，臣亦以斯言答之。」晉祖頗可其說。道嘗上表求退，晉祖不之覽，先遣鄭王就省，謂曰：「卿來日不出，朕當親行請卿。」道不得已出焉。當時寵遇，無與爲比。

晉少帝即位，加守太尉，進封燕國公。道嘗問朝中熟客曰：「道之在政事堂，人有何說？」客曰：「是非相半。」道曰：「凡人同者爲是，不同爲非，而非道者，十恐有九。昔仲尼聖人也，猶爲叔孫武叔所毀，況道之虛薄者乎！」然道之所持，始終不易。後有人間道於少帝曰：「道好平時宰相，無以濟其艱難，如禪僧不可呼鷹耳！」由是出道爲同州節度使。歲餘，移鎭南陽，加中書令。

契丹入汴，道自襄、鄧召入，戎王因從容問曰：「天下百姓，如何可救？」道曰：「此時百姓，佛再出救不得，唯皇帝救得。」其後衣冠不至傷夷，皆道與趙延壽陰護之所至也。是歲三月，隨契丹北行，與晉室公卿俱抵常山。俄而戎王卒，永康王代統其衆。及北去，留其族解里以據常山。時漢軍憤激，因共逐出解里，尋復其城。道率同列，四出按撫，因事從宜，各安其所。人或推其功，道曰：「儒臣何能爲，皆諸將之力也。」通鑑云：衆推道爲節度使，道曰：「我書生也，當奏事而已，宜擇諸將爲留後。」薛史不言推道爲節度，與通鑑微異。（影庫本粘籤）道以德重，人所取則，乃爲衆擇諸將之勤宿者，以騎校白再榮權爲其帥，軍民由是帖然，道首有力焉。道在常山，見有中國士女爲契丹所俘者，出橐裝以贖之，皆寄於高尼精舍，後相次訪其家以歸之。又，契丹先留道與李崧、和凝及文武官等在常山，是歲閏七月二十九日，契丹有僞詔追崧，令選朝士十人赴木葉山行事。契丹廝沓召道等至帳所，欲諭之，崧偶先至，知其旨，懼形於色。廝答將以明日與朝士齊遣之，崧乃不俟道，與凝先出，既而相遇於帳門之外，因與分手俱歸。俄而李筠等縱火與契丹交鬬，鼓譟相及。是日若齊至，與廝答相見，稍或躊躇，則悉爲俘矣。時論者以道布衣有至行，立公朝有重望，其陰報昭感，多此類也。

及自常山入覲，漢祖嘉之，拜守太師。案洛陽縉紳舊聞記：贈大監張公璨，漢祖即位之初，爲上黨戎判。漢祖在北京時，大聚甲兵，禁牛皮不得私貿易及民間盜用之，如有牛死，即時官納其皮，其有犯者甚衆。及即大位，三

司寇行請禁天下牛皮法，與河東時同，天下苦之。會上黨民犯牛皮者二十餘人，獄成，罪俱當死。大監時爲判官，獨執曰：「主上欽明，三司不合如此起請，二十餘人死尚聞可，使天下犯者皆銜冤而死乎！且主上在河東，大聚甲兵，須藉牛皮，嚴禁可也，今爲天下君，何少牛皮，立法至于此乎！」遂封奏之。時三司使方用事，執政之地，除馮瀛王外皆惡之，曰：「豈有州郡使敢非朝廷詔勅！」力言於漢祖。漢祖亦怒曰：「昭義一判官，是何敢如此！其犯牛皮者，依勅俱死。大監以非毀詔勅，亦死。」勅未下，獨瀛王非時請見。漢祖出，瀛王曰：「陛下在河東時，斷牛皮可也，今既有天下，牛皮不合禁。陛下赤子枉死之，亦足爲陛下惜。昭義判官，以卑位食陛下祿，居陛下官，不惜軀命，敢執而奏之，可賞不可殺。臣當輔弼之任，使此勅枉害人性命，臣不能早奏，使陛下正，臣罪當誅。」稽首再拜。又曰：「張璨不合加罪，望加勅赦之。」漢祖久之曰：「已行之矣。」馮瀛王曰：「勅未下。」漢祖遽曰：「與赦之。」馮曰：「勅停可乎？」上曰：「可。」由是改其勅，記其略曰：「三司邦計，國法攸依，張璨體事未明，執理乖當，宜停見職，犯牛皮者貸命放之。」大監聽勅訖，聞勅云「執理乖當」，尚曰：「中書自不能執理，若一一教外道判官執理，則焉用彼相乎！」（舊五代史考異）乾祐中，道奉朝請外，平居自適。一日，著長樂老自敍云：

余世家宗族，本始平、長樂二郡，歷代之名實，具載於國史家牒。余先自燕亡歸晉，事莊宗、明宗、閔帝、清泰帝，又事晉高祖皇帝、少帝。契丹據汴京，爲戎主所制，自鎭州與文武臣僚、馬步將士歸漢朝，事高祖皇帝、今上。顧以久叨祿位，備歷艱危，上顯祖宗，下光親戚。亡曾祖諱湊，累贈至太傅，亡曾祖母崔氏，追封梁國太夫人；亡祖諱

烱，累贈至太師，亡祖母褚氏，追封吳國太夫人；亡父諱良建，祕書少監致仕，累贈至尚書令，母張氏，追封魏國太夫人。

余階自將仕郎，轉朝議郎、朝散大夫、銀青光祿大夫、金紫光祿大夫、特進、開府儀同三司。職自幽州節度巡官、河東節度巡官、掌書記，再爲翰林學士，改授端明殿學士、集賢殿大學士、太微宮使，再爲弘文館大學士，又充諸道鹽鐵轉運使、南郊大禮使、明宗皇帝晉高祖皇帝山陵使，再授定國軍節度、同州管內觀察處置等使，一爲長春宮使，又授武勝軍節度、鄧隨均房等州管內觀察處置等使。官自攝幽府參軍、試大理評事、檢校尚書祠部郎中兼侍御史、檢校吏部郎中兼御史中丞、檢校太尉、同中書門下平章事、檢校太師、兼侍中，又授檢校太師、兼中書令。正官自行臺中書舍人，再爲戶部侍郎，轉兵部侍郎、中書侍郎，再爲門下侍郎、刑部吏部尚書、右僕射，三爲司空，兩在中書，一守本官，又授司徒、兼侍中，賜私門十六戟，又授太尉、兼侍中，又授戎太傅，又授漢太師。爵自開國男至開國公、魯國公，再封秦國公、梁國公、燕國公、齊國公。食邑自三百戶至一萬一千戶，食實封自一百戶至一千八百戶。勳自柱國至上柱國。功臣名自經邦經邦，原本作「翊邦」，今從册府元龜改正。（影庫本粘籤）致理翊贊功臣至守正崇德保邦致理功臣、安時處順守義崇靜功臣、崇仁保德寧邦翊聖功臣。

先娶故德州戶掾褚諱濆女，早亡；後娶故景州弓高縣孫明府諱師禮女，累封蜀國夫人。亡長子平，自祕書郎授右拾遺 工部度支員外郎；次子吉，自祕書省校書郎授膳部金部職方員外郎、屯田郎中；第三亡子可，自祕書省正字授殿中丞、工部戶部員外郎；第四子幼亡；第五子義，自祕書郎改授銀青光祿大夫、檢校國子祭酒兼御史中丞，充定國軍衙內都指揮使，職罷改授朝散大夫、左春坊太子司議郎，授太常丞；第六子正，自協律郎改授銀青光祿大夫、檢校國子祭酒兼御史中丞，充定國軍節度使，職罷改授朝散大夫、太僕丞。長女適故兵部崔侍郎諱衍子太僕少卿名絢，封萬年縣君；三女子早亡。二孩幼亡〔三〕。唐長興二年勅，瀛州景城縣莊來蘇鄉改爲元輔鄉，朝漢里爲孝行里。洛南莊貫河南府洛陽縣三州鄉靈臺里〔三〕，奉晉天福五年勅，三州鄉改爲上相鄉，靈臺里改爲中台里，時守司徒、兼侍中；又奉八年勅，上相鄉改爲太尉鄉，中台里改爲侍中里，時守太尉、兼侍中。

靜思本末，慶及存亡，蓋自國恩，盡從家法，承訓誨之旨，關教化之源，在孝于家，在忠于國，口無不道之言，門無不義之貨。所願者下不欺于地，中不欺于人，上不欺于天，以三不欺爲素。賤如是，貴如是，長如是，老如是，事親、事君、事長、臨人之道，曠蒙天恕，累經難而獲多福，曾陷蕃而歸中華，非人之謀，是天之祐。六合之內有幸者，

百歲之後有歸所，無以珠玉含，當以時服斂，以籧篨葬，及擇不食之地而葬焉，以不及于古人故。祭以特羊，戒殺生也，當以不害命之物祭。無立神道碑，以三代墳前不獲立碑故。無請諡號，以無德故。又念自賓佐至王佐及領藩鎭時，或有微益于國之事節，皆形于公籍。所著文章篇詠，因多事散失外，收拾得者，編于家集，其間見其志，其間見其志，原本槩有舛誤。考册府元龜所引薛史，與永樂大典同，今仍其舊。（影庫本粘籤）知之者，罪之者，未知衆寡矣。有莊、有宅、有羣書，有二子可以襲其業〔四〕。于此日五盥，日三省，尚猶日知其所亡，月無忘其所能。爲子、爲弟、爲人臣、爲師長、爲夫、爲父，有子、有猶子、有孫，奉身即有餘矣。爲時乃不足，不足者何？不能爲大君致一統、定八方，誠有愧于歷職歷官，何以答乾坤之施。時開一卷，時飲一杯，食味、別聲、被色，老安于當代耶！老而自樂，何樂如之！時乾祐三年朱明月長樂老序云。

及太祖平內難，議立徐州節度使劉贇爲漢嗣，遣道與祕書監趙上交、樞密直學士王度等往迎之。道尋與贇自徐赴汴，行至宋州，會澶州軍變。樞密使王峻遣郭崇領兵至，屯于衙門外，時道與上交等宿于衙內。是日，贇率左右甲士闔門登樓，詰崇所自，崇言太祖已副推戴。左右知其事變，以爲道所賣，皆欲殺道等以自快。趙上交與王度聞之，皆惶怖不知所爲，唯道偃仰自適，略無懼色，尋亦獲免焉。道微時嘗賦詩云：「終聞海嶽歸明主，未省

乾坤陷吉人。」至是其言驗矣。案：青箱雜記載馮道詩全篇云：「莫爲危時便愴神，前程往往有期因，終聞海嶽歸明主，未省乾坤陷吉人。道德幾時曾去世，舟車何處不通津，但教方寸無諸惡，狼虎叢中也立身。」廣順初，復拜太師、中書令，太祖甚重之，每進對不以名呼。及太祖崩，世宗以道爲山陵使。會河東劉崇入寇，世宗召大臣議欲親征，道諫止之，世宗因言：「唐初，天下草寇蜂起，並是太宗親平之。」道奏曰：「陛下得如太宗否？」世宗怒曰：「馮道何相少也。」乃罷。及世宗親征，不令扈從，留道奉太祖山陵。時道已抱疾。及山陵禮畢，奉神主歸舊宮，未及祔廟，一夕薨於其第，時顯德元年四月十七日也，享年七十有三。世宗聞之，輟視朝三日，册贈尚書令，追封瀛王，謚曰文懿。案：五代通錄作謚文懿，見通鑑考異。

道歷任四朝，三入中書，在相位二十餘年，以持重鎮俗爲己任，未嘗以片簡擾於諸侯。平生甚廉儉，逮至末年，閨庭之內，稍徇奢靡。其子吉，尤恣狂蕩，道不能制，識者以其不終令譽，咸歎惜之。永樂大典卷一萬七千九百三十。五代史補：馮道之鎮同州也，有酒務吏乞以家財修夫子廟，道以狀付判官參詳其事。判官素滑稽，因以一絕書之判後云：「荆棘森森繞杏壇，儒官高貴盡偷安，若教酒務修夫子，覺我慚惶也大難。」道覽之有愧色，因出俸重創之。馮瀛王道之在中書也，有舉子李導投贄所業，馮相見之，戲謂曰：「老夫名道，其來久矣，加以累居相府，秀才不可謂不知，然亦名道，於禮可乎？」李抗聲對曰：「相公是無寸底道字，小子有寸底道字，何謂不可也。」公笑曰：「老夫不惟名無寸，諸事亦無寸，吾子可謂知人矣。」了無怒色。馮吉，瀛王道之

子，能彈琵琶，以皮爲弦，世宗嘗令彈於御前，深欣善之，因號其琵琶曰「繞殿雷」也。道以其惰業，每加譴責，而吉攻之愈精〔五〕，道益怒，凡與客飲，必使廷立而彈之，曲罷或賜以束帛，命背負之，然後致謝。道自以爲戒勗極矣，吉未能悛改，既而益自若。道度無可奈何，歎曰：「百工之司藝而身賤，理使然也。此子不過太常少卿耳。」其後果終於此。

史臣曰：道之履行，鬱有古人之風；道之宇量，深得大臣之體。然而事四朝，相六帝，可得爲忠乎！夫一女二夫，人之不幸，況於再三者哉！所以飾終之典，不得謚爲文貞、文忠者，蓋謂此也。永樂大典卷一萬七千九百三十。

校勘記

〔一〕道在契丹……衆乃服　一百二十三字原無，據殿本、劉本補。

〔二〕二孩幼亡　劉本同，殿本「孩」作「孫」。

〔三〕三州鄉　殿本、劉本同。册府卷七七〇作三川鄉，下同。

〔四〕有二子　彭本、盧本、册府卷七七〇同，殿本、劉本作「有三子」。

〔五〕吉攻之愈精　「攻」原作「玫」，據殿本、劉本、五代史補卷五改。

舊五代史卷一百二十七

周書十八

列傳第七

盧文紀，字子持，京兆萬年人也。案：以下原本有闕文。長興末，爲太常卿。文紀形貌魁偉，語音高朗，占對鏗鏘，健於飲啖。奉使蜀川，路由岐下，時唐末帝爲岐帥，以主禮待之，觀其儀形旨趣，遇之頗厚。清泰初，中書闕輔相，末帝訪之於朝，左右曰：「臣見班行中所譽，當大拜者，姚顗、盧文紀、崔居儉耳。」或品藻三人才行，其心愈惑。末帝乃俱書當時清望達官數人姓名，投琉璃缻中，月夜焚香，禱請於天，旭旦以筯挾之，首得文紀之名，次即姚顗。末帝素已期待，歡然命之，即授中書侍郎、同平章事，與姚顗同升相位。時朝廷兵革之後，宗社甫寧，外寇內侵，強臣在境。文紀處經綸之地，無輔弼之謀，所論者愛憎朋黨之小瑕〔一〕，所糾者銓選擬掄之微纇。時有蜀人史在德爲太常丞，出入權要之門，評品朝士，多有譏彈，

乃上章云：「文武兩班，宜選能進用。見在軍都將校、朝廷士大夫，並請閱試澄汰，能者進用，否者黜退，不限名位高下。」疏下中書，文紀以爲非己，怒甚，召諫議大夫盧損爲覆狀〔二〕，辭旨蕪漫，爲衆所嗤。

三年夏，晉祖引契丹拒命，既而大軍挫衄，官寨受圍。八月，親征，過徽陵，徽陵，原本作「暉陵」，今從五代會要改正。（影庫本粘籤）拜於闕門，休於仗舍。文紀扈從，帝顧謂之曰：「朕聞主憂臣辱，予自鳳翔來，首命卿爲宰相，聽人所論，將謂便致太平，今寇孽紛紛〔三〕，令萬乘自行戰賊，於汝安乎？」文紀惶恐致謝。時末帝季年，天奪其魄，聲言救寨，其實倦行。初次河陽，召文紀、張延朗謀議。文紀曰：「敵騎倏往忽來，無利則去，大寨牢固，足以枝梧，況已有三處救兵，可以不戰而解，使人督促，責以成功，輿駕且駐河橋，詳觀事勢。況地處舟車之要，正當天下之心，必若未能解圍，去亦非晚。」會延朗與趙延壽款密，傍奏曰：「文紀之言是也。」故令延壽北行，末帝坐俟其敗。案：歐陽史作文紀勸帝扼橋自守，不聽。據薛史，帝因文紀之言而罷親征，非不聽也。（舊五代史考異）

晉祖入洛，罷相爲吏部尚書，再遷太子少傅。少帝嗣位，改太子太傅。漢祖登極，轉太子太師。時朝官分司在洛，雖有留臺御史，紀綱亦多不整肅，遂勅文紀別令檢轄。侍御史趙礪及糾分司朝臣中有行香拜表疏怠者，楊邠怒，凡疾病不在朝謁者，皆與致仕官。時

文紀別令檢轄之職，頗甚滋章，因疾請假，復爲留臺所奏，遂以本官致仕。案歐陽史：周太祖入立，卽拜司空于家。（舊五代史考異）廣順元年夏卒，年七十六。贈司徒，輟視朝二日。文紀平生積財巨萬，及卒，爲其子龜齡所費，不數年間，以至蕩盡，由是多藏者以爲誡焉。永樂大典卷一萬七千九百一十。

馬裔孫，字慶先，棣州滴河人。案：以下原本有闕文。唐末帝卽位，用爲翰林學士、戶部郎中、知制誥，賜金紫；未滿歲，改中書舍人、禮部侍郎，皆帶禁職。尋拜中書侍郎、平章事。裔孫純儒，性多凝滯，遽登相位，未悉朝廷舊事。初，馮道罷同州入朝，拜司空。唐朝故事，三公爲加官，無單拜者，是時朝議率爾命道，制出，或曰「三公正宰相，便合參大政」；又云「合受册」。衆言籍籍。盧文紀又欲祭祀時便令掃除，馮道聞之曰：「司空掃除，職也，吾無所憚。」既而知非乃止。

劉昫爲僕射，性剛，羣情嫉之，乃共贊右常侍孔昭序論行香次第，言：「常侍侍從之臣，行立合在僕射之前。」疏奏，下御史臺定例。同光已來，李琪、盧質繼爲僕射，質性輕脫，不能守師長之體，故昭序輕言。裔孫以羣情不悅劉昫、馮道，欲微抑之，乃責臺司，須檢則例，而臺吏言：「舊不見例，據南北班位，卽常侍在前。」俄屬國忌，將就列未定，裔孫卽判臺狀

曰：「既有援據，足可遵行，各示本官。」劉昫怒，揮袂而退。自後日責臺司定例，崔居儉謂南宮同列曰：「從昭序言語，是朝廷人總不解語也。且僕射師長也，中丞大夫就班修敬，常侍班在南宮六卿之下，況僕射乎。已前騎省年深，望南宮工部侍郎，如仰霄漢〔四〕，癡人舉止，何取笑之深耶！」衆聞居儉言，紛議稍息。文士哂裔孫堂判有「援據」二字，其中書百職，裔孫素未諳練，無能專決，但署名而已。又少見賓客，時人目之爲「三不開」，謂口不開、印不開、門不開也。

及太原事起，唐末帝幸懷州，懷州原本作「惟州」，今從通鑑改正。（影庫本粘籤）裔孫留司在洛。未幾，趙德鈞父子有異志，官砦危急，君臣計無所出。俄而裔孫自洛來朝，衆相謂曰：「馬相此來，必有安危之策。」既至，獻綾三百匹，卒無獻可之言。晉祖受命，廢歸田里。

裔孫好古，慕韓愈之爲人，尤不重佛。及廢居里巷，追感唐末帝平昔之遇，乃依長壽僧舍讀佛書，冀申冥報，歲餘枕籍黃卷中，見華嚴、楞嚴，詞理富贍，繇是酷賞之，仍抄撮之，相形於歌詠，謂之法喜集〔五〕。又纂諸經要言爲佛國記，凡數千言。或嘲之曰：「公生平以傅奕、韓愈爲高識，何前倨而後恭，是佛佞公耶？公佞佛耶？」裔孫笑而答曰：「佛佞予則多矣。」

李崧相晉，用李專美爲贊善，裔孫以賓客致仕，專美轉少卿，裔孫得太子詹事。晉、漢

公卿以裔孫好爲文章，皆忻然待之。太祖卽位，就加檢校禮部尚書、太子賓客，分司在洛。每閉關養素，唯事謳吟著述，嗜八分書，往來酬答，必親札以衒其墨蹟。裔孫將卒之前，覩白虺緣于庭槐，驅之失所在。裔孫感賦鵩之文，作槐蟲賦以見志。廣順三年秋七月，卒於洛陽。詔贈太子少傅，輟視朝一日。

裔孫初爲河中從事，因事赴闕，宿於邏店。其地有上邏神祠，夜夢神見召，待以優禮，手授二筆，其筆一大一小，覺而異焉。及爲翰林學士，裔孫以爲契鴻筆之兆。旋知貢舉，私自謂曰：「此二筆之應也。」洎入中書上事，堂吏奉二筆，熟視大小如昔時夢中所授者。及卒後旬日，有侍婢靈語，一如裔孫聲氣，處分家事，皆有倫理，時人奇之。永樂大典卷一萬七千九百一十。

和凝，字成績，汶陽須昌人也。九代祖逢堯，唐高宗時爲監察御史，自逢堯之下，仕皆不顯。曾祖儆、祖濡，皆以凝貴，累贈太師。父矩，贈尚書令。矩性嗜酒，不拘禮節，雖素不知書，見士未嘗有慢色，必罄家財以延接。凝幼而聰敏，姿狀秀拔，神彩射人。少好學，書一覽者咸達其大義。年十七舉明經，至京師，忽夢人以五色筆一束以與之，謂曰：「子有如此才，何不舉進士？」自是才思敏贍，十九登進士第。滑帥賀瓌知其名，賀瓌，原本作「賀瓚」，今

從通鑑改正。（影庫本粘籤）辟置幕下。

凝善射，時瓌與唐莊宗相拒於河上，戰胡柳陂，瓌軍敗而北，唯凝隨之。瓌顧曰：「子勿相隨，當自努力。」凝泣而對曰：「丈夫受人知，有難不報，非素志也，但恨未有死所。」旋有一騎士來逐瓌，凝叱之，不止，遂引弓以射，應弦而斃，瓌獲免。既而謂諸子曰：「昨非和公，無以至此。和公文武全才而有志氣，後必享重位，爾宜謹事之。」遂以女妻之，由是聲望益隆。後歷鄆、鄧、洋三府從事。

唐天成中，入拜殿中侍御史，歷禮部、刑部二員外，改主客員外郎、知制誥，尋詔入翰林充學士，轉主客郎中充職，兼權知貢舉。貢院舊例，放牓之日〔六〕，設棘於門及閉院門，以防下第不逞者。凝令徹棘啓門，是日寂無喧者，所收多才名之士，時議以爲得人。案澠水燕談云：范質初舉進士，時和凝知貢舉，凝嘗以宰輔自期，登第之日，名第十三人，及覽質文，尤加賞歎，卽以第十三名處之，場屋間謂之「傳衣鉢」，若禪宗之相付授也。後質果繼凝登相位。（舊五代史考異）明宗益加器重，遷中書舍人、工部侍郎，皆充學士。

晉有天下，拜端明殿學士，兼判度支，轉戶部侍郎，會廢端明之職，復入翰林充承旨。晉祖每召問以時事，言皆稱旨。五年，拜中書侍郎平章事。六年秋，晉高祖將幸鄴都，時襄州安從進反狀已彰，凝乃奏曰：「車駕離闕，安從進或有悖逆，安從進，原本作「縱進」，今從歐陽史改

正。（影庫本粘籤）何以待之？」晉高祖曰：「卿意如何？」凝曰：「以臣料之，先人有奪人之心，臨事卽不及也。欲預出宣勅十數道，密付開封尹鄭王，令有緩急卽旋塡將校姓名，令領兵擊之。」案：洛陽搢紳舊聞記作已命高行周爲招討，張從恩爲都監，仍令焦繼勳等數人備指使。是晉祖未北征，已命將校矣，與薛史異。（舊五代史考異）晉高祖從之。及閩唐、鄧奏報，鄭王如所勅，遣騎將李建崇、監軍焦繼勳等領兵討焉，相遇於湖陽，從進出於不意，甚訝其神速，以至於敗，由凝之力也。少帝嗣位，加右僕射。開運初，罷相守本官，未幾，轉左僕射。漢興，授太子太保。國初〔七〕，遷太子太傅。案：歐陽史作漢高祖時，拜太子太傅，據薛史，凝在漢爲太子太保，入周方爲太子太傅。（舊五代史考異）顯德二年秋，以背疽卒於其第，年五十八。輟視朝兩日，詔贈侍中。

凝性好修整，自釋褐至登台輔，車服僕從，必加華楚，進退容止偉如也。又好延納後進，士無賢不肖，皆虛懷以待之，或致其仕進，故甚有當時之譽。平生爲文章，長於短歌豔曲〔八〕，尤好聲譽。有集百卷，自篆於板，模印數百帙，分惠於人焉。案宋朝類苑：和魯公凝有豔詞一編名香奩集，凝後貴，乃嫁其名爲韓偓，今世傳韓偓香奩集，乃凝所爲也。凝生平著述，分爲演綸、遊藝、孝弟、疑獄、香奩、籯金六集，自爲遊藝集序云：「予有香奩、籯金二集，不行於世。」凝在政府避議論，諱其名，又欲後人知，故于遊藝集序實之，此凝之意也。（舊五代史考異）

長子峻，卒於省郎。次子峴，次子峴，原本作「現」，今從宋史改正。（影庫本粘籤）仕皇朝爲司勳

員外郎。永樂大典卷五千七百一十。案錦繡萬花谷：范蜀公蒙求云：和峴，晉相和凝之子。峴生，會凝入翰林，加金紫，知貢舉，凝喜曰：「我生平美事，三者并集，此子宜于我矣。」因名曰三美。（舊五代史考異）

蘇禹珪，字玄錫，其先出於武功，近世家高密，今爲郡人也。父仲容，以儒學稱於鄉里，唐末舉九經，補廣文助教，遷輔唐令，累贈太師。禹珪性謙和，虛襟接物，克構父業，以五經中第，辟遂州倅職，歷靑、鄆從事，轉潞、幷管記，累檢校官至戶部郎中。漢高祖作鎭幷門，奏爲兼判。開運末，契丹入汴，漢祖卽位於晉陽，授中書侍郎平章事。漢祖至汴，兼刑部尙書，俄加右僕射、集賢殿大學士。漢祖大漸，與蘇逢吉、楊邠等受顧命，立少主。明年，轉左僕射。三年冬，太祖入平內難，禹珪遁入都城，爲兵士所擄。翌日，太祖令人求之，旣見，撫慰甚至，尋復其位。國初，加守司空，尋罷相守本官。世宗嗣位，封莒國公，未幾，受代歸第。顯德三年正月旦，與客對食之際，暴疾而卒，時年六十二。禹珪純厚長者，遭遇漢祖，及蘇逢吉夷滅，禹珪恬然無咎，時人以爲積善之報也。

子德祥，登進士第，累歷臺省。永樂大典卷三千三百九十二。

景範，淄州長山人。案：以下原本有闕文。景範父名初，以戶部郎中致仕，見世宗紀。而景範神道碑稱爲太僕府君，蓋其贈官也。碑文可考者，範以明經擢第，爲吏于淸陽，掾于高密郡，秩滿授范縣令。周太祖時，爲秋曹郎、左司郎中，充樞密直學士，尋轉諫議大夫充職〔九〕。世宗之北征也，命爲東京副留守。車駕迴自河東，世宗以艱於國用，乃以範爲中書侍郎平章事、判三司。案：册府元龜載世宗卽位，七月癸巳，制曰：「朕自履宸極，思乎泰階，出一令慮下民之未從，行一事懼上玄之罔祐，晨興夕惕，終歲於茲。雖禮讓漸聞興行，而風雨未之咸若，豈刑政之斯闕，而德教之未孚哉！繇是進用良臣，輔宣元化，雖朕志先定，亦輿情具瞻，爰擇佳辰，誕敷明命。樞密院直學士、中大夫、尙書工部侍郎、上柱國、晉陽縣開國男、食邑三百戶〔一〇〕、賜紫金魚袋景範，昔佐先帝，每罄嘉謨，逮事朕躬，愈傾忠節，率上得大臣之體，檢身爲君子之儒。一昨戎輅親征，皇都是守，贊勳賢於留府，副徵發於行營，軍政所需，國用無闕。今則鹽臺偃革，宣室圖功，思先朝欲用之言，成聖考得賢之美，俾參大政，仍掌利權。爾其明聽朕言，往敷玄化，予欲則垂象而淸品彙，爾則順天道以序彝倫；余欲恤刑名而息戰爭，爾則謹憲章而恢廟略。天人之際懸合，軍民之事罔渝，則國相之尊，非爾孰處，邦計之重，惟材是臧。勉思儻以致君，勿效因循而保位，竚聞成績，用副虛懷。可正議大夫、中書侍郎平章事，判三司。範爲人厚重剛正，無所撓屈，然理繁治劇，非其所長，雖悉心盡瘁，終無稱職之譽。世宗知之，因其有疾，乃罷司計。尋以父喪罷相東歸。顯德三年冬〔一一〕，以疾卒於鄉里。案碑文云：年五十有二。（舊五代史考異）優詔贈侍中，官爲立碑焉。永樂大典卷一萬七千九百十一。案：景範神道碑以顯德三年十二月立，今尙存。扈載奉敕撰，孫崇望奉敕書，今在鄒平縣〔一二〕。

史臣曰：夫以稽古之力，取秉鈞之位者，豈常人乎！然文紀躭於貨殖，裔孫傷於齷齪，則知全其德者鮮矣。如成績之文彩，玄錫之履行，景範之純厚，皆得謂之君子儒矣。以之爰立，何用不臧。永樂大典卷二千三百九十二。

校勘記

〔一〕愛憎朋黨之小瑕　「愛憎」原作「親愛」，據册府卷三三五、卷三三六改。

〔二〕諫議大夫盧損　「大夫」二字原無，據册府卷三三五補。

〔三〕今寇孽紛紛　「今」字原無，據册府卷三三六補。

〔四〕南宮工部侍郎　劉本同。殿本作「南宮二侍郎」。按南宮卽尙書省，五代會要卷一四尙書省左右丞條云：「梁開平二年四月，改爲左右司侍郎，避廟諱也。至後唐同光元年十一月，復舊爲左右丞。」

〔五〕法喜集　「喜」原作「善」，據殿本、劉本改。

〔六〕放牓之日　「放」原作「改」，據殿本、劉本改。

〔七〕國初　殿本、劉本同。彭校作「周初」。

〔八〕長於短歌豔曲　「長」字原無，據殿本、劉本補。

〔九〕而景範神道碑……尋轉諫議大夫充職　七十字原無，據舊五代史考異補。

〔一〇〕食邑三百戶　「邑」字原無，據殿本、册府卷七四補。

〔一一〕顯德　原作「順德」，據殿本、劉本改。下注文中「顯德」同。

〔一二〕扈載……鄴平縣　十六字原無，據舊五代史考異補。

舊五代史卷一百二十八

周書十九

列傳第八

王朴，字文伯，東平人也。父序，以朴貴，贈左諫議大夫。朴幼警慧，好學善屬文。漢乾祐中，擢進士第，解褐授校書郎，依樞密使楊邠，樞密使，原本作「密樞使」，今從册府元龜改正。（影庫本粘籤）館於邠第。是時漢室寖亂，大臣交惡，朴度其必危，因乞告東歸。未幾，李業輩作亂，害邠等三族，凡遊其門下者，多被其禍，而朴獨免。國初，世宗鎮澶淵，朝廷以朴爲記室。及世宗爲開封尹，拜右拾遺，充開封府推官。世宗嗣位，授比部郎中，賜紫。二年夏，世宗命朝廷文學之士二十餘人，各撰策論一首，以試其才。時朴獻平邊策，云：

唐失道而失吳、蜀，晉失道而失幽、并，觀所以失之由，知所以平之術。當失之時，莫不君暗政亂，兵驕民困，近者姦於內，遠者叛於外，小不制而至於大，大不制而至於僭。天下離心，人不用命，吳、蜀乘其亂而竊其號，幽、并乘其間而據其地。平之之術，在乎反唐、晉之失而已。必先進賢退不肖以清其時，用能去不能以審其材，恩信號令以結其心，賞功罰罪以盡其力，恭儉節用以豐其財〔一〕，徭役以時以阜其民。俟其倉廩實、器用備、人可用而舉之。彼方之民，知我政化大行，上下同心，力強財足，人和將和，有必取之勢，則知彼情狀者願爲之間諜，知彼山川者願爲之先導。彼民與此民之心同，是與天意同；與天意同，則無不成之功。

攻取之道，從易者始。當今吳國，東至海，南至江，可撓之地二千里。從少備處先撓之，備東則撓西，備西則撓東，必奔走以救其弊，奔走之間，可以知彼之虛實、衆之強弱，攻虛擊弱，則所向無前矣。勿大舉，但以輕兵撓之。撓之，原本作「饒之」，今從通鑑改正。（影庫本粘籤）彼人怯，知我師入其地，必大發以來應，數大發則必民困而國竭，一不大發則我獲其利，彼竭我利，則江北諸州，乃國家之所有也。既得江北，則用彼之民，揚我之兵，江之南亦不難而平之也。如此，則用力少而收功多，得吳，則桂、廣皆爲內臣，岷、蜀可飛書而召之，如不至，則四面並進，席卷而蜀平矣。吳、蜀平，幽可望風而至。唯并必死之寇，不可以恩信誘，必須以強兵攻之，但亦不足以爲邊患〔二〕，可爲後圖，俟其便則一削以平之。

方今兵力精練，器用具備，羣下知法，諸將用命，一稔之後，可以平邊，此歲夏秋，便可於沿邊貯納。臣書生也，不足以講大事，至於不達大體，不合機變，望陛下寬之。案東都事略：時朴與徐台符、竇儀同議。世宗覽之，愈重其器識。未幾，遷左諫議大夫，知開封府事。

初，世宗以英武自任，喜言天下事，常憤廣明之後，中土日蹙，值累朝多事，尙未克復，慨然有包舉天下之志。而居常計事者，多不諭其旨，唯朴神氣勁峻，性剛決有斷，凡所謀畫，動愜世宗之意，繇是急於登用。尋拜左散騎常侍，充端明殿學士，知府如故。是時，初廣京城，朴奉命經度，凡通衢委巷，廣袤之間，靡不由其心匠。及世宗南征，以朴爲東京副留守，車駕還京，改戶部侍郎兼樞密副使。未幾，遷樞密使、檢校太保。頃之，丁內艱，尋起復授本官。四年冬，世宗再幸淮甸，兼東京留守，京邑庶務，悉以便宜制之，案默記引聞談錄云：朴性剛烈，大臣藩鎭皆憚之。世宗收淮南，俾朴留守。時以街巷隘狹，例從展拓，朴怒鄉校弛慢，于通衢中鞭背數十，其人忿然歎曰：「宣補鄉廣候，豈得便從決。」朴微聞之，命左右擒至，立斃于馬前。世宗聞之，笑謂近臣曰：「此大愚人，去王朴面前誇宣補鄉廣候，宜其死矣。」（舊五代史考異）比及還蹕，都下肅如也。六年三月，世宗令樹斗門於汴口，不踰時而歸朝。是日，朴方過前司空李穀之第，李穀，原本作「李珏」，今從通鑑改正。（影庫本粘籤）交談之頃，疾作而仆於座，遽以肩輿歸第，是夕而卒，時年四十五。案默記云：王朴

仕周世宗，制禮作樂，考定聲律，正星曆，修刑統，百廢俱起。又取三關，取淮南，皆朴爲謀。然事世宗纔四年耳，使假之壽考，安可量也。（舊五代史考異）世宗聞之駭愕，卽時幸其第，及柩前，以所執玉鉞卓地而慟者數四。贈賻之類，率有加等，優詔贈侍中。案宋史王侁傳：朴卒，世宗幸其第，召見諸孤，以侁爲東頭供奉官。默記云：周世宗于禁中作功臣閣，畫當時大臣如李穀、鄭仁誨之屬。太祖卽位，一日過功臣閣，風開半門，正與朴象相對，太祖望見，卻立聳然，整御袍襟帶，磬折鞠躬。左右曰：「陛下貴爲天子，彼前朝之臣，禮何過也？」太祖以手指御袍云：「此人在，朕不得此袍著。」其敬畏如此。（舊五代史考異）

朴性敏銳，然傷於太剛，每稠人廣座之中，正色高談，無敢觸其鋒者，故時人雖服其機變而無恭懿之譽。其筆述之外，多所該綜，至如星緯聲律，莫不畢殫其妙，所撰大周欽天曆及律準，並行於世。永樂大典卷一萬八千一百二十三。五代史闕文：周顯德中，朴與魏仁浦俱爲樞密使。時太祖皇帝已掌禁兵，一日，有殿直乘馬誤衝太祖導從，太祖自詣密地，訴其無禮。仁浦令徽院勘詰，朴謂太祖曰：「太尉名位雖高，未加使相。殿直，廷臣也，與太尉比肩事主，太尉況帶職，不宜如此。」太祖唯唯而出。臣謹按，朴之行事，傳於人口者甚衆，而史氏缺書。臣閒重修太祖實錄，已於李穀傳中見朴遺事，今復補其大者。況太祖、太宗在位，每稱朴有上輔之器，朝列具聞。

楊凝式，華陰人也。案游宦紀聞載凝式年譜云：「唐咸通十四年癸巳，凝式是年生，故題識多自稱癸巳人。」又，別傳云 凝式，字景度。（舊五代史考異）父涉，唐末梁初，再登台席，案歐陽史楊涉傳云：祖收，父嚴。吳縝纂誤云：收與嚴乃兄弟，非父子也。又，游宦紀聞載楊氏家譜云：唐修行楊氏，系出越公房，本出中山相結，次子繼生洛州刺史渾，渾生河閒太守恩，恩生越恭公鈞，出居馮翊，至藏器徙溥陽。唐相楊收之父曰遺直，生四子，名皆從「又」，曰發、假、收、嚴，以四時爲義，故發之子名皆從「木」，假之子從「火」，收之子從「金」，嚴之子從「水」。嚴生涉，涉生凝式，而收乃藏器之兄、涉之伯也。新五代史記唐六臣傳乃以收爲涉之祖、嚴之父，非也。（舊五代史考異）罷相守左僕射卒。凝式體雖蕞眇，而精神穎悟，案宣和書譜云：凝式形貌瘦悅，然精神矍然，膘大于身。（舊五代史考異）富有文藻，大爲時輩所推。唐昭宗朝，登進士第，解褐授度支巡官，再遷祕書郎，直史館。梁開平中，爲殿中侍御史、禮部員外郎，三川守，齊王張宗奭見而嘉之，請以本官充留守巡官。梁相趙光裔素重其才，奏爲集賢殿直學士，改考功員外郎。

唐同光初，授比部郎中、知制誥。尋以心疾罷去，改給事中、史館修撰，判館事。明宗卽位，拜中書舍人，復以心疾不朝而罷。長興中，歷右常侍、工戶二部侍郎〔三〕，案：別傳作工、禮、戶三部侍郎。（舊五代史考異）以舊恙免，改祕書監。淸泰初，遷兵部侍郎。唐末帝按兵於懷覃，凝式在扈從之列，頗以心恙諠譁於軍砦，末帝以其才名，優容之，詔遣歸洛。

晉天福初，改太子賓客，尋以禮部尙書致仕，閑居伊、洛之間，恣其狂逸，多所干忤，自居守以降，咸以俊才耆德，莫之責也。晉開運中，宰相桑維翰知其絕俸，艱於家食，奏除太

子少保，分司於洛。案：游宦紀聞引楊凝式傳所載仕梁、仕晉年月，皆與薛史異。漢乾祐中，歷少傅、少師。太祖總政，凝式侯於軍門，且以年老不任庶事上訴〔四〕，太祖特爲奏免之。廣順中，表求致政，尋以右僕射得請。顯德初，改左僕射，又改太子太保，並懸車。元年冬，卒於洛陽，年八十五。案：別傳作八十二。（舊五代史考異）詔贈太子太傅。

凝式長於歌詩，案別傳云：凝式詩什，亦多雜以詼諧，少從張全義辟，故作詩紀全義之德云：「洛陽風景實堪哀，昔日曾爲瓦子堆。不是我公重葺理，至今猶自一堆灰。」他類若此。張從恩尹洛，凝式自汴還，時飛蝗蔽日，偶與之俱，凝式先以詩寄曰：「押引蝗蟲到洛京，合消郡守遠相迎。」從恩勿怪也。然凝式詩句自佳，其題壁有「院似禪心靜，花如覺性圓」，清麗可喜。（舊五代史考異）善於筆札，洛川寺觀藍牆粉壁之上，題紀殆遍，案別傳云：凝式雖仕歷五代，以心疾閒居，故時人目以「風子」。其筆跡遒放，宗師歐陽詢與顏眞卿，而加以縱逸。旣久居洛，多遨遊佛道祠，遇山水勝概，流連賞詠，有垣牆圭缺處，顧視引筆，且吟且書，若與神會，率寶護之。其號或以姓名，或稱癸巳人，或稱楊虛白，或稱希維居士，或稱關西老農。其所題後，或眞或草，不可原詰，而論者謂其書自顏中書後一人而已。其佯狂之迹甚著，卜第于尹京之側，遇入府，前與後馬，猶以爲遲，乃策杖徒行，市人隨笑之。嘗迫冬，家人未挾纊，會有故人過洛，贈以綵五十兩，絹百端，凝式悉留之修行尼舍，俾造纊以施崇德、普明兩寺飯僧，其家雖號寒嘑飢，而凝式不屑屑也。留守聞其事，乃自製衣給米遺之，凝式笑謂家人曰：「我固知留守必見周也。」每旦起將出，僕請所之，楊曰：「宜東遊廣愛寺。」僕曰：「不若西遊石壁寺。」凝式舉鞭曰：「姑遊廣愛。」僕又以石壁爲請，凝式乃曰：「姑遊石壁。」聞者拊掌。（舊五代史

考異）時人以其縱誕，有「風子」之號焉。永樂大典卷六千五十二。五代史補：楊凝式父涉爲唐宰相。太祖之篡唐祚也，涉當送傳國璽，時凝式方冠，諫曰：「大人爲宰相，而國家至此，不可謂之無過，而更手持天子印綬以付他人，保富貴，其如千載之後云云何？其宜辭免之。」時太祖恐唐室大臣不利於己，往往陰使人來探訪羣議，縉紳之士，及禍甚衆，涉常不自保，忽聞凝式言，大駭曰：「汝滅吾族。」於是神色沮喪者數日。凝式恐事泄，即日遂佯狂，時人謂之「楊風子」也。案：游宦紀聞載楊凝式年譜、家譜、傳，與正史多異同，今附錄以備參考。其年譜云：唐咸通十四年癸巳，是年凝式生，故題識多自稱癸巳人。唐天祐四年丁卯，是年夏，朱全忠篡唐，凝式諫其父唐相涉，宜辭押寶使。涉懼事泄，凝式自此遂佯狂，時年三十五（五）。五代史補言時年方弱冠，誤也。晉天福四年己亥三月，有洛陽風景四絕句詩，年六十七。據詩云，「到此今經三紀春」，蓋自丁卯至己亥實三十年，則自全忠之篡，凝式即居洛矣。眞蹟今在西都唐故大聖善寺勝果院東壁，字畫尚完。亦有石刻，書側有畫象，亦當時畫。又廣愛寺西律院有壁題云「後歲六十九」，亦當是此年所題。此書凡兩壁，行草大小甚多，眞蹟今存，但多漫暗，故無石刻。天福六年辛丑，是年六月有天宮寺題名，稱太子賓客，時年六十九。眞蹟今在此寺東序，題維摩詰後。又吏部郎榮輯家有石刻一帖，無年，但云「太子賓客楊凝式莫春奉板輿至自眞原」等語。其末云「清和之月復至」，當是此年前後也。天福七年壬寅，是年有眞定智大師詩二首，時年七十；眞蹟在文潞公家，刻石在從事郎蘇太寧家。晉開運元年甲辰，是年歲在甲辰四月十五日，有看花八韻，時年七十二，題于洛陽一僧舍，書勝上云：「維晉九載。」今刻石在湖州前殿中侍御史劉燾家。開運二年乙巳，是年五月，于天宮寺題壁論維摩經等語，八月再題「太子少保，時年七十三」，眞蹟今在此寺東序。並辛丑題同刻石。開運四年丁未，是年二

月並七月（六），有寄惠才大師左郎中詩三首，稱「會同丁未歲」。會同即契丹入晉改元之號也，時年七十五，稱太子少傅。眞蹟在文潞公家，刻石在蘇太寧家。周廣順三年癸丑，是年于長壽寺華嚴東壁題名，時年八十一。後又題「院似禪心靜」等二詩，稱太子少師，亦應此年眞蹟，今爲人移去，石刻亦不存，人或得舊本耳。又有與其從子侍御者家問二帖，後題廣順癸丑歲孟夏月，眞蹟在洛陽士人家。又有判宅契五十餘字，在洛陽故職方郎李氏家者刻之，無年，但稱七月十六日，太子少師楊草名，亦應是廣順中也。又家譜云：唐修行楊氏，系出越公房，本出中山相結，次子繼生洛州刺史暉，暉生河間太守恩，恩生越恭公鈞，出居馮翊，至藏器徙溥陽。唐相楊收之父曰遺眞（七），生四子，名皆從「又」，曰發、假、收、嚴，以四時爲義，故發之諸子名皆從「木」，假之子從「火」，收之子從「金」，嚴之子從「水」。嚴生涉，涉生凝式，而收乃藏器之兄、涉之伯也。新五代史記唐六臣傳乃以收爲涉之祖（八）、嚴之父，非也。又傳云：楊凝式，字景度，隋越公素之後，唐相涉之子也。天姿警悟，工草隸，善屬文。昭宗時第進士，爲度支巡官，再遷祕書郎，直史館。梁開平中，爲殿中侍御史、禮部員外郎，去從西都張全義辟，爲留守巡官。梁相趙光裔器其才，奏爲集賢殿直學士，改考功員外郎。唐同光初，以比部郎中知制誥，改給事中、史館修撰，判館事。明宗立，拜中書舍人。長興中，歷右散騎常侍、工禮戶三侍郎，後以疾免，改祕書監。清泰初，遷兵部侍郎，復以疾歸洛。晉天福中，遷太子賓客，尋除禮部尚書致仕。開運中，宰相桑維翰表起爲太子少保分司。漢乾祐中歷少傅、少師。周廣順中，再請老，以尚書右僕射致仕，顯德初改左僕射、太子太保。元年冬，薨於洛陽，年八十二，贈太子太傅。初，凝式父、祖，世顯於唐，至涉相哀帝，時方賊臣陵慢，王室殘蕩，賢人多罹患。涉受命，泣語凝式曰：「世道方極，吾嬰網羅不能去，禍將及，且累汝。」朱全忠篡唐，涉當送傳國寶，凝式諫曰：「尊爲宰相而國至此，不爲無過，乃更持天子印綬與人，雖保富貴，如千載史筆何！」時全忠恐唐室舊臣，不利于己，往往陰訪羣情，疑貳之間，及禍者甚衆。涉常不自保，忽聞凝式言，大驚曰：「汝滅吾族矣。」凝式恐事泄，因佯狂，而涉以謙持，終免深禍。尹洛者皆當時王公，凝式或傲然不以爲禮，尹亦以其耆俊狂直，不之責也。凝式本名家，既不遇時，而唐、梁之際，以節義自立，襟量宏廓，竟免五季之禍，以壽考終。洛陽諸佛宮書跡至多，本朝興國中，三川大寺刹，率多頹圮，翰墨所存無幾，今有數壁存焉。士大夫家亦有愛其書帖，皆藏弆以爲清玩。世以凝式行書頗類顏魯公，故謂之顏、楊云。（孔本）

薛仁謙，字守訓，代居河東，近世徙家於汴，今爲浚儀人也。父延魯，仕唐爲汝州長史，累贈吏部尚書。仁謙謹厚廉恪，深通世務，梁鄴王羅紹威甚重之，累署府職。唐莊宗即位於魏，授通事舍人。梁開平中，聘于吳，得使乎之體。遷衞尉少卿、引進副使，累加檢校兵部尚書。長興中，轉客省使、鴻臚少卿，出爲建雄軍節度副使，進階光祿大夫、檢校左僕射，改光祿少卿。晉天福初，授檢校司空、河中節度副使，歸朝爲衞尉、太僕二卿。丁繼母憂，居喪制滿，授司農卿。漢乾祐中，以本官致仕。周初，改太子賓客致仕，仍加檢校司徒，進封侯爵。顯德三年冬，以疾終，年七十八。贈工部尚書。初，仁謙隨莊宗入汴也，有舊第爲梁朝六宅使李賓所據，李賓，原本作「李彬」，今從册府元龜改正。（影庫本粘籤）時賓遠適，而仁謙復得其第。或告云，賓之家屬厚藏金帛在其第內，仁謙立命賓親族盡出所藏而後入焉。論者美之。

子居正，皇朝門下侍郎平章事。永樂大典卷二萬一千三百六十七。

蕭愿，字惟恭，梁宰相頃之子也。頃，明宗朝終於太子少保，唐書有傳。初，愿之曾祖倣，唐僖宗朝入相，接客之次，愿爲兒童戲，效傳呼之聲。倣謂客曰：「余豈敢以得位而喜，所幸奕世壽考，吾今又有曾孫在目前矣。」愿弱冠舉進士第，解褐爲校書郎，改畿尉、直史館、監察殿中侍御史，遷比部員外、右司郎中、太常少卿。明宗朝祀太微宮，愿乘醉預公卿之列，爲御史所彈，左遷右贊善大夫。未幾，授兵部郎中，復金紫。丁內艱，服闋，自左司郎中拜右諫議大夫，歷給事中、右常侍、祕書監，改太子賓客。廣順元年春卒。贈禮部尚書。

愿性純謹，承事父母，未嘗不束帶而見。然性嗜酒無節，職事弛慢。爲兵部郎中日，常掌告身印，覃恩之次，頗怠職司，父頃爲吏部尚書，代愿視印篆，其散率如此。愿卒時年七十餘，其母猶在，一門壽考，人罕及者。永樂大典卷五千二百二十五。

盧損，其先范陽人也，近世任於嶺表。父穎，遊宦於京師。損少學爲文，梁開平初，舉進士，性頗剛介，以高情遠致自許。與任贊、劉昌素、薛鈞、高總同年擢第，所在相訴，時人

謂之「相罵榜」。及任贊、劉昌素居要切之地，而損自異，不相親狎。時左丞李琪素薄劉昌素之為人，常善待損。琪有女弟眇，長年婚對不售，乃以妻損。損慕琪聲稱納之，及琪為輔相，致損仕進。梁貞明中，累遷至右司員外郎。唐天成初，由兵部郎中、史館修撰轉諫議大夫。屢上書言事，詞理淺陋，不為名流所知。清泰中，盧文紀作相，密與損參議時政。

初，長興中，唐末帝鎮河中，損嘗為加恩使副，及末帝即位，用為御史中丞。拜命之日，以自前憲司不能振舉綱領，俾風俗頹壞，乃大為條奏，而有「平明放鑰，日出守端」之語，大為士人嗤鄙。有頃，誤詳赦書，失出罪人，停任。晉天福中，復為右散騎常侍，轉祕書監，大失所望，即拜章辭位，乃授戶部尚書致仕，退居潁川。時少保李鏻年將八十，善服氣導引，損以鏻遐齡有道術〔九〕，酷慕之。仍以潁川逼於城市，乃卜居陽翟，誅茅種藥，山衣野服，逍遙於林圃之間，出則柴車鶴氅，自稱具茨山人。晚年與同輩五六人，於大隗山中疏泉鑿坯為隱所，誓不復出山，久之，齒髮不衰，似有所得。廣順三年秋卒，時年八十餘。贈太子少傅。永樂大典卷二千二百十二。

王仁裕，字德輦，天水人。少孤，不從師訓，年二十五，方有意就學。一夕夢剖其腸胃，引西江水以浣之，又睹水中砂石，皆有篆文，因取而吞之。及寤，心意豁然，自是資性絕高。

案：此下有闕文。輿地紀勝云：王仁裕知貢舉時，所取進士三十三人，皆一時名公卿，李昉、王溥為冠。（舊五代史考異）有詩萬餘首，勒成百卷，目之曰西江集，蓋以嘗夢吞西江文石，遂以為名焉。後為兵部尚書、太子少保，卒。冊府元龜卷八百九十三。五代史補：王尚書仁裕，乾祐初，放一榜二百一十四人，乃自為詩云：「二百一十四門生，春風初動羽毛輕，擲金換却天邊桂，鑿壁偷將榜上名。」陶穀為尚書，素好恢諧，見詩佯聲曰：「大奇，大奇，不意王仁裕今日做賊頭也。」聞者皆大笑。案輿地紀勝：仁裕所著有紫泥集、西江集、入洛記，共百卷。（舊五代史考異）

裴羽，字用化，唐僖宗朝宰相贄之子也。羽少以父任為河南壽安尉。入梁，遷御史臺主簿，改監察御史。唐明宗時，為吏部郎中，使于閩，遇颶風，飄至錢塘。時安重誨用事，削奪吳越封爵，羽被留于錢塘。後吳越復通中國〔一〇〕，羽始得還。晉初，累遷禮部侍郎、太常卿。廣順初，為左散騎常侍，卒。贈工部尚書。案：歐陽史作戶部尚書。（舊五代史考異）羽之使閩也，正使陸崇卒于道〔一一〕，羽載其喪還，歸其橐裝，時人義之。永樂大典卷三千二百一。

段希堯，河內人也。案：宋史段思恭傳作澤州晉城人。（舊五代史考異）祖約，定州戶掾，贈太常少卿。父昶，晉州神山縣令，累贈太子少保。希堯少有器局，累歷州縣。唐天成中，為衞州錄事參軍，會晉高祖作鎮于鄴，聞其勤幹，奏改洺州糾曹。及晉祖鎮太原，辟為從事。清泰中，晉祖總戎于代北，一日軍亂，遽呼萬歲，晉高祖惑之。希堯曰：「夫兵猶火也，弗戢將自焚。」遽請戮其亂首，乃止。

明年，晉祖將舉義於太原，召賓佐謀之，希堯極言以拒之，晉祖以其純朴，弗之咎也。晉祖龍飛，霸府舊僚皆至達官，唯希堯止授省郎而已。天福中，稍遷右諫議大夫，尋命使於吳越。及乘舟汎海，風濤暴起，檝師僕從皆相顧失色，希堯謂左右曰：「吾平生履行，不欺暗室，昭昭天鑒，豈無祐乎！汝等但以吾為托，必當無患。」言訖而風止，乃獲利涉。使迴，授萊州刺史、檢校尚書右僕射，未赴任，改懷州。六年秋，移棣州刺史兼榷鹽礬制置使。少帝嗣位，加檢校司空。開運中，歷戶部、兵部侍郎。漢初，遷吏部侍郎，判東西兩銓事。東西兩銓，原本作「東西銓」，今從五代會要改正。（影庫本粘籤）國初，拜工部尚書。世宗嗣位，轉禮部尚書。顯德三年夏，卒於洛陽，時年七十九。贈太子少保。子思恭，右諫議大夫。永樂大典卷一萬六千三百一十。

司徒詡，字德普，清河郡人也。父倫，本郡督郵，以清白稱。詡少好讀書，通五經大義，弱冠應鄉舉，不第。唐明宗之鎮邢臺，詡往謁之，甚見禮遇，命試吏於邯鄲，歷永年、項城

令，皆有能名。長興初，唐末帝鎮河中，奏辟為從事。未幾，徵拜左補闕、史館修撰。秦王從榮之開府也，朝廷以詡為戶部員外郎，充河南府判官。秦王遇害，以例貶寧州司馬。清泰初，入為兵部員外郎。

晉祖踐祚，改刑部郎中，充度支判官、樞密直學士，由兵部郎中遷左諫議大夫、給事中，充集賢殿學士判院事，轉左散騎常侍、工部侍郎，歷知許、齊、亳三州事。漢初，除禮部侍郎，凡三主貢舉，自起部貳卿，不數年間，徧歷六曹，由吏部侍郎拜太子賓客。世宗即位，授太常卿。顯德六年夏，卒於洛陽之私第，年六十有六。贈工部尚書。

詡善談論，性嗜酒，喜賓客，亦信浮屠之教。漢乾祐中，嘗使于吳越，航海而往，至渤澥之中，睹水色如墨，如墨，原作「如黑」，今從冊府元龜改正。（影庫本粘籤）舟人曰：「其下龍宮也。」詡因炷香興念曰：「龍宮珍寶無用，俟迴棹之日，當以金篆佛書一帙，用伸贄獻。」洎復經其所，遂以經一函投於海中。俄聞梵唄絲竹之音，喧於船下，舟人云：「此龍王來迎其經矣。」同舟百餘人皆聞之，無不嘆訝焉。永樂大典卷二千一百二十八。

邊蔚，字得昇，長安人。父操，華州下邽令，案宋史：邊珝，華州鄭人也。曾祖頵，石泉令。祖操，下

郡令。父蔚，太常卿。（舊五代史考異）累贈太子少師。蔚幼孤，篤學，有鄉里譽，從交辟，歷晉、陝、華三府從事。唐莊宗之伐蜀，大軍出於華下，時屬華方闕帥，蔚爲記室，詔令權領軍府事，供億軍儲，甚有幹濟之稱。及明宗入洛，遣李沖齎詔於闕右〔一二〕，盡誅閹官。沖性深刻，而華人有爲閹官所累者，沖欲盡戮之，蔚以理救護，獲免者甚衆。毛璋之鎮邠寧，奏爲廉判。時璋爲麾下所惑，有跋扈之意。蔚因乘間極言，諭以逆順之理，璋卽時遣妻子入貢〔一三〕。朝廷以蔚有贊畫之效，賜以金紫，改許州戎判。晉天福初，自涇州戎幕徵拜虞部員外郎、鹽鐵判官，歷開封、廣晉少尹。晉少帝嗣位，拜左散騎常侍，判廣晉府事，轉工、禮二部侍郎〔一四〕，再知開封府事。開運初，出爲亳州防禦使，爲政清肅，亳民感之。歲餘，入爲戶部侍郎。漢初，拜御史中丞，轉兵部侍郎。太祖受命，復知開封府事，遷太常卿，後以足疾辭位。顯德二年冬，卒於家，時年七十一。

子玗、玥，俱仕皇朝爲省郎。永樂大典卷四千七百二十。

王敏，字待問，單州金鄉人。性純直，少力學攻文，登進士第。後依杜重威，凡歷數鎮從事。漢初，重威叛於鄴，時敏爲留守判官，嘗泣諫重威，懇請歸順，重威始雖不從，及其窮也，納敏之言，以其城降。時魏之饑民十猶四五，咸保其餘生者，敏之力也。入朝，拜侍御

史。世宗鎮澶淵，太祖以敏謹厚，遂命爲澶州節度判官。及世宗尹正王畿，改開封少尹。世宗嗣位，權知府事，旋拜左諫議大夫、給事中，遷刑部侍郎。敏嘗以子壻陳南金薦於曹州節度使李繼勳，曹州，原作「洮州」，今從通鑑改正。（影庫本粘籤）表爲記室，其後繼勳債軍於壽春，及歸闕而無待罪之禮，世宗以繼勳武臣，不之責也，因遷怒南金，謂其裨贊無狀，乃黜之。敏繇是連坐，遂免其官〔一五〕。歲餘，復拜司農卿。顯德四年秋，以疾卒。永樂大典卷六千八百五十一。

校勘記

〔一〕恭儉節用以豐其財　「財」原作「材」，據殿本、劉本改。

〔二〕但亦不足以爲邊患　劉本同。殿本作「然其力已爽，不足以爲邊患」。

〔三〕工戶二部侍郎　「二部」原作「部二」，據殿本改。

〔四〕太祖總政擬式候於軍門且以年老不任庶事上訴　劉本同。殿本「總政」作「總兵」，「庶事」作「戎事」。

〔五〕時年三十五　知不足齋叢書本游宦紀聞作「時年三十」。

〔六〕是年二月並七月　「並」原作「前」，據知不足齋叢書本游宦紀聞改。

〔七〕遺眞　知不足齋叢書本游宦紀聞作「遺直」，上文引舊五代史考異注文亦作「遺直」。

〔八〕唐六臣傳　「六」原作「大」，據知不足齋叢書本游宦紀聞、歐陽史卷三五唐六臣傳改。

〔九〕遐齡有道術　「齡」字原無，據殿本補。

〔一〇〕時安重誨用事削奪吳越封爵羽被留于錢塘後吳越復通中國　劉本同。殿本作「時安重誨用事，削奪吳越王封爵，羽被留于錢塘，經歲不得歸。後重誨死，吳越復通中國」。

〔一一〕陸崇卒于道　劉本同。殿本作「陸崇卒于吳越」。按歐陽史卷五七，陸崇、裴羽被留吳越，「經歲而崇以疾卒」。

〔一二〕闕右　原作「闕右」，據殿本改。

〔一三〕遣妻子入貢　劉本、冊府卷七二二同，殿本作「遣其子入貢」。

〔一四〕工禮二部侍郎　劉本同。殿本作「工部左右侍郎」。

〔一五〕遂免其官　「免」原作「貶」，據殿本改。

舊五代史卷一百二十九

周書二十

列傳第九

常思，字克恭，太原人也。父仁岳，河東牙將，累贈太子太師。唐莊宗之爲晉王也，廣募勝兵，時思以趫悍應募，累從戎役，後爲長直都校，歷捧聖軍使。晉初，遷六軍都虞候。漢高祖出鎮幷門，奏以思從行，尋表爲河東牢城都指揮使，以勤幹見稱。漢國初建，授檢校太保，遙領鄧州。漢有天下，遷檢校太尉、太尉，原本脫「尉」字，今據歐陽史增入。（影庫本粘籤）昭義軍節度使。乾祐初，李守貞叛於河中，太祖征之，朝廷命思帥部兵以副焉。既而御衆無能，勒歸舊藩。思在上黨凡五年，無令譽可稱，唯以聚斂爲務。性又鄙吝，未嘗與賓佐有酒肴之會。嘗有從事欲求謁見者，思覽刺而怒曰：「彼必是來獵酒也。」命典客者飲而遣之，其鄙吝也如是。太祖受命，就加平章事。初，太祖微時，以季父待思，及卽位，遣其妻入覲，太祖拜之如

家人之禮，仍呼爲叔母，其恩顧如是。廣順二年秋，思來朝，加兼侍中，移鎮宋州。三年夏，詔赴闕，改授平盧軍節度使。思將赴鎮，奏太祖云：「臣在宋州出鎮，得絲十餘萬兩，謹以上進，請行徵督。」太祖領之，領之，原本作「領之」，今從歐陽史改正。（影庫本粘籤）尋詔本州折劵以諭其民。及到鎮，未幾，染風痹之疾，上表請尋醫，既而舁疾歸洛。顯德元年春卒，年六十有九。贈中書令。永樂大典卷六千八百一十二。

翟光鄴，字化基，濮州鄄城人。父景珂，倜儻有膽氣。梁貞明初，唐莊宗始駐軍於河上，景珂率聚邑人守永定驛，固守踰年，後爲北軍所攻，景珂戰歿，衆潰。光鄴時年十歲，爲明宗軍所俘，以其穎悟，俾侍左右，字之曰永定。既冠，沈毅有謀，涖事寡過。明宗卽位，時深委遇，累遷至皇城使、檢校司空。長興中，樞密使安重誨得罪，時光鄴與中官孟小僧頗有力焉。居無何，出爲耀州團練使。淸泰初，入爲左監門衞大將軍。晉天福中，歷棣沂二州刺史、西京副留守。開運初，授宣徽使。楊光遠叛滅，靑州平，除爲防禦使，朝廷以兵亂之後，人物彫弊，故命光鄴理之。光鄴好聚書，重儒者，虛齋論議，唯求理道。時郡民喪亡十之六七，而招懷撫諭，視之如傷，故期月之間，流亡載輯。契丹入汴，僞命權知曹州。李從益假號，從益，原本作「從蓋」，今從通鑑改正。（影庫本粘籤）以光鄴明宗舊臣，署爲

樞密使。漢祖至汴，改左領衞大將軍。乾祐初，遷右金吾衞大將軍，充街使、檢校太保。太祖踐阼，復授宣徽使、左千牛衞上將軍、檢校太傅。數月，兼樞密副使。會永興李洪信入朝，代知軍府事。廣順二年十月，卒於長安，時年四十六。

光鄴有器度，愼密敦厚，出於天然，喜愠不形於色。事繼母以孝聞，兄弟皆雍睦。雖食祿日久，家無餘財，任金吾日，假官屋數間，以蔽風雨，親族累重，糲食纔給，人不堪其憂，光鄴處之晏如也。賓朋至，則貰酒延之，談說終日，略無厭倦，士大夫多之。及權知京兆，以寬靜爲治，前政有煩苛之事，一切停罷，百姓便之。及病甚，召親隨於臥內，戒之曰：「氣絕之後，以屍歸洛，不得於此停留，慮煩軍府。」言訖而終。京兆吏如喪所親，或有以槳酒遙奠者。樞密使王峻素重光鄴，且欲厚卹其家，爲之上請，故自終及葬，所賜賻賵幾數千計。詔贈太子少師。光鄴膚革肥皙，善於攝養，故司天監趙延乂有袁、許之術，嘗謂人曰：「翟君外厚而內薄，雖貴而無壽。」果如其言。永樂大典卷二萬一千二百四十。

曹英，字德秀，舊名犯太祖廟諱，故改焉。本常山鎭定人也。父全武，事趙王王鎔爲列校，英因得隸於鎔之帳下。及張文禮之亂，唐莊宗奄有其地，乃錄鎔之左右，署爲散指揮使。明宗卽位，英侍於仗下，問其祖考，英以實對，明宗曰：「乃朕之舊也。」擢爲本班行首，

每加顧遇。晉天福中，遷弩手軍使。平張從賓於汜水，從賓，原本作「從賨」，今從通鑑改正。（影庫本粘籤）以功授本軍都校。漢初，改奉國軍主，加檢校司徒，兼康州刺史。乾祐初，李守貞據河中叛，授行營步軍都校。河中平，遷本軍廂主，領岳州防禦使。隨太祖在魏，爲北面行營步軍都校，從平內難。國初，以翊戴功授昭武節度使、檢校太傅、侍衞步軍都指揮使。二年春，總兵討慕容彥超於兗州，兗州，原本作「袞州」，今從通鑑改正。（影庫本粘籤）梯衝塹壘，頗有力焉。夏五月，太祖親征，因併兵攻陷其城，及凱旋，領彰信軍節度使，典軍如故。世宗嗣位，加同平章事，授成德軍節度使。車駕自太原迴，加兼侍中。顯德元年冬，卒於鎭，時年四十九。制贈中書令。英性沈厚，謙恭有禮，雖衽席之際，接對賓客，亦未嘗造次。及卒，搢紳之士亦皆惜之。永樂大典卷四千六百四十。

李彥頵，字德循，太原人也。本以商賈爲業，太祖鎭鄴，置之左右，及卽位，歷綾錦副使、榷易使。世宗嗣位，以彥頵有舊，超授內客省使。未幾，知相州軍府事，尋改延州兵馬留後。到鎭，頗以殖貨爲意，窺圖賸利，侵漁蕃漢部人，羣情大擾。會世宗南征，蕃部結聚，圍迫州城，彥頵閉壁自守，求援於鄰道，賴救兵至，乃解。世宗不悅，徵赴京師，然猶委曲庇護，竟不之責。尋爲西京水南巡檢使，巡檢使，原本脫「巡」字，今據文增入。（影庫本粘籤）居無何，命

權知泗州軍州事，改滄州兩使留後。彥頵到任，處置乖方，大爲物情所鄙。顯德六年秋，受代歸闕，遇疾而卒，時年五十二。永樂大典卷一萬三百九十。

李暉，字順光，瀛州束城人。弱冠應募于龍驤軍，漢祖領河東，暉請從，因得署爲河東牙將。漢有天下，授檢校司徒、大內皇城使。未幾，遷宣徽南院使。乾祐初，拜河陽節度使、檢校太傅。太祖登極，加同平章事，尋移鎮滄州。顯德元年，就加兼侍中。二年秋，以世宗誕慶節來朝，改邠州節度使。五年，移鎮鳳翔。歲餘，卒於鎮。優詔贈中書令。暉之儀貌，不及於常人，而位極將相，年登耳順，袁、許之術，夫何恃哉！然性貪鄙，而好小惠，以邀虛譽，故在河陽及滄州日，民皆詣闕請立碑以頌其美，識者亦未之許也。永樂大典卷一萬三百九十。

李建崇，潞州人。少從軍，善騎射。初事唐武皇，爲鐵林都將，轉突騎、飛騎二軍使。從莊宗攻常山，阿保機來援，莊宗率親軍千騎，遇於滿城，兵少，爲契丹所圍。時建崇爲親將，與契丹格鬭，自午至申，會李嗣昭騎至，契丹乃解去。同光中，自龍武捧聖都指揮使，出歷襄、秦、徐、雍都指揮使。建崇性純厚，處身任遇，不能巧宦，以致久滯偏裨。明宗嘗掌牙

兵，與建崇共事，及即位，甚愍之，連授磁、沁二郡。入晉爲申州刺史。天福七年冬，襄州安從進搆逆，率衆寇南陽，時建崇領步騎千餘屯於葉縣，開封尹鄭王遣宣徽使張從恩、皇城使焦繼勳焦繼勳，原本作「繼塤」，今從通鑑及歐陽史改正。（影庫本粘籤）率在京諸軍，會建崇軍拒賊，至湖陽縣之花山，遇從進軍，建崇接戰，大敗之，以功授亳州團練。襄陽平，遷安州防禦使。歷河陽、邢州兵馬留後。漢初，入爲右衞大將軍。年逾七十，神氣不衰。建崇始自代北事武皇，至是四十餘年，前後所掌兵，麾下部曲多至節鉞，零落殆盡，唯建崇雖位不及藩屏，而康強自適，以至期耄。太祖即位，授左監門衞上將軍。廣順三年春卒。贈黔南節度使。永樂大典卷一萬三百九十。

王重裔，陳州宛邱人。父達〔一〕，歷安、均、洛三州刺史，因家於洛。重裔幼沈厚有勇，善騎射。年未及冠，事莊宗爲廳直，管契丹直。從安汴、洛，累爲禁軍指揮使。晉天福中，鎮州安重榮謀叛，稱兵指闕，朝廷命杜重威率師拒之，賊陣於宗城東，晉軍進擊之〔二〕，再合不動。杜重威懼，謀欲抽退，重裔曰：「兵家忌退，但請公分麾下兵擊其兩翼，重裔爲公陷陣，當其中軍，彼必狼狽矣。」重威從之，重榮即時退蹙，遂敗。以功遷護聖右廂都指揮使，領費州刺史。漢初，仍典禁軍，從征鄴都平，遷深州刺史。淮夷以李守貞故，數侵邊地，以

重裔爲亳州防禦使，又令於徐州巡檢，兼知軍州，就加檢校太傅。太祖踐阼，加爵邑，改功臣。廣順元年夏，以疾卒，年五十三。贈武信軍節度使。永樂大典卷六千八百五十一。

孫漢英，太原人也。父重進，事唐武皇、莊宗爲大將，賜姓，名存進，唐書有傳。漢英少事戎伍，稍至都將，遷東面馬步軍都指揮使。清泰初，興元節度使張虔釗失律於岐下，張虔釗，原本作「虔佺」，今從歐陽史改正。（影庫本粘籤）遂以其地西臣於蜀，漢英兄漢韶，時爲洋州節度使，因茲阻隔，亦送款於蜀，由是漢英與弟漢筠久之不調。漢乾祐中，太祖西征蒲、雍，以漢英戚里之分，奏於軍中指使。蒲、雍平，班師，隱帝以漢英爲絳州刺史、檢校司徒。廣順元年冬，卒於都。永樂大典卷一萬八千一百三十三。

許遷，鄆州人也。初爲本州牙將，性剛褊。漢乾祐初，爲左屯衞將軍，與少府監馬從斌同監造漢祖山陵法物，節財省用，減數萬計。改左監門大將軍，又加檢校司空。漢末，權知隰州。太祖踐阼，劉崇遣子鈞率兵寇平陽，路由於隰，賊衆攻城，城中兵少，遷感激指諭，士鬬兼倍，賊衆傷夷，尋自退去。太祖降詔撫諭，正授隰州刺史。遷切於除盜，嫉惡過當，或釘磔賊人，令部下臠割。悞斷不合死罪人，其家詣闕致訟，詔下開封府獄。時陳觀爲知府，

素與遷不協，深劾其事，欲追遷對訟，太祖以事狀可原，但罷郡而已。遷既奉朝請，因大詬陳觀，陳觀，原本作「陳覲」，今從宋史改正。（影庫本粘籤）謂王峻曰：「相公執政，所與參議，宜求賢德。如陳觀者，爲儒無家行，爲官多任情，苟知其微，屠沽兒恥與爲侶，況明公乎！」峻無以沮之。既而嬰疾，請告歸汝上而卒。永樂大典卷一萬八千一百三十三。

趙鳳，冀州棗強縣人，幼讀書，舉童子。既長，凶豪多力，以殺人暴掠爲事，吏不能禁。安重榮鎭常山，招聚叛亡，鳳乃應募，既而犯法當死，即破械踰獄，遁而獲免。天福中，趙延壽爲契丹鄉導，歲侵深、冀，鳳往依焉。案宋史荆罕儒傳：罕儒少無賴，與趙鳳、張輦爲羣盜，晉天福中，相率詣范陽，委贄燕王趙延壽，得掌兵權。（舊五代史考異）契丹主素聞其桀黠，署爲羽林軍使，累遷羽林都指揮使，常令將兵在邊，貝、冀之民，貝、冀，原本作「俱翼」，今據文改正。（影庫本粘籤）日罹其患。晉末，契丹入洛，鳳從至東京，授宿州防禦使。漢祖即位，受代歸闕，尋授河陽行軍司馬。乾祐初，入爲龍武將軍。丁父憂，起復授右千牛衞大將軍。漢末，都城變起，兵集之夜，無不剽之室，唯鳳里閭，兵不敢犯，人皆服其膽勇。廣順初，用爲宋、亳、宿三州巡檢使。鳳出於伏莽，尤知盜之隱伏，乃誘致盜魁於麾下，厚待之，每桴鼓之發，無不擒捕，衆以爲能，然平民因捕盜而破家者多矣。鳳善事人，或使臣經由，靡不傾財厚奉，故得延譽而掩其醜迹。

太祖聞其幹事，用爲單州刺史，旣剛忿不仁，得位逾熾，刑獄之間，尤爲不道。嘗抑奪人之妻女，又以進奉南郊爲名，率斂部民財貨，爲人所訟。廣順三年十二月，詔削奪鳳在身官爵，尋令賜死。永樂大典卷一萬六千九百九十一。

齊藏珍，少歷內職，累遷諸衞將軍。前後監押兵師在外，頗稱幹事，然險詖無行，殘忍辯給，無不畏其利口。廣順中，奉命滑州界巡護河隄，以弛慢致河決，除名，配沙門島。世宗在西班時，與藏珍同列，每聆其談論，或剖判世務，似有可采。及卽位，自流所徵還。秦、鳳之役，令監偏師。及淮上用兵，復委監護，與軍校何超領兵降下光州。藏珍欺隱官物甚多，超以爲不可，藏珍曰：「沙門島已有屋數間，不妨再去矣〔三〕。」其不畏法也如此。世宗旣破紫金山砦，追吳寇至渦口，渦口，原本作「桐口」，今從通鑑改正。（影庫本粘籤）因與藏珍言及克捷之狀。對曰：「陛下神武之功，近代無比，於文德則未光。」世宗頷之，又問以揚州之事，對曰：「揚州地實卑濕，食物例多腥腐，臣去歲在彼，人以鱓魚饋臣者，視其盤中虬屈，一如蛇虺之狀，假使鸛雀有知，亦應不食，豈況於人哉！」其敷奏大率多此類，聞者無不悚然。一日，又奏云：「唐景思已爲刺史，臣猶未蒙聖澤。」世宗俛而從之，時濠梁未下，卽命爲濠州行州刺史。及張永德與李重進有間言，藏珍嘗游說重進，洎壽陽兵迴，諸將中有以藏珍之言上奏

者。世宗怒，急召赴闕。四年夏，以其冒稱檢校官罪，按其事而斃之，蓋不欲暴其惡跡也。永樂大典卷一萬八千一百三十三。

王環，本眞定人。唐天成初，孟知祥鎭西川〔四〕，環往事之，及知祥建號，環典軍衞。孟昶嗣位，環兼領左、右衞。顯德二年秋，王師西伐，時環爲鳳州節度使。初，偏師傅其城下，爲環所敗，裨將胡立爲環所擒。是冬，王師大集，急攻其城，蜀之援兵相次敗走。環聞之，守備愈堅，王師攻擊數月方克。城陷，環就擒。及到闕，世宗以忠於所事，釋其罪，授右驍衞大將軍。四年冬，世宗南征，環隨駕至泗州，遇疾而卒。永樂大典卷一萬八千一百三十三。

張彥超，本沙陀部人也。素有郤克之疾，時號爲「跛子」。初，以騎射事唐莊宗爲馬直軍使，莊宗入汴，授神武指揮使。神武，原本作「仲武」，今從通鑑改正。（影庫本粘籤）明宗嘗以爲養子。天成中，擢授蔚州刺史。素與晉高祖不協，屬其總戎於太原，遂舉其城投於契丹，卽以爲雲州節度使。契丹之南侵也，彥超率部衆，頗爲鎭、魏之患。及契丹入汴，遷侍衞馬軍都校，尋授晉昌軍節度使。漢高祖入洛，彥超飛表輸誠，移授保大軍節度使。乾祐初，奉詔歸闕，止奉朝請而已。太祖自鄴入平內難，隱帝令彥超董騎軍爲拒，劉子陂兵亂，彥超先謁見太祖。廣順中，授神武統軍。顯德三年冬，以疾終於第。制贈太子太師。永樂大典卷五千三百六十。

張穎，太原人，案：東都事略張永德傳作幷州陽曲人。（舊五代史考異）駙馬都尉永德案宋史列傳云：家世饒財，曾祖丕，尙氣節。後唐武皇鎭太原，急於用度，多嚴選富家子掌帑庫，或調度不給，卽坐誅，沒入貲產。丕爲之滿歲，府財有餘。宗人政當次補其任，率族屬泣拜，請丕濟其急，丕又爲代掌一年，鄉里服其義。（舊五代史考異）之父也。累爲藩郡列校，由內職歷諸衞將軍。國初，以戚里之故，案東都事略：周太祖卽位，除永德左衞將軍、駙馬都尉，妻爲晉國公主。（舊五代史考異）自華州行軍司馬歷郢、懷二州刺史，遷安州防禦使。案：宋史作事晉爲安州防禦使，與薛史異。（舊五代史考異）穎性卞急峻刻，不容人之小過，雖左右親信，亦皆怨之。部曲曹澄有處女，穎逼而娶之，澄遂與不逞之徒數人，同謀害穎，中夜挾刃入於寢門，執穎而殺之，遂奔於金陵。世宗征淮南，以永德之故，命江南李景，令執澄等送行在。及至，世宗以澄等賜永德，俾甘心而戮之。永樂大典卷六千三百五十二。

劉仁贍，略通儒術，好兵書，在澤國甚有聲望。吳主知之，累遷爲僞右監門衞將軍，歷黃、袁二州刺史，所至稱治。洎李景僭襲僞位，俾掌親軍，遷鄂州節度使。居數年，復以兵

柄任之，改壽州節度使。及王師渡淮，而仁贍固守甚堅。洎世宗駐蹕於其壘北，數道齊攻，塡塹陷壁，晝夜不息，如是者累月。世宗臨城以諭之，而仁贍但遜詞以謝。及車駕還京，命李重進總兵守之，復乘間陷我南砦。自是圍之愈急，城中饑死者甚衆。三年冬，淮寇復來救援，列砦於紫金山，夾道相屬，纍然數十里，垂及壽壁，而重進兵幾不能支，世宗患之，遂復議親征。車駕至壽春，命今上率師破紫金山之衆，擒其應援使陳承昭以獻。仁贍聞援兵既敗，計無所出，但扼腕浩歎而已〔五〕。會世宗以紫金山之捷，飛詔以諭之，時仁贍臥疾已亟，因翻然納款，案歐陽史云：仁贍固守三月，病甚，已不知人，其副使孫羽詐爲仁贍書以城降。是仁贍未嘗親納款于周也。薛史作翻然納款，蓋仍周實錄原文，未及釐正。（舊五代史考異）而城內諸軍萬計，皆屏息以聽其命。及見於行在，世宗撫之甚厚，賜與加等，復令入城養病，尋授天平軍節度使、兼中書令。制出之日，薨於其家，年五十八。世宗聞之，遣使弔祭，命內臣監護喪事，追封彭城郡王。後以其子崇讚爲懷州刺史。仁贍輕財重士，法令嚴肅，重圍之中，其子崇諫犯軍禁，卽令斬之，故能以一城之衆，連年拒守。逮其來降，而其下未敢竊議者，保其後嗣，抑有由焉。崇讚仕周，累爲郡守。幼子崇諒，後自江南歸於本朝，亦位至省郎。永樂大典卷九千九十六。

校勘記

〔一〕殳達　殿本、劉本同。大典（膠卷）卷六八五一作「殳逵」。

〔二〕晉軍進擊之　劉本同。殿本作「晉遣騎軍擊之」，大典（膠卷）卷六八五一作「晉之騎軍擊之」。

〔三〕不妨再去　「妨」原作「失」，據殿本改。影庫本批校云：「『妨』訛『失』。」

〔四〕西川　原作「西州」，據劉本改。

〔五〕扼腕浩歎　「腕」原作「吭」，據劉本改。

舊五代史卷一百三十

周書二十一

列傳第十

王峻，字秀峯，相州安陽人也。父豐，本郡樂營使。峻幼慧黠善歌，梁貞明初，張筠鎮相州，憐峻敏惠，遂畜之。及莊宗入魏州，筠棄鎮南渡，以峻自隨。時租庸使趙巖訪筠於其第，筠召峻聲歌以侑酒，巖悅，筠因以贈之，頗得親愛。梁亡，趙氏族滅，峻流落無依，寄食於符離陳氏之家，久之彌窘，乃事三司使張延朗，張延朗，原本脫「張」字，今從通鑑增入。（影庫本粘籤）所給甚薄。清泰末，延朗誅，漢祖盡得延朗之資產僕從，而峻在籍中，從歷數鎮，常爲典客。漢祖踐阼，授客省使，奉使荆南，留於襄、漢爲監軍，入爲內客省使。及趙思綰作亂於永興，漢隱帝命郭從義討之，以峻爲兵馬都監。從義與峻不協，甚如水火。未幾，改宣徽北院使。賊平，加檢校太傅，轉南院使。

太祖鎮鄴，兼北面兵馬，峻爲監軍，留駐鄴城。隱帝蕭牆變起，峻亦爲羣小所搆，舉家見害。從太祖赴闕，綢繆帷幄，贊成大事，峻居首焉。京師平定，受漢太后令，充樞密使。太祖北征，至澶州，爲諸軍擁迫，峻與王殷在京聞變，乃遣侍衞馬軍都指揮使郭崇往宋州，前中州刺史馬鐸往許州，以防他變，二州安然，亦峻之謀也。

太祖踐阼，加平章事，尋兼右僕射、門下侍郎平章事，監修國史。時朝廷初建，四方多故，峻夙夜奉事，知無不爲，每侍太祖商榷軍事，未嘗不移時而退，甚有裨益。然爲性輕躁，舉措率易，以天下之事爲己任，每有啓請，多自任情，太祖從而順之，則忻然而退，稍未允可，則應聲而慍，不遜之語隨事輒發。太祖素知其爲人，且以佐命之故，每優容之。峻年長於太祖二歲，太祖雖登大位，時以兄呼之，有時呼表字，不忘布衣之契也。峻以此益自負焉。

廣順元年冬，劉崇與契丹圍晉州，峻請行應援，太祖用爲行營都部署，以徐州節度使王彥超爲副。詔諸軍並取峻節度，許峻以便宜從事，軍行資用，仰給於官，隨行將吏，得自選擇。將發之前，召宴於滋德殿，太祖出女樂以寵之。奉辭之日，恩賜優厚，不拘常制。及發，太祖幸西莊，親臨宴餞，別賜御馬玉帶，執手而別。峻至陝駐留數夕，劉崇攻晉州甚急，太祖憂其不可支〔一〕，議親征，取澤州路入，與峻會合，先令諭峻。峻遣驛騎馳奏，請車駕不行幸。時已降御札，行有日矣，會峻奏至，乃止。

峻軍既過絳郡，距平陽一舍，賊軍燔營，狠狽而遁。峻入晉州，或請追賊，必有大利，峻猶豫久之，翼日方遣騎軍襲賊，信宿而還。向使峻極力追躡，則并、汾之孽，無噍類矣。峻亦深恥無功，因計度增修平陽故城而迴。時永興軍節度使李洪信，漢室之密戚也，自太祖踐阼，恆有憂沮之意，而本城軍不滿千，峻出征至陝州，以救援晉州爲辭，抽起數百人，及劉崇北遁，又遣禁兵千餘人，屯於京兆，洪信懼，遂請入朝。峻軍迴，太祖厚加優賜。

時慕容彥超叛於兗州，彥超，原本作「彥紹」，今從通鑑改正。（影庫本粘籤）已遣侍衞步軍都指揮使曹英、客省使向訓率兵攻之。峻意欲自將兵討賊，累言於太祖曰：「慕容劇賊，曹英不易與之敵耳。」太祖默然。未幾親征，命峻爲隨駕一行都部署，破賊之日，峻督軍在城南，其衆先登，頗有得色。從駕還京，未幾貢表乞解樞機，即時退歸私第。

峻貪權利，多機數，好施小惠，喜人附己。太祖登極之初，務存謙抑，潛龍將佐，未甚進用。其後鄭仁誨、李重進、向訓等稍遷要職，峻心忌之，至是求退，蓋偵太祖之意也。未陳請之前，多發外諸侯書以求保證，旬浹之內，諸道馳騎進納峻書，聞者驚駭其事。峻連貢三章，中使宣諭無虛日，太祖嚴駕將幸其第，峻聞之，即馳馬入見，太祖慰勞久之，復令視事。峻又於本院之東，別建公署，廊廡聽事，高廣華侈。及土木之功畢，請太祖臨幸，恩

賜甚厚。其後內園新起小殿，峻視之，奏曰：「宮室已多，何用於此？」太祖曰：「樞密院舍宇不少，公更自興造何也？」峻慚默而退。

時峻以前事趙巖，頗承寵愛，至是欲希贈官立碑。或謂峻曰：「趙巖以諂佞事君，破壞梁室，至今言者，無不切齒，苟如所欲，必貽物議。」乃止。巖姪崇勳，居於陳郡，崇勳，原本作「重勳」，今從太祖紀改正。（影庫本粘籤）峻爲求官田宅以賜之，太祖亦從之。三年春，修利河堤，大興土功，峻受詔檢校。既而世宗自澶州入覲，峻素憚世宗之聰明英果，聞其赴闕，即自河次歸朝。居無何，邀求兼領青州，太祖不得已而授之。既受命，求暫赴任，奏借左藏綾絹萬匹，從之。

是歲，戶部侍郎趙上交權知貢舉，趙上交，原本作「尙支」，今從五代會要及通鑑改正。（影庫本粘籤）上交嘗詣峻，峻言及一童子，上交不達其旨，牓出之日，童子不第，峻銜之。及貢院中書門下，取日過堂，峻知印，判定過日。及上交引新及第人至中書，峻在政事堂厲聲曰：「今歲選士不公，當須覆試。」諸相曰：「但緣已行指揮行過，臨事不欲改移，況未勑下，覆試非晚。」峻愈怒，詬責上交，聲聞於外。少頃，竟令引過。及罷，上交詣本廳謝峻，峻又延之飲酌從容。翼日，峻奏上交知舉不公，請致之於法，太祖領之而已。案宋史趙上交傳：峻奏上交選士失實，貶商州司馬，朝議以爲太重，會峻貶乃止。（舊五代史考異）

又奏請以顏衎〔三〕、陳觀案：歐陽史作顏衎、陳周。（舊五代史考異）代范質、李穀爲相。太祖曰：「進退宰輔，未可倉卒，待徐思之。」峻論列其事，奏對不遜。太祖未食，日將亭午，諍之不已。太祖曰：「節假之內，未欲便行，已俟開假，即依所奏。」峻退至中書。是月，吏部選人過門下，峻當其事，頗疑選部不公，其擬官選人落下者三十餘人。次日寒食時節，臣僚各歸私第。午時，宣召宰臣、樞密使，及入，幽峻於別所。太祖見馮道已下，泣曰：「峻凌朕頗甚，無禮太過，擬欲盡去左右臣僚，翦朕羽翼。朕兒在外，專意阻隔，暫令到闕，即懷怨望。豈有既總樞機，又兼宰相，堅求重鎭，尋亦授之，任其襟懷，尚未厭足，如此無君，誰能甘忍！」通鑑載責王峻詞云：孩撫朕躬，肉視羣后。薛史不載，今附識于此。（影庫本粘籤）即召翰林學士徐台符等草制。其日，退朝宣制〔三〕，貶授商州司馬，案通鑑云：峻至商州，得腹疾，帝猶愍之，命其妻往視之，未幾而卒。（舊五代史考異）差供奉官蔣光遠援送赴商州。未幾，死於貶所，時廣順三年三月也。案：五代春秋作三月，誅王峻，與薛史異。（舊五代史考異）

初，峻降制除青州，有司製造旌節，以備迎授。前一夕，其旆有聲甚異，聞者駭之。主者曰：「昔安重誨授河中節，亦有此異焉。」又所居堂陛，忽然隱起如堆。又夢被官府追攝入司簿院，既寤〔四〕，心惡之，以是尤加狂躁。峻才疏位重，輕躁寡謀，聽人穿鼻，既國權在手，而射利者曲爲指畫，乃啗餌虎臣，離間親舊，加以善則稱己，無禮於君，欲求無罪，其可得

乎！永樂大典卷一萬八千一百三十三。五代史闕文：廣順初，河東劉崇引契丹攻晉州。遣王峻率師赴援，峻頓兵於陝。周祖親征，遣使諭之。峻見使受宣訖，謂使曰：「與某馳還，附奏陛下，晉州城堅，未易可破，劉崇兵鋒方銳，不可與力爭，所以駐兵者，待其氣衰耳，非臣怯也。陛下新即位，不宜輕擧。今朝中受聖知者，惟李穀、范質而已，陛下若車駕出汜水，則慕容彥超以賊軍入汴，大事去矣。」使還具奏，周祖自以手提其耳曰：「幾敗吾事。」

慕容彥超，案：此下有闕文。（殿本）爲兗州節度使，彥超即漢高祖之同產弟也。嘗冒姓閻氏，體黑麻面〔五〕，故謂之閻崑崙。冊府元龜卷八百三十五。彥超鎭兗州，漢隱帝欲殺周太祖，召彥超，方食，釋匕箸而就道。周兵犯京師，隱帝出勞軍，太后使彥超衞帝，彥超曰：「北兵何能爲，當於陣上唱坐使歸營。」彥超敗，奔兗，隱帝遇弒。永樂大典卷一萬七千三百八十三。周太祖時，案：通鑑注引薛史彥超傳，有「令兄事已至此」語，蓋彥超以漢高祖爲兄也。通鑑改作「令兄」，似未喻其意。今全文無可考，姑附識於此。彥超進呈鄆州節度使高行周來書，其書意即行周毀譏太祖結連彥超之意，帝覽之，笑曰：「此必是彥超之詐也。」試令驗之，果然。永樂大典卷一萬八千四百十七。先是，填星初至角、亢，占者曰：角、亢，鄭分，兗州屬焉。彥超即率軍府賓佐，步出州西門三十里致祭，迎於開元寺，塑像以事之，謂之「菩薩」，日至祈禱，又令民家竪黃旛以禳之。及城陷，彥

超方在土星院燃香，急乃馳去。永樂大典卷七千八百五十八。 案：慕容彥超，永樂大典僅存三條，今補錄册府元龜一條，以存大概。 五代史補：慕容彥超素有鈎距。兗州有盜者，詐爲大官從人，跨驢于衢中，市羅十餘疋，價值既定，引物主詣一宅門，以驢付之，曰：「此本宅使，汝且在此，吾爲汝上白于主以請值〔六〕。」物主許之。既而聲跡悄然，物主怒其不出，叩門呼之，則空宅也。於是連叫「賊」，巡司至，疑其詐，兼以驢收之詣府。彥超憫之，且曰：「勿憂，吾爲汝擒此賊。」乃留物主府中，復戒廏卒高絷其驢，通宵不與水草，然後密召親信者，牽於通衢中放之，且曰：「此盜者之驢耳，自昨日不與水草，其饑渴者甚矣，放之必奔歸家，但可躡蹤而觀之，盜無不獲也。」親信者如其言隨之，其驢果入一小巷，轉數曲，忽有兒戲於門側，視其驢，連呼曰：「驢歸，驢歸。」盜者聞之，欣然出視，遂擒之。 高祖登極，改乾祐爲廣順。是年，兗州慕容彥超反。高祖親征，城將破，忽夜夢一人，狀貌甚偉異，被王者之服，謂高祖曰：「陛下明日當得城。」及覺，天猶未曉。高祖私謂徵兆如此，可不預備乎。於是躬督將士，戮力急攻，至午而城陷。車駕將入，有司請由生方鳴鞘而進，遂取別巷，轉數曲，見一處門牆甚高大，問之，云夫子廟。高祖意豁然，謂近臣曰：「寡人所夢，得非夫子乎？不然，何取路於此也。」因下馬觀之，方升堂，覩其聖像，一如夢中所見者，於是大喜，叩首再拜。近臣或諫，以爲天子不合拜異世陪臣。高祖曰：「夫子聖人也，百王取則，而又夢告寡人，得非夫子幽贊所及耶？安得不拜！」仍以廟側數十家爲洒掃戶，命孔氏襲文宣王者長爲本縣令。 慕容彥超之被圍也，乘城而望，見高祖親臨矢石，其勢不可當，退而憂之，因勉其麾下曰：「汝等宜爲吾盡命，吾庫中金銀如山積，若全此城，吾盡以爲賜，汝等勿患富貴。」頃之，有卒私言曰：「我知侍中銀皆鐵胎，得之何用？」於是諸軍聞之，稍稍解體，未幾城陷。及高祖之入也，有司閱其庫藏，其間銀鐵胎

者果十有七八。初，彥超常令人開質庫，有以鐵胎銀質錢者，經年後，庫吏始覺，遂言之於彥超。初甚怒，頃之謂吏曰：「此易致耳，汝宜僞劉庫牆，凡金銀器用暨縑帛等，速皆藏匿，仍亂撒其餘以爲賊蹤，然後申明〔七〕，吾當擒此輩矣。」庫吏如其教，於是彥超下令曰：「吾爲使長典百姓，而又不謹，遭賊劉去，其過深矣。今恐百姓疑彥超隱其物，宜令三日內各投狀，明言質物色，自當倍償之，不爾者有過。」百姓以爲然，於是投狀相繼，翼日鐵胎銀主果出。於是擒之，置之深屋中，使教部曲鑿晝夜造，用廣府庫，此銀是也。

閻弘魯者，後唐邢州節度使寶之子也。寶，唐書有傳。弘魯事唐明宗、晉高祖，累歷事任。家本魯中，洎告疾歸里，慕容彥超初臨，禮待極厚。及謀大逆，以弘魯子希俊爲鎮寧軍節度副使，在世宗幕下而惡之。聞朝廷出兵隄防，即責弘魯曰：「爾教兒捍我於朝，將覆吾族耶！」故罹其禍。

崔周度者，父光表，舉進士甲科，盧質節制橫海，辟爲支使。周度有文學，起家長蘆令，長蘆，原本作「中蘆」，今從歐陽史改正。（影庫本粘籤）登朝歷監察御史、右補闕，以家在齊州，欲謀葬事，懇求外任，除泰寧軍節度判官。而性剛烈，又以嘗爲諫官，覩凶帥之不法，不忍坐視其弊，因極言以諫彥超，故及斯禍。

太祖平兗州，詔曰：「閻弘魯、崔周度，死義之臣，禮加二等，所以滲漏澤而賁黃泉也。爾等貞節昭彰，正容肅厲，以從順爲己任，以立義作身謀，履此禍機，併罹冤橫，宜伸贈典，以慰貞魂。弘魯可贈左驍衞大將軍，周度可贈祕書少監。」永樂大典卷九千八百二。

校勘記

〔一〕憂其不可支 「支」原作「及」，據彭校改。

〔二〕顏萔 殿本同，劉本作「顏衎」。

〔三〕退朝宣制 「退」原作「追」，據殿本、劉本改。

〔四〕既竄 「既」字原無，據殿本、劉本、大典（膠卷）卷六八五一補。

〔五〕廝面 殿本、劉本同。册府卷八三五作「胡面」。

〔六〕上白于主 「主」原作「王」，據殿本、劉本、五代史補卷四改。

〔七〕亂撒其餘以爲賊蹤然後申明 「蹤」原作「踐」，「然」字原無，據五代史補卷五增改。

舊五代史卷一百三十一

周書二十二

列傳第十一

劉皡〔一〕，字克明，晉丞相譙國公昫之弟也。昫，晉書有傳。皡少離鄉里，唐天祐中，梁將劉鄩襲太原，軍至樂平，時皡客於縣舍，爲鄩軍所俘。謝彥章見之，知其儒者，待之以禮，謂其鄉人劉去非曰：「爲君得一宗人。」卽令皡見之，去非詢其爵里，乃親族也，對泣久之，自是隨去非客於彥章門下。彥章得罪，去非爲鄆州刺史，鄆州，原本作「因州」，今從册府元龜改正。（影庫本粘籤）皡隨之郡。

莊宗平河洛，去非以嘗從劉守奇歸梁，深懼獲罪，乃棄郡投高季興於荆南，皡累爲荆州攝官。既而兄昫明宗朝爲學士，遣人召歸。梁漢顒鎭鄧州，辟爲從事，入爲監察御史，歷水部員外郎、史館修撰。長興末，宰臣趙鳳鎭邢臺，表爲節度判官。清泰初，入爲起居郎，

改駕部員外郎，兼侍御史知雜事，移河南少尹、兵部郎中，轉太府卿。漢祖受命，用爲宗正卿。周初，改衞尉卿。

廣順元年冬十月，稅居於東京，夜夢鬼詫之曰：「公於我塚上安牀，深不奉益。」皡問鬼姓氏，曰李丕文。皡曰：「君言殊誤，都城內豈可塚耶？」曰：「塚本在野，張十八郎展城時圍入。」忽寤。又半月，復夢前鬼曰：「公不相信，屈觀吾舍可乎？」卽以手掊地，豁然見華第，花木叢萃，房廊鵰煥，立皡於西廡。久之，見一團火如電，前來漸近，卽前鬼也。引皡深入，出其孥，泣拜如有所託。皡問丕文鬼事，曰：「冥司各有部屬，外不知也。」皡曰：「余官何至？」再三不對，苦訊之，曰：「齊王判官。」皡曰：「張令公爲齊王，去世久矣。今鄆州高令公爲齊王，余方爲列卿，豈復爲賓佐乎？」鬼曰：「不知也。」皡既寤，欲掘而視之。既又告人曰：「鬼雖見訴，其如吾稅舍何？」乃止。

廣順二年春，朝廷以皡爲高麗册使。三月，至鄆，節度使高行周以皡嗜酒，留連累日，旦夕沉醉。其月二十三日，晨興櫛髮，狀如醉寐，男泳視之，已卒矣。案太平廣記云：銜命使與越，路由鄆州，卒于郵亭。（舊五代史考異）時年六十一。其年八月，鄆帥齊王高行周亦夢鬼請齊王判官，得無是乎！皡從儒學，好聚書，嗜酒無儀檢，然衷抱無他，急於行義，士友以此多之。永樂大典卷九千九十八。

張沆，字太元，徐州人。父嚴，本州牙將。沆少力學，攻詞賦，登進士第。唐明宗子秦王好文，然童年疏率，動不由禮。每賓僚大集，手自出題，令面前賦詩，少不如意，則壞裂抵棄。沆初以刺謁，秦王屬合座客各爲南湖廳記，南湖，原本作「南澗」，今從册府元龜改正。（影庫本粘籤）因謂沆曰：「聞生名久矣，請爲此文。」沆不獲已，從之。及羣士記成，獨取沆所爲勒之於石，繇是署爲河南府巡官。秦王敗，勒歸鄉里。

晉初，桑維翰秉政，沆以文干進，用爲著作佐郎、集賢校理，遷右拾遺。維翰出鎭，奏爲記室。從維翰入朝〔二〕，授殿中侍御史。歲餘，自侍御史改祠部員外郎知制誥，召入翰林爲學士。維翰罷相，馮玉用事，不欲沆居禁密，改右諫議大夫，罷其職。漢祖至汴，轉右常侍，復用爲學士，未幾，遷工部尚書充職。明年，以營奉葬事求解職，改禮部尚書。及歸朝，復爲學士。太祖以沆耳疾罷職，改刑部尚書。廣順二年秋，命爲故齊王高行周册贈使，復命而卒。贈太子少保。

沆性儒雅，好釋氏，雖久居祿位，家無餘財，死之日，圖書之外，唯使鄆之貲耳。嗣子尚幼，親友慮其耗散，上言於太祖，乃令三司差人主葬，餘貲市邸舍，以贍其孤焉。沆記覽文史，好徵求僻事，公家應用，時出一聯以炫奇筆，故不爲馮玉所重。雖有聵疾〔三〕，猶出入金

門，凡五六年。漢隱帝末年，楊、史遇害，翼日，沆方知之，聽猶未審，忽問同僚曰：「竊聞盜殺史公，其盜獲否？」是時京師恟懼之次，聞者笑之。有士人申光遜者，與沆友善，沆未病時，夢沆手出小佛塔示光遜，視其上有詩十四字云：「今生不見故人面，明月高高上翠樓。」光遜既寤，心惡之，俄聞沆卒。永樂大典卷六千三百五十。

張可復，字伯恭，德州平原人也。父逵，累贈戶部侍郎。可復略通儒術，少習吏事。梁末，薄遊於魏，鄴王羅紹威表爲安陽簿。唐天成初，依晉公霍彥威於青州，霍彥威封晉國公，傳中稱爲晉公，殊失史體，今附識於此。（影庫本粘籤）爲從事。晉公以其滑稽好避事，目爲「姦兔兒」。長興中入朝，拜監察御史，六遷至兵部郎中，賜金紫。晉天福中，自西京留守判官入爲祕書少監，改左司郎中。開運中，遷左諫議大夫。漢乾祐初，湘陰公鎭徐方，朝行中選可以從戎者，因授武寧軍節度副使、檢校禮部尚書。及世宗鎭澶淵，改鎭寧軍節度行軍司馬。三年，徵拜給事中。世宗嗣位，以澶淵幕府之舊，拜右散騎常侍。顯德元年秋，以疾卒，年七十三。制贈戶部尚書。可復無他才，唯以謹愿保長年，加之迂懦，多爲同列輕俊者所侮，而累階至金紫，居三品之秩，亦其命耶！永樂大典卷六千三百五十。

于德辰，字進明，元城人也。幼敏悟，篤志好學，及射策文場，數上不調。後唐明宗鎮邢州，德辰往謁焉，明宗見而器之，因得假官於屬邑。後繼歷州縣，歷仕晉、漢、周，官至工部尚書〔四〕。永樂大典卷三千八百三十八。

王延，字世美，鄭州長豐人也〔五〕。少爲儒，善詞賦，會鄉曲離亂，不獲從鄉薦，因客於浮陽，隨滄帥戴思遠入梁。嘗以所爲賦謁梁相李琪，琪覽之，欣然曰：「此道近難其人，王生升我堂矣。」繇是人士稱之。尋薦爲卽墨縣令，歷徐、宋、鄆、靑四鎭從事。長興初，鄉人馮道、趙鳳在相位，擢拜左補闕。踰年，以水部員外知制誥，再遷中書舍人，賜金紫。淸泰末，以本官權知貢舉。時有舉子崔頎者，崔頎，原本作「崔欣」，今據冊府元龜改正。（影庫本粘籤）故相協之子也。協素與吏部尚書盧文紀不睦，及延將入貢院，謁見〔六〕，文紀謂延曰：「舍人以謹重聞於時，所以去冬老夫在相位時，與諸相首以長者聞奏，用掌文衡。然貢闈取士，頗多面目。說者云：『越人善泅，生子方晬，乳母浮之水上。或駭然止之，乳母曰，其父善泅，子必無溺。』今若以名下取士，卽此類也。舍人當求實才，以副公望。」延退而謂人曰：「盧公之言，蓋爲崔頎也。縱與其父不悅，致意何至此耶！」來春，以頎登甲科。其年，改御史中丞；歲滿，轉尚書右丞。奉使兩浙，吳人深重之。復命，授吏部侍郎，改尚書左丞，拜太常卿，歷

工、禮、刑三尚書，以疾求分司西洛〔七〕，授太子少保。既而連月請告，爲留臺所糾，改少傅致仕。案：歐陽史作以太子少保致仕。（舊五代史考異）廣順二年冬卒，時年七十三。

子儋，仕皇朝爲殿中丞。永樂大典卷六千八百五十。

申文炳，字國華，洛陽人也。父鄂，唐左千牛衞將軍。文炳，長興中進士擢第，釋褐中正軍節度推官，歷滏、懷支使，鄆城、陝縣二邑宰，自澶州觀察判官入爲右補闕。晉開運初，授虞部員外知制誥，轉金部郎中充職。廣順中，召爲學士，遷中書舍人、知貢舉。案玉壺淸話云：李度，顯德中舉進士，工詩，有云：「醉輕浮世事，老重故鄉人。」樞密王朴以此一聯薦于申文炳。文炳知貢舉，遂爲第三人。（舊五代史考異）顯德五年秋，以疾解職，授左散騎常侍。六年秋，卒於家，時年五十。文炳爲文典雅，有訓誥之風。執性紓緩，待搢紳以禮，中年而卒，皆惜之。永樂大典卷二千九百二十。

扈載，少好學，善屬文，賦頌碑贊尤其所長。廣順初，隨計於禮部，文價爲一時之最，是歲昇高等。冊府元龜卷八百四十一。載因遊相國寺，見庭竹可愛，作碧鮮賦題其壁。世宗聞之，遣小黃門就壁錄之，覽而稱善，因拜水部員外郎知制誥，遷翰林學士，賜緋。案：載以賦受知，據

宋史李穀傳則載之遷官，當由王朴薦之。（舊五代史考異）宋史李穀傳：扈載以文章馳名，樞密使王朴薦令知制誥，除書未下，朴詣中書言之，穀曰：「斯人命薄，慮不克享耳。」朴曰：「公在衡石之地，當以材進人，何得言命而遺才。」載遂知制誥、遷翰林學士，未幾卒。世謂朴能薦士，穀能知人。（殿本）而載已病，不能謝，居百餘日，乃力疾入直學士院。世宗憐之，賜告還第，遣太醫視疾。永樂大典卷一萬四千八百二十七。載爲翰林學士，年三十六卒。載始自解褐至終纔四年，而與劉袞皆有才無命，時論惜之。冊府元龜卷九百三十一。

劉袞，彭城人。神爽氣俊，富有文藻，繇進士第任左拾遺，與扈載齊名，年二十八而卒。冊府元龜卷九百三十一。案：扈載傳，原本殘闕，今彙採冊府元龜以存大概。

賈緯，眞定獲鹿人也。案宋祁景文集賈令君墓誌銘：賈氏自唐司空魏國公耽，世貫滄州南皮，子孫稍稍徙眞定。五世祖諒，高祖璀。曾祖處士諱初，有至性，疾世方亂，守鄉里，不肯事四方。祖諱緯。（舊五代史考異）少苦學爲文，唐末舉進士不第，遇亂歸河朔，本府累署參軍、邑宰。唐天成中，范延光鎭定州，按：延光未嘗涖定，當是鎭州之誤。（劉本）表授趙州軍事判官，遷石邑縣令。緯屬文之外，勤於撰述，以唐代諸帝實錄，自武宗已下，闕而不紀，乃採掇近代傳聞之事，及諸家小說，第其年月，編爲唐年補錄，凡六十五卷，案景文集：緯博學善詞章，論議明銳，一時諸儒皆屈。唐自武宗後，史錄亡散，君掇拾殘餘，爲唐年補錄數十萬言，敍成敗事甚悉，書顯于時。（舊五代史考異）識者賞之。晉天福中，入爲監察御史，

改太常博士。緯常以史才自負，銳於編述，不樂出臺之任，乃陳情於相座。又與監修國史趙瑩詩曰：「滿朝唯我相，秉柄無親讎，三年司大董，「大董」二字，詳其文義當是用左傳「董史掌典籍」之意，但稱爲「大董」，究未審所出，今無可復證，姑仍其舊。（影庫本粘籤）最切是編修，史才不易得，勤勤處處求。愚從年始立，東觀思優游，東觀，原本作「東望」，今據文改正。（影庫本粘籤）昔時人未許，今來虛白頭。春臺與秋閣，往往興歸愁，信運北闕下，不繫如虛舟。綿蕝非所好，一日疑三秋，何當適所願，便如昇瀛洲。」未幾，轉屯田員外郎，改起居郎、史館修撰。

又謂瑩曰：「唐史一百三十卷，止於代宗，已下十餘朝未有正史，請與同職修之。」瑩以其言上奏，晉祖然之，謂李崧曰：「賈緯欲修唐史，如何？」對曰：「臣每見史官輩言，唐朝近百年來無實錄，既無根本，安能編紀。」緯聞崧言，頗怒，面責崧沮己。崧曰：「與公鄉人，理須相惜，此事非細，安敢輕言。」緯與宰臣論說不已。明年春，勅修唐史，緯在籍中。月餘，丁內艱，歸眞定。開運初，服闋，復起居郎，修撰如故，尋以本官知制誥。緯長於記注，應用文筆，未能過人，而議論剛強，儕類不平之，因目之爲「賈鐵嘴」。

開運中，累遷中書舍人。案：王珪華陽集賈文元墓誌銘作曾祖緯，晉中書舍人。宋史賈昌朝傳因之，然緯實終于周，非終于晉也。宋祁景文集又作漢、周間中書舍人。據此傳，緯仕漢、周，未嘗再爲舍人，疑景文集誤。（舊五代史考異）契丹入京師，隨契丹至眞定，後與公卿還朝，授左諫議大夫。緯以久次綸閣，比望丞

郎之拜，及遷諫署，觖望彌甚。蘇逢吉監修國史，以緯頗投文字，甚知之，尋充史館修撰，判館事。乾祐中，受詔與王伸、竇儼修漢高祖實錄，緯以筆削爲己任，然而褒貶之際，憎愛任情。晉相桑維翰執政日，薄緯之爲人，不甚見禮，緯深銜之。及敍維翰傳，「身沒之後，有白金八千鋌，他物稱是。」翰林學士徐台符，緯邑人也，與緯相善，謂緯曰：「切聞吾友書桑魏公白金之數，不亦多乎！但以十目所覩，不可厚誣。」緯不得已，改爲白金數千鋌〔八〕。

緯以撰述之勞，每詣宰執，懇祈遷轉，遇內難不果。太祖卽位，改給事中，判館如故。先是，竇貞固奏請修晉朝實錄，旣竟，亦望陞擢。貞固猶在相位，乃上疏抗論除拜不平。旣而以所撰日曆示監修王峻，皆媒孽貞固及蘇禹珪之短，歷詆朝士之先達者。峻惡之，謂同列曰：「賈給事家有士子，給事，原本作「紀事」，今據文改正。（影庫本粘籤） 亦要門閥無玷，今滿朝並遭非毁，教士子何以進身！」乃於太祖前言之，出爲平盧軍行軍司馬。時符彥卿鎭青州，以緯文士，厚禮之。緯妻以緯左遷，駭惋傷離，病留於京師。緯書候之曰：「勉醫藥，來春與子同歸獲鹿。」廣順二年春，緯卒。及訃至，妻一慟而終，果雙柩北歸，聞者歎之。緯有集三十卷，目曰草堂集，並所撰唐年補錄六十五卷，皆傳於世。永樂大典卷一萬一千七百十四。

趙延義〔九〕，字子英，秦州人。曾祖省躬，以明術數爲通州司馬，遇亂避地於蜀。祖師

古，黔中經略判官。父温珪，仕蜀爲司天監。温珪長於袁、許之術，兼之推步。王建時，深蒙寵待，延問得失，事微差跌，卽被詰讓。臨終謂其子曰：「技術雖是世業，吾仕蜀已來，幾由技術而死，爾輩能以他途致身，亦良圖也。」延義少以家法仕蜀，由蔭爲奉禮部翰林待詔。蜀亡入洛，時年三十。天成中，得蜀舊職。

延義世爲星官，兼通三式，尤長於袁、許之鑒。淸泰中，嘗與樞密直學士呂琦同宿於內廷，琦因從容密問國家運祚，延義曰：「來年厄會之期，俟過別論。」琦訊之不已，延義曰：「保邦在刑政，保祚在福德。在刑政則術士不敢言，奈際會諸公，罕有卓絕福德者，下官實有恤緯之僭。」其年，兼衞尉少卿。晉天福中，代馬重績爲司天監。契丹入京師，隨至鎭州，時契丹將麻答爲帥，會漢高祖定兩京，控鶴都將李筠與諸校密謀刼庫兵，逐契丹，猶豫未決，謀於延義，因假以術數贊成之。契丹旣去，還京師，官秩如舊。廣順初，加檢校司徒，本官如故，太祖數召對焉。案歐陽史：周太祖自魏以兵入京師，召延義問：「漢祚短促者，天數耶？」延義言：「王者撫天下，當以仁恩德澤，而漢淫酷，刑法枉濫，天下稱冤，此其所以亡也。」是時太祖方以兵圍蘇逢吉、劉銖第，欲誅其族，聞延義言悚然，因貸其族，二家獲全。 延義善交遊，達機變，兼有技術，見者歡心。二年，授太府卿，判司天監事。其年夏初，火犯靈臺，延義自言星官所忌，又言身命宮災併〔一〇〕，未幾其子卒，尋又妻卒，俄而延義嬰疾，故人省之，舉手曰：「多謝諸親，死災不可逭也。」尋卒，年五十八。贈

光祿卿。永樂大典卷一萬六千九百九十一。

沈遘，字期遠，睢陽人也。父振，貝州永濟令，累贈左諫議大夫。遘幼孤，以苦學爲志，弱冠登進士第，釋褐除校書郎，由御史臺主簿拜監察御史，凡五遷至金部郎中，充三司判官。廣順中，以本官知制誥。世宗嗣位，擢爲翰林院學士，歲滿，拜中書舍人充職。中書，原本作「中試」，今據文改正。（影庫本粘籤） 顯德三年夏，以扈從南征，因而遇疾，歸及京而卒。遘爲人謙和，勤於接下，每文士投贄，必擇其賢者而譽之，故當時後進之士多歸焉。永樂大典卷一萬二千一百五十六。

李知損，字化機，大梁人也。少輕薄，利口無行。梁朝時，以牒刺篇詠出入於內臣之門，繇是浪得虛譽，時人目之爲「李羅隱」。後累爲藩鎭從事，入朝拜左補闕，歷刑兵二員外、度支判官、右司郎中。坐受榷鹽使王景遇厚賂，謫於均州。漢初歸朝，除右司郎中，兼侍御史知雜事。廣順中，拜右諫議大夫。時王峻爲樞密使，知損以與峻有舊，遂詣峻求使於江浙，峻爲上言。太祖素聞知損所爲，甚難之。峻曰：「此人如或辱命，譴之可也。」太祖重違其請，遂可之。知損旣受命，大恣其荒誕之意，遂假貸於人，廣備行李。及卽路，所經州郡，

無不強貸。又移書於青州符彥卿，借錢百萬。及在郵亭，行止穢雜。王峻聞而復奏之，乃責授棣州司馬。世宗卽位，切於求人，素聞知損狂狷，好上封事，謂有可采，且欲聞外事，卽命徵還，遽與復資。數月之間，日貢章疏，多斥讁貴近，自謀進取，又上章求爲過海使。世宗因發怒，仍以其醜行日彰，故命除名，配沙門島。知損將行，謂所親曰：「余嘗遇善相者，言我三逐之後，三逐，原本作「三遂」，今據文改正。（影庫本粘籤） 當居相位，余自此而三矣，子姑待我。」後歲餘，卒於海中，其庸誕也如此。永樂大典卷一萬三百九十。五代史補：李知損，官至諫議大夫，好輕薄，時人謂之「李羅隱」。至於親友間往還簡牘，往往引里巷常談，謂之偶對。常有朝士奉使回，以土物爲贈，其意猶望却回。知損覺之，且遺書謝之曰：「在小子一時間却擬送去，恐大官兩羅裏更不將來。」乾祐中，奉使鄭州，時宋彥筠爲節度。彥筠小字忙兒，因宴會，彥筠酒酣，輒問曰：「衆人何爲號足下爲羅隱〔一一〕？」對曰：「下官平素好爲詩，其格致大抵如羅隱，故人爲號。」彥筠曰：「不然，蓋爲足下輕薄如羅隱耳。」知損大怒，厲聲曰：「只如令公，人皆謂之宋忙兒，未必便能放牛。」滿座皆笑。

孫晟，本名鳳。案南唐書云：孫忌，高密人，一名鳳，又名晟，少舉進士。 性陰賊，好姦謀。少爲道士，工詩，於廬山簡寂觀畫唐詩人賈島像，懸於屋壁，以禮事之。觀主以爲妖妄，執杖驅出之，大爲時輩所嗤。改儒服，謁唐莊宗於鎭州，授祕書省著作郎。案南唐書云：豆盧革爲相，雅知忌，辟

爲判官。天成初，朱守殷據夷門叛，時晟爲幕賓，贊成其事。是時晟常擐甲露刃，以十數騎自隨，巡行於市，多所屠害，汴人爲之切齒。城陷，朱氏被誅，晟乃匿跡更名，棄其妻子，亡命於陳、宋間。案歐陽史云：安重誨惡晟，以爲教守殷反者晟也，畫其像購之，不可得，遂族其家。晟奔於吳。與薛史微有詳略，皆言晟因朱守殷事牽連而亡命也。南唐書則云：天成中，與高輦同事秦王從榮，從榮敗，晟亡命至正陽。未及渡，追騎奄至，亦疑其狀偉異，睨之。晟不顧，坐淮岸，捫敝衣齧蝨〔一二〕，追者乃捨去。是又以晟爲秦王賓客而出亡也。與五代史異。會同惡者送之過淮，吳人方納叛亡，即以僞官授之。晟亦微有詞翰，李昪僞尊楊溥爲讓皇之册文〔一三〕，即晟之詞也，故江南尤重之。二十年間，累歷僞任，財貨邸第，頗適其意。晟以家妓甚衆，每食不設食几，令衆妓各執一食器，周侍於其側，謂之「肉臺盤」，其自養稱愜也如是。案玉壺清話載：晟爲舒州觀察，有二卒白晝持刃求害晟，晟諭以禍福，解金帶與之，使遁去。南唐書云：晟爲舒州節度使，治軍嚴，有歸化卒二人，正晝挺白刃入府，求晟殺之。入自西門，吏士倉卒莫能禦。適晟閱行在東門，聞亂，得民家馬乘之，奔桐城。叛卒不得晟，乃殺都押衙李建崇而逸。晟坐貶光祿卿。考孫晟在舒州事，不見五代正史，故傳聞多失實。

顯德三年春，王師下廣陵，江左驚窘，李景僞署晟爲司空，令奉貢於行在，世宗遣右常侍劉悅伴之，賜與甚厚。洎隨駕到闕，舍於都亭驛，禮遇殊優。每召見，飲之醇醴，問以江南事，晟但言：「吳畏陛下之神武，唯以北面爲求，保無二也。」先是，張永德守下蔡，素與李

重進不協，每宴將校，多暴其短。一日，永德乘醉，乃大言重進潛畜姦謀，當時將校無不驚駭，繇是人情大擾。後密遣親信乘驛上言，世宗不聽，亦不介意。一日，重進自壽陽去其部從，直詣永德帳下，宴飲終日而去，自此人情稍安。時李景覘而知之，因密令人齎蠟書遺重進，勸爲不軌，重進以其蠟書進呈，世宗覽之，皆斥譖反間之言。世宗怒晟前言失實，因急召侍衛都虞候韓通令收晟下獄，與其從者百餘人皆誅之。案南唐書云：世宗命都承旨曹翰護至右軍巡院，猶飲之酒，數酌，翰起曰：「相公得罪，賜自盡。」晟怡然整衣索笏，東南望再拜曰：「臣受恩深，謹以死謝。」從者二百人，亦皆誅死於東相國寺。翌日，宰臣上謁，世宗親諭之，始知其事實。議者以晟昔搆禍於梁民，今伏法於梁獄，報應之道，豈徒然哉！晟性慷慨，常感李景之厚遇，誓死以報之。案釣磯立談云：晟將命周朝，自知不免，私謂副使王崇質曰：「吾思之熟矣，終不忍負永陵一抔土，餘非所知也。」及將下獄，世宗令近臣問以江南可取之狀，晟默然不對。臨刑之際，整其衣冠，南望金陵再拜而言曰：「臣惟以死謝。」遂伏誅。永樂大典卷三千五十一。

校勘記

〔一〕劉皡　劉本同，殿本作劉暭。影庫本批校云：「『皡』字疑應從日旁，與『昫』同。」

〔二〕維翰　原作「維輸」，據殿本、劉本改。

〔三〕雖有聵疾　「聵」原作「瞶」，據殿本改。按沆有耳疾，見上文。

〔四〕官至工部尚書　「工部」上原有「贈」字，據殿本刪。

〔五〕鄭州長豐人　「鄭州」原作「鄭州」，據殿本、劉本改。按鄭州有長豐縣，見新唐書卷三九地理志。

〔六〕將入貢院謁見　「謁見」二字原無，據大典（膠卷）卷六八五〇補。

〔七〕以疾求分司西洛　劉本、大典（膠卷）卷六八五一同。殿本句上有「周初」二字。

〔八〕改爲白金數千鋌　殿本同，劉本「千」作「十」。按歐陽史卷五七賈緯傳亦作「更爲數千鋌」。

〔九〕趙延義　殿本、劉本、本書卷一二九翟光鄴傳作趙延乂。影庫本批校云：「趙延義，『義』應作『乂』。」舊五代史考異云：「案：歐陽史作趙延義。」今仍原文。

〔一〇〕命宮災併　「宮」原作「官」，據殿本、劉本改。

〔一一〕衆人　原作「衆又」，據殿本、劉本、五代史補卷四改。

〔一二〕捫敝衣齧蝨　「齧」原作「醫」，據殿本考證、陸游南唐書卷八孫忌傳改。

〔一三〕楊溥　原作「楊浦」，據劉本、彭校及本書卷一三四僭僞列傳改。

二十四史

舊五代史

宋 薛居正等撰

第六册

卷一三二至卷一五〇（傳志）

中華書局

舊五代史卷一百三十二

世襲列傳第一

李茂貞，本姓宋，名文通，深州博野人。祖鐸，父端。唐乾符中，鎮州有博野軍，宿衞京師，屯於奉天，文通時隸本軍爲市巡，累遷至隊長。黃巢犯闕，博野軍留於鳳翔，時鄭畋理兵於岐下，鄭畋，原本作「鄭玫」，今從新唐書改正。（影庫本粘籤）畋遣文通以本軍敗尚讓之衆於龍尾坡，以功爲神策軍指揮使。朱玫之亂，唐僖宗再幸興元，文通扈蹕山南，論功第一，遷檢校太保、同平章事、洋蓬壁等州節度使，賜姓，名茂貞，僖宗親爲製字曰正臣。正臣，原本作「尹臣」，今從歐陽史改正。（影庫本粘籤）光啓二年〔一〕，王行瑜殺朱玫於京師，李昌符擁兵於岐下，詔茂貞與陳佩等討之。三年，誅昌符，車駕還京，以茂貞爲鳳翔節度使，加檢校太尉、兼侍中、隴西郡王。

大順二年，觀軍容使楊復恭得罪，奔山南，與楊守亮據興元叛，茂貞與王行瑜討平之。詔以宰相徐彥若鎮興元，茂貞違詔，表其假子繼徽爲留後，堅請旄鉞，昭宗不得已而授之。

自是茂貞恃勳恣横，擅兵窺伺，頗干朝政，始萌問鼎之志矣。既而逐涇原節度使張球〔二〕、張球，原本作「張璋」，今從通鑑改正。（影庫本粘籤）洋州節度使楊守忠、鳳州刺史滿存，皆奪據其地，奏請子弟爲牧伯，朝廷不能制。大臣奏議言其過者，茂貞卽上章論列，辭旨不遜，姦邪者因之附麗，遂成朋黨，朝政於是隳焉。昭宗性英俊，不任其逼，欲加討伐。乾寧初，命宰臣杜讓能調發軍旅，師未越境，爲茂貞所敗。茂貞乘勝進屯三橋，京師大震，士庶奔散，天子乃誅中尉西門重遂〔三〕、李周潼等謝之。茂貞嚴兵不解，勢將指闕，抗言讓能之罪，誅之方罷。及韋昭度、李谿爲相，茂貞聽崔昭緯之邪說，復沮其事，表昭度等無相業，不可置之台司，恐亂天下。詔報曰：「軍旅之事，吾則與藩臣圖之，朝廷命相，出自朕懷。」又請授王珙河中節度使，詔報曰：「太原表先至，已許王珂，不可追改。」乾寧二年五月，茂貞與王行瑜、韓建稱兵入覲，京師震恐，天子御樓待之，抗表請殺宰相韋昭度、李谿以謝天下，移王珙於河中。既還，留其假子繼鵬宿衞，卽閻珪也。

時後唐武皇上表，請討三鎮以寧關輔。是歲七月，太原之師至河中，繼鵬與中尉景宣之子繼晟迫車駕幸鳳翔，昭宗曰：「太原軍未至，鑾輿不可輒動，朕與諸王固守大內，卿等安輯京師；如太原實至，吾可以方略制之。」繼鵬與景宣、中尉駱全瓘因燔燒東市，中夜大譟。昭宗登承天門樓避亂，令捧日都將李雲案：新唐書及通鑑俱作李筠，薛史韓建傳亦作李筠，惟此傳作李隳。守樓下，繼鵬率衆攻雲。昭宗憑軒慰諭，繼鵬彎弧大呼，矢拂御衣，中樓桷。侍臣掖昭宗下樓還宮，繼鵬即縱火攻宮門。昭宗召諸王謀其所向，李雲奏曰：「事急矣，請且幸臣營。」雲乃與扈蹕都將李君慶衞昭宗出啓夏門，駐華嚴寺。晡晚，出幸南山之莎城，駐於石門山之佛寺。是月，武皇至渭北，遣副使王瓌奉表行在〔四〕，昭宗以武皇爲行營都統，進討邠、岐。茂貞懼，斬繼鵬、繼晟，上表待罪，昭宗原之，武皇曰：「不誅茂貞，關輔無由寧謐。」時附茂貞者奏云：「若太原盡殄邠、岐，必入關輔，京師憂未艾也。」乃詔武皇與茂貞和。及行瑜誅，武皇班師，茂貞怨望驕橫如故。

明年五月，制授茂貞東川節度使。仍命通王、覃王 覃王，原本作「潭王」，今從新、舊唐書改正。（影庫本粘籤） 治禁軍於闕下，如茂貞違詔，即討之。茂貞懼，將赴鎮。王師至興平，夜自驚潰，茂貞因出乘之，官軍大敗。車駕倉卒出幸華州，茂貞之衆因犯京師，焚燒宮闕，大掠坊市而去，自此長安大內盡爲丘墟矣。四年，昭宗復命宰臣孫偓統軍進討，韓建諫止，令茂貞上章請雪。光化中，加茂貞尚書令、岐王，令其子繼筠以兵宿衞。

天復元年十月，梁祖攻同、華，勢逼京師。十一月六日，繼筠與中尉韓全誨劫昭宗幸鳳翔，茂貞遂與全誨矯詔徵兵天下，將討梁祖。宰相崔胤召梁祖引四鎮之兵屯岐下，重溝複壘圍守。三年，茂貞山南諸州盡爲王建所陷，涇、原、秦、隴、邠、鄜、延、夏皆降於汴。茂貞獨

據孤城，內外援絕，乃請車駕還京，求和於汴，即斬韓全誨等二十人首級送於梁祖。自是兵力殫盡，垂翅不振，懼梁祖復討，請落尚書令，許之。 案九國志李彥琦傳：彥琦本姓楊氏，鳳翔李茂貞委以心腹之任，易姓李氏，齒于諸子。後昭宗西幸，梁祖迎駕，攻逼岐下者累年，及昭宗東還，長圍方解。大軍之後，府庫空竭，彥琦請使甘州以通回鶻，往復二載，美玉、名馬相繼而至，所獲萬計，茂貞賴之。（舊五代史考異） 及梁祖建號，茂貞與王建會兵於太原，志圖興復，竟無成功。茂貞疆土危蹙，不遂僭竊之志，但開岐王府，署天官，目妻爲皇后，鳴鞘掌扇，宣詞令，一如王者之制，然尚行昭宗之正朔焉。茂貞鼠形，多智數，軍旅之事，一經耳目，無忘之者。性至寬，有部將符道昭者，人或告其謀變，茂貞親至其家，去其爪牙，熟寢經宿而還。軍士有鬬而訴者，茂貞曰：「喫令公一椀不托，不托，通鑑作「餺飥」，蓋當時俗語聲之轉也，今仍其舊。（影庫本粘籤） 與爾和解。」遂致上下服之。尤善事母，母終，茂貞哀毀幾滅性，聞者嘉之。但御軍整衆，都無紀律，當食則造庖廚，往往席地而坐，內外持管鑰者，亦呼爲司空太保，與夫細柳、大樹之威名，蓋相遠矣。及莊宗平梁，茂貞自爲季父，以書賀之。及聞莊宗入洛，懼不自安，方上表稱臣，尋遣其子繼曮來朝，詔茂貞仍舊官，進封秦王，所賜詔敕不名。又以茂貞宿望耆老，特加優禮〔五〕。及疾篤，遣中使賜醫藥問訊。同光二年夏四月薨，年六十九。謚曰忠敬。子從曮嗣。 永樂大典卷一萬三百九十。

從曮，茂貞之長子也。未冠，授諸議參軍，賜緋魚袋，尋遷領彭州副使、鳳翔衙內都指揮使。天復中，自秦王府行軍司馬、檢校太傅出爲涇州兩使留後。茂貞尋承制 承制，原本作「承嗣」，今據文改正。（影庫本粘籤） 加開府儀同三司、檢校太尉、兼侍中，四鎮北庭行軍、彰義軍節度使。及唐莊宗平梁，茂貞令從曮入覲，制加從曮兼中書令。俄而茂貞薨，遺奏權知鳳翔軍府事，詔起復，授鳳翔節度、管內觀察處置等使。三年九月，以魏王繼岌伐蜀，詔充供軍轉運應接使。四年正月，蜀平，繼岌命部署王衍一行東下，至岐，監軍使柴重厚不與符印，促令赴闕。從曮至華下，聞內難歸鎮。明宗詔誅重厚，從曮以軍民不擾，重厚之力也，不以前事爲隙，上表論救，事雖不允，時議嘉之。天成元年五月，制落起復，加檢校太師。其年九月，敕曰：「李從曮等世聯宗屬，任重藩宣，慶善有稱，忠勤甚著。既預維城之列，宜新定體之文，是降寵光，以隆敦敍，俾煥承家之美，貴崇猶子之規，宜於『曮』、『昶』、『照』上改稱『從』。」自長興元年，明宗有事於南郊，從曮入覲，禮畢，移鎮汴州。四年，復入覲，改天平軍節度使。及唐末帝起兵於岐下，盡取從曮家財器仗，以助軍須〔六〕。末帝發離岐城，吏民扣馬，乞以從曮爲帥，末帝許之。清泰初，即以從曮復爲鳳翔節度使，仍封秦國公。晉高祖登極，繼封岐王、秦王，累食邑至一萬五千戶，食實封一千五百戶。少帝嗣位，加守太保。開

運三年冬，卒於鎮，年四十九。

從曮少敏悟，善筆札，性柔和，無節操。當莊宗新有天下，因入覲，獻寶裝針珥於皇后宮，時以爲佞。但進退閑雅，慕士大夫之所爲，有請謁者，無賢不肖皆盡其敬。鎮於岐山，前後二紀，每花繁月朗，必陳勝會以賞之，客有困於酒者，雖吐茵墮幘而無厭色。左右或有過，未嘗咎責。先人汧、隴之間，有田千頃，竹千畝，恐奪民利，不令理之，致岐陽父老再陳借寇之言，借寇，原本作「借冠」，詳其文義，當是用後漢書寇恂傳願復借寇君一年之事，今改正。（影庫本粘籤） 良有以也。

子永吉，歷數鎮行軍司馬。永樂大典卷一萬三百九十。 五代史補：李曮，岐王之子，昆仲間第六，官至中書令，世謂之「六令公」。性情好戲，爲鳳翔節度，因生辰，鄰道持賀禮，使畢至。有魏博使少年如美婦人，秦鳳使矬陋且多髯，二人坐又相接，而魏使在下，曮因曰：「二使車一妍一醜，何不相嘲以爲樂事。」魏博使恃少俊，先起曰：「今日不幸與水草大王接席。」秦鳳使徐起應曰：「水草大王不敢承命，然吾子容貌如此，又坐次相接，得非水草大王夫人耶？」在坐皆笑。

從昶，茂貞之第二子也。十餘歲，署本道中軍使。後唐同光中，茂貞疾，從昶年十五，遣代兄從曮爲涇州兩使留後，朝廷尋加節制。天成中，明宗即位，改鎮三峯，累官至檢校太

保。會郊天大禮，表請入覲，以恩加檢校太傅。俄有代歸闕，授左驍衞上將軍，改右龍武統軍。統軍，原本作「維軍」，今從通鑑改正。（影庫本粘籤）未幾，出鎮許田，在鎮三年。清泰中，復入爲右龍武統軍，再遷左龍武統軍。晉天福三年冬，卒於官，時年四十。贈太尉。

從昶生於紈綺，少習華侈，以逸遊讌樂爲務，而音律圖畫無不通之。然性好談笑，喜接賓客，以文翰爲賞，曾無虛日。復篤信釋氏，時岐下有僧曰阿闍梨，通五天竺語，爲士人所歸。從昶凡歷三鎮，無尤政可褒，無苛法可貶，人用安之，亦將門之令嗣也。

弟從照，歷隴州刺史、諸衞大將軍，卒。永樂大典卷一萬三百九十。

茂勳，茂貞之從弟也。唐末，爲鳳翔都將，茂貞表爲鄜州節度使，累官至兼侍中。梁祖之圍鳳翔也，茂勳兵屯岐山，梁祖以羸師誘之，命孔勍潛率勁兵襲下鄜州，盡俘其家，茂勳遂歸於梁，改名周彝，署元帥府行軍司馬。開平中，爲河陽節度使，從梁祖伐鎮州，圍棗強縣，時有一民縋城而出，茂勳納之而不疑。一日，其民竊發，以木檐擊茂勳，踣於地，案通鑑考異引唐餘錄云：棗強民欲擊梁祖，誤中茂勳。蓋傳聞之異詞也，附識於此。（舊五代史考異）賴左右救至僅免。居無何，遷金吾上將軍，副王瓚將兵於景店，瓚令分屯西寨，莊宗擊而敗之，降爲左衞上將軍。逾年，以太子太傅致仕。同光中，復名茂勳。天成初，以疾卒於洛陽。永樂大典卷一萬三

百九十。

高萬興，河西人。祖君佐，鄜延節度判官。父懷遷，都押衙。萬興與弟萬金俱有武幹，効用於本軍。河西自王行瑜敗後，郡邑皆爲李茂貞之所強據，以其將胡敬璋爲節度使，萬興爲敬璋騎將，昆弟俱有戰功。邠州節度使楊崇本者，茂貞之假子也，號李繼徽。梁祖既弑昭宗，茂貞、繼徽與西川王建之師會於岐陽，以圖興復，皆陳兵關輔。梁祖遣將王重師守雍州、劉知俊守同州以拒之。天祐五年冬，敬璋卒〔七〕，崇本以其愛將劉萬子爲鄜延帥，萬子以兇暴而失士心。又，崇本爲汴人所攻。崇本爲汴人所攻，以上下文義求之，疑有舛誤。考冊府元龜所引薛史與永樂大典同，今無別本可校，姑仍其舊。（影庫本粘籤）六年二月，萬子葬敬璋，將佐皆集於葬所，萬興、萬金因會縱兵攻萬子，殺之，歸款於汴。梁祖以萬興爲鄜延招撫使，鄜延，原本脫「延」字，今據通鑑增入。（影庫本粘籤）與劉知俊合兵攻收鄜、坊、丹、延等州，梁祖乃分四州爲二鎮，以萬興、萬金皆爲帥。及萬金卒，梁祖以萬興兼彰武、保大兩鎮，累加至太師、中書令，封北平王。莊宗定河洛，萬興來朝，預郊禮陪位，既還鎮，復以舊爵授之。同光三年十二月，卒於位，以其子允韜權典留後。永樂大典卷五千五百三十八。

允韜，字審機。初仕梁朝，起家授同州別駕，尋加檢校右僕射，改金紫光祿大夫、檢校司空，充保大軍內外馬步軍指揮使。唐同光中，檢校太保，充保大軍兩使留後。萬興卒，允韜自理所奔喪。天成初，起復檢校太傅，充延州節度使。長興元年，移鎮邢州，頃之，爲右龍武統軍，未幾，授滑州節度使。清泰二年八月，卒於任，年四十二。詔贈太師。永樂大典卷五千五百三十八。

韓遜，本靈州之列校也。會唐季之亂，因據有其地，朝廷乃授以節鉞。梁初，累加檢校太尉、同平章事。開平中，梁將劉知俊自同州叛歸鳳翔，李茂貞以地褊不能容，乃借兵以窺靈武，且圖牧圉之地。知俊乃帥邠、岐、秦、涇之師數萬攻遜於靈州，遜極力以拒之，久之，知俊遁去。梁祖嘉之，自是累加官至中書令，封潁川郡王。遜亦善於爲理，部民請立生祠堂於其地，梁祖許之，仍詔禮部侍郎薛廷珪撰文以賜之，其廟至今在焉。貞明初，遜卒於鎮。永樂大典卷一萬八千一百二十七。

洙，遜之子也。遜卒，三軍推爲留後，梁末帝聞之，起復正授靈武節度使、特進、檢校太傅、同平章事。貞明四年春，靈武將軍尙貽皦等上言，洙已服闋，乞落起復。梁末帝令中

書商量，宰臣奏曰：「舊例藩鎮落起復，如先人已是一品階，即與加爵；如未是一品階，即合加階。」乃授洙開府儀同三司。唐莊宗、明宗累加官爵。天成四年夏，洙卒，朝廷以其弟澄弟澄，原本作「第登」，今從歐陽史改正。（影庫本粘籤）爲朔方軍節度觀察留後。是歲，有列校李賓作亂，部內不安，乃遣使上表請帥於朝廷〔八〕，明宗命前磁州刺史康福爲朔方河西等軍節度、靈威雄警涼等州觀察處置度支、溫池榷稅等使〔九〕，仍遣福領兵萬人赴鎮，其後靈武遂受代焉。永樂大典卷三千六百七十五。

李仁福，世爲夏州牙將，本拓拔氏之族也。唐乾符中，有拓拔思恭，案：歐陽史作思敬。（舊五代史考異）爲夏州節度使，廣明之亂，唐僖宗在蜀，詔以思恭爲京城西北收復都統，預破黃巢有功，僖宗賜姓，故仁福亦以李爲氏。思恭卒，弟思諫繼之。梁開平元年，授思諫檢校太尉、兼侍中。二年，思諫卒，三軍立其子彝昌爲留後，尋起復，正授旄鉞。三年春，牙將高宗益等作亂，彝昌遇害，時仁福爲蕃部指揮使，本州軍吏迎立仁福爲帥。其年四月，梁祖降制授仁福檢校司空，充定難軍節度使。未幾，後唐武皇遣大將周德威會邠、鳳之師五萬同攻夏州，仁福固守月餘，梁援軍至，德威遁去，梁祖喜之，超授檢校太保、太保，原本脫「保」字，今據歐陽史增入。（影庫本粘籤）同平章事。仁福自梁貞明、龍德及後唐同光中，累官至檢校太師、兼

中書令，封朔方王。長興四年三月，卒於鎮。其年追封虢王。子彝超嗣。永樂大典卷一萬八千一百三十三。

彝超，仁福之次子也。歷本州左都押牙、防遏使，仁福卒，三軍立爲帥，矯爲仁福奏云：「臣疾已甚，已委彝超權知軍州事，乞降眞命。」明宗聞之，遂以彝超爲延州留後，以延帥安從進爲夏州留後。朝廷慮不從命，詔邠州節度使藥彥稠、宮苑使安從益等率師援送從進赴鎮，仍降詔諭之云：

近據西北藩鎮奏，定難軍節度使李仁福薨。朕以仁福自分戎閫，遠鎮塞垣，威惠俱行，忠孝兼著。當本朝播越之後，及先皇興復之初，爰及眇躬，益全大節，統臨有術，遠邇咸安。委仗方深，凋殞何速，忽窺所奏〔一〇〕，深愴予懷。不朽之功，既存於社稷；有後之慶，宜及於子孫。但以彼藩地處窮邊，每資經略，厥子年纔弱冠，年纔弱冠，原本脫「纔」字，今從册府元龜增入。（影庫本粘籤）未歷艱難，或虧駕御之方，定啓姦邪之便。其李彝超已除延州節度觀察留後，便勒赴任。但夏、銀、綏、宥等州，最居邊遠，久屬亂離，多染夷狄之風，少識朝廷之命，既乍當於移易，宜普示於渥恩。應夏、銀、綏、宥等州管內，罪無輕重，常赦所不原者，並公私債負、殘欠稅物，一切並放；兼自刺史、指揮使、押衙

已下，皆勒依舊，各與改轉官資。

朕自總萬幾，惟弘一德，內安華夏，外撫戎夷，先旣懷之以恩，後必示之以信。且如李從曮之守岐、隴，疆土極寬；高允韜之鎮鄜、延，甲兵亦衆。咸能識時知變，舉族歸朝。從曮則見鎮大梁，允韜則尋除鉅鹿，次及昆仲，並建節旄，下至將僚，悉分符竹。又若王都之貪上谷，上谷，原本作「上客」，今據文改正。（影庫本粘籤）李賓之吝朔方，或則結搆契丹，偷延旦夕；或則依憑党項，竊據山河。不稟除移，唯謀旅拒，纔興討伐，已見覆亡。何必廣引古今，方明利害；祇陳近事，聊諭將來。彼或要覆族之殃，則王都、李賓足爲鑒戒；彼或要全身之福，則允韜、從曮可作規繩。朕設兩途，爾宜自擇。或慮將校之內，親要之間，幸彼幼沖，恣其熒惑，遂成騷動，致累生靈。今特差邠州節度使藥彥稠部領馬步兵士五萬人騎，送安從進赴任，從命者秋毫勿犯，違命者全族必誅，先令後行，有犯無赦云。

其年夏四月，彝超上言：「奉詔授延州留後，已迎受恩命，緣三軍百姓擁隔，未放赴任。」明宗遣閤門使蘇繼彥齎詔促之〔一一〕。五月，安從進領軍至城下，彝超不受代，從進駐軍以攻之。秋七月，彝超昆仲登城謂從進曰：「孤弱小鎮，不勞王師攻取，虛煩國家餉運，得之不武，爲僕聞天子，乞容改圖。」時又四面党項部族萬餘騎，薄其糧運，而野無芻牧，關輔之人，運斗粟束藁，束藁，原本作「束膏」，今據文改正。（影庫本粘籤）動計數千，窮民泣血，無所控訴，復爲蕃部殺掠，死者甚衆。明宗聞之，乃命班師。彝超亦上表謝罪，乃授彝超檢校司徒，充定難軍節度使，既而修貢如初。淸泰二年，卒於鎮。弟彝興襲其位。永樂大典卷一萬八千一百三十三。

彝興，本名彝殷，宋受命之初，以犯廟諱故改之。彝超既卒，時彝興爲夏州行軍司馬，三軍推爲留後，唐末帝聞之，正授定難軍節度使。晉天福初，加檢校太尉、同平章事。少帝嗣位，加檢校太師。八年秋，彝興弟綏州刺史彝敏與其黨作亂，爲彝興所逐〔一二〕，彝敏奔延州，彝興押送到闕，骨肉二百餘口，朝廷以彝興之故，縶送本道斬之。開運元年春，詔以彝興爲契丹西南面招討使。漢乾祐元年春，加兼侍中。是歲，李守貞叛於河中，潛使人搆之，彝興爲之出師，駐於延州之北境，既而聞守貞被圍，乃收軍而退。周顯德中，累加至守太傅、兼中書令，封西平王。皇朝建隆元年春，制加守太尉，始改名彝興。乾德五年秋，卒於鎮。制贈太師，追封夏王。子光叡繼其位，其後事具皇朝日曆。永樂大典卷一萬八千一百三十三。

校勘記

〔一〕光啓 原作「光化」，據殿本改。按王行瑜殺朱玫係唐僖宗光啓二年事，見通鑑卷二五六。光化

爲昭宗年號。

〔二〕逐涇原節度使 「逐」原作「遂」，據殿本、劉本改。

〔三〕西門重遂 殿本、盧本同。殿本、劉本、通鑑卷二五九作西門君遂。

〔四〕王瓌 殿本同。劉本、彭本作王環。

〔五〕特加優禮 「特」原作「持」，據殿本、劉本改。

〔六〕以助軍須 「須」原作「頒」，據殿本、劉本改。

〔七〕敬瑋卒 「卒」原作「平」，據殿本、劉本改。舊五代史考異云：「案：『卒』原本訛『平』，今據文改正。」

〔八〕請帥於朝廷 「帥」原作「師」，據殿本、劉本改。

〔九〕溫池 殿本、劉本同。彭本、盧本卷九一康福傳作「鹽池」。

〔一〇〕忽窺所奏 「奏」原作「秦」，據殿本、劉本改。

〔一一〕蘇繼彥 殿本、劉本同。本書卷四四唐明宗紀、卷四七唐末帝紀、卷七七晉高祖紀、册府卷四三九作蘇繼顏。

〔一二〕爲彝興所逐 「逐」原作「遂」，據殿本、劉本改。

舊五代史卷一百三十三

世襲列傳第二

高季興，字貽孫，陝州硤石人也。本名季昌，及後唐莊宗即位，避其廟諱改焉。幼隸於汴之賈人李七郎，梁祖以李七郎爲子，賜姓，名友讓。梁祖嘗見季興於僕隸中，其耳面稍異，命友讓養之爲子。梁祖以季興爲牙將，漸能騎射。唐天復中，昭宗在岐下，梁祖圍鳳翔日久，鳳翔，原本作「龍翔」，今據通鑑改正。（影庫本粘籤）衆議欲班師，獨季興諫止之，語在梁祖紀中。既而竟迎昭宗歸京，以季興爲迎鑾毅勇功臣、檢校大司空、行宋州刺史。從梁祖平青州，改知宿州事，遷潁州防禦使，梁祖令復姓高氏，擢爲荊南兵馬留後。荊州自唐乾符之後，兵火互集，井邑不完，季興招葺離散，流民歸復，梁祖嘉之，乃授節鉞。梁開平中，破雷彥恭於朗州，加平章事。荊南舊無外壘，季興始城之，遂厚斂於民，招聚亡命，自後僭臣於吳、蜀，梁氏稍不能制焉，因就封渤海王。嘗攻襄州，爲孔勍所敗。

及莊宗定天下，季興來朝於洛陽，加兼中書令，時論多請留之，郭崇韜以方推信義於華

夏，請放歸藩，季興促程而去。至襄州，酒酣，謂孔勍曰：「是行有二錯：來朝一錯，放迴二錯。」案：歐陽史作季興謂梁震語，與薛史作孔勍異。（舊五代史考異）洎至荊南，謂賓佐曰：「新主百戰方得河南，對勳臣誇手抄春秋；又豎手指云：『我於指頭上得天下。』如此則功在一人，臣佐何有！且遊獵旬日不迴，中外之情，其何以堪，吾高枕無憂矣。」乃增築西面羅城，備禦敵之具。時梁朝舊軍多爲季興所誘，由是兵衆漸多，跋扈之志堅矣。明年，册拜南平王。南平，原本作「南興」，今據十國春秋改正。（影庫本粘籤）魏王繼岌平蜀，盡選其寶貨浮江而下，船至峽口，會莊宗遇禍，季興盡邀取之。明宗卽位，復請夔、峽爲屬郡，初俞其請，後朝廷除刺史，季興上言，稱已令子弟權知郡事，請不除刺史。不臣之狀既形，詔削奪其官爵。天成初，命西方鄴興師收復三州，又遣襄州節度使劉訓總兵圍荊南，以問其罪，屬霖潦，班師。三年冬，季興病脚氣而卒。其子從誨嗣立，累表謝罪，請修職貢。由是復季興官爵，謚曰武信。永樂大典卷一萬八千三百一十一。

從誨，初仕梁，歷殿前控鶴都頭、鞍轡庫副使、左軍巡使、如京使、左千牛大將軍、荊南牙內都指揮使，領濠州刺史，改歸州刺史，累官至檢校太傅。初，季興之將叛也，從誨常泣諫之，季興不從。天成三年冬，季興薨，從誨乃上表謝罪，復修職貢。明宗嘉之，尋命起復，

授荊南節度使、兼侍中。長興三年，加檢校太尉。應順中，封南平王。清泰初，加檢校太師。晉天福中，加守中書令。六年，襄州安從進反，王師攻討，從誨饋軍食以助焉，詔書褒美，尋加守尚書令，從誨上章固讓，朝廷遣使敦勉，竟不受其命。時有術士言從誨年命有厄，宜退避退避，原本脫「退」字，今從册府元龜改正。（影庫本粘籤）寵祿故也。及契丹入汴，漢高祖起義於太原，間道遣使奉貢，密有祈請，言俟車駕定河、汴，願賜郢州爲屬郡，漢祖依違之。及入汴，從誨致貢，求踐前言，漢高祖不從。從誨怒，率州兵攻郢州，旬日，爲刺史尹實所敗，自是朝貢不至。從誨東通於吳，西通於蜀，皆利其供軍財貨而已。末年，以鎮星在翼、軫之分，乃釋羅紈，衣布素，飲食節儉，以禳災咎。尋令人祈託襄州安審琦，請歸朝待罪，朝廷亦開納之。漢乾祐元年冬十一月，以疾薨於位。案：歐陽史作十月。（舊五代史考異）詔贈尚書令，謚曰文獻。

子保融嗣，位至荊南節度使、守太傅、中書令，封南平王。皇朝建隆元年秋卒。謚曰貞懿。

其諸將之倚任者，則有王保義。保義本姓劉，名去非，幽州人。少爲縣吏，粗暴無行，習騎射，敢鬬擊。劉仁恭之子守奇善射，唯去非許以爲能。守奇以兄守光奪父位，亡入契丹，又自契丹奔太原，去非皆從之。莊宗之伐燕也，守奇從周德威引軍前進，師次涿州，刺史姜

行敢登陴固守，去非呼行敢曰：「河東小劉郎領軍來爲父除兇，爾何敢拒！」守奇免冑勞之，行敢遙拜，卽開門迎降。德威害其功，密告莊宗，言守奇心不可保。莊宗召守奇還計事，行次土門，去非說守奇曰：「公不施寸兵下涿郡，周公以得非己力，必有如簧之間，太原不宜往也。公家於梁，素有君臣之分，宜往依之，介福萬全矣。」守奇乃奔梁，梁以守奇爲滄州留後，以去非爲河陽行軍司馬。時謝彥章移去非爲郢州刺史。及莊宗平河、洛，去非乃棄郡歸高季興，爲行軍司馬，仍改易姓名。自是季興父子倚爲腹心，凡守藩規畫，出兵方略，言必從之。乾祐元年夏，高從誨奏爲武泰軍節度留後，依前荊南行軍司馬，加檢校太尉。後卒於江陵。永樂大典卷一萬八千一百一十一。

保勗，季興之幼子也〔一〕。鍾愛尤甚，季興在世時，或因事盛怒，左右不敢竊視，唯保勗一見，季興則怒自解，故荊人目之爲「萬事休」。皇朝建隆四年春卒。案：歐陽史作三年十一月。（舊五代史考異）是歲，荊門之地不爲高氏所有，則「萬事休」之言，蓋先兆也。永樂大典卷五千五百三十九。

五代史補：高季興，本陵州陝人〔二〕。爲太祖裨將，出爲郢州防禦使。時荊南成汭征鄂州，不利而卒，太祖命季興爲荊南留後。到未幾，會武陵土豪雷彥恭作亂，季興破之，遂以功授荊南節鉞。莊宗定天下，季興首入覲，因拜中書令，封南平王。初，季興嘗從梁太祖出征，引軍早發，至逆旅，未曉，有嫗秉燭迎門，具禮甚厚。季興疑而問

之，對曰：「妾適夢有人叩關，呼曰：『速起，速起，有裂土王來。』及起，盥漱畢，秉燭開門，而君子奄至，得非所謂王者耶，所以不敢褻慢爾。」季興喜，及來荆南，竟至封王。高從誨，季興之庶子而處長，爲性寬厚，雖士人不如也。天成中，季興叛，從誨力諫之，不從。及季興卒，朝廷知從誨忠，使嗣，亦封南平王。初，季興之事梁也，每行軍，常以愛姬張氏自隨。一旦軍敗，攜之而竄，遇夜，偰入深澗中。時張氏方姙行遲，季興恐爲所累，俟其寢酣，以劍刺岸邊，欲壓殺之，然後馳去。既而岸欲崩，張氏且驚起，呼季興曰：「妾適夢大山崩而壓妾身，有神人披金甲執戈以手托之，遂免。」季興聞之，謂必生貴子，遂挈之行，後生從誨。

梁震，蜀郡人。有才略，登第後寓江陵，高季興素聞其名，欲任爲判官〔三〕。震恥之，然難於拒，恐禍及，因謂季興曰：「本山野鄙夫也，非有意於爵祿，若公不以孤陋，令陪軍中末議，但白衣從事可矣。」季興奇而許之，自是震出入門下，稱前進士而已。同光中，莊宗得天下，季興懼而入覲，時幕客皆贊成，震獨以爲不可，謂季興曰：「大王本梁朝，與今上世稱讎敵，血戰二十年，卒爲今上所滅，神器大寶雖歸其手，恐餘怒未息，觀其舊將，得無加害之心，宜深慮焉。」季興不從。及至，莊宗果欲留之，樞密郭崇韜切諫，以爲不可：「天下既定，四方諸侯雖相繼稱慶，然不過子弟與將吏耳，惟季興能躬自入覲，可謂尊獎王室者也。禮待不聞加等，反欲留縻之，何以來遠臣，恐此事一行，則天下解體矣。」莊宗遂令季興歸。行已浹旬，莊宗易慮，遽以詔命襄州節度劉訓伺便囚之。時季興至襄州，就館而心動，謂吏曰：「吾方寸擾亂，得非朝廷使人追而殺吾耶！梁先輩之言中矣，與其住而生，不若去而死。」遂棄輜重，與部曲趫健者數百人南走。至鳳林關，已昏黑，於是斬關而去。既而是夜三更，向之急遞果至襄州，劉訓料其去遠不可追而止。自是季興怨憤，以兵襲取復州之監利、玉沙二縣，命震草奏，請以江爲界。震又曰：「不可，若然則師必至矣，非大王

之利也。」季興怒，卒使爲之。既而奏發，未幾，朝廷遣夏魯奇、房知溫等領兵來伐。季興登城望之，見其兵少，喜，欲開城出戰，震復諫曰：「大王何不思之甚耶！且朝廷禮樂征伐之所自出，兵雖小而勢實大，加以四方諸侯各以相吞噬爲志；但恨未見得其便耳。若大王不幸，或得一戰勝，則朝廷徵兵於四方，其誰不欲仗順而起，以取大王之土地耶！如此則社稷休矣。爲大王計者，莫若致書於主帥，且以牛酒爲獻，然後上表自劾，如此則庶幾可保矣。不然，則非僕之所知也。」季興從之，果班師。震之裨贊，皆此類也。洎季興卒，子從誨繼立，震以從誨生於富貴，恐相知不深，遂辭居於龍山別業，自號處士。從誨見召，皆跨黃牛直抵廳事前下，呼從誨不以官閥，但郎君而已〔四〕。末年尤好篇詠，與僧齊已友善，貽之詩曰：「陳琳筆硯甘前席，甪里煙霞憶共眠。」蓋以寫其高尚之趣也〔五〕。

馬殷，字霸圖，許州鄢陵人也。案：通鑑作扶溝人，歐陽史從薛史。少爲木工，及蔡賊秦宗權作亂，始應募從軍。初，隨孫儒渡淮，陷廣陵。及儒敗於宣州，殷隨別將劉建峯過江西，連陷洪、鄂、潭、桂等州〔六〕，建峯盡有湖南之地，遂自爲潭帥。頃之，建峯爲部下所殺，潭人推行軍司馬張佶爲帥。時殷方統兵攻邵州，佶曰：「吾才不及馬殷。」即牒殷付以軍府事。殷自邵州旋軍，犒勞將士，誅害建峯者數十人，自爲留後。久之，朝廷命爲湖南節度使，遂有潭、衡七州之地。唐天復中，楊行密急攻江夏，杜洪求援於荆南，成汭舉舟師援之。時澧朗節度使 澧朗，原本作「澧閬」，今從通鑑改正。（影庫本粘籤）雷彥恭乘汭出師，襲取荆州，載其寶貨，焚毀州城而去。彥恭東連行密，斷江、嶺行商之路，殷與高季興合勢攻彥恭於澧朗。數年，擒之，盡有其地，乃以張佶爲朗州節度使，由是兵力雄盛。殷於梁貞明中，貞明，原本脫「明」字，今據文增入。（影庫本粘籤）爲時姑息，所求皆允，累官至守太師、兼中書令，封楚王。又上章請依唐秦王故事，乃加天策上將軍之號。又請官位內添制置靜江、武平、寧遠等軍事，皆從之。既封楚王，仍請依唐諸王行臺故事，署置天官幕府，有文苑學士之號，知詔令之名，總制二十餘州，自署官吏，征賦不供，民間採茶，並抑而買之。又自鑄鉛鐵錢，凡天下商賈所齎寶貨入其境者，祇以土產鉛鐵博易之無餘，遂致一方富盛，窮極奢侈，貢奉朝廷不過茶數萬斤而已。於中原賣茶之利，歲百萬計。唐同光初，首脩職貢，復授太師、兼尚書令、楚王。天成初，加守尚書令。長興二年十一月十日，薨於位，時年七十八。案：歐陽史作長興元年，殷卒，年七十九。（舊五代史考異）明宗聞之，廢朝三日，諡曰武穆。子希聲嗣。

初，殷微時，隱隱見神人侍側，因默記 默記，原本作「默託」，今據文改正。（影庫本粘籤）其形像。及貴，因謁衡山廟，覩廟中神人塑像，宛如微時所見者。則知人之貴者，必有陰物護之，豈偶然哉。永樂大典卷一萬八千一百二十八。案：以下原本殘闕。

希範，晉天福中，授江南諸道都統，又加天策上將軍。谿州洞蠻彭士愁 案：原本訛「士秋」，今據歐陽史及通鑑改正。（舊五代史考異）寇辰、澧二州，希範討平之，士愁以五州乞盟，乃銘於銅柱。希範自言漢伏波將軍援之後，故鑄銅柱以繼之。永樂大典卷八千二百二十一。案：此傳有闕文，馬希廣、希萼傳全篇俱佚。

五代史補：高郁爲武穆王謀臣，莊宗素聞其名，及有天下，且欲離間之。會武穆王使其子希範入覲，莊宗以希範年少易激發，因其敷奏敏速，乃撫其背曰：「國人皆言馬家社稷必爲高郁所取，今有子如此，高郁安得取此耶！」希範居常嫉郁，忽聞莊宗言，深以爲然。及歸，告武穆請誅之，武穆笑曰：「主上爭戰得天下，能用機數，以郁資吾霸業，故欲間之耳！若梁朝罷王彥章兵權也。蓄遭此計，必至破滅，今汝誅郁，正落其彀中，慎勿言也。」希範以武穆不決，禍在朝夕，因使誣告郁謀反而族滅之。自是軍中之政，往往失序，識者痛之。初，郁與武穆俱起行陣，郁貪且僭，常以所居之井不甚清澈，思所以澄汰之，乃用銀葉護其四方，自內至外皆然，謂之「拓裏」，其奉養過差，皆此類也，故莊宗得以媒孽。自後陰晦中見郁，後竟爲所患爾。　馬希範，武穆之嫡子，性奢侈，嗣位未幾，乞依故事置天策府僚屬，於是擢從事有才行者，有若都統判官李鐸、靜江府節度判官潘玘、武安軍節度判官拓拔坦、都統掌書記李皋、鎮南節度判官李莊、昭順軍節度判官徐收、澧州觀察判官彭繼英、江南觀察判官廖圖、昭順軍觀察判官徐中雅、靜江府掌書記鄧懿文、武平軍節度掌書記李松年、鎮南軍節度掌書記衙曦、昭順軍觀察支使彭繼勳、武平軍節度推官蕭銖、桂管觀察推官何仲舉、武安軍節度巡官孟玄暉、容管節度推官劉昭禹等十八人，並爲學士。其餘列校，自袁友恭、張少敵等各以次授

任。莫不大興土木，以建興府庭〔七〕，其最爲壯麗者即有九龍、金華等殿。殿之成也，用丹砂塗其壁，凡用數十萬斤石，每僚吏謁見，將升殿，但覺丹砂之氣，藹然襲人，其費用也皆此類。初，教令既下，主者以丹砂非卒致之物，相顧憂色。居無何，東境山崩，湧出丹砂，委積如丘陵，於是收而用之。契丹南侵，聞其事，以爲希範非常人，遽使册爲尚父。希範得册，以爲契丹推奉，欣然當之矣。丁思僅素有才略，爲馬氏騎將。以希範受契丹册命，深恥之，因謂希範曰：「今朝廷失守，正忠臣義士奮發之時，使馳檄四方，引軍直趨京師，驅契丹，天子反正，然後凱還，如此則齊桓、晉文不足數矣。時不可失，願大王急圖之。」希範本無遠略，加以興作府署未畢，不忍棄去，遂寢思僅之謀。思僅不勝其憤，謂所親曰：「古人疾沒世而名不稱，今遭逢擾攘，不能立功於天下，反顧戀數間屋子乎！誠可痛也。」自是思僅常怏怏。文昭王夫人彭氏，封秦國夫人，常往城北報恩寺燒香。時僧魁謂之長老，問曰：「夫人誰家婦女？」彭氏大怒，索檐子疾驅而歸，文昭驚曰：「何歸之速也？」夫人曰：「今日好沒興，被箇老禿賊問妾是誰家婦女〔八〕，且大凡婦女皆不善之辭，安得對妾而發！」文昭笑曰：「此所謂禪機也，夫人宜答弟子是彭家女，馬家婦，是則通其理矣，何怒之有乎！」夫人素負才智，恥不能對，乃曰：「如此則妾所謂無見性也。」於是慚赧數日。石文德，連州人。形質矬陋，好學，尤工詩。霸國時，屢獻詩求用，文昭以其寢陋，未曾禮待，文德由是窮悴。有南宅王子者，素重士，延於門下，其後文昭知之，亦兼怒王宅，欲庭辱文德而逐之。居無何，秦國夫人彭氏薨，文昭傷悼，乃命有文學者各撰挽詞〔九〕，文德亦獻十餘篇，其一聯云：「月沉湘浦冷，花謝漢宮秋。」文昭覽之大驚，曰：「文德有此作用，吾但以寢陋而輕之，乃不如南宮小兒却能知賢耶！」於是始召文德而愧謝之。未幾，承制授水部員外郎，充融州刺史。文德晚尤好著述，乃撰大唐新纂十三卷，多名人遺事，詞雖不工，事

或可采，時以多聞許之。何仲舉，營道人。美姿容，年十三，俊邁絕倫。時家貧，輸稅不及限，李皋爲營道令，怒之，乃荷項係獄，將檟楚焉。或有言於皋曰：「此子雖丱，能爲詩，往往閒立成，希明府一察之〔一〇〕。」皋聞，遽召而問曰：「知汝有文，且速敏，今日之事，若能文不加點，爲一篇以自述，吾當貰汝。」仲舉援筆而成，曰：「似玉來投獄，拋家去就枷。可憐兩片木，夾却一枝花。」皋大驚，因自爲脫枷，延上廳與之抗禮，自是仲舉始銳意就學。天成中，入洛，時秦王爲河南尹，尤重士，仲舉與張杭、江文蔚俱遊其門。及其東薦也，公舉數百人，獨以仲舉爲擅場，仲舉因獻詩曰：「碧雲章句纔離手，紫府神仙盡點頭。」秦王大悅，稱賞不已，故一舉上第。及歸，遇文昭馬氏承制，依唐太宗故事，於天策府置十八學士，以皋爲學士之首，且執政柄，而仲舉自以出於皋之門下，雖策名中朝，事皋未嘗暫懈，皋感悅，遂加引用。未幾，與之同列，及出，又爲全、衡二州刺史。先是，湖南尤多詩人，其最顯者有沈彬、廖凝、劉昭禹、尙顏、齊己、虛中之徒，而仲舉在諸公間尤爲輕淺，惟李皋獨推許之，往往對衆吟秋日晚望詩曰：「樹迎高鳥歸深野，雲傍斜陽過遠山。」以足扣地，嘆曰：「何仲舉乃詩家之高逸者也，諸官見取舍，其餘奴岳，乃閒氣爾。」故仲舉感皋之見知，卒能自奮，至於名節，亦終始無玷，論者以皋有知人之鑒。歐陽彬，衡山人。世爲縣吏，至彬特好學，工于詞賦。馬氏之有湖南也，彬將希其用，乃攜所著詣府，求見之禮，必先通名紙。有掌客吏，衆謂樊知客，好賄，陰使人謂彬曰：「足下之來，非徒然也，實欲顯族致身，而不以一物爲貺，其可乎？」彬恥以賄進，竟不與。既而樊氏怒，擲名紙於地曰：「豈吏人之子欲干謁王侯耶！」彬深恨之，因退而爲詩曰：「無錢將乞樊知客，名紙生毛不爲通。」因而落魄街市，歌姬酒徒，無所不狎。有歌人瑞卿者，慕其才，遂延於家。瑞卿能歌，每歲武穆王生辰，必歌于筵上。時湖南自舊管七郡外，又加武陵、岳陽，是九州，彬作九州歌以授瑞卿，至時使歌之，實欲感動武穆。既而竟不問，彬嘆曰：「天下分裂之際，廝徒負養皆能自奮，我貧而至此耶！」計無所出，思欲竄入鄰道，但未有所向。居無何，聞西蜀圖綱將發，彬遂謀入蜀，且私謂瑞卿曰：「吾以干謁不遂，居於汝家，未嘗有倦色，其可輕棄乎！然士以功名爲不朽，不于此時圖之，恐貽後悔。今吾他適，庶幾有成，勿以爲念。」瑞卿曰：「君於妾不可謂之無情，然一旦不以妾自滯，割愛而去，得非功名之將至耶！妾誠異之，家財約數緡，雖不豐，願分爲半，以資路途。」彬亦不讓，因以瑞卿所贈盡賂綱吏，求爲駕船傔夫，綱吏許之。既至蜀，遂獻獨鯉朝天賦，蜀主大悅，擢居清要。其後官至尙書左丞相，出爲夔州節度使。既領夔州，武穆王已薨，其子希範繼立，因致書于希範，敍疇昔入蜀之由，仍以衡山宗族爲託。希範得書大慚，彬之親友悉免其賦役，下令搜訪草澤，由是士無賢不肖參謁，皆延客之，因彬所致也。彬雅有風儀，其爲文辭近而理眞，聞之者雖不知書，亦釋然曉之，竟以此遇。戴偃，金陵人。能爲詩，尤好規諷。唐末罹亂，游湘中，值馬氏有國，至文昭王以公子得位，尤好奢侈，起天策府，搆九龍、金華等殿，土木之工，斤斧之聲，晝夜不絕。偃非之，自稱玄黃子，著漁父詩百篇以獻，欲譏諷之，故其句有：「總把咽喉吞世界，盡因奢侈致危亡。」又曰：「若須拋却便拋却，莫待風高更水深。」文昭覽之怒，一旦謂賓佐曰：「戴偃何如人？」時賓佐不測，以偃爲文昭所重，或對曰：「偃詩人，章句深爲流輩所推許，方今在貧悴，大王哀之，置之髯參短簿之間足矣。」文昭曰：「數日前獻吾詩，想其爲人，大抵務以漁釣自娛爾，宜賜碧湘湖，便以遂其性，亦優賢之道也。」即日使遷居湖上，乃潛戒公私不得與之往還。自是偃窮餓日至，無以爲計，乃謂妻曰：「與汝結髮，已生一男一女，今度不惟擠于溝壑，亦恐首領不得完全，宜分兒遁去，庶幾可免，不然旦夕死矣。」於是舉骰子與妻子約曰：「彩多得兒，彩少得女。」既擲，偃彩少，乃攜女，相與慟哭而別。偃將奔嶺南，至

永州，會文昭薨乃止，其後不知所終。李皋與弟節俱在湖南幕下，節亦有文學。同光初，馬氏武穆王授湖南諸道都統〔一一〕，詔賜戰馬數百匹，皋爲謝表，百餘字後，思意艱澀。時節在側，皋顧謂之曰：「嘗聞馬有旋風之隊，如何得一事爲對？」節曰：「馬既有旋風隊，軍亦有偃月營，何患耶。」皋欣然下筆云：「尋當偃月之營，擺作旋風之隊。」表遂成，論者以此對最爲親切。僧洪道，不知何許人。通內外學，道行尤高，大爲時人所宜。天福中，居於衡州石羊鎮山谷中。馬氏文昭王之嗣位也，聞其名，召于府，使於報慈寺住持。洪不應命，文昭堅欲致之，督責州縣，憂懼，計無所出，率五七十人拱擁入州〔一二〕。洪道知之，乃引徒弟數輩轉徙入深山中，得一岩，遂且止息。然離舊居抵於山岩下，則衆鳥千萬和鳴而隨之，州縣雖失其蹤，或有相謂曰：「且深山之中，衆鳥何故而鳴，又聲韻優逸，得非和尙在彼耶？」試尋，果得之於岩所。父老再拜曰：「和尙佛之徒也，佛不遺衆生願，大王崇重，要與和尙相見，輒不應召，竄入山林，於是和尙即得計矣，而州縣與鄉村得無勞擾，而和尙忍不爲之開慈憫耶！」洪道於是始點頭曰：「如此則吾爲汝行矣。」及至府，文昭以國師待之。未幾，堅乞歸山，文昭知不可留，乃許焉。其後竟不知所終。初，洪道之入岩也，見一虎在穴乳二子，徒弟大駭，洪道叱曰：「無懼，彼當移去。」言訖，虎啣二子趨出穴，至行之所感也如此。馬希範常重一僧，號報慈長老，能入定觀人休咎。希範因問之曰：「吾于富貴固無遺恨，但不知者壽爾，吾師以爲何如？」報慈曰：「大王無憂，當與佛齊年。」希範喜，以爲享壽無窮，及薨也，止於四十九。先是，希範常嫉高郁之爲人，因莊宗言而殺之，至是方臨江觀競渡，置酒未及飲，而希範忽驚起，顧其弟曰：「高郁來！」希廣亦驚曰：「高郁死久矣，大王勿妄言。」而希範血自鼻出，是夕遂卒。馬希範卒，判官李皋以希範同母弟希廣爲天策府都尉，撫御尤非所長。大校張少敵憂之，建議請立希廣庶兄武陵帥希萼，且曰：「希萼處長負

氣，觀其所爲，必不爲都尉之下，加之在武陵，九溪蠻通好，往來甚歡，若不得立，必引蠻軍爲亂，幸爲思之。」李皐忽怒曰：「汝輩何知，且先大王爲都尉，俱爲嫡嗣，不立之，却用老婢兒可乎？」少敵曰：「國家之事，不可拘以一途，變而能通，所以國長久也，何嫡庶之云乎。若明公必立都尉，當妙設方略以制武陵，使帖然不動乃可，不然則社稷去矣。」皐愈怒，竟不從少敵之謀，少敵度無可奈何，遂辭不出。未幾，希蕚果以武陵反，引洞溪蠻數路齊進，遂之長沙，縱希廣于郊外，而支解李皐。自是湖南大亂，未逾年而國滅，一如少敵之言。初，希蕚之來也，希廣以全軍付親校許可瓊，使逐擊之。可瓊覩希蕚衆盛，恐懼，夜送旗鼓乞降，希蕚大喜，於是兼可瓊之衆長驅而至。希廣素奉佛，聞之，計無所出，乃被緇衣引羣僧念「寶勝如來」，謂之禳災。頃之，府廨火起，人忽紛擾，猶念誦之聲未輟，其戇如此。少敵憂之，良有以也。先是，城中街道尙種槐，其柳卽無十一二，至是內外一變皆種柳，無復槐矣。又居人夜間好織草鞋，似槌芒之聲，聞於郊野，俄有童謠云：「湖南城郭好長街，竟栽柳樹不栽槐，百姓奔竄無一事，只是槌芒織草鞋。」人無長少皆誦之。未幾國亂，百姓奔竄，死于溝壑者十有八九，至是議者始悟。蓋長街者，通內外之路也；槐者，爲言懷也〔三〕；不栽槐，蓋兄弟不睦，以至國亡，失孔懷之義也；草鞋者，遠行所用，蓋百姓遠行奔竄之象也。馬希蕚既立，不治國事，數與僚吏縱酒爲樂。有小吏謝廷擇者，本帳下厮養，有容貌，希蕚素寵嬖之〔四〕，每筵會，皆命廷擇預坐，諸官甚有在下者。於是衆怒，往往偶語曰：「此輩舊制，有燕會，唯用兵守門，以防他虞，今與我等齊列，何辱之甚耶！」其弟希崇因衆怒咄咄，與其黨竊發，擒希蕚囚之於衡陽，又自立。未數日，江南遣袁州刺史邊鎬乘其亂領兵來伐，希崇度不能敵，遂降。先是，長沙童謠云：「鞭打馬，走不暇。」未幾，果爲邊鎬所滅。初，鎬嘗爲僧，以覘湖南，尤善弄鈸，每侵晨必弄鈸行乞，遇城往往擲起

鈸以度門之高下。及來湖南，士庶頗有識之者。廖氏，虔州贛縣人。有子三人，伯曰圖，仲曰匡，季曰凝。圖、凝皆有詩名，匡驍勇絕倫，由是豪橫，遂爲鄉里所憚。江南命功臣鍾章爲虔州刺史〔五〕，深嫉之，於是圖與凝等議曰：「觀章所爲，但欲滅吾族矣，若戀土不去，禍且及矣。」於是領其族暨部等三千餘人，具鎧仗號令而後行，章不敢逐，遂奔湖南〔六〕。時武穆王在位，見其衆盛，恐難制，欲盡誅之。或者曰：「大王姓馬，而廖來歸，廖者料也，馬得料其勢必肥，實國家大興之兆，其可殺之乎！」武穆喜，遂善待。仍制下以凝爲永州刺史，圖爲行軍司馬，匡爲天策府列校〔七〕，仍賜莊宅于衡山，自稱逸人。匡能於馬上挺身而立，取溼衣振奮而服之，以示輕捷。荆南高季興次子，忘其名，管親軍雲猛都，謂之「雲猛郎君」，聞匡名，因兩境交兵，請與匡鬬，匡欣然而往。雲猛能用鎗，見匡瘦小，心輕之，馳騎而刺匡，垂及之，匡佯落馬，雲猛勢未及止，匡自後奮戈一擊墮地，因生擒之，自是其名愈振。故武穆王終世不爲隣境所輕者，匡之力焉。至其子希範嗣位，九溪蠻叛，命匡率兵討之，爲流矢所傷，死於蠻中。凶訃至，希範使人報其母張氏，張氏不哭，謂其使曰：「爲妾謝大王，舉家三百餘口，受王分食解衣之賜，雖盡死未足以上報，況一子乎！望大王勿以爲念。」希範聞而嘆曰：「廖氏有此母，欲不興其可得乎！」於是厚加存恤，仍遣使召凝，任爲從事。至希範薨，國亂，爲江南所滅，遂遷金陵，唐主授以水部員外郎，爲洪州連昌縣令，未幾，又遷江州團練使。凝爲人不羈，好恢諧，嘗覽裴說經杜工部墓詩曰：「擬鑿孤墳破，重教大雅生。」因曰：「如此，裴說乃劫墳賊耳！」聞者笑之。在江州，盛暑，嘗患體燥，乃以一大桶盛冷水，坐于其間，或至終日，雖賓友謁見，出露其首與之談笑，其簡率如此。先是，凝嘗夢人以印授之，拜捧之際，其印缺其一角，凝不能測。及授江州之命，始悟曰：「印缺一角，蓋偏裨之象也，團練副使，不亦宜乎！」時人異之。

劉言，本朗州之牙將也。初，馬氏舉族爲江南所俘，朗州無帥，衆乃推列校馬光惠爲武平軍留後，光惠署言爲副使。既而光惠躭荒僭侈，軍情不附，遂行廢黜，以言代光惠爲留後。時周廣順二年秋也。言既立，北則遣使奉表於周太祖，東亦上章於江南李景，求正授旄鉞〔八〕，景未之許。時邊鎬據湖南，邊鎬，原本作「逮鎬」，今從通鑑改正。（影庫本粘籤）潛遣人齎金帛說誘武陵谿洞諸蠻，欲合勢以攻朗州。會李景降僞詔，徵言赴金陵，言懼，不從僞命，以其年冬十月三日，與其節度副使王進逵、行軍司馬何敬眞、都指揮使周行逢等同領舟師以襲潭州。九日，攻拔益陽寨，殺淮軍數千人。十三日，至潭州城下。是夕，邊鎬領其部衆棄城東走，進逵、敬眞遂入據其城。言乃遣牙將張崇嗣奉表於周太祖，且言潭州兵戈之後，焚燒殆盡，乞移使府於朗州，從之。詔升朗州爲大都督府，在潭州之上。

廣順三年春正月，制以言爲檢校太師、同平章事、朗州大都督，充武平軍節度使，制置武安、靜江等軍事。又以王進逵爲武安軍節度使，何敬眞爲靜江軍節度使，並檢校太尉。以周行逢領集州集州，原本作「佳州」，今從宋史改正。（影庫本粘籤）刺史，充武安軍節度行軍司馬。未幾，言遣何敬眞帥軍南擊廣賊，敬眞失律，奔歸潭州，爲王進逵所殺。其年秋，進逵奏：「劉言與淮賊通連，差指揮使鄭琰部領兵士，欲併當道，鄭琰爲軍衆所執，奔入武陵，劉言尋爲諸

軍所廢，臣已至朗州安撫訖。」周太祖詔劉言宜勒歸私第〔九〕，委王進逵取便安置。言尋遇害，朝廷乃正授進逵朗州節制。

顯德元年秋，制以武安軍節度副使周行逢爲鄂州鄂州，原本作「郁州」，今據東都事略改正。（影庫本粘籤）節度使，權知潭州軍府事，加檢校太尉。三年春正月，世宗將伐淮甸，詔進逵率兵入江南界。二月，進逵準詔而行，仍遣部將潘叔嗣領兵五千爲先鋒。行及鄂州界，叔嗣迴戈以襲朗州。進逵聞之，倍道先入武陵，叔嗣遽攻其城，進逵敗，爲叔嗣所殺。遣人詣潭州請周行逢至朗州，斬叔嗣於市。其年秋七月，制以行逢爲朗州大都督，充武平軍節度使，加兼侍中。自是潭、朗之地，遂爲行逢所有。皇朝建隆初，就加中書令。四年，行逢卒，三軍立其子保權爲帥。未幾，朗軍亂，求救於朝廷。及王師平定荆、湖，保權入朝，由是湖湘之地盡爲王土矣。永樂大典卷九千九十九。

錢鏐，杭州臨安縣人。少拳勇，喜任俠，以解仇報怨爲事。唐乾符中，事於潛於潛，原本作「烏潛」，今從新唐書改正。（影庫本粘籤）鎮將董昌爲部校。屬天下喪亂，黃巢寇嶺表，江、淮之盜賊羣聚，大者攻州郡，小者剽閭里，董昌聚衆，恣橫於杭、越之間，杭州八縣，每縣召募千人爲一都，時謂之「杭州八都」，以遏黃巢之衝要。時有劉漢宏者，聚徒據越州，自稱節度使，

會要載長興二年四月詔曰：周癸呂望，有尙父之稱；漢重蕭何，有不名之禮。錢鏐冠公侯之位，統吳越之封，宜示異恩，俾當縟禮，其錢鏐宜賜不名。

鏐在杭州垂四十年，窮奢極貴。錢塘江舊日海潮逼州城，鏐大庀工徒，鑿石塡江，又平江中羅刹石，悉起臺榭，廣郡郭周三十里，邑屋之繁會，江山之雕麗，實江南之勝概也。鏐學書，好吟咏。江東有羅隱者，有詩名，聞於海內，依鏐爲參佐。鏐嘗與隱唱和，隱好譏諷，嘗戲爲詩，言鏐徼時騎牛操梃之事，鏐亦怡然不怒，其通恕也如此。鏐雖季年荒恣，然自唐朝，於梁室，莊宗中興以來，每來揚帆越海，貢奉無闕，故中朝亦以此善之。

鏐以長興三年三月二十八日薨，年八十一。制曰：「故天下兵馬都元帥、尙父、吳越國王錢鏐，累朝元老，當代勳賢，位已極於人臣，名素高於簡册，贈典既無其官爵，易名宜示其優崇，宜令所司定謚，以王禮葬，仍賜神道碑。」謚曰武肅。鏐初事董昌，時年甫壯室，性尙剛烈。時有儒士謁於主帥，已進刺矣，見鏐稍怠，鏐怒，投之羅刹江，及典謁者將召，鏐詐云：「客已拂衣去矣。」及爲帥時，有人獻詩云：「一條江水檻前流。」鏐不悅，以爲譏己，尋害之。迨於晚歲，方愛人下士，留心理道，數十年間，時甚歸美。鏐尤恃崇盛，分兩浙爲數鎭，其節制署而後奏。左右前後皆兒孫甥姪，軒陛服飾，比於王者，兩浙里俗咸曰「海龍王」。梁開平中，浙民上言，請爲鏐立生祠，梁太祖許之，令翰林學士李琪李琪，原本作「李琦」，今從通鑑改正。（影庫本粘籤）撰生祠堂碑以賜之，至今蒸黎饗之，子孫保之，斯亦近代之名王也。永樂大典卷一萬八千一百二十五。

元瓘，鏐第五子也。起家爲鹽鐵發運巡官，表授尙書金部郎中，賜金紫。天復中，本州裨校許再思等爲亂，構宣州節度使田頵，頵領兵奄至，鏐擊敗再思，與頵通和。頵要盟於鏐，鏐徧召諸子問之曰：「誰能爲吾爲田氏之壻者？」例有難色，時元瓘年十六，進曰：「唯大王之命。」由是就親於宣州。

唐天祐初，承制累遷檢校尙書左僕射、內牙將指揮使，數年之間，伐叛禦寇，大著勳績。梁貞明四年夏，鏐大舉伐吳，以元瓘爲水戰諸軍都指揮使。戰棹抵東洲，吳人以舟師拒戰，元瓘爲火筏順風揚灰以坌之，白晝如霧，吳師迷方，遂敗之，擒軍使彭彥章彭彥章，原本脫「章」字，今從九國志增入。（影庫本粘籤）幷軍校七十餘人，得戰艦四百隻。吳人知不可校，通好於鏐。以功奏授鎭海軍節度副使、檢校司徒。梁末，遷淸海軍節度使、檢校太傅、同平章事。後唐同光初，加檢校太師、兼中書令、鎭東等軍節度觀察處置等使。時鏐自爲天下兵馬都元帥、尙父、守尙書令、吳越國王，及鏐爲太師致仕，元瓘累貢章疏，乞復舊號，唐明宗許之。鏐既年高，欲立嗣，召諸子使各論功，請讓於元瓘。及鏐病篤，召將吏謂之曰：「余病不起，兒皆愚懦，恐不能爲爾帥，與爾輩決矣，帥當自擇。」將吏號泣言曰：「大令公有軍功，多賢行仁孝，已領兩鎭，王何苦言及此！」鏐曰：「此渠定堪否？」曰：「衆等願奉賢帥。」即出符鑰數篚於前，謂元瓘曰：「三軍言爾可奉，領取此。」鏐薨，遂襲父位。

唐長興四年，遣將作監李鏻原本脫「李鏻」二字，今據通鑑增入。（影庫本粘籤）起復元瓘官爵，又命戶部侍郎張文寶授兼尙書令。清泰初，封吳王。二年，封越王。天福元年，賜金印。三年，封吳越國王。五年，加天下兵馬元帥。六年，授天下兵馬都元帥。其年夏有疾，秋府署災，焚之一空，乃移於他所，其餘皆隨而發焉，元瓘因驚悸發狂，以是歲八月二十四日薨，年五十五歲。謚曰文穆。元瓘幼聰敏，長於撫馭，臨戎十五年，決事神速，爲軍民所附，然奢僭營造，甚於其父，故有回祿之災焉。元瓘有詩千篇，編其尤者三百篇，命曰錦樓集，浙中人士皆傳之。子佐爲嗣。永樂大典卷四千六百九十二。

佐，字玄祐，元瓘薨，遂襲其位。晉天福末，制授檢校太師、兼中書令、吳越王，仍篆玉爲册以賜之。前代玉册，册夷王有之，僞梁時欲厚於鏐，首爲式例，故因而不改。俄授開府儀同三司、守太尉。時以建安爲淮寇所攻，授東南面兵馬都元帥，佐尋遣舟師進討，淮人大敗，以功加守太師。漢高祖入汴，佐首獻琛賮，表率東道，漢祖嘉之，授諸道兵馬都元帥。

佐居列土凡七年，境內豐阜，祖父三世皆爲元帥，時以爲榮。漢初，以疾卒於位，謚曰忠獻。佐幼好書，性溫恭，能爲五七言詩，凡官屬遇雪月佳景，必同宴賞，由此士人歸心。其班品亦有丞相已下名籍，而祿給甚薄，罕能自濟，每朝廷降吏，則去其僞官，或與會則公府助以僕馬，處事齷齪，多如此類。然航海所入，歲貢百萬，王人一至，所遺至廣，故朝廷寵之，爲羣藩之冠。佐有子昱，年五歲，未任庶務，乃以其弟倧襲位。永樂大典卷四千六百九十二。

倧，性明敏嚴毅，未立時，常以佐性寬善，疑掌兵權者難制，及代佐爲帥，以禮法繩下，宿將舊勳，不甚優禮。大將胡進思頗不平之，乃密與親軍謀去倧。漢祖入汴之歲，十二月，進思率甲士三百大譟，突入衙署，倧闔戶以拒之，左右與之格鬬，盡爲進思所殺，遂遷倧於別館，以甲士援送，幽於錦軍，錦軍，疑當作「衣錦軍」，考册府元龜引薛史亦作「錦軍」，今仍其舊。（影庫本粘籤）立倧異母弟俶爲帥。其年夏四月，進思疽發背而卒，越人快之，以爲陰靈之誅逆也。永樂大典卷四千六百九十二。

俶，元瓘之子，倧之異母弟也。倧既爲軍校所幽，時俶爲溫州刺史，衆以無帥，遂迎立之，時漢乾祐元年正月十五日也。其年八月，始授檢校太師、兼中書令，充鎭海鎭東等軍節度使、東南面兵馬都元帥。周廣順中，累官至守尚書令、中書令、吳越國王。皇朝建隆初，復加天下兵馬大元帥，其後事具皇朝日曆。永樂大典卷四千六百九十二。五代史補：錢鏐封吳越國王後，大興府署，版築斤斧之聲，晝夜不絕，士卒怨嗟，或有中夜潛用白土大書於門曰：「沒了期，侵早起，抵暮歸。」鏐一見欣然，遽命書吏亦以白土書數字於其側曰：「沒了期，春衣纔罷又冬衣。」時人以爲神輔，自是怨嗟頓息矣。僧昭者，通於術數，居兩浙，大爲錢塘錢鏐所禮，謂之國師。一旦謁鏐，有宮中小兒嬉於側，墜下錢數十文，鏐見，謂之曰：「速收，慮人恐踏破汝錢。」昭師笑曰：「汝錢欲踏破，須是牛卽可。」鏐喜，以爲社稷堅牢之義。後至曾孫俶，舉族入朝，因而國除。俶年屬丑爲牛，可謂牛踏錢而破矣。錢鏐末年患雙目，有醫人不知所從來，自云累世醫內外障眼，其術善於用針，無不效者。鏐聞，召而使觀之，醫人曰：「可治，然大王非常人，患殆天與之，若醫，是違天理也〔二三〕，恐無益於壽，幸思之。」鏐曰：「吾起自行伍，跨有方面，富貴足矣，但得兩眼見物，爲鬼不亦快乎！」既而下手，莫不應手豁然。鏐喜，所賜動以萬計，醫人皆辭不受。明年，鏐卒。僧契盈，閩中人。通內外學，性尤敏速。廣順初，遊戲錢塘，一旦，陪吳越王遊碧浪亭，時潮水初滿，舟楫輻輳，望之不見其首尾。王喜曰：「吳越地去京師三千餘里〔二四〕，而誰知一水之利有如此耶！」契盈對曰〔二五〕：「可謂三千里外一條水，十二時中兩度潮。」時人謂之佳對。時江南未通，兩浙貢賦自海路而至青州，故云三千里也。

史臣曰：自唐末亂離，海內分割，荆、湖、江、浙，各據一方，翼子貽孫，多歷年所。夫如

是者何也？蓋值諸夏多艱，王風不競故也。洎皇宋之撫運也，因朗、陵之肇亂，命王師以有征，一矢不亡，二方俱服。遂使瑤琨篠簜，咸遵作貢之文；江、漢、濉、漳，盡鼓朝宗之浪。夫如是者何也？蓋屬大統有歸，人寰允洽故也。唯錢氏之守杭、越，逾八十年，蓋事大勤王之節，與荆楚、湖湘不侔矣。永樂大典卷五千五百三十八。

校勘記

〔一〕保勗季興之幼子也　殿本、劉本同。歐陽史卷六九高季興傳作從誨第十子。按從誨長子名保勳，次保正、保融，名內均有「保」字，當從歐陽史。

〔二〕陵州陝人　彭本同。殿本、劉本作陝州陝人，五代史補卷二、舊五代史考異作陵州陝右人，本卷上文高季興傳作陝州硤石人。

〔三〕欲任爲判官　「任」原作「仕」，據殿本、劉本、舊五代史考異、五代史補卷四改。

〔四〕但郎君而已　「郎君」原作「充召」，據五代史補卷四改。

〔五〕寫其高尙之趣　「寫」字原無，據殿本、舊五代史考異、五代史補卷四補。

〔六〕洪鄂潭桂等州　「桂」原作「柱」，據殿本、劉本改。

〔七〕建興府庭　「興」原作「康」，據殿本、劉本、五代史補卷三改。

〔八〕禿賊　原作「禿兵」，據五代史補卷三改。

〔九〕有文學者　「文學」原作「學文」，據舊五代史考異、五代史補卷三改。

〔一〇〕希明府一察之　「希」原作「章」，據舊五代史考異、五代史補卷二改。

〔一一〕湖南　原作「江南」，據五代史補卷四改。

〔一二〕拱擁入州　劉本、舊五代史考異、五代史補卷三同。影庫本粘籤云：「『拱擁』，疑當作『鬨擁』，考五代史補諸本俱作『拱擁』，今姑仍其舊。」

〔一三〕爲言懷也　「爲」原作「皆」，據舊五代史考異、五代史補卷四改。

〔一四〕希蕚　原作「希範」，據舊五代史考異、五代史補卷四改。

〔一五〕命功臣鐘章爲虔州刺史　「命」原作「名」，據舊五代史考異、五代史補卷四改。

〔一六〕湖南　原作「江南」，據舊五代史考異、五代史補卷四改。

〔一七〕偃爲天策府列校　「爲」原作「以」，據五代史補卷四改。

〔一八〕正授旄鉞　「正」原作「止」，據殿本、劉本改。

〔一九〕勒歸私第　「勒」原作「勤」，據殿本、劉本改。

〔二〇〕王溥　殿本、劉本同。新唐書卷一一六王摶傳、通鑑卷二六〇均作王摶。

〔二一〕同光中　「中」原作「申」，據殿本、劉本改。

〔二二〕自新之路　「路」原作「恕」，據劉本改。

〔二三〕違天理也　「理」原作「地」，據舊五代史考異、五代史補卷二改。

〔二四〕吳越　原作「吳國」，據五代史補卷五改。按錢氏國號吳越。

〔二五〕契盈對曰　四字原無，據五代史補卷五補。按五代史補此四字係顧廣圻所校補，其下有批注云：「十國春秋有此四字。」

中華書局

舊五代史卷一百三十四

僭僞列傳第一

楊行密，廬州人。少孤貧，有膂力，日行三百里。唐中和之亂，天子幸蜀，郡將遣行密徒步奏事，如期而復。案北夢瑣言云：鄭棨嘗典楊行密爲本州步奏官（一）。光啓初，秦宗權擾淮右，頻寇廬、壽，郡將募能致戰擒賊者，計級賞之，行密以膽力應募，往必有獲，得補爲隊長。行密乃自募百餘人，皆虓勇無行者，殺都將，自權州兵，郡將即以符印付之而去，朝廷因正授行密廬州刺史。

光啓三年，揚州節度使高駢失政，委任妖人呂用之輩。牙將畢師鐸懼爲用之所譖，自高郵起兵以襲廣陵，爲用之所却，乃乞師於宣州秦彥，且言事克之日，願以揚州帥之。彥先遣將秦稠以兵三千人助師鐸攻陷廣陵，高駢署師鐸爲行軍司馬。未幾，秦彥率大衆并家屬渡江，入揚州軍府，自稱節度使。初，揚州未陷，呂用之詐爲高駢檄，徵兵於廬州，及城陷，行密以軍萬人奄至。畢師鐸之入廣陵也，呂用之出奔於外，至是委質於行密。行密攻

廣陵，營於大明寺，秦、畢出兵以攻行密之營，短兵纔接，行密僞遁，秦、畢之兵爭入其栅，以取金帛，行密發伏兵以擊之，秦、畢大敗，退走其壘，自是不復出戰。

其年九月，秦、畢害高駢於幽所，少長皆死，同坎瘞於道院北垣下。行密攻圍彌急，城中食盡，米斗四十千，居人相啗略盡。十月，城陷，秦、畢走東塘，東塘，原本作「東唐」，今從新唐書改正。（影庫本粘籤）行密入廣陵，輦外寨之粟以食饑民，即日米價減至三千。十一月，蔡賊孫儒以衆萬人自淮西奄至，還據外寨，行密輜重牛羊軍食未入城者，皆爲儒所有。時秦、畢來自東塘（二），與儒軍合，自是西門之外，復爲敵境矣。初，呂用之遇行密於天長，紿行密曰：「用之有白金五千鋌（三），瘞於所居之廡下，寇平之日，願備將士倡樓一醉之資。」至是，行密閱兵，用之在側，謂用之曰：「僕射許此輩銀，何負心也！」遽命斬於三橋之下，夷其族。

行密既有廣陵，遣使至大梁，陳歸附之意。是時，梁祖兼領淮南，乃遣牙將張廷範使於淮南，與行密結盟，尋遣行軍司馬李璠權知淮南留後，令都將郭言以兵援送。行密初則厚禮廷範，及聞李璠之行，悖然有拒命意。廷範懼，易衣夜遁，遇梁祖於宋州，備言行密不軌之心，酌其兵勢未可圖也，乃追李璠等還。案通鑑：李璠至盱眙，行密發兵襲之，郭言力戰得免。與薛史異。（舊五代史考異）

文德元年正月，孫儒殺秦彥、畢師鐸於高郵，引軍襲廣陵，下之，儒自稱節度使，行密收其衆歸於廬江。十一月，梁祖遣大將龐師古自潁上渡淮，討孫儒之亂，師古引兵深入淮甸，不利，還。龍紀元年，孫儒出攻宣州，行密乘虛襲據揚州，北通時溥，孫儒引兵復攻行密。大順元年，行密危蹙，率衆夜遁，出據宣州，儒復入揚州。二年，乃蒐練兵甲以攻行密，屬江、淮疾疫，師人多死，儒亦臥病，爲部下所執，送於行密，殺之。行密自宣城長驅入於廣陵，盡得孫儒之衆。自光啓末，高駢失守之後，行密與畢師鐸、秦彥、孫儒遞相窺圖，六七年中，兵戈競起，八州之內，鞠爲荒榛，圜幅數百里，人煙斷絕。行密既併孫儒，乃招合遺散，與民休息，政事寬簡，百姓便之，蒐兵練將，以圖霸道。所得孫儒之衆，皆淮西之驍果也，選五千人豢養於府第，厚其衣食，驅之即戰，靡不爭先。甲冑皆以黑繒飾之，命曰「黑雲都」。

乾寧二年，行密盡有淮南之地，昭宗乃降制授行密淮南節度副大使知節度事、管內營田觀察處置等使、開府儀同三司、檢校太傅、同中書門下平章事、兼揚州大都督府長史（四）、上柱國、弘農郡王，食邑三千戶，食實封一百戶。

四年，梁祖平兗、鄆，朱瑾及沙陀將李承嗣、史儼等皆奔淮南，行密待之優厚，任以爲將，瑾與承嗣皆位至方伯。案九國志：行密承制授朱瑾泰寧軍節度使，李承嗣振武軍節度使。此云位至方伯，似未明晰，附識於此。（舊五代史考異）是歲，行密縱兵侵掠鄰部，兩浙錢鏐、江西鍾傳、鄂州杜洪皆遣使求救於梁。梁祖遣朱友恭率步騎萬人渡江，取便討伐。行密先令都將瞿章據黃州，及梁

師至，即棄郡南渡，固守武昌寨。行密遣將馬珣以精兵五千助之，友恭與杜洪大破其衆，遂拔武昌寨，擒瞿章并淮軍三千餘人，獲馬五百疋，淮夷大恐。八月，梁祖遣葛從周領步騎萬人自霍丘渡淮，遣龐師古率大軍營於清口。淮人決堰縱水，流潦大至。又令朱瑾率勁兵以襲汴軍，汴軍大敗，師古死之。葛從周聞師古之敗，自濠梁班師（五），至淠河，爲淮人所乘，諸軍僅得北歸。

光化二年，行密北侵，遣張歸厚禦之而退（六）。天復三年，青州王師範叛，乞師於淮南，行密遣將王景仁帥師二萬以援之，攻討密州。七月，梁祖大破師範及景仁之衆，景仁遁還，追至輔唐，殺數千人，進取密州。天祐元年十一月，淮人攻光州，梁祖率軍抵霍丘，略於廬、壽之境，淮人遁去。二年正月，進攻壽州，淮人閉壁不出，大掠而還。是月，行密攻陷鄂州，擒節度使杜洪，戮於揚州市，梁之戍兵數千人亦陷焉。其後，江西鍾傳、宣州田頵俱爲行密所併。三年，行密以疾卒於廣陵。及其子渭僭號，僞追尊爲太祖武皇帝。永樂大典卷六千五十一。

渥，字奉天，行密長子也。行密卒，渥遂襲僞位，自稱吳王，委軍政於大將張顥。渥性猜忍，不能御下。天祐五年六月，渥爲顥所殺，顥將納款於梁，遂自稱留後，委別將徐溫握兵

權。居無何，温復殺顥，立行密次子渭爲主。及渭僭號，僞追尊爲景帝。永樂大典卷六千五十一。

渭，渥之弟也。案：歐陽史及通鑑皆作隆演，惟薛史作渭，詳見通鑑考異。（舊五代史考異）既立，政事咸委於徐温。時温爲鎮海軍節度、內外馬步軍都指揮使，乃於上元縣置昇州，盛開幕府，自握兵柄於上流，其子知訓等於揚州居以秉政，凡十餘年。温乃册渭爲天子，國號大吳，改唐天祐十六年爲武義元年。渭以温爲大丞相、都督中外諸軍事。渭僭號凡三年而卒，謚爲惠帝。永樂大典卷六千五十一。

溥，行密幼子也。初封丹陽王，渭卒，徐温乃推溥爲主，復僭僞號。唐同光元年，莊宗平梁，遷都於洛陽。十二月，溥遣使章景來朝，稱「大吳國主致書上大唐皇帝」，其辭旨卑遜，有同箋表。明年八月，又遣其司農卿盧蘋貢方物，及獻貞簡太后珍玩，莊宗命左藏庫使王居敏、通事舍人張朗等以名馬報之。郭崇韜之平西川也，淮人大懼，將去僞號，稱藩於唐。時崇韜欲陳舟師下峽，爲平吳之策，會崇韜既誅，洛城有變，淮人聞之，比屋相慶。明宗纂嗣，溥復遣使修好，安重誨安重誨，原本作「仲誨」，今從通鑑及歐陽史改正。（影庫本粘籤）奏曰：「楊溥既不稱藩，無足與之抗禮，來偵國情，不如辭絕。」乃館其使，不受所貢，遣之。唐天成二年十

月，徐温卒，追封爲齊王。温之養子李昪代温佐輔，秉政數年，位至太尉、中書令、錄尚書事，襲封齊王，僞加九錫。晉天福二年，溥不得已遜位於昪。昪遷溥於潤州，築丹陽宮以處之。溥自是服羽衣，習辟穀之術，年餘以幽死。昪又遷其族於海陵，吳人謂其居爲永寧宮。自唐大順二年，行密始有淮南之地，周顯德中，李景聞周師渡淮，慮其爲變，使人盡殺之。自行密至溥遜位，凡四十七年而亡。永樂大典卷六千五十一。五代史補：楊行密常命宣州刺史田頵領兵圍錢塘，錢鏐危急，遣其子元璙修好於行密。元璙風神俊邁，行密見之甚喜，因以其女妻之，遽命頵罷兵。初，頵之圍城也，嘗遣使候錢鏐起居，鏐厚待之。將行，復與之小飲，時羅隱、皮日休在坐，意以頵之師無能爲也，且欲譏之。於是日休爲令，取一字，四面被圍而不失其本音，因曰：「『其』字上加『草』爲萁菜，下加『石』爲碁子，左加『玉』爲琪玉，右加『月』爲期會。」羅隱取「于」字上加「雨」爲舞雩，下加「皿」爲盤盂，左加「玉」爲玗玉，右加「邑」爲邘地。使者取「亡」字譏錢鏐必亡。然「亡」上加「草」爲芒〔七〕，下加「心」爲忘，右加「邑」爲邙，左加「心」爲忙，其令不通〔八〕，合坐皆嘻笑之，使大慚而去。未幾，頵果班師。先是，行密與鏐勢力相敵，其爲忿怒，雖水火之不若也。行密嘗命以大索爲錢貫，號曰「穿錢眼」。鏐聞之，每歲命以大斧科柳，謂之「斫楊頭」。至是，以元璙通婚，二境漸睦，穿眼、斫頭之論始止。

李昪，本海州人，僞吳大丞相徐温之養子也。温字敦美，亦海州人，初從淮南節度使楊行密起兵於廬州，漸至軍校。唐末，青州王師範爲梁祖所圍，乞師於淮南，楊行密發兵赴

之，温時爲小將，亦預其行。師次青之南鄙，師範已敗，淮兵大掠而還。昪時幼稚，爲温所虜，温愛其慧黠〔九〕，遂育爲己子，名曰知誥。

天祐初，行密卒，其子渥嗣，會左衞左衞，原本作「位衞」，今從十國春秋改正。（影庫本粘籤）都指揮使張顥殺渥，欲歸命於梁。温謂顥曰：「此去梁國，往復三千里，不月餘事不成，軍國未有主，無主將亂，不如有所立，徐圖其事。」顥然之，乃立渥弟渭爲帥。温尋殺顥，渭僞授温常州刺史、檢校司徒。温留廣陵，遣昪知州事。是歲，唐天祐五年也。七年，丁母憂，起復授檢校太尉、温州刺史，充本州團練觀察使。八年，宣州叛，温與都將柴再用討平之，柴再用，原本脫「用」字，今從九國志增入。（影庫本粘籤）加同中書平章事，充淮南行軍司馬、內外馬步都指揮使、鎮海軍節度、浙江西道觀察等使。十二年八月，温出鎮潤州，以其子知訓知政事，加温鎮海軍管內水陸馬步軍都軍使，兼寧國軍節度、宣歙池等州觀察使。時昪爲温屬郡昇州刺史，乃大理郡廨，温表移其府於金陵，僞授温昇州大都督府長史，充鎮海軍節度副大使〔一〇〕，知節度事，以昪爲鎮海軍節度副使、行潤州刺史，潤州，原本作「澗州」，今從歐陽史改正。（影庫本粘籤）充本州團練使。十五年，知訓授淮南行軍副使、內外馬步軍都指揮使，通判軍府事。居無何，知訓爲大將朱瑾所殺，温以昪代知政事。明年，温册楊渭爲天子，僭稱大吳，改唐天祐十六年爲武義元年。

十八年，渭死，温聞之，自金陵馳歸揚州，夜入廣陵，議有所立。或有希温旨，言及蜀先主遺命諸葛亮之事，温厲聲曰：「若楊氏無男，有女當立矣，無得異議。」由是羣心乃定，遂迎丹陽王溥於潤州，以其年六月十八日卽僞位，改元爲順義。自是温父子愈盛，中外共專其國，楊氏主祭而已。温累官至竭忠定難建國功臣、大丞相、都督中外諸軍事〔一一〕、諸道都統、鎮海寧國等軍節度、宣歙池等州管內營田觀察等使、開府儀同三司、守太師、中書令、金陵尹、東海王，食邑一萬戶，實封五百戶。僞順義七年改乾貞元年，卽後唐天成二年。其年十月二十三日，温卒，僞贈大元帥，追封齊王，謚曰忠武。

昪前夢温負登山，逾月温卒，昪乃僞授輔政興邦功臣、知內外左右事、開府儀同三司、守太尉、中書令、宣城公。昪自平朱瑾之亂，遂執吳政。天成四年，僞吳改太和元年，是歲昪出鎮金陵，尋封東海王。至清泰二年改天祚元年，天祚，原本作「天福」，今從十國春秋改正。（影庫本粘籤）其年以金陵爲齊國，封昪爲齊王，乃追謚温爲忠武王，廟號太祖。昪又進位太尉、錄尚書事，留鎮金陵，以其子景總政於揚州。未幾，僞加昪九錫，建天子旌旗，改金陵爲西都，以揚州爲東都。昪開國依齊、梁故事，用徐玠爲齊國右丞相，宋齊丘爲左丞相，以爲謀主。僞吳天祚三年，楊溥遜位於昪，國號大齊，改元爲昪元，建都於金陵，時晉氏天福二年也。昪乃册楊溥爲讓皇，其册文曰：「受禪老臣知誥，謹上册皇帝爲高思元弘古讓皇」云。仍以其

子遂領平盧軍節度使，遷於海陵。

昪自云唐玄宗第六子永王璘之裔，唐天寶末，安祿山連陷兩京，玄宗幸蜀，詔以璘爲山南、嶺南、黔中、江南四道節度採訪等使。璘至廣陵，大募兵甲，有窺圖江左之意，後爲官軍所敗，死於大庾嶺北，故昪指之以爲遠祖。因還姓李氏，始改名昪，國號大唐，尊徐溫爲義祖。昪僭位凡七年，子景立。永樂大典卷一萬三百九十一。

景，本名璟，及將臣於周，以犯廟諱，故改之。昪之長子也，案釣磯立談云：烈祖一日晝寢，夢一黃龍出殿之西楹，矯首內向，如窺伺狀。烈祖驚起，使人偵之，顧見玄宗方倚楹而立，遣人候上動靜，於是立嫡之意遂決。昪卒，乃襲僞位，改元爲保大〔二〕。以仲弟遂爲皇太弟，季弟達爲齊王，仍於父柩前設盟約，兄弟相繼。景僭號之後，屬中原多事，北土亂離，雄據一方，行餘一紀。其地東暨衢、婺，南及五嶺，西至湖湘，北據長淮，凡三十餘州，廣袤數千里，盡爲其所有，近代僭竊之地，最爲強盛〔三〕。又嘗遣使私賂北戎，俾爲中國之患，自固偷安之計。案南唐書云：契丹遣二使來告曰：「晉少主逆命背約，自貽廢黜，吾主欲與唐繼先世之好，將册君爲中原主。」嗣主曰：「孤守江、淮，社稷已固，與梁、宋阻隔。若爾主不忘先好，惠賜行人，受賜多矣，其他不敢拜命之辱。」

周顯德二年冬，世宗始議南征，以宰臣李穀爲前軍都部署。是冬，周師圍壽春。三年

春，世宗親征淮甸，大敗淮寇於正陽，遂進攻壽州。尋又令上敗何延錫於渦口，擒皇甫暉於滁州。滁州，原本作「涂州」，今從歐陽史改正。（影庫本粘籤）景聞之大懼，遣其臣鍾謨、李德明等奉表於世宗，乞爲附庸之國，仍歲貢百萬之數，又進金銀器幣及犒軍牛酒。未幾，又遣其臣孫晟、王崇質等奉表修貢，且言：「景願割濠、壽、泗、楚、光、海等六州之地，隸於大朝，乞罷攻討。」世宗未之許。時李德明等見周師急攻壽春，慮不能保，乃奏云：「寬臣等五日之誅，容臣等自往江南，取本國表章，舉江北諸州，盡獻於大朝。」世宗許其行，久之，德明等不至，乃權議迴鑾，唯留偏師數千圍守壽春而已。

四年春，世宗再駕南征。三月，大敗江南援軍於紫金山，尋下壽州，乃命班師。是歲冬十月，世宗復臨淮甸，連下濠、泗二郡，進攻楚州。明年春正月，拔之，遂移幸揚州，駐大軍於迎鑾，將議濟江〔四〕。景聞之，自謂亡在朝夕，乃欲謀傳位其世子，使稱藩於周。案南唐書：正月，改元交泰。遣其臣陳覺奉表陳情，且順世宗之旨焉。覺至，世宗召對於御幄。是時江北諸州，唯廬、舒、蘄、黃四郡未下，世宗因謂覺曰：「江南國主若能以江北之地盡歸於我，則朕亦不至窮兵黷武。」覺聞命忻然，即遣人過江取景表，以廬、舒、蘄、黃等四州來上，乞畫江爲界，仍歲貢地征數十萬。世宗許之，乃還京。自是景始行大朝正朔，上章稱唐國主臣景，累遣使修貢，亦不失外臣之禮焉。

皇朝建隆二年夏，景以疾卒於金陵，時年四十六。以其子煜襲僞位，其後事具皇家日曆。永樂大典卷一萬三百九十一。五代史補：李昪，本爲徐溫所養，溫殺張鎬〔一五〕，權出於己，自稱大丞相、中書令、都統。及出居金陵，以嫡子知訓爲丞相，昪爲潤州節度。昪始爲宣州，忽得潤州，甚怏怏，將白溫辭之。宋齊丘素與昪善，因謂昪曰：「知訓驕倨，不可大用，殆必有損足焚巢之患。宣州去江都遠，難爲應，潤州方隔一水爾，有急則可以立功，慎勿辭也。」昪聞之釋然，遂行，至潤州，未幾知訓果爲朱瑾所殺。是夜，江都亂，火光亙天，昪望之曰：「宋公之言中矣。」遂引軍渡江，盡誅朱瑾之黨。後解甲去備，以待徐溫。溫至，且喜且怒，謂昪曰：「猶幸汝在潤州，不然吾家大事將去矣。汝於兄弟中有大功者耶。」即日用昪爲左僕射，知政事，以代知訓。昪善於撫御，內外之心翕然而歸之，故徐溫卒未幾而江南遂爲昪所有。先是，江南童謠云：「東海鯉魚飛上天。」東海即徐之望也，李者鯉也，蓋言李昪一旦自溫家起而爲君爾。初，昪既蓄異志，且欲諷動僚屬。雪天大會，酒酣，出一令，須借雪取古人名，仍詞理通貫。時齊丘、徐融在坐，昪舉杯爲令曰：「雪下紛紛，便是白起。」齊丘曰：「着屐過街，必須雍齒。」融意欲挫昪等，遽曰：「明朝日出，爭奈蕭何。」昪大怒，是夜收融投於江，自是與謀者惟齊丘而已。宋齊丘，豫章人。父嘗在鍾傳幕下，齊丘素落魄，父卒，家計蕩盡，已在窮悴，朝夕不能度。時姚洞天爲淮南騎將，素好士，齊丘欲謁之，且囊空無備紙筆之費，計無所出，但於逆旅杜門而坐，如此殆數日。隣房有散樂女尚幼，問齊丘曰：「秀才何以數日不出？」齊丘以實告，女歎曰：「此甚小事，秀才何吝一言相示耶！」乃惠以數緡。齊丘用市紙筆，爲詩詠以投洞天，其略曰：「某學武無成，攻文失志，歲華蹭蹬，身事蹉跎。胸中之萬仞青山，壓低氣宇；頭上之一輪紅日，燒盡風雲。加以天步淩遲，皇綱廢絕，四海淵黑，中原血紅，挹飛蒼走黃之辨，有

出鬼沒神之機。」洞天怒其言大，不即接見。齊丘窘急，乃更其啓，翌日復至，其略曰：「有生不如無生，爲人不若爲鬼。」又云：「其爲誠懇萬端，只爲饑寒兩字。」洞天始憫之，漸加以拯救。徐溫聞其名，召至門下。及昪之有江南也，齊丘以佐命功，遂至將相，乃上表以散樂女爲妻，以報宿惠，許之。韓熙載仕江南，官至諸行侍郎〔一六〕。晚年不羈，女僕百人，每延請賓客，而先令女僕與之相見，或調戲，或毆擊，或加以爭奪靴笏，無不曲盡，然後熙載始緩步而出，習以爲常。復有醫人及燒煉僧數輩，每來無不升堂入室，與女僕等雜處。僞主知之，雖怒，以其大臣，不欲直指其過，因命待詔畫爲圖以賜之，使其自愧，而熙載視之安然。沈彬，宜春人。能爲歌，詩格高逸，應進士不第，遂遊長沙。會武穆方霸，彬獻頌德詩云：「金翅動身摩日月，銀河轉浪洗乾坤。」武穆覽而壯之，欲辟之在幕府，以其有足疾，遂止。彬由是往來衡、湘間，自稱進士。邊鎬之下湖南也，後主聞其名，召歸金陵，令爲縣宰；彬辭不就，遂授金部郎中致仕，年八十九。初，彬既致仕，嘗別業於鍾山，庭有古柏可百餘尺，一旦爲迅雷所擊，仆於地，自成四片。彬覩之欣然，謂子庭瑞曰：「此天所以賜吾也，汝宜成之。」庭瑞曰：「雷擊之木，恐非祥，不宜爲棺。」彬怒曰：「吾命汝，安得違之耶！」庭瑞懼，遂如教，卒竟用此棺。及葬，掘地未及丈餘，又得石槨，上有篆文四字云「沈彬之槨」，其制度大小與棺正相稱，遂葬之，時人異焉。僧謙光，金陵人也。素有才辨，江南國主以國師禮之。然無羈檢，飲酒如常，國主無以禁制，而又於諸肉中尤嗜鵝、鼈。國主常以從容語及釋氏果報，且問曰：「吾師莫有志願否？寡人固欲□之。」謙光對曰〔一七〕：「老僧無他願，但得鵝生四隻腿，鼈長兩重裙足矣。」國主大笑。顯德中，政亂，國主猶晏然不以介意。一旦，因賞花，命謙光賦詩，因爲所諷。詩云：「擁衲對芳叢，由來事不同。鬢從今日白，花似去年紅。豔冶隨朝露，馨香逐曉風。何須對零落，然後始知空。」

王審知，王審知傳，永樂大典僅存一條，今考册府元龜所引薛史，考其事蹟，前後排比成篇，謹附識于此。（影庫本粘籤）字信通，光州固始人。父恁，世爲農民。册府元龜卷二百一十九。唐廣明中，黃巢犯闕，江、淮盜賊蜂起，有賊帥王緒者，自稱將軍，陷固始縣。審知兄潮，時爲縣佐，緒署爲軍正。蔡賊秦宗權以緒爲光州刺史，尋遣兵攻之，緒率衆渡江，所在剽掠，自南康轉至閩中，入臨汀，自稱刺史。緒多疑忌，部將有出己之右者皆誅之。潮與豪首數輩共殺緒，其衆求帥，乃刑牲歃血爲盟，植劍於前，祝曰：「拜此劍動者爲將軍。」至潮拜，劍躍於地，衆以爲神異，即奉潮爲帥。時泉州刺史廖彥若爲政貪暴，軍民苦之，聞潮爲理整肅，耆老乃奉牛酒，遮道請留。潮因引兵圍彥若，歲餘克之，又平狠山賊帥薛蘊，兵鋒日盛。唐光啓二年，福建觀察使陳巖表潮爲泉州刺史。大順中，巖卒，子壻范暉自稱留後，潮遣審知將兵攻之，踰年，城中食盡，乃斬暉而降，由是盡有閩、嶺五州之地。潮即表其事，昭宗因建威武軍於福州，以潮爲節度、福建管內觀察使，審知爲副。册府元龜卷二百二十三。案：王審知德政碑作詔授潮節度，累加檢校右僕射，無審知爲副事。（舊五代史考異）

審知爲觀察副使，有過，潮猶加捶撻，審知無怨色。潮寢疾，舍其子延興、延虹、延豐、延休，命審知知軍府事。十二月丁未，潮薨，審知以讓其兄審邽，案：王審知德政碑作仲兄審邽，此作

審邽，當以碑爲正。（舊五代史考異）審邽以審知有功，辭不受。審知自稱福建留後，表於朝廷。永樂大典卷一萬四千五百三十六。唐末，爲威武軍節度、福建觀察使，累遷檢校太保，封瑯琊郡王。梁朝開國，累加中書令，封閩王。案王審知德政碑云：潮付公以戎旅，仍具表奏，尋加刑部尚書、威武軍留後，俄授金紫光祿大夫、右僕射、本軍節度使，又改光祿大夫、檢校司空，轉特進、檢校司徒，又轉檢校太保、瑯邪郡王，食邑四千戶，食實封一百戶。（舊五代史考異）是時，楊氏據江、淮，故閩中與中國隔越，審知每歲朝貢，汎海至登萊抵岸，往復頗有風水之患，漂沒者十四五。後唐莊宗即位，遣使奉貢，制加功臣，進爵邑。册府元龜卷二百三十二。

審知起自隴畝，以至富貴，每以節儉自處，選任良吏，省刑惜費，輕徭薄斂，與民休息，三十年間，一境晏然。册府元龜卷二百二十九。同光元年，審知卒，子延翰嗣，爲弟延鈞所殺。册府元龜卷二百一十九。

延鈞，審知次子。後唐長興三年，上言吳越國王錢鏐薨，乞封爲吳越王，不報。册府元龜卷二百一十九。未幾，自稱帝，國號大閩，改元龍啓，然猶稱藩於朝廷。册府元龜卷二百二十二。清泰二年，遇弑。子昶嗣。册府元龜卷二百一十九。

昶，嗣僞位，朝廷因授昶福建節度使。晉天福三年，遣使貢奉至闕〔二八〕，止稱閩王。其子繼恭稱節度使，晉祖乃下制封昶爲閩王。册府元龜卷二百三十二。改元通大，後遇弑。審知少子延羲嗣〔二九〕。册府元龜卷二百一十九。

延羲，嗣僞位，改元永隆，在位六年遇弑。兄延政，自稱帝於福州，晉開運三年，爲李景所滅。册府元龜卷二百一十九。

五代史補：王潮之來福建也，値連帥陳巖卒，子婿范暉自稱留後，潮攻拔之，盡有其地，遂爲福建觀察使。至其弟審知立〔三〇〕，雖天下多事，猶能修其職貢，朝廷嘉之，封閩王。審知卒，子延鈞嗣〔三一〕，無識，輒改審知制度，僭稱大閩，改元龍啓，其後爲子昶殺。昶多行不道，閩人殺之，立從父延羲，改元永隆。延羲不恤政事，國亂，爲其將連重遇所殺，王氏之族遂滅。先是，梁朝有王霸者，即王氏之遠祖，爲道士。居於福州之怡山時，愛二皂莢樹，因其下築壇，爲朝禮之所，其後丹成沖虛而去。霸嘗云：「吾之子孫，當有王於此方者。」乃自爲讖，藏之於地。唐光啓中，爛柯道士徐景玄，因於壇東北隅取土，獲其詞，曰：「樹枯不用伐，壇壞不須結。不滿一千年，自有系孫列。」又曰：「後來是三王，潮水蕩禍殃。巖逢二乍間，未免有銷亡。子孫依吾道，代代封閩疆。」議者以爲：潮蕩禍殃，謂王潮除其禍患以開基業也；巖逢二乍間，謂陳巖逢王潮未幾而亡，土地爲其所有也；代代封閩疆，謂潮與審知也，代代蓋兩世之稱，明封崇不過潮與審知兩世耳。初，王潮嘗假道於洪州，時鍾傳爲洪州節度使，以王潮若得福建，境土相接，必爲己患，陰欲誅之。有僧上藍者，通於術數，動皆先知，大爲鍾所重。因入謁，察傳詞氣，驚曰：「令公何故起惡意，是欲殺王潮否？」傳不敢隱，盡以告之。上藍曰：「老僧觀王潮與福建有緣，必變，彼時作一好世界。令公宜加禮厚待，若必殺之，令公之禍去

矣。」於是傳加以援送。及審知之嗣位也，楊行密方盛，常有吞東南之志氣。審知居常憂之，因其先人嘗爲上藍所知，乃使人齎金帛往遺之，號曰「送供」，且問國之休咎。使回，上藍以十字爲報，其詞曰：「不怕羊入屋，只怕錢入腹。」審知得之歎曰：「羊者楊也，腹者福也，得非福州之患，不在楊行密而在錢氏乎？今內外將吏無姓錢者，必爲子孫後世之憂矣。」至延羲爲連重遇所殺，諸將爭立，江南乘其時命查文徽領兵伐之，經年不能下。會兩浙救兵至，文徽腹背受敵，遂大敗。自是福州果爲錢氏所有，入腹之讖始應。蓋國之興衰，皆冥數先定矣。徐寅，登第歸閩中，途徑大梁，因獻太祖遊大梁賦。時梁祖與太原武皇爲讎敵，武皇眇一目，而又出自沙陀部落，寅欲曲媚梁祖，故詞及之，云：「一眼匈奴，望英威而膽落。」未幾，有人得其本示太原者，武皇見而大怒。及莊宗之滅梁也，四方諸侯以爲唐室復興，奉琛爲慶者相繼。王審知在閩中，亦遣使至，遽召其使問曰：「徐寅在否？」使不敢隱，以無恙對，莊宗因慘然曰：「汝歸語王審知，父母之讎，不可同天，徐寅指斥先帝，今聞在彼中，何以容之？」使回，具以告，審知曰：「如此則主上欲殺徐寅爾，今殺則未敢奉詔，但不可以用矣。」即日戒閽者不得引接，徐寅坐是終身止於祕書正字。江爲，建州人。工於詩。乾祐中，福州王氏國亂，有故人任福州官屬，恐禍及，一旦亡去，將奔江南，乃間道謁爲。爲且與草投江南表。其人未出境，遭邊吏所擒，仍於囊中得所撰表章，於是收爲與奔者，俱械而送。爲臨刑，詞色不撓，且曰：「嵇康之將死也，顧日影而彈琴，吾今琴則不暇彈，賦一篇可矣。」乃索筆爲詩曰：「衙鼓侵人急，西傾日欲斜。黃泉無旅店，今夜宿誰家？」聞者莫不傷之。黃滔，在閩中爲王審知推官。一旦饋之魚，時滔方與徐寅對談，遂請爲代謝牋。寅援筆而成，其略曰：「銜諸斷索，才從羊續懸來；列在琱盤，便到馮驩食處。」時人大稱之。

史臣曰：昔唐祚横流，異方割據，行密以高材捷足啓之於前，李昪以履霜堅冰得之於後，以僞易僞，逾六十年。洎有周興薄伐之師，皇上示懷柔之德，而乃走梯航而入貢，奉正朔以來庭，如是則長江之險，又何足以恃哉！審知僻據一隅，僅將數世，始則可方於吳芮，終則竊効於尉佗，與夫穴蜂井蛙，亦何相遠哉！五紀之亡，蓋其幸也。永樂大典卷六千八百四十八。

校勘記

〔一〕鄭棨嘗典楊行密爲本州步奏官　殿本、劉本同。北夢瑣言卷七作「唐相國鄭棨，雖有詩名，本無廊廟之望。嘗典廬州，吳王楊行密爲本州步奏官。」

〔二〕秦畢　「畢」原作「軍」，據殿本、劉本改。

〔三〕白金五千鋌　「鋌」原作「挻」，據殿本、劉本改。

〔四〕揚州大都督府　「督」字原無，據殿本、劉本補。

〔五〕濠梁　原作「濛梁」，據殿本、劉本改。

〔六〕行密北侵遣張歸厚禦之而退　「北侵遣」三字原無，據殿本、劉本補。「行密」下原有注文「案以

下有闕文」，今刪。

〔七〕亡上加草爲芒　「加」字原無，據殿本、舊五代史考異、五代史補卷一補。

〔八〕其令不通　「其令」下原有「必」字，據五代史補卷一刪。

〔九〕愛其慧黠　「慧」原作「惠」，據殿本、劉本改。

〔一〇〕僞授温昇州大都督府長史充鎮海軍節度副大使　「温」字原無，據彭校補。「度」原作「都」，據殿本、劉本、彭校改。

〔一一〕都督中外諸軍事　「事」原作「使」，據殿本、劉本改。

〔一二〕保大　原作「保太」，據殿本、劉本、通鑑卷二八三改。

〔一三〕強盛　原作「疆盛」，據殿本、劉本改。影庫本批校云：「『彊』訛『疆』。」

〔一四〕將議濟江　「江」原作「北」，據殿本、劉本改。

〔一五〕張鎬　舊五代史考異、五代史補卷三同。殿本、劉本作張顥。影庫本粘籤云：「張鎬，通鑑作張顥，考五代史補前後俱作『鎬』，今姑仍其舊。」

〔一六〕諸行侍郎　殿本、劉本、舊五代史考異、五代史補卷五同。影庫本粘籤云：「諸行侍郎，似有舛誤，考十國春秋亦作『諸行』，今仍其舊。」

〔一七〕吾師莫有志願否寡人固欲□之謙光對曰　十六字原無。據五代史補卷五補。「欲」字下空一格，今作□，示有闕文。

〔一八〕遣使貢奉　「使」原作「奉」，據殿本、劉本、册府卷二三二改。

〔一九〕延羲嗣　「延羲」原作「延義」，彭本同，據殿本、劉本、册府卷二一九改。本卷下文「延羲嗣僞位」句中「延羲」同。

〔二〇〕弟審知立　「弟」原作「子」，據殿本、本卷正文改。

〔二一〕子延鈞嗣　「子」原作「弟」，據殿本、劉本、本卷正文、紫藤書屋本五代史補卷二改。

舊五代史卷一百三十五

僭僞列傳第二

劉守光，深州樂壽人也。其父仁恭，初隨父晟客於范陽，晟以軍吏補新興鎭將，事節度使李可舉。李可舉，原本作「斯舉」，今從新唐書改正。（影庫本粘籤）仁恭幼多智機，數陳力於軍中。李全忠之攻易、定也，別將于晏圍易州，累月不能拔，仁恭穴地道以陷之，軍中號曰「劉窟頭」，稍遷裨校。仁恭志大氣豪，自言嘗夢大佛幡出於指端，或云年四十九當領旄節。此言頗泄，燕帥李匡威惡之，不欲令典軍，改爲府掾，出爲景城令。屬瀛州軍亂，殺郡守，仁恭募白丁千人討平之，匡威壯其才，復使爲帳中爪牙，令將兵戍蔚州。兵士以過期不代，思歸流怨，會李匡儔奪兄位，戍軍擁仁恭爲帥，欲攻幽州，比至居庸關，爲府兵所敗，仁恭挈族奔於太原。武皇遇之甚厚，賜田宅以處之，出爲壽陽鎭將，從征吐渾。仁恭數進畫於蓋寓，言幽州可圖之狀，願得步騎萬人，即指期可取，武皇從之。洎仁恭舉兵，屢不剋捷。唐乾寧元年十一月，武皇親征匡儔。十二月，破燕軍於威塞，進拔媯州，收居庸。二十

六日，匡儔棄城而遁，武皇令李存審與仁恭入城撫勞，封府庫，即以仁恭爲幽州節度使，留腹心燕留德等十餘人分典軍政，武皇乃還。二年七月，武皇討王行瑜，師於渭北，上章請授仁恭節鉞。九月，天子以仁恭爲檢校司空、幽州盧龍軍節度使。三年，羅弘信背盟，武皇遣李存信攻魏州，徵兵於燕，仁恭託以契丹入寇，俟敵退聽命。四年七月，武皇聞兗、鄆俱陷，復徵兵於仁恭，數月之間，使車結轍，仁恭辭旨不遜。武皇以書讓之，仁恭覽書嫚罵，拘其使人，晉之戍兵在燕者皆拘之，復以厚利誘晉之驍將，由是亡命者衆矣。八月，武皇討仁恭。九月五日，次安塞軍。九日，渡木瓜澗，木瓜澗，原本作「木梳澗」，考通鑑、歐陽史及薛史唐武皇紀俱作「木瓜」，今改正。（影庫本粘籤）大爲燕軍所敗，死傷大半。既而仁恭告捷於梁祖，梁祖聞之喜，因表仁恭加平章事。仁恭又遣使於武皇，自陳邊將擅興之罪，武皇以書報之。仁恭既絕於晉，恆懼討伐，募兵練衆，常無虛月。

光化元年三月，令其長子守文襲滄州，盧彥威委城而遁，遂兼有滄、景、德三郡，以守文爲留後，請節鉞於朝。昭宗怒其擅興，不時與之。會中使至范陽，仁恭私之曰：「旄節吾自有，但要長安本色耳。何以累章見阻，爲吾言之。」其悖戾如此。仁恭兵鋒益盛，每戰多捷，以爲天贊，遂有吞噬河朔之志。

二年正月，仁恭率幽、滄步騎十萬，號三十萬，將兼併魏博、鎭定。師次貝州，一鼓而拔，

無少長皆屠之，清水爲之不流。羅紹威求援於汴，汴將李思安、葛從周赴之，思安屯內黃。仁恭兵圍魏州，聞汴軍在內黃，戒其子守文曰：「李思安怯懦，汝之智勇，比之十倍，當先殄此鼠輩，次擒紹威。」守文與單可及率漁陽精甲五萬，夾清水而上。思安設伏於內黃清水之左，袁象先設伏於內黃清水之右。思安逆戰於繁陽城，繁陽，原本作「鄱陽」，今從通鑑改正。（影庫本粘籤）僞不勝，徐退，燕人追躡，至於內黃，思安步兵成列，迴擊之。燕人將引退，左右伏兵發，燕軍大敗。臨陣斬單可及，守文單騎僅免，五萬之衆無生還者。時葛從周率邢、洺之衆入魏州，與賀德倫、李暉出擊賊營。是夜，仁恭燒營遁走，汴人長驅追擊，自魏至長河數百里，殭屍蔽地，敗旗折戟，纍纍於路。鎭人又邀擊於東境，燕軍復敗。仁恭自是垂翅不振者累年。汴人乘勝攻滄州，仁恭率師援之，營於乾寧軍。汴將氏叔琮逆戰，燕軍逗撓，退保瓦橋，乃卑辭厚禮乞師於晉，武皇遣兵逼邢、洺以應之。十月，汴人陷瀛、鄚二州，案：鄚，原本訛「鄭」，今據歐陽史改正。（舊五代史考異）晉將周德威將兵出飛狐，仁恭復脩好於晉。

天祐三年七月，梁祖自將兵攻滄州，營於長蘆。仁恭師徒屢喪，乃酷法盡發部內男子十五已上、七十已下，各自備兵糧以從軍，閭里爲之一空。部內男子無貴賤，並黥其面，文曰「定霸都」，士人黥其臂，文曰「一心事主」。繇是燕、薊人士例多黥涅，或伏竄而免。仁恭閱衆，得二十萬，進至瓦橋，汴人深溝高壘以攻滄州，內外阻絕，仁恭不能合戰，城中大饑，

人相篡啖，析骸而爨，丸土而食，轉死骨立者十之六七。自七月至十月，仁恭遣使求援於晉，前後百餘輩，武皇乃徵兵於燕，仁恭遣都將李溥、夏侯景、監軍張居翰、書記馬郁等，案：原本作「馬都」，今據薛史列傳改正。（舊五代史考異）以兵三萬來會。十二月，合晉師以攻潞州，降丁會，乃解滄州之圍。

是時，天子播遷，中原多故，仁恭嘯傲薊門，志意盈滿，師道士王若訥，祈長生羽化之道。幽州西有名山曰大安山，仁恭乃於其上盛飾館宇，僭擬宮掖，聚室女豔婦，窮極侈麗。又招聚緇黃，「招聚緇黃」句，原本作「紫黃」，今改正。（影庫本粘籤）合仙丹，講求法要。又以墐泥作錢，令部內行使，盡斂銅錢於大安山巔，案：銅錢，原本作「銅鑄」，引用錯謬，今據歐陽史改正。（舊五代史考異）鑿穴以藏之，藏畢即殺匠石以滅其口。案莊子，石乃匠者之名，詞家引用泛作工匠解者非，乃紀事之文，亦沿其誤，殊乖史體，今姑仍原文而駁正於此。（舊五代史考異）又禁江表茶商，自擷山中草葉爲茶，以邀厚利。改山名爲大恩山。仁恭有嬖妾曰羅氏，美姿色，其子守光烝之，事洩，仁恭怒，笞守光，謫而不齒。

四年四月，汴將李思安以急兵攻幽州，營於石子河，仁恭在大安山，城中無備，守光自外帥兵來援，登城拒守。汴軍既退，守光乃自爲幽州節度，令其部將李小喜、元行欽將兵攻大安山。仁恭遣兵拒戰，爲小喜所敗，乃擒仁恭歸幽州，囚於別室。仁恭左右，迨至婢媵，

與守光不協者畢誅之。其兄守文在滄州，聞父被囚，聚兵大哭，諭之曰：「哀哀父母，生我劬勞。自古豈有子讎父者，吾家生此梟獍，吾生不如死。」即率滄、德之師討之。守光逆戰於雞蘇，爲守文所敗。既而守文詐悲，「詐悲」二字，與上下文義似有複互，考冊府元龜所引薛史與永樂大典同，今仍其舊。（影庫本粘籤）單馬立於陣場，泣諭於衆曰：「勿殺吾弟！」時守光驍將元行欽識之，被擒，滄兵失帥自潰。守光乃縶兄於別室，圍以叢棘，乘勝進攻滄州。滄州賓佐孫鶴、呂兗已推守文子延祚爲帥，守光攜守文於城下，攻圍累月。城中乏食，米斗直三萬，人首一級亦直十千，軍士食人，百姓食墐土，驢馬相遇，食其鬃尾，士人出入，多爲強者屠殺。久之，延祚力窮，以城降於守光，守文尋亦遇害。

守光性本庸昧，以父兄失勢，謂天所助，淫虐滋甚，每刑人必以鐵籠盛之，薪火四逼，又爲鐵刷剔人面。嘗衣赭黃袍，顧謂將吏曰：「當今海內四分五裂，吾欲南面以朝天下，諸君以爲何如？」賓佐有孫鶴者，上文已云滄州賓佐孫鶴，此又云賓佐有孫鶴者，前後語氣，似覺參差。蓋孫鶴自滄州城破，即歸于守光，薛史兼采諸家傳錄，未及改從畫一也，謹附識于此。（影庫本粘籤）骨鯁方略之士也，率先對曰：「王西有并、汾之患，北有契丹之虞，乘時觀釁，專待薄人，彼若結黨連衡，侵我疆場〔一〕，地形雖險，勢不可支，甲兵雖多，守恐不暇，縱能卻敵，未免生憂。王但拊士愛民，補兵完賦，義聲馳於天下，諸侯自然推戴。今若恃兵與險，未見良圖。」守光不悅。及梁軍據

深、冀，王鎔乞師於守光，孫鶴勸守光出援軍以圖霸業，守光不從。及莊宗有柏鄉之捷，守光謀攻易、定，諷動鎮人，欲爲河朔元帥。莊宗乃與鎮州節度使王鎔、易定節度使王處直、昭義節度使李嗣昭、振武節度使周德威、天德軍節度使宋瑤，宋瑤，原本作「守瑤」，今從通鑑改正。（影庫本粘籤）同遣使奉冊，推守光爲尚父，以稔其惡。守光不悟，謂藩鎮畏己，仍以諸鎮狀送梁祖，言：「臣被晉王等推臣爲尚父，堅辭不獲，又難拒違。臣竊料所宜，不如陛下與臣河北道都統，則并、鎮之叛，不足平殄矣。」梁祖知其詐，優答之。仍命閤門使王瞳、供奉官史彥璋等使於燕，冊守光爲河北道採訪使。

六月，梁使至，守光令所司定尚父採訪使儀注，所司取唐朝冊太尉禮以示之。守光曰：「此儀注中何無郊天改元之事？」梁使曰：「尚父雖尊，猶是人臣。」守光怒，投於地，謂將吏曰：「方今天下鼎沸，英雄角逐，朱公創號於夷門，楊渭假名於淮海，王建自尊於巴蜀，茂貞矯制於岐陽，皆因茅土之封，自假帝王之制，然兵虛力寡，疆場多虞。我大燕地方二千里，帶甲三十萬，東有魚鹽之饒，北有塞馬之利，我南面稱帝，誰如我何！今爲尚父，孰當帝者？公等促具帝者之儀，予且爲河朔天子。」燕之將吏竊議，以爲不可。守光置斧鑕於庭，令將佐曰：「今三方協贊，予難重違，擇日而帝矣。從我者賞，橫議者誅。」孫鶴對曰：「滄州破敗，僕乃罪人，大王寬容，乃至今日，不敢阿旨，以悞家國，苟聽臣言，死且無悔。」守光大

怒，推之伏鑕，令軍士割其肉生噉之。鶴大呼曰：「百日之外，必有急兵矣！」守光命窒其口，寸斬之，有識爲之嗟惋。乃悉召部內官吏，教習朝儀，邊人既非素習，舉措失容，相顧諧笑。

八月十三日，守光僭號大燕皇帝，改年曰應天。以梁使王瞳、判官齊涉爲宰相，史彥璋爲御史大夫。僞冊之日，契丹陷平州。莊宗聞之大笑，監軍張承業曰：「惡不積不足以滅身，老氏所謂『將欲取之，必先與之』，今守光狂蹶，請遣使省問，以觀其釁。」十月，莊宗令太原少尹李承勳往使。承勳至，守光怒不稱臣，械之於獄。

十二月，莊宗遣周德威出飛狐，會鎮、定之師以討之。德威攻圍歷年，屬郡皆下。守光堅保幽州，求援於梁，北誘契丹，救終不至。十年十月，守光遣使持幣馬見德威乞降，又乘城呼曰：「予俟晉王至即出城。」十一月，莊宗親征。二十三日，至幽州，單騎臨城，召守光曰：「丈夫成敗，須決所向，公將何如？」守光曰：「某俎上肉耳！」莊宗愍之，折弓爲盟，許其保全。守光辭以佗日，莊宗乃令諸軍攻之。二十四日，四面畢攻，莊宗登燕太子墓觀之。俄而數騎執仁恭并其孥來獻，檀州遊奕將李彥暉於燕樂縣獲守光，并妻李氏、祝氏，男繼珣、繼方、繼祚等來獻。初，守光城破後，攜其妻子將走關南依劉守奇。沿路寒瘡足踵，經日不食。至燕樂縣，匿於坑谷，令妻祝氏乞食於田父張師造家，張師造，原本作「師追」，今從通鑑改

正。（影庫本粘籤）怪婦人異狀，詰之，遂俱擒焉。莊宗方宴府第〔二〕，引仁恭、守光至席，父子號泣謝罪，莊宗慰撫之曰：「往事不復言，人誰無過，改之爲貴。」乃歸之傳舍。是月己卯，晉人執守光及仁恭，露布表其罪，驅以班師。

十一年正月，至晉陽，仁恭父子荷校於露布之下，父母唾面罵守光曰：「逆賊，破家如是！」守光俯首不顧。自范陽范陽，原本作「樊陽」，今從歐陽史改正。（影庫本粘籤）至晉陽，涉千餘里，所在聚觀，呼守光爲「劉黑子」，略無愧色。莊宗以仁恭、守光徇於都城，即告南宮七廟，禮畢，守光與李小喜、鄭藏斐、劉延卿及其二妻皆伏誅。李小喜者，本晉之小校，先奔於燕，守光以爲愛將。守光雖凶淫出於天性，然而稔惡侈毒，抑亦小喜贊成。守光將敗，前一日來降。守光將死，大呼曰：「臣之悞計，小喜熒惑故也，若罪人不死，臣必訴於地下。」莊宗急召小喜至，令證辯。小喜瞋目叱守光曰：「囚父殺兄，烝淫骨肉，亦我教耶！」莊宗怒小喜失禮，先斬之。守光慟哭曰：「王將定天下，臣精於騎，何不且留指使。」二妻讓之曰：「皇帝，事勢及此，生不如死！」即延頸就戮。守光猶哀訴不已。既誅，命判官司馬揆備轉櫝祭醊，瘞於城西三里龍山下。令副使盧汝弼、李存霸拘送仁恭至代州，於武皇陵前刺心血以祭，誅於鴈門山下。自仁恭乾寧二年春入幽州，至天祐十年，父子相承，十九年而滅。永樂大典卷九千九百九。

劉陟，即劉龑，初名陟。其先彭城人，祖仁安，仕唐爲潮州長史，因家嶺表。父謙，素有才識。唐咸通中，宰相韋宙出鎭南海，謙時爲牙校，職級甚卑，然氣貌殊常，宙以猶女妻之。妻以非其類，堅止之，宙曰：「此人非常流也，他日我子孫或可依之。」謙後果以軍功拜封州刺史兼賀水鎭使，賀水，原本作「架水」，今從十國春秋改正。（影庫本粘籤）甚有稱譽。

謙之長子曰隱，案：梁開平初，封大彭郡王。梁祖郊禋禮畢，進封南海王〔三〕。（舊五代史考異）即韋氏女所生也，幼而奇特。及謙卒，賀水諸將有無賴者，幸變作亂，隱定計誅之。連帥劉崇龜聞其才，署爲右都校，復領賀水鎭，俄奏兼封州刺史，用法淸肅，威望頗振。唐昭宗以嗣薛王知柔石門扈蹕功，授淸海軍節度使。詔下，有府之牙將盧琚、譚玘謀不稟朝命，隱舉部兵誅琚、玘以聞，知柔至，深德之，辟爲行軍司馬，委以兵賦。唐昭宗命宰相徐彥若代知柔復署前職。彥若在鎭二年，臨薨，手表奏隱爲兩使留後，昭宗未之許，命宰相崔遠爲節度使。遠行及江陵，聞嶺表多盜，懼隱違詔，遲留不進，會遠復入相，乃詔以隱爲留後，然久未即眞。及梁祖爲元帥，隱遣使持重賂以求保薦，梁祖即表其事，遂降旄節。梁開平初，恩寵殊厚，遷檢校太尉、兼侍中，封大彭郡王。梁祖郊禋，禮畢，加檢校太師、兼中書令，又命兼領安南都護，充淸海、靜海兩軍節度使，進封南海王。案：東都事略不載隱封南海王，宋史不載隱封大彭郡王，與薛史互有詳略。考五代會要，劉隱進封南海王在開平四年。開平四年三月卒。

陟，隱之弟也，隱卒，代據其位。及梁末帝嗣位，務行姑息之政，乃盡以隱之官爵授陟。先是，邕州葉廣略、容州龐巨源，或自擅兵賦，數侵廣之西鄙，陟舉兵討之，邕、容皆敗，因附庸於陟。又，交州土豪曲承美亦專據其地，送款於梁，因正授旄鉞。陟不平之，遣將李知順伐之，執承美以獻，陟自是盡有嶺表之地。及聞錢鏐册封吳越王，陟恥稱南海之號，乃嘆曰：「中原多故，誰爲眞主，安能萬里梯航而事僞庭乎！」梁貞明三年八月，陟乃僭號於廣州，國號大漢，僞改元爲乾亨。明年，僭行郊禮，赦其境內，及改名巖。陟僭位之後，廣聚南海珠璣，西通黔、蜀，得其珍玩，窮奢極侈，娛僭一方，與嶺北諸藩歲時交聘。及聞莊宗平梁，遣僞宮苑使宮苑，原本作「宮萱」，今從十國春秋改正。（影庫本粘籤）何詞來聘，稱「大漢國主致書上大唐皇帝」，莊宗召見於鄴宮，問南海事狀，且言本國已發使臣，大陳物貢，期今秋即至。初，陟聞莊宗兵威甚盛，故令何詞來覘虛實，時朝政已紊，莊宗亦不能以道制御遠方，南海貢亦不至，自是與中國遂絕。

唐同光三年冬，白龍見於南海，改僞乾亨元年爲白龍元年，陟又改名龔，以符龍之瑞也。白龍四年春，又改大有元年。是歲，陟僭行籍田之禮。陟之季年，有梵僧善占算之術，謂陟不利名龔，他年慮有此姓敗事，陟又改名龑。龑讀爲儼，古文無此字，蓋妄撰也。

陟性雖聰辯，然好行苛虐，至有炮烙、刳剔、截舌、灌鼻之刑，一方之民，若據爐炭。惟厚自奉養，廣務華靡，末年起玉堂珠殿，飾以金碧翠羽，嶺北行商，或至其國，皆召而示之，誇其壯麗。每對北人自言家本咸秦，恥爲蠻夷之主。又呼中國帝王爲洛州刺史，其妄自尊大，皆此類也。晉天福七年夏四月，陟以疾卒，凡僭號二十六年，年五十四。僞諡爲天皇大帝，廟號高祖，陵曰康陵。子玢嗣。永樂大典卷九千九百九。

玢，陟長子也。初封賓王，又封秦王。陟卒，遂襲位，僞號光天。玢性庸昧，僭位之後，大恣荒淫。尋爲其弟晟所弑，在位一年，僞諡爲殤帝。永樂大典卷九千九百九。

晟，陟第二子也。僞封勤王，又封晉王。玢之立也，多行淫虐，人皆惡之，晟因與其弟僞越王昌等同謀弑玢，自立爲帝，改元爲應乾，又改爲乾和。晟率性荒暴，得志之後，專以威刑御下，多誅滅舊臣及其昆仲，數年之間，宗族殆盡。又造生地獄，凡湯鑊、鐵床之類，無不備焉。人有小過，咸被其苦。及湖南馬氏昆弟尋戈，晟因其釁，遣兵攻桂林管內諸郡及郴、連、原本脫「連」字，今據歐陽史增入。（影庫本粘籤）梧、賀等州，皆克之，自此全有南越之地。周顯德五年秋八月，晟以疾卒，僞諡曰文武光聖明孝皇帝，廟號中宗，陵曰昭陵。是歲，晟以六月望夜宴於甘泉宮，是夕月有蝕之，測在牛女之度〔四〕，晟自覽占書，既而投之於地，曰：

「自古誰能不死乎！」縱長夜之飲，至是而卒。永樂大典卷九千九百九。

鋹，晟長子也。僞封衞王。衞王，原本作「僞王」，今從十國春秋改正。（影庫本粘籤）晟卒，乃襲僞位，時年十七，改元爲大寶。鋹性庸懦，不能治其國，政事咸委於閹官，復有宮人具冠帶、預職官、理外事者，由是綱紀大壞。先是，廣州法性寺有菩提樹一株，高一百四十尺，大十圍，傳云蕭梁時西域僧眞諦之所手植，蓋四百餘年矣。皇朝乾德五年夏，爲大風所拔。是歲秋，鋹之寢室屢爲雷震，識者知其必亡。皇朝開寶三年夏，王師始議南征。四年二月五日，王師壓廣州，鋹盡焚其府庫，將赴火而死。既而不能引決，尋爲王師所擒，舉族遷於京師。皇上赦而不誅，仍賜爵爲恩赦侯，其後事具皇家日曆。陟始自梁貞明三年僭號，歷三世四主，至皇朝開寶四年，凡五十五年而亡。永樂大典卷九千九百九。

劉崇，太原人，漢高祖之從弟也。少無賴，好陸博意錢之戲。弱冠隸河東軍。唐長興中，遷虢州軍校。漢祖鎭并、汾，奏爲河東步軍都指揮使。逾年，授麟州刺史，復爲河東馬步軍都指揮使兼三城巡檢使，三城，原本作「三成」，今從通鑑改正。（影庫本粘籤）遙領泗州防禦使。漢祖起義於河東，以崇爲特進、檢校太尉、行太原尹。是歲五月，漢祖南行，以崇爲北京留守，尋加同平章事。隱帝嗣位，加檢校太師、兼侍中。乾祐二年九月，加兼中書令。時漢隱帝以幼年在位，政在大臣，崇亦招募亡命，繕完兵甲，爲自全之計，朝廷命令，多不稟行，徵斂一方，略無虛日，人甚苦之。三年十一月，隱帝遇害，朝廷議立崇之子徐州節度使贇爲主，會周太祖爲軍衆所推，降封贇爲湘陰公。崇乃遣牙將李𧦬奉書求贇歸藩，會贇已死，唯以優辭答之。

周廣順元年正月，崇僭號於河東，稱漢，改名旻，仍以乾祐爲年號，署其子承鈞爲侍衛親軍都指揮使、太原尹，以判官鄭拱、趙華爲宰相，副使李㬫、代州刺史張暉爲腹心。尋遣承鈞率兵攻晉、隰二州，不克而退。九月，崇自領兵由陰地關寇晉州，乞師於契丹，契丹以五千騎助之，合兵以攻平陽，又分兵寇昭義。周太祖遣樞密使王峻等率大軍以援晉、絳，崇聞周師至，遂焚營而遁。是歲，晉、絳大雪，崇駐軍六十餘日，邊民走險自固，兵無所掠，士有饑色，比至太原，十亡三四。二年二月，崇遣兵三千餘衆寇府州，爲折德扆所破，其所部㟢嵐軍爲德扆所取。德扆，原本作「德戾」，今從歐陽史改正。（影庫本粘籤）崇自僭稱之後，以重幣求援於契丹，仍稱侄以事之，契丹僞册崇爲英武皇帝。及周世宗嗣位，崇復乞師於契丹，以圖入寇，契丹遣將楊衮合勢大舉，來迫潞州。

顯德元年三月，周世宗親征，與崇戰於高平，大敗之。崇與親騎十數人踰山而遁，中夜

迷懵，不知所適，刦村民使爲鄉導，誤趣晉州路，行百餘里方覺。崇怒，殺鄉導者，得佗路而去，乃易名號，被毛褐、張樺笠而行。至沁州，與從者三五騎止於郊舍，寒餒尤甚，潛令告僞刺史李廷誨，廷誨饋盤飡、解衣裘而與之。每至屬邑，縣吏奉食，匕箸未舉，聞周師至，卽蒼黃而去。崇年老力憊，伏於馬上，日夜奔竄，僅能支持。距太原一舍，其子承鈞夜以兵百人迎之而入。及周師臨城下，崇氣懾，自固閉壘不出。月餘，世宗乃旋軍。

顯德二年十一月，崇以病死，其子承鈞襲僞位。鈞之事跡，具皇家日曆。永樂大典卷九千九百九。

史臣曰：守光逆天反道，從古所無，迨至臨刑，倘求免死，非唯惡之極也，抑亦愚之甚也。劉晟據南極以稱雄，屬中原之多事，洎乎奕世，遇我昌朝，力憊而亡，不泯其嗣，亦其幸也。劉崇以亡國之餘，竊僞王之號，多見其不知量也。今元惡雖斃，遺孽尚存，勢蹙民殘，不亡何待！永樂大典卷九千九百九。

校勘記

〔一〕侵我疆場　「場」原作「塲」，據殿本、盧本改。本卷下文「疆場多虞」句中「場」原亦作「塲」，據殿本、劉本改。

〔二〕莊宗方宴府第　「宴」原作「晏」，據殿本、劉本改。本卷下文「宴於甘泉宮」句中「宴」字同。

〔三〕進封南海王　五字原無，據殿本考證、劉本考證補。

〔四〕在牛女之度　「之」下原係空格，據殿本補「度」字。影庫本批校云：「『度』字補而未塡。」劉本、彭本「度」作「域」。

舊五代史卷一百三十六

僭僞列傳第三

王建，王建傳，永樂大典闕佚。今考册府元龜僭僞門所引薛史，於王建事蹟頗具首尾，今次第連綴，仍標明册府元龜卷數，以資考核焉。謹附識于此。（影庫本粘籤）陳州項城人。唐末，隸名於忠武軍。秦宗權據蔡州，懸重賞以募之，建始自行間得補軍候。廣明中，黃巢陷長安，僖宗幸蜀。時梁祖爲巢將，領衆攻襄、鄧，宗權遣小校鹿晏弘從監軍楊復光率師攻之，建亦預行。是歲，復光入援京師，明年破賊收京城。初，復光以忠武軍八千人立爲八都，晏弘與建各一都校也。復光死，晏弘率八都迎扈行在，至山南，乃攻剽金、商諸郡縣，得兵數萬，進逼興元，節度使牛叢棄城而去，晏弘因自爲留後，以建等爲屬郡刺史〔一〕，不令之任。俄而晏弘正授節旄，恐部下謀己，多行忍虐，繇是部衆離心。建與別將韓建友善，晏弘益猜二建，僞待之厚，引入臥內。二建懼，夜登城慰守陴者，因月下共謀所向，謂韓建曰：「僕射甘言厚德，是疑我也，禍難無日矣，早宜擇利而行。」韓曰：「善。」因率三千人趨行在，僖宗嘉之，賜與巨萬。分其兵

爲五都，仍以舊校主之，即晉暉、李師泰、張造與二建也，因號曰隨駕五都，田令孜皆錄爲假子。及僖宗還宮，建等分典神策軍，皆遙領刺史。

光啓初，從僖宗再幸興元，令孜懼逼，求爲西川監軍，楊復恭代爲觀軍容使。建等素爲令孜所厚，復恭懼不附己，乃出五將爲郡守，以建爲壁州刺史。案通鑑：楊復恭出建爲利州刺史。蜀檮杌作利州防禦使，與薛史異。天子還京，復恭以楊守亮鎮興元，尤畏建侵己，屢召之。建不安其郡，因招合溪洞豪猾，有衆八千，寇閬州，陷之，復攻利州，刺史王珙棄城而去。建播剽二郡，所至殺掠，守亮不能制。東川節度使顧彥朗，初於關輔破賊時與建相聞，每遣人勞問，分貨幣軍食以給之，故建不侵梓、遂。西川節度使陳敬瑄憂其膠固，謀於監軍田令孜，曰：「王八，吾子也，彼無他腸，作賊山南，實進退無歸故也。吾馳咫尺之書，可以坐置麾下。」即飛書招建。建大喜，遣使謂彥朗曰：「監軍阿父遣信見招，僕欲詣成都省阿父，因依陳太師得一大郡，是所願也。」即之梓州見彥朗，留家寄東川，選精甲三千之成都。行次鹿頭，或謂敬瑄曰：「建，今之劇賊，鴟視狼顧，專謀人國邑，儻其即至，公以何等處之？彼建雄心，終不居人之下，公如以將校遇之，是養虎自貽其患也。」案蜀檮杌：李乂曰：「建今之姦雄，狼顧久矣，必不爲人下，若爲將校，亦非公之利。」通鑑亦作李乂〔二〕。敬瑄懼，乃遣人止建，遽脩城守。建怒，遂據漢州，領輕兵至成都，敬瑄讓之曰：「若何爲者，而犯吾疆理？」建軍吏報曰：「閬州司徒比寄東川〔三〕，而軍容太師使者繼召，今復拒絕，何也？司徒不惜改轅而東，來北省太師〔四〕，反爲拒絕，慮顧梓州復相嫌間，謂我何心故也。使我來報，且欲寄食漢州，公勿復疑。」時光啓三年。居浹旬，建盡取東川之衆，設梯衝攻成都，三日不克而退，復保漢州。月餘，大剽蜀土，進逼彭州，百道攻之，敬瑄出兵來援，建解圍，縱兵大掠，十一州皆罹其毒，民不聊生。

建軍勢日盛，復攻成都，敬瑄患之，顧彥朗亦懼侵己。昭宗即位，彥朗表請雪建，擇大臣爲蜀帥，移敬瑄他鎮，乃詔宰臣韋昭度鎮蜀，以代敬瑄。敬瑄不受代，天子怒，命顧彥朗、楊守亮討之，時昭度以建爲牙內都校，董其部兵。按鑑戒錄云：昭度以部兵置行府。及王師無功，建謂昭度曰：「相公興數萬之衆，討賊未効，餉運交不相屬。近聞遷洛以來〔五〕，藩鎮相噬，朝廷姑息不暇，與其勞師以事蠻方，不如從而赦之，且以兵威靖中原，是國之本也。相公盍歸朝覲，與主上畫之。」昭度持疑未決。一日，建陰令軍士於行府門外擒昭度親吏，臠而食之，建徐啓昭度曰：「蓋軍士乏食，以至於是耳！」昭度大懼，遂留符節與建，即日東還。纔出劍門，建即嚴兵守門，不納東師。

月餘，建攻西川管內八州〔六〕，所至響應，遂急攻成都，田令孜登城謂建曰：「老夫與八哥相厚，太師久以知聞，有何嫌恨，如是困我之甚耶！」建曰：「軍容父子之恩，心何敢忘，但天子付以兵柄，太師孤絕朝廷故也。苟太師悉心改圖，何福如之！」又曰：「吾欲與八哥軍

中相款如何？」曰：「父子之義，何嫌也。」是夜，令孜攜蜀帥符印入建軍授建。建泣謝曰：「太師初心太過，致有今日相戾，既此推心，一切如舊。」翌日，敬瑄啓關迎建，以蜀帥讓之，建乃自稱留後，表陳其事。明年春，制授檢校太傅、成都尹、西川節度副大使知節度事、管內觀察處置、雲南八國招撫等使，時龍紀元年也。移敬瑄於雅州安置，仍以其子爲刺史。既行，建令人殺之於路，令孜仍舊監軍事。數月，或告令孜通鳳翔書問，下獄餓死。案蜀檮杌云：敬瑄廢處雅州，以其子爲刺史。既行，建遣殺於三江，令孜仍監其軍，復以令孜陰附鳳翔，下獄餓死。

建雄猜多機略，意嘗難測，既有蜀土，復欲窺伺東川，又以彥朗婚姻之舊，未果行。會彥朗卒，弟彥暉代爲梓帥，交情稍怠。李茂貞乘其有間，密搆彥暉，因與茂貞連盟，關征疆吏之間，與蜀人得失。大順末，建出師攻梓州，彥暉求援於鳳翔，李茂貞出師援之，建即圍解。自是秦、川交惡者累年。後建大起蜀軍，敗岐、梓之兵於利州，彥暉懼，乞和，請與岐人絕，許之。景福中，山南之師寇東川，彥暉求援於建，建出兵赴之，大敗興元之衆。洎軍旋，建乘虛奄襲梓州，擄彥暉，置於成都，遂兼有兩川，自此軍鋒益熾。天復初〔七〕，李茂貞、韓全誨劫遷車駕在鳳翔，梁祖攻圍歷年。建外脩好於汴，指茂貞罪狀，又陰與茂貞間使往來，且言堅壁勿和，許以出師赴援。因分命諸軍攻取興元。比及梁祖解圍，茂貞山南諸州皆爲建所有，自置守將。及茂貞垂翅，天子遷雒陽，建復攻茂貞之秦、隴等州，茂貞削弱不能守。

或勸建因取鳳翔，建曰：「此言失策，吾所得已多，不俟復增岐下。茂貞雖常才，然名望宿素，與朱公力爭不足，守境有餘。韓生所謂入爲扞蔽，出爲席藉是也。適宜援而固之，爲吾盾鹵耳。」及梁祖將謀強禪，建與諸藩同謀興復，乃令其將康晏率兵三萬會於鳳翔，數與汴將王重師戰，不利而還。趙匡凝之失荆、襄也，弟匡明以其帑奔蜀，建因得夔、峽、忠、萬等州。及梁祖開國，蜀人請建行劉備故事，建自帝於成都，冊府元龜卷二百二十三。改元永平。五年，改元通正。是年冬，改元天漢，又改元光天。在位十二年，年七十二。子衍嗣。冊府元龜卷二百一十九。

衍，王衍傳，永樂大典闕全篇，其散見各韻者惟存兩條，今排比前後，以存其舊。（影庫本粘籤）建之幼子也。建卒，衍襲僞位，改元乾德。六年十二月，改明年爲咸康。秋九月，衍奉其母、徐妃同遊於青城山，駐於上清宮。時宮人皆衣道服，頂金蓮花冠，衣畫雲霞，望之若神仙，及侍宴，酒酣，皆免冠而退，則其髻髽然。又構怡神亭，以佞臣韓昭等爲狎客，雜以婦人，以恣荒宴，或自旦至暮，繼之以燭。僞嘉王宗壽侍宴，因以社稷國政爲言，言發涕流，至於再三。同宴佞臣潘在迎在迎，原本作「在凝」，今從九國志改正。（影庫本粘籤）等並奏衍云：「嘉王好酒悲。」因翻恣諧譃，取笑而罷。自是忠正之臣結舌矣。永樂大典卷三千一百九十三。

時中國多故，衍得以自安。唐莊宗平梁，遣使告捷於蜀，蜀人恟懼，致禮復命，稱「大蜀國主致書上大唐皇帝」，詞理稍抗，莊宗不能容，遣客省使李嚴報聘，且市宮中珍玩，蜀人皆禁而不出。衍既沖騃，軍國之政，咸委於人。有王宗弼者，爲六軍使，總外任；宋光嗣者，爲樞密使，總內任。洎嚴至蜀，光嗣等曲宴，因言中國近事，嚴亦引近事折之，語在嚴傳。光嗣等聞嚴辯對，畏而奇之。及嚴使還，奏莊宗曰：「王衍騃童耳，宗弼等總其兵柄，但益家財，不卹民事，君臣上下，唯務窮奢。其舊勳故老，棄而不任，蠻蜑之人，痛深瘡痏。以臣料之，大兵一臨，望風瓦解。」莊宗深然之，遂蒐兵括馬，有平蜀之志。唐師未起時，僞東川節度使宋承葆獻計於衍云：「唐國兵強，不早爲謀，後將焉救。請於嘉州沿江造戰艦五百艘，募水軍五千，自江下峽；臣以東師出襄、鄧，水陸俱進，東北沿邊，嚴兵據險。南師出江陵，利則進取，否則退保硤口。又選三蜀驍壯三萬，急攻岐、雍，東據河、潼，北招契丹，啗以美利，見可則進，否則據散關以固吾圉，事縱不捷，亦攻敵人之心矣。」衍不從。

唐同光三年九月十日，莊宗下制伐蜀，命興聖宮使魏王繼岌爲都統，樞密使郭崇韜爲行營都招討。其月十八日，魏王統闕下諸軍發洛陽。十一月二十一日，魏王至德陽，衍報云：「比與將校謀歸國，僞樞密使宋光嗣、景潤澄，南北院宣徽使李周輅、歐陽晃等四人異謀熒惑，臣各已處斬，今送納首級。」案蜀檮杌：皇太子開崇賢府，募兵以拒唐師。是日，衍上表曰：「臣衍先人建，久在坤維，受先朝寵澤，一開土宇，將四十年。頃以梁孽興災，洪圖板蕩，不可助逆，遂乃從權，勉徇衆情，止王三蜀，固非獲已，未有所歸。臣輒紹鎡基，且安生聚。臣衍誠惶誠恐，伏惟皇帝陛下，嗣堯、舜之業，陳湯、武之師，廓定寰區，削平凶逆，梯航垂集，文軌渾同。臣方議改圖，便期納款，遽聞王師致討，實抱驚危。今則將千里之封疆，盡爲王土；冀萬家之臣妾，皆沐皇恩。必當輿櫬乞降，負荆請命。伏惟皇帝陛下，迴照臨之造，施覆幬之仁，別示哀矜，以安反側。儻墳塋而獲祀，實存沒以知歸，臣無任望恩虔禱之至。乙酉年十一月日〔八〕，臣王衍上表。」其月二十七日，魏王至成都北五里昇仙橋，僞百官班於橋下，衍乘行輿至，素衣白馬，牽羊，草索係首，面縛銜璧，輿櫬而後。魏王下馬受其璧，崇韜釋其縛，及燔其櫬，衍率僞百官東北舞蹈謝恩。禮畢，拜，魏王、崇韜、李嚴皆答拜。二十八日，王師入成都。自起師至入蜀城，凡七十五日。永樂大典六千八百四十九。按：以下原本殘闕。據歐陽史云：同光四年，衍行至秦川驛，莊宗用伶人景進計，遣宦者向延嗣誅其族。天成二年，封衍順正公，以諸侯葬。五代史補：王建在許下時，尤不逞，嘗坐事遭徒，但無杖痕爾。及據蜀，得馮涓爲從事，涓好詆訐，建恐爲所譏，因問曰：「竊聞外議，以吾曾遭徒刑，有之乎？」涓對曰：「有之。」建恃無杖痕，且對衆，因袒背以示涓曰：「請足下試看，有遭杖責而肌肉如是耶！」涓知其詐，乃撫背而嘆曰：「大奇，當時何處得此好膏藥來。」賓佐皆失色，而涓晏然。王建之僭號也，惟翰林學士最承恩顧，侍臣或諫其禮過，建曰：「蓋汝輩未之見也。且吾在神策軍時，主內門魚鑰，見唐朝諸帝待翰林學士，雖交友不若也。今我恩顧，比當時才有百分之一爾，何謂之過當耶！」論者多之。杜光庭，長安人。應九經舉不第。時長安有潘尊師者，道術甚高，僖宗所重，光庭素所希慕，數遊其門。當僖宗之幸蜀也，觀蜀中道門牢落，思得名士以主張之。駕回，詔潘尊師使於兩街，求其可者，尊師奏曰：「臣觀兩街之衆，道聽塗說，一時之俊即有之，至於掌教之士，恐未合應聖旨。臣於科場中識九經杜光庭，其人性簡而氣清，量寬而識遠，且困於風塵，思欲脫屣名利久矣，以臣愚思之，非光庭不可。」僖宗召而問之，一見大悅，遂令披戴，仍賜紫衣，號曰廣成先生，即日馳驛遣之。及王建據蜀，待之愈厚，又號爲天師。光庭嘗以道德二經注者雖多，皆未能演暢其旨，因著廣成義八十卷，他術稱是，識者多之。

孟知祥，字保胤，邢州龍岡人也。祖察，父道，世爲郡校。伯父方立，終於邢洺節度使，從父遷，位至澤潞節度使。知祥在後唐莊宗同光三年，授西川節度副大使，知節度事。冊府元龜卷二百一十九。天成中，安重誨專權用事，以知祥莊宗舊識，方據大藩，慮久而難制，潛欲圖之。是時，客省使李嚴以嘗使於蜀，洞知其利病，因獻謀於重誨，請以己爲西川監軍，庶效方略，以制知祥，朝廷可之。及嚴至蜀，知祥延接甚至，徐謂嚴曰：「都監前因奉使，請兵伐蜀，遂使東、西兩川俱至破滅，川中之人，其怨已深。今既復來，人情大駭，固奉爲不暇也。」案：此句疑有舛誤。即遣人拽下階，斬於階前。案歐陽史云：李嚴至境上，遣人持書候知祥，知祥盛兵見之，冀嚴懼而不來，嚴聞之自若。天成二年正月，嚴至成都，知祥置酒召嚴，因責嚴曰：「今諸方鎭已罷監軍，公何得來？」鑑誡錄云：李嚴於天成初復來臨護，孟祖加之禮分，從容數其五罪，命劍斬之。與薛史異。其後朝廷每除劍南牧守，皆令提兵而往，或千或百，分守郡城。時董璋作鎭東川已數年矣，亦有雄據之意。會朝廷以夏魯奇鎭遂州，李仁矩鎭閬州，皆領兵數千人赴鎭，復授以密旨，令制禦兩川。董璋覺之，乃與知祥通好，結爲婚家，以固輔車之勢。知祥慮唐軍驟至，與遂、閬兵合，則勢不可支吾，遂與璋協謀，令璋以本部軍先取閬州，知祥遣大將軍李仁罕、趙廷隱率軍圍遂州。長興元年冬，唐軍伐蜀，至劍門。二年，以遂、閬既陷，又糧運不接，乃班師。三年，知祥又破董璋，乃自領東、西兩川節度使。冊府元龜卷二百二十七。應順元年，以劍南東西川節度使〔九〕、蜀王稱帝於蜀，改元明德。七月卒，年六十一。冊府元龜卷二百一十九。按薛史孟知祥傳，永樂大典原闕，今采冊府元龜僭僞部以存梗概。

昶，知祥之第三子也。按宋朝事實云：昶，初名仁贊。揮麈餘話云：昶，字保元。母李氏，本莊宗之嬪御〔一〇〕，以賜知祥。唐天祐十六年，歲在己卯，十一月十四日，生昶於太原。按花蕊夫人宮詞云：「法雲寺裏中元節，又是官家降誕辰。」是昶以七月十五爲生辰也，與薛史異。及知祥鎭蜀，昶與其母從知祥妻瓊華長公主同入於蜀。知祥僭號，僞冊爲皇太子。知祥卒，遂襲其僞位，時年十六，尙稱

明德元年。及僞明德四年冬，僞詔改明年爲廣政元年，是歲即晉天福三年也。僞廣政十三年，僞上尊號爲睿文英武仁聖明孝皇帝。皇朝乾德三年春，王師平蜀，詔昶舉族赴闕，賜甲第於京師，迨其臣下賜賚甚厚，尋冊封楚王。是歲秋，卒於東京，時年四十七。事具皇家日曆。自知祥同光二年丙戌歲入蜀，父子相繼，凡四十一年而亡。永樂大典卷一萬三千一百六十一。五代史補：孟知祥之入蜀也，視其險固，陰有割據之志。洎抵成都，値晚，且憩於郊外。有推小車子過者，其物皆以布袋盛之，知祥問曰：「汝力能勝幾袋？」推者曰：「極力不過兩袋。」知祥惡之，後果兩代而亡。知祥與董璋有隙，舉兵討之。璋素勇悍，聞知祥之來也，以爲送死。諸將兩端，李鎬爲知祥判官，深憂之。及將戰，知祥欲示閑暇，自寫一書以遺璋〔一一〕。無何，舉筆䤋誤書「董」爲「重」字，不悅久之。鎬在側大喜，且引諸將賀於馬前，知祥不測，曰：「事未可測，何賀耶！」鎬曰：「其『董』字『艹』下施『重』，今大王去『艹』書『重』，是『董』已無頭，此必勝之兆也。」於是三軍欣然，一戰而董璋敗。

史臣曰：昔張孟陽爲劍閣銘云：「惟蜀之門，作固作鎭，世濁則逆，道清斯順。」是知自古坤維之地，遇亂代則閉之而不通，逢興運則取之如俯拾。然唐氏之入蜀也，兵力雖勝，帝道猶昏，故數年間得之復失。及皇上之平蜀也，煦之以堯日，和之以舜風，故比戶之民，悅而從化。且夫王衍之遭季世也，則赤族於秦川；孟昶之遇明代也，則受封於楚甸。雖俱爲亡國之主，何幸與不幸相去之遠也。永樂大典卷一萬三千一百六十一。

校勘記

〔一〕以建等爲屬郡刺史　「爲」字原無，冊府卷二二三同。據殿本、劉本補。

〔二〕李乂　劉本、彭本同。案影明本歷代小史卷三一蜀檮杌作李叉，通鑑卷二五七作李乂。

〔三〕比寄東川　「比」原作「北」，據殿本、劉本、冊府卷二二三改。

〔四〕來北省太師　殿本同。劉本作「來此省太師」，彭校作「但北省太師」。

〔五〕還洛以來　劉本同。殿本作「洛陽以來」，冊府卷二二三同。彭校作「洛陽以東」。

〔六〕西川　原作「西州」，據殿本改。

〔七〕天復　原作「天福」，冊府卷二二三同。據劉本改。按李茂貞、韓全誨劫唐昭宗至鳳翔事在天復元年，見通鑑卷二六二。「天福」係晉高祖年號。

〔八〕乙酉　原作「巳酉」，按二十史朔閏表，後唐同光三年爲乙酉年，據改。

〔九〕劍南東西川　原作「劍東南西川」，冊府卷二一九同。據劉本改。殿本作「劍南東兩川」。

〔一〇〕莊宗之嬪御　「嬪」原作「殯」，據殿本、劉本改。

〔一一〕自寫一書　原作「自書一字」，據五代史補卷二改。

舊五代史卷一百三十七

外國列傳第一

契丹者，古匈奴之種也。代居遼澤之中，潢水南岸，南距榆關一千一百里，榆關南距幽州七百里，本鮮卑之舊地也。其風土人物，世代君長，前史載之詳矣。

唐咸通末，其王曰習爾之〔一〕，疆土稍大，累來朝貢。光啓中，其王欽德者〔二〕，乘中原多故，北邊無備，遂蠶食諸郡，達靼、奚、室韋之屬，咸被驅役，族帳寖盛，有時入寇。劉仁恭鎮幽州，素知契丹軍情僞，選將練兵，乘秋深入，踰摘星嶺討之，霜降秋暮，卽燔塞下野草以困之，馬多飢死，卽以良馬賂仁恭，以市牧地。仁恭季年荒恣，出居大安山，契丹背盟，數來寇鈔。時劉守光戍平州，契丹舍利王子率萬騎攻之〔三〕，守光僞與之和，張幄幕於城外以享之，部族就席，伏甲起，擒舍利王子入城。部族聚哭，請納馬五千以贖之，不許，欽德乞盟納賂以求之，自是十餘年不能犯塞。

及欽德政衰，有別部長耶律阿保機，最推雄勁，族帳漸盛，遂代欽德爲主。先是，契丹之

先大賀氏有勝兵四萬，分爲八部，每部皆號大人，內推一人爲主，建旗鼓以尊之，每三年第其名以代之。及阿保機爲主，乃怙強恃勇，不受諸族之代，遂自稱國王。

天祐四年，大寇雲中，後唐武皇遣使連和，因與之面會於雲中東城，大具享禮，延入帳中，約爲兄弟，謂之曰：「唐室爲賊所簒，吾欲今冬大舉，弟可以精騎二萬，同收汴、洛。」阿保機許之，賜與甚厚，留馬三千匹以答貺。左右咸勸武皇可乘間擒之，武皇曰：「逆賊未殄，不可失信於部落，自亡之道也。」乃盡禮遣之。及梁祖建號，阿保機亦遣使送名馬、女樂、貂皮等求封册。梁祖與之書曰：「朕今天下皆平，唯有太原未伏，卿能長驅精甲，徑至新莊，爲我翦彼寇讎，與爾便行封册。」莊宗初嗣世，亦遣使告哀，賂以金繒，求騎軍以救潞州，答其使曰：「我與先王爲兄弟，兒卽吾兒也，案：契丹國志作吾定兒也，與薛史異。（舊五代史考異）寧有父不助子耶！」許出師，會潞平而止。

劉守光末年苛慘，軍士亡叛皆入契丹。洎周德威攻圍幽州，燕之軍民多爲寇所掠，既盡得燕中人士，教之文法〔四〕，由是漸盛。十三年八月，阿保機率諸部號稱百萬，自麟、勝陷振武，長驅雲、朔，北邊大擾。莊宗赴援於代，敵衆方退。十四年，新州大將盧文進爲衆所迫，殺新州團練使李存矩於祁溝關，返攻新、武。周德威以衆擊之，文進不利，乃奔於契丹，引其衆陷新州。周德威率兵三萬以討之，敵騎援新州，德威爲敵所敗，殺傷殆盡，契丹乘勝

攻幽州。是時，或言契丹三十萬，或言五十萬，幽薊之北，所在敵騎皆滿。莊宗遣明宗與李存審、閻寶將兵救幽州，遂解其圍，語在莊宗紀中。

十八年十月，鎮州大將張文禮弒其帥王鎔，莊宗討之，時定州王處直與文禮合謀，遣威塞軍使王郁復引契丹爲援。十二月，阿保機傾塞入寇，攻圍幽州，李紹宏以兵城守。契丹長驅陷涿郡，執刺史李嗣弼。進攻易、定，至新樂，渡沙河，王都遣使告急〔五〕。時莊宗在鎮州行營，聞前鋒報曰「敵渡沙河」，軍中咸恐，議者請權釋鎮州之圍以避之。莊宗曰：「霸王舉事，自有天道，契丹其如我何！國初，突厥入寇，至于渭北，高祖欲棄長安，遷都樊、鄧，太宗曰：『獫狁孔熾，自古有之，未聞遷移都邑。霍去病，漢廷將帥，猶且志滅匈奴，況帝王應運，而欲移都避寇哉！』文皇雄武，不數年俘二突厥爲衞士。今吾以數萬之衆安集山東，王德明厮養小人，阿保機生長邊地，豈有退避之理，吾何面視蒼生哉！爾曹但駕馬同行，看吾破敵。」莊宗親御鐵騎五千，至新城北，遇契丹前鋒萬騎，莊宗精甲自桑林突出，光明照日，諸部愕然緩退，莊宗分二廣以乘之，敵騎散退。時沙河微冰，其馬多陷，阿保機退保望都。是夜，莊宗次定州，翌日出戰，遇奚長禿餒五千騎，莊宗親軍千騎與之鬭，爲敵所圍，外救不及，莊宗挺馬奮躍，出入數四，酣戰不解。李嗣昭聞其急也，灑泣而往，攻破敵陣，掖莊宗而歸。時契丹值大雪，野無所掠，馬無芻草，凍死者相望於路，阿保機召盧文進，以手指天謂

之曰：「天未令我到此。」乃引衆北去。莊宗率精兵騎躡其後，每經阿保機野宿之所，布秸在地，方而環之，雖去，無一莖亂者，莊宗謂左右曰：「蕃人法令如是，豈中國所及！」莊宗至幽州，發二百騎偵之，皆爲契丹所獲，莊宗乃還。

天祐末，阿保機乃自稱皇帝，署中國官號。其俗舊隨畜牧，素無邑屋，得燕人所教，乃爲城郭宮室之制于漠北，距幽州三千里，名其邑曰西樓邑，屋門皆東向，如車帳之法。城南別作一城，以實漢人，名曰漢城，城中有佛寺三，僧尼千人。其國人號阿保機爲天皇王。同光中，阿保機深著闢地之志，欲收兵大舉，慮渤海踵其後。三年，舉其衆討渤海之遼東，令禿餒、盧文進據營、平等州，擾我燕薊。

明宗初纂嗣，遣供奉官姚坤案：通鑑考異引莊宗實錄作苗坤。（舊五代史考異）奉書告哀，至西樓邑，屬阿保機在渤海，又徑至愼州，崎嶇萬里。既至，謁見阿保機，延入穹廬，阿保機身長九尺，被錦袍，大帶垂後，與妻對榻引見坤。坤未致命，阿保機先問曰：「聞爾漢土河南、河北各有一天子，信乎？」坤曰：「河南天子，今年四月一日洛陽軍變，今凶問至矣。河北總管令公，比爲魏州軍亂，先帝詔令除討，既聞內難，軍衆離心，及京城無主，上下堅册令公，請主社稷，今已順人望登帝位矣。」阿保機號咷，聲淚俱發，曰：「我與河東先世約爲兄弟，河南天子吾兒也。近聞漢地兵亂，點得甲馬五萬騎，比欲自往洛陽救助我兒，又緣渤海未下，我兒

果致如此，寃哉！」泣下不能已。又謂坤曰：「今漢土天子，初聞洛陽有難，不急救，致令及此。」坤曰：「非不急切，地遠阻隔不及也。」又曰：「我兒既殂，當合取我商量，安得自立！」坤曰：「吾皇將兵二十年，位至大總管，所部精兵三十萬，衆口一心，堅相推戴，違之則立見禍生，非不知稟天皇王意旨，無奈人心何。」其子突欲在側，謂坤曰：「漢使勿多談。」因引左氏牽牛蹊田之說以折坤，坤曰：「應天順人，不同匹夫之義，祇如天皇王初領國事，豈是強取之耶！」阿保機因曰：「理當如此，我漢國兒子致有此難，我知之矣。聞此兒有宮婢二千，樂官千人，終日放鷹走狗，躭酒嗜色，不惜人民，任使不肖，致得天下皆怒。我自聞如斯，常憂傾覆，一月前已有人來報，知我兒有事，我便舉家斷酒，解放鷹犬，休罷樂官。我亦有諸部家樂千人，非公宴未嘗妄舉。我若所爲似我兒，亦應不能持久矣，從此願以爲戒。」又曰：「漢國兒與我雖父子，亦曾彼此讎敵，俱有惡心，與爾今天子無惡，足得歡好。爾先復命，我續將馬萬騎至幽、鎭以南，與爾家天子面爲盟約，我要幽州，令漢兒把捉，更不復侵入漢界。」又問：「漢收得西川，信不？」坤曰：「去年九月出兵，十一月十六日收下東、西川，得兵馬二十萬，金帛無算。皇帝初卽位，未辦送來，續當遣使至矣。」阿保機忻然曰：「聞西有劍閣，兵馬從何過得？」坤曰：「川路雖險，然先朝收復河南，有精兵四十萬，良馬十萬騎，但通人行處，便能去得，視劍閣如平地耳。」阿保機善漢語，謂坤曰：「吾解漢語，歷口不敢言，懼部人效

我，令兵士怯弱故也。」坤至止三日，阿保機病傷寒。一夕，大星殞于其帳前，俄而卒于扶餘城，時天成元年七月二十七日也。其妻述律氏自率衆護其喪歸西樓，坤亦從行，得報而還。既而述律氏立其次子德光爲渠帥，以總國事，尋遣使告哀，明宗爲之輟朝。明年正月，葬阿保機於木葉山，僞謚曰「大聖皇帝」。

阿保機凡三子，皆雄偉。長曰人皇王突欲，卽東丹王也；次曰元帥太子，卽德光也；幼曰安端少君。德光本名耀屈之〔六〕，後慕中華文字，遂改焉。唐天成初，阿保機死，其母令德光權主牙帳，令少子安端少君往渤海國代突欲。突欲將立，而德光素爲部族所服，又其母亦常鍾愛，故因而立之。明宗時，德光遣使梅老等三十餘人來修好，又遣使爲父求碑石，明宗許之，賜與甚厚，幷賜其母瓔珞錦綵。自是山北安靜，蕃漢不相侵擾。

三年，德光僞改爲天顯元年。是歲，定州王都作亂，王都，原本作「王郁」，今從通鑑改正。（影庫本粘籤）求援於契丹，德光遂陷平州，遣禿餒以騎五千援都於中山〔七〕，招討使王晏球破之於曲陽，禿餒走保賊城。其年七月，又遣惕隱率七千騎救定州，王晏球逆戰於唐河北，大破之。幽州趙德鈞以生兵接于要路，生擒惕隱等首領五十餘人，獻于闕下。明年，王都平，擒禿餒及餘衆，斬之。自是契丹大挫，數年不敢窺邊。嘗遣使捺括梅里來求禿餒骸骨，明宗怒其詐，斬之。長興二年，東丹王突欲在闕下，其母繼發使申報，朝廷亦優容之。

長興末，契丹迫雲州，明宗命晉高祖爲河東節度使兼北面蕃漢總管。清泰三年，晉高祖爲張敬達等攻圍甚急，遣指揮使何福齎表乞師，願爲臣子。德光白其母曰：「兒昨夢太原石郎發使到國，今果至矣，案：契丹國志作太宗夢見眞武，使之救晉，與薛史微異。（舊五代史考異）事符天意，必須赴之。」德光乃自率五萬騎由雁門至晉陽，卽日大破敬達之衆於城下。尋册晉高祖爲大晉皇帝，約爲父子之國，割幽州管內及新、武、雲、應、朔州之地以賂之，仍每歲許輸帛三十萬。時幽州趙德鈞屯兵于團柏谷，遣使至幕帳，求立己爲帝，以石氏世襲太原，德光對使指帳前一石曰：「我已許石郎爲父子之盟，石爛可改矣。」楊光遠等殺張敬達降於契丹，德光戲謂光遠等曰：「汝輩大是惡漢兒，不用鹽酪，食却一萬匹戰馬。」光遠等大慚。晉高祖南行，德光自送至潞州。時趙德鈞、趙延壽自潞州出降于契丹，德光鎖之，令隨牙帳。晉高祖入洛，尋遣宰相趙瑩致謝于契丹。天福三年，又遣宰臣馮道、左僕射劉昫等持節册德光及其母氏徽號，齎鹵簿、儀仗、法服、車輅於本國行禮。德光大悅，尋遣使奉晉高祖爲英武明義皇帝。

是歲，契丹改天顯十一年爲會同元年，以趙延壽爲樞密使，升幽州爲南京，以趙思溫爲南京留守。既而德光請晉高祖不稱臣，不上表，來往緘題止用家人禮，但云「兒皇帝」。晉祖厚齎金帛以謝之。晉祖奉契丹甚至，歲時問遺，慶弔之禮，必令優厚。每敵使至，卽於別殿致敬。德光每有邀請，小不如意，則來譴責，晉祖每屈己以奉之，終晉祖世，略無釁隙。

及少帝嗣位，遣使入契丹，德光以少帝不先承稟，擅卽尊位，所齎文字，略去臣禮，大怒，形于責讓，朝廷使去，卽加譴辱。會契丹迴圖使喬榮北歸〔八〕，侍衞親軍都指揮使景延廣謂榮曰：「先朝是契丹所立，嗣君乃中國自册，稱孫可矣，稱臣未可。中國自有十萬口橫磨劍，橫磨劍，原本作「磨橫劍」，今從通鑑改正。（影庫本粘籤）要戰卽來。」榮至本國，具言其事，德光大怒，會青州楊光遠叛，遣使搆之。明年冬，德光率諸部南下。開運元年春，陷祁州，直抵大河，少帝幸澶州以禦之。其年三月，德光敗於陽城，棄其車帳，乘一橐駞奔至幽州。因怒其失律，自大首領已下各杖數百，唯趙延壽免焉。是時，契丹連歲入寇，晉氏疲於奔命，邊民被苦，幾無寧日。晉相桑維翰勸少帝求和於契丹，以紓國難，少帝許之，乃遣使奉表稱臣，卑辭首過。使迴，德光報曰：「但使桑維翰、景延廣自來，幷割鎭、定與我，則可通和也。」朝廷知其不可，乃止。時契丹諸部頻年出征，蕃國君臣稍厭兵革，德光母嘗謂蕃漢臣僚曰：「南朝漢兒爭得一向臥耶！自古及今，惟聞漢來和蕃，不聞蕃去和漢，待伊漢兒的當迴心，則我亦不惜通好也。」

三年，樂壽監軍王巒繼有密奏，苦言瀛、鄚可取之狀。十月，少帝遣杜重威、李守貞等率兵經略。十一月，蕃將高牟翰敗晉師於瀛州之北，梁漢璋死之。契丹主聞晉既出兵，自

率諸部由易、定抵鎮州，杜重威等自瀛州西趨常山，至中渡橋，敵已至矣，兩軍隔滹水而砦焉。十二月十日，杜重威率諸軍降於契丹，語在晉少帝紀中。十二日，德光入鎮州，大犒將士。十四日，自鎮州南行，中渡降軍所釋甲仗百萬計，並令於鎮州收貯；戰馬數萬匹，長驅而北。命張彥澤領二千騎先趨東京，遣重威部轄降兵取邢、相路前進。晉少帝遣子延煦、延寶奉降表於契丹，並傳國寶一紐至牙帳。明年春正月朔日，德光至汴北，文武百官迎於路。是日入宮，至昏復出，次於赤崗。五日，僞制降晉少帝爲負義侯，於黃龍府安置。七日德光復自赤崗入居於大內，分命使臣於京城及往諸道括借錢帛。僞命以李崧爲西廳樞密使，以馮道爲太傅，以左僕射和凝及北來翰林學士承旨張礪爲宰相。張礪，原本作「章礪」，今從歐陽史改正。（影庫本粘籤）二月朔日，德光服漢法服，坐崇元殿受蕃漢朝賀，僞制大赦天下，改晉國爲大遼國。以趙延壽爲大丞相，兼政事令，充樞密使兼中京留守。降東京爲防禦州，尋復爲宣武軍。

十五日，漢高祖建號于晉陽，德光聞之，削奪漢祖官爵。是月，晉州、潞州並歸河東。時盜賊所在羣起，攻刼州郡，斷澶州浮梁。契丹大恐，沿河諸藩鎮並以腹心鎮之。三月朔日，德光坐崇元殿，行入閤之禮，覩漢家儀法之盛，大悅。以蕃大將蕭翰爲汴州節度使。十七日，德光北還。初離東京，宿于赤崗，有大聲如雷，起于牙帳之下。契丹自黎陽濟河，次湯

陰縣界，有一崗，土人謂之愁死崗。德光憩于其上，謂宣徽使高勳曰：「我在上國，以打圍食肉爲樂，自及漢地，每每不快，我若得歸本土，死亦無恨。」勳退而謂人曰：「其語偷，殆將死矣。」時賊帥梁暉據相州，德光親率諸部以攻之。四月四日，屠其城而去。德光聞河陽軍亂，謂蕃漢臣僚曰：「我有三失：殺上國兵士，打草穀，一失也；天下括錢，二失也；不尋遣節度使歸藩，三失也。」十六日，次于欒城縣殺胡林之側，時德光已得寒熱疾數日矣，命胡人齎酒脯，禱于得疾之地。十八日晡時，有大星落于穹廬之前，若迸火而散。德光見之，西望而唾，連呼曰：「劉知遠滅，劉知遠滅！」是月二十一日卒，時年四十六，主契丹凡二十二年。永樂大典卷四千五百五十八。

契丹人破其屍，摘去腸胃，以鹽沃之，載而北去，漢人目之爲「帝羓」焉。

案：以下原本闕佚。據五代會要云：四月十八日，德光卒於欒城。五月，宣遺制，以永康王襲位。永康王者，東丹王之長子，以其月二十一日領部族歸國，改會同十年爲天祿元年，自稱天授皇帝。漢乾祐三年十一月，率騎數萬，陷邢州之內丘縣，深州之饒陽縣〔九〕。周廣順元年正月，太祖命左千牛衛將軍朱憲往修和好，永康王亦遣使報命，獻良馬四匹，太祖復遣尙書左丞田敏、供奉官蔣光遜銜命往聘。其年四月，田敏等迴，永康王遣使獻碧玉金鍍銀裹鞍轡，幷馬四十匹。其月，太祖又命左金吾將軍姚漢英、左神武將軍華光裔往使。其年九月，永康王爲部下太寧王所弒，德光之子勒所部兵誅太寧王自立，稱應曆元年，號天順皇帝。顯德元年春，太原劉崇將圖南寇，契丹將楊衮率騎萬餘以助之。三月，世宗親征，與崇戰于潞州高平縣之南原，崇軍大敗，契丹衆棄甲而遁。二年三月，命許州節度使王彥超等築壘於李晏口，與契丹兵數千騎戰于安平縣，敗之。

校勘記

〔一〕習爾之　原作「薩勒札」，注云：「舊作習爾之，今改正。」按此係輯錄舊五代史時據遼史索倫國語解所改，今恢復原文。

〔二〕欽德　原作「沁丹」，注云：「舊作欽德，今改正。」按此係輯錄舊五代史時據遼史索倫國語解所改，今恢復原文。

〔三〕舍利　原作「錫利」，注云：「舊作舍利，今改正。」按此係輯錄舊五代史時據遼史索倫國語解所改，今恢復原文。

〔四〕敎之文法　「敎」原作「歸」，據殿本及冊府卷一〇〇〇改。

〔五〕王都遣使告急　「王都」原作「王郁」，據盧本及冊府卷九八七改。按通鑑卷二七一，王處直養子名都，孽子名郁，時處直遣郁召契丹犯塞，都刼處直，自爲留後。契丹攻定州，王都告急于晉。

〔六〕耀屈之　原作「耀徿芝」，注云：「舊作耀屈之，今改正。」按此係輯錄舊五代史時據遼史索倫國語解所改，今恢復原文。殿本作耀庫濟。

〔七〕遣禿餒以騎五千援都　「遣」字原無，據冊府卷九八七補。

〔八〕迴圖使　原作「迴國使」，據劉本、彭校改。通鑑卷二八三：「河陽牙將喬榮從趙延壽入契丹，契丹以爲回圖使。」注云：「凡外國與中國貿易者，置回圖務，猶今之回易場也。」

〔九〕饒陽縣　「饒」原作「就」，據殿本、劉本改。

中華書局

舊五代史卷一百三十八

外國列傳第二

吐蕃，本漢西羌之地，或云南涼禿髮利鹿孤之後，其子孫以禿髮爲國號，語訛爲吐蕃。國人號其主爲贊普，置大論、小論以理國事。其俗隨畜牧無常居，然亦有城郭，都城號邏些城。不知節候，以麥熟爲歲首。

唐時屢爲邊患。初，唐分天下爲十道，河西、隴右三十三州，涼州最爲大鎮。天寶置八監，牧馬三十萬，又置都護以控制之。安祿山之亂，肅宗在靈武，悉召河西戍卒收復兩京，吐蕃乘虛取河西、隴右，華人百萬皆陷于吐蕃。開成時，朝廷嘗遣使至西域，見甘、涼、瓜、沙等州城邑如故，陷吐蕃之人見唐使者旌節，夾道迎呼涕泣曰：「皇帝猶念陷蕃生靈否？」其人皆天寶中陷吐蕃者子孫，其語言小訛，而衣服未改。

至五代時，吐蕃已微弱，回鶻、党項諸羌夷分侵其地，而不有其人民。值中國衰亂，不能撫有，惟甘、涼、瓜、沙四州常自通於中國。甘州爲回鶻牙帳，案：原本脫「帳」字，今據歐陽史增

入。（舊五代史考異）而涼、瓜、沙三州將吏猶稱唐官，數來請命。自梁太祖時，常以靈武節度使兼領河西節度，而觀察甘、肅、威等州，然雖有其名，而涼州自立守將。唐長興四年，涼州留後孫超遣大將拓拔承謙及僧道士耆老楊通信等至京師，明宗拜孫超節度使。清泰元年，留後李文謙來請命。後數年，涼州人逐出文謙，靈武馮暉遣牙將吳繼興代文謙爲留後，是時天福七年。明年，晉高祖遣涇州押牙陳延暉齎詔書安撫涼州，涼州人共劫留延暉，立以爲刺史。至漢隱帝時，涼州留後折逋嘉施來請命，漢即以爲節度使。嘉施，土豪也。周廣順二年，嘉施遣人市馬京師。是時樞密使王峻用事，峻故人申師厚者，少起盜賊，爲兗州牙將，與峻相友善，後峻貴，師厚弊衣蓬首，日候峻出，馬前訴以飢寒，峻未有以發。而嘉施等來請帥，峻即建言，涼州深入夷狄，中國未嘗命吏，請帥募府率供奉官能往者〔一〕，月餘，無應募者，乃奏起師厚爲左衞將軍，已而拜河西節度使。師厚至涼州，奏薦押衙副使崔虎心、陽妃谷首領沈念般等，及中國留人子孫王廷翰、溫崇樂、劉少英爲將吏，又自安國鎮至涼州立三州以控扼諸羌，用其酋豪爲刺史。然涼州夷夏雜處，師厚小人，不能撫有。至世宗時，師厚留其子而逃歸，涼州遂絕於中國。獨瓜、沙二州，終五代常來。

沙州，梁開平中，有節度使張奉，自號「金山白衣天子」。至唐莊宗時，回鶻來朝，沙州留後曹義金亦遣使附回鶻以來，莊宗拜義金爲歸義軍節度使、瓜沙等州觀察處置等使。晉天

福五年，義金卒，子元德立。至七年，沙州曹元忠、瓜州曹元深皆遣使來。周世宗時，又以元忠爲歸義軍節度使，元恭爲瓜州團練使。其所貢碙砂、羚羊角、波斯錦、安西白氎、金星礬、大鵬砂、毦褐、玉團，皆因其來者以名見，而其卒立世次，史皆失其紀。

而吐蕃不見於梁世。唐天成三年，回鶻王仁喻來朝，吐蕃亦遣使附以來，自此數至中國。明宗嘗御端明殿見其使者，問其牙帳所居，曰：「西去涇州二千里。」明宗賜以虎皮，人一張，皆披以拜，委身宛轉，落其氈帽，髮亂如蓬，明宗及左右皆大笑。至漢隱帝時，猶來朝，後遂不復至，史亦失其君世云。永樂大典卷四千二百五十七。案：此傳多與歐陽史同，疑永樂大典傳寫之誤也。今無可復考，姑仍其舊。

回鶻，其先匈奴之種也。後魏時，號爲鐵勒，亦名回紇。唐元和四年，本國可汗遣使上言，改爲回鶻，義取迴旋搏擊，如鶻之迅捷也。本牙在天德西北婆陵水上，距京師八千餘里。唐天寶中，安祿山犯闕，有助國討賊之功，累朝尚主，自號「天驕」，大爲唐朝之患。會昌初，其國爲黠戛斯所侵，部族擾亂，乃移帳至天德、振武間。時爲石雄、劉沔所襲，破之，復爲幽州節度使張仲武所攻，餘衆西奔，歸于吐蕃，吐蕃處之甘州，由是族帳微弱。其後時通中國，世以中國爲舅，朝廷每賜書詔，亦常以甥呼之。

梁乾化元年十一月，遣都督周易言等入朝進貢，太祖御朝元殿引對，以易言爲右監門衞大將軍同正，以石壽兒、石論思並爲右千牛衞將軍同正，仍以左監門衞將軍楊沼充押領回鶻還蕃使，案五代會要：以易言爲右監門衞大將軍同正，弟略麥之、石論思並爲左千牛衞將軍同正，李屋珠、安靈山並爲右千牛衞將軍同正，仍以左監門衞上將軍楊沼爲左驍衞上將軍，充押領回鶻還蕃使〔二〕。通事舍人仇玄通爲判官，厚賜繒帛，放令歸國，又賜其入朝僧凝盧、宜李思、宜延籛等紫衣。

後唐同光二年四月，其本國權知可汗仁美遣都督李引釋迦、副使鐵林、都監楊福安等共六十六人來貢方物，并獻善馬九匹。案：歐陽史作貢玉、馬。莊宗召對於文明殿，乃命司農卿鄭續、將作少監何延嗣持節册仁美爲英義可汗。至其年十一月，仁美卒，其弟狄銀嗣立，遣都督安千等來朝貢。狄銀卒，案歐陽史：同光四年，狄銀卒。阿咄欲立，亦遣使來貢名馬。天成三年二月，其權知可汗仁裕遣都督李阿山等一百二十人入貢，明宗召對於崇元殿，賜物有差。其年三月，命使册仁裕爲順化可汗。四年，又遣都督掣撥等五人來朝，授掣撥等懷化司戈，遣令還蕃。長興元年十二月，遣使翟未思三十餘人，進馬八十匹、玉一團。四年七月，復遣都督李未等三十人來朝，進白鶻一聯，明宗召對於廣壽殿，厚加錫賚，仍命解放其鶻。清泰二年七月，遣都督陳福海已下七十八人，進馬三百六十匹、玉二十團。八月，敕回鶻朝貢使、密錄都督陳福海可懷化郎將，副使達奚相溫可懷化司階，監使屈密錄阿撥可歸德司

戈，判官安均可懷化司戈。

晉天福三年十月，遣使都督李萬全等朝貢，以萬全爲歸義大將軍，監使雷福德爲順化將軍。四年三月，又遣都督拽里敦來朝，兼貢方物。其月，命衞尉卿邢德昭持節就册爲奉化可汗。案歐陽史：晉高祖時，又加册命，阿咄欲不知其爲狄銀親疏，亦不知其立卒，而仁裕訖五代常來朝貢，史亦失其紀。五年正月，遣都督石海金等來貢良馬百駟，并白玉團、白玉鞍轡等，謝其封册。

漢乾祐元年五月，遣使李屋等入朝貢馬并白玉、藥物等。七月，以入朝使李屋爲歸德大將軍，副使安鐵山、監使末相温爲歸德將軍，判官翟毛哥爲懷化將軍。

周廣順元年二月，遣使并摩尼貢玉團七十有七，白氎、貂皮、氂牛尾、藥物等。先是，晉、漢已來，回鶻每至京師，禁民以私市易〔三〕，其所有寶貨皆鬻之入官，民間市易者罪之。至是，周太祖命除去舊法，每回鶻來者，聽私下交易，官中不得禁詰，由是玉之價直十損七八。顯德六年二月，又遣使朝貢，獻玉并硇砂等物，皆不納，所入馬量給價錢。時世宗以玉雖稱寶，無益國用，故因而却之。永樂大典卷二萬一千一百九十九。

高麗，高麗傳，永樂大典原本有闕佚，今姑存其舊。（影庫本粘籤）本扶餘之別種。其國都平壤城，卽漢樂浪郡之故地，在京師東四千餘里。東渡海至于新羅，西北渡遼水至于營州，南渡海

至于百濟，北至靺鞨，東西三千一百里，南北二千里。其官大者號大對盧，比一品，總知國事，三年一代，若稱職者不拘年限；對盧已下官總十二級。外置州縣六十餘〔四〕，大城置傉薩一人，比都督；小城置道使一人，比刺史；其下各有僚佐，分曹掌事。其王以白羅爲冠，白皮小帶，咸以金飾。唐貞觀末，太宗伐之，不能下。至總章初，高宗命李勣率軍征之，遂拔其城，分其地爲郡縣。及唐之末年，中原多事，其國遂自立君長，前王姓高氏。唐同光、天成中，累遣使朝貢。永樂大典卷四千四百四十一。周顯德六年，高麗遣使貢紫白水晶二千顆。永樂大典卷八千五百三十。

渤海靺鞨，渤海靺鞨諸傳，原本殘闕，今無可采補，姑仍其舊。（影庫本粘籤）其俗呼其王爲可毒夫，對面呼聖，牋奏呼基下。父曰老王，母曰太妃，妻曰貴妃，長子曰副王，諸子曰王子。世以大氏爲酋長。永樂大典卷二萬五十四。

黑水靺鞨，其俗皆編髮。性凶悍，無憂戚，貴壯而賤老。俗無文字，兵器有角弓楛矢。永樂大典卷二萬一千一百二十七。

新羅，其國俗重九日相慶賀，每以是月拜日月之神。婦人以髮繞頭，用綵及珠爲飾，髮甚鬢美。永樂大典卷六千二百一十。

党項，其俗皆土著，居有棟宇，織毛罽以覆之。尙武，其人多壽，至百五十、六十歲，不事生業，好爲盜賊。党項自同光以後，大姓之強者各自來朝貢。明宗時，詔沿邊置場市馬，諸夷皆入市中國，有回鶻、党項馬最多。明宗招懷遠人，馬來無駑壯皆集，而所售過常直，往來館給，道路倍費。其每至京師，明宗爲御殿見之，勞以酒食，既醉，連袂歌呼，道其土風以爲樂，去又厚以賜賚，歲耗百萬計。唐大臣皆患之，數以爲言，乃詔吏就邊場售馬給直，止其來朝，而党項利其所得，來不可止。其在靈、慶之間者，數犯邊爲盜。自河西回鶻朝貢中國，道其部落，輒邀刼之，執其使者，賣之他族以易牛馬。明宗遣靈武康福、邠州藥彥稠等出兵討之，福等擊破阿埋、韋悉、褒勒、強賴、埋厮骨尾及其大首領連香、李八薩王，都統悉那、埋摩，侍御乞埋、嵬悉逋等族。殺數千人，獲其牛羊鉅萬計及其所刼外國寶玉等，悉以賜軍士，由是党項之患稍息。其他諸族，散處沿邊界上甚衆，然皆無國邑君長，故莫得而紀次云。永樂大典卷一萬八千二百八十五。

昆明部落，其俗椎髻跣足。酋長披虎皮，下者披氈。

于闐，其俗好事妖神。永樂大典卷八千五百二十。昆明、占城、牂牁蠻傳，永樂大典全篇已佚，僅存數語，今姑仍其舊。（影庫本粘籤）

占城，本地鳥之大者有孔雀。永樂大典卷八千四百三十九。

牂牁蠻，其國法，刼盜者三倍還贓，殺人者出牛馬三十頭乃得贖死。永樂大典卷五千一百五十。

校勘記

〔一〕請帥募府率供奉官能往者　殿本同。劉本作「請募率府率供奉官能往者」，歐陽史卷七四同。

〔二〕充押領回鶻還番使　句下原有「通事舍人」四字，按會要卷二八，「通事舍人」四字當與其下文「仇玄通」連讀，據刪。本條注文前正文原有「通事舍人」四字，今移置注文後。

〔三〕禁民以私市易　「禁民」下原有「衷」字，據殿本刪。

〔四〕置州縣六十餘　「十」字原無，據會要卷三〇、舊唐書卷一九九高麗傳補。

舊五代史卷一百三十九

志一

天文志

案：薛史天文志序，永樂大典原闕，然其日食、星變諸門，事蹟具存，較歐陽史司天考爲詳備。今考五代會要所載星變、物異諸門，與司天考互有詳略。蓋五代典章散佚，各記所聞，未能畫一也。參考諸書，當以薛史爲得其實焉。

日食

梁太祖乾化元年，元年，原本作「五年」，考乾化無五年，通鑑、歐陽史俱作「元年」，今改正。（影庫本粘籤）正月丙戌朔，日有蝕之。時言事諸臣，多引漢高祖末年日蝕於歲首，太祖甚惡之，於是素服避正殿，百官各守本司。是日，有司奏：「雲初陰晦，事同不蝕。」百僚奉表稱賀。

末帝龍德三年，十月辛未朔，日有蝕之。

唐莊宗同光三年，四月癸亥朔，時有司奏：「日蝕在卯，主歲大旱。」

明宗天成元年，八月乙酉朔，日有蝕之。

二年，八月己卯朔，日有蝕之。

三年，二月丁丑朔，日食。其日陰雲不見，百官稱賀。

長興元年，六月癸巳朔，日食。其日陰冥不見，至夕大雨。

二年，十一月甲申朔，先是，司天奏：「朔日合蝕二分，伏緣所蝕微少，太陽光影相鑠，伏恐不辨虧闕，請其日不入閤，百官守司。」從之。

晉高祖天福二年，正月乙卯，先是，司天奏：「正月二日，太陽虧蝕，宜避正殿，開諸營門，蓋藏兵器，半月不宜用軍。」是日太陽虧，十分內食三分，在尾宿十七度。日出東方，以帶蝕三分，漸生，至卯時復滿。

三年，正月戊申朔，司天先奏，其日日蝕。至是日不蝕，內外稱賀。

四年，七月庚子朔，時中書門下奏：「謹按舊禮：日有變，天子素服避正殿，太史以所司救日於社，陳五兵、五鼓、五麾，東戟西矛，南弩南弩，原本作「西弩」，今據五代會要改正。（影庫本粘籤）北楯，中央置鼓，服從其位，百職廢務，素服守司，重列于庭，每等異位，向日而立，明復而止。今所司法物，咸不能具，去歲正旦日蝕，唯謹藏兵仗，皇帝避正殿素食，百官守司。今且欲依近禮施行。」從之。

七年，四月甲寅朔，「甲寅朔」下原本疑有脫文，今無別本可考，姑仍其舊。（影庫本粘籤）是日百官守司，太陽不蝕，上表稱賀。

八年，四月戊申朔〔一〕，日有蝕之。

少帝開運元年，九月庚午朔，日有蝕之。

二年，八月甲子朔，日有蝕之。

三年，二月壬戌朔〔二〕，日有蝕之。

漢隱帝乾祐三年，十一月甲子朔，日有蝕之。

周太祖廣順二年，四月丙戌朔，日有蝕之。

月食

梁太祖開平四年，十二月十四日夜，先是，司天奏：「是日月食，不宜用兵。」時王景仁方總大軍北伐，追之不及。至五年正月二日，果爲後唐莊宗大敗於柏鄉。

唐莊宗同光三年，三月戊申，月食。九月甲辰，月食。

明宗天成三年，十二月乙卯，月食。

四年，六月癸丑望，月食。十二月庚戌，月食。

晉高祖天福二年，七月丙寅，月食。

五年，十一月丁丑，月食鶉首之分。

少帝開運元年，三月戊子，月食。九月丙戌，月食〔三〕。

漢高祖天福十二年，十二月乙未，月食。

周世宗顯德三年，正月戊申，月食。

五年，十一月辛未，月食。

月暈

唐明宗天成元年，十一月，月暈匝火、木。

彗孛

梁太祖乾化二年，四月甲戌夜，彗見於靈臺之西。

唐明宗天成三年，十月庚午夜，西南有孛，長丈餘，東南指，在牛宿五度〔四〕。

末帝清泰三年，九月己丑〔五〕，彗出虛、危，長尺餘，形細微，經天壘、哭星。

晉高祖天福六年，九月，有彗星長丈餘。

八年，十月庚戌夜，有彗見於東方，西指，尾長一丈，在角九度。

周太祖顯德三年，正月壬戌夜，有星孛於參角，其芒指於東南。

五星凌犯

梁太祖開平二年，正月乙亥，歲星犯月。

乾化二年，五月壬戌〔六〕，熒惑犯心大星，去心四度，順行。占曰：「心爲帝王之星。」其年六月五日，帝崩。案歐陽史：正月丙申，熒惑犯房第二星。與薛史異，五代會要與薛史同。

唐莊宗同光二年，八月戊子，熒惑犯星。

三年，三月丙申，熒惑犯上相。四月甲申，熒惑犯左執法。六月丙寅，歲犯右執法。九月己亥，熒惑在江東犯第一星。案歐陽史：九月丙辰，太白、歲相犯。薛史不載，疑有闕文。

明宗天成元年，八月癸卯，太白犯心大星。辛亥，熒惑犯上將。九月庚午，熒惑犯右執法。己卯，熒惑犯左執法。十月戊子，熒惑犯上相。十二月，熒惑犯氐。

二年，正月甲戌，熒惑、歲相犯。二月辛卯，熒惑犯鍵閉。三月，熒惑犯上相。六月辛

丑，熒惑犯房。九月壬子，歲犯房。

三年，正月壬申，太白、熒惑合於奎。閏八月癸卯〔七〕，熒惑犯上將。乙卯，熒惑犯右執法。庚午，太白犯左執法。九月庚辰，鎮、歲合於箕。辛巳，太白、熒惑合於軫。十二月壬寅，熒惑犯房，太白、歲相犯於斗。

四年，三月壬辰，歲犯牛。九月丙子，熒惑入哭星。

長興元年，六月乙卯，太白犯天罇。十一月壬戌，熒惑犯氐。十二月丙辰，熒惑犯天江。

二年，正月乙亥，太白犯羽林。四月甲寅，熒惑犯羽林。八月，辰犯端門。十一月丙戌，太白犯鍵閉〔八〕。

三年，四月庚辰，熒惑犯積尸。九月庚寅，太白犯哭星。十一月己亥，太白犯壁壘。

四年，八月己未，五鼓三籌，熒惑近天高星，歲星近司怪，太白近軒轅大星。案歐陽史：九月辛巳，太白犯右執法。薛史不載。

末帝清泰元年，六月甲戌，太白犯右執法。

晉天福元年，三月壬子，熒惑犯積尸。

四年，四月辛巳，太白犯東井北轅。甲申，太白犯五諸侯。五月丁未，太白犯輿鬼中

星。

六年，八月辛卯，太白犯軒轅。九月己卯，熒惑犯上將。

八年，八月丙子，熒惑犯右掖。十月丙辰，熒惑犯進賢。

開運元年，二月壬戌，太白犯昴。己巳，熒惑犯天鑰。四月丁巳，太白犯五諸侯。七月甲申，太白犯東井。八月甲辰，熒惑入南斗。十月壬戌，熒惑犯哭星。案：此條歐陽史不載。十二月，太白犯辰。

二年，八月甲戌，歲犯東井。九月甲寅，太白犯南斗魁。十一月甲午朔，太白犯哭星。

漢天福十二年，十月己丑，太白犯亢距星。

乾祐元年，八月己丑，鎮星入太微西垣。戊戌，歲犯右執法。十月丁丑，歲犯左執法。

二年，九月壬寅，太白犯右執法。庚戌，太白犯鎮。丁卯，太白犯歲。十一月，鎮星始出太微之左掖門。自元年八月己丑，鎮星入太微垣，犯上將、左右執法、內屏、謁者，勾己往來，凡四百四十三日方出左掖。案：原本作「旬巳」，今從歐陽史改正。

三年，六月乙卯，鎮犯左掖。七月甲申，熒惑犯司怪。八月癸卯，太白犯房。庚戌，太白犯心大星。十月辛酉，太白犯歲。

周廣順元年，二月丁巳，歲犯咸池。己未，熒惑犯五諸侯。三月甲子，歲守心。己卯，熒惑犯鬼。壬午，熒惑犯天尸。四月甲午，歲犯鉤鈐。

二年七月，熒惑犯井鉞。八月乙未，熒惑犯天罇。九月辛酉，熒惑犯鬼。庚辰〔九〕，熒惑掩右執法。十月壬辰，太白犯進賢。

三年，四月乙丑，熒惑犯靈臺。五月辛巳〔一〇〕，熒惑犯上將。

顯德六年，六月庚子，熒惑與心大星合度，光芒相射。先是，熒惑勾己于房、心間，凡數月，至是與心大星合度，是夜順行。案：此條歐陽史不載。

星晝見

唐同光三年，六月己巳，太白晝見。

天成元年，七月庚申，太白晝見。

長興二年，五月己亥〔一一〕，歲星晝見。案：歐陽史作癸亥，太白晝見。閏五月己巳〔一二〕，歲星晝見。八月戊子〔一三〕，太白晝見。

三年，十月壬申，太白晝見。

四年，五月癸卯，太白晝見。

清泰元年，五月己未，太白晝見。

漢天福十二年，四月丙子，太白晝見。

乾祐二年，四月壬午，太白晝見。

周廣順二年，二月庚寅，太白經天。

流星

梁乾化元年，十一月甲辰，東方有流星如數升器，出畢宿口，曳光三丈餘，有聲如雷。

唐長興二年，九月丙戌夜，二鼓初，東北方有小流星入北斗魁滅。至五鼓初，西北方次北有流星，狀如半升器，初小後大，速流如奎滅。尾迹凝天，屈曲似雲而散，光明燭地。又東北有流星如大桃，出下台星，西北速流，至斗柄第三星旁滅。五鼓後至明，中天及四方有小流星百餘，流注交橫。

應順元年春，案：原本訛「廣順」，今據歐陽史改正。（舊五代史考異）二月辛未夜，有大星如五升器，流於東北，有聲如雷。

清泰元年，九月辛丑夜，五鼓初，有大星如五斗器而南流，尾迹長數丈，亦赤色，移時盤屈如龍形，蹙縮如二鏵，相鬭而散。又一星稍小，東流，有尾迹，凝成白氣，食頃方散。

晉天福三年，三月壬申夜，四鼓後，東方有大流星，狀如三升器，其色白，長尺餘，屈曲流出河鼓星東三尺，流丈餘滅。

周顯德元年，正月庚寅，子夜後，東北有大星墜，有聲如雷，牛馬震駭，六街鼓人方寐而驚，以爲曉鼓，乃齊伐鼓以應之，至曙方知之。三月，高平之役，戰之前夕，有大流星如日，流行數丈，墜於賊營之所。

雲氣

梁開平二年，三月丁丑夜，月有蒼白暈，又有白氣如人形十餘，皆東向，出於暈內。九月乙酉，平旦，西方有氣如人形甚衆，皆若俯伏之狀，經刻乃散。

唐同光二年，日有背氣，凡十二。

三年，九月丁未夜〔四〕，遍天陰雲，北方有聲如雷，四面雞雉皆雊，俗謂之「天狗落」。是歲，日有背氣，凡十三。是月，司天監奏：「自七月三日陰雲大雨，至九月十八日後方晴，三辰行度行度，原本作「在度」，今從五代會要改正。（影庫本粘籤）災祥，數日不見。」閏十二月庚午〔五〕，日有黑氣，似日，交相錯磨，測在室十度。

天成二年，十二月壬辰，西南有赤氣，如火燄燄，約二千里。占者云：「不出二年，其下當有大兵。」

長興三年，六月，司天監奏：「自月初至月終，每夜陰雲蔽天，不辨星月。」

應順元年，四月九日，白虹貫日，是時閔帝遇害。

晉天福初，高祖將建義於太原，日傍多有五色雲，如蓮芰之狀。

二年，正月丙辰，一鼓初，北方有赤氣，向西至戌亥地，東北至丑地已來向北，闊三丈餘，狀如火光。赤氣內見紫微宮共北斗諸星，其氣乍明乍暗。至三點後，後有白氣數條，相次西行，直至三鼓後散。

漢乾祐二年，十二月，日暈三重，上有背氣。

周顯德三年，十二月庚午，白虹貫日，氣暈勾環。永樂大典卷三千二百七。

校勘記

〔一〕八年四月戊申朔　「年四」二字原無，據會要卷一〇、文獻通考卷二八三補。按二十史朔閏表，晉天福七年八月爲壬子朔，八年四月爲戊申朔。

〔二〕二月壬戌朔　「二月」原作「三月」，據會要卷一〇、文獻通考卷二八三、本書卷八四晉少帝紀改。按二十史朔閏表，開運三年二月爲壬戌朔，三月爲壬辰朔。

〔三〕開運元年三月戊子月食九月丙戌月食　「元年」原作「二年」，據會要卷一〇改。按二十史朔閏表，開運二年，三月丁酉朔，無戊子；九月甲午朔，無丙戌。開運元年，三月癸酉朔，戊子爲十六日；九月庚午朔，丙戌爲十七日。

〔四〕在牛宿五度　「牛」字原無，據會要卷一〇、文獻通考卷二八六補。殿本、劉本作「在牛五度」。影庫本粘籤云：「在宿五度，『宿』字上當有闕字，今無別本可考，姑仍其舊，附識于此。」

〔五〕九月己丑　「己丑」原作「乙丑」，據會要卷一〇、文獻通考卷二八六改。按二十史朔閏表，九月丁亥朔，無乙丑。

〔六〕五月壬戌　會要卷一一、文獻通考卷二八九同。按二十史朔閏表，五月己卯朔，無壬戌。

〔七〕閏八月癸卯　「閏」字原無，據文獻通考卷二八九補。按二十史朔閏表，八月癸酉朔，無癸卯。閏八月爲癸卯朔。

〔八〕太白犯鍵閉　「閉」字原無，據文獻通考卷二八九補。

〔九〕庚辰　原作「庚戌」，據文獻通考卷二八九改。按二十史朔閏表，廣順二年九月甲寅朔，無庚戌。

〔一〇〕五月辛巳　原作「五年」，據殿本及歐陽史卷五九司天考第二改。按廣順無五年，文獻通考卷二八九亦作「五月」。

〔一一〕五月己亥　殿本、劉本同。按二十史朔閏表，五月戊午朔，無己亥。歐陽史卷五九司天考第二作「癸亥」。

〔三〕閏五月己巳　殿本、劉本同。按二十史朔閏表，閏五月戊子朔，無己巳。歐陽史卷五九司天考第二作「乙巳」。

〔三〕八月戊子　殿本、劉本同。按二十史朔閏表，八月丙辰朔，無戊子。歐陽史卷五九司天考第二作「九月戊子」。

〔四〕丁未夜　「夜」字原無，據殿本及會要卷一一補。本書卷三三唐莊宗紀作「丁未夕」。

〔五〕閏十二月庚午　殿本、劉本同。按二十史朔閏表，閏十二月己丑朔，無庚午。

舊五代史卷一百四十

志二

曆志

案：五代修曆法，如晉馬重績調元曆、周王朴欽天曆，五代會要所載甚略，蓋因知曆者稀，莫能是正也。薛史載欽天曆用數爲歐陽史所本，其字句異同，彼此可互證云。

古先哲王，受命而帝天下者，必先觀象以垂法，治曆以明時，使萬物服其化風，四海同其正朔，然後能允釐下土，欽若上天。故虞舜之紹唐堯，先齊七政；武王之得箕子，首敍九疇。皇極由是而允興，人時以之而不忒。歷代已降，何莫由斯。

粤自軒黃 肇正天統，歲躔辛卯，曆法時成。故黃帝始用辛卯曆，顓頊次用乙卯曆，虞用戊午曆，夏用丙寅曆，商用甲寅曆，周用丁巳曆，魯用庚子曆，秦用乙卯曆。漢用太初曆、

四分曆、三統曆，凡三本。魏用黃初曆、景初曆，凡二本。晉用元始曆、合元萬分曆，凡二本。宋用大明曆、元嘉曆，凡二本。齊用天保曆、同章曆、正象曆，凡三本。後魏用興和曆、正光曆、正元曆，案：玉海作正統，五代會要作正元。（舊五代史考異）凡三本。梁用大同曆、乾象曆、永昌曆，凡三本。後周用天和曆、丙寅曆、明玄曆，凡三本。隋用甲子曆、開皇曆、皇極曆、大業曆，凡四本。唐用戊寅曆、麟德曆、神龍曆、大衍曆、元和觀象曆、長慶宣明曆、寶應曆、正元曆、景福崇玄曆，凡九本。

洎梁氏之應運也，乘唐室陵遲之後，黃巢離亂之餘，衆職未修，三辰孰驗。故當時歲曆，猶用宣明、崇玄二法，參而成之。

及晉祖肇位，司天監馬重績始造新曆，奉表上之，云：「臣聞爲國者，正一氣之元，宣萬邦之命，爰資曆以立章程。長慶宣明，雖氣朔不渝，卽星躔罕驗；景福崇玄，縱五曆甚正，五曆甚正，疑當作「五緯」。考五代會要與薛史同，今姑仍其舊。（影庫本粘籤）而年差一日。今以宣明氣朔，崇玄星緯，二曆相參，方得符合。自古諸曆，皆以天正十一月爲歲首，歲首，原本闕「首」字，今據五代會要增入。（影庫本粘籤）循太古甲子爲上元，積歲彌多，差闊至甚。臣改法定元，創爲新曆一部二十一卷，案：玉海引崇文總目作二十卷。（舊五代史考異）七章上下經二卷，算草八卷，立成十二卷，取唐天寶十四載乙未，立爲近元〔一〕，以雨水正月朔爲歲首。謹詣閣門上進。」晉高祖

命司天少監趙仁錡、張文皓，秋官正徐皓，天文參謀趙延乂、杜昇、杜崇龜等，以新曆與宣明、崇玄考覈得失，俾有司奉而行之，因賜號調元曆，案玉海：調元曆，蓋倣曹士蔿小曆之舊。唐建中時，曹士蔿始變古法，以顯慶五年爲上元，雨水爲歲首。世謂之小曆。（舊五代史考異）仍命翰林學士承旨和凝撰序。

其後數載，法度寖差。至周顯德二年，世宗以端明殿學士、左散騎常侍王朴明於曆算，乃命朴考而正之。朴奉詔歲餘，撰成欽天曆十五卷，上之。表云：

臣聞聖人之作也，在乎識天人之變者也。人情之動，則可以言知之；天道之動，則當以數知之。數之爲用也，聖人以之觀天道焉。歲月日時，由斯而成；陰陽寒暑，由斯而節；四方之政，由斯而行。夫爲國家者，履端立極，必體其元；布政考績，必因其歲；禮動樂舉，必正其朔；三農百工，必授其時；五刑九伐，必順其氣；庶務有爲，必從其日月。日月，原本脫「月」字，今從五代會要增入。（影庫本粘籤）六籍宗之爲大典，百王執之爲要道。是以聖人受命，必治曆數。故得五紀有常度，庶徵有常應，正朔行之於天下也。

自唐而下，凡歷數朝，亂日失天，垂將百載，天之曆數，汩陳而已矣。今陛下順考古道，寅畏上天，咨詢庶官〔二〕，振舉墜典。以臣薄游曲藝，嘗涉舊史，遂降述作之命，

俾究推測之要〔三〕，雖非能者，敢不奉詔。乃包萬象以立法，齊七政以立元，測圭箭以候氣，審朓朒以定朔，明九道以步月，校遲疾以推星，考黃道之斜正，辨天勢之昇降，而交蝕詳焉。

夫立天之道，曰陰與陽，陰陽各有數，合則化成矣。陽之策三十六，陰之策二十四，奇偶相命，兩陽三陰，同得七十二，同則陰陽之數合。七十二者，化成之數也，化成則謂之五行之數。五之得朞之數〔四〕，過者謂之氣盈，不及謂之朔虛。至於應變分用，無所不通，所謂包萬象矣。故以七十二爲經法，經者常也，常用之法也。百者數之節也〔五〕，隨法進退，不失舊位，故謂之通法。以通法進經法，得七千二百，謂之統法。自元入經，先用此法，統曆之諸法也。以通法進統法，得七千二百萬，案：下文以通法進全率，得大率七千二百萬，則此云七千二百萬者，乃大率之數，以言全率，蓋傳寫之訛。據統法七千二百，通法一百，以通法進統法，當云得七十二萬。氣朔之下，收分必盡，謂之全率。以通法進全率，得七千二百萬，謂之大率，而元紀生焉。元者，歲月日時皆甲子〔六〕，日月五星，合在子正之宿，當盈縮先後之中，所謂七政齊矣。

古之植圭於陽城者，以其近洛故也，蓋尚慊其中，乃在洛之東偏。開元十二年，遣使天下候影，南距林邑國，北距橫野軍，中得浚儀之岳臺，應南北弦，居地之中。皇家建國，定都於梁。今樹圭置箭，測岳臺晷漏，以爲中數，晷漏正，則日之所至，氣之所應得之矣。

日月皆有盈縮。日盈月縮，則後中而朔；月盈日縮，則先中而朔。自古朓朒之法，率皆平行之數，入曆既有前次，而又衰稍不倫。皇極舊述〔七〕，則迂迴而難用，降及諸曆，則疏遠而多失。今以月離朓朒，隨曆較定，日躔朓朒，臨用加減，所得者入離定日也。一日之中，分爲九限，逐限損益，衰稍有倫。朓朒之法，所謂審矣。

赤道者，天之紘帶也〔八〕，其勢圓而平，紀宿度之常數焉。黃道者，日軌也，其半在赤道內，半在赤道外，去赤道極遠二十四度。當與赤道交〔九〕，則其勢斜；當去赤道遠，則其勢直。當斜則日行宜遲，當直則日行宜速。故二分前後加其度，二至前後減其度。九道者，月軌也，其半在黃道內，半在黃道外，去黃道極遠六度。出黃道謂之正交，入黃道謂之中交。若正交在秋分之宿，中交在春分之宿，則比黃道益斜。若正交在春分之宿，春分之宿，原本作「之分」，今據五代會要改正。（影庫本粘籤）中交在秋分之宿，則比黃道反直。若正交、中交在二至之宿，則其勢差斜。故較去二至、二分遠近，以考斜正，乃得加減之數。自古雖有九道之說，蓋亦知而未詳，空有祖述之文，全無推步之用。今以黃道一周，分爲八節，一節之中，分用九道，盡七十二道而復，使日月之軌，無所隱其斜正

之勢焉。九道之法，所謂明矣。

星之行也，近日而疾，遠日而遲，去日極遠，勢盡而留。自古諸曆，分段失實，隆降無準，今日行分尚多，次日便留，自留而退，唯用平行，仍以入段行度爲入曆之數，皆非本理，遂至乖戾。今校定逐日行分，積逐日行分以爲變段。於是自疾漸而遲，勢盡而留，自留而行，亦積微而後多。別立諸段變曆，以推變差，俾諸段變差際會相合，星之遲疾，可得而知之矣。

自古相傳，皆謂去交十五度以下，則日月有蝕，殊不知日月之相掩，與闇虛之所射，其理有異焉。今以日月徑度之大小，校去交之遠近，以黃道之斜正，天勢之升降，度仰視旁視之分數，則交虧得其實矣。

乃以一篇步日，一篇步月，一篇步星，案：以下脫「一篇步發斂」五字。下云「以卦候沒滅，爲之下篇」者，實爲步發斂之下篇。歐陽史約其文，稱「蓋以步日、步月、步星、步發斂爲四篇」，是也。以卦候沒滅，爲之下篇，都四篇，爲曆經一卷，曆十一卷，草三卷，顯德三年七政細行曆一卷。

臣檢討先代圖籍，今古曆書，皆無蝕神首尾之文，蓋天竺胡僧之祆說也。只自司天卜祝小術，不能舉其大體，遂爲等接之法。蓋從假用以求徑捷，於是乎交有逆行之數，後學者不能詳知，便言曆有九曜，以爲注曆之恆式，今並削而去之。

昔在唐堯，欽若昊天。陛下親降聖謨，考曆象日月星辰，唐堯之道也，其曆謹以「顯德欽天」爲名。天道玄遠，非微臣之所盡知，但竭兩端，以奉明詔。疏略乖謬，甘俟罪戾。

世宗覽之，親爲製序，仍付司天監行用，以來年正旦爲始，自前諸曆並廢。案玉海：欽天于朔分之下，立小分謂之杪。說者謂前代謂曆朔餘未有杪者。若可用杪，何待求日法以齊朔分也。（舊五代史考異）其曆經一卷，今聊紀於後，以備太史氏之周覽焉。永樂大典卷二萬八百一十七。

顯德欽天曆經

演紀上元甲子，距今顯德三年丙辰，積七千二百六十九萬八千四百五十二。

欽天統法：七千二百

欽天經法：七十二

欽天通法：一百

欽天步日躔術

歲率：二百六十二萬九千七百六十 四十

軌率：二百六十二萬九千八百四十四 八十

朔率：二十一萬二千六百二十 二十八

歲策：三百六十五 一千七百六十 四十

軌策：三百六十五 一千八百四十四 八十

歲中：一百八十三 四千四百八十 二十

軌中：一百八十二 四千五百二十二 四十

朔策：二十九 三千八百二十 二十八

氣策：一十五 一千五百七十三 三十五

象策：七 二千七百五十五 七

周紀：六十

歲差：八十四 四十

辰則：六百 八刻二十四分

案：以上題稱步日躔術及後步月離術、步五星術，合爲曆經四篇者之三，又皆僅列用數而不及推步。據歐陽史云：「舊史亡其步發斂一篇，而在者三篇，簡略不完。」然則薛史原文固已闕矣。

欽天步月離術

離率：一十九萬八千三百九十三 九

交率：一十九萬五千九百三十七 九十七 五十六

離策：一十七 三千九百九十三 九

案：歐陽史作離策二十七〔一〇〕，此云一十七，當是傳寫之訛。以統法除離率，得二十七日及餘分

交策：二十七 一千五百二十七 九十七 五十六

望策：一十四 五千五百一十 一十四

交中：一十三 四千四百六十三 九十八 七十八

案：四千四百，歐陽史作四千三百，據交策半之爲交中，當從歐陽史。

離朔：一 七千二十七 一十九

交朔：二 二千二百九十二 三十〔一一〕 四十四

中准：一千七百三十六

中限：四千七百八十

平離：九百六十三

程節：八百

欽天步五星術

歲星

周率：二百八十七萬一千九百七十六 六

變率：二十四萬二千二百一十五 六十六

曆率：二百六十二萬九千七百六十一 七十八

案：七百六十一，歐陽史訛作九百六十六，非也。據曆率半之爲曆中。彼此互訂，此條足正歐陽史之訛。

周策：三百九十八 六千三百七十六 六

曆中：一百八十二 四千四百八十 九十六

案：歐陽史小分作八十九，此云九十六，非也。據曆中倍之爲曆率，倍九十六，適得大分一，小分七十八。

變段〔一二〕	變日	變度	變曆
晨見	一十七	三 三十七	二 二十四
順遲	二十五	二 九	一 二十九
退遲	一十四	一 一十二	空 二十八
退疾	二十七	四 三十八	一 三十七
後留	二十六 三十二		
順疾	九十	一十六 六十三	一十一 一十三
順疾	九十	一十六 六十三	一十一 一十三

前留	二十六 三十二	四 三十八	一 三十七
退疾	二十七	一 一十二	空 二十八
退遲	一十四	二 九	一 二十九
順遲	二十五		
夕伏	一十七	三 三十七	二 二十四

熒惑

周率：五百六十一萬五千四百二十二 一十一

變率：二百九十八萬五千六百六十一 七十一

曆率：二百六十二萬九千七百六十

周策：七百七十九　六千六百二十二 一十一

曆中：百八十二　四千四百八十

變段	變日	變度	變曆
晨見	七十三	五十三 六十八	五十 五十八
順疾	七十三	五十一	四十八 三
次疾	七十一	四十六 六十九	四十四 一十七〔二三〕

次遲	七十一	四十五 三十三	四十二 五十八
順遲	六十二	一十九 二十九	一十八 二十
前留	八 六十九		
退遲	一十	一 五十八	空 四十四
退疾	二十一	七 四十六	二 四十
退疾	二十一	七 四十六	二 四十
退遲	一十	一 五十八	空 四十四〔二四〕
後留	八 六十九		
順遲	六十二	一十九 二十九	一十八 二十
次遲	七十一	四十五 三十三	四十二 五十八
次疾	七十一	四十六 六十九	四十四 一十七
順疾	七十三	五十一	四十八 三
夕伏	七十三	五十三 六十八〔二五〕	五十 五十八

鎮星

周率：二百七十二萬二千一百七十六 九十

變率：九萬二千四百一十六 五十

曆率：二百六十二萬九千七百五十九 八十

周策：三百七十八　五百七十六 九十

曆中：一百八十二　四千四百七十九 九十

變段	變日	變度	變曆
晨見	一十九	二 七	一 一十四
順疾	六十五	六 三十八	三 五十一
順遲	一十九	空 六十三	空 三十五
前留	三十七 三		
退遲	一十六	空 四十三	空 一十四
退疾	三十三	二 三十五	空 六十
退疾	三十三	二 三十五	空 六十
退遲	一十六	空 四十三	空 一十四
後留	三十七 三		
順遲	一十九	空 六十三	空 三十五

順疾	六十五	六 三十八	三 五十一
夕伏	一十九	二 七	一 一十四

太白

周率：四百二十萬四千一百四十三 九十六

變率：四百二十萬四千一百四十三 九十六

曆率：二百六十二萬九千七百五十 五十六

周策：五百八十三　六千五百四十三 九十六

案：原本作周策五百八十三萬，考周率滿統法得周策五百八十三日及餘分〔二六〕，「萬」字係衍文，歐陽史亦無「萬」字，今刪去。

曆中：一百八十二　四千四百七十五 二十八

案：原本作曆中一百八十二萬，考曆率半之滿統法得曆中一百八十二日及餘分，「萬」字係衍文，歐陽史亦無「萬」字，今刪去。

變段	變日	變度	變曆
夕見	四十二	五十三 四十	五十一 一十七
順疾	九十六	一百二十一 五十七	一百一十六 三十九

次疾	七十三	八十 三十七	七十七 一〔一七〕
次遲	三十三	三十四 一	三十二 四十
順遲	二十四	一十一 六十一	一十一 二十四
前留	六 六十九		
退遲	四	一 二十二	空 三十一
退疾	六	三 六十五	一 二十二
夕伏	七	四 四十	一 三十七
晨見	七	四 四十	一 三十七
退疾	六	三 六十五	一 二十二
退遲	四	一 二十二	空 三十一
後留	六 六十九		
順遲	二十四	一十一 六十一	一十一 二十四
次遲	三十三	三十四 一	三十二 四十
次疾	七十三	八十 三十七	七十七 一〔一八〕
順疾	九十六	一百二十一 五十七	一百一十六 三十九

晨伏	四十二	五十三 四十	五十一 一十七

辰星

周率：八十三萬四千三百三十五 五十二

變率：八十三萬四千三百三十五 五十二

曆率：二百六十二萬九千七百六十 四十四

周策：一百一十五　六千三百三十五 五十二

曆中：一百八十二　四千四百八十 二十二

變段	變日	變度	變曆
夕見	一十七	三十四 一	二十九 五十四
順疾	一十一	一十八 二十四	一十六 四
順遲	一十六	一十一 四十三	一十一 一十
前留	二 六十八		
夕伏	一十一	六	二
晨見	一十一	六	二
後留	二 六十八		
順遲	一十六	一十一 四十三	一十一 一十
順疾	一十一	一十八 二十四	一十六 四
晨伏	一十七	三十四 一	二十九 五十四

校勘記

〔一〕立爲近元　「近元」，殿本、劉本作「上元」。影庫本批校云：「立爲近元，應作『上元』。」

〔二〕庶官　原作「度官」，據殿本、劉本及會要卷一〇改。

〔三〕推測　劉本同。殿本及會要卷一〇作「迎推」。影庫本批校云：「案會要，『推測』應作『迎推』。」

〔四〕五之得朞之數　殿本作「五行得期之數」，歐陽史卷五八司天考第一作「五行之得朞數」。影庫本批校云：「案會要，『五之』應作『五行』。」舊五代史考異云：「案：原本『五行』訛『五之』，今據五代會要改正。」殿本考證略同。查沈校本、抄本、殿本會要卷一〇均仍作「五之」。是。

〔五〕百者數之節也　劉本同，殿本「百」作「法」。影庫本批校云：「案會要，『百』應作『法』。」舊五代史考異云：「案：原本『法』訛『百』，今據五代會要改正。」殿本考證略同。查沈校本會要卷一〇作「法」，抄本、殿本會要作「百」，歐陽史卷五八司天考第一亦作「百」。作「百」是。

〔六〕歲月日時　「日」字原無，據會要卷一〇、歐陽史卷五八司天考第一補。殿本作「歲日月時」。

〔七〕皇極舊述　殿本、劉本同。會要卷一〇、歐陽史卷五八司天考第一「述」作「術」。

〔八〕天之紘帶也　「紘」原作「弦」，據會要卷一〇、歐陽史卷五八司天考第一改。

〔九〕當與赤道交　殿本、劉本同。會要卷一〇、歐陽史卷五八司天考第一「交」作「近」。

〔一〇〕離策　原作「策離」，據劉本及歐陽史卷五八司天考第一改。

〔一一〕二千二百九十二三十　殿本、劉本同。影庫本粘籤云：「小數『三十』，歐陽史作『三十二』，以統法推之，當作『三十』，今仍薛史之舊。」

〔一二〕欽天步五星術所載歲星表的變段及其變日、變度和變曆數據的順序，各本同。據歐陽史卷五八司天考第一載此表變段順序爲：晨見、順疾、順遲、前留、退遲、退疾、退疾、退遲、後留、順遲、順疾、夕伏。變段下有關數據順序亦與之相對應。據術，歐陽史記載比較準確。

〔一三〕四十四一十七　「一十七」原作「一十六」，據殿本及歐陽史卷五八司天考第一改。

〔一四〕空四十四　「四十四」原作「四十」，據殿本及歐陽史卷五八司天考第一改。影庫本批校云：「『空』下小注應作『四十四』。」

〔一五〕五十三六十八　「六十八」原作「六十六」，據殿本改。

〔一六〕周策　原作「周率」，據上文及殿本考證改。

〔一七〕七十七一　殿本、劉本同。永樂大典卷七八五六作「七十七三」，歐陽史卷五八司天考第一作「七十七二」

〔六〕七十七一 殿本、劉本同。永樂大典卷七八五六作「七十七三」，歐陽史卷五八司天考第一作「七十七二」。

舊五代史卷一百四十一

志三

五行志

昔武王克商，以箕子歸，作洪範。其九疇之序，一曰五行，所以紀休咎之徵，窮天人之際。故後之修史者，咸有其說焉。蓋欲使後代帝王見災變而自省，責躬修德，崇仁補過，則禍消而福至，此大略也。今故按五代之簡編，記五行之災沴，追爲此志，以示將來。其於京房之舊說，劉向之緒言，則前史敍之詳矣，此不復引以爲證焉。

水淹風雨

梁開平四年十月，梁、宋、輝、亳水，詔令本州開倉賑貸。十一月，大風，下詔曰：「自朔至今，異風未息，宜命祈禱。」

唐同光二年七月，汴州雍丘縣大雨風，拔樹傷稼。曹州大水，平地三尺。八月，江南大雨溢漫，流入鄆州界。鄆州，原本作「陳州」，今從五代會要改正。（影庫本粘籤）十一月，中書門下奏：「今年秋，天下州府多有水災，百姓所納秋稅，請特放加耗。」從之。

三年六月至九月，大雨，江河崩決，壞民田。七月，洛水泛漲，壞天津橋，漂近河廬舍，艤舟爲渡，覆沒者日有之。鄴都奏，御河漲於石灰窯口，開故河道以分水勢。鞏縣河堤破，壞倉廒。八月，勅：「如聞天津橋未通往來，百官以舟檝濟渡，因茲傾覆，兼踣泥塗。自今文武百官，三日一趨朝，宰臣即每日中書視事。」

四年正月，勅：「自京以來〔一〕，案：此句疑有脫誤。幅圓千里，水潦爲沴，流亡漸多。宜自今月三日後〔二〕，避正殿，減常膳，徹樂省費，以答天譴。應去年經水災處鄉村，有不給及逃移人戶，夏秋兩稅及諸折科，委諸處長吏切加點檢，並與放免，仍一年內不得雜差遣。應在京及諸縣，有停貯斛斗，並令減價出糶，以濟公私，如不遵守，仰具聞奏。」

長興元年夏，鄜州上言，大水入城，居人溺死。

二年六月壬戌，汴州上言，大雨，雷震文宣王廟講堂。十一月壬子，鄆州上言，黃河暴漲，漂溺四千餘戶〔三〕。

三年四月〔四〕，棣州上言，水壞其城。是月己巳〔五〕，鄆州上言，黃河水溢岸，闊三十里，東流。五月丁亥，申州大水，平地深七尺。是月戊申，襄州上言，漢水入城，壞民廬舍，又壞均州郛郭，水深三丈，居民登山避水，仍畫圖以進。是月甲子〔六〕，洛水溢，壞民廬舍。三年七月，諸州大水，宋、亳、潁尤甚。宰臣奏曰：「今秋宋州管界，水災最盛，人戶流亡，粟價暴貴。臣等商量，請於本州倉出斛斗，依時出糶，以救貧民。」從之。是月，秦州大水，溺死窯谷內居民三十六人。夔州赤甲山崩，案：原本訛「求甲」，今據五代會要改正。（舊五代史考異）大水漂溺居人。

清泰元年九月，連雨害稼。詔曰：「久雨不止，禮有所禳，禜都城門，三日不止，乃祈山川，告宗廟社稷。宜令太子賓客李延範等禜諸城門，太常卿李懌等告宗廟社稷。」

晉天福初，高祖將建義於太原，城中數處井泉暴溢。

四年七月，西京大水，伊、洛、瀍、澗皆溢，壞天津橋。八月，河決博平，甘陵大水。

六年九月，河決於滑州，一槪東流，居民登丘塚，爲水所隔。詔所在發舟檝以救之。兗州、濮州界皆爲水所漂溺，命鴻臚少卿魏玭、將作少監郭廷讓、右金吾衞將軍安濬、右驍衞將軍田峻於滑、濮、澶、鄆四州，檢河水所害稼，并撫問遭水百姓。兗州又奏，河水東流，闊七十里，至七年三月，命宋州節度使安彥威率丁夫塞之。河平，建碑立廟於河決之所。

開運元年六月，黃河、洛河泛溢堤堰，鄭州原武、滎澤縣界河決。

周廣順二年七月，暴風雨，京師水深二尺，壞牆屋不可勝計。諸州皆奏大雨，所在河渠泛溢害稼。

三年六月，諸州大水，襄州漢江漲溢入城，城內水深一丈五尺〔七〕，倉庫漂盡，居人溺者甚衆。

地震

唐同光二年十一月，鎭州地震。鎭州，原本作「眞州」，今從五代會要改正。（影庫本粘籤）

三年十一月二十五日夜，魏、博、徐、宿地大震。

天成三年七月，鄜州地震〔八〕。

長興二年六月，太原地震，自二十五日子時至二十七日申時，二十餘度。左補闕李詳上疏曰：

臣聞天地之道，以簡易示人；鬼神之情，以禍福爲務。王者祥瑞至而不喜，災異見而輒驚，罔不寅畏上玄，思答天譴。臣聞北京地震，日數稍多。臣曾覽國書，伏見高宗時，晉州地震，上謂羣臣曰：「豈朕政教之不明，使晉州地震耶？」侍中張行成奏曰：「天陽也，地陰也，天陽君象，地陰臣象，君宜轉動，臣宜安靜。今晉州地震，彌旬不休，將恐女謁任事，臣下陰謀。且晉州是陛下本封，今地震焉，尤彰其應。伏願深思遠慮，以杜未萌。」又，開元中，秦州地震，尋差官宣慰，兼降使致祭山川，所損之家，委量事安置奏聞。

伏惟陛下中興唐祚，起自晉陽，地數震於帝鄉，理合思於天誡。況聖明御宇，于今六年，歲稔時康，人安俗阜。臣慮天意恐陛下忘創業艱難之時，有功成矜滿之意。伏望特委親信，兼選勳賢，且往北京慰安，密令巡問黎民之疾苦，嚴山川之祭祀，然後鑒前朝得喪之本，採歷代聖哲之規，崇不諱之風，罷不急之務。

明宗深嘉之，錫以三品章服。十一月，雄武軍上言，洛陽地震。

三年八月，秦州地震。

漢乾祐二年四月丁丑，幽、定、滄、營、深、貝深、貝，原本作「淸具」，今從文獻通考改正。（影庫本粘籤）等州地震，幽、定尤甚。

周廣順三年十月，魏、邢、洺邢、洺，原本作「邢洛」，今從文獻通考改正。（影庫本粘籤）等州地震數日，凡十餘度，魏州尤甚。

蟲魚禽獸

梁龍德末，許州進綠毛龜，宮中造室以畜之，命之曰「龜堂」。識者以爲不祥之言。

唐天祐十八年二月，張文禮叛於鎭州，時野水變，其色如血，游魚多死，浮於水上，識者知其必敗。

十九年，定州王處直卒。先是，處直自爲德政碑，建樓於衙城內，言有龍見。或覩之，其狀乃黃么蜥蜴也。處直以爲神異，造龍牀以安之。又，城東麥田中，有羣鵲數百，平地爲巢，處直以爲己德所感。識者竊論曰：「蟲蛇陰物，比藏山澤，今據屋室，人不得而有也。鵲巢於樹，固其所也；今止平地，失其所也〔九〕。南方爲火，火主禮，禮之壞則羽蟲失性，以文推之，上失其道，不安於位之兆也。」果爲其子都所廢。

應順元年閏正月丙寅辰時，唐閔帝幸至德宮，初出興教門，有飛鳶自空而落，死於御前。是日，大風晦冥。

清泰元年十月辛未巳時，有雉金色，自南飛入中書，止於政事堂之上，吏驅之不去，良久又北飛。是日，民家得之。

二年，鄴西李固鎭，有大鼠與蛇鬭於橋下，鬭及日之中〔一〇〕，蛇不勝而死。

三年三月戊午，有蛇鼠鬭於洛陽師子門外，而鼠殺蛇。夏四月戊子，熊入市，形如人，搏人。又一熊自老君廟南走向城，會車駕幸近郊，從官射之而斃。

漢乾祐三年正月，有狐出明德樓，獲之，比常狐毛長，腹別有二足。

周廣順三年六月，河北諸州旬日內無烏，既而聚澤、潞之間山谷中，集於林木，壓樹枝皆折。是年，人疾疫死者甚衆。至顯德元年，河東劉崇爲周師所敗，伏尸流血，故先萌其兆。

顯德元年三月，潞州高平縣有鵲巢於縣郭之南平地，巢中七八雛。

蝗

梁開平元年六月，許、陳、汝、蔡、潁五州蝝生，有野禽羣飛蔽空，食之皆盡。

唐同光三年九月，鎭州奏，飛蝗害稼。

晉天福七年四月，山東、河南、關西諸郡蝗害稼，至八年四月，天下諸州飛蝗害田，食草木葉皆盡。詔州縣長吏捕蝗。華州節度使楊彥詢、（案：原本作「彥珣」，今從列傳改正。（舊五代史考異））雍州節度使趙瑩命百姓捕蝗一斗，以祿粟一斗償之〔二〕。時蝗旱相繼，人民流移，饑者盈路，關西餓殍尤甚，死者十七八。朝廷以軍食不充，分命使臣諸道括粟麥，晉祚自玆衰矣。

漢乾祐元年七月，青、鄆、兗、齊、濮〔三〕、沂、密、邢、曹皆言蝝生。開封府奏，陽武、雍丘、

襄邑等縣蝗，開封尹侯益遣人以酒肴致祭，尋爲鸜鵒食之皆盡。勅禁羅弋鸜鵒，以其有呑蝗之異也。

二年五月，博州奏，有蝝生，化爲蝶飛去。宋州奏，蝗一夕抱草而死，差官祭之。

火

唐天成四年十一月，汝州火，燒羽林軍營五百餘間。先是，司天奏，熒惑入羽林，飭京師爲火備，至是果應。

長興二年四月辛丑，汴州封禪寺門扉上欻然火起，延燒近舍。是月，衞州奏，黎陽大火。先是，下詔於諸道，令爲火備，至是驗之。

三年十二月壬戌，懷州軍營內，三處火光自起，人至卽滅，並不焚燒舍宇。明宗謂侍臣曰：「火妖乎？」侍臣曰：「恐妖人造作，宜審詰之。」

晉天福三年十一月，襄州奏，火燒居民千餘家。

九年春，左龍武統軍皇甫遇從少帝禦契丹於鄆州北，將戰之夕，有火光熒熒然，生於牙竿之上。

周顯德五年四月，吳越王錢俶奏，十日夜，杭州火，焚燒府署殆盡。世宗命中使賫詔撫問。

草木石冰

梁開平三年春正月，潞州軍前李思安奏，壺關縣庶穰鄉（庶穰，原本作「康穰」，考五代會要作庶穰，薛史晉高祖紀亦作「庶」，今改正。（影庫本粘籤））村人因伐樹倒，自分爲兩片，內有六字，皆如左書，曰「天十四載石進」，乃圖其狀以進。梁祖異之，命示百官，莫有詳其義者。及晉高祖卽位，人以爲雖有圖姓，計其甲子則二十有九年矣。識者曰：「『天』字取『四』字中兩畫加之於傍，則『丙』字也；『四』字去中間兩畫加『十』字，則『申』字也。晉祖卽位之年，乃丙申也。」

唐天祐五年，長柳巷田家有殭桃樹，經年舊坎猶在，其仆木一朝屹然而起，行數十步，復於舊坎，其家駭異，倉皇散走。議者以漢昭帝時，上林仆木起生枝，時蟲蠹成文而宣帝興。今木理成文，仆而重起，乃莊宗中興之兆也。

同光元年冬十二月辛卯，亳州（亳州，原本作「濠州」，今從五代會要改正。（影庫本粘籤））太淸宮道士上言，玄元皇帝殿前枯檜再生一枝，畫圖以進。

淸泰末年，末帝先人墳側古佛刹中石像，忽然搖動不已，觀者咸訝焉。

晉開運元年七月一日，少帝御明德門，宣赦改元。是日，遇大雷雨，門內有井亭，亭有

石盆，有走水槽，槽有龍首，其夕悉飄行數十步，而龍首斷焉。識者曰：「石，國姓也，此兆非祥，石氏其遷乎！其絕乎！」

二年正月，汴州封丘門外，壕水東北隅水上有文，若大樹花葉芬敷之狀，相連數十株，宛若圖畫，傾都觀之。識者云：「唐景福中，盧彥威浮陽壕水有樹文亦如此，時有高尼謂郡人曰：『此地當有兵難。』至光化中，其郡果爲燕帥劉仁恭所陷。」

三年九月，大水，太原葭蘆茂盛，最上一葉如旗狀，皆南指。十二月己丑，雨木冰。是月戊戌，霜霧大降，草木皆如冰。

漢乾祐元年八月，李守貞叛于河中，境內蘆葉皆若旗旐之狀〔三〕。

周廣順三年春，樞密使王峻遙鎭青州，有司制旄節以備迎授。前夕，其節有聲。主者曰：「昔後唐長興中，安重誨授河中，其節亦有聲，斯亦木之妖也。」（永樂大典卷八千六百十九。（孔本））

校勘記

〔一〕自京以來　殿本、劉本同。會要卷一一作「自京以東」。

〔二〕今月三日　「月」原作「年」，據殿本及會要卷一一改。

〔三〕二年六月壬戌汴州上言大雨雷震文宣王廟講堂……漂溺四千餘戶 「雷」字原無，據殿本、劉本補。按此段殿本、劉本繫在下文「是月甲子，洛水溢，壞民廬舍」後，無「二年」二字。

〔四〕三年四月 「三年」，殿本、劉本作「二年」。

〔五〕是月己巳 「月」原作「日」，據殿本、劉本改。

〔六〕是月甲子 殿本、劉本同。按二十史朔閏表，長興三年五月壬午朔，無甲子。長興二年五月戊午朔，甲子爲七日。

〔七〕一丈五尺 原作「五尺」，據本書卷一一三周太祖紀、會要卷一一改。

〔八〕鄭州地震 「州」字原無，據劉本補。

〔九〕鵲巢於樹固其所也今止平地失其所也 十六字原無，據册府卷九五一補。

〔一〇〕日之申 「申」原作「中」，據本書卷七五晉高祖紀改。

〔一一〕祿粟一斗 會要卷一一同。五代史記補考卷二引會要作「橡粟二斗」。

〔一二〕青鄆兗齊濮 「濮」原作「漢」，據殿本、劉本及會要卷一一、五代史記補考卷二改。又，五代史記補考「兗」作「襄」。

〔一四〕漢乾祐元年……之狀 二十四字原無，據殿本、劉本補。影庫本批校云：「原本尚有『漢乾祐元年』一條，今脫去。」

舊五代史卷一百四十二

志四

禮志上

案：禮志序，永樂大典原闕。

梁開平元年夏四月，太祖初受禪，乃立四廟於西京，從近古之制也。

唐同光二年六月，太常禮院奏：「國家興建之初，已於北都置廟，今克復天下，遷都洛陽，却復本朝宗廟。按禮無二廟之文，其北都宗廟請廢。」乃下尚書省集議。禮部尚書王正言等奏議曰：「伏以都邑之制，宗廟爲先。今卜洛居尊，開基御宇，事當師古，神必依人。北都先置宗廟，不宜並設。況每年朝享，禮有常規，時日既同，神何所據。竊聞近例，亦有

從權。如神主已修，迎之藏於夾室；若廟宇已祟，虛之以爲恆制。若齊桓公之廟二主，禮無明文，古者師行，亦無遷於廟主。昔天后之崇鞏、洛，禮謂非宜；漢皇之戀豐、滕，（豐、滕，原本作「封藤」，今從漢書改正。（影庫本粘籤））事無所法。況本朝故事，禮院具明，洛邑舊都，嵩丘正位，豈宜遠宮闕之居，建祖宗之廟。事非可久，理在從長。其北都宗廟，請准太常禮院申奏停廢。」從之。

天成元年，中書舍人馬縞奏曰：「伏見漢、晉已來，諸侯王宗室承襲帝統，除七廟之外，皆別追尊親廟。漢光武皇帝立先四代於南陽，其後桓帝已下，亦皆上考前修，追崇先代。乞依兩漢故事，別立親廟。」詔下尚書省，集百官定議。禮部尚書蕭頃等議曰：「伏見方册所載，聖概所存，將達蘋藻之誠，宜有桼梲之制。臣等集議，其追尊位號及建廟都邑，乞特降制命，依馬縞所議。」

天成二年，中書門下又奏：「伏以兩漢以諸侯王入繼帝統，則必易名上諡，廣孝稱皇，載於諸王故事，孝德皇、孝仁皇、孝元皇是也。伏乞聖慈，俯從人願，許取皇而薦號，兼上諡以尊名，改置園陵，仍增兵衞。」遂詔太常禮院定其儀制焉。太常博士王丕等引漢桓帝入嗣，尊其祖河間孝王曰孝穆皇帝、父蠡吾侯（案：原本訛「蠢愚」，今據後漢書改正。（舊五代史考異））曰孝崇皇帝爲例〔一〕，請付太常卿定諡。刑部侍郎、權判太常卿馬縞復議曰：「伏准兩漢故事，以諸

侯王宗室入承帝統，則必追尊父祖，修樹園陵，西漢宣帝、東漢光武，孝饗之道，故事具存。自安帝入嗣，遂有皇太后令，別崇謚法，追曰某皇，所謂孝德、孝穆之類是也。前代惟孫皓自烏程侯繼嗣，追封父和爲文皇帝，事出非常，不堪垂訓。今據禮院狀，漢安帝以下，若據本紀，又不見『帝』字。伏以謚法『德象天地曰帝』。伏緣禮院已曾奏聞，難將兩漢故事，便述尊名，請詔百官集議。」時右僕射李琪等議曰：「伏覩歷代已來，宗廟成制，繼襲無異，沿革或殊。馬縞所奏，禮有按據，乞下制命，令馬縞虔依典册，以述尊名。」

時明宗意欲兼加「帝」字，乃下詔曰：「朕聞開國承家[二]，得以制禮作樂，故三皇不相襲，五帝不相沿，隨代創規，於禮無爽。矧或情關祖禰，事繫烝嘗。且追謚追尊，稱皇與帝，既有減增之字，合陳褒貶之辭。大約二名俱爲尊稱，若三皇之代故不可加帝，五帝之代不可言皇。爰自秦朝，便兼二號。至若玄元皇帝，事隔千祀，宗追一源，猶顯册於鴻名，豈須遵於漢典。況朕居九五之位，爲億兆之尊，不可總二名於眇躬，惜一字於先代，苟隨執議，何表孝誠。可委宰臣與百官詳定，集兩班於中書，逐班各陳所見。」唯李琪等請於祖禰二室先加「帝」字。宰臣合衆議奏曰：「恭以朝廷之重，宗廟爲先，事繫承祧，義符致美。且聖朝追尊之日，即引漢氏舊儀，在漢氏封崇之時，復依何代故事？理關凝滯，未叶聖謨；道合變通，方爲民則。且王者功成治定，制禮作樂，正朔服色，尚有改更，尊祖奉先，何妨沿革。若應州 應州，原本作「慮州」，今從五代會要改正。（影庫本粘籤） 必立別廟，即地遠上都。今據開元中追尊皋陶爲德明皇帝，涼武昭王爲興聖皇帝，皆立廟於京都。臣等商量所議追尊四廟，望依御札並加皇帝之號，兼請於洛京立廟。」勑：「宜於應州舊宅立廟，餘依所奏。」案文獻通考：後唐之所謂七廟者，以沙陀之獻祖國昌、太祖克用、莊宗存勗而上繼唐之高祖、太宗、懿宗、昭宗。此所謂四廟者，又明宗代北之高、曾、祖、父也。

其年八月，太常禮院奏：「莊宗神主以此月十日祔廟，七室之內，合有祧遷。」中書門下奏議，請祧懿祖一室。後下百僚集議，禮部尚書蕭頃等奏，請從中書所奏，從之。

應順元年正月，中書門下奏：「太常以大行山陵畢祔廟。今太廟見饗七室，高祖、太宗、懿宗、昭宗、獻祖、太祖、莊宗，大行升祔，禮合祧遷獻祖，請下尚書省集議。」太子少傅盧質等議曰：「臣等以親盡從祧，垂於舊典，疑事無質，素有明文。頃莊宗皇帝再造寰區，復隆宗廟，追三祖於先遠，復四室於本朝，式遇祧遷，旋成沿革。及莊宗升祔，以懿祖從祧，蓋非嗣立之君，所以先遷其室。光武滅新之後，始有追尊之儀，此祇在於南陽，元不歸於太廟，引事且疏於故實，此時須稟於新規[三]。將來升祔先廟，次合祧遷獻祖，既協隨時之義，又符變禮之文。」從之。時議以懿祖賜姓於懿宗，以支庶繫大宗例，宜以懿祖爲始祖[四]，次昭宗可也，不必祖神堯而宗太宗。若依漢光武，則宜於代州立獻祖而下親廟，其唐廟依舊禮行之可也，而議謚者忘咸通 咸通，原本作「感通」，今據新唐書改正。（影庫本粘籤） 之懿宗，又稱懿祖，父子俱「懿」，於理可乎！將朱耶三世與唐室四廟連敍昭穆，非禮之甚也。議祧者不知受氏於唐懿宗而祧之，今又及獻祖。以禮論之，始祧昭宗，次祧獻祖可也，而懿祖如唐景皇帝，豈可祧乎？

晉天福二年正月，中書門下奏：「皇帝到京，未立宗廟，望令所司速具制度典禮以聞。」從之。二月，太常博士段顒議曰：

夫宗廟之制，歷代爲難，須考禮經，以求故事。謹按尚書舜典曰：「正月上日，受終於文祖。」此是堯之廟也，猶未載其數。又按郊祀錄曰：夏立五廟，商立六廟，周立七廟。漢初立祖宗廟於郡國，共計一百六十七所。後漢光武中興後，別立六廟。魏明帝初立親廟四，後重議依周法立七廟。晉武帝受禪，初立六廟，後復立七廟。宋武帝初立六廟，齊朝亦立六廟。隋文帝受命，初立親廟四，至大業元年，煬帝欲遵周法，議立七廟。次屬傳禪於唐，武德元年六月四日，始立四廟於長安，至貞觀九年[五]，命有司詳議廟制，遂立七廟，至開元十一年後，創立九廟。又按禮記喪服小記曰：「王者禘其祖之所自出，以其祖配之，而立四廟。」鄭玄注云：高祖以下至禰四世，即親盡也，更立始祖爲不遷之廟，共五廟也。又按禮記祭法及王制、孔子家語、春秋穀梁傳並云：天子七廟，諸侯五廟，大夫三廟，士一廟。此是降殺以兩之義。又按尚書咸有一德曰：「七世之廟，可以觀德。」又按疑義云：天子立七廟，或四廟，蓋有其義也。如四廟者，從禰至高祖已上親盡[六]，故有四廟之理。又立七廟者，緣自古聖王，祖有功，宗有德，更封立始祖，即於四親廟之外，或祖功宗德，不拘定數，所以有五廟[七]、六廟，或七廟、九廟，欲後代子孫觀其功德，故尚書云「七世之廟，可以觀德」矣。又按周捨 案原本訛「周拾」，今據新唐書禮志改正。（舊五代史考異） 論云：「自江左已來，晉、宋、齊、梁相承，多立七廟。」今臣等參詳，唯立七廟，即並通其理。伏緣宗廟事大，不敢執以一理定之，故檢七廟、四廟二件之文，俱得其宜，他所論者，並皆勿取。伏請下三省集百官詳議。

勑旨宜依。左僕射劉昫等議曰：

臣等今月八日，伏奉勑命於尚書省集議太常博士段顒所議宗廟事。伏以將敷至化，以達萬方，克致平和，必先宗廟。故禮記王制云：「天子七廟，諸侯五廟，大夫三廟。」疏云：「周制之七者，太祖廟及文王、武王之祧，與親廟四。太祖，后稷也。商六廟，契及湯與二昭、二穆。夏則五廟，無太祖[八]，禹與二昭、二穆而已。自夏及周，少不減五，多不過七。」又云：「天子七廟，皆據周也。有其人則七，無其人則五。若諸侯廟制，雖有其人，則不過五。此則天子、諸侯七、五之異明矣。」至於三代已後，魏、晉、宋、齊、隋及唐初，多立六廟或四廟，蓋於建國之始，不盈七廟之數也。今欲請立自高祖已下四親廟，其始祖一廟，未敢輕議，伏俟聖裁。

御史中丞張昭遠奏議曰：

臣前月中預都省集議宗廟事，伏見議狀於親廟之外，請別立始祖一廟，近奉中書門下牒，再令百官於都省議定聞奏者。

臣讀十四代史書，見二千年故事，觀諸家宗廟，都無始祖之稱，唯商、周二代，以稷、契爲太祖。禮記曰：「天子七廟，三昭、三穆，與太祖之廟而七。」鄭玄注：「此周制也。七者，太祖后稷及文王、武王與四親廟。」又曰：「商人六廟，契及成湯與二昭、二穆也。夏后氏立五廟，不立太祖，唯禹與二昭、二穆而已。」據王制鄭玄所釋，即商、周以稷、契爲太祖，夏后無太祖，亦無追謚之廟。自商、周以來，時更十代，皆於親廟之中，以有功者爲太祖，無追崇始祖之例。具引今古，即恐詞繁，事要證明，須陳梗概。漢以高祖父太上皇執嘉無社稷功，不立廟號，高帝自爲高祖。魏以曹公相漢，垂三十年，始封於魏，故爲太祖。晉以宣王輔魏有功，立爲高祖，以景帝始封晉，始封，原本作「始討」，今據文改正。（影庫本粘籤）故爲太祖。宋氏先世，官閥卑微，雖追崇帝號，劉裕自爲高祖。南

齊高帝之父，位至右將軍，生無封爵，不得爲太祖，高帝自爲太祖。梁武帝父順之，佐佑齊室，封侯，位至領軍、丹陽尹，雖不受封於梁，亦爲太祖。陳武帝父文讚，生無名位，以武帝功，梁室贈侍中，封義興公，義興原本作「漾興」，今從陳書改正。（影庫本粘籤）及武帝即位，亦追爲太祖。周閔帝以父泰相西魏，經營王業，始封於周，故爲太祖。隋文帝父忠〔九〕，輔周室有大功，始封於隋，故爲太祖。唐高祖神堯祖父虎爲周八柱國，隋代追封唐公，故爲太祖。唐末梁室朱氏有帝位，亦立四廟，朱公先世無名位，雖追册四廟，不立太祖，朱公自爲太祖。此則前代追册太祖，不出親廟之成例也。

王者祖有功而宗有德，漢、魏之制，非有功德不得立爲祖宗，商、周受命，以稷、契有大功於唐、虞之際，故追尊爲太祖。自秦、漢之後，其禮不然，雖祖有功，仍須親廟。今亦粗言往例，以取證明。秦稱造父之後，不以造父爲始祖；漢稱唐堯、劉累案：原本作「劉里」，今據漢書改正。（舊五代史考異）之後，不以堯、累爲始祖；魏稱曹參之後，不以參爲始祖；晉稱趙將司馬卬之後，不以卬爲始祖；宋稱漢楚元王之後，不以元王爲始祖；齊、梁皆稱蕭何之後，不以蕭何爲始祖；陳稱太丘長陳寔之後，不以寔爲始祖；元魏稱李陵之後，不以陵爲始祖；後周稱神農之後，不以神農爲始祖；隋稱楊震之後，不以楊震爲始祖；唐稱皋陶、老子之後，不以皋陶、老子爲始祖。唯唐高宗則天武后臨

朝，革唐稱周，又立七廟，仍追册周文王姬昌爲始祖，此蓋當時附麗之徒，不諳故實，武立姬廟，乖越已甚，曲臺之人，到今嗤誚。臣遠觀秦、漢，下至周、隋，禮樂衣冠，聲明文物，未有如唐室之盛。武德議廟之初，英才間出，如溫、魏、顏、虞通今古，封、蕭、薛、杜達禮儀，制度憲章，必有師法。

夫追崇先王、先母之儀，起於周代，據史記及禮經云：「武王纘太王、王季、文王之緒，一戎衣而有天下，尊爲天子，宗廟饗之。周公成文、武之德，追王太王、王季，祀先公以天子之禮。」又曰：「郊祀后稷以配天。」據此言之，周武雖祀七世，追爲王號者，但四世而已。故自東漢以來，有國之初，多崇四廟，從周制也。況商因夏禮，漢習秦儀，無勞博訪之文，宜約已成之制。請依隋、唐有國之初，創立四廟，推四世之中名位高者爲太祖。謹議以聞。

勅：宜令尚書省集百官，將前議狀與張昭遠所陳，速定奪聞奏〔一〇〕。左僕射劉昫等再奏議曰：

臣等今月十三日，再於尚書省集百官詳議。夫王者祖武宗文，郊天祀地，故有追崇之典，以申配饗之儀。切詳太常禮院議狀，唯立七廟四廟，即並通其理，其他所論，並皆勿取。七廟者，按禮記王制曰：「天子七廟，三昭、三穆與太祖之廟而七。」鄭玄注

云：「此周制也。」詳其禮經，即是周家七廟之定數。四廟者，謂高、曾、祖、禰四世也。按周本紀及禮記大傳皆曰：「武王即位，追王太王、王季、文王。以后稷爲堯稷官，故追尊爲太祖。此即周武王初有天下追尊四廟之明文也。故自漢、魏已降，迄於周、隋，創業之君，追謚不過四世，約周制也。此禮行之已久，事在不疑。今參詳都省前議狀，請立四廟外，別引始祖，取裁未爲定議。續准勅據御史中丞張昭遠奏，請創立四廟之外，無別封始祖之文。況國家禮樂刑名，皆依唐典，宗廟之制，須約舊章，請依唐朝追尊獻祖宣皇帝、懿祖光皇帝、案：原本作「義祖」，今從新唐書改正。（舊五代史考異）太祖景皇帝、代祖元皇帝故事，追尊四廟爲定。

從之。

七年七月，太常禮院奏：「國朝見饗四廟：靖祖、肅祖、睿祖、憲祖。今大行皇帝將行升祔，按會要：唐武德元年，立四廟於長安；貞觀九年，高祖神堯皇帝崩，命有司詳議廟制，議以高祖神主并舊四室祔廟。今先帝神主，請同唐高祖升祔。」從之。

漢天福十二年閏七月，時漢高祖已即位，尚仍天福之號，太常博士段顒奏議曰：「伏以宗廟之制，歷代爲難，須按禮經，旁求故實，又緣禮貴隨時，損益不定。今參詳歷代故事，立

高、曾、祖、禰四廟，更上追遠祖光武皇帝爲始祖百代不遷之廟，居東向之位，共爲五廟，庶符往例，又合禮經。」詔尚書省集百官議。吏部尚書竇貞固等議云：「按禮記王制云：『天子七廟，諸侯五廟，大夫三廟。』疏云：『周制之七廟者，太祖及文王、武王之祧，與親廟四。太祖，后稷也。』又云：『天子七廟，皆據周也。有其人則七，無其人則五。』至於光武中興及歷代多立六廟或四廟，蓋建國之始，未盈七廟之數。又按郊祀錄王肅云：『德厚者流澤廣，天子可以事六代之義也。』今欲請立高祖已下四親廟。又自古聖王，祖有功，宗有德，即於四親廟之外，祖功宗德，不拘定數。今除四親廟外，更請上追高皇帝、光武皇帝，共立六廟。」從之。案文獻通考：莊宗、明宗既捨其祖而祖唐之祖矣，及敬瑭、知遠崛起而登帝位，俱欲以華胄自詭，故於四親之外，必求所謂始祖而祖之。張昭之言，議正而詞偉矣。至漢初，則段顒、竇貞固之徒，曲爲諂附，乃至上祖高、光，以爲六廟云。

周廣順元年正月，中書門下奏：「太常禮院議，合立太廟室數。若守文繼體，則魏、晉有七廟之文；若創業開基，則隋、唐有四廟之議。聖朝請依近禮，追謚四廟。伏恐所議未同，請下百官集議。」太子太傅和凝等議：「請據禮官議，立四親廟。」從之。案五代會要：和凝議曰：「恭以纂啓洪圖，惟新黃屋。左宗廟而右社稷，率由舊章；崇祖禰而辨尊卑，載於前史。雖質文互變，義趣各殊，或覩損益之規，或繫興隆之始。陛下體元立極，本義祖仁，開變家成國之基，遵奉先思孝之道，合據禮官議，立四親廟，以叶前文。」從之。

其年四月，中書門下奏：「太常禮院申，七月一日，皇帝御崇元殿，命使奉册四廟。准舊儀，服衮冕即座〔一一〕，太尉引册案入，皇帝降座，引立於御座前南向，中書令奉册案進，皇帝搢珪捧授，册使跪受，轉授舁册官，其進寶授寶儀如册案。臣等參詳，至時請皇帝降階授册。」從之。

三年九月，將有事於南郊，議於東京別建太廟。時太常禮院言：「准洛京廟室一十五間，分爲四室，東西有夾室，四神門，每方屋一間，各三門，戟二十四〔一二〕，別有齋宮神廚屋宇。准禮，左宗廟，右社稷，在國城內，請下所司修奉。」從之。

其月，太常禮院奏：「迎太廟社稷神主到京，其日未審皇帝親出郊外迎奉否。檢討故事，元無禮例，伏請召三省官集議。」勅：「宜令尚書省四品已上、中書門下五品已上同參議。」司徒竇貞固、司空蘇禹珪等議：「按吳主孫休即位，迎祖父神主於吳郡，入祔太廟，前一日出城野次，明日常服奉迎，此其例也。」遂署狀言車駕出城奉迎爲是，請下禮儀使草定儀注。至十月，禮儀使禮儀使，原本作「禮俊使」，今從五代會要改正。（影庫本粘籤）奏：「太祖神主將至，前一日儀仗出城掌次〔一三〕，於西御莊東北設神主行廟幄幕，面南。其日放朝，羣臣早出西門，皇帝常服出城詣行宮，羣臣起居畢，就次。神主將至，羣臣班定，皇帝立於班前。神主至，太常卿請皇帝再拜，羣臣俱拜。神主就行廟幄幕座，設常饌，羣臣班於神幄前。侍中就次，請皇帝謁神主。既至，羣臣再拜，皇帝進酒畢再拜，羣臣俱拜。皇帝還幄，羣臣先赴太廟門外立班，俟神主至，羣臣班於廟門外，皇帝立於班前，太常卿請皇帝再拜，羣臣俱拜。皇帝還幄，羣臣就次，宮闈令安神主於本室訖，羣臣班於廟庭。太常卿請皇帝於四室奠饗，逐室皇帝再拜，羣臣俱拜。四室祔饗畢，皇帝還宮。前件儀注，望付中書門下宣下。」從之。

顯德六年七月，詔以大行皇帝山陵有期，神主將祔太廟，其廟殿室宇合添修否？國子司業兼太常博士聶崇義奏議曰：「奉勅，爲大行皇帝山陵有期，神主祔廟，恐殿室間數少，合重添修。今詣廟中相度，若是添修廟殿一間至兩間，並須移動諸神門及角樓宮牆仗舍，及堂殿正面檐柣階道，亦須東省牲立班位〔一四〕，直至齋宮，漸近迫窄。今重拆廟殿，續更添修，不唯重勞，兼恐未便。竊見廟殿見虛東西二夾室，況未有祧遷之主，欲請不拆廟殿，更添間數，即便將夾室重安排六室位次。所有動移神主，若准舊禮，於殿庭權設行廟幕殿，即恐雨水猶多，難於陳設。伏請權於太廟齋宮內奉安神主，至修奉畢日，庶爲宜稱。又，按禮記云：廟成則於中屋刲羊刲羊，原本作「刈羊」，今據經文改正。（影庫本粘籤）以釁之，夾室則用雞。

又，大戴禮及通典亦有夾室，祭文觀義，乃是備廟之制。況新主祔廟，諸經有遷易之文，考古沿今，庶合通禮。伏請遞遷諸室奉安大行皇帝神主，以符禮意。」勅依典禮。永樂大典卷一萬七千五十二。

校勘記

〔一〕父蠡吾侯　「父」字原無，據後漢書卷七孝桓帝紀、會要卷二補。

〔二〕朕聞開國承家　「聞」字原無，據會要卷二、册府卷五九三補。

〔三〕須稟於新規　「新」原作「所」，據會要卷二、册府卷五九四改。

〔四〕以支庶繫大宗例宜以懿祖爲始祖　「大宗」原作「太宗」，據劉本及會要卷二改。「懿祖」原無「祖」字，據會要卷二、册府卷五九四補。

〔五〕貞觀九年　「九」原作「元」，據殿本及會要卷二、册府卷五九四改。

〔六〕已上親盡　「上」原作「下」，據會要卷二、册府卷五九四改。

〔七〕五廟　「廟」字原無，據會要卷二、册府卷五九四補。

〔八〕無太祖　「無」字原無，據册府卷五九四、禮記卷一二王制鄭注補。

〔九〕隋文帝父忠　「父忠」二字原無，據册府卷五九四補。

〔10〕速定奪聞奏 「速」原作「逮」，據彭校及冊府卷五九四改。

〔11〕服衮冕御座 「衮」原作「兖」，據殿本、劉本及會要卷三改。

〔12〕每方屋一間各三門戟二十四 殿本、劉本同。會要卷三作「每門屋三間，每門戟二十四」。冊府卷五九四作「每門屋三間，每間一門，戟二十四」。

〔13〕儀仗 殿本、劉本同。會要卷三作「禮儀使」。

〔14〕亦須東省牲立班位 殿本、劉本同。會要卷三「須」下有「近」字。

舊五代史卷一百四十三

志五

禮志下

後唐長興元年九月，太常禮院奏：「來年四月孟夏，禘饗于太廟。謹按禮經，三年一禘以孟冬，五年一祫以孟夏。已毀未毀之主，並合食于太祖之廟，逐廟功臣，配饗于太廟之庭〔一〕。本朝寶應案：原本訛「寶寧」。考新唐書，寶應係代宗年號，無所謂「寶寧」者，今改正。（舊五代史考異）元年定禮，奉景皇帝爲始封之祖〔二〕。既廟號太祖，百代不遷，每遇禘祫，位居東向之尊，自代祖元皇帝、高祖、太宗已下，列聖子孫，各序昭穆，南北相向，合食于前。聖朝中興，重修宗廟，今太廟見饗高祖、太宗、懿宗、昭宗、獻祖、太祖、莊宗七廟，太祖景皇帝在祧廟之數，不列廟饗。將來禘禮，若奉高祖居東向之尊，則禘饗不及于太祖、代祖；若以祧廟太祖居東向之位，則又違于禮意。今所司修奉祧廟神主，及諸色法物已備，合預請參詳，事須具狀

申奏。」勅下尚書省集百官詳議。戶部尚書韓彥惲等奏議曰：「伏以本朝尊受命之祖景皇帝爲始封之君，百代不遷，長居廟食，自貞觀至于天祐，無所改更，聖祖神孫，左昭右穆。自中興國祚，再議宗祊，以太祖景皇帝在祧廟之數，不列祖宗，欲尊太祖之位，將行東向之儀，爰命羣臣，同議可否。伏詳本朝列聖之舊典，明皇定禮之新規，開元十年，特立九廟，子孫遵守，歷代無虧。今既行定禮之規〔三〕，又以祧太祖之室。昔德宗朝，將行禘祫之禮，顏眞卿議請奉獻祖居東向之位，景皇帝暫居昭穆之列，考之於貞元，則以爲誤，行之於今日，正得其禮。今欲請每遇禘祫之歲，暫奉景皇帝居東向之尊，東向，原本作「東白」，今從五代會要改正。（影庫本粘籤）自元皇帝以下，敍列昭穆。」從之。一萬五。（孔本）

周廣順三年冬十月，禮儀使奏：「郊廟祝文，禮例云：古者文字皆書于册，而有長短之差。魏、晉郊廟祝文書于册。唐初悉用祝版，惟陵廟用玉册，玄宗親祭郊廟，用玉爲册。德宗朝，博士陸淳議，准禮用祝版，祭已燔之，可其議。貞元六年親祭，又用竹册，當司准開元禮，並用祝版。梁朝依禮行之，至明宗郊天，又用竹册。今詳酌禮例，祝版爲宜。」從之。

周廣順三年九月，南郊，禮儀使奏〔四〕：「郊祀所用珪璧制度，准禮，祀上帝以蒼璧，祀地祇以黃琮，祀五帝以珪璋琥璜琮，其玉各依本方正色，祀日月以珪璋，祀神州以兩珪有邸。

有邸，原本作「有郄」，今從經文改正。（影庫本粘籤）其用幣，天以蒼色，地以黃色，配帝以白色，日月五帝各從本方之色，皆長一丈八尺。其珪璧之狀，璧圓而琮八方，珪上銳而下方，半珪曰璋，琥爲虎形，半璧曰璜，其珪璧琮璜皆長一尺二寸四。珪有邸，邸，本也，珪著于璧而整肅也〔五〕。日月星辰以珪璧五寸，前件珪璧雖有圖樣，而長短之說或殊。按唐開元中，玄宗詔曰：『祀神以玉，取其精潔，比來用珉，不可行也。如或以玉難辦，寧小其制度，以取其眞。』今郊廟所修珪璧，量玉大小，不必皆從古制，伏請下所司修制。」從之。

顯德四年夏四月，禮官博士等准詔，議祭器、祭玉制度以聞。時國子祭酒尹拙引崔靈恩三禮義宗云：「蒼璧所以祀天，其長十有二寸，蓋法天之十二時。」又引江都集、白虎通等諸書所說，云：「璧皆外圓內方。」又云：「璜琮所以祀地，其長十寸，以法地之數。其琮外方內圓，八角而有好。」國子博士聶從義以爲璧內外皆圓，其徑九寸。又按阮氏、鄭玄圖皆云九寸，周禮玉人職又有九寸之璧。及引爾雅云：「肉倍好倍好，原本作「部好」，今從經文改正。（影庫本粘籤）謂之璧，好倍肉謂之瑗，肉好若一謂之環。」郭璞注云：「好，孔也；肉，邊也。」而不載尺寸之數。崇義又引冬官玉人云「璧好三寸」，爾雅云「肉倍好謂之璧」，兩邊肉各三寸，通好共九寸，則其璧九寸明矣。崇義又云：「璜琮八方以象地，每角各剡出一寸六分，共長八寸，厚一寸。按周禮疏及阮氏圖並無好。」又引冬官玉人云〔六〕：「琮八角而無好。」崇義又

云：「琮璜珪璧，俱是祀天地之器，而爾雅唯言璧環瑗三者有好，其餘璜琮諸器，並不言之，則璜琮八角而無好明矣。」太常卿田敏以下議，以爲尹拙所說雖有所據，而崇義援周禮正文，其理稍優，請從之。其諸祭器制度，亦多以崇義所議爲定。

顯德二年秋八月，兵部尙書張昭上言：「今月十二日，伏蒙宸慈召對，面奉聖旨，每年祀祭，多用太牢，念其耕稼之勞，更備犧牲之用，比諸豢養，特可愍傷，令臣等討故事，可以佗牲代否。臣仰稟綸言，退尋禮籍，其三牲八簋之制，五禮六樂之文，著在典彝，迭相沿襲，累經朝代，無所改更。臣聞古者燔黍捭豚，尙多質略，近則梁武麪牲竹脯，不可宗師，雖好生之德則然，於奉先之儀太劣。蓋禮主于信，孝本因心，黍稷非馨，鬼神饗德，不必牲牢之巨細，籩豆之方圓，苟血祀長保于宗祧，而牲俎何須于繭栗。但以國之大事，儒者久行，易以佗牢，恐未爲便。以臣愚見，其南北郊、宗廟社稷、朝日夕月等大祠，如皇帝親行事，備三牲；如有司攝行事，則用少牢已下。雖非舊典，貴減牲牛。」是時太常卿田敏又奏云：

臣奉聖旨爲祠祭用犢事〔七〕。今太僕寺供犢，一年四季都用犢二十二頭。唐會要武德九年十月詔：「祭祀之意，本以爲民，窮民事神，有乖正直，殺牛不如礿祭，明德卽是馨香，望古推今，民神一揆。其祭圜丘、方澤、宗廟已外，並可止用少牢，用少牢者用特牲代。時和年豐，然後克修常禮。」又按會要天寶六載正月十三日赦文：「祭祀之典，

犧牲所備，將有達於虔誠，蓋不資於廣殺。自今後每大祭祀，應用騂犢，宜令所司量減其數，仍永爲恆式。其年起請以舊料每年用犢二百一十二頭，今請減一百七十三頭〔八〕，止用三十九頭，餘祠饗並停用犢。」至上元二年九月二十一日赦文：「國之大事，郊祀爲先，貴其至誠，不美多品。黍稷雖設，猶或非馨；牲牢空多，未爲能饗。圜丘、方澤，任依恆式，宗廟諸祠，臨時獻熟，用懷明德之馨，庶合西鄰之祭。其年起請昊天上帝、太廟各太牢一，餘祭並隨事市供。」若據天寶六載，自二百一十二頭減用三十九頭；據武德九年，每年用犢十頭，圜丘四〔九〕，方澤一，宗廟五；據上元二年起請祇昊天上帝、太廟，又無方澤，則九頭矣。今國家用牛，比開元、天寶則不多，比武德、上元則過其大半。案會要，太僕寺有牧監，牧監，原本作「特監」，今從五代會要改正。（影庫本粘籤）掌孳課之事。乞今後太僕寺養孳課牛，其犢遇祭昊天前三月養之滌宮，取其蕩滌清潔，餘祭則不養滌宮。若臨時買牛，恐非典故。

奉敕：「祭祀尙誠，祝史貴信，非誠與信，何以事神！礿祭重於殺牛，黍稷輕於明德，犧牲之數，具載典經。前代以來，或有增損，宜採酌中之禮，且從貴少之文。起今後祭圜丘、方澤、社稷，並依舊用犢；其太廟及諸祠，宜准上元二年九月二十一日制，並不用犢。如皇帝親行事，則依常式。」

後唐同光二年三月十日，祠部奏：「本朝舊儀，太微宮每年五薦獻，其南郊壇每年四祠祭。吏部申奏，請差中書門下攝太尉行事，其太廟及諸郊壇，並吏部差三品已上攝太尉行事。」從之。至其年七月，中書門下奏：「據尙書祠部狀，每年太微宮太微，原本作「太衞」，今從新唐書改正。（影庫本粘籤）五薦獻，南郊壇四祠祭，並宰相攝太尉行事，惟太廟時祭，獨遣庶僚，雖爲舊規，慮成闕禮。臣等商量，今後太廟祠祭，亦望差宰臣行事。」從之。

三年十一月，禮儀使奏：「伏准禮經，喪三年不祭，惟祭天地社稷爲越紼行事〔一〇〕，此古制也。爰自漢文，益尊神器，務狥公絕私之義，行以日易月之制，事久相沿，禮從順變。今園陵已畢，祥練既除，宗廟不可以乏享，神祇不可以廢祀，宜遵禮意，式展孝思。伏請自貞簡太后升祔禮畢，應宗廟伎樂及羣祀〔一一〕，並准舊施行。」從之。

天成四年九月，太常寺奏：「伏見大祠則差宰臣行事〔一二〕，中祠則差諸寺卿監行事，小祠則委太祝、奉禮。今後凡小祠〔一三〕，請差五品官行事。」從之。

其年十月，中書門下奏：「太微宮、太廟、南郊壇，宰臣行事宿齋，百官皆預人事〔一四〕。伏以奉命行事，精誠齋宿，儻偏見于朝官，涉不虔於祠祭〔一五〕。今後宰臣行事，文武兩班，望令並不得到宿齋處者。」奉勅宜依。

其年十二月，中書門下奏：「今後宰臣致齋內，請不押班，不知印，不起居。或遇國忌，應行事官受誓戒，並不赴行香，並不奏覆刑殺公事。及大祠致齋內，請不開宴。」從之。

長興二年五月，尚書左丞崔居儉奏：「大祠、中祠差官行事〔一六〕，皇帝雖不預祭，其日亦不視朝。伏見車駕其日或出，于理不便。今後請每遇大祠、中祠〔一七〕，車駕不出。」從之。

四年二月，太常博士路航奏：「比來小祠已上，公卿皆著祭服行事。近日唯郊廟、太微宮具祭服，五郊迎氣、日月諸祠，並祇常服行事，兼本司執事人等，皆著隨事衣裝，猥藉鞋履，便隨公卿升降于壇壝。按祠部令，中祠以上，應齋郎等升壇行事者，並給潔服，事畢收納。今後中祠已上，公卿請具祭服，執事升壇人並着履〔一八〕，具緋衣案：原本作「絳衣」，今據五代會要改正。（舊五代史考異）幘子。又，臣檢禮閣新儀，太微宮使卯時行事。近年依諸郊廟例，五更初便行事，今後請依舊以卯時。」從之。

清泰元年五月，中書門下奏：「據太常禮院申，明宗聖德和武欽孝皇帝今月二十日祔廟，太尉合差宰臣攝行。緣馮道在假；李愚十八日私忌，在致齋內；今劉昫又奏見判三司事煩，請免祀事。今與禮官參酌，諸私忌日，遇大朝會，入閤宣召，尚赴朝參。今祔饗事大，忌日屬私，齋日請比大朝會宣召例，差李愚行事。」從之。永樂大典卷一萬七千五十二。（孔本）

晉開運三年六月，西京留司監祭使奏：「以祠祭所定行事官，臨日或遇疾病，或奉詔赴闕，留司吏部郎中一人主判，有闕便依次第定名，庶無闕事。」從之。永樂大典卷一萬七千五十二。（孔本）

天成三年十一月，太常定唐少帝爲昭宣光烈孝皇帝，廟號景宗。博士呂朋龜奏：「謹按禮經，臣不誄君，稱天以謚之，是以本朝故事，命太尉率百僚奉謚册告天于圜丘，迴讀于靈座前，並在七月之內，謚册入陵。若追尊定謚，命太尉讀謚册于太廟，藏册于本廟。伏以景宗皇帝，頃負沈冤，歲月深遠，園陵已修，不祔于廟，則景宗皇帝親在七廟之外。今聖朝申冤，追尊定謚，重新帝號，須撰禮儀。又，禮云：君不逾年不入宗廟。且漢之殤、沖、質，君臣已成，晉之惠、懷、愍，俱負艱難，皆不列廟食，止祀於園寢。臣等切詳故實，欲請立景宗皇帝廟于園所，命使奉册書寶綬，上謚于廟，便奉太牢祀之，其四時委守奉薦。請下尚書省集三省官詳議施行。」右散騎常侍蕭希甫希甫，原本作「希溥」，今從歐陽史改正。（影庫本粘籤）等議請依禮院所奏。奉勅：宜令本州城內選地起廟。乃于曹州立廟。

四年五月，中書門下奏：「先據太常寺定少帝謚昭宣光烈孝皇帝，號景宗者。伏以景宗生曾爲帝，饗乃承祧，既號景宗，合入宗廟，如不入宗廟，難以言宗。於理而論，祧一遠廟，安少帝神主于太廟，即昭穆序而宗祀正。今或且居別廟，即請不言景宗，但云昭宣光烈孝皇帝。兼册文內有『基』字，是玄宗廟諱，雖尋常詔勅皆不迴避，少帝是繼世之孫，不欲斥列聖之諱，今改『基』爲『宗』字。」從之。案五代會要：風俗通陳孔璋云：尊卑有敍，喪祭哀敬，各有攸終，欲令言著而可遵，事施而不犯。禮云：「卒哭之後，宰執木鐸狗于宮，曰捨故而諱新。」故，謂毀廟之主也，恩遠屬絕，名不可諱。今昭宣上去玄宗十四世，奏改册文，非典故也。

八月戊申，明宗服衮冕，御文明殿，追册昭宣光烈孝皇帝。案：歐陽史作四年五月乙酉追謚，與是志定謚册廟月日俱不符。（舊五代史考異）禮畢，册使兵部尚書盧質押册出應天門登車，鹵簿鼓吹前導，入都亭驛〔一九〕，翌日，登車赴曹州。時議者以追尊則可，立之爲宗，不入太廟，深爲失禮。夫言宗者，功業纂于祖禰，德澤被于生民，發號申令可也。且輝王纂嗣之日，國命出于賊臣，君父銜冤，母后塗炭，遭罹放逐，鼎祚覆亡，追謚易名，當循故實。如漢之沖、質，晉之閔、懷，但尊稱而無廟號；前代亡國者周赧、漢獻、魏陳留，亦不稱宗；中興之追謚者孺子嬰，光武竟無追宗之典。設如自我作古，酌于人情，則謂之爲「景宣光烈」，深不稱也。古之周景、漢景、周宣、漢宣，皆中興再造之主。至如國朝，太祖曰景皇帝，以受命而有唐室，宣宗皇帝以隔代承運，皇綱復振故也。今輝王亡國墜業，謂之「宣景」，得無謬乎！先是，太常既奏，下尚書省集議，雖有智者，依違不言。至是，既立爲景宗，陵號溫陵，乃於曹州置廟，

曹州，原本作「趙州」，今據五代會要改正。（影庫本粘籤）以時告享，仍以本州刺史以下爲三獻官。後宰臣知其非，乃奏去廟號。

晉天福四年十一月，太常禮院奏：議立唐廟，引武德年故事，祀隋三帝。今請立近朝莊宗、明宗、閔帝三廟，庶合前規。詔曰：「德莫盛于繼絕，禮莫重于奉先。莊宗立興復之功，明宗垂光大之業，逮乎閔帝，實繼本枝，然則丕緒洪源，皆尊唐室。繼周者須崇后稷，嗣漢者必奉高皇，將啓嚴祠，當崇茂典。宜立唐高祖、太宗及莊宗、明宗、閔帝五廟。」

其月，太常禮院又奏：「唐廟制度，請以至德宮正殿隔爲五室，三分之，南去地四尺，以石爲埳，中容二主。廟之南一屋三門，門戟二十有四；東西一屋一門，門無棨戟。四仲之祭，一羊一豕，如其中祠，幣帛牲牢之類，光祿主之。祠祝之文，不進不署，神廚之具，鴻臚督之。五帝五后，凡十主，未遷者六，未立者四，未謚者三。高祖〔二〇〕、太宗與其后暨莊宗、明宗，凡六主〔二一〕，在清化里之寢宮，祭前二日，以殿中繖扇二十，迎置新廟以享祀〔二二〕。閔皇帝、莊宗明宗二后及魯國孔夫人神主四座，請修制祔廟，及三后請定謚法。」從之。永樂大典卷一萬七千五十二。（孔本）

周廣順元年二月，太常禮院上言：「准勅，遷漢廟入昇平宮。其唐、晉兩朝，皆止五廟遷移，今漢七廟，未審總移，爲復祇移五廟？勅宜准前勅，並移于昇平宮。其法物、神廚、齋院、祭服、祭器、饌料，皆依中祠例〔二三〕，用少牢，光祿等寺給。其讀文太祝及奉禮郎，太常寺差。每仲饗，以漢宗子爲三獻。」從之。永樂大典卷一萬七千五十二。（孔本）

校勘記

〔一〕太廟　原作「本朝」，據彭校及冊府卷五九三改。殿本、劉本及會要卷三作「本廟」。

〔二〕奉景皇帝爲始封之祖　「景皇帝」下原有「高祖太宗」四字，據彭校及會要卷三、冊府卷五九三刪。

〔三〕今既行定禮之規　殿本、劉本同。會要卷三、冊府卷五九三「定禮」作「七廟」。

〔四〕禮儀使奏　「奏」原作「奉」，據殿本、劉本及會要卷三、冊府卷五九四改。

〔五〕珪著于璧而整肅也　殿本、劉本同。彭校及會要卷三、冊府卷五九四「整肅」作「四出」。

〔六〕又引冬官玉人云　「又」原作「人」，據殿本、劉本及會要卷三、冊府卷五九四改。

〔七〕爲祠祭用犢事　「祠」字原無，據會要卷三、冊府卷五九四補。

〔八〕一百七十三頭　原作「一百六十三頭」，據殿本、劉本及會要卷三改。

〔九〕圜丘四　「四」字原無，據會要卷三補。

〔一〇〕惟祭天地社稷　「惟祭」二字原無，據冊府卷五九三補。

〔一一〕宗廟伎樂　「伎」原作「使」，據會要卷四改。殿本、劉本作「儀」。

〔一二〕大祠　原作「大祀」，據殿本及會要卷四、冊府卷五九三改。

〔一三〕小祠　原作「小事」，據殿本及會要卷四、殘宋本冊府卷五九三改。

〔一四〕皆預人事　彭本、盧本同。殿本、劉本作「皆入白事」。

〔一五〕涉不虔於祠祭　「虔」原作「處」，據殿本、劉本及冊府卷五九三改。

〔一六〕崔居儉奏大祠中祠差官行事　「居」「中祠」三字原無，據會要卷四補。

〔一七〕大祠中祠　原作「大祀、中祀」，據殿本及會要卷四改。

〔一八〕執事升壇人並着履　「履」字原無，據會要卷四、殘宋本冊府卷五九三補。

〔一九〕都亭驛　「亭」原作「停」，據殿本、本書卷七九晉高祖紀改。

〔二〇〕高祖　原作「高宗」，據殿本及會要卷三、冊府卷五九四改。

〔二一〕凡六主　原作「凡主」，據會要卷三、冊府卷五九四補「六」字。殿本作「其主」。

〔二二〕以享祀　殿本同。彭本、劉本作「以享禮」，冊府卷五九四作「以行饗禮」，會要卷三作「以行享禮」。影庫本批校云：「享禮之『禮』字，當是『祀』字之訛。」

〔二三〕中祠　原作「中神」，據殿本、劉本及抄本會要卷三改。按影庫本粘籤云：「中神，原本作『平神』，今據五代會要改正。」今查沈校本、殿本會要作「中祀」，抄本會要作「中祠」。粘籤所云，疑有誤。

舊五代史卷一百四十四

志六

樂志上

古之王者，理定制禮，功成作樂，所以昭事天地，統和人神，歷代已來，舊章斯在。洎唐季之亂，咸、鎬爲墟；梁運雖興，英、莖掃地。莊宗起於朔野，經始霸圖，其所存者，不過邊部鄭聲而已，先王雅樂，殆將泯絕。當同光、天成之際，或有事淸廟，或祈祀泰壇，雖簨簴猶施，而宮商孰辨？遂使磬襄、鼗武，入河、漢而不歸；湯濩、舜韶，混陵谷而俱失。洎晉高祖奄登大寶，思迪前規，爰詔有司，重興二舞。旋屬烽火爲亂，明法罔修〔一〕，漢祚幾何，無暇制作。周顯德五年冬，將立歲仗，有司以崇牙樹羽，宿設於殿庭。世宗因親臨樂懸，試其聲奏，見鐘磬之類，有設而不擊者，訊於工師，皆不能對。世宗惻然，乃命翰林學士、判太常寺事竇儼參詳其制，又命樞密使王朴考正其聲。朴乃用古累黍之法，以審其度，造成律準，其

狀如琴而巨，凡設十三弦以定六律、六呂旋相爲宮之義。世宗善之，申命百官議而行之。今亦備紀於後，以志五代雅樂沿革之由焉。

梁開平初，太祖受禪，始建宗廟，凡四室，每室有登歌、酌獻之舞：

肅祖宣元皇帝室曰大合之舞。

敬祖光憲皇帝室曰象功之舞。

憲祖昭武皇帝室曰來儀之舞。

烈祖文穆皇帝室曰昭德之舞〔二〕。昭德，原本作「曉往」，今據五代會要改正。（影庫本粘籤）

登歌樂章各一首。案五代會要云：太常少卿楊煥撰。（舊五代史考異）

二年春，梁祖將議郊禋，有司撰進樂名、舞名：

樂曰慶和之樂。

舞曰崇德之舞。崇德，原本作「崇釋」，今據五代會要改正。（影庫本粘籤）

皇帝行奏慶順。

奠玉帛登歌奏慶平。

迎俎奏慶肅。

酌獻奏慶熙。

飲福酒奏慶隆。

送文舞迎武舞奏慶融。

亞獻奏慶和。

終獻奏慶休。

樂章各一首。

太廟迎神，舞名開平。

皇帝行、盥手、登歌、飲福酒、徹豆、送神，皆奏樂。奏樂，原本脫「奏」字，今從文獻通考增入。（影庫本粘籤）

樂章各一首。

唐莊宗光聖神閔孝皇帝廟室酌獻，舞武成之舞。原本脫「成」字，今據五代會要增入。（舊五代史考異）

登歌樂章一首。案五代會要云：尚書兵部侍郎崔君倹撰。（舊五代史考異）

明宗聖德和武欽孝皇帝廟室酌獻，舞雍熙之舞。

登歌樂章一首。案五代會要云：太常卿盧文紀撰。（舊五代史考異）

晉高祖聖文章武明德孝皇帝廟室酌獻，舞咸和之舞。

登歌樂章一首。案五代會要云：太子賓客、判太常寺事趙光輔撰。（舊五代史考異）

漢文祖明元皇帝廟室酌獻，舞靈長之舞。

德祖恭僖皇帝廟室酌獻，舞積善之舞。

翼祖昭獻皇帝廟室酌獻，舞顯仁之舞。

顯祖章聖皇帝廟室酌獻，舞章慶之舞。

登歌樂章各一首。案五代會要云：太常卿張昭撰。（舊五代史考異）

高祖睿文聖武昭肅孝皇帝廟室酌獻，酌獻，原本脫「獻」字，今從五代會要增入。（影庫本粘籤）舞觀德之舞。

登歌樂章一首。

周信祖睿和皇帝廟室酌獻，舞肅雍之舞。

僖祖明憲皇帝廟室酌獻〔三〕，舞章德之舞。

義祖翼順皇帝廟室酌獻，舞善慶之舞。

慶祖章肅皇帝廟室酌獻，舞觀成之舞。

登歌樂章各一首。

太祖聖神恭肅文武孝皇帝廟室酌獻，舞明德之舞。明德，原本脫「明」字，今從五代會要增入。（影庫本粘籤）

世宗睿武孝文皇帝廟室酌獻，舞定功之舞。

登歌樂章各一首。案五代會要云：太祖廟室樂章，太常卿田敏撰。世宗廟室樂章，翰林學士、判太常寺事竇儼撰。（舊五代史考異）

樂章詞多不錄。

右樂章

晉天福四年十二月，禮官奏：「來歲正旦，王公上壽，皇帝舉酒，請奏玄同之樂；再舉酒，奏文同之樂。」從之。

五年，始議重興二舞，詔曰：「正冬二節，朝會舊儀，廢於離亂之時，興自和平之代。將

期備物，全繫用心；須議擇人，同爲定制。其正冬朝會禮節、樂章、二舞行列等事宜，差太常卿崔梲、御史中丞竇貞固、刑部侍郎呂琦、呂琦，原本作「呂嶇」，今從歐陽史改正。（影庫本粘籤）禮部侍郎張允與太常寺官一一詳定。禮從新意，道在舊章，庶知治世之和，漸見移風之善。」

其年秋，梲等具述制度上奏云：

按禮云：「天子以德爲車，以樂爲御。」「大樂與天地同和，大禮與天地同節。」又曰：「安上治人，莫善於禮；移風易俗，莫善於樂。」故樂書議舞云：夫樂在耳曰聲，在目曰容。聲應乎耳，可以聽知；容藏於心，難以貌覩。故聖人假干戚羽旄以表其容，發揚蹈厲以見其意，聲容和合〔四〕，則大樂備矣。

又按義鏡，問鼓吹十二按合於何所？答云：周禮鼓人掌六鼓四金，漢朝乃有黃門鼓吹。崔豹古今注云：因張騫使西域，得摩訶兜勒一曲，李延年增之，分爲二十八曲。梁置鼓吹清商令二人。唐又有掆鼓、金鉦、大鼓、長鳴、歌簫、笳、笛，合爲鼓吹十二按，大享會則設於懸外。此乃是設二舞及鼓吹十二按之由也。

今議一從令式，排列教習。文舞郎六十四人，分爲八佾，每佾八人。左手執籥，禮云：「葦籥，伊耆氏之樂也。」周禮有「籥師教國子」。爾雅曰：籥如笛，三孔而短，大者七孔，謂之箎。歷代已來，文舞所用，凡用籥六十有四。右手執翟，周禮所謂羽舞也。書云：「舞干羽於兩階。」翟，山雉也，以雉羽分析連攢案：原本訛「運攢」，今據五代會要改正。（舊五代史考異）而爲之。二人執纛前引，數於舞人之外。舞人冠進賢冠，服黃紗袍，白紗中單〔五〕，皂領褾，白練褴襠，白布大口袴，革帶，烏皮履，白布襪。武舞郎六十四人，分爲八佾。左手執干。干，楯也〔六〕，今之旁牌，所以翳身也，其色赤，中畫獸形，故謂之朱干。周禮所謂兵舞，取其武象〔七〕，用楯六十有四。右手執戚。戚，斧也〔八〕，上飾以玉，故謂之玉戚。二人執旌前引，旌似旗而小，絳色，畫升龍。二人執鼗鼓，二人執鐸。周禮有四金之奏，其三曰金鐸，以通鼓，形如大鈴，仰而振之。金錞二，每錞二人舉之，一人奏之。周禮四金之奏，一曰金錞，以和鼓，銅鑄爲之，其色玄，其形圓，若椎〔九〕，上大下小，高三尺六寸有六分，圍二尺四寸，上有伏虎之狀，旁有耳，獸形銜鐶。二人執鐃以次之。周禮四金之奏，二曰金鐃，以止鼓〔一〇〕，如鈴無舌，搖柄以鳴之。二人掌相在左，禮云：「理亂以相。」制如小鼓，用皮爲表，實之以糠，撫之以節樂。二人掌雅在右，禮云：「訊疾以雅。」以木爲之，狀如漆筩而拚口，大二尺圍〔一一〕，長五尺六寸，以羖皮鞔之，旁有二紐，髹畫，賓醉而出，以器築地，明行不失節。武舞人服弁，平巾幘，金支緋絲大袖，緋絲布裲襠，甲金飾，白練褴襠，錦騰蛇起梁帶，豹文大口布袴，烏皮靴。工人二十，數於舞人之外。武弁朱褠，案：原本「褠」訛「構」，今據五代會要改正。（舊五代史考異）革帶，烏

皮履，白練褴襠，白布襪。殿庭仍加鼓吹十二按。義鏡云：常設氊桉〔一二〕，以氊爲牀也。今請制大牀十二，牀容九人，振作歌樂，其牀爲熊羆貙豹騰倚之狀以承之，象百獸率舞之意。分置於建鼓之外，各三桉，每桉羽葆鼓一，大鼓一，金錞金錞，原本作「金釦」，今從五代會要改正。（影庫本粘籤）一，歌二人，簫二人，笳二人。十二桉，樂工百有八人，舞郎一百三十有二人，取年十五已上，弱冠已下，容止端正者。其歌曲名號、樂章詞句，中書條奏，差官修撰。

從之。案歐陽史崔梲傳：高祖詔太常復文武二舞，詳定正冬朝會禮及樂章。自唐末之亂，禮樂制度亡失已久，梲與御史中丞竇貞固、刑部侍郎呂琦、禮部侍郎張允等草定之。其年冬至，高祖會朝崇元殿，廷設宮懸，二舞在北，登歌在上。文舞郎八佾六十有四人，冠進賢，黃紗袍，白中單，白練褴襠，白布大口袴，革帶履，左執籥，右秉翟，執纛引者二人。武舞郎八佾六十有四人，服平巾幘，緋絲布大袖繡襠，甲金飾，白練褴〔一三〕，錦騰蛇起梁帶，豹文大口袴，烏皮靴，左執干，右執戚，執旌引者二人。加鼓吹十二桉，負以熊豹，以象百獸率舞。桉設羽葆鼓一，大鼓一，金錞一，歌、簫、笳各二人。王公上壽，天子舉爵，奏玄同；二舉，登歌奏文同；舉食，文舞昭德，武舞成功之曲。禮畢，高祖大悅，賜梲金帛，羣臣左右覩者皆贊歎之。然禮樂廢久，而制作簡繆，又繼以龜茲部霓裳法曲，參亂雅音。其樂工舞郎，多教坊伶人、百工商賈、州縣避役之人，又無老師良工教習。明年正旦，復奏于廷，而登歌發聲，悲離煩慝，如薤露、虞殯之音，舞者行列進退，皆不應節，聞者皆悲憤。開運二年，太常少卿陶穀奏廢二舞。

漢高祖受命之年，秋九月，權太常卿張昭上疏，奏改一代樂名，其略曰：

昔周公相成王，制禮作樂，殿庭偏奏六代舞，所謂雲門、大咸、大韶、大夏、大濩、大武也。周室既衰，王綱不振，諸樂多廢，唯大韶、大武二曲存焉。秦、漢以來，名爲二舞：文舞，韶也；武舞，武也。漢時改爲文始、五行之舞，歷代因而不改。貞觀作樂之時，祖孝孫改隋文舞爲治康之舞，武舞爲凱安之舞。貞觀中，有秦王破陣樂、功成慶善樂二舞，樂府又用爲二舞，是舞有四焉。前朝行用年深，不可遽廢，俟國家偃伯靈臺〔一四〕，即別召工師，更其節奏，今改其名，具書如左：祖孝孫所定二舞名，文舞曰治康之舞，治康，原本作「治廣」，今從五代會要改正。（影庫本粘籤）請改爲治安之舞；武舞曰凱安之舞，請改爲振德之舞。貞觀中二舞名，文舞功成慶善樂〔一五〕，前朝名九功舞，請改爲觀象之舞；武舞秦王破陣樂〔一六〕，前朝名爲七德舞，請改爲講功之舞。其治安、振德二舞，請依舊郊廟行用，以文舞降神，武舞送神。其觀象、講功二舞，請依舊宴會行用。

又請改十二和樂云：

昔周朝奏六代之樂，即今二舞之類是也。其賓祭常用〔一七〕，別有九夏之樂，即肆夏、皇夏等是也。梁武帝善音樂，改九夏爲十二雅，前朝祖孝孫改雅爲和，示不相沿

也。臣今改和爲成，取韶樂九成之義也。十二成樂曲名：祭天神奏豫和之樂，請改爲禋成；祭地祇奏順和，請改爲順成；祭宗廟奏永和，請改爲裕成；祭天地、宗廟，登歌奏肅和，請改爲肅成；皇帝臨軒奏太和，請改爲政成；政成，原本作「征成」，今從文獻通考改正。（影庫本粘籤）王公出入奏舒和，請改爲弼成；皇帝食舉及飲宴奏休和，請改爲德成；皇帝受朝、皇后入宮奏正和，請改爲扆成；皇太子軒懸出入奏承和，請改爲胤成；元日、冬至皇帝禮會，登歌奏昭和，請改爲慶成；郊廟俎入奏雍和，請改爲騂成；皇帝祭享、酌獻、讀祝文及飲福、受胙奏壽和，請改爲壽成。

祖孝孫元定十二和曲，開元朝又奏三和，遂有十五和之名。凡制作禮法，動依典故，梁置十二雅，蓋取十二天之成數，契八音十二律之變，輒益三和，有乖稽古。又緣祠祭所用，不可盡去，臣取其一焉，祭孔宣父、齊太公廟降神奏宣和，請改爲師雅之樂〔一八〕；三公升殿、會訖下階履行奏祴和，請廢，同用弼成；享先農、耕籍田奏豐和〔一九〕，請廢，同用順成。

已上四舞、十二成、雅樂等曲，今具錄合用處所及樂章首數，一一條列在下。

其歌詞文多不錄。

校勘記

〔一〕明法罔修　「明」上原有「聲」字，據殿本、劉本刪。

〔二〕烈祖文穆皇帝　「文穆」原作「文祖」，據殿本及會要卷七、冊府卷五七〇改。

〔三〕僖祖　原作「僖宗」，據殿本及會要卷七、冊府卷五七〇改。

〔四〕聲容和合　「容」字原無，據殿本及會要卷六補。

〔五〕服黃紗袍白紗中單　「袍白紗」三字原無，據會要卷六、冊府卷五七〇補。

〔六〕干楯也　「也」字原無，據會要卷六、冊府卷五七〇補。

〔七〕取其武象　「其」字原無，據會要卷六、冊府卷五七〇補。

〔八〕戚斧也　「戚」字原無，據會要卷六、冊府卷五七〇補。

〔九〕若椎　原作「若權」，據劉本、抄本會要卷六、冊府卷五七〇改。沈校本會要作「若碓頭」。

〔一〇〕以止鼓　「止」原作「上」，據殿本、劉本及會要卷六、冊府卷五七〇改。

〔一一〕大二尺圍　殿本、劉本同。會要卷六、冊府卷五七〇無「尺」字。

〔一二〕常設穮校　「常」原作「帝」，據會要卷六改。

〔一三〕白練褴　歐陽史卷五五崔棁傳、舊五代史考異同。殿本、劉本及本卷正文「褴」下有「襠」字。

〔一四〕偃伯靈臺　原作「偃武於靈臺」，據殿本、殘宋本冊府卷五七〇改。明本冊府作「偃息靈臺」。影

庫本批校云：「偃武于靈臺句，原本作『偃伯靈臺』，是；誤改作『偃武』，非。」

〔一五〕文舞功成慶善樂　「舞」原作「武」，據殿本及會要卷七、冊府卷五七〇改。

〔一六〕武舞秦王破陣樂　「武舞」二字原無，據冊府卷五七〇補。

〔一七〕其賓祭常用　「賓」原作「兵」，據殿本、劉本及會要卷七、殘宋本冊府卷五七〇改。

〔一八〕請改爲師雅之樂　「改」字原無，據會要卷七、冊府卷五七〇補。

〔一九〕享先農耕籍田　「田」字原無，據會要卷七補。

舊五代史卷一百四十五

志七

樂志下

周廣順元年，太祖初卽大位，惟新庶政，時太常卿邊蔚上疏請改舞名，其略云：「前朝改祖孝孫所定二舞名〔一〕，文舞曰治安之舞，武舞曰振德之舞，今請改治安爲政和之舞，振德爲善勝之舞。前朝改貞觀中二舞名，文舞曰觀象之舞，武舞曰講功之舞，今請改觀象爲崇德之舞，講功爲象成之舞。象成，原本作「相成」，今據五代會要改正。（影庫本粘籤）又議改十二成，今改爲順。十二順樂曲名：祭天神奏禋成，請改爲昭順之樂；祭地祇奏順成，請改爲寧順之樂；祭宗廟奏裕成，請改爲肅順之樂；祭天地、宗廟，登歌奏肅成，今請改爲感順之樂；皇帝臨軒奏政成，請改爲治順之樂；王公出入奏弼成，請改爲忠順之樂；皇帝食舉奏德成，請改爲康順之樂；皇帝受朝、皇后入宮奏扆成，請改爲雍順之樂；皇太子軒懸出入奏胤

成，請改爲溫順之樂；元日、冬至皇帝禮會，登歌奏慶成，請改爲禮順之樂；郊廟俎入奏雍成，請改爲禋順之樂；禋順，原本作「福順」，今從五代會要、文獻通考改正。（影庫本粘籤）皇帝祭享、酌獻、讀祝及飲福、受胙奏壽成，請改爲福順之樂。梁武帝改九夏爲十二雅，以協陽律、陰呂、十二管旋宮之義，祖孝孫改爲十二和。開元中，乃益三和，前朝去二和，改一雅。今去雅，只用十二順之曲。祭孔宣父、齊太公廟降神奏師雅，請同用禮順之樂；三公升殿、會訖下階履行同用弼成〔二〕，請同用忠順之樂；享先農及籍田同用順成，請同用寧順之樂〔三〕。」曲詞文多不載。案五代會要：邊蔚請添召樂師，令在寺習樂。勅太常寺見管兩京雅樂節級樂工共四十人外，更添六十人，內三十八人宜抽教坊貼部樂官兼充〔四〕，餘二十二人宜令本寺照名充填。仍令三司定支春冬衣糧，月報聞奏。其舊管四十人，亦量添請。

世宗顯德元年卽位，有司上太祖廟室酌獻，奏明德之舞。

五年六月，命中書舍人竇儼參詳太常雅樂。十一月，翰林學士竇儼上疏論禮樂刑政之源，其一曰：「請依唐會要所分門類，上自五帝，迄于聖朝，凡所施爲，悉命編次，凡關禮樂，無有闕漏，名之曰大周通禮，俾禮院掌之。」其二曰〔五〕：「伏請命博通之士，上自五帝，迄於聖朝，凡樂章沿革，總次編錄，繫於歷代樂錄之後，永爲定式，名之曰大周正樂，俾樂寺掌之。依文教習，務在齊肅。」詔曰：「竇儼所上封章，備陳政要，舉當今之急務，疾近世之因

循，器識可嘉，辭理甚當，故能立事，無愧莅官。所請編集大周通禮、大周正樂，宜依。仍令於內外職官前資前名中，選擇文學之士，同共編集，具名以聞。委儼總領其事。所須紙筆，下有司供給。」

六年春正月，樞密使王朴奉詔詳定雅樂十二律旋相爲宮之法，并造律準，上之。其奏疏略曰：

夫樂作於人心，成聲於物，聲氣既和，反感於人心者也。所假之物，大小有數。九者，成數也，是以黃帝吹九寸之管，得黃鍾之聲，爲樂之端也。半之，淸聲也。倍之，緩聲也。三分其一以損益之，相生之聲也。十二變而復黃鍾，聲之總數也〔六〕。乃命之曰十二律。旋迭爲均，均有七調，合八十四調，播之於八音，著之於歌頌。宗周而上，率由斯道，自秦而下，旋宮聲廢。洎東漢雖有大予丞鮑鄴案：原本訛「鮑節」，今據五代會要及文獻通考改正。（舊五代史考異）興之〔七〕，人亡而音息〔八〕，無嗣續之者。漢至隋垂十代，凡數百年，所存者黃鍾之宮一調而已。十二律中，唯用七聲，其餘五律，謂之啞鍾，蓋不用故也。唐太宗復古道，乃用祖孝孫、張文收考正雅樂，而旋宮八十四調復見於時，在懸之器，方無啞者。安、史之亂，京都爲墟，器之與工，十不存一，所用歌奏，漸多紕繆。逮乎黃巢之餘，工器都盡，購募不獲，文記亦亡，集官詳酌，終不知其制度。時有太常博

士殷盈孫〔九〕，按周官考工記之文，鑄鎛鍾十二，編鍾二百四十。處士蕭承訓校定石磬，今之在懸者是也。雖有樂器之狀，殊無相應之和。逮乎朱梁、後唐，歷晉與漢，皆享國不遠，未暇及於禮樂。以至於十二鎛鍾〔一〇〕，不問聲律宮商，但循環而擊，編鍾、編磬徒懸而已。絲、竹、匏、土，僅有七聲，作黃鍾之宮一調，亦不和備，其餘八十三調，於是乎泯絕，樂之缺壞，無甚於今。

陛下天縱文武，奄宅中區，思復三代之風，臨視樂懸，親自考聽，知其亡失，深動上心。乃命中書舍人竇儼參詳太常樂事，不踰月調品八音，粗加和會。以臣嘗學律曆，宣示古今樂錄，令臣討論，臣雖不敏，敢不奉詔。遂依周法〔一一〕，以秬黍校定尺度，長九寸，虛徑三分，爲黃鍾之管，與見在黃鍾之聲相應。以上下相生之法推之，得十二律管。以爲衆管互吹，用聲不便，乃作律準，十三絃宣聲，長九尺張絃，各如黃鍾之聲。以第八絃六尺，設柱爲林鍾；第三絃八尺，設柱爲太簇；第十絃五尺三寸四分，設柱爲南呂；第五絃七尺一寸三分，設柱爲姑洗；第十二絃四尺七寸五分，設柱爲應鍾；第七絃六尺三寸三分，設柱爲蕤賓；第二絃八尺四寸四分，設柱爲大呂；第九絃第九絃，原本作「第八絃」，今據五代會要、文獻通考改正。（影庫本粘籤）五尺六寸三分，設柱爲夷則；第四絃七尺五寸一分，設柱爲夾鍾；第十一絃五尺一分，設柱爲無射；第六絃六尺六寸八

分〔二二〕，設柱爲中呂；第十三絃四尺五寸，設柱爲黃鍾之清聲。十二律中，旋用七聲爲均，爲均之主者，宮也，徵、商、羽、角、變宮、變徵次焉。發其均主之聲，歸乎本音之律，七聲迭應而不亂，乃成其調。均有七調，聲有十二均，合八十四調，歌奏之曲，由之出焉。

伏以旋宮之聲久絕，一日而補，出臣獨見，恐未詳悉，望集百官及內外知音者較其得失，然後依調制曲。八十四調，曲有數百，見存者九曲而已，皆謂之黃鍾之宮。今詳其音數，內三曲（數內三曲，原本作「一曲」，今據五代會要改正。（影庫本粘籤））即是黃鍾宮聲，其餘六曲，錯雜諸調，蓋傳習之誤也。唐初雖有旋宮之樂，至於用曲，多與禮文相違。既不敢用唐爲則，臣又懵學獨力，未能備究古今，亦望集多聞知禮文者，上本古曲，下順常道，定其義理。於何月行何禮，合用何調何曲，聲數長短，幾變幾成，議定而制曲，方可久長行用。所補雅樂旋宮八十四調，并所定尺、所吹黃鍾管、所作律準，謹同上進。

世宗善之，詔尚書省集百官詳議。兵部尚書張昭等議曰：

昔帝鴻氏之制樂也，將以範圍天地，協和人神，候八節之風聲，測四時之正氣。氣之清濁不可以筆授〔二三〕，聲之善否不可以口傳，故鳧氏鑄金，伶倫截竹，爲律呂相生之算，宮商正和之音。乃播之於管絃，宣之於鐘石，然後覆載之情訢合，陰陽之氣和同，

八風從律而不奸，五聲成文而不亂〔二四〕。空桑、孤竹之韻，足以禮神；雲門、大夏之容，無虧觀德。然月律有還宮之法，備於太師之職。經秦滅學，雅道淩夷。漢初制氏所調，（案：原本訛「知氏」，今據漢書改正。（舊五代史考異））惟存鼓舞，旋宮十二均更用之法，世莫得聞。漢元帝時，京房善易、別音，探求古議，以周官均法，每月更用五音，乃立準調，旋相爲宮，成六十調。又以日法析爲三百六十，傳於樂府，而編懸復舊，律呂無差。遭漢中微，雅音淪缺，京房準法，屢有言者，事終不成。錢樂空記其名〔二五〕，沈重但條其說，六十律法，寂寥不傳。梁武帝素精音律，自造四通十二笛，以鼓八音。又引古五正、二變之音，旋相爲宮，得八十四調，與律準所調，音同數異。侯景之亂，其音又絕。隋朝初定雅樂，羣黨沮議，歷載不成。而沛公鄭譯，因龜茲琵琶七音，以應月律，五正、二變，七調克諧，旋相爲宮，復爲八十四調。工人萬寶常又減其絲數，稍令古淡〔二六〕。隋高祖不重雅樂，令儒官集議。博士何妥駁奏，其鄭、萬所奏八十四調並廢。隋氏郊廟所奏，唯黃鍾一均，與五郊迎氣，雜用蕤賓，但七調而已；其餘五鍾，懸而不作。三朝宴樂，用縵樂九部，迄於革命，未能改更。唐太宗爰命舊工祖孝孫〔二七〕、張文收整比鄭譯、萬寶常所均七音八十四調，方得絲管並施，鍾石俱奏，七始之音復振，四廟之韻皆調〔二八〕。自安、史亂離，咸秦盪覆。崇牙樹羽之器，掃地無餘；戞擊搏拊之工，窮年不嗣。郊廟所奏，何異南箕，波蕩不還，知音殆絕。

臣等竊以音之所起，出自人心，夔、曠不能長存，人事不能常泰〔二九〕，人亡則音息，世亂則樂崩，若不深知禮樂之情，安能明制作之本。陛下心苞萬化，學富三雍。觀兵耀武之功，已光鴻業；尊祖禮神之致，尤軫皇情。乃睠奉常，痛淪樂職，親閱四懸之器，思復九奏之音，爰命廷臣，重調鍾律。樞密使王朴〔三〇〕，採京房之準法，練梁武之通音，考鄭譯、寶常（寶常，原本作「寶宮」，今據五代會要改正。（影庫本粘籤））之七均，校孝孫、文收之九變，積黍累以審其度，聽聲詩以測其情，依權衡嘉量之前文，得備數和聲之大旨，施於鐘簴，足洽簫韶。臣等今月十九日於太常寺集，命太樂令賈峻奏王朴新法黃鍾調七均，音律和諧，不相淩越。其餘十一管諸調，望依新法教習，以備禮寺施用〔三一〕。其五郊天地、宗廟、社稷、三朝大禮，合用十二管諸調，並載唐史、開元禮，近代常行。廣順中，太常卿邊蔚奉勑定前件祠祭朝會舞名、樂曲、歌詞，寺司合有簿籍，伏恐所定與新法曲調聲韻不協，請下太常寺檢詳校試。如或乖舛，請本寺依新法聲調，別撰樂章舞曲，令歌者誦習，永爲一代之法，以光六樂之書〔三二〕。

世宗覽奏，善之。乃下詔曰：「禮樂之重，國家所先，近朝以來，雅音廢墜，雖時運之多故，亦官守之因循。遂使擊拊之音，空留梗概；旋相之法，莫究指歸。樞密使王朴，博識古今，懸

通律呂，討尋舊典〔三三〕，撰集新聲，定六代之正音，成一朝之盛事。其王朴所奏旋宮之法，宜依張昭等議狀行。仍令有司依調制曲，其間或有疑滯，更委王朴裁酌施行。」自是雅樂之音，稍克諧矣。

右雅樂制作（永樂大典卷二萬一千六百七十八。）

校勘記

〔一〕所定二舞名　原作「所更定十二成之名」，據冊府卷五七〇改。殿本作「所定十二和之名」，劉本作「所更定十二和之名」，會要卷七作「所定二舞」。

〔二〕會訖　二字原無，據會要卷七、冊府卷五七〇補。

〔三〕享先農及籍田同用順成請同用寧順之樂　「先農及」「順成」「請同用」八字原無，據冊府卷五七〇補。會要卷七「請」作「今」，餘同冊府。

〔四〕粂充　「充」原作「先」，據殿本、劉本改。影庫本批校云：「粂充，『充』訛『先』，應改正。」

〔五〕其二曰　「二」原作「三」，據冊府卷五七〇改。

〔六〕聲之總數也　「聲」字原無，據會要卷七、冊府卷五七〇補。

〔七〕大予丞　原作「太子丞」，據會要卷七、通鑑卷二九四注改。

〔八〕人亡而音息　「音」原作「政」，據會要卷七、通鑑卷二九四注改。

〔九〕殷盈孫　「殷」原作「商」，係避宋太祖父弘殷諱，據會要卷七、通鑑卷二九四改。影庫本粘籤云：「商盈孫，原本作『文盈縣』，今據五代會要改正。」查沈校本、殿本、抄本會要均作「殷盈孫」，冊府卷五七〇作「商盈孫」，粘籤所云，疑有誤。

〔一〇〕鎛鍾　原作「鍾鎛」，據殿本、彭本、劉本及會要卷七、冊府卷五七〇、本卷上文改。影庫本批校云：「『鎛鐘』訛作『鍾鎛』。」舊五代史考異云：「案原本訛『鐘鎛』，考隋書樂志，宮懸各設十二鎛鍾於其辰位，則知『鍾鎛』之爲『鎛鍾』耳，今改正。」

〔一一〕遂依周法　「依」原作「以」，據會要卷七、冊府卷五七〇、通鑑卷二九四注改。

〔一二〕六尺六寸八分　「八分」會要卷七作「六分」。

〔一三〕氣之清濁　「氣」原作「器」，據會要卷七、冊府卷五七〇、通鑑卷二九四注改。

〔一四〕五聲　原作「五色」，據會要卷七、冊府卷五七〇、通鑑卷二九四注改。

〔一五〕錢樂　原作「錢褒」，據會要卷七、冊府卷五七〇、通鑑卷二九四注改。按，錢樂即錢樂之，因與下句沈重對偶，故省稱錢樂。

〔一六〕稍令古淡　「令」原作「全」，據會要卷七、冊府卷五七〇、通鑑卷二九四注改。

〔一七〕爰命舊工　「爰」原作「受」，據會要卷七、冊府卷五七〇、通鑑卷二九四注改。

〔一八〕四廂　原作「四廟」，據會要卷七、冊府卷五七〇、通鑑卷二九四注改。

〔一九〕夔曠不能長存人事不能常泰　「不能長存人事」六字原無，據會要卷七、冊府卷五七〇、通鑑卷二九四注補。

〔二〇〕樞密使王朴　會要卷七、冊府卷五七〇、通鑑卷二九四注「樞密使」上有「臣等據」三字，「王朴」下有「條奏」二字。

〔二一〕以備禮寺施用　「施」原作「視」，據會要卷七、冊府卷五七〇、通鑑卷二九四注改。

〔二二〕以光六樂之書　「光」原作「先」，據殿本、劉本及冊府卷五七〇改。影庫本批校云：「以先六樂之書，『先』應作『光』。」

〔二三〕討尋舊典　「舊」原作「書」，據殿本及冊府卷五七〇改。影庫本批校云：「討尋舊典，『舊』訛『書』。」

舊五代史卷一百四十六

志八

食貨志

按：薛史食貨志序，永樂大典原闕，卷中唯鹽法載之較詳，其田賦、雜税諸門，僅存大略，疑明初薛史已有殘闕也。今無可采補，姑存其舊。

梁祖之開國也，屬黃巢大亂之後，以夷門一鎮，外嚴烽候，內辟汙萊，厲以耕桑，薄以租賦，士雖苦戰，民則樂輸，二紀之間，俄成霸業。及末帝與莊宗對壘於河上，河南之民，雖困於輦運，亦未至流亡，其義無他，蓋賦斂輕而丘園可戀故也。及莊宗平定梁室，任吏人孔謙爲租庸使，峻法以剝下，厚斂以奉上，民產雖竭，軍食尚虧。加之以兵革，因之以饑饉，不三四年，以致顛隕，其義無他，蓋賦役重而寰區失望故也。按：以上見容齋三筆所引薛史，繹其文義，當係食貨志序，今錄於卷首。

唐同光三年二月，勑：「魏府小菉豆税，每畝減放三升。城內店宅園囿，比來無税，頃因僞命，遂有配徵。後來以所徵物色，添助軍裝衣賜，將令通濟，宜示矜蠲。今據緊慢去處，於見輸税絲上〔一〕，每兩作三等，酌量納錢，收市軍裝衣賜，其絲仍與除放。」其年閏十二月，吏部尚書李琪上言：「請賦税不以折納爲事，一切以本色輸官，又不以紐配爲名，止以正税加納。」勑曰：「本朝徵科，唯配有兩税，至於折納，折納，原本作「折約」，今據文改正。（影庫本粘籤）當不施爲。宜依李琪所論，應逐税合納錢物斛斗鹽錢等，宜令租庸司指揮〔二〕，並准元徵本色輸納，不得改更，若合有移改，即須具事由奏聞。」

天成元年四月，勑：「應納夏秋税，先有省耗，每斗一升，今後止納正税數，不量省耗。」

四年五月，戶部奏：「三京、鄴都、諸道州府，逐年所徵夏秋税租，兼鹽麴折徵，諸般錢穀起徵，各視其地節候早晚，分立期限。」其月勑：「百姓今年夏苗，委人戶自通供手狀，具頃畝多少，五家爲保，委無隱漏，攢連手狀送於本州〔三〕，本州具狀送省，州縣不得迭差人檢括，如人戶隱欺，許令陳告，其田倍令并徵。」

長興二年六月，勑：「委諸道觀察使，屬縣于每村定有力人戶充村長。與村人議，有力人戶出剩田苗，補貧下不迨，肯者即具狀徵收，有辭者即排段檢括。自今年起爲定額。有經災沴及逐年逋處，不在此限。」

三年十二月，三司奏請：「諸道上供稅物，充兵士衣賜不足。其天下所納斛斗及錢，除支贍外，請依時折納綾羅絹帛。」從之。

晉天福四年正月，勑：「應諸道節度刺史，不得擅加賦役及於縣邑別立監徵。所納田租，委人戶自量自槩。」自量，原本作「自涼」，今從五代會要改正。（影庫本粘籤） 槩，原本訛「槳」，今據五代會要改正。（殿本）

周顯德三年十月，宣三司指揮諸道州府，今後夏稅，以六月一日起徵，秋稅至十月一日起徵，永爲定制。

五年七月，賜諸道均田圖。十月，命左散騎常侍艾穎等三十四人，下諸州檢定民租。

周顯德六年春，諸道使臣回，總計檢到戶二百三十萬九千八百一十二。

唐同光二年，度支奏請牓示府州縣鎮〔四〕，軍民商旅，凡有買賣，並須使八十陌錢。

唐同光二年二月，詔曰：「錢者，古之泉布，蓋取其流行天下，布散人間，無積滯則交易通，多貯藏則士農困，故西漢興改幣之制，立告緡之條，所以權蓄賈而防大姦也。宜令所司散下州府，常須檢察，不得令富室分外收貯見錢，又工人銷鑄爲銅器，兼沿邊州鎮設法鈐轄，勿令商人般載出境。」

三月，知唐州 唐州，原本作「康州」，今從文獻通考改正。（影庫本粘籤） 晏駢安奏：「市肆間點檢錢帛，內有錫鑞小錢，揀得不少，皆是江南綱商挾帶而來。」詔曰：「帛布之幣，雜以鉛錫，惟是江湖之外，盜鑄尤多，市肆之間，公行無畏，因是綱商挾帶，舟檝往來，換易好錢，藏貯富室，實爲蠹弊，須有條流。宜令京城、諸道，於坊市行使錢內，點檢雜惡鉛錫錢，並宜禁斷。沿江州縣，每有舟船到岸，嚴加覺察，不許將雜鉛錫惡錢往來換易好錢，如有私載，並行收納。」

天成元年八月，中書門下奏：「訪聞近日諸道州府所賣銅器價貴〔五〕，多是銷鎔見錢，以邀厚利。」乃下詔曰：「宜令遍行曉告，如元舊係銅器及碎銅，即許鑄造器物〔六〕。仍生銅器物每斤價定二百文，熟銅器物每斤四百文，如違省價，買賣之人，依盜鑄錢律文科斷。」

清泰二年十二月，詔御史臺曉告中外，禁用鉛錢，如違犯，准條流處分。

晉天福二年，詔：「禁一切銅器，其銅鏡今後官鑄造，於東京置場 置場，原本作「置常」，今據五代會要改正。（影庫本粘籤） 貨賣，許人收買，於諸處興販去。」

周廣順元年三月〔七〕，勑：「銅法，今後官中更不禁斷， 案：五代錢文，薛史惟於晉本紀載天福元寶錢文，餘俱從略。據泉志：有天成元寶錢，洪遵云：「徑寸，重三銖六參。」有漢通元寶錢，乾祐中所鑄也，洪遵云：「徑九分，重三銖六參。」有周通元寶錢，顯德中所鑄也，李孝美云：「徑寸，重五銖。」（舊五代史考異） 一任興販，所在一色即不得瀉破爲銅器貨賣〔八〕，如有犯者，有人糾告捉獲，所犯人不計多少斤兩，並處死。其地分所由節級，決脊杖十七放，鄰保人決臀杖十七放，其告事人給與賞錢一百貫文。」

江南因唐舊制， 案馬令南唐書：元宗鑄唐國錢，其文曰「唐國通寶」。又鑄大唐通寶錢，與唐國錢通用。（舊五代史考異） 饒州置永平監，歲鑄錢；池州永寧監、建州永豐監，並歲鑄錢；杭州置保興監鑄錢。

唐同光二年二月，詔曰：「會計之重，鹹鹺居先，矧彼兩池，實有豐利。頃自兵戈擾攘，民庶流離，既場務以隳殘，致程課之虧失。重茲葺理，須仗規模〔九〕，將立事以成功，在從長而就便。宜令河中節度使冀王李繼麟兼充制置度支安邑〔一〇〕、解縣兩池榷鹽使，便可制一一

條貫〔一一〕。」按五代會要：同光三年二月，勑：「魏府每年所徵隨絲鹽錢，每兩與減放五文；逐年俵賣蠶鹽、食鹽、大鹽、甜灰冷鹽，每斗與減五十；槃鹽與減三十。」天成元年四月，勑：「諸州府百姓合散蠶鹽，今後每年祇二月內一度俵散〔一二〕，依夏稅限納錢。」長興四年五月七日，諸道鹽鐵轉運使奏：「諸道州府鹽法條流元末，一概定奪，蓋具如後：應食顆鹽州府，省司各置榷糶折博場院。應是鄉村，並通私商興販。所有折博并每年人戶蠶鹽，並不許將帶一斤一兩入城，侵奪榷糶課利。如違犯者，一兩已上至一斤，買賣人各杖六十；一斤已上至三斤，買賣人各杖七十；三斤已上至五斤，買賣人各杖八十；五斤已上至十斤，買賣人各徒二年；十斤已上，不計多少，買賣人各決脊杖二十，處死。所有犯鹽人隨行錢物、驢畜等，並納入官。所有元本家業莊田，如是全家逃走者，即行點納。仍許般載腳戶、經過店主并腳下人力等糾告，等第支與優給。如知情不告，與賣鹽人同罪。其犯鹽人經過處，地分門司、廂界巡檢、節級所由并諸色關連人等，不專覺察，委本州臨時斷訖報省。如是門司關津口鋪，捉獲私鹽，即依下項等第，支給一半賞錢〔一三〕：一斤以上至十斤〔一四〕，支賞錢二十千；五十斤已上至一百斤，支賞錢三十千；一百斤已上，支賞錢五十千。應食末鹽地界，州府縣鎮並有榷糶場院，久來內外禁法，即未一概條流。應刮鹹煎鹽，不計多少斤兩，並處極法，兼許四鄰及諸色人等陳告，等第支給賞錢。欲指揮此後犯一兩已上至一斤，買賣人各杖六十；一斤已上至二斤，買賣人各徒一年；三斤以上至五斤，買賣人各徒二年；五斤已上，買賣人各決脊杖二十，處死。如是收到鹹土鹽水，即委本處煎鍊鹽數，准條科斷。或有已曾違犯，不至死刑，經斷後公然不懼條流再犯者，不計斤兩多少，所犯人並處極法。其有榷糶場院員僚節級人力、煎鹽池客竈戶、般鹽船綱、押綱軍將衙官梢工等，其知鹽法，如有公然偷盜官鹽，或將貨賣，其

買賣人及窩盤主人知情不告，並依前項刮鹹例，五斤已上處死。其諸色關連人等，並合支賞錢，即准洛京、邢、鎮條流事例指揮。顆、末、青、白等鹽，元不許界分參雜。其顆鹽先許通商之時指揮，不得將帶入末鹽地界。如有違犯，一斤一兩，並處極法，所有隨行物色，除鹽外，一半納官，一半與捉事人充賞。其餘鹽色，未有畫一條流。其洛京并鎮、定、邢州管內〔二五〕，多北京末鹽入界，捉獲並依洛京條流科斷。欲指揮此後但是顆、末、青、白諸色鹽侵界參雜，捉獲並准洛京條流施行。」「一應諸道，今後若捉獲犯私鹽麴人，罪犯分明，正該條法，便仰斷遣訖奏。若稍涉疑誤，祇須申奏取裁〔二六〕。」

晉天福中，河南、河北諸州，除俵散蠶鹽徵錢外，每年末鹽界分場務，約糶錢一十七萬貫有餘。言事者稱，雖得此錢，百姓多犯鹽法，請將上件食鹽錢於諸道州府計戶，每戶一貫至二百，爲五等配之，然後任人逐便興販〔二七〕，既不虧官，又益百姓。朝廷行之，諸處場務亦且仍舊。俄而鹽貨頓賤，去出鹽遠處州縣，每斤不過二十文，近處不過一十文，掌事者又難驟改其法，奏請重制鹽場稅，蓋欲絕其興販，歸利於官也〔二八〕。

七年十二月，宣旨下三司：應有往來鹽貨悉稅之，過稅每斤七文，住稅每斤十文。其諸道州府，應有屬州鹽務，並令省司差人勾當。既而糶鹽雖多，而人戶鹽錢又不放免，至今民甚苦之。按五代會要：晉天福元年十一月，赦節文：「洛京管內逐年所配人戶食鹽，起來年每斗減放十文。」

周廣順元年九月，詔改鹽法，凡犯五斤已上者處死，煎鹹鹽犯一斤已上者處死。先是漢法不計斤兩多少，並處極刑，至是始革之。

三年三月，詔曰：「青白池務，素有定規，祇自近年，頗乖循守。比來青鹽一石，抽稅錢八百文足陌、鹽一斗；白鹽一石，抽稅錢五百文、鹽五升。其後青鹽一石，抽錢一千、鹽一斗。訪問更改已來，不便商販，蕃人漢戶，求利艱難，宜與優饒，庶令存濟。今後每青鹽一石，依舊抽稅錢八百文，以八十五爲陌，鹽一斗；白鹽一石，抽稅錢五百，鹽五升。此外更不得別有邀求。訪聞邊上鎮鋪，於蕃漢戶市易糶糴，私有抽稅，今後一切止絕。」按五代會要：周廣順二年九月十八日，勑：「條流禁私鹽麴法如後：一、諸色犯鹽麴，所犯一斤已下至一兩，杖八十，配役；五斤以下一斤以上，徒三年，配役；五斤以上，並決重杖一頓，處死。一、應所犯鹽麴，關津門司、廂巡門保，如有透漏，並行勘斷。一、刮鹹煎鍊私鹽，所犯一斤已下，徒三年，配役；一斤以上，並決重杖一頓，處死。犯私鹽若捉到鹻水，祇煎成鹽，秤盤定罪。逐處凡有鹻鹵之地，所在官吏節級所由，常須巡檢，村坊鄰保，遞相覺察，若有所犯處彰露〔二九〕，並行勘斷。一、所犯私鹽，捉事、告事人各支賞錢，以係省錢充。至死刑者賞錢五十千，不及死刑者三十千。一、顆末鹽各有界分，若將本地分鹽侵越疆界，同諸色犯鹽例科斷。一、鄉村人戶，所請蠶鹽，祇得將歸零[illegible]供食〔三〇〕，不得別將博易貨賣，投託與人。如違，並同諸色犯鹽例科斷。若是所請蠶鹽，道路津濟須經過州府縣鎮，委三司明行指揮。一、凡買鹽麴，並須於官場務內買，若衷私投託興販，其買賣人並同諸色犯鹽麴例科斷〔三一〕。一、諸官場官務，如有羨餘出剩鹽麴，並許盡底報官。如衷私貨賣者，買賣人並同諸色犯鹽麴例科斷〔三二〕。若鹽鋪酒店戶及諸色人與場院衷私貨賣者，並同罪科斷。一、所犯私鹽麴，有同情共犯者，若是骨肉卑幼奴婢同犯，祇罪家長主首。如家長主首不知情〔三三〕，祇罪造意者，餘減等科斷。若是他人同犯，並同罪斷。若與他人同犯，據逐人脚下所犯斤兩，依輕重斷遣。一、州城縣鎮郭下人戶，係屋稅合請鹽者，若是州府，並於城內請給，若是外縣鎮郭下人戶，亦許將鹽歸家供食。仰本縣預取逐戶合請鹽數目，攢定文賬，部領人戶請拔〔三四〕，勒本處官吏及所在場務，同點檢入城。若縣鎮郭下人戶，城外別有莊田，亦仰本縣預先分擘開坐，勿令一處分給供使。」三年十二月，勑：「諸州府并外縣鎮城內，其居人屋稅鹽，今後不俵，其鹽錢亦不徵納。所有鄉村人戶合請蠶鹽，所在州城縣鎮嚴切檢校，不得放入城門。」

顯德元年十二月，世宗謂侍臣曰：「朕覽食末鹽州郡，犯私鹽多於顆鹽界分，蓋卑濕之地，易爲刮鹹煎造，豈唯違我榷法，兼又汚我好鹽。況末鹽煎鍊，般運費用，倍於顆鹽。今宜分割十餘州，令食顆鹽，不唯輦運省力，兼且少人犯禁。」自是曹、宋已西十餘州，皆盡食顆鹽。按五代會要：顯德二年八月二十四日，宣頭節文：「改立鹽法如後：一、贍國軍堂場務〔三五〕、邢洺州鹽務，應有見垛貯鹽貨處，并煎鹽場竈及應是鹻地，並須四面脩置牆塹。如是地里遙遠，難爲修置牆塹，即作壕籬爲規隔。如是人於壕籬內偷盜〔三六〕，夾帶官鹽，兼於壕籬外煎造鹽貨，便仰收捉，及許諸色人陳告。所犯不計多少斤兩，並決重杖一頓，處死。其經歷地分及門司節級人員，並當量罪勘斷。所有捉事、告事人賞錢，一兩以上至一斤，賞錢二十千〔三七〕；一斤已上至十斤，賞錢三十千；一十斤已上，賞錢五十千。一、應有不係官中煎鹽處鹻地，並須標識，委本州府差公幹職員與巡

鹽節級〔三八〕、村保、地主、鄰人，同共巡檢。若諸色人偷刮鹵地，便仰收捉，及許人陳告。若勘逐不虛，捉事人每獲一人，賞絹一十匹；獲二人，賞絹二十匹；獲三人已上，不計人數，賞絹五十匹。刮鹻煎鹽人并知情人，所犯不計多少斤兩，並決重杖一頓，處死。其刮鹻處地分，并刮鹻人住處巡檢、節級、所由、村保等，各徒二年半，令衆一月，依舊勾當。刮鹻處地主，不切檢校，徒二年，令衆一月。一、顆鹽地分界內，有人刮鹻煎鍊鹽貨，所犯並依前法。一、今緣改價賣鹽〔三九〕，慮有別界分鹽貨遞相侵犯，及將鹽入城，諸色犯鹽人，令下三司，依下項條流科斷：其犯鹽人隨行物色，給與本家，其鹽沒納入官。所經歷地分節級人員，並行勘斷。一兩至一斤，決臀杖十五，令衆半月，捉事、告事人賞錢五千；一斤已上至一十斤，徒一年半，令衆一月，捉事、告事人賞錢七千〔四〇〕；十斤已上，不計多少，徒二年，配發運務役一年，捉事、告事人賞錢十千。一、諸州府人戶所請蠶鹽，不得於鄉村衷私貨賣，及信團頭、脚戶、縣司、請鹽節級、所由等尅折糶賣，如有犯者，依諸色犯鹽例科斷。一、如有人於河東界將鹽過來，及自家界內有人往彼興販鹽貨，所犯者並處斬。其犯鹽人隨行驢畜資財，並與捉事人充賞。」「慶州青白榷稅院，元有透稅條流，所有隨行驢畜物色，一半支與捉事人充賞〔四一〕，其餘一半并鹽，並納入官。欲並且依舊一斗已上至三斗杖七十，三斗已上至五斗徒一年，五斗已上處死。安邑、解縣兩池榷鹽院，河府節度使兼判之時申到畫一事件條流等，准勑牒，兩池所出鹽，舊日若無文榜〔四二〕，如擅將一斤一兩，准元勑條，並處極法。其犯鹽人應有錢物，並與捉事人充賞者〔四三〕。切以兩池禁棘峻阻，不通人行，四面各置場門弓射，分擘鹽池地分居住〔四四〕，並在棘圍裏面，更不別有差遣，祇令巡護鹽池。如此後有人偷盜官鹽一斤一兩出池，其犯鹽人並准元勑條流處分，應有隨行錢物，並納入官，其捉事人依下項定支優給。若是巡檢、弓射、池場門子，自不專切

巡察，致有透漏到蕀園外，被別人捉獲，及有糾告，衆同行反告，官中更不坐罪，陳告人亦依捉事人支賞。應有知情偷盜官鹽之人，亦依犯鹽人一例處斷。其不知情關連人，臨時酌情定罪。所有透漏地分弓射及池場門子〔三五〕，如是透漏出鹽一十斤已下〔三六〕，徒一年半。一十斤已上至二十斤，支賞錢一十千；二十斤已上至五十斤，支賞錢二十千；五十斤已上至一百斤，支賞錢三十千；一百斤已上，支賞錢五十千。前項所定奪到鹽法條流，其應屬州府捉獲抵犯之人，便委本州府檢條流科斷訖申奏，別報省司。其屬省院捉到犯鹽之人，干死刑者，即勘情罪申上，候省司指揮。不至極刑者，便委務司准條流決放訖申報。」從之。

三年十月，勅：「漳河已北州府管界〔三七〕，元是官場糶鹽，今後除城郭草市內，仍舊禁法，其鄉村並許鹽貨通商。逐處有鹹鹵之地，一任人戶煎鍊，興販則不得踰越漳河，入不通商地界〔三八〕。」按文獻通考：五年，既取江北諸州，唐主奉表入貢，因白帝以江南無鹵田，願得海陵鹽監南屬以贍軍。帝曰：「海陵在江北，難以交居，當別有處分。」乃詔歲支鹽三十萬斛以給江南，士卒稍稍歸之。

周顯德二年正月，世宗謂侍臣曰：「轉輸之物，向來皆給斗耗，自晉、漢已來，不與支破。倉廩所納新物〔三九〕，倘除省耗，況水路所般，豈無損折，起今後每石宜與耗一斗。」

後唐天成三年七月，詔曰：「應三京、鄴都、諸道州府鄉村人戶，自今年七月後，於是秋

田苗上，每畝納麴錢五文足陌，一任百姓自造私麴，醞酒供家，其錢隨夏秋徵納。其京都及諸道州府縣鎮坊界內，應逐年買官麴酒戶，便許自造麴，醞酒貨賣。仍取天成二年正月至年終一年逐戶計算都買麴錢數內，十分只納二分，以充榷酒錢，便從今年七月後，管數徵納。榷酒戶外，其餘諸色人亦許私造酒麴供家，即不得衷私賣酒，如有故違，便即糾察，勒依中等酒戶納榷。其坊村一任沽賣，不在納榷之限。」時孔循以麴法殺一家於洛陽，或獻此議〔四〇〕，以爲愛其人，便於國，故行之。

長興元年二月，赦書節文：「諸道州府人戶，每秋苗一畝上，元徵麴錢五文，今後特放二文，只徵三文。」

二年，詔曰：「酒醴所重，麴糵是須，緣賣價太高，禁條頗峻，士庶因斯而抵犯，刑名由是以滋彰。爰行改革之文，庶息煩苛之政，各隨苗畝，量定稅錢。訪聞數年已來，雖犯法者稀，而傷民則甚。蓋以亂離日久，貧下戶多，纔遇 纔遇，原本作「纔過」，今據文改正。（影庫本粘籤） 昇平，便勤稼穡，各務耕田鑿井，孰能枕麴藉糟，既隨例以均攤，遂抱虛而輸納，漸成彫斂，深可憫傷。況欲致豐財，必除時病，有利之事，方切施行，無名之求，尤宜廢罷，但得日新之理，何辭夕改之嫌。應在京諸道苗畝上所徵麴錢等，便從今年夏並放。其麴官中自造，委逐州減舊價一半，於在城撲斷貨賣〔四一〕。除在城居人不得私造外，鄉村人戶或要供家，一任私造。」

勅下之日，人甚悅之。永樂大典卷四千六百八十一。

周顯德四年七月〔四二〕，詔曰：「諸道州府麴務，今後一依往例，官中禁法賣麴，逐處先置都務，候勅到日，並仰停罷。據見在麴數，准備貨賣〔四三〕，兼據年計合，使麴數依時蹋造，候人戶將到價錢，據數給麴，不得賒賣抑配與人。」永樂大典卷一萬四千九百八十。

校勘記

〔一〕見輸稅絲　「輸」原作「輪」，據劉本及會要卷二五改。

〔二〕宜令租庸司指揮　「司」原作「同」，據殿本、劉本及冊府卷四八八、抄本會要卷二五改。影庫本批校云：「租庸司指揮，『司』訛『同』。」

〔三〕攢連手狀送於本州　「手」「送於本州」五字原無，據冊府卷四九五補。

〔四〕奏請　「奏」原作「造」，據殿本改。

〔五〕銅器　「銅」字原無，據會要卷二七、冊府卷五〇一補。

〔六〕如元舊係銅器及碎銅即許鑄造器物　會要卷二七、冊府卷五〇一「係」字作「破損」二字。「物」字原無，據會要卷二七、冊府卷五〇一補。殿本無「器物」二字。

〔七〕周廣順元年　「周」字原無，據殿本補。

〔八〕貨賣　「貨」原作「貸」，據殿本、劉本、會要卷二七改。

〔九〕須仗規模　「仗」原作「伏」，據殿本、劉本及冊府卷四九四改。

〔一〇〕制置度支　「支」字原無，據冊府卷四九四補。殿本、劉本無「度支」二字。

〔一一〕便可制一一條貫　冊府卷四九四「制」下有「置」字。殿本、劉本作「仍委便制，一一條貫」。

〔一二〕每年祇二月內　「祇」原作「抵」，據劉本及會要卷二六改。

〔一三〕支給一半賞錢　「支給」二字原無，據會要卷二六補。

〔一四〕一斤以上至十斤　殿本作「十斤已上至五十斤」，會要卷二六作「一十斤以上至五十斤」。

〔一五〕邢州　原作「行州」，據殿本、劉本、舊五代史考異、會要卷二六改。

〔一六〕一應諸道……祇須申奏取裁　此條文字見會要卷二七周廣順二年九月十八日敕。

〔一七〕然後任人逐便興販　「後」原作「徒」，據會要卷二六改。

〔一八〕歸利於官　「官」上原有「小」字，據會要卷二六刪。

〔一九〕若有所犯處彰露　殿本、彭本、劉本及會要卷二七、舊五代史考異同。冊府卷四九四「處」上有「他」字。

〔二〇〕零虆　劉本、舊五代史考異同。殿本及會要卷二七、冊府卷四九四作「裹繭」。

〔二一〕並同諸色犯鹽麴例科斷　「科斷」二字原無，會要卷二七同。據冊府卷四九四補。

〔二二〕並同諸色犯鹽麴例科斷　「例」字原無，會要卷二七同。據舊五代史考異、冊府卷四九四補。

〔二三〕如家長主首不知情　「如家長主首」五字原無，據會要卷二七、冊府卷四九四補。

〔二四〕請拔　殿本、劉本、舊五代史考異、冊府卷四九四同。會要卷二七、文獻通考卷一五作「請給」。

〔二五〕場務　原作「陽務」，據殿本、劉本及會要卷二七改。

〔二六〕如是人於壕籬內偷盜　「如是人於壕籬」六字原無，會要卷二七同。據冊府卷四九四補。

〔二七〕一兩以上至一斤賞錢二十千　「一兩以上至一斤賞錢」九字原無，會要卷二七同。據冊府卷四九四補。

〔二八〕巡鹽節級　「鹽」原作「監」，據會要卷二七、冊府卷四九四改。殿本作「檢」。

〔二九〕今緣改價賣鹽　「今」原作「令」，據殿本、劉本及會要卷二七、冊府卷四九四改。

〔三〇〕捉事告事人　「告事」二字原無，據舊五代史考異、會要卷二七、冊府卷四九四補。

〔三一〕一半支與捉事人充賞　「捉」原作「決」，據殿本、舊五代史考異、會要卷二六改。

〔三二〕舊日若無文榜　會要卷二六、舊五代史考異同。殿本、劉本「若」作「苦」。

〔三三〕與捉事人充賞　「人」字原無，據會要卷二六補。

〔三四〕鹽池地分　「地」字原無，據會要卷二六補。

〔三五〕池場門子　此下原有「自不專切……及池場門子」八十九字，與上文重出。據殿本及會要卷二六刪。

〔三六〕如是透漏出鹽一十斤已下　劉本同，殿本及會要卷二六「一十斤」作「二十斤」。

〔三七〕州府管界　「管」字原無，據會要卷二六、文獻通考卷一五補。

〔三八〕入不通商地界　「商」原作「高」，據殿本、劉本及會要卷二六、文獻通考卷一五改。

〔三九〕倉廩　「倉」原作「食」，據會要卷二七、冊府卷四九八改。

〔四〇〕或獻此議　原作「或獻此意」，殿本作「或獻此」。據本書卷三九明宗紀、冊府卷五〇四改。

〔四一〕撲斷貨賣　「賣」原作「買」，據會要卷二六、冊府卷五〇四改。

〔四二〕周顯德四年　「周」字原無，據殿本及會要卷二六、冊府卷五〇四補。

〔四三〕准備貨賣　「賣」原作「買」，據會要卷二六改。

舊五代史卷一百四十七

志九

刑法志

案：刑法志序，永樂大典原闕。

梁太祖開平三年十一月，詔太常卿李燕、御史蕭頃、中書舍人張袞、戶部侍郎崔沂、大理卿王鄯、刑部郎中崔誥，共刪定律令格式。四年十二月，宰臣薛貽矩奏：「太常卿李燕等重刊定律令三十卷，式二十卷，格一十卷，併目錄一十三卷，律疏三十卷，凡五部一十帙，共一百三卷。勅中書舍人李仁儉詣閤門奉進，伏請目爲大梁新定格式律令，仍頒下施行。」從之。原註：是時，大理卿李保殷進所撰刑律總要十二卷。

唐莊宗同光元年十二月，御史臺奏：「當司刑部、大理寺本朝法書，自朱溫僭逆，刪改事條，或重貨財，輕入人命，或自狥枉過，濫加刑罰。今見在三司收貯刑書，並是僞廷刪改者，兼僞廷先下諸道追取本朝法書焚毀，或經兵火所遺，皆無舊本節目。只定州勅庫有本朝法書具在，請勅定州節度使速寫副本進納，庶刑法令式，並合本朝舊制。」從之。未幾，定州王都進納唐朝格式律令，凡二百八十六卷。

二年二月，刑部尚書盧價奏〔一〕，纂集同光刑律統類凡一十三卷，上之。

周太祖廣順元年六月，勅侍御史盧億、刑部員外郎曹匪躬、大理正段濤同議定重寫法書一百四十八卷。先是，漢隱帝末，因兵亂法書亡失，至是大理奏重寫律令格式、統類編勅，案：原本訛「統數」，今據文獻通考改正。（舊五代史考異）凡改點畫及義理之悞字凡二百一十四，以晉、漢及國初事關刑法勅條，凡二十六件，分爲二卷，附於編勅，目爲大周續編勅，命省、寺行用焉。案宋史：盧億，周初爲侍御史，漢末兵亂，法書亡失，至是大理奏重寫律令格式、統類編勅，乃詔億與刑部員外曹匪躬、大理正段濤同加議定舊本，以京兆府改同五府，開封、大名府改同河南府，長安、萬年改爲次赤縣，開封、浚儀、大名、元城改爲赤縣，又定東京諸門薰風等爲京城門，明德等爲皇城門，啓運等爲宮城門，昇龍等爲宮門，崇元等爲殿門，廟諱書不成字，凡改點畫及義理等之誤字二百一十有四。又以晉、漢及周初事關刑法敕條者，分爲二卷，附編敕，目爲大周續編敕。詔行之。（舊五代史考異）

二年二月，中書門下奏：「准元年正月五日赦書節文，今後應犯竊盜贓及和姦者，並依晉天福元年已前條制施行。諸處犯罪人等，除反逆罪外，其餘罪並不籍沒家產、誅及骨肉，一依格令處分者。請再下明勑，頒示天下。」乃下詔曰：「赦書節文，明有釐革，切慮邊城遠郡，未得審詳，宜更申明，免至差誤。其盜賊，若是強盜，並准自來格條斷遣；其犯竊盜者，計贓絹滿三匹已上者，並集衆決殺，其絹以本處上估價爲定，不滿三匹者，等第決斷。應有夫婦人被強姦者，男子決殺，婦人不坐；其犯和姦者，並准律科斷，罪不至死。其餘姦私罪犯，准格律處分。應諸色罪人，除謀反大逆外，其餘並不得誅殺骨肉、籍沒家產。」先是，晉天福中勑，凡和姦者，男子婦人並處極法，至是始改從律文焉。

世宗顯德四年五月，中書門下奏：「准宣，法書行用多時，文意古質，條目繁細，使人難會，兼前後勑格，互換重疊，亦難詳定。宜令中書門下並重删定，務從節要，所貴天下易爲詳究者。伏以刑法者御人之銜勒，救弊之斧斤，故鞭扑不可一日弛之於家，刑法不可一日廢之於國，雖堯、舜淳古之代，亦不能捨此而致理矣。今奉制旨删定律令，有以見聖君欽恤明罰勑法之意也。竊以律令之書，政理之本，經聖賢之損益，爲古今之章程，歷代以來，謂

之彝典。今朝廷之所行用者律一十二卷[三]、律疏三十卷、式二十卷、令三十卷、開成格一十卷、（開成，原本作「開武」，今從文獻通考改正。（影庫本粘籤））大中統類一十二卷、後唐以來至漢末編勑三十二卷及皇朝制勑等。折獄定刑，無出於此。律令則文辭古質，看覽者難以詳明；格勑則條目繁多，檢閱者或有疑誤。加之邊遠之地，貪猾之徒，緣此爲姦，寖以成弊。方屬盛明之運，宜伸畫一之規，所冀民不陷刑，吏知所守。臣等商量，望准聖旨施行，仍差侍御史知雜事張湜、太子右庶子劇可久、殿中侍御史率汀、職方郎中鄧守中、倉部郎中（案：原本訛「藏部」，今據新唐書百官志改正。（舊五代史考異））王瑩、司封員外郎賈玭、太常博士趙礪、國子博士李光贊、大理正蘇曉、太子中允王伸等一十人，編集新格，勒成部帙。律令之有難解者，就文訓釋；格勑之有繁雜者，隨事删除。止要諧理省文，兼且直書易會。其中有輕重未當，便於古而不便於今，矛盾相違，可於此而不可於彼，盡宜改正，無或牽拘。候編集畢日，委御史臺、尚書省四品以上及兩省五品以上官參詳可否，送中書門下議定，奏取進止。」詔從之。自是湜等於都省集議删定，仍令大官供膳。

五年七月，中書門下奏：「侍御史知雜事張湜等九人，奉詔編集刑書，悉有條貫，兵部尚書張昭等一十人，參詳旨要，更加損益。臣質、臣溥據文評議，備見精審。其所編集者，用律爲主；辭旨之有難解者，釋以疏意；義理之有易了者，略其疏文。式令之有附近者次之，格勑之有廢置者又次之。事有不便於今、該說未盡者[三]，別立新條於本條之下；其有文理深古、慮人疑惑者，別以朱字訓釋。至於朝廷之禁令，州縣之常科，各以類分，悉令編附。所冀發函展卷，綱目無遺，究本討源，刑政咸在。其所編集，勒成一部，別有目錄，凡二十一卷。刑名之要，盡統於茲，目之爲大周刑統，欲請頒行天下，與律疏令式通行。其刑法統類、開成格、編勑等，採掇既盡，不在法司行使之限，自來有宣命指揮公事及三司臨時條法，州縣見今施行，不在編集之數。應該京百司公事，逐司各有見行條件，望令本司删集，送中書門下詳議聞奏。」勑宜依，仍頒行天下。乃賜侍御史知雜事張湜等九人各銀器二十兩，雜綵三十匹，賞删定刑統之勞也。（案：以下疑原本有闕佚。）

唐同光二年六月己巳，勑：「應御史臺河南府行臺馬步司左右軍巡院，見禁囚徒，據罪輕重，限十日內並須決遣申奏。仍委四京、諸道州府，見禁囚徒，速宜疏決，（疏決，原本作「速決」，今從册府元龜改正。（影庫本粘籤））不得淹停，兼恐內外形勢官員私事寄禁，切要止絕，俾無寃滯。」

三年五月己未，勑[四]：「在京及諸道州府，所禁罪人，如無大過，速令疏決，不得淹滯。」

六月甲寅，勑[五]：「刑以秋冬，雖關惻隱，罪多連累，翻慮滯淹。若或十人之中，止爲一夫抵

死，豈可以輕附重，禁錮逾時。言念哀矜，又難全廢。其諸司囚徒，罪無輕重，並宜各委本司，據罪詳斷申奏，輕者卽時疏理，重者候過立春，至秋分然後行法。如是事繫軍機，須行嚴令，或謀惡逆，或畜奸邪，或行劫殺人，難於留滯，並不在此限。」

天成元年十一月庚申，勑：「應天下州使繫囚，除大辟罪以上，委所在長吏，速推勘決斷，不得傍追證對，經過食宿之地，除當死刑外，並仰釋放，兼不許懲治。」

二年春，左拾遺李同上言：「天下繫囚，請委長吏逐旬（逐旬，原本作「逐均」，今據册府元龜改正。（影庫本粘籤））親自引問，質其罪狀眞虛，然後論之以法，庶無枉濫。」從之。

六月，大理少卿王鬱上言：「凡決極刑，合三覆奏，近年以來，全不守此。伏乞今後前一日令各一覆奏[六]。」奉勑宜依。

八月，西京奏：「奉近勑，在京犯極刑者，令決前一日各一覆奏。緣當府地遠，此後凡有極刑，不審准條疏覆奏。」奉勑旨：「昨六月二十日所降勑文，祇爲應在洛京有犯極刑者覆奏，其諸道已降旨命，准舊例施行。今詳西京所奏，尚未明近勑，兼慮諸道有此疑惑，故令曉諭。」

十月辛丑，德音：「爲政之要，切在無私；聽訟之方，唯期不濫。天下諸州府官員，如有善推疑獄及會雪寃濫兼有異政者，當具姓名聞奏，別加甄獎。」

長興元年二月，制曰：「欲通和氣，必在伸寃；將設公方，實資獎善。州縣官僚能雪寃獄活人生命者，許非時選，仍加階超資注官，與轉服色，已著緋者與轉兼官。」

二年二月辛亥，勅：「朕猥以眇躬，薦承鴻業，念彼疲瘵，勞於寐興。或慮官不得人，因成紊亂；或慮刑非其罪，遂至怨嗟。王化所興，獄訟爲本，苟無訓勵，必有滯淹。近日諸道百姓，或諸多違犯，或小可鬬爭。官吏曲縱胥徒，巧求瑕釁。初則滋張節目，作法拘囚；終則誅剝貨財，市恩出拔。外憑公道，內循私情，無理者轉務遷延，有理者却思退縮。積成訛弊，漸失紀綱。自今後切委逐處官吏州牧縣宰等，深體佘懷，各舉爾職。凡關推究，速與剸裁。如敢苟縱依違，遂成枉濫，或經臺訴屈，或投匭申寃，勘問不虛，其元推官典並當責罰，其逐處觀察使、刺史，別議朝典。宜令諸道州府，各依此處分，所管屬郡，委本道嚴切指揮。」八月丁卯，勅：「三京、諸道州府刑獄，近日訪問，依前禁繫人，多不旋決，諸道宜令所在各委長吏，專切推窮，不得有滯淹。」

四月，前濮州錄事參軍崔琮上言：案：原本作「崔瑽」，今據冊府元龜改正。（舊五代史考異）「諸道獄囚，恐不依法拷掠，或不勝苦致斃，翻以病聞，請置病囚院，兼加醫藥。」中書覆云：「有罪當刑，仰天無恨；無病致斃，沒地銜寃。燃死灰而必在至仁，照覆盆而須資異鑑〔七〕，書著『欽哉』之旨，禮標『侀也』之文，因彰善於泣辜，更推恩於扇暍。所請置病囚院〔八〕，望依，仍委

隨處長吏，專切經心。或有病囚，當時遣醫人診候，治療後，據所犯輕重決斷。如敢故違，致病囚負屈身亡，本處官吏，並加嚴斷。兼每及夏至〔九〕，五日一度，差人洗刷枷匣。」

應順元年三月戊午，詔：「應三京、諸道州府繫囚，據罪輕重，疾速斷遣。比來停滯，須奏取裁，不便區分，故爲留滯。今後凡有刑獄，據理斷遣。如有勅推按，理合奏聞，不在此限。」

清泰元年五月丁丑，詔：「在京諸獄及天下州府見繫罪人，正當暑毒之時，未免拘囚之苦，誠知負罪，特軫予懷。恐法吏生情，滯於決斷。詔至，所在長吏親自慮問，據輕重疾速斷遣，無淹滯。」

晉天福二年八月，勅下刑部大理寺御史臺及三京、諸道州府：「今後或有繫囚染疾者，並令逐處軍醫看候，於公廨錢內量支藥價，或事輕者，仍許家人看候。」

四年九月，相州案：原本訛「松州」，今據通鑑改正。（舊五代史考異）節度使桑維翰奏：「管內所獲賊人，從來籍沒財產，云是鄴都舊例，格律未見明文。」勅：「今後凡有賊人，准格定罪，不得沒納家貲。天下諸州，准此處分。」

三月庚午〔一〇〕，詳定院奏：「前守洪洞縣主簿盧㰚進策云：『伏以刑獄至重，朝廷所難，倘書省分職六司，天下謂之會府，且諸道決獄〔一一〕，若關人命，卽刑部不合不知。欲請州府凡斷大辟罪人訖，逐季具有無申報刑部，仍俱錄案款事節，幷本判官、馬步都虞候、司法參軍、法直官、馬步司判官名銜申聞，所貴或有案內情曲不圓〔一二〕，刑部可行覆勘。如此則天下遵守法律，不敢輕易刑書，非唯免有銜寃，抑亦勸其立政者。』臣等參詳，伏以人命至重，國法須精，雖載舊章，更宜條理，誠爲允當，望賜施行。」從之。五月，詔曰：「刑獄之難，古今所重，但關人命，實動天心，或有寃魂，則傷和氣。應諸道州府，凡有囚徒，據推勘到案款，一一盡理，子細檢律令格勅，其間或有疑者，准令文讞，大理寺亦疑，申倘書省，省寺明有指歸，州府然後決遣。」

五年三月丙子，詔曰：「自大中六年已來，務耳稱寃〔一三〕，決杖流配，訴雖有理，不在申明。今後據其所陳，與爲勘斷，務耳之罪，准律別科。」

六年秋七月庚辰，詔曰：「政教所切，獄訟惟先，推窮須察於事情，斷遣必遵於條法，用弘欽恤，以致和平。應三京、鄴都及諸道州府，見禁諸色人等，宜令逐處長吏，常切提撕，疾速決遣，每務公當，勿使滯淹。」

天福八年四月壬申，勅：「朕自臨寰宇，思致和平，將以四海爲家，慮有一物失所。每念犴牢之內，或多枉撓之人，屬此炎蒸，倍宜軫憫，冀絕滯淹之歎，用資欽恤之仁。應三京、

鄴都及諸道州府見禁罪人等，宜令逐處逐處，原本作「鹿處」，今從冊府元龜改正。（影庫本粘籤）長吏，嚴切指揮本推司及委本所判官，疾速結絕斷遣，不得淹延，及致寃濫，仍付所司。」

開運二年五月壬戌，殿中丞桑簡能上封事曰：「伏以天地育萬物，廣博厚之恩；帝王牧黎元，行寬大之令。是知恤刑緩獄，乃爲政之先；布德行惠，實愛民之本。今盛夏之月，農事方殷，是雷風長養之時，乃動植蕃蕪之際。宜順時令，以弘至仁。竊以諸道州府都郡縣應見禁罪人，或有久在囹圄，稍滯區分，胥吏侮文，枝蔓乃衆。捶楚之下，或陷無辜；縲絏之中，莫能自理。苟一人拘繫，則數人營財，物用既殫，工業亦罷。若此之類，實繁有徒，切恐官吏因循，寖成斯弊。伏乞降詔旨，令所在刑獄，委長吏親自錄問，量罪疾速斷遣，務絕寃濫，勿得淹留，庶免虛禁平人，妨奪農力，冀召和氣，以慶明時。」勅曰：「囹圄之中，縲絏之苦，奸吏苟竊於枝蔓，平人用費於貨財，由玆滯淹，兼致屈塞。桑簡能體玆軫憫，專有敷陳，請長吏躬親，免獄官抑遏，深爲允當，宜再頒行。宜依。」

十月甲子，祕書省著作郎邊玕上封事曰：「臣聞從諫如流，人君之令範；極言無隱，臣子之常規。蓋欲表大國之任人，致萬邦之無事，前文備載，可舉而行。伏以皇帝陛下，德合上玄，運膺下武，旰食宵衣而軫念，好生惡殺以推仁，幾措典刑〔一四〕，固無寃枉。然以照臨之內，州郡尤多，若不再具舉明，伏恐漸成奸弊。臣竊見諸道刑獄，前朝曾降勅文，凡是禁繫罪

人，五日一度錄問。但以年月稍遠，漸致因循。或長吏事煩，不暇躬親點檢；或胥徒啓倖，妄要追領證明。慮有涉於淫刑，卽恐傷於和氣。伏乞特降詔敕，自今後諸道並委長吏五日一度，當面同共錄問，所冀處法者無恨，銜寃者獲伸。獲伸，原本作「穫倍」，今從冊府元龜改正。（影庫本粘籤）俾令四海九州，咸歌聖德；五風十雨，永致昌期。」敕曰：「人之命無以復生，國之刑不可濫舉。雖一成之典，務在公平；而三覆其詞，所宜詳審。凡居法吏，合究獄情。邊圻近陟周行，俄陳讜議，更彰欽恤，宜允申明。」

三年十一月丁未，左拾遺竇儼上疏曰：「臣伏覩名例律疏云：死刑者，古先哲王，則天垂象，本欲生之，義期止殺，絞斬之坐，皆刑之極也。又准天成三年閏八月二十三日敕，行極法日，宜不舉樂，減常膳；又刑部式，決重杖一頓處死，以代極法，斯皆人君哀矜不捨之道也。竊以蚩尤爲五虐之科，尚行鞭扑；漢祖約三章之法，止有死刑。絞者筋骨相連，斬者頭頸異處，大辟之目，不出兩端，淫刑所興，近聞數等。蓋緣外地，不守通規，肆率情性，或以長釘貫籤人手足，或以短刀臠割人肌膚，乃至累朝半生半死，俾寃聲而上達，致和氣以有傷。將宏守位之仁，在峻惟行之令〔一五〕，欲乞特下明敕，嚴加禁斷者。」敕曰：「文物方興，刑罰須當，有罪宜從於正法，去邪漸契於古風。竇儼所貢奏章，實裨理道，宜依所奏，准律令施行。」

漢乾祐二年正月，敕：「政貴寬易，刑尚哀矜，慮滋蔓之生奸，寔軫傷而是念。今屬三元改候，四序履端，履端，原本作「屢端」，今據文改正。（影庫本粘籤）將冀和平，無如獄訟。應三京、鄴都、諸道州府見繫罪人，委逐處長吏躬親慮問，其於決斷，務在公平，但見其情，卽爲具獄，勿令率引，遂致淹停，無縱舞文，有傷和氣。」

四月甲午，敕曰：「月戒正陽，候當小暑，乃挺重出輕之日，是恤刑議獄之辰，有罪者速就勘窮，薄罰者晝時疏決，用符時令，勿縱滯淹。三京、鄴都、諸道州府在獄見繫罪人，宜令所司疾速斷遣，無致淹滯枉濫。」

五月辛未，敕：「政化所先，獄訟攸切，不唯枉撓，兼慮滯淹。適當長養之時，正屬熇蒸之候，累行條貫，俾速施行，靡不丁寧，未曾奏報，再頒告諭，無或因循。應三京、鄴都、諸道州府，詔至，宜具疏放已行未行申奏，無致逗留。」

周廣順三年四月乙亥，敕：「朕以時當化育，氣屬炎蒸，乃思縲絏之人，是軫哀矜之念，慮其非所，案鞫淹延，或枉濫窮屈而未得伸宣，或饑渴疾病而無所控告。以罪當刑者，唯彼自召，法不可移；非理受苦者，爲上不明，安得無慮。欽恤之道，夙宵靡寧。應諸道州府見繫罪人，宜令官吏疾速推鞫，據輕斷遣，不得淹滯。仍令獄吏，灑掃牢獄，當令虛歇；洗滌枷械，無令蚤虱；供給水漿，無令饑渴。如有疾患，令其家人看承，囚人無主，官差醫工診候，勿致病亡。循典法之成規，順長嬴之時令，俾無淹滯，以致治平。」又，賜諸州詔曰：「朕以敷政之勤，惟刑是重，既未能化人於無罪，則不可爲上而失刑。況時當長嬴，事貴淸適，念囹圄之閉固，復桎梏之拘縻，處於炎蒸，何異焚灼。在州及所屬刑獄見繫罪人，卿可躬親錄問，省略區分，于入務不行者，令俟務開繫；有理須伸者，速期疏決。俾皆平允，無至滯淹。又以獄吏逞任情之奸，囚人被非法之苦，宜加檢察，勿縱侵欺。常令淨掃獄房，洗刷枷匣，知其饑渴，供與水漿，有病者聽骨肉看承，無主者遣醫工救療，勿令非理非理，原本作「致理」，今據冊府元龜改正。（影庫本粘籤）致斃，以致和氣有傷。卿忠幹分憂，仁明涖事，必能奉詔，體我用心，睠委於茲，興寐無已。餘從敕命處分。」

顯德元年十一月，帝謂侍臣曰：「天下所奏獄訟，多追引證，甚致淹延，有及百餘日而未決者。其中有徒黨反告者，劫主陳訴者及妄遭牽引者，慮獄吏作倖遲留，致生人休廢活業，朕每念此，彌切疚懷。此後宜條貫所在藩郡，令選明幹僚吏，當其訴訟。如獄不滯留，人無枉撓，明具聞奏，量與甄獎。」

內外官當贖之法，梁、唐皆無定制，多示優容，或因時分輕重。晉天福六年五月，尙書刑部員外郞李象請：「今後凡是散官，不計高低，若犯罪不得當贖，亦不得上請詳定院覆奏。應內外文武官，有品官者自從品官法，無品官有散試官者，應內外帶職廷臣賓從、有功將校等，並請同請同，原本作「請周」，今據文改正。（影庫本粘籤）九品官例。其京都運巡使及諸道州府衙前職員〔一六〕、內外雜任鎭將等，並請准律，不得上請當贖。其巡司馬步司判官〔一七〕，雖有曾歷品官者〔一八〕，亦請同流外職。准律，杖罪以下，依決罰例〔一九〕，徒罪以上，仍依當贖法。」至周顯德五年七月，新定刑統：「今後定罪，諸道行軍司馬、節度副使、副留守，准從五品官例；諸道兩使判官、防禦團練副使，准從六品官例〔二〇〕；節度掌書記、團判官〔二一〕、兩蕃營田等使判官，准從七品官例；諸道推巡及軍事判官，准從八品官例；諸軍將校內諸司使、使副、供奉、殿直，臨時奏聽敕旨。」由是內外品官當贖之法，始有定制焉。永樂大典卷八千二百九十。

校勘記

〔一〕盧價　殿本、劉本同。彭校及會要卷九、冊府卷六一三作「盧賓」。

〔二〕律一十二卷　「律」字原無，據會要卷九補。

〔三〕事有不便於今該說未盡者　「今」字原無，據彭校及冊府卷六一三補。殿本全句作「事有不便與該說未盡者。」

〔四〕三年五月己未勅 「勅」字原無，據殿本、劉本補。

〔五〕六月甲寅勅 殿本、劉本、冊府卷一五一同。冊府卷六一三作「二年六月詔」，會要卷一〇同光三年六月二十一日大理寺奏後有此詔。按二十史朔閏表，同光二年六月戊辰朔，三年六月壬戌朔，均無甲寅。三年六月二十一日爲壬午，二十三日爲甲申。「甲寅」疑係「甲申」之誤。

〔六〕前一日令各一覆奏 殿本、劉本、冊府卷一五一同。會要卷一〇、冊府卷六一三載本文較詳，此處作「令決前、決日各一覆奏」。

〔七〕覆盆 原作「露盆」，據冊府卷四二改。

〔八〕所請置病囚院 「請」原作「謂」，據冊府卷四二改。

〔九〕每及夏至 「夏」原作「官」，據冊府卷四二改。

〔一〇〕三月庚午 「三月」，殿本作「其月」。會要卷一六作「天福三年三月」，冊府卷一五一亦繫在「晉高祖天福三年」條後。

〔一一〕且諸道決獄 「道」字原無，據殿本及冊府卷一五一、會要卷一六補。劉本作「且請決獄」。

〔一二〕所貴或有案內情曲不圓 「貴」原作「責」，據殿本及冊府卷一五一改。影庫本批校云：「所責，原本係『所貴』，似較順。」

〔一三〕務耳 原作「鼇爾」，據殿本及會要卷一〇、冊府卷一五一改，下同。劉本此處作「務耳」，下文作「鼇耳」。

〔一四〕幾措典刑 「幾」原作「凡」，據冊府卷一五一改。

〔一五〕在峻惟行之令 劉本及冊府卷一五一同。影庫本批校云：「在峻惟行之令，『惟』疑當作『推』。」殿本作「推」。

〔一六〕運巡使 殿本、劉本同。會要卷一〇、冊府卷六一三作「軍巡使」。

〔一七〕其巡司馬步司判官 「司判官」三字原無，據會要卷一〇、冊府卷六一三補。

〔一八〕雖有曾歷品官者 「官」字原無，據會要卷一〇、冊府卷六一三補。

〔一九〕依決罰例 「依」字原無，據會要卷一〇、冊府卷六一三補。

〔二〇〕准從六品官例 「例」字原無，據殿本、劉本及會要卷一〇補。

〔二一〕團判官 殿本同。劉本及會要卷一〇作「防團判官」。舊五代史考異云：「案：疑作『團練判官』，考五代會要亦作『團判官』，蓋當時案牘之文，官名各從簡省，今姑仍其舊。」

舊五代史卷一百四十八

志十

選舉志

按唐典，凡選授之制，天官卿掌之，所以正權衡而進賢能也；凡貢舉之政，春官卿掌之，所以覈文行而第雋秀也。洎梁氏以降，皆奉而行之，縱或小有釐革，亦不出其軌轍。今採其事，備紀於後，以志五代審官取士之方也。

梁開平元年七月，勅：「近年舉人，當秋薦之時，不親試者號爲『拔解』，拔解，原本作「祓解」，考五代會要、文獻通考俱作「拔解」，今改正。（影庫本粘籤）今後宜止絕。」

四月〔一〕，兵部尙書、權知貢舉姚洎奏：「近代設文科、選胄子，所以綱維名教，崇樹邦本也。今在朝公卿親屬〔二〕、將相子孫，有文行可取者，請許所在州府薦送〔三〕，以廣疏材之

路。」從之。案文獻通考：唐時知貢舉皆用禮部侍郎，梁開平中，始命兵部侍郎楊涉權知貢舉。此事薛史不載。

唐同光二年十月，中書奏，請停舉選一年。勅：「舉、選二門，國朝之重事，但要精確，難議權停，宜准常例處分。」

天成元年八月，勅：「應三京、諸道，今年貢舉人，可依常年取解，仍令隨處量事，津送赴闕。」

五年二月九日，勅：「近年文士，輕視格條，就試時疏于帖經，案：原本作「帖括」，今據五代會要改正。（舊五代史考異）登第後恥于赴選。宜絕躁求之路，別開獎勸之門。其進士科已及第者，計選數年滿日，許令就中書陳狀，于都堂前各試本業詩賦判文。其中才藝灼然可取者，便與除官，如或事業不甚精者，自許准添選。」

晉天福三年三月，翰林學士承旨、兵部侍郎、權知貢舉崔棁奏：「臣謬蒙眷渥，叨掌文衡，實憂庸懦之材，不副搜羅之旨，敢不揣摩頑鈍，杜絕阿私，上則顯陛下求賢，次則使平人得路。但以今年就舉，比常歲倍多，科目之中，兇豪甚衆。每敺牓出後，則時有喧張，不自省循，但言屈塞，互相朋扇，各出言詞，或云主司不公，或云試官受賂，實慮上達聖聽，微臣

無以自明，晝省夜思，臨深履薄。今臣欲請令舉人落第之後，或不甘心，任自投狀披陳，却請所試，與疏義對證，兼令其日一甲同共校量，若獨委試官〔四〕，恐未息詞理。儻是實負抑屈，則所司固難逭憲章；如其妄有陳論，則舉人乞痛加懲斷。冀此際免虛遭謗議，亦將來可久遠施行。儻蒙聖造允俞，伏乞降勅處分。」從之。

天福五年三月，詔：「及第舉人與主司選勝筵宴，及中書舍人靸鞋接見舉人，兼兵部、禮部引人過堂之日，幕次酒食會客，悉宜廢之。」

四月，禮部侍郎張允奏曰：「明君側席，雖切旁求；貢士觀光，豈宜濫進。竊窺前代，未設諸科，始以明經，俾昇高第。自有九經、五經之後，及三禮、三傳已來，孝廉之科，遂因循而不廢，搢紳之士，亦緘默而無言，以至相承，未能改作。每歲明經一科，少至五百以上，多及一千有餘，舉人如是繁多，試官豈能精當。況此等多不究義，唯攻帖書，文理既不甚通，名第豈可妄與。且常年登科者不少，相次赴選者甚多，州縣之間，必無遺闕，遺闕，原本作「貴闕」，今據文改正。（影庫本粘籤）輦轂之下，須有稽留，怨嗟自此而興，謗讟因茲而起。但今廣場大啓，諸科並存，明經者悉包於九經、五經之中，無出於三禮、三傳之內，若無釐革，恐未便宜，其明經一科，伏請停廢。」又奏：「國家懸科待士，貴務搜揚；責實求才，須除訛濫。童子每當就試，止在念書，背經則雖似精詳，對卷則不能讀誦。及名成貢部，身返故鄉，但尅日以

取官，更無心而習業，濫蠲徭役，虛占官名，其童子一科，亦請停廢。」勅明經、童子、宏詞、拔萃、明算、道舉、百篇等科並停。

天福七年五月，勅：「應諸色進策人等，皆抱材能，方來投獻，宜加明試，俾盡臧謀。起今後應進策條，中書奏覆，勅下，其進策人委門下省試策三道，仍定上、中、下三等。如是元進策內，有施行者，其所試策或上或中者，委門下省給與減選，或出身優牒合格。參選日，其試策上者，委銓司超壹資注擬，其試策中者，委銓司依資注擬。如是所試策或上或中，元進策條並不施行；所試策下，元進策條內有施行者，其本官並仰量與恩賜發遣。若或所試策下，所進策條並不施行，便仰曉示發遣，不得再有投進。餘並准前後勅文處分。」

開運元年八月，詔曰：「明經、童子之科，前代所設，蓋期取士，良謂通規。爰自近年，暫從停廢，損益之機未見，牢籠之義全虧。將闡斯文，宜依舊貫，庶臻至理，用廣旁求。其明經、童子二科，今後復置。」

十一月，工部尚書、權知貢舉竇貞固奏：案宋史竇貞固傳云：貞固擇士平允，時人稱之。（舊五代史考異）「進士考試雜文及與諸科舉人入策，歷代已來，皆以三條燭盡爲限，長興二年，改令晝試。伏以懸科取士，有國常規，沿革之道雖殊，公共之情難失。若使就試兩廊之下，兩廊之下，原本脫「下」字，今據五代會要增入。（影庫本粘籤）揮毫短景之中，視晷刻而惟畏稽遲，演詞藻而難

求妍麗，未見觀光之美，但同款答之由，既非師古之規，恐失取人之道。今欲考試之時，准舊例以三條燭爲限。其進士并諸色舉貢人等，有懷藏書册入院者，舊例扶出，不令就試，近年以來，雖見懷藏，多是容縱。今欲振舉弛紊，明辨臧否，冀在必行，庶爲定式。」

漢乾祐二年，刑部侍郎邊歸讜上言：「臣竊見每年貢舉人數甚衆，動引五舉、六舉，多至二千、三千，既事業不精，卽人文何取。請勅三京、鄴都、諸道州府長官，合發諸色貢舉人文解者，並須精加考校，事業精研，卽得解送，不得濫有舉送，冀塞濫進之門，開與能之路。」勅從之。其間條奏未盡處，下貢院錄天福五年四月二十七日勅文，告諭天下，依元勅條件施行，如有固違，其隨處考試官員，當准勅條處分。

周廣順二年二月，禮部侍郎趙上交奏：「貢院諸科，今欲不試汎義，案：原本作「不汎試口義」，今從册府元龜改正。（舊五代史考異）其口義五十道，改試墨義十道〔五〕。」從之。

三年正月，趙上交趙上交，原本脫「趙」字，今據五代會要增入。（影庫本粘籤）奏：「進士元試詩賦各一首，帖經二十帖，對義五通，今欲罷帖經、對義，別試雜文二首、試策一道。」從之。案宋史趙上交傳：廣順初，拜禮部侍郎，會將試貢士〔六〕，上交申明條制，頗爲精密。始復餬名考校，擢扈載甲科，及取梁周翰、董

淳之流，時稱得士。（舊五代史考異）

其年八月，刑部侍郎、權知貢舉徐台符奏：「請別試雜文外，其帖經、墨義，仍依元格。」從之。

顯德二年三月，禮部侍郎竇儀奏：「請諸科舉人，若合解不解、不合解而解者，監試官爲首罪，勒停見任，舉送長官，奏聞取裁。監試官如受賂，及今後進士，如有倩人述作文字應舉者，許人言告，送本處色役，永不進仕。」

唐同光四年三月，中書門下奏議：「左拾遺王松、吏部員外郎李愼儀上疏，以諸道州縣，皆是攝官，誅剝生靈，漸不存濟。比者郭崇韜在中書日，未詳本朝故事，妄被閑人獻疑，點檢選曹，曲生異議，或告赤欠少，一事闕違〔七〕，保內一人不來，五保卽須並廢，文書一紙有誤，數任皆不勘詳。其年選人及行事官一千二百五十餘員，得官者才及數十，皆以渝濫爲名，盡被焚毁棄逐，或斃踣於旅店，或號哭於道途。以至二年已來，選人不敢赴集，銓曹無人可注，中書無人可除，去年闕近二千，授官不及六十。伏請特降勅文，宣布遐邇，明往年制置，不自於宸衷，此日焦勞，特頒於睿澤。望以中書條件及王松等所論事節，案：册府元龜作「王櫂」，考文獻通考作「王松」，薛史韋說傳亦作「松」，今仍其舊。（舊五代史考異）委銓司點檢，務在酌中，以

爲定制。」從之。時議者以銓注之弊，非止一朝，搢紳之家，自無甄別，或有伯叔告赤，鬻於同姓之家，隨賂改更，因亂昭穆，至有季父伯舅反拜姪甥者。郭崇韜疾惡太深，奏請釐革，豆盧革、韋說俛僶贊成。或有親舊訊其事端者，革、說曰：「此郭漢子之意也。」及崇韜誅，韋說卽教門人王松上疏奏論，故有此奏。識者非之。

天成四年冬十月丙申，詔曰：「本朝一統之時，除嶺南、黔中去京地遠，三年一降選補使，號爲南選外，其餘諸道及京百司諸色選人，每年動及數千，分爲三選，尙爲繁重。近代選人，每年不過數百，何必以一司公事，作三處官方。況有格條，各依資考，兼又明行勅命，務絕阿私，宜新公共之規，俾愼官常之要。其諸道選人，宜令三銓官員，都在省署子細磨勘，無違礙後，卽據格同商量注擬，連署申奏，仍不得踵前於私第注官，如此則人吏易可整齊，公事亦無遲滯。」

長興元年三月，勅：「凡是選人，皆有資考，每至赴調，必驗文書，或不具全，多稱失墜，將明本末，須示規程。其判成諸色選人，黃甲下後，將歷任文書告赤連粘，宜令南曹逐縫使印，都於後面粘紙，粘紙，原本作「粮紙」，今據册府元龜改正。（影庫本粘籤）其前後歷任文書，都計多少紙數，仍具年月日，判成授某官。」蓋懼其分假於人故也。

其年十月，中書奏：「吏部流內銓諸色選人〔八〕，先條流試判兩節，並委本官優劣等第申

奏。文優者宜超一資注擬，其次者宜依資，更次者以同類官注擬，所以勵援毫之作，亦不掩歷任之勞。其或於理道全疏者，以人戶少處州縣同類官中比擬，仍准元勅，業文者任徵引古今，不業文者但據公理判斷可否。不當，罪在有司。兼諸色選人，或有元通家狀，不實鄉里名號，將來赴選者，並令改正，一一竪本貫屬鄉縣，兼無出身〔九〕，一奏一除官等，宜並不加選限。」從之。

應順元年閏正月丁卯〔一〇〕，中書門下奏：「準天成二年十二月勅，長定格應經學出身人，一任三考，許入下縣令、下州錄事參軍，亦入中下州錄事參軍；兩任四考，許入中下縣令、中州錄事參軍；兩任六考〔一一〕，許入上縣令及緊州錄事參軍。凡爲進取，皆有因依，或少年便受好官，或暮齒不離卑任。況孤貧舉士，或年四十，始得經學及第，八年合選，方受一官，在任多不成三考〔一二〕，第二選漸向蹉跎，有一生終不至令錄者，若無改革，何以發揚。自此經學出身，請一任兩考，許入中下縣令、下州錄事參軍者。」詔曰：「參選之徒，艱辛不一，發身遲滯，到老卑低，宜優未達之人，顯示惟新之澤。其經學出身，一任兩考，元勅入下縣令、下州錄事參軍，起今後更許入中下縣令、中州下州錄事參軍〔一三〕；一任三考者，於人戶多處州縣注擬，如於近勅條內，資敍無相當者，卽準格循資考入官；其兩任四考者，準二任五考例入官，餘準格條處分。」

晉天福三年正月，詔曰：「舉選之流，苦辛備歷，或則耽書歲久，或則守事年深，少有違礙格條，例是不知式樣。式樣，原本作「設縧」，今據五代會要改正。（影庫本粘籤）今則方求公器，宜被皇恩，所有選人等，宜令所司，除元駮放及落下事由外，如無違礙，並與施行。仍令所司遍下諸道，起今後文解差錯，過在發解州府官吏。」

漢乾祐二年八月，右拾遺高守瓊上言：「仕宦年未三十，請不除授縣令。」因下詔曰：「起今後諸色選人，年七十者宜注優散官；年少未歷資考者，不得注授令錄。」其年十二月，中書門下奏：「應諸出選門官幷歷任內曾升朝及兩使判官，今任却授令錄者，並依見任官選數赴集。」從之。

周廣順元年二月，詔曰：「自前朝廷除官，銓司選授，當其用闕，皆稟舊規。近聞所得官人，或他事阻留，或染疾淹駐，始赴任者旣過月限，後之官者遂失期程，以至相沿，漸成非次。是致新官參謝欲上，舊官考秩未終，待滿替移，動逾時月，凋殘一處，新舊二官，在迎送以爲勞，必公私之失緒。今後應諸道州府錄事參軍、判司、縣令、主簿等，宜令本州府，以到

任月日，旋具申奏及報吏部，此後中書及銓司，以到任月日用闕，永爲定制。」

其年十月，詔曰：「選部公事，比置三銓，所有員闕選人，分在三處，每至注擬之際，資敍難得相當。況今年選人不多，宜令三銓公事，併爲一處，委本司長官通判，同商量可否施行。今當開泰之期，宜軫單平之衆，自今後合格選人，歷任無違礙者，並仰吏部南曹判成，如文解差錯，不合式樣，罪在發解官吏。」永樂大典卷一萬六千七百八十三。

校勘記

〔一〕四月　殿本、劉本同。彭校作「四年」，會要卷二三作「四月十一日」，册府卷六四一作「四年十二月」。

〔二〕今在朝公卿親屬　「朝」字原無，據彭校及册府卷六四一補。

〔三〕請許所在州府薦送　「所」原作「取」，據殿本、劉本、彭校及會要卷二三、册府卷六四一改。影庫本批校云：「請許取在州府薦送，『取』應作『所』。」

〔四〕獨委試官　「官」原作「言」，據殿本、劉本、册府卷六四二改。

〔五〕其口義五十道改試墨義十道　殿本、劉本同。殘宋本册府卷六四二作「口義共十五道，改試墨義共一十道」。明本册府「一十道」作「十一道」。

〔六〕會將試貢士　「貢士」原作「進士」，據宋史卷二六二趙上交傳改。

〔七〕或告赤欠少一事闕違　殿本、劉本同。冊府卷六三二載本文較本書爲詳，此兩句作「其選人凡闕一事闕違，並是有涉踰濫，或告赤欠少，或文字參差」。

〔八〕流內銓　殿本、劉本及冊府卷六三三同。會要卷二二作「流外銓」。

〔九〕或有元通家狀不實鄉里名號……一一竪本貫屬鄉縣兼無出身　明本冊府卷六三三同。殿本、劉本「竪」作「堅」，餘同。殘宋本冊府「狀」字下空一格。會要卷二二作「或有元通家狀內鄉貫不實，候將來赴選，並令改正，一一依本屬鄉縣及有無出身」。

〔一〇〕閏正月丁卯　「閏」字原無，冊府卷六三三、會要卷二一作「閏正月」。按二十史朔閏表，正月壬申朔，無丁卯；閏正月壬寅朔，丁卯爲二十六日。據補。

〔一一〕兩任六考　殿本、劉本及會要卷二一同。冊府卷六三三「兩」字上有「兩任五考，許入中縣令，上州錄事參軍」十五字。

〔一二〕在任多不成三考　「在任」，殿本、劉本同。會要卷二一作「於一任之中」。冊府卷六三三作「於初任之中」。

〔一三〕元勅入下縣令下州錄事參軍起今後更許入中下縣令中州下州錄事參軍　原作「元勅入中下縣令、下州錄事參軍，起今後更許入下縣令、下州錄事參軍」，殿本作「元勅入下縣令、下州錄事

參軍，起今後更許入中下縣令、下州錄事參軍」，劉本作「元勅入中下縣令、下州錄事參軍，起今後更許入中下縣令、下州錄事參軍」。冊府卷六三三作「元勅入中下縣令、下州錄事參軍，起今後更許入下縣令、中州下州錄事參軍」。各本文字互有出入，今據會要卷二一改。

舊五代史卷一百四十九

志十一

職官志

夫官非位無以分貴賤，位非品無以定高卑，是以歷代史官，咸有所紀，皆窮源而討本，期與世以作程。迨乎唐祚方隆，方隆，原本作「方降」，今據職官分紀改正。（影庫本粘籤）玄宗在宥，採累朝之故事，考衆職之遐源，申命才臣，著成六典，其勳階之等級，品秩之重輕，則已備載于其中矣。故今之所撰，不敢相沿，祖述五代之命官，以匯百王之垂範，或釐革升降，則謹而志之，俾後之爲天官卿者，得以觀焉。案：薛史職官志，本唐六典而紀其釐革，故載同光、天成之改制，皆稱後唐，所以別于六典也。

梁開平三年三月，詔升尚書令爲正一品。按唐六典，尚書令正二品〔一〕，是時以將授趙

州王鎔此官，故升之。

後唐天成四年八月，詔曰：「朝廷每有將相恩命，準往例，諸道節度使帶平章事、兼侍中、中書令，並列銜于勅牒後，側書『使』字。今兩浙節度使錢鏐是元帥、尚父，與使相名殊，承前列銜，久未改正。湖南節度使馬殷，先兼中書令之時，理宜齒于相位，今守太師、尚書令，是南省官資，不合列署勅尾。今後每署將相勅牒，宜落下錢鏐、馬殷官位，仍永爲常式。」

梁開平二年四月，改左右丞爲左右司侍郎，避廟諱也。至後唐同光元年十月，復舊爲左右丞。

後唐長興元年九月，詔曰：「臺轄之司，官資並設，左右貂素來相類，左右揆左右揆，原本作「右撥」，今從五代會要改正。（影庫本粘籤）不至相懸，以此比方，豈宜分別。自此宜升尚書右丞官品，與左丞並爲正四品。」

右都省

後唐長興四年九月，勅：「馮贇有經邦之茂業，宜進位于公台，但緣平章事字犯其父名，不欲斥其家諱，可改同平章事爲同中書門下二品。」後至周顯德中，樞密使吳廷祚亦加同中書門下二品，避其諱也。

晉天福五年二月，勅：「以門下侍郎、中書侍郎幷爲清望正三品。」

晉天福五年九月，詔曰：「六典云：中書舍人掌侍奉進奏參議表章，凡詔旨制勅、璽書策命，皆按故事起草進畫，既下，則署而行之。其禁有四：一曰漏洩，二曰稽緩，三曰違失，四曰忘誤，案：册府元龜作「失誤」，考五代會要、職官分紀俱作「忘」，今仍其舊。（舊五代史考異）所以重王命也。古昔已來，典實斯在，爰從近代，別創新名。今運屬興王，事從師古，俾仍舊貫，以耀前規。其翰林學士院公事，宜並歸中書舍人。」

七年五月，中書門下上言：「有司檢尋長興四年八月二十一日勅：準官品令，侍中、中書令正三品，按會要，大曆二年十一月陞爲正二品；左右常侍從三品，按會要，廣德二年五月陞爲正三品；門下中書侍郎正四品，大曆二年十一月陞爲正三品；諫議大夫正五品，按續會要，會昌二年十二月陞爲正四品，以備中書門下四品之闕〔二〕；御史中丞正五品，亦與大夫同時陞爲正四品。」勅：「宜各準元勅處分，仍添入令文，永爲定制。」又詔：「門下侍郎，班在常侍之下，俸祿同常侍。」

周顯德五年六月，勅：「諫議大夫宜依舊正五品上，仍班位在給事中之下。」按唐典，諫議大夫四員，正五品上，皆隸門下省，班在給事中之下。至會昌二年十一月，中書門下奏，陞爲正四品下，仍分爲左右，以備兩省四品之闕，故其班亦陞在給事中之上。近朝自諫議

大夫拜給事中者，官雖序遷，位則降等，至是以其遷次不倫〔三〕，故改正焉。

右兩省

後唐清泰二年十一月，制：「以前同州節度使、檢校太尉、同平章事馮道爲守司空。」時議者曰：「自隋、唐以來，三公無職事，自非親王不恆置，自非親王不恆置，據職官分紀云：親王加三公三師，多兼官使。是單置者，即親王亦不能得其寵任也。今附識于此。（影庫本粘籤）於宰臣爲加官，無單置者。」道在相位時帶司空，及罷鎮，未命官，議者不練故事，率意行之。及制出，言議紛然，或云便可綜中書門下事，或云須册拜開府。及就列，無故事，乃不就朝堂敍班，臺官兩省官入就列，方入，宰臣退，踵後先退。劉昫又以罷相爲僕射，出入就列，一與馮道同，議者非之。及晉天福中，以李鏻爲司徒，周廣順初，以竇貞固爲司徒，蘇禹珪爲司空，遂以爲例，議者不復有云。

右三公

後唐天成元年夏六月，以李琪爲御史大夫，自後不復除。

其年冬十一月丙子，諸道進奏官上言：「今月四日，中丞上事，臣等禮合至臺，比期不越

前規，依舊傳語，忽蒙處分通出，尋則再取指揮，要明審的。又蒙問：大夫相公上事日如何？臣等訴云：大夫曾爲宰相，進奏官伏事中書，事體之間，實爲舊吏。若以別官除授，合云傳語勞來，又堅令通出。臣等出身藩府，不會朝儀，拒命則恐有奏聞，遵稟則全隳則例，伏恐此後到臺參賀，儀則不定者。」詔曰：「御史臺是大朝執憲之司，乃四海繩違之地，凡居中外，皆待整齊〔四〕，藩侯尙展于公參，邸吏邸吏，原本作「邸員」，今考五代會要、册府元龜俱作「吏」，今改正。（影庫本粘籤）豈宜于抗禮。遽觀論列，可驗侮輕，但以喪亂孔多，紀綱隳紊，霜威掃地，風憲銷聲。今則景運惟新，臯圖重正，稍加提舉，漸止澆訛。宜令御史臺，凡關舊例，並須舉行，如不稟承，當行朝典。」時盧文紀初拜中丞，領事於御史府，諸道進奏官來賀，文紀曰：「事例如何？」臺吏喬德威等言：「朝廷在長安日，進奏官見大夫中丞，如胥吏見長官之禮。及梁氏將革命，本朝微弱，諸藩強據，人主大臣姑息邸吏，時中丞上事，邸吏雖至，皆於客次傳語，竟不相見。自經兵亂，便以爲常。」以爲常，原本脫「爲」字，今從職官分紀增入。（影庫本粘籤）文紀令臺吏諭以舊儀相見，據案端簡，通名贊拜。邸吏輩既出，怒不自勝，相率于閤門求見，騰口喧訴。明宗謂趙鳳曰：「進奏官比外何官？」鳳對曰：「府縣發遞祗候之流也。」明宗曰：「乃吏役耳，安得慢吾法官。」乃下此詔。

晉天福五年二月，以御史中丞爲清望正四品。按唐典，御史中丞正五品上，今始陞之。

三年三月壬戌〔五〕，御史臺奏：「按六典，侍御史掌糾舉百僚，推鞫獄訟，居上者判臺，知公廨雜事，次知西推、贓贖、三司受事，次知東推、理匭。」勅宜依舊制。遂以駕部員外郎兼侍御史知雜事劉皡爲河南少尹〔六〕，自是無省郎知雜者。

開運二年八月，勅：「御史臺準前朝故事，以郎中、員外郎一人兼侍御史知雜事，近年停罷，獨委年深御史知雜。振舉之間，紀綱未峻，宜遵舊事，庶叶通規。宜却于郎署中選清慎強幹者，兼侍御史知雜事。」

右御史臺

昔唐朝擇中官一人爲樞密使，以出納帝命。案職官分紀：唐樞密使與兩軍中尉謂之「四貴」，天祐元年廢。項安世家說：唐於政事堂後列五房，有樞密房，以主曹務。則樞密之任，宰相主之，未始他付，其後寵任官人，始以樞密歸之內侍〔七〕。至梁開平元年五月，改樞密院爲崇政院，始命敬翔爲院使，仍置判官一人，自後改置副使一人。二年十一月，置崇政院直學士二員，選有政術文學者爲之，其後又改爲直崇政院。案：原本作「直崇文院」，今從五代會要改正。

後唐同光元年十月，崇政院依舊爲樞密院，命宰臣郭崇韜兼樞密使，亦置直院一人。案：五代會要作亦置院使一人。石林燕語作改爲樞密院直學士〔八〕。

晉天福四年四月，以樞密副使張從恩爲宣徽使，權廢樞密院故也。先是，晉祖以宰臣桑維翰兼樞密使，懇求免職，只在中書，遂以宣徽使劉處讓代之，每有奏議，多不稱旨。其後處讓丁憂，乃以樞密印付中書門下，故有是釐改也。

開運元年六月，勑依舊置樞密院，以宰臣桑維翰兼樞密使，從中書門下奏請也。

周顯德六年六月，命司徒平章事范質、禮部尚書平章事王溥並參知樞密院事。

梁開平元年四月，始置建昌院，以博王友文判院事，以太祖在藩時，四鎮所管兵車賦稅、諸色課利，按舊簿籍而主之。其年五月，中書門下奏請以判建昌院事爲建昌宮使，仍以東京太祖潛龍舊宅爲宮也。二年二月，以侍中 案：原本有闕文，據五代會要，以侍中韓建判建昌宮事。 判建昌宮事〔九〕。至十月，以尚書兵部侍郎李皎爲建昌宮副使。三年九月，以門下侍郎平章事薛貽矩兼延資庫使，判建昌宮事。至四年十二月，以李振爲建昌宮副使。乾化二年五月，以門下侍郎平章事于兢兼延資庫使，判建昌宮事。其年六月，廢建昌宮，以河南尹魏王張宗奭爲國計使，凡天下金穀兵戎舊隸建昌宮者悉主之。至後唐同光四年二月，以吏部尚書李琪爲國計使。自後廢其名額不置。

後唐同光元年十一月，以左監門衞將軍、判內侍省李紹宏兼內勾，凡天下錢穀簿書，悉委裁遣。自是州縣供帳煩費，議者非之。又內勾之名，人以爲不祥之言。二年正月，勑鹽

鐵、度支、戶部三司，凡關錢物，並委租庸使管轄，踵梁之舊制也。天成元年四月，詔廢租庸院，依舊爲鹽鐵、戶部、度支三司，委宰臣一人專判。長興元年八月，以許州節度使張延朗行工部尚書，充三司使，班在宣徽使之下。三司置使，自延朗始也。唐朝已來，戶部、度支掌泉貨，鹽鐵時置使名，戶部、度支則尚書省本司郎中、侍郎判其事。天寶中，楊愼矜、王鉷、楊國忠繼以聚貨之術，媚上受寵，然皆守戶部、度支本官，別帶使額，亦無所改作。下及劉晏、第五琦亦如舊制。自後亦以宰臣各判一司，不置使額。乾符後，天下兵興，隨處置租庸使以主調發，兵罷則停。梁時乃置租庸使，專天下泉貨。莊宗中興，秉政者不閑典故，踵梁朝故事，復置租庸使，以魏博故吏孔謙專使務。斂怨於下，斲喪王室者，實租庸之弊故也。洎明宗嗣位，思革其弊，未及下車，乃詔削除使名，但命重臣一人判其事，曰判三司。至是，延朗自許州入再掌國計，白於樞密使，請置三司名。宣下中書議其事。宰臣以舊制覆奏，授延朗特進、行工部尚書，充諸道鹽鐵、轉運等使，兼判戶部、度支事，從舊制也。明宗不從，竟以三司使爲名焉。

梁開平三年正月，改思政殿爲金鑾殿，至乾化元年五月，置大學士一員，始命崇政院使敬翔爲之。前朝因金巒坡以爲門名，與翰林院相接，故爲學士者稱「金巒」焉。「金巒」，通鑑作「鑾」，今考五代會要作「巒」，與薛史同，已於梁書敬翔傳加案聲明。（影庫本粘籤） 梁氏因之以爲殿名，仍改「巒」爲「鑾」，從美名也。大學士與三館大學士同。案青箱雜記：梁祖都汴，庶事草創，貞明中，始於今右長慶門東北，創小屋數十間爲三館，湫隘尤甚。又周廬徼道，咸出其間，衞士騶卒，朝夕喧雜，每受詔撰述，皆移他所。（舊五代史考異）

後唐天成元年五月，勑翰林學士、尚書戶部侍郎、知制誥馮道，翰林學士、中書舍人趙鳳，俱以本官充端明殿學士，非舊號也。時明宗登位，每四方書奏，多令樞密使安重誨讀之，不曉文義，於是孔循獻議，始置端明殿學士之名，命道等爲之。二年正月，勑：「端明殿學士宜令班在翰林學士上，今後如有轉改，仍只於翰林學士內選任。」初置端明殿學士，名目如三館之例，職在官下。趙鳳轉侍郎，遣人諷任圜移職在官上，至今爲例。案職官分紀〔一〇〕：晉天福五年，廢端明殿學士，開運元年，桑維翰爲樞密使，復奏置學士。

同光元年四月，置護鑾書制學士，以尚書倉部員外郎趙鳳爲之。時莊宗初建號，故特立此名，非故事也。八月〔一一〕，賜翰林學士承旨、戶部尚書盧質論思匡佐功臣，亦非常例也。

天成三年八月，勑：「掌綸之任，擢才以居，或自初命而升，或自顯秩而授，蓋重厥職，靡繫其官，雖事分皆同，而行綴或異，誠由往日未有定規，議官位則上下不恆，論職次則後先未當，宜行顯命，以正近班。今後翰林學士入院，並以先後爲定，惟承旨一員，出自朕意，不

計官資先後，在學士之上，仍編入翰林志。」其年十一月〔一二〕，勑：「新除翰林學士張昭遠，早踐綸闈，久司史筆，曾居憲府，累陟貳卿，今既擢在禁林，所宜別宣班序，其立位宜次崔梲。」案宋史張昭傳：晉天福二年，宰相桑維翰薦昭爲翰林學士。內署故事，以先後入爲次，不繫官序，特詔昭立位次承旨崔梲。據宋史則此勑當在晉天福中，薛史繫於唐天成三年後，疑原本有脫誤。（舊五代史考異）

晉開運元年六月，勑：「翰林學士與中書舍人，舊分爲兩制〔一三〕，各置六員，偶自近年，權停內署，況司詔命，必在深嚴，將使從宜，却仍舊貫，宜復置翰林學士院。」

周顯德五年十一月，詔曰：「翰林學士職係禁庭，地居親近，與班行而既異，在朝請以宜殊。起今後當直下直學士，並宜令逐日起居，其當直學士，仍赴晚朝。」舊制，翰林院學士與常參官五日一度起居，時世宗欲令朝夕謁見，訪以時事，故有是詔。

右內職

後唐天成三年五月，詔曰：「開府儀同三司，階之極；太師，官之極；封王，爵之極；上柱國，勳之極。勳之極，原本作「爵之極」，今據職官分紀改正。（影庫本粘籤） 近代已來，文臣官階稍高，便授柱國，歲月未深，便轉上柱國；武資不計何人，初官便授上柱國。官爵非無次第，階勳備有等差，宜自此時，重修舊制。今後凡是加勳，先自武騎尉，經十二轉方授上柱國，永作

成規，不令踰越。」雖有是命，竟不革前例。

右勳格

後唐清泰二年秋九月庚申，尚書考功上言：「今年五月，翰林學士程遜所上封事內，請自宰相百執事、外鎮節度使、刺史，應係公事官，逐年書考，較其優劣。遂檢尋唐書、六典、會要考課，令書考第。」從之。時議者曰：「考績之法，唐堯、三代舊制。西漢以刺史六條察郡守，五曹尚書綜庶績，法尤精察，吏有檢繩。漢末亂離，舊章弛廢。魏武於軍中權制品第，議吏清濁，用人按吏，頓爽前規。隋、唐已來，始著於令。漢代郡守，入爲三公，魏、晉之後，政在中書，左右僕射知政事，午前視禁中，午後視省中，三臺百職，無不統攝。以是論之，宰輔憑何較考。自天寶末，權置使務已後，庶事因循，尚書諸司，漸致有名無實，廢墜已久，未知憑何督責。」程遜所上，亦未詳本源，其時所司雖有舉明，大都諸官亦無考較之事。

右較考

梁開平元年四月，詔：「開封府司錄參軍及六曹掾屬，宜各置一員，兩畿赤縣，置令、簿、尉各一員。」二年十月，省諸道州府六曹掾屬，只留戶曹一員，通判六曹。

後唐同光元年十一月，中書門下奏：「諸寺監各請只置大卿監、祭酒、司業各一員，博士兩員，其餘官屬並請權停。惟太常寺事關大禮，大理寺事關刑法，除太常博士外，許更置丞一員。其王府及東宮官屬(四)，司天五官正、奉御之類，凡不急司存，並請未議除授。其諸司郎中、員外郎，應有雙曹處，且署一員，左右散騎常侍、諫議大夫、給事中、起居郎、起居舍人(五)、補闕、拾遺，各置一半。各置一半，原本作「各貫一半」，今從五代會要改正。（影庫本粘籤）三院侍御史仍委御史中丞條理申奏，即日停罷。朝官仍各錄名氏，具罷任月日，留在中書，候見任官滿二十五箇月，並據資品却與除官。」從之。

周顯德五年十二月，詔：「兩京五府少尹、司錄參軍，先各置兩員，起今後只置一員，六曹判司內只置戶曹、法曹各一員，其餘及諸州支使、兩蕃判官並省。」

右增減

梁開平元年五月，改御食使爲司膳使，小馬坊使爲天驥使，文思院使爲乾文院使，同和院使爲儀鸞院使。其年又改城門郎爲門局郎，避廟諱也。唐同光元年十一月，依舊爲城門郎。

後唐天成元年十一月，詔曰：「雄武軍節度使官銜內，宜兼押蕃落使。」案職官分紀：長興元年，分飛龍院爲左右院，以小馬坊爲右飛龍院。二年七月，詔曰：「頃因本朝親王遙領方鎮(六)，其在鎮者，遂云副大使知節度事，但年代已深，相沿未改。今天下侯伯並正節旄，惟東、西兩川未落『副大使』字，宜令今後只言節度使。」

晉天福五年四月丙午，詔曰：「承旨者，承時君之旨，非近侍重臣，無以禀朕命、宣予言。是以大朝會宰臣承旨，草制詔學士承旨，若無區別，何表等威。除翰林承旨外，殿前承旨宜改爲殿直，密院承旨改爲承宣，御史臺、三司、閤門、客省所有承旨，並令別定其名。」

周廣順二年十二月，詔改左右威衞復爲屯衞，避御名也。

右改制

後唐同光二年三月，中書門下奏：「糾轄之任，時謂外臺，宰字之官，宰字之官，原本作「宰亭」，今據五代會要改正。（影庫本粘籤）古稱列爵。如非朝命，是廢國章。近日諸道多是各列官銜，便指州縣，請朝廷之正授，樹藩鎮之私恩，頗亂規程，宜加條制。自今後大鎮節度使，管三州已上者，每年許奏管內官三人；如管三州以下者，許奏管內官二人。仍須有課績尤異，方得上聞。若止於檢愼無瑕，科徵及限，是守常道，只得書考旌嘉，不得特有薦奏。其防禦使每年只許奏一人，若無尤異，不得奏薦。刺史無奏薦之例，不得輒亂規程。」其年八月，中

書奏：「僞庭之時，諸藩參佐，皆從除授。自今後諸道除節度副使、兩使判官除授外，其餘職員並諸州軍事判官，各任本處奏辟(七)，其軍事判官仍不在奏官之限。所冀招延之禮，皆合于前規；簡辟之間，無聞於濫舉。」從之。

長興二年十一月，詔曰：「闕員有限，人數常多，須以高低，定其等級。起今後兩使判官罷任後，宜一年外與比擬，書記、支使、防禦團練判官等，二年外與比擬(八)；推巡、防禦團練推官、軍事判官等，並三年後與比擬。仍每遇除授，量與改轉官資，或階勳，或職資。其有殊常勤績者，別議優陞。若有文學知術超邁羣倫，或爲衆所稱，或良知迥舉、察驗的實者，不拘年月之限。」

清泰二年八月，中書門下上言：「前大卿監(九)、五品陞朝官、西班將軍，皆在任許滿二十五月，如衡替已經二十月，即別任用。少卿監，舊例三任四任方入大卿監，五品三任四任方入少卿監，今後並祗三任，逐任須月限滿無殿責者，便入此官。西班將軍，罷任一年許求官，舊例三任四任方入大將軍，今祗以三任爲限，三任大將軍方入上將軍，並須逐任滿月限(一〇)無殿責，或曾任金吾將軍(一一)、街使、藩鎮刺史，特勅並不拘此例。諸道除兩使判官外，書記已下任自辟請。應朝官除外任，罷任後一年方許陳乞。諸道賓席未曾陞朝者，若官兼三院御史，即除中下縣令；兼大夫、中丞、祕書少監、郎中、員外郎與清資。初任陞朝

官，檢校官至尚書、常侍、祕書監、庶子，陞朝便與少卿監。諸州防禦、團練判、推官，並請本州辟請〔三三〕，中書不更除授。應出選門官帶三院御史供奉裏行及省銜，罷任後周年，許陳乞。諸州別駕，不除令錄，仍守本官月限，得替後一年，許陳乞。長史、司馬，因擢奏正，未有官者送名。」從之。

三年五月乙未，詔曰：「近以內外臣僚，出入迭處，稍均勞逸，免滯轉遷，應兩司判官、畿赤令，取郎中、員外、補闕、拾遺、三丞、五博，少列宮僚，選擇擢任，一則俾藩方侯伯，別耀賓階；次則致朝列人臣，備諳時政。今後或有滿闕，便宜依此施行。」

周廣順元年夏五月辛巳，詔：「朝廷設爵命官，求賢取士，或以資敍進，或以科級陞。至有白首窮經，方諧一第；半生守選，始遂一官。是以國無幸民，士不濫進。近年州郡奏薦，多無出身、前官，或因權勢書題，或是吏私請託，既難阻意，便授眞恩。遂使躁求僥倖之徒，爭遊捷徑；辛苦孤寒之士，盡泣窮途。將期激濁揚淸，所宜循名責實。今後州府不得奏薦無前官及無出身人，如有奇才異行，越衆超羣，亦許具名以聞，便可隨表赴闕，當令有司考試，朕亦親自披詳，斷其否臧，俾之陞黜，庶使人不謬舉，野無遺才。」

顯德二年六月，詔：「兩京諸道州府留守判官〔三四〕、兩使判官、少尹、防禦團練軍事判官，今後並不得奏薦；其防禦團練、刺史州各置推官一員。」

右釐革

晉天福三年十一月，起居郎殷鵬上言：「竊聞司封格式，內外文武臣僚纔陞朝籍者，無父母便與追封贈，父母在卽未敍未封。以臣所見，誠爲不可。此則輕生者而重死者，棄今人而錄故人，其榮有何？其理安在？又云，父母在，品秩及格者，卽以封其母，不加其父，便加邑號，兼曰太君。遂令妻則旁若無夫，子則上若無父，豈有父則賤而母則貴，夫則卑而妻則尊？若謂其父未合加恩，安得其母受賜；若謂以子便合貴，曷得其父不先封？先封，原本脫「封」字，今從五代會要增入。（影庫本粘籤）伏以父尊母卑，天地之道，尊無二上，國家同體。今授封父無爵，名教不順，莫大於玆。臣伏乞自今後文武臣僚，父母在，其父母已有官爵者，卽敍進資品以及格式，或不任祿仕，卽可授以致仕或同正官，所貴得以敍封妻室。卽父母俱榮，孝子無不逮之感；閨門交映，聖君覃慶賞之恩。噫！荷陛下孝治之風，受陛下榮親之祿者，靜而屈指，不過數人。陛下得以特議舉行，編爲令式，勸天下之爲善，令域中之望風，自然見前代之闕文，成我朝之盛典。況唐長興元年德音內一節，『應在朝中外臣僚，父母在，並與加恩』。司封不行明制，堅執前文；儻布新恩，兼合舊勅，庶使事君事父，恆遵一體之規；爲子爲臣，不失兩全之義。臣又聞司封令式，內外臣僚官階及五品已上者，卽與封妻廕子，固不分於淸濁，但祇言其品秩。且諫議大夫、給事中、中書舍人，並是五品，贊善大夫、洗馬、中允、奉御等，亦是五品。若論朝廷之委任，宰臣之擬論，出入之階資，中外之瞻望，則天壤相懸矣。及其敍封，乃爲一貫，相沿至此，甚非。而況北省爲陛下侍從之臣，南宮掌陛下經綸之務，憲臺執陛下紀綱之司，首冠羣僚，總爲三署，當職尤重，責望非輕。此則淸列十年，不遂顯榮之願；彼則雜班兩任，便承封廕之恩。事不均平，理宜改革。伏乞自今後應諸官及五品已上者，卽依舊制施行，應三署淸望官及六品已上，便與封廕。淸濁既異，品秩宜升，仍下所司，議爲恆式。」從之。

漢乾祐元年七月，詔：「尚書省集議，內外臣僚，父在，母承子廕，敍封追封，合加『太』字否？以聞。」尚書省奏議曰：「今詳前後勅條，凡母皆加『太』字，存歿並同。此卽是父歿母存，卽敍封進封內加『太』字，母歿追封，亦加『太』字，故云存歿並同。若是父在，據勅格無載爲母加『太』字處。若以近勅，因子貴與父命官，父自有官，卽妻從夫品，夫品，原本作「夫石」，今從五代會要改正。（影庫本粘籤）可以封妻，父在不合以其子加母『太』字。若雖有因子之官，其品尙卑，未得廕妻，亦不合用子廕之限。」從之。

周顯德六年冬十二月壬辰，尚書兵部上言：「本司蔭補千牛、進馬，案：原本作「進貝」，攷職官分紀有太子進馬，「貝」字係傳寫之訛，今改正。（舊五代史考異）在漢乾祐中散失勅文，自來只準晉編勅及堂帖施行。伏緣前後不同，請別降勅命。」詔曰：「今後應蔭補子孫，宜令逐品許補一人，直候轉品，方得更補，不得於本品內重疊收補。如是所補人有身故、除名、落藩、廢疾及應舉及第內，只許於本品內再補一人。太子進馬、太子千牛，不用收補。詹事依祭酒例施行。兵部尙書、侍郎，舊例不許收補，宜許收補。致仕官歷任中曾任在朝文班三品、武班二品及丞郎給舍已上，給舍，原本作「絵舍」，考職官分紀，唐人稱給事中爲「給舍」，今改正。（影庫本粘籤）金吾大將軍、節度、防禦、團練、留後者，方得補廕。皇廕人，案石林燕語，五代大臣有累事數朝者，其前朝所得廕澤，及改事新朝，謂之「皇廕」，今附識于此。（影庫本粘籤）案：五代大臣有改事新朝，所得廕澤尙可推恩及下者，蓋一時相沿之陋習也，謹附識于此。（影庫本粘籤）其祖、父曾授著皇朝官秩，方得收補。應合收補人，須是本官親子孫年貌合格，別無渝濫，方許施行。餘從舊例處分。」

右封廕

梁開平四年四月，勅：「諸州鎭使，官秩無高卑，並在縣令之下。」其年九月，詔曰：「魏博管內刺史，比來州務，並委督郵，遂使曹官擅其威權，州牧同於閑冗，俾循通制，宜塞異端，並宜依河南諸州例，刺史得以專達。」時議者曰：「唐朝憲宗時，烏重胤爲滄州節度使，嘗以河朔六十年能抗拒朝命者，以奪刺史權與縣令職而自作威福耳。若二千石各得其柄，又有鎭兵，雖安、史挾奸，豈能據一墉而叛哉！遂奏以所管德、棣、景三州，各還刺史職分，州兵並隸收管。是後雖幽、鎭、魏三道，以河北舊風，自相傳襲，唯滄州一道，獨稟命受代，自重胤制置使然也。則梁氏之更張，正合其事矣。」

後唐長興二年閏五月[二四]，詔曰：「要道纔行，則千岐共貫；宏綱一舉，則萬目畢張。前王之法制罔殊，百代之科條悉在，無煩改作，各有定規，守程式者心逸日休，率胸臆者心勞日拙。天垂萬象，星辰之分野靡差；地載羣倫，岳瀆之方隅不易。儻各司其局，則皆盡其心。且律令、格式、六典，凡關庶政，互有區分，久不舉行，遂至隳紊。宜準舊制，令百司各於其間錄出本局公事，巨細一一抄寫，不得漏落纖毫，集成卷軸，仍粉壁粉壁，原本作「糊壁」，今從冊府元龜改正。（影庫本粘籤） 書在公廳。若未有廨署者，文書委官司主掌，仍每有新授官到，令自寫錄一本披尋。或因顧問之時，應對須知次第，無容曠闕。每在執行，使庶僚則守法奉公，宰臣則提綱振領，必當彝倫攸敍。所謂至道不繁，何必期年，然後報政。宜令御史臺遍加告諭催促，限兩月內鈔錄及粉壁書寫須畢，其間或有未可便行，及曾釐革事件，委逐司旋申中書門下，當更參酌，奏覆施行。」其年八月，勅：「今後大理寺官員，宜同臺省官例升進，其法直官，比禮直官任使。」

應順元年春三月戊午，宗正上言：「故事，諸陵有令、丞各一員，近令、丞不俱置，便委本縣令兼之。緣河南、洛陽是京邑，恐兼令、丞不便。」詔特置陵臺令、丞各一員。

右雜錄 永樂大典卷三千七百九十五。

校勘記

〔一〕尚書令　「令」字原無，據劉本、唐六典卷一補。

〔二〕以備中書門下四品之闕　「備」原作「補」，據殿本改。影庫本批校云：「以備中書門下四品之闕，『備』訛『補』。」

〔三〕遷次不倫　「倫」原作「備」，據會要卷一三改。

〔四〕皆待整齊　「待」原作「不」，殿本、劉本作「所」。據永樂大典卷二六〇六改。

〔五〕三年　殿本、劉本同。會要卷一七、冊府卷五一七作「四年」。

〔六〕河南少尹　「少」字原無，據會要卷一七、冊府卷五一七、永樂大典卷二六〇六補。

〔七〕項安世……內侍　四十九字原無，據舊五代史考異補。

〔八〕石林燕語……直學士　十三字原無，據殿本考證補。

〔九〕判建昌宮事　「事」字原無，據殿本及會要卷二四補。

〔一〇〕職官分紀　「官」原作「宮」，據殿本、劉本、舊五代史考異改。

〔一一〕八月　殿本、劉本同。按此處承上文同光元年四月，似爲元年八月，會要卷一三繫於二年七月後。

〔一二〕其年十一月　殿本、劉本同。會要卷一三本條亦作「其年十一月」，但繫在「天福二年四月」後。按本書卷七六晉高祖紀：天福二年十一月甲子，「以戶部侍郎張昭遠守本官，充翰林學士，仍知制誥。」則「其年」當指天福二年。

〔一三〕舊分爲兩制　「舊」字原無，據會要卷一三補。

〔一四〕東宮官屬　「官」字原無，據會要卷二〇補。

〔一五〕起居舍人　「人」原作「久」，據殿本、劉本及會要卷二〇改。

〔一六〕遙領方鎭　「領方」二字原無，據本書卷三八唐明宗紀、會要卷二四補。

〔一七〕奏辟　原作「奉辟」，據殿本、劉本改。

〔一八〕二年外輿比擬　「輿比擬」三字原無，據冊府卷六三三補。

〔一九〕大卿監　「卿」原作「御」，據會要卷一三、冊府卷六三三改。

〔二〇〕以三任爲限三任大將軍方入上將軍並須逐任滿月限　二十二字原無，據會要卷一三補。

〔二一〕金吾將軍　「軍」字原無，據會要卷一三、冊府卷六三三補。

〔二二〕並請本州辟請　「辟請」原作「辟諸」，殿本作「奏辟」。據抄本會要卷一三改。沈校本會要本句作「並許本州辟請」，冊府卷六三三作「並請本州自辟請」。

〔二三〕諸道州府　「道」原作「州」，據殿本及會要卷二五改。

〔二四〕長興二年閏五月　「二年閏五月」原作「元年正月」，劉本同。影庫本批校云：「長興元年，據原本應作二年。」殿本作「二年正月」，冊府卷六六同。今據本書卷四二唐明宗紀、會要卷一〇、冊府卷一五五改。

舊五代史卷一百五十

志十二

郡縣志

案：郡縣志序，永樂大典原闕。

河南道 西京河南府 滑州 許州 陝州 青州 兗州 宋州 陳州 曹州 亳州

鄭州 汝州 單州 濟州 濮州 密州 潁州 濮州 蔡州

關西道 雍州京兆府 同州 華州 耀州 乾州 隴州 涇州 原州 鄜州 威州

衍州 武州 良州 府州 雄州 警州

河東道 并州太原府 潞州 澤州 晉州 新州 武州 雲州 應州 絳州 慈州

隰州 遼州 沁州 解州 勝州 河中府

河北道 魏州大名府 鎮州真定府 滄州 景州 德州 邢州 磁州 澶州 貝州

相州 泰州 雄州 幽州 新城縣〔一〕 定州 博州 莫州 深州 瑞州 靜安軍

劍南道 蜀州 漢州 彭州

江南道 黔州 處州 溫州 婺州 湖州 秀州 全州 杭州 福州 台州 明州

虔州 蘇州 邵州 郴州 建州 道州 鄂州 潭州

淮南道 安州 廬州 楚州 壽州 天長縣

山南道 襄州 鄧州 唐州 復州 金州 忠州 萬州 夔州 利州 閬州 果州

朗州 集州 鳳州 唐州 商州 隨州 合州 雄勝軍

隴右道 秦州 成州 洮州

嶺南道 邕州 恩州 溥州 恩唐州 潘州 桂州 案：以上見永樂大典卷一萬七千三百八十二。考薛史諸志之體，郡縣志當是以開元十道圖爲本，惟載五代之改制，其仍唐舊制者則闕焉。永樂大典載薛史原文，奚有刪節，今仍錄於卷首，以存其舊。

梁開平元年，梁祖初開國，升汴州爲開封府，建名東京，元管開封、浚儀、陳留、雍丘、封丘、尉氏六縣，至是割滑州之酸棗、長垣，鄭州之中牟、陽武〔二〕，宋州之襄邑，曹州之戴邑，案歐陽史職方考：開平元年，割曹州之考城，更曰戴邑，隸開封，此祇云曹州之戴邑，未見分晰。（舊五代史考異）許州之扶溝、鄢陵，陳州之太康九縣隸焉。後唐復降爲汴州，以宣武軍爲額，其陽武、長垣、扶溝、考城等四縣仍且隸汴州，其餘五縣却還本部。晉天福中，復升爲東京，復以前五縣隸之，漢、周並因之。單州本單父縣，梁爲輝州，後唐同光二年，復舊，隸宋州，周廣順中，割隸曹州。案：以上二條見太平御覽，其餘郡縣闕略不全。今考薛史諸志多本五代會要，謹采五代會要附載于後。

後唐長興三年四月，中書門下奏：「據十道圖，舊制以王者所都之地爲上，本朝都長安，遂以關內道爲上。今宗廟宮闕皆在洛陽，請以河南道爲上，關內道爲二，河東道第三，河北道第四，劍南道第五，江南道第六，淮南道第七，山南道第八，隴右道第九，嶺南道第十。」從之。

河南道

滑州酸棗縣、長垣縣梁開平三年二月，割隸汴州。後唐同光二年二月，酸棗縣却隸滑州，長垣縣却改爲匡城縣〔三〕。晉天福三年十月，酸棗縣却割隸開封府。

鄭州中牟縣、陽武縣〔四〕梁開平三年二月，割隸汴州。後唐同光二年二月，勅：「中牟縣却隸鄭州。」晉天福三年十月，中牟縣却割屬開封府。

宋州襄邑縣 梁開平三年二月，割隸汴州。後唐同光二年，却隸宋州。晉天福三年十月，復割隸開封府。

曹州戴邑縣 梁開平三年二月，割隸汴州〔五〕。後唐同光二年二月，復爲考城縣。

許州扶溝縣、鄢陵縣〔六〕梁開平三年二月，割隸汴州。後唐同光二年二月，鄢陵縣却隸許州。天成元年九月，扶溝縣却隸許州。晉天福三年十月，並割屬開封府。

陳州太康縣 梁開平三年二月，割隸汴州。後唐同光二年二月，復隸陳州。晉天福三年十月，却屬開封府。

單州楚丘縣 梁開平四年四月，割隸宋州。碭山縣 後唐同光二年二月，敕：「碭山縣，僞梁創爲輝州，併單州後，理所于輝州〔七〕。今宜却屬單州，其輝州依舊爲碭山縣。」

汝州葉縣、襄城縣後唐同光二年十二月，租庸使奏：「二縣原屬汝州，今隸許州，伏緣最鄰京畿，戶口全少，伏乞却割隸汝州〔八〕。」從之。臨汝縣 周顯德三年三月廢。

密州輔唐縣 梁開平二年八月〔九〕，改爲安丘縣。後唐同光元年十月，復爲輔唐縣。晉天福七年七月，改爲膠西縣，避國諱也。

濟州 周廣順二年九月，以鄆州鉅野升爲州。其地望爲上，割兗州任城、中都，單州金鄉等縣隸之。至其年十二月，又割鄆州鄆城縣隸之，中都縣却隸鄆州。

濱州 周顯德三年六月，制：「以瞻國軍升爲州。其地望爲上，直屬京，割棣州渤海、蒲臺兩縣隸之。」

關內道

京兆府奉先縣　梁開平三年二月，割隸同州。後唐同光三年二月，却隸京兆府。武功縣、好畤縣　後唐長興元年五月，勅：「併臨等四鄉却隸京兆府〔一〇〕。」渭南縣　周顯德三年四月，割屬華州。同官縣　梁開平三年三月，割隸同州〔一一〕。後唐同光三年七月，割隸耀州。美原縣　後唐同光三年七月，割隸耀州。

華州洛南縣〔一二〕　後唐同光三年六月，河中府奏：「韓城、郃陽、澄城縣，僞梁割屬當府，其澄城縣今請却屬同州〔一三〕，韓城、郃陽縣且屬當府。」從之。天成元年七月，勅：「韓城、郃陽二縣却割隸同州。」

隴州汧陽縣、汧源縣〔一四〕、吳山縣　後唐長興元年五月，依舊割隸隴州。

涇州平涼縣　後唐清泰三年正月，涇州奏：「平涼縣，自吐蕃陷渭州，權于平涼縣爲渭州理所，遂罷平涼縣。又有安國、耀武兩鎮兼屬平涼，其賦租節目，並無縣管。今却置平涼縣，管安國、耀武兩鎮人戶〔一五〕。」從之。臨涇縣　後唐清泰三年二月，原州刺史翟建奏：「本州自陷吐蕃，權于臨涇縣爲理所。臨涇元屬涇州，刺史只管捕盜，其人戶即涇州管縣。既無屬縣，刺舉何施，伏乞割臨涇屬當州〔一六〕。」從之。

鄜州鄜城縣　梁開平三年四月，改爲昭化縣。後唐同光元年十月，復爲鄜城縣。咸寧縣　周顯德三年三月十日廢。

威州　晉天福四年五月，勅：「靈州方渠鎮宜升爲威州，隸靈武；仍割寧州木波、馬嶺二鎮隸之。」周廣順二年三

月，改爲環州。顯德四年九月，降爲通遠軍。

衍州　周顯德五年六月，廢爲定平鎮，隸邠州。

武州　周顯德五年六月，廢爲潘源縣，隸渭州。

河東道

絳州　梁開平四年四月，割屬晉州。後唐同光二年六月，却割屬河中府。

慈州、隰州　後唐同光二年六月，割隸晉州。

儀州　梁開平三年閏八月，勅：「堯州管內已有沂州，其儀州改爲遼州。」晉天福五年三月，并沁州割隸潞州，六年七月，并沁州却隸太原。

解州　漢乾祐元年九月，升解縣爲州，割河中府聞喜、安邑、解三縣爲屬邑。

河中府稷山縣　後唐同光二年正月，割隸絳州。

慈州仵城縣、呂香縣　周顯德三年三月降。

河北道

鎮州　後唐同光元年四月，改爲北京，至十一月，却復爲成德縣。

幽州北平縣　後唐長興三年八月，改爲燕平縣。

滄州長蘆縣、乾符縣　周顯德三年十月，併入清池縣。無棣縣　周顯德五年，改爲保順軍。弓高縣　周顯德六年二月，併入東光縣。

博州武水縣　周顯德三年十月，併入聊城。

深州博野縣〔一七〕　周顯德四年五月，割隸定州。

澤州　梁開平元年六月，割隸河陽，四年二月〔一八〕，却隸潞州。

德州　晉天福五年十一月，移就長河縣爲理所。

泰州　後唐天成三年三月，升奉化軍爲泰州，以清苑縣爲理所〔一九〕，至晉開運二年九月，移就滿城縣。至周廣順二年二月，廢州，其滿城割隸易州。

雄州、霸州　周顯德六年五月，以瓦橋關爲雄州，割容城〔二〇〕、歸義二縣隸之；益津關爲霸州，割文安、大成二縣隸之：地望並爲中州，時初平關南故也。

劍南道

蜀州唐興縣　梁開平二年八月，改爲陶胡縣。後唐同光元年十月，復爲唐興縣。

彭州唐昌縣　梁開平二年八月，改爲歸化縣。後唐同光元年十月，復爲唐昌縣。

江南道

杭州臨安縣　梁開平二年正月，改爲安國縣。

福州閩清縣　梁乾化元年十月，移就梅溪場置。

蘇州吳江縣　梁開平三年閏八月，兩浙奏，於吳松江置縣〔二一〕。

明州望海縣　梁開平三年閏八月，兩浙奏置。

處州松楊縣　梁開平四年五月，改爲長松縣。

秀州　晉天福三年十月，兩浙錢元瓘奏，以杭州嘉興縣置。湘州〔二二〕　晉天福四年四月，湖南馬希範奏，以湘川縣置州，仍置清湘縣，并割灌陽縣隸之。

淮南道

壽州　周顯德四年，移于潁州下蔡縣，仍以下蔡縣爲倚郭，以舊壽州爲壽春縣。盛唐縣〔二三〕　梁開平二年八月，改爲灊山縣。後唐同光元年十月，復爲盛唐。

山南道

復州 梁乾化二年十月，割隸荆南。後唐天成二年五月，却隸襄州。晉天福五年七月，直屬京，并爲防禦。

果州 後唐天成二年五月，隸利州。

唐州慈丘縣 周顯德三年三月廢。

鄧州臨湍縣 漢乾祐元年正月，改爲臨瀨縣〔二四〕，避廟諱也。**菊潭縣、向城縣** 周顯德三年三月廢。

商州乾元縣〔二五〕 漢乾祐二年六月，改爲乾祐縣，割隸京兆。

襄州樂鄉縣 周顯德六年二月，併入宜城。

隴右道

秦州天水縣、隴城縣 後唐長興三年二月，秦州奏：「見管長道、成紀、清水三縣外〔二六〕，有十一鎮〔二七〕，徵科並係鎮將。今請以歸化、怨水〔二八〕、五龍、黄土四鎮就歸化鎮復置舊隴城縣〔二九〕，赤砂、染坊、夕陽、南冶、鐵務五鎮就赤砂鎮復置舊天水縣。其白石、大澤、良恭三鎮割屬長道縣。」從之。

成州同谷縣、栗亭縣 後唐清泰三年六月，秦州奏：「階州元管將利、福津兩縣〔三〇〕，并無遷鎮〔三一〕，成州元管同谷縣，餘並是鎮，便係徵科。今欲取成州西南近便鎮分併入同谷縣，其東界四鎮，別創一縣者。州西南有府城、長豐、魏平三鎮，其地東至泥陽鎮界二十五里，北至黄竹路金砂鎮界五十里，南至興州界三十里，西至白石鎮界一百一十里，西南至舊階州界砂地嶺四十五里。其三鎮管界併入同谷縣〔三二〕，廢其鎮額。州東界有勝仙、泥陽、金砂、栗亭四鎮，東至鳳州

姜嶠鎮界十五里，南至果州界二十里〔三三〕，北至高橋三十五里，西至同谷界三十五里，北至秦州界六十七里，欲併其四鎮地于栗亭縣。其徵科委縣司，捕盜委鎮司。」從之。

嶺南道

潘州茂名縣〔三四〕 梁開平元年五月，改爲越裳縣。至後唐同光元年十月，復爲茂名縣。

桂州純化縣 梁開平元年五月，改爲歸化縣。後唐同光元年十月，復爲純化縣。

邕州〔三五〕 晉天福七年七月，改爲誠州，避廟諱。

溥州 晉開運三年三月，升桂州全義縣爲州，仍改全義縣爲德昌縣，并割桂州臨川、廣明、義寧等三縣隸之，從湖南馬希範奏也。

校勘記

〔一〕新城縣 「城」原作「成」，據殿本、劉本改。

〔二〕陽武 原作「武陽」，據殿本、劉本改。下文「其陽武、長垣、扶溝、考城等」中「陽武」同。舊五代史考異云：「案原本『陽武』訛『武陽』，今據唐書地理志改正。」

〔三〕匡城縣 「匡」原作「亘」，據殿本、劉本及會要卷二〇、新唐書卷三八地理志改。

〔四〕鄭州中牟縣陽武縣 「鄭州」原係小字，據會要卷二〇改成大字。「陽武」原作「武陽」，據殿本、劉本及會要卷二〇改。中牟、陽武屬鄭州，見新唐書卷三八地理志。

〔五〕汴州 原作「曹州」，據殿本及會要卷二〇改。

〔六〕鄢陵縣 三字原無，據殿本、劉本、本書卷四梁太祖紀、會要卷二〇補。

〔七〕輝州 影庫本粘籤云：「輝州，會要訛作『光州』，今從歐陽史職方考改正。」

〔八〕汝州 原作「許州」，據殿本及會要卷二〇改。

〔九〕開平二年 「二」原作「三」，據會要卷二〇、通鑑卷二六四注改。

〔一〇〕却隸京兆府 「却」字原無，據會要卷二〇補。

〔一一〕同州 原作「司州」，據殿本及會要卷二〇改。

〔一二〕華州洛南縣 舊五代史考異云：「案此下注文所載韓城、郃陽、澄城等縣，似不相屬，據歐陽史職方考，洛南故屬商州，周割屬華州，此本當是脱去洛南沿革小注，又脱去同州郃陽縣、澄城縣、韓城縣等大字，今無別本可校，姑仍其舊，附識于此。」

〔一三〕却屬同州 「屬」原作「立」，據殿本及會要卷二〇改。

〔一四〕汧源縣 影庫本粘籤云：「汧源，會要作『淇源』，今從歐陽史職方考改正。」

〔一五〕人戶 原作「捌戶」，據殿本、劉本及會要卷二〇改。

〔一六〕臨涇 「臨」原作「深」，據殿本及會要卷二〇改。

〔一七〕博野縣 影庫本粘籤云：「博野，會要作『溥野』，今從歐陽史職方考改正。」

〔一八〕四年 原作「四月」，據殿本、劉本及會要卷二〇改。

〔一九〕清苑縣 「苑」原作「州」，據殿本、劉本及會要卷二〇改。

〔二〇〕容城 原作「吝城」，據殿本、劉本及會要卷二〇改。

〔二一〕於吳松江置縣 原作「與吳江、松江置縣」，據殿本及會要卷二〇改。

〔二二〕湘州 原係小字，據殿本、劉本改成大字。舊五代史考異云：「案湘州二字原本誤作小字，連注文一段與秀州下注接寫，文不相屬。考唐開元十道圖，潭、鄂等州原隸江南道，應以湘州另爲一條作大字，其天福四年四月馬希範奏云云作小注，今改正。」影庫本粘籤云：「以秀州置湘州，原本有脱誤。又馬希範奏以湘州改縣，不應附見江南道末，疑五代會要傳寫之訛也。今無別本可校，姑仍其舊，附識于此。」會要卷二〇作「全州」。按本書卷七八晉高祖紀天福四年四月亦謂：改湘州縣爲全州，從馬希範之請也」。

〔二三〕盛唐縣 影庫本粘籤云：「盛唐，會要作『成塘』，今從歐陽史職方考改正。」

〔二四〕臨瀨縣 「臨」字原無，據殿本及會要卷二〇補。

〔二五〕乾元縣 「元」原作「化」，據會要卷二〇、新唐書卷三七地理志改。

〔三六〕清水　原作「天水」，據會要卷二〇改。按下文另有「就赤砂鎮復置舊天水縣」，此當作「清水」。

〔三七〕十一鎮　會要卷二〇同，殿本、劉本作「十鎮」。按下文有以歸化等四鎮復置隴城縣，以赤砂等五鎮復置天水縣，以白石等三鎮割屬長道縣，共十二鎮。

〔三八〕恕水　殿本、劉本及沈校本會要卷二〇同。抄本、殿本會要作「怒水」。

〔三九〕隴城縣　「隴」原作「龍」，「縣」字原無，據會要卷二〇改補。

〔四〇〕福津　原作「福州」，據殿本、劉本及會要卷二〇改。

〔四一〕並無遷鎮　殿本、劉本同，殿本會要卷二〇「遷」作「是」，沈校本會要作「巡」。

〔四二〕三鎮　原作「三嶺」，據殿本改。

〔四三〕果州　原作「界州」，據殿本及會要卷二〇改。

〔四四〕茂名縣　「名」原作「明」，據本書卷三梁太祖紀、冊府卷一八九、新唐書卷四三地理志改。下注文中「茂名縣」同。

〔四五〕邕州　影庫本粘籤云：「邕州，會要作『雍州』，今從歐陽史職方考改正。」

進舊五代史表

多羅質郡王臣永瑢等謹奏，為舊五代史編次成書恭呈御覽事。

臣等伏案薛居正等所修五代史，原由官撰，成自宋初，以一百五十卷之書，括八姓十三主之事，具有本末，可為鑒觀。雖值一時風會之衰，體格尚沿於冗弱；而垂千古廢興之迹，異同足備夫參稽。故以楊大年之淹通，司馬光之精確，無不資其賅貫，據以編摩，求諸列朝正史之間，實亦劉昫舊書之比。乃徵唐事者並傳天福之本，而考五代者惟行歐陽之書，致此逸文，寖成墜簡。閱沉淪之已久，信顯晦之有時。

欽惟我皇上紹繹前聞，網羅羣典，發祕書而讎校，廣四庫之儲藏。欣覩遺篇，因裒散帙，首尾略備，篇目可尋。經呵護以偶存，知表章之有待，非當聖世，曷闡成編。臣等謹率同總纂官右春坊右庶子臣陸錫熊、翰林院侍讀臣紀昀，纂修官編修臣邵晉涵等，按代分排，隨文勘訂，彙諸家以蒐其放失，臚衆說以補其闕殘，復為完書，可以繕寫。

竊惟五季雖屬閏朝，文獻足徵，治忽宜鑒。有薛史以綜事蹟之備，有歐史以昭筆削之嚴，相輔而行，偏廢不可。幸遭逢乎盛際，得煥發其幽光，所裨實多，先睹為快。臣等已將永

樂大典所錄舊五代史，依目編輯，勒一百五十卷，謹分裝五十八冊，各加考證，粘籤進呈，敬請刊諸祕殿，頒在學官。搜散佚於七百餘年，廣體裁於二十三史。著名山之錄，允宜傳播於人間，儲乙夜之觀，冀稟折衷於睿鑒。惟慚疏陋，伏候指揮，謹奏。乾隆四十年七月

多羅質郡王臣永瑢

經筵日講起居注官武英殿大學士臣舒赫德

經筵日講起居注官文華殿大學士臣于敏中

工部尚書和碩額駙一等忠勇公臣福隆安

經筵講官協辦大學士吏部尚書臣程景伊

經筵講官戶部尚書臣王際華

經筵講官禮部尚書臣蔡新

經筵講官兵部尚書臣嵇璜

經筵講官刑部尚書仍兼戶部侍郎臣英廉

都察院左都御史臣張若溎

經筵講官吏部左侍郎臣曹秀先

戶部右侍郎臣金簡

（錄自影庫本舊五代史）

編定舊五代史凡例

一、薛史原書體例不可得見。今考其諸臣列傳，多云事見某書，或云某書有傳，知其於梁、唐、晉、漢、周斷代爲書，如陳壽三國志之體，故晁公武讀書志直稱爲詔修梁、唐、晉、漢、周書。今仍按代分編，以還其舊。

一、薛史本紀沿舊唐書帝紀之體，除授沿革，鉅纖畢書。惟分卷限制爲永樂大典所割裂，已不可考。詳核原文，有一年再紀元者，如上有同光元年春正月，下復書同光元年秋七月，知當於七月以後別爲一卷。蓋其體亦仿舊唐書，通鑑尚沿其例也。今釐定編次爲本紀六十一卷，與玉海所載卷數符合。

一、薛史本紀俱全，惟梁太祖紀原帙已闕，其散見各韻者，僅得六十八條。今據册府元龜諸書徵引薛史者，按條採掇，尚可薈萃。謹仿前人取魏澹書、高氏小史補北魏書之例，按其年月，條繫件附，釐爲七卷。

一、五代諸臣，類多歷事數朝，首尾牽連，難於分析。歐陽修新史以始終從一者入梁、唐、晉、漢、周臣傳，其兼涉數代者，則創立雜傳歸之，褒貶謹嚴，於史法最合。薛史僅分代

立傳，而以專事一朝及更事數姓者參差錯列，賢否混淆，殊乖史體，此卽其不及歐史之一端。因篇有論贊，總敍諸人，難以割裂更易，姑仍其舊，以備參考。得失所在，讀史者自能辨之。

一、后妃列傳，永樂大典中惟周后妃傳全帙具存，餘多殘闕。今采五代會要、通鑑、契丹國志、北夢瑣言諸書以補其闕，用雙行分註，不使與本文相混也。

一、宗室列傳，永樂大典所載頗多脫闕。今並據册府元龜、通鑑注諸書采補，其諸臣列傳中偶有闕文，亦仿此例。

一、諸臣列傳，其有史臣原論者，俱依論中次第排比；若原論已佚，則考其人之事蹟，以類分編。

一、薛史標目，如李茂貞等稱世襲傳，見於永樂大典原文；其楊行密等稱僭僞傳，則見於通鑑考異。今悉依仿編類，以還其舊。

一、薛史諸志，永樂大典內偶有殘闕。今俱采太平御覽所引薛史增補，仍節錄五代會要諸書分註於下，用備參考。

一、凡紀傳中所載遼代人名、官名，今悉從遼史索倫語解改正。

一、永樂大典所載薛史原文，多有字句脫落、音義舛訛者。今據前代徵引薛史之書，如通鑑考異、通鑑注、太平御覽、太平廣記、册府元龜、玉海、筆談、容齋五筆、青緗雜記、職官分紀、錦繡萬花谷、藝文類聚、記纂淵海之類，皆爲參互校訂，庶臻詳備。

一、史家所紀事蹟，流傳互異，彼此各有舛互。今據新舊唐書、東都事略、宋史、遼史、續通鑑長編、五代春秋、九國志、十國春秋及宋人說部、文集與五代碑碣尚存者，詳爲考核，各加案語，以資辨證。

一、陶岳五代史補、王禹偁五代史闕文，本以補薛史之闕，雖事多瑣碎，要爲有裨史學，故通鑑、歐陽史亦多所取。今並仿裴松之三國志注體例，附見于後。

一、薛史與歐史時有不合，如唐閔帝紀，薛史作明宗第三子，而歐史作第五子，考五代會要、通鑑並同薛史。又，歐史唐家人傳云：太祖有弟四人，曰克讓、克修、克恭、克寧，皆不知其父母名號。據薛史宗室傳，則克讓爲仲弟，克寧爲季弟，克修爲從父弟、父曰德成，克恭爲諸弟，非皆不知其父母名號。又，晉家人傳止書出帝立皇后馮氏，考薛史紀傳，馮氏未立之先，追册張氏爲皇后，而歐史不載。又，張萬進賜名守進，故薛史本紀先書萬進，後書守進，歐史删去賜名一事，故前後遂如兩人。其餘年月之先後，官爵之遷授，每多互異。今悉爲辨證，詳加案語，以示折衷。

一、歐史改修，原據薛史爲本，其間有改易薛史之文而涉筆偶誤者。如章如愚山堂考

索論歐史載梁遣人至京師，紀以爲朱友謙，傳以爲朱友諒；楊涉相梁，三仕三已，而歲月所具，紀載實異，至末年爲相，但書其罷，而了不知其所入歲月；唐明宗在位七年餘，而論贊以爲十年之類是也。有尚沿薛史之舊而未及刊改者。如吳縝五代史纂誤譏歐史杜曉傳幅巾自廢不當云十餘年；羅紹威傳牙軍相繼不當云二百年之類是也。今並各加辨訂於本文之下，庶二史異同得失之故，讀者皆得以考見焉。

（錄自影庫本舊五代史）

請照殿版各史例刊刻舊五代史奏章

謹奏：伏查永樂大典散片內所有薛居正等五代史一書，宋開寶中奉詔撰述，在歐陽修五代史之前，文筆雖不及歐之嚴謹，而敍事頗爲詳核，其是非亦不詭于正，司馬光通鑑多採用之。當時稱爲舊五代史，與歐陽修之本並行，自金章宗泰和間，始專以歐史列之學官，而薛史遂漸就湮沒。茲者恭逢聖主，稽古右文，網羅遺佚，獲于零縑斷簡之中，蒐輯完備，實爲此書之萬幸。至此紀載該備，足資參考，于讀史者尤有裨益，自宜與劉昫舊唐書並傳，擬仍昔時之稱，標爲舊五代史，俾附二十三史之列，以垂久遠。謹將全書五十八本、校勘、發凡，一併裝訂，恭呈御覽，伏候訓示。前經臣王際華面奏，此書列之史册，洵足嘉惠藝林，請照殿版各史例刊刻，頒行海內，荷蒙聖恩俞鑒，恭候欽定發下，即交武英殿遵照辦理。再查諸史前俱有原進表文，此書原表久佚，謹另擬奏摺一通，隨書呈進，俟奉旨允准，即敬謹恭錄，并奏摺同刊卷首，以符體式。再現在繕本，因係採葺成書，于每段下附注原書卷目，以便稽考。但各史俱無此例，刊刻時擬將各注悉行删去，俾與諸史畫一。其有必應核訂者，酌加案語，照各史例附考證于本卷之後，合併聲明。謹奏。乾隆四十九年十月恭校上。

總纂官臣紀　昀
臣陸錫熊
臣孫士毅
總校官臣陸費墀

（錄自文津閣本舊五代史）

請照殿版各史例刊刻舊五代史奏章　二〇三一
請照殿版各史例刊刻舊五代史奏章　二〇三二

舊五代史鈔本題跋

彭元瑞

永樂大典散篇緝成之書，以此爲最，以其注明大典卷數及採補書名、卷數，具知存闕章句，不沒其實也。四庫全書本如此，後武英殿鐫本遂盡删之。曾屢爭之總裁，不見聽，於是薛氏眞面目不可尋究矣。幸鈔存此本，不可廢也。庚戌春芸楣記。

（錄自彭校本舊五代史）

舊五代史鈔本題跋　二〇三三

孔葒谷校薛居正五代史跋　二〇三四

孔葒谷校薛居正五代史跋

章　鈺

薛居正五代史從永樂大典輯出，經武英殿刊行時改動，已失邵二雲稿本面目，此熟在人口者也。壬子九月，羣碧樓收得邵氏本一帙，檢一百三十一卷、一百五十卷後，觀款知校勘出孔葒谷手。以官本對勘，知稿本、官本大別有三：

一、正文經官本改易也。如十卷「犬羊猾夏」改「邊裔狡逞」，九十五卷「腥膻」改「契丹」，九十八卷「虜母」改「國母」，一百七卷「契丹犯闕」改「去汴」，一百二十卷「東夷」改「高麗」，一百三十七卷「種落賤類」改「生長邊地」、「亂華」改「闢地」、「殺胡林」改「殺虎林」之類，不可枚舉。其尤關考證者，「黑水靺鞨」下原作「俗皆辮髮，性凶悍」改爲「俗尙質樸，性猛悍」，此皆館臣避忌太過，奮筆妄改使然。

一、正文之互有出入也。稿本無而官本有者，如二十一卷賀德倫傳全缺，六十三卷缺贊，六十七卷趙鳳傳缺兩節，淳于晏傳全缺，七十三卷聶嶼傳缺一節，七十七卷卷尾缺七十七字，八十七卷晉宗室竇傳全缺，九十三卷尹玉羽傳缺兩節，九十六卷孔崇弼傳缺三節，九十八卷張礪傳缺三節並缺贊，一百二十八卷裴羽傳全缺，此必邵氏一人搜采未全，經館臣復檢大典補入。稿本有而官本無者，如九十二卷崔居儉傳、九十六卷鄭元素傳二篇，崔傳係歐陽公五代史記本文，邵氏誤收，官本删去是也；鄭傳則係官本脫去，此爲薛史全篇佚文，大典已燬，賴此而存，可謂至寶。至九十八卷張礪傳，稿本復據册府元龜補八十二字，官本不取。邵氏於大典所缺薛史，均采元龜補入，例見第一卷梁太祖紀下。官本刊彼舍此，殊未畫一。又九十一卷安重威傳、九十二卷裴皞傳，稿本下半均同歐陽史，官本則否。此必邵氏一時有未照處，經館臣復檢大典改正也。

一、卷數、考證及所采各書經官本删削也。以一百四十三卷注大典卷一萬七千五十二三頁至四頁諸條揣之，意邵氏初稿并記大典頁數，定本方删頁數而存卷數，此數條係删除之未盡者。官本則於卷數及册府元龜卷數全行刊去。考證異同語，稿本隨文列入，官本既另編考證，僅收十之五六，其餘則出他手，非邵氏原文。邵氏略仿裴松之三國志例，收史部、說部至七八十種之多，附注文下，以備參考。官本或采或删，不甚明其去取之故。楊凝式及馬希範兩注則删去將萬字，若邵氏所采五代通錄、東都事略、文苑英華、古今事類、楊文公談苑、儒林公議、石林燕語、厚德錄、張方平集、花蕊宮詞則全行删去，失邵氏本意。彭文勤注歐陽五代史記，蒐采富有，爲史注佳本，實邵氏之引其端也。惟孔戶部校此書時，尚非據邵二雲原稿，故第一卷校語云「按語有脫」，凡兩見；二十五卷注「案新考舊」

四字，顯有脫誤，孔校亦未校補。邵位西批四庫目云：「廠肆見鈔本，有讀易樓印記。」是邵氏稿本此本外尚有傳鈔，恨未之見以資訂補也。竭兩月之力，對讀卒業，撮陳大概如此。孝先比將有遼海之游，瀕發又出宋本班、范書借江安傅沅叔、保山吳偶能與余分校，通懷樂善，視流通古書之約，抑又過之。附志於後，用銘嘉貺。是年臘八，長洲章鈺。

（錄自章鈺過錄孔校本舊五代史題記）

影庫本舊五代史熊跋

薛居正等舊五代史，元、明來傳本久絕。乾隆中，四庫館從永樂大典錄出，其有闕佚，旁摭他書緝補之，標明出處，間附考訂，分注當條之下，閣本、傳鈔本並如此。嗣以列在學官，館臣取此本重加案語，籤附書眉，足成定本，交武英殿刊布。當事者輒將出處删去，因而塗改正文，牽就聯屬，竄易字句，強作解事；又裁截分注，節鈔案語，通名考證，移置卷末。聚珍鋟木，一再印造。後之席刻、陳劉、武昌局刻暨海上諸影印，靡不因此。傳鈔本迄未繡梓，定本則闃其無聞焉。

余曩於鄉曲獲見一本，朱絲黃帙，字畫謹嚴，粘籤甲乙，燦焉具備，審是武英舊物，亟購藏之。取勘衆本，屬在增删竄竊，并有明徵。一以參詳，愈覺大訓天球，莫名寶貴。惟此本孤存天壤，上下百餘歲，朔南數千里，風霜兵燹，歷刼幾何，流轉播棄，終歸完璧，非在在處處有神物護持，胡能有濟？長此以往，浸假酒誥俄空，樂經泯絕，心竊疚焉。

夫中書秘而古文興，曲臺删而周官作，金貨私行，漆書賄合，歧之中又有歧，類如此矣。是故子夏之易，更別於張弧；素問之篇，反多於太僕。今館臣定著之不傳，亦博士本經之

亡失，空穴來風，如塗塗附，國師善僞，安必杜、劉、賈、馬之餘，更無有張霸、豐坊、蘇愉、枚賾相續起而僞之乎？烏乎！五季晦盲否塞，其事迹縱無與經典之尊，徒以數十年爭民施奪，載在茲編，端緒棼如，即宋槧今存，仍艱董理，一誤再誤，何所持循？矧乃禍亂有由，率起於是非之相貿，十國紛更，誰司信讞，殷鑒不遠，來軫方遒，尤不能不核歸正塙，以懲前毖後耶！不揆綿薄，輒復掩卷旁皇，願書萬本，庶幾流布，無忘眞面。方聞君子，倘幸其史闕之僅存，俾得有與於斯文之未喪，其於後死之義，或無愧焉。太歲辛酉夏四月，譯元熊羅宿謹識於京師之豐城南館。

（錄自影庫本舊五代史附錄）

影印內鈔舊五代史緣起

彭文勤公知聖道齋讀書跋云：「永樂大典散篇輯成之書，以此爲最，以其注明大典卷數及採補書名、卷數，具知存闕章句，不沒其實也。四庫全書本如此，後武英殿鐫本遂盡删之。曾屢爭之總裁，不見聽，於是薛氏眞面目不可尋究，後人引用多致誤矣。幸鈔存此本，不可廢也。」

今按殿刊本變亂原書，所在皆是。有任意删削者，卷六十一西方鄴傳「鄴無如之何」句下删去「而明宗已及汴」六字，「還洛陽遇弒」句上删去「至汴西不得入」六字，卷九十三李專美傳「雖行行捶楚」删作「雖行捶楚」，卷九十六李郁傳後删去鄭玄素傳一篇，卷九十八張礪傳末删去册府元龜所引八十餘字是也。有憑臆增附者，卷三梁太祖紀「浙西奏，道門威儀鄭章」句上添湊「封鎮東軍神祠爲崇福侯」十字，卷三十八明宗紀「契丹遣使摩琳等來乞通和」等下添入「率其屬」三字，卷六十七趙鳳傳「莊宗卽位，拜中書舍人」句下横插「及入汴」云云八十字，卷七十三聶嶼傳「珏懼，俾俱成名」句下增入「漸爲拾遺」云云七十餘字是也。有顚倒竄易者，卷五梁太祖紀「己亥，以司門郎中羅廷規」云云改作「己亥，以羅周翰」云云，卷二

十四李斑傳「斑其夕爲亂兵所傷」改作「斑爲亂兵所傷其夕」，卷六十一安元信傳「乃起謝元信」改作「元信乃起謝」，安重霸傳「重霸出秦州，以金帛賂羣羌」改作「重霸出秦州金帛，以賂羣羌」，卷六十四王晏球傳「晏球隔門窺兵亂」，「兵亂」字互倒，卷九十一安彥威傳「明宗愛之，及領諸鎮節鉞，彥威常爲牙將，以謹厚見信」改作「明宗愛之，累歷藩鎮，彥威常爲衙將，所至以謹厚見稱」，卷百四十三禮志「太常定唐少帝爲昭宣光烈孝皇帝」改作「太常寺定議唐少帝謚」是也。又如卷三梁太祖紀「貽矩曰，殿下功德及人」，「殿」改「陛」；「自今後兩浙、福建、廣州、南安、邕容等道使，到發許任一月」，「任」改「住」，「南安」改「安南」；卷十梁末帝紀「以都點檢諸司法物使」，「點檢」改「檢點」；卷十五韓建傳「路出南山」改「路出山南」；卷二十七莊宗紀「遂入黎陽」，「入」改「攻」；卷三十一莊宗紀「即具闕申送」，「闕」改「關」；卷三十三莊宗紀「何怯由衷之說」，「怯」改「惬」；卷三十七明宗紀「既任維城之列」，「任」改「在」，「列」改「例」，又「輪次轉對奏事」改「輪次轉奏封事」，「盧文進率戶口歸明」，「明」改「順」；卷三十九明宗紀「於秋苗上紐徵麴價」，「紐徵」改「徵納」；卷四十二明宗紀「輸農器錢一文五分」，「文」改「錢」；卷五十三李存信傳「公姑二矣」，「姑」改「始」；李存賢傳「所残者存審耳」，「残」改「存」；卷五十五蓋寓傳「必佯佐其怒以責之」，「佯」改「併」；卷六十李襲吉傳「盡反中年」，「反」改「及」；卷六十三張全義傳「而不溺枉道」，「枉」改「左」；卷

卷六十六康義誠傳「以弓馬事秦王以自結」改作「以弓馬事秦王，冀自保全」；宋令詢傳「連殿大藩」，「殿」改「典」；卷六十七韋說傳「接皇都弭難之初」，「接」改「藉」，「初」改「功」；卷八十一晉少帝紀「河南府奏，飛蝗大下」，「河南府」改「開封府」；卷八十八史匡翰傳「恐天下談者未有比」，「比」下添「類」字；卷八十九殷鵬傳「所得除目」，「除」改「詞」；卷九十馬全節傳「我爲廉察」，「爲」改「之」；陸思鐸傳「隨衆來降」，「隨衆」改「以例」；卷九十四高漢筠傳「遂與連騎以還」改「漢筠促騎以還」；卷九十八安重榮傳「聞昨奉宣頭」，「頭」改「諭」；卷百二漢隱帝紀「以華州節度使郭從義奏」，「以」改「徙」；卷百八李崧傳「方權兵柄」，「權」改「握」；卷百十五周世宗紀「州府」改「府州」；卷百廿三高行周傳「以北邊隣契丹」，「隣」改「陷」；卷百廿九齊藏珍傳「不失再去矣」，「失」改「妨」；卷百卅三世襲傳「老父起自諸都」改「父老起自諸都」；卷百四十曆志「欽若上天」，「天」改「穹」，又「五之得朞之數」改「五行得期之數」，「百者數之節也」，「百」改「法」，「蓋倚慊其中」，「慊」改「嫌」，「使日月之軌」，「之」改「二」，「便言曆有九曜」改「便言曆者有九道」。此外以傖父之見，改爾雅之詞，據習俗所安，謂前文有誤，與夫戎王盡作契丹，編髮俱爲避易，武斷害理，未易更僕。

竊以爲五季徵文，歐史既不如薛史之眞，是新、舊兩行，自必以舊書爲正。奈何幸蒐集於残闕之餘，仍見厄於校刊之謬，豈非恨事！用特舉所藏武英殿原鈔正本，購機影印，務在

纖悉不差，儼然法物，併將粘籤及批校各條，彙印附後，俾讀是書者得見文勤之所謂眞面目焉。

（錄自影庫本舊五代史附錄）

〔宋〕歐陽修 撰
〔宋〕徐無黨 注

新五代史

中華書局

二十四史

新五代史

宋 歐陽修 撰
宋 徐無黨 註

第一册
卷一至卷三一（紀傳）

中華書局

出版説明

新五代史，宋歐陽修撰，原名五代史記，後世爲區别於薛居正等官修的五代史，稱爲新五代史。全書有本紀十二卷、列傳四十五卷、考三卷、世家及年譜十一卷、四夷附録三卷，共七十四卷。記載了自後梁開平元年（公元九〇七年）至後周顯德七年（公元九六〇年）共五十三年的歷史。

歐陽修字永叔，江西廬陵（今吉安）人，生於宋真宗景德四年（公元一〇〇七年），死於神宗熙寧五年（公元一〇七二年）。他在宋仁宗慶曆三年（公元一〇四三年）任諫官時，參加了范仲淹領導的「慶曆新政」活動，後被貶爲地方官，一直到至和元年（公元一〇五四年），才被調回宋廷中央，任翰林學士，主編新唐書。新五代史編撰的時間沒有明確的記載，從他寫給尹師魯、梅聖俞等人的信來看，在景祐三年（公元一〇三六年）前已着手編寫，到皇祐五年（公元一〇五三年）基本上完稿，先後經過十八年左右的時間。

歐陽修在編撰新五代史時，寫給尹師魯的信中説「史者國家之典法也」，史書記載「君臣善惡，與其百事之廢置」，目的在於「垂勸戒，示後世」。在他看來，舊五代史還沒有完全

做到這一點，有「繁猥失實」的地方，沒有起到它應起的作用。所以他把「褒貶義例」放在新五代史的首要地位，並以孔子編撰春秋的「義例」，作爲自己立論的原則，用「春秋筆法」對五代歷史進行褒貶。

五代是一個封建分裂割據的時代，中原有後梁、後唐、後晉、後漢、後周五個小王朝的相繼更替，中原以外的地區分裂爲吳、南唐、前蜀、後蜀、吳越、楚、閩、南漢、南平、北漢等十國。各個王朝統治的時間都比較短促，用歐陽修的話來説，「於此之時，天下大亂，中國之禍，篡弑相尋」〔一〕，五代「五十三年之間，易五姓十三君，而亡國被弑者八，長者不過十餘歲，甚者三、四歲而亡」〔二〕，出現「置君猶易吏，變國若傳舍」〔三〕。這種局面之所以出現，是由於唐「安史之亂」以後中央集權制度被破壞，地方藩鎮在大地主豪强勢力支持下，擁兵割據，獨霸一方。唐末黄巢農民大起義的革命威力摧毁了唐王朝，沉重打擊了舊的藩鎮割據勢力。但是，黄巢起義最後遭到了失敗。一批在鎮壓起義中形成的軍閥成了新的割據勢力。唐朝滅亡後，他們繼續霸佔一方，互相篡奪攻擊，造成了我國歷史上五代十國的短暫分裂局面。新五代史的作者對於這種分裂割據現象採取了否定的態度。但是，

〔一〕新五代史 卷六一 吳世家 〔二〕歐陽文忠全集 卷五九 本論 〔三〕新五代史·序

二十四史
中華書局

他把分裂割據的根本原因，歸結爲封建道德的敗壞。在歐陽修看來，五代是一個「君君臣臣父父子子之道乖，而宗廟朝廷人鬼皆失其序」的「亂世」〔一〕。真是「禮樂崩壞，三綱五常之道絶，而先王之制度文章，掃地而盡於是矣。」〔二〕因此，他採取了和編寫新唐書不同的做法。在新唐書中，他重視典章制度，不厭其詳地加以記載，而在新五代史中，由於他認爲五代時期「天理幾乎其滅」，是一個「亂極矣」的時代，根本没有什麼禮樂制度可談，因而他説：「五代禮樂文章，吾無取焉，其後世有必欲知之者，不可以遺也。」因此，他除寫了司天考、職方考以外，其他的典章制度一概没有寫。

在編撰體例方面，新五代史改變了舊五代史的編排方法。舊五代史分梁書、唐書等書，一朝一史，各成體系，新五代史則打破了朝代的界限，把五朝的本紀、列傳綜合在一起，依時間的先後進行編排。舊五代史不分類編排列傳，新五代史則把列傳分爲各朝家人傳、死節傳、死事傳、一行傳、雜臣傳，等等。

北宋亡後，北方的金政權在章宗泰和七年（公元一二〇七年）明令「新定學令内，削去薛居正五代史，止用歐陽修所撰」。〔三〕至于南方的南宋，由于理學盛行，更是獨尊新五代

〔一〕新五代史卷一六唐家人傳論 〔二〕新五代史卷一七晉家人傳論 〔三〕金史卷一二章宗紀

史。

由于歐陽修編寫新五代史後於舊五代史，看到了舊五代史編撰者所没有看到的一些資料，他往往採用小説、筆記之類的記載，補充了舊五代史中所没有的一些史實。如王景仁、郭崇韜、安重誨、李茂貞、孔謙、王彦章、段凝、趙在禮、范延光、盧文紀、馬胤孫、姚顗、崔棁、吕琦、楊渥等傳都或多或少地補充了若干事實，有些則插入比較生動的情節，以小見大，使讀者加深對五代時期的人物和事件的瞭解。就歷史資料方面而言，新五代史和舊五代史是可以互爲補充的。

我們這次點校，以百衲本（影印南宋慶元本）爲工作本，對校了貴池本（清貴池劉氏景印南宋本）、殿本、南昌本（清南昌彭元瑞五代史記注），參校了明汪文盛本、南監本、北監本、汲古閣本、鄂本（清崇文書局本）、徐注本（清徐炯注補五代史記抄本）、劉校本（清味經書院刻本，附有劉氏等五代史記校勘札記）以及傅增湘校勘成都書局本本紀部份。

本書「文革」前在陳垣同志的指導下，由柴德賡同志進行點校，但已完成的點校稿後來遺失。一九七一年，新五代史和舊唐書、新唐書、舊五代史、宋史等五史決定由上海人民出版社古籍編輯室組織力量在上海繼續進行工作。本書的點校由華東師範大學完成。華東師範大學參加點校的有（依姓氏筆畫爲序）石淑儀、李國鈞、李德清、沈灌羣、周子美、林艾園、金祖孟、袁英光、徐震堮、徐德嶙、馬興榮、陳光祖、陳懷良、梁永昌、張惠芬、張瑞璠、葉百豐、趙善詒、戴家祥、簡修煒同志。復旦大學中國歷史地理研究所鄒逸麟同志參加了本書部份清樣的校閱工作。參加全書編輯整理工作的有陸楓、葉亞廉、劉德權、馮菊年、周琪生同志。（以上名單及排列順序均由各單位提供）

這次重印，就已經發現的問題和可能條件做了少量的修正。

中華書局編輯部

新五代史目錄

卷一

梁本紀第一

太祖朱溫上……一

卷二

梁本紀第二

太祖下……一三

卷三

梁本紀第三

末帝友貞……二三

卷四

唐本紀第四

莊宗李存勗上……三一

卷五

唐本紀第五

莊宗下……四一

卷六

唐本紀第六

明宗嗣源……五三

卷七

唐本紀第七

愍帝從厚……六九

廢帝從珂……七一

卷八

晉本紀第八

高祖石敬瑭……七七

卷九

晉本紀第九

出帝重貴……八九

卷十

漢本紀第十

高祖劉知遠……九九

隱帝承祐……一〇三

卷十一

周本紀第十一

太祖郭威……一〇九

卷十二

周本紀第十二

世宗柴榮……一一七

恭帝宗訓……一二四

卷十三

梁家人傳第一

太祖母文惠皇后王氏……一二七

太祖元貞皇后張氏……一二九

昭儀陳氏……一三〇

昭容李氏……一三〇

末帝德妃張氏……一三一

次妃郭氏……一三一

太祖兄全昱……一三三

子友諒……一三三

友能……一三三

友誨……一三三

兄存……一三四

子友寧……一三四

友倫……一三四

太祖子友裕……一三五

友文……一三六

友珪……一三六

友孜……一三八

卷十四

唐太祖家人傳第二

太祖劉太妃……一四一

貞簡皇后曹氏……一四一

莊宗神閔敬皇后劉氏……一四三

淑妃韓氏……一四四

德妃伊氏……一四四

太祖弟克讓……一四七

克脩……一四八

子嗣弼……一四八

嗣肱……一四八

克恭……一四八

克寧……一四九

太祖子存美……一五〇

存霸……一五一

存禮……一五一

存渥……一五一

存乂……一五一

存確……一五二

存紀……一五二

莊宗子繼岌……一五二

繼潼……一五二

繼嵩……一五二

繼蟾……一五二

繼嶢……一五二

卷十五

唐明宗家人傳第三

明宗和武憲皇后曹氏……一五七

昭懿皇后夏氏……一五七

宣憲皇后魏氏……一五七

淑妃王氏……一五八

愍帝哀皇后孔氏……一六一

明宗子從璟……一六一

從榮……一六三

明宗姪從璨……一六七

從璋……一六七

從溫……一六八

從敏……一六八

卷十六

唐廢帝家人傳第四

廢帝皇后劉氏……一七一

子重吉……一七三

重美……一七三

卷十七

晉家人傳第五

高祖皇后李氏……一七五

太妃安氏……一七九

出帝皇后馮氏……一八〇

高祖從弟敬威……一八二

敬贇……一八三

敬暉……一八三

高祖子重信……一八四

重乂……一八五

重睿……一八五

重杲……一八六

出帝子延煦……一八六

二十四史

中華書局

延寶……一八七
卷十八
漢家人傳第六
高祖皇后李氏……一九一
高祖子承訓……一九三
承勳……一九三
姪贇……一九三
弟崇……一九三
信……一九五
卷十九
周太祖家人傳第七
太祖皇后柴氏……一九七
淑妃楊氏……一九七
貴妃張氏……一九八
德妃董氏……一九九
太祖子侗……一九九
信……二〇〇
姪守愿……二〇〇
奉超……二〇〇
遜……二〇〇
卷二十
周世宗家人傳第八
柴守禮……二〇一
世宗貞惠皇后劉氏……二〇二
宣懿皇后符氏……二〇三
後立皇后符氏……二〇四
世宗子誼……二〇四
誠……二〇四
諴……二〇四
熙讓……二〇四

熙謹……二〇四
熙誨……二〇四
卷二十一
梁臣傳第九
敬翔……二〇七
朱珍……二一〇
李唐賓……二一二
龐師古……二一二
葛從周……二一四
霍存……二一六
張存敬……二一七
符道昭……二一八
劉捍……二一九
寇彥卿……二一九
卷二十二
梁臣傳第十
康懷英……二二三
劉鄩……二二五
牛存節……二二八
張歸霸……二三〇
弟歸厚……二三一
歸弁……二三二
王重師……二三二
徐懷玉……二三三
卷二十三
梁臣傳第十一
楊師厚……二三五
王景仁……二三七
賀瓌……二三九
王檀……二四〇

馬嗣勳……二四一
王虔裕……二四二
謝彥章……二四三
卷二十四
唐臣傳第十二
郭崇韜……二四五
安重誨……二五一
卷二十五
唐臣傳第十三
周德威……二五九
符存審……二六三
子彥超……二六五
彥卿……二六五
彥饒……二六六
史建瑭……二六七
子匡翰……二六八
王建及……二六九
元行欽……二七〇
安金全……二七三
袁建豐……二七四
西方鄴……二七四
卷二十六
唐臣傳第十四
符習……二七七
烏震……二七九
孔謙……二八〇
張延朗……二八一
李嚴……二八三
李仁矩……二八五
毛璋……二八六

卷二十七
唐臣傳第十五
朱弘昭……二八九
馮贇……二九〇
劉延朗……二九一
康思立……二九五
康義誠……二九六
藥彥稠……二九八
卷二十八
唐臣傳第十六
豆盧革……三〇一
盧程……三〇三
任圜……三〇五
趙鳳……三〇八
李襲吉……三一一
張憲……三一二
蕭希甫……三一四
劉贊……三一五
何瓚……三一七
卷二十九
晉臣傳第十七
桑維翰……三一九
景延廣……三二一
吳巒……三二四
卷三十
漢臣傳第十八
蘇逢吉……三二七
史弘肇……三三〇
楊邠……三三三
王章……三三四

劉鋹……三三五
李業……三三六
聶文進……三三七
後贊……三三八
郭允明……三三九
卷三十一
周臣傳第十九
王朴……三四一
鄭仁誨……三四四
扈載……三四五
卷三十二
死節傳第二十
王彥章……三四七
裴約……三五〇
劉仁贍……三五一
卷三十三
死事傳第二十一
張源德……三五六
夏魯奇……三五七
姚洪……三五八
王思同……三五八
張敬達……三六〇
翟進宗……三六二
張萬迪……三六二
沈斌……三六二
王清……三六三
史彥超……三六四
孫晟……三六四
卷三十四
一行傳第二十二

鄭遨……三七〇
張薦明……三七一
石昂……三七一
程福贇……三七二
李自倫……三七三
卷三十五
唐六臣傳第二十三
張文蔚……三七六
楊涉……三七七
張策……三七七
趙光逢……三七八
薛貽矩……三七九
蘇循……三七九
卷三十六
杜曉……三八一
義兒傳第二十四
李嗣昭……三八五
李嗣本……三八九
李嗣恩……三九〇
李存信……三九〇
李存孝……三九一
李存進……三九三
李存璋……三九四
李存賢……三九五
卷三十七
伶官傳第二十五
敬新磨……三九九
景進……四〇〇
史彥瓊……四〇〇
郭從謙……四〇一
卷三十八
宦者傳第二十六
張承業……四〇三
張居翰……四〇五
卷三十九
雜傳第二十七
王鎔……四一一
羅紹威……四一五
王處直……四一九
劉守光……四二二
卷四十
雜傳第二十八
李茂貞……四二九
韓建……四三三
李仁福……四三六

韓遜……四三八
楊崇本……四三八
高萬興……四三九
温韜……四四〇
卷四十一
雜傳第二十九
盧光稠……四四三
譚全播……四四四
雷滿……四四五
鍾傳……四四六
趙匡凝……四四七
卷四十二
雜傳第三十
朱宣……四四九
弟瑾……四五〇

王師範……四五二
李罕之……四五四
孟方立……四五六
王珂……四五八
趙犨……四六〇
馮行襲……四六四
卷四十三
雜傳第三十一
氏叔琮……四六七
李彥威……四六八
李振……四六九
裴迪……四七一
韋震……四七二
孔循……四七三
孫德昭……四七四
王敬蕘……四七六
蔣殷……四七七
卷四十四
雜傳第三十二
劉知俊……四七九
丁會……四八一
賀德倫……四八二
閻寶……四八四
康延孝……四八五
卷四十五
雜傳第三十三
張全義……四八九
朱友謙……四九二
袁象先……四九四
朱漢賓……四九六

段凝……四九七
劉玘……四九八
周知裕……四九九
陸思鐸……五〇〇
卷四十六
雜傳第三十四
趙在禮……五〇三
霍彥威……五〇四
房知温……五〇七
王晏球……五〇九
安重霸……五一一
王建立……五一二
康福……五一四
郭延魯……五一六
卷四十七
雜傳第三十五
華温琪……五一九
萇從簡……五二〇
張筠……五二一
弟 䥴……五二二
楊彥詢……五二三
李周……五二四
劉處讓……五二六
李承約……五二七
張希崇……五二八
相里金……五二九
張廷蘊……五三〇
馬全節……五三一
皇甫遇……五三二
安彥威……五三四

李瓊……五三五
劉景巖……五三六
卷四十八
雜傳第三十六
盧文進……五三九
李金全……五四〇
楊思權……五四二
尹暉……五四三
王弘贄……五四四
劉審交……五四五
王周……五四六
高行周……五四七
弟 行珪……五四八
白再榮……五四九
安叔千……五五〇
卷四十九
雜傳第三十七
翟光鄴……五五三
馮暉……五五四
皇甫暉……五五五
唐景思……五五七
王進……五五八
常思……五五九
孫方諫……五六〇
卷五十
雜傳第三十八
王峻……五六三
王殷……五六六
劉詞……五六七
王環……五六八

折從阮……五六九
卷五十一
雜傳第三十九
朱守殷……五七三
董璋……五七四
范延光……五七六
婁繼英……五八一
安重榮……五八二
安從進……五八五
楊光遠……五八七
卷五十二
雜傳第四十
杜重威……五九一
李守貞……五九四
張彥澤……五九七
卷五十三
雜傳第四十一
王景崇……六〇三
趙思綰……六〇五
慕容彥超……六〇七
卷五十四
雜傳第四十二
馮道……六一二
李琪……六一五
兄 珽……六一五
鄭珏……六一九
李愚……六二〇
盧導……六二二
司空頲……六二三
卷五十五

雜傳第四十三
劉昫……六二五
盧文紀……六二七
馬胤孫……六二八
姚顗……六三〇
劉岳……六三一
馬縞……六三三
盧損 原缺傳文
崔居儉……六三五
崔棁……六三五
李懌……六三七
卷五十六
雜傳第四十四
和凝……六三九
趙瑩……六四一
馮玉……六四二
盧質……六四三
呂琦……六四四
薛融……六四六
何澤……六四七
王權……六四八
史圭……六四九
龍敏……六四九
卷五十七
雜傳第四十五
李崧……六五三
李鏻……六五五
賈緯……六五七
段希堯……六五八
張允……六五九

王松……六六〇
裴皡……六六一
王仁裕……六六一
裴羽……六六二
王延……六六三
馬重績……六六四
趙延義……六六六
卷五十八
司天考第一……六六九
卷五十九
司天考第二……七〇五
卷六十
職方考第三……七一三
卷六十一
吳世家第一
楊行密……七四七
子渥……七五二
隆演……七五三
溥……七五七
徐温……七六〇
卷六十二
南唐世家第二
李昪……七六五
子景……七六九
景子煜……七七七
卷六十三
前蜀世家第三
王建……七八三
子衍……七九一
卷六十四

後蜀世家第四
孟知祥……七九七
子昶……八〇三
卷六十五
南漢世家第五
劉隱……八〇九
弟龔……八一〇
龔子玢……八一三
玢弟晟……八一四
晟子鋹……八一七
卷六十六
楚世家第六
馬殷……八二一
子希聲……八二五
希範……八二六
希廣……八二七
劉言……八二九
周行逢……八三〇
子保權……八三三
卷六十七
吳越世家第七
錢鏐……八三五
子元瓘……八四一
元瓘子佐……八四二
佐弟俶……八四三
卷六十八
閩世家第八
王審知……八四五
子延翰……八四七
鏻……八四七

鏻子繼鵬……八五〇
延羲……八五一
延政……八五三
卷六十九
南平世家第九
高季興……八五五
子從誨……八五八
從誨子保融……八五九
保勗……八六〇
保融子繼沖……八六〇
卷七十
東漢世家第十
劉旻……八六三
子承鈞……八六六
承鈞子繼恩……八六九
繼元……八七〇
卷七十一
十國世家年譜第十一……八七三
卷七十二
四夷附錄第一……八八五
卷七十三
四夷附錄第二……九〇一
卷七十四
四夷附錄第三……九〇九

徐無黨曰：凡諸國名號，梁本紀自封梁王以後始稱梁，唐本紀自封晉王以後始稱晉，自建國號唐以後始稱唐，各從其實也。自傳而下，於未封王建國之前，或稱梁、稱晉、稱唐者，史官從後而追書也。唐脅稱晉，而石敬瑭又稱晉，李昪又稱唐；劉龑已稱漢，而劉旻又稱漢；王建已稱蜀，而孟知祥又稱蜀。石晉自爲一代，不待別而可知；唐、漢、蜀則加東、南、前、後，以別其世家。梁初嘗封沛、東平，南唐初嘗稱齊，三號當時已不顯著，故皆略而不道。五代亂世，名號交雜而不常，史家撰述，隨事爲文，要於理通事見而已，覽者得以詳焉。

新五代史卷一

梁本紀第一

本紀，因舊以爲名，本原其所始起而紀次其事以時也。卽位以前，其事詳，原本其所自來，故曲而備之，見其起之有漸有暴也。卽位以後，其事略，居尊任重，所責者大，故所書者簡，惟簡乃可立法。

太祖神武元聖孝皇帝，姓朱氏，宋州碭山午溝里人也。其父誠，以五經教授鄉里，生三子，曰全昱、存、温㊀。誠卒，三子貧，不能爲生，與其母傭食蕭縣人劉崇家。全昱無他材能，然爲人頗長者。存、温勇有力，而温尤兇悍。

㊀變諱某書名，義在稱王註中。

唐僖宗乾符四年，黃巢起曹、濮，存、温亡入賊中。巢攻嶺南，存戰死。巢陷京師，以温爲東南面行營先鋒使，攻陷同州，以爲同州防禦使。是時，天子在蜀，諸鎭會兵討賊㊀。温數爲河中王重榮所敗，屢請益兵於巢，巢中尉孟楷抑而不通。温客謝瞳說温曰：「黃家起於草莽，幸唐衰亂，直投其隙而取之爾，非有功德興王之業也，此豈足與共成事哉！今天子在

蜀，諸鎭之兵日集以謀興復，是唐德未厭於人也。且將軍力戰於外，而庸人制之於內，此章邯所以背秦而歸楚也。」温以爲然，乃殺其監軍嚴實，自歸于河中，因王重榮以降。都統王鐸承制拜温左金吾衞大將軍、河中行營招討副使，天子賜温名全忠。

㊀諸鎭，記當時語也。唐謂節度使所治軍州爲藩鎭，故有赴鎭、移鎭語。

中和三年三月，拜全忠汴州刺史、宣武軍節度使。四月，諸鎭兵破巢，復京師。巢走藍田。七月丁卯，全忠歸于宣武。是歲，黃巢出藍田關，陷蔡州，節度使秦宗權叛附于巢，遂圍陳州。徐州時溥㊀爲東南面行營兵馬都統，會東諸鎭兵以救陳。陳州刺史趙犨亦乞兵于全忠。溥雖爲都統而不親兵。四年，全忠乃自將救犨，率諸鎭兵擊敗巢將黃鄴、尙讓等。犨以全忠爲德，始附屬焉。是時，河東李克用下兵太行，度河，出洛陽，與東兵會擊巢。巢已敗去，全忠及克用追敗之于鄆城。巢走中牟，又敗之于王滿。巢走封丘，又大敗之。巢挺身東走，至泰山狼虎谷，爲時溥追兵所殺。九月，天子以全忠爲檢校司徒、同中書門下平章事，封沛郡侯。光啓二年三月，進爵王。義成軍亂，逐其節度使安師儒，推牙將張驍爲留後，師儒來奔，殺之。遣朱珍、李唐賓陷滑州，以胡眞爲留後。十二月，徙封吳興郡王。

㊀凡稱某州某人者，皆其節度使。

自黃巢死，秦宗權稱帝，陷陝、洛、懷、孟、唐、許、汝、鄭州，遣其將秦賢、盧瑭、張晊攻

汴。賢軍板橋，晊軍北郊，瑭軍萬勝，環汴爲三十六栅。王顧兵少，不敢出㊀。乃遣朱珍募兵於東方，而求救于兗、鄆。三年春，珍得萬人、馬數百匹以歸。乃擊賢板橋，拔其四栅。又擊瑭萬勝，瑭敗，投水死。宗權聞瑭等敗，乃自將精兵數千，栅北郊。五月，兗州朱瑾、鄆州朱宣來赴援㊁。王置酒軍中，中席，王陽起如廁，以輕兵出北門襲晊，而樂聲不輟。晊不意兵之至也，兗、鄆之兵又從而合擊，遂大敗之，斬首二萬餘級。宗權與晊夜走，過鄭，屠其城而去。宗權至蔡，復遣張晊攻汴。王聞晊復來，登封禪寺後岡，望晊兵過，遣朱珍躡之，戒曰：「晊見吾兵，必止。望其止，當速返，毋與之鬭也。」已而晊見珍在後，果止。珍卽馳還。王令珍引兵蔽大林，而自率精騎出其東，伏大冢閒。晊止而食，食畢，拔旗幟，馳擊珍。珍兵小却，王引伏兵橫出，斷晊軍爲三而擊之。晊大敗，脫身走。宗權怒，斬晊。而河陽、陝、洛之兵爲宗權守者，聞蔡精兵皆已殲於汴，因各潰去。故諸葛爽將李罕之取河陽，張全義取洛陽以來附。十月，天子使來，賜王紀功碑。朱宣、朱瑾兵助汴，已破宗權東歸，王移檄兗、鄆，誣其誘汴亡卒以東，乃發兵攻之，取其曹州、濮州。遂遣朱珍攻鄆州，大敗而還。十二月，天子使來，賜王鐵券及德政碑。

㊀始而稱名，旣而稱爵，旣而稱帝，漸也。爵至王而後稱，著其逼者。

㊁流俗本「宣」從「王」者非。

淮南節度使高駢死，楊行密入揚州。天子以王兼淮南節度使。王乃表行密爲副使，以行軍司馬李璠爲留後。璠之揚州，行密不納。文德元年正月，王如淮南，至宋州而還。是時，秦宗權陷襄州，以趙德諲爲節度使。德諲叛于宗權以來附。天子因以王爲蔡州四面行營都統，以德諲爲副。

三月庚子，僖宗崩。天雄軍亂，囚其節度使樂彥貞。其子相州刺史從訓攻魏，來乞兵。遣朱珍助從訓攻魏。而魏軍殺彥貞，從訓戰死，魏人立羅弘信，珍乃還。張全義取河陽，逐李罕之。罕之奔于河東。李克用遣兵圍河陽，全義來求救，遣丁會、牛存節救之，擊敗河東兵于沇河。

五月，行營討蔡州，圍之百餘日，不克。是時，時溥已爲東南面都統，又以王統行營而溥猶稱都統，王乃上書，論溥討蔡無功而不落都統，且欲激怒溥以起兵端。初，高駢死，淮南亂，楚州刺史劉瓚來奔，納之，及王兵攻蔡不克，還，欲攻徐，乃遣朱珍將兵數千以東，聲言送瓚還楚州。溥怒論己，又聞珍以兵來，果出兵拒之。珍戰于吳康，大敗之，取其豐、蕭二縣。遂攻宿州，下之。珍屯蕭縣，別遣龐師古攻徐州。龍紀元年正月，師古敗溥于呂梁。淮西牙將申叢執秦宗權，折其足，將檻送京師；別將郭璠殺叢，簒宗權以來獻。王遣行軍司馬李璠獻俘于京師，表郭璠淮西留後。三月，天子封王爲東平王。七月，朱珍殺李唐賓，

王如蒲縣，執珍殺之，遂攻徐州。冬，大雨，水，不能軍而旋。

初，秦宗權遣其弟宗衡掠地淮南，是歲，宗衡爲其將孫儒所殺，儒攻楊行密于揚州。淮南大亂，行密走宣州，儒入揚州。大順元年春，遣龐師古攻孫儒于淮南，大敗而還。四月，宿州將張筠以宿州復歸于時溥，王自將攻之，不克。

初，黃巢敗走，李克用追之，至于冤朐，不及而旋。過汴，駐軍于北郊，王邀克用置酒上源驛，夜以兵攻之。克用踰城而免，訟其事于京師，天子知曲在汴而和解之。至是，宰相張濬私與汴交，王厚之以賂，濬爲汴請伐河東。唐諸大臣皆以爲不可興師。濬挾汴力，請益堅。天子不得已，許之。五月，以濬爲太原四面行營都統，王爲東南面招討使。然王不親兵，以兵二千屬濬而已。濬屯于陰地。河東叛將馮霸殺潞州守將李克恭來降，遣葛從周入潞州。李克用遣康君立攻之，從周走河陽。九月，王如河陽。十月，天子以王兼宣義軍節度使，遂如滑州，假道于魏，以攻河東，且責其軍須，亦所以怒魏爲兵端也。魏人果以謂非兵所當出，而辭以糧乏，皆不許。於是攻魏。十一月，張濬之師大敗于陰地。二年正月，王及魏人戰于內黃，大敗之，屠故元城，羅弘信來送款。十月，克宿州。十一月，曹州將郭紹賓殺其刺史郭饒來降。十二月，丁會敗朱瑾于金鄉。景福元年二月，攻鄆州，前軍朱友裕敗于斗門，王軍後至，又敗而還。冬，友裕取濮州，遂攻徐州。二年四月，龐師古克徐州，殺

時溥。王如徐州，以師古爲留後，遂攻兗、鄆。

乾寧元年二月，王及朱宣戰于漁山，大敗之。二年八月，又敗宣于梁山。十一月，又敗之于鉅野。兗、鄆求救于河東，李克用發兵救之，假道于魏。既而魏人擊之，克用怒，大舉攻魏。羅弘信來求救，遣葛從周救魏。是歲，李克用封晉王。三年五月，戰于洹水，擒克用子落落，送于魏，殺之。七月，鳳翔李茂貞犯京師，天子出居于華州。王請以兵赴難，天子優詔止之。又請遷都洛陽，不許。四年正月，龐師古克鄆州，王如鄆州，以朱友裕爲留後。遂攻兗州。朱瑾奔于淮南，以葛從周爲兗州留後。九月，攻淮南，龐師古出清口，葛從周出安豐，王軍屯于宿州。楊行密遣朱瑾先擊清口，師古敗死。從周亟返兵，至于淠河，瑾又敗之。王懼，馳歸。

光化元年三月，天子以王兼天平軍節度使。四月，遣葛從周攻晉之山東，取邢、洺、磁三州。襄州趙匡凝自其父德諲時來附，匡凝又與楊行密、李克用通，而其事泄。七月，遣氏叔琮、康懷英攻匡凝，取其泌、隨、鄧三州㊀。匡凝請和乃止。十二月，李罕之以潞州來降。二年，幽州劉仁恭攻魏，羅紹威來求救。王救魏，敗仁恭于內黃。四月，遣氏叔琮攻晉太原，不克。七月，李克用取澤、潞。十一月，保義軍亂，殺其節度使王珙，推其牙將李璠爲留後，其將朱簡殺璠來降。以簡爲保義軍節度使。三年四月，遣葛從周攻劉仁恭之滄州，取

其德州，及仁恭戰于老鴉堤，大敗之。八月，晉取洺州。王如洺州，復取之。是時，鎮、定皆附于晉。遂攻鎮州，破臨城，王鎔來送款。進攻定州，王郜奔于晉，其將王處直以定州降。

㊀會三異校定曰：三異案，唐書地理志：唐州，天祐三年朱全忠徙治泌陽，表更名泌州。則是天祐二年唐州舊名猶在，至三年始更爲泌。光化之初，未嘗有泌州之名。今書爲泌，則誤也。

唐宦者劉季述作亂，天子幽于東宮。天復元年正月，護駕都頭孫德昭誅季述，天子復位。封王爲梁王。遣張存敬攻王珂于河中，出含山，下晉、絳二州。王珂求救于晉，晉不能救，乃來降。三月，大舉攻晉。氏叔琮出太行，取澤、潞。葛從周、張存敬、侯言、張歸厚及鎮、定之兵，皆會于太原，圍之，不克，遇雨而還。五月，天子以王兼河中尹、護國軍節度使。六月，晉取慈、隰。

自劉季述等已誅，宰相崔胤外與梁交，欲假梁兵盡誅宦者。而鳳翔李茂貞、邠寧王行瑜等皆遣子弟以精兵宿衞天子，宦官韓全誨等亦因恃以爲助。天子與胤計事，宦者屬耳，頗聞之。乃選美女，內之宮中，陰令伺察其實。久之，果得胤奏謀所以誅宦者之說，全誨等大懼，日夜相與涕泣，思圖胤以求全。胤知謀泄，事急，卽矯爲制，召梁兵入誅宦者。十月，王以宣武、宣義、天平、護國兵七萬，至于河中，取同州，遂攻華州，韓建出降。全誨等聞梁王兵且至，卽以岐、邠宿衞兵劫天子奔于鳳翔。王乃上書言胤所以召之之意。天子怒，罷胤相，

責授工部尙書，詔梁兵還鎭。王引兵去，攻邠州，屯于三原。邠州節度使楊崇本以邠、寧、慶、衍四州降。二年春，王退軍于河中。晉攻晉、絳。遣朱友寧擊敗晉軍于蒲縣，取汾、慈、隰，遂圍太原，不克而還，汾、慈、隰復入于晉。四月，友寧引兵西，至興平，及李茂貞戰于武功，大敗之。十一月，鄜坊李周彝以兵救鳳翔，王遣孔勍襲鄜州，虜周彝之族，徙于河中，周彝乃降。是時，岐兵屢敗，而圍久，城中食盡，自天子至後宮，皆凍餒。三年正月，茂貞殺韓全誨等二十人，囊其首，示梁軍，約出天子以爲解。甲天子出幸梁軍〔一〕。遣使者馳召崔胤，胤託疾不至。王使人戲胤曰：「吾未識天子，懼其非是，子來爲我辨之。」天子還至興平，胤率百官奉迎。王自爲天子執轡，且泣且行，行十餘里，止之。人見者，咸以爲忠。己巳，天子至自鳳翔，素服哭于太廟而後入，殺宦者七百餘人。二月甲戌，天子賜王「回天再造竭忠守正功臣」，以輝王祚爲諸道兵馬元帥，王爲副元帥。王乃留子友倫爲護駕指揮使㊀，以爲天子衞，引兵東歸。天子餞于延喜樓，賜楊柳枝五曲。

㊀會三異校定曰：三異案，家人傳友倫乃王兄存之子，其後中書上議，亦皆謂之皇姪。

初，梁兵已西，青州王師範遣其將劉鄩襲據梁兗州。王已還梁，四月，如鄆州，遣朱友寧攻青州。師範敗之于石樓，友寧死。九月，楊師厚敗青人于臨朐，取其棣州，師範以青州

降，而鄜亦降。友倫擊鞠，墮馬死。王怒，以爲崔胤殺之，遣朱友諒殺胤于京師〔二〕㊀。其與友倫擊鞠者，皆殺之。

㊀曾三異校定曰：三異案，家人傳殺崔胤者朱友謀，非友諒。

自天子奔華州，王請遷都洛陽，雖不許，而王命河南張全義修洛陽宮以待。天祐元年正月，王如河中，遣牙將寇彥卿如京師，請遷都洛陽，幷徙長安居人以東。天子行至陝州，王朝于行在，先如東都。是時，六軍諸衞兵已散亡，其從以東者，小黃門十數人，打毬供奉、內園小兒等二百餘人。行至穀水，王敎醫官許昭遠告其謀亂，悉殺而代之，然後以聞。由是，天子左右皆梁人矣。四月甲辰，天子至自西都。是時，晉王李克用、岐王李茂貞、楚王趙匡凝、蜀王王建、吳王楊行密㊀聞梁遷天子洛陽，皆欲舉兵討梁，王大懼。六月，楊崇本復附于岐。王乃以兵如河中，聲言攻崇本，遣朱友恭、氏叔琮、蔣玄暉等行弒，昭宗崩。十月，王朝于京師，殺朱友恭、氏叔琮。十一月，攻淮南，取其光州，攻壽州，不克而旋。二年二月，遣蔣玄暉殺德王裕等九王于九曲池。六月，殺司空裴贄等百餘人。七月，天子使來，賜王「迎鑾紀功碑」。

㊀曾三異校定曰：三異案，克用本紀及茂貞傳，建、行密世家，皆書其在唐所授，獨匡凝不書其在唐，此乃闕文。

王欲代唐，使人諭諸鎭，襄州趙匡凝以爲不可。遣楊師厚攻之，取其唐、鄧、復、郢、隨、

均、房七州。王如襄州，軍于漢北。九月，師厚破襄州，匡凝奔于淮南。師厚取荆南，荆南留後趙匡明奔于蜀。遂出光州，以攻壽州，不克。天子卜祀天于南郊，王怒，以爲蔣玄暉等欲祈天以延唐。天子懼，改卜郊。十一月辛巳，天子封王爲魏王、相國，總百揆。以宣武、宣義、天平、護國、天雄、武順、佑國、河陽、義武、昭義、武寧、保義、忠義、武昭、武定、泰寧、平盧、匡國、鎭國、荆南、忠武二十一軍爲魏國，備九錫。王怒，不受。十二月，天子以王爲天下兵馬元帥。王益怒，遣人告樞密使蔣玄暉與何太后私通，殺玄暉而焚之，遂弒太后于積善宮。又殺宰相柳璨，太常卿張延範車裂以徇。天子詔以太后故停郊。

三年春，魏州羅紹威謀殺其牙軍，來假兵以虞變，王爲發兵北攻劉仁恭之滄州，兵過魏而紹威已殺牙軍，其兵之在外者皆叛，據貝、衞、澶、博州，王以兵悉殺之。遂攻滄州，軍于長蘆。劉仁恭求救于晉。晉人取潞州，王乃旋軍。

校勘記

〔一〕甲天子出幸梁軍　薛居正舊五代史（下簡稱薛史）卷二梁太祖紀載：「甲子，昭宗發離鳳翔，幸左劍寨，權駐驛帝營。」新唐書卷一〇昭宗紀及資治通鑑卷二六三（下簡稱通鑑）亦云唐昭宗於「甲子」日赴朱全忠營。此處「甲」下當脫「子」字。

〔二〕遣朱友諒殺胤於京師　曾三異謂「殺崔胤者朱友謀，非友諒」。按本史卷一三梁朗王存傳載：「乃遣友諒至京師，以兵圍開化坊殺胤。」友諒爲梁太祖兄朱全昱之子，本史及薛史俱有傳，疑作「友諒」、「友謀」並誤。

新五代史卷二

梁本紀第二

開平元年春正月壬寅，天子使御史大夫薛貽矩來勞軍。宰相張文蔚率百官來勸進。夏四月壬戌，更名晃。甲子，皇帝即位㈠。戊辰，大赦㈡，改元，國號梁。封唐主爲濟陰王㈢。升汴州爲開封府，建爲東都，以唐東都爲西都。廢京兆府爲雍州㈣。賜東都酺一日。契丹阿保機使袍笏梅老來㈤。

㈠自即位以後，大事則書，變古則書，非常則書，意有所示則書，後有所因則書。非此五者，則否。

㈡赦文皆曰大赦天下，此書大，見其志之欲速及也，不曰天下，實有所不及也。

㈢謂天子爲唐主，錄其本語如此。

㈣州縣廢置，見職方考，惟京都則書。

㈤夷狄來，不言朝，不責其禮；不言貢，不貴其物。故書曰來。五代亂世，著其屢來，以見夷狄之來不來，不因治亂。而亂世屢來，不足貴也。

五月丁丑朔，以唐相張文蔚楊涉爲門下侍郎、御史大夫薛貽矩爲中書侍郎：同中書門下平章事。戊寅，渤海、契丹遣使者來㈠。乙酉，兄全昱爲廣王，子友文博王㈡，友珪郢王，友璋福王，友貞均王，友徽建王，姪友諒衡王，友能惠王，友誨邵王。甲午，改樞密院爲崇政院，太府卿敬翔爲使。是月，潞州行營都指揮使李思安及晉人戰，敗績㈢。

㈠夷狄君臣姓名、官爵，或書或否，不必備，或因其舊史之詳略，但書其來以示意爾。

㈡友文非子而書子，語在家人傳。

㈢我敗曰敗績，彼敗曰敗之，文理宜然。已見行營，故戰不言地。

六月甲寅，平盧軍節度使韓建守司徒，同中書門下平章事。

秋七月己亥，追尊祖考爲皇帝，妣爲皇后：皇高祖黯謚曰宣元，廟號肅祖，祖妣范氏謚曰宣僖；曾祖茂琳謚曰光獻，廟號敬祖，祖妣楊氏謚曰光孝；祖信謚曰昭武，廟號憲祖，祖妣劉氏謚曰昭懿；考誠謚曰文穆，廟號烈祖，妣王氏謚曰文惠。

八月丁卯，同州蝗蝻蟲生。陝州黃河清㈠。

㈠於此書，見不爲瑞也。

九月，括馬。

冬十月己未，講武于繁臺。

十一月壬寅，赦亡命背軍、髡黥刑徒㈠。

㈠於好殺之世，小赦必書，見其亦有愛人之意也。

二年春正月丁酉，渤海遣使者來。己亥，卜郊于西都。弒濟陰王㈠。

㈠弒，臣子之大惡也，書濟陰王，從其實，書弒，正梁罪名。

二月辛未，契丹阿保機遣使者來。

三月壬申朔，如西都㈠。丙子，如懷州㈡。丁丑，如澤州。戊寅，封鴻臚卿李崧萊國公，爲二王後㈢〔一〕。壬午，匡國軍節度使劉知俊爲潞州行營招討使。癸巳，改卜郊。張文蔚薨。

㈠幸，已至也。如，往而未至之辭。書如，則在道。有事，可以書。

㈡五代亂世，兵無虛日，不可悉書。故用兵無勝敗，攻城無得失，皆不書。其命大將與天子有所如，自著大事爾。此如懷、澤者，以兵方攻潞州也。

㈢梁嘗更「戊」曰「武」，而舊史悉復爲「戊」。

夏四月癸卯，楊涉罷。吏部侍郎于兢爲中書侍郎，翰林學士承旨禮部侍郎張策爲刑部侍郎：同中書門下平章事。壬子，至澤州。

五月己丑，潞州行營都虞候康懷英及晉人戰于夾城，敗績㈠。戊戌，立唐三廟。契丹遣使者來。

㈠築城圍潞，戰于城中，故書地。

六月壬寅，忠武軍節度使劉知俊爲西路行營招討使，以伐岐㈠。己酉，殺右金吾衞上將軍王師範，滅其族㈡。丙辰，劉知俊及岐人戰于漠谷，敗之。

㈠用兵之名有四：兩相攻曰攻，以大加小曰伐，加有罪曰討，天子自往曰征。隨事爲文，不得不異，非有褒貶也。

㈡當殺曰伏誅，不當殺者，以兩相殺爲文。

秋九月丁丑，如陝州㈠，博王友文留守東都。

㈠以晉人攻晉、絳故也。

冬十月丁未，至自陝州。

十一月癸巳，張策罷，左僕射楊涉同中書門下平章事。

十二月己亥，以介國公爲三恪，酅國公、萊國公爲二王後。

三年春正月甲戌，如西都。復然燈以祈福㈠。庚寅，享于太廟。辛卯，有事于南郊㈡，大赦。丙申，羣臣上尊號曰睿文聖武廣孝皇帝。

㈠然燈，風俗相傳，自天子至于庶人，舉天下同其耆樂，而風俗敝之大者，故錄其詔意，則其失可知。

㈢祀天于南郊，書曰有事，錄當時語。

二月壬戌，講武于西杏園。甲子，延州高萬興叛于岐來降㈠。

㈠唐末之亂，彊弱相并，或去彼來此，不可爲常，難於遽責。至此乃書曰叛，始正其定分也。

三月辛未，渤海國王大諲譔遣使者來。甲戌，如河中㈠。山南東道節度使楊師厚爲潞州四面行營招討使。劉知俊取丹州。

㈠以高萬興降，劉知俊兵攻鄜、延故也。

夏四月丙午，知俊克延、鄜、坊三州㈠。

㈠易得曰取，難得曰克，文理宜然爾。

五月己卯，至自河中，殺佑國軍節度使王重師。

六月庚戌，劉知俊執佑國軍節度使劉捍，叛附于岐㈠。辛亥，如陝州㈡。乙卯，冀王朱友謙爲同州東面行營招討使。劉知俊奔于岐。丹州軍亂，逐其刺史宋知誨。

㈠以身歸曰降，以地歸曰附，亦文理宜然爾。知俊爲忠武軍節度使，以同州附岐，今直書知俊叛，而不言地，蓋忠武已見上文。

㈡以劉知俊叛故也。

秋七月，商州軍亂，逐其刺史李稠，稠奔于岐。乙丑，克丹州，執其首惡王行思㈠。乙

亥，至自陝州。甲申，襄州軍亂，殺其留後王班㈡。房州刺史楊虔叛附于蜀。

㈠初不知首惡之人，故直曰軍亂，既克而推得之也。克丹州，無主將姓名，行思無官爵，又不見伏誅日，皆舊史失亡。

㈡智不足以衞身，才不足以治衆而見殺，不書死之，而以被殺爲文，見死得其死者，士之大節，不妄以予人。

八月辛亥，降死罪囚。辛酉，均州刺史張敬方克房州，執楊虔。

閏月癸酉，契丹遣使者來。己卯，閱稼于西苑。

九月壬寅，行營招討使左衞上將軍陳暉克襄州，執其首惡李洪㈠。丁未，保義軍節度使王檀爲潞州東面行營招討使。辛亥，韓建、楊涉罷。太常卿趙光逢爲中書侍郎、翰林學士承旨工部侍郎杜曉爲戶部侍郎：同中書門下平章事。辛酉，李洪、楊虔伏誅。

㈠命暉討亂，舊史失不書，至此始見。既克而推得其首惡，故初亦且書軍亂。

冬十一月甲午，日南至，告謝于南郊㈡。己酉，搜訪賢良。鎭國軍節度使康懷英伐岐。

㈡南至不必書，因其以至日告謝而書。告謝主用至日，故書之。不曰有事于南郊，亦從其本語。蓋比南郊禮差簡。

十二月，懷英克寧、慶、衍三州。及劉知俊戰于昇平，敗績。

四年春正月壬辰朔，始用樂㈠。丁未，講武于榆林。

㈠自唐末之亂，禮樂亡，至此始用樂，故書。

二月己丑，閱稼于穀水。

秋八月丙寅，如陝州㈠。河南尹張宗奭留守西都。辛未，護國軍節度使楊師厚爲西路行營招討使以伐岐。

㈠以岐人、晉人攻夏州故也。

九月己丑，至自陝州。辛亥，搜訪賢良。

冬十一月己丑，寧國軍節度使王景仁爲北面行營招討使以伐趙。趙王王鎔、北平王王處直叛附于晉，晉人救趙。

十二月癸酉，頒律令格式。

乾化元年春正月丁亥，王景仁及晉人戰于柏鄉，敗績。庚寅，赦流罪以下囚，求危言正諫。癸巳，天雄軍節度使楊師厚爲北面行營招討使。

夏四月壬申，契丹阿保機遣使者來。

五月甲申朔，大赦，改元。癸巳，幸張宗奭第。

秋八月戊辰，閱稼于榆林。渤海遣使者來。戊寅，大閱于興安鞠場。

九月辛巳朔，御文明殿，入閤㈠。庚子，如魏州㈡。張宗奭留守西都。

㈠御殿而云入閤，錄其本語。書之以見禮失。事在李琪列傳。此禮，其後屢行，皆不書，一書以見其失足矣。

㈡以晉人攻魏故也。

冬十月丙子，大閱于魏東郊。

十一月，高萬興取鹽州。壬辰，至自魏州。乙未，回鶻、吐蕃遣使者來。

二年春二月丁巳，光祿卿盧玭使于蜀。甲子，如魏州㈠，張宗奭留守西都。次白馬，殺左散騎常侍孫騭、右諫議大夫張衍、兵部郎中張儁。戊寅，如貝州。

㈠亦以晉人及鎭、定攻相、魏也。

三月丙戌，屠棗彊㈠。丁未，復如魏州。

㈠書「屠」，著其酷之甚者。

夏四月己巳，至自魏州㈠。戊寅，如西都。

㈠下書「如西都」，則此至東都可知。

五月丁亥，德音降死罪已下囚㈠。罷役徒，禁屠及捕生。渤海遣使者來。是月，薛貽矩薨。

㈠「德音」，赦之小者。從其本名，以著其實。

六月，疾革，郢王友珪反㊀。戊寅，皇帝崩㊁。

㊀叛者，背此而附彼，猶臣於人也。反，自下謀上，惡逆之大者也。日月之書不書，雖無義例，而事亦有不得而日，反非一朝一夕，不能得其日，故反者皆不日。

㊁年六十一。不書崩處，以異於得其終者。乾化二年十一月，友珪葬之河南伊闕縣，號宣陵。以不得其死，故不書葬。

嗚呼，天下之惡梁久矣！自後唐以來，皆以爲僞也。至予論次五代，獨不僞梁，而議者或譏予大失春秋之旨，以謂：「梁負大惡，當加誅絕，而反進之，是奬簒也，非春秋之志也。」予應之曰：「是春秋之志爾。魯桓公弑隱公而自立者，宣公弑子赤而自立者，鄭厲公逐世子忽而自立者，衞公孫剽逐其君衎而自立者，聖人於春秋，皆不絕其爲君。此予所以不僞梁者，用春秋之法也。」「然則春秋亦奬簒乎？」曰：「惟不絕四者之爲君，於此見春秋之意也。聖人之於春秋，用意深，故能勸戒切，爲言信，然後善惡明。夫欲著其罪於後世，在乎不沒其實。其實嘗爲君矣，書其爲君。其實簒也，書其簒。各傳其實，而使後世信之，則四君之罪，不可得而掩爾。使爲君者不得掩其惡，然後人知惡名不可逃，則爲惡者庶乎其息矣。

是謂用意深而勸戒切，爲言信而善惡明也。桀、紂，不待貶其王，而萬世所共惡者也。春秋於大惡之君不誅絕之者，不害其褒善貶惡之旨也，惟不沒其實以著其罪，而信乎後世，與其爲君而不得掩其惡，以息人之爲惡。能知春秋之此意，然後知予不僞梁之旨也。」

校勘記

〔一〕封鴻臚卿李崧萊國公爲二王後　「崧」，薛史卷四梁太祖紀及五代會要卷五作「嵸」。按本史卷五七及薛史卷一〇八有李崧傳，其人未受梁封。五代史纂誤補（下簡稱纂誤補）卷一謂作「崧」誤。

新五代史卷三

梁本紀第三

末帝，太祖第三子友貞也㊀。爲人美容貌，沈厚寡言，雅好儒士。太祖即位，封均王，爲左天興軍使、東京馬步軍都指揮使。

㊀「末」非謚號，從其本語。

乾化二年六月，太祖遇弑，友珪自立，殺博王友文，以弑帝之罪歸之。以王爲東京留守、開封尹，敬翔爲中書侍郎、同中書門下平章事，戶部尚書李振爲崇政院使。

明年，友珪改元曰鳳曆。二月，駙馬都尉趙巖至東都，王私與之謀，遣馬愼交之魏州，見楊師厚計事。師厚遣小校王舜賢至洛陽，告左龍虎統軍袁象先使討賊。是時懷州龍驤屯兵叛，方捕索之，王乃僞爲友珪詔書，發左右龍驤在東都者皆還洛陽，因激怒之曰：「天子以懷州屯兵叛，追汝等欲盡坑之。」諸將皆泣，莫知所爲。王曰：「先皇帝經營王業三十餘年，今日尙爲友珪所殺，汝等安所逃死乎！」因出太祖畫像示諸將而泣曰：「汝能趨洛陽擒

逆賊，則轉禍爲福矣。」軍士皆呼萬歲，請王爲主，王乃遣人趣象先等。庚寅，象先等以禁兵討賊，友珪死，杜曉見殺。象先遣趙巖持傳國寶至東都，請王入洛陽，王報曰：「夷門，太祖所以興王業也，北拒幷汾，東至淮海，國家藩鎭，多在東方，命將出師，利於便近。」

是月，皇帝即位於東都㊀，復稱乾化三年，復博王友文官爵。

㊀即位大事，失其日而書「是月」，見亂之甚。「於東都」，終上文也。

三月丁未，更名鍠。

夏五月，楊師厚取滄州。

秋九月甲辰，御史大夫姚洎爲中書侍郎、同中書門下平章事。

冬十二月，晉人取幽州。

四年夏四月丁丑，貶于兢爲萊州司馬。武寧軍節度使蔣殷反，天平軍節度使牛存節討之。

貞明元年春正月，存節克徐州㊀。

㊀蔣殷自燔死，故不書伏誅。

三月丁卯，趙光逢罷。平盧軍節度使賀德倫爲天雄軍節度使㊀，分其相、澶、衞州爲昭德軍，宣徽使張筠爲節度使。己丑，天雄軍亂，賀德倫叛附于晉㊁。邢州李保衡叛于岐，來附。

㊀命官不書，非常而有故則書，此書爲天雄軍亂張本。

㊁軍亂書，首惡不書而書德倫叛，責貴者深也。德倫不可加以首惡，而可責其不死以叛。張彥實首惡，而略不書，彥，微者，德倫可以誅而不誅，故以德倫獨任其責。

夏六月庚寅朔，晉王李存勗入于魏州，遂取德州。

冬十月辛亥，康王友孜反，伏誅㊀。

㊀反者不日，誅反者有日，故書。

十一月乙丑，改元。耀州溫昭圖叛于岐，來附。

是歲，更名瑱㊀。

㊀舊史失其月日。

二年春二月丙申，楊涉罷。

三月，鎭南軍節度使劉鄩及晉人戰于故元城，敗績，奔于滑州。晉人取衞州、惠州。捉

生都將李霸反，伏誅。

夏六月，捉生都將張溫叛降于晉。

秋七月，晉人取相州，張筠奔于京師，安國軍節度使閻寶叛附于晉。

八月丁酉，太子太保致仕趙光逢爲司空兼門下侍郎、同中書門下平章事。

九月，晉人取滄州，橫海軍節度使戴思遠奔于京師。晉人克貝州，守將張源德死之㊀。

㊀書「死」，得其死也。

冬十月丁酉，中書侍郎鄭珏同中書門下平章事。

三年夏四月辛卯，右千牛衞大將軍劉璩使于契丹。

冬十二月，宣義軍節度使賀瓌爲北面行營招討使。己巳，如西都卜郊。晉人取楊劉。

四年正月，不克郊，己卯，至自西都。

夏四月己酉，尙書吏部侍郎蕭頃爲中書侍郎、同中書門下平章事。己巳，趙光逢罷。

冬十二月庚子朔，賀瓌殺其將謝彥章、孟審澄、侯溫裕。癸亥，瓌及晉人戰于胡柳，敗績。

是歲，泰寧軍節度使張守進叛附于晉，亳州團練使劉鄩爲兗州安撫制置使以討之㊀。

㊀舊史不書，亡其月日，故書于歲末，爲明年克兗州張本。

五年春正月，晉軍于德勝㊀。

㊀用兵無勝敗不書，此梁、晉得失所繫，故書也。

秋八月乙未朔，開封尹王瓚爲北面行營招討使。

冬十月，劉鄩克兗州，張守進伏誅。

十二月，晉人取濮陽。天平軍節度使霍彥威爲北面行營招討使。

六年夏四月己亥，降死罪以下囚。乙巳，尙書左丞李琪爲中書侍郎、同中書門下平章事。

河中節度使朱友謙襲同州，殺其節度使程全暉，叛附于晉，泰寧軍節度使劉鄩討之。

秋七月，陳州妖賊毋乙自稱天子。

九月庚寅，供奉官郎公遠爲契丹歡好使。

冬十月，毋乙伏誅。

龍德元年春，趙將張文禮殺其君鎔來乞師，不許㊀。

㊀文禮初爲鎔養子，號王德明，此書張文禮者，從舊史。

三月丁亥朔，禁私度僧尼。陳州刺史惠王友能反。

夏五月丙戌朔，德音改元，降流罪已下囚。

秋，赦友能，降封房陵侯。天平軍節度使戴思遠爲北面行營招討使。

冬十月，思遠及晉人戰于戚城，敗績。

二年春正月，思遠襲魏州，取成安。

秋八月，滑州兵馬留後段凝攻衞州，執其刺史李存儒。戴思遠克淇門、共城、新鄉。

三年春三月，潞州李繼韜叛于晉，來附。

夏閏四月，唐人取鄆州㊀。

㊀晉未卽位，已自與梁爲敵國，至其建號，於梁無所利害，故不書。唐建號而書「唐人」者，因事而見爾。

五月庚申，宣義軍節度使王彥章爲北面行營招討使，取德勝南城。

秋八月，段凝爲北面行營招討使。先鋒將康延孝叛降于唐。

冬十月甲戌，宣義軍節度使王彥章及唐人戰于中都，敗績，死之㊀。唐人取曹州。傳國寶奔于唐。戊寅，皇帝崩㊁。梁亡㊂。

㊀ 凡官皆不重書，此書者，嫌彥章已罷招討使而與唐戰，蓋罷使而別將兵以戰也。

㊁ 年三十六。

㊂ 書曰「梁亡」，見唐莊宗之立速也。四月，莊宗立，稱唐，十月，梁始亡，見唐不待滅梁而立。

新五代史卷四

唐本紀第四

莊宗光聖神閔孝皇帝，其先本號朱邪，蓋出於西突厥，至其後世，別自號曰沙陀，而以朱邪爲姓。

唐德宗時，有朱邪盡忠者，居於北庭之金滿州。貞元中，吐蕃贊普攻陷北庭，徙盡忠於甘州而役屬之。其後贊普爲回鶻所敗，盡忠與其子執宜東走，贊普怒，追之，及于石門關，盡忠戰死，執宜獨走歸唐，居之鹽州，以隸河西節度使范希朝。希朝徙鎭太原，執宜從之，居之定襄神武川之新城。其部落萬騎，皆驍勇善騎射，號「沙陀軍」。

執宜死，其子曰赤心。懿宗咸通十年，神策大將軍康承訓統十八將討龐勛於徐州，以朱邪赤心爲太原行營招討沙陀三部落軍使。以從破勛功，拜單于大都護、振武軍節度使，賜姓名曰李國昌，以之屬籍。沙陀素彊，而國昌恃功益橫恣，懿宗患之。十三年，徙國昌雲州刺史、大同軍防禦使，國昌稱疾拒命。

國昌子克用，尤善騎射，能仰中雙鳧，爲雲州守捉使。國昌已拒命，克用乃殺大同軍防禦使段文楚，據雲州，自稱留後。唐以太僕卿盧簡方爲振武節度使，會幽、幷兵討之。簡方行至嵐州〔一〕，軍潰，由是沙陀侵掠代北爲邊患矣。

明年，僖宗卽位，以謂前太原節度使李業遇沙陀有恩，而業已死，乃以其子鈞爲靈武節度使、宣慰沙陀六州三部落使㊀，以招緝之。拜克用大同軍防禦使。

㊀ 六州三部落，皆不見其名處，據唐書除使有此語爾。

居久之，國昌出擊党項，吐渾赫連鐸襲破振武。克用聞之，自雲州往迎國昌，而雲州人亦閉關拒之。國昌父子無所歸，因掠蔚、朔間，得兵三千，國昌入保蔚州，克用還據新城。僖宗乃拜鐸大同軍使，以李鈞爲代北招討使，以討沙陀。

乾符五年，沙陀破遮虜軍，又破岢嵐軍，而唐兵數敗，沙陀由此益熾，北據蔚、朔，南侵忻、代、嵐、石，至于太谷焉。

廣明元年，招討使李琢會幽州李可舉、雲州赫連鐸擊沙陀，克用與可舉相拒雄武軍。其叔父友金以蔚、朔州降于琢，克用聞之，遽還。可舉追至藥兒嶺，大敗之，琢軍夾擊，又敗之于蔚州，沙陀大潰，克用父子亡入達靼。

克用少驍勇，軍中號曰「李鴉兒」，其一目眇，及其貴也，又號「獨眼龍」，其威名蓋於代北。其在達靼，久之，鬱鬱不得志，又常懼其圖己，因時時從其羣豪射獵，或掛針于木，或立馬鞭，百步射之輒中，羣豪皆服以爲神。

黃巢已陷京師，中和元年，代北起軍使陳景思發沙陀先所降者，與吐渾、安慶等萬人赴京師，行至絳州，沙陀軍亂，大掠而還。景思念沙陀非克用不可將，乃以詔書召克用於達靼，承制以爲代州刺史、鴈門以北行營節度使。率蕃漢萬人出石嶺關，過太原，求發軍錢。節度使鄭從讜與之錢千緡、米千石，克用怒，縱兵大掠而還。

二年十一月，景思、克用復以步騎萬七千赴京師。三年正月，出于河中，進屯乾坑。巢黨驚曰：「鵶兒軍至矣！」二月，敗巢將黃鄴於石隄谷；三月，又敗趙璋、尙讓於良田坡，橫尸三十里。是時，諸鎭兵皆會長安，大戰渭橋，賊敗走入城，克用乘勝追之，自光泰門先入，戰望春宮昇陽殿，巢敗，南走出藍田關，京師平，克用功第一。天子拜克用檢校司空、同中書門下平章事、河東節度使，以國昌爲鴈門以北行營節度使。十月，國昌卒。

十一月，遣其弟克脩攻昭義孟方立，取其澤、潞二州。方立走山東，以邢、洺、磁三州自別爲昭義軍㊀。黃巢南走至蔡州，降秦宗權，遂攻陳州。四年，克用以兵五萬救陳州，出天井關，假道河陽，諸葛爽不許，乃自河中渡河。四月，敗尙讓於太康，又敗黃鄴于西華。巢且走且戰，至中牟，臨河未渡，而克用追及之，賊衆驚潰。比至封丘，又敗之，巢脫身走，克

用追之，一日夜馳二百里，至于冤朐，不及而還。

㊀昭義軍在唐時跨山東、西，管五州，至是澤、潞入于晉，邢、洺、磁孟氏據之，故當時有兩昭義。

過汴州，休軍封禪寺，朱全忠饗克用於上源驛，夜，酒罷，克用醉臥，伏兵發，火起，侍者郭景銖滅燭，匿克用牀下，以水醒面而告以難。會天大雨滅火，克用得從者薛鐵山、賀回鶻等，隨電光，縋尉氏門出還軍中。七月，至于太原，訟其事于京師，請加兵於汴，遣弟克脩將兵萬人屯于河中以待。僖宗和解之，用破巢功，封克用隴西郡王。

光啓元年，河中王重榮與宦者田令孜有隙，徙重榮兗州，以定州王處存爲河中節度使，詔克用以兵護處存之鎭㊀。重榮使人紿克用曰：「天子詔重榮，俟克用至，與處存共誅之。」因僞爲詔書示克用曰：「此朱全忠之謀也。」克用信之，八上表請討全忠，僖宗不許，克用大怒。

㊀克用不僭號，故不稱王。

重榮既不肯徙，僖宗遣邠州朱玫、鳳翔李昌符討之。克用反以兵助重榮，敗玫于沙苑，遂犯京師，縱火大掠。天子出居于興元，克用退屯河中。朱玫亦反以兵追天子，不及，得襄王熅，迫之稱帝，屯于鳳翔。僖宗念獨克用可以破玫而不能使也，當破黃巢長安時，天下兵馬都監楊復恭與克用善，乃遣諫議大夫劉崇望以詔書召克用，且道復恭意，使進兵討玫等。

克用陽諾而不行。

明年，孟方立死，弟遷立。大順元年，克用擊破孟遷，取邢、洺、磁三州，乃遣安金俊攻赫連鐸於雲州。幽州李匡威救鐸，戰於蔚州，金俊大敗。於是匡威、鐸及朱全忠皆請因其敗伐之。昭宗以克用破黃巢功高，不可伐，下其事臺、省四品官議，議者多言不可。宰相張濬獨以謂沙陀前逼僖宗幸興元，罪當誅，可伐。軍容使楊復恭，克用所善也，亦極諫以爲不可，昭宗然之，詔諭全忠等。全忠陰賂濬，使持其議益堅，昭宗不得已，以濬爲太原四面行營兵馬都統，韓建爲副使。

是時，潞州將馮霸叛降于梁，梁遣葛從周入潞州。唐以京兆尹孫揆爲昭義軍節度使，克用遣李存孝執揆于長子，又遣康君立取潞州。十一月，濬及克用戰于陰地，濬軍三戰三敗，濬、建遁歸。克用兵大掠晉、絳，至于河中，赤地千里。克用上表自訴，其辭慢侮，天子爲之引咎，優詔答之。

二年二月，復拜克用河東節度使、隴西郡王，加檢校太師兼中書令。四月，攻赫連鐸于雲州，圍之百餘日，鐸走吐渾。八月，大蒐于太原，出晉、絳，掠懷、孟，至于邢州，遂攻王鎔于鎭州。克用柵常山西，以十餘騎渡滹沱覘敵，遇大雨，平地水深數尺。鎭人襲之，克用匿林中，禱其馬曰：「吾世有太原者馬不嘶。」馬偶不嘶以免。前軍李存孝取臨城，進攻元氏。李

匡威救鎔，克用還軍邢州。景福元年，王鎔攻邢州，李存信、李嗣勳等敗鎔于堯山。二月，會王處存攻鎔，戰于新市，爲鎔所敗。八月，李匡威攻雲州，以牽克用之兵，克用潛入于雲州，返出擊匡威，匡威敗走。十月，李存孝以邢州叛。二年，存孝求援於王鎔，克用出兵井陘擊鎔，且以書招鎔，而急攻其平山，鎔懼，遂與克用通和，獻帛五十萬匹，出兵助攻邢州。乾寧元年三月，執存孝，殺之。冬，攻幽州，李匡儔棄城走，追至景城，見殺，以劉仁恭爲留後。

二年，河中王重盈卒，其諸子珂、珙爭立，克用請立珂，鳳翔李茂貞、邠寧王行瑜、華州韓建請立珙。昭宗初兩難之，乃以宰相崔胤爲河中節度使，既而許克用立珂。茂貞等怒，三鎭兵犯京師，聞克用亦起兵，乃皆罷去。六月，克用攻絳州，斬刺史王瑤。瑤，珙弟，助珙以爭者。七月，至于河中，同州王行約奔于京師，陽言曰：「沙陀十萬至矣！」謀奉天子幸邠州，茂貞假子閻圭亦謀劫幸鳳翔，京師大亂，昭宗出居于石門。

克用軍留月餘不進，昭宗遣延王戒丕、丹王允兄事克用，且告急。八月，克用進軍渭橋，以爲邠寧四面行營都統。昭宗還京師。十一月，克用擊破邠州，王行瑜走至慶州，見殺。克用還軍雲陽，請擊茂貞，昭宗慰勞克用，使與茂貞解仇以紓難，拜克用「忠正平難功臣」，封晉王。是時，晉軍渭北，遇雨六十日，或勸克用入朝，克用未決，都押衙蓋寓曰：「天

子還自石門，寢未安席，若晉兵渡渭，人情豈復能安？勤王而已，何必朝哉？」克用笑曰：「蓋寓猶不信我，況天下乎！」乃收軍而還。

三年正月，昭宗復以張濬爲相，克用曰：「此朱全忠之謀也。」乃上表曰：「若陛下朝以濬爲相，則臣將暮至闕廷！」京師大恐，濬命遽止。朱全忠之攻兗、鄆也，克用遣李存信假道魏州以救朱宣等，存信屯于莘縣，軍士侵掠魏境，羅弘信伏兵攻之，存信敗走洺州。克用自將擊魏，戰于洹水，亡其子落落。六月，破魏成安、洹水、臨漳等十餘邑。十月，又敗魏人于白龍潭，進攻觀音門，全忠救至，乃解。

四年，劉仁恭叛晉，克用以兵五萬擊仁恭，戰于安塞，克用大敗。

光化元年，朱全忠遣葛從周攻下邢、洺、磁三州。克用遣周德威出青山口，遇從周于張公橋，德威大敗。冬，潞州守將薛志勤卒，李罕之據潞州，叛附于朱全忠。

二年，全忠遣氏叔琮攻破承天軍，又破遼州，至于榆次，周德威敗之于洞渦。秋，李嗣昭復取澤、潞。三年，嗣昭敗汴軍于沙河，復取洺州，朱全忠自將圍之，嗣昭走，至青山口，遇汴伏兵，嗣昭大敗。秋，嗣昭取懷州。是歲，汴人攻鎮、定，鎮、定皆絕晉以附于朱全忠。

天復元年，全忠封梁王。梁王攻下晉、絳、河中，執王珂以歸。晉失三與國，乃下意爲書幣聘梁以求和。梁王以爲晉弱可取，乃曰：「晉雖請盟，而書辭慢。」因大舉擊晉。四

月，氏叔琮入天井，張文敬入新口，葛從周入土門，王處直入飛狐，侯言入陰地。叔琮取澤、潞，其別將白奉國破承天軍，遼州守將張鄂、汾州守將李瑭皆迎梁軍降，晉人大懼。會天大雨霖，梁兵多疾，皆解去。五月，晉復取汾州，誅李瑭。六月，周德威、李嗣昭取慈、隰。二年，進攻晉、絳，大敗于蒲縣，梁軍乘勝破汾、慈、隰三州，遂圍太原。克用大懼，謀出奔雲州，又欲奔匈奴，未決，梁軍大疫，解去，周德威復取汾、慈、隰三州。

四年，梁遷唐都於洛陽，改元曰天祐。克用以謂劫天子以遷都者梁也，天祐非唐號，不可稱，乃仍稱天復。

五年，會契丹阿保機於雲中，約爲兄弟。

六年，梁攻燕滄州，燕王劉仁恭來乞師。克用恨仁恭反覆，欲不許，其子存勗諫曰：「此吾復振之時也。今天下之勢，歸梁者十七八，彊如趙、魏、中山，莫不聽命。是自河以北，無爲梁患者，其所憚者惟我與仁恭耳，若燕、晉合勢，非梁之福也。夫爲天下者不顧小怨，且彼常困我而我急其難，可因以德而懷之，是謂一舉而兩得，此不可失之機也。」克用以爲然，乃爲燕出兵攻破潞州，梁圍乃解去，以李嗣昭爲潞州留後。

七年，梁兵十萬攻潞州，圍以夾城。遣周德威救潞州，軍于亂柳。冬，克用疾。是歲，梁滅唐，克用復稱天祐四年。

五年正月辛卯，克用卒，年五十三。子存勗立，葬克用於鴈門。

嗚呼，世久而失其傳者多矣，豈獨史官之繆哉！李氏之先，蓋出於西突厥，本號朱邪，至其後世，別自號曰沙陀，而以朱邪爲姓，拔野古爲始祖。其自序云：沙陀者，北庭之磧也，當唐太宗時，破西突厥諸部，分同羅、僕骨之人於此磧，置沙陀府，而以其始祖拔野古爲都督，其傳子孫，數世皆爲沙陀都督，故其後世因自號沙陀。

然予考于傳記，其說皆非也。夷狄無姓氏，朱邪，部族之號耳，拔野古與朱邪同時人，非其始祖，而唐太宗時，未嘗有沙陀府也。

唐太宗破西突厥，分其諸部，置十三州，以同羅爲龜林都督府，僕骨爲金微都督府，拔野古爲幽陵都督府，未嘗有沙陀府也。當是時，西突厥有鐵勒，延陀、阿史那之類爲最大；其別部有同羅、僕骨、拔野古等以十數，蓋其小者也；又有處月、處密諸部，又其小者也。朱邪者，處月別部之號耳。太宗二十二年，已降拔野古，其明年，阿史那賀魯叛。至高宗永徽二年，處月朱邪孤注從賀魯戰于牢山，爲契苾何力所敗，遂沒不見。後百五六十年，憲宗時，有朱邪盡忠及子執宜見於中國，而自號沙陀，以朱邪爲姓矣。

蓋沙陀者，大磧也，在金莎山之陽，蒲類海之東，自處月以來居此磧，號沙陀突厥，而夷狄無文字傳記，朱邪又微不足錄，故其後世自失其傳。至盡忠孫始賜姓李氏，李氏後大，而夷狄之人遂以沙陀爲貴種云。

校勘記

〔一〕簡方行至嵐州　「嵐」，各本原作「鳳」。按舊唐書卷一九上懿宗紀、通鑑卷二五三並云以大同軍使盧簡方爲振武節度，至嵐州而卒。考新唐書地理志，鳳州屬山南西道；大同軍置在代州，與嵐州俱屬河東道；振武軍在鄯州，屬隴右道。自代州赴振武，不可能至鳳州。纂誤補卷一謂「鳳」當作「嵐」。據改。

新五代史卷五

唐本紀第五

存勗，克用長子也。初，克用破孟方立于邢州，還軍上黨，置酒三垂崗，伶人奏百年歌，至于衰老之際，聲甚悲，坐上皆悽愴。時存勗在側，方五歲，克用慨然捋鬚，指而笑曰：「吾行老矣，此奇兒也，後二十年，其能代我戰于此乎！」存勗年十一，從克用破王行瑜，遣獻捷于京師，昭宗異其狀貌，賜以鸂鶒卮、翡翠盤，而撫其背曰：「兒有奇表，後當富貴，無忘予家。」及長，善騎射，膽勇過人，稍習春秋，通大義，尤喜音聲歌舞俳優之戲。

天祐五年正月，卽王位于太原。叔父克寧殺都虞候李存質，倖臣史敬鎔告克寧謀叛。二月，執而戕之，且以先王之喪、叔父之難告周德威，德威自亂柳還軍太原。梁夾城兵聞晉有大喪，德威軍且去，因頗懈。王謂諸將曰：「梁人幸我大喪，謂我少而新立，無能爲也，宜乘其怠擊之。」乃出兵趨上黨，行至三垂崗，歎曰：「此先王置酒處也！」會天大霧晝暝，兵行霧中，攻其夾城，破之，梁軍大敗，凱旋告廟。九月，蜀王王建、岐王李茂貞及楊崇本攻梁大

安，晉亦遣周德威攻其晉州，敗梁軍于神山。

六年，劉知俊叛梁，來乞師，王自將至陰地關，遣周德威攻晉州，敗梁軍于蒙阬。七年冬，梁遣王景仁攻趙，趙王王鎔來乞師，諸將皆疑鎔詐，未可出兵，王不聽，乃救趙。八年正月，敗梁軍于柏鄉，斬首二萬級，獲其將校三百人，馬三千匹。進攻邢州，不下，留兵圍之，去，攻魏。別遣周德威徇梁夏律、高唐，攻博州，破東武、朝城，遂擊黎陽、臨河、淇門，掠新鄉、共城。

燕王劉守光聞晉攻梁深入，乃大治兵，聲言助晉，王患之，乃旋師。七月，會趙王王鎔于承天軍。劉守光稱帝于燕。九年正月，遣周德威會鎭、定以攻燕，守光求救於梁，梁軍攻趙，屠棗彊，李存審擊走之。八月，朱友謙以河中叛于梁來降，梁遣康懷英討友謙，友謙復臣于梁，而亦陰附于晉。十年十月，劉守光請降，王如幽州，守光背約不降，攻破之。十一年，殺燕王劉守光于太原，用其父仁恭于鴈門㈠。於是趙王王鎔、北平王王處直奉册推王爲尙書令，始建行臺。七月，攻梁邢州，戰于張公橋，晉軍大敗。

十二年，魏州軍亂，賀德倫以魏、博二州叛于梁來附。王入魏州，行至永濟，誅其亂首張彥，以其兵五百自衞，號帳前銀槍軍。六月，王兼領魏博節度使。取德州。七月，取澶州。劉鄩軍于洹水，王率百騎覘其營，遇鄩伏兵圍之數重，決圍而出，亡七八騎。八月，梁復取澶州，晉軍與鄩對壘于莘，晉軍數挑戰，鄩閉壁不出。十三年正月，王留李存審于莘，聲言西歸。鄩聞晉王且去，卽引兵擊魏，攻城東。王行至貝州，返擊鄩，大敗之，追至于故元城，又敗之，鄩走黎陽。三月，攻梁衞州，降其刺史米昭；克磁州，殺其刺史靳昭。四月，克洺州。八月，圍邢州，降其節度使閻寶。梁張筠棄相州、戴思遠棄滄州而逃，遂取二州，而貝州人殺梁守將張源德，以城降。

契丹寇蔚州，執振武節度使李嗣本。十四年，契丹寇新州，遂寇幽州，李嗣源擊走之。冬，梁謝彥章軍于楊劉。十二月，攻楊劉，王自負芻以堙塹，遂破之。十五年正月，梁、晉相距于楊劉，彥章決河水以隔晉軍。六月，渡水擊彥章，破其四寨。八月，大閱于魏，合盧龍、橫海、昭義、安國及鎭、定之兵十萬、馬萬匹，軍于麻家渡。謝彥章軍于行臺。十二月，進軍臨濮，梁軍追之，戰于胡柳，晉軍大敗，周德威死之。梁軍暮休于土山，晉軍復擊，大敗之，遂軍德勝，爲夾寨。十六年正月，王兼領盧龍軍節度使。梁王瓚攻德勝南城，不克。十月，廣德勝北城。十二月，敗梁軍于河南。十七年，朱友謙襲同州，梁遣劉鄩擊友謙，李存審敗梁軍于同州。

十八年正月，魏州僧傳眞獻唐受命寶一。趙將張文禮弑其君鎔，文禮來請命。二月，

以文禮爲鎭州兵馬留後。三月，河中節度使朱友謙、昭義軍節度使李嗣昭、橫海軍節度使李存審、義武軍節度使王處直、安國軍節度使李嗣源、鎭州兵馬留後張文禮、領天平軍節度使閻寶、大同軍節度使李存璋、振武軍節度使李存進、匡國軍節度使朱令德，請王卽皇帝位，王三辭，友謙等三請，王曰：「予當思之。」

八月，遣趙王王鎔故將符習及閻寶、史建瑭等攻張文禮於鎭州。建瑭取趙州。張文禮卒，其子處瑾閉城拒守。九月，建瑭戰死。十月，梁戴思遠攻德勝北城，李嗣源敗之于戚城。王處直叛附于契丹，其子都幽處直以來附。十二月，契丹寇涿州，遂寇定州。

十九年正月，敗契丹于新城、望都，追奔至于幽州。三月，閻寶敗于鎭州，以李嗣昭代之。四月，嗣昭戰死，以李存進代之。八月，梁取衞州。九月，存進敗鎭人于東垣，存進戰死。十月，李存審克鎭州。王兼領成德軍節度使。

同光元年春三月，李繼韜以潞州叛附于梁。

夏四月己巳，皇帝卽位，大赦，改元，國號唐。行臺左丞相豆盧革爲門下侍郞，右丞相盧程爲中書侍郞：同中書門下平章事；中門使郭崇韜、昭義監軍張居翰爲樞密使㈠。以魏州爲東京，太原爲西京，鎭州爲北都。

㈠ 剖心以祭墓也。

㊀樞密使，唐故以宦者爲之，其職甚微，至此始參用士人，而與宰相權任鈞矣，故與宰相並書。

閏月，追尊祖考爲皇帝，妣爲皇后：曾祖執宜、祖妣崔氏皆謚曰昭烈，廟號懿祖；祖國昌、祖妣秦氏皆謚曰文景，廟號獻祖；考謚曰武，廟號太祖。立廟于太原，自唐高祖、太宗、懿宗、昭宗爲七廟㊀。壬寅，李嗣源取鄆州㊁。

㊀追尊祖考，則立廟可知，故皆不書「廟」，此書者，以立高祖已下四廟故也。此大事也，舊史失其日。

㊁後唐太祖置義兒軍如李嗣昭等甚衆，初皆賜姓名，而不全若子，故書李嗣源者，書其所賜姓名爾，不以子書也，與友文、從珂異。

五月辛酉，梁人取德勝南城。

六月，及王彥章戰于新壘，敗之。是月，盧程罷。

秋八月，梁人克澤州㊀，守將裴約死之。

㊀唐末，澤、潞皆屬晉，梁初已得澤州，至此又屬晉，而梁克之，中間不見晉得澤州年月，蓋舊史闕不書。五代之亂，戰爭攻取，彼此得失不常，多類此也。

九月戊辰，李嗣源及王彥章戰于遞坊，敗之。

冬十月壬申，如鄆州以襲梁㊀。甲戌，取中都。丁丑，取曹州。己卯，滅梁。敬翔自殺㊁。丙戌，貶鄭珏爲萊州司戶參軍，蕭頃登州司戶參軍；殺李振、趙巖、張漢傑、朱珪，滅其族。

己丑，德音降死罪囚，流已下原之。

㊀掩其不備，疾馳而入之，故曰「襲」，文理宜然，無褒貶也。

㊁翔爲梁臣，梁所以亡唐，翔之謀爲多。梁之亡也，翔雖死之，不書「死」而書「自殺」，死，大節也，見不輕予人也。

十一月乙巳，復北都爲鎮州，太原爲北都。丙辰，復汴州爲宣武軍。丁巳，尚書左丞趙光胤爲中書侍郎，禮部侍郎韋說：同中書門下平章事。戊午，新羅國王金朴英遣使者來。辛酉，復永平軍爲西都。甲子，如洛京㊀。

㊀洛京，從當時語。

十二月庚午朔，至自汴州。辛巳，李繼韜伏誅。繼韜之弟繼達殺其兄繼儔于潞州㊀。壬辰，畋于伊闕。

㊀繼儔以被殺書，非不予其死，蓋繼達殺兄，自當著其罪爾。與書弒君者同。

二年春正月，河南尹張全義及諸鎮進暖殿物。己酉，求唐宦者㊀。庚戌，新羅國王金朴英及其泉州節度使王逢規皆遣使者來〔一〕。乙卯，渤海國王大諲譔使大禹謨來。庚申，如河陽㊁。辛酉，至自河陽。丁卯，七廟神主至自太原，祔于太廟。朝獻于太微宮。戊辰，享于太廟。

㊀凡書過惡辭無譏貶者，直書其實而自見也。

㊁迎皇太后也。太后曹氏，莊宗母也。莊宗即位，遣盧程奉册爲皇太后。舊史、實錄皆無奉册月日，故不書。

二月己巳朔，有事于南郊，大赦。癸酉，羣臣上尊號曰昭文睿武光孝皇帝。戊寅，幸李嗣源第。癸未，立劉氏爲皇后㊀。

㊀五代十三君，立后者七，辭有不同：立得其正者，曰「以其妃、夫人某氏爲皇后」，其不正者，直曰「立某氏爲皇后」。嫌與得正同爾，無褒貶也。

三月己酉，党項來。庚戌，賜從平汴州及入洛南郊立仗軍士等功臣。庚申，工部郎中李塗爲檢視諸陵使㊀。潞州將楊立反。

㊀唐諸帝陵也。

夏五月壬寅，教坊使陳俊爲景州刺史，內園栽接使儲德源爲憲州刺史㊀。丙辰，渤海國王大諲譔遣使者來。丙寅，李嗣源克潞州㊁。

㊀命官不書，此書其甚也。

㊁不書命將，舊史闕。

六月丙子，楊立伏誅。己丑，封回紇王仁美爲英義可汗。

秋七月己酉，如雷山賽天神㊀。

㊀夷狄之事也。

八月，大雨霖，河溢。

九月壬子，置水于城門，以禳熒惑㊀。甲寅，幸郭崇韜第。丙辰，黑水遣使者來。

㊀本紀書災不書異，熒惑爲置水，非禮書爾，見其有懼禍之意，而不知畏天以修德。水、旱、風、蝗之類害物者，災也，故書；其變逆常理不知所以然者，異也，以其不可知，故不書爾。

冬十月癸未，左熊威軍將趙暉妻一產三男子㊀。

㊀此亦變異，而書者，重人事，故謹之。後世以此爲善祥，故於亂世書，以見不然。

十一月癸卯，畋于伊闕。丙午，至自伊闕㊀。丁巳，回鶻使都督安千想來。

㊀書「至」，見其留四日而荒甚。

十二月庚午，及皇后幸張全義第。

三年春正月庚子，如東京，毀即位壇爲鞠場。

二月己巳，聚鞠于新場。乙亥，射鴈于王莽河。辛巳，突厥渾解樓、渤海國王大諲譔皆遣使者來。射鴈于北郊。乙酉，射鴨于郭泊。庚寅，射鴈于北郊。

三月乙未，寒食，望祭于西郊㊀。庚申，至自東京。辛酉，改東京爲鄴都，以洛京爲東都。

㊀俚俗之祭也，非禮，故書。

夏四月乙亥，及皇后幸郭崇韜、朱漢賓第。旱。庚寅，趙光胤薨。

五月丁酉，皇太妃薨，廢朝五日㊀。己酉，黑水、女眞皆遣使者來。

㊀太祖正室，於莊宗爲嫡母，書「太妃」及「輟朝」，見亂世禮壞而恩薄。

六月辛未，宗正卿李紓爲昭宗、少帝改卜園陵使㊀。括馬。

㊀少帝，濟陰王也。梁嘗謚曰「哀皇帝」，唐人謂之「少帝」，從其本語。

秋七月壬寅，皇太后崩㊀。

㊀不書「册皇太后」，已見上注。

八月癸未，殺河南縣令羅貫。

九月庚子，魏王繼岌爲西川四面行營都統，郭崇韜爲招討使以伐蜀。自六月雨至于是月。丁巳，射鴈于尖山。

冬十月壬午，奚、吐渾、突厥皆遣使者來。戊子，葬貞簡太后於坤陵。

十一月丁未，高麗遣使者來。己酉，王衍降㊀。郭崇韜殺王宗弼及其弟宗渥、宗訓，滅其族。

㊀唐兵入蜀，不攻不戰，君臣迎降，故直書其實，以見下書「殺衍」爲殺降。

十二月己卯，畋于白沙。癸未，至自白沙。

閏月辛亥，封弟存美爲邕王，存霸永王，存禮薛王，存渥申王，存乂睦王，存確通王，存紀雅王。

四年春正月壬戌，降死罪以下囚。甲子，魏王繼岌殺郭崇韜及其二子于蜀〔二〕㊀。戊寅，契丹使梅老鞋里來。庚辰，殺其弟睦王存乂及河中護國軍節度使李繼麟，滅其族。乙酉，沙州曹義金遣使者來。丙戌，回鶻阿咄欲遣使者來。丁亥，殺李繼麟之將史武、薛敬容、周唐殷、楊師太、王景、來仁、白奉國，皆滅其族。

㊀實皇后劉氏作教與繼岌使殺崇韜，而書「繼岌殺」者，繼岌將兵在外，后教非天子命，可止而不止。

二月己丑，宣徽南院使李紹宏爲樞密使。癸巳，鄴都軍將趙在禮反于貝州㊀。甲午，畋于冷泉。趙在禮陷鄴都，武寧軍節度使李紹榮討之。邢州軍將趙太反，東北面招討使李紹眞討之。甲辰，成德軍節度使李嗣源討趙在禮。

㊀反者皆不書日，獨在禮書日，推迹其心可知爾。其事具本傳。蓋在禮初無亂心，以是日見迫而反爾。雖加以大惡之名，猶原其本心而異於他反者。於此見凡書人善惡，不妄加之也如此。

三月，趙太伏誅。李嗣源反。博州守將翟建自稱刺史。甲子，殺王衍，滅其族㊀。乙丑，如汴州。壬申，次滎澤。龍驤指揮軍使姚彥温以前鋒軍叛降于李嗣源。嗣源入于汴州。甲戌，至自萬勝㊁。從馬直指揮使郭從謙反。

㊀許其不死，降而殺之，又滅其族，於殺非罪此爲甚，而書無異辭者，前書「衍降」，義自見也。

㊁帝至萬勝鎮，聞嗣源已入汴州，乃還。

夏四月丁亥朔，皇帝崩㊀。

㊀年四十三。帝尸爲伶人焚之，明宗入洛，得其骨燼。天成元年七月，葬之河南新安縣，號雍陵，至晉避廟諱，更曰伊陵。其不書「葬」，與梁太祖同。

校勘記

〔一〕泉州　五代會要卷三〇作「康州」。

〔二〕魏王繼岌殺郭崇韜及其二子于蜀　「二子」，各本原作「三子」。按薛史卷五七郭崇韜傳、通鑑卷二七四，郭崇韜子從死於蜀者，止廷信、廷誨二人。本史卷二四郭崇韜傳亦云「崇韜有五子，其二從死於蜀」。據改。

新五代史卷六

唐本紀第六

明宗聖德和武欽孝皇帝，世本夷狄，無姓氏。父霓，爲鴈門部將，生子邈佶烈，以騎射事太祖，爲人質厚寡言，執事恭謹，太祖養以爲子，賜名嗣源。梁攻兗、鄆，朱宣、朱瑾來乞師，太祖遣李存信將兵三萬救之。存信留莘縣不進，使嗣源別以兵三千先擊梁兵，梁兵解去。存信留莘縣久之，爲羅弘信所襲，存信敗走，嗣源獨殿而還，太祖以嗣源所將騎五百號「橫衝都」。

光化三年，李嗣昭攻梁邢、洺，出青山，遇葛從周兵，嗣昭大敗走，梁兵追之。嗣源從間道後至，謂嗣昭曰：「爲公一戰。」乃解鞍礪鏃，憑高爲陣，左右指畫，梁追兵望之莫測。嗣源急呼曰：「吾取葛公，士卒可無動！」乃馳騎犯之，出入奮擊，嗣昭繼進，梁兵解去。嗣源身中四矢，太祖解衣賜藥以勞之，由是李橫衝名重四方。

梁、晉相拒于柏鄉，梁龍驤軍以赤、白馬爲兩陣，旗幟鎧仗皆如馬色，晉兵望之皆懼。

莊宗舉鍾以飲嗣源曰：「卿望梁家赤、白馬懼乎？雖吾亦怯也。」嗣源笑曰：「有其表爾，翌日歸吾廄也。」莊宗大喜曰：「卿當以氣吞之。」因引鍾飲釂，奮檛馳騎，犯其白馬，挾二裨將而還。梁兵敗，以功拜代州刺史。

莊宗攻劉守光，嗣源及李嗣昭將兵三萬別出飛狐，定山後，取武、嬀、儒三州。莊宗已平魏州，因徇下磁、相，拜相州刺史、昭德軍節度使。久之，徙鎮安國。契丹攻幽州，莊宗遣嗣源與閻寶等擊走之。

同光元年，徙鎮橫海。是時，梁、唐相拒于河上，李繼韜以潞州叛降梁，莊宗有憂色，召嗣源帳中，謂曰：「繼韜以上黨降梁，而梁方急攻澤州，吾出不意襲鄆州，以斷梁右臂，可乎？」嗣源對曰：「夾河之兵久矣，苟非出奇，則大計不決，臣請獨當之。」乃以步騎五千涉濟，至鄆州，鄆人無備，遂襲破之，即拜天平軍節度使、蕃漢馬步軍副都總管。梁軍攻破德勝南柵，莊宗退保楊劉，王彥章急攻鄆州，莊宗悉軍救之，嗣源爲前鋒擊梁軍，追至中都，擒彥章及梁監軍張漢傑。

彥章雖敗，而段凝悉將梁兵屯河上，莊宗未知所嚮，諸將多言乘勝以取青、齊，嗣源曰：「彥章之敗，凝猶未知，使其聞之，遲疑定計，亦須三日。縱使料吾所向，亟發救兵，必渡黎陽，數萬之衆，舟楫非一日具也。此去汴州，不數百里，前無險阻，方陣而行，信宿可至，汴

州已破，段凝豈足顧哉！」而郭崇韜亦勸莊宗入汴，莊宗以爲然，遣嗣源以千騎先至汴州，攻封丘門，王瓚開門降。莊宗後至，見嗣源大喜，手攬其衣，以頭觸之曰：「天下與爾共之。」拜中書令。

二年，莊宗祀天南郊，賜以鐵券。五月，破楊立于潞州。六月，徙鎮宣武，兼蕃漢內外馬步軍總管。冬，契丹侵漁陽，嗣源敗之于涿州。

三年，徙鎮成德。莊宗幸鄴，請朝行在，不許。貞簡太后疾，請入省，又不許。太后崩，請赴山陵，許之，而契丹侵邊，乃止。十二月，遂朝于洛陽。

天成元年㈠，郭崇韜、朱友謙皆以讒死，嗣源以名位高，亦見疑忌。趙在禮反於魏，大臣皆請遣嗣源討賊，莊宗不許，羣臣屢請，莊宗不得已，遣之。

㈠實同光四年，而書「天成元年」者，大赦改元文見下可知。莊宗本紀自書「同光四年」，各從其所稱，既曰改元，不嫌二號也。

三月壬子，嗣源至魏，屯御河南，在禮登樓謝罪。甲寅，軍變，嗣源入于魏，與在禮合，夕出，止魏縣。丁巳，以其兵南，遣石敬瑭將三百騎爲先鋒。嗣源行過鉅鹿，掠小坊馬二千匹以益軍。壬申，入汴州。

四月丁亥，莊宗崩。己丑，入洛陽。甲午，監國，朝羣臣于興聖宮。乙未，中門使安重誨爲樞密使。殺元行欽及租庸使孔謙。壬寅，左驍衞大將軍孔循爲樞密使。丙午，始奠于西宮㈠，皇帝即位于柩前㈡，易斬縗以衮冕㈢。壬子，魏王繼岌薨㈣。甲寅，大赦，改元。渤海國王大諲譔使大陳林來。是月，張居翰罷。

㈠曰「始奠」，見其緩也。自己丑入洛，至此二十日矣。

㈡柩前即位，嗣君之禮也。反逆之臣自立，而用嗣君之禮，書從其實而不變文者，蓋先已書反，正其罪矣。此書其實者，見其猶有自愧之心，而欲逃大惡之名也。

㈢既用嗣君之禮矣，遽釋縗而服冕，故書以見其情詐。

㈣諸王薨不書，此書者，見明宗擧兵實反，會從謙弑逆，遂託赴難爲名。及即位時，莊宗元子猶在，則其辭屈矣。

五月丙辰朔，太子賓客鄭珏、工部尚書任圜爲中書侍郎、同中書門下平章事。戊辰，趙在禮爲義成軍節度使㈠。

㈠在禮始亂宜誅，而明宗因之以反，命以方鎮，報其功也，故書。

六月丁酉，汴州控鶴軍亂，指揮使張諫殺其權知州事高逖。己亥，諫伏誅。

秋七月庚申，安重誨殺殿直馬延于御史臺門㈠。契丹使梅老述骨來，渤海使大昭佐來。己卯，貶豆盧革爲辰州刺史，韋說敍州刺史。甲申，流革于陵州，說于合州。

中華書局

㊀御史臺所以糾百官之不法，殺人于臺門，惡其甚。

八月乙酉朔，陝州硤石縣民高存妻一產三男子。丁酉，以象笏三十二賜百官之無笏者㊀。閱稼于冷泉宮。己亥，契丹犯邊。丁未，平盧軍節度使霍彥威殺其登州刺史王公儼。甲寅，醫官張志忠爲太原少尹。

㊀是時朝廷衰弱之甚，故書。

九月己未，幸至德宮及袁建豐第。

冬十月丁亥，雲南山後兩林百蠻都鬼主、右武衞大將軍李卑晚使大鬼主傅能何華來。辛丑，契丹使沒骨餒來告阿保機哀，廢朝三日。旱，辛亥雨。

二年春正月癸丑朔，更名亶。癸亥，端明殿學士兵部侍郎馮道、太常卿崔協爲中書侍郎、同中書門下平章事。

二月壬午朔，新羅使張芬來。西川節度使孟知祥殺其兵馬都監李嚴。丙申，赦京師囚。郭從謙爲景州刺史，既而殺之㊀。戊戌，山南東道節度使劉訓爲南面招討使，以伐荆南㊁。

㊀從謙弒君，不討而命以官，故書。與在禮同罪宜誅，而書「殺」者，明宗亦同罪，不得行誅，故以兩相殺書之。

㊁是時，荆南自絕於中國而附吳，不足以有罪，不書討而書「伐」，見非內臣，不責其叛。

三月壬子朔，幸會節園，羣臣買宴㊀。盧臺亂，殺其將烏震。新羅使林彥來。

㊀遊幸若不過度，則小事也，皆不書。惟莊宗及晉出帝之世則書者，著其過度耳。明宗於五代爲勤儉之君，遊幸無過度，此書以著買宴，見君臣之失矣。

夏四月庚寅，盧臺軍將龍晊等伏誅。

六月丙戌，任圜罷。庚子，幸白司馬坡，祭突厥神㊀。

㊀夷狄之事也。

秋七月甲子，隨州刺史西方鄴取夔、忠、萬州。癸酉，殺豆盧革、韋說。

八月乙酉，牂牁使宋朝化及昆明使者來。

九月庚午，党項使如連山來。壬申，契丹使梅老來。

多十月乙酉，如汴州。宣武軍節度使朱守殷反，馬步軍都指揮使馬彥超死之。己丑，守殷自殺㊀。乙未，殺太子少保致仕任圜㊁。辛丑，德音釋繫囚。是月，傳箭于霍彥威㊂。

㊀不書克汴州者，天子自以兵討，未嘗攻戰，直入其城也。佗「自殺」不書，爲書克州；此不書克州，故書「自殺」。

㊁實安重誨矯詔殺之，不書重誨殺者，明宗知而不責，又下詔書誣圜以罪，故以明宗自殺書之。

㊂夷狄之事也。

十一月乙亥，契丹使梅老來。

十二月己丑，回鶻西界吐蕃遣使者來。甲辰，畋于東郊。丙午，追尊祖考爲皇帝，妣爲皇后：高祖聿謚曰孝恭，廟號惠祖，祖妣劉氏謚曰孝恭昭；曾祖敖謚曰孝質，廟號毅祖，祖妣張氏謚曰孝質順；祖琰謚曰孝靖，廟號烈祖，祖妣何氏謚曰孝靖穆；考謚曰孝成，廟號德祖，妣劉氏謚曰孝成懿。立廟于應州。

三年春正月丁巳，契丹陷平州。

二月辛巳，吐渾都督李紹虜來〔一〕。乙未，孔循罷。戊戌，回鶻使李阿山來。

三月丁未朔，御札求直言。己未，鄭珏罷。癸亥，成德軍節度使王建立爲尚書右僕射、同中書門下平章事。西方鄴克歸州。戊辰，宣徽南院使范延光爲樞密使。

夏四月戊寅，延光罷。乙酉，達靼遣使者來。義武軍節度使王都反。壬寅，歸德軍節度使王晏球爲北面行營招討使。

五月，契丹禿餒入于定州。辛酉，右衞上將軍趙敬怡爲樞密使。封回鶻可汗王仁裕爲順化可汗。

秋七月己未，殺齊州防禦使曹廷隱。

八月，盧龍軍節度使趙德鈞執契丹首領惕隱赫邈。慶州防禦使竇廷琬反。

多十月，靜難軍節度使李敬周討之。丁巳，突厥使張慕晉來。

十一月壬午，吐渾使念九來。甲午，王建立罷。

十二月，李敬周克慶州，竇廷琬伏誅。辛亥，幸康義誠第。

四年春正月壬辰，回鶻使掣撥都督來。

二月癸卯，王晏球克定州㊀。辛酉，晏球獻馘俘。趙敬怡薨。丁卯，崔協薨。庚午，至自汴州。

㊀王都自焚，故不書伏誅。

三月丙戌，殺姪從璨。

夏四月，契丹寇雲州。癸丑，契丹使擦括梅里來求禿餒，殺之。甲寅，端明殿學士、尚書兵部侍郎趙鳳爲門下侍郎兼工部尚書、同中書門下平章事。

五月己巳，朝羣臣，賀朔㊀。乙酉，追謚少帝曰昭宣光烈孝皇帝。契丹寇雲州。

㊀不曰視朝，而曰「賀朔」，著非禮。視朝常事，自不書爾。五月賀朔，出於道家之說，自唐以來用之。晉之見亂世擧非禮之不急者。此禮其後屢行，皆不復書者，與入閤同。

秋七月壬申，殺右金吾衞上將軍毛璋。

八月乙巳，黑水使骨至來。丁未，吐渾首領念公山來。乙卯，党項折遇明來。己未，高麗王建使張彬來。

九月癸巳，殺供奉官烏昭遇。

冬十二月辛丑，殺西平縣令李商。

長興元年春正月丁卯，閱馬于苑。辛卯，宣徽南院使朱弘昭爲大內留守。

二月，戊戌，黑水兀兒遣使者來。乙巳，天雄軍節度使石敬瑭爲御營使。癸丑，朝獻于太微宮。甲寅，享于太廟。乙卯，有事于南郊，大赦，改元。

三月庚寅，立淑妃曹氏爲皇后。

夏四月戊戌，安重誨使河中衙內指揮使楊彥温逐其節度使從珂。壬寅，西京留守索自通、侍衞步軍指揮使藥彥稠討之。辛亥，自通執彥温殺之㊀。戊午，羣臣上尊號曰聖明神武文德恭孝皇帝。辛酉，吐蕃首領于撥葛來。

㊀彥温雖有罪，有命獲而勿殺，自通擅殺之，故不書「誅」而書「殺」。

五月丁丑，回鶻使孽栗祖來。庚辰，回鶻使安黑連來。

秋七月壬午，訪莊宗子孫瘞所㊀。

㊀莊宗子孫而不知瘞所，見明宗舉兵不順，禍害所罹者可哀也。於此始求之，見事緩而無恩也。

八月乙未，忠武軍節度使張延朗爲三司使㊁。壬寅，殺捧聖都軍使李行德、十將張儉，滅其族。吐渾來附。封子從榮爲秦王。戊申，海州將王傳極殺其刺史陳宣，叛于吳來降。乙卯，吐渾康合畢來。丙辰，封子從厚爲宋王。

㊁三司使始於此，而今遂因之。

九月壬戌，吐蕃使王滿儒來。東川節度使董璋反。甲申，成德軍節度使范延光爲樞密使。丁亥，石敬瑭爲東川行營都招討使。

冬十月丁酉，始藏冰。甲辰，驍衞上將軍致仕張篯進助軍粟。乙巳，董璋陷閬州，殺節度使李仁矩，指揮使姚洪死之。孟知祥反。

十一月庚申朔，秦王從榮受册，謁于太廟㊀。丙戌，契丹東丹王突欲來奔㊁。

㊀册禮廢於亂世，至此始一行之，故書。

㊁夷狄不可以禮義責，故不曰叛于契丹。

十二月丁未，二王後、祕書丞、酅國公楊仁矩卒，廢朝一日。丁巳，回鶻順化可汗王仁裕使翟末斯來。安重誨討董璋㊀。沙州曹義金遣使者來。

㊀不命將名，直以樞密使往。

二年春正月戊辰，党項使折七移來。庚辰，達靼使列六薛孃居來。

二月丁酉，幸安元信第。戊戌，突厥使杜阿熟、吐渾使康萬琳來。辛丑，安重誨罷。

三月，趙鳳罷。丁亥，太常卿李愚爲中書侍郎、同中書門下平章事。

夏四月甲辰，宣徽北院使趙延壽爲樞密使。甲寅，董璋陷遂州，武信軍節度使夏魯奇死之。乙卯，以旱赦流罪以下囚。

閏五月丁酉，殺太子太師致仕安重誨及其妻張氏、子崇贊崇緒。

秋八月己未，契丹使邪姑兒來。

九月丁亥，放五坊鷹隼。

冬十一月戊申，吐蕃遣使者來。辛丑，旌表棣州民邢釗門閭㊀。

㊀干戈之世，王道息而禮義亡，民猶有自知孝悌，而時君旌表，猶有勸民之意，故兩著而書之。

十二月甲寅朔，除鐵禁，初稅農具錢㊀。己未，西涼府遣使者來。己巳，回鶻使安求思來。辛未，渤海使文成角來。党項寇方渠。

㊀至今因之，故書。

三年春正月庚子，契丹使拽骨來。己酉，渤海、回鶻皆遣使者來。

二月己卯，靜難軍節度使藥彥稠及党項戰于牛兒谷，敗之。

三月甲申，契丹遣使者來。

夏四月庚申，新羅遣使者來。

五月己丑，二王後、詹事司直楊延紹襲封酅國公。丙午，孟知祥攻董璋，陷綿州。

六月甲寅，封王建爲高麗國王、大義軍使。孟知祥殺董璋，陷東川。達靼首領頡哥以其族來附。

秋八月己卯，吐蕃遣使者來。

冬十月庚申，幸石敬瑭第。

四年春正月庚寅，端明殿學士、兵部侍郎劉昫爲中書侍郎、同中書門下平章事。

二月戊午，孟知祥使朱滉來㊀。

㊀十國外而不書，此書者，知祥本唐臣而反，至此改過自歸，絕之則嫌不許其自新，錄之則倘冀其遷善，然其來也，臣禮不備，故如夷狄書之。

三月甲辰，追册晉國夫人夏氏爲皇后。夏五月戊寅，封子從珂爲潞王㊀，從益許王，姪從溫兗王，從璋洋王，從敏涇王。丙戌，契丹使述骨卿來。

㊀從珂非子，而書「子」，與梁博王友文同。

秋七月乙未，回鶻都督李末來，獻白鶻，命放之。

八月戊申，大赦。

九月戊戌，趙延壽罷。山南東道節度使朱弘昭爲樞密使。

多十月庚申，范延光罷。三司使馮贇爲樞密使。壬申，幸士和亭，得疾㊀。

㊀書「得疾」，爲從榮事詳之。

十一月壬辰，秦王從榮以兵入興聖宮，不克，伏誅㊀。乙未，侍衞親軍都指揮使康義誠殺三司使孫岳。戊戌，皇帝崩于雍和殿㊁。

㊀君病不侍疾，以兵求立，罪當誅，故書「伏誅」。其意以謂帝崩矣，懼不得立，而舉兵自助，非反，故不書反。

㊁年六十七。清泰元年，葬河南洛陽縣，號徽陵。雖得其死，而爲賊所葬，故亦不書葬。

嗚呼，自古治世少而亂世多！三代之王有天下者，皆數百年，其可道者，數君而已，況於後世邪！況於五代邪！

予聞長老爲予言：「明宗雖出夷狄，而爲人純質，寬仁愛人。」於五代之君，有足稱也。嘗夜焚香，仰天而祝曰：「臣本蕃人，豈足治天下！世亂久矣，願天早生聖人。」自初即位，減罷宮人、伶官；廢內藏庫，四方所上物，悉歸之有司。廣壽殿火災，有司理之，請加丹雘，喟然歎曰：「天以火戒我，豈宜增以侈邪！」歲嘗旱，已而雪，暴坐庭中，詔武德司宮中無埽雪，曰：「此天所以賜我也。」數問宰相馮道等民間疾苦，聞道等言穀帛賤，民無疾疫，則欣然曰：「吾何以堪之，當與公等作好事，以報上天。」吏有犯贓，輒寘之死，曰：「此民之蠹也！」以詔書褒廉吏孫岳等，以風示天下。其愛人恤物，蓋亦有意於治矣。

其即位時，春秋已高，不邇聲色，不樂遊畋。在位七年，於五代之君，最爲長世，兵革粗息，年屢豐登，生民實賴以休息。

然夷狄性果，仁而不明，屢以非辜誅殺臣下。至於從榮父子之間，不能慮患爲防，而變起倉卒，卒陷之以大惡，帝亦由此飲恨而終。

當是時，大理少卿康澄上疏言時事，其言曰：「爲國者有不足懼者五，深可畏者六：三辰失行不足懼，天象變見不足懼，小人訛言不足懼，山崩川竭不足懼，水旱蟲蝗不足懼也；賢士藏匿深可畏，四民遷業深可畏，上下相徇深可畏，廉恥道消深可畏，毀譽亂眞深可畏，直言不聞深可畏也。」識者皆多澄言切中時病。若從榮之變，任圜、安重誨等之死，可謂上下相徇，而毀譽亂眞之敝矣。然澄之言，豈止一時之病，凡爲國者，可不戒哉！

校勘記

〔一〕吐渾都督李紹虜　本史卷七四四夷附錄載：吐渾有首領白承福，唐莊宗爲置寧朔、奉化兩府，使爲都督，賜姓名爲李紹魯。薛史卷三九唐明宗紀亦云「以吐渾寧朔、奉化兩府都知兵馬使李紹魯爲吐渾寧朔府都督」。當卽此人。

新五代史卷七

唐本紀第七

愍皇帝，明宗第五子從厚也。爲人形質豐厚，寡言好禮，明宗以其貌類己，特愛之。天成二年，以檢校司徒拜河南尹、判六軍諸衞事，加檢校太保、同中書門下平章事。從厚妃，孔循女也，安重誨怒循以女妻從厚，三年，罷循樞密使，出從厚爲宣武軍節度使。明年徙鎭河東。長興元年，封從厚宋王，徙鎭成德。二年，徙鎭天雄，累加兼中書令。

四年十一月，秦王從榮伏誅。明宗病甚，遣宦者孟漢瓊召王于鄴，而明宗崩，祕其喪六日。十二月癸卯朔，發喪于西宮，皇帝卽位于柩前，羣臣見於東階，復于喪位。丙午，成服于西宮㊀。庚戌，登光政門樓，存問軍民。辛亥，殺司衣王氏。癸丑，始聽政。乙卯，殺司儀康氏。丁巳，馮道爲大行皇帝山陵使，戶部尚書韓彥惲爲副，中書舍人王延爲判官，禮部尚書王權爲禮儀使，兵部尚書李鏻爲鹵簿使，御史中丞龍敏爲儀仗使，左僕射權判河南府盧質爲橋道頓遞使。丁卯，禫。

㊀二代五君，於此始見嗣君卽位服喪之事，先君得其終，嗣君得其始，而免禍亂於臣民，於篡亂之世，稀見之事也，故特詳言之。

應順元年春正月壬申朔，視朝于廣壽殿㊀。乙亥，契丹使都督沒辣于來。戊寅，大赦，改元，用樂。回鶻可汗王仁美遣使者來〔一〕。沙州、瓜州遣使者來。乙未，朱弘昭、馮贇獻錢助作山陵。

㊀著非禮也。

閏月丙午，册皇太后㊀。甲寅，册太妃王氏。北京留守石敬瑭獻銀絹助作山陵。

二月庚寅，視作山陵。鳳翔節度使潞王從珂反。辛卯，西京留守王思同爲西面行營都部署，靜難軍節度使藥彥稠爲副。

㊀不書姓氏，不曰册某人爲太后者，母尊不可斥，其事自見於傳也。

三月丙辰，思同兵潰，嚴衞指揮使尹暉、羽林指揮使楊思權以其軍叛降于從珂。辛酉，殺侍衞親軍都指揮使朱弘實。癸亥，河陽三城節度使康義誠爲鳳翔行營都招討使，王思同爲副。西京副留守劉遂雍叛降于從珂，思同奔歸于京師，不克，死之。丁卯，京城巡檢使安從進叛，殺馮贇，朱弘昭自殺，從進傳其二首于從珂。戊辰，如衞州㊀。

㊀不書帝崩者，當於廢帝紀書弒鄂王也。

廢帝，鎭州平山人也。本姓王氏，其世微賤，母魏氏，少寡，明宗爲騎將，過平山，掠得之。魏氏有子阿三，已十餘歲，明宗養以爲子，名曰從珂。及長，狀貌雄偉，謹信寡言，而驍勇善戰，明宗甚愛之。自晉兵戰梁于河上，從珂常立戰功，莊宗呼其小字曰：「阿三不徒與我同年，其敢戰亦類我。」

同光二年，爲衞州刺史突騎指揮使，戍于石門。明宗討趙在禮，自魏反兵而南，從珂率戍兵自曲陽、孟縣馳出常山以追明宗。明宗之南也，兵少，得從珂兵在後，而軍聲大振。明宗入立，拜從珂河中節度使，封潞王。是時，明宗春秋已高，王於諸子次最長，樞密使安重誨患之，乃矯詔河中裨將楊彥溫使圖之。王閱馬于黃龍莊，彥温卽閉門拒之，王止于虞鄕以聞，明宗召王還京師，居之淸化里第。重誨數請行軍法，明宗不聽，後重誨見殺，乃起王爲左衞大將軍、西京留守。

長興三年，爲鳳翔節度使。王子重吉自明宗時典禁兵，爲控鶴指揮使，愍帝卽位，朱弘昭、馮贇用事，乃罷重吉兵職，出爲亳州團練使。又徙王爲北京留守，不降制書而宣授，又以李從璋爲代。初，安重誨得罪罷河中，以從璋爲代，而重誨見殺，故王益自疑，遂據城反。愍帝遣王思同會諸鎭兵討之，思同戰敗走，諸鎭兵皆潰。

淸泰元年三月丁巳，王以兵東。庚申，次長安，西京副留守劉遂雍叛于唐，來降。甲子，次華州，執藥彥稠。丙寅，次靈寶，河中安彥威、陝州康思立叛于唐，來降。己巳，次陝。康義誠叛于唐，來降。殺宣徽使孟漢瓊。愍帝出居于衞州。

夏四月壬申，入京師，馮道率百官迎王于蔣橋，王辭不見。入哭于西宮，遂見羣臣，道拜，王答拜。入居于至德宮。癸酉，以太后令降天子爲鄂王，命王監國。乙亥，皇帝卽位。丙子，率河南民財以賞軍。丁丑，借民房課五月以賞軍。戊寅，弒鄂王㊀，慈州刺史宋令詢死之〔二〕。乙酉，大赦，改元。戊子，殺康義誠及藥彥稠㊁。

㊀義與「弒濟陰王」同。

㊁義誠叛于愍帝，罪宜曰「誅」，而廢帝同惡相殺，故書曰「殺」。

五月丙午，端明殿學士、左諫議大夫韓昭胤爲樞密使，莊宅使劉延朗爲樞密副使。庚戌，馮道罷。天雄軍節度使范延光爲樞密使。甲寅，賜勸進選人、宗子官。

六月庚辰，幸范延光及棄自通第。

秋七月辛亥，太常卿盧文紀爲中書侍郎、同中書門下平章事。丁巳，立沛國夫人劉氏爲皇后。

八月辛未，尚書左丞姚顗爲中書侍郎、同中書門下平章事。許御署官選㊀。

㊀「御署官」，疑是廢帝初擧兵時所置之官，以其非吏部正授，故須有旨方得選。此於事無勸戒，不必書，以舊史不詳，故存所不知，愼傳疑也。

九月，契丹寇邊。

冬十月戊寅，李愚、劉昫罷。

十二月乙亥，雄武軍節度使張延朗爲中書侍郎、同中書門下平章事。契丹寇雲州。庚寅，幸龍門。旱。

二年春二月甲戌，范延光罷。己丑，追尊魯國太夫人魏氏爲皇太后㊀。

㊀非嫡母，故詳其爵氏。

三月辛丑，忠武軍節度使趙延壽爲樞密使。

夏五月辛卯，宣徽南院使劉延皓爲樞密使。契丹寇邊。

六月癸未，羣臣獻添都馬㊀。

㊀「都」者，軍伍之名。

秋七月丁酉，回鶻可汗王仁美使其都督陳福海來。劉延皓罷。

九月己酉，刑部尚書房暠爲樞密使。乙卯，渤海遣使者來。

三年春正月乙未，百濟遣使者來。丁未，封子重美爲雍王。

三月丙午，翰林學士、禮部侍郎馬胤孫爲中書侍郎、同中書門下平章事。河東節度使石敬瑭反。

夏五月乙卯，建雄軍節度使張敬達爲太原四面都招討使，義武軍節度使楊光遠爲副。戊申，先鋒指揮使安審信叛降于石敬瑭。己酉，振武戍將安重榮叛降于石敬瑭。壬子，天雄軍屯駐捧聖都虞候張令昭逐其節度使劉延皓。

六月癸亥，以令昭爲右千牛衞將軍，權知天雄軍事㊀。甲戌，宣武軍節度使范延光爲天雄軍四面招討使。

㊀佗命官不書「以」，此書「以」者，明令昭猶可「以」。

秋七月戊申，克魏州。壬子，張令昭伏誅。癸丑，彰聖指揮使張萬迪叛降于石敬瑭。

八月戊午，契丹使梅里來。

九月甲辰，張敬達及契丹戰于太原，敗績，契丹圍敬達于晉安。戊申，如河陽。

冬十月壬戌，括馬，籍民爲兵。

十一月戊子，盧龍軍節度使趙德鈞爲行營都統。丁酉，契丹立晉。

閏月甲子，楊光遠殺張敬達，以其軍叛降于契丹㊀。甲戌，契丹及晉人至于潞州。丁丑，至自河陽。辛巳，皇帝崩㊁。

㊀敬達不書死之而書「殺」者，敬達大將，宜以義責光遠而誅之，雖不果而見殺，猶爲得死，乃諷光遠殺己以叛，故書之如其志。

㊁年五十一，帝自焚死，晉高祖命葬其燼骨於徽陵城中。

嗚呼，君臣之際，可謂難哉！蓋明者慮於未萌而前知，暗者告以將及而不懼，故先事而言，則雖忠而不信，事至而悔，其可及乎？重誨區區獨見潞王之禍，而謀之不臧，至於殞身赤族，其隙自茲。及愍帝之亡也，穴於徽陵，其土一壠，路人見者，皆爲之悲。使明宗爲有知，其有媿於重誨矣，哀哉！

校勘記

〔一〕回鶻可汗王仁美遣使者來　按薛史卷三二唐莊宗紀、卷一三八回鶻傳、冊府元龜（下簡稱冊府）卷九六七及五代會要卷二八並云：同光二年仁美卒；天成三年，唐明宗封仁裕爲順化可汗。本史卷七四四夷附錄略同。而本史本卷順應元年、淸泰二年及卷八晉高祖紀天福三年、四年，凡四次記仁美遣使、受封事。二十二史考異（下簡稱考異）卷六一謂「此四條『仁美』字似皆『仁裕』之訛」。今查薛史卷七八晉高祖紀、冊府卷九七二于淸泰、天福中，亦屢書仁美入貢、受封。是記載前後矛盾，非止本史，孰是孰非，有待詳考。

〔二〕慈州刺史宋令詢死之　「慈州」，薛史卷四六唐末帝紀及通鑑卷二七九作「磁州」。

新五代史卷八

晉本紀第八

高祖聖文章武明德孝皇帝，其父臬捩雞，本出於西夷，自朱邪歸唐，從朱邪入居陰山。其後，晉王李克用起於雲、朔之間，臬捩雞以善騎射，常從晉王征伐有功，官至洺州刺史。臬捩雞生敬瑭，其姓石氏，不知得其姓之始也。

敬瑭爲人沈厚寡言，明宗愛之，妻以女，是爲永寧公主，由是常隸明宗帳下，號左射軍。莊宗已得魏，梁將劉鄩急攻清平，莊宗馳救之，兵未及陣，爲鄩所掩，敬瑭以十餘騎橫槊馳擊，返之以旋。莊宗拊其背而壯之，手啗以酥，啗酥，夷狄所重，由是名動軍中。十五年，莊宗戰于胡柳，前鋒周德威戰死，敬瑭以左射軍從明宗復擊敗梁兵。明宗戰胡盧套、楊村，爲梁兵所敗，敬瑭常脫明宗於危。

趙在禮之亂，明宗討之，至魏而兵變，明宗初欲自歸于天子，明己所以不反者。敬瑭獻計曰：「豈有軍變於外，上將獨無事者乎？且猶豫者兵家大忌，不如速行。願得騎兵三百先

攻汴州，夷門天下之要害也，得之可以成事。」明宗然之，與之驍騎三百，渡黎陽爲前鋒，明宗遂入汴。莊宗自洛後至，不得入，而兵皆潰去。莊宗西還，明宗以敬瑭爲前鋒趣汜水，且收其散卒。莊宗遇弒，明宗入立，拜敬瑭保義軍節度使，賜號「竭忠建策興復功臣」，兼六軍諸衞副使。

在陝爲政以廉聞。是時，諸侯多不奉法，鄧州陶玘、亳州李鄴皆以贓汙論死，明宗下詔書褒廉吏普州安崇阮、洺州張萬進、耀州孫岳等以諷天下，而以敬瑭爲首。天成二年十月，從幸汴州，爲御營使，拜宣武軍節度使、侍衞親軍馬步軍都指揮使，六軍副使如故；改賜「耀忠匡定保節功臣」。三年四月，徙鎭天雄，拜同中書門下平章事、興唐尹。五月，拜駙馬都尉。董璋反東川，爲行營都招討使，不克而還。復兼六軍諸衞副使。徙鎭河陽三城，未行，而契丹、吐渾、突厥皆入寇，是時，秦王從榮統六軍，敬瑭疑其必及禍，不欲爲其副，乃自請行。及制出，不落副使，輒復辭行。明宗數責大臣問誰可行者，范延光、趙延壽等卒以敬瑭爲請，乃拜河東節度使、大同彰國振武威塞等軍蕃漢馬步軍總管，落六軍副使，乃行。

明年，明宗崩，愍帝卽位，加中書令。三月，徙鎭成德。淸泰元年五月，復鎭太原，來朝京師。潞王從珂反於鳳翔，愍帝出奔，遇敬瑭于道，敬瑭殺帝從者百餘人，幽帝于衞州而去。

廢帝卽位，疑敬瑭必反。

天福元年五月，徙鎭天平，敬瑭果不受命，謂其屬曰：「先帝授吾太原使老焉，今無故而遷，是疑吾反也。且太原地險而粟多，吾當內檄諸鎭，外求援於契丹，可乎？」桑維翰、劉知遠等共以爲然。乃上表論廢帝不當立，請立許王從益爲明宗嗣。廢帝下詔削奪敬瑭官爵，命張敬達等討之，敬瑭求援於契丹。

九月，契丹耶律德光入自鴈門，與唐兵戰，敬達大敗。敬瑭夜出北門見耶律德光，約爲父子。

十一月丁酉，皇帝卽位㊀，國號晉。以幽、涿、薊、檀、順、瀛、莫、蔚、朔、雲、應、新、嬀、儒、武、寰州入于契丹。己亥，大赦，改元。掌書記桑維翰爲翰林學士、尙書禮部侍郎，知樞密使事。

㊀於廢帝本紀書「契丹立晉」，據所見也，於此書「皇帝卽位」，以自立爲文，原其心也。晉高祖之反，無契丹之助，亦必自立，蓋其志在於爲帝，故使自任其惡也。

閏月丙寅，翰林學士承旨、尙書戶部侍郎趙瑩爲門下侍郎，桑維翰爲中書侍郎：同中書門下平章事，兼樞密使〔一〕。甲戌，趙德鈞及其子延壽叛于唐來降，契丹鏁之以歸。己卯，

次河陽，節度使萇從簡叛于唐來降㊀。辛巳，至自太原。盧文紀、姚顗罷。甲申，大赦，殺張延朗、劉延朗，赦房暠。

㊀是日廢帝由在。

十二月乙酉，如河陽。追降王從珂爲庶人㊀。丁亥，司空馮道兼門下侍郎、同中書門下平章事。己丑，曹州指揮使石重立殺其刺史鄭玩〔二〕。辛卯，御札求直言。癸巳，鎭州牙內都虞候祕瓊逐其節度副使李彥琦。同州裨將門鐸殺其將楊漢賓。庚子，天平軍節度使王建立殺其副使李彥贇。旱。

㊀「王從珂」，從晉人本語。

二年春正月癸亥，安遠軍節度使盧文進叛降于吳。丁卯，天雄軍節度使范延光殺齊州防禦使祕瓊。戊寅，兵部侍郎李崧爲中書侍郎、同中書門下平章事、樞密使。封唐宗室子爲公，及隋酅公爲二王後，以周介公備三恪㊀。

㊀唐宗室子，史失其名，書之以見二王後、三恪猶存，不必著其人也。

二月丁酉，契丹使皇太子解里來。

三月庚辰，如汴州。

夏四月丁亥，赦囚，蠲民租賦。趙瑩使于契丹。辛卯，宣武軍節度使楊光遠進助國錢。契丹使宮苑使李可興來。

五月壬戌，御札求直言。丁丑，追尊祖考爲皇帝，妣爲皇后：高祖璟謚曰孝安，廟號靖祖，祖妣秦氏謚曰孝安元；曾祖郴謚曰孝簡，廟號肅祖，祖妣安氏謚曰孝簡恭；祖昱謚曰孝平，廟號睿祖，祖妣來氏謚曰孝平獻；考紹雍謚曰孝元，廟號獻祖，妣何氏謚曰孝元懿。

六月癸未，契丹使夷離畢來。天雄軍節度使范延光反。丁酉，傳箭于義成軍節度使符彥饒。丁未，楊光遠爲魏府四面行營都部署。東都巡檢張從賓反，留守判官李遐死之，奉國都指揮使侯益、護聖都指揮使杜重威討之。從賓寇河陽，殺皇子重信；寇河南，殺皇子重乂〔二〕。

秋七月，從賓陷汜水關，殺巡檢使宋廷浩。壬子，右衛大將軍尹暉叛奔于吳，不克，伏誅。右監門衛大將軍婁繼英叛降于張從賓。義成軍亂，殺戍將侍衛馬步軍都指揮使白奉進。甲寅，戍將奉國指揮使馬萬執符彥饒歸于京師，命殺之于赤岡㊀。乙卯，楊光遠爲魏府行營都招討使。辛酉，杜重威克汜水關㊁。壬申，楊光遠克博州。丙子，安州屯防指揮使王暉殺其節度使周瓌，右衛大將軍李金全討之㊂。

㊀彥饒雖有縱軍之罪，被誣以反而見殺，故不書誅，曰「命殺」，嫌濫擅殺。

㊁張從賓投河死，故不書伏誅。

㊂金全未至而暉走，見殺，故不書暉反，不書克安州，不書伏誅。

八月丙申，靜難軍節度使安叔千進添都馬。乙巳，赦非死罪囚及張從賓、符彥饒、王暉餘黨。

九月，楊光遠進粟。

冬十月辛巳，禁造甲兵。

三年春二月戊戌，諸鎮皆進物以助國㊀。

㊀殘民以獻其上，君臣同欲，賄賂公行，至此而不勝其多矣！故總言「諸鎮」，此後不復書矣。

三月壬戌，回鶻可汗王仁美使翟全福來〔四〕。丁丑，禁私造銅器。

秋七月辛酉，以皇業錢作受命寶㊀。

㊀作寶不必書，「皇業錢」者私錢也，天子畜私錢，故書。

八月戊寅，馮道及左僕射劉昫爲契丹册禮使。壬午，澶州刺史馮暉降。丙戌，許御署官選。己丑，蠲水旱民稅。辛丑，歸佾官于契丹㊀。

㊀高祖以父事契丹，其有所求不曰與，而曰「歸」者，若輸之也。

九月己酉，赦范延光㊀。己未，歸靜鞭官劉守威、金吾勘契官王殷、司天鷄叫學生殷暉于契丹。于闐使馬繼榮來，回鶻使李萬金來。己巳，赦魏州，蠲民稅。是月，宣徽南院使劉處讓爲樞密使。

㊀初，延光請降，高祖不許，延光遂堅壁，攻之，久不克，卒悔而赦之，故不書降。

冬十月戊寅，契丹使中書令韓熲來奉册曰英武明義皇帝〔五〕。庚辰，升汴州爲東京，以洛陽爲西京，雍州爲晉昌軍。戊子，右金吾衛大將軍馬從斌使于契丹。己未，契丹使梅里來。戊戌，大赦。庚子，封李聖天爲大寶于闐國王。

十一月辛亥，升廣晉府爲鄴都。壬戌，除鑄錢令。

十二月丙子，封子重貴爲鄭王。

四年春正月，盜發唐愍皇帝墓㊀。辛亥，澶州防禦使張從恩爲樞密副使。旌表深州民李自倫門閭。

㊀愍帝附于明宗徽陵域中，無陵名，故曰「墓」，晉高祖即位，追謚爲愍皇帝。五代諸帝謚號不可爲法，皆不足道，惟愍帝宜書者，嫌嘗降爲鄂王也。而國亡禮闕，舊史、實錄皆無奏謚上册月日，故雖當書而不得，因事而見於此爾。

三月乙巳，回鶻使其都督拽里敦來。丙辰，頒調元歷。鹽州戍將王彥忠以懷遠城反。

己未，彥忠降，供奉官齊延祚殺之。

夏四月辛巳，封回鶻可汗王仁美爲奉化可汗〔六〕。甲申，廢樞密使。

秋七月丙辰，復禁鑄錢。

閏月壬申，桑維翰罷。

八月己亥朔，河決博平。西戎寇涇州，彰義軍節度使張彥澤敗之，執其首領野離羅蝦獨。

九月丁丑，契丹使粘木孤來。癸未，封李從益爲郇國公以奉唐後。丙戌，高麗王建使其廣評侍郎邢順來。

冬十一月乙亥，立唐高祖、太宗、莊宗、明宗、愍帝廟于西京。戊子，契丹使遙折來，吐蕃罷延族來附。

五年春正月丁卯朔，德音除民公私債。己丑，回鶻使石海金來。

夏四月甲子，契丹興化王來。

五月丙戌，安遠軍節度使李金全叛附于唐。

六月癸卯，李昪遣其將李承裕入于安州，金全奔于唐，安遠軍節度使馬全節及承裕戰，敗之。丁巳，克安州，承裕奔于雲夢，全節執而殺之。

秋八月丁酉，閱稼于西郊。己未，西京留守楊光遠殺太子太師范延光。

九月丁卯，翰林學士承旨、戶部侍郎和凝爲中書侍郎、同中書門下平章事。辛巳，閱稼于沙臺。

冬十月丁未，契丹使舍利來。

十一月丙子，冬至，始用二舞。

六年春正月戊寅，封唐叔虞爲興安王，臺駘爲昌寧公。

二月戊申，停買宴錢。三月，除民二年至四年以前稅(一)。

夏四月己未，契丹使迷括來。五月，吐渾首領白承福來。

秋七月壬午，突厥使薛同海來。

八月壬辰，如鄴都，開封尹鄭王重貴留守東京，宣徽南院使張從恩東京內外兵馬都監。壬寅，大赦。甲寅，光祿卿張澄使于契丹。

九月乙亥，前安國軍節度使楊彥詢使于契丹。丁丑，吐渾使白可久來。河決中都，入

(一) 見時斂重而民不堪。

于沓河。

冬十月，河決滑、濮、鄆、澶州。山南東道節度使安從進反。

十一月丁丑，西京留守高行周爲南面軍前都部署以討之。

十二月丙戌朔，鄭王重貴爲廣晉尹，徙封齊王。先鋒都指揮使郭金海及安從進戰于唐州〔七〕，敗之。成德軍節度使安重榮反。天平節度使杜重威爲鎭州行營招討使。丙申，契丹遣使者來。戊戌，杜重威及安重榮戰于宗城，敗之。

七年春正月丁巳，克鎭州，安重榮伏誅，赦廣晉。庚午，契丹使達剌來。

三月，歸德軍節度使安彥威塞決河于滑州。

閏月，天興蝗食麥。

夏五月乙巳，尊皇太妃劉氏爲太后(一)。

六月丙辰，吐渾使念醜漢來。乙丑，皇帝崩于保昌殿(二)。

(一) 高祖所生母也。

(二) 年五十一。

校勘記

〔一〕翰林學士承旨尙書戶部侍郎趙瑩爲門下侍郎桑維翰爲中書侍郎同中書門下平章事兼樞密使　據薛史卷七六晉高祖紀、卷八九桑維翰趙瑩傳及通鑑卷二八〇，趙瑩、桑維翰並同平章事，兼樞密使者僅桑維翰。

〔二〕鄭玩　「玩」，南昌、鄂本及薛史卷九六鄭阮傳、通鑑卷二八〇均作「阮」。

〔三〕從賓寇河陽殺皇子重信寇河南殺皇子重乂　各本「信」原作「乂」，「乂」原作「信」。按薛史卷七六晉高祖紀、卷九七張從賓傳及通鑑卷二八一，河陽被殺者爲重信，河南被殺者爲重乂，據改。

〔四〕回鶻可汗王仁美使翟全福來　見本史卷七校勘記〔一〕。

〔五〕契丹使中書令韓熲來奉册曰英武明義皇帝　「熲」，貴池本作「頻」，南監、汪、汲、殿、南昌、鄂、蜀本作「潁」。本史卷七二四夷附錄作「熲」。

〔六〕封回鶻可汗王仁美爲奉化可汗　見本史卷七校勘記〔一〕。

〔七〕郭金海　各本原作「郭海金」。薛史卷八〇晉高祖紀、卷九四郭金海傳、卷九八安從進傳、册府卷一二三、通鑑卷二八二及本史卷五一安從進傳均作「郭金海」，據改。

新五代史卷九

晉本紀第九

出帝父敬儒，高祖兄也，爲唐莊宗騎將，早卒，高祖以其子重貴爲子。高祖六子，五皆早死，而重睿幼，故重貴得立。

重貴少而謹厚，善騎射，高祖使博士王震教以禮記，久之，不能通大義，謂震曰：「此非我家事也。」高祖爲契丹所立，謀以一子留守太原，契丹使盡出諸子自擇之，指重貴曰：「此眼大者可也。」遂拜金紫光祿大夫，行太原尹、北京留守，知河東節度事。天福二年九月，召拜左金吾衞上將軍。三年冬，爲開封尹，封鄭王，加太尉，同中書門下平章事。六年，高祖幸鄴，留守東京，已而爲廣晉尹，徙封齊王。

七年六月乙丑，高祖崩，皇帝卽位于柩前。庚午，使右驍衞將軍石德超以御馬二，撲祭于相州之西山㊀。如京使李仁廓使于契丹，契丹使梅李來。丙子，馮道爲大行皇帝山陵

使，門下侍郎竇貞固爲副，太常卿崔棁爲禮儀使，戶部侍郎呂琦爲鹵簿使，御史中丞王易簡爲儀仗使㊁。己卯，四方館使朱崇節、右金吾衞大將軍梁言使于契丹。

㊀夷狄之禮也。

㊁舊史、實錄無橋道頓遞使，疑不置，或闕書。漢高祖亦然。

秋七月壬辰，皇祖母劉氏崩，輟視朝三日㊀。丁酉，使石德超撲馬于相州之西山㊁。庚子，大赦。甲辰，契丹使通事來。

㊀高祖所生母也，高祖時尊爲皇太后矣，其崩也，喪葬不用后禮，見恩禮之薄。不書曰皇太后者，於帝爲祖母也，曰「崩」，正其名也。

㊁前已備見，故文省。

八月戊午，高行周克襄州㊀。庚申，天平軍節度使景延廣、義成軍節度使李守貞、彰德軍節度使郭謹，進錢粟助作山陵。甲子，契丹使郎五來。庚午，葬皇祖母於魏縣。癸酉，契丹使其客省使張九思來。

㊀安從進自焚死，故不書伏誅。

九月辛丑，李守貞爲大行皇帝山陵都部署。

冬十月己未，契丹使舍利來。庚午，回鶻遣使者來。

十一月，契丹使大卿來。庚寅，葬聖文章武孝皇帝于顯陵〔一〕㊀。己亥，牛羊使蕭殷使于契丹。庚子，祔高祖神主于太廟。辛丑，蠲高祖靈車所過民租之半。

㊀陵在河南壽安縣。五代之亂，至此七君，而不得其死者五，明宗雖善終，而愍帝不克葬，至廢帝時始克葬，故皆不書。至此始見子得葬其父，故并祔廟詳書之。

十二月庚午，北京留守劉知遠進百頭穹廬㊀。契丹于越使令骨支來。辛未，又使野里巳來。丙子，于闐使都督劉再昇來，沙州曹元深、瓜州曹元忠皆遣使附再昇以來。旱，蝗。

㊀穹廬，夷狄之用也。

八年春正月，契丹于越使烏多奧來。

二月壬子，景延廣爲御營使。己未，如東京，赦廣晉府囚。庚申，次澶州，赦囚。乙丑，至自鄴都。庚午，寒食，望祭顯陵于南莊，焚御衣、紙錢㊀。

㊀焚衣野祭之類，皆閭巷人之事也，用之天子，見禮樂壞甚。

三月己卯朔，趙瑩罷。晉昌軍節度使桑維翰爲侍中。辛丑，引進使、太府卿孟承誨使于契丹。蝗。

夏四月庚午，董殷使于契丹。供奉官張福率威順軍捕蝗于陳州。

五月，泰寧軍節度使安審信捕蝗于中都。丁亥，追封皇伯敬儒爲宋王。癸卯，馮道罷。甲辰，以旱、蝗大赦。

六月庚戌，祭蝗于皐門。癸亥，供奉官七人帥奉國軍捕蝗于京畿。辛未，括借民粟，殺藏粟者。

秋七月甲午，册皇太后。丁酉，射于南莊。契丹使梅里等來。甲辰，供奉官李漢超帥奉國軍捕蝗于京畿。

八月丁未朔，募民捕蝗，易以粟。辛亥，檢民青苗。

九月戊寅，尊秦國夫人安氏爲皇太妃。丙申，幸大年莊及景延廣第。

冬十月戊申，立馮氏爲皇后㊀。壬子，畋于近郊，幸沙臺。丙寅，契丹使通事劉胤來。庚午，括借民粟。

㊀馮氏於帝爲叔母。

十一月己卯，董殷使于契丹。甲申，幸八角，閱馬牧。乙未，契丹使梅里來。戊戌，齊州刺史楊承祚奔于青州。辛丑，高麗使其廣評侍郎金仁逢來。

十二月癸丑，給事中邊光範、登州刺史郭彥威使于契丹。甲寅，高麗使太相來。平盧軍節度使楊光遠反，淄州刺史翟進宗死之。

開運元年春正月甲戌朔，契丹寇滄州。己卯，陷貝州。庚辰，歸德軍節度使高行周爲北面行營都部署。契丹入鴈門，寇代州。辛巳，殿直王班使于契丹，至于鄴都，不得進而復㊀。大饑。壬午，前靜難軍節度使李周留守東京，景延廣爲御營使。乙酉，北征。丙戌，契丹寇黎陽。辛卯，講武于澶州。契丹屯于元城，趙延壽寇南樂。甲午，劉知遠爲幽州道行營招討使。括馬。丙申，契丹寇黎陽。辛丑，劉知遠及契丹偉王戰于秀容，敗之。博州刺史周儒叛降于契丹。

㊀晉自高祖以父事契丹甚謹，而歲時遣使，晉史、實錄皆不書。至出帝立，使者旁午不絕，不可勝數，故其官卑者皆略而不書，班以不得進，故書。

二月戊申，前軍都虞候李守貞及契丹戰于馬家渡，敗之。癸丑，北面行營都虞候馬全節及契丹戰于北平，敗之。

三月癸酉，及契丹戰于戚城，契丹去㊀。己丑，冀州刺史白從暉及契丹戰于衡水，敗之。癸巳，籍民爲武定軍。

㊀戰而兩各傷失，收兵徐去，晉不能追，故以自去爲文。

夏四月，契丹陷德州，沿河巡檢使梁進敗之，取德州。甲寅，至自澶州，赦京師。己未，

馬全節及契丹戰于定豐，敗之。辛酉，率借民財。

五月戊寅，李守貞討楊光遠。丁亥，鄴都留守張從恩爲貝州行營都部署。辛卯，李守貞爲青州行營都部署。

六月，克淄州。丙午，復置樞密使。丁未，侍中桑維翰爲中書令，充樞密使。丙辰，河決滑州，環梁山，入于汶、濟。

秋七月辛未朔，大赦，改元。己丑，太子太傅劉昫守司空兼門下侍郎、同中書門下平章事。

八月辛丑朔，劉知遠爲北面行營都統，順德軍節度使杜威爲都招討使。戊辰，旌表陳州項城民史仁詡門閭。

九月丙子，契丹寇遂城、樂壽，代州刺史白文珂及契丹戰于七里烽，敗之。

冬十月庚戌，武寧軍節度使趙在禮爲北面行營副都統，鄴都留守馬全節爲副招討使。

十二月己亥朔，射兔于皋門。丁巳，楊承勳囚其父光遠以降，殺之㊀。

㊀出帝已許其不死，旣而命李守貞自殺之，故不書伏誅。

閏月乙酉，德音赦青州囚。契丹寇恆州。

二年春正月，契丹陷泰州。壬子，馬全節及契丹戰于榆林，兩軍皆潰。戊午，幸南莊，張從恩留守東都。辛酉，高行周爲御營使。乙丑，北征，契丹去。

二月己巳，幸黎陽。橫海軍節度使田武爲東北面行營都部署，以備契丹㊀。丙子，大閱于戚城。丙戌，閱馬於鐵丘。丙申，端明殿學士、尙書戶部侍郎馮玉爲戶部尙書、樞密使。

㊀曰「以備契丹」，嫌契丹去而命將。

三月戊戌，契丹陷祁州，刺史沈斌死之。丁未，敗于戚城。庚戌，馬全節克泰州。辛亥，易州戍將孫方諫及契丹諧里戰于狼山，敗之。甲寅，杜威克滿城。乙卯，克遂城。庚申，杜威及契丹戰于陽城，敗之，追奔至于衞村，又敗之。

夏四月戊寅，勞旋于戚城。己卯，勞旋于王莽河。甲申，至自澶州，赦左右軍囚。庚寅，大賞軍功。

五月丙申朔，大赦。丙午，幸南莊。

六月丁卯，射于繁臺，幸杜威第。旱。

秋八月甲子朔，廢二舞。丙寅，和凝罷。馮玉爲中書侍郎、同中書門下平章事。辛未，閱馬于茂澤陂。丁丑，括馬。

九月己亥，閱馬于萬龍岡，幸李守貞第。

冬十月丁丑，高麗使其廣評侍郎韓玄珪、禮賓卿金廉等來。戊寅，射兔于硯臺。戊子，高麗使其兵部侍郎劉崇珪、內軍卿朴藝言來。

十一月戊戌，封王武爲高麗國王。己巳，射兔于皋門，幸沙臺。

十二月丁丑，臘，畋于郊。丁亥，桑維翰罷。開封尹趙瑩爲中書令，李崧守侍中、樞密使。

三年春二月丙子，回鶻使突厥陸來。壬午，射鴨于板橋，幸南莊。

夏六月，孫方諫以狼山叛附于契丹。丙寅，契丹寇邊。己丑，李守貞爲行營都部署，義成軍節度使皇甫遇爲副。河決漁池。大饑，羣盜起。

秋七月，大雨，水，河決楊劉、朝城、武德。

八月辛酉，河溢歷亭。

九月，河決澶、滑、懷州。辛丑，行營馬軍排陣使張彥澤及契丹戰于新興，敗之。癸卯，劉知遠及契丹戰于朔州，敗之。大雨霖，河決臨黃。

多十月，河決衞州，丙寅，河決原武。辛未，杜威爲北面行營都招討使，李守貞爲兵馬都監。

十一月，永清軍節度使梁漢璋及契丹戰于瀛州〔二〕，敗績。契丹寇鎭、定。

十二月己未，杜威軍于中渡。壬戌，奉國都指揮使王清及契丹戰于滹沱，敗績，死之㈠。杜威、李守貞、張彥澤以其軍叛降于契丹。庚午，射兔于沙臺。壬申，張彥澤犯京師，殺開封尹桑維翰。契丹滅晉㈡。

㈠ 戰將歿於陣、守將歿於城而不書死者，以其志未可知也。或欲走而不得，或欲降而未暇，遽以被殺爾。若不走、不降而死節明者，自書「死」，如淸是已。

㈡ 出帝雖存，而晉則亡已，故書「滅」。

嗚呼，余書「封子重貴爲鄭王」，又書「追封皇伯敬儒爲宋王」者，豈無意哉！禮：「兄弟之子猶子也」。重貴書「子」可矣，敬儒，出帝父也，書曰「皇伯」者，何哉？出帝立不以正，而絕其所生也。蓋出帝於高祖得爲子而不得爲後者，高祖自有子也。方高祖疾病，抱其子重睿寘於馮道懷中而託之，出帝豈得立邪？晉之大臣，既違禮廢命而立之，以謂出帝爲高祖子則得立，爲敬儒子則不得立，於是深諱其所生而絕之，以欺天下爲眞高祖子也。禮曰：「爲人後者，爲其父母報。」使高祖無子，出帝得爲後而立以正，則不待絕其所生以爲欺也。故

余書曰「追封皇伯敬儒爲宋王」者，以見其立不以正，而滅絕天性，臣其父而爵之，以欺天下也。

校勘記

〔一〕聖文章武孝皇帝 本史卷八及薛史卷七五晉高祖紀、五代會要卷一、通鑑二八〇均作「聖文章武明德孝皇帝」。

〔二〕永清軍節度使梁漢璋 「清」，各本原作「靜」。薛史卷九五梁漢璋傳及通鑑卷二八五俱稱梁漢璋爲永清軍節度使；薛史卷八四晉少帝紀又云以漢璋爲貝州節度使。查本史卷六〇職方考，貝州後晉時正爲永清軍。據改。

新五代史卷十

漢本紀第十

高祖睿文聖武昭肅孝皇帝，姓劉氏，初名知遠，其先沙陀部人也，其後世居于太原。知遠弱不好弄，嚴重寡言，面紫色，目多白睛，凜如也。與晉高祖俱事明宗爲偏將，明宗及梁人戰德勝，晉高祖馬甲斷，梁兵幾及，知遠以所乘馬授之，復取高祖馬殿而還，高祖德之。高祖留守北京，知遠爲押衙。潞王從珂反，愍帝出奔，高祖自鎭州朝京師，遇愍帝于衞州，止傳舍，知遠遣勇士石敢袖鐵楇侍高祖以虞變。高祖與愍帝議事未決，左右欲兵之，知遠擁高祖入室，敢與左右格鬬而死，知遠卽率兵盡殺愍帝左右，留帝傳舍而去。廢帝入立，高祖復鎭河東，已而有隙，高祖將舉兵，知遠與桑維翰密爲高祖謀畫，贊成之。高祖卽位於太原，以知遠爲侍衞親軍都虞候，領保義軍節度使。契丹耶律德光送高祖至潞州，臨決，指知遠曰：「此都軍甚操剌㈠，無大故勿棄之。」

㈠ 世俗謂勇猛爲「操剌」，錄其本語。

天福二年，遷侍衞馬步軍都指揮使，領忠武軍節度使。已而以杜重威代知遠領忠武，徙知遠領歸德，知遠恥與重威同制，杜門不出。高祖怒，欲罷其兵職，宰相趙瑩以爲不可，高祖乃遣端明殿學士和凝就第宣諭，知遠乃受命。五年，徙鄴都留守。九月，朝京師，高祖幸其第。六年，拜河東節度使、北京留守。七年，高祖崩。知遠從高祖起太原，有佐命功，自出帝立，與契丹絕盟，用兵北方，常疑知遠勳位已高，幸晉多故而有異志，每優尊之。拜中書令，封太原王、幽州道行營招討使，又拜北面行營都統。開運二年四月，封北平王，三年五月，加守太尉，然王未嘗出兵。契丹寇澶州，別遣偉王攻鴈門，敗之于秀容。八月，殺吐渾白承福等族，取其貲鉅萬，良馬數千。

四年，契丹犯京師，出帝北遷，王遣牙將王峻奉表契丹，耶律德光呼之爲兒，賜以木柺，虜法貴之如中國几杖，非優大臣不可得。峻持柺歸，虜人望之皆避道。峻還，爲王言契丹必不能有中國，乃議建國。

二月戊辰，河東行軍司馬張彥威等上牋勸進。辛未，皇帝卽位，稱天福十二年㈡。磁州賊首梁暉取相州來歸㈢。武節都指揮使史弘肇取代州，殺其刺史王暉。晉州將藥可儔殺其

守將駱從朗及括錢使、諫議大夫趙熙來歸。辛巳，陝州留後趙暉、潞州留後王守恩來歸。

㊀天福，晉高祖年號也。天福止八年改元開運，至此四年矣。漢雖建國，而未有國號，又稱晉年號，捨開運而追續天福爲十二年，初無義理，但書其實爾。

㊁變來降曰「來歸」，哀斯人也。是時天下無主，得其主則往歸之，與乎叛于彼而來於此者異矣。漢高祖非有德之君，惶惶斯人之無所歸者，猶得而歸也，故曰「歸」。

三月丙戌朔，蠲河東雜稅。辛卯，延州軍亂，逐其節度使周密。壬辰，丹州指揮使高彥詢以其州來歸。壬寅，契丹遯㊀，以其將蕭翰爲宣武軍節度使守汴州。

㊀聞漢起太原，畏而去，故與自去異其文，「遯」者，退避之稱。

夏四月己未，右都押衙楊邠爲樞密使，蕃漢兵馬都孔目官郭威權樞密副使。契丹陷相州，殺梁暉。癸亥，立魏國夫人李氏爲皇后。甲子，河東節度判官蘇逢吉、觀察推官蘇禹珪爲中書侍郎、同中書門下平章事。乙丑，侍衛親軍步軍都指揮使史弘肇取潞州。戊辰，奉國指揮使武行德以河陽來歸。史弘肇取澤州。丙子，契丹耶律德光卒于欒城，契丹入于鎮州。

五月甲午，太原尹劉崇爲北京留守。丙申，如東京。蕭翰遯歸于契丹，以郇國公李從益知南朝軍國事。戊申，次絳州，刺史李從朗來歸。

六月丙辰，次河陽〔一〕，殺李從益及其母于京師。甲子，至自太原。戊辰，改國號漢㊀，赦罪人、蠲民稅。于闐遣使者來。

㊀高祖初建國無國號，蓋其制詔皆無明文，故闕不書。然稱天福十二年，則國仍號晉可知，但無明據，故慎於所疑爾。此書「改國號漢」，則未改之前宜有所稱，此可以推知也。

是夏，劉昫薨。

秋閏七月乙丑，禁造契丹服器。天雄軍節度使杜重威反㊀，天平軍節度使高行周爲鄴都行營都部署以討之。庚辰，追尊祖考爲皇帝，妣爲皇后：高祖湍諡曰明元，廟號文祖，祖妣李氏諡曰明貞；曾祖昂諡曰恭僖，廟號德祖，祖妣楊氏諡曰恭惠；祖僎諡曰昭憲，廟號翼祖，祖妣李氏諡曰昭穆；考琠諡曰章聖，廟號顯祖，妣安氏諡曰章懿。以漢高皇帝爲高祖，光武皇帝爲世祖，皆不祧。

㊀杜重威於晉出帝時避出帝名去「重」，至漢而復之。

八月，護聖指揮使白再榮逐契丹，以鎮州來歸。丙申，安國軍節度使薛懷讓殺契丹之將劉鐸，入于邢州。

九月甲戌，吏部尚書竇貞固守司空兼門下侍郎，翰林學士、中書舍人李濤爲中書侍郎：同中書門下平章事。庚辰，北征。

冬十月甲申，次韋城，赦河北。

十一月壬申，杜重威降。

十二月癸巳，至自鄴都。

乾祐元年春正月乙卯，大赦，改元。己未，更名暠。丁丑，皇帝崩于萬歲殿㊀。

㊀年五十四。

隱帝，高祖第二子承祐也。高祖即位，拜右衞上將軍、大內都點檢。魏王承訓長而賢，高祖愛之，方屬以爲嗣，承訓薨，高祖不豫，悲哀疾劇，乃以承祐屬諸將相。宰相蘇逢吉曰：「皇子承祐未封王，請亟封之。」未及封而高祖崩，祕不發喪，殺杜重威。

乾祐元年二月辛巳，封承祐周王。是日，皇帝即位于柩前。壬辰，右衞大將軍、鳳翔巡檢使王景崇及蜀人戰于大散關，敗之。癸巳，大赦。

三月壬戌，竇貞固爲大行皇帝山陵使，吏部侍郎段希堯爲副，太常卿張昭爲禮儀使，兵部侍郎盧價爲鹵簿使，御史中丞邊蔚爲儀仗使。丁丑，李濤罷。護國軍節度使李守貞反，

路潼關。

夏四月辛巳，陝州兵馬都監王玉克潼關。壬午，永興軍將趙思綰叛附于李守貞，客省使王峻帥師屯于關西㊀。楊邠爲中書侍郎兼吏部尚書、同中書門下平章事，郭威爲樞密使，鎭寧軍節度使郭從義爲永興軍兵馬都部署。戊子，保義軍節度使白文珂爲河中兵馬都部署。河決原武。

㊀峻不命爲將，又不令討賊，但令以兵實關西，下文乃見命將。

五月己未，回鶻遣使者來。乙亥，魏州內黃民武進妻一產三男子。河決滑州魚池。旱，蝗。

秋七月戊申朔，彰德軍節度使王繼弘殺其判官張易。鸜鵒食蝗。丙辰，禁捕鸜鵒。庚申，郭威同中書門下平章事。癸亥，契丹鄭州刺史王彥徽來奔。庚午，殺成德軍副使張鵬。乙亥，王景崇叛附于李守貞。

八月壬午，郭威討李守貞。

九月，西面行營都虞候尚弘遷及趙思綰戰，敗績。

冬十月甲申，吐蕃使斯漫篤藺氈藥斯來。

十一月甲寅，殺太子太傅李崧，滅其族。壬申，葬睿文聖武昭肅孝皇帝于睿陵㊁。

㊀在河南告成縣。

十二月己卯，彰武軍節度使高允權殺太子太師致仕劉景巖。

二年㊀春正月乙巳朔，赦囚。

㊀隱帝卽位至此，宜改元而不改元，具周顯德二年注。而帝名承祐，年名乾祐，舉國臣民共稱而不改避，當時莫大之失，本紀無譏者，但書其實，後世自見也。

二月丙子，蠲民紐配租。

夏五月，李守貞之將周光遜降。乙丑，趙思綰降。

六月辛卯，回鶻首領楊彥珣來。西涼府遣使者來。蝗。

秋七月丁巳，郭威殺華州留後趙思綰于京兆。甲子，克河中㊀。

㊀守貞自焚死，故不書伏誅。

八月，郭從義殺前永興巡檢喬守温。丙戌，郭威使來獻俘。

冬十月，契丹寇趙、魏，羣臣進添都馬。契丹陷內丘。己丑，郭威及宣徽南院使王峻伐契丹。

十一月，契丹遯。

三年春正月，西面行營都部署趙暉克鳳翔㊀。丙午，郭威進添都馬。壬子，趙暉獻馘俘。

㊀景崇自焚死，故不書伏誅。

二月甲戌，旌表潁州汝陰民麴温門閭。

三月己酉，寒食，望祭于南御園。

夏四月壬午，郭威以樞密使爲天雄軍節度。

六月癸卯，河決原武。

秋八月，達靼來附。

冬十一月丙子，殺楊邠及侍衞親軍都指揮使史弘肇、三司使王章，皆滅其族。郭威反。庚辰，義成軍節度使宋延渥叛附于威。壬午，威犯封丘，泰寧軍節度使慕容彥超軍于七里店。癸未，勞軍于北郊。甲申，勞軍于劉子陂。慕容彥超及郭威戰，敗績，開封尹侯益叛降于威。郭允明反。乙酉，皇帝崩㊀，蘇逢吉自殺。漢亡㊁。

㊀年二十。周廣順元年葬之許州陽翟縣，號潁陵，爲賊所葬，故不書。

㊁自隱帝崩後四十二日，周太祖始卽位，而斷自帝崩書「漢亡」者，見帝崩而漢亡矣。其太后臨朝，湘陰公嗣立，皆周所假託，非誠實，所以破其姦，故書曰「漢亡」，見周之立遲也，遲而難於自立，則猶有自媿之心焉。

嗚呼！人君卽位稱元年，常事爾，古不以爲重也。孔子未修春秋，其前固已如此，雖暴君昏主，妄庸之史，其記事先後遠近，莫不以歲月一二數之，乃理之自然也。其謂一爲元，亦未嘗有法，蓋古人之語爾㊀。及後世曲學之士，始謂孔子書「元年」爲春秋大法，遂以改元爲重事。

㊀古謂歲之一月，亦不云一，而曰正月。國語言六呂曰元間大呂，周易列六爻曰初九。大抵古人言數多不云一，不獨謂年爲元也。

自漢以後，又名年以建元，而正僞紛雜，稱號遂多，不勝其紀也。五代，亂世也，其事無法而不合於理者多矣，皆不足道也。至其年號乖錯以惑後世，則不可以不明。梁太祖以乾化二年遇弑，明年，末帝已誅友珪，黜其鳳曆之號，復稱乾化三年，尚爲有說。至漢高祖建國，黜晉出帝開運四年，復稱天福十二年者，何哉？蓋以其愛憎之私爾。方出帝時，漢高祖居太原，常憤憤下視晉，而晉亦陽優禮之，幸而未見其隙。及契丹滅晉，漢未嘗有赴難之意。出帝已北遷，方陽以兵聲言追之，至士門而還。及其卽位改元，而黜開運之號，則其用

心可知矣。蓋其於出帝無復君臣之義，而幸禍以爲利者，其素志也，可勝歎哉！夫所謂有諸中必形於外者，其見於是乎！

校勘記

〔一〕六月丙辰次河陽 「河陽」，薛史卷一〇〇、通鑑卷二八七作「洛陽」。

新五代史卷十一

周本紀第十一

太祖聖神恭肅文武皇帝，姓郭氏，邢州堯山人也。父簡，事晉爲順州刺史。劉仁恭攻破順州，簡見殺，子威少孤，依潞州人常氏。

潞州留後李繼韜募勇敢士爲軍卒，威年十八，以勇力應募。爲人負氣，好使酒，繼韜特奇之。威嘗游于市，市有屠者，常以勇服其市人。威酒醉，呼屠者，使進几割肉，割不如法，叱之，屠者披其腹示之曰：「爾勇者，能殺我乎？」威卽前取刀刺殺之，一市皆驚，威頗自如。爲吏所執，繼韜惜其勇，陰縱之使亡，已而復召置麾下。繼韜叛晉附于梁，後莊宗滅梁，繼韜誅死，其麾下兵悉隸從馬直，威以通書算補爲軍吏。好讀閫外春秋，略知兵法，後爲侍衞軍吏。契丹滅晉，漢高祖起兵太原，卽皇帝位，拜威樞密副使。

漢高祖爲侍衞親軍都虞候，尤親愛之，後高祖所臨鎭，嘗以威從。

乾祐元年正月，高祖疾大漸，以隱帝託威及史弘肇等。隱帝卽位，拜威樞密使。是歲

三月，河中李守貞、永興趙思綰、鳳翔王景崇相次反，隱帝遣白文珂、郭從義、常思等分討之，久皆無功。隱帝謂威曰：「吾欲煩公可乎？」威對曰：「臣不敢請，亦不敢辭，惟陛下命。」乃加拜威同中書門下平章事，使西督諸將。

威居軍中，延見賓客，褒衣博帶，及臨陣行營，幅巾短後，與士卒無異；上所賜予，與諸將會射，恣其所取，其餘悉以分賜士卒，將士皆懽樂。

威至河中，自柵其城東，思柵其南，文珂柵其西，調五縣丁二萬人築連壘以護三柵。諸將皆謂守貞窮寇，破在旦夕，不宜勞人如此，威不聽。已而守貞數出兵擊壞連壘，威輒補之，守貞輒復出擊，每出必有亡失。久之，城中兵食俱盡，威曰：「可矣！」乃治攻具，爲期日，四面攻之，破其羅城，守貞與妻子自焚死，思綰、景崇相次降。

隱帝勞威以玉帶，加檢校太師兼侍中，威辭曰：「臣事先帝，見功臣多矣，未嘗以玉帶賜之。」因言：「臣幸得率行伍，假漢威靈以破賊者，豈特臣之功，皆將相之賢，有以安朝廷，撫內外，而饋餉以時，故臣得以專事征伐。」隱帝以威爲賢，於是悉召楊邠、史弘肇、蘇逢吉、禹珪、竇貞固、王章等皆賜以玉帶，威乃受。威又推功大臣，請加爵賞，於是加貞固司空，逢吉司徒，禹珪、邠左右僕射。已而又曰：「此特漢廷親近之臣耳！漢諸宗室、天下方鎭，外暨荆、浙、湖南，皆未及也。」由是濫賞遍于天下。

是多，契丹寇邊，威以樞密使北伐，至魏州，契丹遯。三年二月，師還。四月，拜威鄴都留守、天雄軍節度使，仍以樞密使之鎭。宰相蘇逢吉以謂樞密使不可以藩鎭兼領，與史弘肇等固爭。久之，卒以樞密使行，詔河北諸州皆聽威節度。

隱帝與李業等謀，已殺史弘肇等，詔鎭寧軍節度使李弘義殺侍衞步軍指揮使王殷于澶州，又詔侍衞馬軍指揮使郭崇殺威及宣徽使王峻于魏。詔書先至澶州，弘義恐事不果，反以詔書示殷，殷與弘義遣人告威。已而詔殺威、峻使者亦馳騎至，威匿詔書，召樞密使院吏魏仁浦謀於臥內。仁浦勸威反，敎威倒用留守印，更爲詔書，詔威誅諸將校以激怒之，將校皆憤然効用。

十一月丁丑，威遂舉兵渡河，隱帝遣開封尹侯益、保大軍節度使張彥超、客省使閻晉卿等率兵拒威，又遣內養䴉脫覘威所嚮。䴉脫爲威所得，威乃附脫奏請縛李業等送軍中。隱帝得威奏，以示業等，業等皆言威反狀已白，乃悉誅威家屬于京師。庚辰，威至滑州，義成軍節度使宋延渥叛于漢來降。壬午，犯封丘。甲辰，及泰寧軍節度使慕容彥超戰于劉子陂，彥超敗，奔于兗州。郭允明反，弒隱帝于趙村。丙戌，威入京師，縱火大掠。戊子，率百官朝太后于明德門，請立嗣君。太后下令：文武百寮、六軍將校，議擇賢明，以承大統。庚寅，威率百官詣明德門，請立武寧軍節度使贇爲嗣。遣太師馮道迎贇于徐州。辛卯，請太

后臨朝聽政，以王峻爲樞密使，翰林學士、尚書兵部侍郎范質爲副使。

十二月甲午朔，威北伐契丹，軍于滑州。癸丑，至澶州而旋。王峻遣郭崇以騎七百逆劉贇于宋州，殺之，其將鞏廷美、楊溫爲贇守徐州。戊午，次皋門，漢宰相竇貞固、蘇禹珪來勸進。庚申，太后制以威監國。

廣順元年春正月丁卯，皇帝卽位，大赦，改元，國號周。己巳，上漢太后尊號曰昭聖皇太后。戊寅，漢劉崇自立于太原㊀。己卯，馮道爲中書令。

㊀吳、蜀諸國自立，皆絕而不書，此書，與其不屈于周，語在十國年譜論。

二月辛丑，西州回鶻使都督來。丁未，契丹兀欲遣使裊骨支來。癸丑，寒食，望祭于蒲池㊀。丁巳，尙書左丞田敏使于契丹。回鶻使摩尼來。

㊀蒲池，佛寺名也。

三月甲戌，武寧軍節度使王彥超克徐州㊀。

㊀鞏廷美、楊溫不書死之，語在贇傳。

夏四月甲午，立夫人董氏爲德妃。

五月辛未，追尊祖考爲皇帝，妣爲皇后：高祖璟謚曰睿和，廟號信祖，祖妣張氏謚曰睿

泰；曾祖諱謚曰明憲，廟號僖祖，祖妣申氏謚曰明孝；祖蘊謚曰翼順，廟號義祖，祖妣韓氏謚曰翼敬；考謚曰章肅，廟號慶祖，妣王氏謚曰章德。

六月辛亥，范質及戶部侍郎判三司李穀爲中書侍郎、同中書門下平章事。竇貞固、蘇禹珪罷。癸丑，范質參知樞密院事。丁巳，宣徽北院使翟光鄴爲樞密副使。

秋七月戊寅，幸王峻第。

八月壬寅，契丹來歸趙瑩之喪。

冬十月丙午，漢人來討㊀，攻自晉州㊁。

㊀討加有罪，漢之於周，義所得誅。

㊁云「自晉州」者，見漢兵嘗誅罪人于京師，自晉州而入耳。攻城無得失不書，此書者，許漢來討。

十一月，王峻及建雄軍節度使王彥超拒之。

十二月，慕容彥超反。

二年春正月甲子，侍衞步軍都指揮使曹英爲兗州行營都部署。庚午，高麗王昭使其廣評侍郎徐逢來。

二月庚寅，府州防禦使折德扆克嵐軍。

三月丁巳朔，寒食，望祭于郊。戊辰，內客省使鄭仁誨爲樞密副使，翟光鄴罷。

夏五月庚申，東征，李穀留守東都，鄭仁誨爲大內都點檢。癸亥，次曹州，赦流罪以下四。乙亥，克兗州㊀。壬午，赦兗州。

㊀彥超投井死，故不書伏誅。

六月乙酉朔，幸曲阜，祠孔子。庚子，至自兗州。

秋九月乙丑，太僕少卿王演使于高麗。契丹寇邊。

三年春正月乙卯，麟州刺史楊重訓叛于漢，來附。

閏月丙戌，回鶻使獨呈相溫來。

二月甲子，貶王峻爲商州司馬。

三月甲申，封榮爲晉王㊀。丙戌，鄭仁誨罷。己丑，棣州團練使王仁鎬爲右衞大將軍、樞密副使。

㊀不書子者，榮於禮不得爲子，不書子則當書其本姓，又不書者，周人所共諱。

夏六月，大雨，水。

秋七月，契丹盧臺軍使張藏英來奔。

九月，吐渾党富達等來。

冬十月庚申，馮道爲奉迎神主使。

十一月癸未，党項使吳怙磨五等來。

十二月戊申，四廟神主至自西京，迎之于西郊，祔于太廟。壬申，殺天雄軍節度使王殷。乙亥，享于太廟。

顯德元年春正月丙子朔，有事于南郊，大赦，改元，羣臣上尊號曰聖明文武仁德皇帝。戊寅，罷鄴都。丙戌，鎮寧軍節度使鄭仁誨爲樞密使。壬辰，端明殿學士、戶部侍郎王溥爲中書侍郎、同中書門下平章事，王仁鎬罷。是日，皇帝崩于滋德殿㊀。

㊀年五十一。書「是日」，連上文，嫌無崩日。

新五代史卷十二

周本紀第十二

世宗睿武孝文皇帝，本姓柴氏，邢州龍岡人也。柴氏女適太祖，是爲聖穆皇后。后兄守禮子榮，幼從姑長太祖家，以謹厚見愛，太祖遂以爲子。太祖後稍貴，榮亦壯，而器貌英奇，善騎射，略通書史黃老，性沈重寡言。太祖爲漢樞密使，榮爲左監門衛大將軍。太祖鎭天雄，榮領貴州刺史、天雄軍牙內都指揮使。

乾祐三年冬，周兵起魏，犯京師，留榮守魏。太祖入立，拜澶州刺史、鎭寧軍節度使，檢校太傅，同中書門下平章事。榮素爲樞密使王峻所忌，廣順三年正月來朝，不得留。旣而峻有罪誅，三月，拜榮開封尹，封晉王。是冬，卜以來年正月朔旦有事于南郊，而太祖遇疾，不能視朝者久之。

顯德元年正月丙子，郊，僅而成禮，卽以王判內外兵馬事。壬辰，太祖崩，祕不發喪。

丙申，發喪，皇帝卽位于柩前㊀。右監門衛大將軍魏仁浦爲樞密副使。

㊀於書封晉王，正其非子矣。其餘假竊嗣君之禮，不待譏貶而可知，故皆無異辭。

二月庚戌，回鶻遣使者來。丁卯，馮道爲大行皇帝山陵使，太常卿田敏爲禮儀使，兵部尙書張昭爲鹵簿使，御史中丞張煦爲儀仗使，開封少尹權判府事王敏爲橋道頓遞使。漢人來討，攻自潞州。

三月辛巳，大赦。癸未，鄭仁誨留守東京。乙酉，如潞州以攻漢㊀。壬辰，次澤州，閔兵于北郊。癸巳，及劉旻戰于高原，敗之㊀，追及于高平，又敗之。丁酉，幸潞州。己亥，侍衛馬軍都指揮使樊愛能、步軍都指揮使何徽伏誅。壬寅，天雄軍節度使符彥卿爲河東行營都部署。

㊀不曰伐，曲在周，不可以大小爲言，故用兩相攻爲文。

㊀與其不屈于周，不與其稱帝，故書姓名。

夏四月乙卯，葬神聖文武恭肅孝皇帝于嵩陵㊀。汾州防禦使董希顏叛于漢來附。丙辰，遼州刺史張漢超叛于漢來附。辛酉，取嵐、憲州。壬戌，立衛國夫人符氏爲皇后。取石、沁州。乙丑，馮道薨。庚午，赦潞州流罪以下囚。如太原。忻州監軍李勍殺其刺史趙皐，叛于漢來附。

㊀在鄭州新鄭縣。

五月丙子，代州守將鄭處謙叛于漢來附，契丹救漢。丁酉，回鶻使因難敵略來。符彥卿及契丹戰于忻口，敗績，先鋒都指揮使史彥超死之。

六月乙巳，班師。乙丑，次新鄭，遂拜嵩陵。庚午，至自太原。

秋七月庚辰，閱稼于南御莊。癸巳，樞密院直學士、工部侍郎景範爲中書侍郎、同中書門下平章事，魏仁浦爲樞密使。

冬十月甲辰，殺左羽林大將軍孟漢卿。

二年㊀春二月，御札求直言。

㊀五代亂世，以嗣君卽位者五，而改元不依古者四，梁末帝、晉出帝卽位踰年，宜改元而不改，又明年然後改，漢隱帝、周世宗皆仍稱先帝年號，終其世不改，而本紀無譏者，但書其實，自見其失也。

夏五月辛未，宣徽南院使向訓、鳳翔節度使王景伐蜀。甲戌，大毀佛寺，禁民親無侍養而爲僧尼及私自度者。

秋九月丙寅朔，頒銅禁。

閏月癸丑，向訓克秦州。

冬十月辛未，取成州。戊寅，高麗使王子太相融來。取階州。

十一月乙未朔，李穀爲淮南道行營都部署以伐唐。戊申，王景克鳳州。

十二月丙戌，鄭仁誨薨。

三年春正月，增築京城。庚子，向訓留守東京。壬寅，南征。辛亥，侍衛親軍都指揮使李重進及唐人戰于正陽，敗之。甲寅，重進爲淮南道行營都招討使。

二月丙寅，幸下蔡浮橋。壬申，克滁州。甲戌，李景來求成，不答。壬午，景使其臣鍾謨來奉表。丙戌，取揚州。辛卯，取泰州。

三月庚子，內外馬步軍都軍頭袁彥爲竹龍都部署。是月，取光、舒、常州㊀。

㊀書「是月」，見取三州不同日。

夏四月，常、泰州復入于唐。

五月乙卯，至自淮南，赦京師囚。

六月壬申，德音赦淮南囚。

秋七月，皇后崩。揚、光、舒、滁州復入于唐。

八月乙丑，課民種木及韭。

二十四史　中華書局

九月丙午，端明殿學士、左散騎常侍王朴爲尚書戶部侍郎、樞密副使。

冬十月辛酉，葬宣懿皇后于懿陵。

十一月庚寅，廢諸祠不在祀典者。乙巳，殺李景之臣孫晟㊀。

㊀書「殺景臣」而不書晟死，蓋已深罪周殺忠臣，則晟之死節自著。

四年春正月己丑朔，赦非死罪囚。

二月甲戌，王朴留守東京。乙亥，南征。

三月丁未，克壽州㊀。

㊀不書劉仁贍降，事見死節傳。蓋仁贍實不降，故書周自克之爾。「克」者，難取之名也，壽難取，則見仁贍之節著，不書「死之」者，仁贍自以病死，以其至死守節，故列之死節傳。

夏四月己巳，至自壽州。己卯，放降卒八百歸于蜀。癸未，追冊彭城郡夫人劉氏爲皇后。

五月丙申，殺密州防禦使侯希進。

秋八月乙亥，李穀罷，王朴爲樞密使。癸未，蜀人來歸我濮州刺史胡立。

冬十月己巳，王朴留守東京，三司使張美爲大內都點檢。壬申，南征。

十二月乙卯，泗州守將范再遇叛于唐，以其州來降。庚申，濠州團練使郭廷謂以其州來降㊀。丁丑，取泰州。

㊀身居其地而來降者書「附」，再遇、廷謂雖以地降，既降而不居其地，故不書「附」而書「降」。廷謂不書「叛」，事見南唐世家。

五年春正月丁亥，取海州。壬辰，取靜海軍。丁未，克楚州，守將張彥卿、鄭昭業死之㊀。

㊀自四年十二月辛酉攻之，彥卿等堅守四十餘日乃克之，其不走不降可知，故予其死。本紀書「死」者十餘人，宋令詢及李遐、彥卿、昭業皆以事迹不完不能立傳。然所貴者死爾，本紀著其大節可矣。

二月甲寅，取雄州。丁卯，如揚州。癸酉，如瓜洲。

三月壬午朔，如泰州。丁亥，復如揚州。辛卯，幸迎鑾。己亥，克淮南十有四州，以江爲界㊀。三月辛亥，李景來買宴。

㊀并前所得通十四州耳，書之，見其本志所止。

四月庚申，祔五室神主于新廟。壬申，至自淮南，回鶻、達靼遣使來。

六月辛未，放降卒四千六百于唐。

秋七月乙酉，水部員外郎韓彥卿市銅于高麗。丁亥，頒均田圖。

九月，占城國王釋利因德縵使莆訶散來。

冬十月丁酉，括民租。

十一月庚戌，作通禮、正樂。

十二月丙戌，罷州縣課戶、俸戶。

六年春正月，高麗王昭遣使者來。辛酉，女眞使阿辨來。

三月己酉，甘州回鶻來獻玉，却之。庚申，王朴薨。丙寅，宣徽南院使吳延祚留守東京。癸酉，停給銅魚。甲戌，北征。是月，吳延祚爲左驍衞上將軍、樞密使。

夏四月壬辰，取乾寧軍。辛丑，取益津關，以爲霸州。癸卯，取瓦橋關，以爲雄州㊀。

㊀州縣廢置不書，此書，重復中國故地。世宗下三關，瓦橋、益津以建州及見，淤口關止置寨，故舊史、實錄皆闕不書，遂不見其取得時日，今信安軍是也。

五月乙巳朔，取瀛州㊀。甲戌，至自雄州。

㊀復中國故地，故不書「契丹」。

六月癸未，立皇后符氏㊀，封子宗訓爲梁王、宗讓燕國公〔二〕。戊子，占城使莆訶散來。己丑，范質、王溥參知樞密院事，魏仁浦同中書門下平章事。癸巳，皇帝崩于滋德殿㊁。

㊀符氏無國爵，不曰立符氏爲皇后，嫌同於不正也。蓋其位先定而後娶，故書曰「立皇后符氏」，文理宜然，無褒貶也。

㊁年三十九。

恭皇帝，世宗第四子宗訓也。世宗卽位，大臣請封皇子爲王，世宗謙抑久之。及北取三關，遇疾還京師，始封宗訓梁王，時年七歲。

顯德六年六月癸巳，世宗崩。甲午，皇帝卽位于柩前。癸卯，范質爲大行皇帝山陵使，翰林學士竇儼爲禮儀使，兵部尚書張昭爲鹵簿使，御史中丞邊歸讜爲儀仗使，宣徽南院使、判開封府事昝居潤爲橋道頓遞使。

秋七月丁未，戶部尚書李濤爲山陵副使，度支郎中盧億爲判官。

八月庚寅，封弟熙讓爲曹王，熙謹紀王，熙誨蘄王。壬寅，高麗遣使者來。

九月丙寅，左驍衞大將軍戴交使于高麗。

冬十一月壬寅，葬睿武孝文皇帝于慶陵㊀。高麗遣使者來。

㊀在鄭州管城縣。

七年春正月甲辰，遜于位。宋興㊀。

㊀五代之亡，所書不同，隨事爲文爾。「梁亡」見唐之速，「漢亡」見周之遲也。唐欺天下以討賊，周欺天下以立賢。故書「梁亡」，見唐之立速，則知其志不在討賊也；「漢亡」見周之立遲，則知立賢者僞也。唐亡無辭，莊宗之弑，唐已亡矣，而明宗又稱唐，愍帝之奔，唐又亡矣，而廢帝又稱唐，其亡也不可以屢書，故不書也。晉亡曰「契丹滅晉」，明言以深戒。周曰「遜于位」，遜，順也，能順乎天命也。

嗚呼，五代本紀備矣㊀！君臣之際，可勝道哉。梁之友珪反，唐戕克寧而殺存乂、從璨，則父子骨肉之恩幾何其不絕矣。太妃薨而輟朝，立劉氏、馮氏爲皇后，則夫婦之義幾何其不乖而不至於禽獸矣。寒食野祭而焚紙錢，居喪改元而用樂，殺馬延及任圜，則禮樂刑政幾何其不壞矣。至於賽雷山、傳箭而撲馬，則中國幾何其不夷狄矣。可謂亂世也歟！而世宗區區五六年間，取秦隴，平淮右，復三關，威武之聲震懾夷夏，而方內延儒學文章之士，考制度、修通禮、定正樂、議刑統，其制作之法皆可施於後世。其爲人明達英果，論議偉然。即位之明年，廢天下佛寺三千三百三十六。是時中國乏錢，乃詔悉毀天下銅佛像以鑄錢，

嘗曰：「吾聞佛說以身世爲妄，而以利人爲急，使其眞身尚在，苟利於世，猶欲割截，況此銅像，豈其所惜哉？」由是羣臣皆不敢言。嘗夜讀書，見唐元稹均田圖，慨然歎曰：「此致治之本也，王者之政自此始！」乃詔頒其圖法，使吏民先習知之，期以一歲大均天下之田，其規爲志意豈小哉！其伐南唐，問宰相李穀以計策；後克淮南，出穀疏，使學士陶穀爲贊，而盛以錦囊，嘗置之坐側。其英武之材可謂雄傑，及其虛心聽納，用人不疑，豈非所謂賢主哉！其北取三關，兵不血刃，而史家猶譏其輕社稷之重，而僥倖一勝於倉卒，殊不知其料彊弱、較彼我而乘述律之殆，得不可失之機，此非明於決勝者，孰能至哉？誠非史氏之所及也！

㊀備，謂喪亂之事，無所不有。

校勘記

〔一〕宗讓燕國公　「讓」，各本原作「誼」。按本史卷二〇周世宗家人傳，誼早被漢誅，顯德四年追封越王；六年，封宗讓爲燕國公。薛史卷一一七及卷一一九周世宗紀合。誼追封越王，亦見五代會要卷二、册府卷二九六；宗讓封燕公，亦見通鑑卷二九四。據改。

新五代史卷十三

梁家人傳第一

嗚呼，梁之惡極矣！自其起盜賊，至於亡唐，其遺毒流于天下。天下豪傑，四面並起，孰不欲戡刃於胸，然卒不能少挫其鋒以得志。梁之無敵於天下，可謂虎狼之強矣。及其敗也，因於一二女子之娛，至於洞胸流腸，刲若羊豕，禍生父子之間，乃知女色之能敗人矣。自古女禍，大者亡天下，其次亡家，其次亡身，身苟免矣，猶及其子孫，雖遲速不同，未有無禍者也。然原其本末，未始不起於忽微。易坤之初六曰：「履霜，堅冰至。」家人之初九曰：「閑有家，悔亡。」其言至矣，可不戒哉！梁之家事，詩所謂「不可道」者。至於唐、晉以後，親疎嫡庶亂矣！作家人傳。

文惠皇后王氏

梁太祖母曰文惠皇后王氏，單州單父人也。其生三子，長曰廣王全昱，次曰朗王存，其次太祖。

后少寡，携其三子傭食蕭縣人劉崇家。太祖壯而無賴，縣中皆厭苦之。崇患太祖慵墮不作業，數加笞責，獨崇母憐之，時時自爲櫛沐，戒家人曰：「朱三非常人也，宜善遇之！」黃巢起，太祖與存俱亡爲盜，從黃巢攻廣州，存戰死。居數歲，太祖背巢降唐，反以破巢，遂鎭宣武。乃遣人以車馬之蕭縣，迎后於崇家。使者至門，后惶恐走避，謂劉氏曰：「朱三落魄無行，作賊死矣，何以至此邪！」使者具道太祖所以然，后乃驚喜泣下，與崇母俱載以歸，封晉國太夫人。

太祖置酒太夫人前，舉觴爲壽，歡甚。太祖嘗曰：「朱五經平生讀書，不登一第，有子爲節度使，無忝於先人也。」后惻然良久曰：「汝能至此，可謂英特，然行義未必得如先人也。」太祖莫知其故，后曰：「朱二與汝俱從黃巢，獨死蠻嶺，其孤皆在午溝，汝今富貴，獨不念之乎？」太祖泣涕謝罪，乃悉召存諸子以歸。太祖剛暴多殺戮，后每誡之，多賴以全活。大順二年秋，后疾，卜者曰：「宜還故鄉。」乃歸。卒於午溝。太祖即位，立四廟，追尊皇考爲穆皇帝，后曰文惠皇后。

元貞皇后張氏

太祖元貞皇后張氏，單州碭山縣渠亭里富家子也。太祖少以婦聘之，生末帝。太祖貴，封魏國夫人。后賢明精悍，動有禮法，雖太祖剛暴，亦嘗畏之。太祖每以外事訪之，后言多中。太祖時時暴怒殺戮，后嘗救護，人賴以獲全。太祖嘗出兵，行至中途，后意以爲不然，馳一介召之，如期而至。

郴王友裕攻徐州，破朱瑾於石佛山，瑾走，友裕不追，太祖大怒，奪其兵。友裕惶恐，與數騎亡山中，久之，自匿於廣王。后陰使人教友裕脫身自歸，友裕晨馳入見太祖，拜伏庭中，泣涕請死，太祖怒甚，使左右捽出，將斬之。后聞之，不及履，走庭中持友裕泣曰：「汝束身歸罪，豈不欲明非反乎？」太祖意解，乃免。

太祖已破朱瑾，納其妻以歸，后迎太祖於封丘，太祖告之。后遽見瑾妻，瑾妻再拜，后亦拜，悽然泣下曰：「兗鄆與司空同姓之國，昆仲之間，以小故興干戈，而使吾姒至此；若不幸汴州失守，妾亦如此矣！」言已又泣。太祖爲之感動，乃送瑾妻爲尼，后嘗給其衣食。

司空，太祖時檢校官也。

天祐元年，后以疾卒。太祖卽位，追冊爲賢妃。初葬開封縣潤色鄉，末帝立，追謚曰元貞皇太后〔一〕，祔于宣陵。后已死，太祖始爲荒淫，卒以及禍云。

昭儀陳氏

昭儀陳氏，宋州人也，少以色進。太祖已貴，嬪妾數百，而昭儀專寵。太祖嘗疾，昭儀與尼數十人晝夜爲佛法，未嘗少懈，太祖以爲愛己，尤寵之。開平三年，度爲尼，居宋州佛寺。

昭容李氏

昭容李氏，亦以色進。尤謹愿，未嘗去左右。太祖病，晝寢方寐，棟折，獨李氏侍側，遽牽太祖衣，太祖驚走，棟折寢上，太祖德之，拜昭容。皆不知其所終。

德妃張氏

末帝德妃張氏，其父歸霸，事太祖爲梁功臣。帝爲王時，以婦聘之。帝卽位，將冊妃爲后，妃請待帝郊天，而帝卒不得郊。貞明元年〔二〕，妃病甚，帝遽冊爲德妃，其夕薨，年二十四。

次妃郭氏

次妃郭氏，父歸厚，事梁爲登州刺史。妃少以色進。梁亡，唐莊宗入汴，梁故妃妾，皆號泣迎拜。賀王友雍妃石氏有色，莊宗召之，石氏慢罵，莊宗殺之。次以召妃，妃懼而聽命。已而度爲尼，賜名誓正，居于洛陽。

初，莊宗之入汴也，末帝登建國樓，謂控鶴指揮使皇甫麟曰：「吾，晉世讎也，不可俟彼刀鋸，卿可盡我命，無使我落讎人之手！」麟與帝相持慟哭。是夕，進刃於帝，麟亦自剄。莊宗入汴，命河南張全義葬其尸，藏其首於太社。晉天福三年，詔太社先藏罪人首級，許親

屬收葬，乃出末帝首，遣右衞將軍安崇阮與妃同葬之。妃卒洛陽。

太祖二兄：曰全昱，曰存。八子：長曰友裕，次曰友珪、友璋、友貞、友雍、友徽、友孜，其一養子曰友文。

開平元年五月乙酉，封友文爲博王、友珪郢王、友璋福王、友貞均王、友雍賀王、友徽建王。友裕前卽位卒，追封郴王，而康王友孜，末帝卽位封。

友璋初爲壽州團練使、押左右番殿直、監豐德庫，友珪時，爲鄆州留後，末帝時，爲忠武軍節度使，徙鎭武寧，及友雍、友徽皆不知其所終。

廣王全昱

廣王全昱，太祖卽位封。太祖與仲兄存俱亡爲盜，全昱獨與其母猶寄食劉崇家。太祖已貴，乃與其母俱歸宣武，領山南西道節度使〔三〕。以太師致仕。

太祖將受禪，有司備禮前殿，全昱視之，顧太祖曰：「朱三，爾作得否？」太祖宴居宮中，

與王欽博，全昱酒酣，取骰子擊盆而迸之，呼太祖曰：「朱三，爾碭山一百姓，遭逢天子用汝爲四鎭節度使，於汝何負？而滅他唐家三百年社稷，吾將見汝赤其族矣，安用博爲！」太祖不悅，罷會。全昱亦不樂在京師，常居碭山故里。三子皆封王：友諒衡王，友能惠王，友誨邵王。

乾化元年，升宋州爲宣武軍，以友諒爲節度使。友諒進瑞麥一莖三穗，太祖怒曰：「今年宋州大水，何用此爲！」乃罷友諒，居京師。太祖臥病，全昱來視疾，與太祖相持慟哭；太祖爲釋友諒，使與東歸。貞明二年，全昱以疾薨。徙衡王友諒嗣封廣王。

友能爲宋、滑二州留後、陳州刺史，所至爲不法，姦人多依倚之。而陳俗好淫祠左道，其學佛者，自立一法，號曰「上乘」，晝夜伏聚，男女雜亂。妖人母乙、董乙聚衆稱天子，建置官屬，友能初縱之，乙等攻劫州縣，末帝發兵擊滅之。自康王友孜謀反伏誅，末帝始疎斥宗室，宗室皆反仄。貞明四年，友能以陳州兵反〔四〕，犯京師，至陳留，兵敗，還走陳州，後數月降，末帝赦之，降爲房陵侯。

友誨爲陝州節度使，欲以州兵爲亂，末帝召還京師，與友諒、友能皆被幽囚。梁亡，莊宗入汴，皆見殺。

朗王存 子友寧 友倫

朗王存，初與太祖俱從黃巢攻廣州，存戰死。存子友寧、友倫。

友寧字安仁，幼聰敏，喜愠不形於色。太祖以爲軍校，善用弓劍。遷衙內制勝都指揮使、龔州刺史。太祖圍鳳翔，遣友寧東備宣武。王師範襲梁，圍齊州，友寧引兵擊之，奪馬千匹，斬首數千級。太祖奉昭宗還京師，拜友寧建武軍節度使，賜號「迎鑾毅勇功臣」。太祖復遣攻師範，圍博昌，屠之，清河爲之不流。戰於石樓，兵敗，友寧墮馬見殺。

友倫幼亦明敏，通論語、小學，曉音律。存已死，太祖以友倫爲元從馬軍指揮使，表右威武將軍。燕人攻魏內黃，友倫以前鋒夜渡河，奪馬千匹。李罕之以潞州降梁，晉人攻潞，友倫以兵入潞州，取罕之以歸。累遷檢校司空，領藤州刺史。太祖圍鳳翔，晉人襲梁，友倫以兵三萬至礬山，晉人乃却，友倫西會太祖於鳳翔。昭宗還長安，拜友倫寧遠軍節度使。太祖東歸，留友倫宿衞，伺察昭宗所爲。友倫擊鞠墜馬死，太祖大怒，以兵七萬至河中。昭宗涕泣，不知所爲，將奔太原，不果。宰相崔胤遣人止太祖，太祖以爲友倫胤等殺之，奏請誅胤等，昭宗未從，乃遣友諒至京師，以兵圍開化坊，殺胤及京兆尹鄭元規、皇城使王建勳、

飛龍使陳班、閤門使王建襲、客省使王建乂、前左僕射張濬。

太祖即位，已封宗室，中書上議，故皇兄存，皇姪建武軍節度使友寧、寧遠軍節度使友倫，皆當封。於是追封存朗王、友寧安王、友倫密王。

郴王友裕

郴王友裕字端夫，幼善騎射，從太祖征伐，能以寬厚得士卒心。

太祖與晉圍黃鄴於西華，鄴卒荷矟登城罵敵，晉王使胡騎連射不能中。太祖顧友裕，一發中之，軍中皆大譟呼，晉王喜，遺友裕良弓百矢。太祖鎭宣武，以爲衙內都指揮使。景福元年，太祖攻鄆，友裕以先鋒次斗門，鄆兵夜擊之，友裕敗走。太祖從後來，不知友裕之敗也，前軍遇敵多死。太祖至村落間，始與友裕相得。是時，朱宣在濮州，太祖乃遣友裕先以二百騎前，太祖後至，與友裕相失。太祖卒與敵遇，敗而走。敵兵追之甚急，前至大溝，幾不免，賴溝中有積薪，馬乃得過，梁將李璠等死者十餘人。

冬，友裕取濮州，遂圍時溥於徐州。朱瑾以兵二萬救溥，友裕敗瑾于石佛山，瑾走。都虞候朱友恭讒之太祖，以爲瑾可追而友裕不追。太祖大怒，奪其兵屬龐師古，以友裕屬吏，

使者誤致書於友裕，友裕惶恐，不知所爲，賴張皇后救之，得免。權知許州。許州近蔡，苦於大寇，居民殘破，友裕招撫流散，增戶三萬餘。

遷諸軍都指揮使，與平兗、鄆，還領許州。崔洪奔淮南，友裕引兵定蔡州，市不易肆。太祖兼鎭護國軍，以友裕爲留後。遷忠武軍節度使。太祖攻鳳翔，未下，去攻邠州。友裕破靈臺、良原，下隴州，楊崇本以邠州降。後崇本復叛，太祖遣友裕攻之，屯于永壽。友裕以疾卒。

博王友文

博王友文字德明，本姓康名勤。幼美風姿，好學，善談論，頗能爲詩，太祖養以爲子。

太祖領四鎭，以友文爲度支鹽鐵制置使。太祖用兵四方，友文征賦聚斂以供軍實。太祖即位，以故所領宣武、宣義、天平、護國四鎭征賦，置建昌宮總之，以友文爲使，封博王。太祖幸西都，友文留守東京。

庶人友珪者，太祖初鎭宣武，略地宋、亳間，與逆旅婦人野合而生也。長而辯黠多智。

博王友文多材藝，太祖愛之，而年又長，太祖即位，嫡嗣未立，心嘗獨屬友文。太祖自張皇后崩，無繼室，諸子在鎮，皆邀其婦入侍。友文妻王氏有色，尤寵之。太祖病久，王氏與友珪妻張氏，常專房侍疾。太祖病少間，謂王氏曰：「吾知終不起，汝之東都，召友文來，吾與之決。」蓋心欲以後事屬之。乃謂敬翔曰：「友珪可與一郡，趣使之任。」乃以友珪爲萊州刺史。

太祖素剛暴，既病而喜怒難測，是時左降者，必有後命，友珪大懼。其妻張氏曰：「大家以傳國寶與王氏，使如東都召友文，君今受禍矣！」夫婦相對而泣。左右勸友珪曰：「事急計生，何不早自爲圖？」友珪乃易衣服，微行入左龍虎軍，見統軍韓勍計事，勍夜以牙兵五百隨友珪，雜控鶴衞士而入。夜三鼓，斬關入萬春門，至寢中，侍疾者皆走。太祖惶駭起呼曰：「我疑此賊久矣，恨不早殺之，逆賊忍殺父乎！」友珪親吏馮廷諤以劍犯太祖，太祖旋柱而走，劍擊柱者三，太祖憊，仆于牀，廷諤以劍中之，洞其腹，腸胃皆流。友珪以裀褥裹之寢中，祕喪四日。乃出府庫，大賚羣臣及諸軍。遣受旨丁昭浦矯詔馳至東都，殺友文。又下詔曰：「朕艱難創業，踰三十年。託于人上，忽焉六載，中外叶力，期于小康。豈意友文陰畜異圖，將行大逆。昨二日夜，甲士突入大內，賴友珪忠孝，領兵勦戮，保全朕躬。然而疾恙震驚，彌所危殆。友珪克平兇逆，厥功靡倫，宜委權主軍國。」然後發喪。乾化二年六月既望，友珪於柩前即皇帝位，拜韓勍忠武軍節度使，以末帝爲汴州留後，河中朱友謙爲中書

令。友謙不受命。而懷州龍驤軍三千，劫其將劉重霸，據懷州，自言討賊。三年正月，友珪祀天於洛陽南郊，改元曰鳳曆。

太祖外孫袁象先〔五〕與駙馬都尉趙巖等，謀與末帝討賊。二月，象先以禁兵入宮，友珪與妻張氏趨北垣樓下，將踰城以走，不果，使馮廷諤進刃其妻及己，廷諤亦自殺。末帝即位，復友文官爵，廢友珪爲庶人。

康王友孜

康王友孜，目重瞳子，嘗竊自負，以爲當爲天子。貞明元年，末帝德妃薨，將葬，友孜使刺客夜入寢中。末帝方寐，夢人害己，既寤，聞榻上寶劍鎗然有聲，躍起，抽劍曰：「將有變邪！」乃索寢中，得刺客，手殺之，遂誅友孜。明日，謂趙巖、張漢傑曰：「幾與卿輩不相見。」由此遂疎弱宗室，而信任趙、張，以至於敗亡。

嗚呼，春秋之法，是非與奪之際，難矣哉！或問：「梁太祖以臣弑君，友珪以子弑父，一

也。與弑即位，踰年改元，春秋之法，皆以君書，而友珪不得列于本紀，何也？且父子之惡均，而奪其子，是與其父也，豈春秋之旨哉？」予應之曰：「梁事著矣！其父之惡，不待與奪其子而後彰，然末帝之志，不可以不伸也。春秋之法，君弑而賊不討者，國之臣子任其責。予於友珪之事，所以伸討賊者之志也。」

校勘記

〔一〕追謚曰元貞皇太后　薛史卷八梁末帝紀及五代會要卷一均無「太」字。

〔二〕貞明元年　汲本作「貞明年」，百衲本及其他各本均作「貞明五年」。薛史卷八梁末帝紀、通鑑卷二六九及本卷康王友孜傳均繫于貞明元年。五代會要卷一作「乾化五年」，亦即貞明元年。考異卷六二、纂誤補卷二皆謂「貞明五年」誤。今改。

〔三〕領山南西道節度使　「山」，他本均作「嶺」。

〔四〕貞明四年友能以陳州兵反　薛史卷一〇梁末帝紀及通鑑卷二七一均繫於龍德元年四月。

〔五〕太祖外孫袁象先　按薛史卷五九及本史卷四五袁象先傳，象先母爲太祖妹萬安大長公主，象先乃太祖甥。

新五代史卷十四

唐太祖家人傳第二

正室劉氏　次妃曹氏

太祖正室劉氏，代北人也；其次妃曹氏，太原人也。

太祖封晉王，劉氏封秦國夫人。自太祖起兵代北，劉氏常從征伐。爲人明敏多智略，頗習兵機，常教其侍妾騎射，以佐太祖。太祖東追黃巢，還軍過梁，館于封禪寺。梁王邀太祖入城，置酒上源驛，夜半以兵攻之。太祖左右有先脫歸者，以難告夫人，夫人神色不動，立斬告者，陰召大將謀保軍以還。遲明，太祖還，與夫人相嚮慟哭，因欲舉兵擊梁。夫人曰：「公本爲國討賊，今梁事未暴，而遽反兵相攻，天下聞之，莫分曲直。不若斂軍還鎮，自訴于朝。」太祖從之。

其後，太祖擊劉仁恭，敗歸。梁遣氏叔琮、康懷英等連歲攻晉，圍太原，晉兵屢敗，太祖

憂窘，不知所爲。大將李存信等勸太祖亡入北邊，收兵以圖再舉，太祖然之。入以語夫人，夫人問誰爲此謀者，曰：「存信也。」夫人罵曰：「存信，代北牧羊兒耳，安足與計成敗邪！且公嘗笑王行瑜棄邠州走，卒爲人擒，今乃自爲此乎？昔公亡在達靼，幾不能自脫，賴天下多故，乃得南歸。今屢敗之兵，散亡無幾，一失其守，誰肯從公？北邊其可至乎？」太祖大悟而止。已而亡兵稍稍復集。

夫人無子，性賢，不妬忌，常爲太祖言：「曹氏相當生貴子，宜善待之。」而曹氏亦自謙退，因相得甚歡。

曹氏封晉國夫人，後生子，是謂莊宗，太祖奇之，曹氏由是專寵。太祖性暴，怒多殺人，左右無敢言者，惟曹氏從容諫譬，往往見聽。及莊宗立，事曹氏尤謹，其救趙破燕取魏博，與梁戰河上十餘歲，歲嘗馳省其母至三四，人皆稱其孝。莊宗卽位，册尊曹氏爲皇太后，而以嫡母劉氏爲皇太妃。太妃往謝太后，太后有慚色。太妃曰：「願吾兒享國無窮，使吾獲沒于地以從先君，幸矣，復何言哉！」

莊宗滅梁入汴，使人迎太后歸洛，居長壽宮，而太妃獨留晉陽。同光三年五月，太妃薨。七月，太后薨，謚曰貞簡，葬于坤陵。而太妃無謚，葬魏縣。太妃與太后甚相愛，其送太后于洛也，涕泣而別，歸而相思慕，遂至不起。太后聞之，欲馳至晉陽視疾，及其卒也，又欲自往葬之，莊宗泣諫，羣臣交章請留，乃止。而太后自太妃卒，悲哀不飲食，逾月亦崩。

皇后劉氏

莊宗神閔敬皇后劉氏，魏州成安人也。莊宗正室曰衞國夫人韓氏，其次燕國夫人伊氏，其次后也，初封魏國夫人。

后父劉叟，黃鬚，善醫卜，自號劉山人。后生五六歲，晉王攻魏，掠成安，裨將袁建豐得后，納之晉宮，貞簡太后教以吹笙歌舞。既笄，甚有色，莊宗見而悅之。莊宗已爲晉王，太后幸其宮，置酒爲壽，自起歌舞，太后歡甚，命劉氏吹笙佐酒，酒罷去，留劉氏以賜莊宗。先時，莊宗攻梁軍於夾城，得符道昭妻侯氏，寵專諸宮，宮中謂之「夾寨夫人」。莊宗出兵四方，常以侯氏從軍。其後，劉氏生子繼岌，莊宗以爲類己，愛之，由是劉氏寵益專，自下魏博、戰河上十餘年，獨以劉氏從。劉氏多智，善迎意承旨，其佗嬪御莫得進見。

其父聞劉氏已貴，詣魏宮上謁。莊宗召袁建豐問之，建豐曰：「臣始得劉氏於成安北塢，時有黃鬚丈人護之。」及出劉叟示建豐，建豐曰：「是也。」然劉氏方與諸夫人爭寵，以門望相高，因大怒曰：「妾去鄉時，略可記憶，妾父不幸死於亂兵，妾時環尸慟哭而去。此田舍

翁安得至此！」因命笞劉叟于宮門。

莊宗已卽皇帝位，欲立劉氏爲皇后，而韓夫人正室也，伊夫人位次在劉氏上，以故難其事而未發。宰相豆盧革、樞密使郭崇韜希旨，上章言劉氏當立，莊宗大悅。同光二年癸未，皇帝御文明殿，遣使册劉氏爲皇后〔一〕。皇后受册，乘翟車，鹵簿、鼓吹，見於太廟。韓夫人等皆不平之，乃封韓氏爲淑妃，伊氏爲德妃。

莊宗自滅梁，志意驕怠，宦官、伶人亂政，后特用事於中。自以出於賤微，踰次得立，以爲佛力。又好聚斂，分遣人爲商賈，至於市肆之間，薪芻果茹，皆稱中宮所賣。四方貢獻，必分爲二，一以上天子，一以入中宮，宮中貨賄山積。惟寫佛書，饋賂僧尼，而莊宗由此亦佞佛。

有胡僧自于闐來，莊宗率皇后及諸子迎拜之。僧遊五臺山，遣中使供頓，所至傾動城邑。又有僧誠惠，自言能降龍。嘗過鎭州，王鎔不爲之禮，誠惠怒曰：「吾有毒龍五百，當遣一龍揭片石，常山之人，皆魚鱉也。」會明年滹沱河大水，壞鎭州關城，人皆以爲神。莊宗及后率諸子、諸妃拜之，誠惠端坐不起，由是士無貴賤皆拜之，獨郭崇韜不拜也。

是時，皇太后及皇后交通藩鎭，太后稱「誥令」，皇后稱「敎命」，兩宮使者旁午於道。許州節度使溫韜以后佞佛，因請以私第爲佛寺，爲后薦福。莊宗數幸郭崇韜、元行欽等私

第，常與后俱。其後，幸張全義第，酒酣，命后拜全義爲養父。全義日遣姬妾出入中宮，問遺不絕。

莊宗有愛姬，甚有色而生子，后心患之。莊宗燕居宮中，元行欽侍側，莊宗問曰：「爾新喪婦，其復娶乎？吾助爾聘。」后指愛姬請曰：「帝憐行欽，何不賜之？」莊宗不得已，陽諾之。后趣行欽拜謝，行欽再拜，起顧愛姬，肩輿已出宮矣。莊宗不樂，稱疾不食者累日。

同光三年秋大水，兩河之民，流徙道路，京師賦調不充，六軍之士，往往殍踣，乃預借明年夏、秋租稅，百姓愁苦，號泣于路，莊宗方與后荒于畋遊。十二月己卯臘，畋于白沙，后率皇子、後宮畢從，歷伊闕，宿龕澗，癸未乃還。是時大雪，軍士寒凍，金鎗衞兵萬騎，所至責民供給，壞什器，徹廬舍而焚之，縣吏畏懼，亡竄山谷。

明年三月，客星犯天庫，有星流于天棓。占星者言：「御前當有急兵，宜散積聚以禳之。」宰相請出庫物以給軍，莊宗許之，后不肯，曰：「吾夫婦得天下，雖因武功，蓋亦有天命。命既在天，人如我何！」宰相論于延英，后於屏間耳屬之，因取粧奩及皇幼子滿喜置帝前曰：「諸侯所貢，給賜已盡，宮中所有惟此耳，請鬻以給軍！」宰相惶恐而退。及趙在禮作亂，出兵討魏，始出物以賚軍，軍士負而詬曰：「吾妻子已餓死，得此何爲！」

莊宗東幸汴州，從駕兵二萬五千，及至萬勝，不得進而還，軍士離散，所亡太半。至罌子谷，道路險狹，莊宗見從官執兵仗者，皆以好言勞之曰：「適報魏王平蜀，得蜀金銀五十萬，當悉給爾等。」對曰：「陛下與之太晚，得者亦不感恩。」莊宗泣下，因顧內庫使張容哥索袍帶以賜之，容哥對曰：「盡矣。」軍士叱容哥曰：「致吾君至此，皆由爾輩！」因抽刀逐之，左右救之而免。容哥曰：「皇后惜物，不以給軍，而歸罪於我。事若不測，吾身萬段矣！」乃投水而死。

郭從謙反，莊宗中流矢，傷甚，臥絳霄殿廊下，渴欲得飲，后令宦官進飧酪，不自省視。莊宗崩，后與李存渥等焚嘉慶殿，擁百騎出師子門。后於馬上以囊盛金器寶帶，欲於太原造寺爲尼。在道與存渥姦，及至太原，乃削髮爲尼。明宗入立，遣人賜后死。晉天福五年，追謚曰神閔敬皇后。

自唐末喪亂，后妃之制不備，至莊宗時，後宮之數尤多，有昭容、昭儀、昭媛、出使、御正、侍眞、懿才、咸一、瑤芳、懿德、宣一等，其餘名號，不可勝紀。莊宗遇弑，後宮散走，朱守殷入宮，選得三十餘人。虢國夫人夏氏以嘗幸於莊宗，守殿不敢留。明宗立，悉放莊宗時宮人還其家，獨夏氏無所歸，乃以河陽節度使夏魯奇同姓也，因以歸之，後嫁契丹突欲李贊華。贊華性酷毒，喜殺人，婢妾微過，常加刲灼。夏氏懼，求離婚，乃削髮爲尼以卒。而韓淑妃、伊德妃皆居太原，晉高祖反時，爲契丹所虜。

唐自朱邪得姓而爲李氏，得國而爲晉，得天下而爲唐。其始出於夷狄，而終以亂亡，故其世次不可詳見。其可見者，曰太祖四弟、八子、五孫，三世而絕。太祖四弟曰：克讓、克脩、克恭、克寧，皆不知其父母名號。

克讓

克讓，少善騎射，爲振武軍校，從討王仙芝，以功拜金吾衞將軍，留京師。李氏自憲宗時以部族歸唐，唐處之河西，嘗遣一子宿衞京師，賜第於親仁坊。其後太祖起兵雲中，殺唐守將段文楚。唐發兵討太祖，遣王處存以兵圍親仁坊，捕宿衞子克讓。克讓與其僕何相温、石的歷等十餘騎，彎弧躍馬，突圍而出。處存以千餘人追至渭橋，克讓等射殺百餘人，追兵乃止，克讓奔于鴈門。明年，太祖復歸唐，克讓還宿衞京師。黄巢犯長安，克讓守潼關，爲賊所敗，奔于南山，匿佛寺，爲寺僧所殺。

克脩

克脩字崇遠，從討龐勛，以功拜朔州刺史。太祖鎮鴈門，以爲奉誠軍使。從入關，討黄巢，爲先鋒，遷左營軍使。潞州孟方立遷于邢州，晉取潞州，表克脩昭義軍節度使。數出山東擊方立，又與李罕之攻寇懷、孟之間。其後，太祖自將擊方立，還軍過潞，克脩性儉嗇，供饋甚薄，太祖大怒，詬而擊笞之。克脩慚憤，發疾卒。二子：嗣弼、嗣肱。

嗣弼爲涿州刺史，天祐十九年，契丹攻破涿州，嗣弼歿于虜。

嗣肱，少有膽略，從周德威數立戰功，爲馬步軍都虞候。李存審敗梁軍于胡壁，嗣肱獲梁將一人。梁太祖圍蓨縣，嗣肱從存審救蓨，梁軍解去，嗣肱功爲多，超拜蔚州刺史、鴈門以北都知兵馬使。累遷澤、代二州刺史。新州王郁叛晉，亡入契丹，山後諸州皆叛，嗣肱取嬀、儒、武三州，拜新州刺史、山北都團練使。同光元年春，卒于官。

克恭

克恭，初爲決勝軍使。克脩卒，以克恭代爲昭義軍節度使。克脩爲人簡儉，潞人素安其政，且哀其見咎以死。克恭驕暴不法，又不習軍事，由是潞人皆怨。克恭選後院勁兵五百人，獻于太祖，行至銅鞮，其將馮霸以其徒叛。太祖遣李元審討之，戰于沁水，元審大敗被傷，奔入潞州。牙將安居受亦叛，殺克恭及元審，使人召霸，霸不受命，居受懼而出奔，行至長子，爲野人所殺，傳首于霸。霸乃入潞州，自稱留後，以附于梁。

克寧

克寧，爲人仁孝，居諸兄弟中最賢，事太祖小心不懈。太祖與赫連鐸、李可舉戰雲、蔚間，後奔達靼，入破黃巢，克寧未嘗不從行。太祖鎭太原，以爲內外制置蕃漢都知兵馬使，檢校太保、振武軍節度使，軍中之事，無大小皆決克寧。

太祖病，召莊宗侍側，屬張承業與克寧曰：「以亞子屬公等。」太祖崩，莊宗告於克寧曰：「兒年孤稚，未通庶政，雖有先王之命，恐不足以當大事。叔父勳德俱高，先王嘗任以政矣，敢以軍府煩季父，以待兒之有立。」克寧曰：「吾兄之命，以兒屬我，誰敢易之！」因下而北面再拜稱賀，莊宗乃卽晉王位。

初，太祖起於雲、朔之間，所得驍勇之士，多養以爲子，而與英豪戰爭，卒就霸業，諸養子之功爲多，故尤寵愛之，衣服禮秩如嫡。諸養子麾下皆有精兵，恃功自恣，自先王時常見優假。及新王立，年少，或託疾不朝，或見而不拜。養子存顥、存實告克寧曰：「兄亡弟及，古之道也。以叔拜姪，理豈安乎？人生富貴，當自取之。」克寧曰：「吾家三世，父慈子孝，先王土宇，苟有所歸，吾復何求也！」

克寧妻孟氏素剛悍，存顥等各遣其妻入說孟氏，孟氏數以迫克寧。克寧仁而無斷，惑於羣言，遂至於禍。都虞候李存質得罪於克寧，克寧殺之，而與張承業、李存璋有隙，又求兼領大同軍節度使。於是幸臣史敬鎔見太后，告克寧與存顥謀執王及太后以降梁。莊宗召承業、存璋告之曰：「季父所爲如此，奈何？然骨肉不可自相魚肉，吾當避賢路以紓禍於吾家。」承業等請誅克寧。乃伏兵於府，置酒大會，克寧既至，執而殺之。

太祖子　存美　存霸　存禮　存渥　存乂　存確　存紀

太祖子八人：莊宗長子也，次曰存美、存霸、存禮、存渥、存乂、存確、存紀。同光三年十二月辛亥，詔封存美等七人爲王。蓋存霸、存渥、存紀與莊宗同母也，存美、存乂、存確、存禮不知其母名氏號位。存美封邕王，存霸永王，存禮薛王，存渥申王，存乂睦王，存確通王，存紀雅王。

存乂歷建雄、保大二軍節度使。娶郭崇韜女。是時，魏州妖人楊千郎用事，自言有墨子術，能役使鬼神，化丹砂、水銀。莊宗頗神之，拜千郎檢校尚書郎，賜紫，其妻出入宮禁，承恩寵，而士或因之以求官爵，存乂及存渥等往往朋淫于其家。及崇韜被族，莊宗遣宦官陰察外議以爲如何，而宦官因欲盡誅崇韜親黨以絕後患，乃誣言：「存乂過千郎，酒酣，攘臂號泣，爲婦翁稱冤，言甚怨望。」莊宗大怒，以兵圍其第而誅之，幷誅千郎。

存霸歷昭義、天平、河中三軍節度使，存渥義成、天平二軍節度使，皆居京師，食其俸祿而已。趙在禮作亂，乃遣存霸於河中。李嗣源兵反，嚮京師，莊宗再幸汜水，徙存霸北京留守，存渥河中節度使，宣麻未訖，郭從謙反，攻興教門，存渥從莊宗拒賊。莊宗中流矢崩，存渥與劉皇后同奔于太原，行至風谷，爲部下所殺。存霸聞京師亂，亦自河中奔太原，比至，麾下皆散走，惟使下康從弁不去。存霸乃剪髮、衣僧衣，謁符彥超曰：「願爲山僧，冀公庇護。」彥超欲留之，爲軍衆所殺。

存紀、存確聞郭從謙反，奔于南山，匿民家。明宗詔河南府及諸道：「諸王出奔，所至送赴闕；如不幸物故者，收瘞以聞。」存紀等所匿民家以告安重誨，重誨謂霍彥威曰：「二王逃難，主上尋求，恐其失所。今上既監國典喪，此禮如何？」彥威曰：「上性仁慈，不可聞奏。宜密爲之所，以安人情。」乃卽民家殺之。

存美素病風，居太原，與存禮皆不知其所終。

莊宗五子　繼岌　繼潼　繼嵩　繼蟾　繼嶢

莊宗五子：長曰繼岌，其次繼潼、繼嵩、繼蟾、繼嶢。繼岌母曰劉皇后，其四皆不著其母名號。

莊宗卽位，繼岌爲北都留守，判六軍諸衞事。遷檢校太尉、同中書門下平章事。豆盧革爲相，建言：「唐故事，皇子皆爲宮使。」因以鄴宮爲興聖宮，以繼岌爲使。同光三年，封魏王。是歲伐蜀，以繼岌爲西南行營都統，郭崇韜爲都招討使，工部尚書任圜、翰林學士李愚皆參軍事。九月戊申，將兵六萬自鳳翔入大散關，軍無十日之糧，而所至州鎮皆迎降，遂食其粟。至興州，蜀將程奉璉以五百騎降，因以其兵修閣道，以過唐軍。王衍將兵萬人屯利州，分其半逆戰于三泉，爲先鋒康延孝所敗，衍懼，斷吉柏江浮橋，奔歸成都。唐軍自文州間道以入。十月己酉，繼岌至綿州，衍上牋請降。丙辰，入成都。王衍乘竹輿至昇仙橋，素衣、牽羊，草索繫首，肉袒、銜璧、輿櫬，羣臣衰絰，徒跣以降。繼岌下而取璧，崇韜解縛，焚櫬。自出師至降衍，凡七十五日，兵不血刃，自古用兵之易，未有如此。然繼岌雖爲都統，而軍政號令一出崇韜。

初，莊宗遣宦者供奉官李從襲監中軍，高品李廷安、呂知柔爲典謁。從襲等素惡崇韜，又見崇韜專任軍事，益不平之。及破蜀，蜀之貴臣大將，自王宗弼已下，皆爭以蜀寶貨、妓樂奉崇韜父子，而魏王所得，匹馬、束帛、唾壺、麈柄而已；崇韜日決軍事，將吏賓客趨走盈庭，而都統府惟大將晨謁，牙門闃然。由是從襲等不勝其憤。已而宗弼率蜀人見繼岌，請留崇韜鎮蜀，從襲等因言崇韜有異志，勸繼岌爲備。繼岌謂崇韜曰：「陛下倚侍中如衡、華，尊之廟堂之上，期以一天下而制四方，必不棄元老於蠻夷之地。此事非予敢知也。」莊宗聞崇韜欲留蜀，亦不悅，遣宦者向延嗣趣繼岌班師。延嗣至成都，崇韜不出迎，及見，禮益慢，延嗣怒，從襲等因告延嗣崇韜有異志，恐危魏王。延嗣還，具言之。劉皇后涕

泣請保全繼岌，莊宗遣宦官馬彥珪往視崇韜去就。是時，兩川新定，孟知祥未至，所在盜賊聚山林，崇韜方遣任圜等分出招集，恐後生變，故師未卽還。而彥珪將行，見劉皇后曰：「臣見延嗣言蜀中事勢已不可，禍機之作，間不容髮，安能三千里往覆稟命乎！」劉皇后以彥珪語告莊宗，莊宗曰：「傳言未審，豈可便令果決？」皇后以不得請，因自爲敎與繼岌，使殺崇韜。明年正月，崇韜留任圜守蜀，以待知祥之至，崇韜期班師有日。彥珪至蜀，出皇后敎示繼岌，繼岌曰：「今大軍將發，未有釁端，豈可作此負心事！」從襲等泣曰：「今有密敕，王苟不行，使崇韜知之，則吾屬無類矣！」繼岌曰：「上無詔書，但皇后手敎，安能殺招討使？」從襲等力爭，繼岌不得已而從之。詰旦，從襲以都統命召崇韜，繼岌登樓以避之。崇韜入，昇階，繼岌從者李環撾碎其首。

繼岌遂班師。二月，軍至泥溪，先鋒康延孝叛，據漢州，繼岌遣任圜討平之。四月辛卯，至興平，聞明宗反，兵入京師，繼岌欲退保鳳翔。至武功，李從襲勸繼岌馳趣京師，以救內難。行至渭河，西都留守張籛斷浮橋，繼岌不得度，乃循河而東，至渭南，左右皆潰。從襲謂繼岌曰：「大事已去，福不可再，王宜自圖。」繼岌徘徊泣下，謂李環曰：「吾道盡途窮，子當殺我。」環遲疑久之，謂繼岌乳母曰：「吾不忍見王，王若無路求生，當踣面以俟。」繼岌面榻而臥，環縊殺之。任圜從後至，葬繼岌華州之西南。繼岌少病閹，無子。明宗已卽位，圜率征蜀之師二萬至京師，明宗撫慰久之，問圜繼岌何在，圜具言繼岌死狀。

同光三年，詔以皇子繼嵩、繼潼、繼蟾、繼嶢皆爲光祿大夫、檢校司徒。蓋其皆幼，故不封。當莊宗遇弑時，太祖子孫在者十有一人，明宗入立，其四人見殺，其餘皆不知所終，太祖之後遂絕㊀。

㊀梁、唐家人傳，皆先兄弟而後諸子，兄弟之子，各從其父，此理之常也。至莊宗七弟所書事迹，不以長幼爲次者，各因其死之先後而書之，便於述事爾，無定法也。

校勘記

〔一〕同光二年癸未皇帝御文明殿遣使册劉氏爲皇后　「同光二年癸未」，貴池本作「同光四年己卯」，南監、汪、汲、殿、南昌、鄂、蜀、劉校本作「同光二年四月己卯」，百衲本作「同光二年癸未」。本史卷五唐莊宗紀及通鑑卷二七三繫在同光二年二月癸未。按薛史卷三一唐莊宗紀載：同光二年二月「癸未，宰相豆盧革率百官上表請立中宮，制以魏國夫人劉氏爲皇后，仍令所司擇日備禮册命……四月己卯，帝御文明殿，册魏國夫人劉氏爲皇后」。是二月癸未爲制命之日，册封則在四月己卯。百衲本、貴池本並有脫誤。

新五代史卷十五

唐明宗家人傳第三

皇后曹氏　皇后夏氏

明宗三后一妃：和武憲皇后曹氏生晉國公主；昭懿皇后夏氏生秦王從榮、愍帝；宣憲皇后魏氏，潞王從珂母也；淑妃王氏，許王從益之慈母也。曹氏、夏氏皆不見其世家。夏氏無封爵，明宗未卽位前卒。明宗天成元年，封楚國夫人曹氏爲淑妃，追封夏氏晉國夫人。長興元年，立淑妃爲皇后，而夏氏所生二子皆已王，乃追册爲皇后，謚曰昭懿。

皇后魏氏

魏氏，鎭州平山人也。初適平山民王氏，生子十歲矣。明宗爲騎將，掠平山，得其子母以歸。居數年，魏氏卒，葬太原。其子是爲潞王從珂。明宗時，從珂已王，乃追封魏氏爲魯國夫人。廢帝卽位，追尊魏氏爲皇太后，議建陵寢，而太原石敬瑭反，乃於京師河南府東立寢宮。清泰三年六月丙寅，遣工部尚書崔儉奉上皇太后寶册〔一〕，謚曰宣憲。

淑妃王氏

淑妃王氏，邠州餅家子也，有美色，號「花見羞」。少賣梁故將劉鄩爲侍兒，鄩卒，王氏無所歸。是時，明宗夏夫人已卒，方求別室，有言王氏於安重誨者，重誨以告明宗而納之。王氏素得鄩金甚多，悉以遺明宗左右及諸子婦，人人皆爲王氏稱譽，明宗益愛之。而夫人曹氏爲人簡質，常避事，由是王氏專寵。

明宗卽位，議立皇后，而曹氏當立，曹氏謂王氏曰：「我素多病，而性不耐煩，妹當代我。」王氏曰：「后，帝匹也，至尊之位，誰敢干之！」乃立曹氏爲皇后，王氏爲淑妃。妃事皇后亦甚謹，每帝晨起，盥櫛服御，皆妃執事左右，及罷朝，帝與皇后食，妃侍，食徹乃退，未嘗少懈，皇后心亦益愛之。然宮中之事，皆主於妃。明宗病，妃與宦者孟漢瓊出納左右，遂專用事，殺安重誨、秦王從榮，皆與焉。劉鄩諸子，皆以妃故封拜官爵。愍帝卽位，册尊皇后爲皇太后，妃爲皇太妃。初，明宗後宮有生子者，命妃母之，是爲許王從益。從益乳母司衣王氏，見明宗已老而秦王握兵，心欲自託爲後計，乃曰：「兒思秦王。」是時從益已四歲，又數教從益自言求見秦王。明宗遣乳嫗將兒往來秦府，遂與從榮私通，從榮因使王氏伺察宮中動靜。從榮已死，司衣王氏以謂秦王實以兵入宮衞天子，而以反見誅，出怨言。愍帝聞之，大怒，賜司衣王氏死，而事連太妃，由是心不悅，欲遷之至德宮，以太后素善妃，懼傷其意而止，然待之甚薄。

廢帝入立，嘗置酒妃院，妃舉酒曰：「願辭皇帝爲比丘尼。」帝驚，問其故，曰：「小兒處偶得命，若大兒不容，則死之日，何面見先帝！」因泣下。廢帝亦爲之悽然，待之頗厚。石敬瑭兵犯京師，廢帝聚族將自焚。妃謂太后曰：「事急矣，宜少回避，以俟姑夫。」太后曰：「我家至此，何忍獨生，妹自勉之！」太后乃與帝俱燔死，而妃與許王從益及其妹匿於鞠院以免。

晉高祖立，妃自請爲尼，不可，乃遷于至德宮。晉遷都汴，以妃子母俱東，置於宮中，高祖皇后事妃如母。天福四年九月癸未，詔以郇國三千戶封唐許王從益爲郇國公，以奉唐祀，服色、旌旗一依舊制。太常議立莊宗、明宗、愍帝三室，以至德宮爲廟；詔立高祖、太宗，爲五廟，使從益歲時主祠。

出帝卽位，妃母子俱還洛陽。契丹犯京師，趙延壽所尙明宗公主已死，耶律德光乃爲延壽娶從益妹，是爲永安公主。公主不知其母爲誰，素亦養於妃，妃至京師主婚禮。德光見明宗畫像，焚香再拜，顧妃曰：「明宗與我約爲弟兄，爾吾嫂也。」已而斬之曰：「今日乃吾婦也。」乃拜從益爲彰信軍節度使，從益辭，不之官，與妃俱還洛陽。

德光北歸，留蕭翰守汴州。漢高祖起太原，翰欲北去，乃使人召從益，委以中國。從益子母逃於徽陵域中，以避使者，使者迫之以東，遂以從益權知南朝軍國事。從益御崇元殿，翰率契丹諸將拜殿上，晉羣臣拜殿下。羣臣入謁太妃，妃曰：「吾家子母孤弱，爲翰所迫，此豈福邪？禍行至矣！」乃以王松、趙上交爲左右丞相，李式、翟光鄴爲樞密使，燕將劉祚爲侍衞親軍都指揮使。翰留契丹兵千人屬祚而去。

漢高祖擁兵而南，從益遣人召高行周、武行德等爲拒，行周等皆不至，乃與王松謀以燕兵閉城自守。妃曰：「吾家亡國之餘，安敢與人爭天下！」乃遣人上書迎漢高祖。高祖聞其嘗召行周而不至，遣郭從義先入京師殺妃母子。妃臨死呼曰：「吾家母子何罪？何不留吾兒，使每歲寒食持一盂飯灑明宗墳上。」聞者悲之。從益死時年十七。

皇后孔氏

愍帝哀皇后孔氏，父循，橫海軍節度使。后有賢行，生四子。愍帝即位，立爲皇后，未及册命而難作。愍帝出奔，后病子幼，皆不能從。廢帝入立，后及四子皆見殺。晉高祖立，追謚曰哀。

明宗子

從璟

明宗四子，曰：從璟、從榮、從厚、從益。

從璟初名從審，爲人驍勇善戰，而謙退謹敕。從莊宗戰，數有功，爲金槍指揮使。明宗軍變于魏，莊宗謂從璟曰：「爾父於國有大功，忠孝之心，朕自明信。今爲亂軍所逼，爾宜自往宣朕意，毋使自疑。」從璟馳至衞州，爲元行欽所執，將殺之，從璟呼曰：「我父爲亂軍所逼，公等不亮其心，我亦不能至魏，願歸衞天子。」行欽釋之。莊宗憐其言，賜名繼璟，以

爲己子。

從莊宗如汴州，將士多亡於道，獨從璟不去，左右或勸其逃禍，從璟不聽。莊宗聞明宗已渡黎陽，復欲遣從璟通問。行欽以爲不可，遂殺之。明宗即位，贈太保。

嗚呼！無父烏生，無君烏以爲生，而世之言曰：「爲忠孝者不兩全。」夫豈然哉？君父，人倫之大本；忠孝，臣子之大節。豈其不相爲用，而又相害者乎？抑私與義而已耳。蓋以其私則兩害，以其義則兩得。其父以兵攻其君，爲其子者，從父乎？從君乎？曰：「身從其居，志從其義，可也。」身居君所則從君，居父所則從父。其從於君者，必辭其君曰「子不可以射父，願無與兵焉！」則又號泣而呼其父曰：「盍捨兵而歸我君乎！」君敗則死之，父敗則終喪而事君。其從於父者，必告之曰：「君不可以射也，盍捨兵而歸吾君乎！」君敗則死之，父敗則待罪於君，赦已則終喪而事之。古之知孝者莫如舜，知義者莫如孔、孟，其於君臣父子之際詳矣，使其不幸而遭焉，其亦如是而已矣！從璟之於莊宗，知所從而得其死矣。哀哉！

秦王從榮

秦王從榮，天成元年，以檢校司徒兼御史大夫，拜天雄軍節度使、同中書門下平章事。三年，徙鎭河東。長興元年，拜河南尹，兼判六軍諸衞事。

從璟死，從榮於諸皇子次最長，又握兵柄。然其爲人輕雋而鷹視，頗喜儒，學爲歌詩，多招文學之士，賦詩飮酒，故後生浮薄之徒，日進諛佞以驕其心。自將相大臣皆患之，明宗頗知其非而不能裁制。從榮嘗侍側，明宗問曰：「爾軍政之餘，習何事業？」對曰：「有暇讀書，與諸儒講論經義爾。」明宗曰：「經有君臣父子之道，然須碩儒端士，乃可親之。吾見先帝好作歌詩，甚無謂也。汝將家子，文章非素習，必不能工，傳於人口，徒取笑也。吾老矣，於經義雖不能曉，然尙喜屢聞之，其餘不足學也。」

是歲秋，封從榮秦王。故事，諸王受封不朝廟，而有司希旨，欲重其禮，乃建議曰：「古者因禘、嘗而發爵祿，所以示不敢專。今受大封而不告廟，非敬順之道也。」於是從榮朝服，乘輅車，具鹵簿，至朝堂受册，出，載册以車，朝于太廟，京師之人皆以爲榮。三年，加兼中書令。有司又言：「故事，親王班宰相下，今秦王位高而班下，不稱。」於是與宰相分班而居右。

四年，加尙書令，食邑萬戶。太僕少卿何澤上書，請立從榮爲皇太子。是時明宗已病，得澤書不悅，顧左右曰：「羣臣欲立太子，吾當養老於河東。」乃召大臣議立太子事，大臣皆莫敢可否。從榮入白曰：「臣聞姦人言，欲立臣爲太子，臣實不願也。」明宗曰：「此羣臣之欲爾。」從榮出，見范延光、趙延壽等曰：「諸公議欲立吾爲太子，是欲奪吾兵柄而幽之東宮耳。」延光等患之，乃加從榮天下兵馬大元帥。有司又言：「元帥或統諸道，或專一面，自前世無天下大元帥之名，其禮無所考按。請自節度使以下，凡領兵職者，皆具櫜鞬以軍禮庭參；其兼同中書門下平章事者，初見亦如之，其後許如客禮。凡元帥府文符行天下，皆用帖。」又升班在宰相上。從榮大宴元帥府，諸將皆有頒給：控鶴、奉聖、嚴衞指揮使，人馬一匹、絹十匹；其諸軍指揮使，人絹十匹；都頭已下，七匹至三匹。又請嚴衞、捧聖千人爲牙兵，每入朝，以數百騎先後，張弓挾矢，馳走道上，見者皆震慴。從榮又命其寮屬及四方游士試作征淮檄，陳己所以平一天下之意。

言事者請爲諸王擇師傅，以加訓導。宰相難其事，因請從榮自擇。從榮乃請翰林學士崔梲、刑部侍郎任贊爲元帥判官。明宗曰：「學士代言，不可也。」從榮出而恚曰：「任以元帥而不得請屬寮，非吾所諭也。」將相大臣見從榮權位益隆，而輕脫如此，皆知其禍而莫敢言者。惟延光、延壽陰有避禍意，數見明宗，涕泣求解樞密，二人皆引去，而從榮之

中華書局

難作。

十一月戊子，雪，明宗幸宮西士和亭，得傷寒疾。己丑，從榮與樞密使朱弘昭、馮贇入問起居於廣壽殿，帝不能知人。王淑妃告曰：「從榮在此。」又曰：「弘昭等在此。」皆不應。從榮等去，乃遷於雍和殿，宮中皆慟哭。至夜半後，帝蹶然自興於榻，而侍疾者皆去，顧殿上守漏宮女曰：「夜漏幾何？」對曰：「四更矣！」帝卽唾肉如肺者數片，溺涎液斗餘。守漏者曰：「大家省事乎？」曰：「吾不知也。」有頃，六宮皆至，曰：「大家還魂矣！」因進粥一器。至旦，疾少愈，而從榮稱疾不朝。

初，從榮常忌宋王從厚賢於己，而懼不爲嗣。其平居驕矜自得，及聞人道宋王之善，則愀然有不足之色。其入問疾也，見帝已不知人，旣去，而聞宮中哭聲，以謂帝已崩矣，乃謀以兵入宮。使其押衙馬處鈞告弘昭等，欲以牙兵入宿衞，問何所可以居者。弘昭等對曰：「宮中皆王所可居，王自擇之。」因私謂處鈞曰：「聖上萬福，王宜竭力忠孝，不可草草。」處鈞具以告從榮，從榮還遣處鈞語弘昭等曰：「爾輩不念家族乎？」弘昭、贇及宣徽使孟漢瓊等入告王淑妃以謀之，曰：「此事須得侍衞兵爲助。」乃召侍衞指揮使康義誠，謀於竹林之下。義誠有子在秦王府，不敢決其謀，謂弘昭曰：「僕爲將校，惟公所使爾！」弘昭大懼。

明日，從榮遣馬處鈞告馮贇曰：「吾今日入居興聖宮。」又告義誠，義誠許諾。贇卽馳入

內，見義誠及弘昭、漢瓊等坐中興殿閤議事，贇責義誠曰：「主上所以畜養吾徒者，爲今日爾！今安危之機，間不容髮，奈何以子故懷顧望，使秦王得至此門，主上安所歸乎？吾輩復有種乎？」漢瓊曰：「賤命不足惜，吾自率兵拒之。」卽入見曰：「從榮反，兵已攻端門。」宮中相顧號泣。明宗問弘昭等曰：「實有之乎？」對曰：「有之。」明宗以手指天泣下，良久曰：「義誠自處置，毋令震動京師。」潞王子重吉在側，明宗曰：「吾與爾父起微賤，至取天下，數救我危窘。從榮得何氣力，而作此惡事！爾亟以兵守諸門。」重吉卽以控鶴兵守宮門。

是日，從榮自河南府擁兵千人以出。從榮寮屬甚衆，而正直之士多見惡，其尤所惡者劉贊、王居敏，而所昵者劉陟、高輦。從榮兵出，與陟、輦並轡耳語，行至天津橋南，指日景謂輦曰：「明日而今，誅王居敏矣！」因陣兵橋北，下據胡牀而坐，使人召康義誠。而端門已閉，叩左掖門，亦閉，而於門隙中見捧聖指揮使朱弘實率騎兵從北來，卽馳告從榮。從榮驚懼，索鐵厭心，自調弓矢。皇城使安從益率騎兵三百衝之，從榮兵射之，從益稍却。弘實騎兵五百自左掖門出，方渡河，而後軍來者甚衆，從榮乃走歸河南府，其判官任贊已下皆走出定鼎門，牙兵劫嘉善坊而潰。從榮夫妻匿牀下，從益殺之。

明宗聞從榮已死，悲咽幾墮于榻，絕而蘇者再。馮道率百寮入見，明宗曰：「吾家事若此，慚見羣臣！」君臣相顧，泣下沾襟。從榮二子尚幼，皆從死。後六日而明宗崩。

明宗姪

明宗兄弟皆不見于世家，而有姪四人，曰：從璨、從璋、從温、從敏。

從璨

從璨初爲右衞大將軍，安重誨用事，自諸王將相皆下之，從璨爲人剛猛，不能少屈，而性倜儻，輕財好施，重誨忌之。明宗幸汴州，以從璨爲大內皇城使。嘗於會節園飲，酒酣，戲登御榻，重誨奏其事，貶房州司戶參軍，賜死。重誨見誅，詔復其官，贈太保。

從璋

從璋字子良，少善騎射。莊宗時，將兵戍常山，聞明宗兵變于魏，乃亦起兵據邢州。明宗卽位，以爲捧聖左廂都指揮使，改皇城使，領饒州刺史，拜彰國軍節度使，徙鎭義成。明宗幸汴州，從璋欲率民爲貢獻，其從事諫以爲不可，從璋怒，引弓欲射之，坐罷爲右驍衞上將軍。居久之，出鎭保義，徙河中。長興四年夏，封洋王。晉高祖立，徙鎭威勝，降封隴西郡公。從璋爲人貪鄙，自鎭保義，始折節自脩，在南陽頗有遺愛。天福二年卒，年五十一。

從温

從温字德基，初爲北京副留守。歷安國、忠武、義武、成德、武寧五節度使，封兗王。晉高祖立，復爲忠武軍節度使。從温爲人貪鄙，多作天子器服以自僭，宗族、賓客諫之，不聽，其妻關氏大呼于牙門曰：「從温欲反，而造天子服器。」從温大恐，乃悉毀之。

明宗諸子八人，至晉出帝時六已亡歿，惟從温、從敏在，太后常曰：「吾惟有一兒，豈可繩之以法！」從温由此益驕。嘗誣親吏薛仁嗣爲盜，悉籍沒其家貲數千萬。仁嗣等詣闕自訴，事下有司，從温具伏。出帝懼傷太后意，釋之而不問。開運二年，徙河陽三城，卒于官。

是時從璋子重俊爲虢州刺史，坐贓，亦以太后故，罪其判官高獻而已。重俊復爲商州刺史。坐與其妹姦及殺其僕孫漢榮掠其妻，賜死。

從敏

從敏字叔達，爲人沉厚寡言，善騎射。初從莊宗爲馬步軍都指揮使兼行軍司馬，明宗入立，遷皇城使、保義軍節度使，與討王都。歷鎭横海、義武、成德、歸德、保義、昭義、河陽，封涇王。漢高祖時，爲西京留守，封秦國公。周廣順元年卒，贈中書令，謚曰恭惠。

校勘記

〔一〕遣工部尚書崔儉奉上皇太后寶冊　「崔儉」，薛史卷四八唐末帝紀作「崔居儉」。按本史卷五五有崔居儉傳，其人歷刑、吏、兵部侍郎，尚書左丞，戶部尚書，未長工部。然薛史卷一四三禮志稱「尚書左丞崔儉」，官名與崔居儉傳正合，崔居儉又似即崔儉。待考。

新五代史卷十六

唐廢帝家人傳第四

皇后劉氏

廢帝皇后劉氏，父茂威，應州渾元人也。后爲人彊悍，廢帝素憚之。初封沛國夫人，廢帝即位，立爲皇后。

其弟延皓，少事廢帝爲牙將，廢帝即位，拜宮苑使、宣徽南院使。淸泰二年，爲樞密使、天雄軍節度使。延皓爲人素謹厚，及貴而改節，以后故用事，受賕，掠人園宅，在鄴下不恤軍士，軍士皆怨。捧聖都虞候張令昭以其屯駐兵逐延皓，延皓走相州。是時，石敬瑭已反，方用兵，而令昭之亂作。廢帝以令昭爲右千牛衞將軍，權知天雄軍府事。令昭乃閉城，遣其副使邊仁嗣請己爲節度使。已而遣范延光討之，令昭敗走邢州，追至沙河，斬之，屯駐諸軍亂者三千餘人皆死。有司請以延皓行軍法，廢帝以后故，削其官爵而已。

廢帝二子，曰重吉、重美，一女爲尼，號幼澄，皆不知其所生。

廢帝鎭鳳翔，重吉爲控鶴指揮使，與尼俱留京師。控鶴，親兵也。愍帝即位，不欲重吉掌親兵，乃出重吉爲亳州團練使，居幼澄於禁中，又徙廢帝北京。廢帝自疑，乃反。愍帝遣人殺重吉于宋州，幼澄亦死。

重美

重美，幼而明敏如成人。廢帝即位，自左衞上將軍領成德軍節度使、兼河南尹、判六軍諸衞事，改領天雄軍節度使、同中書門下平章事，封雍王。

石敬瑭反，廢帝欲北征，重美謂宜持重，固請毋行。廢帝心憚敬瑭，初不欲往，聞重美言，以爲然，而劉延皓與劉延朗等迫之不已，廢帝遂如河陽，留重美守京師。京師震恐，居民皆出城以藏竄，門者禁止之。重美曰：「國家多難，不能與民爲主，而欲禁其避禍，可乎？」

因縱民出。及晉兵將至，劉皇后積薪于地，將焚其宮室，重美曰：「新天子至，必不露坐，但佗日重勞民力，取怨身後耳！」后以爲然。廢帝自焚，后及重美與俱死。

嗚呼！家人之道，不可不正也。夫禮者，所以別嫌而明微也。甚矣，五代之際，君君臣臣父父子子之道乖，而宗廟、朝廷，人鬼皆失其序，斯可謂亂世者歟！自古未之有也。唐一號而三姓，周一號而二姓。唐太祖、莊宗爲一家，明宗、愍帝爲一家，廢帝爲一家；周太祖爲一家，世宗爲一家。別其家而同其號者，何哉？唐從其號，見其盜而有也；周從其號，與之也。而別其家者，昭穆親疏之不可亂也。號可同，家不可以不別，所以別嫌而明微也。梁博王友文之不別，何哉？著禍本也。梁太祖之禍，自友文始，存之所以戒也。

新五代史卷十七

晉家人傳第五

高祖皇后李氏

高祖皇后李氏，唐明宗皇帝女也。后初號永寧公主，清泰二年封魏國長公主〔一〕。自廢帝立，常疑高祖必反。三年，公主自太原入朝千春節，辭歸，留之不得，廢帝醉，語公主曰：「爾歸何速，欲與石郎反邪？」既醒，左右告之，廢帝大悔。公主歸，以語高祖，高祖由是益不自安。

高祖即位，公主當爲皇后。天福二年三月，有司言：「皇太妃尊號已正，請上寶册。」太妃，高祖庶母劉氏也。高祖以宗廟未立，謙抑未皇。七年夏五月，高祖已病，乃詔尊太妃爲皇太后，然卒不奉册而高祖崩，故后訖高祖世亦無册命。出帝天福八年七月，册尊皇后爲皇太后。

太后爲人彊敏，高祖常嚴憚之。出帝馮皇后用事，太后數訓戒之，出帝不從，乃及于敗。

開運三年十二月，耶律德光已降晉兵，遣張彥澤先犯京師，以書遺太后，具道已降晉軍，且曰：「吾有梳頭妮子竊一藥囊以奔于晉，今皆在否？吾戰陽城時，亡奚車一乘，在否？」又問契丹先爲晉獲者及景延廣、桑維翰等所在。太后與帝聞彥澤至，欲自焚，嬖臣薛超勸止之。及得德光所與書，乃滅火出上苑中。帝召當直學士范質，謂曰：「杜郎一何相負！昔先帝起太原時，欲擇一子留守，謀之北朝皇帝，皇帝以屬我。我素以爲其所知，卿爲我草奏具言之，庶幾活我子母。」質爲帝草降表曰：

孫男臣重貴言：頃者唐運告終，中原失馭，數窮否極，天缺地傾。先人有田一成，有衆一旅，兵連禍結，力屈勢孤。翁皇帝救患摧剛，興利除害，躬擐甲胄，深入寇場。犯露蒙霜，度鴈門之險；馳風擊電，行中冀之誅。黃鉞一麾，天下大定，勢凌宇宙，義感神明。功成不居，遂興晉祚，則翁皇帝有大造於石氏也。

旋屬天降鞠凶，先君即世，臣遵承遺旨，纂紹前基。諒闇之初，荒迷失次，凡有軍國重事，皆委將相大臣。至於擅繼宗祧，既非稟命；輕發文字，輒敢抗尊。自啓釁端，果貽赫怒，禍至神惑，運盡天亡。十萬師徒，望風束手；億兆黎庶，延頸歸心。臣負義包羞，貪生忍恥，自貽顛覆，上累祖宗，偷度朝昏，苟存視息。翁皇帝若惠顧疇昔，稍霽雷霆，未賜靈誅，不絕先祀，則百口荷更生之德，一門銜無報之恩，雖所願焉，非敢望也。臣與太后、妻馮氏於郊野面縛俟罪次。

又爲太后表曰：

晉室皇太后新婦李氏妾言：張彥澤、傅住兒等至，伏蒙皇帝阿翁降書安撫者。妾伏念先皇帝頃在幷、汾，適逢屯難，危同累卵，急若倒懸，智勇俱窮，朝夕不保。皇帝阿翁發自冀北，親抵河東，跋履山川，踰越險阻。立平巨孽，遂定中原，救石氏之覆亡，立晉朝之社稷。不幸先帝厭代，嗣子承祧，不能繼好息民，而反虧恩辜義。兵戈屢動，駟馬難追，戚實自貽，咎將誰執！今穹旻震怒，中外攜離，上將牽羊，六師解甲。妾舉宗負釁，視景偷生，惶惑之中，撫問斯至，明宣恩旨，曲示含容，慰諭丁寧，神爽飛越。豈謂已垂之命，忽蒙更生之恩，省罪責躬，九死未報。今遣孫男延煦、延寶，奉表請罪，陳謝以聞。

德光報曰：「可無憂，管取一喫飯處。」

四年正月丁亥朔，德光入京師，帝與太后肩輿至郊外，德光不見，館于封禪寺，遣其將崔延勳以兵守之〔三〕。是時雨雪寒凍，皆苦饑。太后使人謂寺僧曰：「吾嘗於此飯僧數萬，今日豈不相憫邪？」寺僧辭以虜意難測，不敢獻食。帝陰祈守者，乃稍得食。

辛卯，德光降帝爲光祿大夫、檢校太尉，封「負義侯」，遷於黃龍府。德光使人謂太后曰：「吾聞重貴不從母教而至于此，可求自便，勿與俱行。」太后答曰：「重貴事妾甚謹。所失者，違先君之志，絕兩國之歡。然重貴此去，幸蒙大惠，全生保家，母不隨子，欲何所歸！」於是太后與馮皇后、皇弟重睿、皇子延煦、延寶等舉族從帝而北，以宮女五十、宦者三十、東西班五十、醫官一、控鶴官四、御廚七、茶酒司三、儀鸞司三、六軍士二十人從，衞以騎兵三百。所經州縣，皆故晉將吏，有所供饋，不得通。路傍父老，爭持羊酒爲獻，衞兵推隔不使見帝，皆涕泣而去。

自幽州行十餘日，過平州，出榆關，行砂磧中，饑不得食，遣宮女、從官，採木實、野蔬而食。又行七八日，至錦州，虜人迫帝與太后拜阿保機畫像。帝不勝其辱，泣而呼曰：「薛超悞我，不令我死！」又行五六日，過海北州，至東丹王墓，遣延煦拜之。又行十餘日，渡遼水，至渤海國鐵州。又行七八日，過南海府，遂至黃龍府。

是歲六月，契丹國母徙帝、太后于懷密州，州去黃龍府西北一千五百里。行過遼陽二百里，而國母爲永康王所囚，永康王遣帝、太后還止遼陽，稍供給之。明年四月，永康王至遼陽，帝白衣紗帽，與太后、皇后詣帳中上謁，永康王止帝以常服見。帝伏地雨泣，自陳過咎。永康王使人扶起之，與坐，飲酒奏樂。而永康王帳下伶人、從官，望見故主，皆泣下，悲不自勝，爭以衣服藥餌爲遺。

五月，永康王上陘，取帝所從行宦者十五人、東西班十五人及皇子延煦而去。永康王妻兄禪奴愛帝小女，求之，帝辭以尚幼。永康王馳一騎取之，以賜禪奴。陘，虜地，尤高涼，虜人常以五月上陘避暑，八月下陘。至八月，永康王下陘，太后自馳至霸州見永康王，求於漢兒城側賜地種牧以爲生。永康王以太后自從，行十餘日，遣與延煦俱還遼陽。

明年乃漢乾祐二年，其二月，徙帝、太后于建州。自遼陽東南行千二百里至建州，節度使趙延暉避正寢以館之。去建州數十里外得地五十餘頃，帝遣從行者耕而食之。

明年三月，太后寢疾，無醫藥，常仰天而泣，南望戟手罵杜重威、李守貞等曰：「使死者無知則已，若其有知，不赦爾於地下！」八月疾亟，謂帝曰：「我死，焚其骨送范陽佛寺，無使我爲虜地鬼也！」遂卒。帝與皇后、宮人、宦者、東西班，皆被髮徒跣，扶舁其柩至賜地，焚其骨，穿地而葬焉。

周顯德中，有中國人自契丹亡歸者，言見帝與皇后諸子皆無恙。後不知其所終。

安太妃

安太妃，代北人也，不知其世家，爲敬儒妻，生出帝，封秦國夫人。出帝立，尊爲皇太妃。妃老而失明，從出帝北遷，自遼陽徙建州，卒於道中。臨卒謂帝曰：「當焚我爲灰，南向颺之，庶幾遺魂得反中國也。」既卒，砂磧中無草木，乃毀奚車而焚之，載其燼骨至建州。李太后亦卒，遂幷葬之。

出帝皇后馮氏

出帝皇后馮氏，定州人也。父濛，爲州進奏吏，居京師，以巧佞爲安重誨所喜，以爲鄴都副留守。高祖留守鄴都，得濛驩甚，乃爲重胤娶濛女，後封吳國夫人。重胤早卒，后寡居，有色，出帝悅之。高祖崩，梓宮在殯，出帝居喪中，納之以爲后。是日，以六軍仗衞、太常鼓吹，命后至西御莊，見于高祖影殿。羣臣皆賀。帝顧謂馮道等曰：「皇太后之命，與卿等不任大慶。」羣臣出，帝與皇后酣飲歌舞，過梓宮前，醊而告曰：「皇太后之命，與先帝不任大慶。」左右皆失笑，帝亦自絕倒，顧謂左右曰：「我今日作新女壻，何似生？」后與左右皆大笑，聲聞于外。

后既立，專內寵，封拜宮官尚宮、知客等皆爲郡夫人，又用男子李彥弼爲皇后宮都押衙。其兄玉執政，內外用事，晉遂以亂。契丹犯京師，暴帝之惡于天下曰：「納叔母於中宮，亂人倫之大典。」后隨帝北遷，哀帝之辱，數求毒藥，欲與帝俱飲以死，而藥不可得。後不知其所終。

晉氏始出夷狄而微，終爲夷狄所滅，故其宗室次序本末不能究見。其可見者曰：高祖二叔父，一兄六弟，七子二孫，而有略有詳，非惟禍亂多故而失其事實，抑亦無足稱焉者。然粗存其見者，以備其闕云。二叔父曰萬友、萬詮，兄曰敬儒，弟曰敬威、敬德、敬殷、敬贇、敬暉、重胤，子曰重貴、重信、重乂、重英、重進、重睿、重杲，孫曰延煦、延寶。孝平皇帝生孝元皇帝、萬友、萬詮，孝元皇帝生高祖，萬友生敬威、敬贇，萬詮生敬暉，而敬儒、敬德、敬殷、重胤皆不知其於高祖爲親疎也。

高祖，孝元皇帝第二子也，而敬儒爲兄，疑其長子也，則於高祖屬長而親，然贈官反最後於諸弟，而高祖世獨不得追封，此又可疑也。重胤，高祖弟也，亦不知其爲親疎，然高祖愛之，養以爲子，故於名加「重」而下齒諸子。高祖叔、兄與弟敬殷、子重進，皆前卽位卒，而敬威、敬德、重胤、重英，高祖反時死。高祖少子曰馮六，未名而卒，而舊說以重睿爲幼子者，非也。

石氏世事軍中，萬友、萬詮職卑不見。天福二年正月，萬友自故金紫光祿大夫、檢校司徒兼御史大夫、上柱國贈太師。萬詮亦自金紫光祿大夫、檢校司空兼御史大夫、上柱國贈太傅。出帝天福八年五月，追封皇叔祖萬友爲秦王，萬詮加贈太師，追封趙王。

敬威

敬威字奉信，唐廢帝時爲彰聖右第三都指揮使，領常州刺史。聞高祖舉兵太原，謂人曰：「生而有死，人孰能免？吾兄方舉大事，吾不可偷生取辱，見笑一時。」遂自殺。敬德時爲沂州馬步軍指揮使，以高祖反誅。

天福二年正月，贈敬威、敬德皆爲太傅，并贈敬殷以檢校太子賓客，亦贈太傅，而不及敬儒。七年正月，追封敬威廣王，敬德福王，敬殷通王，皆贈太尉。敬儒始以故金紫光祿大夫、檢校尚書左僕射兼御史大夫、上柱國贈太傅，而獨不得封。出帝天福八年五月，加贈三皇叔皆爲太師，而皇伯敬儒始追封宋王，亦加贈太師。

敬贇

敬贇字德和，少無賴，竄身民間。高祖使人求得之，補太原牙將。卽位，以爲飛龍皇城使，累遷曹州防禦使。天福五年冬，拜河陽三城節度使。

敬贇性貪暴，高祖爲擇賢佐吏輔之，而敬贇亦憚高祖嚴，未嘗敢犯法。歲餘，徙鎭保義。出帝時，加同中書門下平章事，始漸驕恣。帝嘗遣使者至，必問曰：「小姪安否？」陝人苦其暴虐，召還京師，以其皇叔不能責也，斥其元從都押衙蘇彥存、鄭温遇以警之。

契丹犯邊，敬贇從出帝幸澶淵，使以兵備汶陽，守麻家渡，未嘗見敵，皆無功。開運元年七月，復出爲威勝軍節度使。歲餘，出帝以曹州爲威信軍，授敬贇節度使。在曹貪暴尤甚，久之，召還。

張彥澤兵犯京師，敬贇夜走，踰城東垣，墮沙壕溺死，時年四十九。

韓王敬暉

韓王敬暉字德昭[三]，爲人厚重剛直，勇而多智，高祖尤愛之。高祖時爲曹州防禦使，以廉儉見稱，卒于官，贈太傅。天福八年，加贈太師，追封韓王。子曦嗣。

高祖李皇后生楚王重信，其諸子皆不知其母。當高祖起太原，重英爲右衞大將軍[四]，重胤爲皇城副使，居京師。聞高祖舉事，匿民家井中，捕得誅之，并族民家。天福二年正月，高祖爲二子發哀，皆贈爲太保；并贈重進以故左金吾衞將軍贈太保。七年正月，皆加贈太傅，追封重英虢王，重胤郯王，重進夔王。出帝天福八年五月，皆加贈太師。

楚王重信

楚王重信字守孚，爲人敏悟多智而好禮。天福二年二月，以左驍衞上將軍拜河陽三城節度使，有善政，高祖下詔褒之。是歲范延光反，詔前靈武節度使張從賓發河陽兵討延光，從賓亦反，重信見殺，時年二十。高祖欲贈重信太尉，大臣引漢故事，皇子無爲三公者。高祖曰：「此兒爲善被禍，吾哀之甚，自我而已，豈有例邪！」乃贈太尉。七年正月，加贈太師，追封沂王。出帝天福八年五月，易封楚王。

壽王重乂

壽王重乂字弘理，爲人好學，頗知兵法。高祖卽位，拜左驍衞大將軍。高祖幸汴州，以爲東都留守。張從賓反，攻河南，見殺，時年十九，贈太傅。天福七年正月，加贈太尉，追封壽王。出帝天福八年五月，加贈太師。皆無子。

重睿

重睿爲人貌類高祖。高祖臥疾，宰相馮道入見臥內，重睿尙幼，高祖呼出使拜道於前，因以宦者抱持寘道懷中，高祖雖不言，左右皆知其以重睿託道也。高祖崩，晉大臣以國家多事，議立長君，而景延廣已陰許立出帝，重睿遂不得立。出帝以重睿爲檢校太保、開封尹，以左散騎常侍邊蔚權知開封府事。開運二年五月，拜重睿雄武軍節度使，歲餘，徙鎭忠武，皆不之鎭。契丹滅晉，重睿從出帝北遷，後不知其所終。

重杲

陳王重杲，高祖幼子也。小字馮六，未名而卒，贈太傅，追封陳王，賜名重杲。出帝天福八年五月，加贈太師。

延煦　延寶

延煦、延寶，高祖諸孫也，出帝以爲子。開運二年秋，以延煦爲鄭州刺史。延煦少，不能視事，以一宦者從之，又選尙書郎路航參知州事。宦者遂專政事，每詬辱航，出帝召航還。已而徙延煦齊州防禦使。

三年，拜鎭寧軍節度使。是時，河北用兵，天下旱蝗，民餓死者百萬計，而諸鎭爭爲聚斂，趙在禮所積鉅萬，爲諸侯王最。出帝利其貲，乃以延煦娶在禮女，在禮獻絹三千匹，前後所獻不可勝數。三年五月，遣宗正卿石光贊以聘幣一百五十床迎于其第，出帝宴在禮萬歲殿，所以賜予甚厚，君臣窮極奢侈，時人以爲榮。在禮謂人曰：「吾此一婚，其費十萬。」十一月，徙延煦鎭保義。

自延煦爲齊州防禦使，而延寶代爲鄭州刺史。及契丹滅晉，出帝與太后遣延煦、延寶齎降表、玉璽、金印以歸契丹，而延寶時亦爲威信軍節度使矣。契丹得璽，以爲製作非工，與前史所傳者異，命延煦等還報求眞璽。出帝以狀答曰：「頃潞王從珂自焚於洛陽，玉璽不知所在，疑已焚之。先帝受命，命玉工製此璽，在位羣臣皆知之。」乃已。後延煦等從出帝北遷，不知其所終。

嗚呼！古之不幸無子，而以其同宗之子爲後者，聖人許之，著之禮經而不諱也。而後世閭閻鄙俚之人則諱之，諱則不勝其欺與僞也。故其苟偷竊取嬰孩襁褓，諱其父母，而自欺以爲我生之子，曰：「不如此，則不能得其一志盡愛於我，而其心必二也。」而爲其子者，亦自諱其所生，而絕其天性之親，反視以爲叔伯父，以此欺其九族，而亂其人鬼親疏之屬㊀。凡物生而有知，未有不愛其父母者。使是子也，能忍而眞絕其天性歟，曾禽獸之不若也。使其不忍而外陽絕之，是大僞也。

㊀一作序。

夫閭閻鄙俚之人之慮於事者，亦已深矣！然而苟竊欺僞不可以爲法者，小人之事也。惟聖人則不然，以謂人道莫大於繼絕，此萬世之通制而天下之公行也，何必諱哉！所謂子者，未有不由父母而生者也，故爲人後者，必有所生之父，有所後之父，此理之自然也，何必諱哉！其簡易明白，不苟不竊，不欺不僞，可以爲通制而公行者，聖人之法也。

又以謂爲人之後者所承重，故加其服以斬。而不絕其所生之親者，天性之不可絕也，然而恩有屈於義，故降其服以期。服，外物也，可以降，而父母之名不可改，故著於經曰：「爲人後者，爲其父母報。」自三代以來，有天下國家者莫不用之，而晉氏不用也。出帝之於敬儒，絕其父道，臣而爵之，非特以其義不當立，不得已而絕之，蓋亦習見閭閻鄙俚之所爲也。

五代，干戈賊亂之世也，禮樂崩壞，三綱五常之道絕，而先王之制度文章掃地而盡於是矣！如寒食野祭而焚紙錢，天子而爲閭閻鄙俚之事者多矣！而晉氏起於夷狄，以篡逆而得天下，高祖以耶律德光爲父，而出帝於德光則以爲祖而稱孫，於其所生父則臣而名之，是豈可以人理責哉！

中華書局

校勘記

〔一〕淸泰二年封魏國長公主　按五代會要卷二，李后長興四年改封魏國公主，淸泰二年進封晉國長公主。此疑誤。

〔二〕崔延勳　「延」，貴池、殿、蜀、劉校本同，南監、汪、汲、南昌、鄂本作「廷」。薛史卷八五晉少帝紀、通鑑卷二八六亦作「廷」。

〔三〕韓王敬暉　薛史卷八七晉宗室傳及册府卷二九六作「韓王暉」。又薛史稱暉爲晉高祖從兄，與此及册府作弟異。

〔四〕重英爲右衞大將軍　他本均無「大」字。

新五代史卷十八

漢家人傳第六

皇后李氏

高祖皇后李氏，晉陽人也，其父爲農。高祖少爲軍卒，牧馬晉陽，夜入其家劫取之。高祖已貴，封魏國夫人，生隱帝。開運四年，高祖起兵太原，賞軍士，帑藏不足充，欲斂於民。后諫曰：「方今起事，號爲義兵，民未知惠而先奪其財，殆非新天子所以救民之意也。今後宮所有，請悉出之，雖其不足，士亦不以爲怨也。」高祖爲改容謝之。高祖卽位，立爲皇后。高祖崩，隱帝册尊爲皇太后。

帝年少，數與小人郭允明、後贊、李業等游戲宮中，后數切責之。帝曰：「國家之事，外有朝廷，非太后所宜言也。」太常卿張昭聞之，上疏諫帝，請：「親近師傅，延問正人，以開聰

明。」帝益不省。其後，帝卒與允明等謀議，遂至於亡。

初，帝與允明等謀誅楊邠、史弘肇等，議已定，入白太后。太后曰：「此大事也，當與宰相議之。」李業從旁對曰：「先皇帝平生言，朝廷大事，勿問書生。」太后深以爲不可，帝拂衣而去，曰：「何必謀於閨門！」邠等死，周太祖起兵嚮京師，慕容彥超敗於劉子陂，帝欲出自臨兵，太后止之曰：「郭威本吾家人，非其危疑，何肯至此！今若按兵無動，以詔諭威，威必有說，則君臣之際，庶幾尙全。」帝不從以出，遂及於難。

周太祖入京師，舉事皆稱太后誥。已而議立湘陰公贇爲天子，贇未至，太祖乃請太后臨朝。已而太祖出征契丹，軍士擁之以還。太祖請事太后爲母，太后誥曰：「侍中功烈崇高，德聲昭著，剪除禍亂，安定家邦，謳歌有歸，歷數攸屬，所以軍民推戴，億兆同歡。老身未終殘年，屬此多難，唯以衰朽，託於始終。載省來牋，如母見待，感認深意，涕泗橫流。」於是遷后於太平宮，上尊號曰昭聖皇太后。顯德元年春崩㊀。

㊀隱帝，舊史、實錄皆無皇后。帝立三年崩，時年二十，蓋未嘗立后也。

高祖二弟　崇　信　高祖三子　承訓　承祐　承勳

高祖二弟三子：弟曰崇、曰信，子曰承訓、承祐、承勳。崇子曰贇，高祖愛之，以爲己子。乾祐元年，拜贇徐州節度使。承訓早卒，追封魏王。承祐次立，是謂隱帝。承勳爲開封尹。

周太祖已敗漢兵于北郊，隱帝遇弒。太祖入京師，以謂漢大臣必相推戴，及見宰相馮道等，道殊無意，太祖不得已，見道猶下拜，道受太祖拜如平時，徐勞之曰：「公行良苦！」太祖意色皆沮，以謂漢臣未有推立己意，又難於自立，因白漢太后擇立漢嗣。而宗室河東節度使崇等在者四人，乃爲太后誥曰：「河東節度使崇，許州節度使信，皆高祖之弟，徐州節度使贇，開封尹承勳，皆高祖之子，文武百辟，其擇嗣君以承天統。」於是周太祖與王峻入見太后，言：「開封尹承勳，高祖皇帝之子，宜立。」太后以承勳久病，不任爲嗣。太祖與羣臣請見承勳視起居，太后命以臥榻舁承勳出見羣臣，羣臣視之信然，乃共奏曰：「徐州節度使贇，高祖愛之，以爲子，宜立爲嗣。」乃遣太師馮道率羣臣迎贇。道揣周太祖意不在贇，謂太祖曰：「公此舉由衷乎？」太祖指天爲誓。道既行，謂人曰：「吾平生不爲謬語人，今謬語矣！」道見贇，傳太后意召之。

贇行至宋州，太祖自澶州爲兵士擁還京師，王峻慮贇左右生變，遣侍衛馬軍指揮使郭崇以兵七百騎衛贇。崇至宋州，贇登樓問崇所以來之意，崇曰：「澶州軍變，懼未察之，遣崇護衛，非惡意也。」贇召崇，崇不敢進，馮道出與崇語，崇乃登樓見贇，已而奪贇部下兵。

太祖以書召道先歸，留其副趙上交、王度奉贇入朝太后。道乃先還，贇謂道曰：「寡人此來，所恃者以公三十年舊相，是以不疑。」道默然。贇客將賈正等數目道，欲圖之。贇曰：「勿草草，事豈出於公邪！」道已去，郭崇幽贇于外館，殺賈正及判官董裔、牙內都虞候劉福、孔目官夏昭度等。

太祖已監國，太后乃下誥曰：「比者樞密使郭威，志安宗社，議立長君，以徐州節度使贇高祖近親，立爲漢嗣，乃自藩鎮召赴京師。雖誥命已行，而軍情不附，天道在北，人心靡東。適當改卜之初，俾膺分土之命，贇可降授開府儀同三司、檢校太師、上柱國，封湘陰公。」贇以幽死。

初，贇自徐州入也，以都押牙鞏庭美、教練使楊温守徐州。庭美等聞贇不得立，乃閉城拒命。太祖拜王彥超徐州節度使，下詔諭庭美等許以刺史，并詔贇赦庭美等。廣順元年三月，彥超克徐州，庭美等皆見殺。

承勳，廣順元年以病卒，追封陳王。

嗚呼！予既悲湘陰公贇之事，又嘉庭美、楊温之所爲。贇於漢非嫡長，特以周氏移國，畏天下而難之，故假贇以伺間爾。當是之時，天下皆知贇之必不立也，然庭美、温之區區爲贇守孤城以死，其始終之迹，何媿於死節之士哉！然予考於實錄，二人之死狀不明。夫二人之事，固知其無所成，其所重者死爾，然史氏不著，不知其何以死也。當王彥超之攻徐州也，周嘗遣人招庭美等，予得其詔書四，皆言庭美等嘗已送款於周，後懼罪而復叛，然庭美等款狀亦不見，是皆不可知也。夫史之闕文，可不慎哉。其疑以傳疑，則信者信矣。予固嘉二人之忠而悲其志，然不得列於死節之士者，惜哉！

蔡王信

蔡王信，高祖之從弟也。高祖鎮太原，以信爲興捷軍都指揮使領義成軍節度使，徙領許州。高祖寢疾，隱帝當立爲嗣，楊邠等受顧命，不欲信在京師，乃遣信就鎮，信涕泣而去。

信所至黷貨，好行殺戮。軍士有犯法者，信召其妻子，對之刲剔支解，使自食其肉，血流盈前，信命樂飲酒自如也。

楊邠等死，信大喜，謂其寮佐曰：「吾嘗爲天無眼，而使我鬱鬱於此者三年矣！主上孤立，幾落賊手。諸公可以勸我一杯矣。」已而聞難作，信憂不能食。周太祖軍變於澶州，王

峻遣前申州刺史馬鐸以兵巡檢許州，信乃自殺。周太祖卽位，追封蔡王㈠。

㈠傳，先贇而後信，亦便於述事爾。

新五代史卷十九

周太祖家人傳第七

皇后柴氏

太祖一后三妃。聖穆皇后柴氏，邢州堯山人也，與太祖同里，遂以歸焉。太祖微時，喜飲博任俠，不拘細行，后常諫止之。太祖狀貌奇偉，后心知其貴人也，事之甚謹。及太祖即位，后已先卒，乃下詔：「故夫人柴氏，追册爲皇后，謚曰聖穆。」

淑妃楊氏

淑妃楊氏，鎭州眞定人也。父弘裕，眞定少尹。妃幼以色選入趙王宮，事王鎔。鎔爲張文禮所殺，鎭州亂，妃亦流寓民間，後嫁里人石光輔，居數年，光輔死。太祖柴夫人卒，聞

妃有色而賢，遂娶之爲繼室。太祖方事漢高祖於太原，天福中妃卒，遂葬太原之近郊。太祖即位，廣順元年九月，追册爲淑妃。拜妃弟廷璋爲右飛龍使，廷璋辭曰：「臣父老矣，願以授之。」太祖曰：「吾方思之，豈忘爾父邪！」卽召弘裕，弘裕老不能行，乃就其家拜金紫光祿大夫、眞定少尹。

太祖崩，葬嵩陵，一后三妃皆當陪葬，而太原未克，世宗詔有司營嵩陵之側爲虛墓以俟。顯德元年，世宗已敗劉旻於高平，遂攻太原，太原閉壁被圍，乃遷妃喪而葬之。

貴妃張氏

貴妃張氏，鎭州眞定人也。祖記，成德軍節度判官、檢校兵部尙書。父同芝，事趙王王鎔爲諸呈官，官至檢校工部尙書。鎔死，鎭州亂，莊宗遣幽州符存審以兵討張文禮，裨將武從諫館於妃家，見妃尙幼，憐之，而從諫家在太原，遂以妃歸，爲其子婦。

久之，太祖事漢高祖於太原，楊夫人卒，而武氏子亦卒，乃納妃爲繼室。太祖貴，累封吳國夫人。太祖以兵入京師，漢遣劉銖戮其家，妃與諸子皆死。太祖卽位，追册爲貴妃。

德妃董氏

子侗　信　姪守愿　奉超　遜

德妃董氏，鎭州靈壽人也。祖文廣，唐深州錄事參軍。父光嗣，趙州昭慶尉。妃幼穎悟，始能言，聞樂聲知其律呂。

年七歲，鎭州亂，其家失之，爲潞州牙將所得，寘諸褚中以歸。潞將妻嘗生女，輒不育，得妃憐之，養以爲子，過於所生。居五六年，妃家悲思，其兄瑀求之人間，莫知所在。潞將仕于京師，遇瑀，欣然歸之，年十三。

瑀以嫁里人劉進超，進超亦仕晉爲內職。契丹犯闕，進超歿于虜中，妃嫠居洛陽。漢高祖由太原入京師，太祖從，過洛陽，聞妃有賢行，聘之。太祖建國，中宮虛位，遂册爲德妃。廣順三年卒，年三十九。

妃兄三人：瑀官至太子右贊善大夫，玄之、自明皆至刺史。

初，帝舉兵于魏，漢以兵圍帝第，時張貴妃與諸子青哥、意哥，姪守筠、奉超、定哥，皆被誅。青哥、意哥，不知其母誰氏。太祖卽位，詔故第二子靑哥贈太尉，賜名侗；第三子意哥

贈司空，賜名信；皇姪守筠贈左領軍衞將軍，以筠聲近榮，爲世宗避，更名守愿；奉超贈左監門衞將軍；定哥贈左千牛衞將軍，賜名遜。

世宗顯德四年夏四月癸未，詔曰：「禮以緣情，恩以悼往，矧在友于之列，尤鍾惻愴之情。故皇弟贈太保侗〔一〕、贈司空信，景運初啓，大年不登，俾予終鮮，實勤予懷。侗可贈太傅，追封郯王；信司徒，杞王。」又詔曰：「故皇從弟贈左領軍衞將軍守愿、贈左監門衞將軍奉超、贈左千牛衞將軍遜等，頃因季世，不享遐齡，每念非辜，難忘有慟。守愿可贈左衞大將軍，奉超右衞大將軍，遜右武衞大將軍。」

校勘記

〔一〕故皇弟贈太保侗　「太保」，貴池、汲、殿、蜀、劉校本同，南監、南昌、鄂本作「太尉」。按作「太保」與上文「詔故第二子靑哥贈太尉，賜名侗」不合。薛史卷一一七周世宗紀、卷一二二郯王侗傳亦一作「太保」，一作「太尉」。待考。

新五代史卷二十

周世宗家人傳第八

柴守禮

周太祖聖穆皇后柴氏，無子，養后兄守禮之子以爲子，是爲世宗。守禮字克讓，以后族拜銀青光祿大夫、檢校吏部尚書，兼御史大夫。世宗即位，加金紫光祿大夫、檢校司空、光祿卿。致仕，居于洛陽，終世宗之世，未嘗至京師，而左右亦莫敢言，第以元舅禮之。而守禮亦頗恣橫，嘗殺人于市，有司以聞，世宗不問。是時，王溥、王晏〔一〕、王彥超、韓令坤等同時將相，皆有父在洛陽，與守禮朝夕往來，惟意所爲，洛陽人多畏避之，號「十阿父」。守禮卒年七十二，官至太傅。

嗚呼，父子之恩至矣！孟子言：舜爲天子，而瞽叟殺人，則棄天下，竊負之而逃。以謂

天下可無舜，不可無至公，舜可棄天下，不可刑其父，此爲世立言之說也。然事固有不得如其意者多矣！蓋天子有宗廟社稷之重、百官之衞、朝廷之嚴，其不幸有不得竊而逃，則如之何而可？予讀周史，見守禮殺人、世宗寢而不問，蓋進任天下重矣，而子於其父亦至矣；故寧受屈法之過，以申父子之道，其所以合於義者，蓋知權也。君子之於事，擇其輕重而處之耳。失刑輕，不孝重也。刑者所以禁人爲非，孝者所以教人爲善，其意一也，孰爲重？刑一人，未必能使天下無殺人，而殺其父，滅天性而絕人道，孰爲重？權其所謂輕重者，則天下雖不能棄，而父亦不可刑也。然則爲舜與世宗者，宜如何無使瞽叟、守禮至於殺人，則可謂孝矣！然而有不得如其意，則擇其輕重而處之焉。世宗之知權，明矣夫！

皇后劉氏

世宗三皇后。貞惠皇后劉氏，不知其世家，蓋微時所娶也，世宗爲左監門衞將軍，得封彭城縣君。世宗從太祖于魏，后留京師，太祖舉兵，漢誅其族〔二〕。太祖即位，追封彭城郡夫人。世宗顯德四年夏四月，始詔彭城郡夫人劉氏追册爲皇后，有司謚曰貞惠，陵曰惠陵。

皇后符氏

宣懿皇后符氏，其祖秦王存審，父魏王彥卿。后世王家，出於將相之貴，爲人明果有大志。初適李守貞子崇訓。守貞事漢爲河中節度使，已挾異志。有術者善聽人聲以知吉凶，守貞出其家人使聽之，術者聞后聲，驚曰：「此天下之母也！」守貞益自負，曰：「吾婦猶爲天下母，吾取天下復何疑哉！」於是決反。而漢遣周太祖討之，逾年，攻破其城。崇訓知不免，手自殺其家人，次以及后，后走匿，以帷幔自蔽，崇訓惶遽求后不得，遂自殺。漢兵入其家，后儼然坐堂上，顧軍士曰：「郭公與吾父有舊〔三〕，汝輩無犯我！」軍士見之不敢迫。太祖聞之，以謂一女子能使亂兵不敢犯，奇之，爲加慰勉，以歸彥卿。后感太祖不殺，拜太祖爲父。其母以后夫家滅亡，而獨脫死兵刃之間，以爲天幸，欲使削髮爲尼，后不肯曰：「死生有命，天也。何必妄毀形髮爲！」太祖於后有恩，而世宗性特英銳，聞后如此，益奇之。及劉夫人卒，遂納以爲繼室。世宗即位，册爲皇后。世宗卞急多暴怒，而後嘗追悔，每怒左右，后必從容伺顏色，漸爲解說，世宗意亦隨解，由是益重之。世宗征淮，后以帝不宜親行，切諫止之，世宗不聽。師久無功，遭大暑雨，后以憂成疾而崩。議者以方用兵，請殺喪禮，

於是百官朝臨于西宮，三日而釋服，帝亦七日而釋，葬於新鄭，陵曰懿陵。

後立皇后符氏，后妹也。國初，遷西宮，號周太后。

世宗七子

世宗子七人：長曰宜哥，次二皆未名，次曰恭皇帝，次曰熙讓，次曰熙謹，次曰熙誨，皆不知其母爲誰氏。宜哥與其二，皆爲漢誅。太祖即位，詔賜皇孫名誼，贈左驍衞大將軍；諴，左武衞大將軍；諴，左屯衞大將軍。

顯德三年，羣臣請封宗室，世宗以謂爲國日淺，恩信未及於人，而須功德大成，慶流于世，而後議之可也。明年夏四月癸未，先封太祖諸子。又詔曰：「父子之道，聖賢不忘，再思夭閼之端，愈勤悲傷之抱。故皇子左驍衞大將軍誼、左武衞大將軍諴、左屯衞大將軍諴等，載惟往事，有足傷懷，宜增一字之封，仍贈三台之秩。誼可贈太尉，追封越王；諴太傅，吳王；諴太保，韓王。」而皇子在者皆不封。

六年，北復三關，遇疾，還京師。六月癸未，皇子宗訓，特進左衞上將軍，封梁王；而宗讓亦拜左驍衞上將軍，封燕國公。後十日而世宗崩，梁王即位，是爲恭皇帝。其年八月，宗

讓更名熙讓，封曹王。熙謹、熙誨皆前未封爵，遂拜熙謹右武衞大將軍，封紀王；熙誨左領軍衞大將軍，蘄王。皇朝乾德二年十月，熙謹卒。熙讓、熙誨，不知其所終。

嗚呼！至公，天下之所共也。其是非曲直之際，雖父愛其子，亦或有所不得私焉。當周太祖舉兵于魏，漢遣劉銖誅其家族於京師，酷毒備至；後太祖入立，遣人責銖，銖辭不屈，太祖雖深恨之，然以銖辭直，終不及其家也。及追封妻子之被殺者，其言深自隱痛之而已，不敢有非漢之辭焉，蓋知其曲在己也。故略存其辭，以見周之有媿於其心者矣！

校勘記

〔一〕王晏　貴池、南監、汪、南昌、鄂本同。汲、殿、蜀、劉校本「王」作「汪」。

〔二〕漢誅其族　貴池本同。他本均作「漢誅太祖家屬，后見殺」。

〔三〕郭公與吾父有舊　貴池本同。他本「吾」下均有「王」字。

新五代史卷二十一

梁臣傳第九

嗚呼！孟子謂「春秋無義戰」，予亦以謂五代無全臣。無者，非無一人，蓋僅有之耳，余得死節之士三人焉。其仕不及于二代者，各以其國繫之，作梁、唐、晉、漢、周臣傳。其餘仕非一代，不可以國繫之者，作雜傳。夫入于雜，誠君子之所羞，而一代之臣未必皆可貴也，覽者詳其善惡焉。

敬翔

敬翔字子振，同州馮翊人也，自言唐平陽王暉之後。少好學，工書檄，乾符中舉進士不中，乃客大梁。翔同里人王發爲汴州觀察支使，遂往依焉。久之，發無所薦引，翔客益窮，爲人作牋刺，傳之軍中。太祖素不知書，翔所作皆俚俗

語，太祖愛之，謂發曰：「聞君有故人，可與俱來。」翔見太祖，太祖問曰：「聞子讀春秋，春秋所記何等事？」翔曰：「諸侯爭戰之事耳。」太祖曰：「其用兵之法可以爲吾用乎？」翔曰：「兵者，應變出奇以取勝，春秋古法，不可用於今。」太祖大喜，補以軍職，非其所好，乃以爲館驛巡官。

太祖與秦人戰汴郊，翔時時爲太祖謀畫，多中，太祖欣然，以謂得翔之晚，動靜輒以問之。太祖奉昭宗自岐還長安，昭宗召翔與李振升延喜樓勞之，拜太府卿。

初，太祖常侍殿上，昭宗意衞兵有能擒之者，乃佯爲鞵結解，以顧太祖，太祖跪而結之，而左右無敢動者，太祖流汗浹背，由此稀復進見。昭宗遷洛陽，宴崇勳殿，酒半起，使人召太祖入內殿，將有所託。太祖益懼，辭以疾。昭宗曰：「卿不欲來，可使敬翔來。」太祖遽麾翔出，亦佯醉去。

太祖已破趙匡凝，取荆、襄，遂攻淮南。翔切諫，以謂新勝之兵，宜持重以養威。太祖不聽。兵出光州，遭大雨，幾不得進，進攻壽州，不克，而多所亡失，太祖始大悔恨。歸而忿躁，殺唐大臣幾盡，然益以翔爲可信任。

梁之篡弒，翔之謀爲多。太祖即位，以唐樞密院故用宦者，乃改爲崇政院，以翔爲使。遷兵部尚書、金鑾殿大學士。

翔爲人深沉有大略，從太祖用兵三十餘年，細大之務必關之。翔亦盡心勤勞，晝夜不寐，自言惟馬上乃得休息。而太祖剛暴難近，有所不可，翔亦未嘗顯言，微開其端，太祖意悟，多爲之改易。

太祖破徐州，得時溥寵姬劉氏，愛幸之，劉氏故尚讓妻也，乃以妻翔。翔已貴，劉氏猶侍太祖，出入臥內如平時，翔頗患之。劉氏誚翔曰：「爾以我嘗失身於賊乎？尚讓，黃家宰相；時溥，國之忠臣。以卿門地，猶爲辱我，請從此訣矣！」翔以太祖故，謝而止之。劉氏車服驕侈，別置典謁，交結藩鎮，權貴往往附之，寵信言事不下於翔。當時貴家，往往効之。

太祖崩，友珪立，以翔先帝謀臣，懼其圖己，不欲翔居內職，乃以李振代翔爲崇政使，拜翔中書侍郎、同中書門下平章事。翔以友珪畏己，多稱疾，未嘗省事。末帝即位，趙巖等用事，頗離間舊臣，翔愈鬱鬱不得志。其後，梁盡失河北，與晉相拒楊劉，翔曰：「故時河朔半在，以先帝之武，御貔虎之臣，猶不得志於晉。今晉日益彊，梁日益削，陛下處深宮之中，所與計事者，非其近習，則皆親戚之私，而望成事乎？臣聞晉攻楊劉，李亞子負薪渡水，爲士卒先。陛下委蛇守文，以儒雅自喜，而遣賀瓌爲將，豈足當彼之餘鋒乎？臣雖憊矣，受國恩深，若其乏材，願得自效。」巖等以翔爲怨言，遂不用。

其後，王彥章敗于中都，末帝懼，召段凝於河上。是時，梁精兵悉在凝軍，凝有異志，顧望不來。末帝遽呼翔曰：「朕居常忽卿言，今急矣，勿以爲懟，卿其教我當安歸？」翔曰：「臣從先帝三十餘年，今雖爲相，實朱氏老奴爾，事陛下如郎君，以臣之心，敢有所隱？陛下初用段凝，臣已爭之，今凝不來，敵勢已迫，欲爲陛下謀，則小人間之，必不見聽。請先死，不忍見宗廟之亡！」君臣相向慟哭。

翔與李振俱爲太祖所信任，莊宗入汴，詔赦梁羣臣，李振喜謂翔曰：「有詔洗滌，將朝新君。」邀翔欲俱入見。翔夜止高頭車坊，將旦，左右報曰：「崇政李公入朝矣！」翔歎曰：「李振謬爲丈夫矣！復何面目入梁建國門乎？」乃自經而卒。

朱珍 李唐賓附

朱珍，徐州豐人也。少與龐師古等俱從梁太祖爲盜。珍爲將，善治軍選士，太祖初鎮宣武，珍爲太祖創立軍制，選將練兵甚有法。太祖得諸將所募兵及佗降兵，皆以屬珍，珍選將五十餘人，皆可用。梁敗黃巢、破秦宗權、東并兗鄆，未嘗不在戰中，而常勇出諸將。太祖與晉王東逐黃巢，還過汴，館之上源驛，太祖使珍夜以兵攻之，晉王亡去，珍悉殺

其麾下兵。

義成軍亂，逐安師儒，師儒奔梁。太祖遣珍以兵趨滑州，道遇大雪，珍趣兵疾馳，一夕至城下，遂乘其城。義成軍以爲方雪，不意梁兵來，不爲備，遂下之。

秦宗權遣盧瑭、張晊等攻梁，是時梁兵尚少，數爲宗權所困。太祖乃拜珍淄州刺史，募兵於淄青。珍偏將張仁遇白珍曰：「軍中有犯令者，請先斬而後白。」珍曰：「偏將欲專殺邪？」立斬仁遇以徇軍，軍中皆感悅。珍得所募兵萬餘以歸，太祖大喜曰：「賊在吾郊，若踐吾麥，柰何！今珍至，吾事濟矣！且賊方息兵養勇，度吾兵少，而未知珍來，謂吾不過堅守而已，宜出其不意以擊之。」乃出兵擊敗晊等，宗權由此敗亡，而梁軍威大振，以得珍兵故也。

珍從太祖攻朱宣，取曹州，執其刺史丘弘禮。又取濮州，刺史朱裕奔于鄆州。太祖乃還汴，留珍攻鄆州。珍去鄆二十里，遣精兵挑之，鄆人不出。朱裕詐爲降書，陰使人召珍，約開門爲內應。珍信之，夜率其兵叩鄆城門，朱裕登陴，開門內珍軍，珍軍已入甕城而垂門發，鄆人從城上磔石以投之，珍軍皆死甕城中，珍僅以身免，太祖不之責也。

魏博軍亂，囚樂彥貞。太祖遣珍救魏，珍破黎陽、臨河、李固，分遣聶金、范居實等略澶州，殺魏豹子軍二千於臨黃。珍威振河朔。魏人殺彥貞，珍乃還。梁攻徐州，遣珍先攻下豐

縣，又敗時溥於吳康，與李唐賓等屯蕭縣。

唐賓者，陝人也。初爲尚讓偏將，與太祖戰尉氏門，爲太祖所敗，唐賓乃降梁。梁兵攻掠四方，唐賓常與珍俱，與珍威名略等，而驍勇過之，珍戰每小却，唐賓佐之乃大勝。珍嘗私迎其家置軍中，太祖疑珍有異志，遣唐賓伺察之。珍與唐賓不協，唐賓不能忍，夜走還宣武，珍單騎追之，交訴太祖前。太祖兩惜其材，爲和解之。

珍屯蕭縣，聞太祖將至，戒軍中治館廐以待。唐賓部將嚴郊治廐失期，軍吏督之，郊訴于唐賓，唐賓以讓珍，珍怒，拔劍而起，唐賓拂衣就珍，珍即斬之，遣使者告唐賓反。使者晨至梁，敬翔恐太祖暴怒不可測，乃匿使者，至夜而見之，謂雖有所發，必須明旦，冀得少緩其事而圖之。既夕，乃引珍使者入見，太祖大驚，然已夜矣，不能有所發，翔因從容爲太祖畫。明日，佯收唐賓妻子下獄。因如珍軍，去蕭一舍，珍迎謁，太祖命武士執之。諸將霍存等十餘人叩頭救珍，太祖大怒，舉胡牀擲之曰：「方珍殺唐賓時，獨不救之邪！」存等退，珍遂縊死。

龐師古

龐師古，曹州南華人也，初名從。梁太祖鎭宣武，初得馬五百匹爲騎兵，乃以師古將之，從破黃巢、秦宗權，皆有功。

太祖攻時溥未下，留兵屬師古守之，師古取其宿遷，進屯呂梁。溥以兵二萬出戰，師古敗之，斬首二千級。孫儒逐楊行密，取揚州，淮南大亂，太祖遣師古渡淮攻儒，爲儒所敗。是時，朱珍、李唐賓已死，師古與霍存分將其兵。郴王友裕攻徐州，朱瑾以兵救時溥，友裕敗溥於石佛山，瑾收餘兵去。太祖以友裕可追而不追，奪其兵以屬師古。師古攻破徐州，斬溥，太祖表師古徐州留後。梁兵攻鄆州，臨濟水，師古徹木爲橋，夜以中軍先濟。朱宣走中都，見殺。

太祖已下兗、鄆，乃遣師古與葛從周攻楊行密于淮南，師古出清口，從周出安豐。師古自其微時事太祖，爲人謹甚，未嘗離左右，及爲將出兵，必受方略以行，軍中非太祖命，不妄動。師古營清口，地勢卑，或請就高爲柵，師古以非太祖命不聽。淮人決水浸之，諜者告曰：「淮人決河，上流水至矣！」師古以爲搖動士卒，立斬之。已而水至，兵不能戰，遂見殺。

嗚呼，兵之勝敗，豈易言哉！梁兵彊於天下，而吳人號爲輕弱，然師古再舉擊吳，輒再敗以死。其後，太祖自將出光山，攻壽春，然亦敗也。蓋自高駢死，唐以梁兼統淮南，遂與

孫、楊爭，凡三十年間，三舉而三敗。以至彊遭至弱而如此，此其不可以理得也。兵法固有以寡而敗衆、以弱而勝彊者，顧吳豈足以知之哉！豈非適與其機會邪？故曰：「兵者凶器，戰者危事也。」可不愼哉！

葛從周

葛從周字通美，濮州甄城人也。少從黃巢，敗降梁。從太祖攻蔡州，太祖墜馬，從周扶太祖復騎，與敵步鬭傷面，身被數瘡，偏將張延壽從旁擊之，從周得與太祖俱去。太祖盡黜諸將，獨用從周、延壽爲大將。

秦宗權掠地潁、亳，及梁兵戰于焦夷，從周獲其將王涓一人。從朱珍收兵淄青，遇東兵輒戰，珍得兵歸，從周功爲多。張全義襲李罕之於河陽，罕之奔晉，召晉兵以攻全義，全義乞兵於梁，太祖遣從周、丁會等救之，敗晉兵於沇河。潞州馮霸殺晉守將李克恭以降梁，太祖遣從周入潞州，晉兵攻之，從周不能守，走河陽。太祖攻魏，從周與丁會先下黎陽、臨河，會太祖於內黃，敗魏兵於永定橋。從丁會攻宿州，以水浸其城，遂破之。太祖攻朱瑾于兗州，未下，留從周圍之，瑾閉壁不出，從周詐言救兵至，陽避之高吳，夜半潛還城下，瑾

以謂從周已去，乃出兵收外壕，從周掩擊之，殺千餘人。

晉攻魏，魏人求救，太祖遣侯言救魏，言築壘于洹水。太祖怒言不出戰，遣從周代言。從周至軍，益閉壘不出，而鑿三闇門以待，晉兵攻之，從周以精兵自闇門出擊，敗晉王兵。晉王怒，自將擊從周，從周雖大敗，而梁兵擒其子落落，送于魏，斬之。遂從攻鄆州，擒朱宣於中都，又攻兗州，走朱瑾。太祖表從周兗州留後，以兗、鄆兵攻淮南，出安豐，會龐師古于清口。從周行至濠州，聞師古死，遽還，至淠河將渡而淮兵追之，從周亦大敗。是時，晉兵出山東攻相、衞，太祖遣從周略地山東，下洺州，斬其刺史邢善益；又下邢州，走其刺史馬師素；又下磁州，殺其刺史袁奉滔。五日而下三州。太祖乃表從周兼邢州留後。

劉仁恭攻魏，已屠貝州，羅紹威求救于梁，從周會太祖救魏，入于魏州。燕兵攻館陶門，從周以五百騎出戰，曰：「大敵在前，何可返顧！」使閉門而後戰。破其八柵，燕兵走，追至于臨清，擠之御河，溺死者甚衆。太祖以從周爲宣義行軍司馬。

太祖遣從周攻劉守文于滄州，以蔣暉監其軍。守文求救于其父仁恭，仁恭以燕兵救之，暉語諸將曰：「吾王以我監諸將，今燕兵來，不可迎戰，宜縱其入城，聚食倉廩，使兩困而後取之。」諸將頗以爲然。從周怒曰：「兵在上將，豈監軍所得言！且暉之言乃常談爾，勝敗之機在吾心，暉豈足以知之！」乃勒兵逆仁恭于乾寧，戰于老鴉堤，仁恭大敗，斬首三萬餘

級，獲其將馬愼交等百餘人，馬三千匹。是時，守文亦求救於晉，晉爲攻邢、洺以牽之，從周遽還，敗晉兵于青山。遂從太祖攻鎭州，下臨城，王鎔乞盟，太祖表從周泰寧軍節度使。

從氏叔琮攻晉太原，不克。梁兵西攻鳳翔，青州王師範遣其將劉鄩襲兗州，從周家屬爲鄩所得，厚遇之而不殺。太祖還自鳳翔，乃遣從周攻鄩，從周卒招降鄩。太祖卽位，拜左金吾衞上將軍，以疾致仕，拜右衞上將軍，居于偃師。末帝卽位，拜昭義軍節度使、陳留郡王，食其俸于家。卒，贈太尉。

霍存

霍存，洺州曲周人也。少從黃巢，巢敗，存乃降梁。存爲將驍勇，善騎射。秦宗權攻汴，存以三千人夜破張晊柵，又以騎兵破秦賢，殺三千人，敗晊於赤岡。

從朱珍掠淄青、龐師古攻時溥，皆有功。朱珍與李唐賓俱死，乃以龐師古代珍、存代唐賓以攻溥，破碭山，存獲其將石君和等五十人。梁攻宿州，葛從周引水浸之，丁會與存戰城下，遂下之。從攻潞州，與晉人遇，戰馬牢川，存入則當其前，出則爲其殿，晉人卻，遂東攻魏，取淇門，殺三千人。梁得曹州，太祖以存爲刺史，兼諸軍都指揮使。

梁攻鄆州，朱瑾來救，梁諸將或勸太祖縱瑾入鄆，耗其食，堅圍勿戰，以此可俱弊。太祖曰：「瑾來必與時溥俱，不若遣存邀之。」存伏兵蕭縣，已而瑾果與溥俱出迷離，存發伏擊之，遂敗瑾等於石佛山，存中流矢卒。太祖已卽位，閱騎兵於繁臺，顧諸將曰：「使霍存在，豈勞吾親閱邪！諸君寧復思之乎？」佗日語又如此。

張存敬

張存敬，譙郡人也。爲人剛直有膽勇，少事梁太祖爲將，善因危窘出奇計。李罕之與晉人攻張全義於河陽，太祖遣存敬與丁會等救之，罕之解圍去。太祖以存敬爲諸軍都虞候。太祖攻徐、兗，以存敬爲行營都指揮使。從葛從周攻滄州，敗劉仁恭於老鴉堤。還攻王鎔於鎭州，入其城中，取其馬牛萬計。遷宋州刺史。復從諸將攻幽州，存敬取其瀛、莫、祁、景四州。梁攻定州，與王處直戰懷德驛，大敗之，枕尸十餘里。梁已下鎭、定，乃遣存敬攻王珂于河中，存敬出含山，下晉、絳二州，珂降于梁。太祖表存敬護國軍留後，復徙宋州刺史，未至，卒于河中，贈太傅。

存敬子仁潁、仁愿。仁愿有孝行，存敬卒，事其兄仁潁，出必告，反必面，如事父之禮。

仁愿曉法令，事梁、唐、晉，常爲大理卿，卒，贈秘書監。

符道昭

符道昭，蔡州人也。爲秦宗權騎將，宗權敗，道昭流落無所依，後依鳳翔李茂貞，茂貞愛之，養以爲子，名繼遠。梁攻茂貞，道昭與梁兵戰，屢敗，乃歸梁，太祖表道昭秦州節度使，以亂不果行。太祖爲元帥，初開府，而李周彝以鄜州降，以爲左司馬，擇右司馬難其人，及得道昭，乃授之。

羅紹威將誅其牙兵，惡魏兵彊，未敢發，求梁爲助。太祖乃悉發魏兵使攻燕，而遣馬嗣勳助紹威誅牙兵。牙兵已誅，魏兵在外者聞之皆亂，魏將左行遷據歷亭、史仁遇據高唐以叛，道昭等從太祖悉破之。

道昭爲將，勇於犯敵而少成筭，每戰先發，多敗，而周彝等繼之乃勝。開平元年與康懷英等攻潞州，築夾城爲蚰蜒塹以圍之，逾年不能下，晉兵攻破夾城，道昭戰死。

劉捍

劉捍，開封人也。爲人明敏有威儀，善擯贊。太祖初鎭宣武，以爲客將，使從朱珍募兵淄青。

太祖北攻鎭州，與王鎔和，遣捍見鎔，鎔軍未知梁意，方嚴兵，捍馳一騎入城中，諭鎔以太祖意，鎔乃聽命。梁兵攻定州，降王處直，捍復以一騎入慰城中。太祖圍鳳翔，遣捍入見李茂貞計事。唐昭宗召見，問梁軍中事，稱旨，賜以錦袍，拜登州刺史，賜號「迎鑾毅勇功臣」。梁兵攻淮南，遣捍先之淮口，築馬頭下浮橋以渡梁兵。太祖出光山攻壽州，又使捍作浮橋于淮北，以渡歸師。拜宋州刺史。

太祖卽位，遷左天武指揮使、元從親軍都虞候、左龍虎統軍，出爲佑國軍留後。同州劉知俊反，以賂誘捍將吏，執捍而去，知俊械之，送于李茂貞，見殺。太祖哀之，贈捍太傅。

寇彥卿

寇彥卿字俊臣，開封人也，世事宣武軍爲牙將。太祖初就鎭，以爲通引官，累遷右長直都指揮使，領洺州刺史。羅紹威將誅牙軍，太祖遣彥卿之魏計事，彥卿陰爲紹威計畫，乃悉誅牙軍。

彥卿身長八尺，隆準方面，語音如鍾，工騎射，好書史，善伺太祖意，動作皆如旨。太祖嘗曰：「敬翔、劉捍、寇彥卿皆天爲我生之。」其愛之如此。賜以所乘愛馬「一丈烏」。太祖圍鳳翔，以彥卿爲都排陣使，彥卿乘烏馳突陣前，太祖目之曰：「眞神將也！」

初，太祖與崔胤謀，欲遷都洛陽，而昭宗不許。其後昭宗奔于鳳翔，太祖以兵圍之，昭宗既出，明年，太祖以兵至河中，遣彥卿奉表迫請遷都。彥卿因悉驅徙長安居人以東，皆拆屋爲栰，浮渭而下，道路號哭，仰天大駡曰：「國賊崔胤、朱温使我至此！」昭宗亦顧瞻陵廟，傍徨不忍去，謂其左右爲俚語云：「紇干山頭凍死雀，何不飛去生處樂。」相與泣下沾襟。昭宗行至華州，遣人告太祖以何皇后有娠，願留華州待冬而行。太祖大怒，顧彥卿曰：「汝往趣官家來，不可一日留也。」彥卿復馳至華，卽日迫昭宗上道。

太祖卽位，拜彥卿感化軍節度使。歲餘，召爲左金吾衞大將軍，充金吾街仗使。彥卿晨朝至天津橋，民梁現不避道，前驅捽現投橋上石欄以死。彥卿見太祖自首，太祖惜之，詔彥卿以錢償現家以贖罪。御史司憲崔沂劾奏彥卿，請論如法，太祖不得已，責授彥卿左衞中郎將。復拜相州防禦使，遷河陽節度使。太祖遇弒，彥卿出太祖畫像事之如生，嘗對客語先朝，必涕泗交下。末帝即位，徙鎮威勝〔一〕。彥卿明敏善事人，而怙寵作威，好誅殺，多猜忌。卒于鎮，年五十七。

校勘記

〔一〕威勝　按本史卷六〇職方考，鄧州，梁置宣化軍，唐改威勝。疑此當作宣化。

新五代史卷二十二

梁臣傳第十

康懷英

康懷英，兗州人也。事朱瑾爲牙將，梁兵攻瑾，瑾出略食豐、沛間，留懷英守城，懷英郎以城降梁，瑾遂奔于吳。太祖得懷英大喜。

後從氏叔琮攻趙匡凝，下鄧州。梁兵攻李茂貞于岐，以懷英爲先鋒，至武功，擊殺岐兵萬餘人，太祖喜曰：「邑名武功，眞武功也。」以名馬賜之。是時，李周彝以鄜坊兵救岐，屯于三原界，懷英擊走之，因取其翟州而還。岐兵屯奉天，懷英柵其東北。夜半，岐兵攻之，懷英以爲夜中不欲驚它軍，獨以二千人出戰，遲明，岐兵解去，身被十餘瘡。李茂貞與梁和，昭宗還京師，賜懷英「迎鑾毅勇功臣」。

楊行密攻宿州，太祖遣懷英擊走之，表宿州刺史。遷保義軍節度使。

丁會以潞州叛梁降晉，太祖命懷英爲招討使，將行，太祖戒之，語甚切，懷英惶恐，以謂潞州期必得，乃築夾城圍之。晉遣周德威屯于亂柳，數攻夾城，懷英不敢出戰，太祖乃以李思安代懷英將，降懷英爲都虞候。久之，思安亦無功，太祖大怒，罷思安，以同州劉知俊爲招討使。知俊未至軍，太祖自至澤州，爲懷英等軍援，且督之。已而晉王李克用卒，莊宗召周德威還。太祖聞晉有喪，德威去，亦歸洛陽，而諸將亦少弛。莊宗謂德威曰：「晉之所以能敵梁，而彼所憚者，先王也。今聞吾王之喪，謂我新立，未能出兵，其意必怠，宜出其不意以擊之，非徒解圍，亦足以定霸也。」乃與德威等疾馳六日至北黃碾，會天大昏霧，伏兵三垂岡，直趨夾城，攻破之。懷英大敗，亡大將三百人，懷英以百騎遁歸，詣闕請死。太祖曰：「去歲興兵，太陰虧食，占者以爲不利，吾獨違之而致敗，非爾過也。」釋之，以爲右衞上將軍。

劉知俊叛，奔于岐，以懷英爲保義軍節度使、西路副招討使。知俊以岐兵圍靈武，太祖遣懷英攻邠寧以牽之。懷英取寧、慶、衍三州，還至昇平，知俊掩擊之，懷英大敗。徙鎮感化。其後朱友謙叛附于晉，以懷英討之，與晉人戰白徑嶺，懷英又大敗。徙鎮永平，卒于鎮。

劉鄩

劉鄩，密州安丘人也。少事青州王敬武，敬武卒，子師範立，棣州刺史張蟾叛，師範遣指揮使盧洪討蟾，洪亦叛，師範僞爲好辭召洪，洪至，迎於郊外，命鄩斬之坐上，因使鄩攻張蟾，破之。師範表鄩登州刺史，以爲行軍司馬。

梁太祖西攻鳳翔，師範乘梁虛，陰遣人分襲梁諸州縣，它遣者謀多漏洩，事不成。獨鄩素好兵書，有機略。是時，梁已破朱瑾等，悉有兗、鄆，以葛從周爲兗州節度使，從周將兵在外，鄩乃使人負油鬻城中，悉視城中虛實出入之所。油者得羅城下水竇可入，鄩乃以步兵五百從水竇襲破之，徙從周家屬外第，親拜其母，撫之甚有恩禮。

太祖已出昭宗于鳳翔，引兵東還，遣朱友寧攻師範、從周攻鄩。鄩以版輿置從周母城上，母呼從周曰：「劉將軍待我甚厚，無異於汝。人臣各爲其主，汝可察之！」從周爲之緩攻。鄩乃悉簡婦人及民之老疾不足當敵者出之，獨與少壯者同辛苦，分衣食，堅守以待。外援不至，人心頗離，副使王彥温踰城而奔，守陴者多逸。鄩乃遣人陽語彥温曰：「副使勿多以人出，非吾素遣者，皆勿以行。」又下令城中曰：「吾遣從副使者得出，否者皆族。」城中

皆惑，奔者乃止。已而梁兵聞之，果疑彥温非實降者，斬之城下，由是城守益堅。

師範兵已屈，從周以禍福諭鄩，鄩報曰：「俟吾主降，即以城還梁。」師範敗，降梁，鄩乃亦降。從周爲具齎裝，送鄩歸梁，鄩曰：「降將蒙梁恩不誅，幸矣！敢乘馬而衣裘乎？」乃素服乘驢歸梁。太祖賜之冠帶，飲之以酒，鄩辭以量小，太祖曰：「取兗州，量何大乎？」以爲元從都押衙。是時，太祖已領四鎮，將吏皆功臣舊人，鄩一旦以降將居其上，及諸將見鄩，皆用軍禮，鄩居自如，太祖益奇之。

太祖即位，累遷左龍武統軍。劉知俊叛，陷長安，太祖遣鄩與牛存節討之，知俊走鳳翔，太祖乃以長安爲永平軍，拜鄩節度使。末帝即位，領鎮南軍節度使，爲開封尹。

楊師厚卒，分相、魏爲兩鎮，末帝恐魏兵亂，遣鄩以兵屯于魏縣。魏兵果亂，劫賀德倫降晉。莊宗入魏，鄩以謂晉兵悉從莊宗赴魏，而太原可襲，乃結草爲人，執以旗幟，以驢負之往來城上，而潛軍出黃澤關襲太原。晉兵望梁壘旗幟往來，不知其去也，以故不追。鄩至樂平，遇雨，不克進而旋，急趨臨清，爭魏積粟，而周德威已先至，鄩乃屯于莘縣，築甬道及河以饋軍。

久之，末帝以書責鄩曰：「閫外事全付將軍，河朔諸州一旦淪沒。今倉儲已竭，飛輓不充，將軍與國同心，宜思良畫！」鄩報曰：「晉兵甚銳，未可擊，宜待之。」末帝復遣問鄩必勝之策，鄩曰：「臣無奇術，請人給米十斛，米盡則敵破矣！」末帝大怒，誚鄩曰：「將軍蓄米，將療饑乎？將破敵乎？」乃遣使者監督其軍。鄩召諸將謀曰：「主上深居禁中，與白面兒謀，必敗人事。今敵盛，未可輕動，諸君以爲如何？」諸將皆欲戰，鄩乃悉召諸將坐之軍門，人以河水一杯飲之，諸將莫測，或飲或辭，鄩曰：「一杯之難猶若此，滔滔河流可盡乎？」諸將皆失色。

是時，莊宗在魏，數以勁兵壓鄩營，鄩不肯出，而末帝又數促鄩，使出戰。莊宗與諸將謀曰：「劉鄩學六韜，喜以機變用兵，本欲示弱以襲我，今其見迫，必求速戰。」乃聲言歸太原，命符存審守魏，陽爲西歸，潛兵貝州。鄩果報末帝曰：「晉王西歸，魏無備，可擊。」乃以兵萬人攻魏城東，莊宗自貝州返趨擊之。鄩忽見晉軍，驚曰：「晉王在此邪！」兵稍却，追至故元城，莊宗與符存審爲兩方陣夾之，鄩爲圓陣以禦晉人。兵再合，鄩大敗，南奔，自黎陽濟河，保滑州。末帝以爲義成軍節度使。明年，河朔皆入于晉，降鄩亳州團練使。

兗州張萬進反，拜鄩兗州安撫制置使。萬進敗死，乃拜鄩泰寧軍節度使。朱友謙叛，陷同州，末帝以鄩爲河東道招討使，行次陝州，鄩爲書以招友謙，友謙不報，留月餘待之。尹皓、段凝等素惡鄩，乃譖之，以爲鄩與友謙親家，故其逗留以養賊。已而鄩兵數敗，乃罷鄩歸洛陽，酖殺之，年六十四，贈中書令。

子遂凝、遂雍，事唐皆爲刺史。鄩妾王氏有美色，鄩卒後，入明宗宮中，是爲王淑妃。明宗晚年，淑妃用事，鄩二子皆被恩寵。

潞王從珂反於鳳翔，時遂雍爲西京副留守，留守王思同率諸鎮兵討鳳翔，戰敗東歸，遂雍閉門不內，悉封府庫以待潞王。潞王前軍至者，悉以金帛給之。潞王見遂雍，握手流涕，由是事無大小皆與圖議。廢帝入立，拜遂雍淄州刺史，以鄩兄琪之子遂清代遂雍爲西京副留守。

遂清歷易、棣等五州刺史，皆有善政，遷鳳州防禦使、宣徽北院使，判三司。晉開運中爲安州防禦使以卒。遂清性至孝，居父喪哀毀，鄉里稱之。嘗爲淄州刺史，迎其母，母及郊，遂清爲母執轡行數十里，州人咸以爲榮。

牛存節

牛存節字贊正，青州博昌人也。初名禮，事諸葛爽於河陽，爽卒，存節顧其徒曰：「天下洶洶，當得英雄事之。」乃率其徒十餘人歸梁太祖。存節爲人木彊忠謹，太祖愛之，賜之名字，以爲小校。

張晊攻汴，存節破其二寨。梁攻濮州，戰南劉橋、范縣，存節功多。李罕之圍張全義於河陽，全義乞兵於梁，太祖以存節故事河陽，知其間道，使以兵爲前鋒。是時歲饑，兵行乏食，存節以金帛就民易乾葚以食軍，擊走罕之。太祖攻魏，存節下魏黎陽、臨河，殺魏萬二千人，與太祖會內黃。遷滑州牢城遏後指揮使。

梁兵攻鄆，存節使都將王言藏船鄆西北隅濠中，期以日午渡兵踰濠急攻之。會營中火起，鄆人登城望火，言伏不敢動，與存節失期，存節獨破鄆西甕城門，奪其濠橋，梁兵得俱進，遂破朱宣。從葛從周攻淮南，從周敗湅河，存節收其散卒八千以歸。拜亳、宿二州刺史。朱瑾走吳，召吳兵攻徐、宿，存節謀曰：「淮兵必不先攻宿，然宿溝壘素固，可以禦敵。」乃夜以兵急趣徐州，比傅徐城下，瑾兵方至，望其塵起，驚曰：「梁兵已來，何其速也！」不能攻而去。已而太祖使者至，授存節軍機，悉與存節意合，由是諸將益服其能。遷潞州都指揮使。太祖攻鳳翔，使召存節。存節爲將，法令嚴整而善得士心，潞人送者皆號泣。累拜邢州團練使、元帥府左都押衙。

太祖即位，拜右千牛衛上將軍。從康懷英攻潞州，爲行營排陣使。晉兵已破夾城，存節等以餘兵歸，行至天井關，聞晉兵攻澤州，存節顧諸將曰：「吾行雖不受命，然澤州要害，不可失也。」諸將皆不欲救之。存節戒士卒熟息，已而謂曰：「事急不赴，豈曰勇乎！」舉策

而先，士卒隨之。比至澤州，州人已焚外城，將降晉，聞存節至，乃稍定。存節入城，助澤人守，晉人穴地道以攻之，存節選勇士數十，亦穴地以應之，戰于隧中，敵不得入，晉人解去。遷左龍虎統軍、六軍都指揮使、絳州刺史，遷鄜州留後。

同州劉知俊叛，奔鳳翔，乃遷存節匡國軍節度使。友珪立，朱友謙叛附于晉，西連鳳翔，存節東西受敵。同州水鹹而無井，知俊叛梁，以渴不能守而走，故友謙與岐兵合圍持久，欲以渴疲之，存節禱而擇地鑿井八十，水皆甘可食，友謙卒不能下。

末帝立，加同中書門下平章事，徙鎮天平。蔣殷反徐州，遣存節攻破之，以功加太尉。梁、晉相距於河上，存節病痟，而梁、晉方苦戰，存節忠憤彌激，治軍督士，未嘗言病。病革，召歸京師，將卒，語其子知業曰：「忠孝，吾子也。」不及其佗。贈太師。

張歸霸 弟歸厚 歸弁

張歸霸，清河人也。末帝娶其女，是爲德妃。歸霸少與其弟歸厚、歸弁俱從黃巢，巢敗東走，歸霸兄弟乃降梁。

秦宗權攻汴，歸霸戰數有功。張晊軍赤岡，以騎兵挑戰，矢中歸霸，歸霸拔之，反以射賊，一發而斃，奪其馬而歸。太祖從高丘望見，甚壯之，賞以金帛，幷以其馬賜之。使以弓手五百人伏湟中，太祖以騎數百爲遊兵，過晊柵，晊出兵追太祖，歸霸發伏，殺晊兵千人，奪馬數十匹。

太祖攻蔡州，蔡將蕭顥急擊太祖營，歸霸不暇請，與徐懷玉分出東南壁門，合擊敗之，太祖得拔營去。太祖攻兗、鄆，取曹州，使歸霸以兵數千守之，與朱瑾逆戰金鄉，大敗之。又破濮州。晉人攻魏，歸霸從葛從周救魏，戰洹水，歸霸擒克用子落落以與魏人。又破劉仁恭於內黃，功出諸將右。光化二年，權知邢州。遷萊州刺史，拜左衛上將軍、曹州刺史。開平元年，拜右龍虎統軍、左驍衛上將軍。二年，拜河陽節度使，以疾卒。

子漢傑，事末帝爲顯官，以張德妃故用事。梁亡，唐莊宗入汴，遂族誅。

弟歸厚，字德坤。爲將善用弓槊，能以少擊衆。張晊屯赤岡，歸厚與晊獨戰陣前，晊憊而却，諸將乘之，晊遂大敗。太祖大悅，以爲騎長。

梁攻時溥，歸厚以麾下先進九里山，遇徐兵而戰，梁故將陳璠叛在徐，歸厚望見識之，瞋目大罵，馳騎直往取之，矢中其左目。

郴王友裕攻鄆，屯濮州，太祖從後至，友裕徙柵，與太祖相失。太祖卒與鄆兵遇，太祖

登高望之，鄆兵纔千人，太祖與歸厚以廳子軍直衝之，戰已合，鄆兵大至，歸厚度不能支，以數十騎衛太祖先還。歸厚馬中矢僵，乃持槊步鬭。太祖還軍中，遣張筠馳騎第取之，以爲必死矣。歸厚體被十餘箭，得筠馬乃歸，太祖見之，泣曰：「爾在，喪軍何足計乎！」使舁歸宣武。遷右神武統軍，歷洺、晉、絳三州刺史，與晉人屢戰未嘗屈。乾化元年，拜鎮國軍節度使，以疾卒。子漢卿。

歸弁，爲將亦善戰，開平初爲滑州長劍指揮使。子漢融。梁亡，皆族誅。

王重師

王重師，許州長社人也。爲人沈嘿多智，善劍槊。秦宗權陷許州，重師脫身歸梁，從太祖平蔡，攻兗、鄆，爲拔山軍指揮使。重師苦戰齊、魯間，威震鄰敵。遷潁州刺史。

太祖攻濮州，已破，濮人積草焚之，梁兵不得入。是時，重師方病金瘡，臥帳中，諸將強之，重師遽起，悉取軍中氈毯沃以水，蒙之火上，率精卒以短兵突入，梁兵隨之皆入，遂取濮州。重師身被八九瘡，軍士負之而還。太祖聞之，驚曰：「柰何使我得濮州而失重師乎！」使醫理之，逾月乃愈。王師範降，表重師青州留後，累遷佑國軍節度使、同中書門下平章

事。居數年，甚有威惠。

重師與劉捍故有隙，捍嘗構之太祖，太祖疑之。重師遣其將張君練西攻邠、鳳而不先請，君練兵小敗，太祖以其擅發兵，挫失國威，將召而罪之，遣劉捍代重師。重師不知太祖怒己，捍至，重師不出迎，見之青門，禮又倨，捍因馳白太祖，言重師有二志。太祖益怒，貶重師溪州刺史，再貶崖州司戶參軍，未行，賜死。

徐懷玉

徐懷玉，亳州焦夷人也。少事梁太祖，與太祖俱起微賤。懷玉爲將，以雄豪自任，而勇於戰陣。從太祖鎮宣武，爲永城鎮將。

秦宗權攻梁，壁金隄、靈昌、酸棗，懷玉以輕騎速擊破之，俘殺五千餘人，遷左長劍都虞候。又破宗權於板橋、赤岡，拔其八柵。從太祖東攻兗、鄆，破徐、宿。懷玉金創被體，戰必克捷，所得賞賚，往往以分士卒，爲梁名將。本名琮，太祖賜名懷玉。

從太祖攻魏，敗魏兵黎陽，遂東攻兗，破朱瑾於金鄉。又從龐師古攻楊行密，師古敗清口，懷玉獨完一軍，行收散卒萬餘人以歸。遷沂州刺史，屬歲屢豐，乃繕兵治壁，爲戰守具。

已而王師範叛梁，攻東境，懷玉屢以州兵擊破之。遷齊州防禦使。

天復四年，以州兵西迎昭宗都洛陽，遷華州觀察留後，以兵屯雍州。遷右羽林統軍，屯于澤州，晉人攻之，爲隧以入，懷玉擊之隧中，晉人乃却。太祖時，歷曹、晉二州刺史，晉數攻之，懷玉堅守，敗晉兵于洪洞。拜保大軍節度使。太祖崩，友珪自立，朱友謙附于晉，以襲鄜州，執懷玉殺之。

新五代史卷二十三

梁臣傳第十一

楊師厚

楊師厚，潁州斤溝人也。少事河陽李罕之，罕之降晉，選其麾下勁卒百人獻于晉王，師厚在籍中。師厚在晉，無所知名，後以罪奔于梁，太祖以爲宣武軍押衙、曹州刺史。梁攻王師範，師厚戰臨朐，擒其偏將八十餘人，取棣州，以功拜齊州刺史。

太祖攻趙匡凝於襄陽，遣師厚爲先鋒。師厚取穀城西童山木爲浮橋，渡漢水，擊匡凝，敗之，匡凝棄城走。師厚進攻荆南，又走匡凝弟匡明，功爲多，拜山南東道節度使、同中書門下平章事。

劉知俊叛，攻陷長安，劉鄩、牛存節等攻之，久不克。師厚以奇兵出，旁南山入其西門，降其守者，遂克之。晉周德威攻晉州以應知俊，師厚敗之于蒙坑，以功遷保義軍節度使，徙

鎮宣義。

是時，梁兵攻趙久無功，太祖病臥洛陽，少間，乃自將北擊趙。師厚從太祖至洹水，夜行迷失道，明旦，次魏縣，聞敵將至，梁兵潰亂不可止，久之無敵，乃定。已而太祖疾作，乃還。明年少間，而晉軍攻燕，燕王劉守光求援於梁，太祖爲之擊趙以牽晉，屯于龍花，遣師厚攻棗彊，三月㊀不能下。太祖怒，自往督兵戰，乃破，屠之，進圍蓨縣。晉史建瑭以輕兵夜擊梁軍，梁軍大擾，太祖與師厚皆棄輜重南走。太祖還東都，師厚留屯魏州。明年，太祖遇弒〔一〕，友珪自立，師厚乘間殺魏牙將潘晏、臧延範等，逐出節度使羅周翰，友珪因以師厚爲天雄軍節度使。

㊀一作日。

自太祖與晉戰河北，師厚常爲招討使，悉領梁之勁兵。太祖崩，師厚遂逐其帥，而稍矜倨難制。時魏恃牙兵，其帥得以倔彊。羅紹威時，牙兵盡死，魏勢孤，始爲梁所制。師厚已得志，乃復置銀槍効節軍。友珪陰欲圖之，召師厚入計事。其吏田温等勸師厚勿行，師厚曰：「吾二十年不負朱家，今若不行，則見疑而生事，然吾知上爲人，雖往，無如我何也。」乃以勁兵二萬朝京師，留其兵城外，以十餘人自從，入見友珪，友珪益恐懼，賜與鉅萬而還。

已而末帝謀討友珪，問於趙巖，巖曰：「此事成敗，在招討楊公爾。得其一言諭禁軍，

吾事立辦。」末帝乃遣馬愼交陰見師厚，布腹心。師厚猶豫未決，謂其下曰：「方郢王弒逆時，吾不能卽討。今君臣之分已定，無故改圖，人謂我何？」其下或曰：「友珪弒父與君，乃天下之惡，均王仗大義以誅賊，其事易成。彼若一朝破賊，公將何以自處？」師厚大悟，乃遣其將王舜賢至洛陽，見袁象先計事，使朱漢賓以兵屯滑州爲應。末帝卒與象先殺友珪。末帝卽位，封師厚鄴王，詔書不名，事無巨細皆以諮之，然心益忌而畏之。已而師厚瘍發卒，末帝爲之受賀於宮中。由是始分相、魏爲兩鎭。魏軍亂，以魏博降晉，梁失河北自此始。

王景仁

王景仁，廬州合淝人也。初名茂章，少從楊行密起淮南。景仁爲將驍勇剛悍，質略無威儀，臨敵務以身先士卒，行密壯之。

梁太祖遣子友寧攻王師範于青州〔三〕，師範乞兵於行密，行密遣景仁以步騎七千救師範。師範以兵背城爲兩柵，友寧夜擊其一柵，柵中告急，趣景仁出戰，景仁按兵不動。友寧已破一柵，連戰不已。遲明，景仁度友寧兵已困，乃出戰，大敗之，遂斬友寧，以其首報

行密。

是時，梁太祖方攻鄆州，聞子友寧死，以兵二十萬倍道而至，景仁閉壘示怯，伺梁兵怠，毁柵而出，驅馳疾戰，戰酣退坐，召諸將飲酒，已而復戰。太祖登高望見之，得青州降人，問：「飲酒者爲誰？」曰：「王茂章也。」太祖歎曰：「使吾得此人爲將，天下不足平也！」梁兵又敗。景仁軍還，梁兵急追之，景仁度不可走，遣裨將李虔裕以衆一旅設覆於山下以待之，留軍不行，解鞍而寢，虔裕疾呼曰：「追兵至矣，宜速走，虔裕以死遏之！」景仁曰：「吾亦戰於此也。」虔裕三請，景仁乃行，而虔裕卒戰死，梁兵以故不能及，而景仁全軍以歸。

景仁事行密，爲潤州團練使。行密死，子渥自宣州入立，以景仁代守宣州。渥已立，反求宣州故物，景仁惜不與，渥怒，以兵攻之。景仁奔于錢鏐，鏐表景仁領宣州節度使。梁太祖素識景仁，乃遣人召之，景仁間道歸梁，仍以爲寧國軍節度使，加同中書門下平章事。久之，未有以用，使參宰相班，奉朝請而已。

開平四年，以景仁爲北面招討使，將韓勍、李思安等兵伐趙，行至魏州，司天監言：「太陰虧，不利行師。」太祖亟召景仁等還，已而復遣之。景仁已去，太祖思術者言，馳使者止景仁於魏以待。景仁已過邢、洺，使者及之，景仁不奉詔，進營於柏鄉。乾化元年正月庚寅，日有食之，崇政使敬翔白太祖曰：「兵可憂矣！」太祖爲之旰食。是日，景仁及晉人戰，大敗於柏鄉，景仁歸訴於太祖，太祖曰：「吾亦知之，蓋韓勍、李思安輕汝爲客，不從節度爾。」乃罷景仁就第，後數月，悉復其官爵。

末帝立，以景仁爲淮南招討使，攻廬、壽，軍過獨山，山有楊行密祠，景仁再拜號泣而去。戰于霍山，梁兵敗走，景仁殿而力戰，以故梁兵不甚敗。景仁歸京師，病疽卒，贈太尉。

賀瓌

賀瓌字光遠，濮州人也。事鄆州朱宣爲都指揮使。梁太祖攻朱瑾于兗州，宣遣瓌與何懷寶、柳存等以兵萬人救兗州，瓌趣待賓館，欲絕梁餉道。梁太祖略地至中都，得降卒，言瓌等兵趣待賓館矣！以六壬占之，得「斬關」㈠，以爲吉，乃選精兵夜疾馳百里，期先至待賓以逆瓌，而夜黑，兵失道，旦至鉅野東，遇瓌兵，擊之，瓌等大敗。瓌走，梁兵急追之，瓌顧路窮，登塚上大呼曰：「我賀瓌也，可勿殺我！」太祖馳騎取之，幷取懷寶等數十人，降其卒三千餘人。是日，大風揚沙蔽天，太祖曰：「天怒我殺人少邪？」卽盡殺降卒三千人，而縶瓌及懷寶等至兗城下以招瑾，瑾不納，因斬懷寶等十餘人，而獨留瓌。瓌感太祖不殺，誓以身自效。從太祖平青州，以爲曹州刺史。太祖卽位，累遷相州刺史。末帝時，遷左龍虎統軍，

宣義軍節度使。

㈠ 卦名。

貞明元年，魏兵亂，賀德倫降晉，晉王入魏州。劉鄩敗于故元城，走黎陽，貝、衞、洺、磁諸州皆入于晉。晉軍取楊劉，末帝乃以瓌爲招討使，與謝彥章等屯于行臺。晉軍迫瓌十里而柵，相持百餘日。瓌與彥章有隙，伏甲殺之，莊宗喜曰：「將帥不和，梁亡無日矣！」乃令軍中歸其老疾於鄴，以輕兵襲濮州。瓌自行臺躡之，戰于胡柳陂，晉人輜重在陣西，瓌軍將薄之，晉軍亂，斬其將周德威，盡取其輜重。軍已勝，陣無石山，日暮，晉兵仰攻之，瓌軍下山擊晉軍，瓌大敗，晉遂取濮州，城德勝，夾河爲柵。瓌以舟兵攻南柵，不能得，還軍行臺，以疾卒，年六十二，贈侍中。有子光圖㈠。

㈠ 凡言有子某者，皆仕皇朝有聞。

王檀

王檀字衆美，京兆人也。少事梁太祖爲小校，尙讓攻梁，戰尉氏門，檀勇出諸將，太祖奇之，遷踏白副指揮使。

從朱珍募兵東方，戰數有功。梁與蔡兵戰板橋，李重裔馬踣，爲蔡兵所擒，檀馳取之，并獲其將一人。從太祖破魏內黃，遷衡山都虞候。復從朱珍攻徐州，檀獲其將一人。梁兵攻王師範，檀以一軍破其密州，拜密州刺史。太祖即位，遷保義軍節度使，潞州東北面招討使。

王景仁敗於柏鄉，晉兵圍邢州，太祖大懼，欲自將救之，檀止太祖，請自拒敵，力戰，卒全邢州，以功加同中書門下平章事，進封瑯琊郡王。是時，莊宗取魏博，檀以謂晉兵悉在河北，乃以奇兵西出陰地襲太原，不克而還。貞明元年又徙匡國。友珪立，徙鎮宣化。徙鎮天平，檀嘗招納亡盜居帳下，帳下兵亂，入殺檀，年五十八，贈太師，謚曰忠毅。

馬嗣勳

馬嗣勳，濠州鍾離人也，少事州爲客將，爲人材武有辯。梁太祖攻濠州，刺史張遂遣嗣勳持牌印降梁。楊行密攻遂，遂又使嗣勳乞兵於太祖。梁兵未至，濠州已沒，嗣勳無所歸，乃留事梁，太祖以爲宣武軍元從押衙。

太祖西攻鳳翔，行至華州，遣嗣勳入說韓建，建即時出降。天祐二年，羅紹威將誅牙軍，乞兵於梁，梁女嫁魏，適死，太祖乃遣嗣勳以長直千人爲紩輿入魏，致兵器於輿中，聲言助葬。嗣勳館銅臺，夜與魏新鄉鎭兵攻石柱門，入迎紹威家屬，衞之。乃益取魏甲兵攻牙軍，牙軍不知兵所從來，莫能爲備，殺其八千餘人，遲明皆盡。嗣勳中重瘡卒。太祖即位，贈太保。

王虔裕

王虔裕，瑯琊臨沂人也。爲人健勇善騎射，以弋獵爲生。少從諸葛爽起青、棣間，其後爽爲汝州防禦使，率兵北擊沙陀，還入長安攻黃巢，爽兵敗降巢，巢以爽爲河陽節度使。中和三年，孫儒陷河陽，虔裕隨爽奔于梁〔三〕。是時，太祖新就鎭，黃巢、秦宗權等兵方盛，太祖數爲所窘，而梁未有佗將，乃以虔裕將騎兵，常爲先鋒擊巢陳、蔡間，拔其數栅，巢走，梁兵躡之，戰于萬勝戍，賊敗而東，虔裕功爲多，乃表虔裕義州刺史。

黃巢已去，秦宗權攻許、鄭，與梁爲敵境，大小百餘戰，虔裕常有功。秦宗賢攻汴南境〔四〕，太祖遣虔裕拒賢於尉氏，戰敗，失一裨將，太祖怒，拘虔裕於軍中。邢州孟遷降梁，爲晉人所圍，太祖遣虔裕以精兵百人疾馳，夜破晉圍，入邢州，遲明，立梁旗幟於城上，晉人以爲救兵至，乃退。已而晉兵復來，遷執虔裕降于晉，見殺。

謝彥章

謝彥章，許州人也。幼事葛從周，從周憐其敏惠，養以爲子，授之兵法，從周以千錢置大盤中，爲行陣偏伍之狀，示以出入進退之節，彥章盡得之。及壯，事梁太祖爲騎將。是時，賀瓌善用步卒，而彥章與孟審澄、侯温裕皆善將騎兵，審澄、温裕所將不過三千，彥章多而益辦。

彥章事末帝，累遷匡國軍節度使。貞明四年，晉攻河北，賀瓌爲北面招討使，彥章爲排陣使，屯于行臺。彥章爲將，好禮儒士，雖居軍中，嘗儒服，或臨敵御衆，肅然有將帥之威，左右馳驟，疾若風雨。晉人望其行陣齊整，相謂曰：「謝彥章必在此也！」其名重敵中如此。瓌心忌之。彥章與瓌行視郊外，瓌指一地語彥章曰：「此地岡阜隆起，其中坦然，營栅之地也。」已而晉兵栅之，瓌疑彥章陰以告晉，益惡之。彥章故與馬步都虞候朱珪有隙，瓌欲速戰，彥章請持重以老敵，珪乃誣彥章以爲將反。瓌且享士，使珪伏甲殺之，審澄、温裕皆

見害。

校勘記

〔一〕明年太祖遇弑　按本史卷二梁太祖紀、薛史卷七梁太祖紀、卷八梁末帝紀及通鑑卷二六八，屠棗彊在乾化二年三月，同年六月郢王友珪弑梁太祖。此言「明年」誤。

〔二〕梁太祖遣子友寧攻王師範於青州　五代史纂誤（下簡稱纂誤）卷上云：「今按家人傳，友寧乃梁祖兄存之子，其後中書上議，亦皆謂之『皇姪』，今此乃以『子』名之，誤也。」按册府卷二九九亦稱友寧爲太祖姪，纂誤判斷可信。

〔三〕中和三年孫儒陷河陽虔裕隨爽奔於梁　本史卷四二李罕之傳云：「諸葛爽死，其將劉經立爽子仲方……已而孫儒陷河陽，仲方奔於梁。」通鑑卷二五六記諸葛爽卒於光啓二年十月；十二月孫儒陷河陽，仲方奔梁。薛史卷一五李罕之傳略同。此處紀年不合，「爽」顯爲「仲方」之訛。

〔四〕秦宗賢　貴池本及薛史卷二一王虔裕傳同。他本及本史卷一梁太祖紀、通鑑卷二五六作「秦賢」。

新五代史卷二十四

唐臣傳第十二

郭崇韜

郭崇韜，代州鴈門人也，爲河東教練使。爲人明敏，能應對，以材幹見稱。莊宗爲晉王，孟知祥爲中門使，崇韜爲副使。中門之職，參管機要，先時，吳珙、張虔厚等皆以中門使相繼獲罪，知祥懼，求外任，莊宗曰：「公欲避事，當舉可代公者。」知祥乃薦崇韜爲中門使，甚見親信。

晉兵圍張文禮于鎭州，久不下，而定州王都引契丹入寇〔一〕。契丹至新樂，晉人皆恐，欲解圍去，莊宗未決，崇韜曰：「契丹之來，非救文禮，爲王都以利誘之耳，且晉新破梁軍，宜乘已振之勢，不可遽自退怯。」莊宗然之，果敗契丹。莊宗即位，拜崇韜兵部尚書、樞密使。

梁王彥章擊破德勝，唐軍東保楊劉，彥章圍之。莊宗登壘，望見彥章爲重塹以絕唐軍、

意輕之，笑曰：「我知其心矣，其欲持久以弊我也。」即引短兵出戰，爲彥章伏兵所射，大敗而歸。莊宗問崇韜：「計安出？」是時，唐已得鄆州矣，崇韜因曰：「彥章圍我於此，其志在取鄆州也。臣願得兵數千，據河下流，築壘於必爭之地，以應鄆州爲名，彥章必來爭，既分其兵，可以圖也。然板築之功難卒就，陛下日以精兵挑戰，使彥章兵不得東，十日壘成矣。」莊宗以爲然，乃遣崇韜與毛璋將數千人夜行，所過驅掠居人，毀屋伐木，渡河築壘於博州東，晝夜督役，六日壘成。彥章果引兵急攻之，時方大暑，彥章兵熱死，及攻壘不克，所失太半，還趨楊劉，莊宗迎擊，遂敗之。

康延孝自梁奔唐，先見崇韜，崇韜延之臥內，盡得梁虛實。是時，莊宗軍朝城，段凝軍臨河。唐自失德勝，梁兵日掠澶、相，取黎陽、衞州，而李繼韜以澤潞叛入于梁，契丹數犯幽、涿，又聞延孝言梁方召諸鎮兵欲大舉，唐諸將皆憂惑，以謂成敗未可知。莊宗患之，以問諸將，諸將皆曰：「唐得鄆州，隔河難守，不若棄鄆與梁，而西取衞州、黎陽，以河爲界，與梁約罷兵，毋相攻，庶幾以爲後圖。」莊宗不悅，退臥帳中，召崇韜問計，崇韜曰：「陛下興兵仗義，將士疲戰爭、生民苦轉餉者，十餘年矣。況今大號已建，自河以北，人皆引首以望成功而思休息。今得一鄆州，不能守而棄之，雖欲指河爲界，誰爲陛下守之？且唐未失德勝時，四方商賈，征輸必集，薪芻糧餉，其積如山。自失南城，保楊劉，道路轉徙，耗亡太半。

而魏、博五州，秋稼不稔，竭民而斂，不支數月，此豈按兵持久之時乎？臣自康延孝來，盡得梁之虛實，此眞天亡之時也。願陛下分兵守魏，固楊劉，而自鄆長驅擣其巢穴，不出半月，天下定矣！」莊宗大喜曰：「此大丈夫之事也！」因問司天，司天言：「歲不利用兵。」崇韜曰：「古者命將，鑿凶門而出。況成算已決，區區常談，豈足信也！」莊宗即日下令軍中，歸其家屬於魏，夜渡楊劉，從鄆州入襲汴，用八日而滅梁。莊宗推功，賜崇韜鐵券，拜侍中、成德軍節度使，依前樞密使。

莊宗與諸將以兵取天下，而崇韜未嘗居戰陣，徒以謀議居佐命第一之功，位兼將相，遂以天下爲己任，遇事無所回避。而宦官、伶人用事，特不便也。

初，崇韜與宦者馬紹宏俱爲中門使，而紹宏位在上。及莊宗即位，二人當爲樞密使，而崇韜不欲紹宏在己上，乃以張居翰爲樞密使，紹宏爲宣徽使。紹宏失職怨望，崇韜因置內勾使，以紹宏領之。凡天下錢穀出入于租庸者，皆經內勾。既而文簿繁多，州縣爲弊，遽罷其事，而紹宏尤側目。崇韜頗懼，語其故人子弟曰：「吾佐天子取天下，今大功已就，而羣小交興，吾欲避之，歸守鎭陽，庶幾免禍，可乎？」故人子弟對曰：「俚語曰：『騎虎者，勢不得下。』今公權位已隆，而下多怨嫉，一失其勢，能自安乎？」崇韜曰：「奈何？」對曰：「今中宮未立，而劉氏有寵，宜請立劉氏爲皇后，而多建天下利害以便民者，然後退而乞身。天子以

公有大功而無過，必不聽公去。是外有避權之名，而內有中宮之助，又爲天下所悅，雖有讒間，其可動乎？」崇韜以爲然，乃上書請立劉氏爲皇后。

崇韜素廉，自從入洛，始受四方賂遺，故人子弟或以爲言，崇韜曰：「吾位兼將相，祿賜巨萬，豈少此邪？今藩鎭諸侯，多梁舊將，皆主上斬袪射鉤之人也。今一切拒之，豈無反側？且藏于私家，何異公帑？」明年，天子有事南郊，乃悉獻其所藏，以佐賞給。

莊宗已郊，遂立劉氏爲皇后。崇韜累表自陳，請依唐舊制，還樞密使於內臣，而幷辭鎭陽，優詔不允。崇韜又曰：「臣從陛下軍朝城，定計破梁，陛下撫臣背而約曰：『事了，與卿一鎭。』今天下一家，俊賢並進，臣憊矣，願乞身如約。」莊宗召崇韜謂曰：「朝城之約，許卿一鎭，不許卿去。欲捨朕，安之乎？」崇韜因建天下利害二十五事，施行之。

李嗣源爲成德軍節度使，徙崇韜忠武。崇韜因自陳權位已極，言甚懇至。莊宗曰：「豈可朕居天下之尊，使卿無尺寸之地？」崇韜辭不已，遂罷其命，仍爲侍中、樞密使。

同光三年夏，霖雨不止，大水害民田，民多流死。莊宗患宮中暑濕不可居，思得高樓避暑。宦官進曰：「臣見長安全盛時，大明、興慶宮樓閣百數。今大內不及故時卿相家。」莊宗曰：「吾富有天下，豈不能作一樓？」乃遣宮苑使王允平營之。宦官曰：「郭崇韜眉頭不伸，常爲租庸惜財用，陛下雖欲有作，其可得乎？」莊宗乃使人問崇韜曰：「昔吾與梁對壘於河

上，雖祁寒盛暑，被甲跨馬，不以爲勞。今居深宮，蔭廣廈，不勝其熱，何也？」崇韜對曰：「陛下昔以天下爲心，今以一身爲意，艱難逸豫，爲慮不同，其勢自然也。願陛下無忘創業之難，常如河上，則可使繁暑坐變清涼。」莊宗默然。終遣允平起樓，崇韜果切諫。宦官曰：「崇韜之第，無異皇居，安知陛下之熱！」由是讒間愈入。

河南縣令羅貫，爲人彊直，頗爲崇韜所知。貫正身奉法，不受權豪請託，宦官、伶人有所求請，書積几案，一不以報，皆以示崇韜。崇韜數以爲言，宦官、伶人由此切齒。河南自故唐時張全義爲尹，縣令多出其門，全義廝養畜之。及貫爲之，奉全義不屈，縣民恃全義爲不法者，皆按誅之。全義大怒，嘗使人告劉皇后，從容爲白貫事，而左右日夜共攻其短。莊宗未有以發。皇太后崩，葬坤陵，陵在壽安，莊宗幸陵作所，而道路泥塗，橋壞。莊宗止輿問：「誰主者？」宦官曰：「屬河南。」因亟召貫，貫至，對曰：「臣初不奉詔，請詰主者。」莊宗曰：「爾之所部，復問何人！」即下貫獄，獄吏榜掠，體無完膚。明日，傳詔殺之。崇韜諫曰：「貫罪無佗，橋道不修，法不當死。」莊宗怒曰：「太后靈駕將發，天子車輿往來，橋道不修，卿言無罪，是朋黨也！」崇韜曰：「貫雖有罪，當具獄行法于有司。陛下以萬乘之尊，怒一縣令，使天下之人，言陛下用法不公，臣等之過也。」莊宗曰：「貫，公所愛，任公裁決！」因起入宮，崇韜隨之，論不已，莊宗自闔殿門，崇韜不得入。貫卒見殺。

明年征蜀〔二〕，議擇大將。時明宗爲總管，當行。而崇韜以讒見危，思立大功爲自安之計，乃曰：「契丹爲患北邊，非總管不可禦。魏王繼岌，國之儲副，而大功未立；且親王爲元帥，唐故事也。」莊宗曰：「繼岌，小子，豈任大事？必爲我擇其副。」崇韜未及言，莊宗曰：「吾得之矣，無以易卿也。」乃以繼岌爲西南面行營都統〔三〕，崇韜爲招討使，軍政皆決崇韜。

唐軍入蜀，所過迎降。王衍弟宗弼，陰送款于崇韜，求爲西川兵馬留後，崇韜以節度使許之。軍至成都，宗弼遷衍于西宮，悉取衍嬪妓、珍寶奉崇韜及其子廷誨。又與蜀人列狀見魏王，請崇韜留鎭蜀。繼岌頗疑崇韜，崇韜無以自明，因以事斬宗弼及其弟宗渥、宗勳，沒其家財。蜀人大恐。

崇韜素嫉宦官，嘗謂繼岌曰：「王有破蜀功，師旋，必爲太子，俟主上千秋萬歲後，當盡去宦官，至於扇馬，亦不可騎。」繼岌監軍李從襲等見崇韜專任軍事，心已不平，及聞此言，遂皆切齒，思有以圖之。莊宗聞破蜀，遣宦官向延嗣勞軍，崇韜不郊迎，延嗣大怒，因與從襲等共構之。延嗣還，上蜀簿，得兵三十萬，馬九千五百匹，兵器七百萬，糧二百五十三萬石，錢一百九十二萬緡，金銀二十二萬兩，珠玉犀象二萬，文錦綾羅五十萬匹。莊宗曰：「人言蜀天下之富國也，所得止於此邪？」延嗣因言蜀之寶貨皆入崇韜，且誣其有異志，將危魏王。莊宗怒，遣宦官馬彥珪至蜀，視崇韜去就。彥珪以告劉皇后，劉皇后教彥珪矯詔魏王殺之。

崇韜有子五人，其二從死于蜀，餘皆見殺。其破蜀所得，皆籍沒。明宗卽位，詔許歸葬，以其太原故宅賜其二孫。

當崇韜用事，自宰相豆盧革、韋悅等皆傾附之。崇韜父諱弘，革等卽因佗事，奏改弘文館爲崇文館。以其姓郭，因以爲子儀之後，崇韜遂以爲然。其伐蜀也，過子儀墓，下馬號慟而去，聞者頗以爲笑。然崇韜盡忠國家，有大略。其已破蜀，因遣使者以唐威德風諭南詔諸蠻，欲因以綏來之，可謂有志矣！

安重誨

安重誨，應州人也。其父福遷，事晉爲將，以驍勇知名。梁攻朱宣于鄆州，晉兵救宣，宣敗，福遷戰死。

重誨少事明宗，爲人明敏謹恪。明宗鎭安國，以爲中門使，及兵變于魏，所與謀議大計，皆重誨與霍彥威決之。明宗卽位，以爲左領軍衞大將軍、樞密使，兼領山南東道節度使。固辭不拜，改兵部尚書，使如故。在位六年，累加侍中兼中書令。

重誨自爲中門使，已見親信，而以佐命功臣，處機密之任，事無大小，皆以參決，其勢傾動天下。雖其盡忠勞心，時有補益，而恃功矜寵，威福自出，旁無賢人君子之助，其獨見之慮，禍釁所生，至於臣主俱傷，幾滅其族，斯其可哀者也。

重誨嘗出，過御史臺門，殿直馬延悞衝其前導，重誨怒，卽臺門斬延而後奏。是時，隨駕廳子軍士桑弘遷，毆傷相州錄事參軍；親從兵馬使安虔，走馬衝宰相前導。弘遷罪死，虔決杖而已。重誨以斬延，乃請降敕處分，明宗不得已從之，由是御史、諫官無敢言者。

宰相任圜判三司，以其職事與重誨爭，不能得，圜怒，辭疾，退居于磁州。朱守殷以汴州反，重誨遣人矯詔馳至其家，殺圜而後白，誣圜與守殷通謀，明宗皆不能詰也。而重誨恐天下議己，因取三司積欠二百餘萬，請放之，冀以悅人而塞責，明宗不得已，爲下詔蠲除之。其威福自出，多此類也。

是時，四方奏事，皆先白重誨然後聞。河南縣獻嘉禾，一莖五穗，重誨視之曰：「僞也。」笞其人而遣之。夏州李仁福進白鷹，重誨却之，明日，白曰：「陛下詔天下毋得獻鷹鷂，而仁福違詔獻鷹，臣已却之矣。」重誨出，明宗陰遣人取之以入。佗日，按鷹于西郊，戒左右：「無使重誨知也！」宿州進白兔，重誨曰：「兔陰且狡，雖白何爲？」遂却而不白。

明宗爲人雖寬厚，然其性夷狄，果於殺人。馬牧軍使田令方所牧馬，瘠而多斃，坐劾當死，重誨諫曰：「使天下聞以馬故，殺一軍使，是謂貴畜而賤人。」令方因得減死。明宗遣回鶻侯三馳傳至其國。侯三至醴泉縣，縣素僻，無驛馬，其令劉知章出獵，不時給馬，侯三遽以聞。明宗大怒，械知章至京師，將殺之，重誨從容爲言，知章乃得不死。其盡忠補益，亦此類也。

重誨既以天下爲己任，遂欲內爲社稷之計，而外制諸侯之彊。然其輕信韓玫之譖，而絕錢鏐之臣；徒陷彥温於死，而不能去潞王之患；李嚴一出而知祥貳，仁矩未至而董璋叛；四方騷動，師旅並興，如投膏止火，適足速之。此所謂獨見之慮，禍釁所生也。

錢鏐據有兩浙，號兼吳越而王，自梁及莊宗，常異其禮，以羈縻臣屬之而已。明宗卽位，鏐遣使朝京師，寓書重誨，其禮慢。重誨怒，未有以發，乃遣其嬖吏韓玫、副供奉官烏昭遇復使於鏐。而玫恃重誨勢，數凌辱昭遇，因醉使酒，以馬箠擊之。鏐欲奏其事，昭遇以爲辱國，固止之。及玫還，返譖於重誨曰：「昭遇見鏐，舞蹈稱臣，而以朝廷事私告鏐。」昭遇坐死御史獄，乃下制削奪鏐官爵，以太師致仕，於是錢氏遂絕於唐矣。

潞王從珂爲河中節度使，重誨以謂從珂非李氏子，後必爲國家患，乃欲陰圖之。從珂閱馬黃龍莊，其牙內指揮使楊彥温閉城以叛。從珂遣人謂彥温曰：「我遇汝厚，何苦而反邪？」報曰：「彥温非叛也，得樞密院宣，請公趨歸朝廷耳！」從珂走虞鄉，馳騎上變。明宗

疑其事不明，欲究其所以，乃遣殿直都知范氳以金帶襲衣、金鞍勒馬賜彥温，拜彥温絳州刺史，以誘致之。重誨固請用兵，明宗不得已，乃遣侍衞指揮使藥彥稠、西京留守索自通率兵討之，而誡曰：「爲我生致彥温，吾將自訊其事。」彥稠等攻破河中，希重誨旨，斬彥温以滅口。重誨率羣臣稱賀，明宗大怒曰：「朕家事不了，卿等不合致賀！」從珂罷鎭，居淸化里第。重誨數諷宰相，言從珂失守，宜得罪，馮道因白請行法。明宗怒曰：「吾兒爲姦人所中，事未辨明，公等出此言，是不欲容吾兒人間邪？」趙鳳因言：「春秋責帥之義，所以勵爲臣者。」明宗曰：「皆非公等意也！」道等惶恐而退。居數日，道等又以爲請，明宗顧左右而言他。明日，重誨乃自論列，明宗曰：「公欲如何處置，我卽從公！」重誨曰：「此父子之際，非臣所宜言，惟陛下裁之！」明宗曰：「吾爲小校時，衣食不能自足，此兒爲我擔石灰，拾馬糞，以相養活，今貴爲天子，獨不能庇之邪！使其杜門私第，亦何與公事！」重誨由是不復敢言。

孟知祥鎭西川，董璋鎭東川，二人皆有異志，重誨每事裁抑，務欲制其姦心，凡兩川守將更代，多用己所親信，必以精兵從之，漸令分戍諸州，以虞緩急。二人覺之，以爲圖己，益不自安。既而遣李嚴爲西川監軍，知祥大怒，斬嚴；又分閬州爲保寧軍，以李仁矩爲節度使以制璋，且削其地，璋以兵攻殺仁矩。二人遂皆反。唐兵戍蜀者，積三萬人，其後知祥

殺璋，兼據兩川，而唐之精兵皆陷蜀。

初，明宗幸汴州，重誨建議，欲因以伐吳，而明宗難之。其後戶部尚書李鏻得吳諜者言：「徐知誥欲舉吳國以稱藩，願得安公一言以爲信。」鏻卽引諜者見重誨，重誨大喜以爲然，乃以玉帶與諜者，使遺知誥爲信，其直千緡。初不以其事聞，其後踰年，知誥之問不至，始奏貶鏻行軍司馬。已而捧聖都軍使李行德、十將張儉告變，言：「樞密承旨李虔徽語其客邊彥温云：『重誨私募士卒，繕治甲器，欲自伐吳。又與諜者交私。』」明宗以問重誨，重誨惶恐，請究其事。明宗初頗疑之，大臣左右皆爲之辨，既而少解，始告重誨以彥温之言，因廷詰彥温，具伏其詐，於是君臣相顧泣下。彥温、行德、儉皆坐族誅。重誨因求解職，明宗慰之曰：「事已辨，愼無措之胸中！」重誨論請不已，明宗怒曰：「放卿去，朕不患無人！」顧武德使孟漢瓊至中書，趣馮道等議代重誨者，馮道曰：「諸公苟惜安公，使得罷去，是紓其禍也。」趙鳳以爲大臣不可輕動。遂以范延光爲樞密使，而重誨居職如故。

董璋等反，遣石敬瑭討之，而川路險阻，糧運甚艱，每費一石，而致一斗。自關以西，民苦輸送，往往亡聚山林爲盜賊。明宗謂重誨曰：「事勢如此，吾當自行。」重誨曰：「此臣之責也。」乃請行。關西之人聞重誨來，皆已恐動，而重誨日馳數百里，遠近驚駭。督趣糧運，日夜不絕，斃踣道路者，不可勝數。重誨過鳳翔，節度使朱弘昭延之寢室，使其妻子奉事左

右甚謹。重誨酒酣，爲弘昭言：「昨被讒構，幾不自全，賴人主明聖，得保家族。」因感歎泣下。重誨去，弘昭馳騎上言：「重誨怨望，不可令至行營，恐其生事。」而宣徽使孟漢瓊自行營使還，亦言西人震駭之狀，因述重誨過惡。重誨行至三泉，被召還。過鳳翔，弘昭拒而不納，重誨懼，馳趨京師。未至，拜河中節度使。

重誨已罷，希旨者爭求其過。宦者安希倫，坐與重誨交私，常與重誨陰伺宮中動息，事發棄市。重誨益懼，因上章告老。以太子太師致仕；而以李從璋爲河中節度使，遣藥彥稠率兵如河中虞變。重誨子崇緒、崇贊，宿衞京師，聞制下，卽日奔其父，重誨見之，驚曰：「渠安得來！」已而曰：「此非渠意，爲人所使耳。吾以一死報國，餘復何言！」乃械送二子于京師，行至陝州，下獄。明宗又遣翟光業至河中，視重誨去就，戒曰：「有異志，則與從璋圖之。」又遣宦者使于重誨。使者見重誨，號泣不已，重誨問其故，使者曰：「人言公有異志，朝廷遣藥彥稠率師至矣！」重誨曰：「吾死未塞責，遽勞朝廷興師，以重明主之憂。」光業至，從璋率兵圍重誨第，入拜于庭。重誨降而答拜，從璋以檛擊其首，重誨妻走抱之而呼曰：「令公死未晚，何遽如此！」又擊其首，夫妻皆死，流血盈庭。從璋檢責其家貲，不及數千緡而已。明宗下詔，以其絕錢鏐，致孟知祥、董璋反，及議伐吳，以爲罪。幷殺其二子，其餘子孫皆免。

重誨得罪，知其必死，歎曰：「我固當死，但恨不與國家除去潞王！」此其恨也。

嗚呼，官失其職久矣！予讀梁宣底，見敬翔、李振爲崇政院使，凡承上之旨，宣之宰相而奉行之。宰相有非其見時而事當上決者，與其被旨而有所復請者，則具記事而入㊀，因崇政使聞，得旨則復宣而出之。梁之崇政使，乃唐樞密之職，蓋出納之任也，唐常以宦者爲之，至梁戒其禍，始更用士人，其備顧問、參謀議于中則有之，未始專行事於外也。至崇韜、重誨爲之，始復唐樞密之名，然權侔於宰相矣。後世因之，遂分爲二，文事任宰相，武事任樞密。樞密之任既重，而宰相自此失其職也。

㊀「記事」，若今學士院諮報，今士大夫間以文字相往來謂之「簡帖」，俚俗猶謂之「記事」也。

校勘記

〔一〕王都引契丹入寇　「王都」，薛史卷五七郭崇韜傳同，本史卷三九王處直傳、卷七二四夷附錄、薛史卷二九唐莊宗紀及通鑑卷二七一均作「王郁」。

〔二〕明年征蜀　按本史卷五及薛史卷三三唐莊宗紀、通鑑卷二七三俱載：同光三年八月癸未殺縱

貫，九月庚子征蜀。此言「明年」誤。

〔三〕乃以繼岌爲西南面行營都統　「西南面」，本史卷一四繼岌傳同。本史卷五及薛史卷三三唐莊宗紀、通鑑卷二七三俱作「西川四面」。

新五代史卷二十五

唐臣傳第十三

周德威

周德威字鎭遠，朔州馬邑人也。爲人勇而多智，能望塵以知敵數。其狀貌雄偉，笑不改容，人見之，凜如也。事晉王爲騎將，稍遷鐵林軍使，從破王行瑜，以功遷衙內指揮使。其小字陽五，當梁、晉之際，周陽五之勇聞天下。

梁軍圍晉太原，令軍中曰：「能生得周陽五者爲刺史。」有驍將陳章者，號陳野义，常乘白馬被朱甲以自異，出入陣中，求周陽五，欲必生致之。晉王戒德威曰：「陳野义欲得汝以求刺史，見白馬朱甲者，宜善備之！」德威笑曰：「陳章好大言耳，安知刺史非臣作邪？」因戒其部兵曰：「見白馬朱甲者，當佯走以避之。」兩軍皆陣，德威微服雜卒伍中。陳章出挑戰，兵始交，德威部下見白馬朱甲者，因退走，章果奮矟急追之，德威伺章已過，揮鐵鎚擊之，中

章墮馬，遂生擒之。

梁攻燕，晉遣德威將五萬人爲燕攻梁，取潞州，遷代州刺史、內外蕃漢馬步軍都指揮使。梁軍捨燕攻潞，圍以夾城，潞州守將李嗣昭閉城拒守，而德威與梁軍相持於外踰年。嗣昭與德威素有隙，晉王病且革，語莊宗曰：「梁軍圍潞，而德威與嗣昭有隙，吾甚憂之！」晉王喪在殯，莊宗新立，殺其叔父克寧，國中未定，而晉之重兵，悉屬德威于外，晉人皆恐。莊宗使人以喪及克寧之難告德威，且召其軍。德威聞命，卽日還軍太原，留其兵城外，徒步而入，伏梓宮前慟哭幾絕，晉人乃安。遂從莊宗復擊梁軍，破夾城，與李嗣昭歡如初。以破夾城功，拜振武節度使、同中書門下平章事。

天祐七年秋，梁遣王景仁將魏、滑、汴、宋等兵七萬人擊趙。趙王王鎔乞師于晉，晉遣德威先屯趙州。多，梁軍至柏鄉，趙人告急，莊宗自將出贊皇，會德威于石橋，進距柏鄉五里，營于野河北。晉兵少，而景仁所將神威、龍驤、拱宸等軍，皆梁精兵，人馬鎧甲飾以組繡金銀，其光耀日，晉軍望之色動。德威勉其衆曰：「此汴、宋傭販兒，徒飾其外耳，其中不足懼也！其一甲直數十千，擒之適足爲吾資，無徒望而愛之，當勉以往取之。」退而告莊宗曰：「梁兵甚銳，未可與爭，宜少退以待之。」莊宗曰：「吾提孤軍出千里，其利速戰。今不乘勢急擊之，使敵知吾之衆寡，則吾無所施矣！」德威曰：「不然，趙人能城守而不能野戰。吾之取

勝，利在騎兵，平川廣野，騎兵之所長也。今吾軍於河上，迫賊營門，非吾用長之地也。」莊宗不悅，退臥帳中，諸將無敢入見。德威謂監軍張承業曰：「王怒老兵。不速戰者，非怯也。且吾兵少而臨賊營門，所恃者，一水隔耳。使梁得舟栰渡河，吾無類矣！不如退軍鄗邑，誘敵出營，擾而勞之，可以策勝也。」承業入言曰：「德威老將知兵，願無忽其言！」莊宗遽起曰：「吾方思之耳。」已而德威獲梁遊兵，問景仁何爲，曰：「治舟數百，將以爲浮梁。」德威引與俱見，莊宗笑曰：「果如公所料。」乃退軍鄗邑。德威晨遣三百騎叩梁營挑戰，自以勁兵三千繼之。景仁怒，悉其軍以出，與德威轉鬬數十里，至于鄗南。兩軍皆陣，梁軍橫亙六七里，汴、宋之軍居西，魏、滑之軍居東。莊宗策馬登高，望而喜曰：「平原淺草，可前可却，眞吾之勝地！」乃使人告德威曰：「吾當爲公先，公可繼進。」德威諫曰：「梁軍輕出而遠來，與吾轉戰，其來必不暇齎糧糗，縱其能齎，亦不暇食，不及日午，人馬俱饑，因其將退而擊之勝。」諸將亦皆以爲然。至未申時，梁軍東偏塵起，德威鼓譟而進，麾其西偏曰：「魏、滑軍走矣！」又麾其東偏曰：「梁軍走矣！」梁陣動，不可復整，乃皆走，遂大敗。自鄗追至于柏鄉，橫尸數十里，景仁以十餘騎僅而免。自梁與晉爭，凡數十戰，其大敗未嘗如此。

劉守光僭號於燕，晉遣德威將三萬出飛狐以擊之。德威入祁溝關，取涿州，遂圍守光於幽州，破其外城，守光閉門距守。而晉軍盡下燕諸州縣，獨幽州不下，圍之踰年乃破之，

以功拜盧龍軍節度使。德威雖爲大將，而常身與士卒馳騁矢石之間。守光驍將單廷珪，望見德威於陣，曰：「此周陽五也！」乃挺槍馳騎追之。德威佯走，度廷珪垂及，側身少却，廷珪馬方馳，不可止，縱其少過，奮檛擊之，廷珪墜馬，遂見擒。

莊宗與劉鄩相持于魏，鄩夜潛軍出黃澤關以襲太原，德威自幽州以千騎入土門以躡之。鄩至樂平，遇雨不得進而還。德威與鄩俱東，爭趨臨清。臨清有積粟，且晉軍餉道也，德威先馳據之，以故莊宗卒能困鄩軍而敗之。

莊宗勇而好戰，尤銳於見敵。德威老將，常務持重以挫人之鋒，故其用兵，常伺敵之隙以取勝。十五年，德威將燕兵三萬人，與鎭、定等軍從莊宗于河上，自麻家渡進軍臨濮，以趨汴州。軍宿胡柳陂，黎明，候騎報曰：「梁軍至矣！」莊宗問戰於德威，德威對曰：「此去汴州，信宿而近，梁軍父母妻子皆在其中，而梁人家國繫此一舉。吾以深入之兵，當其必死之戰，可以計勝，而難與力爭也。且吾軍先至此，糧爨具而營栅完，是謂以逸待勞之師也。王宜按軍無動，而臣請以騎軍擾之，使其營栅不得成，樵爨不暇給，因其勞乏而乘之，可以勝也。」莊宗曰：「吾軍河上，終日俟敵，今見敵不擊，復何爲乎？」顧李存審曰：「公以輜重先，吾爲公殿。」遽督軍而出。德威謂其子曰：「吾不知死所矣！」前遇梁軍而陣，王居中，鎭、定之軍居左，德威之軍居右，而輜重次右之西。兵已接，莊宗率銀槍軍馳入梁陣，梁軍小敗，犯晉輜重，輜重見梁朱旗，皆驚走入德威軍，德威軍亂，梁軍乘之，德威父子皆戰死。莊宗與諸將相持而哭曰：「吾不聽老將之言，而使其父子至此！」莊宗卽位，贈德威太師。明宗時，加贈太尉〔一〕，配享莊宗廟。晉高祖追封德威燕王。子光輔，官至刺史。

符存審 子彥超 彥饒 彥卿

符存審字德詳，陳州宛丘人也。初名存，少微賤，嘗犯法當死，臨刑，指旁壞垣顧主者曰：「願就死于彼，冀得垣土覆尸。」主者哀而許之，爲徙垣下。而主將方飲酒，顧其愛妓，思得善歌者佐酒，妓言：「有符存常爲妾歌，甚善。」主將馳騎召存審，而存審以徙垣下故，未加刑，因往就召，使歌而悅之，存審因得不死。其後事李罕之，從罕之歸晉，晉王以爲義兒軍使，賜姓李氏，名存審。

從晉王擊李匡儔，爲前鋒，破居庸關。又從擊王行瑜，破龍泉寨，以功遷檢校左僕射。從李嗣昭攻汾州，執李瑭，遷左右廂步軍指揮使。又從嗣昭攻潞州，降丁會。從周德威破梁夾城，遷忻州刺史、蕃漢馬步軍指揮使。晉、趙攻燕，梁救燕，擊趙深州，圍蓨縣，存審與史建瑭軍下博，擊走梁軍，遷領邢州團練使。魏博叛梁降晉，存審爲前鋒，屯臨淸。莊宗

入魏，存審殿軍魏縣，與劉鄩相距於莘西。從莊宗敗鄩於故元城，閻寶以邢州降，乃以存審爲安國軍節度使。毛璋以滄州降，徙存審橫海，加同中書門下平章事。

契丹圍幽州，是時晉與梁相持河上，欲發兵，兵少，欲勿救，懼失之。莊宗疑，以問諸將，而存審獨以爲當救，曰：「願假臣騎兵五千足矣！」及遣存審分兵救之，卒擊走契丹。從戰胡柳陂，晉軍晨敗，亡周德威，存審與其子彥圖力戰，暮復敗梁軍於土山，遂取德勝，築河南北爲兩城，晉人謂之「夾寨」。遷內外蕃漢馬步軍總管。

梁朱友謙以河中同州降晉，梁遣劉鄩攻同州，友謙求救，乃遣存審與李嗣昭救之。河中兵少而弱，梁人素易之，且不虞晉軍之速至也。存審選精騎二百雜河中兵出擊鄩壘，陽敗而走，鄩兵追之，晉騎反擊，獲其騎兵五十，梁人知其晉軍也，皆大驚。然河中糧少而新降，人心頗持兩端，晉軍屯朝邑，諸將皆欲速戰，存審曰：「使梁軍知吾利於速戰，則將夾渭而營，斷我餉道，以持久困我，則進退不可，敗之道也。不若緩師示弱，伺隙出奇，可以取勝。」乃按軍不動。居旬日，望氣者言：「有黑氣，狀如鬬鷄。」存審曰：「可以一戰矣！」乃進軍擊鄩，大敗之，鄩閉壁不復出。存審曰：「鄩兵已敗，不如逸之。」乃休士卒，遣裨將王建及牧馬于沙苑，鄩以謂晉軍且懈，乃夜遁去，存審追擊于渭河，又大敗之。

張文禮弒趙王王鎔，晉遣閻寶、李嗣昭等攻之，至輒戰死，最後遣存審破之。

存審爲將，有機略，大小百餘戰，未嘗敗衄，與周德威齊名。德威死，晉之舊將獨存審在。契丹攻遼虜，乃以存審爲盧龍軍節度使。時存審已病，辭不肯行，莊宗使人慰諭，彊遣之。

莊宗滅梁入洛，存審自以身爲大將，不得與破梁之功，怏怏，疾益甚，因請朝京師。是時，郭崇韜權位已重，然其名望素出存審下，不樂其來而加己上，因沮其事，存審妻郭氏泣訴于崇韜曰：「吾夫於國有功，而於公鄉里之舊，奈何忍令死棄窮野！」崇韜愈怒。存審章累上，輒不許，存審伏枕嘆曰：「老夫事二主四十年，今日天下一家，四夷遠俗，至于亡國之將、射鉤斬袪之人，皆得親見天子，奉觴爲壽，而獨予棄死於此，豈非命哉！」崇韜度存審病已亟，乃請許其來朝。徙存審宣武軍節度使，卒于幽州。臨終，戒其子曰：「吾少提一劍去鄉里，四十年間取將相，然履鋒冒刃出死入生而得至此也。」因出其平生身所中矢鏃百餘而示之曰：「爾其勉哉！」存審三子：彥超、彥饒、彥卿。

彥超爲汾州刺史。郭從謙弑莊宗，明宗入洛陽，是時，彥超爲北京巡檢，永王存霸奔于太原，彥超見留守張憲謀之。憲，儒者，事莊宗最久，不忍背恩，欲納之，彥超不從，存霸遂見殺。明宗即位，彥超來朝，明宗德之，勞曰：「河東無事，賴爾之力也。」以爲建雄軍留後。

遷北京留守，徙鎮昭義，罷爲上將軍，復爲泰寧軍節度使，又徙安遠。彥超主藏奴王希全盜其貲，彥超稍責之，奴懼，夜叩其門，言有急，彥超出，見殺，贈太尉。

次子彥饒，爲汴州馬步軍都指揮使。天成元年，發汴兵三千戍瓦橋關，控鶴指揮使張諫爲亂，殺權知州高逖，迫彥饒爲帥。彥饒陽許之曰：「欲吾爲帥，當止焚掠，明日以軍禮見吾於南衙。」乃陰與拱衙指揮使龐起伏甲于衙內。明日，諫等皆集，伏兵發，誅諫等，殺四百餘人，即日牒州事與推官韋儼。明宗下詔褒其忠略。其後累遷彰聖都指揮使，歷曹、沂、饒三州刺史。

清泰三年，自饒州刺史拜忠正軍節度使、侍衛馬步軍都指揮使。晉高祖起太原，彥饒以侍衛兵從廢帝至河陽。廢帝敗，晉高祖以楊光遠代彥饒將親軍，徙彥饒義成軍節度使。范延光反，白奉進以侍衛兵三千屯滑州。兵士犯法，奉進捕得五人，其三人義成兵也，因并斬之，彥饒怒。明日，奉進從數騎過彥饒謝不先告而殺，彥饒曰：「軍士各有部分，義成兵卒豈公所得斬邪？何無主客之禮也！」奉進怒曰：「軍士犯法，安有彼此！且僕已自謝過，而公怒不息，欲與延光同反邪！」拂衣而起，彥饒不復留之，其麾下大譟，追奉進殺之，彥饒不之止也。已而屯駐軍將馬萬等閧亂，以兵擒彥饒送之京師，遂以彥饒應延光反聞。行至赤岡，高祖使人殺之，下詔削奪在身官爵。

彥饒與晉初無釁隙，以一旦之忿，不能馭其軍，殺奉進已非其本意，以反見誅，非其罪也！

史建瑭 子匡翰

史建瑭，鴈門人也。晉王爲鴈門節度使，其父敬思爲九府都督，從晉王入關破黃巢，復京師，擊秦宗權于陳州，嘗將騎兵爲先鋒。晉王東追黃巢于冤朐，還過梁，軍其城北。梁王置酒上源驛，獨敬思與薛鐵山、賀回鶻等十餘人侍。晉王醉，留宿梁驛，梁兵夜圍而攻之。敬思登驛樓，射殺梁兵十餘人，會天大雨，晉王得與從者俱去，縋尉氏門以出。而敬思爲梁追兵所得，見殺。

建瑭少事軍中爲裨校，自晉降丁會，與梁相距於潞州，建瑭已爲晉兵先鋒。梁兵數爲建瑭所殺，相戒常避史先鋒。梁遣王景仁攻趙，晉軍救趙，建瑭以先鋒兵出井陘，戰于柏鄉。梁軍爲方陣，分其兵爲二：汴、宋之軍居左，魏、滑之軍居右。周德威擊其左，建瑭擊其

右，梁軍皆走，遂大敗之。以功加檢校左僕射。

天祐九年，晉攻燕，燕王劉守光乞師于梁，梁太祖自將擊趙，圍棗彊、蓨縣。是時晉精兵皆北攻燕，獨符存審與建瑭以三千騎屯趙州。梁軍已破棗彊，存審扼下博橋。建瑭分其麾下五百騎爲五隊：一之衡水，一之南宮，一之信都，一之阜城，而自將其一，約各取梁芻牧者十人會下博。至暮，擒梁兵數十，皆殺之，各留其一人，縱使逸去，告之曰：「晉王軍且大至。」明日，建瑭率百騎爲梁旗幟，雜其芻牧者，暮叩梁營，殺其守門卒，縱火大呼，斬擊數十百人。而梁芻牧者所出，各遇晉兵，有所亡失，其縱而不殺者，歸而皆言晉軍且至。梁太祖夜拔營去，蓨縣人追擊之，梁軍棄其輜重鎧甲不可勝計。梁太祖方病，由是增劇。而晉軍以故得并力以收燕者，二人之力也。後從莊宗入魏博，敗劉鄩於故元城，累以功歷貝、相二州刺史。

十八年，晉軍討張文禮於鎮州，建瑭以先鋒兵下趙州，執其刺史王鋌。兵傅鎮州，建瑭攻其城門，中流矢卒，年四十二。

建瑭子匡翰，尚晉高祖女，是爲魯國長公主(二)。匡翰爲將，沉毅有謀，而接下以禮，與部曲語未嘗不名。歷天雄軍步軍都指揮使、彰聖馬軍都指揮使。事晉爲懷和二州刺史、鄭州防禦使、義成軍節度使，所至兵民稱慕之。

史氏世爲將，而匡翰好讀書，尤喜春秋三傳，與學者講論，終日無倦。

義成軍從事關澈尤嗜酒，嘗醉罵匡翰曰：「近聞張彥澤臠張式，未見史匡翰斬關澈，天下談者未有偶爾！」匡翰不怒，引滿自罰而慰勉之，人皆服其量。卒年四十。

王建及

王建及，許州人也。少事李罕之，從罕之奔晉，爲匡衞指揮使。梁、晉戰柏鄉，相距鄗邑野河上，鎭、定兵扼河橋，梁兵急擊之。莊宗登高臺望見鎭、定兵將敗，顧建及曰：「橋爲梁奪，則吾軍危矣，奈何？」建及選二百人馳擊梁兵，梁兵敗，解去。從戰莘縣、故元城，皆先登陷陣，以功累拜遼州刺史，將銀槍效節軍。

晉攻楊劉，建及躬自負葭葦堙塹，先登拔之。從戰胡柳，晉兵已敗，與梁爭土山，梁兵先至，登山而陣。莊宗至山下望梁陣堅而整，呼其軍曰：「今日之戰，得山者勝。」因馳騎犯之，建及以銀槍軍繼進，梁兵下走，陣山西，晉兵遂得土山。諸將皆言：「潰兵未集，且暮不可戰。」閻寶曰：「彼陣山上，吾在其下，尚能擊之，況以高而擊下，不可失也。」建及以爲然，因白莊宗曰：「請登高望臣破敵！」即呼衆曰：「今日所失輜重皆在山西，盍往取之！」即馳

犯梁陣，梁兵大敗。晉遂軍德勝，爲南北城于河上。梁將賀瓌攻其南城，以竹笮維戰艦于河，晉兵不得渡，南城危甚。莊宗積金帛於軍門，募能破梁戰艦者，至於吐火禁呪莫不皆有。建及重鎧執矟呼曰：「梁、晉一水間爾，何必巧爲！吾今破之矣。」即以大甕積薪，自上流縱火焚梁戰艦，建及以二舟載甲士隨之，斧其竹笮，梁兵皆走。晉軍乃得渡，救南城，瓌圍解去。

自莊宗得魏博，建及將銀槍效節軍。建及爲將，喜以家貲散士卒。莊宗遣宦官韋令圖監其軍，令圖言：「建及得士心，懼有異志，不可令典牙兵。」即以爲代州刺史。建及怏怏而卒，年五十七。

元行欽

元行欽，幽州人也。爲劉守光裨將，守光篡其父仁恭，使行欽以兵攻仁恭於大安山而囚之，又使行欽害諸兄弟。其後晉攻幽州，守光使行欽募兵雲、朔間。是時明宗掠地山北，與行欽相拒廣邊軍，凡八戰，明宗七射中行欽，行欽拔矢而戰，亦射明宗中股。行欽屢敗，乃降。明宗撫其背而飲以酒曰：「壯士也！」因養以爲子。常從明宗戰，數立功。莊宗已下魏，益選驍將自衞，聞行欽驍勇，取之爲散員都部署，賜姓名曰李紹榮。

莊宗好戰而輕敵，與梁軍戰潘張，軍敗而潰，莊宗得三四騎馳去，梁兵數百追及，攢矟圍之。行欽望其旗而識之，馳一騎，奮劍斷其二矛，斬首一級，梁兵解去。莊宗還營，持行欽泣曰：「富貴與卿共之！」由是寵絕諸將。拜忻州刺史，遷武寧軍節度使。莊宗宴羣臣於內殿，酒酣樂作，道平生戰陣事以爲笑樂，而怪行欽不在，因左右顧視曰：「紹榮安在？」所司奏曰：「奉敕宴使相，紹榮散官，不得與也。」莊宗罷會不樂。明日，即拜行欽同中書門下平章事。自此不召羣臣入內殿，但宴武臣而已。

趙在禮反於魏，莊宗方選大將擊之，劉皇后曰：「此小事，可趣紹榮指揮。」乃以爲鄴都行營招撫使，將二千人討之。行欽攻鄴南門，以詔書招在禮。在禮送羊酒犒軍，登城謂行欽曰：「將士經年離去父母，不取敕旨奔歸，上貽聖憂，追悔何及！若公善爲之辭，尚能改過自新。」行欽曰：「天子以汝等有社稷之功，小過必當赦宥。」在禮再拜，以詔書示諸軍。皇甫暉從旁奪詔書壞之，軍士大譟。行欽具以聞，莊宗大怒，敕行欽：「破城之日，無遺種！」乃益召諸鎭兵，皆屬行欽。行欽屯澶州，分諸鎭兵爲五道，毀民車輪、門扉、屋椽爲筏，渡長慶河攻冠氏門，不克。

是時，邢、洺諸州相繼皆叛，而行欽攻鄴無功，莊宗欲自將以往，羣臣皆諫止，乃遣明宗討之。明宗至魏，軍城西，行欽軍城南。而明宗軍變，入于魏，與在禮合。行欽聞之，退

屯衞州，以明宗反聞。

莊宗遣金槍指揮使李從璟馳詔明宗計事。從璟，明宗子也。行至衞州，而明宗已反，行欽乃縶從璟，將殺之，從璟請還京師，乃許之。明宗自魏縣引兵南，行欽率兵趨還京師。從莊宗幸汴州，行至滎澤，聞明宗已渡黎陽，莊宗復遣從璟通問于明宗，行欽以爲不可，因擊殺從璟。

明宗入汴州，莊宗至萬勝鎭不得進，與行欽登道旁冢，置酒，相顧泣下。有野人獻雉，問其冢名，野人曰：「愁臺也。」莊宗益不悅，因罷酒去。西至石橋，置酒野次，莊宗謂行欽曰：「卿等從我久，富貴急難無不同也。今茲危蹙，而默默無言，坐視成敗。我至滎澤，欲單騎渡河，自求總管，卿等各陳利害。今日俾我至此，卿等何如？」行欽泣而對曰：「臣本小人，蒙陛下撫養，位至將相。危難之時，不能報國，雖死無以塞責。」因與諸將百餘人，皆解髻斷髮，置之于地，誓以死報，君臣相持慟哭。

莊宗還洛陽，數日，復幸汜水。郭從謙反，莊宗崩，行欽出奔。行至平陸，爲野人所執，送虢州，刺史石潭折其兩足，載以檻車，送京師。明宗見之，罵曰：「我兒何負於爾！」行欽瞋目直視曰：「先皇帝何負於爾！」乃斬于洛陽市，市人皆爲之流涕。

嗚呼！死之所以可貴者，以其義不苟生爾。故曰：主在與在，主亡與亡者，社稷之臣也。方明宗之兵變于魏，諸將未知去就，而行欽獨以反聞，又殺其子從璟，至於斷髮自誓，其誠節有足嘉矣。及莊宗之崩，不能自決，而反逃死以求生，終於被執而見殺。其言雖不屈，而死非其志也，烏足貴哉！

安金全

安金全，代北人也。爲人驍果，工騎射，號能擒生踏伏。事晉爲騎將，數從莊宗用兵有功，官至刺史，以疾居于太原。

莊宗已下魏博，與梁相距河上。梁將王檀襲太原，晉兵皆從莊宗于河上，太原無備，監軍張承業大恐，率諸司工匠登城捍禦，而外攻甚急。金全彊起謂承業曰：「太原，晉之根本也。一旦不守，則大事去矣！老夫誠憊矣，然尙能爲公破賊。」承業喜，授以甲兵。金全被甲跨馬，召率子弟及故將吏得百餘人，夜出北門，擊檀於羊馬城中，檀軍驚潰，而晉救兵稍至。然莊宗不以金全爲能，終其世不錄其功。

金全與明宗有舊，明宗卽位，拜金全振武軍節度使、同中書門下平章事。在鎭二年，召

還京師，以疾卒。

袁建豐

袁建豐，不知其世家也。晉王討黃巢至華陰，闌得之，時方九歲，愛其俊爽，收養之。長習騎射，爲鐵林都虞候，從擊王行瑜、李匡威，以功遷突陣指揮使。從莊宗破夾城，戰柏鄉，遷左廂馬軍指揮使。明宗爲衙內指揮使，建豐爲副使，從莊宗入魏，取衞、磁、洺三州，拜洺州刺史。擊梁將王千，斬首千餘級，獲其將校七十餘人。遷相州刺史。從戰胡柳，指揮使孟議據相州叛，建豐還討平之。徙隰州刺史，病風廢。

明宗卽位，以舊恩召還京師，親幸其第，撫慰甚厚，加檢校太尉，遙領鎭南軍節度使，俾食其俸以卒，贈太尉。

西方鄴

西方鄴，定州滿城人也。父再遇，爲汴州軍校，鄴居軍中，以勇力聞。年二十，南渡河遊梁，不見用，復歸莊宗于河上，莊宗以爲孝義指揮使，數從征伐有功，同光中爲曹州刺史，以州兵屯汴州。

明宗自魏反，兵南渡河，而莊宗東幸汴州，汴州節度使孔循懷二志，使北門迎明宗，西門迎莊宗，所以供帳委積如一，曰：「先至者入之。」鄴因責循曰：「主上破梁而得公，有不殺之恩，奈何欲納總管而負國！」循不答。鄴度循不可爭，而石敬瑭妻，明宗女也，時方在汴，鄴欲殺之，以堅人心。循知其謀，取藏其家，鄴無如之何。而明宗已及汴，乃將五百騎西迎莊宗於汜水，嗚咽泣下，莊宗亦爲之噓唏，乃使以兵爲先鋒。莊宗至汴西，不得入，還洛陽，遇弑。明宗入洛，鄴請死於馬前，明宗嘉歎久之。

明年，荆南高季興叛，明宗遣襄州節度使劉訓等招討，而以東川董璋爲西南面招討使，乃拜鄴夔州刺史，副璋以兵出三峽。已而訓等無功見黜，諸將皆罷，璋亦嘗出兵，惟鄴獨取三州，乃以夔州爲寧江軍，拜鄴節度使。已而又取歸州，數敗季興之兵。

鄴，武人，所爲多不中法度，判官譚善達數以諫。鄴怒，遣人告善達受人金，下獄。善達素剛，辭益不遜，遂死于獄中。鄴病，見善達爲祟，卒于鎭。

校勘記

〔一〕加贈太尉　纂誤補卷二云：「太尉亞於太師，德威以太師而加太尉，乃事之必不然者。薛史惟言天成中詔配享莊宗廟廷而已。此疑有衍文。」

〔二〕尙晉高祖女是爲魯國長公主　「女」，薛史卷八八史匡翰傳作「妹」。金石萃編卷一二〇史匡翰碑云匡翰「尙魯國大長公主」。考薛史卷八一晉少帝紀載：天福七年，「樂平公主史氏，進封魯國大長公主」。按唐制，皇姑爲大長公主。晉少帝爲晉高祖從子，則史氏應是晉高祖妹。

新五代史卷二十六

唐臣傳第十四

符習

符習，趙州昭慶人也。少事趙王王鎔爲軍校，自晉救趙，破梁軍柏鄉，趙常遣習將兵從晉。晉軍德勝，張文禮殺趙王王鎔，上書莊宗，求習歸趙。莊宗遣之，習號泣曰：「臣世家趙，受趙王恩，王嘗以一劍與臣使自効，今聞王死，欲以劍自裁，念卒無益，請擊趙破賊，報王冤。」莊宗壯之，乃遣閻寶、史建瑭等助習討文禮，以習爲鎭州兵馬留後。習攻文禮不克，莊宗用佗將破之。拜習成德軍節度使，習辭不敢受，乃以相、衞二州爲義寧軍，以習爲節度使，習辭曰：「魏博六州，霸王之府也，不宜分割以示弱，願授臣河南一鎭，得自攻取之。」乃拜習天平軍節度使、東南面招討使，習亦未嘗攻取。後徙鎭安國，又徙平盧。

趙在禮作亂，遣習以鎭兵討賊。習未至魏，而明宗兵變，習不敢進。明宗遣人招之，習

見明宗於胙縣，而以明宗舉兵不順，去就之意未決，霍彥威紿習曰：「主上所殺者十人，公居其四，復何猶豫乎？」習意乃決。平盧監軍楊希望聞習爲明宗所召，乃以兵圍習家屬，將殺之。指揮使王公儼素爲希望所信，紿希望曰：「內侍盡忠朝廷，誅反者家族，孰敢不效命！宜分兵守城，以虞外變，習家不足慮也。」希望信之，乃悉分其兵守城，公儼因擒希望斬之，習家屬由是獲免。而公儼宣言青人不便習之嚴急，不欲習復來，因自求爲節度使。明宗乃以房知溫代習鎭平盧〔一〕，拜公儼登州刺史。公儼不時承命，知溫擒而殺之。習復鎭天平，徙鎭宣武。

習素爲安重誨所不悅，希其旨者上言習厚斂汴人，乃以太子太師致仕，歸昭慶故里，明宗以其子令謙爲趙州刺史以奉養之。習以無罪，怏怏失職，縱獵劇飲以自娛。居歲餘，中風卒，贈太師。

習二子：令謙、蒙。令謙，有勇力，善騎射，以父任爲將，官至趙州刺史，有善政，卒于州，州人號泣送葬者數千人，當時號爲良刺史。蒙，少好學，性剛鯁，爲成德軍節度副使。後事晉，官至禮部侍郎。

烏震

烏震，冀州信都人也。少事趙王王鎔爲軍卒，稍以功遷裨校，隸符習軍。習從莊宗于河上，而鎔爲張文禮所弒，震從習討文禮，而家在趙，文禮執震母妻及子十餘人以招震，震不顧。文禮乃自斷其手鼻，割而不誅，縱至習軍，軍中皆不忍正視。震一慟而止，憤激自勵，身先士卒。晉軍攻破鎭州，震以功拜刺史，歷深、趙二州。

震爲人純質，少好學，通左氏春秋，喜作詩，善書。及爲刺史，以廉平爲政有聲，遷冀州刺史，兼北面水陸轉運使。明宗聞其名，擢拜河北道副招討使，領寧國軍節度使，代房知溫戍于盧臺軍。始至而戍兵龍晊等作亂，見殺，贈太師。

嗚呼！忠孝以義則兩得，吾旣已言之矣，若烏震者，可謂忠乎？甚矣，震之不思也。夫食人之祿而任人之事，事有任，專其責，而其國之利害，由己之爲不爲，爲之雖利於國，而有害於其親者，猶將辭其祿而去之。矧其事衆人所皆可爲，而任不專己，又其爲與不爲，國之利害不繫焉者，如是而不顧其親，雖不以爲利，猶曰不孝，況因而利之乎！夫能事其親以

孝，然後能事其君以忠，若烏震者，可謂大不孝矣，尙何有於忠哉！

孔謙

孔謙，魏州人也，爲魏州孔目官。魏博入于晉，莊宗以爲度支使。謙爲人勤敏，而傾巧善事人，莊宗及其左右皆悅之。自少爲吏，工書算，頗知金穀聚斂之事。晉與梁相拒河上十餘年，大小百餘戰，謙調發供饋，未嘗闕乏，所以成莊宗之業者，謙之力爲多，然民亦不勝其苦也。

莊宗初建大號，謙自謂當爲租庸使，而郭崇韜用魏博觀察使判官張憲爲使，以謙爲副。謙已怏怏。旣而莊宗滅梁，謙從入汴，謂崇韜曰：「鄴，北都也〔二〕，宜得重人鎭之，非張憲不可。」崇韜以爲然，因以憲留守北都，而以宰相豆盧革判租庸。謙益失望，乃陰求革過失，而革嘗以手書假租庸錢十萬，謙因以書示崇韜，而微泄其事，使革聞之。革懼，遂求解職以讓崇韜，崇韜亦不肯當。莊宗問：「誰可者？」崇韜曰：「孔謙雖長於金穀，而物議未可居大任，不若復用張憲。」乃趣召憲。憲爲人明辯，人頗忌之，謙因乘間謂革曰：「租庸錢穀，悉在目前，委一小吏可辦。鄴都天下之重，不可輕以任人。」革以語崇韜，崇韜罷憲不召，以興唐

尹王正言爲租庸使。謙益憤憤，因求解職。莊宗怒其避事，欲寘之法，賴伶官景進救解之，乃止。已而正言病風，不任事，景進數以爲言，乃罷正言，以謙爲租庸使，賜「豐財贍國功臣」。

謙無佗能，直以聚斂爲事。莊宗初卽位，推恩天下，除百姓田租，放諸場務課利欠負者，謙悉違詔督理。故事：觀察使所治屬州事，皆不得專達，上所賦調，亦下觀察使行之。而謙直以租庸帖調發諸州，不關觀察，觀察使交章論理，以謂：「制敕不下支郡，刺史不專奏事，唐制也。租庸直帖，沿僞梁之弊，不可爲法。今唐運中興，願還舊制。」詔從其請，而謙不奉詔，卒行直帖。又請減百官俸錢，省罷節度觀察判官、推官等員數。以至鄣塞天下山谷徑路，禁止行人，以收商旅征算；遣大程官放豬羊柴炭，占庇人戶；更制括田竿尺；盡率州使公廨錢。由是天下皆怨苦之。明宗立，下詔暴謙罪，斬于洛市，籍沒其家。遂罷租庸使額，分鹽鐵、度支、戶部爲三司。

張延朗

張延朗，汴州開封人也。事梁，以租庸吏爲鄆州糧料使。明宗克鄆州，得延朗，復以爲糧料使，後徙鎭宣武、成德，以爲元從孔目官。明宗卽位，爲莊宅使、宣徽北院使、忠武軍節度使。

長興元年拜三司使。唐制：戶部度支以本司郎中、侍郎判其事，而有鹽鐵轉運使。其後用兵，以國計爲重，遂以宰相領其職。乾符已後，天下喪亂，國用愈空，始置租庸使，用兵無常，隨時調斂，兵罷則止。梁興，始置租庸使，領天下錢穀，廢鹽鐵、戶部、度支之官。莊宗滅梁，因而不改。明宗入立，誅租庸使孔謙而廢其使職，以大臣一人判戶部、度支、鹽鐵，號曰判三司。延朗因請置三司使，事下中書。中書用唐故事，拜延朗特進、工部尙書，充諸道鹽鐵轉運等使，兼判戶部度支事。詔以延朗充三司使，班在宣徽使下。三司置使自此始。

延朗號爲有心計，以三司爲己任，而天下錢穀亦無所建明。明宗常出遊幸，召延朗共食，延朗不至，附使者報曰：「三司事忙，無暇。」聞者笑之。歷泰寧、雄武軍節度使。廢帝以爲吏部尙書兼中書門下平章事，判三司。

晉高祖有異志，三司財貨在太原者，延朗悉調取之，高祖深以爲恨。晉兵起，廢帝欲親征，而心畏高祖，遲疑不決，延朗與劉延朗等勸帝必行。延朗籍諸道民爲丁及括其馬，丁

馬未至，晉兵入京師，高祖得延朗，殺之。

李嚴

李嚴，幽州人也，初名讓坤。事劉守光爲刺史，後事莊宗爲客省使。嚴爲人明敏多藝能，習騎射，頗知書而辯。

同光三年，使于蜀，爲王衍陳唐興復功德之盛，音辭淸亮，蜀人聽之皆竦動。衍樞密使宋光嗣召嚴置酒，從容問中國事。嚴對曰：「前年天子建大號于鄴宮，自鄆趨汴，定天下不旬日，而梁之降兵猶三十萬，東漸于海，西極甘涼，北慴幽陵，南踰閩嶺，四方萬里，莫不臣妾。而淮南楊氏承累世之彊，鳳翔李公恃先朝之舊，皆遣子入侍，稽首稱藩。至荆、湖、吳越，修貢賦，效珍奇，願自比於列郡者，至無虛月。天子方懷之以德，而震之以威，天下之勢，不得不一也。」光嗣曰：「荆、湖、吳越非吾所知，若鳳翔則蜀之姻親也，其人反覆，其可信乎？又聞契丹日益彊盛，大國其可無慮乎？」嚴曰：「契丹之彊，孰與僞梁？」光嗣曰：「比梁差劣爾！」嚴曰：「唐滅梁如拉朽，況其不及乎！唐兵布天下，發一鎭之衆，可以滅虜使無類。然而天生四夷，不在九州之內，自前古王者，皆存而不論，蓋不欲窮兵黷武也。」蜀人聞嚴應

對，愈益奇之。

是時，蜀之君臣皆庸暗，而恃險自安，窮極奢僭。嚴自蜀還，具言可取之狀。初，莊宗遣嚴以名馬入蜀，市珍奇以充後宮，而蜀法嚴禁以奇貨出劍門，其非奇物而出者，名曰「入草物」，由是嚴無所得而還，惟得金二百兩、地衣、毛布之類。莊宗聞之，大怒曰：「物歸中國，謂之『入草』，王衍其能免爲『入草人』乎？」於是決議伐蜀。

多，魏王繼岌西伐，以嚴爲三川招撫使，與康延孝以兵五千先行，所過州縣皆迎降。延孝至漢州，王衍告曰：「得李嚴來卽降。」衆皆以伐蜀之謀自嚴始，而衍怨嚴深，不宜往。嚴聞之喜，卽馳騎入益州。衍見嚴，以妻母爲託，卽日以蜀降。嚴還，明宗以爲泗州防禦使，客省使如故。

其後孟知祥屈彊於蜀，安重誨稍裁抑之，思有以制知祥者，嚴乃求爲西川兵馬都監。將行，其母曰：「汝前啟破蜀之謀，今行，其以死報蜀人矣！」嚴不聽。初，嚴與知祥同事莊宗，時知祥爲中門使，嚴嘗有過，莊宗怒甚，命斬之，知祥戒行刑者少緩，入白莊宗曰：「嚴小過，不宜以喜怒殺人，恐失士大夫心。」莊宗怒稍解，命知祥監笞嚴二十而釋之。知祥雖與嚴有舊恩，而惡其來。蜀人聞嚴來，亦皆惡之。嚴至，知祥置酒從容問嚴曰：「朝廷以公來邪？公意自欲來邪？」嚴曰：「君命也。」知祥發怒曰：「天下藩鎭皆無監軍，安得爾獨來此？

此乃孺子熒惑朝廷爾！」卽擒斬之，明宗不能詰也，知祥由此遂反。

李仁矩

李仁矩，不知其世家。少事明宗爲客將，明宗卽位，以爲客省使、左衞大將軍。明宗祀天南郊，東、西川當進助禮錢，使仁矩趣之。仁矩恃恩驕恣，見藩臣不以禮。東川節度使董璋置酒召仁矩，仁矩辭醉不往，於傳舍與倡妓飲。璋怒，率衙兵露刃之傳舍，仁矩惶恐，不襪而靴走庭中，璋責之曰：「爾以西川能斬李嚴，謂我獨不能斬爾邪！」顧左右牽出斬之。仁矩涕泣拜伏謝罪，乃止。明日，璋置酒召仁矩，見其妻子，以厚謝之。仁矩還，言璋必反。

仁矩素爲安重誨所親信，自璋有異志，重誨思有以制之，乃分東川之閬州爲保寧軍，以仁矩爲節度使，遣姚洪將兵戍之。璋以書至京師告其子光業曰：「朝廷割我支郡，分建節髦，又以兵戍之，是將殺我也。若唐復遣一騎入斜谷，吾反必矣！與汝自此而決。」光業私以書示樞密承旨李虔徽，使白重誨，重誨不省。

仁矩至鎭，伺璋動靜必以聞，璋益疑懼，遂決反。重誨又遣荀咸乂將兵益戍閬州，光業

亟言以爲不可，重誨不聽。咸乂未至，璋已反，攻閬州，仁矩召將校問策，皆曰：「璋有二心久矣，常以利啖吾兵，兵未可用，而賊鋒方銳，宜堅壁以挫之。守旬日，大軍必至，賊當自退。」仁矩曰：「蜀懦，安能當我精銳之師！」卽驅之出戰，兵未交而潰，仁矩被擒，并其家屬皆見殺。

毛璋

毛璋，滄州人也。梁末，戴思遠爲橫海軍節度使，璋事思遠爲軍校。晉已下魏博，思遠棄滄州出奔，璋以滄州降晉，以功爲貝州刺史。

璋爲人有膽勇，自晉與梁相拒河上，璋累戰有功。莊宗滅梁，拜璋華州節度使。在鎭多不法，議者疑其有異志，乃徙璋鎭昭義。璋初欲拒命，其判官邊蔚切諫諭之，乃聽命。

璋累歷藩鎭，又在華州得魏王繼岌伐蜀餘貲，既富而驕，益爲淫侈。嘗服赭袍飲酒，使其所得蜀妓爲王衍宮中之戲于前。明宗聞而惡之，召爲金吾上將軍。東川董璋上書言璋遣子廷贇持書往西川，疑其有姦。明宗乃遣人追還廷贇，并璋下御史獄。廷贇款稱實璋假子，有叔父在蜀，欲往省之，而無私書。璋無罪名，有司議：「璋前任藩鎭，陰畜異圖，及處班

行，不愼行止。」乃停璋見任官，勒還私第。

初，廷贇之蜀，與其客趙延祚俱，及召下獄，延祚多捃璋陰事欲言之，璋許延祚重賂以滅口。既出而責賂於璋，不與，延祚乃詣臺自言，并璋復下獄，鞫之無狀。中丞呂夢奇議曰：「璋前經推劾，已蒙昭雪，而延祚以責賂之故，復加織羅。」乃稍宥璋。璋款上，有告者言夢奇受賂而劾獄不盡，乃移軍巡獄。獄吏希旨，鍛鍊其事，璋具伏：許賂延祚而未與，嘗以馬借夢奇而無受賂。璋坐長流儒州，已而令所在賜自盡。

校勘記

〔一〕明宗乃以房知溫代習鎭平盧　本史卷六及薛史卷三七唐明宗紀、通鑑卷二七五均載：天成元年八月，霍彥威代符習鎭平盧，殺王公儼。又按薛史卷四三唐明宗紀，房知溫鎭平盧乃在長興三年。此處「房知溫」當是「霍彥威」之誤。

〔二〕鄴北都也　按本史卷五唐莊宗紀，同光元年四月，以魏州爲東京，太原爲西京，鎭州爲北都。十一月，復北都爲鎭州，太原爲北都。三年，改東京爲鄴都，洛陽爲東都。此稱鄴爲北都，恐誤。

新五代史卷二十七

唐臣傳第十五

朱弘昭 馮贇附

朱弘昭，太原人也。少事明宗爲客將，明宗卽位，爲文思使。與安重誨有隙，故常使于外。董璋爲東川節度使，乃以弘昭爲副使。西川孟知祥殺其監軍李嚴，弘昭大懼，求還京師，璋不許，遂相猜忌，弘昭益開懷待之不疑，璋頗重其爲人。後璋有軍事，遣弘昭入朝，弘昭乃免。遷左衞大將軍內客省使、宣徽南院使、鳳翔節度使。

孟知祥反，石敬瑭伐蜀，久無功，明宗遣安重誨督軍。是時重誨已有間。重誨至鳳翔，弘昭迎謁，禮甚恭，延重誨于家，使其妻妾侍飲食。重誨以弘昭厚己，酒酣，具言蒙天子厚恩，而所以讒間之端，因泣下。弘昭卽奏言重誨怨望，又陰遣人馳告敬瑭，使拒重誨。會敬瑭以糧餉不繼，遽燒營返軍。重誨亦以被讒召還，過鳳翔，弘昭閉門不納，重誨由此得罪

死。樞密使范延光尤惡弘昭爲人，罷爲左武衞上將軍、宣徽南院使。久之，爲山南東道節度使。

是時，明宗已病，而秦王從榮禍起有端，唐諸大臣皆欲引去以避禍。樞密使范延光、趙延壽日夕更見，涕泣求去，明宗怒而不許。延壽使其妻興平公主入言於中，延光亦因孟漢瓊、王淑妃進說，故皆得罷。以弘昭及馮贇代延壽、延光，弘昭入見，辭曰：「臣廝養之才，不足當大任。」明宗叱之曰：「公等皆不欲在吾目前邪？吾養公等安用！」弘昭惶恐，乃視事。

馮贇者，亦太原人也。其父璋，事明宗爲閽者。贇爲兒時，以通黠爲明宗所愛。明宗爲節度使，以贇爲進奏官。明宗卽位，卽爲客省使、宣徽北院使。歷河東忠武節度使、三司使。

明宗病甚，大臣稀復進見，而孟漢瓊、王淑妃用事，弘昭及贇並掌機務於中，大事皆決此四人。及殺秦王而立愍帝，益自以爲功。又其所用多非其人，給事中陳乂爲人險譎，好陰謀，嘗事梁張漢傑，又事郭崇韜，兩人皆輒敗死，弘昭乃引以爲樞密直學士，而用其謀。是時，弘昭、贇遣漢瓊至魏，召愍帝入立，而留漢瓊權知後事。明年正月，漢瓊請入朝，弘昭、贇乃議徙成德范延光代漢瓊，北京留守石敬瑭代延光，鳳翔潞王從珂代敬瑭。三人者皆唐大臣，以漢瓊故，輕易其地，又不降制書，第遣使者監其上道，從珂由此遂反。

從珂兵已東，愍帝大懼，遣人召弘昭計事。弘昭謂其客穆延暉曰：「上召我急，將罪我也。吾兒婦，君之女也，其以歸，無使及禍。」乃拔劍大哭，欲自裁，而家人止之。使者促弘昭入見甚急，弘昭呼曰：「窮至此邪！」乃自投于井以死。安從進聞之，亦殺贇于家，贇母新死，子母棄尸于道，妻子皆見殺。贇有子三歲，其故吏張守素匿之以免。漢高祖卽位，贈弘昭尙書令，贇中書令。

劉延朗

劉延朗，宋州虞城人也。初，廢帝起於鳳翔，與共事者五人：節度判官韓昭胤，掌書記李專美，牙將宋審虔，客將房暠，而延朗爲孔目官。初，愍帝卽位，徙廢帝爲北京留守，不降制書，遣供奉官趙處愿促帝上道。帝疑惑，召昭胤等計議，昭胤等皆勸帝反，由是事無大小，皆此五人謀之。而暠又喜鬼神巫祝之說，有瞽者張濛，自言事太白山神，神，魏崔浩也，其言吉凶無不中，暠素信之。嘗引濛見帝，聞其語聲，驚曰：「此非人臣也！」暠使濛問於神，神傳語曰：「三珠併一珠，驢馬沒人驅。歲月甲庚午，中興戊己土。」暠不曉其義，使問濛，濛曰：「神言如此，我能傳之，不能解也。」帝卽以濛爲館驛巡官。

帝將反，而兵少，又乏食，由此甚懼，使暠問濛，濛傳神語曰：「王當有天下，可無憂！」於是決反，使專美作檄書，言：「朱弘昭、馮贇幸明宗病，殺秦王而立愍帝。帝年少，小人用事，離間骨肉，將問罪於朝！」遣使者馳告諸鎭，皆不應，獨隴州防禦使相里金遣其判官薛文遇計事。帝得文遇，大喜。而延朗調率城中民財以給軍。王思同率諸鎭兵圍鳳翔，廢帝懼，又遣暠問神，神曰：「王兵少，東兵來，所以迎王也。」已而東兵果叛降于帝。帝入京師，卽位之日，受册明宗柩前。册曰：「維應順元年，歲次甲午，四月庚午朔。」帝回顧暠曰：「張濛神言，豈不驗哉！」由是暠益見親信，而專以巫祝用事。

帝旣立，以昭胤爲左諫議大夫、端明殿學士，專美爲比部郎中、樞密院直學士，審虔爲皇城使，暠爲宣徽北院使，延朗爲莊宅使。久之，昭胤、暠爲樞密使，延朗爲副使，審虔爲侍衞步軍都指揮使，而薛文遇亦爲職方郎中、樞密院直學士。由是審虔將兵，專美、文遇主謀議，而昭胤、暠及延朗掌機密。

初，帝與晉高祖俱事明宗，而心不相悅。帝旣入立，高祖不得已來朝，而心頗自疑，欲求歸鎭，且難言之，乃陽爲羸疾，灸灼滿身，冀帝憐而遣之。延朗等多言敬瑭可留京師，昭胤、專美曰：「敬瑭與趙延壽皆尙唐公主，不可獨留。」乃復授高祖河東而遣之。是時，契丹數寇北邊，以高祖爲大同、振武、威塞、彰國等軍蕃漢馬步軍都總管，屯于忻州。而屯兵忽

變，擁高祖呼「萬歲」，高祖懼，斬三十餘人而後止。於是帝益疑之。

是時，高祖悉握精兵在北，饋運芻糧，遠近勞弊。帝與延朗等日夕謀議，而專美、文遇迭宿中興殿廬，召見訪問，常至夜分而罷。是時，高祖弟重胤爲皇城副使，而石氏公主母曹太后居中，因得伺帝動靜言語以報高祖，高祖益自危懼。每帝遣使者勞軍，卽陽爲羸疾不自堪，因數求解總管以探帝心。是時，帝母魏氏追封宣憲皇太后，而墓在太原，有司議立寢宮。高祖建言陵與民家墓相雜，不可立宮。帝疑高祖欲毀民墓，爲國取怨，帝由此發怒，罷高祖總管，徙鄆州。延朗等多言不可，而司天趙延義亦言天象失度，宜安靜以弭災，其事遂止。

後月餘，文遇獨直，帝夜召之，語罷敬瑭事，文遇曰：「臣聞『作舍道邊，三年不成』。國家之事，斷在陛下。且敬瑭徙亦反，不徙亦反，遲速爾，不如先事圖之。」帝大喜曰：「術者言朕今年當得一賢佐以定天下，卿其是邪！」乃令文遇手書除目，夜半下學士院草制。明日宣制，文武兩班皆失色。居五六日，敬瑭以反聞。敬瑭上書，言帝非明宗子，而許王從益次當立。帝得書大怒，手壞而投之，召學士馬胤孫爲答詔，曰：「宜以惡語詆之。」

延朗等請帝親征，帝心憂懼，常惡言敬瑭事，每戒人曰：「爾無說石郎，令我心膽墮地！」由此不欲行。而延朗等屢迫之，乃行。至懷州，帝夜召李崧問以計策。文遇不知而

繼至，帝見之色變，崧躡其足，文遇乃出。帝曰：「我見文遇肉顫，欲抽刀刺之。」崧曰：「文遇小人，致悞大事，刺之益醜。」乃已。是時，契丹已立敬瑭爲天子，以兵而南，帝惶惑不知所之。遣審虔將千騎至白馬坡踏戰地，審虔曰：「何地不堪戰？雖有其地，何人肯立于此？不如還也。」帝遂還，自焚。高祖入京師，延朗等六人皆除名爲民。

初，延朗與嵩並掌機密，延朗專任事，諸將當得州者，不以功次爲先後，納賂多者得善州，少及無賂者得惡州，或久而不得，由是人人皆怨。嵩心患之，而不能爭也，但日飽食高枕而已。每延朗議事，則垂頭陽睡不省。及晉兵入，延朗以一騎走南山，過其家，指而嘆曰：「吾積錢三十萬于此，不知何人取之！」遂爲追兵所殺。晉高祖聞嵩常不與延朗事，哀之，後復以爲將。歲餘卒。專美事晉爲大理卿，開運中卒。當晉之將起，廢帝以昭胤爲中書侍郎、同中書門下平章事，出爲河陽節度使，與審虔、文遇皆不知其所終。

嗚呼，禍福成敗之理，可不戒哉！張濛神言驗矣，然焉知其不爲禍也！予之所記，大抵如此，覽者可以深思焉。廢帝之起，所與圖議者，此五六人而已。考其逆順之理，雖有智者爲之謀，未必能不敗，況如此五六人者哉！故并述以附延朗，見其始終之際云。

康思立

康思立，本山陰諸部人也。少爲騎將，從莊宗破梁夾城，戰柏鄉，累以功遷突騎指揮使。明宗卽位，歷應嵐二州刺史、宿州團練使、昭武軍節度使，徙鎭保義，皆有善政。潞王從珂反於鳳翔，愍帝遣王思同等討之，思立有捧聖、羽林屯兵千五百人，乃以羽林千人屬思同。思同至鳳翔，軍叛，降于從珂。思立聞之，欲盡誅羽林千人家屬，未及，而從珂兵已至，思立乃以捧聖兵城守，從珂兵傅其城，呼曰：「西兵十萬策新天子，爾五百人其能拒邪？徒陷陝人於死耳！」捧聖兵聞之，皆解甲，思立遂開門迎從珂。廢帝卽位，以思立初無降意，頗不悅之，徙安遠，又徙安國，以年老罷爲右神武統軍。

石敬瑭反太原，廢帝以思立爲北面行營馬軍都指揮使。廢帝幸懷州，遣思立將從駕騎兵出團柏谷救張敬達，未至，而敬達死，楊光遠降晉，思立疾，卒于道。晉高祖入立，贈太子少師。

康義誠

康義誠字信臣，代北三部落人也。以騎射事晉王，莊宗時爲突騎指揮使。從明宗討趙在禮，至魏而軍變，義誠前陳莊宗過失，勸明宗南嚮。明宗卽位，遷捧聖指揮使，領汾州刺史。從破朱守殷，遷侍衞親軍馬步軍都指揮使，領河陽三城節度使。出爲山南東道節度使，復爲親軍都指揮使，領河陽，加同中書門下平章事。

秦王從榮素驕，自爲河南尹，典六軍，拜大元帥，唐諸大臣皆懼禍及，思自脫，獨義誠心結之，遣其子事秦王府。明宗病，從榮謀以兵入宮，唐大臣朱弘昭、馮贇等皆以爲不可，而義誠獨持兩端。從榮已舉兵，至天津橋，弘昭等入，以反白，明宗涕泣召義誠，使自處置，而義誠卒不出兵。馬軍指揮使朱弘實以兵擊從榮，從榮敗走，見殺。

三司使孫岳嘗爲馮贇言從榮必敗之狀，義誠聞而不悅。及從榮死，義誠始引兵入河南府，召岳檢閱從榮家貲。岳至，義誠乘亂，使人射之，岳走至通利坊見殺，明宗不能詰。義誠已殺岳，又以從榮故，與弘實有隙。愍帝卽位，弘實常以誅從榮功自負，義誠心益不平。潞王從珂反鳳翔，王思同率諸鎭兵圍之，興元張虔釗兵叛降從珂，思同走，諸鎭兵皆

潰。愍帝大怒，謂朱弘昭等曰：「朕新卽位，天下事皆出諸公，然於事兄，未有失節，諸公以大計見迫，不能獨違。事一至此，何方轉禍？吾當率左右往迎吾兄，遜以位，苟不吾信，死其所也！」弘昭等惶恐不能對，義誠前曰：「西師驚潰，主將怯耳。今京師兵尙多，臣請盡將以西，扼關而守，招集亡散，以爲後圖。」愍帝以爲然，幸左藏庫，親給將士人絹二十匹、錢五千。是時，明宗山陵未畢，帑藏空虛。軍士負物揚言曰：「到鳳翔更請一分。」朱弘實見軍士無鬭志，而義誠盡將以西，疑其二心，謂義誠曰：「今西師小衄，而無一騎東者，人心可知。不如以見兵守京師以自固，彼雖幸勝，特得虔釗一軍耳。諸鎭之兵在後，其敢徑來邪！」義誠怒曰：「如此言，弘實反矣！」弘實曰：「公謂誰欲反邪？」其聲厲而鬭。愍帝召兩人，爭於前，帝不能決，遂斬弘實，以義誠爲招討使，悉將禁軍以西。

愍帝奔衞州，義誠行至新安，降于從珂。淸泰元年四月，斬于興教門外，夷其族。

嗚呼！五代爲國，興亡以兵，而其軍制，後世無足稱焉。惟侍衞親軍之號，今猶因之而甚重，此五代之遺制也。然原其始起微矣，及其至也，可謂盛哉！當唐之末，方鎭之兵多矣，凡一軍有指揮使一人，而合一州之諸軍，又有馬步軍都指揮使一人，蓋其卒伍之長也。

自梁以宣武軍建國，因其舊制，有在京馬步軍都指揮使，後唐因之，至明宗時，始更爲侍衞親軍馬步軍都指揮使。當是時，天子自有六軍諸衞之職，六軍有統軍，諸衞有將軍，而又以大臣宗室一人判六軍諸衞事，此朝廷大將天子國兵之舊制也。而侍衞親軍者，天子自將之私兵也，推其名號可知矣。天子自爲將，則都指揮使乃其卒伍之都長耳。然自漢、周以來，其職益重，漢有侍衞司獄，凡朝廷大事皆決侍衞獄。是時，史弘肇爲都指揮使，與宰相、樞密使並執國政，而弘肇尤專任，以至於亡。語曰：「涓涓不絕，流爲江河。熒熒不滅，炎炎奈何？」可不戒哉！然是時，方鎭各自有兵，天子親軍不過京師之兵而已。今方鎭名存而實亡，六軍諸衞又益以廢，朝廷無大將之職，而舉天下內外之兵皆侍衞司矣。則爲都指揮使者，其權豈不益重哉！親軍之號，始於明宗，其後又有殿前都指揮使，亦親軍也，皆不見其更置之始。今天下之兵，分屬此兩司矣。

欒彥稠

欒彥稠，沙陀三部落人也。初爲騎將，明宗卽位，拜澄州刺史。從王晏球破王都定州，遷侍衞步軍都虞候，領壽州節度使。安重誨矯詔遣河中指揮使楊彥溫逐其節度使潞王從珂。以彥稠爲招討使，明宗疑彥溫有所說，戒彥稠得彥溫毋殺，將訊之。彥稠希重誨旨，殺彥溫以滅口，明宗大怒，然不之罪也。

長興中爲靜難軍節度使，党項阿埋、屈悉保等族抄掠方渠，邀殺回鶻使者，明宗遣彥稠與靈武康福會兵擊之，阿埋等亡竄山谷。明宗以謂党項知懼，可加約束而綏撫之。使者未至，彥稠等自牛兒族入白魚谷，盡誅其族，獲其大首領連香等，遣人上捷。明宗謂其使者曰：「吾誅党項，非有所利也。凡軍中所獲，悉與士卒分之，毋以進奉爲名，重斂軍士也。」已而彥稠以党項所掠回鶻進奉玉兩團及遺秦王金裝胡鞍等來獻，明宗曰：「吾已語彥稠矣，不可失信。」因悉以賜彥稠。又逐鹽州諸戎，取其所掠男女千餘人。

潞王從珂反，彥稠爲招討副使。王思同兵潰，彥稠與思同俱東走，爲潞王兵所得，囚之華州獄，已而殺之。晉高祖立，贈侍中㊀。

㊀彥稠與思同俱以敗走，時愍帝猶在，唐未亡，二人走歸國，於節未虧，異於元行欽之走也。然思同辭襃不屈，其死可嘉。彥稠直被執見殺爾，餘無可稱，故不列於死事。

新五代史卷二十八

唐臣傳第十六

豆盧革

豆盧革，父瓚，唐舒州刺史。豆盧爲世名族，唐末天下亂，革避地之中山，唐亡，爲王處直掌書記。

莊宗在魏，議建唐國，而故唐公卿之族遭亂喪亡且盡，以革名家子，召爲行臺左丞相。莊宗卽位，拜同中書門下平章事。革雖唐名族，而素不學問，除拜官吏，多失其序，常爲尙書郎蕭希甫駁正，革頗患之。莊宗已滅梁，革乃薦韋說爲相。說，唐末爲殿中侍御史，坐事貶南海，後事梁爲禮部侍郎。革以說能知前朝事，故引以佐己，而說亦無學術，徒以流品自高。

是時，莊宗內畏劉皇后，外惑宦官、伶人，郭崇韜雖盡忠於國，而亦無學術，革、說俯仰

默默無所爲，唯諾崇韜而已。唐、梁之際，仕宦遭亂奔亡，而吏部銓文書不完，因緣以爲姦利，至有私鬻告敕，亂易昭穆，而季父、母舅反拜姪、甥者，崇韜請論以法。是時唐新滅梁，朝廷紀綱未立，議者以爲宜革以漸，而崇韜疾惡太甚，果於必行，說、革心知其未可，而不能有所建言。是歲冬，選人吳延皓改亡叔告身行事，事發，延皓及選吏尹玫皆坐死，尙書左丞判吏部銓崔沂等皆貶，說、革詣閤門待罪。由是一以新法從事，往往以僞濫駁放而斃踣羈旅、號哭道路者，不可勝數。及崇韜死，說乃敎門人上書言其事，而議者亦以罪之。

是歲，大水，四方地連震，流民殍死者數萬人，軍士妻子皆採稆以食。莊宗日以責三司使孔謙，謙不知所爲。樞密小吏段徊曰：「臣嘗見前朝故事，國有大故，則天子以朱書御札問宰相。水旱，宰相職也。」莊宗乃命學士草詔，手自書之，以問革、說。革、說不能對，第曰：「陛下威德著于四海，今西兵破蜀，所得珍寶億萬，可以給軍。水旱，天之常道，不足憂也。」

革自爲相，遭天下多故，而方服丹砂鍊氣以求長生，嘗嘔血數日，幾死。二人各以其子爲拾遺，父子同省，人以爲非，遽改佗官，而革以說子爲弘文館學士，說以革子爲集賢院學士。

莊宗崩，革爲山陵使，莊宗已祔廟，革以故事當出鎭，乃還私第，數日未得命，而故人賓客趣使入朝。樞密使安重誨詬之于朝曰：「山陵使名尙在，不俟改命，遽履新朝，以我武人可欺邪！」諫官希旨，上疏誣革縱田客殺人，說坐與鄰人爭井，遂俱罷。革貶辰州刺史，說溆州刺史，所在馳驛發遣。宰相鄭珏、任圜三上章，請毋行後命，不報。革復坐請俸私自入，說賣官與選人，責授革費州司戶參軍，說夷州司戶參軍，皆員外置同正員。已而竄革陵州，說合州，皆長流百姓。

初，說嘗以罪竄之南海，遇赦，還寓江陵，與高季興相知，及爲相，常以書幣相問遺。唐兵伐蜀，季興請以兵入三峽，莊宗許之，使季興自取夔、忠、萬、歸、峽等州爲屬郡。及破蜀，季興無功，而唐用佗將取五州。明宗初卽位，季興數請五州，以謂先帝所許，朝廷不得已而與之。及革、說再貶，因以其事歸罪二人。天成二年夏，詔陵、合州刺史監賜自盡。

革子昇，說子濤，皆官至尙書郎，坐其父廢。至晉天福初，濤爲尙書膳部員外郎，卒。

盧程

盧程，不知其世家何人也。唐昭宗時，程舉進士，爲鹽鐵出使巡官。唐亡，避亂燕、趙，變服爲道士，遊諸侯間。豆盧革爲王處直判官，盧汝弼爲河東節度副使，二人皆故唐時名族，與程門地相等，因共薦之以爲河東節度推官。

莊宗嘗召程草文書，程辭不能。其後戰胡柳，掌書記王緘歿于陣〔一〕，莊宗還軍太原，置酒謂監軍張承業曰：「吾以巵酒辟一書記於坐。」因舉巵屬巡官馮道。程位在道上，以嘗辭不能，故不用，而遷程支使。程大恨曰：「用人不以門閥而先田舍兒邪！」

莊宗已卽位，議擇宰相，而盧汝弼、蘇循已死，次節度判官盧質當拜，而質不樂任事，乃言豆盧革與程皆故唐時名族，可以爲相。莊宗以程爲中書侍郎、同平章事。是時，朝廷新造，百度未備，程、革拜命之日，肩輿導從，喧呼道中。莊宗聞其聲以問左右，對曰：「宰相檐子入門。」莊宗登樓視之，笑曰：「所謂似是而非者也。」

程奉皇太后册，自魏至太原，上下山險，所至州縣，驅役丁夫，官吏迎拜，程坐肩輿自若，少忤其意，必加笞辱。人有假驢夫於程者，程帖興唐府給之，府吏啓無例，程怒笞吏背。少尹任圜，莊宗姊婿也，詣程訴其不可。程戴華陽巾，衣鶴氅，據几決事，視圜罵曰：「爾何蟲豸，恃婦家力也！宰相取給州縣，何爲不可！」圜不對而去，夜馳至博州見莊宗。莊宗大怒，謂郭崇韜曰：「朕悞相此癡物，敢辱予九卿！」趣令自盡，崇韜亦欲殺之，賴盧質力解之，乃罷爲右庶子。莊宗入洛，程於路墜馬，中風卒，贈禮部尙書。

任圜

任圜,京兆三原人也。爲人明敏,善談辯,見者愛其容止,及聞其論議縱横,益皆悚動。李嗣昭節度昭義,辟圜觀察支使。梁兵築夾城圍潞州,踰年而晉王薨,晉兵救潞者皆解去。嗣昭危甚,問圜去就之計,圜勸嗣昭堅守以待,不可有二心。已而莊宗攻破梁夾城,聞圜爲嗣昭畫守計,甚嘉之,由是益知名。其後嗣昭與莊宗有隙,圜數奉使往來,辨釋讒構,嗣昭卒免於禍,圜之力也。嗣昭從莊宗戰胡柳,擊敗梁兵,圜頗有功,莊宗勞之曰:「儒士亦破體邪?仁者之勇,何其壯也!」

張文禮弑王鎔,莊宗遣嗣昭討之。嗣昭戰歿,圜代將其軍,號令嚴肅。既而文禮子處球等閉城堅守,不可下,圜數以禍福諭鎮人,鎮人信之。圜嘗擁兵至城下,處球登城呼圜曰:「城中兵食俱盡,而久抗王師,若泥首自歸,懼無以塞責,幸公見哀,指其生路。」圜告之曰:「以子先人,固難容貸,然罰不及嗣,子可從輕。其如拒守經年,傷吾大將,一朝困竭,方布款誠,以此計之,子亦難免。然坐而待斃,曷若伏而俟命?」處球流涕曰:「公言是也!」乃遣子送狀乞降,人皆稱圜其言不欺。既而佗將攻破鎮州,處球雖見殺,而鎮之吏民以嘗

乞降,故得保其家族者甚衆。

其後以鎮州爲北京,拜圜工部尚書,兼眞定尹、北京副留守知留守事,爲政有惠愛。明年,郭崇韜兼領成德軍節度使,改圜行軍司馬,仍知眞定府事。圜與崇韜素相善,又爲其司馬,崇韜因以鎮州事託之,而圜多所違異。初,圜推官張彭爲人傾險貪黷,圜不能察,信任之,多爲其所賣。及崇韜領鎮,彭爲圜謀隱公廨錢。莊宗遣宦者選故趙王時宮人百餘,有許氏者尤有色,彭賂守者匿之。後事覺,召彭詣京師,將罪之,彭懼,悉以前所隱公錢簿書獻崇韜,崇韜深德彭,不殺,由是與圜有隙。同光三年,圜罷司馬,守工部尚書。

魏王繼岌暨崇韜伐蜀,懼圜攻己於後,乃辟圜參魏王軍事。蜀滅,表圜黔南節度使,圜懇辭不就。繼岌殺崇韜,以圜代將其軍而旋。康延孝反,繼岌遣圜將三千人,會董璋、孟知祥等兵,擊敗延孝於漢州,而魏王先至渭南,自殺,圜悉將其軍以東。明宗嘉其功,拜圜同中書門下平章事,兼判三司。是時,明宗新誅孔謙,圜選辟才俊,抑絕僥倖,公私給足,天下便之。

是秋,韋說、豆盧革罷相,圜與安重誨、鄭珏、孔循議擇當爲相者,圜意屬李琪,而珏、循雅不欲琪爲相,謂重誨曰:「李琪非無文藝,但不廉耳!宰相,端方有器度者足以爲之,太常卿崔協可也。」重誨以爲然。佗日,明宗問誰可相者,重誨即以協對。圜前爭曰:「重誨未諳朝廷人物,爲人所賣。天下皆知崔協不識文字,而虛有儀表,號爲『沒字碑』。臣以陛下誤加採擢,無功幸進,此不知書,以臣一人取笑足矣,相位有幾,豈容更益笑端?」明宗曰:「宰相重位,卿等更自詳審。然吾在藩時,識易州刺史韋肅,世言肅名家子,且待我甚厚,置之此位可乎?肅或未可,則馮書記先朝判官,稱爲長者,可以相矣!」馮書記者,道也。議未決,重誨等退休於中興殿廊下,孔循不揖,拂衣而去,行且罵曰:「天下事一則任圜,二則任圜,圜乃何人!」圜謂重誨曰:「李琪才藝,可兼時輩百人,而讒夫巧沮,忌害其能,若舍琪而相協,如棄蘇合之丸而取蜣蜋之轉也!」重誨笑而止。然重誨終以循言爲信,居月餘,協與馮道皆拜相。協在相位數年,人多嗤其所爲,然圜與重誨交惡自協始。

故時使臣出四方,皆自戶部給券,重誨奏請自內出,圜以故事爭之,不能得,遂與重誨辨於帝前,圜聲色俱厲。明宗罷朝,後宮嬪御迎前問曰:「與重誨論者誰?」明宗曰:「宰相也。」宮人奏曰:「妾在長安,見宰相奏事,未嘗如此,蓋輕大家耳!」明宗由是不悅,而使臣給券卒自內出,圜益憤沮。重誨嘗過圜,圜出妓,善歌而有色,重誨欲之,圜不與,由是二人益相惡。而圜遽求罷職,乃罷爲太子少保。圜不自安,因請致仕,退居于磁州。

朱守殷反于汴州,重誨誣圜與守殷連謀,遣人矯制殺之。圜受命怡然,聚族酣飲而死。明宗知而不問,爲下詔,坐圜與守殷通書而言涉怨望。愍帝即位,贈圜太傅。

趙鳳

趙鳳,幽州人也,少以儒學知名。燕王劉守光時,悉黥燕人以爲兵,鳳懼,因髠爲僧,依燕王弟守奇自匿。守奇奔梁,梁以守奇爲博州刺史,鳳爲其判官。守奇卒,鳳去爲鄆州節度判官。晉取鄆州,莊宗聞鳳名,得之喜,以爲扈鑾學士。莊宗即位,拜鳳中書舍人、翰林學士。

莊宗及劉皇后幸河南尹張全義第,酒酣,命皇后拜全義爲父。明日,遣宦者命學士作牋上全義,以父事之,鳳上書極言其不可。全義養子郝繼孫犯法死,宦官、伶人冀其貲財,固請籍沒,鳳又上書言:「繼孫爲全義養子,不宜有別籍之財,而於法不至籍沒,刑人利財,不可以示天下。」是時,皇后及羣小用事,鳳言皆不見納。

明宗武君,不通文字,四方章奏,常使安重誨讀之。重誨亦不知書,奏讀多不稱旨。孔循教重誨求儒者置之左右,而兩人皆不知唐故事,於是置端明殿學士,以馮道及鳳爲之。鳳好直言而性剛強,素與任圜善,自圜爲相,頗薦進之。初,端明殿學士班在翰林學士下,而結銜又在官下。明年,鳳遷禮部侍郎,因諷圜升學士於官上,又詔班在翰林學士上。

圜爲重誨所殺，而誣以謀反。是時，重誨方用事，雖明宗不能詰也，鳳獨號哭呼重誨曰：「任圜天下義士，豈肯謀反！而公殺之，何以示天下？」重誨慚不能對。

術士周玄豹以相法言人事多中，莊宗尤信重之，以爲北京巡官。明宗爲內衙指揮使，重誨欲試玄豹，乃使佗人與明宗易服，而坐明宗於下坐，召玄豹相之，玄豹曰：「內衙，貴將也，此不足當之。」乃指明宗於下坐曰：「此是也！」因爲明宗言其後貴不可言。明宗即位，思玄豹以爲神，將召至京師，鳳諫曰：「好惡，上所慎也。今陛下神其術而召之，則傾國之人，皆將奔走吉凶之說，轉相惑亂，爲患不細。」明宗遂不復召。

朱守殷反，明宗幸汴州，守殷已誅，又詔幸鄴。是時，從駕諸軍方自河南徙家至汴，不欲北行，軍中爲之洶洶。而定州王都以爲天子幸汴州誅守殷，又幸鄴以圖己，因疑不自安。宰相率百官詣閤，請罷幸鄴，明宗不聽，人情大恐，羣臣不復敢言。鳳手疏責安重誨，言甚切直，重誨以白，遂罷幸。

有僧遊西域，得佛牙以獻，明宗以示大臣。鳳言：「世傳佛牙水火不能傷，請驗其眞僞。」因以斧斫之，應手而碎。是時，宮中施物已及數千，因鳳碎之乃止。

天成四年夏，拜門下侍郎、同中書門下平章事。祕書少監于嶠者，自莊宗時與鳳俱爲翰林學士，而嶠亦訐直敢言，與鳳素善。及鳳已貴，而嶠久不遷，自以材名在鳳上而不用，

因與蕭希甫數非斥時政，尤詆訾鳳，鳳心銜之，未有以發。而嶠與鄰家爭水竇，爲安重誨所怒，鳳即左遷嶠祕書少監。嶠因被酒往見鳳，鳳知其必不遜，乃辭以沐髮，嶠詬直吏，又溺於從者直廬而去。省吏白鳳，嶠溺於客次，且詬鳳。鳳以其事聞，明宗下詔奪嶠官，長流武州百姓，又流振武，天下冤之。

其後安重誨爲邊彥温等告變，明宗詔彥温等廷詰，具伏其詐，即斬之。後數日，鳳奏事中興殿，啓曰：「臣聞姦人有誣重誨者。」明宗曰：「此閑事，朕已處置之，卿可無問也。」鳳曰：「臣所聞者，繫國家利害，陛下不可以爲閑。」因指殿屋曰：「此殿所以尊嚴宏壯者，棟梁柱石之所扶持也，若折其一棟，去其一柱，則傾危矣。大臣，國之棟梁柱石也，且重誨起微賤，歷艱危，致陛下爲中興主，安可使姦人動搖！」明宗改容謝之曰：「卿言是也。」遂族彥温等三家。

其後重誨得罪，羣臣無敢言者，獨鳳數言重誨盡忠。明宗以鳳爲朋黨，罷爲安國軍節度使。鳳在鎭所得俸祿，悉以分將校賓客。廢帝入立，召爲太子太保。病足居于家，疾篤，自筮，投蓍而歎曰：「吾家世無五十者，又皆窮賤，吾今壽過其數而富貴，復何求哉！」清泰二年卒于家。

李襲吉

李襲吉，父圖，洛陽人，或曰唐相林甫之後也。乾符中，襲吉舉進士，爲河中節度使李都榷鹽判官。後去之晉，晉王以爲榆次令，遂爲掌書記。

襲吉博學，多知唐故事。遷節度副使，官至諫議大夫。晉王與梁有隙，交兵累年，後晉王數困，欲與梁通和，使襲吉爲書諭梁，辭甚辨麗。梁太祖使人讀之，至於「毒手尊拳，交相於暮夜，金戈鐵馬，蹂踐於明時」，歎曰：「李公僻處一隅，有士如此，使吾得之，傅虎以翼也！」顧其從事敬翔曰：「善爲我答之。」及翔所答，書辭不工，而襲吉之書，多傳於世。

襲吉爲人恬淡，以文辭自娛，天祐三年卒。以盧汝弼代爲副使。

汝弼工書畫，而文辭不及襲吉。其父簡求爲河東節度使，爲唐名家，故汝弼亦多知唐故事。晉王薨，莊宗嗣爲晉王，承制封拜官爵皆出汝弼。十八年，卒。

莊宗即位，贈襲吉禮部尚書、汝弼兵部尚書。

張憲

張憲字允中，晉陽人也。爲人沈靜寡欲，少好學，能鼓琴飲酒。莊宗素知其文辭，以爲天雄軍節度使掌書記。莊宗即位，拜工部侍郎、租庸使，遷刑部侍郎、判吏部銓、東都副留守。憲精於吏事，甚有能政。莊宗幸東都，定州王都來朝，莊宗命憲治鞠場，與都擊鞠。初，莊宗建號於東都，以鞠場爲即位壇，於是憲言：「即位壇，王者所以興也。漢鄗南、魏繁陽壇，至今皆在，不可毀。」乃別治宮西爲鞠場，場未成，莊宗怒，命兩虞候亟毀壇以爲場。憲退而歎曰：「此不祥之兆也！」

初，明宗北伐契丹，取魏鎧仗以給軍，有細鎧五百，憲遂給之而不以聞。莊宗至魏，大怒，責憲馳自取之，左右諫之乃止。又問憲庫錢幾何？憲上庫簿有錢三萬緡，莊宗益怒，謂其嬖伶史彥瓊曰：「我與羣臣博，須錢十餘萬，而憲以故紙給我。我未渡河時，庫錢常百萬緡，今復何在？」彥瓊爲憲解之乃已。

郭崇韜伐蜀，薦憲可任爲相，而宦官、伶人不欲憲在朝廷，樞密承旨段徊曰：「宰相在天

子面前，事有非是，尚可改作，一方之任，苟非其人，則爲患不細。憲材誠可用，不如任以一方。」乃以爲太原尹、北京留守。

趙在禮作亂，憲家在魏州，在禮善待其家，遣人以書招憲，憲斬其使，不發其書而上之。莊宗遇弒，明宗入京師，太原猶未知，而永王存霸奔于太原。左右告憲曰：「今魏兵南嚮，主上存亡未可知，存霸之來無詔書，而所乘馬斷其鞦，豈非戰敗者乎！宜拘之以俟命。」憲曰：「吾本書生，無尺寸之功，而人主遇我甚厚，豈有懷二心以幸變，第可與之俱死爾！」憲從事張昭遠敎憲奉表明宗以勸進，憲涕泣拒之。已而存霸削髮，見北京巡檢符彥超，願爲僧以求生，彥超麾下兵大譟，殺存霸。憲出奔沂州，亦見殺。

嗚呼！予於死節之士，得三人而失三人焉。鞏廷美、楊温之死，予既已哀之。至於張憲之事，尤爲之痛惜也。予於舊史考憲事實，而永王存霸、符彥超與憲傳所書始末皆不同，莫得而考正。蓋方其變故倉卒之時，傳者失之爾。然要其大節，亦可以見也，憲之志誠可謂忠矣。當其不顧其家，絕在禮而斬其使，涕泣以拒昭遠之說，其志甚明。至其欲與存霸俱死，及存霸被殺，反棄太原而出奔，然猶不知其心果欲何爲也。而舊史書憲坐棄城而賜死，予亦以爲不然。予之於憲固欲成其美志，而要在憲失其官守而其死不明，故不得列于

死節也。

蕭希甫

蕭希甫，宋州人也。爲人有機辯，多矯激，少舉進士，爲梁開封尹袁象先掌書記。象先爲青州節度使，以希甫爲巡官。希甫不樂，乃棄其母妻，變姓名，亡之鎮州，自稱青州掌書記，謁趙王王鎔。鎔以希甫爲參軍，尤不樂，居歲餘，又亡之易州，削髮爲僧，居百丈山。莊宗將建國于魏，置百官，求天下隱逸之士，幽州李紹宏薦希甫爲魏州推官。

莊宗卽帝位，欲以知制誥，有詔定內宴儀，問希甫：「樞密使得坐否？」希甫以爲不可。樞密使張居翰聞之怒，謂希甫曰：「老夫歷事三朝天子，見內宴數百，子本田舍兒，安知宮禁事？」希甫不能對。由是宦官用事者皆切齒。宰相豆盧革等希宦官旨，共排斥之，以爲駕部郎中，希甫失志，尤怏怏。

莊宗滅梁，遣希甫宣慰青齊，希甫始知其母已死，而妻袁氏亦改嫁矣。希甫乃發哀服喪，居于魏州，人有引漢李陵書以譏之曰：「老母終堂，生妻去室。」時皆傳以爲笑。

明宗卽位，召爲諫議大夫。是時，復置匭函，以希甫爲使，希甫建言：「自兵亂相乘，王綱大壞，侵欺凌奪，有力者勝。凡略人之妻女，占人之田宅，姦贓之吏，刑獄之冤者，何可勝紀。而匭函一出，投訴必多，至於功臣貴戚，有不得繩之以法者。」乃自天成元年四月二十八日昧爽已前，大辟已上，皆赦除之，然後出匭函以示衆。初，明宗欲以希甫爲諫議大夫，而豆盧革、韋說頗沮難之。其後革、說爲安重誨所惡，希甫希旨，誣奏：「革縱田客殺人，而說與隣人爭井，井有寶貨。」有司推劾，井中惟破釜而已，革、說終皆貶死。明宗賜希甫帛百匹、粟麥三百石，拜左散騎常侍。

希甫性褊而躁進，嘗遣人夜叩宮門上變，言河堰牙官李筠告本軍謀反，詰且，追問無狀，斬筠，軍士詣安重誨求希甫啖之。是時，明宗將有事於南郊，前齋一日，羣臣習儀于殿廷，宰相馮道、趙鳳，河南尹秦王從榮，樞密使安重誨候班于月華門外。希甫與兩省班先入，道等坐廊下不起，既出，希甫召堂頭直省朝堂驅使官，責問宰相、樞密見兩省官何得不起，因大詬詈。是夜，託疾還第。月餘，坐告李筠事動搖軍衆，貶嵐州司戶參軍，卒于貶所。

劉贊

劉贊，魏州人也。父玭爲縣令，贊始就學，衣以青布衫襦，每食則玭自肉食，而別以蔬食食贊於牀下，謂之曰：「肉食，君之祿也，爾欲之，則勤學問以干祿；吾肉，非爾之食也。」由是贊益力學，舉進士。爲羅紹威判官，去爲租庸使趙巖巡官，又爲孔謙鹽鐵判官。明宗時，累遷中書舍人、御史中丞、刑部侍郎。守官以法，權豪不可干以私。

是時，秦王從榮握兵而驕，多過失，言事者請置師傅以輔道之。大臣畏王，不敢決其事，因請王得自擇，秦王卽請贊，乃拜贊祕書監，爲秦王傅。贊泣曰：「禍將至矣！」秦王所請王府元帥官屬十餘人，類多浮薄傾險之徒，日獻諛諂以驕王，獨贊從容諷諫，率以正道。秦王嘗命賓客作文於坐中，贊自以師傅，恥與羣小比伍，雖操筆勉彊，有不悅之色。秦王惡之，後戒左右贊來不得通，贊亦不往，月一至府而已，退則杜門不交人事。

已而秦王果敗死，唐大臣議王屬官當坐者，馮道曰：「元帥判官任贊與秦王非素好，而在職不逾月，詹事王居敏及劉贊皆以正直爲王所惡，河南府判官司徒詡病告家居久，皆宜不與其謀。而諮議參軍高輦與王最厚，輦法當死，其餘可次第原減。」朱弘昭曰：「諸公不知其意爾，使秦王得入光政門，當待贊等如何？吾徒復有家族邪！且法有首從，今秦王夫婦男女皆死，而贊等止其一身幸矣！」道等難之。而馮贇亦爭不可，贊等乃免死。於是論高輦死，而任贊等十七人皆長流。

初，贇聞秦王敗，即白衣駕驢以俟，人有告贇奪官而已，贇曰：「豈有天子冢嗣見殺，而賓僚奪官者乎，不死幸矣！」已而贇長流嵐州百姓。清泰二年，詔歸田里，行至石會關，病卒。

何瓚

何瓚，閩人也，唐末舉進士及第。莊宗爲太原節度使，辟爲判官。莊宗每出征伐，留張承業守太原，承業卒，瓚代知留守事。

瓚爲人明敏，通於吏事，外若疎簡而內頗周密。莊宗建大號于鄴都，拜瓚諫議大夫，瓚慮莊宗事不成，求留守北京。

瓚與明宗有舊，明宗即位，召還，見於內殿，勞問久之，已而以瓚爲西川節度副使。是時，孟知祥已有二志，方以副使趙季良爲心腹，聞瓚代之，亟奏留季良，遂改瓚行軍司馬。瓚恥於自辭，不得已而往，明宗賜予甚厚。初，知祥在北京爲馬步軍都虞候，而瓚留守太原，知祥以軍禮事瓚，瓚常繩以法，知祥初不樂，及瓚爲司馬，猶勉待之甚厚。知祥反，罷瓚司馬，置之私第，瓚飲恨而卒。

校勘記

〔一〕王緘　「緘」，百衲、貴池本作「諴」，南監、汪、汲、殿、鄂、蜀、劉校本作「誠」，惟南昌本作「緘」。按薛史卷六〇有傳作「緘」，又本史卷七二四夷附錄及契丹國志卷一六韓延徽傳並及此人，皆作「緘」。據改。

新五代史卷二十九

晉臣傳第十七

桑維翰

桑維翰字國僑，河南人也。爲人醜怪，身短而面長，常臨鑑以自奇曰：「七尺之身，不如一尺之面。」慨然有志於公輔。初舉進士，主司惡其姓，以「桑」「喪」同音。人有勸其不必舉進士，可以從佗求仕者，維翰慨然，乃著日出扶桑賦以見志。又鑄鐵硯以示人曰：「硯弊則改而佗仕。」卒以進士及第。晉高祖辟爲河陽節度掌書記，其後常以自從。

高祖自太原徙天平，不受命，而有異謀，以問將佐，將佐皆恐懼不敢言，獨維翰與劉知遠贊成之，因使維翰爲書求援於契丹。耶律德光已許諾，而趙德鈞亦以重賂啖德光，求助己以篡唐。高祖懼事不果，乃遣維翰往見德光，爲陳利害甚辯，德光意乃決，卒以滅唐而興晉，維翰之力也。高祖即位，以維翰爲翰林學士、禮部侍郎、知樞密院事，遷中書侍郎、同

中書門下平章事，兼樞密使。天福四年，出爲相州節度使，歲餘，徙鎮泰寧。

吐渾白承福爲契丹所迫，附鎮州安重榮以歸晉，重榮因請與契丹絕好，用吐渾以攻之。高祖重違重榮，意未決。維翰上疏言契丹未可與爭者七，高祖召維翰使者至臥內，謂曰：「北面之事，方撓吾胸中，得卿此疏，計已決矣，可無憂也。」維翰又勸高祖幸鄴都。七年，高祖在鄴，維翰來朝，徙鎮晉昌。

出帝即位，召拜侍中。而景延廣用事，與契丹絕盟，維翰言不能入，乃陰使人說帝曰：「制契丹而安天下，非用維翰不可。」乃出延廣於河南，拜維翰中書令，復爲樞密使，封魏國公，事無巨細，一以委之。數月之間，百度寖理。初，李瀚爲翰林學士，好飲而多酒過，高祖以爲浮薄。天福五年九月，詔廢翰林學士，按唐六典歸其職於中書舍人，而端明殿學士、樞密院學士皆廢。及維翰爲樞密使，復奏置學士，而悉用親舊爲之。

維翰權勢既盛，四方賂遺，歲積鉅萬。內客省使李彥韜、端明殿學士馮玉用事，共讒之。帝欲驟黜維翰，大臣劉昫、李崧皆以爲不可，卒以玉爲樞密使，既而以爲相，維翰日益見疎。帝飲酒過度得疾，維翰遣人陰白太后，請爲皇弟重睿置師傅。帝疾愈，知之，怒，乃罷維翰以爲開封尹。維翰遂稱足疾，稀復朝見。

契丹屯中渡，破欒城，杜重威等大軍隔絕，維翰曰：「事急矣！」乃見馮玉等計事，而謀

不合。又求見帝，帝方調鷹於苑中，不暇見，維翰退而歎曰：「晉不血食矣！」

自契丹與晉盟，始成於維翰，而終敗於景延廣，故自兵興，契丹凡所書檄，未嘗不以此兩人爲言。耶律德光犯京師，遣張彥澤遺太后書，問此兩人在否，可使先來。而帝以維翰嘗議毋絕盟而已違之也，不欲使維翰見德光，因諷彥澤圖之，而彥澤亦利其貲產。維翰狀貌既異，素以威嚴自持，晉之老將大臣，見者無不屈服，彥澤以驍捍自矜，每往候之，雖冬月未嘗不流汗。初，彥澤入京師，左右勸維翰避禍，維翰曰：「吾爲大臣，國家至此，安所逃死邪！」安坐府中不動。彥澤以兵入，問：「維翰何在？」維翰厲聲曰：「吾，晉大臣，自當死國，安得無禮邪！」彥澤股栗不敢仰視，退而謂人曰：「吾不知桑維翰何如人，今日見之，猶使人恐懼如此，其可再見乎？」乃以帝命召維翰。維翰行，遇李崧，立馬而語，軍吏前白維翰，請赴侍衞司獄。維翰知不免，顧崧曰：「相公當國，使維翰獨死？」崧慚不能對。是夜，彥澤使人縊殺之，以帛加頸，告德光曰：「維翰自縊。」德光曰：「我本無心殺維翰，維翰何必自致。」德光至京師，使人檢其尸，信爲縊死，乃以尸賜其家，而貲財悉爲彥澤所掠。

景延廣

景延廣字航川，陝州人也。父建善射，嘗教延廣曰：「射不入鐵，不如不發。」由是延廣以挽彊見稱。事梁邵王友誨，友誨謀反被幽，延廣亡去。後從王彥章戰中都，彥章敗，延廣身被數創，僅以身免。

明宗時，朱守殷以汴州反，晉高祖爲六軍副使，主誅從守殷反者。延廣爲汴州軍校當誅，高祖惜其才，陰縱之使亡，後錄以爲客將。高祖卽位，以爲侍衞步軍都指揮使，領果州團練使，徙領寧江軍節度使。天福四年，出鎭義成，又徙保義，復召爲侍衞馬步軍都虞候，徙鎭河陽三城，遷馬步軍都指揮使，領天平。

高祖崩，出帝立，延廣有力，頗伐其功。初，出帝立，晉大臣議告契丹，致表稱臣，延廣獨不肯，但致書稱孫而已，大臣皆知其不可而不能奪。契丹果怒，數以責晉，延廣謂契丹使者喬瑩曰：「先皇帝北朝所立，今天子中國自册，可以爲孫，而不可爲臣。且晉有橫磨大劍十萬口，翁要戰，則來，佗日不禁孫子，取笑天下。」瑩知其言必起兩國之爭，懼後無以取信也，因請載于紙，以備遺忘。延廣敕吏具載以授瑩，瑩藏其書衣領中以歸，具以延廣語告契丹，契丹益怒。

天福八年秋，出帝幸大年莊還，置酒延廣第。延廣所進器服、鞍馬、茶牀、椅榻皆裹金銀，飾以龍鳳。又進帛五千匹，綿一千四百兩，馬二十二匹，玉鞍、衣襲、犀玉、金帶等，請賜從官，自皇弟重睿，下至伴食刺史、重睿從者各有差。帝亦賜延廣及其母、妻、從事、押衙、孔目官等稱是。時天下旱、蝗，民餓死者歲十數萬，而君臣窮極奢侈以相誇尚如此。

明年春，契丹入寇，延廣從出帝北征爲御營使，相拒澶、魏之間。先鋒石公霸遇虜於戚城，高行周、符彥卿兵少不能救，馳騎促延廣益兵，延廣按兵不動。三將被圍數重，帝自御軍救之，三將得出，皆泣訴。然延廣方握親兵，恃功恣橫，諸將皆由其節度，帝亦不能制也。契丹嘗呼晉人曰：「景延廣喚我來，何不速戰？」是時，諸將皆力戰，而延廣未嘗見敵。契丹已去，延廣獨閉壁不敢出。自延廣一言而契丹與晉交惡，凡號令征伐一出延廣，晉大臣皆不得與，故契丹凡所書檄，未嘗不以延廣爲言。契丹去，出帝還京師，乃出延廣爲河南尹，留守西京。明年，出帝幸澶淵，以延廣從，皆無功。

延廣居洛陽，鬱鬱不得志。見晉日削，度必不能支契丹，乃爲長夜之飲，大治第宅，園置妓樂，惟意所爲。後帝亦追悔，遣供奉官張暉奉表稱臣以求和，德光報曰：「使桑維翰、景延廣來，而割鎭、定與我，乃可和。」晉知其不可，乃止。契丹至中渡，延廣屯河陽，聞杜重威降，乃還。

德光犯京師，行至相州，遣騎兵數千雜晉軍渡河趨洛，以取延廣，戒曰：「延廣南奔吳，西走蜀，必追而取之。」而延廣顧慮其家，未能引決，虜騎奄至，乃與從事閻丕馳騎見德光於

封丘，并丕見鎖。延廣曰：「丕，臣從事也，以職相隨，何罪而見鎖？」丕乃得釋。德光責延廣曰：「南北失懽，皆因爾也。」召喬瑩質其前言，延廣初不服，瑩從衣領中出所藏書，延廣乃服。因以十事責延廣，每服一事，授一牙籌，授至八籌，延廣以面伏地，不能仰視，遂叱而鎖之。將送之北行，至陳橋，止民家。夜分，延廣伺守者殆，引手扼吭而死，時年五十六。漢高祖時，贈侍中。

嗚呼，自古禍福成敗之理，未有如晉氏之明驗也！其始以契丹而興，終爲契丹所滅。然方其以逆抗順，大事未集，孤城被圍，外無救援，而徒將一介之命，持片舌之彊，能使契丹空國興師，應若符契，出危解難，遂成晉氏，當是之時，維翰之力爲多。及少主新立，釁結兵連，敗約起爭，發自延廣。然則晉氏之事，維翰成之，延廣壞之，二人之用心者異，而其受禍也同，其故何哉？蓋夫本末不順而與夷狄共事者，常見其禍，未見其福也。可不戒哉！可不戒哉！

吳巒

吳巒字寶川，鄆州盧縣人也。少舉明經不中，清泰中爲大同沙彥珣節度判官。晉高祖起太原，召契丹爲援，契丹過雲州，彥珣出城迎謁，爲契丹所虜。城中推巒主州事，巒即閉門拒守，契丹以兵圍之。高祖入立，以雲州入于契丹，而巒猶守城不下，契丹圍之凡七月。高祖義巒所爲，乃以書告契丹，使解兵去。高祖召巒，以爲武寧軍節度副使、諫議大夫、復州防禦使。

出帝即位，與契丹絕盟，河北諸州皆警，以謂貝州水陸之衝，緩急可以轉餉，乃積芻粟數十萬，以王令溫爲永清軍節度使。令溫牙將邵珂，素驕佷難制，令溫奪其職。珂閑居無憀，乃陰使人亡入契丹，言貝州積粟多而無兵守，可取。令溫以事朝京師，心頗疑珂，乃質其子崇範以自隨。晉大臣以巒前守雲州七月，契丹不能下，乃遣巒馳驛代令溫守貝州。巒善撫士卒，會天大寒，裂其帷幄以衣士卒，士卒皆愛之。珂因求見巒，願自效，巒推心信之。開運元年正月，契丹南寇，圍貝州，巒命珂守南門。契丹圍三日，四面急攻之，巒從城上投薪草焚其梯衝殆盡。已而珂自南門引契丹入，巒守東門方戰，而左右報珂反，巒顧城中已亂，即投井死。而令溫家屬爲契丹所虜，出帝憫之，以令溫爲武勝軍節度使，後累歷方鎮，周顯德中卒。令溫，瀛州河間人也㈠。

㈠ 王令溫縱邵珂而質其子矣，巒不能察其奸，反委以兵。及契丹入貝州，又不拒戰，遽投井死，其死不足貴，故不列於死事。

新五代史卷三十

漢臣傳第十八

蘇逢吉

蘇逢吉，京兆長安人也。漢高祖鎮河東，父悅爲高祖從事，逢吉常代悅作奏記，悅乃言之高祖。高祖召見逢吉，精神爽秀，憐之，乃以爲節度判官。

高祖性素剛嚴，賓佐稀得請見，逢吉獨入，終日侍立高祖書閤中。兩使文簿盈積，莫敢通，逢吉輒取內之懷中，伺高祖色可犯時以進之，高祖多以爲可，以故甚愛之。然逢吉爲人貪詐無行，喜爲殺戮。高祖嘗以生日遣逢吉疏理獄囚以祈福，謂之「靜獄」。逢吉入獄中閱囚，無輕重曲直悉殺之，以報曰：「獄靜矣。」

高祖建號，拜逢吉中書侍郎、同中書門下平章事。是時，制度草創，朝廷大事皆出逢吉，逢吉以爲已任。然素不學問，隨事裁決，出其意見，是故漢世尤無法度，而不施德政，民

莫有所稱焉。

高祖既定京師，逢吉與蘇禹珪同在中書，除吏多違舊制。逢吉尤納貨賂，市權鬻官，謗者讙譁。然高祖方倚信二人，故莫敢有告者。鳳翔李永吉初朝京師，逢吉以永吉故秦王從曮子，家世王侯，當有奇貨，使人告永吉，許以一州，而求其先王玉帶，永吉以無爲解，逢吉乃使人市一玉帶，直數千緡，責永吉償之；前客省使王筠自晉末使楚，至是還，逢吉意筠得楚王重賂，遣人求之，許以一州，筠怏怏，以其橐裝之半獻之。而皆不得州。

晉相李崧從契丹以北，高祖入京師，以崧第賜逢吉，而崧別有田宅在西京，逢吉遂皆取之。崧自北還，因以宅券獻逢吉，逢吉不悅，而崧子弟數出怨言。其後，逢吉乃誘人告崧與弟嶼、義等，下獄，崧款自誣伏，「與家僮二十人，謀因高祖山陵爲亂」。獄上中書，逢吉改「二十人」爲「五十人」，遂族崧家。

是時，天下多盜，逢吉自草詔書下州縣，凡盜所居本家及鄰保皆族誅。或謂逢吉曰：「爲盜族誅，已非王法，況鄰保乎！」逢吉恡以爲是，不得已，但去族誅而已。於是鄆州捕賊使者張令柔盡殺平陰縣十七村民數百人。衞州刺史葉仁魯聞部有盜，自帥兵捕之。時村民十數共逐盜，入于山中，盜皆散走。仁魯從後至，見民捕盜者，以爲賊，悉擒之，斷其腳筋，暴之山麓，宛轉號呼，累日而死。聞者不勝其冤，而逢吉以仁魯爲能，由是天下因盜殺人

滋濫。

逢吉已貴，益爲豪侈，謂中書堂食爲不可食，乃命家廚進羞，日極珍善。繼母死，不服喪。妻武氏卒，諷百官及州鎮皆輸綾絹爲喪服。武氏未期，除其諸子爲官。有庶兄自外來，未白逢吉而見其諸子，逢吉怒，託以它事告於高祖，杖殺之。

逢吉嘗從高祖征鄴，數使酒辱周太祖於軍中，太祖恨之。其後隱帝立，逢吉素善李濤，諷濤請罷太祖與楊邠樞密。李太后怒濤離間大臣，罷濤相，以楊邠兼平章事，事悉關決。逢吉、禹珪由是備位而已。乾祐二年，加拜司空。

周太祖鎮鄴，不落樞密使，逢吉以謂樞密之任，方鎮帶之非便，與史弘肇爭，於是卒如弘肇議。弘肇怨逢吉異己，已而會王章第，使酒坐中，弘肇怒甚。逢吉謀求出鎮以避之，既而中輟，人問其故，逢吉曰：「苟捨此而去，史公一處分，吾虀粉矣！」

是時，隱帝少年，小人在側。弘肇等威制人主，帝與左右李業、郭允明等皆患之。逢吉每見業等，以言激之，業等卒殺弘肇，即以逢吉權知樞密院。方命草麻，聞周太祖起兵，乃止。逢吉夜宿金祥殿東閣，謂司天夏官正王處訥曰：「昨夕未瞑，已見李崧在側，生人接死者，無吉事也。」周太祖至北郊，官軍敗于劉子陂。逢吉宿七里，夜與同舍酣飮，索刀將自殺，爲左右所止。明日與隱帝走趙村，自殺於民舍。周太祖定京師，梟其首，適當李崧被刑

之所。廣順初，賜其子西京莊井宅一區。

史弘肇

史弘肇字化元，鄭州滎澤人也。爲人驍勇，走及奔馬。梁末，調民七戶出一兵，弘肇爲兵，隸開道指揮，選爲禁兵。漢高祖典禁兵，弘肇爲軍校。其後，漢高祖鎮太原，使將武節左右指揮，領雷州刺史。高祖建號於太原，代州王暉拒命，弘肇攻破之，以功拜忠武軍節度使、侍衞步軍都指揮使。

是時契丹北歸，留耿崇美攻王守恩於潞州。高祖遣弘肇前行擊之，崇美敗走，守恩以城歸漢。而河陽武行德、澤州翟令奇等，皆迎弘肇自歸。弘肇入河陽，高祖從後至，遂入京師。

弘肇爲將，嚴毅寡言，麾下嘗少忤意，立檛殺之，軍中爲股慄，以故高祖起義之初，弘肇行兵所至，秋毫無犯，兩京帖然。遷侍衞親軍馬步軍都指揮使，領歸德軍節度使、同中書門下平章事。高祖疾大漸，與楊邠、蘇逢吉等同授㊀顧命。

㊀一作受。

隱帝時，河中李守貞、鳳翔王景崇、永興趙思綰等皆反，關西用兵，人情恐懼，京師之民，流言以相驚恐。弘肇出兵警察，務行殺戮，罪無大小皆死。是時太白晝見，民有仰觀者，輒腰斬于市。市有醉者忤一軍卒，誣其訛言，坐棄市。凡民抵罪，吏以白弘肇，但以三指示之，吏即腰斬之。又爲斷舌、決口、斮筋、折足之刑。李崧坐奴告變族誅，弘肇取其幼女以爲婢。於是前資故將失職之家，姑息僮奴，而廝養之輩，往往脅制其主。侍衞孔目官解暉狡酷，因緣爲姦，民抵罪者，莫敢告訴。燕人何福進有玉枕，直錢十四萬，遣僮賣之淮南以鬻茶。僮隱其錢，福進笞責之，僮乃誣告福進得趙延壽玉枕，以遺吳人。弘肇捕治，福進棄市，帳下分取其妻子，而籍其家財。

弘肇不喜賓客，嘗言：「文人難耐，呼我爲卒。」

弘肇領歸德，其副使等月率私錢千緡爲獻。潁州麴場官麴温與軍將何拯爭官務〔二〕，訟之三司，三司直温。拯訴之弘肇，弘肇以謂潁己屬州，而温不先白己，乃追温殺之，連坐者數十人。

周太祖平李守貞，推功羣臣，弘肇拜中書令。隱帝自關西罷兵，漸近小人，與後贊、李業等嬉遊無度，而太后親族頗行干託，弘肇與楊邠稍裁抑之。太后有故人子求補軍職，弘肇輒斬之。帝始聽樂，賜教坊使等玉帶、錦袍，往謝弘肇，弘肇怒曰：「健兒爲國征行者未

有偏賜，爾曹何功，敢當此乎！」悉取所賜還官。

周太祖出鎮魏州，弘肇議帶樞密行，蘇逢吉、楊邠以爲不可，弘肇恨之。明日，會飮竇貞固第，弘肇厲聲舉爵屬太祖曰：「昨日廷論，何爲異同？今日與公飮此。」逢吉與邠亦舉大爵曰：「此國家事也，何必介意乎！」遂俱飮釂。弘肇曰：「安朝廷，定禍亂，直須長槍大劍，若『毛錐子』安足用哉？」三司使王章曰：「無『毛錐子』，軍賦何從集乎？」「毛錐子」，蓋言筆也。弘肇默然。他日，會飮章第，酒酣，爲手勢令，弘肇不能爲，客省使閻晉卿坐次弘肇，屢教之。蘇逢吉戲曰：「坐有姓閻人，何憂罰爵！」弘肇妻閻氏，酒家倡，以爲譏己，大怒，以醜語詬逢吉，逢吉不校。弘肇欲毆之，逢吉先出。弘肇起索劍欲追之，楊邠泣曰：「蘇公，漢宰相，公若殺之，致天子何地乎？」弘肇馳馬去，邠遂至第而還。由是將相如水火。隱帝遣王峻置酒公子亭和解之。

是時，李業、郭允明、後贊、聶文進等用事，不喜執政。而隱帝春秋漸長，爲大臣所制，數有忿言，業等乘間譖之，以謂弘肇威震人主，不除必爲亂。隱帝頗欲除之。夜聞作坊鍛甲聲，以爲兵至，達旦不寐。由是與業等密謀禁中。乾祐三年冬十月十三日，弘肇與楊邠、王章等入朝，坐廣政殿東廡，甲士數十人自內出，擒弘肇、邠、章斬之，并族其三家。弘肇已死，帝坐崇元殿召羣臣，告以弘肇等謀反，羣臣莫能對。又召諸軍校見於萬歲

殹，帝曰：「弘肇等專權，使汝曹常憂橫死，今日吾得爲汝主矣！」軍校皆拜。周太祖卽位，追封弘肇鄭王，以禮歸葬。

楊邠

楊邠，魏州冠氏人也。少爲州掌籍吏，租庸使孔謙領度支，補邠勾押官，歷孟、華、鄆三州糧料院使。事漢高祖爲右都押衙，高祖卽位，拜樞密使。

邠出於小吏，不喜文士，與蘇逢吉等內相排忌。逢吉諷李濤上疏罷邠與周太祖樞密使，邠泣訴李太后前，太后怒，罷濤相，加邠中書侍郎兼吏部尚書、同平章事。是時，逢吉、禹珪頗以私賄除吏，多繆。邠爲相，事無大小，必先示邠，邠以爲可，乃入白，而深革逢吉所爲，凡門蔭出身，諸司補吏者，一切罷之。

邠雖長於吏事，而不知大體，以謂爲國家者，帑廩實，甲兵完而已，禮樂文物皆虛器也。以故秉大政而務苛細，凡前資官不得居外，而天下行旅，皆給過所然後得行。旬日之間，人情大擾，邠度不可行而止。

邠常與王章論事帝前，帝曰：「事行之後，勿使有言也！」邠遽曰：「陛下但禁聲，有臣

在。」聞者爲之戰慄。李太后弟業求爲宣徽使，帝與太后私以問邠，邠止以爲不可。帝欲立所愛耿夫人爲后，邠又以爲不可；夫人死，將以后禮葬之，邠又以爲不可。由是隱帝大怒，而左右乘間構之，與史弘肇等同日見殺。

邠爲人頗儉靜，四方之賂雖不却，然往往以獻於帝。居家謝絕賓客，晚節稍通縉紳，延客門下。知史傳有用，乃課吏傳寫。未幾，及於禍。周太祖卽位，追封弘農王。

王章

王章，魏州南樂人也。爲州孔目官，張令昭逐節度使劉延皓，章事令昭。令昭敗，章婦翁白文珂與副招討李周善，乃以章託周。周匿章褚中，以橐駝負之洛陽，藏周第。唐滅，章乃出，爲河陽糧料使。漢高祖典禁兵，補章孔目官，從之太原。

高祖卽位，拜三司使、檢校太尉。高祖崩，隱帝卽位，加太尉、同中書門下平章事。是時，漢方新造，承契丹之後，京師空乏，而關西三叛作，周太祖用兵西方，章供饋軍旅，未嘗乏絕。然征利剝下，民甚苦之。往時民租一石輸二升爲「雀鼠耗」，章乃增一石輸二斗爲「省耗」；緡錢出入，皆以八十爲陌，章減其出者陌三；州縣民訴田者，必全州縣覆之，以括

其隱田。天下由此重困。然尤不喜文士，嘗語人曰：「此輩與一把算子，未知顚倒，何益於國邪！」百官俸廩皆取供軍之餘不堪者，命有司高估其價，估定又增，謂之「擡估」，章猶意不能滿，往往復增之。民有犯鹽、礬、酒麴者，無多少皆抵死，吏緣爲姦，民莫堪命。已而與史弘肇等同日見殺。

劉銖

劉銖，陝州人也。少爲梁邵王牙將，與漢高祖有舊，高祖鎭太原，以爲左都押衙。銖爲人慘酷好殺戮，高祖以爲勇斷類己，特信用之。高祖卽位，拜永興軍節度使，徙鎭平盧，加檢校太師、同平章事，又加侍中。

是時，江淮不通，吳越錢鏐使者常泛海以至中國。而濱海諸州皆置博易務，與民貿易。民負失期者，務吏擅自攝治，置刑獄，不關州縣。而前爲吏者，納其厚賂，縱之不問。民頗爲苦，銖乃一切禁之。然銖用法，亦自爲刻深。民有過者，問其年幾何，對曰若干，卽隨其數杖之，謂之「隨年杖」。每杖一人，必兩杖俱下，謂之「合歡杖」。又請增民租，畝出錢三十以爲公用，民不堪之。隱帝患銖剛暴，召之，懼不至。是時，沂州郭淮攻南唐還，以兵駐青州，隱帝

乃遣符彥卿往代銖。銖顧禁兵在，莫敢有異意，乃受代還京師。

銖嘗切齒於史弘肇、楊邠等，已而弘肇等死，銖謂李業等曰：「諸君可謂僂儸兒矣。」權知開封府，周太祖兵犯京師，銖悉誅太祖與王峻等家屬。太祖入京師，銖妻裸露以席自蔽，與銖俱見執。銖謂其妻曰：「我則死矣，汝應與人爲婢。」太祖使人責銖曰：「與公共事先帝，獨無故人之情乎？吾家屠滅，雖有君命，加之酷毒，一何忍也。今公亦有妻子，獨念之乎？」銖曰：「爲漢誅叛臣爾，豈知其佗。」是時，太祖方欲歸人心，乃與羣臣議曰：「劉侍中墜馬傷甚，而軍士逼辱，迨有微生，吾欲奏太后，貸其家屬，何如？」羣臣皆以爲善。乃止殺銖，與李業等梟首於市，赦其妻子。太祖卽位，賜陝州莊宅各一區。

李業

李業，高祖皇后之弟也。后昆弟七人，業最幼，故尤憐之。高祖時，以爲武德使。隱帝卽位，業以皇太后故，益用事，無顧憚。時天下旱、蝗，黃河決溢，京師大風拔木，壞城門，宮中數見怪物投瓦石、撼門扉。隱帝召司天趙延乂問禳除之法，延乂對曰：「臣職天象日時，察其變動，以考順逆吉凶而已，禳除之事，非臣所知也。然臣所聞，殆山魈也。」皇太后乃召

尼誦佛書以禳之，一尼如廁，既還，悲泣不知人者數日，及醒訊之，莫知其然。而帝方與業及聶文進、後贊、郭允明等狎昵，多爲廋語相誚戲，放紙鳶于宮中。太后數以灾異戒帝，不聽。

時宣徽使闕，業欲得之，太后亦遣人諷大臣。大臣楊邠、史弘肇等皆以爲不可。業由此怨望，謀殺邠等。邠等已死，又遣供奉官孟業以詔書殺郭威于魏州。威舉兵反，隱帝遣左神武統軍袁義、侍衞馬軍都指揮使閻晉卿等率兵拒威于澶淵，兵未出，威已至滑州，帝大懼，謂大臣曰：「昨太草草耳。」業請出府庫以賚軍，宰相蘇禹珪以爲未可，業拜禹珪於帝前曰：「相公且爲官家勿惜府庫。」乃詔賜京師兵及魏兵從威南者錢人十千，督其子弟作書，以告北兵之來者。及漢兵敗于北郊，業取內庫金寶，懷之以奔其兄保義軍節度使洪信，洪信拒而不納。業走至絳州，爲人所殺。

聶文進

聶文進，并州人也。少爲軍卒，善書算，給事漢高祖帳中。高祖鎮太原，以爲押司官。高祖即位，歷拜領軍屯衞將軍、樞密院承旨。周太祖爲樞密使，頗親信之，文進稍橫恣。遷

右領軍大將軍，入謝，召諸將軍設食朝堂，儀鸞、翰林、御廚供帳飲食，文進自如，有司不敢劾。

周太祖鎮鄴，文進等用事居中，及謀殺楊邠等，文進夜作詔書，制置中外。邠等已死，文進點閱兵籍，指麾殺戮，以爲己任。周太祖在鄴聞邠等遇害，初以爲文進不與，及發詔書，皆文進手跡，乃大詬之。

周兵至京師，隱帝敗于北郊，太后懼，使謂文進善衞帝，對曰：「臣在此，百郭威何害！」慕容彥超敗走，帝宿于七里，文進夜與其徒飲酒，歌呼自若。明旦，隱帝遇弒，文進亦自殺。

後贊

後贊，兗州瑕丘人。其母，倡也。贊幼善謳，事張延朗。延朗死，贊更事漢高祖，高祖愛之，以爲牙將。高祖即位，拜飛龍使，隱帝尤愛幸之。楊邠等執政，贊久不得遷，乃共謀殺邠等。邠等死，隱帝悔之，贊與允明等番休侍帝，不欲左右言己短。隱帝兵敗北郊，贊奔兗州，慕容彥超執送京師，梟首于市。

郭允明

郭允明，少爲漢高祖廝養，高祖愛之，以爲翰林茶酒使。隱帝尤狎愛之，允明益驕橫無顧避，大臣不能禁。

允明使荊南高保融，車服導從如節度使，保融待之甚厚。允明乃陰使人步測其城池高下，若爲攻取之計者，以動之。荊人皆恐，保融厚賂以遣之。遷飛龍使。

已而李業與允明謀殺楊邠等，是日無雲而昏，霧雨如泣，日中，載邠等十餘尸暴之市中。允明手殺邠等諸子於朝堂西廡，王章壻張貽肅血流逆注。隱帝敗于北郊，還至封丘門，不得入，帝走趙村，允明從後追之，弒帝于民舍，乃自殺。

校勘記

〔一〕何𢮎　貴池本同。他本皆作「陳𢮎」。

新五代史卷三十一

周臣傳第十九

王朴

王朴字文伯，東平人也。少舉進士，爲校書郎，依漢樞密使楊邠。邠與王章、史弘肇等有隙，朴見漢興日淺，隱帝年少孱弱，任用小人，而邠爲大臣，與將相交惡，知其必亂，乃去邠東歸。後李業等教隱帝誅權臣，邠與章、弘肇皆見殺，三家之客多及，而朴以故獨免。周世宗鎭澶州，朴爲節度掌書記。世宗爲開封尹，拜朴右拾遺，爲推官。世宗卽位，遷比部郎中，獻平邊策，曰：

唐失道而失吳、蜀，晉失道而失幽、幷。觀所以失之之由，知所以平之之術。當失之時，君暗政亂，兵驕民困，近者姦於內，遠者叛於外，小不制而至于僭，大不制而至于濫，天下離心，人不用命，吳、蜀乘其亂而竊其號，幽、幷乘其間而據其地。平之之術，

在乎反唐、晉之失而已。必先進賢退不肖，以淸其時；用能去不能，以審其材；恩信號令，以結其心；賞功罰罪，以盡其力；恭儉節用，以豐其財；徭役以時，以阜其民。俟其倉廩實、器用備、人可用而舉之。彼方之民，知我政化大行，上下同心，力彊財足，人安將和，有必取之勢，則知彼情狀者願爲之間諜，知彼山川者願爲之先導。彼民與此民之心同，是與天意同；與天意同，則無不成之功。

攻取之道，從易者始。當今惟吳易圖，東至海，南至江，可撓之地二千里。從少備處先撓之，備東則撓西，備西則撓東，彼必奔走以救其弊，奔走之間，可以知彼之虛實、衆之彊弱，攻虛擊弱，則所向無前矣。勿大舉，但以輕兵撓之。彼人怯弱，知我師入其地，必大發以來應，數大發則民困而國竭，一不大發則我獲其利。彼竭我利，則江北諸州乃國家之所有也。既得江北，則用彼之民，揚我之兵，江之南亦不難而平之也。如此，則用力少而收功多。得吳，則桂、廣皆爲內臣，岷、蜀可飛書而召之。如不至，則四面並進，席卷而蜀平矣。吳、蜀平，幽可望風而至。唯幷必死之寇，不可以恩信誘，必須以彊兵攻，力已竭，氣已喪，不足以爲邊患，可爲後圖。方今兵力精練，器用具備，羣下知法，諸將用命，一稔之後，可以平邊。

臣書生也，不足以講大事，至于不達大體，不合機變，惟陛下寬之！

遷左諫議大夫，知開封府事。歲中，遷左散騎常侍，充端明殿學士。是時，世宗新卽位，銳意征伐，已撓羣議，親敗劉旻於高平，歸而益治兵，慨然有平一天下之志。數顧大臣問治道，選文學之士徐台符等二十人，使作爲君難爲臣不易論及平邊策，朴在選中。而當時文士皆不欲上急於用武，以謂平定僭亂，在修文德以爲先。惟翰林學士陶穀、竇儀、御史中丞楊昭儉與朴皆言用兵之策，朴謂江淮爲可先取。世宗雅已知朴，及見其議論偉然，益以爲奇，引與計議天下事，無不合，遂決意用之。顯德三年，征淮，以朴爲東京副留守。還，拜戶部侍郎、樞密副使，遷樞密使。四年，再征淮，以朴留守京師。

世宗之時，外事征伐，而內修法度。朴爲人明敏多材智，非獨當世之務，至於陰陽律曆之法，莫不通焉。顯德二年，詔朴校定大曆，乃削去近世符天流俗不經之學，設通、經、統三法，以歲軌離交朔望周變率策之數，步日月五星，爲欽天曆。六年，又詔朴考正雅樂，朴以謂十二律管互吹，難得其眞，乃依京房爲律準，以九尺之絃十三，依管長短寸分設柱，用七聲爲均，樂成而和。

朴性剛果，又見信於世宗，凡其所爲，當時無敢難者，然人亦莫能加也。世宗征淮，朴留京師，廣新城，通道路，壯偉宏闊，今京師之制，多其所規爲。其所作樂，至今用之不可變。其陳用兵之略，非特一時之策。至言諸國興滅次第云：「淮南可最先取，幷必死之寇，

最後亡。」其後宋興，平定四方，惟幷獨後服，皆如朴言。

六年春，世宗遣朴行視汴口，作斗門，還，過故相李穀第，疾作，仆于坐上，舁歸而卒，年五十四。世宗臨其喪，以玉鉞叩地，大慟者數四。贈侍中。

鄭仁誨

鄭仁誨字日新，太原晉陽人也。初，事唐將陳紹光。紹光爲人驍勇而好使酒，嘗因醉怒仁誨，拔劍欲殺之，左右皆奔走，仁誨植立不動，無懼色，紹光擲劍于地，撫仁誨曰：「汝有器量，必富貴，非吾所及也。」仁誨後棄紹光去，還鄕里，事母以孝聞。

漢高祖爲河東節度使，周太祖居帳下，時時往過仁誨，與語甚懽。每事有疑，卽從仁誨質問，仁誨所對不阿，周太祖益奇之。漢興，周太祖爲樞密使，乃召仁誨用之，累官至內客省使。太祖破李守貞於河中，軍中機畫，仁誨多所參決。太祖入立，以仁誨爲大內都點檢、恩州團練使、樞密副使，累遷宣徽北院使，出爲鎭寧軍節度使。顯德元年，拜樞密使。世宗攻河東，仁誨留守東都。明年冬，以疾卒。世宗將臨其喪，有司言歲不利臨喪，世宗不聽，乃先以桃茢而臨之。

仁誨自其微時，常爲太祖謀畫，及居大位，未嘗有所聞，而太祖、世宗皆親重之，然亦能謙謹好禮，不自矜伐，爲士大夫所稱。贈中書令，追封韓國公，謚曰忠正。

扈載

扈載字仲熙，北燕人也。少好學，善屬文。廣順初，舉進士高第，拜校書郎，直史館。再遷監察御史。其爲文章，以辭多自喜。常次歷代有國廢興治亂之迹爲運源賦，甚詳。又因遊相國寺，見庭竹可愛，作碧鮮賦，題其壁，世宗聞之，遣小黃門就壁錄之，覽而稱善，因拜水部員外郎、知制誥。遷翰林學士，賜緋，而載已病，不能朝謝。居百餘日，乃力疾入直學士院。世宗憐之，賜告還第，遣太醫視疾。

初，載以文知名一時，樞密使王朴尤重其才，薦於宰相李穀，久而不用，朴以問穀曰：「扈載不爲舍人，何也？」穀曰：「非不知其才，然載命薄，恐不能勝。」朴曰：「公爲宰相，以進賢退不肖爲職，何言命邪？」已而召拜知制誥。及爲學士，居歲中病卒，年三十六。議者以穀能知人而朴能薦士。

是時，天子英武，樂延天下奇才，而尤禮文士；載與張昭、竇儼、陶穀、徐台符等俱被進用。穀居數人中，文辭最劣，尤無行。昭、儼數與論議，其文粲然，而穀徒能先意所在，以進諛取合人主，事無大小，必稱美頌贊，至於廣京城、爲木偶耕人、紫芝白兎之類，皆爲頌以獻，其辭大抵類俳優。而載以不幸早卒，論議雖不及昭、儼，而不爲穀之諛也。

嗚呼！作器者，無良材而有良匠；治國者，無能臣而有能君。蓋材待匠而成，臣待君而用。故曰，治國譬之於奕，知其用而置得其處者勝，不知其用而置非其處者敗。敗者臨棊注目，終日而勞心，使善奕者視焉，爲之易置其處則勝矣。勝者所用，敗者之棊也；興國所用，亡國之臣也。王朴之材，誠可謂能矣。不遇世宗，何所施哉？世宗之時，外事征伐，攻取戰勝；內修制度，議刑法，定律曆，講求禮樂之遺文，所用者五代之士也，豈皆愚怯於晉、漢，而材智於周哉？惟知所用爾。

夫亂國之君，常置愚不肖於上，而彊其不能，以暴其短惡，置賢智於下，而泯沒其材能，使君子、小人皆失其所，而身蹈危亡。治國之君，能置賢智於近，而置愚不肖於遠，使君子、小人各適其分，而身享安榮。治亂相去雖遠甚，而其所以致之者不多也，反其所置而已。嗚呼，自古治君少而亂君多，況於五代，士之遇不遇者，可勝歎哉！

新五代史

宋　歐陽修　撰
宋　徐無黨　註

第二冊

卷三二至卷五七（傳）

中華書局

新五代史卷三十二

死節傳第二十

語曰：「世亂識忠臣。」誠哉！五代之際，不可以爲無人，吾得全節之士三人焉，作死節傳。

王彥章 裴約 劉仁瞻附

王彥章字子明，鄆州壽張人也〔一〕。少爲軍卒，事梁太祖，爲開封府押衙、左親從指揮使、行營先鋒馬軍使。末帝卽位，遷濮州刺史，又徙澶州刺史。彥章爲人驍勇有力，能跣足履棘行百步。持一鐵鎗，騎而馳突，奮疾如飛，而佗人莫能舉也，軍中號王鐵鎗。

梁、晉爭天下爲勁敵，獨彥章心常輕晉王，謂人曰：「亞次鬭雞小兒耳，何足懼哉！」梁分魏、相六州爲兩鎮，懼魏軍不從，遣彥章將五百騎入魏，屯金波亭以虞變。魏軍果亂，夜

攻彥章，彥章南走，魏人降晉。晉軍攻破澶州，虜彥章妻子歸之太原，賜以第宅，供給甚備，間遣使者招彥章，彥章斬其使者以自絕。然晉人畏彥章之在梁也，必欲招致之，待其妻子愈厚。

自梁失魏、博，與晉夾河而軍，彥章常爲先鋒。遷汝鄭二州防禦使、匡國軍節度使、北面行營副招討使，又徙宣義軍節度使。是時，晉已盡有河北，以鐵鎖斷德勝口，築河南、北爲兩城，號「夾寨」。而梁末帝昏亂，小人趙巖、張漢傑等用事，大臣宿將多被讒間，彥章雖爲招討副使，而謀不見用。龍德三年夏，晉取鄆州，梁人大恐，宰相敬翔顧事急，以繩內靴中，入見末帝，泣曰：「先帝取天下，不以臣爲不肖，所謀無不用。今彊敵未滅，陛下棄忽臣言，臣身不用，不如死！」乃引繩將自經。末帝使人止之，問所欲言。翔曰：「事急矣，非彥章不可！」末帝乃召彥章爲招討使，以段凝爲副。末帝問破敵之期，彥章對曰：「三日。」左右皆失笑。

彥章受命而出，馳兩日至滑州，置酒大會，陰遣人具舟於楊村，命甲士六百人皆持巨斧，載冶者，具鞴炭，乘流而下。彥章會飲，酒半，佯起更衣，引精兵數千，沿河以趨德勝，舟兵舉鎖燒斷之，因以巨斧斬浮橋，而彥章引兵急擊南城，浮橋斷，南城遂破，蓋三日矣。是時莊宗在魏，以朱守殷守夾寨，聞彥章爲招討使，驚曰：「彥章驍勇，吾嘗避其鋒，非守殷敵也。」然彥章兵少，利於速戰，必急攻我南城。」卽馳騎救之，行二十里，而得夾寨報者曰：「彥章兵已至。」比至，而南城破矣。莊宗徹北城爲栰，下楊劉，與彥章俱浮于河，各行一岸，每舟栰相及輒戰，一日數十接。彥章至楊劉，攻之幾下。晉人築壘博州東岸，彥章引兵攻之，不克，還擊楊劉，戰敗。

是時，段凝已有異志，與趙巖、張漢傑交通，彥章素剛，憤梁日削，而嫉巖等所爲，嘗謂人曰：「俟吾破賊還，誅姦臣以謝天下。」巖等聞之懼，與凝叶力傾之。其破南城也，彥章與凝各爲捷書以聞，凝遣人告巖等匿彥章書而上己書，末帝初疑其事，已而使者至軍，獨賜勞凝而不及彥章，軍士皆失色。及楊劉之敗也，凝乃上書言：「彥章使酒輕敵而至於敗。」趙巖等從中日夜毀之，乃罷彥章，以凝爲招討使。彥章馳至京師入見，以笏畫地，自陳勝敗之迹，巖等諷有司劾彥章不恭，勒還第。

唐兵攻兗州，末帝召彥章使守捉東路。是時，梁之勝兵皆屬段凝，京師祇有保鑾五百騎，皆新捉募之兵，不可用，乃以屬彥章，而以張漢傑監之。彥章至遞坊，以兵少戰敗，退保中都；又敗，與其牙兵百餘騎死戰。唐將夏魯奇素與彥章善，識其語音，曰：「王鐵鎗也！」舉矟刺之，彥章傷重，馬踣，被擒。莊宗見之，曰：「爾常以孺子待我，今日服乎？」又曰：「爾善戰者，何不守兗州而守中都？中都無壁壘，何以自固？」彥章對曰：「大事已去，非人力可

爲！」莊宗惻然，賜藥以封其創。彥章武人不知書，常爲俚語謂人曰：「豹死留皮，人死留名。」其於忠義，蓋天性也。莊宗愛其驍勇，欲全活之，使人慰諭彥章，彥章謝曰：「臣與陛下血戰十餘年，今兵敗力窮，不死何待？且臣受梁恩，非死不能報，豈有朝事梁而暮事晉，生何面目見天下之人乎！」莊宗又遣明宗往諭之，彥章病創，卧不能起，仰顧明宗，呼其小字曰：「汝非邈佶烈乎？我豈苟活者？」遂見殺，年六十一。晉高祖時，追贈彥章太師。

與彥章同時有裴約者，潞州之牙將也。莊宗以李嗣昭爲昭義軍節度使，約以裨將守澤州。嗣昭卒，其子繼韜以澤、潞叛降于梁，約召其州人泣而諭曰：「吾事故使二十餘年，見其分財饗士，欲報梁仇，不幸早世。今郎君父喪未葬，違背君親，吾能死于此，不能從以歸梁也！」衆皆感泣。

梁遣董璋率兵圍之，約與州人拒守，求救於莊宗。是時，莊宗方與梁人戰河上，而已建大號，聞繼韜叛降梁，頗有憂色，及聞約獨不叛，喜曰：「吾於繼韜何薄？於約何厚？而約能分逆順邪！」顧符存審曰〔二〕：「吾不惜澤州與梁，一州易得，約難得也。爾識機便，爲我取約來。」存審以五千騎馳至遼州，而梁兵已破澤州，約見殺。

中華書局

至周世宗時，又有劉仁瞻者焉。

仁瞻字守惠，彭城人也。父金事楊行密，爲濠、滁二州刺史，以驍勇知名。仁瞻爲將，輕財重士，法令嚴肅，少略通兵書。事南唐，爲左監門衞將軍、黃袁二州刺史，所至稱治。李景使掌親軍，以爲武昌軍節度使。周師征淮，先遣李穀攻自壽春，景遣將劉彥貞拒周兵，以仁瞻爲淸淮軍節度使，鎭壽州。李穀退守正陽浮橋，彥貞見周兵之却，意其怯，急追之。仁瞻以爲不可，彥貞不聽，仁瞻獨按兵城守。彥貞果敗於正陽。世宗攻壽州，圍之數重，以方舟載礮，自淝河中流擊其城；又束巨竹數十萬竿，上施版屋，號爲「竹龍」，載甲士以攻之；又決其水砦入于淝河。攻之百端，自正月至于四月不能下，而歲大暑，霖雨彌旬，周兵營寨水深數尺，淮、淝暴漲，礮舟竹龍皆飄南岸，爲景兵所焚，周兵多死。世宗東趨濠梁，以李重進爲廬、壽都招討使。景亦遣其元帥齊王景達等列砦紫金山下，爲夾道以屬城中。而重進與張永德兩軍相疑不協，仁瞻屢請出戰，景達不許，由是憤惋成疾。

明年正月，世宗復至淮上，盡破紫金山砦，壞其夾道，景兵大敗，諸將往往見擒，而景之守將廣陵馮延魯、光州張紹、舒州周祚、泰州方訥、泗州范再遇等，或走或降，皆不能守，雖景君臣亦皆震懾，奉表稱臣，願割土地，輸貢賦，以效誠款，而仁瞻獨堅守，不可下。世宗使景所遣使者孫晟等至城下示之，仁瞻子崇諫幸其父病，謀與諸將出降，仁瞻立命斬之，監軍使周廷構哭于中門救之，不得，於是士卒皆感泣，願以死守。

三月，仁瞻病甚，已不知人，其副使孫羽詐爲仁瞻書，以城降。世宗命舁仁瞻至帳前，嘆嗟久之，賜以玉帶、御馬，復使入城養疾，是日卒。制曰〔三〕：「劉仁瞻盡忠所事，抗節無虧，前代名臣，幾人可比！予之南伐，得爾爲多。」乃拜仁瞻檢校太尉兼中書令、天平軍節度使。仁瞻不能受命而卒，年五十八。

世宗遣使弔祭，喪事官給，追封彭城郡王，以其子崇讃爲懷州刺史，賜莊宅各一區。李景聞仁瞻卒，亦贈太師。壽州故治壽春，世宗以其難克，遂徙城下蔡，而復其軍曰忠正軍，曰：「吾以旌仁瞻之節也。」

嗚呼，天下惡梁久矣！然士之不幸而生其時者，不爲之臣可也，其食人之祿者，必死人之事，如彥章者，可謂得其死哉！仁瞻既殺其子以自明矣，豈有垂死而變節者乎？今周世宗實錄載仁瞻降書，蓋其副使孫羽等所爲也。當世宗時，王環爲蜀守秦州，攻之久不下，其力屈而降，世宗頗嗟其忠，然止於爲大將軍。䙡世宗待二人之薄厚而考其制書，乃知仁瞻非降者也。自古忠臣義士之難得也！五代之亂，三人者，或出於軍卒，或出於僞國之臣，可勝嘆哉！可勝嘆哉！

校勘記

〔一〕鄆州壽張人　「張」，各本原作「昌」。按薛史卷二一王彥章傳及歐陽文忠公集卷三九王彥章畫像記均作「鄆州壽張人」，通鑑卷二六七亦稱「壽張王彥章」。考新、舊唐書地理志及太平寰宇記，鄆州惟有壽張縣，隸河南道；壽昌縣自屬沙州，隸隴右道（舊書隸河西道）。此當是「壽張」，據改。

〔二〕符存審　薛史卷二九唐莊宗紀、卷五二裴約傳及通鑑卷二七二均作「李紹斌」。

〔三〕復使入城養疾是日卒制曰　薛史卷一二九劉仁贍傳云：「（周世宗）復令入城養病，尋授天平軍節度使兼中書令，制出之日，薨於其家。」按通鑑卷二九三，劉仁贍入城養疾之日在戊申，制下在辛亥，是日劉仁贍卒。本史時序不清，疑有訛舛。

中華書局

新五代史卷三十三

死事傳第二十一

嗚呼甚哉！自開平訖于顯德，終始五十三年，而天下五代，士之不幸而生其時，欲全其節而不二者，固鮮矣。於此之時，責士以死與必去，則天下為無士矣。然其習俗，遂以苟生不去為當然。至於儒者，以仁義忠信為學，享人之祿，任人之國者，不顧其存亡，皆恬然以苟生為得，非徒不知愧，而反以其得為榮者，可勝數哉！故吾於死事之臣，有所取焉。君子之於人也，樂成其美而不求其備，況死者人之所難乎？吾於五代，得全節之士三人而已。其初無卓然之節，而終以死人之事者，得十有五人焉，而戰沒者不得與也。然吾取王淸、史彥超者，其有旨哉！其有旨哉！作死事傳㊀。

㊀不能立傳者五人：馬彥超附朱守殷傳，宋令詢、李遐、張彥卿、鄭昭業見於本紀而已。

張源德

張源德者，不知其世家，或曰本晉人也。少事晉，無所稱。從李罕之以潞州叛晉降梁，罕之遣源德見梁太祖。太祖時，源德自金吾衛將軍為蔡州刺史。

梁貞明三年〔二〕，魏博節度使楊師厚卒，末帝分魏、相等六州為兩鎮，懼魏軍不從，乃遣劉鄩將兵萬人，屯于魏以虞變。魏軍果叛，迫其節度使賀德倫以魏、博二州降晉。當是時，源德為鄩守貝州。晉王入魏，諸將欲先擊貝州，晉王曰：「貝城小而堅，攻之難卒下。且源德雖恃劉鄩之兵，然與滄州相首尾，今德州居其中而無備，不如先取之，則滄、貝之勢分而易圖也。」乃先襲破德州，然後以兵五千攻源德，源德堅守不下，晉軍塹而圍之。

已而劉鄩大敗于故元城，南走黎陽，晉軍攻破洺州，而衛州刺史來昭〔三〕、邢州節度使閻寶皆以城降晉，磁州刺史靳昭、相州張筠、滄州戴思遠皆棄城走。當此時，晉已先下全燕，而鎮、定皆附于晉，自河以北，山以東，四面千里，六鎮數十州之地皆歸晉，獨貝一州，圍之踰年不可下。源德守既堅，而貝人聞晉已盡有河北，城中食且盡，乃勸源德出降，源德不從，遂見殺。

源德已死，貝人謀曰：「晉圍吾久，吾窮而後降，懼皆不免也。」乃告于晉曰：「吾欲被甲執兵而降，得赦而後釋之，如何？」晉軍許諾，貝人三千出降，已釋甲，晉兵四面圍而盡殺之。

夏魯奇

夏魯奇字邦傑，青州人也。唐莊宗時，賜姓名曰李紹奇，其後莊宗賜姓名者，皆復其故。

魯奇初事梁為宣武軍校，後奔于晉，為衛護指揮使。從周德威攻劉守光於幽州，守光將單廷珪、元行欽以驍勇自負，魯奇每與二將鬬，輒不能解，兩軍皆釋兵而觀之。從戰晉已下魏博，梁將劉鄩軍于洹水，莊宗以百騎覘敵，遇鄩伏兵，圍之數重，幾不得脫，魯奇力戰，手殺百餘人，身被二十餘瘡，與莊宗決圍而出。莊宗益奇之，以為磁州刺史。從戰中都，擒王彥章，莊宗壯之，賜絹千疋，拜鄭州防禦使。遷河陽節度使，為政有惠愛。徙鎮忠武，河陽之人遮留不得行，父老詣京師乞留，明宗遣中使往諭之，魯奇乃得去。

唐師伐荊南，以魯奇為招討副使，無功而還。徙鎮武信，東川董璋反，攻遂州，魯奇閉

城拒之，旬月救兵不至，城中食盡，魯奇自刎死，年四十九㊀。

㊀吳巒兵猶可戰而不戰，魯奇食盡力竭而死，故取捨異。

姚洪

姚洪，本梁之小校也。自董璋為梁將，洪嘗事璋，後事唐為指揮使。長興中，遣洪將千人戍閬州。董璋反，遣人以書招洪，洪得璋書，輒投廁中。後璋兵攻破閬州，執洪，璋曰：「爾為健兒，我遇汝厚，奈何負我邪？」洪罵曰：「老賊！爾昔為李七郎奴，掃馬糞，得一臠殘炙，感恩不已。今天子用爾為節度使，何苦反邪？吾能為國家死，不能從人奴以生！」璋怒，然鑊于前，令壯士十人刲其肉而食，洪至死大罵。明宗聞之泣下，錄其二子，而厚卹其家。

王思同

王思同，幽州人也。其父敬柔，娶劉仁恭女，生思同。思同事仁恭為銀胡𩎟指揮使，仁

恭爲其子守光所囚，思同奔晉，以爲飛勝指揮使〔三〕。梁、晉相距于莘，遣思同築壘楊劉，以功遷神武十軍都指揮使，累遷鄭州防禦使。思同爲人敢勇，善騎射，好學，頗喜爲詩，輕財重義，多禮文士，然未嘗有戰功。

明宗時，以久次爲匡國軍節度使，徙鎮雄武。是時，吐蕃數爲寇，而秦州無亭障，思同列四十餘柵以禦之。居五年，來朝，明宗問以邊事，思同指畫山川，陳其利害。思同去，明宗顧左右曰：「人言思同不管事，能若是邪？」於是始知其材，以爲右武衛上將軍、京兆尹、西京留守。石敬瑭討董璋，思同爲先鋒指揮使，兵入劍門，而後軍不繼，思同與璋戰，不勝而卻。敬瑭兵罷，思同徙鎮山南西道，已而復爲京兆尹、西京留守。

應順元年二月，潞王從珂反鳳翔，馳檄四鄰，言姦臣幸先帝疾病，賊殺秦王而立幼嗣，侵弱宗室，動搖藩方，陳己所以興兵討亂之狀。因遣伶奴安十十以五絃諷思同，欲因其懽以通意。是時，諸鎮皆懷嚮背，所得潞王書檄，雖以上聞，而不絕其使。獨思同執十十及從珂所使推官郝詡等送京師。愍帝嘉其忠，即以思同爲西面行營馬步軍都部署。三月，會諸鎮兵圍鳳翔，破東西關城。從珂兵弱而守甚堅，外兵傷死者衆，從珂登城呼外兵而泣曰：「吾從先帝二十年，大小數百戰，甲不解體，金瘡滿身，士卒固嘗從我矣。今先帝新棄天下，而朝廷信用姦人，離間骨肉，我實何罪而見伐乎？」因慟哭。士卒聞者，皆悲憐之。興元張

虔釗攻城西，督戰甚急，士卒苦之，反兵攻虔釗，虔釗走。羽林指揮使楊思權呼曰：「潞王，吾主也！」乃引軍自西門入降從珂。而思同未知，猶督戰。嚴衛指揮使尹暉麾其衆曰：「城西軍入城受賞矣！何用戰邪？」士卒解甲棄仗，聲聞數里，遂皆入城降。諸鎮之兵皆潰。思同挺身走，至長安，西京副留守劉遂雍閉門不納，乃走潼關。從珂引兵東，至昭應，前鋒追執思同。從珂責曰：「罪可逃乎？」思同曰：「非不知從王而得生，恐終死不能見先帝於地下。」從珂媿其言，乃殺之。漢高祖即位，贈侍中㊀。

㊀ 思同東走，將自歸于天子，與元行欽走異，故予其死。

張敬達

張敬達字志通，代州人也，小字生鐵。少以騎射事唐莊宗爲廳直軍使。明宗時，爲河東馬步軍都指揮使，領欽州刺史，累遷彰國、大同軍節度使，徙鎮武信、晉昌。清泰二年，契丹數犯邊，廢帝以河東節度使石敬瑭兼大同、彰國、振武、威塞等軍蕃漢馬步軍都總管，屯于忻州，屯兵聚噪遮敬瑭呼「萬歲」，敬瑭斬三十餘人以止之。廢帝疑敬瑭有異志，乃以敬達爲北面副總管，以分其兵。明年夏，徙敬瑭鎮天平，遂以敬達爲大同、彰國、振武、威塞等軍蕃漢馬步軍都部署，敬瑭因此遂反。即以敬達爲太原四面招討使。六月，兵圍太原，敬達爲長城連柵，雲梯飛礮以攻之，所爲城柵將成，輒有大風雨水暴至以壞之。

敬瑭求救于契丹。九月，契丹耶律德光自鴈門入，旌旗相屬五十餘里。德光先遣人告敬瑭曰：「吾欲今日破敵可乎？」敬瑭報曰：「大兵遠來，而賊勢方盛，要在成功，不必速也。」使者未復命，而兵已交。敬達陣於西山，契丹以羸騎三千，革鞭木鐙，人馬皆不甲冑，以趨唐軍。唐軍爭馳之，契丹兵走，追至汾曲，伏發，斷唐軍爲二，其在北者皆死，死者萬餘人。敬達收軍柵晉安，契丹圍之。廢帝遣趙延壽、范延光等救之。延壽屯團柏谷，延光屯遼州，相去皆百餘里。契丹兵圍敬達者，自晉安寨南，長百餘里，闊五十里，敬達軍中望之，但見穹廬連屬如岡阜，四面亙以毛索，掛鈴爲警，縱犬往來。敬達軍中有夜出者，輒爲契丹所得，由是閉壁不敢復出。延壽等皆有二心，無救敬達意。敬達猶有兵五萬人、馬萬匹，久之食盡，削木篩糞以飼其馬，馬死者食之，已而馬盡。副招討使楊光遠勸敬達降晉，敬達自以不忍背唐，而救兵且至，光遠促之不已，敬達曰：「諸公何相迫邪！何不殺我而降？」光遠即斬敬達降。契丹耶律德光聞敬達死，哀其忠，遣人收葬之㊀。

㊀ 本紀責其不誅光遠而諷其殺己以降賊，故不書死而書如其志。而傳錄其死者，終嘉其不降也。然已雖不屈而諷人降賊，故不得爲死節。

翟進宗 張萬迪附

翟進宗、張萬迪者，皆不知其何人也。初皆事唐，後事晉，進宗爲淄州刺史，萬迪爲登州刺史。楊光遠反，以騎兵百脅取二刺史至青州，萬迪聽命，而進宗獨不屈，光遠遂殺進宗。出帝贈進宗左武衛上將軍。及光遠平，曲赦青州，雖光遠子孫皆見慰釋，而獨不赦萬迪，暴其罪而斬之。詔求進宗尸，加禮歸葬，葬事官給，以其子仁欽爲東頭供奉官。

沈斌

沈斌字安時，徐州下邳人也。少爲軍卒，事梁爲拱辰都指揮使。後事唐，從魏王繼岌破蜀，平康延孝，以功爲虢州刺史，歷隨、趙等八州刺史。

晉開運元年，爲祁州刺史。契丹犯塞至于榆林，過祁州，斌以謂契丹深入晉地而歸兵羸乏可擊，即以州兵邀之。契丹以精騎剗門，斌兵多死，城中無備，虜將趙延壽留兵急攻

之，延壽招斌降，斌從城上罵延壽曰：「公父子誤計，陷于腥膻，忍以犬羊之衆，殘賊父母之邦，斌能爲國死爾，不能效公所爲也！」已而城陷，斌自盡，其家屬皆沒于虜。

王清

王清字去瑕，洺州曲周人也。初事唐爲寧衞指揮使。後事晉爲奉國都虞候。安從進叛襄州，從高行周攻之，踰年不能下，清謂行周曰：「從進閉孤城以自守，其勢豈得久邪？」因請先登，遂攻破之。

開運二年冬，從杜重威戰陽城，清以力戰功爲步軍之最，加檢校司徒。是冬，重威軍中渡橋南，虜軍其北以相拒，而虜以精騎並西山出晉軍後，南擊欒城，斷晉餉道。清謂重威曰：「晉軍危矣！今去鎭州五里，而守死于此，營孤食盡，將若之何？請以步兵二千爲先鋒，奪橋開路，公率諸軍繼進以入鎭州，可以守也。」重威許之，遣與宋彥筠俱前，清與虜戰，敗之，奪其橋。是時，重威已有二志，猶豫不肯進，彥筠亦退走，清曰：「吾獨死於此矣！」因力戰而死。年五十三。漢高祖立，贈清太傅。

史彥超

史彥超，雲州人也。爲人勇悍驍捷。周太祖起魏時，彥超爲漢龍捷都指揮使，以兵從。太祖入立，遷虎捷都指揮使，戍于晉州。劉旻攻晉州，州無主帥，知州王萬敢不能拒，彥超以戍兵堅守月餘，太祖遣王峻救之，旻兵解去。以功遷龍捷右廂都指揮使，領鄭州防禦使。周、漢戰高平，彥超爲前鋒，先登陷陣，以功拜感德軍節度使[四]。

周兵圍漢太原，契丹救漢，出忻、代。世宗遣符彥卿拒之，以彥超爲先鋒，戰忻口，彥超勇憤俱發，左右馳擊，解而復合者數四，遂歿于陣。

是時，世宗敗漢高平，乘勝而進，圍城之役，諸將議不一，故久無成功。世宗欲解去而未決，聞彥超戰死，遽班師，倉卒之際，亡失甚衆。世宗既惜彥超而憤無成功，憂忿不食者數日。贈彥超太師，優卹其家焉。

孫晟

孫晟初名鳳，又名忌，密州人也。好學，有文辭，尤長於詩。少爲道士，居廬山簡寂宮。常畫唐詩人賈島像置于屋壁，晨夕事之。簡寂宮道士惡晟，以爲妖，以杖敺出之。乃儒服北之趙、魏，謁唐莊宗于鎭州，莊宗以晟爲著作佐郎。

天成中，朱守殷鎭汴州，辟爲判官。守殷反，伏誅，晟乃棄其妻子，亡命陳、宋之間。安重誨惡晟，以謂教守殷反者晟也，畫其像購之，不可得，遂族其家。

晟奔于吳。是時，李昪方篡楊氏，多招四方之士，得晟，喜其文辭，使爲敎令，由是知名。晟爲人口吃，遇人不能道寒暄，已而坐定，談辯鋒生，聽者忘倦。昪尤愛之，引與計議，多合意，以爲右僕射，與馮延巳並爲昪相。晟輕延巳爲人，常曰：「金椀玉盃而盛狗屎可乎？」晟事昪父子二十餘年，官至司空，家益富驕，每食不設几案，使衆妓各執一器，環立而侍，號「肉臺盤」，時人多效之。

周世宗征淮，李景懼，始遣泗州牙將王知朗至徐州，奉書以求和，世宗不答。又遣翰林學士鍾謨、文理院學士李德明奉表稱臣，不答。乃遣禮部尚書王崇質副晟奉表，謨與晟等皆言景願割壽、濠、泗、楚、光、海六州之地，歲貢百萬以佐軍。」而世宗已取滁、揚、濠、泗諸州，欲盡取淮南乃止，因留使者不遣，而攻壽州益急。謨等見世宗英武非景敵，而師甚盛，壽春且危，乃曰：「願陛下寬臣五日之誅，容臣還取景表，盡獻淮北諸州。」世宗許之，遣

供奉官安弘道押德明、崇質南還，而謨與晟皆見留。德明等既還，景悔，不肯割地。世宗亦以暑雨班師，留李重進、張永德等分攻廬、壽，周兵所得揚、泰諸州，皆不能守，景兵復振。重進與永德兩軍相疑，有隙，永德上書言重進反，世宗不聽。景知二將之相疑也，乃以蠟丸書遺重進，勸其反。

初，晟之奉使也，語崇質曰：「吾行必不免，然吾終不負永陵一抔土也。」永陵者，昪墓也。及崇質還，而晟與鍾謨俱至京師，館于都亭驛，待之甚厚，每朝會入閣，使班東省官後，召見必飲以醇酒。已而周兵數敗，盡失所得諸州，世宗憂之，召晟問江南事，晟不對，世宗怒，未有以發。會重進以景蠟丸書來上，多斥周過惡以爲言，由是發怒曰：「晟來使我，言景畏吾神武，願得北面稱臣，保無二心，安得此指斥之言乎？」亟召侍衞軍虞候韓通收晟下獄，及其從者二百餘人皆殺之。晟臨死，世宗猶遣近臣問之，晟終不對，神色怡然，正其衣冠南望而拜曰：「臣惟以死報國爾！」乃就刑。晟既死，鍾謨亦貶耀州司馬。其後，世宗怒解，憐晟忠，悔殺之，召拜鍾謨衞尉少卿。景已割江北，遂遣謨還，而景聞晟死，亦贈魯國公。

校勘記

〔一〕貞明三年　按賀德倫叛梁降晉事，本史卷三梁末帝紀、薛史卷八梁末帝紀、卷二三劉鄩傳及通鑑卷二六九俱繫在貞明元年。

〔二〕來昭　薛史卷二八莊宗紀及通鑑卷二六九作「米昭」。

〔三〕飛勝指揮使　南昌、鄂本及薛史卷六五王思同傳「勝」作「騰」。

〔四〕感德軍節度使　薛史卷一一四周世宗紀及卷一二四史彥超傳俱作「華州節度使」。

新五代史卷三十四

一行傳第二十二

嗚呼，五代之亂極矣，傳所謂「天地閉，賢人隱」之時歟！當此之時，臣弒其君，子弒其父，而搢紳之士安其祿而立其朝，充然無復廉恥之色者皆是也。吾以謂自古忠臣義士多出於亂世，而怪當時可道者何少也，豈果無其人哉？雖曰干戈興，學校廢，而禮義衰，風俗隳壞，至於如此，然自古天下未嘗無人也，吾意必有潔身自負之士，嫉世遠去而不可見者。自古材賢有韞于中而不見于外，或窮居陋巷，委身草莽，雖顏子之行，不遇仲尼而名不彰，況世變多故，而君子道消之時乎！吾又以謂必有負材能，脩節義，而沉淪于下，泯沒而無聞者。求之傳記，而亂世崩離，文字殘缺，不可復得，然僅得者四五人而已。

處乎山林而群麋鹿，雖不足以為中道，然與其食人之祿，俛首而包羞，孰若無愧於心，放身而自得，吾得二人焉，曰鄭遨、張薦明。勢利不屈其心，去就不違其義，吾得一人焉，曰石昂。苟利於君，以忠獲罪，而何必自明，有至死而不言者，此古之義士也，吾得一人焉，曰

程福贇。五代之亂，君不君，臣不臣，父不父，子不子，至於兄弟、夫婦人倫之際，無不大壞，而天理幾乎其滅矣。於此之時，能以孝悌自脩於一鄉，而風行於天下者，猶或有之，然其事迹不著，而無可紀次，獨其名氏或因見於書者，吾亦不敢沒，而其略可錄者，吾得一人焉，曰李自倫。作一行傳。

鄭遨　張薦明附

鄭遨字雲叟，滑州白馬人也。唐明宗祖廟諱遨，故世行其字。遨少好學，敏於文辭。唐昭宗時，舉進士不中，見天下已亂，有拂衣遠去之意，欲攜其妻子與俱隱，其妻不從，遨乃入少室山為道士。其妻數以書勸遨還家，輒投之於火，後聞其妻、子卒，一慟而止。遨與李振故善，振後事梁貴顯，欲以祿遨，遨不顧，後振得罪南竄，遨徒步千里往省之，由是聞者益高其行。

其後，遨聞華山有五粒松，脂淪入地，千歲化為藥，能去三尸，因徙居華陰，欲求之。與道士李道殷、羅隱之友善，世目以為三高士。遨種田，隱之賣藥以自給，道殷有釣魚術，鉤而不餌，又能化石為金，遨嘗驗其信然，而不之求也。節度使劉遂凝數以寶貨遺之，遨一不

受。唐明宗時以左拾遺、晉高祖時以諫議大夫召之，皆不起，即賜號爲逍遙先生。天福四年卒，年七十四。

遨之節高矣，遭亂世不汚於榮利，至棄妻、子不顧而去，豈非與世自絕而篤愛其身者歟？然遨好飲酒奕棊，時時爲詩章落人間，人間多寫以縑素，相贈遺以爲寶，至或圖寫其形，玩于屋壁，其迹雖遠而其名愈彰，與乎石門、荷蓧之徒異矣。

與遨同時張薦明者，燕人也。少以儒學遊河朔，後去爲道士，通老子、莊周之說。高祖召見，問道家可以治國乎。對曰：「道也者，妙萬物而爲言，得其極者，尸居衽席之間可以治天地也。」高祖大其言，延入內殿講道德經，拜以爲師。薦明聞宮中奏時鼓，曰：「陛下聞鼓乎？其聲一而已。五音十二律，鼓無一焉，然和之者鼓也。夫一，萬事之本也，能守一者可以治天下。」高祖善之，賜號通玄先生，後不知其所終。

石昂

石昂，青州臨淄人也。家有書數千卷，喜延四方之士，士無遠近，多就昂學問，食其門下者或累歲，昂未嘗有怠色。而昂不求仕進。節度使符習高其行，召以爲臨淄令。習入朝京師，監軍楊彥朗知留後事，昂以公事至府上謁，贊者以彥朗諱「石」，更其姓曰「右」。昂趨于庭，仰責彥朗曰：「內侍奈何以私害公！昂姓『石』，非『右』也。」彥朗大怒，拂衣起去，昂即趨出。解官還于家，語其子曰：「吾本不欲仕亂世，果爲刑人所辱，子孫其以我爲戒！」

昂父亦好學，平生不喜佛說，父死，昂於柩前誦尚書，曰：「此吾先人之所欲聞也。」禁其家不可以佛事汚吾先人。

晉高祖時，詔天下求孝悌之士，戶部尚書王權、宗正卿石光贊、國子祭酒田敏、兵部侍郎王延等相與詣東上閤門，上昂行義可以應詔。詔昂至京師，召見便殿，以爲宗正丞。遷少卿。出帝即位，晉政日壞，昂數上疏極諫，不聽，乃稱疾東歸，以壽終于家。昂既去，而晉室大亂。

程福贇

程福贇者，不知其世家。爲人沉厚寡言而有勇。少爲軍卒，以戰功累遷洛州團練使。晉出帝時，爲奉國右廂都指揮使。開運中，契丹入寇，出帝北征，奉國軍士乘間夜縱火焚營，

欲因以爲亂，福贇身自救火被傷，火滅而亂者不得發。福贇以爲契丹且大至，而天子在軍，京師虛空，不宜以小故動搖人聽，因匿其事不以聞。軍將李殷位次福贇下，利其去而代之，因誣福贇與亂者同謀，不然何以不奏。出帝下福贇獄，人皆以爲冤，福贇終不自辨以見殺。

李自倫

李自倫者，深州人也。天福四年正月，尚書戶部奏：「深州司功參軍李自倫六世同居，奉敕准格。按格，孝義旌表，必先加按驗，孝者復其終身，義門仍加旌表。得本州審到鄉老程言等稱，自倫高祖訓，訓生粲，粲生則，則生忠，忠生自倫，自倫生光厚，六世同居不妄。」敕以所居飛鳬鄉爲孝義鄉，匡聖里爲仁和里，准式旌表門閭。

九月丙子，戶部復奏：「前登州義門王仲昭六世同居，其旌表有廳事、步欄，前列屏，樹烏頭正門，閥閱一丈二尺，烏頭二柱端冒以瓦桶，築雙闕一丈，在烏頭之南三丈七尺，夾樹槐柳，十有五步，請如之。」敕曰：「此故事也，令式無之。其量地之宜，高其外門，門安綽楔，左右建臺，高一丈二尺，廣狹方正稱焉，圬以白而赤其四角，使不孝不義者見之，可以悛心而易行焉。」

新五代史卷三十五

唐六臣傳第二十三

甚哉，白馬之禍，悲夫，可爲流涕者矣！然士之生死，豈其一身之事哉？初，唐天祐三年，梁王欲以嬖吏張廷範爲太常卿，唐宰相裴樞以謂太常卿唐常以清流爲之，廷範乃梁客將，不可。梁王由此大怒，曰：「吾常語裴樞純厚不陷浮薄，今亦爲此邪！」是歲四月，彗出西北，掃文昌、軒轅、天市，宰相柳璨希梁王旨，歸其譴於大臣，於是左僕射裴樞獨孤損、右僕射崔遠、守太保致仕趙崇、兵部侍郎王贊、工部尚書王溥、吏部尚書陸扆皆以無罪貶，同日賜死于白馬驛。凡搢紳之士與唐而不與梁者，皆誣以朋黨，坐貶死者數百人，而朝廷爲之空。

明年三月，唐哀帝遜位于梁，遣中書侍郎、同中書門下平章事張文蔚爲册禮使，禮部尚書蘇循爲副；中書侍郎、同中書門下平章事楊涉爲押傳國寶使，翰林學士、中書舍人張策爲副；御史大夫薛貽矩爲押金寶使，尚書左丞趙光逢爲副。四月甲子，文蔚等自上源驛奉

册寶，乘輅車，導以金吾仗衞、太常鹵簿，朝梁于金祥殿。王衮冕南面，臣文蔚、臣循奉册升殿，進讀已，臣涉、臣策奉傳國璽，臣貽矩、臣光逢奉金寶，以次升，進讀已，降，率文武百官北面舞蹈再拜賀。

夫一太常卿與社稷孰爲重？使樞等不死，尚惜一卿，其肯以國與人乎？雖樞等之力未必能存唐，然必不亡唐而獨存也。嗚呼！唐之亡也，賢人君子既與之共盡，其餘在者皆庸懦不肖、傾險獪猾、趨利賣國之徒也。不然，安能蒙耻忍辱於梁庭如此哉！作唐六臣傳。

張文蔚

張文蔚字右華，河間人也。初以文行知名，舉進士及第。唐昭宗時，爲翰林學士承旨。是時，天子微弱，制度已隳，文蔚居翰林，制詔四方，獨守大體。昭宗遷洛，拜中書侍郎、同中書門下平章事。柳璨殺裴樞等七人，蔓引朝士，輒加誅殺，縉紳相視以目，皆不自保，文蔚力講解之，朝士多賴以全活。

梁太祖立，仍以文蔚爲相，梁初制度皆文蔚所裁定。文蔚居家亦孝悌。開平二年，太祖北巡，留文蔚西都，以暴疾卒，贈右僕射。

楊涉

楊涉，祖收，唐懿宗時宰相；父嚴〔一〕，官至兵部侍郎。涉舉進士，昭宗時爲吏部尚書。哀帝即位，拜中書侍郎、同中書門下平章事。涉，唐名家，世守禮法，而性特謹厚，不幸遭唐之亂。拜相之日，與家人相對泣下，顧謂其子凝式曰：「吾不能脫此網羅，禍將至矣，必累爾等。」唐亡，事梁爲門下侍郎、同中書門下平章事，在位三年，俛首無所施爲，罷爲左僕射，知貢舉，後數年卒。

子凝式，有文詞，善筆札，歷事梁、唐、晉、漢、周，常以心疾致仕，居于洛陽，官至太子太保。

張策

張策字少逸，河西燉煌人也。父同，爲唐容管經略使。策少聰悟好學，通章句。父同，居洛陽敦化里，浚井得古鼎，銘曰：「魏黄初元年春二月，匠吉千。」同以爲奇，策時年十三，

居同側，啓曰：「漢建安二十五年，曹公薨，改元延康。是歲十月，文帝受禪，又改黄初，是黄初元年無二月也，銘何謬邪？」同大驚異之。

策少好浮圖之説，乃落髮爲僧，居長安慈恩寺。黄巢犯長安，策乃返初服，奉父母以避亂，居田里十餘年。召拜廣文館博士。邠州王行瑜辟觀察支使。晉王李克用攻行瑜，策與婢肩輿其母東歸，行積雪中，行者憐之。梁太祖兼四鎮，辟鄭、滑支使，以母喪解職。服除，入唐爲膳部員外郎。華州韓建辟判官，建徙許州，以爲掌書記，建遣策聘于太祖，太祖見而喜曰：「張夫子至矣。」遂留以爲掌書記，薦之于朝，累拜中書舍人、翰林學士。太祖即位，遷工部侍郎奉旨。開平二年，拜刑部侍郎、同中書門下平章事，遷中書侍郎。以風恙罷爲刑部尚書，致仕，卒于洛陽。

趙光逢

趙光逢字延吉，父隱，唐左僕射。光逢在唐以文行知名，時人稱其方直温潤，謂之「玉界尺」。昭宗時爲翰林學士承旨、御史中丞，以世亂棄官，居洛陽，杜門絶人事者五六年。柳璨爲相，與光逢有舊恩，起光逢爲吏部侍郎、太常卿。

唐亡，事梁爲中書侍郎、同中書門下平章事，累遷左僕射，以太子太保致仕。末帝卽位，起爲司空、同中書門下平章事，復以司徒致仕。唐天成中，卽其家拜太保，封齊國公，卒，贈太傅。

薛貽矩

薛貽矩字熙用，河東聞喜人也，仕唐爲兵部侍郎、翰林學士承旨。昭宗自岐還長安，大誅宦者，貽矩時爲中尉韓全誨等作畫像贊，坐左遷。貽矩乃自結於梁太祖，太祖言之於朝，拜吏部尚書，遷御史大夫。天祐三年，太祖自長蘆還軍，哀帝遣貽矩來勞，貽矩以臣禮見，太祖揖之升階，貽矩曰：「殿下功德及人，三靈改卜，皇帝方行舜、禹之事，臣安敢違？」乃稱臣拜舞，太祖側身以避之。貽矩還，遂趣哀帝遜位。太祖卽位，拜貽矩中書侍郎、同中書門下平章事，累拜司空。貽矩爲梁相五年，卒，贈侍中。

蘇循 杜曉附

蘇循，不知何許人也。爲人巧佞，阿諛無廉恥，惟利是趣。事唐爲禮部尚書。是時，太祖已弑昭宗，立哀帝，唐之舊臣皆憤惋切齒，或俛首畏禍，或去不仕，而循特附會梁以希進用。梁兵攻楊行密，大敗于淠河，太祖躁忿，急於禪代，欲邀唐九錫，羣臣莫敢當其議，獨循倡言：「梁王功德，天命所歸，宜卽受禪。」明年，梁太祖卽位，循爲册禮副使。

循有子楷，乾寧中舉進士及第，昭宗遣學士陸扆覆落之，楷常慚恨。及昭宗遇弑，唐政出於梁，楷爲起居郎，與柳璨、張廷範等相結，因謂廷範曰：「夫謚者，所以易名而貴信也。前有司謚先帝曰『昭』，名實不稱，公爲太常卿，予史官也，不可以不言。」乃上疏駮議。而廷範本梁客將，嘗求太常卿不得者，廷範亦以此怨唐，因下楷疏廷範，廷範議曰：「臣聞執事堅固之謂恭，亂而不損之謂靈，武而不遂之謂莊，在國逢難之謂閔，因事有功之謂襄，請改謚昭宗皇帝曰恭靈莊閔皇帝，廟號襄宗。」

梁太祖已卽位，置酒玄德殿，顧羣臣自陳德薄不足以當天命，皆諸公推戴之力。唐之舊臣楊涉、張文蔚等皆慚懼俯伏不能對，獨循與張禕、薛貽矩盛稱梁王功德，所以順天應人者。循父子皆自以附會梁得所託，旦夕引首，希見進用，敬翔尤惡之，謂太祖曰：「梁室新造，宜得端士以厚風俗，循父子皆無行，不可立於新朝。」於是父子皆勒歸田里，乃依朱友謙於河中。其後，友謙叛梁降晉，晉王將卽位，求唐故臣在者，以備百官之闕，友謙遣循至魏州。是時梁未滅，晉諸將相多不欲晉王卽帝位。晉王之意雖銳，將相大臣未有贊成其議者。循始至魏州，望州廨聽事卽拜，謂之「拜殿」。及入謁，蹈舞呼萬歲而稱臣，晉王大悅。明日又獻「畫日筆」三十管，晉王益喜，因以循爲節度副使。已而病卒。莊宗卽位，贈左僕射。

楷，同光中爲尚書員外郎。明宗卽位，大臣欲理其駮謚之罪，以憂死。

當唐之亡也，又有杜曉者，字明遠。祖審權，父讓能，皆爲唐相。昭宗時，王行瑜、李茂貞兵犯京師，昭宗殺讓能於臨皋以自解。曉以父死無罪，居喪哀毁；服除，布衣幅巾，自廢十餘年。崔胤判鹽鐵，辟巡官，除畿縣尉，直昭文館，皆不起。崔遠判戶部，又辟巡官，或謂曉曰：「嵇康死，子紹自廢不出仕，山濤以物理責之，乃仕。吾子忍令杜氏歲時鋪席祭其先人同匹庶乎？」曉乃爲之起。累遷膳部郎中、翰林學士。梁太祖卽位，遷工部侍郎奉旨。開平二年，拜中書侍郎、同中書門下平章事。友珪立，遷禮部尚書、集賢殿大學士。袁象先等討賊，兵大掠，曉爲亂兵所殺，贈右僕射。

嗚呼！始爲朋黨之論者誰歟？甚乎作俑者也，眞可謂不仁之人哉！予嘗至繁城，讀魏受

禪碑，見漢之羣臣稱魏功德，而大書深刻，自列其姓名，以夸耀于世。又讀梁實錄，見文蔚等所爲如此，未嘗不爲之流涕也。夫以國予人而自夸耀，及遂相之，此非小人，孰能爲也？漢、唐之末，舉其朝皆小人也，而其君子者何在哉！當漢之亡也，先以朋黨禁錮天下賢人君子，而立其朝者，皆小人也，然後漢從而亡。及唐之亡也，又先以朋黨盡殺朝廷之士，而其餘存者，皆庸懦不肖傾險之人也，然後唐從而亡。

夫欲空人之國而去其君子者，必進朋黨之說；欲孤人主之勢而蔽其耳目者，必進朋黨之說；欲奪國而與人者，必進朋黨之說。夫爲君子者，故嘗寡過，小人欲加之罪，則有可誣者，有不可誣者，不能遍及也。至欲舉天下之善，求其類而盡去之，惟指以爲朋黨耳。故其親戚故舊，謂之朋黨可也；交游執友，謂之朋黨可也；宦學相同，謂之朋黨可也；門生故吏，謂之朋黨可也。是數者，皆其類也，皆善人也。故曰：欲空人之國而去其君子者，惟以朋黨罪之，則無免者矣。夫善善之相樂，以其類同，此自然之理也。故聞善者必相稱譽，稱譽則謂之朋黨，得善者必相薦引，薦引則謂之朋黨，使人聞善不敢稱譽，人主之耳不聞有善于下矣，見善不敢薦，則人主之目不得見善人矣。善人日遠，而小人日進，則爲人主者，伛然誰與之圖治安之計哉？故曰：欲孤人主之勢而蔽其耳目者，必用朋黨之說也。一君子存，羣小人雖衆，必有所忌，而有所不敢爲，惟空國而無君子，然後小人得肆志於無所不爲，

則漢魏、唐梁之際是也。故曰：可奪國而予人者，由其國無君子；空國而無君子，由以朋黨而去之也。

嗚呼，朋黨之說，人主可不察哉！

傳曰「一言可以喪邦」者，其是之謂與！可不鑒哉！可不戒哉！

校勘記

〔一〕楊涉祖收唐懿宗時宰相父嚴 舊唐書卷一七七楊收傳、新唐書卷七一下宰相世系表及卷一八四楊收傳俱記楊遺直生發、假（太平廣記卷一五五楊收條作「嘏」）、收、嚴四子，嚴子涉、注。北夢瑣言卷一二楊收條合。是收與嚴乃兄弟，于涉爲從父，此云「涉祖」誤。

新五代史卷三十六

義兒傳第二十四

嗚呼！世道衰，人倫壞，而親疏之理反其常，干戈起於骨肉，異類合爲父子。開平、顯德五十年間，天下五代而實八姓，其三出於丐養。蓋其大者取天下，其次立功名、位將相，豈非因時之隙，以利合而相資者邪！唐自號沙陀，起代北，其所與俱皆一時雄傑虣武之士，往往養以爲兒，號「義兒軍」，至其有天下，多用以成功業，及其亡也亦由焉。太祖養子多矣，其可紀者九人，其一是爲明宗，其次曰嗣昭、嗣本、嗣恩、存信、存孝、存進、存璋、存賢。作義兒傳㊀。

㊀李存審，后復以符氏大顯，故別自爲傳。

李嗣昭

李嗣昭，本姓韓氏，汾州太谷縣民家子也。太祖出獵，至其家，見其林中鬱鬱有氣，甚異之，召其父問焉。父言家適生兒，太祖因遺以金帛而取之，命其弟克柔養以爲子。初名進通，後更名嗣昭。嗣昭爲人短小，而膽勇過人。初喜嗜酒，太祖嘗微戒之，遂終身不飲。太祖愛其謹厚，常從用兵，爲衙內指揮使。

陝州王珙與其兄珂爭立於河中，遣嗣昭助珂，敗珙於猗氏，獲其將三人。梁軍救珙，嗣昭又敗之于胡壁堡，執其將一人。光化元年，澤州李罕之襲潞州以降梁，梁遣丁會應罕之，嗣昭與會戰含山，執其將一人，斬首三千級，遂取澤州。二年，晉遣李君慶攻梁潞州，君慶爲梁所敗，太祖酖殺君慶，嗣昭攻克之。三年，出山東，取梁洺州，梁太祖自將攻之，遣葛從周設伏於青山口。嗣昭聞梁太祖自來，棄城走，前遇伏兵，因大敗。

天復元年，梁破河中，執王珂，取晉、絳、慈、隰，因大舉擊晉，圍太原。嗣昭日以精騎出擊梁兵，會大雨，梁軍解去。晉汾州刺史李瑭叛降梁軍，梁軍已去，嗣昭復取汾州，斬瑭。遂出陰地，取慈州，降其刺史唐禮。又取隰州，降其刺史張瓌。是歲，梁軍西犯京師，圍鳳翔，嗣昭乘間攻梁晉、絳，戰平陽，執梁將一人。進攻蒲縣。梁朱友寧、氏叔琮以兵十萬迎擊之，嗣昭等敗走，友寧追之，晉遣李存信率兵迎嗣昭，存信又敗。梁軍遂圍太原，而慈、隰、汾州復入于梁。太祖大恐，謀走雲州，李存信等勸太祖奔于契丹，嗣昭力爭以爲不可，賴劉太妃亦言之，乃止。嗣昭晝夜出奇兵擊梁軍，梁軍解去，嗣昭復取汾、慈、隰。是時，鎭、定皆已絕晉而附梁。晉外失大國之援，內亡諸州，仍歲之間，孤城被圍者再。於此時，嗣昭力戰之功爲多。

天祐三年，與周德威攻梁潞州，降丁會，以嗣昭爲昭義軍節度使。梁遣李思安將兵十萬攻潞，築夾城以圍之。梁太祖嘗遣人招降嗣昭，嗣昭斬其使者，閉城拒守，踰年，莊宗始攻破夾城。嗣昭完緝兵民，撫養甚有恩意。梁、晉戰胡柳，晉軍敗，周德威戰死。莊宗懼，欲收兵還臨濮，嗣昭曰：「梁軍已勝，且暮思歸。吾若收軍，使彼休息，整而復出，何以當之？宜以精騎撓之，因其勞乏，可以勝也。」莊宗然之。是時，梁軍已登無石山，莊宗遣嗣昭轉擊山北，而自以銀槍軍趨而呼曰：「今日之戰，得山者勝！」晉軍皆爭登山，梁軍遽下，陣於山西，晉軍從上急擊，大敗之。於是晉城德勝矣。周德威死，嗣昭權知幽州，居數月，以李紹宏代之。嗣昭將去，幽州人皆號哭閉關遮留之，嗣昭夜遯，乃得去。

十九年，從莊宗擊契丹於望都，莊宗爲契丹圍之數十重，嗣昭以三百騎決圍，取莊宗以出。是時，晉遣閻寶攻張文禮於鎭州，寶爲鎭人所敗，乃以嗣昭代之。鎭兵出掠九門，嗣昭以奇兵擊之，鎭軍且盡，餘三人匿破垣中，嗣昭馳馬射之，反爲賊射中腦，嗣昭顧箙中矢盡，拔矢于腦，射殺一人，還營而卒。

嗣昭諸子，繼儔長而懦，其弟繼韜囚之以自立，莊宗方與梁兵相持河上，不暇究其事，因即以爲昭義軍留後。繼韜委其政於魏琢、申蒙，琢等常教繼韜反，繼韜未決。莊宗在魏，以事召監軍張居翰、節度判官任圜。琢等以謂莊宗召居翰等問繼韜事，繼韜且見誅，因以語趣之，繼韜乃遣其弟繼遠入梁，梁末帝即拜繼韜同中書門下平章事。居數月，莊宗滅梁，繼韜將走契丹，會赦至，乃已，因隨其母朝于京師，繼遠諫曰：「兄爲臣子，以反爲名，復何面以見天子？且潞城堅而倉廩實，不如閉城坐食積粟，以延歲月，愈於往而就戮也。」繼韜不聽。繼韜母楊氏，善畜財，平生居積行販，至貲百萬。當嗣昭爲梁圍以夾城彌年，軍用乏絕，楊氏之積，蓋有助焉。至是，乃齎銀數十萬兩至京師，厚賂宦官、伶人，宦官、伶人皆言：「繼韜初無惡意，爲姦人所悞耳。」楊夫人亦以賂謁劉皇后，劉皇后爲言：「嗣昭功臣，宜蒙恩貸。」由是莊宗釋繼韜。嘗從獵，寵倖無間。李存渥尤切齒，數詆責之，繼韜懷不自安，復賂宦官、伶人求歸鎭，莊宗不許。繼韜陰使人告繼遠，令起變於軍中，冀天子遣己往安緝之，事泄，斬于天津橋。其二子嘗爲質于梁，莊宗破梁得之，撫其背曰：「爾幼，猶能佐其父反，長復何爲乎？」至是因幷誅之。卽遣人斬繼遠，以繼儔知潞州事。

已而，召繼儔還京師，繼儔悉取繼韜妓妾珍翫，而不時卽路。其弟繼達怒曰：「吾兄父子誅死，而大兄不仁，利其貲財，淫其妻妾，吾所不忍也！」乃服縗麻，引數百騎坐戟門，使人入殺繼儔。節度副使李繼珂募市人千餘攻繼達，繼達走城外，自剄死。

嗣昭七子。至明宗時，子繼能坐笞殺其母主藏婢，婢家告變，言繼能反，與其弟繼襲皆見殺，惟一子繼忠僅免。繼忠家于晉陽，楊氏所積餘貲猶鉅萬，晉高祖自太原起兵，召契丹爲援，契丹求賂，高祖貸于繼忠以取足。高祖入立，甚德之，以爲沂、棣、單三州刺史，開運中卒。楊氏平生積產，嗣昭父子三人賴之。

嗣本

嗣本，本姓張氏，鴈門人也。世爲銅冶鎭將。嗣本少事太祖，太祖愛之，賜以姓名，養爲子。從擊居庸關，以功遷義兒軍使。從破王行瑜，遷威遠軍使。從攻羅弘信，以先鋒兵破湯陰。從莊宗破潞州夾城。累以戰功遷代州刺史、雲州防禦使、振武節度使，號威信可汗。天祐十三年，從莊宗擊劉鄩於故元城，下洺、磁諸州。六月，還軍振武。契丹入代北，攻蔚州，嗣本戰歿。

嗣恩

嗣恩，本姓駱，吐谷渾部人也。少事太祖，能騎射，爲鐵林軍將，稍以戰功遷突陣指揮使，賜姓名，以爲子。從敗康懷英於河西，遷左廂馬軍都指揮使。從李嗣昭援朱友謙於河中，與梁兵力戰，矟中其口，戰不已。遷遼州刺史。從莊宗入魏，遷天雄軍馬步都指揮使。劉鄩攻太原，兵趨樂平，嗣恩從後追之，自佗道先入太原以守。鄩兵去，嗣恩亦以兵會莊宗于魏，從戰于莘。遷代州刺史、石嶺關已北都知兵馬使、振武節度使。天祐十五年，卒于太原。追贈太尉。

存信

存信，本姓張氏，其父君政，回鶻李思忠之部人也。存信少善騎射，能四夷語，通六蕃書。從太祖起代北，入關破黃巢，累以功爲馬步軍都指揮使，遂賜姓名，以爲子。存信與存孝俱爲養子，材勇不及存孝，而存信不爲之下，由是交惡，存孝所爲，存信每沮激之，存孝卒得罪死。而存信數從征伐，以功領郴州刺史。太祖遣將兵救朱宣，存信屯于莘縣，爲羅弘信所擊，存信敗，亡太祖子落落。後從太祖討劉仁恭，大敗于安塞。太祖大怒，顧存信曰：「昨日吾醉，公不能爲我戰邪？古人三敗，公已二矣。」將殺之，存信叩頭謝罪而免。由是大懼，常稱疾，天復二年卒，年四十一。

存孝

存孝，代州飛狐人也。本姓安，名敬思。太祖掠地代北得之，給事帳中，賜姓名，以爲子，常從爲騎將。

文德元年，河南張言襲破河陽，李罕之來歸晉，晉處罕之于澤州，遣存孝與薛阿檀、安休休等以兵七千助罕之還擊河陽。梁亦遣丁會、牛存節等助言。戰于溫縣，梁軍先扼太行，存孝大敗，安休休被執。是時，晉已得澤、潞，歲出山東，與孟方立爭邢、洺、磁，存孝未嘗不在兵間。方立死，晉取三州，存孝功爲多。

明年，潞州軍亂，殺李克恭以歸唐，梁遣李讜攻李罕之于澤州，存孝以騎兵五千救之。梁軍呼罕之曰：「公常恃太原以爲命，今上黨已歸唐，唐兵大集，圍太原，沙陀將無穴以自

處，公復誰恃而不降乎？」存孝以精騎五百，繞梁柵而呼曰：「我沙陀之求穴者，待爾肉以食軍，可令肥者出鬭！」梁驍將鄧季筠引軍出戰，存孝舞矟擒之，李讜敗走，追擊至馬牢關。存孝還攻潞州。唐以孫揆爲潞州節度使，揆儒者，以梁卒三千爲衞，褒衣大蓋，擁節先驅。存孝以三百騎伏長子西崖谷間，伺揆軍過，横擊斷之，擒揆以歸。初，梁遣葛從周、朱崇節守潞州以待揆，聞揆見執，皆棄去，晉遂復取潞州。是時，張濬、韓建伐晉，擊陰地關，晉以李存信、薛阿檀等當濬，別遣存孝軍于趙城。唐軍戰敗于陰地關，濬退保晉州，韓建走絳州。存孝攻晉州，濬兵出戰，輒復敗，因閉壁不敢出。存孝去，攻絳州。濬、建皆走。

存孝猨臂善射，身被重鎧，櫜弓坐矟，手舞鐵檛，出入陣中，以兩騎自從，戰酣易騎，上下如飛。初，存孝取潞州功爲多，而太祖別以大將康君立爲潞州留後，存孝爲汾州刺史，存孝負其功，不食者數日。及走張濬，還邢州刺史。大順二年，徙邢州留後。是時，晉軍連歲攻趙常山，存孝常爲先鋒，下趙臨城、元氏。趙王求救於幽州李匡威，匡威兵至，晉軍輒引去。存孝素與存信有隙，存信譖之曰：「存孝有二心，常避趙不擊。」存孝不自安，乃附梁通趙，自歸于唐，因請會兵以伐晉。唐命趙王王鎔援之。明年，趙與幽州有隙，懼而與晉和，反以兵三萬助晉擊存孝。存孝嬰城自守，太祖自將兵傅其城，掘塹以圍之，存孝出兵衝擊，塹不得成。裨將袁奉韜使人說存孝曰：「公所畏者晉王爾！王俟塹成，且留兵去，諸將非公

敵也，雖塹何爲？」存孝以爲然，縱兵成塹。塹成，深溝高壘，不可近，存孝遂窘。城中食盡，登城呼曰：「兒蒙王恩，位至將相，豈欲捨父子而附仇讎，乃存信構陷之耳。願生見王一言而死。」太祖哀之，遣劉夫人入城慰諭之，劉夫人引與俱來，存孝泥首請罪曰：「兒於晉有功而無過，所以至此，由存信爲之耳！」太祖叱曰：「爾爲書檄，罪我百端，亦存信爲之邪？」縛載後車，至太原，車裂之以徇。然太祖惜其材，悵然恨諸將之不能容也，爲之不視事者十餘日。

康君立素與存信相善，方二人之交惡也，君立每左右存信以傾之。存孝已死，太祖與諸將博，語及存孝，流涕不已，君立以爲不然，太祖怒，酖殺君立。君立初爲雲州牙將，唐僖宗時，逐段文楚，與太祖俱起雲中，蓋君立首事。其後累立戰功，表昭義節度使，以存孝故殺之。

存進

存進，振武人也，本姓孫，名重進。太祖攻破朔州得之，賜以姓名，養爲子。從太祖入關破黃巢，以爲義兒軍使。

從莊宗戰柏鄉，遷行營馬步軍都虞候，歷慈、沁二州刺史。莊宗初得魏博，以爲天雄軍都部署，治梁亂軍，一切以法，人有犯者，輒梟首磔尸於市，魏人屏息畏之。從戰河上，以功遷振武軍節度使。是時，晉軍德勝，爲南北寨，每以舟兵來往，頗以爲勞，而河北無竹石，存進乃以葦笮維大艦爲浮梁。莊宗大喜，解衣以賜之。

晉討張文禮於鎮州，久不克，而史建瑭、閻寶、李嗣昭相次戰歿，乃以存進代嗣昭爲招討使，軍于東垣渡。東垣土惡，築壘不能就，存進伐木爲柵。晉軍晨出芻牧，文禮子處球以兵千餘逼存進柵，存進出戰橋上，殺處球兵殆盡，而存進亦歿于陣。追贈太尉。

子漢韶，明宗時復本姓，爲洋州節度使。潞王從珂以鳳翔反，漢韶與張虔釗會唐軍討之，唐軍皆降于從珂，獨漢韶與虔釗軍不降，俱奔于蜀。事蜀，歷永平、興元、武信節度使。年七十餘，卒于蜀。

存璋

存璋字德璜，初與康君立、薛志勤等從太祖入關，破黃巢，累遷義兒軍使。太祖病革，存璋與張承業等受顧命，立莊宗爲晉王，晉王以存璋爲河東馬步軍使。晉自先王時，嘗優假

軍士，軍士多犯法踰禁，莊宗新立，尤患之，存璋一切繩之以法，境內爲之清肅。從攻夾城，戰柏鄉，以功遷汾州刺史。莊宗與劉鄩戰於魏博，梁遣王檀來，乘虛襲太原，存璋以汾州兵入太原距守，以功遷大同軍防禦使，遂爲節度使。天祐十九年以疾卒。追贈太尉。

存賢

存賢，許州人也，本姓王名賢。少爲軍卒，善角觝，太祖擊黄巢于陳州，得之，賜以姓名，養爲子。後爲義兒軍副兵馬使，遷沁州刺史。先時，沁州當敵衝，徙其南百餘里，據險立柵而寓居。至存賢爲刺史，曰：「徙城避敵，豈勇者所爲？」乃復城故州。梁兵屢攻之，存賢力自距守，卒不能近。遷武州刺史、山北團練使，又遷慈州。

天祐十八年，梁兵攻朱友謙于河中，莊宗遣存賢援友謙。是時，友謙新叛梁歸晉，而河中食少，人心多貳，諜者因謂存賢曰：「河中人欲殺子以歸梁，宜亟去。」存賢曰：「死王事，吾志也。復何恨哉！」卒擊走梁兵。

莊宗即位，拜右武衞上將軍。莊宗亦好角觝，嘗與王較而屢勝〔一〕，頗以自矜，因顧存賢曰：「爾能勝我，與爾一鎭。」存賢博而勝之。同光二年春，幽州符存審病，莊宗置酒宮中，

歎曰：「吾創業故人，零落殆盡，其所存者惟存審耳！今又病篤，北方之事誰可代之？」因顧存賢曰：「無以易卿。角觝之勝，吾不食言。」即日以爲盧龍軍節度使。是歲，卒于幽州，年六十五。贈太傅。

校勘記

〔一〕嘗與王較而屢勝　他本「王」下有「都」字，薛史卷五三李存賢傳「都」作「郁」。按本史卷三九王處直傳，王郁與王都爲兄弟，一爲庶子，一爲養子。此處「王」下顯有脫字，然爲郁爲都，不能確定。五代史纂誤續補卷三有考辨，可參。

新五代史卷三十七

伶官傳第二十五

嗚呼，盛衰之理，雖曰天命，豈非人事哉！原莊宗之所以得天下，與其所以失之者，可以知之矣。世言晉王之將終也，以三矢賜莊宗而告之曰：「梁，吾仇也；燕王吾所立，契丹與吾約爲兄弟，而皆背晉以歸梁。此三者，吾遺恨也。與爾三矢，爾其無忘乃父之志！」莊宗受而藏之于廟。其後用兵，則遣從事以一少牢告廟，請其矢，盛以錦囊，負而前驅，及凱旋而納之。方其係燕父子以組，函梁君臣之首，入于太廟，還矢先王而告以成功，其意氣之盛，可謂壯哉！及仇讎已滅，天下已定，一夫夜呼，亂者四應，蒼皇東出，未及見賊而士卒離散，君臣相顧，不知所歸，至於誓天斷髮，泣下沾襟，何其衰也！豈得之難而失之易歟？抑本其成敗之迹而皆自於人歟？書曰：「滿招損，謙得益。」憂勞可以興國，逸豫可以亡身，自然之理也。故方其盛也，舉天下之豪傑莫能與之爭；及其衰也，數十伶人困之，而身死國滅，爲天下笑。夫禍患常積於忽微，而智勇多困於所溺，豈獨伶人也哉！作伶官傳。

莊宗既好俳優，又知音，能度曲，至今汾、晉之俗，往往能歌其聲，謂之「御製」者皆是也。其小字亞子，當時人或謂之亞次。又別爲優名以自目，曰李天下。自其爲王，至於爲天子，常身與俳優雜戲于庭，伶人由此用事，遂至於亡。

皇后劉氏素微，其父劉叟，賣藥善卜，號劉山人。劉氏性悍，方與諸姬爭寵，常自恥其世家，而特諱其事。莊宗乃爲劉叟衣服，自負蓍囊藥笈，使其子繼岌提破帽而隨之，造其臥內，曰：「劉山人來省女。」劉氏大怒，笞繼岌而逐之。宮中以爲笑樂。

其戰於胡柳也，嬖伶周匝爲梁人所得。其後滅梁入汴，周匝謁於馬前，莊宗得之喜甚，賜以金帛，勞其良苦。周匝對曰：「身陷仇人，而得不死以生者，教坊使陳俊、內園栽接使儲德源之力也。願乞二州以報此兩人。」莊宗皆許以爲刺史。郭崇韜諫曰：「陛下所與共取天下者，皆英豪忠勇之士。今大功始就，封賞未及於一人，而先以伶人爲刺史，恐失天下心。不可！」因格㊀其命。踰年，而伶人屢以爲言，莊宗謂崇韜曰：「吾已許周匝矣，使吾慚見此三人。公言雖正，然當爲我屈意行之。」卒以俊爲景州刺史、德源爲憲州刺史。

㊀ 音閣。

莊宗好畋獵，獵于中牟，踐民田。中牟縣令當馬切諫，爲民請，莊宗怒，叱縣令去，將殺之。伶人敬新磨知其不可，乃率諸伶走追縣令，擒至馬前責之曰：「汝爲縣令，獨不知吾天子好獵邪？奈何縱民稼穡以供稅賦！何不饑汝縣民而空此地，以備吾天子之馳騁？汝罪當死！」因前請亟行刑，諸伶共唱和之，莊宗大笑，縣令乃得免去。

莊宗嘗與羣優戲于庭，四顧而呼曰：「李天下，李天下何在？」新磨遽前以手批其頰。莊宗失色，左右皆恐，羣伶亦大驚駭，共持新磨詰曰：「汝奈何批天子頰？」新磨對曰：「李天下者，一人而已，復誰呼邪！」於是左右皆笑，莊宗大喜，賜與新磨甚厚。新磨嘗奏事殿中，殿中多惡犬，新磨去，一犬起逐之，新磨倚柱而呼曰：「陛下毋縱兒女齧人！」莊宗家世夷狄，夷狄之人諱狗，故新磨以此譏之。莊宗大怒，彎弓注矢將射之，新磨急呼曰：「陛下無殺臣！臣與陛下爲一體，殺之不祥！」莊宗大驚，問其故，對曰：「陛下開國，改元同光，天下皆謂陛下同光帝。且同，銅也，若殺敬新磨，則同無光矣。」莊宗大笑，乃釋之。

然時諸伶，獨新磨尤善俳，其語最著，而不聞其佗過惡。其敗政亂國者，有景進、史彥瓊、郭門高三人爲最。

是時，諸伶人出入宮掖，侮弄縉紳，羣臣憤嫉，莫敢出氣，或反相附託，以希恩倖，四方藩鎮，貨賂交行，而景進最居中用事。莊宗遣進等出訪民間，事無大小皆以聞。每進奏事殿中，左右皆屏退，軍機國政皆與參決，三司使孔謙兄事之，呼爲「八哥」。

莊宗初入洛，居唐故宮室，而嬪御未備。閹宦希旨，多言宮中夜見鬼物，相驚恐，莊宗問所以禳之者，因曰：「故唐時，後宮萬人，今空宮多怪，當實以人乃息。」莊宗欣然。其後幸鄴，乃遣進等採鄴美女千人，以充後宮。而進等緣以爲姦，軍士妻女因而逃逸者數千人。莊宗還洛，進載鄴女千人以從，道路相屬，男女無別。

魏王繼岌已破蜀，劉皇后聽宦者讒言，遣繼岌賊殺郭崇韜。崇韜素嫉伶人，常裁抑之，伶人由此皆樂其死。皇弟存乂，崇韜之壻也，進讒於莊宗曰：「存乂且反，爲婦翁報仇。」乃囚而殺之。朱友謙，以梁河中降晉者，及莊宗入洛，伶人皆求賂於友謙，友謙不能給而辭焉。進乃讒友謙曰：「崇韜且誅，友謙不自安，必反，宜并誅之。」於是及其將五六人皆族滅之，天下不勝其冤。進，官至銀青光祿大夫、檢校左散騎常侍兼御史大夫，上柱國。

史彥瓊者，爲武德使，居鄴都，而魏博六州之政皆決彥瓊，自留守王正言而下，皆俛首承事之。是時，郭崇韜以無罪見殺于蜀，天下未知其死也，第見京師殺其諸子，因相傳曰：「崇韜殺魏王繼岌而自王於蜀矣，以故族其家。」鄴人聞之，方疑惑。已而，朱友謙又見殺。友謙子廷徽爲澶州刺史〔一〕，有詔彥瓊使殺之，彥瓊祕其事，夜半馳出城。鄴人見彥瓊無故夜馳出，因驚傳曰：「劉皇后怒崇韜之殺繼岌也，已弒帝而自立，急召彥瓊計事。」鄴都大恐。貝州人有來鄴者，傳此語以歸。戍卒皇甫暉聞之，由此劫趙在禮作亂。在禮已至館陶，鄴都巡檢使孫鐸，見彥瓊求兵禦賊，彥瓊不肯與，曰：「賊未至，至而給兵豈晚邪？」已而賊至，彥瓊以兵登北門，聞賊呼聲，大恐，棄其兵而走，單騎歸于京師。在禮由是得入于鄴以成其叛亂者，由彥瓊啓而縱之也。

郭門高者，名從謙，門高其優名也。雖以優進，而嘗有軍功，故以爲從馬直指揮使。從馬直，蓋親軍也。從謙以姓郭，拜崇韜爲叔父，而皇弟存乂又以從謙爲養子。崇韜死，存乂見囚，從謙置酒軍中，憤然流涕，稱此二人之冤。是時，從馬直軍士王温宿衛禁中，夜謀亂，事覺被誅。莊宗戲從謙曰：「汝黨存乂、崇韜負我，又教王温反。復欲何爲乎？」從謙恐，退而激其軍士曰：「罄爾之貲，食肉而飲酒，無爲後日計也。」軍士問其故，從謙因曰：「上以王温故，俟破鄴，盡阬爾曹。」軍士信之，皆欲爲亂。

李嗣源兵反，嚮京師，莊宗東幸汴州，而嗣源先入。莊宗至萬勝，不得進而還，軍士離散，尚有二萬餘人。居數日，莊宗復東幸汜水，謀扼關以爲拒。四月丁亥朔，朝羣臣於中興殿，宰相對三刻罷。從駕黃甲馬軍陣於宣仁門、步軍陣於五鳳門以俟。莊宗入食內殿，從謙自營中露刃注矢，馳攻興教門，與黃甲軍相射。莊宗聞亂，率諸王衞士擊亂兵出門。亂兵縱火焚門，緣城而入，莊宗擊殺數十百人。亂兵從樓上射帝，帝傷重，踣于絳霄殿廊下，自皇后、諸王左右皆奔走。至午時，帝崩，五坊人善友，聚樂器而焚之。嗣源入洛，得其骨，葬新安之雍陵。以從謙爲景州刺史，已而殺之。

傳曰：「君以此始，必以此終。」莊宗好伶，而弒於門高，焚以樂器。可不信哉！可不戒哉！

校勘記

〔一〕廷徽　汪本同，他本及通鑑卷二七四「廷」作「建」。

新五代史卷三十八

宦者傳第二十六

嗚呼，自古宦、女之禍深矣！明者未形而知懼，暗者患及而猶安焉，至於亂亡而不可悔也。雖然，不可以不戒。作宦者傳。

張承業

張承業字繼元，唐僖宗時宦者也。本姓康，幼閹，爲內常侍張泰養子。晉王兵擊王行瑜，承業數往來兵間，晉王喜其爲人。及昭宗爲李茂貞所迫，將出奔太原，乃先遣承業使晉以道意，因以爲河東監軍。其後崔胤誅宦官，宦官在外者，悉詔所在殺之。晉王憐承業，不忍殺，匿之斛律寺。昭宗崩，乃出承業，復爲監軍。

晉王病且革，以莊宗屬承業曰：「以亞子累公等！」莊宗常兄事承業，歲時升堂拜母，甚

親重之。莊宗在魏，與梁戰河上十餘年，軍國之事，皆委承業，承業亦盡心不懈。凡所以畜積金粟，收市兵馬，勸課農桑，而成莊宗之業者，承業之功爲多。自貞簡太后、韓德妃、伊淑妃及諸公子在晉陽者，承業一切以法繩之，權貴皆斂手畏承業。

莊宗歲時自魏歸省親，須錢蒱博、賞賜伶人，而承業主藏，錢不可得。莊宗乃置酒庫中，酒酣，使子繼岌爲承業起舞，舞罷，承業出寶帶、幣、馬爲贈，莊宗指錢積呼繼岌小字以語承業曰：「和哥乏錢，可與錢一積，何用帶、馬爲也？」承業謝曰：「國家錢，非臣所得私也。」莊宗以語侵之，承業怒曰：「臣，老敕使，非爲子孫計，惜此庫錢，佐王成霸業爾！若欲用之，何必問臣？財盡兵散，豈獨臣受禍也？」莊宗顧元行欽曰：「取劍來！」承業起，持莊宗衣而泣，曰：「臣受先王顧託之命，誓雪家國之讎。今日爲王惜庫物而死，死不愧於先王矣！」閻寶從旁解承業手令去，承業奮拳毆寶踣，罵曰：「閻寶，朱溫之賊，蒙晉厚恩，不能有一言之忠，而反諂諛自容邪！」太后聞之，使召莊宗。莊宗性至孝，聞太后召，甚懼，乃酌兩卮謝承業曰：「吾杯酒之失，且得罪太后。願公飲此，爲吾分過！」承業不肯飲。莊宗入內，太后使人謝承業曰：「小兒忤公，已笞之矣。」明日，太后與莊宗俱過承業第，慰勞之。

盧質嗜酒傲忽，自莊宗及諸公子多見侮慢，莊宗深嫉之。承業乘間請曰：「盧質嗜酒無禮，臣請爲王殺之。」莊宗曰：「吾方招納賢才以就功業，公何言之過也！」承業起賀曰：「王

能如此，天下不足平也！」質因此獲免。

天祐十八年，莊宗已諾諸將卽皇帝位。承業方臥病，聞之，自太原肩輿至魏，諫曰：「大王父子與梁血戰三十年，本欲雪家國之讎，而復唐之社稷。今元兇未滅，而遽以尊名自居，非王父子之初心，且失天下望，不可！」莊宗謝曰：「此諸將之所欲也。」承業曰：「不然，梁，唐、晉之仇賊，而天下所共惡也。今王誠能爲天下去大惡，復列聖之深讎，然後求唐後而立之。使唐之子孫在，孰敢當之？使唐無子孫，天下之士，誰可與王爭者？臣，唐家一老奴耳！誠願見大王之成功，然後退身田里，使百官送出洛東門，而令路人指而歎曰『此本朝敕使，先王時監軍也』，豈不臣主俱榮哉？」莊宗不聽。承業知不可諫，乃仰天大哭曰：「吾王自取之！悞老奴矣。」肩輿歸太原，不食而卒，年七十七。同光元年，贈左武衞上將軍，謚曰正憲。

張居翰

張居翰字德卿，故唐掖廷令張從玫之養子。昭宗時，爲范陽軍監軍，與節度使劉仁恭相善。天復中，大誅宦者，仁恭匿居翰大安山之北谿以免。其後，梁兵攻仁恭，仁恭遣居翰

從晉王攻梁潞州以牽其兵，晉遂取潞州，以居翰爲昭義監軍。

莊宗卽位，與郭崇韜並爲樞密使。莊宗滅梁而驕，宦官因以用事，郭崇韜又專任政，居翰默默，苟免而已。

魏王破蜀，王衍朝京師，行至秦川〔一〕，而明宗軍變于魏。莊宗東征，慮衍有變，遣人馳詔魏王殺之。詔書已印畫，而居翰發視之，詔書言「誅衍一行」，居翰以謂殺降不祥，乃以詔傅柱，揩去「行」字，改爲「一家」。時蜀降人與衍俱東者千餘人，皆獲免。

莊宗遇弒，居翰見明宗于至德宮，求歸田里。天成三年，卒于長安，年七十一。

五代文章陋矣，而史官之職廢於喪亂，傳記小說多失其傳，故其事迹，終始不完，而雜以訛繆。至於英豪奮起，戰爭勝敗，國家興廢之際，豈無謀臣之略，辯士之談？而文字不足以發之，遂使泯然無傳於後世。然獨張承業事卓卓在人耳目，至今故老猶能道之。其論議可謂傑然歟！殆非宦者之言也。

自古宦者亂人之國，其源深於女禍。女，色而已；宦者之害，非一端也。蓋其用事也近而習，其爲心也專而忍。能以小善中人之意，小信固人之心，使人主必信而親之。待其

李震，匿昭誨於茶籠中，載之湖南，依南嶽爲浮圖，易名崇隱。明宗時，昭誨已長，思歸，而鎔故將符習爲宣武軍節度使，震以歸習，習表於朝。昭誨自稱前成德軍中軍使以見，拜考功郎中、司農少卿。周顯德中，猶爲少府監云。

張文禮者，狡獪人也，鎔惑愛之，以爲子，號王德明。鎔已死，文禮自爲留後。莊宗初納之，後知其通於梁也，遣趙故將符習與閻寶擊之。文禮家鬼夜哭，野河水變爲血，游魚皆死，文禮懼，病疽卒。子處瑾祕喪拒守，擊敗習等。以李嗣昭代之，嗣昭中流矢卒，以李存進代之，存進輒復戰歿，乃以符存審爲招討使，遂破之。執文禮妻及子處瑾、處球、處琪等，折足歸于晉。趙人請而醢之，磔文禮尸于市。

羅紹威

羅紹威字端己，其先長沙人。祖讓，北遷爲魏州貴鄉人。父弘信，爲牧監卒。文德元年，魏博牙軍亂，遂㊀殺其帥樂彥貞，立其將趙文建爲留後，已而又殺之。牙將未知所立，乃聚呼曰：「孰能爲我帥者？」弘信從衆中出應曰：「我可爲君等帥也。」弘信狀貌奇怪，面色青黑，軍中異之，共立爲留後。唐昭宗即位，拜弘信節度

使。

㊀ 古本作逐。

梁太祖將攻晉，乞糴于弘信，弘信不與，由是有隙。梁兵攻魏，取黎陽、淇門、衛縣〔三〕。戰于內黃，魏兵五戰五敗，弘信懼，請盟，乃止。是時，梁方東攻兗、鄆，北敵晉，晉遣李存信救朱宣，假道于魏。太祖聞，遣使語弘信曰：「晉人志在河朔，兵還滅魏矣。」弘信以爲然，乃發兵擊存信於莘縣，太祖遣葛從周助之。梁兵擒晉王子落落，送于魏，弘信殺之，乃與晉絕。太祖猶疑弘信有二心，乃以兄事弘信，常爲卑辭厚幣以聘魏。魏使者至梁，太祖北面拜而受幣，謂使者曰：「六兄於我有倍年之長，吾何敢慢之。」弘信大喜，以爲厚己。以故太祖往來燕、趙之間，卒有河北者，魏不爲之患也。弘信死，紹威立。

紹威好學工書，頗知屬文，聚書數萬卷，開館以延四方之士。弘信在唐，以其先長沙人，故封長沙郡王，紹威襲父爵長沙。紹威新立，幽州劉仁恭以兵十萬攻魏，屠貝州，紹威求救於梁，大敗燕軍於內黃。明年，梁太祖遣葛從周會魏兵攻滄州，取其德州，遂敗燕軍於老鴉隄，紹威以故德梁助己。

魏博自田承嗣始有牙軍，牙軍歲久益驕，至紹威時已二百年，父子世相婚姻以自結。前帥史憲誠、何全皞、韓君雄、樂彥貞等，皆由牙軍所立，怒輒遂㊀殺之。紹威爲人精悍明

敏，通習吏事，爲政有威嚴，然其家世由牙軍所立。天祐二年，魏州城中地陷，紹威懼有變。已而牙校李公佺作亂，紹威誅之，乃間遣使告梁乞兵，欲盡誅牙軍。梁太祖許之，爲遣李思安等攻滄州，召兵於魏，紹威因悉發魏兵以從，獨牙軍在。

㊀ 古本作逐字。

紹威子廷規娶梁女，會梁女卒，太祖陰遣客將馬嗣勳選良兵實輿中，以長直軍千人雜輿夫入魏，詐爲助葬，太祖以兵繼其後。紹威夜以奴兵數百，會嗣勳兵擊牙軍，并其家屬盡殺之。太祖自內黃馳至魏，魏兵從攻滄州者行至歷亭，聞之皆反，入澶、博諸州，魏境大亂，數月，太祖爲悉平之。牙軍死，魏兵悉叛，紹威勢益孤，太祖乃欲奪其地，紹威始大悔。

是歲，太祖復攻滄州，宿兵長蘆，紹威饋給梁兵，自滄至魏五百里，起亭堠，供帳什物自具，梁兵數十萬皆取足，紹威以此重困。

昭宗東遷洛陽，詔諸鎮繕理京師，紹威營太廟成，加拜守侍中，進封鄴王。

太祖圍滄州未下，劉守光會晉軍破梁潞州。太祖自長蘆歸，過魏，疾作，臥府中，諸將莫得見，紹威懼太祖終襲己，乃乘間入見曰：「今四方稱兵，爲梁患者，以唐在故也；唐家天命已去，不如早自取之。」太祖大喜，乃急歸。太祖即位，將都洛陽，紹威取魏良材爲五鳳樓、朝元前殿，浮河而上，立之京師。太祖嘆曰：「吾聞蕭何守關中，爲漢起未央宮，豈若紹威越

千里而爲此，若神化然，功過蕭何遠矣！」賜以寶帶名馬。

燕王劉守光囚其父仁恭，與其兄守文有隙，紹威馳書勸守光等降梁。太祖聞之笑曰：「吾常攻燕不能下，今紹威折簡，乃勝用兵十萬。」太祖每有大事，多遣使者問之，紹威時亦馳簡入白，使者相遇道中，其事往往相合。

紹威自以魏久不用兵，願伐木安陽淇門爲船，自河入洛，歲漕穀百萬石，以供京師。太祖益以紹威盡忠，遣將程厚、盧凝督其役。舟未成而紹威病，乃表言：「魏故大鎮，多外兵，願得梁一有功重臣臨之，請以骸骨就第。」太祖亟命其子周翰監府事，語使者曰：「亟行，語而主，爲我彊飯，如有不諱，當世世貴爾子孫。今使周翰監府事，尙冀卿復愈耳。」紹威仕梁，累拜太師兼中書令，卒年三十四，贈尙書令，謚曰貞壯。

子三人，廷規，官至司農卿卒。周翰襲父位，乾化二年八月爲楊師厚所逐，徙爲宣義軍節度使，卒于官，年十四。周敬代爲宣義軍節度使，年十歲，徙鎭忠武。明年，爲祕書監、駙馬都尉、光祿卿。唐莊宗時爲金吾大將軍，明宗以爲匡國軍節度使，罷爲上將軍。晉天福二年卒，年三十二。廷規娶梁太祖二女，一曰安陽公主，一曰金華公主。周翰娶末帝女，曰壽春公主，周敬亦娶末帝女，曰晉安公主〔四〕。

王處直

王處直字允明，京兆萬年人也。父宗，善殖財貨，富擬王侯，爲唐神策軍吏，官至金吾大將軍，領興元節度使，子處存、處直。

處存以父任爲驍衞將軍、定州已來制置內閑廐宮苑等使。乾符六年，卽拜義武軍節度使。黃巢陷長安，處存感憤流涕，率鎭兵入關討賊。巢敗第功，而收城擊賊，李克用爲第一；勤王倡義，處存爲第一。乾寧二年，處存卒于鎭，三軍以河朔故事，推處存子郜爲留後，卽拜節度使，加檢校司空、同中書門下平章事。處直爲後院中軍都知兵馬使。

光化三年，梁兵攻定州，郜遣處直率兵拒之，戰于沙河，爲梁兵所敗。兵返入城逐郜，郜出奔晉，亂兵推處直爲留後。梁兵圍之，處直遣人告梁，請絕晉而事梁，出絹十萬匹犒軍，乃與梁盟。梁太祖表處直義武軍節度使，累封太原王。太祖卽位，封處直北平王。

其後梁兵攻王鎔，鎔求救于晉，處直亦遣人至晉，願絕梁以自効。晉兵救鎔，處直以兵五千從，破梁軍於柏鄉。其後晉北破燕，南取魏博，與梁戰河上，十餘年，處直未嘗不以兵從。

處直好巫，而客有李應之者，妖妄人也。處直有疾，應之以左道治之而愈，處直益以爲神，使衣道士服，以爲行營司馬，軍政無大小，咸取決焉。初，應之於陘邑閭得小兒劉雲郎，養以爲子，而處直未有子，乃以雲郎與處直，而紿曰：「此子生而有異。」處直養以爲子，更名曰都，甚愛之。應之由此益橫，乃籍管內丁壯，別立新軍，自將之，治第博陵坊，四面開門，皆用左道。處直將吏知其必爲患，而莫能諫也。是時，幽州李匡儔假道中山以如京師，處直伏甲城外，以備不虞。匡儔已去，甲士入城圍應之第，執而殺之，因詣處直請殺都，處直不與。明日，第功行賞，因陰疏甲士姓名，自隊長已上藏于別籍，其後因事誅之，凡二十年，無一人免者，而處直終爲都所殺。

都爲人狡佞多謀，處直以爲節度副使。張文禮弑王鎔，莊宗發兵討文禮，處直與左右謀曰：「鎭，定之蔽也，文禮雖有罪，然鎭亡定不獨存。」乃遣人請莊宗毋發兵，莊宗取所獲文禮與梁蠟書示處直曰：「文禮負我，師不可止。」處直有孽子郁，當郜之亡于晉也，郁亦奔焉，晉王以女妻之，爲新州防禦使。處直見莊宗必討文禮，益自疑，乃陰與郁交通，使郁北招契丹入塞以牽晉兵，且許召郁爲嗣，都聞之不說。而定人皆言契丹不可召，恐自貽患，處直不聽。郁自奔晉，常恐處直不容，因此大喜，以爲乘其隙可取之，乃以厚賂誘契丹阿保機。阿保機舉國入寇，定人皆不欲契丹之舉，小吏和昭訓勸都舉事，都因執處直，囚之西宅，自爲

留後，凡王氏子孫及處直將校殺戮殆盡。明年正月朔旦，都拜處直於西宅，處直奮起揕其胸而呼曰：「逆賊！吾何負爾？」然左右無兵，遂欲齧其鼻，都掣袖而走，處直遂見殺。

初，有黃蛇見于碑樓，處直以爲龍，藏而祠之，又有野鵲數百，巢麥田中，處直以爲己德所致，而定人皆知其不祥，曰：「蛇穴山澤，而處人室，鵲巢鳥，降而田居，小人竊位，而在上者失其所居之象也。」已而處直果被廢死。

莊宗已敗契丹于沙河，追奔過定州，與都相得懽甚，以其子繼岌娶都女，以都爲義武軍節度使。同光二年，莊宗幸鄴，都來朝，賜與鉅萬。莊宗以繼岌故，待都甚厚，所請無不從。及明宗立，頗惡都爲人，而安重誨每以法繩之，都始有異志。是時，唐兵擊契丹，數往來定州，都供饋多闕，益不自安。和昭訓爲都謀曰：「天子新立，四方未附，其勢易離，可爲自安之計。」已而朱守殷反於汴州，都遂亦反，遣人以蠟書招青、徐、岐、潞、梓五鎭，約皆舉兵，而五鎭不應。明宗遣王晏球討之。都復與王郁招契丹爲援，契丹遣禿餒將萬騎救都。都遣指揮使鄭季璘、龍泉鎭將杜弘壽以二千人迎契丹，爲晏球所敗。季璘、弘壽被執，晏球責曰：「吾嘗使人招汝，何故不降？」弘壽對曰：「受恩中山兩世矣，不敢有二心。」遂見殺，弘壽臨刑，神色自若。晏球屯軍望都，與都及契丹戰，大敗之曲陽，都及禿餒得數騎遁去，閉城不復出。

初，莊宗軍中闌得一男子，愛之，使冒姓李，名繼陶，養於宮中以爲子。明宗卽位，安重誨出以乞段徊，徊亦惡而逐之。都使人求得之。至是，紿其衆曰：「此莊宗太子也。」被以天子之服，使巡城上，以示晏球軍，軍士識者曰：「繼陶也。」共詬之。都居城中，兵少，惟以契丹二千人守城，呼禿餒爲餒王，屈身事之。諸將有欲出降者，都伺察嚴密，殺戮無虛日，以故堅守經年。天成四年二月，城破，都與家屬皆自焚死，王氏遂絕于中山。而處存有子鄴，鄴子廷胤，與莊宗連外姻，爲人驍勇，自爲軍校，能與士卒同辛苦，明宗時，歷貝、忻、密、澶、隰州刺史。范延光反于鄴，晉高祖以廷胤爲楊光遠行營中軍使。破延光有功，拜彰德軍節度使。

初，處直爲都所囚，幼子威北走契丹。契丹謂晉高祖曰：「吾欲使威襲其先人爵土，如何？」高祖對曰：「中國之法，自將校爲刺史，升團練防禦而至節度使，請送威歸中國，漸進之。」契丹怒曰：「爾自諸侯爲天子，豈有漸乎？」高祖聞之，遽徙廷胤鎭義武，曰：「此亦王氏之後也。」後徙鎭海而卒〔五〕。

劉守光

劉守光，深州樂壽人也。其父仁恭，事幽州李可舉，能穴地爲道以攻城，軍中號「劉窟頭」。稍以功遷軍校。仁恭爲人有勇，好大言。可舉死，子匡威惡其爲人，不欲使居軍中，徙爲瀛州景城縣令。瀛州軍亂，殺刺史，仁恭募縣中得千人，討平之，匡威喜，復以爲將，使戍蔚州。戍兵過期不得代，皆思歸，出怨言。匡威爲弟匡儔所逐，仁恭聞亂，乃擁戍兵攻幽州，行至居庸關，戰敗，奔晉，晉以爲壽陽鎮將。

仁恭多智詐，善事人，事晉王愛將蓋寓尤謹，每對寓涕泣，自言：「居燕無罪，以讒見逐。」因道燕虛實，陳可取之謀，晉王益信而愛之。乾寧元年，晉擊破匡儔，乃以仁恭爲幽州留後，留其親信燕留得等十餘人監其軍，爲之請命于唐，拜檢校司空、盧龍軍節度使。

其後晉攻羅弘信，求兵於仁恭，仁恭不與，晉王以書微責誚之，仁恭大怒，執晉使者，殺燕留得等以叛。晉王自將討之，戰于安塞，晉王大敗。光化元年，遣其子守文襲滄州，逐節度使盧彥威，遂取滄、景、德三州。爲其子請命于唐，昭宗遲之，未卽從，仁恭怒，語唐使者曰：「爲我語天子，旌節吾自有，但要長安本色衚，何屢求而不得邪！」昭宗卒以守文爲橫海軍節度使。

仁恭父子率兩鎮兵十萬，號稱三十萬以擊魏，屠貝州。羅紹威求救於梁，梁遣李思安救魏，大敗守文於內黃，斬首五萬。仁恭走，梁軍追擊之，自魏至長河，橫尸數百里。梁軍

自是連歲攻之，破其瀛、漠二州，仁恭懼，復附晉。

天祐三年，梁攻滄州，仁恭調其境內凡男子年十五已上、七十已下，皆黥其面，文曰：「定霸都」，得二十萬人，兵糧自具，屯于瓦橋。梁軍壁長蘆，深溝高壘，仁恭不能近。滄州被圍百餘日，城中食盡，人自相食，析骸而爨，或丸墐土而食，死者十六七。仁恭求救於晉，晉王爲之攻潞州以牽梁圍，晉破潞州，梁軍乃解去。

然仁恭幸世多故，而驕於富貴，築宮大安山，窮極奢侈，選燕美女充其中。又與道士鍊丹藥，冀可不死。令燕人用墐土爲錢，悉斂銅錢，鑿山而藏之，已而殺其工以滅口，後人皆莫知其處。

仁恭有愛妾羅氏，其子守光烝之，仁恭怒，笞守光，逐之。梁開平元年，遣李思安攻仁恭，仁恭在大安，守光自外將兵以入，擊走思安，乃自稱盧龍節度使，遣李小喜、元行欽以兵攻大安山，執仁恭而幽之。其兄守文聞父且囚，卽率兵討守光，至于盧臺，爲守光所敗，進戰玉田，又敗，乃乞兵于契丹。明年，守文將契丹、吐渾兵四萬人戰于鷄蘇，守光兵敗，守文陽爲不忍，出於陣而呼其衆曰：「毋殺吾弟！」守光將元行欽識守文，躍馬而擒之，又囚之於別室，既而殺之。

守文將吏孫鶴、呂兗等，立守文子延祚以距守光，守光圍之百餘日，城中食盡，米斗直

錢三萬，人相殺而食，或食墐土，馬相食其騣尾，兗等率城中饑民食以麴，號「宰務」，日殺以餉軍。久之，延祚力窮，遂降。

守光素庸愚，由此益驕，爲鐵籠、鐵刷，人有過者，坐之籠中，外燎以火，或刷剔其皮膚以死，燕之士逃禍于佗境。守光身衣赭黃，謂其將吏曰：「我衣此而南面，可以帝天下乎？」孫鶴切諫以爲不可。梁攻趙，趙王王鎔求救於守光，孫鶴曰：「今趙無罪，而梁伐之，諸侯救趙之兵，先至者霸，臣恐燕軍未出，而晉已先破梁矣，此不可失之時也。」守光曰：「趙王嘗與我盟而背之，今急乃來歸我；且兩虎方鬭，可待之，吾當爲卞莊子也。」遂不出兵。晉王果救趙，大敗梁兵於柏鄉，進掠邢、洺，至于黎陽。守光聞晉空國深入梁，乃治兵戒嚴，遣人以語動鎮、定曰：「燕有精兵三十萬，率二鎮以從晉，然誰當主此盟者？」晉人患之，謀曰：「昔夫差爭黃池之會，而越入吳；項羽貪伐齊之利，而漢敗楚。今吾越千里以伐人，而彊燕在其後，此腹心之患也。」乃爲之班師。

守光以爲諸鎮畏其彊，乃諷諸鎮共推尊己，於是晉王率天德宋瑤、振武周德威、昭義李嗣昭、義武王處直、成德王鎔等，以墨制册尊守光爲尙書令、尙父。守光又遣告于梁，請授己河北兵馬都統，以討鎮、定、河東。梁遣閤門使王瞳拜守光河北採訪使。有司白守光，尙父受册，用唐册太尉禮儀，守光問曰：「此儀注何不郊天，改元？」有司曰：「此天子之禮也，尙

父雖尊，乃人臣耳。」守光怒曰：「我爲尙父，誰當帝者乎？且今天下四分五裂，大者稱帝，小者稱王，我以二千里之燕，獨不能帝一方乎？」乃械梁、晉使者下獄，置斧鑕于其庭，令曰：「敢諫者死！」孫鶴進曰：「滄州之敗，臣蒙王不殺之恩，今日之事，不敢不諫。」守光怒，推之伏鑕，令軍士割而啖之。鶴呼曰：「不出百日，大兵當至！」命窒其口而醢之。守光遂以梁乾化元年八月，自號大燕皇帝，改元曰應天，以王瞳、齊涉爲左右相。晉遣太原少尹李承勳賀册尙父，至燕，而守光已僭號。有司迫承勳稱臣，承勳不屈，以列國交聘禮入見，守光怒，殺之。

明年，晉遣周德威將三萬人，會鎮、定之兵以攻燕，自祈溝關入，其澶、涿、武、順諸州皆迎降。守光被圍經年，累戰常敗，乃遣客將王遵化致書于德威曰：「予得罪于晉，迷而不復，今其病矣，公善爲我辭焉。」德威謂遵化曰：「大燕皇帝尙未郊天，何至此邪？予受命以討僭亂，不知其佗也。」守光益窘，乃獻絹千匹、銀千兩、錦百段，遣其將周遵業謂德威曰：「吾王以情告公，富貴成敗，人之常理；錄功宥過，霸者之事也。守光去歲妄自尊崇，本不能爲朱溫下耳，豈意大國暴師經年，幸少寬之。」德威不許。守光登城呼德威曰：「公三晉賢士，獨不急人之危乎？」遣人以所乘馬易德威馬而去，因告曰：「俟晉王至則降。」晉王乃自臨軍，守光登城見晉王，晉王問將如何？守光曰：「今日俎上肉耳，惟王所爲也！」守光有變者李

小喜，勸其毋降，守光因請俟佗日。是夕，小喜叛降于晉軍。明日，晉軍攻破其城，執仁恭及其家族三百口。

守光與其妻李氏、祝氏，子繼珣、繼方、繼祚等，南走滄州，迷失道，至燕樂界中，數日不得食，遣其妻祝氏乞食於田家，田家怪而詰之，祝氏以實告，乃被擒送幽州。晉王方大饗軍，客將引守光見，晉王戲之曰：「主人何避客之遽也？」守光叩頭請死，命械守光并其父仁恭以從軍。軍還過趙，趙王王鎔會晉王，置酒，酒酣請曰：「願見仁恭父子。」晉王命破械出之，引置下坐。飲食自若，皆無慚色。

晉王至太原，仁恭父子曳以組練，獻于太廟。守光將死，泣曰：「臣死無恨，然教臣不降者，李小喜也，罪人不死，臣將訴于地下。」晉王使召小喜，小喜瞋目曰：「囚父弑兄，烝其骨肉，亦小喜教爾邪？」晉王怒，命先斬小喜。守光知不免，呼曰：「王將復唐室以成霸業，何不赦臣使自効？」其二婦從旁罵曰：「事已至此，生復何爲？願先死！」乃俱死。晉王命李存霸執仁恭至鴈門，刺其心血以祭先王墓，然後斬之。

校勘記

〔一〕館于梅子園　「梅」，南昌、鄂本作「海」。夢溪筆談卷二四云：「鎮陽池苑之盛，冠于諸鎮，乃王鎔時海子園也，鎔嘗館李匡威於此。……鎮人矜大其池，謂之『潭園』，蓋不知昔嘗謂之『海子』矣。」疑「梅」爲「海」之形訛。

〔二〕李正抱　新唐書卷二一二及舊唐書卷一八〇李全忠傳作「李抱貞」，北夢瑣言卷一三作「李貞抱」。

〔三〕梁兵攻魏取黎陽淇門衞縣　他本「黎陽」下均有「臨河」二字。

〔四〕周敬亦娶末帝女曰晉安公主　南監、汪、南昌、鄂本及薛史卷九一羅周敬傳「晉安」作「普安」。

〔五〕後徙鎮海而卒　「鎮海」，薛史卷八八王庭胤傳云：「少帝嗣位，改滄州節度使，累官至檢校太尉。開運元年秋卒于位。」按本史卷六〇職方考、太平寰宇記卷六五及卷九三，杭州曰鎮海，滄州後唐時爲橫海軍。纂誤補卷三謂「此鎮海當是橫海之誤」。

新五代史卷四十

雜傳第二十八

李茂貞

李茂貞，深州博野人也。本姓宋，名文通，爲博野軍卒，戍鳳翔。黃巢犯京師，鄭畋以博野軍擊賊，茂貞以功自隊長遷軍校。

光啓元年，朱玫反，僖宗出居興元。玫遣王行瑜攻大散關，茂貞與保鑾都將李鋋等敗行瑜於大唐峯。明年，玫遂敗死。茂貞以功自扈蹕都頭拜武定軍節度使，賜以姓名。扈蹕東歸，至鳳翔，鳳翔節度使李昌符與天威都頭楊守立爭道，以兵相攻，昌符不勝，走隴州。僖宗遣茂貞擊殺昌符，以功拜鳳翔隴右節度使。大順元年，封隴西郡王。

二年，樞密使楊復恭得罪，奔於興元，興元節度使楊守亮，復恭之養子也，納之。茂貞乃上書言復恭父子罪皆當誅，因自請爲山南招討使。昭宗以宦者故，難之，未許。茂貞擅

發兵攻破興元，復恭父子見殺。

茂貞表其子繼密權知興元軍府事，昭宗乃徙茂貞山南西道節度使，以宰相徐彥若鎮鳳翔。茂貞不奉詔，上表自論曰：「但慮軍情忽變，戎馬難羈。徒令甸服生靈，因茲受幣；未審乘輿播越，自此何之？」昭宗以茂貞表辭不遜，不能忍，以問宰相杜讓能，讓能以謂：「茂貞地大兵彊，而唐力未可以致討；鳳翔又近京師，易以自危而難於後悔，佗日雖欲誅晁錯以謝諸侯，恐不能也。」昭宗怒曰：「吾不能孱孱坐㈠受凌弱！」乃責讓能治兵，而以覃王嗣周爲京西招討使。令下，京師市人皆知不可，相與聚承天門，遮宰相請無舉兵，爭投瓦石擊宰相，宰相下輿而走，亡其堂印，人情大恐，昭宗意益堅。覃王率扈駕軍五十四都戰于盩厔，唐軍敗潰，茂貞遂犯京師，屯于三橋。昭宗御安福門，殺兩樞密以謝茂貞，使罷兵。茂貞素與讓能有隙，因曰：「謀舉兵者非兩樞密，乃讓能也。」陳兵臨皋驛，請殺讓能。讓能曰：「臣故先言之矣，惟殺臣可以紓國難。」昭宗泣下沾襟，貶讓能雷州司戶參軍，賜死，茂貞乃罷兵。

㈠古本作生。

明年，河中節度使王重盈卒，其諸子珂、珙爭立。晉王李克用請立珂，茂貞與韓建、王行瑜請立珙，昭宗不許。茂貞等怒，率三鎮兵犯京師，謀廢昭宗，立吉王保。未果，而晉王

亦舉兵，茂貞懼，乃殺宰相韋昭度、李磎，留其養子繼鵬以兵二千宿衞而去。晉兵至河中，繼鵬與行瑜弟行實等爭劫昭宗出奔，京師大亂，昭宗出居于石門。茂貞以兵至鄠縣，斬繼鵬自贖。

晉兵已破王行瑜，還軍渭北，請擊茂貞。昭宗以謂晉遠而茂貞近，因欲庇之以爲德，而冀緩急之可恃也；且茂貞已殺其子自贖矣，乃詔罷歸晉軍。克用歎曰：「唐不誅茂貞，憂未已也！」

昭宗自石門還，益募安聖、捧宸等軍萬餘人，以諸王將之。茂貞謂唐將討己，亦治兵請覲，京師大恐，居人亡入山谷。茂貞遂犯京師，昭宗遣覃王拒之，覃王至三橋，軍潰，昭宗出居于華州。遣宰相孫偓以兵討茂貞，韓建爲茂貞請，乃已。久之，加拜茂貞尚書令，封岐王。

其後，昭宗爲宦者所廢，既反正，宰相崔胤欲借梁兵誅諸宦者，陰與梁太祖謀之。中尉韓全誨等，亦倚茂貞之彊，以爲外援，茂貞遣其子繼筠以兵數千宿衞京師，宦者恃岐兵，益驕不可制。

天復元年，胤召梁太祖以西，梁軍至同州，全誨等懼，與繼筠劫昭宗幸鳳翔。梁軍圍之逾年，茂貞每戰輒敗，閉壁不敢出。城中薪食俱盡，自冬涉春，雨雪不止，民凍餓死者日以千

數。米斗直錢七千，至燒人屎煑尸而食，父自食其子，人有爭其肉者，曰：「此吾子也，汝安得而食之！」人肉斤直錢百，狗肉斤直錢五百，父甘食其子，而人肉賤於狗。天子於宮中設小磨，遣宮人自屑豆麥以供御，自後宮、諸王十六宅，凍餒而死者日三四。城中人相與邀遮茂貞，求路以爲生，茂貞窮急，謀以天子與梁以爲解。昭宗謂茂貞曰：「朕與六宮皆一日食粥，一日食不托，安能不與梁和乎？」三年正月，茂貞與梁約和，斬韓全誨等二十餘人，傳首梁軍，梁圍解。天子雖得出，然梁遂劫東遷而唐亡，茂貞非惟亡唐，亦自困矣。

及梁太祖即位，諸侯之彊者皆相次稱帝，獨茂貞不能，但稱岐王，開府置官屬，以妻爲皇后，鳴梢羽扇視朝，出入擬天子而已。茂貞居岐，以寬仁愛物，民頗安之，嘗以地狹賦薄，下令榷油，因禁城門無內松薪，以其可爲炬也，有優者誚之曰：「臣請并禁月明。」茂貞笑而不怒。

初，茂貞破楊守亮取興元，而邠、寧、鄜、坊皆附之，有地二十州；其被梁圍也，興元入于蜀；開平已後，邠、寧、鄜、坊入于梁，秦、鳳、階、成又入于蜀；當梁末年，所有七州而已⊖。

⊖二十州者：岐、隴、涇、原、渭、武、秦、成、階、鳳、邠、寧、慶、衍、鄜、坊、丹、延、梁、洋也。

莊宗已破梁，茂貞稱岐王，上牋以季父行自處。及聞入洛，乃上表稱臣，遣其子從曮來朝。莊宗以其耆老，甚尊禮之，改封秦王，詔書不名。同光二年，以疾卒，年六十九，謚曰忠敬。

從曮爲人柔而善書畫，茂貞承制拜從曮彰義軍節度使。茂貞卒，拜鳳翔節度使。魏王繼岌征蜀，爲供軍轉運應接使。蜀平，繼岌遣從曮部送王衍，行至鳳翔，監軍使柴重厚拒而不納，從曮遂東至華州，聞莊宗之難乃西歸。明宗入立，聞重厚嘗拒從曮，遣人誅之。從曮上書，言重厚守鳳翔，軍民無所擾，願貸其過。雖不許，士人以此多之。歷鎮宣武、天平。從曮有田千頃、竹千畝在鳳翔，懼侵民利，未嘗省理，鳳翔人愛之。廢帝起鳳翔，將行，鳳翔人叩馬乞從曮。廢帝入立，復以從曮爲鳳翔節度使，卒年四十九。

韓建

韓建字佐時，許州長社人也。少爲蔡州軍校，隸忠武軍將鹿晏弘。從楊復光攻黃巢於長安，巢已破，復光亦死，晏弘與建等無所屬，乃以麾下兵西迎僖宗於蜀，所過攻劫。行至

興元，逐牛叢，據山南。已而不能守，晏弘東走許州，建乃奔于蜀，拜金吾衞將軍。

僖宗還長安，建爲潼關防禦使、華州刺史。華州數經大兵，戶口流散，建少賤，習農事，乃披荊棘，督民耕植，出入閭里，問其疾苦。建初不知書，乃使人題其所服器皿牀榻，爲其名目以視之，久乃漸通文字。見玉篇，喜曰：「吾以類求之，何所不得也。」因以通音韻聲偶，暇則課學書史。是時，天下已亂，諸鎮皆武夫，獨建撫緝兵民，又好學。荆南成汭時冒姓郭，亦善緝荆楚。當時號爲「北韓南郭」。

大順元年，以兵屬張濬伐晉，濬敗，建自含山逦歸。河中王重盈死，諸子珂、珙爭立，晉人助珂，建與王行瑜、李茂貞助珙。昭宗不許，建等大怒，以三鎮兵犯京師。昭宗見建等責之，行瑜、茂貞惶恐戰汗不能語，獨建前自陳述。乃殺宰相韋昭度、李磎等，謀廢昭宗。會晉舉兵且至，建等懼，乃還。晉兵問罪三鎮，兵傅華州，建登城呼曰：「弊邑未常失禮於大國，何爲見攻？」晉人曰：「君以兵犯天子，殺大臣，是以討也。」已而與晉和。

乾寧三年，李茂貞復犯京師，昭宗將奔太原，次渭北，建遣子允請幸華州。昭宗又欲如鄜州，建追及昭宗於富平，泣曰：「藩臣倔彊，非止茂貞，若捨近畿而巡極塞，乘輿渡河，不可復矣！」昭宗亦泣，遂幸華州。

是時，天子孤弱，獨有殿後軍及定州三都將李筠等兵千餘人爲衞，以諸王將之。建已

得昭宗幸其鎮，遂欲制之，因請罷諸王將兵，散去殿後諸軍，累表不報。昭宗登齊雲樓，西北顧望京師，作菩薩蠻辭三章以思歸，其卒章曰：「野煙生碧樹，陌上行人去。安得有英雄，迎歸大內中？」酒酣，與從臣悲歌泣下，建與諸王皆屬和之。建心尤不悅，因遣人告諸王謀殺建、劫天子幸佗鎮。昭宗召建，將辨之，建稱疾不出，乃遣諸王自詣，建不見〔一〕，請送諸王十六宅，昭宗難之。建乃率精兵數千圍行宮，請誅李筠。昭宗大懼，遽詔斬筠，悉散殿後及三都衞兵，幽諸王於十六宅。昭宗益悔幸華，遣延王戒丕使于晉，以謀興復。戒丕還，建與中尉劉季述誣諸王謀反，以兵圍十六宅，諸王皆登屋叫呼，遂見殺。昭宗無如之何，爲建立德政碑以慰安之。

建已殺諸王，乃營南莊，起樓閣，欲邀昭宗遊幸，因以廢之而立德王裕。其父叔豐謂建曰：「汝陳、許間一田夫爾，遭時之亂，蒙天子厚恩至此，欲以兩州百里之地行大事，覆族之禍，吾不忍見，不如先死！」因泣下歔欷。李茂貞、梁太祖皆欲發兵迎天子，建稍恐懼，乃止。光化元年，昭宗還長安，自爲建畫像，封建潁川郡王，賜以鐵券。建辭王爵，乃封建許國公。

梁太祖以兵嚮長安，遣張存敬攻同州，建判官司馬鄴以城降，太祖使鄴召建，建乃出降。太祖責建背己，建曰：「判官李巨川之謀也。」太祖怒，卽殺巨川，以建從行。

昭宗東遷，建從至洛，昭宗舉酒屬太祖與建曰：「遷都之後，國步小康，社稷安危，繫卿兩人。」次何皇后舉觴，建躡太祖足，太祖乃陽醉去。建出，謂太祖曰：「天子與宮人眼語，幕下有兵仗聲，恐公不免也！」太祖以故尤德之，表建平盧軍節度使。

太祖卽位，拜司徒同中書門下平章事。太祖性剛暴，臣下莫敢諫諍，惟建時有言，太祖亦優容之。太祖郊于洛，建爲大禮使。罷相，出鎮許州，太祖崩，許州軍亂，見殺，年五十八。

李仁福

李仁福，不知其世家。當唐僖宗時，有拓拔思敬者，爲夏州偏將，後以與破黃巢功，賜姓李氏，拜夏州節度使。思敬卒，乾寧二年，以其弟思諫爲節度使。

自唐末天下大亂，史官實錄多闕，諸鎮因時倔起，自非有大善惡暴著于世者，不能紀其始終。是時，興元、鳳翔、邠寧、鄜坊、河中、同華諸鎮之兵，四面並起而交爭，獨靈夏未嘗爲唐患，而亦無大功。朱玫之亂，思敬與鄜州李思孝皆以兵屯渭橋。其後，黃巢陷京師，王重

榮、李克用等會諸鎮兵討賊，思敬與破巢復京師，然皆未嘗有所可稱，故思敬之世次、功過不顯而無傳。

梁開平二年，思諫卒，軍中立其子彝昌爲留後，卽拜彝昌節度使。明年，其將高宗益作亂，殺彝昌。是時，仁福爲蕃部指揮使，戍兵于外，軍中乃迎仁福立之，不知其於思諫爲親疎也。是歲四月，拜仁福檢校司空、定難軍節度使。終梁之世，奉正朔而已。是時，岐王李茂貞、晉王李克用，數會兵攻仁福，梁輒出兵救之。仁福累官至檢校太師兼中書令，封朔方王。長興四年三月卒，其子彝超自立爲留後。

自仁福時，邊將多言仁福通於契丹，恐爲邊患。明宗因其卒，乃以彝超爲延州刺史、彰武軍節度使，而徙彰武安從進代之。恐彝超不受代，遣邠州藥彥稠以兵五萬送從進之鎮。彝超果不受代，從進與彥稠以兵圍之，百餘日不克。夏州城壁素堅，故老傳言赫連勃勃蒸土築之，從進等穴地道，至城下堅如鐵石，鑿不能入。彝超外招党項，抄掠從進等糧道，自陝以西，民運斗粟束芻，其費數千，人不堪命，道路愁苦。明宗遂釋不攻，以彝超爲定難軍節度使。清泰二年卒。

其弟彝興，累官檢校太師兼侍中，周顯德中，封西平王，其後事具國史。

韓遜

韓遜，不知其世家。初爲靈武軍校，當唐末之亂，據有靈鹽，唐卽以爲節度使，而史失不錄，不見其事。梁開平三年，封朔方節度使韓遜爲潁川王，始見於史。

是時，邠寧楊崇本、鄜延李周彝、鳳翔李茂貞，皆與梁爭戰，獨遜與夏州李思諫臣屬于梁，未嘗以兵爭。李茂貞嘗遣劉知俊攻遜，不能克，遜亦善撫其部，人皆愛之，爲遜立生祠。貞明中，遜卒，軍中立其子洙爲留後，梁卽以爲節度使。至莊宗時，又以洙兼河西節度。

天成四年，洙卒，卽以洙子澄爲朔方軍留後〔二〕。其將李賓作亂，澄乃上章請帥於朝，明宗以康福爲朔方河西節度使以代澄，由是命吏而相代矣。韓氏自遜有靈武，傳世皆無所稱述，澄後不知其所終。

楊崇本

楊崇本，幼事李茂貞，養以爲子，冒姓李，名曰繼徽，茂貞表崇本靜難軍節度使。梁太祖攻岐未下，乃移兵攻邠州，崇本迎降，太祖使復其姓，賜名崇本，遷其家於河中以爲質。崇本妻有美色，太祖用兵，往來河中，嘗幸之。崇本妻頗媿恥，間遣人誚崇本曰：「大丈夫不能庇其伉儷，我已爲朱公婦矣，無面視君，有刀繩而已！」崇本涕泣憤怒。其後梁兵解岐圍，崇本妻得歸，崇本乃復背梁歸茂貞。茂貞西連蜀兵會崇本攻雍、華，關西大震。太祖以兵西至河中，遣郴王友裕擊之，友裕至永壽而卒，梁兵乃旋。崇本屯美原，太祖復遣劉知俊、康懷英等擊之，崇本大敗，自此不復東。

乾化四年，爲其子彥魯所弒。崇本養子李保衡，殺彥魯以降梁。

高萬興

高萬興，河西人也。唐末，河西屬李茂貞，茂貞將胡敬璋爲延州刺史，萬興與其弟萬金俱事敬璋爲騎將。敬璋死，其將劉萬子代爲刺史。梁開平二年，葬於州南，萬子在會，其將許從實殺萬子，自爲延州刺史。是時，萬興兄弟皆將兵戍境上，聞萬子死，以其部下數千人

降梁。

梁太祖兵屯河中，遣同州劉知俊以兵應萬興，攻丹州，執其刺史崔公實。進攻延州，執許從實。鄜州李彥容、坊州李彥昱皆棄城走。梁太祖乃以萬興爲延州刺史、忠義軍節度使，以牛存節爲保大軍節度使。已而劉知俊叛，乃徙存節守同州，以萬金爲保大軍節度使。萬興累遷檢校太師兼中書令，渤海郡王。貞明四年，萬金卒，乃以萬興爲鄜延節度使，進封延安郡王，徙封北平王。梁亡，莊宗入洛，萬興嘗一來朝。同光三年，卒于鎭。萬興兄弟皆驍勇，而未嘗立戰功，然以戍兵降梁，梁取鄜、坊、丹、延自萬興始，故其兄弟世守其土。

萬興子允韜代立，長興元年徙鎭安國，又徙義成，淸泰中卒。

萬金子允權，開運中爲膚施令，罷居于家。是時，周密爲彰信軍節度使〔三〕，契丹滅晉，延州軍亂，逐密，密守東城，而西城之兵以允權爲留後。聞漢高祖起太原，遂歸漢，卽拜節度使，廣順三年卒。

溫韜

溫韜，京兆華原人也。少爲盜，後事李茂貞，爲華原鎭將，冒姓李，名彥韜。茂貞以華原縣爲耀州，以韜爲刺史。梁太祖圍茂貞於鳳翔，韜以耀州降梁，已而復叛歸茂貞。茂貞又以美原縣爲鼎州，建義勝軍，以韜爲節度使。末帝時，韜復叛茂貞降梁，梁改耀州爲崇州，鼎州爲裕州，義勝爲靜勝軍，卽以韜爲節度使，復其姓溫，更其名曰昭圖。

韜在鎭七年，唐諸陵在其境內者，悉發掘之，取其所藏金寶，而昭陵最固，韜從埏道下，見宮室制度閎麗，不異人間，中爲正寢，東西廂列石牀，牀上石函中爲鐵匣，悉藏前世圖書，鍾、王筆迹，紙墨如新，韜悉取之，遂傳人間，惟乾陵風雨不可發。

其後朱友謙叛梁，取同州，晉王以兵援友謙而趨華原，韜懼，求徙佗鎭，遂徙忠武。莊宗滅梁，韜自許來朝，因伶人景進納賂劉皇后，皇后爲言之，莊宗待韜甚厚，賜姓名曰李紹沖。郭崇韜曰：「此劫陵賊爾，罪不可赦！」莊宗曰：「已宥之矣，不可失信。」遽遣還鎭。明宗入洛，與段凝俱收下獄，已而赦之，勒歸田里。明年，流于德州，賜死。

嗚呼，厚葬之弊，自秦漢已來，率多聰明英偉之主，雖有高談善說之士，極陳其禍福，有不能開其惑者矣！豈非富貴之欲，溺其所自私者篤，而未然之禍，難述於無形，不足以動其心歟？然而聞溫韜之事者，可以少戒也！

五代之君，往往不得其死，何暇顧其後哉。獨周太祖能鑒韜之禍，其將終也，爲書以遺世宗，使以瓦棺、紙衣而斂，將葬，開棺示人，既葬，刻石以告後世，毋作下宮，毋置守陵妾，其意丁寧切至，然實錄不書其葬之薄厚也。又使葬其平生所服衮冕、通天冠、絳紗袍各二，其一于京師，其一于澶州；又葬其劍、甲各二，其一于河中，其一于大名者，莫能原其旨也。

校勘記

〔一〕乃遣諸王自詣建不見　他本「詣」下均有「建辨之」三字。

〔二〕洙卒卽以洙子澄爲朔方軍留後　本史卷四六康福傳云：「韓洙死，其弟澄立。」薛史卷一三二韓遜傳亦稱「洙卒，朝廷以其弟澄爲朔方軍節度觀察留後」。此云「洙子澄」，恐誤。

〔三〕周密爲彰信軍節度使　按薛史卷八四晉少帝紀載，開運三年八月「以右龍武統軍周密爲延州節度使」；又卷九九漢高祖紀載，天福十二年（卽開運四年）權延州留後高允權奏稱「本道節度使周密爲三軍所逐」，與本史卷一〇漢高祖紀合。明周密實爲延帥。又按本史卷六〇職方考，延州後唐時爲彰武軍，彰信軍後周始置於曹州。此處「彰信」當是「彰武」之訛。

新五代史卷四十一

雜傳第二十九

盧光稠　譚全播

盧光稠、譚全播，皆南康人也。光稠狀貌雄偉，無佗材能，而全播勇敢有識略，然全播常奇光稠爲人。

唐末，羣盜起南方，全播謂光稠曰：「天下洶洶，此眞吾等之時，無徒守此貧賤爲也！」乃相與聚兵爲盜。衆推全播爲主，全播曰：「諸君徒爲賊乎？而欲成功乎？若欲成功，當得良帥，盧公堂堂，眞君等主也。」衆陽諾之，全播怒，拔劍擊木三，斷之，曰：「不從令者如此木！」衆懼，乃立光稠爲帥。

是時，王潮攻陷嶺南，全播攻潮，取其虔、韶二州。又遣光稠弟光睦攻潮州。光睦好勇而輕進，全播戒其持重，不聽，度其必敗，乃爲奇兵伏其歸路。光睦果敗走，潮人追之，全播

以伏兵邀擊，大敗之，遂取潮州。

是時，劉巖起南海，擊走光睦，以兵數萬攻虔州。光稠大懼，謂全播曰：「虔、潮皆公取之，今日非公不能守也。」全播曰：「吾知劉巖易與爾！」乃選精兵萬人，伏山谷中，陽治戰地於城南，告巖戰期。以老弱五千出戰，戰酣，僞北，巖急追之，伏兵發，巖遂大敗。光稠第戰功，全播悉推諸將，光稠心益賢之。

梁初，江南、嶺表悉爲吳與南漢分據，而光稠獨以虔、韶二州請命于京師，願通道路，輸貢賦。太祖爲置百勝軍，以光稠爲防禦使，兼五嶺開通使，又建鎭南軍，以爲留後。開平五年，光稠病，以符印屬全播，全播不受。光稠卒，全播立其子延昌而事之。延昌好遊獵，其將黎求閉門拒延昌，延昌見殺。求因謀殺全播，全播懼，稱疾不出。求乃自立，請命于梁。

乾化元年，拜求防禦使。求暴病死，其將李彥圖自立，全播益懼，遂稱疾篤，杜門自絕。彥圖疑之，使人覘其動靜，全播應覘爲狀以自免。彥圖死，州人相率詣全播第，扣門請之，全播乃起，遣使請命于梁，拜防禦使。

全播治虔州七年，有善政，楊隆演遣劉信攻破虔州，以全播歸廣陵，卒年八十五。當盧氏時，劉龑已取韶州，及全播被執，虔州遂入于吳。

雷滿

雷滿，武陵人也。爲人兇悍猾勇，文身斷髮。唐廣明中，湖南饑，盜賊起，滿與同里人區景思、周岳等聚諸蠻數千，獵于大澤中，乃擊鮮釃酒，擇坐中豪者，補置伍長，號土團軍，諸蠻從之，推滿爲帥。

是時，高駢鎭荆南，召滿隸麾下，使以蠻軍擊賊。駢徙淮南，滿從至廣陵，逃歸，殺刺史崔翥，遂據朗州，請命于唐。昭宗以澧、朗爲武貞軍，拜滿節度使。

是時，澧陽人向瓌殺刺史呂自牧據澧州，而溪洞諸蠻宋鄴昌、師益等，皆起兵剽掠湖外，滿亦以輕舟上下荆江，攻劫州縣。楊行密攻杜洪于鄂州，荆南成汭出兵救洪，汭戰敗，溺死於君山。滿襲破荆南，不能守，焚掠殆盡而去。

滿嘗鑿深池於府中，客有過者，召宴池上，指其水曰：「蛟龍水怪皆窟於此，蓋水府也。」酒酣，取坐上器擲池中，因裸而入，取器嬉水上，久之乃出，治衣復坐，意氣自若。

滿居朗州，引沅水塹其城，上爲長橋，爲不可攻之計。天祐中，滿卒，子彥恭自立。彥恭附于楊行密，亦嘗攻劫爲荆、湖患。開平元年，馬殷發兵攻彥恭，恃塹爲阻，逾年不能破。

三年，彥恭奔于楊行密，馬殷擒其弟彥雄等七人送于梁，斬于汴市，彥恭卒於淮南，澧、朗遂入于楚。

鍾傳

鍾傳，洪州高安人也。事州爲小校，黃巢攻掠江淮，所在盜起，往往據州縣。傳以州兵擊賊，頻勝，遂逐觀察使，自稱留後。唐以洪州爲鎭南軍，拜傳節度使。江夏伶人杜洪者，亦據鄂州，楊行密屢攻之，洪頗倚傳爲首尾。久之，洪敗死。

是時，危全諷、韓師德等分據撫、吉諸州，傳皆不能節度，以兵攻之，稍聽命，獨全諷不能下，乃自率兵圍之。城中夜火起，諸將請急攻之，傳曰：「吾聞君子不迫人之危。」乃掃地祭天，嚮城再拜，祝曰：「全諷不降，非民之罪，願天止火。」全諷聞之，明日乃亦聽命，請以女妻傳子匡時。

傳居江西三十餘年，累拜太保、中書令，封南平王。天祐三年，傳卒，子匡時自稱留後，請命于唐。全諷曰：「聽鍾郎爲節度使三年，吾將自爲之。」已而傳養子延規與匡時爭立，乞兵於楊渥，渥遣秦裴等攻匡時，匡時敗，被執歸廣陵。開平三年，全諷等起兵江西，謀復鍾

氏故地，全諷爲楊隆演將周本所敗，江西遂入于吳。

趙匡凝

趙匡凝字光儀，蔡州人也。其父德諲事秦宗權，爲申州刺史。宗權反，德諲攻下襄陽。梁太祖攻蔡州，宗權屢敗，德諲乃以山南東道七州降。梁太祖初鎮宣武，嘗爲宗權所困，聞德諲降，大喜，表爲行營副都統，河陽、保義、義昌三節度行軍司馬。會其兵以攻蔡州，破之，德諲功多。德諲卒，子匡凝自立。

是時，成汭死，雷彥恭襲取荆南，匡凝遣其弟匡明逐彥恭，太祖表匡凝荆襄節度使，以匡明爲荆南留後。是時，唐衰，藩鎮不復奉朝廷，獨匡凝兄弟貢賦不絕。

匡凝爲人氣貌甚偉，性方嚴，喜自脩飾，頗好學問，聚書數千卷，爲政有威惠。

太祖攻兗州，朱瑾求救於晉，晉遣史儼等將兵數千救瑾，瑾敗，與儼等奔于淮南。晉王李克用遣人以書幣假道于匡凝，以聘于楊行密，求歸儼等。晉王使者爲梁得，太祖大怒。是時，梁已破兗、鄆，遣氏叔琮、康懷英等攻匡凝，叔琮取泌、隨二州，懷英取鄧州，匡凝懼，請盟，乃止。

太祖弒昭宗，將謀代唐，畏匡凝兄弟不從，遣使告之，匡凝對使者流涕答曰：「受唐恩深，不敢妄有佗志。」太祖遣楊師厚攻之，太祖以兵殿漢北，匡凝戰敗，以輕舟奔于楊行密。師厚進攻荆南，匡明奔于蜀。

匡凝至廣陵，行密見之，戲曰：「君在鎮時，輕車重馬，歲輸于梁，今敗乃歸我乎？」匡凝曰：「僕世爲唐臣，歲時職貢，非輸賊也。今以不從賊之故，力屈歸公，惟公生死之耳！」行密厚遇之。其後行密死，楊渥稍不禮之。渥方宴，食青梅，匡凝顧渥曰：「勿多食，發小兒熱。」諸將以爲慢，渥遷匡凝海陵，後爲徐溫所殺。匡明卒于蜀。

新五代史卷四十二

雜傳第三十

朱宣 弟瑾

朱宣，宋州下邑人也。少從其父販鹽爲盜，父抵法死，宣乃去事青州節度使王敬武爲軍校。敬武以隸其將曹全晸。中和二年，敬武遣全晸入關與破黃巢。還過鄆州，鄆州節度使薛崇卒，其將崔君預自稱留後。全晸攻殺君預，遂據鄆州。宣以戰功，爲鄆州馬步軍都指揮使。已而全晸死，軍中推宣爲留後，唐僖宗即拜宣天平軍節度使。

梁太祖鎮宣武，以兄事宣。太祖新就鎮，兵力尚少，數爲秦宗權所困，太祖乞兵於宣，宣與其弟瑾以兗、鄆之兵救汴，大破蔡兵，走宗權。是時，太祖已襲取滑州，稍欲并吞諸鎮，宣、瑾既還，乃馳檄兗、鄆，言宣、瑾多誘宣武軍卒亡以東，乃發兵收亡卒，因攻之，遂爲敵國，苦戰曹、濮間。是時，梁又東攻徐州，西有蔡賊，北敵強晉，宣、瑾兄弟自相首尾，然卒爲

梁所滅。

乾寧四年，宣敗，走中都，爲葛從周所執，斬于汴橋下㊀。

㊀今流俗以宣瑾兄，於名加「王」者，非也。

瑾，宣從父弟也。從宣居鄆州，補軍校。少倜儻，有大志，兗州節度使齊克讓愛其爲人，以女妻之。瑾行親迎，乃選壯士爲輿夫，伏兵器輿中。夜至兗州，兵發，遂虜克讓，自稱留後。僖宗即拜瑾泰寧軍節度使。

瑾與宣已破秦宗權於汴州，梁太祖責瑾誘宣武軍卒以歸，遣朱珍攻瑾，取曹州，又攻濮州，而太祖自攻鄆。瑾兄弟往來相救，凡十餘年，大小數十戰，與太祖屢相勝敗。

太祖得宣將賀瓌、何懷寶及瑾兄瓊，乃將瓊等至兗城下，告瑾曰：「汝兄敗矣！今瓊等已降，不如早自歸。」瑾僞曰：「諾。」乃遣牙將胡規持書幣詣軍門請降。太祖大喜，至延壽門與瑾交語，瑾曰：「願得瓊送符印。」太祖信之，遣客將劉捍送瓊往。瑾伏壯士橋下，單騎迎瓊，揮手語捍曰：「請瓊獨來！」瓊前，壯士擒之，遂閉門，責瓊先降，斬之，擲其首城外。太祖度不可下，乃留兵圍之而去。

瑾嬰城自守，而與葛從周等戰城下，瑾兵屢敗，宣亦敗於鄆州，乃乞兵於晉，晉遣李承

中華書局

嗣、史儼等以騎兵五千救之。太祖已破宣，乃急趨兗。瑾城中食盡，與承嗣等掠食豐、沛間；梁兵奄至，瑾將康懷英等以城降梁。瑾等將麾下兵走沂州，沂州刺史尹處賓不納。又走海州，梁兵急追之，乃奔于淮南。楊行密聞瑾來，大喜，解其玉帶贈之，表瑾領武寧軍節度使，以爲行軍副使。其後，梁遣龐師古、葛從周等攻淮南，行密用瑾，大破梁兵於淸口，斬師古。行密累表瑾東南諸道行營副都統、領平盧軍節度使、同中書門下平章事。

行密死，渥及隆演相繼立，皆年少，徐溫與其子知訓專政，畏瑾，欲除之，瑾乃謀殺知訓。嘗以月旦遣愛妾候知訓家，知訓強通之，妾歸自訴，瑾益不平。屢勸隆演誅徐氏，以去國患，隆演不能爲。

既而知訓以泗州建靜淮軍，出瑾爲節度使。將行，召之夜飲。明日，知訓過瑾謝，延之升堂，出其妻陶氏，知訓方拜，瑾以笏擊踣之，伏兵自戶突出，殺之。初，瑾以二惡馬繫庭中，知訓入而釋馬，使相踶鳴，故外人莫聞其變。瑾攜其首馳示隆演曰：「今日爲吳除患矣！」隆演曰：「此事非吾敢知！」遽起入內。瑾忿然以首擊柱，提劍而出，府門已闔，因踰垣，折其足。瑾顧路窮，大呼曰：「吾爲萬人去害，而以一身死之！」遂自刎。

潤州徐知誥聞亂，以兵趨廣陵，族瑾家。瑾妻陶氏臨刑而泣，其妾曰：「何爲泣乎？今行見公矣！」陶氏收淚，欣然就戮，聞者哀之。

瑾名重江淮，人畏之，其死也，尸之廣陵北門，路人私共瘞之。是時，民多病瘧，皆取其墓上土，以水服之，云病輒愈，更益新土，漸成高墳。徐溫等惡之，發其尸，投於雷公塘。後溫病，夢瑾挽弓射之。溫懼，網其骨，葬塘側，立祠其上。初，瑾嘗病疽，醫者視之，色懼，瑾曰：「但理之，吾非以病死者。」於是果然。卒年五十二。

王師範

王師範，青州人也。其父敬武，爲平盧軍牙將。唐廣明元年，無棣人洪霸郎爲盜齊、棣間，平盧節度使安師儒遣敬武率兵擊破之。敬武反兵逐師儒，自稱留後，都統王鐸承制拜敬武節度使。

敬武卒，師範尚幼，其棣州刺史張蟾叛。昭宗以爲師範年少，其下不服從，乃拜太子少師崔安潛爲平盧節度使。師範不受代，蟾迎安潛入棣州。師範遣其將盧洪攻蟾，洪以兵返襲青州，師範陽爲好辭，遣人迎語洪曰：「吾幼未能任事，賴諸將共持之爾。不然，聽公所爲也。」洪以師範無能爲，遽還，不爲備。師範伏兵於道，語其僕劉鄩曰：「洪來，爲我斬之！用爾爲牙將。」明日，洪來，師範出迎，鄩於坐上斬之，伏兵發，盡殺其餘兵，乃急攻棣州，破張蟾，安潛奔歸于京師。昭宗乃拜師範節度使。

師範頗好儒學，聚書至萬卷，爲政有威愛。梁太祖圍昭宗於鳳翔，宦官韓全誨等矯詔召諸鎮兵以擊梁。詔至青州，師範泣曰：「諸鎮有兵，所以藩扞天子，今天子危辱，而諸鎮反以兵自衞；吾雖力不足，當成敗以之。」乃遣使乞兵於楊行密。是時，梁已東下兗、鄆，師範乃遣劉鄩與其弟師魯分攻兗、密諸州。遣張居厚以壯士二百爲輿夫，伏兵輿中，西馳梁軍，稱師範使者聘梁，因欲劫殺太祖。居厚至華州東城，華州將婁敬思疑其有異，剖輿視之，見其兵。居厚遂擊殺敬思，以兵攻西城，不克而反。劉鄩逐葛從周取兗州，而平盧諸州皆起兵攻梁。

其後，梁太祖自鳳翔東還，遣朱友寧攻師範，友寧戰死。復遣楊師厚攻之，屯于臨朐。師範以兵迫之，師厚陽爲怯不敢出，間遣人陽言曰：「梁兵少，方乞兵於鳳翔，今糧且絕，當還軍。」師範以爲然，乃遣師魯悉兵攻之，師厚拒而不戰。師魯兵卻，師厚追擊至聖王山，師魯大敗，遂傅其城，而梁別將劉重霸下其棣州，師範乃請降，太祖許之。師範素服乘驢詣太祖請罪，太祖待以客禮。久之，表師範河陽節度使。

太祖卽位，召爲右金吾衞上將軍，居于洛陽。太祖心欲誅之，未有以發。太祖諸子已封王，宴於宮中，友寧妻泣謂太祖曰：「陛下化家爲國，諸子人人皆得封，而妾夫獨以戰死，

奈何讎人猶在朝廷！」太祖奮然戟手曰：「吾亦幾忘此賊！」乃遣人就洛陽族滅之。使者至，先掘坑於外，乃入告之。師範設席爲具，與諸宗族飲酒，謂使者曰：「死，人之所不免，況有罪乎？然懼少長失序，下愧於先人。」酒半，令少長以次起，就戮於坑所，聞者皆哀憐之。同光三年，贈師範太尉。

李罕之

李罕之，陳州項城人也。爲人驍勇，力兼數人。少學，讀書不成，去爲僧，以其無賴，所往皆不容。乃乞食酸棗市中，市中人皆不與，罕之擲器于地，裂其衣，又去爲盜。

是時，黃巢起曹、濮，乃往依之。巢北渡江，罕之與其麾下走淮南，自歸於高駢，駢表光州刺史。歲餘，秦宗權急攻光州，罕之不能守，還走項城，收其餘衆，依諸葛爽於河陽，爽以罕之爲懷州刺史。巢已敗走，爽降唐，僖宗拜爽東南面招討使，以攻宗權，爽表罕之副使，以兵屯宋州，又表河南尹、東都留守。秦宗權遣孫儒攻河南，罕之兵少，西走澠池，儒燒宮闕，剽掠而去。罕之壁澠池。

歲餘，諸葛爽死，其將劉經立爽子仲方。仲方年少，事皆任經，經慮罕之兇勇難制，以

兵攻之，罕之返擊走經。罕之追至鞏縣，陳舟于汜水，將渡河，經遣張言拒之河上，言反背經，與罕之合攻河陽，爲經所敗，退保懷州。已而孫儒陷河陽，仲方奔于梁。梁兵擊走儒，罕之襲取河陽，言取河南，皆附于梁。

罕之與言皆爽㪚將，事已成，乃相與交臂爲盟，誓同休戚不相忘。罕之御衆無法，性苛暴，頗失士心。而言善治軍旅，教民播殖，務爲積聚。罕之用兵，言嘗供給其乏。罕之求取無已，言頗苦之，不能輸，罕之召言軍吏笞責之，言益不平。罕之悉兵攻晉、絳，言夜襲河陽，罕之奔晉。晉表罕之澤州刺史，使李存孝以兵三萬助罕之攻言。言求救於梁。罕之敗于沇河，乃歸太原，李克用延之帳中。罕之留其子頎事晉，乃之澤州，日以兵鈔懷、孟間，啖人爲食。居民屯聚摩雲山，罕之悉攻殺之，立栅其上，時人號曰李摩雲。是時，晉方徇地山東，頗倚罕之爲扞蔽。李茂貞等犯京師，克用以兵至渭北，僖宗以克用爲邠州四面行營都統，表罕之爲副。破王行瑜，加檢校太尉，食邑千戶。

罕之自以功多於晉，私謂蓋寓曰：「自吾脫身河陽，賴晉容我，未能有以報之；今行老矣，無能爲也。若吾王見憐，與一小鎭，使休兵養疾而後歸老，幸也！」寓爲言之，克用不對。佗日，諸鎭擇守將，未嘗及罕之，罕之心益怏怏。寓告克用，懼罕之有佗心，克用曰：「吾於罕之豈惜一鎭，然鷹鳥之性，飽則颺矣！」

光化元年，潞州薛志勤卒，罕之遽入潞州，使人啓晉王曰：「志勤且死，新帥未至，所以然者，備佗盜耳！」克用大怒，遣李嗣昭攻之。罕之執晉守將馬溉、伊鐸等，遣子顥送于梁以乞兵。梁太祖遣丁會守潞州，以罕之爲河陽節度使，行至懷州，以疾卒，年五十八。

罕之初背梁而歸晉，晉王以罕之守澤州，罕之留其子頎與莊宗遊，甚狎。後罕之背晉以歸梁，晉王怒，欲殺頎，莊宗與之駿馬，使奔于梁。太祖得頎父子大喜，使與友倫將兵以衞昭宗，故頎當太祖時，常掌禁兵。末帝誅友珪，頎與其謀，拜右羽林統軍、澧州刺史。事唐，歷衞、衍二州刺史，累遷右領軍衞上將軍。天福中卒，年七十，贈太尉。

孟方立

孟方立，邢州平鄉人也。少爲軍卒，以勇力選爲隊將。唐廣明中，潞州節度使高潯攻諸葛爽于河陽，遣方立將兵出天井關爲先鋒。潯爲其將劉廣所逐，廣爲亂軍所殺。方立聞亂，引兵自天井入據潞州，唐因以爲昭義軍節度使。

昭義所節制澤、潞、邢、洺、磁五州，而治潞州。方立以謂潞州山川高險，而人俗勁悍，自劉稹以來嘗逐其帥；且已邢人也，因徙其軍于邢州。而潞人怨方立之徙也，因以澤、潞

二州歸于晉。晉遣李克修爲澤潞節度使，方立以邢、洺、磁三州自爲昭義軍。

晉數遣李存孝等出兵以窺山東，三州之人俘掠殆盡，赤地數千里，無復耕桑者累年。方立以孤城自守，求救于梁，梁方東事兗、鄆，不能救也。文德元年，方立乞兵于王鎔以攻晉，鎔許之。方立乃遣其將奚忠信攻晉遼州，而鎔以佗故不能出兵。兵既失約，忠信大敗，而晉兵乘勝攻之。

方立將石元佐者，善兵而多智，方立嘗信用之。忠信之敗也，元佐爲晉將安金俊所得，金俊厚遇之，問以攻邢之策，元佐曰：「方立善守而邢城堅，若攻之，必不得志。宜急攻其磁州，方立來救，可以敗也。」金俊以爲然。軍于滏水之西，方立果帥兵來救，爲金俊所敗，馳入邢州，閉壁不復出。外無救兵，城中食且盡，方立夜出巡城，號令守者，守者皆不應，方立知不可，乃歸飲酖而卒。

軍中以其弟洺州刺史遷爲留後，求救於梁。梁太祖遣王虔裕將騎兵三百助遷守，遷執虔裕降晉。晉徙遷族于太原，以爲汾州刺史，後以爲澤潞節度使。

天復元年，梁遣氏叔琮攻晉，出天井關，遷開門降，爲梁兵鄉道以攻太原，不克。叔琮軍還過潞，以遷歸于梁，梁太祖惡其返覆，殺之。

王珂

王珂，河中人也。其仲父重榮，以河中兵破黃巢，有功於唐，拜河中節度使。重榮無子，以其兄重簡子珂爲後。重榮卒，弟重盈立，重盈卒，軍中乃以珂重榮子，立之。

重盈子陝州節度使珙、絳州刺史瑤，與珂爭立，珙、瑤以書與梁太祖，言珂故王氏蒼頭，小字忠兒，不應得立。珂亦求援於晉，晉人言之朝，昭宗以晉故，許之。而珙、瑤亦西結王行瑜、韓建、李茂貞爲援，行瑜等交章論列，昭宗報以重榮與晉於唐嘗有大功，業許之，不可易。行瑜等怒，以兵犯京師，殺宰相李磎等而去。珙、瑤連兵攻珂河中，珂求援於晉，晉兵西討三鎭，行下絳州，斬瑤而過，至于渭北，擊破行瑜。昭宗卒以珂爲河中節度使。晉以女妻之，遣李嗣昭將兵助珂攻珙陝州。珙爲人慘刻，嘗斬人擲其首於前，言笑自若，其下苦之。偏將李璠因珙戰敗，殺珙，自稱留後。

是時，梁已下鎭、定，將移兵西，而昭宗爲劉季述所廢，京師大亂。崔胤陰召梁以兵西，梁太祖以珂在河中，懼爲患，乃顧張存敬、侯言，以一大繩與之，曰：「爲我持縛珂來！」存敬等兵出含山，破晉、絳二州，遣何絪以兵守之，絕晉援。存敬圍河中，珂告急於晉，晉以絪故

不得前。珂乃遣其妻以書告晉王曰：「賊勢如此，朝夕乞食於梁矣！大人何忍而不救邪？」晉王報之曰：「梁兵爲阻，衆寡不敵，救之則并晉俱亡，不若與王郎自歸朝廷。」珂乃爲書與李茂貞曰：「天子初返正，詔藩鎮無相侵以安王室。今朱公棄約以見攻，其勢不止於弊邑；若弊邑朝亡，則西北諸鎮非諸君所能守也！願與華州出兵潼關以爲應。」茂貞不報。珂計窮，乃治舟于河，將歸于京師。

珂夜登城諭守陴者，守陴者皆不應。牙將劉訓夜入珂寢白事，珂叱之曰：「兵欲反邪！」訓乃解衣自索而入曰：「公苟懷疑，請先斷臂！」珂曰：「事急矣！計安出乎？」訓曰：「公若攜家夜濟，人必爭舟，一夫鴟張，大事卽去。不若遲明以情諭軍中，願從者猶得其半。不然，且爲款狀以緩梁兵，徐圖向背。」珂以爲然。

梁太祖自同州降唐，卽依重榮，以母王氏，故事重榮爲舅。珂乃登城呼存敬曰：「吾於梁王有家世之舊，兵嘗退舍，俟梁王來，吾將聽命。」存敬乃退舍，使馳詣太祖於洛陽。太祖至河中，先之城東，哭於重榮之墓而後入。珂欲面縛牽羊以見太祖，太祖謂曰：「太師阿舅之恩何時可忘，郎君若以亡國之禮見，太師其謂我何？」珂迎於路，握手噓唏，乃徙珂於汴。太祖以珂晉壻也，疑其貳己，使珂西入覲，行至華州，使人殺之傳舍。

瓚，重盈之諸子也，梁太祖已執珂，自領河中節度使，以瓚爲吏。瓚事梁，爲諸衞大將

軍，泰寧、鎭國軍節度使。末帝時，爲開封尹。貞明五年，代賀瓌爲北面行營招討使。是時，晉已城德勝，瓚自黎陽渡河攻澶州，不克，退屯楊村，扼河上流，與晉人相持經年，大小百餘戰，瓚卒無功，末帝遣戴思遠代，瓚復爲開封尹。

莊宗自鄆入京師，末帝聞唐兵且至，日夜涕泣，不知所爲，自持國寶，指其宮室謂瓚曰：「使吾保此者，繫卿之畫如何耳！」唐兵已過宛朐，瓚驅率市人登城拒守。唐兵攻封丘門，瓚開門迎降，伏地請死，莊宗勞而起之曰：「朕與卿家世婚姻，然人臣各爲主耳，復何罪邪！」因以爲開封尹，遷宣武軍節度使。已而故梁臣趙巖、張漢傑等相次誅死，瓚以憂卒，贈太子太師。

趙犨

趙犨，其先青州人也。世爲陳州牙將。犨幼與羣兒戲道中，部分行伍，指顧如將帥，雖諸大兒皆聽其節度，其父叔文見之，驚曰：「大吾門者，此兒也！」及壯，善用弓劍，爲人勇果，重氣義，刺史聞其材，召置麾下。累遷忠武軍馬步軍都虞候。王仙芝寇河南，陷汝州，將犯東都，犨引兵擊敗之，仙芝乃南去。已而黃巢起，所在州

縣，往往陷賊。陳州豪傑數百人，相與詣忠武軍，求得犨爲刺史以自保，忠武軍表犨陳州刺史。已而巢陷長安，犨語諸將吏曰：「以吾計，巢若不爲長安市人所誅，必驅其衆東走，吾州適當其衝矣！」乃治城池爲守備，遷民六十里內者皆入城中，選其子弟，配以兵甲，以其弟昶、珝爲將。巢敗，果東走，先遣孟楷據項城，昶擊破之，執楷以歸。巢從後至，聞楷被執，大怒。

既而秦宗權以蔡州附巢，巢勢甚盛，乃悉衆圍犨，置舂磨，糜人之肉以爲食。陳人恐，犨語其下曰：「吾家三世陳將，必能保此。爾曹男子，當於死中求生，建功立業，未必不因此時。」陳人皆踴躍。巢柵城北三里爲八仙營，起宮闕，置百官，聚糧餉，欲以久弊之，其兵號二十萬。陳人舊有巨弩數百，皆廢壞，後生弩工皆不識其器。珝創意理之，弩矢激五百步，人馬皆洞，以故巢不敢近。圍凡三百日，犨食將盡，乃乞兵於梁。梁太祖與李克用皆自將會陳，擊敗巢將黃鄴于西華。西華有積粟，巢恃以爲餉，及鄴敗，巢乃解圍去。

梁太祖入陳州，犨兄弟迎謁馬首甚恭。然犨陰識太祖必成大事，乃降心屈迹，爲自託之計。以梁援己恩，爲太祖立生祠，朝夕拜謁。以其子巖尙太祖女，是謂長樂公主。黃巢已去，秦宗權復亂淮西，陷旁二十餘州，而陳去蔡最近，犨兄弟力拒之，卒不能下。後巢、宗權皆敗死，唐昭宗卽以陳州爲忠武軍，拜犨節度使。犨已病，乃以位與其弟昶，後數月卒。

昶乘大寇新滅，乃休兵課農，事梁尤謹。梁兵攻戰四方，昶饋輓供億，未嘗少懈。昶卒，珝代立。

珝頗知書，乃求鄧艾故迹，決翟王陂溉民田。兄弟居陳二十餘年，陳人大賴之。梁太祖已降韓建，取同、華，徙珝爲同州留後。入唐，爲右金吾衞上將軍。歲餘，以疾免官歸，卒于家，陳人爲之罷市。

犨次子巖，梁末帝時爲戶部尙書、租庸使，與張漢傑、漢倫等居中用事。梁自太祖以暴虐殺戮爲事，而末帝爲人特和柔恭謹，然性庸愚，以漢傑婦家，而巖壻也，故親信之，大臣老將皆切齒，末帝獨不悟，以至於亡。

初，友珪殺太祖自立，以末帝爲東都留守。巖如東都，末帝與之飲酒，從容以誠款告之。巖爲末帝謀，遣人召楊師厚兵起事。巖還西都，卒與袁象先以禁兵誅友珪，取傳國寶以授末帝。

末帝立，巖自以有功於梁，又尙公主，聞唐駙馬杜悰位至將相，自奉甚豐，恥其不及。乃占天下良田大宅，裒刻商旅，其門如市，租庸之物，半入其私，巖飲食必費萬錢。

故時，魏州牙兵驕，數爲亂，羅紹威盡誅之。太祖崩，楊師厚逐羅氏，據魏州，復置牙兵二千，末帝患之。師厚死，巖與租庸判官邵贊議曰：「魏爲唐患，百有餘年，自先帝時，嘗切

啻紹威，以其前恭而後倨。今先帝新棄天下，師厚復爲陛下憂，所以然者，以魏地大而兵多也。陛下不以此時制之，寧知後人不爲師厚也？不若分相、魏爲兩鎭，則無北顧之憂矣。」末帝以爲然，乃分相、澶、衞爲昭德軍。牙兵亂，以魏博降晉，梁由是盡失河北。

是時，梁將劉鄩等與莊宗相距澶、魏之間，兵數敗。巖曰：「古之王者必郊祀天地，陛下卽位猶未郊天，議者以爲朝廷無異藩鎭，如此何以威重天下？今河北雖失，天下幸安，願陛下力行之。」敬翔以爲不可，曰：「今府庫虛竭，箕斂供軍，若行郊禋，則必賞賚；是取虛名而受實弊也。」末帝不聽，乃備法駕幸西京，而莊宗取楊劉，或傳：「晉兵入東都矣！」或曰：「扼汜水矣！」或曰：「下鄆、濮矣！」京師大風拔木，末帝大懼，從官相顧而泣，末帝乃還東都，遂不果郊。

鎭州張文禮殺王鎔，使人告梁曰：「臣已北召契丹，願梁以兵萬人出德、棣州，則晉兵憊矣。」敬翔以爲然，巖與漢傑皆以爲不可，乃止。其後黜王彥章用段凝，皆巖力也。

莊宗兵將至汴，末帝惶惑不知所爲，登建國樓以問羣臣，或曰：「晉以孤軍遠來，勢難持久，雖使入汴，不能守也。宜幸洛陽，保險以召天下兵，徐圖之，勝負未可知也。」末帝猶豫，巖曰：「勢已如此，一下此樓，何人可保！」末帝卒死於樓上。

當巖用事時，許州溫韜尤曲事巖，巖因顧其左右曰：「吾常待韜厚，今以急投之，必不幸吾爲利。」乃走投韜，韜斬其首以獻。莊宗已滅梁，巖素所善段凝奏請誅巖家屬，乃族滅之。

嗚呼，禍福之理，豈可一哉！君子小人之禍福異也。老子曰：「禍兮福所倚，福兮禍所伏。」後世之談禍福者，皆以其言爲至論也。夫爲善而受福，焉得禍？爲惡而受禍，焉得福？惟君子之罹非禍者，未必不爲福；小人求非福者，未嘗不及禍，此自然之理也。始，犨自以先見之明，深結梁太祖，及其子孫皆享其祿利，自謂知所託矣，安知其族卒與梁俱滅也？犨之求福於梁，蓋老氏之所謂福也，非君子之所求也，可不戒哉！

馮行襲

馮行襲字正臣，均州人也。唐末，山南盜孫喜以衆千人襲均州刺史呂燁，燁不能禦。行襲爲州校，乃陰選勇士伏江南，獨乘小舟逆喜，告曰：「州人聞公至，皆欲歸矣！然知公兵多，民懼虜掠，恐其驚擾，請留兵江北，獨與腹心數人從行，願爲前導，以慰安州民，事可立定。」喜以爲然，乃留其兵江北，獨與行襲渡江。軍吏前謁，行襲擊喜仆地，斬之，伏兵發，盡殺從行者。餘兵在江北，聞喜死，皆潰。山南節度使劉巨容表行襲均州刺史。

是時，僖宗在蜀，諸鎭貢獻行在者皆道山南，盜賊多據州西長山以邀劫之，行襲盡破諸賊。洋州葛佐辟行襲行軍司馬，使以兵鎭谷口，通秦、蜀道，行襲由此知名。

李茂貞兼領山南，遣子繼臻守金州，行襲逐之，遂據金州。昭宗乃以金州爲戎昭軍，拜行襲節度使。昭宗在岐，梁太祖引兵而西，中尉韓全誨遣中官郗文晏等二十餘人召兵江淮，以拒太祖，行襲已附梁，乃盡殺文晏等。太祖攻趙匡凝于襄陽，行襲遣子勗以舟兵會均、房，以功遷匡國軍節度使。

行襲爲人嚴酷少恩，而所至輒天幸，境旱有蝗，則飛鳥食之，歲凶，田中稆穀自生。唐衰，知梁必興，尤盡心傾附事梁，官至司空，封長樂郡王，卒贈太傅，謚曰忠敬。

新五代史卷四十三

雜傳第三十一

氏叔琮

氏叔琮，開封尉氏人也。爲梁騎兵伍長，梁兵擊黃巢陳、許間，叔琮戰數有功，太祖壯之，使將後院馬軍，從攻徐、兗，表宿州刺史。使攻襄陽，戰數敗，降爲陽翟鎭遏使。久之，遷曹州刺史。

太祖下河中，取晉、絳，晉王遣使致書太祖求成，太祖以晉書詞嫚，乃遣叔琮與賀德倫等攻之。叔琮自太行入，取澤、潞，出石會，營于洞渦，久之糧盡，乃旋。表晉州刺史。晉人復取絳州，攻臨汾，叔琮選壯士二人深目而胡鬚者，牧馬襄陵道旁，晉人以爲晉兵，雜行道中，伺其怠，擒晉二人而歸。晉人大驚，以爲有伏兵，乃退屯于蒲縣。太祖遣友寧兵萬人會叔琮禦晉，友寧欲休兵以待，叔琮曰：「敵聞救至必走，走則何功邪？」乃夜擊

之，晉人大敗，逐之至于太原。太祖大喜曰：「破太原非氏老不可。」已而兵大疫，叔琮班師，令曰：「病不能行者焚之。」病者懼，皆言無恙，乃以精卒爲殿而還石會，留數騎，以大將旗幟立于高岡，晉兵疑其有伏，乃不敢追。久之，徙保大軍節度使。

昭宗遷洛，拜右龍武統軍。太祖遣叔琮與李彥威等弒昭宗，已而殺之。

李彥威

李彥威，壽州人也。少事梁太祖，爲人穎悟，善揣人意，太祖憐之，養以爲子，冒姓朱氏，名友恭。歷汝、潁二州刺史。昭宗下洛，拜右龍武統軍。

初，劉季述廢昭宗，立皇太子裕爲天子。昭宗反正，以爲太子幼，爲賊所立，赦之，復其始封爲德王。昭宗自岐還，太祖見裕眉目疏秀，惡之，謂宰相崔胤曰：「德王嘗爲季述所立，安得猶在乎？公白天子殺之。」胤奏之，昭宗不許，佗日以問太祖，太祖曰：「臣安敢及之，胤欲賣臣爾。」昭宗遷洛，謂蔣玄暉曰：「德王，朕愛子也，全忠何爲欲殺之？」因泣下，齧指流血。玄暉具以白太祖，太祖益惡之。

是時，昭宗改元天祐，遷于東都，爲梁所迫，而晉人、蜀人以爲天祐之號非唐所建，不復稱之，但稱天復。王建亦傳檄天下，舉兵誅梁。太祖大懼，恐昭宗奔佗鎭，以兵七萬如河中，陰遣敬翔至洛〔一〕，告彥威與氏叔琮等，使行弒逆。八月壬辰，彥威、叔琮以龍武兵宿禁中，夜二鼓，以兵百人叩宮門奏事，夫人裴正一開門問曰：「奏事安得以兵入？」龍武牙官史太殺之，趨椒蘭殿，問昭宗所在，昭宗方醉，起走，太持劍逐之，昭宗單衣旋柱而走，太劍及之，昭宗崩。訃至河中，太祖陽爲驚駭，投地號哭，罵曰：「奴輩負我，俾我被惡名於後世邪！」太祖至洛，流彥威、叔琮嶺南，使張廷範殺之。彥威臨刑大呼曰：「賣我以滅口，其如神理何？」顧廷範曰：「勉之，公行自及。」遂見殺。已而還其姓名。

莊宗時，得故唐內人景姹，言當彥威等殺昭宗時，諸王宗屬數百人皆遇害，而同爲一坑，瘞于龍興寺北，請合爲一冢而改葬之。詔以故濮王爲首，葬以一品禮云。

李振

李振字興緒，其祖抱眞，唐潞州節度使。振爲唐金吾衞將軍，拜台州刺史。盜起浙東，不果行，乃西歸。過梁，以策干太祖，太祖留之。太祖兼領鄆州，表振節度副使。

振奏事長安，舍梁邸。宦官劉季述謀廢昭宗，遣其姪希正因梁邸吏程巖見振曰：「今主

上嚴急，誅殺不辜，中尉懼及禍，將行廢立，請與諸邸吏協力以定中外，如何？」振駭然曰：「百歲奴事三歲主，而敢爾邪！今梁王百萬之師，方仗大義尊天子，君等無爲此不祥也！」振還，季述卒與巖等廢昭宗，幽之東宮，號太上皇，立皇太子裕爲天子。是時，太祖用兵在邢、洛間，季述詐爲太上皇誥告太祖，太祖猶豫，未知所爲，振曰：「夫豎刁、伊戾之亂，所以爲霸者資也。今閹宦作亂，天子危辱，此王仗義立功之時。」太祖大悟，乃囚季述使者，遣振詣京師見崔胤，謀出昭宗。昭宗返正，太祖大喜，執振手曰：「卿謀得之矣！」

王師範以青州降梁，遣振往代師範，師範疑懼，不知所爲，振曰：「獨不聞漢張繡乎？繡與曹公爲敵，然不歸袁紹而歸曹公者，知其志大，不以私讎殺人也。今梁王方欲成大事，豈以故怨害忠臣乎？」師範洗然自釋，乃西歸梁。

昭宗遷洛，振往來京師，朝臣皆仄目，振視之若無人。有所小怒，必加譴謫。故振一至京師，朝廷必有貶降。時人目振爲鴟梟。

太祖之弒昭宗也，遣振至京師與朱友恭、氏叔琮謀之。昭宗崩，太祖問振所以待友恭等宜如何？振曰：「昔晉司馬氏殺魏君而誅成濟，不然，何以塞天下口？」太祖乃歸罪友恭等而殺之。

振嘗舉進士咸通、乾符中，連不中，尤憤唐公卿，及裴樞等七人賜死白馬驛，振謂太祖

曰：「此輩嘗自言清流，可投之河，使爲濁流也。」太祖笑而從之。

太祖即位，累遷戶部尚書。友珪時，以振代敬翔爲崇政院使。莊宗滅梁入汴，振謁見郭崇韜，崇韜曰：「人言李振一代奇才，吾今見之乃常人爾！」已而伏誅。

裴迪

裴迪字昇之，河東聞喜人也。爲人明敏，善治財賦，精於簿書。唐司空裴璩判度支，辟爲出使巡官。都統王鐸鎮滑州，奏迪汴、宋、鄆等州供軍院使。鐸爲租庸使，辟租庸招納使。

梁太祖鎮宣武，辟節度判官。太祖用兵四方，常留迪以調兵賦。太祖乃牓門，以兵事自處，而以貨財獄訟一切任迪。

太祖西攻岐，王師範謀襲汴，遣健卒苗公立持書至汴，陰伺虛實。迪召公立問東事，公立色動，乃屏人密詰之，具得其事。迪不暇啓，遣朱友寧以兵巡兗、鄆，以故師範雖竊發而事卒不成。太祖自岐還，將吏皆賜「迎鑾叶贊功臣」，將吏入見，太祖目迪曰：「叶贊之功，惟裴公有之，佗人不足當也。」

迪入唐，累遷太常卿。太祖即位，召拜右僕射，居一歲告老，以司空致仕，卒于家。

韋震

韋震字東卿，雍州萬年人也。初名肇。爲人彊敏，有口辯。事梁太祖爲都統判官。中叢執秦宗權，欲送于太祖，又欲自獻於京師，又欲挾宗權奪其兵。太祖遣震入蔡州視之，叢遣騎兵三百迎震，欲殺之，震以計得免。還白太祖曰：「叢不足慮，爲其謀者牙將裴涉，妄庸人也。」叢後果爲郭璠所殺。璠以宗權歸于太祖，太祖欲大其事，請獻俘于唐，唐以時溥破黃巢，獻馘而已，宗權不足俘，左拾遺徐彥樞亦疏請所在斬決。太祖遣震奏事京師，往復論列，卒俘宗權。太祖德之，表爲節度副使。

昭宗幸石門，太祖遣震由虢略間道奉表行在，昭宗賜其名震。太祖已破兗、鄆，遂攻吳，大敗于淸口。太祖懼諸鎮乘間圖己，乃諷杜洪、鍾傳、王師範、錢鏐等薦己爲元帥，且求兼領鄆州。昭宗初不許，震彊辯，敢大言，語數不遜，昭宗卒許梁以鄆州，太祖遂兼四鎮，表震鄆州留後。

昭宗遷洛，震入爲河南尹、六軍諸衞副使，以病瘖，守太子太保致仕。太祖受禪，改太子太傅。末帝即位，加太師，卒。

孔循

孔循，不知其家世何人也。少孤，流落於汴州，富人李讓闌得之，養以爲子。梁太祖鎮宣武，以李讓爲養子，循乃冒姓朱氏。稍長，給事太祖帳中，太祖諸兒乳母有愛之者養循爲子，乳母之夫姓趙，循又冒姓爲趙氏，名殷衡。昭宗東遷洛陽，太祖盡去天子左右，悉以梁人代之，以王殷爲宣徽使，循爲副使。

循與蔣玄暉、張廷範等共與弒昭宗之謀，其後循與玄暉有隙。哀帝即位，將有事于南郊，循因與王殷譖于太祖曰：「玄暉私侍何太后，與廷範等奉天子郊天，冀延唐祚。」太祖大怒。是時，梁兵攻壽春，大敗而歸，哀帝遣裴迪勞軍，太祖見迪，怒甚，迪還，哀帝不敢郊。封太祖魏王，備九錫，太祖拒而不受。玄暉與宰相柳璨相次馳至梁自解，璨曰：「自古王者之興，必有封國，而唐所以不即遜位者，當先建國備九錫，然後禪也。」太祖曰：「我不由九錫作天子可乎？」璨懼，馳去。太祖遣循與王殷弒何皇后，因殺璨及玄暉、廷範等，以循爲樞密副使。

唐亡，事梁爲汝州防禦使、左衞大將軍、租庸使，始改姓孔，名循。莊宗時，權知汴州。明宗自魏兵反而南，莊宗東出汜水，循持兩端，遣迎明宗於北門，迎莊宗於西門，供帳牲餼，其禮如一，而戒其人曰：「先至者入之。」明宗先至，遂納之。

明宗即位，以爲樞密使。明宗幸汴州，循留守東都，民有犯麴者，循族殺其家，明宗知其冤，因詔天下除麴禁，許民得造麴。

循爲人柔佞而險猾，安重誨尤親信之，凡循所言，無不聽用。明宗嘗欲以皇子娶重誨女，重誨以問循，循曰：「公爲機密之臣，不宜與皇子婚。」重誨信之，乃止。而循陰使人白明宗，求女妻皇子，明宗即以宋王從厚娶循女。重誨始惡其爲人，出循爲忠武軍節度使，徙鎮橫海，卒于鎮，年四十八，贈太尉。

孫德昭

孫德昭，鹽州五原人也。其父惟最[二]，有材略。黃巢陷長安，惟最率其鄉里子弟，得義兵千人，南攻巢于咸陽，興平州將壯其所爲，益以州兵二千，與破賊功，拜右金吾衞大將軍。

朱玫亂京師，僖宗幸興元，惟最率兵擊賊。累遷鄜州節度使，留京師宿衞。鄜州將吏詣闕請惟最之鎮，京師民數萬與神策軍復遮留不得行，改荆南節度使，在京制置，分判神策軍，號「扈駕都」。是時，京師亂，民皆賴以爲保。

德昭以父任爲神策軍指揮使。光化三年，劉季述廢昭宗，幽之東宮，宰相崔胤謀反正，陰使人求義士可共成事者，德昭乃與孫承誨〔三〕、董從實應胤，胤裂衣襟爲書以盟。天復元年正月朔，未旦，季述將朝，德昭伏甲士道旁，邀其輿斬之〔四〕，承誨等分索餘黨皆盡。昭宗聞外諠譁，大恐。德昭馳至，扣門曰：「季述誅矣，皇帝當反正！」何皇后呼曰：「汝可進逆首！」德昭擲其首入。已而承誨等悉取餘黨首以獻，昭宗信之。德昭破鎖出昭宗，御丹鳳樓反正，以功拜靜海軍節度使，賜姓李，號「扶傾濟難忠烈功臣」，與承誨等皆拜節度使、同中書門下平章事，圖形凌煙閣，俱留京師，號「三使相」，恩寵無比。

是時，崔胤方欲誅唐宦官，外交梁以爲恃，而宦官亦倚李茂貞爲扞蔽，梁、岐交爭。冬十月，宦者韓全誨劫昭宗幸鳳翔，承誨、從實皆從，而德昭獨與梁，乃率兵衞胤及百官保東街，趣梁兵以西，梁太祖頗德其附己，以龍鳳劍、鬬鷄紗遺之。太祖至華州，德昭以軍禮迎謁道旁。太祖至京師，表同州留後，將行，京師民復請留，遂爲兩街制置使。梁兵圍鳳翔，德昭以其兵八千屬太祖，太祖益德之，使先之洛陽，賜甲第

一區。

昭宗東遷，拜左威衞上將軍，以疾免。太祖卽位，以爲銀帶、袍、笏、名馬賜之。疾少間，以爲左衞大將軍。末帝立，拜左金吾大將軍以卒。承誨、從實至鳳翔，與宦者俱見殺。

王敬蕘

王敬蕘，潁州汝陰人也。事州爲牙將。唐末，王仙芝等攻劫汝、潁間，刺史不能拒，敬蕘遂代之，卽拜刺史。敬蕘爲人狀貌魁傑，而沈勇有力，善用鐵槍，重三十斤。潁州與淮西爲鄰境，數爲秦宗權所攻，力戰拒之，宗權悉陷河南諸州，獨敬蕘不可下，由是潁旁諸州民，皆保敬蕘避賊。是時，所在殘破，獨潁州戶二萬。

梁太祖攻淮南，道過潁州，敬蕘供饋梁兵甚厚，太祖大喜，表敬蕘沿淮指揮使。其後梁兵攻吳，龐師古死清口，敗兵亡歸，過潁，大雪，士卒飢凍，敬蕘乃沿淮積薪爲作糜粥餔之，亡卒多賴以全活，太祖表敬蕘武寧軍留後，遂拜節度使。

天祐三年，爲左衞上將軍。太祖卽位，敬蕘以疾致仕，後卒于家。

蔣殷

蔣殷，幼爲王重盈養子，冒姓王氏。梁太祖取河中，以王氏舊恩錄其子孫，表殷牙將，太祖尤愛之。

唐遷洛陽，殷爲宣徽北院使。太祖已下襄陽，轉攻淮南，還屯正陽，哀帝遣殷勞軍。是時，哀帝方卜郊，殷與樞密使蔣玄暉等有隙，因譖之太祖，言玄暉等教天子卜郊祈天，且待諸侯助祭者以謀興復，太祖大怒，哀帝爲改卜郊。是時，太祖將有篡弑之謀，何太后嘗泣涕叩頭爲玄暉等言：「梁王禪位後，願全唐家子母。」殷乃誣玄暉嘗私侍太后，太祖斬玄暉及張廷範、柳璨等，遣殷弑太后於積善宮。哀帝下詔慚愧，自言以母后故無以奉天，乃卒不郊。

庶人友珪與殷善，友珪弑太祖自立，拜殷武寧軍節度使。末帝卽位，以福王友璋代殷，殷不受代。王瓚亦王氏子，懼爲殷所累，乃言殷非王氏子，本姓蔣。末帝詔削官爵，還其姓，遣牛存節討之，殷舉族自燔死。

校勘記

〔一〕陰遣敬翔至洛 本卷李振傳云：「太祖之弑昭宗也，遣振至京師與朱友恭、氏叔琮謀之。」舊唐書卷二〇上昭宗紀、新唐書卷二二三下蔣玄暉傳略同。是至洛者乃李振，此作敬翔疑誤。

〔二〕惟最 南監、汪、殿、汲、蜀、劉校本同，貴池、南昌、鄂本作「惟㝡」。薛史卷一五孫德昭傳（百衲本）作「惟政」。

〔三〕孫承誨 「孫」，薛史卷一五孫德昭傳同，新唐書卷一〇及舊唐書卷二〇上昭宗紀、通鑑卷二六二均作「周」。

〔四〕季述將朝德昭伏甲士道旁邀其輿斬之 薛史卷一五孫德昭傳略同。惟按新唐書卷二〇八劉季述傳云：「待旦，仲先乘肩輿造朝，德昭等劫之，斬東宮門外。」通鑑卷二六二亦云「王仲先入朝，至安福門，孫德昭擒斬之」。則德昭所斬乃王仲先，非劉季述。未知孰是。

新五代史卷四十四

雜傳第三十二

劉知俊

劉知俊字希賢，徐州沛人也。少事時溥，溥與梁相攻，知俊與其麾下二千人降梁，太祖以爲左開道指揮使。

知俊姿貌雄傑，能被甲上馬，輪劍入敵，勇出諸將。當是時，劉開道名重軍中。歷海、懷、鄭三州刺史，從破青州，以功表匡國軍節度使。

邠州楊崇本以兵六萬攻雍州，屯于美原。是時，太祖方與諸將攻滄州，知俊不俟命，與康懷英等擊敗崇本，斬馘二萬，獲馬三千匹，執其偏裨百人。李思安爲夾城攻潞州，久不下，太祖罷思安，拜知俊行營招討使，未至潞，夾城已破，徙西路行營招討使，敗邠、岐兵於幕谷。是時，延州高萬興叛楊崇本降梁，太祖遣知俊會萬興，

攻下丹、延、鄜、坊四州，加檢校太尉兼侍中，封大彭郡王。知俊功益高，太祖性多猜忌，屢殺諸將，王重師無罪見殺，知俊益懼，不自安。太祖已下鄜、坊，遣知俊復攻邠州，知俊以軍食不給未行。

太祖幸河中，使宣徽使王殷召知俊。其弟知浣爲親軍指揮使，間遣人告知俊以不宜來。知俊遂叛，臣於李茂貞，以兵攻雍、華，執劉捍送于鳳翔。太祖使人謂知俊曰：「朕待卿至矣，何相負邪？」知俊報曰：「王重師不負陛下而族滅，臣非背德，但畏死爾！」太祖復使語曰：「朕固知卿以此，吾誅重師，乃劉捍誤我，致卿至此，吾豈不恨之邪？今捍已死，未能塞責。」知俊不報，以兵斷潼關。

太祖遣劉鄩、牛存節攻知俊，知俊遂奔于茂貞。茂貞地狹，無以處之，使之西攻靈武。韓遜告急，太祖遣康懷英、寇彥卿等攻邠寧以牽之。知俊大敗懷英於昇平，殺梁將許從實。茂貞大喜，以知俊爲涇州節度使，使攻興元，取興、鳳，圍西縣。

已而茂貞左右忌知俊功，以事間之，茂貞奪其軍。知俊乃奔于蜀，王建以爲武信軍節度使，使返攻茂貞，取秦、鳳、階、成四州。建雖待知俊甚厚，然亦陰忌其材，嘗謂左右曰：「吾老矣，吾且死，知俊非爾輩所能制，不如早圖之！」而蜀人亦共嫉之。知俊爲人色黑，而其生歲在丑。建之諸子，皆以「宗」、「承」爲名〔一〕，乃於里巷構爲謠言曰：「黑牛出圈棵繩斷。」建益惡之，遂見殺。

丁會

丁會字道隱，壽州壽春人也。少工挽喪之歌，尤能悽愴其聲以自喜。後去爲盜，與梁太祖俱從黃巢。梁太祖鎮宣武，以爲宣武都押衙。

光啓四年，東都張全義襲破河陽，逐李罕之，罕之召晉兵圍河陽，全義告急。是時，梁軍在魏，乃遣會及葛從周等將萬人救之。會等行至河陰，謀曰：「罕之料吾不敢渡九鼎，以吾兵少而來遠，且不虞吾之速至也。出其不意，掩其不備者，兵家之勝策也。」乃渡九鼎，直趨河陽，戰于沇水，罕之大敗，河陽圍解。

大順元年，梁軍擊魏，會及葛從周破黎陽、臨河，遂敗羅弘信于內黃。梁軍攻時溥於徐州，遣會別攻宿州，刺史張筠閉城距守，會堰汴水浸其東，城壞，筠降。兗州朱瑾以兵萬餘擊單父，會及瑾戰于金鄉，大敗之。

光化二年，李罕之叛晉，以潞州降梁。會自河陽攻晉澤州，下之。乃以會爲昭義軍留後，會畏梁太祖雄猜，常稱疾者累年。

天復元年，太祖復起會爲昭義軍節度使。昭宗遇弒，會與三軍縞素發哀。梁軍攻燕滄州，燕王守光乞師于晉，晉人爲攻潞州，會乃降晉。晉王以會歸于太原，賜以甲第，位在諸將上。

莊宗立，以會爲都招討使。天祐七年，以疾卒于太原。唐興，追贈太師。

賀德倫

賀德倫，河西人也。少爲滑州牙將。梁太祖兼領宣義，德倫從太祖征伐，以功累遷平盧軍節度使。

貞明元年，魏州楊師厚卒，末帝以魏兵素驕難制，乃分相、澶、衞三州建昭德軍，以張筠爲節度使；魏、博、貝三州仍爲天雄軍，以德倫爲節度使。遣劉鄩以兵六萬渡河，聲言攻鎮定，王彥章以騎兵五百入魏州，屯金波亭以虞變；分魏牙兵之半入昭德。租庸使遣孔目吏閱魏兵籍，檢校府庫。德倫促牙兵上道，牙兵親戚相訣別，哭聲盈塗。効節軍將張彥謀於其衆曰：「朝廷以我軍府彊盛，設法殘破之。況我六州舊爲藩府，未嘗遠出河門，一旦離親戚，去鄉里，生不如死。」乃相與夜攻金波亭，彥章走出。遲明，魏兵攻牙城，殺五百餘人，執

德倫致之樓上，縱兵大掠。

末帝遣供奉官扈異馳至魏諭彥，許以刺史。彥謂異曰：「爲我報皇帝，三軍不負朝廷，朝廷負三軍，割隸無名，所以亂耳。但以六州還魏，而詔劉鄩反兵，皇帝可以高枕。」異還，言彥狂蹶不足畏，宜促鄩兵擊之。末帝使人諭彥，以制置已定，不可復易。使者三反，彥怒曰：「傭保兒敢如是邪！」乃召羅紹威故吏司空頲曰：「爲我作奏，若復依違，則渡河虜之耳！」末帝優詔答之，言：「王鎔死，鎭人請降，遣鄩以兵定鎭州，非有佗也，若魏不便之，卽召鄩還。」戒彥勿爲朝廷生事。

彥乃以楊師厚鎭魏州嘗帶招討使，逼德倫論列之；末帝不許，諭以詔書，彥裂詔書抵于地，曰：「愚主聽人穿鼻，難與共事矣！」乃迫德倫降晉，德倫惶恐曰：「惟將軍命。」乃遣牙將曹廷隱奉書莊宗。

莊宗入魏，德倫以彥逼己，遣人陰訴於莊宗，莊宗斬彥於臨淸而後入。徙德倫爲大同軍節度使。行至太原，監軍張承業留之。王檀攻太原，德倫麾下多奔檀，承業懼德倫爲變，殺之。

闞寶

闞寶字瓊美，鄆州人也。少爲朱瑾牙將，瑾走淮南，寶降於梁。梁太祖時，爲諸軍都虞候，常從諸將征伐，未嘗獨立戰功。至末帝時，以寶爲保義軍節度使。

貞明元年〔二〕，賀德倫以魏博降晉，晉軍攻下洺、磁、相、衞，移兵圍邢州。末帝遣捉生都指揮使張温將五百騎救寶，温至內黃，遇晉軍，乃降晉。晉遣温將所降梁軍至城下招寶，寶遂降晉。晉王拜寶檢校太尉、同中書門下平章事，領天平軍節度使、東南面招討使，位在諸將上。

梁、晉戰胡柳，晉軍敗。莊宗欲引兵退保臨濮，寶曰：「夫決勝料勢，決戰料情，情勢旣得，斷在不疑。今梁兵窘蹙，其勢可破；勝而驕怠，其情可知。此不可失之時也。」莊宗謝曰：「微公，幾敗吾事。」乃整軍復戰，遂敗梁兵。

十八年，晉軍討張文禮於鎭州，以寶爲招討使。明年三月，寶戰敗，退保趙州。慚憤發疽卒，追贈太師。晉天福中，追封太原王。

康延孝

康延孝，代北人也。爲太原軍卒，有罪亡命于梁。末帝遣段凝軍于河上，以延孝爲左右先鋒指揮使。延孝見梁末帝任用羣小，知其必亡，乃以百騎奔于唐。見莊宗于朝城，莊宗解御衣、金帶以賜之。拜延孝博州刺史、捧日軍使兼南面招討指揮使。

莊宗屛人問延孝梁事，延孝具言：「末帝懦弱。趙巖壻也，張漢傑婦家，皆用事。段凝姦邪，以入金多爲大將，自其父時故將皆出其下。王彥章，驍將也，遣漢傑監其軍而制之。小人進任，而忠臣勇士皆見疎斥，此其必亡之勢也。」莊宗又問梁計如何，曰：「臣在梁時，竊聞其議：期以仲冬大舉，遣董璋以陝虢、澤潞之衆出石會以攻太原；霍彥威以關西、汝、洛之兵掠邢洺以趨鎭定；王彥章以京師禁衞擊鄆州；段凝以河上之軍當陛下。」莊宗初聞延孝言梁必亡，喜，及聞其大舉也，懼，曰：「其將何以禦之？」延孝曰：「梁兵雖衆，分則無餘。臣請待其旣分，以鐵騎五千自鄆趨汴，出其不意，擣其空虛，不旬日，天下定矣。」莊宗甚壯其言。後董璋等雖不出兵，而梁兵悉屬段凝于河上，京師無備，莊宗卒用延孝策，自鄆入汴，凡八日而滅梁。以功拜鄭州防禦使，賜姓名曰李紹琛。二年，遷保義軍節度使。

三年，征蜀，以延孝爲先鋒排陣斬斫使，破鳳州，取固鎭，降興州。與王衍戰三泉，衍敗走，斷吉柏江浮橋。延孝造舟以渡，進取綿州。衍復斷綿江浮橋。延孝謂招撫使李嚴曰：「吾遠軍千里，入人之國，利在速戰。乘衍破膽之時，但得百騎過鹿頭關，彼將迎降不暇。若修繕橋梁，必留數日，使衍得閉關爲備，則勝負未可知也。」因與嚴乘馬浮江，軍士隨之濟者千餘人，遂入鹿頭關，下漢州，居三日，後軍始至。衍弟宗弼果以蜀降。延孝屯漢州，以俟魏王繼岌。

蜀平，延孝功爲多。左廂馬步軍都指揮使董璋位在延孝下，然特見重於郭崇韜。崇韜有軍事，獨召璋與計議，而不問延孝，延孝大怒，責璋曰：「吾有平蜀之功，公等僕遬相從，反俛首郭公之門，吾爲都將，獨不能以軍法斬公邪？」璋訴于崇韜，崇韜解璋軍職，表爲東川節度使，延孝愈怒曰：「吾冒白刃，犯險阻，以定兩川，璋有何功而得旄節！」因見崇韜言其不可。崇韜曰：「紹琛反邪？敢違吾節度！」延孝懼而退。明年崇韜死，延孝謂璋曰：「公復俛首何門邪？」璋求哀以免。

繼岌班師，命延孝以萬二千人爲殿，行至武連，聞朱友謙無罪見殺。友謙有子令德在遂州，莊宗遣使者詔繼岌卽誅之。繼岌不遣延孝，而遣董璋，延孝已自疑，及璋過延孝軍，又不謁，延孝大怒，謂其下曰：「南平梁，西取蜀，其謀盡出於郭公；而汗馬之勞，攻城破敵者我也。今郭公已死，我豈得存？而友謙與我俱背梁以歸唐者，友謙之禍次及我矣！」延孝部下皆友謙舊將，知友謙被族，皆號哭訴于軍門曰：「朱公無罪，二百口被誅，舊將往往從死，我等死必矣！」延孝遂擁其衆自劍州返入蜀，自稱西川節度、三川制置等使。馳檄蜀人，數日之間，衆至五萬。繼岌遣任圜以七千騎追之，及于漢州，會孟知祥夾攻之，延孝戰敗，被擒，載以檻車。

圜置酒軍中，引檻車至坐上，知祥酌大卮從車中飲之而謂曰：「公自梁朝脫身歸命，遂擁節旄。今平蜀之功，何患富貴，而入此檻車邪？」延孝曰：「郭崇韜佐命之臣，功在第一，兵不血刃而取兩川，一旦無罪，闔門受戮。顧如延孝，何保首領，以此不敢歸朝耳！」任圜東還，延孝檻車至鳳翔，莊宗遣宦者殺之。

校勘記

〔一〕建之諸子皆以宗承爲名　「諸子」，薛史卷一三三劉知俊傳作「子孫」。考太平廣記卷一六三竹貂條載：劉知俊流入蜀，蜀人謠曰：「黑牛無繫絆，椶繩一時斷。」王建聞之懼，曰：「黑牛者，劉之小字，椶繩者，吾子孫之名也。蓋前輩連宗字，後輩連承字爲名，椶繩與宗承音同。吾老矣，得不爲子孫之患乎！」又十國春秋卷三九王承檢傳云：「王承檢事高祖，賜姓名與諸孫齒。」是王建諸

子皆以「宗」爲名，諸孫皆以「承」爲名。此「諸子」當從薛史作「子孫」。

〔二〕貞明元年　「元」，各本原作「三」。按魏博降晉，本卷賀德倫傳、薛史卷八梁末帝紀、卷二一賀德倫傳及通鑑卷二六九均繫於貞明元年，據改。

新五代史卷四十五

雜傳第三十三

張全義

張全義字國維，濮州臨濮人也。少以田家子役于縣，縣令數困辱之，全義因亡入黃巢賊中。巢陷長安，以全義爲吏部尚書、水運使。巢賊敗，去事諸葛爽于河陽。爽死，事其子仲方。

仲方爲孫儒所逐，全義與李罕之分據河陽、洛陽以附于梁，二人相得甚歡。然罕之性貪暴，日以寇鈔爲事。全義勤儉，御軍有法，督民耕殖。以故，罕之常乏食，而全義常有餘。罕之仰給全義，全義不能給，二人因有隙。罕之出兵攻晉、絳，全義襲取河陽，罕之奔晉，晉遣兵助罕之，圍全義甚急。全義乞兵于梁，梁遣牛存節、丁會等以兵萬人自九鼎渡河，擊敗罕之於沇水，晉軍解去。梁以丁會守

河陽，全義還爲河南尹。全義德梁出己，由是盡心焉。

是時，河南遭巢、儒兵火之後，城邑殘破，戶不滿百，全義披荊棘，勸耕殖，躬載酒食，勞民畎畝之間，築南、北二城以居之。數年，人物完盛，民甚賴之。及梁太祖劫唐昭宗東遷，繕理宮闕、府廨、倉庫，皆全義之力也。

全義初名言，唐昭宗賜名全義。唐亡，全義事梁，又請改名，太祖賜名宗奭。太祖猜忌，晚年尤甚，全義奉事益謹，卒以自免。

自梁與晉戰河北，兵數敗亡，全義輒蒐卒伍鎧馬，月獻之以補其缺。太祖兵敗蓨縣，道病，還洛，幸全義會節園避暑，留旬日，全義妻女皆迫淫之。其子繼祚憤恥不自勝，欲剸刃太祖，全義止之曰：「吾爲李罕之兵圍河陽，啖木屑以爲食，惟有一馬，欲殺以餉軍，死在朝夕，而梁兵出之，得至今日，此恩不可忘也。」繼祚乃止。

嘗有言全義於太祖者，太祖召全義，其意不測。全義妻儲氏明敏有口辯，遽入見，厲聲曰：「宗奭，種田叟爾！守河南三十年，開荒斸土，捃拾財賦，助陛下創業，今年齒衰朽，已無能爲，而陛下疑之，何也？」太祖笑曰：「我無惡心，嫗勿多言。」

全義事梁，累拜中書令，食邑至萬三千戶，兼領忠武陜虢鄭滑河陽節度使、判六軍諸衛事、天下兵馬副元帥，封魏王。

初，全義爲李罕之所敗，其弟全武及其家屬爲晉兵所得，晉王給以田宅，待之甚厚，全義常陰遣人通問於太原。及梁亡，莊宗入汴，全義自洛來朝，泥首待罪，莊宗勞之曰：「卿家弟姪，幸復相見。」全義俯伏感涕。年老不能進趨，遣人掖扶而登，宴犒盡歡，命皇子繼岌、皇弟存紀等皆兄事之。全義因去梁所賜名，請復其故名。而全義猶不自安，乃厚賂劉皇后以自託。

初，梁末帝幸洛陽，將祀天於南郊而不果，其儀仗法物猶在，全義因請幸洛陽，白南郊儀物已具。莊宗大悅，加拜全義太師、尚書令。明年十一月〔二〕，莊宗幸洛陽，南郊而禮物不具，因改用來年二月，然不以前語責全義。以皇后故，待之愈厚，數幸其第，命皇后拜全義爲父，改封齊王。

初，莊宗滅梁，欲掘梁太祖墓，斲棺戮尸。全義以謂梁雖仇敵，今已屠滅其家，足以報怨，剖棺之戮，非王者以大度示天下也。莊宗以爲然，鏟去墓闕而已。

全義監軍嘗得李德裕平泉醒酒石，德裕孫延古，因託全義復求之。監軍忿然曰：「自黃巢亂後，洛陽園宅無復能守，豈獨平泉一石哉！」全義嘗在巢賊中，以爲譏己，因大怒，奏笞殺監軍者，天下冤之。其聽訟，以先訴者爲直，民頗以爲苦。

同光四年，趙在禮反於魏，元行欽討賊無功，莊宗欲自將討之，大臣皆諫以爲不可，因言明宗可將。是時，郭崇韜、朱友謙皆已見殺，明宗自鎭州來朝，處之私第，莊宗疑之，不欲遣也。羣臣固請，不從；最後全義力以爲言，莊宗乃從。已而明宗至魏果反，全義以憂卒，年七十五，謚曰忠肅。

子繼祚，官至上將軍。晉高祖時，與張從賓反於河陽，當族誅。而宰相桑維翰以其父珙嘗事全義有恩，乞全活之，不許，止誅繼祚及其妻子而已。

朱友謙

朱友謙字德光，許州人也。初名簡，以卒隸澠池鎭，有罪亡去，爲盜石濠、三鄉之間，商旅行路皆苦之。久之，去爲陝州軍校。

陝州節度使王珙，爲人嚴酷，與其弟珂爭河中，戰敗，其牙將李璠與友謙謀，共殺珙，附于梁，太祖表璠代珙。璠立，友謙復以兵攻之，璠得逃去，梁太祖又表友謙代璠。

梁兵西攻李茂貞，太祖往來過陝，友謙奉事尤謹，因請曰：「僕本無功，而富貴至此，元帥之力也！且幸同姓，願更名以齒諸子。」太祖益憐之，乃更其名友謙，錄以爲子。太祖卽位，徙鎭河中，累遷中書令，封冀王。

太祖遇弒，友珪立，加友謙侍中，友謙雖受命，而心常不平。已而友珪使召友謙入覲，友謙不行，乃附于晉。友珪遣招討使韓勍將康懷英等兵五萬擊友謙。晉王出澤、潞以救之，遇懷英于解縣，大敗之，追至白逕嶺，夜秉炬擊之，懷英又敗，梁兵乃解去。友謙醉寢晉王帳中，晉王視之，顧左右曰：「冀王雖甚貴，然恨其臂短耳！」

末帝卽位，友謙復臣于梁而不絕晉也。貞明六年，友謙遣其子令德襲同州，逐節度使程全暉，因求兼鎭。末帝初不許，已而許之，制命未至，友謙復叛，始絕梁而附晉矣。末帝遣劉鄩等討之，鄩爲李存審所敗。晉封友謙西平王，加守太尉，以其子令德爲同州節度使。

莊宗滅梁入洛，友謙來朝，賜姓名曰李繼麟，賜予鉅萬。明年，加守太師、尚書令，賜鐵券恕死罪。以其子令德爲遂州節度使，令錫忠武軍節度使，諸子及其將校爲刺史者十餘人，恩寵之盛，時無與比。

是時，宦官、伶人用事，多求賂于友謙，友謙不能給而辭焉，宦官、伶人皆怒。唐兵伐蜀，友謙閱其精兵，命其子令德將以從軍。及郭崇韜見殺，伶人景進言：「唐兵初出時，友謙以爲討己，閱兵自備。」又言：「與崇韜謀反。」且曰：「崇韜所以反于蜀者，以友謙爲內應。友謙見崇韜死，謀與存乂爲郭氏報冤。」莊宗初疑其事，羣伶、宦官日夜以爲言。友謙聞之大

恐，將入朝以自明，將吏皆勸其毋行。友謙曰：「郭公有大功於國，而以讒死，我不自明，誰爲我言者！」乃單車入朝。景進使人詐爲變書，告友謙反。莊宗惑之，乃徙友謙義成軍節度使，遣朱守殷夜以兵圍其館，驅友謙出徽安門外，殺之，復其姓名。詔魏王繼岌殺令德於遂州，王思同殺令錫於許州，夏魯奇族其家屬于河中。魯奇至其家，友謙妻張氏率其宗族二百餘口見魯奇曰：「朱氏宗族當死，願無濫及平人。」乃別其婢僕百人，以其族百口就刑。張氏入室取其鐵券示魯奇曰：「此皇帝所賜也，不知爲何語！」魯奇亦爲之慚。

友謙死，其將史武等七人皆坐友謙族誅，天下冤之。

袁象先

袁象先，宋州下邑人，唐南陽王恕己之後也。父敬初，梁太府卿、駙馬都尉，尙太祖妹，是爲萬安大長公主。象先以梁甥爲宣武軍內外馬步軍都指揮使，歷宿、洛、陳三州刺史。太祖卽位，累遷左龍武統軍、在京馬步軍都指揮使。

太祖遇弒，友珪立。末帝留守東都，以大事謀於趙巖，巖曰：「此事如反掌耳，但得招討楊令公一言諭禁軍，則事可成。」末帝卽遣人之魏州，以謀告楊師厚，師厚遣裨將王舜賢至

洛陽與象先謀，象先許諾。是時，龍驤軍將劉重遇戍于懷州，以其軍作亂，友珪遣霍彥威擊敗于鄢陵，其餘兵奔散，捕之甚急。末帝卽召龍驤軍在東京者告之曰：「上以重遇故，欲盡召龍驤軍至洛而誅之。」乃僞爲友珪詔書示之，龍驤軍恐懼，不知所爲，因告之曰：「友珪弑父與君，天下之賊也！爾能趨洛陽擒之，以其首祭先帝，則所謂轉禍而爲福也。」軍士踴躍曰：「王言是也。」末帝卽馳奏，言：「龍驤軍反。」象先聞之，卽引禁軍千人入宮攻友珪，友珪死。末帝卽位，拜象先鎭南軍節度使、同中書門下平章事、開封尹，判在京馬步軍諸軍事。貞明四年，爲平盧軍節度使，徙鎭宣武。

象先爲梁將，未嘗有戰功，徒以甥故掌親軍。及誅友珪，有功於末帝。在宋州十餘年，誅斂其民，積貨千萬。莊宗滅梁，象先來朝洛陽，輦其貲數十萬，賂唐將相、伶官、宦者及劉皇后等，由是內外翕然稱其爲人。莊宗待之甚厚，賜姓名爲李紹安，改宣武軍爲歸德軍，曰：「歸德之名，爲卿設也。」遣之還鎭。是歲卒，年六十，贈太師。

象先二子，正辭官至刺史，羲周世宗時爲橫海軍節度使。象先平生所積財產數千萬[二]，邸舍四千間，其卒也，不以分諸子，而悉與正辭。正辭初以父任爲飛龍副使。唐廢帝時，獻錢五萬緡，領衢州刺史。晉高祖入立，復獻五萬緡，求爲眞刺史。拜雄州刺史，州在靈武之西，吐蕃界中。正辭憚，不欲行，復獻錢數萬，乃得免。正辭不勝其忿，以衣帶自經；

其家人救之而止。出帝時，又獻錢三萬緡、銀萬兩，出帝憐之，欲與一內郡，未及而卒。正辭積錢盈室，室中嘗有聲如牛，人以爲妖，勸其散積以禳之。正辭曰：「吾聞物之有聲，求其同類爾，宜益以錢，聲必止。」聞者傳以爲笑。

朱漢賓

朱漢賓字績臣，亳州譙人也。其父元禮爲軍校，從梁軍戰，歿于淸口。漢賓爲人有膽力，梁太祖以其父死戰，憐之，以爲養子。

是時，梁方東攻兗、鄆，鄆州朱瑾募其軍中驍勇者，黥雙鴈于其頰，號「鴈子都」。太祖聞之，乃更選勇士數百人，號「落鴈都」，以漢賓爲指揮使。及漢賓貴，人猶以爲「朱落鴈」。漢賓事梁爲天威軍使，歷磁滑宋亳曹五州刺史、安遠軍節度使。

莊宗滅梁，罷漢賓爲右龍武統軍，待之頗薄。後莊宗因出遊幸其第，漢賓妻有色而惠，因侍左右，進酒食，奏歌舞，莊宗懽甚，留至夜漏二更而去，漢賓自此有寵。

初，漢賓在梁也，與朱友謙俱爲太祖養子，而友謙年長，漢賓以兄事之。其後梁亡，漢賓數寓書友謙，友謙不答，漢賓銜之。其後友謙見族，人皆以爲漢賓有力。

明宗入立，以漢賓爲莊宗所厚，惡之，以爲右衛上將軍。安重誨用事，漢賓依附之，相爲婚姻，由是復得爲昭義軍節度使。重誨死，漢賓罷爲上將軍，遂以太子少保致仕。

漢賓爲將，未嘗有戰功，而臨政能守法，好施惠，人頗愛之。淸泰二年卒，年六十四。晉高祖時，贈太子少傅，謚曰貞惠。

段凝

段凝，開封人也。初名明遠，後更名凝。爲澠池主簿。其父事梁太祖，以事坐徙。後凝棄官，亦事太祖，爲軍巡使。又以其妹內太祖，妹有色，後爲美人。

凝爲人儉巧，善窺迎人意，又以妹故，太祖漸親信之，常使監諸軍。爲懷州刺史，梁太祖北征，過懷州，凝獻饋甚豐，太祖大悅。過相州，相州刺史李思安獻饋如常禮，比凝爲薄，太祖怒，思安因以得罪死。遷凝鄭州刺史，使監兵於河上。李振亟請罷之，太祖曰：「凝未有罪。」振曰：「待其有罪，則社稷亡矣！」然終不罷也。

莊宗已下魏博，與梁相距河上。梁以王彥章爲招討使，凝爲副。是時，末帝昏亂，小人趙巖、張漢傑等用事，凝依附巖等爲姦。彥章爲招討使，三日，用奇計破唐德勝南城。而

凝與彥章各自上其功，巖等從中匿彥章功狀，悉歸其功於凝。凝因納金巖等，求代彥章，末帝惑巖等言，卒以凝爲招討使，軍于王村。

是時，唐已下鄆州，凝乃自酸棗決河東注鄆，以隔絕唐軍，號「護駕水」。莊宗自鄆趨汴，汴兵悉已屬凝，京師無備，乃遣張漢倫馳騎召凝于河上，漢倫中道墜馬，傷不能進。已而梁亡，凝率精兵五萬降唐，莊宗賜以錦袍、御馬。明日，凝奏：「故梁姦人趙巖、張漢傑等十餘人侮弄權柄，殘害生靈，請皆族之。」凝出入唐朝無愧色，見唐將相若倡優，因伶人景進納賂劉皇后，以求恩寵。莊宗甚親愛之，賜姓名曰李紹欽，以爲泰寧軍節度使。居月餘，用庫錢數十萬，有司請責其償，莊宗釋之。郭崇韜固請，以爲不可，莊宗怒曰：「朕爲卿所制，都不自由！」終釋之。

莊宗遣李紹宏監諸將備契丹，凝軍瓦橋關，以諂事紹宏，紹宏數薦凝可大用，郭崇韜每以爲不可。遷武勝軍節度使。趙在禮反，紹宏請以凝招討，莊宗使凝條奏方略，凝所請偏裨，皆其故黨，莊宗疑之，乃止。明宗卽位，勒歸田里。明年，長流遼州，賜死。

劉玘

劉玘，汴州雍丘人也，世爲宣武軍牙將。梁太祖鎭宣武，玘以軍卒補隊長，稍以戰功遷牙將，爲襄州都指揮使。山南節度使王班爲亂軍所殺，亂軍推玘爲留後，玘僞許之，明日饗士于庭，伏甲幕中，酒半，擒爲亂者殺之。會梁遣陳暉兵亦至，襄州平，以功拜復州刺史，徙亳、安二州。末帝時，爲晉州觀察留後，凡八年，日與晉人交戰。莊宗滅梁，玘來朝，莊宗勞之曰：「劉侯亡恙，爾居晉陽之南鄙久矣，不早相聞，今日見訪，不其晚邪？」玘頓首謝罪，遣還鎭，遂以爲節度使，徙鎭安遠。天成元年，以史敬鎔代之，玘還京師，未至，拜武勝軍節度使，以疾卒于道中，贈侍中。

周知裕

周知裕字好問，幽州人也。爲劉仁恭騎將，仁恭爲其子守光所囚，知裕去事守光兄守文。守光又攻殺守文，乃與張萬進立守文子延祚而事之。守光又殺延祚，以其子繼威代之。萬進殺繼威，與知裕俱奔于梁。梁太祖得知裕喜甚，爲置歸化軍，以知裕爲指揮使，凡與晉戰所得，及兵背晉而歸梁

者，皆以隸知裕。梁、晉相拒河上十餘年，其摧堅陷陣，歸化一軍爲最，然知裕位不過刺史。莊宗入汴，知裕與段凝軍河上，聞梁已亡，欲自殺，爲賓客故人止之，乃降唐。莊宗尤寵待之，諸將嫉其寵，因獵射之，知裕走以免。莊宗爲殺射者，以知裕爲房州刺史。明宗時，歷絳、淄二州刺史，遷宿州團練使、安州留後。所居皆有善政。安州近淮，俗惡病者，父母有疾，置之佗室，以竹竿繫飲食委之，至死不近。知裕深患之，加以教道，由是稍革。罷爲右神武統軍。應順中卒，贈太傅。

陸思鐸

陸思鐸，澶州臨黃人也。少事梁爲宣武軍卒，以善射知名。累遷拱辰左廂都指揮使，領恩州刺史。

梁、晉相拒河上，思鐸鏤其姓名於箭筈以射晉軍，而矢中莊宗馬鞍，莊宗拔矢，見思鐸姓名，奇之。其後滅梁，思鐸謁見，莊宗出其矢以示之，思鐸伏地請死，莊宗慰而起之，拜龍武右廂都指揮使。

晉高祖時，爲陳、蔡二州刺史。卒年五十四。思鐸在陳州，有善政，臨終戒其子曰：「陳人愛我，我死則葬焉。」遂葬于陳州。

校勘記

〔一〕明年十一月　按通鑑卷二七二載：同光元年十一月戊申，張全義請幸洛陽，甲子，唐莊宗發大梁；十二月庚午，至洛陽。薛史卷三〇唐莊宗紀記離汴至洛年月日與通鑑合。「明年」二字疑衍。

〔二〕象先平生所積財產數千萬　「千」，他本均作「十」。

新五代史卷四十六

雜傳第三十四

趙在禮

趙在禮字幹臣，涿州人也。少事劉仁恭爲軍校，仁恭遣佐其子守文襲取滄州。其後守文爲其弟守光所殺，在禮乃奔于晉。莊宗時，爲効節指揮使，將魏兵戍瓦橋關。還至貝州，軍士皇甫暉作亂，推其將楊仁晸爲首〔一〕，仁晸不從，殺之；又推一小校，小校不從，又殺之；乃攜二首詣在禮。在禮聞亂，衣不及帶，方踰垣而走，暉曳其足而下之，環以白刃，示之二首，曰：「不從我者如此首！」在禮從之，遂反。

在禮自貝州還攻魏，縱軍大掠。是時，興唐尹王正言年老病昏，聞在禮至，呼吏草奏，吏已奔散，正言猶不知，方據案大怒，左右告曰：「賊已市中殺人，吏民皆走，欲誰呼邪？」正言大驚曰：「吾初不知此。」即索馬將去，廄吏曰：「公妻子爲虜矣，安得馬乎？」正言惶恐，步

出府門，見在禮，望而下拜，在禮呼正言曰：「公何自屈之甚邪！此軍士之情，非予志也。」在禮即自稱兵馬留後。

莊宗遣元行欽討之，行欽攻魏不克，乃遣明宗代行欽。明宗至鄴，軍變，因入城與在禮合。明宗兵反嚮京師，在禮留于魏。明宗即位，拜在禮義成軍節度使，在禮不受命，遂拜鄴都留守、興唐尹。久之，皇甫暉等皆去，在禮獨在魏，患魏軍之驕，懼及禍，乃求徙鎮橫海。歷鎮泰寧、匡國、天平、忠武、武寧、歸德、晉昌，所至邸店羅列，積貲巨萬。

晉出帝時，以在禮爲北面行營馬步都虞候，以擊契丹，未嘗有戰功。在禮在宋州，人尤苦之；已而罷去，宋人喜而相謂曰：「眼中拔釘，豈不樂哉！」既而復受詔居職，乃籍管內口率錢一千，自號「拔釘錢」。

晉亡，契丹入汴，在禮自宋馳至洛陽，遇契丹拽剌等，拜於馬首，拽剌等兵共侵辱之，誅責貨財，在禮不勝其憤。行至鄭州，聞晉大臣多爲契丹所鎖，中夜惶惑，解衣帶就馬櫪自經而卒，年六十二。漢高祖立，贈中書令。

霍彥威

霍彥威字子重，洺州曲周人也。少遭兵亂，梁將霍存掠得之，愛其儁爽，養以爲子。嘗從存戰，中矢，眇其一目。後事梁太祖，太祖亦愛之，稍遷左龍驤軍使、右監門衛上將軍。預誅友珪，以功拜洺州刺史，遷邠寧節度使。

李茂貞遣梁叛將劉知俊攻邠州，彥威固守踰年，每獲知俊兵，必縱還之，知俊德之，後不復攻。徙鎮義成，又徙天平，兼北面行營招討使，與晉軍相持河上，彥威屢敗，降爲陝州留後。

莊宗滅梁，彥威自陝來朝，莊宗置酒故梁崇元殿，彥威與梁將段凝、袁象先等皆在。莊宗酒酣，指彥威等舉酒屬明宗曰：「此皆前日之勍敵，今侍吾飲，乃卿功也。」彥威等惶恐伏地請死，莊宗勞之曰：「吾與總管戲爾，卿無畏也。」賜姓名曰李紹眞。明年，徙鎮武寧，從明宗擊契丹，明宗愛其爲人，甚親厚之。

其後，趙在禮反，彥威別討趙太於邢州，破之，還以兵屬明宗討在禮。明宗軍變，從馬直軍吏張破敗率衆殺將校，縱火焚營譟呼，明宗叱之曰：「自吾爲帥十有餘年，何負爾輩！今賊城破在旦夕，乃爾輩立功名、取富貴之時。況爾天子親軍，返効賊邪！」軍士對曰：「城中之人何罪，戍卒思歸而不得耳！天子不垂原宥，志在勦除。且聞破魏之後，欲盡坑魏博諸軍，某等初無叛心，直畏死耳！今宜與城中合勢，擊退諸鎮之兵，請天子帝河南，令公鎮河

北。」明宗涕泣諭之，亂兵環列而呼曰：「令公不欲帝河北，則佗人有之，我輩狼虎，豈識尊卑！」彥威與安重誨勸明宗許之，乃擁兵入城，與在禮合，彥威獨不入。明宗入城，與在禮置酒大會，而部兵在外者聞明宗反，皆潰去，獨彥威所將五千人營城西北隅不動。居二日，明宗復出，得彥威兵，乃之魏縣，謀欲還鎮州，彥威、重誨勸明宗以兵南向。

莊宗崩，彥威從明宗入洛陽，首率羣臣勸進，內外機事，皆決彥威。彥威素與段凝、溫韜有隙，因擅捕凝、韜下獄，將殺之，安重誨曰：「凝、韜之惡，天下所知，然主上方平內難，以恩信示人，豈公報仇之時？」彥威乃止。明宗即位，乃赦凝、韜，放歸田里，已而卒賜死。

彥威從鎮平盧。朱守殷反，伏誅，彥威遣使者馳騎獻兩箭爲賀，明宗賜兩箭以報之。夷狄之法，起兵令衆，以傳箭爲號令，然非下得施於上也。明宗本出夷狄，而彥威武人，君臣皆不知禮，動多此類。然彥威客有淳于晏者，登州人也，少舉明經及第，遭世亂，依彥威，自彥威爲偏裨時已從之。彥威嘗戰敗脫身走，麾下兵無從者，獨晏徒步以一劍從之榛棘間以免。彥威高其義，所歷方鎮，常辟以自從，至其家事無大小，皆決於晏，彥威以故得少過失。當時諸鎮辟召寮屬，皆以晏爲法。

天成三年冬，彥威卒于鎮。是時，明宗方獵于近郊，青州馳騎奏彥威卒，明宗涕泣還宮，輟朝，仍終其月不舉樂，贈彥威太師，謚曰忠武。

中華書局

房知溫

房知溫字伯玉，兗州瑕丘人也。少以勇力爲赤甲都官健，後隸魏州馬鬬軍，稍遷親隨軍指揮使。莊宗取魏博，得知溫，賜姓李氏，名曰紹英，以爲澶州刺史，歷曹、貝二州刺史，戍瓦橋關。

明宗自魏反兵南向，知溫首馳赴之。天成元年，拜泰寧軍節度使。明年，爲北面招討使，屯于盧臺。明宗遣烏震往代知溫還鎭，其戍卒効節軍將龍晊等攻震殺之。効節，魏州軍也。魏州自羅紹威誅衙軍，楊師厚爲節度使，復置銀槍効節軍。當梁末帝時，師厚幾爲梁患。師厚卒，以賀德倫代之。末帝患魏軍彊難制，與趙巖等謀分相、魏爲兩鎭，魏軍由此作亂，劫德倫叛梁而降晉，梁遂失河北。莊宗自得魏兵，與梁戰河上，數有功，許其軍以滅梁而厚賞。及梁亡，魏軍雖數賜與，而驕縱無厭，常懷怨望；皇甫暉之亂，劫趙在禮入魏，皆此軍也。明宗入立，在禮鎭天雄軍，以魏軍素驕，常懼禍，不皇居，陰遣人訴于明宗，求解去。明宗乃以皇子從榮代在禮，而遣魏効節九指揮北戍盧臺。軍發之日，不給兵甲，惟以長竿繫旗幟以表隊伍，軍士頗自疑惑。明年，明宗遣烏震代知溫戍，而知溫意尤不樂。盧

臺戍軍夾水東西爲兩寨，震初至，與知溫會東寨，方博，効節軍亂，譟于門外，知溫卽乘馬而出。亂軍擊殺震，執轡留知溫，知溫紿曰：「騎兵皆在西寨，今獨步軍，恐無能爲也。」知溫卽躍馬登舟渡河入西寨，以騎軍盡殺亂者。明宗下詔，悉誅其家屬于魏州，凡九指揮三千餘家數萬口，驅至漳水上殺之，漳水爲之變色。魏之驕兵，於是而盡。明宗知變自知溫起，釋而不問，徙鎭武寧，加兼侍中，歷鎭天平、平盧。

初，明宗爲北面招討使，而知溫爲副使，廢帝時以裨將事知溫甚謹，後因杯酒失意。及廢帝起兵鳳翔，愍帝出奔，知溫乘間有窺覦之意，謂其司馬李沖曰：「吾有錢數屋，養兵數千，因時建義，功必有成。」沖曰：「今天子孱弱，上下離心，潞王兵威甚盛，事未可知，沖請懷表而西以覘之。」及沖至京師，廢帝已入立，沖卽奉表稱賀，還勸知溫入朝，廢帝慰勞之甚厚。知溫還鎭，封東平王。太常上言：「策拜王公，皇帝臨軒遣策。其在外者，正衙命使，而鹵簿、鼓吹、輅車、法物不出都城，考之故事無明文。今北平王德鈞、東平王知溫受封遣策，請下兵部、太常、太僕，給鹵簿、鼓吹、輅車、法物赴本道，禮畢還有司。」

知溫在鎭，常厚斂其民，積貲鉅萬，治第青州南城，出入以聲妓，游嬉不恤政事。天福元年卒于官，贈太尉。

知溫卒後，其子彥儒獻其父錢三萬緡、絹布三萬匹、金百兩、銀千兩、茶千五百斤、絲十萬兩，拜沂州刺史。其將吏分其餘貲者，皆爲富家云。

王晏球

王晏球字瑩之，洛陽人也。少遇亂，爲盜所掠，汴州富人杜氏得之，養以爲子，冒姓杜氏。梁太祖鎭宣武，選富家子之材武者置之帳下，號「廳子都」。晏球爲人倜儻有大節，爲廳子都指揮使。太祖卽位，爲右千牛衛將軍。友珪立，龍驤戍卒反，自懷州趣京師，遣晏球擊敗之于河陽，以功遷龍驤第一指揮使。

末帝卽位，遷龍驤四軍指揮使。梁遣捉生軍將李霸將千人戍楊劉，霸夜作亂，自水門入，縱火大譟，以長竿縛布沃油，仰燒建國門。晏球聞亂，不俟命，率龍驤五百騎擊之，賊勢稍却。末帝登樓見之，呼曰：「此非吾龍驤軍邪！」晏球奏曰：「亂者，李霸一都爾，陛下嚴守宮城，而責臣破賊。」遲明盡殺之，以功拜澶㊀州刺史。

梁、晉軍河上，以晏球爲行營馬步軍都指揮使。莊宗入汴，晏球以兵追之，行至封丘，聞末帝已崩，卽解甲降唐，莊宗賜姓名曰李紹虔，拜齊州防禦使，戍瓦橋關。

㊀古本作單。

明宗兵變，自鄴而南，遣人招晏球，晏球從至洛陽，拜歸德軍節度使。定州王都反，以晏球爲招討使，與宣徽南院使張延朗等討之。都遣人北招契丹，契丹遣禿餒將萬騎救都。晏球聞禿餒等兵且來，留張延朗屯新樂，自逆於望都。而契丹從他道入定州，與都出不意擊延朗軍，延朗大敗，收餘兵會晏球趨曲陽，都乘勝追之。晏球先至水次，方坐胡牀指麾，而都衆掩至，晏球與左右十餘人連矢射之，都衆稍却，而後軍亦至。晏球立高岡，號令諸將皆櫜弓矢、用短兵，回顧者斬。符彥卿以左軍攻其左，高行珪以右軍攻其右㊁，中軍騎士抱馬項馳入都軍，都遂大敗，自曲陽至定州，橫尸棄甲六十餘里。都與禿餒入城，不敢復出。契丹又遣惕隱以七千騎益都，晏球遇之唐河，追擊至滿城，斬首二千級，獲馬千匹。契丹自中國多故，彊於北方，北方諸夷無大小皆畏伏，而中國之兵遭契丹者，未嘗少得志。自晏球擊敗禿餒，又走惕隱，其餘衆奔潰投村落，村落之人以鉏耰白梃所在擊殺之，無復遺類。惕隱與數十騎走至幽州西，爲趙德鈞擒送京師。明宗下詔責誚契丹。契丹後數遣使至中國，求歸惕隱等，辭甚卑遜，輒斬其使以絕之。於是時，中國之威幾於大震，而契丹少衰伏矣，自晏球始也。

晏球攻定州，久不克，明宗數遣人促其破賊，晏球以謂未可急攻。其偏將朱弘昭、張虔釗等宣言曰：「晏球怯耳！」乃驅兵以進，兵果敗，殺傷三千餘人，由是諸將不敢復言攻。晏

球乃休養士卒，食其三州之賦，悉以俸祿所入具牛酒，日與諸將高會。久之，都城中食盡，先出其民萬餘人，數與禿餒謀決圍以走，不果，都將馬讓能以城降，都自焚死。

晏球爲將有機略，善撫士卒。其擊禿餒，既因敗以爲功，而諸將皆欲乘勝取都，晏球返，獨不動，卒以持久斃之。自天成三年四月都反，明年二月始克之，軍中未嘗戮一人。以破都功，拜天平軍節度使。又徙平盧，累官至兼中書令。是歲卒，年六十二，贈太尉。

安重霸

安重霸，雲州人也，初與明宗俱事晉王。重霸得罪奔于梁，又奔于蜀。

重霸爲人狡譎多智，善事人。蜀王建以爲親將。王衍立，少年，宦者王承休用事，重霸深結承休以自託。梁末，蜀取李茂貞秦、成、階三州，重霸勸承休求鎮秦州，衍以承休爲節度使，重霸爲其副使。重霸與承休多取秦州花木獻衍，請衍東遊。唐魏王兵伐蜀，承休大恐，以問重霸，重霸曰：「劍門天下之險，雖有精兵，不可過也。然公受國恩，聞難不可不赴，願與公俱西。」承休素親信之，以爲然。承休鞏軍將發，秦人送之，帳飲城外。酒罷，承休上道，重霸立承休馬前，辭曰：「秦、隴不可失，願留爲公守。」承休業已上道，無如之何。

唐軍已破蜀，重霸亦以秦、成、階三州降唐，明宗以爲閬州團練使。罷爲左衞大將軍。久之，以爲匡國軍節度使。廢帝時，爲京兆尹、西京留守，徙鎮大同，以病罷還，卒于潞州。

王建立

王建立，遼州榆社人也。唐明宗爲代州刺史，以建立爲虞候將。莊宗嘗遣女奴之代州祭塞，女奴侵擾代人，建立捕而笞之。莊宗怒，欲殺之，明宗爲庇護之以免。明宗自魏反，犯京師，曹皇后、王淑妃皆在常山，建立殺常山監軍并其守兵，明宗家屬因得無患，由是明宗益愛之。明宗卽位，以爲成德軍節度副使，已而拜節度使、檢校太尉、同中書門下平章事。

建立與安重誨素不協，定州王都有二志，數以書通建立，約爲兄弟，重誨知之以爲言。明宗不欲傷建立，亟召還京師。建立入見，亦多言重誨過失。明宗大怒，欲亟罷重誨，羣臣左右諷解之，乃止。然卒以建立爲右僕射、同中書門下平章事、判三司事。居歲餘，自言不識文字，願解三司，明宗不許。久之，建立稱疾，明宗笑曰：「人固有詐疾而得疾者。」乃出爲平盧節度使，又徙上黨。建立怏怏不得志，遂求解職，乃以太子少保致仕。

建立數請朝見，不許，乃自詣京師，闌至後樓見明宗，涕泣言己無罪，爲重誨所擯，明宗曰：「汝爲節度使，不作好事，豈獨重誨譖汝邪！」賜以茶藥而遣之。廢帝立，復起爲天平軍節度使。

晉高祖時，徙鎮平盧。天福五年來朝，高祖勞之曰：「三十年前老兄，可毋拜！」賜以肩輿入朝，給二宦者掖而升殿，宴見甚渥。又徙昭義，賜以玉斧、蜀馬。累封韓王。卒年七十，贈尚書令。

建立好殺人，其晚節始惑浮圖法，戒殺生，所至人稍安之。建立已卒，家于潞，守恩自京師得告歸，而契丹滅晉。子守恩，以蔭補，稍遷諸衞將軍。建立已卒，家于潞，守恩自京師得告歸，而契丹滅晉。昭義節度使張從恩與守恩姻家，乃以守恩權巡檢使，以守潞州，而從恩入見契丹。從恩既去，守恩因剽劫從恩家貲，以潞州降漢。漢高祖卽位，以守恩爲昭義軍節度使，徙鎮靜難、西京留守，加同中書門下平章事。

守恩性貪鄙，人甚苦之。時周太祖以樞密使將白文珂等軍西平三叛，還過洛陽，守恩以使相自處，肩輿出迎。太祖怒，卽日以頭子命文珂代守恩爲留守，而守恩方詣館謁，坐於客次以俟見，而吏馳報新留守視事於府矣。守恩大驚，不知所爲，遂罷去，奉朝請于京師。後隱帝殺史弘肇等，召羣臣上殿慰諭之，羣臣恐懼，無敢言者，獨守恩前對曰：「陛下始睡覺矣。」聞者皆縮頸。顯德中，爲左金吾衞上將軍以卒。

嗚呼！道德仁義，所以爲治，而法制綱紀，亦所以維持之也。自古亂亡之國，必先壞其法制而後亂從之。亂與壞相乘，至蕩然無復綱紀，則必極於大亂而後返，此勢之然也，五代之際是已。若文珂、守恩皆位兼將相，漢大臣也，而周太祖以一樞密使頭子易置之，如更戍卒。是時，太祖與漢未有間隙之端，其無君叛上之志，宜未萌于心，而其所爲如此者，何哉？蓋其習爲常事，故特發於喜怒頤指之間，而文珂不敢違，守恩不得拒。太祖既處之不疑，而漢廷君臣亦置而不問，其上下安然而不怪者，豈非朝廷法制綱紀壞亂相乘，其來也遠，既極而至於此歟！是以善爲天下慮者，不敢忽於微，而常杜其漸也，可不戒哉！

康福

康福，蔚州人也，世爲軍校。福以騎射事晉王爲偏將。莊宗嘗曰，「吾家以羊馬爲生，福狀貌類胡人而豐厚，胡宜羊馬。」乃令福牧馬于相州，爲小馬坊使，逾年馬大蕃滋。明宗自魏反，兵過相州，福以小坊馬二千匹歸命，明宗軍勢由是益盛。明宗入立，拜飛龍使，領磁州刺史、襄州兵馬都監。從劉訓討荆南，無功而還。

福爲將無佗能，善諸戎語，明宗嘗召入便殿，訪以外事，福輒爲蕃語以對。樞密使安重誨惡之，常戒福曰：「無妄奏事，當斬汝！」福懼，求外任。

靈武韓洙死，其弟澄立，而偏將李從賓作亂。澄表請朝廷命帥，而重誨以謂靈武深入夷境，爲帥者多遇害，乃拜福涼州刺史、朔方、河西軍節度使。福入見明宗，涕泣言爲重誨所擠。明宗召重誨爲福更佗鎮，重誨曰：「福爲刺史無功効而建節旄，其敢有所擇邪！」明宗怒，謂福曰：「重誨遣汝，非吾意也。吾當遣兵護汝，可無憂。」乃令將軍牛知柔以兵衞福。行至方渠，而羌夷果出邀福，福以兵擊走之。至青岡峽，遇雪，福登山望見川谷中煙火，有吐蕃數千帳，不覺福至，福分其兵爲三道，出其不意襲之。吐蕃大駭，棄車帳而走，殺之殆盡，獲其玉璞、綾錦、羊馬甚衆，由是威聲大振。

福居靈武三歲，歲常豐稔，有馬千駟，蕃夷畏服。言事者疑福有異志，重誨亦言福必負朝廷。明宗遣人謂福曰：「我何少汝而欲負我！」福言：「受國恩深，有死無二。」因乞還朝，不許。福章再上，即隨而至，明宗不之罪，徙鎮彰義。歷靜難、雄武，充西面都部署。

晉高祖時，徙鎮河中，代還，卒于京師，贈太師，謚曰武安。

福世本夷狄，夷狄貴沙陀，故常自言沙陀種也。福嘗有疾臥閤中，寮佐入問疾，見其錦衾，相顧竊戲曰：「錦衾爛兮！」福聞之，怒曰：「我沙陀種也，安得謂我爲奚？」聞者笑之。

郭延魯

郭延魯，沁州綿上人也。父饒，以驍勇事晉，數立軍功，爲沁州刺史者九年，爲政有惠愛，州人思之。

延魯以善槊爲將，累遷神武都知兵馬使。朱守殷反，從攻汴州，以先登功爲汴州馬步軍都指揮使，累遷復州刺史。延魯歎曰：「吾先君爲沁州者九年，民到于今思之。吾今幸得爲刺史，其敢忘吾先君之志！」由是益以廉平自勵，民甚賴之。秩滿，州人乞留，不許，皆遮道攀號。天福中，拜單州刺史，卒于官。

當是時，刺史皆以軍功拜，言事者多以爲言，以謂方天下多事，民力困敝之時，不宜以刺史任武夫，恃功縱下，爲害不細。而延魯父子，特以善政著聞焉。

嗚呼，五代之民其何以堪之哉！上輸兵賦之急，下困剝斂之苛。自莊宗以來，方鎮進獻之事稍作，至於晉而不可勝紀矣。其「添都」、「助國」之物，動以千數計。至於來朝、奉使、買宴、贖罪，莫不出於進獻。而功臣大將，不幸而死，則其子孫率以家貲求刺史，其物多者得大州善地。蓋自天子皆以賄賂爲事矣，則爲其民者其何以堪之哉！於此之時，循廉之吏如延魯之徒者，誠難得而可貴也哉！

校勘記

〔一〕楊仁晸　薛史卷九〇趙在禮傳作「楊晸」，通鑑卷二七四作「楊仁晸」。

〔二〕高行珪以右軍攻其右　鄂本「珪」作「周」。按薛史卷一二三高行周傳載，天成中，高行周從王晏球圍定州，敗王都事與此合，疑當從鄂本。

新五代史卷四十七

雜傳第三十五

華温琪

華温琪字德潤，宋州下邑人也。世本農家。温琪身長七尺。少從黄巢爲盜，巢陷長安，以温琪爲供奉官都知。巢敗，温琪走滑州，顧其狀貌魁偉，懼不自容，乃投白馬河，流數十里，不死，河上人援而出之。又自經于桑林，桑輒枝折。乃之胙縣，有田父見之曰：「子狀貌堂堂，非常人也！」乃匿于家。後歲餘，聞濮州刺史朱裕募士爲兵，乃往依之。

後事梁，爲開道指揮使，累以戰功爲絳、棣二州刺史。棣州苦河水爲患，温琪徙于新州以避之，民賴其利。歷齊、晉二州。莊宗攻晉州，踰月不能破，梁末帝嘉温琪善守，升晉州爲定昌軍，以温琪爲節度使。坐掠部民妻，爲其夫所訟，罷爲金吾衞大將軍、左龍武統軍。朱友謙以河中叛附于晉，末帝拜温琪汝州防禦使、河中行營排陣使。遷耀州觀察留後。

莊宗滅梁，見温琪，曰：「此爲梁守平陽者也！」嘉之，因以耀州爲順義軍，拜温琪節度使，徙鎭雄武。明宗時來朝，願留闕下，以爲左驍衞上將軍。踰年，明宗謂樞密使安重誨曰：「温琪舊人，宜與一重鎭。」重誨意不欲與，對以無員闕。佗日，明宗語又及之，重誨曰：「可代者惟樞密使耳。」明宗曰：「可。」重誨不能答。温琪聞之懼，稱疾不出者累月。已而以爲鎭國軍節度使。廢帝時，以太子太保致仕。

天福元年卒，贈太子太傅。

萇從簡

萇從簡，陳州人也。世本屠羊。從簡去事晉爲軍校，力敵數人，善用槊。莊宗用兵攻城，從簡多爲梯頭，莊宗愛其勇，以功累遷步軍都指揮使。莊宗與梁軍對陣，梁軍有執大旗出入陣間者，莊宗登高丘望見之，歎曰：「彼猛士，誰能爲我取之者？」從簡因前請往，莊宗惜之，不許。從簡潛率數騎，馳入梁軍，奪其旗而還，軍中皆鼓譟，莊宗壯之，賜與甚厚。

從簡嘗中流矢，鏃入髀骨，命工取之。工無良藥，欲鑿其骨，人皆以爲不可。從簡遽使鑿之，工遲疑不忍下，從簡叱其亟鑿，左右視者，皆若不勝其毒，而從簡言笑自若。然其爲人剛暴難制，莊宗每屈法優容之。累遷蔡州防禦使。明宗時，歷麟、汝、汾、金四州防禦使。明宗嘗戒之曰：「富貴可惜，然汝不能守也。先帝能貸爾，吾恐不能。」從簡性不可悛，明宗亦不之責。

廢帝舉兵於鳳翔，從簡與諸鎭兵圍之，已而兵潰，從簡東走，被執。廢帝責其不降，從簡曰：「事主不敢二心。」廢帝釋之，拜潁州團練使。晉高祖起兵太原，廢帝將親征，召爲招討副使，從至河陽，拜河陽三城節度使。廢帝還洛陽，從簡卽降晉。歷鎭忠武、武寧，入爲左金吾衞上將軍。卒年六十五，贈太師。

從簡好食人肉，所至多潛捕民間小兒以食。許州富人有玉帶，欲之而不可得，遣二卒夜入其家殺而取之。卒夜踰垣，隱木間，見其夫婦相待如賓，二卒歎曰：「吾公欲奪其寶，而害斯人，吾必不免。」因躍出而告之，使其速以帶獻，遂踰垣而去，不知其所之。

張筠 弟籛

張筠，海州人也。世以貲爲商賈。筠事節度使時溥爲宿州刺史。梁兵攻溥取宿州，得筠，愛其辯惠，以爲四鎭客將、長直軍使，累拜宣徽使。末帝分相、澶、衞三州爲昭德軍，以

筠爲節度使，由是魏博軍叛附于晉。晉王攻相州，筠棄城走。後以爲永平軍節度使。

梁亡事唐，仍爲京兆尹。從郭崇韜伐蜀，爲劍南兩川安撫使。蜀平，拜河南尹，徙鎭興元。筠嘗有疾，不見將吏，副使符彥琳入問疾，筠又辭不見。彥琳疑筠已死，卽請出牌印，筠怒，命左右收彥琳下獄，以其反聞。明宗知彥琳無反狀，召彥琳釋之，陽徙筠爲西京留守，戒守者不內，筠至長安不得入，乃朝京師，以爲左驍衞上將軍。

筠弟籛，當筠爲京兆尹時，以爲牙內指揮使、三白渠營田制置使。筠西伐蜀，留籛守京兆。蜀平，魏王繼岌班師，至興平，而明宗自魏起，京師大亂，籛乃斷咸陽浮橋以拒繼岌，繼岌乃自殺。

初，筠代康懷英爲永平軍節度使，而懷英死，筠卽掠其家貲。又於唐故宮掘地，多得金玉。有偏將侯莫陳威者，嘗與温韜發唐諸陵，分得寶貨，筠因以事殺威而取之。魏王繼岌死渭南，籛悉取其行橐。而王衍自蜀行至秦川，莊宗遣宦者向延嗣殺之，延嗣因盡得衍蜀中珍寶。明宗卽位，卽遣人捕誅宦者，延嗣亡命，而蜀之珍寶籛又取之。由是兄弟貲皆鉅萬。然筠爲人好施予，以其富，故所至不爲聚斂，民賴以安。而籛嗜酒貪鄙，歷沂、密二州刺史。晉出帝時，以將軍市馬於回鶻，坐馬不中式，有司理其價直，籛性鄙，因鬱鬱而卒。

筠居洛陽，擁其貲，以酒色聲妓自娛足者十餘年，人謂之「地仙」。天福二年，徙居長安。

是歲，張從賓作亂，入洛陽，鍔遂以免。卒，贈太子少師。

嗚呼，五代反者多矣，吾於明宗獨難其辭！至於魏王繼岌薨，然後終其事也。莊宗遇弒，繼岌以元子握重兵，死于外而不得立，此大事也，而前史不書其所以然。夫繼岌之存亡，於張籛無所利害，籛何爲而拒之不使之東乎？豈其有所使而爲之乎？然明宗於符彥超深以爲德，而待籛無所厚，此其又可疑也。不然，好亂之臣，望風而響應乎？使籛不斷浮橋，而繼岌得以兵東，明宗未必能自立。則繼岌之死，由籛之拒，其所繫者豈小哉！

楊彥詢

楊彥詢字成章，河中寶鼎人也。少事青州王師範，師範好學，聚書萬卷，使彥詢掌之。彥詢爲人聰悟，遂見親信。師範降梁，後見殺，彥詢無所歸，乃之魏，事楊師厚爲客將。魏博叛梁入于晉，彥詢因留事晉。莊宗滅梁，以彥詢爲引進副使，奉使吳、蜀，常稱旨。歷德州刺史、羽林將軍。

晉高祖鎭太原，廢帝疑其有貳志，擇諸將之謹厚者佐之，乃以彥詢爲太原節度副使。

其後晉高祖以疑見徙，欲拒命不行，以問彥詢，彥詢不敢正言，因曰：「太原之力，能與唐敵否？公其審計之！」高祖反意已決，彥詢亦不復敢言。高祖左右以彥詢異議，欲殺之，高祖遽止之，曰：「惟副使一人，我自保之。」乃免。

是時，高祖乞兵於契丹，契丹耶律德光立高祖于太原，以兵送至河上。彥詢爲宣徽使，數往來虜帳中，德光亦愛其爲人。明年，拜感德軍節度使〔一〕，復入爲宣徽使，又拜安國軍節度使。天福七年，徙鎭鎭國，遭歲大饑，爲政有惠愛。以病風罷爲右金吾衞上將軍。卒年七十四，贈太子太師。

李周

李周字通理，邢州內丘人，唐昭義軍節度使抱眞之後也。父矩，遭世亂不仕，嘗謂周曰：「邯鄲用武之地，今世道未平，汝當從軍旅以興吾門。」

周年十六爲內丘捕賊將，以勇聞。是時，梁、晉兵爭山東，羣盜充斥道路，行者必以兵衞。內丘人盧嶽將徙家太原，舍逆旅，彷徨不敢進，周意憐之，爲送至西山。有盜從林中射嶽，中其馬，周大呼曰：「吾在此，孰敢爾邪？」盜聞其聲，曰：「此李周也。」因各潰去。周送

嶽至太原，嶽謂之曰：「吾少學星曆，且工相人。子方頤隆準，眉目疏徹，身長七尺，眞將相也。吾占天象，晉必有天下，子宜留事晉，以圖富貴。」周以母老辭歸。

是時，梁遣葛從周攻下邢、洺，晉王柵兵青山口，周未知所歸，乃思嶽言，至青山歸晉，晉王以周爲萬勝黃頭軍使。後從征伐常有功。從戰柏鄉，先登，遷匡霸指揮使，守楊劉。周爲將甚勇，其於用兵，善守，能與士卒同甘苦。梁兵攻周，周堅守。久之，周聞母喪奔歸，莊宗遣佗將代周守，幾爲梁兵所破，莊宗遽追周還守之，乃得不破。其後梁人已破德勝，因東擊楊劉，以亙艦絕河，斷晉餉援。周遣人馳趣莊宗求救，請日行百里以赴急，莊宗笑曰：「周爲我守，何憂！」日行六十里，且行且獵，曰：「周非梁將可敵也。」比至，周已絕糧三日。莊宗以亙栰積薪沃油，順流縱火焚梁艦，梁兵解去。莊宗見周勞曰：「微公，諸將爲梁擒矣！」歷相、蔡二州刺史。明宗時，拜武信軍節度使，徙鎭靜難，歷武寧、安遠、永興、宣武四鎭，所至多善政。

晉高祖時，復鎭靜難，罷還。出帝幸澶淵，以周留守東京，還，拜開封尹。卒年七十四，贈太師。

劉處讓

劉處讓字德謙，滄州人也。少爲張萬進親吏，萬進入梁，爲泰寧軍節度使，以處讓爲牙將。萬進叛梁附晉，梁遣劉鄩討之。萬進遣處讓求救于晉，晉王方與梁相拒，未能出兵，處讓乃於軍門截耳而訴曰：「萬進所以見圍者，以附晉故也，奈何不顧其急？苟不出兵，願請死！」晉王壯之，曰：「義士也！」爲之發兵。未渡河，而萬進爲梁兵所敗，處讓因留事晉。莊宗即位，爲客省使，常使四方，多稱旨。天成中，遷引進使，累遷左驍衞大將軍。廢帝時，魏州軍亂，逐其帥劉延皓，遣范延光招討，以處讓爲河北都轉運使。

晉高祖立，歷宣徽南院使。范延光反，高祖命楊光遠爲招討使，以處讓參其軍事。已而副招討使張從賓叛于河陽，處讓分兵擊破從賓。還，與光遠攻鄴，逾年不能下。其後延光有降意而遲疑，處讓入城，譬以禍福，延光乃出降。

唐制，樞密使常以宦者爲之，自梁用敬翔、李振，至莊宗始用武臣，而權重將相。高祖時，以宰相桑維翰、李崧兼樞密使，處讓與諸宦者心不平之。光遠之討延光也，以晉重兵在己掌握，舉動多驕恣，其所求請，高祖頗裁抑之。處讓爲光遠言：「此非上意，皆維翰、崧等嫉

公平！」光遠大怒。及兵罷，光遠見高祖，訴以維翰等沮己，高祖不得已，罷維翰等，以處讓爲樞密使。

處讓在職，凡所陳述，多不稱旨。處讓丁母憂，高祖遂不復拜樞密使，以其印付中書而廢其職。處讓居喪期年，起復爲彰德軍節度使、右金吾衞上將軍。以疾卒，年六十三，累贈太師。

李承約

李承約字德儉，薊門人也〔三〕。少事劉仁恭，爲山後八軍巡檢使，將騎兵二千人。仁恭爲其子守光所囚，承約以其騎兵奔晉，晉王以爲匡霸指揮使。從破夾寨，戰臨淸，以功累遷洺汾二州刺史、潁州團練使。

天成中，邠州節度使毛璋有異志，明宗拜承約涇州節度副使，使往伺璋動靜。承約見璋，諭以禍福。後明宗遣人代璋，璋卽時受代。明宗大喜，卽拜承約黔南節度使。承約以恩信撫諸夷落，勸民農桑，興起學校。居數年，當代，黔南人詣京師乞留，爲許留一年。召爲左衞上將軍，改左龍武統軍，拜昭義軍節度使，復爲左龍武統軍。

天福二年，遷左驍衞上將軍。數請老，不許。卒年七十五，贈太子太師。

張希崇

張希崇字德峯，幽州薊人也。少好學，通左氏春秋。劉守光不喜儒士，希崇因事軍中爲偏將，將兵戍平州。其後契丹攻陷平州，得希崇，知其儒者也，以爲盧龍軍行軍司馬。明宗時，盧文進自平州亡歸，契丹因以希崇代文進爲平州節度使，遣其親將以三百騎監之。居歲餘，虜將喜其爲人，監兵稍怠，希崇因與其麾下謀走南歸。其麾下皆言兵多，不可俱亡，懼不得脫，因勸希崇獨去。希崇曰：「虜兵守我者三百騎爾，烹其將，其兵必散走。且平州去虜帳千餘里，使其聞亂而呼兵，則吾與汝等在漢界矣！」衆皆曰善。乃先爲穽，實以石灰。明日，虜將謁希崇，希崇飲之以酒，殺之穽中，兵皆潰去，希崇率其麾下，得生口二萬南歸。明宗嘉之，拜汝州防禦使。遷靈武節度使。靈州地接戎狄，戍兵餉道，常苦抄掠，希崇乃開屯田，教士耕種，軍以足食，而省轉饋，明宗下詔褒美。希崇撫養士卒，招輯夷落，自回鶻、瓜、沙皆遣使入貢。居四歲，上書求還內地，徙鎭邠寧。

晉高祖入立，復拜靈武節度使。希崇歎曰：「吾當老死邊徼，豈非命邪！」希崇事母至孝，朝夕毋食，必侍立左右，徹饌乃敢退。爲將不喜聲色。好讀書，頗知星曆。天福三年，月掩畢口大星，希崇歎曰：「畢口大星，邊將也，我其當之乎！」明年正月卒，贈太師。有子仁謙。

相里金

相里金字奉金，幷州人也。爲人勇悍，而能折節下士。事晉王爲五院軍隊長。梁、晉戰柏鄉、胡柳，皆有功，遷黃甲指揮使。

同光中，拜忻州刺史。是時，諸州皆用武人，多以部曲主場務，漁蠹公私，以利自入，金獨禁部曲不與事，厚其給養，使掌家事而已。遷隴州防禦使。

廢帝起兵鳳翔，馳檄四隣，四隣未有應者，獨金首遣判官薛文遇見廢帝，往來計事。廢帝卽位，德之，拜保義軍節度使。晉高祖起太原，廢帝以金爲太原四面步軍都指揮使。

高祖入立，徙鎭建雄，罷爲上將軍。天福五年卒，贈太師。

張廷蘊

張廷蘊，開封襄邑人也。少爲宣武軍卒，去事晉，稍遷軍校。常從莊宗征伐，先登力戰，金瘡滿體，莊宗壯之，以爲帳前黃甲二十指揮步軍都虞候、魏博三城巡檢使。是時，莊宗在魏，以劉皇后從行，劉氏多縱其下擾人爲不法，人無敢言者，廷蘊輒收而斬之。

李繼韜叛于潞州〔四〕，莊宗遣明宗爲招討使，元行欽爲都部署，廷蘊爲馬步軍都指揮使，將兵爲前鋒。廷蘊至潞，日已暮，卽率兵百餘踰壕登城，城守者不能禦，遂破潞州。明旦，明宗與行欽後至，明宗心頗慊之。廷蘊以功遷羽林都指揮使、申懷沂三州刺史、金顈隴絳四州防禦團練使、左監門衞上將軍。開運中，以疾卒。

廷蘊武人，所識不過數字，而平生重文士。嘗從明宗破梁鄆州，獲判官趙鳳，廷蘊謂曰：「吾視汝貌必儒人，可無隱也。」鳳以實對，廷蘊故薦於明宗。後鳳貴爲相，數薦廷蘊於安重誨，重誨屢言之，明宗以廷蘊破潞之隙，終恨之，故終不秉髦節。廷蘊素廉，歷七州，卒之日，家無餘貲。

馬全節

馬全節字大雅，大名元城人也。唐同光中，全節爲捉生指揮使。趙在禮反鄴都，以全節爲馬步軍指揮使。明宗卽位，歷博單鄆沂四州刺史、金州防禦使。廢帝時，蜀人攻金州，州兵纔數百，全節散家財，與士卒堅守，蜀人去，廢帝召全節，以爲滄州留後。

晉高祖入立，卽拜全節橫海軍節度使，徙鎭安遠，代李金全。金全叛附于李昪，高祖發兵三萬，使全節與安審暉討之，金全南奔。昪將李承裕守安州，全節與承裕戰州南，大敗承裕，斬首三千級，生擒千餘人。承裕棄城去，審暉追至雲夢，執承裕及其兵二千人，全節斬千五百人，以其餘兵并承裕獻于京師。承裕謂全節曰：「吾掠城中，所得百萬計，將軍皆取之矣。吾見天子，必訴此而後就刑。」全節懼，因殺承裕，高祖置而不問，徙全節鎭昭義。又徙安國。從杜重威討安重榮，以功徙鎭義武。

自出帝與契丹交惡，全節未嘗不在兵間。開運元年，爲行營都虞候，契丹與晉大軍相距澶、魏之間，全節別攻白團城，破之，虜七百人。克泰州，虜二千人，降其守將晉廷謙。四月，契丹敗于戚城，引兵分道而北，全節敗之于定豐，執其將安暉。七月，徙廣晉尹，留守鄴

都。十月，杜重威爲招討使，以全節爲副，大敗契丹于衞村。

全節爲人謙謹，事母至孝，其臨政決事，必問法如何。初，徙廣晉，過元城，衣白襴謁其縣令，州里以爲榮。

開運二年，徙鎭順國，未至而卒，年五十五，贈中書令。

皇甫遇

皇甫遇，常山眞定人也。爲人有勇力，虬髯善射。少從唐明宗征伐，事唐爲武勝軍節度使，所至苛暴，以誅斂爲務，賓佐多解官逃去，以避其禍。

晉高祖時，歷義武、昭義、建雄、河陽四鎭，罷爲神武統軍。契丹入寇，陷貝州，出帝以高行周爲北面行營都部署，遇爲馬軍右廂排陣使。是時，靑州楊光遠據城反，出帝乃遣李守貞及遇分兵守鄆州。遇等至馬家渡，契丹方將渡河助光遠，遇等擊敗之，以功拜義成軍節度使、馬軍都指揮使。

開運二年，契丹寇西山，遣先鋒趙延壽圍鎭州，杜重威不敢出戰。延壽分兵大掠，攻破欒城、柏鄉等九縣，南至邢州。是時歲除，出帝與近臣飲酒過量，得疾，不能出征，乃遣北面行營都監張從恩會馬全節、安審琦及遇等禦之。從恩等至相州，陣安陽河南，遣遇與慕容彥超率數千騎前視虜。遇渡漳河，逢虜數萬，轉戰十餘里，至榆林，爲虜所圍，遇馬中箭而踣，得其僕杜知敏馬，乘之以戰。知敏爲虜所擒，遇謂彥超曰：「知敏，義士也，豈可失之！」卽與彥超躍馬入虜，取之而還。虜兵與遇戰，自午至未，解而復合，益出生兵，勢甚盛。遇戒彥超曰：「今日之勢，戰與走爾，戰尙或生，走則死也。等死，死戰，猶足以報國。」張從恩與諸將怪遇視虜無報，皆謂遇已陷虜矣。已而有馳騎報遇被圍，安審琦率兵將赴之，從恩疑報者詐，不欲往，審琦曰：「成敗天也，當與公共之，雖虜不南來，吾屬失皇甫遇，復何面目見天子！」卽引騎渡河，諸軍皆從而北，拒虜十餘里，虜望見救兵來，卽解去。遇與審琦等收軍而南，契丹亦皆北去。是時，契丹兵已深入，人馬俱乏，其還也，諸將不能追，而從恩率遇等退保黎陽，虜因得解去。

三年冬，以杜重威爲都招討使，遇爲馬軍右廂都指揮使，屯于中渡。重威已陰送款契丹，伏兵幕中，悉召諸將列坐，告以降虜，遇與諸將愕然不能對。重威出降表，遇等俛首以次自書其名，卽麾兵解甲出降。契丹遣遇與張彥澤先入京師，遇行至平棘，絕吭而死。

嗚呼，梁亡而敬翔死，不得爲死節；晉亡而皇甫遇死，不得爲死事，吾豈無意哉！梁之

篡唐，用翔之謀爲多，由子佐其父而弑其祖，可乎？其不戮於斧鉞，爲幸免矣。方晉兵之降虜也，士卒初不知，及使解甲，哭聲震天，則降豈其欲哉！使遇奮然攘臂而起，殺重威於坐中，雖不幸不免而見害，猶爲得其死矣，其義烈豈不凜然哉！旣俛首聽命，相與亡人之國矣，雖死不能贖也，豈足貴哉！君子之於人，或推以恕，或責以備。恕，故遷善自新之路廣；備則難得，難得，故可貴焉。然知其所可恕，與其所可貴，豈不又難哉！

安彥威

安彥威字國俊，代州崞縣人也。少以軍卒隸唐明宗麾下。彥威善射，頗知兵法。明宗鎭天平、宣武、成德，以彥威常爲牙將，以謹厚見信。明宗入立，皇子從榮鎭鄴，彥威爲護聖指揮使。以從榮判六軍，彥威遷捧聖指揮使，領寧國軍節度使。

晉高祖入立，拜彥威北京留守，徙鎭歸德。是時，河決滑州，命彥威塞之，彥威出私錢募民治隄。遷西京留守，遭歲大饑，彥威賑撫饑民，民有犯法，皆寬貸之，饑民愛之，不忍流去。丁母憂，哀毀過制。出帝與契丹盟，拜彥威北面行營副都統，彥威悉以家財佐軍用。以疾卒于京師。

彥威與安太妃同宗，出帝事以爲舅，彥威未嘗以爲言。及卒，太妃臨哭，人始知同宗也，當時益稱其愼重。

李瓊

李瓊，滄州饒安人也。少爲騎將，與晉高祖隸唐明宗麾下。同光二年，契丹犯塞，明宗出涿州，遇契丹，與戰不勝，諸將各稍引去，而晉高祖獨戰不已，契丹漸合而圍之。瓊引高祖衣與俱遯，至劉李河而追兵且及，瓊浮水先至南岸，高祖至河中流，馬踣，瓊以長矛援出之，又以所乘馬與高祖，而步護之，走十餘里，乃得免。

明宗兵變于魏而南，瓊從高祖以三百騎先趨汴州。高祖爲保義軍節度使，以爲牙隊指揮使。高祖建國，以爲護聖都虞候，賜與金帛甚厚，而不與之官爵，瓊亦鬱鬱。久之，拜相、中二州刺史。出帝時，爲棣州刺史。楊光遠反，以書招瓊，瓊拒而不納。遷洺州團練使，又爲護聖右廂都指揮使。

晉亡，契丹入京師，以瓊爲威州刺史，行至鄭州，遇盜見殺。

劉景巖

劉景巖，延州人也。其家素富，能以貲交游豪俊。事高萬金爲部曲，其後爲丹州刺史。晉高祖起兵太原，唐廢帝調民七戶出一卒爲義兵。延州節度使楊漢章發鄉民赴京師，將行，景巖遣人激怒之，義兵亂，殺漢章，迎景巖爲留後。晉高祖即位，即拜景巖節度使。

景巖從事熊皦，爲人多智，陰察景巖跋扈難制，懼其有異心，欲以利愚之，因語景巖，以謂邊地不可以久安，爲陳保名享利之策，言邠、涇多善田，其利百倍，宜多市田射利以自厚。景巖信之，歲餘，其獲甚多。景巖使皦朝京師，皦乃言：「景巖不宜在邊，可徙之內地。」乃移景巖邠州，皦入拜補闕，而景巖又徙鎭保義，居未幾，又徙武勝。景巖乃悟皦爲賣己，遂誣奏皦隱己玉帶，皦坐貶商州上津令。皦懼景巖邀害之，道亡，匿山中。

開運三年，景巖罷武勝，以太子太師致仕，居華州。契丹犯京師，以周密鎭延州，景巖乃還故里。而州人逐密，立高允權。允權妻劉氏，景巖孫女子也。景巖良田甲第，僮僕甚盛，党項司家族畜牧近郊，尤富彊，景巖與之往來，允權頗患之。允權妻歲時歸省，景巖謂曰：「高郎一縣令，而有此州，其可保乎？」允權益惡之，而心又利其田宅，乃誣其反而殺之，年八十餘。

長子行琮，德州刺史，罷，留京師，亦被誅。

次子行謙，允權婦翁也，爲奏言非劉氏子，遂免不誅。

校勘記

〔一〕拜威德軍節度使　「威德軍」，貴池、南監、汪、南昌本同，汲、殿、蜀、鄂、劉校本作「威德軍」。按本史卷六〇職方考無此二軍。纂誤補卷三云：「考薛史本傳：『天福二年，出爲鄧州節度。』鄧州于時爲威勝軍，此當是『威勝』之誤。」

〔二〕薊門　貴池、汪本同，汲、殿、南昌、蜀、鄂、劉校本及薛史卷九〇李承約傳作「薊州」。

〔三〕李繼韜叛于潞州　薛史卷三五唐明宗紀載：同光二年四月，「潞州小將楊立叛，帝受詔討之」。通鑑卷二七三略同。按李繼韜已先一年誅死，此當是楊立。

新五代史卷四十八

雜傳第三十六

盧文進

盧文進字大用，范陽人也。爲劉守光騎將。唐莊宗攻范陽，文進以先降拜壽州刺史，莊宗以屬其弟存矩。存矩爲新州團練使，統山後八軍。莊宗與劉鄩相拒於莘，召存矩會兵擊鄩。存矩募山後勁兵數千人，課民出馬，民以十牛易一馬，山後之人皆怨，而兵又不樂南行，行至祁溝關，聚而謀爲亂。文進有女幼而美，存矩求之爲側室，文進以其大將不敢拒，雖與，心常歉之也，因與亂軍殺存矩反。攻新州，不克，攻武州，又不克，遂奔于契丹。契丹使守平州。

明宗卽位，文進自平州率衆數萬歸唐，明宗得之，喜甚，以爲義成軍節度使。居歲餘，徙鎭威勝，加同平章事，入爲上將軍，出鎭昭義，徙安遠。

晉高祖立，與契丹約爲父子，文進懼不自安。天福元年冬，殺其行軍司馬馮知兆、副使杜重貴，送款於李昪，昪遣兵迎之。文進居數鎭，頗有善政，兵民愛之。其將行也，從數騎，自至營中別其將士，告以避契丹之意，將士皆再拜爲訣，乃南奔。昪以文進爲天雄統軍、宣潤節度使。

文進身長七尺，狀貌偉然。自其奔契丹也，數引契丹攻掠幽、薊之間，虜其人民，教契丹以中國織紝工作無不備，契丹由此益彊。同光中，契丹數以奚騎出入塞上，攻掠燕、趙，人無寧歲。唐兵屯涿州，歲時饋運，自瓦橋關至幽州，嚴兵斥候，常苦鈔奪，爲唐患者十餘年，皆文進爲之也。及其南奔，始屈身晦迹，務爲恭謹，禮接文士，謙謙若不足，其所談論，近代朝廷儀制、臺閣故事而已，未嘗言兵。後以左衞上將軍卒于金陵。

李金全

李金全，其先出於吐谷渾。金全少爲唐明宗廝養，以驍勇善騎射，常從明宗戰伐，以功爲刺史。天成中，爲彰義軍節度使〔一〕，在鎭務爲貪暴。罷歸，獻馬數十匹，居數日，又以獻，明宗謂曰：「卿患馬多邪，何進獻之數也？且卿在涇州治狀如何，無乃以馬爲事乎？」金全慚不能對。徙鎭橫海。久之，罷爲右衞上將軍。

晉高祖時，安州屯防指揮使王暉殺節度使周瓌，高祖遣金全將騎兵千人以往，下詔書招暉曰：「暉降，以爲唐州刺史。」又以信箭諭安州，不戮一人，且戒金全曰：「無失吾信。」金全未至，襄州安從進意暉必走江南，以精兵遮其要路。暉聞金全來，果南走，爲從進兵所殺。金全後至，得暉餘黨數百人，皆送京師。

暉之亂也，大掠城中三日，金全利其所掠貲，因擒其將武克和等十餘人殺之，克和呼曰：「王暉首亂，猶賜之信誓，以爲刺史；我等何罪，反見殺邪？若朝廷之命，何以示信？苟將軍違詔而殺降，亦將不免也！」高祖不能詰。卽以金全爲安遠軍節度使。

金全左都押衙明漢榮用事〔二〕，所爲不法，高祖患之，不欲因漢榮以累功臣，爲選廉吏賈仁沼代之，且召漢榮。漢榮教金全留己而不遣，金全客龐令圖諫曰：「仁沼昔事王晏球，晏球攻王都於中山，都遣善射者登城射晏球，中兜牟，仁沼從後引弓，射善射者，一發而斃，晏球求其人，欲厚賞之，仁沼退而不言，此天下之忠臣也。都敗，晏球遣仁沼獻捷于京師，凡所賜與甚厚，悉以分故人、親戚之貧者，此天下之廉士也。爲人如此，豈有爲人謀而不善者乎？宜納仁沼而遣漢榮。」漢榮聞之，夜使人殺令圖而酖仁沼，仁沼舌壞而死。

天福五年夏，高祖以馬全節代金全。而仁沼二子欲詣京師訴其父冤，漢榮大懼，紿金

全曰：「前日天子召漢榮，公違詔而不遣。仁沼之死，其二子將訴于朝。今以全節代公，是召公對獄也。」金全信之，遂叛，送款于李昪。高祖發兵三萬授全節討之。昪遣其將李承裕入安州，金全遂南奔，行至汊川，引頸北望，涕泣而去。昪以金全爲天威統軍。

漢隱帝時，李守貞反河中，乞兵於昪，金全爲昪潤州節度使，與查文徽等出沭陽。昪之諸將皆銳於攻取，金全獨以謂遠不相及，不可行，乃止。其後亦不復用，不知其所終。

楊思權

楊思權，邠州新平人也。事梁爲控鶴右第一軍使。唐莊宗滅梁，以爲夾馬都指揮使。明宗時，秦王從榮爲河東節度使，以馮贇爲副，思權爲北京步軍都指揮使以佐佑之。從榮素驕，所爲多不法。是時，宋王從厚爲河南尹。從厚年少，謙恭好禮。明宗陰遣人從容語從厚之善，以諷勉之。從榮不悅，告思權曰：「天下共賢河南而非我，我將廢矣，奈何？」思權曰：「公有甲士，而思權在，何患也！」乃勸從榮招募死士、增利器械以爲備。馮贇患之，以其事聞。明宗召思權還京師，以從榮故，亦不之責也。後爲右羽林都指揮使，將兵戍興元。

潞王從珂反鳳翔，興元張虔釗會諸鎮兵討賊。諸鎮兵圍鳳翔，思權攻城西，嚴衞指揮使尹暉攻城東，破其兩關城。從珂登城呼外兵，告以己非反者，其語甚哀，外兵聞者皆悲之，而虔釗督戰甚急，軍士反兵逐虔釗，思權因呼其衆曰：「潞王眞吾主也！」即擁軍士入城降。暉聞思權已降，亦麾其軍使解甲，由是諸鎮之兵皆潰。思權與暉入見從珂，思權前曰：「臣以赤心奉殿下，殿下事成，願不以防禦、團練使處臣。」乃出一紙於懷中曰：「願志臣姓名以爲驗。」從珂即書曰：「可邠寧節度使。」

廢帝入立，拜思權靜難軍節度使。後爲右龍武統軍、左衞上將軍。天福八年，卒于京師，贈太傅。

尹暉

尹暉者，魏州大名人也。從廢帝入洛陽，而晉高祖來朝，與暉遇于道。暉時猶爲嚴衞指揮使，恃先降功，不爲高祖屈，馬上橫鞭揖之，高祖怒，白廢帝暉不可與名藩。乃以爲應州節度使。晉高祖入立，罷爲右衞大將軍。范延光反，以書招暉，暉懼，出奔淮南，爲人所殺，有子勳。

王弘贄

王弘贄，不知其世家何人也。唐明宗時，爲合階二州刺史、右千牛衞將軍、衞州刺史。

潞王從珂反於鳳翔，擁兵東至陝。愍帝懼，夜以百餘騎出奔，至衞州東七八里，遇晉高祖將朝于京師，騶呵前導者不避，愍帝遣左右叱之，對曰：「成德軍節度使石敬瑭也。」愍帝即下馬慟哭，謂敬瑭曰：「潞王反，康義誠等皆叛我，我無所依，長公主教我逆爾于路。」高祖曰：「衞州刺史王弘贄，宿將也，且多知時事，請就圖之。」即馳騎前見弘贄曰：「主上危迫，吾戚屬也，何以圖全？」弘贄曰：「天子避狄，自古有之，然將相大臣從乎？」曰：「無也。」「國寶、乘輿、法物從乎？」曰：「無也。」弘贄歎曰：「所謂大木將顚，非一繩所維。今萬乘之主，以百騎出奔，而將相大臣無一人從者，則人心去就可知也。雖欲興復，其可得乎！」即從高祖上謁於驛舍。高祖且以弘贄語白愍帝。弓箭庫使沙守榮、奔弘進前讓高祖曰：「主上，明宗愛子；公，愛壻也，公於此時不能報國，而反問大臣、國寶所在，公亦助賊反邪？」乃抽佩刀刺高祖，高祖親將陳暉扞之，守榮與暉戰死，弘進亦自刎。高祖因盡殺帝從兵，獨留帝于驛而去。

弘贄奉帝居于州廨。弘贄有子巒，爲殿直，廢帝入立，遣巒持鴆與弘贄。初，愍帝在衞州，弘贄令市中酒家獻酒，愍帝見之，大驚，遽殞于地，久而蘇，弘贄曰：「此酒家也，願獻酒以慰無憀。」愍帝受之，由是日獻一觴。及巒持酖至，因使酒家獻之，愍帝飲而不疑，遂崩。弘贄後事晉爲鳳翔行軍司馬，以光祿卿致仕，卒，贈太傅。

劉審交

劉審交字求益，幽州文安人也。少略知書，通於吏事，爲唐興令，補范陽牙校。劉守光僭號，以審交爲兵部尚書，守光敗，歸于太原，唐莊宗以爲從事。其後趙德鈞鎮范陽，北面轉運使馬紹宏辟審交判官。

王晏球討王都，以爲轉運供軍使。定州平，拜遂州刺史。復爲北面轉運使，改慈州刺史，以母老去官。母喪，哀毀過禮，不調累年。

晉高祖即位，楊光遠討范延光於魏州，審交復爲供軍使。是時，晉高祖分戶部、度支、鹽鐵爲三使，歲餘，三司益煩弊，乃復合爲一，拜審交三司使。議者請檢天下民田，宜得益租，審交曰：「租有定額，而天下比年無閑田，民之苦樂，不可誇也。」遂止不檢，而民賴以不擾。遷右衞上將軍、陳州防禦使。出視民田，見民耕器薄陋，乃取河北耕器爲範，爲民更鑄。安從進平，徙審交襄州，又徙青州，皆有善政。罷還。

契丹犯京師，留蕭翰而去，翰復以審交爲三司使。已而翰召許王從益守京師。漢高祖起義太原，從益召高行周以拒高祖，行周不至。從益母王淑妃與羣臣謀迎高祖，或以謂燕兵在京師者猶數千，可以城守而待行周，淑妃不從，議未決。審交進曰：「余燕人也，今爲燕守城，當爲燕謀，然事勢不可爲也。太妃語是。」從益乃罷不設備，遣人西迎高祖。高祖至，罷審交不用。

隱帝時，爲汝州防禦使，有能名。乾祐三年卒，年七十四。州人聚哭柩前，上疏乞留葬近郊，使民得歲時祠祭。詔特贈太尉，起祠立碑。

王周

王周，魏州人也。少以勇力從軍，事唐莊宗、明宗，爲裨校，以力戰有功拜刺史。

晉天福中，從楊光遠討范延光於魏州，又從杜重威討安重榮於鎭州，皆有功。歷貝州、涇州節度使。涇州張彥澤爲政苛虐，民多流亡，周乃更爲寬恕，問民疾苦，去其苛弊二十餘事，民皆復歸。歷遷武勝、保義、義武、威德四鎮，皆有善政。定州橋壞，覆民租車，周曰：「橋梁不修，刺史過也。」乃償民粟，爲治其橋。

杜重威降契丹，契丹兵過鎮州，臨城呼周使出降，周泣曰：「受晉厚恩，不能死戰而以城降，何面目南行見人主與士大夫乎！」乃劇飲，求刀欲自引決，家人止之，迫以出降。契丹以周爲武勝軍節度使。

漢高祖入立，徙鎮武寧。卒于鎮，贈中書令。

高行周 行珪附

高行周字尙質，嬀州人也。世爲懷戎戍將。父思繼。思繼兄弟皆以武勇雄於北邊，爲幽州節度使李匡威戍將。匡威爲其弟匡儔所簒，晉王將討其亂，謀曰：「高思繼兄弟在孔領關，有兵三千，此後患也，不如遣人招之。思繼爲吾用，則事無不成。」克用遣人招思繼兄弟。燕俗重氣義，思繼等聞晉兵爲匡威報仇，乃欣然從之，爲晉兵前鋒。匡儔聞思繼兄弟皆叛，乃棄城走。克用以劉仁恭守幽州，以其兄某爲先鋒都指揮使，思繼爲中軍都指揮使，思繼弟某爲後軍都指揮使，高氏兄弟分掌燕兵。克用臨訣謂仁恭曰：「思繼兄弟，勢傾一方，爲

燕患者，必高氏也，宜善爲防。」克用留晉兵千人爲仁恭衞。而晉兵多犯法，思繼等數誅殺之。克用以責仁恭，仁恭以高氏爲訴，由是晉盡誅思繼兄弟。

仁恭以其兄某之子行珪爲牙將，而思繼子行周年十餘歲，亦收之帳下，稍長，補以軍職。仁恭被囚，守光立，以行珪爲武州刺史。其後守光背晉，晉兵攻之。守光將元行欽牧馬山後，聞守光且見圍，即率所牧馬赴援，而麾下兵叛于道，推行欽爲幽州留後，行欽曰：「吾所憚者行珪也。」乃遣人之懷戎，得行珪子繫之。兵過武州，招行珪曰：「守光可取而代也。當從我行，不然，且殺公子。」行珪謝曰：「與君俱劉公將，而忍叛之？吾嘗爲劉氏也，尙何顧吾子耶！」行欽即以兵圍行珪。月餘，行珪城中食盡，召其州人告曰：「吾非不爲父老守也，今劉公救兵不至，奈何？可殺吾以降晉。」父老皆泣，願以死守。是時，行周適從行珪在武州，即夜縋行周馳入晉見莊宗，莊宗因遣明宗救武州。比至，行欽已解去，行珪乃降晉。莊宗時，歷朔忻嵐三州刺史、大同軍節度使。明宗入立，徙鎮威勝、安遠。

行珪性貪鄙，所爲多不法，副使范延策，爲人剛直，數規諫之，行珪不聽，銜之。已而戍兵有謀叛者，行珪先覺之，因潛徙庫兵于佗所。戍兵叛，趨庫劫兵無所得，乃潰去，行珪追而殺之。因誣奏延策同反，并其子皆見殺，天下冤之。行珪卒于鎮，贈太尉。

當行珪之降晉也，行周隸明宗帳下，初爲裨將，趙德鈞識之，謂明宗曰：「此子貌厚而小心，佗日必大貴，宜善待之。」梁、晉軍河上，莊宗遣明宗東襲鄆州，行周將前軍，夜遇雨，軍中皆欲止不進，行周曰：「此天贊我也！鄆人恃雨，不備吾來，宜出其不意。」即夜馳涉濟，入其城，鄆人方覺，遂取之。莊宗滅梁，以功領端州刺史，遷絳州。

明宗時，從平朱守殷，克王都，遷潁州團練使、振武軍節度使。歷鎮彰武、昭義。

晉高祖時，爲西京留守，徙鎮天雄。安從進叛，以行周爲襄州行營都部署，討平之，徙鎮歸德。出帝時，代景延廣爲侍衞親軍都指揮使。是時，李彥韜、馮玉等用事，乃求歸鎮。

契丹滅晉，留蕭翰守汴，翰又棄去，召唐故許王從益入汴。而漢高祖起太原，從益遣人召行周，將以拒漢，行周歎曰：「衰世難輔，況兒戲乎！」乃不從。

漢高祖入京師，加行周守中書令，徙鎮天平軍，封臨淸王。周太祖入立，封齊王。卒，贈尙書令，追封秦王。有子懷德。

白再榮

白再榮，不知其世家何人也。少爲軍卒。唐、晉之間，爲護聖指揮使。契丹犯京師，再榮從契丹北歸，至鎮州，契丹留麻荅守鎮州而去，晉人從者多留焉。居未幾，李筠、何福進

等謀逐麻荅，使人召再榮，再榮遲疑不欲往，軍士迫之，乃往，共攻之。麻荅走，諸將以再榮名次最高，乃推爲留後。

再榮出於行伍，貪而無謀。是時，李崧、和凝等皆隨契丹留鎮州，再榮以兵環其居，迫而求物，又欲害崧取其貲。李穀謂曰：「公等親被契丹之苦，憂死不暇，然逐麻荅者，乃衆人所爲，非獨公力也。今纔得生路，而遽殺宰相，此契丹尙或不爲，然它日至京師，天子問宰相何在，何以對之？」再榮默然，乃止。而悉拘嘗事麻荅者取其財，鎮人謂之「白麻荅」。

漢高祖即位，拜再榮爲留後，遷義成軍節度使。罷還京師。周太祖以兵入京師，軍士攻再榮於第，悉取其財。已而前啓曰：「士卒嘗事公隸麾下，一旦無禮如此，亦復何面見公乎！」乃斬之，攜其首而去，家人以帛贖而葬之。

安叔千

安叔千字胤宗，沙陀三部落人也。少善騎射，事唐莊宗，以爲奉安指揮使。明宗時與討王都，拜秦州刺史。從擊契丹，爲先鋒都指揮使，以功拜昭武軍節度使〔三〕。歷靜難、橫海、安國、建雄四鎮。叔千狀貌堂堂，而不通文字，所爲鄙陋，人謂之「沒字碑」。

晉出帝時，爲左金吾衞上將軍。契丹犯京師，晉百官迎見耶律德光于赤岡，叔千出班夷言，德光勞曰：「是安沒字否？汝在邢州，已通誠款，吾今至此，當與汝一喫飯處。」叔千再拜。乃以爲鎭國軍節度使。

漢高祖入立，罷歸京師，自以常私附契丹，頗懷媿懼。以太子太師致仕。周太祖兵入京師，軍士大掠，叔千家貲已盡，而軍士意其有所藏者，箠掠不已。傷重，歸于洛陽，卒，年七十二。

校勘記

〔一〕爲彰義軍節度使　「彰義」，各本原作「彰武」，通鑑卷二七八作「彰義」。薛史卷九七李金全傳謂「天成中授涇州節度使」。纂誤補卷三云：「按職方考，延州彰武，涇州彰義。此傳下云『卿在涇州』，則彰武當是彰義之誤。」今按薛史下文亦有「卿在涇州」之語，此是彰義無疑。據改。

〔二〕明漢榮　汪本同，他本及馬令南唐書卷一二李金全傳作「胡漢榮」，薛史卷九七李金全傳、册府卷四三八及通鑑卷二八一均作「胡漢筠」。

〔三〕以功拜昭武軍節度使　薛史卷一二三安叔千傳「昭武」作「振武」。按本史卷六〇職方考，昭武在利州，蜀地，爲唐命所不及；振武在朔州，屬唐境。此當作「振武」。

新五代史卷四十九

雜傳第三十七

翟光鄴

翟光鄴字化基，濮州鄄城人也。其父景珂，倜儻有膽氣。梁、晉相距于河上，景珂率聚邑人守永定驛，晉人攻之，踰年不能下，景珂卒戰死。光鄴時年十歲，爲晉兵所掠，明宗愛其穎悟，常以自隨。

光鄴事唐，官至耀州團練使。晉高祖時，歷棣沂二州刺史、西京副留守。出帝已破楊光遠，以光鄴爲青州防禦使。光鄴招輯兵民，甚有恩意。契丹滅晉，遣光鄴知曹州。許王從益入汴，以爲樞密使。漢高祖入京師，改右領軍衞大將軍、左金吾大將軍，充街使。周太祖入立，拜宣徽使、樞密副使，出知永興軍，卒于官。

光鄴爲人沈默多謀，事繼母以孝聞。雖貴，不營財產，常假官舍以居，蕭然僅蔽風雨。

雍睦親族，粗衣糲食，與均有無，光鄴處之晏然，日與賓客飲酒聚書爲樂。其所臨政，務以寬靜休息爲意。病亟，戒其左右，氣絕以尸歸洛，無久留以煩軍府。既卒，州人上書乞留葬立祠，不許。

馮暉

馮暉，魏州人也。爲効節軍卒，以功遷隊長。唐莊宗入魏，與梁相距于河上，暉以隊長亡入梁軍，王彥章以暉驍勇，隸之麾下。梁亡，莊宗赦暉不問。從明宗討楊立、魏王繼岌平蜀，累遷夔、興二州刺史。董璋反東川，暉從晉高祖討璋，軍至劍門，劍門兵守，不得入，暉從佗道出其左，擊蜀守兵殆盡。會晉高祖班師，拜暉澶州刺史。

天福中，范延光反魏州，遣暉襲滑州，不克，遂入于魏，爲延光守。已而出降，拜義成軍節度使，徙鎭靈武。靈武自唐明宗已後，市馬糴粟，招來部族，給賜軍士，歲用度支錢六千萬，自關以西，轉輸供給，民不堪役，而流亡甚衆。青岡、土橋之間，氐、羌剽掠道路，商旅行必以兵。暉始至，則推以恩信，部族懷惠，止息侵奪，然後廣屯田以省轉餉，治倉庫、亭館千餘區，多出俸錢，民不加賦，管內大治，晉高祖下詔書褒美。

中華書局

党項拓拔彥超最爲大族，諸族嚮背常以彥超爲去就。暉之至也，彥超來謁，遂留之，爲起第於城中，賜予豐厚，務足其意。彥超既留，而諸部族爭以羊馬爲市易，期年有馬五千匹。晉見暉馬多而得夷心，反以爲患，徙鎮靜難，又徙保義。歲中，召爲侍衞步軍都指揮使，領河陽節度使，暉於是始覺晉有患己意。

是時，出帝昏亂，馮玉、李彥韜等用事，暉曲意事之，因得復鎮靈武。時王令温鎮靈武，失夷落心，大爲邊患。暉即請曰：「今朝廷多事，必不能以兵援臣，願得自募兵以爲衞。」乃募得兵千餘人，行至梅戍，蕃夷稍稍來謁，暉顧首領一人，指其佩劍曰：「此板橋王氏劍邪？吾聞王氏劍天下利器也。」俯而取諸腰間，若將玩之，因擊殺首領者，其從騎十餘人皆殺之。裨將藥元福曰：「今去靈武尚五六百里，奈何？」暉笑曰：「此夷落之豪，部族之所恃也，吾能殺之，其餘豈敢動哉！」已而諸族皆以兵扼道路，暉以言譬諭之，獨所殺首領一族求戰，即與之戰而敗走，諸族遂不敢動。暉至靈武，撫綏邊部，凡十餘年，恩信大著。官至中書令，封陳留王。廣順三年卒，追封衞王。子繼業。

皇甫暉

皇甫暉，魏州人也。爲魏軍卒，戍瓦橋關，歲滿當代歸，而留屯貝州。是時，唐莊宗已失政，天下離心。暉爲人驍勇無賴，夜博軍中，不勝，乃與其徒謀爲亂，劫其都將楊仁晸曰：「唐能破梁而得天下者，以先得魏而盡有河北兵也。魏軍甲不去體、馬不解鞍者十餘年，今天下已定，而天子不念魏軍久戍之勞，去家咫尺，不得相見。今將士思歸不可遏，公當與我俱行。不幸天子怒吾軍，則坐據一州，足以起事。」仁晸曰：「公等何計之過也！今英主在上，天下一家，精甲銳兵，不下數十萬，公等各有家屬，何故出此不祥之言？」軍士知不可彊，遂斬之，推一小校爲主，不從，又斬之，乃攜二首以詣裨將趙在禮，在禮從之，乃夜焚貝州以入于魏，在禮以暉爲馬步軍都指揮使。暉擁甲士數百騎，大掠城中，至一民家，問其姓，曰：「姓國。」暉曰：「吾當破國！」遂盡殺之。又至一家，問其姓，曰：「姓萬。」暉曰：「吾殺萬家足矣。」又盡殺之。及明宗入魏，遂與在禮合謀，莊宗之禍自暉始。明宗即位，暉自軍卒擢拜陳州刺史，終唐世常爲刺史。

晉天福中，以衞將軍居京師。在禮已秉旄節，罷鎮來朝，暉往候之曰：「與公俱起甘陵，卒成大事，然由我發也，公今富貴，能卹我乎？不然，禍起坐中！」在禮懼，遽出器幣數千與之，而飲以酒，暉飲自若，不謝而去。久之，爲密州刺史。

契丹犯闕，暉率其州人奔于江南，李景以爲歙州刺史、奉化軍節度使，鎮江州。周師征淮，景以暉爲北面行營應援使，屯清流關，爲周師所敗，并其都監姚鳳皆被擒。世宗召見，暉金瘡被體，哀之，賜以金帶、鞍馬，後數日卒。拜鳳左屯衞上將軍。

唐景思

唐景思，秦州人也。幼善角觝，以屠狗爲生。後去爲軍卒，累遷指揮使。唐魏王繼岌伐蜀，景思爲蜀守固鎮。繼岌兵至，景思以城降，拜興州刺史。晉高祖時，爲貝州行軍司馬。出帝時，契丹攻陷貝州，景思爲趙延壽所得，以爲壕砦使。契丹滅晉，拜景思亳州防禦使。漢高祖時，爲鄧州行軍司馬，後爲沿淮巡檢。

漢法酷，而史弘肇用事，喜以告訐殺人。景思有奴，嘗有所求不如意，即馳見弘肇，言景思與李景交通，而私畜兵甲。弘肇遣吏將三十騎往收景思，奴謂吏曰：「景思勇者也，得則殺之，不然將失之也。」吏至，景思迎前，以兩手抱吏呼冤，請詣獄自理。吏引奴與景思驗，景思曰：「我家在此，請索之。」有錢十千，爲受外賂。有甲一屬，爲私畜兵。」吏索之，惟一衣笥，軍籍、糧簿而已。吏閔而寬之，景思請械送京師以自明。景思有僕王知權在京師，聞景思被告，乃見弘肇，願先下獄明景思不反，弘肇憐之，送知權獄中，日勞以酒食。景思既械就道，潁、亳之人隨至京師共明之。弘肇乃鞫其奴，具伏，即奏斬奴而釋景思。

後從世宗戰高平，世宗以所得漢降兵數千爲効順指揮，以景思爲指揮使，復戍淮上。周師伐淮南，以功領饒州刺史，遷濠州刺史，兵攻濠州，以戰傷重卒，贈武清軍節度使。

王進

王進，幽州良鄉人也。爲人勇悍，走及奔馬。少聚徒爲盜，鄉里患之，符彥超遣人以賂招置麾下。彥超鎮安遠軍，軍中有變，遣進馳奏京師，明宗怪其來速，嘉其足力，以隸寧衞指揮。漢高祖爲侍衞親軍指揮使，以進爲軍校。高祖鎮河東，因以之從，每有急，遣進馳至京師，往返不過五六日，由是愈親愛之，累遷奉國軍都指揮使。從周太祖起魏，遷虎捷右廂都指揮使。歷汝、鄭二州防禦使、彰德軍節度使。顯德元年秋㊀，以疾卒，贈太師。

㊀ 一本作初。

嗚呼！予述舊史，至於王進之事，未嘗不廢書而歎曰：甚哉，五代之君，皆武人崛起，其所與俱勇夫悍卒，各裂土地封侯王，何異豺狼之牧斯人也！雖其附託遭遇，出於一時之幸，然猶必皆橫身陣敵，非有百夫之勇，則必一日之勞。至如進者，徒以疾足善走而秉旄節，何其甚歟！豈非名器之用，隨世而輕重者歟？世治則君子居之而重，世亂則小人易得而輕歟？抑因緣僥倖，未始不有，而尤多於亂世，既其極也，遂至於是歟？豈其又有甚於是者歟？當此之時，爲國長者不過十餘年，短者三四年至一二年。天下之人，視其上易君代國，如更戍長無異，蓋其輕如此，況其下者乎！如進等者，豈足道哉！易否泰消長，君子小人常相上下，視在上者如進等，則其在下者可知矣。予書進事，所以哀斯人之亂，而見當時賢人君子之在下者，可勝道哉！可勝道哉！

常思

常思字克恭，太原人也。初從唐莊宗爲卒，後爲長劍指揮使。歷唐、晉爲六軍都虞候。漢高祖爲河東節度使，以思爲牢城指揮使。高祖入立，領武勝軍節度使，徙鎮昭義。思起軍卒，未嘗有戰功，徒以幸會漢興，遂秉旄節。在潞州五年，以聚斂爲事，而性鄙儉。初，思微時，周太祖方少孤無依，食于思家，以思爲叔，後思與周太祖俱遭漢以取富貴。周太祖已卽位，每呼思爲常叔，拜其妻，如家人禮。廣順三年，徙鎮歸德，居三年來朝〔一〕，

又徙平盧，思因啓曰：「臣居宋，宋民負臣絲息十萬兩，願以券上進。」太祖頷之，卽焚其券，詔宋州悉蠲除之。思居青州，踰年得疾，歸于洛陽，卒，贈中書令。

孫方諫

孫方諫，鄭州清苑人也。初，定州西北有狼山堡，定人常保以避契丹，有尼深意居其中，以佛法誘民，民多歸之。後尼死，堡人言其尸不朽，因奉而事之。尼姓孫氏，方諫自以爲尼族人，卽繼行其法，堡人推以爲主。

晉出帝時，義武軍節度使惡方諫聚徒山中，恐爲邊患，因表以爲遊奕使。方諫因有所求不得，乃北通契丹。契丹後滅晉，以方諫爲義武軍節度使。已而徙方諫於雲中，方諫不受命，率其徒復入狼山。

漢高祖起，契丹縱火燒定州，虜其人民北去。方諫聞之，自狼山入，據之以歸漢，高祖嘉之，卽拜方諫義武軍節度使。

周太祖時，徙鎮鎮國，以其弟行友爲定州留後。世宗攻太原，方諫朝于行在，從還京，至洛得疾，徙鎮匡國，卒于洛陽，年六十二，贈太師。

校勘記

〔一〕廣順三年徙鎮歸德居三年來朝　按廣順盡三年，「居三年」，則爲顯德三年。而據薛史卷一二九常思傳，思於廣順二年來朝，顯德元年死。又考本史卷一一及薛史卷一一三周太祖紀，周太祖亦死于顯德元年。此處紀年顯誤。

新五代史卷五十

雜傳第三十八

王峻

王峻字秀峯，相州安陽人也。父豐，爲樂營將。峻少以善歌事梁節度使張筠。唐莊宗已下魏博，筠棄相州，走歸京師。租庸使趙巖過筠家，筠命峻歌佐酒，巖見而悅之。是時巖方用事，筠因以峻遺巖。梁亡，巖族誅，峻流落民間。久之，事三司使張延朗，延朗不甚愛之。晉高祖滅唐，殺延朗，是時漢高祖從晉起兵，因悉以延朗貲產賜之，峻因得事漢高祖。漢高祖鎮河東，峻爲客將。高祖即位，拜峻客省使。漢遣郭從義討趙思綰，以峻監其軍。累遷宣徽北院使。

周太祖鎮天雄軍，峻爲監軍。漢隱帝已殺大臣史弘肇等，又遣人殺周太祖及峻等，峻等遂與太祖舉兵犯京師。太祖監國，以漢太后命拜峻樞密使。太祖將兵北出，至澶州，返

軍嚮京師。是時，太祖已遣馮道迎湘陰公贇于徐州，而漢宗室蔡王信在許州。峻與王殷謀，遣侍衞馬軍指揮使郭崇率兵之宋州，前申州刺史馬鐸之許州以伺變。崇、鐸遂殺贇、信。

太祖入立，拜峻右僕射、門下侍郎、同中書門下平章事，監修國史。劉旻攻晉州，峻爲行營都部署，得以便宜從事。別遣陳思讓、康延沼自烏嶺出絳州與峻會。峻至陝州，留不進。太祖遣使者翟守素馳至陝州，諭峻欲親征。峻屏左右謂守素曰：「晉州城堅不可近，而劉旻兵銳亦未可當，臣所以留此者，非怯也，蓋有待爾。且陛下新即位，四方藩鎮，未有威德以加之，豈宜輕舉！而兗州慕容彥超反迹已露，若陛下出汜水，則彥超入京師，陛下何以待之？」守素馳還，具道峻言。是時，太祖已下詔西幸，聞峻語，遽自提其耳曰：「幾敗吾事！」乃止不行。峻軍出自絳州，前鋒報過蒙阬，峻喜，謂其屬曰：「蒙阬，晉、絳之險也，旻不分兵扼之，使吾過此，可知其必敗也。」峻軍去晉州一舍，旻聞周兵大至，即解去。諸將皆欲追之，峻猶豫不決。明日，遣騎兵追旻，不及而還。

從討慕容彥超，爲隨駕都部署，率衆先登。

峻與太祖俱起于魏，自謂佐命之功，以天下爲己任。凡所論請，事無大小，期於必得，或小不如志，言色輒不遜，太祖每優容之。峻年長於太祖二歲，往往呼峻爲兄，或稱其字，

峻由是益橫。鄭仁誨、李重進、向訓等，皆太祖故時偏裨，太祖初即位，稍抑未欲進用，而峻心忌之。自破慕容彥超還，即求解樞密以探上意，太祖慰勞之。峻多發書諸鎮，求爲保薦，居數日，諸鎮皆馳騎上峻書，太祖大駭。峻連章求解，因不視事，太祖遣近臣召之曰：「卿若不出，吾當自往候卿。」峻曰：「車駕若來，是致臣有不測也。」然殊無出意。樞密直學士陳同與峻相善〔一〕，太祖即遣同召峻。同還奏曰：「峻意少解，然請陛下聲言嚴駕，若將幸之，則峻必出矣。」太祖僶俛從之。峻聞太祖且來，遂馳入謁。

峻於樞密院起廳事，極其華侈，邀太祖臨幸，賜予甚厚。太祖於內園起一小殿，峻輒奏曰：「宮室已多，何用此爲？」太祖曰：「樞密院屋不少，卿亦何必有作？」峻慚不能對。

峻爲樞密使兼宰相，又求兼領平盧。已受命，暫之鎮，又請借左藏庫綾萬匹，太祖皆勉從之。又請用顏衎、陳同代李穀、范質爲相，太祖曰：「進退宰相，豈可倉卒？當徐思之。」峻論請不已，語漸不遜。日亭午，太祖未食，峻爭不已，是時寒食假，太祖曰：「俟假開，當爲卿行。」峻乃退。太祖遂不能忍，明日御便殿，召百官皆入，即幽峻於別所。太祖見馮道，泣曰：「峻凌朕，不能忍！」即貶商州司馬，卒于貶所。

峻已被黜，太祖以峻監修國史，意其所書不實，因召史官取日曆讀之，史官以禁中事非外所知，懼以漏落得罪。峻貶後，李穀監修，因請命近臣錄禁中事付史館，乃命樞密直學士

就樞密院錄送史館，自此始。

王殷

王殷，大名人也。少爲軍卒，以軍功累遷靈武馬步軍都指揮使。唐廢帝時，從范延光討張令昭于魏，以功拜祁州刺史。晉天福中，徙原州刺史。

殷事母以孝聞，欲與人游，必先白母，母所不可者，未嘗敢往。及爲刺史，政事有小失，母責之，殷即取杖授婢僕，自笞於母前。母亡服喪，晉高祖詔殷起復，以爲憲州刺史，殷乞終喪。服除，出帝以爲奉國右廂都指揮使。

後從漢高祖討杜重威，先登力戰，矢中其腦，鏃自口出而不死，高祖嘉之，以爲侍衞步軍都指揮使，領寧江軍節度使。

契丹犯邊，漢遣殷以兵屯澶州。隱帝已殺楊邠等，詔鎮寧軍節度使李弘義殺殷于澶州，又詔郭崇殺周太祖于魏。弘義恐事不果，反以告殷，殷遣人馳至魏告周太祖，遂起兵反。太祖入立，拜侍衞親軍都指揮使，出爲天雄軍節度使，同中書門下平章事，仍領親軍，自河以北皆受殷節度。殷頗務聚斂，太祖聞而惡之，遣人謂之曰：「吾起魏時，帑

中華書局

廩儲畜豈少邪？汝爲國家用，足矣。」殷不聽。

殷與王峻俱從太祖起自魏，後峻得罪，殷不自安。廣順三年秋九月永壽節，殷求入爲壽〔三〕，太祖許之，而懼其疑也，復遣使止之。明年，太祖有事于南郊。是冬，殷來朝，殷握兵柄，職當警衞，出入多以兵從，又求兵甲，以備非常。是時，太祖臥疾，疑殷有異志，乃力疾御滋德殿，殷入起居，卽命執之，削奪在身官爵，長流登州。已而殺之，徙其家屬于登州。

劉詞

劉詞字好謙，大名元城人也。少事楊師厚，以勇悍知名。唐莊宗下魏博，與梁戰夾河，詞以軍功爲効節軍使，遷長劍指揮使，坐事左遷汝州十餘年。

廢帝時，詔諸州鎭選驍勇者充禁軍，詞得選爲禁軍校。從破張從賓、楊光遠〔三〕，以功遷奉國第一軍都虞候。從馬全節破安州，以功遷指揮使。從杜重威破鎭州，以先登功拜泌州刺史。晉軍討安從進，爲襄州行營都虞候，以功遷泌州團練使。徙房州，歲餘，爲政不苛撓，人頗便之。詞居暇日，常被甲枕戈而臥，謂人曰：「我以此取富貴，豈可一日輒忘之。且人情易習，若一墮其筋力，有事何以報國！」

漢高祖時，復爲奉國右廂都指揮使。漢軍討李守貞于河中，詞以侍衞步軍都指揮使領寧江軍節度使，爲行營都虞候，以功拜鎭國軍節度使。

周太祖入立，加同中書門下平章事。歷鎭安國、河陽三城。世宗戰高平，樊愛能等軍敗南走，遇詞而止之曰：「軍敗矣，可無前也。」詞不聽，輒趣兵以進，世宗嘉之，以爲隨駕都部署。及班師，以爲河東行營副都部署，徙鎭永興。明年卒于鎭，年六十五，贈侍中，謚忠惠。

王環

王環，鎭州眞定人也。以勇力事孟知祥爲御者，及知祥僭號于蜀，使典衞兵。晉開運之亂，秦、鳳、階、成入于蜀，孟昶以環爲鳳州節度使。

周世宗卽位，明年，遣王景、向訓攻秦、鳳州，數爲環所敗，大臣皆請罷兵。世宗曰：「吾欲一天下以爲家，而聲教不及秦、鳳，今兵已出，無功而返，吾有慚焉。」乃決意攻之。周兵糧道頗艱，昶遣兵五千出堂倉抵黃花谷以爭糧道。景、訓先知其來，命排陣使張建雄以兵二千當谷口，別遣裨將以勁兵千人出其後，伏堂倉以待其歸。蜀兵前遇建雄，戰不勝，退走

堂倉，伏發，盡殪之，由是蜀兵守諸城堡者皆潰。

初，昶遣其秦州節度使高處儔以兵援環〔四〕，未至，聞堂倉兵敗，亦潰歸，處儔判官趙玭閉城不內，處儔遂奔成都，玭乃以城降，成、階二州相繼亦降，獨環堅守百餘日，然後克之。世宗召見環，歎曰：「三州已降，環獨堅守，吾數以書招之，而環不答，至於力屈就擒，雖不能死，亦忠其所事也，用之可勸事君者。」乃拜環右驍衞將軍。

是時，周師已征淮，卽以環佐侯章爲攻取賊城水砦副部署。初，周師南征，李景陳兵於淮，舟楫甚盛，周師無水戰之具，世宗患之，乃置造船務於京城之西，爲戰艦數百艘，得景降卒，敎之水戰。明年，世宗再征淮，使環將水戰卒數千，自蔡河以入淮。環居軍中，未嘗有戰功。蜀卒與環俱擒者，世宗不殺，悉以從軍，後多南奔於景，世宗待環益不疑。已而景將許文縝、邊鎬等皆被擒，世宗悉以爲將軍，與環等列第京師，歲時賜與甚厚。明年又幸淮南，又以環從，遇疾，卒于泗州。

折從阮

折從阮字可久，初名從遠，避漢高祖名，改爲阮，雲中人也。其父嗣倫，爲麟州刺史。

從阮爲人，溫恭長者，居父喪，以孝聞。唐莊宗鎭太原，以爲牙將，後以爲府州刺史。晉出帝與契丹敗盟，從阮以兵攻契丹，取其城堡十餘，遷本州團練使，兼領朔州刺史、安北都護、振武軍節度使、契丹西南面行營馬步軍都虞候。

漢高祖入立，於府州建永安軍，以從阮爲節度使。明年，以其族朝京師，徙鎭武勝，卽拜從阮子德扆爲府州團練使。

周太祖入立，從阮歷徙宣義、保義、靜難三鎭。顯德二年，罷還京師，行至洛陽卒，贈中書令。

校勘記

〔一〕樞密直學士陳同與峻相善　薛史卷一三〇王峻傳及通鑑卷二九一「陳同」作「陳觀」。

〔二〕廣順三年秋九月永壽節殷求入爲壽　按薛史卷一一〇周太祖紀及五代會要卷一，周太祖生于天祐元年七月二十八日。薛史卷一一一周太祖紀云：「百寮上表，請以七月二十八日皇帝降聖日爲永壽節。」又卷一一三周太祖紀及通鑑卷二九一並載：廣順三年秋七月，王殷三次上表乞朝覲。此作「九月」恐誤。

〔三〕從破張從賓楊光遠　按薛史卷九七張從賓傳及通鑑卷二八一，天福二年六月范延光反，晉高祖

命楊光遠、張從賓討之，而從賓與延光同反。本史卷五一及薛史卷九七范延光、楊光遠傳亦載晉高祖遣楊光遠討范延光事，是楊光遠爲討叛者而非叛將。此處「楊光遠」疑爲「范延光」之誤。

〔四〕高處儔　本史卷六四後蜀世家、九國志卷七後蜀臣傳、通鑑卷二九二及宋史卷四七九西蜀世家皆作「高彥儔」。

新五代史卷五十一

雜傳第三十九

朱守殷

朱守殷，少事唐莊宗爲奴，名曰會兒，莊宗讀書，會兒常侍左右。莊宗即位，以其嘶養爲長直軍，以守殷爲軍使，故未嘗經戰陣之用。然好言人陰私長短以自結，莊宗以爲忠，遷蕃漢馬步軍都虞候，使守德勝。王彥章攻德勝，守殷無備，遂破南城，莊宗罵曰：「駑才，果悞予事！」明宗請以守殷行軍法，莊宗不聽。

同光二年，領鎭武軍節度使〔一〕。是時，莊宗初入洛，守殷巡檢校京師，恃恩驕恣，凌侮勳舊，與伶人景進相爲表裏。魏王繼岌已殺郭崇韜，進誣朱友謙與崇韜謀反，莊宗遣守殷閣其第而殺之。

是時，明宗自鎭州來朝，居于私第。莊宗方惑羣小，疑忌大臣，遣守殷伺察明宗動靜。

守殷陰使人告明宗曰：「位高人臣者身危，功蓋天下者不賞，公可謂位高而功著矣。宜自圖歸藩，無與禍會也！」明宗曰：「吾洛陽一匹夫爾，何能爲也！」既而明宗卒反于魏。

莊宗東討，守殷將騎軍陣宣仁門外以俟駕。郭從謙作亂，犯興教門以入，莊宗亟召守殷等軍，守殷按軍不動。莊宗獨與諸王宦官百餘人射賊，守殷等終不至，方移兵憩北邙山下，聞莊宗已崩，卽馳入宮中，選載嬪御、寶貨以歸，縱軍士劫掠，遣人趣明宗入洛。

明宗卽位，拜守殷同中書門下平章事、河南尹、判六軍諸衞事。明年，遷宣武軍節度使。九月，明宗詔幸汴州，議者喧然，或以爲征吳，或以爲東諸侯有屈彊者，將制置之。守殷尤不自安，乃殺指揮使馬彥超，閉城反。明宗行至京水，聞守殷反，遣范延光馳兵傳其城，汴人開門納延光，守殷自殺其族，乃引頸命左右斬之。明宗至汴州，命鞭其尸，梟首于市七日，傳徇洛陽。

守殷之將反也，召都指揮使馬彥超與計事，彥超不從，守殷殺之。明宗憐彥超之死，以其子承祚爲洛州長史。

董璋

董璋，不知其世家何人也。少與高季興、孔循俱爲汴州富人李讓家僮。梁太祖鎮宣武，養讓爲子，是爲朱友讓。其僮奴以友讓故，皆得事梁太祖，璋以軍功爲指揮使。晉李繼韜以潞州叛降梁，末帝遣璋攻下澤州，即以璋爲刺史。

梁亡，璋事唐爲邠寧節度使，與郭崇韜相善。崇韜伐蜀，以璋爲行營右廂馬步軍都虞候，軍事大小，皆與參決。蜀平，以爲劍南東川節度使，孟知祥鎮西川。其後，二人有異志。安重誨居中用事，議者多言知祥必不爲唐用，而能制知祥者璋也，往往稱璋忠義，重誨以爲然，頗優寵之，以故璋益横。

天成四年，明宗祀天南郊，詔兩川貢助南郊物五十萬，使李仁矩賫安重誨書往諭璋，璋訴不肯出，秖出十萬而已。又因事欲殺仁矩，仁矩涕泣而免，歸言璋必反。其後使者至東川，璋益倨慢，使者還，多言璋欲反狀。重誨患之，乃稍擇將吏爲兩川刺史，以精兵爲其牙衞，分布其諸州。又分閬州置保寧軍，以仁矩爲節度使，遣姚洪將兵千人從仁矩戍閬州。璋及知祥覺唐疑己，且削其地，遂連謀以反。璋因爲其子娶知祥女以相結。又遣其將李彥釗扼劍門關爲七砦，於關北增置關，號永定。凡唐戍兵東歸者，皆遮留之，獲其逃者，覆以鐵籠，火炙之，或刲肉釘面，割心而啖。長興元年九月，知祥攻陷遂州，璋攻陷閬州，執李仁矩、姚洪，皆殺之。

初，璋等反，唐獨誅璋家屬，知祥妻子皆在成都，其疏屬留京師者皆不誅。石敬瑭討璋等，兵久無功，而關以西饋運不給，遠近勞敝，明宗患之。安重誨自往督軍，敬瑭不納，重誨遂得罪死，敬瑭亦還。明宗乃遣西川進奏官蘇愿、東川軍將劉澄西歸，諭璋等使改過。知祥遣人告璋，欲與俱謝過自歸，璋曰：「唐不殺孟公家族，於西川恩厚矣。我子孫何在？何謝之有！」璋由此疑知祥賣己。三年四月，以兵萬人攻知祥，戰于彌牟，璋大敗，還走梓州。初，唐陵州刺史王暉代還過璋，璋邀留之。至是，暉執璋殺之，傳其首於知祥。

范延光

范延光字子瓌，相州臨漳人也。唐明宗爲節度使，置延光麾下，而未之奇也。明宗破鄆州，梁兵方扼楊劉，其先鋒將康延孝陰送款於明宗。明宗求可以通延孝款於莊宗者，延光輒自請行，乃懷延孝蠟丸書，西見莊宗致之，且曰：「今延孝雖有降意，而梁兵扼楊劉者甚盛，未可圖也，不如築壘馬家口以通汶陽。」莊宗以爲然。壘成，梁遣王彥章急攻新壘。明宗使延光間行求兵，夜至河上，爲梁兵所得，送京師，下延光獄，搒掠數百，脅以白刃，延光終不肯言晉事。繫之數月，稍爲獄吏所護。莊宗入汴，獄吏去其桎梏，拜而出之。莊宗見延光，喜，拜檢校工部尚書。

明宗時，爲宣徽南院使。明宗行幸汴州，至滎陽，朱守殷反，延光曰：「守殷反迹始見，若緩之使得爲計，則城堅而難近。故乘人之未備者，莫若急攻，臣請騎兵五百，馳至城下以神速駭之。」乃以騎兵五百，自暮疾馳至半夜，行二百里，戰于城下。遲明，明宗亦馳至，汴兵望見天子乘輿，乃開門，而延光先入，猶巷戰，殺傷甚衆，守殷死，汴州平。

明年，遷樞密使，出爲成德軍節度使。安重誨死，復召延光與趙延壽並爲樞密使。明宗問延光馬數幾何？對曰：「騎軍三萬五千。」明宗撫髀歎曰：「吾兵間四十年，自太祖在太原時，馬數不過七千，莊宗取河北，與梁家戰河上，馬纔萬匹。今有馬三萬五千而不能一天下，吾老矣，馬多奈何！」延光因曰：「臣嘗計，一馬之費，可養步卒五人，三萬五千匹馬，十五萬兵之食也。」明宗曰：「肥戰馬而瘠吾人，此吾所媿也！」

夏州李仁福卒，其子彝超自立而邀旄節。明宗遣安從進代之，彝超不受代。以兵攻之，久不克。隰州刺史劉遂凝馳驛入見獻策，言綏、銀二州之人，皆有內嚮之意，請除二刺史以招降之。延光曰：「王師問罪，本在彝超，夏州已破，綏、銀豈足顧哉！若不破夏州，雖得綏、銀，不能守也。」遂凝又請自馳入說彝超使出降，延光曰：「一遂凝，萬一失之不足惜，所惜者朝廷大體也。」是時，王淑妃用事，遂凝兄弟與淑妃有舊，方倚以蒙恩寵，所言無不聽，而大臣以妃故，多不敢爭，獨延光從容沮止之。

明宗有疾，不能視朝，京師之人，恟恟異議，藏竄山谷，或寄匿於軍營，有司不能禁。或勸延光以嚴法制之，延光曰：「制動當以靜，宜少待之。」已而明宗疾少間，京師乃定。

是時，秦王握兵驕甚，宋王弱而且在外，議者多屬意於潞王。延光懼禍之及也，乃求罷去。延壽陰察延光有避禍意，亦遽求罷。明宗再三留之，二人辭益懇至，繼之以泣。明宗不得已，乃皆罷之，延光復鎮成德，而用朱弘昭、馮贇爲樞密使。已而秦王舉兵見誅，明宗崩，潞王反，殺愍帝，唐室大亂，弘昭、贇皆及禍以死。末帝復詔延光爲樞密使，拜宣武軍節度使。天雄軍亂，逐節度使劉延皓，遣延光討平之，即以爲天雄軍節度使。

延光常夢大蛇自臍入其腹，半入而掣去之，以問門下術士張生，張生贊曰：「蛇，龍類也，入腹內，王者之兆也。」張生自延光微時，言其必貴，延光素神之，常置門下，言多輒中，遂以其言爲然，由是頗畜異志。

當晉高祖起太原，末帝遣延光以兵二萬屯遼州，與趙延壽掎角。既而延壽先降，延光獨不降。高祖即位，延光賀表又頗後諸侯至，又其女爲末帝子重美妃，以此遂懷反側。高祖封延光臨清王以慰其心。

有平山人祕瓊者，爲成德軍節度使董温其衙內指揮使，後温其爲契丹所虜，瓊乃悉殺溫其家族，瘞之一穴，而取其家貲鉅萬計。晉高祖入立，以瓊爲齊州防禦使，橐其貲裝，道出于魏。延光陰遣人以書招之，瓊不納，延光怒，選兵伏境上，伺瓊過，殺之于夏津，悉取其貲，以戍邏者悞殺聞。由是高祖疑其必爲亂，乃幸汴州。

天福二年六月，延光遂反，遣其牙將孫銳、澶州刺史馮暉，以兵二萬距黎陽，掠滑、衞。高祖以楊光遠爲招討使，引兵自滑州渡胡梁攻之。銳輕脫無謀，兵行以娼女十餘自隨，張蓋操扇，酣歌飲食自若，軍士苦大熱，皆不爲用。光遠得諜者，詗得其謀，誘銳等渡河，半濟而擊之，兵多溺死，銳、暉退走入魏，閉壁不復出。

初，延光反意未決，而得暴疾不能興，銳乃陰召暉入城，迫延光反，延光惶惑，遂從之。高祖聞延光用銳等以反，笑曰：「吾雖不武，然嘗從明宗取天下，攻堅破彊多矣。如延光已非我敵，況銳等兒戲邪？行取孺子爾！」乃決意討之。

延光初無必反意，銳等敗，延光遣牙將王知新賫表自歸，高祖不見，以知新屬武德司。延光又附楊光遠表請降，不報，延光遂堅守。晉以箭書二百射城中，悉赦魏人，募能斬延光者。然魏城堅難下，攻之逾年不克，師老糧匱，宗正丞石昂上書極諫，請赦延光，願以單車入說而降之。高祖亦悔悟。三年九月，使謁者入魏赦延光，延光乃降，册封東平郡王、天平軍節度使，賜鐵券。居數月來朝，因懇請老，以太子太師致仕。

初，高祖赦降延光，語使者謂之曰：「許卿不死矣，若降而殺之，何以享國？」延光謀於副使李式，式曰：「主上敦信明義，許之不死，則不死矣。」乃降。及致仕居京師，歲時宴見，高祖待之與羣臣無間，然心不欲使在京師。歲餘，使宣徽使劉處讓載酒夜過延光，謂曰：「上遣處讓來時，適有契丹使至，北朝皇帝問晉魏博反臣何在？恐晉不能制，當鎖以來，免爲中國後患。」延光聞之泣下，莫知所爲。處讓曰：「當且之洛陽，以避契丹使者。」延光曰：「楊光遠留守河南，吾之仇也。吾有田宅在河陽，可以往乎？」處讓曰：「可也。」乃挈其帑歸河陽，其行輜重盈路，光遠利其貲，果圖之。因奏曰：「延光反覆姦臣，若不圖之，非北走胡則南走吳越，請拘之洛陽。」高祖猶豫未決。光遠兼鎭河陽，其子承勳知州事，乃遣承勳以兵脅之使自裁。延光曰：「天子賜我鐵券，許之不死，何得及此？」乃以壯士驅之上馬，行至浮橋，推墮水溺死，以延光自投水死聞，因盡取其貲。高祖以適會其意，不問，爲之輟朝，贈太傅。水運軍使曹千獲其流尸于繆家灘，詔許歸葬相州，已葬，墓輒崩，破其棺槨，頭顱皆碎。初，祕瓊殺董溫其取其貲，延光又殺瓊而取之，而終以貲爲光遠所殺，而光遠亦不能免也。

當延光反時，有李彥珣者，爲河陽行軍司馬，張從賓反河陽，彥珣附之，從賓敗，彥珣奔于魏，延光以爲步軍都監，使之守城。招討使楊光遠知彥珣邢州人也，其母尙在，乃遣人之邢州，取其母至城下，示彥珣以招之，彥珣望見，自射殺之。及延光出降，晉高祖拜彥珣房州刺史〔三〕，大臣言彥珣殺母當誅，高祖以謂赦令已行，不可失信。後以坐贓誅。

嗚呼，甚哉，人性之慎於習也！故聖人於仁義深矣，其爲教也，勤而不怠，緩而不迫，欲民漸習而自趣之，至於久而安以成俗也。然民之無知，習見善則安於爲善，習見惡則安於爲惡。五代之亂，其來遠矣。自唐之衰，干戈飢饉，父不得育其子，子不得養其親。其始也，骨肉不能相保，蓋出于不幸，因之禮義日以廢，恩愛日以薄，其習久而遂以大壞，至於父子之間，自相賊害。五代之際，其禍害不可勝道也。夫人情莫不共知愛其親，莫不共知惡於不孝，然彥珣彎弓射其母，高祖從而赦之，非徒彥珣不自知爲大惡，而高祖亦安焉不以爲怪也，豈非積習之久而至於是歟！語曰：「性相近，習相遠。」至其極也，使人心不若禽獸，可不哀哉！若彥珣之惡，而恬然不以爲怪，則晉出帝之絕其父，宜其舉世不知爲非也。

婁繼英

婁繼英，不知何許人也。歷梁、唐，爲絳、冀二州刺史、北面水陸轉運使、耀州團練使。

晉高祖時，爲左監門衞上將軍。

繼英子婦，溫延沼女也，自明宗時誅其父韜，延沼兄弟廢居于許，心常怨望。及范延光反，繼英有弟爲魏州子城都虞候，延光遣人以蠟書招繼英，繼英乃遣延沼入魏見延光，延光大喜，與之信箭，使陰圖許。延沼與其弟延濬、延袞募不逞之徒千人，期以攻許。而許州節度使萇從簡以延光之反，疑有應者，爲備甚嚴。延沼未及發，延光蠟書事泄於京師，繼英惶恐不自安，乃出奔許。高祖下詔招慰之，使復位，繼英懼不敢出。溫氏兄弟謀殺繼英以自歸，延沼以其女故不忍。張從賓反於洛陽，延沼兄弟乃與繼英俱投從賓於汜水。繼英知溫氏之初欲殺己也，反譖延沼兄弟於從賓，從賓殺之。從賓敗，繼英爲杜重威所殺。

安重榮

安重榮，小字鐵胡，朔州人也。祖從義，利州刺史。父全，勝州刺史、振武馬步軍都指揮使。重榮有力，善騎射，爲振武巡邊指揮使。晉高祖起太原，使張穎陰招重榮，其母與兄皆以爲不可，重榮業已許潁，母、兄謀共殺潁以止之，重榮曰：「未可，吾當爲母卜之。」乃立一箭，百步而射之，曰「石公爲天子則中。」一發輒中；又立一箭而射之，曰：「吾爲節度使則中。」一發又中，其母、兄乃許，重榮以巡邊千騎叛入太原。高祖即位，拜重榮成德軍節度使。

重榮雖武夫，而曉吏事，其下不能欺。有夫婦訟其子不孝者，重榮拔劍授其父，使自殺之，其父泣曰：「不忍也！」其母從傍詬罵，奪其劍而逐之，問之，乃繼母也，重榮叱其母出，後射殺之。

重榮起於軍卒，暴至富貴，而見唐廢帝、晉高祖皆自藩侯得國，嘗謂人曰：「天子寧有種邪？兵強馬壯者爲之爾！」雖懷異志，而未有以發也。是時，高祖與契丹約爲父子，契丹驕甚，高祖奉之愈謹，重榮憤然，以謂「詘中國以尊夷狄，困已敝之民，而充無厭之欲，此晉萬世恥也！」數以此非誚高祖。契丹使者往來過鎭州，重榮箕踞慢罵，不爲之禮，或執殺之。是時，吐渾白氏役屬契丹，苦其暴虐，重榮誘之入塞。契丹數遣使責高祖，并求使者，高祖對使者鞠躬俯首，受責愈謹，多爲好辭以自解，而姑息重榮不能詰。乃遣供奉官張澄以兵二千搜索并、鎭、忻、代山谷中吐渾，悉驅出塞。吐渾去而復來，重榮卒納之，因招集亡命，課民種稗，食馬萬疋，所爲益驕。因怒殺指揮使賈章，誣之以反，章女尚幼，欲捨之，女曰：

「吾家三十口皆死於兵，存者特吾與父爾，今父死，吾何忍獨生，願就死！」遂殺之。鎭人於是高賈女之烈，而知重榮之必敗也。重榮既僭侈，以爲金魚袋不足貴，刻玉爲魚佩之。娶二妻，高祖因之並加封爵。

天福六年夏，契丹使者拽刺過鎭，重榮侵辱之，拽刺言不遜，重榮怒，執拽刺，以輕騎掠幽州南境之民，處之博野。上表曰：「臣昨據熟吐渾白承福、赫連功德等領本族三萬餘帳自應州來奔，又據生吐渾、渾、契苾、兩突厥三部南北將沙陀、安慶、九府等各領其族、牛羊、車帳、甲馬七八路來奔，具言契丹殘害，掠取生口羊馬，自今年二月已後，號令諸蕃，點閱彊壯，辦具軍裝，期以上秋南向。諸蕃部誠恐上天不祐，敗滅家族，願先自歸，其諸部勝兵衆可十萬。又據沿河党項、山前後逸越利諸族首領皆遣人送契丹所授告身、敕牒、旗幟來歸款，皆號泣告勞，願治兵甲以報怨。又據朔州節度副使趙崇殺節度使劉山，以城來歸。竊以諸蕃不招呼而自至，朔州不攻伐而自歸，雖繫人情，盡由天意。又念陷蕃諸將等，本自勳勞，久居富貴，沒身虜塞，酷虐不勝，企足朝廷，思歸可諒，苟聞傳檄，必盡倒戈。」其表數千言。又爲書以遺朝廷大臣、四方藩鎭，皆以契丹可取爲言。高祖患之，爲之幸鄴，報重榮曰：「前世與虜和親，皆所以爲天下計，今吾以天下臣之，爾以一鎭抗之，大小不等，無自辱焉！」重榮謂晉無如我何，反意乃決。重榮雖以契丹爲言，反陰遣人與幽州節度使劉晞相

結。契丹亦利晉多事，幸重榮之亂，期兩斃之，欲因以窺中國，故不加怒於重榮。

重榮將反也，其母又以爲不可，重榮曰：「爲母卜之。」指其堂下幡竿龍口仰射之，曰：「吾有天下則中之。」一發而中，其母乃許。饒陽令劉巖獻水鳥五色，重榮曰：「此鳳也。」畜之後潭。又使人爲大鐵鞭以獻，誑其民曰：「鞭有神，指人，人輒死。」號「鐵鞭郎君」，出則以爲前驅。鎭之城門抱關鐵胡人，無故頭自落，鐵胡，重榮小字，雖甚惡之，然不悟也。

其冬，安從進反襄陽，重榮聞之，乃亦舉兵。是歲，鎭州大旱、蝗，重榮聚飢民數萬，驅以嚮鄴，聲言入覲。行至宗城破家堤，高祖遣杜重威逆之，兵已交，其將趙彥之與重榮有隙，臨陣卷旗以奔晉軍，其鎧甲鞍轡皆裝以銀，晉軍不知其來降，爭殺而分之。重榮聞彥之降晉，大懼，退入于輜重中，其兵二萬皆潰去。是冬大寒，潰兵飢凍及見殺無孑遺。重榮獨與十餘騎奔還，以牛馬革爲甲，驅州人守城以待。重威兵至城下，重榮裨將自城西水碾門引官軍以入，殺守城二萬餘人。重榮以吐渾數百騎守牙城，重威使人擒之，斬首以獻，高祖御樓受馘，命漆其首送于契丹。改成德軍爲順德，鎭州曰恆州，常山曰恆山云。

安從進

安從進，振武索葛部人也。祖、父皆事唐爲騎將。從進初從莊宗於兵間，爲護駕馬軍都指揮使，領貴州刺史。明宗時，爲保義、彰武軍節度使，未嘗將兵征伐。李彝超自立於夏州，從進嘗一以兵往，卒亦無功。愍帝即位，徙領順化，爲侍衞馬軍都指揮使。潞王反鳳翔，從進巡檢京城，殺樞密使馮贇，送款於從珂。愍帝出奔，從珂將至京師，從進率百官班迎于郊。清泰中，徙鎭山南東道。晉高祖即位，加同中書門下平章事。

高祖取天下不順，常以此慚，藩鎭多務，過爲姑息，而藩鎭之臣，或不自安，或心慕高祖所爲，謂舉可成事，故在位七年，而反者六起，從進最後反，然皆不免也。自范延光反鄴，從進已畜異志，恃江爲險，招集亡命，益置軍兵。南方貢輸道出襄陽者，多擅留之，邀遮商旅，皆黥以充軍。與安重榮陰相結託，期爲表裏。高祖患之，謀徙從進，使人謂曰：「東平王建立來朝，願還鄉里，已徙上黨。朕虛青州以待卿，卿誠樂行，朕即降制。」從進報曰：「移青州在漢江南，臣即赴任。」高祖亦優容之。其子弘超爲宮苑副使，居京師，從進請賜告歸，遂不遣。王令謙、潘知麟者，皆從進牙將也，常從從進最久，知其必敗，切諫之。從進遣子弘超與令謙遊南山，酒酣，令人推墮崖死。

天福六年，安重榮執殺契丹使者，反迹見，高祖爲之幸鄴，鄭王重貴留守京師。宰相和凝曰：「陛下且北，從進必反，何以制之？」高祖曰：「卿意奈何？」凝曰：「臣聞兵法，先人者

奪人，願爲空名宣敕十數通授鄭王，有急則命將以往。」

從進聞高祖北，遂殺知鱗以反。鄭王以空名敕授李建崇、郭金海等討之，從進引兵攻鄧州，不克，進至湖陽，遇建崇等，大駭，以爲神速，復爲野火所燒，遂大敗。從進以數十騎奔還襄陽。高祖遣高行周圍之，踰年糧盡，從進自焚死。執其子弘受及其將佐四十三人送京師，高祖御樓受俘，徇于市而斬之。降襄陽爲防禦，贈令謙忠州刺史，知鱗順州刺史。

楊光遠

楊光遠字德明，其父曰阿噔啜，蓋沙陀部人也。光遠初名阿檀，爲唐莊宗騎將，從周德威戰契丹於新州，折其一臂，遂廢不用。久之，以爲幽州馬步軍都指揮使，戍瓦橋關。光遠爲人病禿折臂，不通文字，然有辨智，長於吏事。明宗時，爲嬀、瀛、冀、易四州刺史，以治稱。

初，唐兵破王都於中山，得契丹大將蕸剌等十餘人。已而契丹與中國通和，遣使者求蕸剌等，明宗與大臣議，皆欲歸之，獨光遠不可，曰：「蕸剌皆北狄善戰者，彼失之如去手足；且居此久，熟知中國事，歸之豈吾利也！」明宗曰：「蕃人重盟誓，已與吾好，豈相負也？」光遠曰：「臣恐後悔不及爾！」明宗嘉其說，卒不遣蕸剌等。光遠自易州刺史拜振武

軍節度使。清泰二年，徙鎭中山，兼北面行營都虞候，禦契丹於雲、應之間。

晉高祖起太原，末帝以光遠佐張敬達爲太原四面招討副使，爲契丹所敗，退守晉安寨。契丹圍之數月，人馬食盡，殺馬而食，馬盡，乃殺敬達出降。耶律德光見之，靳曰：「爾輩大是惡漢兒。」光遠與諸將初不知其誚己，猶爲謙言以對，德光曰：「不用鹽酪，食一萬匹戰馬，豈非惡漢兒邪！」光遠等大慚伏，德光問曰：「懼否？」皆曰：「甚懼。」曰：「何懼？」曰：「懼皇帝將入蕃。」德光曰：「吾國無土地官爵以居汝，汝等勉事晉。」晉高祖以光遠爲宣武軍節度使、侍衞馬步軍都指揮使。光遠進見，佯爲悒悒之色，常如有所恨者，高祖疑其有所不足，使人問之，對曰：「臣於富貴無不足也，惟不及張生鐵死得其所，此常爲愧爾！」由是高祖以爲忠，頗親信之。

范延光反，以爲魏府都招討使，久之不能下，高祖卒用佗計降延光。而光遠自以握重兵在外，謂高祖畏己，始爲恣橫。高祖每優容之，爲選其子承祚尚長安公主，其次子承信等皆超拜官爵，恩寵無比。樞密使桑維翰惡之，數以爲言。光遠自魏來朝，屢指維翰擅權難制。高祖不得已，罷出維翰於相州，亦徙光遠西京留守，兼鎭河陽，奪其兵職。光遠始大怨望，陰以寶貨奉契丹，訴己爲晉疏斥。所藏部曲千人，撓法犯禁河、洛之間，甚於寇盜。天福五年，徙鎭平盧，封東平王。光遠請其子以行，乃拜承祚單州刺史，承勳萊州防禦使，父

子俱東，車騎連屬數十里。出帝卽位，拜太師，封壽王。

是時，晉馬少，括天下馬以佐軍，景延廣請取光遠前所借官馬三百匹，光遠怒曰：「此馬先帝賜我，安得復取，是疑我反也！」遂謀爲亂。而承祚自單州逃歸，出帝卽以承祚爲淄州刺史，遣使者賜以玉帶、御馬以慰安之，光遠益驕，乃反。召契丹入寇，陷貝州。博州刺史周儒亦叛降契丹。

是時，出帝與耶律德光相距澶、魏之間，鄆州觀察判官竇儀計事軍中，謀曰：「今不以重兵大將守博州渡，使儒得引契丹東過河與光遠合，則河南危矣！」出帝乃遣李守貞、皇甫遇以兵萬人沿河而下。儒果引契丹自馬家渡濟河，方築壘，守貞等急擊之，契丹大敗，遂與光遠隔絕。德光聞河上兵大敗，與晉決戰戚城，亦敗。

契丹已北，出帝復遣守貞、符彥卿東討，光遠嬰城固守，自夏至冬，城中人相食幾盡。光遠北望契丹，稽首以呼德光曰：「皇帝悞光遠邪！」其子承勳等勸光遠出降，光遠曰：「我在代北時，嘗以紙錢祭天池，投之輒沒，人言我當作天子，宜且待時，毋輕議也。」承勳知不可，乃殺節度判官丘濤、親將杜延壽、楊瞻、白延祚等，劫光遠幽之，遣人奉表待罪。承信、承祚皆詣闕自歸，而光遠亦上章請死。出帝以其二子爲侍衞將軍，賜光遠詔書，許以不死，羣臣皆以爲不可，乃敕李守貞便宜處置。守貞遣客省副使何延祚殺之于其家。延祚至其

第，光遠方閱馬于廄，延祚使一都將入謂之曰：「天使在門，欲歸報天子，未有以藉手。」光遠曰：「何謂也？」曰：「願得大王頭爾！」光遠罵曰：「我有何罪？昔我以晉安寨降契丹，使爾家世世爲天子，我亦望以富貴終身，而反負心若此！」遂見殺，以病卒聞。

承勳事晉爲鄭州防禦使，德光滅晉，使人召承勳至京師，責其劫父，臠而食之，乃以承信爲平盧節度使。漢高祖贈光遠尚書令，封齊王，命中書舍人張正撰光遠碑銘文賜承信，使刻石于青州。碑石既立，天大雷電，擊折之。

阿噔啜初非姓氏，其後改名瑊而姓楊氏。光遠初名檀，清泰二年，有司言明宗廟諱犯偏傍者皆易之，乃賜名光遠云。光遠既病禿，而妻又跛其足也，人爲之語曰：「自古豈有禿瘡天子、跛脚皇后邪？」相傳以爲笑。然而召夷狄爲天下首禍，卒滅晉氏，瘡痍中國者三十餘年，皆光遠爲之也。

校勘記

〔一〕同光二年領鎭武軍節度使　「鎭武軍」，貴池、汪本同，南監、汲、殿、南昌、鄂、蜀、劉校本作「振武軍」。薛史卷七四朱守殷傳亦云「同光二年爲振武節度使」。

〔二〕晉高祖拜彥珣房州刺史　「房州」，薛史卷九四李彥珣傳及通鑑卷二八一作「坊州」。

新五代史卷五十二

雜傳第四十

杜重威

杜重威，朔州人也。其妻石氏，晉高祖之女弟，高祖卽帝位，封石氏爲公主，拜重威舒州刺史，以典禁兵。從侯益攻破張從賓於汜水，以功拜潞州節度使。范延光反於鄴，重威從高祖攻降延光，徙領忠武，加同平章事。又徙領天平，遷侍衞親軍都指揮使。

安重榮反，重威逆戰于宗城，重榮爲偃月陣，重威擊之不動。重威欲少却以伺之，偏將王重胤曰：「兩兵方交，退者先敗。」乃分兵爲三，重威先以左右隊擊其兩翼，戰酣，重胤以精兵擊其中軍，重榮將趙彥之來奔，重榮遂大敗，走還鎭州，閉壁不敢出。重威攻破之，以功拜重威成德軍節度使。

重威出於武卒，無行而不知將略。破鎭州，悉取府庫之積及重榮之貲，皆沒之家，高祖

知而不問。及出帝與契丹絕好，契丹連歲入寇，重威閉城自守，屬州城邑多所屠戮。胡騎驅其人民千萬過其城下，重威登城望之，未嘗出救。

開運元年，加重威北面行營招討使。明年，引兵攻泰州，破滿城、遂城。契丹已去至古北，還兵擊之，重威等南走，至陽城，爲虜所困，賴符彥卿、張彥澤等因大風奮擊，契丹大潰。諸將欲追之，重威爲俚語曰：「逢賊得命，更望複子乎？」乃收馬馳歸。

重威居鎭州，重斂其民，戶口彫敝，又懼契丹之至，乃連表乞還京師，未報，亟上道，朝廷莫能止，卽拜重威爲鄴都留守。而鎭州所留私粟十餘萬斛，殿中監王欽祚和市軍儲，乃錄以聞，給絹數萬匹以償之，重威大怒曰：「吾非反者，安得籍沒邪！」

三年秋，契丹高牟翰詐以瀛州降，復以重威爲北面行營招討使。是秋，天下大水，霖雨六十餘日，飢殍盈路，居民拆木以供爨，剉藁席以秣馬牛，重威兵行泥潦中，調發供饋，遠近愁苦。重威至瀛州，牟翰已棄城去，重威退屯武彊。契丹寇鎭、定，重威西趨中渡橋，與虜夾滹沱河而軍。偏將宋彥筠、王清渡水力戰，而重威按軍不動，彥筠遂敗，清戰死。轉運使李穀教重威以三脚木爲橋，募敢死士過河擊賊，諸將皆以爲然，獨重威不許。

契丹遣騎兵夜並西山擊欒城，斷重威軍後。是時，重威已有異志，而糧道隔絕，乃陰遣人詣契丹請降。契丹大悅，許以中國與重威爲帝，重威信以爲然，乃伏甲士，召諸將告以降虜。諸將愕然，以上將先降，乃皆聽命。重威出降表使諸將書名，乃令軍士陣于柵外，軍士猶喜躍以爲決戰，重威告以糧盡出降，軍士解甲大哭，聲震原野。契丹賜重威赭袍，使衣以示諸軍，拜重威太傅。

契丹犯京師，重威以晉兵屯陳橋，士卒凍餓，不勝其苦。重威出入道中，市人隨而詬之，重威俛首不敢仰顧。契丹據京師，率城中錢帛以賞軍，將相皆不免，重威當率萬緡，乃訴於契丹曰：「臣以晉軍十萬先降，乃獨不免率乎？」契丹笑而免之，遣還鄴都。明年，契丹北歸，重威與其妻石氏詣虜帳中爲別。

漢高祖定京師，拜重威太尉、歸德軍節度使，重威懼，不受命。遣高行周攻之，不克，高祖乃自將攻之。遣給事中陳同以詔書召之，重威不聽命，而漢兵數敗，圍之百餘日。初，契丹留燕兵千五百人在京師，高祖自太原入，告者言其將反，高祖悉誅於繁臺，其亡者奔于鄴。燕將張璉先以兵二千在鄴，聞燕兵見殺，乃勸重威固守。高祖已殺燕兵，悔之，數遣人招璉等，璉登城呼曰：「繁臺之誅，燕兵何罪？既無生理，請以死守！」

重威食盡，屑麴而食，民多逾城出降，皆無人色。重威乃遣判官王敏及其妻相次請降，高祖許之。重威素服出見高祖，高祖赦重威，拜檢校太師、守太傅、兼中書令。悉誅璉及重威將吏，而錄其私帑，以重威歸京師。

高祖病甚，顧大臣曰：「善防重威！」高祖崩，祕不發喪，大臣乃共誅之，及其子弘璋、弘璨、弘璲尸於市，市人蹴而詬之，吏不能禁，支裂踏踐，斯須而盡。

李守貞

李守貞，河陽人也。晉高祖鎭河陽，以爲客將，其後嘗從高祖，高祖卽位，拜客省使。監馬全節軍破李金全於安州，以功拜宣徽使。

出帝卽位，楊光遠反，召契丹入寇。守貞領義成軍節度使，爲侍衞親軍都虞候，從出帝幸澶州。麻荅以奇兵入鄆州，渡馬家口，柵於河東。守貞馳往破之，契丹兵多溺死，獲馬數百匹，裨將七十餘人。徙領泰寧軍節度使，以兵二萬討之。光遠降，其故吏宋顏悉取光遠寶貨、名姬、善馬獻之守貞，守貞德之，陰置顏麾下。是時，凡出師破賊，必有德音赦其餘類。而光遠黨與十餘人皆亡命，捕之甚急，樞密使桑維翰緩其制書，久而不下。言事者告顏匿守貞所，詔取顏殺之，守貞大怒，乃與維翰有隙。

賊平行賞，守貞悉以䮍茶染木給之，軍中大怒，以帛裹之爲人首，梟於木間，曰：「守貞首也。」守貞以功拜同平章事，賜以光遠舊第，守貞取旁官民舍大治之，爲京師之甲。出帝

臨幸，燕錫恩禮，出於諸將。

契丹入寇，出帝再幸澶州，杜重威爲北面招討使，守貞爲都監。晉兵素驕，而守貞、重威爲將皆無節制，行營所至，居民豢圉一空，至於草木皆盡。其始發軍也，有賜賚，曰「掛甲錢」，及班師，又加賞勞，曰「卸甲錢」，出入之費，常不下三十萬，由此晉之公私重困。守貞與重威等攻下泰州，破滿城，殺二千餘人。還，爲侍衞親軍都指揮使，領天平軍節度使，又領歸德。

是時，出帝遣人以書招趙延壽使歸國，延壽詐言思歸，願得晉兵爲應，而契丹高牟翰亦詐以瀛州降，出帝以爲然，命杜重威等將兵應之。初，晉大臣皆言重威不忠，有怨望之心，不可用，乃用守貞。是時，重威鎭魏州，守貞嘗將兵往來過魏，重威待之甚厚，多以戈甲金帛奉之。出帝嘗謂守貞曰：「卿常以家財散士卒，可謂忠於國者乎！」守貞謝曰：「皆重威與臣者。」因請與重威俱北。於是卒以重威爲招討使，守貞爲都監，屯于武彊。契丹寇鎭、定，守貞等軍於中渡，遂與重威降于契丹。契丹以守貞爲司徒。契丹犯京師，拜守貞天平軍節度使。

漢高祖入京師，守貞來朝，拜太保、河中節度使。高祖崩，杜重威死，守貞懼，不自安，以謂漢室新造，隱帝初立，天下易以圖，而門下僧總倫以方術陰干守貞，爲言有非常之相，

守貞乃決計反。而趙思綰先以京兆反，遣人以赭黃衣遺守貞，守貞大喜，以爲天人皆應，乃發兵西據潼關，招誘草寇，所在竊發。漢遣白文珂、常思等出軍擊之。已而王景崇又以鳳翔反，景崇與思綰遣人推守貞爲秦王，守貞拜景崇等官爵。又遣人間以蠟丸書遺吳、蜀、契丹，使出兵以牽漢。

文珂等攻景崇、思綰等久無功，隱帝乃遣樞密使郭威率禁兵將文珂等督攻之。諸將皆請先擊思綰、景崇，威計未知所向。行至華州，節度使扈彥珂謂威曰：「三叛連衡，以守貞爲主，守貞先敗，則思綰、景崇可傳聲而破矣。若捨近圖遠，使守貞出兵于後，思綰、景崇拒戰于前，則漢兵屈矣。」威以爲然，遂先擊守貞。

是時，馮道罷相居河陽，威初出兵，過道家問策，道曰：「君知博乎？」威少無賴，好蒲博，以爲道譏之，艴然而怒。道曰：「凡博者錢多則多勝，錢少則多敗，非其不善博，所以敗者，勢也。今合諸將之兵以攻一城，較其多少，勝敗可知。」威大悟，謀以遲久困之，乃與諸將分爲三栅，栅其城三面，而闕其南，發五縣丁夫築長城以連三栅。守貞出其兵壞長城，威輒補其所壞，守貞輒出爭之，守貞兵常失十三四，如此逾年，守貞城中兵無幾，而食又盡，殺人而食。威曰：「可矣。」乃爲期日，督兵四面攻而破之。

初，守貞召總倫問以濟否，總倫曰：「王當自有天下，然分野方災，俟殺人垂盡，則王事

濟矣。」守貞以爲然。嘗會將吏大飲，守貞指畫虎圖曰：「吾有天命者中其掌。」引弓一發中之，將吏皆拜賀，守貞益以自負。

城破，守貞與妻子自焚，漢軍入城，於煙燼中斬其首，傳送京師，梟於南市，其餘黨皆磔之。

張彥澤

張彥澤，其先突厥部人也。後徙居陰山，又徙太原。彥澤爲人驍悍殘忍，目睛黃而夜有光，顧視如猛獸。以善射爲騎將，數從莊宗、明宗戰伐。與晉高祖連姻，高祖時，已爲護聖右廂都指揮使、曹州刺史。與討范延光，拜鎭國軍節度使，歲中，徙鎭彰義。

爲政暴虐，常怒其子，數笞辱之。子逃至齊州，州捕送京師，高祖以歸彥澤。彥澤上章請殺之，其掌書記張式不肯爲作章，屢諫止之。彥澤怒，引弓射式，式走而免。式素爲彥澤所厚，多任以事，左右小人皆素嫉之，因共讒式，且迫之曰：「不速去，當及禍。」式乃出奔。彥澤遣指揮使李興以二十騎追之，戒曰：「式不肯來，當取其頭以來！」式至衍州，刺史以兵援之邠州，節度使李周留式，馳騎以聞，詔流式商州。彥澤遣司馬鄭元昭詣闕論請，期必

得式，且曰：「彥澤若不得張式，患在不測。」高祖不得已，與之。彥澤得式，剖心、決口、斷手足而斬之。

高祖遣王周代彥澤，以爲右武衞大將軍。周奏彥澤所爲不法者二十六條，并述涇人殘敝之狀，式父鐸詣闕訴冤，諫議大夫鄭受益、曹國珍，尙書刑部郎中李濤、張麟，員外郎麻濤、王禧伏閤上疏，論彥澤殺式之冤，皆不省。濤見高祖切諫，高祖曰：「彥澤功臣，吾嘗許其不死。」濤厲聲曰：「彥澤罪若可容，延光鐵劵何在！」高祖怒，起去，濤隨之諫不已，高祖不得已，召式父鐸、弟守貞、子希範等，皆拜以官，爲蠲涇州民稅，免其雜役一年，下詔罪己，然彥澤止削階、降爵而已。於是國珍等復與御史中丞王易簡率三院御史詣閤門連疏論之，不報。

出帝時，彥澤爲左龍武軍大將軍，遷右武衞上將軍，又遷右神武統軍。自契丹與晉戰河北，彥澤在兵間，數立戰功，拜彰國軍節度使〔一〕。與契丹戰陽城，爲契丹所圍，而軍中無水，鑿井輒壞，又天大風，契丹順風揚塵奮擊甚銳，軍中大懼。彥澤以問諸將，諸將皆曰：「今虜乘上風，而吾居其下，宜待風回乃可戰。」彥澤以爲然。諸將皆去，偏將藥元福獨留，謂彥澤曰：「今軍中飢渴已甚，若待風回，吾屬爲虜矣！且逆風而戰，敵人謂我必不能，所謂出其不意。」彥澤卽拔拒馬力戰，契丹奔北二十餘里，追至衞村，又大敗之，契丹遯去。

開運三年秋，杜重威爲都招討使，李守貞兵馬都監，彥澤馬軍都排陣使。彥澤往來鎮、定之間，敗契丹于泰州，斬首二千級。重威、守貞攻瀛州不克，退及武彊，聞契丹空國入寇，惶惑不知所之，而彥澤適至，言虜可破之狀，乃與重威等西趨鎮州。彥澤爲先鋒，至中渡橋，已爲虜所據，彥澤猶力戰爭橋，燒其半，虜小敗却，乃夾河而寨。

十二月丙寅，重威、守貞叛降契丹，彥澤亦降。耶律德光犯闕，遣彥澤與傅住兒以二千騎先入京師，彥澤倍道疾驅，至河，銜枚夜渡。壬申夜五鼓，自封丘門斬關而入。有頃，宮中火發，出帝以劍擁後宮十餘人將赴火，爲小吏薛超所持。彥澤自寬仁門傳德光與皇太后書入，乃滅火。大內都點檢康福全宿衞寬仁門，登樓覘賊，彥澤呼而下之，諸門皆啓。彥澤頓兵明德樓前，遣傅住兒入傳戎王宣語，帝脫黃袍，素服再拜受命。使人召彥澤，彥澤謝曰：「臣無面目見陛下。」復使召之，彥澤笑而不答。

明日，遷帝於開封府，帝與太后、皇后肩輿，宮嬪、宦者十餘人皆步從。彥澤遣控鶴指揮使李篔以兵監守，內外不通。帝與太后所上德光表章，皆先示彥澤乃敢遣。帝取內庫帛數段，主者曰：「此非帝有也。」不與。又使求酒於李崧，崧曰：「臣家有酒非敢惜，慮陛下憂躁，飲之有不測之虞，所以不敢進。」帝姑烏氏公主私賂守門者，得入與帝訣，歸第自經死。德光渡河，帝欲郊迎，彥澤不聽，遣白德光，德光報曰：「天無二日，豈有兩天子相見於道路

邪！」乃止。

初，彥澤至京師，李濤謂人曰：「吾禍至矣！與其逃於溝竇而不免，不若往見之。」濤見彥澤，爲俳語以自投死，彥澤笑而厚待之。

彥澤自以有功於契丹，晝夜酣飲自娛，出入騎從常數百人，猶題其旗幟曰「赤心爲主」。迫遷出帝，遂輦內庫，輸之私第，因縱軍士大掠京師。軍士邏獲罪人，彥澤醉不能問，瞋目視之，出三手指，軍士卽驅出斷其腰領。皇子延煦母楚國夫人丁氏有色，彥澤使人求於皇太后，太后遲疑未與，卽劫取之。彥澤與閤門使高勳有隙，乘醉入其家，殺數人而去。

耶律德光至京師，聞彥澤劫掠，怒，鎖之。高勳亦自訴於德光，德光以其狀示百官及都人，問：「彥澤當誅否？」百官皆請不赦，而都人爭投狀疏其惡，乃命高勳監殺之。彥澤前所殺士大夫子孫，皆縗絰杖哭，隨而詬詈，以杖朴之，彥澤俛首無一言。行至北市，斷腕出鎖，然後用刑，勳剖其心祭死者，市人爭破其腦，取其髓，臠其肉而食之。

嗚呼，晉之事醜矣，而惡亦極也！其禍亂覆亡之不暇，蓋必然之理爾。使重威等雖不叛以降虜，亦未必不亡；然開虜之隙，自一景延廣，而卒成晉禍者，此三人也。視重威、彥澤之死，而晉人所以甘心者，可以知其憤疾怨怒於斯人者，非一日也。至於爭已戮之尸，斷其肉，剔其髓而食之，擠裂蹈踐，斯須而盡，何其甚哉！此自古未有也。然當是時，舉晉之兵皆在北面，國之存亡，繫此三人之勝敗，則其任可謂重矣。蓋天下惡之如彼，晉方任之如此，而終以不悟，豈非所謂「臨亂之君，各賢其臣」者歟？

校勘記

〔一〕拜彰國軍節度使　薛史卷八四晉少帝紀稱「相州節度使」，卷九八張彥澤傳謂「出鎮安陽」，通鑑卷二八五稱「彰德節度使」。按安陽屬相州，爲彰德軍；彰國軍爲應州。此「彰國」當是「彰德」之訛。

新五代史卷五十三

雜傳第四十一

王景崇

王景崇，邢州人也。爲人明敏巧辯，善事人。唐明宗鎮邢州，以爲牙將，其後嘗從明宗，隸麾下。明宗即位，拜通事舍人，歷引進閤門使，馳詔方鎮、監軍征伐，必用景崇。後事晉，累拜左金吾衛大將軍，常怏怏人主不能用其材。晉亡，蕭翰據京師，景崇厚賂其將高牟翰以求用。已而翰北歸，許王從益居京師，用景崇爲宣徽使、監左藏庫。

漢高祖起太原，景崇取庫金奔迎高祖，高祖至京師，拜景崇右衛大將軍，未之奇也。高祖攻鄴，景崇不得從，乃求留守起居表，詣行在㊀見高祖，願留軍中効用，爲高祖畫攻戰之策，甚有辯，高祖乃奇其材。

㊀一本作宫。

是時，漢方新造，鳳翔侯益、永興趙贊皆嘗受命契丹，高祖立，益等內顧自疑，乃陰召蜀人爲助，高祖患之。及已破鄴，益等懼，皆請入朝。會回鶻入貢，言爲党項所隔不得通，願得漢兵爲援，高祖遣景崇以兵迎回鶻。景崇將行，高祖已疾，召入臥內戒之曰：「益等已來，善矣，若猶遲疑，則以便宜圖之。」景崇行至陝，趙贊已東入朝，而蜀兵方寇南山，景崇擊破蜀兵，追至大散關而還。高祖乃詔景崇兼鳳翔巡檢使。

景崇至鳳翔，侯益未有行意，而高祖崩，或勸景崇可速誅益，景崇念獨受命先帝而少主莫知，猶豫未決。益從事程渥，與景崇同鄉里，有舊，往說景崇曰：「吾與子爲故人，吾位不過賓佐，而子已貴矣，奈何欲以陰狡害人而取之乎？侯公父子爪牙數百，子毋妄發，禍行及矣！非吾，誰爲子言之。」於是景崇頗不欲殺益，益乃亡去，景崇大悔失不殺之。益至京師，隱帝新立，史弘肇、楊邠等用事，益乃厚賂邠等，陰以事中景崇。已而益拜開封尹，景崇心不自安，諷鳳翔將吏求己領府事。朝廷患之，拜景崇邠州留後，以趙暉爲鳳翔節度使。景崇乃叛，盡殺侯益家屬，與趙思綰共推李守貞爲秦王，隱帝即以趙暉討之。景崇西招蜀人爲助，蜀兵至寶鷄，爲暉將藥元福、李彥從所敗。暉攻鳳翔，塹而圍之，數以精兵挑戰，景崇不出。暉乃令千人潛之城南一舍，僞爲蜀兵旗幟，循南山而下，聲言蜀救兵至矣，須臾塵起，景崇以爲然，乃令數千人潰圍而出以爲應。暉設伏以待之，景崇兵大敗，由是不敢復出。

明年，守貞、思綰相次皆敗，景崇客周璨謂景崇曰：「公能守此者，以有河中、京兆也。今皆敗矣，何所恃乎？不如降也。」景崇曰：「誠累君等，然事急矣，吾欲爲萬有一得之計可乎？吾聞趙暉精兵皆在城北，今使公孫輦等燒城東門僞降，吾以牙兵擊其城北兵，脫使不成而死，猶勝於束手也。」璨等皆然之。遲明，輦燒東門將降，而府中火起，景崇自焚矣，輦乃降暉。

趙思綰

趙思綰，魏州人也。爲河中節度使趙贊牙將。漢高祖即位，徙贊鎮永興，贊入朝京師，留思綰兵數百人於永興。高祖遣王景崇至永興，與齊藏珍以兵迎回鶻，陰以西事屬之。景崇至永興，贊雖入朝，而其所召蜀兵已據子午谷，景崇用思綰兵擊走之。遂與思綰俱西，然以非己兵，懼思綰等有二心，意欲黥其面以自隨，而難言之，乃稍微風其旨。思綰厲聲請先黥以率衆，齊藏珍惡之，竊勸景崇殺思綰，景崇不聽，與俱西。

高祖遣使者召思綰等，是時侯益來朝，思綰以兵從益東歸〔一〕。思綰謂其下常彥卿曰：

「趙公已入人手，吾屬至，幷死矣，奈何？」彥卿曰：「事至而變，勿預言也。」益行至永興，永興副使安友規出迎益，飲于郊亭，思綰前曰：「兵館城東，然將士家屬皆居城中，願縱兵入城挈其家屬。」益信之以爲然。思綰與部下入城，有州校坐於城門，思綰毆之，奪其佩刀斬之，幷斬門者十餘人，遂閉門劫庫兵以叛。

高祖遣郭從義、王峻討之，經年莫能下，而王景崇亦叛，與思綰俱送款於李守貞，守貞以思綰爲晉昌軍節度使。隱帝遣郭威西督諸將兵，先圍守貞於河中。居數月，思綰城中食盡，殺人而食，每犒宴，殺人數百，庖宰一如羊豕。思綰取其膽以酒吞之，語其下曰：「食膽至千，則勇無敵矣！」

思綰計窮，募人爲地道，將走蜀，其判官陳讓能謂思綰曰〔二〕：「公比於國無嫌，但懼死而爲此爾！今國家用兵三方，勞敝不已，誠能翻然効順，率先自歸，以功補過，庶幾有生；若坐守窮城，待死而已。」思綰然之，乃遣教練使劉珪詣從義乞降，而遣其將劉筠奉表朝廷。拜思綰鎮國軍留後，趣使就鎮，思綰遲留不行。蜀陰遣人招思綰，思綰將奔蜀，而從義亦疑之，乃遣人白郭威，威命從義圖之。從義因入城召思綰，趣之上道，至則擒之。思綰問曰：「何以用刑？」告者曰：「立釘也。」思綰厲聲曰：「爲吾告郭公，吾死未足塞責，然釘磔之醜，壯夫所恥，幸少假之。」從義許之，父子俱斬於市。

慕容彥超

慕容彥超，吐谷渾部人，漢高祖同產弟也。嘗冒姓閻氏，彥超黑色胡髯，號閻崑崙。少事唐明宗爲軍校，累遷刺史。唐、晉之間，歷磁、單、濮、棣四州，坐濮州造麴受賕，法當死，漢高祖自太原上章論救，得減死，流于房州。

契丹滅晉，漢高祖起太原，彥超自流所逃歸漢，拜鎭寧軍節度使。杜重威反於魏，高祖以天平軍節度使高行周爲都部署以討之，以彥超爲副。彥超與行周謀議多不協，行周用兵持重，兵至城下，久之不進。彥超欲速進戰，而行周不許。行周有女嫁重威子，彥超揚言行周以女故，惜賊城而不攻，行周大怒。高祖聞二人不相得，懼有佗變，由是遽親征。彥超數以事凌辱行周，行周不能忍，見宰相涕泣，以屎塞口以自訴。高祖知曲在彥超，遣人慰勞行周，召彥超責之，又遣詣行周謝過，行周意稍解。

是時，漢兵頓魏城下已久，重威守益堅，諸將皆知未可圖，方伺其隙，而彥超獨言可速攻，高祖以爲然，因自督士卒急攻，死傷者萬餘人，由是不敢復言攻。後重威出降，高祖以行周爲天雄軍節度使，行周辭不敢受，高祖遣蘇逢吉諭之曰：「吾當爲爾徙彥超。」行周乃受，而彥超徙鎭泰寧。

隱帝已殺史弘肇等，又遣人之魏殺周太祖及王峻等，懼事不果，召諸將入衞京師。使者至兗，彥超方食，釋匕箸而就道。周兵犯京師，開封尹侯益謂隱帝曰：「北兵之來，其家屬皆在京師，宜閉門以挫其銳，遣其妻子登陴以招北兵，可使解甲。」彥超誚益曰：「益老矣！此懦夫之計也。」隱帝乃遣彥超副益，將兵于北郊。周兵至，益夜叛降于周。彥超力戰于七里，隱帝出勞軍，太后使人告彥超善衞帝，彥超大言報曰：「北兵何能爲？當於陣上喝坐使歸營。」又謂隱帝曰：「官家宮中無事，明日可出觀臣戰。」明日隱帝復出勞軍，彥超戰敗奔兗州，隱帝遇弑于北郊。

周太祖入立，彥超不自安，數有所獻，太祖報以玉帶，又賜詔書安慰之，呼彥超爲弟而不名，又遣翰林學士魯崇諒往慰諭之〔三〕，彥超心益疑懼。已而劉旻自立于太原，出兵攻晉、絳，太祖遣王峻用兵西方，彥超乘間亦謀反，遣押衙鄭麟至京師求入朝，太祖知其詐，手詔許之。彥超復稱管內多盜而止，又爲高行周所與書以進，其辭皆指斥周過失，若欲共反者。太祖驗其印文僞，以書示行周。彥超又遣人南結李昪，昪爲出兵攻沭陽，爲周兵所敗，而劉旻攻晉、絳不克，解去。太祖乃遣侍衞步軍指揮使曹英、客省使向訓討之，彥超閉城自守。

初，彥超之反也，判官崔周度諫曰：「魯，詩書之國也，自伯禽以來未有能霸者，然以禮義守之而長世者多矣。今公英武，一代之豪傑也，若量力相時而動，可以保富貴終身。李河中、安襄陽、鎭陽杜令公，近歲之龜鑑也。」彥超大怒，未有以害之。已而見圍，因大括城中民貲以犒軍，前陜州司馬閻弘魯懼其鞭扑，乃悉家貲以獻。彥超以爲未盡，又欲并罪周度，乃令周度監括弘魯家。周度謂弘魯曰：「公命之死生，繫財之多少，願無隱也。」弘魯遣家僮與周度斸掘搜索無所得。彥超又遣鄭麟持刃迫之，弘魯惶恐拜其妻妾，妻妾皆言無所隱。周度入白彥超，彥超不信，下弘魯及周度于獄。弘魯乳母於泥中得金纏臂獻彥超，欲贖出弘魯，彥超大怒，遣軍校笞弘魯夫婦肉爛而死，遂斬周度于市。

是歲鎭星犯角、亢，占曰：「角、亢，鄭分，兗州當焉。」彥超即率軍府將吏步出西門三十里致祭，迎於開元寺，塑像以事之，日常一至，又使民家立黃幡以禳之。

彥超爲人多智詐而好聚斂，在鎭嘗置庫質錢，有奸民爲僞銀以質者，主吏久之乃覺。彥超陰敎主吏夜穴庫垣，盡徙其金帛于佗所而以盜告。彥超即牓于市，使民自占所質以償之，民皆爭以所質物自言，已而得質僞銀者，寘之深室，使敎十餘人日夜爲之，皆鐵爲質而包以銀，號「鐵胎銀」。其被圍也，勉其城守者曰：「吾有銀數千鋌，當悉以賜汝。」軍士私相謂曰：「此鐵胎爾，復何用哉！」皆不爲之用。

明年五月，太祖親征，城破，彥超夫妻皆投井死，其子繼勳率其徒五百人出奔被擒，遂滅其族。兗州平，太祖詔贈閻弘魯左驍衞大將軍、崔周度祕書監。

校勘記

〔一〕是時侯益來朝思綰以兵從益東歸　薛史卷一〇九趙思綰傳云「遣供奉官王益部署思綰等赴闕」。按通鑑卷二八七及卷二八八，侯益來朝在乾祐元年二月，趙思綰從王益東歸在乾祐元年三月，兩不相涉。疑此處侯益爲王益之誤。

〔二〕陳讓能　貴池、汪本同，南監、汲、殿、南昌、蜀、鄂、劉校本及薛史卷一〇九趙思綰傳、通鑑卷二八八「陳」作「程」。

〔三〕魯崇諒　汪、南監本同，貴池、汲、殿、南昌、蜀、鄂、劉校本及通鑑卷二九〇「魯」作「魚」。

新五代史卷五十四

雜傳第四十二

傳曰：「禮義廉恥，國之四維；四維不張，國乃滅亡。」善乎，管生之能言也！禮義，治人之大法；廉恥，立人之大節。蓋不廉，則無所不取；不恥，則無所不爲。人而如此，則禍亂敗亡，亦無所不至，況爲大臣而無所不取不爲，則天下其有不亂，國家其有不亡者乎！予讀馮道長樂老敍，見其自述以爲榮，其可謂無廉恥者矣，則天下國家可從而知也。

予於五代得全節之士三，死事之臣十有五，而怪士之被服儒者以學古自名，而享人之祿、任人之國者多矣，然使忠義之節，獨出於武夫戰卒，豈於儒者果無其人哉？豈非高節之士惡時之亂，薄其世而不肯出歟？抑君天下者不足顧，而莫能致之歟？孔子以謂：「十室之邑，必有忠信。」豈虛言也哉！

予嘗得五代時小說一篇，載王凝妻李氏事，以一婦人猶能如此，則知世固嘗有其人而不得見也。凝家青、齊之間，爲虢州司戶參軍，以疾卒于官。凝家素貧，一子尚幼，李氏攜

其子，負其遺骸以歸。東過開封，止旅舍，旅舍主人見其婦人獨攜一子而疑之，不許其宿。李氏顧天已暮，不肯去，主人牽其臂而出之。李氏仰天長慟曰：「我爲婦人，不能守節，而此手爲人執邪？不可以一手并汚吾身！」卽引斧自斷其臂。路人見者環聚而嗟之，或爲彈指，或爲之泣下。開封尹聞之，白其事于朝，官爲賜藥封瘡，厚卹李氏，而笞其主人者。嗚呼，士不自愛其身而忍恥以偷生者，聞李氏之風宜少知愧哉！

馮道

馮道字可道，瀛州景城人也。事劉守光爲參軍，守光敗，去事宦者張承業。承業監河東軍，以爲巡官，以其文學薦之晉王，爲河東節度掌書記。莊宗卽位，拜戶部侍郎，充翰林學士。

道爲人能自刻苦爲儉約。當晉與梁夾河而軍，道居軍中，爲一茅庵，不設牀席，臥一束芻而已。所得俸祿，與僕廝同器飲食，意恬如也。諸將有掠得人之美女者以遺道，道不能却，寘之別室，訪其主而還之。其解學士居父喪于景城，遇歲飢，悉出所有以賙鄉里，而退耕于野，躬自負薪。有荒其田不耕者，與力不能耕者，道夜往，潛爲之耕。其人後來媿謝，道殊不以爲德。服除，復召爲翰林學士。行至汴州，遇趙在禮亂，明宗自魏擁兵還，犯京師。孔循勸道少留以待，道曰：「吾奉詔赴闕，豈可自留！」乃疾趨至京師。莊宗遇弑，明宗卽位，雅知道所爲，問安重誨曰：「先帝時馮道何在？」重誨曰：「爲學士也。」明宗曰：「吾素知之，此眞吾宰相也。」拜道端明殿學士，遷兵部侍郎。歲餘，拜中書侍郎、同中書門下平章事。

天成、長興之間，歲屢豐熟，中國無事。道嘗戒明宗曰：「臣爲河東掌書記時，奉使中山，過井陘之險，懼馬蹶失，不敢怠於銜轡，及至平地，謂無足慮，遽跌而傷。凡蹈危者慮深而獲全，居安者患生於所忽，此人情之常也。」明宗問曰：「天下雖豐，百姓濟否？」道曰：「穀貴餓農，穀賤傷農。」因誦文士聶夷中田家詩，其言近而易曉。明宗顧左右錄其詩，常以自誦。水運軍將於臨河縣得一玉杯，有文曰「傳國寶萬歲杯」，明宗甚愛之，以示道，道曰：「此前世有形之寶爾，王者固有無形之寶也。」明宗問之，道曰：「仁義者，帝王之寶也。故曰：『大寶曰位，何以守位曰仁。』」明宗武君，不曉其言，道已去，召侍臣講說其義，嘉納之。

道相明宗十餘年〔一〕，明宗崩，相愍帝。潞王反於鳳翔，愍帝出奔衞州，道率百官迎潞王入，是爲廢帝，遂相之。廢帝卽位，愍帝猶在衞州，後三日，愍帝始遇弑崩。已而廢帝出道爲同州節度使，踰年，拜司空。晉滅唐，道又事晉，晉高祖拜道守司空、同中書門下平章

事，加司徒，兼侍中，封魯國公。高祖崩，道相出帝，加太尉，封燕國公，罷爲匡國軍節度使，徙鎭威勝。契丹滅晉，道又事契丹，朝耶律德光於京師。德光責道事晉無狀，道不能對。又問曰：「何以來朝？」對曰：「無城無兵，安敢不來。」德光誚之曰：「爾是何等老子？」對曰：「無才無德癡頑老子。」德光喜，以道爲太傅。德光北歸，從至常山。漢高祖立，乃歸漢，以太師奉朝請。周滅漢，道又事周，周太祖拜道太師，兼中書令。

道少能矯行以取稱於世，及爲大臣，尤務持重以鎭物，事四姓十君，益以舊德自處。然當世之士無賢愚皆仰道爲元老，而喜爲之稱譽。耶律德光嘗問道曰：「天下百姓如何救得？」道爲俳語以對曰：「此時佛出救不得，惟皇帝救得。」人皆以謂契丹不夷滅中國之人者，賴道一言之善也。周兵反，犯京師，隱帝已崩，太祖謂漢大臣必行推戴，及見道，道殊無意。太祖素拜道，因不得已拜之，道受之如平時，太祖意少沮，知漢未可代，遂陽立湘陰公贇爲漢嗣，遣道迎贇于徐州。贇未至，太祖將兵北至澶州，擁兵而反，遂代漢。議者謂道能沮太祖之謀而緩之，終不以晉、漢之亡責道也。然道視喪君亡國亦未嘗以屑意。

當是時，天下大亂，戎夷交侵，生民之命，急於倒懸，道方自號「長樂老」，著書數百言，陳己更事四姓及契丹所得階勳官爵以爲榮。自謂：「孝於家，忠於國，爲子、爲弟、爲人臣、

爲師長、爲夫、爲父，有子、有孫。時開一卷，時飲一杯，食味、別聲、被色，老安於當代，老而自樂，何樂如之？」蓋其自述如此。

道前事九君，未嘗諫諍。世宗初卽位，劉旻攻上黨，世宗曰：「劉旻少我，謂我新立而國有大喪，必不能出兵以戰。且善用兵者出其不意，吾當自將擊之。」道乃切諫，以爲不可。世宗曰：「吾見唐太宗平定天下，敵無大小皆親征。」道曰：「陛下未可比唐太宗。」世宗曰：「劉旻烏合之衆，若遇我師，如山壓卵。」道曰：「陛下作得山定否？」世宗怒，起去，卒自將擊旻，果敗旻于高平。世宗取淮南，定三關，威武之振自高平始。其擊旻也，鄙道不以從行，以爲太祖山陵使。葬畢而道卒，年七十三，謚曰文懿，追封瀛王。道既卒，時人皆共稱歎，以謂與孔子同壽，其喜爲之稱譽蓋如此。道有子吉。

李琪 兄珽

李琪字台秀，河西燉煌人也。其兄珽，唐末舉進士及第，爲監察御史。丁內艱，貧無以葬，乞食而後葬。珽飢臥廬中，聞者哀憐之。服除，還拜御史。荆南成汭辟掌書記。吳兵圍杜洪，梁太祖遣汭與馬殷

等救洪。汭以大舟載兵數萬，珽爲汭謀曰：「今一舟容甲士千人，糗糧倍之，緩急不可動，若爲敵人縻之，則武陵、武安必爲公之後患。不若以勁兵屯巴陵，壁不與戰，吳兵糧盡，則圍解矣。」汭不聽，果敗，溺死。趙匡凝鎭襄陽，又辟掌書記。太祖破匡凝，得珽，喜曰：「此眞書記也。」太祖卽位，除考功員外郎、知制誥。珽度太祖不欲先用故吏，固辭不拜，出知曹州。曹州素劇難理，前刺史十餘輩，皆坐廢，珽至，以治聞。遷兵部郎中、崇政院直學士。許州馮行襲病，行襲有牙兵二千，皆故蔡卒，太祖懼爲變。行襲爲人嚴酷，從事魏峻切諫，行襲怒，誣以贓下獄，欲誅之。乃遣珽代行襲爲留後。珽至許州，止傳舍，慰其將吏，行襲病甚，欲使人代受詔，珽曰：「東首加朝服，禮也。」乃卽臥內見行襲，道太祖語，行襲感泣，解印以授珽。珽乃理峻冤，立出之，還報太祖，太祖喜曰：「珽果辦吾事。」會歲飢，盜劫汴、宋間，曹州尤甚，太祖復遣珽治之。珽至索賊，得大校張彥珂、珽甥李郊等，及牙兵百餘人，悉誅之。召拜左諫議大夫。太祖幸河北，至內黃，顧珽曰：「何謂內黃？」珽曰：「河南有外黃、下黃，故此名內黃。」太祖曰：「外黃、下黃何在？」珽曰：「秦有外黃都尉，今在雍丘；下黃爲北齊所廢，今在陳留。」太祖平生不愛儒者，聞珽語大喜。友珪立，除右散騎常侍、侍講。袁象先討賊，珽爲亂兵所殺。

琪少舉進士、博學宏辭，累遷殿中侍御史，與其兄珽皆以文章知名。唐亡，事梁太祖爲

翰林學士。梁兵征伐四方，所下詔書，皆琪所爲，下筆輒得太祖意。末帝時，爲御史中丞、尙書左丞，拜同中書門下平章事，與蕭頃同爲宰相。頃性畏愼周密，琪倜儻負氣，不拘小節，二人多所異同。琪內結趙巖、張漢傑等爲助，以故頃言多沮。頃嘗掎摭其過。琪所私吏當得試官，琪改試爲守，爲頃所發，末帝大怒，欲竄逐之，而巖等救解，乃得罷爲太子少保。

唐莊宗滅梁，得琪，欲以爲相，而梁之舊臣多嫉忌之，乃以爲太常卿。遷吏部尙書。同光三年秋，天下大水，京師乏食尤甚，莊宗以朱書御札詔百僚上封事。琪上書數千言，其說漫然無足取，而莊宗獨稱重之，遂以爲國計使。方欲以爲相，而莊宗崩。明宗入洛陽，羣臣勸進，有司具儀，用柩前卽位故事。霍彥威、孔循等請改國號，絕土德。明宗武君，不曉其說，問何謂改號，對曰：「莊宗受唐錫姓爲宗屬，繼昭宗以立，而號國曰唐。今唐天命已絕，宜改號以自新。」明宗疑之，下其事羣臣，羣臣依違不決。琪議曰：「殿下宗室之賢，立功三世，今興兵向闕，以赴難爲名，而欲更易統號，使先帝便爲路人，則焭然梓宮，何所依往！」明宗以爲然，乃發喪成服，而後卽位。以琪爲御史中丞。

自唐末喪亂，朝廷之禮壞，天子未嘗視朝，而入閤之制亦廢。常參之官日至正衙者，傳聞不坐卽退，獨大臣奏事，日一見便殿，而侍從內諸司，日再朝而已。明宗初卽位，乃詔羣

臣，五日一隨宰相入見內殿，謂之起居。琪以謂非唐故事，請罷五日起居，而復朔望入閤。明宗曰：「五日起居，吾思所以數見羣臣也，不可罷。而朔望入閤可復。」然唐故事，天子日御殿見羣臣，曰常參；朔望薦食諸陵寢，有思慕之心，不能臨前殿，則御便殿見羣臣，曰入閤。宣政，前殿也，謂之衙，衙有仗。紫宸，便殿也，謂之閤。其不御前殿而御紫宸也，乃自正衙喚仗，由閤門而入，百官俟朝于衙者，因隨以入見，故謂之入閤。然衙，朝也，其禮尊；閤，宴見也，其事殺。自乾符已後，因亂禮闕，天子不能日見羣臣而見朔望，故正衙常日廢仗，而朔望入閤有仗，其後習見，遂以入閤爲重。至出御前殿，猶謂之入閤，其後亦廢，至是而復。然有司不能講正其事。凡羣臣五日一入見中興殿，便殿也，此入閤之遺制，而謂之起居；朔望一出御文明殿，前殿也，反謂之入閤，琪皆不能正也。琪又建言：「入閤有待制、次對官論事，而內殿起居，一見而退，欲有言者，無由自陳，非所以數見羣臣之意也。」明宗乃詔起居日有言事者，許出行自陳。又詔百官以次轉對。

是時，樞密使安重誨專權用事，重誨前騶過御史臺門，殿直馬延誤衝之，重誨卽臺門斬延而後奏。琪爲中丞，畏重誨不敢彈糾，又懼諫官論列，乃託宰相任圜先白重誨而後糾，然猶依違不敢正言其事。豆盧革等罷相，任圜議欲以琪爲相，而孔循、鄭珏沮之，乃止。遷尙書右僕射。琪以狀申中書，言開元禮「僕射上事日，中書、門下率百官送上」。中書下太常，禮

院言無送上之文，而琪已落新授，復舉上儀，皆不可。

明宗討王都，已破定州，自汴還洛，琪當率百官至上東門，而請至偃師奉迎。其奏章言「敗契丹之兇黨，破眞定之逆城」，坐誤以定州爲眞定，罰俸一月。霍彥威卒，詔琪撰神道碑文。彥威故梁將，而琪故梁相也，敍彥威在梁事不曰僞，爲馮道所駁。

琪爲人重然諾，喜稱人善。少以文章知名，亦以此自負。既貴，乃刻牙版爲金字曰「前鄉貢進士李琪」，常置之坐側。爲人少持重，不知進退，故數爲當時所沮。以太子少傅致仕，卒，年六十。

鄭珏

鄭珏，唐宰相綮之諸孫也。其父徽，爲河南尹張全義判官。珏少依全義居河南，舉進士數不中，全義以珏屬有司，乃得及第。昭宗時，爲監察御史。梁太祖即位，拜左補闕。梁諸大臣以全義故數薦之，累拜中書舍人、翰林學士奉旨。末帝時，拜中書侍郎、同中書門下平章事。

唐莊宗自鄆州入汴，末帝聞唐兵且至，惶恐不知所爲，與李振、敬翔等相持慟哭，因召

珏問計安出，珏曰：「臣有一策，不知陛下能行否？」末帝問其策如何，珏曰：「願得陛下傳國寶馳入唐軍，以緩其行，而待救兵之至。」帝曰：「事急矣，寶固不足惜，顧卿之行，能了事否？」珏俛首徐思曰：「但恐不易了。」於是左右皆大笑。

莊宗入汴，珏率百官迎謁道左。貶萊州司戶參軍，量移曹州司馬。張全義爲言於郭崇韜，復召爲太子賓客。明宗即位，欲用任圜爲相，而安重誨以圜新進，不欲獨相之，以問樞密使孔循。循嘗事梁，與珏善，因言珏故梁相，性謹愼而長者，乃拜珏平章事。

明宗幸汴州，六軍家屬自洛遷汴，而明宗又欲幸鄴都，軍士愁怨，大臣頗以爲言。明宗不省，上下洶洶，轉相動搖，獨珏稱贊，以爲當行。趙鳳極言於安重誨，重誨驚懼，入見明宗切諫，乃詔罷其行。而珏又稱贊之，以爲宜罷。

珏在相位既碌碌無所爲，又病聾，孔循罷樞密使，珏不自安，亟以疾求去職。明宗數留之，珏章四上，乃拜左僕射致仕，賜鄭州莊一區。卒，贈司空。

李愚

李愚字子晦，渤海無棣人也。愚爲人謹重寡言，好學，爲古文。滄州節度使盧彥威以愚爲安陵主簿，丁母憂解去。後遊關中，劉季述幽昭宗於東內，愚以書說韓建，使圖興復，其言甚壯。建不能用，乃去之洛陽。舉進士、宏詞，爲河南府參軍。白馬之禍，愚復去之山東，與李延光相善，延光以經術事梁末帝爲侍講，數稱薦愚，愚由此得召。久之，拜左拾遺、崇政院直學士。

衡王友諒，末帝兄也，梁大臣李振等皆拜之，獨愚長揖，末帝以責愚曰：「衡王朕拜之，卿獨揖，可乎？」愚曰：「陛下以家人禮見之，則拜宜也。臣於王無所私，豈宜妄有所屈？」坐言事忤旨，罷爲鄧州觀察判官。

唐莊宗滅梁，愚朝京師，唐諸公卿素聞愚學古，重之，拜主客郎中、翰林學士。魏王繼岌伐蜀，辟愚都統判官。蜀道阻險，議者以謂宜緩師待變而進，招討使郭崇韜以決於愚，愚曰：「王衍荒怠，亂國之政，其人厭之。乘其倉卒，擊其無備，其利在速，不可緩也。」崇韜以爲然，而所至迎降，遂以滅蜀。初，軍行至寶鷄，招討判官陳乂稱疾請留，愚厲聲曰：「陳乂見利則進，知難則止。今大軍涉險，人心易搖，正可斬之以徇。」由是軍中無敢言留者。

明宗即位，累遷兵部侍郎承旨。明宗祀天南郊，愚爲宰相馮道、趙鳳草加恩制，道鄙其辭，罷爲太常卿。任圜罷相，乃拜愚中書侍郎、同平章事〔三〕。愚爲相，不治第宅，借延賓館以居。愚有疾，明宗遣宦官視之，見其敗氈敝席，四壁蕭然，明宗嗟嘆，命以供帳物賜之。

潞王反，犯京師，愍帝夜出奔。明日愚與馮道至端門，聞帝已出，而朱弘昭、馮贇皆已死，愚欲至中書候太后進止，道曰：「潞王已處處張牓招安，今即至矣，何可俟太后旨也？」乃相與出迎。廢帝入立，罷道出鎭同州，以劉昫爲相〔四〕。昫性褊急，而愚素剛介，動輒違戾。昫與馮道姻家，愚數以此誚昫，兩人遂相諠詬，乃俱罷。愚守左僕射。

是時，兵革方興，天下多事，而愚爲相，欲依古以創理，乃請頒唐六典示百司，使各舉其職，州縣貢士，作鄉飲酒禮，時以其迂闊不用。愍帝即位，有意於治，數召學士，問以時事，而以愚爲迂，未嘗有所問。廢帝亦謂愚等無所事，常目宰相曰：「此粥飯僧爾！」以謂飽食終日，而無所用心也。清泰二年以疾卒。

盧導

盧導字熙化，范陽人也。唐末舉進士，爲監察御史。唐亡事梁，累遷左司郎中、侍御史知雜事，以病免。

唐明宗時，召拜右諫議大夫，遷中書舍人。潞王從珂自鳳翔以兵犯京師，愍帝出奔于衛州。宰相馮道、李愚集百官于天宮寺，將出迎潞王于郊，京師大恐，都人藏竄，百官久而

不集，惟導與舍人張昭先至。馮道請導草牋勸進，導曰：「潞王入朝，郊迎可也，若勸進之事，豈可輕議哉！」道曰：「勸進其可已乎？」導曰：「今天子蒙塵于外，遽以大位勸人，若潞王守節不回，以忠義見責，其將何辭以對？且上與潞王，皆太后子也，不如率百官詣宮門，取太后進止。」語未終，有報曰：「潞王至矣。」京城巡檢使安從進催百官班迎，百官紛然而去。潞王止于正陽門外，道又促導草牋，導對如初。李愚曰：「吾輩罪人，盧舍人言是也。」導終不草牋。

導後事晉爲吏部侍郎。天福六年卒，年七十六。

司空頲

司空頲，貝州清陽人也。唐僖宗時，舉進士不中，後去爲羅紹威掌書記。紹威卒，入梁爲太府少卿。楊師厚鎮天雄，頲解官往依之。師厚卒，賀德倫代之。張彥之亂，命判官王正言草奏詆斥梁君臣，正言素不能文辭，又爲兵刃所迫，流汗浹背，不能下筆。彥怒，推正言下榻，詬曰：「鈍漢辱我！」顧書吏問誰可草奏者，吏卽言頲羅王時書記，乃馳騎召之。頲爲亂兵劫其衣，以敝服蔽形而至，見彥長揖，神氣自若，揮筆成文，而言甚淺鄙，彥以其易

曉，甚喜，卽給以衣服僕馬，遂以爲德倫判官。

德倫以魏博降晉，晉王兼領天雄，仍以頲爲判官。梁、晉相距河上，常以頲權軍府事。頲爲郭崇韜所惡，崇韜數言其受賂。都虞候張裕多過失，頲屢以法繩之。頲有姪在梁，遣家奴召之，裕擒其家奴，以謂通書于梁。莊宗族殺之。

校勘記

〔一〕道相明宗十餘年　按唐明宗在位僅八年，此誤。

〔二〕任圜罷相乃拜愚中書侍郎同平章事　本史卷六唐明宗紀載：天成二年六月任圜罷；長興二年三月趙鳳罷，以太常卿李愚爲中書侍郎、同平章事。薛史卷六七李愚傳云：「長興初除太常卿，屬趙鳳出鎮邢臺，乃拜中書侍郎平章事。」任圜罷相至李愚入相已經五年。纂誤卷下疑「史之所書本謂趙鳳，而誤爲任圜也」。

〔三〕罷道出鎮同州以劉昫爲相　按本史卷六及薛史卷四四唐明宗紀，劉昫於長興四年正月爲相，與馮道、李愚同列。又本史卷七及薛史卷四六唐廢帝紀載，淸泰元年五月，馮道罷爲同州節度使；七月，以太常卿盧文紀爲中書侍郎、同平章事；十月，李愚、劉昫罷相。此云廢帝罷馮道出鎮而以劉昫爲相，誤。

新五代史卷五十五

雜傳第四十三

劉昫

劉昫，涿州歸義人也。昫爲人美風儀，與其兄暄〔一〕、弟皥，皆以好學知名燕、薊之間。後爲定州王處直觀察推官。處直爲子都所囚，昫兄暄亦爲怨家所殺，昫乃避之滄州。唐莊宗卽位，拜昫太常博士，以爲翰林學士，明宗時，累遷兵部侍郎居職。明宗素重昫而愛其風韻，遷端明殿學士。長興三年〔二〕，拜中書侍郎兼刑部尙書、同中書門下平章事，昫詣中興殿門謝，是日大祠不坐，昫入謝端明殿。昫自端明殿學士拜相，當時以此爲榮。廢帝入立，遷吏部尙書、門下侍郎，監修國史。

初，廢帝入，問三司使王玫：「帑廩之數幾何？」玫言：「其數百萬。」及責以賞軍而無十一，廢帝大怒，罷玫，命昫兼判三司。昫性察，而嫉三司蠹敝尤甚，乃句計文簿，覈其虛實，

殘租積負悉蠲除之。往時吏幸積年之負蓋而不發，因以把持州縣求賄賂，及昫一切蠲除，民間歡然以爲德，而三司吏皆沮怨。

先是，馮道與昫爲姻家而同爲相，道罷，李愚代之。愚素惡道爲人，凡事有稽失者，必指以誚昫曰：「此公親家翁所爲也！」昫性少容恕，而愚特剛介，遂相詆詬。相府史吏惡此兩人剛直，因共揚言，其事聞，廢帝並罷之，以昫爲右僕射。是時，三司諸吏提印聚立月華門外，聞宣麻罷昫相，皆歡呼相賀曰：「自此我曹快活矣！」

昫在相位，不習典故。初，明宗崩，太常卿崔居儉，以故事當爲禮儀使，居儉辭以祖諱蠡。馮道改居儉祕書監，居儉怏怏失職。中書舍人李詳爲居儉誥詞，有「聞名心懼」之語，昫輒易曰「有恥且格」。居儉訴曰：「名諱有令式，予何罪也？」當時聞者皆傳以爲笑。及爲僕射，入朝遇雨，移班廊下，御史臺吏引僕射立中丞御史下，昫詰吏以故事，自宰相至臺省皆不能知。是時，馮道罷相爲司空。自隋、唐以來，三公無職事，不特置，及道爲司空，問有司班次，亦皆不能知，由是不入朝堂，俟臺官、兩省入而後入，宰相出則隨而出。至昫爲僕射，自以由宰相罷與道同，乃隨道出入，有司不能彈正，而議者多竊笑之。

晉高祖時，張從賓反，殺皇子重乂於洛陽，乃以昫爲東都留守，判鹽鐵。開運中，拜司空、同中書門下平章事，復判三司。契丹犯京師，昫以目疾罷爲太保，是歲卒，年六十。

盧文紀

盧文紀字子持，其祖簡求，爲唐太原節度使，父嗣業，官至右補闕。文紀舉進士，事梁爲刑部侍郎、集賢殿學士。唐明宗時，爲御史中丞。初上事，百官臺參，吏白諸道進奏官賀，文紀問：「當如何？」吏對曰：「朝廷在長安時，進奏官見大夫、中丞如胥史。自唐衰，天子微弱，諸侯彊盛，貢奉不至，朝廷姑息方鎭，假借邸吏，大夫、中丞上事，進奏官至客次通名，勞以茶酒而不相見，相傳以爲故事。」文紀曰：「吾雖德薄，敢隳舊制？」因遣吏諭之。進奏官奮臂諠然欲去，不得已入見，文紀據牀端笏，臺吏通名贊拜，既出，恚怒不自勝，訴於樞密使安重誨。重誨曰：「吾不知故事，可上訴于朝。」即相率詣閤門求見以狀訴。明宗問宰相趙鳳：「進奏吏比外何官？」鳳曰：「州縣發遞知後之流也。」明宗怒曰：「乃吏卒爾，安得慢吾法官！」皆杖而遣之。文紀又請悉復中外官校考法，將相天子自書之，詔雖施行，而官卒不考。歲餘，遷工部尙書。

文紀素與宰相崔協有隙，協除工部郎中于鄴，文紀以鄴與其父名同音，大怒，鄴赴省參上，文紀不見之，因請連假。已而鄴奉使未行，文紀卽出視事，鄴因醉忿自經死；文紀坐貶

石州司馬。

久之，爲祕書監、太常卿。奉使于蜀，過鳳翔，時廢帝爲鳳翔節度使，文紀爲人形貌魁偉，語音琅然，廢帝奇之。後廢帝入立，欲擇宰相，問於左右，左右皆言：「文紀及姚顗有人望。」廢帝因悉書清望官姓名內琉璃瓶中，夜焚香呪天，以筯挾之，首得文紀，欣然相之，乃拜中書侍郎、同中書門下平章事。

是時，天下多事，廢帝數以責文紀。文紀因請罷五日起居，復唐故事，開延英，冀得從容奏議天下事。廢帝以謂五日起居，明宗所以見羣臣也，不可罷，而便殿論事，可以從容，何必延英。因詔宰相有事，不以時詣閤門請對。

晉高祖起太原，廢帝北征，過拜徽陵，休仗舍，顧文紀曰：「吾自鳳翔識卿，不以常人爲待，自卿爲相，詢于輿議，皆云可致太平，今日使吾至此，卿宜如何？」文紀皇恐謝罪。廢帝至河陽，文紀勸帝扼橋自守，不聽。晉高祖入立，罷爲吏部尙書，累遷太子太師，致仕。

周太祖入立，卽拜司空于家。卒，年七十六，贈司徒。

馬胤孫

馬胤孫字慶先，棣州商河人也。爲人懦暗，少好學，學韓愈爲文章。舉進士，爲唐潞王從珂河中觀察支使。從珂爲楊彥温所逐，罷居于京師里第，胤孫從而不去。從珂爲京兆尹，徙鎭鳳翔，胤孫常從之，以爲觀察判官。潞王將舉兵反，與將吏韓昭胤等謀議已定，召胤孫告之曰：「受命移鎭，路出京師，何向爲便？」胤孫曰：「君命召，不俟駕。今大王爲國宗屬，而先帝新棄天下，臨喪赴鎭，臣子之忠也。」左右皆笑其愚，然從珂心獨重之。廢帝入立，以爲戶部郎中、翰林學士。久之，拜中書侍郎、同中書門下平章事。

胤孫不通世務，故事多壅塞。是時，馮道罷匡國軍節度使，拜司空。司空自唐已來無特拜者，有司不知故事，朝廷議者紛然，或曰司空三公，宰相職也，當參與大政，而宰相盧文紀獨以謂司空之職，祭祀掃除而已。胤孫皆不能決。時劉昫亦罷相爲僕射，右散騎常侍孔昭序建言：「常侍班當在僕射前。」胤孫責御史臺檢例，臺言：「故事無所見，據今南北班位，常侍在前。」胤孫卽判臺狀施行，劉昫大怒。崔居儉揚言于朝曰：「孔昭序解語，是朝廷無解語人也！且僕射師長百寮，中丞、大夫就班脩敬，而常侍在南宮六卿之下，況僕射乎？昭序癡兒，豈識事體？」朝士聞居儉言，流議稍息。胤孫臨事多不能決，當時號爲「三不開」，謂其不開口以論議，不開印以行事，不開門以延士大夫也。

晉兵起太原，廢帝幸河陽，是時勢已危迫，胤孫自洛來朝行在，人皆冀其有所建言，胤

孫獻綾三百匹而已。晉高祖入立，罷歸田里。

胤孫既學韓愈爲文，故多斥浮屠氏之說，及罷歸，乃反學佛，撰法喜集、佛國記行于世。時人誚之曰：「佞清泰不徹，乃來佞佛。」清泰，廢帝年號也。人有戲胤孫曰：「公素慕韓愈爲人，而常誦傅奕之論，今反佞佛，是佛佞公邪，公佞佛邪？」胤孫答曰：「豈知非佛佞我也？」時人傳以爲笑。

後以太子賓客分司居于洛陽，周廣順中卒。胤孫卒後，其家婢有爲胤孫語者。初，崔協爲明宗相，在位無所發明，既死，而有降語其家，胤孫又然。時人嘲之曰：「生不能言，死而後語」云。

姚顗

姚顗字百眞，京兆長安人也。少惷，不修容止，時人莫之知，中條山處士司空圖一見以爲奇，以其女妻之。舉進士，事梁爲翰林學士、中書舍人。唐莊宗滅梁，貶復州司馬，已而以爲左散騎常侍兼吏部侍郎、尙書左丞。廢帝欲擇宰相，選當時清望官知名於世者，得盧文紀及顗，乃拜顗中書侍郎、同中書門下平章事。

顗爲人仁恕，不知錢陌銖兩之數，御家無法，在相位齪齪無所爲。唐制吏部分爲三銓，尚書一人曰尚書銓，侍郎二人曰中銓、東銓。每歲集以孟冬三旬，而選盡季春之月。天成中，馮道爲相，建言：「天下未一，選人歲纔數百，而吏部三銓分注，雖曰故事，其實徒繁而無益。」始詔三銓合爲一，而尚書、侍郎共行選事。至顗與盧文紀爲相，復奏分銓爲三。而循資、長定舊格，歲久多舛，因增損之。選人多不便之，往往邀遮宰相，喧訴不遜，顗等無如之何，廢帝爲下詔書禁止。

晉高祖立，罷顗爲戶部尚書。卒，年七十五，卒之日家無餘貲，尸不能斂，官爲賵贈乃能斂，聞者哀憐之。

劉岳

劉岳字昭輔，洛陽人也。唐民部尚書政會之八代孫，崇龜、崇望其諸父也。岳名家子，好學，敏於文辭，善談論。舉進士，事梁爲左拾遺、侍御史。末帝時，爲翰林學士，累官至兵部侍郎。

梁亡，貶均州司馬。復用爲太子詹事。唐明宗時，爲吏部侍郎。故事，吏部文武官告

身，皆輸朱膠紙軸錢然後給，其品高者則賜之，貧者不能輸錢，往往但得敕牒而無告身。五代之亂，因以爲常，官卑者無復給告身，中書但錄其制辭，編爲敕甲。岳建言，以謂「制辭或任其材能，或褒其功行，或申以訓誡，而受官者既不給告身，皆不知受命之所以然，非王言所以告詔也。請一切賜之」。由是百官皆賜告身，自岳始也。

宰相馮道世本田家，狀貌質野，朝士多笑其陋。道旦入朝，兵部侍郎任贊與岳在其後，道行數反顧，贊問岳：「道反顧何爲？」岳曰：「遺下兔園冊爾。」兔園冊者，鄉校俚儒教田夫牧子之所誦也，故岳舉以誚道。道聞之大怒，徙岳祕書監。其後李愚爲相，遷岳太常卿。

初，鄭餘慶嘗採唐士庶吉凶書疏之式，雜以當時家人之禮，爲書儀兩卷。明宗見其有起復、冥昏之制，歎曰：「儒者所以隆孝悌而敦風俗，且無金革之事，起復可乎？婚，吉禮也，用於死者可乎？」乃詔岳選文學通知古今之士，共刪定之。岳與太常博士段顒、田敏等增損其書，而其事出鄙俚，皆當時家人女子傳習所見，往往轉失其本，然猶時有禮之遺制。其後亡失，愈不可究其本末，其婚禮親迎，有女坐婿鞍合髻之說，尤爲不經。公卿之家，頗遵用之。至其久也，又益訛謬可笑，其類甚多。

岳卒于官，年五十六，贈吏部尚書。子，溫叟。

嗚呼，甚矣，人之好爲禮也！在上者不以禮示之，使人不見其本，而傳其習俗之失者，尚拳拳而行之。五代干戈之亂，不暇於禮久矣！明宗武君，出於夷狄，而不通文字，乃能有意使民知禮。而岳等皆當時儒者，卒無所發明，但因其書增損而已。然其後世士庶吉凶，皆取岳書以爲法，而十又轉失其三四也，可勝歎哉！

馬縞

馬縞，不知其世家，少舉明經，又舉宏詞。事梁爲太常少卿，以知禮見稱于世。唐莊宗時，累遷中書舍人、刑部侍郎、權判太常卿。明宗入立，繼唐太祖、莊宗而不立親廟。縞言：「漢諸侯王入繼統者，必別立親廟，光武皇帝立四廟于南陽，請如漢故事，立廟以申孝享。」明宗下其議，禮部尚書蕭頃等請如縞議。宰相鄭珏等議引漢桓、靈爲比，以謂靈帝尊其祖解瀆亭侯淑爲孝元皇〔三〕，父萇爲孝仁皇，請下有司定謚四代祖考爲皇，置園陵如漢故事。事下太常，博士王丕議漢桓帝尊祖爲孝穆皇帝，父爲孝崇皇帝。縞以謂孝穆、孝崇有皇而無帝，惟吳孫皓尊其父和爲文皇帝，不可以爲法。右僕射李琪等議與縞同。明宗詔曰：「五帝不相襲禮，三王不相沿樂，惟皇與帝，異世殊稱。爰自嬴秦，已兼厥號，朕居九五

之位，爲億兆之尊，奈何總二名於眇躬，惜一字於先世。」乃命宰臣集百官於中書，各陳所見。李琪等請尊祖禰爲皇帝，曾高爲皇。宰相鄭珏合羣議奏曰：「禮非天降而本人情，可止可行，有損有益。今議者引古，以漢爲據，漢之所制，夫復何依？開元時，尊皋陶爲德明皇帝，涼武昭王爲興聖皇帝，皆立廟京師，此唐家故事也。臣請四代祖考皆加帝如詔旨，而立廟京師。」詔可其加帝，而立廟應州。

劉岳脩書儀，其所增損，皆決於縞。縞又言：「縗麻喪紀，所以別親疏，辨嫌疑。禮，叔嫂無服，推而遠之也。唐太宗時，有司議爲兄之妻服小功五月，今有司給假爲大功九月，非是。」廢帝下其議，太常博士段顒議「嫂服給假以大功者，令文也，令與禮異者非一，而喪服之不同者五。禮，姨舅皆服小功，令皆大功。妻父母壻外甥皆服緦，令皆小功。禮、令之不可同如此」。右贊善大夫趙咸又議曰〔四〕：「喪，與其易也，寧戚。儀禮五服，或以名加，或因尊制，推恩引義，各有所當。據禮爲兄之子妻服大功，今爲兄之子母服小功，是輕重失其倫也。以名則兄子之妻疏，因尊則嫂非卑，嫂服大功，其來已久。令，國之典，不可滅也〔五〕。」司封郎中曹琛，請下其議，并以禮、令之違者定議。詔尚書省集百官議。左僕射劉昫等議曰：「令於喪服無正文，而嫂服給大功假，乃假寧附令，而敕無年月，請凡喪服皆以開元禮爲定，下太常具五服制度，附于令。」令有五服，自縞始也。

縞，明宗時嘗坐覆獄不當，貶綏州司馬。復爲太子賓客，遷戶部、兵部侍郎。盧文紀作相，以其迂儒鄙之，改國子祭酒。卒，年八十，贈兵部尚書。

崔居儉

崔居儉，清河人也。祖蠡，父蕘皆爲唐名臣。居儉美文辭，風骨清秀，少舉進士。梁貞明中，爲中書舍人、翰林學士、御史中丞。唐莊宗時，爲刑部侍郎、太常卿。

崔氏自後魏、隋、唐與盧、鄭皆爲甲族，吉凶之事，各著家禮。至其後世子孫，專以門望自高，爲世所嫉。明宗崩，居儉以故事爲禮儀使，居儉以祖諱蠡，辭不受，宰相馮道即徙居儉爲祕書監。居儉歷兵、吏部侍郎、尚書左丞、戶部尚書。晉天福四年卒，年七十，贈右僕射。

居儉拙於爲生，居顯官，衣常乏，死之日貧不能葬，聞者哀之。

崔梲

崔梲字子文，深州安平人也。父涿，唐末爲刑部郎中。梲少好學，頗涉經史，工於文

辭。遭世亂，寓居于滑臺，不遊里巷者十餘年，人罕識其面。梁貞明三年，舉進士甲科，開封尹王瓚辟掌奏記。

梲性至孝，其父涿病，不肯服藥，曰：「死生有命，何用藥爲？」梲屢進醫藥，不納。每賓客問疾者，梲輒迎拜門外，泣涕而告之，涿終不服藥而卒。梲居喪哀毀，服除，唐明宗以爲監察御史，不拜，踰年再命，乃拜。累遷都官郎中、翰林學士。

晉高祖時，以戶部侍郎爲學士承旨，權知天福二年貢舉。初，梲爲學士，嘗草制，爲宰相桑維翰所改。梲以唐故事學士草制有所改者當罷職，乃引經據爭之，維翰頗不樂。而梲少專於文學，不能涖事，維翰乃命梲知貢舉，梲果不能舉職。時有進士孔英者，素有醜行，爲當時所惡。梲既受命，往見維翰，維翰素貴，嚴尊而語簡，謂梲曰：「孔英來矣。」梲不諭其意，以謂維翰以孔英爲言，乃考英及第，物議大以爲非，即罷學士，拜尚書左丞，遷太常卿。

五年，高祖詔太常復文武二舞〔六〕，詳定正、冬朝會禮及樂章。自唐末之亂，禮樂制度亡失已久，梲與御史中丞竇貞固、刑部侍郎呂琦、禮部侍郎張允等草定之。其年冬至，高祖會朝崇元殿，廷設宮縣，二舞在北，登歌在上。文舞郎八佾，六十有四人，冠進賢，黃紗袍，白中單，白練襤襠，白布大口袴，革帶履。左執籥，右秉翟。執纛引者二人。武舞郎八佾，六十有四人，服平巾幘，緋絲布大袖、繡襠甲金飾，白練襤，錦騰蛇起梁帶，豹文大口袴，烏

靴。左執干，右執戚。執旌引者二人。加鼓吹十二按，負以熊豹，以象百獸率舞。按設羽葆鼓一，大鼓一，金錞一。歌、簫、笳各二人。王公上壽，天子舉爵，奏玄同；三舉，登歌奏文同；舉食，文舞舞昭德，武舞舞成功之曲。禮畢，高祖大悅，賜梲金帛，羣臣左右覩者皆嗟歎之。然禮樂廢久，而制作簡繆，又繼以龜茲部霓裳法曲，參亂雅音，其樂工舞郎，多教坊伶人、百工商賈、州縣避役之人，又無老師良工教習。明年正旦，復奏于廷，而登歌發聲悲離煩慝，如薤露、虞殯之音，舞者行列進退，皆不應節，聞者皆悲憤。其年高祖崩。梲以風痺改太子賓客分司西京以卒。

開運二年，太常少卿陶穀奏廢二舞。明年，契丹滅晉，耶律德光入京師，太常請備法駕奉迎，樂工教習鹵簿鼓吹，都人聞者爲之流涕焉。

李懌

李懌，京兆人也。少好學，頗工文辭。唐末舉進士，爲祕書省校書郎、集賢校理。唐亡，事梁爲監察御史，累遷中書舍人、翰林學士。梁亡，責授懷州司馬，遇赦量移，稍遷衞尉少卿。天成中，復爲中書舍人、翰林學士，累遷尚書右丞承旨。

時右散騎常侍張文寶知貢舉，所放進士，中書有覆落者，乃請下學士院作詩賦爲貢舉格，學士竇夢徵、張礪等所作不工，乃命懌爲之，懌笑曰：「年少舉進士登科，蓋偶然爾。後生可畏，來者未可量，假令予復就禮部試，未必不落第，安能與英俊爲准格？」聞者多其知體。後遷刑部尚書分司洛陽，卒，年七十餘。

校勘記

〔一〕與其兄暄　「暄」，汪本同，他本及薛史卷八九劉昫傳均作「晅」。

〔二〕長興三年　按本史卷六及薛史卷四四唐明宗紀、通鑑卷二七八，劉昫拜相在長興四年。

〔三〕靈帝尊其祖解瀆亭侯淑爲孝元皇　「靈帝」，各本原作「桓帝」。按後漢書卷八靈帝紀云「追尊皇祖爲孝元皇」。又云「祖淑，父萇，世襲解瀆亭侯」。李賢注：「淑以河間王子封爲解瀆亭侯，萇襲父封。」此當爲「靈帝」，據改。

〔四〕右贊善大夫趙咸又議曰　「又」，汪本同，他本作「乂」，五代會要卷八作「又」。

〔五〕不可減也　「減」，汪本同，他本作「滅」。

〔六〕五年高祖詔太常復文武二舞　「五」，各本原作「八」。晉高祖死于天福七年，不可能有八年詔復二舞之事。按：本史卷八及薛史卷七九晉高祖紀均謂天福五年冬至始用二舞，薛史卷一四四樂志及五代會要卷六亦繫於天福五年，明「八」是「五」之訛。據改。

新五代史卷五十六

雜傳第四十四

和凝

和凝字成績，鄆州須昌人也。其九世祖逢堯爲唐監察御史，其後世遂不復宦學。凝父矩，性嗜酒，不拘小節，然獨好禮文士，每傾貲以交之，以故凝得與之游。而凝幼聰敏，形神秀發。舉進士，梁義成軍節度使賀瓌辟爲從事。瓌與唐莊宗戰于胡柳，瓌戰敗，脫身走，獨凝隨之，反顧見凝，麾之使去。凝曰：「丈夫當爲知己死，吾恨未得死所爾，豈可去也！」已而一騎追瓌幾及，凝叱之不止，卽引弓射殺之，瓌由此得免。瓌歸，戒其諸子曰：「和生，志義之士也，後必富貴，爾其謹事之！」因妻之以女。

天成中，拜殿中侍御史，累遷主客員外郎，知制誥；翰林學士，知貢舉。是時，進士多浮薄，喜爲諠譁以動主司。主司每放牓，則圍之以棘，閉省門，絕人出入以爲常。凝徹棘開

門，而士皆肅然無譁，所取皆一時之秀，稱爲得人。

晉初，拜端明殿學士，兼判度支，爲翰林學士承旨。高祖數召之，問以時事，凝所對皆稱旨。天福五年，拜中書侍郎、同中書門下平章事。

高祖將幸鄴，而襄州安從進反迹已見。凝曰：「陛下幸鄴，從進必因此時反，則將奈何？」高祖曰：「卿將何以待之？」凝曰：「先人者，所以奪人也。請爲宣敕十餘通，授之鄭王，有急則命將擊之。」高祖以爲然。是時，鄭王爲開封尹，留不從幸，乃授以宣敕。高祖至鄴，從進果反，鄭王卽以宣敕命騎將李建崇、焦繼勳等討之。從進謂高祖方幸鄴，不意晉兵之速也，行至花山，遇建崇等兵，以爲神，遂敗走。出帝卽位，加右僕射，歲餘，罷平章事，遷左僕射。

漢高祖時，拜太子太傅，封魯國公。顯德二年卒，年五十八，贈侍中。

凝好飾車服，爲文章以多爲富，有集百餘卷，嘗自鏤板以行于世，識者多非之。然性樂善，好稱道後進之士。唐故事，知貢舉者所放進士，以己及第時名次爲重。凝舉進士及第時第五，後知舉，選范質爲第五。後質位至宰相，封魯國公，官至太子太傅，皆與凝同，當時以爲榮焉。

趙瑩

趙瑩字玄輝，華州華陰人也。爲人純厚，美風儀。事梁將康延孝爲從事。晉高祖爲保義軍節度使，以瑩掌書記，自是徙鎭常以瑩從。

高祖將起兵太原，以問諸將吏，將吏或贊成之，瑩獨懼形于色，勸高祖毋反。高祖雖不用其言，心甚愛之。高祖卽位，拜翰林學士承旨、戶部侍郎、同中書門下平章事。累拜中書令。出爲晉昌軍節度使、開封尹。是時，出帝童昏，馮玉、李彥韜等用事，與桑維翰爭權，乃共譖去之，以瑩柔而易制，故復引以爲相。

契丹滅晉，瑩從出帝北徙虜中，瑩事兀欲爲太子太保。周太祖時，與契丹通好，遣尙書左丞田敏使于契丹，遇瑩于幽州，瑩見敏悲不自勝。瑩子易則、易從。當其徙而北也，與易從俱，而易則留事漢，官至刑部郎中。後瑩病將卒，告于契丹，願以尸還中國，契丹許之。及卒，遣易從護其喪南歸。太祖憐之，贈瑩太傅，葬于華陰。

馮玉

馮玉字璟臣，定州人也。少舉進士不中。馮贇爲河東節度使，辟爲推官。入拜監察御史，累遷禮部郎中，爲鹽鐵判官。晉出帝納玉姊爲后〔一〕，玉以后戚知制誥，拜中書舍人。玉不知書，而與殷鵬同爲舍人，制誥常遣鵬代作。頃之，玉出爲潁州團練使，拜端明殿學士、戶部侍郎，遷樞密使、中書侍郎、同中書門下平章事。

是時，出帝童昏，馮皇后用事，軍國大務，一決於玉。玉嘗有疾在告，自刺史已上，宰相不敢除授，以俟玉決。玉除中書舍人盧價爲工部侍郎，桑維翰以價資望淺爲不可，由是與維翰有隙，維翰由此罷相。

玉爲相，四方賄，積貲鉅萬。契丹滅晉，張彥澤先以兵入京師，兵士爭先入玉家，其貲一夕而盡。明日見彥澤，猶諂笑，自言願得持晉玉璽獻契丹，以冀恩奬。彥澤不納。出帝之北，玉從入契丹，契丹以爲太子太保。周廣順三年，其子傑自契丹逃歸，玉懼，以憂卒。

盧質

盧質字子徵〔二〕，河南人也。父望，唐司勳郎中。質幼聰惠，善屬文。事唐爲祕書郎，丁母憂，解職。後去遊太原，晉王以爲河東節度掌書記。

質與張承業等定議立莊宗爲嗣。莊宗將卽位，以質爲大禮使，拜行臺禮部尙書。莊宗卽位，欲以質爲相。質性疎逸，不欲任責，因固辭不受。拜太原尹、北京留守，遷戶部尙書、翰林學士。從平梁，權判租庸，遷兵部尙書，後爲學士承旨，仍賜「論思匡佐功臣」。天成元年，拜匡國軍節度使。三年，拜兵部尙書，判太常卿事。歷鎭河陽、橫海。

初，梁已篡唐，封哀帝爲濟陰王，旣而酖殺之，瘞于曹州。同光三年，莊宗將議改葬，而曹太后崩，乃止。因其故壠，稍廣其封，以時薦饗而已。質乃建議立廟追謚，謚曰昭宣光烈孝皇帝，廟號景宗。天成四年八月戊申，明宗御文明殿，遣質奉册立廟于曹州。而議者以謂輝王不幸爲賊臣所立，而昭宗、何皇后皆爲梁所弒，遂以亡國，而「昭宣光烈」非所宜稱，且立廟稱宗而不入太廟，皆非是。共以此非質，大臣亦知其不可，乃奏去廟號。

秦王從榮坐謀反誅，質以右僕射權知河南府事。廢帝反鳳翔，愍帝發兵誅之，竭帑藏以厚賞，而兵至鳳翔皆叛降。廢帝悉將而東，事成許以重賞，而軍士皆過望。廢帝入立，有司獻籍數甚少，廢帝暴怒。自諸鎭至刺史，皆進錢帛助國用，猶不足，三司使王玫請率民財以佐用。乃使質與玫等共議配率，而貧富不均，怨訟並起，囚繫滿獄。六七日間，所得不滿十萬。廢帝患之，乃命質等借民屋課五月，由是民大咨怨。

晉高祖入立，質以疾分司西京，拜太子太保。卒，年七十六，贈太子太師，謚曰文忠。

呂琦

呂琦字輝山，幽州安次人也。父兗，爲橫海軍節度判官。節度使劉守文與其弟守光以兵相攻，守文敗死，其吏民立其子延祚而事之，以兗爲謀主。已而延祚又爲守光所敗，兗見殺。守光怒兗，并族其家。琦年十五，見執，將就刑，兗故客趙玉紿其監者曰：「此吾弟也。」監者信之，縱琦去。玉與琦得俱走，琦足弱不能行，玉負之而行，逾數百里，變姓名，乞食于道，以免。

琦爲人美風儀，重節概，少喪其家，游學汾、晉之間。唐莊宗鎭太原，以爲代州軍事推官。後爲橫海趙德鈞節度推官，入爲殿中侍御史。

明宗時，爲駕部員外郎，兼侍御史知雜事。河陽主藏吏盜所監物，下軍巡獄，獄吏尹訓納賂反其獄，其冤家訴于朝，下御史臺按驗，得訓贓狀，奏攝訓赴臺。訓爲安重誨所庇，不與，琦請不已，訓懼自殺，獄乃辨，蒙活者甚衆。歲餘，遷禮部郎中、史館脩撰。

長興中，廢帝失守河中，罷居清化坊，與琦同巷，琦數往過之。後廢帝入立，待琦甚厚，拜知制誥、給事中、樞密院直學士、端明殿學士。是時，晉高祖鎭河東，有二志，廢帝患之，琦與李崧俱備顧問，多所裨畫。琦言：「太原之患，必引契丹爲助，不如先事制之。」自明宗時王都反定州，契丹遣禿餒、荝剌等助都，而爲趙德鈞、王晏球所敗，禿餒見殺，荝剌等皆送京師。其後契丹數遣使者求荝剌等，其辭甚卑恭，明宗輒斬其使者不報。而東丹王又亡入中國，契丹由此數欲求和。琦因言：「方今之勢，不如與契丹通和，如漢故事，歲給金帛，妻之以女，使彊藩大鎭顧外無所引援，可弭其亂心。」崧以琦語語三司使張延朗，延朗欣然曰：「苟能紓國患，歲費縣官十數萬緡，責吾取足可也！」因共建其事。廢帝大喜，佗日以琦等語問樞密直學士薛文遇，文遇大以爲非，因誦戎昱「社稷依明主，安危託婦人」之詩，以誚琦等。廢帝大怒，急召崧、琦等問和戎計如何。琦等察帝色怒，亟曰：「臣等爲國計，非與契丹求利於中國也。」帝卽發怒曰：「卿等佐朕欲致太平而若是邪？朕一女尚幼，欲棄之夷狄，金帛所以養士而扞國也，又輸以資虜，可乎？」崧等惶恐拜謝，拜無數，琦足力乏不能拜而先止。帝曰：「呂琦彊項，肯以人主視我邪！」琦曰：「臣素病羸，拜多而乏，容臣少息。」頃之喘定，奏曰：「陛下以臣等言非，罪之可也，雖拜何益？」帝意稍解，曰：「勿拜。」賜酒一卮而遣之，其議遂寢。因遷琦御史中丞，居數月，復爲端明殿學士。其後晉高祖起太原，果引契丹爲助，遂以亡唐。

琦事晉爲祕書監，累遷兵部侍郎。天福八年卒。

趙玉仕至職方員外郎，琦事之如父，玉疾，親嘗藥扶侍，及卒，爲其家主辦喪葬。玉子文度幼孤，琦教以學，如己子，後舉進士及第云。

琦有子餘慶、端。

薛融

薛融，汾州平遙人也。少以儒學知名，唐明宗時爲右補闕，直弘文館。晉高祖鎭太原，融爲觀察判官。高祖徙鄆，欲據太原拒命，延見賓佐，問以可否，而坐中或贊成之，或恐懼不敢言，融獨從容對曰：「融本儒生爾，軍旅之事，未嘗學也，進退存亡之理，豈易言哉！」高祖不之責也。

高祖入立，拜吏部郎中，兼侍御史知雜事。累拜左諫議大夫，遷中書舍人。融曰：「文辭非臣所長也。」遂辭不拜。時詔修洛陽大內，融上疏切諫，高祖褒納其言，即詔罷其役。遷御史中丞，改尚書右丞，分司西京。卒，年六十。

何澤

何澤，廣州人也。父鼎，唐末爲容管經略使。澤少好學，長於歌詩。舉進士，爲洛陽令。唐莊宗好畋獵，數踐民田，澤乃潛身伏草間伺莊宗，當馬諫曰：「陛下未能一天下以休兵，而暴斂疲民以給軍食。今田將熟，奈何恣畋游以害多稼？使民何以出租賦，吏以何督民耕？陛下不聽臣言，願賜臣死於馬前，使後世知陛下之過。」莊宗大笑，爲之止獵。拜倉部郎中。

明宗時，數上書言事。明宗幸汴州，又欲幸鄴，而人情不便，大臣屢言不聽；澤伏閤切諫，明宗嘉之，拜吏部郎中、史館脩撰。澤外雖直言，而內實邪佞，嘗於內殿起居，班退，獨留，以笏叩額，北望而呼曰：「明主，明主！」聞者皆哂之。

五代之際，民苦於兵，往往因親疾以割股，或旣喪而割乳廬墓，以規免州縣賦役。戶部

歲給蠲符，不可勝數，而課州縣出紙，號爲「蠲紙」。澤上書言其敝，明宗下詔悉廢戶部蠲紙。澤與宰相趙鳳有舊，數私于鳳，求爲給諫。鳳薄其爲人，以爲太常少卿。敕未出而澤先知之，即稱新官上章自訴。章下中書，鳳等言：「澤未拜命而稱新官，輕侮朝廷，請坐以法。」乃以太僕少卿致仕，居于河陽。澤時年已七十，尚希仕進，即遣婢宜子詣匭上章言事，請立秦王爲皇太子。秦王素驕，多不軌，遂成其禍，由澤而始。

晉高祖入立，召爲太常少卿，以疾卒于家。

王權

王權字秀山，太原人也。唐左僕射起之曾孫。父蕘，官至右司郎中。權舉進士，爲右補闕。唐亡，事梁爲職方員外郎、知制誥、翰林學士，累遷御史中丞。唐莊宗滅梁，貶權隨州司馬。起爲右庶子，累遷戶部尚書。晉高祖時爲兵部尚書。是時，高祖以父事契丹，權當奉使，歎曰：「我雖不才，安能稽顙於穹廬乎？」因辭不行，坐是停任。踰年以太子少傅致仕。卒，年七十八，贈左僕射。

史圭

史圭，常山石邑人也。爲人明敏好學。爲寧晉、欒壽縣令，有善政，縣人立碑以頌之。郭崇韜鎭成德，辟爲從事。明宗時，爲尚書郎。安重誨爲樞密使，薦圭直學士。故事，直學士職雖清，而承領文書，參掌庶務，與判官無異。重誨素不知書，倚圭以備顧問，始白許圭升殿侍立。樞密直學士升殿自圭始。改尚書右丞，判吏部銓事。重誨敗死，圭出爲貝州刺史。罷歸常山，閉絕人事，出入閭里乘輜軿車。

晉高祖立，召拜刑部侍郎、鹽鐵副使，遷吏部侍郎，分知銓事，有能名。以疾罷，卒于常山。

龍敏

龍敏字欲訥，幽州永清人也。少仕州，爲參軍。劉守光亂，敏避之滄州，遂客於梁，久不調。敏素善馮道，道爲唐莊宗從事，乃潛往依之。監軍張承業謂道曰：「閑子有客，可與俱

來。」道以敏見承業，承業辟敏監軍巡官，使掌奏記。莊宗即位，召拜司門員外郎。

敏父咸式（三），年七十餘，而其王父年九十餘，皆在鄴，敏乃求爲興唐尹，事祖、父以孝聞。丁母憂，去職。趙在禮反，逼敏起視事。明宗即位，在禮鎭滄州，敏乃復得居喪。服除，累拜兵部侍郎。

馮贇留守北京，辟敏副留守。贇入爲樞密使，敏拜吏部侍郎。是時，晉高祖起太原，乞兵契丹。唐廢帝在懷州，趙德鈞父子有異志，張敬達屯于晉安，勢甚危急。廢帝問計從臣，敏曰：「晉所恃者契丹也。東丹王失國之君，今在京師，若以兵送東丹自幽州而入西樓，契丹且有內顧之憂，何暇助晉？晉失契丹，大事去矣。」又謂李懿曰：「敏，燕人也，能知德鈞。德鈞爲將，守城壘塹，篤勵健兒而已。使其當大敵，奮不顧身，非其能也。況有異志乎？今聞駕前之馬，猶有五千，願得壯者千匹，健兵千人，與勇將郎萬金，自平遙沿山冒虜中而趨官柴，且戰且行，得其半達，則事濟矣！」懿爲言之廢帝，廢帝莫能用。然人皆壯其大言。

歷晉爲太常卿，使于吳越。是時，使吳越者，見吳越王皆下拜，敏獨揖之。還，遷工部侍郎。乾祐元年，瘍發於首卒，贈右僕射。

校勘記

〔一〕晉出帝納玉姊爲后　按本史卷一七出帝皇后馮氏傳、薛史卷八九馮玉傳及通鑑卷二八三均謂馮玉爲后兄，疑「玉姊」當作「玉妹」。

〔二〕盧質字子徵　汪本同。他本「徵」作「徵」。

〔三〕鍼父咸式　「咸」，南監本同，汪本作「威」，他本均作「盛」。

新五代史卷五十七

雜傳第四十五

李崧

李崧，深州饒陽人也。崧幼聰敏，能文章，爲鎭州參軍。唐魏王繼岌爲興聖宮使，領鎭州節度使，以推官李蕘掌書記。崧謂掌書呂柔曰：「魏王皇子，天下之望，書奏之職，非蕘所當。」柔私使崧代爲之，以示盧質、馮道，道等皆以爲善。乃以崧爲興聖宮巡官，拜協律郎。

繼岌與郭崇韜伐蜀，以崧掌書記。繼岌已破蜀，劉皇后聽讒者言，陰遣人之蜀，教繼岌殺崇韜，人情不安。崧入見繼岌曰：「王何爲作此危事？誠不能容崇韜，至洛誅之何晚？今遠軍五千里，不見咫尺之詔殺大臣，動搖人情，是召亂也。」繼岌曰：「吾亦悔之，奈何？」崧乃召書吏三四人，登樓去梯，夜以黃紙作詔書，倒用都統印，明旦告諭諸軍，人心乃定。師還，繼岌死於道。崧至京師，任圜判三司，用崧爲鹽鐵判官，以內憂去職還鄉里。服

除，范延光居鎭州，辟崧掌書記。延光爲樞密使，崧拜拾遺，直樞密院。累遷戶部侍郎、端明殿學士。長興中，明宗春秋高，秦王從榮多不法，晉高祖爲六軍副使，懼禍及，求出外藩。是時，契丹入鴈門，明宗選將以捍太原，晉高祖欲之。樞密使范延光、趙延壽等議將，久不決，明宗怒甚，責延壽等，延壽等惶恐，欲以康義誠應選，崧獨曰：「太原，國之北門，宜得重臣，非石敬瑭不可也！」由是從崧議。晉高祖深德之，陰遣人謝崧曰：「爲浮屠者，必合其尖。」蓋欲使崧終始成己事也。其後晉高祖以兵入京師，崧竄匿伊闕民家，晉高祖召爲戶部侍郎，拜中書侍郎、同中書門下平章事兼樞密使。丁內艱，起復。

高祖崩，出帝卽位，以崧兼判三司，與馮玉對掌樞密。是時，晉兵敗契丹於陽城，趙延壽在幽州，詐言思歸以誘晉兵，崧等信之。初，漢高祖在晉，掌親軍，爲侍衞都指揮使，與杜重威同制加平章事，漢高祖恥之，怒不肯謝，晉高祖遣和凝諭之，乃謝。其後漢高祖出居太原，重威代爲侍衞使，崧亦數稱重威之材，於是漢高祖以崧爲排己，深恨之。崧又信延壽之詐以爲然，卒以重威將大兵，其後敗于中渡，晉遂以亡。

契丹耶律德光犯京師，德光素聞延壽等稱崧爲人，及入京師，謂人曰：「吾破南朝，得崧一人而已！」乃拜崧太子太師。契丹北還，命崧以族俱行，留之鎭州。其後麻荅棄鎭州，崧與馮道等得還。高祖素不悅崧，又爲怨者譖之，言崧爲契丹所厚，故崧遇漢權臣，常惕惕爲

中華書局

謙謹，莫敢有所忤。

漢高祖入京師，以崧第賜蘇逢吉，崧家遭亂，多埋金寶，逢吉悉有之。而崧弟嶼、巖與逢吉子弟同舍，酒酣，出怨言，以爲奪我第。崧又以宅劵獻逢吉，逢吉尤不喜。漢法素嚴，楊邠、史弘肇多濫刑法。嶼僕葛延遇爲嶼商賈，多乾沒其貲，嶼笞責之。延遇夜宿逢吉部曲李澄家，以情告澄。是時，高祖將葬睿陵，河中李守貞反。澄乃教延遇告變，言崧與其甥王凝謀因山陵放火焚京師，又以蠟丸書通守貞。逢吉遣人召崧至第，從容告之，崧知不免，乃以幼女託逢吉。逢吉送崧侍衞獄。崧出乘馬，從者去，無一人，崧恚曰：「自古豈有不死之人，然亦豈有不亡之國乎！」乃自誣伏，族誅。

崧素與翰林學士徐台符相善，後周太祖入立，台符告宰相馮道，請誅葛延遇，道以延遇數經赦宥，難之。樞密使王峻聞之，多台符有義，乃奏誅延遇。

李鏻

李鏻，唐宗室子也。其伯父陽事唐〔一〕，咸通間爲給事中。鏻少舉進士，累不中，客河朔間，自稱清海軍掌書記，謁定州王處直，處直不爲禮。乃易其綠衣，更爲緋衣，謁常山李弘

規，弘規進之趙王王鎔，鎔留爲從事。其後張文禮弒鎔自立，遣鏻聘唐莊宗於太原。鏻爲人利口敢言，乃陰爲莊宗畫文禮可破之策。後文禮敗，莊宗以鏻爲支使。

莊宗卽位，拜鏻宗正卿，以李瓊爲少卿。獻祖、懿祖墓在趙州昭慶縣，唐國初建，鏻、瓊上言：「獻祖宣皇帝建初陵，懿祖光皇帝啓運陵，請置臺令。」縣中無賴子自稱宗子者百餘人，宗正無譜諜，莫能考按。有民詣寺自言世爲丹陽竟陵臺令，厚賂宗正吏，鏻、瓊不復詳考，遂補爲令。民卽持絳幡招置部曲，侵奪民田百餘頃，以謂陵園壖地。民訴于官，不能決，以聞。莊宗下公卿博士，問故唐諸帝陵寢所在。公卿博士言：「丹陽在今潤州，而竟陵非唐事。鏻不學無知，不足以備九卿。」坐貶司農少卿，出爲河中節度副使。

明宗卽位，以鏻故人，召還，累遷戶部尙書。鏻意頗希大用，嘗謂馮道、趙鳳曰：「唐家故事，宗室皆爲宰相。今天祚中興，宜按舊典，鏻雖不才，嘗事莊宗藩府，識今天子於藩邸，論才較業，何後衆人？而久寘班行，於諸君安乎？」道等惡其言。後楊溥諜者見鏻言事，鏻謂安重誨曰：「楊溥欲歸國久矣，若朝廷遣使諭之，可以召也。」重誨信之，以玉帶與諜者使爲信，久而無効，由是貶鏻兗州行軍司馬。

鏻與廢帝有舊，愍帝時，爲兵部尙書，奉使湖南，聞廢帝立，喜，以謂必用己爲相。還過荆南，謂高從誨曰：「士固有否泰，吾不爲時用久矣。今新天子卽位，我將用矣！」乃就從誨求寶貨入獻以爲賀，從誨與馬紅裝拂二、猓獑皮一，因爲鏻置酒，問其副使馬承翰：「今朝廷之臣，孰有公輔之望？」承翰曰：「尙書崔居儉、左丞姚顗，其次太常盧文紀也。」從誨笑顧左右，取進奏官報狀示鏻，顗與文紀皆拜平章事矣。鏻慚失色。還，遂獻其皮、拂，廢帝終不用。

初，李愚自太常卿作相，而盧文紀代之，及文紀作相，鏻乃求爲太常卿。及拜命，中謝曰：「臣叨入相之資。」朝士傳以爲笑。

鏻事晉累遷太子太保。漢高祖卽位，拜鏻司徒，居數月卒，年八十八，贈太傅。

賈緯

賈緯，鎭州獲鹿人也。少舉進士不中，州辟參軍。唐天成中，范延光鎭成德，辟趙州軍事判官，遷石邑令。

緯長於史學。唐自武宗已後無實錄，史官之職廢，緯采次傳聞，爲唐年補錄六十五卷。當唐之末，王室微弱，諸侯彊盛，征伐擅出，天下多事，故緯所論次多所闕誤。而喪亂之際，事迹粗存，亦有補於史氏。

晉天福中，爲太常博士，非其好也，數求爲史職，改屯田員外郎、起居郎、史館脩撰，與脩唐書。丁內艱，服除，知制誥。累遷中書舍人、諫議大夫、給事中，復爲修撰。

漢隱帝時，詔與王伸、竇儼等同脩晉高祖、出帝、漢高祖實錄。初，桑維翰爲相，常惡緯爲人，待之甚薄。緯爲維翰傳，言「維翰死，有銀八千鋌」。翰林學士徐台符以爲不可，數以非緯，緯不得已，更爲數千鋌。

廣順元年實錄成，緯求遷官不得，由是怨望。是時，宰相王峻監脩國史，緯書日曆，多言當時大臣過失，峻見之，怒曰：「賈給事子弟仕宦亦要門閥，奈何歷詆當朝之士，使其子孫何以仕進？」言之太祖〔二〕，貶平盧軍行軍司馬。明年卒于青州。

段希堯

段希堯，河內人也。晉高祖爲河東節度使，以希堯爲判官。高祖軍屯忻州，軍中有擁高祖呼萬歲者，高祖惶惑，不知所爲。希堯勸高祖斬其亂首，乃止。高祖將舉兵太原，與其賓佐謀，希堯以爲不可，高祖雖不聽，然重其爲人，不責之也。

高祖入立，希堯比諸將吏，恩澤最薄。久之，稍遷諫議大夫，使于吳越。是時，江、淮不

通，凡使吳越者皆泛海，而多風波之患。希堯過海，遭大風，左右皆恐懼，希堯曰：「吾平生不欺，汝等恃吾，可無恐也！」已而風亦止。歷萊、懷、棣三州刺史。出帝時，爲吏部侍郎，判東、西銓事，累遷禮部尚書。卒，年七十九，贈太子少保。

張允

張允，鎭州人也。少事州爲張文禮參軍。唐莊宗討張文禮，允脫身降，莊宗繫之獄，文禮敗，乃出之爲魏州功曹。趙在禮辟節度推官，歷滄、兗二鎭掌書記。入爲監察御史，累遷水部員外郎，知制誥。廢帝皇子重美爲河南尹，掌六軍，以允剛介，乃拜允給事中，爲六軍判官。罷，遷左散騎常侍。

晉高祖卽位，屢赦天下，允爲駮赦論以獻曰：「管子曰：『凡赦者小利而大害，久而不勝其禍；無赦者小害而大利，久而不勝其福。』又漢之吳漢疾篤，帝問漢所欲言。漢曰：『惟願陛下無赦爾！』蓋行赦不以爲恩，不行赦不以爲無恩，罰有罪故也。自古皆以水旱則降德音而宥過，開狴牢而出囚，冀感天心以救其災者，非也。假有二人之訟者，一有罪而一無罪，若有罪者見捨，則無罪者銜寃。此乃致災之道，非救災之術也。至使小人遇天災，則皆

喜而相勸以爲惡，曰：『國將赦矣，必捨我以救災。』如此，則是教民爲惡也。夫天之爲道，福善而禍淫。若捨惡人而變災爲福，則是天又喜人爲惡也。凡天之降災，所以警戒人主節嗜欲，務勤儉，恤鰥寡，正刑罰而已。」是時，晉高祖方好臣下有言，覽之大喜。

允事漢爲吏部侍郎，隱帝誅戮大臣，京師皆恐，允常退朝不敢還家，止于相國寺。周太祖以兵入京師，允匿于佛殿承塵，墜而卒，年六十五。

王松

王松，父徽，爲唐僖宗宰相。松舉進士，後唐時，歷刑部郎中，唐末，從事方鎭。晉高祖鎭太原，辟松節度判官。晉高祖卽位，拜右諫議大夫，累拜工部尚書。出帝北遷，蕭翰立許王從益於京師，以松爲左丞相。漢高祖入洛，先遣人馳詔東京百官嘗授僞命者皆焚之，使勿自疑，由是御史臺悉斂百官僞敕焚之。松以手指其胸，引郭子儀自誚，以語人曰：「此乃二十四考中書令也。」聞者笑之。後松子仁寶爲李守貞河中支使，守貞反，松以子故上書自陳，高祖憐之[三]，但使解職而已。松有田城東，歲時往來京師，以疾卒。

裴皞

裴皞字司東，河東人也。裴氏自晉、魏以來，世爲名族，居燕者號「東眷」，居涼者號「西眷」，居河東者號「中眷」。皞出於名家，而容止端秀，性剛急，直而無隱。少好學，唐光化中舉進士，拜校書郎、拾遺、補闕。事梁爲翰林學士、中書舍人。事後唐爲禮部侍郎。皞喜論議，每陳朝廷闕失，多斥權臣。改太子賓客，以老拜兵部尚書致仕。晉高祖起爲工部尚書，復以老告，拜右僕射致仕。卒，年八十五，贈太子太保。

皞以文學在朝廷久，宰相馬胤孫、桑維翰，皆皞禮部所放進士也。後胤孫知舉，放牓，引新進士詣皞，皞喜作詩曰：「門生門下見門生。」世傳以爲榮。維翰已作相，嘗過皞，皞不迎不送。人或問之，皞曰：「我見桑公於中書，庶寮也；桑公見我於私第，門生也。何送迎之有？」人亦以爲當。

王仁裕

王仁裕字德輦，天水人也。少不知書，以狗馬彈射爲樂，年二十五始就學，而爲人儁秀，以文辭知名秦、隴間㊀。秦帥辟爲秦州節度判官。秦州入于蜀，仁裕因事蜀爲中書舍人、翰林學士。

㊀ 撫本有此三字。

唐莊宗平蜀，仁裕事唐，復爲秦州節度判官。王思同鎭興元，辟爲從事。思同留守西京，以爲判官。廢帝舉兵鳳翔，思同戰敗，廢帝得仁裕，聞其名不殺，寘之軍中。自廢帝起事，至其入立，馳檄諸鎭，詔書、告命皆仁裕爲之。久之，以都官郎中充翰林學士。晉高祖入立，罷職爲郎中，歷司封左司郎中、諫議大夫。漢高祖時，復爲翰林學士承旨，累遷戶部尚書，罷爲兵部尚書、太子少保。顯德三年卒，年七十七，贈太子少師。

仁裕性曉音律，晉高祖初定雅樂，宴羣臣於永福殿，奏黃鍾，仁裕聞之曰：「音不純肅而無和聲，當有爭者起於禁中。」已而兩軍校鬭昇龍門外，聲聞于內，人以爲神。喜爲詩，其少也，嘗夢剖其腸胃，以西江水滌之，顧見江中沙石皆爲篆籀之文，由是文思益進。乃集其平生所作詩萬餘首爲百卷，號西江集。

仁裕與和凝於五代時皆以文章知名，又嘗知貢舉，仁裕門生王溥，凝門生范質，皆至宰相，時稱其得人。

裴羽

裴羽字用化，其父贊，相唐僖宗，官至司空。羽以一品子爲河南壽安尉。事梁爲御史臺主簿，改監察御史。

唐明宗時，爲吏部郎中，與右散騎常侍陸崇使于閩，爲海風所飄至錢塘。是時，吳越王錢鏐與安重誨有隙，唐方絕鏐朝貢，羽等被留經歲，而崇以疾卒。後鏐遣羽還，羽求載崇尸與俱歸。鏐初不許，羽以語感動鏐，鏐惻然許之，因附羽表自歸。明宗得鏐表大喜，由是吳越復通於中國。羽護崇喪至京師，及其橐裝還其家，士人皆多羽之義。

羽，周太祖時爲左散騎常侍，卒，贈戶部尚書。

王延

王延字世美，鄭州長豐人也。少好學，嘗以賦謁梁相李琪，琪爲之稱譽，薦爲卽墨縣令。馮道作相，與延故人，召拜左補闕。遷水部員外郎，知制誥。拜中書舍人，權知貢舉。

吏部尚書盧文紀與故相崔協有隙。是時，協子頎方舉進士，文紀謂延曰：「吾嘗譽子于朝，貢舉選士，當求實効，無以虛名取人。昔有越人善泅，生子方晬，其母浮之水上。人怪而問之，則曰：『其父善泅，子必能之。』若是可乎？」延退而笑曰：「盧公之言，爲崔協也，恨其父遂及其子邪！」明年，選頎甲科，人皆稱其公。累遷刑部尚書，以太子少保致仕。卒，年七十三。

延爲人重然諾，與其弟規相友愛，五代之際，稱其家法焉。

馬重績

馬重績字洞微，其先出於北狄，而世事軍中。重績少學數術，明太一、五紀、八象、三統大曆，居于太原。唐莊宗鎮太原，每用兵征伐，必以問之，重績所言無不中，拜大理司直。明宗時，廢不用。

晉高祖以太原拒命，廢帝遣兵圍之，勢甚危急，命重績筮之，遇同人，曰：「天火之象，乾健而離明。健者君之德也，明者南面而嚮之，所以治天下也。同人者人所同也，必有同我者焉。易曰：『戰乎乾。』乾，西北也。又曰：『相見乎離。』離，南方也。其同我者自北而南乎？乾，西北也，戰而勝，其九月十月之交乎？」是歲九月，契丹助晉擊敗唐軍，晉遂有天下。拜重績太子右贊善大夫，遷司天監。明年，張從賓反，命重績筮之，遇隨，曰：「南瞻析木，木不自續，虛而動之，動隨其覆。歲將秋矣，無能爲也！」七月而從賓敗。高祖大喜，賜以良馬、器幣。

天福三年[四]，重績上言：「曆象，王者所以正一氣之元，宣萬邦之命。而古今所紀，考審多差，宣明氣朔正而星度不驗，崇玄五星得而歲差一日，以宣明之氣朔，合崇玄之五星，二曆相參，然後符合。自前世諸曆，皆起天正十一月爲歲首，用太古甲子爲上元，積歲愈多，差闊愈甚。臣輒合二曆，創爲新法，以唐天寶十四載乙未爲上元，雨水正月中氣爲氣首。」詔下司天監趙仁錡、張文皓等考覈得失。仁錡等言：「明年庚子正月朔，用重績曆考之，皆合無舛。」乃下詔班行之，號調元曆。行之數歲輒差，遂不用。

重績又言：「漏刻之法，以中星考晝夜爲一百刻，八刻六十分刻之二十爲一時，時以四刻十分爲正，此自古所用也。今失其傳，以午正爲時始，下侵未四刻十分而爲午。由是晝夜昏曉，皆失其正，請依古改正。」從之。

重績卒年六十四。

趙延義

趙延義字子英，秦州人也。曾祖省躬通數術，避亂于蜀。父溫珪，事蜀王建爲司天監，每爲建占吉凶，小不中，輒加詰責。溫珪臨卒，戒其子孫曰：「數術，吾世業，然吾仕亂國，得罪而幾死者數矣！子孫能以佗道仕進者，不必爲也。」然延義少亦以此仕蜀爲司天監。蜀亡，仕唐爲星官。

延義兼通三式，頗善相人。契丹滅晉，延義隨虜至鎮州。李筠、白再榮謀逐麻答歸漢，猶豫未決，延義假述數術贊成之。

周太祖自魏以兵入京師，太祖召延義問：「漢祚短促者，天數邪？」延義言：「王者撫天下，當以仁恩德澤，而漢法深酷，刑罰枉濫，天下稱冤，此其所以亡也！」是時，太祖方以兵圍蘇逢吉、劉銖第，欲誅其族，聞延義言悚然，因貸其族，二家獲全。延義事周爲太府卿、判司天監，以疾卒。

二十四史

中華書局

校勘記

〔一〕其伯父湯事唐「陽」，薛史卷一〇八李鏻傳作「湯」。按新唐書卷七〇下宗室世系表，湯昆弟有濟、深、洎，名皆從水。疑「陽」爲「湯」傳寫之誤。

〔二〕言之太祖　「太祖」，各本原作「高祖」，薛史卷一三一賈緯傳作「太祖」。按薛史卷一一〇周太祖紀及通鑑卷二九〇，周太祖於廣順元年正月卽位改元，同月加王峻同平章事。今賈緯被貶旣在廣順中王峻爲相之時，則此「高祖」爲「太祖」之訛無疑，據改。

〔三〕高祖憐之　按本史卷一〇漢本紀及薛史卷一〇一漢隱帝紀，漢高祖死於乾祐元年正月，同年三月李守貞反。王松上書當守貞反時，則此「高祖」當作「隱帝」。

〔四〕天福三年　本史卷八晉高祖紀載：天福四年三月「丙辰頒調元曆」，薛史卷七八晉高祖紀及五代會要卷一〇亦繫在四年。此疑誤。

新五代史

宋　歐陽修　撰
宋　徐無黨　註

第　三　册

卷五八至卷七四（考世家附録）

中　華　書　局

新五代史卷五十八

嗚呼，五代禮樂文章，吾無取焉。其後世有欲知之者，不可以遺也。作司天職方考。

司天考第一

司天掌日月星辰之象。周天一歲，四時，二十四氣，七十二候，行十日十二辰，以爲曆。而謹察其變者，以爲占。占者，非常之兆也，以驗吉凶，以求天意，以覺人事，其術藏於有司。曆者，有常之數也，以推寒暑，以先天道，以勉人事，其法信於天下。術有時而用，法不可一日而差。差之毫釐，則亂天人之序，乖百事之時，蓋有國之所重也。然自堯命羲、和見於書，中星閏餘，略存其大法。而三代中間千有餘歲，遺文曠廢，六經無所述，而孔子之徒，亦未嘗道也。至於後世，其學一出於陰陽之家，其事則重，其學則末。夫天人之際，遠哉微矣。而使一藝之士，布算積分，上求數千萬歲之前，必得甲子朔旦夜半冬至，而日、月、五星皆會于子，謂之上元，以爲曆始。蓋自漢而後，其說始詳見於世，其源流所自止於如

此。是果堯、舜、三代之法歟？皆不可得而考矣。然自是以來，曆家之術，雖世多不同，而未始不本於此。

五代之初，因唐之故，用崇玄曆。至晉高祖時，司天監馬重績，始更造新曆，不復推古上元甲子冬至七曜之會，而起唐天寶十四載乙未爲上元，用正月雨水爲氣首。初，唐建中時，術者曹士蔿始變古法，以顯慶五年爲上元，雨水爲歲首，號符天曆。然世謂之小曆，祇行於民間。而重績乃用以爲法，遂施于朝廷，賜號調元曆。然行之五年，輒差不可用，而復用崇玄曆。周廣順中，國子博士王處訥，私撰明玄曆于家。民間又有萬分曆，而蜀有永昌曆、正象曆，南唐有齊政曆。五代之際，曆家可考見者，止於此。而調元曆法既非古，明玄又止藏其家，萬分止行於民間，其法皆不足紀。而永昌正象齊政曆，皆止用於其國，今亦亡，不復見。

世宗即位，外伐僭叛，內修法度。端明殿學士王朴，通於曆數。乃詔朴撰定。歲餘，朴奏曰：

臣聞聖人之作也，在乎知天人之變者也[一]。人情之動，則可以言知之；天道之動，則當以數知之。數之爲用也，聖人以之觀天道焉。歲月日時，由斯而成；陰陽寒暑，由斯而節；四方之政，由斯而行。夫爲國家者，履端立極，必體其元；布政考績，

必因其歲；禮動樂舉，必正其朔；三農百工，必順其時；五刑九伐，必順其氣；庶務有爲，必從其日月。是以聖人受命，必治曆數。故五紀有常度，庶徵有常應，正朔行之於天下也。

自唐之季，凡歷數朝，亂日失天，垂將百載。天之曆數，汩陳而已。陛下順考古道，寅畏上天，咨詢庶官，振舉墜典。臣雖非能者，敢不奉詔。乃包萬象以爲法，齊七政以立元，測圭箭以候氣，審朓朒以定朔，明九道以步月，校遲疾以推星，考黃道之斜正，辨天勢之昇降，而交蝕詳焉。

夫立天之道，曰陰與陽。陰陽各有數，合則化成矣。陽之策三十六，陰之策二十四。奇偶相命，兩陽三陰，同得七十二。同則陰陽之數合。七十二者，化成之數也。化成則謂之五行之數。五之，得朞數[二]。過之者，謂之氣盈；不及者，謂之朔虛。至於應變分用，無所不通。故以七十二爲經法。經者，常用之法也。百者，數之節也，隨法進退，不失舊位，故謂之通法。以通法進經法，得七千二百，謂之統法。自元入經，先用此法，統曆之諸法也。以通法進統法，得七十二萬。氣朔之下，收分必盡，謂之全率。以通法進全率，得七千二百萬，謂之大率，而元紀生焉。元者，歲、月、日、時皆甲子；日、月、五星合在子；當盈縮、先後之中，所謂七政齊矣。

古者，植圭於陽城，以其近洛也。蓋尙慊其中，乃在洛之東偏。開元十二年，遣使天下候影，南距林邑，北距橫野，中得浚儀之岳臺，應南北弦，居地之中。大周建國，定都於汴。樹圭置箭，測岳臺晷漏，以爲中數。晷漏正，則日之所至，氣之所應，得之矣。

日月皆有盈縮。日盈月縮，則後中而朔。月盈日縮，則先中而朔。自古朓朒之法，率皆平行之數；入曆既有前次，而又衺稍不倫。皇極舊術，則迂迴而難用。降及諸曆，則疎遠而多失。今以月離朓朒，隨曆校定，日躔朓朒，臨用加減。所得者，入離定日也。一日之中，分爲九限。每限損益，衺稍有倫。朓朒之法，可謂審矣。

赤道者，天之紘帶也。其勢圜而平，紀宿度之常數焉。黃道者，日軌也。其半在赤道內，半在赤道外，去極二十四度。當與赤道近，則其勢斜；當與赤道遠，則其勢直。當斜，則日行宜遲；當直，則日行宜速。故二分前後加其度，二至前後減其度。九道者，月軌也。其半在黃道內，半在黃道外，去極遠六度。出黃道，謂之正交；入黃道，謂之中交。若正交在秋分之宿，中交在春分之宿，則比黃道益斜。若正交在春分之宿，中交在秋分之宿，則比黃道反直。若正交、中交在二至之宿，則其勢差斜。故校去二至二分遠近，以考斜正，乃得加減之數。自古雖有九道之說，蓋亦知而未詳，徒有祖述之文，而無推步之用。今以黃道一周，分爲八節；一節之中，分爲九道；盡七十

二道，而使日月無所隱其斜正之勢焉。九道之法，可謂明矣。

星之行也，近日而疾，遠日而遲。去日極遠，勢盡而留。自古諸曆，分段失實，隆降無準；今日行分尙多，次日便留；自留而退，惟用平行，仍以入段行度爲入曆之數；皆非本理，遂至乖戾。今校逐日行分積，以爲變段。然後自疾而漸遲，勢盡而留。自留而行，亦積微而後多。別立諸段變曆，以推變差，俾諸段變差，際會相合。星之遲疾，可得而知之矣。

自古相傳，皆謂去交十五度以下，則日月有蝕。殊不知日月之相掩，與闇虛之所射，其理有異。今以日月徑度之大小，校去交之遠近，以黃道之斜正，天勢之昇降，度仰視、旁視之分數，則交虧得其實矣。

臣考前世，無食神首尾之文。近自司天卜祝小術，不能舉其大體，遂爲等接之法。蓋從假用，以求徑捷，於是乎交有逆行之數。後學者不能詳知，因言曆有九曜，以爲注曆之常式。今並削而去之。謹以步日、步月、步星、步發斂爲四篇，合爲曆經一卷，曆十一卷，草三卷，顯德三年七政細行曆一卷，以爲欽天曆。

昔在帝堯，欽若昊天。陛下考曆象日月星辰，唐堯之道也。天道玄遠，非微臣之所盡知。

世宗嘉之。詔司天監用之，以明年正月朔旦爲始。

顯德欽天曆

演紀上元甲子，距今顯德三年丙辰，積七千二百六十九萬八千四百五十二算外。

欽天統法：七千二百。

欽天經法：七十二。

欽天通法：二百。

欽天步日躔術

歲率：二百六十二萬九千七百六十，四十。

軌率：二百六十二萬九千八百四十四，八十。

朔率：二十一萬二千六百二十，二十八。

歲策：三百六十五，一千七百六十，四十。

軌策：三百六十五，一千八百四十四，八十。

歲中：一百八十二，四千四百八十，二十。

軌中：一百八十二，四千五百二十二，四十。

朔策：二十九，三千八百二十，二十八。

氣策：一十五，一千五百七十三，三十五。

象策：七，二千七百五十五，七。

周紀：六十。

歲差：八十四，四十。

辰則：六百，八刻二十四分。

赤道宿次

斗：二十六度。牛：八度。女：十二度。虛：一十度少。危：十七度。室：十六度。壁：九度。

北方七宿九十八度少。

奎：十六度。婁：十二度。胃：十四度。昴：十一度。畢：十七度。觜：一度。參：一十度。

西方七宿八十一度。

井：三十三度。鬼：三度。柳：十五度。星：七度。張：十八度。翼：十八度。軫：十七度。

南方七宿一百一十一度。

角：十二度。亢：九度。氐：十五度。房：五度。心：五度。尾：十八度。箕：十一度。

東方七宿七十五度。

中節

置歲率，以演紀上元距所求積年乘之，爲氣積。統法而一，爲日。盈周紀去之，命甲子算外，卽天正中氣日辰及分秒也。以氣策累加之，秒盈通法從分，分盈統法從日，日盈周紀去之，卽各得次氣日辰及分秒也。

朔弦望

置氣積，以朔率去之，不盡爲閏餘。用減氣積，爲朔積。統法而一，爲日。盈周紀去之，命甲子算外，卽天正常朔日辰及分秒也。以象策累加之，卽各得弦望及次朔也。

日躔入曆

置歲率，以閏餘減之，統法而一，爲日。歲中以下爲盈；以上，減去歲中爲縮，卽天正常朔加時所入也。累加象策，滿歲中去之，盈縮互命，卽四象所入也。

日躔朓朒

置加時入曆分秒，以其日損益率乘之，統法而一，損益其日朓朒數，爲日躔朓朒定數。

赤道日度

置氣積，以軌率去之，餘統法而一，爲度；命赤道虛八算外，卽天正中氣加時日躔赤道宿度及分秒也。加歲中，以次命之，卽夏至之宿也。

黃道宿次

置二至日躔赤道宿度。距前後每五度爲限，初率八，每限減一，盡九限，末率空，乃一度少彊，亦限率空。其半當四立之宿。自後亦五度爲限，初率空，每限增一，盡九限，末率八，殷二分之宿。自二分至二至，亦如之。各以限率乘所入限度，爲分。經法而一，爲度。二至前後各九限以減、二分前後各九限以加赤道宿，爲黃道宿及分。就其分爲少、太、半之數。

黃道日度

置天正中氣加時日躔赤道宿度。各與所入限率相乘，皆以統法通之；所入限率乘其分，以從之。經法而一，爲分；盈統法，爲度。用減赤道所躔，卽天正中氣加時日躔黃道宿度及分也。加歲中，以黃道宿次命之，卽夏至加時日度及分也。

午中日躔

置二至分，減去半法，爲午後分；不足，反減，爲午前分。以乘初日躔分，經法而一，午前以加、午後以減加時黃道日度，爲午中日度及分也。各以次日躔分加之，滿統法從度。

依宿次命之，卽次日午中日躔也。

午中日躔入曆

置天正中氣午前分，便爲午中入盈曆日分。其在午後者，以午後分減歲中，爲午中入縮曆日分。累加一日，滿歲中卽去之，盈縮互命，爲每日午中入曆也。

岳臺中晷

置午中入曆分，以其日損益率乘之，如統法而一，爲分；分十爲寸。用損益其下中晷數，爲定數也。

晨昏分

各置入曆分，以其日損益率乘之，如統法而一，用損益其下晨分，卽所求晨定分也。用損加、益減其下昏分，卽所求昏定分也。

日出入辰刻

置晨昏分，以一百八十加晨、減昏，爲日出入分。各以辰則除，爲辰數；餘滿經法，爲刻；命辰數子正算外，則日出入辰刻也。

晝夜刻

置日入分，以日出分減之，爲晝分。用減統法，爲夜分。各滿經法，爲晝夜刻。

五夜辰刻

置昏分，以辰則除，爲辰數；經法除，爲刻數。命辰數子正算外，卽甲夜辰刻也。倍晨分，五約之，爲更用分。又五約之，爲籌用分。用累加甲夜，滿辰則爲辰、滿經法爲刻，卽各得五夜辰刻也。

昏曉中星

置昏分，減去半統，用乘軌率，統法除之，爲距中分。盈統法，爲度。加午中日躔，爲昏中星；減之，爲曉中星。

赤道內外數

置入曆分，以其日損益率乘之，如統法而一，用損益其下內外數；如不足損，則反損之；內外互命，卽得所求赤道內外定數也。

九服距軌數

置距岳臺南北里數，以三百六十通之，爲步。一千七百五十六除之，用北加、南減二千五百一十三，爲其地戴中數以赤道內外定數，內減、外加之 卽九服距軌數也。

九服中晷

置距軌數，二十五乘之，一百三十七除，爲天用分。置之，以二十二乘，六約之，用減四千，爲晷法。又以天用分自相乘，如晷法而一，爲地用分。相從爲晷分，分十爲寸，卽得其地中晷也。

九服刻漏

經法通軌中而半之，用自相乘，如其地戴中數而一；以乘二百六十三，經法除之，爲漏法。通軌中於上，置赤道內外數於下，以下減上，餘用乘之；盈漏法，爲漏分。赤道內以減、赤道外以加一千六百二十，爲其地晨分。減統法，爲昏分。置晨昏分，各如岳臺術入之，卽得其地日出入辰刻、五夜辰刻、昏曉中星也。

欽天步月離術

離率：一十九萬八千三百九十三，九。

交率：一十九萬五千九百二十七，九十七，五十六。

離策：二十七，三千九百九十三，九。

交策：二十七，一千五百二十七，九十七，五十六。

望策：一十四，五千五百一十，一十四。

交中：一十三，四千三百六十三，九十八，七十八。

離朔：一，七千二十七，一十九。
交朔：二，二千二百九十二，三十，四十四。
中準：一千七百三十六。
中限：四千七百八十。
平離：九百六十三。
程節：八百。

月離入曆

置朔積，以離率去之，餘滿統法爲日，即天正常朔加時入曆也。累加象策，盈離策去之，即弦望及次朔入曆也。

月離朓朒

置入曆分，以日躔朓朒定數，朓減、朒加之，程節除之，爲限數。餘乘所入限損益率，程節而一，用損益其限朓朒爲定數。

朔弦望定日

各以日躔月離朓朒定數，朓減、朒加朔弦望常分，爲定日。定朔加時日入後，則進一日；有交見初則不進。弦望加時日未出，則退一日；日雖出有交見初亦如之。元日有交，

則消息定之。定朔與後朔干同者，大；不同者，小；無中氣者，爲閏。

朔望加時日度

各置日躔入曆，以日躔月離朓朒定數，朓減、朒加之，爲定朔加時入曆。以曆分乘其日損益率，統法而一，損益其下盈縮數，爲定數。置定朔曆分，通法約之，以定數盈加、縮減之。各命以冬夏至之宿算外，即所求也。

月離入交

置朔積，以交率去之，餘滿統法爲日，即天正常朔入交泛日也。以望策累加之，盈交策去之，即望及次朔所入也。各以日躔朓朒定數，朓減、朒加之，爲入交常日。置月離朓朒定數，經法乘之，平離而一，朓減、朒加常分，即入交定日也。

黃道正交月度

統法通朔交定日，以二百五十四乘之，十九而一。復以統法除，爲入交度。用減其朔加時日度，即朔前月離正交黃道宿度也。

九道宿次

月離出入黃道六度。變從八節，斜正不同。故月有九道。黃道八節，各有九限。若正交起，八節後第一限之宿，爲月行其節第一道。起第二限之宿，爲月行其節第二道，即以所起限爲正交後第一限。初率八，每限減一，盡九限，末率空。又九限，初率空，每限增一，末率八，殷半交之宿。自後亦九限，初率八，每限減一，末率空。又九限，初率空，每限增一，末率八，復與黃道相會，謂之中交。自中交至正交，亦如之。各置所入限度，以限率乘之，爲泛差。其正交、中交前後各九限，以距二至之宿限數乘之，半交前後各九限，以距二分之宿限數乘之，皆如經法而一，爲黃道差。在冬至之宿後，正交前後各九限爲減，中交前後各九限爲加。在夏至之宿後，正交前後各九限爲加，中交前後各九限爲減。凡月正交後出黃道外，中交後入黃道內。其半交前後各九限，在春分之宿後，出黃道外，秋分之宿後，入黃道內，皆以差爲加；在春分之宿後，入黃道內，秋分之宿後，出黃道外，皆以差爲減。四約泛差，以黃道差減之，爲赤道差。正交、中交前後各九限，皆以差爲加。半交前後各九限，皆以差爲減。以黃赤二差加減黃道，爲九道宿次；就其分爲少、太、半之數。八節各九道，七十二道周焉。

九道正交月度

置月離正交黃道宿度，各以所入限率乘之，亦乘其分，經法約之，爲泛差。用求黃赤二差，以加減之，即月離正交九道宿度也。

九道朔月度

置月離正交九道宿度，以入交度加之，命以九道宿次，即其朔加時月離九道宿度也。

九道望月度

置朔望加時日相距之度，以軌中加之，爲加時象積。用加其朔九道月度，命以其道宿次，即所求也。自望推朔，亦如之。

月離午中入曆

置朔望月離入曆，加半統，減去定分，各以日躔月離朓朒定數，朓減、朒加之，即所求也。

晨昏月度

置其日晨昏分，以定分減之，爲前；不足，返減，爲後。用乘其日離程，統法而一，滿經法爲度，爲晨昏前後度。前加、後減加時月，爲晨昏月度。

晨昏象積

置加時象積，以前象前後度，前減、後加，又以後象前後度，前加、後減之，即所求也。

每日晨昏月度

累計距後象離度，以減晨昏象積，爲加；不足，反減之，爲減。以距後象日數除之，用加減每日離度，爲定度。累加晨昏月度，命以九道宿次，即所求。

月去黃道度

置入交定日。交中以下，月行陽道；以上，去之，月行陰道；皆以經法通之。用減九百八十，餘以乘之，五百五十六而一，爲分；滿經法爲度。行陽道，在黄道外；行陰道，在黄道内，即所求月去黄道内外度也。

日月食限

置定交行陰陽道日。半交中以下，爲交後；以上，用減交中，爲交前；皆以統法通之，爲距交分。朔視距交分，陽道四千二百一十九、陰道一萬三百八十三以下，日入食限。望視距交分陰陽道皆六千九百九十五以下，月入蝕限。

日月食甚加時定分

置朔定分。半統以上，以半統減之；半統以下，用減半統；爲距午分。十一乘之，經法而一。半統以下，以減半統；以上，以加朔定分，爲日食加時定分。望以其日晨分與一千六百二十相減，餘以二百四十五乘之，三百一十三而一；用減二百四十五，餘以損益望定分，爲月食加時定分。

日食常準

置中準；與其日赤道内外數相乘，二千五百一十三除，爲黄道出入食差。以距午分減半晝分以乘之，半晝分而一；赤道内以減、赤道外以加中準，爲日食常準。

日食定準

置日躔入曆，以經法通之，三千二百八十七以下，用減三千二百八十七，爲二至後；以上，減去三千二百八十七，爲二分前。六千五百七十四以上，用減九千八百六十一，爲二分後；以上，減去九千八百六十一，爲二至前。各三約之，二至前後用減、二分前後用加二千七百七十二，爲黄道斜正食差。以距午分乘之，半晝分而一，以加常準，爲定準。

日食分

以定準加中限，爲陰道定準；減中限，爲陽道定限。不足減者，反減之，爲限外分。視陰道距交分，定準以上，定限以下，爲陰道食；即置定限，以距交分減之，爲距食分。定準以下，雖曰陰道，亦爲陽道食；即加陽道定限，爲距食分。其有限外分者，即減去限外分，爲距食分。不足減者，不食。其陽道距交分，定限以下，爲入定食限；即用減陽道定限，爲距食分。各置距食分，皆以四百七十八除，爲日食之大分；餘爲小分。命大分以十爲限；命小分以半及彊弱。

月食分

視距交分，中準以下，皆既；以上，用減食限，爲距食分。置之，以五百二十六除，爲月食之大分；餘爲小分。命大分以十爲限，命小分以半及彊弱。

日食泛用分

置距食分，一千九百一十二以上，用減四千七百八十；餘自相乘，六萬三千二百七十二除之；以減六百四十七，爲泛用分。九百五十六以下，用減一千九百一十二，餘以通法乘之，七百三十五而一；以減五百一十七，爲泛用分。九百五十六以上，以距食分自相乘，二千三百六十二除之；用減三百八十七，爲泛用分。

月食泛用分

置距食分，二千一百四以上，用減五千二百六十；餘自相乘，六萬九千一百六十九除之；以減七百一十一，爲泛用分。一千五十二以上，用減二千一百四十；餘，七除之；以減五百六十七，爲泛用分。一千五十二以下，以距食分減之；餘自相乘，二千六百五十四而一；用減四百一十七，爲泛用分。

日月初末加時定分

各置泛用分，以平離乘之，其日離程而一，爲定用分。以減朔望定分，爲虧初。加之，爲復末。加時常分，如食甚術推之，得虧初、復末定分。置初、甚、末定分，各以辰則除之，爲辰；經法除之，爲刻。即初、甚、末之辰刻也。

虧食所起

日食起虧自西，月食起虧自東。其食分少者，月行陽道，則日食偏南，月食偏北；陰道，則日食偏北，月食偏南：此常數也。立春後，立夏前，食分多，則日食偏南，月食偏北；立秋後，立冬前，食分多，則日食偏北，月食偏南：此黄道斜正也。陽道交前，陰道交後，食分多，則日食偏南，月食偏北；陽道交後，陰道交前，食分多，則日食偏北，月食偏南：此九道斜正也。黄道比常數所偏差少，九道比黄道所偏又四分之一：皆據午而言之。若午前午後，一理偏南，一理偏北，及消息所食分數多少，以定初、甚、末之方，即各得所求也。

帶食出入分

視其日出入分，在虧初定分已上，復末定分已下，即帶食出入。食甚在出入分已下者，以出入分減復末定分，爲帶食差。食甚在出入分已上者，以虧初定分減出入分，爲帶食差。各置帶食差，以距食分乘之，定用分而一，日以四百七十八，月以五百二十六除，爲帶食之大分；餘爲小分。

食入更籌

各置初、甚、末定分。晨分已下，以昏分加之；昏分已上，昏分減之；皆更用分而一，爲更數。餘，籌用分而一，爲籌數。

欽天步五星術

歲星

周率：二百八十七萬一千九百七十六，六。

變率：二十四萬二千二百一十五，六十六。

曆率：二百六十二萬九千七百六十一，七十八。

周策：三百九十八，六千三百七十六，六。

曆中：一百八十二，四千四百八十，八十九。

變段	變日	變度	變曆
晨見	一十七	三 三十七	二 二十四
順疾	九十	一十六 六十三	一十一 一十三
順遲	二十五	二 九	一 二十九
前留	二十六 三十二		
退遲	一十四	一 一十二	空 二十八
退疾	二十七	四 三十八	一 三十七
退疾	二十七	四 三十八	一 三十七

退遲	一十四	一 一十二	空 二十八
後留	二十六 三十二		
順遲	二十五	二 九	一 二十九
順疾	九十	一十六 六十三	一十一 一十三
夕伏	一十七	三 三十七	二 二十四

熒惑

周率：五百六十一萬五千四百二十二，一十一。

變率：二百九十八萬五千六百六十一，七十一。

曆率：二百六十二萬九千七百六十，空。

周策：七百七十九，六千六百二十二，一十一。

曆中：一百八十二，四千四百八十，空。

變段	變日	變度	變曆
晨見	七十三	五十三 六十八	五十 五十八
順疾	七十三	五十一	四十八 三

次疾	七十一	四十六 六十九	四十四 一十七
次遲	七十一	四十五 三十三	四十二 五十八
順遲	六十二	一十九 二十九	一十八 二十
前留	八 六十九		
退遲	一十	一 五十八	空 四十四
退疾	二十一	七 四十六	二 四十
退疾	二十一	七 四十六	二 四十
退遲	一十	一 五十八	空 四十四
後留	八 六十九		
順遲	六十二	一十九 二十九	一十八 二十
次遲	七十一	四十五 三十三	四十二 五十八
次疾	七十一	四十六 六十九	四十四 一十七
順疾	七十三	五十一	四十八 三
夕伏	七十三	五十三 六十八	五十 五十八

鎮星

周率：二百七十二萬二千一百七十六，九十。

變率：九萬二千四百一十六，五十。

曆率：二百六十二萬九千七百五十九，八十。

周策：三百七十八，五百七十六，九十。

曆中：一百八十二，四千四百七十九，九十。

變段	變日	變度	變曆
晨見	一十九	二 七	一 一十四
順疾	六十五	六 三十八	三 五十一
順遲	一十九	空 六十三	空 三十五
前留	三十七 三		
退遲	一十六	空 四十三	空 一十四
退疾	三十三	二 三十五	空 六十
退疾	三十三	二 三十五	空 六十
退遲	一十六	空 四十三	空 一十四
後留	三十七 三		

順遲	一十九	空六十三	空三十五
順疾	六十五	六三十八	三五十一
夕伏	一十九	二七	一一十四

太白

周率：四百二十萬四千一百四十三，九十六。

變率：四百二十萬四千一百四十三，九十六。

曆率：二百六十二萬九千七百五十，五十六。

周策：五百八十三，六千五百四十三，九十六。

曆中：一百八十二，四千四百七十五，二十八。

變段	變日	變度	變曆
夕見	四十二	五十三四十	五十一一十七
順疾	九十六	一百二十一五十七	一百一十六三十九
次疾	七十三	八十三十七	七十七二
次遲	三十三	三十四一	三十二四十
順遲	二十四	一十一六十一	一十一二十四
前留	六六十九		
退遲	四	一二十二	空三十一
退疾	六	三六十五	一二十二
夕伏	七	四四十	一三十七
晨見	七	四四十	一三十七
退疾	六	三六十五	一二十二
退遲	四	一二十二	空三十一
後留	六六十九		
順遲	二十四	一十一六十一	一十一二十四
次遲	三十三	三十四一	三十二四十
次疾	七十三	八十三十七	七十七二
順疾	九十六	一百二十一五十七	一百一十六三十九
晨伏	四十二	五十三四十	五十一一十七

辰星

周率：八十三萬四千三百三十五，五十二。

變率：八十三萬四千三百三十五，五十二。

曆率：二百六十二萬九千七百六十，四十四。

周策：一百一十五，六千三百三十五，五十二。

曆中：一百八十二，四千四百八十，二十二。

變段	變日	變度	變曆
夕見	一十七	三十四一	二十九五十四
順疾	一十一	一十八二十四	一十六四
順遲	一十六	一十一四十三	一十一十
前留	二六十八		
夕伏	一十一	六	二
晨見	一十一	六	二
後留	二六十八		
順遲	一十六	一十一四十三	一十一十
順疾	一十一	一十八二十四	一十六四
晨伏	一十七	三十四一	二十九五十四

中日中星

置氣積，以其星周率除之，爲周數；不盡爲天正中氣積前合〔三〕。用減歲率，爲前年天正中氣後合。如不足減，則加歲率以減之，爲次前年天正中氣後合。各以統法約之，爲日，爲度，即所求平合中日、中星也。置中日，以逐段變日累加之，即逐段中日也。置中星，以逐段變度順加、退減之，即得逐段中星。金水夕伏晨見，皆退變也。

入曆

置變率。以周數乘之，以曆率去之，餘滿統法爲度。曆中以下，爲先；以上，減去曆中，爲後。即所求平合入曆。以逐段變曆累加之，得逐段入曆也。

先後定數

置入曆分，以其度損益率乘之，經法而一，用損益其下先後數，即所求也。

常日定星

置中日中星，各以先後定數，先加、後減之，留用前段先後數，太白順伏見及前順疾次疾後次遲次疾疾、辰星順伏見及前疾後遲，並先減、後加之，即各爲其段常日定星。置定星，以其年天正中氣日躔黃道宿次加而命之，得逐段末日加時宿度也。

盈縮定數

置常日，如歲中以下，爲在盈；以上，減去歲中，餘爲在縮；卽常日入盈縮曆也。置曆分。以其日損益率乘之，經法而一，用損益其下盈縮數，卽得所求也。

定日

置常日，以盈縮定數盈減、縮加之，爲定日。以其年天正中氣加而命之，卽逐段末日加時日辰也。

入中節

置定日，以氣策除之，命起冬至，卽所入氣日數也。

平行分

置定日，以前段定日減之，爲日率；定星與前段定星相減，爲度率。通度率，以經法乘之，通日率而一，爲平行分。

初末行分

近伏段與伏段平行分，合而半之，爲其段近伏行分。以平行分減之，餘減平行分，爲其段遠伏行分。近留段近留行分空。倍平行分爲其段遠留行分。其不近伏留段，皆以順行二段平行分，合而半之，爲前段末日、後段初日行分。各與其段平行分相減，平行分多，則加平行分；平行分少，則減平行分，卽前段初日、後段末日行分。其不近伏留段，退行則以遲

段近疾行分，爲疾段近遲行分，所得與平行分相減，平行分多，則加之，少則減之，皆爲遠遲行分也。

初行夜半宿次

置經法，以前段末日加時分減之，餘乘前段末日行分，經法而一，用順加、退減前段末日加時宿度，爲其段初行昏後夜半宿度也。

每日行分

初末行分相減，爲差率。累計其段初行昏後夜半距後段初行昏後夜半日數除之，爲日差。半日差，以減多、加少爲其段初末定行分。置初定行分，用日差末多則累加、末少則累減，爲每日行分。以每日行分順加、退減初行昏後夜半宿度，爲每日昏後夜半星所至宿度也。

先定日昏後夜半宿次

自初日累計距所求日數，以乘其段日差；末多用加、末少用減初日行分，爲其日行分。合初日而半之，以所累計日乘之，用順加、退減其段初行昏後夜半宿次，卽所求也。

欽天步發斂術

候策：五，五百二十四，四十五。

卦策：六，六百二十九，三十四。

外策：三，三百一十四，六十七。

維策：一十二，一千二百五十八，六十八。

氣盈：一千五百七十三，三十五。

朔虛：三千三百九十九，七十二。

氣候圖

冬至 十一月中	蚯蚓結	麋角解	水泉動
小寒 十二月節	鴈北鄉	鵲始巢	雉始雊
大寒 十二月中	雞始乳	鷙鳥厲疾	水澤腹堅
立春 正月節	東風解凍	蟄蟲始振	魚上冰
雨水 正月中	獺祭魚	鴻鴈來	草木萌動
驚蟄 二月節	桃始華	倉庚鳴	鷹化爲鳩
春分 二月中	玄鳥至	雷乃發聲	始電
清明 三月節	桐始華	田鼠化爲鴽	虹始見

穀雨 三月中	萍始生	鳴鳩拂其羽	戴勝降于桑
立夏 四月節	螻蟈鳴	蚯蚓出	王瓜生
小滿 四月中	苦菜秀	靡草死	小暑至
芒種 五月節	螳螂生	鵙始鳴	反舌無聲
夏至 五月中	鹿角解	蜩始鳴	半夏生
小暑 六月節	溫風至	蟋蟀居壁	鷹乃學習
大暑 六月中	腐草爲螢	土潤溽暑	大雨時行
立秋 七月節	涼風至	白露降	寒蟬鳴
處暑 七月中	鷹祭鳥	天地始肅	禾乃登
白露 八月節	鴻鴈來	玄鳥歸	羣鳥養羞
秋分 八月中	雷乃收聲	蟄蟲坯戶	水始涸
寒露 九月節	鴻鴈來賓	雀入水爲蛤	菊有黃華
霜降 九月中	豺祭獸	草木黃落	蟄蟲咸俯
立冬 十月節	水始冰	地始凍	雉入水爲蜃
小雪 十月中	虹藏不見	天氣上騰地氣下降	閉塞成冬

大雪 十一月節 鶡鳥不鳴 虎始交 荔挺出

爻象圖

冬至	坎初六	公中孚	辟復	侯屯內
小寒	坎九二	侯屯外	大夫謙	卿睽
大寒	坎六三	公升	辟臨	侯小過內
立春	坎六四	侯小過外	大夫蒙	卿益
雨水	坎九五	公漸	辟泰	侯需內
驚蟄	坎上六	侯需外	大夫隨	卿晉
春分	震初九	公解	辟大壯	侯豫內
清明	震六二	侯豫外	大夫訟	卿蠱
穀雨	震六三	公革	辟夬	侯旅內
立夏	震九四	侯旅外	大夫師	卿比
小滿	震六五	公小畜	辟乾	侯大有內
芒種	震上六	侯大有外	大夫家人	卿井
夏至	離初九	公咸	辟姤	侯鼎內

小暑	離六二	侯鼎外	大夫豐	卿渙
大暑	離九三	公履	辟遯	侯恆內
立秋	離九四	侯恆外	大夫節	卿同人
處暑	離六五	公損	辟否	侯巽內
白露	離上九	侯巽外	大夫萃	卿大畜
秋分	兌初九	公賁	辟觀	侯歸妹內
寒露	兌九二	侯歸妹外	大夫无妄	卿明夷
霜降	兌六三	公困	辟剝	侯艮內
立冬	兌九四	侯艮外	大夫既濟	卿噬嗑
小雪	兌九五	公大過	辟坤	侯未濟內
大雪	兌上六	侯未濟外	大夫蹇	卿頤

七十二候

各置中節，即初候也。以候策累加之，即次候也。

六十四卦

置中氣，即公卦也。以卦策累加之，即次卦也。置侯卦，以外策加之，即外卦也。

五行用事

置四立之節而命之，即春木、夏火、秋金、冬水用事之初也。置四季之節，各以維策加之，即土用事也。

沒日

中節分五千六百二十六秒六十五已上者，用減統法，爲有沒分。通氣策以乘之，氣盈而一，滿統法爲日；用加其氣而命之，即所求沒日也。

滅日

常朔分朔虛已下者，爲滅分。以朔率乘之，朔虛而一，盈統法爲日；用加其朔而命之，即所求滅日也。

右朴所撰欽天曆經四篇。舊史亡其步發斂一篇，而在者三篇，簡略不完，不足爲法。朴曆世既罕傳，予嘗問於著作佐郎劉羲叟，羲叟爲予求得其本經，然後朴之曆大備。羲叟好學知書史，尤通於星曆，嘗謂予曰：「前世造曆者，其法不同而多差。至唐一行始以天地之中數作大衍曆，最爲精密。後世善治曆者，皆用其法，惟寫分擬數而已。至朴亦能自爲一家。朴之曆法，總日躔差爲盈縮二曆，分月離爲遲疾二百四十八限，以考衰殺之漸，以審朓朒，而朔望正矣。校赤道九限，更其率數，以步黃道，使日躔有常度；分黃道八節，辨其內外，以揆九道，使月行如循環，而二曜協矣。觀天勢之升降，察軌道之斜正，以制食差，而交會密矣。測岳臺之中晷，以辨二至之日夜，而軌漏實矣。推星行之逆順、伏留，使舒亟有漸，而五緯齊矣。然不能宏深簡易，而徑急是取。至其所長，雖聖人出不能廢也。」羲叟之言蓋如此。覽者得以考焉。

校勘記

〔一〕在乎知天人之變者也　各本原無「人」字。薛史卷一四〇曆志作「在乎識天人之變者也」。按下文以「人情之動」與「天道之動」對比，則當有「人」字，據補。

〔二〕五之得朞數　「五」下各本原有「行」字。薛史卷一四〇曆志作「五之得朞之數」。按：據上文，「之」指七十二；據下文，「朞」指三百六十。「五之，得朞數」，意即五乘七十二，得三百六十。「行」字衍，據刪。

〔三〕不盡爲天正中氣積前合　按下文「天正中氣後合」語兩見。「積」字疑衍。

新五代史卷五十九

司天考第二

昔孔子作春秋而天人備。予述本紀，書人而不書天，予何敢異於聖人哉！其文雖異，其意一也。

自堯、舜、三代以來，莫不稱天以舉事，孔子刪詩、書不去也。蓋聖人不絕天於人，亦不以天參人。絕天於人則天道廢，以天參人則人事惑，故常存而不究也。春秋雖書日食、星變之類，孔子未嘗道其所以然者，故其弟子之徒，莫得有所述於後世也。

然則天果與於人乎？果不與乎？曰：天，吾不知，質諸聖人之言可也。易曰：「天道虧盈而益謙，地道變盈而流謙，鬼神害盈而福謙，人道惡盈而好謙。」此聖人極論天人之際，最詳而明者也。其於天地鬼神，以不可知爲言；其可知者，人而已。夫日中則昃，盛衰必復。天，吾不知，吾見其虧益於物者矣。草木之成者，變而衰落之；物之下者，進而流行之。地，吾不知，吾見其變流於物者矣。人之貪滿者多禍，其守約者多福。鬼神，吾不知，吾見人之禍福者

矣。天地鬼神，不可知其心，則因其著於物者以測之。故據其迹之可見者以爲言，曰虧益，曰變流，曰害福。若人，則可知者，故直言其情曰好惡。其知與不知，異辭也，參而會之，與人無以異也。其果與於人乎，不與於人乎，則所不知也。以其不可知，故常尊而遠之；以其與人無所異也，則修吾人事而已。人事者，天意也。書曰：「天視自我民視，天聽自我民聽。」未有人心悅於下，而天意怒於上者；未有人理逆於下，而天道順於上者。

然則王者君天下，子生民，布德行政，以順人心，是之謂奉天。至於三辰五星常動而不息，不能無盈縮差忒之變，而占之有中有不中，不可以爲常者，有司之事也。本紀所述人君行事詳矣，其興亡治亂可以見。至於三辰五星逆順變見，有司之所占者，故以其官誌之，以備司天之所考。

嗚呼，聖人既沒而異端起。自秦、漢以來，學者惑於災異矣，天文五行之說，不勝其繁也。予之所述，不得不異乎春秋也，考者可以知焉。

開平二年夏四月辛丑，熒惑犯上將。甲寅，地震。四年十二月庚午，月有食之。

乾化元年春正月丙戌朔，日有食之。五月，客星犯帝坐。二年正月丙申，熒惑犯房第二星。戊申，月犯心大星。四月甲寅，月掩心大星。壬申，彗出於張；甲戌，彗出靈臺。

同光元年十月辛未朔，日有食之。二年六月甲申，衆星交流；丙戌，衆星交流。八月戊子，熒惑犯星。十一月丁巳，地震。三年三月丙申，熒惑犯上相。戊申，月有食之。四月癸亥朔，日有食之。甲子，熒惑犯左執法。六月甲子，太白晝見。丙寅，歲犯右執法。己巳，太白晝見。庚寅，衆星流，自二更盡三更而止。辛卯，衆小星流于西南。九月甲辰，月有食之。丁未，天狗墮，有聲如雷，野雉皆雊。丙辰，太白、歲相犯。十一月甲寅，地震。

天成元年三月，惡星入天庫，流星犯天棓。四月庚戌，金犯積尸。六月乙未，衆小星交流。七月己未，月犯太白。庚申，太白晝見。乙丑，月入南斗魁。八月乙酉朔，日有食之。癸卯，太白犯心大星。乙巳，月犯五諸侯。九月丁巳，月犯心大星。己巳，月犯昴。庚午，熒惑犯右執法；己卯，熒惑犯左執法。辛亥，熒惑犯上將。十月戊子，熒惑犯上相。己丑至于庚子，日月赤而無光。丙午，月掩左執法。十一月丁丑，月暈匝火、木。戊寅，月犯金、木、土。十二月戊戌，熒惑犯氐。乙巳，月掩庶子。二年正月甲戌，熒惑、歲相犯。二月辛卯，熒惑犯鍵閉。三月戊午，月掩鬼。庚申，衆小星流于西北。己巳，熒惑犯上相。乙亥，月入羽林。四月丁亥，月犯右執法；癸卯，月入羽林。六月辛丑，熒惑犯房。八月己卯朔，日有食之。庚子，月犯五諸侯。九月壬子，歲犯房。庚申，月入羽林；壬申，月犯上將。十月壬午，月犯五諸侯。癸未，地震。十一月乙卯，月入羽林。辛未，地震；壬申，地

震。十二月癸未，地震。三年春正月壬申，金、火合于奎。二月丁丑朔，日有食之。四月丁酉，月犯五諸侯；五月丁巳，月掩房距星；六月乙酉，月掩心庶子；癸巳，月入羽林。自正月至于是月，宗人、宗正搖不止。七月乙卯，月入南斗魁。閏八月癸卯朔，熒惑犯上將。戊申，月犯南斗。乙卯，熒惑犯右執法。庚戌，太白犯右執法。九月庚辰，土、木合于箕。辛巳，金、火合于軫。十月庚午，彗出西南。十一月戊子，月掩軒轅大星。乙未，太白犯鎮，月掩房。十二月壬寅朔，熒惑犯房，金、木相犯于斗。乙卯，月有食之。四年正月癸巳，月入南斗魁。二月辛酉，月及火、土合于斗。三月壬辰，歲犯牛。六月癸丑，月有食之，既。七月丁丑，月入南斗。九月丙子，熒惑入哭星。十二庚戌，月有食之，既。

長興元年六月癸巳朔，日有食之。乙卯，太白犯天罇。八月己亥，月犯南斗。乙卯，月犯積尸。九月辛酉朔，衆小星交流而殞。十一月壬戌，熒惑犯氐。十二月丙辰，熒惑犯天江。二年正月乙亥，太白犯羽林。庚辰，月犯心距星；二月丁未，月犯房。四月甲寅，熒惑犯羽林。五月癸亥，太白晝見。閏五月乙巳，歲晝見。六月壬午，地震。八月丁巳，辰犯端門。九月丙戌，衆星交流；丁亥，衆星交流而殞。戊子，太白晝見。丁未，雷。十一月甲申朔，日有食之。丙戌，太白犯鍵。三年四月庚辰，熒惑犯積尸。九月庚寅，太白犯哭星。十月壬申，太白晝見。十一月己亥，太白犯壘壁。四年五月癸卯，太白晝見。六月庚午，衆

星交流。七月乙亥朔，衆星交流。九月辛巳，太白犯右執法。乙未，雷。

應順元年二月丁酉，衆星流于西北。四月戊寅，白虹貫日。是月改元。

清泰元年五月己未，太白晝見。六月甲戌，太白犯右執法。九月辛丑，衆星交流。壬寅，雨雹于京師。冬十一月丁未，彗出虛、危，掃天壘及哭星。

天福元年三月壬子，熒惑犯積尸。二年正月乙卯，日有食之〔一〕。七月丙寅，月有食之。十二月己卯朔，日有白虹二。三年三月壬子，日有白虹二。五月壬子，月犯上將。四年四月辛巳，太白犯東井北轅；甲午，太白犯五諸侯；五月丁未，太白犯輿鬼中星。七月庚子朔，日有食之。九月癸未，月掩畢。五年十一月丁丑，月有食之。六年八月辛卯，太白犯軒轅。九月己卯，熒惑犯上將。壬子，彗出于西，掃天市垣。八年四月戊申朔，日有食之。八月丙子，熒惑犯右掖。十月庚戌，彗出東方。丙辰，熒惑犯進賢。十一月庚子，月犯房。

開運元年二月辛亥，日有白虹二。壬戌，太白犯昴。己巳，熒惑犯天鑰。三月戊子，月有食之。四月丁巳，太白犯五諸侯。七月庚辰，月犯熒惑；壬午，月入南斗。甲申，太白犯東井。八月甲辰，熒惑入南斗。九月庚午朔，日有食之。丙子，月入南斗；乙酉，月食昴。丙戌，月有食之。庚寅，月犯五諸侯；十月癸卯，月入南斗；十一月辛巳，月犯昴。十二月癸丑，太白犯辰。二年七月乙未朔，月犯角；壬寅，月犯心前大星。庚戌，歲犯井鉞。八月

甲子朔，日有食之。甲戌，歲犯東井。九月己酉，月犯昴。甲寅，太白犯南斗魁。十一月甲午朔，太白犯哭星。癸丑，月掩角距星；戊午，月犯心後星。三年二月壬戌朔，日有食之。

天福十二年四月丙子，太白晝見。十月己丑，太白犯亢距星。十一月壬子，雨木冰。辛酉，雨木冰。壬戌，月犯昴。癸酉，雨木冰。乙亥，月掩心大星；己卯，月犯南斗。十二月乙未，月有食之。

乾祐元年四月甲午，月犯南斗。六月戊寅朔，日有食之。乙未，月入南斗。七月甲寅，月掩心庶子星。八月乙酉，鎮犯太微西垣。戊戌，歲犯右執法。九月丁卯，月掩鬼。十月丁丑，歲犯左執法。二年四月壬午，太白晝見。六月癸酉朔，日有食之。壬午，月犯心；丙戌，月犯天關；八月乙亥，月犯房次將。九月壬寅，太白犯右執法。庚戌，太白犯鎮。辛酉，鎮犯右執法。丁卯，太白犯歲。鎮自元年八月己丑入太微垣，犯上將、執法、內屏、謁者，勾已往來，至是歲十一月辛亥而出㊀。甲寅，月犯昴。三年二月甲戌，月犯昴。六月乙卯，鎮犯左掖。七月甲申，熒惑犯司怪。八月癸卯，太白犯房；庚戌，太白犯心大星。十月辛酉，月犯心大星，太白犯木。十一月甲子朔，日有食之。

㊀四百四十三日。

廣順元年二月丁巳，歲犯咸池。己未，熒惑犯五諸侯。三月甲子，歲守心。己卯，熒惑犯鬼；壬午，熒惑犯天尸。四月甲午，歲犯鉤鈐。二年二月庚寅，太白經天。四月丙戌朔，日有食之。七月乙丑，熒惑犯井鉞；八月乙未，熒惑犯天罇。九月辛酉，熒惑犯鬼。庚辰，太白掩右執法。十月壬辰，太白犯進賢。三年四月乙丑，熒惑犯靈臺；五月辛巳，熒惑犯上將；丙申，熒惑犯右執法。七月乙酉，月犯房。十二月戊申，雨木冰。

顯德元年正月庚寅，有大星墜，有聲如雷，牛馬皆逸，京城以為曉鼓，皆伐鼓以應之。三年正月壬戌，有星孛于參。十二月庚午，白虹貫日。癸酉，月有食之。

五代亂世，文字不完，而史官所記亦有詳略，其日、月、五星之變，大者如此。至於氣祲之象，出沒銷散不常，尤難占據。而五代之際，日有冠珥、環暈、纓紐、負抱、戴履、背氣，十日之中常七八，其繁不可以勝書，而背氣尤多。天福八年正月丙戌，黃霧四塞。九年正月乙未，大霧中二白虹相偶。四月庚戌，大霧中有蒼白二虹。廣順元年十一月甲子，白虹竟天。此其尤異者也。至於吳火出楊林江水中、閩天雨豆之類，皆非中國耳目所及者，不可得而悉書矣。

校勘記

〔一〕二年正月乙卯日有食之　各本「乙卯」下原有「朔」字。按薛史卷一三九天文志載：「天福二年正月乙卯。先是司天奏正月二日太陽虧蝕。……是日太陽虧十分，內食三分，在尾宿十七度。」歷代日食考五代日食表作「一月乙卯二日偏食」。查二十史朔閏表，是年正月甲寅朔，二日乙卯。「朔」字衍，據刪。

新五代史卷六十

職方考第三

嗚呼，自三代以上莫不分土而治也。後世鑒古矯失，始郡縣天下。而自秦、漢以來，爲國孰與三代長短？及其亡也，未始不分，至或無地以自存焉。蓋得其要，則雖萬國而治，失其所守，則雖一天下不能以容，豈非一本於道德哉！唐之盛時，雖名天下爲十道，而其勢未分。既其衰也，置軍節度，號爲方鎮，鎮之大者連州十餘，小者猶兼三四，故其兵驕則逐帥，帥彊則叛上，土地爲其世有，干戈起而相侵，天下之勢，自茲而分。然唐自中世多故矣，其興衰救難，常倚鎮兵扶持，而侵凌亂亡，亦終以此。豈其利害之理然歟？自僖、昭以來，日益割裂。梁初，天下別爲十一國，南有吳、浙、荆、湖、閩、漢，西有岐、蜀，北有燕、晉，而朱氏所有七十八州以爲梁。莊宗初起并、代，取幽、滄，有州三十五，其後又取梁魏、博等十有六州，合五十一州以滅梁。岐王稱臣，又得其州七。同光破蜀，已而復失，惟得秦、鳳、階、成四州，而營、平二州陷于契丹，其增置之州一，合一百二十三州以爲唐。石氏入立，獻十

有六州于契丹，而得蜀金州，又增置之州一，合百九州以爲晉。劉氏之初，秦、鳳、階、成復入于蜀，隱帝時增置之州一，合一百六州以爲漢。郭氏代漢，十州入于劉旻，世宗取秦、鳳、階、成、瀛、莫及淮南十四州，又增置之州五而廢者三，合一百一十八州以爲周。宋興因之。此中國之大略也。其餘外屬者，彊弱相并，不常其得失。至於周末，閩已先亡，而在者七國。自江以南二十一州爲南唐，自劍以南及山南西道四十六州爲蜀，自湖南北十州爲楚，自浙東西十三州爲吳越，自嶺南北四十七州爲南漢，自太原以北十州爲東漢，而荆、歸、峽三州爲南平。合中國所有，二百六十八州，而軍不在焉。唐之封疆遠矣，前史備載，而羈縻寄治虛名之州在其間。五代亂世，文字不完，而時有廢省，又或陷于夷狄，不可考究其詳。其可見者，具之如譜。

州	梁	唐	晉	漢	周
汴	都	有宣武。	都	都	都
洛	都	都	都	都	都
雍	有永平。	都	有晉昌。	有永興。	有
兗	有泰寧。	有	有	有	有罷。

沂	有	有	有	有	有
密	有	有	有	有	有
青	有平盧。	有	有罷。	有平盧。	有
淄	有	有	有	有	有
齊	有	有	有	有	有
棣	有	有	有	有	有
登	有	有	有	有	有
萊	有	有	有	有	有
徐	有武寧。	有	有	有	有
宿	有	有	有	有	有
鄆	有天平。	有	有	有	有
曹	有	有	有威信。	有罷。	有彰信。
濮	有	有	有	有	有

濟					有太祖置。
宋	有宣武。	有歸德。	有	有	有
亳	有	有	有	有	有
單	有輝州。	有改曰單州。	有	有	有
潁	有	有	有	有	有
陳	有	有	有鎮安。	有軍廢。	有復。
蔡	有	有	有	有	有
許	有匡國。	有忠武。	有	有	有
汝	有	有	有	有	有
鄭	有	有	有	有	有
滑	有宣義。	有義成。	有	有	有
襄	有初曰忠義，後復爲山南東道。	有	有	有	有

均	有	有	有	有	有
房	有	有	有	有	有
金	有蜀武雄。	有蜀	有懷德。寧寧。	有	有
鄧	有宣化。	有威勝。	有	有	有威勝。
隨	有	有	有	有	有
郢	有	有	有	有	有
唐	有	有	有	有	有
復	有	有	有	有	有
安	有宣威。	有安遠。	有罷軍。	有復。	有罷。
申	有	有	有	有	有
蒲	有護國。	有	有	有	有
孟	有河陽三城。	有	有	有	有
懷	有	有	有	有	有

晉	有初曰定昌。後曰建寧。	有建雄。	有	有	有
絳	有	有	有	有	有
陝	有鎮國。	有保義。	有	有	有
虢	有	有	有	有	有
華	有感化。	有鎮國。	有	有	有罷軍。
商	有	有	有	有	有
同	有忠武。	有匡國。	有	有	有
耀	岐義勝。有崇州。靜勝。	有復曰耀州。改順義。	有	有	有
解				有隱帝置。	有
邠	岐靜難。有	有	有	有	有
寧	岐有	有	有	有	有
慶	岐有	有	有	有	有

衍	岐有	有	有	有	廢
威			有高祖置。	有	有改曰環州。
鄜	岐保大。有	有	有	有	有
坊	岐有	有	有	有	有
丹	岐有	有	有	有	有
延	岐忠義。有〔一〕	有彰武。	有	有	有
夏	有定難。	有	有	有	有
銀	有	有	有	有	有
綏	有	有	有	有	有
宥	有	有	有	有	有
靈	有朔方。	有	有	有	有
鹽	有	有	有	有	有
岐	岐鳳翔。	有	有	有	有

隴	岐	有	有	有	有
涇	岐彰義。	有	有	有	有
原	岐	有	有	有	有
渭	岐	有	有	有	有
武	岐	有	有	有	有廢。
秦	岐雄武。蜀天雄。	有	有	蜀	有
成	岐蜀	有	有	蜀	有
階	岐蜀	有	有	蜀	有
鳳	岐蜀	有	有	蜀	有
乾	岐李茂貞置。	有	有	有	有
魏	有天雄。唐	有鄴都。	有鄴都。	有鄴都。	有罷都。
博	有唐	有	有	有	有
貝	有唐	有	有永清。	有	有

衞	有唐	有	有	有	有
澶	有唐	有	有鎮寧。	有	有
相	有昭德。唐	有	有彰德。	有	有
邢	有保義。唐	有安國。	有	有	有
洺	有唐	有	有	有	有
磁	有改曰惠州。唐	有復曰磁州。	有	有	有
鎮	有武順。唐	有成德。	有順德〔二〕。	有成德。	有
冀	有唐	有	有	有	有
深	有唐	有	有	有	有
趙	有唐	有	有	有	有
易	有唐	有	有	有	有
祁	有唐	有	有	有	有
定	有義武。唐	有	有	有	有

滄	唐橫海。	有	有	有	有
景	唐	有	有	有	有廢。
德	唐	有	有	有	有
濱					有世宗置。
瀛	唐	有	契丹	契丹	有
莫	唐	有	契丹	契丹	有
雄					有世宗置。
霸					有世宗置。
幽	唐盧龍。	有	契丹	契丹	契丹
涿	唐	有	契丹	契丹	契丹
檀	唐	有	契丹	契丹	契丹
薊	唐	有	契丹	契丹	契丹
順	唐	有	契丹	契丹	契丹

營	唐	有契丹	契丹	契丹	契丹
平	唐	有契丹	契丹	契丹	契丹
蔚	唐	有	契丹	契丹	契丹
朔	唐振武。	有	契丹	契丹	契丹
雲	唐大同。	有	契丹	契丹	契丹
應	唐	有彰國。	契丹	契丹	契丹
新	唐	有威塞。	契丹	契丹	契丹
嬀	唐	有	契丹	契丹	契丹
儒	唐	有	契丹	契丹	契丹
武	唐	有	契丹	契丹	契丹
寰		有明宗置。	契丹	契丹	契丹
忻	唐	有	有	有	東漢
代	唐鴈門。	有	有	有	東漢

嵐	唐	有	有	有	東漢
石	唐	有	有	有	東漢
憲	唐	有	有	有	東漢
麟	唐	有	有	有	東漢
府	唐	有	有永安。	有龍軍。	有永安。
幷	唐河東。	有北都。	有	有	東漢
汾	唐	有	有	有	東漢
慈	唐	有	有	有	有
隰	唐	有	有	有	有
澤	唐	有	有	有	有
潞	唐昭義。	有安義。昭義〔三〕。	有	有	有
沁	唐	有	有	有	東漢
遼	唐	有	有	有	東漢

揚	吳淮南。	吳	南唐	南唐	有
楚	吳	吳	南唐	南唐	有
泗	吳	吳	南唐	南唐	有
滁	吳	吳	南唐	南唐	有
和	吳	吳	南唐	南唐	有
光	吳	吳	南唐	南唐	有
黃	吳	吳	南唐	南唐	有
舒	吳	吳	南唐	南唐	有
蘄	吳	吳	南唐	南唐	有
廬	吳	吳	南唐	南唐	有保信。
壽	吳忠正。	吳	南唐淸淮。	南唐	有忠正。
海	吳	吳	南唐	南唐	有
泰	吳	吳	南唐	南唐	有

濠	吳	吳	南唐	南唐	有
通					有世宗置。
潤	吳	吳	南唐	南唐	南唐
常	吳	吳	南唐	南唐	南唐
宣	吳寧國。	吳	南唐	南唐	南唐
歙	吳	吳	南唐	南唐	南唐
鄂	吳武昌。	吳	南唐	南唐	南唐
昇	吳	吳	南唐	南唐	南唐
池	吳	吳	南唐	南唐	南唐
饒	吳	吳	南唐	南唐	南唐
信	吳	吳	南唐	南唐	南唐
江	吳	吳	南唐	南唐	南唐
洪	吳鎭南。	吳	南唐	南唐	南唐

撫	吳	吳	南唐	南唐	南唐
袁	吳	吳	南唐	南唐	南唐
吉	吳	吳	南唐	南唐	南唐
虔	吳	吳	南唐	南唐	南唐
筠〔四〕			南唐李景置。	南唐	南唐
建	閩	閩	南唐	南唐	南唐
汀	閩	閩	南唐	南唐	南唐
劒			南唐李景置。	南唐	南唐
漳	閩	閩	南唐留從効	南唐留從効	南唐留從効
泉	閩	閩	南唐留從効	南唐留從効	南唐留從効
福	閩威武〔五〕。	閩	吳越	吳越	吳越
杭	吳越鎭海。	吳越	吳越	吳越	吳越
越	吳越鎭東。	吳越	吳越	吳越	吳越

蘇	吳越	吳越	吳越	吳越	吳越
湖	吳越	吳越	吳越	吳越	吳越宣德。
温	吳越	吳越	吳越靜海。	吳越	吳越
台	吳越	吳越	吳越	吳越	吳越
明	吳越	吳越	吳越	吳越	吳越
處	吳越	吳越	吳越	吳越	吳越
衢	吳越	吳越	吳越	吳越	吳越
婺	吳越	吳越	吳越	吳越	吳越
睦	吳越	吳越	吳越	吳越	吳越
秀			吳越元瓘置。	吳越	吳越
荆	南平荆南。	南平	南平	南平	南平
歸	蜀	南平	南平	南平	南平
峽	蜀	南平	南平	南平	南平

益	蜀成都。	有 後蜀	蜀	蜀	蜀
漢	蜀	有 後蜀	蜀	蜀	蜀
彭	蜀	有 後蜀	蜀	蜀	蜀
蜀	蜀	有 後蜀	蜀	蜀	蜀
綿	蜀	有 後蜀	蜀	蜀	蜀
眉	蜀	有 後蜀	蜀	蜀	蜀
嘉	蜀	有 後蜀	蜀	蜀	蜀
劍	蜀	有 後蜀	蜀	蜀	蜀
梓	蜀劍南東川。	有 後蜀	蜀	蜀	蜀
遂	蜀武信。	有 後蜀	蜀	蜀	蜀
果	蜀	有 後蜀	蜀	蜀	蜀
閬	蜀	有保寧。後蜀	蜀	蜀	蜀
普	蜀	有 後蜀	蜀	蜀	蜀

陵	蜀	有 後蜀	蜀	蜀	蜀
資	蜀	有 後蜀	蜀	蜀	蜀
榮	蜀	有 後蜀	蜀	蜀	蜀
簡	蜀	有 後蜀	蜀	蜀	蜀
邛	蜀	有 後蜀	蜀	蜀	蜀
黎	蜀	有 後蜀	蜀	蜀	蜀
雅	蜀永平。	有 後蜀	蜀	蜀	蜀
維	蜀	有 後蜀	蜀	蜀	蜀
茂	蜀	有 後蜀	蜀	蜀	蜀
文	蜀	有 後蜀	蜀	蜀	蜀
龍	蜀	有 後蜀	蜀	蜀	蜀
黔	蜀武泰。	有 後蜀	蜀	蜀	蜀
施	蜀	有 後蜀	蜀	蜀	蜀

夔	蜀鎮江。	有 後蜀	蜀	蜀	蜀
忠	蜀	有 後蜀	蜀	蜀	蜀
萬	蜀	有 後蜀	蜀	蜀	蜀
興	蜀	有 後蜀	蜀	蜀	蜀
利	蜀昭武。	有 後蜀	蜀	蜀	蜀
開	蜀	有 後蜀	蜀	蜀	蜀
通	蜀	有 後蜀	蜀	蜀	蜀
涪	蜀	有 後蜀	蜀	蜀	蜀
渝	蜀	有 後蜀	蜀	蜀	蜀
瀘	蜀	有 後蜀	蜀	蜀	蜀
合	蜀	有 後蜀	蜀	蜀	蜀
昌	蜀	有 後蜀	蜀	蜀	蜀
巴	蜀	有 後蜀	蜀	蜀	蜀

蓬	蜀	有 後蜀	蜀	蜀	蜀
集	蜀	有 後蜀	蜀	蜀	蜀
壁	蜀	有 後蜀	蜀	蜀	蜀
渠	蜀	有 後蜀	蜀	蜀	蜀
戎	蜀	有 後蜀	蜀	蜀	蜀
梁	蜀山南西道。	有 後蜀	蜀	蜀	蜀
洋	蜀武定。	有 後蜀	蜀	蜀	蜀
潭	楚武安。	楚	楚	楚	周行逢
衡	楚	楚	楚	楚	周行逢
澧	楚	楚	楚	楚	周行逢
朗	楚	楚武平〔六〕。	楚	楚	周行逢
岳	楚	楚	楚	楚	周行逢
道	楚	楚	楚	楚	周行逢

永	楚	楚	楚	楚	周行逢
邵	楚	楚	楚	楚	周行逢
全			楚馬希範置。	楚	周行逢
辰	楚	楚	楚	楚	周行逢
融	楚	楚	楚	南漢	南漢
郴	楚	楚	楚	南漢	南漢
連	楚	楚	楚	南漢	南漢
昭	楚	楚	楚	南漢	南漢
宜	楚	楚	楚	南漢	南漢
桂	楚靜江。	楚	楚	南漢	南漢
賀	楚	楚	楚	南漢	南漢
梧	楚	楚	楚	南漢	南漢
蒙	楚	楚	楚	南漢	南漢

嚴	楚	楚	楚	南漢	南漢
富	楚	楚	楚	南漢	南漢
柳	楚	楚	楚	南漢	南漢
象	楚	楚	楚	南漢	南漢
容	南漢寧遠。	南漢	南漢	南漢	南漢
邕	南漢建武。	南漢	南漢	南漢	南漢
端	南漢	南漢	南漢	南漢	南漢
康	南漢	南漢	南漢	南漢	南漢
封	南漢	南漢	南漢	南漢	南漢
恩	南漢	南漢	南漢	南漢	南漢
春	南漢	南漢	南漢	南漢	南漢
新	南漢	南漢	南漢	南漢	南漢
高	南漢	南漢	南漢	南漢	南漢

竇	南漢	南漢	南漢	南漢	南漢
雷	南漢	南漢	南漢	南漢	南漢
化〔七〕	南漢	南漢	南漢	南漢	南漢
韶	南漢	南漢	南漢	南漢	南漢
藤	南漢	南漢	南漢	南漢	南漢
白	南漢	南漢	南漢	南漢	南漢
廉	南漢	南漢	南漢	南漢	南漢
欽	南漢	南漢	南漢	南漢	南漢
廣	南漢清海。	南漢	南漢	南漢	南漢
橫	南漢	南漢	南漢	南漢	南漢
賓	南漢	南漢	南漢	南漢	南漢
潯	南漢	南漢	南漢	南漢	南漢
惠	南漢	南漢	南漢	南漢	南漢

鬱林	南漢	南漢	南漢	南漢	南漢
英		南漢劉龑置。	南漢	南漢	南漢
雄		南漢劉龑置。	南漢	南漢	南漢
瓊	南漢	南漢	南漢	南漢	南漢
崖	南漢	南漢	南漢	南漢	南漢
儋	南漢	南漢	南漢	南漢	南漢
萬安	南漢	南漢	南漢	南漢	南漢
羅	南漢	南漢	南漢	南漢	南漢
潘	南漢	南漢	南漢	南漢	南漢
勤	南漢	南漢	南漢	南漢	南漢
瀧	南漢	南漢	南漢	南漢	南漢
辨	南漢	南漢	南漢	南漢	南漢

汴州，唐故曰宣武軍。梁以汴州爲開封府，建爲東都。後唐滅梁，復爲宣武軍。晉天福三年昇爲東京。漢、周因之。

洛陽，梁、唐、晉、漢、周常以爲都。唐故爲東都。梁爲西都。後唐爲洛京。晉爲西京，漢、周因之。

雍州，唐故上都，昭宗遷洛，廢爲佑國軍。梁初改京兆府曰大安，佑國軍曰永平。唐滅梁，復爲西京。晉廢爲晉昌軍。漢改曰永興，周因之。

曹州，故屬宣武軍節度。晉開運二年置威信軍。漢初，軍廢。周廣順二年復置彰信軍。

宋州，故屬宣武軍節度。梁初徙置宣武軍。唐滅梁，改曰歸德。

陳州，故屬忠武軍節度。晉開運二年置鎮安軍。漢初，軍廢。周廣順二年復之。

許州，唐故曰忠武。梁改曰匡國。唐滅梁，復曰忠武。

滑州，唐故曰義成。以避梁王父諱改曰宣義。唐滅梁，復其故。

襄州，唐故曰山南東道。唐、梁之際改曰忠義軍。後以延州爲忠義，襄州復曰山南東道。

鄧州，故屬山南東道節度。梁破趙匡凝，分鄧州置宣化軍。唐改曰威勝。周改曰武勝。

安州，梁置宣威軍。唐改曰安遠，晉罷，漢復曰安遠，周又罷。

晉州，故屬護國軍節度。梁開平四年置定昌軍，貞明三年改曰建寧。唐改曰建雄。

金州，故屬山南東道節度。唐末置戎昭軍，已而廢之，遂入于蜀。至晉高祖時，又置懷德軍，尋罷。

陝州，唐故曰保義，梁改曰鎮國，後唐復曰保義。

華州，唐故曰鎮國，梁改曰感化，後唐復曰鎮國。

同州，唐故曰匡國，梁改曰忠武，後唐復曰匡國。

耀州，本華原縣，唐末屬李茂貞，建爲耀州，置義勝軍。梁末帝時，茂貞養子温韜以州降梁，梁改耀州爲崇州，義勝曰靜勝。後唐復爲耀州，改曰順義。

延州，故屬保大軍節度。梁置忠義軍，唐改曰彰武。

魏州，唐故曰大名府，置天雄軍，五代皆因之。後唐建鄴都，晉、漢因之，至周罷。大名府，後唐曰興唐，晉曰廣晉，漢、周復曰大名。

澶州，故屬天雄軍節度。晉天福九年置鎮寧軍。

相州，故屬天雄軍節度。梁末帝分置昭德軍，而天雄軍亂，遂入于晉。莊宗滅梁，復屬天雄。晉高祖置彰德軍。

邢州，故屬昭義軍節度。昭義所統澤、潞、邢、洺、磁五州。唐末孟方立爲昭義軍節度使，徙其軍額于邢州，而澤、潞二州入于晉。方立但有邢、洺、磁三州。故當唐末有兩昭義軍。梁、晉之爭，或入于梁，或入于晉。梁以邢、洺、磁三州爲保義軍。莊宗滅梁，改曰安國。

鎮州，故曰成德軍。梁初以成音犯廟諱，改曰武順。唐復曰成德，晉又改曰順德，漢復曰成德。

應州，故屬大同軍節度。唐明宗卽位，以其應州人也，乃置彰國軍。

新州，唐同光元年置威塞軍。

府州，晉置永安軍，漢罷之，周復。

幷州，後唐建北都，其軍仍曰河東。

潞州，唐故曰昭義。梁末帝時屬梁，改曰匡義，歲餘，唐滅梁，改曰安義。晉復曰昭義。

廬州，周世宗克淮南，置保信軍。

壽州，唐故曰忠正，南唐改曰清淮。周世宗平淮南，復曰忠正。

五代之際，外屬之州，揚州曰淮南，宣州曰寧國，鄂州曰武昌，洪州曰鎮南，福州曰武威，杭州曰鎮海，越州曰鎮東，江陵府曰荆南，益州、梓州曰劍南東、西川，遂州曰武信，興元

府曰山南西道，洋州曰武定，黔州曰黔南，潭州曰武安，桂州曰静江，容州曰寧遠，邕州曰建武，廣州曰清海，皆唐故號，更五代無所易，而今因之者也。其餘僭僞改置之名，不可悉考，而不足道，其因著于今者，略注于譜。

濟州，周廣順二年置，割鄆州之鉅野、鄆城，兗州之任城，單州之金鄉爲屬縣而治鉅野。

單州，唐末以宋州之碭山，梁太祖鄉里也，爲置輝州，已而徙治單父。後唐滅梁，改輝州爲單州。其屬縣置徙，傳記不同，今領單父、碭山、成武、魚臺四縣。

耀州，李茂貞置，治華原縣。梁初改曰崇州，唐同光元年復爲耀州。

解州，漢乾祐元年九月置，割河中之聞喜、安邑、解縣爲屬而治解。

威州，晉天福四年置，割靈州之方渠，寧州之木波、馬嶺三鎮爲屬而治方渠〔八〕。周廣順二年改曰環州，顯德四年廢爲通遠軍㊀。

㊀五代置軍六，皆寄治於縣，隸於州，故不別出。監者，物務之名爾，故不載於地理。皇朝軍監始自置屬縣，與州府並列矣。

乾州，李茂貞置，治奉天縣〔九〕。

磁州，梁改曰惠州，唐復曰磁州。

景州，唐故治弓高。周顯德三年廢爲定遠軍，割其屬安陵縣屬德州，廢弓高縣入東光

縣，爲定遠軍治所。

濱州，周顯德三年置，以其濱海爲名。初，五代之際，置榷鹽務於海傍，後爲贍國軍，周因置州，割棣州之渤海、蒲臺爲屬縣而治渤海。

雄州，周顯德六年克瓦橋關置，治歸義；割易州之容城爲屬，尋廢。

霸州，周顯德六年克益津關置，治永清，割莫州之文安，瀛州之大城爲屬。

通州，本海陵之東境，南唐置靜海制置院，周世宗克淮南，升爲靜海軍，後置通州，分其地置靜海、海門二縣爲屬而治靜海。

筠州，南唐李景置，割洪州之高安、上高、萬載、淸江四縣爲屬而治高安。

劍州，南唐李景置，割建州之延平、劍浦、富沙三縣爲屬而治延平。

全州，楚王馬希範置，以潭州之湘川縣爲淸湘縣，又割灌陽縣爲屬而治淸湘。

秀州，吳越王錢元瓘置，割杭州之嘉興縣爲屬而治之。

雄州，南漢劉龑割韶州之保昌置，治保昌。

英州，南漢劉龑割廣州之湞陽置，治湞陽。

開封府故統六縣。梁開平元年，割滑州之酸棗、長垣，鄭州之中牟、陽武，宋州之襄邑，曹州之考城更曰戴邑，許州之扶溝、鄢陵，陳州之太康隸焉。唐分酸棗、中牟、襄邑、鄢陵、

太康五縣還其故，晉升汴州爲東京，復割五縣隸焉。

雍丘，晉改曰杞，漢復其故。

長垣，唐改曰匡城。

黎陽，故屬滑州，晉割隸衞州。

葉、襄城，故屬許州，唐割隸汝州。

楚丘，故屬單州，梁割隸宋州。

密州膠西，故曰輔唐，梁改曰安丘，唐復其故，晉改曰膠西。

渭南，故屬京兆，周改隸華州。

同官，故屬京兆府，梁割隸同州，唐割隸耀州。

美原，故屬同州，李茂貞置鼎州而治之。梁改爲裕州，屬順義軍節度。後不見其廢時，唐同光三年，割隸耀州。

平涼，故屬涇州。唐末渭州陷吐蕃，權於平涼置渭州而縣廢。後唐淸泰三年，以故平涼之安國、耀武兩鎭置平涼縣，屬涇州。

臨涇，故屬涇州。唐末原州陷吐蕃，權於臨涇置原州而涇州兼治其民。後唐淸泰三年割隸原州。

鄜州咸寧，周廢。

稷山，故屬河中，唐割隸絳州。

慈州仵城、呂香，周廢。

大名府大名，故曰貴鄉。後唐改曰廣晉，漢改曰大名。

滄州長蘆、乾符，周廢入淸池；無棣，周置保順軍。

安陵，故屬景州，周割隸德州。

澶州頓丘，晉置德淸軍。

博州武水，周廢入聊城。

博野，故屬深州，周割隸定州。

武康，故屬湖州，梁割隸杭州。

福州閩淸，梁乾化元年，王審知於梅溪場置。

蘇州吳江，梁開平三年，錢鏐置。

明州望海，梁開平三年，錢鏐置。

處州長松，故曰松陽，梁改曰長松。

潭州龍喜，漢乾祐三年，馬希範置。

天長、六合，故屬揚州。南唐以天長爲軍，六合爲雄州，周復故。

漢陽，故屬鄂州，周置漢陽軍。

汉川，故屬沔州，周割隸安州。

襄州樂鄉，周廢入宜城。

鄧州臨湍，漢改曰臨瀨；菊潭、向城，周廢。

復州竟陵，晉改曰景陵。

監利，故屬復州，梁割隸江陵。

唐州慈丘，周廢。

商州乾元，漢改曰乾祐，割隸京兆。

洛南，故屬華州，周割隸商州。

隨州唐城，梁改曰漢東，後唐復舊，晉又改漢東，漢復舊。

雄勝軍，本鳳州固鎭，周置軍。

秦州天水、隴城，唐末廢，後唐復置。

成州栗亭，後唐置。

自唐有方鎭，而史官不錄於地理之書，以謂方鎭兵戎之事，非職方所掌故也。然而後世因習，以軍目地，而沒其州名㊀。又今置軍者，徒以虛名升建爲州府之重，此不可以不書也。州、縣，凡唐故而廢於五代，若五代所置而見於今者，及縣之割隸今因之者，皆宜列以備職方之考。其餘嘗置而復廢，嘗改割而復舊者，皆不足書。山川物俗，職方之掌也，五代短世，無所遷變，故亦不復錄，而錄其方鎭軍名，以與前史互見之云。

㊀ 若今永興，本節度軍名，而今命守臣遂曰知永興軍府事，而不言雍州京兆，是也。

校勘記

〔一〕岐忠義有　下文云「梁置忠義軍」，則「忠義」二字應繫在「有」下。

〔二〕順德　通鑑卷二八三載：「天福七年正月改鎭州爲恆州，成德軍爲順國軍。」五代會要卷二四亦云：「鎭州，天福七年正月改爲順國軍節度。」此稱「順德」疑誤。

〔三〕有安義昭義　按下文敍潞州沿革云：「唐滅梁，改曰安義。晉復曰昭義。」則「昭義」二字應下移一格。

〔四〕筠　本史卷六二南唐世家載保大十年置筠州。按保大十年，乃周廣順二年，則非始於晉。

〔五〕威武　各本原作「武威」。按通鑑卷二六〇載：唐乾寧三年，「升福建爲威武軍」。元豐九域志卷九載：「唐威武軍節度，周改彰武軍，皇朝太平興國二年復舊。」又考太平寰宇記卷一〇〇、宋史卷八九地理志及金石萃編卷一一八唐天祐三年王審知德政碑（在福州），皆稱「威武軍」。明「武威」爲倒文，今改。

〔六〕武平　南昌、鄂本同，貴池、汲、殿、蜀、劉校本列第一格。按本史卷六六楚世家載：梁太祖時，馬殷「請升朗州爲永順軍，表張佶節度使」。又周廣順三年，「升朗州爲武平軍」。是第一格應書「永順」，「武平」當移第五格。

〔七〕化　按太平寰宇記卷一六七及元豐九域志卷九俱云：化州，唐辯州，宋太平興國五年改化州，治石龍縣。是南漢時未有化州。本卷辯、化並列，疑誤。

〔八〕馬嶺　各本原作「烏嶺」。按太平寰宇記卷三七、元豐九域志卷三及文獻通考卷三二二均作「馬嶺」。又舊唐書卷三八及新唐書卷三七地理志，慶州領有馬嶺縣。明「烏」爲「馬」之形誤，今改。

〔九〕治奉天縣　「天」，各本原作「先」。太平寰宇記卷三一載：「乾州，本京兆奉天縣，唐末李茂貞建爲乾州。」考新唐書卷三七地理志云：京兆奉天縣，文明元年析醴泉等縣置以奉乾陵，陵在北五里梁山。乾寧二年以縣置乾州。舊唐書卷三八地理志亦云：「奉天，文明元年以管乾陵分醴泉置。」是州以乾陵得名，而乾陵在奉天，則此應爲奉天，非同州之奉先。今改。

新五代史卷六十一

嗚呼！自唐失其政，天下乘時，黥髡盜販，袞冕峨巍。吳暨南唐，姦豪竊攘。蜀險而富，漢險而貧，貧能自彊，富者先亡。閩陋荆蹙，楚開蠻服。剸剽弗堪，吳越其尤。牢牲視人，嶺蠻遭劉。百年之間，並起爭雄，山川亦絕，風氣不通。語曰：清風興，羣陰伏；日月出，爝火息。故眞人作而天下同。作十國世家。

吳世家第一

楊行密 子渥 隆演 溥

楊行密字化源，廬州合淝人也。爲人長大有力，能手舉百斤。唐乾符中，江、淮羣盜起，行密以爲盜見獲，刺史鄭棨奇其狀貌，釋縛縱之。後應募爲州兵，戍朔方，遷隊長。歲滿戍還，而軍吏惡之，復使出戍。行密將行，過軍吏舍，軍吏陽爲好言，問行密行何所欲。行密奮然曰：「惟少公頭爾！」卽斬其首，攜之而出，因起兵爲亂，自號八營都知兵馬使。刺

史郎幼復棄城走，行密遂據廬州。

中和三年，唐卽拜行密廬州刺史。淮南節度使高駢爲畢師鐸所攻，駢表行密行軍司馬，行密率兵數千赴之，行至天長，師鐸已囚駢，召宣州秦彥入揚州，行密不得入，屯于蜀岡。師鐸兵衆數萬擊行密，行密陽敗，棄營走，師鐸兵飢，乘勝爭入營收軍實，行密反兵擊之，師鐸大敗，單騎走入城，遂殺高駢。行密聞駢死，縞軍向城哭三日，攻其西門，彥及師鐸奔于東塘，行密遂入揚州。

是時，城中倉廩空虛，飢民相殺而食，其夫婦、父子自相牽，就屠賣之，屠者刲剔如羊豕。行密不能守，欲走。而蔡州秦宗權遣其弟宗衡掠地淮南，彥及師鐸還自東塘，與宗衡合，行密閉城不敢出。已而宗衡爲偏將孫儒所殺，儒攻高郵破之，行密益懼。其客袁襲曰：「吾以新集之衆守空城，而諸將多駢舊人，非有厚恩素信力制而心服之也。今儒兵方盛，所攻必克，此諸將持兩端、因強弱、擇嚮背之時也。海陵鎭使高霸，駢之舊將，必不爲吾用。」行密乃以軍令召霸，霸率其兵入廣陵，行密欲使霸守天長，襲曰：「吾以疑霸而召之，其可復用乎？且吾能勝儒，無所用霸，不幸不勝，天長豈吾有哉！不如殺之，以幷其衆。」行密因犒軍擒霸族之，得其兵數千。已而孫儒殺秦彥、畢師鐸，幷其兵以攻行密，行密欲走海陵。襲曰：「海陵難守，而廬州吾舊治也，城廩完實，可爲後圖。」行密乃走廬州。久之，未知所嚮，襲

問襲曰：「吾欲卷甲倍道，西取洪州可乎？」襲曰：「鍾傳新得江西，勢未可圖，而秦彥之入廣陵也，召池州刺史趙鍠委以宣州。今彥且死，鍠失所恃，而守宣州非其本志，且其爲人非公敵，此可取也。」行密乃引兵攻鍠，戰于曷山，大敗之。進圍宣州，鍠棄城走，追及殺之，行密遂入宣州。

龍紀元年，唐拜行密宣州觀察使。行密遣田頵、安仁義、李神福等攻浙西，取蘇、常、潤州。二年〔二〕，取滁、和州。景福元年，取楚州。孫儒自逐行密，入廣陵，久之，亦不能守，乃焚其城。殺民老疾以餉軍，驅其衆渡江，號五十萬，以攻行密。諸將田頵、劉威等遇之輒敗，行密欲走銅官。其客戴友規曰：「儒來氣銳而兵多，蓋其鋒不可當而可以挫，其衆不可敵而可久以敝之。若避而走，是就擒也。」劉威亦曰：「背城堅柵，可以不戰疲之。」行密以爲然。久之，儒兵飢，又大疫，行密悉兵擊之，儒敗，被擒，將死，仰顧見威曰：「聞公爲此策以敗我，使我有將如公者，其可敗邪？」行密收儒餘兵數千，以皂衣蒙甲，號「黑雲都」，常以爲親軍。

是歲，復入揚州，唐拜行密淮南節度使。乾寧二年，加檢校太傅、同中書門下平章事。行密以田頵守宣州，安仁義守潤州。昇州刺史馮弘鐸來附。分遣頵等攻掠，自淮以南、江以東諸州皆下之。進取蘇州，擒其刺史成及。四年，兗州朱瑾奔于行密。初，瑾爲梁所攻，

求救于晉，晉遣李承嗣將勁騎數千助瑾，瑾敗，因與俱奔行密。行密兵皆江、淮人，淮人輕弱，得瑾勁騎，而兵益振。是歲，梁太祖遣葛從周、龐師古攻行密壽州，行密擊敗梁兵清口，殺師古，而從周收兵走，追至渒河，又大敗之。五年，錢鏐攻蘇州，及周本戰于白方湖，本敗，蘇州復入于越。天復元年，遣李神福攻越，戰臨安，大敗之，擒其將顧全武以歸。二年，馮弘鐸叛，襲宣州，及田頵戰于曷山，弘鐸敗，將入于海，行密自至東塘邀之，使人謂弘鐸曰：「勝敗，用兵常事也，一戰之衄，何苦自棄于海島？吾府雖小，猶足容君。」弘鐸感泣，行密從十餘騎，馳入其軍，以弘鐸爲節度副使，以李神福代弘鐸爲昇州刺史。

是歲，唐昭宗在岐，遣江淮宣諭使李儼拜行密東面諸道行營都統、檢校太師、中書令，封吳王。三年，以李神福爲鄂岳招討使以攻杜洪，荆南成汭救洪，神福敗之于君山。梁兵攻青州，王師範來求救，遣王茂章救之，大敗梁兵，殺朱友寧。友寧，梁太祖子也〔三〕，太祖大怒，自將以擊茂章，兵號二十萬，復爲茂章所敗。田頵叛，襲昇州，執李神福妻子歸于宣州。行密召神福以討頵，頵遣其將王壇逆之，又遣神福書，以其妻子招之。神福曰：「吾以一卒從吳王起事，今爲大將，忍背德而顧妻子乎？」立斬其使以自絕，軍士聞之皆感奮。行至吉陽磯，頵執神福子承鼎以招之，神福叱左右射之，遂敗壇兵于吉陽。行密別遣臺濛擊頵，頵敗死。

初，頵及安仁義、朱延壽等皆從行密起微賤，及江、淮甫定，思漸休息，而三人者皆猛悍難制，頗欲除之，未有以發。天復二年，錢鏐爲其將許再思等叛而圍之，再思召頵攻鏐杭州，垂克，而行密納鏐賂，命頵解兵，頵恨之。頵嘗計事廣陵，行密諸將多就頵求賂，而獄吏亦有所求。頵怒曰：「吏欲我下獄也！」歸而遂謀反。

仁義聞之亦反，焚東塘以襲常州。常州刺史李遇出戰，望見仁義大罵之。仁義止其軍曰：「李遇乃敢辱我如此，其必有伏兵。」遂引軍却，而伏兵果發，追至夾岡，仁義植幟解甲而食，遇兵不敢追，仁義復入潤州。行密遣王茂章、李德誠、米志誠等圍之。吳之軍中推朱瑾善槊，志誠善射，皆爲第一。而仁義嘗以射自負，曰：「志誠之弓十，不當瑾槊之一；瑾槊之十，不當仁義弓之一。」每與茂章等戰，必命中而後發，以此吳軍畏之，不敢近。行密亦欲招降之，仁義猶豫未決。茂章乘其怠，穴地道而入，執仁義，斬于廣陵。

延壽者，行密夫人朱氏之弟也。頵及仁義之將叛也，行密疑之，乃陽爲目疾，每接延壽使者，必錯亂其所見以示之。嘗行，故觸柱而仆，朱夫人扶之，良久乃蘇。泣曰：「吾業成而喪其目，是天廢我也！吾兒子皆不足以任事，得延壽付之，吾無恨矣。」夫人喜，急召延壽。延壽至，行密迎之寢門，刺殺之，出朱夫人以嫁之。

天祐二年，遣劉存攻鄂州，焚其城，城中兵突圍而出，諸將請急擊之，存曰：「擊之復入，

則城愈固，聽其去，城可取也。」是日城破，執杜洪，斬于廣陵。九月，梁兵攻破襄州，趙匡凝奔于行密。十一月，行密卒，年五十四，謚曰武忠。子渥立。溥僭號，追尊行密爲太祖武皇帝，陵曰興陵。

渥字承天，行密長子也。行密病，出渥爲宣州觀察使。右衙指揮使徐溫私謂渥曰：「今王有疾而出嫡嗣，必有姦臣之謀，若它日召子，非溫使者愼無應命。」渥涕泣謝溫而去。行密病甚，命判官周隱作符召渥，隱慮渥幼弱不任事，勸行密用舊將有威望者代主軍政，乃薦大將劉威，行密未許。溫與嚴可求入問疾，行密以隱議告之，溫等大驚，遽詣隱所計事。隱未出，而溫見隱作召符猶在案上，急取遣之。渥見溫使，乃行。行密卒，渥嗣立，召周隱罵曰：「汝，欲賣吾國者，復何面目見楊氏乎？」遂殺之。以王茂章爲宣州觀察使。渥之入也，多輦宣州庫物以歸廣陵，茂章惜而不與，渥怒，命李簡以兵五千圍之，茂章奔于錢塘。

天祐三年二月，劉存取岳州。四月，江西鍾傳卒，其子匡時代立，傳養子延規怨不得立，以兵攻匡時。渥遣秦裴率兵攻之。九月，克洪州，執匡時及司馬陳象以歸，斬象於市，赦匡時。以秦裴爲江西制置使。

梁太祖代唐，改元開平，渥仍稱天祐。鄂州劉存、岳州陳知新以舟師伐楚，敗于瀏陽，楚人執存及知新以歸。楚王馬殷素聞其名，皆欲活之，存等大罵殷曰：「昔歲宣城脫吾刃下，今日之敗，乃天亡我，我肯事汝以求活耶？我豈負楊氏者。」殷知不可屈，乃殺之，岳州復入于楚。

初，渥之入廣陵也，留帳下兵三千於宣州，以其腹心陳璠、范遇將之。既入立，惡徐溫典牙兵，召璠等爲東院馬軍以自衞。而溫與左衙都指揮使張顥皆行密時舊將，又有立渥之功，共惡璠等侵其權。四年正月，渥視事，璠等侍側，溫、顥擁牙兵入，拽璠等下，斬之，渥不能止，由是失政，而心憤未能發，溫等益不自安。五年五月，溫、顥共遣盜入寢中殺渥，渥說羣盜能反殺溫等者皆爲刺史。羣盜皆諾，惟紀祥不從，執渥縊殺之，時年二十三，謚曰景。弟隆演立。溥僭號，追尊渥爲烈宗景皇帝，陵曰紹陵。

隆演字鴻源，行密第二子也。初名瀛，又名渭。初，溫、顥之弑渥也，約分其地以臣於梁，及渥死，顥欲背約自立。溫患之，問其客嚴可求，可求曰：「顥雖剛愎，而闇於成事，此易爲也。」明日，顥列劍戟府中，召諸將議事，自大將朱瑾而下，皆去衞從然後入。顥問諸將，誰

當立者？諸將莫敢對。顥三問，可求前密啓曰：「方今四境多虞，非公主之不可，然恐爲之太速。且今外有劉威、陶雅、李簡、李遇皆先王一等人也，公雖自立，未知此輩能降心以事公否。不若輔立幼主，漸以歲時，待其歸心，然後可也。」顥不能對。可求因趨出，書一教內袖中，率諸將入賀，諸將莫知所爲。及出教宣之，乃渥母史氏教，言楊氏創業艱難，而嗣王不幸，隆演以次當立，告諸將以無負楊氏而善事之。辭旨激切，聞者感動。顥氣色皆沮，卒無能爲，隆演乃得立。

顥由此與溫有隙，諷隆演出溫潤州。可求謂溫曰：「今捨衙兵而出外郡，禍行至矣。」溫患之，可求因說顥曰：「公與徐溫同受顧託，議者謂公奪其衙兵，是將殺之於外，信乎？」顥曰：「事已行矣，安可止乎？」可求曰：「甚易也。」明日，從顥與諸將造溫，可求陽責溫曰：「古人不忘一飯之恩，況公楊氏三世之將，今幼嗣新立，多事之時，乃求居外以苟安乎？」溫亦陽謝曰：「公等見留，不願去也。」由是不行。行軍副使李承嗣與張顥善，覺可求有附溫意，諷顥使客夜刺殺之，客刺可求不能中。明日，可求詣溫，謀先殺顥，陰遣鍾章選壯士三十人，就衙堂斬顥，因以弑渥之罪歸之。溫由是專政，隆演備位而已。

六月，撫州危全諷叛，攻洪州，袁州彭彥章、吉州彭玕、信州危仔倡皆起兵叛。隆演召嚴可求問誰可用者。可求薦周本，時本方攻蘇州敗歸，慚不肯出，可求彊起之。本曰：「蘇州之敗，非怯也，乃上將權輕，而下多專命爾。若必見任，願無用偏、裨。」乃請兵七千。戰于象牙潭，敗之，執全諷、彥章，而玕奔于楚，仔倡奔于錢塘。全諷至廣陵，諸將議曰：「昔先王攻趙鍠，全諷屢饋給吳軍。」乃釋不殺。初，全諷欲舉兵也，錢鏐遣王茂章于梁，道過全諷，謂曰：「聞公欲大舉，願見公兵，以知濟否。」全諷陣兵，與茂章登城望之，茂章曰：「我素事吳，吳兵三等，如公此衆，可當其下將爾，非得益兵十萬不可。」而全諷卒以此敗。

八年，徐溫領昇州刺史，治舟師於金陵。宣州李遇自行密時爲大將，勳位已高，憤溫用事，嘗曰：「徐溫何人？吾猶未識，而驟至於此。」溫聞之，怒，遣柴再用以兵送王壇代遇，且召之。遇疑不受命，再用圍之，隆演使客將何蕘諭遇使自歸。蕘因說曰：「公若欲反，可殺蕘以示衆，若本無心，何不隨蕘以出？」遇自以無反心，乃隨蕘出，溫諷再用伺其出，殺之，并族其家。

九年，溫率將吏進隆演位太師、中書令、吳王。溫爲行軍司馬、鎭海軍節度使、同中書門下平章事。陳章攻楚取岳州，執其刺史苑玫。十年，越人攻常州，徐溫敗之于無錫。梁遣王茂章攻壽春，溫敗之霍丘。十二年封徐溫齊國公、兩浙都招討使，始鎭潤州。留其子知訓爲行軍副使，秉政，而大事溫遙決之。多，潛楊林江，水中出火，可以燃。

十三年，宿衞將李球、馬謙挾隆演登樓，取庫兵以誅知訓，陣于門橋。知訓與戰，頻却，

朱瑾適自外來，以一騎前視其陣，曰：「此不足爲也。」因反顧一麾，外兵爭進，遂斬球、謙，而亂兵皆潰。十四年，徐溫徙治金陵。十五年，遣王祺會洪、袁、信三州兵攻虔、韶，久之不克。祺病，以劉信代之。四月，副都統朱瑾殺徐知訓，瑾自殺。潤州徐知誥聞亂，率兵入，殺唐宣諭使李儼以止亂，遂秉政。

徐氏之專政也，隆演幼懦，不能自持，而知訓尤凌侮之。嘗飲酒樓上，命優人高貴卿侍酒，知訓爲參軍，隆演鶉衣髽髻爲蒼鶻。知訓嘗使酒罵坐，語侵隆演，隆演愧恥涕泣，而知訓愈辱之。左右扶隆演起去，知訓殺吏一人，乃止。吳人皆仄目。知訓又與朱瑾有隙，瑾已殺知訓，攜其首馳府中示隆演曰：「今日爲吳除患矣。」隆演曰：「此事非吾敢知。」遽起入內。瑾忿然，以首擊柱，提劍而出，府門已闔，踰垣，折其足，遂自刎死。米志誠聞瑾殺知訓，被甲率其家兵至天興門問瑾所在，聞瑾死，乃還。徐溫疑志誠助瑾，遣使殺之。嚴可求懼事不克，使人僞從湖南境上來告軍捷，召諸將入賀，擒志誠斬之。劉信克虔州，執譚全播以歸。

十六年，春二月，溫率將吏請隆演即天子位，不許。夏四月，溫奉玉册、寶綬尊隆演即吳王位。建宗廟、社稷，設百官如天子之制，改天祐十六年爲武義元年，大赦境內，追尊行密孝武王，廟號太祖，渥景王，廟號烈祖。拜溫大丞相、都督中外諸軍事，封東海郡王，以徐知

誥爲左僕射、參知政事，嚴可求爲門下侍郎，駱知祥爲中書侍郎，殷文圭、沈顏爲翰林學士，盧擇爲吏部尙書，李宗、陳章爲左、右雄武統軍，柴再用、錢鏢爲左、右龍武統軍，王令謀爲內樞密使，江西劉信征南大將軍，鄂州李簡鎭西大將軍，撫州李德誠平南大將軍，廬州張崇安西大將軍，海州王綰鎭東大將軍，文武以次進位。封宗室皆郡公。

溫之徒鎭金陵也，以其養子知誥守潤州。嚴可求嘗謂溫曰：「二郞君非徐氏子，而推賢下士，人望頗歸，若不去之，恐爲後患。」溫不能用其言。及知誥秉政，其語泄，知誥出可求於楚州，可求懼，詣金陵見溫謀曰：「唐亡於今十二年，而吳猶不敢改天祐，可謂不負唐矣。然吳所以征伐四方，而建基業者，常以興復爲辭。今聞河上之戰，梁兵屢絀，若李氏復興，其能屈節乎？宜於此時先建國以自立。」溫深然之，因留可求不遣，方謀迫隆演僭號。

二年五月，隆演卒。隆演少年嗣位，權在徐氏，及建國稱制，非其意，常怏怏，酣飲，稀復進食，遂至疾卒，年二十四，謚曰宣。弟溥立，僭號，追尊爲高祖宣皇帝，陵曰肅陵。

溥，行密第四子也，隆演建國，封丹陽郡公。隆演卒，弟廬江公濛次當立，而徐氏秉政，不欲長君，乃立溥。七月，改昇州大都督府爲金陵府，拜徐溫金陵尹。明年二月，改元順義。赦境內。冬十一月，祀天於南郊。御天興樓，大赦。拜徐溫太師，嚴可求右僕射。

三年，唐莊宗滅梁。遣司農卿盧蘋使于唐，嚴可求密條數事授蘋以行。蘋見洛陽，莊宗問之，蘋次第以對，皆如所授。

四年，溥至白沙閱舟師，徐溫來見，以白沙爲迎鑾鎭。

五年，唐遣諫議大夫薛昭文使福州，假道江西，劉信出勞之，謂曰：「亞次聞有信否？」昭文曰：「天子新有河南，未熟公名也。」信曰：「漢有韓信，吳有劉信，君還，其語亞次，當來較射於淮上也。」乃酌大巵，望牙旗鏃首百步，謂昭文曰：「一發而中，願以此巵爲壽，否則亦以自罰。」言訖，而箭已穿矣。

六年，追尊大丞相徐溫四代祖考，立廟於金陵。左僕射徐知誥爲侍中，右僕射嚴可求同平章事。是歲，莊宗崩，五月丁卯，詔爲同光主輟朝七日。

七年，大丞相徐溫率吳文、武上表勸溥卽皇帝位，溥未許而溫病卒。十一月庚戌，溥御文明殿卽皇帝位，改元曰乾貞，大赦境內，追尊行密武皇帝，渥景皇帝，隆演宣皇帝。以徐知誥爲太尉兼侍中，拜溫子知詢輔國大將軍、金陵尹，治溫舊鎭。諸子皆封王。

二年正月，封東海爲廣德王，江瀆廣源王，淮瀆長源王，馬當上水府寧江王，采石中水府定江王，金山下水府鎭江王。六月，荆南高季興來附，封季興秦王。九月，季興敗楚師於白田，獲其將吏三十四人來獻。

三年十一月，金陵尹徐知詢來朝，知誥誣其有反狀，留之不遣，以爲左統軍，斬其客將周廷望。以徐知誥爲金陵尹。溥加尊號睿聖文明孝皇帝，大赦境內，改元大和，以徐知誥爲中書令。

二年，册其子江都王璉爲太子。三年，以徐知誥爲金陵尹，以其子景通爲司徒，及左僕射王令謀、右僕射宋齊丘皆平章事。四年，封知誥東海王。五年，建都於金陵。六年閏正月，金陵火，罷建都，廢臨川王濛爲歷陽公，知誥遣親信王宏以兵守之。拜令謀司徒，宋齊丘司空。知誥召景通還金陵，爲鎭海軍節度副使，以其子景遷爲太保、平章事，與令謀等執政。

七年九月，溥加尊號曰睿聖文明光孝應天弘道廣德皇帝，大赦，改元天祚。知誥進位太師、天下兵馬大元帥，封齊王。二年，景遷病，以次子景遂爲門下侍郎、參政事。三年，知誥建齊國，立宗廟、社稷，置左、右丞相已下，以金陵爲西都，廣陵爲東都。冬十月，溥遣江夏王璘奉册禪位於齊王。十二月，溥卒於丹陽〔三〕，年三十八，謚曰睿。

昇元六年，李昪遷其子孫於海陵，號永寧宮，嚴兵守之，絕不通人。久而男女自爲匹偶，吳人多哀憐之。顯德三年，世宗征淮南，下詔撫安楊氏子孫，而李景聞之，遣人盡殺其族。周先鋒都部署劉重進得其玉硯、馬腦碗、翡翠瓶以獻，楊氏遂絕。

徐溫

徐溫字敦美，海州朐山人也。少以販鹽爲盜，行密起合淝，隸帳下。行密所與起事劉威、陶雅之徒，號三十六英雄，獨溫未嘗有戰功。及行密欲殺朱延壽等，溫用其客嚴可求謀，教行密陽爲目疾，事成，以功遷右衙指揮使，始預謀議。

及行密病，平生舊將，皆以戰守在外，而溫居帳下，遂預立渥之功。及弒渥，又與張顥有隙，使鍾章殺之。章許諾，選壯士三十人，椎牛享之，刺血爲盟。溫猶疑章不果，夜半使人探其意，陽謂曰：「溫有老母，懼事不成，不如且止。」章曰：「言已出口，寧可已乎？」溫乃安。明日，鍾章殺顥，溫因盡殺紀祥等，歸弒渥之罪於顥，以其事入白渥母史氏。史悸而泣曰：「吾兒年幼，禍亂若此，得保百口以歸合淝，公之惠也。」

隆演立，溫遂專政，遷昇州刺史，治舟師於金陵。大將李遇怒溫用事，出嫚言，溫使柴再用族遇於宣州。行密舊將，人人皆自疑，溫因僞下之，恭謹如見行密，諸將乃安。八年，溫遷行軍司馬、潤州刺史、鎭海軍節度使、同平章事。十年，遣招討使李濤攻越，戰于臨安，裨將曹筠奔于越，濤敗被執。溫間遣人語筠曰：「吾用汝爲將，汝軍有求，吾不能給，是吾過也。」赦錡妻子不誅，厚遇之。秋，越人攻毗陵，溫戰于無錫，錡感溫前言，臨戰奔歸，遂敗越兵。十二年，封溫齊國公，兼兩浙招討使，始就鎮潤州，以昇、潤、宣、常、池、黃六州爲齊國。溫城昇州，建大都督府。十四年，徙治之，以其子知訓輔隆演於廣陵，而大事溫遙決之。知訓爲朱瑾所殺，溫養子知誥自潤州先入，遂得政。

溫雖姦詐多疑，而善用將吏。江西劉信圍虔州，久不克，使人說譚全播出降，遣使報溫，溫怒曰：「信以十倍之衆，攻一城不下，而反用說客降之，何以威敵國？」笞其使者而遣之，曰：「吾以笞信也。」因命濟師，遂破全播。人有誣信逗留陰縱全播，言信將反者，信聞之，因自獻捷至金陵見溫，溫與信博，信斂骰子厲聲祝曰：「劉信欲背吳，願爲惡彩，苟無二心，當成渾花。」溫遽止之，一擲，六子皆赤，溫慚，自以巵酒飲信，然終疑之。及唐師伐王衍，溫急召信至廣陵，以爲左統軍，託以內備，遂奪其地。

溫客尤見信者，惟駱知祥、嚴可求，可求善籌畫，知祥長於財利，溫嘗以軍旅問可求，國用問知祥，吳人謂之「嚴、駱」。溫亦自喜爲智詐，尤得吳人之心。初隨行密破趙鍠，諸將皆爭取金帛，溫獨據餘囷，作粥以食餓者。十六年，溫請隆演即皇帝位，不許，又請即吳王位，乃許，遂建國改元，拜溫大丞相、都督中外諸軍事，封東海郡王。隆演卒，溫越次立其弟溥。順義七年，溫又請溥即皇帝位，溥未許而溫病卒，年六十六，追封齊王，謚曰武。李昪僭號，號溫爲義祖。

嗚呼，盜亦有道，信哉！行密之書，稱行密爲人，寬仁雅信，能得士心。其將蔡儔叛於廬州，悉毀行密墳墓，及儔敗，而諸將皆請毀其墓以報之。行密歎曰：「儔以此爲惡，吾豈復爲邪？」嘗使從者張洪負劍而侍，洪拔劍擊行密，不中，洪死，復用洪所善陳紹負劍，不疑。又嘗罵其將劉信，信忿，奔孫儒，行密戒左右勿追，曰：「信負我者邪？其醉而去，醒必復來。」明日，果來。行密起於盜賊，其下皆驍武雄暴，而樂爲之用者，以此也。故二世四主垂五十年。及渥已下，政在徐溫。於此之時，天下大亂，中國之禍，篡弒相尋，而徐氏父子，區區詐力，裴回三主，不敢輕取之，何也？豈其恩威亦有在人者歟㊀！

㊀ 據吳錄、運歷圖、九國志皆云行密以唐景福元年，再入揚州，至晉天福二年，爲李昪所篡，實四十六年。而舊唐書、舊五代史皆云：大順二年入揚州，至被篡，四十七年。吳錄徐鉉等撰，運歷圖龔穎撰，二人皆江南故臣，所記宜得實。而唐末喪亂，中朝文字多差失，故今以鉉、穎所記爲定。

校勘記

〔一〕二年　按此承上文「龍紀元年」。而龍紀只一年，次年正月，即改元大順。楊行密取滁、和州，通鑑載在大順二年四月。「二年」上當脫「大順」二字。

〔二〕友寧梁太祖子也　按本史卷一三梁家人傳，友寧爲梁太祖兄朗王存之子。又五代會要卷一一有梁開平二年「追封皇從子友寧爲安王」文。「太祖」下蓋脫「兄」字。

〔三〕十二月溥卒於丹陽　按本史卷六二南唐世家及通鑑卷二八一，楊溥禪位於天福二年（即天祚三年）冬十月，徐知誥改元昇元。次年十一月，溥卒。此承天祚三年云「十二月溥卒」，當有脫誤。

新五代史卷六十二

南唐世家第二

李昪 子景 景子煜

李昪字正倫，徐州人也。世本微賤，父榮，遇唐末之亂，不知其所終。昪少孤，流寓濠、泗間，楊行密攻濠州，得之，奇其狀貌，養以爲子。而楊氏諸子不能容，行密以乞徐溫，乃冒姓徐氏，名知誥。及壯，身長七尺，廣顙隆準。爲人溫厚有謀。爲吳樓船軍使，以舟兵屯金陵。柴再用攻宣州，用其兵殺李遇，昪以功拜昇州刺史。時江淮初定，州、縣吏多武夫，務賦斂爲戰守，昪獨好學，接禮儒者，能自勵爲勤儉，以寬仁爲政，民稍譽之。徐溫鎭潤州，以昇、池等六州爲屬，溫聞昪理昇州有善政，往視之，見其府庫充實，城壁修整，乃徙治之，而遷昪潤州刺史。昪初不欲往，屢求宣州，溫不與。既而徐知訓爲朱瑾所殺，溫居金陵，未及聞。昪居潤州，近廣陵，得先聞，即日以州兵渡江定亂，遂得政。

昪事徐溫甚孝謹，溫嘗罵其諸子不如昪，諸子頗不能容，而知訓尤甚，嘗召昪飮酒，伏劍士欲害之，行酒吏刁彥能覺之，酒至昪，以手爪掐之，昪悟起走，乃免。後昪自潤州入覲，知訓與飮於山光寺，又欲害之，徐知諫以其謀告昪，昪起遁去。知訓以劍授刁彥能，使追殺之，及於中途而還，紿以不及，由是得免。

知訓之用事也，嘗凌弱楊氏而驕侮諸將，遂以見殺。及昪秉政，欲收人心，乃寬刑法，推恩信，起延賓亭以待四方之士，引宋齊丘、駱知祥、王令謀等爲謀客，士有羇旅於吳者，皆齒用之。嘗陰使人察視民間有婚喪匱乏者，往往賙給之。盛暑未嘗張蓋、操扇，左右進蓋，必却之，曰：「士衆尙多暴露，我何用此？」以故溫雖遙秉大政，而吳人頗已歸昪。

武義元年，拜左僕射，參知政事。溫行軍司馬徐玠數勸溫以己子代昪，溫遣子知詢入廣陵，謀代昪秉政。會溫病卒，知詢奔還金陵，玠反爲昪謀，誣知詢以罪，斬其客將周廷望，以知詢爲右統軍。楊溥僭號，拜昪太尉、中書令。大和三年，出鎭金陵，如溫之制，留其子景通爲司徒同平章事，以王令謀宋齊丘爲左、右僕射同平章事。四年，封昪東海郡王。

昪照鑑見白髮，顧其吏周宗歎曰：「功業已就，而吾老矣，奈何？」宗知其意，馳詣廣陵見宋齊丘，謀禪代。齊丘以爲未可，請斬宗以謝吳人，昪黜宗爲池州刺史。吳臨江王濛者，怨徐氏捨己而立溥，心嘗不平，及昪將謀簒國，先廢濛爲歷陽公，使吏以兵守之。濛殺守者，奔廬州節度使周本。本，吳舊將也，聞濛至，欲納之，爲其子祚所止。本曰：「此吾故主家郎君也，何忍拒之！」遽白出迎，祚閉門遮本不得出，縛濛送金陵，見殺。

五年，昪封齊王。已而閩、越諸國皆遣使勸進，昪謂人望已歸。天祚三年，建齊國，置宗廟社稷，以宋齊丘、徐玠爲左、右丞相。十月，溥遣攝太尉楊璘傳位於昪，國號齊，改元昇元。昪以册尊溥曰：「受禪老臣知誥，謹上册皇帝爲高尙思玄弘古讓皇帝。」追尊徐溫爲忠武皇帝，封子景爲吳王，封徐氏子知證江王，知諤饒王。周本與諸將至金陵勸進，歸而歎曰：「吾不誅簒國者以報楊氏，今老矣，豈能事二姓乎！」憤惋而死。

二年四月，遷楊溥於潤州丹陽宮。以王輿爲浙西節度使、馬思讓爲丹陽宮使，以嚴兵守之。

徐氏諸子請昪復姓，昪謙抑不敢忘徐氏恩，下其議百官，百官皆請，然後復姓李氏，改名曰昪。自言唐憲宗子建王恪生超，超生志，爲徐州判司；志生榮。乃自以爲建王四世孫，改國號曰唐。立唐高祖、太宗廟，追尊四代祖恪爲孝靜皇帝，廟號定宗；曾祖超爲孝平皇帝，廟號成宗；祖志孝安皇帝，廟號惠宗；考榮孝德皇帝，廟號慶宗。奉徐溫爲義父，徐氏子孫皆封王、公，女封郡、縣主。以門下侍郎張居詠、中書侍郎李建勳、右僕射張延翰同平章事。十一月，以步騎八萬講武於銅橋。

楊溥卒於丹陽宮。溥子璉爲吳太子時，昪以女妻之，及昪簒國，封其女永興公主。女聞人呼公主，則嗚咽流涕而辭，宮中皆憐之。溥卒，以璉爲康化軍節度使，已而以疾卒。

三年四月，昪郊祀昊天上帝於圜丘，禮畢，羣臣請上尊號。昪曰：「尊號，非古也。」不許。州、縣言民孝悌五代同居者七家，皆表門閭，復其繇役；其尤盛者江州陳氏，宗族七百口，每食設廣席，長幼以次坐而共食，有畜犬百餘，共一牢食，一犬不至，諸犬爲之不食。

四年六月，晉安州節度使李金全叛，送款于昪，昪遣鄂州屯營使李承裕迎之。承裕與晉將馬全節、安審暉戰安陸南，三戰皆敗，承裕與裨將段處恭皆死，都監杜光鄴及其兵五百人被執送于京師，高祖厚賜之，遣還。昪致書高祖，復送光鄴等，請以敗軍行法，高祖又遣之，昪以甲士臨淮拒之，乃止。

六年，吳越國火，焚其宮室、府庫，甲兵皆盡，羣臣請乘其弊攻之，昪不許，遣使弔問，厚賙其乏。錢氏自吳時素爲敵國，昪見天下亂久，常厭用兵，及將簒國，先與錢氏約和，歸其所執將士，錢氏亦歸吳敗將，遂通好不絕。

昪客馮延巳好論兵、大言，嘗誚昪曰：「田舍翁安能成大事！」而昪志在守吳舊地而已，無復經營之略也，然吳人亦賴以休息。

中華書局

七年，昪卒，年五十六，謚曰光文肅武孝高皇帝，廟號烈祖，陵曰永陵。子景立。

景，初名景通，昪長子也。既立，又改名璟。徐温死，昪專政，以爲兵部尚書、參知政事。明年，昪鎮金陵，留景爲司徒、同平章事，與宋齊丘、王令謀居廣陵，輔楊溥。昪將篡國，召景歸金陵爲副都統。昪立，封齊王。昪卒，嗣位，改元保大。尊母宋氏爲皇太后，妃鍾氏爲皇后。封弟壽王景遂爲燕王，宣城王景達鄂王，景逷前未王，爲保寧王。秋，改封景遂齊王、諸道兵馬元帥、太尉、中書令，景達爲燕王、副元帥，盟於昪柩前，約兄弟世世繼立。封其子冀南昌王、江都尹。

冬十月，破虔州妖賊張遇賢。遇賢，循州羅縣小吏也[一]。初，有神降羅縣民家，與人言禍福輒中。遇賢禱之，神曰：「遇賢是羅漢，可留事我。」是時，南海劉龔死，子玢初立，嶺南盜賊起，羣盜千餘人，未有所統，問神當爲主者，神言遇賢，遂共推爲帥。遇賢自號中天八國王，改元永樂，置官屬，羣賊盜皆絳衣，攻剽嶺外，問神所嚮，神曰：「當過嶺取虔州。」遂襲南康，節度賈浩不能禦。遇賢據白雲洞，造宮室，有衆十餘萬，連陷諸縣。景遣洪州營屯虞候嚴思、通事舍人邊鎬率兵攻之。遇賢問神，神不復語，羣盜皆懼，遂執遇賢以降。

景以馮延巳、常夢錫爲翰林學士，馮延魯爲中書舍人，陳覺爲樞密使，魏岑、查文徽爲副

使。夢錫直宣政殿，專掌密命，而延巳等皆以邪佞用事，吳人謂之「五鬼」。夢錫屢言五人者不可用，景不納。十二月，景下令中外庶政委齊王景遂參決，惟陳覺、查文徽得奏事，羣臣非召見者，不得入。給事中蕭儼上疏切諫，不報。侍衞軍都虞候賈崇詣閤求見景，曰：「臣事先朝三十年，見先帝所以成功業者，皆用衆賢之謀，故延接疏遠，未嘗壅隔，然下情猶有不達者。今陛下新卽位，所信用者何人？奈何頓與臣下隔絕！臣老卽死，恐無復一見顏色。」因泣下嗚咽，景爲之動容，引與坐，賜食而慰之，遂寢所下令。

初，宋齊丘爲昪謀篡楊氏最有力，及事成，乃陽入九華山，昪屢招之，乃出。昪僭號，未幾，齊丘以病罷相，出爲洪州節度使。景立，復召爲相，而陳覺、魏岑等皆爲齊丘所引用。而岑與覺有隙，譖覺於景，左遷少府監。齊丘亦罷相爲浙西節度使。齊丘不得意，願復歸九華山，賜號九華先生，封青陽公，食青陽一縣。

二年二月，閩人連重遇、朱文進弒其君王延羲，文進自立。是時，延羲弟延政亦自立於建州，國號殷。王氏兄弟連兵累年，閩大亂，景因其亂遣查文徽及待詔臧循發兵攻建州。延政聞唐且攻之，遣人給福州曰：「唐兵助我討賊矣。」福州信之，共殺文進等以降，延政遣其從子繼昌守福州。文徽軍屯建陽，福州將李仁達殺王繼昌自稱留後，泉州將留從効亦殺其刺史黃紹頗，皆送款於文徽。

四年八月，文徽乘勝克建、汀、泉、漳四州，景分延平、劍浦、富沙三縣，置劍州，遷王延政之族于金陵。以延政爲饒州節度使、李仁達爲福州節度使、留從効爲清源軍節度使。景遂欲罷兵，而查文徽、陳覺等皆言：「仁達等餘孽猶在，不若乘勝盡取之。」陳覺自言可不用尺兵致仁達等。景以覺爲宣諭使，召仁達朝金陵，仁達不從。覺慚，還至建州，矯命發汀、建、信、撫州兵攻仁達。時魏岑安撫漳、泉，聞覺起兵，亦擅發兵會覺。景大怒，馮延巳等爲言：「兵業行，不可止。」乃以王崇文爲招討使、王建封爲副使，益兵以會之，以延魯、魏岑、陳覺皆爲監軍使。仁達送款於吳越，吳越以兵三萬應仁達。覺等爭功，進退不相應，延魯與吳越兵先戰，大敗而走，諸軍皆潰歸。景怒，遣使者鎖覺、延魯至金陵。而馮延巳方爲宰相，宋齊丘復自九華召爲太傅，爲稍解之，乃流覺蘄州、延魯舒州。韓熙載上書切諫，請誅覺等，齊丘惡之，貶熙載和州司馬。是歲，契丹陷京師，中國無主，而景方以覺等疲兵東南，不暇北顧。御史中丞江文蔚劾奏宰相馮延巳、諫議大夫魏岑亂政，與覺等同罪而不見貶黜，言甚切直。景大怒，自答其疏，貶文蔚江州司士參軍，亦罷延巳爲少傅、岑爲太子洗馬。

五年，以景遂爲太弟；景達爲元帥，封齊王；南昌王冀爲副元帥，封燕王。契丹遣使來聘，以兵部尚書賈潭報聘。

六年，漢李守貞反河中，遣其客將朱元來求援，景以潤州節度使李金全爲北面行營招

撫使，兵攻沭陽，聞守貞已敗，乃還。是時，漢隱帝少，中國衰弱，淮北羣盜多送款於景，景遣皇甫暉出海、泗諸州招納之。

八年，福州詐言「吳越戍兵亂，殺李仁達而遯」，遣人請建州節度使查文徽，文徽與劍州刺史陳誨下舟閩江趨應之。福州以兵出迎。誨曰：「閩人多詐難信，宜駐江岸徐圖之。」文徽曰：「久則生變，乘其未定，亟取之。」留誨屯江口，進至西門，伏兵發，文徽被擒。誨與越人戰，大敗之，獲其將馬先進。景送先進還越，越亦歸景文徽。是歲，楚王馬希廣爲其弟希萼所弒[二]，希萼自立。

九年秋，楚人囚希萼於衡山，立其弟希崇，附于景，楚國大亂。景遣信州刺史邊鎬攻楚，破潭州，盡遷馬氏之族于金陵。景以希萼爲洪州節度使，希崇舒州節度使，以邊鎬爲湖南節度使。

十年，分洪州高安、清江、萬載、上高四縣，置筠州。以馮延巳、孫忌爲左、右僕射同平章事。廣州劉晟乘楚之亂，取桂管，景遣將軍張巒出兵爭之，不克。楚地新定，其府庫空虛，宰相馮延巳以克楚爲功，不欲取費於國，乃重斂其民以給軍，楚人皆怨而叛，其將劉言攻邊鎬，鎬不能守，遯歸。

十一年，金陵大火踰月。

十二年，大饑，民多疫死。

十三年十一月，周師南征，詔曰：「蠢爾淮甸，敢拒大邦，盜據一方，僭稱僞號。晉、漢之代，寰海未寧，而乃招納叛亡，朋助兇逆。金全之據安陸，守貞之叛河中，大起師徒，來爲應援。迫奪閩、越，塗炭湘、潭，至於應接慕容，憑陵徐部，沭陽之役，曲直可知。勾誘契丹，入爲邊患，結連幷壘，實我世讎。罪惡難名，人神共憤。」乃拜李穀爲行營都部署，攻自壽州始。是時，宋齊丘爲洪州節度使，景召齊丘還金陵，以劉彥貞爲神武統軍，劉仁贍爲清淮軍節度使，以距周師。李穀曰：「吾無水戰之具，而使淮兵斷正陽浮橋，則我背腹受敵。」乃焚其芻糧，退屯正陽。是時世宗親征，行至圉鎮，聞穀退軍，曰：「吾軍却，唐兵必追之。」遣李重進急趨正陽，曰：「唐兵且至，宜急擊之。」劉彥貞等聞穀退軍，果以爲怯，急追之。比及正陽，而重進先至，軍未及食而戰，彥貞等遂敗。彥貞之兵施利刃於拒馬，維以鐵索；又刻木爲獸，號「捷馬牌」；以皮囊布鐵蒺藜于地。周兵見而知其怯，一鼓敗之。世宗營于淝水之陽，徙浮橋于下蔡。景遣林仁肇等爭之不得，而周師取滁州。景懼，遣泗州牙將王知朗至徐州，稱唐皇帝奉書，願効貢賦，陳兄事之禮，世宗不答。景東都副留守馮延魯、光州刺史張紹、舒州刺史周祚、泰州刺史方訥皆棄城走，延魯削髮爲僧，爲周兵所獲。蘄州裨將李福殺其刺史王承雋降周。景益懼，始改名景以避周廟諱，遣其翰林學士鍾謨、文理院學士李德

明奉表稱臣，獻犒軍牛五百頭、酒二千石、金銀羅綺數千，請割壽、濠、泗、楚、光、海六州，以求罷兵。世宗不報，分兵襲下揚、泰。景遣人懷蠟丸書走契丹求救，爲邊將所執。光州刺史張承翰降周。

十四年三月，景又遣司空孫晟、禮部尚書王崇質奉表，辭益卑服，世宗猶不答，前遣鍾謨等幷晟、崇質皆留行在。而謨等請歸取景表，盡獻江北地，世宗許之，遣崇質、德明等還，始賜景書曰：「自有唐失御，天步方艱，六紀于茲，瓜分鼎峙。自爲聲教，各擅蒸黎，交結四夷，憑凌上國。華風不競，否運所鍾，凡百有心，孰不興憤？朕擅一百州之富庶，握三十萬之甲兵，農戰交修，士卒樂用，苟不能恢復內地，申畫邊疆，便議班旋，眞同戲劇。至於削去尊稱，願輸臣節，孫權事魏，蕭詧奉周，古也雖然，今則不取。但存帝號，何爽歲寒？儻堅事大之心，必不迫人于險。」德明等還，盛稱世宗英武，景不悅。宋齊丘、陳覺等皆以割地無益，而德明賣國以圖利。景怒，斬德明。遣元帥齊王景達與陳覺、邊鎬、許文稹率兵趣壽春，景達將朱元等復得舒、蘄、泰三州。夏，大雨，周師在揚、滁、和者皆却，諸將請要其險隘擊之。宋齊丘曰：「擊之怨深，不如縱之以爲德。」誠諸將閉壁，無得要戰，故周師皆集於壽州。世宗屯於渦口，欲再幸揚州，宰相范質以師老泣諫，乃班師，以李重進攻廬、壽，向訓守揚州。訓請棄揚州，併力以攻壽春，乃封府庫付主者，遣景舊將按巡城中，秋毫不犯而去，淮人大悅，皆負糗糧，以送周師。

十五年，景達遣朱元等屯紫金山，築甬道以餉壽州。二月，世宗復南征，徙下蔡浮橋于渦口，爲鎮淮軍，築二城以夾淮。周師連破紫金諸寨。景達雖爲元帥，兵事皆決於陳覺。覺與朱元素有隙，以元李守貞客，反覆難信，景遣大將楊守忠代元，且召之。元憤怒，叛降于周，諸軍皆潰，許文稹、邊鎬皆被執，景達以舟兵奔還金陵。劉仁贍病且死，其副使孫羽等以壽州降于周。世宗班師。景遣人焚揚州，驅其士庶而去。冬十月，世宗復南征，遂圍濠州，刺史郭廷謂告于周曰：「臣不能守一州以抗王師，然願請命于唐而後降。」世宗爲之緩攻，廷謂遣人請命于景，景許其降，乃降。又取泗州。周師步騎數萬，水陸齊進，軍士作檀來之歌，聲聞數十里。十二月，屯于楚州之北門。

交泰元年正月，大赦改元。周師攻楚州，守將張彥卿、鄭昭業城守甚堅，攻四十日不可破。世宗親督兵以洞屋穴城而焚之，城壞，彥卿、昭業戰死，周兵怒甚，殺戮殆盡。周師復取海、泰、揚州。世宗幸迎鑾以臨大江，景知不能支，而恥自屈身去其名號，乃遣陳覺奉表，請傳國與其世子而聽命。

初，周師南征，無水戰之具，已而屢敗景兵，獲水戰卒，乃造戰艦數百艘，使降卒教之水戰，命王環將以下淮。景之水軍多敗，長淮之舟，皆爲周師所得。又造齊雲船數百艘，世宗

至楚州北神堰，齊雲舟大，不能過，乃開老鸛河以通之，遂至大江。景初自恃水戰，以周兵非敵，且未能至江。及覺奉使，見舟師列于江次甚盛，以爲自天而下，乃請曰：「臣願還國取景表，盡獻江北諸州，如約。」世宗許之，始賜景書曰「皇帝恭問江南國主」，勞其良苦而已。是時揚、泰、滁、和、壽、濠、泗、楚、光、海等州，已爲周得，景遂獻廬、舒、蘄、黃，畫江以爲界。五月，景下令去帝號，稱國主，奉周正朔，時顯德五年也。

初，孫晟使于周，留不遣，而世宗問晟江南虛實，不對，世宗怒，殺晟。周已罷兵，景乃贈劉仁贍太師，追封晟魯國公。世宗遣鍾謨、馮延魯歸國。景復遣謨等朝京師，手自書表，稱天地父母之恩不可報；又請降詔書同藩鎮，遣謨面陳願傳位世子。世宗遣謨等還國，優詔以勞安之。景以謨爲禮部侍郎、延魯戶部侍郎。

景爲太子時，延魯等皆出入東宮，禮部尚書常夢錫自昪世屢言不可使延魯等近太子，及景立，延魯用事，夢錫每排斥之。景既割地稱臣，有語及朝廷爲大朝者，夢錫大笑曰：「君等嘗欲致君如堯、舜，今日自爲小朝邪？」鍾謨素善李德明，既歸，而聞德明由宋齊丘等見殺，欲報其冤，未能發。陳覺，齊丘黨也，與嚴續素有隙。覺嘗奉使周，還言世宗以江南不卽聽命者，嚴續之謀，勸景誅續以謝罪。景疑之，謨因請使于周，驗其事。景已割地稱臣，乃遣謨入朝謝罪，言不卽割地者，非續謀，願赦之。世宗大驚，曰：「續能爲謀，是忠其主也，朕豈

殺忠臣乎？」謨還，言覺姦詐，景怒，流覺饒州，殺之，宋齊丘坐覺黨與，放還青陽，賜死。以太弟景遂爲洪州節度使，燕王冀爲太子。

景困於用兵，鍾謨請鑄大錢以一當十，文曰「永通泉貨」。謨嘗得罪，而大錢廢。韓熙載又鑄鐵錢，以一當二。

九月，太子冀卒〔三〕，次子從嘉封吳王，居東宮。鍾謨言從嘉輕肆，請立紀國公從善，景怒，貶謨國子司業，立從嘉爲太子。世宗使人謂景曰：「吾與江南，大義已定，然慮後世不能容汝，可及吾世修城隍、治要害爲子孫計。」景因營緝諸城，謀遷其都于洪州，羣臣皆不欲遷，惟樞密使唐鎬贊之，乃升洪州爲南昌，建南都。建隆二年，留太子從嘉監國，景遷于南都。而洪州迫隘，宮府營廨，皆不能容，羣臣日夕思歸，景悔怒不已。唐鎬慚懼，發疾卒。

六月，景卒，年六十四〔四〕。從嘉嗣立，以喪歸金陵，遣使入朝，願復景帝號，太祖皇帝許之，乃謚曰明道崇德文宣孝皇帝，廟號元宗，陵曰順陵。

煜字重光，初名從嘉，景第六子也。煜爲人仁孝，善屬文，工書畫，而豐額駢齒，一目重瞳子。自太子冀已上，五子皆早亡，煜以次封吳王。建隆二年，景遷南都，立煜爲太子，留監國。景卒，煜嗣立於金陵。母鍾氏，父名泰章。煜尊母曰聖尊后；立妃周氏爲國后；

封弟從善韓王，從益鄭王，從謙宜春王，從度昭平郡公，從信文陽郡公。大赦境內。遣中書侍郎馮延魯修貢于朝廷。令諸司四品已下無職事者，日二員待制於內殿。

三年，泉州留從效卒。景之稱臣於周也，從效亦奉表貢獻于京師，世宗以景故，不納。從效聞景遷洪州，懼以爲襲已，遣其子紹基納貢于金陵，而從效病卒，泉人因幷送其族于金陵，推立副使張漢思。漢思老不任事，州人陳洪進逐之，自稱留後，煜即以洪進爲節度使。乾德二年，始用鐵錢，民間多藏匿舊錢，舊錢益少，商賈多以十鐵錢易一銅錢出境，官不可禁，煜因下令以一當十。拜韓熙載中書侍郎、勤政殿學士。封長子仲遇清源公，次子仲儀宣城公。

五年，命兩省侍郎、給事中、中書舍人、集賢勤政殿學士，分夕於光政殿宿直，煜引與談論。煜嘗以熙載盡忠，能直言，欲用爲相，而熙載後房妓妾數十人，多出外舍私侍賓客，煜以此難之，左授熙載右庶子，分司南都。熙載盡斥諸妓，單車上道，煜喜留之，復其位。已而諸妓稍稍復還，煜曰：「吾無如之何矣！」是歲，熙載卒，煜嘆曰：「吾終不得熙載爲相也。」欲以平章事贈之，問前世有此比否？羣臣對曰：「昔劉穆之贈開府儀同三司。」遂贈熙載平章事。熙載，北海將家子也，初與李穀相善。明宗時，熙載南奔吳，穀送至正陽，酒酣臨訣，熙載謂穀曰：「江左用吾爲相，當長驅以定中原。」穀曰：「中國用吾爲相，取江南如探囊中物爾。」及周師之征淮也，命穀爲將，以取淮南，而熙載不能有所爲也。

開寶四年，煜遣其弟韓王從善朝京師，遂留不遣。煜手疏求從善還國，太祖皇帝不許。煜嘗怏怏以國蹙爲憂，日與臣下酣宴，愁思悲歌不已。

五年，煜下令貶損制度。下書稱教，改中書、門下省爲左、右內史府，尙書省爲司會府，御史臺爲司憲府，翰林爲文館，樞密院爲光政院，諸王皆爲國公，以尊朝廷。煜性驕侈，好聲色，又喜浮圖，爲高談，不恤政事。

六年，內史舍人潘佑上書極諫，煜收下獄，佑自縊死。

七年，太祖皇帝遣使詔煜赴闕，煜稱疾不行，王師南征，煜遣徐鉉、周惟簡等奉表朝廷求緩師，不答。八年十二月，王師克金陵。九年，煜俘至京師，太祖赦之，封煜違命侯，拜左千牛衞將軍。其後事具國史。

予世家江南，其故老多能言李氏時事，云太祖皇帝之出師南征也，煜遣其臣徐鉉朝于京師。鉉居江南，以名臣自負，其來也，欲以口舌馳說存其國，其日夜計謀思慮言語應對之際詳矣。及其將見也，大臣亦先入請，言鉉博學有材辯，宜有以待之。太祖笑曰：「第去，非

爾所知也。」明日，鉉朝于廷，仰而言曰：「李煜無罪，陛下師出無名。」太祖徐召之升，使畢其說。鉉曰：「煜以小事大，如子事父，未有過失，奈何見伐？」其說累數百言。太祖曰：「爾謂父子者爲兩家可乎？」鉉無以對而退。嗚呼，大哉，何其言之簡也！蓋王者之興，天下必歸于一統。其可來者，來之；不可者，伐之；僭僞假竊，期於埽蕩一平而後已。予讀周世宗征淮南詔，怪其區區擿摭前事，務較曲直以爲辭，何其小也！然世宗之英武有足喜者，豈爲其辭者之過歟㊀？

㊀據湯悅所撰江南錄云：「景以保大十五年正月，改元交泰，是歲盡獻淮南十四州，畫江爲界。」保大十五年，乃周顯德四年也。案五代舊史及世宗實錄，顯德四年十月壬申，世宗方復南征，五年正月丙午，始克楚州。二月己亥，景始盡獻淮南諸州，畫江爲界，當是保大十六年也。悅等南唐故臣，記其目見之事，何其差繆？而九國志、紀年通譜之類，但以悅書爲正，不復參校，遂皆差一年。至於景滅閩國，是保大四年，江南錄書於三年，亦差一年，已具閩世家注。或疑景立踰年而改元，則滅閩國當爲三年，周取淮南當爲十五年不差，但江南錄誤於景立之年改元保大，所以常差一年也。今知不然者，以諸書參校，閩人殺王延羲，當晉開運元年，周師始伐南唐當顯德二年。據景以初立之年即改元，則開運元年爲保大二年，顯德二年爲保大十三年。今江南錄書延羲被殺於二年，周師始伐於十三年，則是景立之年改元，不誤，而悅等書滅王氏、割淮南自各差一年爾。昇自晉天福二年建國，至皇朝開寶八年國滅，凡三十九年。

中華書局

校勘記

〔一〕循州羅縣 按舊唐書卷四一及新唐書卷四三上地理志、太平寰宇記卷一五九，循州有「博羅縣」，無「羅縣」。

〔二〕楚王馬希廣爲其弟希萼所弒 按本史卷六六楚世家及通鑑卷二八七，希萼乃希廣之兄。

〔三〕九月太子冀卒 通鑑卷二九四、陸游南唐書卷二元宗紀都載太子弘冀死在周顯德六年九月。

〔四〕景卒年六十四 「六十四」，貴池、汪本同，他本及薛史卷一三四李景傳均作「四十六」。

新五代史卷六十三

前蜀世家第三

王建 子衍

王建字光圖，許州舞陽人也。隆眉廣顙，狀貌偉然。少無賴，以屠牛、盜驢、販私鹽爲事，里人謂之「賊王八」。後爲忠武軍卒，稍遷隊將。黃巢陷長安，僖宗在蜀，忠武軍將鹿晏弘以兵八千屬楊復光討賊，巢敗走，復光以其兵爲八都，都將千人，建與晏弘皆爲一都頭。復光死，晏弘率八都西迎僖宗于蜀，所過剽略，行至興元，逐節度使牛叢，自稱留後。僖宗即以晏弘爲節度使，晏弘以建等八都頭皆領屬州刺史。已而晏弘擁衆東歸，陷陳、許，建與晉暉、韓建、張造、李師泰等各率一都，西奔于蜀。僖宗得之大喜，號「隨駕五都」，以屬十軍觀軍容使田令孜，令孜以建等爲養子。僖宗還長安，使建與晉暉等將神策軍宿衛。

光啓元年，河中王重榮與令孜爭鹽池，重榮召晉兵犯京師，僖宗幸鳳翔。二年三月，移幸興元，以建爲淸道使，負玉璽以從。行至當塗驛，李昌符焚棧道，棧道幾斷，建控僖宗馬，冒煙燄中過，宿坂下，僖宗枕建膝寢，既覺，涕泣，解御衣賜之。

僖宗已至興元，令孜以謂天子播越，由己致之，懼且得罪，西川節度使陳敬瑄，令孜同母弟也，令孜因求爲西川監軍，楊復恭代爲軍容使。復恭出建爲壁州刺史，建乃招集亡命及谿洞夷落，有衆八千，以攻閬州，執其刺史楊行遷，又攻利州，利州刺史王珙棄城走。敬瑄患之，以問令孜，令孜曰：「王八吾兒也，以一介召之，可置麾下。」乃使人招建。

東川顧彥朗與建有舊，建聞令孜召己，大喜，因至梓州，謂彥朗曰：「十軍阿父召我，我欲至成都見陳公，以求一鎭。」即以其家屬託彥朗，選精兵二千，馳之成都。行至鹿頭關，敬瑄悔召建，使人止之。建大怒，擊破鹿頭關，取漢州。彥朗聞之，出兵助建，軍于學射。敬瑄遣將句惟立逆建，建擊敗之，遂攻彭州。敬瑄遣眉州刺史山行章將兵五萬屯新繁，建又擊敗之，虜獲萬餘人，橫屍四十里。敬瑄發兵七萬益行章，與建相持濛陽、新都百餘日。昭宗遣左諫議大夫李洵爲兩川宣諭和協使，詔彥朗等罷兵。彥朗請以大臣鎭蜀，因爲建求旌節。文德元年六月，以宰相韋昭度爲西川節度使。分邛、蜀、黎、雅爲永平軍，拜建節度使。

敬瑄不受代，昭宗即命昭度將彥朗等兵討之。昭宗以建爲招討牙內都指揮使。久之，不克，建謂昭度曰：「公以數萬之衆，困兩川之人，而師久無功，奈何？且唐室多故，東方諸鎮，兵接都畿，公當歸相天子，靜中原以固根本，此蠻夷之國，不足以留公！」昭度遲疑未決，建遣軍士擒昭度親吏於軍門，臠而食之，建入白曰：「軍士飢，須此爲食爾！」昭度大恐，即留符節與建而東。昭度已去，建即以兵扼劍門，兩川由是阻絕。

山行章屯廣都，建擊敗之，行章走眉州，以州降建。建引兵攻成都，而資、簡、戎、茂、嘉、邛諸州皆殺刺史降建。

建攻成都甚急，田令孜登城呼建曰：「老夫與公相厚，何嫌而至此！」建曰：「軍容父子之恩，心何可忘！然兵討不受代者，天子命也。」令孜夜入建軍，以節度觀察牌印授建。明日，敬瑄開門迎建。建將入城，以張勍爲都虞候，戒其軍士曰：「吾以張勍爲虞候矣，汝等無犯其令，幸勍執而見我，我尚活汝，使其殺而後白，吾亦不能詰也。」建入城，軍士剽略，勍殺百人而止。後建遷敬瑄于雅州，使人殺之；復以令孜爲監軍，既而亦殺之。

大順二年十月，唐以建爲檢校司徒、成都尹、劍南西川節度副大使知節度事、管內觀察處置雲南八國招撫等使。

東川顧彥朗卒，其弟彥暉立。唐遣宦者宗道弼賜彥暉東川旌節，綿州刺史常厚執道弼

以攻梓州，建遣李簡、王宗滌等討厚。自彥朗死，建欲圖并東川而未有以發，及李簡等討厚，戒曰：「兵已破厚，彥暉必出犒師，即與俱來，無煩吾再舉也。」簡等擊厚，敗之鍾陽，厚走還綿州，以唐旌節還道弼而出之。彥暉已得節，辭疾不出犒軍。乾寧二年，建遣王宗滌攻之。十二月，宗滌敗彥暉於楸林，斬其將羅璋，遂圍梓州。三年五月，昭宗遣宦者袁易簡詔建罷兵，建收兵還成都。黔南節度使王肇以其地降于建。

四年，宗滌復攻東川，別遣王宗侃、宗阮等出峽，取渝、瀘州。五月，建自將攻東川，昭宗遣諫議大夫李洵、判官韋莊宣諭兩川，詔建罷兵。建不奉詔，乃責授建南州刺史，以郯王爲鳳翔節度使，李茂貞代建爲西川節度使。茂貞拒命，乃復建官爵。冬十月，建攻破梓州，彥暉自殺。彥暉將顧彥瑤顧城已危，謂諸將吏曰：「事公當生死以之！」指其所佩賓鐵劍曰：「事急而有叛者，當齒此劍！」及城將破，彥瑤與彥暉召集將吏飲酒，遂與之俱死。建以王宗滌爲東川留後，唐即以宗滌爲節度使，於是并有兩川之地。

是時，鳳翔李茂貞兼據梁、洋、秦、隴，數以兵侵建。天復元年，梁太祖兵誅宦者，宦者韓全誨等劫天子幸鳳翔，梁兵圍之，茂貞閉城拒守經年，力窘，求與梁和。建間遣人聘茂貞，許以出兵爲援，勸其堅壁勿和。遣王宗滌將兵五萬，聲言迎駕，以攻興元，執其節度使李繼業，而武定節度使拓拔思敬遂以其地降于建，於是并有山南西道。是時，荊南成汭死，

襄州趙匡凝遣其弟匡明襲據之，建乘其間，攻下夔、施、忠、萬四州。三年八月，唐封建蜀王。四年，唐遷都洛陽，改元天祐，建與唐隔絕而不知，故仍稱天復。六年，又取歸州，於是并有三峽。

七年，梁滅唐，遣使者諭建，建拒而不納。建因馳檄四方，會兵討梁，四方知其非誠實，皆不應。

是歲正月，巨人見青城山。六月，鳳皇見萬歲縣，黃龍見嘉陽江，而諸州皆言甘露、白鹿、白雀、龜、龍之瑞。秋九月己亥，建乃即皇帝位。封其諸子爲王，以王宗佶爲中書令，韋莊爲左散騎常侍判中書門下事，唐襲爲樞密使，鄭騫爲御史中丞，張格、王鍇皆爲翰林學士，周博雅爲成都尹。蜀恃險而富，當唐之末，士人多欲依建以避亂。建雖起盜賊，而爲人多智詐，善待士，故其僭號，所用皆唐名臣世族：莊，見素之孫；格，濬之子也。建謂左右曰：「吾爲神策軍將時，宿衞禁中，見天子夜召學士，出入無間，恩禮親厚如寮友，非將相可比也。」故建待格等恩禮尤異，其餘宋玭等百餘人，並見信用。

武成元年正月，祀天南郊，大赦，改元，以王宗佶爲太師。宗佶本姓甘氏，建爲忠武軍卒時掠得之，養以爲子，後以軍功累遷武信軍節度使。後建所生子元懿等稍長，宗佶以養子心不自安，與鄭騫等謀，求爲大司馬，總六軍，開元帥府，凡軍事便宜行而後聞。建以宗

佶創業功多，優容之。唐襲本以舞僮見幸於建，宗佶尤易之，後爲樞密使，猶名呼襲，襲雖內恨，而外奉宗佶愈謹。建聞之，怒曰：「宗佶名呼我樞密使，是將反也。」宗佶求大司馬，章三上，建以問襲，襲因激怒建曰：「宗佶功臣，其威望可以服人心，陛下宜即與之。」建心益疑。宗佶入奏事，自請不已，建叱衞士撲殺之，并賜騫死。六月，以遂王宗懿爲皇太子。建加尊號英武睿聖皇帝。七月，騶虞見武定。

二年，頒永昌曆。廣都嘉禾合穗。

三年八月，有龍五十見洵陽水中。十月，麟見壁州。十二月，大赦，改明年爲永平元年。岐王李茂貞自爲梁所圍，而山南入于蜀，地狹勢孤，遂與建和，以其子娶建女，因求山南故地。建怒，不與，以王宗侃爲北路都統，宗佑、宗賀、唐襲爲三面招討使以攻岐。戰于青泥，宗侃敗績，退保西縣，爲茂貞兵所圍。建自將擊之，岐兵敗，解去，建至興元而還。加尊號曰英武睿聖光孝皇帝。

二年，又加號曰英武睿聖神功文德光孝皇帝。初，田令孜之爲監軍也，盜唐傳國璽入于蜀而埋之，二月，尙食使歐陽柔治令孜故第，穿地而得之，以獻。五月，梁遣光祿卿盧玭來聘，推建爲兄，其印文曰「大梁入蜀之印」。宰相張格曰：「唐故事，奉使四夷，其印曰『大唐入某國之印』，今梁已兄事陛下，奈何卑我如夷狄？」建怒，欲殺梁使者，格曰：「此梁有司

之過爾，不可以絕兩國之懽。」已而梁太祖崩，建遣將作監李紘弔之，遂刻其印文曰「大蜀入梁之印」。劍州木連理。六月，麟見文州。十二月，黃龍見富義江。

三年正月，麟見永泰。五月，騶虞見壁山，有二鹿隨之。秋七月，皇太子元膺殺太子少保唐襲。元膺，建次子也，初名宗懿，後更名宗坦，建得銅牌子于什仿，有文二十餘字，建以爲符讖，因取之以名諸子，故又更曰元膺。元膺爲人猳喙齵齒，多材藝，能射錢中孔，嘗自抱畫毬擲馬上，馳而射之，無不中。年十七，爲皇太子，判六軍，創天武神機營，開永和府，置官屬。建以元膺年少任重，以記事戒之，令「一切學朕所爲，則可以保國」。又命道士廣成先生杜光庭爲之師。唐襲，建之嬖也，元膺易之，屢誚于朝，建懼其交惡，乃罷襲樞密使，出爲興元節度使。已而襲罷歸，元膺廷疏其過失，建益不悅。是月七夕，元膺召諸王大臣置酒，而集王宗翰、樞密使潘峭、翰林學士毛文錫不至，元膺怒曰：「集王不來，峭與文錫教之耳！」明日，元膺白建峭及文錫離間語。建怒，將罪之。元膺出而襲入，建以問之，襲曰：「太子謀作亂，欲召諸將、諸王以兵錮之，然後舉事爾！」建疑之，襲請召營兵入衞。元膺初不爲備，聞襲召兵，以爲誅己，乃與伶人安悉香、軍將喩全殊率天武兵自衞，遣人擒峭及文錫而笞之，幽於其家；召大將徐瑤、常謙率兵出拒襲，與襲戰神武門，襲中流矢，墜馬死。建遣王宗賀以兵討之，元膺兵敗皆潰去。元膺匿躍龍池檻中，明日，出而丐食，蜀人識之，

以告，建遣宗翰招諭之，宗翰未至，爲衞兵所殺。建乃立其幼子鄭王宗衍爲太子。白龍見邛州江。

四年，荆南高季昌侵蜀巫山，遣嘉王宗壽敗之于瞿唐。八月，殺黔南節度使王宗訓。冬，南蠻攻掠界上，建遣夔王宗範擊敗之于大渡河。麟見昌州。

五年，起壽昌殿於龍興宮，畫建像於壁；又起扶天閣，畫諸功臣像。十一月，大火，焚其宮室。遣王宗儔等攻岐，取其秦、鳳、階、成四州，至大散關。梁叛將劉知俊在岐，於是特以其族來。

通正元年，遣王宗綰等率兵十二萬出大散關攻岐，取隴州。八月，起文思殿，以清資五品正員官購羣書以實之，以內樞密使毛文錫爲文思殿大學士。黃龍見大昌池。十月，大赦。改明年元曰天漢〔一〕，國號漢。

天漢元年，殺劉知俊。十二月，大赦，改明年元曰光天，復國號蜀。

光天元年六月，建卒，年七十二。建晚年多內寵，賢妃徐氏與妹淑妃，皆以色進，專房用事，交結宦者唐文扆等干與外政。建年老昏耄，文扆判六軍，事無大小，皆決文扆。及建疾，以兵入宿衞，謀盡去建故將。故將聞建疾，皆不得入見，久之，宗弼等排闥入，言文扆欲爲變，乃殺之。建因以老將大臣多許昌故人，必不爲太子用，思擇人未得而疾亟，乃以宦者

宋光嗣爲樞密使判六軍而建卒。太子立，去「宗」名衍。

衍字化源。建十一子，曰衞王宗仁，簡王元膺，趙王宗紀，豳王宗輅，韓王宗智，莒王宗特，信王宗傑，魯王宗鼎，興王宗澤，薛王宗平。而鄭王宗衍最幼，其母徐賢妃也，以母寵得立爲皇太子，開崇賢府，置官屬，後更曰天策府。衍爲人方頤大口，垂手過膝，顧目見耳，頗知學問，能爲浮豔之辭。元膺死，建以豳王宗輅貌類己，而信王宗傑於諸子最材賢，欲於兩人擇立之。而徐妃專寵，建老昏耄，妃與宦者唐文扆教相者上言衍相最貴，又諷宰相張格贊成之，衍由是得爲太子。

建卒，衍立，謚建曰神武聖文孝德明惠皇帝，廟號高祖，陵曰永陵。建正室周氏號昭聖皇后，後建數日而卒，衍因尊其母徐氏爲皇太后，后妹淑妃爲皇太妃。太后、太妃以教令賣官，自刺史以下，每一官闕，必數人並爭，而入錢多者得之；通都大邑起邸店，以奪民利。

衍年少荒淫，委其政於宦者宋光嗣、光葆、景潤澄、王承休、歐陽晃、田魯儔等；以韓昭、潘在迎、顧在珣、嚴旭等爲狎客；起宣華苑，有重光、太清、延昌、會眞之殿，清和、迎仙之宮，降眞、蓬萊、丹霞之亭，飛鸞之閣，瑞獸之門；又作怡神亭，與諸狎客、婦人日夜酣飲其中。嘗以九日宴宣華苑，嘉王宗壽以社稷爲言，言發泣涕。韓昭等曰：「嘉王酒悲爾！」

諸狎客共以慢言謔嘲之，坐上諠然。衍不能省也。

蜀人富而喜遨，當王氏晚年，俗競爲小帽，僅覆其頂，俛首卽墮，謂之「危腦帽」。衍以爲不祥，禁之。而衍好戴大帽，每微服出遊民間，民間以大帽識之，因令國中皆戴大帽。又好裹尖巾，其狀如錐。而後宮皆戴金蓮花冠，衣道士服，酒酣免冠，其髻髽然，更施朱粉，號「醉粧」，國中之人皆効之。嘗與太后、太妃游青城山，宮人衣服，皆畫雲霞，飄然望之若仙。衍自作甘州曲，述其仙狀，上下山谷，衍常自歌，而使宮人皆和之。衍立之明年，改元乾德。

乾德元年正月，祀天南郊，大赦，加尊號爲聖德明孝皇帝。

二年冬，北巡，至于西縣，旌旗戈甲，連亙百餘里。其還也，自閬州浮江而上，龍舟畫舸，照耀江水，所在供億，人不堪命。

三年正月，還成都。

五年，起上清宮，塑王子晉像，尊以爲聖祖至道玉宸皇帝，又塑建及衍像，侍立於其左右；又於正殿塑玄元皇帝及唐諸帝，備法駕而朝之。

六年，以王承休爲天雄節度使。天雄軍，秦州也。承休以宦者得幸，爲宣徽使，承休妻嚴氏，有絕色，衍通之。是時，唐莊宗滅梁，蜀人皆懼。莊宗遣李嚴聘蜀，衍與俱朝上清，而

蜀都士庶，簾帷珠翠，夾道不絕。嚴見其人物富盛，而衍驕淫，歸乃獻策伐蜀。明年，唐魏王繼岌、郭崇韜伐蜀。是歲，衍改元曰咸康。衍自立，歲常獵于子來山。是歲，又幸彭州陽平化、漢州三學山。以王承休妻嚴氏故，十月，幸秦州，羣臣切諫，衍不聽。行至梓潼，大風發屋拔木，太史曰：「此貪狼風也，當有敗軍殺將者。」衍不省。衍至緜谷而唐師入其境，衍懼，遽還。唐師所至，州縣皆迎降。衍留王宗弼守緜谷，遣王宗勳、宗儼、宗昱率兵以拒唐師。宗勳等至三泉，望風退走。衍詔宗弼誅宗勳等，宗弼反與宗勳等合謀，送款於唐師。衍自緜谷還成都，百官及後宮迎謁七里亭，衍雜宮人作回鶻隊以入。明日，御文明殿，與其羣臣相對涕泣。而宗弼亦自緜谷馳歸，登太玄門，收成都尹韓昭、宦者宋光嗣景潤澄歐陽晃等殺之，函首送于繼岌。衍即上表乞降，宗弼遷衍于天啓宮。魏王繼岌至成都，衍君臣面縛輿櫬，出降于七里亭。

莊宗召衍入洛，賜衍詔曰：「固當列土而封，必不薄人于險，三辰在上，一言不欺！」衍捧詔忻然就道，率其宗族及僞宰相王鍇張格庾傳素許寂、翰林學士李昊等，及諸將佐家族數千人以東。同光四年四月，行至秦川驛，莊宗用伶人景進計，遣宦者向延嗣誅其族。衍母徐氏臨刑呼曰：「吾兒以一國迎降，反以爲戮，信義俱棄，吾知其禍不旋踵矣！」衍妾劉氏，鬒髮如雲而有色，行刑者將免之，劉氏曰：「家國喪亡，義不受辱！」遂就死。

宗弼，本姓魏，名弘夫，建錄爲養子。建攻顧彥暉，宗弼常以建語泄之彥暉者，彥暉敗，建待之如初。建病且卒，宗弼守太師兼中書令、判六軍，輔政。衍已降，宗弼以蜀珍寶奉魏王及郭崇韜，求爲西川節度使，魏王曰：「此我家物也，何用獻爲？」居數日，爲崇韜所殺。

宗壽，許州民家子也。建以同姓，錄之爲子。宗壽好學，工琴奕，爲人恬退，喜道家之術，事建時爲鎭江軍節度使。衍既立，宗壽爲太子太保奉朝請，以鍊丹養氣自娛。衍爲淫亂，獨宗壽常切諫之，後爲武信軍節度使。

唐師伐蜀，所在迎降，魏王嘗以書招之，獨宗壽不降。聞衍已銜璧，大慟，從衍東遷，至岐陽，以賂路守者，得入見衍，衍泣下霑襟，曰：「早從王言，豈有今日！」衍死，宗壽走澠池，聞莊宗遇弒，亡入熊耳山。天成二年，出詣京師，上書求衍宗族葬之。明宗嘉其忠，以爲保義軍行軍司馬，封衍順正公，許以諸侯禮葬之。宗壽得王氏十八喪，葬之長安南三趙村。

嗚呼，自秦、漢以來，學者多言祥瑞，雖有善辨之士，不能袪其惑也！予讀蜀書，至於龜、龍、麟、鳳、騶虞之類世所謂王者之嘉瑞，莫不畢出於其國，異哉！然考王氏之所以興亡成敗者，可以知之矣。或以爲一王氏不足以當之，則視時天下治亂，可以知之矣。

龍之爲物也，以不見爲神，以升雲行天爲得志。今偃然暴露其形，是不神也；不上于天而下見於水中，是失職也。然其一何多歟，可以爲妖矣！鳳凰，鳥之遠人者也。昔舜治天下，政成而民悅，命夔作樂，樂聲和，鳥獸聞之皆鼓舞。當是之時，鳳凰適至，舜之史因并記以爲美，後世因以鳳來爲有道之應。其後鳳凰數至，或出於庸君繆政之時，或出於危亡大亂之際，是果爲瑞哉？麟，獸之遠人者也。昔魯哀公出獵，得之而不識，蓋索而獲之，非其自出也。故孔子書於春秋曰「西狩獲麟」者，譏之也。「西狩」，非其遠也；「獲麟」，惡其盡取也。狩必書地，而哀公馳騁所涉地多，不可偏以名舉，故書「西」以包衆地，謂其舉國之西皆至也。麟，人罕識之獸也，以見公之窮山竭澤而盡取，至於不識之獸，皆搜索而獲之，故曰「譏之也」。聖人已沒，而異端之說興，乃以麟爲王者之瑞，而附以符命、讖緯詭怪之言。鳳嘗出於舜，以爲瑞，猶有說也，及其後出於亂世，則可以知其非瑞矣。若麟者，前有治世如堯、舜、禹、湯、文、武、周公之世，未嘗一出，其一出而當亂世，然則孰知其爲瑞哉？龜，玄物也，污泥川澤，不可勝數，其死而貴於卜官者，用適有宜爾。而戴氏禮以其在宮沼爲王者難致之瑞，戴禮雜出於諸家，其失亦以多矣！騶虞，吾不知其何物也。詩曰：「吁嗟乎騶虞！」

賈誼以謂騶者，文王之囿；虞，虞官也。當誼之時，其說如此，然則以之爲獸者，其出於近世之說乎？

夫破人之惑者，難與爭於篤信之時，待其有所疑焉，然後從而攻之可也。麟、鳳、龜、龍，王者之瑞，而出於五代之際，又皆萃于蜀，此雖好爲祥瑞之說者亦可疑也。因其可疑者而攻之，庶幾惑者有以思焉㊀。

㊀據前蜀書、運曆圖、九國志皆云建以唐大順二年入成都爲西川節度使，天復七年九月建號，明年正月改元武成，今以爲定。惟舊五代史云「龍紀元年入成都，天祐五年建號改元」者繆也。至後唐同光三年蜀滅，則諸書皆同。自大順二年至同光三年，凡三十五年。

校勘記

〔一〕十月大赦改明年元曰天漢　貴池本同，他本「大赦」下均有「改元十二月又」六字。按此承通正元年。查薛史卷一三六王建傳載：永平五年「改元通正，是年冬改元天漢」。通鑑卷二六九貞明二年（即通正元年）十月但書「蜀大赦」，不記改元；十二月乃書「改明年元曰天漢」。敍事紀時，各有出入，未知孰是。

新五代史卷六十四

後蜀世家第四

孟知祥 子昶

孟知祥字保胤，邢州龍岡人也。其叔父遷，當唐之末，據邢、洺、磁三州，爲晉所虜。晉王以遷守澤潞，梁兵攻晉，遷以澤潞降梁。知祥父道，獨留事晉而不顯。及知祥壯，晉王以其弟克讓女妻之，以爲左教練使。莊宗爲晉王，以知祥爲中門使。前此爲中門使者多以罪誅，知祥懼，求佗職，莊宗命知祥薦可代己者，知祥因薦郭崇韜自代，崇韜德之，知祥遷馬步軍都虞候。莊宗建號，以太原爲北京，以知祥爲太原尹、北京留守。

魏王繼岌伐蜀，郭崇韜爲招討使，崇韜臨訣，白曰：「卽臣等平蜀，陛下擇帥以守西川，無如孟知祥者。」已而唐兵破蜀，莊宗遂以知祥爲成都尹、劍南西川節度副大使。知祥馳至京師，莊宗戒有司盛供帳，多出內府珍奇諸物以宴勞之。酒酣，語及平昔，以爲笑樂，歎曰：

「繼岌前日乳臭兒爾，乃能爲吾平定兩川，吾徒老矣，孺子可喜，然益令人悲爾！吾憶先帝棄世時，疆土侵削，僅保一隅，豈知今日奄有天下，九州四海，珍奇異產，充牣吾府！」因指以示知祥，曰：「吾聞蜀土之富，無異於此，以卿親賢，故以相付。」

同光四年正月戊辰，知祥至成都，而崇韜已死。魏王繼岌引軍東歸，先鋒康延孝反，攻破漢州。知祥遣大將李仁罕會任圜、董璋等兵擊破延孝，知祥得其將李肇、侯弘實及其兵數千以歸。而莊宗崩，魏王繼岌死，明宗入立。知祥乃訓練兵甲，陰有王蜀之志。益置義勝、定遠、驍銳、義寧、飛棹等軍七萬餘人，命李仁罕、趙廷隱、張業等分將之。

初，魏王之班師也，知祥率成都富人及王氏故臣家，得錢六百萬緡以犒軍，其餘者猶二百萬。任圜自蜀入爲相，兼判三司，素知蜀所餘錢，是多，知祥拜侍中，乃以太僕卿趙季良賫官告賜之，因以爲三川制置使，督蜀犒軍餘錢送京師，且制置兩川征賦，知祥怒，不奉詔。然知祥與季良有舊，遂留之。

樞密使安重誨頗疑知祥有異志，思有以制之。初，知祥鎭蜀，莊宗以宦者焦彥賓爲監軍，明宗入立，悉誅宦者，罷諸道監軍。彥賓已罷，重誨復以客省使李嚴爲監軍。嚴前使蜀，旣歸而獻策伐蜀，蜀人皆惡之，而知祥亦怒曰：「焦彥賓以例罷，而諸道皆廢監軍，獨吾軍置之，是嚴欲以蜀再爲功也。」掌書記毋昭裔及諸將吏皆請止嚴而無內，知祥曰：「吾將有

以待其來！」嚴至境上，遣人持書候知祥，知祥盛兵見之，冀嚴懼而不來，嚴聞之自若。天成二年正月，嚴至成都，知祥置酒召嚴。是時，焦彥賓雖罷，猶在蜀，嚴於懷中出詔示知祥以誅彥賓，知祥不聽，因責嚴曰：「今諸方鎭已罷監軍，公何得來此？」目客將王彥銖執嚴下，斬之。明宗不能詰。

初，知祥鎭蜀，遣人迎其家屬于太原，行至鳳翔，鳳翔節度使李從曮聞知祥殺李嚴，以爲知祥反矣，遂留之。明宗旣不能詰，而欲以恩信懷之，乃遣客省使李仁矩慰諭知祥，幷送瓊華公主及其子昶等歸之。

知祥因請趙季良爲節度副使，事無大小，皆與參決。三年，唐徙季良爲果州團練使，以何瓚爲節度副使。知祥得制書匿之，表留季良，不許。乃遣其將雷廷魯至京師論請，明宗不得已而從之。是時，瓚行至綿谷，懼不敢進，知祥乃奏瓚爲行軍司馬。

是歲，唐師伐荊南，詔知祥以兵下峽，知祥遣毛重威率兵三千戍夔州。已而荊南高季興死，其子從誨請命，知祥請罷戍兵，不許。知祥諷重威以兵鼓譟，潰而歸，唐以詔書劾重威，知祥奏請無劾，由是唐大臣益以知祥爲必反。

四年，明宗將有事于南郊，遣李仁矩責知祥助禮錢一百萬緡，知祥覺唐謀欲困己，辭不肯出。久之，請獻五十萬而已。初，魏王繼岌東歸，留精兵五千戍蜀。自安重誨疑知祥有

異志，聽言事者，用己所親信分守兩川管內諸州，每除守將，則以精兵爲其牙隊，多者二三千，少者不下五百人，以備緩急。是歲，以夏魯奇爲武信軍節度使；分東川之閬州爲保寧軍，以李仁矩爲節度使；又以武虔裕爲緜州刺史。仁矩與東川董璋有隙，而虔裕，重誨表兄，由是璋與知祥皆懼，以謂唐將致討。自璋鎭東川，未嘗與知祥通問，於是璋始遣人求婚以自結。而知祥心恨璋，欲不許，以問趙季良，季良以爲宜合從以拒唐，知祥乃許。於是連表請罷還唐所遣節度使、刺史等。明宗優詔慰諭之。

長興元年二月，明宗有事于南郊，加拜知祥中書令。初，知祥與璋俱有異志，而重誨信言事者，以璋盡忠於國，獨知祥可疑，重誨猶欲倚璋以圖知祥。是歲九月，董璋先反，攻破閬州，擒李仁矩殺之。是月應聖節，知祥開宴，東北望再拜，俯伏嗚咽，泣下沾襟，士卒皆爲之歔欷，明日遂舉兵反。

是秋，明宗改封瓊華公主爲福慶長公主，有司言前世公主受封，皆未出降，無遣使就藩冊命之儀。詔有司草具新儀，乃遣祕書監劉岳爲冊使。岳行至鳳翔，聞知祥反，乃旋。明宗下詔削奪知祥官爵，命天雄軍節度使石敬瑭爲都招討使，夏魯奇爲副。知祥遣李仁罕、張業、趙廷隱將兵三萬人會璋攻遂州，別遣侯弘實將四千人助璋守東川，又遣張武下峽取渝州。唐師攻劍門，殺璋守兵三千人，遂入劍門。璋來告急，知祥大駭，遣廷隱分兵萬人以

東，已而聞唐軍止劍州不進，喜曰：「使唐軍急趣東川，則遂州解圍，吾勢沮而兩川搖矣。今其不進，吾知易與爾。」十二月，敬瑭及廷隱戰于劍門，唐師大敗。張武已取渝州，武病卒，其副將袁彥超代將其軍，又取黔州。二年正月，李仁罕克遂州，夏魯奇死之，知祥以仁罕爲武信軍留後，遣人馳魯奇首示敬瑭軍，敬瑭乃班師。利州李彥珂聞唐軍敗東歸，乃棄城走，知祥以趙廷隱爲昭武軍留後。李仁罕進攻夔州，刺史安崇阮棄城走，以趙季良爲留後。

是時，唐軍涉險，以餉道爲艱，自潼關以西，民苦轉饋，每費一石不能致一斗，道路嗟怨，而敬瑭軍亦旋，所在守將又皆棄城走。明宗憂之，以責安重誨。重誨懼，遽自請行。而重誨亦以被讒得罪死。明宗謂致知祥等反，由重誨失策，及重誨死，乃遣西川進奏官蘇愿、進奏軍將杜紹本西歸招諭知祥，具言知祥家屬在京師者皆無恙。

知祥聞重誨誅死，而唐厚待其家屬，乃邀璋欲同謝罪，璋曰：「孟公家屬皆存，而我子孫獨見殺，我何謝爲！」知祥三遣使往見璋，璋不聽，乃遣觀察判官李昊說璋，璋益疑知祥賣己，因發怒，以語侵昊。昊乃勸知祥攻之。而璋先襲破知祥漢州，知祥遣趙廷隱率兵三萬，自將擊之，陣鷄距橋〔二〕。知祥得璋降卒，衣以錦袍，使持書招降璋，璋曰：「事已及此，不可悔也！」璋軍士皆譟曰：「徒曝我於日中，何不速戰？」璋卽麾軍以戰。兵始交，璋偏將張守進來降，知祥乘之，璋遂大敗，走。過金鴈橋，麾其子光嗣使降，以保家族，光嗣哭曰：「自古

豈有殺父以求生者乎！寧俱就死。」因與璋俱走。知祥遣趙廷隱追之，不及，璋走至梓州見殺，光嗣自縊死，知祥遂并有東川。然自璋死，知祥卒不遣使謝唐。

唐樞密使范延光曰：「知祥雖已破璋，必借朝廷之勢，以爲兩川之重，自非屈意招之，彼亦不能自歸也。」明宗曰：「知祥，吾故人也，本因間諜致此危疑，撫吾故人，何屈意之有？」先是，克寧妻孟氏，知祥妹也。莊宗已殺克寧，孟氏歸于知祥，其子瓌，留事唐爲供奉官。明宗卽遣瓌歸省其母，因賜知祥詔書招慰之。知祥兼據兩川，以趙季良爲武泰軍留後、李仁罕武信軍留後、趙廷隱保寧軍留後、張業寧江軍留後、李肇昭武軍留後。季良等因請知祥稱王，以墨制行事，議未決而瓌至蜀。知祥見瓌倨慢。九月，瓌自蜀還，得知祥表，請除趙季良等爲五鎭節度，其餘刺史已下，得自除授。又請封蜀王，且言福慶公主已卒。明宗爲之發哀，遣閤門使劉政恩爲宣諭使。政恩復命，知祥始遣其將朱滉來朝。

四年二月癸亥，制以知祥檢校太尉兼中書令，行成都尹、劍南東西兩川節度，管內觀察處置、統押近界諸蠻，兼西山八國雲南安撫制置等使。遣工部尚書盧文紀册封知祥爲蜀王，而趙季良等五人皆拜節度使。唐兵先在蜀者數萬人，知祥皆厚給其衣食，因請送其家屬，明宗詔諭不許。十一月，明宗崩。明年閏正月，知祥乃卽皇帝位，國號蜀。以趙季良爲司空、同中書門下平章事，中門使王處回爲樞密使，李昊爲翰林學士。

三月，唐潞王舉兵於鳳翔，愍帝遣王思同等討之，思同兵潰，山南西道節度使張虔釗、武定軍節度使孫漢韶皆以其地附于蜀。四月，知祥改元曰明德。六月，虔釗等至成都，知祥宴勞之，虔釗奉觴起爲壽，知祥手緩不能舉觴，遂病，以其子昶爲皇太子監國。知祥卒，謚爲文武聖德英烈明孝皇帝，廟號高祖，陵曰和陵。

昶，知祥第三子也。知祥爲兩川節度使，昶爲行軍司馬。知祥僭號，以昶爲東川節度使、同中書門下平章事。知祥病，昶監國。知祥已卒而祕未發，王處回夜過趙季良，相對泣涕不已，季良正色曰：「今彊侯握兵，專伺時變，當速立嗣君以絕非望，泣無益也。」處回遂與季良立昶，而後發喪。昶立，不改元，仍稱明德，至五年始改元曰廣政。

明德三年三月，熒惑犯積尸，昶以謂積尸蜀分也，懼，欲禳之，以問司天少監胡韞，韞曰：「按十二次，起井五度至柳八度，爲鶉首之次，鶉首，秦分也，蜀雖屬秦，乃極南之表爾。前世火入鬼，其應在秦。晉咸和九年三月，火犯積尸，四月，雍州刺史郭權見殺。義熙四年，火犯鬼，明年，雍州刺史朱鹶石見殺〔三〕。而蜀皆無事。」乃止。昶好打毬走馬，又爲方士房中之術，多採良家子以充後宮。樞密副使韓保貞切諫，昶大悟，卽日出之，賜保貞金數斤。有上書者，言臺省官當擇清流，昶歎曰：「何不言擇其人而

任之？」左右請以其言詰上書者，昶曰：「吾見唐太宗初卽位，獄吏孫伏伽上書言事，皆見嘉納，奈何勸我拒諫耶！」

然昶年少不親政事，而將相大臣皆知祥故人，知祥寬厚，多優縱之，及其事昶，益驕蹇，多踰法度，務廣第宅，奪人良田，發其墳墓，而李仁罕、張業尤甚。昶卽位數月，執仁罕殺之，并族其家。是時，李肇自鎭來朝，杖而入見，稱疾不拜，及聞仁罕死，遽釋杖而拜。廣政九年，趙季良卒，張業益用事。業，仁罕甥也。仁罕被誅時，業方掌禁兵，昶懼其反，乃用以爲相，業兼判度支，置獄于家，務以酷法厚斂蜀人，蜀人大怨。十一年，昶與匡聖指揮使安思謙謀，執而殺之。王處回、趙廷隱相次致仕，由是故將舊臣殆盡。昶始親政事，於朝堂置匭以通下情。

是時，契丹滅晉，漢高祖起於太原，中國多故，雄武軍節度使何建以秦、成、階三州附于蜀，昶因遣孫漢韶攻下鳳州，於是悉有王衍故地。漢將趙思綰據永興、王景崇據鳳翔反，皆送款于昶。昶遣張虔釗出大散關，何建出隴右，李廷珪出子午谷，以應思綰。昶相毋昭裔切諫，以爲不可，然昶志欲窺關中甚銳，乃遣安思謙益兵以東。已而漢誅思綰、景崇，虔釗等皆罷歸，而思謙恥於無功，多殺士卒以威衆。昶與翰林使王藻謀殺思謙，而邊吏有急奏，藻不以時聞，輒啓其封，昶怒之。其殺思謙也，藻方侍側，因并擒藻斬之。

十二年，置吏部三銓、禮部貢舉。

十三年，昶加號睿文英武仁聖明孝皇帝。封子玄喆秦王，判六軍事；次子玄珏褒王；弟仁毅夔王，仁贄雅王，仁裕嘉王〔三〕。

十八年，周世宗伐蜀，攻自秦州。昶以韓繼勳爲雄武軍節度，聞周師來伐，歎曰：「繼勳豈足以當周兵邪！」客省使趙季札請行，乃以季札爲秦州監軍使。季札行至德陽，聞周兵至，遽馳還奏事。昶問之，季札惶懼不能道一言，昶怒殺之，乃遣高彥儔、李廷珪出堂倉以拒周師。彥儔大敗，走青泥，於是秦、成、階、鳳復入于周。昶懼，分遣使者聘於南唐、東漢，以張形勢。

二十年，世宗以所得蜀俘歸之，昶亦歸所獲周將胡立于京師，因寓書于世宗，世宗怒昶無臣禮，不答。

二十一年，周兵伐南唐，取淮南十四州，諸國皆懼。荆南高保融以書招昶使歸周，昶以前嘗致書世宗不答，乃止。昶幼子玄寶，生七歲而卒，太常言無服之殤無贈典，昶問李昊，昊曰：「昔唐德宗皇子評，生四歲而卒，贈揚州大都督，封肅王，此故事也。」昶乃贈玄寶青州大都督，追封遂王。

二十五年，立秦王玄喆爲皇太子。昶幸晉、漢之際，中國多故，而據險一方，君臣務爲

後蜀世家第四　孟知祥　八〇五

新五代史卷六十四　八〇六

奢侈以自娛，至於溺器，皆以七寶裝之。宋興，已下荆、潭，昶益懼，遣大程官孫遇以蠟丸書間行東漢，約出兵以撓中國，遇爲邊吏所得。太祖皇帝遂詔伐蜀，遣王全斌、崔彥進等出鳳州，劉光乂、曹彬等出歸州；詔八作司度右掖門南、臨汴水爲昶治第一區，凡五百餘間，供帳什物皆具，以待昶。

昶遣王昭遠、趙彥韜等拒命。昭遠，成都人也，年十三，事東郭禪師智諲爲童子。知祥嘗飯僧於府，昭遠執巾履從智諲以入，知祥見之，愛其惠黠。時昶方就學，即命昭遠給事左右，而見親狎。昶立，以爲捲簾使。樞密使王處回致仕，昶以樞密使權重難制，乃以昭遠爲通奏使知樞密使事，然事無大小，一以委之，府庫金帛恣其所取不問。昶母李太后常爲昶言昭遠不可用，昶不聽。昭遠好讀兵書，以方略自許。兵始發成都，昶遣李昊等餞之，昭遠手執鐵如意，指揮軍事，自比諸葛亮，酒酣，謂昊曰：「吾之是行，何止克敵，當領此二三萬雕面惡少兒，取中原如反掌爾！」昶又遣子玄喆率精兵數萬守劍門。玄喆輦其愛姬，攜樂器、伶人數十以從，蜀人見者皆竊笑。全斌至三泉，遇昭遠，擊敗之。昭遠焚吉柏江浮橋，退守劍門。軍頭向韜得蜀降卒言：「來蘇小路，出劍門南清彊店，與大路合。」全斌遣偏將史延德分兵出來蘇，北擊劍門，與全斌夾攻之，昭遠、彥韜敗走，皆見擒。玄喆聞昭遠等敗，亦逃歸。

劉光乂攻夔州，守將高彥儔戰敗，閉牙城拒守，判官羅濟勸其走，彥儔曰：「吾昔不能守秦川，今又奔北，雖人主不殺我，我何面目見蜀人乎！」又勸其降，彥儔不許，乃自焚死。而蜀兵所在奔潰，將帥多被擒獲。昶問計於左右，老將石頵以謂東兵遠來，勢不能久，宜聚兵堅守以敝之。昶歎曰：「吾與先君以溫衣美食養士四十年，一旦臨敵，不能爲吾東向放一箭，雖欲堅壁，誰與吾守者邪！」乃命李昊草表以降，時乾德三年正月也。自興師至昶降，凡六十六日。初，昊事王衍爲翰林學士，衍之亡也，昊爲草降表，至是又草焉，蜀人夜表其門曰「世脩降表李家」，當時傳以爲笑。

昶至京師，拜檢校太師兼中書令，封秦國公，七日而卒，追封楚王。其母李氏，爲人明辯，甚見優禮，詔書呼爲「國母」，嘗召見勞之曰：「母善自愛，無戚戚思蜀，佗日當送母歸。」李氏曰：「妾家本太原，儻得歸老故鄉，不勝大願。」是時劉鈞尚在。太祖大喜曰：「俟平劉鈞，當如母願。」昶之卒也，李氏不哭，以酒酹地祝曰：「汝不能死社稷，苟生以取羞。吾所以忍死者，以汝在也。吾今何用生爲！」因不食而卒。其餘事具國史〔一〕。

㊀知祥興滅年數甚明，諸書皆同，蓋自同光三年乙酉入蜀，至皇朝乾德三年乙丑國滅，凡四十一年。惟舊五代史云，同光三年丙戌，至乾德三年乙丑，四十年者，繆也。

後蜀世家第四　孟知祥　八〇七

新五代史卷六十四　八〇八

校勘記

〔一〕陣鷄距橋　通鑑卷二七七、九國志卷七趙庭隱傳及十國春秋卷四八後蜀高祖紀「距」作「雞」。

〔二〕義熙四年火犯鬼明年雍州刺史朱齡石見殺　「四年」，他本均作「十四年」。按晉書卷一〇安帝紀載：義熙十四年十一月，「赫連勃勃大敗王師於青泥。北雍州刺史朱齡石焚長安宮殿，奔於潼關。尋又大潰，齡石死之。」則作「十四年」是。

〔三〕仁裕嘉王　通鑑卷二八九及十國春秋卷五〇皆謂仁裕爲彭王、仁操爲嘉王。「仁裕」下蓋脫「彭王仁操」四字。

新五代史卷六十五

南漢世家第五

劉隱 弟龑 龑子玢 玢弟晟 晟子鋹

劉隱，其祖安仁，上蔡人也，後徙閩中，商賈南海，因家焉。父謙，爲廣州牙將。唐乾符五年，黄巢攻破廣州，去略湖、湘間，廣州表謙封州刺史、賀江鎭遏使，以禦梧、桂以西。歲餘，有兵萬人，戰艦百餘艘。謙三子，曰隱、台、巖。

謙卒，廣州表隱代謙封州刺史。乾寧中，節度使劉崇龜死，嗣薛王知柔代爲帥，行至湖南，廣州將盧琚、覃玘作亂，知柔不敢進。隱以封州兵攻殺琚、玘，迎知柔，知柔辟隱行軍司馬。其後徐彥若代知柔，表隱節度副使，委以軍政。彥若卒，軍中推隱爲留後。天祐二年，拜隱節度使。梁開平元年，加檢校太尉、兼侍中。二年，兼靜海軍節度、安南都護。三年，加檢校太師、兼中書令，封南平王。

隱父子起封州，遭世多故，數有功於嶺南，遂有南海。隱復好賢士。是時，天下已亂，中朝士人以嶺外最遠，可以避地，多遊焉。唐世名臣謫死南方者往往有子孫，或當時仕宦遭亂不得還者，皆客嶺表。王定保、倪曙、劉濬、李衡、周傑、楊洞潛、趙光裔之徒〔一〕，隱皆招禮之。定保容管巡官，曙唐太學博士，濬崇望之子，以避亂往；衡德裕之孫，唐右補闕，以奉使往。皆辟置幕府，待以賓客。傑善星曆，唐司農少卿，因避亂往，隱數問以災變，傑恥以星術事人，常稱疾不起，隱亦客之。洞潛初爲邕管巡官，秩滿客南海，隱常師事之，後以爲節度副使，及龑僭號，爲陳吉凶禮法。爲國制度，略有次序，皆用此數人焉。

乾化元年，進封隱南海王。是歲卒，年三十八。弟龑立。

龑，初名巖，謙庶子也。其母段氏生龑於外舍，謙妻韋氏素妬，聞之怒，拔劍而出，命持龑至，將殺之，及見而悸，劍輒墮地，良久曰：「此非常兒也！」後三日，卒殺段氏，養龑爲己子。及長，善騎射，身長七尺，垂手過膝。

隱爲行軍司馬，龑亦辟薛王府諸議參軍。隱鎭南海，龑爲副使。隱卒，龑代立。乾化二年，除淸海節度使、檢校太保、同平章事。三年，加檢校太傅。末帝卽位，悉以隱官爵授龑，襲封南海王。

唐末，南海最後亂，僖宗以後，大臣出鎭者，天下皆亂，無所之，惟除南海而已，自隱始亦自立。是時，交州曲顥、桂州劉士政、邕州葉廣略、容州龐巨昭，分據諸管；盧光稠據虔州以攻嶺上，其弟光睦據潮州，子延昌據韶州；高州刺史劉昌魯、新州刺史劉潛及江東七十餘寨，皆不能制。隱攻韶州，龑曰：「韶州所賴者光稠，擊之，虔人必應，應則首尾受敵，此不宜直攻而可以計取。」隱不聽，果敗而歸，因盡以兵事付龑。龑悉平諸寨，遂殺昌魯等，更置刺史，卒出兵攻敗盧氏，取潮、韶。又西與馬殷爭容、桂，殷取桂管，虜士政；龑取容管，逐巨昭，又取邕管。隱、龑自梁初受封爵，稟正朔而已。

貞明三年，龑卽皇帝位，國號大越，改元曰乾亨。追尊安仁文皇帝，謙聖武皇帝，隱襄皇帝，立三廟。置百官，以楊洞潛爲兵部侍郎，李衡禮部侍郎，倪曙工部侍郎，趙光胤兵部尚書，皆平章事。光胤自以唐甲族，恥事僞國，常怏怏思歸。龑乃習爲光胤手書，遣使間道至洛陽，召其二子損、益并其家屬皆至。光胤驚喜，爲盡心焉。

龑性聰悟而苛酷，爲刀鋸、支解、刳剔之刑，每視殺人，則不勝其喜，不覺朵頤，垂涎呀呷，人以爲眞蛟蜃也。又好奢侈，悉聚南海珍寶，以爲玉堂珠殿。

二年，祀天南郊，大赦境內，改國號漢。龑初欲僭號，憚王定保不從，遣定保使荆南，及還，懼其非己，使倪曙勞之，告以建國。定保曰：「建國當有制度，吾入南門，淸海軍額猶在，

四方其不取笑乎！」龑笑曰：「吾備定保久矣，而不思此，宜其譏也！」

三年，册越國夫人馬氏爲皇后。馬氏，楚王殷女也。

四年春，置選部貢舉，放進士、明經十餘人，如唐故事，歲以爲常。

七年，唐莊宗入汴，龑懼，遣宮苑使何詞入詢中國虛實，稱大漢國主致書大唐皇帝。詞還，言唐必亂，不足憂，龑大喜。又性好夸大，嶺北商賈至南海者，多召之，使升宮殿，示以珠玉之富。自言家本咸秦，恥王蠻夷，呼唐天子爲「洛州刺史」。是歲，雲南驃信鄭旻遣使致朱鬃白馬以求婚，使者自稱皇親母弟、淸容布燮兼理，賜金錦袍虎綾紋攀金裝刀、封歸仁慶侯、食邑一千戶、持節鄭昭淳。昭淳好學有文辭，龑與游宴賦詩，龑及羣臣皆不能逮，遂以隱女增城縣主妻旻。

八年，作南宮，王定保獻南宮七奇賦以美之。龑初名巖，又更曰陟。

九年，白龍見南宮三淸殿，改元曰白龍，又更名龔，以應龍見之祥。有胡僧言：「讖書：『滅劉氏者龔也。』」龑乃採周易「飛龍在天」之義爲「龑」字，音「儼」，以名焉。

四年，楚人以舟師攻封州，封州兵敗於賀江，龑懼，以周易筮之，遇大有，遂赦境內，改元曰大有。遣將蘇章以神弩軍三千救封州，章以兩鐵索沈賀江中，爲巨輪於岸上，築隄以隱之，因輕舟迎戰，陽敗而奔，楚人逐之，章舉巨輪挽索鎖楚舟，以彊弩夾江射之，盡殺楚人。

三年，遣將李守鄜、梁克貞攻交趾，擒曲承美等。承美至南海，龑登儀鳳樓受俘，謂承美曰：「公常以我爲僞廷，今反面縛，何也？」承美頓首伏罪，乃赦之。承美，顥子也。克貞又攻占城，掠其寶貨而歸。

四年，愛州楊廷藝叛，攻交州刺史李進，進遯歸。龑遣承旨程寶攻廷藝，寶戰死。

五年，封子耀樞邕王，龜圖康王，洪度秦王，洪熙晉王，洪昌越王，洪弼齊王，洪雅韶王，洪澤鎭王，洪操萬王，洪杲循王，洪暐息王，洪邈高王，洪簡同王，洪建益王，洪濟辨王，洪道貴王，洪昭宣王，洪政通王，洪益定王。

九年，遣將軍孫德晟攻象州〔二〕，不克。

十年，交州牙將皎公羡殺楊廷藝自立，廷藝故將吳權攻交州，公羡來乞師。龑封洪操交王，出兵白藤以攻之。龑以兵駐海門，權已殺公羡，逆戰海口，植鐵橛海中，權兵乘潮而進，洪操逐之，潮退舟還，轢橛者皆覆，洪操戰死，龑收餘衆而還。

十五年，龑卒，年五十四，謚天皇大帝，廟號高祖，陵曰康陵。子玢立。

玢，初名洪度，封秦王。龑子耀樞、龜圖皆早死，玢次當立。龑病臥寢中，召右僕射王翻與語，呼洪度、洪熙小字曰：「諱、偈雖長，然皆不足任吾事，惟洪昌類我，吾欲立之。奈何

吾子孫不肖，後世如鼠入牛角，勢當漸小爾！」因泣下歔欷。翻爲龑謀，出洪度以邕州，洪熙容州，然後立洪昌爲太子。議已定，崇文使蕭益入問疾，龑以告之，益諫曰：「少者得立，長者爭之，禍始此矣！」由是洪度卒得立。更名玢，改元曰光天，尊母趙昭儀爲皇太妃，以晉王洪熙輔政。

玢立，果不能任事。龑在殯，召伶人作樂，飮酒宮中，裸男女以爲樂，或衣墨縗與倡女夜行，出入民家。由是山海間盜賊競起。妖人張遇賢，自稱中天八國王，攻陷循州。玢遣越王洪昌、循王洪杲攻之，遇賢圍洪昌等於錢帛館，裨將萬景忻、陳道庠力戰，挾二王潰圍而走。玢莫能省，嶺東皆亂。

洪熙日益進聲妓誘玢爲荒恣。玢亦頗疑諸弟圖己，敕宦官守宮門，入者皆露索。洪熙、洪杲、洪昌陰遣陳道庠養勇士劉思潮、譚令禋、林少彊少良、何昌廷等，習爲角觝以獻玢。玢宴長春宮以閱之，玢醉起，道庠與思潮等隨至寢門拉殺之，盡殺其左右。玢立二年，年二十四，謚曰殤。弟晟立。

晟，初名洪熙，封晉王。既弒玢，遂自立，改元曰應乾，以洪昌爲兵馬元帥，知政事，洪杲副元帥，劉思潮等封功臣。晟既殺兄，立不順，懼衆不伏，乃益峻刑法以威衆。已而洪杲

屢請討賊，陰勸晟誅思潮等以止外議。晟大怒，使使者夜召洪杲。洪杲知不免，乃留使者，入具沐浴，詣佛前祝曰：「洪杲誤念，來生王宮，今見殺矣！後世當生民家，以免屠害。」涕泣與家人訣別，然後赴召，至則殺之。冬，晟祀天南郊，改元曰乾和，羣臣上尊號曰大聖文武大明至道大光孝皇帝。

二年夏，遣洪昌祠襄帝陵於海曲，至昌華宮，晟使盜刺殺之。晟自殺洪杲，由是與諸弟有隙，而洪昌最賢，龑素所欲立者，晟尤忌之，故先及害。鎭王洪澤居邕州，有善政，是歲鳳皇見邕州，晟怒，使人酖殺之。而諸弟相次見殺。

三年，殺其弟洪雅，又殺劉思潮等五人。思潮等死，陳道庠懼，不自安，其友鄧伸以荀悅漢紀遺之，道庠莫能曉，伸罵曰：「憨獠！韓信誅而彭越醢，皆在此書矣！」道庠悟，益懼。晟聞之大怒，以道庠、伸下獄，皆斬之於市，夷其族。以右僕射王翻爲英州刺史，使人殺之於路。

五年，晟弟洪弼、洪道、洪益、洪濟、洪簡、洪建、洪暐、洪昭，同日皆見殺。

六年，遣工部郎中、知制誥鍾允章聘楚以求婚，楚不許。允章還，晟曰：「馬公復能經略南土乎？」是時，馬希廣新立，希萼起兵武陵，湖南大亂，允章具言楚可攻之狀。晟乃遣巨象指揮使吳珣、內侍吳懷恩攻賀州，已克之，楚人來救，珣鑿大穽於城下，覆箔於上，以土傅

之，楚兵迫城，悉陷穽中，死者數千，楚人皆走。珣等攻桂州及連、宜、嚴、梧、蒙五州，皆克之。掠全州而還。

九年冬，又遣內侍潘崇徹攻郴州，李景兵亦在，與崇徹遇，戰，大敗景兵於宜章，遂取郴州。晟益得志，遣巨艦指揮使暨彥贇以兵入海，掠商人金帛作離宮遊獵。故時劉氏有南宮、大明、昌華、甘泉、玩華、秀華、玉清、太微諸宮，凡數百，不可悉紀。宦者林延遇、宮人盧瓊仙，內外專恣爲殺戮，晟不復省。常夜飮大醉，以瓜置伶人尙玉樓項，拔劍斬之以試劍，因并斬其首。明日酒醒，復召玉樓侍飮，左右白已殺之，晟歎息而已。

十年，湖南王進逵以兵五萬率谿洞蠻攻郴州，潘崇徹敗進逵於蠔石，斬首萬餘級。

十一年，晟病甚，封其子繼興衞王，璇興桂王，慶興荊王，保興祥王，崇興梅王。

十二年，晟親耕藉田。交州吳昌濬遣使稱臣，求節鉞。昌濬者，權子也。權自龑時據交州，龑遣洪操攻之，洪操戰死，遂棄不復攻。權死，子昌岌立，昌岌卒，弟昌濬立，始稱臣於晟。晟遣給事中李璵以旌節招之，璵至白州，濬使人止璵曰：「海賊爲亂，道路不通。」璵不果行。晟殺其弟洪邈。

十三年，又殺其弟洪政，於是龑之諸子盡矣！顯德三年，世宗平江北〔三〕，晟始惶恐，遣使脩貢於京師，爲楚人所隔，使者不得行，晟憂形於色。又嘗自言知星，末年，月食牛女間，

出書占之，歎曰：「吾當之矣！」因爲長夜之飲。

十六年，卜葬域於城北，運甓爲壙，晟親臨視之。是秋卒，年三十九，謚曰文武光聖明孝皇帝，廟號中宗，陵曰昭陵。子鋹立。

鋹，初名繼興，封衞王。晟卒，以長子立，改元曰大寶。晟性剛忌，不能任臣下，而獨任其嬖倖宦官、宮婢延遇、瓊仙等。至鋹尤愚，以謂羣臣皆自有家室，顧子孫，不能盡忠，惟宦者親近可任，遂委其政於宦者龔澄樞、陳延壽等，至其羣臣有欲用者，皆閹然後用。澄樞等既專政，鋹乃與宮婢波斯女等淫戲後宮，不復出省事。延壽又引女巫樊胡子，自言玉皇降胡子身。鋹於內殿設帳幄，陳寶貝，胡子冠遠遊冠，衣紫霞裾，坐帳中宣禍福，呼鋹爲太子皇帝，國事皆決於胡子，盧瓊仙、龔澄樞等爭附之。胡子乃爲鋹言：「澄樞等皆上天使來輔太子，有罪不可問。」尙書左丞鍾允章參政事，深嫉之，數請誅宦官，宦官皆仄目。

二年，鋹祀天南郊，前三日，允章與禮官登壇，四顧指麾，宦者許彥眞望見之曰：「此謀反爾！」乃拔劍升壇，允章迎叱之，彥眞馳走，告允章反。鋹下允章獄，遣禮部尙書薛用丕治之。允章與用丕有舊，因泣下曰：「吾今無罪，自誣以死固無恨，然吾二子皆幼，不知父冤，俟其長，公可告之。」彥眞聞之，罵曰：「反賊欲使而子報仇邪！」復入白鋹，幷捕二子繫

獄，遂族誅之。陳延壽謂鋹曰：「先帝所以得傳陛下者，由盡殺羣弟也。」勸鋹稍誅去諸王，鋹以爲然，殺其弟桂王璇興。是歲，建隆元年也。鋹將邵廷琄言於鋹曰：「漢乘唐亂，居此五十年，幸中國有故，干戈不及，而漢益驕於無事，今兵不識旗鼓，而人主不知存亡。夫天下亂久矣，亂久而治，自然之勢也。今聞眞主已出，必將盡有海內，其勢非一天下不能已。」勸鋹修兵爲備，不然，悉珍寶奉中國，遣使以通好。鋹惛然莫以爲慮，惡廷琄言直，深恨之。

四年，芝菌生宮中，野獸觸寢門，苑中羊吐珠，井旁石自立，行百餘步而仆，樊胡子皆以符瑞諷羣臣入賀。

五年，鋹以宦者李托養女爲貴妃，專寵。托爲內太師，居中專政。許彥眞既殺鍾允章，惡龔澄樞等居己上，謀殺之。澄樞使人告彥眞反，族誅之。

七年，王師南伐，克郴州，晟所遺將暨彥贇與其刺史陸光圖皆戰死，餘衆退保韶州。鋹始思廷琄言，遣廷琄以舟兵出洸口抗王師。會王師退舍，廷琄訓士卒，脩戰備，嶺人倚以爲良將。有譖者投無名書言廷琄反，鋹遣使者賜死；士卒排軍門見使者，訴廷琄無反狀，不能救，爲立祠於洸口。

八年，交州吳昌文卒，其佐呂處玶與峯州刺史喬知祐爭立，交趾大亂，驩州丁璉舉兵擊破之，鋹授璉交州節度。

九年，南海民妻生子兩首四臂。是時，太祖皇帝詔李煜諭鋹使稱臣，鋹怒，囚煜使者龔愼儀。

十三年，詔潭州防禦使潘美出師，師次白霞。鋹遣龔澄樞守賀州、郭崇岳守桂州、李托守韶州以備。是歲秋，潘美平賀州，十月平昭州，又平桂州，十一月平連州。鋹喜曰：「昭、桂、連、賀，本屬湖南，今北師取之，足矣，其不復南也。」其愚如此！十二月平韶州。開寶四年正月，平英、雄二州，鋹將潘崇徹先降。師次瀧頭，鋹遣使請和，求緩師。二月，師度馬逕，鋹遣其右僕射蕭漼奉表降。漼行，鋹惶迫，復令整兵拒命。美等進師，鋹遣其弟祥王保興率文武詣美軍降，不納。龔澄樞、李托等謀曰：「北師之來，利吾國寶貨爾，焚爲空城，師不能駐，當自還也。」乃盡焚其府庫、宮殿。鋹以海船十餘，悉載珍寶、嬪御，將入海，宦官樂範竊其舟以逃歸。師次白田，鋹素衣白馬以降。獻俘京師，赦鋹爲左千牛衞大將軍，封恩赦侯。其後事具國史㊀。

㊀隱興滅年世，諸書皆同。蓋自唐天祐二年隱爲廣州節度使，至皇朝開寶四年國滅，凡六十七年。舊五代史以梁貞明三年龑僭號爲始，故曰五十五年爾。

校勘記

〔一〕趙光裔　「裔」，各本原作「胤」。按舊唐書卷一七八趙隱傳，隱三子：光逢、光裔、光胤。「季述廢立之後，光胤歸洛，光裔旅遊江表以避患，嶺南劉隱深禮之。」十國春秋卷五八南漢烈宗世家云：「王定保、倪曙、劉濬、周傑、楊洞潛之徒，烈宗（劉隱廟號）皆招禮之。而趙光裔、李殷衡以奉使往，俱辟置幕府，待以賓客。」又卷六二趙光裔傳及通鑑卷二六七亦云梁太祖以劉隱爲清海、靜海節度使，命趙光裔爲官告使，劉隱遂留之不遣。此處趙光胤顯爲趙光裔之誤。據改。

〔二〕象州　他本及通鑑卷二八〇均作「蒙州」。

〔三〕顯德三年世宗平江北　按本史卷一二周世宗紀載：顯德五年二月，「克淮南十有四州，以江爲界」。薛史卷一一八周世宗紀繫年同。此云「顯德三年」疑誤。

新五代史卷六十六

楚世家第六

馬殷 子希聲 希範 希廣

馬殷字霸圖，許州鄢陵人也。唐中和三年，蔡州秦宗權遣孫儒、劉建峯將兵萬人屬其弟宗衡，略地淮南，殷初爲儒裨將。宗衡等攻楊行密於揚州，未克，梁兵方急攻宗權，宗權數召儒等，儒不欲還，宗衡屢趣之，儒怒，殺宗衡，自將其兵取高郵，遂逐行密。行密據宣州，儒以兵圍之，久不克，遣殷與建峯掠食旁縣。儒戰敗死，殷等無所歸，乃推建峯爲帥，殷爲先鋒，轉攻豫章，略虔、吉，有衆數萬。乾寧元年，入湖南，次醴陵。潭州刺史鄧處訥發邵州兵戍龍回關，建峯等至關，降其戍將蔣勛。建峯取勛鎧甲被先鋒兵，張其旗幟，直趨潭州，至東門，東門守者以爲關兵戍還，開門內之，遂殺處訥，建峯自稱留後。僖宗授建峯湖南節度使〔一〕、殷爲馬步軍都指揮使。蔣勛求爲邵州刺史，建峯不與，勛率兵攻湘鄉，建峯遣殷擊勛於邵州。

建峯庸人，不能帥其下，常與部曲飲酒讙呼。軍卒陳贍妻有色，建峯私之，贍怒，以鐵檛擊殺建峯。軍中推行軍司馬張佶爲帥，佶將入府，乘馬輒踶齧，傷佶髀。佶臥病，語諸將曰：「吾非汝主也，馬公英勇，可共立之。」諸將乃共殺贍，磔其尸，遣姚彥章迎殷於邵州。殷至，佶乘肩輿入府，殷拜謁於廷中，佶召殷上，乃率將吏下，北面再拜，以位與之，時乾寧三年也。

唐拜殷潭州刺史。殷遣其將秦彥暉、李瓊等攻連、邵、郴、衡、道、永六州，皆下之。桂管劉士政懼，遣其將陳可璠、王建武等率兵守全義嶺。殷遣使聘于士政，使者至境上，可璠等不納。殷怒，遣瓊等以兵七千攻之，擒可璠等及其兵二千餘人，悉坑之，遂圍桂管，虜士政，盡取其屬州。殷表瓊桂管觀察使。四年，拜殷武安軍節度使。

初，孫儒敗於宣州，殷弟賨爲楊行密所執，行密收儒餘兵爲「黑雲都」，以賨爲指揮使。賨從行密攻戰，數有功，爲人質重，未嘗自矜，行密愛之，問賨誰家子，賨曰：「馬殷弟也。」行密大驚曰：「汝兄貴矣，吾今歸汝可乎？」賨不對。他日又問之，賨謝曰：「臣，孫儒敗卒也，幸公待以不死，非殺身不足報。湖南鄰境，朝夕聞殷動靜足矣，不願去也。」行密歎曰：「昔吾愛子之貌，今吾得子之心矣。然勉爲吾合二國之懽，通商賈，易有無以相資，亦所以報我

也！」乃厚禮遣賨歸。殷大喜，表賨節度副使。

行密遣將劉存等攻杜洪，圍鄂州，殷遣秦彥暉、許德勳以舟兵救之，已而杜洪敗死，存等遂攻殷。殷遣彥暉拒於上流，偏將黃璠以舟三百伏瀏陽口。存等屢戰不勝，乃致書於殷以求和，殷欲許之，彥暉曰：「淮人多詐，將怠我師，不可信。」急擊之，存等退走，黃璠以瀏陽舟截江合擊，大敗之，劉存及陳知新戰死，彥暉取岳州。

梁太祖卽位，殷遣使脩貢，太祖拜殷侍中兼中書令，封楚王。

荆南高季昌以兵斷漢口，邀殷貢使，殷遣許德勳攻其沙頭，季昌求和，乃止。楊行密袁州刺史呂師周來奔。師周，勇健豪俠，頗通緯候、兵書，自言五世將家，懼不能免，常與酒徒聚飲，醉則起舞，悲歌慷慨泣下。行密聞之，疑其有異志，使人察其動靜。師周益懼，謂其裨將綦毋章曰：「吾與楚人爲敵境，吾常望其營上雲氣甚佳，未易敗也。吾聞馬公仁者，待士有禮，吾欲逃死於楚可乎？」章曰：「公自圖之，章舌可斷，語不泄也。」師周以兵獵境上，乃奔於楚，綦毋章縱其家屬隨之。殷聞師周至，大喜曰：「吾方南圖嶺表，而得此人足矣。」以爲馬步軍都指揮使，率兵攻嶺南，取昭、賀、梧、蒙、龔、富等州。殷表師周昭州刺史。

朗州雷彥恭召吳人攻平江，許德勳擊敗之。殷遣秦彥暉攻朗州，彥恭奔於吳，執其弟彥雄等七人送于梁。於是澧州向瓌、辰州宋鄴、溆州昌師益等率溪洞諸蠻皆附于殷。殷請

升朗州爲永順軍，表張佶節度使。殷乃請依唐太宗故事，開天册府，置官屬。太祖拜殷天册上將軍，殷以其弟賨爲左相，存爲右相，廖光圖等十八人爲學士。末帝時，加殷武昌、靜江、寧遠等軍節度使〔二〕、洪、鄂四面行營都統。

唐莊宗滅梁，殷遣其子希範脩貢京師，上梁所授都統印。莊宗問洞庭廣狹，希範對曰：「車駕南巡，才堪飲馬爾。」莊宗嘉之。莊宗平蜀，殷大懼，表求致仕，莊宗下璽書慰勞之。明宗卽位，遣使脩貢，并賀明年正月，荆南高季昌執其貢使史光憲。殷遣袁詮、王環等攻之，至其城下，季昌求和，乃止。

殷初兵力尙寡，與楊行密、成汭、劉龑等爲敵國，殷患之，問策於其將高郁，郁曰：「成汭地狹兵寡，不足爲吾患，而劉龑志在五管而已，楊行密，孫儒之仇，雖以萬金交之，不能得其懽心。然尊王仗順，霸者之業也，今宜內奉朝廷以求封爵而外誇隣敵，然後退脩兵農，畜力而有待爾。」於是殷始脩貢京師，然歲貢不過所產茶茗而已。乃自京師至襄、唐、郢、復等州置邸務以賣茶，其利十倍。郁又諷殷鑄鉛鐵錢，以十當銅錢一。又令民自造茶以通商旅，而收其算，歲入萬計。由是地大力完，數邀封爵。

天成二年，請建行臺。明宗封殷楚國王，有司言無封國王禮，請如三公用竹册，乃遣尙書右丞李序持節以竹册封之。殷以潭州爲長沙府，建國承制，自置官屬，以其弟賨爲靜江

軍節度使，子希振武順軍節度使，次子希聲判內外諸軍事，姚彥章爲左相，許德勳爲右相，李鐸爲司徒，崔穎爲司空，拓拔常爲僕射，馬珙爲尚書，文武皆進位。諡其曾祖筠曰文肅、祖正曰莊穆、父元豐曰景莊，立三廟于長沙。長興元年，殷卒，年七十九，詔曰「馬殷官爵俱高，無以爲贈」，諡曰「武穆」而已。子希聲立。

希聲字若訥，殷次子也。殷建國，以希聲判內外諸軍事。荆南高季昌聞殷將高郁素有智計，殷以計策而楚以彊，患之，嘗使諜者行間於殷，殷不聽。希聲用事，諜者語希聲曰：「季昌聞楚用高郁，大喜，以爲亡馬氏者必郁也。」希聲素愚，以爲然，遽奪郁兵職，郁怒曰：「吾事君王久矣，亟營西山，將老焉，犬子漸大，能咋人矣！」希聲聞之，矯殷令殺郁。殷老不復省事，莫知郁死，是日大霧四塞，殷怪之，語左右曰：「吾嘗從孫儒，儒每殺不辜，天必大霧，豈馬步獄有冤死乎？」明日，吏以狀白，殷拊膺大哭曰：「吾荒耄如此，而殺吾勳舊！」顧左右曰：「吾亦不久於此矣！」明年殷薨。

希聲立，授武安、靜江等軍節度使。希聲嘗聞梁太祖好食鷄，慕之，乃日烹五十鷄以供膳。葬殷上潢，希聲不哭泣，頓食鷄肉數器而起，其禮部侍郎潘起譏之曰：「昔阮籍居喪而食蒸豚，世豈乏賢邪！」長興三年，希聲卒，追封衡陽王。弟希範立。

希範字寶規，殷第四子也。殷子十餘人，嫡子希振長而賢，其次希聲與希範同日生，而希聲母袁夫人有美色，希聲以母寵得立，而希振棄官爲道士，居于家。希聲卒，而希範以次立，襲殷官爵，封楚王。淸泰二年，賜以弓矢冠劍。天福四年，加希範天册上將軍，開府承制如殷故事。

希範好學，善詩，文士廖光圖、徐仲雅、李皐、拓拔常等十八人皆故殷時學士，希範性奢侈，光圖等皆薄徒，飲博讙呼，獨常沉厚長者，上書切諫，光圖等惡之。

襄州安從進、安州李金全叛，晉高祖詔希範出兵。希範遣張少敵以舟兵趨漢陽，漕米五萬斛以饋軍，金全等敗，少敵乃旋。

溪州刺史彭士愁率錦、奬諸蠻攻澧州〔三〕，希範遣劉勍、劉全明等以步卒五千擊之，士愁大敗。勍等攻溪州，士愁走奬州，遣其子師暠率諸蠻酋降于勍。溪州西接牂牁、兩林，南通桂林、象郡，希範乃立銅柱以爲表，命學士李皐銘之。於是，南寧州酋長莫彥殊率其本部十八州、都雲酋長尹懷昌率其昆明等十二部、牂柯張萬濬率其夷、播等七州皆附於希範。

希範作會春園、嘉宴堂，其費鉅萬，始加賦於國中，拓拔常切諫以爲不可。希範又作九龍殿，以八龍繞柱，自言身一龍也。是時，契丹滅晉，中國大亂，希範牙將丁思覲廷諫希範曰：「先王起卒伍，以攻戰而得此州，倚朝廷以制隣敵，傳國三世，有地數千里，養兵十萬人。今天子囚辱，中國無主，眞霸者立功之時。誠能悉國之兵出荆、襄以趨京師，倡義於天下，此桓、文之業也。奈何耗國用而窮土木，爲兒女之樂乎？」希範謝之。思覲瞋目視希範曰：「孺子終不可教也！」乃扼喉而死。開運四年，希範卒，年四十九，諡曰文昭。希廣立。

希廣字德丕，希範同母弟也。希範平生惡拓拔常諫諍，常入謁，希範呼閽者指常曰：「吾不欲見此人，勿復內也。」乃謝絕之。及臥病，始思常言，以爲忠，召之託以希廣。希範卒，常數勸希廣以位奉其兄希萼，希廣不從。

希萼爲朗州節度使，希範之卒，希萼自朗州來奔喪。希廣將劉彥瑫謀曰：「武陵之來，其意不善，宜出兵迎之，以備非常，使其解甲釋兵而後入。」張少敵、周廷誨曰：「王能與之則已，不然宜早除之。」希廣泣曰：「吾兄也，焉忍殺之，分國而治可也。」乃以兵迎希萼於趺石，止之於碧湘宮，厚賂以遣之。希萼憤然而去，乃遣使詣京師求封爵，請置邸稱藩。漢隱帝不許，降璽書慰勞講解之。希萼怒，送款於李景，舉兵攻長沙。希廣遣劉彥瑫、許可瓊等禦之。

彥瑫敗希萼於僕射洲。希萼去，誘溪洞諸蠻寇益陽。希廣遣崔珙璉以步卒七千屯湘鄉玉潭以遏諸蠻。劉彥瑫以舟兵趨武陵，攻希萼。彥瑫敗於湄洲，希廣大懼，遣使請兵於京師，漢隱帝不能出師。希萼舟兵沿江而上，自號「順天將軍」，攻岳州，刺史王贇堅城不戰，希萼呼贇曰：「吾昔約君同行，今何異心乎？」贇曰：「君王兄弟不相容，而責將吏異心乎？願君王入長沙，不傷同氣，臣不敢不盡節。」希萼引兵去，下湘鄉，止長沙〔四〕，屯水西。劉彥瑫、許可瓊屯水東。

彭師暠登城望水西軍，入白希廣曰：「武陵兵驕，雜以蠻蜑，其勢易破。請令可瓊等陣山前，臣以步兵三千自巴溪渡江趨岳麓，候夜擊之。」希廣以爲可，而可瓊已陰送款於希萼，遂沮其議。明日，師暠詣可瓊計事，瞋目叱之曰：「視汝反文在面，豈欲投賊乎！」拂衣而出，急白希廣，請殺之，希廣不聽。希萼攻長樂門，牙將吳宏、楊滌戰于門中，希萼少衄，已而許可瓊奔于希萼，宏、滌聞之皆潰。

希廣率妻子匿于慈堂。明日擒之。希萼見之惻然曰：「此鈍夫也，豈能爲惡？左右惑之爾。」顧其下曰：「吾欲活之，如何？」其下皆不對，遂縊死之。

乾祐三年，希萼自立。明年，漢隱帝崩，京師大亂，希萼遂臣於李景，景册封希萼楚王，希萼悉以軍政事任其弟希崇。希崇與楚舊將徐威、陸孟俊、魯縮等謀作亂。希萼置酒端陽門，希崇辭以疾，威等縱惡馬十餘匹，以壯士執檛隨之，突入其府，劫庫兵，縛希萼，迎希崇以立。希崇遣彭師暠、廖偃囚希萼於衡山，師暠奉希萼爲衡山王，臣於李景。希崇懼，亦請命於景。景遣邊鎬入楚，盡遷馬氏之族于金陵，時周廣順元年也。封希萼楚王，居洪州；希崇領舒州節度使，居揚州。

顯德三年，世宗征淮，下揚州，下詔撫安馬氏子孫。已而揚州復入于景，希崇率其兄弟十七人歸京師，拜右羽林統軍，希能左屯衛大將軍，希貫右千牛衛大將軍，希隱、希濬、希知、希朗皆爲節度行軍司馬。

劉言

劉言，吉州廬陵人也。王進逵，武陵人也。言，初事刺史彭玕，從玕奔楚，言事希範爲辰州刺史。進逵少爲靜江軍卒，事希萼爲指揮使。希萼攻希廣，以進逵爲先鋒，陷長沙。長沙遭亂殘毀，希萼使進逵以靜江兵營緝之，兵皆愁怨，進逵因擁之，夜以長柯巨斧斫關，奔歸武陵。希萼方醉，不能省，明日遣將唐翥追之，及于武陵，翥戰大敗而還。進逵乃逐出留後馬光惠，迎言於辰州以爲帥，進逵自爲副。已而希萼將徐威等作亂，縛希萼，而立希崇，湖南大亂。李景遣邊鎬入楚，遷馬氏于金陵，

因并召言。言不從，遣進逵與行軍司馬何景眞等攻鎬於長沙，鎬敗走。

周廣順三年，言奉表京師，以邀封爵。又言長沙殘破，不可居，請移治所於武陵。周太祖皆從之，乃升朗州爲武平軍，在武安軍上，以言爲節度使，因以武安授進逵，進逵自以言己所迎立，不爲之下。言患之，二人始有隙，欲相圖。進逵謀曰：「言將可用者不過何景眞、朱全琇爾，召而殺之，言可取也。」是時，劉晟取楚梧、桂、宜、蒙等州，進逵因言召景眞等會兵攻晟。言信之，遣景眞、全琇往，至皆見殺，乃舉兵襲武陵，執言殺之，奉表京師，周太祖即以進逵爲武平軍節度使。

世宗征淮南，授進逵南面行營都統。進逵攻鄂州，過岳州，岳州刺史潘叔嗣，進逵故時同列，待進逵甚謹。進逵左右就叔嗣求賂，叔嗣不與，左右讒其短，進逵面罵之，叔嗣慚恨。語其下曰：「進逵戰勝而還，吾無遺類矣。」進逵入鄂州，方攻下長山，叔嗣以兵襲武陵。進逵聞之，輕舟而歸，與叔嗣戰武陵城外，進逵敗，見殺。

周行逢 子保權

周行逢，武陵人也。與王進逵俱爲靜江軍卒，事希萼爲軍校。進逵攻邊鎬，行逢別破益陽，殺李景兵二千餘人，擒其將李建期。進逵爲武安軍節度使，拜行逢集州刺史，爲進逵行軍司馬。進逵與劉言有隙，行逢爲畫謀策襲殺言。進逵據武陵，行逢據潭州。

顯德元年，拜行逢武清軍節度使，權知潭州軍府事。潘叔嗣殺進逵，或勸其入武陵，叔嗣曰：「吾殺進逵，救死而已，武陵非吾利也。」乃還岳州，遣其客將李簡率武陵人迎行逢於潭州。行逢入武陵，或請以潭州與叔嗣，行逢曰：「叔嗣殺主帥，罪當死，以其迎我，未忍殺爾。若與武安，是吾使之殺王公也。」召以爲行軍司馬。叔嗣怒，稱疾不至，行逢怒曰：「是又欲殺我矣！」乃陽以武安與之，召使至府受命，至則殺之。

行逢，故武陵農家子，少貧賤，無行，多慷慨大言。及居武陵，能儉約自勉勵，而性勇敢，果於殺戮，麾下將吏素恃功驕慢者，一以法繩之。大將十餘人謀爲亂，行逢召宴諸將，酒半，以壯士擒下斬之，一境皆畏服。民過無大小皆死，夫人嚴氏諫曰：「人情有善惡，安得一概殺之乎！」行逢怒曰：「此外事，婦人何知。」嚴氏不悅，紿曰：「家田佃戶，以公貴，頗不力農，多恃勢以侵民，請往視之。」至則營居以老，歲時衣青裙押佃戶送租入城。行逢往就見之，勞曰：「吾貴矣，夫人何自苦邪！」嚴氏曰：「公思作戶長時乎？民租後時，常苦鞭扑，今貴矣，宜先期以率衆，安得遂忘壠畝間乎！」行逢彊邀之，以羣妾擁升肩輿，嚴氏卒無留意，因曰：「公用法太嚴而失人心，所以不欲留者，一旦禍起，田野間易爲逃死爾。」行逢爲

少損。

建隆三年，行逢病，召其將吏，以其子保權屬之曰：「吾起隴畝爲團兵，同時十人，皆以誅死，惟衡州刺史張文表獨存，然常怏怏不得行軍司馬。吾死，文表必叛，當以楊師璠討之。如其不能，則嬰城勿戰，自歸於朝廷。」

行逢卒，子保權立。文表聞之，怒曰：「行逢與我起微賤而立功名，今日安能北面事小兒乎！」遂舉兵叛，攻下潭州。保權乞師於朝廷，亦命楊師璠討文表，告以先人之言，感激涕泣，師璠亦泣，顧其軍曰：「汝見郎君乎？年未成人而賢若此。」軍士奮然，皆思自効。師璠至平津亭，文表出戰，大敗之。初，保權之乞師也，太祖皇帝遣慕容延釗討文表，未至而文表爲師璠所執。延釗兵入朗州，保權舉族朝于京師，其後事具國史㊀。

㊀殷自唐乾寧三年入湖南，至周廣順元年，凡五十七年，餘具年譜注。

校勘記

〔一〕僖宗授建峯湖南節度使　按上文，劉建峯入攻湖南，在唐昭宗乾寧元年，與新唐書卷一九〇劉建峯傳及通鑑卷二五九合。「僖宗」當是「昭宗」之訛。

〔二〕末帝時加殷武昌靜江寧遠等軍節度使　他本「殷」下有「武安」二字。考通鑑卷二六八載：乾化二

年四月「以楚王殷爲武安、武昌、靜江、寧遠節度使」。薛史卷一三三馬殷傳云：梁貞明中「又請官位，內添制置靜江、武平、寧遠等軍事，皆從之」。按武安爲潭州，唐昭宗時馬殷已任武安節度，武平爲朗州，乃添置使名。此當以「武平」爲正。又若事在乾化二年四月，則不得言「末帝」，待考。

〔三〕彭士愁　「愁」，各本原作「然」。按薛史卷七八、七九晉高祖紀，卷一三三馬希範傳、通鑑卷二八二及溪州銅柱記（見湘西土司輯略第三章）均作「愁」，據改。

〔四〕下湘鄉止長沙　通鑑卷二八九、十國春秋卷六九楚廢王世家「湘鄉」均作「湘陰」。按自岳州至長沙，當由湘陰，湘鄉非必經之地。此疑誤。

新五代史卷六十七

吳越世家第七

錢鏐　子元瓘　元瓘子佐　佐弟俶

錢鏐字具美，杭州臨安人也。臨安里中有大木，鏐幼時與羣兒戲木下，鏐坐大石指麾羣兒爲隊伍，號令頗有法，羣兒皆憚之。及壯，無賴，不喜事生業，以販鹽爲盜。縣錄事鍾起有子數人，與鏐飲博，起嘗禁其諸子，諸子多竊從之遊。豫章人有善術者，望牛斗間有王氣。牛斗，錢塘分也，因遊錢塘。占之在臨安，乃之臨安，以相法隱市中，陰求其人。起與術者善，術者私謂起曰：「占君縣有貴人，求之市中不可得，視君之相貴矣，然不足當之。」起乃爲置酒，悉召賢豪爲會，陰令術者徧視之，皆不足當。術者過起家，鏐適從外來，見起，反走，術者望見之，大驚曰：「此眞貴人也！」起笑曰：「此吾旁舍錢生爾。」術者召鏐至，熟視之，顧起曰：「君之貴者，因此人也。」乃慰鏐曰：「子骨法非常，願自愛。」因與起訣

曰：「吾求其人者，非有所欲也，直欲質吾術爾。」明日乃去。起始縱其子等與鏐遊，時時貸其窮乏。

鏐善射與槊，稍通圖緯諸書。唐乾符二年，浙西裨將王郢作亂，石鑑鎭將董昌募鄉兵討賊，表鏐偏將，擊郢破之。是時，黃巢衆已數千，攻掠浙東，至臨安，鏐曰：「今鎭兵少而賊兵多，難以力禦，宜出奇兵邀之。」乃與勁卒二十人伏山谷中，巢先鋒度險皆單騎，鏐伏弩射殺其將，巢兵亂，鏐引勁卒蹂之，斬首數百級。鏐曰：「此可一用爾，大衆至何可敵邪！」乃引兵趨八百里，八百里，地名也，告道旁嫗曰：「後有問者，告曰：『臨安兵屯八百里矣。』」巢衆至，聞嫗語，不知其地名，曰：「嚮十餘卒不可敵，況八百里乎！」遂急引兵過。都統高駢聞巢不敢犯臨安，壯之，召董昌與鏐俱至廣陵。久之，駢無討賊意，昌等不見用，辭還，駢表昌杭州刺史。是時，天下已亂，昌乃團諸縣兵爲八都，以鏐爲都指揮使，成及爲靖江都將。

中和二年，越州觀察使劉漢宏與昌有隙，漢宏遣其弟漢宥、都虞候辛約，屯兵西陵。鏐率八都兵渡江，竊取軍號，斫其營，營中驚擾，因焚之，漢宥等皆走。漢宏復遣將黃珪、何肅屯諸暨、蕭山，鏐皆攻破之。與漢宏遇，戰，大敗之，殺何肅、辛約。漢宏易服持膾刀以遯，追者及之，漢宏曰：「我宰夫也。」舉刀示之，乃免。

四年，僖宗遣中使焦居璠爲杭、越通和使，詔昌及漢宏罷兵，皆不奉詔。漢宏遣其將朱

褒、韓公玫、施堅實等以舟兵屯望海。鏐出平水，成及夜率奇兵破褒等於曹娥埭，進屯豐山，施堅實等降，遂攻破越州。漢宏走台州，台州刺史執漢宏送於鏐，斬于會稽，族其家。鏐乃奏昌代漢宏，而自居杭州。

光啓三年，拜鏐左衞大將軍、杭州刺史，昌越州觀察使。是歲，畢師鐸囚高駢，淮南大亂，六合鎭將徐約攻取蘇州。潤州牙將劉浩逐其帥周寶，寶奔常州，浩推度支催勘官薛朗爲帥。鏐遣都將成及、杜稜等攻常州，取周寶以歸，鏐具軍禮郊迎，館寶於樟亭，寶病卒。稜等進攻潤州，逐劉浩，執薛朗，剖其心以祭寶。然後遣其弟銶攻徐約，約敗走入海，追殺之。

昭宗拜鏐杭州防禦使。是時，楊行密、孫儒爭淮南，與鏐戰蘇、常間。久之，儒爲行密所殺，行密據淮南，取潤州，鏐亦取蘇、常。唐升越州威勝軍，以董昌爲節度使，封隴西郡王；杭州武勝軍〔二〕，拜鏐都團練使，以成及爲副使。及字弘濟，與鏐同事攻討，謀多出於及，而鏐以女妻及子仁琇。鏐乃以杜稜、阮結、顧全武等爲將校，沈崧、皮光業、林鼎、羅隱爲賓客。

景福二年，拜鏐鎭海軍節度使、潤州刺史。乾寧元年，加同中書門下平章事。二年，越州董昌反。昌素愚，不能決事，臨民訟，以骰子擲之，而勝者爲直。妖人應智王温、巫韓媪

等，以妖言惑昌，獻鳥獸爲符瑞。牙將倪德儒謂昌曰：「曩時謠言有羅平鳥主越人禍福，民間多圖其形禱祠之，視王書名與圖類。」因出圖以示昌，昌大悅，乃自稱皇帝，國號羅平，改元順天，分其兵爲兩軍，中軍衣黃，外軍衣白，銘其衣曰「歸義」。副使黃竭切戒昌以爲不可，昌大怒，使人斬竭，持其首至，罵曰：「此賊負我好聖，明時三公不肯作，乃自求死邪！」投之圊中。昌乃以書告鏐，鏐以昌反狀聞。

昭宗下詔削昌官爵，封鏐彭城郡王，浙江東道招討使。鏐曰：「董氏於吾有恩，不可遽伐。」以兵三萬屯迎恩門，遣其客沈滂諭昌使改過。昌以錢二百萬犒軍，執應智等送軍中，自請待罪，鏐乃還兵。昌復拒命，遣其將陳郁、崔温等屯香嚴、石侯，乞兵於楊行密，行密遣安仁義救昌。鏐遣顧全武攻昌，斬崔温。昌所用諸將徐珣、湯臼、袁邠皆庸人，不知兵，遇全武輒敗。昌兄子眞，驍勇善戰，全武等攻之，逾年不能克。眞與其裨將刺羽有隙，羽譖之，昌殺眞，兵乃敗。全武執昌歸杭州，行至西小江，昌顧左右曰：「吾與錢公俱起鄉里，吾嘗爲大將，今何面復見之乎！」左右相對泣下，因瞋目大呼，投水死。

昭宗以宰相王溥鎭越州，溥請授鏐，乃改威勝軍爲鎭東軍，拜鏐鎭海、鎭東軍節度使、加檢校太尉、中書令，賜鐵券，恕九死。鏐如越州受命，還治錢塘，號越州爲「東府」。光化元年，移鎭海軍於杭州，加鏐檢校太師，改鏐鄉里曰廣義鄉勳貴里，鏐素所居營曰衣錦營。

婺州刺史王壇叛附于淮南，楊行密遣其將康儒應壇，因攻睦州。鏐遣其弟銶敗儒於軒渚，壇奔宣州。昭宗詔鏐圖形凌煙閣，升衣錦營爲衣錦城，石鑑山曰衣錦山，大官山曰功臣山。鏐游衣錦城，宴故老，山林皆覆以錦，號其幼所嘗戲大木曰「衣錦將軍」。

天復二年，封鏐越王。鏐巡衣錦城，武勇右都指揮使徐綰與左都指揮使許再思叛，焚掠城郭，攻內城，鏐子傳瑛及其將馬綽、陳爲等閉門拒之。鏐歸，至北郭門不得入。成及代鏐與綰戰，斬首百餘級，綰屯龍興寺。鏐微服踰城而入，遣馬綽、王榮、杜建徽等分屯諸門，使顧全武備東府，全武曰：「東府不足慮，可慮者淮南爾，綰急，必召淮兵至，患不細矣。楊公大丈夫，今以難告，必能閔我。」鏐以爲然。全武曰：「獨行，事必不濟，請擇諸公子可行者。」鏐曰：「吾嘗欲以元璙婚楊氏。」乃使隨全武如廣陵。綰果召田頵於宣州。全武等至廣陵，行密以女妻元璙，亟召頵還。頵取鏐錢百萬，質鏐子元瓘而歸。

天祐元年，封鏐吳王，鏐建功臣堂，立碑紀功，列賓佐將校名氏於碑陰者五百人。四年，升衣錦城爲安國衣錦軍。

梁太祖卽位，封鏐吳越王兼淮南節度使。客有勸鏐拒梁命者，鏐笑曰：「吾豈失爲孫仲謀邪！」遂受之。太祖嘗問吳越進奏吏曰：「錢鏐平生有所好乎？」吏曰：「好玉帶、名馬。」太祖笑曰：「眞英雄也。」乃以玉帶一匣、打毬御馬十四賜之。江西危全諷等爲楊渥所敗，信

州危仔倡奔於鏐，鏐惡其姓，改曰元。開平二年，加鏐守中書令，改臨安縣爲安國縣，廣義鄉爲衣錦鄉。三年，加守太保。

楊渥將周本、陳章圍蘇州，鏐遣其弟鋸、鏢救之。淮兵爲水柵環城，以銅鈴繫網沈水中，斷潛行者。水軍卒司馬福，多智而善水行，乃先以巨竹觸網，淮人聞鈴聲遽舉網，福乃過，入城中，其出也亦然。乃取其軍號，內外夾攻，號令相應，淮人以爲神，遂大敗之，本等走，擒其將閭丘直、何明等。

四年，鏐游衣錦軍，作還鄉歌曰：「三節還鄉兮掛錦衣，父老遠來相追隨。牛斗無孛人無欺，吳越一王駟馬歸。」乾化元年，加鏐守尙書令，兼淮南、宣潤等道四面行營都統。立生祠於衣錦軍。鏐弟鏢居湖州，擅殺戍將潘長，懼罪奔于淮南。二年，梁郢王友珪立，册尊鏐尙父。末帝貞明三年，加鏐天下兵馬都元帥，開府置官屬。四年，楊隆演取虔州，鏐始由海路入貢京師。龍德元年，賜鏐詔書不名。

唐莊宗入洛，鏐遣使貢獻，求玉册。莊宗下其議於有司，羣臣皆以謂非天子不得用玉册，郭崇韜尤爲不可，既而許之，乃賜鏐玉册、金印。鏐因以鎭海等軍節度授其子元瓘，自稱吳越國王，更名所居曰宮殿、府曰朝，官屬皆稱臣，起玉册、金券、詔書三樓於衣錦軍，遣使册新羅、渤海王，海中諸國，皆封拜其君長。

中華書局

明宗即位，安重誨用事，鏐致書重誨，書辭嫚，重誨大怒。是時，供奉官烏昭遇、韓玫使吳越，既還，玫誣昭遇稱臣舞蹈，重誨乃奏削鏐王爵、元帥、尙父，以太師致仕。元瓘等遣人以絹表間道自陳。安重誨死，明宗乃復鏐官爵。長興三年，鏐卒，年八十一，謚曰武肅。子元瓘立。

元瓘字明寶，少爲質於田頵。頵叛於吳，楊行密會越兵攻之，頵每戰敗歸，即欲殺元瓘，頵母嘗蔽護之。後頵將出，語左右曰：「今日不勝，必斬錢郎。」是日頵戰死，元瓘得歸。

鏐臥病，召諸大將告之曰：「吾子皆愚懦，不足任後事，吾死，公等自擇之。」諸將泣下，皆曰：「元瓘從王征伐最有功，諸子莫及，請立之。」鏐乃出筦鑰數篋，召元瓘與之曰：「諸將許爾矣。」鏐卒，元瓘立，襲封吳越國王，玉册、金印，皆如鏐故事。

王延政自立於建州，閩中大亂，元瓘遣其將仰詮、薛萬忠等攻之，逾年，大敗而歸。元瓘亦善撫將士，好儒學，善爲詩，使其國相沈崧置擇能院，選吳中文士錄用之。然性尤奢僭，好治宮室。天福六年，杭州大火，燒其宮室迨盡，元瓘避之，火輒隨發，元瓘大懼，因病狂，是歲卒，年五十五，謚曰文穆。子佐立。

佐字祐，立時年十三，諸將皆少佐，佐初優容之，諸將稍不法，佐乃黜其大將章德安於明州，李文慶於睦州，殺內都監杜昭達、統軍使闞璠，由是國中皆畏恐。王延羲、延政兄弟相攻，卓儼明、朱文進、李仁達等自相篡殺，連兵不解者數年。仁達附于李景，已而又叛，景兵攻之，仁達求救於佐。佐召諸將計事，諸將皆不欲行，佐奮然曰：「吾爲元帥，而不能舉兵邪？諸將吾家素畜養，獨不肯以身先我乎？有異吾議者斬！」乃遣其統軍使張筠、趙承泰等率兵三萬，水陸赴之。遣將奮軍，號令齊整。筠等大敗景兵，俘馘萬計，獲其將楊業、蔡遇等，遂取福州而還，由是諸將皆服。佐立七年，襲封吳越國王，玉册、金印，皆如元瓘。開運四年，佐卒，年二十，謚曰忠獻。弟俶立。

俶字文德。佐卒，弟倧以次立。初，元瓘質於宣州，以胡進思、戴惲等自隨，元瓘立，用進思等爲大將。佐既年少，進思以舊將自待，甚見尊禮，及倧立，頗卑侮之，進思不能平。倧大閱兵於碧波亭，方第賞，進思前諫以賞太厚，倧怒擲筆水中曰：「以物與軍士，吾豈私之，何見咎也。」進思大懼。歲除，畫工獻鍾馗擊鬼圖，倧以詩題圖上，進思見之大悟，知倧將殺己。是夕擁衛兵廢倧，囚於義和院，迎俶立之，遷倧于東府。俶歷漢、周，襲封吳越

國王，賜玉册、金印。

世宗征淮南，詔俶攻常、宣二州以牽李景，俶治國中兵以待。景聞周師將大舉，乃遣使安撫，境上皆戒嚴。蘇州候吏陳滿不知景使，以謂朝廷已克諸州，遣使安撫矣，亟言於俶，請舉兵以應。俶相國吳程遽調兵以出，相國元德昭以爲王師必未渡淮，與程爭於俶前，不可奪。程等攻常州，果爲景將柴克宏所敗，程裨將邵可遷力戰，可遷子死馬前，猶戰不顧，程等僅以身免。周師渡淮，俶乃盡括國中丁民益兵，使邵可遷等以戰船四百艘、水軍萬七千人至于通州以會期。

吳越自唐末有國，而楊行密、李昪據有江淮，吳越貢賦，朝廷遣使，皆由登、萊泛海，歲常飄溺其使。顯德四年，詔遣左諫議大夫尹日就、吏部郎中崔頌等使于俶，世宗諭之曰：「朕此行決平江北，卿等還當陸來也。」五年，王師征淮，正月克靜海軍，而日就等果陸還。世宗已平淮南，遣使賜俶兵甲旗幟、橐駝羊馬。

錢氏兼有兩浙幾百年，其人比諸國號爲怯弱，而俗喜淫侈，偷生工巧，自鏐世常重斂其民以事奢僭，下至雞魚卵鷇，必家至而日取。每笞一人以責其負，則諸案史各持其簿列于廷，凡一簿所負，唱其多少，量爲笞數，以次唱而笞之，少者猶積數十，多者至笞百餘，人尤不勝其苦。又多掠得嶺海商賈寶貨。當五代時，常貢奉中國不絕。及世宗平淮南，宋興，

荆、楚諸國相次歸命，俶勢益孤，始傾其國以事貢獻。太祖皇帝時，俶嘗來朝，厚禮遣還國，俶喜，益以器服珍奇爲獻，不可勝數。太祖曰：「此吾帑中物爾，何用獻爲！」太平興國三年，詔俶來朝，俶舉族歸于京師，國除。其後事具國史。

嗚呼！天人之際，爲難言也。非徒自古術者好奇而幸中，至於英豪草竊亦多自託於妖祥，豈其欺惑愚衆，有以用之歟？蓋其興也，非有功德漸積之勤，而黥髡盜販，倔起於王侯，而人亦樂爲之傳歟？考錢氏之始終，非有德澤施其一方，百年之際，虐用其人甚矣，其動於氣象者，豈非其孽歟？是時四海分裂，不勝其暴，又豈皆然歟？是皆無所得而推歟？術者之言，不中者多，而中者少，而人特喜道其中者歟㈠？

㈠鏐世興滅，諸書皆同，蓋自唐乾寧二年爲鎭海、鎭東軍節度使兼有兩浙，至皇朝太平興國三年國除，凡八十四年。

校勘記

〔一〕武勝軍　「勝」，汪本作「陵」，他本均作「威」。新唐書卷六八方鎭表、通鑑卷二五九及十國春秋卷七七吳越武肅王世家均作「勝」，據改。

新五代史卷六十八

閩世家第八

王審知 子延翰　子鏻　鏻子繼鵬　延羲　延政

王審知字信通，光州固始人也。父恁，世爲農。兄潮，爲縣史。

唐末羣盜起，壽州人王緒攻陷固始，緒聞潮兄弟材勇，召置軍中，以潮爲軍校。是時，蔡州秦宗權方募士以益兵，乃以緒爲光州刺史，召其兵會擊黃巢。緒遲留不行，宗權發兵攻緒。緒率衆南奔，所至剽掠，自南康入臨汀，陷漳浦，有衆數萬。緒性猜忌，部將有材能者，多因事殺之，潮頗自懼。軍次南安，潮說其前鋒將曰：「吾屬棄墳墓、妻子而爲盜者，爲緒所脅爾，豈其本心哉！今緒雄猜，將吏之材能者必死，吾屬不自保朝夕，況欲圖成事哉！」前鋒將大悟，與潮相持而泣。乃選壯士數十人，伏篁竹間，伺緒至，躍出擒之，囚之軍中。緒後自殺。

緒已見廢，前鋒將曰：「生我者潮也。」乃推潮爲主。是時，泉州刺史廖彥若爲政貪暴，泉人苦之，聞潮略地至其境，而軍行整肅，其耆老相率遮道留之，潮即引兵圍彥若，逾年克之。光啓二年，福建觀察使陳巖表潮泉州刺史。景福元年巖卒，其壻范暉自稱留後。潮遣審知攻暉，久不克，士卒傷死甚衆，審知請班師，潮不許。又請潮自臨軍，且益兵，潮報曰：「兵與將俱盡，吾當自往。」審知乃親督士卒攻破之，暉見殺。唐即以潮爲福建觀察使，潮以審知爲副使。

審知爲人狀皃雄偉，隆準方口，常乘白馬，軍中號「白馬三郎」。乾寧四年，潮卒，審知代立。唐以福州爲威武軍，拜審知節度使，累遷同中書門下平章事，封琅琊王。唐亡，梁太祖加拜審知中書令，封閩王，升福州爲大都督府。是時，楊行密據有江淮，審知歲遣使泛海，自登、萊朝貢于梁，使者入海，覆溺常十三四。

審知雖起盜賊，而爲人儉約，好禮下士。王淡，唐相溥之子；楊沂，唐相涉從弟；徐寅，唐時知名進士，皆依審知仕宦。又建學四門，以教閩士之秀者。招來海中蠻夷商賈。海上黃崎，波濤爲阻，一夕風雨雷電震擊，開以爲港，閩人以爲審知德政所致，號爲甘棠港。

審知同光三年卒，年六十四，謚曰忠懿。子延翰立。

延翰字子逸，審知長子也。同光四年，唐拜延翰節度使。是歲，莊宗遇弒，中國多故，延翰乃取司馬遷史記閩越王無諸傳示其將吏曰：「閩，自古王國也，吾今不王，何待之有？」於是軍府將吏上書勸進。十月，延翰建國稱王，而猶稟唐正朔。

延翰爲人長大，美皙如玉，其妻崔氏陋而淫，延翰不能制。審知喪未期，徹其几筵，又多選良家子爲妾。崔氏性妬，良家子之美者，輒幽之別室，繫以大械，刻木爲人手以擊頰，又以鐵錐刺之，一歲中死者八十四人。崔氏後病，見以爲祟而卒。

審知養子建州刺史延稟，本姓周氏，自審知時與延翰不叶。延翰立，以其弟延鈞爲泉州刺史，延鈞怒。二人因謀作亂。十二月，延稟、延鈞皆以兵入，執延翰殺之。而延鈞立，更名鏻。

鏻，審知次子也。唐即拜鏻節度使，累加檢校太師、中書令，封閩王。

初，延稟與鏻之謀殺延翰也，延稟之兵先至，已執延翰而殺之，明日鏻兵始至，延稟自以養子，推鏻而立之。延稟還建州，鏻餞于郊，延稟臨訣謂鏻曰：「善繼先志，毋煩老兄復來！」鏻銜之。長興二年，延稟率兵擊鏻，攻其西門，使其子繼雄轉海攻其南門，鏻遣王仁達拒之。仁達伏甲舟中，僞立白幟請降，繼雄信之，登舟，伏兵發，刺殺之，梟其首西門，其

兵見之皆潰去，延稟見執。鏻誚之曰：「予不能繼先志，果煩老兄復來！」延稟不能對，遂殺之。延稟子繼昇守建州，聞敗，奔于錢塘。長興三年，鏻上書言：「楚王馬殷、吳越王錢鏐皆爲尙書令，今皆已薨，請授臣尙書令。」唐不報，鏻遂絕朝貢。

鏻好鬼神、道家之說，道士陳守元以左道見信，建寶皇宮以居之。守元謂鏻曰：「寶皇命王少避其位，後當爲六十年天子。」鏻欣然遜位，命其子繼鵬權主府事。既而復位，遣守元問寶皇：「六十年後將安歸？」守元傳寶皇語曰：「六十年後，當爲大羅仙人。」鏻乃即皇帝位，受册於寶皇，以黃龍見眞封宅，改元爲龍啓，國號閩。追謚審知爲昭武孝皇帝，廟號太祖，立五廟，置百官，以福州爲長樂府。而閩地狹，國用不足，以中軍使薛文傑爲國計使。文傑多察民間陰事，致富人以罪，而籍沒其貲以佐用，閩人皆怨。又薦妖巫徐彥，曰：「陛下左右多姦臣，不質諸鬼神，將爲亂。」鏻使彥視鬼於宮中。

文傑與內樞密使吳英有隙〔一〕，英病在告，文傑謂英曰：「上以公居近密，而屢以疾告，將罷公。」英曰：「奈何？」文傑因教英曰：「即上遣人問公疾，當言『頭痛而已，無佗苦也。』」英以爲然。明日，諷鏻使巫視英疾，巫言：「入北廟，見英爲崇順王所訊，曰：『汝何敢謀反？』」以金槌擊其首。」鏻以語文傑，文傑曰：「未可信也，宜問其疾如何。」鏻遣人問之，英曰：「頭

痛。」鏻以爲然，卽以英下獄，命文傑劾之，英自誣伏，見殺。英嘗主閩兵，得其軍士心，軍士聞英死，皆怒。是歲，吳人攻建州，鏻遣其將王延宗救之，兵士在道不肯進，曰：「得文傑乃進。」鏻惜之不與，其子繼鵬請與之以紓難，乃以檻車送文傑軍中。文傑善數術，自占云：「過三日可無患。」送者聞之，疾馳二日而至，軍士踴躍，磔文傑於市，閩人爭以瓦石投之，臠食立盡。明日，鏻使者至，赦之，已不及。初，文傑爲鏻造檻車，以謂古制疏闊，乃更其制，令上下通，中以鐵芒內嚮，動輒觸之，旣成，首被其毒。

龍啓三年，改元永和。王仁達爲鏻殺延稟有功，而典親兵，鏻心忌之，嘗問仁達曰：「趙高指鹿爲馬，以愚二世，果有之邪？」仁達曰：「秦二世愚，故高指鹿爲馬，非高能愚二世也。今陛下聰明，朝廷官不滿百，起居動靜，陛下皆知之，敢有作威福者，族滅之而已。」鏻慚，賜與金帛慰安之。退而謂人曰：「仁達智略，在吾世可用，不可遺後世患。」卒誣以罪殺之。

鏻妻早卒，繼室金氏賢而不見答。審知婢金鳳，姓陳氏，鏻嬖之，遂立以爲后。初，鏻有嬖吏歸守明者，以色見倖，號歸郎，鏻後得風疾，陳氏與歸郎姦。又有百工院使李可殷，因歸郎以通陳氏。鏻命錦工作九龍帳，國人歌曰：「誰謂九龍帳，惟貯一歸郎？」

鏻婢春燕有色，其子繼鵬烝之，鏻已病，繼鵬因陳氏以求春燕，鏻怏怏與之。其次子繼韜怒，謀殺繼鵬，繼鵬懼，與皇城使李倣圖之。是歲十月，鏻饗軍于大酺殿，坐中昏然，言見

延稟來，倣以爲鏻病已甚，乃令壯士先殺李可殷于家。明日晨朝，鏻無恙，問倣殺可殷何罪，倣懼而出，與繼鵬率皇城衞士而入。鏻聞鼓譟聲，走匿九龍帳中，衞士刺之不殂，宮人不忍其苦，爲絕之。繼韜及陳后、歸郎皆爲倣所殺。鏻立十年見殺，謚曰惠皇帝，廟號太宗。

繼鵬，鏻長子也。旣立，更名昶，改元通文，以李倣判六軍諸衞事。昶患之，因大享軍，伏甲擒倣殺之，梟其首于市。倣部曲千人叛，燒啓聖門，奪倣首，奔於錢塘。

晉天福二年，昶遣使朝貢京師，高祖遣散騎常侍盧損册昶閩王，拜其子繼恭臨海郡王〔三〕。損至閩，昶稱疾不見，命繼恭主之。又遣中書舍人劉乙勞損于館，乙衣冠偉然，騶僮甚盛。佗日損遇乙于塗，布衣芒屩而已，損使人誚之曰：「鳳閣舍人，何偪下之甚也！」乙羞媿，以手掩面而走。昶聞之，怒損侵辱之，損還，昶無所答。而其子繼恭遣其佐鄭元弼隨損至京師貢方物，致書晉大臣，述昶意求以敵國禮相往來，高祖怒其不遜，下詔暴其罪，歸其貢物不納。兵部員外郎李知損上書請籍沒其物而禁錮使者，於是以元弼下獄。獄具引見，元弼俯伏曰：「昶，夷貊之君，不知禮義，陛下方示大信，以來遠人，臣將命無狀，願伏斧鑕，以贖昶罪。」高祖乃赦元弼，遣歸。

昶亦好巫，拜道士譚紫霄爲正一先生，又拜陳守元爲天師，而妖人林興以巫見幸，事無大小，興輒以寶皇語命之而後行。守元教昶起三清臺三層，以黃金數千斤鑄寶皇及元始天尊、太上老君像，日焚龍腦、薰陸諸香數斤，作樂于臺下，晝夜聲不輟，云如此可求大還丹。三年夏，虹見其宮中，林興傳神言：「此宗室將爲亂之兆也。」乃命興率壯士殺審知子延武、延望及其子五人。後興事敗，亦被殺。而昶愈惑亂，立父婢春燕爲淑妃，後立以爲皇后。又遣醫人陳究以空名堂牒賣官。

昶弟繼嚴判六軍諸衞事，昶疑而罷之，代以季弟繼鏞，而募勇士爲宸衞都以自衞，其賜予給賞，獨厚於佗軍。控鶴都將連重遇、拱宸都將朱文進，皆以此怒激其軍。是歲夏，術者言昶宮中當有災，昶徙南宮避災，而宮中火，昶疑重遇軍士縱火。內學士陳郯素以便佞爲昶所親信，昶以火事語之，郯反以告重遇。重遇懼，夜率衞士縱火焚南宮，昶挾愛姬、子弟、黃門衞士斬關而出，宿于野次。延羲令其子繼業率兵襲昶〔四〕，及之，射殺數人，昶知不免，擲弓于地，繼業執而殺之，及其妻、子皆死無遺類。延羲立，謚昶曰康宗。

延羲，審知少子也。旣立，更名曦，遣使者朝貢于晉，改元永隆。鑄大鐵錢，以一當十。

曦自昶世佯瘖難制，昶相王倓每抑折之，曦亦憚倓，不敢有所發。新羅遣使聘閩以寶劍，昶舉以示倓曰：「此將何爲？」倓曰：「不忠不孝者，斬之。」曦居旁色變。曦旣立，而新羅復獻劍，曦思倓前言，而倓已死，命發冢戮其尸，倓面如生，血流被體。

泉州刺史余廷英嘗矯曦命掠取良家子，曦怒，召下御史劾之。廷英進買宴錢千萬，曦曰：「皇后土貢何在？」廷英又獻皇后錢千萬，乃得不劾。曦嘗嫁女，朝士有不賀者笞之。御史中丞劉贊坐不糾舉，將加笞，諫議大夫鄭元弼切諫，曦謂元弼曰：「卿何如魏鄭公，乃敢彊諫！」元弼曰：「陛下似唐太宗，臣爲魏鄭公可矣。」曦喜，乃釋贊不笞。

曦弟延政爲建州節度使，封富沙王，自曦立，不叶，數舉兵相攻，曦由此惡其宗室，多以事誅之。諫議大夫黃峻舁櫬詣朝堂極諫，曦怒，貶峻漳州司戶參軍。校書郎陳光逸上書疏曦過惡五十餘事，曦命衞士鞭之百而不死，以繩係頸，掛于木，久而乃絕。國計使陳匡範增算商之法以獻，曦曰：「匡範，人中寶也。」已而歲入不登其數，乃借於民以足之，匡範以憂死。其後知其借於民也，剖棺斷尸，棄之水中。

曦性旣淫虐，而妻李氏悍而酗酒，賢妃尙氏有色而寵。李仁遇曦甥也，以色嬖之，用以爲相。曦常爲牛飲，羣臣侍酒，醉而不勝，有訴及私棄酒者輒殺之。諸子繼柔棄酒，并殺其贊者一人。連重遇殺昶，懼爲國人所討，與朱文進連姻以自固。曦心疑之，常以語誚重遇等，重

遇等流涕自辨。李氏妬尙妃之寵，欲圖曦而立其子亞澄，乃使人謂重遇等曰：「上心不平於二公，奈何？」重遇等懼。六年三月，曦出遊，醉歸，重遇等遣壯士拉於馬上而殺之，謚曰景宗。

延政，審知子也。曦立，爲淫虐，延政數貽書諫之。曦怒，遣杜建崇監其軍，延政逐之，曦乃舉兵攻延政，爲延政所敗。延政乃以建州建國稱殷，改元天德。

明年，連重遇已殺曦，集閩羣臣告曰：「昔太祖武皇帝親冒矢石，遂啓有閩，及其子孫，淫虐不道。今天厭王氏，百姓與能，當求有德，以安此土。」羣臣皆莫敢議，乃掖朱文進升殿，率百官北面而臣之。文進以重遇判六軍諸衞事，王氏子弟在福州者無少長皆殺之。以黃紹頗守泉州，程贇守漳州，許文縝守汀州，稱晉年號，時開運元年也。泉州軍將留從効詐其州人曰：「富沙王兵收福州矣，吾屬世爲王氏臣，安能交臂而事賊乎？」州人共殺紹頗，迎王繼勳爲刺史，漳州聞之，亦殺贇，迎王繼成爲刺史，皆王氏之諸子也。文縝懼，以汀州降于延政。延政已得三州，重遇亦殺文進，傳首建州以自歸。福州裨將林仁翰又殺重遇，謀迎延政都福州。

是時，南唐李景聞閩亂，發兵攻之，延政遣其從子繼昌守福州，而南唐兵方急攻延政，福州將李仁達謂其徒曰：「唐兵攻建州，富沙王不能自保，其能有此土也？」乃擒繼昌殺之。

欲自立，懼衆不附，以雪峯寺僧卓儼明示衆曰：「此非常人也。」被以袞冕，率諸將吏北面而臣之。已而又殺儼明，乃自立，送款于李景，景以仁達爲威武軍節度使，更其名曰弘義。而景兵攻破建州，遷延政族於金陵，封鄱陽王。是歲，景保大四年也。

留從効聞延政降唐，執王繼勳送于金陵，李景以泉州爲清源軍，以從効爲節度使。景已破延政，遣人召李仁達入朝，仁達不從，遂降于吳越。而留從効亦逐景守兵，據泉、漳二州，景猶封從効晉江王。周世宗時，從効遣牙將蔡仲興爲商人，間道至京師，求置邸內屬。是時，世宗與李景畫江爲界，遂不納，從効仍臣于南唐。其後事具國史㊀。

㊀晉開運三年丙午，南唐保大四年也。是歲，李景兵破建州，王氏滅。江南錄云：「保大三年，虜王氏之族，遷于金陵。」謬也。據王潮實以唐景福元年入福州，拜觀察使，而後人紀錄者，乃用「騎馬來，騎馬去」之讖以爲據，遂以王潮光啓二年歲在丙午拜泉州刺史爲始年，至保大四年，歲復在丙午而滅，故爲六十一年。然其奄有閩國，則當自景福元年爲始，實五十五年也。今諸家記其國滅丙午是也。其始年則牽於讖書，繆矣。惟江南錄又差其末年也。

校勘記

〔一〕吳英 通鑑卷二七八及十國春秋卷九一閩惠宗紀作「吳勗」。

〔二〕子繼恭 通鑑卷二八一及十國春秋卷九一閩康宗紀俱云繼恭爲繼鵬弟。

〔三〕子繼業 通鑑卷二八二云繼業爲延羲兄子，十國春秋卷九一閩康宗紀稱繼業爲延羲從子。

新五代史卷六十九

南平世家第九

高季興 子從誨 從誨子保融 保勗 保融子繼冲

高季興字貽孫，陝州硤石人也。本名季昌，避後唐獻祖廟諱，更名季興。季興少爲汴州富人李讓家僮。梁太祖初鎮宣武，讓以入貲得幸，養爲子，易其姓名曰朱友讓。季興以友讓故得進見，太祖奇其材，命友讓以子畜之，因冒姓朱氏，補制勝軍使，遷毅勇指揮使。天復二年，梁兵攻鳳翔，李茂貞堅壁不出，太祖議欲收軍還河中，季興獨進曰：「天下豪傑窺此舉者一歲矣，今岐人已憊，破在旦夕，而大王之所慮者，閉壁以老我師，此可以誘致之也。」太祖壯其言，命季興募勇敢士，得騎士馬景，季興授以計，引見太祖。景曰：「此行無還理，願錄其後嗣。」太祖惻然止之，景固請，乃行。景以數騎馳叩城門告曰：「梁兵將東，前鋒去矣。」岐人以爲然，開門出追梁軍，梁兵隨景後以進，殺其九千餘人，景死之。茂貞後與

梁和，昭宗出，贈景官，謚曰忠壯。季興由是知名。明年，拜宋州刺史。從破青州，徙潁州防禦使，復姓高氏。

當唐之末，襄州趙匡凝襲破雷彥恭于荆南，以其弟匡明爲留後。梁兵攻破襄州，匡凝奔于吳，匡明奔于蜀，乃以季興爲荆南節度觀察留後。開平元年，拜季興節度使。二年，加同中書門下平章事。荆南節度十州，當唐之末，爲諸道所侵，季興始至，江陵一城而已，兵火之後，井邑凋零。季興招緝綏撫，人士歸之，乃以倪可福、鮑唐爲將帥，梁震、司空薰、王保義等爲賓客。

太祖崩，季興見梁日以衰弱，乃謀阻兵自固，治城隍，設樓櫓。以兵攻歸、峽，爲蜀將王宗壽所敗。又發兵聲言助梁擊晉，以侵襄州，爲孔勍所敗，乃絕貢賦累年。梁末帝優容之，封季興渤海王，賜以袞冕劍佩。貞明三年，始復脩貢。

梁亡，唐莊宗入洛，下詔慰諭季興，司空薰等皆勸季興入朝京師，梁震以爲不可，曰：「梁、唐世爲仇敵，夾河血戰垂二十年，今主上新滅梁，而大王梁室故臣，握彊兵，居重鎭，以身入朝，行爲虜爾。」季興不聽，留其二子，以騎士三百爲衞，朝于洛陽。莊宗果欲留之，郭崇韜諫曰：「唐新滅梁得天下，方以大信示人，今四方諸侯相繼入貢，不過遣子弟將吏，而季興以身述職，爲諸侯率，宜加恩禮，以諷動來者。而反縻之，示天下以不廣，且絕四方內向

之意，不可。」莊宗乃止，厚禮而遣之。莊宗嘗問季興曰：「吾已滅梁，欲征吳、蜀，何者爲先？」季興曰：「宜先蜀，臣請以本道兵先進。」莊宗大悅，以手拊其背，季興因命工繡其手迹於衣，歸以爲榮耀。季興已去，莊宗心悔遣之，密詔襄州劉訓圖之。季興行至襄州，心動，夜斬關而出。已去，而詔書夜至。季興歸而謂梁震曰：「不聽子言，幾不免。」因曰：「吾行有二失：來朝一失，放還一失。且主上百戰以取河南，對功臣誇手抄春秋；又曰：『我於手指上得天下。』其自矜伐如此。而荒于遊畋，政事多廢，吾可無慮矣。」同光三年，封南平王。魏王繼岌已破蜀，得蜀金帛四十餘萬，自峽而下，而莊宗之難作。季興聞京師有變，乃悉邀留蜀物，而殺其使者韓珙等十餘人。

初，唐兵伐蜀，季興請以本道兵自取夔、忠、萬、歸、峽等州，乃以季興爲峽路東南面招討使，而季興未嘗出兵。魏王已破蜀，而明宗入立，季興因請夔、忠等州爲屬郡，唐大臣以爲季興請自取之，而兵出無功，不與。季興屢請，雖不得已而與之，而唐猶自除刺史，季興拒而不納。明宗乃以襄州劉訓爲招討使，攻之，不克，而唐別將西方鄴克其夔、忠、萬三州，季興遂以荆、歸、峽三州臣于吳，吳册季興秦王。

天成三年冬卒，年七十一，謚曰武信。季興子九人，長子從誨立。

從誨字遵聖。季興時，入梁爲供奉官，累遷鞍轡庫使，賜告歸寧，季興遂留爲馬步軍都指揮使、行軍司馬。季興卒，吳以從誨爲荆南節度使。從誨以父自絕于唐，懼復見討，乃遣使者聘于楚，楚王馬殷爲之請命于唐，而從誨亦遣押衙劉知謙奉表自歸，進贖罪銀三千兩，明宗納之。長興元年正月，拜從誨節度使，追封季興楚王，謚曰武信。三年，封從誨渤海王。應順元年，封南平王。

從誨爲人明敏，多權詐。晉高祖遣翰林學士陶穀爲從誨生辰國信使，從誨宴穀望沙樓，大陳戰艦于樓下，謂穀曰：「吳、蜀不賓久矣，願脩武備，習水戰，以待師期。」穀還，具道其語，晉高祖大喜，復遣使賜以甲馬百匹。襄州安從進反，結從誨爲援，從誨外爲拒絕，陰與之通。晉師致討，從誨遣將李端以舟師爲應，從進誅，從誨求郢州爲屬郡，高祖不許。

契丹滅晉，漢高祖起太原，從誨遣人間道奉表勸進，且言漢得天下，願乞郢州爲屬，漢高祖陽諾之。高祖入汴，從誨遣使朝貢，因求郢州，高祖不與。從誨怒，發兵攻郢州，爲刺史尹實所敗。漢遣國子祭酒田敏使于楚，假道荆南，從誨問敏中國虛實，以爲契丹之後，兵食皆殫，意欲以誚敏，敏爲言：「杜重威悉以晉戈甲降虜，虜置之鎮州，未嘗以北，而晉兵皆漢有也。」從誨不悅。敏以印本五經遺從誨，從誨謝曰：「予之所識不過孝經十八章爾。」敏曰：「至德要道，於此足矣。」敏因誦諸侯章曰：「在上不驕，高而不危，制節謹度，滿而不溢。」從誨以爲譏己，卽以大卮罰敏。

荆南地狹兵弱，介於吳、楚爲小國。自吳稱帝，而南漢、閩、楚皆奉梁正朔，歲時貢奉，皆假道荆南。季興、從誨常邀留其使者，掠取其物，而諸道以書責誚，或發兵加討，卽復還之而無媿。其後南漢與閩、蜀皆稱帝，從誨所嚮稱臣，蓋利其賜予。俚俗語謂奪攘苟得無媿恥者爲賴子，猶言無賴也，故諸國皆目爲「高賴子」。

從誨自求郢州不得，遂自絕於漢。逾年，復通朝貢。乾祐元年十月卒，年五十八，贈尚書令，謚曰文獻。子保融立。從誨十五子，長曰保勳，次保正，保融第三子也，不知其得立之因。

保融字德長。從誨時，爲節度副使，兼峽州刺史。從誨卒，拜節度使。廣順元年，封渤海郡王。顯德元年，進封南平王。世宗征淮，保融遣指揮使魏璘率兵三千，出夏口以爲應。又遣客將劉扶奉牋南唐，勸其內附。李景稱臣，世宗得保融所與牋，大喜，賜以絹百匹。荆南自後唐以來，常數歲一貢京師，而中間兩絕。及世宗時，無歲不貢矣。保融以謂器械金帛，皆土地常產，不足以効誠節，乃遣其弟保紳來朝，世宗益嘉之。

初，季興之鎭，梁以兵五千爲牙兵，衣食皆給於梁。至明宗時，歲給以鹽萬三千石，後

不復給。及世宗平淮，故命泰州給之。

保融性迂緩，無材能，而事無大小，皆委其弟保勗。其從叔從義謀爲亂，爲其徒高知訓所告，徙之松滋而殺之。宋興，保融懼，一歲之間三入貢。建隆元年，以疾卒，年四十一，贈太尉，謚曰貞懿。弟保勗立。

保勗字省躬，從誨第十子也。保融卒，拜節度使。三年，保勗疾，謂其將梁延嗣曰：「我疾遂不起，兄弟孰可付之後事者？」延嗣曰：「公不念貞懿王乎？先王寢疾，以軍府付公，今先王子繼冲長矣。」保勗曰：「子言是也。」卽以繼冲判內外兵馬。十一月，保勗卒，年三十九，贈侍中。保融之子繼冲立。

繼冲字成和。保勗卒，拜節度使。

湖南周行逢卒，子保權立，其將張文表作亂，建隆四年，太祖命慕容延釗等討之。延釗假道荆南，約以兵過城外。繼冲大將李景威曰：「兵尚權譎，城外之約，不可信也。宜嚴兵以待之！」判官孫光憲叱之曰：「汝峽江一民爾，安識成敗！且中國自周世宗時，已有混一天下之志，況聖宋受命，眞主出邪！王師豈易當也！」因勸繼冲去斥候，封府庫以待，繼冲

以爲然。景威出而歎曰：「吾言不用，大事去矣，何用生爲！」因扼吭而死。延釗軍至，繼冲出逆于郊，而前鋒遂入其城。繼冲亟歸，見旌旗甲馬，布列衢巷，大懼，卽詣延釗納牌印，太祖優詔復命繼冲爲節度使。

乾德元年，有事于南郊，繼冲上書願陪祠。九月，具文告三廟，率其將吏、宗族五百餘人朝于京師，拜武寧軍節度使以卒。光憲拜黄州刺史，其後事具國史㊀。

㊀季興興滅年世甚明，諸書皆同，蓋自梁開平元年鎭荆南，至皇朝乾德元年國除，凡五十七年。

新五代史卷七十

東漢世家第十

劉旻　子承鈞　承鈞子繼恩　繼元

劉旻，漢高祖母弟也。初名崇，爲人美鬚髯，目重瞳子。少無賴，嗜酒好博，嘗黥爲卒。高祖事晉爲河東節度使，以旻爲都指揮使。高祖卽帝位，以爲太原尹、北京留守、同中書門下平章事。隱帝時，累加中書令。

隱帝少，政在大臣，周太祖爲樞密使，新討三叛，立大功，而與旻素有隙，旻頗不自安，謂判官鄭珙曰：「主上幼弱，政在權臣，而吾與郭公不叶，時事如何？」珙曰：「漢政將亂矣！晉陽兵雄天下，而地形險固，十州征賦足以自給。公爲宗室，不以此時爲計，後必爲人所制。」旻曰：「子言，乃吾意也。」乃罷上供征賦，收豪傑，籍丁民以益兵。三年，周太祖起魏，隱帝遇弑，旻乃謀舉兵。

周太祖之自魏入也，反狀已白，而漢大臣不卽推尊之，故未敢卽立，乃白漢太后，立旻子贇爲漢嗣，遣宰相馮道迎贇于徐州。當是時，人皆知太祖之非實意也，旻獨喜曰：「吾兒爲帝矣，何患！」乃罷兵，遣人至京師。周太祖少賤，黥其頸上爲飛雀，世謂之郭雀兒。太祖見旻使者，具道所以立贇之意，因自指其頸以示使者曰：「自古豈有雕靑天子？幸公無以我爲疑。」旻喜，益信以爲然。太原少尹李驤曰：「郭公擧兵犯順，其勢不能爲漢臣，必不爲劉氏立後。」因勸旻以兵下太行，控孟津以俟變，庶幾贇得立，贇立而罷兵可也。旻大罵曰：「驤腐儒，欲離間我父子！」命左右牽出斬之。驤臨刑歎曰：「吾爲愚人畫計，死誠宜矣！然吾妻病，不可獨存，願與之俱死。」旻聞之，卽幷戮其妻于市，以其事白漢，以明無佗。已而周太祖果代漢，降封贇湘陰公。旻遣牙將李晉奉書周太祖，求贇歸太原，而贇已死。旻慟哭，爲李驤立祠，歲時祠之。

乃以周廣順元年正月戊寅卽皇帝位于太原，以子承鈞爲太原尹，判官鄭珙、趙華爲宰相，都押衙陳光裕爲宣徽使，遣通事舍人李𧦬間行使于契丹。契丹永康王兀欲與旻約爲父子之國，旻乃遣宰相鄭珙致書兀欲，稱姪皇帝，以叔父事之而已。兀欲遣燕王述軋、政事令高勳以册尊旻爲大漢神武皇帝，幷册旻妻爲皇后。兀欲性豪儁，漢使者至，輒以酒肉困之；珙素有疾，兀欲彊之飲，一夕而以醉卒。然兀欲聞旻自立，頗幸中國多故，乃遣其貴臣述軏、高勳以自愛黃騮、九龍十二稻玉帶報聘。

已而兀欲爲述軋所弒，述律代立。旻遣樞密直學士王得中聘于述律，求兵以攻周。述律遣蕭禹厥率兵五萬助旻。旻出陰地攻晉州，爲王峻所敗。是歲大寒，旻軍凍餒，亡失過半。明年，又攻府州，爲折德扆所敗，德扆因取岢嵐軍。

周太祖崩，旻聞之喜，遣使乞兵于契丹。契丹遣楊衮將鐵馬萬騎及奚諸部兵五六萬人號稱十萬以助旻。旻以張元徽爲先鋒，自將騎兵三萬攻潞州。潞州李筠遣穆令鈞以步騎三千拒元徽于太平驛，元徽擊敗之，遂圍潞州。

是時，世宗新卽位，以謂旻幸周有大喪，而天子新立，必不能出兵，宜自將以擊其不意。自宰相馮道等多言不可，世宗意甚銳。顯德元年三月親征，甲午，戰于高平，李重進、白重贊將左，樊愛能、何徽將右，向訓、史彥超居中軍，張永德以禁兵衞蹕。旻亦列爲三陣，張元徽居東偏，楊衮居西偏，旻居其中。衮望周師謂旻曰：「勍敵也，未可輕動！」旻奮髯曰：「時不可失，無妄言也！」衮怒而去。旻號令東偏先進，王得中叩馬諫曰：「南風甚急，非北軍之利也，宜少待之。」旻怒曰：「老措大，毋妄沮吾軍！」卽麾元徽，元徽擊周右軍，兵始交，愛能、徽退走，其騎軍亂，步卒數千棄甲叛降元徽，呼萬歲聲振川谷。世宗大駭，躬督戰士，士皆奮命爭先，而風勢愈盛，旻自麾赤幟收軍，軍不可遏，旻遂敗。日暮，旻收餘兵萬人阻澗而止。

是時，周之後軍，劉詞將之，在後未至，而世宗銳於速戰，戰已勝，詞軍繼至，因乘勝追擊之，旻又大敗，輜重器甲、乘輿服御物皆爲周師所獲。旻獨乘契丹黃騮，自鵰窠嶺間道馳去，夜失道山谷間，得村民爲鄉導，誤趨平陽，得佗道以歸，而張元徽戰歿于陣。楊衮怒旻，按兵西偏不戰，故獨全軍而返。旻歸，爲黃騮治廄，飾以金銀，食以三品料，號「自在將軍」。

世宗休軍潞州，大宴將士，斬敗將樊愛能、何徽等七十餘人，軍威大振。進攻太原，遣符彥卿、史彥超北控忻口，以斷契丹援路。太原城方四十里，周師去城三百步，圍之匝，自四月至於六月，攻之不克，而彥卿等爲契丹所敗，彥超戰歿，世宗遽班師。

初，周師圍城也，旻遣王得中送楊衮以歸，因乞援兵於契丹，契丹發數萬騎助旻，遣得中先還。至代州，代州將桑珪殺防禦使鄭處謙，以城降周，并送得中于周。世宗召問得中虜助兵多少，得中言送衮歸，無所求也，世宗信之。已而契丹敗符彥卿於忻口，得中遂見殺。

旻自敗於高平，已而被圍，以憂得疾，明年十一月卒，年六十，子承鈞立。

承鈞，旻次子也。少頗好學，工書。旻卒，承鈞遣人奉表契丹，自稱男。述律答之以

詔，呼承鈞爲兒，許其嗣位。初，旻常謂張元徽等曰：「吾以高祖之業，贇之冤，義不爲郭公屈爾，期與公等勉力以復家國之讎。至於稱帝一方，豈獲已也，顧我是何天子，爾亦是何節度使？」故其僭號仍稱乾祐，不改元，不立宗廟，四時之祭，用家人禮。承鈞旣立，始赦境內，改乾祐十年曰天會元年，立七廟於顯聖宮。

契丹遣高勳助承鈞，承鈞遣李存瓌與勳攻上黨，無所得而還。明年，世宗北伐契丹，下三關，契丹使來告急，承鈞將發兵，而世宗班師，乃已。

宋興，昭義節度使李筠叛命，遣其將劉繼冲、判官孫孚奉表稱臣，執其監軍周光遜、李廷玉送于太原，乞兵爲援。承鈞欲謀於契丹，繼冲道筠意，請無用契丹兵。承鈞卽率其國兵自將出團柏谷，羣臣餞之汾水。僕射趙華曰：「李筠舉事輕易，陛下不圖成敗，空國興師，臣實憂之。」承鈞至太平驛，封筠隴西郡王。筠見承鈞儀衞不備，非如王者，悔臣之，筠因自陳受周氏恩，不忍背德。而承鈞與周世仇也，聞筠言亦不悅。遣宣徽使盧贊監其軍，筠心益不平，與贊多不叶，承鈞遣宰相衞融和解之。

已而筠敗死，衞融被執至京師，太祖皇帝問融承鈞所以助筠反狀，融言不遜，太祖命以鐵檛擊其首，流血被面，融呼曰：「臣得死所矣！」太祖顧左右曰：「此忠臣也。」釋之，命以良藥傅其瘡。遣融致書于承鈞，求周光遜等，約亦歸融太原，承鈞不報，融遂留京師。承鈞

謂趙華曰：「不聽公言，幾至於敗。然失衞融、盧贊，吾以爲恨爾。」

承鈞由此益重儒者，以抱腹山人郭無爲參議國政。無爲，棣州人，方頤鳥喙，好學多聞，善談辯。嘗衣褐爲道士，居武當山。周太祖討李守貞于河中，無爲詣軍門上謁，詢以當世之務，太祖奇之。或謂太祖曰：「公爲漢大臣，握重兵居外，而延縱橫之士，非所以防微慮遠之道也。」由是太祖不納，無爲去，隱抱腹山。承鈞內樞密使段常識之，薦其材，承鈞以諫議大夫召之，遂以爲相。五年，宿衞殿直行首王隱、劉紹、趙鸞等謀作亂，事覺被誅，其詞連段常，乃罷常樞密爲汾州刺史，縊殺之。

自旻世凡舉事必稟契丹，而承鈞之立多略。契丹遣使者責承鈞改元、援李筠、殺段常不以告，承鈞惶恐謝罪。使者至契丹輒見留，承鈞奉之愈謹，而契丹待承鈞益薄。承鈞自李筠敗而失契丹之援，無復南侵之意。地狹產薄，以歲輸契丹，故國用日削，乃拜五臺山僧繼顒爲鴻臚卿。

繼顒，故燕王劉守光之子，守光之死，以孽子得不殺，削髮爲浮圖，後居五臺山，爲人多智，善商財利，自旻世頗以賴之。繼顒能講華嚴經，四方供施，多積畜以佐國用。五臺當契丹界上，繼顒常得其馬以獻，號「添都馬」，歲率數百匹。又於柏谷置銀冶，募民鑿山取鑛，烹銀以輸，劉氏仰以足用，卽其冶建寶興軍。繼顒後累官至太師、中書令，以老病卒，追封

定王。

太祖皇帝嘗因界上諜者謂承鈞曰：「君家與周氏爲世讎，宜其不屈，今我與爾無所間，何爲困此一方之人也？若有志於中國，宜下太行以決勝負。」承鈞遣諜者復命曰：「河東土地兵甲，不足以當中國之十一；然承鈞家世非叛者，區區守此，蓋懼漢氏之不血食也。」太祖哀其言，笑謂諜者曰：「爲我語承鈞，開爾一路以爲生。」故終其世不加兵。

承鈞立十三年病卒，其養子繼恩立。

繼恩本姓薛氏，父釗爲卒，旻以女妻之，生繼恩。漢高祖以釗壻也，除其軍籍，置之門下。釗無材能，高祖衣食之而無所用。妻以旻女常居中，釗罕得見，釗常快快，因醉拔佩刀刺之，傷而不死，釗即自裁。旻女後適何氏，生子繼元，而何氏及旻女皆卒。旻以其子承鈞無子，乃以二子命承鈞養爲子。

承鈞立，以繼恩爲太原尹。承鈞嘗謂郭無爲曰：「繼恩純孝，然非濟世之才，恐不能了我家事。」無爲不對。承鈞病臥勤政閣，召無爲，執手以後事付之。

承鈞卒，繼恩告哀於契丹而後立。繼恩服縗裳視事，寢處皆居勤政閣，而承鈞故執事百司宿衞者皆在太原府廨。九月，繼恩置酒會諸大臣宗子，飲罷，臥閣中。供奉官侯霸榮

率十餘人挺刃入閣，閉戶而殺之。郭無爲遣人以梯登屋入，殺霸榮并其黨。

初，承鈞之語郭無爲也，繼恩怨無爲不助己，及立，欲逐之而未果，故霸榮之亂，人皆以謂無爲之謀，霸榮死，口滅而無知者。無爲迎繼元而立之。

繼元爲人忍。旻子十餘人，皆無可稱者。當繼元時，有鎬、鍇、錡、錫、銑，於繼元爲諸父，皆爲繼元所殺，獨銑以佯愚獲免。承鈞妻郭氏，繼元兄弟自少母之。繼元妻段氏，嘗以小過爲郭氏所責，既而以它疾而卒，繼元疑其殺之。及立，遣嬖者范超圖殺郭氏，郭氏方縗服哭承鈞于柩前，超執而縊殺之，於是劉氏之子孫無遺類矣。

繼元立，改元曰廣運。王師北征，繼元閉城拒守，太祖皇帝以詔書招繼元出降，許以平盧軍節度使，郭無爲安國軍節度使。無爲捧詔色動，而并人及繼元左右皆欲堅守以拒命。無爲仰天慟哭，拔佩刀欲自裁，爲左右所持。繼元自下執其手，延之上坐，無爲曰：「柰何以孤城拒百萬之王師？」蓋欲搖動并人，而并人守意益堅。宦者衞德貴察無爲有異志，以告繼元，繼元遣人縊殺之。

初，太祖皇帝命引汾水浸其城，水自城門入，而有積草自城中飄出塞之。是時，王師頓兵甘草地中，會歲暑雨，軍士多疾，乃班師。王師已去，繼元決城下水注之臺駘澤，水已落而城多摧圮。契丹使者韓知璠時在太原，歎曰：「王師之引水浸城也，知其一而不知其二，若先浸而後涸，則并人無類矣！」

太平興國四年，王師復北征，繼元窮窘，而并人猶欲堅守。其樞密副使馬峯老疾居于家，舁入見繼元，流涕以興亡諭之，繼元乃降。太宗皇帝御城北高臺受降，以繼元爲右衞上將軍，封彭城公。其後事具國史㊀。

㊀旻年世興滅，諸書皆同，自周廣順元年建號，至皇朝太平興國四年滅，凡二十八年，餘具年譜注。

新五代史卷七十一

十國世家年譜第十一

嗚呼，堯、舜盛矣！三代之王，功有餘而德不足，故皆更始以自新，由是改正朔矣，至於後世，遂名年以建元。及僭竊交興，而稱號紛雜，則不可以不別也。五代十國，稱帝改元者七。吳越、荆、楚，常行中國年號。然予聞於故老，謂吳越亦嘗稱帝改元，而求其事迹不可得，頗疑吳越後自諱之。及旁采閩、楚、南漢諸國之書，與吳越往來者多矣，皆無稱帝之事。獨得其封落星石爲寶石山制書，稱寶正六年辛卯，則知其嘗改元矣。辛卯，長興二年，乃鏐之末世也，然不見其終始所因，故不得而備列。錢氏訖五代，嘗外尊中國，豈其張軌之比乎。十國皆非中國有也，其稱帝改元與不，未足較其得失，故並列之。作十國世家年譜。

		晉	吳	蜀	南漢	楚	吳越	閩	南平
丁卯	梁太祖 開平元年	李克用 天祐四年	楊渥 天祐四年	王建 天復七年 是歲，即位。	劉隱 開平	馬殷 開平	錢鏐 開平	王審知 開平	高季興 開平
戊辰	二	五 正月，克用卒，子存勗立。	五 是歲，隆演立。	武成					
己巳	三	六	六	二					
庚午	四	七	七	三					
辛未	乾化元年	八	八	永平	乾化 是歲，龑立。	乾化		乾化	乾化
壬申	二	九	九	二					
癸酉	三 末帝二月即位。	十	十	三					

甲戌	四	十一	十一	四					
乙亥	貞明元年	十二	十二	五	貞明	貞明		貞明	貞明
丙子	二	十三	十三	通正					
丁丑	三	十四	十四	天漢	乾亨 是歲，龑僭帝號，改元。				
戊寅	四	十五	十五	光天 是歲，衍立。	二				
己卯	五	十六	武義 是歲，吳王稱制，改元。	乾德	三				
庚辰	六	十七	二 是歲，溥立。	二	四				
辛巳	龍德元年	十八	順義	三	五	龍德		龍德	龍德

壬午	二	十九	二	四	六				
癸未	唐莊宗 同光元年	是歲，四月改元同光。	三	五	七	同光		同光	同光
甲申	二		四	六	八				
乙酉	三		五	咸康 是歲，蜀亡。	白龍			是歲，延翰立。	
丙戌	明宗 天成元年		六		二	天成	寶正	天成 是歲，鏻立。	天成
丁亥	二		乾貞 是歲，溥僭帝號，改元。		三		二		
戊子	三		二		大有		三		是歲，從誨立。
己丑	四		大和		二		四		
庚寅	長興元年		二		三	長興 是歲，希聲立。	五	長興	長興

辛卯	二		三		四		六 錢氏唯見一號六年,其餘皆闕不見。		
壬辰	三		四		五	是歲,希範立。	是歲,元瓘立。		
癸巳	四 十二月,愍帝即位。		五		六			龍啓	
甲午	應順元年 廢帝清泰元年		六	後蜀明德 孟知祥立。是歲,卒。昶立。	七	應順 清泰		二	應順 清泰
乙未	二		天祚	二	八			永和 是歲,昶立。	
丙申	晉高祖天福元年		二	三	九	天福		通文	天福

丁酉	二		南唐昪元 是歲,李昪立。	四	十			二	
戊戌	三		二	廣政	十一			三	
己亥	四		三	二	十二			永隆 是歲,曦立。	
庚子	五		四	三	十三			二	
辛丑	六		五	四	十四		是歲,佐立。	三	
壬寅	七 出帝六月即位。		六	五	光天 是歲,玢立。			四	
癸卯	八		保大 是歲,景立。	六	應乾 乾和 是歲,晟立。			五 是歲,延政以建州稱殷,改元天德。	

甲辰	開運元年		二	七	二	開運		六 是歲,曦亡。天德二	開運
乙巳	二		三	八	三			天德三	
丙午	三		四	九	四			四 是歲,延政爲南唐所虜,王氏滅。	
丁未	漢高祖天福十二年		五	十	五	是歲,希廣立。	是歲,倧立,見廢。		
戊申	乾祐元年 隱帝二月即位。		六	十一	六	乾祐	是歲,俶立。		乾祐 是歲,保融立。
己酉	二		七	十二	七				

庚戌	三		八	十三	八	是歲,希蕚立。			
辛亥	周太祖廣順元年	乾祐四年 東漢劉旻立。	九	十四	九	廣順 是歲,希蕚遷于金陵,馬氏絕。			廣順
壬子	二	五	十	十五	十				
癸丑	三	六	十一	十六	十一	是歲,劉言立,見殺。王進逵立。			
甲寅	顯德元年 世宗正月即位。	七 是歲,承鈞立。	十二	十七	十二	顯德			顯德
乙卯	二	八	十三	十八	十三				
丙辰	三	九	十四	十九	十四	是歲,周行逢立。			

丁巳	四	天會	十五	二十	十五			
戊午	五	二	交泰 顯德	二十一	大寶 是歲，鋹立。			
己未	六 恭帝六月卽位。明年正月遜位。	三		二十二	二			

或問：十國固非中國有也，然猶命以封爵，而稱中國年號來朝貢者，亦有之矣，本紀之不書，何也？曰：封爵之不書，所以見其非中國有也。其朝貢之來如夷狄，以夷狄書之則甚矣。問者曰：四夷、十國，皆非中國之有也，四夷之封爵朝貢則書，而十國之不書何也？曰：以中國而視夷狄，夷狄之可也。以五代之君而視十國，夷狄之則未可也。故十國之封爵、朝貢，不如夷狄，則無以書之。書如夷狄，則五代之君未可以夷狄之也。是以外而不書，見其自絕於中國焉爾。問者曰：外而不書，則東漢之立何以書？曰：吾於東漢，常異其辭於九國也。春秋因亂世而立治法，本紀以治法而正亂君。世亂則疑難之事多，正疑處難，敢不愼

也？周、漢之事，可謂難矣哉！或謂：劉旻嘗致書于周，求其子贇不得而後自立，然則旻之志不以忘漢爲讎〔一〕，而以失子爲讎也。曰：漢嘗詔立贇爲嗣，則贇爲漢之國君，不獨爲旻子也。旻之大義，宜不爲周屈，其立雖未必是，而義當不屈于周，此其可以異乎九國矣。終旻之世，猶稱乾祐，至承鈞立，然後改元，則旻之志豈不可哀也哉㊀！

㊀十國年世，惟楚、閩、東漢三國，諸家之說不同，而互有得失，最難考正。今略其諸說而正其是者，庶幾博覽者不惑，而一以年譜爲正也。　馬氏，據湖湘故事、九國志、運歷圖並云，殷以長興元年卒，是歲，子希聲立，長興三年卒。而五代舊史殷列傳云，殷長興二年卒，享年七十八，子希聲立，不周歲而卒；明宗本紀長興元年，書希聲除節度使，起復，三年八月，又書希聲卒。今據九國志殷以大中六年歲在壬申生，享年七十九。蓋自大中壬申至長興元年庚寅，實七十九年，爲得其實。而希聲，據湖湘故事、九國志、運歷圖皆以三年卒，與明宗本紀皆合，不舛。惟舊史書殷卒二年，及年七十八，希聲立不周歲卒爲繆爾。　希萼希崇之亂，南唐盡遷馬氏之族歸于金陵。五代舊史云，時廣順元年也。而運歷圖云乾祐二年馬氏滅者，繆也。　初，殷入湖南，掘地得石，讖云：「龍起頭，猪掉尾。」蓋殷以乾寧三年歲在丙辰，自立於湖南，至廣順元年辛亥而滅。九國志以乾祐三年爲辛亥，湖湘故事以顯德元年爲辛亥者，皆繆也。惟五代舊史得其實。　王氏世次，曰潮、曰審知、曰延翰、曰鏻、曰昶、曰曦、曰延政，凡七主。而潮以唐景福元年歲在壬子始入福州，至開運三年丙午而滅，實五十五年。當云七主五十五年，爲得其實。而運歷圖云五十六年，九國志、五代舊史、紀年通譜、閩中實錄、閩王列傳皆云七主六十年者，皆繆也。　審知，五代舊史本傳云，同光元年十

二月卒，九國志亦云同光元年卒。運歷圖同光三年卒。今檢五代舊史莊宗本紀，同光二年五月丙午，審知加檢校太師守中書令，豈得卒於元年也？又至四年二月庚子，福建副使王延翰奏稱權知軍府事，三月辛亥，遂除延翰威武軍節度使。以此推之，審知卒當在同光三年十二月，蓋閩去京師遠，明年二月延翰之奏始至京師，理當然也。又據閩王列傳、九國志皆云，審知在位二十九年。審知以唐乾寧四年嗣位，是歲丁巳，至同光三年乙酉，實二十九年。則運歷圖爲是，而舊史、九國志云元年卒者，皆繆也。　鏻本名延鈞，五代舊史本傳云，在位十二年。九國志云，在位十一年。閩王列傳、紀年通譜皆云在位十年。蓋鏻以天成元年殺延翰自立，是歲丙戌，至淸泰二年乙未，實十年而卒，與閩王列傳合，而舊史、九國志皆繆也。鏻以淸泰二年改元永和，是歲見殺，而舊史、九國志、運歷圖皆無永和之號，又運歷圖書鏻見殺在天福元年丙申者，皆繆也。　劉旻，九國志云，乾祐七年十一月旻卒，享年六十，子承鈞立，時年二十九。乾祐七年，乃顯德元年也。而五代舊史、周世宗實錄、運歷圖、紀年通譜皆云顯德二年冬，旻卒。又有旻僞中書舍人王保衡晉陽見聞要錄云，旻乙卯生，卒年六十一，子承鈞立。承鈞丙戌生，立時年二十九。保衡是旻之臣，其親所見聞，所得最實，然而頗爲轉寫差誤爾。按保衡書旻乙卯生，若享年六十一，當於乙卯歲卒，則是顯德二年也。又書承鈞丙戌生，立時年二十九，則當是顯德元年甲寅歲也。豈有旻卒於二年，承鈞以元年嗣位，理必不然。以九國志參較，旻享年六十，顯德元年卒，承鈞以是歲嗣位，時年二十九，爲得其實，但見聞要錄衍「一」字爾。其云二年卒者，皆繆也。九國志又云，承鈞立，服喪三年，至乾祐九年服除，改十年爲天會元年，當是顯德四年。而紀年通譜以顯德三年爲天會元年者，繆也。　晉與梁爲敵國，自稱天祐者二十年，故首列於年譜，其後遂滅梁而爲唐，故不列於世家。

校勘記

〔一〕不以忘漢爲讎　「忘」，汲、殿、南昌、鄂、蜀、劉校本同，貴池、南監本作「亡」。

新五代史卷七十二

四夷附錄第一

嗚呼,夷狄居處飲食,隨水草寒暑徙遷,有君長部號而無世族、文字記別,至於弦弓毒矢,彊弱相并,國地大小,興滅不常,是皆烏足以考述哉!惟其服叛去來,能爲中國利害者,此不可以不知也。自古夷狄之於中國,有道未必服,無道未必不來,蓋自因其衰盛。雖嘗置之治外,而羈縻制馭恩威之際,不可失也。其得之未必爲利,失之有足爲患,可不愼哉!作四夷附錄。

夷狄,種號多矣。其大者,自以名通中國,其次小遠者附見,又其次微不足錄者,不可勝數。其地環列九州之外,而西北常彊,爲中國患。三代獫狁,見於詩、書。秦、漢以來,匈奴著矣。隋、唐之間,突厥爲大。其後有吐蕃、回鶻之彊。五代之際,以名見中國者十七八,而契丹最盛。

契丹自後魏以來,名見中國。或曰與庫莫奚同類而異種。其居曰梟羅箇沒里。

沒里者,河也。是謂黃水之南,黃龍之北,得鮮卑之故地,故又以爲鮮卑之遺種。當唐之世,其地北接室韋,東隣高麗,西界奚國,而南至營州。其部族之大者曰大賀氏,後分爲八部,其一曰但皆利部〔一〕,二曰乙室活部,三曰實活部,四曰納尾部,五曰頻沒部,六曰內會雞部,七曰集解部,八曰奚嗢部。部之長號大人,而常推一大人建旗鼓以統八部。至其歲久,或其國有災疾而畜牧衰,則八部聚議,以旗鼓立其次而代之。被代者以爲約本如此,不敢爭。某部大人遙輦次立,時劉仁恭據有幽州,數出兵摘星嶺攻之,每歲秋霜落,則燒其野草,契丹馬多飢死,即以良馬賂仁恭求市牧地,請聽盟約甚謹。八部之人以爲遙輦不任事,選於其衆,以阿保機代之。

阿保機,亦不知其何部人也,爲人多智勇而善騎射。是時,劉守光暴虐,幽、涿之人多亡入契丹。阿保機乘間入塞,攻陷城邑,俘其人民,依唐州縣置城以居之。漢人教阿保機曰:「中國之王無代立者。」由是阿保機益以威制諸部而不肯代。其立九年,諸部以其久不代,共責誚之。阿保機不得已,傳其旗鼓,而謂諸部曰:「吾立九年,所得漢人多矣,吾欲自爲一部以治漢城,可乎?」諸部許之。漢城在炭山東南灤河上,有鹽鐵之利,乃後魏滑鹽縣也。其地可植五穀,阿保機率漢人耕種,爲治城郭邑屋廛市如幽州制度,漢人安之,不復思歸。阿保機知衆可用,用其妻述律策,使人告諸部大人曰:「我有鹽池,諸部所食。然諸部知食鹽之利,而不知鹽有主人,可乎?當來犒我。」諸部以爲然,共以牛酒會鹽池。阿保機伏兵其旁,酒酣伏發,盡殺諸部大人,遂立,不復代。

梁將篡唐,晉王李克用使人聘于契丹,阿保機以兵三十萬會克用於雲州東城。置酒,酒酣,握手約爲兄弟。克用贈以金帛甚厚,期共舉兵擊梁。既歸而背約,遣使者袍笏梅老聘梁。梁遣太府卿高頃、軍將郎公遠等報聘。逾年,頃還,阿保機遣使者解里隨頃,以良馬、貂裘、朝霞錦聘梁,奉表稱臣,以求封册。梁復遣公遠及司農卿渾特以詔書報勞,別以記事賜之,約共舉兵滅晉,然後封册爲甥舅之國,又使以子弟三百騎入衞京師。克用聞之,大恨。是歲克用病,臨卒,以一箭屬莊宗,期必滅契丹。渾特等至契丹,阿保機不能如約,梁亦未嘗封册。而終梁之世,契丹使者四至。

莊宗天祐十三年,阿保機攻晉蔚州,執其振武節度使李嗣本。是時,莊宗已得魏博,方南向與梁爭天下,遣李存矩發山北兵。存矩至祁溝關,兵叛,擁偏將盧文進擊殺存矩,亡入契丹。契丹攻破新州,以文進部將劉殷守之。莊宗遣周德威擊殷,而文進引契丹數十萬大至,德威懼,引軍去,爲契丹追及,大敗之。德威走幽州,契丹圍之。幽、薊之間,虜騎遍滿山谷,所得漢人,以長繩連頭繫之於木,漢人夜多自解逃去。文進又教契丹爲火車、地道、起土山以攻城。城中鎔銅鐵汁揮之,中者輒爛墮。德威拒守百餘日,莊宗遣李嗣源、閻寶、

李存審等救之。契丹數爲嗣源等所敗,乃解去。

契丹比佗夷狄尤頑傲,父母死,以不哭爲勇,載其尸深山,置大木上,後三歲往取其骨焚之,酹而呪曰:「夏時向陽食,多時向陰食,使我射獵,猪鹿多得。」其風俗與奚、靺鞨頗同。至阿保機,稍幷服旁諸小國,而多用漢人,漢人教之以隸書之半增損之,作文字數千,以代刻木之約。又制婚嫁,置官號。乃僭稱皇帝,自號天皇王。以其所居橫帳地名爲姓,曰世里。世里,譯者謂之耶律。名年曰天贊。以其所居爲上京,起樓其間,號西樓,又於其東千里起東樓,北三百里起北樓,南木葉山起南樓,往來射獵四樓之間。契丹好鬼而貴日,每月朔旦,東向而拜日,其大會聚、視國事,皆以東向爲尊,四樓門屋皆東向。

莊宗討張文禮,圍鎭州。定州王處直懼鎭且亡,晉兵必幷擊己,遣其子郁說契丹,使入塞以牽晉兵。郁謂阿保機曰:「臣父處直使布愚款曰:故趙王王鎔,王趙六世,鎭州金城湯池,金帛山積,燕姬趙女,羅綺盈廷。張文禮得之而爲晉所攻,懼死不暇,故皆留以待皇帝。」阿保機大喜。其妻述律不肯,曰:「我有羊馬之富,西樓足以娛樂,今捨此而遠赴人之急,我聞晉兵彊天下,且戰有勝敗,後悔何追?」阿保機躍然曰:「張文禮有金玉百萬,留待皇后,可共取之。」於是空國入寇。郁之召契丹也,定人皆以爲後患不可召,而處直不聽。郁已去,處直爲其子都所廢。阿保機攻幽州不克,又攻涿州,陷之。聞處直廢而都立,遂攻

中山，渡沙河。都告急於莊宗。莊宗自將鐵騎五千，遇契丹前鋒於新城，晉兵自桑林馳出，人馬精甲，光明燭日，虜騎愕然，稍却，晉軍乘之，虜遂散走，而沙河冰薄，虜皆陷沒。阿保機退保望都。會天大雪，契丹人馬飢寒，多死，阿保機顧盧文進以手指天曰：「天未使我至此。」乃引兵去。莊宗躡其後，見其宿處，環秸在地，方隅整然，雖去而不亂，歎曰：「虜法令嚴，蓋如此也！」

契丹雖無所得而歸，然自此頗有窺中國之志，患女眞、渤海等在其後，欲擊渤海，懼中國乘其虛，乃遣使聘唐以通好。同光之間，使者再至。莊宗崩，明宗遣供奉官姚坤告哀於契丹。坤至西樓，而阿保機方東攻渤海，坤追至愼州見之。阿保機錦袍大帶垂後，與其妻對坐穹廬中，延坤入謁。阿保機問曰：「聞爾河南、北有兩天子，信乎？」坤曰：「天子以魏州軍亂，命總管令公將兵討之，而變起洛陽，凶問今至矣。總管返兵河北，赴難京師，爲衆所推，已副人望。」阿保機仰天大哭曰：「晉王與我約爲兄弟，河南天子，卽吾兒也。昨聞中國亂，欲以甲馬五萬往助我兒，而渤海未除，志願不遂。」又曰：「我兒既沒，理當取我商量，新天子安得自立？」坤曰：「新天子將兵二十年，位至大總管，所領精兵三十萬，天時人事，其可得違？」其子突欲在側曰：「使者無多言，蹊田奪牛，豈不爲過！」坤曰：「應天順人，豈比匹夫之事。至如天皇王得國而不代，豈彊取之邪？」阿保機卽慰勞坤曰：「理正當如是爾！」又

曰：「吾聞此兒有宮婢二千人，樂官千人，放鷹走狗，嗜酒好色，任用不肖，不惜人民，此其所以敗也。我自聞其禍，卽舉家斷酒，解放鷹犬，罷散樂官。我亦有諸部樂官千人，非公宴不用。我若所爲類吾兒，則亦安能長久？」又謂坤曰：「吾能漢語，然絕口不道於部人，懼其效漢而怯弱也。」因戒坤曰：「爾當先歸，吾以甲馬三萬會新天子幽、鎭之間，共爲盟約，與我幽州，則不復侵汝矣。」阿保機攻渤海，取其扶餘一城，以爲東丹國，以其長子人皇王突欲爲東丹王。已而阿保機病死，述律護其喪歸西樓，立其次子元帥太子耀屈之。坤從至西樓而還。

當阿保機時，有韓延徽者，幽州人也，爲劉守光參軍，守光遣延徽聘于契丹。延徽見阿保機不拜，阿保機怒，留之不遣，使牧羊馬。久之，知其材，召與語，奇之，遂用以爲謀主。阿保機攻党項、室韋，服諸小國，皆延徽謀也。延徽後逃歸，事莊宗，莊宗客將王緘譖之，延徽懼，求歸幽州省其母。行過常山，匿王德明家。居數月，德明問其所向，延徽曰：「吾欲復走契丹。」德明以爲不可，延徽曰：「阿保機失我，如喪兩目而折手足，今復得我，必喜。」乃復走契丹。阿保機見之，果大喜，以謂自天而下。阿保機僭號，以延徽爲相，號「政事令」，契丹謂之「崇文令公」，後卒于虜。

耀屈之後更名德光。葬阿保機木葉山，謚曰大聖皇帝，後更其名曰億。德光立三年，

改元曰天顯，遣使者以名馬聘唐，并求碑石爲阿保機刻銘。明宗厚禮之，遣飛勝指揮使安念德報聘。定州王都反，唐遣王晏球討之。都以蠟丸書走契丹求援，德光遣禿餒、萴剌等以騎五千救都，都及禿餒擊晏球於曲陽，爲晏球所敗。德光又遣惕隱赫邈益禿餒以騎七千，晏球又敗之于唐河。赫邈與數騎返走，至幽州，爲趙德鈞所執，而晏球攻破定州，擒禿餒、萴剌，皆送京師。明宗斬禿餒等六百餘人，而赦赫邈，選其壯健者五十餘人爲「契丹直」。

初，阿保機死，長子東丹王突欲當立，其母述律遣其幼子安端少君之扶餘代之，將立以爲嗣。然述律尤愛德光。德光有智勇，素已服其諸部，安端已去，而諸部希述律意，共立德光。突欲不得立，長興元年，自扶餘泛海奔于唐。明宗因賜其姓爲東丹，而更其名曰慕華。以其來自遼東，乃以瑞州爲懷化軍，拜慕華懷化軍節度、瑞愼等州觀察處置等使。其部曲五人皆賜姓名，罕只曰罕友通，穆葛曰穆順義，撒羅曰羅賓德，易密曰易師仁，蓋禮曰蓋來賓，以爲歸化、歸德將軍郎將。又賜前所獲赫邈姓名曰狄懷惠，扭列曰列知恩〔二〕，萴剌曰原知感，福郎曰服懷造，竭失訖曰乙懷宥〔三〕。其餘爲「契丹直」者，皆賜姓名。二年，更賜突欲姓李，更其名曰贊華。三年，以贊華爲義成軍節度使。

契丹自阿保機時侵滅諸國，稱雄北方。及救王都，爲王晏球所敗，喪其萬騎，又失赫邈

等，皆名將，而述律尤思念突欲，由是卑辭厚幣數遣使聘中國，因求歸赫邈、萴剌等，唐輒斬其使而不報。當此之時，中國之威幾振。

距幽州北七百里有榆關，東臨海，北有兔耳、覆舟山。山皆斗絕，並海東北，僅通車，其旁地可耕植。唐時置東西狹石、淥疇、米磚、長揚〔四〕、黃花、紫蒙、白狼等戍，以扼契丹於此。戍兵常自耕食，惟衣絮歲給幽州，久之皆有田宅，養子孫，以堅守爲己利。自唐末幽、薊割據，戍兵廢散，契丹因得出陷平、營，而幽、薊之人歲苦寇鈔。自涿州至幽州百里，人迹斷絕，轉餉常以兵護送，契丹多伏兵鹽溝以擊奪之。莊宗之末，趙德鈞鎭幽州，於鹽溝置良鄉縣，又於幽州東五十里築城，皆戍以兵。及破赫邈等，又於其東置三河縣。由是幽、薊之人，始得耕牧，而輸餉可通。德光乃西徙橫帳居捺剌泊〔五〕，出寇雲、朔之間。明宗患之，以石敬瑭鎭河東，總大同、彰國、振武、威塞等軍禦之。應順、淸泰之間，調發饋餉，遠近勞敝。

德光事其母甚謹，常侍立其側，國事必告而後行。石敬瑭反，唐遣張敬達等討之。敬瑭遣使求救於德光。德光白其母曰：「吾嘗夢石郎召我，而使者果至，豈非天邪！」母召胡巫問吉凶，巫言吉，乃許。是歲九月，契丹出鴈門，車騎連亙數十里，將至太原，遣人謂敬瑭曰：「吾爲爾今日破敵可乎？」敬瑭報曰：「皇帝赴難，要在成功，不在速。大兵遠來，而唐軍

中華書局

甚盛，願少得之。」使者未至，而兵已交。敬達大敗。敬瑭夜出北門見德光，約爲父子，問曰：「大兵遠來，戰速而勝者，何也？」德光曰：「吾謂唐兵能守鴈門而扼諸險要，則事未可知。今兵長驅深入而無阻，吾知大事必濟。且吾兵多難久，宜以神速破之。此其所以勝也。」敬達敗，退保晉安寨，德光圍之。唐遣趙德鈞、延壽救敬達，而德鈞父子按兵團柏谷不救。德光謂敬瑭曰：「吾三千里赴義，義當徹頭。」乃築壇晉城南，立敬瑭爲皇帝，自解衣冠被之，册曰：「咨爾子晉王，予視爾猶子，爾視予猶父。」已而，楊光遠殺張敬達降晉。晉高祖自太原入洛陽，德光送至潞州，趙德鈞、延壽出降。德光謂晉高祖曰：「大事已成。吾命大相溫從爾渡河，吾亦留此，俟爾入洛而後北。」臨訣，執手噓嚱，脫白貂裘以衣高祖，遺以良馬二十匹，戰馬千二百匹，戒曰：「子子孫孫無相忘！」時天顯九年也。

高祖已入洛，德光乃北，執趙德鈞、延壽以歸。德鈞，幽州人也，事劉守光、守文爲軍校，莊宗伐燕得之，賜姓名曰李紹斌。其子延壽，本姓劉氏，常山人也，其父邧爲蓨縣令，劉守文攻破蓨縣，德鈞得延壽并其母种氏而納之，因以延壽爲子。延壽爲人，姿質妍柔，稍涉書史，明宗以女妻之，號興平公主。莊、明之世，德鈞鎭幽州十餘年，以延壽故尤見信任。延壽，明宗時爲樞密使，罷。至廢帝立，復以爲樞密使。晉高祖起太原，廢帝遣延壽將兵討之。而德鈞亦請以鎭兵討賊，廢帝察其有異志，使自飛狐出擊其後，而德鈞南出吳兒，會延

壽於西唐，延壽因以兵屬之。廢帝以德鈞爲諸道行營都統，延壽爲太原南面招討使。德鈞爲延壽求鎭州節度使。廢帝怒曰：「德鈞父子握彊兵，求大鎭，苟能敗契丹而破太原，雖代予亦可。若翫寇要君，但恐犬兔俱斃。」因遣使者趣德鈞等進軍。德鈞陰遣人聘德光，求立已爲帝。德光指穹廬前巨石謂德鈞使者曰：「吾已許石郎矣。石爛，可改也。」德光至潞州，鎖德鈞父子而去。德光母述律見之，問曰：「汝父子自求爲天子何邪？」德鈞慚不能對，悉以田宅之籍獻之。述律問何在。曰：「幽州。」述律曰：「幽州屬我矣，何獻之爲？」明年，德鈞死，德光以延壽爲幽州節度使，封燕王。

契丹當莊宗、明宗時攻陷營、平二州，及已立晉，又得鴈門以北幽州節度管內，合一十六州。乃以幽州爲燕京，改天顯十一年爲會同元年，更其國號大遼，置百官，皆依中國，參用中國之人。晉高祖每遣使聘問，奉表稱臣，歲輸絹三十萬匹，其餘寶玉珍異，下至中國飲食諸物，使者相屬於道，無虛日。德光約高祖不稱臣，更表爲書，稱「兒皇帝」，如家人禮。德光遣中書令韓熲奉册高祖爲英武明義皇帝。高祖復遣趙瑩、馮道等以太常鹵簿奉册德光及其母尊號。終其世，奉之甚謹。

高祖崩，出帝卽位，德光怒其不先以告，而又不奉表，不稱臣而稱孫，數遣使者責晉。晉大臣皆恐，而景延廣對契丹使者語，獨不遜。德光益怒。楊光遠反靑州，招之。開運元

年春，德光傾國南寇，分其衆爲三：西出鴈門，攻幷、代，劉知遠擊敗之于秀容；東至于河，陷博州，以應光遠；德光與延壽南，攻陷貝州。德光屯元城，兵及黎陽。晉出帝親征，遣李守貞等東馳馬家渡，擊敗契丹。而德光與晉相距于河，月餘，聞馬家渡兵敗，乃引衆擊晉，戰于戚城。德光臨陣，望見晉軍旗幟光明，而士馬嚴整，有懼色，謂其左右曰：「楊光遠言晉家兵馬半已餓死，何其盛也！」兵旣交，殺傷相半，陣間斷箭遺鏃，布厚寸餘。日暮，德光引去，分其兵爲二，一出滄州，一出深州以歸。二年正月，德光復傾國入寇，圍鎭州，分兵攻下鼓城等九縣。杜重威守鎭州，閉壁不敢出。契丹南掠邢、洺、磁，至于安陽河，千里之內，焚剽殆盡。契丹見大桑木，罵曰：「吾知紫披襖出自汝身，吾豈容汝活邪！」束薪於木而焚之。是時，出帝病，不能出征，遣張從恩、安審琦、皇甫遇等禦之。遇前渡漳水，遇契丹，戰于榆林，幾爲所虜。審琦從後救之，契丹望見塵起，謂救兵至，引去。而從恩畏怯，不敢追，亦引兵南走黎陽。契丹已北，而出帝疾少間，乃下詔親征，軍于澶州，遣杜重威等北伐。契丹歸至古北，聞晉軍且至，卽復引而南，及重威戰于陽城、衞村。晉軍飢渴，鑿井輒壞，絞泥汁而飲。德光坐奚車中，呼其衆曰：「晉軍盡在此矣，可生擒之，然後平定天下。」會天大風，晉軍奮死擊之，契丹大敗。德光喪車，騎一白橐駝而走。至幽州，其首領大將各笞數百，獨趙延壽免焉。是時，天下旱蝗，晉人苦兵，乃遣開封府軍將張暉假供奉官聘于契丹，奉表稱

臣，以脩和好。德光語不遜。然契丹亦自厭兵。德光母述律嘗謂晉人曰：「南朝漢兒爭得一向臥邪？自古聞漢來和蕃，不聞蕃去和漢，若漢兒實有回心，則我亦何惜通好！」晉亦不復遣使，然數以書招趙延壽。

延壽見晉衰而天下亂，嘗有意窺中國，而德光亦嘗許延壽滅晉而立之。延壽得晉書，僞爲好辭報晉，言身陷虜思歸，約晉發兵爲應。而德光將高牟翰亦詐以瀛州降晉，晉君臣皆喜。三年七月，遣杜重威、李守貞、張彥澤等出兵，爲延壽應，兵趨瀛州，牟翰空城而去。晉軍至城下，見城門皆啓，疑有伏兵，不敢入。遣梁漢璋追牟翰及之，漢璋戰死。重威等軍屯武強。德光聞晉出兵，乃入寇鎭州。重威西屯中渡，與德光夾水而軍。德光分兵，並西山出晉軍後，攻破欒城縣，縣有騎軍千人，皆降於虜。德光每獲晉人，刺其面，文曰「奉敕不殺」，縱以南歸。重威等被圍糧絕，遂舉軍降。德光喜，謂趙延壽曰：「所得漢兒皆與爾。」因以龍鳳赭袍賜之，使衣以撫晉軍，亦以赭袍賜重威。遣傅住兒監張彥澤將騎二千，先入京師。晉出帝與太后爲降表，自陳過咎。德光遣解里以手詔賜帝曰：「孫兒但勿憂，管取一喫飯處。」德光將至京師，有司請以法駕奉迎，德光曰：「吾躬擐甲冑，以定中原，太常之儀，不暇顧也。」止而不用。出帝與太后出郊奉迎，德光辭不見，曰：「豈有兩天子相見于道路邪！」四年正月丁亥朔旦，晉文武百官，班于都城北，望帝拜辭，素服紗帽以待。德光被甲衣貂

帽，立馬于高岡，百官俯伏待罪。德光入自封丘門，登城樓，遣通事宣言諭衆曰：「我亦人也，可無懼。我本無心至此，漢兵引我來爾。」遂入晉宮，宮中嬪妓迎謁，皆不顧，夕出宿于赤岡。封出帝負義侯，遷于黄龍府。癸巳，入居晉宮，以契丹守諸門，門廡殿廷皆磔犬掛皮，以爲猒勝。甲午，德光胡服視朝于廣政殿。乙未，被中國冠服，百官常參，起居如晉儀，而氈裘左衽，胡馬奚車，羅列階陛，晉人俛首不敢仰視。二月丁巳朔，金吾六軍、殿中省仗、太常樂舞陳于廷，德光冠通天冠，服絳紗袍，執大珪以視朝，大赦，改晉國爲大遼國，開運四年爲會同十年。

德光嘗許趙延壽滅晉而立以爲帝，故契丹擊晉，延壽常爲先鋒，虜掠所得，悉以奉德光及其母述律。德光已滅晉而無立延壽意，延壽不敢自言，因李崧以求爲皇太子。德光曰：「吾於燕王無所愛惜，雖我皮肉，可爲燕王用者，吾可割也。吾聞皇太子是天子之子，燕王豈得爲之？」乃命與之遷秩。翰林學士張礪進擬延壽中京留守、大丞相、録尚書事、都督中外諸軍事。德光索筆，塗其録尚書事、都督中外諸軍事，止以爲中京留守、大丞相，而延壽前爲樞密使、封燕王皆如故。又以礪爲右僕射兼門下侍郎、同中書門下平章事，與故晉相和凝並爲宰相。礪，明宗時翰林學士，晉高祖起太原，唐廢帝遣礪督趙延壽進軍於團柏谷，已而延壽爲德光所鎖，并礪遷于契丹。德光重其文學，仍以爲翰林學士。礪常思歸，逃至境上，爲

迨者所得，德光責之，礪曰：「臣本漢人，衣服飲食言語不同，今思歸而不得，生不如死。」德光顧其通事高唐英曰：「吾戒爾輩善待此人，致其逃去，過在爾也。」因笞唐英一百而待礪如故，其愛之如此。德光將視朝，有司給延壽貂蟬冠，礪三品冠服，延壽與礪皆不肯服。而延壽別爲王者冠以自異。礪曰：「吾在上國時，晉遣馮道奉册北朝，道賫二貂冠，其一宰相韓延徽冠之，其一命我冠之。今其可降服邪！」卒冠貂蟬以朝。三月丙戌朔，德光服靴、袍，御崇元殿，百官入閤，德光大悦，顧其左右曰：「漢家儀物，其盛如此。我得於此殿坐，豈非真天子邪！」其母述律遣人賫書及阿保機明殿書賜德光。明殿，若中國陵寢下宮之制，其國君死，葬，則於其墓側起屋，謂之明殿，置官屬職司，歲時奉表起居如事生，置明殿學士一人掌答書詔，每國有大慶弔，學士以先君之命爲書以賜國君，其書常曰報兒皇帝云。

德光已滅晉，遣其部族酋豪及其通事爲諸州鎮刺史、節度使，括借天下錢帛以賞軍。胡兵人馬不給糧草，遣數千騎分出四野，劫掠人民，號爲「打草穀」，東西二三千里之間，民被其毒，遠近怨嗟。漢高祖起太原，所在州鎮多殺契丹守將歸漢，德光大懼。又時已熱，乃以蕭翰爲宣武軍節度使。翰，契丹之大族，其號阿鉢，翰之妹亦嫁德光，而阿鉢本無姓氏，契丹呼翰爲國舅，及將以爲節度使，李崧爲製姓名曰蕭翰，於是始姓蕭。德光已留翰守汴，乃北歸，以晉内諸司伎術、宮女、諸軍將卒數千人從。自黎陽渡河，行至湯陰，登愁死岡，謂

其宣徽使高勳曰：「我在上國，以打圍食肉爲樂，自入中國，心常不快，若得復吾本土，死亦無恨。」勳退而謂人曰：「虜將死矣。」相州梁暉殺契丹守將，閉城距守。德光引兵破之，城中男子無少長皆屠之，婦女悉驅以北。後漢以王繼弘鎮相州，得髑髏十數萬枚，爲大冢葬之。德光至臨洺，見其井邑荒殘，笑謂晉人曰：「致中國至此，皆燕王爲罪首。」又顧張礪曰：「爾亦有力焉。」德光行至欒城，得疾，卒于殺胡林。契丹破其腹，去其腸胃，實之以鹽，載而北，晉人謂之「帝羓」焉。永康王兀欲立，謚德光爲嗣聖皇帝，號阿保機爲太祖，德光爲太宗。

校勘記

〔一〕但皆利部　「但」，他本均作「伹」。「皆利」，南監、汲、殿、蜀本同，貴池、汪、南昌、鄂、劉校本作「利皆」。五代會要卷二九作「旦利皆部」，契丹國志契丹國初興本末作「祖（徂）皆利部」。

〔二〕扭列日列知恩　「扭」，貴池、汪本作「扭」，南監、汲、殿、蜀、鄂、劉校本作「捏」。「恩」，殿、蜀本作「思」。

〔三〕竭失記曰乙懷宥　「記」，他本均作「訖」。「乙」，南監、貴池本同，他本均作「訖」。

〔四〕長揚　「揚」，南昌、鄂本作「楊」。新唐書卷三九地理志作「楊」。

〔五〕揆剌泊　「揆」，南昌、鄂本作「撩」。通鑑卷二七八作「捺」，胡注引薛史亦作「捺」。查薛史卷四

三唐明宗紀殿本作「納」，考證云：「納喇泊，舊作捺剌泊。」

中華書局

新五代史卷七十三

四夷附錄第二

兀欲，東丹王突欲子也。突欲奔于唐，兀欲留不從，號永康王。契丹好飲人血，突欲左右姬妾，多刺其臂吮之，其小過輒挑目、刲灼，不勝其毒。然喜賓客，好飲酒，工畫，頗知書。其自契丹歸中國，載書數千卷，樞密使趙延壽每假其異書、醫經，皆中國所無者。明宗時，自滑州朝京師，遙領武信軍節度使，食其俸，賜甲第一區，宮女數人。契丹兵助晉于太原，唐廢帝遣宦者秦繼旻、皇城使李彥紳殺突欲于其第。晉高祖追封突欲爲燕王。德光滅晉，兀欲從至京師。德光殺繼旻、彥紳，籍其家貲，悉以賜兀欲。德光死欒城，兀欲與趙延壽及諸大將等俱入鎮州。延壽自稱權知軍國事，遣人求鎮州管鑰于兀欲，兀欲不與。延壽左右曰：「契丹大人聚而謀者洶洶，必有變，宜備之。今中國之兵，猶有萬人，可以擊虜；不然，事必不成。」延壽猶豫不決。兀欲妻，延壽以爲妹，五月朔旦，兀欲召延壽及張礪、李崧、馮道等置酒，酒數行，兀欲謂延壽曰：「妹自上國來，當一見之。」延壽欣然與兀欲

俱入。食頃，兀欲出坐，笑謂礪等曰：「燕王謀反，鎖之矣。」又曰：「先帝在汴州與我算子一莖，許我知南朝軍國事，咋聞寢疾，無遺命，燕王安得自擅邪？」礪等罷去。兀欲召延壽廷立而詰之，延壽不能對。乃遣人監之，而籍其家貲。兀欲宣德光遺制曰：「永康王，大聖皇帝之嫡孫，人皇王之長子，可於中京即皇帝位。」中京，契丹謂鎮州也。遣使者告哀於諸鎮。蕭翰聞德光死，棄汴州而北，至鎮州，兀欲已去。翰以騎圍張礪宅，執礪而責曰：「汝教先帝勿用胡人爲節度使，何也？」礪對不屈，翰鎖之。是夕，礪卒。

兀欲爲人儁偉，亦工畫，能飲酒，好禮士，德光嘗賜以絹數千匹，兀欲散之，一日而盡。兀欲已立，先遣人報其祖母述律。述律怒曰：「我兒平晉取天下，有大功業，其子在我側者當立，而人皇王背我歸中國，其子豈得立邪？」乃率兵逆兀欲，將廢之。兀欲留其將麻荅守鎮州，晉諸將相隨德光在鎮州者皆留之而去。以翰林學士徐台符、李澣從行，與其祖母述律相距于石橋。述律所將兵多亡歸兀欲。兀欲乃幽述律於祖州。祖州，阿保機墓所也。

述律爲人多智而忍。阿保機死，悉召從行大將等妻，謂曰：「我今爲寡婦矣，汝等豈宜有夫。」乃殺其大將百餘人，曰：「可往從先帝。」左右有過者，多送木葉山，殺於阿保機墓隧中，曰：「爲我見先帝于地下。」大將趙思溫，本中國人也，以材勇爲阿保機所寵，述律後以事怒之，使送木葉山，思溫辭不肯行。述律曰：「爾，先帝親信，安得不往見之？」思溫對曰：

「親莫如后，后何不行？」述律曰：「我本欲從先帝于地下，以子幼，國中多故，未能也。然可斷吾一臂以送之。」左右切諫之，乃斷其一腕，而釋思溫不殺。初，德光之擊晉也，述律常非之，曰：「吾國用一漢人爲主可乎？」德光曰：「不可也。」述律曰：「然則汝得中國不能有，後必有禍，悔無及矣。」德光死，載其尸歸，述律不哭而撫其尸曰：「待我國中人畜如故，然後葬汝。」已而，兀欲囚之，後死于木葉山。

兀欲更名阮，號天授皇帝，改元曰天祿。是歲八月，葬德光於木葉山，遣人至鎮州召馮道、和凝等會葬。使者至鎮州，鎮州軍亂，大將白再榮等逐出麻荅。據定州〔一〕，已而悉其衆以北。麻荅者，德光之從弟也。德光滅晉，以爲邢州節度使，兀欲立，命守鎮州。麻荅尤酷虐，多略中國人，剝面，抉目，拔髮，斷腕而殺之，出入常以鉗鑿挑割之具自隨，寢處前後挂人肝、脛、手、足，言笑自若，鎮、定之人不勝其毒。麻荅已去，馮道等乃南歸。

漢乾祐元年，兀欲率萬騎攻邢州，陷內丘。契丹入寇，常以馬嘶爲候。其來也，馬不嘶鳴，而矛戟夜有光，又月食，虜衆皆懼，以爲凶，雖破內丘而人馬傷死者太半。兀欲立五年，會諸部酋長，復謀入寇，諸部大人皆不欲，兀欲彊之。燕王述軋與太寧王嘔里僧等率兵殺兀欲於大神淀。德光子齊王述律聞亂，走南山。契丹擊殺述軋、嘔里僧，而迎述律以立。

述律立，改元應曆，號天順皇帝，後更名璟。述律有疾，不能近婦人，左右給事，多以宦

者。然畋獵好飲酒，不恤國事，每酣飲，自夜至旦，晝則常睡，國人謂之「睡王」。

初，兀欲常遣使聘漢，使者至中國而周太祖入立。太祖復遣將軍朱憲報聘，憲還而兀欲死。述律立，遂不復南寇。顯德六年夏，世宗北伐，以保大軍節度使田景咸爲合流口部署，前鳳翔節度使王晏爲益津關部署，侍衞親軍馬步都虞候韓通爲陸路都部署。世宗自乾寧軍御龍舟，艛船戰艦，首尾數十里，至益津關，降其守將，而河路漸狹，舟不能進，乃捨舟陸行。瓦橋淤口關、瀛莫州守將，皆迎降。方下令進攻幽州，世宗遇疾，乃置雄州於瓦橋關、霸州於益津關而還。周師下三關、瀛、莫，兵不血刃。述律聞之，謂其國人曰：「此本漢地，今以還漢，又何惜耶？」述律後爲庖者因其醉而殺之。

嗚呼！自古夷狄服叛，雖不繫中國之盛衰，而中國之制夷狄則必因其彊弱。予讀周日曆，見世宗取瀛、莫，定三關，兵不血刃，而史官譏其以王者之師，馳千里而襲人，輕萬乘之重於萑葦之間，以僥倖一勝。夫兵法，決機因勢，有不可失之時。世宗南平淮甸，北伐契丹，乘其勝威，擊其昏殆，世徒見周師之出何速，而不知述律有可取之機也。是時，述律以謂周之所取，皆漢故地，不足顧也。然則十四州之故地，皆可指麾而取矣。不幸世宗遇疾，

功志不就。然瀛、莫、三關，遂得復爲中國之人，而十四州之俗至今陷於夷狄。彼其爲志豈不可惜，而其功不亦壯哉！夫兵之變化屈伸，豈區區守常談者所可識也！

初，蕭翰聞德光死，北歸，有同州郃陽縣令胡嶠爲翰掌書記，隨入契丹。而翰妻爭妬，告翰謀反，翰見殺，嶠無所依，居虜中七年。當周廣順三年，亡歸中國，略能道其所見。云：「自幽州西北入居庸關，明日，又西北入石門關，關路崖狹，一夫可以當百，此中國控扼契丹之險也。又三日，至可汗州，南望五臺山，其一峯最高者，東臺也。又三日，至新武州，西北行五十里有雞鳴山，云唐太宗北伐聞雞鳴于此，因以名山。明日，入永定關，此唐故關也。又四日，至歸化州。又三日，登天嶺，嶺東西連亙，有路北下，四顧冥然，黃雲白草，不可窮極。契丹謂嶠曰：『此辭鄉嶺也，可一南望而爲永訣。』同行者皆慟哭，往往絕而復蘇。又行三四日，至黑榆林，時七月，寒如深冬。又明日，入斜谷，谷長五十里，高崖峻谷，仰不見日，而寒尤甚。已出谷，得平地，氣稍溫。又行二日，渡湟水。又明日，渡黑水。又二日，至湯城淀，地氣最溫，契丹若大寒，則就溫于此。其水泉清冷，草軟如茸，可藉以寢。而多異花，記其二種：一曰旱金，大如掌，金色爍人；一曰青囊，如中國金燈，而色類藍可愛。又二日，至儀坤州，渡麝香河。自幽州至此無里候，其所向不知爲南北。又二日，至赤崖，翰與兀欲相及，遂及述律戰于沙河。述律兵敗而北，兀欲追至獨樹渡，遂囚述律于撲馬山。又行三

日，遂至上京，所謂西樓也。西樓有邑屋市肆，交易無錢而用布。有綾錦諸工作、宦者、翰林、伎術、教坊、角觝、秀才、僧、尼、道士等，皆中國人，而并、汾、幽、薊之人尤多。自上京東去四十里，至眞珠寨，始食菜。明日，東行，地勢漸高，西望平地松林鬱然數十里。遂入平川，多草木，始食西瓜，云契丹破回紇得此種，以牛糞覆棚而種，大如中國冬瓜而味甘。又東行，至褭潭，始有柳，而水草豐美，有息雞草尤美，而本大，馬食不過十本而飽。自褭潭入大山，行十餘日而出，過一大林，長二三里，皆蕪荑，枝葉有芒刺如箭羽，其地皆無草。兀欲時卓帳于此，會諸部人葬德光。自此西南行，日六十里，行七日，至大山門，兩高山相去一里，而長松豐草，珍禽野卉，有屋室碑石，曰：『陵所也。』兀欲入祭，諸部大人惟執祭器者得入。入而門闔。明日開門，曰『拋盞』，禮畢。問其禮，皆祕不肯言。」嶠所目見囚述律、葬德光等事，與中國所記差異。

已而，翰得罪被鎖，嶠與部曲東之福州。福州，翰所治也。嶠等東行，過一山，名十三山，云此西南去幽州二千里。又東行，數日，過衞州，有居人三十餘家，蓋契丹所虜中國衞州人，築城而居之。嶠至福州而契丹多憐嶠，教其逃歸，嶠因得其諸國種類遠近。云：「距契丹國東至于海，有鐵甸，其族野居皮帳，而人剛勇。其地少草木，水鹹濁，色如血，澄之久而後可飲。又東，女眞，善射，多牛、鹿、野狗。其人無定居，行以牛負物，遇雨則張革爲屋。常作鹿鳴，呼鹿而射之，食其生肉。能釀糜爲酒，醉則縛之而睡，醒而後解，不然，則殺人。又東南，渤海，又東，遼國，皆與契丹略同。其南海曲，有魚鹽之利。又南，奚，與契丹略同，而人好殺戮。又南，至于榆關矣，西南至儒州，皆故漢地。西則突厥、回紇。西北至嫗厥律，其人長大，髦頭，酋長全其髮，盛以紫囊。地苦寒，水出大魚，契丹仰食。又多黑、白、黃貂鼠皮，北方諸國皆仰足。其人最勇，隣國不敢侵。又其西，轄戛，又其北，單于突厥，皆與嫗厥律略同。又北，黑車子，善作車帳，其人知孝義，地貧無所產。云契丹之先，常役回紇，後背之走黑車子，始學作車帳。又北，牛蹄突厥，人身牛足，其地尤寒，水曰瓠𤫊河，夏秋冰厚二尺，春冬冰徹底，常燒器銷冰乃得飲。東北，至韈劫子，其人髦首，披布爲衣，不鞍而騎，大弓長箭，尤善射，遇人輒殺而生食其肉，契丹等國皆畏之。契丹五騎遇一韈劫子，則皆散走。其國三面皆室韋，一曰室韋，二曰黃頭室韋，三曰獸室韋。其地多銅、鐵、金、銀，其人工巧，銅鐵諸器皆精好，善織毛錦。地尤寒，馬溺至地成冰堆。又北，狗國，人身狗首，長毛不衣，手搏猛獸，語爲犬嗥，其妻皆人，能漢語，生男爲狗，女爲人，自相婚嫁，穴居食生，而妻女人食。云嘗有中國人至其國，其妻憐之使逃歸，與其筯十餘隻，教其每走十餘里遺一筯，狗夫追之，見其家物，必銜而歸，則不能追矣。」其說如此。又曰：「契丹嘗選百里馬二十匹，遣十人齎乾麨北行，窮其所見。其人自黑車子，歷牛蹄國以北，行一年，經四十三城，居

人多以木皮爲屋，其語言無譯者，不知其國地、山川、部族、名號。其地氣，遇平地則溫和，山林則寒冽。至三十三城，得一人，能鐵甸語，其言頗可解，云地名頡利烏于邪堰。云『自此以北，龍蛇猛獸、魑魅羣行，不可往矣』。其人乃還。此北荒之極也。」

契丹謂嶠曰：「夷狄之人豈能勝中國？然晉所以敗者，主暗而臣不忠。」因具道諸國事，曰：「子歸悉以語漢人，使漢人努力事其主，無爲夷狄所虜，吾國非人境也。」嶠歸，錄以爲陷虜記云㊀。

㊀契丹年號，諸家所記，舛謬非一，莫可考正，惟嘗見於中國者可據也。據耶律德光立晉高祖册文云：「惟天顯九年，歲次丙申。」是歲，乃晉天福元年。推而上之，得唐天成三年戊子，爲天顯元年。按契丹附錄，德光與唐明宗同年而立，立三年改元天顯，與此正合矣。又據開運四年德光滅晉入汴，肆赦，稱會同十年。推而上之，得天福三年爲會同元年，是天顯盡十年，而十一年改爲會同矣。惟此二者，其據甚明。餘皆不足考也。附錄所載夷狄年號，多略不書，蓋無所用，故不必備也。

校勘記

〔一〕大將白再榮等逐出麻荅據定州　通鑑卷二八七謂白再榮等逐麻荅出恒州（卽鎮州），「契丹懼而北遁，麻荅、劉晞、崔廷勳皆奔定州」。「據」上當有脫字。

新五代史卷七十四

四夷附錄第三

奚，本匈奴之別種。當唐之末，居陰涼川，在營府之西，幽州之西南，皆數百里。有人馬二萬騎。分爲五部：一曰阿薈部，二曰啜米部，三曰粤質部，四曰奴皆部，五曰黑訖支部。後徙居琵琶川，在幽州東北數百里。地多黑羊，馬趟前蹄堅善走，其登山逐獸，下上如飛。契丹阿保機彊盛，室韋、奚、霫皆服屬之。奚人常爲契丹守界上，而苦其苛虐，奚王去諸怨叛，以別部西徙嬀州，依北山射獵，常採北山麝香、仁參賂劉守光以自託。其族至數千帳，始分爲東、西奚。去諸之族，頗知耕種，歲借邊民荒地種穄，秋熟則來穫，窖之山下，人莫知其處。爨以平底瓦鼎，煑穄爲粥，以寒水解之而飲。

去諸卒，子掃剌立。莊宗破劉守光，賜掃剌姓李，更其名紹威。紹威卒，子拽剌立。同光以後，紹威父子數遣使朝貢。初，紹威娶契丹女舍利逐不魯之姊爲妻，後逐不魯叛亡入西奚，紹威納之。晉高祖入立，割幽州鴈門以北入于契丹，是時紹威與逐不魯皆已死，耶律

德光已立晉北歸，拽剌迎謁馬前，德光曰：「非爾罪也。負我者，掃剌與逐不魯爾。」乃發其墓，粉其骨而颺之。後德光滅晉，拽剌常以兵從。其後不復見於中國。

自去諸徙嬀州，自別爲西奚，而東奚在琵琶川者，亦爲契丹所并，不復能自見云。

吐渾，本號吐谷渾，或曰乞伏乾歸之苗裔。自後魏以來，名見中國，居於青海之上。當唐至德中，爲吐蕃所攻，部族分散，其內附者，唐處之河西。其大姓有慕容、拓拔、赫連等族。懿宗時，首領赫連鐸爲陰山府都督，與討龐勛，以功拜大同軍節度使。爲晉王所破，其部族益微，散處蔚州界中。

莊宗時，有首領白承福者，依中山北石門爲栅，莊宗爲置寧朔、奉化兩府，以承福爲都督，賜其姓名爲李紹魯。終唐時，常遣使朝貢中國。

晉高祖立，割鴈門以北入于契丹，於是吐渾爲契丹役屬，而苦其苛暴。是時，安重榮鎮成德，有異志，陰遣人招吐渾入塞，承福等乃自五臺入處中國。契丹耶律德光大怒，遣使者責誚高祖，高祖恐懼，遣供奉官張澄率兵搜索并、鎮、忻、代等州山谷中吐渾驅出之。然晉亦苦契丹，思得吐渾爲緩急之用，陰遣劉知遠鎮太原慰撫之。終高祖時，承福數遣使者朝貢。後出帝與契丹絕盟，召承福入朝，拜大同軍節度使，待之甚厚。契丹與晉相距于河，承福以

其兵從出帝禦虜。是歲大熱，吐渾多疾死，乃遣承福歸太原，居之嵐、石之間。劉知遠稍侵辱之，承福謀復亡出塞，知遠以兵圍其族，殺承福及其大姓赫連海龍、白可久、白鐵匱等，其羊馬貲財鉅萬計，皆籍沒之，其餘衆以其別部王義宗主之。吐渾遂微，不復見。

初，唐以承福之族爲熟吐渾。長興中，又有生吐渾杜每兒來朝貢。每兒，不知其國地、部族。至漢乾祐二年，又有吐渾何戛剌來朝貢，不知爲生、熟吐渾，蓋皆微，不足考錄。

達靼，靺鞨之遺種，本在奚、契丹之東北，後爲契丹所攻，而部族分散，或屬契丹，或屬渤海，別部散居陰山者，自號達靼。當唐末，以名見中國。有每相温、于越相温，咸通中，從朱邪赤心討龐勛。其後李國昌、克用父子爲赫連鐸等所敗，嘗亡入達靼。後從克用入關破黃巢，由是居雲、代之間。其俗善騎射，畜多駝、馬。其君長、部族名字，不可究見，惟其嘗通於中國者可見云。

同光中，都督折文逋，數自河西來貢駝、馬。明宗討王都於定州，都誘契丹入寇，明宗詔達靼入契丹界，以張軍勢，遣宿州刺史薛敬忠以所獲契丹團牌二百五十及弓箭數百賜雲州生界達靼，蓋唐常役屬之。長興三年，首領頡哥率其族四百餘人來附。訖于顯德，常來不絕。

党項，西羌之遺種。其國在禹貢析支之地，東至松州，西接葉護，南界春桑〔一〕，北鄰吐渾，有地三千餘里。無城邑而有室屋，以毛罽覆之。其人喜盜竊而多壽，往往百五六十歲。其大姓有細封氏、費聽氏、折氏、野利氏，拓拔氏爲最彊。唐德宗時，党項諸部相率內附，居慶州者號東山部落，居夏州者號平夏部落。部有大姓而無君長，不相統一，散處邠寧、鄜延、靈武、河西，東至麟、府之間。自同光以後，大姓之彊者各自來朝貢。

明宗時，詔沿邊置場市馬，諸夷皆入市中國，而回鶻、党項馬最多。明宗招懷遠人，馬來無駑壯皆售，而所讎常過直，往來館給，道路倍費。其每至京師，明宗爲御殿見之，勞以酒食，既醉，連袂歌呼，道其土風以爲樂，去又厚以賜賚，歲耗百萬計。唐大臣皆患之，數以爲言。乃詔吏就邊場售馬給直，止其來朝，而党項利其所得，來不可止。其在靈、慶之間者，數犯邊爲盜。自河西回鶻朝貢中國，道其部落，輒邀劫之，執其使者，賣之佗族，以易牛馬。明宗遣靈武康福、邠州藥彥稠等出兵討之。福等擊破阿埋韋悉褒勒彊賴埋厮骨尾及其大首領連香李八薩王、都統悉那埋摩、侍御乞埋嵬悉逋等族〔三〕，殺數千人，獲其牛羊鉅萬計，及其所劫外國寶玉等，悉以賜軍士。由是党項之患稍息。

至周太祖時，府州党項尼也六泥香王子、拓拔山等皆來朝貢。廣順三年，慶州刺史郭

彥欽貪其羊馬，侵擾諸部，獨野鷄族彊不可近，乃誣其族犯邊。太祖遣使招慰之。野鷄族苦彥欽，不肯聽命，太祖遣邠州折從阮、寧州刺史張建武等討之。建武勇於立功，不能通夷情，馳軍擊野鷄族，殺數百人。而喜玉、折思、殺牛三族聞建武擊破野鷄族，各以牛酒犒軍，軍士利其物，反劫掠之。三族共誘建武軍至包山，度險，三族共擊之，軍投崖谷，死傷甚衆。太祖怒，罪建武等，選良吏爲慶州刺史以招撫之。

其佗諸族，散處沿邊界上者甚衆，然其無國地、君長，故莫得而紀次云。

突厥，國地、君世、部族、名號、物俗，見於唐著矣。至唐之末，爲諸夷所侵，部族微散。五代之際，嘗來朝貢。同光三年，渾解樓來。天成二年，首領張慕晉來。長興二年，首領杜阿熟來。天福六年，遣使者薛同海等來。凡四至，其後不復來。然突厥於時最微，又來不數，故其君長史皆失不能紀。

吐蕃，國地、君世、部族、名號、物俗，見於唐著矣。當唐之盛時，河西、隴右三十三州，涼州最大，土沃物繁而人富樂。其地宜馬，唐置八監，牧馬三十萬匹。以安西都護府羈縻西域三十六國。唐之軍、鎮、監、務，三百餘城，常以中國兵更戍，而涼州置使節度之。安祿

山之亂，肅宗起靈武，悉召河西兵赴難，而吐蕃乘虛攻陷河西、隴右，華人百萬皆陷于虜。文宗時，嘗遣使者至西域，見甘、涼、瓜、沙等州城邑如故，而陷虜之人見唐使者，夾道迎呼，涕泣曰：「皇帝猶念陷蕃人民否？」其人皆天寶時陷虜者子孫，其語言稍變，而衣服猶不改。

至五代時，吐蕃已微弱，回鶻、党項諸羌夷分侵其地，而不有其人民。值中國衰亂，不能撫有，惟甘、涼、瓜、沙四州常自通于中國。甘州爲回鶻牙，而涼、瓜、沙三州將吏，猶稱唐官，數來請命。自梁太祖時，嘗以靈武節度使兼領河西節度，而觀察甘、肅、威等州。然雖有其名，而涼州自立守將。唐長興四年，涼州留後孫超遣大將拓拔承謙及僧、道士、耆老楊通信等至京師求旌節，明宗問孫超等世家，承謙曰：「吐蕃陷涼州，張掖人張義朝募兵擊走吐蕃，唐因以義朝爲節度使，發鄆州兵二千五百人戍之。唐亡，天下亂，涼州以東爲突厥、党項所隔，鄆兵遂留不得返。今涼州漢人皆其戍人子孫也。」明宗乃拜孫超節度使。清泰元年，留後李文謙來請命。後數年，涼州人逐出文謙，靈武馮暉遣牙將吳繼勳代文謙爲留後，是時天福七年。明年，晉高祖遣涇州押牙陳延暉賫詔書安撫涼州，涼州人共劫留延暉，立以爲刺史。至漢隱帝時，涼州留後折逋嘉施來請命，漢卽以爲節度使。嘉施，土豪也。周廣順二年，嘉施遣人市馬京師，因來請命帥。是時，樞密使王峻用事。峻故人申師厚者，少起盜賊，爲兗州牙將，與峻相友善，後峻貴，師厚斂衣蓬首，日候峻出，拜馬前，訴以饑寒，峻

未有以發。而嘉施等來請帥，峻卽建言：「涼州深入夷狄，中國未嘗命吏，請募率府率、供奉官能往者。」月餘，無應募者，乃奏起師厚爲左衞將軍，已而拜河西節度使。師厚至涼州，奏薦押衙副使崔虎心、陽妃谷首領沈念般等及中國留人子孫王廷翰、温崇樂、劉少英爲將吏。又自安國鎮至涼州，立三州以控扼諸羌，用其酋豪爲刺史。然涼州夷夏雜處，師厚小人，不能撫有。至世宗時，師厚留其子而逃歸，涼州遂絕於中國。獨瓜、沙二州，終五代常來。沙州，梁開平中有節度使張奉，自號「金山白衣天子」。至唐莊宗時，回鶻來朝，沙州留後曹義金亦遣使附回鶻以來，莊宗拜義金爲歸義軍節度使、瓜沙等州觀察處置等使。晉天福五年，義金卒，子元德立。至七年，沙州曹元忠、瓜州曹元深皆遣使來。周世宗時，又以元忠爲歸義軍節度使，元恭爲瓜州團練使。其所貢：硇砂、羚羊角、波斯錦、安西白氎、金星礬、胡桐律、大鵬砂、毦褐、玉團。皆因其來者以名見，而其卒立、世次，史皆失其紀。

而吐蕃不見於梁世。唐天成三年，回鶻王仁喻來朝〔三〕，吐蕃亦遣使附以來，自此數至中國。明宗嘗御端明殿見其使者，問其牙帳所居，曰：「西去涇州二千里。」明宗賜以虎皮，人一張，皆披以拜，委身宛轉，落其氈帽，亂髮如蓬，明宗及左右皆大笑。至漢隱帝時猶來朝，後遂不復至，史亦失其君世云。

回鶻，爲唐患尤甚。其國地、君世、物俗，見於唐著矣。唐嘗以女妻之，故其世以中國爲舅。其國本在娑陵水上，後爲黠戛斯所侵，徙天德、振武之間，又爲石雄、張仲武所破，其餘衆西徙，役屬吐蕃。是時吐蕃已陷河西、隴右，乃以回鶻散處之。

當五代之際，有居甘州、西州者嘗見中國，而甘州回鶻數至，猶呼中國爲舅，中國答以詔書亦呼爲甥。梁乾化元年，遣都督周易言等來，而史不見其君長名號，梁拜易言等官爵，遣左監門衞上將軍楊沼押領還蕃。至唐莊宗時，王仁美遣使者來，貢玉、馬，自稱「權知可汗」，莊宗遣司農卿鄭續持節冊仁美爲英義可汗〔四〕。是歲，仁美卒，其弟狄銀立，遣都督安千想等來。同光四年，狄銀卒，阿咄欲立。天成二年，權知國事王仁裕遣李阿山等來朝，明宗遣使者冊仁裕爲順化可汗。晉高祖時又冊爲奉化可汗。阿咄欲，不知其爲狄銀親疏，亦不知其立卒；而仁裕，訖五代常來朝貢，史亦失其紀。其地出玉、犛、綠野馬、獨峯駝、白貂鼠、羚羊角、硇砂、膃肭臍、金剛鑽、紅鹽、罽氎、駒駼之革。其地宜白麥、青麳麥、黃麻、葱韭、胡荽，以橐駝耕而種。其可汗常樓居，妻號天公主，其國相號媚祿都督。見可汗，則去帽被髮而入以爲禮。婦人總髮爲髻，高五六寸，以紅絹囊之；既嫁，則加氈帽。又有別族號龍家，其俗與回紇小異。長興四年，回鶻來獻白鶻一聯，明宗命解縶放之。自明宗時，常以馬市中國，其所賫寶玉皆屬縣官，而民犯禁爲市者輒罪之。周太祖時除其禁，民得與回鶻私

市，玉價由此倍賤。顯德中，來獻玉，世宗曰：「玉雖寶而無益。」却之。

于闐，國地、君世、物俗見於唐。五代亂世，中國多故，不能撫來四夷。其嘗自通於中國者僅以名見，其君世、終始，皆不可知。而于闐尤遠，去京師萬里外。其國，西南近葱嶺，與婆羅門爲鄰國，而相去猶三千餘里，南接吐蕃，西北至疏勒二千餘里。晉天福三年，于闐國王李聖天遣使者馬繼榮來貢紅鹽、鬱金、氂牛尾、玉氎等，晉遣供奉官張匡鄴假鴻臚卿，彰武軍節度判官高居誨爲判官，册聖天爲大寶于闐國王。是歲冬十二月，匡鄴等自靈州行二歲至于闐，至七年冬乃還。而居誨頗記其往復所見山川諸國，而不能道聖天世次也。

居誨記曰：「自靈州過黃河，行三十里，始涉沙入党項界，曰細腰沙、神點沙〔五〕。至三公沙，宿月支都督帳。自此沙行四百餘里，至黑堡沙，沙尤廣，遂登沙嶺。沙嶺，党項牙也，其酋曰捻崖天子。渡白亭河至涼州，自涼州西行五百里至甘州。甘州，回鶻牙也。其南，山百餘里，漢小月支之故地也，有別族號鹿角山沙陀，云朱耶氏之遺族也。自甘州西，始涉磧，磧無水，載水以行。甘州人教晉使者作馬蹄木澀，木澀四竅，馬蹄亦鑿四竅而綴之，駝蹄則包以氂皮乃可行。西北五百里至肅州，渡金河，西百里出天門關，又西百里出玉門關，

經吐蕃界。吐蕃男子冠中國帽，婦人辮髮，戴瑟瑟珠，云珠之好者，一珠易一良馬。西至瓜州、沙州，二州多中國人，聞晉使者來，其刺史曹元深等郊迎，問使者天子起居。瓜州南十里鳴沙山，云冬夏殷殷有聲如雷，云禹貢流沙也。又東南十里三危山，云三苗之所竄也。其西，渡都鄉河曰陽關。沙州西曰仲雲，其牙帳居胡盧磧。云仲雲者，小月支之遺種也，其人勇而好戰，瓜、沙之人皆憚之。胡盧磧，漢明帝時征匈奴，屯田於吾盧，蓋其地也。地無水而嘗寒多雪，每天暖雪銷，乃得水。匡鄴等西行入仲雲界，至大屯城，仲雲遣宰相四人、都督三十七人候晉使者，匡鄴等以詔書慰諭之，皆東向拜。自仲雲界西，始涉醵磧，無水，掘地得濕沙，人置之胸以止渴。又西，渡陷河，伐檉置水中乃渡，不然則陷。又西，至紺州。紺州，于闐所置也，在沙州西南，云去京師九千五百里矣。又行二日至安軍州，遂至于闐。聖天衣冠如中國，其殿皆東向，曰金册殿，有樓曰七鳳樓。以蒲桃爲酒，又有紫酒、青酒，不知其所釀，而味尤美。其食，粳沃以蜜，粟沃以酪。其衣，布帛。有園圃花木。俗喜鬼神而好佛。聖天居處，嘗以紫衣僧五十人列侍，其年號同慶二十九年。其國東南曰銀州、盧州、湄州，其南千三百里曰玉州，云漢張騫所窮河源出于闐，而山多玉者此山也。」其河源所出，至于闐分爲三：東曰白玉河，西曰綠玉河，又西曰烏玉河。三河皆有玉而色異，每歲秋水涸，國王撈玉于河，然後國人得撈玉。

自靈州渡黃河至于闐，往往見吐蕃族帳，而于闐常與吐蕃相攻劫。匡鄴等至于闐，聖天頗責誚之，以邀誓約，匡鄴等還，聖天又遣都督劉再昇獻玉千斤及玉印、降魔杵等。漢乾祐元年，又遣使者王知鐸來。

高麗，本扶餘人之別種也。其國地、君世見於唐，比佗夷狄有姓氏，而其官號略可曉其義。當唐之末，其王姓高氏。同光元年，遣使廣評侍郎韓申一、副使春部少卿朴巖來，而其國王姓名，史失不紀。至長興三年，權知國事王建遣使者來，明宗乃拜建玄菟州都督，充大義軍使，封高麗國王。建，高麗大族也。開運二年，建卒，子武立。乾祐四年，武卒，子昭立。王氏三世，終五代常來朝貢，其立也必請命中國，中國常優答之。其地產銅、銀，周世宗時，遣尚書水部員外郎韓彥卿以帛數千匹市銅於高麗以鑄錢。六年，昭遣使者貢黃銅五萬斤。高麗俗知文字，喜讀書，昭進別敍孝經一卷、越王新義八卷、皇靈孝經一卷、孝經雌圖一卷。別敍，敍孔子所生及弟子事迹；越王新義，以「越王」爲問目，若今「正義」；皇靈述延年辟穀；雌圖，載日食、星變。皆不經之說。

渤海，本號靺鞨，高麗之別種也。唐高宗滅高麗，徙其人散處中國，置安東都護府於平

壤以統治之。武后時，契丹攻北邊，高麗別種大乞乞仲象與靺鞨酋長乞四比羽走遼東，分王高麗故地，武后遣將擊殺乞四比羽，而乞乞仲象亦病死。仲象子祚榮立，因幷有比羽之衆，其衆四十萬人，據挹婁，臣于唐。至中宗時，置忽汗州，以祚榮爲都督，封渤海郡王，其後世遂號渤海。其貴族姓大氏，開平元年，國王大諲譔遣使者來，訖顯德常來朝貢。其國土物產，與高麗同。諲譔世次、立卒，史失其紀。

新羅，弁韓之遺種也。其國地、君世、物俗見於唐。其大族曰金氏、朴氏，自唐高祖時封金眞爲樂浪郡王，其後世常爲君長。同光元年，新羅國王金朴英遣使者來朝貢。長興四年，權知國事金溥遣使來。朴英、溥世次、卒立，史皆失其紀。自晉已後不復至。

黑水靺鞨，本號勿吉。當後魏時見中國。其國，東至海，南界高麗，西接突厥，北鄰室韋，蓋肅愼氏之地也。其衆分爲數十部，而黑水靺鞨最處其北，尤勁悍，無文字之記。其兵，角弓、楛矢。同光二年，黑水兀兒遣使者來，其後常來朝貢，自登州泛海出青州。明年，黑水胡獨鹿亦遣使來。兀兒、胡獨鹿若其兩部酋長，各以使來。而其部族、世次、立卒，史皆失其紀。至長興三年，胡獨鹿卒，子桃李花立，嘗請命中國，後遂不復見云。

南詔蠻，見於唐。其國在漢故永昌郡之東、姚州之西。僖宗幸蜀，募能使南詔者，得宗室子李龜年及徐虎、虎姪藹，乃以龜年爲使，虎爲副，藹爲判官，使南詔。南詔所居曰苴咩城，龜年等不至苴咩，至善闡，得其要約與唐爲甥舅。僖宗許以安化公主妻之，南詔大喜，遣人隨龜年求公主，已而，黄巢敗，收復長安，僖宗東還乃止。

同光三年，魏王繼岌及郭崇韜等破蜀，得王衍時所俘南詔蠻數十人，又得徐藹，自言嘗使南詔，乃矯詔還其所俘，遣藹等持金帛招撫南詔，諭以威德，南詔不納。至明宗時，嶲州山後兩林百蠻都鬼主、右武衞大將軍李卑晚，遣大鬼主傅能何華來朝貢，明宗拜卑晚寧遠將軍，又以大渡河南山前邛州六姓都鬼主懷安郡王勿定摽莎爲定遠將軍。明年遣左金吾衞將軍烏昭遠爲入蠻國信使，昭遠不能達而還。

牂牁蠻，在辰州西千五百里，以耕植爲生，而無城郭聚落，有所攻擊，則相屯聚。刻木爲契。其首領姓謝氏，其名見於唐。至天成二年嘗一至，其使者曰清州八郡刺史宋朝化，冠帶如中國，貢草豆蔻二萬箇、朱砂五百兩、蠟二百斤。

昆明，在黔州西南三千里外，地產羊馬。其人椎髻、跣足、披氈，其首領披虎皮。天成二年，嘗一至，其首領號昆明大鬼主，羅殿王、普露靜王九部落，各遣使者來，使者號若土，附牂牁以來。

占城，在西南海上。其地方千里，東至海，西至雲南，南鄰眞臘，北抵驩州。其人，俗與大食同。其乘，象、馬；其食，稻米、水兕、山羊。鳥獸之奇，犀、孔雀。自前世未嘗通中國。顯德五年，其國王因德漫遣使者莆訶散來，貢猛火油八十四瓶、薔薇水十五瓶，其表以貝多葉書之，以香木爲函。猛火油以灑物，得水則出火。薔薇水，云得自西域，以灑衣，雖敝而香不滅。

五代，四夷見中國者，遠不過于闐、占城。史之所紀，其西北頗詳，而東南尤略，蓋其遠而罕至，且不爲中國利害云。

校勘記

〔一〕舂桑　「舂」，貴池本作「春」。他本均作「舂」。查通典卷一九〇作「舂」，新唐書卷二二一上党項傳、唐會要卷九八、五代會要卷二九、太平寰宇記卷一八四均作「舂」。

〔二〕福等擊破阿埋韋悉褒勒彌賴埋廝骨尾及其大首領連香李八薩王都統悉那埋摩侍御乞埋嵬悉逋等族　此處人名族名，尚待查清，暫未標點。

〔三〕仁喻　下文及本史卷六唐明宗紀、薛史卷一三八外國傳、册府卷九六七、卷九七二、五代會要卷二八俱作「仁裕」。

〔四〕鄭續　汲、殿、蜀、劉校本「續」作「績」，薛史卷一三八外國傳作「績」，五代會要卷二八作「賔」。

〔五〕神點沙　汪本、南昌本同，他本「點」作「樹」。

二十四史

中華書局